Das große Gartenlexikon

Die Sachgebiete wurden bearbeitet von

Jutta Debor-Sockel	*Allgemeines, Gärtnerische Geräte*
Dr. Gertrud Fast	*Orchideen*
Heinz Hagemann	*Aussaat, Anzucht, Vermehrung, Stauden-Zusammenstellungen*
Dr. F. Kobel	*Gemüsebau*
Dipl.-Ing. Fritz Kummert	*Zimmerpflanzen*
Dr. Hermann Link	*Obstbau*
Prof. K. J. Maurer	*Obstbau*
Dr. Gerhard Richter	*Gartenarchitektur*
Hans Scherer	*Rasen, Gärtnerische Einrichtungen und Geräte*
Ernst Schmidt	*Sommerblumen*
Prof. Dr. Wolfgang Schwenke	*Pflanzenschutz*
Hans Seibold	*Stauden*
Georg E. Siebeneicher	*Boden, Düngung, Pflanzenernährung, Betriebswirtschaft, Recht*
Dipl.-Ing. Odo Singer	*Gehölze, Sommerblumen, Stauden*

Das große Gartenlexikon

Herausgegeben von Georg E. Siebeneicher

unter Mitarbeit von

Jutta Debor-Sockel	*Gartenbau-Ing. (grad.), Technische Universität Berlin (West)*
Dr. Gertrud Fast	*Fachhochschule Weihenstephan, Freising*
Heinz Hagemann	*Krähenwinkel bei Hannover*
Dr. F. Kobel	*Eidgenössische Forschungsanstalt für Obst-, Wein- und Gartenbau, Wädenswil/Zürich*
Dipl.-Ing. Fritz Kummert	*Landesfachberater, Graz*
Dr. Hermann Link	*Versuchsstation für Intensivkulturen und Agrarökologie der Universität Hohenheim, Bavendorf*
Prof. K. J. Maurer	*Hessische Forschungsanstalt für Wein-, Obst- und Gartenbau, Geisenheim/Rhein*
Dr. Gerhard Richter	*Prof. a. d. Fachhochschule Weihenstephan, Freising*
Hans Scherer	*Michelstadt/Odenwald*
Ernst Schmidt	*Ulm/Donau*
Prof. Dr. Wolfgang Schwenke	*Institut für angewandte Zoologie, der Ludwig-Maximilians-Universität, München*
Hans Seibold	*Institut für Zierpflanzen der Technischen Universität Hannover, Hannover-Herrenhausen*
Dipl.-Ing. Odo Singer	*Binz/Zürich*

Südwest

Zeichnungen von Eduard Böhm, München
Barbara Lang, München (Pflanzpläne, Gehölze),
Dr. Gerhard Richter, Freising (Pläne),
Fritz Windscheif, Kassel-Wilhelmshöhe

Völlig überarbeitete, neu gestaltete, aktualisierte und
erweiterte Neuausgabe des erstmals 1973 erschienenen
‚*Neues großes Gartenlexikon*'
© 1990 by Südwest Verlag GmbH & Co. KG, München
Alle Rechte vorbehalten
ISBN 3-517-01130-4
Schutzumschlag Rudi Gill, München
Satz Typodata GmbH, München
Gesamtherstellung Druckerei Uhl, Radolfzell

Der Garten ist die Luxusausgabe des Ackerbaues. Nicht so sehr zu meinem Lebensunterhalt als vielmehr zu meiner Erholung und Freude bestelle ich den Boden und wandle die Krume um in Obst und Gemüse. Ich ‚spiele' gleichsam Bauer in meiner Freizeit, um durch praktische Betätigung meiner ursprünglichsten Triebe mein sonstiges Mißverhältnis zur Natur wiedergutzumachen.

Van Vloten

Das *Neue große Gartenlexikon,* seit Jahren vergriffen und von vielen Freunden des Werkes nachhaltig gesucht, wurde neu gestaltet und durchgehend farbig illustriert. Es erscheint als Neuausgabe *Das große Gartenlexikon.* Alle Abbildungen stehen nun unmittelbar beim Text. Das Werk informiert noch schneller, unmittelbarer und greifbarer. Die Texte wurden überarbeitet und auf den neuesten Stand von Wissenschaft und Praxis gebracht.

Die Kritik hatte Anfang der siebziger Jahre zu den ersten Auflagen bemerkt, das Werk entspreche wie kein anderes der damaligen größeren Gartenbücher den Grundsätzen biologischen Landbaues. Dieses Urteil bezog sich vor allem auf die umfangreichen Texte und Übersichten und die zahlreichen Abbildungen zu den Sachgebieten Bodenpflege und Bodenbearbeitung, Düngung und Kompostierung. Um dem Ziel einer naturgemäßen Pflanzenernährung – mit lohnenden Erträgen auch bei schwierigen Arten wie Blumenkohl oder Knollensellerie – noch näher zu kommen, wurden die Angaben zur Düngung in der großen Gemüsetabelle durch die Nährstoff-Entzugszahlen der einzelnen Arten ersetzt. Gärtnerinnen und Gärtner können ihre Kulturen nun – je nach Ertragserwartung und Stand der Art in Mischkultur oder Fruchtfolge – noch besser angepaßt versorgen.

Auch bei allen Fragen der gärtnerischen Gestaltung war das Werk von vornherein den Regeln naturgemäßen Landbaues gefolgt, hier den Grundsätzen standortgemäßer Zusammenpflanzung nach Prof. Richard Hansen. Den Gedanken des Naturgartens der siebziger Jahre hatte er in wohlbegründeter, wenn auch wenig spektakulärer Weise längst vorweggenommen.

Mit naturgemäßer Bodenpflege und Düngung, standortgemäßer Pflanzung und nicht zuletzt gebührendem Schutz der Nützlinge hatte *Das große Gartenlexikon* die entscheidenden Bedingungen *vorbeugenden* Pflanzenschutzes erfüllt. Nachdem inzwischen ausreichend praktische Erfahrungen vorliegen, hat der Sachbearbeiter des Gebietes Pflanzenschutz in dieser Neuausgabe auch alle Empfehlungen zum *aktiven* Pflanzenschutz auf ökologisch-biologische Verfahren umgestellt. Prof. Dr. Wolfgang Schwenke sagt dazu: „Der Garten wird heute als Ökosystem betrachtet und behandelt, das es in seiner natürlichen Abwehrkraft gegen tierische Schädlinge und Krankheiten zu stärken gilt. Dieses Ziel ist nicht mit umweltbelastenden chemischen Präparaten, sondern nur mit umweltfreundlichen, ökosystemgerechten Mitteln zu erreichen."

Zu einer ganzen Reihe von aktuellen Themen wurden in die Neuausgabe Artikel eingefügt: Baumsterben, Hochbeet, Hügelkultur, Holzschutz, Organisch-Biologischer Landbau, Pilzanbau im Garten, Quarz – Rohstoff für das Kieselpräparat der Biologisch-Dynamischen Wirtschaftsweise –, Rindenprodukte, Steinmehl, Streuobstbau u. a. m. Die ursprüngliche Konzeption des Werkes aber hat sich bewährt und blieb erhalten: Im Zeichen von Technik und Elektronik, Großerzeugung und Supermarkt haben sich Gartenbau und Garten auseinandergelebt:

Im gewerblichen Gartenbau wird immer stärker technisiert und spezialisiert, um in großen Einheiten rationell zu erzeugen – die Haus- und Kleingärtner, Bauern und Siedler dagegen entwickeln ihre Gärten vielfältig: sie dienen der Erholung, Selbstversorgung und schöpferischen Betätigung. Die gewerblichen, ja zum Teil industrialisierten Gartenbaubetriebe erzeugen jeweils wenige Arten in transport- und lagerfähigen Sorten – in den Gärten aber herrscht Sortenvielfalt, von alten Landsorten bis zu Exoten. Im gewerblichen, von Großabnehmern beherrschten Markt sind starke mineralische Düngung und chemischer Pflanzenschutz üblich – im Garten mit gemischter Kultur, angepaßter Boden- und Pflanzenpflege ist der Schädlings- und Infektionsdruck von vornherein geringer.

Im Gartenbaubetrieb schließlich sind Höchsterträge zum wirtschaftlichen Überleben im Konkurrenzkampf unerläßlich – in den Gärten dagegen gibt es alle Formen wirtschaftlichen Verhaltens, vom hauswirtschaftlichen Rahmen bis zum Luxus.

Von dieser gegensätzlichen Lage im Gartenbau und in den Privatgärten ging der Herausgeber aus. *Das große Gartenlexikon* ist ein Werk für die Besitzer von Gärten aller Spielarten, vom Zimmerpflanzenliebhaber bis zum Nebenerwerbsgärtner. Alle Fragen des gewerblichen Obst- und Gartenbaues, die sich zudem in schnellem Wandel befinden, waren deshalb von vornherein auszuschließen. Um so weiter war den Wünschen aller Privatgärtner entgegenzukommen. Die Lehre von den Umweltbeziehungen, die Ökologie, kam auf allen Gebieten zu ihrem Recht: In der Gestaltung des Gartens die Pflanzenökologie, bei Boden und Düngung die modernen Erkenntnisse der Bodenphysik, -chemie und -biologie, im Pflanzenschutz angewandte Zoologie und Botanik. Bei Zierpflanzen, Obst und Gemüse war der Stoff entsprechend auszuwählen: Arten, die im Großanbau bei hohen Löhnen nicht mehr praktikabel sind, wie die Stachelbeere, werden im Garten um so wertvoller. Der Privatgärtner unterliegt nicht dem Zwang zu kalkulieren. Wer jedoch auch im Garten rechnen muß oder möchte, sollte es tun; deshalb werden auch Hinweise und Beispiele zur Kostenrechnung im Privatgarten gegeben.

Warum großes Gartenlexikon?

Das Werk behandelt rund 200 Gattungen Gehölze, 300 Gattungen Stauden, Zwiebel- und Knollengewächse, über 200 Gattungen Zimmerpflanzen, über 100 Obst- und Gemüsearten – insgesamt also etwa 800 Gattungen und das Vielfache an Arten und Sorten. Es bringt rund 1400 Fotos, Zeichnungen und Tabellen. So möge es gestattet sein, das Werk auch *Das große Gartenlexikon* zu nennen.

Wie dieses Lexikon zu benutzen ist

Das Pflanzenregister ist nach den deutschen Gattungsnamen aufgebaut, und die Gattungen sind unter ihrem deutschen Namen behandelt; unter ihrem botanischen Namen ist auf den deutschen Namen verwiesen. Beispiel: Eisenhut, *Aconitum*, ist unter seinem deutschen Namen Eisenhut behandelt, bei *Aconitum* ist auf Eisenhut verwiesen. Unter dem Gattungsnamen sind alsdann die einzelnen Arten behandelt, in obigem Beispiel u. a. der Bayern-Eisenhut, *A.* × *cammarum* 'Bicolor', hier jedoch nach dem ABC der botanischen Namen, weil viele Arten keinen deutschen Namen haben. Zugrunde gelegt wurden Zander/Encke/Buchheim: Handwörterbuch der Pflanzennamen, ergänzend für die deutschen Artnamen Hansen/Stahl: Unser Garten. Band II: Seine Bäume und Sträucher, Band III: Seine bunte Staudenwelt. Die Nutzformen sind in vielen Fällen zusammen mit den Zierformen behandelt; so wird bei Erdkirsche auf Lampionblume verwiesen und bei Erdmandel auf Zypergras. Man möge den Herausgeber aber nicht der Inkonsequenz zeihen, wenn von dieser Regel bei Nutzpflanzen mit überragender Bedeutung abgewichen wird. So findet der Leser Kartoffel und Eierfrucht nicht etwa unter Nachtschatten, sondern tatsächlich unter Kartoffel und Eierfrucht, Topinambur nicht unter Sonnenblume, sondern unter Topinambur. Natur, Wissenschaft und die Vielfalt der Kulturformen sollten in einem praxisnahen Gartenbuch nicht in ein logisch-systematisch vollkommenes Schema gepreßt werden.

Wie die Abkürzungen und Zeichen zu lesen sind

Die laufenden Texte sollten leicht lesbar sein. Deshalb wurden die botanischen Zeichen für Einjährige, Staude, Strauch, Baum usw. nur am Kopf der jeweiligen Abhandlung gebracht, für alle diejenigen, die diese Zeichen gewohnt sind und sich schnell einen Überblick verschaffen möchten. Im Text selbst ist dagegen von Einjährigen, Stauden, Kletterpflanzen, Wasserpflanzen usw. die Rede. Mit einer Ausnahme: Die Monatsnamen werden durchgehend im ganzen Werk in römischen Ziffern I–XII gebracht, zumal diese Abkürzung in den Tabellen sowieso unerläßlich gewesen wäre, um sie möglichst übersichtlich zu halten. Die in Zusammenhang mit der Blüte der einzelnen Arten genannten römischen Ziffern geben die Blütezeit an. Die Zeichenerklärung befindet sich am Schluß des Bandes.
Abkürzungen immer wiederkehrender Wörter, wie Blatt, Blüte, Ansprüche, Vermehrung, wurden vermieden. Doch auch hier eine Ausnahme: Das Stichwort wird in dem zugehörigen Text jeweils mit dem Anfangsbuchstaben wiedergegeben.

Wer mitgearbeitet und zum Gelingen beigetragen hat

An erster Stelle sei den Mitarbeitern gedankt, die ihre Themen für *Das große Gartenlexikon* in der notwendigen Kürze und Ausführlichkeit bearbeitet haben. Seit Erscheinen der ersten Auflagen sind die Mitarbeiter Prof. K. J. Maurer, Ernst Schmidt und Hans Seibold verstorben. Das Sachgebiet Obstbau wurde dankenswerterweise von Dr. Hermann Link, Versuchsanlage für Intensivkulturen, Bavendorf, der Universität Hohenheim an den neuesten Stand von Forschung und Praxis angeglichen und ergänzt. Die Sachgebiete Sommerblumen und Stauden hat freundlicherweise Dipl.-Ing. Odo Singer, Bearbeiter des Sachgebietes Gehölze, mit übernommen und auf Grund umfangreicher aktueller Praxis ergänzt.

Zu redaktionellen Fragen hat Prof. Dr. R. Hansen, Freising-Weihenstephan, seinen Rat gegeben, besonders bei der Auswahl der Fotos, die im Sichtungsgarten des Institutes für Stauden, Gehölze und angewandte Pflanzensoziologie aufgenommen wurden. Bei der Bearbeitung des Sachgebietes Boden, Pflanzenernährung und Düngung hat Prof. Dr. Dr. E. h. Hans Riehm, ehem. Direktor der Landwirtschaftlichen Untersuchungs- und Forschungsanstalt Augustenberg bei Karlsruhe, mit kritischem Rat zur Seite gestanden.

Besonders dankbar ist der Herausgeber auch für die Bildbeiträge. Einige Mitarbeiter haben selbst Abbildungen zu ihren Sachgebieten beigesteuert. Auch die übrigen Aufnahmen stammen von Fachleuten oder aber von engagierten Gartenliebhabern. Namentlich genannt seien Erika Drave, Dr. H. und Gertrud Franck, Gartenoberamtsrat Dieter Herbel, Dr. Hans und Anette Jesse, Hannes und Ike Rosenberg und Sebastian Seidl, Technisch-gärtnerischer Leiter des Botanischen Gartens München. Fachlich erfahren sind insbesondere auch die Zeichner Barbara Lang und Fritz Windscheif. Schließlich verdanken wir einer Reihe von Firmen wertvolle Aufnahmen. Alle sind bei den Abbildungen kurz genannt, so daß der Leser sie mit Namen und Sitz im Bildnachweis am Schluß des Bandes finden kann.

Nicht zuletzt gebührt dem Verlag Dank. Von ihm ging der Anstoß zur Herausgabe des Werkes aus, er hat die notwendigen Mittel zur Vorbereitung bereitgestellt. Der Verlag hat dem Herausgeber jedoch freie Hand gelassen, seine Konzeption zu entwickeln und durchzuführen und keinerlei Einfluß auf die redaktionelle Gestaltung genommen. Für seine Mitarbeit bei der grafisch-technischen Ausführung indessen sei ihm ausdrücklich gedankt.

München, Februar 1990   Georg E. Siebeneicher

Bauerngarten – in Jahren gewachsen, mit Stauden in Farben und Wuchshöhen vielfältig gestalteter Hang. (Rosenberg)

A

Aasblume → Stapelie.
Abbinden, von Trieben der Obstbäume zur Förderung der Blütenknospenbildung, → Waagrechtbinden.
Abbürsten von Blatt- und Schildlauskolonien, erstere mit weicher, letztere mit härterer Bürste. Vorsicht vor Rindenverletzungen. Sehr wirksame, umweltfreundliche Methode.
Abdecken, Schutzdecke gegen Frost und Wind in den Wintermonaten. Nur luftiges, nicht faulendes Material nehmen, z.B. Tannen-, Fichten-, Kiefernreisig, kein Mist, kein Torfmull. Laubdecke nur bei *Anemone japonica, Agapanthus, Gunnera, Cortaderia* u.ä.
Abdeckplatte. Beim Bau von Mauern, Treppenwangen und Wasserbecken ist vielfach A. notwendig. Abweichend von der ursprünglich schützenden Aufgabe werden heute A.n auch aus ästhetisch-architektonischen Gründen verwendet. Die abdeckende Platte ist meist aus Naturstein, Beton oder Ton.
Abelia → Abelie.
Abelie, *Abelia.* Geißblattgewächse, *Caprifoliaceae.* Sommergrüne bis immergrüne Sträucher, hauptsächlich in China beheimatet. Von den rund 30 Arten ist nur eine bei uns ausreichend winterhart: *A.* × *grandiflora*. ○ ♄ ⌒ i VII–X, Kreuzung *A. chinensis* × *A. uniflora*. Halbimmergrüner, kaum 2 m hoher Strauch mit auffallend glänzenden, dunkelgrünen Blättern. Die unzähligen glockigen, rosaweißen Blüten

Abelie, *Abelia florabunda.* (Seidl)

(2–3 cm) bilden schönen Kontrast zum dunklen Laub; die rosa Blütenkelche bleiben längere Zeit an den Zweigen haften. Wir haben kaum einen anderen Blütenstrauch mit so ausgedehnter Blütezeit. – Boden nicht zu schwer, aber nahrhaft und durchlässig. Die A. verlangt warmen, sonnigen Standort, etwa im Schutz einer Mauer oder eines großen Strauches. Boden über Winter am besten mit Torf und Laub abdecken. Friert sie trotzdem etwas zurück, ist dies kein großer Schaden, da die jungen Triebe bald wieder zum Blühen kommen. Ältere Sträucher am besten zurückschneiden, damit sich junge blühfähige Triebe bilden.
Abeliophyllum, *Abeliophyllum.* Ölbaumgewächse, *Oleaceae.* Reizvoller Strauch, bei uns leider noch sehr selten. Im Handel nur eine Art: *A. distichum.* ○–◐ ⊥ III–V D. Sommergrün, mit kleinen, ovalen Blättern. Im nichtblühenden Zustand sieht A. bescheiden aus, sie wächst langsam und wird höchstens 2 m hoch. Doch bereits III erscheinen die zarten, blaßrosa Blüten, die stark nach Mandeln duften. A. stammt aus Korea, bei uns gut winterhart, verlangt aber geschützten sonnigen bis absonnigen Standort. – Boden: keine besonderen Ansprüche. Wirkt von der Nähe. Glockenheide als Unterpflanzung bildet guten Kontrast.
Abendlevkoje → Levkoje.
Abfälle, aus Haus, Garten, Gemeinde, Landwirtschaft, Gewerbe, Industrie werden im naturgegebenen Kreislauf der Stoffe wieder zu Rohstoffen, entweder unmittelbar, zur Bodenbedeckung, Düngung, Kompostbereitung, oder auf dem Weg über Futtermittel. – A. AUS LANDSCHAFT, GARTEN, HAUS. Abraum von Straßen und Wegen, soweit frei von Teer und sonstigen schädlichen Stoffen (z.B. Blei von Autoabgasen), Aushub von Gräben und Teichen, Kehricht, Laub, Garten- und Küchenabfälle. → Papier, Pappe. – KOMMUNALE A. Klärschlamm, Markthallenabfälle. – A. AUS GEWERBE UND INDUSTRIE (nach Prof. Dr. R. Braun, Zü-

Gemüseputzabfälle in einer Gärtnerei. Sie werden zunächst gesammelt und später zu Kompostmieten aufgesetzt. (Siebeneicher)

rich). Nahrungs- und Genußmittelindustrie: Pülpe, Schlamm, Schlempe, Faserstoffe, Abfälle von Gemüse und Früchten, Kakaoschalen, Treber, Preßrückstände, Hopfenabfälle, Blut (→ Blutmehl), Fleischreste, Magen- und Darminhalte von Schlachttieren. → Obsttrester, Zucker, Filterrückstände. – Tierische Stoffe verarbeitende Industrie: → Federn, → Haare, → Borsten. – Holz-, Zellstoff- und Papierindustrie: Holzabfälle, Rinden, Fasern, → Säge- und Hobelspäne. – Textilindustrie: Wolle, → Haare, Fasern. – Leder-, Leim- und Gelatineindustrie: Haare, Lohe, Lederabfälle, Schlamm.
Abgase, aus Industrieschornsteinen und Kfz-Auspuffrohren bilden zunehmende Gefahr für Gartenpflanzen. Die industriellen Abgase enthalten überwiegend Schwefel, die Kfz-Abgase Blei. Ausmaß und Folgen der Abgas-Einwirkungen sind noch nicht sicher bekannt. Meist zeigen die Pflanzen Verbrennungen sowie Assimilations- und Leistungsstörungen. Die Lösung des Problems kann nicht in Züchtung abgasfester Pflanzensorten, sondern muß in einer vom Staat angeordneten und kontrollierten Entgiftung aller Abgase bestehen.
Abhärten, Pflanzen aus Anzuchträumen, z.B. Gewächs- oder Folienhaus,

Abhaltungsvorrichtungen

Frühbeet, durch mäßiges und später stärkeres Lüften vor Aufstellung oder Auspflanzung im Freien, möglichst bei trübem Wetter. Für das weitere Wachstum hart machen, an Freilandtemperaturen und Sonnenlicht gewöhnen. Gilt sinngemäß auch für Zimmerpflanzen, die im Freien aufgestellt werden sollen.

Abies → Tanne.

Abhaltungsvorrichtungen → Kohlkragen, → Schutznetze → Zäune (→ Kohlfliege, → Vögel, → Schnecken und → Wild).

Abklopfen, Form der physikalischen (mechanischen) Bekämpfung von Insektenarten, die an den Außenteilen von Pflanzen fressen und sich bei Erschütterung leicht fallen lassen, z.B. Larven der Stachelbeer-Blattwespe, Raupen des Frostspanners oder Käfer des Apfelblütenstechers. Man legt Papier oder Tücher unter die Pflanze und schüttelt oder klopft die Schädlinge ab.

Abkratzen, der Flechten, Moosbeläge und Borkenschuppen von den Stämmen der Obstbäume im Winter führt zur Vernichtung zahlreicher, in diesen Verstecken überwinternder Schädlinge, vor allem der Raupen des Apfel- und Pflaumenwicklers, der Käfer des Apfel- und Birnenknospenstechers und der Blutläuse (Rindenwunden vermeiden!). → Baumbürste, Baumkratzer.

Ablaktieren → Veredeln.

Ableger, vegetative Vermehrungsart, bei Gehölzen, Beerenobst, Ziersträuchern und sich ausbreitenden, kriechenden Stauden. Bei Gehölzen werden die Zweige seitlich abgebogen, mit Erde bedeckt und befestigt. Wenn sie sich bewurzelt haben, werden sie von der Mutterpflanze abgetrennt. Bei verschiedenen Stauden, z.B. Günsel, Immergrün, Schaumblüte, Ungarwurz und ähnlichen bilden sich Wurzeln an Ranken oder Trieben, die als Jungpflanzen abgetrennt werden können.

Ableiten, Schnittmethode, bei der ein Ast/Zweig eines Baumes oder Strauches auf einen tiefer gelegenen, nach außen stehenden Seitenast abgesetzt wird. Dieser übernimmt dann die Leitfunktion. Angebracht ist diese Methode beim Auslichten und Verjüngen älterer Bäume und Sträucher (→ Obstbaumschnitt).

Abmarkung → Grundstücksgrenze.

Abmoosen, Vermehrungsart, bei der der abzutrennende Steckling bis zur Bewurzelung auf der Mutterpflanze verbleibt. An einer günstigen Triebstelle werden die Blätter der Mutterpflanze entfernt, die Rinde angeschnitten, Bewurzelungshormonpuder unter den Rindenlappen eingestreut, die

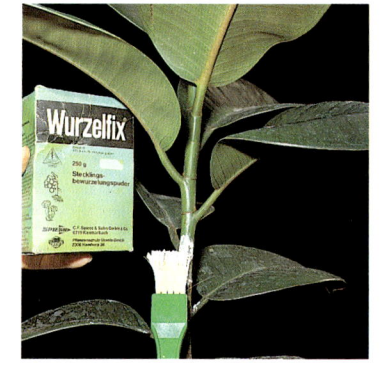

Abmoosen am Beispiel Gummibaum: Den keilförmigen Einschnitt etwa 30 cm unter der Triebspitze mit Bewurzelungshormon bestreichen. Anschließend eine Handvoll gut angefeuchtetes Sumpfmoos auf die Schnittfläche geben ... und eine aufgeschnittene Plastiktüte darüber binden. Nach einiger Zeit das Moos nochmals anfeuchten!

Stelle mit → Sumpfmoos *(Sphagnum)* umwickelt und durch ein Stück Folie, die oben und unten abgebunden wird, geschützt. Wichtig ist, daß das Sumpfmoos nicht zu feucht und nicht zu trocken ist. Steht die Mutterpflanze sehr sonnig, empfiehlt sich das zusätzliche Umwickeln mit Aluminiumfolie, die die Strahlungswärme reflektiert und die günstige Dunkelheit für die Wurzelbildung schafft. A. wird man meist zu hoch gewordene Zimmerpflanzen, wie *Ficus, Dracaena, Fatshedera* usw. Mit dem Abnehmen der bewurzelten Köpfe zuwarten, bis eine entsprechende Anzahl von Wurzeln gebildet ist, damit beim weiteren Wachstum möglichst geringe Stockungen auftreten. Stockungen können z.B. dazu führen, daß die nächsten jungen Blätter sehr klein ausgebildet werden. Um den Schock beim Abnehmen zu verkleinern, empfiehlt es sich daher, nach dem Eintopfen gespannte Luft (→ Luft ‚gespannte') zu geben: Folienschläuche über die frisch getopften Pflanzen stülpen.

Vermehrung durch Ableger bei Rhododendron in sandig-humoser Erde. Astgabel hält Trieb im Boden fest. Einschnitt mit eingeschobenem Steinchen. (Nach Köhlein)

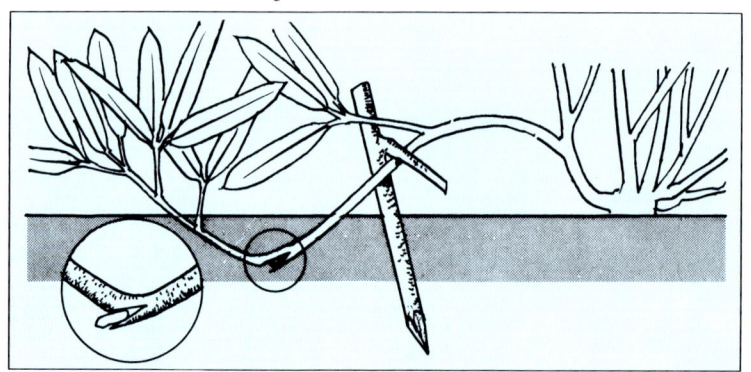

Abort → Fäkalien.

Abpflanzung, rahmende Gehölzumpflanzung eines Gartengrundstückes. Wird wegen ihrer abschließenden und schützenden Funktion als A. bezeichnet. Für die Zusammensetzung einer A. sind u. a. ökologische Standortfaktoren (wie Boden, Wasser, pH-Wert, Belichtung, Relief usw.), landschaftliche Gegebenheiten und gestalterische Absichten maßgebend. Eine wirkungsvolle und weniger pflegeaufwendige A. wird mit freiwachsenden Sträuchern erreicht. Im kleinen Hausgarten kann bereits bei 1,5 m Breite optischer Schutz u. a. mit Deutzien, Liguster, Pfeifenstrauch, Schneeball, Spierstrauch, Zierjohannisbeere und Zwergmispel erzielt werden. In größeren Gärten und Parks bieten breitere Geländestreifen wirkungsvollere A. mit größeren Sträuchern, Heistern und Bäumen.

Abraumsalze, kalireiche Salze aus der abgeräumten Schicht über den Steinsalzlagern, erstmals 1851 bei Staßfurt erschlossen. Aus A.n werden Kali- und Magnesiumdünger (→ Mineraldünger) gewonnen.

Abrißlinge, Teilstückchen von Pflanzen, wie Blätter oder Stengelteile, die mit kleinen Wurzeln versehen sind und von den Mutterpflanzen abgerissen werden. Bei Stauden nur bei polsterartig wachsenden, wie Gedenkemein, Katzenpfötchen, Polsterphlox, Steinbrech, Thymian.

Abromeitiella → Ananasgewächse 1.

Absägen (von stärkeren Ästen an Bäumen) mit Vorsicht vornehmen, da Bruchgefahr besteht. Ast erst von unten her bis knapp über die Hälfte einsägen. Zweiter Schnitt von oben etwas weiter vom Stamm entfernt. Ast bricht durch Eigengewicht über diesen Schnittstellen ab. Der verbleibende Aststummel wird auf → Astring abgesägt. Wundränder glattschneiden –, mit → Baumwachs verstreichen.

Absammeln, noch immer in vielen Fällen die schonendste, billigste und vollständigste Beseitigung von Schädlingen. Zum A. eignen sich besonders: Kartoffelkäfer und ihre Larven, Raupennester des Goldafters im Winter und der Gespinstmotten im Frühjahr an Obst sowie Kohlweißlingsraupen an Kohl und anderen Kreuzblütlern.

Abschreckvorrichtungen (→ Physikalischer Pflanzenschutz). 1. *Akustische A.*: Knallapparate zur Vogelabschreckung, Tonerzeugung durch Wind mittels aus dem Boden ragender offener Flaschen oder mittels eines im Boden eingelassenen Metallrohres, an welches ein Windrad schlägt. Die beiden letztgenannten Vorrichtungen zur Abschreckung von Wühlmäusen, da die Töne sich im Boden verbreiten. 2. *Optische A.*: Blinkketten, Metallfolien u. ä., über Beete, Sträucher oder Bäume gespannt, sowie Vogelscheuchen verschiedener Art, zur Abschreckung von Vögeln.

Absetzen, wenig gebräuchlicher Ausdruck für Rückschnitt der Krone, wenn sie zu hoch wird. Dabei wird → Stammverlängerung oder → Leitast über → Seitenast oder → -trieb abgesetzt = abgeschnitten.

Abspritzen (→ Physikalischer Pflanzenschutz). Blatt- und Blutlauskolonien lassen sich durch mehrmaliges Abspritzen mit scharfem Wasserstrahl weitgehend oder völlig vernichten.

Abstand, Reihen- oder Pflanzenabstand von Pflanze zu Pflanze bei Beetpflanzung oder freier Pflanzung, z. B. Großstauden 70–90 cm. Mittelhohe Stauden 50–70 cm, Steingarten- und Polsterstauden 20–30 cm.

Abstoßpflanzen (→ Biologischer Pflanzenschutz). Wegen ihrer Ausscheidungen werden solche Pflanzen von bestimmten Schädlingen gemieden, wodurch die zu schützenden Pflanzen unbehelligt bleiben. Beispiele: Bohnenblattlaus meidet Bohnenkraut, Kohlweißling meidet Tomate, Nematoden meiden Tagetes, Wühlmäuse meiden Wolfsmilch. Ganz allgemein stoßen stark duftende Pflanzen wie Minze, Salbei oder Thymian Schadinsekten ab, während sie Bienen anlocken.

Abuliton → Schönmalve.

Abwaschen der Blätter, kann zwei Funktionen erfüllen: 1. Säuberung der Blattober-, aber auch der Blattunterseite von Staub und Schmutz, auch von Honigtau und Rußtau; 2. Schädlingsbekämpfung durch Abwaschen. – 1. Zur Säuberung verwendet man einen weichen Schwamm oder ein Tuch und warmes Wasser, bei vorhergegangenem Blattlaus- oder Schildlausbefall, falls die Tiere bereits durch eine andere Maßnahme abgetötet wurden, genügt dies ebenfalls. – 2. Zur Bekämpfung von Blatt- und Schildläusen, besonders der letzteren bei Hartlaubgewächsen wie *Nerium* und *Laurus*, muß man dem Waschwasser etwas zusetzen. Alt und bewährt ist weiche Schmierseife, besser wirken Sommeröle oder Weißöle, z. B. Paramaag Sommer, die daneben noch einen Glanz auf den Blättern hervorrufen. Auch zum Entfernen von Kalkflecken bei Überspritzen mit kalkreichen Wässern eignen sich Weißöle. – Die modernen Blattpflegepräparate enthalten ähnliche Substanzen und sind meist als Sprays ausgebildet, sie lohnen nur bei kleineren Pflanzen, nicht jedoch z. B. wenn große Dekorationspflanzen in Dielen und Vorräumen gereinigt werden müssen.

Abwässer, je nach Herkunft, ob aus öffentlichen Kläranlagen, Industrie- oder Gewerbebetrieben oder Haushalt verschieden zusammengesetzt. A. aus Molkereien oder Zuckerfabriken z. B. können organische Säuren enthalten, Säuregrad feststellen (→ pH), je nach pH mit Kalkmilch neutralisieren und als Kompostrohstoff verwerten. Mit Kleinmengen Wachstumstest an → Gartenkresse in Saatschale vornehmen (→ Kressetest).

Abwasser, darf lt. § 34 Abs. 1 WHG (Wasserhaushaltsgesetz der BRD) nicht in Untergrund eingeleitet werden. Neubauten müssen deshalb an öffentliche Kanalisation angeschlossen werden. Ausnahmegenehmigung nur selten und mit schwer erfüllbaren Auflagen. – In Österreich Landessache (Landesbauordnung), in den östlich gelegenen Bundesländern geringere Auflagen.

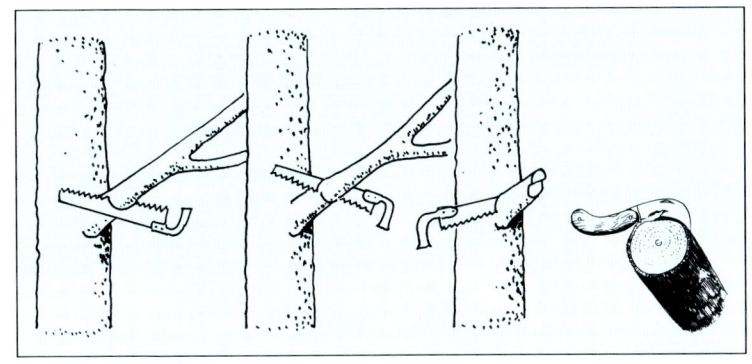

So werden stärkere Äste abgesägt: Ast zuerst von unten anschneiden, um das Ausschlitzen zu verhindern. (Nach Friedrich/Preuße) Oft wird empfohlen, den rauhen Sägeschnitt zu glätten, damit die Wunde besser verheilt. Das hat sich als entbehrlich erwiesen.

Abwerfen. Vorbereitung einer Obstbaumkrone für das Umveredeln mit einer besseren Sorte. Zeitpunkt bei Apfel und Birne von III bis vor dem → Veredeln.

Abziehen, Schärfen bzw. Schleifen von Messern und anderen Schneiden. Dabei werden die angeschliffenen Seiten der Schneide mit einem Natur- oder Kunststein geschärft und dann an einem Lederriemen abgezogen. Heute meist elektrische Schleifgeräte.

Abzugloch. Tontöpfe besitzen meist ein A., Plastiktöpfe mehrere. Um einer stauenden Vernässung vorzubeugen, soll das A. stets offen gehalten werden. Bei Pflanzen, die nur kurze Zeit ihren Schmuckwert erfüllen sollen und überhaupt bei kleineren Pflanzen werden heute in der gärtnerischen Praxis keine Scherben mehr über das A. gelegt, da der Nutzen in keinem Verhältnis zum Aufwand steht. Bei größeren Pflanzen, insbesondere Kübelpflanzen empfiehlt sich das Abdecken des A.s mit einem Tonscherben. Bei Plastiktöpfen dürften sich nie alle A.er verstopfen.

Acacia → Akazie.
Acaena → Stachelnüßchen.
Acalypha → Katzenschwanz.
Acantholimon → Igelpolster.
Acanthopanax → Stachelkraftwurz.
Acanthus → Akanthus.
Acer → Ahorn.
Achillea → Schafgarbe.
Achimenes → Schiefteller.
Achnatherum → Rauhgras.
Acidanthera → Sterngladiole.
Ackerbohne → Puffbohne.
Ackersalat → Feldsalat.
Ackerschachtelhalm, Zinnkraut, besitzt hohen Kieselsäuregehalt und hat sich als A.-Brühe oder A.-Jauche (→ Kräuterextrakte) zur Abwehr von Milben und Roter Spinne sowie Mehltau, Monilia, Schorf, Rost und anderen Pilzkrankheiten bewährt. Ganzjährig einsetzbar, besonders wichtig die Vorknospenspritzung.

Ackerzahl, Kennzahl aus der amtlichen Bodenschätzung. Ergebnis aus → Bodenzahl und verschiedenen Faktoren, wie Klima und Geländeneigung. Bei Erwerb von Grundstücken zur gärtnerischen Nutzung aufschlußreich. Feststellbar über zuständige Behörden, meist Landwirtschaftsamt.

Aconitum → Eisenhut.
Acorus → Kalmus.
Acrylglas, Kunststoffglas mit ca. 90% Lichtdurchlässigkeit für Frühbeetfenster, auch als Gewächshausbaumaterial verwendbar. Da die Oberfläche von A. glatt ist, kaum elektrostatische Aufladung, daher keine Staubablagerungen

Kiwi, *Actinidia sinensis.* (Seidl)

wie bei Kunststoffen. → Glas.
Actaea → Christophskraut.
Actinidia → Actinidie, → Strahlengriffel.
Actinidie, *Actinidia.* Strahlengriffelgewächse, *Actinidiaceae.* Schlingpflanze des ostasiatischen Raumes. Verbreitung auch in Europa. Von Interesse ist *A. chinensis* (♄ ⚥ V–VI), die aus China stammt und in Neuseeland, USA und Europa (Griechenland, Italien, Frankreich) in 4 Sorten plantagenmäßig angebaut wird. Handelsname: Kiwi. In China: Yang Tao. Im angelsächsischen Sprachraum: Chinese Gooseberry. Verlangt sehr warme, halb- bis schattige Standorte. Starke Windeinwirkung ungünstig für Wuchs und Ertrag. Frucht je nach Sorte ca. 5 cm lang, bis 4 cm breit. Geschmack wie reife Stachelbeeren, hocharomatisch. Wertvoll durch 120 mg% Vitamin C und Spuren von Vitamin A + D. Gewicht je nach Sorte: 30–45 g. Anbauversuche in Deutschland positiv. Männliche und weibliche Pflanzen zusammensetzen; als Neuheit gibt es beide Geschlechter auf einer Pflanze. – *A. arguta* und *A. kolomikta* auch in kälteren Klimaten im Anbau. Frucht klein, als Handelsware in Europa unbekannt, jedoch in ihrer asiatischen Heimat wichtige Vitamin-C-Quelle. Ansonsten starkwachsende Kletterpflanzen, wobei *A. kolomikta* mit bunten Blättern auffällt.

Kiwi, *Actinidia sinensis,* ist hochempfindlich gegenüber Spätfrösten und entwickelt sich langsam. (Scherr)

Adiantum → Farne 1, → Pfauenradf.
Adlerfarn, *Pteridium.* Schüsselfarne, *Polypodiaceae.* ⚃ ◐–●. Nur eine Art mit vielen Varietäten, in den gemäßigten und tropischen Zonen. *P. aquilinum,* unterirdisch kriechende Rhizome, stark wuchernd. Blätter dreifach gefiedert, im Herbst absterbend. Beim Durchschneiden der Blattstiele sieht man die bräunlichen Gefäßbündel in Form eines heraldischen Adlers angeordnet, daher der Name. Bis 2 m hoch. – Verwendung in großen Parks unter Bäumen. Im ersten Jahr nach dem Umpflanzen wächst er nur langsam, danach stark. Boden humos und möglichst kalkarm. Vermehrung durch Rhizomteilung im Herbst. A.-Jauche (→ Kräuterextrakte) als Spritzmittel im Winter gegen Schild- und Blutläuse (unverdünnt), im Vorfrühling gegen Blattläuse (10× verdünnt) und ganzjährig gegen Schnecken (unverdünnt).

Adlumia → Adlumie.
Adlumie, *Adlumia.* Mohngewächse. *Papaveraceae.* ⊙ ⚥ ○–◐. Einzige, nur selten im Handel befindliche Art *A. fungosa* (*A. cirrhosa*) Nordamerika, bei uns nur einjährig gezogen. Kletterpflanze mit kurzgestielten, doppeltdreizähligen Blättern. Blüten meist blaßrosa, in dichtgedrängten, wechselständigen Trauben, etwa VII–IX. Liebt sonnigen bis leicht schattigen Standort. Aussaat unter Glas III–IV, anschließend vertopfen. Pflanzung ab Mitte V meist als Einzelpflanze.

Adonis aestivalis → Adonisröschen.
Adonisgärten, aus der griechischen Mythologie, versinnbildlichten das schnelle Auf- und Ableben der Natur. Zu den Adonisfesten, bei denen der Tod des Adonis durch Klagen gefeiert wurde, stellte man in den Tempeln Töpfe und Schalen mit schnell keimenden Samen (Dill, Lattich, Weizen, Gerste) auf. Nach dem Austreiben der Saat in den A. ließ man die Pflanzen

Kiwi-Früchte, nur erzielbar im Weinklima oder an geschützten Stellen, so als Spalier an wärmespeichernden Mauern. (Herbel)

Adonisröschen, *Adonis vernalis.* (Dr. Jesse)

Äschynanthus, *Aeschynanthus speciosus.*

vertrocknen. Es ist nicht ausgeschlossen, daß sich unsere Topfpflanzen aus den A. entwickelt haben.

Adonisröschen, *Adonis.* Hahnenfußgewächse, *Ranunculaceae.* Von den etwa 40 Arten in Europa und der gemäßigten Zone Asiens sind 2 Stauden und 2 Einjährige in unseren Gärten vertreten. – Sommerblutströpfchen, *Adonis aestivalis,* ☉ |:. Mitteleuropa, auch wildwachsend. Blüten zinnoberrot, mit schwarzem Fleck, einzelstehend und endständig. Wuchshöhe 20 bis 30 cm, nur kurze Blütezeit. Aussaat III–IV an Ort und Stelle als Rabattenpflanze, bei Reihensaat Abstand ca. 15 cm. Blüte VI–VIII. Auch Herbstsaat möglich, dann Blüte schon ab V. Verwendung ausschließlich als Bodenbedecker und Rabattenpflanze. Beste Wachstumsbedingungen auf Kalkböden. – *A. amurensis.* ○–◐ ♃. Amur-Adonisröschen aus der Mandschurei, Blätter gefiedert, entwickeln sich erst nach der Blüte und sterben im Hochsommer ab. Blüten groß, schalenförmig, gelb, strecken sich allmählich von 5–20 cm Länge. III. 'Pleniflora' (*A. dahurica* 'Plena') hat gefüllte Blüten, die zusammen mit den Blättern erscheinen. IV, 20 cm. – *A. vernalis.* ○–◐ ♃. Heimisch, feingeschnittenes Laub, etwa 6 cm große, goldgelbe Blüten, etwas heller als bei *A. amurensis.* II–IV, 25 cm. – Verwendung im Steingarten an sonniger, warmer Stelle, um so früher die Blüte. – Boden für *A. vernalis* kalkhaltig, für alle andern lockerer Gartenboden. Sie sollten möglichst ungestört an einem Platz stehen bleiben. Vermehrung durch Teilung nach der Blüte oder Aussaat, soweit Samen angesetzt wird, sofort nach der Reife.

Adventstern → Poinsettie.
Aechmea → Ananasgewächse 2.
Aeonium, Dickblattgewächse, *Crassulaceae.* ○ ♃–♄ ▽. Etwa 40 Arten, vor allem auf den Kanarischen Inseln.

Nicht winterharte Sukkulenten mit Ähnlichkeit zu Hauswurz. – *Ae. arboreum.* Marokko. Strauchig, verzweigt. Rosetten bis 15 cm breit, grün oder rotbraun, auch weißbunt. Blüten gelb. – Trockenheitsliebende Pflanzen für kühle Überwinterung, sommers im Freien. Substrate durchlässig. – Vermehrung: Kopfstecklinge. Die nach der Blüte absterbende *Ae. tabulaeforme* nur durch Aussaat.

Ährenheide, *Bruckenthalia.* Heidekrautgewächse, *Ericaceae.* Zwergstrauch, der → Glockenheide sehr ähnlich, von ihr durch die blattlosen, endständigen Blütenähren aber leicht zu unterscheiden. *B. spiculifolia.* ○–◐ ♄ △ VI–VII i. Einzige Art dieser Gattung, in den Gebirgen SO-Europas und Kleinasiens beheimatet. Die Ä. ist kalkfeindlich und deshalb unbedingt in sauren Boden zu pflanzen. Die schmalen, nadelförmigen Blättchen und die rosa bis roten Blüten bilden guten Kontrast zu Zwergalpenrosen und anderen kleinen Moorbeetpflanzen. – VERMEHRUNG. Durch Aussaat möglich, jedoch nicht gebräuchlich; sehr leicht aus Stecklingen oder Absenkern zu vermehren, ältere Pflanzen können auch geteilt werden. Blühen sie nicht mehr schön, ist im Frühjahr Rückschnitt nötig.

Älchen → Nematoden.
Aerifizieren, Rasen lüften gegen Verdichtungsschäden. 1. Tiefaerifizieren mit Bodenaustausch mit Aerifiziergabel oder Aerifiziergerät. 2. Stacheln bzw. Schlitzen mit einer steinbeschwerten Stachelwalze, dabei erfolgt kein Erdaushub. Beide Maßnahmen verjüngen, da Austrieb fördernd, den Rasen. → Rasenpflege, → Rasenpflegegeräte.
Aerifiziergeräte → Rasenpflegegeräte.
Äschynanthus, *Aeschynanthus.* Gesneriengewächse, *Gesneriaceae.* ◐ ♃–♄ ⁂ ▽. Rund 170 Arten im tropischen Asien. – *Ae. marmoratus.* Die paarweise stehenden, ca. 10 cm langen Blätter sind oberseits hellgrün bis dunkelgrün marmoriert, dazwischen rote Adern. Blüten an den Enden der Triebe, ca. 5 cm lang, orange. – *Ae. pulcher.* Hat 6 cm lange, sukkulente Blätter, Triebe sind deutlich hängend, Blüten in endständigen Büscheln, scharlachrot mit orange, 6 cm lang. – *Ae. radicans* (*Ae.lobbianus*). Triebe hängend. Blätter dunkelgrün, bis 6 cm lang. Kelch schwarzbraun, schalenförmig, zierend, Blüten dunkelrot. – *Ae. speciosus.* Die stattlichste Art, Triebe bis 70 cm hängend, Blätter 7 cm, gegenständig oder zu dritt, Blüten zu vielen in endständigen Büscheln,

orangerot mit Gelb und Schwarz, 10 cm. – Alle Ae.-Arten sind nicht für die normale Zimmerkultur geeignet. Sie gehören in das geschlossene Blumenfenster oder in die Hand des geschulten Pflegers. Sie brauchen Temperaturen von 20–25°C und hohe Luftfeuchtigkeit, die sie als Epiphyten des tropischen Waldes benötigen. – Vermehrung: Stammstecklinge bei 25°C, Auspflanzen in Holzkörbchen zu mehreren in humusreiche und lockere Substrate. Als Ampelpflanzen sowohl in der Blüte als auch durch die gezeichneten oder etwas sukkulenten Blätter wesentlich schöner als die nahe verwandten Columneen.

Aesculus → Kastanie.
Ästhetik, die Lehre vom Schönen in Natur und Kunst, spielte in der Geschichte beim gartenkünstlerischen Schaffen eine dominierende Rolle und ist auch bei heutigen Gartenplanungen eines von mehreren Kriterien.
Aethionema → Steintäschel.
Ätherische Öle, in Wasser verdünnt, zur Geruchsabschreckung von Raupen und Schnecken. Bewährt sind Kampfer-, Pfefferminz- und Thymianöl (in Apotheken käuflich). Etwa 2 Gramm des Öls oder der Kristalle mit 2 Tropfen Pril (Haftmittel) mischen, mit etwas warmem Wasser verrühren, auf 1 Liter Wasser auffüllen. Wegen z. T. längerer Haftung nicht kurz vor der Ernte spritzen.
Äugeln → Veredlung.
Affenblume → Gauklerblume.
Afrikanische Goldblume → Kapkörbchen.
Afterraupen, Larven der → Blattwespen. Wegen ihrer Ähnlichkeit mit den Schmetterlingsraupen als ‚falsche' = After-Raupen bezeichnet. Von den → Raupen aber unterschieden durch senkrecht stehenden Kopf mit nach unten gerichteten Freßwerkzeugen (bei Raupen nach vorn gerichtet) und nur

– **Agapanthus**

Agave, *Agave americana* 'Marginata Aurea'. (Seidl)

einem Punktauge auf jeder Kopfseite (bei Raupen ca. fünf Punktaugen jederseits).

Agapanthus. Liliengewächse, *Liliaceae*. ○ ♃ ▽ ✕. Die 10–15 bekannten Agapanthus-Arten sind in Südafrika beheimatet. Die Benennung ist verworren, nach neueren Arbeiten sind keine reinen Arten in Kultur. Die bei uns kultivierten gehören meist zu *A. orientalis;* für diese Formen sind auch die Namen *A. umbellatus* und *A. africanus* in Gebrauch. Blätter riemenförmig, sommer- oder immergrün, ca. 50–80 cm lang. Blüten 3–5 cm, blau, violett oder weiß, zu vielen in Köpfen an 60–150 cm langem Stiel. – A. sind stattliche Kübelpflanzen, die während der Sommermonate an sonnigen Stellen des Gartens stehen sollen. Regelmäßige Dunggüsse sind notwendig. Überwinterung frostfrei im Keller oder Kalthaus. Vermehrung durch Teilung oder Aussaat. – In der letzten Zeit wurden englische Züchtungen bekannt, die sog. 'Headbourne-Hybriden', die unter einer leichten Laubdecke, ähnlich wie *Crinum × powellii*, unsere Winter überdauern. Bei weiterer Verbreitung wird diese sommerblühende Staude sicher an Bedeutung gewinnen.

Agaricus bisporus = Kulturchampignon → Pilzanbau.

Agave. Agavengewächse. *Agavaceae*. Die Gattung ist recht vielgestaltig und umfangreich, ca. 300 Arten bewohnen die wärmeren Teile Amerikas. Im Gegensatz zu den nahe verwandten Aloë-Arten der Alten Welt, die als Liliengewächse einen oberständigen Fruchtknoten besitzen, sind die zentralen Blätter in der Jugendphase miteinander verklebt. NICHT WINTERHARTE ARTEN. ○ ♃ ▽. *A. americana*. Die Heimat der amerikanischen A. ist nicht sicher bekannt, wahrscheinlich aber Mexiko. Im Mittelmeergebiet verwildert und daher allen Urlaubern bekannt. Blätter lang, bis 1,5 m, grau bereift, mit schwarzbraunen Stacheln. Blütenstand 5 bis 8 m hoch, bei uns meist nicht blühend. Die Pflanze stirbt nach der Blüte ab, bildet aber reichlich Ausläufer. Buntblättrige Formen sind bekannt, z.B. cv. 'Marginata' in Weiß, Gelb oder Creme, gerandet, oder cv. 'Striata' mit streifigen Bändern im Blatt. – *A. ingens* cv. 'Picta', die goldgelb gerändert, doch im ganzen Aufbau wesentlich schlankere und mit überhängenden Blättern versehene A. des Mittelmeergebietes, wird meist mit der vorigen verwechselt. – Überwinterung im Kalthaus oder frostfrei im Keller, nach den Eisheiligen ausräumen. Wichtig sind Aufstellung an sonnigem Standort und Kultur in kräftigen, dabei aber wasserdurchlässigen Substraten. Dunggüsse während des Sommers nicht vergessen! Beim Überwintern eher trocken halten, damit die Pflanzen nicht vorzeitig austreiben und unschön werden. – *A. cernua*. Stammbildende Art mit bis 1 m breiten Rosetten. Blätter flach, nicht übermäßig fleischig grau bereift. Reichlich sprossend. – *A. victoriae-reginae*. Halbkugelige Rosetten bis ca. 50 cm im Durchmesser. Blätter im Querschnitt kantig, dunkelgrün mit weißen, hornartigen Rändern und Linien. – Diese beiden Arten verlangen Überwinterung bei ca. 6°C. Sonst wie vorige Arten behandeln. – *A. victoriae-reginae* kann nur durch Aussaat vermehrt werden und verlangt während der Sommermonate Schutz vor übermäßiger Nässe. – WINTERHARTE ARTEN. ○ ♃ ⌒ Lie. *A. parryi*. 20 cm hohe, kugelige Rosetten bildend, Blätter graugrün. Blüten glockenförmig, gelblichweiß. Blütenstände 80 cm hoch. – *A. utahensis*. Ähnlich voriger, aber mit breiteren Blättern. – *A. virginica (Manfreda virginica)*. Nur sommergrün! Die 20–40 cm langen Blätter sind wellig, dunkelgrün. Der Blütenstand erreicht 1–1,5 m, die Blüten sind grünlich oder gelblich und duften. – Wichtig für diese interessanten Xerophyten sind vollsonniger Standort und schottriger Boden. Man pflanzt sie in Verbindung mit anderen trockenheitsliebenden Pflanzen, z.B. *Opuntien, Zauschneria, Delosperma,* und erreicht dadurch gute Wirkungen. Neben Schutz vor Winternässe in extremen Lagen ist Reisigschutz gegen Wintersonne bei den beiden immergrünen Arten angebracht. – Vermehrung durch Aussaat, die Sämlinge müssen die ersten drei bis vier Jahre, vor dem Auspflanzen, frostfrei oder wenigstens im kalten Kasten überwintert werden.

Ageratum, Leberbalsam. *Ageratum houstonianum (A. mexacanum)*. Korbblütler, *Compositae*. ○–◐ ⊙ |: ▽. Von den etwa 30 Arten im Gartenbau nur die in Mexiko und Südamerika heimische und dort halbstrauchige, bei uns aber einjährige *A. houstonianum* in Kultur. Je nach Typ (Beet- oder Schnitt-Ageratum) 10–60 cm. Blätter in der Regel ei- oder herzförmig. Blüten in Doldentrauben. Dominierend sind Blautöne in vielen Variationen, doch gibt es auch weißfarbene und rosa Züchtungen. Anzucht frostfrei unter Glas ab I, umtopfen und ins Freiland auspflanzen ab Mitte V, etwa 20 × 25 cm. Für Beete, Gräber, Einfassungen usw. Anbau hochwachsender Sorten lediglich für Schnitt, unbedeutend. Neue Hybriden Dauerblüte VI – Frost. Auch für Töpfe und Balkonpflanzungen geeignet. Möglichst sonniger Standort und nährstoffreicher, nicht zu schwerer Boden. Reichlich gießen und regelmäßig düngen, sonst leicht Spinnmilbenbefall. Sorten: 'Blue Blazer', 12 cm, hellblau; 'Blue Clips', 15 cm, mittelblau; 'Blaue Donau', 20 cm, hellblau; 'Schnittwunder', 60 cm, blau; 'Summer Snow', 15 cm, weiß; 'Tambel', 20 cm, dunkelblau.

Aglaonema → Kolbenfaden.

Agrostis → Rasengräser, → Straußgras.

Agrostemma → Rade.

Agrumen → Citrus.

Ahlebeere → Zierjohannisbeere.

Ahorn, *Acer.* Ahorngewächse. *Aceraceae.* Vielgestaltige Gattung sommergrüner Bäume und Sträucher, mit großer Verwendungsmöglichkeit. Etwa 115 Arten in Europa, Asien, Nordamerika und Nordafrika. – *A. campestre.* Feldahorn, Maßholder. ○–◐ ℏ IV–V |:. Europa und Westasien. 15 m, rundliche Krone, Zweige rissig und mit Korkleisten besetzt. Blätter klein, drei- bis fünflappig, der Blattstiel führt etwas

Ahorn, *Acer palmatum* 'Atropurpureum'. (Seidl)

Ahorn, *Acer negundo* 'Variegatum'. (Herbel)

Milchsaft. Blüten unscheinbar, grünlich, in Doldenrispen. Sehr gutes sommergrünes Heckengehölz, das jeden Schnitt verträgt, auch für trockene Lagen. – *A. cappadocicum (syn. laetum).* Kaukasus, Himalaya und Westasien. Bis 20 m, junge Zweige bereift, Blätter fünf- bis siebenlappig, glänzend grün, wunderbare goldgelbe Herbstfärbung, Blüten hellgelb, in Doldentrauben. Eine Abart: 'Rubrum', Rinde mehr rot, Blätter im Austrieb dunkelrot, später aber vergrünend. – *A. carpinifolium.* ○–◐ ℏ–ℏ V. Japan, bis 10 m hoch, breiter, aufrechter Wuchs und längliche Blätter. Blüten unscheinbar grün,

Agave – kleine Arten: *A. victoriae-reginae, A. filifera, parviflora, ferd.-regis, bracteosa.* (Seidl)

1 cm breit, in kurzen Trauben. – *A. ginnala,* Feuerahorn. ○–◐ ℏ–ℏ V D. Aus Ostasien, kleiner Baum oder Strauch, 4–6 m, dreilappige, dunkelgrüne Blätter, leuchtendrote Herbstfärbung, Blüten gelblichweiß und leicht duftend. Wird in Schweden und Rußland wegen seiner großen Winterhärte viel als Windschutz verwendet. – *A. japonicum,* Japanischer Ahorn. ○–◐ ℏ–ℏ IV–V ⊥. Japan beheimatet, kleiner, bis 3 m hoher Baum, Blätter frischgrün, sieben- bis elflappig. Die langgestielten, purpurnen Blüten erscheinen vor den Blättern. 'Aconitifolium': besonders wertvolle Abart, brennendrote Herbstfärbung, gedeiht am besten in sonniger Lage. 'Aureum' wächst langsam, konstant goldgrüne Belaubung, im Herbst goldgelb. Am besten halbschattiger Standort, da die Blätter leicht verbrennen. – *A. monspessulanum.* ○ ℏ IV–V. Südeuropa und Westasien, 10 m, runde Krone, Blätter dreilappig, lederartig, dunkelgrün und auf der Unterseite etwas bläulich. Gelbgrüne Blüten zu mehreren in Doldentrauben. Sehr anspruchslos, besonders für felsige, trockene Lagen. – *A. negundo,* Eschenahorn. ○–◐ ℏ IV–V. Nordamerika, raschwachsender Baum, bis 20 m hoch. Sehr breite Krone, Zweige etwas überhängend, Blätter drei- bis fünflappig gefiedert, lichtgrün. Blüten gelbgrün und hängend. Wächst in der Heimat auf feuchten Böden, bei uns noch auf relativ trockenen, raschwachsend und industriefest, in windgeschützten Lagen, auch als Alleebaum geeignet. Sorten: 'Auroevariegatum', 7 m, mit leicht bereiften Zweigen, Blätter grün, mit goldgelben Flecken. Standort halbschattig; 'Odessanum', 7 m, junge Zweige dicht weiß behaart, Blätter im Austrieb bronze überlaufen, später leuchtend gelb, gedeiht besonders gut in voller Sonne; 'Variegatum', relativ

Ailanthus

langsam wachsend, mit weiß berandeten Blättern. Alle bunten Ahornformen heben sich gut von dunklem Hintergrund ab und bilden reizvollen Kontrast zu Nadelhölzern. – *A. palmatum*, Fächerahorn. ○–◐ ♄–♄ V–VI △ ⊥. Aus Japan, bis 8 m, Zweige dünn, lebhaft rot, Blätter bis tief unter die Mitte fünf- bis elflappig gefiedert, frischgrün, im Herbst prächtig karminrot. Blüten purpurn, in kleinen Doldenrispen. 'Atropurpureum' bildet Sträucher oder kleine Bäume, beständig tiefrot belaubt; diese und die Abart 'Bloodgood' mit fast schwarzroten Blättern gehören zu den schönsten und wüchsichsten Fächerahornen. Warmer, leicht halbschattiger Standort; 'Osakazuki' ist von den vielen japanischen Sorten die schönste, mit regelmäßig einsetzender, leuchtendroter Herbstfärbung; sehr robust ist 'Variegatum', mit rosa und hellgelb marmorierten Blättern. – *A. palmatum* var. *dissectum*, Schlitzahorn. ◐ ♄– V–VI △ ⊥. Wächst langsamer als die Art. Charakteristisch sind die bis zum Grunde geschlitzten Blätter. 'Atropurpureum' und 'Ornatum' mit roten Blättern und halbkugeligem Wuchs, bis 2 m hoch, kann aber noch breiter werden. Blätter im Sommer dunkelrot, im Herbst zinnoberrot; besonders schön ist 'Garnet' mit dunkelroten Blättern, die bis zum Laubabfall die Farbe behalten; 'Viridis', wie die vorigen, jedoch mit frischgrünen Blättern, im Herbst gelb und rot, besonders schön in Verbindung mit Steinen. – *A. platanoides*, Spitzahorn. ○ ♄ IV–V ⊥ Bie. Europa und Kaukasus. 20–30 m, mit dichter, rundlicher Krone. Blätter fünflappig, zugespitzt, lebhaft grün, leuchtende Herbstfärbung. Gedeiht auf allen nährstoffhaltigen Böden, liebt aber etwas wärmere Lagen. Sehr guter Straßen- und Parkbaum, wegen seiner tiefgehenden Wurzeln auch zur Bepflanzung von Ödland, Böschungen und als Windschutzgehölz geeignet. Spielarten 'Crimson King', 'Faasen's Black' und 'Goldworth Purple', 10–15 m hoch. Blätter im Austrieb leuchtend rot, später konstant dunkelrot, stellen aber an den Boden höhere Ansprüche; 'Globosum', bis 10 m hoch, bildet ohne Schnitt sehr dichte, regelmäßige Kugelkronen, langsam wachsend, industriefest, verträgt auch heiße Stadtluft; 'Reitenbachii', mit schwarzroter und 'Schwedleri' mit kupferroter Herbstfärbung haben dunkelroten Austrieb; wertvolle Park- und Alleebäume. – *A. pseudo-platanus*, Bergahorn. ○ ♄ V ⊥. Gebirge Europas und Westasiens.

40 m hoch, kalkliebend, breit gewölbte Krone und abblätternde Borke. Blätter rundlich, fünflappig, derb. im Herbst gelbbraun. Verträgt fließendes Grundwasser, aber keine stagnierende Nässe. Wegen seiner tiefgehenden Wurzeln wie Spitzahorn zu verwenden. Die Spielart 'Woleei' ist im Austrieb bronze, später schön goldgelb. – *A. rubrum*, Rotahorn. ○ ♄ I II–IV. Aus Nordamerika, in der Heimat bis 40 m, bei uns nur 20 m. Name von den dunkelroten Blüten und Früchten, Blätter drei- bis fünflappig, rote und gelbe Herbstfärbung. Das kanadische Wappen enthält dieses Blatt. Verträgt Halbschatten, aber keinen kalkhaltigen Boden. Bevorzugt feuchte anmoorige Stellen. – *A. rufinerve*, Rostbartahorn. Japan. Name von den grünlichen rostrot behaarten Blütenständen. Sehr hübscher, kleiner Baum, mit dreilappigen Blättern, im Herbst scharlachrot auf gelb gefleckt. Großer Zierwert, besonders im Winter, durch weißgestreifte Rinde. – *A. saccharinum*, Silberahorn. ○ ♄ IV ⊥. Nordamerika, bis 40 m, malerisch überhängende Zweige. Blätter fünflappig, auf der Oberseite hellgrün, unten silbrigweiß (Name!). Prächtiger, industriefester Baum, geeignet für Einzelstellung, liebt etwas feuchteren Boden, verträgt auch kurzfristige Überschwemmungen. – *A. saccharum*, Zuckerahorn. ○ ♄ IV Lie. Kanada, bis 30 m und liebt sandigen, frischen Boden. Name von zuckerhaltigen Saft, aus dem der Ahornsirup gewonnen wird, KULTURANSPRÜCHE. Im allgemeinen genügt jeder trockene, auch steinige Boden. *A. negundo* und *saccharinum* jedoch verlangen frischeren. Die japanischen Zwergahorne wollen warme, sonnige bis halbschattige Lagen, nach Osten und Norden geschützt und tiefgründigen Boden; sind frisch gepflanzt sehr frostempfindlich und verlangen dann unbedingt etwas Winterschutz. – VERMEHRUNG. Reine Arten aus Samen, jedoch muß das Saatgut vor der Aussaat → stratifiziert werden. Bei Spielarten, Formen und Sorten Vermehrung durchwegs vegetativ. *A. carpinifolium*, *palmatum*, *cáppadocicum* und *negundo* hauptsächlich durch Absenker. Stecklingsvermehrung ist bei den Formen von *A. palmatum* möglich, jedoch sehr schwierig. Veredlung durch Okulation und seitliches Einspitzen bei allen Formen anwendbar, → Umveredlung mit Anleitung und Zeichnungen.

Ailanthus → Götterbaum.
Aira → Schmielenhafer.
Ajuga → Günsel.

Akanthus, *Acanthus*, Akanthusgewächse. *Acanthaceae*. ♃ ○ ✕. Etwa 20 Arten im Mittelmeerraum. Ihre schön gelappten, fiederspaltigen Blätter dienten im Altertum als Motiv für die Verzierung von Säulen. Am wertvollsten und gebräuchlichsten ist *A. mollis*, die jedoch richtig *A. longifolius* heißt, bis 1 m hoch mit weißrosa Blüten und frischgrünem Laub. Mit distelartigen Blättern und nicht so hoch: *A. spinosus*, mit weißlichen Blüten und violetten Kelchzipfeln. – Verwendung am besten freistehend in Staudenrabatten oder in großen Steingärten, auch zum Schnitt. Kalkhaltiger, lehmiger Sandboden. Vermehrung durch Teilung, Wurzelschnittlinge oder Aussaat.

Akazie, *Acacia*. Hülsenfrüchtler, *Leguminosae*. ○–◐ ♄–♄ ⎕ ✕ D Lie. Dornige oder unbewehrte Sträucher oder Bäume mit doppelt gefiederten Blättern oder 'Phyllodien', flachen, blattartigen Stielen. Blüten in kugeligen oder walzenförmigen Blütenständen. 450 Arten in den Subtropen und Tropen, besonders in Afrika und Australien. Die in Amerika beheimatete und bei uns vielerorts verwilderte, im Volksmund als Akazie bezeichnete Pflanze, gehört zu den → Robinien. Für die afrikanischen und südasiatischen Savannen ist die Schirmakazie charakteristisch. Zahlreiche Arten liefern Gummi bzw. Klebstoff (Gummi arabicum), einige australische Arten Holz. BLÄTTER DOPPELT GEFIEDERT. *A. decurrens*. Hoher Strauch oder Baum, liefert die 'Mimosen' der Riviera. – *A. pulchella*. Zwergiger Strauch mit kleinen Fiederblättchen und achselständigen, gelben Blütenkugeln. Gute Topfpflanze. – BLATTSTIELE ZU PHYLLODIEN umgebildet. *A. armata*. Kleiner Strauch mit Nebenblattdornen. Phyllodien lanzettlich, bis 2,5 cm lang, Blütenköpfchen gelb, einzeln. – *A. podalyriifolia*. Großer Strauch mit meist bläulich-silberner Färbung, Phyllodien bereift, bis 4 cm lang. Blüten gelb, zu 20–30 in achselständigen Trauben. Wichtigste phyllodientragende Schnittmimose. – Die A.n sind Kalthauspflanzen, die aber auch im hellen Zimmer, bei zurückhaltendem Gießen, gut gedeihen. Temperaturen am 8–12°C sind ideal. Im Sommer räumt man sie ins Freie, wo sie sonnig stehen müssen. Nicht zu oft umtopfen. Alte Pflanzen brauchen kräftige Wässerung und Düngung. – Vermehrung durch Aussaat oder Stecklinge. Die herrlich blühenden Mittelmeer-Mimosen, die alle aus Australien stammen, werden meist veredelt. Viele Sorten!

Akelei, Wildstaude im Sichtungsgarten Weihenstephan. (Drave)

Akebia → Akebie.
Akebie, *Akebia.* Lardizabalagewächse, *Lardizabalaceae.* Sommer- bis halbimmergrüne Schlingsträucher, einhäusige Blüten. In den achselständigen Blütentrauben stehen die männlichen Blüten an der Spitze, die weiblichen an der Basis. Nur 3 Arten in Ostasien, davon am gebräuchlichsten *A. quinata.* ○–◑ ♄ ⚥ IV–V, Mittelchina und Japan. 3–5 m hoher Strauch, schlingend und halbimmergrün. Blätter dunkelgrün und fünfzählig. Die purpurbraunen Blüten duften leicht; von VIII–X sehr dekorative, blaubereifte Früchte. – Geschützter Standort an Mauern oder dergleichen, jeder Gartenboden. Lage sonnig oder halbschattig. Werden am besten mit anderen Schlingern zusammengepflanzt, da die A.n mit zunehmendem Alter von unten her kahl werden. Vermehrung durch Aussaat bald nach der Reife des Samens oder durch Ablegen der einjährigen Triebe.

Akelei, *Aquilegia.* Hahnenfußgewächse. *Ranunculaceae.* ♃ 120 Arten in Mitteleuropa, Nordamerika und Asien. Bekannte Gartenstauden mit doppelt-dreiteiligen, zierlichen Blättern. Blüten mit geradem oder gekrümmten Sporn. *A. akitensis.* Zwergakelei, Japan. ○–◑. Sehr niedrige Art, Blüten tiefblau mit kurzem Sporn. V–VI, 15 cm. – *A. alpina,* westliche Alpen. ○–◑. Blüten dunkelblau mit kurzem, gekrümmtem Sporn. VI–VII, 70 cm. – *A. canadensis,* östliches Nordamerika. ○–◑. Blätter auf der Oberseite grün, unten blaugrün, Blüten gelb und rot, Sporn gerade, scharlachrot. Kleinblumig aber interessante Farbe. VI–VII, 70 cm. – *A. caerulea.* Westliches Nordamerika. ○–◑ ✕. Eine der wichtigsten Arten, deren Sorten besonders schön und langgespornt sind, meist mit zweifarbigen Blüten. 'Himmelblau', mit weißer Krone (Mitte), 60 cm; 'Rotstern', dunkelkarmesin. Krone weiß, 60 cm; 'Spezialmischung', großblumig und farbkräftig, 75 cm; 'Mac Kana Hybriden', riesenblumige Mischung mit sehr langem Sporn, 75 cm; 'Libelle' (Dragon Fly), halbhohe, standfeste Mischung mit großen Blüten in leuchtenden Farben, 50 cm; 'Langspornige, Amerikanische Riesen' als Mischung und in Einzelfarben, 75 cm. Alle VI–VII. – *A. chrysantha,* Neu-Mexiko, Arizona. ○ ✕. Hell chromgelbe, langgespornte Blüten. VI–VII, 90 cm. – *A. ecalcarata,* Spornlose Zwergakelei *(Semiaquilegia e.),* Westchina. ○–◑. Blüten klein, ohne Sporn, rosa bis violettpurpur, zarte Pflanze, VI bis VII, 15–25 cm. – *A. einseleana,* Pyrenäen. ○–◑. Kleine, blauviolette Blüten mit wenig gekrümmtem Sporn. VI–VII, 15–25 cm. – *A. glandulosa* var. *jucunda (vera).* Gebirge Zentralasiens. ○–◑ ✕. Blüten mit einwärts gebogenem Sporn, leuchtend blau mit weißer Krone. V–VI. 30 cm. – *A. pyrenaica.* Pyrenäen. ○–◑. Niedrig, mit blauen Blüten. V, 15 cm – *A sibirica (bicolor)* 'Biedermeier'. ○–◑. Bunte Mischung ein-, zweifarbiger Blüten mit kurzem Sporn, niedrig und wüchsig. V–VI, 20–30 cm. – *A. skinneri,* westliches Nordamerika bis Neu-Mexiko. ○–◑ ✕. Blüten gelb mit rotem, geradem Sporn. V–VII. 50–80 cm. – *A. vulgaris,* Europa. ○–◑ ✕. Kurzspornige Akelei in vielen Farben: Blau, rot, violett, weiß, einfach und gefüllt-blühend, Sporn stark zurückgekrümmt. 'Nigricans', schwarzrot, besonders dunkel. V–VI, 60–80 cm. – *A.* 'Teicheriana Hybrida Plena' ○–◑✕ hat kleine, gefüllte Blüten an verzweigten Blütenständen ohne Sporn in Blau, Weiß, Rosa, Rot und Violett. VI–VII, 70 cm. – VERWENDUNG. Niedrige Arten im Steingarten und wie alle andern im Staudenbeet. Die hohen liefern elegante Schnittblumen. Nach der Blüte ziehen die Pflanzen allmählich ein. – BODEN. Lockerer, humoser Gartenboden, der nicht zu trocken sein sollte. In schneelosen Frostlagen ist leichtes Abdecken mit Fichtenreis ratsam. – VERMEHRUNG. Alle durch Aussaat im Frühling, danach pikieren und ab Mitte V auspflanzen.

Akustische Schädlingsabwehr → Abschreckvorrichtungen.
Alant, *Inula.* Korbblütler, *Compositae.* ○–◑ ♃. Niedrige, halbhohe bis sehr hohe Stauden mit gelben, strahligen Blüten in den Sommermonaten. Sie werden gern von Schmetterlingen, Bienen und anderen Insekten besucht. Das Blattwerk ist auf der Unterseite oft

weißfilzig behaart. Etwa 120 Arten in Europa, Asien und Afrika. – *Inula ensifolia,* Zwergalant. ○. Süd- und Osteuropa, Kaukasus. Dichte, runde Büsche mit aufstrebenden Trieben, kleinblättrig, Blüten gelb. VI–VIII, 40 cm. 'Compacta', ist kompakter, niedriger, mit kriechendem Wurzelstock und gelben Blüten. Hat die Art vollkommen verdrängt. VI–IX. 30 cm. – *I. helenium,* Alant. Heimat vermutlich Zentralasien, aber in Europa, Kleinasien, Japan und Nordamerika verwildert. Wahrscheinlich schon seit dem Altertum als Heilpflanze in Kultur. Hoch, aufrechtwachsend, Blätter länglich-eiförmig, locker gestellt, auf der Unterseite graufilzig, Blüten gelb, feinstrahlig, VII bis VIII, 180 cm. – *I. hookeri,* Himalaja. Grau schimmernde, behaarte Blätter und verhältnismäßig große, hellgelbe Blüten an verzweigten Stielen. VIII–IX, 60 cm. – *I. magnifica (I. afghanica).* Afghan-Alant, Kaukasus. Riesige Art, Blätter groß, länglich-herzförmig, unten filzig behaart. Blüten groß, feinstrahlig, goldgelb. VII–VIII, 160 bis 200 cm. – *I. orientalis (I. glandulosa).* Kleinasien, Kaukasus, Halbhohe, sehr hübsche Art mit länglichen, behaarten, grünen Blättern. Blüten einzeln an den Stengeln, 10–12 cm groß, schön orangegelb, feinstrahlig. VI–VIII, 50 cm. – Verwendung der niedrigen Arten im Steingarten und Staudenbeet, der ganz hohen in großen Staudenanlagen oder zwischen Wildstauden und hohen Gräsern. In strengen Wintern abdecken, nur mit Tannenreisig. Kein Laub! Boden für die niedrigen Arten trockener, lockerer Gartenboden, die hohen verlangen mehr Feuchtigkeit, sie eignen sich auch als Uferpflanzen. Vermehrung durch Aussaat, selten Teilung.

Alaun, Kaliumaluminiumsulfat, umweltschonendes chemisches Mittel gegen Blattläuse, Raupen und Schnecken: 40 Gramm Alaun in kochendem Wasser lösen und mit 10 Liter Wasser verdünnen. Spritzen auf Boden oder Pflanzen. Wegen der Bildung von Kristallen nach Trocknung, die relativ langsam abgebaut werden, sollte Alaun nicht auf Obst und Gemüse kurz vor der Ernte gespritzt werden.

Albizzie, *Albizia.* Hülsenfrüchtler *Leguminosae.* ○ ♄ ⌑ o. ⌒ Lie. Meist frühjahrsblühende Sträucher oder Bäume, ca. 50 Arten in Asien, Afrika und Australien. *A julibrissin.* Strauch oder kleiner Baum, Blätter doppelt gefiedert, 15–30 cm lang, Blüten an den Enden der Triebe in ballförmigen Blütenständen, 3 cm Durchmesser, hellbis dunkelrosa. – *A. lophantha.* Ähnlich voriger, doch Blätter wesentlich feiner gefiedert. Blütenstände walzig oder eiförmig, 4–8 cm lang, hellgelb. – Schöne Kalthaussträucher, die in Kübeln gezogen werden. Überwinterung bei 5–8°C, während des Sommers Aufstellung im Freien auf Terrassen o.ä. Durch die Blüte im Spätfrühling und Frühsommer auffällig. Von *A. julibrissin* gibt es relativ winterharte Formen, die dem im milden Gebiet Gärtnernden empfohlen werden können.

Alcea → Stockmalve.
Alchemilla → Frauenmantel.
Algenansatz, kann auf Töpfen und auf Pflanzen auftreten. A. auf Töpfen ist meist von der Zusammensetzung des Gießwassers abhängig, weiche Wässer rufen häufig stärkere Veralgung hervor. Plastiktöpfe veralgen im allgemeinen wesentlich weniger, sind auch leichter zu reinigen. A. auf den Pflanzen selbst ist wesentlich unangenehmer, hier muß man etwas mehr Licht geben und die Luftfeuchtigkeit und die frei rinnende Feuchtigkeit einschränken. Säuberung durch Abwaschen. Manche Pflanzen, z. B. Farne oder atmosphärische Bromelien, können aber fast nicht abgewaschen werden. Hier hilft nur Änderung der Lebensbedingungen.

Algenkalk → Kalkalgenmehl.
Alginat, aus einer Braunalgenart gewonnenes Bodenverbesserungs- und Kompostierungsmittel. Quillt im Boden stark auf, verbessert dadurch und durch verklebend wirkende Inhaltsstoffe → Bodenstruktur und Wasserhaltkraft. Enthält zahlreiche Spurenelemente, die im einzelnen für die Ernährung von Pflanze, Tier und Mensch mehr oder weniger wichtig bzw. unentbehrlich oder entbehrlich sind. A.präparat unter Handelsnamen erhältlich.

Algomin → Kalkalgenmehl.
Alisma → Froschlöffel.
Alkalisch, Reaktionsart, entspricht einem → pH-Wert über 7,0.
Allamanda. Hundsgiftgewächse, *Apocynaceae.* ◐ ♄ ⚡. 12 Arten, überwiegend in Brasilien. Hochkletternde Sträucher mit quirlständigen Blättern und großen Trichterblüten. – *A. cathartica.* Brasilien. Vor allem die starkwüchsige Varietät *hendersonii* viel aus Dänemark angeboten. Blüten bis 12 cm breit, dunkelgelb, Zipfel rasch zurückschlagend. – Am besten ausgepflanzt im geschlossenen Blumenfenster. Während der Wachstumszeit, von IV–X, viel Wasser und Dünger. Winterliche Ruhezeit nicht zu streng. Auf Drähten ziehen, gekaufte Pflanzen sind mit Chemikalien gestaucht. – Vermehrung: durch Stecklinge, schwierig.

Allelopathie, Lehre von der gegenseitigen Beeinflussung verschiedener Pflanzenarten in Fruchtfolge, Mischkultur oder der Gemeinschaft wildwachsender Pflanzen über Wuchs- oder Hemmstoffe, die von den Pflanzen ausgeschieden werden. Einfluß im Garten schwer abgrenzbar von der Wirkung von Wuchs- und Hemmstoffen des Bodens, insbesondere organischer Stoffe (Huminstoffe → Humus) und des → Edaphons. Beispiel für nachgewiesene hemmende Wirkung: Wermut hemmt das Wachstum von Fenchel bei Reihenkultur eindeutig. Literatur: F. Boas, Dynamische Botanik, 3. A. München 1949.

Allium → Lauch.
Almrausch → Alpenrose.
Alnus → Erle.
Aloë, *Aloë.* Liliengewächse, *Liliaceae.* ○ ♃ ⌑. 200 Arten in Afrika, der Arabischen Halbinsel. Die jungen Blätter sind, im Gegensatz zu den Agaven, nicht miteinander verklebt, sondern stehen frei. HOHE ARTEN. *A. arborescens.* Südafrika, weit verbreitet. Strauch bis 3 m hoch. Stämme bis 6 cm dick. Blattrosetten bis 80 cm Durchmesser. Blätter schwertförmig, bis 50 cm lang, 2–3 cm dick, blau- bis graugrün und bereift, ohne Flecken, Randstacheln bis 5 mm lang. In der Kultur vielfach einstämmig, am natürlichen Standort immer verzweigt. – *A. ferox.* Südafrika. Stamm einfach, bis 2,5 m, Blätter bis 60 cm lang und bis 10 cm breit, lanzettlich, graugrün, mit braunen oder schwarzen, hornigen Sta-

Aloe, *Aloe arborescens.* (Dr. Jesse)

cheln. – NIEDRIGE ARTEN. *A. aristata.* Kapland. Kugelige Rosetten von 10–15 cm Durchmesser bildend. Blätter zahlreich und dicht stehend, mit zahlreichen weißen Höckern, weißen Blattrandzähnen und in einer Spitze ausgezogen. Blütenstände bis 20 cm lang, traubig, mit roten Glockenblüten. – *A. variegata.* Südafrika. Blätter dicht gestellt, Rosette bis 30 cm hoch bildend, beiderseits grün mit unregelmäßiger, weißer Querbänderung. Rand schwach gezähnt. Blütenstand 30–40 cm, traubig, rote Glockenblüten. – Alle Arten eignen sich sowohl für Kultur im Kalthaus als auch für Zimmerkultur. Im Sommer kann man sie im Freien zu Gruppen aufstellen. Schutz vor Sonne in den ersten Tagen nach dem Ausräumen, sonst Gefahr des Sonnenbrandes. Die trockene Luft mäßig geheizter Räume sagt diesen Pflanzen zu. Das Substrat soll durchlässig, aber nährstoffreich sein. Während des Winters gieße man mäßig, um einen unschönen Winteraustrieb zu verhindern, im Sommer verlangen sie reichlich Wasser und Dunggüsse. – Vermehrung durch Ausläufer und Seitentriebe, aber auch Samen.

Alonsoa → Alonzoblume.

Alonzoblume, *Alonsoa.* Rachenblütler. *Scrophulariaceae.* ○ ⊙. In der Heimat (Anden Südamerikas bis Mexiko) 7 ständige Arten, bei uns als Sommerblume nur *A. meridionalis* in Kultur. Blüten traubig, scharlachrot. Etwa 40 cm, VII bis Frost. Aussaat III–IV unter Glas. Pflanzung ab Mitte V mit 25–30 cm Abstand. Standort sonnig, Boden nicht zu schwer. Empfehlenswert für bunte Rabattenpflanzungen.

Alpenglöckchen → Troddelblume.

Alpenjohannisbeere → Zierjohannisbeere.

Alpenrose, *Rhododendron.* Heidekrautgewächse, *Ericaceae.* Immergrüne oder sommergrüne Sträucher, etwa 1000 Wildarten meist in den asiatischen Hochgebirgen, aber auch in Europa und Nordamerika. Die immergrünen, großblättrigen A.n werden als *Rhododendron* bezeichnet, die laubabwerfenden dagegen als *Azaleen,* jedoch gibt es zwischen diesen beiden Gruppen viele Übergänge. Je nach Standort und Witterung werden über Winter die Blätter behalten oder abgeworfen.

IMMERGRÜNE, GROSSBLÜTIGE ALPENROSEN. ☽ ● ♄ V–VI i. Die in den Gärten gepflanzten A.n sind zum größten Teil aus Kreuzungen entstanden. Es gibt viele Hunderte. Die bedeutendste Elternart ist die Catawba-Alpenrose. *Rh. catawbiense,* die neben großer

Rhododendron mit Epimedium und Farn im Vordergrund. (Seidl)

Winterhärte schöne, gesunde Belaubung und ausgezeichneten Wuchs in die Kreuzung mitbringt. Ein Nachteil ist die etwas trübviolette Blütenfarbe, so daß noch andere Arten, wie *Rh. ponticum, Rh. fortunei* und *Rh. caucasicum* eingekreuzt wurden, um rote, rosa und lila Farbtöne zu bekommen. Die meisten Kreuzungen haben jedoch den Charakter der Catawba-A. beibehalten *(Catawbiense-Hybriden).* Die Rhododendrongesellschaft hat in Zusammarbeit mit den Baumschulen die vielen in Kultur befindlichen Sorten gesichtet und geprüft und die 20 schönsten und zugleich widerstandsfähigsten Sorten zu einem Standardsortiment zusammengefaßt; dem gegenüber steht ein Liebhabersortiment, das ebenso schöne, aber empfindliche Sorten enthält. STANDARDSORTIMENT: 'Album Novum', weiß mit purpurner Tönung; *catawbiense* 'Album', weiß, im Aufblühen lila getönt; *catawbiense* 'Boursault', helllila mit gelbgrüner Zeichnung; *catawbiense* 'Grandiflorum', großblumig, purpurviolett mit gelbroter Zeichnung; 'Caractacus', purpurrot, spät, sehr hart; 'Catharine van Tol', rubinrosa mit gelbgrüner Zeichnung auf gelbem Grund; 'Cunningham's White', weiß mit hellgelber Zeichnung, im Aufblühen rosa; 'Direktor E. Hjelm', rosarot mit zart bräunlichgrüner Zeichnung; 'Dr. H. C. Dresselhuys', purpurrot mit bräunlichgrüner Zeichnung; 'Dr. V. H. Rutgers', rubinrot mit dunkelbrauner Zeichnung; 'Everestianum', purpurviolett mit rotbrauner Zeichnung; 'Gomer Waterer', weiß mit gelbgrüner Zeichnung, im Aufblühen lilarosa; 'Lee's Dark Purple', purpurviolett mit gelbbrauner Zeichnung; 'Jacksonii', hellrosa mit gelber Zeichnung, sehr früh; 'Nova Zembla', leuchtend rot, spät, etwas sparrig und locker; 'Parson's Grandiflorum', hell-lilarosa; 'Purpureum Elegans', sehr alte Sorte, purpurviolett mit brauner Zeichnung; 'Van der Hoop', purpurrot mit rotbrauner oder gelber Zeichnung auf weißem Grund; 'Van Weerden Poelman', dunkelrubinrot mit kräftig brauner Zeichnung auf hellem Grund.

SOMMERGRÜNE, GROSSBLÜTIGE ALPENROSEN (AZALEEN). ◐ ♄ V–VI D. Bis 2,50 m, blühen kurz vor dem Laubaustrieb, Blüten zu mehreren in Büscheln, prächtige Farben mit enormer Leuchtkraft. Massiert gepflanzt erzielen sie großen Farbeffekt, ev. zu auffallend. In Gemeinschaft mit immergrünen Gehölzen, wie Wacholder, Eiben oder Kirschlorbeer, neutralisieren sich die Farben, und es entsteht ein freund-

Alpenrose

Topfazalee, *Rhododendron simsii*. (Herbel)

licheres Bild. An den Azaleen-Sorten sind nur wenige Wildarten beteiligt. *Rh. japonicum* und *Rh. molle* ergaben die Molle-Hybriden und aus *Rh. flavum* und einigen nordamerikanischen Arten entstanden die Pontischen Azaleen, auch Genter-Hybriden genannt. – MOLLE-HYBRIDEN, Fangen vor dem Laubaustrieb an zu blühen; große Blüten mit leuchtenden Farben. Werden kaum 1,50 m, darum auch für kleinere Gärten geeignet. Sorten: 'Chevalier de Reali', hellgelb mit goldgelber Zeichnung; 'Consul Pecher', lachsrosa mit hellorange Zeichnungen; 'Directeur Moerlands', Blüten goldgelb, innen intensiver; 'Dr. M. Oosthoek', dunkelzinnoberrot mit heller Mitte; 'Koningin Emma', aprikosenfarben mit dunkleren Zipfeln; 'Koster's Brilliant Red', zinnoberrot mit dunkler Zeichnung; 'Nicolas Beets', gelborange mit zinnoberroter Tönung; 'Winston Churchill', leuchtendrot mit dunklem Fleck. – PONTISCHE AZALEEN (Genter Hybriden). Die Blütezeit beginnt etwas später als bei den Molle-Hybriden. Blüten kleiner, dafür zahlreicher und duftend, 2 bis 3 m hoch. Wertvoll auch die orangerote Herbstfärbung der Blätter. – Sorten: 'Bouquet de Flore', karminrosa mit weißen Streifen; 'Coccinea Speciosa', orangerot mit roten Staubfäden; 'Daviesii', elfenbeinfarben mit gelber Zeichnung; 'Goldlack', goldgelb mit rosa Tönung; 'Narcissiflora', hellgelb mit goldgelbem Fleck; 'Pucella', purpurrosa mit gelber Zeichnung; 'Sang de Gentrugge', karminrot mit orangefarbiger Zeichnung; 'Unique', gelborange mit rosa Tönung. Eine neue Gruppe sind die Knap-Hill und Exbury Azaleen. Sie haben größere Blüten, leuchtende Farben, sind sehr reichblühend und haben z. T. besseren Wuchs, so daß sie den alten Mollis- und Pontica-Hybriden überlegen sind. 'Berryrose', dunkelrosa, mittel bis spät; 'Fireball', dunkelrot, mittel; 'Gibraltar', orange, mittel; 'Golden Sunset', goldgelb, mittel; 'Gibraltar', orange, mittel; 'Golden Sunset', goldgelb, mittel; 'Klondyke', orangegelb, mittel, rote Herbstfärbung; 'Persil', weiß, mittel; 'Satan', dunkelrot, spät; 'Tunis', orangerot, mittel.

HALBIMMERGRÜNE, JAPANISCHE ALPENROSEN (jap. Azaleen). ☽ ♄ V–VI △ ⌒. Dichtbuschig, kaum 1 m. Im Habitus unseren indischen Topfazaleen sehr ähnlich. Die Kreuzungen sind aus *Rh. obtusum* und dessen Unterarten, aus *Rh. mucronatum, Rh. malvaticum* und kleinblumigen Sorten entstanden. Mehr oder weniger immergrün, d. h. in milden Wintern behalten sie die Blätter bis zum Frühjahr. Leuchtende Farben, der Blütenreichtum ist so groß, daß sie trotz ihrer Kleinheit sehr auffallen. Sorten: 'Beethoven', purpurrosa, großblumig; 'Betty', rosa mit rotbrauner Zeichnung; 'Favorite', rubinrosa, Blütenrand gewellt; 'Hatsugiri', purpurfarben, gedrungener Wuchs; 'Hinogiri', rubinrot, sonst wie vorige Sorte, jedoch empfindlicher; 'Joseph Haydn', hell-lila mit dunkler Zeichnung; 'Kathleen', leuchtend rot mit rotbrauner Zeichnung; 'Vuyk's Scarlet', dunkelrot, braucht Winterschutz.

Neben den über 3600 Sorten sind manche Wildarten durchaus gartenwürdig, die hohen fürs Rhododendronbeet, die kleineren für den Heide- oder Steingarten. – *Rh. albrechtii*. ○–☽ ♄ IV–V. Japan. Etwa 1,50 m, und locker buschig. Die purpurroten Blüten erscheinen IV bis V. Eine der schönsten frühblühenden A.n. – *Rh. camtschaticum*. ☽ ♄ △ VII–IX. Sibirien. Nur 20 bis 30 cm, große, dunkelrosa Blüten. Verlangt absonnige Lage und feucht-kühlen Standort, verträgt aber keine stagnierende Nässe. – *Rh. canadense*. ○–☽ ♄ IV–V. Aus Nordamerika. Bis 1,20 m, bekommt vor den Blättern purpurfarbene Blüten, mit tief geschlitzten Petalen. – *Rh. catawbiense*. ☽ ♄ V–VI i. Kommt vom Catawba-Fluß in Nord-Karolina. Etwa 3 m, mit dichtem, gedrungenem Wuchs. Besondere Vorzüge: Große Winterhärte, gesundes Laub und sehr blühwillig. Blüten purpurlila mit grünlicher Zeichnung. Maßgeblich an Züchtungen beteiligt. – *Rh. ferrugineum*. ☽ ♄ VI ⌒ i. In den Alpen heimisch. Etwa 1 m, dunkelrote Blüten und dunkelgrüne Blätter, auf der Unterseite rostrot. Absolut kalkfeindlich und verlangt halbschattigen, kühlen Standort. – *Rh. forrestii* var. *repens (Rh. repens)*. ☽–● ♄ △ IV ⌒ i Lie. Sehr empfindliche und in Kultur schwer wachsende Art aus Ost-

Rhododendron japonicum. (Herbel)

asien. In den sechziger Jahren für Züchtungen schwachwüchsiger Gartensorten der Repens-Hybriden von Bedeutung gewesen. Diese hingegen sind wüchsig, sehr blühwillig und meist mit roten Blüten besetzt, wie 'Juwel', 'Baden-Baden', 'Scarlet Wonder' und 'Elisabeth Hobby'. – *Rh. hirsutum*, Almenrausch, Almrausch. ☽ ♄ △ VI i. In Alpen und Karpaten beheimatet. 1 m, dunkelrosa Blüten. Unterscheidet sich von der echten Alpenrose durch die unterseits grünen, behaarten Blätter. Obwohl in den Kalkalpen vorkommend, darf im Garten der Boden nicht kalkhaltig sein, da am Wildstandort Rohhumusauflagen mit pH von 5,5–6 vorkommen. – *Rh. impeditum*. ☽ ♄ △ IV–V i. China. 40 cm, blaugrüne Blätter und dunkelviolette Blüten. Die Sorten 'Blue Tid', lavendelblau, und 'Moerheimii', violettblau, werden etwas höher. – *Rh. makinoi*. ☽ ♄ VI i. Sehr wertvolle Wildart aus Japan. 1–2 m, sehr gedrungen, besonders durch die Belaubung interessant. Die 15 cm langen Blätter mit eingerolltem Rand sind auf der Unterseite dicht weiß-filzig behaart. Glockige Blüten, hellrosa mit karminroten Flecken. – *Rh. mucronulatum*. ☽ ♄ II–IV ⌒ Lie. Mandschurei. Durch frühe Blütezeit überaus reizvoll, vorausgesetzt die lachsrosa Blüten leiden nicht durch Spätfröste. – *Rh.* × *praecox*. ☽ ♄ △ II–IV i. Eine Kreuzung *Rh. dauricum* × *Rh. ciliatum*. Wohl die bekannteste frühblühende A., in warmen Wintern erscheinen die purpurnen Blüten schon im XII. – *Rh. radicans*. ☽ ♄ △ V–VI i Lie. Ein Zwerg unter den A.n, kaum 10 cm hohe Polster mit einzelstehenden, purpurnen Blüten. – *Rh. williamsianum*. ☽ ♄ △ IV–V i. China. Bildet unregelmäßig geformte Büsche von 1 m. Ovale, im Austrieb bronzefarbene Blätter, später dunkelgrün. Die reine Wildart ist in der Jugend etwas blühfaul. Verbesserungen sind die Sorten 'Lissabon' mit karminroten, 'Oldenburg' mit zartrosa und 'Wega' mit rosa Blüten, allerdings recht empfindlich auf Nachtfröste. – *Rh. yakushimanum.* ◐ ♄ i V–VI. Sehr wertvolle Wildart aus Japan, zerfällt in 2 Untergruppen: ssp. *makinoi,* 1–2 m hoch, halbkugeligem Wuchs, 15 cm langen Blättern, die auf der Unterseite weißfilzig behaart sind, hellrosa glockigen Blüten; ssp. *yakushimanum* ist in allem etwas zierlicher, die karminrosa Knospen wechseln beim Aufblühen von Rosa in Weiß. Sorten: 'Morgenrot' hellrot, 'Silberwolke' weiß.

KULTURANSPRÜCHE. Die meisten A.n sind Halbschattenpflanzen, je größer das Blatt, um so mehr Schatten brauchen sie. Die immergrünen Arten und Sorten bekommen durch die Wintersonne sehr leicht Verbrennungen und müssen je nach Gegend und Klima mehr oder weniger geschützt werden. Boden locker, humos, pH 4–5,6, Moorboden ist nicht unbedingt nötig. In Gegenden mit alkalischem Boden, d.h. mit pH über 7,0, ist der gewachsene Boden durch anderen, kalkfreien zu ersetzen. Alle A.n sind Flachwurzler, deshalb ist jedes Graben zwischen den Pflanzen schädlich. Sie brauchen gleichbleibende Bodenfeuchtigkeit; sonst wässern, auch im Winter, da viele Pflanzen durch Ballentrockenheit eingehen. Durch → Mulchen wird im Boden die Feuchtigkeit viel länger gehalten. Düngung hauptsächlich bei den großblumigen Arten und Sorten, aber nur mit physiologisch sauren Düngern, z.B. schwefelsaurem Ammoniak (IV–V 25–30 g/qm). Eine wichtige Pflegemaßnahme ist das Ausbrechen der abgeblühten Blütenstände. Dadurch wird der Samenansatz verhindert, der junge Austrieb kommt besser durch und der Blütenansatz wird gefördert. Schädlinge treten bei den A.n sehr wenig auf. Rhododendronwanzen, Motten oder Blattläuse können leicht durch Spritz- oder Stäubemittel bekämpft werden. Die meisten Schäden werden durch unsachgemäße Behandlung, falschen Standort oder Boden hervorgerufen, d.h. die Pflanzen geschwächt und leichter von Krankheiten befallen. – VERMEHRUNG. Aussaat bei den reinen Arten und bei der Anzucht von Unterlagen. Ausgesät wird I oder V, besonders wichtig ist gleichbleibende Feuchtigkeit, keine Nässe. → Stecklingsvermehrung ist bei den kleinblumigen Arten, in zunehmendem Maß auch bei Hybriden üblich. → Ablegen ist bei vielen Sorten und manchen Wildarten möglich, jedoch wird dafür gleichbleibende Feuchtigkeit und humoser, nicht zu schwerer Boden benötigt. Viele Sorten können nur ausreichend durch → Veredelung vermehrt werden (→ Kopulation als Handveredlung). → Okulation wird in den USA immer mehr angewendet, weil Zeit- und Edelreiseersparnis. Teilung ist bei *Rh. camtschaticum* üblich und auch bei anderen kriechenden Arten und Sorten möglich. Literatur: Berg/Heft, Rhododendron und immergrüne Laubgehölze; Boerner, Blütengehölze; Krüssmann, Rhododendron.

TOPFAZALEE. Manche Gruppen der A.n werden auch getrieben bzw. verfrüht und von Weihnachten bis Ostern als Zimmerpflanzen in den Handel gebracht. Am bekanntesten die Indischen Azaleen, aus verschiedenen Kreuzungen entstanden und unter *Rh. indicum* oder *Rh. simsii* zusammengefaßt. Viele Farben, sollten im Zimmer hell und nicht zu warm stehen. Beim Kauf ist darauf zu achten, daß die Blütenknospen schon Farbe zeigen, da sie sonst sitzen bleiben oder abgeworfen werden. Die Indische Azalee ist in unseren Klimaten nicht winterhart. Abgeblühte Pflanzen sind wertlos, da sie nur unter sorgfältigster Pflege wieder zum Blühen kommen. Anders verhält es sich mit den ‚Immergrünen, großblütigen‘, ‚Sommergrünen, großblütigen‘ oder ‚Halbimmergrünen, japanischen‘ A.n. Sie werden im Frühjahr in den Gewächshäusern verfrüht und sind besonders für Gartenbesitzer geschätzte Geschenke. Abgeblüht sind sie ohne weiteres für den Garten zu verwenden; die jungen Triebe sind aber durch das Treiben am Anfang frostempfindlich. Später benötigen sie die gleichen Bedingungen wie die anderen A.n im Garten.

Alpenveilchen, *Cyclamen.* Primelgewächse, *Primulaceae.* ◐ ♃ ⬚ ⚥. Das Alpenveilchen oder die Zyklame ist eine der beliebtesten Zimmerblütenpflanzen für das kühle, mäßig geheizte Zimmer oder die Aufstellung im Dop-

Pontische Azalee und Große Waldsegge. (Drave)

Alpine Stauden

pelfenster. Stammt von der Wildart *Cyclamen persicum* ab, Kleinasien und Vorderer Orient. Die Züchtung dieser wichtigen Blütenpflanze setzte erst um die Hälfte des 19. Jh. ein. In der Heimat bewohnt das A. lockere Gebüsche oder Macchien, es macht jedes Jahr eine ausgeprägte Ruhezeit durch. Mit dem Einsetzen der Herbstregen werden die Blätter gebildet, in weiterer Folge die Blüten angelegt. Blütezeit in der Heimat Winter und zeitiges Frühjahr. Mit dem Beginn der Trockenperiode reifen die Samen, die Blätter vertrocknen, die Pflanze zieht ein. Sie überdauert die Sommermonate durch eine verholzte, scheibenförmige Knolle, die auf der Unterseite Wurzeln ausbildet. Blätter nierenförmig, meist rötlich gefärbte Unterseite, die Oberseite zeigt eine deutliche weiße Zeichnung, die bei manchen Sorten besonders stark ausgeprägt sein kann (sog. ‚Silberblatt'). In der Natur finden wir meist hellrosa, rosa und weißliche Blütenfarben, fast immer mit einem deutlichen Auge am unteren Ende der Blütenblätter. Wildart mit ausgeprägtem Duft. – Die Beliebtheit der Zyklame hat zur Folge, daß sich viele Rassen auf dem Markt befinden. Eine Zyklamenblüte kann folgende Farben haben: Reinweiß, Weiß mit Auge, Silberlachs, Hellachs, Dunkellachs, Dunkelrot, Hellrot, Leuchtendrot, Scharlachrot, Rosa mit Auge, Reinrosa und Violettrot. Daneben gibt es noch andere Farbtöne. Welche Farbe bevorzugt wird, hängt vielfach von der Gegend ab, doch sind es vorwiegend Lachstöne.

Neben den normalblütigen Zyklamen kennen wir noch die Rokoko-Z. (gefranst), die Harlekin-Z. (gestreift), Zehnblumenblättrige Z., die fälschlich als gefüllt bezeichnet werden, und Sorten mit Silberblatt. Durch Kreuzung mit der Wildform entstanden verschiedene Rassen, die man als Miniatur- oder Zwerg-Z. zusammenfaßt. Sie duf-

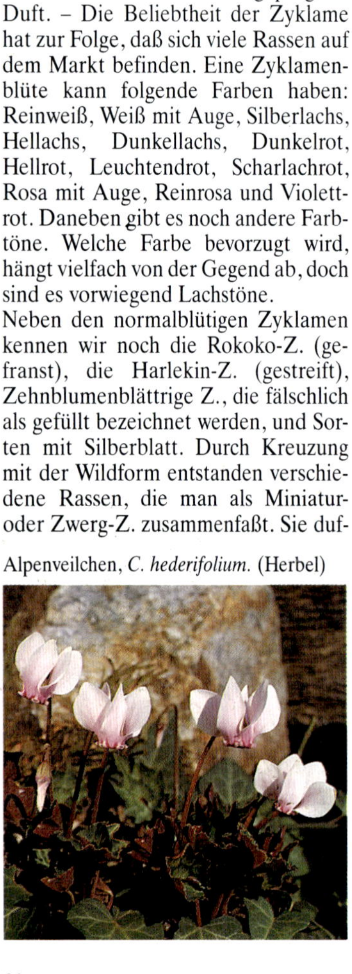

Alpenveilchen, *Cyclamen persicum* 'Rokoko'. (Seidl)

ten etwas und sind kleiner im Wuchs. Für den Liebhaber wenig interessant sind die Friesdorfer Schnitt-Z. – Zyklamen halten sich sehr gut geschnitten, wenn sie unten an- und eingeschnitten werden.

ANSPRÜCHE. Die Kultur soll in mäßig warmen, ca. 15–18 °C besitzenden Räumen durchgeführt werden, sie ist bei größeren Pflanzen während des Sommers ohne weiteres im Freien möglich, z. B. unter Bäumen. Als Substrat empfehlen sich torfreiche Mischungen. Für regelmäßige Düngung mit stickstoffreicheren Düngern sind die Pflanzen dankbar. In Wohnräumen ist es wichtig, daß die Z. immer möglichst kühl gestellt werden. Temperaturen zwischen 12 und 15 °C sind ideal. Gegossen wird nur über den Untersatz, d. h. nie von oben. So kann man die gefürchtete Botrytis oder Grauschimmelkrankheit der Z. etwas eindämmen. Im späten Frühjahr wird die Z. durch Trockenhalten zum Einziehen gebracht. Nie zu stark austrocknen lassen, da sonst die Knollen absterben. Nach einmonatiger Ruhezeit werden sie umgetopft und in der oben angeführten Art weiterkultiviert. Die Knollen können sowohl im Boden als auch außerhalb gelassen werden, der Erfolg ist meist bei beiden Verfahren gleich, bei übergroßer Nässe kann es bei zu tiefem Pflanzen der Knolle jedoch zu Fäulnis kommen. Die ersten Blüten kann man auch als Schnittblumen verwenden, da die Pflanze selbst noch zu wenig auffällig ist. Wichtig ist, daß die Blüten nach dem Reißen (sie werden mit einem kräftigen Ruck gezogen), angeschnitten und gegebenenfalls sogar kreuzweise eingeschnitten werden. Nur so kann der Stiel Wasser aufnehmen und die Blüte bleibt in der Vase frisch.

VERMEHRUNG. Ausschließlich durch Aussaat. Für die Keimung benötigen Z. eine Temperatur von ca. 17 °C, ja nicht höher, da sonst die Samen, wie sie es von ihrer Heimat gewohnt sind, eine Ruhezeit beginnen.

WINTERHARTE A. Bei diesen werden nach der Blütezeit drei Gruppen unterschieden: 1 Spätsommer- und Herbstblüher: *C. purpurascens* (*C. europaeum*), heimisch, Waldpflanze über Kalk, VIII–IX, im Sommer oft schon E VI, rosa Blüten mit sehr starkem Duft, immergrün. – *C. neapolitanum* (*C. linearifolium, C. hederifolium*), Mittelmeergebiet, IX–X, rosa oder weiß, mit kräftigen Öhrchen an den Blüten, Blätter sehr schön gezeichnet, mit den Blüten erscheinend, im Frühjahr absterbend. Gartenwilligste Art. – 2. Winterblüher: *C. coum*, Bulgarien–Iran, I–IV, gedrungene Blüten in Rosa, Rot oder Weiß, immer mit Auge, für Moorbeete im Halbschatten. – 3. Frühjahrsblüher: *C. pseudibericum*, Türkei, Waldpflanze, III–IV, rotviolett-rosaviolett, nach Veilchen duftend, Blätter silbern gezeichnet, gut hart, im Handel erhältlich, aber wenig bekannt. – *C. vernale* (*C. repandum*), Mittelmeergebiet, Waldpflanze, IV–V, rosarot mit rotem Mund, für Moorbeete in leichtem Schatten, tief pflanzen, dann erstaunlich hart. – Selten auch noch andere Arten im Handel, davon gut hart. *C. cilicium* und *C. mirabile*, nur für das frostfreie Kalthaus *C. libanoticum*. Alle winterharten A. sind Liebhaberpflanzen mit besonderen Pflegeansprüchen. Vermehrung durch Aussaat.

Alpine Stauden, sind in den Alpen und anderen Hochgebirgen der gemäßigten Zone beheimatet, wie:

Acantholimon glumaceum
Aethionema
Alyssum montanum und *saxatile*
Anacyclus depressus
Androsace sarmentosa
Armeria caespitosa
Aster alpinus
Campanula pusilla
Draba bruniifolia
Dryas × *suendermannii*
Erinus alpinus
Gentiana acaulis
Globularia cordifolia und *punctata*
Leontopodium alpinum
Lewisia cotyledon
Potentilla nitida und *aurea*
Ramonda myconi und *serbica*
Saxifraga apiculata und *elisabethae*

Alstroemeria → Inkalilie.

Alternanz, vor allem bei Apfelbäumen vorkommender Wechsel zwischen Jahren mit hohem Ertrag und Ertragsabfall. Durch moderne Kulturverfah-

Alpenveilchen, *C. hederifolium.* (Herbel)

Ampel- und Kletterpflanzen umsäumen diesen Sitzplatz an einem Schweizer Bauernhaus. Wilder Wein bildet ein Dach wie bei einer Laube, Hängepelargonien beleben die Wand. (Rosenberg)

Offenes Blumenfenster mit eingesenktem Beet. Der Gummibaum, 'Kletterficus', *Ficus benjamina,* beherrscht die Pflanzung von Medinilla, Kroton, Syngonium, Maranten und Bromelien. (Rosenberg)

ren weitgehend vermeidbar, → Ausdünnen, → Befruchtungsverhältnisse, → Fruchttrieberneuerung, → Obstbaumschnitt u. a. Stichwörter zum Thema Obstbau.

Althaea → Stockmalve.

Aluminium, chemisch Al, als Nährelement nur für einige wenige Pflanzen unentbehrlich, über 50 bis 100 mg/kg pflanzenschädlich. Auf stark sauren Böden, die auf Grund ihres Ursprungsgesteins viel bewegliches A. enthalten, sind Konzentrationen bis zu 500 mg/kg in Pflanzen möglich. → Bodenuntersuchung. – Vielfach werden Gewächshausbauteile aus einer A.legierung hergestellt. Vorteilhaft ist ihre chemische Beständigkeit, daß sie nicht rostet, das Streichen wegfällt und nicht zuletzt, daß Sprossenprofile aus A. es ermöglichen, ohne Kitt zu verglasen.

Alyssum → Steinkraut.

Amarant → Fuchsschwanz.

Amaranthus → Fuchsschwanz.

Amaryllis → Rittersten.

Amberbaum, *Liquidambar.* Zaubergenußgewächse, *Hamamelidaceae.* Vier Arten in Asien und Amerika, davon ist am härtesten die im östlichen Amerika vorkommende *L. styraciflua.* ○ ♄ V Lie. Sommergrün, 30–40 m, im Jugendstadium stark aufrecht wachsend, später mit breiter, schirmförmiger Krone. Blätter dunkelgrün, 10–18 cm groß, mit fünf dreieckigen Lappen und prächtig bunter Herbstfärbung. Auch im Winter apart, durch stark ausgeprägte Korkleisten. – In seiner Heimat steht der A. auf nassen Böden, während er bei uns auf solchen leicht erfrieren würde. Ansonsten anspruchslos, industriefest. Bevorzugt frischen, tiefgründigen und nahrhaften Boden. Vermehrung hauptsächlich durch Aussaat, kleinere Mengen auch durch Absenker. Bewurzeln allerdings sehr langsam.

Amberboa → Flockenblume.

Ameisen. In Gärten leben mehrere gelb bis schwarz gefärbte A.-Arten unter Pflanzen (oft im Rasen), in totem Holz (z. B. von Baumstümpfen in Steingärten) oder unter Steinen. Alle A. sind Staatenbildner mit hochinteressantem Sozialleben. Sie füttern ihre Larven mit Kleintieren, vor allem Insekten, sind also nützlich. Die Nahrung der erwachsenen Tiere besteht aus süßen Säften von Blüten, Früchten und den süßen Ausscheidungen (→ Honigtau) der Blattläuse. Zur Fortpflanzungszeit, im Sommer, treten oft große Schwärme geflügelter Tiere (Hochzeitsschwärme) auf, die, wenn sie sich in Häuser verfliegen sollten, keinen Grund zur Panik bilden: Fenster oder Tür offen lassen, evtl. mit Lüfter nachhelfen. A. verbreiten Samen, vor allem von Veilchen. Daher tauchen Veilchen in allen Teilen des Gartens auf. In Anbetracht ihrer Nützlichkeit sollten A. im Garten nur in dringenden Fällen bekämpft werden, z. B. wenn sie ins Haus dringen. Eingießen von heißem Wasser in ihr Nest führt zu wesentlicher Dezimierung.

Amerikanische Wildstachelbeere → Zierjohannisbeere.

Amerikanischer Berglorbeer = *Kalmia latifolia* → Lorbeerrose.

Amelanchier → Felsenbirne.

Amiddünger, Kohlensäure-Diamid (→ Harnstoff), Calciumcyanamid (Kalkstickstoff) → Mineraldünger (Stickstoffdünger), → Floranid.

Ammenpflanzung. Frühzeitig erschöpfte Obstbäume auf schwachwachsenden → Unterlagen können durch Ammenpflanzung auf Jahre hin zu neuem Triebwachstum und erhöhtem Ertrag angeregt werden. Im Herbst direkt an den Stamm gepflanzte einjährige Sämlingsunterlagen werden im folgenden IV/V durch seitliches Einspitzen mit dem Obstbaum verbunden (→ Veredlung). Die Amme erhält einen → Kopulationsschnitt, der Stamm einen umgekehrten T-Schnitt. Anschließend wird die Amme unter die Rindenflügel geschoben und mit Bast oder kleinen Nägeln befestigt. Mit → Baumwachs verstreichen!

Ammoniak, NH_3, stechend riechendes, die Augen zu Tränen reizendes Gas; aus Tierställen bekannt. In Wasser löslich = A.base = Salmiakgeist, im Haushalt als Reinigungsmittel (Fleckenwasser) gebräuchlich. A. in Stallmist, Jauche, Gründünger leicht flüchtig, kann durch feste Stapelung oder Einbringen in Boden festgehalten werden. Industriell hergestellt durch Haber-Bosch-Verfahren, seit 1913. Rohstoff für → Harnstoff und andere → Mineraldünger (Stickstoffdünger), → Stickstoff.

Ammonium, NH_4 nur in Salzform beständig, in Böden in anorg. Form an → Tonmineralien gebunden, in org. Form im Humus. Wird bei Humusabbau frei und in → Salpeter umgewandelt (oxidiert, nitrifiziert). → Mineraldünger (Stickstoffdünger), → Stickstoff.

Ampelopsis → Scheinrebe.

Ampelpflanzen, Hänge- oder Kletterpflanzen, die in Pflanzenampeln gezogen werden. Diese Ampeln können äußerst unterschiedlich gestaltet sein, je nach Aufhängungsort. Einfache Töpfe,

Wachsblume, *Hoya bella.* (Herbel)

am Rande durchbohrt, mit Drahtgitter überzogene, aus Stahldraht zusammengeschweißte Körbe oder künstlerische Arbeiten, wie umgebaute Pferdemaulkörbe, sind nur drei der vielen Möglichkeiten. Von A. rinnt meist Gießwasser herab, dies muß bereits beim Anbringen der Ampeln beachtet werden. Drahtgitterkörbe müssen mit Sumpfmoos, Jute oder Plastik ausgelegt werden, damit das Substrat nicht herausfällt. Bei der Dimensionierung der Aufhängung bedenke man, daß nasse Substrate ein Vielfaches schwerer sind. Neben Hänge- und Kletterpflanzen eignen sich auch manche Epiphyten zur Bepflanzung von Ampeln. Folgende Gattungen bzw. Arten können für die Bepflanzung von Ampeln empfohlen werden:

Aporocactus, Beleperone, Billbergia, Hängebegonien, *Callisia, Ceropegia, Chlorophytum, Cissus, Columnea, Ficus pumila* und *radicans, Fuchsia,* hängende Peperomien, *Hoya bella, Scindapsus, Syngonium, Tradescantia, Zebrina.* Daneben wirken auch *Schlumbergera, Rhipsalidopsis, Hatiora, Adiantum, Pteris* u.a. Farne, *Bromelien* usw. gut. Größere Ampeln können ähnlich wie kleine → Epiphytenstämme ausgestaltet werden.

Ampfer, *Rumex.* Knöterichgewächse, *Polygonaceae.* ○–◐ ♃. Blüten und Blattformen ähnlich unserem heimischen Sauerampfer, nur viel größer und dekorativer. Etwa 120 Arten auf der nördlichen, gemäßigten Halbkugel. – *Rumex alpinus,* Alpenampfer, Südosteuropa, Orient. Sehr große, schön dunkelgrüne Blätter im Frühling bis Frühsommer, später einziehend. Blütenstand groß, rispig mit rötlichen Blüten. VI–X, 80 cm, – *R. flexuosus,* Neuseeland. Niederliegende, im Zickzack gebogene, am Ende aufgerichtete Triebe mit lanzettlichen, gewellten Blättern, wie auch der Stengel kupferrot gefärbt. In harten Wintern erfriert die Pflanze

leicht, sät sich aber vorher selbst aus, ohne lästig zu werden. Blüten bräunlichrot. VI–VII, 30 cm. – *R. hydrolapathum*, Flußampfer, Mittel- und Südeuropa. ≈. Blätter lanzettlich, grün, im Herbst bronzerot. Blüten rötlichbraun. VII–VIII, bis 2 m. – Verwendung: *R. alpinum* vor Nadelgehölzen in großen Gärten, *R. flexuosus* für Liebhaber in exotischen Gartenpartien zusammen mit anderen farbigen Blattstauden. *R. hydrolopathum* ist eine Sumpfpflanze, die bis 20 cm tief im Wasser stehen kann, mit Rohrkolben und Wasserhahnenfuß. Boden: Für den Alpenampfer kräftiger Gartenboden, für *R. flexuosus* durchlässiger, sandiger Boden, Flußampfer nur an großen Wasserbecken. Vermehrung durch Aussaat.
Amphibien, Lurche, Wirbeltierklasse mit den Gruppen Salamander, Molche, Frösche und Kröten. Jugendentwicklung im Wasser mit Kiemenatmung, erwachsen auf dem Lande (oder zeitweise im Wasser) mit Lungenatmung. Im Garten vor allem durch → Grasfrosch, → Erdkröte und, weniger häufig, → Laubfrosch vertreten. Wichtige Vertilger von Insekten; Erdkröten fressen auch Schnecken. Förderung durch Gartenteiche, Hecken und Bodenbewuchs.
Amseln → Vogelabwehr.
Amstelraute = *Thalictrum aquilegifolium* → Wiesenraute.
Anacyclus → Kissenmargerite.
Ananasgewächse (Bromeliengewächse), *Bromeliaceae*. Die botanische Familie der A. ist sehr umfangreich, die Gattungen sind mit ihren Arten, mit einer einzigen Ausnahme, am amerikanischen Kontinent beheimatet. Die A. gehören zu den einkeimblättrigen Pflanzen, und ihre Blüten zeigen den Aufbau dieser Gruppe: auf 3 Kelchblätter folgen 3 Blütenblätter, die 6 Staubblätter stehen in 2 Kreisen, die 3 Fruchtblätter sind miteinander verwachsen. Die bekannte Ananas, *Ananas comosus*, ist die einzige Nutzpflanze der Familie. Die kurze Behandlung dieser ca. 2000 Arten umfassenden und für den Liebhaber sehr interessanten Familie ist schwierig; es wird hier versucht, die wichtigsten Gattungen und Arten nach ihrer Kultur einzuteilen.
1. BODENBEWOHNENDE, XEROPHYTISCHE BROMELIEN. ○ ♃ ♅ Lie. Zur Auflockerung von Kakteensammlungen kann man einige Gattungen der A. empfehlen. Sie bewohnen in ihrer Heimat trockene und steinige Hänge und sind aus diesem Grund ausgeprägte Xerophyten, d.h. Pflanzen, die Trocken-

Aechmee, Aechmea fasciata. (Herbel)

heit lieben. Die Gattung *Puya* umfaßt sowohl kleine als auch riesengroße Arten, die für den Liebhaber zu große Dimensionen erreichen. Kultur in nährstoffreicher Erde, im Winter trocken und kühl, im Sommer ins Freie hinausräumen. – Auch die Gattung *Pitcairnia* ist vielfach wegen der Größe nicht für den Liebhaber geeignet, doch sind auch hier die kleinen Arten zur Auflockerung von Sukkulentensammlungen gut brauchbar. Sie gedeihen sehr gut in trockenen Räumen. – Ähnliches gilt auch für die Arten der Gattung *Dyckia*. – Ziemlich neu u. unbekannt, dem Pfleger von Sukkulenten, bes. von Kakteen, sehr zu empfehlen sind Arten der Gattung *Abromeitiella*, die dichte stechende, nelkenähnliche Polster bilden und ganz den Stachelgrasnelken, *Acantholimon*, ähnlich sind. Abromeitiellen sind Hochgebirgspflanzen und fast winterhart. – Wichtigste bodenbewohnende Gattung ist *Ananas* mit 5 bekannten Arten. Blätter meist stachelig gesägt, Blütenstände zapfenartig. Die Früchte verwachsen mit den Basalabschnitten der Tragblätter zu einer großen, fleischigen Sammelfrucht. – *A. comosus*. Echte Ananas. Grünblättrig (wenn von einer Frucht abgesteckt), meist die dreifarbige 'Variegatus' im Handel. Rosetten bis 1,5 m breit. – *A. sagenaria* (*A. bracteatus*) findet sich meist in einer bunten Zwergform. Blätter weiß-rosa-grün, Blütenstände rot. – Als Bodenbewohner problemlos. Temperaturen um 18–20°C, Substrat humusreich. – Vermehrung durch Kindel oder den Blattschopf.
2. ZISTERNEN-BROMELIEN. Einige Gattungen der A. bilden mit ihren Blättern trichterförmige „Zisternen", die dazu dienen, diesen epiphytischen Pflanzen Wasser und Nährstoffe aufzusammeln und zu speichern. Am Grunde dieser Zisternen besitzen sie besondere Organe, mit denen sie in der Lage sind, Wasser und darin gelöste Nährstoffe aufzunehmen. Auch in der Zimmerkultur sollte die Wasserversorgung über die Zisternen erfolgen und nur zum geringen Teil über die Bodenwurzeln, die in manchen Fällen die Fähigkeit zur Wasseraufnahme schon verloren haben und nur mehr Haftorgane sind. – ZISTERNEN-BROMELIEN FÜR DIE ZIMMERKULTUR (HÄRTERE ARTEN). ◑ ♃ ♅. Im Zimmer benötigen diese A. Temperaturen um 18–20°C, regelmäßige Wassergaben und zeitweilig einen Dungguß, am besten mit mineralischen Düngern. Die in dieser Gruppe angeführten Arten vertragen die niedrige relative Luftfeuchtigkeit von zentralgeheizten Räumen bei halbwegs sorgsamer Pflege. – *Aechmea chantinii*. Diese Art hat seit Ende der sechziger Jahre stark an Beliebtheit zugenommen, die 5–7 cm breiten und 40–50 cm langen Blätter schließen sich zur bekannten Trichterrosette zusammen, sie sind ober- und unterseits reinweiß und dunkelgrün gebändert. Der 50 cm hohe Blütenstand ist locker zusammengesetzt und trägt leuchtendrote hängende Hochblätter. – *Aechmea fasciata*. Die bekannteste Aechmea mit bis 10 cm breiten und 30–40 cm langen Blättern. Blütenstand dicht-keulenförmig, rein hellrosa, Blüten selbst lila. Die graue Bänderung der Blätter kann mehr oder weniger ausgeprägt sein, je besser die Auslesen, desto mehr weißlichgrau ist das Blatt. – *Billbergia nutans*. Auch als Zimmerhafter bezeichnet, ist wohl die härteste Bromelie überhaupt. Die schmalen, dunkelgrünen, leicht beschuppten Blätter erreichen 50 cm Länge und bilden vielblättrige Rosetten. Blütenstände hängend und durch die bis 10 cm langen, hellrosa oder rosarot gefärbten Hochblätter auffällig. Blüte selbst blaugrün. Vermehrung sehr leicht durch die in großer Anzahl gebildeten Kindel. – *Neoregelia carolinae* 'Tricolor'. Zugespitzte Blätter, ca. 35 cm lang, bilden eine flache Trichterrosette, sie sind grün und weiß längsgestreift und zur Blütezeit rot überlaufen. Die Blüten stehen im Zentrum der Zisterne, violett mit weiß. Häufig finden sich noch andere Sorten von *N. carolinae*, so 'Meyendorffii' mit grünen Blättern oder die besonders schöne 'Flandria', mit schmalem, weißem Rand. – *Nidularium innocentii*. Hier sind die breiten Blätter abrupt zugespitzt, 30 cm lang und oberseits schwarzviolett, unterseits schwarzviolett oder dunkelrot und am Rand gezähnt. Kupferrote Herzblätter umgeben die weißen Blüten. – ZISTERNEN-BROMELIEN FÜR BLUMENFENSTER ODER WINTERGARTEN

(EMPFINDLICHERE ARTEN). ○–◐ ♃ ▽. Im Blumenfenster kann heikleren A.n die höhere Temperatur, vor allem aber die höhere und ausgeglichene Luftfeuchtigkeit geboten werden. Alle diese Arten sind allerdings für kürzere Zeit oder bei sorgsamer Pflege auch länger in der Zimmerkultur haltbar. – *Aechmea fulgens.* Bis 40 cm lange Blätter bilden eine dichte Rosette. Blütenstand aufrecht, mit schmalen rosafarbenen Hochblättern. Zahlreiche Blüten, dunkelrot mit violetten Spitzen. – *Crypthanthus.* Diese Gattung, deutsch als Cryptanthe oder Versteckblume bezeichnet, umfaßt ca. 10 Arten und einige Bastarde. Es handelt sich um stammlose, bodenbewohnende Bromelien, deren Blätter zu flachen, auf dem Boden aufliegenden Rosetten zusammenstehen. Die Zisterne ist aus diesem Grund nur wenig ausgebildet. Der Blattrand der meisten Arten ist etwas gewellt, die Blätter selbst sind durch Querbänder aus Schuppen oder durch verschiedenartige Längs- und Querzeichnungen auffällig. Die Rosetten können 15 bis 40 cm Durchmesser haben. Schöne Arten sind u.a.: *C. acaulis, C. bivittatus, C. undulatus* und *C. zonatus.* Es gibt auch bei C. panaschierte Formen, die dann rosa, weiß und grün längsgestreift sind. Als Bodenbewohner des tropischen Waldes sind *Cryptanthen* gegen übermäßige Sonnenbestrahlung empfindlich. Sie verlangen lockere, torfreiche Substrate und gleichmäßige Feuchtigkeit. Der Standort sei warm, 20°C, hell, aber nicht sonnenbestrahlt. Alle Cryptanthen sind lohnende Sammelobjekte für die Bodenbepflanzung in Blumenfenstern. – *Guzmania.* Die Gattung G., zu deutsch Guzmanie, hat Ende der sechziger Jahre an Bedeutung gewonnen. Alle Arten und die vielen Hybriden sind aber nur für die sorgsame Pflege im Blumenfenster empfohlen. Sie verlangen Wärme, um 20°C, reichlich

Guzmania lingulata. (Seidl)

Schatten und hohe relative Luftfeuchtigkeit, um gut gedeihen und auch ihre Blütenstände bilden zu können. Folgende Arten seien erwähnt: – *G. dissitiflora.* Blätter grün, schmal. Blütenstände ohne auffällige Hochblätter. Blüten groß, auffällig gelb-rot. – *G. lingulata.* Bis 50 cm lange, ca. 5 cm breite, grüne Blätter, unterseits mit rötlichen Linien gezeichnet oder ganz violett überhaucht, bilden Trichterrosetten. Der ananasähnliche Blütenstand ist leuchtendscharlachrot, die Blüten selbst weißlich. – *G. minor.* Die spitzen Blätter bilden bis 40 cm breite, zierliche Rosetten. Der kopfige, rote Blütenstand sitzt zwischen den Blättern, Blüten reinweiß. – *G. musaica.* Wenigblättrige Trichterrosette, Blätter 50 cm lang, hellgrün, oberseits mit auffälliger dunkelgrüner Bänderzeichnung. Blütenstand kopfig, Hüllblätter dunkelrot, Blüten gelb mit weiß. – *G. sanguinea.* Blätter mittelbreit, dunkelgrün, unterseits auffällig rot. Blütenstände mit roten Hochblättern. – *G. wittmackii.* Auffällig durch die Höhe von 1 m. Blätter grün. Blütenstände gestreckt, mit auffälligen rosa Hochblättern. – *G. zahnii.* Seit Ende der sechziger Jahre stark im Vordringen. Schmale, zugespitzte Blätter bilden Trichterrosette, Blattfarbe grün mit rötlichen Linien. Blütenstand von roten Tragblättern umgeben, Deckblätter und Blüte leuchtend goldgelb. Sehr auffällig. – Daneben viele benannte Hybriden, die wichtigsten sind 'Amaranth', 'Cherry', 'Empire' oder 'Grand Prix', alle mit *G. minor*-Blut. – *Neoregelia princeps.* Flache Trichterrosetten werden von 25 cm langen und 3,5 cm breiten Blättern gebildet, Innenblätter leuchtendrot. Blütenstand flach, im Zentrum der Pflanze, Blüten weiß mit violettblau. – *N. spectabilis.* Tiefgrüne Trichterrosetten, innere Blätter mit roter Spitze, Hochblätter rot, Blüten weiß mit hellblau. Die beiden angeführten Neoregelien sind noch bedingt für die Zimmerkultur geeignet. – *Tillandsia lindenii (T. lindeniana, T. morreniana).* Die botanische Benennung dieser Pflanze ist kompliziert, ihre Klärung würde zu weit führen. Bekannte, kleinbleibende Bromelie mit auffälligen Blüten. Schmale, dunkelgrüne, mitunter rötlich überlaufene Blätter bilden Trichterrosetten von 30 bis 40 cm Durchmesser. Blütenstand zweischneidig, schwertähnlich, Deckblätter karminrosa. Dazwischen entwickeln sich die dreiteiligen, einzeln stehenden, tiefenzian- oder violettblauen Blüten. Der Kontrast zwischen den rosa Deckblät-

Neoregelia carolinae var. *tricolor.* (Herbel)

tern und den blauen Blüten ist einmalig. – *Vriesea psittacina.* Die hellgrünen Blätter sind relativ weich und bilden mittelgroße Trichterrosetten. Der aufrechte Blütenstand trägt voneinander entferntstehende Blüten, die Farbwirkung rührt von den Deckblättern her, die am Grund rot, an der Spitze goldgelb gefärbt sind. Blüten gelb, Blütenstiel rot. – *V. splendens.* Eine der auffälligsten Bromelien. Die breiten, an der Spitze übergebogenen, relativ weichen Blätter bilden bis 50 cm breite Trichterrosetten. Blätter dunkelrotbraun und grün quergebändert. Blütenstand schwertförmig und bis 100 cm lang. Bei der reinen Art ist das Schwert einfach, doch gibt es auch Hybriden mit mehreren Schwertern. Deckblätter leuchtend scharlachrot, Blüten gelb. Lieben höhere Temperaturen, hohe relative Luftfeuchtigkeit und leichten Schatten, ist daher für die Zimmerkultur wenig geeignet, bei sorgsamer Pflege aber als kurzfristige Dekorationspflanze. – Auch werden noch häufig *V. splendens* 'Favorite', *V. carinata,* *V.* × *poelmanii, V.* 'Vulcana' und *V. zamorensis* angeboten.

3. ATMOSPHÄRISCHE TILLANDSIEN. ○–◐ ♃ z.T. ⚥ Lie. Werden auch als Luftnelken bezeichnet. Trockenheit- und sonnenliebende Epiphyten. Sie bilden vielfach überhaupt keine Wurzeln mehr aus, sondern werden nur auf die Unterlage, Holzstücke, Kork oder Rinde mit Plastikschnüren aufgebunden. Werden morgens und abends mit Regenwasser besprüht, manchmal sogar in einen Kübel getaucht, erhalten ab und zu Düngerlösungen aufgesprüht und können so lange Zeit, bis 4 Jahre, unverpflanzt gedeihen. Sind besonders für die modernen zentralbeheizten Räume geeignet, zudem handelt es sich meist um kleine Pflanzen, so daß sich große Sammlungen bequem auf kleinstem Raum unterbringen lassen. Die bekannteste Art ist *T. usneoides,*

eine Pflanze, die in ihrer Heimat, im wärmeren Amerika, selbst auf den Drähten elektrischer Leitungen zu finden ist, als 'Louisiana-Moos' bezeichnet und unter anderem auch zum Füllen von Matratzen verwendet wird. Dünne, gewunden gedrehte, graubeschuppte Triebe und Blätter, bis 3 m hängend. Unserer heimischen Bartflechte ähnlich. – *T. aeranthos* (*T. dianthoidea*). Kurzstämmige, kleinrosettige Art, die bald mehrköpfig wächst. Blätter beiderseits dicht grau beschuppt. Blütenstand überhängend, mit roten Deckblättern und lila Blüten. Harte Art. – *T. gardneri*. Stammlos, die dicht silbergrau beschuppten Blätter bilden 25–30 cm große Rosette. Blütenstände hängend und aus vielen, schwertartigen Ähren zusammengesetzt, Blüten rosarot. – *T. juncea*. Blätter schmal und grasartig, silbergrau beschuppt, bilden 30 cm hohe Horste. Blütenstand aufrecht, wenigblütig, Deckblätter rot. Blüten blau. – *T. stricta*. In dichten Polstern stehen die ca. 15 cm langen, grauen Blätter beisammen. Hängende, rotbeblätterte Blütenstände mit violetten Blüten. Vieltriebige Pflanzen sind in der Blütezeit ein herrlicher Anblick. Kultur sehr leicht. – Daneben gibt es noch eine Vielzahl von atmosphärischen Tillandsien, die nicht genug empfohlen werden können.

ZUSAMMENFRASSUNG. Die A. sind eine vielgestaltige Familie, eine allgemeine Pflegeanleitung für alle Arten verbietet sich deshalb. Derbe, stark bedornte Blätter weisen auf hohes Lichtbedürfnis und Vertragen geringer Luftfeuchtigkeit hin, bei dünnen, weichen Blättern ist weniger Licht, dafür aber regelmäßige und hohe Luftfeuchtigkeit zum Gedeihen notwendig. Hartbeblätterte Arten können auch bei tieferen Temperaturen, 15°C, kultiviert werden, weich beblätterte Arten verlangen Temperaturen um 20°C. – ANSPRÜCHE: Das Substrat soll durchlässig sein und grobfaserigen Torf, Torfmoos, Lauberde, ev. Styropor und Sand enthalten. Es soll fest gepflanzt werden, damit bei der Verrottung des Substrates die Pflanzen nicht zu locker stehen. Zisternenbromelien, die für die Kultur im Wintergarten oder Blumenfenster empfohlen werden, erhalten ein noch lockeres Substrat, es wird durch Abmischung der oben empfohlenen Mischung mit Orchideenkompost hergestellt. Die modernen Schaumstoffe, wie Polystyrol, lockern sehr stark, doch bewirken sie eine starke und schnelle Ab- und Austrocknung des Substrats. Mineralische Düngung ist nur bei zügigem Wachstum zu empfehlen, es sollen Konzentrationen von 1‰ (1 g/Liter Wasser) nicht überschritten werden. Vor organischen Düngern sei gewarnt, da diese, bes. bei Zisternenbromelien, das Faulen der Rosetten bewirken können. – VERMEHRUNG. Durch Aussaat (der Liebhaber braucht entsprechende Ausrüstung), durch Abtrennen der sich während oder nach der Blüte bildenden Kindel (gebräuchlichste Art, nie zu früh abtrennen, die Bewurzelung macht sonst Schwierigkeiten) oder durch Teilung (bes. bei den polsterbildenden atmosphärischen *Tillandsien* und bei *Abromeitiella*). Bei empfindlichen Pflanzen kann eine Desinfektion nach der Teilung durch Angießen mit Albisal- oder Chinosollösung sehr gute Wirkungen zeigen.

Anaphalis → Perlpfötchen.

Anbaufläche, die von einer Kultur eingenommene Fläche. Die Summe der Anbauflächen ist in intensiv genutzten Gärten größer als die Nutzfläche, weil diese durch Vor-, Zwischen-, Haupt- und Nachkulturen während einer Vegetationsperiode mehrfach genutzt wird. → Anbauplan, → Mischkultur.

Anbauplan. Auch für Gärten, besonders für kleine, ist Planung nötig; sie wird am besten im Spätherbst/Winter vorgenommen. ÖRTLICHE PLANUNG. Welche Kulturart kommt auf welche Beete zu stehen? Hierbei → Fruchtfolge berücksichtigen. Auch Verwendung des Frühbeetes vorausplanen. → Setzlingsanzucht. → Frühgemüse usw. – ZEITLICHE PLANUNG. Für jede Pflanzenart die wichtigsten Termine notieren: Aussaat, Pikieren, Auspflanzen, Pflegearbeiten, Ernte. Rechtzeitige Samenbestellung nicht vergessen. – Bei intensiver Nutzung mit → Unterkultur ist Planung am wichtigsten. Hier viele Möglichkeiten, 3 Beispiele: 1. III–VI Kohlrabi auf 50 cm Reihenabstand, dazwischen ab Mitte V Sellerie; nach Abräumen der Kohlrabi: Buschbohnen. – 2. Spinat, III gesät, Reihenabstand 35 cm. Dazwischen Kopfsalat IV gepflanzt; nach Abräumen des Spinats Stangenbohnen oder Tomaten auf 70 cm Abstand. – 3. III–VII Blumenkohl auf 50 cm Reihenabstand, dazwischen VI–VII Kopfsalat; nach Abräumen beider Kulturen Endivie. – Jeder Liebhaber wird eigene Kombinationen herausfinden. Vorausplanung! → Mischkultur, → Tabellen S. 176–179, → Eigenerzeugung, → Gemüsebedarf, → Obstbedarf.

Anbaurisiko, Gefahr von Ernteausfällen durch Wetter, falsche Wahl der Arten, Sorten oder Unterlagen, Überhitzung im Gewächshaus, Frost und ähnliche natürliche oder kulturtechnische Einflüsse. A. ist durch Aufstellen eines → Anbauplanes so niedrig wie möglich zu halten.

Anchusa → Ochsenzunge.

Andenpolster, *Azorella*. Doldenblütler, *Umbelliferae*. ○–◐ ♃. Etwa 100 Arten von Chile bis Feuerland. Nur eine Art im Handel, die einigermaßen winterhart ist, gelegentlich in schneelosen Wintern aber ausfriert. *Azorella trifurcata*, heute richtig *A. glebaria*. Südspitze Südamerikas, Magellangebiet. Blättchen dreigabelig, stachelspitz, steif, in dichten Rosetten, glänzend dunkelgrün, feste, beim Anfassen stechende Polster bildend. Blüten kurzstielig, fast sitzend, gelblichgrün, in wenigblütigen Dolden. VI–VII, 5 bis 10 cm. – Verwendung: Gute Polsterstaude für Steingärten, Trockenmauern und Grabbepflanzung. Im Winter locker mit Fichtenreis abdecken, nicht zu dicht, sonst faulen die Polster. – Boden durchlässig und steinig in voller Sonne, nicht düngen, sonst leicht Fäulnis im Winter. – Vermehrung durch Teilung im Frühjahr oder Stecklinge.

Andromeda → Lavendelheide.

Androsace → Mannsschild.

Andrücken, Samen wird nach der Aussaat fest angedrückt; mittels Brettchen bei Aussaat in → Saatschale oder -kisten, mit Walze oder Druckrollen (→ Handsämaschine) im Freiland. Beim Auspflanzen: durch A. werden Boden und Wurzeln fester miteinander verbunden und die Pflanzen bekommen mehr Halt im Boden.

Aneignungsvermögen, Vermögen der Pflanze, aus dem Substrat Nährstoffe aufzunehmen. A. ist bei den meisten Wildpflanzen höher als bei Kulturpflanzen, die durch Züchtung auf Kulturböden mit hohem Nährstoff-, Luft- und Wassergehalt ,eingestellt' sind; hängt u. a. ab von Anteil an Feinwurzeln und Wurzelhaaren, von → Austauschkapazität für Ionen sowie Wurzelausscheidungen, wie Säuren, Chelatbildnern (→ Chelate) und org. Stoffen.

Anemone, *Anemone*. Hahnenfußgewächse, *Ranunculaceae*. ♃. Die Anemonen sind eine farben- und formenreiche Gattung mit niedrigen bis hohen Arten, Frühlings-, Sommer- und Herbstblühern. Alle haben hübsche Blüten und oft schön geformte Blätter.

KNOLLENTRAGENDE ARTEN

Anemone apennina. Italienisches Buschwindröschen. ◐–●. Südeuropa.

Anemone

Griechisches Buschwindröschen, *Anemona blanda*, unter Gehölzen im Staudensichtungsgarten Freising-Weihenstephan. (Drave)

Dreizählige Blätter, ähnlich unserem heimischen Buschwindröschen, Blüten groß, himmelblau, reizende Art mit länglichen Rhizomen. IV–V, 15–20 cm. – *A. blanda*. Griechisches Buschwindröschen. ◐–●. Griechenland, Kleinasien. Blätter dem vorigen ähnlich, Pflanze robuster und früher blühend. Meist als Mischung im Handel mit blauen, rosa oder weißen Blüten. Einzelsorten: 'Atrocoerulea' tiefblau, 'Blue Pearl' mittelblau, 'Blue Star' leuchtendblau, 'Charmer' rosa, 'Pink Star' lilarosa, 'Radar' karminrot mit weißer Mitte, reichblühend, 'White Splendeur', großblumig weiß. III–IV, 10–15 cm. – *A. coronaria*, Garten- oder Kronenanemone. ○–◐ ⋈. Mittelmeergebiet, Kleinasien. Großblumige Anemone mit leuchtenden Farben, eine der beliebtesten Frühlingsblumen, die als Schnittblume aus dem Mittelmeergebiet und Holland eingeführt wird. 'De Caen', Mischung von einfachblühenden Sorten in Blau, Weiß, Rosa, Rot, Violett. – Einzelsorten: 'Hollandia' scharlachrot, 'Mr. Fokker' blau; 'Sylphide' zartlila; 'The Bride' reinweiß. 'St. Brigid' halbgefüllte Mischung in vielen Farben. – Einzelsorten: 'Lord Lieutenant' lila; 'The Admiral' tiefrosa; 'The Gouverneur' scharlachrot; alle mit halbgefüllten Blüten. IV–VII je nach Pflanzzeit, 20–25 cm. – *A. fulgens*, 'Annulata Grandiflora' Feueranemone. ○–◐ ⋈. Richtig heißt sie *A. pavonina*. Mittelmeergebiet. Prächtige Art mit leuchtendroten Blüten, groß, mit heller Mitte und dunklen Staubbeuteln. 'Multipetala' ist halbgefüllt, leuchtendrot; 'St. Bavo', einfachblühende Mischung in vielen Farben von Blaßrosa über Lila bis Lachs-, Karmesin- und Dunkelrot. V–VI, 25 bis 30 cm. – *A. nemorosa*, Buschwindröschen. ◐–●. Europa, Ostasien. Blätter mehrfach geteilt, dunkelgrün, Blüten weiß mit gelben Staubbeuteln. Sorten: 'Alba Plena' weiß gefüllt; 'Robinsoniana' lavendelblau; 'Royal Blue' großblumig, leuchtendblau, III–V. 15 cm. – *A. ranunculoides*. Gelbes Buschwindröschen. ◐–●. Europa, Kaukasus. Ähnlich dem Buschwindröschen, aber mit goldgelben Blüten, bis zu drei an einem Stengel. IV–V, 15 cm. – *A. trifolia*. ◐–●. Südalpen, Apennin. Blätter dreiteilig, nicht gelappt, Blüte wie beim heimischen Buschwindröschen, aber reinweiß, auch auf der Unterseite. V, 20–25 cm. – VERWENDUNG. *A. coronaria* und *A. fulgens* als Schnittblumen und an sonniger Stelle im Garten, alle anderen zusammen mit anderen Frühlingsblühern an halbschattigen Stellen unter Sträuchern oder lockeren Bäumen. Die Schnittblumen müssen knospig geschnitten werden, dann halten sie gut. – PFLANZUNG. Die knollenähnlichen Rhizome pflanzt man im Herbst etwa 3–4 cm tief und 15–20 cm weit. Bei *A. coronaria* weicht man die harten Knollen vor dem Pflanzen etwa 24 Stunden in lauwarmem Wasser ein zum Vorquellen und deckt sie nach dem Pflanzen mit Torf und Fichtenreis ab, ebenso *A. fulgens*. Alle anderen sind winterhart. – VERMEHRUNG. Von *A. coronaria* und *A. fulgens* kann man die wolligen Samen sofort nach der Ernte im Herbst oder Spätsommer aussäen. Im kommenden Jahr bilden sie schon kleine Knöllchen, die man erntet, sobald das Laub abstirbt. Im Oktober kann man sie wieder auf Beete pflanzen. Von den andern, alle den Buschwindröschen ähnlichen Arten, lassen sich die länglichen Rhizome durchteilen, oft werden auch an den Seiten neue gebildet.

NICHT KNOLLENTRAGENDE ARTEN. FRÜHLINGS- UND SOMMERBLÜHER. *A. canadensis* (*A. dichotoma*). ◐–●. Östliches Nordamerika. Grundblätter dreiteilig, mit zwei- oder dreiteiligen Abschnitten, Hochblätter kaum gezähnt. Blütenstand locker verzweigt, Blüten reinweiß, Wurzelstock kriechend, bedeckt bald große Flächen, kleinblumig. V–VI, 30 bis 60 cm. – *A. × lesseri* (*A. multifida × A. sylvestris*). ◐–●. Hybride mit feiner geschlitztem Laub als *A. sylvestris*. Empfehlenswerte Seltenheit mit karminrosa Blüten. V, 50 cm. – *A. narcissiflora*, Narzissen-Anemone, Berghähnlein. ○–◐. Nördlich gemäßigte Zone. Blätter handförmig geschlitzt, behaart. Blüten über dem Laub in Dolden zu 3–8 Stück, weiß mit gelben Staubfäden, anspruchslos. V–VI, 30–40 cm. – *A. sylvestris*. Hainanemone. ◐–●. Mittel- und Südeuropa, Kaukasus, Sibirien. Ausläufertreibende Pflanze mit saftig grünen, handförmig geteilten, behaarten Blättern. Blüten aufrecht, schalenförmig, weiß. IV bis VI, 25–40 cm. VERWENDUNG. Im Staudenbeet oder vor Gehölzen. – BODEN. Humos bis humhaltig, jedoch durchlässig. – VERMEHRUNG. Wurzelschnittlinge im Winter, Teilung und Aussaat nach der Samenreife. – HERBSTBLÜHER. *A. hupehensis*, Mittel- und West-China. ◐ ⋈. Blätter dreiteilig, etwas gelappt und behaart. Blüten und Pflanzen ähnlich den Japananemonen, nur Sorten im Handel. 'Praecox', dunkelrosa, einfach, mittelfrüh, VIII–IX, 80 cm. 'Sep-

Japananemone, *A. Japonica-Hybride*. (Seidl)

29

Anhäufeln

tembercharm', hellrosa, einfachblühend, mittelfrüh. VIII–IX, 80 cm; 'Splendens', hellrot, einfach, spätblühend, IX–X, 100 cm. – *A. japonica,* Japananemone. ☾ ✂. Durch Kreuzungen *A. hupehensis* × *A. vitifolia* entstanden, wichtigste Gruppe der Herbstblüher. Sorten: 'Honorine Jobert', weiß einfach, mittelfrüh, VIII–X, 120 cm; 'Königin Charlotte', silbrig rosa, halbgefüllt, spät, IX–X, 100 cm; 'Prinz Heinrich', purpurrot, halbgefüllt, mittelspät, IX–X, 80 cm; 'Wirbelwind', weiß, halbgefüllt, mittel, IX–X, 100 cm; – *A. vitifolia.* Weinblättrige Anemone. ☾ ✂. Westlicher Himalaja. Straffer Wuchs und winterhärter als *A. japonica,* mit großen, ungeteilten Blättern, an Weinblätter erinnernd, fünf- bis siebenlappig. Sorten: 'Albadura', weiß, einfach, starkwachsend, hart, sehr frühblühend, VIII–IX, 80 cm; 'Robustissima', hellrosa, einfach, früh, VIII–IX, 100 cm; 'Superba', kräftig rosa, früh treibend, VII–IX, 70 cm. – VERWENDUNG. An halbschattigen bis schattigen Stellen im Staudenbeet, vor oder zwischen Gehölzen und zum Schnitt. – BODEN. Humos, lehmig, nicht zu trocken. Im Winter ist Abdecken mit Laub oder Fichtenreis ratsam. – VERMEHRUNG: Teilung und Wurzelschnittlinge, *A. vitifolia* auch Aussaat.

Anhäufeln, Hochziehen von Erde mit Hack- oder Häufelgerät, um 1. bei Knollenpflanzen, z. B. Kartoffeln, die Knollenbildung zu fördern, 2. bei vegetativen Vermehrungsarten (→ Ableger) bewurzelte Pflanzenteile zu gewinnen, 3. Winterschutz zu gewähren, z. B. Rosen. Bei Stauden nur mit leichtem Boden oder Torfmull anhäufeln, bei einigen Arten, wie Fackellilie,

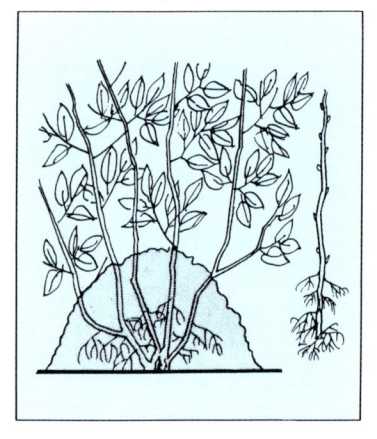

Jungpflanzenanzucht unter Folie im Balkonkasten, im Vordergrund wird ausgesät. (Fehn)

Vegetative Vermehrung durch Anhäufeln. Rechts bewurzelte Jungpflanze. (Nach Brumm/Burchards)

Gunnera, Pampasgras, Stockmalve. Der obere grüne Trieb darf nicht völlig zugehäufelt werden. Anhäufelung nicht zu früh, aber auch nicht zu spät entfernen, ca. Mitte IV.

Anigozanthos → Känguruhpfote.

Anis, Aneis (Niederösterreich), Aenis (Schweiz), *Pimpinella anisum.* Doldenblütler *Umbelliferae.* ⊙ VII–VIII. Stammt aus dem östlichen Mittelmeerraum, seit dem Mittelalter nördlich der Alpen als Gewürz- und Heilpflanze bekannt. ANBAU. Kultur einjährig, ziemlich anspruchsvoll in bezug auf Bodenfruchtbarkeit, verlangt feuchtwarmes Klima. Aussaat früh im Frühjahr, Reihenabstand 35 cm, Keimung langsam, 2–3 Wochen nach Auflaufen auf 15 cm verziehen. Pflege: wiederholt hacken, bei Trockenheit gießen. Bei normalem Wetter rasche Entwicklung zur Samenreife. Pflanzen schneiden, bündeln, unter Dach zum Trocknen aufstellen oder aufhängen. Samen von Hand ausreiben. – VERMEHRUNG. Samen enthalten ätherische Öle, wirksam gegen Katarrhe, Krampfzustände usw. Heute fast ausschließlich als Gewürz, z. B. in Gebäcken, Likören und Schnäpsen, verwendet.

Anion, (griech. ion = wandernd) negativ geladene Moleküle bzw. Atome, z. B. Nitrat (NO_3^-). → Ionenaustausch.

Anisodontea → Scheinmalve.

Ankeimen → Vorkeimen.

Anlockpflanzen (→ Biologischer Pflanzenschutz). Von bestimmten Schädlingen bevorzugte Pflanzen, wodurch benachbarte, zu schützende Pflanzen verschont werden. So sammeln sich Drahtwürmer an zwischengepflanztem Salat und Kohlblattläuse an Kapuzinerkresse.

Anlockung von Schädlingen → Anlockpflanzen, → Fallen.

Anplatten → Veredlung.

Ansatzwinkel. Leitäste der Obstbäume dürfen nicht zu steil angesetzt sein. Sonst erhöhte Gefahr des Auftretens von Gummifluß am Astansatz bei Süßkirschen. Bei Belastung steil angesetzter Äste durch Fruchtbehang Bruchgefahr. Günstiger A. zwischen 45 und 90°.

Anschäften → Veredlung.

Antagonismus, Gegenwirkung von Mineralstoffen (Ionen) bei der Aufnahme von Pflanzennährstoffen, auch bei physiologischen Abläufen in Boden, Pflanze und Tier. Beispiele: durch Überkalkung wird Aufnahme von Kalium und Magnesium gehemmt; durch Überdüngung mit Kali der Magnesium-Haushalt bei Kühen gestört (Rindertetanie). Harmonische Düngung deshalb unerläßlich. → Biologischer Landbau, → Nährelemente.

Antennaria → Katzenpfötchen.

Anthemis → Hundskamille.

Antheren Teil der Blütenblätter, enthalten den Blütenstaub, daher auch Staubbeutel genannt.

Anthurium → Flamingoblume.

Antirrhinum → Löwenmaul.

Antreten, z.B. Staudenpflanzungen, besonders Großstauden, in leichteren, sandigen Böden mit dem Fuß antreten, so daß sie besser und leichter anwachsen. Ergibt festeren Halt, verbindet Boden und Wurzeln besser.

Apfel

Anzucht, Aufzucht von Gehölzen, Stauden, Zimmerpflanzen usw. zur blühfähigen starken Pflanze, unter Anwendung aller generativen und vegetativen Vermehrungsmöglichkeiten (→ Vermehrung). – A. der Apfelbäume erfolgt in Baumschulen entweder durch Aussaat oder über Abrisse. Die so gewonnenen → Unterlagen werden aufgeschult und nach dem Anwachsen mit der gewünschten Apfelsorte veredelt. Bei der Weiterkultur wird je nach Länge des Triebrückschnitts die künftige Baumform festgelegt. Nach den Bestimmungen des Bundes deutscher Baumschulen (BdB) müssen Obstbäume der Güteklasse A ganz bestimmte Voraussetzungen in bezug auf Sortenechtheit, Bewurzelung, Stamm- und Kronenaufbau erfüllen. Für die Erfüllung dieser Bestimmungen bürgt dem Käufer gegenüber das Markenetikett.

Apfel, *Malus sylvestris* var. *domestica.* Rosengewächse, *Rosaceae.* Bedeutendste Obstart Europas. Die heutigen Kulturformen stammen im wesentlichen ab von den Wildarten Holzapfel *(Malus sylvestris)* und Zwerg- oder Splittapfel *(Malus pumila).* Diese Stammformen mit zum Teil kleinen, sauren, zum Teil größeren, schmackhaften Früchten sind am meisten im Kaukasus und in Turkestan verbreitet. Baum, je nach Unterlage unterschiedliche Ausmaße, Langlebigkeit, Wuchs- und Ertragsleistung, Verbreitung in Europa und allen Kontinenten durch Sorten des Kontinental-, See- und subtropischen Klimas. Stellt hohe Ansprüche an Standort. Vermehrung durch Okulation auf → Unterlagen oder Pfropfen auf Stamm- und Gerüstbildner. Hohe Anforderungen an Pflege.

SORTEN. In den letzten Jahrzehnten sind Hunderte von Sorten gezüchtet worden. Die Suche nach neuen Sorten ist einerseits von den Eßgewohnheiten und Geschmacksansprüchen der Konsumenten bestimmt, andererseits ist im Erwerbsanbau der Gesichtspunkt der Wirtschaftlichkeit (Ertragssicherheit, problemlose Kultur, Transportfestigkeit, gute Lagerfähigkeit) maßgebend. Aus diesen Erwägungen heraus entstanden Standardsorten, die in Europa sowie in überseeischen Ländern im Plantagenobstbau in großen Mengen produziert werden. Im privaten Garten aber stehen geringe Pflegeansprüche und die speziellen Geschmackswünsche des Gartenbesitzers an erster Stelle. Aus diesem Grunde sind im Folgenden auch Sorten angeführt, die von Liebhabern immer wieder gewünscht und in einigen Baumschulen vermehrt werden. Darüber hinaus besteht die Möglichkeit, die gewünschte Sorte durch → Umpfropfen eines vorhandenen Apfelbaumes zu bekommen.

REIFEZEIT SOMMER. *Weißer Klarapfel,* bekannter Frühapfel mit weißem, säuerlich schmeckendem Fruchtfleisch. Wuchs mittelstark. – *Mantet,* neuere Sorte aus Kanada, Frucht mittelgroß, ansprechend gefärbt, saftig, angenehm aromatisch säuerlich, druckempfindlich. Baum mittelstark wachsend, anfällig für Mehltau und Obstbaumkrebs. – *Discovery,* äußerlich und geschmacklich sehr ansprechende Frucht, die für eine Sommersorte auch relativ lange haltbar ist. Guter Wuchs und Ertrag nur auf mittelstark- bis starkwachsenden Unterlagen. Baum und Frucht wenig krankheitsanfällig.

REIFEZEIT HERBST. *James Grieve,* Frucht mittelgroß bis groß, verwaschen rot auf grünem Grund. Geschmack edelwürzig, saftig. Wuchs schwach bis mittelstark, auf Unterlage M9 zu schwach. Ertrag regelmäßig und hoch. Wenig schorfempfindlich, aber anfällig für Zweigmonilia. – *Gravensteiner,* Frucht groß, saftig würzig und erfrischend. Auffällig starker, angenehmer Duft. Ertrag unregelmäßig. Starker Wuchs. – *Alkmene,* die mittelgroße Frucht ist goldgelb, sonnenseits ziegelrot, fest und sehr ansprechend im Geschmack (Anklänge an Cox Orange). Reife IX/XI. Der Baum wächst anfangs stark mit flachem Astabgangswinkel. Alkmene ist eine Sorte, die zwar nicht besonders fruchtbar, aber infolge hoher Fruchtqualität auch für den Selbstversorger sehr empfehlenswert ist.

REIFEZEIT WINTER. *Goldparmäne,* Reife X/XII, alte Tafelsorte mit nur selten würzigem Geschmack. Frucht mittelgroß, hochgebaut, goldgelb und sonnenseits gerötet. Baum mittelstark wachsend, nicht immer regelmäßig tragend. – *Prima,* eine der ersten sogenannten schorfresistenten Apfelsorten. Reife IX/X. Die mittelgroße Frucht ist saftig-knackig, feinsäuerlich, aber leider nur wenig mehr als einen Monat lang haltbar. Der Baum wächst mittelstark und eignet sich gut zur Erziehung einer schlanken Spindel. – *Cox Orangen Renette,* Reife X/I, Frucht klein bis mittelgroß, flachrund, goldgelb, mit geflammt bis verwaschen roter Sonnenseite. Fruchtfleisch gelblich, saftig, später mürbe, schmeckt süßfruchtig, aromatisch. Anfällig für Stippigkeit und Fleischbräune. Baum wächst mittelstark, anfällig für Alternanz, Obstbaumkrebs und Kragenfäule. – *Elstar.* Infolge ihrer hervorragenden äußeren und inneren Qualität entwickelte sich Elstar in jüngster Zeit zu einem ähnlichen ‚Renner' im Erwerbsobstbau wie vorher schon Jonagold. Reife X/I. Der hohen Fruchtqualität stehen aber erhebliche Schwierigkeiten bei der Baumerziehung durch starken Wuchs und ungewohnte Verzweigungseigenschaften und auch eine hohe Holzfrost-Anfälligkeit gegenüber. – *Rubinette.* Die Frucht ist mittelgroß bis klein und eignet sich deshalb trotz ihres vorzüglichen Geschmacks für den Erwerbsobstbau kaum, wohl aber für den Liebhaberobstbau. Reife im X/XII. Der Baum wächst nur mittelstark, ist leicht zu erziehen und nach den bisher

Apfelsorten, von oben: Boskoop, Cox orange, Elstar, Goldparmäne. (Dr. Link)

Apfel

Golden delicious. (Dr. Link)

Jonagold. (Dr. Link)

vorliegenden Erfahrungen wenig krankheitsanfällig. – *Roter Berlepsch*, Reife XI/III, Frucht mittelgroß und gerippt. Fruchtfleisch gelblich-weiß, immer saftig, schmeckt hervorragend feinfruchtig säuerlich und aromatisch. Baum starkwachsend, spät und unregelmäßig fruchtbar. Blätter sehr empfindlich gegen Schwefel (Blattfall). Beginn, Höhe und Regelmäßigkeit des Ertrags leiden unter dem kräftigen Wuchs. – *Roter Boskoop*, Reife I/IV. Frucht groß bis sehr groß, saftig. Geschmack kräftig fruchtig säuerlich. Baum anfänglich sehr stark wachsend mit breiter, lockerer Krone. Ertrag spät, hoch, aber alternierend. Anfällig für Stippe, Fleisch- und Schalenbräune. – *Brettacher*, südd. Lokalsorte, Reife II/IV, Frucht groß, gelbgrün mit ansprechender Rotfärbung. Schale stark wachsig, Frucht schrumpft nicht im Lager, Fruchtfleisch saftig und erfrischend, etwas herb, wenig Aroma. Baum stark- und lockerwachsend, ertragreich und anspruchslos. – *Jonagold*, Reife XI/III, Frucht groß, gelb, mit leuchtend orangeroter Backe, saftig, feinsäuerlich, süß und aromatischer als Golden Delicious. Baum wächst nur anfangs stark, breitausladend, locker. – *Golden Delicious*, Reife XI/III, Frucht mittelgroß, goldgelb mit bananenähnlichem Aroma. Baum wächst mittelstark, trägt früh, reich und regelmäßig. Höchst anfällig für Apfelschorf. – *Idared*, Reife I/IV, Frucht groß, leuchtend rot, saftig, mit nur schwachem Aroma. Wuchs schwach bis mittelstark. Fruchtbarkeit früh, hoch und regelmäßig. Sehr gute Lagersorte. Befriedigender Geschmack nur in warmen Lagen. – *Melrose*, Reife XII/IV, Frucht mittelgroß bis groß, dunkel- bis braunrot auf gelbgrünem Grund, gut haltbar. Das gelblich-weiße Fruchtfleisch ist saftig, fruchtig-säuerlich und angenehm aromatisch. Wuchs anfangs stark und steil, Triebe von Jungbäumen deshalb herunterbinden. – *Gloster*, Reife I/IV, Frucht mittelgroß bis groß, hochgebaut und kräftig rot gefärbt. Fruchtfleisch grünlich-gelb, saftig, feinzellig, angenehm aromatisch und fruchtig säuerlich. Der Baum wächst stark, die Triebe von Jungbäumen sollten herabgebunden werden. Ertrag früh, hoch und regelmäßig. Sehr schorfanfällig. – *Winterglockenapfel*, Reife II/VI, Frucht mittelgroß bis groß, hochgebaut, mit grüngelbem Untergrund und verwaschen roter Sonnenseite. Fruchtfleisch weiß, ziemlich sauer, nicht besonders saftig und aromatisch, bei schwachem Ertrag häufig stippig. Baum wächst stark bis mittelstark, sparrig, fruchtet früh, kann alternieren.

APFELUNTERLAGE, Sammelbegriff für Wildlingsarten, die durch → Veredlung mit bestimmten Sorten zu einer Gemeinschaft, dem Apfelbaum, verbunden werden. Man unterscheidet zwischen Sämlingsunterlagen und vegetativ vermehrten Typen-Unterlagen. Zur Gewinnung von Saatgut mit guten Erbanlagen werden nur noch die diploiden Sorten 'Grahams Jubiläumsapfel', 'Bittenfelder Sämling', und 'Maunzenapfel' verwendet. Sämlingsunterlagen ergeben starkwüchsige, standfeste, frostwiderstandsfähige und langlebige Bäume. Verwendung für Halb- und Hochstämme. Die Typenunterlagen werden durch Abrisse oder Absenker von ausgewählten Mutterpflanzen gewonnen. Von den zahlreichen Apfelunterlagen sind für die Verwendung im Privatgarten nur einige empfehlenswert. Bei den M-Typen (Bezeichnung nach der englischen Versuchsstation East Malling) unterscheiden wir die Wuchsstärke nach folgenden Typen: M9, schwachwachsende Unterlage für Spindelbüsche und Spalierformen. Nur für gute und nährstoffreiche Böden in frostgeschützter Lage, braucht → Baumpfahl auf Lebenszeit, früh einsetzender Ertrag mit großen und schön gefärbten Früchten. Lebensdauer ca. 15 Jahre. M26 und M4, mittelstark wachsende Typen für Büsche und Spalierformen. M25 für den Privatgarten besonders empfehlenswert. Rasch einsetzender und reicher Ertrag bei allenfalls mittelgroßen Baumkronen. – Alle genannten Typen besitzen flachverlaufende Wurzeln und brauchen Pfahl auf Lebenszeit. Zu erwartende Ertrags- und Lebensdauer 20–25 Jahre. – M11 starkwachsend und standfest, auch für leichte oder extrem schwere Böden geeignet. Mit starkwachsenden Sorten veredelt brauchen die Bäume eine → Standfläche von 40 qm, nur für größere Grundstücke brauchbar. – Starkwüchsig und frosthart ist die aus Schweden stammende Unterlage A2. – Die MM-Typen (Malling–Merton) zeichnen sich durch Widerstandsfähigkeit gegen → Blutläuse aus. MM 106 wächst mittelstark und ist gegen Kragenfäule anfällig. MM25 ist starkwüchsig, trägt aber dennoch reich. – Vorzüge der Typenunterlagen gegenüber den Sämlingsunterlagen: flachverlaufendes Wurzelsystem, schnell einsetzende Erträge, Baumgrößen, die sich in erträglichen Grenzen halten. Beim Einkauf von Obstbäumen auf die Unterlage achten! Sie ist auf dem → Markenetikett angegeben.

KLIMA. Der A. wird in ganz Mitteleuropa mit Erfolg angebaut. Seinen Ansprüchen nach entspricht ihm das gemäßigte Klima, zu hohe Wärmegrade sagen nicht zu. Die besten Fruchtqualitäten mit ausgeglichenem Säure-/Zuckerverhältnis ergeben sich bei ausreichenden Niederschlägen und hoher Luftfeuchtigkeit. Die Ausbildung von Farbe und Geschmack wird durch einen sonnenreichen Herbst gefördert. – BODEN. Der A. gedeiht in allen guten Gartenböden, ausgenommen extrem schwere, nasse Lehmböden oder sehr leichte, stark durchlässige Sandböden. Die Erde muß nicht unbedingt tiefgründig sein. Bäume auf den flachwurzelnden Typenunterlagen kommen noch mit einer durchwurzelbaren Schicht von 40 cm aus. Voraussetzung für Erfolg ist dann allerdings eine ausreichende Versorgung der Krume mit Humus- und Mineralstoffen. Als besonders vorteilhaft hat sich das → Mulchen erwiesen. Dabei kann der Boden mit gemähtem Gras, Stroh, Torfmull oder auch Unkraut abgedeckt werden. Die optimale Bodenreaktion liegt zwischen pH 6,5–5,5 d.h. leicht sauer. Kalkung nur erforderlich, wenn Werte darunter liegen oder das Ergebnis einer Bodenuntersuchung es vorschreibt. – PFLEGE. Wichtig sind Bodenbearbeitung, ausreichende Düngung, sinnvoller → Obstbaumschnitt, → Ausdünnen und rechtzeitige Pflanzenschutzmaßnahmen. – ERNTE bei → Baumreife der

Früchte. Frühsorten, z. B. 'Weißer Klarapfel', frühzeitig ernten. Lagersorten dagegen so lange wie möglich am Baum belassen, da in den letzten Wochen Farbe, Aromastoffe sowie der Anteil an Vitaminen und Fruchtsäuren stark zunehmen. Früchte sollen sauber, trocken und frei von Schädlingen und Verletzungen in das Obstlager kommen. Der A. läßt sich vielseitig verwerten.

Apfelblattläuse. Schadbild: eingerollte Blätter, die bei der Grünen A. grün bleiben, bei anderen Arten dagegen vergilben. Abwehr: → Blattlausbekämpfung.

Apfelblattsauger. Blattlausähnliches grünes Insekt, das wie ein Floh springt (Apfelblattfloh). Die Larven bringen durch ihr Saugen die Blüten und Blätter zum Vertrocknen. Nur eine Generation jährlich, deren Eier in Rindenritzen überwintern. Mit einer schwachen Lupe sind die gelben, etwa 0,5 mm langen Eier gut zu sehen. Ihre Zahl gibt einen Hinweis, ob Blattlaus-Bekämpfungsmittel angewandt werden müssen (→ Blattlausbekämpfung).

Apfelblütenstecher, etwa 4 mm großer brauner Rüsselkäfer, der meist an Bäumen überwintert und im zeitigen Frühjahr die Blütenknospen anbohrt, um je ein Ei hineinzulegen. Die madenförmige Larve frißt und verpuppt sich in der absterbenden, braun werdenden Apfelblüte. Im Juni erscheinen die jungen Käfer und fressen an den Blättern bis zum Aufsuchen der Winterverstecke im August. Abwehr der Käfer: Während der Überwinterung durch → Abkratzen der abgestorbenen Rindenschuppen und im Frühjahr, vor der Eiablage, durch mehrmaliges → Abklopfen.

Apfelgespinstmotte → Gespinstmotten.

Obstmadenbefall (linke Frucht), zugleich Schorf auf Boskoop. (Dr. Bender)

Apfelmehltau → Mehltau.

Apfelsägewespe, Blattwespenart, die die Eier einzeln in die Apfelfruchtanlagen legt. Die junge Larve frißt in einem dicht unterhalb der Fruchtschale verlaufenden Miniergang, der später zu einem spiraligen Korkstreifen wird. Die ältere (nach Wanzen riechende) Larve zerstört das Kerngehäuse und wandert von Frucht zu Frucht; jede Larve kann 3–4 Äpfel ausfressen. Überwinterung in braunem Kokon im Boden. Abwehr: Vorsichtiges Aufgraben der Baumscheibe im Spätherbst oder Frühjahr und Einsammeln der Kokons.

Äpfelsäure, Oxybernsteinsäure, in vielen Früchten, wie Apfel, Stachelbeere, Traube, Vogelbeere, Quitte, enthalten. Verleiht den Früchten den erfrischenden Geschmack, regt den Appetit an und fördert die Verdauung. In der Medizin als Bestandteil von Abführmitteln verwendet.

Apfelsine → Citrus.

Apfelstippigkeit → Stippe.

Apfelwickler (Obstmade), gefährlicher Apfel- und Birnenschädling. Der kleine braune Falter legt V/VI seine Eier einzeln an die unreifen Früchte. Die rötliche Raupe bohrt sich in den jungen Apfel und frißt sein Kerngehäuse aus. Die befallenen Früchte werden notreif und fallen meist vorzeitig ab. Sie zeigen ein Bohrloch, das mit Kotkrümeln gefüllt ist. Die erwachsene Raupe verläßt die Frucht und sucht sich meist am Stamm unter Rindenschuppen oder Flechtenpolstern ein Überwinterungsversteck. Verpuppung im Frühjahr. Abwehr: Im Winter → Abkratzen der Rindenschuppen, im Mai–Juni mehrmals Spritzen mit scharfriechenden → Kräuterextrakten (Wermut, Rainfarn) sowie Anlegen von → Fanggürteln.

Aphelandra → Ganzkölbchen.

Apoplexie, Krankheitserscheinung bei Aprikosenbäumen. Scheinbar gesunde Bäume sterben plötzlich ab und trocknen ein. Die A. wird zurückgeführt auf eine Art Unverträglichkeit mit bestimmten → Unterlagen (Myrobalane).

Aporocactus → Kakteen 9.

Aprikose, *Prunus armeniaca.* Rosengewächse, *Rosaceae.* Zum Steinobst zählende Obstart mit gelben, saftreichen und sehr wohlschmeckenden Früchten, auch Marillen genannt. Die A. zeichnet sich aus durch hohen Anteil an verdauungsförderndem Pektin und an Vitamin C. Heimat Zentralasien (China, Mandschurei). Sie befriedigt deshalb nur in trocken-warmen Gebieten, z. B. Rheintal, Südbaden, Burgenland (Österreich) und Wallis (Schweiz). Durch Schaffung eines Mikroklimas (Wandspalier) kann die A. auch in weniger begünstigten Klimaten gedeihen. SORTEN: Die folgenden, für den Anbau im Privatgarten empfehlenswerten Sorten sind selbstfruchtbar. 'Wahre große Frühe', Reife Mitte VII, große ovale Frucht, sonnenseits leuchtend rot gefärbt, Baum wächst stark und blüht sehr zeitig, nur für geschützte Lage; 'Ambrosia', Reife Ende VII, fla-

Mininergänge der Apfelsägewespe auf der Frucht. (Dr. Bender)

Puppe der Apfelsägewespe mit Schäden in der Frucht. (Dr. Bender)

che und unregelmäßig gebaute Frucht, saftreich und aromatisch. Relativ unempfindlich gegen Frostschäden an Blüte und Holz; 'Aprikose von Nancy', Reife Ende VII/Anf. VIII, große saftreiche Frucht mit feinem Geschmack und hohem Zuckergehalt. Baum wächst stark und bringt hohe Erträge; 'Ungarische Beste', Reife Mitte VIII, anspruchsloser, stark wachsender Baum mit später Blütezeit, Frucht mittelgroß, aromatisch und festfleischig mit tiefgelber bis orangeroter Farbe. Gute Verwertungsfrucht. – ANZUCHT erfolgt in Baumschulen über → Veredlung auf → Unterlagen. Am häufigsten wird der Aprikosensämling für warme Lagen und tiefgründige Böden verwendet. Für rauhe Lagen und feuchte Böden kommt als Unterlage die 'Wurzelechte Hauszwetsche' in Betracht. Veredlungen auf der Myrobalane-Unterlage zeigen nach anfänglichem Wachstum später starke → Unverträglichkeit, → Apoplexie. – ANSPRÜCHE. Aprikosenbäume werden vorteilhaft im Frühjahr gepflanzt. Am besten als Spalier an Gebäudewände auf Ost- oder Südost-Seite setzen. Durchlässige Böden mit hohem Humusgehalt und hoher Wärmehaltekraft versprechen den größten Erfolg. Naßkalter Boden scheidet aus. Zu geringer Kalkgehalt führt zu → Gummifluß. Reichliche Düngung mit Kompost, Stallmist und mineralischen Volldüngern ist für kräftiges Wachstum und alljährliche Ernten notwendig. A.n verlangen jährlichen → Obstbaumschnitt, sonst verkahlen die kräftigen Jungtriebe schnell. Zur Verhinderung von Frostschäden Stämme mit Kalk anstreichen oder Stammschützer anbringen (Beschattung).

Aptenia → Mittagsblumengewächse.
Aquilegia → Akelei.
Arabis → Gänsekresse.
Aralia → Aralie.
Aralie, *Aralia*. Araliengewächse, *Araliaceae*. Sommergrüne Bäume oder Sträucher, etwa 20 Arten in Nordamerika, Asien und Australien. Neben *A. spinosa* ist für uns nur *A. elata* (*A. chinensis* var. *mandshurica*) wertvoll. ○ ♄–♄ VIII–IX. Exotisch wirkender, mehrstämmiger, bestachelter Baum, mit großen, bis 1 m langen, gefiederten Blättern. Blüten weiß, auf roten Stielen in breiten Trugdolden. 5–7 m hohes, wirkungsvolles Einzelgehölz, für sonnige Lagen und kräftigen Boden. Die buntblättrigen Formen 'Variegata' mit weiß berandeten und 'Aureo-variegata' mit gelbbunten Blättern werden nur 3–5 m hoch. Richtig verwendet tragen sie sehr zur Belebung einer Gehölzgruppe bei. Die jungen Triebe leiden oft durch Spätfröste. – Vermehrung: Aussaat am besten direkt ins Freiland, im Herbst an schattigen, feuchten Stellen. Vegetative Vermehrung durch fingerlange Wurzelschnittlinge und Ausgraben der Ausläufer. Die buntblättrigen Formen müssen veredelt werden durch Kopulation oder Geißfuß. → Veredlung.
Aralia elegantissima → Fingeraralie.
Aralia japonica → Zimmeraralie.
Araucaria → Zimmertanne.
Arbeit, in der Betriebslehre in verschiedene Teilbegriffe aufgegliedert, um den Betriebserfolg rechnerisch erfassen zu können. Erfolgsrechnung auch im Privatgarten meist notwendig, zumindest zweckmäßig, um über den Grad der → Eigenerzeugung und den → Anbauplan entscheiden zu können. – *Arbeitskraft* (abgekürzt AK): 1 AK ist eine voll arbeitsfähige Person, die unter durchschnittlichen A.sbedingungen und bei normaler Leistung an 300 Tagen im Jahr 2400–2500 A.sstunden (AKh) leistet. Entsprechende Abschläge bei Alter, Körperbehinderung o.ä. – Aus der Gesamtheit aller in einer Familie verfügbaren AKh errechnet sich durch Multiplikation (Arbeitskräfte × tägliche Arbeitszeit × Arbeitstage) das *Arbeitsvermögen.* – *Arbeitsaufwand* ist die zur Ausführung einer Arbeit tatsächlich aufgewandte A.szeit; der *Arbeitszeitbedarf* hingegen die zur Ausführung einer A. mit Hilfe von Normdaten oder Erfahrungswerten kalkulierte A.szeit (siehe Tabelle 'Arbeitszeitbedarf für Selbstversorgung' usw. S. 575). – Der A.zeitbedarf muß aufgeteilt werden in *Arbeitszeitspannen,* weil bei den verschiedenen Kulturen termingebundene A.en anfallen. Der Anbauplan ist so einzurichten, daß sich termingebundene A.en nicht häufen bzw. im Urlaubsmonat (z.B. Februar für Winter- oder August für Sommerurlaub) ganz entfallen (siehe in Tabelle 'Arbeitszeitbedarf' Spalte 'AKh-Bedarf in den Arbeitszeitspannen' Seite 575).
Architektonischer Rasen, gestalterische Gartenkunstleistung des Gartenarchitekten, Gärtners oder versierten Laien. Der gut gestaltete A. R. nimmt, bei pflegeleichten Angrenzungen an andere gartenarchitektonische Elemente, alle Möglichkeiten wahr, eine optimale Gartenharmonie zu schaffen, bei der alle Gartenelemente zusammenwirken, z.B. Rasen als Akzentuierung einer Baumgruppe. Eine Randpflanzung (Stauden, Sommerblumen) unterstreicht das 'Ausschwingende', das 'Elegant-Kurvige' der Rasenfläche. A. R. auch mit betont ruhigem, sattem Grün als 'Kontrapunkt' zum wechselnden Farbenspiel der Blütenpflanzen. Technische Dinge, wie Bodenaufbau und Wasserführung, sind beim A. R. nicht entscheidend. Dagegen ist die Nivellierung kleiner Höhenunterschiede, die, angepaßt an den Gesamtplan des Gartens, ästhetisch u. stilistisch wertbar ist, ein Merkmal des A. R.
Arctotis → Bärenohr.
Ardisia → Ardisie.
Ardisie, *Ardisia*. Myrsinengewächse, *Myrsinaceae*. ○–◐ ♄–♄ ⚭. Etwa 240 Arten in Asien. Immergrüne Sträucher oder Bäume mit wechselständigen Blättern und end- oder achselständigen Blüten. Früchte beerenartig, rot, weiß, blau oder schwarz. – *A. crenata* (*A. crenulata*). 60–100 cm hohes, regelmäßig verzweigtes Bäumchen mit ledrigen, dunkelgrünen, schmalelliptischen Blättern, bis 12 cm lang und 4 cm breit. Blattrand krauswellig und mit knotenförmigen Verdickungen, die ein Bakterium, *Bacterium foliicola*, bewohnt. Blüten klein, weiß, gefolgt von 1 cm großen, leuchtendroten Beeren. – Am besten bei 15–20°C in Einheitserde halten. Langsamwüchsig. – Vermehrung durch Aussaat oder Stecklinge.
Ariocarpus → Kakteen 18.
Aristolochia, Pfeifenwinde → Pfeifenblume.
Armeria → Grasnelke.
Aronstab, *Arum*. Aronstabgewächse, *Araceae*. ◐–● ⚃. Pflanzen mit knolligem Wurzelstock, Calla-ähnlichen Blüten, unten die weiblichen, darüber die männlichen, und pfeilartigen, glänzenden, oft gefleckten Blättern. – *Arum dioscoridis*, Kleinasien. Interessante Art, hält bei uns nur unter Winterschutz aus. Blätter breit spieß-pfeilförmig, Blütenscheide außen grün, innen dunkel braunrot oder rotbraun gefleckt. III–IV, 25 cm. – *A. italicum*, Südeuropa. Blätter schon im Herbst, pfeilförmig, hell geadert. Blütenscheide innen grünlichweiß. Kolben gelblich. Im Sommer schöne, aber giftige, lackrote Beeren. Winterschutz! IV–V, 25 cm. – *A. maculatum*, heimischer A. mit dunkel gefleckten Blättern und grünlicher Blütenscheide. Im Sommer zinnoberrote, giftige Beeren. V. 20–60 cm. – Verwendung unter lichten Bäumen oder Sträuchern oder auf schattigen Staudenpflanzungen. Neben der interessanten Blüte sind die Fruchtstände sehr dekorativ. Boden humos bis lehmig, nicht zu feucht. Vermeh-

Aster

rung durch Nervenknollen oder Aussaat kurz nach der Reife.
Arrhenatherum → Glatthafer.
Artemisia → Beifuß.
Artischocke, *Cynara scolymus.* Korbblütler, *Compositae.* Herkunft vermutlich Mittelmeerraum, distelartige Blüten und deren Böden schon von Griechen und Römern gegessen, ähnlich wie Silberdistel jetzt noch in Berggegenden. Gegenwärtige Kulturform seit 15. Jahrhundert in Italien, seit 16. Jahrh. auch nördlich der Alpen. – ANBAU. Ausdauernd, bei uns 3–4 Jahre ertragsfähig. Vermehrung aus Samen nicht zu empfehlen, Sorten fallen nie rein. Ungeschlechtliche Vermehrung: Pflanzen im Frühjahr bis zur Wurzel abdecken, Seitentriebe mit Messer vom Hauptstamm abschneiden, die 2 stärksten stehen lassen. Zur Vermehrung geeignete Seitentriebe haben bereits Würzelchen. Blätter einkürzen und Setzlinge in Töpfen oder warmem Frühbeet bewurzeln. Auspflanzung V, in sehr tiefgründigem Boden 30 cm tiefe Gruben ausheben, Abstand 100 × 100 cm. Blattansatz kommt ca. 10 cm unter fertige Oberfläche zu stehen. Reichlich angießen. Anfänglich nicht zu viel Dünger, bei stärkerem Wachstum flüssig nachdüngen. Zwischenräume mit anderen Kulturen, z. B. Salat, nutzen. Überwinterung: Nördlich der Alpen Winterschutz unbedingt notwendig. Blütenstiele und alte Blätter bis zur Basis entfernen; junge Blätter zusammenbinden, jede einzelne Pflanze mit langem Stroh einbinden. Vorsicht vor Nässe! Gegen Ende IV abdecken, Spätfröste können gefährlich sein. Überwinterung auch im Keller möglich; im Spätherbst ausgraben und in frostfreiem Keller einschlagen. – ERNTE. Blütenknospen entwickeln sich im Verlauf des Spätsommers, müssen geschnitten werden, bevor sie sich öffnen. – VERWENDUNG. Blütenknospen ganz kochen. Die weichen Innenseiten der Hüllblätter und den Blütenboden mit pikanten Saucen genießen.
Arum → Aronstab.
Aruncus → Geißbart.
Arundo → Pfahlrohr.
Arve → Kiefer.
Arzneipflanzen → Kräuter.
Asarina → Maurandie.
Asarum → Haselwurz.
Asche, von Braun- und Steinkohle sowie Koks im Garten bedingt verwendbar. Braunkohlenasche: Nicht so wertvoll wie → Holzasche, jedoch kompostiert oder mit Rindenhumus als Einstreu in Ställen oder → Trockenklosetts verwertbar. Bei Kompostierung mit 0,1%iger Lösung von → Kaliumpermanganat begießen, alsbald umsetzen und nochmals mit der gleichen Lösung begießen, um Sulfide zu pflanzennützlichen Sulfaten zu oxidieren. Schwefelsäuregehalt wird durch Kalk als Gips bzw. durch Magnesiumsulfat umgesetzt. Da Braunkohlenasche borhaltig ist, nicht zu borempfindlichen Pflanzen verwenden, wie Hülsenfrüchten, Möhren, Pastinaken. Braunkohlena. ist gegen → Kohlhernie direkt verwendbar. – Steinkohlen- und Koksa.: Sie weisen körnige Struktur auf, daher zur Lockerung schwerer Böden vorbehandelt wie Braunkohlena. in geringeren Anteilen geeignet. (Nach Könemann.)
Aschenblume → Cinerarie, Greiskraut.
Asclepias → Seidenpflanze.
Asparagus → Zierspargel.
Aspe → Pappel.
Asperula → Waldmeister.
Aspidistra → Schusterpalme.
Aspidium → Farne 4.
Asphodeline → Junkerlilie.
Asplenium → Farne 2, → Streifenfarn.
Asselkaktus → Kakteen 16.
Asseln, flache graue Krebstiere, zum Teil mit Einrollvermögen, die besonders in Gewächshäusern, Kästen und Komposthaufen leben. Sie fressen abgestorbene organische Substanzen, vor allem Fallaub, und sind somit ein Glied des Stoffkreislaufs im Garten.
Assimilation, in der Biologie allgemein Stoffaufnahme, in der Pflanzenkunde speziell Kohlendioxid-A. → Fotosynthese.
Aster, *Aster.* Korbblütler, *Compositae.* ♃. Die Staudenastern sind bekannte Gartenpflanzen mit vielen Arten und Sorten. Durch die Arbeitsgemeinschaft Staudensichtung wurden die Sortimente geprüft und die besten zu einem Standardsortiment jeweils zusammengefaßt. – NIEDRIGE ARTEN. *A. alpinus,* Alpenaster. ○⋈△. Gebirge Europas, Asiens und Nordamerikas. Stengel mit einer Blüte, die waagerecht steht. Sorten: 'Albus', weiß, spät, 20 cm; 'Dunkle Schöne', dunkelviolett, mittelfrüh, 25 cm; 'Güte', reinrosa, mittelfrüh, 20 cm; 'Ruhm', violett, früh, großblumig, 20 cm; 'Treue', violett, spät, 20 cm; 'Wunder', hellviolett, mittel, 25 cm. V–VI. – *A. dumosus,* Kissenaster. ○–◐. Nordamerika. Niedrige, dichtkugelige bis breitwachsende Pflanzen mit kleinen Blättchen und reicher Blüte. Sorten: 'Professor Anton Kippenberg', blau, mittel, 40 cm; 'Diana', hellrosa, mittel, 20 cm; 'Dietgard' dunkelrosa, mittel, 40 cm; 'Herbstpurzel', lavendelblau, früh, 25 cm; 'Herbstfreude', hellviolett, mittel, 40 cm; 'Lady in Blue', blau, früh, 40 cm; 'Nesthäkchen', hellrot, mittel, 20 cm; 'Niobe', weiß, früh, 20 cm; 'Silberblaukissen', hellblau, mittel, 30 cm. VIII–XI. – *A. sedifolius (A. acris).* Wild-Zwergaster. ○–◐. Süd- und Osteuropa. Westasien. Im Handel ist nur 'Nanus', zierliche Sorte mit kugeligem Wuchs und kleinen, blauen Blüten. VIII–X, 40 cm. – *A. tongolensis (A. subcaeru-*

Artischocke. (Sperling)

Kissenaster, *Aster dumosus* 'Silberblaukissen'. (Herbel)

Glattblattaster, *Aster novi-belgii* 'Crimson Brocate'. (Herbel)

leus). ○ ⚔. Himalaja. Blüten stehen einzeln an langen Stielen, Wuchs ausgebreitet. Sorten: 'Berggarten', hellviolett, früh, 40 cm; 'Leuchtenburg', leuchtendviolett, mittel, 50 cm; 'Napsbury', violett, mittel, 50 cm; 'Sternschnuppe', dunkelviolett, spät, 40 cm; 'Wartburgstern', blauviolett, mittel, 40 cm. VI. – HALBHOHE UND HOHE ARTEN. *A. amellus*. Bergaster. ○ ⚔. Europa, Westsibirien. Großblumige Art mit locker verzweigten, aufrechten Trieben. Sorten: 'Dr. Otto Petschek', blau, mittel, 60 cm; 'Goliath', blau, mittel, 80 cm; 'Hermann Löns', hellblau, spät, 60 cm; 'Lady Hintlip', rosa, mittel, 60 cm; 'Mira', dunkelblau, spät, 60 cm; 'Moerheim Gem', dunkelblau, mittel, 50 cm; 'Pink Pearl', lilarosa, mittel, 60 cm; 'Rotfeuer', rot, früh, 60 cm; 'Sternkugel', violett, früh, 50 cm; VIII–X. – *A. cordifolius*, Schleieraster. ○ ⚔. Nordamerika. 'Ideal', kleine, hellviolette Blüten in überhängenden Rispen, reichblühend. IX–X, 100 cm. – *A. ericoides*, Erikaaster. ○ ⚔. Nordamerika. Zierliche Herbstaster mit vielen Blüten. 'Erlkönig', hellviolett, 100 cm; 'Herbstmyrte', weiß, 90 cm; 'Schneetanne', weiß, 100 cm. IX–X. – *A. frikartii*. VIII–X. Großblumig wie *A. amellus*, aber lockerer im Wuchs. 'Wunder von Stäfa' mit himmelblauen und 'Jungfrau' mit dunkelvioletten Blüten. – *A. linosyris*, Goldhaaraster. ○–◐. West-, Süd- und Mitteleuropa. Nadelförmige, frischgrüne Blättchen, aufrechte, unverzweigte Stengel. Blüten goldgelb, ohne sterile, breitblättrige Randblüten. VI–VIII, 60 cm. – *A. novae-angliae*, Rauhblattaster. ○–◐ ⚔. Nordamerika. Pflanzen weich behaart mit großen Blüten, diese schließen sich bei Nacht und trübem Wetter. Sorten: 'Andenken an Paul Gerber', weinrot, mittel, 150 cm; 'Barr's Pink', pupurrosa, früh, 150 cm; 'Harrington Pink', hellrosa, mittel, 150 cm; 'Roter Turm', pupurrosa, früh, 130 cm; 'Rudelsburg', dunkelrosa, früh, 100 cm; 'Septemberrubin', weinrot, früh, 130 cm; 'Treasure', blauviolett, spät, 150 cm. IX–XI; 'Andenken an Alma Pötschke', kräftig rubinrot, mittel, 100 cm. – *A. novi-belgii*, Glattblattaster, Bettagsblume. ○–◐ ⚔. Nordamerika. Pflanze mit glatten, länglichen Blättern, die Blüten schließen sich nachts nicht. Sorten: 'Blaue Nachhut', hellblau, spät, 120 cm; 'Crimson Brocade', dunkelrot, spät, 90 cm; 'Dauerblau', blau, mittel, 140 cm; 'Fellowship', hellrosa, mittel, 100 cm; 'Marie Ballard', hellblau, früh, 100 cm; 'Royal Blue', blau, mittel, 100 cm; 'Weißes Wunder', weiß, mittel, 100 cm; 'Winston S. Churchill', dunkelrot, mittel, 90 cm. IX–X. – VERWENDUNG. Niedrige Arten und Sorten im Steingarten und als Einfassung oder wie viele andere zum Schnitt. Alle sind für Staudenpflanzungen unentbehrlich. – ANSPRÜCHE. *A. linosyris* wächst am besten in sandigem Boden, alle andern verlangen nicht zu trockenen, guten Gartenboden und sollten bei nachlassender Blühfähigkeit neu gesetzt werden. Die hohen Arten sollten im Sommer bei Trockenheit gut gegossen werden, sonst blühen sie unbefriedigend. – VERMEHRUNG. Alle durch Teilung und Stecklinge. *A. alpinus*, *A. tongolensis* 'Wartburgstern', *A. novae-angliae* 'Septemberrubin' und einige andere Arten kann man aussäen. – Einjährige Arten → Sommeraster.

Asthalter → Baumstützen.

Astilbe, *Astilbe*, Prachtspiere. Steinbrechgewächse, Saxifragaceae. ◐–● ♃ ⚔. Etwa 35 Arten in Ostasien, bei uns vor allem die Hybriden verschiedener Arten in den Gärten. Beliebte Stauden mit federartigen Blütenständen und dunkelgrünen, gefiederten Blättern, wertvolle Schattenpflanzen. VII–IX. – *A.* × *arendsii*: Kräftigwachsende Sorten, vom Altmeister der Staudenzüchtung, Georg Arends, gezüchtet: 'Amythyst', violettrosa, früh, 100 cm; 'Brautschleier', weiß, früh, 70 cm; 'Cattleya', rosa, spät, 100 cm; 'Fanal', rot, früh, 70 cm; 'Feuer', rot, mittel, 80 cm; 'Gloria', rosa, mittel, 70 cm; 'Glut', rot, spät, 80 cm; 'Hyazinth', violettrosa, mittel, 80 cm; 'Irrlicht', weiß, früh, 60 cm; 'Serenade', lilarosa, spät, 50 cm. – *A. chinensis*. Nordchina, Korea. Blätter ebenfalls zwei- bis dreimal dreizählig geteilt, bräunlich behaart, Blüten violettrosa, spät, 70 cm, für Wildstaudengarten. – *A. chinensis pumila*, niedrig, violettrosa, spät, 40 cm. 'Finale', hellrosa, spät, 60 cm; 'Serenade', hellrosa, spät, 50 cm. VIII–IX. – *A. crispa* 'Liliput', Zwergsorte für Liebhaber, hellrosa, 20 cm; 'Perkeo', dunkelrosa, 20 cm. VIII. – *A. japonica*, Japan, davon nur die Hybriden im Handel. Guter Wuchs, meist niedriger als die Arendsii-Sorten und früher blühend. Sorten: 'Bremen', dunkelrosa, früh, 60 cm; 'Deutschland', weiß, früh, 50 cm; 'Europa', hellrosa, früh, 50 cm; 'Mainz', beste Sorte, hellviolett, früh, 50 cm; 'Red Sentinel', rot, mittel, 50 cm; 'Koblenz', dunkelrosa, mittel, 50 cm. VII–VIII. – *A. koreana*, Korea, Nordchina. Große, dichte, pyramidenförmige, überhängende Blütenrispen, weiß. VIII, 100 cm. – *A. simplicifolia*, Japanische Zwergastilbe. Nur Hybriden im Handel. Sorten: 'Aphrodite', dunkellaubiger Sport von Atrorosea, rot, mit-

Alpenaster, *Aster alpinus*. (Seidl)

Astilben unter Gehölzen: *Astilbe thunbergii* 'Straußenfeder', *A. simplicifolia-Hybride* 'Mainz', *A. arendsii* 'Fanal'. (Drave)

tel, 50 cm; 'Atrorosea', mittel, 50 cm; 'Praecox Alba', weiß, früh, 50 cm; 'Rosea', hellrosa, spät, 40 cm; 'Dunkellachs', rosa, spät, 50 cm, VIII–IX. – *A. taquetii* 'Purpurlanze', richtig *A. chinensis* var. *taquetii*, späte Riesenastilbe, pupurrosa, 110 cm. IX. – *A. thunbergii*, China, Japan. Blätter zwei- bis dreimal dreiteilig mit roten Stielen, braun behaart, Blütenrispen verzweigt, elegant überhängend. Sorten: 'Elegans Rosea', hellrosa, mittel, 100 cm; 'Moerheimii', weiß, mittel, 100 cm; 'Straußenfeder', schönste Sorte, rosa, mittel, 100 cm. VIII–IX. – VERWENDUNG. Für die Bepflanzung von Schattenpartien, vor Gehölzen und als ausgezeichnete Schnittblumen. – BODEN. Mittelschwere, torfhaltig, feucht, sonst im Sommer oft bewässern. – VERMEHRUNG. A.n werden durch Teilung vermehrt. Die Pflanzen können lange an einer Stelle stehen, sie entwickeln sich am besten nach 4–7 Jahren.

Astrantia → Sterndolde.

Astring, wulstartig verdickte Ansatzstelle eines Astes oder Triebes. Beim Entfernen eines Astes muß der A. geschont werden. Vom A. aus beginnt der Heilungsprozeß. Schnitt auf A. hinterläßt die kleinstmögliche Wundfläche und beschleunigt das Verheilen.

Astrophytum → Kakteen 11.

Aststummel, darf keinesfalls beim → Absägen von Ästen stehenbleiben. Der A. trocknet in der Regel ein, verhindert das Verheilen der Schnittflächen und bildet Eingangspforten für Schädlinge und Pilzkrankheiten. Häufig zu beobachtender Fehler bei Schnittmaßnahmen im Privatgarten. Bewährteste Methode ist der Rückschnitt auf → Astring.

Athyrium → Frauenfarn.

Atlasblume, Godetie, Sommerazalee, *Godetia*. Nachtkerzengewächse, *Ona-*

Atriumgarten, ein der Wohnung zugeordneter, sichtgeschützter Freiraum. (Richter)

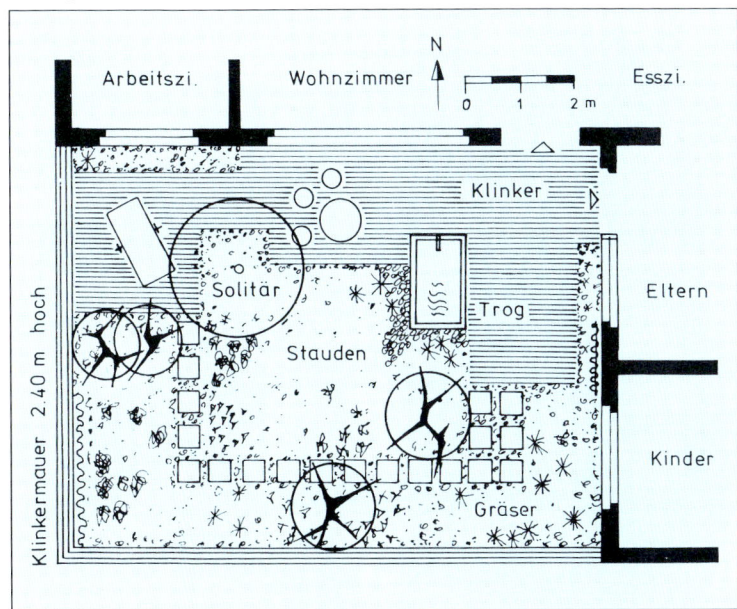

Atriumgarten

Atlasblume, *Godetia grandiflora*. (Herbel)

graceae. ○ ☉ ⋈ ☐. Mit etwa 20 Arten in Nordamerika, vorzugsweise Kalifornien, heimisch. Neben *G., amoena* ist insbesondere *G. whitneyi (G. grandiflora)* mit ihren verschiedenen Formen die gärtnerisch wichtigste Art. 30–60 cm, je nach Sorte gefüllt oder einfach blühend. Von Weiß bis Lila und Violett reichende Farbskala, in der rote und rosa Töne dominieren. Blätter eiförmig bis lanzettlich, Blüten relativ groß. In der Hauptsache Sommerblumen für bunte Beete, gelegentlich auch für den Schnitt. Anzucht meist durch Direktsaat an Ort und Stelle III–IV, aber auch unter Glas üblich, Freilandpflanzung im Abstand von 15–20 cm. Humusreicher Boden in sonniger Lage. Hauptblüte VI–VII, wird durch Entspitzen der Jungpflanzen verlängert.

Atriumgarten. Das Atrium war beim römischen Haus der für Sonneneinstrahlung offene Innenraum, um den sich die Wohnräume gruppierten und in dessen Mitte eine Vertiefung zum Auffangen des Regenwassers diente. In der modernen Flachbauweise gibt es heute A. bei freistehenden Wohnhäusern und innerhalb der Teppichbebauung. Als erweiterter Wohnraum mit ca. 30–50 qm Größe ist der A. eine intensiv genutzte Gartenform. Für Ausstattung und Bepflanzung sind Sonnenstand und damit Schattenwurf im Frühjahr, Sommer und Herbst sowie morgens, mittags und abends bindend. Der A. wird ausgestaltet mit Sitzplätzen für die einzelnen Tageszeiten, Wasserbecken und ausgesuchten Gehölzen, Stauden und Blumenzwiebeln, wobei je nach Nutzung die befestigte oder bepflanzte Fläche überwiegen kann.

Aubergine, Eierfrucht, *Solanum melongena*. Nachtschattengewächse, *Solanaceae*. Stammt aus dem tropischen Ostindien, dort seit alten Zeiten angebaut, in Europa erst seit 17. Jahrh. – ANBAU. Einjährig, sehr wärmebedürftiges Fruchtgemüse, nördlich der Alpen nur in wärmsten Gegenden im Freiland, sonst in Frühbeeten unter hochgestelltem Glas. Bodenansprüche nicht sehr hoch, ähnlich Tomate. Aussaat Ende II in Schalen, in Töpfe pikieren, bis Ende V im Frühbeet kultivieren. In warmen Gegenden Ende V auf 60 × 50 cm auspflanzen, sonst im Frühbeet und Glas hochstellen. Regelmäßig gießen, gleichzeitig flüssig nachdüngen. Blüten erscheinen erst VIII an Seitentrieben. Zu diesem Zeitpunkt

Aubergine. (Bruck)

Pflanzen köpfen, je Pflanze nur 3–5 Früchte stehen lassen. Reifezeit Ende IX. – VERWENDUNG. Früchte in Scheiben schneiden, mit Pfeffer und Salz würzen, in Öl braten. Auch gefüllt mit Hackfleisch und gebraten ausgezeichnetes Gericht.

Aubrieta → Blaukissen.
Aufbauschnitt → Obstbaumschnitt.
Aufbinden, Befestigen der rankenden oder schlingenden Pflanzenteile an Stäbe, Drähte, Spaliere, Rankgitter. Kommt bei Stauden nur für einige wenige in Frage, z.B. Staudenwicke (*Lathyrus latifolius*), Zaunwinde (*Calystegia*).
Aufwand, in der Betriebslehre der auf das Wirtschaftsjahr (im Privatgarten zweckmäßigerweise das Kalenderjahr, in der Landwirtschaft 1. VII.–30. VI.) bezogene Verbrauch an Arbeitskraftstunden, Dünger, Wasser, Strom usw. Zinsen und Pachten zählen nicht zum A. Vom A. streng unterschieden werden die → Kosten, die nicht für ein Wirtschaftsjahr, sondern für ein bestimmtes Produkt errechnet werden.
Augensteckling, Vermehrungsmethode bei Weinreben, Himbeeren, Brombeeren unter Glasflächen. Von einem 3–4 cm langen Zweigstück eines gut ausgereiften Triebes mit einem Auge wird gegenüber dem Auge ein Drittel des Holzes abgespalten. Der so gewonnene A. wird in humose sandige Erde gelegt. Die Knospe muß aus der Erde ragen.
Augenveredlung → Veredlung.
Augustschnitt → Sommerschnitt.
Ausdünnen des Fruchtansatzes in der Zeit zwischen Blüte und 3 Wochen später fördert die Blütenbildung der Obstbäume und wirkt der Alternanz entgegen. Größere und bessere Früchte erzielt man auch durch A. nach dem Junifall. Beim Apfel bleibt nur alle

Ausdünnen: Nicht ausgedünnte Bäume (links) erbringen schlechtere Früchte und erleiden durch übermäßige Fruchtlast empfindliche Astbruchschäden. Gleichmäßig verteilte Früchte in optimaler Dichte sind in jeder Beziehung vorteilhafter. (Dr. Link)

Innenhof eines Atriumhauses mit Kübelpflanzen und Schnittblumen, Schlingern und Gehölzen. (Rosenberg)

Aushub

Aussaat: Feingesiebte Aussaaterde einfüllen und mit beiden Daumen am Rand der Schale etwas andrücken. – Erde locker nachfüllen und mit Stab eben abstreichen. Jetzt nicht mehr andrücken! – Topf vorsichtig aufstoßen und drehen, das ergibt den notwendigen fingerbreiten Rand.

15–20 cm eine Frucht stehen; bei Sorten, die gerne alternieren, sehr fruchtbar sind oder in Büscheln tragen (W. Klar, Cox Orange, Goldparmäne oder Golden) ist das A. für Fruchtausbildung und regelmäßigen Ertrag besonders wichtig. Auch Zwetschen lohnen bei hohem Behang das A. Im Erwerbsobstbau dünnt man den Apfel vorwiegend chemisch aus und ergänzt durch eine Handausdünnung. Der Gartenliebhaber kann seine wenigen Bäume um die Blütezeit auch nur von Hand ausdünnen.

Aushub, all das im Gelände anstehende Boden- und Gesteinsmaterial, das beim Bau von Mauern, Häusern, Wasserbecken oder Wegen und beim Pflanzen von Bäumen und Sträuchern ausgehoben werden muß.

Ausläufer, ober- und auch unterirdische Sprosse, die sich ausbreiten und zumeist neue Pflanzen bilden. Oberirdisch: Erdbeere, Goldnessel (*Lamiastrum galeobdolon*), Gundermann

Verdichtete, vorzeitig vergreiste Naturkrone, die nur zeitweilig an den äußersten Kronenpartien der Südseite Licht bekommt. Muß ausgelichtet werden! (Nach Friedrich/Preuße)

(*Glechoma*), Schaumblüte (*Tiarella*). Unterirdisch: Glockenblume (*Campanula rapunculoides*), Knöterich (*Polygonum compactum* 'Roseum'), Sonnenblume (*Helianthus rigidus*), u. a.

Auslichten von Obstbaumkronen, wichtige Maßnahme beim → Obstbaumschnitt: das Entfernen zu dicht stehender Äste oder Triebe innerhalb der Baumkrone. Durch das A. werden Blätter und Früchte optimal mit Sonnenlicht und Luft versorgt und gekräftigt. Zugleich eine bedeutende vorbeugende Maßnahme gegen den Befall mit → Obstschädlingen und → Pilzkrankheiten.

Auspflücken, mehrfaches Ernten von ausgereiften Früchten. Bei vielen Sorten von Apfel und Birne, aber auch bei manchen Steinobstarten reifen die Früchte nicht gleichzeitig aus. Wird zu früh geerntet, bekommt man einen hohen Anteil unreifer Früchte. Erntet man dagegen zu spät, fallen viele Früchte zu Boden oder sind nicht so haltbar.

Ausreifen, bezieht sich auf Reifegrad der Stauden, Härte des Wurzelsystems, des Sproß- und Blattsystems, notwendig für den richtigen Rode-, Versand- und Verpflanztermin.

Aussaat, Säen in Saatschalen oder -kisten und Aufstellung in entsprechend temperierten Räumen, Frühbeete, auch im Freiland an Ort und Stelle (→ Direktsaat). A.dichte je nach Feinheit und Art des Saatgutes, ob Frostkeimer, Dunkelkeimer. Abdeckstärke des Saatgutes um 2–3mal seiner eigenen Stärke. A.zeit richtet sich nach der Keimdauer und der schnelleren oder langsameren Entwicklung der Jungpflanzen: Frostkeimer XI–II, Mittelschwerkeimer I–III, Leichtkeimer III–V, → Saatband.

Austauschkapazität, Vermögen von → Tonmineralien und Huminstoffen (→ Humus), Ionen anzulagern und gegen andere Stoffe auszutauschen. Wird gemessen in Milliäquivalent = mval je 100 g Substanz. Hohe A. beruht auf Bildung riesenhafter Flächen innerhalb kleinster Volumen. Beispiel: Enthält ein Lehmboden 5% des Tonminerals → Montmorillonit, entstehen auf 1 qm innerhalb von 20 cm Oberboden (Krume) Austauschflächen (spezifische Oberflächen, Grenzflächen) von 12 Millionen qm = 1200 ha Vergl. Lungenbläschen! – A. ermöglicht Pflanze, über Wurzelhaare Nährstoffe gegen Wasserstoffionen auszutauschen. Große A. ist eine Haupteigenschaft fruchtbaren Bodens und Voraussetzung für hohe Erträge gleichmäßiger Qualität. Gärtnerisch ist deshalb große A. durch hohe Gehalte an wertvollen Tonmineralien und Humusstoffen (→ Humus) anzustreben (→ Bentonit, → Ton-Humus-Komplexe, → Steinmehl). A. der Humusstoffe ist mehrfach höher als A. der Tonmineralien. Die Humusstoffe sind jedoch nicht so stabil wie die Tonmineralien. Das Verhältnis aus A. und Tongehalt läßt schließen auf anteiligen Gehalt an verschiedenen Tonmineralien: über 0,8 = Montmorillonit, 0,8–0,4 = Illit, unter 0,4, = Kaolinit.

Austernseitling → Pilzbau.

Australheide, *Epacris*. Australheidegewächs, *Epacridaceae*. ○–◐ ℏ ⛝ ✕ Lie. Etwa 40 Arten in Ostaustralien. – *E. impressa*. Bis 60 cm hoch, straff aufrechtwachsend, mit sitzenden, torfmyrteähnlichen Blättern und sitzenden, glockenförmigen Blüten in 15–30 cm langen Blütenständen. Die 1,5 cm langen Blüten sitzen in den Achseln der Blätter und variieren in der Farbe von Weiß über Rosa nach Dunkelrot. Viele Sorten. Blüte Winter. – Die Kultur der Au. ist schwierig, sie verlangt gleichmäßige Temperaturen des Kalthauses und kalkfreies Gießwasser. Die Blütenstiele ergeben geschnitten eine herrliche Schnittblume.

Den feinen Samen gleichmäßig ausbringen und nur leicht andrücken. Auf Etikett Artnamen und Datum vermerken. Danach übersprühen und mit Glasscheibe abdecken. – Sind die Sämlinge groß genug und beengen sich, werden sie in eine andere Schale umpikiert. (Herbel)

– Vermehrung VII durch Stecklinge, wie bei den Eriken, deren Kultur sehr ähnlich ist. Wichtig ist bei alten Pflanzen Rückschnitt im Frühjahr.

Australische Silbereiche, *Grevillea*. Proteusgewächse, *Proteaceae*. ○–◐ ℏ ▽. Etwa 170 Arten in Australien und auf den umliegenden Inseln. – *G. robusta*. Queensland, New-South-Wales. In der Heimat bis 50 m (bereits im Mittelmeergebiet bis 20 m), bei uns Kalthaus- und Zimmerpflanze. Blätter 20 cm lang, doppelt gefiedert und gelappt, oberseits grün, unten grau behaart. Farnähnliches Aussehen. – Harte und dauerhafte Zimmerpflanze, die bei Temperaturen von 10–20 °C gleich gut gedeiht. Kultur in etwas schwerer Blumenerde, Flüssigdüngung im Sommer notwendig. – Vermehrung d. Aussaat im Frühjahr bei 18 °C. Zu hohe Pflanzen kann man zurückschneiden.

Autoeinstellplatz, ein am Eingangsbereich zum Wohnhaus vorgesehener Einstellplatz für Pkw, der im Gegensatz zur Garage für kurzzeitiges Parken bestimmt und mit 2,50 × 5,50 m ausreichend groß bemessen ist. Befestigung mit Grasbetongittern, Schotterrasen oder Pflasterrasen ist einer Asphaltdecke vorzuziehen.

Auxine → Wuchsstoffe.

Avena → Hafer.
Aylostera → Kakteen 12.
Azalee → Alpenrose.
Azorella → Andenpolster.
Azotobacter, Gattungsname bekannter Bodenbakterien. A. sind frei im Boden lebende Stickstoffbinder, im Unterschied zu Stickstoffbindern, die mit Pflanzenwurzeln in Symbiose leben (→ Knöllchenbakterien). Meistgenannte Art ist *A. chroococcum*, 3–6 millionstel mm lang, meist gruppenweise in Schleimhüllen (Abb. S. 76), lebt in Böden mit neutraler Reaktion und gutem → Porenvolumen. Je höher die Anzahl von A., desto höher in der Regel die Bodenfruchtbarkeit. – A. verbraucht als Energiequelle zur Bindung von elementarem Luftstickstoff etwa die 40- bis 100fache Menge Kohlenstoff in leicht aufnehmbarer Form (Zuckerarten, wie Glucose, Saccharose). Substrat darf keinen Stickstoff in mineralischer Form enthalten, jedoch müssen Spurenelemente, insbesondere → Molybdän, verfügbar sein. Stickstoffbindung durch A. und andere freilebende Stickstoffbinder bei frischem org. Dünger bis 10 g/qm. Angaben der Wissenschaft sehr unterschiedlich. – A.-Impfpräparate als Starter wirksam, für Dauererfolg sind jedoch oben genannte Lebensbedingungen entscheidend.

B

Bacillus thuringiensis, kristallbildende Bakterienart, die bei manchen Raupen eine tödliche Darmerkrankung erzeugt. Durch Massenzucht auf künstlichen Nährböden werden in mehreren Ländern Europas industriell B. thuringiensis-Präparate (Thuricide, Biotrol u.a.) als Mittel zur biologischen Schädlingsbekämpfung hergestellt. Beste Bekämpfungserfolge bisher gegen Weißlinge-, Gespinst- und Goldafter-Raupen. Die *B. thuringiensis*-Präparate sind für Mensch, Haustiere und nützliche Insekten (darunter die Honigbiene) ungiftig. Im Gegensatz zu den chemischen Pflanzenschutzmitteln benötigen sie weder → Wartezeiten noch → Toleranzwerte und können somit bis unmittelbar zur Erntezeit angewandt werden.

Badegarten, ein zum Baden ausgebauter Freiraum im Hausgarten oder völlig selbständiger Sondergarten in großen Parks. Die Lage im Wohngarten richtet sich nach Größe, Neigung und Belichtung des Grundstückes und danach, ob die Installation ohne zu großen technischen Aufwand möglich ist. Mittelpunkt des B.s ist ein Schwimmbecken von mindestens 4 × 7 m bis zu sportgerechten Größen. Kleinere Becken sind zum Planschen, aber nicht zum Schwimmen geeignet. Zweckmäßig ist die Rechteckform. Der B. soll durch Mauer, Pergola, Hecke oder Erdwall vor Wind und Einblick geschützt und

Bacillus thuringiensis. (Inst. f. Film u. Bild)

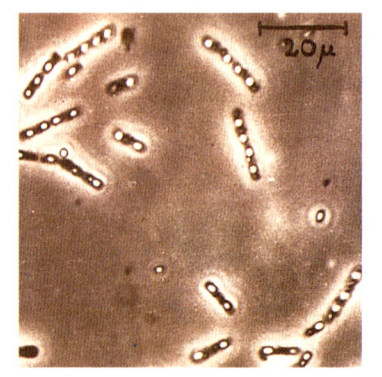

voll zur Sonne ausgerichtet sein. Am Beckenrand sind ausreichende Liegeflächen auf Platten, Holzrosten, Kieseln oder Rasen vorzusehen.

Bärenohr, *Arctotis.* Korbblütler, *Compositae.* ○ ☉ ♃ ✕. Schönblühende, hier nur einjährig gezogene Stauden aus Südafrika. – *A. acaulis* (*A. scapigera*), fiedrig eingeschnittene bis gelappte Blätter, oben grün, unterseits weißfilzig, Blüten margeritenähnlich, gelb mit dunkler Mitte, außen purpur. VI–IX, 25 cm. – *A. breviscapa* blüht goldgelb, VI–IX, 20 cm. – *A. venusta* (als *A. grandis* im Handel) hat weißliche Blätter, Blüten silberweiß mit hellblauer Mitte, außen lavendelblau überlaufen, 60 cm, VIII–IX. – *A.-Hybriden,* ähnlich *A. acaulis.* Blüten ähneln Gerbera; weiß, gelb, rosa, orange, kupferbis dunkelrot, 'Harlekin-Hybriden', eine bekannte Mischung, VI–IX, 40–50 cm. – Aussaat unter Glas II–III. Verwendung: Beete und zum Schnitt, Blüten nur bei Sonne und Wärme geöffnet.

Bakterien, meist einzellige pflanzliche Mikroorganismen ohne Zellkern, die sich durch Zweiteilung (Spaltung) vermehren. Botanisch in der Abteilung der Spaltpflanzen eine Klasse mit 10 Ordnungen, zahlreichen Familien und vielen 1000 Arten. Einteilung wissenschaftlich nicht einheitlich und nicht endgültig. Die meisten B. sind etwa 0,001 mm groß, einige Arten auch bis 0,01 mm, in drei Grundformen: Kugeln (Kokken), Kurzstäbchen (Bakterien im engeren Sinne), Langstäbchen (Bacillen) oder Spiralen (Spirillen). Wirtschaftlich bzw. hygienisch betrachtet, sind sie entweder nützlich (Bodenbakterien, Gärungsbakterien u.a.) oder schädlich (Erreger von Krankheiten bei Pflanze, Tier und Mensch). Von Bakterien verursachte Krankheiten → Bakterienkrankheiten. B. sind nach Zahl und Vermehrungsgeschwindigkeit allen anderen Organismen überlegen. 1 g Boden kann einige Milliarden B. enthalten, die Generationsdauer kann sehr kurz sein, unter Umständen nur ½ Stunde. Wissenschaftler schätzen, daß bisher nur ein Bruchteil der Bakterienarten, (10%) erforscht ist. → Bodenbakterien → Bodenleben.

Bakterienkrankheiten. Von → Bakterien verursachte Pflanzenkrankheiten. Äußerlich sichtbare Symptome: Welkerscheinungen (z.B. Tomatenwelke), Fleckenbildung (z.B. Bakterienbrand der Kirsche, Blattflecken der Gurke, Walnuß u.a.), Fäulnis (z.B. Naßfäule gelagerter Kartoffeln, Triebfäule von Zierpflanzen) sowie Wucherungen (z.B. Wurzelkropf des Obstes). Gegenmaßnahmen: Verhinderung von Wunden, Beseitigung kranker Pflanzen, Stärkung der Pflanze durch Gründüngung, → Saatgutbeizung.

Bakterienpräparate, dienen z.B. zur Impfung von Böden mit Knöllchenbakterien bestimmter Arten oder Azotobacter. Wirkung entscheidend abhängig vom Substrat, in das B. gebracht werden. Beispiel: → Azotobacter. Beispiel für B. im Pflanzenschutz → Bacillus thuringiensis.

Baldrian, Katzenbaldrian, Katzenkraut, *Valeriana officinalis.* Baldriangewächse, *Valerianaceae.* Alte einheimische Heilpflanze. Anbau: Ausdauernd, meistens an feuchten Stellen, aber auch an trockenen Abhängen, stellt keine Standortansprüche. Aussaat V/VI, mehrjährige Stauden können sehr groß werden. Höhe der Blütenstengel bis über 1 m. – Verwendung: Der Wurzelstock (Rhizom) ist sehr reich an Baldrianöl, der Extrakt ein wertvolles Beruhigungsmittel. Das Präparat aus B.blüten gehört zu den Kompostpräparaten der Biologisch-Dynamischen Wirtschaftsweise, → Kompostpräparate. Das Kraut lockt Katzen an, die oft gierig davon fressen.

Balkonkasten. Zur Ausschmückung von Balkonen, Veranden und Fenstern dient der aus Holz, Blech oder Asbestzement gefertigte B. Bei seiner Aufstellung ist darauf zu achten, daß durch das Wachstum der Pflanzen im B. der Schwerpunkt immer weiter nach oben wandert. Daher ist bereits im Frühjahr

Oberbayerisches Bauernhaus mit Blütenbalkon: Aufrecht wachsende und hängende Pelargonien, *Pelargonium-Zonale-* und *Peltatum-Hybriden,* und Pantoffelblumen, *Calceolaria integrifolia.* (Herbel)

für eine stabile Anhängung zu sorgen. Das Substrat im B. soll humusreich sein und die Möglichkeit bieten, große Wassermengen auf einmal zuzuführen. Einheitserde oder andere Gemische mit Torf oder feinfaserigem Rindenhumus sind deshalb am besten geeignet. B. verlangen sorgsame Wässerung, da der Erdinhalt meist sehr gering ist, und wöchentliche Flüssigkeitsdüngung. Keines der angebotenen Systeme ermöglicht die Aufstellung von vollkommen wartungsfreien B. Neben dem Wässern, das die Hauptarbeit macht, muß man Verblühtes herausputzen, Stäben oder Durchputzen.

Balkonkasten aus Zement. (Herbel)

Balkonpflanzen. Bei der Auswahl der B. muß man wissen, welchen Zweck die B. erfüllen sollen, ob aufrechte und hängende B. verwendet werden können und in welche Himmelsrichtung die Balkonkästen zu stehen kommen. – SCMUCKWIRKUNG. Alle üblicherweise angebotenen B. genügen dieser Forderung, doch ist z. B. bei Geranien darauf zu achten, daß großblütige, gefüllte Sorten nur unter vorspringenden Dächern gut gedeihen, ähnliches gilt auch für die vollkommen gefüllten Petunien. – SICHTABDECKUNG. Besonders auf Balkonen muß man oft einen Sichtschutz anbringen. Winden *(Ipomoea),*

Balkonkasten mit Petunien und Pelargonien.

Hopfen *(Humulus)* und Glockenrebe *(Cobaea)* eignen sich hier besonders gut. – AUFRECHTE B. Geranien, Knollenbegonien, Tagetes, Salvien, Petunien u. a. mehr, gehören in diese Gruppe. – HÄNGENDE B. Hängegeranien, Ampelknollenbegonien, Zierspargel, Fuchsien, Verbenen, kleinblumige Petunien bieten sich hier an. – B. FÜR SCHATTIGE, ETWAS LUFTFEUCHTERE LAGEN: Fuchsien, Knollenbegonien, Impatiens, Nemesien, Lobelien und die kleinblütige Geraniensorte 'Ville de Paris' und ihre Sports sind hier am Platz. – B. FÜR SONNIGE, LUFTTROCKENE LAGEN. Geranien, Petunien, Tagetes, Tropaeolum u. a. – Aus der Übersicht geht hervor, daß es unmöglich ist, in jedem Balkonkasten des Hauses dieselbe Bepflanzung zu haben, da auf der Nordseite andere Pflanzen besser gedeihen, als auf der Südseite. – Neben der Sommerbepflanzung gibt es noch die Möglichkeit einer Frühjahrsbepflanzung mit *Violen, Myosotis, Bellis* und *Cheiranthus* bzw. *Erysimum.* Das andere Extrem wäre Dauerbepflanzung mit trockenheitsliebenden Stauden wie *Sempervivum, Rosularia, Sedum,* bei der nicht gewechselt wird.

Ballaststoffe, diejenigen Anteile eines Düngemittels, die nicht als Hauptnähr-

Ballenpflanzen

Verschiedene Bambusarten im Botanischen Garten von Kanton/China. (Siebeneicher)

stoffe wirken, z.B. Chloridanteil des Kaliumchlorids, Kalkanteil des Kalkstickstoffs oder Spurenelemente des Thomasphosphats. B. können Boden bzw. Pflanze fördern oder schaden oder neutral sein. So wirkt der Kalkanteil des Thomasphosphats bei alkalischen Böden ungünstig, bei sauren Böden günstig. Mineraldünger sind deshalb auch im Hinblick auf die B. auszuwählen. In Gärten mit hoher Bodenfruchtbarkeit (neutraler Reaktion, guter Bodenstruktur, harmonischem Nährstoffhaushalt, hoher biologischer Aktivität) sind → Mineraldünger in der Regel nicht vorteilhaft: Reinnährstoffdünger führen auf die Dauer zur Verarmung an Spurenstoffen im Boden, verschieben durch ihren Gehalt z.B. an Säureresten (SO_4-Rest von Schwefelsaurem Ammoniak oder Cl von Kaliumchlorid) die Bodenreaktion und beeinflussen damit viele Prozesse.

Ballenpflanzen, werden hauptsächlich im Zierpflanzenbau verwendet, um sie jederzeit mit unberührtem, aber im Ballen geschützten Wurzelsystem pflanzen zu können. Als Erdsubstrat dient → TKS, → Einheitserde, Rinden-Kultursubstrat, selbst hergestellte Mischung aus Erde, Kompost und → Rinden-Humus. Erdballen wird mit Ballierdraht oder Jutegewebe zusammengehalten. Beide verwittern im Boden und sind kein Hindernis für Bewurzelung der Pflanzen.

Ballentrockenheit. Bei B. hilft normales Gießen nicht, da das zugeführte Wasser zwischen Topf und Ballen rasch abfließt. Hier hilft nur Einstellen in Wasser und Ansaugenlassen. Besonders empfindlich gegen B. sind die feinwurzeligen Moorbeetpflanzen, wie Azaleen, Eriken, Camellien, die in entsprechenden Abständen, meist wöchentlich in eine Düngerlösung von 1–2‰ einzustellen sind (1–2 g/l). Sehr anfällig gegen B. sind auch Kübelpflanzen, die auf trockenen, heißen Terrassen oder Balkonen plaziert sind. Oleander oder Lorbeer kann hier das Laub verlieren. B. der Kübelpflanzen durch Unterstellen von entsprechend hohen Untersätzen verhindern! Auch hier kann Düngerlösung in die Untersätze eingefüllt werden.

Ballonblume, *Platycodon* (*Wahlenbergia*), Glockenblumengewächse, *Campanulaceae*. ○–◐ ♃ ✄. Nur eine Art mit kugeligen, ballonartigen Knospen und flachen Glockenblumenblüten: *P. grandiflorum*, Ostasien. Fleischiger Wurzelstock, Blätter blaugrün, verzweigter Blütenstand, Blüte dunkelblau, 70 cm. Sorten: 'Album', weiß, 60 cm; 'Mariesii' tiefblau, 50 cm; 'Perlmuttschale', sehr empfehlenswert, große, perlmuttrosa Blüten, 60 cm, VI–VII. – Verwendung im Staudenbeet u. Heidegarten. Boden: Kräftiger, aber gut durchlässiger Gartenboden. Vermehrung: Aussaat.

Ballonstadium, Blütenstadium, in dem die Blütenblätter die Geschlechtsorgane der Blüten (Stempel mit Narbe und Staubfäden mit Antheren) ballonartig umhüllen. Bei Kernobst ist in der Regel die mittlere → Blüte des Blütenstandes zuerst voll entfaltet und bestäubungsfähig; die im Kreis darum angeordneten Blüten brechen erst nach und nach auf.

Balsamine → Springkraut.

Bambus, *Pseudosasa*. Gräser, *Gramineae*. ○–◐ ♃ – ♄ ∧ i. Der B. ist ein Riesengras, das in den Tropen bis 30 m hoch wird. Es gibt rund 250 Arten, von denen die winterharten in Staudengärtnereien oder Baumschulen angeboten werden. Alle Arten kommen bei uns kaum zur Blüte, sie sind dekorative Blatt-Pflanzen. – *Pseudosasa japonica* (*Arundinaria j.*, *Bambusa metake*), Japan. Gut verzweigte Halme mit lanzettlichen, oben glänzend dunkelgrünen, unterseits blaugrünen Blättern. Dekorative, winterharte Art, will frischen, nicht trockenen Boden. 300 cm. – *Sasa pumila* (*Bambusa p.*, *Arundinaria p.*), Zwergbambus. Japan. Dichte, rundliche Büsche mit frischgrünen, breitlanzettlichen, glänzenden Blättern an kurzen Halmen, hart, 40 cm. – *S. palmata*. Japan. Langsam wachsend und lockerer Wuchs. Triebe unterhalb der Knoten bereift. Blätter fast waagrecht am Ende der Halme, schopfartig, 20–30 cm lang und 5–8 cm breit. Bis 200 cm. – *S. pygmaea*, Japan. Stark wuchernd, aber gute Winterhärte. Triebe dünn, oft verzweigt, purpurn, am Knoten mit bläulichem Ring. Blätter oben grün, unterseits blaugrün. 30–50 cm. *Sinarundinaria murielae* (*Arundinaria m.*). Mittelchina. Gelbe Stämmchen oder Halme, die sich erst im zweiten Jahr verzweigen, dunkelgrüne, unten blaugrüne Blätter,

Blumenkästen mit Einjahrsblumen bunt bepflanzt: Oben weißer und roter Ziertabak und gelbe Sammetblumen, in der Mitte weiße Wucherblumen und rote Geranien, unten lila Männertreu und gelber Husarenknopf mit weißem Fleißigen Lieschen. (Herbel)

Schweizer Bauernhaus, reich geschmückt mit Balkonpflanzen an den Laubengängen, Ampel- und Kletterpflanzen. (Rosenberg)

7–12 cm lang, bis 1 cm breit, ziemlich winterhart. In kalten Wintern Winterschutz angebracht, 200 cm. – *S. nitida (Arundinaria n.),* Mittel- und West-China. – Braungrüne, dünne, rohrartige Halme, die sich erst im zweiten Jahr verzweigen. Blätter 5 bis 8 cm lang, bis 1 cm breit, zierlich, blaugrün. Rollt im kalten Winter die Blätter ein oder verliert sie. Verlangt feuchten Boden und Halbschatten. 3–4 m. – Verwendung: Alle sind dekorative Pflanzen für tropische Motive. Eignen sich auch als Kübelpflanzen und sind dann noch vielseitiger verwendbar. Boden warm und nährstoffreich. Vermehrung durch Teilung.

Banane, *Musa.* Bananengewächse, *Musaceae.* ○ ♃ ♉ ⚭. Riesige Kräuter, deren Blattstiele bis zu 15 m hohe Scheinstämme bilden. 70 Arten in den Tropen der Alten Welt, die Kulturbananen heute weltweit verbreitet. – *M. ensete.* Zierb., Äthiopien, Scheinstämme bis 12 m. Blätter ganzrandig, bis 6 m lang und 1 m breit, Mittelnerv des Blattes rot. – Sehr ähnlich ist *M. arnoldiana* mit 5 m Höhe und grüner Blattmittelrippe. – Die Zierb.n sind wichtige Einzelpflanzen für tropische Sommergruppen in größeren Gärten, auf Terrassen und in Gartenhöfen. Anzucht durch Aussaat. Nach Quellung in Wasser (24 Std.) werden die Samen bei 25–30°C ausgesät, am besten in Torf oder feuchte Sägespäne. Nach dem Keimen in torfige, nährstoffreiche Erden topfen und bei 20°C kultivieren. Im V im Freien auspflanzen, sie brauchen sonnige, heiße Stellen, windstille Plätzchen, damit die Blätter nicht zerreißen und humose, dungreiche Substrate und viel Wasser. Gutes Wetter vorausgesetzt, entwickelt eine ausgepflanzte B. jede Woche ein Blatt. Im IX pflanzt man in kleine Gefäße, es spielt dabei keine Rolle, wenn die Wurzeln abgestochen werden. Überwinterung bei 3–6°C. Höhere Wärme regt die B. zu vorzeitigem Treiben an, was ungünstig ist. Die Blätter müssen selbstverständlich auch auf die mittleren zurückgenommen werden.

Bandmaß, ein mit Millimetereinteilung versehenes Meßband aus Leinen, Kunststoff oder dünnem Stahlblech; letztgenanntes auch als 2 m langes Rollbandmaß, das durch Knopfdruck selbsttätig aufgewickelt werden kann.

Bankbeet, Stellage, Gewächshaustisch zur Anzucht von Jungpflanzen und Kultur von Topfpflanzen. Man unterscheidet die feststehende Tischkonstruktion aus (Stahl-)Beton mit Asbestzementeinfassung und die variable mit Winkelrahmen, in die Eternitplatten eingelegt werden; hier kann bei Abnahme der Konstruktion auch auf Grundbeeten kultiviert werden.

Baptisia → Färberhülse.

Barbarea verna → Barbenkraut.

Barbenkraut, *Barbarea verna.* Kreuzblütler, *Cruciferae.* Als Nutzpflanze in Amerika bekannt, bei uns bei Liebhabern. Verwandte Art *B. vulgaris,* Winterkresse, Barbarakraut, wild in Mitteleuropa. – B. wird in alten Kräuterbüchern (Bock, Fuchs) behandelt. Hat Vitamin-C-Gehalt zwischen 90 und 140 mg% und enthält viele weitere wichtige Stoffe, wie Senföl und antibiotisch wirkende. B. wird über 30 cm hoch, Blätter dunkelgrün, fettig glänzend, ähneln Brunnenkresseblättern. Zweijährig. – ANBAU. VIII, spätestens Anfang IX aussäen, mit 25 cm Reihenabstand, in der Reihe auf 20 cm vereinzeln. Grundständige Blätter ab Spätherbst und im Winter ernten. Im zweiten Jahr bilden sich an Seitentrieben Samen, so daß man bei Bedarf für weiteren Eigenbau gewinnen kann. – VERWENDUNG. Als Salat und Salatgewürz oder gekocht wie Spinat.

Barometer, Luftdruckmesser, Angabe in mm Quecksilbersäule. Hoher Luftdruck deutet zumeist auf trockenes, sonniges, tiefer auf wolkiges und feuchtes Wetter.

Bartblume, Blaubart, *Caryopteris.* Eisenkrautgewächse, *Verbenaceae.* Kleiner sommergrüner Strauch, dessen Blätter aromatisch duften. Name nach den bläulichen Staubfäden, die weit aus dem Blütenkelch herausragen. 6 Arten in Ostasien. – *C.* × *clandonensis.* ○ ♄ △ ⚭ ⚭ IX. Kreuzung *C. incana* × *C. mongholica.* Die tiefvioletten Büschelblüten stehen in den Blattachseln und kontrastieren mit den leicht graufilzigen Blättern. – Die aus Japan und Ostchina kommende *C. incana* (○ ♄ △ ⚭ ⚭ IX–X) hat für den Garten nur Liebhaberwert. Doch sind die Sorten 'Heavenly Blue', 'Kew Blue' und 'Ferndown' eine Verbesserung, die vor allem durch leuchtend blaue Farben auffallen. – Die B. ist für Steppenpartien oder Stein- und Heidegärten geeignet. Sie verlangt warmen, vollsonnigen Standort und sandigen Boden. Über den Winter ist Bodenschutz durch Laub oder Rindenhumus (→ Rindenprodukte) ratsam. Starker Rückschnitt im Frühjahr fördert bei älteren Pflanzen die Blütenbildung. Vermehrung: Aussaat ist möglich, doch wachsen Stecklinge im Sommer so leicht, daß → Stecklingsvermehrung üblich ist.

Bartfaden, *Penstemon.* Rachenblütler, *Scrophulariaceae.* ○ ⊙ – ⊙ ♃ – ♄ △ ⚭ ⚭ i Bie. Niedrige, halbhohe bis hohe Sommerblumen und Stauden mit schönen, glockenförmigen Blüten. Etwa 250 Arten in Nordamerika und Mexiko. *P. barbatus (Chelone barbata).* Utah bis Mexiko. Meist nur zweijährig gezogen, Blätter graugrün, Blütenrispe einseitswendig mit leuchtendroten, länglichen Blütenglöckchen. 'Jupiter', brillantrot mit weißem Schlund; 'Triolet', Mischung in vielen Farben wie Rot, Weiß, Violett. VII bis IX, 75 cm; 'Praecox Nanus', dichte Büsche, niedrig als Mischung in Samenhandlungen erhältlich, lila, rosa – rot. Blüht schon im ersten Jahr. VII–IX, 25–40 cm. – *P. caespitosus,* westliches Nordamerika. Ganz niedriger Wuchs, schmale Blättchen, Blüten endständig, türkisblau. VI–VII, 10 cm. – *P. campanulatus,* Mexiko, Guatemala. Mittelhoch, Blättchen schmal, Blüten rosa bis violett, alte Gartenpflanze, ziemlich hart. 'Evelyn', schmale, gezahnte Blätter, Blüten rosa. VII bis IX, 60 cm. 'Enzianblau', wird als Samen angeboten. Sparrig verzweigt mit einseitswendiger Rispe, leuchtendenzianblau. VII–VIII, 30 cm. – *P. laevigatus* var. *digitalis,* östliches Nordamerika. Blüten weiß bis hellrosa, Stengel rötlich, auch für feuchten Standort. VII–VIII, 100–150 cm. – *P. linarioides,* südwestliches Nordamerika. Dünne Stengel und schmale, grüne Blätter, Blüte lila. VII–IX, 15–45 cm. – *P. menziesii,* Nordamerika. Kalkfeindliche, niedrige, robuste Art, reichblühend. Niederliegende Triebe mit breit-eiförmigen Blättern, Blüten 2–5 cm lang, violettpurpur. V–VII, 15–20 cm. – *P. pinifolius.* Nordamerika. Nadelartige, immergrüne Blättchen, röhrenförmige, schlanke Blüten in aufrechter Traube, korallenrot. VI–VIII, 20 cm. – *P. secundiflorus,* westliches Nordamerika. Lanzettliche Blätter und lange Traubenrispe mit vielen rötlichpurpurnen Blüten. Gruppen- und Rabattenpflanze. VI–VIII, 30–60 cm. – *P.-Hybriden.* Meist Kreuzungen mit *P. hartwegii* und anderen Arten, mit großen Blüten, lange blühend, aber nicht winterhart. Meist werden sie schon im Herbst aus Stecklingen vermehrt und diese frostfrei überwintert. Alle sind schöne Gruppenpflanzen. – 'Andenken an Friedrich Hahn', kleinblumig, robust, weinrot, 40 cm; 'Schönholzeri', scharlachrot, 60 cm; 'Southgate Gem', großblumig, rot, 60 cm. – Aus Samen vermehrt und einjährig gezogen werden *P. hartwegii*-Hybriden *(P. gentia-*

Hausgarten an einem alemannischen Bauernhof. Die Beete sind in barocke Formen gefaßt. Prächtig eine Hochstammrose. Nelken, Lupinen und Rittersporn werden auch als Schnittblumen genutzt. (Aus Nowak-Nordheim: Freude am Bauerngarten)

noides). 'Giganteus', großblumige Mischung in Rosa, Rot bis Rotviolett; 'Scharlachkönigin', leuchtendrot mit weißem, getigertem Schlund, starkstielig. Alle Hybriden haben herrliche, große Blüten, die sich aber abgeschnitten nur wenige Tage halten. VIII–X, 75 cm. – VERWENDUNG. Die niedrigen im Steingarten, die höheren im Staudenbeet und zum Schnitt. Fast alle verlangen etwas Winterschutz mit Fichtenreis. – BODEN. Für die niedrigen durchlässig, meist kalkarm, für die höheren durchlässiger, neutraler Gartenboden. – VERMEHRUNG. Stecklinge im Spätsommer oder Aussaat II–III, pikieren u. ab M V auspflanzen.

Basen, Verbindungen eines Metalls oder Metalloxides mit der OH-Gruppe des Wassers. B. schmecken wie Seifenlauge und färben rotes Lackmuspapier blau, bilden mit Säuren Salze. Aus den basischen Bestandteilen des Bodens, den Calcium-, Kalium- und Natriumverbindungen, entsteht mit Salpetersäure → Salpeter.

Basilikum, Basilienkraut, *Ocimum basilicum.* Lippenblütler, *Labiatae.* Stammt aus Vorderindien, seit dem frühen Mittelalter nördlich der Alpen in Kultur. Anbau: Wärmeliebend, Aussaat Ende III/IV ins Frühbeet oder in Töpfe, ab Mitte V an geschützte Plätze auspflanzen, Abstand 20 × 30 cm. Kleinwüchsige Sorten auch als Topfkultur auf dem Balkon. Ernte der wohlriechenden Blätter bei Blühbeginn, an luftigem, schattigem Ort trocknen, in gutschließender Dose aufbewahren. Verwendung: Als Gewürz zu Suppen, zum Einlegen von Gurken, pulverisiert auch zu Leberwurst.

Basilikum, *O. basilicum.* (Archiv)

Basisförderung → Obstbaumschnitt.
Bast, Bindematerial aus präparierten Pflanzenfasern (Naturbast) oder aus Kunststoff (Kunstbast).
Bastardaralie → Efeuaralie.
Bauerngarten, begrifflich eindeutig definierte Gartenart am Bauernhof mit überwiegend wirtschaftlich genutzten Flächen. In der Grundform quadratisch oder rechteckig mit meist an einem Mittelweg angeordneten Beeten für Gemüse, Gewürze, Spindelobst und Blumen, oft auch Anschlüsse zu Obstgärten, Bleichwiesen und Geflügelhöfen. Ausdauernde, blühsichere und blühwillige Stauden, Rosen und Sommerblumen werden wegen ihrer Dominanz in ländlichen Siedlungen auch als B.blumen bezeichnet.
Bauernregeln, beruhen zum Teil auf Beobachtungen von Naturerscheinungen, die man für Wetter- und damit z. B. für Ernteprognosen ausnutzte; viele B. sind Aberglauben.
Baugelände, ein zum Bau von Gebäuden und Freiräumen vorgesehenes, genehmigtes und nach erfolgter Planung zum Ausbau vorbereitetes Einzelgrundstück oder größeres Areal.

Baugenehmigung, baupolizeiliche Genehmigung zur Errichtung von Gebäuden. Grundsätzlich ist B. erforderlich, jedoch mit Ausnahmen, z. B. für Kleingewächshäuser. Bestimmungen über Bauverbotszonen und Landschaftsschutzgebiete sind zu beachten. – WOHNBAUTEN. Baugenehmigung für Wohnbauten wird in der Regel verweigert, wenn Anschluß an öffentliche Kanalisation nicht möglich ist. Der Bau muß auch an die öffentliche Wasserversorgung anschließbar sein, andernfalls müssen für Brauch- und Trinkwasser Quellen vorhanden sein unabhängig vom Grundwasser, das abwasserhaltige Sickerwässer aufnimmt. – KLEINGEWÄCHSHÄUSER. Nach den Landesbauordnungen der meisten Länder sind Kleingewächshäuser bis 2,5 m, in einigen Ländern bis 3 m Firsthöhe, nur anzeigepflichtig oder sogar genehmigungsfrei. Bestimmungen über Grenzabstände bei Kleingewächshäusern nach Ländern und Orten verschieden (2,50–4 m).
Baum, langlebige, in Einzelfällen Jahrtausende (→ Mammutbaum) überdauernde Holzpflanze. Bildet säulenförmigen, festen Stamm und Krone. Das Wurzelwerk kann, je nach Art und Standort, die Krone im Umfang weit übertreffen. Beispiel → Walnuß, mit Abbildung. Anzucht, Erziehung usw. → Obstbaumschnitt; Auswahl, Verwendung usw. → Gehölze.
Baumbinder, oder Baumband, zum Festbinden von jungen Bäumen an Stützpfählen, aus Bast, Kokos, Hanf, Kunststoff, Weidenrute. Kunststoff hat Vorteile: größte Beanspruchung möglich, haltbar und somit immer wieder verwendbar, spart Arbeit und Zeit. Baumband wird in 8-Form angelegt. Besonders zum Befestigen von Obstgehölzen, wenn Unterlage nicht standfest ist. Bäume auf schwachwachsenden Unterlagen brauchen die Stütze zeitlebens. Das gilt für altbewährte Unterlagen wie M9 und insbesondere für neue Züchtungen wie M-Malling 27. → Unterlagen. → Baumpfahl.
Baumanstrich → Frostschutz.
Baumaufsitzer → Epiphyten.
Baumbürste, auch Baumkratzer oder Rindenreiniger genannt. Stahldrahtbürste zum Reinigen des Baumstammes und Entfernen von Flechten, Moosen und lockeren Rindenteilen, unter denen sich oft Schädlinge aufhalten. Mit Vorsicht gebrauchen, da die Borke den Schutzmantel (Frostschutz u. a.) des Baumes darstellt.
Baumfarne → Farne 3.
Baumformen → Obstbaumformen.

Baumfreund → Philodendron.
Baumhose, engmaschiges Drahtgeflecht, mit dem der junge Baumstamm zum Schutz gegen mechanische Beschädigungen oder Wildverbiß umgeben wird. Auf dem Markt auch Kunststoffspiralen.
Baumkitt, Mittel zum Bestreichen von Wunden und Schnittflächen an Baumstämmen und starken Ästen, um schnelle Heilung ohne Infektion zu ermöglichen. Bei kleineren Wundflächen wird Baumwachs und zum Ausfüllen von Astlöchern Zement benutzt.
Baumkratzer, Gerät zum Reinigen der Baumstämme. Besteht aus einer dreieckigen Metalldülle als Schabefläche und einem kräftigen Holzheft. → Baumbürste.
Baumpfahl, wird bei allen nicht standfesten Obstgehölzen verwendet, um diese zu stützen. B. muß bei allen nicht standfesten Gehölzen über die Baumkrone hinausragen, glatt und imprägniert (→ Holzimprägnierung) sein. Er muß mindestens 60 cm tief in Boden geschlagen werden. Bei später standfesten Gehölzen bleibt B. nur 3–4 Jahre und braucht nur bis zum untersten Leitast reichen. Oberste B.kanten müssen abgerundet sein, um Scheuern des Baumes am B. zu vermeiden.
Baumreife, Reifezustand der Früchte, in dem sie geerntet werden müssen. B. ist nicht immer gleichbedeutend mit Genußreife. Lagersorten und Früchte aus warmen Gebieten sind gleichzeitig baum- und genußreif. Importierte Pfirsiche, Pflaumen u. a. sind → hartreif geerntet, damit sie den weiten Transport vertragen. Bei B. bildet sich zwischen Fruchtstiel und Fruchtholz eine trennende Korkschicht, die das Ernten ermöglicht. Bei nicht baumreif geernteten Früchten bricht der Fruchtstiel oder das Fruchtholz, und das Fruchtfleisch ist geschmacklos. Weitere Kriterien für die Baumreife sind der Umschlag der Fruchtfarbe von Grün nach Gelb und der Abbau der Stärke (→ Stärketest).
Baumsäge, bzw. Astsäge zum Auslichten von Baumkronen mit dichter Ast- und Zweigstellung, meistens mit Tülle zur Befestigung an einer Stange, um Äste in großer Höhe zu erreichen. Ein weiterer B.typ ist die Bügelsäge, im Bogen gespannt, mit verstellbarem Blatt, um die Säge in jedem Winkel ansetzen zu können.
Baumscheibe, die Fläche um den Baum, die offen bedeckt (gemulcht) und pflanzenfrei gehalten wird, damit den Wurzeln keine Wasser- und Nährstoffkonkurrenz entsteht. Die B.

kommt u. a. der Entwicklung von Jungbäumen zugute. Durchmesser variiert zwischen 50 und 120 cm.
Baumschnitt → Obstbaumschnitt.
Baumschule, Anzuchtstätte für Obst-, Forst-, Ziergehölze. Weiterhin unterscheidet man Hoch-B., in der fertige Gehölze kultiviert werden, und Unterlagen-B. Die Auszeichnung Qualitäts-B. wird vom Bund der Baumschulen als Gütezeichen vergeben.
Baumschulspaten, zeichnet sich durch festes Blatt mit langer Dülle und starkem Stiel mit Quergriff aus; für grobe Arbeiten, z. B. Umsetzen und Ausheben von Sträuchern und Bäumen.
Baumstützen, werden kurzfristig bei überreichem Fruchtbehang benutzt, damit die Äste nicht abbrechen. Verwendet werden Stangen mit Astgabel oder Holzstangen mit verschiebbarem Asthalter aus Metall oder Kunststoff.
Baumteer, Baumwachs. Wunden an Obstbäumen werden zum Schutz gegen eindringende Krankheiten und zur besseren Heilung mit entsäuertem Baumteer, mit rotem Wundwachs oder anderen Wundverschlußmitteln bestrichen.
Baumwachs → Baumteer.
Baumwart, einstiger gärtnerischer Anlernberuf mit 1–2jähriger Ausbildungszeit in Theorie und Praxis, mit Prüfung zum ‚gepr. Baumwart'. Wegen schlechter Verdienstmöglichkeit rückläufiger Beruf. Wurde früher vielfach im kommunalen Obstbau verwendet. Durch langjährige Erfahrung waren B.e oft hervorragende Fachleute der Praxis.
Baumweißling, Verwandter des Kohlweißlings. Wildnahrungspflanzen der schwarz und rot gefärbten Raupen sind Weißdorn und Schlehe. Kennzeichnend sind die ‚kleinen Winternester', die im Gegensatz zu den aus mehreren Blättern zusammengesetzten ‚großen Winternestern' des Goldafters nur aus je einem zusammengesponnenen Blatt bestehen, das an einem Faden vom Ast herabhängt. In ihm überwintern die jungen Raupen. Sie fressen und wachsen im Frühjahr, hauptsächlich an Apfel und Birne und verpuppen sich Ende V. Der Falter fliegt im Sommer. Abwehr: Abschneiden der Winternester.
Baumwürger, Celastrus. Spindelbaumgewächse, Celastraceae. Etwa 30 Arten in Europa, Asien, Amerika und Australien. Sommergrüne, meist windende Sträucher mit zweihäusigen Blüten. – *C. orbiculatus*. ○–◐ ℏ ⚥ ♒ VI. Heimat China und Japan. Anspruchsloser Schlinger, der über 10 m in die Bäume hoch klettert und diese langsam, aber sicher erwürgt. An Haus-

wänden, wo er an starken Drähten hochklettert, oder an Pergolen kann er nicht schaden. Unscheinbare grünliche Blüten in Trugdolden. Um so auffallender sind die gelben Früchte, die nach dem Aufplatzen scharlachrote Samen zeigen. Die Früchte treten noch deutlicher hervor, wenn das Laub abgefallen ist; sie bleiben bis in den Winter schön und sind ein dekorativer Vasenschmuck. – Die amerikanische *C. scandens* ist ähnlich. Blüten aber in endständigen Rispen. – Der B. ist robust, gedeiht in jedem Boden, in Sonne und Schatten. Eines ist jedoch zu beachten: Will man auf die reizvollen Früchte nicht verzichten, müssen Männchen und Weibchen zusammengepflanzt werden. – VERMEHRUNG: Da man bei der Anzucht aus Samen männliche und weibliche Pflanzen erst später unterscheiden kann, ist vegetative Vermehrung aus Wurzelschnittlingen ratsamer. Wachsen sehr leicht, doch dürfen von den Mutterpflanzen nur alle 2 Jahre die Wurzeln genommen werden.

Bebauungsplan. Durch Baugesetzbuch vom 1. 7. 1987 in § 1 und § 9 festgelegte Planungsart der Bauleitplanung für die städtebauliche Ordnung. Aus dem Flächennutzungsplan entwickelt, setzt der B. u. a. Einzelheiten der Erschließung, Art und Maß der baulichen Nutzung, Bauweise, Versorgungs- und Verkehrsflächen, Leitungsrechte, Flächen für Gemeinschaftsanlagen und Grünflächen bis hin zum Einzelbaum fest. Der B. ist nach Genehmigung durch die höhere Verwaltungsbehörde und Veröffentlichung eine Ortssatzung und damit bindend für jedermann. Im Maßstab 1:1000 oder 1:500 gilt der B. für die absehbare Zukunft als Grundlage der Bauplanung. Grünflächen und pflanzliche Festsetzungen sind entweder Teil des B.es oder werden in einem Grünordnungsplan bindend festgelegt.

Becherfarn → Straußfarn.
Becherprimel → Primel, Gewächshausprimeln.
Becherschwertel, *Cypella.* Schwertliliengewächse, *Iridaceae.* ○ ♃ ▽. 8 Arten in Südamerika. Kleine Zwiebeln, Stengel rund, dünn, etwas verzweigt, Blütenscheiden aufgeblasen. Blütenblattrand teilweise eingerollt, so daß die Blüte wie ein Propeller aussieht. – *C. coelestis (C. plumbea),* Südbrasilien, Argentinien, Blüten graublau, braunrot gefleckt, innen bunt. VII–IX, 80 cm. – *C. herbertii (Moraea h.),* Südbrasilien, Uruguay, Argentinien. Blüten orangegelb, Mitte becherförmig vertieft, braun. VII–VIII, 40 cm. – Verwendung wie Gladiolen. Besser 6–10 Zwiebeln im V in großen Topf und später ins Freie pflanzen. Blüten halten nur kurze Zeit, aber apart in der Form. Boden durchlässig, sandig. Vermehrung durch Seitenzwiebeln und Aussaat.

Bedarf, an Gartenerzeugnissen, ergibt sich u. a. aus Kalorienbedarf, → Nährstoffbedarf, persönlichen Wünschen und Diätvorschriften, Marktferne oder -nähe, Lagermöglichkeiten und vor allem der Zahl der zum Haushalt gehörenden ‚Vollversorgungspersonen'. Siehe Tabellen Ermittlung des Bedarfs an → Gemüse und → Obst.

Beerenapfel → Schmuckapfel.
Beerenobst, Obstarten mit beerenartigen Früchten → Erd-, → Johannis-, → Stachel-, → Brom-, → Him-, → Heidel-, → Loganbeere, → Actinidia. B. meist → Strauchobst oder Staude (→ Erdbeere).
Beet, Pflanzbeet 1,50 m breit, 1,20 Pflanzbreite, 0,30 Weg. B. für Staudenrabatte beliebig breit und lang.
Beetpflanzung, höchst intensives Anbausystem im Erwerbsobstbau. Nur bei Apfel praktizierbar. Zur maximalen Flächennutzung werden nicht → Einzelreihen gepflanzt, sondern 2–6 zu einem Beet zusammengefaßt. Zwischen den Beeten verlaufen die Fahrgassen.

Beetstauden, besonders gut blühende, farbenprächtige Stauden in Höhen von 0,50–1,50 m, z.B. *Delphinium, Helenium, Lupinus, Phlox, Paeonia.*
Befruchtersorte, liefert Blütenstaub zur Bestäubung selbstunfruchtbarer Sorten. Die meisten Obstarten, bis auf einige Sauerkirschen, Pfirsiche, Aprikosen, Zwetschgen und einige Beerenobstarten, sind auf → Fremdbestäubung angewiesen.
Befruchtungsverhältnisse, je nach Obstart und -sorte unterschiedlich. Bis auf wenige selbstfruchtbare Sorten brauchen alle sortenfremden Pollen für die Befruchtung der Samenanlagen. Pollenvermittlung erfolgt durch Bienen bei insektenblütigen Arten (Kern- und Steinobstarten), oder durch Wind bei windblütigen Arten (Walnuß, Haselnuß, Edelkastanie, Actinidia, Weinrebe). Der geeignete Pollen keimt auf der Narbe des Blütenstempels und wächst mit seinem Schlauch in die Samenanlage, um dort die Befruchtung zu vollziehen. Ungeeigneter Pollen keimt nicht auf der Narbe, oder der Pollenschlauch kann nicht das Griffelgewebe durchwachsen und so auch nicht zur Samenanlage vordringen und sie befruchten. Einzelne Sorten haben unterschiedlich lange Empfängnisfähigkeit, d.h. effektive Bestäubungsperiode. Solche mit kurzer effektiver Bestäubungsperiode sind weniger reichtragend.
Begonia → Begonie.
Begonie, Schiefblatt. Begonien- oder Schiefblattgewächse, *Begoniaceae.* Die Gattung Begonia ist mit über 1000 Arten in den tropischen und subtropischen Gebieten Amerikas, Asiens und Afrikas verbreitet. Bereits in der Natur

Beerenobst am Spalier. Johannisbeeren werden vorteilhaft mit sehr kurz gehaltenem Fruchtholz am Spalier gezogen. Links: Johannisbeerhecken ergeben besonders lange Trauben. – Rechts: Brombeeren und Himbeeren werden schon immer als Hecken erzogen. (Dr. Link)

Begonie

Blattbegonie, *Begonia rex.* (Seidl)

finden sich viele Hybriden, wodurch diese Gattung für den Botaniker und Gärtner besonders kompliziert wird. Für die Praxis unterscheidet man am besten zwischen Blatt- und Blütenbegonien.

BLATTBEGONIEN

Blattb. werden vor allem ihrer schön geformten und gefärbten Blätter wegen gezogen. Bei einigen Arten und Formen kommt aber eine Blütenwirksamkeit dazu.

1. REXBEGONIEN, B. REX-CULTORUM. ◐–ev. ● ♃ ⏃. Bei den Rexb.n unterscheidet man zwei große Gruppen, einerseits die REX-KLASSE mit großen, gezähnten Blättern in roten oder violettroten Tönen, manchmal mit grünem Rand und die DIADEMA-KLASSE mit kleineren, oft gelappten Blättern, die rot, grau oder grün gefärbt sind, meist aber eine deutliche silbergraue Scheckung zeigen. Die Rexbegonien lieben gleichmäßige Temperaturen um 12–18°C und einen schattigen Standort. Die Entwicklung der Blätter ist tageslängenabhängig; im Winter, wenn die Tage kurz sind, macht die Rexbegonie eine Ruhepause durch, während der sie geringere Wassermengen, tiefere Temperaturen und keine Düngung verlangen. Vermehrung beim Gärtner durch Blattstecklinge, Blattkeile oder Keilstecklinge, der Liebhaber vermehrt seine Rexbegonien am besten durch Blattstecklinge. Als Substrat für die Kultur verwendet man → Einheitserde oder humusreiche Mischungen.

2. STRAUCHBEGONIEN. ◐ ♃–♄ ⏃. Die Arten und Sorten dieser Gruppe bilden unterschiedlich hohe Stämme aus, danach unterscheidet man: NIEDRIGE STRAUCHBEGONIEN MIT KURZEN INTERNODIEN. *B.-Boweri-Hybriden*. Rhizom kurzkriechend. Blätter kaum größer als 8–10 cm, grün mit unterschiedlich starker, brauner oder rotbrauner Zeichnung. Bekannte Sorten: 'Cleopatra', 'Tiger'. Blüten weiß oder hellweißlichrosa, klein. – *B. heracleifolia*. Schief ansteigendes Rhizom, handförmige, 15–20 cm lange Blätter, oben grün, unten rot. Blattstiele behaart, unter dem Blatt eine rote Fransenmanschette. Blütenstand 50 cm hoch, mit vielen rosa Blüten. – *B. hydrocotylefolia*. Kriechendes Rhizom, kreisförmige, bis 7 cm große Blätter, oben glänzendgrün, unten randwärts rotfilzig. Blütenstand 25 cm hoch, mit vielen hellrosa Blüten. – *B. masoniana*. Iron-Cross-B. Ähnlich einer Rexb., Blätter oberseits hellgrün, mit zentralem rotbraunem Kreuz, gesamte Blattoberfläche gewarzt. Blüten hellrosa. Neuere Pflanze, doch schon weit verbreitet. – *B. × pseudophyllomaniaca*. Mit dickem Stamm und kurzen Internodien. Blätter dreieckig mit 7–9 Lappen, 25–30 cm lang. Blütenstände 50 cm hoch, sehr reichblütig, weißlichrosa. – HOHE STRAUCHBEGONIEN MIT LANGEN INTERNODIEN. *B. metallica*. 10 cm lange, eiförmig zugespitzte Blätter, oberseits silberigmetallisch, um die Adern dunkelgrün. Blüten ziemlich groß, rosa. – *B. corallina-Hybriden*. Hohe Strauchb. mit meist eiförmig-langzugespitzten Blättern, oberseits dunkelgrün mit Silberscheckung, unterseits dunkelrot. Blütenstände groß, aus den Blattachseln, vielblumig, mit lange haltbaren, 4–5 cm großen reinrosa Blüten. 'Luzerna', Blätter ungelappt; 'President Carnot', Blätter im unteren Teil etwas gelappt.

3. AMPELBEGONIEN. ◐ ♃ ⚥ ⏃. Hängende Arten und Sorten für die Bepflanzung von Pflanzampeln oder Körben geeignet. – *B. foliosa*. Kleinblättrigste B. mit 15 mm langen Blättern, Triebe stark und fiederig verzweigt, im Alter überhängend, Blüten klein, weißlich. Braucht etwas mehr Wärme und Luftfeuchtigkeit, ideal im Blumenfenster, sehr zierlich und schön. –

Strauchbegonie, *Begonia Corallina-Hybriden* 'Luzerna'. (Seidl)

Ampelbegonie, *Begonia limingheiana*. (Seidl)

B. fuchsioides. Triebe verzweigt und bogig überhängend, Blätter 5 cm lang. Blüten groß und zahlreich, dunkelrot, an Fuchsien erinnernd. Blüht im Winter. Viele Sorten und Formen. – *B. limmingheiana (B. glaucophylla)*. Triebe stark hängend. Blätter 10 cm lang, oberseits graugrün, Blüten rot. Beliebte Ampelb. – Alle Blattb. brauchen halbschattigen Standort, mittlere Temperaturen und Luftfeuchtigkeit und Bodenfeuchtigkeit während der Wachstumszeit. Das Substrat soll humusreich sein. Vermehrung durch Blatt- oder Kopfstecklinge.

BLÜTENBEGONIEN

1. LORRAINE-B. ◐ ♃ ⏃. Herbst- und winterblühende B. mit runden oder zugespitzten Blättern, meist hellgrün, 10–15 cm lang. Blütenstände vielblütig, Einzelblüte 3–4 cm groß, leuchtendrosa oder seltener weiß. Standardblütenpflanze der Advents- und Weihnachtszeit. Diese Blütenb. lohnt Weiterkultur nicht, sie ist besser nach dem Verblühen zu entfernen. Haltetemperaturen zwischen 15 und 20°C, mäßig gießen, nicht auf Blätter und Blüten wässern, da sonst Flecken und Fäulnis die Folge sind.

2. ELATIOR-B. ◐ ♃ ⏃. Die Elatior-B. kann das ganze Jahr zur Blüte gebracht werden. Sie ist eine Kurztagspflanze, d. h., sie legt ihre Blüten an, wenn der Tag kurz ist. Diesen kurzen Tag gibt der Gärtner künstlich durch Verdunkelung mit schwarzer Folie oder Tüchern. Natürliche Blütezeit ist der Herbst und Winter. Unterschiedlich große Pflanzen mit zugespitzten, bis 20 cm langen, Blättern und zahlreichen, bis 8 cm großen, Blüten in Farben Rot, Orange, Gelb, Lachsfarben, Rosa und Weiß, einfach oder gefüllt. Die Blütezeit kann bis zu 6 Monaten dauern, wenn man die Elatior-B. absonnig, aber hell stellt und nicht übermäßig wässert. Einfache Sorten halten besser als gefüllte. Abge-

Begrünung

Knollenbegonien. (Herbel)

Sommerbegonie, *Begonia semperflorens* 'Organdy'. (Herbel)

blühte Blüten sind durchzuputzen. Eine Weiterkultur bis zur nächsten Blüte lohnt auch bei dieser Blütenb. nicht.
3. KNOLLENBEGONIEN. ☉–ev. ● ♃ ⌑. Bekannte Balkon- und Beetpflanzen, die erst nach den Eisheiligen ausgepflanzt werden dürfen, da sie frostempfindlich sind. Von III–V können sie auch als blühende Topfpflanze in hellen Räumen Verwendung finden. Die Knollenb. ist durch Kreuzung verschiedener südamerikanischer Arten entstanden. Verschiedene Gruppen und Klassen: a) GROSSBLÜTIGE KNOLLENB. Blütendurchmesser 12–16 cm. In dieser Gruppe unterscheidet man nach der Blütenform und Füllung folgende Klassen: EINFACHE GROSSBLÜTIGE KNOLLENB. Seit Mitte der siebziger Jahre bietet auch die Firma Benary als ausgezeichnete Rasse an, die 'Non Stop Hybriden', die ebenfalls als kleinblütig zu bezeichnen sind. Sie sind sehr gut sonnenverträglich. Die gebildeten Knollen sind sehr klein, da die Rasse normal durch Aussaat vermehrt wird; die Überwinterung ist schwer. Bei Aussaat im XII kann man auch im Kleingewächshaus diese Rasse Anfang V in Blüte haben. – HALBGEFÜLLTE GROSSBLÜTIGE KNOLLENB. – GEFÜLLTE GROSSBLÜTIGE KNOLLENB. – Auch in dieser Klasse gibt es Sonderblütenformen, wie kamelienblütige (Camelliaeflora) oder rosenblütige (Rosaeflora) gefüllte großblütige Knollenb. Es werden aber auch Bezeichnungen wie bei den einfachen großblütigen Knollenb. verwendet. – b) KLEINBLÜTIGE KNOLLENBEGONIEN. Blütendurchmesser 2–4 cm. Die kleinblütigen Knollenb. erreichen nur eine Höhe von 25 cm und blühen überreich. Sie sind besonders für Schalen und Beete zu verwenden. Bekannte Sorten: 'Frau Helene Harms', gelb; 'Flamboyant', leuchtendrot und 'Kupfergold', kupferfarben. Nach der Blütengröße gehören auch die 'Bertinii'-B. in diese Gruppe. Es handelt sich hier um eine kleinblütige, scharlach- oder orangerot, blühende B. mit z. T. rötlichem Laub, die im Gegensatz zu den normalen Knollenb. mehr Sonne verträgt und daher auch in Süddeutschland, Ostösterreich und der Südschweiz als Beetknollenb. geeignet ist. – c) AMPELKNOLLENB. Blütendurchmesser 3–6 cm. Die Ampelknollenb. nehmen eine Sonderstellung ein, es handelt sich um vieltriebige, stark hängende oder überhängende Pflanzen, mit meist deutlich spitzeren Blättern, die für die Fensterkistchen- und Balkonbepflanzung besonders geeignet sind. Vielfach sind auch die einfachen, halbgefüllten oder gefüllten Blüten wesentlich spitzer und schlanker. – Die Heranzucht von Knollenbegonien erfolgt heute in großem Maßstab in luftfeuchten und herbstwarmen Gebieten, z. B. in Belgien oder Norddeutschland. Sie werden durch Aussaat vermehrt. Der Liebhaber wird üblicherweise zur fertigen Knolle greifen und diese antreiben und kultivieren. Je größer die Knolle ist, desto früher darf man mit dem Antreiben beginnen. Die Knollen werden nach dem Durchmesser in cm in Klassen geteilt und auch so gehandelt, wobei die kleinblütigen Knollenbeg. auch wesentlich kleinere Knollen besitzen. Vor dem Pflanzen werden die Knollen dicht an dicht in Kistchen ausgelegt und feucht gehalten. Die Eindellung bezeichnet jene Stelle, wo die Triebe erscheinen werden. Man kann aber auch gleich in humusreiche Erde legen und bei 18–20 °C aufstellen. Nie zu tief abdecken, am besten nur leicht übersieben. Haben die Triebe 10 cm Höhe erreicht, so werden die Knollenb. in 10–12-cm-Töpfe getopft, vieljährige Knollen verlangen natürlich wesentlich größere Töpfe, ev. Schalen, man kann große Knollen aber auch nach dem Austrieb zerschneiden, so daß auf jedem Teilstück ein Trieb ist, die Schnittstellen in Holzkohle oder Fungizidpulver tauchen und so wiederum in kleinere Töpfe pflanzen. Temperatur 15–18 °C, spätere Sätze kann man ohne weiteres bereits im Frühbeet aufstellen (ab IV), bei starker Sonne schattieren. Auch für die Auspflanzung im Balkonkistchen oder Beet muß die Erde entsprechend vorbereitet werden. Knollenb. verlangen humusreiche, nährstoffreiche Mischungen und während der Wachstumszeit regelmäßige Dunggüsse. Im kühlen und luftfeuchten Gebirgs- oder Seeklima können Knollenb. in die volle Sonne gepflanzt werden, im Kontinentalklima und bei Lufttrockenheit muß Schatten geboten werden. Nach den ersten Frösten – die Knollen bilden sich erst mit kürzer werdendem Tag aus, darum vor den ersten vorzeitig kommenden Frösten durch Tücher etc. schützen – werden die Knollen herausgenommen, die Triebe abgeschnitten oder abgebrochen, die Knollen läßt man abtrocknen, sie werden von der Erde befreit und bei 10–12 °C in trokkenem Torf den Winter über gelagert.
4. SEMPERFLORENS-BEGONIEN. ☉–◐ ☉ ┊ ⌑. Von großer gärtnerischer Bedeutung als Beetpflanzen, insbesondere die Hybriden. Die einzelnen Züchtungen haben fleischigkrautiges Blattwerk, blühen sehr reich und werden 15–35 cm hoch. Blattfarbe teilweise grün, teilweise schwarzbraun. Anzucht unter Glas XII–II mit meist zweimaligem Pikieren und Freilandpflanzung ab Mitte V etwa 20 × 20 cm. Nicht nur Rabattenpflanze, auch für Gräber, Balkonkästen und Töpfe. Dauerblüher von Sommer bis Frost. Blütenfarben Rot, Weiß und Rosa, zum Teil auch zweifarbig. Neben reinen Farbsorten meist Hybriden, auch spezielle Formelmischungen, wie 'Organdy', die sich insbesondere für bunte Beete eignen.

Begrünung, allgemein: gärtnerische Bepflanzung lt. Gartenplan; speziell: Etablieren bodendeckender Pflanzen in Gärten durch Rasengräser und andere bodenbedeckende Pflanzen, z. B. Berberitze oder rasenbildender Steinbrech. Rasen aus Gräsern = wohlfeilste bodenbedeckende Begrünung in Anlage und Pflege.

Beiaugen, unterentwickelte Knospen neben Seiten- und Achselknospen. B. treiben erst aus, wenn der darüber befindliche Sproßteil weggeschnitten ist und die hemmende Wirkung der aus der Triebspitze zufließenden Inhibitoren (Hemmstoffe) oder Überdosierung der Wuchsstoffe ausbleiben.

Beifuß, *Artemisia.* Korbblütler, *Compositae.* ○ ⚄-♄ △ i. Vorwiegend Blattpflanzen mit fein geschlitztem, grauem oder silbrigem Laub. Die Blüten sind unbedeutend, nur bei *A. lactiflora* auffallend. Unter den etwa 250 Arten der nördlichen Halbkugel sind bekannte Gewürzkräuter und Heilpflanzen, wie auch Beifuß, Estragon, Wermut. Einige sind hochalpine Pflanzen, die in Gärten nur von Liebhabern gehalten werden können. Hier die wichtigsten, weniger empfindlichen Arten. – *A. abrotanum,* Eberraute. Heimat unbekannt, nur verwildert in Südeuropa, Vorderasien und Nordamerika. Blätter doppelt fiederspaltig, auf der Unterseite graugrün behaart, stark duftend, Blüten unscheinbar, blaßgelb. VII–X, 80 cm. – *A. absinthium,* Wermut. Trockenzonen im gemäßigten Europa und Asien. Unten dreifach fiederteilige, oben fiederspaltige Blätter, silbergrau. Blüten gelb in überhängenden, lockeren Rispen. VII–IX, 90 cm. 'Lambrook Silver', besonders schöne, silbergraue Belaubung. VII–IX, 60–70 cm. Wermut hat sehr bittere Blätter, die für Heilzwecke, besonders bei Magenverstimmungen, angewandt werden. Aus Wermut wird in Frankreich und der Schweiz auch Absinth gewonnen. – *A. dracunculus,* Estragon. Mittel- und Südrußland, Sibirien, westl. Nordamerika. Ungeteilte, grüne, linealisch-lanzettliche Blätter und verzweigte, aufrechte Stengel. Aromatisch duftend. Am wertvollsten sind die französischen Sorten. Blüten weiß bis rötlich, in erster Linie Gewürzpflanze, aber auch schön für Wildgärten. VIII–X, 100 cm. – *A. lactiflora,* weißer Waldbeifuß, Westchina. Unverzweigte, etwas kantige Stengel, mit grünen, 3–4paarig gefiederten Blättern, bis zum Boden beblättert. Mit duftenden, milchweißen Blüten übersät von IX–X. 100–150 cm. Schön in Solitärstellung.

Beifuß, *A. vulgaris.* (Seidl)

– *A. laxa,* Edelraute, Silberraute. Pyrenäen, Alpen, Stengel aufrecht, dünn, unverzweigt, Blätter handförmig geteilt, lang gestielt. Ganze Pflanze aromatisch duftend, silberglänzend. Blüten unscheinbar, kugelig, gelb. VII–X, 10–20 cm. – *A. nitida (A. lanata),* Glänzende Edelraute, Südostalpen. Feingeschlitzte, fingerförmig gefiederte, silbergraue, seidig glänzende Blätter. Blüten gelblich. Auf trockenen Plätzen gut wachsend. VI–VIII, 15 cm. *A. pontica,* Pontischer Wermut. Südosteuropa, Westasien. Kriechender Wurzelstock, junge Triebe graufilzig, im Winter brokatfarben. Kleine, doppelt gefiederte Blätter an aufrechten, unverzweigten runden Stengeln. Blüten sehr klein, gelblichgrün. Guter Bodendecker auf sandigen Böden für große Flächen. Schon seit dem 16. Jahrhundert in Bauerngärten kultiviert. V–VII, 30–50 cm. – *A. sacrorum.* Südrußland, Sibirien. In Kultur ist nur 'Viride', die 'Sommertanne', meist einjährig gezogen. Wuchs pyramidenförmig, sehr gleichmäßig. Blätter frischgrün, fein fiederschnittig. Für einjährige Hecken im II–III aussäen, pikieren und ab Mitte V auspflanzen im Abstand von 30 cm. Verträgt Heckenschnitt gut. Blüten unscheinbar, grünlich. VIII–IX, 150–200 cm. – *A. schmidtiana* 'Nana'. Kreisrunde, halbkugelförmige Büsche, Laub feingeschlitzt, silbergrau, glänzend. Blüten gelblich. VII–VIII, 20 cm. – *A. steleriana,* Gabelblatt-Silberwermut. Kamtschatka, Japan. Kriechender Wuchs, weißfilzige, fiederlappige Blätter ohne Duft. Schöner Bodendecker für etwas trockene Böden, braucht etwas Winterschutz. VII bis VIII, 30 cm. – *A. vallesiaca,* Silberfiligran-Wermut. Südeuropa bis Altai. Triebe verzweigt mit fiederteiligen Blättern, ganze Pflanze mit Stengeln silberweiß. Blüten unscheinbar, gelb. VII–VIII, 50 cm. – *A. vulgaris,* Beifuß. Europa und Asien. Stengel rispig verzweigt, kantig, in der Jugend weißfilzig behaart, später rotbraun. Blätter fiederlappig, oben dunkelgrün, auf der Unterseite weißfilzig. Blüten gelblich oder rotbraun. Schon seit dem Altertum als Gewürz- und Heilpflanze in Kultur. Für Naturgartenpartien interessant. VII–IX, 100–150 cm. – Anbau: Gedeiht am besten in trockenen, kalkhaltigen Böden. Ausdauernd, Anbau aus Samen, Aussaat III/IV ins Frühbeet, ab Mitte V verpflanzen. Ernte der Blätter vor Blühbeginn, an luftigem, schattigem Ort trocknen. Als Gewürzkraut zu Enten- und Gänsebraten.

VERWENDUNG. Meist schöne, silbergraue Pflanzen für den Steingarten und die Staudenrabatte, die hohen Arten auch in Einzelstellung. – ANSPRÜCHE. Boden für die niedrigen, silberlaubigen Arten durchlässig, für die hohen Arten darf er etwas nährstoffreicher sein. Wachsen in jedem Gartenboden. Die Gewürz- und Heilkräuter sollten nicht gedüngt werden, sonst leidet ihr Aroma. – VERMEHRUNG. Teilung, Stecklinge und Aussaat.

Beilkaktus → Kakteen 16.

Beinwell, Wallwurz, *Symphytum.* Boretschgewächse, *Boraginaceae,* ○–◐ ⚄ Bot. Name griech. symphein = zusammengewachsen, für Pflanzen die zur Heilung von Knochenbrüchen verwendet wurden. Pflanzen mit fleischigem bis knolligem Wurzelstock, derben, borstig behaarten Blättern, breitlanzettlich. Blüten röhrenförmig in Trauben. – *S. asperum,* Komfrey, Kaukasusländer. In England als Schweine- und Ziegenfutter angebaut. Wertvoll ist 'Aureovariegata', große, gelbbunte Blätter. Blüten anfangs karminrot, dann himmelblau. Schön in Einzelstellung. VI bis VIII, 100–150 cm. – *S. caucasicum.* Kaukasus. Weich behaarte Pflanze, eine der schönsten Arten. Blüten beim Aufblühen rötlich, danach himmelblau verfärbend. VII–VIII, 30–45 cm. – *S. grandiflorum,* Kaukasus. Gute, vor allem sehr robuste, Schattenstaude mit vieltriebigem Wurzelstock und dunkelgrünen, rauhhaarigen Blättern, Blüten hellgelb. VII–VIII, 25 cm. 'Blaue Glocke' mit hellblauen Blüten wirkt viel graziler. – *S. officinale,* Beinwell. Europa bis Westsibirien. Längliche, rauhhaarige Blätter, Blüten schmutzig rotviolett oder gelblichweiß. 'Argenteum' ist eine Blattpflanze mit weißbunten Blättern. V–VII, 80–100 cm. – Verwendung in großen Parks und an feuchten Stellen. Die buntblättrigen an sonniger Stelle, am besten freistehend. Bei ihnen wer-

Beinwell, *Symphytum officinale.* (Dr. Jesse)

Beizung

Beinwell, Comfrey, *Symphytum peregrinum.* (Dr. Jesse)

den die Blütenstiele frühzeitig ausgeschnitten. Boden lehmig-humos. Vermehrung durch Aussaat und Teilung, die buntblättrigen Sorten nur durch Teilen oder Wurzelschnittlinge.
Bei der in England vielseitig verwendeten Pflanze (Futter, Tee, Kompostmaterial u. a. m.) handelt es sich um eine Hybride, *S. peregrinum* (*S. asperum* × *S. officinale*), die in mehreren Stämmen nur durch Teilung oder Wurzelschnittlinge vermehrt werden kann.
Beizung → Saatbeizung.
Bekämpfungsgeräte, zur Ausbringung von Staub oder Flüssigkeit. Für kleinere Gärten genügen oft bereits Stäubedosen und Handspritzen. Für umfangreichere Bekämpfungen dienen rückentragbare Stäube-, Spritz- und (Motor-)Sprühgeräte oder fahrbare Geräte, z. B. Karrenspritzen mit Hand-, Wellen- oder Motorantrieb.
Belästigung, durch Dämpfe, Gase, Gerüche, Rauch, Ruß, Wärme (Immissionen), Geräusche von Nachbargrundstücken aus wird in § 906 BGB behandelt; danach sind geringfügige und ortsübliche Belästigungen zu dulden. Die Rechtsprechung entwickelt sich im Sinne des Umwelt- und Lebensschutzes. Der Geschädigte kann z. B. Einbau von Schalldämpfung, Staub- und Abgasfilter verlangen, soweit dies technisch möglich und wirtschaftlich zumutbar ist. Rechtsprechung und Gesetzgebung sind in Fluß. Auch werden technische Möglichkeiten verbessert, Luftverunreinigungen festzustellen, u. a. durch Lasergeräte, mit denen Schwebstoffe in der Atmosphäre untersucht werden können.
Beleuchtungsstärke, auch Lichtintensität genannt, ist mit entscheidend für → Fotosynthese und Wachstum. Bei durchschnittlicher Tageshelligkeit erreichen Sonnenpflanzen die optimale fotosynthetische Leistung. Bei ‚Überbelichtung', z. B. in voller Mittagssonne im Sommer, läßt sie nach. B. ist abhängig von Jahres- und Tageszeit, Nebelbildung, Bewölkung, Höhe über dem Meeresspiegel, Rückstrahlung von Flüssen oder Seen (Weinberge!) und Bestandsdichte. B. während der ganzen Vegetationszeit ist neben Düngung und Sorte wichtiger Qualitätsfaktor, z. B. für Karotin und Zuckergehalt bei Möhren, Säure/Zucker-Verhältnis und Ausfärbung bei Obst (→ Spalierkultur bei Beerenobst).
Belladonnalilie, *Amaryllis.* Amaryllisgewächse, *Amaryllidaceae.* ♃ ⌢ ⋈ D. Nur 1 Art im Kapland. Im Gegensatz zum Ritterstern, der 'Amaryllis' für das Blumenfenster, blüht diese im Spätsommer bis Herbst. – *A. belladonna,* Kapland. Zwiebeln faustgroß, birnenförmig mit braunen Schalen. Blätter lang, rinnig, erst im Frühling. Blüten zu 3–12 am Schaft, glockig-trichterförmig, rosenrot, gut duftend. 'Alba', schneeweiß; 'Cape Town', dunkelrosenrot; 'Durban', große rundliche Blüten, dunkelkarmin; 'Johannisburg', hellrosa. VIII–X, 50–70 cm. Verwendung im Garten an geschützter, warmer Stelle. Zwiebeln etwa 25 cm tief pflanzen, im Winter mit Rindenhumus oder Laub gut abdecken. Als Schnittblume apart und duftend. Boden locker, durchlässig. Vermehrung durch Seitenzwiebeln.
Bellis → Maßliebchen.
Beloperone → Spornbüschchen.
Belüften → Rasenpflege.
Belüftung → Lüften.
Bentonit → Tonerdemehl.
Berberis → **Berberitze.**
Berberitze, *Berberis.* Sauerdorngewächse, *Berberidaceae.* Sehr artenrei-

Druckspritze für Pflanzenschutz im Garten, 5 Liter Inhalt, mit Überdruckventil, stufenlos verstellbar. (Gardena)

Berberitze, *Berberis verrucolosa.* (Seidl)

che und vielgestaltige Gattung. Nördliche Halbkugel und 2 Arten Südamerika. Nach den dornigen Zweigen Sauerdorn, Dreidorn oder Spießdorn benannt, nach dem sauren Geschmack der Früchte und deren spitzer, flaschenförmiger Gestalt Saurach, Surbeerl, Essigflaschn, Essigbearl oder Weinscharl. Sommer- oder immergrüne, mehr oder weniger stachlige Sträucher. Das zähe Holz ist gelb und wird für die Zinken der Laubrechen verwendet. – *B. buxifolia.* ○–● ♄ V i. Immergrün, 3 m, südliches Südamerika. Für Garten nur Liebhaberwert, doch wird seine Form ‚Nana' viel für Einfassungen verwendet. Verträgen jeden Schnitt, wegen der geringen Höhe auch für Steingarten. – *B. candidula.* ○–● ♄ V i △. Westchina. Zählt zu den wertvollsten immergrünen Ziergehölzen. Dichte Büsche, 1,50 m, langsamer, geschlossener Wuchs. Kleine Blätter, oberseits glänzend dunkelgrün, unterseits silbrig-weiß. – *B. gagnepainii* var. *lanceifolia.* ○–● ♄ i V bis VI. Nur die Varietät ist in Kultur. Immergrün, ca. 2 m. In der Jugend sind die Zweige straff aufrecht, mit zunehmendem Alter hängen sie immer mehr über. Schmallanzettliche Blätter, 10 cm, am Rand dornig gezähnt. – *B. julianae.* ○–● ♄ V ⌢ i Bie. Mittelchina. Immergrün, wächst sehr dicht, 3–4 m. Dunkelgrüne, lederartige Blätter, 10 cm, einige im Herbst leuchtend gelb oder rot. Frosthart, auch in extremen Lagen für Einzelstellung geeignet. – *B. hybrido-gagnepainii.* ○–● ♄ i △. Kreuzung *B. gagnepainii* var. *lanc.* × *B. verrucolosa.* Absolut frosthart und widerstandsfähig gegen Ruß und Rauch. – *B.* × *ottawensis.* ○–● ♄ V ⚭. Eine Kreuzung, ähnelt *B. thunbergii* 'Atropurpurea', in allem aber viel größer. Die hellroten Früchte bleiben bis Winter am Strauch und wirken besonders im unbelaubten Zustand. – *B. stenophylla.* ○–◐ ♄ V i ⌒ Lie. Immergrün, aufrechter Wuchs, bis 2 m, mit leicht überhängenden Zweigen. Blätter klein, etwas zusammengerollt, wirken fast wie Tannennadeln. Seitenzweige im V mit goldgelben Blüten übersät. Die kaum 50 cm hoch werdenden Zwergformen wie 'Darwini', 'Crawley Gem' und 'Irwini' sind für den Steingarten geeignet. – *B. thunbergii.* ○–◐ ♄ V ⫶ ⚘. Japan. Vom russischen Botaniker Maximowicz entdeckt, sehr widerstandsfähig, deshalb stark verbreitet. 2–3 m, abstehende, kantige Zweige, rötlich-gelbe Blüten. Die korallenroten Früchte halten bis Winter. Verträgt als Heckenpflanze jeden Schnitt; ohne Schnitt zur Abdeckung oder für natürliche Hecken. Varietät 'Atropurpurea' mit bronzerotem Laub, im Herbst leuchtendkarmin. Wie die Art dankbare und widerstandsfähige Heckenpflanze. Die kaum 50 cm hohe 'Atropurpurea Nana' ('Kleiner Favorit') ist dagegen für Grabbepflanzungen, niedrige Einfassungen oder Steingarten geeignet. Die purpurroten Büsche, richtig plaziert, können effektvoll wirken. – *B. verrucolosa.* ○–◐ ♄ V–VI i △. Westchina. Immergrün, 2 m, wächst sehr langsam. Dichte, überhängende Zweige mit kleinen, braunen Warzen. Kleine, dunkelgrüne Blätter, einige im Herbst scharlachrot. – KULTURANSPRÜCHE. Geeignet sind alle Böden, aber nicht in nassen Lagen. Immergrüne Arten mehr Halbschatten und frischen Boden. Am besten Standorte, wo sie dem Wind nicht so ausgesetzt sind. Sommergrüne Arten sind in allem robuster. Die rotblättrigen, wie *B. thunbergii* 'Atropurpurea', gehören nicht in den Schatten, da sie sonst vergrünen. – Manche Arten sind Zwischenwirt des Getreideschwarzrostpilzes. Jedoch sind auch manche Wissenschaftler der Meinung, daß die B. nur ein zufälliges Glied in der Entwicklung des Schwarzrostes ist. Fehlt dieses Glied, überwintert der Pilz auf andere Weise. Manche Arten sind anfälliger gegen diesen Pilz, ohne unter der Ansteckung zu leiden. Im allgemeinen werden von den Baumschulen nur resistente Arten vertrieben. Wer sich jedoch ein B.n-Sortiment zulegen möchte, erkundige sich nach den örtlichen Bestimmungen. – VERMEHRUNG. Am besten und rationellsten durch Aussaat, auch bei immergrünen Arten und Varietäten. Diese fallen zwar nicht ganz echt aus, doch ist mit 80 % echten Pflanzen zu rechnen. Stecklinge sind bei den Sorten üblich, gehen jedoch auch bei allen Arten. Veredlung bei den immergrünen Arten, die durch Stecklinge kaum wachsen. Wuchernde Arten durch Teilung oder Absenker.

Beregnen, verbesserte Technik des Sprengens. ALLGEMEINES. Die Wasserstrahlen werden, statt nach unten

Bewässerungscomputer ‚2030' zur vollautomatischen Gartenbewässerung. (Gardena)

auf die Pflanzung, nach oben gerichtet; durch das Niederfallen des Wassertropfens wird er nochmals gebrochen. Zweck des B.s: 1. ‚Einregnen' nach dem Düngen, um die mineralischen Düngeranteile zu lösen und damit pflanzenverfügbar zu machen; 2. Wasserzufuhr in Trockenzeiten, wenn Wasserreserven im Boden aufgezehrt. Wasserbedarf ist unterschiedlich: gut mit Humus- und Nährstoffen versorgte Böden können Wasser besser speichern. Die Saugwurzeln der Pflanzen begnügen sich mit geringeren Wassermengen, wenn Nährstoffe im Wasser reichlich vorhanden. Bei nährstoffarmem Wasser setzt die Pflanze, ihrem Nährstoffbedarf entsprechend, mehr Wasser um. – RASEN. Wann beregnen? 1. Bei trockenem Wetter nach Schnitt und Düngen des Rasens. 2. In längeren Trockenzeiten. Zuerst feststellen, wann B. erforderlich: Mit Taschenmesser handliche Grassode von 10 cm Stärke ausheben. Ist Oberschicht bis zu 3 cm knochentrocken, 1 Stunde, bei Trockenheit bis zu 5 cm Tiefe 1½–2 Stunden beregnen. Unter Bäumen nahezu doppelt so lange.

Beregnungsanlagen, 1. transportable, aus mit Schnellkupplungen zusammensetzbaren Rohrregnern für Landwirtschaft und große Gärten. 2. stationäre,

Mikro-Regner zur feinsprühenden Flächenbewässerung. (Gardena)

Bergenia

Bergenie, *B.-Hybride* 'Morgenröte'. (Drave)

Versenkregner, auch Unterflurregner genannte Anlagen, speziell für Rasenberegnung, die in etwa 60 cm Tiefe (frostfrei nicht erforderlich) verlegt werden. Rohrmaterial: PE-hart oder PVC-Rohr. Der Anschluß muß nach den Richtlinien des DVGW (Deutscher Verein von Gas- und Wasserfachleuten e. V.) erfolgen. Vor dem Winter ist die Anlage zu entleeren.

Bergenia → Bergenie.

Bergenie, *Bergenia.* Steinbrechgewächse. *Saxifragaceae.* ○–● ♃ i Bie. Anspruchslose, sehr ausdauernde Pflanzen mit dickem Erdstamm. Blätter ei- bis herzförmig, derb, dunkelgrün, glänzend, im Winter oft braunrot verfärbend. Blüten an einem kräftigen Schaft. Benannt nach dem Botaniker Karl August von Bergen, 1704–1759 in Frankfurt a.d. Oder. Etwa 8 Arten, meist aus dem Himalaja. – *B. cordifolia.* Sibirische Herzblatt-Bergenie. Altai. Blätter groß, lederartig, glänzend. Blüten hell-rosenrot in überhängenden Trugdolden. 'Purpurea', purpurrot. IV–V, 35 cm. – *B. delavayi.* Yunnan-Bergenie, Himalaja. Laub im Sommer dunkelgrün, im Herbst kupferbronze, im Winter dunkelrot. Blüten groß, karminpurpurrot an roten Stielen, überhängend. V, 40 cm. – *B. pacifica.* Kleinblättrige Bergenie. Zentral-Westchina. Blätter kleiner als bei den anderen Arten, länglich-eiförmig, lederartig, dunkelgrün. Blütenstand schmal, überhängend, rosa, IV–V, 20 cm. – *B. Hybriden.* In Zukunft wahrscheinlich wichtiger als die einzelnen Arten, da sie zum Teil im Sommer nochmal blühen. 'Abendglut', Blätter dunkelgrün im Herbst bronzebraun, Blüten dunkelrot, IV–V und Sommer, 30 cm; 'Admiral', schöne Blätter, Blüten rot auf kräftigen Stielen, IV–V, 30 cm; 'Glockenturm', gesundes Laub, kräftiger Wuchs, rosarot, IV–V, 30 cm; 'Morgenröte', starkwachsend, leuchtendrosa, IV–V und Sommer, 40 cm; 'Silberlicht', immergrün mit kräftigem Wuchs. Blüten silberweiß mit roter Mitte und Rückseite, IV und V und Sommer, 40 cm. – Ansprüche: Unverwüstliche Dauerstauden für Schatten und Sonne, unter Bäumen und in Staudenbeeten. Jeder nicht zu trockene Gartenboden. – Vermehrung durch Teilen beim Umpflanzen oder Stammschnittlinge mit Augen, Arten auch durch Samen.

Bergpalme → Palmen 1.

Berufkraut → Feinstrahl.

Besen, bestehen aus B.körper aus Holz, Kautschuk, Kunststoffen und B.besteckung aus pflanzlichen Stoffen (Reisigbesen, Besenginster. → Geißklee).

Besenginster → *Cytisus scoparius,* → Geißklee.

Besenheide, Heidekraut, *Calluna.* Heidekrautgewächse, *Ericaceae.* Nur eine Art in Europa bis Kleinasien. – *C. vulgaris.* ○–◐ ♄ i Bie. Die Charakterpflanze der Heide- und Moorlandschaften. Aber auch in den Bergen, auf Urgestein, ist sie überall an sonnigen Hängen anzutreffen. Neben der 40 cm hohen rosablühenden Wildform gibt es viele Gartensorten, die sich in Wuchs und Blütenfarbe unterscheiden: Var. *foxii* 15 cm hoch und var. *minima* 10 cm hoch haben ihren Wert nicht nur als Blütenpflanze, sondern auch als Bodendecker. Sorten: 'Alportii', 60 cm, dunkelgrüne Belaubung, rotviolett, VIII–X; 'Aurea', 30 cm, gelblich-grüne Belaubung, hellviolett, VIII–IX; 'County Wicklow', 20 cm, breitwachsend, rosa, VIII–IX; 'Cuprea', 15 cm, goldgelbe Belaubung, hellviolett, VIII–IX; 'C. W. Nix', 60 cm, tiefviolett, VIII–IX; 'H. E. Beale', 60 cm, gefüllt, violett, VIII–X; 'J. H. Hamilton', 25 cm, gedrungen, gefüllt, lachsrosa, VIII–IX; 'Mullion', 10 cm, rasenförmiger Wuchs, rosa-violett, VIII–IX. – Die B. ist von Natur eine gesellige Pflanze. Im Garten kommt sie auch nur in größeren Mengen zur Geltung, etwa im Heidegarten oder als Vor-Pflanzung bei Alpenrosen. – ANSPRÜCHE. Ungedüngter, besonders leichter oder sandiger Boden. Kein Kalk! Ältere unschön gewordene Pflanzen können durch Rückschnitt vor dem Austrieb wieder verjüngt werden. – VERMEHRUNG. Aussaat kommt bei größerem Bedarf der Wildform in Frage. Sorten und Varietäten werden durch → Sommerstecklinge vermehrt. Dazu eignen sich sowohl ein- als auch zweijährige Triebe. Ablegen ist auch möglich, aber nicht sehr ergiebig.

Besenheide, *Calluna vulgaris.* (Seidl)

Besenkraut → Kochie.
Besenpfriem → Geißklee.
Besenwuchs, Hexenbesen. Pilzkrankheit bei Holzpflanzen, häufig bei Kirschen; besenförmig dicht stehende, nicht fruchtende Triebe; deformiertes Laub, früh abfallend. Da der Pilz im Ast weiterlebt, muß das Aststück abgesägt werden. Wundverschluß mit → Baumwachs.
Bestäubung, Übertragung des Pollens auf derselben oder andere Blüten, derselben oder andere Sorten. B. ist nicht gleichbedeutend mit Befruchtung, die von der → effektiven Bestäubungsperiode, der Eignung des Pollens und den Umweltbedingungen (Temperatur) abhängig ist.
Bestockung, bei Rasengräsern Entwicklungsstand nach Bildung eines ersten Seitentriebes.
Beta → Rübe.
Beton, Baustoff aus Zement, Zuschlagsstoffen (Sand, Kies, Splitt, Schlacke) und Wasser, der vorgefertigt als Fertigbeton oder am Ort der Verarbeitung als Ortbeton Anwendung findet. B.güte ist abhängig von Zementgüte, Zuschlagsstoffen, Mischungsverhältnis, Wassergehalt und Verdichtung. Je nach konstruktiv bedingter Verarbeitung ist eine statische Berechnung die Grundlage für Art und Zusammensetzung. Für Einbau im Garten sind Oberflächenbehandlung des B.s und Schalung selbst von Bedeutung.
Betonica → Ziest.
Betonplatten, zur Befestigung von Wegen, Terrassen und Plätzen hergestellte B. haben je nach Hersteller glatte, genoppte, strukturierte oder gewaschene Oberflächen. B. werden in quadratischen, rechteckigen, vieleckigen und runden Formaten hergestellt und in handelsüblichen Größen von 10 bis 100 cm Seitenlänge geliefert.
Betonring, meist genormte Fertigteile aus dem Baustoffangebot des Tiefbaus; im Garten oft als Wasserbecken, Pflanztrog oder Kinderspielgerät verwendet.
Betula → Birke.
Bewässerung. Eine künstliche Wasserzufuhr auf gärtnerisch und intensiv landwirtschaftlich genutzten Flächen, um den Boden anzufeuchten. Oberflächige B. durch Beregnung mit stationären und mobilen → Regnern, Stauungen in Entwässerungsgräben oder Furchen und durch zeitweises Überstauen. Eine unterirdische B. zur zeitweiligen Hebung des Grundwasserspiegels erfolgt durch Dränrohre. Für die oberflächige B. mit mobilen Regnern wird im Fachhandel ein umfangreicher Katalog von Erzeugnissen zahlreicher Firmen angeboten. In Abwandlung sind Kreis-, Sektor- und → Viereckregner sowie Düsen auf Standrohren und Schlitten erhältlich. Bewährt hat sich auch die B. mit Schlauchdüsen. Stationäre Regner, z.B. für die B. großer Rasenflächen, sind meist → Versenkregner, die unterirdisch Wasserzufuhr erhalten und durch den Wasserdruck sich aus der Halterung heben.

Bewurzelung, → Wurzelsystem der Pflanzen als Jungpflanze im Saatbeet, als Steckling im Vermehrungsbeet, als Fertigpflanze im Containertopf oder im Freiland.

Bibernelle → Pimpernell.

Bienen, zu den Hautflüglern gehörende, einzeln lebende oder staatenbildende Insekten. Unsere weltweit verbreitete europäische Honigbiene ist staatenbildend. Sie liefert uns Honig (aus Blütennektar) und Wachs und dient als Blütenbestäuberin. Die Bienenzucht (Imkerei) nimmt in Mitteleuropa immer mehr ab, weil durch Vernichtung der Unkräuter den B. die Nahrungsquellen (B.weide) entzogen werden. Zur Ernährung und Entwicklung eines B.volkes ist vom Frühjahr bis zur Überwinterung eine Folge reichlich vorhandener Blütenarten (Tracht) im Umkreis von etwa 1 km um den Stock notwendig. Mehr als 70% der Obstbestäubung besorgt die Biene. Die Nähe eines B.stockes kann den Obstertrag bis zum 8fachen steigern. Man sollte daher ev. während der Obstblüte einen B.stock vom Imker ausleihen. Über Schonung der Biene → B.schutz.

Bienenbalsam → Indianernessel.

Bienenfreund, *Phacelia.* Wasserblattgewächse. *Hydrophyllaceae.* ○ ☉ Bie. Über 100 einjährige oder staudige Arten. Westliches Amerika südlich bis Chile. Bei uns fast ausschließlich *Ph. tanacetifolia* in Kultur, hauptsächlich als Bienenweide. Bis etwa 90 cm hoch, Blätter rauhhaarig verteilt, viele Blüten in ährenförmigen Wickeln. Üblich ist die Direktsaat ab IV. Blüte kann von VI – Frost dauern. – Gelegentlich in Kultur als Einfassungspflanze die 15–30 cm hoch werdende *Ph. campanularia.* Fast herzförmige, gezähnte Blätter und dunkelblaue Blüten. VI – Frost. – *Ph.tanacetifolia* ist beliebt als Gründüngungspflanze. Dazu Aussaat IV bis Anfang IX, in Aussaatmenge von 0,2–0,5 kg/a, auf Kleinstflächen etwas mehr. P. gedeiht auf leichten Böden und erzeugt bis zu 500 kg Grünmasse je a, bei reichlich Wurzelmasse. In Verbindung mit der guten Bienenweide wiegen diese Vorteile die Nachteile

Untergrundbewässerung, hier am Hochbeet: Wasser wird mit dem Schlauch über senkrecht eingestellte Drainageröhren zugeführt. Wiederholt nachfüllen! (A. Kalaus)

Tropfenweise Bewässerung von Einzelpflanzen durch Tropfer. (Gardena)

Bienenfreund, *Phacelia campanularia*.
(Dr. Probst)

auf: P. deckt den Boden nicht gut, konkurriert daher nicht wirksam mit Unkräutern, ist kein Stickstoffsammler. → Gründüngung, mit Tabelle.

Bienenhaftung → Tierhalterhaftung.

Bienenhaus, für Bienenvölker bestimmte Baulichkeit in einfacher Bauweise aus Holz, Stahl, Beton oder Ziegelstein. Die sog. Bienenstöcke, die sich in Kästen oder Körben befinden, sollen mit dem Flugloch nach Südosten gerichtet sein. Ein B. ist nur in größeren Gärten und Obstwiesen abseits der dichten Bebauung ratsam. → Bienen.

Bienenschutz. Die Honigbiene ist durch chemische Bekämpfungsmittel direkt (Kontaktgiftwirkung) und indirekt (Aufnahme vergifteten Blütennektars oder Blattlaus-Honigtaus) gefährdet. Dies ist einer der Gründe für die Abkehr von der chemischen Schädlingsbekämpfung im Garten. B. gesetzlich geregelt durch Verordnung vom 25. 5. 1950. Bundesanzeiger Nr. 131. Bienenschädliche Pflanzenschutzmittel dürfen auch außerhalb der Blütezeit im Abstand bis zu 30 m nur angewandt werden außerhalb der Flugzeit der Bienen und wenn der Bienenhalter vorher verständigt wurde. Die Mittel müssen gekennzeichnet sein: ‚Achtung Bienengefährlich', so daß jeder die Gefahr erkennen kann. Darüber hinaus gilt sinngemäß § 823 BGB über Schadenersatz, hier bei fahrlässiger Anwendung von Pflanzenschutzmitteln.

Bienenweide → Bienen.
Bierfallen → Fallen.
Bignonia → Trompetenbaum.
Bilche → Schläfer.
Billbergia → Ananasgewächse 2.
Bimskies. Bims ist ein Mineralgemisch, das durch vulkanische Vorgänge aus verschiedenen Gesteinen gebildet wird. Durch viele kleine Hohlräume ist es relativ leicht. B. wird in der Hydrokultur als Füllmaterial verwendet.

Bindsalat → Endivie.

Binse, *Juncus.* Binsengewächse, *Juncaceae.* In manchen Gegenden auch → Simse genannt, im Volksmund die Sammelbezeichnung der Gräser mit stielrunden Halmen auf sumpfigem Standort. – *J. effusus.* ⚄ ≋ VI–VIII. Ein Kosmopolit, wächst in stehendem Gewässer, Sumpf und auf normalem Gartenboden. Zu den Binsen gehören auch Simsenarten (→ Simse).

Binsenkaktus → Kakteen 4.

Biohum, organischer Handelsdünger, auf Basis von Torf und Klärschlamm. Kompostiert, dadurch hygienisch einwandfrei, sofern das Herstellerwerk zuverlässig ist. B. wird in Typenliste lt. → Düngemittelgesetz der BRD nicht geführt, weil zu den vom Gesetz ausgenommenen Komposten gerechnet.

Biologisch-dynamische Wirtschaftsweise, landwirtschaftliche und gärtnerische Methode, die fast ausschließlich mit organischen Dünge- und Pflanzenschutzmitteln arbeitet. Ausnahme: Thomasphosphat, Kalimagnesia u. ä. Mineralstoffe natürlichen Ursprungs als ‚mineralische Hilfen' auf armen Böden und bei der Umstellung auf B.-d.W. (Anwendung dieser Stoffe bei den Vertretern bzw. Anhängern der B.-d.W. zum Teil umstritten). Sucht darüber hinaus durch die Wirkung von Kräften (griech. dynamos = Kraft) kleinster Stoffmengen (vergl. Homöopathie) kosmische Kräfte einzubeziehen. Beispiele: Konzentration von Sonnenkraft durch Kieselpräparat aus Schachtelhalm; Aussaat nach Saatzeitenkalender. – B.-d.W. ist hervorgegangen aus der Anthroposophie Rudolf Steiners (1924). Praxis der B.-d.W. dadurch stark beeinflußt: z. B. werden Fäkalien auch als Rohstoff für Düngemittel und Komposte abgelehnt. – Die spezifischen Präparate der B.-d.W. auf der Basis von Heilkräutern oder das sog. Hornmist-Präparat werden nur durch die regionalen Berater der B.-d.W. abgegeben. Organisation in BRD: Forschungsring für biologisch-dynamische Wirtschaftsweise, D-61 Darmstadt Land 3, Baumschulenweg 19. Österreich: Österr. Demeter-Bund, A-1238 Wien, Endresstr. 100. – Schweiz: Versch. regionale Auskunftsstellen, u.a. Christoph Göbel, CH-4143 Dornach SO. Literatur: E. Bartsch. Die biologisch-dynamische Wirtschaftsweise, 3. A. Dresden 1932; N. Remer, Lebensgesetze im Landbau, Dornach 1968; R. Steiner, Landwirtschaftlicher Kurs, nur durch o. g. Organisation; K. v. Heynitz/G. Merckens, Das biologische Gartenbuch, 4. A. 1983; H. Koepf u. a., Biologisch-dynamische Landwirtschaft, 3. A. 1980.

Biologischer Landbau, Gesamtheit naturgemäßer = biologisch begründeter Verfahren im Land- und Gartenbau. B. L. ist als Begriff strenggenommen ein Doppelausdruck, d. h. ‚biologisch' überflüssiger Zusatz, weil Anbau von Kulturpflanzen immer auf biologischen Vorgängen beruht, auch wenn diese durch chemische und technische Maßnahmen beeinflußt werden. B. L. (auch als lebensgesetzlicher, naturgemäßer, organischer oder organisch-biologischer Landbau bezeichnet) ist entstanden als Reaktion auf Überhandnehmen chemischer Verfahren, speziell in Düngung und Pflanzenschutz; gründet sich auf wissenschaftliche Arbeiten seit Mitte des 19. Jahrh., wie I. BOUSSINGAULT, Recherches sur la végétation, in Ann. Chim. Phys., Paris 43, 1855; J. V. LIEBIG, Naturwissenschaftliche Briefe über die moderne Landwirtschaft, Leipzig 1859; CH. DARWIN, Die Bildung der Ackererde durch die Tätigkeit der Würmer, Stuttgart 1882; H. HELLRIEGEL und H. WILFARTH, Untersuchung über die Stickstoffnahrung der Gramineen und Leguminosen, 1888; E. WOLLNY, Untersuchungen über die Beeinflussung der Fruchtbarkeit der Ackerkrume durch die Tä-

Grundlagen biologischen Landbaues schematisch dargestellt: Links stabiles Gebäude mit standortgerechter Arten- und Sortenwahl als Fundament und weiteren sinngemäßen Einrichtungen und Maßnahmen – bis zum gezielten Pflanzenschutz als letztem Mittel. Rechts instabiles Gebäude: Mittel und Maßnahmen sind entgegen den Gesetzen der Statik eingesetzt. (Leo Fürst)

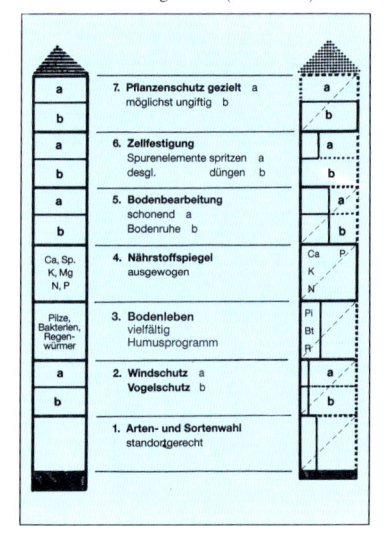

tigkeit der Würmer, 1890; R. H. FRANCÉ, Das Edaphon, Stuttgart 1910, Das Leben im Ackerboden, 1. Auflage Stuttgart 1922; Nachdruck: Das Leben im Boden. Das Edaphon. München 1981. A. STÖCKLI, Studien über die Beschaffenheit des Bodens, Bern 1928. Die Bedeutung der Bodenorganismen, Nachdruck in Organischer Landbau, 12. Jahrg. Nr. 2/1969; H. BORTELS, Molybdän als Katalysator bei der biologischen Stickstoffbindung, in Archiv für Mikrobiologie 1, 1930; E. REINAU, Praktische Kohlensäuredüngung in Gärtnerei und Landwirtschaft, Berlin 1927; A. HOWARD, An Agricultural Testament. 4. Auflage London 1947, deutsch: Mein landw. Testament; 2. A. München 1979, W. SAUERLANDT, Grundlagen der Bodenfruchtbarkeit, Lüneburg 1948. – In der Nachfolge dieser und vieler anderer Wissenschaftler waren praktische Landwirte, Gärtner und Berater bestrebt, sich dem Einfluß der Chemie im Pflanzenbau zu entziehen: SCHULTZ-LUPITZ bewies zunehmende Fruchtbarkeit armer Böden durch Leguminosenanbau ohne Stickstoffdüngung (Reinerträge auf leichtem Boden, in Landw. Jahrbücher 1881); K. STELLWAG (ab ca. 1890) erzielte hohe Erträge durch Förderung der Bodengare und Anwendung von Mistkompost (Kraut und Rüben 2. Auflage 1967); F. GLANZ empfahl Wühlkultur statt Pflugkultur, d.h. den Boden zu lockern ohne ihn zu wenden (Die Wühlarbeit im Ackerboden, Wien und Leipzig 1922); E. KÖNEMANN begründete seit 1924 ein vollständiges Verfahren B.L.es: tiefe Bodenlockerung und flache Bodenwendung, Gründüngung, Düngung und Pflanzenschutz mit organischen und mineralischen Stoffen natürlicher Herkunft (Biologische Bodenkultur und Düngerwirtschaft, 3. Auflage 1939, Gartenbau-Fibel, 1. Auflage 1940, 9. Auflage 1977); in der Schweiz hat Dr. H. MÜLLER, in der hervorragenden Tradition des schweizerischen Genossenschaftswesens, die Beratung biologisch arbeitender Betriebe und den Absatz ihrer Produkte organisiert; L. E. FÜRST wandte ab etwa 1955 betriebswirtschaftlich rationelle, naturgemäße Verfahren im Plantagenobstbau an (Durch naturgemäße Kulturverfahren zu giftfreiem Pflanzenschutz im Obstbau, in *Organischer Landbau*, 13. Jahrg., Nr. 1/1970, Untersuchungen über naturgemäße Anbau-Verfahren im Obstbau, Bad Soden/Ts. 1974); A. SEIFERT propagierte Kompostierung, speziell in ihrer Auswirkung auf die Widerstandsfähigkeit von Kulturpflanzen gegen Krankheiten und Schädlinge (Der Kompost, 1. Auflage 1957, erweitert und umgearbeitet als: Gärtnern, Ackern – ohne Gift, München 1971); GERTRUD FRANCK entwickelte ab 1930 ein Mischkulturverfahren (Gesunder Garten durch Mischkultur, 6. A. München 1983); Georg E. Siebeneicher [Hrsg.], Ratgeber für den biologischen Landbau, München 1985. – Außenseiter lehnen Mineraldüngung als chemische bzw. Kunstdüngung allgemein ab, ohne zwischen natürlichem und synthetisch-industriellem Ursprung der Düngemittel sowie ihrer förderlichen oder schädlichen Wirkung im Einzelfall zu unterscheiden. → Bodenfauna, → Bodenflora, → Bodenleben, → Biologisch-dynamische Wirtschaftsweise. – ORGANISCH-BIOLOGISCHER LANDBAU. Formulierung der 1972 gegründeten *Fördergemeinschaft organisch-biologischer Land- und Gartenbau*, hervorgegangen aus der Schweizer Organisation von Dr. Hans Müller (s. oben). In ihren Erzeugungsrichtlinien sind Grundsätze biologischen Landbaues zusammengefaßt, als Vertragsgrundlage für die Mitglieder, mit dem Recht, die Marke 'Bioland' zu führen (sinngemäß 'Demeter', → Biologisch-Dynamische Wirtschaftsweise). Bedingungen: Umstellung des *ganzen* Betriebes, Humuswirtschaft durch Pflege wirtschaftseigenen Düngers, standortgerechte Fruchtfolgen, Gründüngung, organische Ergänzungsdünger wie Horn- und Knochenmehl, Rizinusschrot (→ Organische Handelsdünger), als mineralische Ergänzungsdünger sind nur langsam wirkende wie → Gesteinsmehl, Rohphosphat, Thomasmehl, Kalimagnesia, Kalk (→ Mineraldünger) zulässig. Pflanzenschutz: (→ Nützlinge, → Vogelschutz), mechanische und physikalische Verfahren, Bakterien- und Pflanzenpräparate sowie ungiftige Hilfsstoffe wie Wasserglas und Kaliumpermanganat.

Biologischer Pflanzenschutz, Schutz unserer Kulturpflanzen mit biologischen Mitteln. Neben dem → Physikalischen Pflanzenschutz und dem umweltfreundlichen → Chemischen Pflanzenschutz die tragende Säule des → Ökologischen Pflanzenschutzes im Garten. a) Biolog. P. im engeren Sinne: Einsatz von Lebewesen gegen Schädlinge, 1. Einsatz von Krankheitserregern (→ Bacillus thuringiensis) und → Nützlingen (→ Katze); 2. Schonung und Förderung von Schädlingsfeinden (→ Nützlinge, → Vogelschutz). b) Biolog. P. im weiteren Sinne: 3. Kulturmaßnahmen (→ Biologischer Landbau) wie Standortwahl, Fruchtfolge, Gründüngung u.a. sowie Anbau von → Anlock- und → Abschreckpflanzen. 4. Anwendung von umweltfreundlichen Spritzmitteln pflanzlicher Herkunft (→ Kräuterextrakte).

Bio-S, im Handel befindliches biologisch-chemisches Pflanzenschutzmittel aus feingemahlenen Kräutern (Brennnessel, Schachtelhalm, Zwiebel), Algen- und Steinmehl sowie 24% Netzschwefel. Vor allem bei Obstbäumen gegen → Echten Mehltau, → Schorf und → Schrotschuß, aber auch gegen andere Pilzkrankheiten und eine Reihe von schädlichen Tieren wirksam. Wegen des Schwefels Wartefrist bis zur Ernte: 7 Tage. (Schweiz: Ledax Bio.)

Biotest, von jedermann ausführbarer Wachstumstest mit Azotobacter als Anzeiger für Bodenfruchtbarkeit. Auf Nährboden werden mit Pinzette 50 Krümel des zu untersuchenden Bodens aufgebracht und 24 Stunden bei 10–28 °C aufgestellt. Die Anzahl der

Prüfung der Bodenfruchtbarkeit nach Holzweißig durch Bakterium Azotobacter. Links frisch mit 50 Bodenkrümeln besetzter Nährboden, rechts derselbe Nährboden mit entwickelten Azotobacterkolonien. (F. Jantzen)

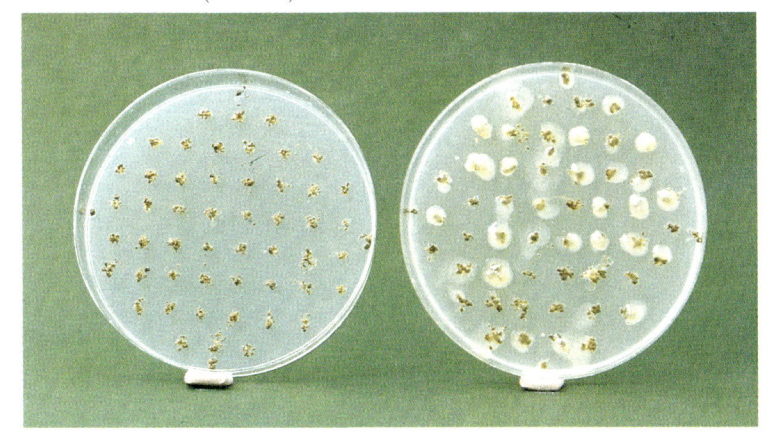

Biotop

Birke, *Betula utilis*. (Seidl)

Stamm der Kupferbirke, *B. albosinensis*, im Sichtungsgart. Weihenstephan. (Siebeneicher)

Weißbirke, *B. v.* var. *pendula*. (Dr. Jesse)

Bodenkrümel mit wachsenden Azotobacterkolonien läßt auf biologische Aktivität, pH-Wert, Sauerstoffgehalt des Bodens schließen, z.B. 48 wachsende Kolonien = 96%, guter Boden mit ausreichendem Nährstoffgehalt und guter Durchlüftung; 1 wachsende Kolonie = 2%, Boden zu sauer, zu geringer Humusgehalt, verdichtet.

Biotop, geographischer Raum mit besonderen, weitgehend einheitlichen Lebensbedingungen, wie Jahresniederschlägen und -temperatur. Lebensraum für Gemeinschaft von Pflanzen und Tieren. → Biozönose.

Biozönose (griech. = Lebensgemeinschaft). Zusammenleben von Mikroorganismen, Pflanzen und Tieren in gegenseitiger Abhängigkeit in einem bestimmten Lebensraum (→ Biotop). Biotop + Biozönose = → Ökosystem. Je reichhaltiger an Arten und Individuen eine Biozönose ist, um so stabiler ist das Ökosystem. Das gilt auch für den Garten, dessen Abwehrkraft gegen Krankheiten und Schädlinge mit der Zahl der in ihm lebenden Organismen zunimmt.

Birke, *Betula*. Birkengewächse, *Betulaceae*. Sommergrüne Sträucher und Bäume. Etwa 40 Arten auf der nördlichen Halbkugel. Einhäusige Blüten, die männlichen bilden sich im Herbst, die weiblichen im Frühjahr. – *B. albosinensis*, Kupferbirke. ○ ℏ. China. Dort über 20 m, bei uns kaum 8 m. Zierlicher, lockerkroniger Baum. Name nach der glänzenden, kupferfarbenen Rinde, die sich in dünnen Blättchen abrollt. – *B. maximowicziana*. ○ ℏ. Japan. Etwa 20 m, wächst in der Jugend sehr rasch und treibt auffallend spät aus. Größe Lindenblätter und weißliche bis orangefarbige Rinde. – *B. nana*, Zwergbirke. ○ ℏ △. Der nördliche, zwergige Vertreter der B.n. Meterhoher Strauch, sparrige, niederliegende Zweige. – Besonders für Felsengruppen und Moorbeete geeignet. – *B. nigra*. Schwarzbirke. ○ ℏ. Nordamerika. Oft mehrstämmiger Baum, schwarzbraune Rinde, die sich in Fetzen ablöst. In seiner Heimat wächst er auf feuchten, gedeiht bei uns aber auch noch auf trockenen Böden. – *B. papyrifera*, Papierbirke, ○ ℏ. Nördl. Nordamerika. Bis 30 m, Name von der papierartigen, blendendweißen Stamm- und Astrinde. Sehr starkwüchsig und anpassungsfähig. – *B. pubescens* (*B. alba*), Moorbirke. ○ ℏ–ℏ. Mitteleuropa bis Sibirien. Etwa 15 m, kalkweiße oder bräunliche Rinde. Verlangt feuchten oder anmoorigen Boden, ist deswegen besonders zur Uferbefestigung geeignet. – *B. verrucosa* (*B. alba, B. pendula*). Sandb., Weißb. ○ ℏ. In Europa, Kleinasien bis zur Mandschurei beheimatet. 20–30 m hoher, lockerkroniger Baum, der mit zunehmendem Alter stark hängende Zweige bekommt. Die Rinde ist am Anfang weiß und geht bald in rissige, schwarze Borke über. Stellt an Boden und Klima geringe Ansprüche. Das Wurzelwerk ist sehr dicht, *B. verrucosa* ist daher gut als Pioniergehölz für Ödland oder Rohböden. Es gibt Sorten mit großem Zierwert: 'Dalecarlica' ('Laciniata'), eleganter Baum mit tief eingeschnittenen Blättern; 'Fastigata' (Säulenbirke) wächst straff aufrecht. Zweige etwas gewunden, bleiben bis in den Winter hinein grün. Diese B. sollte viel mehr an Stelle der → Pyramidenpappel Verwendung finden. 'Purpurea', Blutb. ist sehr schwachwüchsig, kaum bis 8 m. Blätter wie bei der Blutbuche dunkelrot, im Herbst bronze-grün. 'Youngii', Hängebirke, sehr langsam wachsend. Hat keinen Mitteltrieb, bekommt dadurch schirmförmige Krone. Die feinen, dichtverzweigten Äste sind stark überhängend. Besonders für kleine Gärten und Grabbepflanzung. – KULTURANSPRÜCHE. Frischer, kräftiger Boden, in freier sonniger Lage. Die Weißb. und ihre Formen wachsen gut in sandigem Boden. B.n dürfen nur versetzt werden, wenn der Austrieb beginnt. Im Ruhezustand sind die Anwachschancen zu gering. Ist die Rinde schon weiß, darf nur noch mit Ballen verpflanzt werden. – VERMEHRUNG. Aussaat bei den reinen Arten. Ausgesät wird im Frühjahr. Das Saatgut den Winter über luftig lagern! Frisch geernteter Samen ist nur zu 15–20% keimfähig. Die Varietäten und Sorten werden veredelt. Für die kleinblättrigen Sorten kommen *B. verrucosa*, für die großblättrigen *B. papyrifera* als Unterlage in Frage. Veredelt wird durch Okulation mit treibenden Augen im V oder durch schlafende Augen Anfang IX.

Birne, *Pyrus*. Rosengewächse, *Rosaceae*. Etwa 20 Arten in Europa, Nordafrika bis Ostasien. Meist sommergrüne Bäume oder Sträucher, mit sparrigen, auch dornigen Zweigen. – WILDWACHSENDE. *P. nivalis*, Schneebirne. ○ ℏ IV–V Lie. Osteuropa, etwa 16 m, sehr sparrig, elliptische Blätter im Austrieb weißfilzig. später kahl und dadurch grün. – *P. salicifolia*. ○ ℏ IV–V Lie. Südosteuropa und Westasien. 8 m, dünne überhängende, grau-weiß behaarte Zweige. Schmal-lanzettliche Blätter in der Jugend weißfilzig, später graugrün. Die Wildarten lieben genau wie die Kultursorten tiefgründige Böden mit warmem und sonnigem Standort. Vertragen auch große Trockenheit. Als Kronenveredlung kommt die Form 'Pendula' am besten zur Gel-

Birne 'Williams Christ'. (Dr. Link)

Birne 'Conference' (Dr. Link)

tung. – Vermehrung: Aussaat oder Abrisse, Steckholz oder Wurzelschnittlinge, Veredlung wie bei den Obstsorten. KULTURSORTEN. Alle Kultursorten gehören zu *Pyrus domestica*. Verbreitet im See-, Kontinental- und subtropischen Klima, Vegetative Entwicklung optimal im Seeklima. Beste Fruchtqualität (schmelzendes Fleisch) nur in warmen Weinklima-Standorten mit hoher Sonnenscheindauer. Stellt hohe Ansprüche an Bodenwärme. Anbauformen: schlanke Spindel, Hecke auf → Quittenunterlage. B. trägt im allgemeinen später als Apfelgehölze auf wuchshemmenden Unterlagen. Fruchtqualität der B. besser auf Quitten- als auf Sämlingsunterlage. – VERMEHRUNG. Okulation auf Sämlingsunterlage (große Baumformen mit spätem Ertrag) oder Quitte A., ev. Zwischenveredlung bei unverträglichen Sorten. Mit Quitte unverträglich: Clapps Liebling, Alexander Lucas, Dr. Jules Guyot, Gräfin von Paris, Präsident Drouard. Mit Quitte verträgliche Sorten als Zwischenveredlung: Gellerts Butterbirne, Pastorenbirne (beide frostempfindlich), Old Home (besonders frostresistent). Empfehlenswerte Sorten für den Eigenbedarf sind: Frühe aus Trévoux, Williams, Conference, General Leclerq.

Birnengallmücke, deformiert junge Birnen, werden schwarz und fallen ab. Bei Öffnung findet man bis zu 100 Maden der Birnengallmücke in der befallenen Frucht. Abwehr: Befallenes Obst verbrennen; unter den Bäumen häufig harken, um Verpuppung zu verhindern.

Birnengitterrost → Gitterrost.
Birnenknospenstecher, Rüsselkäfer, der je ein Ei in eine Birnenknospe ablegt und dessen Larve die Knospe aushöhlt. Der fertige Käfer verläßt V die zerstörte Blütenknospe, frißt an Trieben und Blättern, hält bis Anfang IX unter Rindenschuppen einen Sommerschlaf, und frißt anschließend nochmals bis zum Kälteeinbruch die Laubknospen. Abwehr: Bei starkem Befall die Käfer Mai–Juni und September von den Zweigen auf Planen klopfen und vernichten.

Bischofsmütze → Kakteen 11.
Bitterfäule → Fruchtfäule.
Bitterklee, *Menyanthes*. Bitterkleegewächse, *Menyanthaceae*. ○–◑ ♃ ≋ ₩. Früher gehörte diese Pflanze, auch Fieberklee genannt, zu den Enziangewächsen. Heute ist sie davon abgetrennt und bildet eine eigene Familie. Nur 1 Art in den gemäßigten Zonen von Europa, Asien und Nordamerika. *M. trifoliata*, Wurzelstock kriechend mit dreiteiligen, ledrigen, dunkelgrünen Blättern. Blüten in einer Traube, weiß bis rosa, fünfteilig bis zur Mitte gespalten, am Rand und in der Mitte gebartelt. V–VI, 30 cm. – Verwendung an Ufern oder im flachen Wasser von 5–20 cm. Boden lehmig-sandig aber feucht. Vermehrung durch Teilung.
Bitterorange, *Poncirus*. Rautengewächse, *Rutaceae*. Für unser Klima kommt nur eine Art in Betracht: *P. trifoliata*. ○ ♄ IV–V ⌢ ⚭. Nordchina und Japan. Kaum 2 m hoch, mehr eigenartig als schön. Die grünen Zweige sind zusammengedrückt und an den Spitzen mit 2–4 cm langen Dornen besetzt. Die wenigen Blätter sind dreilappig und lederartig. Vor dem Laubaus-

Bitterklee, *Menyanthes trifoliata*. (Seibold)

trieb erscheinen die 3–5 cm großen, duftenden Orangenblüten. Im Herbst ist der Strauch mit kleinen gelben Früchten, die leicht nach Zitrone duften, besetzt. – Warmer, geschützter Standort; bei zu viel Winternässe und zu viel Wintersonne leidet die B. etwas. Vermehrung am besten durch Aussaat, von unbedingt frischem Saatgut, da der Samen nur kurze Zeit keimfähig ist. Krautige Stecklinge von den Sommertrieben wachsen auch sehr leicht.

Bitterstoffe, Bittersalze, in Wasser gelöst oder mit Gesteinsmehl verrieben als Fraßabwehrmittel gegen Raupen. Bewährt haben sich → Alaun, Glaubersalz, Kalisalzdünger und Gerbsäure-(Tannin-)Lösungen sowie bittere Kräuter → Kräuterextrakte.

Bitterwurz, *Lewisia*. Portulakgewächse, *Portulacaceae*. ○ △ ♃ ⌢. Sukkulente Pflanzen, mit dickfleischigen Wurzeln und rosettig angeordneten Blättern. Etwa 12 Arten im westlichen Nordamerika beheimatet. Erfordern in Kultur aufmerksame Pflege. – *L. brachycalyx*, weiß, 5 cm, und *L. rediviva*, rosa, 6–8 cm, ziehen bald nach der Blüte ein und müssen danach wie im Winter trocken stehen. Die immergrünen, rosettenartigen, wie *L. cotyledon*, rosa, 20 cm, *L. heckneri*, rosarot, VI, 25 cm, und *L. howellii*, rosa, VII, 15 cm, sind vor allem im Winter vor Nässe zu schützen. Am empfindlichsten ist die rübenartige Wurzel. – Verwendung: Alpinenhaus und halbschattige Trockenmauern. Kultur in durchlässiger, kalkarmer Erde. Vermehrung hauptsächlich aus Samen.

Blätterkohl → Kohl.
Blasenfarn, *Cystopteris*. Frauenfarne, *Athyriaceae*. ◐–● ♃ △. Anspruchslose Farne mit doppelt bis dreifach gefiederten, sommergrünen Wedeln. Etwa 18 Arten, davon 3 in Europa. – *C. bulbifera*, Bulben-Blasenfarn. Nordamerika. Kurze, kriechende Rhizome und bis dreifach gefiederte Blätter, in den Achseln der oberen Endfiedern mit erbsengroßen Brutknospen. Diese fallen ab oder können zur Vermehrung abgenommen werden. An einem feuchten, schattigen Platz kommen aus ihnen im Frühjahr neue Pflanzen. Hart. 40 cm. – *C. fragilis*, Felsen-Blasenfarn. Gebirgs-Pflanze fast aller Zonen, Kosmopolit. Wuchs büschelig-rasig, Blätter doppelt gefiedert. 10–30 cm. – Verwendung an schattiger Stelle im Steingarten, unter Bäumen oder hohen Sträuchern. Blasenfarne treiben früh aus. Boden humos und feucht. Vermehrung durch Brutknospen *(C. bulbifera)* oder Teilung.

Blasenfüße

Blasenfüße → Thripse.
Blasenstrauch, *Colutea*. Schmetterlingsblütler, *Leguminosae*. Sommergrün, etwa 10 Arten von Südeuropa bis zum Himalaja. Name von den blasig aufgetriebenen Früchten. – *C. arborescens*. ○–◐ ℏ VI–VIII ⚥. Südeuropa und Nordafrika. Bis zu 4 m hoch, gelbe Blüten. – *C. × media*. ○–◐ ℏ VI–VII ⚥. Kreuzung *C. arborescens × C. orientalis*. Ähnelt im Wuchs der ersteren, orangefarbige Blüten. – *C. orientalis*. ○–◐ ℏ VI–IX. Kaukasus bis Südsibirien. Der nicht so stark wachsende Strauch wird 2 m hoch. Blätter blaugrün, blüht rötlichbraun. – Der B. wächst in jedem, auch sehr schlechten Boden und wird im Garten hauptsächlich zur Abdeckung verwendet. – Vermehrung durch Aussaat: wenn kein Saatgut vorhanden ist, kann veredelt werden.
Blasenspiere, *Physocapus*. Rosengewächse, *Rosaceae*. Name nach den spiräenähnlichen Blüten und den blasig aufgetriebenen Früchten. 13 Arten in Nordamerika und Nordostasien. – *P. opulifolius*. ○–◐–● ℏ VI–VII ⚥. Östliches Nordamerika. Der 3 m hohe Strauch hat fünflappige Blätter und weiße bis rötliche, unscheinbare Blüten. Gebräuchlicher ist die Form 'Luteus', sie ist schwachwüchsiger, die im Austrieb lebhaft gelben Blätter ergrünen erst im Sommer etwas. Blätter im Austrieb gelb, später gelbgrün. – Die B. ist anspruchlos und stellt an den Boden keinerlei Ansprüche: rauch- und rußunempfindlich. Kann als Deckstrauch, Gehölzvorpflanzung in Parks oder Unterpflanzung bei hohen Gehölzen Verwendung finden. Die blasigen Früchte werden sehr gern von den Vögeln genommen. – Vermehrung durch Aussaat oder Steckhölzer.
Blatt, neben dem → Wurzelsystem das wichtigste Produktionszentrum der Obstgehölze. B. nimmt durch Spaltöffnungen (Stomata) Kohlendioxid (CO_2) auf und erzeugt mit Chlorophyll in Chloroplasten mit Hilfe von Lichtenergie und Wasser Kohlenhydrate. Dabei wird vom CO_2 Kohlenstoff abgespalten und werden mit Wasser Kohlenhydrate, die Grundstoffe für alle organischen Substanzen gebildet. Deshalb ist die Erhaltung des gesunden → Laubes bei Obstgehölzen von entscheidender Bedeutung für deren Wuchs- und Ertragsleistung. → Fotosynthese.
Blattbegonien → Begonie.
Blattdüngung, in den 60er Jahren im Erwerbsgartenbau aufgekommene Form der Düngung, um Wachstumsstockungen, besonders infolge Stickstoff- und Spurenelementemangel, zu überwinden bzw. um Fehler in Bodenpflege und Düngung nachträglich zu korrigieren. Bei B. nimmt die Pflanze Nährstoffe durch Spaltöffnungen (0,02–0,04 mm, mehrere 100 je qmm) auf. Blattdünger werden meist mit Pflanzenschutzmitteln zusammen ausgebracht, mit Hilfe von Nebel-, Spritz- oder Sprühgeräten. In Gärten im allgemeinen nicht praktikabel, vielmehr sind die Ernährungsstörungen ursächlich zu beheben. Allenfalls Harnstoff anwendbar, da dieses organische Molekül vollständig aufgenommen wird und bei richtiger Dosierung keine Verbrennungsgefahr besteht. Harnstoff mit 46% Stickstoff in 0,5–1 %iger Lösung = 5–10 g/Liter Wasser auf 1 qm ausgebracht = ca. 2,2–4,5 g N/qm. – OBSTBAU. Seit bekannt ist, daß auch Blätter mineralische Nährstoffe aufnehmen und zu den Bedarfsstellen bzw. Speicherorganen leiten können, wird die B. vielfach als Routinemaßnahme bei Obstgehölzen und anderem Pflanzenbau angewandt. Besondere Bedeutung hat sie im Erwerbsobstbau zur Verbesserung der Calciumernährung der Früchte (wichtig für die Fruchthaltbarkeit). Nährlösungen werden in vorgeschriebener Dosierung 2–8 mal pro Jahr auf vollentfaltete Blätter ausgebracht. Sie sind kein Ersatz für → Düngung über den Boden, sondern Ergänzung und dienen dem Vorbeugen und Beheben von Mangelerscheinungen, der Heilung der Chlorose und der Intensivierung der Assimilation. Blattdünger sind Einzel- und Volldünger: Harnstoff, Basfoliar, Wuxal, Gabi-Plus u.a.
Blattfahne, *Spathiphyllum*. Aronstabgewächse, *Araceae*. 25–30 Arten bewohnen das tropische Amerika und den malaiischen Archipel. ◐–● ♃ ⌂ ✕ Lie. – *Sp. wallisii*. Blätter länglichlanzettlich, ca. 40 cm lang, dunkelgrün, am Rand etwas gewellt. Blüte blattartig, reinweiß, 15 cm lang und 5 cm breit, an 30 cm lang und 5 cm breit, an 30 cm langem Blütenstiel. Blütenkolben 3 cm lang, an der Spatha angewachsen. – Daneben findet man noch eine Anzahl von Sorten im Handel, die auf ein intensives Kreuzungsprogramm in der BRD und den Niederlanden zurückgehen. Sie werden durch Gewebekultur vermehrt. B.n sind Warmhauspflanzen, die höhere Luftfeuchtigkeit verlangen und daher nur für das Blumenfenster oder den Wintergarten geeignet sind. Sie vertragen viel Schatten und können daher unter Epiphytenbäumen u.ä. verwendet werden. Nachttemperaturen 15°C im Winter. Humose, dabei aber durchlässige Substrate. – Vermehrung durch Teilung.
Blattfallkrankheit, der Johannis- und Stachelbeeren. Ursache: ein Pilz mit scheibenförmigen schwarzen Fruchtkörpern auf Blattunterseite. Sträucher oft zur Beerenreife schon kahl. Beeren bleiben klein. Abwehr: Nach dem Blattaustrieb mit → Pilzbekämpfungsmitteln spritzen, abgefallenes Laub verbrennen.
Blattfleckenkrankheiten, große Gruppe von Krankheiten. Erreger überwiegend Pilze, in zweiter Linie Bakterien. Die Blattflecken können klein oder groß, regelmäßig oder unregelmäßig geformt, eingesunken oder erhöht, stumpf oder fettig glänzend sowie von verschiedener Farbe sein. Bekämpfung: Saatgutbeizung, Bodenentseuchung, Sortenwahl sowie Spritzung mit → Pilzbekämpfungsmitteln. Gesondert zu betrachten sind Brennflecken (→ Bohnenbrennfleckenkrankheit) und viröse Mosaikflecken (→ Mosaikkrankheiten).
Blattgemüse, alle Gemüsearten, bei denen vorwiegend oder ausschließlich die Blätter gegessen werden, also Salate, Spinat, die meisten Kohlarten. Gegensatz: → Fruchtgemüse, → Knollengemüse, → Wurzelgemüse.
Blattkäfer, zahlreiche Arten 1,5–7 mm großer, lebhaft gefärbter Käfer, die ihre gesamte Entwicklung auf den Blättern von Gemüse- oder Zierpflanzen durchlaufen. Mehrere Generationen im Jahr. Larven z.T. durch Kotbedeckung getarnt. Wichtigste Arten: → Spargelhähnchen (blau, rot, gelb), Zwiebelhähnchen (rot), Meerrettichkäfer (metallisch grün oder blau), → Lilienhähnchen (rot) und → Kohlerdfloh (schwarz, gelb). Abwehr: Absammeln oder Insektenbekämpfungsmittel spritzen.
Blattkeimer, Dikotyledonen, Zweiblattkeimer, z.B. Staudensämlinge, die mit zwei Keimblättern im Saatbeet erscheinen.
Blattläuse, in zahlreichen Arten an fast allen Gartenpflanzen. Schadsymptome: Blätter gekräuselt, umgeschlagen oder eingerollt, Triebe gekrümmt, Blütenstände verkümmert. An den ober- oder unterirdischen (→ Wurzelläuse) Schadstellen: Besatz mit grünen, schwarzen oder mit weißer Wachswolle bedeckten, geflügelten oder ungeflügelten Läusen. Diese entleeren in die Pflanze Giftspeichel und saugen Pflanzensaft. Wichtiger indirekter Schaden: Übertragung von Viruskrankheiten der Pflanzen beim Saugen. Bei warmem

Grüne Apfelblattlaus.
(Institut für Film und Bild)

Wetter bis 10 Generationen und mehr jährlich; ungeheure Vermehrungskraft. Oft regelmäßiger Wechsel zwischen verschiedenen Wirtspflanzenarten. – Ausscheidung von überschüssigem Zucker aus dem Pflanzensaft als → ‚Honigtau', der oft die befallenen Pflanzen klebrig bedeckt. Auf ihm siedeln sich oft schwarze Pilzrasen (Rußtaupilze) an und hemmen Assimilation und Wachstum der Pflanzen. Freunde der Blattläuse sind die Ameisen, welche die Blattläuse wegen des Honigtaues besuchen, belecken und schützen. Wichtigste Blattlausfeinde sind → Marienkäfer, → Schwebfliegen, → Raubwanzen und → Netzflügler (Florfliegen) mit ihren Larven sowie winzig kleine → Schlupfwespen. – Abwehr: → Blattlausbekämpfung.

Blattlausbekämpfung. Gerade bei Blattläusen (einschließlich der Blutlaus) gilt, daß man nicht mit Kanonen auf Spatzen schießen sollte. Es genügt, ökologische statt radikal-chemische Mittel einzusetzen, womit man auch die vielen natürlichen Blattlausfeinde (→ Blattläuse) schützt und fördert. Kleinere Blattlauskolonien zerdrückt man mit den (handschuhbewehrten) Fingern, größere bürstet man ab oder spritzt sie mit scharfem Wasserstrahl ab. Man kann auch, vor allem gegen versteckt sitzende Kolonien, wirkungsvoll mit → Brennessel-, → Farn-, → Wermut-, → Rainfarn-, → Knoblauch- u.a. → Kräuterextrakten oder mit → Alaunlösung spritzen. Letztere hat sich zur Winterspritzung gegen → Blutläuse besonders bewährt.

Blattlauslöwen, mit großen Kieferzangen bewehrte Larven von Netzflüglern (z.B. Florfliegen). Leben hauptsächlich von Blatt- und Schildläusen und sind daher als Nützlinge zu schonen.

Blattpfeffer → Pfeffer.

Blattranddürre der Johannis- und Stachelbeere sowie des Kohls: Kali-Mangelkrankheit. Düngung mit Patentkali, → Mineraldünger (Kalidünger).

Blattrollkrankheit. 1. Kartoffel; von Blattläusen übertragene → Viruskrankheit; Blätter rollen sich tütenförmig ein, die untersten zuerst; Wuchsstörung, Ernteverminderung. Bekämpfung → Viruskrankheiten. 2. Tomate; physiologische Störung als Folge zu starker Düngung oder zu frühen Ausschneidens; ohne wesentliche Bedeutung. 3. Pfirsich → Kräuselkrankheit.

Blattrost → Rostkrankheiten, → Rasenkrankheiten.

Blattsteckling, Blatteil oder ganzes Blatt, das im Vermehrungsbeet mit dem Blattstiel oder durch Auflegen des Blattes zu Wurzelbildung und späterem Knospensproß angeregt wird. Bei Stauden z.B. Felsenteller, *Sedum sieboldii, Sedum spectabile,* bei Zimmerpflanzen z.B. Begonie, Usambaraveilchen und die meisten Sukkulenten (Dickblatt, Echeverie u.v.a.m.).

Blattwespen, nicht stechende Wespen, fliegenähnlich aussehend. Schädlich sind ihre raupenähnlichen Larven (Afterraupen). In Obstfrüchten: → Apfel-, → Birnen- und → Pflaumensägewespen; an Obstlaub: Steinobst-Gespinstblattwespe (Larven grün mit schwarzem Kopf, in Gespinstsäcken) und Kirschblattwespe (Larven grün, nacktschneckenartig); an Stachelbeere: Stachelbeerblattwespe (Larven grünblau mit schwarzen Punkten); an Rose: mehrere Arten (ausnahmslos grün; eine Art nacktschneckenförmig). Abwehr: Absammeln oder mit biologischen → Insektenbekämpfungsmitteln spritzen.

Blattwanzen, 5–10 mm große, meist grün oder braun gefärbte Pflanzensauger mit abgeflachtem Körper und harten Deckflügeln (käferähnlich), mit Stinkdrüsen (Wanzengeruch). An allen oberirdischen Pflanzenteilen. Nie sehr häufig, daher Saugschäden gering. Vernichtung schon deshalb nicht ratsam, weil sie mit ihren nützlichen Vettern, den → Raubwanzen, verwechselt werden könnten.

Blaubart → Bartblume.

Blaubeere → Gartenheidelbeere.

Blaues Lieschen, *Exacum.* Enziangewächse, Gentianaceae. ○–◐ ⊙ ♃ ▽. Aufrechte Kräuter oder Stauden mit gegenständigen, ganzrandigen Blättern, Blüten meist fünfteilig. 30 Arten im subtropischen und tropischen Asien und Afrika. – *E. affine.* Stark verzweigtes, fleischiges Kraut, bis 30 cm hoch. Blätter eirund, 3 cm lang. Blüten lila oder violettblau mit gelben Staubbeuteln, 12–15 mm breit. Daneben auch in Weiß und Rosa (samenvermehrt) und Blau gefüllt (stecklingsvermehrt). Empfehlenswerte Topfpflanze für Sommer und Herbst. – Aussaat des sehr feinen Samens im III–IV. Dann wird pikiert; bei 4–5 cm Höhe werden mehrere in 10–12-cm-Töpfe getopft. Kultur bei 15°C. Bei tiefen Temperaturen und nassem Stand gedeihen sie nicht gut. In der Vollblüte sind kaum Blätter zu erkennen.

Blauglöckchen, *Mertensia.* Boretschgewächse, Boraginaceae. ◐–● ♃ △ ⌒ Bie. Pflanzen mit kriechendem oder knolligem Wurzelstock, behaarten, länglichen bis spatelförmigen Blättern. Blüten röhren- bis trichterförmig, meist auch blau oder purpur. Unter den 40 Arten in Osteuropa, gemäßigtem Asien und Nordamerika sind einige recht hübsche Gartenpflanzen. – *M. echioides.* Westhimalaja, Tibet. Im Aussehen ähnlich dem Gedenkemein, aber höher. Blätter dunkelgrün, gestielt, Blüten vergißmeinnichtähnlich,

Vegetative Vermehrung von Zimmerpflanzen durch Blattstecklinge: Hier wird ein Rex-Begonien-Blatt an den Adervergablungen eingeschnitten (links), das ganze Blatt in eine Schale gelegt; die Schnittstellen werden zum Substrat gedrückt, hier durch Beschwerung mit Steinchen (rechts). – Die bewurzelten Blattstücke werden herausgeschnitten und getopft. (Seidl)

leuchtendblau. V–VI, 20–30 cm. – *M. primuloides*, Himalaja. Schöne, wüchsige Art mit kriechendem Wuchs, kleinen, graugrünen, elliptischen Blättern. Blüten in kurzen Trauben, enzianblau. V–VI, 20 cm. – *M. virginica (Pulmonaria v.)*, östliches Nordamerika. Wurzelstock knollig, daher manchmal im Angebot mit Zwiebelgewächsen. Blätter länglich-eiförmig, gestielt, Blüten in nickenden Doldentrauben, fast glockenförmig, anfangs purpurviolett, später hellblau. Die Pflanze zieht bald nach der Blüte ein. IV–V, 30–40 cm. – Verwendung: Die niedrigen Arten sind hübsche Steingartenstauden, die hohen eignen sich unter lockeren Bäumen, zwischen Rhododendron oder an schattiger Stelle im Staudenbeet. Nicht sehr langlebig, erreichen nach 2 Jahren ihre volle Entwicklung. Boden sandig-humos und durchlässig. Vermehrung durch Teilung.

Blauglockenbaum, *Paulownia*. Rachenblütler, *Scrophulariaceae*. 10 Arten in China. Doch nur *P. tomentosa (P. imperialis)*, ○ ♄ IV–V ⌒, aus Mittelchina ist ausreichend winterhart. Sommergrüner, bis 15 m hoher, breitkroniger Baum, mit dicken Ästen. Zweige anfangs dicht behaart und markig bzw. hohl. Die 15–25 cm langen Blätter sind gegenständig angeordnet, auf der Oberseite lebhaft grün, unterseits filzig behaart. Die röhrigglockigen Blüten sind 5–6 cm lang, violett, innen gelb gestreift, leicht duftend und an 20–30 cm langen aufrechten Rispen angeordnet. – Boden nahrhaft, leicht, aber nicht frisch. Da die Blüten leicht erfrieren, ist spätfrostsichere Lage auszusuchen. Die jungen Pflanzen frieren im Winter oft bis zum Boden zurück, treiben aber wieder aus. Sobald die Triebe sich festigen und nicht mehr so markig sind, sinkt die Gefahr eines Frostschadens. Im Weinklima sind sie raschwüchsig, frieren nicht so leicht zurück und können sich dort zu alten wunderschönen Bäumen entwickeln. – Vermehrung: Aussaat im halbwarmen Kasten ist die beste Methode; ist kein Saatgut vorhanden, können auch Wurzelschnittlinge helfen. Die Jungpflanzen müssen die ersten zwei Jahre frostfrei überwintert werden.

Blaugras, *Sesleria*. Gräser, *Gramineae*. ○–● ♃ △. Europäische Gräser mit steifen, meist blau bereiften Halmen. – *S. autumnalis*. Dunkelgrüne, blauschimmernde Horste, Blütenähren schwärzlich, gelbgrün punktiert. Spätblühendes Zwerggras. IX–XI, 20–25 cm. – *S. caerulea*, polsterartig, mit borstenförmigen, steifen, blaugrünen Halmen. Blütenähren dichtgedrängt, kopfig, schieferblau. IV–V, 15–30 cm. – *S. heufleriana*. Neuere, von Karl Förster eingeführte Art, fast immergrün, sehr frühblühend. IV–V, 25 bis 40 cm. – Verwendung im Stein- und Heidegarten, Staudenbeet. Boden: anspruchslos, er sollte nur keine stauende Nässe haben. Vermehrung durch Teilung und Aussaat.

Blaugummibaum → Fieberbaum.

Blauheide, *Phyllodoce*. Heidekrautgewächse, *Ericaceae*. Immergrüne, flachwachsende Sträuchlein. 7 Arten in Nordamerika, Nordeuropa bis Nordasien. Die meisten sind nicht winterhart, da die schützende Schneedecke fehlt. – *P. caerulea*. ○–● ♄ V–VII ⌒ i △. Hauptsächlich in Grönland beheimatet. Die schmalen Blättchen sind 4–8 mm lang und etwas drüsig. Blüten krugförmig, von purpurner Farbe, werden beim Verblühen blau. – *P. empetriformis*. ○–● V–VII ⌒ i △. Nordamerika. Ähnelt im Aussehen der vorigen, hat nur längere Blättchen und purpur-rosa Blüten. – B. verlangt kalkfreien, anmoorigen, kühlen Boden in halbschattiger Lage und unbedingt Schutz vor Wintersonne. Vermehrung: Aussaat kommt kaum in Frage, da Stecklinge leicht wachsen; ältere Pflanzen auch Teilung.

Blaukissen, *Aubrieta*. Kreuzblütler, *Cruciferae*. ○ ♃ ⫶ △ ⚘ i. Sehr reichblühende Polsterstauden mit gegenständigen, graugrünen Blättern in kleinen Rosetten. Die Blüten mit 4 kreuzförmig gegenüberstehenden Blütenblättern. Etwa 12 Arten in den Gebirgen des Mittelmeerraumes und Kleinasien. Im Handel sind nur Hybriden aus verschiedenen Arten. – *A. Hybriden*: 'Astolat Double', halbgefüllt violett; 'Barkers Double', halbgefüllt rotviolett; 'Blue Emperor', blauviolett; 'Bordeaux' rotviolett; 'Bressingham Pink', rosa; 'Dr. Mules', violett; 'Eos', hellrosa; 'Grandiflora', hellblauviolett; 'Neuling', sehr gut, hellavendelblau; 'Rosengarten', violettrosa; 'Rosenteppich', großblumig karminrosa; 'Schloß Eckberg', sehr gut, lavendelblau; 'Tauricola', blauviolett. In Samenhandlungen werden noch Samen von guten Mischungen wie 'Cascade' und Einzelsorten angeboten. IV–V, 10 cm. – Verwendung im Steingarten, Staudenbeet und als Einfassung. Während der Blüte bilden sie ein dichtes Polster, auch nach der Blüte sind die Blattpolster immer schön. Wenn sie nach einigen Jahren innen kahl werden, sollten sie erneuert oder geteilt werden. – Boden durchlässig und nahrhaft. Vermehrung durch Teilung oder Stecklinge nach der Blüte, neuerdings auch F_1-Sorten durch Aussaat.

Blaulilie, *Ixiolirion*. Amaryllisgewächse, *Amaryllidaceae*. ○ ♃ △. Nur 3 Arten in West- und Mittelasien. Zwiebelpflanzen mit beblättertem Stengel und trichterförmigen Blüten in wenigblütiger, endständiger Dolde. Blätter linealisch. – *I. ledebourii*, Zentralasien bis Afghanistan. Blüten leuchtendviolett. 2 Wochen vor *I. montanum*. V, 30 cm. – *I. montanum (I. pallasii, I. tataricum)*, Syrien, mittlerer Taurus bis Afghanistan. Blüten lavendelviolett mit hellen Längsstreifen, großblumig. V, 30–40 cm. – Verwendung im Stein- und Troggarten, zwischen Stauden an sonniger Stelle. Boden durchlässig. Zwiebeln etwa 15 cm tief pflanzen. Vermehrung durch Seitenzwiebeln und Aussaat. Sämlinge blühen schon nach 2 Jahren.

Blauraute → Perowskie.

Blauregen → Glyzine.

Blauschote, *Decaisnea*. Lardizabalaceae. 2 Arten in Ostasien. Bei uns winterhart nur *D. fargesii*. ○–● ♄ V–VI ⚭. Der in Westchina beheimatete sommergrüne Strauch wird 4–5 cm hoch. 50–80 cm lange Fiederblätter, auf der Unterseite bläulichgrün, im Herbst goldgelb. Die kleinen, glockenförmigen Blüten hängen an 20–30 cm langen Rispen, sind grünlich-gelb, werden aber meist von den Blättern verdeckt. Name B. von den walzenförmigen, blauen, 5–10 cm langen Früchten, die meist zu dritt herunterhängen. Sehr schöner Parkstrauch, der wegen der zierenden Blätter und interessanten Früchte geschätzt wird. – Verlangt warmen, geschützten Standort und nahrhaften Boden. Vermehrung geht durch Aussaat, im Herbst nach der Reife des Samens, sehr leicht. Jungpflanzen frieren leicht zurück.

Blaustern, *Scilla*. Liliengewächse, *Liliaceae*. ○–● ♃ △ ⚘ ⚱. Etwa 80 Arten in Europa, Asien und Afrika. Zwiebeltragende Pflanzen, die meisten bei uns winterhart. – WINTERHARTE ARTEN. *S. amethystina*, Dalmatien. Ähnlich *S. pratensis*, mit großen Trauben von blauen Blüten, spätblühend. V–VI, 20 cm. – *S. bifolia*, Zweiblättriger B., Spanien, Frankreich, Kleinasien. Zwiebeln rundlich. Meist nur mit 2 linealischen Blättern. Blüten in lockerer Traube, sternförmig, himmelblau. 'Alba', weiß; 'Rosea', rosa. Säen sich selbst aus und bilden dann ganze Blütenteppiche. III–IV, 10 cm. – *S. hispa-*

Zweiblättriger Blaustern, *Scilla bifolia*. (Drave)

nica (*S. campanulata, Endymon hispanicus*), Spanien, Portugal. Kräftiger Wuchs mit breitlanzettlichen, glänzenden Blättern, dichte Horste bildend. Blütenstengel kräftig, Blüten mit zurückgekrümmten Zipfeln, hängend. Viele Sorten. 'Blue Bird', früh, dunkelblau; 'Dainty Maid', purpurrosa; 'Excelsior', kräftig, dunkel lavendelblau; 'Myosotis', hellblau; 'Queen of the Pinks', tiefrosa; 'Rosabella', rosa; 'Sky Blue', großblumig, dunkelblau; 'White Triumphator', weiß. V–VI, 20–30 cm. – *S. mischtschenkoana* (*S. tubergeniana*), Nord-Persien. In den letzten Jahren viel verbreitet. Blütenglocken breit, zu 3–6 je Stengel, lichtblau mit dunklem Mittelstreifen. 'Zwanenburg' ist eine Auslese mit kräftiger gefärbten Blüten. III–IV, 10–15 cm. – *S. non-scripta* (*S. nutans, Endymon n.*), Hasenglöckchen, Westeuropa, England. Ähnlich *S. hispanica*, aber lockerer und kleinblütiger in überhängender Traube. Lieblingsblume der Engländer, (Blue Bells), blau, 'Alba', weiß; 'Carnea', rosa. V, 20–30 cm. – *S. pratensis*, Dalmatien. Hübsche Art mit reichblütiger, breitpyramidenförmiger, aufrechter Traube. Wertvoll durch die späte Blüte. Horstbildend, dunkelblau. IV–VI, 20 cm. – *S. sibirica*. Bosnien, Südrußland, Kleinasien. Bekannteste Art mit 2–4 breitlinealischen Blättern. Breitglockige Blüten an oben etwas überhängenden, wenigblütigen Schäften azurblau, 'Alaba', weiß; 'Spring Beauty' (Atrocaerulea), schön kräftig dunkelblau; 'Taurica', hellblau, früher blühend, III bis IV, 10–15 cm. – Verwendung vielseitig im Stein- und Staudengarten, die langstieligen Arten auch zum Schnitt. Gut zum Verwildern unter laubabwerfenden Gehölzen. Boden anspruchslos. Vermehrung leicht durch Brutzwiebeln und Selbstaussaat. – NICHT WINTERHARTE ARTEN. *S. peruviana*, Mittelmeergebiet.

Große birnenförmige Zwiebel mit kräftiger Blattrosette und Schaft. Blüten in doldenförmiger Traube, dunkelblau mit weißen Staubbeuteln. V–VI, 20–30 cm. In große Töpfe pflanzen und im Frühling hell am Fenster aufstellen, im Sommer in den Garten. – *S. violacea*, Südafrika. Zwiebeln stark sprossend. Blätter immergrün, oben silbergrau, schön grün marmoriert, Unterseite glänzend rotviolett, Blüten nicht besonders auffallend, in langgestielten Rispen, grünlich mit violetten Staubbeuteln. III–V, 15 bis 20 cm. – Verwendung als hübsche kleine Blattpflanze, die sich im Zimmer gut hält, bei nicht zu dunklem Standort. Erde durchlässig, lehmighumos, am besten Einheitserde. Vermehrung durch Teilen leicht.

Blauvolldünger, vereinfachende Bezeichnung für gekörnte, chloridarme, blau eingefärbte mineralische Mehrnährstoffdünger bestimmter Marken, z. B. laut Düngemittelgesetz der BRD Typenliste III A 25 ein Dünger 10 × 15 × 20 oder III A 28 12 × 12 × 17 + Spurenelementen. Auch violett oder lila gefärbte Markendünger. Stickstoff ⅗ in Ammonium- und ⅖ in Salpeterform, Phosphor mind. 30% wasserlöslich, Kalium als Sulfat. → Mineraldünger (Mehrnährstoffdünger). B. gehören zu den Kunstdüngern im eigentlichen Sinn, da hier der aus der Atmosphäre stammende Stickstoff mit mineralischen Elementen (Phosphor, Kalium u. a.) verbunden ist. Widerspricht der Mineralstoffernährung der Pflanze nach J. Liebig (→ Biologischer Landbau). B. sind nach Anbaubedingungen der Markenverbände des biologischen Landbaues nicht zugelassen. Auf B. ist die weitverbreitete Überdüngung mit Phosphaten und Kalium in Haus-, Klein- und Siedlergärten hauptsächlich zurückzuführen.

Blechnum → Farne 3, → Rippenfarn.

Bleichen, (Gemüse). Bei Lichtentzug verlieren grüne Pflanzenteile die Farbe, werden hell, im Wachstum oft länger, mit gestreckten Stengeln, ärmer an harten Fasern und damit zarter (Fachausdruck: Vergeilen, Etiolieren). Licht kann durch gärtnerische Maßnahmen entzogen werden, z. B. durch Anhäufeln, d. h. Überdecken mit Erde: Zichoriensalat, Spargel, Bleichsellerie, → dort; oder durch Zusammenbinden: Endivie, Cardy, Bleichsellerie, → dort; oder durch Aufbewahren im Dunkeln nach Ernte: Lauch, oft mit gleichzeitigem Heizen.

Bleichsellerie, Stangensellerie, *Apium graveolens* var. *dulce*. Doldenblütler,

Bleiwurz

Bleiwurz, *Plumbago auriculata*. (Herbel)

Umbelliferae. Herkunft → Sellerie. ANBAU. Aussaat II/III in Schalen, in Frühbeet pikieren, ab Mitte V auspflanzen, Reihenabstand 40–50 cm, in der Reihe 25–30 cm. In leichten Böden in 25 bis 30 cm tiefe Furchen pflanzen. Ab VIII zum Bleichen Blattschopf zusammenbinden und Farben zudecken. In schweren Böden flach pflanzen, ab VIII zusammenbinden und hoch anhäufeln. Ernte ab Mitte IX. – VERWENDUNG. Die durch Bleichen zart gewordenen Blattstiele werden meist roh genossen, eingetunkt in pikante Saucen. Die rillenförmig vertieften Stiele können auch mit Mayonnaise, Käse usw. gefüllt werden.

Bleiwurz, *Plumbago*. Bleiwurzgewächse, *Plumbaginaceae*. 6 bis 10 Arten in den Tropen und Subtropen. ○ ♄ ⚤ ⊡ Lie. – *P. auriculata* (*P. capensis*), Südafrika. Aufrechter bis kletternder Halbstrauch, Blätter 5 cm lang. Blüten in vielblütigen, kopfigen Blütenständen, Einzelblüte 1,5 cm groß, rein hellblau, Kelch etwas drüsig und klebrig. – Leider schon seltene Kalthauspflanze, die vom Frühling bis zum Herbst unermüdlich blüht. Während der Sommermonate auch zur Dekoration von Balkonen und Terrassen und zur Anpflanzung auf Beeten mit Sommerblumen geeignet. Auch Anzucht von Bäumchen, wie bei Fuchsien, möglich. Überwinterung bei 5 bis 8°C. Einheitserde. – Vermehrung durch halbharte Stecklinge. Winterharte B. → Hornbleiwurz.

Bletilla → Orchideen 2.

Blindengarten, besonders ausgestattete Gartenform an Blindenheimen und in öffentlichen Parkanlagen. Charakteristische Gestaltungselemente sind Leitlinienwege, Akustikbrunnen, Tast- und Duftpflanzen.

Blindschleiche, schlangenähnliche, beinlose Eidechse, bräunlich, bis 50 cm lang (→ Reptilien). Nachtaktiv, Vertilgerin von Insekten, Würmern und Nacktschnecken. Durch Hecken, Bodendecker und Steinhaufen zu fördern.

Blockstufe → Treppenstufe.

Blühwilligkeit, hängt von vielen, sowohl inneren als auch äußeren Faktoren ab. INNERE FAKTOREN. Durch allzulange Kultur ohne gleichzeitige Auslese bilden sich in vielen Klonen blühfaule Mutanten aus. Das physiologische Alter einer Pflanze spielt ebenfalls eine Rolle; macht man z. B. von einer alten Zimmerlinde Stecklinge, so wird man eher blühende Pflanzen erhalten. Dieses physiologische Alter ist bei manchen Pflanzen so deutlich ausgeprägt, daß man von Jugend- und Altersformen spricht. Die Jugendformen zeichnen sich meist durch lockeren Wuchs aus, sie sind oft kletternd, die Blattspreiten mehr geteilt, die Blätter selbst dünner. Altersformen sind meist gedrungener im Wuchs, haben dickere und meist ungeteilte Blätter. Bei den Zimmerpflanzen deutlich ausgeprägt bei *Ficus pumila* und *Hedera*. ÄUSSERE FAKTOREN, vor allem die Wachstumsfaktoren, wie Licht, Temperatur, Wasser und Düngung. Zuwenig Licht führt zu spindeligem Wuchs und verminderter B., Änderungen der Temperatur wirken sich nur bei bestimmten Pflanzen aus (→ Blütezeitsteuerung), übergroße Wasser- und besonders Düngergaben, bei gleichzeitig vielleicht etwas zu geringem Lichtangebot, ergeben mastigen Wuchs und verhindern die Blüte. - Die Blütenbildung wird durch viele äußere Faktoren angeregt und erfolgt in der Pflanze durch Verschiebung des Gleichgewichts zwischen verschiedenen Hemm- und Wirkstoffen. Aus diesem Grund kann man innere und äußere Faktoren nicht ohne weiteres trennen. Näheres → Blütezeitsteuerung.

Blüte mit Geschlechtsorganen ist Voraussetzung für Fruchtbildung. B. bei Kern- und Steinobst zwittrig, bei Schalenobst einhäusig zweigeschlechtlich, bei Beerenobst zwittrig (Erdbeere, Stachelbeere, Johannisbeere, Brom- und Himbeere, Heidelbeere, Loganbeere), physiologisch weiblich, weiblich und männlich (Erdbeere, Actinidia). B. des Kern- und Steinobstes hat bunte Blätter als Schauapparat für Insekten. Kernobstblüte hat in der Regel 5 Griffel mit Narben und 15–20 Staubfäden mit Antheren. Daher hat Kernobst 5 Samenanlagen. Frucht entsteht aus Blütenboden und ist somit Scheinfrucht. Steinobstblüte hat 1 Stempel mit Narbe und 20–25 Staubfäden mit Antheren. Frucht entsteht aus Fruchtknoten, daher echte Frucht mit einer Samenanlage. Weibliche Blüte von Windblütlern hat große Narben zum Auffangen von Pollen. Männliche Blüten als Kätzchen mit mehreren Millionen Pollenkörnern. Die Geschlechtsreife der weiblichen und männlichen Organe je nach Sorte und Art gleichzeitig (homogam), zu verschiedenen Zeiten (dichogam). Vormännlichkeit (Protandrie) und Vorweiblichkeit (Protogynie) weit verbreitet. – BLÜTENBILDUNG. Der Anstoß zur Blütenbildung (Blühinduktion) bei den Obstgehölzen erfolgt von Mai bis Juni. Notwendig ist eine gewisse Beruhigung des Triebwachstums. Als Ursache für die Blühinduktion ist das Zusammenwirken von verschiedenen, die Blütenbildung fördernden und hemmenden Pflanzenhormonen anzusehen. Diese werden hauptsächlich in Blättern und Trieben unter dem Einfluß von Temperatur und Licht gebildet → Blütenbildung. Auf die Blühinduktion folgen beinahe automatisch Entwicklungsprozesse bis zur fertig ausgebildeten Blüte. Infolge der engen Beziehungen zwischen Blütenbildung und Triebwachstum blühen Apfel, Birne, Pflaume und Sauerkirsche nur bei mittelstarkem Wachstum (Trieblänge ca. 25 cm) gut. Die Süßkirsche ist auch bei schwachem Wachstum blühfreudig, der Pfirsich dagegen nur bei starkem Trieb. Kräftige → Blütenknospen entstehen an jungem Fruchtholz, älteres ist weniger blühfreudig. Eine laufende Fruchtholzerneuerung (→ Obstbaumschnitt) ist deshalb notwendig. Die Blühwilligkeit von Kernobst hängt auch stark vom Fruchtbesatz der Bäume ab. Viele Früchte pro Baum, aber auch ein zu starkes Wachstum hemmen die Blütenbildung fürs nächste Jahr. → Alternanz → Ausdünnen → Obstbaumschnitt.

Blütenbegonien → Begonie.

Blütenbildung. Die Anlage und Ausbildung der Blüten in der Pflanze ist seit langem von großem Interesse. Heute weiß man über einige Mechanismen der Blütenbildung Bescheid, doch noch zuwenig, um Genaueres aussagen zu können. Die Steuerung der Blütezeit bzw. der Blütenbildung erfolgt zumeist durch äußere Einflüsse, und zwar in der Natur durch die Tageslänge und die Temperatur oder durch Kombination zwischen beiden Faktoren, künstlich durch chemische Hilfsmittel. – TAGESLÄNGE. Man kann grob zwischen Kurztag- und Langtagpflanze unterscheiden. Kurztagpflanzen legen ihre Blüten dann an, wenn sie eine gewisse Tageslänge, die sogenannte kritische Tageslänge, nach unten durchschreiten, d. h.

mit anderen Worten Kurztagpflanzen blühen natürlich meist im Spätsommer oder im Herbst. Chrysantheme, Sonnenblume, Aster sind hier Beispiele, doch auch Kalanchoe, Elatior- und Lorraine-Begonien, Poinsettien u.a. gehören in diese Gruppe. Langtagpflanzen legen ihre Blüten nach dem Überschreiten der kritischen Tageslänge an. Gute Beispiele sind hier schwer zu finden, da viele Pflanzen hier auf Licht-Summen ansprechen, doch die Landnelke möge genügen. Manche Pflanzen brauchen vorher Kurztag, um dann Langtag verwerten zu können und umgekehrt. Diese Tatsachen erschweren die Arbeit der Wissenschaft und vor allem der Praxis. Kurz- und Langtagverhalten wird nur innerhalb einer gewissen Temperaturspanne gezeigt. – TEMPERATUR. Bei der Temperaturbeeinflussung können wir ebenfalls zwei Gruppen von Pflanzen unterscheiden, manche legen ihre Blüten beim Unterschreiten einer gewissen Temperatur an, z.B. *Columnea* oder *Anthurium scherzerianum,* andere wieder beim Überschreiten einer gewissen Grenze. Sehr schön zeigt der Weihnachtskaktus, *Schlumbergera,* eine gekoppelte Reaktion auf Temperatur und Tageslänge. Je länger der Tag, desto tiefer muß die Temperatur sein, damit noch Blüten angelegt werden, je kürzer der Tag, desto wärmer darf es sein. Aus diesem Grund ist das manchmal durchgeführte Trockenhalten der Weihnachtskakteen vollkommen unrichtig und nicht zweckmäßig. – CHEMISCHE HILFSMITTEL. Die Blütenbildung wird bei vielen Pflanzen vom Äthylenhaushalt der Zelle beeinflußt, doch nur bei den Bromelien, den Ananasgewächsen, hat man bis jetzt praktische Ergebnisse an der Hand. Durch Einleiten von Äthylen in die Trichter, durch Eingießen von Karbidwasser, durch Überspritzen der Pflanzen mit äthylenabspaltenden Präparaten hat es der Kultivateur in der Hand, Blüten hervorzurufen. Entwickelt wurde dieses Verfahren bei der echten Ananas, da man bei dieser Frucht besonders von der ungleichen Erntezeit gehandikapt war.

Blütenfrost, mit Temperaturen unter −7°C zerstört Blütenorgane und verhindert Fruchtentstehung. Temperaturen zwischen 0 und −5°C sind je nach Sorte und Entwicklungszustand der Blüten von mehr oder weniger schwerwiegenden Folgen. Frostgeschädigte Blüten fallen in der Regel ab. Bei 0°C werden Blüten nicht tödlich getroffen, aber der Blütenboden wird geschädigt, wonach Fruchthaut berostet. Wenn durch Frosteinwirkung Wachsschicht und Cuticula der Fruchthaut zerstört werden, schließt die Frucht diese Lücke durch Suberin, was später als ‚Rost' erscheint. B. kommt vorwiegend in spätfrostgefährdeten Standorten (Niederungen mit großem Kaltlufteinzugsgebiet, Strahlungsfrost) im IV/V (Eisheilige) vor und kann 2−4 Nächte lang auftreten. Auswahl spätfrostfreier Standorte ist besser als direkte Bekämpfung durch Heizung, Vernebeln und Bewinden.

Blütenhecke, → Hecke.

Blüten- und Fruchtkalender, Übersicht von den jahreszeitlich gebundenen Lebensvorgängen bei Pflanzen, wie Blühbeginn, Blütenfarbe, Fruchtreife und Laubfall. Für das umfangreiche Einjahrsblumen- und Staudensortiment werden außerdem Synopsen über Blütezeit, Farbklänge und Benachbarung aufgestellt. Mit Hilfe eines B. und F. kann für die einzelnen Landschaften z.B. mit Blühbeginn der Forsythie der von Süd nach Nord einziehende Frühling abgelesen werden. Der Gartenbesitzer liest aus einem eigens aufgestellten B. und F. zugleich die einzelnen Blütezeiten für Stauden, Gehölze und Sommerblumen, Termine für die Ernte von Obst und Gemüse und regelmäßig wiederkehrende Arbeiten im Gartenjahr ab.

Blütenknospen, werden beim Steinobst an der Seite, beim Kernobst an der Spitze und Seite von einjährigen Trieben gebildet. B. werden im Sommer/Herbst angesetzt, die endgültige Differenzierung erfolgt in den Monaten des Spätherbstes, Winters und Frühjahres, sofern der Baum ausreichend → Reservestoffe in → Speicherorganen eingelagert hat. B. entfalten 5−7 Einzelblüten und bilden nach Entfaltung Blütenstände, von denen zuerst die mittlere Blüte befruchtungsfähig ist.

Blumenampel, eine mit blühenden Ampelpflanzen bepflanzte Ampel. → Ampelpflanzen.

Blumenbinse, *Butomus.* Butomusgewächse, *Butomaceae.* ○−◐ ♃ ∾. Nur eine Art in Europa und in der gemäßigten Zone Asiens. *B. umbellatus.* Erdstamm kriechend, dicht beblättert. Blätter unten dreikantig, oben linealisch. Blüten in Scheindolden auf langem, rundem Schaft, rosenrot. Blütenstiele ungleich lang. VI−VIII, 60−125 cm. – Verwendung als einer

Blütenbildung beim Apfel. Die mittlere Blüte (Königsblüte) im Blütenstand ist in der Entwicklung immer am weitesten fortgeschritten. Ähnlich große Unterschiede gibt es bei den Blütenständen je nach ihrer Stellung am Trieb oder in der Baumkrone. Die zuerst aufgehenden Blüten ergeben die größten Früchte. (Dr. Link)

Blumendünger

der wertvollsten Stauden für Ufer und Wasserbecken, Wassertiefe 10–15 cm. Boden lehmhaltig, nahrhaft. Vermehrung durch Teilung oder Aussaat sofort nach Samenreife in Töpfe in sandiglehmige Erde. Die Töpfe sollten zum Keimen im Wasser stehen.

Blumendünger, nach Nährstoffgehalten und sonstigen Eigenschaften nicht von anderen Düngern unterscheidbar. B. und ‚Rasendünger' vom → Düngemittelgesetz der BRD ausgenommen, wenn sie als solche gekennzeichnet sind; nach den Erläuterungen zu § 2 des Gesetzes kommen beide Düngerarten für gewerbliche Zwecke weniger in Frage, vielmehr stellt für sie der ‚private Liebhabergartenbau einen nahmhaften und sehr differenzierten Interessentenkreis' dar.

Blumenerde. Man unterscheidet günstigerweise zwischen Einzelkomponenten und handelsüblichen Mischungen. EINZELKOMPONENTEN → KOMPOSTERDE entsteht durch Verrotten organischer Substanzen, Küchenabfällen, Laub, Unkraut usw. Aus diesem Grund ist sie je nach Herkunft äußerst unterschiedlich. Der Kalkgehalt ist meist hoch bis sehr hoch; sind Küchenabfälle in größeren Mengen beigemengt, so ist auch mit großen Chloridmengen zu rechnen. – MISTBEETERDE entsteht bei der Verrottung von Rinder- und Pferdemist im gepackten Mistbeetkasten. Der eingebrachte → Mist wird mit der Deckerde abgedeckt und diese Mischung nach der Kulturperiode ausgeführt, auf Haufen gestapelt, umgesetzt und dann verwendet. Der Humusgehalt ist hoch, pH-Wert meist um 6,5–7,5. Misterde entsteht bei Aufsetzen von Mist direkt auf Haufen. RASENERDE ist fast nicht erhältlich. Man stellt sie sich selbst her: Möglichst unkrautfreie Rasensoden werden auf Haufen gestapelt, mehrmals umgesetzt und dann verwendet. Rasenerde ist mild, lehmig, meist sehr humusreich und gut strukturiert. – MOORERDE entsteht meist durch Verrottung von Niedermoortorf. Sie ist deshalb meist kalkhaltig und darf bei kalkfliehenden Pflanzen nur beschränkt Verwendung finden. Außerdem hat sie die Eigenschaft, beim Austrocknen sehr wasserabstoßend zu werden, so daß Wiederbefeuchtung problematisch ist. – HEIDEERDE findet sich selten echt, sie steht in sehr dünner Schicht unter der Besenheide, *Calluna vulgaris,* an, ist feinkrümelig und vollkommen kalkfrei. – TORF. Der Begriff ist äußerst komplex. Unter Vertorfung versteht man anaerobe Verkohlung organischer Substanz. Torf ist daher eine Vorstufe zur Braun- und Steinkohle und kann deshalb, nach Trocknung, auch verheizt werden. Je nach der Pflanzenart, die die organische Substanz liefert und der Herkunft des Wassers, das die anaeroben Verhältnisse schafft, kann man verschiedene Torfe unterscheiden. *Hochmoortorfe* beziehen ihr Wasser nur aus den Niederschlägen der Atmosphäre, die wichtigsten Pflanzen sind die Torfmoose (Sphagnum-Arten). Es entsteht der sog. Weißmoostorf oder Weißtorf. Die Struktur der Torfmoose ist bei diesem vielfach noch jungen Torf noch deutlich zu erkennen. Hochmoortorfe sind sauer, d. h. ihr pH schwankt zwischen 2 und 4. *Niedermoortorfe* entstehen im Verlandungsbereich von Seen, in feuchten Senken, sie sind daher meist kalkreicher. Die Torfsubstanz stammt von Schilf, Wollgras oder auch Holz. Der im Handel erhältliche Torfmull ist bereits zerkleinert und abgesackt oder auf Ballen gepreßt, z. T. auch schon aufgekalkt. – SAND. Man verwendet den am günstigsten erhältlichen, er darf jedoch nicht zu fein und nicht zu kalkreich sein. Bei heikleren Pflanzen und in der Vermehrung empfiehlt es sich, gewaschenen Quarzsand zu verwenden. – UNTERGRUNDLEHM (LEHM), wichtiger Bestandteil der Einheitserden, er sollte zum Großteil aus → Montmorillonit bestehen. Brocken unbedingt zerkleinern! – POLYSTYROLFLOCKEN. Aufgeschäumtes Polystyrol wird zerrissen, bzw. es werden Abfälle der Isoliermaterialbranche verwendet. Sie haben nur Lockerungseffekt, machen Substrate sehr durchlässig und rasch aus- und abtrocknend. An ihrer Oberfläche keine Adsorption von Nährstoffen. Man verwende nicht mehr als 20 Volumen%. Bei Erhitzung zerfällt diese Verbindung. – GEBÄHTE GLIMMER. Wasserhaltige, natürliche Glimmermineralien werden in Trommelöfen erhitzt, gepufft, gemahlen und als Vermiculit oder Perlite in den Handel gebracht. Weiß oder grau, haben ein den → Tonmineralen ähnliches Sorptionsvermögen, können also Wasser und Nährstoffe anlagern. Auch diese Zuschlagstoffe zu Erden lockern und rufen ein rascheres Austrocknen hervor. Für Vermehrungszwecke ebenfalls gut geeignet. – HARNSTOFF-FORMALDEHYD-KUNSTSTOFF-FLOCKEN. Zum Beispiel 'Hygromull', geben bei der Verrottung Stickstoff ab, haben Wasser- und Nährstoffhaltevermögen und wirken strukturverbessernd. Enthalten Formaldehyd im Überschuß, man muß also offen ausrauchen lassen. Brocken zerkleinern!

HANDELSÜBLICHE MISCHUNGEN. EINHEITSERDE. Mischungen aus Weißmoostorf und Untergrundlehm, zusätzlich mit Nährstoffen versetzt und auf neutrales pH aufgekalkt. Ideal für Fensterkistchen, Kübelpflanzen und die meisten Zimmerpflanzen. Bei nässeempfindlichen Pflanzen verbessert man die Struktur durch Zusatz von Sand, Polystyrolflocken oder geblähtem Glimmer (s. oben Einzelkomponenten). – TORFKULTURSUBSTRATE werden durch Aufkalken und Aufdüngen von Weißmoos- oder anderen Torfen hergestellt. Je nach beigegebener Mineraldüngermenge werden meist 2 Sorten unterschieden: die nährstoffärmere dient für die Aussaat, das Stecken und Pikieren und für salzempfindliche Pflanzen, die reichere als Kultursubstrat. Vor der Verwendung unbedingt feucht machen! Da ohne Tonkolloid-Anteil, erfordert das Gießen am Anfang etwas mehr Aufmerksamkeit. → Torfkultursubstrat. – Daneben gibt es noch viele, meist regional hergestellte Fertigerden. Sie sind äußerst unterschiedlich zusammengesetzt, entsprechen z. T. der Einheitserde. Bei größerem Bedarf, wie bei Balkonkästen u. ä. empfiehlt es sich, auf die im Gartenbau gebräuchlichen Fertigsubstrate zurückzugreifen oder selbst entsprechende Mischungen anzufertigen.

Blumenfenster, ausgebautes Fenster, das speziell der Kultur einer bestimmten Pflanzengruppe dienen soll. Man kann grob zwischen offenem und geschlossenem B. unterscheiden. – OFFENES B. Dient primär als Schmuckelement des Raumes und nur zweitrangig besonderen Pflanzen als Heimstätte. Eine spezielle Heizung oder Luftbefeuchtung ist deshalb nicht eingebaut. Unbedingt erforderlich ist bei Südfenstern eine Schattiermöglichkeit: Jalousien o. ä. Gegen den Raum schließt das offene B. mit Riemchenmauerwerk oder verwandten Steinarbeiten ab; davor empfiehlt sich eine Art Traufenpflaster, damit die Bewässerung keine großen Schwierigkeiten bereitet. Hier ist die Aufstellung eines einfachen Epiphytenbaumes mit *Billbergia, Chlorophytum, Cissus, Episcia* usw. möglich, daneben können *Sansevieria, Ficus, Philodendron, Saintpaulia* u. a. Zimmerpflanzen erfolgreich gepflegt werden. Der untere Teil des offenen B.s ist am besten als Wanne oder Trog auszubilden, damit man die Töpfe einfüttern oder sogar auspflanzen kann. – GESCHLOSSENES B. Wird vom fortge-

Blumenfenster

Aufwendig bepflanztes Blumenfenster mit Gummibaum, *Ficus benjamina*, Fensterblatt, *Monstera deliciosa*, und Orchideen mehrerer Gattungen. (Kuno Krieger)

schrittenen Liebhaber für die Kultur seiner Spezialliebhaberei verwendet. Hier können Orchideen, Bromeliaceen, Warmhauspflanzen mit hohem Luftfeuchtigkeits- und Schattenbedarf oder aber auch weißbehaarte Kakteen untergebracht werden. Je nach den zu pflegenden Pflanzen ist das geschlossene B. zu errichten. In fast allen Fällen ist zusätzliche und von der normalen Heizung unabhängige Heizung notwendig: durch Warmwasser (von der Hausheizung) oder elektrischen Strom (Widerstandskabel am Lichtstrom oder herabgespannte Heizungen). Der untere Teil ist als Wasserwanne auszubilden, darüber sind die Pflanzenwannen anzubringen. Die feuchte Luft kann ev. durch Ventilatoren umgewälzt werden, da bei stehender Luft vielfach Schäden auftreten. Die Fensterscheibe muß mit gut funktionierender Schattierung ausgestattet sein, im oberen Teil des geschlossenen B.s sind verstellbare Schlitze zur Belüftung unumgänglich notwendig. Die zimmerwärts gerichtete Glas- oder Plastikabtrennung soll herausnehmbar sein, damit bei größeren Umbauten oder Pflegemaßnahmen ein guter Zutritt möglich ist. Vielfach wird trotz bester Vorbereitungen der Kulturerfolg am Anfang auf sich warten lassen; ein geschlossenes B. bedarf einer Einlaufzeit und vor allem Eingewöhnungszeit für den Pfleger. Bei günstigen Kulturbedingungen ist die Kultur aller heiklen Pflanzen ohne weiteres möglich.

Drei Beispiele für Blumenfenster-Konstruktionen: Links offen, mit Pflanzenwanne, Heizung (H), Lüftung (L) und Beleuchtung. – Mitte geschlossen, mit den gleichen Einrichtungen. – Rechts ebenfalls geschlossen, aber tiefer, mit beheizter Pflanzenwanne, elektr. Luftbefeuchter und Abfluß. (Aus Mücke-Rieger: Der Garten drinnen und draußen. Nach Kuno Krieger, Ratgeber für den Blumenfreund)

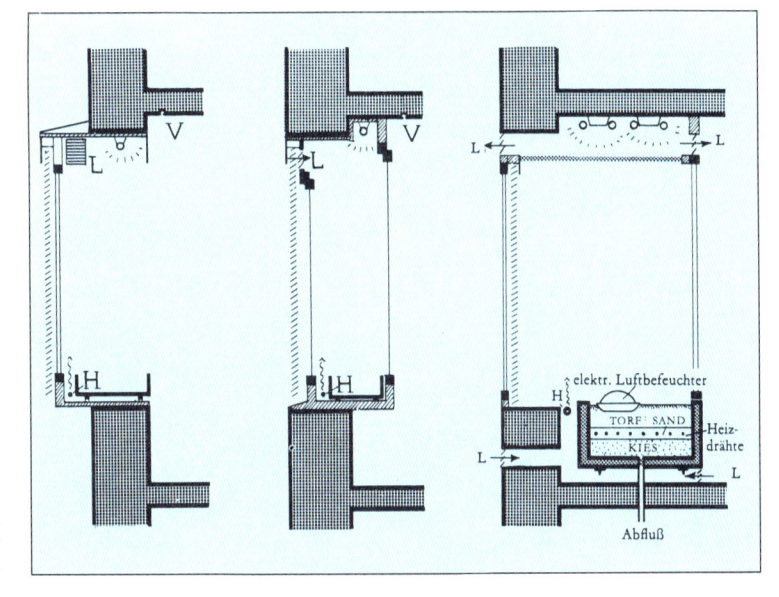

Blumenkohl – mit Schillingmünze als Größenvergleich – aus Hochbeet. (A. Kalaus)

Blumengabel → Blumenspaten.

Blumenkohl, *Brassica oleracea* var. *botrytis.* Kreuzblütler, *Cruciferae.* Stammt aus dem Mittelmeerraum, ist vermutlich erst im 16. Jahrh. in Italien entstanden.

Abstammung → Kohlgemüse. Neben → Broccoli und → Artischocke die einzige Gemüseart, bei der die Blüte bzw. der Blütenstand gegessen wird. Dieser ist extrem stark verbändert und verästelt, Blütenanlagen sind zu einer weißen, höckerig deformierten Scheibe verändert. – ANBAU. Stellt hohe Ansprüche an Bodenfruchtbarkeit, verträgt aber nicht zuviel Dünger. Wichtig ist regelmäßige Wasserversorgung; bei Trockenheit Wachstumsabschluß u. kleine, unrentable Blumen. Anbau deshalb besser im Vorsommer und Herbst, weniger im Hochsommer. Vorsommerkultur: Aussaat II/III ins Frühbeet oder in warm gestellte Schalen, einmalig im Frühbeet pikieren oder noch besser Anzucht in Töpfen. Auspflanzung IV/V ins Freiland auf ungefähr 60 × 60 cm. Ernte ab Anfang VII. Herbstkultur: Aussaat V/VI ins kalte Frühbeet. Auspflanzung der Setzlinge Anfang/Mitte VII ins Freiland, Abstand ca. 60 × 60 cm. Bei heißem Wetter regelmäßig gießen! Ernte IX/X. – In günstigen Gegenden Setzlingsanzucht auch über Winter möglich: Aussaat IX/X ins Frühbeet, auf 12 × 12 cm pikieren, Setzlinge unter Glas überwintern, sobald Boden frostfrei ins Freiland oder besser ins kalte Frühbeet auf 60 × 60 cm auspflanzen. Ernte V/VI. In den letzten Tagen vor der Ernte müssen die Blumen vor direktem Sonnenlicht geschützt werden. Wenn die Blumen etwa faustgroß geworden sind, durch Abdecken mit abgeknickten Blättern beschatten! – VERWENDUNG. Gekocht oder gratiniert als Gemüse, gekocht und abgekühlt als Salat. Gefrierkonservierung geht gut nach kurzem Aufkochen (Blanchieren) in Wasser. Das Einwecken von Blumenkohl ist weniger empfehlenswert.

Blumenrohr, *Canna.* Blumenrohrgewächse, *Cannaceae.* ○ ♃. Etwa 50 Arten im trop. Amerika. Bedeutung haben nur noch Hybriden. Rhizome nicht winterhart, kriechend, knollig verdickt. Blätter groß, eilanzettlich, grün bis braunrot. Blüten in endständiger Ähre, groß, mit drei Blütenblättern.
HOHE SORTEN, ÜBER 80 CM. GRÜNLAUBIG. 'Dondoblutrot', frühblühend, dunkelrot; 'Edelgard', karmin; 'Felix Ragout', orangegelb; 'Goldkrone', goldgelb, rot gefleckt; 'Kupferriese', kupfrig rot, Mitte heller gestreift; 'Louis Cajeux', lachsrosa; 'President', eine der schönsten Sorten, tomatenrot, großblumig; 'Richard Wallace', kanariengelb; 'Tegernsee', dunkelscharlach. – ROTLAUBIG. 'Alt Württemberg', orangerot; 'Aphrodite', lachsrosa; 'Assaut', scharlach; 'Di Bartolo', rot; 'Feuerzauber', bekannt, scharlachrot; 'Garteninspektor Nessler', rotorange; 'Liebesglut', feuerrot; 'Tirol', lachsrot; 'Wyoming', orangerot.
NIEDRIGE SORTEN, UNTER 80 CM, GRÜNLAUBIG. 'Alberich', azaleenrosa; 'Beatrix', orientrot; 'Charme', lachsrosa; 'Dondoscharlachfeuer', blutrot; 'J. R. van der Schott', gelb mit kleinen roten Flecken; 'Orange Perfection', rotorange; 'Perkeo', rosa; 'Phyllomena', kanariengelb; 'Puck', hellgelb. – ROTLAUBIG. 'Südfunk', orange. VI–X. – Verwendung als dekorative Sommerblüher in Blumenbeeten und Kübeln. Boden nährstoffreich, locker, lehmig. Vermehrung durch Teilen im Frühjahr. Rhizome wie Dahlien überwintern, aber wärmer, auf Fäulnis achten. Im II–III werden sie geteilt und mit 1–3 Augen in große Töpfe gepflanzt. Sie entwickeln sich bei guter Wärme zu kräftigen Pflanzen. Nach dem Abhärten Mitte V auspflanzen.

Blumenspaten, verkleinerte Form des Gartengerätes, zum Auflockern der Erde im Blumentopf.

Blumenrohr, *C. i.* 'Karmesinkönigin'. (Herbel)

Blumenspritze, Gerät aus Metall oder Plastik mit Spritzdüse zum Wässern oder Einnebeln der Zimmerpflanzen. → Bekämpfungsgeräte.

Blumenstab, als Stütze für Pflanzen, die gerade wachsen sollen, z. B. für Kletterpflanzen. Im Handel sind Stäbe aus Bambus, Holz, Tonkin.

Blumenständer → Blumentisch.

Blumentisch, Möbelstück zur Aufstellung von Zimmerpflanzen.

Blumentopf, Pflanzgefäß, meistens aus Ton, aber auch aus Styropor oder Plastik. Größenordnung richtet sich nach dem oberen Durchmesser von Topfrand zu Topfrand. Neben üblichen Topfformen auch Langtöpfe und Pflanzschalen.

Blumenwiese, auch Wildrasen, Wiesenrasen oder Wildblumenrasen, hat spezielle Freunde. Im Gegensatz zum klassischen Rasen, der in seiner Pflanzengesellschaft nur Gräser duldet, besteht die B. (neben Gräsern) u. a. aus Kräutern und Leguminosen. Beispiel einer B-Saatmischung: Esparsette, Hornschotenklee, kleiner Wiesenknopf, Weißklee, Gelbklee, Wundklee, Bibernelle, Wiesensalbei, weiße Wucherblume, Schafgarbe. Zwei Sichel- oder Sensenschnitte jährlich. (Nach J. Wagner, Heidelberg.)

Blutblume, *Haemanthus.* Amaryllisgewächse, *Amaryllidaceae.* Etwa 60 Arten im tropischen und subtropischen Afrika. ○ ♃ ⌂ ⚼. *H. katharinae.* Natal. Zwiebel bis 10 cm Durchmesser. Die gefleckten Blattstiele bilden Scheinstamm, Blätter eilanzettlich, am Rande etwas gewellt und 30–40 cm lang. Blüte Sommer, Blütenschaft 40–50 cm Höhe, die vielen Einzelblüten bilden bis 30 cm große Kugel, leuchtendrot. Häufig ähnliche *H.* 'König Albert', Kreuzung *H. katharinae* × *H. puniceus.* – Die B.n machen während des Winters eine Ruhezeit durch, während der sie 12 °C und etwas Trockenheit benötigen, die Blätter sollen langsam vergilben. Mit dem beginnenden Neuaustrieb im Frühling entwickelt sich der Blütenschaft, der dann im Sommer erblüht. Während dieser Zeit braucht die B. Temperaturen um 18 °C und lichten Standort. Als Substrat verwendet man durchlässige, humusreiche Mischungen. Ältere Pflanzen werden nur alle 2–3 Jahre verpflanzt, und zwar zu Beginn des Austriebs, sie blühen dann besser. Vermehrung durch Kindel oder Aussaat. – *H. albiflos.* ○ ♃ ⌂. Elefantenohr oder Lebendes Buch. Südafrika. Bekannte, harte Zimmerpflanze. Fleischige, breite Blätter, zweizeilig, sehen einem aufgeschlagenen Buch ähnlich. Blütezeit Sommer und Herbst. Blütenstand 20–30 cm hoch, weiße Blüten mit herausragenden gelben Staubbeuteln. – Hart und sowohl für das Zimmer als auch für die Unterbrechung von Sukkulentensammlungen geeignet. – Vermehrung durch sich auf der Schnittfläche abgeschnittener Blätter bildende Jungpflanzen, die pikiert und weiterkultiviert werden. Durchlässiges Substrat.

Blutjohannisbeere, *Ribes sanguineum,* → Zierjohannisbeere.

Blutlaus, mit weißem flockigen Wachs bedeckte Blattläuse, deren Körpersaft dunkelrot (blutähnlich) ist. Saugen an jungen Trieben und Ästen des Apfels, entziehen dem Baum Säfte und verursachen krebsartige Wucherungen (Blutlauskrebs). Bei starkem Befall sterben Äste ab. Ein Teil der Tiere überwintert in Rindenritzen und an den Wurzeln. Bekämpfung: Sortenwahl (nicht anfällig z. B. Ontario; sehr anfällig Weißer Klarapfel und Goldparmäne). Abwehr: → Blattlausbekämpfung.

Blutlauszehrwespe → Schlupfwespen.

Blutmehl, schnell wirkender organischer Handelsdünger aus Schlachthofabfällen, mit 10, 12 oder 14 % Stickstoff (N) in org. gebundener Form. In Typenliste laut Düngemittelgesetz der BRD als org. Stickstoffdünger zusammen mit solchen aus Hornmehl, Horngrieß oder Hornspänen geführt, unterschieden nach o. g. Stickstoffgehalten. → Organische Handelsdünger.

Blutpflaume, *Prunus cerasifera* 'Pissardii'. Rosengewächse, *Rosaceae.* ♄–♄ III–IV Ⓝ. Stammt von der normalen Kirschpflaume *(Myrobalane) P. cerasifera (P. myrobalanus)* ab. Fast alle Pflanzenteile sind stark mit Anthozyan angereichert, dadurch sind Zweige, Blätter und Früchte (eßbar) dunkelrot. Die rosa Blüten stehen einzeln, sind einfach und etwa 2,5 cm groß. Von der B. gibt es Varietäten, die noch dunklere Zweige und Blätter haben, z. B. 'Atropurpurea', 'Nigra' ('Pissardii Nigra') und die dunkelste 'Woodii', mit tief schwarzroten Blättern, die bis zum Laubabfall die Farbe behalten. – Ansprüche: Jeder Gartenboden in sonniger oder halbschattiger Lage. – Vermehrung: Die dunkelblättrigen Formen werden vegetativ vermehrt, durch Kopulation bzw. Geißfuß im Frühjahr oder Okulation im Sommer. Steckhölzer gehen auch, wachsen jedoch viel langsamer.

Blut-Tradeskantie, *Setcreasea.* Tradeskantiengewächse, *Commelinaceae.* ○–◐ ♃ ▽. *S. purpurea.* Mexiko.

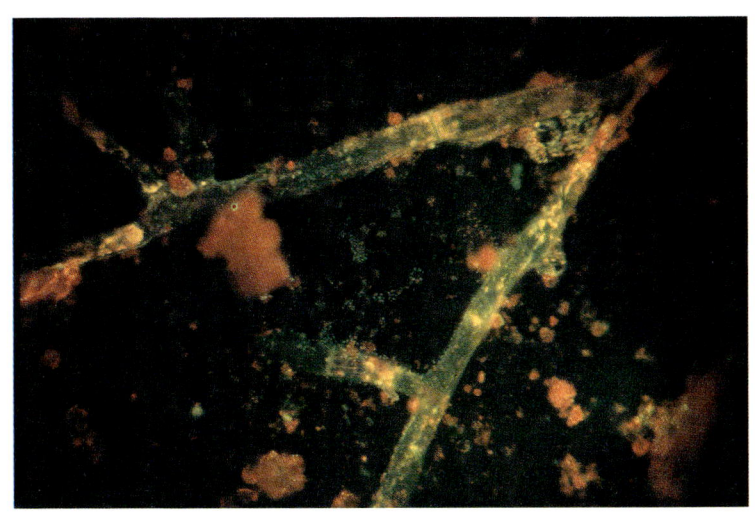

Bakterien besiedeln die Oberfläche von Pilzhyphen. (Trolldenier)

Krautige Staude bis 40 cm. Blätter 15 cm lang, 6 cm breit, zugespitzt, ganze Pflanze dunkelpurpurviolett. Blüten dreiteilig, tradeskantienähnlich, rosa. – Kultur, Vermehrung und Verwendung → Zebrakraut.

Blutwurz, *Sanguinaria.* Mohngewächse, *Papaveraceae.* ◐–● ♃ △. *S. canadensis,* östliches Nordamerika. Einzige Art. Wurzelstock kriechend, stämmig, dick, Saft orangerot, daher B. Blätter grundständig, herznierenförmig, handförmig gelappt, oben blaugrün, unten silbrig. Blüten vor den Blättern austreibend, anemonenähnlich, bald abfallend, weiß. 'Major', großblumiger; 'Multiplex', gefüllt, lange haltbar, weiß. IV–V, 15–25 cm. – Verwendung als eigenartige Frühlingsblüher in Schattenpartien. Ziehen bald nach der Blüte ein, vertragen sich deshalb gut mit andern, die sich nach dem Austrieb ausdehnen wie Farne oder Immergrün. – Boden humos, locker, nicht zu trocken. Vermehrung durch Teilen in der Ruhezeit oder Aussaat. Sämlinge blühen erst nach Jahren.

Bocksdorn, Teufelszwirn, *Lycium.* Nachtschattengewächse, *Solanaceae.* B. umfaßt etwa 100 Arten in der gemäßigten und subtropischen Zone. Meist Spreizklimmer, die gertenförmigen Zweige können sich zwischen den Zweigen anderer Bäume und Sträucher festhalten. – *L. chinense* var. *ovatum (L. rhombifolium).* ○–◐ ♄ VI–X ⚯ ⚭. China. Die rutenförmigen Zweige sind überhängend, mit 10 cm langen, rhombischen Blättern besetzt. Blüten zu 2–5, hellpurpurn. – *L. halimifolium.* ○–◐ ♄ ⚯ ⚭. Bis 3 m hoch, die schlanken Zweige zuerst aufrecht, später bogenförmig überhängend. Die graugrünen Blätter sind lanzettlich, 2–6 cm lang und etwas dicklich. Blüten klein, purpurlila und lang blühend. – *L. pallidum.* ○–◐ ♄ ∧ ⚯ ⚭. Nordamerika. Wird bis 2 m hoch, mit aufrechten, dichtverzweigten und dornigen Zweigen. Blüten leicht nickend, grünlichgelb und rötlich. Der B. kann durch die starken Wurzelausläufer in kleineren Gärten lästig werden. Da er auf jedem Boden, auch auf dem schlechtesten wächst, eignet er sich zur Dünenbefestigung, für Böschungen und sonstige Begrünung. – Vermehrung: Aussaat ist überflüssig, da Steckhölzer sehr leicht wachsen. Man kann ohne Bedenken mit der Schere schneiden, da jedes Stück wächst.

Boden, die durch → Bodenbildung entstandene oberste Schicht der Erdrinde. Die B.arten unterscheiden sich durch

Einteilung der Bodenarten nach Vorschlag der Arbeitsgemeinschaft Bodenkunde der Geologischen Landesämter der BRD, vereinfacht. S, s = Sand, sandig, L, l = Lehm, lehmig, U, u = Schluff, schluffig, T, t = Ton, tonig. sL = sandiger Lehm, lT = lehmiger Ton, lS = lehmiger Sand usw.

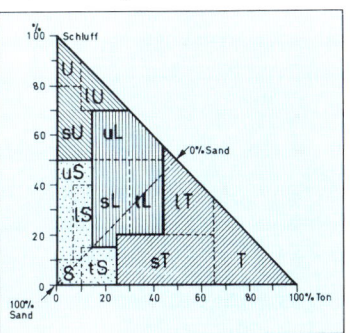

Bodenatmung

die jeweiligen Anteile an Sand, Humus und oder in der Bodenluft lebenden → Bodentypen.

Bodenatmung, Gasaustausch zwischen Bodenluft u. Atmosphäre. Boden gibt Kohlendioxid ab und nimmt Sauerstoff auf. Die Kohlendioxidabgabe eines Gartenbodens beträgt je nach Intensität von Bodenleben und Pflanzenwuchs etwa 0,5–3 g je qm und Stunde, sie entstammt zu etwa ⅓ den Pflanzenwurzeln und etwa ⅔ den Lebewesen.

Bodenbakterien, die im Bodenwasser und oder in der Bodenluft lebenden → Bakterien. B. aus 4 Ordnungen: *Pseudomonadales, Eubacteriales, Actinomycetales* (‚Strahlenpilze') und *Myobacteriales*. – PSEUDOMONADALES. Darunter Stickstoffumwandler wie *Nitrobacteriaceae* (Nitrifikanten), von denen verschiedene Arten in enger ‚Arbeitsteilung' Ammoniak über Nitrit zu Nitrat oxydieren; *Theobacteriaceae*, Schwefelumwandler, die Schwefelwasserstoff in Schwefel oder Schwefelsäure umsetzen und *Spirillaceae*, die die umgekehrten Reaktionen bewirken; verschiedene Zellulosezersetzer, wie *Cellvibrio* und *Cellfalcicula*. – EUBACTERIALES. In dieser Ordnung bekannte Stickstoffbinder, wie → *Azotobacter chroococcum* unter den *Azotobacteraceae*, Knöllchenbakterien unter den *Rhizobiaceae, Clostridien, Corynebacteriaceae* mit Stickstoffbindern wie *Arthrobacter* und Chelatbildner, Zellulosezersetzer, wie *Cellulomenas*. Hier auch Phosphatlöser über Chelatbildung (→ Chelate), wie *Achromobacter, Arthrobacter* u.a. – ACTINOMYCETALES *(Actinomyceten)*. Rangieren der Masse nach hinter den übrigen Bakterien an zweiter Stelle, sind empfindlich gegen Säure und Bodennässe. Bildner von antibiotischen Stoffen, wie Streptomycin und Aureomycin, Zersetzer von Chitin, Zellulose und Kohlenwasserstoffen. Wärmeliebende Arten (50–60°C) unter den Thermoactinomyces, die die Selbstentzündung von Heu verursachen und an der Heißrotte von Mist und Kompost beteiligt sind. Die Actinomyceten bilden in der Regel Geflechte, ähnlich wie die Pilze, und fördern dadurch Humusbildung und ‚Lebendverbauung' der Bodenkrümel. Angehöriger dieser Ordnung sind nach Trolldenier wahrscheinlich an der Stickstoffbindung in Knöllchen bei Nichtleguminosen beteiligt (Ölweide, Erle, Sanddorn). – MYCOBACTERIALES (Schleimbakterien). Darunter Zellulosezersetzer, die Mist und faulendes Holz abbauen. Hier auch räuberisch lebende Arten (Bakterienfresser). Literatur: G. TROLLDENIER, Bodenbiologie, Stuttgart 1971.

Bodenbearbeitungsgeräte, werden für den Privatgarten am zweckmäßigsten eingeteilt nach ihrer Wirkungsweise im Hinblick auf Bodenstruktur und damit → Bodenfruchtbarkeit. Die Wirkungsweise läßt sich nicht scharf abgrenzen, weil die B. je nach → Bodenart und Arbeitsweise des Benutzers verschieden wirken. Die B. sind als Handgeräte mit Stiel und als Anbaugeräte für → Universalmotorgeräte verfügbar (für die Landwirtschaft wird auch ein Motorspaten angeboten). – VORWIEGEND BODENWENDENDE GERÄTE. *Spaten,* Grabe-, Baumschul-, Drän- und Keilspaten. Spatenblatt aus Stahl, Schnittfläche dem Zweck des Spatens angepaßt. – *Pflug.* Wird als Ziehpflug für zwei Personen kaum noch angewandt. In größeren Privatgärten als Anbaupflug für Motorgerät. – VORWIEGEND BODENLOCKERND WIRKENDE GERÄTE. *Grabegabel,* Handgerät mit Stiel und T-Griff mit 4 kräftigen Stahlzinken, vielseitig verwendbar zum Tieflockern, Lüften, Ausheben von Queckenwurzeln usw. Das Graben mit der Grabegabel ist bodenschonend und gewinnt zunehmend an Bedeutung als Überleitung zur spatenlosen Kultur. – *Grubber,* Stielgerät zum Ziehen, vorzugsweise in steinigen Böden, auch unter Stauden und Gehölzen, mit 3 gespitzten Rundstahlzinken. – *Hacken.* Man unterscheidet 1. Ziehhacken (dazu kann man auch Kultivator, Krümmer und Grubber rechnen), 2. Schlaghacken, die durch Ziehhacken weitgehend überholt sind. 3. Stoßhacken. – *SZ-Wühler,* ovaler, fast sichelförmig gebogener Ziehhaken, mit Gänsefuß. Ar-

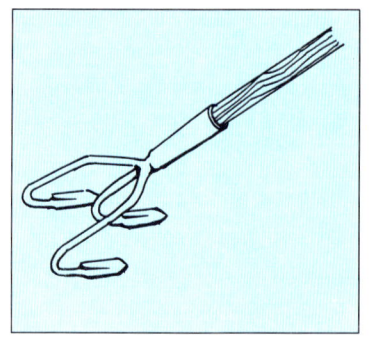

Kultivator mit drei Scharen.

beitet ähnlich wie Kultivator, greift jedoch intensiver, da einspurig. Bodenschonende Flachlockerung, geringer Kraftaufwand. – VORWIEGEND BODENKRÜMELNDE GERÄTE. *Fräse.* 1. Handgerät, zuweilen auch Rollhacke genannt, zum Hin- und Herbewegen mit zwei hintereinander arbeitenden Sternradsätzen zum Lockern und Krümeln, zum oberflächigen Einarbeiten von Düngern und Komposten sowie zum flachen Einziehen von Feinsaaten. Die Fräse hat hinter dem Sternsatz ein bügelförmiges Pendelmesser zum Jäten und Glätten (nicht zu verwechseln mit dem Rollkrümler, der nur einen Sternradaufsatz aufweist, siehe unten). 2. Motorfräsen. Wirken bodenschonend bei langsam drehender Messerwelle. Gerätesätze für verschiedene Arbeitsbreiten und mit verschieden geformten Werkzeugen sind auswechselbar. Motorfräsen erleichtern die Arbeit auf größeren Flächen entscheidend, Reihenkulturen z.B. können ohne → Herbizide unkrautfrei gehalten werden, bis die Kultur den Boden beschattet (Schattengare). Die Fräse wird vom

Einradhacke mit zwei Hackmessern und einem Gänsefußschar. Die Hackwerkzeuge sind hoch und tief sowie seitlich bis 50 cm Reihenentfernung verstellbar. Häufelkörper und sonstige Werkzeuge sind leicht anzubringen. (Siehe auch 'Radhacke', Handgerät zur Bearbeitung jeweils einer Reihe.) (Tröster)

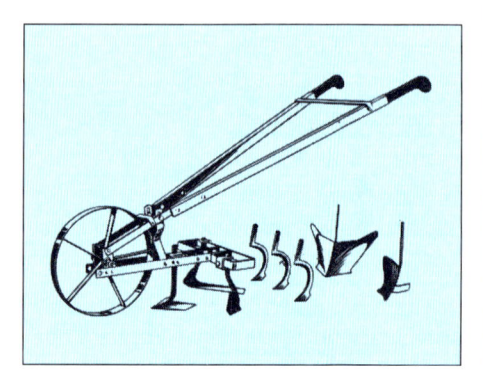

Links Spaten, rechts Grabegabel.

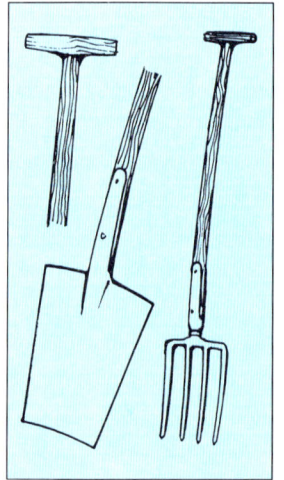

Bodenbedeckung

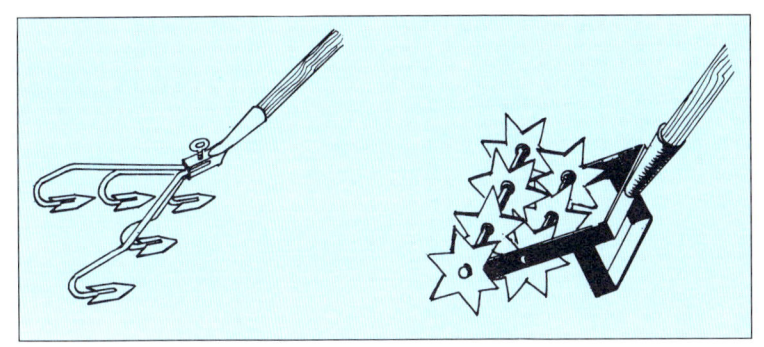

Verstellkultivator mit fünf Scharen.

Fräse oder Rollhacke mit Pendelmesser.

Frühjahr bis zum Herbst gebraucht: Saat- und Pflanzfertigmachen, Hacken in geschlossenen Beständen, Einbringen von Düngern aller Art. Auch als Kombi- oder Mehrzweckgerät gebaut (→ Universalmotorgeräte). – *Krail* (oder Kreil), Handhacke mit 4 runden oder flachen, 17 oder 19 cm langen Zinken, Arbeitsbreite 13 bzw. 16 cm. Als Kraut- oder Kartoffelhacke verwendet, von Prof. A. Seifert (→ Biologischer Landbau) zum Auflockern der Kompostmiete beim Umsetzen empfohlen. Ähnlich: Dunghacke mit 3 oder 4, etwas längeren Zinken. – *Kultivator*, mit 3 oder 5 als Gänsefüße ausgebildeten Stahlscharen zum Aufreißen und Lockern des Bodens und zur Unkrautbekämpfung. Verstellkultivator und Kombikultivator mit 5 Scharen wird durch Herausnehmen eines Gänsefußpaares zum dreischarigen Kultivator. Das Schar ähnelt in der Form einem Gänsefuß, daher der Name. – *Krümmer*, dem Kultivator verwandt, doch statt Gänsefüßen mit 3 Rundstahlzinken, vorn abgeplattet und spitz angeschliffen; zum oberflächigen Lockern besonders zwischen engzeiligen Kulturen. – *Rollkrümler*, Stielgerät zum Feinkrümeln, Lockern, Beetherrichten, auch zum flachen Einziehen von Düngern. Ein Fräsrad-System (3 oder 4 gehärtete Stahlfräsräder), dahinter ein beidseitig geschliffenes, bügelförmiges Pendelmesser. Der Rollkrümler arbeitet in beiden Richtungen. Durch Umdrehen ist Pendelhacke außer Betrieb, dann arbeiten nur die Fräsräder. – *Gartenwiesel*, Handgerät zum Lockern und Krümeln. Arbeitet anders als die Fräse: Das Gartenwiesel hat 3 rotierende Radpaare, jedes einzeln leicht herausnehmbar. Jedes Radpaar mit zwei achtzinkigen Sternen, die nicht parallel, sondern kreuzweise ineinanderlaufen. Diese Doppelsterne zerkleinern die Erde scherenartig oberflächig an den Scherstellen, während die Zinkenenden – etwas tiefer eindringend – stacheln. Man kann mit allen drei, mit zwei oder auch nur einem Radpaar arbeiten, wie die Reihenabstände der Kulturen es erfordern. Bei niederwüchsigen Kulturen können nach Abmontieren des mittleren Radpaares gleichzeitig zwei Zwischenräume einer Zeile bearbeitet werden. – HÄUFELGERÄTE. Zweck der Häufelgeräte: Adventivbewurzelung und Standfestigkeit der Pflanzen fördern, stauende Nässe beseitigen. – 1. Beim gezogenen Häufler arbeitet sich ein pflugscharähnliches Flügelpaar mit scharfer Vorderkante in den Boden ein, bildet Häufelfurche und teilt den Boden nach beiden Seiten. Arbeitsbreiten z. B. 14, 20 und 26 cm. 2. Häufelpflug. Anbaugerät für Motorgeräte. – VORWIEGEND REISSENDE UND SCHNEIDENDE GERÄTE. *Karst*, kurzstielige Hacke mit 3 abgeflachten Zinken. – *Pickel*, auch Spitzhacke, zum Arbeiten in schweren, verfestigten Böden, auch z. B. zum Abschlagen von Baumwurzeln. – *Jäthacke*, Schnelljäter, Jätehand: universelles Kleingerät, mit dem auch Rasenunkräuter gezogen, gerissen und gezupft werden. – *Schuffeleisen*, leichtes Handgerät zum Lockern und zur Unkrautbekämpfung. Ein Stoßeisen wird rückwärts greifend durch den Boden gezogen, wobei das Unkraut abgeschnitten wird. Bei → Bodenbedeckung und → Mischkultur, jedoch wenig Unkrautwuchs.

Bodenbedeckung, Kulturmaßnahme, bei der der Boden möglichst während der ganzen Vegetationsperiode – zwischen den Pflanzreihen und möglichst auch zwischen Pflanzen innerhalb der Reihen – mit org. oder sonstigem Material, wie Folien, bedeckt gehalten wird.

Bodenbedeckung mit Rindenabfällen in Obstanlage. (Pfirter)

B. ahmt den natürlichen Vorgang des Bestandsabfalles im Walde nach. Vorteile der B. übertreffen Nachteile bei den meisten Kulturen. VORTEILE. Boden wird geschützt vor Erosion durch Regen und Wind, verkrustet nicht, braucht nicht gehackt zu werden,

Eine geschlossene Pflanzendecke (Grasnarbe) schützt den Boden zwar vor Wasser, Wind und Einstrahlung, entzieht den Kulturpflanzen aber Wasser und Nährstoffe. (Dr. Link)

Bodenbegrünung

Bodenbedeckung mit Mulchkompost schützt den Boden, ohne bei Wasser und Nährstoffen mit den Kulturpflanzen zu konkurrieren. (Dr. Link)

Pflanzenwachstum wird nicht gestört, Unkraut kann nicht aufkommen; es verdunstet weniger Wasser, Pflanzen werden gleichmäßiger damit versorgt, Ersparnis an Geld (Wasser ist wichtiger Kostenfaktor), → Beregnen, → Wasserkosten und Arbeit; Boden ist beschattet. → Bodenleben wird geschützt und gefördert, mit allen Vorteilen für → Bodenstruktur, → Nährstoffe und → Pflanzenernährung; Bodentemperatur schwankt weniger (Tages- und Nachttemperatur); Boden erwärmt sich bei dunklem Material schneller; B. mit org. Material ist eine langsam und nachhaltig wirkende Form der Düngung; B. gewinnt die besonders wertvollen obersten ca. 5 cm Krume, die bei Hackkultur immer wieder bewegt werden, als Wurzelraum; Erntegut bleibt sauber und trocken und wird weniger von Pilzkrankheiten befallen. – NACHTEILE. Boden erwärmt sich im Frühjahr schwer, B. muß dann abgeräumt oder auf Reihen zusammengezogen werden; Materialbeschaffung; Pflanzung in B. hinein erschwert; Aussaat in bedeckte Flächen nicht möglich; erhöhte Wühlmausgefahr. – PRAXIS. Schichtstärke der B. je nach Material und Kultur verschieden. Strohdecke mindestens 15 cm, Hobelspäne 15 cm, Sägemehl 10 cm, Pappe, Säcke u. ä. Material je nach Dicke in einfacher oder doppelter Lage. Soll org. Material schnell verrotten, je nach C/N-Verhältnis mit Stickstoffdünger mischen, z. B. je kg Stroh 10 g, je kg Sägemehl oder Hobelspäne bis zu 50 g Rein-Stickstoff. Material möglichst zerkleinern, damit sich gleichmäßige Deckschicht ergibt. Nach Ernte B.smaterial flach unterbringen oder abräumen und kompostieren. → Bodendecke.

Bodenbegrünung → Begrünung.

Bodenbildung, beginnt mit Zersetzung von Gesteinen durch chemische und physikalische Vorgänge, z. B. Lösung von Kalk durch Kohlensäure bzw. Erweiterung von Gesteinsspalten durch Sprengkraft gefrorenen Wassers, biologische Prozesse, z. B. Aufschluß von Nährstoffen aus Felsen durch Flechtensäuren (→ Chelate). B. setzt sich fort über verschiedene Vorgänge und Stufen und Erdzeitalter bis zur Bodenbildung durch Anschwemmung im Delta von Flüssen, durch Tätigkeit des Menschen bei der Bildung von Gartenboden (,anthropogene Böden').

Bodendecke, natürliche, für Obstgehölze ist Dauerrasenmulch. B. kann aus organischen Substanzen, wie Kompost, Torf, Heu, Stroh, Gras usw. bestehen oder mit dunkler Folie geschaffen werden. → Bodenbedeckung.

Bodendecker, Stauden, auch Gehölze, die den Erdboden fest überwachsen

Stachelnüßchen, *A. microphylla*. (Herbel)

und abdecken, so daß Unkräuter sich nicht ausbreiten:
Acaena, Arten mit Sorten
Ajuga reptans mit 'Atropurpurea'
Cerastium, Arten
Duchesnea indica
Epimedium, Arten
Geranium, Arten mit Sorten
Hypericum calycinum
Lithospermum purpureo-caeruleum
Lysimachia nummularia
Nepeta faassenii
Pachysandra terminalis mit Sorten
Phlox subulata mit Sorten
Polygonum affine 'Superbum'
Prunella grandiflora
Stachys lanata
Symphytum grandiflorum
Teucrium chamaedrys
Thymus, Arten
Tiarella cordifolia
Viola papilionacea 'Immaculata'
Waldsteinia ternata

Bodenentseuchung, Maßnahme zur Befreiung des Bodens von pflanzenschädlichen Organismen mittels Dampf oder Chemikalien. Im Garten abzulehnen, da das Ergebnis ein völlig toter Boden ist, der einen Fremdkörper im Garten-Ökosystem darstellt.

Bodenfauna, Gesamtheit der im Boden lebenden Tierwelt, bildet mit → Bodenflora das → Bodenleben. Erste große Einteilung nach Einzellern (Protozoa) und Vielzellern (Metazoa).

EINZELLER. Unterteilung der im Bodenwasser, auch im feinsten Wasserfilm, lebenden Einzeller in Geißeltierchen, Wurzelfüßler und Wimpertierchen, 0,01–0,05 mm groß, im Boden in belebter Schicht in Mengen von 1000–1000000 je g Boden; bilden Zysten, die Jahrzehnte überstehen können; leben von Bakterien, Hefen, Algen, Pilzsporen und -hyphen; auch Arten mit Fotosynthese.

VIELZELLER. Das Unterreich der Vielzeller wird zunächst grob eingeteilt nach Stämmen, in Plattwürmer,

Storchschnabel, *G. endressii*. (Herbel)

Schlauchwürmer, Weichtiere, Ringelwürmer, Bärtierchen, Gliederfüßer *(Arthropoda)* und Rückenseitentiere mit dem Unterstamm der Wirbeltiere *(Vertebrata)*. Wichtige Bodentiere: Nematoden, Enchyträen, Regenwürmer, Gliederfüßer, Milben, Springschwänze. – NEMATODEN (Fadenwürmer). Unter den Schlauchwürmern zahlreich vertreten; brauchen Feuchtigkeit, 0,4 bis 2 mm groß, 20–30 Millionen je qm. Nur wenige Arten sind schädlich, wie Rübennematoden; die meisten Nematodenarten leben von Bakterien, Algen, Einzellern und räuberisch von anderen Nematodenarten, auch von pflanzlicher Substanz, jedoch nicht von Zellulose. – ENCHYTRÄEN. Gehören zu den Ringelwürmern, 2–35 mm, kommen in folgender Reihenfolge vor, in ansteigender Zahl von ca. 30 je qm bis 150000 je qm: Lehm, Sand, Humus; leben von Schleimüberzügen, Pollen, Kotresten, skelettieren Blätter und Nadeln, folgen bei Laubzersetzung den Collembolen und Hornmilben, verzehren pflanzenparasitäre Nematoden. – REGENWÜRMER (Lumbricidae). Gehören ebenfalls zu den Ringelwürmern, leben nur in neutralem bis alkalischem Substrat, nicht in Rohhumus, in Mengen bis zu 1000 je qm (→ Regenwurmtest). – GLIEDERFÜSSER *(Arthropoden)*. Bilden eigenen Stamm (s. o.), mit ca. 800000 Arten die artenreichste Gruppe im Tierreich. Unter ihnen MILBEN die nach Arten und Individuen reichste Ordnung der Gliederfüßer im Boden. Bis zu mehreren mm groß, in Waldstreu 100000–400000 je qm. Hornmilben bevorzugen saure Substrate, wie Rohhumus, mischen Boden und zerkleinern organisches Material, setzen auf Grund ihrer hohen Zahl große Stoffmengen um. Raubmilben verzehren Nematoden, Collembolen und Milben. – SPRINGSCHWÄNZE *(Collembolen)* gehören im Stamm der Gliederfüßer zur Klasse der Insekten, Unterklasse Urinsekten, folgen zahlenmäßig den Milben, auf dem Boden lebende Arten bis 6 mm, im Boden lebende 3 mm. Je nach Klima bis zu 12 Generationen im Jahr, im feuchten, porenreichen Boden nesterweise. Zerkleinern Pflanzen- und Tierreste und verzehren Bakterien, Algen, Pilze und Einzeller, skelettieren Stroh und Blätter, soweit bereits angerottet. – Weitere verbreitete Bodentiere unter Gliederfüßern: Asseln, Spinnen, Käfer, Grabwespe und Ameise. – WIRBELTIERE. Maulwurf, Spitzmäuse, Mäuse und Kaninchen sind bekannte Bodentiere. Besonders nützlich: → Spitzmäuse (→ Insektenfresser). (Nach G. Trolldenier, Bodenbiologe, Stuttgart 1971). Weitere Literatur → Bodenleben.

Bodenfeuchtigkeit → Bodenwasser.

Bodenflora, Pflanzenwelt im Boden. Hauptgruppen: → Bakterien (→ Bodenbakterien, → Bodenleben), zu denen auch die Strahlenpilze (Actinomyceten) gerechnet werden, Blaualgen, Algen, Pilze. – BAKTERIEN. Größe 0,001–0,01 mm; können sich in verschlämmten, verdichteten Böden bzw. Bodenschichten nicht bewegen und vermehren. Temperaturabhängig; ernähren sich unterschiedlich, die meisten Arten von zersetzten organischen Stoffen; sie sind teils sauerstoffabhängig (aerobe Arten), teils sauerstoff-fliehend (anaerobe Arten), teils wahlweise aerob oder anaerob, die meisten wasserabhängig. Manche Bakterienarten verwerten den Kohlenstoff pflanzlicher Substanz, andere leben wahlweise mit oder ohne pflanzlichen Kohlenstoff, wieder andere können den Kohlenstoff des Kohlendioxids der Luft verwerten. Bakterien sind Träger der → Bodengare, ausgenommen sauerstoffabhängige Eisen- und Schwefelbakterien, die pflanzenschädliche Schwefel- und Eisenverbindungen bilden. Beispiel für Stickstoffbinder → Azotobacter. – BLAUALGEN *(Cyanophyceae)*. Gehören nicht zu den ‚eigentlichen' Algen, da ohne Chlorophyll, 0,003–0,005 mm. Verwenden teils Kohlendioxid der Luft, teils gebundenen Kohlenstoff. – ALGEN. Verschiedene Klassen, mit Chlorophyll, leben teils vom Kohlenstoff des Kohlendioxids (CO_2) der Luft, teils von organisch gebundenem, teils wechselnd von ersterem oder letzterem, vorwiegend im Wasser. Unter Algen gibt es Stickstoffbinder, wie Anabaena, Chroococcus, Nostoc. – PILZE *(Mycophyta)*. Wichtigste Klassen: Schleim-, Algen-, Schlauch-, Ständerpilze. Haben Zellkern, sind weniger als Bakterien auf Wasser angewiesen, viele Arten bilden Geflechte (Hyphen, Myzele) von mikroskopischer Feinheit (Durchmesser 0,006–0,01 mm) und sind dadurch an der ‚Lebendverbauung', d. h. Krümelbildung beteiligt; leben von organischen Substanzen, Schleimpilze von Dung und anderen sich zersetzenden Stoffen, auch von Bakterien und verändern dadurch die Bakterienflora eines Substrats; Algenpilze bauen Kohlehydrate ab, außer Zellulose auch Chitin (→ *Actinomyceten*, → Bodenbakterien). Zu den Schlauchpilzen gehören Hefen, darunter auch Stickstoffbinder, *Aspergillus* (Phosphorlöser!), *Penicillium* (Antibiotika-Bildner). Unter Ständerpilzen Zellulose- und Ligninzersetzer, speziell Verwerter von Laub. – Zu den Pilzen gehören Erreger weit verbreiteter Pflanzenkrankheiten, wie *Alternaria, Botrytis, Fusarium*. – Flechten *(Lichenes)* sind Lebensgemeinschaften (Symbiosen) aus Algen und Pilzen (meist Blaualgen und Schlauchpilzen), die in ‚Arbeitsteilung' Luftstickstoff und Kohlenstoff binden und sich gegenseitig zuführen. Dadurch Erstbesiedlung von Felsen möglich.

Gute Bodengare: stark durchwurzelter, porenreicher Boden mit stabilen Krümeln. (Schirneker-Reineke)

Bodenfruchtbarkeit, das dauerhafte Vermögen des Bodens, optimale Ernten an Quantität und Qualität hervorzubringen. B. beruht auf natürlichen und/oder durch Kulturmaßnahmen erzielten Eigenschaften, wie → Bodenstruktur, → Wasserdurchlässigkeit, Intensität des → Bodenlebens, Gehalt und Verfügbarkeit von → Nährstoffen, → C/N-Verhältnis.

Bodengare, entspricht ungefähr → Bodenfruchtbarkeit. Begriff B. nur in deutscher Sprache, wahrscheinlich entstanden durch Vergleich eines fruchtbaren Bodens mit Eigenschaften eines garen Brotteiges: porenreich, elastisch; Begriff Gare wird auch gebraucht in Verbindungen wie Bearbeitungsgare, Frostgare, Schattengare. Gare durch Bearbeitung bzw. Frost nur sehr bedingt erzielbar, weil abhängig von → Bodenleben, → Humus, → Bodenstruktur.

Bodenheizung → Frühbeetheizung.

Bodenimpfmittel, Bakterienpräparate, zur Ingangsetzung oder Förderung verschiedener bodenbiologischer Prozes-

Bodenkrümel

Plattengefüge: unfruchtbarer, rissiger Boden. Es fehlt an Ton- und Humusteilchen, die Pflanzenwurzel kann nicht wachsen.

Fruchtbarer Boden in Krümelgefüge: helle Sandkörner, Ton- und Humusteile bilden Grobporen zur Luft- und Wasserführung.

se, wie Humusbildung, Lösung von Phosphaten und Stickstoffbindung. B. im → Düngemittelgesetz der BRD laut Typenliste unter VI 1–3 behandelt. → Azotobacter, → Humus, → Knöllchenbakterien, → Kompostierungsmittel (mit tabellar. Übersicht).

Bodenkrümel, Bodenteilchen von 0,3–3 mm Durchmesser, bestehen aus feinsten mineralischen und organischen Teilchen, die durch Bakterienschleim und Pilzfäden verbunden und dadurch quellfähig und witterungsbeständig (‚stabil') werden.

Bodenkrümler, Bodenverbesserungsmittel aus synthetischem oder natürlichem Material. Beispiele: Perlite, aus vulkanischem Gestein, wird erhitzt, weitet sich dadurch auf. cbm-Gewicht ca. 50 kg. Mit Torf mischbar, z.B. 1 Teil Perlite, 3 Teile Torf; Schaumstoff-Humat, aus Styromull (→ Schaumstoffe) und Humat (→ Humus).

Bodenleben, Gesamtheit der im Boden lebenden Pflanzen- und Tierwelt (→ Bodenflora, → Bodenfauna). Bildet etwa 1 % der organischen Substanz in Ackerböden, weit mehr in Grünland und noch mehr in Gartenböden (bis 20%). Von den Kleinlebewesen des Bodens brauchen die Bakterien ein alkalisches, die Pilze ein saures Milieu. Dem Gewicht nach leben bereits *in* einem Ackerboden zweimal soviel Kleintiere als *auf* ihm Großtiere, z.B. Rinder (1 Großvieheinheit = GVE = 5 dz/ha). Dazu kommen Bakterien und Pilze, deren Gewicht dem mittleren Grünertrag einer Weide entspricht (= etwa 300 dz/ha). Diese ganzjährig im Boden lebenden Tiere erzeugen je nach Menge und Qualität der zugeführten organischen Stoffe beträchtliche Mengen ‚Mist', der reich an Dauerhumus ist, wissenschaftlich ‚koprogener Humus' genannt, weil im Körper (‚Darm') der Tiere die besonderen biochemischen Verhältnisse zur Bildung von Dauerhumus (→ Humus) bestehen. – Fast alle Bodentiere sind nützlich, weil sie von Mikroben und toten pflanzlichen und tierischen Stoffen leben. Ausnahme: einige Nematodenarten, die meisten sind nicht schädlich (→ Nematoden). Literatur: Th. Beck, Mikrobiologie des Bodens, München 1968; W. Kühnelt, Bodenbiologie, Wien 1950; G. Trolldenier, Bodenbiologie, Stuttgart 1971; Francé, Das Leben im Boden. Neuauflage 1981.

Bodenluft, die in den über etwa 0,01 mm großen Poren (Grobporen) enthaltene Luft. Die kleineren Poren (Feinporen = kleiner als 0,0002 mm und Mittelporen = 0,0002–0,01 mm) sind von Wasser ausgefüllt. Die B. nimmt das Kohlendioxid aus der Atmung des Bodenlebens der Pflanzenwurzeln und aus der Zersetzung der organischen Stoffe des Bodens auf, enthält deshalb je nach Bodengefüge, Bodenart und Bodentiefe das mehrfache an Kohlendioxid (CO_2) gegenüber der Atmosphäre (→ Bodenatmung). Kulturpflanzen brauchen in der B. mindestens 15% Sauerstoff. Gartenboden muß deshalb auch notwendig durch → Hacken und → Rigolen gelockert, vor allem aber verbessert werden durch → Bodenverbesserungsmittel, organische Düngung, speziell → Gründüngung (→ Bodenverbesserung).

Bodenmodellierung, in der modernen Gartenarchitektur und Grünplanung aus technischen wie gestalterischen Gründen vorgenommene Geländeformung, um Freiräume zu bilden, Schutzwälle gegen Lärm, Sicht und Wind zu errichten, Spielhügel für Kinder zu schaffen oder Uferzonen auszuformen.

‚Lebendverbauung' des Bodens durch Algen. Auch sie sorgen für gute Wasser- und Luftführung und können so das Pflanzenleben nachhaltig fördern.

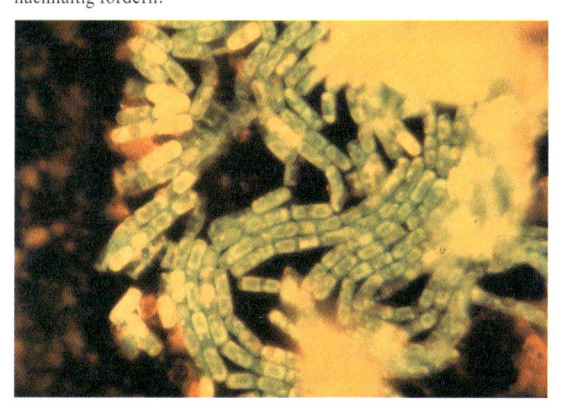

Mitten im Bild eine Jungkolonie stickstoffsammelnder Azotobacter-Bakterien in der typischen Form als ‚Viererpakete'. Rechts unten ein an eckigen Formen erkenntliches Mineralteilchen.

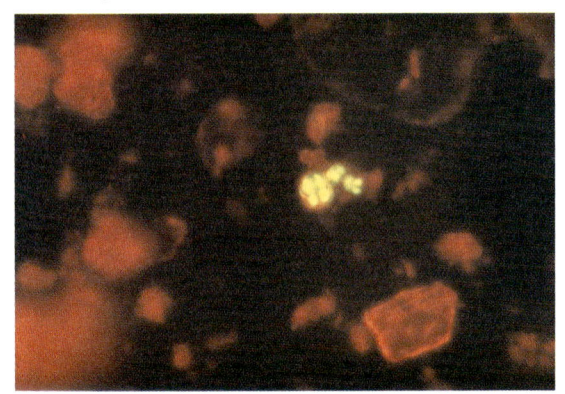

Bodenprofil

Polyedergefüge: humusarmer, tonreicher Boden nach einer Trockenperiode. Durch Humusgaben kann der Boden fruchtbar werden.

Einzelkorngefüge: Die Mineralkörnchen sind nicht durch Humus und Bodenkolloide verbunden. Der Boden braucht Humus!

Bodenmüdigkeit, Zustand eines Bodens, in welchem eine Pflanzenart nach wiederholtem Anbau auf derselben Fläche, besonders in Baumschulen und Sonderkulturen, nicht mehr gedeiht. Hierfür können mehrere Ursachen maßgebend sein: Entstehung von Hemmstoffen bei Zersetzung von Wurzelresten, Veränderung der Bodenbiozönose, Anreicherung von bodenbürtigen tierischen Schädlingen (z. B. Nematoden) oder Krankheitserregern (Bakterien, Pilze) u. a. Man sollte bei B. nicht nur die Frucht ändern, sondern die Ursachen abstellen. In Gärten ist B. praktisch unbekannt.

Bodenorganismen → Bodenbakterien, → Bodenfauna, → Bodenflora, → Bodenleben.

Bodenpflege, auch als Bodenbearbeitung bezeichnet. Im weiteren Sinne die Gesamtheit der Maßnahmen, um den Boden fruchtbar zu machen (→ Bodenfruchtbarkeit), die → Bodenstruktur zu verbessern und zu erhalten; im engeren Sinne Bodenbearbeitung, wie Hakken, Graben. → Bodenbearbeitungsgeräte. – B. bei Obstgehölzen am besten durch Mulchen, beim Baumobst durch Rasenmulchen, d.h. häufigen Schnitt eines Gras-Kräuterbestandes unter den Bäumen. Für Beerenobst ist die Grasunterkultur ein zu starker Wasser- und Nährstoffkonkurrent. Geeignetes Mulchmaterial für Beerenobst ist Gras- und Heckenschnittmaterial, Gartenabfälle, Baumrinde.

Bodenproben, müssen bei Gartenboden, Obstanlagen, Spezialerden, Komposten nach verschiedenen Verfahren entnommen werden. – GARTENBODEN. Spatenstich 30 cm tief auswerfen, alsdann dünne Bodenscheibe abstechen. Je Ar 1–2 Einzelproben, die dem Durchschnitt entsprechen, entnehmen; also z.B. ehemaligen Kompostplatz ausschließen. Einzelproben in Eimer gut mischen, davon 0,5 l in Polyäthylenbeutel füllen, verschließen und mit Anhänger (Absender, Gartenlage usw.) versehen. – OBSTANLAGEN. Durchschnittsprobe von Unterboden in 30–60 cm Tiefe entnehmen und getrennt von Probe des Oberbodens behandeln. In folgenden Jahren genügt Probeentnahme aus der am stärksten durchwurzelten Schicht von ca. 10–40 cm. – SPEZIALERDEN, KOMPOSTE. Je cbm etwa 5 Einzelproben entnehmen, zur Durchschnittsprobe von 0,5 l wie vor mischen und behandeln. – Die B. müssen jährlich zum gleichen Zeitpunkt entnommen werden, weil Bodengare bzw. biologische Aktivität jahreszeitlich stark schwanken. Unterschiedliche Jahreswitterung bleibt als Unsicherheitsfaktor bestehen.

Bodenprofil, bis etwa 1,50 m Tiefe, gibt Aufschluß über Bodenschichten oder ‚Horizonte' (→ Oberboden, → Unterboden), Durchwurzelung, Verdichtungszonen. Bei Neuanlage von Gärten, insbesondere Dauerkulturen, wie Obstanlagen, ist Kenntnis des B.s unter Umständen unerläßlich, um Dauerfruchtbarkeit und gesundes Wachstum zu erzielen. Zur Beurteilung von Bodenzustand und Planung der Maßnahmen gegebenenfalls Bodenspezialisten des örtlichen landwirtschaftlichen bzw. gartenbaulichen Beratungsdienstes heranziehen. – B. ist oftmals durch Anschnitt des Bodens von der Baugrube oder vom Wegebau her ersichtlich. Sonst Schichten mit Spaten nacheinander abheben und freilegen, zur ‚Diagnose' der tieferen Schichten bis 1 m und tiefer Probegrube mit Einstiegstufen anlegen und Gegenseite glatt abstechen. – DIAGNOSE. Probegrube nach

Rote, klümpchenförmige Humusteilchen und hellgrüne Bakterien, durch ihre runde Form als Kokken erkenntlich. Rechts, von Humus überdeckt, eine Kurzstäbchenkette erkennbar.

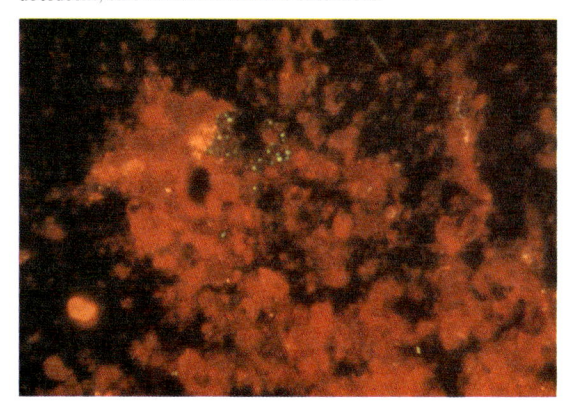

Lebensgemeinschaft verschiedener Bakterien, vorherrschend grün gefärbte Kokken, zum Teil kettenförmig angeordnet, daneben weniger farbintensive Kurzstäbchen. (Inst. f. Film u. Bild)

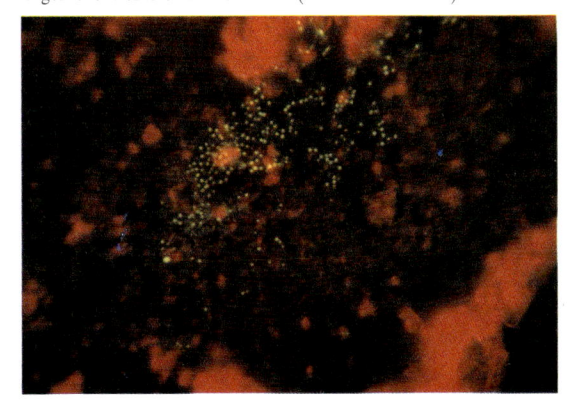

Bodenreaktion

Bodenprofil: Humus-Kalk-Boden. Oberboden liegt unmittelbar auf dem Untergrund. Keine Kalkdüngung! (Bayer. Landesanstalt f. Bodenkultur)

Möglichkeit über mehrere Regenperioden hinweg offen lassen und folgende Beobachtungen anstellen: 1. Wie tief dringen Wurzeln in Boden ein? Wo weichen sie aus? Wie viele Regenwurmgänge sind vorhanden? Bis zu welcher Tiefe (→ Regenwurmtest)? 3. Wie bricht der Boden in den verschiedenen Schichten bei Abnahme von Spatenproben: noch bröckelig, in groben Schollen oder in Platten? 4. Enthalten die Schichten Kalk (→ Bodenuntersuchung, Calcitest)? 5. Wie ist der Sand-, Lehm-, Tonanteil der Schichten? 6. Wieviel Humus enthalten die Schichten? Sandiger Boden wird bereits durch geringe Humusanteile ausgefärbt. 7. Wie tief und wie schnell dringen Niederschlagswasser ein? Wo gibt es Staunässe? – THERAPIE. Die lockere, porenreiche, gut durchwurzelte und durchlüftete Krume allmählich vertiefen, Verdichtungszonen lockern bzw. aufbrechen durch → Zweischichtengraben („Holländern"), Pflug mit Untergrundlockerer, im Extremfall durch Sprengen, Tiefwurzler (Luzerne u.a., → Gründüngung) anbauen, um Bodenstruktur zu stabilisieren. Kalk- und Phosphatgehalt durch Düngung verbessern. Durch Kompostgaben Bodenleben fördern, stabile Bodenkrümel herstellen.

Bodenreaktion, wird gemessen als → pH-Wert = Wasserstoffionen-Konzentration in dem jeweiligen Boden bzw. der Bodenprobe. In Kulturböden pH-Werte von 3,5 bis 8,5. B. steht mit Kalkgehalt in ursächlichem Zusammenhang, weil aus dem Kalk des Ober- und Unterbodens laufend Calcium-(C-)Ionen durch Kohlensäure, Humus- und Pflanzensäuren gelöst werden und in die Bodenlösung übergehen. Bei Ca-Gehalt von 0,3–0,5% Kohlensaurer Kalk keine Gefahr für Bodensäure. Je nach Kalk- bzw. Basengehalt des Ursprungsgesteins bzw. des Untergrundes besteht bei einem Boden die Tendenz zum sauren oder alkalischen Zustand. Hoher Basengehalt geht einher mit guter Bodenstruktur, Bodensäure mit Neigung zu Bodenverdichtung. – Die meisten Kulturpflanzen gedeihen am besten bei neutraler oder leicht saurer B., weil sich Nähr- und besonders Spurenstoffe am besten in neutralem Milieu bewegen. (Abb. Verfügbarkeit von Nährstoffen). B. und optimales Pflanzenwachstum sind trotzdem nicht starr voneinander abhängig, weil auch die → Bodenstruktur von der Körnung her einwirkt: optimaler pH-Wert liegt auf Sandböden etwa 1 pH niedriger als auf Tonböden. Vergl. pH-Tabelle. – Düngemittel im Hinblick auf pH-Wert und pH-Wirkung auswählen (→ Düngung). B. bzw. Kalkzustand kann verschlechtert werden durch 1. einseitige Auswahl von Mineraldüngern: zu hoher pH-Wert durch ständige Düngung z.B. mit Kalksalpeter oder Thomasmehl auf kalkreichem Boden; umgekehrt zu niedriger pH-Wert vor allem durch Schwefelsaures Ammoniak, und, aber in viel geringerem Ausmaß, durch Kalichlorid auf kalkarmen Böden; 2. Ausspülung; 3. Ernte; 4. kalk- bzw. basenarme Ausgangsgesteine. Optimaler Pflanzenwuchs auf Grund optimaler Bodenstruktur, Nährstoffversorgung, Wasser- und Wärmeverhältnisse ist deshalb auf mineralischen Böden durch organische Düngung zu erzielen. → Düngung.

Bodenruhe, Gegenteil von Bodenbewegung durch Bodenbearbeitung, wie Fräsen, Graben, Pflügen. Bei B. entwickelt sich Bodenleben arten- und individuenreicher, biologische Aktivität und Bodenfruchtbarkeit nehmen zu. B. läßt sich bei Dauerkulturen, wie Obst- und Weinbau, durch Gründecken (→ Gründüngung) weitgehend einhalten, im Gemüsegarten in ge-

Die in einem Boden insgesamt enthaltenen Nährstoffe sind je nach pH-Wert für die Pflanzen mehr oder weniger aufnehmbar („verfügbar"). Die Verfügbarkeit von Stickstoff, Schwefel usw. steigt von pH 4–5,5 an, die von Eisen usw. fällt von pH 4–8 ab. Dadurch ergibt sich ein optimaler pH-Wert von etwa 7. (Nach Finck, Pflanzenernährung in Stichworten)

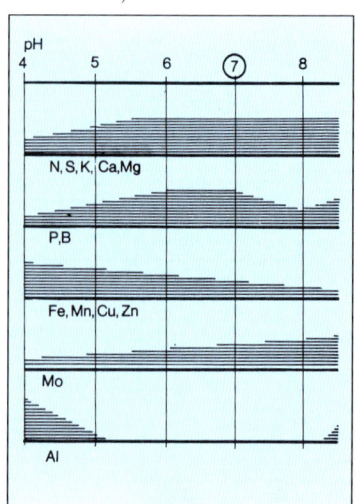

Der für die Verfügbarkeit von Pflanzennährstoffen optimale pH-Wert (siehe Darstellung unten) liegt auf leichten Böden um etwa 1 pH niedriger als auf schweren Böden. (Nach Finck)

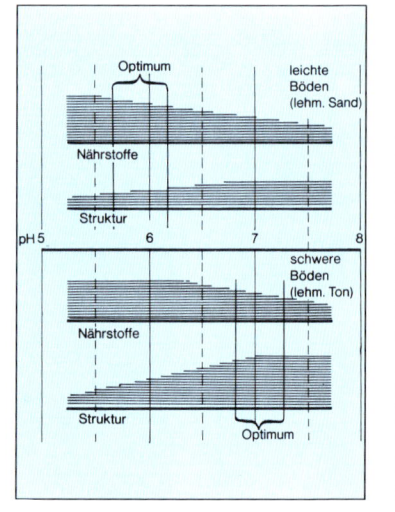

Bodentester

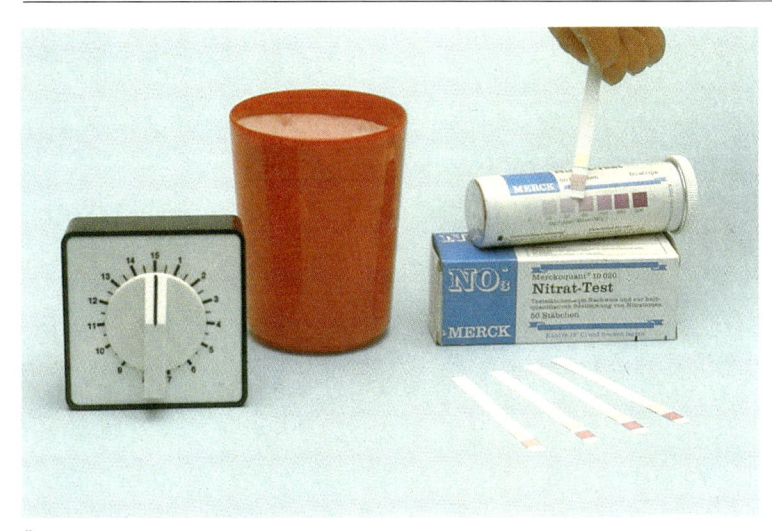

Ähnlich wie pH-Papiere zeigen Teststäbchen den Gehalt einer Bodenprobe an Nitrat, Nitrit, Ammonium und pH-Wert an: die Farbveränderung wird nach einer Farbskala bestimmt.

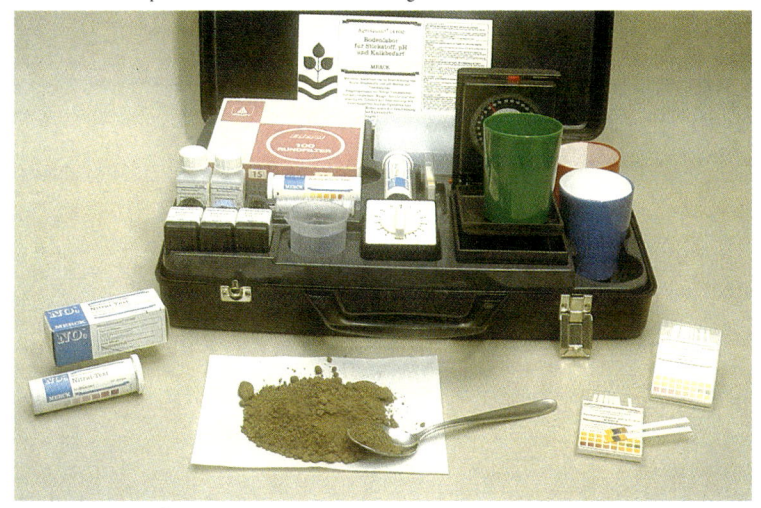

Oben: AgroQuant® Bodenlabor 14602 mit Teststäbchen, Reagenzien, Waage, Zeitschaltuhr und Zubehör zur Bestimmung von Nitrat-, Nitrit- und Ammonium-Stickstoff sowie pH in Böden, Wasser, Kompost, Mist, Jauche. – Unten: Eine Bodenprobe aus der Schicht von 0–30 cm wird in den entsprechend gekennzeichneten Becher des Labors eingefüllt. (Dr. Koch)

ringerem Ausmaß, bestmöglich aber durch → Bodenbedeckung, → Mischkultur, → Mulchen.

Bodenschädlinge, im oder auf dem Boden lebende Würmer (→ Nematoden), → Tausendfüßler, Insekten (→ Maulwurfsgrille, → Engerlinge, → Erdraupen, → Erdschnaken-Larven, → Drahtwürmer, → Schnellkäfer, → Trauermücken, → Wurzelläuse), → Schnecken und Mäuse (→ Wühlmäuse), welche an den Wurzeln, Knollen und bodennahen oberirdischen Pflanzenteilen fressen bzw. saugen. Bekämpfung mit → Fallen, → Insektiziden, Ködern (→ Anlockpflanzen, → Schnecken).

Bodenschluß, enge Verbindung von Samen und umgebendem Boden, so daß zwischen Samen und Boden keine Hohlräume entstehen, das Samenkorn Feuchtigkeit aufnehmen und keimen kann. Nach Ausbringen des Samens Boden bzw. Substrat andrücken, damit B. entsteht. Bleibt auf Dauer nur in Erde bzw. Substrat mit guter → Bodenstruktur erhalten.

Bodenstruktur, wird ausgedrückt durch Anteil der luft- und wasserführenden Poren nach Volumen-% am Gesamtvolumen einer Bodenmenge. Optimale B. bei rund 50% Poren, davon 20% luftführende Grob- und 30% wasserführende Feinporen. B. wird angegriffen durch Niederschläge und Austrocknung, wenn Boden nicht bedeckt ist (→ Bodenbedeckung). Gute B. ist nur aufrechtzuerhalten durch aktives Bodenleben bzw. hohe Umsätze an organischer Masse. → Bodengare, → Düngung, → Gründüngung.

Bodentemperatur, hängt ab von → Bodenstruktur, je nasser der Boden, um so schwerer erwärmt er sich, ein feuchter (nicht nasser!) Boden hält die B. aber besser aufrecht als ein zu trockener, der sich schnell erwärmt und schnell wieder abkühlt. Für Pflanzenwuchs ist ausgeglichene B. am vorteilhaftesten. Luftdurchlässige, dunkelfarbige Bodenbedeckung, z. B. mit Frischkompost, Ruß, Rinden, wirkt ausgleichend auf B. – Im Frühjahr kann alte, verdichtete Bodenbedeckung, auch dichtliegender Altschnee, die Erwärmung des Bodens verzögern. In tieferen Bodenschichten (tiefer als ca. 20 cm) schwankt die B. weniger. Auch → Windschutz durch → Hecken und Mauern wirkt starken Schwankungen der B. entgegen.

Bodentester, Instrumentarium zur Feststellung von pflanzenaufnehmbaren Nährstoffen in Kulturböden mit den zu den Tests notwendigen Reagen-

Bodentypen

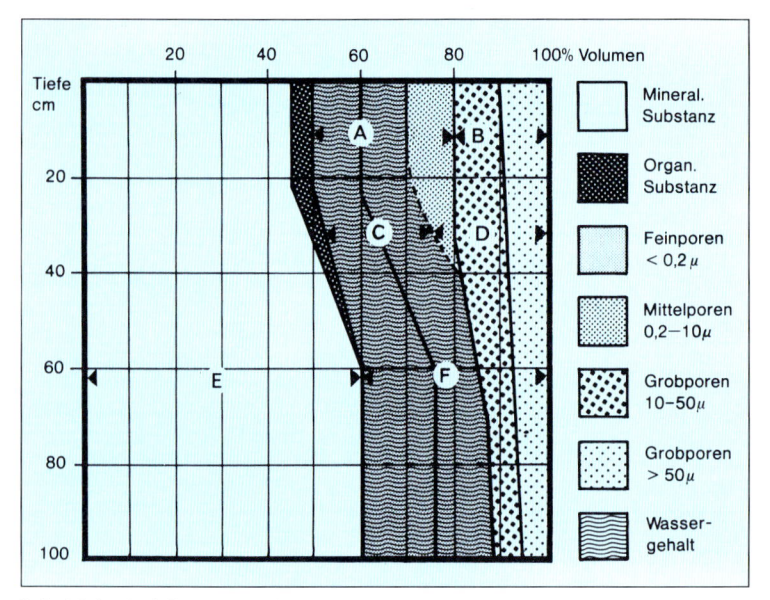

Beispiel für Aufteilung des Volumens eines sandigen Lehmbodens. Das Gesamtvolumen verteilt sich auf feste Substanz und luft- bzw. wasserführende Poren sowie – im Oberboden – organische Substanz. A = Feldkapazität, B = Luftkapazität, C = Wassergehalt, D = Luftgehalt, E = Substanz-, F = Porenvolumen. μ = mü = $1/1000$ mm. (Nach Schroeder, Bodenkunde in Stichworten)

zien und Laborzubehör, wie Probegläser, Pipetten, Löffel, ferner Anweisungen, Merkblättern und Farbtafeln. Säurewert ($\rightarrow$ pH) wird nach der KCl-Methode ermittelt. Mit dem ‚Primus'-Gerät können außer Phosphorsäure- und Kaliwerten auch Nitratwerte festgestellt werden. Spezialreagenzien dienen zur Bestimmung der Mangan- und Magnesiumgehalte. – Die Resultate sind nur bei sehr sorgfältiger Arbeit brauchbar. Anweisungen zur Entnahme der Bodenproben und Schüttelzeiten unbedingt beachten. Bestimmung erfolgt durch Vergleichen der Farbtiefe der Reagenzien mit der der Farbtafeln. Beigegebene Umrechnungstabellen und Düngevorschläge erleichtern die praktische Auswertung. – Das in den achtziger Jahren neu entwickelte ‚AgroQuant® Bodenlabor 14602' dient zur Bestimmung von Nitrat-, Nitrit- und Ammonium-Stickstoff und pH in Böden, Trink- und Oberflächenwasser, Pflanzen, Kompost, Mist und Gülle. Es ist mit Teststäbchen, Reagenzien, Waage, Zeitschaltuhr und Zubehör ausgerüstet (s. Foto Seite 79).

Bodentypen, bodenkundliche Einteilung der Böden nach ihrer Entstehung und weiteren Entwicklung auf Grund geologischer Herkunft und Klima. Entscheidend ist $\rightarrow$ Bodenprofil bis ca. 1 m Tiefe. Bestimmte B. scheiden für gewerbliche gärtnerische Nutzung aus. $\rightarrow$ Bodenarten.

Bodenuntersuchung, umfaßt Vielzahl von Methoden, um physikalischen, chemischen und biologischen Zustand des Bodens festzustellen. Für Privatgärten (Haus-, Klein-, Bauern-, Siedler-, Selbstversorgergärten) sind 1. einfache, selbst ausführbare und 2. Labormethoden zu unterscheiden.

EINFACHE BODENUNTERSUCHUNGSMETHODEN. PHYSIKAL. ZUSTAND. Absiebung, um Körnung festzustellen, ausführbar mit einfachem Gerät. – Fingerprobe (nach S. Müller, Böden unserer Heimat, Stuttgart 1969, gekürzt): Einzelkörner gut sicht- und fühlbar, daneben reichlich Feinsubstanz, die an Finger haftet, nicht formbar = lehmiger Sand; wenige Einzelkörner, noch sicht- und fühlbar, viel Feinsubstanz, formbar = sandiger Lehm; sehr viel Feinsubstanz, kaum Einzelkörner sicht- und fühlbar, gut formbar, reißt nicht ab = toniger Lehm; keine Körner sicht- und fühlbar, sehr gut formbar, Reibflächen glänzen = Ton.

CHEMISCHER ZUSTAND. Kalium- und Phosphatgehalt mit einfachem Laborgerät annähernd feststellbar, wenn Bodenproben sorgfältig entnommen, die Gebrauchsanweisung genau beobachtet, insbesondere die Proberöhrchen lange genug geschüttelt werden. Die Aussagekraft jeglicher chemischer B. steigt mit der Zahl der Jahre, in der regelmäßig zu etwa gleichem Zeitpunkt, d. h. mit ähnlicher biologischer Aktivität nach Jahreszeit, Proben entnommen werden. – pH-Wert: Prüfung mit pH-Papier (Lackmuspapier, pH-Box usw.), Calcitest nach Holzweißig, Hellige-Pehamter oder Spezial-Indikatorstäbchen 2–9 (s. Fotos). – Schwefelwasserstoff-(SH_2-)Test mit Bleiazetatpapier. – Nitrat- und Ammoniaktest $\rightarrow$ Bodentester.

BIOLOGISCHER ZUSTAND $\rightarrow$ Kressetest, $\rightarrow$ Regenwurmtest.

LABORMETHODEN. Vielfältige physikalische, chemische und biologische Verfahren verfügbar, aber nur wenige im Gebrauch. Selbst mit Labormethoden läßt sich Boden chemisch nur mit großem Spielraum für Fehler und Ungenauigkeiten untersuchen, weil sich durch Art der Probeentnahmen, jährlich wechselnde Bearbeitung, Pflanzenbestände, Düngung und jeweiliges Jahreswetter unvermeidliche Unsicherheitsfaktoren ergeben. Untersuchung nur auf die Hauptnährstoffe P, K, Mg gibt ungenügende Aufschlüsse, vielmehr sind mindestens folgende Nährstoffe bzw. Werte zu bestimmen: Humus und C/N-Verhältnis, pH-Wert, Ammoniak- und Nitrat-Stickstoff, Phosphat (löslich in Wasser, laktat- und zitronensäurelöslich), Kali (pflanzenaufnehmbar, Vorrat, gebunden), Sulfat, Magnesium, Natrium, von Spurenelementen mindestens Mangan, freies Aluminium und freies Eisen, Chlor, gebundenes Kupfer. Nur aus Wechselbeziehungen aller dieser Faktoren lassen sich Schlüsse ziehen auf $\rightarrow$ Antagonismus der Nährelemente usw. Bei richtiger Auswertung der Resultate kann laufende Bodenuntersuchung brauchbare Unterlagen für die Düngung geben. $\rightarrow$ Bodenproben.

Bodenveränderung $\rightarrow$ Grundwasser.

Bodenverbesserung, Gesamtheit der Maßnahmen, $\rightarrow$ Bodenstruktur und $\rightarrow$ Bodenfruchtbarkeit zu verbessern: $\rightarrow$ Bodenpflege, $\rightarrow$ Düngung, speziell $\rightarrow$ Gründüngung und $\rightarrow$ Bodenverbesserungsmittel.

Bodenverbesserungsmittel, wirken in erster Linie durch ihren Gehalt an organischer Substanz, quellenden, verklebenden Stoffen und/oder Substanzen, die Luftaustausch ($\rightarrow$ Bodenatmung) und Wasserhaltekraft verbessern ($\rightarrow$ Bodenstruktur). Abgrenzung der B. zum Teil fließend gegenüber $\rightarrow$ Düngemitteln. Düngemittel liefern Pflanzennährstoffe, ernähren das Bodenleben und wirken in einer, zwei, längstens drei Vegetationsperioden. Reine Düngemittel sind z. B. Blutmehl, Hornmehl, Kalkammonsalpeter, Holzasche, Kalimagnesia; reine B. u. a.

Bodenverbesserung mit Hygromull. (BASF)

Floraperl, Hygromull (→ Schaumstoffe), Natriumalginat (→ Alginat), → Rindenprodukte, → Torf. Düngemittel und B. zugleich sind u. a. Kalk, Kompost, Stallmist, Torfmischdünger.

Bodenverkrustung, Austrocknung unbedeckten Bodens durch Sonne und Wind, auch durch Düngemittel mit hohen Gehalten an Natrium, wie dem früher gebräuchlichen Natronsalpeter, oder Chlornatrium = Kochsalz, wie Kalirohsalze. → Bodenstruktur.

Bodenversalzung, kommt besonders im Gartenbau unter Glas vor, weil überschüssige Stoffe nicht ausgewaschen werden können, z.B. Säurerest (SO_4) von Schwefelsaurem Ammoniak oder Chlor- und Natriumanteil von Kalidüngern. Mit Kalk kann das Sulfat-Ion (SO_4) Gips = Calciumsulfat bilden, so daß der Kalk dann in dieser Form im Boden vorliegt. – Schwefelsaures Ammoniak und Kalidünger (→ Mineraldünger) sind deshalb genau nach Boden und Nährstoffbedarf zu verwenden, am besten durch organische Dünger zu ersetzen. Auch durch Überdüngung mit leichtlöslichen Spurenelemente-Düngern, wie Borax, ist B. möglich. – B. ist vorzubeugen durch → Humusdüngung, besonders → Gründüngung, ausreichende Wässerung. Weitere Ursachen: salzhaltiges Meer- oder Quellwasser, Abwässer von Kaliwerken oder Abortgruben.

Bodenverbesserungsmittel ‚Floraperl' aus Vulkangestein: steril, hoher Luftporengehalt, gute Wasser- und Wärmespeicherung. Hier zur Jungpflanzenanzucht verwendet. (Perlite)

Bodenversauerung, drückt sich aus in zu niedrigem pH-Wert (→ pH-Wert, → Bodenreaktion) je nach Bodenart unter pH 5 bzw. auf Sandböden unter pH 4. Entsteht durch Kohlendioxidanreicherung (über 5 %) in der Bodenluft bei mangelndem Luftaustausch (→ Bodenatmung), durch Kalkmangel als Folge einseitiger Düngung mit sauer wirkenden Düngemitteln, wie Superphosphat, Schwefelsaures Ammoniak u.a. → Mineraldünger. – Gegenmaßnahmen: → Bodenstruktur verbessern, (→ Bodenprofil), kalken, alkalische Düngemittel verwenden.

Bodenwasser, das insgesamt im Boden vorhandene Wasser. Besteht aus Sickerwasser, das durch Grobporen, der Schwerkraft folgend, ins Grundwasser versickert, und → Haftwasser, das der Boden je nach seiner Struktur (→ Bodenstruktur) in Mittel- und Feinporen entgegen der Schwerkraft festzuhalten vermag.

Bodenwärme → Bodentemperatur.

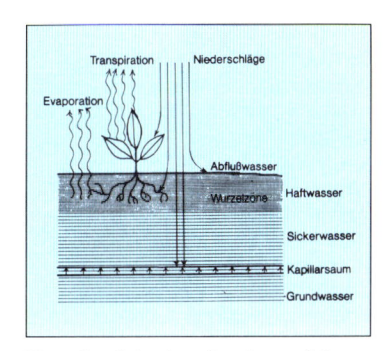

Wasserhaushalt eines Standortes. Schematisch dargestellt nach Finck.

Bodenzahl, eine Verhältniszahl, gemessen am ‚besten' Boden, d.h. dem Boden mit höchstem Reinertrag, dessen B. gleich 100 gesetzt wird. Einteilung der Böden nach Bodenart (anteiliger Gehalt an Sand und Ton), geologischem Alter und Zustandsstufe. Für gärtnerische Zwecke können auch Böden mit niedriger B., z.B. Sandböden mit B. 20, brauchbar und verbesserungsfähig sein, weil leicht zu bearbeiten. Die B. bildet mit weiteren Faktoren wie Klima u. Geländeneigung Grundlage für die → Ackerzahl.

Böschung, stark geneigte Fläche zwischen zwei verschieden hochgelegenen Ebenen, deren Neigungswinkel durch Bodenart, Untergrund und Planungsabsicht begründet ist. B.en werden gegen Erdrutsch und Erosion mit Rasen, Pflanzen, Flechtwerk, Pflasterung befestigt, im Ingenieurbau auch durch neue Anspritzverfahren.

Bogenhanf

Bogenhanf, *S. trifasciata* 'Laurentii'. (Seidl)

Bogenhanf, *Sansevieria.* Agavengewächse, *Agavaceae.* ○–◐ ♃ ⛉ D. B.-Arten, ungefähr 60, bewohnen Afrika, wenige Asien. Die Fasern der B.arten sind sehr zugfest und dienen in der Heimat zur Herstellung von Seilen u. ä. – *S. trifasciata.* Bogenhanf oder Schwiegermutterzunge. Trop. Westafrika, Kriechendes Rhizom, Blätter zu mehreren an einem Austrieb, die unteren kleiner, die oberen schwertartig, bis 100 cm lang und bis 7 cm breit. Gesamte Blattfläche mit dunkelgrünerweißlichgrauer Querbänderung. Blütenstand 40 cm, weißlichgelbe Blüten, sehr stark und gut duftend. Viele Formen: 'Laurentii', mit goldgelbem, breiten Randstreifen am Blatt; 'Craigii', mit mehreren, gelbweißen Längsstreifen, wesentlich heikler; 'Hahnii', Zwergmutante mit Zisternenbromelienwuchs, 20 cm hoch und bis 35 cm Durchmesser. Hierher auch 'Golden Hahnii' mit goldgelben Randstreifen und 'Silver Hahnii' mit sehr starker, weißer Bänderung der Blätter. – *S. metallica,* trop. Afrika. Flache, aber wesentlich breitere Blätter, die meist schräg oder waagerecht stehen. Blattfarbe dunkelgrün mit deutlicher Bänderung, Blattrand schön orangebraunhornig eingefaßt. – *S. cylindrica,* trop. Westafrika. Pro Trieb 3–4 Blätter, die aber im Querschnitt kreisrund sind, Höhe bis 100 cm. Blätter wie *S. trifasciata* gefärbt. Durch die walzigen Blätter sehr auffallend. – Ansprüche: Alle B.-Arten verlangen Kultur im warmen Zimmer, Temperaturen um 20 °C sagen am besten zu. Man hält die Pflanzen eher trocken und unterstützt dies durch sandige, durchlässige Mischungen. Je tiefer die Temperaturen absinken, desto weniger darf gewässert werden. Bei Temperaturen um 15 °C braucht fast nicht mehr gegossen zu werden. Bei Temperaturen unter 10 °C kommt es zum Umfallen der Blätter und zum Absterben der Pflanzen. – Vermehrung: Grüne Formen durch Blattstecklinge; dabei werden Blätter in 5 cm lange Stücke zerschnitten und bei 20 °C in durchlässiges Material gesteckt. Austrieb nach 5–8 Wochen. Bunte Formen müssen geteilt werden, da aus ihren Blattstecklingen nur die grünen Ursprungsformen entstehen.

Bohne, *Phaseolus vulgaris.* Hülsenfrüchtler, *Leguminosae.* Stammt aus Amerika und verdrängte im 16. Jh. die im Mittelmeergebiet einheimischen alten Hülsenfruchtarten. Zwei Formen: Stangenbohne, mit langen, windenden Stengeln, und Buschbohne, mit kurzen, mehr oder weniger aufrechten Stengeln. Anbau im Garten meistens zum Ernten der noch grünen Hülsen, im Feldanbau auch für reife Samen (weiße Bohnen).
ANSPRÜCHE. Alle Bohnen sehr wärmeliebend, Keimung erst bei über 10 °C Bodentemperatur, deshalb Aussaat erst ab Anfang/Mitte V. Sehr anfällig für Spätfröste und kaltnasses Wetter. Verlangt lockeren, warmen Boden, nicht frisch gemistet. Vorbeugender

Stangenbohnen an Maschendraht. (Fehn)

Pflanzenschutz wichtig: wenn möglich gebeiztes Saatgut verwenden! Anbau der Stangenbohne: Aussaat Anfang/Mitte V, bis Mitte VI möglich. 8–10 Körner in einen Kreis von 30 cm Durchmesser, Abstand der Kreise 65–75 cm in der Reihe, Reihenabstand 80 cm. Stangen können schon vor der Saat gesteckt werden, aber auch Einrammen der Stangen nach dem Auflaufen ist möglich. Zahlreiche Systeme von Stangen entwickelt: senkrechte Holzstangen, dachförmig zusammengebundene Stangen, Stahldrahtstangen usw. Wenn die Pflanzen ca. 15 cm hoch geworden sind, leicht anhäufeln, vor der Blüte nochmals stärker anhäufeln. Boden ständig möglichst locker halten, bei trockenem Wetter muß bewässert werden. ERNTE. Regelmäßig alle 3 Tage durchpflücken. Auch fadenlose Sorten verlieren bei Überreife ihre Qualität rasch; fädige Sorten möglichst jung pflücken. Vorsicht beim Pflücken: Fruchtstände nicht abbrechen! Anbau der Buschbohne: Aussaat ab Anfang/Mitte V, bis Anfang VII möglich. Reihenabstand 60–75 cm (Zwischenkultur von Salat, Radies usw. möglich). In der Reihe alle 7–8 cm ein Korn, später auf

Buschbohnen Hilds Maxi GS. (Hild)

Stangenbohnen Blauhilde. (Hild)

Buschbohnen Daisy. (van Waveren)

10–15 cm Abstand verziehen; Saattiefe 3 bis 5 cm. Anstatt in Reihen kann auch in Horsten gesät werden: je Horst 5–7 Körner stecken, Abstand der Horste 30–40 cm. Nach Auflaufen Boden locker halten, wenn die Pflanzen ca. 15 cm hoch sind, leicht anhäufeln. Ernte: regelmäßiges Durchpflücken gibt beste Qualität. – VERWENDUNG. Stangenbohnen: für Frischverbrauch breithülsige, fadenlose, grüne, gesprenkelte oder gelbe Sorten vorteilhaft; beim Dörren ergeben grüne und gesprenkelte schöneres Produkt als gelbe. Für Gefrierkonservierung oval- oder rundhülsige, grüne Sorten wählen. Vor dem Dörren und Tiefgefrieren kurzes Aufkochen (Blanchieren) nötig. Buschbohnen, ähnlich wie Stangenbohnen, für Gefrierkonservierung besonders geeignet. Gelegentlich will man nur die noch grünen Körner verwenden: dafür großsamige, breithülsige Sorten wählen; mit der Ernte zuwarten bis die Hülsen die endgültige Größe erreicht haben, aber noch weich sind. Ernte von trockenen Körnern (weiße Bohnen): meist weichsamige Buschbohnen im Anbau, sichere Samenreife nur in günstigen Gebieten gewährleistet. Ernte, wenn die Hülsen gelb und trocken sind, Pflanzen ausreißen, unter Dach nachtrocknen und sorgfältig dreschen.

Bohnenblattlaus, schwarze. Eine der häufigsten Blattlausarten. Wirtswechselnd. Eier auf den Winterwirten: Pfaffenhütchen, Schneeball, Pfeifenstrauch und Deutzien. Abwanderung geflügelter Läuse im Frühjahr auf zahlreiche Kulturpflanzen und Unkräuter, z.B. Bohnen, Spinat, Rhabarber, Mohn, Melde, Ampfer, Disteln. Im Herbst Rückwanderung zu den Winterwirten. Überträgerin von Viruskrankheiten

Bohnen-Brennfleckenkrankheit. (Bayerische Landesanstalt)

Stangenbohnen im Hausgarten an Bambusstäben hochgeleitet. (Herbel)

insbesondere des → Bohnenmosaiks. Abwehr:→Blattlausbekämpfung.

Bohnenbrennfleckenkrankheit, bei Buschbohnen und Erbsen in feuchten Jahren auftretende, in das Gewebe eingesunkene, dunkel gerandete Flecken an Blättern, Trieben und Hülsen. In Hülsen entstehen Löcher, durch die man die Samen sehen kann. Auf den Flecken bilden sich schwarze Sporenlager des Erregerpilzes. Abwehr: Resistente Sorten wählen (→ Resistenz), Fruchtfolge, befallene Pflanzen verbrennen, Saatbeizung.

Bohnenfettfleckenkrankheit, von Bakterien verursacht, vor allem durch Samen übertragen. Befallsbeginn an den Blättern: ölig-durchsichtige Flecken mit gelben Rändern, Blätter werden braun und sterben ab. Danach dunkle Flecken an den Hülsen und Samen. Abwehr: Sortenwahl (wenig anfällig z.B. Saxa oder Granda), Fruchtfolge, Saatbeizung, befallene Pflanzen verbrennen. Direkte Bekämpfung nicht möglich.

Bohnenfliege (Saatenfliege), einer kleinen Stubenfliege ähnlich; legt ihre Eier an die keimenden Samen von Busch- und Stangenbohnen sowie Gurken bereits in der Erde. Die Maden minieren im Herz der Keimlinge und später in den Keimblättern. 2 Generationen. Abwehr: Samenbeizung, Fruchtfolge, Bohnenpflanzen anhäufeln, befallene Pflanzen(teile) verbrennen.

Bohnenkraut, einjährige Form: *Satureja hortensis,* ausdauernde Form: *Satureja montana* (Winterbohnenkraut oder Staudenbohnenkraut). Lippenblütler, *Labiatae.* Stammt aus Südeuropa, ist seit dem frühen Mittelalter als Gewürzpflanze in Kultur. – Anbau: Ausdauernde Form vorteilhafter; ist ebenso würzig und braucht nicht jedes Jahr neu ausgesät zu werden. Aussaat Frühjahr oder Herbst in Reihen, am besten als Einfassung des Gewürzgartens. Standort möglichst sonnig. Alle 30 cm eine Pflanze stehen lassen. Kräftiger Rückschnitt der überwinterten Pflanzen im Frühjahr ergibt buschigen Austrieb. Ernte des Krautes zur Zeit der Blüte, dann am würzigsten. Abgeschnittene Zweige an luftigem, schattigem Ort trocknen. In Dosen aufbewahren. – Verwendung: Als Gewürz frisch oder getrocknet vorwiegend zu Bohnen, aber auch zu anderen Gemüsen (Kohlrabi u.a.) und Fleisch.

Bohnenmosaik. Blätter der Gartenbohne sind verschmälert und am Rande nach unten gebogen; Blattfläche blaßgrün mit dunkelgrünen, gewölbten Inseln (‚Pockenmosaik'). Die blaßgrünen Teile trocknen und brechen z.T. aus. Pflanzen kümmern und bringen geringen Ertrag. Urheber: ein Virus, das mit den Samen übertragen sowie von Blattläusen verschleppt wird. Sorten verschieden anfällig. Abwehr: Virus-resistente Sorten, Saatgutbeizung, kranke Pflanzen vernichten, gegen übertragende Blattläuse spritzen.

Bohnenrost, Pilzerkrankung vorwiegend der Stangenbohne. Blattunterseiten zeigen im Frühjahr weiße Pusteln (Becherfrüchte des Pilzes). Es folgen zimtbraune Sommersporen- und schwarzbraune Wintersporen-Lager an Blättern und Hülsen. Pflanzen kümmern und sterben schließlich ab. Abwehr: Sortenwahl (wenig anfällig, z.B. Weinländerin und Neckarkönigin), Bodenbedeckung, → Mulchen, Stangenbohnen an Draht oder Schnüren statt Stangen, Vernichtung befallener Pflanzen, Desinfektion von Bohnenstangen mit Kupfersulfat 3%.

Bohnenstangen, dienen zur Kultur der Stangenbohnen (→ Bohne). Meist werden die Stangen in zwei Reihen im Winkel zueinander gesteckt und an den Schnittpunkten zusammengebunden; durch eine an den Schnittpunkten eingelegte Querstange werden sie zu einem festen Gerüst miteinander verbunden. Aber auch einzeln senkrecht gesteckte B. mit Querverbindung und Dreier- oder Viererpyramiden sind möglich. Material: Bambus, Holz (Schutzanstrich → Imprägnierungsmittel), Stahl, glatt oder gewellt.

Bohrbrunnen → Brunnen.

Bonsai. *Acer palmatum.* (Herbel)

Bolivia-Kugelkaktus → Kakteen 12.
Boltonia → Scheinaster.
Bonsai, japanische Kunst, Laub- und Nadelgehölze durch versch. Maßnahmen, z.B. Herunterbinden, in Zwergformen zu ziehen. Gehölze von 100 Jahren und älter weisen Höhen von nur 40–50 cm auf, zum Teil in bizarren Formen. – Seit Mitte der achtziger Jahre auch sog. Zimmer-Bonsais oder ‚indoors' im Handel, Zwergbäume, die sich im Zimmer wesentlich besser halten lassen. Sie gehören meist zu sonst nicht bekannten Gattungen oder sind bis jetzt nicht gezogene Arten bekannter Gattungen *(Serrissa, Murraya, Rhus u.a.).* Die von altersher in Ostasien als Bonsai gezogenen Arten dagegen sind Gehölze bekannter Gattungen, d.h. Freilandpflanzen.
Bor, chemisch B., Spurenelement, gehört zu den für Pflanzen unentbehrlichen Elementen. Bei B.mangel Wachstumsschäden, wie Verkorkung und Risse der Außenhaut, Hohlstengel u.ä. Bekanntester B.mangelschaden Herz- und Trockenfäule der Rüben. Bei B.überschuß fleckige Blätter, u.a. bei Bohnen und Kartoffeln. – Gefahren für B.mangel bei starker Auswaschung, zu hohem pH-Wert (→ Bodenreaktion) und zu trockenen Böden. Bei Kompostwirtschaft B.ersatz im Kreislauf der Stoff in der Regel gesichert.
Borax, Natriumtetraborat, wasserlösliche Borverbindung; auch in einigen Phosphatdüngern und → Mehrnährstoffdüngern mit 3 bis 6,5% enthalten. Anwendungsmenge bei Bormangel (→ Bor) 1 g Borax/qm.
Boretsch, Gurkenkraut, *Borago officinalis.* Boretschgewächse, *Boraginaceae.* Stammt aus dem Orient. Seit spätem Mittelalter bei uns angebaut, durch Verwilderung einheimisch geworden (Kulturflüchtling). Anbau: Einjährig, durch Samenausfall selbst vermehren. Kultur einfach: erstmalige Aussaat Frühjahr oder Herbst, von da an selbst-

vermehrend. Gedeiht besonders gut auf sandigen, leicht feuchten Böden; bei leichter Düngung entwickeln sich große, üppige Pflanzen. Verwendung: Blätter können wie Spinat gekocht werden, sehr schmackhaftes Gemüse; oft als Beigabe zu anderen Gemüsen wie Kohl, Kohlrabi. Auch roh, fein gehackt, ähnlich wie Schnittlauch verwendbar.
Borke, tote Zellenmasse der äußersten Rindenschicht, die Stamm und Leitäste vor Klimaeinflüssen und mechanischen Schäden schützt. B. reißt, weil sie nicht elastisch ist und dem Dickenwachstum des Stammes nicht nachgeben kann.
Borsten, ähnlich wie → Haare stickstoffreicher tierischer Abfall, als Düngemittel oder besser als Kompoststrohstoff geeignet.
Botrytis → Grauschimmel.
Bougainvillea, *Bougainvillea.* Wunderblumengewächse, *Nyctaginaceae.* ○ ħ–ħ ⚥ ⊡. Ca. 12 Arten im tropischen und subtropischen Amerika, heute weltweit als Zierpflanze der Tropen und Subtropen. – *B. glabra,* Brasilien. Kletterstrauch bis 6 m. Zweige bedornt, Blätter eiförmig-zugespitzt, 7 cm lang. Blüten in vielblütigen Blütenständen am Ende der Zweige, Blüten selbst röhrenförmig und gelb, auffällig die drei herzförmigen Hochblätter, die leuchtendlila gefärbt sind. 'Sanderiana' ist dunkler und kompakter, für den Topf geeignet; 'Alexandra', purpurviolett, niedrig. – *B. spectabilis,* Brasilien. Klettert bis 10 m. Hochblätter größer als bei *B. glabra* und in vielen Farben. Nur für große Wintergärten. – Ansprüche: Starkwachsende Sorten müssen auf Drähten im Kalthaus gezogen werden, sie verlangen Wintertemperatur von 5–8°C. Blühen dann von IV bis in IX. Topfpflanzen werden

Bougainvillea spectabilis. (Herbel)

Brandkraut, *Phlomis samia.* (Herbel)

ebenfalls während des Winters bei der oben angeführten Temperatur gehalten und dabei wenig gegossen. Im Frühjahr hält man sie bei 15–20°C und hell und luftig. Topfpflanzen blühen IV–VI. Während der weiteren Entwicklung reichlich wässern und düngen, dabei aber die Pflanzen ständig stutzen, damit sie nicht zu groß werden. Im Herbst wieder kühl und trocken halten. Kultur in Einheitserde. – Stecklingsvermehrung ist für den Liebhaber sehr schwierig, da Temperaturen zwischen 25 und 30°C für die Bewurzelung notwendig sind.
Bouteloua → Moskitogras.
Bowiea, *Bowiea.* Liliengewächse, *Liliaceae.* ○ ♃ ⚥ ⊡ Lie. Hochwindende Pflanze mit großer, grundständiger Zwiebel. 2 Arten im südlichen Afrika. – *B. volubilis.* Grundständige Zwiebel hellgrün, bis faustgroß. Im Frühjahr nach der Ruhezeit entwickelt sich der kletternde Trieb, der auf einem Gerüst gezogen werden muß, bis zu 2 m Höhe. Trieb stark verzweigt und vollkommen blattlos. Blüten klein, sternförmig und grünlich-weiß. – Interessante Liebhaberpflanze für Sukkulentenfreunde, aber auch im Zimmer an hellem Fenster leicht auf Schnüren zu ziehen. Winters und sommers kühl und hell, im Winter Ruhezeit. Umpflanzen, wenn der Trieb sich entwickelt. – Vermehrung durch Nebenzwiebeln oder Aussaat leicht, Kultur in sandigen Substraten.
Brandkraut, *Phlomis.* Lippenblütler, *Labiatae.* 60–70 Arten, Mittelmeerraum bis Mittelasien, meist Stauden, auch Halbsträucher und Sträucher. *Ph. fruticosa.* ħ–ħ i VI–VII. Halbstrauch mit weißfilzigen Blättern und hellgelben Blüten. Wird 1 m hoch und braucht warmen, geschützten Standort. – *Ph. samia,* Spitzherzförmige, silbergraue Blätter. Blüten in Quirlen. VI–VII, 80 cm. – *Ph. tuberosa.* ♃ VI–VII. Mit knolligem Wurzelstock

Braunelle, *P. grandiflora* 'Alba'. (Seidl)

und rosa Blüten, wird 1,5 m hoch. – Geeignet für Einzelstellung und Gruppen zur Unterbrechung größerer Flächen mit Polsterstauden. Auf kalkhaltigem, trockenem, sandig-humosem Boden in sonniger Lage sehr lange haltbar. Anspruchslos in der Pflege, widerstandsfähig gegen Krankheiten und Schädlinge. – Vermehrung durch Teilung. Samen von blühenden Pflanzen reichlich.

Branntkalk → Mineraldünger (Kalkdünger).

Braunelle, *Prunella*. Lippenblütler, *Labiatae*. ○–◐ ♃ ┆ △ ∾ i Bie. Name vom plattdeutschen brun = braun oder Brüne = Halsbräune, wogegen diese Pflanze früher angewendet wurde. Kriechende Stauden mit eingeschnittenen oder gekerbten Blättern. Blüten an vierkantigem Stengel in kurzer Scheinähre. Von den 5 Arten stammen die meistens aus Europa. – *P. grandiflora*, Große Braunelle, Blätter unregelmäßig gekerbt oder ganzrandig. Blüten groß, violett. 'Alba', gelblichweiß im Verblühen etwas rostig werdend; 'Loveliness', lila, dicht mit Blüten besetzt, lange blühend; 'Loveliness Pink', rosa großblumig; 'Loveliness White', gute, großblumige, reinweiße Sorte. VII–IX, 15–20 cm. – *P.* × *webbiana*, Hybride mit stärkerem Wuchs und tiefer eingeschnittenen Blättern, violett. 'Rosea' hat besonders schöne, rosarote Blüten. VI–IX, 20 cm. – Verwendung im Steingarten, für Einfassungen und als Bodendecker. Humoser Gartenboden. Vermehrung durch Teilung.

Braunfäule → Phytophthora.

Braunkappe, Rotbrauner Riesenträuschling → Pilzanbau.

Braut in Haaren → Schwarzkümmel.

Brautprimel → Primel, Gewächshausprimel.

Breitsaat, Aussaat, Ausbringen des Saatgutes in breitstreuender Art, ohne Reihen oder Rillen. Wird angewandt bei Gründüngung oder z. B. Feldsalat.

Brennender Busch → Diptam.

Brennesseljauche, wird aus frischen Brennesseln oder im Handel erhältlichem Brennesselpulver zubereitet. In Tonne, am besten Holzfaß und Regenwasser, auf 50 Liter Wasser armvoll Brennesseln ansetzen, abdecken, gären lassen, öfter umrühren. Gärung normalerweise in 10 bis 14 Tagen beendet. Mutterlösung als Flüssigdünger 1:10 verdünnt gießen oder spritzen, für Kompost 1:2 verdünnen. Reste aus Tonne kompostieren. Kann mit anderen Kräutern kombiniert werden, insbesondere Schachtelhalm (Zinnkraut), → Kräuterextrakte.

Brennfleckenkrankheit → Bohnenbrennfleckenkrankheit.

Briza → Zittergras.

Broccoli, Spargelkohl, *Brassica oleracea* var. *asparagoides*. Kreuzblütler, *Cruciferae*. Der Name Broccoli wird unterschiedlich verwendet; in Frankreich meist für Winterblumenkohl (mit weißen, gelben oder violetten Blumen); hier für Spargelkohl, also für Pflanzen mit fleischigen, verzweigten Blütenstandsästen, kopfig-dichten Blütenständen, aus normalen, grünen Blütenknospen bestehend. Stammt wie der sehr nahe verwandte Blumenkohl aus Italien, wo er im 16. Jh. entstanden ist. In den USA viel angebaut, in Mitteleuropa noch weniger bekannt. – Anbau: Wie Blumenkohl, etwas engerer Standraum vorteilhaft (50 × 40 cm). Frühsommer- und Herbstkulturen gehen besser, Anbau über den Hochsommer

Broccoli. (Sperling)

führt oft zu kleinen, rasch aufblühenden Blütenständen. Schattieren der Blumen nicht nötig! Ernte solange die Blütenstände noch geschlossen sind. Reifezeit ziemlich unterschiedlich; bei heißem Wetter spätestens alle 2 Tage ernten. Nach Abschneiden des Hauptblütenstandes entwickeln sich bei vielen Sorten kleinere, ebenso wertvolle Seitenknospen; Pflanzen nach der ersten Ernte deshalb stehen lassen! – Verwendung: Sehr gehaltreiches Gemüse, die ernährungsphysiologisch wertvollste und zudem wohlschmeckendste Kohlart. Eignet sich sehr gut zur Gefrierkonservierung. Die fleischigen Blütenstandsäste sind eßbar!

Brombeere, *Rubus*. Rosengewächse, *Rosaceae*. Sommergrüne, seltener immergrüne Sträucher. Etwa 400 Arten in der ganzen Welt, in Deutschland, Österreich, Schweiz über 40. Zweige

Vorbildliche Anlage mit Holzfässern und Zuleitung von Regenwasser zur Bereitung von Pflanzenjauchen, insbesondere Brennesseljauche, bei einem Winzer in Burgund. (Snoek)

Bromeliengewächse

Dornenlose Brombeere 'Thornfree', ertragreich, mit großen, gutschmeckenden Früchten. (Dr. Link)

aufrecht oder schlingend und meist stachlig bewehrt. Viele werden zur Beerengewinnung angebaut.
WILDWACHSENDE UND ZIERPFLANZEN. *R. arcticus.* ⚃ ○–◐ VI–IX. △ i Lie. Ein Zwerg unter den B.n. Kaum 20 cm, kriechend, ziert hauptsächlich durch die Blätter. Seltene Bodendecker im Steingarten in kalkfreiem Boden oder Moorbeet. – *R. deliciosus,* ○ ♄ V ✿. Westliches Nordamerika. Bis 3 m, mit langen überhängenden Zweigen. Blüten meist einzeln stehend, weiß, etwa 5 cm breit. Frucht klein, hellviolett. – *R. fruticosus.* ○–◐ ♄ V–VI ⚇ ✿. Unsere heimische Himbeere. Stark bodenverbesserndes Pioniergehölz, besonders für trockene Böden geeignet. Zur Begrünung von Ödland, Hängen oder Böschungen. – *R. henryi.* ○–◐ ♄ VI ⚇ ✿. Mittelchina. Immergrüner, bis 6 m hoch rankender Strauch, mit anfangs flockig-filzigen Zweigen und kleinen, gekrümmten Stacheln. Blüten hellrot, 2 cm breit, in achselständigen Trauben. Unterart var. *bambusarum* ähnlich, aber mit bambusartigen Blättern. – *R. lasiostylus.* ○–◐ ♄ VI ✿. Besonders im Winter schön. Mannshohe Ruten schneeartig-weiß bereift, ähnlich *R. coreanus* und *R. cockburnianus*. Auch im Sommer sind diese Arten durch die fein fiederteiligen Blätter sehr dekorativ. Die Früchte und Blüten sind im Vergleich dazu unscheinbar. – *R. odoratus,* Zimthimbeere. ○–◐ ♄ VI–VIII ✿ D. Östliches Nordamerika. 2–3 m, ausläufertreibender Strauch, große, herzförmige Blätter. Blüten duftend, karminrot, bis 5 cm, an kurzen vielblütigen Rispen. Früchte halbkugelig rot, aber geschmacklos. – *R. phoenicolasius.* Japanische Weinbeere. ○–◐ ♄ VI–VIII ✿. Nordchina bis Japan. Bis 3 m, aufrechte, später überhängende Zweige, dicht mit roten Drüsenborsten und wenigen kleinen Stacheln besetzt. Blüten klein, hellrosa, in vielblumigen Rispen. Eßbare Früchte, klein, lebhaft rot, vom rostborstigen Kelch umgeben. – KULTUR-

ANSPRÜCHE. Die meisten Arten stellen an den Boden geringe Ansprüche. *R. odoratus* wächst selbst in schlechtester Lage noch sehr gut. Bei den meisten müssen, wie bei den Fruchthimbeeren, die abgetragenen Ruten herausgeschnitten werden. Manche Arten jedoch blühen am vorjährigen Holz. – VERMEHRUNG. Botanische Arten durch Aussaat; das Saatgut muß gleich nach der Ernte → stratifiziert und im Frühjahr ausgesät werden. Wuchernde Arten auch durch Wurzelschnittlinge. Stecklinge wachsen ebenfalls sehr gut. Da die Haupttriebe markiges Holz haben und sich nicht so leicht bewurzeln, am besten die Seitentriebe nehmen.
NUTZPFLANZEN. Sandbrombeere, *Rubus procerus.* Hierzug gehört die meist verbreitete Sorte 'Theodor Reimers': frostempfindlich, rankend, dornig, starkwachsend, reich tragend. Vermehrung durch Ausläufer, Ableger, Triebspitzen, Wurzelschnittlinge. Geringe Ansprüche an Boden. Standort frostgeschützt. Schnitt abgetragener Ruten nach der Ernte. Offener oder bedeckter Boden. Sorte 'Wilsons Frühe' aufrechtwachsend wie → Himbeere und Anbaumethoden wie diese. Nicht dornig. Rankende und nicht dornige Sorten (Neuzüchtungen): 'Thornfree', 'Thornless Evergreen', 'Merton Thornless', 'Thornless Boysenberry'.
Bromeliengewächse → Ananasgewächse.
Broussonetia → Papiermaulbeerbaum.
Bruchkies, runde Gesteinstrümmer der Korngrößenfraktion 2–60 mm, mechanisch gebrochen.
Bruchkraut, *Herniaria.* Nelkengewächse, *Caryophyllaceae.* ○–◐ ⚃ ⫶ △ ∾. Flache, dem Boden anliegende Kräuter mit kleinen Blättchen und unscheinbaren Blüten. 20 Arten im Mittelmeergebiet und Mitteleuropa. – *H. glabra,* Europa bis Nordasien. Beliebter Bodendecker mit frischgrünen, eiförmigen Blättchen und kleinen, grünlichen Blüten. VI–VII, 5 cm. – *H. hirsuta,* Süd- und Mitteleuropa. Ähnlich der vorigen Art, aber stark behaart, dadurch mehr graugrün. VI–VIII, 5 cm. – Verwendung als Rasenersatz auf trockenen Böden, in Plattenfugen und für die Grabbepflanzung. Boden durchlässig und nicht zu nährstoffreich. Vermehrung leicht durch Teilung oder Aussaat.
Bruchstein, gebrochener, unbehauener, aber meist lagerhafter Naturstein, dessen Bruchfläche je nach Mineralgehalt bei den magmatischen Gesteinen, Sedimenten und Metamorphiten recht unterschiedlich ist.

Bruckenthalia → Ährenheide.
Brunnen, ursprünglich und hauptsächlich Anlage zur Sammlung und Förderung von Trink- und Nutzwasser. Verbreitete Bauweisen sind Kessel- oder Schachtb., Rohrb., Schlagb. und Überlaufb. Zierb. dagegen sind architektonische Weiterentwicklung der Nutzb. Bereits bei den frühen Hochkulturen lassen sich Zierb. nachweisen, die in der islamischen Baukunst einen ersten Höhepunkt erreichten und in barocken Gartenanlagen imponierende Ausstattung und Zuordnung fanden. In heutigen Gärten werden Wandb., Schalenb., Säulenb., Skulpturenb. und B. in Verbindung mit Wasserbecken, Pflanzenbecken, Sitzterrassen u. Innenhöfen oft künstlerisch ausgeformt verwendet. – TECHNIK. Meist ausgeschachteter oder gebohrter B., bis zur Grundwasser führenden Tiefe. Gegebenenfalls seitliche Schlitze an den ummauerten oder betonierten Innenwänden ausgespart, um Wasser in Zwischenschichten Zufluß zu bieten. Wasserentnahme mit Schöpfeimer, Seil und Rolle oder → Pumpe. Beim artesischen B. steigt fließendes Grundwasser automatisch hoch, wenn B.bohrung tiefer als Zuflußniveau.
Brunnenkresse, Wasserkresse, *Nasturtium officinale.* Kreuzblütler, *Cruciferae.* Einheimische Pflanze, natürlicher Standort sind Quellbäche, die im Winter nicht zufrieren, uralte Heilpflanze. Anbau: Voraussetzung ist fließendes, reines Wasser, am besten Quellwasser. Anbau in flachen, ca. 40 cm tiefen Teichen mit regulierbarem Wasserzufluß; das Wasser muß ständig langsam strömen. Boden des Teiches ca. 5 cm tief mit sandigem Schlamm bedeckt. Vermehrung am besten durch Ableger. Pflanzen ausdauernd, bis 50 cm lange Triebe. Seitentriebe bewurzeln sich, diese bei Neupflanzungen verwenden. Ernte im Winterhalbjahr, X–V; dabei

Brunnenkresse. (Archiv)

werden die Triebspitzen 6–8 cm lang abgeschnitten, ein Drittel der Triebe muß jeweils stehen bleiben. Triebe müssen über Winter ständig untergetaucht sein. Erwerbsmäßiger Anbau in der Gegend von Erfurt zur Spezialität geworden. Selbstversorgeranbau auch in Brunnentrögen und Bottichen möglich. Boden dieser Behälter mit gut gemisteter Erde beschicken, 30–40 cm tief mit Wasser überfluten; das Wasser muß auch im Winter ständig fließen. – Verwendung: Frisches Kraut als Salat genossen, sowie der Preßsaft gelten als harntreibend und blutreinigend. Reich an würzigen Senfölen und Jod. Gilt seit frühesten Zeiten als kropfverhindernd.
Brunnera → Kaukasusvergißmeinnicht.
Brut, Brutknospen (Bulbillen) an Blättern, Wedeln (Farne) oder in Blattachseln und auch an Stengeln oder Wurzeln (z.B. bei *Lilium bulbiferum, Lilium tigrinum, Tolminaea, Polystichum setiferum, Lystopteris bulbifera*), die nach Verbindung mit entsprechendem Boden neue Pflanzen ergeben.
Brutblatt → Kalanchoe 1.

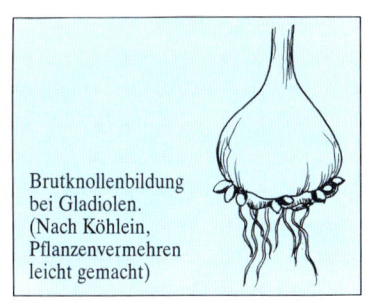

Brutknollenbildung bei Gladiolen. (Nach Köhlein, Pflanzenvermehren leicht gemacht)

Brutknollen, bilden sich an zwiebelartigen Knollen meistens an der Wurzelbasis (Gladiolen, Freesie, Milchstern).
Bryophyllum → Kalanchoe 1.
Bubiköpfchen, *Soleirolia (Helxine).* Nesselgewächse, *Urticaceae.* ○–◐ ⚃ ◠ ⌇ ▯ o. ⌃. Eine Art auf Korsika und Sardinien: *S. soleirolii*. Dünntriebiges zerbrechliches Kraut mit kleinen, herzförmigen Blättern. Blüten unscheinbar. Die Pflanze wächst rasig und bildet rasch schwellend-grüne Matten. Auch mit gelben und weißbunten (panaschierten) Blättern im Handel, diese beiden aber empfindlicher. – Kalthauspflanze, in milden Gegenden meist unter Steinen oder anderen Pflanzen in kurzen Trieben überdauernd und im Frühling rasch wieder anwachsend. Rasenersatz in kühlen Wintergärten, ideal für wenig belegte Terrarien. Als Topfpflanze für kühle Räume sehr gut geeignet. – Vermehrung durch Teilung leicht, jedes Teilstück bildet in kurzer Zeit eine neue Pflanze.

Bubiköpfchen, *Helxine soleirolii.* (Dr. Jesse)

Buche, *Fagus.* Buchengewächse, *Fagaceae.* Sommergrüne Bäume, 9 Arten in der nördl. gemäßigten Zone. Besondere Kennzeichen sind glatte Rinde, gefaltete Knospen, unscheinbare Blüten und dreikantige Früchte (Bucheckern), die zu zweien in vierklappig aufspringendem Fruchtbecher stehen. Es ist hauptsächlich nur eine Art mit ihren Formen in Kultur. – *F. sylvatica.* Rotbuche. ○ ♄ IV–V. Europa bis zum Kaukasus. 30–40 m, mit breitgewölbter Krone, grauer, glatter Rinde und rotem Holz, im Gegensatz zur → Weißbuche mit gestreifter Rinde und weißem Holz. Die Rotb. hat weitverzweigtes Wurzelsystem und ist darum ein windbeständiger Wald- und Parkbaum, der auch frisch aufgeschüttete Böschungen festigt. Vorzüglich für große Hecken. Das im Herbst gelbe und rote Laub bleibt den Winter über haften. Viele Spielarten in Blattfarbe, Wuchs- oder Blattform verschieden, dadurch viele Verwendungsmöglichkeiten. – 'Asplenifolia', langsamwachsend, breitpyramidaler Wuchs, sehr dicht stehende, dünne Äste, Blätter schmallinealisch, tiefgeschlitzt bis fadenförmig, besonders für Einzelstellung geeignet: 'Atropunicea', Blutbuche, mit metallisch glänzender, schwarzroter Belaubung. Ähnlich sind die Formen 'Atropunicea Latifolia' und 'Swat Magret'; letztgenannte ist die dunkelste und behält ihre Färbung am längsten; 'Fastigiata', Pyramidenb., mit straffaufrechtem, pyramidalem Wuchs und breiteren Blättern als die Art; 'Laciniata', breitwachsend, etwa 15 m hoch, von unten her dicht verzweigt, Blätter verschieden gestaltet, normal, ganzrandig oder lang zugespitzt bis fiederteilig; 'Pendula', Hängebuche, 15–20 m, mit waagrecht abstehenden Ästen und Zweigen, die bis zum Boden hängen. Geeignet für Park und Friedhöfe, erst ältere Exemplare erreichen ihre volle Schönheit; 'Purpureo Pendula', Trauerblutbuche, im Wuchs wie die vorige, jedoch schwarzrotes Laub. Erst bei älteren Bäumen entwickelt sich ein Haupttrieb; darum schon bei jüngeren Pflanzen einen starken Ast in die Höhe binden, um dadurch größere Exemplare zu bekommen. – ANSPRÜCHE. Frischer, kalkhaltiger Boden in sonniger oder halbschattiger Lage. Sehr wenig Krankheiten und Schädlinge. Die jungen Sämlinge werden manchmal vom Buchenkeimlingspilz befallen; Blattläuse können leicht durch Spritz- und Stäubemittel bekämpft werden. – VERMEHRUNG. Reine Art durch Aussaat: Die Bucheckern werden nach dem Auflesen oberflächig getrocknet und über Winter frostfrei → stratifiziert. Wiederholtes Umschichten ist notwendig. Gesät wird erst IV. Es ist zwecklos, die Gartenformen auszusäen, die Blutbuche bringt nur 1–2% echte Sämlinge. Die Sorten müssen veredelt werden, es gibt verschiedene Methoden: Winterveredlung durch Kopulation oder Geißfuß im Gewächshaus, wobei die Unterlage schon im Saft stehen muß und das Reis sich zu regen beginnt; Frühjahrsveredlung im Freiland durch Spaltpfropfen, hierbei dürfen nicht zu starke Unterlagen verwendet werden, da sonst der Edeltrieb, auch noch bei älteren Bäumen, ausbricht; Sommerveredlung durch Kopulation, nach Abschluß des ersten Triebes; Kronenveredlung durch seitliches Einspitzen Ende V–Anfang VI, wenn die Pflanzen in vollem Trieb sind.
Buchsbaum, *Buxus.* Buchsbaumgewächse, *Buxaceae.* Etwa 30 Arten, Mittelmeergebiet, Asien und Mittelamerika. Immergrüne Sträucher mit vierkantigen Zweigen und unscheinbaren, einhäusigen Blüten. – *B. microphylla.* ○–◐ ♄ ┆ V. Japan. Bis 1 m hoch, meistens mit niederliegenden Ästen und scharfkantigen Zweigen, Blüten in endständigen Büscheln. Die var. *japonica* wird größer, hat auch größere Blätter und achselständige Blüten. – *B. sempervirens.* ○–◐ ♄ IV–V ┆ i. Mittelmeerraum, dort oft baumartig, bei uns strauchartig. Die jungen kantigen Zweige sind fein behaart, Blätter eiförmig, beiderseits glänzend. Nach der Blattfarbe werden folgende Gartenformen unterschieden: 'Glauca' mit blauen, 'Argentai Variegata' mit weißbunten und 'Aureivariegata' mit gelbbunten Blättern. 'Rotundifolia' hat etwa doppelt so große Blätter und ist

Buckelkaktus

Buchsbaum, *Buxus sempervirens* 'Aurea Marginata'. (Herbel)

auch im Wuchs größer. Nach der Wuchsform zwei Varietäten: var. *sempervirens (*var. *arborescens*), sie ist die typische Form, üppig wachsend, mit lederartigen dunkelgrünen Blättern, wird oft zu Figuren geschnitten, wie in den Renaissance- oder Barockgärten; var. *suffruticosa*, unser bekannter Einfassungsbuchs, mit kleinem Wuchs und dunkelgrünen Blättern. – ANSPRÜCHE. Wächst in jedem Boden, verträgt Sonne wie auch Schatten. Auf sehr trockenem Boden leidet B. oft unter Ungeziefer, besonders Schildläusen. – VERMEHRUNG. Am leichtesten durch Stecklinge, mit ziemlich verholzten Trieben entweder im X oder im Frühjahr vor Beginn des neuen Triebes.

Buckelkaktus → Kakteen 11.
Buddleie, Sommerflieder, Schmetterlingsstrauch, *Buddleja. Buddlejaceae.* Etwa 150 Arten, hauptsächlich in Tropen und Subtropen. Zur selben Familie gehören viele sehr giftige Gewächse, z.B. die Brechnuß, die Strychnin enthält oder die Curare-Lianen, aus deren Holz die Indianer das gefährliche Pfeilgift gewinnen. – *B. alternifolia*. ○ ♄ VI D. Westchina. Besonders wertvoller Blütenstrauch, 3–4 m, mit überhängenden und abstehenden Zweigen. Blüten längs an den vorjährigen Zweigen, lebhaft purpurlila, in 2 cm langen, dichten Büscheln. 'Alba', reinweiß, besonders dekorativ an Böschungen oder auf Mauerkronen, vollkommen winterhart. – *B. davidii*. ○ ♄ VII–X D. Bis 5 m hoch. China. Zweige weit ausladend, stielrund, mit 15–25 cm langen lanzettlichen, dunkelgrünen bis graufilzigen Blättern. Blüten lila, duftend, werden besonders von Schmetterlingen gerne aufgesucht. Viele Gartensorten,

die sich in Blütenfarben unterscheiden: 'Black Knight', mittelstarkwachsend, dunkelviolett; 'Cardinal', starker Wuchs, große Blätter und lange Blüten, purpurrot; 'Empire Blue', starkwachsend, blauviolett; 'Fascinating', aufrechter Wuchs, mit übergroßen, bis 80 cm langen Blütenrispen, rosarot; 'Ile de France', starkwachsend, mit überhängenden Zweigen und verhältnismäßig kleinen Blättern, dunkelviolett; 'Peace', starkwachsend, lange Blütezeit, reinweiß; 'Purple Prince', starkwachsend, 30–40 cm lange, dicke Blütenrispen, violett; 'Royal Red', starkwachsend, lange Blütenrispen, purpurrot; 'White Bouquet', reichblühend, reinweiß. Die gelben bis aprikosenfarbenen Sorten sind in Mitteleuropa leider nicht ausreichend winterhart. Die Abart var. *nanhoenensis* ist zierliche, dünnverzweigte Gebirgspflanze, bis kaum 1 m hoch, für größere Steingärten geeignet. – ANSPRÜCHE. Jeder gute Gartenboden in warmer, trockener und sonniger Lage. In rauhen Gegenden Bodenschutz durch Laub oder Torf notwendig. *B. davidii* und ihre Sorten müssen kurz vor dem neuen Austrieb stark zurückgeschnitten werden; je schärfer der Rückschnitt, um so stärker werden die Triebe und um so mehr Blüten. – VERMEHRUNG. Aussaat nur bei den reinen Arten. Stecklinge von krautigen, nicht zu langen Trieben wachsen sehr gut. In günstigen Klimaten bei starkwüchsigen Sorten auch Steckholz. Veredlung nur bei *B. alternifolia* notwendig, da diese ziemlich schwachwüchsig ist, Handveredlung durch Spaltpfropfen auf Wurzeln von *B. davidii*.

Buddleja → Buddleie.
Bügelsäge, Säge mit Bügelgriff. Es gibt mehrere Modelle und Formen, doch muß das Sägeblatt stets verstellbar sein.
Büschelkaktus → Kakteen 20.
Bulben → Brutknollen.

Buddleia davidii 'Cardinal'. (Seidl)

Buntnessel, *Coleus Blumei-Hybride.* (Seidl)

Bulbillen → Brut und Brutknospen.
Bulbocodium → Frühlingslichtblume.
Bunte Frühlingsschneerose → Nieswurz.
Bunte Klimme → Klimme.
Buntnessel, *Coleus.* Lippenblütler, *Labiateae.* 120 Arten in Afrika und Asien. ○–◐ ♃ ▭. *C. Blumei*-Hybriden: 30–70 cm hohe Sträucher, Stengel vierkantig, am Grunde verholzend. Blätter oval zugespitzt, scharf gesägt, beiderseits weichhaarig, in den verschiedensten Farben und Farbkombinationen: grün, braun, gelb und rot. Blütenstände salbeiähnlich. Blüten weiß-blau, während des Sommers. – Ideale Zimmerpflanze für helle und nicht zu warme Räume, während des Sommers sind sie herrlich für Balkone und Fensterkistchen geeignet, teilweise auch fürs Freiland. Für die Zimmerkultur sollen die Pflanzen nicht zu alt sein, am besten vermehrt man sie immer zeitgerecht, bevor sie unansehnlich werden. Stecklinge wachsen leicht in Torf-Sand oder selbst in Wasser eingestellt. Sie verlangen eine nährstoffreiche, humose Erde und sollen nach dem Eintopfen oft gestutzt werden, damit sie sich verzweigen. Flüssigdüngung unbedingt notwendig. Sehr zu empfehlen ist auch Aussaat, da es hier immer Überraschungen gibt. Sie wird im Frühling durchgeführt. – *C. pumilus*, Ampelbuntnessel. Selten zu sehen, mit 2–4 cm großen Blättern, rotbraun mit grünem Rand. Blüte im Winter, hellblau. Fast vergessene Ampelpflanze, die in kühlen, hellen Räumen große Pflanzen bildet und leicht durch Stecklinge vermehrt werden kann.
Buntwurz, Kaladie, *Caladium.* Aronstabgewächse, *Araceae.* ◐–● ♃ ▭ ✕. Etwa 15 Arten, im tropischen Amerika beheimatet. Seit über 100 Jahren wird diese Gattung züchterisch bearbeitet, und es gibt Tausende Sorten, die am besten unter der Bezeichnung *C. × hortulanum* zusammengefaßt werden.

Buntwurz, *Caladium Bicolor-Hybride*. (Dr. Jesse)

Buschmalve, *Lavatera thuringiaca*. (Herbel)

Blätter langgestielt, meist schild- oder pfeilförmig, bis 30 cm lang. Besonderes Farbenspiel: weiß mit grünen Adern, weiß mit grün und roten Adern, rot mit dunkelroten Adern, dunkelgrün mit rot, hellrosa mit roten Adern und hellgrünem Rand und noch viele andere Kombinationen. B.-Pflanzen sind die farbenprächtigsten der buntblättrigen Warmhauspflanzen. Sie eignen sich nur bedingt für die Zimmerkultur, wesentlich haltbarer sind sie im Wintergarten oder Blumenfenster, wo sie die Temperaturen um 20°C und die hohe Luftfeuchtigkeit haben, die sie benötigen. Nie auf die Blätter spritzen! Im Herbst ziehen sie ein und werden bei 18°C vollkommen trocken überwintert. Im II/III werden sie in neues Substrat eingepflanzt; es soll humusreich, zugleich aber durchlässig sein. Reichlich düngen, niemals stocken lassen. Blüten immer entfernen, da sie der Pflanze nur unnötig Kraft wegnehmen.

Buphthalmum → Ochsenauge.
Buschbaum → Obstbaumformen.
Buschbohne → Bohne.
Buschklee, *Lespedeza (Desmodium)*. Schmetterlingsblütler, *Leguminosae*. Etwa 50 Arten im atlantischen Nordamerika, in Ost- und Südasien und Australien. Sommergrüne Kräuter, Stauden oder Sträucher mit kleeartigen Blättern und rötlichen, selten auch weißen Schmetterlingsblüten. – *L. bicolor*. ○ ♄ VIII–IX ⌃. Aus Ostasien, 2–3 m, mit aufrechten, etwas kantigen Zweigen. Purpurfarbene Blüten entlang der Zweige in achselständigen Trauben. – *L. thunbergii (Desmodium penduliflorum)*. ○ ♄ IX–X ⌃. Nordchina und Japan. Bis 2 m hoher Strauch mit nach allen Seiten elegant überhängenden Zweigen, die mit purpurrosafarbenen Blütentrauben besetzt sind. – Guter, durchlässiger Boden in sonnigen und warmen Lagen. Leichter Bodenschutz durch Laub oder Torf über Winter ratsam. *L. thunbergii* friert über Winter meistens zurück, die nachkommenden jungen Triebe blühen aber weitaus schöner. B. kommt durch die überhängenden Zweige an Böschungen besonders zur Geltung. Die spät erscheinenden Blüten können mit Sträuchern, die ihre Herbstfärbung schon angenommen haben, ein effektvolles Bild hervorrufen. – Vermehrung: Aussaat nur bei *L. bicolor*, bei *L. thunbergii* mit Vorteil Absenker; die jungen Triebe möglichst lange einlegen, sie bewurzeln sich leicht. Stecklinge sind ebenfalls möglich, jedoch ist im ersten Winter mit großem Ausfall zu rechnen. Jungpflanzen am besten in Töpfen heranziehen, sind in der ersten Zeit sehr kälteempfindlich.

Buschmalve, *Lavatera*. Malvengewächse, *Malvaceae*. ○–◐ ♃ ☉ ⋈. An Malven erinnernde Pflanzen mit gelappten bis rundlichen Blättern, reich- und langblühend. Etwa 25 Arten, davon die meisten im Mittelmeergebiet. – *L. olbia*, bis 2 m hoch, sehr schön, hält aber nur in klimatisch günstigen Gegenden aus. Farblich schöner ist die Form 'Rosea'. – *L. thuringiaca*, Europa, Ostasien. Steppenpflanze mit aufrechtem, verzweigtem Wuchs. Blätter etwas filzig, dreilappig. Blüten breitschalenförmig, einzeln in den Blattachseln, blaß rosenrot. VII–X, 1–1,5 m. – *L. trimestris*, Sommer-Lavatere. Südeuropa, Syrien bis Nordafrika. Einjährige, anspruchslose Sommerblume. Blätter rundlich, oben eckig-dreilappig. Blüten einzeln in den Blattachseln. Meist als Mischung im Handel mit weißen, rosa bis karminroten Blüten. VII–X, 60–100 cm. – Verwendung der Staude an trockenen Stellen im Staudenbeet und Wildstaudengarten. Die Einjährige als blühende Hecke oder im Sommerblumenbeet. Normaler Gartenboden. Vermehrung durch Aussaat.

Butomus → Blumenbinse.
Butterbirne, nach natürlichem System von *Lucas* Frucht birnförmig oder abgestumpft kegelförmig, symmetrisch, glatt. Wichtigste Eigenschaft: Völlig schmelzendes Fruchtfleisch und sehr edler Geschmack. In der Regel sehr wärmebedürftig, dann schmelzendes Fleisch.
Butternuß = *Juglans cinerea* → Walnuß.
Buxeinfassung, Gestaltungselement geometrischer Gärten und ganz besonders für Bauerngärten. Je lfd. m werden 8–10 Pflanzen von *Buxus sempervirens* 'Suffruticosus' benötigt.
Buxus → Buchsbaum.

C

Cactaceae → Kakteen.
Caladium → Buntwurz.
CA-Lagerung, das Lagern von Obst, Gemüse oder Schnittblumen in kontrollierter Atmosphäre. Nur in gasdichten Räumen möglich. Durch Sauerstoffabsenkung und Kohlendioxiderhöhung wird eine Lagerluft-Zusammensetzung von 1–6% Kohlendioxid und 1–3% Sauerstoff hergestellt (Differenz zu 100% = Stickstoff). Sie ergibt sich automatisch durch die Sauerstoffaufnahme der Früchte, bei gleichzeitiger Kohlendioxidabgabe (Prinzip der Atmung). Zur Steuerung sind Zusatzgeräte erforderlich. Wichtigstes kommerzielles Lagerverfahren. → Folienlagerung kommt der CA-Lagerung nahe und ist auch für den Verbraucher nutzbar.
Calamagrostis → Reitgras.
Calamondin-Orange → Citrus.
Calanthe → Orchideen 1.
Calathea → Marante.
Calceolaria → Pantoffelblume.
Calcium, chemisch Ca, Nährelement in Kalkdüngern, die vor allem aber als Bodendünger wirken. Jährlich werden je nach Anbauintensität und Pflanzenarten bis ca. 20 g/qm Ca (als Ca oder CaO) umgesetzt. Etwa die gleiche Menge kann, bei starker Mineraldüngung mit Sulfaten und Chloriden, bei ungenügender Bodenbedeckung und Humusmangel, ausgewaschen werden; bei organischer Düngung weniger. – Ca ist in der mineralischen Reserve der Böden enthalten, auf kalkhaltigen Böden werden daraus bis zu 10 g/qm jährlich nachgeliefert, durch organische und mineralische Düngung weitere ca. 8 g/qm geliefert, so daß der Ca-Bedarf in der Regel gedeckt ist. – Ca ist unentbehrlicher Baustein wichtiger pflanzlicher Inhaltsstoffe und in der Trockensubstanz der Pflanzen mit ca. 0,7–5% enthalten, je nach Pflanzenteil, wie Wurzel, Stengel, Blättern, auch Alter. Ca hat Anteil an → Ionenaustausch und Enzymtätigkeit (→ Enzyme). – CA-MANGEL. Pflanzen bewurzeln sich schlecht, zu niedriger → pH-Wert, Blätter der Spitzentriebe wachsen wenig widerstandsfähig, schlechtes Wurzelwachstum, → Stippe bei Äpfeln. Überdüngung mit Kalium vermeiden, da Calcium durch Kalium verdrängt oder ausgetauscht wird (→ Antagonismus). Langsam wirkende Kalkdünger (→ Mineraldünger [Kalkdünger]), wie → Hüttenkalk, bevorzugen.
Calciumcyanamid, → Kalkstickstoff, → Kalkdünger.
Calendula → Ringelblume.
Calla → Sumpfkalla.
Callicarpa → Schönfrucht.
Callisie, *Callisia.* Tradeskantiengewächse, *Commelinaceae.* ☽ ♃ ⚗ ⚘. Einige Arten im tropischen Amerika. – *C. repens* hort. (*C. multiflora,* richtig *Aploleia multiflora*). Tradeskantien-ähnlich, stark hängend, Blätter samtig grün, zugespitzt, am Rand etwas gewellt, Blüten klein und weiß, zu vielen in großen Blütenständen, herrlicher Veilchenduft. Ideal für Körbe oder Ampeln in größeren Wintergärten, und leider auch nur dort befriedigend blühend. – *C. striata.* Schwach hängend, mit kurzen Internodien, bis 10 cm lange, oval-gespitzte Blätter, stark grün-weiß gestreift. Ähnlich panaschierten Tradeskantien, aber kompakter im Wuchs. – Beide schöne Ampelpflanzen, die zweite Art ist auch für die Bodenbepflanzung in Blumenfenstern geeignet. – Vermehrung leicht durch Kopfstecklinge.
Callistemon → Schönfaden.
Callistephus → Sommeraster.
Calluna → Besenheide.
Calonyction → Mondwinde.
Caltha → Dotterblume.
Calycanthus → Gewürzstrauch.
Camassia → Prärielilie.
Camellia → Kamelie.
Campanula → Glockenblume.
Campsis → Trompetenblume.
Canarina → Kanarine.
Canna → Blumenrohr.
Cannabis → Hanf.
Cantue, *Cantua.* Sperrkrautgewächse, *Polemoniaceae.* ○ ♄ ⚘ Lie. Immergrüne Sträucher mit meist ungeteilten Blättern und endständigen Blütenbüscheln. 6 Arten in Südamerika. – *C. buxifolia.* Frühjahr. Bis 3 m hoher Strauch mit bogig überhängenden Trieben, Blätter meist 2–3 cm lang, ganzrandig. Blüten in Büscheln am Ende der Triebbögen, 7–8 cm lang, innen rosenrot mit gelbem Schlund, außen karminrot mit weiß. – Blühend ist die peruanische Nationalblume eine der schönsten Kalthauspflanzen. Kultur im Winter luftig und hell, bei 8–15°C, in nahrhaften, humosen Substraten. Im Sommer steht die C. am besten im Freien an sonniger Stelle. – Vermehrung durch halbharte Stecklinge bei 15–20°C. Jungpflanzen zuerst häufig stutzen, damit sie sich verzweigen, später nicht mehr, da sie nur dann reich blühen.
Capsicum → Spanischer Pfeffer.
Carabiden, Laufkäfer, meist schwärzlich gefärbte oder metallglänzende, 3 bis 30 mm große → Käfer, die nach ihren schnellen Bewegungen benannt wurden. Mehrere hundert einheimische Arten, die als Larve und fertiges Insekt fast ausschließlich Kleintiere, darunter viel Raupen und andere Insekten sowie auch Schnecken fressen. Sehr wichtige Nützlingsgruppe, die man mit Bodendeckern, Steingärten und vor allem Hecken (zur Überwinterung) fördern kann.
Caragana → Erbsenstrauch.

Cardy, *Cynara cardunculus.* (Bruck)

Cardy, Karden, *Cynara cardunculus.* Korbblütler, *Compositae.* Stammt wie die sehr nahe verwandte Artischocke aus Südeuropa; wird seit dem 16. Jh. nördlich der Alpen angebaut. Große, geschlitzte, graugrüne Blätter mit langen, fleischigen Blattstielen, die gebleicht als Gemüse genossen werden. – Anbau: Nur in klimatisch günstigen Gebieten möglich. Boden locker und sehr tiefgründig! Stallmistdüngung vorteilhaft. Anzucht aus Samen. Aussaat entweder ins Frühbeet ab Ende II oder direkt ins Freiland ab Ende IV (2–3 Korn in Abständen von 100 × 100 cm, später auf eine Pflanze verziehen). Bei Setzlingsanzucht ab Mitte V auf 100 × 100 cm auspflanzen. Zwischenräume mit Unterkulturen nutzen! Pflege wie Artischocke: fleißig gießen und flüssig nachdüngen. Bleichen der Blattstiele ab IX: Pflanzen locker zusammenbinden, das Bündel mit Stroh einbinden und ca. 20 cm hoch anhäufeln. Nach 3–4 Wochen kann geerntet werden. Später reife Pflanzen vor Frosteintritt ausgraben, im Keller in Sand einschlagen, leicht zusammenbinden. Ergeben wertvolles Wintergemüse. – Verwendung: Roh mit pikanten Saucen oder gekocht wie Spargel ist Cardy ein schmackhaftes Gericht.

Carex → Segge.
Carlina → Eberwurz.
Carpinus → Weißbuche.
Carya → Hickorynuß.
Caryopteris → Bartblume.
Cassia → Kassie.
Cassiope → Schuppenheide.
Castanea → Edelkastanie.
Catalpa → Trompetenbaum.
Catananche → Rasselblume.
Catawba-Alpenrose → Alpenrose.
Catharanthus → Immergrün.
Cattleya → Orchideen 8.
Ceanothus → Säckelblume.
CCC → Chlorcholinchlorid.
Cedrus → Zeder.
Celastrus → Baumwürger.
Celosia → Hahnenkamm.
Celtis → Zürgelbaum.
Centaurea moschata → Flockenblume.
Centaurea → Flockenblume.
Centranthus → Spornblume.
Cephalanthus → Knopfblume.
Cephalaria → Schuppenkopf.
Cephalocereus → Kakteen 10.
Cerastium → Hornkraut.
Ceratonia → Johannisbrotbaum.
Ceratophyllum → Hornblatt.
Ceratostigma → Horn-Bleiwurz.
Cercidiphyllum → Kadsurabaum.
Cercis → Judasbaum.
Cereus → Kakteen 9.
Ceropegia → Leuchterblume.
Cestrum → Hammerstrauch.
Ceterach → Schriftfarn.
Chaenomeles → Zierquitte.
Chamaecereus → Kakteen 9.
Chamaedaphne → Lederblatt.
Chamaedorea → Palmen 1.
Chamaerops → Palmen 2.
Chamaecyparis → Scheinzypresse.
Champignon, Kulturchampignon → Pilzanbau.
Charlottenzwiebel → Schalotte.
Cheiranthus allionii → Schöterich.
Cheiranthus → Goldlack.
Chelate, metallorganische Verbindungen, werden von organischen Säuren (Chelatbildnern) aufgebaut, indem diese, z.B. aus schwerlöslichen Silikaten, Nährstoffe lösen und pflanzenaufnehmbar machen. Name Ch. von griech. Chele = Kralle, weil die organischen Säuren das Metall krallenartig umfassen oder einschließen. Chemischer Aufbau ähnlich Chlorophyll. Beispiel: Flechtensäuren lösen Eisen, Calcium, Magnesium u. a. Nährstoffe aus Felsen, lockern dadurch den Zusammenhalt des Gesteins und auch Kalium wird pflanzenverfügbar. Chelatbildung (Chelatisierung) auch durch Bakterien und Pilze bei Phosphaten. Beispiel: unlösliches Eisenphosphat wird durch Chelatbildner zu pflanzenaufnehmbarem Eisenchelat und Phosphat. Ch. für Gärtner praktisch bedeutsam: durch hohe mikrobiologische Aktivität werden Nährstoffe aus Gestein mobilisiert.

Chelone → Schildblume.

Chemischer Pflanzenschutz, Anwendung von chemischen Stoffen zur Abtötung von Krankheitserregern und tierischen Schädlingen der Kulturpflanzen. Wir können eine umweltfeindliche und eine umweltfreundliche Form des Chem. P. unterscheiden. Umweltfeindlich sind die modernen synthetisch-organischen Pestizide. Ihre Anwendung ist mit einem Gesundheitsrisiko für Mensch und Haustier sowie mit hohen Verlusten an Garten-Lebewesen, darunter sehr vielen Schädlingsfeinden, verbunden. Umweltfreundlich sind dagegen verdünnte Lösungen nicht-synthetischer chemischer Substanzen wie → ätherische Öle, → Bitterstoffe, → Alaun, → Kaliumpermanganat, → Schwefelkalkbrühe (10%) und → Seifenlösungen. Sie bewirken eine Abschöpfung der Schädlingspopulation bei weitgehender Schonung anderer Lebewesen. Strenggenommen, gehören auch die → Kräuterextrakte hierher. Doch sollen sie in diesem Buch dem → Biologischen Pflanzenschutz zugerechnet werden. Der Nichterwerbsgärtner sollte sich bei der Wahl chemischer Wirkstoffe auf umweltverträgliche beschränken, auch wenn er damit kleinere Einbußen durch Schädlinge hinnehmen muß. Er stärkt dadurch die natürliche Abwehrkraft seines Gartens gegen Krankheiten und Schädlinge und leistet darüber hinaus einen wichtigen Beitrag zur Erhaltung der Umwelt. Auch entfallen bei biologischem Pflanzenschutz die lästigen Wartezeiten, ausgenommen schwefelhaltige Mittel.

Chiastophyllum, → Walddickblatt.

Chicorée, Salatzichorie, Brüsseler Witloof, *Cichorium intybus.* Korbblütler, *Compositae.* Stammt von der einheimischen Wegwarte ab; hat im Gegensatz zu dieser fleischige Wurzel, die nach Überwinterung weißen, geschlossenen Blattzapfen ausbildet. War lange Zeit große Spezialität Belgiens, heute auch in anderen europäischen Ländern verbreitet. – ANBAU. Geht sehr gut in unserem Klimagebiet. Bodenansprüche: Lockerer, fein bearbeiteter Boden, am besten sandiger Lehm, darf nicht zu schwer sein, nicht frisch gemistet. Anbau der Wurzel: Aussaat Ende V bis Ende VI, Reihenabstand 25–30 cm, in der Reihe auf 15 cm verziehen. Geht oft als Nachkultur nach Frühkartoffeln usw. Nach Bedarf hacken, Kopfdüngung mit Stickstoff vorteilhaft. X/XI werden die Wurzeln gegraben, auf ca. 20 cm eingekürzt und Blattschopf 2–5 cm oberhalb der Wurzelhalses abgeschnitten. Blätter sind wertvolles Viehfutter. Wurzeln wie Möhren einwintern und nach Bedarf in Treiberei nehmen. – TREIBEN DER SALATZICHORIE. Eine überdachte, heizbare Treibfläche vorbereiten, z.B. heizbares Frühbeet oder Kellerraum. Wurzeln bis zu den Wurzelköpfen rei-

Chicorée, *Cichorium intybus.* (Sperling)

henweise dicht gestellt in Erde eingraben und gut angießen. Köpfe mit lockerer, trockener Erde oder mit Sägemehl ca. 20 cm hoch überschichten. Neue Sorten lassen sich auch ohne Deckerde treiben. Auf 16–18°C aufheizen. Nach 2–3 Wochen sind die Zapfen ausgebildet, Deckerde entfernen, Zapfen samt Wurzeln herausnehmen und abschneiden. Die abgetriebenen Wurzeln sind gutes Viehfutter. Im Kleinanbau können auch Eimer, Fässer und Bottiche für die Treiberei verwendet werden. Diese an warmem Ort aufstellen. Durch gestaffelte Treiberei kann während des ganzen Winters geerntet werden. – VERWENDUNG. In französisch sprechenden Ländern meistens als gekochtes Gemüse ähnlich Lattich, sonst vorwiegend als schmackhafter, im Winter sehr gesuchter Salat.

Chilesalpeter, chemisch Natriumnitrat (Natronsalpeter), natürliches Salz der Salpetersäure. Da jodhaltig, wahrscheinlich aus Seetang entstanden. In Chile, Provinz Atacama, aus dem steinartigen Rohsalpeter, Caliche, gewonnen. 15% Stickstoff. Ch. war im 19. Jh., bis zur Gewinnung von Ammoniak in Gaswerken, der meistverbreitete → Mineraldünger (Stickstoffdünger).

Chimäre, durch vegetative Vermehrung entstandener Bastard: Propfbastard, → Geißkleebohnenbaum.

Chimonanthus → Winterblüte.

China-Aster → Sommeraster.

Chinakohl, Chinesischer Kohl, Pekingkohl, *Brassica pekinensis*. Kreuzblütler, *Cruciferae*. Stammt aus dem Fernen Osten, wird erst seit wenigen Jahrzehnten in Europa angebaut; dürfte an Bedeutung zunehmen, da raschwüchsiger und schmackhafter als Weißkohl. Anbau: Ausgesprochene Langtagpflanze; nur für Herbstanbau, da er im Sommer rasch aufschießt. Bodenansprüche ähnlich Kohlarten. Reagiert empfindlich mit Aufschießen auf alle

Chinakohl, *Brassica pekinensis*. (Bruck)

Chinaschilf, *Miscanthus*. (Archiv)

Wachstumsstockungen. Aussaat Ende VII direkt ins Freiland, Anzucht über Setzlinge möglich; aber nur getopfte oder gut ballenhaltige Jungpflanzen verwenden! Reihenabstand 40–45 cm, in der Reihe auf 30–35 cm verziehen. Für ungestörtes Wachstum sorgen, sehr raschwüchsig. Ernte Herbst bis Spätherbst. Leichte Fröste werden vertragen. Vor strengen Winterfrösten einlagern. Die lockeren, länglich geformten Köpfe können bis in I gelagert werden. – Verwendung: Als Salat oder gekochtes Gemüse wie Weißkohl, feiner und geschmacklich besser.

Chinaschilf, *Miscanthus*. Gräser, *Gramineae*. ○ ♃ ⚏ ✂. 6 Arten in Süd- und Ostasien. Meistens hohe Gräser mit flachen, schmalen Blättern. Blüten fast fächerförmig, mit Seidenhaaren, in der Herbstsonne schimmernd. Wichtige und schöne Staudengräser. – *M. floridulus (M. japonicus)*, Riesen-Chinaschilf, Ostasien. Bildet sehr hohe Blatthorste mit schilfartig überhängenden Blättern an steif aufrechten Halmen. Blüht bei uns kaum. X, 150–250 cm. – *M. sacchariflorus (Imperata sacchariflora)*, Silberfahnengras, Amurgebiet, Ausläufertreibend und wuchernd. Schilfartige, 1–2 cm breite, grüne Blätter mit braunem Mittelstreifen, Herbstfärbung braunrot. Seidige, silberweiße Blütenstände 90–120 cm. 'Robustus' wird höher und hat stärkere Halme 150 bis 200 cm. VIII–XI. – *M. sinensis (Eulalia japonica)*, China, Japan. Stielrunde Halme mit etwa 2 cm breiten Blättern mit starker Mittelrippe. Blüten an fächerförmiger Rispe mit 20–30 cm langen, silberweiß glänzenden Ähren. Nur Sorten im Handel. 'Condensatus', blüht sicher; 'Gracillimus', hat ganz schmale, nur 5 mm breite Blätter mit weißer Mittelrippe. Bildet dekorative, dichte Büsche, 150 cm; 'Silberfeder', mit Wertzeugnis, sehr frühblühend, mit leuchtend silberwei-

ßen Blütenständen, IX–XI, 150 cm; 'Variegatus', überhängende, weißbunte, längsgestreifte Blätter, 150–180 cm; 'Yakushima Dwarf', zwergig, eher an Federborstengras erinnernd, 40 cm, VII–VIII; 'Zebrinus', überhängende, quer zebraartig gestreifte Blätter, 150 cm. X–XII. – Das Ch. ist in den achtziger Jahren sehr stark züchterisch bearbeitet worden, so daß viele, bessere Sorten in den Handel kommen werden. – Verwendung im Park, Stauden- und Naturgarten, am besten freistehend einzeln oder in Gruppen. Schön am Wasser und zum Schnitt, grün oder blühend. Boden locker, humos, nährstoffreich. Alte Halme erst im Frühjahr abschneiden. Vermehrung durch Teilung.

Chineserprimel → Primel, Gewächshausprimeln.

Chinesischer Roseneibisch, *Hibiscus*. Malvengewächse, *Malvaceae*. ○–◐ ♄–♄ ⚏. *H. rosa-sinensis*. Strauch bis kleiner Baum, blüht Frühling bis Herbst. Blätter rundlich zugespitzt, ledrig, glänzend dunkelgrün, bis 12 cm lang. Blüten aus den Blattachseln, 10–15 cm im Durchmesser, rosa, rot, gelb und weiß, einfach oder gefüllt. – Schöner Blütenstrauch, der auch gut im temperierten Zimmer gedeiht. Verlangt größere Gefäße, humos-lehmige Substrate und regelmäßige Dunggüsse. Um sie buschig zu erhalten, müssen sie von Zeit zu Zeit gestutzt werden. Während der Sommermonate kann man den R. auch im Freiland ausgesenkt oder ausgepflanzt verwenden (Mainau!), muß aber zeitgerecht einräumen. Die Wintertemperaturen sollten nicht unter 12–15°C fallen. – Vermehrung durch Stecklinge bei Temperaturen von 20–22°C. Die im Handel erhältlichen Pflanzen sind mit einer Chemikalie gestaucht. Stecklinge wachsen von diesen Pflanzen erst, wenn nach 2–3 Jahren die Wirkung des Stauchemittels nachgelassen hat.

Chinesischer Roseneibisch. (Dr. Jesse)

Chinesisches Rotholz → Urweltmammutbaum.
Chionodoxa → Schneestolz.
Chionanthus → Schneeflockenbaum.
Chlor, chemisch Cl, bei salzliebenden Pflanzen nützlich: Betarüben, Kohl, Sellerie, Spinat und Verwandte (Meeresstrandgewächse). Cl fördert bei diesen Pflanzen Fotosynthese, hemmt jedoch bei den meisten übrigen den Kohlehydrat-Stoffwechsel, speziell bei Kartoffeln die Stärkebildung. Cl-haltige Dünger (→ Düngung) deshalb bei oben genannten Meeresstrandgewächsen anwendbar, bei übrigen schädlich. In Böden als Chlorid-Anion immer ausreichend vorhanden, da bewegliches Element; als molekulares Cl_2 pflanzenschädlich.
Chlorophyll, Assimilationspigment des Blattes. Über diesen Farbstoff wird die Energie auf ein Zentrum übertragen, welches die Lichtenergie in chemische Energie umwandelt. → Fotosynthese.
Chlorophytum → Grünlilie.
Chloroplasten, die Orte der → Fotosynthese-Kohlenstoffassimilation. Die ersten Produkte der Assimilation sind Glucose und nach Polymerisation Stärke, die durch Verbrennung über die Atmung in nutzbare Energie überführt wird. Licht ist dabei der wichtigste ökologische Assimilationsfaktor, weshalb bei Obstgehölzen lockere Kronen notwendig sind, damit alle Blätter in den optimalen Lichtgenuß kommen.
Chlorose, Bleichsucht, Erkrankung des Blattgrüns (→ Chlorophyll), Pflanze assimiliert nicht ausreichend (→ Fotosynthese) und gedeiht nicht. Blätter gelb bis weißlich, gestreift oder punktiert, bei weiterhin grünem Adernetz. Meist als Eisenmangel gedeutet (→ Eisen), tatsächlich jedoch allgemeine Ernährungsstörung durch Überschuß an leicht aufnehmbarem Kalk mit zu hoher pH-Zahl, schlechte Bodenstruktur mit Luftmangel und Wasserüberschuß. Als Folge nimmt Pflanze Nährstoffe nicht normal auf, besonders bei Mangel an Stickstoff, Phosphat, Eisen, Magnesium, Mangan. Stickstoffmangel auch als ‚Schlechtwetterchlorose' bei naßkalter Witterung mit zu später Erwärmung und mangelnder biologischer Aktivität des Bodens. – Sofortmaßnahmen: bei Eisenmangel mit → Fetrilon, bei Stickstoffmangel mit Harnstoff und/oder Algenlösung spritzen (→ Blattdüngung, → Harnstoff). Ursächliche Behandlung: Boden verbessern, pH-Wert korrigieren.
Christophskraut, *Actaea.* Hahnenfußgewächse, *Ranunculaceae.* ○-● ⚘. Schattenstauden mit doppelt bis dreifach gefiederten Blättern und unscheinbaren, weißlichen Blüten in ährigen – Trauben. Von besonderem Zierwert sind die Früchte im Herbst. Etwa 6 Arten in Mitteleuropa, Nordamerika und Asien. – *A. alba,* Weißfrüchtiges Christophskraut. Nordamerika. Etwas schwächer im Wuchs als die andern, aber mit dem schönsten Fruchtstand, weiße Beeren an verdickten, roten Stielen. V–VII, 50–60 cm. – *A. rubra,* Rotfrüchtiges Christophskraut. Nördliches, atlantisches Amerika. Blutrote Beerenfrüchte. V–VI, 30–40 cm. – *A. spicata,* Schwarzfrüchtiges Christophskraut. Europa, gemäßigtes und arktisches Asien. Kleine, weißliche Blüten und schwarze Beeren. 'Fructo Alba' hat weiße, 'Fructo Rubra' korallenrote Beeren, sind aber nicht mit den beiden obigen Arten identisch. – Verwendung als Unter- oder Zwischenpflanzung bei Gehölzen, auch unter Wildstauden im Schatten. Boden: Lockerer Waldhumus mit Lehm. Vermehrung durch Aussaat.
Christrose → Nieswurz.
Christusdorn. *Euphorbia.* Wolfsmilchgewächse, *Euphorbiaceae.* ○ ♃ ⚘. *Eu. milii (Eu. splendens),* Madagaskar. Stark bedornter Strauch, der 1,5 m Höhe erreichen kann. Triebe bis 10 mm stark, Blätter bis 6 cm lang, länglich, sehr unterschiedlich geformt. Blüten in verzweigten Trugdolden, auffällig durch die roten Hochblätter. Meist im Winter oder Frühling blühend. Unterschiedliche Formen in Kultur, z. B. 'Lutea' mit gelben Hochblättern; neueren Datums sind 'Tananarive', hellgelb, hochwachsend und 'Aalbäumle', kleinblättrig und -blütig, rot, sehr reich verzweigt. *E.-Lomii-*Hybriden. Zimmer-Christusdorn. Durch Kreuzung mit anderen Arten entstand eine Gruppe von großblättrigen, nicht so stark verzweigten, aber reich- und großblütigen Christusdorn-Sorten, z. B. 'Gabriele', die sehr gute und schöne Zimmerpflanzen sind. Sie benötigen nicht so tiefe Temperaturen im Winter und sind nicht so tageslängenabhängig.
In Süddeutschland, Österreich und der Schweiz beliebt, besonders in ländlichen Gebieten. Die Entwicklung der Blüten ist sowohl von der Tageslänge als auch von der Temperatur abhängig: Im Sommer werden Knospen nur unter 15°C angelegt, im Winter auch bei höheren Temperaturen. Die Entwicklung der Knospen geht um so rascher, je höher die Temperatur ist. Wintertemperaturen aber auch bei 10–15°C möglich, im Sommer verträgt der Ch. hohe Temperaturen und Kultur an Südfenstern. – Vermehrung durch Stecklinge das ganze Jahr möglich, doch am besten im Sommer, da die Wurzeln bei 25°C am raschesten sich entwickeln. Nach dem Stecklingsschnitt Steckling abspülen (Milchsaft tritt aus) und abtrocknen lassen, gleich in kleine Töpfe in durchlässige Erde stecken.

Christusdorn, *Euphorbia splendens.* (Jesse)

Chromosomen, Träger der Gene für Erbanlagen. Bei Kernobstgehölzen wichtig die Chromosomenzahl bzw. Vielfalt der Chromosomensätze. Danach unterscheidet man diploide Sorten (34 Chromosomen) gute Pollenspender, triploide Sorten (51 Chromosomen) = schlechte Pollenspender, tetraploide Sorten (z. T. selbstfruchtbar) und polyploide Sorten. Bei Erdbeeren polyploide Sorten besonders wichtig, weil davon die Fruchtgröße abhängt.
Chrysanthemum → Wucherblume.
Chrysothemis. Gesneriengewächse, *Gesneriaceae.* Wenige Arten in Süd-Amerika. Kräuter mit runzeligen Blättern, Blüten orange oder gelb. – *C. pulchella* ♃ ⚘. 20–25 cm. Blätter oval, etwas zugespitzt, bräunlich, blasig. Blüten 2 cm, orange. – Kultur wie *Episcia.*
Cimicifuga → Silberkerze.
Cinerarie, *Senecio cruentus.* Korbblütler, *Compositae.* ○ ⊙ ⚘. Auf den Kanarischen Inseln beheimatet, bewohnt dort feucht-kühle Wälder. Blätter groß, rundlich bis nierenförmig, teilweise gelappt und gezähnelt. Blattunterseiten und Stiele können purpurn oder blau angelaufen sein. Blüten zahlreich, zu großen flachen Doldentrauben vereinigt. Blütenfarbe blau, rot, rosa, violett oder weiß, auch Kombinationen dieser Farben. Scheibenblüten meist violett oder gelb. – Vermehrung

Cissus

Cinerarie, *Senecio cruentus.* (Seidl)

durch Aussaat, von VII bis IX. Kultur in Einheitserde. 1mal pikieren, dann topfen, meist in 11–13-cm-Topf. Die Temperaturen sollen im Herbst bei 15 °C, später müssen sie unter 10 °C liegen, damit Blüten angelegt werden. Nach dem Sichtbarwerden der Blütenstände kann man wieder 12 °C geben. Der Stand sei immer hell und luftig. – Besonders bei dichtem Stand treten Grauschimmel und Mehltau auf. Besondere Anziehungskraft übt die C. auf Blattläuse aus, diese daher regelmäßig bekämpfen! Hauptblütezeit II–V. Man kann in günstigen Lagen, wo keine Spätfröste zu erwarten sind, die C. auch für die Beet- oder Schalenbepflanzung im Freiland verwenden. Besonders um den Muttertag (zweiter Sonntag im Mai) sind C.n sehr begehrt. – *Cineraria* auch → Greiskraut.
Cissus → Klimme.
Citrofortunella → Citrus.
Citrus, Zitrone, Orange, Mandarine usw. Rautengewächse, *Rutaceae.* ○–◐ ♄ ☐ D. Etwa 15 Arten in Ostasien, doch nun schon weltweit verbreitet. Benennung unklar und sehr schwierig. – *C. limon,* Zitrone, meist kleiner Baum, Blattstiele geflügelt, Zweige stark bedornt. – *C. reticulata,* Mandarine, sehr stacheliger Strauch, kleine Blätter, der kurze Blattstiel ist ungeflügelt. – *C. sinensis,* Orange, Apfelsine, Strauch ohne oder mit wenig Dornen, Blattstiele schmal geflügelt. – Am besten für die Kultur eignet sich *C. paradisi,* die Grapefruit. Sämlinge dieser Citrusfrucht blühen bereits in frühem Alter. Kleine Sträucher bis Bäume, bei uns niedriger, wenig bedornt und mit stark geflügelten Blattstielen. – Vielfach im Handel angeboten wird die Calamondin-Orange, × *Citrofortunella mitis (Citrus reticulata × Fortunella spec.):* kleinwüchsige Pflanze, die bereits als 30 cm hohes Gewächs blüht und fruchtet. Feine Zweige, unbedornt, Blätter lederig, dunkelgrün, bis 5 cm lang, Blüten weiß, orangenartig, fein duftend, Früchte kugelig, 3–4 cm Durchmesser, orange, jedoch nicht genießbar, nur zum Aufbessern von Speisen mit Orangengeschmack. – Die Kultur der Agrumen ist relativ schwierig. Überwinterung bei 3 bis 5 °C, wichtig ist ständig frische Luft. Ende IV wird ins Freiland ausgeräumt, wo die Pflanzen sonnig und luftig stehen sollen. Ende IX wird eingeräumt. Umtopfen nur alle 4–6 Jahre; wichtig ist ein kleines Gefäß, und die Entfernung des alten Wurzelfilzes mit dem Messer. Die Erde sei humos und durchlässig. Verpflanzen nur im Frühjahr. Flüssigdüngung ist unbedingt notwendig! Die Calamondin-Orange wird wärmer überwintert, bei 10 °C, sonst gilt das oben Gesagte.
Clarkia → Klarkie.
Claytonia perfoliata → Winterpostelein.
Cleistocactus → Kakteen 9.
Clematis → Waldrebe.
Cleome, Spinnenpflanze, *Cleome.* Kaperngewächse, *Capparaceae.* ○ ☉ ⚘. Von den vielen im tropischen Amerika heimischen Arten ist nur die halbstrauchige *Cleome spinosa (C. pungens, C. gigantea)* bei uns als Sommerblume in gärtnerischer Kultur. Fünf- bis siebenteilige Blätter, Blüten in reichen Trauben, ca. 100 cm hoch. Überwiegend rosafarbene Sorten, erheblich weniger weiße. Blüte VI – Frost. – Liebt lockeren, humusreichen Boden in sonniger Lage. Insbesondere als Solitärs in Rabatten beliebt. Aussaat ab III unter Glas, möglichst vertopfen und etwa ab Mitte V auspflanzen.
Clerodendron → Losbaum.
Cleyera → Sperrstrauch.
Clianthus → Ruhmesblume.

Clivie, Riemenblatt, *Clivia miniata.* (Jesse)

Spinnenpflanze, *Cleome spinosa.* (Dr. Jesse)

Clivie, Riemenblatt, *Clivia.* Amaryllisgewächse, *Amaryllidaceae.* ◐ ♃ ☐ ⚘. 3 Arten in Südafrika (Natal). – *C. miniata,* bis 80 cm hoch. Blätter schwertförmig, zweizeilig angeordnet, dunkelgrün. Blütenschaft zweischneidig, Blütenstand doldig, bis 30blütig. Einzelblüte trichterförmig, orange- bis scharlachrot mit gelber Kehle. Standardzimmerpflanze, die durch Blüten und Blätter wirkt. Blütezeit meist II–V. Eine schöne C. soll kurze, breite Blätter besitzen, die Blüten müssen glockig und kräftig orangerot gefärbt sein. Schmale Blätter und übermäßig hohe Pflanzen deuten auf sternförmige, kleine gelbe Blüten hin. – Die C. verlangt als blühfähige Pflanze zweimonatige Ruhezeit im Frühherbst, während der sie trockener gehalten werden muß. Die Ruhezeit ist Voraussetzung für die Blüte. Im Winter hält man C.n nicht unter 18 °C, im Sommer bei 20–22 °C. Die Erde soll humos-lehmig sein, auf jeden Fall durchlässig, damit die fleischigen Wurzeln nicht abfaulen. Blühfähige Pflanzen nur alle 2–3 Jahre umtopfen! Flüssigdüngung ist während der Wachstumszeit notwendig, zuerst mit Treib-, später mit Reifedünger. – Vermehrung: Aussaat oder Abnehmen der Kindel. Das Saatgut ist relativ teuer, die Sämlinge müssen meist 2½ Jahre ohne Ruhezeit durchkultiviert werden, bis sie blühfähig sind und die Einschaltung einer Ruhezeit sinnvoll ist. Kindel soll man nicht zu klein abnehmen, sie gehen dann schlecht an, auch für die Kindel gilt die Notiz über das Durchkultivieren.
C/N-Verhältnis, gibt an, wieviel mal mehr Kohlenstoff (C) als Stickstoff (N) in einem bestimmten Boden oder organischen Material enthalten ist. Beispiele: Schlachthofabfälle enthalten 2mal soviel C als N, d.h. C/N-Verhältnis = 2 (,eng'); Getreidestroh enthält ca. 100mal soviel C als N, d.h. C/N-Verhältnis = 100 (,weit'). Vergl. Tabelle. –

Material	C/N-Verhältnis
Harn	0,8
Mistsickersaft	1,9–3,1
Gemischte Schlachthofabfälle	2
Blut	3
Fäkalien	6–10
Belebtschlam	6
Grünmasse	7
Ausgefaulter Klärschlamm	11
Nicht ausgefaulter Klärschlamm	14
Kompost aus nicht ausgefaultem Klärschlamm	11–12
Humus der Schwarzerde	10
Mistkompost, acht Monate kompostiert	10
Rasenschnitt	12
Kot der landwirtschaftlichen Nutztiere	15
Reifer Mistkompost, vier Monate ohne Erde kompostiert	15
Stapelmist nach dreimonatiger Lagerung	15
Hülsenfruchtstroh	15
Luzerne	16–20
Stroharmer Frischmist	20
Küchenabfälle	23
Kartoffelkraut	25
Fichtennadeln	30
Frischer Stalldung bei starker Stroheinstreu	30
Schwarztorf	30
Stadtmüll	34
Baumlaub	50
Farnkraut	43
Weißtorf	50
Getreidestroh	50–150
Haferstroh	50
Roggenstroh	65
Weizenstroh	125
Verrottetes Sägemehl	208
Sägemehl	511

Durchschnittswerte für das C/N-Verhältnis in der Trockensubstanz einiger organischer Stoffe.

Wichtige Kennzahl für → Bodenfruchtbarkeit und Kompostierfähigkeit von organischen Stoffen. – BODEN. Fruchtbare Böden haben C/N-Verhältnis von ca. 8–10 auf Grund der Menge und Qualität ihrer Humusstoffe (→ Humus), schlechte Böden von ca. 30. – C/N-Verhältnis kann ‚verengt' werden durch → Gründüngung; → Kompost, organische Stoffe (→ Düngung). – KOMPOST. Mikroorganismen verarbeiten organische Stoffe am besten bei C/N-Verhältnis von ca. 30. Kompostrohstoffe sind deshalb entsprechend zu mischen oder mit Stickstoff (Blutmehl, Harn, Hornmehl, mineralischem Stickstoffdünger) anzureichern. Beispiele → Kompost.

Cobaea → Glockenrebe.
Cocos → Palmen 5.
Codiaeum → Wunderstrauch.

Containerpflanzen – im Herbst setzen. (Fehn)

Codonanthe. Gesneriengewächse, *Gesneriaceae*. ☽ ♃ ⚥. Wenige Arten in Südamerika. In Kultur: *C. crassifolia* aus Brasilien, O-Peru u. Trinidad, *C. ventricosa* aus S-Brasilien und verschiedene Bastarde, z.T. mit anderen Gattungen. Ampelpflanzen mit kleinen, grünen Blättern, Blüten weiß oder hellblau, klein, in den Blattachseln. – Kultur wie bei Aeschynanthus.
Codonanthus → Kußmäulchen.
Codonopsis → Glockenwinde.
Coelogyne → Orchideen 3.
Coffea → Kaffeestrauch.
Coix → Hiobstränе.
Colchicum → Zeitlose.
Coleus → Buntnessel
Collembolen, Springschwänze, wenige Millimeter kleine ungeflügelte Insekten, die mittels einer Schwanz-Sprunggabel springen (Name). Im oder am Boden (→ Bodenfauna) sowie im Kompost, wo sie von Mikroorganismen leben oder abgestorbene Pflanzenteile fressen. Wichtig als Nahrungsgrundlage für andere Kleintiere sowie für Abfallbeseitigung, Kompostierung und Stoffkreislauf.
Columnee, *Columnea*. Gesneriengewächse, *Gesneriaceae*. Ungefähr 125 Arten in tropischen Wäldern Amerikas ☽-● ♃ ⚥ ⛁. *C. crassifolia*, aufrechtwachsend, mit glatten, 2,5 cm breiten und 10 cm langen Blättern und blattachselständigen, leuchtendroten Blüten. – *C. gloriosa*, stark hängende Art mit samtig behaarten Blättern und großen rotorangen, gelbgeschlundeten Blüten. *C. gloriosa* ist nur als Ampelpflanze des Wintergartens oder Blumenfensters zu empfehlen. – *C. microphylla*, bis 1 m hängend, Blätter sehr klein, 6–12 mm lang, Blüten 6 cm groß, leuchtend zinnoberrot, besser als die beiden vorigen C.n zu behandeln. – *C.* × *kewensis* (*C.* × *vedrariensis*, *C. magnifica* × *C. schiedeana*), zuerst aufrecht, doch bald hängend, Blätter bis 4 cm, fast kahl, Blüten bis 7 cm, leuchtend scharlachrot, z.T. mit Gelb. Hierher gehören einige skandinavische Sorten, die wesentlich besser für die Zimmerkultur geeignet sind, z.B. 'Stavanger' (*C. microphylla* × × *kewensis*), 'Vega' ('Stavanger' × × *kewensis*) und 'Capella', wie vorige. Neueren Ursprungs sind die Columnea-Schönbrunner-Hybriden, durch Kreuzung von *C.* × *kewensis* × *C. mortonii* u. a. Arten entstanden. Aufrechte oder hängende Sorten mit unterseits oft roten Blättern und großen, leuchtendroten oder -orangeroten Blüten. Wichtige Sorten sind 'Ätna' u. 'Vesuv'. – C.n sind mit ihrem überreichen Blütenschmuck wunderbare Pflanzen. Sie gedeihen bei normalen Zimmertemperaturen gut. Ihre Blüten müssen durch tiefe Temperaturen induziert werden: Man stellt sie bei 15°C während 4–5 Wochen auf; nur nach dieser Kältebehandlung werden die Blütenknospen angelegt. Die Arten für den Wintergarten benötigen zur Blütenanlage 18°C. Das Substrat sei humusreich und durchlässig, am besten kultiviert man C. in Epiphytenholzkörbchen. Während des Sommers bei guter Durchwurzelung regelmäßig flüssig düngen. – Vermehrung: Stecklinge im Frühjahr, die sich rasch bewurzeln.

Colutea → Blasenstrauch.
Comparettia → Orchideen 4.
Conophytum → Mittagsblumengewächse.
Containerpflanzen, Pflanzen, die in Kunststoffgefäßen heranwachsen. Maße der Gefäße 7 × 7 × 8 cm, 9 × 9 × 10 cm, 11 × 11 × 12 cm, noch größere für Solitärpflanzen.
Convallaria → Maiglöckchen.
Convolvulus tricolor → Winde.
Coprinus comatus = Schopftintling → Pilzanbau.
Corbularia → Narzisse (Wildnarzissen), *N. bulbocodium*.
Cordyline → Keulenlilie.
Cordon → Ostbaumformen.
Coreopsis → Mädchenauge.
Cornus → Hartriegel.
Corokia → Zickzackstrauch.
Cortaderia → Pampasgras.
Corticium fuciforme → Rasenkrankheiten.
Corydalis → Lerchensporn.
Corylopsis → Scheinhasel.
Corylus → Haselnuß.
Corynocarpus → Karakabaum.
Coryphantha → Kakteen 13.
Cosmos → Schmuckkörbchen.
Cotoneaster → Zwergmispel.
Cotinus → Perückenstrauch.
Cotula → Fiedermoos (-polster).
Cotyledon, *Cotyledon*. Dickblattgewächse, *Crassulaceae*. ○ ♃–♄ ☂. Ungefähr 30 Arten Südafrika, eine Arabische Halbinsel. – *C. orbiculata*, Südafrika. Bis 70 cm hoher Strauch mit dickfleischigen, gegenständigen, 8–10 cm langen, verkehrt eirunden Blättern. Blattoberfläche stark grau bereift. Blüten hängende rote Glocken. – *C. undulata*, Südafrika. Ähnlich *C. orbiculata*, aber Blätter mehr breitrund und mit starker Kräuselung am vorderen Rand, besonders stark weiß-

Crossandre, *Crossandra infundibuliformis*. (Dr. Jesse)

filzig behaart. Blütenstand 30 cm hoch mit mehreren, roten Glockenblüten. – Überwinterung dieser Dickblattpflanzen kühl und trocken, damit sie nicht zu früh zu treiben beginnen. Durchlässiges Substrat. Im Sommer benötigen sie mehr Wasser und können gemeinsam mit Kakteen eingesenkt zu Gruppen gestellt werden. – Vermehrung durch Stecklinge.
CO_2 → Kohlendioxid.
Crambe → Meerkohl.
Crassula → Dickblatt.
Crataegus → Weißdorn.
Crepis → Pippau.
Crocosmia → Montbretie.
Crocus → Krokus.
Crossandre, *Crossandra*. Akanthusgewächse, *Acanthaceae*. ◐–● ♃ ☂ ✕ Lie. Von den ca. 20 Arten der altweltlichen Tropen kommt nur *C. infundibuliformis* (*C. undulifolia*) für die Zimmer- bzw. Wintergartenkultur in Frage. Halbstrauch, 30–50 cm hoch. Blätter gegenständig, weich, lanzettlich. Blüten orangelachs, erscheinen über lange Zeit aus den ährigen Blütenständen, erreichen bis 2,5 cm Durchmesser. Besonders schön und reichblühend die dänische Sorte 'Mona Wallhed', die nur durch Stecklinge vermehrt wird. Abgeschnitten ergeben die Blütenstände feines Tafeldekorationsmaterial. Durch die warme Farbe sehr auffallend, ist diese tropische Pflanze bei Temperaturen von ca. 18°C und gleichmäßiger Feuchtigkeit leicht zu kultivieren in humoser Erde und bei nicht zu hellem Stand. Vermehrung: Aussaat, Stecklinge.
Cryptanthus → Ananasgewächse 2.
Cryptomeria → Sicheltanne.
Cucurbita Kürbis, → Zierkürbis.
Cultivar (cv.), Begriff aus der botanischen Nomenklatur, gleichbedeutend mit dem deutschen Wort Sorte. Es betrifft einen in Kultur befindlichen gleichen Pflanzenbestand, der bei allen Vermehrungsarten seine typisch. Sortenmerkmale beibehält.
Cuphea → Köcherblümchen.
Cupressus → Zypresse.
Currania → Eichenfarn.
Cycas → Palmfarn.
Cyclamen → Alpenveilchen.
Cydonia Quitte, → Zierquitte.
Cylindropuntia → Kakteen 3.
Cymbalaria → Leinkraut.
Cymbidium → Orchideen 5.
Cynoglossum → Hundszunge.
Cynosurus cristatus → Rasengräser.
Cyperus → Zypergras.
Cyphostemma → Klimme.
Cypripedium → Orchideen 2, 6.
Cypripedium → Frauenschuh.
Cyrtanthera → Jacobinie.
Cyrtomium → Farne 4.
Cystopteris → Blasenfarn.
Cytisus → Geißklee.

D

Daboecia → Kriechheide.
Dachgarten. In der verdichteten Bauweise immer häufiger geplante Gartenform mit oft hohem Wohnwert, der sich jedoch nach Größe, Ausrichtung und Zuordnung zu den Wohnräumen richtet und in Verbindung mit einem Penthouse einen Hausgarten ersetzen kann. Bei größerer Grundfläche kann ein D. außer der Wohnterrasse mehrere Freiräume, wie Sonnenterrasse, Saunabereich, Quellhof und Hobbyräume haben. Charakteristisch ist die fehlende Bindung zum grundwasserführenden Boden. Voraussetzung für den Ausbau eines D.s sind statisch berechnete Dachkonstruktionen, isolierte Dächer und geplante Entwässerungsanlagen. Als Standort für eine Bepflanzung sind Dränschicht, Filterschicht und Tragschicht aus Mutterboden oder Einheitserde notwendig. Zusätzlich können Filtervliese und Festigungsgewebe eingebaut werden. Substratauflagen von 20 cm für Stauden und 60 cm für Gehölze sind Minimalforderungen. Die statische Belastung mit einem Schichtenaufbau von 10 cm Kies für die Dränschicht, 5 cm Torf oder feinfaseriger Rindenhumus für die Filterschicht und 20 cm Mutterboden für die Vegetationsschicht beträgt 510 kg/qm. Auf größeren D. soll eine Bewässerung mit Schlauch, mobilen Regnern oder stationären Versenkregnern vorgesehen

Technoflor-Schaumstoffmatte, Einzelelemente. (Dr. G. Richter)

Extensive Dachbegrünung mit Technoflor-Schaumstoffmatte, auf isolierte Dachfläche aufgelegt, bepflanzt mit Sukkulenten, hier *Sedum floriferum* 'Weihenstephaner Gold'. (Dr. G. Richter)

werden. Grenzen für die Bepflanzung bestehen lediglich durch Substrat- und Wasserangebot. Für extensive D.n genügen bereits 3 bzw. 5 cm dicke Pflanz- oder Saatmatten.
Dachpappe, zum Abdichten von Bauwerken, besonders als schützende Dachdeckung gegen Regen und Witterungseinflüsse. Teerd. ist Rohpappe mit Teertränkung (oft mit Sand bestreut). Bitumend. ist mit Asphaltbitumen getränkte Wollfilzpappe.
Dachwurz → Hauswurz.
Dactylis → Silbersprudelgras.
Dahlia → Dahlie.
Dahlie, *Dahlia*. Korbblütler, *Compositae*. ○ ⚁ ⁞ ⚔. Etwa 12–15 Arten in den Bergen von Mexiko und Guatemala. Knollige Wurzeln. Blätter gegenständig, bis dreifach fiederteilig. Bedeutung haben nur die Hybriden (*D. variabilis*), mit ihren Sorten in fast allen Farben, ausgenommen klares Blau. Hier nach Blütenformen geordnet.
Einfachblühende D. Blumen am Rand mit großen Zungenblüten, innen meist gelbe Scheibenblüten. Top-Mix-D., ganz niedrig, mit kleinen, etwa 2 cm großen Blüten. 'Andrea', gelb; 'Bonne Esperance', rosa; 'Rosa Zwerg', rot; meist als Mischung im Handel. Für Einfassung und Balkonkästen. 20 cm. Mignon-D., normale Blütengröße, aber niedriger Wuchs. 'G. F. Hemrik', hellorange; 'Irene van der Zweet', reingelb; 'Murillo', rosa; 'Nelly Geerlings', scharlachrot; 'Schneewittchen', reinweiß. Für Beete und Einfassungen, 40–50 cm. – Halbhohe und hohe, einfache Sorten: 'Fellbacher Gold', großblumig, zitronengelb; 'Feuerrad', Blüten bis 20 cm groß, leuchtendrot; 'Rote Funken', dunkellaubig, scharlachrot. 80–100 cm. – Orchideenblütige D. Blütenblätter nach innen eingerollt, dadurch die Rückseite nach oben zeigend, oft eigenartige, seesternähnliche Formen. 'Giraffe', bernsteingelb mit rötlichen Querflecken; 'Rosa Giraffe', rosa mit weißen Flecken. 100 cm. Halbgefüllte D., Duplex-D. Wie einfachblühende D. aber Blumen mit mehreren Kränzen von Blütenblättern (Zungenblüten), z.B. 'Decoration', dunkellaubig, orangerot mit dunkler Mitte, 70 cm. – Halskrausen-D., an jedem Blütenblatt innen

Oben: Reihenhausgarten auf dem Dach eines siebenstöckigen Parkhauses in einer süddeutschen Großstadt. – Unten: Beispielhaft gestalteter, mit Gehölzen und Stauden bepflanzter Terrassengarten. (Aus Siebeneicher: Mein Garten in der Stadt)

Dahlie

Decorative Dahlie 'Angel Face'. (Seidl)

Pompon-Dahlie 'Fatima'. (Seidl)

Cactus-Dahlie 'Nepal'. (Seidl)

noch ein kurzes, daher wie eine Halskrause wirkend. 'Jonquille', gelb, Krause rahmweiß; 'La Cierva', purpur mit weiß; 'La Gioconda', feuerrot mit gelb; 'Libretto', dunkelrot und weiß. 100–120 cm. – ANEMONENBLÜTIGE D., Blumen in der Mitte mit halblangen Röhrenblüten, wie manche Chrysanthemensorten. – HOHE SORTEN: 'Bridesmaid', weiß; 'Grenato', orangerot; 'Guinea', gelb; 'Magic Favourite', dunkelrot; 'Roulette', nur 40 cm, rosa, innen heller; 'Simon Dorenbosch', lila. 80–100 cm. – NIEDRIGE SORTEN FÜR BALKONKASTEN UND EINFASSUNG: 'Brio', leuchtend orange; 'Fabel', karminrot; 'Gamelan', gelb; 'Jazz', leuchtendscharlach; 'Lucy', violettpurpur; 'Thalia', rosa; 'Toto', weiß. 25–40 cm. GEFÜLLTE D. Je nach Blütenform zu verschiedenen Gruppen zusammengefaßt. CACTUS- UND SEMICACTUS-D. Blütenblätter seitlich eingerollt und oft krallig gebogen, bei den Cactus-D. stärker als oft bei den Semi (= halb) Cactus-D. Weiß: 'Andries Lätita'; 'Tutu', beide reinweiß; Gelb: 'Pitcairn', lachs- bis goldgelb; 'Topp Affair', reingelb. Orange: 'Gold Crown', goldorange; 'Königliche Hochzeit' (Royal Wedding), warmorange. Rosa: 'Mrs. de Ruyters Memory', rosa, Mitte hell; 'Préfet Demagne', lachskarminrosa; 'Pride of Holland', karminrosa. Rot: 'Bergfeuer', feuerrot; 'Doris Day', kardinalrot; 'Rotterdam', dunkelrot; 'World Champion', scharlachrot. Lila bis violett: 'Blaulicht', karminviolett; 'Gruppenblau', blauviolett. Zweifarbig: 'Carneval', hellrot mit gelben Spitzen; 'Cheerio', karminviolett, Spitzen weiß; 'Piquant', zinnober und weiß; 'Top Choice', zinnober und gelb. – HIRSCHGEWEIH-D. Ähnlich den Cactus-D., aber Blütenblätter vorn noch mal gespalten und geweihartig gebogen. 'Barok', cremegelb, rosa Spitzen; 'Brigitte Schröder', gelb; 'Tsuki Yurino Shiska', groß, weiß, 100–120 cm. – DE-CORATIVE D., Blütenblätter runder, flacher, manchmal am Rand etwas nach innen gerollt. Weiß: 'White Label', groß, reinweiß; 'Snow Country', weiß. Gelb: 'Glorie von Heemstede', goldgelb; 'Arc de Triomphe', altgold; 'Decora', gelb. Orange: 'Brandaris', orange, Mitte gelb; 'House of Orange', orange. Rosa: 'Alexander von Humboldt', frischrosa, niedrig; 'Gerrie Hoek', rosa; 'Lavender Perfection', lilarosa. Rot: 'Arabian Night', dunkelrot; 'Majuba', blutrot; 'Terpo', leuchtendrot. Zweifarbig: 'Angel Face', scharlachrot, Spitzen weiß; 'Contraste', purpurviolett, Spitzen weiß; 'Princess Beatrix', bernsteingelb, Spitzen weiß, groß ; 'Tartan', schwarzrot, Spitzen weiß. – NELKENBLÜTIGE D., kleinblumige, reichblühende Schmuck- oder Decorative Dahlien. Blütenblätter eingeschlitzt. 'Angora', reinweiß; 'Director', scharlach; 'Queen of the Pinks', karminrosa; 'Trinket', gelb. 100–130 cm. – Niedrige Gruppensorten, meist unter 80 cm hoch: CACTUS-D. 'Borter Princess', braunorange; 'Park Princess', rosa. DECORATIVE D.: 'Lemon Carpet', dunkel zitrongelb; 'Goldmine', bronzegelb, 'Rocquencourt', orangerot; 'Rose Festival', rosa; 'Rubirosa', scharlach; 'Little Tiger', rot mit weißen Spitzen. 60–70 cm. – BALL-D. Runde, ballförmige Blüten wie Pom-

Mignon-Dahlie 'Bunte Mischung'. (Herbel)

Daphne

pondahlien, aber größer. 'Boy Scout', magentapurpur; 'Rotkäppchen', halbhoch, dunkellaubig, orangerot; 'Save Shot', leuchtend orange; 'Stolze von Berlin', rosa, über 40 Jahre alt. ' POMPON-D. Kleine, kugelförmige Blumen, Blütenblätter tütenförmig eingerollt, haltbare Schnittblumen. Weiß: 'Doxy'. Gelb: 'Potgieter', gelb; 'Sonnengold, goldgelb. Orange: 'Magnificat', orangerot; Rosa: 'Daphne', dunkelrosa; 'Viviane', rosa, innen bernsteingelb. Rot: 'Bell Boy', feuerrot; 'Kochelsee', leuchtendrot. Lila bis violett: 'Regulus', purpurviolett; 'Yvon', karminviolett. Zweifarbig: 'Amusing', orange und gelb; 'Little Willem', rot, Spitzen weiß. 100–130 cm. VERWENDUNG. Im Garten als Beet-, Einfassungs- und Gruppenpflanzen, je nach Höhe, die meisten auch als Schnittblumen. Knollen Anfang bis Mitte V pflanzen, sie sollen etwa 5 cm hoch mit Erde bedeckt sein. Hohe Sorten später bei Bedarf aufbinden. Boden locker, kräftig, nicht zu trocken. Bei Bedarf gießen und düngen. Knollen bei 5–10°C überwintern, viel frische Luft, nicht zu feucht. Vermehrung durch Teilen und Stecklinge. Im Handel gibt es auch Mischungen, die im IV ausgesät werden können. – Liebhaber von Dahlien sind in der Deutschen Dahlien- und Gladiolengesellschaft zusammengeschlossen.

Daphne → Seidelbast.
Darlingtonia → Insektivoren 1.
Dattelpalme → Palmen 6.
Datura → Stechapfel.
Dauergemüse, alle während längerer Zeit lagerfähigen Gemüsearten, also Weiß-, Rot-, Wirsingkohl, Sellerie, Möhren, Lauch, Zwiebeln u. a.
Dauerhumus → Humus.
Dauerkleingartenanlagen. Eine durch Bebauungsplan bindend auf unbestimmte Zeit ausgewiesene und in Stadtgebiete fest integrierte Anlage von ca. 50–200 → Kleingärten. Es werden nach dem Verhältnis von kleingärtnerisch genutzten Flächen und öffentlichen Grünflächen verschiedene Anlagetypen unterschieden (siehe auch Zeichnungen → Kleingarten).
Davidia → Taubenbaum.
Davids-Pfirsich → Zierpfirsich.
Deamia → Kakteen 9.
Decaisnea → Blauschote.
Delosperma → Mittagsblumengewächse.

Delphinium → Rittersporn.
Dendorbium → Orchideen 9.
Dendrologie (grch.), Baum- oder Gehölzkunde, Teil der systematischen Botanik, befaßt sich mit der Beschreibung und genauen Unterteilung der Gehölze, d. h. Sträucher und Bäume.
Denitrifikation, in Boden und Kompost bei Luftabschluß (anaerobe Verhältnisse) möglich. Salpeterformen (→ Salpeter) werden durch Mikroben zerlegt, indem sie Sauerstoff entziehen und Stickoxide oder gasförmigen Stickstoff (N_2) bilden. D. ist Gegenteil von → Nitrifikation.
Derris, ein aus den Wurzeln der tropischen Derrispflanze gewonnenes Alkaloid. Die aus dem Wirkstoff Rotenon hergestellten Stäube- und Spritzpräparate sind für Warmblüter ungiftig, jedoch für Insekten giftig. Anerkannt gegen beißende und saugende Insekten. Wirkt verstärkt in Mischung mit dem ebenfalls von Pflanzen produzierten → Pyrethrum. Sollte wegen Breitenwirkung auf nützliche Insekten nicht mehr angewandt werden.
Deschampsia → Schmiele.
Deschampsia flexuosa → Rasengräser.
Desinfektion → Bodenentseuchung.

Dauerkleingartenanlage in freier Gestaltungsweise für Einzelgärten in unterschiedlichen Größen von 200 bis 350 qm, mit Vereinsheim, Parkplatz, durchlaufenden öffentlichen Grünverbindungen und einer artenökologischen Rahmenpflanzung. (Dr. Richter)

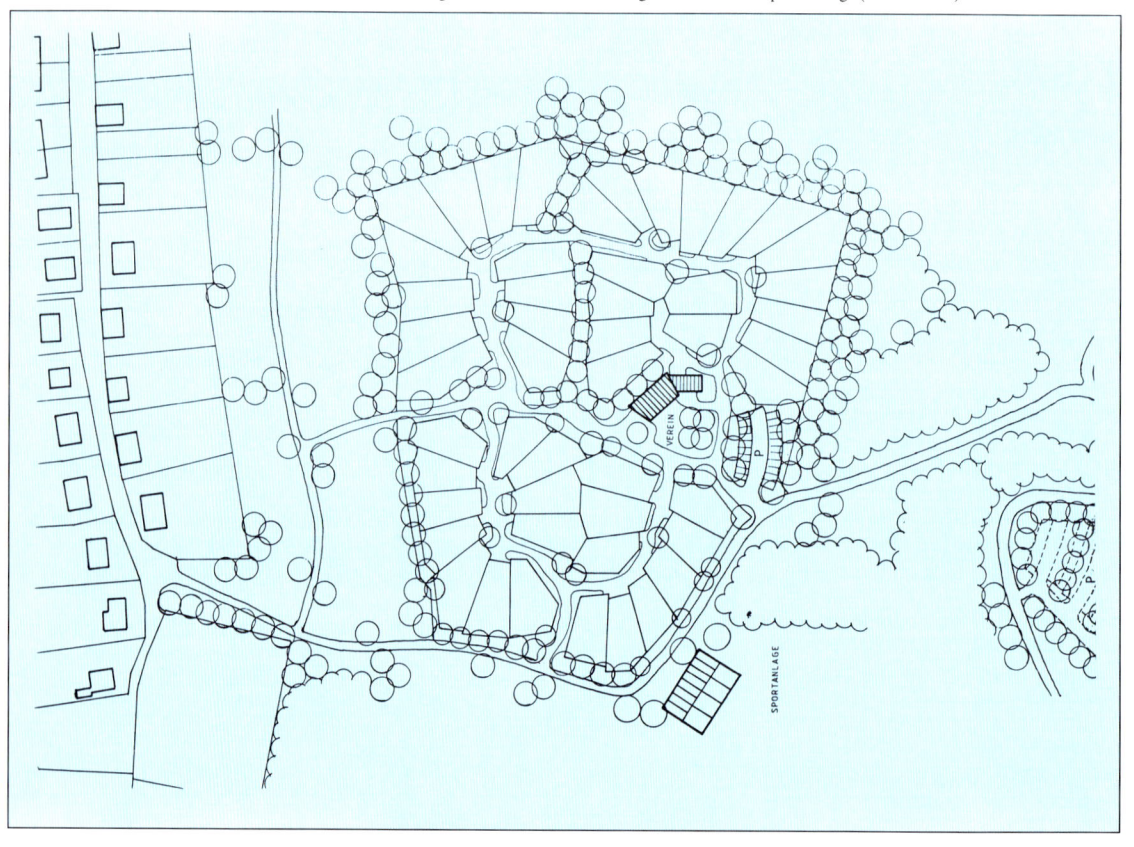

Deutzie, *Deutzia* 'Perle Rose'. (Seidl)

Detailplan, Ausschnitt aus einem Entwurfsplan, um einen Bauabschnitt ausschreibungsreif zu bearbeiten. Bei größeren Planungen kann ein gestalterischer D. wiederum die Unterlage für den technischen D. und Pflanzplan darstellen.
Deutsches Weidelgras → Rasengräser.
Deutzia → Deutzie.
Deutzie, *Deutzia.* Steinbrechgewächse, *Saxifragaceae.* Etwa 50 Arten, hauptsächlich in Ostasien, 2 Arten in Mexiko. Sommergrüne, reichblühende Sträucher, mit hohen Zweigen und meist brauner, abblätternder Rinde. Die Verwendung der Wildformen ist stark zugunsten der Gartenformen zurückgegangen. – WILDARTEN. *D. gracilis,* Maiblumenstrauch. ○–◐ ♄ V bis VI △. Japan. Zwergstrauch, kaum meterhoch, mit straff aufrechten, graugelben Zweigen und 4–10 cm langen, reinweißen Blütenrispen. Die zierlichste D., geeignet für Steingarten oder niedrige Hecken. Wird auch zur Frühtreiberei verwendet. – *D. longifolia.* ○–◐ ♄ VI. Westchina. Bis 2 m hoher Strauch. Wächst aufrecht, graubraune Rinde, lanzettliche Blätter, purpurrosa Blüten. – *D. purpurascens.* ○–◐ ♄ V–VI. Westchina. Bei uns selten echt im Handel zu bekommen. Bis 2 m hoch, mit schlanken, überhängenden Zweigen, brauner Rinde und 3–6 cm langen lanzettlichen Blättern. Blüten rötlich, etwa 2 cm, zu 5–10 in Doldentrauben. – *D. scabra.* ○–◐ ♄ VI–VII. China und Japan. 3 m hoher Strauch, mit aufrechten Zweigen, rotbrauner, erst spät abblätternder Rinde und dunkelgrünen, beiderseits rauhen Blättern. Blüten weiß, in 8–15 cm langen aufrechten Blütenrispen. Sorten: 'Candidissima', 3–4 m, aufrechtwachsend, dichtgefüllte, weiße Blüten. Ähnlich 'Plena' und 'Pride of Rochester', aber mit rosa gefüllten Blüten. – *D. setchuensis.* ○–◐ ♄ VI–VII. Mittel- bis Westchina. Wurde viel für Kreuzungen verwendet. Bis 2 m, mit brauner Rinde und lanzettlichen, 2–10 cm großen Blättern. Blüten weiß, in wenigblütigen Doldentrauben angeordnet. – KREUZUNGEN. *D. × hybrida (D. discolor × D. longifolia),* 2–3 m, aufrechter, lockerer Wuchs. 'Contraste', großblumige, malvenrosa Blüten, außen dunkel gestreift; 'Mont Rose', weit geöffnete, rosa Blüten, eine besonders schöne D. – *D. × kalmiiflora (D. parviflora × D. purpurascens),* bis 2 m, mit locker überhängenden Zweigen, Blüten innen weiß, außen rosa. Sehr reichblühend, eine der schönsten D.n. – *D. × lemoinei (D. gracilis × D. parviflora),* aufrechtwachsender, bis 1,50 m hoher Busch, mit lanzettlichen Blättern und weißen Blüten. Außerordentlich reichblühend, wird viel zur Treiberei verwendet. – *D. × magnifica (D. scabra × D. vilmorinae),* größer, bis 4 m hoher, aufrechtwachsender Strauch. Blüten groß, weiß und rosettenartig gefüllt. – *D. × rosea (D. gracilis × D. purpurascens),* niedrigbleibender Strauch, mit leicht überhängenden Zweigen. Glockige Blüten an kurzen Rispen, innen weiß, außen leicht rötlich. – ANSPRÜCHE. Jeder Gartenboden in sonniger oder halbschattiger Lage. An schattigen Stellen läßt die Blühwilligkeit stark nach. Zur Blütezeit brauchen sie sehr viel Feuchtigkeit. Wiederholtes Auslichten und Verjüngen bei älteren Pflanzen fördert den Blütenreichtum. – VERMEHRUNG. Aussaat nur bei den reinen Arten. Sommerstecklinge wachsen sehr leicht, bei starkwüchsigen Sorten auch Steckholz.
Diätapfelsorten, nach W. SCHUPHAN (1961). Sorten mit hohem Vitamin-C-Gehalt (zwischen 20 und 40 mg in 100 g Frischgewicht), wie Berlepsch, Boskoop, Gelber Edelapfel, Idared, Mai-

Dickblatt, *Crassula portulacea.* (Herbel)

Dickblatt, *Crassula schmidtii.* (Herbel)

gold, Ontario, Prima, Ribston Pepping, Weißer Winterkalvill. Sehr wenig (unter 10 mg) Vitamin C enthalten Gloster, Granny Smith, Jonathan und Melrose. Die Mehrzahl der Apfelsorten enthält zwischen 10 und 20 mg.
Dianthus → Nelke.
Dibbelsaat, → Aussaat zumeist starken Kornsaatgutes, in entsprechendem Abstand, je nach Stärke der sich entwickelnden Pflanze: z.B. Bohnen, Lupinen, Mais, mit Sämaschinen, die sich auf D. einstellen lassen. → Handsämaschine.
Dicentra, Tränendes Herz → Herzblume.
Dickblatt, *Crassula.* Dickblattgewächse, *Crassulaceae.* ○ ⚃–♄ ▯. Diese sehr vielgestaltige Gattung ist mit ungefähr 300 Arten über die ganze Erde verbreitet. Die sukkulenten Arten, die auch die verbreitetsten in der Kultur sind, stammen zumeist aus Südafrika. Die Vielzahl der kulturwerten Arten erlaubt nur einige Arten zu nennen. – BAUMARTIGE, STAMMBILDENDE D. *C. arborescens,* bekannte Zimmerpflanze. Dicke, fleischige Triebe, gegenständige, verkehrteiförmige, ca. 4 cm lange, graubereifte, fette Blätter. Kann bis 1 m Höhe erreichen. – Ähnlich, aber reingrün ist *C. portulacea.* – RASEN- ODER POLSTERBILDENDE D. *Cooperi,* 10 cm hoch, dichte Polster spateliger, 15 bis 20 mm langer Blätter, Blüten im Frühjahr, hellrosenrot bis blaßrosa. – *C. schmidtii,* blüht etwas später, Blätter bis 40 mm lang, z.T. rot überlaufen, Blüten in vielblütigen Trugdolden, hell- bis dunkelrot. – In dieser Gruppe gibt es einige Hybriden, die rosa oder rot blühen und meist um die Osterzeit auf dem Markt sind. – In die polsterförmige Gruppe gehört auch *C. milfordiae,* die selbst in extremen Lagen win-

Dicke Bohne

terhart ist. Die Ausläufer bilden rasch dichte Matten, die während der Wachstumszeit hellgrün, in der Winterruhe karminrot sind. Die weißen Blütensterne erscheinen im späten Frühling und Sommer. – ANDERE WUCHSFORMEN. *C. lycopodioides*, dünne peitschenartige Triebe, Durchmesser ca. 5–7 mm, werden von den gegenständigen Blättern gebildet. Ganz regelmäßig von den Blättern bekleidet, dunkelgrün. Erreicht ca. 30 cm Höhe. – *C. spathulata*, entferntbeblätterte, weichtriebige Staude mit hängendem Wuchs, Blätter herzförmig, Blüten fleischrot in endständigen Trugdolden. Als Ampelpflanze zu empfehlen. – Ansprüche: Alle D.-Arten sind anspruchslose Zimmerpflanzen, besonders für sonnige Räume und Fenster geeignet. Benötigen durchlässige, aber eher nährstoffreiche Substrate. Im Winter wollen sie kühl (8–12°C) stehen, dann treiben sie nicht aus und vergeilen nicht. – Vermehrung: Leicht durch Kopf- oder Blattstecklinge, die vor dem Stecken in sandigen Mischungen abtrocknen müssen.

Dicke Bohne → Puffbohne.

Dickmaulrüßler, bis 10 mm großer, schwarzer Rüsselkäfer mit roten Beinen, der an Erdbeeren, Wein, Rhododendron, Chrysanthemen, Rosen und anderen Zierpflanzen lebt. Die Käfer halten sich tagsüber am Erdboden verborgen und fressen nachts an den Blättern. Fraßstellen: Randeinkerbungen. Die weißen madenartigen Larven fressen an Wurzeln und Knollen. Stark befallene Pflanzen welken. Abwehr: Larven im Wurzelbereich ausgraben, Pflanzen umsetzen, Käfer nachts auf Unterlage abklopfen, Rainfarntee gegen die Larven auf Boden gießen und gegen die Käfer auf Blätter spritzen.

Dictamnus → Diptam.

Didymochlaena → Farne 5.

Dieffenbachie. *Dieffenbachia*. Aronstabgewächse, *Araceae*. ☽ ♃–♄ ⌂. 25–30 Arten im tropischen Amerika. Heute gibt es von dieser Gattung viele Hybriden. *D. amoena seguine*. Großwüchsige, stattliche Art, bis 2 m hoch. Blätter breit, mit mehr abgerundeter Spitze. Meist 2 Sorten im Handel: 'Amoena' mit mehr grünen und 'Tropic Snow' mit stark gelblichweiß gezeichneten Blättern. – *D.* × *bausei* (*D. maculata* × *weirii*), Blätter bis 30 cm lang, Spreite gelbgrün mit dunkelgrünem Rand, zahlreiche dunkelgrüne und wenige weiße Punkte auf der Spreite. – *D. maculata*. Äußerst vielgestaltige Art aus Brasilien. Stämme bis 100 cm, Blattstiele 10 bis 20 cm, im unteren Teil

Dieffenbachie, *Dieffenbachia Maculata-Hybride* 'Exotica'. (Seidl)

scheidig, Spreite bis 40 cm, hellgrün mit unregelmäßigen weißen Flecken. Viele Formen, z.T. Hybriden mit anderen Arten, in Kultur. Die wichtigsten Sorten sind u.a. 'Camilla' u. 'Marianne' mit beinahe ganz weißen Blättern, grüngelb gescheckt in unterschiedlicher Stärke sind 'Candida', 'Exotica Perfekta Compacta', 'Janet' und 'Veerle'. – Weitere Formen werden ab und zu angeboten. – Ansprüche: Herrliche, dabei nicht allzu heikle Lauwarm- und Warmhauspflanzen, die bei sorgsamer Pflege ohne weiteres im Zimmer gedeihen. Humusreiche Mischungen, regelmäßig feucht halten, Temperaturen um 20°C. Auch im Winter dürfen die Temperaturen nicht unter 14–16°C fallen. Je tiefer die Temperaturen, um so sparsamer sei man mit dem Wässern. – Vermehrung: Im Großen durch Einlegen von Stammstücken, die meist aus Afrika stammen, Kopfstecklinge sind möglich. Besonders eignet sich das → Abmoosen (siehe Fotoserie dort).

Diervilla → Weigelie.

Digitalis → Fingerhut.

Dill, *Anethum graveolens*. Doldenblütler, *Umbelliferae*. Stammt aus dem Mittelmeerraum. Als Kulturflüchtling nördlich der Alpen oft wildwachsend. Uraltes Gewürz, schon im alten Ägypten verwendet. Anbau: Stellt geringe Ansprüche an Boden und Düngung. Aussaat IV an Ort und Stelle, breitwürfig oder in Reihen mit 20–30 cm Abstand, in der Reihe auf 5–8 cm verziehen. Samenreife Ende VII/Anfang VIII. Samen fallen sehr leicht aus, deshalb rechtzeitig ernten. Dolden abschneiden, auf dem Feld oder besser unter Dach nachtrocknen; Samen ausreiben oder ausdreschen. – Verwendung: Sowohl das feingeschnittene Kraut als auch vor allem die reifen Samen werden als Gewürz gebraucht, hauptsächlich zu Einlegegurken (Essiggurken), aber auch zu Sauerkraut; die frischen Blätter zu Salaten, zu Fisch und anderen Gerichten.

Dimorphotheca → Kap-Ringelblume.

Dionaea → Insektivoren 2.

Dipelta → Doppelschild.

Dipladenie, *Dipladenia*. Hundsgiftgewächse, *Apocynaceae*. ☽ ♄ ⚥ ⌂ Lie. Schwachschlingende, strauchige Pflanzen des Lauwarmhauses. 40 Arten im tropischen Amerika. – *D. boliviensis*, Blätter gegenständig, glatt und glänzend. Blüten zu mehreren in den Blattachseln, trichterförmig, 5 cm im Durchmesser, reinweiß mit gelber Kehle. – *D. sanderi*, ähnlich voriger, aber mit rosafarbenen, gelbgeschlundeten Blüten. – *D. splendens*. Großblütige Art, reinsora mit weißlich oder rot, meist mit gelbem Schlund. Von dieser Art stammen die meisten Hybriden ab, die heute im Handel erhältlich sind und meist rosa blühen, wie 'Amabilis', 'Amoena' usw. – Herrliche, schwachschlingende Pflanzen, die auch im Topf reich blühen, ebenso aber in das Blumenfenster oder den Wintergarten passen. Sommertemperaturen zwischen 20–22°C, Schutz vor praller Sonne, im Winter vertragen sie kühlere Temperaturen. D.n brauchen sehr humose, brockige Mischungen, da ihre Wurzeln hohen Luftbedarf haben. Nie zu große Töpfe, man übergießt sie leicht! – Stecklingsvermehrung ist schwierig!

Diptam, *Dictamnus*. Rautengewächse, *Rutaceae*. ○–☽ ♃ ✂. Interessante Stauden mit unpaarig gefiederten, wechselständigen Blättern mit durchscheinenden Öldrüsen. Blüten mit 5 Blütenblättern, etwas unregelmäßig. Nur eine Art in Südeuropa, teilweise auch in Deutschland im Jura-, Main- und Donaugebiet, bis Nordchina. *D. albus* (*D. fraxinella*), auch als 'Brennender Busch' bezeichnet, da an schwülen Sommerabenden von den unreifen Fruchtständen viel ätherisches Öl verdunstet, das – mit einem Streichholz entzündet – den Busch zum Auf-

Dipladenie, *Dipladenia splendens*. (Seidl)

Älteres Doppelhaus mit rückwärtigem Garten, einfach gestaltet mit Rasen und Gehölzen. (Burda)

Direktaussaat

Diptam, *Dictamnus albus.* (Seidl)

flammen bringt. Blüten in endständigen Trauben in kräftigen Stengeln, rötlich-weiß mit roter Aderung. 'Albiflorus' hat weiße Blüten mit grünlicher Aderung. V–VII, 60–80 cm. *D. a.* var. *caucasicus* ist kräftiger im Wuchs und hat längere Blütentrauben mit dunkelrosa Blüten. V–VII, 80–100 cm. – Verwendung im Staudenbeet, möglichst freistehend an warmer Stelle oder im Naturgarten. Boden locker, kalkhaltig, durchlässig. Vermehrung durch Teilung und Aussaat. Die Sämlinge blühen erst im 3. Jahr.

Direktaussaat, Ausbringen des Saatgutes in praxiserprobten Abständen, um Pikieren oder Verpflanzen zu ersparen. Der Sämling wächst im Saatbeet zur Fertigpflanze heran. → Aussaat, → Saatband.

Direktträger, Bäume von selbstbewurzelten Sorten. Zwischen Boden und Sorte fehlt die Unterlage. D. wachsen in der Regel stärker als dieselben Sorten auf wuchshemmenden Unterlagen und gehören daher weder in Liebhaber- noch Erwerbsanbau.

Distelstecher, Handgerät zum Stechen von Rasenunkräutern, speziell solchen mit Pfahlwurzeln, die, von Widerhaken des D.s erfaßt, bei leichtem Drehen mit herausgezogen werden. → Rasenpflegegeräte.

Dizygotheca → Fingeraralie.
Dodecatheon → Götterblume.
Doldenrebe → Scheinrebe.
Dolichos → Helmbohne.
Dolichothele → Kakteen 13.
Dollarspot → Rasenkrankheiten.
Doppelhausgarten, in Ausstattung und Nutzung ähnlich dem Garten am freistehenden Einfamilienhaus, jedoch mit einseitiger Grenzüberbauung. Der D. bringt Flächengewinn gegenüber dem → Hausgarten, hat aber noch nicht die Nachteile des → Reihenhausgartens. Schwierig bleibt die Abschirmung der Wohnterrasse zu der des angrenzenden Doppelhauses (→ Reihenhausgarten). Der D. läßt sich optimal gestalten, wenn sich die Nachbarn über eine gemeinsame Lösung verständigen.

Doppelschild, *Dipelta.* Geißblattgewächse, *Caprifoliaceae.* Mit 4 Arten in China vertreten. Sommergrüne Sträucher, den Weigelien sehr ähnlich. Von ihnen unterscheiden sie sich durch die duftenden Blüten, die von 2 schildförmigen Hochblättern, daher der Name, umgeben sind. – *D. floribunda.* ○ ♄ V–VI D. Mittelchina. Wird bis 5 m hoch, mit drüsig behaarten Zweigen und 5–10 cm langen, lanzettlichen Blättern. Blüten trompetenförmig, rosa, innen orangefarben. – Das D. verlangt sandig-lehmigen Boden in sonniger, etwas geschützter Lage. Junge Pflanzen sind sehr frostempfindlich, ältere dagegen vollkommen winterhart. Schöner Blütenstrauch, der leider noch wenig bekannt ist. – Vermehrung: Aussaat III–IV oder Stecklinge VI.

Dornstrauch → Weißdorn.
Doronicum → Gemswurz.
Dorotheanthus → Mittagsblumengewächse.

Dost, *Origanum.* Lippenblütler, *Labiatae.* ○–◐ ♃ – ♄ ⌒ Bie. Meist niedrige bis mittelhohe Stauden, ganze Pflanze aromatisch duftend. Von den 7 Arten ist eine heimisch, die andern am Mittelmeer zu Hause. Nur diese hat Gartenwert. *O. vulgare,* Europa auf trockenen Hängen. Ausläufertreibende Büsche, aromatisch nach Majoran duftend, auch als Droge angebaut. Blätter klein, ei- bis herzförmig, gegenständig, stumpfgrün. Blüten karminrot bis fleischfarbig in Trugdolden. 20–40 cm. 'Compactum' ist am wichtigsten, bildet rundliche, kompakte Büsche mit rosalila Blüten. VII–X, 15–20 cm. – Verwendung im Staudenbeet, Stein- und Heidegarten. Die Pflanzen werden scharenweise von Schmetterlingen, Bienen, Hummeln und anderen Insekten beflogen. Boden: Jeder nicht zu nährstoffreiche Boden geeignet. Vermehrung durch Aussaat und Teilung.

Dotterblume, *Caltha.* Hahnenfußgewächse, *Ranunculaceae.* ○–◐ ♃ ⌇. Unter den etwa 40 Arten hat die einheimische am meisten Bedeutung. Dunkelgrüne, glänzende, herzförmig-kreisrunde Blätter und leuchtendgelbe Blüten. *C. palustris,* Sumpfdotterblume, nördliche Halbkugel in gemäßigten bis kalten Regionen. Blüten schalenförmig, glänzend, dottergelb. 20 cm. 'Alba', weiße Blüten, wächst etwas schwächer. Auch eine hellgelbe Variante gibt es. IV–V, 15–20 cm; 'Multiplex', die

Sumpfdotterblume, *Caltha palustris.* (Seidl)

schönste Sorte, mit dicht gefüllten, goldgelben Blüten in großer Zahl, die Blätter entwickeln sich etwas nach den Blüten. Sie wächst auch an trockeneren Stellen, zieht dann aber bald nach der Blüte ein. IV–V und IX–X, 20 bis 30 cm. – *C. polypetala,* Kaukasus, Kleinasien. Der vorigen ähnlich, wächst aber mehr kriechend, treibt Ausläufer und hat größere, einfache goldgelbe Blüten. V–VII, 25 cm. – Verwendung an Teichrändern, Wasserläufen, Staudenbeet. Boden feucht, schlammig oder lehmig, aber auch in Sandboden bei genügender Feuchtigkeit. Vermehrung durch Teilung oder Aussaat.

Doucin → Unterlagen.

Douglasfichte, Douglasie, *Pseudotsuga.* Nadelhölzer, *Pinaceae.* 5 Arten im westlichen Nordamerika und Ostasien. In der Heimat bis 100, bei uns bis 40 m hohe Bäume, der Fichte ähnlich. – *P. menziesii (P. douglasii).* ○ ♄ i. Schnellwüchsiger Baum, mit kaum verzweigten, fast waagerechten bis hängenden Ästen und brauner, in der Jugend glatter, im Alter tiefrissiger Rinde. Nadeln meist zweizeilig, fast waagerecht vom Zweig abstehend, hell bis dunkelgrün glänzend und zerrieben leicht nach Äpfeln duftend. Zapfen hängend, bis 10 cm lang, mit hellbraunen runden Fruchtschuppen und dreieckigen Deckschuppen. Verschiedene Gartenformen, die sich hauptsächlich in den Wuchsformen unterscheiden, wie: 'Fletscheri', kaum 1 m hoch; 'Oudemansii', Äste fast waagerecht abstehend mit hellbraunen Zweigen; 'Pendula', Trauerform; 'Suringarii', Nadeln sichelförmig nach unten gebogen. – *P. menziesii* var. *glauca (P. glauca).* ○ ♄ i. Langsam wüchsige Gebirgsvarietät der normalen D., mit mehr aufrechtwachsenden Ästen. Nadeln kürzer und dicker, bläulicher, zerrieben nach Terpentin riechend. Formen: 'Brevifolia', sehr langsam wachsend, Nadeln rings um den Zweig gestellt; 'Elegans', pyramidal mit dichtstehenden Ästen; 'Fletscherii', Zwergform mit langen, blaugrünen Nadeln; 'Pendula', Äste herabhängend. In Deutschland sind Anzucht und Anbau der blauen D. mit ihren Formen verboten, weil die aus Amerika eingeschleppte Douglasienschütte Bäume jeden Alters befällt und zum Absterben bringt. – *D. menziesii* var. *viridis*. ○ ♄ i. Raschwachsende Varietät und gegen die Douglasienschütte fast immun. – ANSPRÜCHE. Jeder nicht zu nasse Boden, kann auch längere Trockenheitsperioden aushalten. Wächst bedeutend rascher als unsere heimischen Nadelhölzer; um so besser, je höher die Luftfeuchtigkeit ist. Alte Bäume sind vollständig winterhart, aber nicht ganz windfest. – VERMEHRUNG. Durch Aussaat im IV, nach dreiwöchigem Stratifizieren in feuchtem Sand. Sämlinge vor Sonne und Frost schützen! Veredlung der Gartenformen, im Winter oder Sommer, durch seitliches Einspitzen, auf Sämlinge der normalen Art.

Douglasie → Douglasfichte.
Draba → Hungerblümchen.
Dracaena → Drachenbaum.
Drachenbaum, *Dracaena*. Agavengewächse, *Agavaceae*. Im Gegensatz zur Keulenlilie, Cordylinie, besitzen die D.-Arten gelbe oder orange, oft duftende Wurzeln. Bäume oder Sträucher, 10 Arten in Tropen und Subtropen der Alten Welt. – *D. draco*, echter Drachenbaum. ○ ♄ ▽. Kanarische Inseln. Selten in Kultur, aber sehr interessant, da einer der ältesten Bäume der Erde, bis 4000 Jahre. In der Heimat 15–18 m erreichend und stark verzweigt. Blätter in dichten Schöpfen, schwertförmig, bis 60 cm lang. Harte Pflanze, kann im

Echter Drachenbaum, *Cracaena draco*. (Dr. Jesse)

Drachenbaum, *D. marginata* 'Tricolor'. (Herbel)

Sommer im Freien stehen. Vermehrung meist durch Samen.
GROSSWERDENDE, WÄRMEBEDÜRFTIGE ARTEN. ◐ ♄–♄ ▽ D. *D. deremensis*. Die grüne Art nicht in Kultur, nur panaschierte Formen. Bis 3 und 4 m hoch, Blätter schmalschwertartig, 40–50 cm lang und unterschiedlich überhängend. Wichtige Formen: 'Bausei', mit breitem weißem Mittelstreifen und dunkelgrünen Rändern, Blätter meist deutlich überhängend; 'Warneckii', mit grauer Mittelzone, darinnen und zu beiden Seiten schmale reinweiße Streifen und grüne Randstreifen. Blätter hängen nur leicht über. Daneben noch eine Vielzahl von Sorten, mit z. T. grünlichgelben Streifen, wie 'Ernest de Schrijver', oder Zwergwuchs, wie 'Compacta'. – *D. fragrans*. Kann ausgepflanzt in großen Wintergärten bis 10 m erreichen. Blätter locker stehend, breit, am Rand etwas gewellt und gegen den Stamm lockig heruntergebogen. Blüht häufig, die Rispe ist aus einzelnen Knäueln zusammengesetzt, wie die Blätter ca. 50–70 cm lang. Herrlicher Duft! Wichtige Formen: 'Massangeana', leicht und unregelmäßig gelb gestreift; 'Victoria' ist die schönste Form mit herrlich gelben, nie vergrünenden Rändern und grüner Mitte. – *D. marginata*. Madagaskar. Schlanktriebige Art mit verzweigten Sprossen, Blätter linealisch, grün mit braunem Rand. Dazu bunte Formen, wie 'Tricolor' oder 'Colorama'. Je bunter, desto empfindlicher (Chlorophyll fehlt!). – *C. reflexa*. Mauritius, Madagaskar. Hochwachsende Art mit typisch gebeugtem Endteil der Triebe. Blätter breitlanzettlich, 10–15 cm lang. 'Song of Jamaica' grünblättrig, 'Song of India' gelbpanaschiert, sehr schön, aber empfindlich.
KLEINBLEIBENDE, WÄRMEBEDÜRFTIGE ARTEN: ◐–● ♄ ▽ Lie. *D. godseffiana*. Blätter zu 3–5 in Scheinwirteln, 10 cm lang, dunkelgrün mit weißen Flecken. In etwa einer Aukube ähnlich sehend, aber wesentlich zierlicher. – *D. sanderiana*. Sehr schlanke, straff aufrechtwachsende Pflanze, deren Blätter nur 25 cm lang werden. Sehr schön und deutlich weiß panaschiert, trotzdem gut gedeihend. – Mit Ausnahme von *D. draco* gehören alle D.e in das Zimmer bzw. sogar in das Blumenfenster oder den Wintergarten. Sie verlangen aufmerksame Pflege, humusreiche Erden, nicht zu hohe Wassergaben (keine stauende Nässe!) und Temperaturen um 18°C. Beim Vergießen kommt es zu Blattrandschäden. Je größer der Weißanteil des Blattes bei einer panaschierten D. ist, desto empfindlicher ist sie, da die chlorophyllfreien Teile nicht zur Ernährung beitragen können, immer versorgt werden müssen und daher in Notzeiten oft ‚vergessen' werden. Während des Sommers unbedingt flüssig düngen. – Vermehrung durch Kopf- oder Stammstecklinge ist nicht leicht. Zu groß gewordene Pflanzen schneidet man zurück, sie werden dann mehrtriebig.

Drachenkopf, *Dracocephalum*. Lippenblütler, *Labiatae*. ○–◐ ♃–♄ △ ∧. Name aus dem griechischen Drakon = Drache und Kephale = Kopf. Zum Teil am Grund verholzende Pflanzen, Blätter ganzrandig, gezähnt oder fiederspaltig, Blüten in Quirlen oder endständigen Ähren. Etwa 40 Arten, meist in Europa und Asien. – *D. forrestii*, Westchina. Aufrechte Stengel, weiß behaart, Blätter fiederspaltig, oben grün, kahl, unten weiß behaart. Fiedern nadelartig durch eingerollte Blätter, Blüten violettblau. VIII–X, 30–50 cm. – *D. ruyschiana*, Pyrenäen. Alpen bis Ostasien. Bekannteste Art. Dichte, aufrechte Büsche, mit schma-

Drachenbaum, *D. derem.* 'Bausei'. (Jesse)

Dracocephalum

len, grünen, am Rand eingerollten Blättern, unten blaugrün. Blütenquirle mit 2–8 blauen Blüten, langlebig. VI–VIII, 20 bis 50 cm. – *D. moldavica*. ☉ ▽. Nordeuropa, Nordasien. Sommerblume mit ästigem, aufrechtem Wuchs, ganze Pflanze angenehm nach Zitronen duftend. Blätter gestielt, lanzettlich, eingeschnitten-gekerbt, Blüten quirlig in Blattachseln, blauviolett. – Verwendung der niedrigen Stauden im Steingarten, der höheren im Staudenbeet, Heide- und Naturgarten. Wegen ihrer späten Blüte wertvoll. Boden trocken, sandig. Vermehrung durch Aussaat. – Die einjährige *D. moldavica* für Sommerblumenrabatten und Topfkultur. Erde lehmig-sandig. Vermehrung durch Aussaat, sie blüht ein Vierteljahr nach der Aussaat.

Dracocephalum → Drachenkopf.

Dränung, Entwässerung des Bodens bei stauender Nässe auf Feldern, Wiesen, Bauplätzen und Gärten durch Abzugsgräben, Dräns oder Kiesschichten. In der Kulturtechnik sind eine Anzahl von Dränsystemen bekannt. Beim Ausbau einer D. mit Sauger, Sammler und Vorfluter sind unter Beachtung von Bodenart, Untergrund und Niederschlagsmenge Abflußspende und damit Rohrquerschnitte, Zeilenabstände und Verlegetiefen genau zu berechnen.

Dränschicht. Zur Schaffung von Vegetationsflächen auf Terrassen und Dachgärten sowie für Pflanztröge, -kübel und -kästen sind wasserableitende Schichten aus Kies, Schlacke, Styropordränplatten u. ä. erforderlich.

Drahtbürste, Hilfsmittel zum Reinigen der Baumstämme. → Baumbürste.

Drahtschmiele → Rasengräser.

Drahtspanner, zum Spannen von Drähten an Zäunen und Spaliergerüsten. Man unterscheidet Zwischenspanner und Aufsetzspanner.

Drahtwürmer, gelblich gefärbte, wurmartige, harte Larven der Familie

Drahtwürmer. (BASF)

Drehfrucht, *Streptocarpus-Hybride*. (Seidl)

der Schnellkäfer *(Elateridae)*, die ihren Namen nach dem Emporschnellen der Käfer aus der Rückenlage hat. Käfer unschädlich. Larven fressen nachts im oder am Boden Wurzeln, Knollen oder Keimstengel. Abwehr: Bei Rasenumbruch, vor Saatbestellung: Hühner eintreiben, in sauren Boden Kalk streuen; Köderfang: dicke Kartoffel-, Möhren- oder Rübenscheiben fest in den Boden drücken und regelmäß einsammeln, Salat als Fangpflanzen zwischensetzen.

Drahtzaun → Zaun.

Drehfrucht, *Streptocarpus*. Gesneriengewächse, *Gesneriaceae*. ◐ ♃ ▽ ✕. 90 Arten, meist Südafrika. Wir kultivieren normalerweise ausschließlich Hybriden. – *St. × hybridus* (entstanden aus *St. rexii, dunni* etc.). Blütentopfpflanzen, 20 bis 30 cm lange, runzelige Blätter, Rosetten gestellt, oft deutlich unterschiedlich lang. Blüten zu vielen aus dem Zentrum der Rosette, Stiele bis 20 cm hoch, Blüten glockenförmig, gloxinienähnlich, aber in vielen Farben: weiß, weiß mit violett, rosa, hellpurpurn usw. mit allen Zwischentönen, außer gelb. – Diese Blütenpflanzen werden bei 15–20°C aufgestellt, mäßig gegossen und nach dem Verblühen entfernt. Die Weiterkultur lohnt nicht. – *St.* 'Constant Nymph'. Blüht das ganze Jahr. Kleinere, flache, violettblaue Blüten. Temperaturen um 16–18°C. Mäßig feucht in humosen Substraten, etwas absonnig, sehr dauerhafte und empfehlenswerte Topfpflanze. – Die unterschiedliche Blattlänge der vorgenannten Hybriden ist auf die Einkreuzung von einblättrigen Streptocarpus (◐–● ⚌ ▽) zurückzuführen. Sehr interessante, für den Liebhaber reizvolle Pflanzen: das einzige Blatt, das sich nie erneuert und deshalb besonders geschont werden muß, kann 90 cm lang und 60 cm breit werden. Blüten meist in verzweigten Blütenständen, hellblau, gelb oder rosarot. Lange Blütezeit. Kultur unter Warmhausbedingungen,

d.h. 20–25°C und hohe relative Luftfeuchtigkeit. Empfehlenswert für Orchideenliebhaber. Schöne Arten sind *St. dunnii, galpinii, saundersii* und *wendlandii*, alle in Südafrika beheimatet. – Seit kurzem auch die in bot. Gärten viel verbreitete *S. saxorum* im Handel. Ampelpflanze mit halbhängenden Trieben. Blätter oval, 2 cm lang, grün. Blüten hellweißlichlila, 1,5–2 cm breit, aus den Blattachseln.

Dreiblatt, *Trillium*. Liliengewächse, *Liliaceae*. ◐–● ♃ Lie. Auffallende Pflanzen mit 3 in einem Quirl stehenden Laubblättern und ebensovielen Kelch- und Blütenblättern. Der Wurzelstock ist knollig-kriechend. Etwa 30 Arten, vorwiegend in Nordamerika. – *T. chloropetalum (T. sessile* var. *californicum)*, Kalifornien. Blätter breit eiförmig bis rhombisch, nicht gefleckt. Blüten sitzend, Kelchblätter schmal, Blütenblätter aufrechtstehend, groß, weiß bis rosa. 'Luteum' hat gelbe, 'Rubrum' dunkelrote Blüten, V, 40 cm. – *T. grandiflorum*, östliches und mittleres Nordamerika. Nationalblume von Kanada, wichtigste Art. Blätter grün, Blüten weiß, an langen Stielen waagrecht oder nickend über dem Blattquirl, im Verblühen rosa. IV–V, 30 cm. – *T. sessile,* mittleres und östliches Nordamerika. Blätter ebenfalls drei in einem Quirl, grün mit dunklen Flecken. Blüten sitzend, Kelchblätter schmal, seitlich abstehend, Blütenblätter etwas breiter, aufrecht, dunkel braunrot. V, 40 cm. – Verwendung in lichtem Baumschatten, zwischen Rhododendron, in Gruppen gepflanzt. Sie ziehen bald nach der Blüte ein, gehören aber zu den früh austreibenden Pflanzen. Boden locker humos, Vermehrung durch Teilung oder Aussaat.

Dreimasterblume, *Tradescantia*. Tradeskantiengewächse, *Commelinaceae*. Aufrechte oder niederliegende Stauden, Blüten endständig oder aus den Achseln der oberen Blätter. 30 Arten

Dreiblatt, *Trillium grandiflorum*. (Seidl)

Düngerstreuer

im tropischen und gemäßigten Amerika.
NICHT WINTERHARTE ARTEN. – WENIG SUKKULENTE AMPELPFLANZEN. *T. albiflora*. ○–● ♃ ⚡ ∿ ⛶. Triebe niederliegend bis aufsteigend, Blätter sitzend, bis 6 cm lang, eiförmig zugespitzt. Blüten klein, weiß, dreiteilig. Ebenfalls verbreitet ist die Form 'Aureo-Vittata' mit gelb-längsgestreiften Blättern. – *T. fluminensis*. Sehr ähnlich voriger, jedoch Triebe und Blattunterseiten bläulich oder rötlich angehaucht, Blätter kleiner und mehr bläulichgrün, reichblühend. Auch hier eine weißbunte Form: 'Albo-Vittata'. Bekannte Zimmerpflanzen von leichtester Kultur und Vermehrung. Sie vertragen Temperaturen zwischen 5–25°C. – Vermehrung durch Stecklinge, die ca. 10 cm lang geschnitten und sofort zu 12–15 in erdige Substrate gesteckt werden. Die bunten Formen brauchen mehr Licht und hungrige Kultur, damit sie nicht ständig vergrünen. – SUKKULENTE TRADESKANTIEN. *T. navicularis*. Rasenbildend, dicht gestellte Blätter, deutlich zweizeilig, dachziegelig gestellt, nur 1–2 cm lang, stark fleischig und am Rand bewimpert. Blüten rosa. Gehört in die Sammlung des Sukkulentenliebhabers, wo sie eine willkommene Ergänzung darstellt. Überwinterung bei 10–12°C, im Sommer wie die anderen Sukkulenten behandeln. Vermehrung durch Teilung oder Stecklinge.
WINTERHARTE TRADESKANTIEN, *T. Andersoniana-Hybriden* (*T. virginiana*), Gartentradeskantien. ○–◐ ♃. Entstanden aus Kreuzungen von *T. ohiensis* × *T. subaspera* u.a. V–IX, 30 bis 80 cm. Blätter schilfähnlich, in der Mitte gefaltet. Blüte in Büscheltrauben. Viele Sorten. 'Blue Stone', große, lavendelblaue Blüten; 'I. C. Weguelin', himmelblau; 'Innocence', reinweiß; 'Karminglut', leuchtendrot; 'Zwanenburg Blue', ähnlich 'Blue Stone', aber

Dreimasterblume, *Tradescantia x andersoniana* 'Karminglut'. (Seidl)

dunkelblau. – Verwendung: Unermüdlich blühende Stauden, wenn sie auf feucht-frischem Boden stehen; daher gut für Ränder von Wasserbecken und sonstigen Gewässern. Auf trockenen Standorten Blüte weniger befriedigend. – Vermehrung: Im Frühjahr, zu Beginn des Laubaustriebes teilen, Jungpflanzen ausreichend wässern.
Drillharke → Drillmaschine.
Drillmaschine, Gerät zum Ausbringen von Saatgut in gleichmäßigem Reihenabstand und gleichmäßiger Stärke, in Gebrauch im Feldgemüsebau und in der Landwirtschaft. Handdrillmaschine und Drillharke für Gärten sind ähnlich gebaut. → Handsämaschine.
Drosanthemum → Mittagsblumengewächse.
Drosera → Insektivoren 3.
Dryas → Silberwurz.
Dryopteris → Wurmfarn.
Duchesnea → Indische Erdbeere.
Düngerberatung, wird ausgeübt von Beratern des Staates, der Selbstverwaltungs- und Fachorganisationen, der Industrie sowie freiberuflichen.
Düngemittel → Metalldünger, → Mineraldünger, → Organische Handelsdünger, → Organisch-mineralische Handelsdünger.
Düngemittelgesetz. BRD. Seit 1962 neues D., nach dem nicht mehr einzelne Düngemittel genehmigt, sondern Düngemitteltypen generell zugelassen werden. Die entsprechende ‚Typenliste' unterscheidet folgende Hauptgruppen: Mineralische Einnährstoffdünger, mineralische Mehrnährstoffdünger, organische, organisch-mineralische und Düngemittel mit Spurennährstoffen; außerdem sind Bodenimpfmittel, Bodenwirkstoffe und Wachstumsregler aufgenommen. Die vom Hersteller lt. Typenliste gewährleistete Zusammensetzung wird durch amtliche Probenehmer überwacht, die Nährstoffgehalte müssen in der Rechnung angegeben werden. Ausgenommen sind ‚Blumendünger', ‚Rasendünger'. – Literatur: Schmitz und Kluge, Das Düngemittelrecht 1969; Verband Deutscher Landw. Untersuchungs- und Forschungsanstalten, Düngemittelverzeichnis, 1971. – ÖSTERREICH. Keine vergleichbare gesetzliche Regelung. – SCHWEIZ. Düngemittelbuch, gemäß Verordnung des Eidgnössischen Volkswirtschaftsdepartements vom 26. 5. 1972. (Zu beziehen bei der Eidgen. Drucksachen- und Materialzentrale, 3003 Bern.) Enthält in 92 Artikeln ein Verzeichnis der Düngemittel, unterteilt nach anmeldepflichtigen Düngemitteln und sonstigen.

Dünger- und Samenstreuer mit Handgriff zum Schließen und Öffnen der Streukanäle.

Düngerstreuer, Gerät zum gleichmäßigen Ausbringen von streufähigen Düngern, als Kasten- oder Breitstreuer. – KASTENSTREUER, auf zwei Rädern mit Handgriff zum Ziehen oder Stoßen. Verstellbare Streuschlitze, darüber radangetriebene, rostfreie Stahlwelle zur gleichmäßigen Verteilung des Streugutes an die Streukanäle. Wichtig: vom Handgriff aus zu betätigende Vorrichtung zum raschen Schließen der Kanäle beim Wenden und raschen Wieder-Öffnen nach dem Wenden, um Doppelgabe am Wendeort zu vermeiden. Streubreiten (der Handgeräte) 40–90 cm. Einstellen der Streukanäle auf bestimmte Düngermengen (g/qm). Beispiel: Es sollen 120 g/qm eines Rasendüngers gestreut werden, der Streuer hat eine Streubreite von 40 cm. An der Skala des Streuers eine Mittelstel-

Streuwagen zum Ausbringen von Dünger, Samen und Streugut. 12 Liter Inhalt. (P. Schmidt)

Düngesalze

lung einstellen, Streukasten zu einem Drittel füllen und auf ausgerolltem Packpapier 5 laufende Meter ausstreuen. Düngermenge vom Packpapier nehmen und wiegen. Das Gewicht nennt die gestreute Menge für 2 qm (40 × 500 cm). Danach Einstellung entsprechend korrigieren. Ermittelte Werte schriftlich festhalten. – D. auch zur Besandung (→ Topdressing) anwendbar. Bei Neuanlage mit dem D. einsäen. Im Winter bei Glätte: D. als Sandstreuer. – BREITSTREUER, Düngermenge grammgenau einstellbar, Streubreite von 50–150 cm regulierbar. – Außer zum Rasendüngen bei der Beetvorbereitung im Nutzgarten vor dem Säen bzw. Auspflanzen zum Ausbringen der Grunddüngung geeignet.

Düngesalze → Mineraldünger.

Düngestäbchen, Anwendungsform von → Mehrnährstoffdüngern für Zimmerpflanzen. D. werden in die Erde gesteckt, die Nährstoffe durch das Gießwasser gelöst. Erde immer feucht halten, sonst Schäden durch hohe Salzkonzentration („Verbrennungen"), besonders bei empfindlichen Pflanzen.

Düngeverbot → Wasserhygiene.

Düngung. ALLGEMEINES. Wird als Nährstoffversorgung der Pflanze über Boden (Bodendüngung) oder direkt (Pflanzendüngung) aufgefaßt. Gegenauffassung: Düngung als Bodenbelebung (→ Bodenleben). Praxis der D. ist je nach Standort und Zweck Nährstoffversorgung in erstgenanntem Sinn, z.B. bei Zimmerpflanzenkultur oder zur Erzeugung von Nahrungspflanzen in extremer Lage (→ Hydrokultur) oder aber in letztgenanntem Sinn Bodenbelebung durch organische Stoffe (→ Bodenbedeckung, → Gründüngung, → Mulchen, → Kompost) bei optimalen Wachstumsfaktoren, wie Beleuchtungsstärke, Bodenstruktur, Klima. – OBSTBAU. Nährstoffzufuhr in flüssiger Form über Laub und Boden, in fester Form über Boden zu den Wurzeln. Flüssigdüngung mit voll-

Duftsteinrich, *L. maritima*. (Dr. Jesse)

löslichen Mineraldüngern findet nur noch als Blattdüngung Anwendung, Flüssig-Untergrunddüngung (Lanzendüngung) ist nicht mehr üblich. Feste Dünger oberflächlich gleichmäßig gestreut und höchstens seicht eingehackt. Humusdünger als Mulchdecke oberflächig liegen und als Nährstofflieferant sowie biologisch wirken lassen. Düngerbedarf richtet sich nach dem Nährstoffbedarf der kultivierten Pflanzen, dem natürlichen Nährstoffvorrat des Bodens, → Bodenreaktion, Bodenaktivität, → Bodenuntersuchung, Umfang der Organismen des Bodenlebens, die festgelegte Bodennährstoffe reaktivieren und für Pflanzenwurzeln verfügbar machen. Düngerezepte für alle Fälle nicht möglich. – GEMÜSE. Angaben zur speziellen D. der Gemüsearten sind zu entnehmen der Übersicht ‚1., 2., 3. Tracht' beim Stichwort Fruchtfolge und der Gemüsearten-Tabelle.

Düse, verengte Bohrung am Mundstück eines Rohres, Schlauchs oder Brausenkopfs (Gießkanne), das Wasserdruck teilweise in Geschwindigkeit verwandelt. Feindüsen erzeugen Sprühnebel.

Duftpflanzen, strömen einen mehr oder weniger angenehmen Duft aus, wie: *Asperula odorata*
 Dianthus caesius
 – plumarius
Lavandula angustifolia
Nepata faassenii
Origanum vulgare 'Compactum'
Reseda odorata
Rosmarinus officinalis
Thymus × citriodorus
– serpyllum
Viola odorata

Duftsteinrich, *Lobularia*. Kreuzblütler, *Cruciferae*. ○ ☉ |: D Bie. Früher hießen sie *Alyssum*, wie noch heute in manchen Katalogen. – *Lobularia maritima* var. *benthamii*. Reich- und langblühende Sommerblumen, dichte Teppiche bildend, duftend. Bei farbigen Sorten sind die Blüten innen heller und färben sich erst nach und nach aus. Sorten: 'Königsteppich', purpurviolett, 8 cm; 'Orientalische Nächte', dunkelviolett, 8 cm; 'Rosy o'Day', dunkelrosa, 12 cm; 'Schneeteppich', reinweiß 10 cm; 'Snowdrift', großblumig reinweiß, 8 cm; 'Violettkönigin', purpur, 12 cm; 'Wunderland', karminrosa, 10 cm. Aussaat III–IV. Anzucht in Torftöpfen und auspflanzen V oder Direktsaat IV. Nie zu dicht säen und besonders die niedrigen, flachwachsenden Sorten weit genug (25–30 cm) pflanzen. V–X, auch noch nach leichten Frösten. Nach erster Blüte zurückschneiden und neu düngen. Verwendung im Sommerblumenbeet, als Einfassung, im Steingarten und zum Unterpflanzen bei Dahlien, Canna und anderen höheren Pflanzen.

Duftwein = *Vitis riparia* → Rebe.

Duftwicke → Platterbse.

Dunghacke, auch Krail genannt; mehrzinkiges Handgerät mit Stiel, Zinken aus angespitztem Rundstahl, fast rechtwinklig gebogen, zum Umsetzen von Mist und Kompost.

Durchlüftung → Rasenpflege.

Durchwurfsieb, aus 4 Latten bestehendes Rechteck, das mit engmaschigem Draht überzogen ist und, schräg aufgestellt, zum Durchsieben von Komposterde dient.

Dyckia → Ananasgewächse 1.

E

EAS-Index, Kennzahl für Eiweißqualität, bewertet nach der Bildung von Körpereiweiß durch je 100 g Nahrungseiweiß. EAS = Abkürzung ‚Essentielle Aminosäuren'. → Eiweißstoffe, → Qualität.

Eberesche, Vogelbeerbaum, *Sorbus.* Rosengewächse, *Rosaceae.* Sommergrüne Bäume oder Sträucher. Etwa 80 Arten auf der nördlichen Halbkugel. Kleine, meist weiße Blüten in endständigen Doldentrauben. Die verschiedenfarbigen Früchte werden gerne von gewissen Vögeln gefressen, daher die Namen Vogelbeere, Vogelkirsche, Gimpelbeer oder Kreienbeer. – *S. americana.* ○–◐ ♄–♄ V–VI ∽ ⚭. Nordamerika. 9 m hoher Baum oder baumartiger Strauch, unterscheidet sich von unserer heimischen E. durch die dunkelgrünen, im Herbst goldgelben, bis 25 cm langen gefiederten Blätter und die starken, rotbraunen Zweige. Die zahlreichen Früchte sind zierlich, kaum 6 mm, scharlachrot. – *S. aria,* Mehlbeere. ○ ♄–♄ V ⚭. Heimisch, bis 15 m, breit-pyramidale Krone und anfangs graufilzige, dann bräunliche Zweige. Blätter derb, eiförmig, bis 12 cm lang, oberseits sattgrün und unten dicht weißfilzig. Früchte rotorange, oval, bis 2 cm; var. *magnifica* mit etwas größeren Blättern, oben glänzend dunkelgrün, unten schneeweiß, im Herbst gelb, bleiben sehr lange haften. – *S. aucuparia.* ○ ♄ V ⚭. Unsere heimische E., über 15 m, runde Krone, anfangs behaarte, später graubraune Zweige. Blätter 20 cm, mit 9–15, etwa 6 cm langen, sattgrünen, unten graubehaarten Fiederteilen. Blüten weiß, 1 cm, in 15 cm breiten Doldentrauben, später mit runden, korallenroten Früchten. Äußerst anspruchsloses und anpassungsfähiges Pioniergehölz. Für Erstbesiedlung von Kahlschlägen, Ödland oder Schutthalden geeignet, wegen des biegsamen Holzes auch als Lawinenschutz. Das feinfaserige, harte und sehr elastische Holz wird von Wagnern, Drechslern und Holzbildhauern gerne verarbeitet. – *S. aucuparia* var. *edulis* (var. *dulcis,* var. *moravica*). ○ ♄ V ⚭. Mährische süße Edeleberesche. Wurde ca. 1880 in Spornhau/Mähren gefunden. Vermutlich Mutation der gewöhnlichen Eberesche *(Sorbus aucuparia).* Gedeiht noch an kältesten Standorten, in Höhenlagen und ist dort wertvoller Vitaminspender. Bäume mittlerer Größe. Pflanzabstand je nach Bodengüte und Sorte 5 × 5 bis 6 × 6 m. – Frucht in Dolden, orangefarbig. Bei Sommerreife Ernte VIII bis IX. Hierbei höchster Vitamin-C-Gehalt. Süßreife Ende IX–Anfang X. Durchschnittsertrag pro Baum 25–40 kg. Fruchtdolden vorsichtig abbrechen, um basale Blütenknospen zu schonen. Vielseitige Verwendung der Frucht im Haushalt für Süßmost, Sirup, Marmelade, Gelee, Kompott, kandierte Früchte. In der DDR wurden 2 Sorten der Edeleberesche selektiert, auch unterschiedlich im Vitamin-C-Gehalt: 'Rosina' mit

Früchte der Eberesche, *S. aucuparia.* (Seidl)

Eberesche, *Sorbus aucuparia.* (Dr. Jesse)

100 mg%, 'Konzentra' mit 220 mg%. Beide auch in der BRD vertrieben. Nach Wuchs- und Blattform und Farbe der Beeren viele Sorten. – *S. chamaemespilus,* Zwergmehlbeere. ○–◐ ♄ VI–VIII △ ⚥. Alpen. Aufrechter, bis 3 m hoher Strauch, anfangs behaarte, später rotbraune Zweige. Hellrosa Blüten in filzigen Doldenrispen. Frucht oval, rotbraun. – *S. domestica,* Speierling, Spierling. ○ ♄ V–VI ⚥. Mittelmeerraum und Westasien. Etwa 20 m, rauhe Borke und stark gefiederte Blätter. Früchte bräunlichrot, werden in manchen Gegenden bei der Mostbereitung verwendet: Durch den Gerbstoffgehalt werden kräftiger Geschmack, klare Farbe und größere Haltbarkeit des Mostes erzielt. Die Kultur von *S. domestica* ist sehr alt, erste Angaben in Mitteleuropa aus Klosterplan v. 820 St. Gallen. – *S. intermedia,* Oxelbeere, Schwedische Mehlbeere. ○ ♄–♄ V ⚥. Nordamerika, als Baum bis 10 m, industriefest. Blätter eiförmig, dunkelgrün, unterseits weißfilzig, im Herbst goldgelb. – *S. torminalis,* Elsbeere. ○ ♄ V ⚥. Europa. Nordafrika und Kleinasien. Name lat. 'Tormina' = Ruhr, wegen der Anwendung als 'torminalis sorbus' gegen die Ruhr. Bis 25 cm, rundkronige, eiförmige, 10 cm lange Blätter und braune, hell punktierte, ovale Früchte, die wie die Früchte von *S. domestica* dem Obstmost beigegeben werden. – *S. serotina.* ○ ♄ V. Nordchina. Besonders durch die lange anhaltende, leuchtend braunrote Herbstfärbung wertvoll. *S. vilmorinii (S. foliolosa).* ○ ♄–♄ VI ⚥. Klein, zierlich, auch für kleinere Gärten. Wächst langsam, überhängende Zweige, mit anfangs weißen, später hellrosa Früchten. – ANSPRÜCHE. Tiefgründiger, nahrhafter Boden in sonniger bis halbschattiger Lage. Wo sie einmal gestanden haben, ist der Boden stark ausgelaugt. Die hohen Arten sind als Park- oder Alleebäume wertvoll, die kleinbleibenden auch für den Garten, sollten aber unbedingt einzeln stehen. – VERMEHRUNG. Aussaat bei den reinen Arten; der vom Fruchtfleisch gereinigte Samen wird über Winter in Sand stratifiziert und im zeitigen Frühjahr ausgesät. Veredlung ist bei den Sorten wichtig. Üblich ist Okulation im Sommer oder bei den Kronenveredlungen Kopulation oder Geißfuß im Frühjahr.

Ebereschenspiere → Fiederspiere.
Eberwurz, *Carlina.* Korbblütler, *Compositae.* ○ ♃ △ ⌢ Bie Lie. Distelartige Pflanzen mit milchigem Saft, Blätter fiederspaltig, dornig, große Blütenköpfe. 20 Arten in Europa bis Mittelasien

Eberwurz, Silberdistel, *C. acaulis.* (Herbel)

und den Kanarischen Inseln, 2 winterhart. – *C. acanthifolia,* Küstenländer am nördlichen Mittelmeer. Große, dem Boden anliegende Blattrosetten mit akanthusähnlichen, ausgebuchteten, dornigen Blättern. Blütenköpfe groß, bis 20 cm breit, strohgelb, innen gelblich-weiß. Stirbt nach der Blüte ab, sät sich aber selbst aus. Blüht im zweiten Jahr, prächtige Art. VIII–IX, 10 cm. – *C. acaulis,* Eberwurz, Silberdistel, Wetterdistel. Pyrenäen bis Mittelrußland. Meist nur kurze Stengel. Blätter einfach gefiedert, Fiedern bedornt, Blattrosette aufliegend. Blütenköpfe mit silberweißen, strohigen Randblüten, richtiger Hüllblätter, die eine blütenblattähnliche Färbung haben. Bei feuchtem trüben Wetter schließen sich die Blüten, daher Wetterdistel. VII–IX, 10 cm. – *C. a. var. caulescens.* In Staudengärtnereien fast ausschließlich angeboten. Blüten lang gestielt, daher gut zum Schnitt. VII–IX, 30–50 cm. – Verwendung an trockenen Stellen im Steingarten, im Staudenbeet oder abgeschnitten unmittelbar nach dem vollen Aufblühen als Trockenblume, sowie im Heide- und Naturgarten. Boden trocken, durchlässig, kalkhaltig. – Vermehrung aus Samen. Die Sämlinge werden bald in tiefe Töpfe pikiert, sie lassen sich nur erfolgreich mit Topfballen auspflanzen.
Eccremocarpus scaber → Schönranke.
Echeverie, *Echeveria.* Dickblattgewächse, *Crassulaceae.* ○ ♃ ⌂. Die E.n sind sukkulente, stammlose oder kurzstämmige Pflanzen, die ca. 150 Arten bewohnen die Südstaaten der USA, Mexiko und die angrenzenden südamerikanischen Staaten. Verschiedene Gruppen. – *E. (Oliveranthus) harmsii.* Frühjahrsblühender, vielstämmiger Strauch, Blätter grün, an den Trieben gehäuft. Blüten zu 1–2, 3 cm groß, leuchtendrot mit gelben Flecken. – *E. (Urbinia) agavoides,* regelmäßige, bis 20 cm große Rosetten, Blüten orange mit gelb, in 30 cm hohen Blütenständen. – *E. derenbergii.* Kugelige, weißblaue Rosetten, 3–6 cm im Durchmesser, Blüten gelbrot bis dunkelrot. Ähnlich, aber mit größeren, offenen Rosetten ist *E. glauca,* die früher viel für Teppichbeete verwendet wurde. – *E. gibbiflora.* Halbstrauchig mit großen Rosetten, Blätter graugrün m. trübrotem Schein. Blüten hellrot mit weißlichem Schein. Noch ausgeprägter zweifarbige Blätter hat die var. *metallica.* – *E. pulvinata.* Ebenfalls strauchig und besonders durch die dichte weiße Behaarung der Blätter auffällig. – *E. retusa.* Grau bereifte Rosetten, Blätter am Rande z.T. gewellt, Blütenstände sehr groß u. kräftig, Blüten leuchtendrot. Winterblüher. Ähnlich ist *E. fulgens.* – *E. setosa.* Rosettenbildende Art mit grünen, dicht weiß behaarten Blättern. Blüten rot mit gelb. In den USA in Hunderten Sorten gezogen, die teilweise sehr blattschön, z.T. auch blütenschön sind. Führen sich langsam in M-Europa ein. – E.n sind sehr bekannte und leicht zu pflegende Pflanzen, die früher den Grundstock für die Teppichbeetbepflanzung bildeten. Überwinterung hell und kühl. Substrate durchlässig, dabei aber nicht zu mager. Nach den Eisheiligen kann man E.n ins Freie auspflanzen und dort zusammen mit Kakteen, Agaven usw. Sukkulentengruppen erstellen. – Vermehrung durch Aussaat (bei größerem Bedarf) oder durch Blattstecklinge.
Echinocactus → Kakteen 11.
Echinocereus → Kakteen 9.
Echinops → Kugeldistel.
Echinopsis → Kakteen 12.
Echium → Natternkopf.
Echter Jasmin → Winterjasmin.
Echter Mehltau → Mehltau.
Edaphon (griech. edaphisch = den Boden betreffend), Lebensgemeinschaft (→ Biozönose) der pflanzlichen und tierischen Lebewesen im Boden. Begriff E. begründet von R. H. Francé.

Echeveria, *Echeveria setosa.* (Herbel)

Alpen-Mannstreu, *Eryngium alpinum.* (Seidl)

Literatur: R. H. Francé, Das Edaphon, Stuttgart 1910, Nachdruck München 1981. → Bodenleben.

Edeldistel, *Eryngium.* Doldenblütler, Umbelliferae. ○ ⊙–♃ △ ⋊ Bie. Dekorative Pflanzen mit tiefgehenden, rübenartigen Wurzeln und einem bizarr geschlitzten Blattkranz unter der Blüte. Etwa 220 Arten in den gemäßigten und warmen Zonen. – *E. alpinum,* Alpendistel. Seealpen bis Balkan. Rübenförmiger Wurzelstock, Blätter am Grund langgestielt, tief herzförmig, am Rand ungleich gekerbt. Nach oben die Stiele immer kürzer werdend bis sitzend, dann handförmig gespalten. Blütenköpfe blau, mit feingeschlitzten, langen Hüllblättern. 'Amethyst', blauviolette, große Blüten; 'Opal', silbriglila. VII–VIII, 80–100 cm. – *E. amethystinum,* Südeuropa. Blätter fast lederartig, doppelt fiederschnittig, Zipfel lanzettlich, dornig gezähnt. Stengel oben doldenartig verzweigt. Blütenköpfe eirund, amethystblau, mit stechenden linealisch-pfriemlichen Hüllblättern. VII–VIII, 60–100 cm. – *E. bourgatii,* Spanien, Pyrenäen. Niedrig. Blätter stark zerteilt mit weißen Adern, lederartig, dornig. Blütenköpfe rundlich, groß, stahlblau. VII–VIII, 50 cm. – *E. giganteum,* Elfenbeindistel, zweijährig. Kleinasien, Kaukasus. Nach der Blüte absterbend. Grundblätter langgestielt, herzförmig, Stengelblätter stengelumfassend. Blütenstand reich verzweigt, Blütenköpfe walzenförmig, bläulichweiß. Hüllblätter die Blütenköpfe nicht überragend, flach abstehend, dornig, wie die ganze Pflanze silbergrün. Dekorative Art. VII–VIII, 80 cm. – *E. maritimum,* Stranddistel. Ost- und Nordseestrand, Mittelmeerküste bis Kleinasien. Oft nur zweijährig, aber auch ausdauernd. Pflanze starr, silbergrün überlaufen, Stengel stark beblättert mit keilförmigen Blättern. Blütenköpfe rundlich, stahlblau. Hüllblätter breit-keilförmig, dornig, groß, flach abstehend, elfenbeinweiß. VI–X, 30 cm. – *E.* × *oliverianum* (wahrscheinlich *E. giganteum* × *E. planum).* Blütenstand stark verzweigt mit großen, kugeligen, tief dunkelblauen Köpfen. VII bis VIII, 80 cm. – *E. planum,* östliches Mitteleuropa bis Zentralasien. Grundblätter dunkelgrün, herzförmig, lederig. Blütenstand stark verzweigt mit vielen kleinen, eiförmigen Blütenköpfen mit hellblauen Blüten und stahlblauen Hüllblättern. VI–IX, 90 cm. 'Blauer Zwerg', intensiver blau, niedrig VI–IX, 50 cm. – *E. yuccifolium,* atlantisches Nordamerika. Ganz anderes Aussehen als die andern Arten. Faseriger Wurzelstock, lange, breit-linealische Blätter, an den Rändern dornborstig bewimpert. Blüten an langen Stengeln in Büscheln, weiß bis hellblau. Hüllblätter kurz, zugespitzt. VII–IX, 60–150 cm. – *E.* × *zabelii (E. alpinum* × *E. bourgatii).* Wertvolle Hybriden mit großen Blüten auf schmal verzweigtem Blütenstand. 'Juwel', tief stahlblau; 'Violetta', rötlichviolett. VII–VIII, 70 cm. Verwendung im Stein- und Heidegarten, besonders aber zum Schnitt als dekorative Trockenblumen. – ANSPRÜCHE. Boden kalkhaltiger, sandiger Lehm, jedoch keine stehende Nässe. Nur *E. yuccifolium* will feuchter stehen. Vor Mäusefraß schützen! – VERMEHRUNG. Arten durch Aussaat und wie die Sorten durch Wurzelschnittlinge im Winter.

Edelgamander → Gamander.

Edelkastanie, Marone, *Castanea.* Buchengewächse, *Fragaceae.* 8 Arten in der nördlichen gemäßigten Zone. Sommergrüne Bäume mit rissiger Rinde und einhäusigen Blüten. Die braunschaligen Früchte sind sehr stärkehaltig und werden als 'Maroni' gegessen. – *C. sativa (C. vesca).* ○ ℏ. Heimat Kleinasien, Kaukasus. WILDWACHSEND. In warmen Gegenden, wie Tessin, Wallis und Südwestdeutschland, waldbildend. 30 m, dunkelbraune

Edelkastanie, Früchte. (Lucke)

Edelkastanie, Kronenausschnitt. (Dr. Link)

Borke, lanzettliche, 12–30 cm lange Blätter und auffallende grünlich-weiße Kätzchen. Früchte zu 1–2 in kugeliger, dicht stacheliger Fruchthülle. Die E. verlangt tiefgründigen, lockeren, etwas fruchtbaren Boden, in mildem Klima. – Vermehrung: Bei Aussaat nur Saatgut von gesunden und reichtragenden Bäumen ernten! Veredelt wird durch Geißfuß oder Kopulation im Frühjahr oder Okulation und Anplatten im VI. – ANBAU. Seit 2000 Jahren in Südeuropa, Hauptgebiete Südfrankreich, Italien, Spanien. In Deutschland nur in warmen Gegenden: Rheingau, Kaiserstuhl, Pfalz, Bergstraße, Rheinisches Schiefergebirge, Maintal, Oberrheingebiet. Verlangt warme Standorte, saure Böden mit pH-Wert 4,5–5,5. Zum vollkommenen Ausreifen brauchen Früchte eine Wärmesumme von 2000°C. Blüte spät, Mitte VI, nicht spätfrostgefährdet. In Standorten mit starker Nebelbildung zur Zeit der Blüte erschwerte Pollenübertragung durch Wind. Ertrag veredelter Bäume vom dritten Standjahr. Vollertrag 50–80 kg/Baum/Jahr. Fremdbefruchtung erforderlich, weil weibl. und männl. Blüten am gleichen Baum niemals gleichzeitig erscheinen. Solitärbäume selten fruchtend. Sorten: Doré de Lyon, Noire, Paragon u. a.

Edelpelargonie → Pelargonie.

Edelraute → Beifuß.

Edelreis, einjähriger Trieb mit vollkommen entwickelten und ausgereiften Knospen. Verwendung im Sommer zur Okulation oder im Winter–Frühjahr zum Pfropfen (Reisveredlung). E.-Entnahme nur von gesunden Bäumen und guten Fruchtträgern.

Edelsorte. Von allen Obstarten gibt es Sorten bzw. Varietäten, die zufällig als Sämling, durch Züchtung oder Mutation entstanden sind. Da erbtreue Vermehrung nicht möglich, muß xenovegetativ durch Unterlagenverwendung (→ Unterlagen) vermehrt werden.

Edeltanne

Selbstbewurzelung von Baumobstsorten unwirtschaftlich. Sortenzahl je nach Obstart Hunderte bis Tausende.
Edeltanne → Tanne.
Edeltrieb, der Trieb, der bei Veredlungen oberhalb der Veredlungsstelle entsteht und von der Edelsorte gebildet wird.
Edelweiß, *Leontopodium.* Korbblütler, *Compositae.* ○ ♃ △ ⚸. – Begehrte Alpenpflanze, deren Blütenstände von schönen weißfilzigen Hochblättern umgeben sind, aber nur bei sonnigem Stand gutgefärbte Blüten bringen. Etwa 41 Arten in den Gebirgen von Europa und Asien. – *L. alpinum,* Pyrenäen, Alpen, Karpaten. In Rosetten angeordnete, ganzrandige, linealischlängliche Blätter, filzig behaart. Blütenstand beblättert, oben weißfilzig. Blüten in halbkugeligen Köpfchen in Trugdolde zwischen den Hochblättern. 15 cm. 'Mignon', niedriger und mit kleineren Blättern und Blütenständen, aber reichblühender. 10 cm; 'Sterntaler', größer, mit schön geformten Blütensternen, gut zum Schnitt. 25 cm. VI–VIII. – *L. himalayanum,* Tibet, Sikkim, Himalaja. Dichte Polster, weißfilzige Stengel, Blätter grausilbrig, oben am Stengel breiter werdend und in die silberfilzigen, meist gleich langen Hochblätter übergehend. Leicht wachsend, gut zum Schnitt. VI–VII, 20 cm. – *L. palibinianum,* Mongolei, Sibirien. Wurzelstock büschelig-vielstengelig. Blätter groß, linealischlanzettlich, bis 20 cm lang. Stengel kantig mit großen Hochblättern, oberseits dicht weißfilzig, unterseits grau. Blütenstand bis 7 cm Durchmesser. VI–VII, 25 cm. – *L. souliei,* Sichuan, Junnan. Rasenartiger Wuchs mit schwachen Ausläufern. Zahlreiche Blütenstände, silbrig weiß, eine der reichblühendsten Arten; 'Bergsilber', Verbesserung mit gleichmäßigeren, silberweißen Blütenständen. VI–VII, 15 cm. – *L. stracheyi,* Südwestchina. Hochwachsend mit aschgrauen, drüsig behaarten oder bestäubten Blättern. Blütenstand locker, innere Hochblätter kleiner als die äußeren, silbergrau. VI–VII, 30 cm. – Verwendung im Steingarten und zum Schnitt als Trockenblume. Die Blütenstände halten an der Pflanze nach dem Verblühen noch lange. Am besten färben sich die Blütenstände, wenn die Pflanzen an der Südseite von weißen Steinen stehen. Boden durchlässiger, kalkhaltiger, humusarmer Gartenboden. Vermehrung durch Aussaat und Teilung. Bei den meisten Arten variieren die Sämlinge stark.
Edelwicke → Platterbse.

Efeu, *Hedera.* Araliengewächse, *Araliaceae.* 5 Arten in Europa, Asien und Nordafrika. Immergrüne, mit Luftwurzeln kletternde Sträucher. Im klassischen Altertum wurden Efeukränze und -blätter vor allem in Dionysos- oder Bacchuskultus verwendet; er galt als Symbol der Heiterkeit, Geselligkeit und Freundschaft.
FREILANDEFEU. *H. colchica.* ○–◐ bis ● ♄ ⚥ ⌃ i. Wälder der Kaukasusländer. Laubblätter breit-dreieckig bis eiförmig, 10–25 cm, lederartig, mattgrün. Alle jungen Triebe sind mit gelbbraunen Schuppenhaaren bedeckt. Früchte groß, kugelig, schwarz. 'Arborescens' ist die strauchigwachsende, nicht kletternde Altersform. Blätter kleiner und nicht gelappt. – *H. helix.* ○–◐–● ♄ IX–X ⚥ i. Unser heimischer E., Europa und bis Nordpersien. Stamm verzweigt, kriecht auf dem Boden oder klettert mit Luftwurzeln bis 30 m an Bäumen oder Mauern. Jugendform der Blätter („Schattenblätter") drei- bis fünfeckig gelappt, 4–10 cm, dunkelgrün und meist weiß geädert. Blätter der Blütentriebe („Sonnentriebe") ungelappt und matter in der Farbe. Sie haben keine Luftwurzeln und erscheinen erst nach dem 8.–10. Lebensjahr. Viele Sorten und Formen, mit meist unterschiedlichen Wuchs- oder Blattformen; var. *hibernica* hat größere, hellere Blätter. 'Arborescens', die Altersform, mit breit ausladendem Wuchs; 'Conglomerata', langsam wachsende Zwergform, mit kleinen gewellten Blättern. Auch als Unterpflanzung, im Schatten, geeignet; 'Crispa', kleine gewellte Blätter, auch für Wohnungen geeignet. – ANSPRÜCHE. Sehr

Efeu, *Hedera helix.* (Seidl)

Efeuaralie, *F. litzei* 'Variegata'. (Seidl)

gering, wächst in voller Sonne und im Schatten, auf jedem nicht zu trockenen Boden. Im allgemeinen hat E. auf die von ihm ‚in Besitz genommenen' Bäume keinen schädlichen Einfluß, siehe die schönen ‚Efeu-Eichen', die gegenüber den efeufreien sogar besser wachsen. An Hauswänden kann er nützlich sein: schützt die Wetterseite vor Schlagregen, und die Wurzeln entziehen dem Boden vor der Grundmauer das Wasser. Mechanische Störungen, etwa Sprengen von Mauerwerk, sind kaum zu befürchten. – VERMEHRUNG. Aussaat ist nicht üblich, da Stecklinge sehr leicht wachsen. Am besten sind halbreife Kopftriebe, die zu mehreren gleich in Töpfe gesteckt werden. Da *H. helix* 'Arborescens' aus Stecklingen sehr schwer wächst, wird meistens auf *H. helix* veredelt.
TOPFEFEU. *H. helix.* ◐ ♄–♄ ⚥ ⌂. Für die Topfkultur eignen sich vor allem mehr oder weniger kletternde oder hängende Jugendformen. Die Blattgröße schwankt zwischen 3 und 7 cm, die Blattform zwischen eirhombisch, efeuartig bis tief pfeilförmig eingeschnitten. Blätter in vielen Variationen bunt, d. h. einerseits flächig weiß- bzw. gelbgrün, oder gelb oder weiß gepunktet auf grünem oder graugrünem Grund. Die Zahl der Sorten ist groß und gebietsweise sehr schwankend und veränderlich. – Für größere Wintergärten eignet sich besonders die weißbunte Form von *H. canariensis* 'Gloire de Marengo'. – ANSPRÜCHE. E. ist in seinen vielen Formen eine ansprechende Zimmerpflanze, die auch in schattigeren Räumen gut fortkommt. Bunte Formen benötigen mehr Wärme. Ein Großteil der Zimmerefeu-Formen ist unter leichter Reisigdecke winterhart und in geschützten Winkeln versuchswert. Bei der Kultur ist auf Weichhautmilben, Blattläuse und Spinnmilben (Rote Spinne) zu achten. Diese beiden Schädlinge werden besonders durch zu

trockene Luft begünstigt. – VERMEHRUNG. Durch Stecklinge, die am besten zu mehreren in durchlässige Erde gesteckt und dann unter einer Folienhaube gehalten werden. Auch hier sind panaschierte Formen manchmal empfindlich. Zu große Pflanzen vertragen ohne weiteres Rückschnitt.

Efeuaralie, × *Fatshedera.* Araliengewächse, *Araliaceae.* ◐ ♄ ▽. Ein in der gärtnerischen Kultur, bei der Firma Lizé Frères in Nantes, um 1915 entstandener Bastard zwischen *Fatsia japonica* und *Hedera helix.* – × *F. lizei.* Ein straff aufrechtwachsender Strauch. Stamm in der Jugend rostfarbig behaart, Blätter aralienartig, doch härter, kleiner und mehr behaart. Besonders schön die bunte Form 'Variegata'. – Sehr gute Zimmerpflanzen, die bei entsprechender Ernährung rasch wachsen. Buschige Exemplare erzielt man durch Zusammenpflanzen mehrerer Jungpflanzen. Wintertemperaturen um 10 °C reichen aus, doch sind die buntblättrigen Formen auch hier empfindlicher und wärmebedürftiger. – Vermehrung durch Kopf- oder Stammstecklinge.

Efeupelargonie → Pelargonie.

Efeutute, *Scindapsus.* Aronstabgewächse, *Araceae.* Rankende Pflanzen mit ausgeprägten Jugend- und Altersformen, Blätter aber ohne Löcher. Ca. 20 Arten in Südostasien. – *Sc. aureus* (*Pothos aurea, Rhaphidophora aurea*). ◐ ♃ ⋮ ⋮ ▽. Stark kletternde Pflanze mit herzförmigen Blättern, unregelmäßig gelb gestreift. Bei der Jugendform sind die Blätter mehr zugespitzt und erreichen 10 cm Länge. Ausgepflanzt entwickelt sich die Altersform, deren

Efeutute, *Scindapsus aureus.* (Dr. Jesse)

Stämme 3–4 cm dick werden; Blätter bis 50 cm. Eine etwas empfindlichere Form mit reinweißen Flecken ist 'Erich Gedalius' ('Marble Queen'). – Schöne Warmhaus- und Zimmerpflanze, die besonders an Moosstäben kultiviert ihre ganze Schönheit zeigt. Substrat locker und humusreich. Gleichmäßige Temperaturen, auch im Winter nicht wesentlich unter 14 °C. – Vermehrung durch Stecklinge. – *Sc. pictus* var. *argyraeus.* ◐–● ♃ ⋮ ⋮ ▽ Lie. Schlanker, mit dünneren Trieben. Blätter bis 10 cm, oberseits schwarzgrün mit silbernen Flecken und silbernem Randstreifen. Etwas heikler, doch für Blumenfenster geeignet, da nicht so stark wachsend.

Efeuzonalpelargonien → Pelargonien.

Effektive Bestäubungsperiode, die Zeitspanne der Befruchtungsfähigkeit der Samenanlagen, je nach Sorte und Temperatur unterschiedlich lang, 1–14 Tage.

Egalisiergerät, zur Herstellung des Feinplanums bei → Rasenneuanlagen. Stahlrahmen, der im Schlepp über die zu behandelnde Fläche gefahren wird. Bei kleineren Flächen wird als E. eine liegende, mit Gewichten beschwerte Leiter oder Baustahlmatte an Stricken kreuz und quer über die Fläche gezogen. → Schleppgitter.

Ehrenpreis, *Veronica.* Braunwurzgewächse, *Scrophulariaceae.* ♃. Rasenartige bis hohe Pflanzen. Blütenkrone fast radförmig mit 4 verwachsenen Blütenblättern. Unter den 150 Arten der gemäßigten und kalten Zonen der Erde sind viele gute Gartenstauden.

NIEDRIGE, POLSTERBILDENDE ARTEN. *V. armena,* Teppichveronika. ○ △ △. Kleinasien. Grüne, tief eingeschnittene, daher nadelartig wirkende Blätter. Blüten in achselständigen, reichblühenden Trauben, blauviolett, dunkler geadert. VI bis VII, 5–10 cm. – *V. cinerea.* ○ ⋙ △. Kleinasien. Schmale, längliche Blätter mit umgerolltem Rand, wie die ganze Pflanze graugrün. Blüten in aufrechten Trauben, hellblau, reichblühend. VI–VII, 10–15 cm. – *V. filiformis,* April-Teppichveronika. ◐ ⋙ △. Kaukasus. Zahlreiche, fadenförmige, am Boden wurzelnde Stengel mit kleinen, runden, gekerbten Blättchen, glänzendgrün oder flaumig behaart. Blüten einzeln an dünnen Stielen in den Blattachseln, aber die ganze Pflanze bedeckend, blau bis himmelblau, dunkel geadert. IV–VI, 5 cm. – *V. fruticans* (*V. saxatilis*). ○–◐ △ △ i. Europa, auf Kalk. Lockere Polster mit verholzendem Wurzelstock. Blätter le-

Ehrenpreis, *V. longifolia* 'Blauriesin'. (Seidl)

drig, eiförmig, glänzend. Blüten einzeln oder in kurzen Trauben, lang gestielt, azurblau mit purpurnem Ring. VI–VII, 10 cm. – *V. fruticulosa.* ○–● △. Jura, Alpen, Pyrenäen. Triebe am Grunde verholzend, Blätter gegenständig, lanzettlich bis elliptisch, glänzend dunkelgrün. Blüten meist einzeln in den Blattachseln, rosa mit dunklen Adern. VI–VII, 20 cm. – *V. prostrata* (*V. rupestris*), Mai-Teppichveronika. ○ ⫾ △ ⋙. Mitteleuropa, Kleinasien und Sibirien. Stengel am Boden liegend und aufsteigend. Blätter stumpf-lanzettlich, grob gekerbt. Blüten in achselständigen, gedrungenen, kegelförmigen Trauben, reichblühende Polster, leuchtendblau. 'Alba', weiß; 'Coelestina', hellblau; 'Pallida', bläulichweiß; 'Rosea', rosa. V–VI, 10 cm. – *V. rupestris.* ○ ⫾ △ ⋙. Unter diesem Namen ist in den Staudengärtnereien eine Art vorhanden, die ähnlich *V. prostrata* aussieht, aber 2 Wochen später blüht. Blüten blau mit weißem Ring am Grund. V bis VI, 15 cm. – *V. surculosa,* Grauteppich-Veronika. ○ △ ⋙. Kleinasien. Kriechende Triebe mit ansteigenden Blütenstengeln, ganze Pflanze grau behaart. Blätter rundlich elliptisch, klein, in der Jugend mit eingerolltem Rand. Blüten in Trauben, weiß mit großem purpurrotem Auge, daher rosa wirkend. V–VII, 10 cm. – *V. turrilliana.* ○ △ i. Südost-Bulgarien. Am Grunde verholzende, niederliegende Triebe mit länglichen, kerbzähnigen, saftiggrünen, glatten Blättern. Blüten verhältnismäßig groß, blauviolett mit auffallenden roten Staubbeuteln. V–VI, 10 cm. – Verwendung der niedrigen Arten im Steingarten, Staudenbeet, als Bodendecker bei spätblühenden Zwiebelgewächsen, für Einfassungen und Grabbepflanzung. Boden für die meisten durchlässig, humos, kalkhaltig. Vermehrung d. Teilung, einige säen sich selbst aus.

Eibe

HALBHOHE UND HOHE ARTEN. *V. gentianoides*. Enzianblättrige Veronika. ○–◐ △. Kaukasus, Kleinasien. Grundblätter in einer Rosette, breitlanzettlich. Stengelblätter spitzlanzettlich, dunkelgrün, glänzend. Aufrechte, beblätterte Stengel mit vielblütiger Traube. Blüten lang gestielt, hellblau mit dunkler Aderung. 'Robusta' ist kräftiger im Wuchs; 'Foliis Variegatiis' (Fol. Var.) hat weißbunte Blätter, Blüten hellblau. Wintert leicht aus. V–VI, 30 cm. – *V. incana*, Graue Kerzenveronika. ○ △ i. Südosteuropa, Nordasien. Ganze Pflanze silbergrau. Rosettenblätter breitlanzettlich, fein gekerbt. Blütenstengel aufrecht mit gegenständigen Blättern, Blütenstand verzweigt, ährenförmig, spitz auslaufend, dunkelblau. 'Rosea', mit rosa Blüten. VI–VII, 30 cm. – *V. longifolia*, Hoher Ehrenpreis. ○–◐ ⌇ ✂. Mittel- und Südeuropa. Aufrechte Stengel, wenig verzweigt. Blätter gegenständig, oben wirtelig, lanzettlich, Ränder scharf gesägt. Blütenstände verzweigt in endständigen, zugespitzten Ähren, blaulila, 100 cm. 'Blaubart', gedrungener Wuchs, dunkelblaue Blüten, 60–70 cm; 'Blaubündel', niedrig, reichblühend, leuchtendblau, 30 cm; 'Blauriesin', strafferer, gesunder Wuchs und zahlreiche, kräftig blaue Blütenkerzen. 60 bis 80 cm; 'Schneeriesin', wie Blauriesin, aber mit weißen Blüten. 80 cm. VII–IX. – *V. spicata*. Kerzenveronika. ○ ⚹ i. Mitteleuropa, Südrußland. Balkan. Stengel aufrecht, selten verzweigt. Blätter ungestielt, stumpf lanzettlich, Rand grob gekerbt. Blüten in verzweigten, lang zugespitzten Ähren, blaulila. 50–60 cm; 'Alba', weiß, 40 cm; 'Erika', reichblühend, hellrosa, 30 cm; 'Heidekind', breite, dunkelrosa Blütenstände, 25 cm; 'Nana', niedrig, dunkelblau, 15 cm; 'Romiley Purple', starkwachsend, violettpurpur, 40 cm. VII–XI. – *V. teucrium*, Büschel-Veronika. ○ △. Mittel- und Südeuropa, Kaukasus, Sibirien. Wüchsige Art mit großen, ungestielten, spitz-eiförmigen, gekerbten Blättern, dunkelgrün. Blüten in pyramidenförmigen, lang gestielten Trauben, nur Sorten im Handel. 'Kapitän', enzianblau, 25 cm; 'Knallblau', leuchtend enzianblau, 25 cm; 'Royal Blue', dunkelste Sorte, tief enzianblau, 25 cm; 'Shirley Blue', heller als Kapitän, enzianblau, 30 cm. Alle sind sehr farbkräftig. V–VII.

Verwendung der hohen und halbhohen Arten in Staudenrabatte, Steingarten, Heidegarten und zum Schnitt. Boden für *V. gentianoides* und *V. longifolia* feuchter, alle anderen wachsen im lockeren, kalkhaltigen Gartenboden. Vermehrung durch Teilung und Stecklinge, bei den Arten auch durch Aussaat.

Eibe, *Taxus*. Eibengewächse, *Taxaceae*. Auf der nördlichen Halbkugel 8 Arten. Immergrüne Bäume oder Sträucher, die sehr alt werden können, z. B. die 1000jährigen E.n im Schweizer Jura. Das Eibenholz ist sehr elastisch und wurde zur Anfertigung von Pfeil- und Armbrustbögen verwendet. Die E. enthält in Holz, Rinde, Nadeln und Samen, aber nicht in der fleischigen roten Samenhülle das für Säugetiere giftige Alkaloid Taxin. Besonders bei Pferden treten Vergiftungen auf, während Kühe weniger empfindlich sind. – *T. baccata*, gemeine Eibe. ◐–● ♄–♄ III–IV ⁞ i. Europa, Nordafrika und Westasien. Bis 15 m, mit runder Krone und dunkelgrünen, bis 3 cm langen Nadeln. Viele Gartensorten, dadurch verschiedene Verwendung: 'Adpressa', bis 3 m hoch und breit, mit kleinen Nadeln; 'Aureovariegata', 3–5 m, mit beständig goldgelben Nadeln; 'Dovastoniana', baum- oder strauchartig, mit fast waagerecht abstehenden Ästen, deren Spitzen senkrecht herabhängen, sehr dekorativ, besonders für Einzelstellung; 'Dovastoniana aureovariegata', Wuchs schwächer als die vorige, goldgelbe Nadeln; 'Fastigiata', Säuleneibe, 3–5 m, straff aufrechte Zweige; 'Fastigiata aurea', 2–3 m, goldgelbe Nadeln; 'Repandens', Zwergform mit kriechendem Wuchs; 'Washingtonii', gedrungener Wuchs, gelbliche Nadeln, 1–2 m hoch, doch viel breiter werdend, Zweigspitzen überhängend, Nadeln sichelförmig nach oben gebogen. – *T. cuspidata*, Japanische Eibe. ○–◐ ♄–♄ i. In der Heimat 20 m hoher Baum, bei uns meist strauchig. Abstehende Äste mit dunkelgrünen, spitzen Nadeln. Ganz winterhart und industriefest. Gartenformen: 'Nana', niedriger Strauch, bis 4 m breit, sehr dichte kurze Zweige; 'Thayerae', breiter Wuchs, abstehende Äste, aber wenig Seitenäste, Spitzen überhängend. – *T. × media* (*T. baccata* × *T. cuspidata*). ○–◐ ♄ ⁞ i. Steht zwischen den Eltern, Wuchs etwas kräftiger als bei gemeiner Eibe. Gartensorten: 'Browni', breite, schwachwüchsige Säulenform, mit kurzen Trieben und dunkelgrünen Nadeln; 'Hicksii', Säulenform mit aufstrebenden Ästen und dunkelgrünen Nadeln, sehr hart und widerstandsfähig. – ANSPRÜCHE. Frischer, kalkhaltiger, nährstoffreicher Boden, vertragen Sonne, wie auch tiefen Schatten. Lassen sich sehr gut schneiden und formieren, zu Hecken oder Figuren. Ältere Pflanzen

Stieleiche, *Quercus robur*. (Seidl)

Eiche

können noch verpflanzt werden. VERMEHRUNG. Aussaat nur bei reinen Arten möglich. Die Beeren müssen geerntet werden, sobald sie rot sind, da sie sonst von den Vögeln gefressen werden. Die jungen Sämlinge sind sonnenempfindlich und brauchen etwas Schatten. Die Gartenformen werden meist durch Stecklinge vermehrt. Der Erfolg ist um so größer, je länger die Stecklinge sind, am besten zwei-, dreijährige Triebe. Veredlung ist bei allen Formen möglich, wird aber nur bei den schwachwüchsigen durchgeführt. Veredelt wird durch seitliches Einspitzen auf dreijährige *T. baccata*-Sämlinge.

Eibisch, *Hibiscus*. Malvengewächse, *Malvaceae*. Etwa 200 Arten in den Tropen und Subtropen. Davon nur einige in Kultur, als Sommerblumen, Stauden und Sträucher, vor allem als Zimmerpflanzen. Bei uns ist nur *H. syriacus* winterhart.

SOMMERBLUMEN. *H. trionum*, Stundeneibisch, Wetterrösel. Verwildert in ganz Südeuropa bis weit ins östliche Mittelmeergebiet und Südrußland. War früher gern verwendete Sommerblume, heute wird nur noch selten Saatgut angeboten. Kulturformen 30–60 cm, steifhaarige Büsche mit teilweise recht unterschiedlichen Blättern. Weit trichterförmige Blumenkronen gelb getönt und im Grunde dunkelpurpur bis schwärzlich. Blüte VII–IX. Bei der reinen Art Blüten nur bis Mittag geöffnet, bei den Kulturformen jedoch fast ganztägig. Meist wird ab Ende IV direkt ins Freie ausgesät, auf kräftigen und nicht zu nährstoffreichen Boden. Fast ausschließlich bunte Beete in vollsonniger Lage. STAUDEN UND STRÄUCHER. *H. moscheutos* (*H. palustris*), Sumpfeibisch. ○ ♃ VIII–X ⌒. In Nordamerika heimisch, nur in milden Gegenden ausreichend winterhart. Auffallende Staude, 1–2 m hoch, mit malvenähnlichen, 15–20 cm großen, rosafarbenen Blüten, die an der Spitze

Eibisch, *H. syriacus* 'Rubis'. (Seidl)

Roteiche, *Quercus rubra*, in Herbstfärbung. (Herbel)

der unverzweigten Triebe stehen. ANSPRÜCHE. Feuchter Boden in warmer und sonniger Lage. Winterschutz aus Laub und Ästen ist angebracht. Geeignet für Einzelstellung oder als Uferpflanze an Gewässern. – VERMEHRUNG. Aussaat oder Stecklinge im Frühsommer von krautigen Trieben. – *H. syriacus*. ○ ♄ VIII–IX. China und Indien. Bis 3 m, mit dreilappigen, 5–10 cm langen Blättern und achselständigen einzelstehenden Blüten, bei der normalen Art breitglockig und violett. Blüht überaus reichlich und sehr lange. Viele Gartensorten in verschiedensten Blütenfarben. EINFACHBLÜHENDE: 'Coelestis', blauviolett; 'Hamabo', blaßrosa; 'Monstrosus', reinweiß; 'Rubis', karminrot; 'Totus Albus', reinweiß; 'Woodbridge', rubinrot. GEFÜLLTBLÜHENDE: 'Ardens', lilablau; 'Admiral Dewey', weiß; 'Lady Stanley', weiß; 'Puniceus Plenus', dunkelrosa; 'Speciosus', weiß mit dunklen Flecken. – ANSPRÜCHE. Durchlässiger Gartenboden in sonniger und geschützter Lage. Junge Pflanzen frieren leicht zurück; je mehr sich aber das Holz verstockt, um so unempfindlicher werden sie. In weniger warmen Gegenden ist auch bei älteren Pflanzen Bodenschutz aus Laub oder Torf anzuraten. Darf nur im Frühjahr verpflanzt werden. –

VERMEHRUNG. Ausgesät wird nur, um Unterlagen zu bekommen, da die Sämlinge meistens eine schmutzig-lila Farbe haben. Krautige Stecklinge im Frühjahr wachsen gut. Veredelt wird III als Handveredlung. Topfeibisch → Chines. Roseneibische.

Eiche, *Quercus*. Buchengewächse, *Fagaceae*. Etwa 280 Arten in der nördlich gemäßigten Zone. Sommer- oder immergrüne Bäume und Sträucher mit einhäusigen Blüten. – *Qu. cerris*, Zerreiche. ○ ♄. Kommt in den südlichen Kalkalpen auf trockenen Hängen wild vor. Wird 35 cm hoch, mit breitkegelförmiger Krone und spitzlappigen Blättern. Besonders auffallend die behaarten Knospen, die von bleibenden, fadenförmigen Nebenblättern umgeben sind. Für trockene Lagen, mit kalkhaltigem Boden. – *Qu. coccinea*, Scharlacheiche. ○ ♄. Östliche Vereinigte Staaten. Name von den 20 cm langen Blättern, die im Herbst prächtig scharlachrot gefärbt sind. – *Qu. dentata*, Japanische Kaisereiche. ○ ♄. Lie. Die E. mit den größten Blättern, bis 30 cm lang und 20 cm breit. Sehr dekorativer Einzelbaum. In manchen Jahren werden die Blätter im Winter nicht abgestoßen, so daß diese noch eine Vegetationsperiode hängen bleiben. – *Qu. petraea* (*Qu. sesselis*), Trauben-, Winter-

115

Ermittlung des Jahresbedarfs an Gemüse

Gemüseart	Anzahl der Mahlzeiten		Mahlzeiten insgesamt		Bedarf in g je Vollversorgungsperson (Vvp) je Mahlzeit		Gesamtbedarf kg/Jahr	
	Frischverzehr Anfang V bis Mitte X = 168 Tage	aus Vorrat Mitte X bis Anfang V = 196 Tage	Hauptmahlzeiten	Zusatzmahlzeiten	geputzte Ware	Rohware	Rohware 1 Vvp	Rohware 4 Vvp
Blumenkohl – Gemüse	9	4 ○	13	–	200	320	4,160	16,6
Bohnen – Gemüse	13	15 ○	28	–	200	220	6,160	24,6 } 28,0
– Salat	6 +	–	6 +	–	125	140	0,840	3,4
Dicke Bohnen	3	–	3	–	200	440	1,320	5,3
Endivien	–	10 +	10 +	–	125	165	1,650	6,6
Erbsen	5	7 ○	12	–	200	500	6,000	24,0
Feldsalat	–	15 +	15 +	–	125	175	2,625	10,5
Gurken – Gemüse	4	–	4	–	200	270	1,080	4,3
– Salat	11 +	–	11 +	–	125	170	1,870	7,5 } 48,9
– Beigabe, roh	15 ++	–	–	15 ++	90	90	1,350	5,4
– sauer	10 ++	56 ++	–	66 ++	90	120	7,920	31,7
Grünkohl	–	9 3 ○	12	–	200	390	4,680	18,7
Kohl – Rotkohl – Gemüse	4	8 2 ○	14	–	200	260	3,640	14,6
– Salat	2 +	–	2 +	–	125	165	0,330	1,3
Weißkohl – Gemüse	6	8	14	–	200	260	3,640	14,6 } 69,4
– Salat	2 +	–	2 +	–	125	165	0,330	1,3
– Sauerkraut	12 +++	28 +++	40 +++	–	125	170	6,800	27,2
Wirsingkohl	4	4 2 ○	10	–	200	260	2,600	10,4
Kohlrabi	6	6 ○	12	–	200	300	3,600	14,4
Kopfsalat	39 +	6 +	45 +	–	125	175	7,875	31,5
Möhren – Gemüse	20	15 5 ○	40	–	200	260	10,400	41,6 } 48,2
Suppengem. – Salat	5 +	5 +	10 +	–	125	165	1,650	6,6
Porree Gem. Suppengem.	3	7	10	–	200	300	3,000	12,0
Rettich, Radies	16 ++	3 ++	–	19 ++	60	80	1,520	6,1
Rosenkohl	–	6 2 ○	8	–	200	250	2,000	8,0
Rote Rüben	11 ++	10 ++	–	21 ++	90	110	2,310	9,2
Sellerie – Gemüse, Suppengem.	3	7	10	–	200	260	2,600	10,4 } 13,6
– Salat	–	5 +	5 +	–	125	160	0,800	3,2
Schwarzwurzeln	–	7	7	–	200	300	2,100	8,4
Spinat	11	10 ○	21	–	200	260	5,460	21,8
Tomaten, roh	25 ++	–	–	25 ++	90	95	2,375	9,5
Zwiebeln 20 g VvP/Tag	Geschmackszutat	–	–	–	–	–	7,300	29,2
Mahlzeiten insgesamt	245	265	364	146			109,985	439,9
davon			510				~110 kg	~440 kg
frisch/Miete/Lager	91	71	162 } 218					
sterilisiert oder gefroren ○	–	56	56					
Salatmahlzeiten +	65	41	106					
zusätzliche Mahlzeiten ++	77	69	146					
Sauerkrautmahlzeiten +++	12	28	40					
Mahlzeiten insgesamt	245	+265	=510					

Ermittlung des Jahresbedarfs an Gemüse

+ = vom Lager bzw. von Beet im Freiland oder unter Glas
++ = eingewintert
+++ = eingelegt oder eingesäuert
○ = eingefroren

oder Steineiche. ○ ♄. Europa und Westasien. Bis 45 m hoch, mit regelmäßiger Krone und sitzenden Früchten. Ihr Holz ist besser als das der Stieleiche, sehr dauerhaft und wird vom Wasser kaum angegriffen. – *Qu. robur (Qu. pedunculata)*. Stieleiche. ○ ♄. 30 m hoher, heimischer Baum, mit mächtiger Krone und tiefrissiger Borke. Die Eicheln sitzen an 12 cm langem Stiel, daher der Name. Sehr tiefgehendes und feinverzweigtes Wurzelsystem, daher für rutschgefährdete Hänge wertvoll. Viele Sorten: 'Fastigiata', Pyramideneiche, säulenförmiger Wuchs; 'Purpurea', im Austrieb rote, später vergrünende Blätter; 'Pectinata', Blätter fiederspaltig. – *Qu. rubra*, Roteiche. ○ ♄. Nordamerika. Wächst schneller als unsere heimischen E.n. Sehr widerstandsfähig und besonders industriefest. Blätter stumpfgrün mit wunderbar scharlachroter Herbstfärbung. – *Qu. × turneri* 'Pseudoturneri'. ○ ♄ i. Kreuzung *Qu. robur × Qu. ilex*. Kleiner, bis 10 m hoher Baum mit derben Blättern, die fast den ganzen Winter über grün bleiben. Für unser Klima die wertvollste immergrüne Eiche, verlangt aber geschützten Standort. – ANSPRÜCHE. Im allgemeinen brauchen E.n nahrhaften und tiefgründigen Boden in sonniger bis halbschattiger Lage. Nach dem Pflanzen gründlich angießen! – VERMEHRUNG. Zur Aussaat werden die Eicheln gut getrocknet, über Winter in Sand → stratifiziert und erst im III oder IV ausgesät. Alle Formen und Arten, von denen kein Saatgut zu bekommen ist, werden veredelt. Üblich ist Kopulation oder seitliches Einspitzen. Die Kronenveredlungen werden ablaktiert.
Eichenfarn, *Currania (Gymnocarpium)*. Schildfarne, *Aspidiaceae*. ◐–● ♃. Von den etwa 30 Arten, die meisten in den Tropen, sind nur die beiden bei uns heimischen gärtnerisch interessant. – *C. dryopteris*, Eichenfarn. Nördlich gemäßigte Zone. Kriechende, dünne, glänzend schwarze Rhizome. Blätter dreieckig, dreifach gefiedert, kahl. 15–30 cm. – *C. robertianum*, Ruprechtsfarn. Süd- und Mitteleuropa, gemäßigtes Nordamerika. Rhizom kriechend, dunkelbraun. Blätter doppelt gefiedert, gelblichgrün, Unterseite behaart. 20–25 cm. – Verwendung an halbschattigen bis schattigen Stellen unter Bäumen. Boden humos, für den Ruprechtsfarn kalkhaltig. Vermehrung durch Teilung.
Eichhörnchen, einzige einheimische → Hörnchen-Art. Wald- und Parkbewohner, der zur Samenzeit von Bäumen und Sträuchern auch Gärten besucht. Abwehr: Netze über Haselnußsträucher spannen. Da das E. auch ein Nesträuber ist, sollten entsprechende Abhaltungsvorrichtungen an den Bäumen angebracht werden (→ Vogelschutz).
Eidechsen → Blindschleiche, → Zauneidechse.
Eidechsenwurz, *Sauromatum*. Aronstabgewächse, *Araceae*. ○–◐ ♃ ⌂. Wenige Arten im tropischen Ostindien und Afrika. Die Knolle blüht schon vor dem Austrieb ohne Wasser und Erde mit einer aronstabähnlichen Blüte, die bald nach dem Öffnen stark nach Aas riecht. – *S. guttatum (Arum g., A. cornutum)*, Ostindien. Runde Knolle, bis 15 cm groß. Blätter fußförmig, eingeschnitten, erst nach der Blüte austreibend. Blattstiel bis halbmeterlang, ungefleckt. Blüte mit kurzem Stiel, Spatha (Blütenscheide) unten zusammengewachsen, oberer Teil zungenförmig, meist nach hinten umgeklappt. Außen braun, innen gelblich mit zahlreichen, purpurnen Flecken. *S. g.* var. *pedatum*, Blattstiel ebenfalls grün, ungefleckt. Blüte innen gelb, purpurrot gefleckt. *S. g.* var. *venosum*, interessanter durch den gefleckten Blattstiel. Spatha außen braunrot, innen hellgelb, reich purpurn gefleckt. III–IV, Blätter V–X, 30–60 cm. – Verwendung als interessante Zimmerpflanze, wobei nur der Aasgeruch der Blüte an einigen Tagen stört. Ab Ende V kann man sie im Garten auspflanzen als interessante Blattpflanze, im X herausnehmen und abtrocknen lassen. Boden nahrhaft, lehmig-humos. Vermehrung durch Nebenknollen. Die Knollen warm und trocken überwintern.
Eierfrucht → Aubergine.
Eigenerzeugung, kann als weitgehende, teilweise oder geringe E. geplant werden. Weitgehende E. setzt voraus, daß Klima und Boden das Wachstum aller gewünschten Kulturen ermöglicht, sie verlangt weiterhin das notwendige ‚Arbeitsvermögen' (→ Arbeit) und überlegte Planung. Der Boden kann weitgehend verbessert werden (→ Bodenfruchtbarkeit, → Bodenverbesserung), das Klima kann zum Teil überspielt werden (→ Frühbeet, → Kleingewächshaus). – In den meisten Privatgärten ist teilweise E. anzutreffen. Aber auch bei günstigen Voraussetzungen (s. oben) ist zu überlegen, ob es wirtschaftlich ist, den vollen Bedarf an Gemüse und Obst selbst zu decken. Eine Reihe von Gemüsearten wird als Roh- oder Fertigware preisgünstig angeboten, zum Teil Arten, die im Garten viel Platz und/oder hohen Aufwand für die Pflege erfordern. Die Hausfrau muß das große Angebot des Marktes oder bekannter Anbauer auf Preiswürdigkeit und Güte (→ Qualität) prüfen, Sonderangebote ausfindig machen und den Großeinkauf nutzen. Weiterhin ist zu prüfen: Ist es zweckmäßig, Arbeitszeit durch Zukauf von küchen- oder tischfertigen Erzeugnissen einzusparen? Zur Prüfung dieser Fragen, und weil immer über einen längeren Zeitraum geplant werden muß, werden am Beispiel eines Vier-Personen-Haushaltes mit weitgehender Eigenversorgung an Gemüse und Obst folgende Fragen durchgerechnet: 1. Wie hoch ist der Gemüsebedarf? (→ Gemüsebedarf). 2. Wie hoch ist der Obstbedarf? (→ Obstbedarf). 3. Welche Anbaufläche wird benötigt? (→ Nutzgarten). 4. Wie hoch ist der Arbeitszeitbedarf in den verschiedenen Monaten? Siehe Tabelle Seite 575. Bei teilweiser und geringer E. sind die Rechnungen entsprechend abzuwandeln. Bei teilweiser und geringer E. ist jeweils zu unterscheiden zwischen a) Zukauf der Rohware und Verarbeitung im Haushalt und b) teilweisem Zukauf von Rohware und Fertigware. Wer Arbeitszeit und Kosten der verschiedenen Versorgungsarten vergleichen will, muß vorher Arbeitszeitbedarf und Kosten bei vollem Zukauf ermitteln, um eine Vergleichsbasis zu haben. Das Ergebnis der Rechnung besteht dann im Vergleich der Differenz an Arbeitszeitbedarf und Kosten bei vollem Zukauf einerseits und den verschiedenen Versorgungsarten (weitgehende, teilweise, geringe Eigenversorgung) andererseits. (Nach AID, Land- und Hauswirtschaftlicher Auswertungs- und Informationsdienst, Nr. 331 ‚Nutzgarten ja oder nein?'.) – Die E. war in den fünfziger Jahren zurückgegangen, ist ab etwa 1970 wegen erwünschter Sortenvielfalt und ernährungsphysiologischer Qualität eigenerzeugter Produkte wieder angestiegen.
Einblattkeimer, Monokotyledonen, Sämlinge, die nur mit einem Blatt keimen, wie Gräser, Lilien, Iris.
Einfassung. Aus technischen und ästhetischen Gründen werden Beete, Becken, Plätze, Wege, Rasenflächen u. ä. begrenzt und mit Kanten, Zäunen, Pflanzen oder Gräben eingefaßt.
Einfassungspflanzen. Als E. wählt man Pflanzen, die nicht nur den Standortsansprüchen, sondern auch den Gestaltungsabsichten gerecht werden und sich gegebenenfalls schneiden lassen, wie Berberitze, Buchsbaum oder Thymian für niedrige Einfassungen.

Einfassungsstauden

Funkien und Farne als Einfassungsstauden unter Gehölzen, unterpflanzt mit Sommerblumen, Fleißiges Lieschen. (Seidl)

Einfassungsstauden, Stauden, die sich für Einfassung von Wegkanten, Beeträndern u. ä. eignen, wie

Anaphalis triplinervis
Arabis procurrens
Armeria maritima
Aster dumosus
Aubrieta cult. Sorten
Dianthus Arten mit Sorten
Helianthemum
Iberis sempervirens
Iris pumila
Lavandula angustifolia
Origanum vulgare 'Compactum'
Santolina Arten mit Sorten
Sedum telephium 'Herbstfreude'
Stachys lanata
Teucrium chamaedrys
Veronica teucrium
Viola cornuta

Einfriedung, Abgrenzung und Schutz eines Freiraumes mit → Zaun, Mauer (→ Gartenmauer), → Hecke, Palisade, Wall oder Graben. Die schützende Funktion der E. ist wortbildend bei den Begriffen Garten und Friedhof gewesen. – In Verbindung mit E.en ergeben sich oftmals rechtliche Fragen. Sie sind in der BRD durch ‚Zaunrecht' der Ländergesetze geregelt. Zu unterscheiden sind Baurecht und Nachbarrecht. – BAURECHT. Genehmigung bzw. Mitteilung in der Regel nicht erforderlich, wenn Einfriedungen in der geschlossenen Ortslage nicht über 2 m hoch und nicht von öffentlichen Wegen und Straßen aus sichtbar sind. Für Landschaftsschutzgebiet (Auskunft durch Landratsamt) bestehen Sonderbestimmungen; hier kann Genehmigung für Einfriedungen erforderlich sein. – NACHBARRECHT. Zäune an öffentlichen Wegen und Straßen dürfen Verkehrssicherheit nicht gefährden und Sicht nicht behindern.

Einharken. Gras- und Rasensamen wird mit der Eisenharke (Rechen) eingeharkt. Wird bei Staudensamen nie angewandt.

Einheitserde, nach patentiertem Verfahren hergestellte Anzuchterde aus mineralischen Nährstoffen, Torf und kalkfreiem, sterilem Ton vom Charakter des → Montmorillonit, der mit der organischen Substanz des Torfes dauerhafte, vergießfeste Krümel bildet. Phosphatanteil in Nährstoffen hoch, weil Phosphat langsam ausgenützt wird. Nachzudüngen ist nur Stickstoff mit langsam und schnell wirkenden Anteilen (wie Ammonsulfatsalpeter, 3 g je Liter) und chlorfreies Kalium als Kaliumsulfat (2 g/Liter) oder Kalimagnesia (3,5 g/Liter). pH 5,5. Für Anzucht von Kohlarten und Sellerie pH durch 5 g Kalk/Liter Substrat erhöhen, auch Algenkalk (Spurenelemente!) – E. wird zur Frachtersparnis an verschiedenen Orten hergestellt, ist immer feucht zu halten (→ Haftwasser), weil sie sich schwer wieder anfeuchten läßt. – E. ist vorzugsweise Betriebsmittel des Erwerbsgartenbaues. Im Haus-, Klein- und Siedlergarten werden Spezialerden für verschiedene Anwendungsgebiete, wie Jungpflanzenanzucht, Gemüsebau, Orchideen- oder Kakteenerde, Blumenkästen und Pflanzenschalen, Zimmerpflanzen, Heide- oder Steingarten, Moorbeetpflanzen, am besten selbst gemischt. Statt Torf werden heute feinfaserige → Rindenprodukte verwendet. Die weiteren Bestandteile sind je nach Verwendungszweck Tonerde bzw. → Bentonit als hochwertigstes Tonmineral, Laubkompost, Sand. → Gärtnerische Erden.

Einjahreskultur → Erdbeeren.

Einsäuern, alte Konservierungsart für gewisse Gemüsearten; diese werden meistens fein geschnitten, eingesalzt und in Gärbehältern unter Luftabschluß gehalten. Durch die Gärung wird ein Teil des Zuckers in Milchsäure umgewandelt; dadurch wird das Produkt haltbar. Zum Einsäuern eignen sich u.a. Weißkohl (→ Sauerkraut), Speiserübe, Bohnen.

Einschlämmen, kräftiges Angießen frischgepflanzter Stauden oder Gehölze mit vollem Strahl aus Gießkanne oder Schlauch. Wird bevorzugt bei frisch gepflanzten Gehölzen angewandt. – E. ist bei der Pflanzung der Obstgehölze besonders im Frühjahr notwendig, um die Wurzeln allseits mit feuchter Erde einzuhüllen und damit das → Wurzelwachstum anzuregen und so das Anwachsen der Gehölze zu fördern. Dazu wird schüsselförmige Baumscheibe angelegt, in die 10–20 l Wasser gegossen werden, und dies je nach Niederschlagsverhältnissen wiederholt. Zu viel Wasser ist aber ebenso schädlich wie Trockenheit, weil durch Wasser Luft aus dem Boden verdrängt wird, ohne die die Wurzeln nicht atmen und leben können.

Einschlagen, Einlegen von Stauden oder Gehölzen in Schrägfurchen, so daß Wurzeln und Wurzelballen gleichmäßig mit Erde umgeben sind. Fest andrücken oder antreten. Blätter und Triebe müssen gut sichtbar bleiben. E. von Dauergemüse → Einwintern.

Eintopfen, Verpflanzen von Jungpflanzen in Container, Ton-, Erd-, Papp- oder Kunststofftöpfe. → Anzucht, Containerpflanzen usw.

Einwintern, Dauergemüse über die natürliche Vegetationszeit hinaus haltbar machen. Folgende Methoden für den Selbstversorger geeignet. EINWINTERUNG IN KELLERN. Voraussetzung gut lüftbarer, kühler Keller, am besten mit Naturboden; durch kontrolliertes Lüften auf 4–5°C halten. Ein Sandbeet anlegen, ca. 20 cm tief. Darin können folgende Gemüsearten samt Wurzeln eingegraben (eingeschlagen) werden: Spätkohlrabi, Kopfkohlarten, Rosenkohl, Grünkohl, Knollen- und Bleichsellerie, Karotten, Schwarzwurzeln usw. Sandbeet stets leicht feucht halten; regelmäßig auf Fäulnis kontrollie-

Bunte Rabatte mit Sommerblumen, wie rote Dahlie 'The Bishop', lila Verbenen, weißen Wucherblumen und gelben Ringelblumen. (Herbel)

Mustergültige Unterpflanzung einer Staudenrabatte mit Einjahrsblumen, so zu gelbem Sonnenauge orangefarbene Schmuckkörbchen 'Sunset' und weiße Wucherblumen, *Chrysanthemum paledosum.* (Herbel)

ren. – EINWINTERN IN EINSCHLÄGEN. Nahes Zusammenpflanzen der geernteten Gemüse in Gartenbeeten. Geeignet für Rosenkohl, Kohlarten, Lauch, Spätkohlrabi, Endivien. Bei kalter Witterung mit Stroh abdecken. Besserer Frostschutz durch Ausheben von Gruben; für guten Wasserabzug sorgen! Die gefüllten Gruben mit Brettern und Stroh überdecken. – EINWINTERN IN FRÜHBEETKÄSTEN. Sehr günstig für das Überwintern von Endivie, Zuckerhut, Lauch und anderen grünen Gemüsearten. Frühbeet genügend tief ausheben. Gemüse darin einschlagen. Mit Fenstern überdecken, bei kalter Witterung mit Stroh. Vorteil: hell, gut lüftbar. – EINWINTERN IN ERDMIETEN. Am ehesten geeignet für Wurzelgemüse, vor allem Karotten, gelegentlich auch für Kohlarten; nur bei größeren Mengen zweckmäßig. Erntegut auf gut drainiertes Beet oder in flache Grube aufschichten; durch Zwischenlagen von Stroh für Belüftung sorgen; den wallförmigen Haufen mit einer 30 cm dikken Strohschicht und 10–15 cm Erde abdecken. Schützt vor Temperaturen bis ca. –15°C.

Einzelgras, ein Gras, das für sich allein, d.h. ohne Partner, eine geschlossene Narbe zu bilden vermag, z.B. als → Pflanzrasen, Straußgras *(Agrostis stolonifera)* und als eingesäter Zierrasen, Schwingelgras *(Festuca ovina duriuscula* 'Biljart', Sortengras). → Rasengräser.

Einzelreihe, gebräuchlichstes und einfachstes Anbausystem des Erwerbs-Apfelanbaus. In einer Obstanlage wechseln sich Baumreihe und Fahrgasse regelmäßig ab. Belichtung und Pflege dieser Anlagen machen im allgemeinen keine Schwierigkeiten. Erreichbare Pflanzdichte etwa 2000 Bäume/ha. → Beetpflanzung.

Einziehen, Absterben der Blätter nach dem Verblühen bei Stauden mit Zwiebel oder Knolle, z.B. Tulpen, Narzissen, Hyazinthen, Cyclamen, Erdorchideen.

Buschbohne: links Eisenmangel-Erscheinungen, rechts mit Eisengabe durch Metalldünger normal entwickelt. (Walter Jost)

Eisen, chemisch Fe, für Pflanzen unentbehrliches Spurenelement. Bei E.mangel bilden sich Kohlenhydrate und Eiweiß nur mangelhaft. E.mangel: Jüngere Blätter werden gelb bis weißgelb, Adern bleiben zunächst noch grün, Kohlblätter marmoriert, junge Tomatenblätter hellen in der Mitte zuerst auf. E.mangel (→ Chlorose) beruht selten auf absolutem Mangel, Hochmoor ausgenommen, da E. in Gesteinen in versch. Formen reichlich vertreten ist. Ursache sind meist zu hoher oder zu niedriger pH-Wert (→ Bodenreaktion), Staunässe mit schlechter Erwärmung des Bodens. E.gabe als → Fetrilon nur erfolgreich, wenn genannte Schäden beseitigt werden. → Metalldünger.

Eisenholzbaum, Parrotie, *Parrotia.* Zaubernußgewächse, *Hamamelidaceae.* Der E. war im Miozän noch mit 4 Arten verbreitet. Die folgende Art ist als einziger Vertreter dieser Gattung übrig geblieben. *P. persica.* ○ ♄–♄ III–IV ⌢ Lie. Nordpersien. 5 bis 7 m hoher baumartiger Strauch mit breit ausladenden Ästen. Wegen seines schönen Wuchses und der prächtig roten Herbstfärbung seit langem in Kultur. – Gewöhnlicher, aber kalkarmer Boden in geschützter, nicht schattiger Lage; sonst ist die Herbstfärbung nur gering. Junge Pflanzen sind sehr frostempfindlich, in rauheren Klimaten ist auch für ältere Pflanzen Bodenschutz ratsam. – Vermehrung: Neben Aussaat können Absenker oder Stecklinge gemacht werden. Veredlung durch Kopulation oder Geißfuß, auf Unterlagen von *Hamamelis virginiana.*

Eisenhut, *Aconitum.* Hahnenfußgewächse, *Ranunculaceae.* ○–◐ ♃ ✂. Das obere Blütenblatt ist helmartig geformt, daher der Name. Die Wurzeln sind bei den meisten rübenförmig oder knollig, die Blätter tief geschlitzt und zierend. Etwa 350 Arten, davon die meisten in den Gebirgen der nördlichen Halbkugel. Teilweise laufen die Arten und Sorten in den Betrieben unter den verschiedensten Namen. – *A. × arendsii (A. carmichaelii × A. wilsonii).* Wertvolle Gartenpflanze, bester Eisenhut zum Schnitt. Straffe Stiele mit dunkelvioletten Blüten. IX–X, 100 cm. – *A. carmichaelii (A. fischeri),* Mittelchina. Stiele flaumig behaart, Blätter lederartig, handförmig-dreischnittig, tief eingeschnitten. Blütenstand doppelrispig verzweigt. Helm doppelt so hoch wie breit, Blüten dunkelblau. VIII–IX, 150–200 cm. – *A. napellus,* Alpen, Karpaten. Stengel gerade, Blätter handförmig bis siebentei-

Eisenhut, *Aconitum napellus.* (Herbel)

lig, die einzelnen Teile wiederum tief geschlitzt, glänzend dunkelgrün. Blüten in einer aufrechten, gedrungenen, vielblütigen Traube, violettblau. Wertvoll als Wildstaude. VI–VIII, 100 cm. 'Bicolor', Bayern-Eisenhut (richtig *A. × cammarum* 'Bicolor'). Blüten blau mit weiß, Blütenstände mehr verzweigt, Blätter kleiner. VII–VIII, 120 cm; 'Newry Blue', langer, dichter Blütenstand mit tiefblauen Blüten, blüht früh. VI–VIII, 110 cm; 'Spark' *(A. × cammarum* 'Spark'), drahtige, hohe Stengel und schmalgelapptes, glattes, dunkelgrünes Laub. Blütenstände rispig verzweigt mit dunkelvioletten Blüten, auch gut zum Schnitt. VII–VIII, 130 cm; 'Bressingham Spire', pyramidenförmiger, straff aufrechter Wuchs, kleines, tiefgrünes Laub, glänzend, Blütenstände schmal und lang, dicht besetzt mit violettblauen Blüten. VI–IX, 120 cm. – *A. paniculatum* 'Nanum', niedriger Wuchs und rispig verzweigte Blütenstände mit dunkelblauen Blüten. VII–VIII, 80 cm. *A. pyrenaicum (A. lycoctonum* var. *p.),* Pyrenäen. Besser und standfester als der heimische, mehr kletternde gelbe Eisenhut *A. lycoctonum,* richtig *A. vulparia.* Wurzelstock nicht knollig verdickt. Triebe aufrecht, Blätter handförmig gelappt und gespalten. Blütenstand verzweigt mit aufrechten, dicht besetzten Kerzen. Blüte mit langem, fast zylindrischem Helm, hellgelb. Wertvolle Wildstaude. VI–VIII, 120 cm. – *A. wilsonii* (richtiger *A. carmichaelii* var. *wilsonii).* Eine der wüchsigsten Arten. Schlanker, hoher Wuchs, lockere Blütenstände mit hellvioletten Blüten. VII–VIII, 170 cm. – Verwendung im Staudengarten, alle 3 Jahre umpflanzen. Boden frischer, nicht trockener, kühl-feuchter Humusboden. Vermehrung durch Teilung, Arten auch durch Aussaat.

Eisenkraut

Eissalat 'Sioux'. (Hild)

Eisenkraut → Verbene.
Eisheilige, 11.–13. Mai. An den Namenstagen des Mamertus, Pankratius, Servatius treten in der Regel nachts nochmals Spätfröste auf. In Süddeutschland und Österreich auch noch 14. und 15. Mai, Bonifazius und ‚kalte Sophie'.
Eispflanze → Mittagsblumengewächse.
Eissalat, Eisbergsalat, Krachsalat, in Amerika verbreitete Form des → Kopfsalates, mit harten, spröden Blättern. Neuerdings auch bei uns von vermehrtem Interesse. Schoßresistent bei heißem, dagegen ziemlich fäulnisanfällig bei nassem Wetter. Sommer-, evtl. Frühherbstkultur. Anbau wie Kopfsalat. In gewissen Gebieten Österreichs (Steiermark) und in Slowenien ausschließlich angebaut.
Eiszapfen → Rettich.
Eiweißstoffe, Grundbaumaterial von Protoplasma und Zellkern, sehr kompliziert aus hauptsächlich 20 von über 100 in der Natur vorkommenden Aminosäuren aufgebaut, in Feinstruktur je Art bzw. Individuum abgewandelt. Elementeanteile am Roheiweiß jedoch weitgehend einheitlich: rd. 50% Kohlenstoff, rd. 25% Sauerstoff; restliche 25% verteilen sich auf rd. 16% Stickstoff, rd. 7% Wasserstoff, 0,5 bis 2% Schwefel. Roheiweißgehalt der Trokkensubstanz (Tr.S.) von Getreidestroh rd. 3%, Kartoffelknollen rd. 8%, Blätter von Nichtleguminosen 10–20%, Blätter von Leguminosen jedoch 20–30%. – Aus Stickstoffgehalt des Roheiweißes (rd. 16%, s.o.) und genannten Eiweißgehalten pflanzlicher und tierischer Stoffe läßt sich deren Stickstoffgehalt annähernd abschätzen und danach Düngewert und C/N-Verhältnis abschätzen.
Elatior-Begonie → Begonie.
Elchgeweih → Farne 7.
Elaeagnus → Ölweide.
Elefantenohr → Blutblume.

Elektrozaun, gilt nicht immer als ausreichende Einfriedung im Sinne der → Tierhalterhaftung.
Elfenbeinginster → Geißklee.
Elfenblume, *Epimedium.* Sauerdorngewächse, *Berberidaceae.* ☀-☁ ♃ i. Wertvolle Schattenstauden mit zwei- bis dreifach-dreizähligen Blättern, die im Winter und beim Austrieb schön gefärbt sind. Blüten in kurzen Trauben, mit 8 Blütenhüllblättern (Kelchblätter) und 4 Honigblättern (Kronblätter). Über 200 Arten im gemäßigten Asien, Südeuropa und Nordafrika. Alle blühen im IV–V. – *E.alpinum,* Ost- und Südalpengebiet. Lange, kriechende Rhizome. Blätter meist doppeltdreizählig, in der Jugend am Rand rötlich getönt. Blütenstengel mit Blatt, Blüten rot mit gelbem Sporn. 25 cm. – *E. grandiflorum (E. macranthum),* Japan, Nordkorea. Verlängerte Rhizome. Blätter meist doppelt-dreiteilig, in der Jugend hellgrün und bronze. Blüten in einfacher Traube. Blütenstengel mit Blatt. Die Art ist selten im Handel, dafür aber verschiedene Formen. 'Normale', Blüten groß mit rundem Sporn, weiß, 20 cm; 'Flavescens', Blüten gelblichweiß, 25 cm; 'Rose Queen', großblumig, leuchtend rosa, 25 cm; 'Violaceum', Blüten lang gespornt, hellviolett, 20 cm. – *E. hexandrum* (richtig heute *Vancouveria hexandra*), Westküste Nordamerika. Diese Art mit 6–9 Blütenhüllblättern und 6 kronblattartigen Honigblättern. Rhizome weitkriechend. Blätter doppelt- bis dreifachdreizählig, im Jugendstadium weiß behaart. Blütenstand hoch über dem Laub, weiß. 40 cm. – *E. perralderianum,* 'Frohnleiten', Rhizome lang-kriechend. Blätter dreiblätterig, nie gefiedert oder doppelt-dreizählig, immergün, beim Austrieb bronzefarben, später dunkelgrün mit hellen Adern. Blütenstengel ohne Blatt, Blüten gelb. 20–30 cm. – *E. pinnatum* subspecies *colchicum,* Kaukasus, Persien. Rhizome langkriechend. Blätter meist mit 3–5 Blättchen, dunkelgrün mit dunklen Adern, wintergrün. Blütenstengel blattlos, Blüten gelb mit kurzem Sporn. 30 cm. – *E.* × *rubrum (E. alpinum* ×

Elfenblume, *Epimedium* × *versicolor* 'Sulphureum'. (Seidl)

Endiviensalat. (Archiv)

E. grandiflorum) meist als *E. rubrum* 'Coccineum' im Handel. Ähnlich *E. alpinum*, aber mit größeren, leuchtendroten Blüten. 20 cm. – *E.* × *versicolor* (*E. grandiflorum* × *E. pinnatum* ssp. *colchicum*). Unter diesem Namen werden Hybriden geführt, die wahrscheinlich aus der obigen Kreuzung hervorgegangen sind. Blätter im Jugendstadium rot, im Herbst teilweise absterbend, doppelt- bis dreifach-dreizählig. Blütenstand meist einfach, 10–20blütig, Blüten ähnlich aber kleiner als bei *E. grandiflorum*, Blütenhüllblätter altrosa, Honigblätter gelb. 'Cupreum', Blütenhüllblätter kupferrot; 'Sulphureum', Blätter mit 5–11 Blättchen, grün mit braunen oder roten Flecken, wintergrün, Blüten schwefelgelb. Alle 25 cm. – *E.* × *youngianum* (*E. diphyllum* × *E. grandiflorum*). Blätter meist doppelt-dreizählig. Blütenstengel mit 1 Blatt. 'Niveum' (*E. musschianum*), eine der schönsten E., Blätter sehr variabel, dunkelgrün. Blüten groß, reinweiß. 20 cm. 'Roseum', Blüten hellviolett bis purpurn. 25 cm. – Verwendung als anspruchslose, langlebige Schattenstauden mit schöner Belaubung, aber meist nur kurzer Blütezeit, auch im Steingarten. Boden normaler, nicht zu schwerer, humoser Gartenboden. Die Vermehrung erfolgt durch Teilung im frühen Frühjahr oder Herbst.

Elfenspiegel → Nemesie.
Eller → Erle.
Elodea → Wasserpest.
Elsbeere → Eberesche.
Elymus → Strandhafer.
Encephalocarpus → Kakteen 19.
Enchytraeiden, ‚weiße Regenwürmer'. Gruppe der Ringelwürmer und verwandt mit den Regenwürmern, aber meist kleiner und weiß gefärbt. Vor allem im Kompost, Streuzersetzer und Humusbildner (→ Bodenfauna).
Endivie, Winterendivie, *Cichorium endivia*. Korbblütler, *Compositae*. – Stammt aus dem östlichen Mittelmeergebiet; seit dem Mittelalter bei uns angebaut. Anbau: Aussaat Ende VI/Mitte VII am besten ins Frühbeet. Für kräftige Setzlinge sorgen, also dünn säen oder pikieren. Anfang/Mitte VIII auspflanzen, Reihenabstand 30–35 cm, in der Reihe 30 cm. Nährstoffreicher, lockerer Boden. Neue Sorten selbstbleichend, nicht selbstbleichende durch Zusammenbinden der fast reifen Köpfe bleichen. Ernte ab Ende X bis Frost, bei Frostgefahr einschlagen (→ Einwintern). – Verwendung: Wertvolles, im Einschlag bis weit nach Neujahr haltbares Salatgemüse, gelegentlich etwas bitter und hart.
Endknospe (Terminalknospe). Neutriebe schließen die Vegetation mit der Ausbildung von Endknospen ab. E. kann Blatt- bzw. Holz- oder Blütenknospe sein. Bei Fruchttrieb ist sie zu schonen. Viele Obstarten können aus E. gute Triebverlängerung bilden.
Engelmannswein → Jungfernrebe.
Engerlinge, Bezeichnung der gelbweißen, gekrümmten Larven des Maikäfers und einiger kleinerer verwandter Käferarten (Gartenlaubkäfer und Junikäfer). Der Maikäferengerling lebt im Erdboden 2–4 Jahre lang von den Wurzeln aller Gartenpflanzen einschließlich der Obstbäume, verpuppt sich im Herbst und ergibt im Frühjahr den fertigen Maikäfer. Die E. der kleineren Verwandten haben die gleiche Lebensweise, jedoch nur einjährige Entwicklung. – Schadensymptome: Absterben von Pflanzen (Fehlstellen); Wurzeln abgebissen, Knollen angefressen. – Abwehr: Engerlinge von kränkelnden Pflanzen ausgraben; auch gründliche Bodenbearbeitung im Herbst kann sie stark vermindern; während des Käferfluges im Mai Beete mit

Engerling. (BASF)

perforierter Plastikfolie abdecken, um Eiablage zu verhindern.
Englische Pelargonie → Pelargonie.
Enkianthus → Prachtglocke.
Enthärten, Maßnahmen um stark kalk- oder eisenhaltiges Wasser durch Basenaustausch für die Pflanzen sauberer und verträglicher zu machen. Großverbraucher leiten das Wasser durch eine Filteranlage, die mit einer Filtermasse (Grünsande, Ton und Kies oder auch Kunstharze) gefüllt ist. Privatgärtner verwenden als Gießwasser möglichst Regenwasser; notfalls abgekochtes Wasser (bei dem der Kalk als Kesselstein ausgefällt ist). Weitere Möglichkeiten, zu hartes Wasser zu enthärten: mit Hilfe von Torf (→ Gießwasser) oder käuflichen Präparaten, wie Aquisal. – Härtegrad wird als Gehalt des Wassers an Calciumoxid in mg/100 ccm Wasser gemessen: 0–4 = sehr weiches, 4–8 = weiches, 8–12 = mittelhartes, 12 bis 30 = hartes, über 30 = sehr hartes Wasser. Härtegrade bis 70 und darüber möglich. Beim örtlichen Wasserwerk erfragen.
Entwässerung, Ableitung von Niederschlags- und Sickerwasser an Bauwerken, auf Plätzen und Wegen, Terrassen und → Dachgärten als Oberflächen-E. oder Untergrund-E. durch Hofsinkkästen, Straßenabläufe, Rinnen oder → Sickergruben.
Enzian, *Gentiana*. Enziangewächse, *Gentianaceae*. ♃. Von den über 800 Arten in den Gebirgen der gemäßigten Zonen sind nur wenige Arten in den Gärten zu halten. Die Blätter sind gegenständig, meist sitzend. Blüten achsel- oder endständig, meist röhrig-glockig mit 5, seltener 4 Abschnitten. – *G. acaulis*, Stengelloser Enzian. ○ △ i. Richtiger ist der Name *G.-Acaulis-Hybriden*, denn was im Handel angeboten wird sind Kreuzungen o. Auslesen von *G. clusii, dinarica* und dem westalpinen *angustifolia*. Flache Polster mit rosettigen, breitlliptischen Blättern. Blüten trichterförmig-glockig, leuchtendblau. Schlund innen mehr oder weniger grünlich, dunkel punktiert. Wächst am besten im feuchten, lehmigen, kalkfreien Boden. V–VI, 10 cm. *G. asclepiadea*, Schwalbenwurz-Enzian. ◐–● . Gebirge von West- und Mitteleuropa. Stengel ohne Grundblätter, nicht verzweigt, dicht beblättert, überhängend. Blätter breitlanzettlich, zugespitzt. Blüten in den oberen Blattachseln, einseitig angeordnet, glockig, dunkelazurblau, innen punktiert. 'Alba', mit weißen Blüten. VIII, 40–60 cm. – *G. cruciata*, Kreuz-Enzian. ○ △. Europa, Kleinasien,

Enzyme

Stengelloser Enzian, *G. acaulis.* (Herbel)

Kaukasus, Sibirien. Grundblätter in Rosetten, kreuzständig, breitlanzettlich. Stengel dicht kreuzweise beblättert, aufsteigend, meist violett schattiert. Blüten in end- oder achselständigen Büscheln, keulenförmig-glockig mit 4 Zipfeln, außen schmutzigblau, innen azurblau. Leichtwachsend, verträgt Trockenheit und Kalk. VII–IX, 25 cm. – *G. dahurica.* ○ △. Kleinasien bis Nordwestchina. Grundblätter in einem dichten Schopf, breitlanzettlich, 10–15 cm lang. Aus dem Blattschopf mehrere Blütenstengel, flach ansteigend, locker beblättert mit stengelumfassenden, schmallanzettlichen Blättern. Blüten in endständigen Büscheln röhrig, immer vierzipfelig, purpurblau. Kultur einfach. VII–VIII, 30–40 cm. – *G. lutea,* Gelber Enzian. ○ Lie. Alpen, Pyrenäen, Karpaten, Balkan. Die Wurzeln dieser Art werden für den Enzianschnaps verwendet. Pfahlwurzel mehrköpfig, dick, verzweigt. Stengel kräftig, hohl, rund, aufrecht, mit elliptischen, bogennervigen, bläulichgrünen Blättern gegenständig besetzt. Blüten in den oberen Blattachseln in Quirlen, mit schalenförmigen Tragblättern, gelb. Wildstaude für Naturgärten. VI–VIII, bis 1,5 m hoch. Ähnliche Ansprüche stellen die einheimischen E.e, wie *G. pannonica* und *G. purpurea,* die nicht so hoch werden. – *G. septemfida,* Sommer-Enzian. ○–◐ △. Kleinasien, Persien, Kaukasus. Formenreiche Art. *G.s.* var. *cordifolia,* Armenien, Kaukasus. Blätter an der Basis herzförmig, breiter und stumpfer. Blüten kleiner, innen kaum gefleckt. *G. s.* var. *lagodechiana* (*G. lagod.*), Ostkaukasus. Bekannteste Form mit längeren, niederliegenden, an der Spitze aufstrebenden Trieben. Blüten einzeln, blau. 'Doeringiana', kompakter Wuchs und besonders reichblühend, dunkelblau. VII–VIII, 10–20 cm. – Von ganz besonderer Schönheit sind die Himalaja-E., wie der Wellensittich- *(G. farreri)* oder Herbstenzian *(G. sinoornata)* mit dem kleinen dunkelblauen *G. veitchiorum.* Sie blühen im Herbst und haben mit *G.* × *macaulyi,* ihrer Kreuzung, alle Farbschattierungen von Hellblau bis zu Dunkelblau. Die Kreuzungen wie 'Wells Var.' oder 'Ingwersen' sind zum Teil wüchsiger. Die Himalaja-E. brauchen durchlässigen, unbedingt kalkfreien Boden, sie setzen nur Samen an, wenn in die Blüte Frost fällt. VERWENDUNG. Niedrige und halbhohe Arten im Steingarten, einige auch zum Schnitt für kleine Vasen. Gelber Enzian im Wildstaudengarten, Schwalbenwurz-Enzian in halbschattigen bis schattigen Staudenbeet oder zwischen Gehölzen. – ANSPRÜCHE. Boden für die meisten lehmig-durchlässig und frisch-feucht. Abweichende Ansprüche bei den einzelnen Arten. – VERMEHRUNG. Niedrige meist durch Teilung oder Stecklinge, bei manchen machen die Triebe Wurzeln. Von einigen Arten wird auch Samen angeboten. Die halbhohen und hohen E.e durch Aussaat, sofort nach der Ernte. Die meisten sind Frostkeimer.

Enzyme, beschleunigen und steuern Ab- und Aufbau von Stoffen in der Pflanze, entsprechend Katalysatoren bei chemischen Prozessen. Kompliziert aus → Eiweißstoffen und → Spurenelementen, oftmals auch Vitaminen, aufgebaut. Wechselwirkungen zwischen Enzymtätigkeit und Calcium-, Kalium-, Nitrat-, Sulfat- und anderen Ionen. Qualitätsverbessernde Wirkung harmonischer Düngung zum Teil über E. erklärbar.

Epacris → Australheide.
Epidendrum → Orchideen 10.
Epimedium → Elfenblume.
Epiphyllum (Weihnachtkaktus) → Kakteen 7.
Epiphyten → Orchideen.
Epiphyten, sog. Aufsitzerpflanzen. Sie sitzen auf anderen Pflanzen auf, ohne mit ihren Wurzeln in den Saftstrom der ‚Wirtspflanze' einzugreifen, sind also keine Parasiten. Der Grund für das epiphytische Wachstum ist meist der zu geringe Lichtgenuß am Grund der tropischen und subtropischen Wälder, der die E. zwingt, in den Wipfeln zu wohnen. Wichtige epiphytische Pflanzenfamilien sind → Orchideen, Bromeliaceen (→ Ananasgewächse) und Cactaceen (→ Kakteen), daneben noch Vertreter der Farne und anderer Gruppen. Auch in den heimischen Wäldern finden wir einen typischen Epiphyten, die Bartflechte, *Usnea,* der Gebirgswälder.

Gelber Enzian, *Gentiana lutea.* (Seidl)

Epiphytenstamm, soll die Kultur von Epiphyten ermöglichen. Da die meisten Epiphyten hohe Luftfeuchtigkeit zu optimalem Wachstum benötigen, ist die typische E.kultur dem Besitzer eines geschlossenen Blumenfensters vorbehalten. Ausnahmen sind E.e mit atmosphärischen Bromelien oder Blattkakteen. Das Holz für einen E. soll sehr dauerhaft sein, am besten eignet sich Falsche Akazie oder Robinie, *Robinia pseudo-acacia,* deren rauhe Rinde auch den Haftwurzeln der Epiphyten guten Halt verschafft. Da in den tropischen Wäldern der Nährstoffumsatz vielfach höher als im gemäßigten Klima ist, müssen wir den Epiphyten unter unseren Verhältnissen einen entsprechenden Nährstoffvorrat zur Verfügung stellen. Es genügt in den wenigsten Fällen, die Pflanzen mit Draht oder Nylonfaden auf die Rinde zu binden. Besser ist die Ausbildung von Bechern, die an den Stamm gehängt werden, in die man die Epiphyten pflanzt und wo man mit nährstoffreichem Substrat hinterfüttern kann. Bei sonst günstigen Bedingungen erfordert ein E. relativ wenig Pflege, er muß jedoch abgespritzt werden können, was auch bei atmosphärischen Bromelien, *Selenicereus* oder *Epiphyllum* eine wasserfeste Auskleidung der Umgebung erfordert. Zum Spritzen stets Regenwasser oder schwache Volldüngerlösungen verwenden (1 g/l). Zur Abrundung der Bepflanzung eines E.s verwendet man nicht zu stark wachsende Kletter- und Hängepflanzen, z.B. *Ceropegia, Hoya, Ficus,* die mit der Schere in Zaum gehalten werden. Bromelien zeigen auf eingewöhnten E.en das typische Verhalten, daß sie die ihnen am meisten zusagenden Plätze durch entsprechendes Wachstum der Verbindung Mutterpflanze – Kindel einnehmen. Nie mit Gewalt woanders hinpflanzen!
Episcie, *Episcia.* Gesneriengewächse, *Gesneriaceae.* ◐–● ♄ ≀ ⌇ ⌂

Lie. Weichbehaarte, ausläufertreibende Stauden des Warmhauses, etwa 10 Arten in Süd- und Mittelamerika. – *E. cupreata*. Blätter bis 15 cm lang, runzelig, behaart, rotbraun mit silbernen Adern. Stark ausläufertreibend. Blüten klein, gloxinienähnlich, leuchtendrot. Von dieser Art wird in den USA eine Vielzahl von Sorten angeboten, bei uns findet man selten 'Silver Sheen', mit leuchtendgrünen, silbern gezeichneten Blättern und roten Blüten. – *E. dianthiflora*. Blätter samtig grün, bis 3 cm lang, stark ausläufertreibend. Blüten in den Blattachseln, 4 cm groß, reinweiß, manchmal mit roten Punkten im Schlund, feingeschlitzt. – E.n sind als Zimmerpflanzen nur mit Vorbehalt geeignet, weil sie hohe Temperaturen, zwischen 16 und 18 °C als Mindestwerte benötigen, dabei aber hohe Luftfeuchtigkeit bevorzugen. Blattrandschäden sind meist die Folge zu geringer Luftfeuchtigkeit. Blüten erscheinen das ganze Jahr und machen diese Pflanzen zu guten Blatt- und Blütenampelpflanzen für den Wintergarten oder das Blumenfenster, dort auch als Bodendecker. – Vermehrung durch Ausläuferstecklinge leicht.
Eppich → Sellerie.
Equisetum → Schachtelhalm.
Eranthis → Winterling.

Epiphytenstamm. (Herbel)

Erbse, *Pisum sativum*. Hülsenfrüchtler, *Leguminosae*. Stammt aus Mittelmeergebiet, Vorderasien, seit Bronzezeit bei uns angebaut. Man unterscheidet 3 Formen: 1. Palerbse (Schalerbse), mit zähen Hülsen, rundem Korn, das rasch mehlig wird, für Trockenerbsen geeignet; 2. Markerbse (Runzelerbse), mit zähen Hülsen, reifes Korn runzelig, lang zartbleibend, für Trockenerbsen geeignet; 3. Zuckererbse (Kefe), Hülse zartbleibend, wird mit dem Korn gegessen. 4. Knackerbse, im Aussehen wie Markerbse, aber Hülse zartbleibend; wird ganz gegessen. Von allen 4 Formen sind niedrige, halbhohe und hohe Wuchstypen erhältlich; für Selbstversorger hohe Wuchstypen vorteilhaft, da Erträge höher und Ernteperiode länger. – ANBAU. Aussaat von Pal- und Zuckererbsen Mitte III – Mitte IV, Markerbsen ab Mitte IV. Saat entweder in geschlossenen Doppelreihen entlang einem Drahtgeflecht, Abstand der Geflechte ca. 75 cm, oder in Kreisen um Stecken oder Reiser herum, 15–20 Samen je Kreis. Reihenabstand der Stecken 70–80 cm, in der Reihe 60 cm. Auflaufende Saat vor Vogelfraß schützen, wenn Pflanzen 15 cm hoch sind, leicht anhäufeln, bei schlechtem Klettern mit Aufbinden nachhelfen. Palerbsen frühzeitig ern-

Erbse 'Rheinische Zucker'. (van Waveren)

ten, da Körner sonst mehlig werden, Zuckererbsen nicht zu alt werden lassen, da Hülsen bald zäh werden. Bei schönem Wetter alle 3–4 Tage pflücken! – VERWENDUNG. Sehr wertvolles Gemüse; sollte im Hausgarten mehr berücksichtigt werden. Zum Konservieren gut geeignet, vor allem zum Tiefkühlen.
Erbsenblattrandkäfer, ein Rüsselkäfer, etwa 5 mm, fast schwarz. Frißt an den Blättern vor allem junger Erbsenpflanzen vom Rand her. Seine Larve ist Wurzelschädling. Vorbeugend auf gute Bodenpflege und Fruchtwechsel achten. Abklopfen der Käfer, Spritzen mit Rainfarn- oder Wermuttee (→ Kräuterextrakte).
Erbsengallmücke, 3 mm lange weiße Larven in Sproßenden, Blüten und jungen Erbsenhülsen (1. Generation) bzw. in den erwachsenen Hülsen (2. Generation). Schaden: Sproßstauchung, Blütenmißbildung, minderwertige verkrüppelte Hülsen. Abwehr: Fruchtfolge (mindestens 3 Jahre aussetzen), Erbsen früh anbauen, Spritzen mit Rainfarn- oder Wermuttee (→ Kräuterextrakte).
Erbsenkäfer → Samenkäfer.
Erbsenstrauch, *Caragana*. Hülsenfrüchtler, *Leguminosae*. Die Gattung E. ist mit 55 Arten in Mittel- und Ostasien vertreten. Sommergrüne Sträucher mit gefiederten Blättern und meistens gelben Blüten. – *C. arborescens*. ○ ♄ V. Bis 6 m hoher, baumartiger Strauch, mit straff aufrechten Zweigen und hellgelben Blüten. In Schweden einer der härtesten und weitestverbreiteten Blütensträucher. Die Rindenfaser wird in Sibirien zu Stricken und Bändern verarbeitet. – *C. jubata*. ○ ♄ IV–V. Ostasien. Sehr auffällig, leider bei uns noch selten. Wird kaum 1 m

hoch, mit kurzen, dicken Zweigen, die dicht von verdorrten Blattspindeln umgeben sind. Die Blüten stehen einzeln, sind verhältnismäßig groß, rötlichweiß. Dieser eigenartige Strauch sollte im Garten Einzelstellung haben. – *C. pygmaea.* ○–◐ ♄ V–VI △. Sibirien und Westasien. Niedriger Strauch, kaum 70 cm hoch, mit rutenförmigen, überhängenden Zweigen und stachelspitzigen Blüten. Die hellgelben Blüten stehen einzeln. Für den Steingarten oder kleinere Gärten geeignet. – Ansprüche: An Boden keine, liebt trockenen und sonnigen Standort. – Vermehrung: Aussaat, nur *C. jubata* muß veredelt werden, da sie wurzelecht sehr schwer wächst. Veredelt wird durch Geißfuß oder Kopulation auf Unterlagen von *C. arborescens.*

Erdaufschüttungen, an der Grenze eines Gartens, braucht der Nachbar nicht zu dulden. 1 m Grenzabstand ist einzuhalten.

Erdballen, Boden, der das Wurzelgeflecht der Pflanze beim Ausheben umgibt und schützt.

Erdbeerblütenstecher (Himbeerblütenstecher), dunkelbrauner, ca. 4 mm großer Rüsselkäfer; legt je ein Ei in eine Knospe der Erd- und Himbeere und beißt anschließend den Blütenstiel durch, so daß er umknickt. Larve nährt sich von der vertrocknenden Knospe. Käfer überwintert im Boden. – Abwehr: Zur Knospenzeit Käfer absammeln oder abklopfen, Boden im Herbst mit Rainfarntee spritzen.

Erdbeere, *Fragaria.* Rosengewächse, *Rosaceae.* Großfrüchtige E. ist aus der Kreuzung der südamerikanischen *(Fragaria chiloensis)* mit der nordamerikanischen Scharlacherdbeere *(F. virginiana)* im 18. Jh. in Europa entstanden und als *Fragaria grandiflora* die Stammform der heutigen Kultursorten. Durch Einkreuzung weiterer Wildformen ist das Sortiment um wertvolle Neuzüchtungen bereichert worden. – Walderdbeere *(Fragaria vesca)* ist Ausgangsform für Kultur-Monatserdbeeren *(Fr. vesca* var. *semperflorens)* und Kreuzungen mit Gartenerdbeeren. In Mitteleuropa beheimatet. – ANBAU. Großfrüchtige E.n als ein-, zwei-, dreijährige Kultur. Einjährige Kultur setzt das Pflanzen der Setzlinge bis spätestens Ende VII voraus, damit sie genug Zeit zur Blütenknospenbildung haben. Je später gepflanzt wird, um so geringer der Ertrag im folgenden Jahr. Starke Grünpflanzen (beblätterte Erdbeerpflanzen) sind zu dieser Zeit oft Mangelware. In diesem Fall kann man auf → Frigopflanzen zurückgreifen. Ein-

Moderne Erdbeersorten sind großfrüchtig. Die Früchte werden mit Stroh unterlegt, um sie sauberzuhalten. (Dr. Link)

jährige Kultur hat den Vorteil der geringen Verseuchung des Standortes mit spezifischen Krankheiten und Schädlingen, sowie Einsparung der Pflegearbeit nach der Ernte. Wo sie nicht möglich ist, kommt zwei- bis dreijährige Kultur in Frage. Anbau in ganz Mitteleuropa möglich, extreme Spätfrostlagen ausgeschlossen. Boden humos, mit pH-Wert von 6–7. Optimale Niederschlagshöhe 600–700 mm. Wo Niederschläge nicht ausreichen, vergrößert Bewässerung vor der Blüte und vor der Ernte Ertrag und Fruchtausmaße. Bodenvorbereitung durch 30–40 cm tiefe Lockerung und Einarbeitung von Torf (2–3 Ballen/100 qm.) Bodenpflege am besten durch Strohmulch. Pflanzabstand auf Beeten 30 × 20 cm bei einjähriger Kultur, 40 × 30 cm bei zweijähriger Kultur. Pflanzware nur gut bewurzelte, gesunde, virusfreie Setzlinge mit 3–5 Blättern und etwa 25 g Gewicht (oder getopfte Pflanzen). – Wer gutes Pflanzmaterial (schlechtes lohnt den Aufwand des Pflanzens nicht) nicht rechtzeitig bekommen kann, sollte seinen Bedarf selbst anziehen. Dazu in erster Julihälfte von leistungsfähigen Ertragspflanzen Ausläuferpflanzen mit Wurzelansatz (Länge 2–4 cm) abnehmen, möglichst rasch in Pikiererde ohne Nährstoffzusatz in 5–6-cm-Töpfe, Topfplatten oder Jiffy-Töpfe eintopfen und an einem sonnengeschützten Platz aufstellen. Die Pflanzen möglichst mit Folie abdecken, damit sie nicht zuviel Wasser verlieren. Etwa eine Woche später kann ein langsam wirkender Dünger (60 g/m²) gestreut oder wiederholt mit einem Blattdünger (0,6%) gespritzt werden. Das Anwurzeln und die Anfangsentwicklung der Pflanzen werden dadurch wesentlich unterstützt. – Beim Pflanzen Setzlingsherz über dem Boden und diesen fest andrücken. Grünpflanzen gut bewässern, wenn kein Niederschlag. – Sorten: Confitura, Elsanta, Elvira, Korona, Senga Sengana, Tenira. Immertragend ist Ostara. Rankende Sorten von *Fr. vesca* und Kreuzungen mit Gartenerdbeeren werden als fruchttragende Bodendecker (Erdbeerwiese) genutzt. Sie verdrängen durch ihren starken Wuchs (Ausläuferbildung) das Unkraut und liefern im VI/VII Früchte mit Walderdbeeraroma. Ein weiterer Vorzug von ausläuferbildenden *Fr. vesca*-Sorten ist ihre Widerstandsfähigkeit gegen die Grauschimmelfäule. Auf Spritzungen gegen diese Krankheit kann deshalb verzichtet werden. Bekannte Sorten sind Spadeka und Forstina.

Erdbeermilbe, weniger als 1 mm große → Weichhautmilbe, die an Erdbeerkulturen und zahlreichen Zierpflanzen durch ihr Blattsaugen schädlich wird. Junge Blätter verkrüppeln, ältere Blätter kräuseln sich, die Pflanze verkümmert. Abwehr: Kein befallenes Pflanzenmaterial weiterverwenden; Mischkultur mit Lauch, Knoblauch oder Zwiebel; mit Knoblauch-, Zwiebel- oder Rainfarntee im Frühjahr (bis zur Blüte) spritzen (→ Kräuterextrakte).

Erdbohrer. Man unterscheidet 1. Bohrstock bei Bodenuntersuchungen, 2. Tellerbohrer (Motorantrieb nötig) zur Herstellung von Pflanzlöchern zur Pflanzung von Bäumen oder zum Setzen von Pfählen.

Erdflöhe (Kohlerdflöhe), springende, 2–3 mm große blauschwarze oder gelb und schwarz gestreifte Blattkäfer; verursachen vom zeitigen Frühjahr (d.h. vom Saatbeet an) bis zum Herbst bei wilden und kultivierten Kreuzblütlern (Kohl, Radieschen, Rettich) Fraßschäden an Blättern und Blüten. Larven minieren in Blättern und Stengeln oder fressen an den Wurzeln. – Abwehr: Häufig hacken, Salat oder Spinatzwischenpflanzen, Cruciferen-Unkräuter entfernen, Pflanzen mit Rainfarn- oder Wermutbrühe 2× pro Woche spritzen (→ Kräuterextrakte).

Erdkastanie → Knollenziest.

Erdkirsche → Lampionblume.

Erdkompost, aus Stoffen mit hohen erdigen Anteilen, wie Grabenaushub, Klärschlamm, Lehm, Mistbeeterde, Rasensoden, Straßenkehricht, Teichschlamm. E. wird hergestellt bei Anfall größerer Mengen genannter Rohstoffe, so daß besondere E.mieten möglich und notwendig sind. Nur geringfügige Rotteverluste, deshalb langsamer Umsatz in 1–3 Jahren. → Kompost.

Erdkröte → Kröte.

Erdlagerplatz, für Lagerung von → gärtnerischen Erden, Komposten mehrerer Rotte- bzw. Reifestadien, ausgestattet mit Boxen, möglichst überdacht, für verschiedene Erdarten und → Kompostsilos, eingefaßt mit

Hecke, schattig, zentral gelegen. → Kompostplatz.

Erdmandel → Zypergras.

Erdmassenberechnung. Die auf einem Baugrundstück aufgrund einer Planung zu bewegenden Erdmassen können für den Abtrag und Auftrag einschließlich des Auflockerungsfaktors nach mehreren Methoden berechnet werden.

Erdorchideen, Wildstauden mit kurzer Wachstumsperiode, zumeist nur 2–3 Monate, von eigenartiger Schönheit, selten. Viele heimische Arten, wie *Gymnadenia, Cypripedium* (auch Arten aus Nordamerika), *Epipactis, Listsera.* → Orchideen.

Erdmaus → Kleine Wühlmäuse.

Erdraupen, fettig glänzende erdgraue Raupen der Saateulen (Gattung *Agrotis*). Fressen unterirdisch an Wurzeln und Knollen sowie (nachts) auch oberirdisch am Wurzelhals und an den untersten Blättern von Gartenpflanzen. Bei älteren Gemüsepflanzen dringen sie bis ins Herz ein. Bei Beunruhigung rollen sie sich in typischer Weise spiralig zusammen; überwintern als Raupen im Boden. – Abwehr: Vor Beetbestellung Hühner eintreiben, Raupen an den Pflanzen dicht unter der Oberfläche absammeln, Setzlinge mit Rainfarn- oder Wermutbrühe angießen (→ Kräuterextrakte), Pflanzen mehrmals mit → Bacillus thuringiensis-Präparat spritzen.

Erdrübe → Kohlrübe.

Erdschnaken *(Tipula-Arten)*. Größte Mückenarten, bis 25 mm lang, mit sehr langen Beinen, nichtstechend. Im Garten 3 Arten: Kohl-, Wiesen- und Herbst-Erdschnake. Schädlich sind die grauen, walzenförmigen Larven, die nachts oberirdisch an den Stengeln und tagsüber an den Wurzeln vieler Gartenpflanzen fressen. Durch Fraß der Wiesenschnaken-Larven kann der Rasen platzweise welken. – Abwehr: Bodenbearbeitung und Drainage, verwelkte Pflanzen herausziehen, Larven aus dem Wurzelraum entfernen, kränkelnde Pflanzen mit Rainfarn- oder Wermuttee gießen.

Erdtopf, wird im Erwerbsgartenbau, meist für Kohljungpflanzen, mit Topfpressen aus lehmiger, humoser Erde bzw. Komposterde hergestellt. Für Privatgarten → Jiffypot u.ä.

Eremurus → Steppenkerze.

Erepsia → Mittagsblumengewächse.

Erica → Glockenheide.

Erigeron → Feinstrahl.

Eriogonum → Wollknöterich.

Erikastrauch → Tamariske.

Erinacea → Igelginster.

Erinus → Leberbalsam.

Eriobotrya → Wollmispel.

Eriophorum → Wollgras.

Eriophyllum → Wollblatt.

Erle, *Alnus.* Birkengewächse, *Betulaceae.* Gattung umfaßt etwa 30 Arten, vorwiegend in der nördlich gemäßigten Zone. Für Ernährung und Wachstum sind die ‚Erlenknöllchen' von großer Bedeutung. Mit Hilfe von → Knöllchenbakterien kann die E. Luftstickstoff zum Aufbau ihrer Eiweißstoffe verwerten. E.n ohne diese Knöllchen wachsen nicht und gehen nach kurzer Zeit ein. – *A. glutinosa,* Schwarzerle, Eller. ○ ♄ I–III. Europa bis Sibirien. Bis 20 m, locker verzweigte Krone und rundliche Blätter. Verträgt Bodennässe und bevorzugt schwach saure Böden. – *A. incana,* Grauerle, Weißerle. ○ ♄ I–III. Europa und Kaukasus. Wird 20 m hoch, dichte Krone und hellgraue Borke. Im Gegensatz zur Schwarzerle liebt sie nicht zu feuchte, aber kalkhaltige Böden. Die Form 'Aurea', Golderle, wird nur 10 m hoch, goldgelbe Blätter und karminrote Kätzchen. – *A. viridis,* Grünerle, ♄ IV–V. Ein 3 m hoher Deckstrauch für feuchte Lagen. Die E.n lieben etwas feuchten Boden, doch wächst die Grauerle auch noch auf etwas trockenen Böden. Durch das weitverzweigte Wurzelwerk und die Erlenknöllchen sind sie wertvolles, stickstoffsammelndes Pioniergehölz für Ödland oder dergleichen. – Vermehrung durch Aussaat, möglichst früh, sobald Tauwetter eingesetzt hat. Die Golderle muß veredelt werden, gebräuchlich ist Kopulation oder Geißfuß auf *A. incana*-Unterlagen.

Erneuerungsschnitt (Verjüngungsschnitt) → Obstbaumschnitt.

Ernte, Einbringen der Früchte zur Zeit der Baumreife. Früchte werden mit oder ohne Stiel geerntet, d.h. gepflückt. Kern- und Steinobst-Tafelfrüchte werden mit Stiel geerntet. Verwertungsobst kann geschüttelt und aufgelesen werden. Sauerkirschen für Verwertung ohne Stiel ernten. Bei Walnuß Fallernte, Haselnuß teils Fall-, teils Pflückernte. Alle Lagerfrüchte sehr vorsichtig ernten! Jede Beschädigung vermeiden, sonst kurze Haltbarkeit und Verderb. Äpfel und Birnen in Pflückbehälter legen, nicht werfen. Ernte der Kernobstfrüchte durch leichtes Anheben.

Erntereife, erzielen die Früchte, sobald ihr Stiel eine Trennschicht zum Fruchtholz bildet. Bestimmung der Erntereife nach Aufhellung der Grundfarbe, Intensivierung der Deckfarbe, Weichwerden des Fruchtfleisches. Braunwerden der Samen nicht entscheidend. E.

Erdbeeren werden in Einzel- oder Doppelreihen gepflanzt. Zwischenkulturen sind problematisch, man fährt besser ohne sie. (Dr. Link)

je nach Sorte, Anbaugebiet, Vegetationsjahr unterschiedlich, daher keine Erntekalender möglich. Entscheidend Sonnenscheindauer, Temperatursumme und Witterungsverlauf, durch die die Zeit von Vollblüte bis Ernte in Grenzen von 14 Tagen variiert, → auch Baumreife.

Erosion, Bodenabtrag durch Einwirkung von Wasser oder Wind (Wasser- und Winderosion). E.sintensität abhängig von Bodenstruktur, Geländeneigung, Menge des einwirkenden Wassers und Dauer der Einwirkung. E. kann auf der ganzen Fläche oder in Rinnen erfolgen, in Extremfällen bilden sich Gräben oder Tunnel. Gegenmaßnahmen: → Bodenverbesserung durch → Kompost, → Bodenbedeckung, immergrüne Kultur, in Hanglagen Terrassierung.

Ertragsalter. Jedes Gehölz hat eine Periode des ansteigenden, des Voll- und abfallenden Ertrages. Je nach Veredlungskombination sind die einzelnen Perioden unterschiedlich lang. Periode des abfallenden Ertrages sollte durch rechtzeitige Rodung vermieden werden. Durch intensive Pflege kann Vollertragsperiode stark verlängert werden.

Ertragsbeginn, je nach Veredlungskombination. Sorte, Pflege, Standort unterschiedlich. Je mehr die Veredlungsunterlage wuchshemmend auf die Sorte wirkt, je mäßiger im Jugendstadium der Gehölze geschnitten wird, um so früher Ertragsbeginn. Frühtragende Arten sind Beerenobst, Sauerkirschen, Haselnuß, Aprikose, Pfirsich. Spättragend sind starkwachsende Apfel- und Birnsorten auf Sämlingsunterlage bei starkem Rückschnitt im Jugendstadium, ferner Süßkirschenbäume, für die es noch keine wuchshemmende Unterlagen gibt.

Ertragsgesetze, am bekanntesten das von J. v. Liebig (1855) formulierte Minimumgesetz: Ertrag wird begrenzt durch denjenigen Wachstumsfaktor, der im Vergleich zu den übrigen in geringster Menge vorhanden ist. Minimumgesetz wurde im Laufe des Jahrhunderts seit Liebig verfeinert und ergänzt: Wird z. B. das bisher im Minimum vorhandene Phosphat nachgedüngt, wirkt es sich um so stärker aus, je optimaler Stickstoff, Kalium, Calcium, Spurenelemente, Wasser usw. kombiniert sind. Je mehr sich der Ertrag dem mathematisch errechneten Höchstertrag nähert, z. B. durch kombinierte Gaben von Nährstoffen und Wasser, desto geringer werden die Mehrerträge je aufgewandter Einheit an Nährstoffen und Wasser (Gesetz vom abnehmenden Ertragszuwachs, formuliert von Mitscherlich). Wird ein Nährstoff über den Höchstertrag hinaus zugeführt, sinkt der Ertrag wieder ('Maximumgesetz', formuliert von Voisin 1964). Durch Datenverarbeitung lassen sich immer mehr Faktoren einbeziehen, wie → Beleuchtungsstärke, Ertragsausfall durch bzw. Aufwand gegen Schädlinge. Privatgärtner kann unabhängig von dieser wissenschaftlichen Entwicklung auf Grund von Erfahrung und Intuition weitere Faktoren einbeziehen, wie → Qualität, Entspannung und Gesundheit durch Gartenarbeit.

Eryngium → Edeldistel.
Erysimum allionii → Schöterich.
Erythrina → Korallenstrauch.
Erythronium → Hundszahn.
Erythrorhipsalis → Kakteen 4.
Erziehungsschnitt → Obstbaumschnitt.

Esche, *Fraxinus.* Ölbaumgewächse, *Oleaceae.* 65, zum Teil sehr eng verwandte Arten auf der nördl. Halbkugel. Die in Indien beheimatete Wachsesche ist die Nährpflanze für die wachsliefernde Schildlaus. – *F. excelsior.* ○ ♄. Europa und Kleinasien. Bis 40 m, schwarze Winterknospen und meist neunteilig gefiederte, 50 cm lange Blätter. In der nordischen Mythologie spielt die E. als der alles umfassende Weltbaum 'Yggdrasil' eine große Rolle. Sie überschattet mit ihren Zweigen das Weltall und ist der Gerichtsort der Götter. Unter ihren Wurzeln leben die schicksallenkenden Nornen. Das Holz der E. ist sehr biegsam und zäh, für Möbel oder Geräte, früher auch Waffen, wie Speere, Pfeile oder Bolzen. Durch das weitreichende und dichtverzweigte Wurzelsystem gut zur Befestigung von Bach- oder Flußrändern geeignet. Die Gartenformen 'Globosa' mit kugelrunder, dichter Krone und 'Pendula' mit senkrecht herabhängenden Zweigen werden meist als Veredlungen auf Hochstämmen gezogen. – *F. ornus,* Blumen- oder Blütenesche, Mannaesche. ○ ♄ V–VI. Südeuropa bis Westasien. Name Blütenesche nach den zu vollständigen Blüten ausgebildeten, weißen Perigonblättern. Durch Schnitte in der Rinde tritt der bräunliche Saft aus, der in Süditalien getrocknet als Manna oder Himmelsbrot in den Handel kommt. Im Gegensatz zur vorhergehenden *F. excelsior* sind ihre Winterknospen grau und die Blätter mei-

Rebberg, mit Kompost gegen Erosion abgedeckt. Auch erwärmt sich der Boden im Frühjahr rascher. Sowohl Reif- als auch Mulchkompost sind verwendbar. Kompost ist als Abdeckmaterial unübertrefflich, weil zugleich Bodenverbesserungsmittel. (Pfirter)

Samenstand einer Esche, *Fraxinus excelsior*. (Seidl)

stens siebenteilig gefiedert. Wird nur etwa 20 m hoch und bevorzugt trockene und kalkhaltige Böden. – Verhältnismäßig anspruchslos, gewöhnlicher, tiefgründiger Boden reicht aus. Sie wachsen auch noch in sehr windexponierten Lagen. – Vermehrung der Arten durch Aussaat. Die Formen werden veredelt, Handveredlung im Winter, Okulation im Sommer oder bei Hochstammveredlung Geißfuß im Frühjahr.
Escheverie → Echeverie.
Eschscholzia → Goldmohn.
Espe → Pappel.
Espostoa → Kakteen 10.
Essigbaum → Sumach.
Eßkastanie → Edelkastanie.
Estragon → Beifuß.
Etagenblume → Indianernessel.
Etiketten, Schilder aus wasserfestem Material zum Anstecken oder Anhängen an Pflanzen zur Kennzeichnung ihres Namens.
Euanthe → Orchideen 18.
Eucalyptus → Fieberbaum.
Eugenia → Kirschmyrte.
Eulen, Schmetterlingsfamilie *(Noctuidae)*, deren plumpe Falter wie die Vogel-Eulen unscheinbar gefärbt sind und in der Dämmerung bzw. nachts fliegen. Im Garten schädlich vor allem die Erdeulen (→ Erdraupen) sowie die Raupen der Gammaeule an Kohl, Hülsenfrüchten, Erdbeere, Himbeere u.a., der Erbseneule an Erbsen, Bohnen und anderen Schmetterlingsblütlern sowie der Kohleule an Kohl und anderen Kreuzblütlern. Blattfraß bis auf die Rippen; bei Kohlköpfen Zerstörung der Herzblätter. – Abwehr: Erdeulen → Erdraupen; oberirdisch fressende Eulenraupen: Absammeln, Spritzen mit Rainfarn- oder Wermuttee (→ Kräuterextrakte).
Euonymus → Spindelstrauch.
Eupatorium → Wasserdost.
Euphorbia → Wolfsmilch.
Eutrophierung, Überdüngung bzw. Überversorgung z.B. der Gewässer mit organischen Substanzen, aber auch mit Phosphor- und Stickstoffverbindungen.
Exacum → Blaues Lieschen.
Exochorda → Prunkspiere.

Eigelege der Kohleule auf Blattunterseite. (Dr. Bender)

F

Fackellilie, *Kniphofia.* Liliengewächse, *Liliaceae.* ○ ⚃ ∧ ⋈ i Bie. Die F. ist im südlichen tropischen Afrika zu Hause. 70 Arten, von denen nur wenige bei uns ausreichend hart sind. Der zylinderputzerähnliche Blütenstand verfärbt sich beim Aufblühen bei rotblühenden Sorten. Die Knospen sind rot, die Blüten werden mit dem Öffnen allmählich gelb. – *K. galpinii,* Zwerg-F., Transvaal. Zierlichste Art mit dünnen, dreikantigen Blättern, schilfartig. Blütenstand klein, dünn, zierlich. Reichblühend, leuchtendorange. VIII–IX, 40–60 cm. – *K. uvaria,* Kapland. Eine der Arten, die bei den Hybriden am meisten mit eingekreuzt wurde. Blätter steif aufrecht, dreikantig, graugrün mit rauhem Rand. Blüten variabel, Knospen braunrot, offene Blüten grünlichgelb. Wird oft angeboten, da sie leicht aus Samen zu ziehen ist. VII–X, 100 cm. – *K. Hybriden.* Schöner, reichblühender und großblumiger sind die F.-Hybriden. Mittelhoher bis hoher, meist kräftiger Wuchs mit langen Blütenständen und schönen Farben. 'Bernocks Triumph', spätblühend, breite und kräftige Blütenstände, eine der schönsten Sorten, warm orangerot, IX–X, 100 cm; 'Canary', zitronengelb, auch die Knospen, mittelfrüh, VII–X, 80 cm; 'Earliest of All', frühblühend, orangerot, VI–IX, 80 cm; 'Goldelse', schlanke Blüten,

Fackellilie, *Kniphofia-Hybride* 'Mount Asher Var.'. (Seidl)

langblühend, zitronengelb, VII–X, 80 cm; 'Minister Verschuur', dunkelgelb, VI–IX, 100 cm; 'Royal Standart', reichblühend, scharlachrot mit zitronengelb, aparte Färbung, VII–X, 80 cm. – Verwendung als Rabatten-, Solitär- und Schnittstauden, die durch ihre eigenartige Blütenform immer wieder Aufsehen erregen. Die Zwerg-F. auch im Naturgarten. Boden sandig, mittelschwer, feucht aber nicht naß. Winterschutz in kalten Gegenden. Vermehrung der Arten durch Aussaat, der Hybriden durch Teilung.

Fadenwürmer → Nematoden.
Fächerbesen → Rasenbesen.
Fächerspalier → Spalierformen.
Färberhülse, Indigolupine, *Baptisia.* Hülsenfrüchtler, *Leguminosae.* ○ ⚃. Sehr langlebige Stauden mit dreizähligen Blättern, die im Gegensatz zur Gartenlupine die Pflanzen bis zum Herbst schmücken. Blüten in Trauben. Der botanische Name ist abgeleitet von dem griechischen babtein = färben. Von den 30 Arten im östlichen und südöstlichen Nordamerika haben nur 2 als Gartenpflanzen Bedeutung. – *B. australis,* östliches Nordamerika. Verzweigte Stengel mit kurzgestielten, dreizähligen, lanzettlichen bis eiförmigen Blättern. Blüten in lockeren Trauben, violettblau. VI–VII, 100 cm. – *B. tinctoria,* östliches Nordamerika. Stengel reich verzweigt. Dreizählige, gestielte, verkehrt-eiförmige Blättchen. Blüten in wenigblütigen, endständigen Trauben, groß, gelb. VI–IX, 100 cm. – Verwendung als seltenere Stauden in Parkanlagen und Staudenrabatten. Boden kräftig, nährstoffreich. Vermehrung durch Aussaat.

Fäkalien, Gemisch von Harn und Kot aus Abortgruben oder Behelfsklosetts (→ Torfstreuklosett). Niemals frisch als Dünger verwertbar, weil F. Quelle für Krankheitskeime und Wurmeier sind und Frischverwendung ‚Kurzschlußdüngung' darstellt. Nur mit anderen → Abfällen gemischt und vollständig kompostiert verwertbar. Hoher Kochsalzgehalt.

Fagus → Buche.
Fahrweg → Gartenweg.
Fahrspurweg, Garagenzufahrt mit zwei schmalen, in Achsbreite eines PKWs gebaute Streifen aus Pflaster, Platten oder Gittersteinen und dazwischen oft unvorteilhafte Rasenansaaten.

Fallen, Mittel des → Physikalischen Pflanzenschutzes, Vorrichtungen zum Fang (z. T. verbunden mit Tötung) von schädlichen Tieren. 1. Mechanische F. (müssen dem Tierschutzgesetz entsprechen, verboten sind u. a. Teller- und Pfahleisen): → Wühlmaus-F., → Schwing'sche Spatzenfalle; 2. Köder-F.: → Fangflaschen für Wespen, → Fanggläser f. Maulwurfsgrille und Schnecken; beköderte Wühlmaus-F., Nahrungsköder für → Drahtwürmer; 3. Optische F.: → Fanglampen.

Fallobst, nicht rechtzeitig geerntetes, oft wurmiges Obst, das selbsttätig gefallen ist. Nicht gleichbedeutend mit Schüttelobst. Fallobst in der Regel überreif, nicht lagerfähig und nur für Marmelade oder Saft geeignet. F. kann auch durch Sturm, Orkan, Hagel verursacht werden.

Falscher Christusdorn → Gleditschie.
Falscher Jasmin → Pfeifenstrauch.
Falscher Mehltau → Mehltau.

Fangflaschen zur Abwehr stechender → Wespen. Nur bei starker Belästigung (Wespen sind Schädlingsvertilger): Flasche ¼ voll Bier oder Fruchtsaft (Honig oder Zuckerlösung würde Bienen anlocken).

Fanggläser zum Fang von → Maulwurfsgrille oder → Schnecken. MW-Grille: ohne Köder; Glas wird so tief im Boden eingelassen, daß der Rand etwa 3 cm unter der Erdoberfläche liegt, damit die nächtlich flach wühlende Grille in das Glas fällt. Schnecken: Glas mit Bier als Köder. Der Rand liegt hier in Höhe der Erdoberfläche.

Fanggürtel aus rund 10 cm breiter Wellpappe, mit wetterfestem Teerpapier oder Kunststoff überzogen, oberer Rand zum Baum hin eingefaltet. Ab Juni etwa 0,5 m über dem Boden um den Obstbaumstamm legen und oben wie unten festbinden, zuvor Rindenschuppen abkratzen. Wicklerraupen (Obstmaden) verkriechen sich dort zur Verpuppung (1. Gen.) oder Überwinterung (2. Gen.) Auch Käfer des Blütenstechers überwintern darin. Ab Juli öfter kontrollieren und ggf. verbrennen (Marienkäfer und Ohrwürmer vorher ablesen).

Fanglampen, können zum Fang nächtlich fliegender Falter vor einer leimbestrichenen Tafel aufgestellt werden. Nicht zu empfehlen, da auch viel seltene und unschädliche nachts fliegende Insekten vernichtet werden.

Farbklang, nach den Gesetzmäßigkeiten der Farbenlehre aufbauende Farbkompositionen für die Auswahl und Pflanzung von Stauden und Sommerblumen. In einer Staudenrabatte können z. B. Zwei-, Drei- und Mehrfarbenklänge für die jeweiligen Blütezeiten vom Vorfrühling bis zum Spätherbst geplant werden.

Fangpflanzen → Anlockpflanzen.

Farne. FREILANDFARNE. → Adlerfarn *(Pteridium);* → Blasenfarn *(Cystopteris);* → Eichenfarn *(Currania);* → Frauenfarn *(Athyrium);* → Hirschzunge *(Phyllitis);* → Königsfarn *(Osmunda);* → Perlfarn *(Onoclea);* → Pfauenradfarn *(Adiantum);* → Rippenfarn *(Blechnum);* → Schildfarn *(Polystichum);* → Schriftfarn *(Ceterach);* → Sinnfarn *(Onoclea)* → Perlfarn. → Straußfarn *(Matteuccia);* → Streifenfarn *(Asplenium);* → Wurmfarn *(Dryopteris).* ZIMMERFARNE. Unsere im Zimmer verwendbaren Farne gehörten alle zur Familie der Tüpfelfarngewächse, heute zu verschiedenen Farnfamilien. Die F. sind Sporenpflanzen, d.h., sie bilden Sporen aus und vermehren sich durch solche. Keimt eine Spore, so entwickelt sich der Vorkeim (Prothallium), dieser Vorkeim ist so wie die Spore selbst haploid, d.h., er besitzt nur einen Chromosomensatz. Auf der Unterseite des Vorkeims bilden sich die weiblichen und männlichen Organe (Archegonien und Antheridien) aus. Die Archegonien bilden Apfelsäure, die begeißelten männlichen Gameten können diesen Stoff wahrnehmen, schwimmen zu den Archegonien und befruchten die weiblichen Gameten. Zur Befruchtung benötigen die F. also unbedingt Wasser. Das Befruchtungsprodukt, die Zygote, besitzt den üblichen diploiden Chromosomensatz, aus ihr entwickelt sich die Farnpflanze. – Diese Bemerkungen sollen erläutern, warum die Anzucht von Sporen normalerweise schwierig ist und dem Liebhaber

Adiantum var. 'Goldelse'. (Dr. Jesse)

nicht empfohlen werden kann. Man benötigt dazu gleichmäßige, hohe Temperaturen, hohe Luftfeuchtigkeit, ständig gleichmäßiges Wasserangebot und große Sauberkeit bei allen Gerätschaften, da die Vorkeime sehr empfindlich gegen Pilzbefall sind. – In beschränktem Umfang kann noch die Teilung empfohlen werden. Manche Gattungen, z.B. *Nephrolepis* oder *Asplenium* bilden Jungpflanzen aus, die man u. U. in einem Blumenfenster zu großen Pflanzen erziehen kann. – F. können einerseits Hygrophyten, feuchtigkeitsliebende Pflanzen, andererseits, seltener, Xerophyten, trockenheitsliebende Pflanzen, sein. Die Xerophyten sind für die Kultur in zentralbeheizten Räumen wesentlich besser geeignet. – Die Blätter der Farne werden als Wedel bezeichnet, sie sind vielfach einfach oder doppelt gefiedert. Die wichtigsten Zimmerfarne folgen in alphabetischer Reihenfolge. Behandelt werden die Gattungen *Adiantum, Asplenium, Blechnum, Cyrtomium, Didymochlaena Microlepia, Nephrolepis, Pellaea, Platycerium, Pityrogramma, Polypodium, Polystichum* und *Pteris.*

1. A d i a n t u m , Frauenhaarfarn. ◐ bis ● ♃ ▽ ⋈. A. sind feuchtigkeitsliebende Schattenfarne, die epiphytisch auf Felsen oder in Humusansammlungen wachsen. Ungefähr 200 Arten sind in den wärmeren Zonen der Erde verbreitet, nur wenige Arten erreichen die gemäßigte Zone. – *A. raddianum (cuneatum).* Trop. Amerika. Kurz kriechendes Rhizom, Blattstiele dünn, drahtig, meist dunkel, 25 cm lang. Wedel drei- bis vierfach gefiedert, Umriß dreieckig. Viele Formen, wichtig 'Brillantelse', hellgrüne Blättchen, besonders lange die rosa Jugendfarbe behaltend; 'Fragantissimum' ('Fragrans'), kräftig wachsend, dabei zierlich; 'Goldelse', feingefiedert, rosa Austrieb; besonders für Blumenfenster kann die Form 'Gracillimum' empfohlen werden, die ganz winzige Blättchen besitzt und daher sehr zierlich ist. – *A. hispidulum.* Wedel gegabelt und fächerig. Blättchen hart und lederig, kurzhaarig. Sehr harte Zimmerpflanze. – *A. tenerum.* Ähnlich *A. cuneatum.* Die wichtigste Form ist 'Scutum Roseum', mit in der Jugend intensiv rotgefärbten, sehr kräftigen Wedeln. – Adiantum sind Warmhauspflanzen, die Temperaturen um 20°C brauchen. Die Erde soll humos, brockig-durchlässig sein. Während des Winters kann man eine leichte Ruhezeit bei 18°C einschalten. A. dürfen nie ballentrocken werden, da ihre dünnen Blättchen sofort vertrocknen.

2. A s p l e n i u m , Streifen- oder Nestfarn. ◐ ♃ ▽. Die Gattung *Asplenium* ist äußerst vielgestaltig, ca. 700 Arten bewohnen alle Gebiete der Erde. – *A. dimorphum (A. bulbiferum* der Gärten) Norfolkinseln. Blattstiele bis 25 cm, Wedel bis 100 cm lang und 50 cm breit, dreifach gefiedert, einzelne Blättchen schiefrhombisch bis eiförmig. Auf der Oberseite der Wedel zahlreiche Jungpflanzen. – Harte Zimmerpflanze, 15–20°C Temperatur liebend. Humose Substrate. – Vermehrung durch Abnehmen der Jungpflanzen, zuerst warm, später kühler halten. – *A. nidus (A. nidus-avis).* Nestfarn. Tropisches Ostasien. Baumepiphyt. Wedel groß, bis 100 cm lang und 20 cm breit, pergamentartig steif, hellgrün mit schwarzer Mittelrippe, zu einer trichterartigen Rosette zusammenstehend. Die Zimmerkultur des Nestfarns ist nur im Blumenfenster gut und leicht möglich. Als Epiphyt des tropischen Waldes braucht er hohe Luftfeuchtigkeit und Temperaturen um 22°C. Im Zimmer, wo er kurzfristig gedeiht, kommt es meist durch Zugluft oder zu trockene Luft zu Blattrandschäden und

Streifen- oder Nestfarn, *Asplenium.* (Seidl)

Farne

Rippenfarn, *Blechnum*. (Seidl)

Befall durch Spinnmilben (Rote Spinne) oder Napfschildläuse.

3. **Blechnum**, Rippenfarn. ☽–● ♃–♄ ▽ Lie. Erdbewohnende F., ungefähr 200 Arten, meist tropisch bis subtropisch, selten in gemäßigten oder kühlen Gebieten. Verbreitungsschwerpunkt auf der Südhalbkugel. – *B. gibbum (Lomaria gibba)*. Neukaledonien. Stamm schlank, bis 100 cm. Wedel 1 m lang, 20 cm breit, einfach gefiedert. Die sporentragenden Wedel sind wesentlich schmäler in ihren Wedelfiedern. – Ähnlich *B. brasiliense*. – Einziger im Zimmer halbwegs haltbarer, empfehlenswerter Baumfarn. Humose Erde. Sehr empfindlich gegen Ballentrockenheit, darum nur für den aufmerksamen Pfleger gut geeignet und zu empfehlen.

4. **Cyrtomium**. ☽–● ♃ ▽ ○ ⌒ i. Freiland. Wenige Arten, über die ganze Erde verbreitet, xerophytisch und daher sehr gut für die Zimmerkultur. – *C. falcatum (Aspidium f., Polystichum f.)*. Ostasien, Südafrika. Blattstiele mit braunen Schuppen. Wedel einfach gefiedert, bis 50 cm lang und 15 cm breit. Blättchen etwas gezähnt, derbledrig, obere Seite glänzend dunkelgrün, untere Seite heller, mit großen Sporenhäufchen. Eine etwas schönere Form ist 'Rochfordianum', mit geschlitzten Blättchen. – Harter Kalthaus- und Zimmerfarn. Verträgt tiefe Temperaturen, hält unter Laubdecke sogar milde Winter im freien durch. Humose Substrate. Auch gut in dunklen Räumen gedeihend.

5. **Didymochlaena**, Didymochlaene. ● ♃ ▽. 1 pantropische Art: *D. trunculata*. Wedel oval, doppelt gefiedert, 40–50 cm lang. – Recht hart und im Zimmer sehr dankbar, doch empfindlich gegen Ballentrockenheit, die Blättchen werden dann abgeworfen.

6. **Microlepia**, Microlepie. ● ♃ ▽. Etwa 45 Arten in den Tropen der Alten Welt. – *M. speluncae*. Wedel dreieckig, drei- bis vierfach gefiedert, unter idealen Bedingungen bis 2 m lang. Trotz der Größe recht zierlich wirkend. – Wedel weich, Pflanzen müssen ständig mit Wasser versorgt werden.

7. **Nephrolepis**, Nieren- oder Schwertfarn. ● ♃ ▽ ✕. 30 Arten als Epiphyten oder Erdbewohner in den tropischen Teilen der Erde. – *N. cordifolia*. Rhizom lang ausläufertreibend, daran bis haselnußgroße Knollen, die als Speicherorgane dienen. Wedel bis 60 cm lang und 8 cm breit, hart und nur einfach gefiedert. Verbreitet ist die Form 'Plumosa', bei der die äußere Hälfte der Fiederblättchen noch einmal gefiedert ist. – *N. exaltata*. Ähnlich voriger, aber keine Knollen an den Ausläufern, sondern Knospen, aus denen sich junge Pflanzen entwickeln und Wedel wesentlich größer, meist hellgrün, nicht so derb. Viele Formen, die reine Art selbst ist selten in Kultur. Folgende Formen sind hart und schön: 'Rooseveltii', einfach gefiederte Wedel, die Blättchen sind aber am Rand gedreht und gewellt; 'Teddy Junior' hat kürzere Wedel, ebenfalls einfach gefiedert. Rand kräftig gewellt, sehr starkwüchsig. Die mehrfach gefiederten Formen, am schönsten hier 'Whitmannii', sind wesentlich empfindlicher. – Harte und schöne Zimmerfarne, die allerdings nicht zu kühl stehen dürfen, besonders die mehrfach gefiederten Formen. Die Substrate seien humos und nährstoffreich. Schattige Plätze sagen ihnen auch zu. – Man kann Formen von *N. exaltata* selbst durch Kindel vermehren, doch trenne man sie nicht zu früh ab. Sie sollen 10 cm Höhe erreicht haben.

8. **Pellaea** ○–● ♃ ▽. Kurzkriechende Rhizome tragende F., meist

Schwertfarn, *Nephrolepis cordifolia*. (Jesse)

Geweihfarn, *Platycerium alicorne*. (Dr. Jesse)

Xerophyten mit Verdunstungsschutzeinrichtungen. Ungefähr 80 Arten, davon der am nördlichsten vorstoßende *P. atropurpurea* aus Kanada bereits winterhart. – *P. rotundifolia*. Neuseeland. Blattstiele 20 cm lang, behaart und beschuppt, Wedel schmal, 30 cm lang, 4 cm breit, einfach gefiedert. Blättchen rundlich-eiförmig, lederig, derb, zu 10 bis 20 Paaren. – Netter Zimmerf., der die trockene Luft unserer zentralbeheizten Räume noch gut verträgt. Das Substrat sei durchlässig und humos, sie sind gegen zuviel Nässe empfindlich. Luftig und kühl lieben sie sehr.

9. **Platycerium**, Geweihfarn oder Elchgeweih. ○–● ♃ ⁑ ▽. Große Epiphyten, in den Gabeln der Urwaldbäume wachsend. Ca. 20 Arten von Australien über Indien und Afrika. 1 Art in Südamerika. *Platycerium* tragen 2 verschiedene Formen von Blättern:
a) Schuppen- oder Hüllblätter, dicht über die Wurzeln hinkriechend, sie haben die Aufgaben, die Pflanze zu befestigen und Nährstoffe, die an den Baumstämmen heruntergespült werden, zu sammeln; b) *Geweih- oder normale Blätter*, kurz gestielt, Stiel meist undeutlich, aufrecht und dann hängend, mehrfach gegabelt und lederig. Diese Blätter tragen auch die Sporenlager. Die Geweihblätter sind diploid, die Schuppenblätter → haploid und entsprechen dem → Vorkeim. – *P. bifurcatum*. Australien. Schuppenblätter rund, z.T. gelappt, bis 40 cm Durchmesser. Geweihblätter bis 70 cm lang, zwei- bis dreifach geteilt, unterer Teil aufrecht, oberer Teil hängend. Sporenlager am Ende der Blättchen. Ganze Pflanze weißlich oder gräulich durch einen Sternhaarfilz, der z.T. mit zunehmendem Alter verlorengeht. – *P. grande*. Schuppenblätter bis 60 cm groß, im oberen Teil in verlängerte, gabelig geteilte Lappen zerteilt, Geweihblätter hängend, bis 2 m lang, viel-

fach geteilt. Sporen in einer großen nierenförmigen Fläche zwischen der ersten Gabelung.

Geweihfarne sind herrliche Pflanzen für große Wintergärten. Die härteste Art ist *P. alicorne,* die bei sorgsamer Pflege auch im Zimmer durchhält. Am besten pflanzt man sie in Holzkörbchen, auf Rinde, in ausgeschnittene Tontöpfe, befestigt eine gute Aufhängung und läßt die Schuppenblätter das Ganze umwachsen. Wichtig sind durchlässiges Substrat und regelmäßige Dunggüsse. Sie brauchen relativ viel Nährstoffe, man kann also z. B. Düngetorf hinter die alten Schuppenblätter schieben und so für eine ausgeglichene Ernährung sorgen. Wichtig sind weiterhin gleichmäßige Temperatur und diffuses, nicht zu helles Licht.

10. P i t y r o g r a m m a , Gold- oder Silberschuppenfarne. ◐ ♃ ▽. Terrestrische F., meist aus dem tropischen Amerika, Afrika und Madagaskar. Ungefähr 40 Arten. Xerophytische F., die sich durch die blattunterseitigen, puderartigen, silberig oder goldgelb gefärbten Ausscheidungen vor allzu großer Verdunstung schützen. – *P. argentea.* Südafrika, Blattstiel 15 cm lang. Wedel 25 cm lang und 15 cm breit, doppelt gefiedert, oberseits dunkelgrün, unterseits dicht weiß bestäubt. – *P. sulphurea.* Antillen. Blattstiel 20 cm lang. Wedel 50 cm lang und 20 cm breit, doppelt gefiedert, z. T. sogar dreifach, oberseits dunkelgrün, unterseits goldgelb gepudert. – Pityrogramma-Arten lieben Temperaturen um 15°C, dabei möglichst trockene Luft und einen hellen, aber nicht direkt von der Sonne beschienenen Standort. Mäßig feucht halten. Ideal für zentralbeheizte Räume bei guter Pflege.

Saumfarn, *P. cretica* 'Roweri'. (Jesse)

Tüpfelfarn, *Polypodium aureum.* (Seidl)

11. P o l y p o d i u m , Tüpfelfarn. ◐ ♃ ▽. Kriechende Farne mit meist unterschiedlich geteilten Wedeln, 300 Arten, fast alle heimisch in den Tropen. – *P. aureum.* Südamerika. Rhizom kriechend, vielfach sich verzweigend, dicht mit gelben Schuppen besetzt. Blattstiele 50 cm lang, sehr fest und drahtig. Wedel bis 80 cm lang und 30 cm breit, tief fiederspaltig oder an der Basis fiederteilig. Sporenpustel an der Unterseite in mehreren parallelen Reihen. Einige Formen: 'Glaucum' mit stark bläulichen Wedeln; 'Glaucum Crispum', in der Wedelfarbe wie vorige, Wedel tief geteilt und geschlitzt. – P. bilden riesige Pflanzen und sind in warmen und temperierten Räumen relativ leicht. Als große F. brauchen sie nährstoffreiche Substrate, die dabei aber durchlässig sein sollten, gleichmäßige Feuchtigkeit und lichten, aber nicht sonnigen Standort.

12. P o l y s t i c h u m , Schildfarn. Der eigentlich winterharte Schildfarn, *Polystichum setiferum*, wird vielfach in kalten Räumen kultiviert. Besonders häufig findet man die Form 'Proliferum', die junge Pflanzen an der Mittelrippe des Wedels bildet. → Schildfarn.

13. P t e r i s , Saum- oder Flügelfarn. ○–◐ ♃ ▽. Die Sporen sind beim Saumf. entlang der Blatträndern angeordnet und vom umgeschlagenen Blattrand bedeckt. Etwa 300 Arten bewohnen Tropen und Subtropen, nur wenige erreichen gemäßigte Breiten. – *Pt. argyraea (Pt. quadriaurita* var. *argyraea).* Zentralindien. Warmhauspflanze. Blattstiele bis 60 cm lang, schwarz. Wedel 60 cm lang und 30 cm breit, doppelt- bis dreifach gefiedert. Die Blättchen tragen ein breites silbernes Mittelband. Braucht höhere Luftfeuchtigkeit, nur im Wintergarten verwendbar, da es sonst zu braunen Wedelrändern kommt. Benötigt viel Raum. – *Pt. cretica.* In den Tropen und Subtropen weit verbreitet, in Europa bis in den Tessin vordringend. Blattstiele 30 cm lang, drahtig. Wedel 30 cm lang, 20 cm breit, einfach gefiedert. Die sterilen Fiederblättchen sind etwas breiter als die fertilen, die auch meist über den sterilen stehen. Sehr veränderlicher und harter, trockenheitsverträglicher Kalthausf. Viele Formen, die wichtigsten vielleicht: 'Albo-Lineata' mit weißlichem Mittelband; 'Alexandrae', ähnlich voriger, doch mit verbänderten, hahnenkammartigen Blättchen; 'Major', wesentlich kräftiger als die Art, die am meisten gezogene Handelssorte; 'Wimsetti', grünwedelig, mit zahlreichen Verbänderungen, die wichtigste und schönste grüne Form. – *Pt. ensiformis.* Tropisches Asien, Australien und Polynesien. Ähnlich voriger, doch kleiner und Wedel z. T. mehrfach gefiedert. Wichtiger als die Art ist die Form 'Evergemiensis', die schön weißlich gebändert ist und in den Ansprüchen *Pt. cretica* entspricht. – *Pt. longifolia.* Tropen und Subtropen, bis ins Mittelmeergebiet reichend. Blattstiele 20 cm lang, dicht beschuppt. Wedel 70 cm lang und 15 cm breit, einfach gefiedert. Leider nicht so häufig zu sehen, da sehr ausladend wachsend und mit hohem Platzbedarf. In der Kultur wie die weiß-bunten Formen von *Pt. cretica.* – Pteris-Pflanzen gehören zu den leichtesten Zimmerfarnen überhaupt. Sie vertragen Temperaturen bis 5°C in den grünen Formen, die weißbunten sind empfindlicher und wollen nicht unter 15°C stehen, sonst kommt es zu Blattrandschäden. Humose Substrate, kräftige Ernährung und gleichmäßige Feuchtigkeit sind die Voraussetzungen für ihre erfolgreiche Kultur. Ballentrockenheit bringt auch diese robusten F. zum Absterben. Die grünen Formen vertragen trockene, zentralbeheizte Raumluft gut und gedeihen dort auch noch etwas absonnig, obwohl sie z. B. im Tessin Kalkfelsenspalten in voller Sonne vorziehen.

Farnkrautbrühe, aus Wurm- oder Adlerfarn als Spritzmittel gegen Blattläuse: 100 g getrocknete oder 1000 g frische Blätter, 24 Std. in 10 Liter Wasser ausziehen lassen. 10× verdünnt anwenden.

Faschinen, aus elastischem Reisig von beliebten Gehölzen (häufig Weiden) angefertigte Walzen von ca. 30–50 cm Durchmesser zur Festlegung von Mutterbodenauftrag, zur Sicherung von Böschungen im Wasser- und Straßenbau und zum Schutz vor Erosion. Je nach ingenieurbiologischer Bauweise verwendet man Totf. oder Lebendf., um Böschung auch zu begrünen.

Faselbohne → Helmbohne.
× **Fatshedera** → Efeuaralie.
Fatsia → Zimmeraralie.
Faucaria → Mittagsblumengewächse.
Faulbaum, Kreuzdorn, *Rhamnus.* Kreuzdorngewächse, *Rhamnaceae.* Die Gattung (etwa 150 Arten meist in nördlich gemäßigter Zone) gliedert sich in 2 Hauptgruppen: Faulbäume und Kreuzdorne. Zierwert und geringer wirtschaftlicher Wert, Farbenherstellung. Rinde, Blätter und Früchte werden auch gegen Wassersucht, Hautkrankheiten oder Gallenleiden gebraucht. – *R. catharticus,* Kreuzdorn, Wegdorn. ○–◐ ♄ V–VI. Ganz Europa und bis zum Altaigebirge. Name Kreuzdorn nach der Stellung der Dornen, die mit den Ästen ein Kreuz bilden. Vielgestaltiger Strauch mit unregelmäßiger, lockerer Krone und sparrig abstehenden Ästen, je nach Standort aufrecht oder auch niederliegend, knorrig verästelt. Beeren und Rinde werden in der Hausmedizin genutzt. – *R. frangula,* Faulbaum, Pulverholz. ○–◐ ♄–♄ V–VI. Europa, Westasien bis Nordafrika. Name nach dem fauligen Geruch der Rinde; im Volksmund werden je nach Gegend auch → Traubenkirsche oder → Eberesche als Faulbaum bezeichnet. Auf die Verarbeitung des Holzes zu Schießpulver geht der Name Pulverholz zurück. 3–7 m, waagerecht abstehende, leicht zerbrechliche Äste, ganzrandige, dunkelgrüne Blätter. Der Absud aus der Rinde wird in der Hausmedizin gegen Leber- und Gallenleiden, Wassersucht und Bleichsucht angewendet, die Rinde als Hauptbestandteil von Blutreinigungs- und Entfettungstee. – *R. saxatilis,* Felsen-Kreuzdorn. ○–◐ ♄ IV–V ⌇ △. In Süd- und Osteuropa heimisch, wird kaum meterhoch, sparrig abstehende, dornige Äste und kleine, elliptische Blätter. Braucht unbedingt kalkhaltigen Boden, ist aber sonst anspruchslos. – ANSPRÜCHE. Anspruchslos, wachsen in fast jedem Boden, halten auch Trockenheit aus. Wertvoll als Abdeckungs- oder Pioniergehölz und für Windschutzpflanzen. – VERMEHRUNG. Aussaat ist üblich. Die Früchte werden nach der Reife vom Fruchtfleisch gereinigt, in Sand → stratifiziert und im Frühjahr ausgesät. Stecklinge und Veredlungen sind möglich, aber kaum gebräuchlich.
Federborstengras, *Pennisetum.* Gräser, *Gramineae.* Dekorative Gräser mit schönen, zylinderputzerähnlichen Ähren, die reich und lange blühen. Etwa 50 Arten in Japan, China, Australien, Afrika und Südamerika. EINJÄHRIGE.

○ ⊙ ⌇. Bei uns 2 einjährige Ziergräser von Bedeutung. Das in Äthiopien heimische *P. villosum* wird bei uns etwa 60 cm hoch. Ähren lang, wollig, walzen- bis eiförmig mit weißen, in der Jugend nach der Spitze zu rosaroten Borsten. Wertvoll als Trockengras, aber auch als Gruppenpflanze für Rabatten. Blüte etwa VIII–Frost. – Durch die intensiver rotfarbenen Borsten noch wertvoller ist *P. secatum* (*P. rueppellii*), es wird bis zu 120 cm hoch und blüht wie *P. villosum* VIII bis Frost. – Beide Arten sollten III–IV unter Glas ausgesät, später möglichst pikiert und ab Mitte V an einen sonnigen Standort und in nicht zu schwere Böden verpflanzt werden. In Trockenzeiten reichlich wässern.
AUSDAUERNDE. ○–◐ ♃ ⌇ ⌢. *P. alopecuroides* (*P. compressum*), beheimatet in Australien. Erdstamm verholzend, Blätter lang, lineal zusammengedrückt, graugrün, Blütenstände walzenförmig, wollig behaart, silbergrau. VIII–XI, 75 cm. 'Hameln', eine Verbesserung mit gedrungenerem Wuchs, reicher und früher blühend. VII–XI, 50–60 cm. – *P. japonicum,* Japan, China. Ähnlich *P. compressum,* nur etwas höher und mit einem weißen Haarschwanz an den Blütenständen. VII–IX, 80–100 cm. – Verwendung im Stauden- und Heidegarten, schön bei freiem Stand. Die Halme, kurz nach dem Aufblühen geschnitten, geben dekorative Schnittstiele. Boden durchlässig, nicht naß. Vermehrung durch Teilung und Aussaat.
Federbuschcelosie → Hahnenkamm.
Federgras → Pfriemengras.
Federkohl → Grünkohl.
Federmohn, *Macleaya.* Mohngewächse, *Papaveraceae.* ○–◐ ♃. Sehr hohe Stauden mit unterirdischen Ausläufern, die sich stark ausbreiten. Dekorative Blätter, die ganze Pflanze führt einen gelblichbraunen Milchsaft. Blüten klein in großen, lockeren Rispen.

Federborstengr., *P. alopecur.* 'Hameln'. (Seidl)

Federmohn, *Macleaya microcarpa.* (Herbel)

Nur 2 Arten in China und Japan. – *M. cordata* (*Bocconia c.*), China, Japan. Triebe und Blätter blaugrün bereift. Blätter fiederlappig, unterseits bräunlich. Blüten mit weißen, bald abfallenden Kelchblättern, ohne Kronblätter, mit reinweißen Staubbeuteln. 'Korallenfeder', Blüten kupferrosa. VII–VIII, 2–3 m; *M. c.* var. *yedoensis* ist noch kräftiger im Wuchs. Blätter weniger eingeschnitten, blaubereift mit weißfilziger Unterseite, Blütenrispen braun. VII–VIII, 3 m. – Verwendung als dekorative Staude zum Abdecken unschöner Mauern oder Stellen, in Staudenpflanzungen oder als Einzelpflanzen im Rasen. Boden möglichst locker und nahrhaft. Vermehrung durch Teilung im Frühjahr oder durch Abnehmen der Ausläufer im Sommer.
Federn, wertvoller, früher allgemein geschätzter Dünger- bzw. Kompostrohstoff. Inhaltsstoffe ähnlich wie Hornabfälle → Hornmehl, → Hornspäne, jedoch reicher an Kieselsäure. Allein schwer zersetzlich, mit anderen Stoffen kompostierfähig.
Federspargel → Zierspargel.
Feige, *Ficus carica.* Maulbeerbaumgewächse, *Moraceae.* Gehört zu den am frühesten angebauten Obstarten im Mittelmeerraum. Die Gattung *Ficus* umfaßt über 60 Arten an Bäumen und Sträuchern. *Ficus carica* ist in unserem Klima Strauch oder kleiner Baum, mit tief eingeschnittenen Blättern. In Deutschland, Österreich, Schweiz an Haussüdwand anbaumöglich. Verträgt während der Vegetationsruhe höchstens −18°C. Blüte unscheinbar. Früchte brauchen im gemäßigten Klima 2 Vegetationsjahre bis zur Reife. Jungfrüchte in Haselnußgröße überwintern auf den Zweigen. Reife Frucht ab VII–VIII, birnförmig, etwa 8 bis 10 cm hoch, gelb- bis violettfarbig, weich. Rohgenuß, Trocknen, Pressen, Kompott. Verdauungsfördernd. Anbau als Einzelstrauch an geschützten

Feige, *Ficus carica.* (Dr. Jesse)

Standorten. In kälteren Gebieten Winterschutz durch Stroh- oder Schilfmatten. – Vermehrung durch Stecklinge, Anhäufeln oder Steckholz.

Feigenkaktus → Kakteen 3.

Feingemüse, im Gegensatz zu Grob- und Lagergemüse rasch verderbliche, an das Kultivieren höhere Ansprüche stellende Gemüsearten wie Kopfsalat, Feldsalat, Blumenkohl, Spargelkohl, Gurke, Tomate, Gemüsepaprika, Spargel.

Feinplanum → Rasenneuanlage.

Feinschwingel → Schattenrasen.

Feinstrahl, Berufkraut, *Erigeron.* Korbblütler, *Compositae.* ○ ♃ △ ⚔. Ähnlich den Staudenastern, jedoch lockerer verzweigt. Die größte Bedeutung haben die Hybriden, welche neben der Sommerblüte oft noch eine zweite gute Blüte im Spätsommer bringen, vor allem wenn die ersten Blütenstiele nach dem Abblühen entfernt werden. Einige niedrige Arten sind interessant für den Steingarten, sie haben nur eine Blüte je Stengel. Etwa 200 Arten in allen Erdteilen, außer Afrika. *E. aurantiacus,* Turkestan. Blätter länglich, sie sind wie die ganze Pflanze samtig behaart. Stengel beblättert, aufrecht, Blütenköpfe mit orangeroten Strahlen- und gelben Scheibenblüten. VII–VIII, 20 bis 25 cm. – *E. compositus,* westliches Nordamerika. Hübsche niedrige Art mit dreizählig geteilten, feinen blaugrünen Blättern. Blütenstengel mit schmalen Blättchen, Blütenköpfe etwa 2,5 cm groß, mit lilarosa oder weißen Strahlenblüten und gelber Mitte. VI–VII, 10 cm. – *E. Hybriden.* Aus Kreuzungen verschiedener Arten hervorgegangen, höher im Wuchs und lange blühend. Wichtigste Sorten: 'Adria', leuchtend dunkelblau, halbgefüllt, mittelfrüh, 70 cm; 'Blaue Grotte', feinstrahlig, dunkelviolettblau, mittel, 60 cm; 'Dunkelste Aller', dunkelviolettblau, mittel, 60 cm; 'Foersters Liebling', halbgefüllt, karminrosa, 60 cm; 'Rosa Triumph', dunkelrosa, straffe Stiele, mittel, 60 cm; 'Rote Schönheit', karminrosa, mittel, 60 cm: 'Schloß Hellenstein', dunkelste Sorte, standfest, leuchtend dunkelviolett, mittel, 70 cm; 'Sommerneuschnee', feinstrahlig, weiß, spät, 70 cm; 'Strahlenmeer', auffallend feinstrahlig, hellviolett, spät, 70 cm; 'Violetta', violett, spät, 70 cm; 'Wuppertal', gute, standfeste Sorte, dunkellila, mittel, 60 cm. VI–VII und VIII–IX. – Verwendung der Wildarten im Steingarten, die Hybriden sind wertvolle Schmuckstauden, auch zum Schnitt. Die Blumen müssen voll erblüht sein, Knospen öffnen sich nicht. Boden: Nahrhafter, tiefgründiger lokkerer Gartenboden. Vermehrung durch Teilung und Sommerstecklinge, die Wildarten am einfachsten durch Aussaat im Frühjahr.

Felberich, *Lysimachia.* Primelgewächse, *Primulaceae.* ○–◐ ♃. Kriechende oder aufrechte Stauden, meist an feuchten Standorten. Etwa 110 Arten in den gemäßigten und subtropischen Zonen der nördlichen Halbkugel. Die winterharten Arten blühen oftmals lange, die gelbblühenden sind in Europa, die weißblühenden in Asien zu Hause. – *L. clethroides,* Schneefelberich. Japan, Korea, China. Aufrechtwachsend, Blätter lanzettlich, wechselständig, leicht behaart. Blütenstände dicht, an der Spitze herabgebogen, weiß. VI–VII, 60–80 cm. – *L. nemorum.* ⚔. Südliches West- und Mitteleuropa. Niederliegende, an den Knoten wurzelnde, am Ende aufstrebende Stengel, 10–30 cm lang. Blätter rundlich, kreuzgegenständig. Blüten einzeln an fadenförmigen Stielen in den Blattachseln, gelb. V–VII, 5–10 cm. – *L. nummularia,* Pfennigkraut. ⚔. Europa, Mittelrußland. Kriechende, wenig verzweigte, bis 50 cm lange Stengel, an den Knoten Wurzeln bildend. Blätter rundlich, kurz gestielt, kreuz-gegenständig. Blüten einzeln in Blattachseln, gestielt,

Feinstrahl, *E-Hybr.* 'Wuppertal'. (Seidl)

Punktfelberich, *L. punctata.* (Drave)

sattgelb, innen rötlich punktiert. – 'Aurea', mit gelbgrünen Blättern und gelben Blüten, die aber bei der Laubfarbe weniger ins Auge fallen. Schön für die Erzielung gelber Laubteppiche. V–VII, 5 cm. – *L. punctata,* Goldfelberich. ⚔. Österreich bis Kaukasus und Kleinasien. Wurzelstock mit unterirdischen Ausläufern. Stengel aufrecht, kantig, wenig verzweigt. Blätter spitzeiförmig in Quirlen, ganze Pflanze schwach behaart. Blüten bis zu 4 in den Blattachseln, zitronengelb. Langblühende, robuste Art. VI–VIII, 80 cm. – *L. thyrsiflora,* Strauß-Goldfelberich. ⚔. Nördliche gemäßigte Zone. Wurzelstock mit unterirdischen Ausläufern. Stengel nicht verzweigt, innen hohl. Blätter lanzettlich, kreuz-gegenständig, halb stengelumfassend, unterseits etwas behaart. Blüten in dichten, langgestreckten, in den Blattachseln stehenden Trauben, goldgelb. V–VII, 30–50 cm. – Verwendung der niedrigen, kriechenden Arten als Bodendekker, der hohen an Teich- und Wasserrändern und im Staudenbeet. Boden frischfeucht, für die hohen Arten auch sumpfig, aber auch im normalen Gartenboden gut wachsend, wenn gelegentlich gewässert wird. Vermehrung durch Teilung, Triebstecklinge und Aussaat.

Feldähre → Federborstengras.

Feldmaus → Kleine Wühlmäuse.

Feldsalat, Ackersalat, Rapünzchen, schweiz. Nüsslisalat, *Valerianella locusta.* Baldriangewächse, *Valerianaceae.* Einheimische Wildpflanze, erst ab spätem Mittelalter in Kultur genommen. Ausgesprochene Langtagpflanze, schießt ab Anfang V auf. Anbau deshalb nur im Herbst und frühen Frühjahr möglich. Aussaat meist Mitte VIII– Anfang IX, breitwürfig oder in Reihen mit 15 cm Abstand. Saat nicht zu dicht, sonst bleiben Pflanzen zu klein. Ernte ab Mitte X bis Schneefall, nach milden Wintern auch noch im

Feldspat

Feldsalat, im Oktober in Oberbayern, aus Julisaat im Folientunnel. (Karl-Heinz Mücke, ‚Der Garten drinnen und draußen')

Frühjahr möglich. Interessant für Kultur im Frühbeet: es kann den ganzen Winter über geerntet werden. Für Frühjahrskultur sofort nach Schneeschmelze säen. Verwendung: Die mit dem Messer abgeschnittenen, unzerteilten Pflänzchen ergeben einen delikaten, vitaminreichen Salat.

Feldspat, als Kali-, Natrium- oder Kalkfeldspat neben → Quarz wichtigster Bestandteil bodenbildender Gesteine. Im Mineralgerüst von Tonböden bis zu 30% F.anteil, von Sandböden weniger. Kalifeldspat verwittert leicht und gibt jährlich bis 50 g/qm Kali als K_2O an die Bodenlösung ab. In Gärten auf Tonböden ist mit dieser Kaliquelle zu rechnen. → Kalium.

Felicia → Kapaster.

Felsenbirne, *Amelanchier.* Rosengewächse, *Rosaceae.* Die F.n sind sommergrüne, niedrige bis hohe Sträucher, etwa 25 Arten in der nördlich gemäßigten Zone. – *A. confusa (A. canadesis).* ○ ♄–♄ V. Die kanadische F. ist ein 6 m hoher Strauch mit anfangs behaarten, später kahlen, rotbraunen Zweigen und eiförmigen Blättern, im Herbst orange bis scharlachrot. Weiße Blüten in hängenden Trauben, sehr auffallend, da sie vor den Blättern erscheinen. – *A.* × *grandiflora.* ○ ♄–♄ IV–V. Eine Kreuzung *A. confusa* × *A. laevis,* ebenso schön wie ihre Eltern. Wird bis 9 m hoch, mit im Austrieb rötlichen Blättern und ziemlich großen Blüten, die in zottig behaarten Trauben stehen. – *A. laevis.* ○ ♄–♄ IV–V. Wird in ihrer Heimat, dem östlichen Nordamerika, bis 12 m, bei uns nur 5 m hoch. Die Äste stehen waagerecht ab, mit leicht überhängenden Zweigspitzen und elliptischen Blättern. Diese sind im Austrieb rötlich, vergrünen später und werden im Herbst prächtig scharlachrot. Die weißen Blüten erscheinen vor den Blättern, sind sehr groß und hängen in Trauben herunter. Diese F. zählt zu den wertvollsten Blütengehölzen, ist anspruchslos und sollte viel mehr verwendet werden. – *A. ovalis.* ○ ♄ IV–V. Schneemispel. Unsere heimische F. ist nicht so schön wie die vorherigen, 2 m hoher, straff aufrechter Strauch mit eiförmigen Blättern, weißen Blüten und orangeroter Herbstfärbung. – ANSPRÜCHE. In bezug auf den Boden sehr anspruchslos, im allgemeinen trockene und sonnige Standorte. Für Einzelstellung oder als Rahmenpflanzung verwendbar; heben sich besonders von dunklem Hintergrund, wie Nadelhölzern, vorteilhaft ab. – VERMEHRUNG. Nach Möglichkeit soll die F. wurzelecht herangezogen werden, also durch Aussaat, Stecklinge oder Wurzelausläufer. Die Kreuzungen müssen veredelt werden, gebräuchlich ist Okulation im Sommer auf Unterlagen vom Weißdorn.

Felsenkaktus → Kakteen 9.

Felsenkirsche, Stein- oder Weichselkirsche, Weichselrohr, *Prunus mahaleb.* Rosengewächse, *Rosaceae.* ○–◐ ♄–♄ IV Bie. Europa bis Kleinasien, an sonnigen felsigen Abhängen. 8–10 m hoher Baum oder Strauch mit sparrigen, leicht überhängenden Zweigen und fast kreisrunden Blättern. Weiße Blüten zu mehreren in traubigen Blütenständen. Die Kirschen sind erbsengroß, dunkelrot bis schwarz, saftarm und bitter. Wird viel als Unterlage für die Kulturkirsche verwendet. Das Holz ist grobfasrig, sehr schwer und wohlriechend. Es nimmt eine schöne Politur an, wird zu feinen Drechsler- und Tischlerarbeiten gebraucht. – Verlangt leichten, kalkhaltigen Boden in trockenen und auch felsigen Lagen. Außer als Unterlage zur Bepflanzung von Ödland, Windschutzstreifen und als Heckenstrauch geeignet. – Vermehrung am besten durch Aussaat. Früchte rechtzeitig ernten, da sie gern von Vögeln gefressen werden.

Felsenkreuzdorn = *Rhamnus saxatilis* → Faulbaum.

Felsenteller, *Ramonda.* Gesneriengewächse, *Gesneriaceae.* ◐–● ♃ △ i Lie. Eine der wenigen in Europa beheimateten Gesneriengewächse, die den Usambaraveilchen ähnlich sind. Nur 3 Arten, davon eine in den Pyrenäen, die andern auf dem Balkan heimisch. – *R. myconi (R. pyrenaica),* Pyrenäen. Blätter zahlreich, elliptisch oder eiförmig.

Felsenbirne, *Amelanchier confusa* syn. *A. canadensis.* (Seidl)

Knollenfenchel 'Zefa Fino'. (Hild)

Eine 15–20 cm breite, dicht auf dem Boden (meist Fels) aufliegende Rosette bildend, daher Felsenteller. Blätter auf der Oberseite runzlig, matt dunkelgrün, unterseits mit langzottigem Haarfilz. Blütenschäfte aufrecht, mit 2–3 Blüten, fünfteilig, violettblau mit hellgelben Staubbeuteln. V–VII, 10 cm. – *R. nathaliae*, Zentralmazedonien. Rosetten bis 15 cm breit. Blätter eiförmig, kurz gestielt, dunkelgrün, glänzend, runzlig. Unterseite braunwollig behaart. Blüten flach, vierzählig, lavendelblau mit orangegelbem Ring, etwa 3 Wochen vor *R. myconi* blühend. V. 10 cm. – *R. × regis-ferdinandi (R. myconi × R. nathaliae)*. Schöne Gartenhybride mit bis 25 cm breiten Blattrosetten, freudig wachsend, Blütenstengel mit 2–5 Blüten, fünfteilig, violettblau, Mitte orange. V–VI, 15 cm. – Verwendung in absonnigen Felsspalten im Alpinum und in Trockenmauern, ebenso in Troggärten. Boden torfig-humos mit Lehm, kalkliebend. Vermehrung durch Aussaat, Teilung und Blattstecklinge im Frühjahr. Bei den Hybriden nur durch Teilung und Blattstecklinge möglich.

Felsnelke, *Tunica*. Nelkengewächse, *Caryophyllaceae*. ○ ♃ △. Von der etwa 30 Arten, vorwiegend im östlichen Mittelmeerraum zu Hause, wird nur eine Art mit ihren Formen bei uns kultiviert. *T. saxifraga* (neuerdings *Kohlrauschia s.*), Südeuropa, Kleinasien, Persien, Kaukasusländer. Wuchs locker bis rasenartig mit aufstrebenden, dünnen Blütenstengeln. Blätter schmallinealisch, grün. Stengel gabelig-rispig verzweigt, mit kleinen, einfachen, zartrosa bis weißen, nelkenähnlichen Blüten. 'Alba', weiß; 'Alba Plena', weiß gefüllt; 'Rosette', dunkelrosa, schön gefüllt und stärker wachsend. VI–IX, 20–30 cm. Verwendung in Trockenmauern, Stein- und Heidegarten. Wertvoll als spät- und langblühende Kleinstaude. Boden sandig-durchlässig. Vermehrung durch Aussaat, Sorten durch Teilung und Stecklinge.

Fenchel, *Foeniculum*.

KNOLLENFENCHEL, Finocchi, *Foeniculum vulgare* var. *azoricum*. Stammt aus dem Mittelmeergebiet und ist dort seit langem eine beliebte Gemüseart. Nördlich der Alpen erst seit wenigen Jahren von zunehmender Bedeutung. Gegessen werden die zu einer faustgroßen Knolle zusammengeschlossenen, verdickten Blattscheiden. – Anbau: Man unterscheidet zwei Typen: Herbstfenchel, die bei früher Aussaat aufschießen und deshalb erst ab Ende VI gesät werden können; Sommerfenchel oder Ganzjahresfenchel, die auch bei früher Saat vor dem Schießen genügend große Knollen ausbilden. Herbstfenchel wird Ende VI in Reihen mit 30–40 cm Abstand ausgesät und später auf 25 cm verzogen; auch Anbau über Setzlinge geht gut. Kultur hacken, unkrautfrei halten und bei trockenem Wetter gießen. Ernte der Knollen ab Anfang X, vor Frosteintritt; allenfalls auch ausgraben und nach Abschneiden des Krautes in den Einschlag nehmen; dort ca. 3 Wochen haltbar. Sommerfenchel kann sofort nach Frostende gesät werden, für frühe Kulturen ist Anbau über Setzlinge vorteilhafter. Ernte bei Frühkulturen ab Anfang VII. – Verwendung: Die Knollen werden ganz oder halbiert weichgekocht, auch gratiniert, und ergeben ein schmackhaftes Gemüse mit typischem anisartigem Aroma; roh und fein geschnitten ergibt Fenchel einen sehr bekömmlichen Salat.

GEWÜRZFENCHEL, süßer Fenchel, *Foeniculum vulgare* var. *dulce*. Stammt aus dem Mittelmeergebiet und wird seit dem frühesten Mittelalter auch nördlich der Alpen als Heilpflanze angebaut. Bei früher Aussaat einjährige Kultur; im Anbau meistens zweijährig: Aussaat im V, im Spätherbst Kraut abschneiden und Wurzeln im Einschlag überwintern; auspflanzen im IV–V. Samenernte ab IX; reife Dolden ernten und an schattigem Ort gut trocknen, anschließend dreschen. – Verwendung: Die Samen, ein Teelöffel auf eine Tasse, ergeben einen krampflösenden, beruhigenden Tee, geeignet vor allem für Kleinkinder.

Fensterblatt, *Monstera*. Aronstabgewächse, *Araceae*. ◐ ♄ ⚥ ⬚. Kletterpflanzen mit in der Jugend ganzteiligen, später durchlöcherten oder geteilten Blätter, ca. 25 Arten im tropischen Amerika. – *M. deliciosa (Philodendron pertusum)*. Bekannte Zimmerpflanze.

Fensterblatt, *M. delic.* 'Borsigiana'. (Seidl)

Kletternd, mit zahlreichen Luftwurzeln. Blätter in der Jugend herzförmig, später zunehmend durchlöchert und sogar geteilt. Blattgrößen bis 80 cm sind im Zimmer möglich. Kleinere Blätter bringt die stärker kletternde Varietät *borsigiana*. – Harte Zimmerpflanze, verträgt Temperaturen zwischen 5 und 25 °C, dabei auch schattige Aufstellung. Alte Pflanzen bringen auch Blüten, die bis 20 cm lang sind. – Vermehrung am besten beim Verjüngen oder Verkleinern von alten Pflanzen durch Köpfen. Einige Luftwurzeln werden mit in das durchlässige Substrat eingelegt. Beste Zeit für diese Arbeit ist das Frühjahr, damit die Pflanze dann den ganzen Sommer zum Wachsen hat. Gärtnerisch wird das F. durch Stammstücke, die Augen besitzen, und durch Aussaat vermehrt. Beide Vermehrungsarten sind nur dem gut ausgerüsteten Liebhaber möglich.

Fensterbrett. Durch die moderne Bauweise der Verbundfenster nimmt das F. immer mehr an Bedeutung ab. Auf ihm können die Standardzimmerpflanzen kultiviert werden, es empfiehlt sich, für Schattierungsmöglichkeit und wannenähnliche Untersätze zu sorgen. Spezielle Verwendung kann das F. beim Sukkulentenliebhaber bekommen, er kann auf kleinstem Raum verschiedene kleine Arten, z. B. Lebender Stein, Zwergkakteen *(Rebutien, Mediolobivien, Aylostera)* unterbringen.

Fertigrasen, auf einem Kulturplatz, einer Rasenschule, mindestens 12 Monate vorkultivierte Rasenfläche, die maschinell abgeschält, mit Wurzeln und Erdreich, 2,5–3 cm stark, zu Bändern (30 cm breit und 1,67 m lang) gerollt, als Rollrasen zur Einbaustelle transportiert wird. Für Park-, Böschungs- und Sportrasenzwecke wird F. produziert. F. kann von Anlernlingen und Laien verlegt werden. Verlegter F. braucht in den ersten 4 Tagen reichlich Bewässerung. Verlegen von F. in

Fetthenne, *Sedum floriferum* 'Weihenstephaner Gold'. (Seidl)

Hausgärten statt Einsaat nur wenn ganz rasche Dauerbegrünung verlangt wird. Boden wie bei Einsaat vorbereiten.

Festuca → Rasengräser.
Festuca, Staude → Schwingel.
Fetrilon, Präparat mit Eisen in org. Bindung (→ Chelate), gegen Eisenchlorose in Konzentrationen von 0,1–1% spritzen, je nach Empfindlichkeit der Kultur bzw. Pflanze, nach Gebrauchsanweisung. → Chlorose, → Eisen.
Fetthenne, *Sedum*. Dickblattgewächse, *Crassulaceae*. ♃ Bie. Sukkulente, d.h. dickblättrige Pflanzen, die meisten polsterbildend, mit fünfzähligen Blüten (gelb, weiß, rosa oder rot). Etwa 500 Arten, fast alle in den gemäßigten und kalten Zonen der nördlichen Halbkugel. Einige Arten aus wärmeren Gegenden, vorwiegend Mexiko, sind unverwüstliche Zimmerpflanzen, aber nicht winterhart. In der Benennung gehören sie zu den schwierigsten Gattungen im Staudenbereich, daher werden sie in Katalogen oft unter falschen Namen oder Synonymen geführt.

NIEDRIGE, TEPPICH- UND POLSTERBILDENDE ARTEN. *S. acre*, Scharfer Mauerpfeffer. ○ △ ⌇ i. Europa, Nordafrika, Nord- und Mittelasien. Pflanzen teilweise unterirdisch kriechend. Stengel dicht beblättert, Blätter eiförmig, klein, dick, scharf schmeckend, Blüten gelb. VI–VII, 5–10 cm. – *S. album*, weißer Mauerpfeffer. ○ △ ⌇ i. Europa, Nordafrika, Westasien. Auf ihr leben die Raupen des Apollofalters. Triebe niederliegend, am Ende aufgerichtet. Blätter walzenförmig, grün, dick. Blüten in locker verzweigten Blütenrispen, weiß, 15 cm. Die reine Art ist kaum in Kultur; bedingt durch die variable Blattfarbe sind viele Sorten im Handel. 'Coral Carpet', hübsche Teppiche, Blätter grün bis rot, im Winter und an sonnigen, hungrigen Stellen leuchtend braunrot, Blüten weiß, 10 cm; 'Laconicum', Blätter größer und dicker, saftiggrün, Blüten weiß, 12 cm; 'Micranthum Chloroticum', kleinblättrige Polster, Blättchen hellgrün, Blüten gelblichweiß, 8 cm; 'Murale', wie die Art, aber mit braunroten Blättern und weißlichrosa Blüten, 12 cm. Alle VI–VII. – *S. anacampseros*, Walzen-Sedum. ○–◐ ⌇ i. Pyrenäen, Südalpen, Apennin. Triebe lang, walzenförmig, ältere nur an der Spitze beblättert, aber dichte Teppiche bildend. Blätter breit-herzförmig, blaugrau, Blüten purpurrot. VII–VIII, 15 cm. – *S. cauticola*. ○ △. Südküste der nordjapanischen Insel Hokkaido. Ähnlich *S. sieboldii*. Sprosse niederliegend mit etwas größeren, dicken, blaugrau bereiften Blättern mit rotem Rand. Blüten karminrot, etwa 3 Wochen vor *S. sieboldii* blühend, 10 cm. 'Robustum', im Wuchs, Blätter und Blüten größer, Blätter blaugrün, Blüten leuchtendrot, VIII–IX, 25 cm. – *S. dasyphyllum*. ○ △ ⌇ i. Europa, Nordafrika. Ganze Pflanze blaugrün bereift. Triebe niederliegend, Blättchen dick bis halbkugelig, kreuzgegenständig. Blüten groß, zartrosa bis weiß. VI–VII, 5–10 cm. – *S. d.* var. *suendermannii*. Spanien. Dicht behaart, blüht etwa 6 Wochen später, 5–10 cm. – *S. ewersii*. ○ △. West-Himalaja, Afghanistan, Mongolei. Rotbraune, niederliegende, aufstrebende Triebe mit breit-herzförmigen, gegenständigen, blaugrünen Blättchen, oft rötlich gesäumt. Ab Spätsommer einziehend, nicht wintergrün. Halbkugeliger Blütenstand, rosa. 10 cm. – *S. e.* var. *homophyllum*. Ganze Pflanze und Blätter kleiner, nur 5 cm hoch. 'Turkestanikum', eine Auslese mit dunkelrosa Blüten, 10 cm, VII–VIII. – *S. floriferum*. ○–◐ △ ⌇. Nordostchina. Rötliche, niederliegende Triebe, oben verzweigt. Blätter spatelig bis lanzettlich, an der Spitze

Fetthenne, *Sedum rubro-tinctum*. (Herbel)

Fetthenne, *S. spect.* 'Rosenteller'. (Seidl)

etwas gekerbt. Blüten grünlichgelb, reichblühend, 10 cm. 'Weihenstephaner Gold', Blüten goldgelb, Blätter mit schöner Herbstfärbung vor dem Absterben, 20 cm. Alle VII–VIII. – *S. forsterianum* (*S. rupestre* var. *f.*). ○ △. Triebe aufrecht, dicht beblättert, besonders an der Spitze. Blätter linealisch, rund, dick, schön blaugrau. Blüten gelb, VI–VIII, 20 cm. – *S. hybridum*, Mongolen-Sedum. ○–◐ △ ⌇ i. Sibirien, Turkestan, Mongolei. Dichte Polster, Triebe niederliegend und aufsteigend, rötlichbraun. Blätter frischgrün, im Winter rötlich, lanzettlich, an der Spitze abgerundet und gezähnt. Blüten gelb, bei Blühbeginn wenig-, später reichblühend. 'Immergrünchen', auch im Winter grünbleibend, gelb. VI bis VIII, 15 cm. – *S. kamtschaticum* (*S. aizoon* var. *k.*, *S. ellacombianum*). ○–◐ △. Nordchina, Korea, Japan, Kamtschatka, Sibirien. Triebe fast aufrecht. Blätter länglich bis spatelförmig, im oberen Drittel gezähnelt, glänzend, dunkelgrün. Blüten gelb, im Verblühen braunrot. 15 cm. 'Variegatum', sehr schön, mit gelblichweiß gesäumten bis gelblichen Blättern. Knospen rosa, Blüten gelb, 15 cm, VIII–IX. – *S. lydium*. ○ △ ⌇ i. Kleinasien, Mazedonien. Kurze, aufrechte Triebe mit kriechenden Stämmchen. Blätter linealisch, kurz, bronzegrün. Blüten weiß mit purpurnen Staubbeuteln, daher rosa wirkend. VI–VII, 5 cm. – *S. middendorffianum* (*S. aizoon* ssp. *m.*). ○–◐ △ ⌇. Mongolei, Nordostchina, Korea. Ähnlich *S. kamtschaticum*, aber Blätter schmallinealisch, im oberen Teil gezähnt, frischgrün, Blüten gelb. 'Diffusum' hat noch schmalere Blätter, gelbblühend. VII–VIII, 20 cm. – *S. nevii* (*S. beyrichianum*). ◐ △ ⌇. Östliches Nordamerika. Hübsche Art mit niederliegenden, an der Spitze aufstrebenden, rosettig beblätterten Trieben. Blätter spatelförmig, ganzrandig, bläulichgrün, weißblühend. VI, 5 cm. – *S.*

Fetthenne

Fetthenne, *S. refl.* 'Tripmadam'. (Jesse)

ochroleucum (S. anopetalum). ○ △. Triebe und Blätter ähnlich *S. reflexum*, blaugrün, schwächer im Wuchs, Blüte zitronengelb. VI–VII, 15 cm. – *S. reflexum (S. rupestre ssp. r.)*, Tripmadam. ○ △ i. West-, Nord- und Mitteleuropa. Wurzelnde, niederliegende, aufsteigende Triebe, reich beblättert. Im Gegensatz zu *S. forsterianum*, das oben stumpf abgeflacht ist, sind hier die Triebe spitz zulaufend. Blätter stielrund, linealisch, graugrün, Blüten an locker beblätterten Stengeln, leuchtend gelb. 25 cm. 'Chamaeleon' hat bunte Blätter von Grün nach Gelb bis Lachsrosa wechselnd. 'Elegant', Blautannen-Sedum, wie ein Blautannentrieb, feinblättriger, zierlicher, hechtblaue Polster bildend, gelbblühend. VII–VIII, 20 cm. – *S. sempervivoides*. ○ ☉ △ i. Kaukasus. Ähnlich einer Hauswurz, mit breiten, fleischigen, graupurpurnen Blättern in einer Rosette. Nach der Blüte im zweiten Jahr stirbt die Pflanze ab, läßt sich aber wieder leicht aussäen. Blüten in halbkugeliger Doldentraube, scharlachrot. VII–VIII, 15 cm. – *S. sieboldii*. ○ △ ▽ ⌒. Japan. Wurzelstock rübchenartig, Triebe fast von einem Punkt ausgehend, elegant nach allen Seiten überhängend. Blätter in Quirlen, meist zu dritt, rundlich bis spatelförmig, blaugrau mit rotem Rand. Blüten an der Spitze in Trugdolde, rosa, IX–X, 20 cm. 'Medovariegatum' hat auf jedem Blatt einen großen gelben Mittelfleck, nicht winterhart, aber schön für Töpfe. 20 cm. – *S. spathulifolium*. ○ △ ⁓ i. Westliches Nordamerika. Kriechende Triebe, dichte Rasen bildend. Blättchen breit spatelförmig, fleischig, in kleinen Rosetten, graugrün. Blüten in flachen Trugdolden, gelb. 'Capa Blanca', Blattrosetten silberweiß bemehlt; 'Purpureum', junge Blättchen weiß bemehlt, ältere rötlichpurpur, im Winter leuchtend purpurrot, alle mit gelben Blüten. VI–VII, 10 cm. – *S. spurium*, Teppichsedum. ○–◐ △ ⁓ i. Kaukasus. Kriechende, wurzelnde Triebe, Blätter verkehrt-eiförmig, oben am Rand gekerbt-gezähnt, fast eine Rosette bildend. Blüten in flacher Trugdolde über dem Blätterteppich, rosa. 'Album Superbum', beste für immergrüne Teppiche, selten blühend, weiß; 'Purpurteppich', Laub schön braunrot, Blüte dunkelpurpur; 'Fuldaglut' und 'Erdblut' haben ganz dunkelrote Blätter und Blüten; sie werden mit der Zeit 'Purpurteppich' ersetzen; 'Schorbuser Blut', Laub rötlichgrün, Blüten dunkel karminrot. Alle VI–VIII, 15 cm. – *S. tatarinowii*. ○ △. Nordchina, Mongolei. Wurzel rübenartig. Triebe wie bei *S. sieboldii* aus einem Zentrum nach allen Seiten elegant überhängend. Blätter breit-lanzettlich, an den Rändern grob gezähnt, blaugrün, Blüten endständig, rosa. VII–IX, 15 cm. – Verwendung der niedrigen Arten und Sorten: Steingarten, Trockenmauer, Staudenbeeet, als Einfassung, für Grabbepflanzung, als Bodendecker und Rasenersatz. Boden: Jeder normale, auch trockene bis dürre Gartenboden. Vermehrung bei allen durch Trieb- und Blattstecklinge oder Teilung.

HALBHOHE BIS HOHE ARTEN. *S. aizoon (S. maximowiczii)*, Großes Goldsedum. ○ △. China, Japan, Mongolei, Sibirien. Aufrechte, unverzweigte Triebe. Blätter breitoval bis lanzettlich, stark gezähnt. Blüten endständig in lockerer Doldentraube, gelb bis orange. VII, 40 cm. – *S. alboroseum (S. japonicum)*. ○–◐ △. Ostasien. Dicke, möhrenartige Wurzeln, Triebe unverzweigt, aufrecht, rund. Blätter gegenständig, graugrün, oval, stumpf gezähnelt. Blüten in Trugdolden, grünlichweiß. 'Mediovariegatum', hübsche Blattpflanze. Blätter in der Mitte gelblichweiß, Rand grün. VI, 40 cm. – *S. kirilowii*. ○–◐ △ Lie. Westchina, Südosttibet. Rübenartiger Erdstamm.

Fetthenne, *S. teleph.* 'Herbstfreude'. (Herb.)

Fetthenne, *S. spur.* 'Schorbuser Blut'. (Jesse)

Aufrechte, unverzweigte Triebe, ringsum dicht beblättert, lanzettlich bis linealisch. Blüten in endständigen Trugdolden, grünlichgelb. – *S. k.* var. *rubrum*. Schöner als die Art, mit leuchtend braunroten Blüten. Nach der Blüte ziehen die Pflanzen bald ein. V–VI, 30 cm. – *S. populifolium*. ◐–● ♄ ♃ △ Lie. Sibirien. Aufrechte Stengel, Blätter einer Zitterpappel ähnlich, grob gezähnt, dünn, grün, wechselständig. Blütenstand flach gewölbt, Blüten gelblich oder blaßrosa mit roten Staubbeuteln. Schön in Einzelstellung oder mit anderen sukkulenten Stauden. VI–VII, 30 cm. – *S. roseum (Rhodiola rosea)*, Rosenwurzel. ◐–● △. Zirkumpolar in Europa, Asien und Nordamerika. Wurzeln fleischig verdickt, getrocknet nach Rosen duftend. Vieltriebig, Stengel aufrecht, unverzweigt. Blätter wechselständig, oval bis lanzettlich, oben gezähnt, hellgrau. Blüten in gedrängten Trugdolden, orangegelb bis rot. V–VII, 30 cm. – *S. spectabile*, Fetthenne. ○ △. China, Japan. Robuste Staude mit großen, bläulichweiß bereiften Blättern, oval, buchtig gezähnt, dickfleischig. Blütenstengel kräftig, beblättert, Blüten in flachen Dolden, rosarot. 'Brillant', karminrosa; 'Carmen', dunkel karminrosa; 'Septemberglut', großdoldig, dunkelpurpur; 'Variegatum', Blätter gelbbunt, Blüten hellrosa. Eine der wertvollsten Arten, deren Sorten auch für Balkonkästen und Topfpflanzen geeignet sind. VIII–IX, 30 cm. – *S. telephium (S. maximum)*. ○ △. Europa bis Sibirien. Kräftig wachsend, mit rübenartiger Wurzel und starken Trieben. Blätter blaugrün, je nach den verschiedenen Varietäten lanzettlich bis eiförmig, meist grob gezähnt. Blüten grünlichweiß, rosa oder rot. 30–50 cm. Am wertvollsten ist die Hybride 'Herbstfreude' *(S. spectabile × S. telephium)*, dichte, schön geformte Büsche mit straffen, aufrechten Trieben. Blätter

Feuerbohne

Feuerbohne, *Phaseolus coccineus.* (Herbel)

Feuerbohne als Trockenkochbohne. (Pelzm.)

oval, am Rand leicht gezäht. Blüten in großen, flachen Trugdolden, bräunlichrot. Wie bei *S. spectabile* ein Anziehungspunkt für Schmetterlinge, Bienen u. a. Insekten. IX–X, 40–50 cm. – Verwendung der hohen Arten im Staudenbeet, Stein- und Heidegarten. Boden am besten kräftiger und etwas feuchter als bei den niedrigen Arten. Vermehrung einfach, durch Blatt- und Triebstecklinge, Teilung und Aussaat.
NICHT WINTERHARTE ARTEN. Es gibt viele Arten, die zumeist aus Mexiko stammen, nur wenige können genannt werden. – *S. bellum*. Mexiko. 7–15 cm hoch. Blätter spatelig, flach, mehlig weiß-grau. Blüten weiß, sternförmig. Hübsch im Topf. – *S. lineare*. China, Japan. Niederliegend, am Boden wurzelnd. Blätter linealisch-lanzettlich. Besonders hübsch, auch als Ampelpflanze, die weißgestreifte 'Variegatum'. – *S. pachyphyllum*. Schnapsnase. Mexiko. Aufrechter Kleinstrauch. Blätter bis 4 cm lang, im Querschnitt kreisförmig, fleischig, graugrün bis grün, an der Spitze rot, glänzend (Name!). Ähnlich *S. allantoides*, diese mehr grau. – Die Kultur gleicht der von *Echeveria*.

Feuerbohne, Prunkbohne, *Phaseolus coccineus*. Hülsenfrüchtler, *Leguminosae*. Stammt wie alle Bohnen aus Mittelamerika. Leuchtend rote Blüten, wird deshalb auch als Zierpflanze angebaut. Robuster als Stangenbohne; Hülse etwas derb, behaart, fleischig, mit starkem Aroma. Im Gegensatz zu Stangenbohne Fremdbefruchter. Anbau: Wie Stangenbohne, gedeiht aber auch in rauheren Lagen. Bildet Wurzelknollen aus, diese können wie Dahlienknollen überwintert und wieder ausgepflanzt werden. Verwendung: Wie Stangenbohne, aber weniger beliebt.

Feuerbrand, Bakterienkrankheit des Kernobstes und verwandter Ziergehölze, nicht beim Stein- und Beerenobst. Erkrankte Blüten und Triebe verfärben sich braunrot, später vielfach schwarz, und verwelken. Absterben der Triebe und des ganzen Gehölzes. Der an den erkrankten Pflanzenteilen, besonders bei warmem Wetter, produzierte Bakterienschleim wird von Insekten und Wind auf gesunde Pflanzen übertragen. Abwehr: Keine Pflanzenschutzmittel bekannt. Wichtig ist das Entfernen und Verbrennen der ersten sichtbaren Infektionsstellen. Daher regelmäßige Kontrolle von Blühbeginn bis Ende August. Nicht zu stark befallene Obst- und Ziergehölze lassen sich meist durch rigorosen Rückschnitt bis mindestens 30 cm ins gesunde Holz retten. Weiteres siehe Merkblatt ‚Der Feuerbrand gefährdet Obst- und Ziergehölze' (Pflanzenschutzämter). Die Krankheit ist meldepflichtig.

Feuerdorn, *Pyracantha*. Rosengewächse, *Rosaceae*. 6 Arten von Südeuropa bis Ostchina. Meist immergrüne, dornige Sträucher mit weißen Blüten und schönem Fruchtbehang. – *P. coccinea*. ○–◐ ℏ V i ⊛. Italien bis Westasien. Etwa 3 m, dichter Wuchs und sparrige Äste. Die Blüten ähneln denen des Weißdorns, die Beeren färben sich schon VIII leuchtend rot und haften oft bis in den Winter hinein. Im Handel verschiedene Sorten, die sich in Wuchs und Beeren unterscheiden; folgende sind besonders widerstandsfähig gegen Schorf und Rost: 'Bad Zwischenahn', orangegelbe Früchte und gedrungener Wuchs; 'Orange Charmer', große orangefarbige Früchte mit glänzendem, dunkelgrünem Laub, das auch über Winter erhalten bleibt; 'Orange Glow', bekannte, reichfruchtende Sorte mit korallenroten Früchten; 'Soleil d'Or', flachwachsend, daher auch als Bodendecker für Böschungen oder Verkehrsinseln geeignet, ab VIII leuchtend gelbe Früchte; die neuen, kleinbleibenden Sorten wie 'Teton' und 'Nahova' finden in Trögen und Dachgärten Verwendung. *P. rogersiana*. ○–◐ ℏ VI. ⁀ i. China, bei uns nur in milden Gegenden winterhart. – Ansprüche: Liebt durchlässigen, eher trockenen als feuchten Boden, in sonniger bis halbschattiger Lage. Verwendung als Einzelstrauch, Spalier, undurchdringliche Heckenpflanze. Die Früchte werden sehr gern von Vögeln gefressen; sie sind oft von Schorf befallen, werden dadurch leider unansehnlich. – Vermehrung: Aussaat ist nicht anzuraten, da die Sämlinge in Wuchs und Fruchtbesatz sehr unterschiedlich und meistens faule Fruchtträger sind. Stecklingsvermehrung ist die gebräuchlichste Methode. Nur von Strauch mit gutem Fruchtbehang Stecklinge schneiden.

Feuerdorn, *Pyracantha coccinea*. (Herbel)

Feuersalbei → Salbei.

Fichte, Rottanne, *Picea*. Nadelhölzer, *Pinaceae*. 40, zum Teil sehr ähnliche Arten in der nördlich gemäßigten Zone. Im Unterschied zur Weißtanne oder Edeltanne wird die F. auch Rottanne, fälschlich auch nur Tanne benannt. Wichtige Unterscheidungsmerkmale: Die F. hat hängende Zapfen, die im ganzen abfallen; Nadeln sitzen auf einem Polster, das beim Nadelabfall höckerartig verbleibt, beim Abreißen der Nadeln wird auch das Polster mit der daran haftenden Rinde abgerissen. Bei der Tanne stehen die Zapfen aufrecht, sie zerfallen bei Reife in einzelne Schuppen; Nadeln sitzen auf einem Polster, das sich beim Abreißen oder Abfallen der Nadeln mitlöst, aber ohne die Rinde zu beschädigen. – *P. abies* (*P. exselsa*), gemeine Fichte. ○–◐ ℏ i. In Nord- und Mitteleuropa bis nach Rußland weit verbreitet. Bildet allein oder im Verein mit Kiefern, Buchen, Lärchen ausgedehnte Bestände. Bis 60 m hoch, mit geradem Stamm, regelmäßiger Verzweigung und tellerförmig ausgebreitetem Wurzelsystem, ohne abwärts wachsende Pfahlwurzel. Die F. ist in Wuchs, Nadelfarbe oder -form und Zapfen äußerst vielgestaltig, dadurch vielseitig verwendbar. – 'Acrocona', Seitenzweige mit normalen Triebspitzen, schon im Jugendstadium mit monströsen Zapfen; 'Aurea', 10 m hoch, Nadeln goldgelb; 'Echiniformis', Igelfichte, Zwergform mit kissenförmigem Wuchs; 'Globosa', Kugelfichte, Baum unten mit normalem Wuchs, Gipfel in eine riesige Kugel umgewandelt; 'Gregoryana', Zwergform; 'Inversa', Hängefichte, bis 20 m hoch, mit überhängendem Stamm und senkrechten Ästen; 'Maxwellii', Zwergform mit flach kugeligem Wuchs; 'Nidiformis', Nestfichte, Zwergform, 1 m, mit flach ausgebreiteten Ästen, in der Mitte nestartig vertieft; 'Ohlendorffii', bis 2,50 m, mit breit kegelförmigem Wuchs und runder Spitze; 'Repens', kriechender Wuchs, kaum 0,50 m, Äste am Boden liegend; 'Virgata' wie 'Cranstonii', Schlangenfichte, wenig verzweigt, mit schlangenförmig ausgebreiteten Ästen. – *P. breweriana*, Mädchenfichte. ○–◐ ♄ i. Südoregon und Nordkalifornien. Bis 40 m, mit waagerecht abstehenden Ästen und fast senkrecht herabhängenden Zweigen. Schöne, natürliche Hängefichte, bei uns ganz frosthart, wird erst im Alter schön, aber leider noch sehr selten anzutreffen. – *P. glauca*, Weißfichte. ○–◐ ♄ i. Nordamerika, sehr frosthart, auch für 'Frostlöcher'. Wird 15–25 m, mit pyramidalem Wuchs und horizontal abstehenden, dichtbeästeten Zweigen. Die bekannteste Abart ist 'Conica', Zuckerhutfichte, mit schmal kegelförmigem Wuchs und dichten, sehr dünnen Zweigen. Die älteste Pflanze in Europa ist 4 m hoch, bei einem Alter von 70 Jahren; 'Echiniformis', flach auf dem Boden liegend, mit kurzen Zweigen, ideal für den Steingarten. – 'Laurin', die Zwergform von 'Conica', wächst je Jahr nur 1–2 cm. Sehr geeignet für kleine Balkonkästen. – *P. omorika*, Serbische Fichte. ○–◐ ♄ i. Nur in Jugoslawien, am mittleren Lauf der Drina, heimisch. Raschwachsend, bis 30 m, säulenförmiger Wuchs, kurze, waagerecht abstehende Äste. Die Mutation 'Nana' ist eine Zwergform, nur 1,50 m, für Steingarten oder Friedhof geeignet. – *P. orientalis*, Kaukasusfichte. ○–◐ ♄ i. Kaukasus bis Taurusgebirge. Schnellwachsend, bis 40 m, mit pyramidaler Krone und bis zum Boden reichenden Ästen. Formen: 'Aurea', schwachwachsend, mit goldgelben Na-

Stechfichte, *Picea pungens*, überwachsen mit Wildem Wein. (Drave)

deln; 'Aureospica', bis 8 m, Nadeln im Austrieb goldgelb, später vergrünend; 'Nana', sehr langsamwachsend, breit kegelförmig. – *P. pungens*, Stechfichte. ○–◐ ♄ i. Nordamerika, bis 50 m, bei uns nur 30 m. Abstehende Äste, wächst in der Jugend unregelmäßig. Es gibt blauweißnadlige Formen, die zu den meist angepflanzten Zierkoniferen gehören: 'Glauca', Blau- oder Silberf., meist aus Samen herangezogen, unterschiedlich in Wuchs und Nadelfärbung (Grün bis Blau). Die folgenden Blaufichtenformen müssen veredelt werden, sie sind in Wuchs und Farbe konstant: 'Glauca Endtz', pyramidaler Wuchs, Äste waagerecht abstehend, mit kurzen Zweigen und silbrig-blauen, sichelförmig gebogenen Nadeln; 'Glauca Koster', bekannteste Blaufichte, kegelförmig, waagerecht abstehende Äste, blaue, ziemlich starre Nadeln; 'Glauca Montgomery', Zwergblaufichte, langsamwachsend, breit kegelförmig, mit regelmäßigen Ästen und silbergrauen, sichelförmigen Nadeln. Die verschiedenen Blaufichten wachsen in der Jugend unregelmäßig, erst mit zunehmendem Alter bekommen sie ihre typische Form. – *P. sitchensis*, Sitkafichte. ○–◐ ♄ i. Westliches Nordamerika. Bis 35 m, mit unregelmäßiger, pyramidaler bis breiter Krone, waagerecht abstehenden Ästen und dunkelgrünen, stachelspitzigen Nadeln. Liebt feuchte Böden und kühle, feuchte Luft, verträgt starken Wind, daher für Windschutzpflanzungen oder Dünenbefestigungen; auch beliebter Zier- und Parkbaum. – ANSPRÜCHE. F.n sind im allgemeinen anspruchsloser als Tannen, bevorzugen frischen Boden, in sonniger, auch schattiger Lage. Als Flachwurzler brauchen sie keinen tiefgründigen Boden. Die Arten, die früh austreiben, leiden oft unter Spätfrösten. Viele Arten sind für Forst und Landschaft von großer Bedeutung, die schwachwüchsigen Formen für Garten, Friedhofbepflanzung und Dachgärten. Hierbei darauf achten, daß die Pflanzen nicht in voller Sonne stehen, sonst leicht Spinnmilben-Befall. – VERMEHRUNG. Aussaat IV, nach 8- bis 10tägigem → Stratifizieren in feuchtem Sand. Die zwergigen Formen am besten durch → Stecklinge, da sie so die ursprüngliche Form beibehalten und nicht wie bei Veredlungen in die Höhe schießen. Die starkwüchsigen Formen, besonders die Blaufichten, werden veredelt, üblich ist → seitliches Einspitzen oder → Anplatten. Der Erfolg der Veredlung hängt von sauberer Arbeit und der Qualität der Edelreiser ab.

Fichtengallenläuse, nur etwa 1 mm kleine Blattläuse mit Wirtswechsel zwischen Fichten und Lärchen. An Fichtenzweigen werden im Frühjahr auffällig gelbrote, kirschkerngroße, runde („Erdbeer'-) oder längliche, walnußgroße („Ananas'-)Gallen gebildet, die beim Aufschneiden kleine Kammern mit ungeflügelten Blattläusen zeigen. Im Juni platzen die Gallen auf, und die inzwischen geflügelten Läuse fliegen zu Lärchen, wo sie saugen und die Nadeln dadurch einknicken („Nadelknicker'). Mehrere Generationen an der Lärche. Im Herbst Rückkehr zur Fichte. Abwehr: Spritzen im Winter gegen die überwinternden Läuse mit verdünntem Spiritus + Schmierseife oder Alaunlösung; im Frühjahr die noch geschlossenen Gallen entfernen; keine Lärchen in die Nähe von Fichten setzen. Auf Lärchen: Mit Kräuterextrakten spritzen (→ Blattlausbekämpfung).

Fichtenröhrenlaus, Sitkalaus, an Nadeln vor allem von Blaufichte (Blaufichtensterben) saugende, 2 mm große, grüne Blattlaus ohne Gallenbildung und Wirtswechsel. Eier überwintern. Die befallenen Nadeln bräunen und fallen ab. Abwehr: Winterspritzung s. → Fichtengallenläuse, im Sommer mit → Blattlausbekämpfungsmitteln spritzen.

Ficus → Feigenbaum.
Ficus → Gummibaum.
Fieberbaum, *Eucalyptus.* Myrtengewächse, *Myrtaceae.* ○–◐ ♄–♄ ▽. Die 500 Eucalyptus-Arten sind mit wenigen Ausnahmen auf den australischen Kontinent beschränkt. – *Eu. globulus.* Blaugummibaum. Südostaustralien. Sehr raschwüchsiger, 70–80 m hoher Baum mit ablösender Borke. Blätter der Jugendform: sitzend, gegenständig, waagrecht gestellt, blaugrün bereift, bis 10 cm lang. Blätter der Altersform: gestielt, wechselständig, sichelförmig hängend, grün. Blütenzweige im Winter oft in der Blumenbinderei verwendet. – Im Sommer ideal mit anderen tropischen Pflanzen in großen Blattpflanzengruppen. Überwinterung bei 5–8°C. Aussaat im II–III. Sehr nährstoffbedürftig. – In den klimatisch günstigsten Lagen unseres Gebietes sollte *Eu. niphophila,* eine alpine Art, durchhalten. – Leicht durch Aussaat, wird aber bereits im zweiten Jahr zu groß für die Überwinterung.

Fieberklee → Bitterklee.
Fiedermoos, Laugenblume, *Cotula.* Korbblütler, *Compositae.* ○–◐ ⊙ bis ♃ △ ⌇ ⌒. Besonders niedrige, rasenbildende Stauden mit hübschen Blättchen. Die Blütenköpfchen sind bei den staudigen Arten eingeschlechtlich, das heißt männliche und weibliche getrennt. Von den etwa 50–60 Arten der südlichen Halbkugel haben nur wenige für unsere Gärten Bedeutung, davon 1 als Sommerblume. – *C. dioica (Leptinella d.),* Neuseeland. Kriechende, wurzelnde Stengel bis 30 cm lang. Blätter verkehrt-eiförmig bis spatelförmig, kerbig gesägt oder gelappt bis fiederschnittig. Blütenköpfchen gelb. VII–VIII, 10 cm. Die Form 'Minor' ist viel kleiner, wird gerade 1 cm hoch. – *C. squalida (Leptinella s.),* Neuseeland. Bekannteste Art. Pflanzen etwas wollig behaart mit schlanken, kriechenden Stengeln. Blätter im Umriß länglich-eiförmig, tief fiederteilig, bräunlichgrün. Weibliche Blütenköpfchen größer als die männlichen. Blüten grünlich mit rötlich gerandeten Hüllblättern. VII bis VIII, 5 cm. Verwendung als Bodengrüner für Steingärten, Staudenrabatten und Grabbepflanzung. Die Polster bilden einen idealen Pflanzgrund für Kleinblumenzwiebeln. Boden humos, feucht-kühl in geschützter Lage. Im Winter ist eine leichte Fichtenreisigdecke gegen Kahlfröste ratsam. Vermehrung durch Teilung, jedes Stengelstück wurzelt. – *C. barbata (Cenia b.),* Laugenblume. ○–◐ ⊙ ⌒ △. Südafrika. Anspruchslose Sommerblume mit tieffiederspaltigen Blättchen, gleichmäßige, runde Polster bildend. Die leuchtendgelben Blütenköpfchen stehen frei über dem Laub. VII–IX, 10 cm. – Verwendung in bunten Sommerblumenbeeten und im Steingarten. Boden: Normaler, nicht zu nasser Gartenboden. Aussaat, danach pikieren und Mitte V auspflanzen oder Direktsaat IV, später etwas auslichten.

Fiederspiere, Ebereschenspiere, *Sorbaria.* Rosengewächse, *Rosaceae.* 7 Arten in Nord- und Ostasien, unterscheiden sich von den Spiersträuchern durch die stark gefiederten Blätter. – *S. aitchisonii.* ○–● ♄ VII–VIII. Kaschmir, bis 4 m, mit aufrechten, lebhaft roten Zweigen und 25 cm langen, weißen Blütenrispen. Schöner Zierstrauch und wertvoller als die folgende Art. – *S. sorbifolia.* ○–● ♄ VI–VII. In Nordasien beheimatet. Bis 2 m hoher, ausläufertreibender Strauch mit aufrechten, weißen Blütenrispen. Kann in kleinen Gärten durch Ausläufer lästig werden. – F.n lieben guten, frischen Boden, in sonniger bis schattiger Lage. – Vermehrung durch Aussaat, Teilung oder Wurzelschnittlinge.

Filipendula → Mädesüß.
Filterschicht. Beim Einbau von Mutterboden auf extremen Standorten wie Terrassen, Dächern oder Sportfeldern sowie in Trögen und Kübeln ist zwischen der Tragschicht und der Dränschicht eine wasserhaltende und filternde Schicht aus feinfaserigem Rindenhumus → oder → Hygromull vorzusehen.

Findlingsmauer → Gartenmauer.
Fingeraralie, *Dizygotheca.* Araliengewächse, *Araliaceae.* ◐ ♄–♄ ▽. Bei den Fingeraralien handelt es sich um Jugendformen, deren genaue Einordnung vielfach noch unklar ist. – *D. elegantissima (Aralia e.).* Neukaledonien. Aufrechter Stamm. Blätter 7- bis 11teilig gefingert, olivgrün mit rötlichem Hauch, Blattrand gezähnt. – *D. veitchii.* Neukaledonien. Ähnlich voriger, aber ganz schlank und mit kleinen, aufwärts gerichteten Blättern. – Ausgesprochene Warmhauspflanze, die in normalen Zimmern zum Absterben verurteilt ist. Sie verlangt in der Jugend über 20°C Lufttemperatur, als etwas ältere Pflanze mindestens 16–18°C, daneben aber entsprechende Luftfeuchtigkeit. Die Kultur im warmen Wintergarten gelingt meist recht gut, da die F. sonst nicht übermäßig anspruchsvoll ist. – Vermehrung durch Veredlung oder Aussaat des frischen, aus der Heimat importierten Saatguts bei 25–30°C; ist dem Liebhaber im allgemeinen nicht möglich.

Fingerhut, *Digitalis.* Braunwurzgewächse, *Scrophulariaceae.* ○–◐ ⊙–♃ ⌇ ⌘ i. Von den etwa 25 Arten

Fingeraralie, *D. elegantissima.* (Herbel)

Fingerkraut

Fingerhut, *D. grandiflora*. (Herbel)

Roter Fingerhut, *D. purpurea*. (Jesse)

in Europa, West- und Mittelasien sind neben ausdauernden einige nur zweijährig. Hohe, dekorative Pflanzen mit langen, kerzenförmigen Blütenständen, die Blüten meist nach einer Seite gerichtet, oft innen gefleckt oder mit netzartiger Zeichnung. – *D. ferruginea*. Rostfarbiger F. ☉. Süd- und Südosteuropa, Kleinasien. Ansehnliche Blattrosette im Winter. Schmale, lanzettliche, oberseits glatte, auf der Unterseite nur wenig behaarte Blätter. Blüten in schlanken Trauben, klein, 2–4 cm lang. Krone gelblich, innen rostrot, Unterlippe braun genetzt. 'Gigantea' hat größere Blüten. VI–VIII, 1,5 m. – *D. grandiflora (D. ambigua)*. Großblütiger F. ♃. Mittel- und Südeuropa bis Sibirien. Mehrstengelige Pflanzen mit breitlanzettlichen, unterseits flaumig behaarten Blättern. Blüten glockig mit spitzzipfligem Rand, blaß ockergelb, innen braun gefleckt und genetzt. VI–VII, 50–100 cm. – *D. × mertonensis (D. grandiflora × D. purpurea)*. ♃. Blätter eilanzettlich, dunkelgrün, glänzend. Blüten groß, glockig, karminrosa mit Lachsschein. 'Himbeerrosa' ist wahrscheinlich eine Auslese, die in Samenkatalogen angeboten wird. V–VI, 80 cm. – *D. purpurea*, Roter Fingerhut. ☉. Europa. Bekannteste und schönste Art. Gestielte, spitzeiförmige Blätter, gekerbt, wie die ganze Pflanze filzig behaart. Blüten groß, glocken- oder trichterförmig mit dreilappiger Lippe, purpurrot. Sie sind innen behaart, mit dunklen Flecken. 'Campanulata' ('Monstrosa') ist eine Mischung weiß, rosa bis rot, an der Spitze sitzt eine auffallend große, schalenförmige Blüte, die andern sind in Form und Farbe wie bei 'Gloxiniaeflora', eine gute Mischung großblumiger Typen, weiß bis rot; 'Gelbe Lanze' hat reingelbe Blüten; 'Excelsior-Hybriden' haben große, waagrecht abstehende, rings um den Stengel angeordnete Blüten in vielen Farben, innen punktiert und gefleckt, zur Zeit die schönste Züchtung. VI––VIII, 80–120 cm; 'Foxy', ☉–☉, halbhohe Mischung, ebenfalls mit waagrecht abstehenden Blüten, schon im Jahr der Aussaat schön blühend. VIII–X, 60–80 cm. – VERWENDUNG. Im Staudenbeet, Wildstaudengarten und zwischen Gehölzen im Halbschatten, die niedrigen auch im Steingarten. Die einjährige 'Foxy' im Sommerblumenbeet. – BODEN. Anspruchslos, wachsen in jedem nicht zu feuchten Gartenboden. – VERMEHRUNG. Zweijährige und ausdauernde Arten durch Aussaat, danach auf Beete pflanzen und im Herbst oder Frühjahr an endgültigen Platz, wo sie sich zum Teil selbst aussäen. Die Sorte 'Foxy' sät man II–III, pikiert und pflanzt sie Mitte V aus. Sie ist nur teilweise winterhart.

Fingerkraut, *Potentilla.* Rosengewächse, *Rosaceae.* ♃–♄ Bie. Kleine bis mittelgroße, meist sehr reichblühende Pflanzen mit drei- bis fünfzähligen = fingerigen Blättern und fünf Blütenblättern. Über 300 Arten in den nördlichen gemäßigten Zonen. – STAUDEN. *P. alba*, Weißes F. ☾ ↝. Mitteleuropa, Kaukasus. Ohne Ausläufer mit meist fünfzähligen, unterseits silberhaarigen Blättern. Blüten an aufrechten Stielen, groß, weiß, V–VI, 15 cm. – *P. atrosanguinea.* ○–☾. Nepal. Stengel aufsteigend, mit gestielten, dreiteiligen Grundblättern, silbergrau behaart, grün. In Kultur ist nur 'Gibsons Scarlet', mit herrlichen, leuchtend scharlachroten Blüten an verzweigten Stengeln, lange blühend. VI–IX, 40 cm. – *P. aurea,* Gold-F.: ○–☾ △. Europäisches Gebirge. Stengel bogenförmig aufsteigend. Gestielte Rosettenblätter, fünfzählig, Unterseite silberweiß behaart, Blüten goldgelb mit orange. 'Aurantiaca', reichblühend, zartorange. V–VII, 10 cm; 'Goldklumpen', besonders reichblühend, goldgelb. IV–V, 10–15 cm; 'Rathboneana', halbgefüllt, goldgelb. VI–VII, 15 cm. – *P. crantzii* mit der Sorte 'Goldrausch' zählt zu den schönsten flach wachsenden F. Stengel niederliegend, übersät mit dunkelgelben Blüten. V–VII, 15 cm. – *P. Hybriden.* ○–☾. Aus Kreuzungen asiatischer Arten *(P. agrophylla, atrosanguinea, nepalensis)* entstanden, meist mit gefüllten Blüten. Kräftiger Wuchs mit aufrechten Blütentrieben. Blätter dreiteilig, Rand gesägt. In Samenkatalogen werden folgende Sorten angeboten: 'Feuerball', Blüten groß, locker gefüllt, blutrot, 50 cm; 'Yellow Queen', ebenfalls gefüllt, reingelb, 40 cm; 'Gefüllte Mischung', in verschiedenen Farben, 50 cm. VI–VIII. – *P. megalantha (P. fragiformis).* ○–☾ △. N.-Asien, Alaska. Nicht kriechend mit kräftigem Wuchs. Blätter langgestielt, groß, dreilappig, die breit keilförmigen Teilblätter grob gekerbt. Oberseite smaragdgrün, Unterseite und Blattstiele silberweiß behaart. Blüten an kräftigen Stielen, groß, leuchtend goldgelb. VI–VII, 15–20 cm. – *P. nepalensis.* ○–☾. West-Himalaja. Aufstrebende, ästige, rötliche Stengel. Blätter gestielt, fünfzählig, matt dunkelgrün, behaart. Im Handel nur Sorten: 'Flammenspiel', rot mit gelbem Auge, 25 cm; 'Miss Willmott', kirschrosa, Mitte blutrot, 40 cm; 'Roxana', kupferrosa mit dunkler Mitte, ältere Blüten lachsrosa, 40 cm. Alles Dauerblüher mit 2–2,5 cm großen Blüten. VII–IX. – *P. nitida,* Dolomiten-Fingerkraut. ○ △. Ost- und Südalpen. Ganz niedriger, rasenartiger Wuchs. Pflanze und Blätter seidig silberweiß behaart, Blätter unten fünf-, oben dreizählig. Blütenstengel kurz, meist einblütig, pfirsichblütenrosa. 'Albiflora' weiß, 'Rubra' dunkelrosa. VII–VIII, 5 cm. – *P. pyrenaica.* ○ △. Pyrenäen. Stengel bogig ansteigend, rispig verzweigt, grau behaart. Fünfzählige Blätter, auf der Unterseite grau behaart. Blüten goldgelb, im Anschluß an *P. ternata* blühend. VI–VII,

Fingerkraut, *Potentilla nepalensis*. (Seidl)

Fingerkraut, *Potentilla fruticosa*. (Seidl)

25 cm. – *P. recta*. ○–◐. Europa, Kaukasus, Sibirien. Behaarte, aufrechte, verzweigte Stengel. Grundblätter fünf- bis siebenzählig, Stengelblätter dreizählig, tief gesägt, dunkelgrün. Nur die Sorte 'Warrenii', in Gärtnereien erhältlich, mit großen, kanariengelben Blüten in dichten Doldenrispen. VI–VIII, 50 cm. – *P. ternata* (*P. chrysocarpa*). ○ △. Balkan. Wuchs ähnlich *P. aurea*, Grundblätter jedoch dreizählig, am Rand gesägt. Blüten orangegelb, zur Mitte dunkler, reich- und langblühend. V–VIII, 15 cm. – *P. verna* (*P. tabernamontani*), Frühlings-F. ○ △ ᭞᭞. Europa. Niederliegende, wurzelnde Stengel, rasenbildend. Grundblätter fünf- bis siebenzählig, Stengelblätter dreizählig, schwach gezähnt, oben dunkelgrün, unterseits behaart. Blüten goldgelb, 10–15 cm. 'Nana', gelb, nur 5 cm hoch. – *P. v.* ssp. *cinerea* hat stärker gezähnte Blättchen, Blüten goldgelb am Grund orange. 10 cm. V–VIII. – Verwendung der niedrigen Arten im Steingarten und als Bodendecker, auch im Heidegarten. Die hohen im Staudenbeet und zum Schnitt. Boden: Jeder normale Gartenboden. Vermehrung durch Aussaat, Teilung und Stecklinge, letzteres besonders bei den Sorten. Bei Aussaat im Frühjahr in kalten Kasten dünn aussäen, Sämlinge umpflanzen. – GEHÖLZE. Die oben erwähnten 300 Arten sind zum Teil sehr eng verwandt. Es handelt sich meist um Kräuter und Stauden, nur die zwei folgenden Arten haben als Ziersträucher Bedeutung. Name bezieht sich auf die handförmig geteilten Blätter. – *P. fruticosa*, ○–◐ ♄ V–VIII ⫶ △. Nordeuropa bis Ostasien heimisch. Bis 1,50 m hoch, mit seidig behaarten, am Rand eingerollten Blättern und leuchtend gelben Blüten. Neben den vielen Gartensorten haben sich besonders in China verschiedene Abarten herausgebildet, die meistens schöner sind als die Art, z. B. var. *mandschurica*, niederliegender Wuchs, mit dicht seidig behaarten Blättern und weißen Blüten; var. *davurica*, bis 0,50 m hoch, mit dunkelgrünen Blättern und großen, weißen Blüten. Gartensorten: 'Arbuscula', unregelmäßiger, kriechender Wuchs, mit leicht blaugrünen Blättern und großen, gelben Blüten, überaus reichblühend, V–IX; 'Farreri', schwachwüchsig, mit kleinen Blättern und goldgelben Blüten, VII–VIII; 'Goldteppich', flachwachsend, mit großen, goldgelben Blüten ab V; 'Hachmanns Gigant', breitbuschig, blüht lebhaft goldgelb, größte Blüten derzeitiger Züchtungen; 'Klondike', niedriger Strauch mit gelbgrünen Blättern und tief goldgelben Blüten, V–VIII; 'Long Acre', kissenförmig, graugrüne Blätter und zartgelbe, große Blüten; 'Tangerine', breitwachsender Strauch mit auffallenden kupferfarbigen bis gelben Blüten. Die neuen, rotblühenden Sorten wie 'Red Acre' sind zwar farbig apart, aber als Pflanzen noch nicht durchgezüchtet. – *P. salesoviana*. ○–◐ ♄ VI–VIII △. Heimat Sibirien. Wird kaum meterhoch, mit wenig verzweigten Ästen, oberseits dunkelgrünen, unterseits filzigbehaarten Blättern und weißen bis rötlichen Blüten. Die getrockneten Blätter wirken als Nießpulver. – ANSPRÜCHE. Sehr genügsam, wächst in jedem Gartenboden und entfaltet sich in sonniger Lage zur vollen Schönheit. Blüht überaus reich und lange, findet deshalb im Garten viele Verwendungsmöglichkeiten, als Einzel- oder Gruppen- und Heckenpflanze, in geschnittenen oder freiwachsenden Blütenhecken. – VERMEHRUNG. Holzige Arten am besten durch Stecklinge. Junge, noch nicht verholzte Triebe bekommen sehr leicht Wurzeln. *P. salesoviana* muß durch Ableger vermehrt werden, da er aus Stecklingen nicht wächst.

Finocchi → Fenchel.

Fioringras → Rasengräser.

Fischdüngermehl, aus Rückständen bei der Verarbeitung von Fischen oder aus Fischen gewonnener organischer Dünger. Nach Düngemittelgesetz der BRD Düngemitteltyp III, 10. Nährstoffe $4 \times 8 \times 2$. → Organische Handelsdünger.

Fittonie, *Fittonia*. Akanthusgewächse, *Acanthaceae*. ◐–● ♃ ᭞᭞ ⌂ Lie. Bodenbewohnende Urwaldpflanzen, je nach Auffassung 1–3 Arten in Peru. – *F. verschaffeltii*. Pflanze niederliegend mit gegenständigen, eiförmigen, 10 cm langen Blättern. Blattfarbe dunkelgrün mit rotem Adernetz. Daneben noch wichtig *F. v.* var. *argyroneura*, Blätter etwas heller und mit silbernen Adern. Von dieser auch mehrere Zwergformen, meist als 'Mini' benannt. – Herrliche Warmhauspflanzen, jedoch nur für das geschlossene Blumenfenster oder den warmen Wintergarten geeignet. Kultur in humusreichen Substraten, bei 18–20°C, halbschattig. Schnecken und Asseln fressen oft die Blätter an. Sie gedeihen noch in schattigen Winkeln, vertragen sogar Tropfenfall, doch Kälte und Zugluft setzen ihnen stark zu. – Vermehrung durch Stecklinge.

Flachs → Lein.

Flächenstauden, Stauden, die für flächige Pflanzungen geeignet sind: alle Bodendecker, aber auch niedrige und mittelhohe Stauden, die in Mengen von mindestens 10 Stück und mehr gepflanzt eine zusammenhängende Blatt- oder Blütenfläche bilden.

Achillea filipendulina 'Coronation Gold'
Alchemilla mollis
Anaphalis triplinervis
Antennaria aprica
– *dioica* 'Rubra'
– *tomentosa*
Aster amellus 'Blütendecke'
– – 'Sternkugel'
– *dumosus*
Astilbe chinensis var. *pumila*
Aubrieta-Hybriden 'Blue Emperor', 'Neuling', 'Schloß Eckberg'
Cerastium biebersteinii
Ceratostigma plumbaginoides
Chrysanthemum Koreanum-Hybriden 'Bronce'
– 'Citrus'
– *max.* 'Gruppenstolz'
Coreopsis verticillata
Delphinium × *belladonna* 'Völkerfrieden'
Dianthus caesius 'Eydangeri'
Dicentra eximia
Doronicum orientale 'Magnificum'
Epimedium, Arten und Sorten
Geranium platypetalum
– *macrorrhizum*
Gypsophila repens 'Rosenschleier'
Helianthemum-Hybriden 'Golden Queen', 'Supreme'
– 'Sterntaler'
Iberis sempervirens 'Findel'
Lamium galeobdolon 'Florentinum'
Monarda didyma
Nepeta faassenii
Pachysandra terminalis
Phlox paniculata 'Aida'
– – 'Rosendom'
Prunella grandiflora
Rudbeckia laciniata 'Goldquelle'
Salvia nemorosa 'Mainacht'
– – 'Ostfriesland'
Sedum telephium 'Herbstfreude'
Stachys grandiflora 'Superba'

Tradescantia – Andersoniana-Hybriden
Veronica teucrium 'Shirley Blue'
– longifolia 'Blaubart'
Waldsteinia geoides

Flächenkompostierung → Mulchen.

Flamingoblume, *Anthurium.* Aronstabgewächse, *Araceae.* ◐–● ♃ bis ♄, z.T. ⚥ ▽ ⚭ ✕. Tropische Epiphyten oder Bodenpflanzen, ca. 500 Arten im tropischen Amerika. – BLÜTENPFLANZEN. *A.-Andreanum-Hybriden* (*A.* × *cultorum*). Weniger für Liebhaber geeignet, meist als Schnittblume angeboten. Blätter herzförmig, bis 40 cm, Blattstiel bis 100 cm lang. Spathen rot, orange, rosa oder weiß, gefurcht, bis 25 cm, Kolben gerade. – *A. Scherzerianum-Hybriden* (*A.* × *hortulanum*). Topfpflanze. Blätter länglich, bis 30 cm, Blattstiele 20 cm lang. Spathen bis 15 cm, rot, orange, weiß, selten gefleckt ('Rothschildianum'), Kolben spiralig gedreht. – BLATTPFLANZEN. *A. crystallinum.* Blätter breitherzförmig, 50 cm lang. Blattfarbe tief samtiggrün mit silbernen Adern. – *A. veitchii.* Bis 100 cm lange, dabei schmale Blätter, dunkelgrün mit metallischem Glanz, etwas gewellte Spreite. – *A. scandens.* Grünblättriger Schlinger mit 10 cm langen, herzförmigen Blättern, Blüten unscheinbar, jedoch auffällige Beerenstände mit weißen oder violetten Beeren. – ANSPRÜCHE. Für die Kultur im Zimmer eignet sich beschränkt *A. scherzianum,* das gleichmäßige Temperaturen, hohe relative Luftfeuchtigkeit und humose Substrate benötigt. Nach den lichtarmen Wintermonaten muß man diese Pflanze vor zu starker Sonnenbestrahlung schützen, sonst kommt es zu Verbrennungen.

Flamingoblume, *Anthurium-Scherzerianum-Hybriden.* (Jesse)

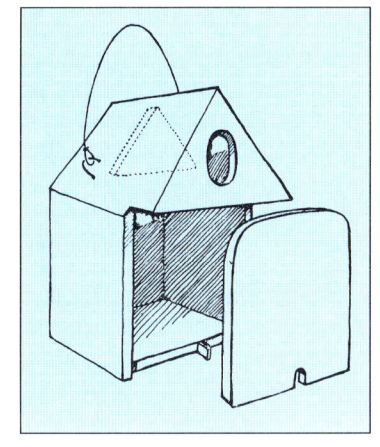

Vogelnistkästen aus Holzbeton mit Fledermausschutzwinkel. Für Singvögel und zur Ansiedlung von Fledermäusen geeignet. (Ziegler/Roer)

Besser gedeiht auch diese Art im Wintergarten oder warmen Blumenfenster. – *A. andreanum, crystallinum, veitchii* sind nur für große Wintergärten geeignet, wo sie reichlich ernährt werden müssen. *A. scandens* kann zur Berankung von Epiphytenstämmen in kleineren Blumenfenstern und Wintergärten verwendet werden. Alle F.n benötigen luftdurchlässige, dabei aber sehr nährstoffreiche Mischungen.

Flammenblume → Phlox.

Flammulina velutipes = Samtfußrübling → Pilzanbau.

Flaschenbürstengras, *Hystrix.* Gräser, *Gramineae.* Nur eine Art, die mit dem heimischen Blaustrahlhafer nahe verwandt ist. Auffallend sind die lockeren Ähren. *H. patula* (*Asperella hystrix*). ○–◐ ♃ ⌒. Nordamerika. Blatthorste mit aufrechten Halmen, schilfähnlich beblättert. Ähren locker gespreizt. Grannen stechend, anfangs weißlich, später bräunlich. VI–VIII, 60 cm. – Verwendung im Stauden- und Heidegarten und zum Schnitt für bunte Sträuße. Für Trockensträuße kurz nach der Blüte schneiden. Boden normaler, trockener Gartenboden. Vermehrung durch Aussaat und Teilung.

Flechtstraußgras → Rasengräser.

Fledermäuse, einzige fliegende einheimische Säugetiere: haben mit ‚Mäusen' nichts zu tun. Reine Insektenfresser und wichtige Schädlingsfeinde. Schlafen tagsüber in Scheunen, hohlen Räumen u.a., auch in leeren Vogelnistkästen; fliegen in der Dunkelheit und fangen vor allem Nachtfalter; überwintern in Fels- und Baumhöhlen, Türmen u.a. Förderung dieser nützlichen Tiere ist durch Aufhängen von Vogelnistkästen mit Schutzwinkel oder von Fledermauskästen möglich. Letztere sollten länger als Vogelnistkästen sein und statt eines Flugloches einen Flugschlitz nahe dem Boden haben.

Fleischkraut → Salatzichorie.

Fleißiges Lieschen (Norddeutschland) → Scheinmalve. Südliche Gebiete → Springkraut.

Flieder, *Syringa.* Ölbaumgewächse, *Oleaceae.* Etwa 30 Arten von Osteuropa bis Ostasien und ca. 500 Gartensorten. Die für den Strauch üblichen Bezeichnungen, wie Flieder, Holder, Holler, galten ursprünglich für den einheimischen Holunder und sind erst später, oft mit Zusätzen, wie spanischer, türkischer oder welscher, um die fremde Herkunft anzudeuten, auf unseren F. übertragen worden. Die duftenden, meistens im V erscheinenden Blüten gleichen in ihrer Form Gewürznelken. Die im VI–VII blühenden F.arten werden auch Sommerflieder genannt, derselbe Name, der auch für → Buddleien gebräuchlich ist. – *S.* × *chinensis,* Chinesischer Flieder, Königsflieder. ○–◐ ♄ V D. Eine Zufallshybride (*S. persica* × *S. vulgaris*), in Frankreich entstanden. 3–5 m, mit überhängenden Zweigen und duftenden lilarosa Blüten. Die Sorte 'Saugeana' ist im Wuchs nicht zu unterscheiden, blüht aber lilarot. – *S. josikaea,* Ungarischer Flieder. ○–◐ ♄ V–VI. Wächst in seiner Heimat Ungarn, Galizien auf sonnigen, steinigen Berghängen. Bis 4 m, breit aufrechter Wuchs und dunkelviolette, meist aufrechte Blütenrispen. Ganz winterhart und auch für exponierte Stellen geeignet. – *S. microphylla,* Zwergflieder. ○–◐ ♄ VI △. Heimat Nordchina. Kleiner Strauch, kaum 2 m, leicht überhängende Zweige und purpurviolette Blütenrispen. Die Sorte 'Superba' unterscheidet sich von der Art nur durch die von V–X ausgedehnte Blütezeit. – Geeignet für kleine Anlagen oder für Steingärten *S.* × *persica* (*S. afghanica* × *S. laciniata*), Persischer Flieder, ○–◐ ♄ V D, eine Kreuzung. Bis 2 m, mit aufrechten, leicht überhängenden Zweigen und wohlriechenden, purpurlila Blüten. Sorten: 'Alba', weiße Blüten mit lila Schlund; 'Rubra', Knospen lebhaft rot, Blüten rosarot; 'Laciniata', Blätter teilweise fiederspaltig geschlitzt, Blüten lilarosa. – *S. Preston-Hybriden.* ○–◐ ♄ V–VI D. Hauptsächlich in Amerika entstandene Kreuzungen, die für den Garten durch lange Blütezeit und Winterhärte von großer Bedeutung sind. Werden 3–4 m hoch, lockerer, meist aufrechter Wuchs. Sorten: 'Elinor', Knospen dun-

Fliedermotte

Flieder, *Syringa vulgaris,* links 'Charles Joly'. (Seidl)

kellila, Blüten innen violett, außen zartlilafarben; 'Hiawatha', Knospen purpurrosa, Blüten etwas heller; 'Oktavia', lila Blüten, reichblühend; 'Virgilia', Knospen dunkellila, Blüten etwas heller. – *S. reflexa,* Bogenflieder. ○–◐ ♄ VI Bie. Mittelchina. 3–4 m, aufrechter Wuchs und leicht gebogene, walzenförmige Blütenrispen. Knospen leuchtend karminrosa, Blüten außen dunkelrosa, innen fast weiß. Sehr harter und widerstandsfähiger Strauch, der leicht anmoorige Böden liebt. – *S. sweginzowii.* ○–◐ ♄ VI. 3 m, lokker aufrechter Wuchs. Knospen lachsfarben, Blüten außen zartrosa, innen fast weiß mit rotem Schlund. Kreuzung mit Bogenflieder = *S.* × *swegiflexa,* Perlenflieder. Hat größere Blütenrispen, weinrote Knospen und zartrosa Blüten. – *S. vulgaris.* ○–◐ ♄–♄ V D Bie. Ursprünglich in Südosteuropa beheimatet, bei uns schon an vielen Stellen verwildert. Wird bis 6 m hoch, zum Teil baumartig und Ausläufer treibend. Blüten lila, duften, in 20 cm langen Rispen. Verschiedene Sorten eignen sich zur Frühtreiberei. – EINFACHBLÜHENDE SORTEN: 'Andenken an Ludwig Späth', purpurrot; 'Hugo de Vries', purpurrot; 'Marie Legraye', reinweiß. – GEFÜLLTBLÜHENDE SORTEN: 'Charles Joly', purpurrot; 'Katharine Havemeyer', rosalila; 'Michel Buchner', lila: 'Mme. Antoine Buchner', malvenrosa; 'Mme. Lemoine', reinweiß; 'Mrs. Edward Harding', purpurrot; 'Primrose', primelgelb, etwas schwachwüchsig. Einzige gelbblühende Züchtung. – ANSPRÜCHE. Jeder gute und nahrhafte Boden ist geeignet. F. ist ausgesprochener Fresser und benötigt von Zeit zu Zeit Dunggaben. Bei Sorten, die zur Samenbildung neigen, müssen die abgeblühten Rispen entfernt werden. Sind die Sträucher unansehnlich geworden oder werden die Blütenrispen kleiner, ist → Verjüngungsschnitt angebracht. – VERMEHRUNG. Botanische Arten durch Aussaat, Saatgut vorher → stratifizieren. Stecklingsvermehrung ist bei uns nicht üblich, aber in den Baumschulen der USA, weil dadurch wie bei Absenkern wurzelechte Pflanzen gewonnen werden.

Die meisten Sorten werden jedoch veredelt. Die üblichen Methoden sind Okulation Mitte VI, wenn die Unterlagen zum zweiten Trieb ansetzen, und Kopulation als Handveredlung im Winter. Die gebräuchliche Unterlage ist *S. vulgaris,* ihr Nachteil: treibt nach einiger Zeit Ausläufer, die, wenn sie nicht entfernt werden, den Edeltrieb abwürgen. Deshalb werden auch andere Unterlagen genommen, z. B. immergrüner Liguster oder verschiedene Eschenarten, jedoch nur als → Ammen, d.h. die angewachsene Veredlung wird so tief gepflanzt, daß das Edelreis Wurzeln bilden kann. Wird nicht tief gepflanzt, stirbt das Edelreis nach einiger Zeit ab.

Fliedermotte, legt ihre Eier im V an die jungen Blätter; die Räupchen bohren sich in das Blattgewebe und minieren scharenweise. Besonders stark oft die Schäden der zweiten Generation, deren Raupen VI/VII minieren. Bekämpfung: Befallene Blätter Ende V/Anfang VI (erste Generation) entfernen oder wiederholt mit → Kräuterextrakten spritzen.

Fliederprimel → Primel, Gewächshausprimeln.

Fliegen, Insektenordnung mit nur einem Paar Flügel; zweites Paar zu 'Schwingkölbchen' umgewandelt. Puppe entwickelt sich meist in einem ‚Tönnchen'. Schädlich werden die weißen fuß- und kopflosen Maden, die sich in Lebensmitteln, organischen Abfällen oder Kulturpflanzen entwickeln (→ jeweils: Bohnen-, Kirschfrucht-, Kohl-, Möhren-, Spargel- und Zwiebelfliege).

Flinker Heinrich → Dreimasterblume.

Flockenblume, Kornblume. *Centaurea.* Korbblütler, *Compositae.* ○–◐ ☉–♃ △ ✕ Bie. Mit den Kornblumen über 600 Arten, besonders in Europa und Vorderasien. Als Flockenblumen werden die ausdauernden Arten von C. bezeichnet. Der Wurzelstock treibt nur bei einigen Arten Ausläufer. Schön geformte, den Kornblumen ähnliche Blüten. – EINJÄHRIGE. Als Sommerblume ist am bekanntesten *C. cyanus,* Kornblume. In ihrer Wildform früher ein häufig in den Getreidefeldern Europas vorkommendes Unkraut. Neben Mischungen auch reine Farbnoten in Blau, Rot, Rosa und Weiß, ca. 80 cm hoch. Außerdem ist seit Mitte der 60er Jahre eine nur etwa 60 cm hoch werdende, standfestere Mischung im Handel. Aussaat III–IV an Ort und Stelle mit etwa 25–30 cm Reihenabstand. Zu dichte Aussaaten verziehen. Bei Herbstsaat frühere Blüte, in der Hauptsache ab VI–VII. Beliebt als billige Massenschnittblume und Bienenpflanze. – *C. americana* ist erst zu Anfang der 70er Jahre durch Auslesezüchtungen als moderne Schnittblume interessant geworden. Ca. 1 m, lilarosa Blüten von 8–9 cm Durchmesser auf langen Schnittstielen. Hauptblüte etwa VIII/IX. Aussaat unter Glas IV, Pflanzung ab Mitte V, etwa 30×40 cm. – Beide Arten: vollsonniger Standort so-

Flüssigdüngung

wie nicht zu hohe Bodenansprüche. – Als Flockenblumen werden auch die Amberboa moschata bezeichnet *(Centaurea moschata, C. odorata, C. suaveoleps)*. Diese Gattung ist grob umschrieben eine großblumigere, farbenfreudigere und anspruchsvollere Form der F. Sie ist von ihr trennbar durch die schwachwüchsige, rein gelbe Form und den etwas stärker wachsenden 'Imperialis'-Sorten in Weiß, Rosa, Lavendel und Purpur. Alle Formen eignen sich hervorragend für den Schnitt. – Aussaat III–IV an Ort und Stelle. Hauptblüte etwa VII–VIII. Liebt sonnigen Standort und lockeren, humosen Boden. – AUSDAUERNDE. *C. bella*, Kaukasus. Dichter, kugeliger Wuchs. Blätter doppelt fiederschnittig, unten grau. Blüten mittelgroß, rosa. VI–VII, 20 cm. – *C. cineraria (C. candidissima)*, Südeuropa, Nordafrika. Nicht immer ganz winterhart. Ganze Pflanze silberweiß. Blätter bei zweijährigen Pflanzen doppelt fiederspaltig. Blüten goldgelb. VII–VIII, 15–60 cm. Wird im ersten Jahr oft als grausilbrige Einfassungspflanze verwendet. – *C. dealbata*, Kleinasien, Kaukasus. Triebe aufstrebend, locker verzweigt. Blätter dunkelgrün, unten grau, doppelt fiederschnittig. Blüten frischrosa. 'Steenbergii', besser, schön karminpurpur. VI–VII, 60–80 cm. – *C. macrocephala*, Kaukasus. Dicke, aufrechte Stengel. Blätter ungeteilt, dunkelgrün. Blüten sehr groß, bis 9 cm, goldgelb. VII–VIII, 80 cm. – *C. montana*, Berg-F., Alpen, Pyrenäen, Karpaten. Wurzelstock mit Ausläufern, durch diese als Wurzelschnittlinge auch zu vermehren. Blätter eilanzettlich, dunkelgrün. Blüte blau. 'Alba', weiß; 'Citrina', zitrongelb; 'Grandiflora', großblumig, blau; 'Rosea', zartrosa; 'Violetta', dunkelviolett. V–VI, 50 cm. – *C. pulcherrima (Aetheopappus pulcherrimus)*, Kaukasus. Eine der schönsten Arten. Triebe dünn, straff, einblütig. Blätter fiederspaltig, unten grauweiß behaart. Blüten rosa. 'Albo-Rosea', weißlichrosa. VI–VII, 30–40 cm. – *C. rhaponticum (Rhaponticum scariosum)*, Bergscharte, Riesen-F., Alpen. Kräftiger Wuchs, dicke Stengel. Blätter ungeteilt, unten graufilzig. Bei älteren Pflanzen Blütenstand oben verzweigt. Blüte sehr groß, lilarosa. VII–VIII, 60–100 cm. – *C. ruthenica*, Alpen, Kaukasus bis Sibirien. Dunkelgrüne, schmal-fiederschnittige, gesägte Blätter. Blüten kugelig, feinfederig, hell schwefelgelb. VII–VIII, 100 cm. – *C. simplicicaulis*, Kaukasus. Niedriger Wuchs, Blätter doppelt fiederschnittig, graugrün. Blüten auf dünnen, straffen Stengeln, rosalila, VI–VII, 20 cm. – *C. triumfettii (C. axillaris)*, Pyrenäen bis Vorderasien. Schwach kriechend, Stengel oben etwas verästelt, graufilzig. Blätter lanzettlich, beiderseits graufilzig. Blüten kornblumenblau. VI–VII, 30–60 cm. – Verwendung der niedrigen im Steingarten, sonst im Wildstaudengarten und in der Staudenrabatte, sowie zum Schnitt. Boden anspruchslos. Vermehrung: Aussaat, Teilung, manche aus Wurzelschnittlingen.

Floranid, Stickstoffdünger in Granulatform mit 28% N, davon 25% als langsam wirkendes, temperaturabhängiges Amid und 3% als schnell wirkendes Nitrat (,Startstickstoff'). → Mineraldünger (Stickstoffdünger).

Flügelfarn → Farne 11.

Flügelginster → Ginster.

Flügelnuß, *Pterocarya*. Walnußgewächse, *Juglandaceae*. Sommergrüner Baum, 8 Arten in Asien. Die Frucht ist ein kleines geflügeltes Nüßchen. – *P. fraxinifolia*. ○–◐ ♄ VI. Heimat Kaukasus bis Nordpersien. 20 m hoher, meist mehrstämmiger Baum mit schwarzgrauer Borke und breiter, lockerer Krone. Die halbkreisförmigen, geflügelten Nüßchen hängen an 45 cm langen Trauben. – Die F. verlangt denselben Boden wie unsere → Schwarzerle. Kann auch längere Überschwemmungen vertragen, ist aber auf Spätfröste empfindlich. Wirkt durch die hängenden Fruchttrauben sehr malerisch und ist für Einzelstellung oder Uferpartien geeignet. – Vermehrung durch Aussaat oder Wurzelschnittlinge.

Flügelstorax, *Pterostyrax*. Storaxgewächse, *Styracaceae*. Von den 3 Arten in Asien ist nur die folgende bei uns ausreichend winterhart. *P. hispida*. ○–◐ ♄–♄ VI D. In seiner Heimat China und Japan 15 m hoher Baum, wird bei uns nur 6 m hoch und wächst meist strauchartig. Fein behaarte, lockere Zweige mit 8–20 cm langen, ovalen Blättern und glockigen, rahmweißen, leicht duftenden Blüten in 20 cm langen Blütenrispen. Ähnelt dem → Schneeglöckchenbaum. – Bevorzugt guten, durchlässigen Gartenboden in sonniger bis halbschattiger Lage. Sehr schöner Blütenstrauch, der im Sommer aussieht, als sei er mit Schneeflocken übersät. Am besten für Einzelstellung. – Vermehrung: Aussaat ist die beste Methode, die jungen Sämlinge sind anfangs frostempfindlich.

Flüssigdüngung, früher vor allem als → Unterbodendüngung zu Obstgehölzen in Grasland bekannt. Heute als

Flüssigdüngung aus Handkarren-Jauchewagen ist in China Tradition und heute noch landesweit verbreitet. Die Jauche wird mit Schöpfer und Handgefäß unmittelbar an die Pflanzen gegeben. (Siebeneicher)

Berg-Flockenblume, *C. montana*. (Herbel)

Gelbe Flockenblume, *C. macroceph.* (Jesse)

Formieren von schlanken Spindeln: steilstehende Triebe werden, um das Wachstum zu begrenzen, hier waagerecht herabgeheftet.

→ Kopfdüngung, soweit nicht statt dessen → Blattdüngung bevorzugt. 1. STAMMLÖSUNG AUS ORG. DÜNGERN. Beispiele, Mengen jeweils für 10 Liter Wasser: a) 100 g Guano ($6 \times 12 \times 2$). Kali bei Bedarf (Sand- und sandige Böden) durch 250 g Kalimagnesia (25 % K_2O und 8 % MgO) ergänzen. – b) 500 g Horn-Knochenmehl (6×6) und 500 g getrockneter Rinderdung (ca. $1,5 \times 1,5 \times 4$). – Lösungen 3–4 Wochen gären lassen, Gärvorgang temperaturabhängig, öfter umrühren. Im Verhältnis 1:10 verdünnen und als Kopfdüngung oder z.B. zu Jungpflanzen vor dem Auspflanzen, damit sie sofort zügig weiterwachsen. Stammlösung a) enthält an Nährstoffen 30 g N, 60 g P_2O_5 bzw. 25 g P, 19 g K_2O bzw. 8 g K; Stammlösung b) ca. 37,5 g N, 37,5 g P_2O_5 bzw. 15 g P, 20 g K_2O bzw. 16 g K. Auf 1 qm ausgebracht wären das jeweils ein voller Jahresbedarf an Stickstoff oder sogar darüber, das Mehrfache an Phosphat und je nach Kulturart ein beträchtlicher Anteil des Kaliumbedarfes, mit Kalimagnesia ein reichlicher Jahresbedarf. Diese Stammlösungen sind also viel zu konzentriert und müssen stark verdünnt werden, je nach Stand der Kulturen und des Bodens 1:10 oder 1:20; reichen für 10 oder 20 10-Liter-Gießkannen. – 2. STAMMLÖSUNG AUS MINERALDÜNGERN werden im biologischen Landbau nicht verwendet, auch nicht aus hier bei Bedarf sonst angewandten mineralischen Düngern wie Phosphaten oder Kalimagnesia, weil der Stickstoffanteil bei F. unentbehrlich ist. Wer Stammlösungen aus organischen Düngern nicht herstellen kann, könnte ersatzweise Flüssigdünger des Handels streng nach Gebrauchsanweisung bzw. Gehaltsangaben hinsichtlich Reinnährstoffen verwenden: Stickstoff (N) ist ‚Wachstumsmotor', Phosphat (P) fördert Blüten- und Fruchtbildung, Kali (K) festigt die Gewebe. Hinzu kommen meist Angaben über Spurenelemente.

Flußkies, abgelagerte Gesteine, die durch Reibung abgerundet wurden; häufig in Gärten verwendet.

Föhre → Kiefer.

Folie. Je nach Herkunft unterscheidet man Polyäthylen, Polyvinylchlorid (PVC) u.a. – F.n sind strapazierfähig, einfach und leicht im Transport, aber temperaturunbeständig. Sie dehnen sich bei Hitze stark aus; deshalb sollte man sie bei mittlerer Temperatur auf die Rahmen spannen. Für PVC gibt es Spezialkleber, Polyäthylen läßt sich nicht kleben, nur schweißen. In Gebrauch sind helle, durchsichtige F.n als Glasersatz für Fensterrahmen und Kulturräume, gefärbte F.n zum Schattengeben und dunkle F.n zur Regulierung der Tageslänge. Bei der Lichtdurchlässigkeit liegen die Werte sehr wenig unter denen des Glases. Lebensdauer bei ganzjährigem Gebrauch im Freien ca. 1 Jahr, da F.n durch ultraviolettes Licht spröde werden. → Frühbeetfenster.

Folienhaus, kleines, meist im Eigenbau zu erstellendes Gewächshaus mit Holzgerüst aus genormten Dachlatten, die mit im Handel erhältlichen Winkelstücken aus Metall oder Kunststoff verbunden werden. Zum Bespannen Polyäthylen-Folien (Meterware).

Folienlagerung. Die Keller in modernen Gebäuden sind für die Lagerung von Obst und Gemüse durch ihre hohe Lufttrockenheit denkbar ungeeignet.

Zu stark abgesunkene Zweige müssen nach oben geholt werden, hier wurden sie heraufgebunden. (Link)

Eine ein- bis zweimonatige Lagerung ist hier in Folienbeuteln oder in mit Folie ausgeschlagene Kisten möglich. Die verwendeten Folien sollen die Luft nicht völlig abschließen, sondern in geringem Maße Sauerstoff, Kohlendioxid und Wasserdampf durchtreten lassen. Bei Verwendung von 0,03 mm starker Polyäthylenfolie (PE-Folie) stellt sich im Beutelinneren ein Kohlendioxidgehalt von 3–5 % und ein Sauerstoffgehalt von 7–11 % ein. Dickere Folien sind ungeeignet. Folienlagerung von Äpfeln ist aber nur bei einigen Sorten möglich, z.B. bei Berlepsch, Elstar, Glockenapfel, Golden Delicious, Jonagold, mit Einschränkungen auch bei Boskoop und Cox. Früh- und Herbstsorten nicht in Folie lagern, auch nicht Goldparmäne und Idared, weil sie den

Selbstgebautes Kleinfolienhaus oder Folientunnel, Drahtbögen mit doppelter Folie überspannt, zum Lüften seitlich teilweise zurückgeschoben. (Mücke)

höheren Kohlendioxidgehalt nicht aushalten. Folienlagerung ist auch nicht bei über 10°C warmen Kellern möglich, weil sich sonst ein zu hoher Gehalt an reifefördernden Gasen (Ethylen) im Beutel bildet und zu noch schnellerem Verderb der Ware führt. Erst nach dem Füllen der Beutel und Temperaturausgleich zwischen Lagergut und Lagerraum werden die Folienbeutel zugebunden oder mit Klebeband verschlossen.

Folientunnel, Kleingewächshaus in Tunnelform aus kräftigen Stahldrahtbögen, die sturmsicher im Erdreich verankert und mit Polyäthylenfolien bedeckt werden. F.-Material zum Zusammenbau im Handel erhältlich für Pflanzhöhen bis zu 55 cm.

Formieren, überall dort notwendig, wo durch Schnitt allein die gewünschte Baumform nicht erzielt wird. Dazu gehört Spreizen, Binden, Heften, Biegen. Hauptsächlich bei strengen Spalierformen, aber auch bei freieren Erziehungsformen wie der Schlanken Spindel zur Regulierung von Wuchs und Blütenbildung notwendig.

Formierschnitt → Obstbaumschnitt.

Formschnitt, früher vielfach an Koniferen und Laubgehölzen vorgenommener Schnitt, um oft gekünstelte Wuchsformen zu erzielen. → Obstbaumschnitt.

Forsythia → Goldglöckchen.

Fothergilla. Zaubernußgewächse, *Hamamelidaceae*. Zeichnen sich wie fast alle Zaubernußgewächse durch wunderbare Herbstfärbung aus. – *F. major.* ○–◐ ♄ V D. Nordamerika, wird 3 m hoch, eirunde Blätter, im Herbst leuchtend rot. Blüten erscheinen mit dem Austrieb, stehen in Ähren, weiß bis rötlich, duften leicht. – *F. monticola.* ○–◐ ♄ V. Unterscheidet sich von der vorigen durch kleinere Blätter und breiteren Wuchs. – Die F. bevorzugen frischen, humosen Boden in sonniger oder halbschattiger Lage. Seltene, schöne Sträucher, im Garten für Einzelstellung geeignet. – Vermehrung durch Aussaat ist nicht üblich, da kaum Saatgut zu bekommen ist. Gebräuchlich sind Stecklinge von krautigen Trieben im Sommer und Absenker.

Schema des Ökosystems Pflanze-Boden-Atmosphäre. Dem Boden entnimmt die Pflanze Sauerstoff zur Wurzelatmung, Nährstoffe und Wasser, der Atmosphäre Lichtenergie und Kohlendioxid (CO_2). Die Fotosynthese ist biochemischer Grundprozeß auf der Erde. Auch der Stickstoff (N) entstammt der Atmosphäre, wird jedoch, durch Bakterien vermittelt, von den Wurzeln aus dem Boden aufgenommen. → Stickstoff (Nach Schroeder)

Bei Tunnelkultur bringen Tomaten auch bei hartem Klima gute Erträge. Aufnahme vom Sommer in Oberbayern. (Mücke)

Fotosynthese, der biochemische Grundprozeß, bei dem mit Hilfe des Chlorophylls Lichtenergie in chemische Energie umgewandelt wird. Aus den energiearmen einfachen Stoffen Kohlendioxid und Wasser werden mit Kohlenstoff und Wasserstoff die energiereichen Kohlenhydrate, wie Glucose bzw. Fructose, aufgebaut; Sauerstoff wird in die Atmosphäre abgegeben. Prozeß der F. vollzieht sich in zwei Stufen: erstens einer lichtabhängigen, aber wärmeunabhängigen Reaktion, bei der Lichtenergie in chemische, von zwei Enzymen getragene Energie verwandelt wird; zweitens in einer wärmeabhängigen Dunkelreaktion, bei der über viele Einzelreaktionen das Kohlenstoffatom des Kohlendioxids mit dem Wasserstoffatom des Wassers zu Kohlenhydraten aufgebaut wird. Der vermittelnde Apparat, das in Eiweißschichten eingebettete Chlorophyll, ist in den Chloroplasten lokalisiert; diese wiederum sind in den Blattzellen eingelagert. F. verläuft nicht im Chlorophyll als chemischem Stoff, sondern nur bei unzerstörter Struktur des Chlorophylls. – Intensität der F. hängt u. a. ab vom Alter der Pflanze, von der Nährstoffversorgung, der Licht- bzw. Beleuchtungsstärke, der Temperatur, insbesondere der Wasserversorgung; sie steigt in der Regel mit dem Wachstum des Blattes und sinkt mit der Alterung. Die Zusammenhänge zwischen Nährstoffversorgung und F. sind hinsichtlich einzelner Nährstoffe noch umstritten. Beziehung zwischen F. und Temperatur ist je nach Pflanze sehr verschieden; Rüben z. B. assimilieren noch bei niedrigen Temperaturen, so daß sie im Spätherbst noch Zucker und Trockenmasse bilden.

Fräse → Bodenbearbeitungsgeräte.
Fragaria → Erdbeere.
Fransenschwertel, *Sparaxis*. Schwertliliengewächse, *Iridaceae*. ○ ♃ ⛔ ⚥. Nur 3 Arten in Südafrika, Kapland. Wichtiger als diese sind die Hybriden. Pflanzen mit Knollen, nicht winterhart. Nahe verwandt mit den Montbretien. – *S. Tricolor-Hybriden*. Durch Kreuzungen mit *S. tricolor* entstandene Sorten. Knollen etwa 2 cm dick. Blätter lanzettlich-schwertförmig, aufrecht, mit deutlichen Längsadern. Blüten breit-trichterförmig, bis zu 6 an einem etwa 20–30 cm langen Schaft. Überwiegend als Mischung im Handel, Farben weiß, gelb, orange, rot, meist in der Mitte dunkel gefleckt. Im Volksmund auch ‚Zigeunerblume'. VI–VII, 20–30 cm. – Verwendung wie Freesien und Gladiolen im Garten. Die Knollen werden am besten im zeitigen Frühjahr in Topf gelegt (5–7 in 12-cm-Topf) und nach Mitte V ausgepflanzt. Sie lassen sich auch wie Freesien und Klebschwertel im Topf ziehen. Boden lehmig-humos, durchlässig. Vermehrung durch Brutknöllchen.

Französischer Maßholder → Ahorn.
Frauenfarn, *Athyrium*. Frauenfarngewächse, *Athyriaceae*. ◐–● ♃. Über 100 Arten, davon 2, einander sehr ähnliche, bei uns heimisch. Sommergrüne Farne, die oft sehr alt werden. – *A. filix-femina*, Frauenfarn. Häufigster Farn unserer Wälder, zusammen mit dem Wurmfarn. Von diesem zu unterscheiden durch feinere, doppelt bis dreifach gefiederte, hellgrüne Wedel. Bildet im Alter mehrköpfige Büsche. 80–100 cm. Von den vielen Sorten eine Auswahl: 'Cristatum', Hahnenkammfrauenfarn. Fiedern am Ende mehr oder weniger stark gabelförmig. 80–100 cm. 'Corymbiferum', Troddelfrauenfarn. Wedelspitze und Fiedern mit troddelartigen Verzweigungen. Gleichmäßigste Wedelform unter den Cristatum-Typen. 60–80 cm. 'Fieldiae', Omorikafrauenfarn. Schlanke Wedel mit kreuzweise stehenden Fiedern. Eleganter Farn, mit der Omorikafichte vergleichbar. 50–60 cm. 'Fritzelliae', Wendeltreppenfrauenfarn. Schmale, nur 1,5 cm breite Wedel mit rundlichen, wechselständigen Fiedern. 30–50 cm. 'Grandiceps', Großkopffrauenfarn. Unregelmäßige, oft entfernt stehende Fiedern, Wedelspitzen mit großen, dichten Troddeln. 60–80 cm. 'Minutissimum', Kleiner Frauenfarn. Wie der normale Frauenfarn, aber wesentlich kleiner und zierlicher. Steril, daher nur durch Teilen zu vermehren. 25–40 cm. 'Pseudo-Victoriae', Falscher Harpunenfrauenfarn. Sehr elegante Wedel mit schmalen Fiedern. 30–50 cm. *A. niponicum* 'Metallicum' (*A. goeringianum* 'Pictum'). Japanischer Regenbogenfarn, Japan. Wedel lang gestielt, Fiedern wechselständig, silbergrau, Stiel, Mittelrippe und Adern braunrot. Bei Aussaaten gibt es immer einen Teil Pflanzen, die der Art entsprechen, mit hell- bis dunkelgrünen Wedeln. Einziger Freilandfarn mit bunten Wedeln! Leichter Winterschutz mit Laub. 30 cm. Anzucht durch Sporen oder Teilung. Für leicht schattige bis schattige Stellen, zwischen Rhododendron und Gehölzen. Boden humos, locker, nicht zu trocken.

Frauenhaarfarn → Farne 1, → Pfauenradfarn.
Frauenmantel, *Alchemilla*. Rosengewächse, *Rosaceae*. ♃ Bie. Niedrige, ausdauernde Kräuter mit schön gelappten Blättern, besonders im Morgentau interessant aussehend. Blüten meist grünlichgelb, klein, in lockeren Rispen. Die Zahl der Arten wird je nach Autor zwischen 30–60 angegeben. Meist in Europa, Asien und Nordamerika in Gebirgen. – *A. alpina*, Alpenfrauenmantel. ○ △. Gebirge der nördlichen gemäßigten Zone, außer Amerika und Sibirien. Niedrige Art mit verholzendem Rhizom. Blätter siebenteilig, bis zum Grund getrennt, oben dunkelgrün, glänzend. Unterseite seidenhaarig, silberglänzend. Blüten grünlich, in lockeren Rispen in kugeligen Knäueln, Kelchblätter gelb. VI–VIII, 10–15 cm. – *A. conjuncta* (*A. hoppeana*), Kalk-Silbermantel. ○ △. Alpen, nur auf Kalk. Dem Alpenfrauenmantel ähnlich. Blätter fünf- bis siebenteilig, gefingert, unterseits silbrig behaart. Blüten in lockeren, länglichen Knäueln mit grünlichen Kelchblättern. VI–VIII, 15 cm. *A. mollis* (*A. acutiloba*), Großblättriger F. ◐–● ⚥. Karpaten bis Transkaukasien. Rundliche Blätter mit 10 flachen Einbuchtungen, gezähnt, graugrün. Blütenstand schleierähnlich, hellgelb, wertvolle Art. VI, 30–40 cm. – *A. vulgaris*, Gemeiner F.: ◐–● Europa, Asien, östliches Nordamerika. Weiche, behaarte, halbkreisförmige Blätter bis zu ¼ eingebuchtet, sieben- bis zehnlappig, am Rand gezähnt, meist blaugrün schimmernd. Blüten gelblichgrün. VI–VIII, 20–30 cm. – Verwendung im Steingarten, im Staudenbeet und je nach Art als Unterpflanzung an sonnigen bis schattigen Plätzen. Boden möglichst frisch-feucht. Vermehrung durch Teilung und Aussaat.

Frauenschuh → Orchideen 6.
Fraxinus → Esche.
Freesie, *Freesia*. Schwertliliengewächse, *Iridaceae*. ○ ♃ ⛔ ⚥ D. 2 Arten in Südafrika. Pflanzen mit linealisch-schwertförmigen Blättern, Knollen rundlich. Blütenstiel verzweigt, oben oft mehr oder weniger waagrecht umgeknickt. Blüten einseitswendig, langglockig, sehr wohlriechend. Bei uns nicht winterhart. – *F. Hybriden*. Aus Kreuzungen der Arten und Varietäten entstanden. Heute besonders die Superfreesien wichtig, mit großen, fast gladiolenartigen Blüten. Stengel meist mehr aufrecht, nicht umgebogen. Auch gefülltblühende Sorten. Für Winterblüte im Topf wie Sommerblüte im Garten müssen die Knollen präpariert werden, sie treiben sonst unregelmäßig oder gar nicht aus. Für den Liebhaber meist nur als Mischung im Handel. Schöne Sorten: 'Snowqueen', weiß; 'Prinzess Marijke', orange; 'Rijnvelds Golden Yellow', goldgelb; 'Rosamunde', rosa; 'Stockholm', rot; 'Blauer Wimpel', blau, Schlund weiß; 'Mozart', violett; gefülltblühend: 'Alpha', violett; 'Charm', karminrot; 'Helsinki', purpurrot; 'Jungfrau', cremeweiß. Blüte im Zimmer I–V, im Garten VII bis IX, 30–70 cm. – Verwendung im Topf: Knollen im Spätsommer legen, 7–10 in 14-cm-Topf, hell und mäßig warm, am besten im Garten aufstellen. Vor X ins Zimmer stellen, hell und bei

12–15°C. Blätter und Blütenstengel durch Blumenstäbe, mit Bast verbunden, stützen. Nach der Blüte allmählich einziehen lassen. Für Freiland wie Gladiolen ins Beet oder gruppenweise legen, 10–15 Stück, Abstand 10–15 cm. Schöne, herrlich duftende Schnittblumen. Boden durchlässig, lehmig-humos, nahrhaft. Stets feucht halten. Vermehrung durch Seitenknollen oder Aussaat. Für sommerheiße Gebiete ungeeignet.

Freilandfarne → Farne bzw. → Adlerfarn, → Blasenfarn usw., d.h. unter Gattungsnamen.

Freilandgloxinie, *Incvarvillea.* Bignoniengewächse, *Bignoniaceae.* ○–◐ ⌾ △ ∧. Interessante und schönblühende Stauden mit rübenartig verdickten Wurzeln und großen, den Zimmergloxinien ähnlichen Blüten. Trompetenförmig, mit 5 meist ungleich großen Kronabschnitten. 14 Arten in China, Turkestan und Tibet. – *I. delavayi,* West-China (Jünnan). Blätter grundständig, 30–45 cm lang, sechs- bis achtpaarig gefiedert, die Fiederen breit-lanzettlich, Endfieder nicht größer, gezähnt. Blütenschaft bis 60 cm lang mit 2–12 Blüten, 5 bis 7 cm breit, dunkelrosa mit gelbem Schlund. Die 3 unteren Kronabschnitte größer als die beiden oberen. Wüchsigste und bekannteste Art. 'Bees Pink' ist zartrosa, sehr schön, aber empfindlich. VI–VII, 40–60 cm. – *I. mairei* var. *grandiflora (I. grandiflora),* Westchina. Ebenfalls grundständige Blätter, dunkelgrün, runzlig, 12–20 cm lang mit nur 1–2 Fiederpaaren. Diese ganzrandig bis etwas gezähnt. Endfieder rundlich-oval, fast doppelt so groß wie die Seitenfiedern. Blüten zu 1–3 an kurzem Schaft, größer als bei *I. delavayi,* karminrosa mit gelbem Schlund. V–VI, 15–40 cm. – *I. variabilis,* Ost-Tibet. Bei uns nicht winterhart, deshalb nur einjährig gezogen. Wuchs fast strauchig, aufrecht, verzweigt, mit dünnen Trieben. Blätter bis 10 cm lang, zwei- bis dreifach gefiedert. Blüten etwa 4 cm lang und 2 cm breit in lockerer, bis zehnblütiger Traube. Im Handel ist eine Mischung von Kreuzungen mit rosa, gelben, weißen bis purpurroten Blüten. Aussaat III im Gewächshaus oder Mistbeet, Blüte VII–X, 40–60 cm. – Verwendung der ausdauernden Arten im Stein- und Staudengarten, sie sind zur Blüte immer ein Anziehungspunkt. Die einjährig gezogene *I. variabilis* im Sommerblumenbeet, Steingarten und zwischen Stauden. Boden für alle durchlässig, sandig-lehmig. Vermehrung durch Aussaat.

Freiland-Orchideen → Orchideen 2.

Freimachen. Werden Obstgehölze auf wuchshemmenden → Unterlagen zu tief gepflanzt oder kommt die Veredlungsstelle auf andere Weise mit dem Boden in Berührung, so entstehen an dieser Stelle Wurzeln, mit denen sich die Edelsorte unter Umgehung der wuchshemmenden Unterlage selbständig durch eigene Wurzeln mit Nährstoffen aus dem Boden versorgen kann. Sie macht sich von der Unterlage frei. Folge ist stärkerer Wuchs der Gehölze als auf der wuchshemmenden Unterlage. Die Gehölze kommen mit dem zugewiesenen Standort nicht aus und werden meist irrtümlich scharf geschnitten, um sie in die vorgesehenen Ausmaße zu zwingen. Nächste Folge ist starke Holztriebbildung auf Kosten des Ertrages. Abstechen der sorteneigenen Wurzeln notwendig. Bei Pflanzung Veredlungsstelle mindestens 10 cm über dem Boden halten!

Freispalier, formloses Spalier, das an der Wand oder am Gerüst durch Verteilen der Leit- und Seitenäste erzogen wird. Anwendung hauptsächlich bei Pfirsich, Aprikose, Sauerkirsche. Bei niedrigen Formen wird in der Regel die Stammverlängerung (Mitteltrieb) entfernt. Sollen hohe Wände durch F. verkleidet werden, muß → Stammverlängerung erhalten werden. → Leitast.

Fremdbefruchtung, erfolgt durch Pollen einer anderen Sorte, die als geeigneter Pollenspender für die bestimmte Sorte erkannt wurde. F. ist nur im Bereich derselben Art möglich, nicht aber unter verschiedenen Arten.

Fremdbestäubung, Übertragung sortenfremden Pollens auf die Blütennarbe der zu befruchtenden Sorte, ohne daß dafür Gewähr besteht, daß diese zur Befruchtung führt.

Frigopflanzen. Pflanzgut, das im Erwerbserdbeerbau verwendet wird. Es handelt sich um Pflanzen, die vor dem Winterfrost dem Vermehrungsbestand entnommen, entblättert, mit Fungiziden behandelt und dann bei –2°C eingelagert werden. Man hat damit schon im Frühjahr/Frühsommer starke Pflanzen zur Verfügung. Der Wasserbedarf von F. in der Anwachsphase ist geringer als bei beblätterten Pflanzen, weil die Blätter erst aus dem Vegetationskegel gebildet werden müssen.

Frischgemüse, als Vitaminspender eine Quelle der Gesundheit. Der Anbauplan sollte so gestaltet werden, daß es das ganze Jahr über verfügbar ist. Siehe Übersicht Seite 152.

Frischkompost → Kompost.

Fritillaria → Kaiserkrone.

Froschbiß, *Hydrocharis morsus-ranae.* (Herbel)

Froschbiß, *Hydrocharis.* Froschbißgewächse, *Hydrocharitaceae.* ○–◐ ⌾ ≈. Zweihäusige Pflanzen, im Wasser schwimmend. Nur 2 Arten, davon eine winterhart. *H. morsus-ranae,* Europa, Sibirien. Schwimmende Wasserpflanze mit herzförmig-kreisrunden quadratisch geaderten Blättern an langen Stielen. Etwa 20 cm lange Ausläufer, an denen im Herbst feste Knospen gebildet werden, die danach abfallen und im Schlamm überwintern. Im Frühjahr steigen sie auf und bilden eine neue Pflanze. Blüten dreiteilig, weiß mit gelber Mitte. Wassertiefe mindestens 20 cm. VII–VIII. – Verwendung als Schwimmpflanze im Wasserbecken. Vermehrt sich selbst oder aussäen.

Froschlöffel, *Alisma.* Froschlöffelgewächse, *Alismataceae.* ○–◐ ⌾ ⋙ ≈. Sumpf- und Wasserpflanzen mit knolligem Rhizom und bandförmigen bis elliptischen Blättern. Blüten dreiblättrig in quirligen oder dreizählig-verzweigten Blütenständen. Etwa 10 Arten in allen Erdteilen. – *A. gramineum,* Grasblättriger F., Europa, Nordafrika, Westasien. Sumpfpflanze, Rhizom ohne Ausläufer. Blätter breit-oval, allmählich immer schmaler werdend zum Blattstiel. Zieht im Winter ein. Blüten an hohem Stiel an quirligen, dreizähligen Blütenständen, weißlich. – *A. g. forma submersum.* Im Wasser flutende, bis 1½ cm breite, bandförmige Blätter, bis 1 m lang. Blüten über dem Wasser an einem 20–100 cm langen Stiel, weißlich. Sommer. – *A. lanceolatum,* Kosmopolit. Kleinere Art, mit langgestielten, lanzettlichen dunkelgrünen Blättern. Blüten in pyramidenförmiger Rispe, blaßrosa. 60 cm. – *A. natans,* richtig *Luronium n.,* Schwimmlöffel, Mitteleuropa bis Südschweden. Ausläufer an den Knoten wurzelnd. Stengel im Wasser flutend mit linealischen, 5–10 cm langen Blättern, durchscheinend punktiert, drei-

Vorschlag für eine Fruchtfolge nach dem Grundsatz ‚Frischgemüse das ganze Jahr'. Mit vier Quartieren (I–IV) zu je sechs = 24 Beete, etwa zwei Beete je lfd. Nr. (Nach E. Könemann)

Quartier I (erste Tracht)
Lfd. Nr.
 1 Vorfrucht: Frühe Erbsen, Karotten, Frühgemüse
   Hauptfrucht: Spätkohlarten, auch später Blumenkohl
 2 Vorfrucht: wie 1)
   Hauptfrucht: Winterrettich, Schwarzwurzeln oder Haferwurzeln (Weißwurzeln)
 3 Vorfrucht: Salat, Kohlrabi
   Hauptfrucht: Gurken, Tomaten
   Nachfrucht: Winterendivien, Chinakohl, Grünkohl

Quartier II (zweite Tracht)
 4 Vorfrucht: Kresse/Kerbel
   Hauptfrucht: Porree
   mit Zwischenfrucht: Karotten, früh
   Nachfrucht: Feldsalat
 5 Vorfrucht: Früher Kohlrabi
   Hauptfrucht: Sellerie
   Nachfrucht: Salat
 6 Vorfrucht: Salat, Pflücksalat, Schnittlauch, Radies, Frührettich
   Hauptfrucht: Frühgemüse (Kohlarten, früher Blumenkohl)
   Nachfrucht: Winterspinat, Barbenkraut

Quartier III (dritte Tracht)
 7 Vorfrucht: –
   Hauptfrucht: Späte Mohrrüben (Bauers Kieler Rote, karotinreich), Aussaat ganz früh, ab Februar/März, je nach Witterung. Radies und bzw. oder Salat als Markiersaat eingesät, um Reihen frühzeitig zu erkennen.
   Dazu Zwischenfrucht: Zwei Reihen niedrige frühe Palerbsen
   Nachfrucht: keine (Möhren möglichst spät ernten, um so zuckerreicher)
 8 Vorfrucht: –
   Hauptfrucht: Zwiebeln, späte (bei früher Saat), (Radies oder Salat mit einsäen) auch Steckzwiebeln, auch Pflanzzwiebeln (etwa verzogene)
   Dazu Zwischenfrucht: Frühe Karotten, zwischen den Zwiebelreihen
   Nachfrucht: Winterspinat und Feldsalat
 9 Vorfrucht: Spinat
   Hauptfrucht: Schalerbsen, mittelhohe und hohe, bei früher Saat, spätere Saat (April oder Mai) Mark- oder Zuckererbsen
   Zwischenfrucht (Ränder): Kohlrabi, Salat
   Nachfrucht: Rosenkohl und Rote Rüben für Späternte (zu empfehlen: lange, walzenförmige, tiefrote, zart)

Quartier IV (letzte Tracht)
10/11 Vorfrucht: Rote Rüben, Kohlrabi, Salat, Frührettich, Radies
   Hauptfrucht: Buschbohnen (zwischen die Vorfruchtreihen, diese entsprechend weite Abstände, 30 cm)
   Nachfrucht: mit gutem Kompost und organischem Handelsdünger nach Ernte düngen, dann Adventswirsing, Frühlingszwiebeln, Winterkopfsalat, auch Grünkohl, Rosenkohl
 12 **Stangenbohnen,** wenn diese nicht an mehrjährigem Dauerplatz. Sonst Vor- und Nachfrucht wie bei Buschbohnen

nervig. Blütenstand über dem Wasser mit dreiblättrigen Blüten und Tragblättern, weiß. Schöne, heimische Wasserpflanze, auch für Zimmeraquarien. Wassertiefe ab 20 cm. VI–VII. – *A. plantago-aquatica,* Wegerichblättriger F., Kosmopolit. Langgestreckte elliptische bis breitovale Blätter, hellgrün, an der Basis abgerundet oder herzförmig. Blüten in großen, reich verästelten, pyramidenförmigen Rispen, weiß bis rötlichweiß. Wassertiefe 10–20 cm. VII–IX, 70 cm. – Verwendung von *A. gramineus* f. *submersum* und *A. natans* auch in Aquarien, sonst wie alle andern an Teichen und Wasserbecken, auch im Wasser. – Boden sumpfig, *A. lanceolatum,* kalkliebend. – Vermehrung: Selbstaussaat oft reichlich, sonst in Schalen, die zur Hälfte im Wasser stehen sollten.

Frost, Absinken der Temperatur unter den Gefrierpunkt. Dabei ändert sich der Zustand aller wasserenthaltenden Körper. Frühf. im Herbst, Spätf. im Frühjahr. In der Meteorologie spricht man von Nachtf., wenn die Temperatur in 2 m Höhe unter 0°C sinkt und von Bodenf., wenn sie in 2 m Höhe zwischen +1–+3°C, in Bodenhöhe aber unter 0°C liegt.

Frostgare → Bodengare.

Frosthärte. Man unterscheidet frostharte und frostempfindliche Pflanzenarten. F. wird nach der tiefsten Temperatur bestimmt, die Pflanzen 1½ Stunden ohne Schädigung vertragen.

Frostkeimer, Staudenarten mit sehr hartschaligen Samen, die bald die Keimfähigkeit verlieren und durch Frost- und Schnee-Einwirkung zum besseren Keimen gebracht werden, z.B. Adonisröschen, Diptam, Nieswurz, Trollblume.

Frostplatten, treten am häufigsten an Süd- und Südwestseite des Stammes sowie an den sonnenexponierten Seiten der → Leitäste in I/III auf. Die Sonne erwärmt die exponierte Seite der genannten Organe und führt zur Belebung der Vegetation in den Kambiumzellen unter der Rinde. Folgt nach sonnigen Tagen sternklare Nacht mit Temperaturen bis unter −5°C, so entstehen zwischen dem über Tag erwärmten Baumteil und der Nachttemperatur Unterschiede von 20 bis 25°C. Durch Gefrieren des Zellsaftes werden Zellwände zerstört. Viel gefährlicher als das Gefrieren des Zellsaftes ist die Geschwindigkeit des Auftauens des gefrorenen Zellsaftes am folgenden Tag, wenn intensiver Sonnenschein folgt. Je öfter sich das Gefrieren und Auftauen wiederholt, um so größer ist der Scha-

Mit Kalkmilch angestrichene Obstbäume im Berner Oberland: Frostschutz, zugleich Schutz vor Schädlingsbefall. (Siebeneicher)

den am Kambium, so daß die lebende Verbindung zwischen Rinde und Splintholz fehlt. In der Folge fällt die Rinde plattenweise ab. Abhilfe durch frostsichere Sorten, Stamm- und Gerüstbildner oder Weißfärben der exponierten Baumteile, um das Erwärmen der von Natur aus dunklen Stämme zu verhindern. Frostplatten sind durch Wegschneiden geschädigter Organe bis auf das gesunde Gewebe und Schließen der Wunde durch Wundverschlußmittel in der Heilung zu fördern. Gehölze mit Frostplatten leisten wenig. → Verwundungen, → Wundpflege.

Frostrisse, haben dieselbe Ursache wie → Frostplatten, jedoch reißt die Rinde längs vom Kronenansatz bis zur Stammbasis auf und steht offen ab. Verhinderung wie bei Frostplatten. Heilen durch Anlegen des Verbandes, um die abstehende Rinde am Stamm zu befestigen, ev. annageln und den Riß mit Wundheilmittel schließen. → Verwundungen.

Frostschäden, an Obstbäumen: Frostrisse oder nach starkem Tempera-

Mäßige Fröste zur Blütezeit können Fruchtberostung verursachen. (Scherr)

turwechsel (Nachtfrost/Mittagserwärmung) Frostplatten. In feuchten Böden oder bei schwachen Pflanzen: Absterben der Feinwurzeln durch Bodenfrost. Spätfröste zerstören oft die Knospen, Blüten, Blätter oder gar Früchte (Blasen an Blättern, Schwärzungen bei Blüten, braune ‚Frostgürtel' an Äpfeln und Birnen). Frost führt auch oft zum Erfrieren der überwinternden Gemüsearten. Abwehrmaßnahmen → Frostschutz. → Verwundungen.

Frostschutz. 1. Gute Versorgung der Obstgehölze mit Reservestoffen (→ Kohlenhydrate), Wasser und Nährstoffen im Herbst; schlecht ernährte Obstbäume sind besonders frostanfällig. 2. Bei Hang- und Tallagen: Abfangen der fließenden Kaltluft durch → Hecken oder andere Schutzpflanzungen. 3. Entwässerung feuchter Senken, die zu ‚Kaltluftseen' werden. 4. Anstrich der Stämme mit Kalkmilch, um zu starke Erwärmung zu verhindern (Temperaturwechsel). 5. Abdecken der Brom- und Himbeerruten sowie des überwinternden Gemüses mit Stroh oder Reisig (während stärkerer Frostperioden). 6. Gegen Spätfröste: gefährdete Obst- und Gemüsepflanzen mit doppelter Plastikfolie überdecken. 7. Besonders sorgfältiger Pflanzenschutz nach Frühjahrsfrösten, da die Bäume dann besonders anfällig sind.

Frostspanner, spät im Jahr fliegende Spannerarten (→ Spanner), deren Weibchen reduzierte Flügel haben und flugunfähig sind. Wichtigste Art: kleiner Frostspanner, *Operophthera brumata;* Obstbaumschädling. An milden Tagen von X–XII Eiablage in Knospennähe; Eier überwintern. Raupen fressen im Frühjahr an Kern- und Steinobst (außer Pfirsich) sowie Laubhölzern Löcher in die Blüten und zusammengesponnene junge Blätter; später höhlen sie die jungen Früchte aus. Abwehr: Gegen Raupen im Frühjahr und -sommer mit ätherischen Ölen oder Bitterstoffen spritzen; gegen die im Herbst aus dem Boden kommenden flügellosen (!) weiblichen Falter, bevor sie an den Stämmen hochkriechen, Leimgürtel um die Stämme anlegen.

Frostspalten, Ursache wie bei → Frostplatten und → Frostrissen, extreme Temperaturdifferenzen zwischen Tag und Nacht, wobei jedoch außer der Rinde auch der Holzkörper bis zum Mark aufreißt und tiefe Spalte entsteht. Heilung selten vollkommen möglich. Zusammenziehen des gerissenen Stammes mit Eisenklammern bei wertvollen Gehölzen zweckmäßig. Wunde abdichten → Verwundungen.

Frucht- oder Ringfäule des Kern- und Steinobstes, Monilia, an Äpfeln, Birnen, Kirschen, Zwetschgen. (Archiv 2, Dr. Bender 2)

Fruchtabwurf

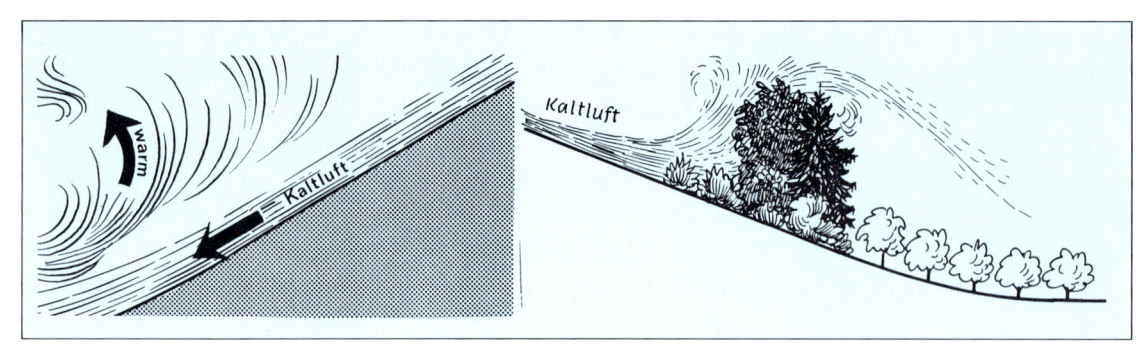

Links: Die schwere Kaltluft fließt in Bodenvertiefungen und hebt die leichtere Warmluft an. Rechts: Eine Hecke oberhalb der Obstanlage schützt vor einfließender Kaltluft. (Alle vier Darstellungen nach Friedrich/Preuße, Obstbau in Wort und Bild)

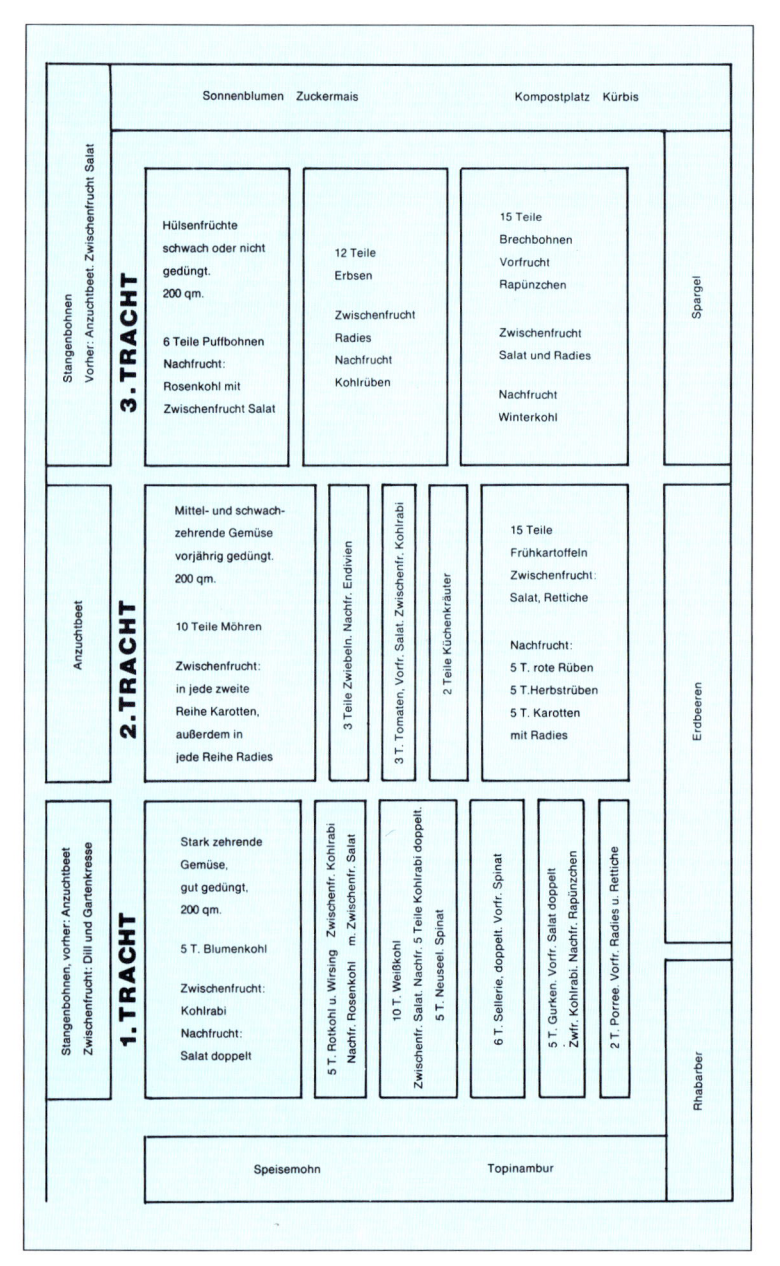

Fruchtabwurf, Abwerfen der unreifen Kern- und Steinobstfrüchte infolge Befalls durch Insekten (Apfel- und Pflaumenwickler, Sägewespen, Kirschfruchtfliege, Pflaumenbohrer u. a.) oder Krankheiten (Schorf, Mehltau, Fruchtfäule, Schrotschußkrankheit u. a.); → jeweils dort.

Fruchtbogen, entsteht aus Trieben auf der Oberseite waagrechter oder unter die Ansatzstelle abgesenkter Triebe. Diese F. werden in Wuchskraft durch bogenförmiges Herunterbinden gehemmt und so zu Fruchtbogen umgewandelt.

Fruchtfall, Abfall des Obstes vor der Baumreife. Anfällig sind einige Apfelsorten, z.B. Gravensteiner, Goldparmäne, Glockenapfel. Mit Wachstumsreglern sollte der Gartenliebhaber nicht spritzen, sondern entsprechende Sorten wählen. Wachstumsregler sind ähnlich wie Stauchemittel (→ Stauchewuchs) im industrialisierten Anbau aufgekommen.

Fruchtfäule, Ringfäule, Monilia des Kern- und Steinobstes. Erreger: 2 Pilzarten der Gattung Monilia. Symptome: Blütensterben (‚Blütenfäule') und Spitzendürre (Absterben blütentragender Triebspitzen) vor allem bei Sauerkirsche sowie Fruchtfäule (Verfärbung des Fruchtfleisches; gelbbraune oder graue Pusteln in konzentrischen Ringen auf der Frucht, welche schließlich mumifiziert) bei Kern- und Steinobst. Pilze überwintern in den Mumienfrüchten am Baum oder am Boden. Anstekkung durch Sporen, oft an Berührungsstellen von Früchten. Nasse Witterung während der Blüte fördert den Befall. Besonders anfällig sind Schattenmorel-

Beispiel für die Einteilung eines Gemüsegartens nach ‚klassischer' Fruchtfolge: Starkzehrer (1. Tracht), Mittelzehrer (2. Tracht), Schwachzehrer (3. Tracht). (Nach Könemann, Gartenbau-Fibel)

Fruchtfolge

Links: Kaltluft staut sich in der Umfriedung des Geländes durch Häuser, Mauern und Berghang. Der Obstgarten wird zum Kaltluftsee. Rechts: Frostgefährdete Anlage in einer Talmulde. Die oberhalb stehenden Bäume bilden kein Hindernis.

le und Aprikose. Abwehr: → Mumienfrüchte entfernen; Risse und Wunden (Eintrittspforten der Sporen) durch Bekämpfung von Schorf, Apfelwickler und anderen Fruchtschädlingen verhüten; zu dicht hängende Früchte ausdünnen; Rückschnitt kranker Zweige; Meerrettich unter die Bäume pflanzen, Krone mit → Meerrettichtee mehrmals spritzen; Vermeidung zu hoher Stickstoffgaben; Bäume mit Phosphor und Kali ausreichend versorgen.

Fruchtfolge, Aufeinanderfolge von Kulturpflanzen entsprechend ihren Ansprüchen an Boden und Nährstoffe. ALLGEMEINES. ‚Klassische' F. war früher: Stark-, Mittel-, Schwachzehrer. F. wurde weitgehend verdrängt durch Fruchtwechsel und → Mischkultur, weil sich diese Kulturverfahren in kleinen Gärten vielseitiger handhaben lassen. F. nach Nährstoffansprüchen mit entsprechender Düngung ist für Anfänger dennoch praktikabel, weil verhältnismäßig einfach. Fortgeschrittene gehen zu Fruchtwechsel und Mischkultur über. – GEMÜSE. Bei Aufstellung des Fruchtfolgeplans sind zu berücksichtigen: STALLMISTDÜNGUNG. Nach Stallmistgaben können angebaut werden: Kohlarten, Gurke, Tomate, Sellerie. Im 2. Jahr: Spinat, Zwiebeln, Lauch, Karotten, Salat, Kohlrabi. Im 3. Jahr: Hülsenfrüchte, Feldsalat. – KRANKHEITEN UND SCHÄDLINGE. Einseitiger Anbau derselben Nutzpflanze bringt starken Befall durch Bodenkrankheiten und Schädlinge; also Fruchtwechsel nö-

Die besten Früchte wachsen bei Apfel und Birne an gedrungenen Spießen am einjährigen Fruchtholz heran; mehrjähriges Fruchtholz muß gelegentlich verjüngt werden. – Süßkirschen blühen an Bukettzweigen und an der Basis von schwachen Langtrieben; Sauerkirschen hauptsächlich an Langtrieben. – Pflaumen tragen vorzugsweise an Kurztrieben und an nicht allzu starken Langtrieben. (Link und Titze)

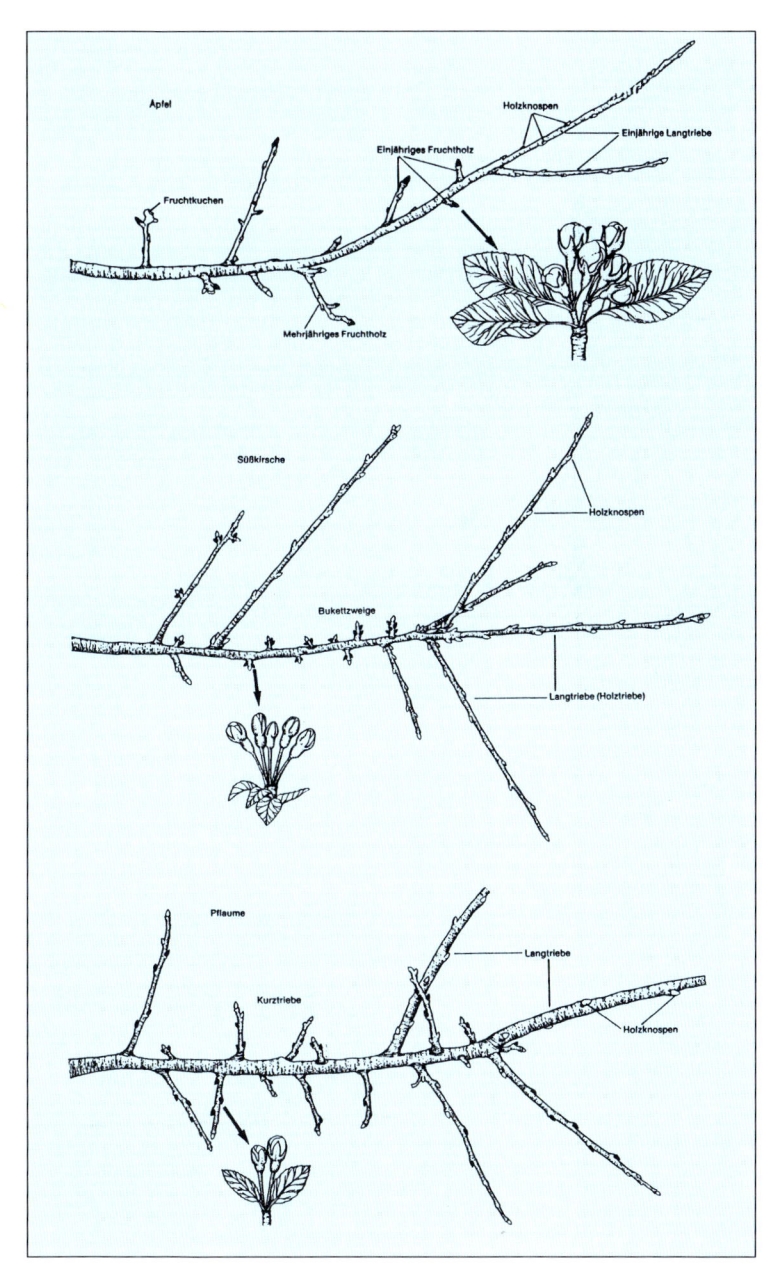

Fruchtgemüse

Salat im selbstlüftenden Frühbeetfenster System ‚Richter' in Oberbayern, gepflanzt am 18. Januar und …

… geerntet im März. Fenster vom Kasten im Vordergrund wurde abgenommen. (Demmel)

Durch Plexiglashauben lassen sich Ernten ähnlich wie im Frühbeet verfrühen. (Demmel)

tig! Dabei berücksichtigen, daß viele Krankheiten und Schädlinge verschiedene Gemüsearten befallen können, z. B. die Zwiebelfliege Zwiebeln, Lauch und Knoblauch, die Möhrenfliege Karotten, Sellerie und Petersilie. BODENMÜDIGKEIT. Beim Anbau nahe verwandter Gemüsearten gedeiht Folgekultur oft schlecht, z. B. Spinat nach Roter Rübe und Mangold. Im Garten berücksichtigen. Gleiche oder nahe verwandte Gemüseart frühestens nach 3 Jahren an derselben Stelle pflanzen. Planung nötig! (Siehe auch → Mischkultur.)

Fruchtgemüse, Gemüsearten, bei denen die Früchte das Ernteprodukt sind, also Gurke, Tomate, Eierfrucht, Melone und die Hülsenfrüchte. → Gemüsearten.

Fruchtholz, entsteht bei Kernobst an Holztrieben. Bei Kernobst ist der überwiegende Teil des Fruchtholzes zwei- bis dreijährig. Bei Steinobst sind einjährige Triebe bereits Fruchtholz. Altes Fruchtholz ist schwach, trägt wenig. Quirlholz: Kurzes, altes, unterernährtes Fruchtholz.

Fruchtholzschnitt → Obstbaumschnitt.

Fruchtmumien, die zu ‚Mumien' zusammengeschrumpften, von der → Moniliafäule befallenen Kern- und Steinobstfrüchte, die während des Winters am Baum hängen bleiben. Sie müssen im Winter entfernt werden, da von ihnen im Frühjahr die Ansteckung der jungen Triebe und Blüten ausgeht. Entfernte Fruchtmumien verbrennen oder vergraben.

Fruchtrute, → Fruchtholz. Schwache, 10–20 cm lange Triebe mit Blütenknospen an der Spitze.

Fruchtspieß, → Fruchtholz. Kurzes Fruchtholz bis 10 cm Länge mit Blütenknospe am Ende. (Siehe Abbildungen Seite 149.)

Fruchttrieberneuerung → Obstbaumschnitt.

Fruchtwechsel → Fruchtfolge, Anbauplan.

Frühbeet, zur Ernteverfrühung, auch Vorkultur z. B. von → Sommerblumen. Kastenartiger Holz- oder Betonrahmen, als Wanderkasten auf dem Boden stehend, als kalter Kasten 5 cm tief, als Mistbeet 30–50 cm tief in den Boden eingelassen. Maße des auch im Selbstbau erstellbaren F.es sind so zu wählen, daß deutsches Normalfenster (1,5 × 1 m) oder Holländerfenster (1,5 × 0,8 m) paßt. In moderner Form

Floratherm®-Frühbeet mit automatischem Fensteröffner. 120 cm breit, 150 cm lang. (Krieger/Röhm)

als selbstlüftendes F. zu empfehlen. – FRÜHBEETHEIZUNG. 1. Heizkabelprinzip. Auskleidung von Kastenboden und Seitenwänden mit Wärmedämmplatten. PVC-ummantelte Heizkabel auf dem Boden verlegt, darüber Sandabdeckung, darüber rostfreier Maschendraht, dann das Kultursubstrat, z. B. TKS (→ Torfkultursubstrat); automatische Temperaturregelung. – 2. Maschendrahtheizung: Auskleidung der Innenwände mit Hartschaumplatten (Asbestzement und Styropor), Heizmatten aus PVC-ummanteltem Maschendraht werden über einen Heiztrafo mit Kleinspannung (nach VDE unter 42 Volt) betrieben. Zur Temperaturregelung auswechselbare Schaltpatronen (Kontaktthermometer) mit Werten bis +30°C. (Nach ASA-Trafobau, Arolsen.)

Frühbeetfenster, Holzrahmen, entweder mit eingelassenem Glas oder mit Folie bespannt. Bei Folie wird oft glatter Maschendraht untergesetzt, um zwischen Folienausdehnung und -zusammenziehung auszugleichen und Wassersäcke zu vermeiden. → Folie. → Folienhaus.

Frühbeethauben, aus Plexiglas (→ Acrylglas), sind nicht standortgebunden. Mit ihnen läßt sich überall im Garten ein beliebig großes Frühbeet einrichten, das durch Seitenteile völlig geschlossen werden kann. Hauben und Seitenteile sind standardisiert, so daß sich das Frühbeet nach Bedarf erweitern oder verkleinern läßt.

Frühlings-Barbarakraut → Barbenkraut.

Frühlingslichtblume, *Bulbocodium.* Liliengewächse, *Liliaceae.* ○–◐ ♃ △ ⋈. Nur eine Art, manchmal auch zu den nahe verwandten Zeitlosen gezählt. Hübscher Frühlingsblüher. – *B. vernum* (*Colchicum bulbocodium, C. vernum*). Beheimatet vom Kaukasus bis zu den Pyrenäen. In den Alpen ein Glacial-Endemit, nur 2 kleine Standorte in Österreich bei Villach und in der Schweiz bei Sitten. Knolle eirundlich, braunhäutig. Blätter mit den Blüten erscheinend, später voll entwickelt, zungenförmig mit kappenförmiger Spitze. Blüten mit langer Röhre, tief eingeschnitten, kobaltviolett. II–III, 10 cm. – Verwendung im Steingarten oder zusammen mit anderen Kleinblumenzwiebeln. Boden nicht zu trocken, tiefgründig-lehmig. Vermehrung durch Selbstaussaat und Seitenknollen. Pflanzen im Sommer bis Herbst, 5–10 cm tief.

Frühjahrspflanzung → Pflanzzeit.
Frühkartoffel → Kartoffel.
Frühlingskirsche = *Prunus subhirtella* → Japanische Zierkirsche.
Frühlingszwiebel → Zwiebel.
Frühsorten (Gemüse), speziell für früheste Gemüsekulturen geeignete Sorten, → Sorten, Gemüse.

Fuchsbohne, *Thermopsis.* Hülsenfrüchtler, *Leguminosae.* ○–◐ ♃. Aufrechte Stauden mit tiefgehenden Wurzeln und wechselständigen, gestielten, dreizähligen Laubblättern mit großen Nebenblättern. Blüten in langen Trauben, lockerer als bei den Lupinen, end- oder seitenständig. Etwa 20 Arten in Nordamerika, Sibirien und Ostasien. – *T. fabacea,* Sibirien bis Nordamerika. Bekannteste Art, mit langgestielten Blättern, Blättchen verkehrteiförmig, blaugrün, seidig behaart. Blüten in seitenständiger Traube, gelb. V–VII, 60 cm. – Verwendung wie Lupinen im Staudenbeet und als Solitärpflanze. Wächst in jedem nicht zu nassen Gartenboden. Vermehrung durch Aussaat.
Fuchsia → Fuchsie.
Fuchsie, *Fuchsia.* Nachtkerzengewächse, *Onagraceae.* ● ♄–♃ ⌂. Halbsträucher, Sträucher und Bäume, die besonders in der Bergwaldregion wachsen. 100 Arten in Mittel- und Südamerika, wenige Arten auf Neuseeland.
W*inter*harte Arten. Nur die 2 folgenden sind bei uns unter günstigen Bedingungen ausreichend winterhart. *F. magellanica.* ○ ♄ V–IX ⌒. In Chile und Peru beheimatet. Aufrechtwachsender, 1 m hoher Strauch mit lockeren Zweigen und lebhaft roten, hängenden Blüten. 'Gracilis' (*F. gracilis*), feinverzweigt, Blüten rot, an schlanken Stielen hängend; 'Riccartonii' (*F. riccartonii*) ist die härteste F., Blüten scharlachrot. – *F. microphylla.* ○ ♄ IX–X ⌒. Aus Mexiko, niedriger Strauch mit karminrosa Blüten. – Ansprüche: Diese F.n wachsen in jedem nahrhaften Gartenboden, verlangen aber warmen, geschützten Standort und sind im Sommer für Bewässerung sehr empfänglich. In der Regel frieren sie im Winter zurück, treiben aber im Frühjahr wieder aus. Bodenschutz aus Rindenhumus und Laub ist trotzdem angebracht. – Vermehrung: Stecklinge von krautigen Trieben wachsen sehr leicht.
T*opf*pflanzen. ○ ♄–♃ ⌂. *F. × hybrida.* Verholzende, aufrechte oder hängende Sträucher mit gegenständigen, gezähnten oder ganzrandigen Blättern. Blüten meist hängend aus den Blattachseln, zweiteilig aus Kelch und Krone bestehend. Die Krone kann aus 4 Blättern (einfachblühende Sorten) oder aus mehr Blättern (gefülltblühende Sorten) bestehen. Kelch und Krone besitzen oft unterschiedliche Farben, vor allem in folgenden Kombinationen: rot-blau, rot-weiß, rosa-lila, rosa-rosa,

Beispiel für Einteilung eines warmen Frühbeetkastens mit drei Fenstern zur Jungpflanzenanzucht und Gemüsetreiberei. (Nach E. Könemann)					K R	K R	K R	K R	Rt
Fr. Blumenkohl	Fr. Kohlrabi	Tomaten	Kastengurken (Teil für Freiland)		S : Kr :	Kr : S :	S : Kr :	Kr : S :	Rt
Porree	Sellerie	Basilikum	Majoran		S : Kr :	(G) : Kr : S :	S : Kr :	Kr : S :	
Kopfsalat	Zwiebeln	Zunächst frei zum späteren **Pikieren** von Tomate, Sellerie, Porree, Kohlarten, Salat, Majoran, Basilikum u. a.			S : Kr :	Kr : S :	(G) : S : Kr :	Kr : S :	
Gartenkresse	(Dill)	Petersilie			S : Fr :	Kr : Fr :	S : Fr :	Kr : Fr :	Fr
Fenster	I		II			III			
Fenster I und II Saaten zur Anzucht; pikieren und später auspflanzen. Kleine Felder einteilen und mit Holzstäbchen abgrenzen. Breitsaat, dünne Schicht Torferde mit Sieb darübergeben.					**Fenster III** zum Treiben und für Ernte aus dem Kasten. K. und R: = 4 Reihen Karotten und Radies, punktierte Linie. S = Salat und Kr = Kohlrabi dazwischenpflanzen. Rt = Rettich, stupfen. Fr = Frührettich Ostergruß untere Reihe. (G) = zwei Kastengurken als Nachfrucht pflanzen.				

Fuchsschwanz

Fuchsie 'Leverkusen'. (Seidl)

Fuchsie 'Tom Thumb'. (Seidl)

Fuchsschwanz, *A. caudatus.* (Seidl)

orange-rot, weiß-rosa, weiß-violett. – In feuchteren Gebieten vertragen F.n volle Sonne, sonst benötigen sie schattige Aufstellung. Meist finden F.n als Topfpflanzen, zur Grabbepflanzung und als Balkonschmuck, selten als Beetpflanze, Verwendung. Starke Zehrer, die eine entsprechende Ernährung verlangen! – Vermehrung durch Stecklinge, die in den Gärtnereien üblicherweise im I, beim Liebhaber schon im IX oder X geschnitten werden. Man kann aber auch ältere Pflanzen überwintern, wobei ein leichter Rückschnitt ins Verholzte vor dem Einstellen in das Winterquartier zu empfehlen ist. F.n können dunkel im Keller überwintert werden, es empfiehlt sich jedoch hell bei etwa 5°C zu überwintern. Grauschimmel kann hier großen Schaden anrichten. Im Frühjahr wird nochmals durchgeputzt, bzw. bei den frischen Stecklingen einige Male gestutzt, damit die Pflanzen gut durchtreiben und buschig werden. Nach den Eismännern kann ausgeräumt werden. Balkonkästen mit F.n sollten wenigstens jedes zweite Jahr eine frische Erdfüllung erhalten. – *F. Triphylla-Hybriden.* Trauben- oder Korallen-F. Röhrenförmige, leuchtendorangerote Blüten in Büscheln am Ende der Triebe. Laub oft rötlich gefärbt. Sehr auffällig. Wie die normalen F.n zu behandeln, doch etwas wärmer halten und hell überwintern. Sie können dann sogar durchblühen. Bei beiden Gruppen ist die Hochstammzucht möglich. Entweder man verwendet starkwüchsige Sorten oder veredelt auf Stammbildner. *Triphylla-Hybriden* verwachsen nicht mit normalen F.n. – *F. procumbens.* ☉ ♄ ◠ ⁓ ⌑ o. ⌒ i. Freiland ⚭ Lie. Neuseeland. Interessanter Zwergstrauch mit kriechenden, am Boden wurzelnden Trieben, daher als Ampelpflanze sehr gut geeignet. Blüten klein, schokoladenfarben, Beeren hellrosa, bis 3 cm groß, sehr auffällig. Selten gewordene Ampelpflanze für das kühle Zimmer, besonders durch die Früchte schön. – Vermehrung durch Stecklinge oder Aussaat.

Fuchsschwanz, Amarant, *Amaranthus.* Amarantgewächse, *Amaranthaceae.* ○ ☉ ✕. Etwa 50 Arten in Tropen und Subtropen. Die wichtigste gärtnerische Art ist *A. caudatus,* 80–100 cm, für Beete und Rabatten. Nicht nur hübsche Gruppen- und Solitärpflanze, auch als Schnittblume attraktiv. – Einen Pflanzentyp mit aufrechtem Blütenstand repräsentiert *A. paniculatus,* 'Zwerg-Fackel', nur ca. 25 cm, daher gut für niedrige Beete und Einfassungen geeignet. – Aussaat beider Arten IV–V unter Glas oder ab Mitte V direkt ins Freiland. Beide lieben humosen, nährstoffreichen Boden und sonnige Lage.

Fuge, in der Bautechnik schmaler Trennungsraum zwischen zwei Bauteilen wie Mauern, Stufen, Wänden oder Platten. Nach Verbindungsmittel, Ausdehnungsfähigkeit oder gestalterischer Absicht gibt es Dehnungs-, Lager-, Stoß- und Setzungsf.n.

Fungizide, pilztötende chemische Mittel. Wie zu anderen Formen der → Chemischen Bekämpfung ist auch zur Abwehr der pflanzenpathogenen

Mehrjährige Fuchsie in einem Kübel. (Herbel)

Pilze im Garten eine neue Einstellung notwendig. Die älteren, heute noch oft gebrauchten Kupfer- und Schwefelpräparate gefährden die Gesundheit der Pflanzen, während die neuen Quecksilber- und synthetisch-organischen Fungizide vor allem der Kleintierwelt (Schlupfwespen!) starke Schäden zufügen. Dagegen sind Kombinationen von Pflanzenextrakten und Netzschwefel (z.B. → Ledax-Bio) ökologisch vertretbar. Auch einige reine Pflanzenauszüge, besonders → Meerrettichbrühe, haben sich als brauchbare Pilzbekämpfungsmittel erwiesen.

Funkie, *Hosta.* Liliengewächse, *Liliaceae.* ◐-● ♃ ✕. Harte, langlebige Stauden mit schön gefärbten Blättern, die auch noch auf schlechten Böden und unter Bäumen befriedigend wachsen. Die meisten der alten Namen wurden in den letzten Jahren geändert. – *H. crispula* (*H. sieboldiana* var. *marginata*) hat mittelgroße, grüne Blätter mit einem weißen Rand, 50 cm. – *H. lancifolia* (*Funkia japonica*), Blatt mittelgroß bis klein, länglich, dunkelgrün. Blüten blauviolett, spät- und reichblühend. 'Alba-Marginata' mit schmalem, weißen Rand, 40 cm. – *H. plantaginea* 'Grandiflora', Lilienfunkie (*F. subcordata*), große, grüne, herzförmige Blätter und große, weiße, stark duftende Blüten. 60 cm. – *H. sieboldiana* (*H. glauca*), Blätter intensiv stahlblau, Blüten hellila. *H.s.* var. *elegans* (*H. fortunei* var. *robusta*), eine der bekanntesten Funkien, mit größeren Blättern, stahlblau, Herbstfärbung goldbraun, 60 cm. – *H. sieboldii* (*H. albomarginata*) mittelgroße, dunkelgrüne Blätter, 50 cm. – *H. tardiflora*, schmale, lange, nicht gewellte Blätter, dunkelgrün. Blüte hellviolett mit dunkler Aderung. 50 cm. – *H. undulata* 'Univittata', Schneefeder-Funkie. Blatt grün, Mitte mit weißer, federartiger Zeichnung. Wird gern zur Bepflanzung von Blumenschalen mit verwendet. 30 cm. – *H. ventricosa* (*H. coerulea, H. ovata*). Große, dunkelgrüne, eirunde bis herzförmige Blätter, Blüten langstengelig, dunkel lavendelblau. 'Aureo-Marginata', Frühlings-Goldfunkie, besonders beim Austrieb goldgelb. 'Honeybell' hat größere, lavendelblaue Blüten. 40–50 cm. VII–IX. –

Funkie, *Hosta tardiflora.* (Seidl)

Vermehrung durch Teilung, Verwendung als Schattenstauden.

Furchensaat → Saat.

Fusarium, Pilzgattung, deren zahlreiche Arten Welke-, Fuß-(Stengelgrund-) und Knollenkrankheiten verursachen: Fusarium-Welke der Gurke und Stangenbohne, Fußkrankheit der Erbse und des Spargels sowie von Zierpflanzen, Knollenfäule der Gladiole. Symptome bei Welke: Triebe und Blätter welken, Stengelgrund mit weißem oder rosa Pilzbesatz, oft gespalten; Fußkrankheit: schwarze Verfärbung und Fäulnis des Stengelgrundes, insbesondere der Sämlinge (→ Umfallkrankheit). Die Fusarien gelangen teils über den Samen, teils direkt vom Boden in die Pflanze. – Abwehr: Kranke Pflanzen entfernen; Saatgutbeizung; → Fruchtwechsel: 3 Jahre am betreffenden Platz andere Pflanzen bauen. Andere pilzliche Erreger verursachen ähnliche Fußkrankheiten wie F. (→ Stengelfäule, → Schwarzfäule, → Umfallkrankheit).

Fusarium nivale → Rasenkrankheiten.
Fusicladium → Schorf.
Fußblatt → Maiapfel.
Futterhäuschen → Vogelschutz.

Funkie, *Hosta lancifolia.* (Herbel)

G

Gabel (Forke). Verschiedene G.n werden für Gartenarbeiten gebraucht: Dung- (Mist-), Heu-, Kartoffel-, Obst-, Laub-, Grabeg. Der Verwendung entsprechend unterscheiden sie sich durch eng oder weiter auseinanderstehende Zinken.

Gabeln → Rasenpflege.

Gänseblümchen → Maßliebchen.

Gänsefüße → Bodenbearbeitungsgeräte.

Gänsekresse, *Arabis.* Kreuzblütler, *Cruciferae.* ○–◐ ♃ ⁞ △ Bie. An 100 Arten in den Gebirgen der Erde, meist staudig, einige als Gartenpflanzen kultiviert. Polsterstauden, Vorfrühlings- und Frühlingsblüher. – *A.* × *ardensii*, Kreuzung *A. aubrietoides* × *A. caucasica.* Graues, behaartes Laub, Blütentrauben. 15 cm. 'Rosabella' blüht rosa. – *A. caucasia*, weitverbreitet, immergrün. 20 cm. 'Plena', mit dichtgefüllten weißen Blüten; 'Schneehaube', mit größeren Blüten. – *A. procurrens*, Schaumkresse. Grüne Blätter, bildet Polster. – Verwendung: Steingarten, Trockenmauern, Einfassungen, Bodendecker. Zusammen mit Aubrietien und anderen Frühlingsblühern; *A. procurrens* schön z. B. mit niedrigen Glockenblumen *(Campanula cochleariifolia).* – Ansprüche: Normaler Gartenboden, in sonniger bis halbschattiger Lage. Keine Bodennässe! – Vermehrung durch Stecklinge im Frühjahr und Herbst. *A. arendsii* auch aus Samen.

Gänsekresse, *Arabis caucasica.* (Herbel)

Von Hecken umgebener Platz zur Aufbereitung gärtnerischer Erden, mit Kompostmieten und -silos und Schutzdach zur Lagerung der verschiedenen Erden. Im Gartenbau kaum mehr anzutreffen, bei Liebhabern gelegentlich. (Nach Leberecht Migge, aus Könemann, Neuzeitliche Kompostbereitung)

Gärtnerische Erden, Spezialerden, besonders zur Kultur von Zierpflanzen. Zeichnen sich aus durch hervorragende Eigenschaften hinsichtlich Luft- und Wasserführung, nachhaltiger Nährstoffabgabe in hormonischer Zusammensetzung sowie pH-Wert (→ Bodenstruktur, → Haftwasser, → Pflanzenernährung). Die früher von Gärtnern, oftmals nach vererbten ‚Geheimrezepten', selbst gemischten G. E. wurden in der Industriegesellschaft bei hohen Löhnen weitgehend durch → Einheitserde, → Torfkultursubstrat u. ä. Substrate abgelöst. Selbst gemischte G. E. sind aber nach wie vor wertvoll, besonders für Privatgärtner. – HEIDEERDE. Kalk- und nährstoffarm, von Böden mit Besenheide, Birke, Wacholder zu entnehmen. Für alle Ericaceen. – LAUBERDE. Aus Streu von Laubwäldern, Parkanlagen oder durch Kompostierung von Laub zu gewinnen (→ Kompost). Für Waldgewächse, die auf Rohhumus gedeihen, Rotte unterbrechen. C/N-Verhältnis und pH-Wert je nach Verwendungszweck steuern. Verbessert Luftaustausch. Zur Mischung für Kakteenerde. – LEHM. Aus Lehmgruben (→ Lehm, → Ton, → Tonmineralien), im Handel als → Bentonit. Zur Mischung mit Sand u. a. Erden. Balkonkästen und Blumenschalen Lehm zugeben, kombiniert mit organischen Düngern, wie Horn-Knochen-Blutmehl. Gurken und Chrysanthemen reagieren positiv auf Lehmanteil. – NADELERDE. Ähnlich Heideerde, sauer und nährstoffarm, locker, verbessert Struktur. – MISTERDE. Vielfältig herzustellen, aus Mist, Kompost. Beispiel: Kulturerde für Unterglaskulturen aus abgelagertem, strohfreiem Rinderdung, gemischt mit saurer Rasenerde, Torfmull von Weißtorf bzw. Rinden-Kultursubstrat und scharfem Sand (nach Reusrath-Hermey, Gärtnerische Kulturen unter Glas, Frankfurt/M. 1969). – MOORERDE. Aus Niedermoor alkalisch, mit Stickstoffgehalt, aus

Hochmoor sauer und nährstoffarm. – RASENERDE. Aus Grassoden zu gewinnen. Eigenschaften verschieden nach Durchwurzelung, Kleeanteil, pH-Wert. Zur Mischung von Kulturerde s. o. bei Misterde. – SAND. Als Zusatz zu verschiedenen Kulturerden, jedoch in geringen Anteilen, mindert Wasserhaltekraft. Scharfer Sand 0,5–2 mm. Beispiel: Kakteenerde aus Sand, Lehm, Garten-, Laub- und Mistbeeterde und Torfmull bzw. Rinden-Kultursubstrat (→ Rindenprodukte) zu gleichen Teilen.

Gärtnerspaten. Der Spaten war früher Symbol für gärtnerische Arbeit. Heute weitgehend ersetzt durch lokkernde Geräte wie Grabegabel und SZ-Wühler. → Bodenbearbeitungsgeräte.

Gaillardia → Kokardenblume.
Galanthus → Schneeglöckchen.
Galega → Geißraute.

Gallen, Verformungen oberirdischer Pflanzenteile, verursacht von darin lebenden Gallmilben und Gallenläusen bzw. Larven von Gallwespen und Gallmücken. Wichtigste Arten: Kräusel- und Pockenmilbe des Weines (Blätter gekräuselt und mit pockenartigen Pusteln); Birnblattpockenmilbe (Blätter mit dunklen runden Pocken) → Johannisbeergallmilbe (Anschwellen und Vertrocknen der Knospen); Eibengallmilbe (Knospen verdickt, Neutriebe mißgestaltet); Fichtengallenläuse (runde oder ovale Knospengallen); Rosengallwespe (faustgroßes fasriges, rotes Schwammgewebe am Stengel); Drehherzgallmücke des Kohls, → Birngallmücke, → Himbeerrindengallmücke (Aufblähungen an den Ruten), → Erbsengallmücke; Kohlschotenmücke (Verformungen der Schoten); Chrysanthemengallmücke (kegelförmige, 3 mm lange Gallen an Stengeln und Blättern). Bezüglich Gallen an Wurzeln → Nematoden.

Rosengallwespe. (Dr. Bender)

Galtonia → Riesenhyazinthe.
Gamander, *Teucrium.* Lippenblütler, *Labiatae.* 160 Arten, meist Halbsträucher oder Stauden, in beiden gemäßigten Zonen. Für den Garten ist nur von Bedeutung: *T. chamaedrys,* Edelgamander. ○ ♄ VII–VIII △ |: Bie. In Mittel- und Südeuropa beheimatet. Immergrüner, 15–25 cm hoher Halbstrauch mit dunkelgrünen Blättern und purpurnen Blüten. – Sehr anspruchslos, nimmt mit jedem, nicht zu nassem Boden vorlieb. Nach dem Setzen empfiehlt sich Rückschnitt, damit die Pflanzen schön buschig werden. Für Steppen- und Heidegärten geeignet oder auch als kleine Einfassungspflanze, die jeden Schnitt verträgt. – VERMEHRUNG: Aussaat bedeutungslos, da Stecklinge oder Teilung sehr leicht.

Ganzjahreskultur, das Verfahren, bestimmte Gemüsearten das ganze Jahr über anzubauen. Dargestellt in der Tabelle am Beispiel Kopfsalat.

Ganzkölbchen, *Aphelandra.* Akanthusgewächse, *Acanthaceae.* ◐ ♄ ▽. Strauchige Pflanzen mit gegenständigen, meist bunten Blättern und kolbigen Blütenständen. 70 Arten im tropischen Amerika. – *A. squarrosa,* Brasilien. Blätter eiförmig elliptisch, bis 25 cm lang, glänzend dunkelgrün mit silberweißer Zeichnung entlang der Adern. Blütenähren endständig, einzeln oder zu mehreren, Deckblätter hell- bis dunkelgelb, Blüten herausragend, gelb. Durch Kreuzung der beiden Varietäten *leopoldii* und *louisae* entstand die Sorte 'Fritz Prinsler', von der viele der heutigen Sorten abstammen. Heute findet man u. a. 'Dania', 'Königer', deren Unterschiede vielfach im Ansprechen auf Licht und Temperatur bestehen, das für den Gärtner wichtig ist. 'Silver Queen' ist eine neuere, im Aspekt mehr grau wirkende Sorte mit breiteren Blättern. *A. aurantiaca* var. *roezlii,* Mexiko. Blätter mehr rundlich,

Fichtengalle der Fichtengallaus. (Bender)

Glanzkölbchen, *Aphelandra squarrosa* 'Dania'. (Seidl)

10–15 cm lang, grün mit silbernen Flecken. Blütenähren endständig, Deckblätter grün, Blüten lebhaft feurigorange. Seltene Pflanze für den Wintergarten oder das Blumenfenster. *A. sinclairiana.* Costa Rica, Panama. Blätter groß, dünn, grün. Blütenstände verzweigt, Hochblätter orangebraun, Blüten rosa. Legt die Blüten mit tiefen Temperaturen an und wird deshalb hin und wieder angeboten. Kultur gleicht Pachystachys. – G. sind schöne Zimmerpflanzen und besonders für warme Räume geeignet. Sie benötigen Temperaturen um 20°C und während der Wachstumszeit reichlich Wasser und Nährstoffe. Die Substrate sollen humusreich und durchlässig sein. Weichhautmilben und Schildläuse machen oft Schwierigkeiten. – Vermehrung durch Stamm- oder Kopfstecklinge.

Gardenie, *Gardenia.* Krappgewächse, *Rubiaceae.* ○–◐ ♄ ▽ ⋈ D Lie. Eine der Standard-Ansteckblumen im angelsächsischen Raum, wird in größerem Umfang in den USA gezogen. – *G. jasminoides.* China, bis 1 m hoher Strauch, Blätter zugespitzt, glänzend grün. Blüten endständig, sitzend, reinweiß oder leicht gelblich, 7 cm breit, sehr süß duftend. Bedeutung als Schnittblume haben allein 'Plena' und einige andere gefülltblühende Auslesen. – Kultur schwierig, braucht hohe Temperaturen, 20–22°C, gleichmäßige Feuchtigkeit, entsprechend Licht und humose, durchlässige Substrate. Bei schlechten Bedingungen werfen die Pflanzen meist die Knospen ab. Für die Ballsaison wird in der englischen Literatur die Sorte 'Veitchii' empfohlen, da nur diese sicher um diese Jahreszeit blüht.

Gare → Bodengare.
Gartenabfälle → Abfälle.
Gartenarchitektur, Teilgebiet der Landespflege und städtebaulichen Ordnung mit Schwerpunkt im privaten und

Gartenbeleuchtung

öffentlichen Grün. G. fußt auf naturräumlichen und siedlungsbedingten Gegebenheiten und arbeitet nach ökologischen, technischen und gesellschaftlichen Erkenntnissen. Zu den Aufgaben der G. gehört die gestaltende, technische und wirtschaftliche Planung von Gärten aller Art, Grünflächen an Siedlungen, Freiflächen an Werken der Baukunst, besonderen Freiräumen im Stadtgebiet, wie Schulen, Krankenhäusern, Kleingärten, Ausstellungen, botanischen und zoologischen Gärten sowie die Betreuung von historischen Gärten. Diese Aufgaben werden wahrgenommen von Garten- und Landschaftsarchitekten, deren Titel durch Architektengesetz geschützt ist und die entweder 8 Semester an einer Fachhochschule mit Abschluß als Dipl.Ing. FH oder 8 Semester an einer Universität mit Abschluß als Diplomingenieur studiert haben.

Gartenbeleuchtung. Mit verschiedenen Beleuchtungskörpern werden Wege, Zugänge, Zufahrten und Freiräume im Garten nicht nur aus Gründen der Sicherheit, sondern auch für gesellige Veranstaltungen beleuchtet.

Gartenboden, ursprünglich entstanden in einer Umgebung der Städte aus ihren Abfällen, unter dem Einfluß jahrhundertelanger Bearbeitung, Bewässerung, Bebauung und Durchmischung durch Bodentiere, besonders Regenwürmer. Bodenkundlich als Hortisol bezeichnet. Hortisol im engsten Sinne tiefgründiger G., mit stark humoser Oberschicht von 80–100 cm, z.B. in Klostergärten oder Gemüseanbaugebieten, wie Vierlande bei Hamburg.

Gartenbesen, zum Zusammenfegen von Gartenabfällen, z.B. Rasenschnitt, meist mit fächerartig in der Halterung angebrachten Stahlzinken, seltener aus Bambus; federleicht der Nylonbesen mit 21 Nylonzinken und Handstiel aus Aluminium, Gesamtgewicht ca. 500 g. → Rasenpflegegeräte.

Gartenfolien → Folien.

Gartengeräte. Mit der folgenden Übersicht sind die G. gruppenweise gärtnerischen Arbeitsvorgängen zugeordnet, die zusammengenommen das gesamte Gartengeschehen erfassen. – PLANEN UND VORARBEITEN: Meßgeräte wie → Bandmaß, → Richtscheit, → Setzlatte. – PRÜFEN UND ÜBERWACHEN: Bodentester, Pehameter, Thermometer, bei Kulturen unter Glas → Hygrometer, → Thermostat und weitere. – AUFBEREITEN UND TRANSPORTIEREN: Schaufel, Schippe, Siebe, → Gartenkarre und zu Wassertransporten → Gießkanne und → Pumpe. – BODENBEARBEITUNG: Spaten, Grabegabel bewerkstelligen tiefe, Fräse, Kultivator flache Bodenbearbeitung. Oberflächig arbeiten auch Lüfter, Krümmer, Grubber und insbesondere Rechen. → Bodenbearbeitungsgeräte. – SÄEN UND PFLANZEN: → Rillenzieher, → Pflanzholz, → Särolle und → Sämaschine. – VORKULTIVIEREN: → Pikiergabel, → Stecklingsmesser und zahlreiche Hilfsmittel. – BODENVERBESSERUNG UND PFLANZENERNÄHRUNG: Dunggabel (Kompostbereitung) und → Düngerstreuer. – KULTURARBEITEN im Zier- und vornehmlich im Nutzgarten: Hakke, Ziehhacke, Krümler (Rollkrümler) und Häufler. → Bodenbearbeitungsgeräte. Manches G. begegnet uns bei der Grabpflege, in Klein- und bei Balkon- und Topfpflanzenkultur in Kleinstausführung wieder. – BEWÄSSERN: → Regner oder → Beregungsanlage. – UNKRAUT- und SCHÄDLINGSBEKÄMPFUNG, REINIGUNG: Jäten (Distelstecher) und Schuffeleisen dienen der mechanischen, Spritz- und Stäubegeräte der chemischen Unkraut- und Schädlingsbekämpfung und der (giftfreien) vorbeugenden Pflanzenpflege; Besen (Fächerbesen), → Baumbürste und → Baumkratzer.
– OPERATIVE EIN- UND ANGRIFFE: → Baumsäge, → Baumschere, → Gartenschere, → Heckenschere, → Hippe, Sichel und Sense. – RASENPFLEGE: → Rasenmäher, Rasenkantenschneider, Aerifizier- und Verticutiergeräte und einige weitere Hilfsmittel. – Rasenpflegegeräte. – VEREDELN: Okulier- und Pfropfmesser (→ Messer). – ERNTE: → Obstpflücker und Spargelmesser, um nur einige zu nennen.

Gartenhaarmücke, schwarze fliegenähnliche Mücke, die in der zweiten Hälfte V oft in großen Mengen im Garten auftritt und ihre Eier in den Erdboden ablegt. Die bis 15 mm langen schmutziggrauen, mit lederartiger Haut versehenen Larven fressen an den Wurzeln von Gemüse- und anderen Gartenpflanzen. Besonders in Komposterde, Mistbeeten und in reichlich mit Stallmist gedüngten Parzellen. Abwehr: Befallene Pflanzen mit Rainfarn- oder Wermuttee (→ Kräuterextrakte) spritzen.

Gartenhaus, im Hausgarten besonderes Gebäude in Massiv- oder Fertigbauweise für Geräte, Maschinen, Umwälzanlagen, Haustiere oder in Verbindung mit einem Gewächshaus. Ein G. kann aber auch an einem zweiten Freisitz oder am Gartenbad angrenzen.

Gartenheidelbeere, *Vaccinium corymbosum.* Heidekrautgewächse, *Eri-*

Gartenheidelbeeren gedeihen nur auf nährstoffarmen, humusreichen und möglichst noch nicht gärtnerisch genutzten sauren Böden. (Schimmelpfeng)

caceae. Mit ca. 200 Arten vom nördlichen Polarkreis bis in die Tropen verbreitet. Heimat ist USA, wo auch die Selektion und Züchtung im großen Umfang durchgeführt wurde. In USA befinden sich auch die größten Anbauflächen, in den Staaten New Jersey, Michigan, North Carolina, Washington, Oregon, Massachusetts, New York, Pennsylvania, West-Virginia, Wisconsin, Minnesota. In Deutschland bearbeitete die G. W. Heermann, zuerst am Kaiser-Wilhelm-Institut für Züchtungsforschung in Müncheberg/Mark, später auf Privatland in Grethem ü. Schwarmstedt/Hannover. G.-Früchte enthalten u.a. 16 mg% Calcium, 0,8 mg% Eisen, 280 I.E. Vitamin A, 0,02 mg% Vitamin B1, 16 mg% Vitamin C. Sie haben hohen gesundheitlichen, diätetischen Wert. Beeren je nach Sorte unterschiedlich groß, bis mittlere Sauerkirsche. Hautfarbe blau. Fleisch mit nicht färbendem Saft. Entwicklungszeit der Beeren von der Blüte bis zur Reife je nach Sorte 60–90 Tage. – Standortansprüche: Gemäßigtes Klima mit etwa 800 Stunden unter 4°C während der Winterruhe. Kritische Wintertemperaturen von −20 bis −25°C. Blüte von Mitte bis Ende V wenig frostgefährdet, verträgt ohne Schaden bis −5°C. Standort sonnig bis höchstens halbschattig, windgeschützt. Boden sauer, mit pH-Wert von 4,3–5,5. Hoher Grundwasserstand vorteilhaft. Humusgehalt des Bodens minimal 3,5 %, optimal 7 %. Bei Bodenwahl, Pflege und Düngung Humusbedarf beachten. Vermehrung durch Steckholz, Anhäufeln, Absenker, Wurzelschosse u.a. –

Pflanzzeit: X–XI, III–IV. Pflanzabstand: 1,2–1,5 × 3 m. Pflanzgut: zwei- bis dreijährige gut bewurzelte Büsche. Schnitt wie bei Johannisbeeren durch Auslichten der Sträucher und Fruchtholzerneuerung. Blütenbiologie: Alle Sorten sind Fremdbefruchter. Pollenvermittlung durch Bienen. – Bodenpflege: Seichtes Lockern und Bedecken mit organischen Substanzen, Gründüngung. Bewässerung während der Vegetation. Düngung mit physiologisch sauren Düngerarten. Ernte: Mitte VII–IX, Höhepunkt VIII. Reife Früchte dunkelblauviolett. Nicht alle Früchte des Strauches oder Fruchtstandes reifen gleichzeitig, deshalb laufend durchpflücken. Ertrag pro Strauch je nach Sorte und Alter: 2,5–10 kg Beeren. Strauchgröße je nach Sorte und Alter: 0,5–1,5 m. – Sorten: Earlyblue, Blueray, Dixi, Blauweiß-Goldtraube, Zuckertraube. – *V. myrtillus* ○ – ◐ ♄ ⚭ VI, in Europa bis Nordasien beheimatet, wird wegen der blaufärbenden Früchte auch Blaubeere genannt. Kleiner, kaum 40 cm hoher, sommergrüner Strauch, der wildwachsend nur auf Urgesteinsboden vorkommt. Im Garten dementsprechend kalkfrei setzen. Als Vorpflanzung zu großen Alpenrosen oder als Gruppen im Heidegarten.

Gartengelände. Für intensive Bewirtschaftung durch Nutz-, Zier- oder Sondergarten vorgesehene, eigentumsrechtlich im Grundbuch eingetragene und räumlich umhegte, befriedete Freifläche.

Gartenhof. Vorbild ist im Altertum das Atrium, im Mittelalter das kleine Burggärtlein und der Klostergarten, später der Garten am Biedermeierhaus. Meistens als Sitzplatz im Freien in Anlehnung an das Wohnhaus gedacht, oft mit Wasserbecken, teils gepflastert, teils mit schattenliebenden Gehölzen und Stauden bepflanzt.

Gartenkarre, dient zum Transport von Erde, Dünger, Steinen etc. Im Handel sind Schubkarren aus Holz und Metall und die sog. Muldenwagen.

Gartenkelle, Pflanzspaten, zum Pflanzen von Ballenpflanzen, 30 cm lang, aus einem Stück hergestellt.

Gartenkresse, *Lepidium sativum.* Kreuzblütler, *Cruciferae.* Stammt aus dem Orient, seit der Römerzeit nördlich der Alpen bekannt. Anbau: Sehr dicht (‚kressedicht') säen auf vorzugsweise mageren Boden; keimt in 1–3 Tagen. Junge Pflänzchen mit Keimblättern und ersten echten Blättern 2–3 Wochen nach Saat schneiden. Folgesaaten in Abständen von 14 Tagen. Geht gut auch in Frühbeeten ab Ende II, im Winter Anbau auch in Saatschalen vor dem Zimmerfenster. Verwendung: Gibt schmackhafte, pikant gewürzte Salate.

Gartenkrokus → Krokus.

Gartenlaubkäfer → Junikäfer.

Gartenmauer, fundamentiertes Bauwerk im Garten als Schutz (Sicht- und Lärmschutz), zur Geländesicherung (Stütz- oder Futtermauer) und aus statisch-architektonischen Gründen (Schwergewichts-, Stahlbeton- oder Trockenmauer). Nach Funktion und gestalterischer Absicht werden Beton-, Ziegelstein- und Natursteinmauern in verschiedenen Höhen, Breiten und Kombinationen gebaut. Für Betonmauern als Schwergewichts- oder Stahlbetonmauer ist eine statische Berechnung erforderlich. Grundsätzlich muß bei G.n, mit Ausnahme der Trockenmauer, eine frostfreie Fundierung von 80 cm erfolgen. Betonmauern im Garten können durch Profile in der Schalung (Rohrmatten oder Latten) sowie durch nachträgliche Oberflächenbehandlung (Kratzen oder Sandstrahlen) interessante Strukturen erhalten. Bei Ziegelmauerwerk mit Wandstärken von 11,5 oder 24 oder 36 cm kann durch entsprechende Wahl der Verbände (Binder-, Block-, Kreuz-, Gotischer, Flämischer oder Märkischer Verband) und des Ziegel-

Natursteinmauer – gestalterisches Element: Raumteiler, Standplatz für Kübelpflanzen, Träger der Zuleitung für das Wasserbecken und ‚Gerüst' für Ranker und Kletterer. (Rosenberg)

Gartenkresse, auf Watte und Haushaltspapier ‚kressedicht' ausgesät, in Schalen am Zimmerfenster gezogen. (Fehn)

Gartenmelde

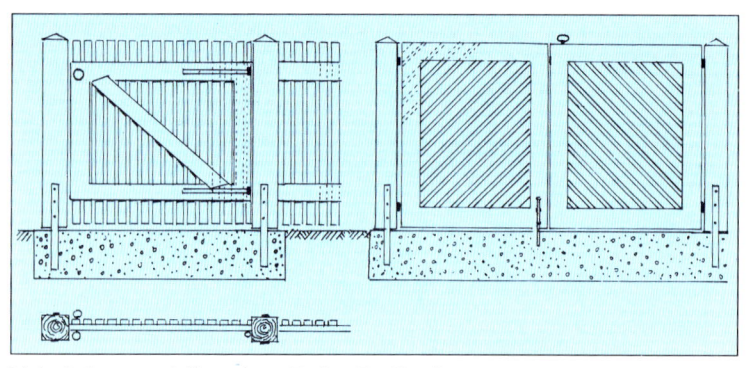

Links: Rahmentor mit Verstrebung. Rechts: Zweiflügeliges Tor. Beide von innen gesehen, mit Anker und Betonschwelle, 1 m hoch.

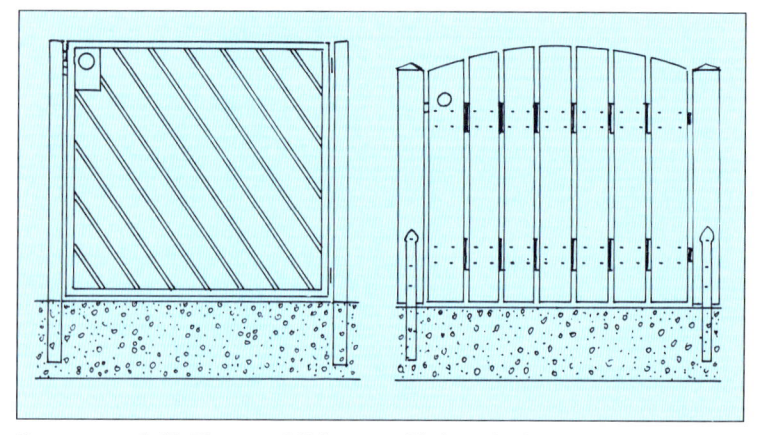

Gartentor aus Stahl. Pfosten und Rahmen aus Vierkantrohr, Sprossen aus Rundeisen. – Gartentor aus 3 cm starken Brettern. 1,20 m hoch.

Tor aus Vierkant-Stahlrohr, 1,50 m breit, zwischen Pfeilern aus Waschbeton, im linken Pfeiler Briefkasten und Sprechanlage. Frostfreies Fundament, 1 m tief.

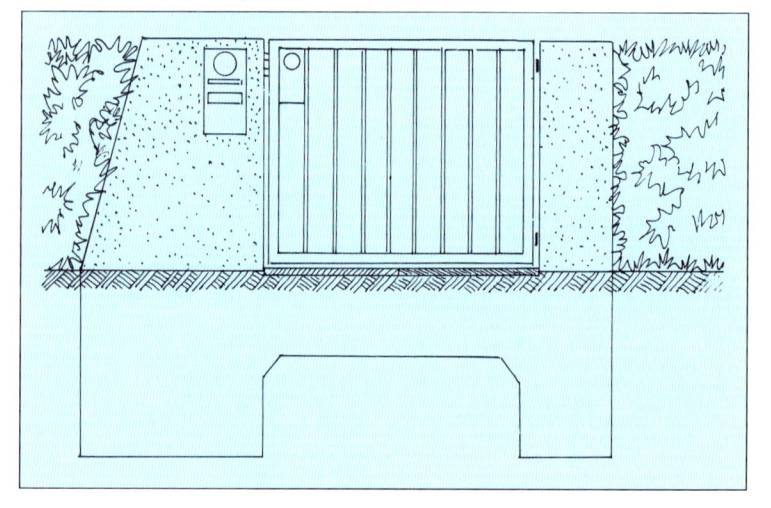

materials (Klinker, Normziegel oder Riemchen) eine große Variationsbreite erreicht werden. Die vielfältigen Erscheinungsformen von G.n werden besonders bei Verwendung von Natursteinen deutlich: Bruchstein-, Findlings-, Zyklopen-, Schichten-, Wechsel- und Verblendmauerwerk. Eine Sonderstellung nimmt die lose mit größeren Einzelsteinen aufgesetzte Trockenmauer ein, da in die Erdfugen zahlreiche Polsterstauden gesetzt werden können. → Mauerwerk.

Gartenmelde, *Atriplex hortensis.* Gänsefußgewächse, *Chenopodiaceae.* Als Gemüsepflanze verwendete Meldearten stammen vermutlich aus dem Mittelmeergebiet, uralte ‚Spinatpflanze': seit frühestem Mittelalter angebaut und als Unkraut verwildert. Früher sehr wichtig, jetzt durch Spinat fast vollständig verdrängt. Anbau: Aussaat das ganze Jahr möglich, Standortansprüche sehr bescheiden. Pflanzen schießen frühzeitig auf; Blätter können auch von aufgeschossenen Stengeln geerntet werden. Verwendung: Zubereitung wie Spinat.
Gartenmesser → Messer.
Gartennarzisse → Narzisse.
Gartenplan, im Lageplan maßstäbliche Zeichnung zu einem Garten, Situations- oder Entwurfsplan.
Gartenplastik, aus architektonisch-ästhetischen Gründen im Garten aufgestelltes Werk eines bildenden Künstlers in Naturstein, Beton, Bronze, Eisen, Glas oder Holz.
Gartenprogramm, vor Beginn einer Gartenplanung aufgestellte Forderungen, Bindungen, Geländeanalyse, Absichten und Wünsche des Gartenarchitekten und Bauherrn, die dann Grundlage für den Entwurf darstellen.
Gartenraum, proportional ausgewogener Freiraum des Gartens, der nach erfolgtem Ausbau durch Bäume, Sträucher und Wände optisch begrenzt wird.
Garten-Ringelblume → Ringelblume.
Gartenschere, vornehmlich zum Gehölzschnitt, doch auch für Schnittblumen verwendbar. Wichtig sind → ziehender Schnitt und Größe und Form der Griffe, die der Hand des Benutzers anzupassen sind. Wegen Griffunterschieden große Auswahl an G.n in den Fachgeschäften.
Gartenschlauch → Schlauch.
Gartenskabiose → Skabiose.
Gartenspiele. Zur Entspannung und Unterhaltung können ohne großen technischen Aufwand eine Anzahl von G.n im Freien gespielt werden, wie Boccia, Federball (Badminton), Müh-

Hausgarten im Frühlingsflor, mit Narzissen, Tulpen, Traubenhyazinthen, Kaiserkrone. (Rosenberg)

Einfaches, schönes Holztor, neben Rabatte im englischen Stil und vielfältig bewachsener Trockenmauer. (Rosenberg)

Gartenstrahler, Beleuchtungsgerät auf Bodensockel oder Erdspieß. Meist mit 100-Watt-Lampe ausgerüstet, auch mit verschiedenfarbigen Gläsern, an Netzstrom mit Unterflurkabel angeschlossen zum Anstrahlen von → Springbrunnen, → Wasserspielen, → Gartenplastiken, → Solitärs, Baum- und Staudengruppen bei Gartenfesten. Es sind auch mit Sonnenenergie betriebene Beleuchtungsgeräte auf dem Markt.

Gartentor, Öffnung durch eine Einfriedung, die mit einwärts oder auswärts angeschlagener Links- oder Rechtstür geregelt wird. Die Diagonal- und Rahmentüren als Holz- oder Stahltore müssen sich in Höhe, Form und Verarbeitung nach der Konzeption der Einzäunung richten. Bei Holztoren wird eine ausreichende Verwindsteife durch Diagonalhölzer erreicht, die als Strebe sich auf die untere Türangel stützt. Dagegen kann bei Stahltoren, wenn ein verschweißter Viereckrahmen mit ausreichender Profilstärke vorliegt, auf eine Strebenverbindung verzichtet werden. Doppeltore sollten mit einem Feststelleisen auf einen Aufbaustutzen zu verriegeln sein. Für die Verriegelung im Toranschlag sind Schloßriegel, Überwurf, Bolzenriegel mit Umlegegriff, Kasten- und Zylinderschloß üblich.

Gartentreppe, Bauwerk aus einzelnen Stufen zur Überwindung von Höhenunterschieden. Je nach Lage im Garten und Anbindung an Gebäude, Terrasse oder Mauer wird die G. mit und ohne seitliche Begrenzung, ein- oder zweiarmig, gerade, abgewinkelt mit Podest, verzogen oder gewendet eingebaut. Ab 3 Steigungen ist ein Handlauf erforderlich. Als Material sind je nach Anbindung Beton (Fertigteile, Ortbeton), Naturstein (Blöcke, Platten, Monolithe), Klinker, Holz und Stahl möglich. Als Schrittmaß in der G. gelten 64 cm, wobei die doppelte Steigungshöhe plus Auftrittstiefe dieses Maß ergeben. Eine stabile frostfreie G. muß mit 80 cm Betonunterbau fundamentiert sein. Beim Bau von langen G.n kann anstelle eines durchgehenden Betonfundaments eine Stahlbetonbrücke auf ein unteres und oberes Streifenfundament aufgelegt werden, wobei die Querfundamente jedoch frostfrei liegen müssen. Bei labilen G.n werden z. B. Blockstufen oder sonstige Fertigteile auf abgerüttelte Schotter- oder Schlakenunterlagen aufgelegt. Um die Gefahrenstellen in der G. zu mindern, soll das Niederschlagswasser oberhalb der Treppe abgefangen werden.

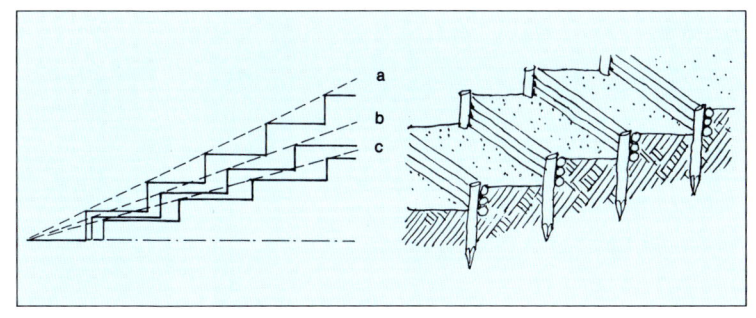

Links: Schrittmaß bei Gartentreppen: 64 cm. a Steigung 15, Auftritt 32 cm; b Steigung 13, Auftritt 36 cm; c Steigung 11, Auftritt 40 cm. 2 × Steigung + Auftritt = 64 cm. – Rechts: Erdstufen mit Knüppelhölzern.

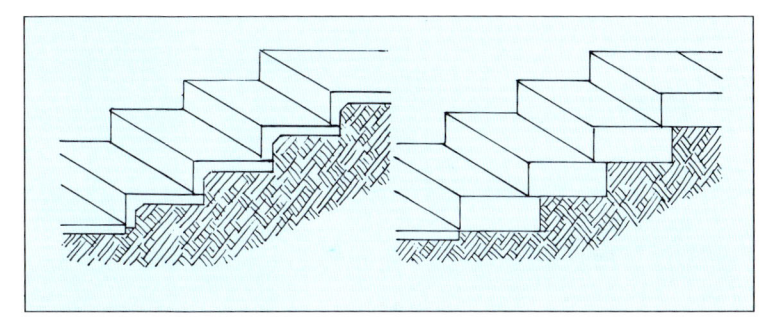

Gartentreppen: links Beton-Winkelstufen, rechts Beton-Blockstufen.

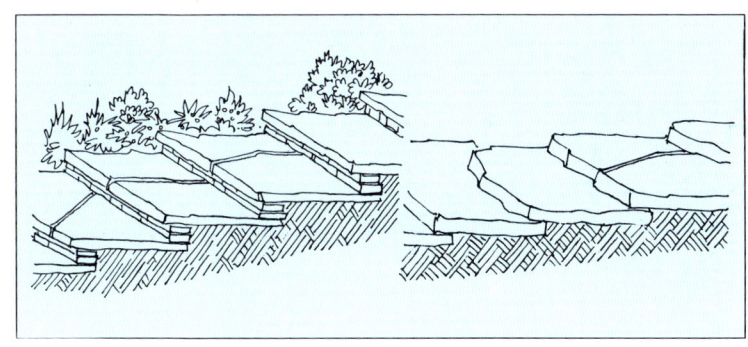

Gartentreppen: links Natursteinplatten bei flacher Steigung, rechts Legestufen aus Naturstein.

Garten- und Landschaftsbau. Nach Entwurf und Ausschreibung einer Gartenplanung folgt die Phase der Realisierung. Die Arbeiten zur Bauausführung, wie technischer Ausbau, Pflanzung und spätere Pflege, werden von Betrieben des G.- und L.es wahrgenommen.

Gartenweg, raumbildendes funktionsgerechtes Gestaltungselement mit Ausgangs- und Zielpunkt. Als festausgebauter G. zum Haus, zur Garage, zum Gartenbad 0,75–2 m breit, als schmaler G. oder als begrenzende Mähkante 60–20 cm und als wenig auffallender Schrittplattenweg mit 65 cm Schrittmaß. Die nicht befahrbaren G.e erhalten als Unterbau eine 10–20 cm starke Kiestragschicht oder Ascheschicht, 5 cm Ausgleich mit Sand, Kalk- oder Zementmörtel und Beläge mit Platten in handelsüblichen Formaten und Formen aus Naturstein, Beton, Klinker, mit Pflaster aus Naturstein, Betonverbundstein, Holz und mit wassergebundener Kies-, Splitt- oder Steinmehlauflage. Bei Kombinationen mit Naturstein- oder Betonplatten, Pflaster und Klinker können bei einfacher Verlegeweise auf Sand interessante Strukturen entstehen, die in Zusammenhang mit Terrasse, Sitzplatz und Haus stehen

Gartenweg

Gartentreppen: Romantische Treppe aus Platten und Blocksteinen (oben links). – Geschwungene Treppe aus 15 × 30-cm-Holzbalken (oben rechts). – Hochkant gestellte, geschnittene Natursteine als Trittkante einer Treppe, davor Natursteinplatten mit Kopfsteinpflaster ausgefugt. – Eisenbahnschwellen mit Kopfsteinpflaster, als seitliche Einfassung große Flußkiesel. (Burda, Felbinger, Michaeli-Achmühle, Wetterwald)

sollen. Allein ein G. aus Klinker, verlegt im Raster, diagonal, kreuzweise oder im Verband, gibt dem Hausgarten eine besondere Note. Werden zwei Materialien kombiniert, wie Natursteinplatten und Pflaster oder Betonplatten und Klinker, so kann ein G. reizvoll strukturiert sein. Da ein G. im kleinen Hausgarten nicht mit Lkw befahren wird, erübrigt sich meist ein aufwendiger Unterbau. Allerdings ist die Zufahrt zur Garage und evtl. zum Wirtschaftshof straßenbaumäßig zu befestigen.

Gartenwiesel → Bodenbearbeitungsgeräte.

Gartenzwerg, aus Märchen, Mythen und Sagen entlehnte kleine, verwachsen aussehende Gestalt mit freundlicher Physiognomie, ein in der Romantik verbreitetes Motiv, das noch heute als oft kitschige Figur in Haus- und Vorgärten anzutreffen ist.

Gasterie, *Gasteria.* Liliengewächse, *Liliaceae.* ○ ♃ ▽. Südafrikanische Sukkulenten, deren Blätter meist zweizeilig gestellt sind. Etwa 70 Arten. – *G. armstrongii.* Zwergart mit wenigen, zweizeilig gestellten Blättern, sehr sukkulent. – *C. carinata.* Blätter spiralig gestellt, im Querschnitt dreikantig. Mit erhabenen weißen Punkten. – *G. verrucosa.* Blätter streng zweizeilig, zungenförmig, zugespitzt. Dicht mit weißen, erhabenen Warzen besetzt. Blüten auffällig rot mit grüner Spitze. – Kultur und Verwendung ähnlich Aloë. Überwinterung bei 6–12°C. Im Sommer Freilandaufstellung. Durch ihre Trokkenheitsverträglichkeit besonders für zentralbeheizte Räume geeignet.

Gauklerblume, *Mimulus.* Rachenblütler, *Scrophulariaceae.* Etwa 150 Arten, meist aus Nordamerika und Chile. Blätter gegenständig, Blüten in den Blattachseln, röhrig mit 5 Kronabschnitten. – *M. cupreus,* Chile. ♃ ○–◐ ↭ △. Rasenartig, Blätter glatt, Blüten kupferrot. 'Nanus' breitflächig,

Gauklerblume, *Mimulus tigrinus.* (Herbel)

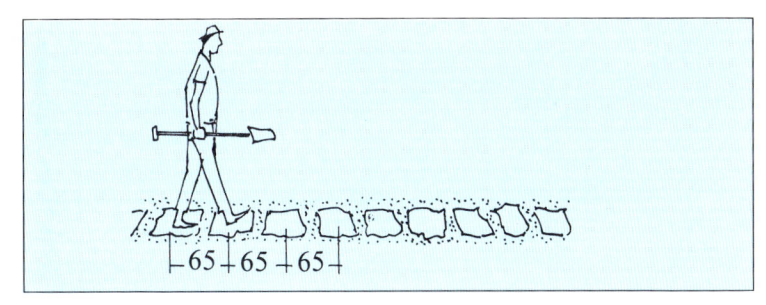

Schrittplattenweg.

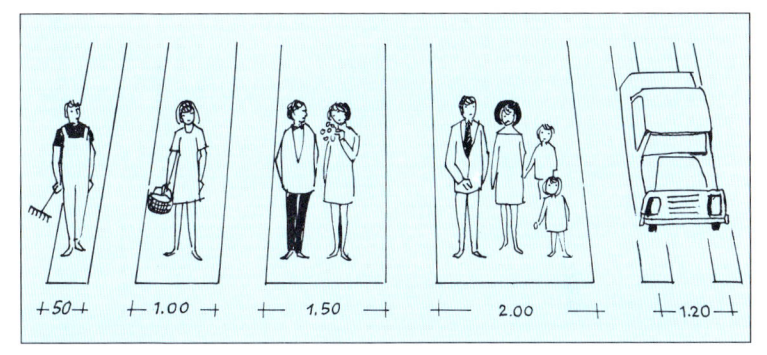

Breite der Gartenwege.

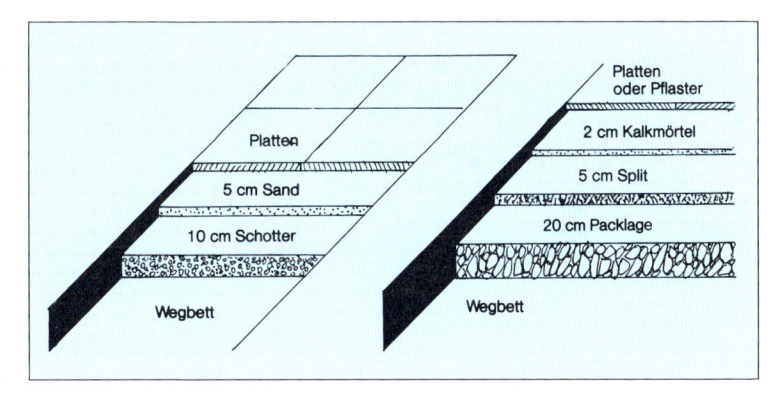

Unterbau von Gartenwegen: Links nicht befahrbar, rechts befahrbar.

nur 10 cm hoch. 'Bonfire' orangerot, 'Roter Kaiser' karminscharlach, 20 cm. Alle VII–IX. – *M.*-Hybriden, aus Kreuzungen von *M. cupreus, M. guttatus* und *M. luteus* entstanden. 'Leopold' braunrot mit goldgelb, wie alle *M.*-Hybriden mit aufrechtem Wuchs. 'F 1 Royal Velvet' gelb mit großen samtbraunen Flecken, 'F 1 Yellow Velvet' ebenfalls großblumig, gelb mit zahlreichen kleinen braunen Flecken. 'Tigrinus Grandiflorus' bekannteste Mischung mit getigerten und gefleckten Blüten. V–IX, 20–25 cm. – *M. luteus,* Chile. ♃ ○–◐ ↭. Starkwachsend, ausbreitend, am Grund wurzelnd, blüht leuchtend zitronengelb. V–VIII, 30 cm. – Aussaat unter Glas III–IV, M V 30–40 cm weit pflanzen, oder Teilung der überwinterten Pflanzen, Winterschutz. Verwendung im Steingarten, Sommerblumenbeet, am Wasser, vor allem *M. luteus.* Boden nährstoffreich. – STRAUCHIGE GAUKLERBLUMEN. *M. aurantiacus.* Strauchige Gauklerblume oder Goldglöckchen. Westl. USA, auf trockenen Hängen. Aufrechter, in der Kultur (Fensterkasten) auch hängender Strauch mit schmalen Blättern, ganze Pflanze klebrig. Blüten orangegelb, glockenförmig, 2,5 cm breit, den ganzen Som-

Gaultheria

Bunte Rabatte mit Gazanien. (Herbel)

mer aus den Blattachseln. – In Süddeutschland und Österreich schon alte Balkonpflanze für vollsonnige Lagen. – Vermehrung durch Stecklinge. Überwinterung als Kalthauspflanze.
Gaultheria → Scheinbeere.
Gazania → Gazanie.
Gazanie, Mittagsgold, *Gazania*. Korbblütler, *Compositae*. ○ ☉ ✕ ▽. Heimat Südafrika, 24 Arten, teils Halbsträucher, teils Stauden, teils Einjahrsblumen. Bei uns als Sommerblumen in Kultur. *G. Hybriden* aus Kreuzungen verschiedener Arten, besonders großblumig. 20–30 cm, wechselständige, fiedrige Blätter. Farbe der Zungenblüten von Weiß über Creme, Gelb und Orange bis Braunrot. Aussaat unter heizbarem Glas III, pikieren oder topfen. Jugendentwicklung etwas langsam. Freilandpflanzung ab Mitte V an sonnigen Standort in nicht zu humusreichen Boden. Verwendung als Füller im Steingarten sowie für niedrige Beete und Rabatten. Blüten nur bei schönem Wetter geöffnet.
Gebrauchsrasen, im Gegensatz zum → Zierrasen betretbar, bespielbar (Sport, Camping u. a.). → Intensivrasen.
Gedenkemein, *Omphalodes*. Boretschgewächse. *Boraginaceae*. Niedrige Stauden und Sommerblumen, mit eiförmigen bis herzförmigen Blättern und Blüten, die denen vom Vergißmeinnicht sehr ähnlich sind. Rund 25 Arten vorwiegend im Mittelmeergebiet und Asien.
O. cappadocica. ○–◐ ♃ △. Kleinasien. Ganz niedrig, mit kriechenden Rhizomen, ohne Ausläufer. Blüten kleiner als bei *O. verna,* himmelblau mit weißem Schlund. Kalkliebend. IV–V, 5–10 cm. – *O. linifolia.* ○ ☉ ✕. Weißes Sommervergißmeinnicht. Portugal, Spanien, Südfrankreich. Meist als *Cynoglossum linifolium* im Handel. Aussaat direkt ins Freie, III–IV, auf 10–15 cm ausdünnen, blüht nach 12 Wochen. Ganze Pflanze graugrün, verzweigt. Blätter spatelförmig, Stengelblätter linealisch lanzettlich. Blüten in aufrechten, traubenförmigen Wicklern, wie ein weißes Vergißmeinnicht. VI–IX, 25 cm. – *O. verna.* ◐–● ♃ △. Italienische Alpen, nördlicher Apennin. Wichtigste Art, lange Ausläufer treibend, mit eiförmigen, mattgrünen Blättern, leicht wachsend. Leuchtendblaue Vergißmeinnichtblüten mit weißem Auge. 'Alba' hat reinweiße, 'Grandiflora' größere Blüten, blau. IV–V, 10 cm. – Verwendung der Stauden im Steingarten, unter lichtem Gehölz und zwischen Rhododendron als Bodenbegrüner mit hübschen Frühlingsblüten. Die einjährige Art im Sommerblumengarten. Boden humos, für *O. linifolia* nicht zu feucht. Vermehrung durch Teilung, Ausläufer, die Einjährige durch Aussaat.
Gefüllte Kornblume → Flockenblume.
Gehäuseschnecken → Schnecken.
Gehölze, holzbildende, ausdauernde Pflanzen: Bäume und Sträucher. ALLGEMEINES: Sie bilden auf Grund ihrer Fähigkeit, Standorte mit ärmlicher Nährstoff- und Wasserversorgung zu besiedeln, Stürmen und Unwettern, Frost- und Hitzeperioden zu widerstehen, kurz auf Grund ihrer 'Lebenstüchtigkeit', das 'Gerüst' (Prof. Hansen) der Landschaft. Wie die Gehölze der vielen Gattungen und Arten in der Natur nach Klima und Boden standortgebunden wachsen, so müssen sie für den Garten sinngemäß ausgewählt werden, damit sich ähnlich wie in der freien Natur dauerhafte und zugleich schöne Lebensgemeinschaften bilden. Die G. sind deshalb in diesem Lexikon verhältnismäßig ausführlich beschrieben worden (unter ihren Gattungsnamen, → Ahorn, → Buche usw.). Die Angabe ihres Verbreitungsgebietes soll auf die Klima- und Bodenverhältnisse der Gattung bzw. Art in ihrer Heimat aufmerksam und damit ihre Ansprüche an den Standort im Garten verständlich machen. Oftmals wird hingewiesen auf den Ursprung des Namens, auf die Rolle des Baumes oder Strauches in Sage, Brauchtum und Wirtschaft. Hieraus ist zu entnehmen, daß die Völker Eigenschaften, Entwicklung und Verhalten der G., wie auch der Kräuter (Heilpflanzen!) beobachtet und sich in Siedlung, Gemeinschaftsleben und Wirtschaft eng an sie angeschlossen haben. Die Angaben über Wuchshöhe, Eigenschaften der Sortenzüchtungen mit ihren besonderen Pflegeansprüchen sind insbesondere bei der Auswahl zu beachten. Dementsprechend ist der Bepflanzungsplan aufzubauen, → Stauden; Pflanzplan sinngemäß, wie bei Stauden an Skizzen gezeigt, aufbauen, d. h. mit Bäumen beginnen. Einige G. haben Wildcharakter, andere sind mehr oder weniger anspruchsvoll. Die Angaben in den Katalogen können alle stimmen, sofern die Ansprüche an Klima, Boden und Pflege erfüllt werden. Vergleichbare Pflanzungen besichtigen, Berater der Baumschulen, Vereine, Fachschulen usw. fragen!
PFLANZUNG. Die Ansprüche der G. an den Boden sind bei den Gattungen bzw. Arten angegeben. Zur Bodenvorbereitung → Bodenprofil, → Bodenverbesserung, → Bodenstruktur, → Düngung, → Kompost, → Pflanz-

Gehölze

loch, → Rigolen, → Unterboden usw. – PFLANZZEIT. Sommergrüne G. X–III oder IV, d.h. rechtzeitig vor Beginn des Blüten- oder Laubaustriebes. Herbst- oder Frühjahrspflanzung? Je nach örtlichen Klima- und Niederschlagsverhältnissen: in Lagen mit Frühjahrstrockenheit ist Herbstpflanzung vorzuziehen, es sei denn, man kann ausreichend bewässern (→ Bewässerung); immergrüne G. (Laub- und Nadelg.) Mitte VIII, sie können dann noch vor Winter Wurzeln bilden. In freien Lagen Windschutz gewähren, damit sie nicht zu viel Wasser verdunsten. – EINKAUF UND VERSAND. Es gilt sinngemäß das unter → Einschlagen, → Einschlämmen usw. Gesagte. – PFLANZSCHNITT. Durch das Aufkommen der → Containerpflanzen wird viel mit Ballen gepflanzt, so daß sich Pflanzschnitt erübrigt. Andernfalls unmittelbar vor dem Pflanzen kranke, beschädigte und überlange Wurzeln heraus- bzw. abschneiden (scharfes Messer oder scharfe Schere!, → ziehender Schnitt). Alle Schnittflächen müssen nach unten gerichtet sein. – Oberirische Teile im Verhältnis zum verfügbaren Wurzelsystem zurückschneiden, ausgenommen G., die sich durch Spitzenknospen entwickeln; diese Gattungen bei der Baumschule beim Kauf erfragen. – PFLANZTIEFE. Der Wurzelhals muß nach Auffüllen, Antreten und Angießen noch über dem Boden zu stehen kommen, daher zunächst etwas höher setzen. Ausreichend große Pflanzgrube, um das Wurzelwerk herum sorgfältig mit Kompost, Torfmull bzw. Mischungen (→ Gärtnerische Erden) auffüllen und einschlämmen. Nicht ‚überwässern', d.h. nicht alle Luft aus dem Boden verdrängen, so daß die Wurzeln faulen. Hanglagen: terrassieren! – BAUMPFAHL. Höhe je nach Größe und Gewicht der Krone, in jedem Fall vor dem Pflanzen einschlagen (→ Holzschutz). Schutz gegen Wild. – VERPFLANZEN. Das zu verpflanzende G. zur Herbstpflanzzeit (s. oben) im Wurzelbereich umstechen, am besten mit Graben umgeben, diesen mit Kompost auffüllen, so daß sich um den Wurzelballen herum neue Wurzeln bilden; zur Frühjahrspflanzzeit, also nach etwa einem halben Jahr, oder im Herbst des folgenden Jahres mit Ballen umpflanzen. Pflanzgrube rechtzeitig vorbereiten! – SCHNEIDEN DER G. Falsche Wahl der Pflanzen oder zu dichte Pflanzung können durch G.schnitt nicht korrigiert werden. Dann hilft nur Entfernen oder Umpflanzen. Wenn an Bäumen einzelne

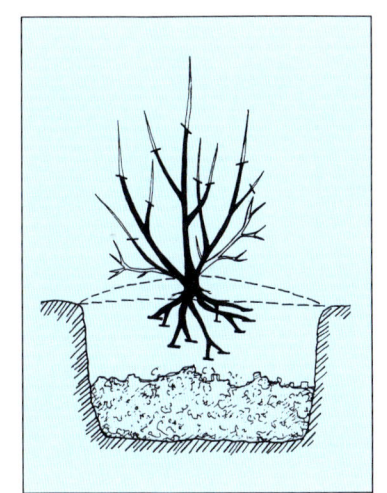

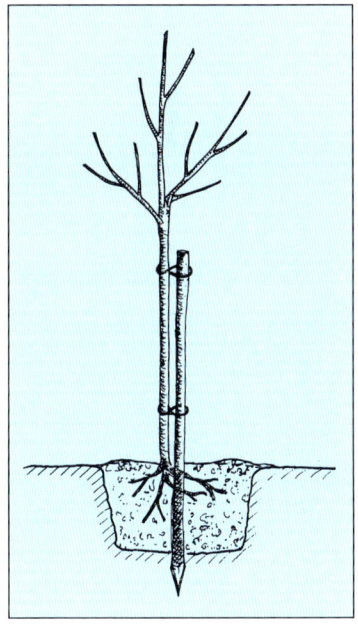

Oben links: Pflanzung von Gehölzen. Pflanzschnitt. Schwache Triebe werden entfernt, stärkere je nach Länge bis zur Hälfte zurückgeschnitten. Beim Wurzelschnitt zeigen alle Schnittflächen nach unten. (Kein Wurzelschnitt bei Ballenpflanzen.) Pflanze zunächst etwas höher setzen, der Wurzelhals muß nach dem Antreten und Angießen über dem Boden stehen. – Oben rechts: Gehölzschnitt: Das alte Holz (in der Zeichnung mit Umrißlinien) vom Boden her herausschneiden (Auslichten). – Mitte links: Schräg eingeschlagener Pfahl für Ballensträucher und Nadelgehölze. – Mitte rechts: Pfahl für Hochstämme mit zwei Schlaufen. Für Heister genügt niedriger Pfahl mit einer Schlaufe. Pfähle vor dem Pflanzen einschlagen! – Unten: So werden ältere Gehölze verpflanzt: Ein Jahr vorher einen Graben ringsherum mit Kompost oder Erde-Rindenhumus-Mischung füllen. In dieser Zone bilden sich neue Wurzeln, das Gehölz läßt sich besser verpflanzen. (5 Abb. nach Hansen/Stahl, Unser Garten)

Geierfeder

Herbstbunte Gehölze: Berberitze, Ahorn, Kiefer, Zwergmispel, Schwarzbirke und Sedumarten wie *S. middendorfianum* und *S. telephium*. (Drave)

Äste beseitigt werden müssen, z. B. auf Verlangen des Nachbarn, dann bei Ahorn, Birke und kaukasischer Flügelnuß, die sehr früh im Saft stehen, erst ab Spätsommer. – Alternde Blütengehölze können, um den Austrieb zu fördern, alle zwei bis drei Jahre ins alte Holz zurück geschnitten werden (Frühjahrsblüher nach der Blüte!). Das gilt mit Vorbehalt für Goldregen, Prunkspiere, Steinmispel und Zierkirsche: diese empfindlichen G. nur sehr vorsichtig verjüngen. – Allgemeine Grundsätze beim Schneiden der G.: nur scharfe Messer bzw. Scheren verwenden (→ ziehender Schnitt), Wunden nur mit Baumwachs verschließen. (Nach Hansen/Stahl, Unser Garten, seine Bäume und Sträucher, 1. A. München 1955).
Geierfeder → Gasteria.
Geißbart, *Aruncus*. Rosengewächse, *Rosaceae*. ☽–● ♃ ✂. Robuste, langlebige Schattenstauden, von denen meist nur männliche Pflanzen angeboten werden. Bei diesen sind die Blütenstände voller und dichter, bei den weiblichen Pflanzen lockerer, mit mehr waagrecht abstehenden Einzelfiedern. Nur 2 Arten in Europa und Asien. *A. sylvester (Spirrae aruncus)*. Gemäßigtes Europa und Nordamerika. Blätter mehrfach gefiedert, mit eiförmigen, am Rand gesägten, zugespitzten Blättchen. Blütenrispen groß, zusammengesetzt, bis 50 cm lang an kräftigen Stielen die Pflanzen überragend. Weibliche Blüten reinweiß, dünn, männliche cremeweiß, im Verblühen gelblich. VI–VII, 150 cm. 'Kneifii' ist schwächer im Wuchs und hat feingeschlitzte Blätter, selten. 100 cm. – Verwendung im Staudenbeet, als Wildund Solitärstaude, zwischen oder vor Gehölzen und zum Schnitt. – Boden: Am besten ist ein etwas feuchter Gartenboden, sonst nicht anspruchsvoll. – Vermehrung durch Teilung. Aussaat ist möglich, erfordert aber danach eine Auslese der besten Typen, die dann durch Teilung weitervermehrt werden.
Geißblatt → Heckenkirsche.
Geißfußveredeln → Veredlung.
Geißklee, *Cytisus*. Hülsenfrüchtler, *Leguminosae*. Sommer- oder immergrüne Sträucher, auch kleine Bäume mit dreizähligen Blättern, selten mit Stacheln bewehrt. 50 Arten Europa und Mittelmeergebiet. Im Volksmund, mit *Genista*, auch → Ginster genannt. WINTERHARTE ARTEN. *C. decumbens*. ○ ♄ V–VI ⌒ △ Bie ⋙. Südeuropa, kleiner, niederliegender Strauch, kaum 20 cm, kantige Zweige und kleine, ovale Blättchen. Sehr reichblühend, mit großen, leuchtendgelben Blüten. Vorzüglich geeignet für Steingarten, Trockenmauern oder als Bodendecker in sonnigen Lagen. – *C. × kewensis*, Zwergelfenbeinginster. ○ ♄ V ⌒ ⋙ △ Bie. Eine Kreuzung *(C. ardoinii × C. multiflorus)*, 30–50 cm, mit zierlichen, überhängenden Zweigen und großen, elfenbeinfarbenen Blüten. Reichblühend, geeignet für Steingärten, kleine Anlagen oder Trockenmauern. – *C. × praecox*, Elfenbeinginster. ○ ♄ IV–V. Zufallskreuzung *(C. multiflorus × C. purgans)*, wird mit der Zeit fast mannshoch, wächst breit und locker mit elfenbeinfarbenen, etwas unangenehm riechenden Blüten. Wirkungsvoll als Vorpflanzung bei Nadelhölzern oder in Einzelstellung im Stein- oder Heidegarten. Sorten: 'Allgold', etwas kleiner, mit zierlichen, leicht überhängenden Zweigen und goldgelben Blüten; 'Hollandia', wie die Art, aber mit roten bis purpurrosa Blüten. – *C. purpureus*, Roter Geißklee, Rosenginster. ○ ♄ VI–VII ⌒ ⋙ △. In den südlichen Kalkalpen zu Hause, 0,50 m, mit teils niederliegenden, teils aufstrebenden Zweigen, purpurne Blüten längs der Zweige. Sehr widerstandsfähig, für

Geißbart, *Aruncus dioicus*. (Herbel)

Steingärten oder Böschungen geeignet, verlangt kalkhaltigen Boden. – *C. scoparius*, Besenginster, Besenpfriem. ○ ♄ V–VI. Mittel- und Südeuropa, Charakterpflanze der norddeutschen Heidelandschaften. Name von den rutenförmigen Zweigen, die zu Besen gebunden werden. Wird bzw. wurde vielfach genutzt: als bodenverbesserndes Gehölz stickstoffarmer Sandböden oder zur Befestigung von Dünen, Gewinnung der Ginsterfaser als Juteersatz, zum Gerben, als Bierwürze oder zur Gewinnung von falschen Kapern. Heute hauptsächlich wegen seines Zierwertes angebaut. 2–3 m hoher Strauch mit dunkelgrünen Zweigen und leuchtend goldgelben Blüten. Gartensorten meist mehrfarbig, 1–2 m hoch, vertragen keinen Kalk und sind gegen Wind und trockene Luft empfindlich. Sorten: 'Andreanus', gelb mit braunem Fleck; 'Burkwoodii', dunkelrot mit gelbem Rand; 'Butterfly', gelb mit braunen Flecken; 'Golden Sunlight', hellgelb, großblumig; 'Goldfinch', gelb und dunkelrot; 'Red Wings', karminrot, großblumig.

Der Besenginster und seine Sorten sind kurzlebig, sie halten etwa 9–15 Jahre aus. – Ansprüche. Die Geißkleearten verlangen warmen, durchlässigen und ungedüngten Boden. Der Besenginster und seine Sorten vertragen keinen Kalk und keine Nässe. Wo sie durch die Wintersonne leiden, ist Schutz aus Fichtenzweigen angebracht. Ältere Pflanzen lassen sich nur sehr schwer verpflanzen. – Vermehrung. Aussaat, Samen vorquellen. Auch die Sorten können ausgesät werden; es kommen verschiedene Farbtöne heraus, die gelben dominieren. Gebräuchlich ist Stecklingsvermehrung, veredelt wird kaum.

Nicht winterharte Arten. *C. canariensis*. ○–◐ ♄ ♉ IV–VI. Immergrüner, stark verzweigter bis 2 m hoher Strauch, Blättchen bis 12 mm lang, seidenhaarigzottig. Blüten in endständigen, dichten Trauben, gelb, süß duftend. – *C. × racemosus* (*C. canariensis × C. maderensis* var. *magnifoliolosus*). Bis 2 m hoch, gut durch Schnitt in der Größe zu halten. Blätter klein, dreizählig, Blüten gelb, süßduftend, in endständigen Trauben. Wichtigste und verbreiteste Form. – Nicht winterharte *G.* sind reizende Blütenpflanzen für kühle und helle Räume, werden im Sommer im Freien aufgestellt. Nach der Blüte schneidet man zurück und stutzt auch noch weiterhin, doch nicht später als VIII, da man sonst die Blüten wegnimmt. Die Substrate sollen durchlässig und nährstoffreich sein. Vermehrung durch halbharte Stecklinge im Spätwinter.

Geißkleebohnenbaum, + *Laburnocytisus*. Schmetterlingsblütler, *Leguminosae*. Gattungs-Pfropfbastard (Chimäre) zwischen Geißklee und Goldregen. – *L. adamii* (*Laburnum anagyroides* + *Cytisus purpureus*). ○–◐ ♄ VI Lie. Ist von dem französischen Gärtner Adam 1829 erzielt worden, der den Rosenginster auf Goldregen okulierte. Beide Elternteile sind in der ‚Pfropfchimäre' scharf getrennt. Das innere Gewebe der Pflanze wird vom Goldregen, das äußere Gewebe, die Außenhautzellen, dagegen vom Rosenginster geliefert. Im Wuchs ähnlich Goldregen, mit kleinen, geißkleeartigen Blättchen und trüb-hellpurpurnen Blütentrauben. Häufig bilden sich Rückschlagzweige, beide Eltern treiben wieder durch, so daß auf einer Pflanze drei verschiedene zu finden sind. – Die gleichen Ansprüche wie → Goldregen. –

Gehölzgruppe mit Goldregen, Spierstrauch und Weigelie. (Seidl)

Die Aussaat ergibt wieder Goldregen, deshalb ist Veredlung durch → Okulation, auf Unterlagen vom Goldregen notwendig.

Geißraute, *Galega*. Hülsenfrüchtler, *Leguminosae*. ○ ♃ ✕. Robuste, verzweigte Stauden mit unpaarig gefiederten Blättern und aufrechten, achselständigen Blütentrauben. 4 Arten in Südeuropa und Westasien, von denen die folgenden gelegentlich in Staudengärtnereien anzutreffen sind. – *G. bicolor*. Kleinasien. Der bekannteren *G. officinalis* ähnlich. Die Kelchzähne sind kürzer als die Kelchröhre. Blüten in lockerer Rispe, weißblau mit dunkler Fahne. VII–VIII, 80–120 cm. – *G. officinalis*. Italien, Balkan, Kleinasien. Kelchzähne länger als die Kelchröhre, pfriemlich. Reichblühend, Blüten weiß mit blaßblauer Fahne. 'Albiflora', reinweiß; 'Carnea', rosa; 'Plena', gefüllt; 80–120 cm; 'Compacta', 60–80 cm; 'Hartlandii' (*G. × hartlandii*, *G.*

Gelenkblume, *Ph.* 'Summersnow'. (Herbel)

officinalis × *G. patula*), kräftiger im Wuchs, in allen Teilen größer. Blätter im Jugendstadium weißbunt, Blütenfahne blauviolett, Schiffchen und Fahne weiß. VII–VIII, 120–150 cm. – Verwendung als Wildstauden an sonnigen Böschungen, vertragen Trockenheit gut. Boden: Jeder tiefgründige Gartenboden. Vermehrung: Aussaat, Teilung und Stecklinge im Frühjahr.

Geländebewegung, natürlich exponierte, durch geologische Formationen geprägte G. und künstlich aus technischen wie gestaltenden Erfordernissen modellierte G. in Freiräumen.

Gelbhalsmaus, häufigste → Langschwanzmaus im Garten (andere 4 Arten: die nahe verwandte, in der Lebensweise identische → Waldmaus, die → Hausmaus u. die 2 Arten → Ratten). Durch braune Ober- und weiße Unterseite mit gelber Halszeichnung gekennzeichnet. Oberflächliches Bodennest unter Sträuchern und Hecken. Frißt allerlei Gehölzsamen (besteigt dabei Bäume), vor allem aber Insekten, daher nützlich und nicht mit den schädlichen → Wühlmäusen zu verwechseln.

Gelbsucht → Chlorose.

Gelenkblume, *Physostegia.* Lippenblütler, *Labiatae.* ○–◐ ♃ ✕. Heimat Nordamerika, dort etwa 5 Arten, davon nur eine von gärtnerischer Bedeutung. Schwach kriechender Wurzelstock. Stengel vierkantig mit gegenständigen, meist lanzettlichen, am Rand gesägten Blättern. Blüten in verzweigten Ähren. Sie lassen sich nach der Seite verstellen, als ob sie ein Kugelgelenk hätten. Nur Sorten im Handel. – *P. virginiana* 'Bouquet Rose', gut verzweigt, leuchtend violettrosa, 80 cm; 'Summersnow', lange blühend, dunkelrosa, 100 cm; alle VI–IX; 'Vivid', niedrig, wertvoll, leuchtend weinrot, VIII–X, 60 cm. – Verwendung als langblühende Staude im Heidegarten, Staudenbeet, vor Gehölzen und zum Schnitt. Boden: Wächst in allen Gartenböden, anspruchslos. Vermehrung durch Teilen im Herbst oder Frühjahr auch Stecklinge IV/V.

Gemeine Rispe → Rasengräser.

Gemeinschaftliche Einfriedungen, bzw. Raine, Gräben, Mauern usw., werden von den Nachbarn gemeinschaftlich genutzt, unterhalten und nur in beiderseitigem Einverständnis verändert oder beseitigt (§§ 921, 922 BGB). Ausnahme: Besondere ‚äußere Merkmale' weisen darauf hin, daß die Einrichtung nur einem Nachbarn gehört. Hier sollten sich die Nachbarn über Unterhalt usw. gütlich einigen, zumal Rechtsprechung uneinheitlich.

Gemshorn → Levkoje.

Gemskresse, *Hutchinsia.* Kreuzblütler, *Cruciferae.* ○–◐ ♃ △ △. Heimat in den Hochgebirgen Europas. 2–3 Arten, die einander aber sehr ähnlich sind. – *H. alpina,* Alpeng. Bekannteste Art, mit dunkelgrünen, fiederschnittigen Blättchen. Blüten in Doldentrauben, weiß. *H. a.* ssp. *auerswaldii,* Spanien. Etwas größere, milchweiße Blüten. V–VI, 5–8 cm. – Verwendung in kleinen Steingärten, Troggärten, Trokkenmauern, dort wo kleinbleibende Pflanzen erwünscht sind. Boden kiesig, humos, nicht zu trocken. Vermehrung nur durch Aussaat.

Gemswurz, *Doronicum.* Korbblütler, *Compositae.* ○–◐–● ♃ △ ✕. Heimat Europa und Asien, etwa 30 Arten. Bekannte Frühlingsstauden mit gelben, margaritenähnlichen Blüten. Grundblätter langgestielt, Stengelblätter sitzend bis stengelumfassend. Scheibenblüten weiblich, Randblüten zwitterig. – *D. columnae* (*D. cordatum*), Alpen, Apennin, Balkan, Kleinasien. Keine Ausläufer bildend, Blüten meist einzeln am Stengel, nach *D. orientale* blühend, goldgelb. V–VI, 30–60 cm. – *D. orientale* (*D. caucasicum*), Südosteuropa, Kleinasien, Kaukasus. Wurzelstock etwas kriechend, knotig verdickt. Stengel meist einblütig. ‚Frühlingspracht', dicht gefüllte, den Ringelblumen ähnliche Blüten, 40 cm; 'Goldzwerg', niedrige, runde Büsche mit goldgelben Blüten, 20 cm; 'Magnificum', großblumig, goldgelb, 40–50 cm; 'Riedels Goldkranz', mit einem doppelten Kranz von Zungenblüten, reichblühend, 25 cm; 'Riedels Lichtspiegel', ähnlich, aber höher, besonders zum Schnitt, goldgelb, 40 cm; alle IV–V. – *D. pardalianches,* Westeuropa. Wurzelstock kriechend, am Ende knollig verdickt. Wertvoller als die unregelmäßig blühende Art ist 'Goldstrauß', mit verzweigten Sten-

Gemswurz, *Doronicum orientale.* (Jesse)

geln, reichblühend, remontierend, hellgoldgelb. VI und VII–VIII, 80 cm. – *D. plantagineum,* südwestliches Europa. Im Handel nur 'Exelsum', langstielig, großblumig, wertvoll für den Schnitt. Spätblühend, goldgelb, IV–V, 80 cm. – Verwendung im Staudenbeet, die niedrigen auch im Steingarten, vor allem aber als Schnittblumen. Boden: Jeder Gartenboden, wächst am besten in schwereren Böden. Vermehrung durch Teilung nach der Blüte bei den Sorten, sonst Aussaat.

Gemüse, seiner ursprünglichen Bedeutung nach: ‚Das, woraus Mus hergestellt wird', also Pflanzen und Pflanzenteile, die durch Kochen genußfähig gemacht werden. In den Urzeiten der Menschheit wildwachsende Sammelpflanzen, mit dem Aufkommen des Ackerbaues in Kultur genommen und durch Selektion weitgehend verändert. → Gemüsearten.

Gemüsearten. 1. BOTANISCHE EINTEILUNG der Gemüsepflanzen nach verwandtschaftlichen Gesichtspunkten: z.B. Kohlarten, Gurkengewächse, Laucharten. – 2. EINTEILUNG NACH VERWENDETEN ORGANEN: Blattgemüse (Spinat, Salate, Kohlarten usw.), Blattstielgemüse (Rhabarber, Rippenmangold), Wurzelgemüse (Möhren, Schwarzwurzel, Rettich), Knollengemüse (Sellerie, Rote Rübe), Fruchtgemüse (Tomate, Gurke, Hülsenfrüchte).

Gemüsebedarf, wird für eine vollwertige Ernährung bei ganzjähriger Versorgung einer Person aufgrund von Untersuchungen des Max-Planck-Institutes für Ernährungsphysiologie mit 110 kg Rohware bzw. 74 kg geputzter Ware angenommen, bzw. mit 200 g je Tag. Diese Menge reicht nur dann aus, wenn bei der Zubereitung größere Nährstoffverluste vermieden werden. Die Zahlen der Tabellen ‚Ermittlung des Bedarfs an Gemüse' und ‚Ermittlung des

Bedarfs an Beerenobst und Rhabarber sind je nach Verzehrgewohnheiten und Zusammensetzung der Familie abzuwandeln, der ermittelte Gesamtbedarf ist jedoch nicht zu unterschreiten. Bei der Ermittlung wurde angenommen, daß täglich eine Gemüsemahlzeit verzehrt wird; wird Gemüse als Rohkost oder Sauerkraut verwendet, verteilt sich die Menge von 200 g auf mindestens 2 Mahlzeiten. Die Putzverluste sind entsprechend der Gemüseart als Durchschnittswerte angesetzt und bei der Ermittlung des Bedarfs an Rohware zugeschlagen. Die Lagerverluste wurden mit durchschnittlich 10 % angenommen und den jeweiligen Erntemengen zugerechnet. → Obstbedarf, → Tabellen S. 352/353.

Wie schon gesagt, sind die Einzelzahlen der Bedarfstabellen abzuwandeln. Dabei können die verschiedensten Gesichtspunkte mitspielen: Diätvorschriften des Arztes, der bestimmte Gemüsearten untersagt, andere aber zu bevorzugtem Genuß empfiehlt; persönliche Liebhabereien, z. B. die Kultur seltener Arten, wie Erdkirsche, Fenchel, Melone, Zucchini; aus wirtschaftlichen Gründen sind teure Arten anzubauen, wie Artischocke, Chicorée, Gurken.

Gemüseernte. Folgende Gesichtspunkte sind zu berücksichtigen: 1. Optimalen Reifezustand abwarten; wichtig für Wert und Bekömmlichkeit des Gemüses, großer Vorteil des Privat- (Haus-, Klein-, Bauern-, Siedler-)gartens gegenüber der Marktproduktion. – 2. Frischgemüse möglichst kurz vor Verwertung ernten: keine Lager- und Transportverluste, keine Veränderungen des Wertes und Geschmacks. – 3. Für Lagergemüse günstiges Erntewetter abwarten, Gemüse müssen abgetrocknet sein; kühl geerntet sind sie länger haltbar.

Gemüseflächen. Bei der Wahl der für Gemüsekulturen vorgesehenen Flächen folgende Punkte berücksichtigen. Standort: Sonnig, eben oder schwach geneigt gegen Südost bis Südwest. Frostgefährdete Lagen (Geländesenken) vermeiden. – Boden: Humose, sandige Lehme und lehmige Sande günstig, auch anmoorige Böden geeignet. Schwere, kalte und langsam abtrocknende Böden vermeiden, ebenso kiesige und zu leichte mit geringer Wasserhaltefähigkeit. Böden, die zeitweise überflutet werden oder wo der Grundwasserstand bis zur Oberfläche ansteigt, sind ungeeignet. Verdichteter Untergrund führt zu Mißerfolg. – Hausnähe ist vorteilhaft: bessere Überwachung.

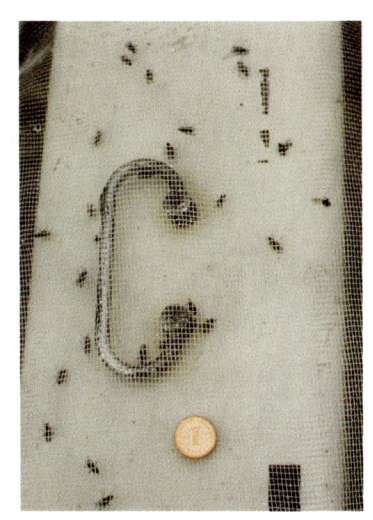

Abwehr der Gemüsefliege ohne Gifte – durch Vliese und Netze. Oben links: Schaden durch Fraß von Gemüsefliegen-Maden an Rettichen. – Oben rechts: Kohlfliegen unter Netzabdeckung nach Befall der Vorkultur mit Kohlfliegen. Im Vordergrund vierwöchige Vliesauflage: gleichmäßige Bodenfeuchte, gutes Auflaufen und kein Fliegenbefall. Im Hintergrund schlechtes Auflaufen und Fliegenbefall. (Dr. Wonneberger, aus ‚garten organisch' 3/1986)

Gemüsefliegen, Gruppe von Fliegenarten, deren Maden in den unter- und oberirdischen Teilen von Gemüsepflanzen minieren und die Pflanzen schwächen oder abtöten; mehrere Generationen im Jahr. Näheres → Bohnen-, → Kohl-, → Möhren-, → Spargel-, → Zwiebelfliege.

Die wichtigsten Gemüsearten, Kultur, Ertrag, Lagerung, Sorten

Art	1000-Korn-Gewicht g	Keimzeit Tage	Reihenentfernung cm	Entfernung i. d. Reihe cm	Aussaat Freiland Monat	Pflanzung Monat	Bodenansprüche	Nährstoffentzug je kg marktfähiger Ernte in g/qm N P_2O_5 K_2O CaO MgO
Aubergine	4	15–18	40	40	IV	IV	nährstoffreich, humos, warm	2,5 0,8 3,8 0,3 0,3
Bohnen – Busch	200–1000	4–12	40–50	40–50	M V bis A VII	–	normaler Gartenboden	4,0 1,1 3,2 0,8 0,4
– Puff	1200–3000	10–14	30–50	25–30	E II bis E III	III	normaler Gartenboden	8,0 1,6 3,5 0,7 0,4
– Stangen	150–1000	4–12	80–100	50–60	10. bis 20. V.	–	normaler Gartenboden	4,0 1,2 3,5 1,0 0,4
Broccoli	4	3–10	40–50	50	V	E V	normaler Gartenboden	5,0 2,0 5,5 0,6 0,4
Chicorée (Wurzel)	1,5	5–12	30	15–20	A V	M VI	tief gelockert	2,0 0,6 2,5 0,5 0,2
Chinakohl	4	3–10	40	30	E VII bis M VIII	M VII bis M IV	normaler Gartenboden, nicht frisch gedüngt	2,5 0,9 3,4 1,0 0,3
Eissalat	1	4–10	30	30–35	E IV bis A VI	E V bis VI	guter Gartenboden, humos	3,0 0,8 4,0 0,8 0,3
Endivien	1,3	6–10	30–40	30	M VI bis VII	VII bis VIII	normaler Gartenboden	3,0 1,1 4,5 0,9 0,3
Erbsen	120–500	6–14	30–40	5	III–V	–	normaler Gartenboden	11,0 2,0 4,0 0,5 0,7
Feldsalat	1,8–2	8–14	10–15	dicht	VIII bis A IX	–	normaler Gartenboden	3,0 1,2 4,5 0,5 0,3
Fenchel (Knollen)	4–8	15–25	40–50	25–30	VII	–	tiefgründig, nährstoffreich	3,0 1,0 5,0 1,0 0,4
Gartenkresse	1,6–2	2–4	10	dicht	Folgesaaten	–	normaler Gartenboden	fehlen Angaben
Gurken (Haus bzw. Tunnel)	20–27	5–10	100–200	30–35	M V	E V	tiefgründig, humos	1,2 0,7 1,8 0,3 0,1
Kohlrabi	2,5–5	5–6	30–40	20–30	M III bis VI	E VI bis M VII	normaler Gartenboden	4,0 1,2 4,5 2,0 0,4
Kohl, – Weiß, früh	4	6–8	50	40	–	20. III. bis IV	normaler–schwerer Gartenboden	2,8 0,8 3,2 0,8 0,4
– Weiß, spät	4	6–8	60	60	M IV	20. bis 30. V.	schwerer Gartenboden	
– Rot, früh	4	6–8	50–60	40	–	1. bis 15. IV.	schwerer Gartenboden	2,5 0,9 3,5 0,7 0,3
– Rot, spät	4	6–8	60	50	M IV	15. bis 30. V.	schwerer Gartenboden	
– Wirsing, früh	4	6–8	40	40	–	III–IV	normaler Gartenboden	5,0 1,2 4,0 1,2 0,3
– Wirsing, spät	4	6–8	60	50	10. bis 15. V.	VI–VII	normaler–schwerer Gartenboden	
– Blumen, früh	3	6–8	40	40	–	IV	fruchtbarster Gartenboden	4,5 1,2 4,0 0,5 0,3
– Blumen, spät	3	6–8	60	60	IV–VI	A bis M VII	desgl.	
– Rosen	3	5–8	60–70	60–70	M V	A VI	normaler Gartenboden	8,0 2,5 8,0 0,5 0,5

Erläuterungen → Gemüsetabelle

Kultur	Ernte je qm kg (Stck.)	Monat	Lagerung, Besonderes	Sorten
Freiland nur im Weinklima, Tunnel	20 bis	VIII	Pflanzen aufbinden, allenfalls überdecken	blaue und violette Sorten, Blaukönigin; Violette aus New York
hacken, leicht häufeln	1,5–2	VII–X	einfrieren. Wiederholt durchpflücken	Sortiment stark veränderl., s. Abb. im Text
3 Körner legen, 1 Pflanze stehen lassen	1,2–1,5	VI–IX	wiederholt durchpflücken, hacken und häufeln	Dreifach Weiße; Hangdown, grün; Con Amore, früh
8–10 Körner legen, hacken, häufeln	2–4	E VII bis E IX	Stangen möglichst vor der Saat setzen	Grünhülsig: Markant, früh:; Neckarkönigin, mittelspät. – Gelbhülsig: Goldelfe, mittelspät
wie Blumenkohl	1–1,2	VII–E X	treibt wieder durch, laufende Ernte	Atlantic; Calabrese; Futura F_1
Direktsaat möglich, vereinzeln	20 St.	A XI	Rüben bis zum Antreiben kühl lagern, ab I antreiben	Brüsseler Witloof; Edelloof; Zoom F_1 (ohne Deckerde)
Direktsaat vorteilhaft		bis XI	Bei 3–8 °C 4–8 Wochen lagerfähig. Herbstkultur möglich, verträgt leichten Frost	Granat bzw. Kantoner; Tokyo King; WRGO F_1
kein Herbstanbau	12 St.	E VI bis IX	gekühlt bis 2 Wochen lagerfähig. Kopfgewicht 400–500 g	Grüne Eissalate, div. Sorten; Laibacher Eis, gelbköpfig; Rosa
Direktsaat möglich, vereinzeln	10 St.	X–XI	eingeschlagen bis E XII lagerfähig. Frostschutz	Bubikopf; Golda. Im Einschlag besser haltbar: Escariol grün
hohe Sorten an Reisern oder Drahtzaun	0,8–1	M VI bis VII	wiederholt durchpflücken	Sortiment verändert sich. s. Abb. im Text
Breitsaat möglich, Reihensaat besser	0,6–0,8	XI–IV	Reihensaat erleichtert Pflege	Qualitätssorten: Vollherziger; – Massenträger: Breitblättriger
Direktsaat, vereinzeln, hacken, häufeln	1,5–2,5	X–XI	leicht geputzt bis I.	Süßer Bologneser. Zefa Fino ab II m. Vorkultur, später direkt
Folgesaaten nach Bedarf		lfd.	wächst nach, nicht zu tief schneiden	Mega, großblättrig, oder einfache Gartenkresse
Vorkultur im Topf, Unterglaskultur, Tunnel	2–3	A VIII bis X	Freiland nur im Weinklima, sonst möglichst Tunnel usw.	Mervita, mittelfrüh; Hok, Einlegegurke
Vorkultur	3–4	VI–X	Spätsorte Blauer Speck, in Plastik lagerfähig	Früh: Lanro; Freiland Frühj. bis Herbst: Marko; Blaro. – Herbst und Einwinterung: Blauer Speck
Jungpflanzenanz.	2,5–3,5	E VI bis VII	–	Dithmarscher Frühstamm
desgl. ab III	5–7	E IX bis E III	mit Wurzeln einwintern	September, fest, für Kraut; Marner Lager weiß, sehr spät, für Winterlager und späten Einschnitt
Jungpflanzenanz. ab II	2,5–3	E VI bis A VII	–	Marner Frührotkohl, sehr fest, früh
desgl. ab III	4–6	A IX bis A III	mit Wurzeln einwintern	Marner Septemberrot; Marner Lagerrot, spät, haltbar bis Frühjahr
Jungpflanzenanz. II	2,5–3,5	M VI bis E VII	–	Praeco HKZ, sehr früh; Vorbote
desgl. III/IV	3–4,5	E VIII E III	mit Wurzeln einwintern. Überwintern in milden Lagen bzw. Wintern ('Adventswirsing')	Mittelfrüh: Marner Grünkopf; spät, f. Winterlager: Ferrus HKZ
Vorkultur im Topf II–III	4–5 St.	E VI	blanchieren und einfrieren	Sehr früh: Aristokrat; Malinus
desgl. III–IV	4–5 St.	IX–X	wie früher Blumenkohl. Beregnung bei Trockenheit unerläßlich	Flora Blanca, Hormade
Freilandsaat, pflanzen	0,8–1,2		je nach Qualität und Festigkeit lagerfähig	Groninger; Hilds Ideal; Rosella, früh

Die wichtigsten Gemüsearten, Kultur, Ertrag, Lagerung, Sorten (Fortsetzung)

Art	1000-Korn-Gewicht g	Keimzeit Tage	Reihenentfernung cm	Entfernung i. d. Reihe cm	Aussaat Freiland Monat	Pflanzung Monat	Bodenansprüche	Nährstoffentzug je kg marktfähiger Ernte in g/qm N P₂O₅ K₂O CaO MgO
Grünkohl	3	5–7	50	40	V–VI	VI–VII	normaler Gartenboden, keine frische Düngung	7,0 1,8 6,0 4,0 0,6
Kohlrübe	3	4–7	50	40	IV–V	V–VI	normaler Gartenboden	2,5 1,3 4,0 0,8 0,3
Kopfsalat	1	5–14	30	30	IV–V	M III bis VI	tiefgründig, humos	3,0 0,8 4,0 0,8 0,3
Mohrrübe (Lager)	1,2	15–30	20–30	4–6	E II bis E V	–	normaler Gartenboden, humos	2,0 1,0 4,5 0,8 0,8
Mangold	Knäuel 13–22	8–14	25	40	E IV	–	normaler Gartenboden	3,2 1,1 4,8 1,5 0,6
Neuseeländer Spinat	80–125	5–30	50–80	50–80	–	E IV bis M V	nährstoffreich, warm	keine Ang. Geschätzt: wie Spinat, get. Gaben
Paprika	4–6	8–15/20	40–50	40–50	–	M–E V	locker, warm	3,0 0,8 3,5 0,2 0,3
Pastinake	3	28–35	40–50	8–12	III–VI	–	tiefgründig, humos	2,1 1,6 3,5 0,8 0,3
Porree	3	12–18	30	25	IV–V	A V bis A VII	tiefgründig, humos	3,5 1,0 4,0 1,3 0,4
Radieschen	8	5–8	10–15	4–7	III–IV	–	locker, humos	1,6 0,7 3,5 1,2 0,2
Rettich, früh	8	4–10	10–15	6–8	III bis M IV	–	locker, humos	1,6 0,8 4,0 0,5 0,3
Rettich, Winter	8	4–10	20–25	10	E VI bis E VII	–	locker, humos	wie Rettich, früh
Rote Rübe	Knäuel 13–22	9–14	20–25	15	E IV bis E V	–	normaler Gartenboden	3,0 1,4 5,2 0,5 0,4
Schnittsalat	1	5–14	25–30	dicht	ab IV Folgesaaten	–	normaler Gartenboden	keine Angaben (geschätzt: ½ wie Kopfsalat)
Sellerie, Bleich	0,3	15–25	30–40	20	ab E III	ab M IV	tiefgründig	2,5 1,5 6,0 1,8 0,5
– Knollen	0,5	15–25	40–45	40	–	M–E V	tiefgründig, nährstoffreich, humos	3,0 1,8 6,0 1,0 0,4
Schwarzwurzel	10–14	10–16	25–30	10	III–IV	–	tiefgründig, nicht zu leicht	2,3 1,6 3,8 0,7 0,4
Spinat	10	5–14	20–25	dicht	VII–IV + VIII–IX	–	tiefgründig, humusreich	4,5 1,3 6,0 1,8 1,0
Tomate	3	6–14	75	75	–	15–E V	tiefgründig, humos	1,8 0,6 3,2 0,2 0,4
Zichoriensalat	1	3	30–40	25–30	20. VI.–20. VII.	–	guter Gartenboden	keine Angaben. Gesch.: wie Kopfs. u. Kopfdgg.
Zwiebel	5	10–21	20–30	5	III–M IV	–	nährstoffreich, nicht zu locker	2,0 0,8 2,5 0,6 0,3

Kultur	Ernte je qm kg (Stck.)	Monat	Lagerung, Besonderes	Sorten
wie Rosenkohl oder späte Direktsaat	0,6–1	XI–III	Ernte nach erstem Frost	Niedriger bzw. halbhoher grüner Krauser: Lerchenzungen, spez. für Privatgarten
Vorkultur oder Direktsaat (dibbeln)	5–7	IX–X	lassen sich geköpft einwintern	versch. gelbfleischige Sorten
früher: Folienzelt, Hauben usw. später: Vorkultur	1,8–2,5	V–A IX		Früh: Maikönig; spät. Frühj.: Hilde; Sommer: Attraktion, Kagraner Sommer, Nona – Winter: Maiwunder
sehr frühe Saaten möglich, Folgesaaten. Saatband	3–6	VI–X	einwintern	Nantaise; Frühstamm Hild; Rothild
hacken	4–6	V–XII	frosthart	Glatter Silber, breite Rippen; Lukullus, schmale Rippen
Vorkultur in Töpfen	2–3	ab E VI	schoßfest, ersetzt VII/VIII Spinat. Rankende Einzelpflanzen	
Vorkultur in Töpfen, Folienzelt, Frühbeet			–	Heidelberger Riesen: Kalifornisches Fleisch; Neusiedler Ideal; Pußtagold
wie Mohrrüben	6–8	X–XI	einwintern. Winterhart	lange und halblange Sorten
hacken, häufeln	5	IX–XI	einschlagen	Elefant; besonders winterhart: Carentan; Ekkehard
zügiges Wachstum sichern, keine Trockenheit		Folgesaaten	als Vor- und Zwischenkultur	Früh: Saxa Treib; Frühwunder Juxasprint. – Sommer: Eiszapfen; Parat; Raxe; Signal
wie Radieschen	2	V–VI	bei Frühkultur Folienzelt, Frühbeet	Ostergruß Rosa; Halblange weiße Treib und Freiland; Neckarruhm weiß u. rot
wie Radieschen	2,5	IX–X	einschlagen, bis XII	Rex, früh; Münchener Bier, spät; Runder und langer schwarzer, Wintersorte
Direktsaat, vereinzelt	3–4	A IX bis E X	einwintern, in Plastik bei 3–8 °C bis III	Forono; Rote Kugel; Rotor
Direktsaat		Folgesaaten		Schnitt: Gelber Runder: Gelber u. roter Eichblatt; Lollo Rossa; Krauser Gelber. – Pflück: Amerik. Brauner
ab M VIII bleichen		E IX bis XI	verträgt leichte Fröste	Goldgelber Selbstbleichender; Weißer Englischer
Vorkultur, pikieren	2,5–3	A IX bis X	einschlagen. Salzpflanze, chlorhaltige Kalidünger	Ibis, Monarch; Hilds Neckarland, weißkochend; Alba; Mars; Volltreffer
Direktsaat	2–3, spät 4	A IX bis X	nur unverletzte einwintern. Winterhart, aber brüchig, Ernte nur bei offenem Boden	Hoffmanns Schwarzer Pfahl
Direktsaat	0,7–1,2	E V–VI u. X–III	überwintern	Vital, nur für Frühj. und Herbst; Mazurka; Matador (Universalsorte) Monnopa
Vorkultur in Töpfen ab II, pikieren	4–5	VII–X	Plastiktunnel, Hauben usw.	Haubners Vollend.; Hildares F$_1$ (Treib u. Freiland); Rheinl. Ruhm, spät. – Buschtomate: Hoffmanns Rentita
Direktsaat, vereinzeln, hacken	15 St.	X–XII	geputzt bei ca. 3 °C dunkel lagern oder Wurzel einschlagen	Vatters Zuckerhut
Direktsaat	1,8–2,5	M VIII bis E IX	luftig, trocken lagern. Keine frischen Dünger	Stuttg. Riesen, mittelfrüh bis mittelspät, zum Lagern und Stecken. Juwarund, spät, zum Lagern; Wintersteckzwiebel: Presto

Gemüse-Anbaufläche

Anbaufläche für Gemüse bei Deckung des Bedarfs durch weitgehende Eigenerzeugung. Beispiel für einen Vier-Personen-Haushalt. → Wirtschaftsgarten.

Gemüseart	Ungeputzte Rohware 4 VvP/kg/Jahr		Mittlere Erträge je qm kg bzw. Stück	Anbaufläche in qm	Anbau als			Bemerkungen
	Bedarf	Bedarf einschl. Lagerverlusten			H	V	Z	N	
Schwachzehrer									
Bohnen – Busch	28,0	28,0	1,0	28,0	28,0				N Kohlrabi spät, Winterrettich, fr. Möhren
Erbsen	24,0	24,0	1,0	24,0	24,0				N 12 qm Erdbeerneuanlage
Möhren – früh	48,2	14,4	(2–3) 2,0	7,2		3,6		3,6	N Blumenkohl
– spät		40,0	(3–4) 4,0	10,0	10,0				
Rote Rüben	9,2	10,5	(3–4) 3,5	3,0	3,0				
Schwarzwurzeln	8,4	8,4	(1,5–2) 2,0	4,2	4,2				
Zwiebeln – Steckw.	29,2	10,8	(2,5–4) 3,0	3,6	1,6	2,0			N Blumenkohl
– Saatzw.		19,5	(2,5–3) 3,0	6,5	6,5				
Starkzehrer									
Blumenkohl	16,6	16,8	(2–4) 3,0	5,6	5,6				25 Pflanzen N von frühen Möhren/Steckzw.
Dicke Bohnen	5,3	5,3	1,2	4,4	4,4				N Porree
Gurken	48,9	48,9	(2–3) 2,5	19,6	19,6				V + Z Spinat, Salat, Kohlrabi, Radies
Kohl – früh	69,4	19,2	(3–5) 4,0	4,8	4,8				24 Pflanzen, N Spinat
– spät		54,0	(4–7) 5,0	10,8	10,8				40 Pflanzen
Kräuter/ Pflanzenanzucht			Es werden ca. 5,5 kg Kräuter geerntet, die in der Summe nicht enthalten sind	6,0	6,0				
Sellerie	13,6	15,0	(2,5–3) 3,0	5,0	5,0				25 Pflanzen
Rosenkohl	8,0	8,0	0,8	10,0	10,0				
Tomaten	9,5	9,5	2,5	3,8	3,8				12 Pflanzen
Doppelnutzung									
Endivien	6,6	6,6	11,5 Pfl./qm	4,0				4,0	45 Pflanzen
Feldsalat	10,5	10,5	(1,5–2) 1,5	7,0			7,0		
Grünkohl	18,7	18,7	2,0	9,4				9,4	36 Pflanzen
Kohlrabi	14,4	14,4	(1,5 früh/2,5 spät) 2,0	7,2		3,6		3,6	90 Pflanzen früh, 30 Pflanzen spät
Kopfsalat	31,5	31,5	20 Pfl. früh, 11,5 Pfl. So., 30 Pfl. Wi/qm	6,0		2,0	2,0	2,0	40 Pfl. früh, 25 Pfl. Sommer, 60 Pfl. Winter
Porree	12,0	12,0	5,0	2,4				2,4	50 Pflanzen
Spinat	21,8	21,8	2,0	10,9		7,2		3,7	
Rettich/Radies	6,1	6,1	(1,5–2) 1,5	4,0		2,0		2,0	
Summe	439,9	453,9		207,4	147,3	20,4	9,0	30,7	

60,1 qm Doppelnutzung = etwa 40 % von 147,3 qm
207,4 qm

Gemüsegarten. Ein gepflegter Gemüsegarten ist Zierde eines jeden Wohnhauses, darf also auch vom Wohngarten aus sichtbar sein! Deshalb Gemüsegarten nicht auf Schattenseite des Hauses verbannen. → Gemüseflächen.

Gemüsekonservierung. Mit Ausnahme der Salate fast alle Gemüsearten zur Konservierung geeignet. Verschiedene Konservierungsarten möglich: TROCKNEN (Dörren). Ursprünglichste Konservierungsart für Früchte und Gemüse, heute hauptsächlich für Bohnen, Suppen- und Gewürzkräuter verwendet. Bohnen vorher kurz aufkochen (blanchieren), entweder an Fäden aufreihen und an schattigem, luftigem Ort trocknen oder auf Gitterrosten bei leichter Wärme dörren. Suppen- und Gewürzkräuter gebündelt aufgehängt oder in dünner Schicht ausgebreitet an schattigem, luftigem Ort trocknen. – EINSALZEN (Einpökeln) mit oder ohne Säuerung → Einsäuern, → Sauerkraut. – NASSKONSERVIERUNG (Einwecken). Für viele Gemüsearten geeignet, mannigfaltige Rezepte, um gute Ergebnisse zu erzielen einschlägige Kochbücher konsultieren. – TIEFGEFRIEREN. Modernste und schonendste Art der Gemüsekonservierung. Nährstoffe, Vitamine und Geschmack bleiben am besten erhalten. Beachtung der bei Herstellern der Gefriertruhen erhältlichen Rezepte wichtig.

Gemüsesämereien → Samen.

Gemüsesorten → Sorten (Gemüse).

Gemüsetabelle, S. 176–179. Angaben in der Spalte ‚Düngung' nach Fritz, Stolz u. a.: Erwerbsgemüsebau, Stuttgart 1989. Die Nährstoffansprüche der Gemüsearten sind je nach Sorte, Vorkultur, Bodenart und -fruchtbarkeit, Jahreswitterung, Pflege der Kultur, wie Hacken und Bewässerung, und nicht zuletzt angestrebtem Ertrag sehr verschieden. Angaben in kg/ha bzw. g/qm, insbesondere für sog. Volldünger, führen meist zur Überdüngung. Nützlich sind aber Angaben über den Nährstoffentzug der Arten. Gärtner/innen können anhand dieser nach Kulturarten sehr unterschiedlichen Nährstoffansprüche Anbau und Düngung planen. Rechenbeispiel: Wer auf einem kaliarmen Sandboden den Kalibedarf von Möhren für eine Erntemenge von 4 kg/qm decken will, muß nach der Tabelle 4 mal 4,5 g = 18g/qm düngen. Bei Holzasche mit 8% Kaligehalt wären das: 100 × 18 : 8 = 225 g = rund 200 g Holzasche je qm. Die errechneten Mengen sind je nach eingangs genannten Faktoren (Sorten, Vorkultur usw.) alsdann zu variieren, insbesondere bei Stickstoff.

Gerbera-Hybride. (Seidl)

Genista → Ginster.
Gentiana → Enzian.
Geranie → Pelargonie.
Geranium → Storchschnabel.

Genußreife, je nach Sorte bei Kernobst unmittelbar nach der Ernte oder einer bestimmten Lagerzeit. Bei Stein- und Beerenobst sind alle Früchte gleichtig ernte- und genußreif. In Genußreife verfügt die Frucht über alle Aromastoffe, harmonisches Zucker/Säure-Verhältnis, mürbes bis knackendes oder saftiges Fleisch.

Gerätepflege. Bei den Handgeräten sind zur Winterruhe alle blanken Teile (bei Spaten, Kultivatoren, Gabeln, Messern, Scheren, Sägen und dgl. die Arbeitsseiten) einzufetten. Rasenmäher gründlich reinigen, aber nie mit dem Schlauch abspritzen. Zuletzt alle blanken und beweglichen Teile einfetten.

Geräteständer, in Gebäuden eingebaute Vorrichtungen zur Aufbewahrung von Gartengeräten und Handwerkzeugen. Spezialg. für Stielgeräte.

Gerbera. Korbblütler, *Asteraceae*. Die G. ist durch die neuen Klone und Sorten mit ihren vielen Farben, besonders durch die lange Haltbarkeit, eine beliebte Schnittblume geworden. Die Blüten müssen aber die richtige Reife haben, damit sie lange halten. Der Stiel soll unmittelbar unter der Blüte genügend fest und nicht durch einen Draht gestützt sein. Die einfachblühenden G. haben die richtige Reife, wenn 3 Staubgefäßkränze sichtbar sind. Bei den gefülltblühenden müssen die inneren, kleineren Blütenblätter gut ausgebildet sein. – TOPFSORTEN. Von der bekannten Schnittblume sind seit Beginn der 80er Jahre auch Topfsorten im Handel, und zwar einerseits Sämlingssorten, andererseits Sorten, die durch Gewebekultur vermehrt werden. – Niedrige Rosettenstauden mit gelappten Blättern, Blütenköpfe einzeln, groß, in den typischen Gerberafarben, aber noch nicht gefüllt und mit dunkler Mitte. – Die Hauptangebotszeit ist ab Muttertag bis E. VI. Die Planzen stehen meist im 12- bis 14-cm-Topf. Sie können im Fensterkasten verwendet oder als Zimmerpflanzen auf dem Fensterbrett aufgestellt werden. – G. sind anfällig gegen eine Vielzahl von tierischen Schädlingen, man achte auf Blattläuse, Weichhautmilben, Minierfliegen und Gewächshausmottenschildlaus (‚Weiße Fliege'). Die gefährlichen Pilzkrankheiten der Schnittg. treten bei den Topfg. nicht in diesem Maße auf. – Man achte auf gleichmäßige Wasserversorgung und regelmäßige Düngung. Überwinterung der im Fensterkasten gepflanzten G. lohnt meist nicht.

Gerüstbildner, werden in frostexponierten Standorten bei der Anzucht von Obstbäumen verwendet. G. bildet außer Stamm auch einen Teil des Kronengerüsts.

Gespinstmotten, Mottenarten der Gattung *Yponomeuta*, deren graugelbe, schwarz gefleckte Raupen im Schutz dichter Gespinste gemeinschaftlich die Blätter von Obstbäumen fressen. Die Apfelgespinstmotte hat kleinere Gespinste und verursacht partielle Blattverluste; die Pflaumengespinstmotte (an Pflaume, Zwetschge, Kirsche) große Gespinste, die wie weiße Schleier den ganzen Baum überziehen können, verursacht oft völligen Kahlfraß. Abwehr: Im Frühjahr die dann noch kleinen Gespinste mit jungen Raupen abschneiden. Generell ist Spritzen mit scharfem Strahl sowie mit Bacillus-thuringiensis-Präparaten wirksam.

Geräteleiste zur platzsparenden, griffbereiten Aufbewahrung von Geräten, mit zwei Haltebügeln für Stiele. (Gardena)

Gesteine

Links: 10 m mächtige Lößdecke im Kaiserstuhl auf plattig gespaltenem Phonolith aus dem Dauerfrost der Eiszeit; fossiler borealer Waldboden als dunkle Mittelschicht. (Wülfrath) – Rechts: Basaltsäulen bei Twyfelfontein, Namibia. (Borgmann)

Gesteine, die ‚Rohstoffe' der Böden, werden grob eingeteilt in Tiefengesteine (z. B. Granit), Ergußgesteine (z. B. Basalt) und Sedimentgesteine (z. B. Geschiebemergel, Kalk, Löß, Sandstein). G. werden durch Verwitterung angegriffen, d. h. durch Frost, Wasser, Bakterien, Flechten, Moose und Wurzeln höherer Pflanzen. Ergebnis der Verwitterung sind Bodenteilchen bestimmter Korngrößengruppen, siehe Übersicht. → Körnung.

Gesundungskalkung → Kalkdüngung.

Geum → Nelkenwurz.

Gewächshaus, Treibhaus, in der Fachsprache ‚Block' oder ‚Schiff' genannt, Sammelname für alle *Hoch*glaskulturen (im Gegensatz zum *Nieder*glas); Mindesthöhe eines G.es gestattet Aufrechtstehen und -gehen eines Erwach-

Dünnschliff vom Gestein Phonolith vom Fohberg im Kaiserstuhl mit Granat, etwa zehnfach vergrößert. (Wülfrath)

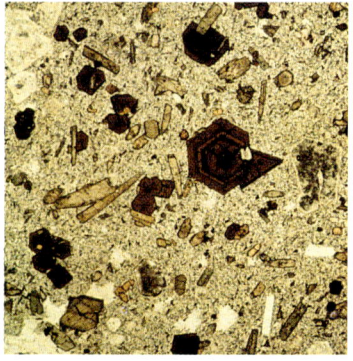

senen (Ausnahme → Zimmergewächshaus). Das meist dem Liebhaber vorbehaltene → Kleingewächshaus bietet, wenn vollständig ausgestattet, die gleiche Vollklimatisierung wie das größere G., das vornehmlich der Erwerbskultur dient. Verwendungsbereiche: Vorkultivierung, Treiberei, um Schnittblumen, Topfpflanzen, Nahrungspflanzen (Feingemüse) auch außerhalb der im Freiland vom Klima eingeschränkten Reifezeiten erzeugen zu können. In botanischen Gärten wird dem Besucher im G. das Gedeihen tropischen Pflanzenlebens nahegebracht.

Gewächshausdesinfektion. Zur Vernichtung der Pilzsporen an Kastenwänden und Gewächshauskonstruktionen ist die Begasung mit Schwefeldioxid durch Verbrennen von Stangenschwefel ein billiges und sicheres Mittel (nicht bei feuerverzinkten Konstruktionen): auf 100 cbm Rauminhalt 1 kg Stangenschwefel auf nicht brennbarer Unterlage in Brand setzen; alle Türen und Lüftungsklappen vorher schließen. Vorsichtsmaßnahmen beachten (Gasmaske)! Anwendung anderer Gase (Blausäure, Äthylenoxyd u. a.) durch Bekämpfungsfirmen. – Kastenwände, Fensterrahmen, Anzuchttöpfe, Salat- und Pikierkästen sowie Holzpfähle entseucht man durch Abbürsten mit Formaldehyd-Lösung (¼ l Formalin auf 10 l Wasser) oder – angenehmer, weil nicht die Schleimhäute reizend – mit 0,25%iger Ceresan-Naßbeize. Wartezeit bis zur Benutzung: 2 Wochen.

Gewächshausschädlinge. Entsprechend dem feucht-warmen Sonderklima der Gewächshäuser treten viele Schädlinge verstärkt auf: Nematoden, Schnecken, Blatt- und Schildläuse sowie Mottenläuse (‚weiße Fliegen'). Spezielle Schädlinge sind u. a. Azaleenmotte, Nelkenwickler und Gewächshausheuschrecke. Das verstärkte Auftreten von Blattläusen bedingt eine vermehrte Virose-Gefährdung der Pflanzen. Besonders stark begünstigt werden durch das Glashausklima alle Pilzkrankheiten. Maßnahmen: Gewächshausdesinfektion nach dem Ausräumen. → Bodendesinfektion, Räuchern und Nebeln mit speziellen Geräten gegen Milben und Insekten; Sprühen gegen Pilzkrankheiten wie im Freiland. Bei allen chemischen Maßnahmen in geschlossenen Räumen besondere Vorsicht (Atemmasken, Schutzanzug)!

Gewebekultur, Pflanzen-Zellkultur, Meristemvermehrung. Unter günstigen Versuchsbedingungen (Temperatur, Licht, Nährstoffe, Pflanzenhormone) können einzelne Zellen oder Zellaggregate kultiviert, vermehrt und zu intakten Pflanzen regeneriert werden, weil jede Zelle eines Organismus über die gleiche und vollständige genetische Information wie die befruchtete Eizelle verfügt. Zwei wichtige Ziele der Zell- und Gewebekultur sind die schnelle vegetative Vermehrung (Mikropropagation) einer Zuchtsorte oder eines Klons und die Gewinnung von krankheitsfreien (virus- und pilzfreien) Pflanzen. Ihr

Vorteil beruht in der bedeutend schnelleren Vermehrungsrate. Erfolgreich war die Mikrovermehrung bei einer Reihe von Zier- und Nutzpflanzen, z.B. bei Blumenkohl, Spargel, Freesien, Orchideen, Koniferen, Erdbeeren und Obstbäumen. Als Ausgangsmaterial für eine Kultur dienen sterile Keimpflanzen oder mikroorganismenfrei gemachte Pflanzenorgane wie Wurzeln, Stengel oder Blätter. Aus ihnen werden kleine Gewebeteile entnommen und weiterkultiviert.

Geweihbaum, *Gymnocladus.* Schmetterlingsblütler, *Leguminosae.* Nur zwei Arten, davon ist bei uns winterhart: G. dioicus. ○ ♄ V–VI. Atlantisches Nordamerika. 20–30 m, dicke, knorrige Äste und lockere Krone. Blüten grünlich-weiß in lockeren Trauben, neben zwittrigen auch eingeschlechtliche Blüten. Frischer, tiefgründiger Boden. Langsamwachsend, sehr hart, fällt durch den bizarren Wuchs auf. – Vermehrung durch Aussaat erfordert gewisse Vorbereitungen; die hartschaligen Samen in konzentrierter Schwefelsäure baden oder von Hand anritzen. Sehr leicht wachsen Wurzelschnittlinge von 5 cm Länge.

Geweihfarn → Farne 7.

Gewürzkräuter → Kräuter.

Gewürzstrauch, *Calycanthus.* Gewürzstrauchgewächse, *Calycanthaceae.* 4 Arten in Nordamerika. Sommergrüne Sträucher mit aromatisch duftender Rinde. – C. floridus. ○ ♄ V–VII D Lie. 2–3 m, ziemlich sparrig wachsend, dicht verästelt, mit unterseits weißfilzig behaarten Blättern. Blüten 4–5 cm, duften leicht nach Erdbeeren. Form 'Purpureus' mit rötlicher Blattunterseite. – Liebt guten, leicht feuchten Boden in sonniger Lage. – Vermehrung durch Aussaat gleich nach der Ernte, älterer Samen muß stratifiziert werden. Absenker im VI gehen sehr leicht, die Triebe bewurzeln sich bald. Jungpflanzen im ersten Winter frostfrei überwintern! – Achtung: Samen ist giftig!

Gießen. Aussaatkisten, Aussaatbeete, Jungpflanzen mit Gießkanne (mit Brause) oder Schlauch (feine Schlauchbrause), Freilandbeete mit Schlauchbrause gießen, stets so, daß Saatgut oder Pflanzen nicht verschlämmt oder gar weggespült werden. → Beregnen, → Regner.

Gießkanne, meist ovale Grundfläche, Zinkblech oder Kunststoff, bogenförmiger Griff, an der Tülle auswechselbare Brausen (Grob- und Feinbrause); gängige Größen, für den Garten = 8, 10 und 12 Liter, für Balkon- und Zimmerpflanzen entsprechend kleiner.

Gingko biloba. (Seidl)

Pflege der G.: im Winter gereinigt und getrocknet, mit Öffnung nach unten aufhängen, nach dem Ausbringen chemischer Pflanzenschutzmittel G. gründlich mit sodahaltigem Waschmittel reinigen und klarspülen.

Gießrand, der erdfreie Rand des Topfes, des Containers, der Saatkiste, meist ½–2 cm, der das Gießwasser aufnimmt und nicht abschwämmen läßt.

Gießschlauch, Kunststoff- oder Gummischlauch, der, mit Kupplung und Gießbrause versehen, das Wasser den Pflanzen zuführt. ½"–1" Stärke.

Gießverfahren → Rasenunkrautbekämpfung.

Gießwasser, qualitativ nach Kalkgehalt und Freisein von Fremdstoffen sehr unterschiedlich. Regenwasser gilt als bestes, kalkfreies („weiches") G. Härtegrad je nach Landschaft unterschiedlich, beim örtlichen Wasserwerk feststellen. Härtegrad bei Topf- und Gewächshauspflanzen besonders berücksichtigen, da Kalk und etwaige Salze nicht ausgewaschen werden. Zu hartes G. kann durch Torf entkalkt werden: je 10 Liter Wasser 50 g Torf zusetzen und öfter umrühren. Torfrückstand zum Kompost, nicht jedoch für → Moorbeetpflanzen verwenden. → Enthärten.

Giftefeu = *Rhus radicans* → Sumach.

Ginkgo, *Ginkgo.* Ginkgogewächse, *Ginkgoaceae.* G. ist der chinesische Name für diesen einzigen Vertreter der Gattung, die in früheren Erdepochen durch zahlreiche Verwandte auf der ganzen nördlichen Halbkugel verbreitet war. Wird allgemein wegen seiner fächerförmigen Blätter als Zwischenform von Laub- zu Nadelbäumen angesehen. Nach Blütenbau und Befruchtungsvorgang ist er jedoch viel primitiver und steht eher zwischen Farnpflanzen und Nadelbäumen. – G. biloba. ○–◐ ♄ IV ⚥. Wahrscheinlich in China beheimatet. 25–35 m, immergrün, anfangs pyramidale, später breitere Krone. Blätter lederartig, fächerförmig und dunkelgrün, im Herbst schwefelgelb. Blüten getrennthäusig, es gibt männliche und weibliche Pflanzen. – Gewöhnlicher Boden. Die weiblichen Pflanzen sind wegen der unangenehm riechenden Früchte nicht sehr beliebt. – Vermehrung durch Aussaat. Nach Möglichkeit sollten die Früchte, die im Herbst abfallen, erst im Frühjahr zusammengelesen werden.

Ginster → auch Geißklee.

Ginster, *Genista.* Schmetterlingsblütler, *Leguminosae.* Etwa 100 Arten in Europa, Nordafrika und Westasien. Sommergrüne, oft dornige Sträucher, mit → Geißklee eng verwandt, zum Teil verschwommen abgegrenzt. Verschiedene Arten, z.B. der Färberginster, wurden wegen des gelben, recht dauerhaften Farbstoffes zum Färben von Leinen und Wolle verwendet. – G. aetnensis. Hoher Strauch, beheimatet in Süditalien, mit binsenartigen Zweigen, die fast keine Blätter haben, und goldgelben Blüten. In England eine der am meisten verwendeten Arten, bei uns nur in günstigsten Gegenden mit Winterschutz ausdauernd. – G. horrida, Stechginster. ○ ♄ VI bis VIII △ ⌒ Bie Lie. Pyrenäen. Kleiner, dorniger, kaum 30 cm hoher Strauch mit unregelmäßigem, halbkugeligem Wuchs und endständigen, gelben Blüten. Auch im nicht blühenden Zustand sehr apart für Steingarten oder Trockenmauern. – G. lydia. ○ ♄ V–VI △ ⌒ Bie. Balkan, bei uns nur an geschützten Stellen winterhart. Bis 0,50 m, dünne, nach unten gebogene grüne Zweige und goldgelbe Blüten. Sehr reichblühend, für Steingärten oder kleine Anlagen. – G. pilosa, Sandginster. ○ ♄ V–VII △ ⚘ Bie. Ein heimischer G. mit niederliegenden Ästen, die am Boden Wurzeln bekommen. Kurze, graugrüne, etwas kantige Zweige mit goldgelben Blüten in den Blattachseln. Kleiner Bodendecker für

Ginster, *Genista hispanica*. (Herbel)

Gitterrost

Stein- oder Heidegarten. – *G. radiata*, Strahlenginster. ○ ♄ V–VI △ ⌒ Bie. Balkan, Name von den strahlenartigen Zweigen. Bis 0,80 m, mit bald abfallenden Blättchen und goldgelben Blüten in Büscheln. Bleibt nur auf steinigem, nährstoffarmen Boden kompakt und schön, in guter Erde fällt er bald auseinander. – *G. sagittalis*, Flugelginster. ○ ♄ V–VI △ ⌒ Bie. In Südosteuropa wild, Name von den geflügelten Zweigen. Niederliegender Zwergstrauch mit flügelkantigen Zweigen und goldgelben Blüten. Die Form var. *minor* ist noch kleiner, kaum 5 cm, mit dunkelgrünen, sehr kurzen Zweigen. Für Steingärten oder Trockenmauern, wirkt auch im nichtblühenden Zustand. – ANSPRÜCHE. Die G. verlangen leichten, durchlässigen Boden in warmer, sonniger Lage. Dünger richtet nur Schaden an. Für Stein- und Heidegärten, Trockenmauern und Terrassen zu verwenden. Die G. sind sehr schön, aber leider noch zu wenig in unseren Gärten zu sehen. – VERMEHRUNG. Ausgesät wird am besten nach Aufweichen des Samens. Stecklinge von halbharten Trieben wachsen gut. Muß veredelt werden, so auf Unterlagen von Färberginster-Sämlingen.

Gitterrost des Birnbaums, Ende VI/Anfang VII Blätter mit gelben Flecken, die bis Ende VIII purpurrot werden. Die von der Blattunterseite ausstäubenden Pilzsporen müssen auf die Zweige des Sadestrauches (*Juniperus sabina* L.) gelangen, in die sie mit Keimschläuchen eindringen. Dort Überwinterung; im Frühjahr Bildung von Sporen, die zu den Birnbäumen zurückgelangen. Vorzeitiger Blattfall und Ertragsschmälerung. – Abwehr: Sadestrauch entfernen oder während der Sporenflugzeit im Frühjahr abdecken oder die jungen Birnblätter mit pflanzlichen Fungiziden mehrmals spritzen.

Birnengitterrost auf Birnenblättern. (Dr. Bender)

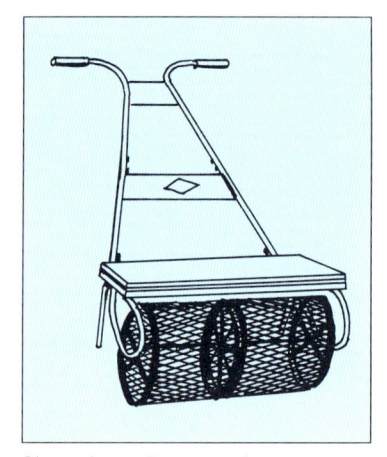

Gitterwalze zur Rasenneuanlage.

Gitterwalze, von Hand gezogenes Gerät, mit Steinen beschwert, drückt ein Rautenmuster ins Erdreich des in der Herstellung begriffenen Feinplanums bei → Rasenneuanlagen. G. walzt auch frische Rasensaat an und ersetzt das Einharken oder ‚Einigeln'.

Gitterwand, zur Raumbildung, zum Schutz vor Einsicht und als Rankgerüst für Kletterpflanzen im Garten gebaute, durchsehbare Wandfläche aus Stäben, Lochplatten, Maschen oder Flechtwerk von Stahl, Schmiedeeisen, Blech, Holz oder Kunststoff.

Gladiole, *Gladiolus*. Schwertliliengewächse, *Iridaceae*. ○ ♃ △ ⌒ ✕. Etwa 250 Arten in Mitteleuropa, Mittelmeergebiet, tropischen und Südafrika. Knollen mit faseriger, brauner Hülle. Stengel beblättert, Blätter schwertförmig. Blüten trichterförmig, meist in einseitswendiger Ähre.

WINTERHARTE ARTEN
G. byzanthius, Südeuropa, Orient, Nordafrika. Fast kugelige, abgeplattete Knollen. Blätter breit. Blüten in lockerer Ähre, zweizeilig, purpurrot. 'Alba', reinweiß. VI, 60–100 cm. – *G. communis*, Gemeine Siegwurz, Mittelmeergebiet. Lanzettliche, ungleich große Blätter. Blüte rosarot, innen heller. V bis VI, 40–80 cm. – *G. italicus* (*G. segetum*), Mittelmeerraum. Kugelige, bis 2,5 cm, dicke Knolle. Blätter schwertförmig, allmählich zugespitzt. Ähre locker, fast einseitswendig, Blüten karminrosa. V, 40–70 cm. – *G. palustris*, Sumpfsiegwurz, Mittel- und Südeuropa, heimisch – aber selten. Eiförmige Knolle, Faserhaut netzartig. Blätter lang, schmaler und spitzer als bei *G. communis*. Blütenstengel im oberen Teil zickzackartig gebogen. Blüten klein, Röhre stark gekrümmt, purpurrot. Liebt feuchten Boden. V–VI, 30–60 cm. – Verwendung der winterharten Arten in Staudenpflanzungen, Steingarten, zusammen mit Gräsern und Kleinstauden. Boden durchlässig, humos. Pflanzung im Herbst, 15 cm tief, danach handhoch mit Torf abdecken. Vermehrung durch Brutknollen und Aussaat.

NICHT WINTERHARTE ARTEN
Aus Kreuzungen meist südafrikanischer Arten und Sorten entstanden, die je nach Abstammung oder Merkmalen zu verschiedenen Gruppen zusammengefaßt werden. – COLVILLII-GRUPPE (*G. cardinalis* × *G. tristis*). Linealisch-schwertförmige Blätter, graugrün. Blüten in kurzer Ähre, 2–4, klein, die 3 schmalen, unteren Blütenblätter mit gelblichem Fleck. 'Bride' (The Bride), wichtigste Sorte, weiß mit gelblichgrünen Adern; 'Ruber', karminrot. VI–VII, 40–60 cm. – NANUS-GRUPPE. Niedrige, frühblühende Gruppe, oft in Gewächshäusern verfrüht und als Schnittblumen im Frühling angeboten. Blüten immer mit einem hellen Fleck auf den 3 unteren Blütenblättern, dunkel eingefaßt. Bereits weit über 50 Sorten gezüchtet. 'Amanda Mahy', lachsrot, Fleck weiß mit karminviolettem Rand; 'Nymph', zartrosa, Fleck kremgelb mit karminrosa; 'Spitfire', scharlach, Fleck blaßgelb und lila. In mildem Klima halten diese Sorten bei gutem Winterschutz durch. Pflanzzeit Herbst oder Winter. VI – VII, 60 cm. – CORONADO-G. Kreuzung von Nanus-G. mit Butterfly-G. Jede Knolle bringt zwei Stengel. Zierliche Blüten mit zurückgeschlagenen Blütenblättern, auf den unteren die typische Zeichnung der Nanus-G. 'Fantasia', rosa, Zeichnung weiß mit purpurrot; 'Miranda', lachsrosa, Zeichnung gelb und dunkelrot; 'Quintin', schneeweiß, Zeichnung creme und karminviolett; 'Tableau', hellkarminviolett, dunkler Schlundfleck. Mitte VI, 100 cm. – BUTTERFLY-(SCHMETTERLINGS-)G.n. Kleine, sehr elegante, meist zweifarbige Blumen. Besonders beliebt als Schnittblumen für kleinere Vasen und Gestecke. 'Atom', hellrot mit schmalem weißen Rand, früh; 'Bromma', magentarot, mittelfrüh; 'Daily Sketch', grünlichweiß, früh; 'Melody', lachsrosa; 'Oberon', leuchtendrot; 'Walt Disney', gelb; 'Zigeunerblut', orange, VI–VII, 80–100 cm. – GROSSBLUMIGE EDELGLADIOLEN. Große, nach einer Seite geöffnete Blüten in vielen Farben, die bekanntesten Gartengladiolen. Weiß: 'Alba Nova', 'Schneeprinzeß'. Gelb: 'Flowersong', leicht gewellt, goldgelb; 'Polygoon', reingelb. Rosa: 'Ben Tro-

vato', hell karminrosa, Schlund rosenrot; 'Dr. Flemming', zartrosa; 'Leeuwenhorst', hellrosa. Lachsrosa: 'Bloemfontain', 'Spic and Span'. Orange: 'Atlantic', lachsorange; 'Hochsommer', dunkelorange. Hellrot: 'Carmen', scharlach mit weißen Streifen; 'H. van der Mark', orangescharlach. Dunkelrot: 'Eurovision', hellblutrot; 'Hawaii', braunrot; 'Oscar', dunkelrot; 'Joe Wagenaar', dunkel samtblutrot. Violett: 'Mabel Violett', dunkelviolett; 'Memorial Day', blauviolett. Blau: 'Abu Hassan', dunkelblau; 'Blue Conqueror', tief violettblau. Zweifarbig. 'Aldebaran', dunkelgelb, innen leuchtendrot; D'Artagnan', cremefarbig mit 2 dunkelroten Flecken; 'Grünspecht', gelbgrün, Schlund purpurrot; 'Lustige Witwe', hellkarmin mit cremeweißen Flecken; 'Pactolus', hellaprikosenfarbig, Flecken orangerot; 'Rütli', rot mit weißem Schlund. VII–X, 80–120 cm. VERWENDUNG. Nicht winterharte G.n als haltbare Schnittblumen oder in Gruppen von 10–20 Stück zwischen Sommerblumen, Iris oder Gräsern. Beim Schnitt stets 2 oder mehr Blätter an der Knolle lassen, wenn man sie wiederverwenden will, sonst bleibt sie nur klein. Besonders auf Gladiolenthrips achten, der Blätter und Blüten aussagt. Regelmäßig spritzen vom Austrieb bis zur Knospenbildung mit einem Insektizid, z. B. Proxopur (Unden flüssig, Gift-Abt. 3) oder einem Pyrethrum- bzw. Pyrethrum-Derris-Mittel (giftfrei). Knollen nach der Ernte vor dem Einlagern im Keller einstäuben mit entsprechenden Präparaten als Stäubemittel, gegen Pilze und Insekten. Knollen nicht zu warm überwintern. – Boden locker, kräftig. Bei Bedarf wässern und düngen. – Vermehrung durch die meist zahlreichen Brutknöllchen, die oft schon im nächsten Jahr blühen.

Gladiolus → Gladiole.

Gladiole 'Carmen'. (Seidl)

Glanzheide, *Daboecia cantabrica* 'Alba'. (Herbel)

Glanzgras, *Phalaris.* Gräser, *Gramineae.* ○–◐ ♃ ☉ ⌇ ✕. Etwa 10 Arten im Mittelmeergebiet, Europa, Nordafrika. *P. arundinacea,* Europa. Wurzelstock kriechend, mit hohen, beblätterten Halmen, Blätter flach. 'Picta', viel in den Gärten verbreitet, mit weißbunten, in der Jugend auch rosa gestreiften Blättern. Blütenrispe mit abstehenden Ästen. VI–VII, 100 cm. – Verwendung im Staudenbeet, vor allem aber an Wasserrändern, sehr schön als Schnittgrün für bunte Sträuße. Boden nicht zu trocken, anspruchslos. Vermehrung durch Teilung. – *P. canariensis,* Kanarienglanzgras. Einjähriges Ziergras mit eiförmigen bis länglichen Blütenähren, grünweiß gescheckt. VII, 40–60 cm. – Verwendung im Sommerblumenbeet, im grünen Zustand geschnitten und getrocknet als Schnitt, die Samen sind bekanntes Kanarienfutter. Vermehrung: Aussaat.

Glanzheide, *Daboecia.* Heidekrautgewächse, *Ericaceae.* Die G., der Glockenheide sehr ähnlich, ist auf den Heiden der ozeanischen Küstengebiete von Portugal bis Irland verbreitet. – *D. cantabrica (C. polifolia).* ○ ♄ VI–IX △ i. Bis 50 cm hoher reichverzweigter Zwergstrauch mit starren, glänzend grünen Blättern und violettroten, in lockeren Trauben angeordneten Blüten. Die Sorten 'Alba' mit weißen und 'Praegerae' mit dunkelroten Blüten sind eine Bereicherung des Gartens. – Die G. verlangt leichten, anmoorigen, unbedingt kalkfreien Boden in sonnigen Lagen. Die Blätter leiden sehr unter Sonneneinstrahlung im Winter. In schneereichen Gegenden und im milden maritimen Klima vollständig winterhart, ansonsten ist Winterschutz notwendig. Geeignet für Heide- und Steingarten oder als Vorpflanzung vor Alpenrosen. – Vermehrung: Bei den reinen Arten durch Aussaat oder wie bei den Sorten durch Stecklinge.

Glas, Baustoff, neben Folie, für Gewächshäuser und Frühbeete, mit ca. 90% Lichtdurchlässigkeit. Zwei Glasarten verfügbar, die sich durch ihre Herstellungsverfahren unterscheiden: Blankglas und Klarglas. BLANKGLAS, für den Gewächshausbau, durchsichtig, farblos, glatte Oberfläche. Die Lichtausnutzung soll in den Wintermonaten sehr gut sein. Folgende Stärken und Normen kommen für Gewächshäuser in Frage: einfache Dicke 1,8 mm/30 × 30 cm; mittlere Dicke 2,8 mm/48 × 60, 48 × 120, 46 × 144, 73 × 143, 60 × 200 cm; doppelte Dicke 3,8 mm/Scheibengröße wie bei mittlerer Dicke. – KLARGLAS, oder Gußglas, Außenseite glatt, Innenseite genörpelt, somit durchscheinend, aber nicht durchsichtig; gibt zerstreutes Licht in den Kulturraum. Folgende Stärken und Normen werden angeboten: 3mm/30 × 30, 48 × 60, 48 × 120, 46 × 134, 73 × 143, 60 × 200 cm; 3,8 mm/wie bei 3 mm, ohne Größe 30 × 30 cm; 5 mm/73 × 143, 60 × 200 cm.

Glaskugeln, Gartenzierde, aus buntem Glas, auf schlanke Pfosten aufgesteckt. Waren bis zwanziger Jahre verbreitet, kommen in achtziger Jahren wieder in Mode.

Glatthafer, *Arrhenatherum.* Gräser, *Gramineae.* ○ ♃ ⁝ △. Heimat der etwa 40 Arten in Europa, Westasien, Nord-, Süd- und Ostafrika. Für den Garten nur eine Art von Wert. *A. elatius,* Französisches Raygras. Bekanntes Wiesengras mit ausgebreiteten Blütenrispen, besonders für Parkwiesen geeignet. *A. e.* var. *bulbosum* 'Variegatum', Glatthafer. Halme an den unterirdischen Knoten verdickt. Blätter hübsch, mit weißen Längsstreifen, Blüten in lockeren Ähren, grünlich, VI–VII, 25–40 cm. – Verwendung im Staudenbeet, Natur-, Heide- und Steingarten und als Einfassung. Boden nicht zu feucht. Vermehrung durch Teilung.

Gewöhnliche Gladiole, *Gladiolus communis,* mit Federgras. (Seidl)

Gleditischie

Gleditschie, Lederhülsenbaum, Falscher Christusdorn, *Gleditsia*. Schmetterlingsblütler, *Leguminosae*. Meist stattliche Bäume mit einfach gefiederten Blättern und starken, ästigen Zweigdornen. 12 Arten in Nordamerika, Asien und im tropischen Afrika. Der Name Christusdorn ist falsch, da der Baum vor dem 17. Jh. in der alten Welt überhaupt noch nicht vorhanden war. Die großen, braunen, ledrigen Samenhülsen bleiben nach dem Laubfall noch lange am Baum hängen. Die Samen sind wohlschmeckend und können für sich oder als Zusatz wie Linsen zubereitet werden. Das Holz ist sehr schwer und hart, bei Verwendung im Boden setzt es der Fäulnis großen Widerstand entgegen. – *G. triacanthos*. ○–◐ ♄ VI–VII. Aus Nordamerika. 40 m hoher Baum mit zahlreichen rotbraunen Dornen an Stamm und Ästen. Blüten unscheinbar, grünlich, zu mehreren in kleinen Trauben vereinigt. Auffallender sind die 40 cm langen ledrigen Hülsen mit den linsenförmigen Samen. Die Form var. *inermis* ist gänzlich ohne Dornen und deshalb gut als Schattenspender für Parkplätze. 'Sunburst' wächst etwas langsamer, die Zweige sind ohne Dornen. Auffallend sind die goldgelben, jüngeren Blätter. – G.n wachsen in ihrer Heimat auf feuchten oder morastigen, bei uns auch noch auf trockenen, leichten Böden. Verwendung vom Park- und Alleebaum bis zur undurchdringlichen Hecke. Dank der Fähigkeit, an alten Ästen und Zweigen zahlreiche Ersatzknospen (Adventivknospen) zu bilden, verträgt die G. jeden Schnitt. – Vermehrung durch Aussaat im Mai direkt ins Freiland. Samen 2 Stunden in Wasser mit etwa 60°C vorgequellen!

Glechoma → Gundermann.

Gliederfüßler, artenreichster und für den Pflanzenschutz wichtigster Tier-

Marienglockenblume, *Campanula medium*. (Herbel)

Knäuelglockenblume, *Campanula glomerata*. (Dr. Jesse)

stamm. Charakteristisch die gegliederten Beine (Name) und ein dicker Hautpanzer, der während des Wachstums von Zeit zu Zeit gesprengt und erneuert werden muß (Häutung). Drei Unterstämme: Krebstiere (→ Asseln), Spinnentiere (→ Spinnen, → Kanker, → Milben) und Tracheentiere (→ Tausendfüßler, → Insekten).

Glimmer, weiches, leicht zu durchsichtigen Blättchen spaltbares Mineral, weit verbreitet in bodenbildenden Gesteinen, wie Granit, Glimmerschiefer und Gneis. Chemische Zusammensetzung: kieselsaure Salze, Kalium, Magnesium, Eisen. Glimmerhaltige Gesteine sind durch Frost leicht, durch chemische Einflüsse jedoch nur schwer angreifbar.

Globularia → Kugelblume.

Glockenblume, *Campanula*. Glockenblumengewächse, *Campanulaceae*. Etwa 300 Arten in der gemäßigten Zone der Nordhalbkugel, besonders im Mittelmeergebiet. Alle haben fünfzipflige Blüten, Hauptfarbe ist blau. Viele haben Milchsaft. Es gibt ein-, zweijährige und staudige Arten. Einige der nicht winterharten sind hübsche Topfpflanzen.

EINJÄHRIGE ARTEN. ○ ⊙ |: ⋈. *C. medium*, 'Einjährige Mischung'. Eine Ma-rienglockenblume, die bei Märzaussaat noch im Sommer blüht. Die Mischung blau, weiß, rosa und hat einfache Blüten. VIII–X, 50 cm. – *C. speculum-veneris*, heute *Legousia s.-v.*, Venusspiegel. Mittel- und Südeuropa, Nordafrika. Stengel etwas kantig, aufrecht bis niederliegend mit verkehrt-eiförmigen Blättern. Blüten in Trugdolden, kurz gestielt, 2–2,5 cm groß, dunkelviolett oder weiß. Blüte bei Septemberaussaat ab V, bei Frühlingssaat ab VI–VII. 20 cm. – Verwendung der einjährigen Arten im Sommerblumenbeet, Steingarten, *C. medium* auch zum Schnitt. Boden nicht naß. Vermehrung durch Aussaat im Frühjahr oder Herbst. ZWEIJÄHRIGE ARTEN. ○ ⊙ △ ⋈. *C. barbata*, Bärtige G., Alpen, Karpaten, Skandinavien. Im 1. Jahr mit einer Rosette lanzettlicher, behaarter Blätter, im 2. Jahr Blüten an unverzweigten Stengeln, überhängend, hellblau, weiß bis blauviolett, Rand etwas zurückgebogen, Blüten innen behaart. Nur für kalkfreie Böden. VI–VII, 20–30 cm. – *C. medium*, Marieng., Südeuropa, Frankreich. Gestielte Grundblätter in dichter Rosette, Stengelblätter sitzend. Blüten in vielblumiger, lockerer Traube, aufrecht bis hängend, glockenförmig am Grunde bauchig erweitert. Sorten: 'Blau', 'Lila', 'Rosa', 'Weiß'; gefüllt in den gleichen Farben; 'Calycanthema', mit kronenartig gefärbtem, abstehendem Kelch (Fliegende Untertassen), in den gleichen Farben, 50–80 cm; 'Glockenspiel', schöne, halbhohe Mischung, gut für Beetpflanzung geeignet, 30 cm. VI–VII. – *C. thyrsoidea,* Straußg., Alpen bis Balkan. Bildet im 1. Jahr eine flache, bis 40 cm große, schmalblättrige Rosette. Im 2. Jahr den Blütenstand, eine walzenförmige, beblätterte Ähre, Blüten gelb. Interessant durch den Blütenstand und die gelbe Farbe. VII–VIII, 50–70 cm. – Verwendung der zweijährigen Arten: Rabatte, Steingarten, Naturanlagen u. Schnitt *(C. medium),* in jedem normalen Gartenboden. Vermehrung durch Aussaat.

AUSDAUERNDE ARTEN
HALBHOHE UND HOHE. ○–◐ ♃ ⚭ ✂.
C. alliariifolia, Kaukasus, Kleinasien. Ausläufer treibend, beblätterte Stengel aufrecht, wie die ganze Pflanze graugrün behaart. Blüten an einseitswendiger, lockerer Traube, hängend, milchweiß. Nur zum Verwildern am Gehölzrand, da leicht wuchernd. VI–VII, 50 cm. – *C. glomerata,* Knäuelg., Europa bis Persien. Unverzweigte, aufrechte Stengel, rötlich, wie die Blätter behaart. Diese sind herzförmig, gestielt, dunkelgrün. Blüten in Knäueln am Triebende. 'Alba', weiß; 'Dahurica', dunkelviolett, beide 40–50 cm; 'Superba', violett, 30–40 cm. VI–VII. – *C. lactiflora.* Kaukasus. Hohe Art mit dicht beblätterten Stengeln. Blätter breit-lanzettlich, Rand gesägt, Unterseite grauweiß behaart. Blüten in langer, vielblütiger Rispe, überhängend, weiß bis hellblau, 100–150 cm; 'Loddon Anne', niedriger, zartlila, 90 cm; 'Pouffe', ganz niedrig, hellblau, 30 cm; 'Prichards Var.', violett, 50 cm. VII–VIII. – *C. latifolia,* Breitblättrige Waldglockenblume. Europa, Asien. Dicker Wurzelstock ohne Ausläufer. Stengel mit spitzeiförmigen, gesägten Blättern. Blüten zu 1–3 in den oberen Blattachseln, eine lockere Traube bildend, blau bis blauviolett. 'Alba', weiß. VI–VII, 100 cm. – *C. l.* var. *macrantha (C. macrantha).* Stärker behaart und größere Blüten, eine der schönsten hohen G.n, tiefviolett; 'Alba', weiß. VI–VII, 100 cm. – *C. persicifolia,* Pfirsichblättrige G., Europa bis Sibirien. Unterirdisch kriechender Wurzelstock und etwas kantige, kaum verzweigte Stengel. Blätter schmal-lanzettlich, schwach gekerbt. Blüten in lockerer Traube, groß, blau oder weiß, 100 cm. 'Blaukehlchen' (Pfitzeri), gefülltblü-

Pfirsichblättrige Glockenblume, *Campanula persicifolia* 'Alba' (Seidl)

hend, leuchtendblau; 'Grandiflora Alba', weiß; 'Grandiflora Coerulea', himmelblau; 'Moerheimii', gefüllt weiß; 'Telham Beauty', sehr großblumig, blau. VI–VIII, 80–100 cm. *C. p.* var. *sessiliflora (C. grandis, C. latiloba).* Ähnlich, aber mit eng am Stengel sitzenden Blüten, groß, hellblau; 'Alba', weiß; 'Highlife Var.', tief violettblau. VI–VIII, 70–100 cm. *C. rapunculoides,* Ackerg., Europa bis Kleinasien. Ausläufertreibendes Ackerunkraut mit herzförmigen bis lanzettlichen Blättern. Blüten in einseitswendiger Traubenrispe, blauviolett. 'Alba', weiß, VI–IX, 60 bis 100 cm. Nur zum Verwildern geeignet! – *C. sarmatica (C. betonicifolia),* Kaukasus. Ist *C. alliarifolia* ähnlich. Mit graufilzigen, herzförmigen Blättern, Blüten hellblau. Verwildert nicht so leicht. VI–VII, 30–60 cm. – *C. trachelium,* Nesselblättrige G., Europa, Sibirien, Nordafrika. Dicker, fast rübenförmiger Wurzelstock, ohne Ausläufer. Stengel scharfkantig mit brennnesselähnlichen Blättern, Blüten in langen Trauben, blauviolett. VII–VIII, 80 cm. 'Bernice', gefüllte, leuchtendblaue Blüten. VI–VII, 60 cm. – *C. × vanhouttei (C. latifolia × C. punctata).* Wenigblütiger Stengel mit 4 cm langen, hellpurpurfarbigen Blüten. VII, 30–40 cm. – Verwendung der halbhohen und hohen Arten im Staudenbeet, zum Schnitt und teilweise zum Verwildern oder zwischen Gehölzen. Boden meist humos bis lehmig am besten. Vermehrung der Sorten durch Teilung, sonst durch Aussaat. – NIEDRIGE ARTEN. ○–◐ ♃ △ ¦:. *C. aucheri (C. argunensis),* Kaukasus. Verdickter Wurzelstock, länglich-spatelförmige Blätter. Blüte einzeln am Stiel, glockenförmig, leicht behaart, frühblühend, violett. IV–V, 10 cm. – *C. carpatica,* Karpateng., Karpaten. Polsterförmiger Wuchs, Blätter lang gestielt, eiherzförmig. Blüten groß, schalenförmig, hellblau. 30–40 cm. 'Alba', weiß, 30 cm; 'Blaumeise', hellviolett, 20 cm; 'Karpatenkrone', spät, hellblau, 20 cm; 'Kobaltschale', dunkelviolett, 20 cm; 'Silberschale', hellblau, 30 cm; 'Spechtmeise', blauviolett, 30 cm; 'Violetta', dunkelblauviolett, spät, 40 cm; 'White Star', weiß, 30 cm; 'Zwergmöve', weiß, 20 cm. Aus Samen echt zu vermehren: 'Blaue Clips', himmelblau, 20 cm; 'Weiße Clips', weiß, 20 cm. VI–VIII. – *C. c.* var. *turbinata (C. turbinata),* Kreiselg. Große, waagrecht stehende Schalenblüten, ganze Pflanze grau behaart, violettblau. 'Alba', weiß; 'Pallida', hellblau, 20 cm.

Glockenheide

VI–VIII. – *C. cochlearifolia* (*C. pusilla*), Zwergg., Pyrenäen, Jura, Alpen, Karpaten. Rasiger Wuchs mit Ausläufern. Blättchen eiförmig bis lanzettlich. Blüten nickend, glockenförmig-bauchig in zwei- bis sechsblütiger Traube, hellblau. 'Alba', weiß; 'Seibertii', dunkelblau. VI–VII, 10–15 cm. – *C. collina*, Kaukasus, Armenien. Unterirdisch kriechender Wurzelstock. Blätter breit-lanzettlich, matt dunkelgrün. Blüten meist einzeln am Stengel, breit trichterförmig, innen behaart, dunkelblau. VI–VII, 10–15 cm. – *C. fenestrellata* (*C. elatines* var. *f.*), Kroatien. Ähnlich *C. garganica*, aber weniger behaart. Wie diese breite Polster bildend mit vielen sternförmigen Blüten, hellblau. VI–VII, 15 cm. – *C. garganica* (*C. elatines* var. *g.*), Steinpolsterglocke. Monte Gargano, ital. Adriaküste, Dalmatien. Polsterartiger Wuchs, weich behaart. Stengel niederliegend, Blättchen herzförmig, gekerbt. Blüten sternförmig, ausgebreitet, bis zur Mitte gespalten, hellblau mit weißer Mitte. 'Erinus Major', mit größeren, dunkleren Blüten; 'Hirsuta', Pflanze auffallend grau behaart, hellblau. Wie *C. fenestrellata* wollen auch sie sonnig stehen. VI–VIII, 15–20 cm. – *C. glomerata* 'Acaulis', niedrige Form der Knäuelg., dunkelviolett, 20 cm; 'Schneehäschen', gut wachsend, reinweiß, 20–25 cm. VI–VII. – *C. portenschlagiana*, Dalmatiner G., Dalmatien. Stengel niederliegend, verzweigt. Blätter gestielt, herzförmig-rund, dunkelgrün. Blüten in vielblütiger Traube, violettblau, sind bis zur Hälfte eingeschnitten, 10–15 cm. 'Birch Hybrid' (*C. portenschlagiana × C. poscharskyana*), sehr reichblühend und wüchsig mit purpurblauen Blüten, 15 cm. VI–VII und IX. – *C. poscharskyana*, Süddalmatien. Kräftig wachsend mit bis 50 cm langen Trieben. Blätter herzförmig, Stengelblätter schmaler, Blüten am Ende der Triebe, sternförmig, lavendelblau, 15 cm. Poscharskyana-Hybriden: 'H. E. Frost', blau mit weißem Auge; 'Stella', dunkellila, nicht wuchernd. VI–IX, 15 cm. – *C. pulla*, Ostalpen. Dünne, unterirdische Ausläufer. Blätter ei- bis spatelförmig, glänzend dunkelgrün. Blütenstengel beblättert mit einer hängenden, glockigen Blüte, dunkelviolett. VII–VIII, 10 cm. – *C. × pulloides* 'G. F. Wilson' (*C. carpatica* var. *turbinata × C. pulla*). Unterirdische Ausläufer, dichte, graugrüne Polster, nicht so empfindlich wie *C. pulla*. Blüten dunkelviolett, groß. V, 10 cm. – *C. punctata*, Sibirien bis Japan. Unterirdisch kriechend und aufrechte, beblätterte Stengel. Blätter spitz herzförmig bis lanzettlich, rauh behaart. Blüte glockig, 5–6 cm lang, hängend, außen stumpf rötlich oder milchweiß, innen mit dunkelroten Punkten. 2–3 Blüten je Stiel. VI–VII, 20–30 cm. – *C. saxifraga*, Kaukasus. Lange Pfahlwurzel und aufrechtstehender Stengel, nur mit einer Blüte, glokkig, aufrecht, tieflila. VI–VII, 10 cm. – *C. tridentata* (*C. rupestris*), Kaukasus. Sehr frühblühend. Blätter spatelförmig, Blüten glockig, aufrecht, außen lila, innen bläulichweiß. IV–V, 10–15 cm. – Verwendung der niedrigen Arten im Staudenbeet, Alpinum und als Einfassung. Boden locker, durchlässig, nicht naß. Vermehrung der Sorten durch Teilung und Stecklinge, sonst durch Aussaat.

ZIMMERPFLANZEN. ○–◐ ♃ ▽. *C. fragilis*, Süditalien. Stengel niederliegend o. hängend, nicht verzweigt. Läßt sich auch am Spalier hochbinden. Blätter rundlich-herzförmig, tief gelappt, glänzend grün. Blüten an den Triebenden, offen-glockenförmig, blau mit weißlicher Mitte. VI–VII, 30 cm. Vermehrung erfolgt durch Aussaat im I–II. – *C. isophylla*, Ligurische Alpen. Triebe hängend. Blätter rund bis herzeiförmig, Rand gezähnt. Blüten hellblau. 'Alba', weiß; 'Mayii' (*C. isophylla* var. *mayii*), Blätter weich mollig behaart, Blüten groß, hellblau. VII–IX, 30 cm. Von *C. isophylla* auch eine F_1-Hybride, 'Stella', in Blau und Weiß. Beide Arten im Winter kühl, danach luftig halten. Schöne, reichblühende Ampelpflanzen, die sich auch hochbinden lassen. Vermehrung durch Stecklinge bei 12–15°C im II. – *C. pyramidalis*, Südeuropa. Wurzel rübenförmig, Stengel aufrecht, kräftig. Grundblätter breit- oder länglich-herzförmig, Stengelblätter kleiner. Blüten kurzgestielt zu 3 in den oberen Blattachseln, in langer, pyramidenförmiger Rispe, blau oder weiß. Die Triebe können auch an einem Drahtbügel festgebunden werden. Man erhält so einen blühenden Ring, im Volksmund „Jakobsleiter" genannt. VII–VIII, 80 bis 150 cm. – Vermehrung durch Aussaat im IV–V oder durch Stecklinge von Seitentrieben, die man erhält, wenn die Blüte bald abgeschnitten wird. Luftig und kühl, aber frostfrei überwintern. Danach im Zimmer hell und luftig aufstellen und öfter düngen und feucht halten. Blüht meist nur noch ein weiteres Mal, wenn sie nicht zu warm überwintert wird. Auch für Staudenrabatte oder Sommerblumenbeet, wenn nach Überwinterung ausgepflanzt wird.

Glockenheide, Schneeheide, Erika, *Erica*. Heidekrautgewächse, *Ericaceae*. Die G.n sind niedere, immergrüne Sträucher mit nadelförmigen Blättchen. 500 Arten in Afrika, nur wenige in Europa. Fälschlich wird die G. auch → Heidekraut genannt. *E. carnea*, Schneeheide. ○–◐ ♄ XII–IV △. In den Alpen und im Apennin beheimatet, hat ihren Namen der frühen Blütezeit; oft liegt noch Schnee, da blühen sie schon. 20–30 cm hohes Sträuchlein mit niederliegenden bis aufrechten Zweigen, lebhaft grünen Blättchen und rosafarbenen Blüten. Der große Vorteil der Sorten ist: Längere Blütezeit, verschiedene Wuchsformen mit unterschiedlichen Farben; sie lassen sich gut zusammensetzen, die verschiedenen Farben stören einander nicht. Sorten: 'Myretoun Ruby', dunkelgrünes Laub, rote Blüten, III–IV; 'Snow Queen', hellgrünes Laub, reinweiße Blüten, I–III; 'Vivellii', langsamwachsend, rötlich-grüne Blättchen und karminrote Blüten, II–III; 'Winter Beauty', geschlossene Wuchsform, dunkelrosafarbene Blüten, XII–II. Die Schneeheide und ihre Sorten vertragen Kalk im Boden und sollten am besten in Tuffs zusammengesetzt werden. – *E. cinerea*, Grauheide. ○–◐ ♄ VII–VIII △ ∧. Im atlantischen Europa beheimatet, leidet im kontinentalen Klima durch Kahl- und Spätfröste. 25–35 cm, mit dunkelgrünen, ein wenig gewimperten Blättchen und violetten Blüten, die in quirligen Trauben stehen. Sorten: 'Alba Minor', nur 15 cm hoch, gedrungener Wuchs und weiße Blüten; 'Atropurpurea', frischgrüne Blätter und rote Blüten; 'C. D. Eason', etwa 20 cm hoch, dichtbuschig, sehr reichblühend, dunkelrot. Die Grauheide ist kalkfliehend, braucht Schutz vor der Winterkälte und vor der ersten Frühjahrssonne. – *E. purpurascens* (*E. mediterranea*).

Dalmatiner Glockenblume, Campanula portenschlagiana. (Seidl)

Glockenheide, *Erica tetralix*. (Herbel)

○–◐ ♄ III–V △. In Südwesteuropa beheimatet, bei uns nicht winterhart. Durch Kreuzungen mit der → Schneeheide (*E. carnea*) sind Sorten entstanden, die mit etwas Schutz ausreichend winterhart sind: 'Silberschmelze', mit silbrigweißen, 'Erecta', mit roten und 'Darleyensis' mit rosafarbenen Blüten. Sie sind in allem größer als die Schneeheide und auch raschwüchsiger. – *E. tetralix* (*Tetralix rubra*) Glocken- oder Moorheide. ○–◐ ♄ VI–IX △. In Mittel- und Nordeuropa auf anmoorigem Boden weitverbreitet. Bis 40 cm hoch, mit graubehaarten Blättchen und rosafarbenen Blütenglöckchen. Verlangt leicht feuchten, anmoorigen und kalkfreien Boden. Sorten: 'Alba', flachwachsend, weiße Blüten; 'Mollis', aufrechtwachsend, weißbehaartes Laub und weiße Blüten. – *E. vagans*, Cornwall-Heide. ○–◐ ♄ VII–IX △. In Westeuropa beheimatet. Bis 30 cm hoch, breitwachsend, mit glänzend dunkelgrünen Blättchen und fast kugeligen rosa Blüten in Scheintrauben. Kalkfliehend, braucht in schneearmen Gegenden Schutz vor der Wintersonne. Sorten: 'Lyonesse', weißblühend; 'Mrs. D. F. Maxwell', dunkelrosa; 'St. Keverne', lachsfarbene Blüten. Bei der Cornwall-Heide fallen die verblühten Blüten nicht ab, wodurch sie eine Zeitlang unschön wirkt. – ANSPRÜCHE. Die kalkholden Arten sind mit gewöhnlicher Gartenerde zufrieden, die kalkfliehenden brauchen kalkfreien, anmoorigen Boden. Schwacher → Mulch mit Rindenhumus o. halbverrottetem Kompost ist bei allen G.n angebracht. Unschön gewordene können durch Rückschnitt und anschließende Düngung im V verjüngt werden. Verwendungsmöglichkeit der G. im Garten ist sehr vielseitig: Im Stein- oder Heidegarten, als Vorpflanzung vor immergrünen Gehölzen oder im Moorbeet, als Grabbepflanzung oder für Einfassungen. In Gemeinschaft mit anderen Frühjahrsblühern, besonders mit frühblühenden Blumenzwiebeln, wie Krokussen, Wildtulpen und kleinen Narzissen entstehen farbenprächtige Bilder. – VERMEHRUNG. Aussaat kommt für die reinen Arten in Betracht; sehr sorgfältig arbeiten, sonst leicht Pilzbefall! Aussaaten fein mit Erde bedecken, stets feucht halten und bis zur Keimung dunkel stellen. Stecklinge von ein- bis zweijährigen Trieben, im VI gesteckt, wachsen leicht. Absenker sind ebenfalls möglich, aber nicht sehr ergiebig. Dazu werden die Mutterpflanzen tiefer gesetzt und die Zweige durch einen aufgelegten Stein auseinandergedrückt.

Glockenrebe, *Cobaea*. Sperrkrautgewächse, *Polemoniaceae*. ○–◐ ♄ (i. Kultur ⊙) ☙. Ungefähr 10 Arten im tropischen Amerika. Mit Blattranken kletternde Sträucher, bei uns einjährig gezogen. – *C. scandens*. Bis 10 m hoch kletternd, bei uns meist niedriger. Blätter zwei- bis dreipaarig gefiedert, mit endständiger Wickelranke. Blüten groß, bis 7 cm Durchmesser aus den Blattachseln, zuerst grünlich, dann lilablau oder weiß ('Alba'). – Herrlicher Sommerschlinger, jedoch nur bei entsprechend früher Aussaat Mitte III bei 16–18°C sein Bestes gebend. Bald einzeln topfen und besonders darauf achten, daß sich die Triebe nicht ineinander verschlingen. Nach den Eisheiligen auspflanzen, Blüte von Mitte VI bis Frost. Sonnige Stellen, kräftiger, nährstoffreicher Boden.

Glockenwinde, *Codonopsis*. Glockenblumengewächse, *Campanulaceae*. ○–◐ ♃ ☙ Lie. 40–50 Arten in den Bergen von Mittel- und Ostasien. Eigenartige, teilweise kletternde Pflanzen mit einem starken, strengen Geruch. Innen sind die glockenförmigen Blüten auffallend batikähnlich gefleckt, daher auch oft als Tigerglocke bezeichnet. – KLETTERNDE ARTEN. *C. convolvulacea* var. *forrestii* (*C. forrestii*), Yunnan. Wurzelstock knollig, Stengel schlingend mit breitovalen Blättern. Blüten groß, glockenförmig, kräftig blau, innen mit rötlichem Grundfleck. VI–VII, 100 cm. – *C. lanceolata*, China, Japan. Stengel oft violett, stark schlingend, verzweigt. Blätter länglich-lanzettlich. Blüten bläulichgrün, innen braunrot gefleckt. VI–VII, 60–100 cm. – *C. rotundifolia*, Nordostchina, Himalaja. Behaarte oder kahle Stengel mit runden bis ovalen Blättern. Blüten groß, stumpf blau, grünlichweiß oder purpurn VI bis VII, 100–150 cm. – *C. ussuriensis* (*C. lanceolata* var. *u.*), Mongolei. Rundliche Wurzelknollen, hellgrüne Stengel. Blätter oft zu 3 in einem Quirl, lanzettlich bis elliptisch. Blüten purpur- oder braunviolett. VI–VII, 80–100 cm. NICHT KLETTERNDE ARTEN. *C. bulleyana*, Mittelchina. Fleischige Wurzeln. Stengel schräg aufwärts wachsend. Meist nur Grundblätter, herzförmig. Blüten hellblau, innen dunkel schattiert mit starkem Wildgeruch. VII, 40 cm. – *C. clematidea*, Mittelasien. Bekannteste Art. Stengel aufrecht, von unten an verzweigt, mit gegenständigen, spitzeiförmigen Blättern. Blüten breitglockig, blaß porzellanblau, innen braun, gelb und schwarz gefleckt. VII, 50 cm. – *C. meleagris*, Yunnan. Aufrechte Stengel mit länglichen Grundblättern, oben stumpfgrün, unten blau und behaart. Blüten grünlich oder ockergelb, innen stumpfviolett. VIII, 30–40 cm. – *C. ovata*, westlicher Himalaja. Wurzelstock knollenförmig, Stengel niederliegend dann aufstrebend. Blätter filzig behaart, oval bis lanzettlich. Blüten zartblau. VIII, 30–50 cm. – *C. viridiflora*, Mittelchina. Wuchs aufrecht, gelegentlich auch schlingend, verzweigte Stengel. Blätter herzförmig, Blüten breitglockig, grünlichgelb, innen violett. VII–VIII, 80–100 cm. – Verwendung der schlingenden Art zum Überklettern von Kleingehölzen, Zwergkoniferen, Findlingen. Die nicht kletternden im Staudenbeet oder Steingarten an Stellen, wo die Blüten auch aus der Nähe betrachtet werden können. Boden locker, nicht zu feucht. Die Vermehrung erfolgt nur durch Aussaat.

Glottiphyllum → Mittagsblumengewächse.

Gloxinie, *Sinningia*. Gesneriengewächse, *Gesneriaceae*. ◐ ♃ ▽. Knollentragende, weichbeblätterte Humus-

Gloxinie, *Sinningia barbata*. (Dr. Jesse)

Glücksklee

bewohner, etwa 15 Arten in Brasilien. – *S.* × *hybrida (S. speciosa* convar. *fyfiana).* Unsere G.n sind eigentlich keine Hybriden im üblichen Sinn, sondern Kreuzungen einer radiären → Mutante der normalerweise zygomorphen *S. speciosa* mit anderen zygomorphen oder radiären Abweichungen. Knollentragend, dicht beblätterte Sprosse, Blätter bis 25 cm groß, leuchtendgrün, mit deutlicher Behaarung. Blüten radiär, aufrecht, meist zu vielen, rot, rot mit weißem Schlund, rosa, violett, blau, blau mit weiß usw. Die sog. Streptoglox-Hybriden sind keine Hybriden zwischen *Streptocarpus* und *Sinningia,* sondern Verbesserungen der oben angeführten zygomorphen Typen der Gloxinie. – Blütentopfpflanze, deren Knollen sich aber nur bedingt für die Weiterkultur verwenden lassen. Pflege bei 18–20 °C, mäßig feucht. Die heutigen Sorten bilden sehr schwache Knollen aus. Bei 15°C werden die Knollen überwintert und im I–II bei 20–22°C wieder angetrieben. Bald hellstellen und in humose Erde in einen 12-cm-Topf topfen. Kulturtemperaturen um 20°C. Ältere Sorten bilden oft größere Knollen aus und sind aus diesem Grund für diese Art der Kultur geeigneter.

Glücksklee, *Oxalis.* Sauerkleegewächse, *Oxalidaceae.* Kleine Stauden, posterförmig oder knollentragend, mit drei- bis vielteiligen Blättern, die Einzelblättchen nehmen in der Nacht Schlafstellung ein, d.h. sie senken sich nach unten. Blüten einzeln oder in Trugdolden, rot, rosa, gelb oder weiß. Sehr vielgestaltige Gattung mit ca. 800 Arten in Südafrika, Südamerika und Mexiko.

NICHTWINTERHARTE ARTEN. ○ ♃ ▽ o. Freiland Lie. *O. deppei,* Glücksklee. Mexiko. Zwiebelknollen mit reichlichen Jungknollen, Blätter vierteilig, mit oder ohne brauner Zone, Blüten rosarot, 15 mm groß, in vielblütigen, 20 cm Trugdolden. Die fleischigen Rüben, die sich auf den Zwiebelknollen nach unten ausbilden, sind eßbar und schmecken haselnußartig. – *O. lasiandra (O. floribunda).* 30 cm hohe Art mit fünf- bis neunteiligen Blättern und karminroten Blüten. – *O. purpurata* var. *bowiei.* Ähnlich vorigen, aber mit herrlichen, bis 3,5 cm großen, seidig rosaroten Blüten. – *O. pes-caprae (O. cernua),* der leuchtendgelb blühende Sauerklee des Mittelmeergebiets, stammt aus Südafrika. – Die vorgenannten Arten werden gerne für Sommerpflanzungen verwendet, man legt die Zwiebelknollen im IV–V an den

Glücksklee, *Oxalis deppei.* (Dr. Jesse)

endgültigen Standort, wässert und düngt den ganzen Sommer und nimmt nach dem ersten Frost aus, um die Zwiebelknollen trocken zu überwintern. *O. deppei* wird vielfach für Neujahr angetrieben. Diese Pflanzen pflegt man weiter, pflanzt nach den Eisheiligen aus und kann sie dann wie oben angegeben weiterbehandeln.

WINTERHARTE ARTEN. ○–● ♃ △ ⌇. Niedrige Schattenstauden, züchterisch kaum bearbeitet. – *O. acetosella,* Waldsauerklee. Dreizählige Blätter, weiße Blüten. V–VI, bis 15 cm. – *O. adenophylla.* Hochgebirgspflanze, mit knolligem Wurzelstock, silbrigen Blättern, lila Blüten, bis 10 cm. – *O. magellanica.* Kleine steingraue Blätter, nur 5 cm, blüht später als vorgenannte Arten, weiß. – *O. acetosella* für humusreiche Böden in Schattenlagen, dort als Bodendecker, die beiden anderen benötigen sandige, trockene Erde in sonniger Lage.

Glühwürmchen, asselförmige Larven des Leuchtkäfers *(Lampyris noctiluca),* fressen Nackt- und Gehäuseschnecken, verfolgen ihre Schleimspur. Eiablage im Sommer am Boden. Beim Leuchtkäfer leuchten alle Entwicklungsstadien, selbst die Eier.

Glyceria → Schwaden.

Glyzine, Blauregen, *Wisteria.* Schmetterlingsblütler, *Leguminosae.* Sommergrüne, windende Sträucher, 7 Arten in Ostasien und Nordamerika. – *W. floribunda.* ○ ♄ V–VI ⚥. Aus Japan. Bis 8 m hoch windend, mit 20–50 cm langen, violetten Blütentrauben. Durch die Züchtung folgender Sorte ist die Art für den Garten nur von geringer Bedeutung. 'Macrobotrys', lockere, bis meterlange blauviolette Blütentrauben. Die Triebe dieser G. sollten bei freistehenden Gerüsten, wie Pergolen oder Laubengängen, waagerecht weitergeleitet werden, um die langen Blütentrauben zur vollen Geltung zu bringen. – *W. sinensis.* ○ ♄

IV–V ⚥ D. Aus China, klettert 8–10 m hoch. Blüten schwach duftend, blauviolett, in 30 cm langen Blütentrauben angeordnet. Mit der weißblühenden Sorte 'Alba' vorzüglich zur Berankung von Wänden, Gerüsten oder dergleichen. – ANSPRÜCHE. Frischer, durchlässiger und nahrhafter Boden in sonniger Lage. Werden die Blätter gelb oder fallen sie frühzeitig ab, so ist der Boden zu fest oder es fehlen ihm die nötigen Nährstoffe. Ein Rückschnitt im Sommer (der überlangen Seitentriebe auf ein paar Blätter) fördert die Blütenknospenbildung. – VERMEHRUNG. Aussaat ist möglich, aber nicht sehr beliebt, da Sämlingspflanzen unzuverlässige Blüher sind. Ablegen der Triebe geht leicht, dazu werden einjährige Triebe wellenartig auf den Boden gelegt, so daß immer ein Stück Trieb herausschaut. Wurzelecht herangezogene Pflanzen blühen erst nach 8–10 Jahren. Veredlungen sind blühwilliger: Kopulation oder Geißfuß auf Unterlagen derselben Art.

Godetie → Atlasblume.

Götterbaum, *Ailanthus.* Bitterholzgewächse, *Simaroubaceae.* 9 Arten in Süd-, Ostasien und Australien. Sommergrüne Bäume, deren Rinde und Holz vielfach medizinischen Zwecken dienen. – *A. altissima (A. glandulosa).* ○–◐ ♄ VII. China, bei uns in milden Gegenden vielerorts verwildert. Bis 25 m hoher Baum mit glatter, hell längsgestreifter Borke, dicht feinbehaarten, jungen Zweigen und meterlangen, unpaarig gefiederten Blättern. Blüten unscheinbar, grünlich, etwas

Glyzine, *Wisteria sinensis.* (Seidl)

unangenehm duftend. Im Herbst mit auffallenden rötlichen Flügelfrüchten bedeckt. – Ansprüche: Wächst in jedem, auch sehr schlechtem Boden, bevorzugt aber milde Klimate. Die markigen Triebe reifen in rauhen Gegenden nicht ganz aus, dort wird er erst mit zunehmendem Alter ausreichend winterhart. Sehr raschwüchsig, 3 m Trieblänge in einem Jahr ist keine Seltenheit, wird daher bei Neuanlagen für Einzelstellung oder als Deckbaum sehr geschätzt. – Vermehrung durch Aussaat, Wurzelschnittlinge oder Abschneiden der zahlreichen Ausläufer.

Götterblume, *Dodecatheon.* Primelgewächse, *Primulaceae.* ○–◐ ⚃ △. Etwa 15 Arten, meist in den Gebirgen Nordamerikas. Hübsche Pflanzen mit alpenveilchenähnlichen Blüten, die in Dolden auf einem blattlosen Schaft stehen. Nach der Blüte ziehen die Pflanzen ein. – *D. jeffreyi,* Sierra-Nevada, Kalifornien. Große, breitlanzettliche, ganzrandige Blätter mit Stachelspitze. Blüten in reichblütiger Dolde, purpurrot. V–VI, 30–60 cm. – *D. media (D. pauciflorum),* atlantisches Nordamerika. Bekannteste Art, mit breitlanzettlichen, ganzrandigen bis schwach gezähnten Blättern. Dolde bis 20blütig mit schmalen Blütenblättern, rosa. V–VI, 30–60 cm. – *D. Hybriden.* Durch Kreuzungen verschiedener Arten entstanden, mit oft großen, intensiv gefärbten Blüten. 'Belle Mauve', lila; 'La Grandesse', schneeweiß mit lila Auge; 'Purity', weiß mit braunem Auge; 'Violet Queen', dunkelviolett mit gelbem Auge. V–VI, 20–30 cm. – Verwendung im Stein- und Troggarten, Staudenbeet, Naturgartenpartien, wo sie oft langlebig sind. Boden humos und nährstoffreich. Vermehrung leicht durch Aussaat, die Sorten nur durch Teilen und Wurzelstecklinge.

Goldafter, zu den → Spinnern gehörender Schmetterling. Die weißen Falter tragen am Hinterleibsende ein Büschel goldgelber Haare. Eiablage VII/VIII an die Blätter von Obstbäumen, besonders Birne, Kirsche und Zwetsche. Die im Spätsommer schlüpfenden Räupchen überwintern nach kurzem Blattfraß in einem aus mehreren Blättern versponnenen ‚großen Winternest' (‚kleines Winternest' → Baumweißling). Im Frühjahr Blattfraß durch die heranwachsenden Raupen. Abwehr: die an den laublosen Bäumen gut sichtbaren Winternester abschneiden und verbrennen; im Frühjahr gegen die Raupen mit Bacillus thuringiensis-Präparat spritzen.

Goldährengras → Rauhgras.

Goldbandleistengras, *Spartina.* Gräser, *Gramineae.* ○ ⚃ ⚏. Nur eine Art im nördlichen Nordamerika. *S. pectinata (S. michauxiana).* Wurzelstock mit kurzen Ausläufern. Bedeutung hat nur 'Aureomarginata', mit schmalen, am Rand goldgelb gesäumten, bogig herabhängenden Blättern. Blütenähren aufrecht, ohne großen Schmuckwert. VIII–IX, 100 cm. – Verwendung als großes Schmuckgras in Gartenanlagen, die schön gefärbten Blätter auch zwischen Blüten als Schnitt. Boden: anspruchslos, auch für Teichränder. Vermehrung durch Teilen im Frühjahr.

Goldblume → Kapkörbchen.

Goldener Schnitt, in der bildenden Kunst und Ästhetik wohlgefällige Proportion bei Körpern und Flächen. Ein rechteckiges Gartengrundstück z. B. ist dann ausgewogen, wenn die Seiten im Verhältnis von 21:34 oder annähernd 3:5 bzw. 5:8 stehen.

Golderdbeere → Ungarwurz.

Goldglöckchen, Forsythie, *Forsythia.* Ölbaumgewächse, *Oleaceae.* 6 Arten in Ostasien und eine in Albanien. Sommergrüne Sträucher, fälschlich auch Goldregen genannt. – *F. × intermedia (F. suspensa × F. viridissima).* ○–◐ ♄ IV–V ⚏. Eine Kreuzung, die an sich für den Garten entbehrlich ist, aber durch ihre Sorten zu den besten und schönsten Blütensträuchern zählt. Sorten: 'Beatrix Farrand', aufrechtwachsend mit dicken Ästen und sehr großen, tiefgoldgelben Blüten; 'Densiflora', leicht überhängende Zweige mit hellgelben, dichtstehenden Blüten;

Goldglöckchen, *Forsythia × intermedia* 'Lynwood Gold'. (Herbel)

'Lynwood Gold', 3–4 m hoch, auffallend breite, tief goldgelbe Blüten, sehr reichblühende und schöne Sorte, die spät mit ihrem Trieb abschließt und dadurch manchmal etwas zurückfriert; 'Spectabilis', 3–4 m hoch mit dottergelben, kurzgestielten Blüten; 'Spring Glory', kurze, leicht überhängende Zweige mit hellgelben Blüten, sehr reichblühend. – *F. suspensa* var. *fortunei.* ○–◐ ♄ ⚏. Aus China, wird etwa 2 m hoch, mit bogig überhängenden Zweigen und tiefgoldgelben Blüten. Löst die Sorten in der Blütezeit ab. Die kleinbleibenden G. wie *F. ovata, F. mertensiana* und *F. viridissima* 'Broxensis' werden kaum 1 m hoch, sind für Tröge und Dachgärten geeignet, nur der Blütenreichtum, der die großen auszeichnet, läßt zu wünschen übrig. – Die G. lieben leichten, nahrhaften und kalkhaltigen Boden in sonniger oder halbschattiger Lage. Beliebte Gartensträucher, die auch größeren Wurzeldruck von Bäumen vertragen können. Um ein Kronenbäumchen zu bekommen, wird ein kräftiger Trieb an einem Stecken bis zur gewünschten Höhe hochgezogen. Geschnittene Zweige lassen sich im Winter im Zimmer leicht zum Blühen bringen. Die Pflege bei den Sträuchern beschränkt sich auf Wässern bei sommerlicher Dürre und Auslichten, wenn notwendig. – Vermehrung: Aussaat ist möglich, aber nicht gebräuchlich, üblich sind Stecklinge von halbharten Trieben und Steckhölzer. – Goldglöckchen → auch Gauklerblume, strauchige Arten.

Goldkeule, *Orontium.* Aronstabgewächse, *Araceae.* ○ ⚃ ≈ ⌒. Nur 1 Art im Atlantischen Nordamerika, nahe verwandt mit unserer heimischen Sumpfkalla. – *O. aquaticum.* Grundständige Blätter, länglichoval, oben graugrün, unten silbrig, bei tiefem Wasserstand schwimmend. Blütenschaft lang, aufstrebend, oben verbreitert, weiß, darüber der goldgelbe, zylinderförmige Blütenkolben. Pflanzung bei 10–30 cm tiefem Wasserstand. IV–V, 20–30 cm. – Verwendung als frühblühende, interessante Wasserpflanze für kleine bis große Wasserbecken. Boden lehmig-tiefgründig, warmer Stand. Vermehrung: Teilung. Aussaat, sofort nach Samenreife.

Goldkolben → Goldkeule.

Goldkugelkaktus → Kakteen 11.

Goldlack, Lack, *Cheiranthus.* Kreuzblütler, *Cruciferae.* ○–◐ ⊙–⊖ (|:) ⌒ ⚏ D. 12 Arten in Mitteleuropa, Nordafrika, Ostasien und Nordamerika beheimatet. Der in Südeuropa heimische zweijährige bis staudige *C. cheiri* ist seit

191

Goldlärche

Goldlack, Cheiranthus cheirii. (Seidl)

altersher als Duftpflanze beliebt. Je nach Form buschig bis hochwachsend, Blüten teils einfach, teils mehr oder weniger stark gefüllt. Farbenspiel mit Zwischentönen von Gelb über Braun bis gelegentlich Violett. Nicht überall ausreichend winterhart, deshalb vorsorglich im Frühwinter mit Tannenreisig abdecken. Aussaat der meisten Formen V–VI unter Glas oder auf Freilandsaatbeete, Pflanzung etwa VIII–IX, bis ca. 30×35 cm, je nach Form. Blüte V–VI. Liebt sonnigen bis halbschattigen Standort und humose, aber nicht zu nährstoffreiche Böden. Für Beete und Schnitt, die niedrigen Formen als Unterpflanzung wertvoll. – EINFACHER GOLDLACK. Neben Mischungen verschiedene Farbsorten, Wuchshöhe etwa 50 cm, ferner eine nur 25 cm hoch werdende Zwergtype ('Zwerg Schwarzbraun') im Sortiment, die robustere Form. – GEFÜLLTER GOLDLACK. In etwa eine gefülltblühende Ausgabe des vorgenannten. Meist nur in den Mischungen 'Gefüllter Hoher Stangenlack', ca. 70 cm, und 'Gefüllter Hoher Buschlack', ca. 55 cm. Gefüllter Zwerg-Buschlack, eine nur ca. 30 cm hoch werdende Zwergform des vorgenannten. In Mischung und Einzelfarben. Gefüllter einjähriger Lack 'Frühwunder'. Für die Frühjahrsblüte nicht vor VII aussäen und frostgeschützt überwintern, erst im zeitigen Frühjahr pflanzen. Auch Frühjahrssaat unter Glas III–IV möglich, mit Sommerpflanzung; dann Herbstblüte etwa ab IX. Nur in Mischung. Wuchshöhe ca. 60 cm.

Goldlärche, *Pseudolarix.* Nadelhölzer, *Pinaceae.* Nur eine Art, China. *P. amabilis (P. kaempferi).* ○ ♄. Name von den hellgrünen Nadeln, die sich im Herbst goldgelb verfärben. Bis 35 m hoher Baum mit horizontal abstehenden bis aufwärts gerichteten Ästen, rotbrauner Borke und 5 cm großen Zapfen. Heute selten wild anzutreffen, nur in den Küstenprovinzen Jiangsu und Zhejiang, vorwiegend in der Nähe von Klöstern. – Wächst am besten im Weinbauklima, liebt kalkfreien, nahrhaften Boden in sonnigen Lagen, im Sommer ausreichend Niederschläge unerläßlich. Schöner, zierender Park- und Alleebaum, der leider noch sehr wenig anzutreffen ist. – Vermehrung am besten durch Aussaat, da Sämlinge die größte Chance haben, unseren Winter zu überstehen.

Goldmelisse → Indianernessel.

Goldmohn, Escholtsie, Kalifornischer Mohn, *Eschscholzia.* Mohngewächse, *Papaveraceae.* ○ ⊙ ⋮. Arten dieser in Kalifornien heimischen Pflanze sind teils einjährig, teils staudig. Einzige gärtnerisch wichtige Art *E. californica,* Schlafmützchen. 30–40 cm hoch, graugrüne, fein zerschlitzte Blätter. Blüten seidig glänzend, mohnähnlich, in der Hauptsache Gelb- und Rottöne. Einfach und auch gefüllt blühende Mischungen. Wichtig: Die Blüten sind nur von etwa 10–16 Uhr geöffnet. Eignen sich für niedrige Beete und Einfassungen und werden III–IV an Ort und Stelle ausgesät. Lieben leichten, durchlässigen Boden und sonnigen Standort.

Goldnessel → Taubnessel.

Goldregen, *Laburnum.* Schmetterlingsblütler, *Leguminosae.* Mit nur 3 Arten in Südeuropa, Westasien und Nordafrika verbreitet. Name von den goldgelben Blütentrauben; die volkstümliche Bezeichnung Bohnenbaum bezieht sich auf die bohnenartigen Fruchthülsen und Kleebaum auf die Blätter. In Rinde, Frucht und Blüten ist das sehr giftige Alkaloid Cystisin enthalten, das gleich wie Strychnin auf das Nervensystem lähmend einwirkt. – *L. alpinum,* Alpengoldregen. ○–◐ ♄–♄ VI ⚘ D. Südlich der Alpen beheimatet. 5–8 m hoch, wird freistehend baum-, sonst strauchartig. Duftende, hellgelbe Blüten, in 30 cm langen Trauben, die 2 Wochen später erscheinen als die der folgenden Art. Der Alpeng. ist trotz südlicher Herkunft äußerst winterhart, gedeiht sowohl an sonnigen, als auch schattigen Stellen und wächst auf trockenen wie auch feuchten Böden. – *L. anagyroides (L. vulgare).* ○–◐ ♄–♄ V–VI ⚘. In Südeuropa beheimatet, wird 7 m hoch, baum- oder strauchartig. Blüten goldgelb, in 25 cm langen, hängenden Blütentrauben, die im Gegensatz zum Alpen-G. nicht duften. Er ist auch nicht so hart und leidet im kontinentalen Winter manchmal unter Frost. – *L. × watereri (L. alpinum × L. anagyroides).* ○–◐ ♄–♄ V–VI ⚘. Eine Naturhybride zwischen beiden G.-Arten.

Goldmohn, Escholtsie. (Archiv)

Goldregen, *Laburnum* × *watereri* 'Vossii'. (Herbel)

Sie vereinigt ihre Vorteile, wie Blütengröße und Farbe, wodurch sie beide Eltern an Schönheit übertrifft. Goldgelbe, 40 cm lange Blütentrauben. Die Sorte 'Vossii' ist starkwüchsiger, mit 40–50 cm langen Blütentrauben, wohl der schönste G. – ANSPRÜCHE. Gedeiht in jedem, auch steinigem Boden. Wunderbares, auffallendes Blütengehölz, das benachbart von chinesischem Flieder, Glyzine oder blauer sibirischer Schwertlilie noch mehr zur Geltung kommt. – VERMEHRUNG. Die botanischen Arten werden durch Aussaat vermehrt. Saatgut vorquellen und in Rillen aussäen. *Laburnum* × *watereri* und 'Vossii' können durch Steckhölzer vermehrt werden, jedoch ist meist Veredlung gebräuchlich. Üblich ist Okulation im Sommer oder Kopulation im zeitigen Frühjahr.

Goldrute, *Solidago.* Korbblütler, *Compositae.* ◐–◑ ♃ ✕ Bie. Etwa 130 Arten, bis auf wenige alle in Nordamerika, bei uns oft verwildert. Bekannte, langlebige Stauden mit meist kriechendem Wurzelstock und gelben Blütenrispen. – *S. canadensis,* Kanada, atlantisches Nordamerika. Häufigster Kreuzungselter der Hybriden, sonst nicht in den Gärten. 'Nana', niedrige, buschige Form mit endständigen, walzenförmigen Trauben, VII–IX, 40–50 cm. – *S. cutleri* (*S. brachystachya*), in alpinen Gegenden Nordamerikas. Ganz niedriger, dichter Wuchs. Blättchen spatelförmig, Stengel mit kurzen, vielblütigen Doldentrauben, goldgelb. 20–30 cm. 'Robusta', 20 cm. Alle spätblühend, VIII–IX. *S. shortii,* Königsg., Nordamerika. Wurzelstock kriechend, Wuchs straff aufrecht, Stengel flaumig behaart. Blätter länglich-lanzettlich, ungestielt, gezähnt. Blüten in pyramidenförmiger Doldenrispe mit gebogenen Rispenästen, gelb. IX–X, 120–160 cm. – *S. Hybriden.* Bei diesen ist das Umherwuchern gezähmt, die Standfestigkeit und Blütenform ist besser als bei den alten Formen. 'Federbusch', Wuchs säulenförmig, frühblühend, fedriger Blütenstand, gelb, 90 cm; 'Golden Gate', Stengel und Blätter gelblichgrün, Blütenstand locker, hellgelb, mittelfrüh, 90 cm; 'Goldenmosa', frühblühend, lockerer Blütenstand, große goldgelbe Rispen, 80 cm; 'Golden Shower', Laub hellgrün, locker überhängende Rispen mit mimosenähnlichen Blütenbällchen, früh, gelb, 80 cm; 'Goldstrahl', säulenförmig, mittel, gelb, 90 cm; 'Goldwedel', locker, früh, gelb, 90 cm; 'Praecox' (*S. virgaurea p.*), lockerer, aufrechter Wuchs, niedrig, früh, hellgelb, 40 cm; 'Spätgold', säulenförmig, spät, gelb, 80 cm; 'Strahlenkrone', beste Sorte, säulenförmig, mit flachen, strahligen, goldgelben Rispen, früh, 60 cm; 'Golden Thumb', Laub schön goldgelb gefärbt, ohne Blüte schöne Blattpflanze, Blüte gelb, 15–20 cm. VIII–IX. – Verwendung im Staudenbeet, Naturgarten, zum Schnitt, die niedrigen auch im Steingarten. Nach der Blüte die Pflanzen abschneiden, sonst werden die aus dem verwehenden Samen entstehenden Pflanzen zum Unkraut. Sie wachsen in jedem Boden. Vermehrung durch Teilen und Stecklinge, auch die Arten, da diese, frei abgeblüht, leicht bastardieren.

Goldschuppenfarn → Farne 8, → Wurmfarn.

Goldsiegel, *Uvularia,* Liliengewächse, *Liliaceae.* ◐–● ♃ △ Lie. Heimat nördliches Nordamerika, etwa 5 Arten. Dicker, kriechender oder waagrechter Erdstamm. Stengel nur oben beblät-

Goldrute, *Solidago* 'Goldstrahl'. (Seidl)

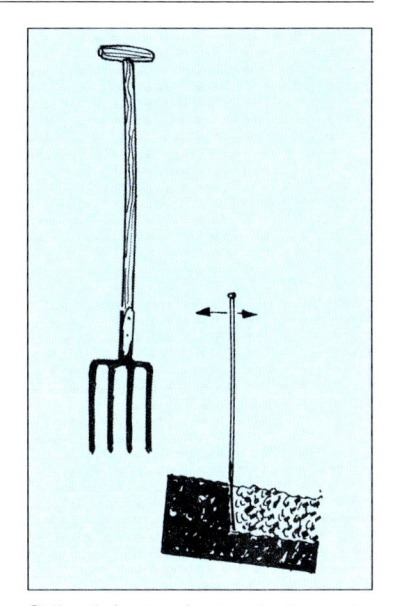

Grabegabel, gut geeignet zur Lockerung des Bodens durch Hin- und Herbewegen in Pfeilrichtung.

tert, Blüten in den Blattachseln, hängend. Langlebige, interessante Pflanze des Humuswaldbodens. *U. grandiflora.* Länglichspitze, hellgrüne, stengelumfassende Blätter, unten flaumig behaart. Bekannteste und wichtigste Art, Blüten gelb. IV–VI, 30 cm. – *U. perfoliata.* Ganze Pflanze blaugrün, Blätter unterseits kahl. Wächst nur auf saurem Boden. Blüten wesentlich kleiner als bei der folgenden, hellgelb. V, 20 cm. – *U. sessilifolia* (*Oakesiella s.*). Schwachwachsend, mit lanzettlich-ovalen Blättern. Blüten glockig, 2,5 cm lang, grünlichgelb. V–VI, 15–20 cm. – Verwendung unter lichtem Gehölz, zwischen Rhododendron und im Steingarten. Boden: Humoser, nicht trockener Gartenboden. Vermehrung durch Teilung.

Goldtröpfchen → Walddickblatt.
Golfrood → Rasengräser (Schwingel).
Gomphrena → Kugelamarant.
Grabegabel, kann den Spaten weitgehend ersetzen. Mit der G. kann man umgraben, insbesondere aber den Boden lockern, ohne umzugraben. → Bodenbearbeitungsgeräte.

Grabwespen, Gruppe der → Hautflügler, biologisch besonders interessant: die weibliche Wespe lähmt durch einen Stich eine Raupe oder einen anderen Gliederfüßler und trägt die Beute in einen Erdgang. Dort legt sie ein Ei an das gelähmte Tier und verschließt den Gang. Die heranwachsende G.-Larve verwendet die ‚lebende Konserve' für ihre Ernährung bis zur Verpuppung.

Gräsermischung → Rasenmischung.

Granatbaum

Granatapfel, *Punica granatum.* (Seidl)

Granatbaum, Granatapfel, *Punica.* Granatapfelgewächse, *Punicaceae.* ○ ♄–♄ ▽ ⚘. Sommergrüne Bäume, Wildformen dornig, Kultursorten dornenlos, Blüten rot, Früchte ‚Granatäpfel'. 2 Arten von Südeuropa bis zum Himalaja. – *P. granatum.* Blüten brennendrot, eben ‚granatrot'. Wichtiger für uns ist die Form 'Nana', die nicht über 1 m hoch wird und schon als kleine Pflanze, mit 20 cm Höhe, reichlich blüht und auch fruchtet. – Der G. ist eine gute Kübelpflanze, besser und als Topfpflanze zu verwenden ist 'Nana'. Überwinterung möglichst kühl, bei 3–10°C. Vor dem Wiederaustrieb im Frühjahr schneidet man zurück und schneidet zu dichtes Holz aus. Reichlich Wasser und kräftige Düngung sind für eine reiche Blüte Voraussetzung; ab VIII gibt man weniger Wasser, damit die Triebe ausreifen. – Vermehrung durch Stecklinge oder besser durch Aussaat leicht.
Grapefruit → Citrus.
Gras, Sammelname für Grasflächen jeder Art, auch Prärie, Wildrasen, landwirtschaftlich genutztes Grünland und Kulturrasen für Garten-, Sport- und Parknutzung.
Grasbestand, Dichte bzw. Lückigkeit der → Grasnarbe. Prüfer legen einen Zählrahmen auf die zu testende Fläche und zählen aus nach Mischungspartnern, um die Anteile der Arten und Sorten zu ermitteln; auch Unkräuter nach Art und Zahl rechnen zum G.
Grasfangvorrichtung. Zusatzgerät zum Rasenmäher: Fangkorb, Fangtasche (aus Segeltuchleinen oder Plastik), Fangsack (Cordgewebe, Plastik oder dgl.) oder Fangbox (Metall) zum Anstecken bzw. Einhängen an den Rasenmäher. Sammelt das Mähgut auf, erspart das Abräumen mit dem Rechen.
Grasnarbe, die teppichartige Rasenoberfläche. Dichte, Reinheit, Farbe, Zusammensetzung u.s.f. sind Gütemerkmale der G.

Graslilie (Zimmer) → Grünlilie.
Grasnelke, *Armeria.* Bleiwurzgewächse, *Plumbaginaceae.* ○ ⚘ ⁞ △ ⚘. Etwa 50 Arten, meist in Europa, einige in Nordafrika und Westasien. Reichblühende, anspruchslose Stauden. Die Blüten stehen in kugeligen Köpfchen über dem grünen, grasartigen Blattpolster. Langlebig, erst wenn die Polster innen braun werden, muß man umpflanzen und dabei teilen. – *A. caespitosa,* Zwergg., Pyrenäen. Linealische, dreikantige Blätter mit Stachelspitze. Blütenköpfchen an kurzem Schaft, direkt über dem Laub, zartrosa. 'Alba', weiß; 'Sündermannii', dunklere, länger gestielte Blüten, besser im Wuchs, einige Tage früher blühend, karminrosa. IV–V, 10–15 cm. Alle brauchen etwas Winterschutz. – *A. latifolia (A. formosa),* Iberische Halbinsel. Üppige Blattpolster mit kräftigen, etwas breiteren Blättern. Blütenköpfe auf langen Stielen, hellrosa. 'Bees Ruby' schön dunkelrot; 'Großblumige Hybriden', eine Mischung von hellrosa bis dunkelrot, aus Samen anzuziehen. V–VIII, 30–60 cm. – *A. maritima,* zirkumpolar zu Hause. Wichtigste Art. Graugrüne, linealischgrasartige Blätter, Blütenschaft stielrund mit kugeligen Blütenköpfchen. Nur Sorten im Handel. 'Alba', weiß, 15 cm; 'Düsseldorfer Stolz', feste Polster, reichblühend, leuchtend karminrot, 20 cm; 'Laucheana', leuchtendrot, 15 cm; 'Rosea Compacta', karminrosa, 20 cm. V–VIII. – *A. pseudarmeria (A. plantaginea),* Mittel- und Südeuropa. Lanzettliche, graugrüne Blätter und dichte, kugelige Blütenstände auf langen, kräftigen Stengeln, rosa. VI–VIII, 20–30 cm. – Verwendung im Stein-, Heide- und Staudengarten. *A. caespitosa* auch in kleinen Troggärten. Boden nicht zu feucht und fett, am besten etwas trocken und mager, auch im Wurzelfilz von Bäumen. Vermehrung: nur Abrisse und Teilung.

Grasnelke, *Armeria maritima latifolia* 'Ornament'. (Herbel)

Grassamen, Sammelname für alle Arten und Sorten von G.körnern, gleichviel ob gemischt (→ Rasenmischung) oder → Einzelgras.
Grassode → Rasensode.
Grauheide = *Erica cinerea* → Glockenheide.
Grauschimmelfäule *(Botrytis),* an vielen Gartenpflanzen in mehreren Arten und Rassen auftretende Pilzgattung. Anfangs glasige Flecke auf befallenen Pflanzenteilen, später mausgrauer Pilzrasen, der in großer Menge Sporen verstäubt. Unter Gemüsepflanzen vor allem bei Bohnen, Salat, Spargel und Tomate. Bei dieser treten an den Früchten eigenartige ‚Geisterflecken' (‚Ringflecken') auf. Schimmelrasen bei Erdbeere auf den Früchten, bei Tulpen, Chrysanthemen und anderen Zierpflanzen auf Stengeln, Blättern und Blüten. Auch Erreger von → Lagerkrankheiten. – Abwehr: Besonders wichtig sind Kulturmaßnahmen wie Bodenlüftung, Lichtstand, nicht zu starke Stickstoffdüngung, ausreichende Magnesiumversorgung. Weitere Maßnahmen: Setzlinge vor dem Pflanzen in → Ledax-san tauchen, Knoblauch-Zwischenpflanzung, im Frühjahr und Herbst Pflanzen mit starker → Schachtelhalmbrühe spritzen, befallene Pflanzenteile laufend entfernen.
Greisenhaupt → Kakteen 10.
Greiskraut, *Senecio cineraria (Cineraria maritima, S. maritima).* Korbblütler, *Compositae.* ○ ⊙ ⁞ ▽. Im Mittelmeergebiet heimische strauchige Art, bei uns beliebte sommerliche Rabattenpflanze, insbesondere auf bunten Beeten sehr wirkungsvoll durch die mehr oder minder stark weißfilzigen, gefiederten Blätter. Bekannte Sorten: 'Rauhreif', ca. 35 cm und insbesondere die sehr niedrige, feinlaubige, nur etwa 20 cm hoch werdende 'Silverdust'. Aussaat III–IV unter Glas, möglichst pikieren oder topfen und ab Mitte V pflanzen. Standort vollsonnig, Boden

Greiskraut, *Senecio cineria.* (Herbel)

nicht zu nährstoffreich, sonst vergrünen die Pflanzen.

Grenzabstand, muß bei Bäumen, Sträuchern, Hecken 0,50 m betragen, bei Gewächsen von über 2 m Höhe jedoch 2 m, Grenzabstand zu Waldgrundstücken in jedem Fall nur 0,50 m. – Schweiz: Unterschiedliche Bestimmungen der Kantone und je nachdem, ob es sich um fruchttragende Gewächse oder andere handelt; bei fruchttragenden ist das Selbsthilferecht in der Regel eingeschränkt. Siehe Linemann, Bäume und Sträucher im Nachbarrecht, Laufenburg 1968.

Grenzanlagen, wie Raine, Gräben, Mauern. Zwischenräume, Hecken, werden von den Nachbarn gemeinsam genutzt und unterhalten, sofern sie *auf* (nicht neben!) der Grenze stehen (§§ 921, 922 BGB). Sonderfall z.B. eingetragene Grunddienstbarkeit über die Nutzung eines Brunnens. → Einfriedung.

Grenze. Privatrechtlich scheidet eine G. verschiedene benachbarte und durch Grenzsteine vermarkte Grundstücke.

Gretel i. Busch → Schwarzkümmel.

Grevillea → Austral. Silbereiche.

Grill. Im Garten Feuerstelle mit Eisenrost, die entweder an einem Kamin angeschlossen ist oder freisteht und sich zum Braten von Fleisch und Fisch eignet.

Grobgemüse, häufig verwendete Bezeichnung für die mit landwirtschaftlichen Methoden produzierten (Lager-) gemüsearten, wie Kohlarten, Rote Rüben, Möhren.

Grobplanum → Rasenneuanlage.

Großstauden, Stauden mit auffälligem Höhen- und Breitenwachstum.

   Aster novae-angliae
   Cimicifuga ramosa
   Delphinium × cultorum
   Echinops ritro
   Eupatorium purpureum
   Gunnera chilensis
   Helenium-Hybriden
   Helianthus atrorubens
   – *salicifolius*
   Heliopsis scabra
   Heracleum scabra
   Heracleum lanatum
   Ligularia clivorum
   – × *hessei*
   – *wilsoniana*
   Verbascum olympicum
   – *pannosum*

Grubber → Bodenbearbeitungsgeräte.

Gründüngung, altbewährtes Kulturverfahren, Einbringen der Grünmasse von G.spflanzen in obere Bodenschicht. Wirkt weit über Nährstoffzufuhr hinaus ähnlich vorteilhaft wie → Bodenbedeckung, ferner durch Wurzelrückstände, die je nach Art und Ertrag der G.spflanze das Bodenleben mit ca. 50–100 g pro qm Trockenmasse versorgen und den Boden im Optimalfall mehrere Meter tief durchwurzeln und somit dränieren. Durch G. mit Leguminosen Stickstoffgewinn bis 20 g/qm (→ Knöllchenbakterien). Auswahl der G.spflanzen (s. Tabelle S. 188) nach den Gesichtspunkten:
1. Ist in erster Linie Bodenbedeckung und Gewinnung organischer Masse für Kompost durch oberirdischen Ertrag oder Wurzelmasse zur Bodenverbesserung und Ernährung des Bodenlebens erwünscht?
2. Soll Bestand überwintern und abfrieren?
3. Ist Vorfrucht- bzw. Düngewert durch Stickstoffgewinn Hauptzweck? – G. ist wie jede andere Kultur zu pflegen und zu düngen, weil Zweck nur bei gutem Bestand erfüllt wird. Literatur: G. u. M. Probst, Praktische Gründüngung, München 1982.

Ölrettich 'Siletta', hier als landwirtschaftliche Zwischenfrucht-Futterpflanze und/oder zur Gründüngung. Siehe Übersicht ‚Gründüngungspflanzen' Seite 196. (Saaten-Union)

Links: Gelbsenf als Gründüngungspflanze nach Erbsen und Buschbohnen im November vor dem ersten Frost. – Rechts der Bestand nach dem Winter, im März. (Dr. G. Probst)

Gründüngungspflanzen. Arten und Eigenschaften

Art	Aussaat Monat	Aussaat Menge kg/a	Bodenansprüche	Grünmasse kg/a	Bodenbedeckung, Unkrautunterdr.	Wurzelmasse	N-Binder	Bemerkungen
Ackerbohne	ab A III	1,5–3 je nach Korngr.	mittel, ausr. feuchte		schwach	tiefgeh. Pfahlw.	ja	auch Wintersorte
Buchweizen	bis A VIII	1	leichte, Moorb.	400			–	Gründüngung
Felderbse	IV–VII	1,7–2	leichte	250–300	mittel bis gut, spät		ja	
Hülsenfruchtgemenge (Erbsen, Wicken u. a.)	bis VII	2		400	mittel	gut	ja	Aussaattermin nicht überschreiten
Klee Alexandriner	V–E VIII	0,3	kleefähig	200	schwach	gering, aber gut verteilt	ja	
Inkarnat	IV–VII	0,3–0,4	mittel	200–400	anfangs langsam		ja	überwintert
Persischer	V–E VII	0,3	kleefähig	200	schwach	gering, aber gut verteilt	ja	blüht lange (lila), sehr schmückend
Lupine Blaue	IV–V	1–1,5	schwerere	300–400			ja	Wirtspflanze des Erregers der Kragenfäule
Gelbe	IV–V, A VIII	1,4	leichte, auch saure	300–400			ja	
Ölrettich	IV–A IX	0,25–0,5	neutral	300–500	gut, schnell	groß, tiefgehend	–	alle Saatzeiten möglich
Phacelia	IV–A IX	0,2–0,5	leichte	300–500 und mehr	schwach deckend	sehr gut	–	
Platterbse (Lathyrus cicera)	IV–A VIII	1–1,5	alle Böden	hoch	gut, dicht	groß	ja	trittfest, gut für Obstkulturen, trockenresistent
Raps Liho	M VIII	1,2	lehmige, ausr. feuchte	200–300		tiefgehend, schnell	–	
Sommerraps	VII–M VIII	0,4		350	mittel	gut	–	keine Spätsaaten
Senf	bis M VIII	0,2–0,3	mittlere	300–400	schließt schnell	mittel bis gut	–	Vorsicht bei Kohlhernie
Serradella	ab VI	0,2–0,5	leichte				ja	zweijährig
Sonnenblume	bis E VII	0,5		650	spät, schwach	hoch, gut verteilt	–	
Weidelgras	bis A VIII			350	mittel	sehr gut	–	
Wicke Sommer	VI–VII	1,5	gute Gare, keine sauren	150–200	gering bis mittel, spät	schwach	ja	tief säen
Winter	bis A IX	1	leicht bis mittel	350			ja	

Grünkohl, Blätterkohl, Palmkohl, *Brassica oleracea* var. *acephala*. Kreuzblütler, *Cruciferae*. Herkunft und Abstammung → Kohlgewächse. Eine ursprüngliche, nicht kopfbildende Form der Kohlgewächse. Im Norden bekannt und verbreitet, im Süden weniger. Anbau: Ende V in Freilandbeet oder Frühbeet dünn aussäen, nicht pikieren, Setzlinge Mitte VII auspflanzen in Reihen, Abstand 50 cm, in der Reihe 40 cm. Ernte ab Spätherbst den ganzen Winter über, winterhart; Frost verbessert und verfeinert den Geschmack. Ganze Blattschöpfe schneiden. Verwendung: Blätter zerkleinert kochen; ergeben schmackhaftes, reichhaltiges Gemüse. Gehaltvollste Kohlart.

Grünlilie, *Chlorophytum*. Liliengewächse, *Liliaceae*. ○−◐ ⚥ ev. ⚔ ⌂. Lanzettlich beblätterte Stauden mit fleischigen Wurzelspeichern, ca. 100 Arten in den Tropen Afrikas und Amerikas. – *Ch. comosum*, Südafrika. Blätter lanzettlich, bis 40 cm lang, Blütenstand bis 60 cm, mit kleinen weißen Blütensternen. Der Blütenschaft verlängert sich mit zunehmendem Alter, kann bis zu 1 m erreichen und trägt dann in weiterer Folge Dutzende von Jungpflanzen. Fast ausschließlich gepflegt wird die Form 'Variegatum' mit weißlängsgestreiften Blättern. Neu im Angebot des Handels, ebenso hart und ansprechend, jedoch ohne Kindelbildung ist *Ch. bichetii*. – Bekannte, harte und anspruchslose Zimmerpflanze. Gedeiht sowohl in kühlen als auch in warmen Räumen, doch liebt sie hellen Stand. – Vermehrung leicht durch die vielen Kindel.

Grünpflücke, wird u. a. bei Stachelbeeren angewandt, die für Naßkonserven bestimmt sind.

Grünschnitt → Sommerschnitt.

Grünspargel, besondere Kulturform des Spargels, bei welcher die Stangen erst nach dem Durchdringen der Bodenoberfläche geerntet werden; sie sind durch Lichteinfluß grün geworden. Anbau einfacher als Spargel, da keine Dämme nötig.

Grunddüngung, jährliche Düngung von 100 g/qm Thomasphosphat und 80 g/qm Kalimagnesia oder 50 g pro qm 40er Kali als Grundlage für alle Gemüsearten. Zusatzdüngung für Mittelstarkzehrer mit → Erdkompost und für Starkzehrer mit Stalldünger oder Humuskompost sowie Stickstoff als → Kopfdüngung in Teilgaben zur Saat und während des Wachstums je nach Bedarf. – Jahraus, jahrein schematisch angewandt, kann diese G. auf Böden mit starker Nachlieferung an

Grünlilie, Chlorophytum comosum 'Variegatum'. (Seidl)

Phosphat und Kalium zu Überdüngung an diesen Stoffen führen. → Biologischer Landbau, ↬ Bodenuntersuchung. Literatur: E. Knickmann, Richtig düngen, 2. Aufl. Stuttgart 1968.

Grundstück. Geometrisch zugeschnittene, vermessene Fläche oder Parzelle eines Flurstückes, welche im Katasterplan numeriert, mit Grenzsteinen (→ Grundstücksgrenze) markiert und im Grundbuch auf den Besitzer und Personen mit Rechtsanspruch eingetragen ist.

Grundstücksgrenze, wird durch Grenzsteine, die nur von den Vertretern der zuständigen Behörden gesetzt werden dürfen, bezeichnet. Eigentümer müssen Grenzsteine schonen, Verlust oder Beschädigung sofort der Gemeindebehörde melden. Abmarkung der Grundstücksgrenze und Bestimmung der Grenzen bei Verwirrung siehe §§ 919, 920 BGB.

Grundwasser, Wasser, das durch wasserdurchlässigen Boden (G.leiter) bis zu einer undurchlässigen Ton-, Lehm- oder Gesteinsschicht (G.stauer) versikkert, dort die Hohlräume zusammenhängend ausfüllt, waagerecht steht oder in Richtungen strömt. Die Höhe des G.spiegels wechselt jahreszeitlich und ist abhängig von Niederschlag, Wasserstand der Vorfluter und Wasserentzug. Wo es keine undurchlässige Schicht gibt, z. B. im Jura mit 100 bis 200 m starken Schichten von Locker-(Kalk-)gestein, fehlt G. → Wasser, → Haftwasser. – G. kann durch Vertiefung des Nachbargrundstückes absinken. Nach der Rechtsprechung ist § 909 BGB auch auf Grundwassersenkung anwendbar. Der Geschädigte muß jedoch durch Sachverständige beweisen, daß der Grundwasserspiegel tatsächlich durch die Vertiefung des Nachbargrundstückes gesenkt wurde und nicht etwa auf allgemeinen Veränderungen in der weiteren Umgebung beruht.

Guano, ursprünglich nur der aus Exkrementen fleischfressender Seevögel bestehende Peruguano. Seit etwa 80er Jahren des 19. Jahrh. werden auch organische Dünger aus Fisch- und Fleischabfällen als Fisch- bzw. Fleischguano hergestellt. Gehalte an Stickstoff stimmen weitgehend überein. → Organische Handelsdünger.

Gülle, landwirtschaftlicher organischer Dünger aus Kot und Harn. Inhaltsstoffe je nach Ursprung, z. B. unverdünnte Schweinegülle 1% N, 0,3% P_2O_5, 5% K, 10% Tr.S. Im Garten zur Pflanzendüngung nur vergoren und je nach Bedarf verdünnt anzuwenden, zur Bodendüngung im Herbst, oder zur → Gründüngung. → Flüssigdüngung.

Günsel, *Ajuga*. Lippenblütler, *Labiatae*. ○−◐ ⚥ ⁞ △. 40−50 Arten, die wichtigsten in Europa. Niederliegende, oft Ausläufer treibende Stengel und pyramidenförmige Blütenstände mit unterschiedlich großen Hochblättern. *A. genevensis,* Heideg., Europa und Südsibirien bis Japan. Behaarte Pflanze ohne Ausläufer. Blätter sitzend, gegenständig. Blütenstengel unten rotviolett mit Stengel- und Hochblättern, die oberen oft blau. Blütenstand lockker, aus Scheinquirlen, himmelblau. 'Brockbankii', dunkelblau. V−VI, 20−30 cm. – *A. pyramidalis,* Bergg., Europa. Ohne Ausläufer, mit kräftiger Blattrosette. Blätter rauh behaart, kurz gestielt, groß. Blütenstengel vierkantig, Deckblätter meist weinrot, Blüten klein, hellblau oder violett. 'Metallica Crispa', Blätter blasig aufgetrieben, metallisch glänzend, braunrot. V−VI, 15 cm. – *A. reptans,* Güldengünsel. Europa, Vorderasien und Tunesien. Kräftig wachsend, mit wurzelnden Ausläufern. Blätter gestielt, spatelförmig, dunkelgrün. Blütenpyramide mit blauen, gelegentlich auch weißen oder rosa Blüten, durch die Deckblätter nicht verdeckt. 'Atropurpurea' ('Purpurea'), mit braunroten Blättern; 'Multicolor', Blätter grün, weiß, rosa und braunrot gescheckt, eine der besten Sorten; 'Variegata', kleinere, dünnere, weißbunte Blätter, wenig blühend. V−VI, 10−20 cm. – Verwendung als gute Bodendecker für halbschattige Lagen, zur Einfassung und im Stein- und Heidegarten. Boden für den Heidegünsel etwas trocken, für die anderen feuchterer Gartenboden, humos oder lehmig. Vermehrung: Teilung, großer Anfall von Jungpflanzen, die nicht Ausläufer treibenden Arten auch durch Wurzelschnittlinge.

Guernseylilie, *Nerine*. Amaryllisgewächse, *Amaryllidaceae*. ○−◐ ⚥ ⌂

Gummibaum

Geigenfeige, *Ficus lyrata*. (Dr. Jesse)    Gummibaum, *Ficus elastica*. (Dr. Jesse)    Rankende Feige, *F. pumila variegata*. (Jesse)

⚭. 15 Arten in Südafrika. Durch ein gestrandetes Schiff sind Zwiebeln auf die Insel Guernsey im Kanal gelangt und dort verwildert. Pflanzen mit ei- bis flaschenförmigen Zwiebeln. Blätter riemenförmig, mit oder nach der Blüte austreibend. Blütenschaft nicht hohl, Blüten in Dolden. – *N. bowdenii*, Südafrika. Blätter glänzendgrün, Blüten mittelgroß, rosa. Auch Sorten mit anderen Farben. Beliebte Schnittblume. IX, 20–40 cm. Fast winterhart und auch mit anderem Wachstumsrhythmus: treibt im Frühling die Blätter, zieht im Herbst ein und blüht dann (Sommerwachser). – *N. sarniensis*, Kap der guten Hoffnung. Blätter aufrecht, erst nach der Blüte, Blüten kirschrot. *N. s.* var. *corusca* 'Major', breitere Blätter, größere, leuchtend kirschrote Blüten. IX–X, 25–40 cm. – *N. undulata*, Südafrika. Blätter schmal, Blüten blaßrot bis rosa, Rand der Blütenblätter gewellt. Zierliche, dekorative Art, oft zu Kreuzungen verwendet. 'Weiße Königin', elegante, weiße Blüten. IX–X, 25–50 cm. Darüber hinaus heute schon weitere Sorten in verschiedenen Farben. – Verwendung als Topfpflanzen und Schnittblumen. Im Spätsommer werden 3–8 Zwiebeln in einen großen Topf gepflanzt. Zunächst ins Freiland, dann in kühlen, hellen Raum stellen. Die Blätter verbleiben den Winter über an der Pflanze und sterben im Frühling ab. Danach trockenhalten und nach dem neuen Austrieb gegebenenfalls umpflanzen und gießen. Erde humos, lehmig, nahrhaft. Vermehrung meist leicht durch die Seitenzwiebeln.

Gummibaum, *Ficus*. Maulbeerbaumgewächse, *Moraceae*. ○–◐ ♄–♄ z. T. ⚭ ▽. Holzige Sträucher oder Bäume mit meist ledrigen Blättern, stets milchsaftführend. Nebenblätter bzw. deren Verwachsungsprodukte umhüllen das junge Blatt. Nahezu 2000 Arten in tropisch-subtropischen Gebieten.
KLETTERNDE ARTEN (JUGENDFORMEN). *F. pumila* (*F. stipulata*), Jugendform stark kletternd, Blätter immergrün, blasig gewölbt, meist etwas einseitig, 2–4 cm lang. Durch die stark entwickelten Kletterwurzeln auf Mauerwerk, Holz, Beton usw. mit Leichtigkeit kletternd. Altersform aufrecht, Blätter dick und hart, 10 cm lang, dann auch fruchtend. Von *F. pumila* gibt es einige Sorten. 'Dorte' ist entlang dem Hauptnerv grün panaschiert, mit Blattmaßen bis 19 × 18 mm Länge × Breite. 'Minima' ist kleinblättrig mit Blattmaßen von 30 × 30 mm. 'Sunny' ist am Rand ganz schwach panaschiert. – *F. sagittata* (*F. radicans*). Diese Art hat größere, zugespitzte Blätter, die nicht einseitig sind. Ebenso stark kletternd. Sehr empfindlich gegenüber Trockenheit! Die weißbunte Form 'Variegata' ist ebenso stark wachsend wie die Art und deshalb zu empfehlen. – Als Kletterpflanzen in Kalt- und Warmhäusern sind diese Arten sehr gut geeignet. Sie gedeihen in einem Temperaturbereich von 5–25 °C, *F. pumila* hält sogar Temperaturen bis −5 °C aus, wenn er frostfreie Wurzelzone hat. – Vermehrung durch Stecklinge, die gleich zu mehreren in Töpfe gesteckt werden. Je älter die Blätter, desto schlechter wurzeln die Stecklinge, je dünner die Blätter desto leichter vertrocknen die Stecklinge bei unzureichender Pflege. Bei Topfpflanzen ist Ballentrockenheit gefährlich. – AUFRECHTE ARTEN. *F. elastica*, der ‚Gummibaum'. In der Heimat, in Ostasien, bis 25 m. Blätter ledrig, bis 40 cm lang, elliptisch, in eine scharfe Spitze ausgezogen. Das junge Blatt ist gerollt und vom Nebenblatt umgeben. Einige Formen haben Kulturwert: 'Abidjan', kompakte Sorte mit rötlichem Blatt. 'Belgaplant', bunte Form mit breitem weißen Rand. 'Decora', bekannter, breitblättriger Typ. 'Doescheri', schmalblättrige, bunte Form mit weißem Rand und Scheckung in der Mitte. 'Robusta', ähnlich 'Decora', aber heller. 'Schrijveriana', bunte Form mit gelbgrünem, unterschiedlich breitem Saum. 'Sofia', grünblättrige Form mit auffallend kurzen Internoden. – BOTANISCHE GUMMIBÄUME. *F. altissima*. Großblättrig, ähnlich *F. benghalensis*, aber mit spitzer Blattspitze und kurz weiß behaart, später kahl. – *F. arnottiana* var. *subcostata* (verkauft als *F. religiosa*). Großbättrig, aber ohne die lange Träufelspitze von *F. religiosa*. – *F. auriculata* (*F. roxburghii*). Großblättrig, umgekehrt herzförmig, bis 35 cm lang. – *F. benghalensis*. Großblättrig. In der Jugend stark behaart. Blätter breit eiförmig, Blattspitze rund. – *F. benjamina*. Kleine, birnförmige Blätter mit geschwänzter Spitze, Gipfeltrieb stets hängend. Zierlich und grazil, guter Dekorationsstrauch. Von *F. benjamina* sind in den achtziger Jah-

Ficus cyathistipula. (Blumenbüro)    *Ficus microcarpa.* (Blumenbüro)    *Ficus microcarpa* 'Hawaii' (Blumenbüro).

ren eine große Zahl von Sorten sehr wichtig geworden. Grünblättrige Formen sind: var. *nuda* mit glänzendem Laub und schmalem Blatt; 'Exotica' mit glänzendem Laub, 'Foliole', zierlicher und hängend, 'Rijsenhout', mit kleineren Blättern. Buntblättrige Formen sind: 'Golden King', mit schmalem, weißen Rand, 'Golden Princess', mit besonders schmalem Rand, 'Mini Gold', kleinblättrig mit weißem Rand, 'Mini Star' (verkauft als *F. retusa* 'Mini Star'), ähnlich voriger, aber noch zwergiger, 'Starlight', mit breitem weißen Rand. Je buntblättriger, desto empfindlicher. *F. cyathistipula.* Großblättrig. Blätter umgekehrt eirund bis spatelförmig, bis 25 cm. Oft fruchtend. – *F. deltoidea (F. diversifolia).* Kleinblättrig. Stark verzweigend. Blätter umgekehrt dreieckig, bis 6 cm. Auch panaschiert. – *F. drupacea* (verkauft als *F. benghalensis*). Großblättrig. Blätter oval bis umgekehrt eiförmig, bis 27 cm lang. – *F. lingua (F. buxifolia).* Kleinblättrig. Stark verzweigend. Blätter umgekehrt dreieckig, bis 3,3 cm lang. – *F. lutea* (verkauft als *F. nekbudu*). Großblättrig. Blätter oval bis länglich, mit kurzer Spitze, bis 27 cm lang. – *F. lyrata.* Großblättrig. Blätter leierförmig mit herzförmiger Basis, lederartig, bis 33 cm lang. – *F. macrophylla.* Ähnlich *F. elastica,* doch kleinere Blätter, helle Nebenblätter und schlampigerer Wuchs. Blätter oft in sich gedreht und weniger steif. Meist werden Sämlinge angeboten. Für große Hallen und schlechte Bedingungen, an der Riviera bereits hart. – *F. microcarpa.* Ähnlich *F. benjamina,* aber aufrechter im Wuchs und ohne oder nur mit angedeuteter Träufelspitze. In vielen Sorten in Kultur, die häufig *F. benjamina* zugerechnet werden. Wichtige Pflanze. Die Stammform *F. microcarpa* (verkauft als *F. retusa*) hat bis 11 cm lange, elliptische Blätter; var. *crassifolia* (verkauft als *F. americana* 'Panda') hat ovale bis längliche, bis 10 cm lange, dicke, ledrige Blätter. 'Emerald Princess' (verkauft als *F. indica*) hat ovale bis verkehrtovale Blätter bis 12,5 cm Länge. 'Emerald Queen' (verkauft als *F. nitida,* das ist ein Synonym von *F. benjamina*) hat breitovale Blätter bis 8,5 cm Länge. 'Green Gem' (verkauft als *F. retusa* oder *F. nitida* 'Green Gem'), ähnlich 'Emerald Princess'. 'Green Jade', stark verzweigt, ovalblättrig, bis 9 cm lang. 'Hawaii' (verkauft als *F. benjaminia* oder *F. nitida* oder *F. retusa* 'Hawaii'), buntblättrig, mit breitem gelblichweißen Rand. 'Light Emerald' (verkauft als *F. schlechteri*), Blätter elliptisch bis oval bis verkehrtoval, bis 17 cm lang, meist aber kleiner. – Diese Vielzahl von Sorten zeigt schon an, daß es sich bei *F. microcarpa* um eine sehr wichtige Pflanze handelt. Sie eignet sich gut für Erd- und Hydrokultur und ist durch die starke Verzweigung sehr dekorativ. – *F. natalensis* ssp. *leprieurii (F. triangularis, F. leprieurii).* Kleinblättrig. Blätter umgekehrt dreieckig, bis 8 cm lang. Stark fruchtend, bis zu 5 Feigen je Blattachsel. – *F. obliqua* (verkauft als *F. australis*). Kleinblättrig, stark verzweigend. Blätter eirund, bis 15 cm lang. – Die im Handel als *F. racemosa* verkaufte Pflanze gehört zur Gattung *Coussapoa* und ist *C. microcarpa.* – *F. rubiginosa (F. australis).* Blätter elliptisch-länglich, 10 cm lang, lederartig. Verzweigt sich gut und gedeiht auch noch in kalten Räumen. Besonders schön ist 'Variegata', gelblichweiß panaschiert, doch etwas anspruchsvoller. – *F. virens* (verkauft als *F. glomerata*). Kleinblättrig, stark verzweigend. Blätter eiförmig bis elliptisch, Spitze plötzlich verschmälert wie bei *F. benjamina,* aber bis 10,5 cm lang. – *F. wildemaniana* (verkauft als *F. panduraeforme*). Großblättrig. Blätter lang spatelförmig, bis 25 cm lang. – ANSPRÜCHE. Alle aufrechten Arten, außer *F. macrophylla* und *rubiginosa,* gehören in das Zimmer mit normalen Temperaturen, 12–14°C bilden die untere Grenze. Bei diesen Temperaturen und besonders bei Zugluft kommt es vor allem bei *F. elastica* zum typischen Herabhängen der Blätter. Sie können sich auch nicht mehr aufrichten. Daneben können Schildläuse und Rote Spinne Schwierigkeiten machen. G.e brauchen lehmig-humose, kräftige Erde und während der Wachstumszeit regelmäßige Dunggüsse. Werden die Pflanzen zu groß, so moost man ab und schneidet nach der Wurzelbildung die Pflanze etwas zusammen. Meist entwickeln sich 2–3 Austriebe. – VERMEHRUNG. Die normale Stecklingsvermehrung, entweder durch Kopf- oder Stammstecklinge, erfordert relativ hohe Temperaturen, um 30°C und ist aus diesem Grund dem Liebhaber nicht zu empfehlen. Aussaat kann wegen der

Gummifluß

Gurkensorten, von links: Einlegegurke NIB F_1 (van Waveren). – Senfgurke Azia (Sperling). Einlegegurke Mervita (Sperling).

geringen Keimfähigkeit des Saatguts und der schlechten Qualität der erwachsenden Pflanzen nicht empfohlen werden.
Gummifluß des Steinobstes: an Stamm und Zweigen tritt eine klebrige gelbe oder braune Masse heraus (ungenau ‚Harzfluß' genannt). Ursache: zu große Bodenfeuchte, zu starker Rückschnitt, Stammverletzungen, Befall von Borkenkäfern oder Pilzkrankheiten. Gegenmaßnahmen: Standortwahl (nicht zu feucht), sachgemäßer Schnitt, → Schröpfen, Bekämpfung der Schädlinge, die zu Gummifluß führen.
Gundelrebe → Gundermann.
Gundermann, *Glechoma.* Lippenblütler, *Labiatae.* ○–◐ ♃ ⚄ ⍗ o. Freiland Lie. Stark kriechende Staude, an den Knoten wurzelnd, mit nierenförmigen, gekerbten Blättern und violettblauen Blüten. 1 Art in Europa. – Von diesem Gartenunkraut gibt es eine nett weißbunte Form, *G. hederacea* 'Variegata', die vollkommen winterhart, dabei aber auch sehr gut als Ampelpflanze für kühle und sogar schattige Räume geeignet ist. Die Temperaturen dürfen allerdings nicht zu hoch ansteigen. – Vermehrung ist leicht, da die Triebe von selbst an den Knoten Wurzeln bilden, man also nur mehrere Triebe in lehmig-humose Substrate zu topfen braucht.
Gunnera, *Gunnera.* Meerbeerengewächse, *Haloragaceae.* – ○–◐ ♃ ⌃. Etwa 30 Arten auf der südlichen Halbkugel. Benannt nach dem norwegischen Bischof und Botaniker J. E. Gunner, 1718–1773. Neben den bekannteren großen Arten mit Blättern von über 1 m Durchmesser gibt es auch zwergige, die nur wenige Zentimeter hoch werden. Blüten in zusammengesetzten, kolbenartigen Ähren, teilweise eingeschlechtlich. – *G. magellanica,*

Gewächshausgurken 'Sandra' zwei Wochen nach der Pflanzung im Anzuchthaus einer biologisch-dynamischen Gärtnerei. Da Gurken nicht selbsttätig klettern und winden wie Stangenbohnen, müssen sie etwa wöchentlich an Bindegarn aufgeleitet werden, bis sie den Spanndraht in 2,20 m Höhe erreicht haben. Dort werden sie angebunden. (Aus Wendt/Hildebrandt: Biologischer Gartenbau unter Glas und Folie/I. Wendt)

Gypsophila

Salatgurke Sprint und Treibgurke Corona, beides F₁-Hybriden. (Wagner)

Südchile, Falklandinseln. Kleine Art mit kriechendem Wurzelstock und runden bis nierenförmigen Blättern, etwa 6 cm Durchmesser. Männliche Blütenstände die Blätter überragend, weibliche kürzer, grünlich, Sommer, 10 cm. – *G. tinctoria (G. chilensis, G. scabra)*, Chile, Equador, Kolumbien. Wahrscheinlich gehören auch alle bei uns in Kultur befindlichen, unter *G. manicata* laufenden Pflanzen zu dieser Art. Rhizom kurz, starke, fleischige, bis 2 m lange Blattstiele mit harten Stacheln. Blattspreite rundlich-herzförmig, rauh, handförmig gelappt und eingeschnitten. 1–2 cm Durchmesser. Blütenstand 40–50 cm hoch, braunrot, mit kleinen, zweihäusigen Blüten. Sommer, 150–200 cm. – Verwendung von *G. magellanica* als Sumpfpflanze, die im Winter bei guter Laubdecke durchhält. Boden schlammig. *G. tinctoria* ist eine imposante Blattpflanze für Einzelstellung im Rasen. Im Winter muß sie gut abgedeckt, am besten dick mit Rindenhumus und Fichtenreis eingepackt werden. Boden tiefgründig und nahrhaft. Nach Austrieb düngen! Vermehrung: große Pflanzen teilen, Aussaat.

Gurke, *Cucumis sativus.* Gurkengewächse, *Cucurbitaceae.* Stammt vermutlich aus dem nördlichen Indien, in Griechenland und Rom sehr beliebt; im Mittelalter von geringer Bedeutung, erst ab 16. Jahrh. in Mitteleuropa stärker verbreitet. Für die Marktversorgung vorwiegend in Gewächshäusern angebaut, für Selbstversorgung in Frühbeeten, in günstigen Lagen auch im Freiland, sehr ertragreich. – A<small>N</small><small>BAU</small>. Für Frühbeetkultur Aussaat an Ort und Stelle ab Mitte III, für Freilandkultur Anzucht in warmgestellten Töpfen ab Mitte IV. Auspflanzen der Freilandkulturen ab Mitte V; sehr kälteempfindlich, vor Frost schützen! Pflanzabstand: 1 Reihe je Gartenbeet, Abstand in der Reihe 30 cm. Jungpflanzen nach dem 3. oder 4. Blatt entspitzen, dadurch bilden sich Seitentriebe, die gleichmäßig über das Beet verteilt werden. Bodenansprüche groß; Wachstum am besten in gut gemisteten Böden, auch auf Komposthaufen. Zurückhalten mit mineralischer Düngung. Großer Wasserbedarf während der ganzen Kulturzeit; nur mit abgestandenem Wasser gießen. Reife Früchte im Frühbeet ab Anfang VI, im Freiland ab Anfang VII. – V<small>ERWEN</small><small>DUNG</small>. 2 verschiedene Gurkentypen: a) Salatgurke, mit großen, kürzeren oder längeren walzenförmigen Früchten, die im noch grünen Zustand geerntet werden. Zubereitung: in feine Streifen oder Scheiben geschnitten als Salat. b) Einlegegurke (Essiggurke, Salzgurke, Senfgurke): die Früchte werden in sehr jungem Zustand (8–15 cm lang) geerntet. Rezepte: s. gute Kochbücher.

Gurkengewächse, *Cucurbitaceae;* → Gurke, → Melone, → Kürbis, → Zucchini.

Gurkenkraut → Boretsch.
Guzmania → Ananasgewächse 2.
Gymnocalycium → Kakteen 11.
Gymnocarpium → Eichenfarn.
Gymnocladus → Geweihbaum.
Gynerium → Pampasgras.
Gypsophila → Schleierkraut.

H

Haare, früher als Gerbereiabfälle, vermischt mit Kalk, als Düngemittel allgemein verbreitet. Stickstoffgehalt je nach Kalk- und Wasseranteil 2–9%. Langanhaltende Wirkung: ‚Horn und Haar düngen sieben Jahr'.

Haarröhrchen, oder Kapillaren, feine und feinste Kanäle im Boden (0,002–0,01 mm), in denen durch Saugkraft Bodenwasser nach oben steigt und verdunstet. H. müssen durch Hacken oder Bodenbedeckung unterbrochen werden. Bei hoher Luftfeuchtigkeit jedoch können trockene Böden Wasser aufnehmen (‚hygroskopisches Wasser').

Haberlea, *Haberlea*. Gesneriengewächse, *Gesneriaceae*. ☽–● ♃ △ Lie. Benannt nach dem ungarischen Botaniker Karl Konstantin Haberle, 1764–1832. Reichblühende, langlebige Kleinstaude, wie Felsenteller eine der wenigen europäischen Gattungen dieser Familie. – *H. rhodopensis* (*H. ferdinandii-coburgii*), Rhodope- und Balkangebirge. Rosettige, spatelförmige, grob gesägte, behaarte Blätter. Blüten an einem blattlosen Schaft, trichterförmigglockig, lilablau. 'Virginalis', weiß, im Schlund mit gelbem Fleck. IV–V, 10 cm. – Verwendung an absonnigen Stellen im Steingarten, an Trokkenmauern und in Troggärten, wo sie reich blüht. Boden nicht zu trocken, humos-lehmig, kalkhaltig. Vermehrung: Teilung, Blattstecklinge und Aussaat.

Habichtskraut, *Hieracium*. Korbblütler, *Compositae*. ○ ♃ △ ⌇. Über 400 Arten, die meisten in Europa und Nordamerika. Name aus dem griechischen hierex = Habicht, Falke abgeleitet. Oft lästige Unkräuter, die sich in trockensten, mageren Böden auf Wiesen ansiedeln. In Gärten nur Arten, die weniger stark wuchern. Die Blütenstände haben nur Zungenblüten, wie der Löwenzahn, sie wirken daher wie ‚gefüllte' Blüten. – *H. aurantiacum*, Hoch- und Mittelgebirge Europas. Verträgt Halbschatten. Unterirdische Ausläufer, daher leicht zum Unkraut werdend, deshalb nur dort verwenden, wo ein Umherwuchern nicht schadet. Lanzettliche bis zungenförmige, rauh behaarte Blätter. Blütenstengel selten verzweigt, Blüte orangegelb. VI–VIII, 20–50 cm. – *H. bombycinum*, Spanien. Kräftige Polster mit elliptischen, weißfilzig behaarten Blättern und gelben Blüten. VI–VII, 15 cm. *H.* × *rubrum* (*H. aurantiacum* × *H. flagellare*), keine Ausläufer bildend, ähnlich *H. aurantiacum*, aber Blätter weniger behaart. Blüten dunkel orangerot und, da sie steril sind, auch nicht durch Samenflug wuchernd. Ausdauernd blühender, wertvoller Sommerblüher mit leuchtenden Blüten. VI–VIII, 15–20 cm. – *H. villosum*, Alpen, Jura, Apennin, Karpaten, Balkan. Grundblätter lanzettlich, Stengelblätter spitzeiförmig, ganze Pflanze mit langen, weißen Wollhaaren. Blüten groß, goldgelb. VI–VII, 15–25 cm. – Verwendung im Stein- und Heidegarten, an Geröllhalden und Trockenmauern, in Staudenbeeten. Boden: Anspruchslos, kalkliebend. Vermehrung: Teilung und Aussaat.

Hacke → Bodenbearbeitungsgeräte.

Hacken, Lockerung der Oberfläche des Bodens mittels Ziehhacke, um Unkraut zu beseitigen, den Boden zu durchlüften, Haarröhrchen im Boden zu unterbrechen. → Bodenbearbeitungsgeräte.

Hackfrüchte, in der Landwirtschaft diejenigen Kulturen, bei denen der Boden durch Hacken lange Zeit offen bleibt, z.B. Zuckerrüben, Kartoffeln, Mais. Gegensatz: Getreidebau, Futterbau. Zu den Hackfrüchten gehören auch die meisten Gemüsearten.

Hackgeräte → Bodenbearbeitungsgeräte.

Hacquetia → Schaftdolde.

Haemanthus → Blutblume.

Hängepelargonie → Pelargonie.

Hängepflanzen, oder Kletterpflanzen, werden herunterhängend kultiviert. Eigentliche H. besitzen keine Haftwurzeln, Ranken usw., mit denen sie sich emporziehen können. → Ampelpflanzen.

Häufelgerät → Bodenbearbeitungsgeräte.

Hafer, *Avena*. Gräser, *Gramineae*. ○ ⊙ ♃ ⌇ i. Etwa 50 Arten in den gemäßigten Zonen, in den Gärten bisher nur 2 als Zierpflanzen eingeführt. Nach neuer Nomenklatur gehören die ausdauernden Avena-Arten zu Melictotrichon. – *A. sempervirens* (*A. candida*), Blaustrahlhafer. Steppen von Südrußland, Turkestan, Westsibirien. Ausdauernde, elegante, hohe Blatthorste mit starren, zusammengerollten blaugrünen Blättern. Blütenrispen groß, über der Pflanze, 60 cm. 'Pendula', mit haferähnlichen, überhängenden, dekorativen Blütenrispen über kräftigen Blatthorsten. 60–100 cm, VI–VII. Verwendung im Heide- und Staudengarten. Boden humos und durchlässig. Bei viel Niederschlägen anfällig für Rost. Vermehrung durch Teilung und Aussaat. – *A. sterilis*, Mittelmeergebiet. Dem Saathafer ähnliches, einjähriges Ziergras mit großen, überhängenden Fruchtständen. VII–VIII, 60–80 cm. – Verwendung für Trockensträuße. Dazu werden sie geschnitten, solange die Ährchen noch grün sind und hängend getrocknet. Boden: nahrhafter Gartenboden. Vermehrung durch Aussaat im III–IV an Ort.

Haftmittel → Zusatzstoffe.

Haftwasser, die Wassermenge, die der Boden auf Grund seiner Wasserhaltekraft zu speichern vermag. Davon ist

Hagebutte, *Rosa rugosa*, in einer Hecke über Garageneinfahrt in süddeutscher Großstadt. (Siebeneicher)

ein Teil für die Pflanze aufnehmbar, ein Teil nicht aufnehmbar (‚Totwasser'), sie welkt, obwohl der Boden noch Wasser enthält: Welkepunkt. Besonders tonreiche Böden halten das Wasser mit hohen Atmosphärenkräften fest. Je reicher der Boden an Ton ist, um so mehr ist deshalb für gute → Krümelstruktur und ausreichenden Kalkzustand zu sorgen, damit der Welkepunkt ‚zurückgedrängt' wird. → Haarröhrchen, → Humus, → Tonmineralien, → Wasserhaushalt.

Hagebutte, Kartoffelrose, *Rosa rugosa*. Verbreitet in Mitteleuropa, Ostasien, von Nordchina bis Kamtschatka, Sachalin und Japan. Frucht durch sehr hohen Vitamin-C-Gehalt (300–1000 mg%) besonders wertvoll. Frucht groß, orangerot. Vermehrung durch Aussaat und bei den Sorten durch Okulation auf Sämlingen von *Rosa canina, Rosa laxa, Rosa multiflora.* Standortansprüche gering, optimal nährstoffreicher, tiefgründiger, genügend feuchter, kalkhaltiger Boden in freier Lage. Im Selbstversorgergarten Anpflanzung als Hecke entlang der Grenze in 1,0–1,5 m Abstand. Bodenpflege: flach lockern und mulchen. Düngung gering, ca. 0,2–0,3 kg P_2O_5, 0,4 bis 0,5 kg N, 0,5–0,7 kg K_2O pro 100 qm. Ernte vollreif, rot gefärbt, aber nicht weich. Nicht überreif werden lassen. Je später die Ernte, um so geringer Vitamin C. Ertrag je Strauch bis 10 kg. Vollertragsbeginn fünftes bis achtes Standjahr. Verwendung für Marmelade, Gelee, Konfitüre, Konserven, Tee, Wein. → Rose *(Rosa rugosa).*

Hagebuttenrose → Rose.

Hagelschaden, in hagelgefährdeten Gebieten, führt zu Frucht-, Blatt- und Triebzerstörung. Dadurch nicht nur Fruchtentwertung, sondern auch Bestandsgefährdung. Je nach Größe der Hagelkörner und Zeit des Auftretens unterschiedlicher Schaden. Abwehr durch Überspannen der Kulturen mit engmaschigen Plastiknetzen.

Hahnendorn → Weißdorn.

Hahnenfuß, *Ranunculus.* Hahnenfußgewächse, *Ranunculaceae.* Über 800 Arten auf der ganzen Erde, in den Tropen nur auf Hochgebirgen. Meist mit handförmig gelappten Blättern und einfachen bis gefüllten Schalenblüten.
WINTERHARTE ARTEN. ○–◐ ♃ ✕.
R. aconitifolius, Gebirge Mitteleuropa. Lange, etwas fleischige Wurzeln. Stengel aufrecht, verzweigt, Blätter handförmig, tief eingeschnitten. Blüten bis 2 cm groß, reinweiß mit gelben Staubbeuteln. 'Pleniflorum', das Silberköpfchen, hat kugelige, dichtgefüllte, rein-

Verletzungen an den Früchten durch leichtere Hagelschläge verwachsen und hinterlassen ‚nur' Schalenfehler. Schwere Hagelschläge verwandeln Tafelobst in Mostobst und verletzen auch die Bäume. (Scherr)

weiße Blüten und ist nur durch Teilung zu vermehren. V–VI, 50 cm. – *R. acris (R. acer),* Scharfer H., Butterblume. Europa, Asien, Nord- und Südafrika, Nordamerika. Im Handel nur 'Multiplex', Goldköpfchen, Goldranunkel. Stengel stark verzweigt, Blätter handförmig-fünfteilig. Blüten gefüllt, goldgelb. VI–VII, 60–70 cm. – *R. bulbosus,* Knollen-H., Europa, Asien. Ohne Ausläufer, Stengel unten knollenförmig verdickt. Blätter dreizählig oder doppelt-dreizählig, tief gespalten. In den Gärten nur 'Pleniflorus', gut gefüllt, Blüten leuchtendgelb mit grünlicher Mitte. IV–VIII, 20 cm. – *R. platanifolius (R. aconitifolius* ssp. *p.),* Mitteleuropa. Ähnlich *R. aconitifolius,* aber mit breiteren Blattabschnitten und robuster im Wuchs. Blüten größer, weiß. V–VI, 60 cm. – Verwendung im Stauden- und Naturgarten, am Wasser und zum Schnitt. Boden feucht, nährstoffreich. Vermehrung: Teilung, nicht Gefülltblühende auch Aussaat.
ALPINE ARTEN FÜR DEN LIEBHABER. ○ ♃ △ Lie. *R. alpestris,* Alpenh., Pyrenäen, Alpen, Jura, Apennin. Meist einblättrige und einblütige Stengel, Blätter glänzendgrün, klein, langgestielt, rundlich und gelappt. Blüten schneeweiß. VI–VII, 5–15 cm. – *R. graminifolius,* Grasblättriger H., Mittelmeergebiet. Nach der Blüte einziehend. Blätter ungeteilt, linealisch bis lanzettlich, ganzrandig, streifennervig. Ohne Blüte kaum als H. zu erkennen. Leichter Winterschutz erforderlich. Blüten leuchtendgelb. V–VI, 30 cm. – *R. montanus,* Bergh., Pyrenäen, Alpen bis Kaukasus. Kurzer, walzenförmiger Wurzelstock und aufrechte, meist einblütige Stengel. Blätter drei- bis fünfspaltig, Blüten goldgelb, glänzend. 'Molton Gold' ist besser, Blüten bis

3 cm Durchmesser. V–IX, 10–20 cm. *R. m.* var. *dentatus (R. gouanii),* Pyrenäen, Westalpen. Wuchs üppiger, mit behaarten, grobgezähnten Blättern. Blüten bis 5 cm, goldgelb. V–IX, 15–20 cm. – *R. psilostachys,* Balkangebiet. Nach der Blüte einziehend. Blätter rundlich, seidig behaart, dreiteilig. Blütenstand verzweigt, Blüten außen behaart, 4,5 cm groß, glänzendgelb. V–VI, 30 cm. – Verwendung in sonniger, warmer Lage, nur *R. alpestris* halbschattig, im Stein- und Troggarten. Boden schottrig-humos bis lehmig, aber stets durchlässig. Vermehrung durch Aussaat und Teilung.
SUMPF- UND WASSERPFLANZEN. ○–◐ ♃ ≋. *R. aquatilis,* Wasserh., heimische Wasserpflanze mit untergetauchten, bis 1 m langen Stengeln. Unterwasserblätter fein zerteilt, Schwimmblätter verschieden geformt, herz- bis nierenförmig, gelappt. Blüten weiß, 6–8 cm über dem Wasserspiegel. VI–VIII. Verwendung in Becken, bei denen das Wasser öfter ausgewechselt oder fließend ist. Boden schlammig-lehmig. Vermehrung durch Aussaat in Töpfe, die unter Wasser gestellt werden. *R. flammula,* Brennender H. Europa, gemäßigtes Asien. Giftig. Stengel bis 50 cm hoch, bei Wasserstand zum Teil flutend. Blüten bis 2 cm groß, gelb, VI–X. Verwendung als Teichpflanzung, sumpfiger Boden bis flaches Wasser, hübsch mit Sumpfvergißmeinnicht zusammen. – *R. lingua,* Zungenh., Europa, Sibirien. Ausläufer am Wurzelstock bis 80 cm lang. Stengel aufrecht mit schmal- bis linealisch-lanzettlichen, graugrünen Blättern, ganzrandig. Blüten glänzend, 3 bis 4 cm breit, goldgelb. VI–VIII, 50 bis 150 cm. Verwendung dieser stattlichen Sumpfpflanze für Teichränder und Wasserbecken. Boden feuchtlehmig. Vermehrung durch Teilung und Aussaat.
NICHT WINTERHARTE ARTEN. ○ ♃ ✕. *R. asiaticus (R. hortensis),* Ranunkel. Südosteuropa, Orient. Diese Art wurde schon früher eingeführt, bereits 1850 wurden die Turban-Ranunkeln, eine züchterisch verbesserte Rasse, aus der Türkei importiert. Fleischige Wurzelstöcke, ‚Klauen' genannt. Blätter dreizählig, behaart. Blüten meist einzeln am Stengel, endständig, je nach Rasse unterschiedlich groß. Im Handel nur gefülltblühende Sorten, im Kleinhandel nur als Mischungen angeboten. Man unterscheidet folgende Rassen: 1. Französische Ranunkeln *(R. asiaticus superbissimus).* Großblumig, locker bis gut gefüllt mit vielen Sorten.

Hahnenkamm

Zungen-Hahnenfuß, *R. lingua*. (Seidl)

2. Päonienblütige R., sortenreichste Rasse mit sehr großen, halbgefüllten bis gefüllten, pfingstrosenähnlichen Blüten. 3. Persische R., halb oder ganz gefüllte Blüten an straffen Stielen mit wenigen Blättern. 4. Turban-R. *(R. africanus)*, auch Türkische oder Afrikanische R., Blüten halb bis stark gefüllt, großblumig, stark wachsend, heute die am meisten angebotene Rasse. Von allen gibt es Sorten in Weiß, Gelb, Rosa, Orange, Rot bis Dunkelrot in vielen Schattierungen. – Verwendung für Schmuckbeete, als farbenfrohe Schnittblumen oder zwischen Stauden und Sommerblumen. Sie werden ab III–IV in frostfreien Boden gepflanzt und im Herbst, nachdem das Laub abgestorben ist, wieder aufgenommen. Boden: Normaler, nährstoffreicher Gartenboden. Vermehrung in Spezialbetrieben durch Teilen. Es ist ratsam, jedes Jahr neue Klauen zu pflanzen, da diese sich am besten entwickeln.

Hahnenkamm, *Celosia.* Amarantgewächse, *Amaranthaceae.* ○–◐ ⊙ ⬜ oder Freiland Lie. Kräuter bis Halbsträucher, Blüten in dichten Ähren, ungefähr 50 Arten in Afrika und Amerika. – TOPFPFLANZEN. *Celosia argenta* f. *cristata*, eine sog. Fascination oder Verbänderung, die aber in diesem Fall erblich ist. Blütenstand hahnenkammartig

Hahnenkamm, *C. arg.* var. *cristata*. (Herbel)

verwachsen und keine einzelnen Äste mehr vorhanden. Blätter lanzettlich. Unterschiedliche Sortengruppen werden angeboten: 'Nana', 30 cm; 'Elatior', 70 cm und selbstverständlich Zwischenhöhen. Das Farbenspiel reicht von Weiß über Gelb, Rosa zu Rot. Daneben gibt es noch rote Sorten mit dunklem Laub. – H.-Pflanzen sind billig, aber sowohl für die Ausschmückung von Kalthäusern als auch für das Freiland sehr wirksam. – Vermehrung durch Aussaat im III–IV, bald pikieren und topfen. Temperaturen um 15°C. Starke Zehrer! – EINJÄHRIGE. ○ ⊙ |⋮ ⬜ ✕. Bei uns nur *C. argentaea* mit den beiden Formen *plumosa* und *cristata* in Kultur. Beide gut für separate Gruppenpflanzungen geeignet, möglichst mit neutraler Einfassung, wie Greiskraut. Gelegentlich auch für Balkonkästen und als Topfpflanze verwendet. Aussaat unter heizbarem Glas III–IV, später möglichst topfen und nicht vor Ende V bis Anfang VI pflanzen. Brauchen vollsonnigen Standort sowie viel Feuchtigkeit und auch im Sommer Düngung. Blüte VII–Frost. *C. argentea cristata,* der echte Hahnenkamm, mit großen Blütenkämmen in reichem, kräftigem Farbenspiel. Besonders die niedrigen (25 cm) Mischungen gefragt, doch auch bis 50 cm hoch werdende im Handel. – *C. argentea plumosa,* ihrer an Federbüsche erinnernden Blütenform wegen Federbusch-Celosie genannt. Wuchshöhe der Sorten und Mischungen mit Farbtönen zwischen Gelb und Rot 25–50 cm. Hochwachsende Sorten auch für Schnitt.

Hainblume. *Nemophila.* Wasserblattgewächse, *Hydrophyllaceae.* ○–◐ ⊙ |⋮. Von den 11 in Nordamerika heimischen Arten ist bei uns nur *N. menziesii (N. insignis)* mit fiedrigen Blättern, etwa 15 cm, als kurz-, aber reichblühende Rabatten- und Füllerpflanze in Kultur. Selten anzutreffen, aber gerade der Liebhaber ausgefallener Pflanzen wird an ihr Freude haben. Anspruchslos, gedeiht noch im Halbschatten, Freilandaussaat III–V. Blüte entsprechend V–VII. Auch Herbstaussaat möglich. Blüten meist himmelblau mit weißer Mitte.

Hainbuche → Weißbuche.
Hainrispe → Rasengräser.
Hainsimse, Marbel, *Luzula.* 'Binsengewächse, *Juncaceae.* ◐–● ⚄ i. Rund 80 Arten, die gärtnerisch wichtigen vorwiegend in Europa. Stauden mit grasartigen, flachen Blättern und hübschen Blütenbüscheln. Blätter meist lang bewimpert. – *L. nivea,* Schnee-

marbel. Europa. Ebenfalls schmale Blätter, Blüten größer und auffallender, schneeweiß. VI–VIII, 50 cm. – *L. pilosa,* Europa. Wuchs lockerrasig mit Ausläufern. Blätter breitlinealisch, am Rand dicht weiß bewimpert, Blüten früh, bräunlich. III–V, 15 cm. – *L. sylvatica (L. maxima),* Waldmarbel. Europa, Kleinasien. Lange, dunkelgrüne, glänzende Blätter, bis 1 cm breit, Rand dicht bewimpert. Blütenstand mehrfach zusammengesetzt, bräunlich 40–60 cm. 'Tauernpaß', flacher Wuchs mit breiten Blättern, 20 cm; 'Marginata', schöne silbergerandete Blätter. Reizende Sorte mit geschlossenen Blatthorsten. 30 cm. IV–VI. – Verwendung: Zur Unterpflanzung in Schattenpartien, vor allem unter Bäumen. Boden humos oder sandig-anmoorig, nicht zu trocken. Vermehrung durch Aussaat, die Sorten nur durch Teilung.

Halbmond → Rasenpflegegeräte.
Halbpeltaten → Pelargonien.
Halbstamm → Obstbaumformen.
Halbstauden (Biennen), zweijährige Pflanzen, die erst im Jahr nach der Aussaat blühen und dann eingehen. Aussaat der meisten H. nur V–VI, z.B. Bartnelke *(Dianthus barbatus).* Goldlack, Vergißmeinnicht, Stiefmütterchen, Marienglockenblume *(Campanula medium).*
Halbstrauch, Holzpflanze, deren Zweige nicht wie beim →‚Strauch ausdauern, sondern nach einer oder zwei Vegetationsperioden absterben.
Halesia → Schneeglöckchenbaum.
Halimodendron ↔ Salzstrauch.
Hamamelis → Zaubernuß.
Hammerstrauch, *Cestrum.* Nachtschattengewächse, *Solanaceae.* ○–◐ ℏ ⬜. Immergrüne Sträucher mit ganzrandigen Blättern und kleinen, in Büscheln angeordneten Blüten. 200 Arten im tropischen und wärmeren Amerika. – *C. aurantiacum.* Strauchig, bis 2 m hoch. Blütezeit Sommer–Herbst.

Hainsimse, *Luzula nivea*. (Dr. Jesse)

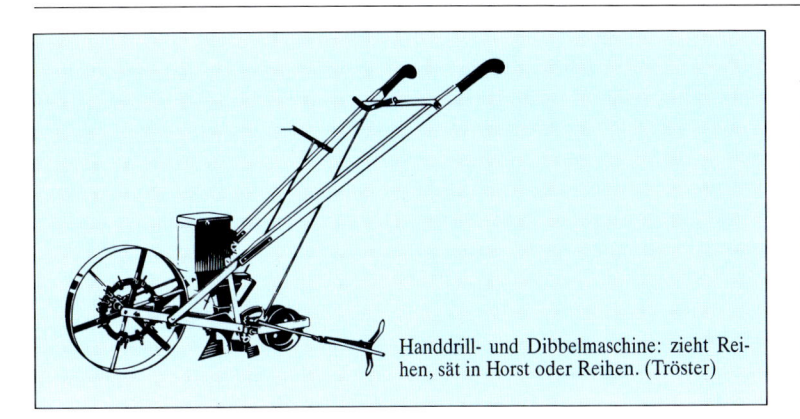

Handdrill- und Dibbelmaschine: zieht Reihen, sät in Horst oder Reihen. (Tröster)

Blätter eilanzettlich, 4 cm lang. Blüten zu mehreren, röhrenförmig mit kleinem Kronteller, 3 cm lang, orange. – *C. purpureum*. Bis 3 m hoch. Blüht Frühling–Herbst. Blätter bis 12 cm lang. Blüten in endständigen, vielblütigen Doldentrauben, pupurrot, 2,5 m lang. – Die H.arten sind leicht gedeihende und reichblühende Kalthaus- und Zimmerpflanzen. Bei kühler und luftiger Überwinterung hat man keine Schwierigkeiten. Nach den Eisheiligen werden sie im Garten ausgepflanzt, wo sie rasch wachsen und reich blühen. Im Herbst topft man ein. Rückschnitt im Frühjahr. – Vermehrung durch Grünstecklinge.
Handdrillhacke, älteres, doch noch oft anzutreffendes Modell einzeiliger → Handdrillmaschine, bei der die Drillausrüstung gegen einen Hacksatz ausgetauscht werden kann.
Handdrillmaschine, andere Bezeichnung für → Handsämaschine, arbeitet meist einzeilig, kann auch mit Dibbelvorrichtung ausgerüstet sein.
Handelsdünger, Sammelbegriff, meist für → Mineraldünger gebraucht, gilt aber auch für organische Dünger des Handels. Einseitiger, mißverständlicher Begriff H. ist dadurch entstanden, daß die organischen Dünger ursprünglich überwiegend Wirtschaftsdünger, die Mineraldünger aber fast ausschließlich Handelsdünger waren. Beispiele: Stallmist und Kompost waren allgemein verbreitete organische, Holzasche dagegen war seltener mineralischer wirtschaftseigener Dünger; umgekehrt waren Kalisalze allgemein übliche mineralische, Guanoarten jedoch seltene organische Handelsdünger.
Handgrasschere → Rasenpflegegeräte.
Handkultivator → Bodenbearbeitungsgeräte.
Handrasenmäher → Rasenmäher.
Handsämaschine, an zwei Holmen geführtes Einrad-Handsägerät zum Drillen, meist einzeilig. Saatgutbehälter mit Säwelle. Die Aussaat*menge* wird durch Schieber reguliert und an Einstellskala abgelesen, die Saat*tiefe* durch Verstellen des Schars. Markierer und Zustreifer sind ebenfalls verstellbar. Nachlaufende Druckrolle drückt die vom Zustreifer bedeckte Erde leicht an. Die meisten H.n besitzen auch Vorrichtung zum Dibbeln, wobei Samenhäufchen in vorher eingestellten Abständen abgelegt werden. Ein Granulatstreuer, der verschiedene Granulate exakt ausbringt, kann, wenn H. gleichen Fabrikats, an H. angebaut werden → Kleinsämaschine.
Handsieb, eckig oder rund, zum Übersieben von Aussaatschalen, Pikierkästen u. ä. empfindlichen Kulturen.
Handspaten → Bodenbearbeitungsgeräte.
Hanf, Riesenhanf, *Cannabis*. Maulbeerbaumgewächse. *Moraceae*. ○ ☉. Als starkwüchsige, meist über 2 m hoch werdende Blattpflanze findet gelegentlich der Riesenhanf, *C. sativa* 'Gigantea', Verwendung. Heimat Zentralasien. Aussaat am besten gleich in Töpfe unter Glas Anfang IV und Pflanzung ab Ende V im Abstand von 1 m und mehr. Braucht vollsonnigen Standort und ist für reichliche Düngung und Feuchtigkeit dankbar. In manchen Ländern besteht für H. allgemeines Anbauverbot, da aus ihm Haschisch und Marihuana gewonnen werden.
Hanfpalme → Palmen 8.
Harfenstrauch, *Plectranthus*. Lippenblütler, *Labiatae*. ○–◐ ♃–♄ ⚥ ⚭ ▽ D. Ungefähr 120 Arten von Afrika bis Ostasien. – *P. fruticosus*, Mottenkönig. Südafrika. Stengel vierkantig, im unteren Teil verholzend, Blätter herzförmig, gezähnt, beim Zerreiben stark riechend. Blüht im Frühjahr, endständige, zusammengesetzte Rispen, hellblau. Schöne und ausdauernde Zimmerpflanze für kühle Räume, braucht reichlich Wasser und Nährstoffe, um zu stattlichen Büschen auswachsen zu können. Stecklinge wachsen leicht, auch in Wasser eingefrischt bilden sich bald Wurzeln. Der Geruch soll die Motten vertreiben. – *P. madagascariensis* 'Variegatus'. Weißbunte, stark duftende, stark hängende Pflanze für Ampeln und Balkonkästen. Vulgärnamen je nach Gegend verschieden, so wegen des starken Geruchs 'Weihrauch'. Sehr gut geeignet für gemischte Balkonkastenbepflanzungen mit roten Hängepelargonien. – Vermehrung durch Stecklinge im VIII. – *P. oertendahlii*. Niederliegend, hängend, daher als Ampelpflanze gut geeignet. Blätter oval bis rund, hellgrün mit weißer Aderzeichnung. Blattunterseite rötlich angehaucht. Blüten in kurzen Trauben, rosablau. – Gut für wärmere Zimmer und große Blumenfenster, für Ampeln und Einfassungen. – Stecklinge leicht.
Harke → Rechen.
Harn, flüssige Ausscheidung von Mensch und Säugetieren, enthält die Abbaustoffe der eiweiß- bzw. stickstoffhaltigen Nahrungsmittel, vorzugsweise als → Harnstoff. Zersetzt sich durch Bakteriengärung in gasförmiges, stechend riechendes kohlensaures Ammoniak mit ca. 13 % N. Durch Bindung an mineralische und organische Stoffe mittels → Kompostierung verwertbar.
Harnstoff, Kohlensäurediamid $(CO[NH_2]_2)$ bildet mit Kalkstickstoff die Gruppe der Amid-Stickstoffdünger (→ Mineraldünger [Stickstoffdünger]). Im → Harn enthalten. Erstmals von Wöhler 1828 aus *an*org. Komponenten künstlich hergestellt. H. wird industriell durch Hochdrucksynthese aus Kohlendioxid und Ammoniak erzeugt. 46 % N. – Im Obst- und Gartenbau zu Spezialkulturen verwendet, seit 60er Jahren auch in Lösungen von 0,3–0,7 % (→ Blattdüngung) gespritzt. Konzentration je nach Stickstoffbedarf der Pflanzenart; ausgesprochene 'Fresser', z. B. Kohl, auch über 1 %. H. nur bei hoher Luftfeuchtigkeit spritzen, nicht bei Sonne, darf nicht auf Blättern eintrocknen. Nach 2 Std. ist ca. 40 % aufgenommen, nach 6 Std. ca. 60 %, nach 24 Std. ca. 85 %. Je besser Bodenfruchtbarkeit und Ernährungszustand der Pflanze, um so weniger schlägt H.-Spritzung an. Daher ist im biologischen Landbau in der Regel nicht notwendig bzw. von Verbänden nicht zugelassen. H. kann mit Pflanzenschutzmitteln zusammen gespritzt werden (→ Meeresalgendünger), → Mineraldünger (Stickstoffdünger).
Hartbrannstein → Ziegelstein.
Hartheu, Johanniskraut, *Hypericum*. Johanniskrautgewächse, *Guttiferae*.

Hartreife

Etwa 200 Arten, meist in der gemäßigten und subtropischen Zone der nördlichen Halbkugel. Stauden, sommer- oder immergrüne Sträucher oder Halbsträucher, selten auch einjährige Kräuter. Name H., weil die Pflanzen mit ihren derben Stengeln hartes Heu ergeben. 'Johanniskraut', weil sie an Johanni (24. VI.) in schönster Blüte stehen. In manchen Gegenden hat sich der Brauch erhalten, um Johanni aus H. Kränze zu binden, die Gewitter und böse Geister fernhalten sollen. – *H. calycinum.* ○–◐ ♄ VII–IX ⚭. Südeuropa und Kleinasien, bis 30 cm hoch, immergrün, treibt viele Ausläufer. Blätter glänzend dunkelgrün, dunkelgelbe Blüten bis 8 cm lang, mit feinstrahligen Staubfäden. Gedeiht auf trockenen Böden in sonniger oder halbschattiger Lage und ist durch die Ausläufer imstande, schnell größere Flächen zu begrünen. Friert bei Kahlfrösten oberirdisch ab, treibt im Frühjahr immer wieder gut aus. – *H. coris.* ○–◐ ♄–♄ VII–VIII △ ⌒. Südeuropa, bis 30 cm, dünne Stengel und kleine, schmallineale, leicht eingerollte, in Quirlen stehende Blätter. Dunkelgelbe Blüten bis 2 cm groß, stehen in endständigen Rispen. Hübsche Steingartenpflanze für warme und sonnige Lagen. – *H.* × *moserianum (H. calycinum* × *H. patulum).* ◐ ♄ VI–VIII ⌒. Bis 40 cm hohe Kreuzung mit rötlichen, bogig überhängenden Zweigen und goldgelben Blüten, die meist zu mehreren in Büscheln stehen. Wertvoller schattenverträglicher und industriefester Bodendecker, der aber etwas geschützte Lage benötigt. – *H. olympicum.* ○ ♄ VI–VII △ ⌒. Südeuropa und Kleinasien. Wird bis 40 cm hoch, mit zahlreichen Stengeln und glänzend grünen, leicht punktierten Blättern. Blüten in endständigen, wenigblühenden Trugdolden, bei der Art goldgelb, bei der Gartenform 'Citrinum' zitronengelb. – *H. patulum.* ◐ ♄ VII–VIII. In Japan beheimatet, je nach Gegend immer- oder halbimmergrün. Bis 2 m hoher, reichverzweigter Strauch mit bogig überhängenden Zweigen und goldgelben Blüten. Die Abart var. *henryi* aus China wächst kräftiger und hat etwas größere Blüten, besonders reichblühend. – *H. rhodopeum.* ○ ♄ VI–VIII ⚭ △ ⌒. Südeuropa und Kleinasien, kaum 15 cm hoch, mit bläulich behaarten ovalen Blättern und leuchtendgelben, in Trugdolden stehenden Blüten. Vorzügliche Steingartenpflanze, besonders für trockene und steinige Stellen. Samt sich an den ihr zusagenden Stellen selber aus. – VER-

Johanniskraut, *H. calycinum.* (Seidl)

WENDUNG. Die holzigen H.-Arten sind an windgeschützten und halbschattigen Stellen äußerst reichblühend. *H. patulum* und die Formen davon sind am frosthärtesten, die anderen benötigen etwas geschützte Lagen. *H. calycinum* und *H. moserianum* dienen besonders in der Schweiz zur Bepflanzung von Böschungen und Abhängen. Die staudigen Arten eignen sich für Steingarten und niedrige Rabatten. Wachsen in jedem nicht zu schweren Boden in sonniger bis halbschattiger Lage. In schneearmen Wintern und vor rauhen Winden etwas schützen! – VERMEHRUNG. Aussaat ist bei den feinlaubigen, staudigen Arten am besten, der feine Samen darf nicht mit Erde bedeckt werden. Halbausgereifte Stecklinge von den größeren, holzigen Arten wachsen sehr gut. Bei geringem Bedarf ist bei kriechenden und wuchernden Arten auch Teilung möglich.

Hartreife, bei Weichobst, Pfirsichen, Aprikosen, Erdbeeren, die für weiten Transport bestimmt sind, erforderlich. Solche Früchte sind noch nicht im Besitze aller Aromastoffe und des Vitamin-Gehaltes. Deshalb sind die von eigenen Bäumen und Sträuchern genußreif geernteten Früchte am wohlschmeckendsten.

Hartriegel, *Cornus*. Hartriegelgewächse, *Cornaceae*. Etwa 50 Arten vorwiegend in der nördlich-gemäßigten Zone und eine Art am Kilimandscharo. – *C. alba (C. tatarica).* ○–◐ ♄ V–VII. Heimat Nordasien. Bis 3 m hoher Strauch mit rötlicher Rinde und gelblich-weißen Doldenblüten. Äußerst hart und widerstandsfähig, verträgt auch Schatten und feuchte Lagen. Es gibt verschiedene Gartensorten, die sich hauptsächlich in den Blattfarben unterscheiden und so größere Verwendungsmöglichkeiten bieten. 'Albomarginata Elegans', Blätter weiß gerandet und gefleckt, im Herbst karminrot verfärbt; 'Kesselringii', Zweige fast schwarzbraun mit im Austrieb dunkelbraunen, später bräunlichgrünen Blättern; 'Sibirica', etwas schwachwüchsiger als die Art, Zweige leuchtend scharlachrot, äußerst hart und anspruchslos; 'Spaethii', Blätter im Austrieb bronzefarben, später goldgelb gerandet oder ganz gelb. Leidet nicht wie andere buntlaubige Gehölze unter Sonnenbrand. – *C. canadensis.* ○–● ♃ VI △. Arcto-alpine Pflanze mit unterirdisch kriechendem Wurzelstock und leuchtend weißen, zu Blüten gebildeten Hochblättern. Ähnlich ist die etwas schwachwüchsige *C. suecica* aus Schweden. Beide vertragen keinen Kalk und sind als Bodendecker zwischen kleinen Alpenrosen o. ä. zu verwenden. – *C. florida*, Blumenhartriegel. ○–◐ ♄–♄ V. In Nordamerika beheimatet ('Dogwood'). Breitbuschiger Strauch oder kleiner Baum mit rötlichen Zweigen und 15 cm großen Blättern, die sich im Herbst scharlachrot bis violett verfärben und lange haften bleiben. Blüten grünlich-gelb mit vier auffallenden weißen bis hellrosa Hochblättern. Der Blumenhartriegel, eine Waldpflanze, steht am besten in Gemeinschaft mit anderen Gehölzen, in humosen und lockeren Böden. – *C. kousa.* ○–◐ ♄–♄ VI. In Japan und Korea zu Hause. 5–7 m hoher, breitwachsender Baum oder Strauch mit elfenbeinfarbenen Hochblättern und erdbeerartigen Früchten. Auffallend die scharlachrote Herbstfärbung. Blüht ca. 4 Wochen später als der Blumenhartriegel und ist im Garten wie dieser zu behandeln. Die Abart var. *chinensis* hat größere, leicht behaarte Blätter und etwas größere, gefärbte Hochblätter. – *C. mas*, Kornelkirsche. ○–●♄ II–IV ⚭ ✕ Bie. In Westasien, Mittel- und Südeuropa heimisch, wird je nach Gegend auch Dierlibaum, Dirndstrauch oder Judechriesi benamt. Wächst baumartig und wird mitunter sehr alt. 3–5 m hoch, mit grünlichen

Hartriegel, *Cornus kousa.* (Dr. Jesse)

Zweigen, 10 cm großen Blättern und sehr früh erscheinenden gelblichen Blüten. Die roten Früchte, vielerorts als Kornellen bezeichnet, sind eßbar, reich an Vitamin C, werden zu Marmeladen und Fruchtsäften verarbeitet. Die Kornelkirsche ist schattenverträglich, wächst auch auf steinigen Böden; zu Vogelschutzhecken, geschnittenen Zierhecken, Windschutzpflanzungen oder als Zierstrauch geeignet. – *C. nuttallii*. ○–◐ ♄–♄ V. Im westlichen Nordamerika zu Hause. Ähnelt dem Blumenhartriegel, wächst aber mehr baumartig, hat gelblich-weiße Hochblätter und liebt feuchtere Luft und geschützte Lagen. – *C. sanguinea*, Roter Hartriegel, ○–◐ ♄ V–VI Bie. Bei uns heimisch, wächst an Waldrändern, in Gebüschen und auf trockenen Hängen. Bis 3 m, mit bräunlichgrünen bis rötlichen Zweigen und weißlichen Blüten in Trugdolden. Sehr hartes und anspruchsloses Gehölz, gutes Feld-, Hekken- und Deckgehölz oder zur Bepflanzung von steilen Hängen. – *C. stolonifera*. ○–◐ ♄ V–VI. In Nordasien beheimatet. 4–5 m hoher Strauch mit braunroten Zweigen und weißlichen Blütendolden. In den Baumschulen wird die Abart 'Flaviramea' herangezogen. Wächst breitbuschig, wird 3–4 m hoch, mit auffallenden gelblichgrünen Zweigen. Wirkt besonders im blattlosen Zustand, in näherer Nachbarschaft von rotrindigen Gehölzen. Die Zwergform 'Kelsey's Dwarf' wird nur 50 cm hoch, hat leicht rötliche Zweige und kleinere Blätter als die Art. Verwendung: Bepflanzung von Böschungen und kleineren Gehölzrabatten. – ANSPRÜCHE. Der H. ist anspruchslos, nur der Blumenhartriegel und seine näheren Verwandten brauchen lockeren, humosen Boden. – VERMEHRUNG. Aussaat nur bei reinen Arten möglich. Saatgut über ein Jahr in Sand → stratifizieren! Stecklinge von halbharten Trieben und Steckhölzer von einj. Holz

Kornelkirsche, *Cornus mas*. (Herbel)

verwenden. Buschige Arten: auch Absenker oder Anhäufeln.
Harzfluß → Gummifluß.
Haselnuß, Hasel, *Corylus*. Birkengewächse, *Betulaceae*. Die Gattung umfaßt 15 Arten, nördlich gemäßigte Zone. Galt im Volksglauben als Fruchtbarkeitssymbol; mit der H.-Rute wurde jeder Zauber und alles Unheil verbannt. Wird noch als Wünschelrute verwendet. Die Nüsse sind wohlschmeckend, sehr reich an Eiweiß und Fett. – ZIERARTEN UND -SORTEN. *C. avellana*. ○–● ♄ II–III Bie. Unsere heimische H., 5–6 m hoch. Meistens Sträucher, seltener kleine Bäumchen, weitverzweigtes Wurzelsystem, deshalb vorzügliche Bodenfestiger. Gartenformen: 'Aurea' Goldhasel, schwächerer Wuchs als die Art mit im Austrieb gelben, später gelblich-grünen Blättern, 'Contorta' Korkenzieherhasel, Zweige korkenzieherartig verdreht, malerischer, aparter Strauch, für Einzelstellung; 'Fuscorubra' Rotblättrige Zellernuß, mittelstarkwachsend mit braunroten Blättern und reichem Fruchtbehang. – *C. colurna*, Baumhasel. ○–● ♄ I–III Bie. Westasien und Südeuropa. 20 m hoher Baum mit pyramidalem Wuchs, grauweißer Borke und eiförmigen Blättern, im Herbst goldgelb. Winterhart und industriefest, verlangt nährstoffreiche, etwas trockene Böden. – *C. maxima*, Lambertsnuß. ○–● ♄ II bis III Bie. Südeuropa und Westasien, baumartiger Strauch. Form 'Purpurea', Blutnuß, glänzende, beständige, schwarzrote Belaubung und ebenfalls rote Kätzchen. Sehr auffallendes Gehölz, bei sonnigem Standort noch intensivere Blattfärbung. – Ansprüche: Frischer, nahrhafter, aber nicht nasser Boden in sonnigen bis halbschattigen Lagen, wertvolle Füll- und Decksträucher, gute Bienenfutterpflanzen. – Vermehrung: Aussaat nur bei reinen Arten möglich. Varietäten und Kultursorten werden durch Absenker vermehrt, möglich ist auch Anhäufeln, aber nicht gebräuchlich. Die Korkenzieherh. wird meist veredelt.
FRUCHTSORTEN. *Corylus avellana*, Haselnußstrauch. Der Strauch ist schon im Jahr 8000 v. Chr. in Mitteleuropa heimisch gewesen. Verbreitung in Mitteleuropa, Nordafrika, Kaukasus, USA. Erwerbsanbau nur in warmen Gebieten (Schwarzmeerküste der Türkei, Griechenland: südlich von Saloniki) in Begleitung mit Mandeln, Pistazien, Oliven, Feigen. Strauch bedeutend frostresistent, jedoch Blüte frostempfindlich. In Mitteleuropa nur Liebhaberanbau als Randpflanzung. – AN-

Haselnüsse werden meist in Strauchform kultiviert, von den Blüten fallen nur die männlichen, die Kätzchen, ins Auge. Die weiblichen sind unscheinbar. (Dr. Jesse)

BAU. Verlangt ausreichend feuchte, humose Böden, windgeschützte, nicht spätfrostgefährdete Lagen. Optimale Bodenreaktion 4–7,5 pH. Pflanzung gut bewurzelter Ableger oder Veredlungen im Herbst oder Frühjahr. Veredlungen auf Baumhasel (*Corylus colurna*) ergeben fruchtbare Kronen, ohne die bei Haselnußsträuchern oft lästigen Bodenschosser. Je nach Veredlungshöhe sind Baumformen vom Busch bis zum Hochstamm möglich. Pflänzling mit einem Trieb wird auf 20 cm zurückgeschnitten, um Knospenaustrieb und Kronenbildung zu erzielen. Pflanzabstand 4 × 5 bis 4 × 6 m je nach Wuchsstärke der Sorte und Bodengüte. Reiche Humuszufuhr als Mulch mit Stalldung und organischen Düngern, sonst Stickstoffdüngung nach Bedarf. Da nur einjährige Triebe fruchten, muß durch Rückschnitt der Hauptäste die Bildung von einjährigen Trieben erzwungen werden. Maximal 6–8 Hauptäste bei Hohlkronenerziehung. Alle Sorten sind selbstunfruchtbar, daher mehrere Sorten pflanzen, um Fremdbefruchtung zu sichern. Gute Pollenspender sind Halle'sche Riesen und Webb's Preißnuß. – ERTRAG. Je nach Sorte und Alter die Sträucher 4–5 kg. Ernte der kurzhülsigen Zellernüsse durch Fallernte, der langhülsigen Lambertssorten durch Pflücken ganzer Fruchtstände. Danach Nüsse aus den Hülsen lösen. Erntezeitpunkt erkennbar an Braunfärbung der Nußbasis. – SORTEN. Besonders empfehlenswert sind Cosford, Daviana; die folgenden sind nicht immer gut gefüllt: Englische Zeller, Halle'sche Riesen, Wunder von

Haselnuß

Hausgarten in den Voralpen: Fensterkasten-Blumen, rechts eine Weinrebe, links ein Birnbaum, vor dem Haus Sommerblumen und Stauden zusammengepflanzt, Tomaten und Salate. Im Vordergrund ein selbstlüftendes Frühbeet zur Ernte von Salatgemüsen ab März. (Demmel)

Hasenschwanzgras, *Lagurus ovatus*. (Seidl)

Bollweiler, Lamberts Filbert, Nottingham Fruchtbare, Römische Zeller, Rotblättrige Lambert. – VERMEHRUNG: Durch Ableger, Absenker oder Plattenokulation auf türkischem Baumhasel-Sämling (*C. colurna*), dann sehr trockenresistent.

Haselwurz, Asarum. Osterluzeigewächse, *Aristolochiaceae*. ● ♃ i. Etwa 60, oft einander sehr ähnelnde Arten auf der nördlichen Halbkugel. Waldpflanzen mit dunkelgrünen Blättern und unter diesen sitzenden, dreizipfeligen Blüten. – *A. caudatum*, Nordamerika. Stark wachsend mit großen, herz-nierenförmigen Blättern. Blüten lang geschwänzt, interessant, braun. VI-VII, 20 cm. – *A. europaeum*, Europa, Sibirien. Blätter glänzend, dunkelgrün, breitnierenförmig, wie die ganze Pflanze behaart. Blüten auf kurzen Stielen, dreiteilig-glockenförmig, lederartig, außen braun, innen dunkelrot. IV-V, 10 cm. – Verwendung als wertvoller Bodendecker im Schatten. Boden humosfeucht. Vermehrung durch Aussaat oder Teilung. Beim Setzen darauf achten, daß nur die Wurzeln, nicht aber die Triebe in die Erde kommen!

Hasenartige, Hase und Kaninchen, größte einheimische Nagetiere, die in Gärten als gelegentliche Besucher auftreten können.

Hasenschwanzgras, Samtgras, Sammetgras, *Lagurus*. Gräser, *Gramineae*. ○ ⊙ ⚔. Die im Mittelmeerraum heimische und dort ein- bis zweijährige Art *L. ovatus* wird bei uns ein einjähriges Trockengras der seidig weichen hasenschwanzähnlichen Blütenstände wegen angebaut. Ca. 30 cm hoch, Blätter weich. Sowohl Anzucht unter Glas ab IV mit Pflanzung ab V als auch Direktsaat ab IV möglich. Erstere Anzucht ist empfehlenswerter. Standort vollsonnig, Boden nicht zu nährstoffreich. Ernte der Blütenstände VII bis Frost. Auch Herbstsaat möglich, doch nicht empfehlenswert.

Hatiora → Kakteen 4.
Hauptkultur, diejenige Kultur, die die Pflanzreihe am längsten, von Mai bis Ende der Vegetationszeit, einnimmt. Beispiel: Gurken nach Schnittsalat mit Radieschen als Vorkultur.
Hauptnährstoffe, diejenigen Nähr-Ionen, die die Pflanze in großen Mengen benötigt: Kohlenstoff (C), Sauerstoff (O), Wasserstoff (H), Stickstoff (N), Phosphor (P), Schwefel (S), Kalium (K), Calcium (Ca), Magnesium (Mg). → Fotosynthese. – Gegensatz: die in kleinen und kleinsten Mengen benötigten → Spurenelemente.
Hauseingang, Übergang von der öffentlichen zur privaten Sphäre mit einem dem H. und der Schwelle vorgelagerten befestigten und pflanzlich gestalteten Eingangsbereich.
Hausgarten, privater Garten am freistehenden Wohnhaus in der offenen Bauweise. Größe des H.s richtet sich nach den Festsetzungen im Bebauungsplan, wie Baulinie oder Baugrenze. Abstand zur Straße und überbaubarer Fläche sowie nach Himmelsrichtung, Geländeneigung und Grundstücksform. Daher nicht unter 400 qm. Beste Lage des Wohnhauses ist die NO-Ecke am höchsten und verkehrsgünstig gelegenen Teil des Geländes. Vor den nach S bis SW gerichteten Wohnräumen liegt als Übergang ins Freie die Terrasse als erweiterter Wohnraum. Von hier aus öffnet sich der Garten. Je nach Größe, Lage und Wünschen des Bauherrn werden im H. weitere Erlebnisräume als Sitz-, Liege-, Spielbereich und als Badegarten vom Gartenarchitekten eingeplant. Weiterhin ein Nutzgartenanteil für Obst und Gemüse. Die Raumbildung im H. wird durch Bodenmodellierung, Gehölzumpflanzung und -staffelung, zentrale Rasenflächen, Mauern und → Pergolen erreicht, wobei der Goldene Schnitt beachtet sein muß. Ein Entwurf erfolgt im architektonischen und freien Stil.

Dachwurz, *S. t.* ssp. *calcareum*. (Herbel)

Hauswurz, *Sempervivum*. Dickblattgewächse, *Crassulaceae*. ○ ♃ △. 20 bis 30 Arten, Pyrenäen, Alpen, Balkan bis Kaukasus. Leicht bastardierend, daher nicht immer echt. Polsterbildende Pflanzen mit dickfleischigen Blättern in dichten Rosetten. Blüten in gabelförmigen Trugdolden, rot, gelb bis weißlich, acht- bis fünfzehnstrahlig. Heute werden die Arten mit glockenförmigen bis röhrigen, gelben bis weißlichen Blüten von S. abgetrennt und als eigene Gattung *Jovisbarba* geführt. – *S. arachnoideum*, Spinnweben-H., Pyrenäen, Alpen, Karpaten. Kleine Rosetten mit Spinnweben überzogen, dichte Polster bildend. Blütenstand 5–15 cm, acht- bis zehnzählig, rosenrot; *S. a.* ssp. *tomentosum*, kugelige, dicht silberweiß übersponnene Rosetten, Blüten rot. VII, 10 cm, – *S. ciliosum* (*S. borisii*), Bulgarien, Rosetten ballförmig, graugrün, bewimpert, kurze Ausläufer. Blüten gelb. VII, 10 cm. – *S.*-Hybriden: 'Alpha', mittelgroße Rosette, braun, an der Blattspitze übersponnen; 'Beta', purpurrot mit Silber; 'Gamma', braun, grün und silbern; 'Granat', mittelgroß, dunkelrot; 'Nocturno', mittel, schwarzgrün; 'Metallicum Giganteum', groß, rotbraun, metallisch schimmernd; 'Rauhreif', purpurrot, weiß übersponnen; 'Rheinkiesel', klein mit silbrigen Spinnweben; 'Rubin', mittelgroß, leuchtendrot; 'Silberkarneol', mittelgroß, rötlich, silbern übersponnen; 'Smaragd', mittelgroß, grün mit braunen Spitzen; 'Topas', braunrot-topasfarben, mittelgroß. Alle mit rosa bis roten Blüten. Ohne Blüten 5–10 cm, mit Blütenstand 10–20 cm hoch. VI–VII. – *S. marmoreum* (*S. schlehanii*), Südosteuropa. Mittelgroße bis große, flache, offene Rosette, im Grund rotbraun, grüne Spitzen. Blüten purpurn mit weißem Rand. 'Rubicundum', Blätter ganz rotbraun, schöne Färbung. VIII, 10–20 cm. – *S. tectorum*, Dachwurz, Pyrenäen, Mitteleuro-

Hauswurz, *Sempervivum* 'Rauhreif'. (Seidl)

Hauswurz

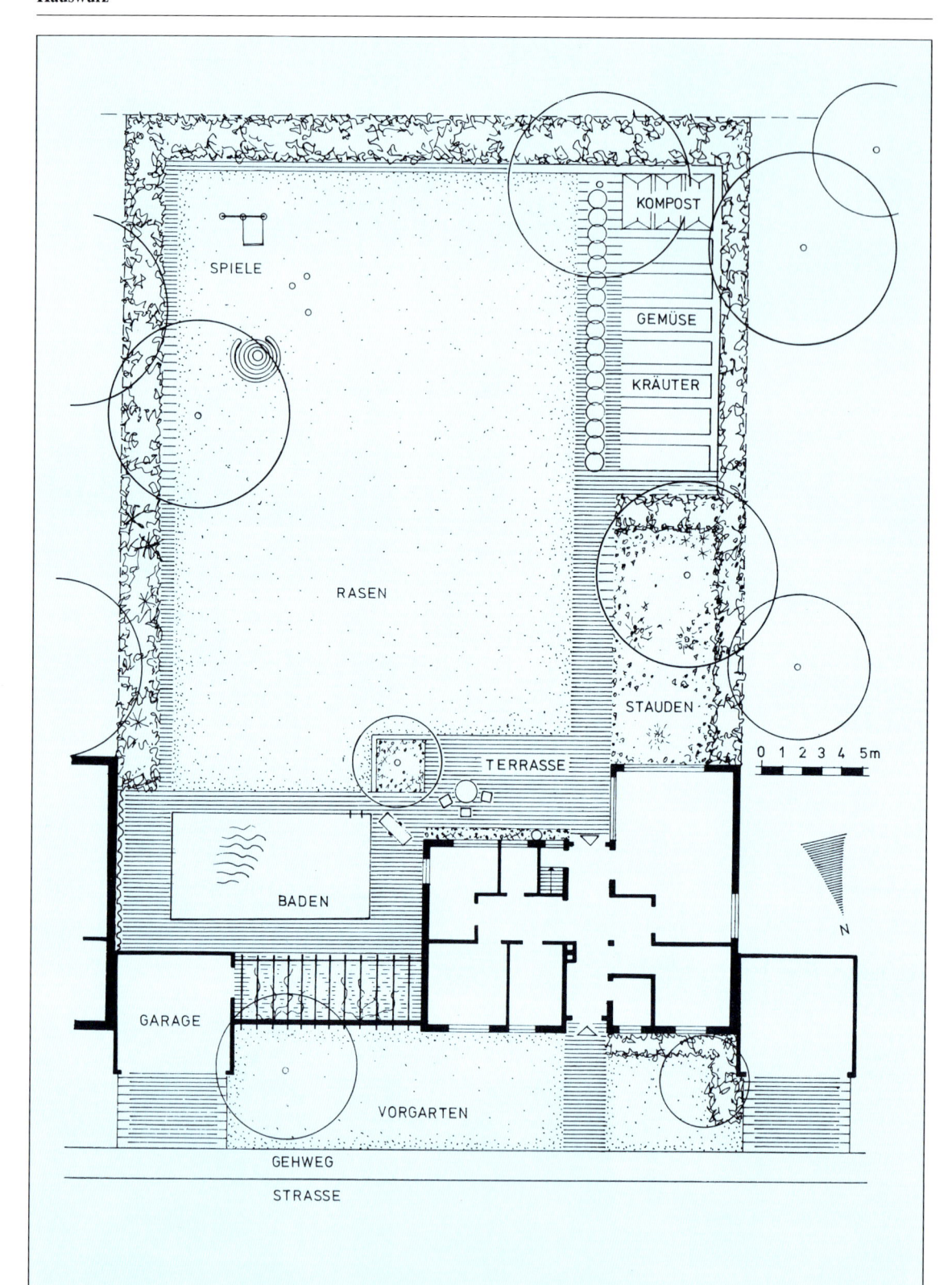

Garten an Einfamilienhaus mit einseitiger Grenzüberbauung in offener Bauweise. Am Stadtrand gelegen, leicht nach SW exponiert. Die Grundstücksgröße von 1500 qm ermöglicht raumbildende Umpflanzung und Sondergartenteile, wie Nutzgarten, Schwimmbecken und Freiraum für Rasenspiele. Am Haus Sitzplätze in der Sonne und unter einem Pergolendach. (Dr. Richter)

Gitterzaunhecke: Das Holz verwächst zu einer Einheit, die von einer einzigen Saftbahn durchströmt wird. Die Hecke bietet Blend-, Sicht-, Staub- und Windschutz, ist dauerhaft, zugleich aber elastisch. (Herran)

pa bis Balkan. Bis 20 cm große, flache und offene Rosette. Blätter grün, mattglänzend mit roter Spitze, Blüte rot, *S. t.* ssp. *calcareum* (*S. c.*), Französische Alpen. Mittelgroß, Blätter graugrün mit schönen, braunroten Spitzen. *S. t.* ssp. *glaucum*, südliche und östliche Alpen. Mittelgroße, graugrüne Rosette, bis 75 cm hohe Blütensprosse. 'Atropurpurea', dunkelpurpurrot; 'Atroviolaceum', große, dunkelviolette Rosette; 'Commander Hay', riesige Rosetten, hell braunrot mit grünen Spitzen; 'Triste', groß, hechtgrau. VI–VII. Blütenstände 20–30 cm. – *S. wulfenii* (*S. globiferum*). Österreichische und Schweizer Alpen. Wenige, kräftige Ausläufer. Rosetten mittelgroß, Blätter hell graugrün, am Grunde rötlich, glatt. Die mittleren einen zentralen Kegel bildend. Blüten gelb mit roter Mitte. VII–VIII, 15–20 cm. – ARTEN MIT GLOCKENFÖRMIGEN BIS RÖHRIGEN BLÜTEN. *Jovisbarba*, Donnerbart. – *J. heuffelii* (*S. h., S. patens*), Südosteuropa. Rosetten ohne Ausläufer, 3–12 cm groß, flach. Blätter graugrün bis grün, oft mit roter Spitze, meist fein behaart, Blüten glockig, blaßgelb. VIII, 15 cm. – *J. soboliferum* (*S. s.*), Mittel- und Nordeuropa. Dichte Polsterrasen mit kleinen, kugeligen Rosetten und zahlreichen, leicht abfallenden Brutrosetten. Blätter grün mit hellbraunen Flecken auf der Rückseite. Blüte trichterförmig mit ausgefransten Spitzen, grünlichgelb. VII–VIII, 10–20 cm. – VERWENDUNG. Steingarten, als Fugenfüller, Trockenmauern, Troggärten, Schalen usw. Boden durchlässig, lehmig bis sandig, Trockenheit gut vertragend. Vermehrung durch Abnehmen der Sprosse oder Teilung.

Hautflügler, artenreichste Ordnung der → Insekten; mit zwei Paar häutigen, durchsichtigen Flügeln sowie einem Lege- oder Giftstachel; viele staatenbildende Formen. Schädlich: → Blattwespen; nützlich: → Ameisen, → Wespen, → Grabwespen, → Bienen, → Hummeln, → Schlupfwespen.

Haworthie, *Haworthia*, Liliengewächse, *Liliaceae*. ○ ♃ z.T. ♄ ⌂. Sehr formenreiche Gattung, sukkulente Pflanzen, ca. 150 Arten im Kapland. – ROSETTEN STAMMARTIG VERLÄNGERT. *T. turtuosa*. Blätter in 3 Reihen, diese stark gedreht, Sprosse ca. 5 cm dick, reichlich sprossend. – *H. reinwardtii*. Blätter regelmäßig spiralig angeordnet, oberseits glatt, unterseits warzig. Sehr veränderlich. ROSETTEN STAMMLOS. *H. margaritifera*. Regelmäßige Rosetten, Blätter nach oben gekrümmt, stark weiß bewarzt, Warzen unregelmäßig oder fast so verteilt. Ähnlich ist *H. papillosa*. – *H. fasciata*. Dichte Rosetten, die kleinen Warzen an der Blattunterseite sind zu Bändern verbunden. – *H. cymbiformis*. Dichte Rosetten, saftig graugrün, mit durchscheinenden Flecken. Diese Pflanze lebt, wie ihre nahen Verwandten, in der Heimat im Sand eingebettet, nur die durchscheinenden Fenster sehen heraus. Hier fällt das Licht für die Fotosynthese ein. – Ansprüche: Kultur ist ähnlich der von Gasteria oder den kleinen Aloe-Arten. Sie benötigen durchlässige Substrate, kräftige Wässerung im Sommer und trockeneres Kultivieren im Winter. Überwinterung bei 6–12 °C. Im Frühjahr ist, wie bei allen Sukkulenten, etwas Sonnenschutz angebracht, damit es nicht zu Verbrennungen kommt. – Vermehrung: Leicht durch Kindel oder Seitensprosse, Samenvermehrung ist möglich, doch bastardieren die Arten leicht und man bekommt fragliche Pflanzen. Bei den kultivierten Pflanzen handelt es sich vielfach um Hybriden.

Ausschnitt aus einer vierjährigen Gitterzaunhecke mit verwachsenen Überkreuzungen.

Hebe → Strauchveronika.
Hechtkraut, *Pontederia*. Pontederiagewächse, *Pontederiaceae*. ○–◑ ⌇ ≈ ⌒. 2–3 Arten in Amerika. Sumpfstauden, von denen nur eine in unseren Gärten verwendet wird. Bei flachem Wasser muß sie im Winter gut mit Rinden und Laub abgedeckt werden oder einen Wasserstand von mindestens 60 cm haben, damit im Winter die Rhizome frostfrei bleiben. – *P. cordata*, Nordamerika. Dicker, im Schlamm kriechender Wurzelstock. Blätter lang gestielt, herz-eiförmig, grün, glänzend. Blüten an langen Scheinähren an beblättertem Stengel, blau. VI–X, 60–100 cm. – Verwendung als auffallende Wasserpflanze für Wasserbecken und Teiche. Boden nahrhaft, lehmigschlammig. Vermehrung durch Teilung und Aussaat.
Hecke, dichte Reihenpflanzung von Laub-, Nadel- und Obstgehölzen, meist Sträuchern, zur vertikalen Flächenbildung. H.n haben schützende, raumbildende und ästhetische Aufgaben. Freiwachsende H.n beanspruchen einen breiteren Pflanzstreifen als ge-

Heckenkirsche

Weißer Klarapfel und Birne Conference, Ausschnitte aus Obsthecken. (Herr)

schnittene. – LAUB- UND NADELHECKEN. Für eine niedrige bis 1 m hohe H. mit laubabwerfenden Gehölzen können u. a. verwendet werden: *Berberis thunbergii, Philadelphus lemoinei, Potentilla fruticosa, Ribes alpinum, Salix purpurea* und *Spiraea arguta*. – Zur Anpflanzung einer laubabwerfenden H. mit 2 m und höher eignen sich u. a. folgende Gehölze: *Acer campestre, Carpinus betulus, Cotoneaster bullatus, Crataegus monogyna, Ligustrum ovalifolium. Prunus spinosa, Spiraea vanhouttei, Rosa multiflora* und *Syringa chinensis*. – Für eine immergrüne H. mit 2 m und höher sind besonders wertvoll: *Ligustrum vulgare* 'Atrovirens', *Pyracantha* in Arten, *Chamaecyparis lawsoniana* 'Alumii', *Taxus baccata* und *Thuja occidentalis*. Zu einer freiwachsenden H. aus Blütengehölzen eignen sich u. a. *Forsythia, Philadelphus, Spiraea* in Arten, *Syringa* und *Weigela*. Je laufender Meter architektonischer H. werden pro Reihe 3–4 Pflanzen benötigt. – OBSTHECKEN. Erziehungsform der Kern-, Stein- und Beerenobstarten am Drahtgestell in Flach- bzw. Ovalkrone. Es gibt verschiedene H.nsysteme, wie die französische H. nach Bouché-Thomas (drahtlos), belgische H. nach Haag-System, italienische Palmetto- und Cordono-H. (Fruchtbogenh.), englische Seabrook-H., Freiasth. (Schweiz), holländische H., Hechinger-H. (gerüstlos). Am besten sind systemlose H.n, die jeder Praktiker erziehen kann. – BEDEUTUNG DER HECKE: Brut-, Wohn-, Ernährungs-, Schutz- und Überwinterungsort für Laufkäfer, Blindschleiche, Amphibien, Spitzmäuse, Vögel u. a. nützliche Tiere des Gartens.

Heckenkirsche, Geißblatt, *Lonicera*. Geißblattgewächse, *Caprifoliaceae*. Rund 180 Arten in der gemäßigten Zone beider Erdhälften. Sommergrüne, seltener immergrüne, aufrechte, rechtswindende Sträucher. Die Namen beziehen sich auf die kleinen, kirschähnlichen Früchte und auf die Blätter, die gern von Ziegen gefressen werden. WINDENDE ARTEN. *L*. × *brownii* (*L. sempervirens* × *L. hirsuta*). ○–● ♄ V–VIII ⚥. Eine Kreuzung, 2–4 m hoch schlingend, mit wintergrünen Blättern. Die obersten Blattpaare sind zu einer runden Scheibe verwachsen. Sorten: 'Fuchsioides', schwachwüchsig, mit orange- bis granatroten Blüten; 'Dropmore Scarlet', starkwüchsig, winterhart, mit hellroten Blüten von VI–X; 'Punicea', orangerote Blüten. – *L. caprifolium*, Jelängerjelieber. ○–● ♄ V–VI ⚥ D. Name bezieht sich auf die Verwendung des Schlingers zum Bekleiden von Lauben oder Gartenhäusern. Von Mitteleuropa bis Westasien beheimatet, schlingt 3 bis 5 m hoch, mit dunkelgrünen bis blaugrünen Blättern und gelblichweißen, besonders nachts stark duftenden Blüten. Liebt halbschattigen Standort und leicht feuchten Boden. 'Major', etwas starkwüchsiger, mit duftenden, gelben, außen rötlichen Blüten. – *L*. × *heckrottii* (*L. americana* × *L. sempervirens*). ○–● ♄ VI–IX ⚥ D. Schwachschlingende Kreuzung mit dunkelgrünen bis bläulichen Blättern und innen gelben, außen rötlichen Blüten. Sehr schön und reichblühend, liebt nährstoffreiche Böden. – *L. henryi*. ○–● ♄ VI–VII ⚥ ~ i. In Westchina beheimatet, ein mittelstarker Schlinger mit kaskadenartig herabhängenden Ranken. Bis 10 cm lange, immergrüne, glänzend hellgrüne Blätter und 2–3 cm lange, gelbrote Blüten. Frosthärter, wintergrüner Schlinger zur Bekleidung von Mauern und Pergolen geeignet. – *L. periclymenum*, Waldgeißblatt. ○–● ♄ V–VI ⚥ D. In Europa, Nordafrika und Kleinasien beheimatet. Üppiger, bis 5 m hoher Schlinger mit bläulich grünen Blättern und duftenden, gelblichweißen bis rötlichen Blüten, die zu mehreren in Quirlen stehen. 'Belgica', mehr strauchiger Wuchs, mit purpurfarbenen, im Verblühen gelblichen Blüten; 'Serotina', dunkle Blätter, Blüten innen gelb mit dunkelroter, im Verblühen hellroter Blütenkrone. – *L*. × *tellmanniana* (*L. tragophylla* × *L. sempervirens*). ○–● ♄ VI ⚥ △. Üppig schlingende Hybride mit dunkelgrünen, im Austrieb olivbraunen Blättern und orangegelben Blüten, die zu mehreren in endständigen Quirlen stehen. Überaus reichblühend, in etwas geschützten Lagen ganz winterhart.

STRAUCHIGE ARTEN. *L. coerulea*, Blaue Heckenkirsche, ○–● ♄ IV–V. Auf der nördlichen Halbkugel verbreitet, wird 1,50 m hoch, mit aufrechtem, etwas sparrigem Wuchs. Hat eiförmige, frischgrüne Blätter, gelblichweiße

Geißblatt, Jelängerjelieber, *Lonicera caprifolium*. (Seidl)

Geißblatt, *Lonicera* × *tellmanniana*. (Seidl)

Freiwachsende Hecke mit dunkellaubigem Liguster, Goldglöckchen und Spierstrauch im Frühlingsflor. (Felbinger)

Freiwachsende Hecke mit Zwergmispel, Fingerkraut und Sanddorn als Grenzbepflanzung. (Felbinger)

Blüten und blaubereifte, rundliche Früchte. Liebt etwas feuchtere Böden und verträgt auch tiefen Schatten. – *L. nitida.* ☽–● ℏ V i |: D |:. In Mittelchina zu Hause. Immergrüner bis meterhoher, reichverzweigter Strauch mit myrthenförmigen Blättchen und rahmweißen, leicht duftenden Blüten. Liebt schattige Standorte, friert in strengen Wintern zurück und leidet oft unter der Wintersonne. Wesentlich härter ist die Form 'Elegant' *(L. pileata* 'Yunnanensis'*),* wächst breiter und ist anspruchsloser. Für Unterpflanzungen, als Bodendecker und für kleine Hecken geeignet. 'Maigrün', flachwachsend, mit helleren Blättern und vollkommen hart, ideal für Böschungen oder Einfassungen. – *L. pileata.* ☽–● ℏ V ⊗ D i. Stammt aus Westchina, sehr breitwachsender, niedriger Strauch. Bevorzugt schattige Standorte, als Bodendecker und für Böschungen. Friert in strengen Wintern zurück, treibt aber wieder aus. *L. × purpusii (L. fragrantissima × L. standishii).* ○–● ℏ II–IV D i. Breitausladender, bis 2 m hoher Busch mit je nach Witterung und Gegend immergrüner Belaubung und sehr früh erscheinenden, duftenden, rahmweißen Blüten. Liebt humosen Boden, in leicht schattigen Lagen und sollte in nähere Nachbarschaft von anderen frühblühenden Sträuchern, wie Kornelkirsche, Seidelbast oder den verschiedenen Zaubernüssen gesetzt werden. – *L. tatarica,* Tataren-Heckenkirsche. ○–● ℏ VI. In Südrußland bis nach Sibirien beheimatet. Aufrechtwachsender, früh austreibender Strauch mit weißen bis rötlichen Blüten. Vorzüglich zum Füllen oder Decken in schattigen Lagen geeignet. Sorten: 'Discolor', hellrosa Blüten und hellrote, glasige Früchte, dadurch sehr apart; 'Hack's Red', purpurrosa Blüten, außerordentlich hart; 'Pulcherrima', karminrosa Blüten, reichblühend; 'Zabeli', purpurrote Blüten.

ANSPRÜCHE. Die H.n nehmen mit gewöhnlichem Boden vorlieb, manche Arten vertragen noch tiefen Schatten, die sommergrünen Blütensträucher sind sonnig bis halbschattig zu setzen. – VERMEHRUNG. Aussaat ist möglich, aber kaum gebräuchlich, da die H.n untereinander leicht verbastardisieren. Stecklinge von krautigen Frühjahrstrieben wachsen sehr leicht, bei den strauchigen Arten ist Steckholzvermehrung, bei den windenden Ablegen üblich.

Heckenschere, Handgerät mit Griffen zur Zweihand-Bedienung; Schneiden als Glatt- oder Wellenschneiden ausgebildet, ca. 20 cm lang. Bei elektrisch angetriebener H. (Netzanschluß oder Batterie) zwei gegenläufig arbeitende Messer.

Heckenschnitt, ergibt sich aus dem Anbausystem (→ Einzelreihe, → Beetpflanzung) und den Grundlagen des → Obstbaumschnittes, wobei auf eine ständige Fruchtholzerneuerung hingearbeitet wird.

Hedera → Efeu.

Heideerde → Gärtnerische Erden.

Heidegarten, durch Standort, Bodenreaktion, Bodenart und Bepflanzung bestimmter Sondergarten, in dem Heide- und Moorbeetpflanzen überwiegen und aufgrund der sauren Reaktion kalkliebende Pflanzen fehlen.

Heidekraut → Besenheide.

Heidelbeere = *Vaccinium myrtillus* → Gartenheidelbeere.

Heiligenkraut, Santolina. Korbblütler, *Compositae.* ○ ℏ–ℏ |: △ ⌒ D i. Acht

Heidegarten, mit *Erica carnea* und verschiedenen Gehölzen und Gräsern. (Drave)

Arten im Mittelmeergebiet. Kleine Halbsträucher mit aromatisch duftendem Laub und gelben oder weißen Blütenköpfchen ohne Zungenblüten am Rand. – *S. chamaecyparissus (S. incana, S. tomentosa),* westliches Mittelmeergebiet. Verzweigte, unten verholzende Stengel mit wechselständigen, kammartig gefiederten, silbergrauen Blättern. Blüten in einzelnen Köpfchen, gelb. VII–VIII, 40 cm. – *S. × lindavica (S. chamaecyparissus × S. pinnata).* Gut winterhart und wüchsig. Blätter graugrün, reichblühend. Blüten bleichgelb. VII–VIII, 30–40 cm. – *S. pinnata,* Italien. Blätter frischgrün, gefiedert. Blüten rahmweiß, neben *S. chamaecyparissus* die verbreitetste Art. VII–VIII, 30–50 cm. – *S. rosmarinifolia (S. virens, S. viridis),* Südfrankreich. Ähnlich *S. pinnata,* aber mit längeren Fiedern und gelben Blüten. VII–VIII, 30–50 cm. –

Heliotrop, *H. arborescens.* (Herbel)

Hemlockstanne, *Tsuga canad.* 'Nana'. (Seidl)

Verwendung an trockenen Stellen, im Steingarten und als Einfassung. Sie kann wie eine kleine Hecke in Form geschnitten werden. Boden durchlässig, lehmig-sandig bis humos. Vermehrung durch Stecklinge, auch Teilung.
Heilkräuter → Kräuter.
Heißrotte → Kompost.
Heister, zwei- bis dreijährige Gehölze mit Leitstamm und Seitenzweigen, aber noch ohne Kronenbildung.
Helenium → Sonnenbraut.
Helianthemum → Sonnenröschen.
Helianthus → Sonnenblume.
Helichrysum → Strohblume.
Heliopsis → Sonnenauge.
Heliosperma → Schaumnelke.
Heliotrop, *Heliotropium.* Boretschgewächse, *Boraginaceae.* ○–◐ ☉ ♄ ⫶ D. Bekannt sind über 200 halbstrauchige bis strauchige Arten in allen südlichen Ländern. Bei uns als Sommerblume in Kultur *H. arborescens (H. peruvianum),* mit wechselständigen Blättern und als endständige Doldentrauben in Wickeln stehenden tiefblauen Blüten, die fein nach Vanille duften. Aussaat ab III unter heizbarem Glas, später pikieren oder topfen. Freilandpflanzung ab Ende V. Standort vollsonnig bis leicht schattig, Boden humos, aber nicht zu nährstoffreich. Blüte VII–Frost. Wuchshöhe 30–40 cm. Bei den Namensorten wie 'Marine', mit dunkelblauen Blüten, und 'Marguerite', blau mit weißem Auge, ist Stecklingsvermehrung üblich. Hauptsächlich Gruppenpflanze für bunte Beete.
Heliotropium → Heliotrop.
Helipterum → Sonnenflügel.
Helleborus → Nieswurz.
Hellerkraut → Felberich.
Helmbohne, Faselbohne, *Dolichos.* Hülsenfrüchtler, *Leguminosae.* ○ ☉ ⚥. Von den etwa 30 in den Tropen Afrikas und Asiens heimischen Arten ist bei uns als einjähriger, bis zu 3 m hoch werdender Schlinger *D. lablab* in Kultur. Blätter dreizählig, die roten, rotvioletten und weißen Blüten stehen in lockeren Trauben. Braucht viel Wärme, daher praktisch nur für Weinklima, Aussaat unter heizbarem Glas III, direkt in Töpfe mit 3–4 Bohnen. Pflanzung nicht vor Ende V. Blüte meist Anfang VIII–Frost. Standort vollsonnig, Boden nicht zu trocken und nährstoffreich.
Helminthosporium → Rasenkrankheiten.
Helmkraut, *Scutellaria.* Lippenblütler, *Labiateae.* Etwa 180 Arten in den gemäßigten Zonen und Tropen der Welt. Stauden bis Halbsträucher mit achselständigen Blüten in Ähren oder Trauben. Einige schöne Topfpflanzen. WINTERHARTE ARTEN. ○–◐ ♃ △. *S. alpina,* Alpenh., Spanien, Alpen, Balkan bis Sibirien. Stengel verzweigt, ausgebreitet, unten etwas verholzend. Blätter schwach behaart, herzförmig. Blüten blauviolett mit weißer Lippe. 'Alba', ganz weiß; 'Rosea', rosa. *S. a.* var. *lupulina,* Rußland. Wuchs mehr aufrecht, 2–3 Wochen früher blühend, gelb. V–VII, 15–20 cm. – *S. baicalensis (S. macrantha),* Ostasien. Verzweigte, ansteigende Stengel mit lanzettlichen, ganzrandigen Blättern. Blütentrauben einseitswendig, Blüten mit dunkelblauer bis violetter Oberlippe und hellblauer Unterlippe. 'Coelestina' hat längere, hellblaue Trauben. VII–VIII, 20–60 cm. – *S. incana (S. canescens),* Nordamerika. Ganze Staude grau behaart. Straffe, aufrechte Stengel mit gestielten, länglich-eiförmigen, graugrünen Blättern. Blütenähren endständig, vielblütig. Blüten hellblau, außen behaart. VIII–IX, 80 cm. – *S. orientalis,* Balkan, Vorderasien. Unten verholzende, niederliegende, wurzelnde Stengel. Blätter eiförmig-länglich, eingeschnitten, Unterseite grau behaart. Blüten in wenigblütigen Ähren, langkronig, gelb. *S. o.* var. *pinnatifida* mit flacherem Wuchs und tief eingeschnittenen Blättern. VII–IX, 15 cm. – Verwendung in Steingärten, Trockenmauern, Natur- und Hausgärten. Boden normaler, durchlässiger Gartenboden, die meisten kalkliebend. Vermehrung durch Teilung und Aussaat.
ZIMMERPFLANZEN. ○–◐ ♃ ⌂. *S. mociniana,* Mexiko. Kantige, braunrote Stengel mit gegenständigen, elliptischen Blättern. Blüten mit 3–4 cm langer, röhrenförmiger Krone, leuchtend orangescharlach mit gelbem Grund. Frühjahr und Sommer, 20–30 cm. – *S. violacea,* Indien, Ceylon. Etwas niedriger, sich selbst verzweigend. Blätter unterseits flaumig, eiförmig, gezähnt. Blüten etwa 1 cm lang, in reichblütiger, bis 15 cm langer Traube, violett. Sommer, 15–25 cm. Verwendung als schöne Topfpflanzen, besonders erstere. – Sie wollen im Zimmer hell bis halbschattig, im Winter kühl stehen, nur *S. violacea* wärmer. Erde Einheitserde oder humos-lehmige Blumenerde. Leichte Vermehrung durch Stecklinge.
Helxine → Bubiköpfchen.
Hemerocallis → Taglilie.
Hemlockstanne, Schierlingstanne, *Tsuga.* Kieferngewächse, *Pinaceae.* Hohe, immergrüne Bäume, 14 Arten im gemäßigten Klima Nordamerikas und Ostasiens. Nahe verwandt mit der Fichte, haben aber kleinere Nadeln und ähnliche Zapfen wie die Lärchen. – *T. canadensis.* ◐ ♄ i. Nordamerika. Breitkroniger, 20 m hoher Baum mit schlankem Stamm und mit waagerecht abstehenden Ästen, deren Spitzen überhängen. Gartenformen: 'Nana', Zwergform, mit zuerst waagerecht abstehenden, dann hängenden Ästen, wird auch auf Hochstamm veredelt; 'Pendula', breit aufrechter Wuchs mit abstehenden Ästen, deren Spitzen weit überhängen. – *T. diversifolia (T. sieboldii* var. *nana),* Japan. Wächst wie die nachfolgende strauchig, mit leicht überhängenden Triebspitzen und helleren Nadeln. – *T. mertensiana.* ◐ ♄–♄ i. Nordamerika. Wird bis 30 m hoch. Wächst bei uns in Kultur meist nur strauchig oder erreicht als Baum bis 6 m Höhe. Schmal kegelförmiger Wuchs, bis zum Boden hin beastet und mit dünnen, leicht hängenden Ästen und Zweigen. – Ansprüche: Durchlässiger, leicht feuchter Boden in etwas beschatteten Lagen. Bei heißem und trockenem Standort kümmern die H.n. Verwendung als Solitär oder in lockeren Gruppen in Gärten und Anlagen. – Vermehrung der reinen Arten durch Aussaat sofort nach der Ernte. Die Sorten werden durch seitliche Einspitzen auf *T. canadensis*-Sämlinge veredelt.

Hemmstoffe, wirken in kleinsten Mengen hemmend auf das Pflanzenwachstum, indem sie die bei allen Stoffwechselvorgängen wichtigen → Enzyme, und zwar das Metall des Enzyms, blokkieren. Man unterscheidet chemische und natürliche H. Können entstehen u. a. beim Abbau von Pflanzenresten oder als Wurzelausscheidungen (→ Bodenmüdigkeit). Gegenmaßnahmen: vielseitige → Fruchtfolge.
Henne und Kücken → Tolmiee.
Hepatica → Leberblümchen.
Heracleum → Herkuleskraut.
Herbizide, chemische Mittel gegen Unkräuter. – Ihre Anwendung gefährdet die Pflanzen- und Tierwelt des Gartens und stört damit das → Ökosystem. Daher lautet die Grundfrage für Herbizide: Müssen sie unbedingt angewandt werden? Nach wie vor wirkt das Jäten unerwünschter Pflanzen am sichersten, schont zugleich die anderen Lebewesen und fördert das Wachstum der erwünschten Pflanzen.
Herbstfärbung. Nach Abbau des Chlorophylls im Herbst werden in den Blättern die bis dahin überlagerten organischen Farbstoffe wie Karotinoide, Flavone und Zyane nun sichtbar. Laubgehölze mit besonders schöner H., z. B. Acer-, Berberis-, Betula-, Cotoneaster-, Euonymus-, Hamamelis-, Sorbus- oder Viburnum-Arten werden bewußt in die Pflanzung des Gartens komponiert.
Herbstgemüse, alle im Herbst zu erntenden und z. T. bis weit in den Winter haltbaren Gemüsearten, wie Lauch, Knollensellerie, Kohlarten, Rote Rüben.
Herbstpflanzung, Pflanzen von Stauden in den Monaten IX–XI, unbedingt notwendig für alle winterharten Blumenzwiebeln, zu empfehlen für alle gut winterharten Stauden, nicht zu empfehlen für Bartfaden, Fakellilie, Pampasgras.
Herbstrübe → Speiserübe.
Herbststauden, Stauden, die in den Herbstmonaten durch ihre Blütenpracht auffallen.

> *Aconitum carmichaelli (wilsonii)*
> *Anemone japonica*
> *Aster dumosus*
> – *ericoides*
> – *novae-angliae*
> – *novi-belgii*
> *Chrysanthemum articum*
> – × *hortorum*
> – *Koreanum*-Hybriden
> – *rubellum*
> *Cimicifuga*
> *Rudbeckia nitida* 'Herbstsonne'
> *Solidago*, Sorten

Herbstzeitlose → Zeitlose.
Herkuleskeule, *Lagenaria leucantha longissima.* Kürbisgewächse, *Cucurbitaceae.* Wärmebedürftig, bis 2 m lang, 'Riesengurke'. Junge Früchte sind eßbar, ähnlich Zucchini zubereitet.
Herkuleskraut, *Heracleum.* Doldenblütler, *Umbelliferae* ○–◐ ☉ ♃ Bie. Etwa 60, einander oft sehr nahestehende Arten in der nördlich gemäßigten Zone. Name von Herakles = Herkules abgeleitet. Riesige Pflanzen mit großen Dolden, die Aufsehen erregen. – *H. lanatum (H. maximum),* Nordamerika, Sibirien. Ausdauernde Staude, Stengel gerillt, behaart, hohl. Blätter dreizählig zerschnitten mit zwei- bis dreilappigen Abschnitten. Unterseite spinnwebenartig behaart. Blütendolden groß, Blüten weiß, VI–VII, 150–250 cm. – *H. mantegazzianum,* Kaukasus. Nur zwei- bis dreijährig, nach der Samenreife absterbend. Rauh behaarte, rötlich angelaufene, dicke, hohle Stengel. Blätter sehr groß, oft über 1 m lang, tief eingeschnitten mit dreieckig-lanzettlichen, scharf zugespitzten Abschnitten. Blütendolden bis 1 m breit, vielstrahlig, mit Tausenden von weißen Blüten. Die Haare verursachen Hautreizungen, die mit Lysol geheilt werden können. Imponierende Art. VII, 200–300 cm. – *H. stevenii (H. villosum),* Kaukasus. Sehr große, bauchig-fiederschnittige Blätter mit scharf gesägten, lang zugespitzten Abschnitten. Unterseite filzig überzogen. Nur zwei- bis dreijährig. Sehr große, weiße Blütendolden. VI–VII, 100–250 cm. – Verwendung in Einzelstellung, vor Gehölzen, am Wasser und in Wildstaudenanlagen. Können durch Selbstaussaat sehr lästig werden. Boden nahrhaft, feucht. Die Vermehrung erfolgt durch Aussaat sofort nach Samenreife.
Herniaria → Bruchkraut.
Herzblume, *Dicentra.* Mohngewächse, *Papaveraceae.* ○–◐ ♃ △ ✂. Etwa 15 Arten in Ostasien und Nordamerika. Ausdauernde Stauden mit mehrfach gefiederten Blättern. Blüten interessant geformt wie ein Herz. Die niedrigen Arten blühen sehr lange, sind zum Teil bodendeckend und wirken auch durch ihr schönes Blattwerk. – *D. eximia (Dielytra e.),* östliches Nordamerika. Kriechendes, schuppiges Rhizom. Blätter graugrün, farnartig, drei-

Tränendes Herz, Dicentra spect. (Drave)

Herkuleskraut, Heracleum mantegazzianum. (Seidl)

teilig zusammengesetzt. Blüten in aufrechter Traube, rosenrot. 'Alba', weiß, V–IX, 20–30 cm. – *D. formosa (Dielytra f.)*, westliches Nordamerika. Ähnlich *D. eximia*. Blätter dreimal fiederteilig, zartgrün. Blüten 6–8 mm breit, blaßrosenrot. 'Adrian Bloom', Blätter blau bereift, Blüten karmesinrot; 'Bountiful', Blätter silbergrau, Blüten dunkelrosa, VI–IX, 30 cm. – *D. spectabilis*, Tränendes Herz, Ostasien, China. Eine der beliebtesten Gartenpflanzen. Stengel rötlich, hohl. Blätter mehrfach dreizählig, graugrün, Unterseite heller. Blüten dunkelrosa, herzförmig mit weißer ‚Träne' in überhängender Traube aufgereiht. Nach der Blüte bald einziehend. 'Alba' hat weiße Blüten, selten. IV–VI, 60–80 cm. – Verwendung der niedrigen H.n im Steingarten. – Alle im Staudenbeet, vor oder unter lichten Sträuchern. – 'Tränendes Herz' auch zum Schnitt. In einen Topf gepflanzt läßt es sich treiben und blüht dann schon III. Boden durchlässig, humos. Vermehrung durch Teilung oder Stecklinge mit etwas altem Holz.

Herzkirsche. Im Sortensystem nach Rubens unterscheidet man schwarze, bunte, gelbe Herzkirschen, deren Hauptmerkmal das weiche Fruchtfleisch ist.

Hesperis → Nachtviole.
Heuchera → Purpurglöckchen.
Hexenbesen → Besenwuchs.
Hexenring → Rasenkrankheiten.
Hibalebensbaum, *Thujopsis*. Zypressengewächse, *Cupressaceae*. Sehr eng mit den Lebensbäumen verwandt, nur eine Art, Mittelchina. – *T. dolobrata*. ○–◐ ♄–♄ i. In der Heimat bis 15 m hohe, immergrüne Bäume, bei uns oft nur buschige Sträucher, kaum bis 5 m hoch. Unregelmäßig, ausgebreitete Zweige, leicht überhängend, mit schuppenförmigen, eng anliegenden Nadeln, oberseits glänzend dunkelgrün, unterseits mit deutlicher silbrigweißer Zeichnung. Gartenformen: 'Nana', Zwergform, bis 0,50 m hoch, stets ohne Mitteltrieb, mit breitbuschigem Wuchs; 'Robusta', raschwüchsig, auffallend dicke Äste mit wenig Seitentrieben; 'Variegata', unregelmäßige weißbunt gefärbte Zweige. – Verlangt guten, etwas feuchten oder kühlen Boden, in halbschattigen Lagen, liebt keine trockene Luft und gedeiht am besten bei hohen Sommerniederschlägen. – Vermehrung durch Aussaat oder Stecklinge, die leicht wachsen. Veredlung auf den Lebensbaum ist möglich, aber wegen der geringen Lebensdauer nicht gebräuchlich.

Himbeeren 'Malling Promise', früh, großfrüchtig und 'Veten'. (Inst. f. Obstbau, Geisenheim/Rh.)

Hibiscus → Eibisch.
Hibiscus rosa-sinensis → Chinesischer Roseneibisch.
Hickorynuß, Hickory, *Carya*. Walnußgewächse, *Juglandaceae*. Rund 20 Arten in Nordamerika und eine in China. Das Holz ist sehr schwer, zäh und elastisch, dem Eschenholz überlegen und wird in großen Mengen von Amerika nach Europa eingeführt. – *C. ovata (C. alba)*, Weiße Hickorynuß. ○ ♄. Der amerikan. Name 'Shellbark Hickory' bezieht sich auf die Borke, die in langen Fetzen am Baum verbleibt. Bis 40 m hoch, liefert dauerhaftes Holz. Früchte fast kugelig, ca. 6 cm, sehr dünnschalig, mit wohlschmeckendem, süßlichem Kern. Wegen der großen Früchte und mit dem guten Holz wertvoller und geschätzter Baum. – *C. tomentosa*, Mockernut. ○ ♄. Wird bis 30 m hoch, mit rissiger Borke und dichtschaligen, rundlichen, etwas süßlich schmeckenden Früchten. Das Holz ist nicht so wertvoll wie bei der vorigen Art. – ANSPRÜCHE. Die H. verlangt besten Boden, frisch und tiefgründig, in spätfrostfreien Lagen. Versetzen ist wegen der Pfahlwurzel nicht möglich, wurzelgeschädigte Pflanzen kümmern nur noch dahin. – VERMEHRUNG. Die H. hat eine dicke Pfahlwurzel, die nach Möglichkeit nicht beschädigt werden soll. Aussaat deshalb am besten an Ort und Stelle oder die Nüsse werden in 30 cm lange, mit Erde gefüllte Dränageröhren gelegt, die dann beim Setzen sorgfältig zerschlagen werden. Vor der Aussaat müssen die Nüsse → stratifiziert oder 14 Tage in Wasser eingeweicht werden. Veredlungen sind auf die schwarze Walnuß möglich.

Hieracium → Habichtskraut.
Himbeerblütenstecher → Erdbeerblütenstecher.
Himbeere, *Rubus idaeus*. Rosengewächse, *Rosaceae*. In ganz Mitteleuropa beheimatet und verbreitet. Erwerbsanbau wegen hoher Erntekosten rückläufig. Typische Pflanze des Privatgartens. – ANSPRÜCHE. Nährstoffreiche, gleichmäßig feuchte wasserdurchlässige Böden. Hitze- und trockenempfindlich. Blüht spät, daher selten Spätfrostschaden. Fremdbefruchtung für hohe Erträge notwendig. Ruten bedeutend frostresistent. Pflanzung einjähriger Ruten am Drahtgestell in 40–60 cm Abstand. – BODENPFLEGE. Mulchen mit Stalldung oder anderen organischen Düngern. Hoher Düngerbedarf. – SCHNITT. Junge Ruten bei 30–40 cm Länge auf 12 bis höchstens 15/lfm vereinzeln. Nur völlig gesund erscheinende, unbeschädigte stehen lassen. Entfernen aller abgetragenen Ruten sofort nach der Ernte dicht über dem Boden. Im III/IV Ruten nochmals durch Auslesen der gesündesten auf 10/lfm vereinzeln. Die verbliebenen, wenn nötig, auf 1,90 m einkürzen. Zweimaltragende Sorten im Herbst schneiden. Abgetragene Ruten sterben nach der Ernte ab. Ertrag: 40–60 kg/100 qm. – SORTEN. Schönemann, Malling, Promise, Himbostar, Zeva 1, Zeva-Herbsternte. Besonders bewährt die blattlausresistenten Sorten Rusilva, Rumiloba, Rucanta. Nur virusfreies Pflanzgut (→ Mikrovermehrung) verwenden, auch wenn es teuer erscheint.

So gewinnt man Ableger von einer Himbeerrute. (Schematisch nach Köhlein, Pflanzen vermehren leicht gemacht.)

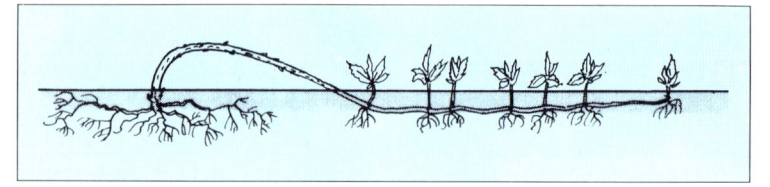

Himbeerkäfer. Seine Larven entwickeln sich VI/VII in den Himbeerfrüchten (‚Himbeerwürmer‘). Der Käfer zerfrißt Knospen, Blätter und Blüten. Abwehr: Im V/VI Käfer vor der Eiablage abklopfen (am besten in Schüssel), Vergißmeinnicht zwischen die Himbeeren säen.

Himbeerrutensterben, ab V/VI an jungen Ruten violette Flecke, später Rute braunrot, Rinde aufplatzend. Erreger: Mehrere Pilzarten. Abwehr: Weniger anfällige Sorten verwenden, rechtzeitig auslichten. Boden mit Kompost anreichern, befallene Ruten verbrennen, bei starkem Befall Standort wechseln.

Himbeerwurzelsterben. Noch gefährlicher als Rutensterben. Im Gegensatz zu diesem ist der Nachtrieb an Jungruten schwach. Blattränder und Jungtriebbasis graubraun verfärbt. Wurzeln sind von einem Fäulepilz befallen, dessen Dauerorgane viele Jahre im Boden überleben können. Daher verseuchte Flächen von Himbeeren freihalten. Vor allem an staunassen Standorten. Abwehr: Pflanzenschutzmittel sind noch nicht bekannt. Befallene Pflanzen mit den Wurzeln entfernen und verbrennen oder mit dem Hausmüll entsorgen. Nicht auf Komposthaufen! Pflanzvorbereitung bei schlecht wasserführenden Böden: erste Spatentiefe ausheben, zweite Spatentiefe mit Kies (nicht Torf!) vermischen.

Himmelsröschen → Leimkraut.

Hiobstränen, Tränengras, *Coix.* Gräser, *Gramineae.* ○ ⊙ ⊗ ✕. Bei uns nur die in den Tropen heimische und dort einjährige bis staudige *C. lacryma-jobi* als einjähriges Ziergras in Kultur. Wird kaum 50 cm hoch, breite, bandartige Blätter. Eignen sich als Ziergras und für Trockenpflanzungen. Für Trockenzwecke werden die hängenden, grauweißen, glänzenden und kreiselförmigen Fruchthüllen geerntet. Aussaat ab IV unter Glas, gleich in kleine Töpfe, büschelförmige Pflanzung ab Mitte V, etwa 30 × 35 cm. Standort vollsonnig auf nicht zu schweren und nährstoffreichen Böden. Ernte der Fruchthüllen VIII−Frost.

Hippe, Messer mit mehr oder weniger gebogener Klinge für Baumschularbeiten (Baumschulh.) und zur Wundpflege bei Schnittarbeiten an Bäumen. H. mit schwach gebogener Klinge dient auch zur Veredlungsarbeit (Kopulierh.).

Hippeastrum → Ritterstern.
Hippophae → Sanddorn.
Hippuris → Tannenwedel.
Hirschgeweihfarn → Farne 7.

Hirschzungenfarn, *Ph. scolopendrium.* (Herbel)

Hirschzungenfarn, *Phyllitis.* Streifenfarne, *Aspleniaceae.* ◐−● ♃ i. Von den 2−6 Arten fast auf der ganzen Welt ist nur eine winterhart. Blätter ungeteilt oder gelappt. Sporenlager in schräg zur Mittelrippe verlaufenden Streifen. − *P. scolopendrium (Scolopendrium vulgare),* Europa, Asien, Amerika, Nordafrika. Kurze aufrechte Rhizome, beschuppt, mit verdickten alten Stielresten besetzt, die zur Vermehrung verwendet werden. Blätter zungenförmig, zugespitzt, lederig, glänzend grün. 'Capitatum', Krauskopfh., an der Spitze mit Kammbildung, gekräuselt; 'Crispum', richtiger Name für die im Handel als 'Undulatum' bezeichnete Form, Wellenh., begehrteste Form, Blätter am Rand stark gewellt, steril; 'Digitatum', Fingerh., Blattspindel verzweigt mit mehreren Seitenästen; 'Marginatum', ganz schmale, am Rand fein gekräuselte Blätter. Alle 20−30 cm hoch. − Verwendung als Schattenpflanzen, unter Bäumen, in Felsspalten und im Steingarten, an kühlen Standorten. − Boden kalkhaltig, nährstoffreich, feucht. − Vermehrung durch Aussaat der Sporen, die bei den Formen Pflanzen von unterschiedlichem Aussehen ergeben. 'Crispum' und alle kann man durch Auslegen der von alten Rhizomen nach dem Auswaschen gewonnenen verdickten Blattstielreste im Herbst vermehren. Diese stellt man warm, pikiert sie nach dem Austreiben und kann sie später ins Freie pflanzen.

Hirse, *Panicum.* Gräser, *Gramineae.* ○−◐ ⊙ ♃ ✕. Etwa 500 Arten, vor allem in den wärmeren Gegenden der Erde, neben ausdauernden auch einjährige Arten. Die Blütenrispen sind stark verästelt mit sehr kleinen Ährchen. EINJÄHRIGE ARTEN. *P. capillare,* östliches Nordamerika. Linealische, straffe, behaarte Blätter. Große aufrechte, pyramidenförmige Blütenrispen ganz fein verästelt, sehr zierend. VII−IX, 30−60 cm. − *P. violaceum,* Blätter breit-linealisch, rauh behaart, obere Hälfte überhängend. Ähre einseitswendig, mit langen, fadenförmigen Ästen. VI−IX, 50−80 cm. − Verwendung im bunten Sommerblumenbeet, zwischen Stauden, abgeschnitten und getrocknet für Dauersträuße. Boden: Anspruchslos. Vermehrung durch Aussaat IV, direkt oder ins Mistbeet und später auspflanzen. AUSDAUERNDE ARTEN. *P. clandestinum,* Bambushirse, Nordamerika. Halme aufrecht bis schräg überhängend, Blätter lanzettlich, behaart. Ähren verzweigt, braun. VII−VIII, 80−120 cm. − *P. virgatum,* Rutenhirse, Nordamerika. Schmale hellgrüne, lange Blätter. Blütenrispe mit abstehenden, rutenförmigen, mehrmals zusammengesetzten Ähren, braun. 'Rotbraun', mit rötlich gefärbten Blättern, schön, 80 cm. 'Strictum', steif aufrecht wachsend, auch im Alter standfest. Halme im oberen Teil rötlich gefärbt, 120 cm. Alle VII−IX. − Verwendung in Staudenpflanzungen, am Wasser und Gehölzrand, in Einzelstellung im Rasen. Boden tiefgründig, nahrhaft. Vermehrung: Teilung und Aussaat im Frühjahr.

Hobelspäne → Sägemehl.

Hochbeet. Wo der Boden zu wasserreich ist, wie in den kultivierten Mooren, oder bei Böden mit dünner, steinreicher Krume, wie in vielen Mittelgebirgen, hat der Mensch die Beete erhöht, um einen ausreichend tiefen, fruchtbaren Wurzelraum zu erzielen (Fehnkultur in Holland und Ostfriesland bzw. jahrtausendealte Beetkultur in China). Wo beide widrige Umstände zusammentreffen, beispielsweise

Rutenhirse, *Panicum virgatum* 'Rotbraun'. (Drave)

Hochofenschlacke

Bau des Hochbeetes: Der 'Mäusedraht' ist in 25–30 cm Tiefe winklig eingelegt. 20 cm Kompost oder je 10 cm Kompost und Mutterboden werden aufgebracht. – Frisch bepflanztes Beet. Schlauchbewässerung über Drainageröhren. – Kartoffeln als Wurzelgemüse im Hochbeet: Ernte von 25 kg mit 4 kg je Saatkartoffel. – Beinamputierter arbeitet sitzend am Hochbeet. (A. Kalaus)

Schmelzwasser auf dünner Krume mit felsigem Untergrund, genügt dies nicht. In einer solchen Geländesituation wurde das Hochbeet entwickelt (s. Kalaus, Gärtnern am Hochbeet, Literaturhinweis). – BAU. Empfohlene Maße 1,20 m breit, 80 cm hoch und 5 m lang, in Ost-West-Richtung. Bau aus Holzbalken, soweit leicht und preiswert beschaffbar. Giftfreier, sorgfältiger → Holzschutz unerläßlich. Hohlblocksteine sind vorteilhaft, weil in genormten Maßen im Baustoffhandel verfügbar. Sie brauchen nicht gemauert zu werden, halten durch Eigengewicht. Einbau von Zinkrohren zur Aufnahme von Gestänge für Folienabdeckung ist ratsam, Einlage von Wühlmausdraht unerläßlich (Abb. S. 224). Innenauskleidung mit Folie zu empfehlen, insbesondere bei Holz. – SCHICHTENAUFBAU, FÜLLUNG. 1. Der Unterboden ist gründlich zu lockern und auf Gehalt der Nährelemente P, K und Ca zu untersuchen (→ Bodenuntersuchung). Wenn nötig aufdüngen, z.B. mit 250 g/qm Thomasphosphat und 150 g/qm Patentkali. Diese Grunddüngung ist notwendig, weil später nur mit Kompost und flüssig gedüngt wird. – 2. 20–40 cm starke Drainageschicht aus verholztem Material, überwiegend aus Laubholz, höchstens ¼ Nadelholz. In Zwischenräume Mineralboden gründlich einschlämmen und die Schicht festtreten. – 3. Schicht von 10 cm aus gut verrottetem Stallmist, am besten Schafmist, gemischt mit Lehmboden. – 4. Bis 25 cm unter Oberfläche mit bestem Mutterboden auffüllen. In diese Schicht Drainagerohre mit 6 cm Durchmesser Stoß an Stoß mit 3 cm Gefälle auf 10 m einbauen. Dann am besten Wasserschlauch einziehen, mit abschließbarem Einfüllstutzen. Probelauf! Über dieser Schicht ist Wühlmausdraht mit höchstens 1,5 cm Maschenweite einzulegen (s. Foto). – 5. 25 cm Gartenboden und zuletzt 10 cm Kompost, mit Nord-Süd-Neigung, d.h. 15 cm höherer Nordseite. – BODENPFLEGE, KULTUR. H.e werden nicht umgegraben, sondern nur nach Bedarf mit Grabegabel gelockert. Die Beetfläche wird mit schwarzer Folie oder Latten abgedeckt (s. Foto). Optimale Wachstumstemperatur von 20–25°C wird im H. leicht erreicht. Wässerung (s. oben) daher unerläßlich, um alle Wachstumsfaktoren zu optimieren und hohe Erträge und Qualitäten zu erreichen. Im H. können alle Gemüsearten sofort und immer angebaut werden, keine Gefahr durch Nitratschübe aufgrund von Rottevorgängen. Kompostierung nur in Kompostmieten oder -silos. Auch Behinderte und Alte können H.e bearbeiten, ohne sich zu bücken, selbst sitzend. Der Nachteil einer verhältnismäßig hohen ‚Investition' beim Bau wird durch optimale Arbeits- und Wachstumsbedingungen, die über viele Jahre anhalten, und Höchsterträge aufgewogen.

Hochofenschlacke, Nebenprodukt der Roheisengewinnung mit Bindungen aus Tonerde, Kieselsäure und Kalk; zur Herstellung von Straßenunterbau und als Frostschutzschicht; in verschiedenen Korngrößen als Grus, Splitt, Schotter und Grobschlag erhältlich.

Hochschnitt → Rasenschnitt.

Hochstamm → Obstbaumformen.

Hochzucht → Sortengräser.

Höchsterträge, sind nicht mit optimalen Erträgen gleichzusetzen. Zu berücksichtigen sind im modernen Privatgarten auch Arbeitsaufwand (→ Arbeit), → Kosten und → Qualität. → Gemüsebedarf, → Obstbedarf, → Erträge aus der Anbaufläche für Gemüse (Tabellen).

Höhenschichtlinien, gedachte Linien gleicher Höhen (Isohypsen) über Normalnull, die exakte Geländedarstellungen ermöglichen und die durch Interpolation zwischen jeweils Höhenpunkten ermittelt werden.

Hörnchen, Gruppe der → Nagetiere, einzige heimische Art → Eichhörnchen, das gelegentlich in Gärten auftritt.

Hohlgabel → Aerifiziergabel.

Hohlpflanzer → Pflanzer.

Holder/Holler → Flieder → Holunder.

Holfior → Sortengräser, Rasengräser.

Holländerfenster → Frühbeet.

Holodiscus → Scheinspiere.

Hochbeete im Versuchs- und Mustergarten Hertha Kalaus-Zimmermann: Aus nicht vermauerten Beton-Hohlblocksteinen aufgesetzt, mit Holz verkleidet, bepflanzt in Mischkultur, Bodenbedeckung mit schwarzer Folie. (A. Kalaus)

Holunder, *Sambucus.* Geißblattgewächse, *Caprifoliaceae.* Etwa 20 Arten in der gemäßigten subtropischen Zone. Sommergrüne Stauden oder kleine Bäume mit dicken Zweigen, die voller Mark sind. Für den H. sind in manchen Gegenden dieselben Namen üblich wie auch für → Flieder. – *S. canadensis.* ○–◐ ♄ VI–VII ⚥ D. Im nördlichen Nordamerika beheimatet, bis 4 m. Bildet Ausläufer, hat gelblich-weiße, duftende Blüten als 25 cm breite, schirmförmige Dolden. Früchte 0,5 cm, glänzend, purpurn. 'Aurea', bis 3 m hoch, mit intensiv gelben Blättern; 'Maxima', in allem viel größer, bis 40 cm große Blütenstände. – *S. nigra,* Schwarzer Holunder. ○–◐ ♄–♄ VI–VII ⚥ D. In Europa, Nordafrika und Westasien heimisch. Bis 10 m hoch, mit tief gefurchter Borke und grauen Zweigen, die dicht mit Lentizellen (Korkwarzen, zur Durchlüftung des Gewebes) besetzt sind. Duftende, gelblichweiße Blüten, in 20 cm breiten Dolden. Früchte zuerst rot, bei Reife glänzend schwarz. Vitamin-C-reich, werden zu Fruchtsäften und Marmelade verarbeitet. Aus den Blüten gibt es den ‚Fliedertee'. Für wirtschaftliche Zwecke nur Pflanzen auswählen, die hängende Fruchtstände und dunkelrote Fruchtstiele haben, auch müssen die Früchte zur selben Zeit reifen. – *S. racemosa,* Traubenholunder. ○–◐ ♄–♄ IV–V ⚥. In Mitteleuropa bis Westasien beheimatet, wächst hauptsächlich in Holzschlägen, an felsigen Hängen und Waldrändern. Wird bis 4 m hoch, mit schirmförmig ausgebreiteten Ästen und gelblichweißen, in Rispen angeordneten Blüten. Früchte leuchtend korallenrot, Vitamin-C-reich, können auch als anspruchslose Obstart wirtschaftlich genutzt werden, zu Saft und zu Heilzwecken, Sorte: 'Riese von Voßloch'. Formen: 'Aurea', Blätter im Austrieb braunrot, später goldgelb; 'Laciniata', Blätter regelmäßig tief eingeschnitten; 'Plumosa aurea', Blätter tief eingeschnitten, im Austrieb rötlich, später goldgelb. – Ansprüche. Nimmt mit jedem Boden vorlieb, gedeiht in sonnigen wie auch schattigen Lagen. Deck- oder Füllstrauch und für Einzelstellung. – Vermehrung. Aussaat ist bei den reinen Arten am besten. Formen werden durch Stecklinge oder Stecklhölzer vermehrt, die langsamwachsenden können auch auf Wurzelstöcke veredelt werden. Bei den ausläufertreibenden Arten auch Teilung möglich. – Kulturholunder. Zuchtsorten von *S. nigra.* 'Haschberg', beste Sorte für Beerenertrag, benötigt keinen Befruchtungspartner. Kultur nach ‚Klosterneuburger Modell' (Prof. Strauß) mit Intensivschnitt: Nach der Ernte werden die Tragäste entfernt, und 25–30 Jungtriebe mit 1–2 m Länge bilden die neue Krone. Ansprüche an Klima bescheiden, an Boden jedoch wie bei sonstigen Obstarten. Im Erwerbsanbau 450 Viertelstämme mit Erträgen bis 20 t/ha. – Weitere Sorten: 'Donau', frühreif; 'Prägraten', steilwachsend, daher beliebt für Windschutzpflanzungen.

Holz, der Festigung, Speicherung und Wasserleitung dienendes Dauergewebe bei Bäumen und Sträuchern mit verdickten Cellulosewänden und Lignineinlagerungen. Nach dem Fällen von Bast und Rinde befreien. Von den heimischen Bäumen werden besonders die Weichhölzer Kiefer, Fichte, Tanne und Lärche sowie die Harthölzer Eiche und Buche wegen guter bautechnischer Eigenschaften als Bauh. verwendet. Das Nutzh. wird im Baugewerbe als Rund- und Schnitth. in zahlreichen Schnitt- und Güteklassen als Balken, Brett, Latte usw. in unterschiedlichen Abmessungen und Bearbeitungen benötigt.

Holzasche, reich an kohlensaurem Kali, früher allgemein verbreiteter Kalidünger, leicht wasserlöslich, unmittelbar zur Pflanzendüngung anwendbar. Erhältlich bei Sägewerken und holzverarbeitenden Industrien, Holzofenbäkkereien. Gehalte s. Tabelle Seite 360.

Holzschutz, gegen Feuchtigkeit, insbesondere bei Holzteilen mit Erdkontakt, holzzerstörende Pilze und Insekten. Soweit *kein dauernder* Erdkontakt besteht, ist architektonischer, weil giftfreier Holzschutz dem chemischen vorzuziehen: waagerechte Teile abschrägen und mit Blech oder Dachpappe abdecken, gute Hinterlüftung sichern, keine Hohlräume. Bei *dauerndem* Erd-

Kulturholunder 'Haschberg'. Baum mit Tragästen und Neutrieben sowie Behang. Ertrag 20 bis 30 kg je Baum. (Prof. Strauß)

kontakt ist Imprägnierung, d. h. chemischer H. unvermeidlich (ausgenommen bei Eichenholz). Im Eigenbau bzw. bei handwerklichen Verfahren werden die Holzteile durch Trogtränkung oder Tauchen behandelt oder gestrichen bzw. gespritzt; industrielle Verfahren beruhen auf Kesseldruckimprägnierung. Bei Früh- und Hochbeeten sind Mittel auf Teerölbasis (Karbolineum) auszuschließen, weil noch nach Jahren Giftstoffe ausgewaschen oder ausgeschwitzt werden können. Von salzhaltigen Holzschutzmitteln sind fluorhaltige abzulehnen, Bor-, Chrom-, Kupfermittel dagegen annehmbar, wenn sie mit dem Holz wasserunlöslich verbunden, d. h. im Holz ausgetrocknet sind. Von Holzarten sind Kiefer und Lärche vorzuziehen, da bei Kesseldruckimprägnierung auch der Splintbereich durchdrungen wird. S. auch das jährlich erscheinende Verzeichnis ‚Prüfzeichen für Holzschutzmittel' (Erich Schmidt Verlag, 1000 Berlin 30). Lieferantennachweis für imprägnierte Hölzer durch Deutscher Holzschutzverband e. V., D-5400 Koblenz.

Holztriebwandlung → Fruchttrieberneuerung.

Holzwolle, sauberes, rottefähiges Material zur Bodenabdeckung, besonders viel verwendet zu Erdbeeren, um gleichzeitig die Früchte vor Verschmutzung zu schützen.

Holzzaun → Zaun.

Honigtau, zuckerhaltige Körperausscheidung der → Blattläuse und → Schildläuse. Haftet als klebrige Tröpfchen an den Blättern und Stengeln. Begehrte Nahrung für → Schlupfwespen und andere Insekten, darunter die Honigbiene, die daraus einen Teil ihres Honigs herstellt. Zusatznahrung der Ameisen, welche die Honigtauerzeuger pflegen und vor Feinden schützen. Nährsubstrat der Rußtaupilze (→ Rußtau).

Hopfen, Japanischer Hopfen, *Humulus*. Maulbeerbaumgewächse, *Moraceae*. ○ ☉ ⚥ ⌇. Als Kletterpflanze nicht der für die Bierbrauerei wichtige gemeine Hopfen, sondern der in Japan und China heimische *H. scandens* (*H. japonicus*) von Bedeutung. Diese Art ist enorm starkwüchsig und deshalb sehr wertvoll für die sommerliche Begrünung großer Flächen sowie für hohe Spaliere. Dekorative Blätter, rundlich und gelappt. Schwächer im Wuchs ist die weißbunte *H. scandens* 'Variegatus'. Beide wollen vollsonnigen Standort und ausreichend Düngung und Wässerung. Aussaat II–III unter heizbarem Glas, später vertopfen. Pflanzung ab Mitte V, zur Flächenbegrünung mit 60–70 cm Abstand oder einzeln und zu mehreren für Säulen usw.

Hopfenbuche, *Ostrya*. Birkengewächse, *Betulaceae*. ○–◐. IV–V. Sommergrüne Bäume, ähnlich der Weißbuche, leicht zu unterscheiden durch die doppelt gesägten Blätter und den hopfenähnlichen Samenstand, daher der Name. 7 Arten, davon nur *O. carpinifolia* von Bedeutung. In Südeuropa und Kleinasien beheimatet. 6–8 m, rundkroniger Baum. Verwendung in größeren Parks, bei geringen Ansprüchen an Lage und Boden.

Hopfenschwänzchen → Spornbüchschen.

Hopfenstrauch → Lederstrauch.

Horde → Obsthorde.

Hordeum → Mähnengerste.

Hornblatt, *Ceratophyllum*. Hornblattgewächse, *Ceratophyllaceae*. ○ ♃ ⌇. 3 Arten in allen Erdteilen, heimisch. Untergetauchte Wasserpflanzen in stehenden oder langsam fließenden Gewässern. Triebe sehr zerbrechlich. Blätter in vierteiligen Quirlen, doppelt oder mehrfach gegabelt. Blüten unscheinbar, in den Blattachseln unter Wasser sitzend. – *C. demersum*, Rauhes H. Blätter ein- bis zweimal gabelspaltig, dunkelgrün, steif. – Verwendung in Wasserbecken und Aquarien, schnellwachsend, daher immer wieder verjüngen durch Abtrennen der unteren Triebteile. Boden: Ohne Wurzeln, daher nicht notwendig. Vermehrung durch Teilen, am besten durch Verwendung der dicht beblätterten Spitzen im Herbst, die zu Boden sinken.

Horn-Bleiwurz, *Ceratostigma*. Bleiwurzgewächse, *Plumbaginaceae*. ○–◐ ♃–ℏ ℏ △ ⌒. Rund 8 Arten in China, im Himalaja, in Äthiopien und Somaliland. Staudige bis halbstrauchige oder strauchige Pflanzen mit blauen Blüten. Durch ihre späte Blütezeit wertvoll. – *C. plumbaginoides (Plumbago larpentae)*, Nordchina. Staudig bis verholzend. Triebe niederliegend und aufsteigend, kantig, rötlich. Blätter wechselständig, verkehrt-eiförmig, zur Blütezeit der oberen bronzerot gefärbt. Blüten röhrenförmig mit 5 Abschnitten, in dichten Dolden, kobaltblau. IX–X, 20–30 cm. – Verwendung: Steingarten, Staudenbeet, Trockenmauern. Boden durchlässig, lehmhaltig, feucht, kalkliebend. Vermehrung: Aussaat, Teilung, Wurzelschnittlinge und Stecklinge im VIII.

Horngrieß → Hornmehl, → Hornspäne.

Hornisse → Wespen.

Hornklee, *Lotus corniculatus*. (Seidl)

Hornklee, *Lotus*. Hülsenfrüchtler, *Leguminosae*. Etwa 150 Arten im Mittelmeerraum, Asien, Nordamerika und auf den Kanarischen Inseln beheimatet. – *L. berthelotii* (*L. peliorhynchus*), Kanarische Inseln. ○ ♃ ⚥ ⎚ i. Am Grunde verholzende Staude mit silberhaarigen, hängenden Trieben. Blätter sitzend, gefingert, mit 5–7 fadenförmigen Blättchen. Blüten in den Blattachseln der Triebenden, scharlachrot. III–IV, Triebe 30–60 cm lang. – Verwendung als hübsche Ampelpflanze mit herrlich leuchtenden Blüten, die kühl, hell und luftig überwintert werden muß. Erde: Einheitserde oder nahrhaft, humos-lehmig. Vermehrung durch Stecklinge im Frühjahr oder Spätsommer, oder durch Samen. – *L. corniculatus*, Heimischer H., Nördliche Halbkugel. ○ ♃ ⋮ △ ⌇ Bie. Auf trockenen Wiesen wachsende Kleinstaude. 'Pleniflorus' hat niederliegende, wurzelnde Triebe mit dreiteiligen Blättchen. Blüten in langgestielten Köpfchen, gefüllt, goldgelb. Die Art selbst hat kaum Gartenwert. V–IX, 20 cm. – Verwendung im Steingarten, Staudenbeet und als Einfassung, ebenso auf Trockenmauern. An den Boden anspruchslos. Vermehrung durch Teilung und Rißlinge.

Horn-Knochen-Blutmehl, organischer Mischdünger, hergestellt durch Aufbereiten von tierischen Rückständen. Im Handel mit verschiedenen Gehalten an org. gebundenem Stickstoff (N) und Calciumphosphat (bewertet als P_2O_5); 4% N und 5% P_2O_5; 6% N und 6% P_2O_5; 6% N und 9% P_2O_5; 7% N und 12% P_2O_5; 10% und 5% P_2O_5. Laut Düngemittelgesetz der BRD Typenliste III 12, 15–18, bezeichnet als Horn-Knochenmehl-Mischdünger. → Organische Handelsdünger.

Hornkraut, *Cerastium*. Nelkengewächse, *Caryophyllaceae*. ○–◐ ♃ ⋮ △ ⌇. Etwa 100 Arten in der nördlich gemäßigten Zone von Europa und Asien.

Kriechende Stauden mit behaarten, meist silbrigen Blättern und weißen Blüten in gabelästigen, endständigen Trugdolden. – *C. arvense*, Ackerh., heimisches Ackerunkraut. Für den Garten nur 'Compactum', nicht wuchernde, mattgrüne Polster. Blüten weiß. V–VI, 15 cm. – *C. biebersteinii (C. repens),* Silberh., Südrußland. Stark wuchernd mit weißfilzigen Blättern, Blüten weiß. Im Steingarten gefährlich, nur dort zu verwenden, wo das Wuchern nicht stört, z.B. als Unterpflanzung von Gehölzen. V–VI, 25 cm. – *C. candidissimum (C. alpinum* var. *lanatum),* Pyrenäen, Alpen, Balkan. Lockere Matten mit eirunden Blättern, dicht und lang behaart, grasgrün. Blüten weiß. Schwachwachsend, nur für das Alpinum. VI–IX, 10 cm. – *C. tomentosum,* Zwerg-Silberhornkraut, Südosteuropa. Kriechende, silberweiße Polster, nicht so wuchernd wie *C. biebersteinii*. Blüten weiß, wie bei allen silberblättrigen kaum auffallend. 15 cm. *C. t.* var. *columnae,* Italien. Wuchs kompakter, geschlossener. Blätter kleiner, heller silberweiß, mit eingerolltem Rand, Blüten, weiß. Wertvollste Form. V–VI, 12 cm. – Verwendung im Stein- und Heidegarten, als Bodendecker, für Trockenmauern. Boden sandig, nährstoffarm. Vermehrung durch Teilung, Stecklinge und Aussaat.

Hornmehl, aus tierischem Horn hergestelltes Düngemittel mit 10–14% N. Als Hornmehl bezeichnetes Düngemittel darf nach dem → Düngemittelgesetz der BRD auch einen Anteil von → Blutmehl enthalten. Düngemitteltype III, 6–8, mit 10, 12 bzw. 14% N. → Organische Handelsdünger.

Hornspäne, wie Hornmehl aus tierischem Horn hergestelltes Düngemittel, jedoch nicht zu Mehl vermahlen. H. zersetzen sich schwerer, wirken deshalb langsamer, jedoch nachhaltiger als Hornmehl. Düngemitteltyp und Gehalt an wertbestimmenden Bestandteilen → Hornmehl. → Organische Handelsdünger.

Hornveilchen → Veilchen.

Horstbildender Rotschwingel → Rasengräser.

Hortensie, *Hydrangea*. Steinbrechgewächse, *Saxifragaceae.* Ca. 45 Arten im gemäßigten und subtropischen Ostasien und Nordamerika. Meist sommergrüne Sträucher mit endständigen Doldenrispen, die häufig am Rand sterile Scheinblüten haben. Oft sind auch die fertilen Blüten in sterile Randblüten umgewandelt, so daß schneeballähnliche „gefüllte" Blüten entstehen. – *H. anomala* ssp. *petiolaris,* Kletterhortensie. ◐–● ♄ VII ⚹. Ostasien, klettert wie Efeu mit Haftwurzeln an Baumstämmen, Mauern und dgl. bis 25 m hoch. Herzförmige, glänzendgrüne Blätter und lockere, weiße Doldenrispen, 15–25 cm breit, die am Rand große Scheinblüten tragen. Ganz frostharter und widerstandsfähiger Kletterstrauch, für sonnige oder schattige Lagen. – *H. arborescens,* Schneeballhortensie. ○–◐ ♄ VII–VIII. In den östlichen USA beheimatet. Meterhoher Busch mit weißen, flachen Doldenrispen, meist ohne Randblüten. Bei den Gartenformen 'Grandiflora' mit reinweißen und 'Sterilis' mit grünlichweißen Dolden sind sämtliche fertilen Blüten in sterile Scheinblüten umgewandelt. Herrliche, spätsommerliche Blütensträucher, die auch Schatten vertragen, aber in windgeschützten Lagen stehen sollten. – *H. aspera* ssp. *sargentiana.* ◐–● ♄ VII–VIII. Stammt aus Mittelchina, wird bis 3 m hoch. Steif aufrechte dicke Zweige mit 25 cm großen, herzförmigen Blättern, die auf der Unterseite dicht zottig behaart sind. Ganz flache Doldenrispen, mit blaßvioletten fertilen Blüten und weißen bis violetten sterilen Scheinblüten. In rauheren Klimaten ist bei jüngeren Pflanzen Schutz durch Fichtenreisig ratsam. Bevorzugt leichten, humosen Boden in halbschattigen bis schattigen Lagen. – *H. aspera* ssp. *strygosa (H. macrophylla).* VII–VIII. Ähnlich der vorigen, wirkt aber durch die dunklen Blattstiele und den gebogenen Blütenstengel eleganter. – *H. macrophylla (H. hortensis)* Garten-, Topfhortensie. ◐ ♄ III–VII und VII–VIII ⌂. In Japan und China beheimatet. Wird im Freien

Rispenhortensie, *H. paniculata*. (Seidl)

Hortensie, *H. aspera* ssp. *sargentiana*. (Seidl)

bis zu 4 m hoch, mit glänzenden, eiförmigen Blättern, blauen, rosa oder weißen Blüten und sehr großen, sterilen Randblüten. Hierher gehören die H.n, die in den Gärtnereien in Gewächshäusern getrieben werden und von III–VIII auf den Markt kommen. Das Blaufärben der H.n beginnt schon in der Gärtnerei mit der Verwendung einer sauer reagierenden Erde und durch Beimengung spezieller Dünger. Der Verbraucher hat keinen Einfluß mehr auf die Blütenfarbe. Die Topf-H.n wollen kühl, hell aber nicht in der Sonne stehen. Nach dem Abblühen sind sie in milden Klimaten auch für den Garten zu verwenden. In den ersten 2 Jahren brauchen sie Winterschutz. Die speziellen Sorten für das Freiland sind etwas härter, frieren sie trotzdem im Winter zurück, so treiben sie wieder aus. Freilandsorten: 'Bouquet Rose', 1–2 m hoch, mit großen, ballförmigen Blütendolden; 'Coerulea', dunkelblaue, fertile Blüten und blaue oder weiße Randblüten; 'Imperatrice Eugénie' wird 1,50 m hoch, flache Blütendolden mit lilablauen Blüten und rosafarbenen Scheinblüten; 'Otaksa', widerstandsfähig, mit rosa Blüten, die in sauer reagierendem Boden bläulich werden. – *H. paniculata*, Rispenhortensie. ◐ ♄ VII–VIII. Ostasien. Wächst strauchartig, bis 10 m hoch. Weiße Blüten in 15–25 cm langen Rispen, werden im Verblühen leicht rötlich. Sorten: 'Grandiflora', Rispen bis 30 cm lang, alle Blüten zu Scheinblüten umgewandelt, weiß, im Verblühen in Braunrot übergehend, haften noch lange am Strauch; 'Praecox', blühen etwas früher, sonst gleich wie vorige. Die Rispenhortensie kann auch zu kleinen Kronenbäumchen gezogen werden. Dazu wird ein kräftiger Trieb, bis zur gewünschten Höhe, an einem Stecken hochgezogen. – *H. quercifolia*. ◐–● ♄ VI ⌃. Aus Nordamerika. Hat ihren lateinischen Namen

Hosta

von den Blättern, die denen der amerikanischen Roteiche sehr ähnlich sind. Pyramidale, bis 20 cm große Blütenrispen, mit zahlreichen, rötlich-weißen, sterilen Scheinblüten. Wunderbare, auffallende H., die geschützten Standort in halbschattiger Lage verlangt. – ANSPRÜCHE. Alle nahrhaften nicht zu kalkhaltigen Böden. Benötigt im Sommer viel Wasser. Durch Rückschnitt und Auslichten der schwächlichen Triebe wird der Blütenansatz gefördert. Schattenverträgliche Blütensträucher, die blühen, wenn im Garten der Blumenreichtum schon abnimmt. – VERMEHRUNG. Aussaat bei reinen Arten, Absenker bei Kletterhortensie. Stecklinge von krautigen Trieben, im Sommer gesteckt, wachsen leicht. Bei den Sorten der Rispenhortensie: Veredlung.

Hosta → Funkie.
Hottonia → Wasserfeder.
Howea → Palmen 3.
Hoya → Wachsblume.
Hügelbeet, nutzt Rottewärme, bes. zur Kultur von Gemüsen und Erdbeeren. Bau eines Hügelbeetes: 5–8 m langen, 1,60 m breiten Streifen in Nord-Süd-Richtung spatentief ausheben. Mittendrin 60 cm breiten, flachgerundeten, 40 cm hohen Kern aus verholztem Material aufsetzen, mit umgedrehten Rasensoden abdecken u. das Ganze mit 30-cm-Mantel aus feuchtem Laub (Rasenschnitt o. ä. Material) umgeben, dann mit 15 cm Grob- und abschließend mit 15 cm Feinkompost ummanteln. Vorteile der H.: Verwertung von verholztem Material, Nutzung von Rottewärme und steiler Sonneneinstrahlung, etwas größere Kulturfläche. Nachteile: Arbeitsaufwand beim Bau,

Hummelnistkasten aus Holzbeton, 38 cm breit, 54 cm tief und 38 cm hoch. (Schwegler)

jährlich versch. Kuturbedingungen, da in den ersten ein, zwei Jahren Gefahr starker Nitratbildung und Hügel zusammensinkt, nach 3–5 Jahren ‚Neubau‘, hoher Wasserbedarf, je nach Lage erhöhte Wühlmausgefahr. Literatur: Beba-Andrä-Knöll: Hügelkultur. 17. A. 1985.

Hügelkultur, altüberliefertes gärtnerisches Verfahren, um die Kulturbedingungen zu verbessern, so bei hohem Grundwasserstand und später Bodenerwärmung im Frühjahr, insbesondere für wärmeliebende Pflanzen wie Gurken, Melonen, Zucchini. In China ist H. allgemein verbreitete Methode. Im Westen empfohlen durch P. Chan. Die Hügel werden danach als erhöhte Beete (15 cm hoch, 1,25 m breit) gebildet, indem die Erde mit Hacke oder Häufler von zwei Seiten her einfach hochgezogen wird. Chan empfiehlt die H. allgemein zur Anwendung im Garten. Literatur: Chan: Peter Chan's chinesischer Gemüsegarten. Schaafheim 1985.

Hülse → Stechpalme.
Hülsenfrüchte, *Leguminosae.* Dazu gehören an Gemüsearten Bohne, Erbse, Puffbohne und Linse; letztere ist in unserem Klimagebiet nicht lohnend.

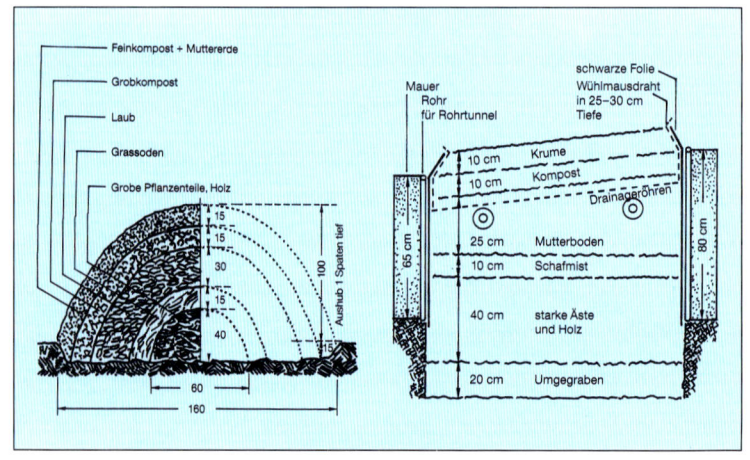

Hüttenkalk, Nebenprodukt der Eisenerzeugung, fein gemahlene bzw. abgesiebte Hochofenschlacke, Calciumsilikat mit 40% CaO und mindestens 3%MgO und Spurenelementen. H. wirkt mild und langsam, ist deshalb für leichte Böden besonders geeignet. → Mineraldünger.

Hummeln, plumpe, pelzig behaarte Verwandte der Bienen; wie diese Staatenbildner, Honigerzeuger und Blütenbestäuber; ihre Staaten aber viel kleiner als die der Biene und einsömmrig (Volk stirbt ab; befruchtete Königin überwintert in Verstecken). Nester im Erdboden. Förderung durch Darbietung künstlicher Nester: Holzkästen (20 × 20 cm Grundfläche, 10 cm Höhe), mit kleiner Öffnung in der Stirnwand, gefüllt mit Heu. Der Kasten wird an einer Erdstufe so eingegraben, daß die Stirnwand senkrecht steht und es nicht hineinregnen kann.

Humulus → Hopfen.
Humus. DEFINITION. Abgestorbene pflanzliche und tierische, d.h. organische Substanz des Bodens und ihre chemischen und insbesondere biochemischen Umwandlungsprodukte. Die frischen, noch nicht ab- und umgebauten H.stoffe werden auch als Nährh., die chemisch und biochemisch umgebauten, stabilen H.stoffe auch als Dauerh. bezeichnet. – HUMUSARTEN. Bodenkundler unterteilen H. nach seiner Entstehungsart in Mull, Moder und Rohhumus. Mull mit hohem Anteil Grauhuminsäuren, Moder mit geringerem Anteil an Grau- und größerem Anteil an Braunhuminsäuren. Rohhumus mit hohem Anteil an Fulvosäuren. Mull, Moder und Rohhumus sind nicht scharf voneinander abgrenzbare Formen. – CHEMISCHER AUFBAU. Die Huminstoffe des Bodens werden chemisch grob eingeteilt in Fulvosäuren, Huminsäuren und Humine; sämtlich organische, nicht-kristalline Kolloide, Teilchengröße unter 0,002 mm. – Fulvosäuren entstehen aus stickstoffarmen Rohmaterial, u. a. aus Nadelbaumstreu, Sägemehl, trockenem Laub, insbesondere bei Kalk- und Sauerstoffmangel, hellbraun; gärtnerisch nicht wertvoll. – Huminsäuren sind je nach Stickstoffgehalt des Ausgangsmaterials und je nachdem, ob Kalk und Sauerstoff bei ihrer Entstehung beteiligt sind, mehr oder weniger fruchtbar. Am wertvollsten sind die stickstoffreichen Grauhuminsäuren (bis 8% N), weil sie stark quellen und schrumpfen, dadurch den Wasserhaushalt des Bodens verbessern und Pflanzennährstoffe gut aufnehmen und entsprechend der Wachstumsintensität

Hügelbeet (links) und → Hochbeet (rechts) jeweils im Querschnitt. Im Hügelbeet Schichten mit rottendem Material, aus dem sich Kompost bildet. Aufbau für 3–5 Jahre. – Im Hochbeet nach Kalaus nur durchgegorener Schafmist und Mutterboden sowie reifer Kompost. Die Holzschicht dient zur Drainage. Daher Daueranlage.

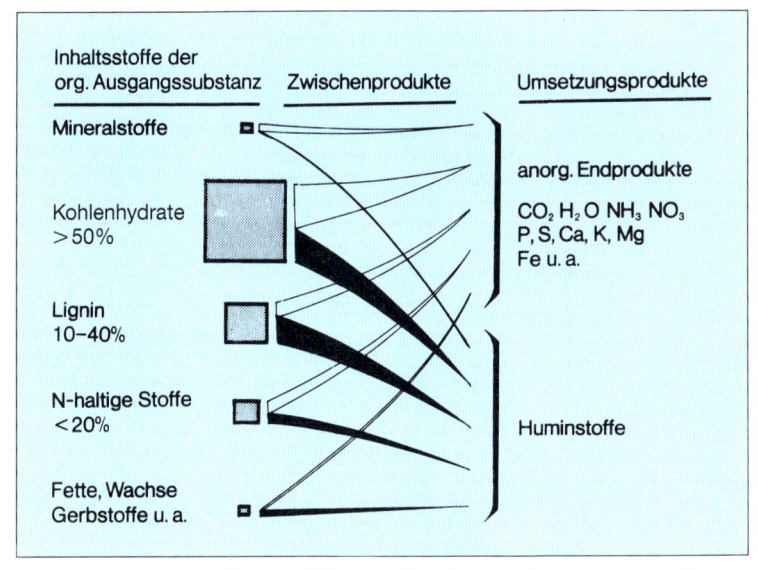

Inhaltsstoffe der org. Ausgangssubstanz	Zwischenprodukte	Umsetzungsprodukte
Mineralstoffe		anorg. Endprodukte CO_2 H_2O NH_3 NO_3 P, S, Ca, K, Mg Fe u. a.
Kohlenhydrate >50%		
Lignin 10–40%		
N-haltige Stoffe <20%		Huminstoffe
Fette, Wachse Gerbstoffe u. a.		

Zersetzen sich Garten-, Haus- und Küchenabfälle, Stroh, Stallmist usw. zu gasförmigen Stoffen, Wasser und Mineralien (Pfeile aus Umrißlinien)? Oder bilden sich fruchtbare, schwarzbraune Humusstoffe (schwarze Pfeile)? Das hängt davon ab, in welcher Kombination Luft (Sauerstoff), Wasser, Wärme und Nährstoffe bei der Umsetzung im Boden oder im Kompost beteiligt sind. (Nach Schroeder, Bodenkunde in Stichworten)

der Pflanze wieder abgeben können (→ Austauschkapazität); sie sind dunkelbraun bis schwarz gefärbt, verbessern dadurch den Wärmehaushalt des Bodens. Huminsäuren bilden mit Calcium und anderen Metallen Salze = Humate. – Die Humine sind schwarze, schwachsaure, sehr dauerhafte Humusverbindungen, die mit den → Tonmineralien zusammen → Ton-Humus-Komplexe bilden. – Alle Huminstoffe sind chemisch kompliziert gebaut, Übergänge zwischen genannten 3 Hauptgruppen sind fließend. – NUTZANWENDUNG. → Boden, → C/N-Verhältnis. → Düngung, → Gründüngung, → Kompost.

Humusdünger → Organische Handelsdünger.

Hunde → Tierhalterhaftung.

Hundskamille, *Anthemis*. Korbblütler, *Compositae*. ○–◐ ♃ △ ✕. C. 100 Arten in Europa, besonders im Mittelmeergebiet. Stauden mit gefiederten oder fiederschnittigen Blättern und weißen oder gelben, margeritenähnlichen Blüten. – *A. biebersteiniana*. Bekannte Art mit straffen Stengeln. Blätter doppeltfiederschnittig, grauseidig behaart. Blüten gelb. Liebt Halbschatten. V–VII, 20 cm. *A. b.* var. *rudolphiana*, ähnlich, aber härter, Blüten goldgelb. – *A. carpatica*, Alpen, Karpaten, Balkan. Stengel ansteigend, Blätter doppelt fiederteilig, grün. Blüten weiß mit gelber Mitte. VII–VIII, 10–15 cm. – *A. tinctoria*, Färberkamille, Mittel- und Südeuropa, Westasien. Stengel filzig behaart, verzweigt. Blätter doppelt gefiedert, graugrün, Unterseite behaart. Blüten bis 4 cm groß, einzeln auf langen Stielen, goldgelb mit gelben Scheibenblüten. 'Grallagh Gold', mit größeren, goldgelben Blüten, Blätter feiner gefiedert; 'Perrys Var.', zitronengelb. VII–VIII, 30 bis 60 cm. – Verwendung der niedrigen Arten im Alpinum, der höheren im Stauden- und Heidegarten und zum Schnitt. Boden trocken, sandig-humos. Vermehrung durch Teilen und Aussaat.

Hundszahn, *Erythronium*. Liliengewächse, *Liliaceae*. ○–◐ ♃ △. 15 Arten in Nordamerika, 1 in Europa. Die Zwiebel der heimischen Art ähnelt einem Hundszahn. Manche haben schön gefleckte Blätter, alle interessante Blüten. – *E. dens-canis*, Europa, Sibirien, Japan, in Süddeutschland heimisch. Hauptzwiebel eiförmig-zylindrisch mit dicht sitzenden Nebenzwiebeln. Blätter länglich, blaugrün mit rötlichen Flecken. Blütenschaft einblütig, Blüte nickend, Blütenblätter zurückgeschlagen, alpenveilchenähnlich, lilarosa. 'Charmer', weiß mit braunem Grundfleck, lila schattiert; 'Lilac Wonder', königspurpur, Basalfleck schokoladenbraun; 'Pink Perfection', frühblühend, reinrosa; 'Schneeflocke', reinweiß. III–IV, 10–20 cm. – *E. grandiflorum*, westliches Nordamerika. Zwiebel länglich-eiförmig. Blätter gestielt, breit, grün. Blüten nickend, einzeln, gelb mit dunkelroten Staubbeuteln. IV–V, 30–50 cm. – *E. oregonum* (*E. giganteum*), nordwestliches Nordamerika. Blätter grün, Blüten cremefarbig mit gelber Mitte und weißen Staubbeuteln. IV–V, 50 cm. – *E. revolutum*, Kalifornien, Oregon. Blätter grün, hellbraun gefleckt. Blüten rosa bis weißlich, einzeln oder zu zweit. 'Kondo', schwefelgelb mit brauner Mitte; 'Rose Beauty', Blätter dunkelbraun marmoriert, Blüten dunkelrosa; 'White Beauty', wüchsig, Blätter grün mit grober, netzartiger Zeichnung. Blüten weiß mit gelber Mitte. Reichblühend. IV–V, 15–25 cm. – *E. Hybride* 'Pagoda' (*E. tuolumnense* × *E. revolutum* 'White Beauty'). Schöne Sorte, hellgelb, in der Mitte mit braunem Ring, apart. IV–V, 30 cm. – Verwendung im Steingarten, zwischen Gehölzen und anderen Kleinblumenzwiebeln und Stauden. Boden humos, durchlässig. Vermehrung durch Aussaat, die Sorten durch Brutzwiebeln.

Hundszunge, *Cynoglossum*. Boretschgewächse, *Boraginaceae*. ○–◐ ⊙ |: ✕ Bie. Im gemäßigten Europa weit verbreitet ist *C. amabile*. Als einjährige Beetpflanze, hin und wieder auch für den Schnitt und als Bienenweide in Kultur. Hat eine gewisse Ähnlichkeit mit Vergißmeinnicht. Die Blüten der Sorte 'Firmament' sind indigoblau. Liebt sonnigen bis halbschattigen Standort und nicht zu trockene und nährstoffreiche Böden. Blüte etwa VI–VIII. *C. nervosum*, Himalaja, ausdauernd, mit buschig aufrechten Trieben und lanzettlichen Blättern. Blütenstände in kleinen Dolden und sehr reich an enzianblauen Blüten. Anspruchsloser Dauerblüher, schön mit Sommerprimeln zusammen, VI–VIII, 40–60 cm. Aussaat III–IV direkt an Ort und Stelle in Reihen von ca. 25–30 cm. Wuchshöhe etwa 40 cm. Samt oft selbst aus.

Hundszahn, *Erythronium dens-canis*. (Herbel)

Gartenhyazinthe, *Hyazinthus orientalis*. (Dr. Jesse)

Hungerblümchen, *Draba.* Kreuzblütler, *Cruciferae.* ○ ⚃ △ △ Bie Lie. Über 200 Arten, die wichtigsten in Europa, andere in Asien und Amerika. Kleine, rasenbildende Pflänzchen mit gelben oder weißen Blüten, schon früh blühend. – *D. aizoides,* Alpen, Pyrenäen. Blätter linealisch, in einer Rosette, polsterbildend. Blüten in kleinen, gelben Dolden an verhältnismäßig langen Stengeln. III–IV, 5–10 cm. – *D. bruniifolia (D. olympica hort.),* Kaukasus, Kleinasien. Schöne Art, deren kleine Rosetten einen moosartigen Rasen bilden. Blüten in lockerer Traube, groß, goldgelb. IV–V, 8 cm. – *D. lasiocarpa (D. aizoon),* Alpen, Karpaten. Kräftige Art, Blätter linealisch in dichten Rosetten, dichte Rasen bildend, Blüten gelb. IV–V, 15–20 cm. – *D. sibirica (D. repens),* Kaukasus bis Sibirien. Wuchernder Wuchs mit kriechenden, wurzelnden Ausläufern. Blüten klein, gelb. V–VI, 8–12 cm. – Verwendung im Alpinum, Stein- und Troggarten. Boden nicht zu leichter, schottriger Humusboden. Vermehrung durch Aussaat und Teilung.

Hutchinsia → Gemskresse.

Hyazinthe, *Hyazinthus.* Liliengewächse, *Liliaceae.* ○-◐ ⚃ ⫶ △ ⛋ D. Benannt nach Hyakinthos, einer mythologischen, griechischen Sagengestalt. Etwa 30 Arten in Mittelmeerländern und Orient. Zwiebelpflanzen mit grundständigen, lineal- bis riemenförmigen Blättern. Blüten in lockerer bis dichter Traube, meist stark duftend. – *H. amethystinus,* heute *Brimeura amethystina,* Pyrenäen. Blätter aufrecht, schmallineal. Blüten in lockerer Traube,

Hyazinthen, auf Glas getrieben. (Dr. Jesse)

schmal, leuchtendblau. 'Alba', weiß. V–VI, 20–25 cm. Schöne Wildhyazinthe, wertvoll durch die späte Blüte. – *H. orientalis,* Gartenh., östliches Mittelmeergebiet. Bekannte Gartenpflanze mit dichten, walzenförmigen Blütenständen. Viele Sorten. Weiß: 'Arentina Arendsen', früh, 'Blizzard', spät. Gelb: 'City of Haarlem', primelgelb, spät; 'Prins Hendrik', gelb, früh. Lachsorange: 'Gipsy Queen', dunkellachsorange, mittelfrüh; 'Nankeen', orangegelb, spät. Rosa: 'Anne Marie', hellrosa, früh; 'Coral Bells', mittelrosa; 'Marconi', dunkelrosa, spät. Rot: 'Jan Bos', brillantrot, früh; 'La Victoire', hellkarmin, früh; 'Tubergens Scarlet', dunkelrot, früh. Hellblau: 'Cote d'Azur', porzellanblau, mittelfrüh; 'Myosotis', vergißmeinnichtblau, spät. Dunkelblau: 'Ostara', dunkelblau; 'Queen of the Blues', reinblau. Violett: 'Lord Balfour', rotviolett; 'General Eisenhower', indigoblau, spät; 'Mulberry Rose', magentarot, heller Rand. – Gefüllte Sorten: Mit mehreren Blütenblättern ineinander. 'Ben Nevis', reinweiß; 'Chestnut Flower', hellrosa; 'Dreadnought', blau; 'Hollyhock', scharlach; 'Prins Albert', mittelrosa; 'Sunflower', chromgelb, innen orange. – Mehrblütige Fairy-H., Pflanzen mit mehreren Blütenständen und lockerblütigen Trauben: 'Borah', porzellanblau; 'Rosalie', hellrosa; 'Schneewittchen', weiß; 'Vanguard', hellblau. IV, 20–30 cm. – VERWENDUNG. Kleinblumige im Steingarten und zum Verwildern vor Gehölzen. Die Gartenh. auf symmetrischen Beeten oder in Schalen, Balkonkästen, Töpfen usw. Pflanzzeit IX–X, nicht in nasse Erde. Danach etwa 10 cm hoch abdecken mit Torf oder kurzem Stroh. Boden durchlässig, nicht frisch gedüngt. Vermehrung durch Seitenzwiebeln oder in Spezialbetrieben durch Brutzwiebeln. Im Garten blühen sie meist nur das erste Mal sehr schön, danach gehen sie meist zurück, wenn die Zwiebelbildung nicht besonders gefördert wird. – TREIBEN: Dazu besonders geeignet sind ‚präparierte' und die 'Herold-Hyazinthen'. Zum Treiben in Töpfen legt man sie im IX–X, stellt diese in ein ausgegrabenes Beet, so daß sie nachdem etwa 15 cm mit Erde bedeckt werden können. Durchwurzeln am besten bei 10–12°C. Präparierte H.n kann man schon ab Anfang XII zu Weihnachten treiben, die andern erst ab I. Die Qualität der Blüten hängt sehr von der Zwiebelgröße ab.

Hyazinthella = *Muscari azureum* → Traubenhyazinthe.

Hyazinthus → Hyazinthe.

Hydrangea → Hortensie.
Hydrocharis → Froschbiß.
Hydrokultur, Wasserkultur, entstanden aus wissenschaftlichem Versuchswesen, besonders aus Gefäßversuchen mit Nährstoff-Lösungen. Später übertragen auf Wasserbecken; sensationelle Berichte nach 2. Weltkrieg über Truppenverpflegung mit Frischgemüse (Vitamine!) auf Felseninseln des Stillen Ozeans durch H. Vor- und Nachteile der H. heben sich weitgehend auf. – VORTEILE. Pflanzenbau auch in Extremsituationen möglich, wo Erdkultur weitgehend ausgeschlossen (Gebäude, Dachgärten, Hochgebirge u. ä.); Nährstoffe u. a. Wachstumsfaktoren lassen sich steuern. – NACHTEILE. Hohe Anlagekosten, alle Wachstumsfaktoren müssen ständig überwacht und korrigiert werden (Konzentration der Salzlösung muß immer zwischen 0,1 und 0,3 % liegen), Pflanzen werden nicht entsprechend Intensität der Assimilation ernährt, weil nicht Mikroorganismen die Nährstoffaufnahme nach biologischer Aktivität beeinflussen; Inhaltsstoffe der Pflanzen sind nicht vollkommen entsprechend Erbanlagen zusammengesetzt; Hormone, Humus- und Wuchsstoffe, die die Pflanze in organischer Form aufnimmt, fehlen; Saatguteigenschaft und Keimfähigkeit als Anzeiger dieser Qualitätsmerkmale auf die Dauer gemindert, dadurch auch Nahrungswert der Pflanzen. Ernährungsstörungen durch Spurenelementemangel (→ Eisen, → Mangan). Gefäße und Substrate müssen nach jeder Ernte von Wurzelresten gesäubert und desinfiziert werden. Nährstoffzufuhr läßt sich nicht genügend an die Bedürfnisse der Pflanzenarten und an ihre besonderen Bedürfnisse in Wachstumsstadien, wie Blüten-, Knollen- und Fruchtbildung, anpassen. – H. für Zimmerpflanzen: Seit Mitte der siebziger Jahre wird die Hydrokultur der Zimmerpflanzen in immer größerem Umfang durchgeführt. Verschiedene Gründe sind dafür maßgebend: 1. Die Pflanzen werden nicht mehr ausgewaschen, sondern bereits erdfrei herangezogen. Dadurch fallen die Anwachsstörungen weg, welche regelmäßig bei ausgewaschenen Pflanzen früher oder später auftreten. 2. Die Düngung ist durch Verwendung von Düngern auf Ionenaustauscher-Basis sehr vereinfacht. War es früher notwendig, alle Monate oder alle zwei Monate vollständig abzusaugen und mit neuer Nährlösung nachzufüllen, muß man das bei den Ionenaustauschern nur mehr alle sechs Monate machen. Dazwischen wird in beiden Fällen reines Wasser nachgefüllt, bei den Ionenaustauschern nicht zu weich (keinesfalls enthärtet!). 3. Die Zubehörindustrie liefert ein sehr reichhaltiges Programm von Gefäßen und Behelfen für die Hydrokultur, die eine Auswahl ermöglichen und auch ein Austauschen von Pflanzen in beschränktem Rahmen ermöglichen. 4. Literatur ist reichlich vorhanden.

Durch die gleichmäßigere Wasserversorgung ist es sogar möglich, schwierigere Zimmerpflanzen in Hydrokultur leichter fortzubringen als in Erdkultur, wo als weiterer Unsicherheitsfaktor noch die Feuchtigkeit hinzukommt.

Drucksprühgeräte (Hydronetten) aus hochwertigem Kunststoff. Links 5 Liter Inhalt auf Tragriemen, Mitte Kolbenrückenspritze 17 Liter, rechts 7,5 Liter Inhalt. Mit Spezialsieb und -düse, auch für Spritzbrühen aus Kräutern. (Mesto)

Hydronette, zum Pflanzenschutz, auch gegen Rasenunkräuter, -krankheiten und -schädlinge, Spritzgerät für kleinere Flächen. Der Behälter (5 oder 10 l) hat Traggurt zum Umhängen. Das Mantelrohr hat zwei Pumpgriffe und oben einen Zerstäubereinsatz mit auswechselbaren Düsen. Bedienung leicht.
Hygrometer, Haarh., Gerät zur Messung der Luftfeuchtigkeit. Im H. befinden sich entfettete Frauenhaare, die sich bei Luftfeuchtigkeit ausdehnen und bei Lufttrockenheit zusammenziehen. Die Schwankungen werden auf einen Zeiger übertragen und auf einer Skala angezeigt. Unentbehrlich zur Steuerung des Klimas im → Kleingewächshaus.
Hygromull → Schaumstoffe.
Hygropor → Schaumstoffe.
Hylomecon → Japanischer Mohn.
Hypericum → Hartheu.
Hyperphosphat, weicherdiges → Rohphosphat, fein vermahlen, 26 % P_2O_5 als Mindestgehalt. Weitere Gehalte 45 % Calciumoxid (CaO) und Spurenelemente. Auch gekörnt (granuliert) und mit 7 % Magnesiumoxid (MgO). → Mineraldünger (Phosphatdünger).
Hypocyrta → Kußmäulchen.
Hystrix → Flaschenbürstengras.

I

Iberis → Schleifenblume.
Igel, größter Vertreter der Säugetierordnung Insectivora, → Insektenfresser. Mit Stachelkleid und Einrollvermögen. Nächtlich lebender Vertilger von Schnecken, Insekten und Mäusen, somit sehr nützlich. Für seinen Winterschlaf sollte man einen Zugang zum Komposthaufen sowie Laub- und Reisighaufen an geschützten Stellen anbieten.
Igelginster, *Erinacea*. Schmetterlingsblütler, *Leguminosae*. Nur eine Art, in Südwesteuropa und Nordafrika. – *E. pungens (E. anthyllis)*. ○ ♄ IV–V △ ⌢. Kleiner, bis 30 cm hoher, borniger Kugelbusch mit stechenden Zweigen und blauvioletten Blüten. – Ansprüche: Warme, sonnige Lagen mit durchlässigem, am besten steinigem Boden. Wird mit Vorteil so gesetzt, daß er von größeren Steinen eingeklemmt ist. Schöner und seltener alpiner Zwergstrauch, der zum guten Gedeihen Erfahrung des Pflegers voraussetzt. Vermehrung: Wenn Samen zu bekommen ist, durch Aussaat. Sehr schwierig gehen Stecklinge, leichter wachsen Ableger.

Igelkuppel mit Isolierboden, ersetzt Nistplätze wie hohle Bäume, aufgesetzte Holzstöße oder dichtes Gebüsch. Innendurchmesser 44 cm. Gewicht 16,5 kg. (Schwegler)

Igelkaktus → Kakteen 11.
Igelkolben, *Sparganium*. Igelkolbengewächse, *Sparganiaceae*. ○–◐ ⚇ ♄ ∿. Heimische, ausläufertreibende Sumpf- und Wasserpflanzen mit igelförmigem Blütenstand. – *S. erectum (S. ramosum)*, Ästiger I., Asien. Im Wasser flutende Blätter bandförmig, sonst unten dreikantig. Blütenstand aufrecht, rispig verzweigt, Blütenkugeln grünlichweiß, stachelig. VII–VIII, 50 cm. – *S. simplex*, Einfacher I., Europa, Asien, Nordamerika. Ebenfalls heimisch und dem vorigen ähnlich, jedoch mit unverzweigten Stengeln. VII–VIII, 50–60 cm. – Verwendung in flachem, bis 20 cm tiefem Wasser, an Teichufern und in Becken. Boden sumpfig-lehmig. Vermehrung durch Aussaat und Teilung.
Igelpolster, *Acantholimon*. Bleiwurzgewächse, *Plumbaginaceae*. ○ ⚇ ⌢ △ ⌢ Lie. – Etwa 100 steppenbewohnende Arten in Kleinasien bis Persien. Dichte, dem Boden anliegende Polster mit grasartigen, stechenden Blättern und kleinen, trichterförmigen Blüten mit 5 Abschnitten. Hier nur die beiden am leichtesten zu haltenden Arten. – *A. glumaceum*, Armenien. Bekannteste Art mit grünen, stacheligen Polstern und nadelartigen Blättern. Blüten über den Blättern, lilarosa mit dunklen Nerven. VII–VIII, 15–20 cm. – *A. olivieri (A. venustum)*, Kleinasien. Starre, blaugrüne Polster mit flachen, stechenden Blättern. Blütenschaft über dem Polster mit einseitiger Blütenähre, hell- bis dunkelrosa. VII–VIII, 20 cm. – Verwendung im Stein- und Troggarten. Boden lehmiger Sand mit Steinsplit, trocken, durchlässig. Vermehrung durch Anhäufeln und Stecklinge. Nur aus Töpfen pflanzen.
Igel-Säulenkaktus → Kakteen 8.
Ikebana, aus der japanischen Sogetsu-Schule hervorgegangene Kunst des Blumenarrangierens, die ihren Ursprung im Blumenopfer in buddhistischen Tempeln hat. Grundprinzip beruht auf dreidimensionaler Anordnung von Blumen und Hilfsmitteln in fünf Grundstilen.
Ilex → Stechpalme.
Immergrün, Singrün, *Vinca*. Hundsgiftgewächse, *Apocynaceae*. ◐–● ⚇–♄ ǀ: ♁. Rund 12 Arten in Europa, Ostasien und in den Tropen. Staudige bis halbstrauchige Pflanzen, niederliegend oder aufrecht, mit ansehnlichen Blüten in den Blattachseln, Krone fünfteilig mit langer Kelchröhre. WINTERHARTE ARTEN: *V. major*, Mittelmeerraum, Nordafrika. Junge Triebe aufrecht, später liegend, nicht wurzelnd. Blätter gegenständig, oval-lanzettlich, lederartig, dunkelgrün, glänzend. Blüten groß, hellblau. 'Reticulata', gelb geaderte Blätter; 'Variegata', weiß oder gelb gerandete bis gesprenkelte Blätter. Nicht immer winterhart, besonders nicht die buntlaubigen Sorten. IV–V, 30–50 cm. – *V. minor*, Mittel- und Südeuropa, Kaukasus. Triebe lang, niederliegend, an den Knoten wurzelnd. Blätter elliptisch, glänzend, dunkelgrün, lederartig. Blüten kleiner als bei *V. major*, blau. 'Alba', Blüten weiß; 'Bowles Var.', tiefblau, sehr großblumig; 'Flore Pleno', gefülltblühend, blau; 'Rubra', rötlichviolett; 'Va-

riegata', weißbunte Blätter, härter als *V. major*. IV–V, 10–15 cm. – Verwendung als Bodendecker in Gehölzpflanzungen, für die Begrünung von Schattenpartien, *V. minor* auch für Gräber. Boden locker, humos. Vermehrung durch Abtrennen bewurzelter Triebe, Stecklinge und Teilung. ZIMMERPFLANZEN ODER SOMMERBLUMEN. *V. rosea*, richtig heute *Catharanthus roseus*, tropischer Kosmopolit. Wuchs aufrecht, verzweigt. Blätter länglich, stumpf, dunkelgrün mit heller Mittelrippe, unterseits blasser. Blüten in den Blattachseln, fast das ganze Jahr blühend. Nur Züchtungen im Handel. 'Alba', weiß; 'Alba Oculata', weiß mit karminrotem Auge; 'Kermesina', karmesinrot; alle 25–40 cm hoch; 'Compacta Bright Eye', weiß mit rotem Auge; 'Coquette', tiefrosa, beide 15–20 cm. – Verwendung als Topf- und Beetpflanzen, für hellen bis halbschattigen Stand. Boden: Einheitserde oder mittelschwere, humose Topferde. Vermehrung durch Aussaat im I–III, danach pikieren und eintopfen. Auspflanzen auf Beete Mitte V. Damit sich die Pflanzen gut verzweigen, muß man 1– oder 2mal stutzen. Besonders buschige Exemplare durch Zusammenpflanzen von 3 Stecklingen und Stutzen erzielbar.

Immergrüne Stauden, Stauden, die in allen Jahreszeiten ihr grünes Blattwerk behalten und nur nach Vollentwicklung neuer Triebe ältere Blätter abstoßen.

Acaena buchananii
  – *glauca*
  – *microphylla*
Arabis procurrens × *suendermannii*
Aubrieta 'Blue Emperor'
  – 'Neuling'
  – *tauricola*
Bergenia cordifolia
Dianthus caesius
  – *plumarius*
Helianthemum-Hybriden
Helleborus hybridus
Helleborus niger
Iberis sempervirens
Lamium galeobdolon 'Florentinum'
Lavandula angustifolia
Pachysandra terminalis
Santolina pinnata
  – *tomentosa*
Saxifraga × *arendsii*
  – *umbrosa*
Sedum album
  – *hybridum* 'Immergrünchen'
  – *spurium*
Sempervivum
Vinca major
  – *minor*
Yucca filamentosa

Impatiens → Springkraut.

Immergrün, *Vinca minor*. (Seidl)

Imprägnierungsmittel, zum Haltbarmachen von Holzzäunen, Pfählen und dgl. – Spezialmittel zum Schutz von Frühbeetkastenbrettern und Fensterrahmen, Stellagen und Pikierkästchen. Wirkstoffe müssen pflanzenunschädlich sein. → Holzimprägnierung.

Incarvillea → Freilandgloxinie.

Indianernessel, Goldmelisse, *Monarda*. Lippenblütler, *Labiatae*. ○–◐ ♃ ✂ D Bie. Etwa 18 Arten in Nordamerika. Bedeutung haben heute nur die Hybriden. Hohe Stauden mit kantigen Stengeln und gegenständigen, spitz-eiförmigen, am Rand regelmäßig gezähnten Blättern. Ganze Pflanze aromatisch duftend, aus den Blättern Tee (Goldmelissentee) und von den Blüten Sirup. Blüten in Quirlen, oft umgeben von hochblattartig gefärbten, kleinen Laubblättern. – *M. Hybriden* (*M. didyma* × *M. fistulosa*). Langblühende Züchtungen, die sich vielseitig verwenden lassen, mit geschlossenem Wuchs. 'Adam', frühblühend, karminrot, 100 cm; 'Blaustrumpf', spät, dunkellila, 120 cm; 'Cambridge Scarlet', früh, leuchtendrot, 100 cm; 'Croftway Pink', mittelfrüh, reinrosa, 100 cm; 'Donnerwolke', mittel, purpurviolett, 120 cm; 'Melissa', mittel, kräftig rosa, 100 cm; 'Morgenröte', niedrig, weinrot, 90 cm; 'Präriebrand', mittelfrüh, sehr gut, leuchtend dunkelkarmin, 120 cm; 'Prärienacht', spät, kräftig lila, 100 cm; 'Sunset', früh, purpurrot, 100 cm. VII–IX. – Verwendung im Staudenbeet, Heidegarten, vor oder zwischen lichten Gehölzen und zum Schnitt. Boden: Jeder Gartenboden, ob trocken oder feucht. Vermehrung durch Stecklinge und Teilen im Frühjahr.

Indigolupine → Färberhülse.

Indische Erdbeere, Trugerdbeere, *Duchesnea*. Rosengewächse, *Rosaceae*. ○–◐ ♃ ⚤ ⌇ ∧ ⚘. Nur 2 Arten in Südasien. Ähnlich der Erdbeere, mit dreizählig gefingerten Blättern und langen Ausläufern. – *D. indica* (*Fraga-*

Indianernessel, *M.*-Hybriden 'Adam'. (Seidl)

ria i.), Indien, Ostasien, in den Tälern der Südalpen verwildert. Blüten gelb, Früchte kugelig, der Erdbeere sehr ähnlich, aber fad süßlich im Geschmack, leuchtend rot. Blüten VI–IX, Früchte VII–X, 10 cm. – Verwendung als Bodengrüner, für Trockenmauern und als Ampelpflanzen für den Balkon. Boden: Lockerer Humusboden, mit Torf aufgelockert. Vermehrung durch Ausläuferpflanzen und Aussaat.

Inkalilie, *Alstroemeria*. Amaryllisgewächse, *Amaryllidaceae*. ○–◐ ♃ ∧ ⚘. Rund 60 Arten in Südamerika. Pflanzen mit fleischigen, knolligen Wurzeln. Triebe aufrecht, reich beblättert. Blätter lanzettlich, dünn. Blüten in Dolden oder Trauben am Triebende, lilienähnlich, aber kleiner. Die beiden oberen, inneren Blütenblätter meist mit dunklen Längsstrichen. Heute im Gartenbau schon zahlreiche neue Hybriden für Schnittblumen angebaut. *A. aurantiaca* (*A. aurea*), Chile. Straffe, aufrechte Triebe, dicht beblättert. Blüten in reichblütiger Dolde, orange. Obere Blütenblätter heller, mit dunklen Strichen. 'Orange King', hellorange, dunkel gestrichelt. VI–IX, 60–120 cm. – *A. haemantha* (*A. pulchella*), Chile. Blätter unterseits graugrün. Blüten lebhaft rot, innere Blütenblätter rötlichgelb, dunkelrot gestrichelt. VI–VII, 60–90 cm. – *A. ligtu*, Chile. Niedriger, mit oft verzweigter Blütendolde. Blüten grünlichweiß, rosa bis blaßlila und blaßrot. VI–VII, 40–60 cm. – *A. Ligtu-Hybriden* (*A. ligtu* × *A. haemantha*). Gute Winterhärte und reich blühend. Blätter bläulichgrün, verzweigte Blütenstiele. Blüten weißlich, rosa, lila bis rot, obere Blütenblätter dunkel gestrichelt. VI–VIII, 50–80 cm. – Verwendung im Staudenbeet, vor Gehölzen, in Rabatten, vor allem aber als hübsche, haltbare Schnittblumen. – Boden durchlässig, sandig, warm. Im ersten Jahr nach dem

Insectivoren

Inkalilie, *Alstroemeria*. (Herbel)    Kobrapflanze, *D. californica*    Venusfliegenfalle, *D. muscipula*

Pflanzen etwa 20 cm hoch mit Torf, Laub oder kurzem Stroh abdecken. In den kommenden Jahren sind sie härter.
– Vermehrung durch Teilen, Aussaat. Die Samen keimen nur, wenn sie 6–8 Wochen bei Temperaturen von 6–10°C gestanden haben. Oder im Herbst direkt in Reihen auf Beete säen.
Insectivoren → Insektenfresser.
Insekten, die weitaus umfangreichste Tiergruppe. Viele Arten → Schädlinge oder → Nützlinge. Von den gewöhnlich mit vier Beinpaaren versehenen Spinntieren (→ Milben, → Spinnen) durch nur drei Beinpaare sowie dreigegliederten Körper (Kopf, Brust, Hinterleib) unterschieden; meist geflügelt. Niedere Insekten (→ Maulwurfsgrille, → Thripse, → Schnabelkerfe) mit nur drei Stadien: Ei, Larve, fertiges Insekt; Larven sehen dem fertigen Insekt sehr ähnlich. Höhere Insekten (→ Hautflügler, → Käfer, → Schmetterlinge, → Netzflügler, → Zweiflügler) mit vier Stadien: Ei, Larve, Puppe, fertiges Insekt; Larven sehen dem fertigen Insekt nicht ähnlich.
Insektenblütige Pflanzen, Pflanzen, die in ihrer Fortpflanzung (Blütenbestäubung) auf bestimmte Insekten angewiesen sind und diese durch Farbe, Duft und Produktion von Blütennektar anlocken. Auf dem Weg zum Nektar bepudern sich die Insekten mit Blütenstaub, den sie an den Befruchtungsorganen (Stempel) der nächsten Blüte abladen.
Insektenfresser (Insectivoren), urtümliche Ordnung von Säugetieren, die sich im oder am Boden von Insekten und anderen kleinen Tieren (der Igel auch von Mäusen) ernähren. In Europa drei Gruppen: → Spitzmäuse, → Maulwurf und → Igel. Mit Ausnahme des umstrittenen Maulwurfs rein nützlich.
Insektenpulver → Pyrethrum.
Insektivoren. Spezialisierte Pflanzen, die Standorte bewohnen, wo ihnen wenig Stickstoff zur Verfügung steht: sau-

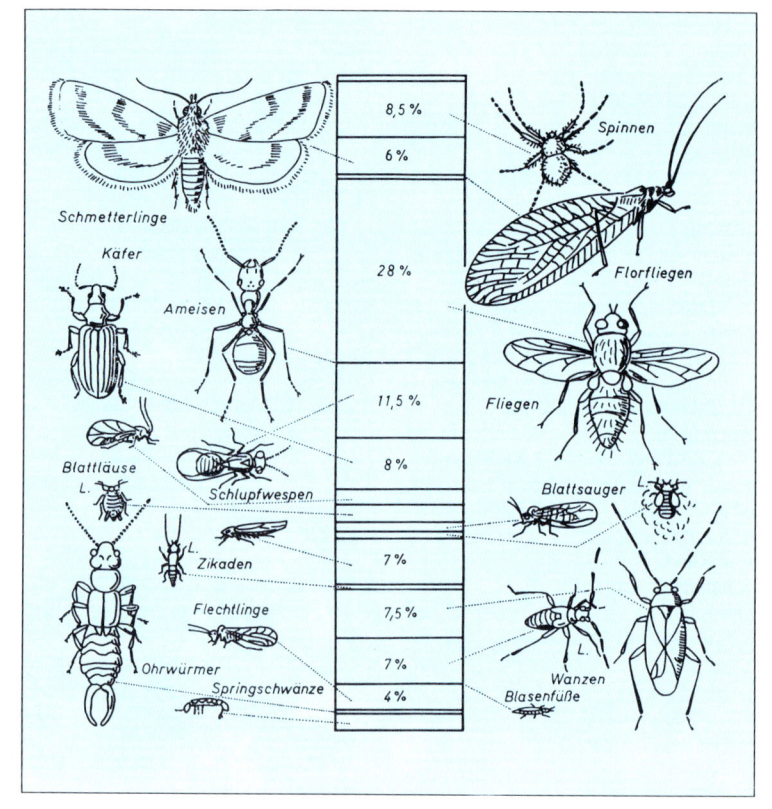

Die verschiedenen Insektengruppen, einschließlich Spinnen, und ihre Häufigkeit auf einem unbehandelten Apfelbaum (L = Larven). Auf älteren, unbehandelten Hochstämmen dürften bis zu 20000 Tiere aus rund 1000 Arten vorkommen. (Nach Dr. Hans Steiner)

So verschiebt sich der Anteil an Nützlingen, Schädlingen und Indifferenten durch die Behandlung mit Insektiziden (Mitte) und Fungiziden (rechts). Links unbehandelt. (Nach Dr. Hans Steiner)

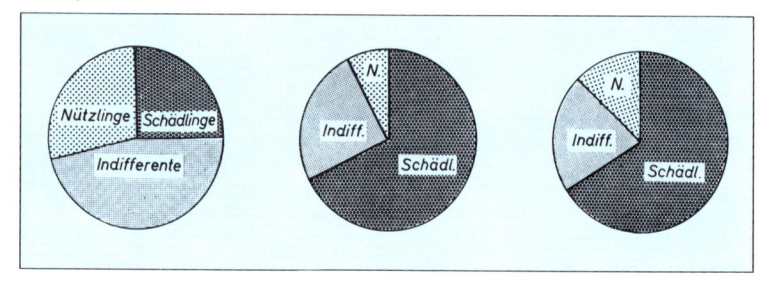

Instandhaltungsschnitt

Sonnentau, *Drosera rotundifolia*

Kannenstrauch, *Nepenthes alata.* (Seidl)

Fettkraut, *Pinguicula moranensis*

re Hochmoore, sumpfige Wiesen, Astgabeln. Sie fangen und verdauen kleine Tiere, aus deren Eiweiß sie den Stickstoff in ihren Körperhaushalt übernehmen. Alle sind schöne, interessante Pfleglinge (die nicht gefüttert werden müssen!) und werden in der letzten Zeit sehr häufig im Handel angeboten. – Im Folgenden werden die wichtigsten gehandelten Gattungen besprochen.

1. Darlingtonia, Kobraschlauchpflanze oder Kobrapflanze. Schlauchpflanzengewächse, *Sarraceniaceae*. 1 Art im westlichen Nordamerika. – *D. californica*. Pflanze mit kurzem Wurzelstock. Blätter schlauchartig, an der Spitze überwölbt, dort Mundöffnung, vor der ein zweispaltiges Anhängsel als Landeplatz hängt. Im überwölbten Teil finden sich Fensterflekken. Blüten einzeln, an einem 30 cm hohen Schaft, grüngelb bis braunrot, fünfteilig. – Kultur und Vermehrung wie *Sarracenia*.

2. Dionaea, Venusfliegenfalle. Sonnentaugewächse, *Droseraceae*. 1 Art im östlichen Nordamerika. – *D. muscipula*. Blätter in grundständigen Rosetten. Sie bestehen aus einem verbreiterten Blattstiel und der zweiteiligen Fangklappe, die am Rand steif bewimpert ist. Auf der Fläche der Fangklappe finden sich jeweils 3 Borsten, deren Berührung den Fangvorgang, das Schließen der Klappe, einleitet. Das geht sehr rasch vor sich. Im Winter und bei schlechten Bedingungen bilden sich keine Fangklappen, sondern nur verbreiterte Blattstiele. Blüten klein, weiß. – Kultur wie *Sarracenia*. Vermehrung durch Aussaat und Abnahme der Blätter, die als Blattstecklinge bewurzelt werden können.

3. Drosera, Sonnentau. Sonnentaugewächse, *Droseraceae*. Etwa 85 Arten, vor allem auf der Südhalbkugel. Rosettenkräuter oder Kräuter mit Sprossen. Blätter dicht mit meist rot gefärbten Drüsen besetzt. Sie sondern ein Sekret aus, auf dem die Tiere klebenbleiben. Die Drüsen bewegen sich aktiv zur klebengebliebenen Beute hin, sie beugen sich. – WINTERHARTE ARTEN. Meist Bewohner von Hochmooren. Wichtige Arten sind *D. rotundifolia, D. anglica* und *D. intermedia*. – NICHT WINTERHARTE ARTEN. Meist aus Südafrika oder Australien, dort auch auf Sandböden. Angeboten werden *D. binata, D. capensis* und *D. spathulata*. – Sonnentau-Arten sind leicht gedeihend, besonders in kleinen Aquarien. Sie brauchen helle, sonnige Standorte, viel Luft und hohe Luftfeuchtigkeit. Gezogen werden sie auf ungedüngtem, ungekalktem Torf. Gieß- und Spritzwasser muß kalkarm sein. Wintertemperaturen nicht zu hoch, 10–12 °C, sommers bei 20 °C. – Vermehrung durch Aussaat.

4. Nepenthes, Kannenpflanze, Kannenstrauch. Kannenpflanzengewächse, *Nepenthaceae*. Vor allem Sundainseln, ca. 70 Arten. Aufrecht bis kletternd. Die Kanne gehört zum Blatt. Blüten wenig auffällig, auf verschiedenen Pflanzen. – Meist Hybriden. – Warmhauspflanzen, wie Orchideen zu ziehen. Brauchen hohe Luftfeuchtigkeit, Mindesttemperatur 18 °C. – Vermehrung durch halbreife Stecklinge im Warmbeet bei 30 °C.

5. Pinguicula, Fettkraut. Wasserschlauchgewächse, *Lentibulariaceae*. Etwa 60 Arten, die meisten in Mexiko. Rosettenstauden mit klebrigen Blättern. Blüten veilchenähnlich, lang gespornt. – *P. moranensis* (*P. caudata*). Mexiko. Rosetten breitblättrig. Blüten bis 4 cm breit, rosapurpurn. – Temperiert bis warm, im Winter leichte Ruhezeit, dann besser kühler. Substrat aus Torf und Quarzsand mischen. – Vermehrung durch Aussaat oder Blattstecklinge.

6. Sarracenia, Schlauchpflanze. Schlauchpflanzengewächse, *Sarraceniaceae*. Etwa 20 Arten, viele Hybriden, aus feuchten, sumpfigen Gebieten des östlichen Nordamerika. Blätter schlauchartig, zu Rosetten gestellt. Schläuche oft sehr hoch, bis 60 cm, oft weiß, gescheckt oder bunt gefärbt, rot oder gelb, mit einer Deckelklappe. Blüten fünfteilig, lampionartig. – *S. flava*. Östliche USA. Schläuche lang, schlank, grünlichgelb. Blüten gelb. – *S. purpurea*. Gesamtes östliches Nordamerika. Schläuche gedrungen, breit, rot. Härteste Art. – Der ideale Kulturraum ist ein kalter Kasten oder ein kaltes Gewächshaus, im Zimmer sind sie nur bedingt haltbar (Aquarium, kühler Raum). Die Pflanzen werden in reinem Torf in Töpfen gezogen, diese stellt man in Plastikwannen aus, die mit Regenwasser gefüllt werden. Der Torf kann mit trockenem Kuhmist, Sumpfmoos, allenfalls Styropor gemischt werden. Sommers vertragen sie hohe Temperaturen und volle Sonne, sonst ist die Ausfärbung der Schläuche schlecht. Im Winter wollen sie kühl und etwas trockener gehalten werden. Die Schlauchblätter, oft ganz mit Insekten gefüllt, werden Anfang des Winters gekürzt, beim Umtopfen Ende Winter weggeschnitten. Die neuen Blätter entwickeln sich dann rasch. – Vermehrung durch Teilung oder Aussaat.

Insektizide, insektentötende chemische Mittel. Bis 1940 dominierten die anorganischen Insektizide, Hauptwirkstoff Arsen. Mit der Entdeckung des heute verbotenen DDT begann die Epoche der synthetisch-organischen Insektizide, die heute noch anhält. Jedoch haben die mit ihr verbundenen, immer stärker ins Auge fallenden umweltschädlichen Nebenwirkungen zum Umdenken gezwungen. Heute sollten nur noch umweltverträgliche Insektizide (→ Chemischer und → Biologischer Pflanzenschutz) verwendet werden.

Instandhaltungsschnitt → Obstbaumschnitt.

Integrierter Pflanzenschutz

Schlauchpflanze, *S. purpurea* (Seidl)

Integrierter Pflanzenschutz → Ökologischer Pflanzenschutz.

Intensivrasen, stark genutzter Rasen, wie Sportrasen, Spielrasen, strapazierter Wohngartenrasen (Parties, Spiele), Liegewiesen. I. hat im Gegensatz zum kaum betretenen Vorgartenrasen einen hohen Nährstoffbedarf. An Stickstoff braucht er je Saison, von III–XI, 36–40 g/qm Reinstickstoff. Organisch gebundener Stickstoff ist vorzuziehen. In der Pflege benötigt der I. zusätzlich zum Pflegeturnus ‚Mähen-Düngen-Beregnen' noch 4. Bodenlüftung oder Aerifizieren, z. B. Tief-Aerifizieren mit Bodenaustausch mit → Aerifiziergabel oder größerem → Aerifiziergerät und 5. Vertikalschnitte mit → Verticutierrechen oder größerem → Verticutiergerät.

Internationale Stauden-Union, I.S.U., Zusammenschluß westeuropäischer Staudengärtnereien, Mitglieder in der Bundesrepublik Deutschland, Belgien, Dänemark, England, Frankreich, Finnland, Holland, Norwegen, Österreich, Schweden, Schweiz.

Intersterilität, bei vielen Obstarten vertreten. Nicht alle Sorten mit funktionsfähigem Pollen vermögen andere Sorten zu befruchten. Daraus ergeben sich Intersterilitätsgruppen, z. B. beim Apfel: Jonagold × Golden Delicious, Blenheimer Goldrenette × Goldparmäne, Boskoop × Croncels, Kanada Renette × Goldparmäne; bei Birnen: Gute Luise × Williams Christ, Gute Luise × Seckle, Williams Christ × Seckle. Williams Christ, Esperens Herrenbirne, Laxtons Superb und Frühe aus Trevoux sind eine Intersterilitätsgruppe. Bei Süßkirschen sind intersteril: 1. Badeborner × Büttners Rote Knorpel, Dankelmann, Große Prinzessin, Große Schwarze Knorpel, Ochsenherzkirsche, 2. Ampfurter, Kunzes Kirsche, Maibigarreau, 3. Kassins Frühe × Spanische Weisse, 4. Napoleons Kirsche × Schneiders Späte Knorpel. In den meisten Ländern sind solche Intersterilitätsgruppen ermittelt, was bei der Sortenwahl berücksichtigt werden muß.

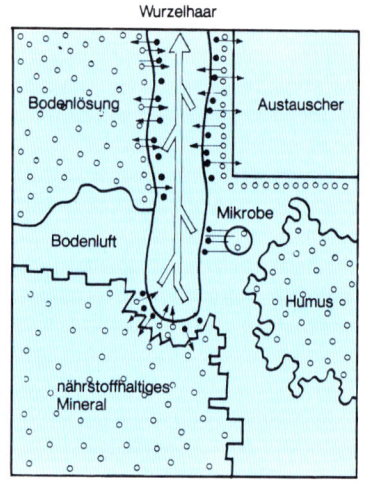

Intuition. Schöpferisch-kreatives Erkennen und Anschauen, das zusammen mit funktionellen Bindungen ausschlaggebend für einen Entwurf ist.

Inula → Alant.

Ionenaustausch, beruht auf der Fähigkeit von Bodenteilchen (Austauscher, kleiner als 0,002 mm), elektrisch geladene Molekülteile an ihren Oberflächen (Grenzflächen) festzuhalten und gegen andere in Mengen gleicher chemischer Wertigkeit bei Vorhandensein von Wasser auszutauschen. Da nur die an den Ober- bzw. Grenzflächen festgehaltenen Ionen austauschbar sind, nicht aber die *in* Humusstoffen oder in Mineralien eingelagerten, sind organische Stoffe und bestimmte Mineralien (→ Tonmineralien → Bentonit, → Montmorillonit) mit großen Oberflächen für die → Bodenfruchtbarkeit und → Pflanzenernährung entscheidend. – I. erfolgt nach Regeln: Als Recheneinheit dient das Milliäquivalent je 100 g = mval/100 g. 1 mval ist Atom- bzw. Molekulargewicht: Wertigkeit $\times 10^{-3}$ g. Beispiel: Atomgewicht von Calcium ist 40,08, es ist zweiwertig; also 40,08:2 = 20,04, multipliziert mit 10^{-3} g bzw. $1/1000$ g = 20,04 mg.

Inopsis → Orchideen 12.
Ipomoea → Prunkwinde.
Iris → Schwertlilie.
Irrgarten, im Barock übliche Sondergärten, die aus labyrinthartig gepflanzten Hecken bestanden.
Islandmohn → Mohn.
Ixia → Klebschwertel.
Ixolirion → Blaulilie.

Schematische Darstellung der Nährstoffaufnahme eines Wurzelhaares aus verschiedenen Bindungsformen auf Grund des Ionenaustausches. (Nach Finck, Pflanzenernährung in Stichworten)

J

Jacaranda, *Jacaranda.* Bignoniengewächse, *Bignoniaceae.* ○ ♄–♄ ⌂. Bäume oder Sträucher mit fein gefiederten Blättern, Bedeutung als Holzlieferanten (Palisander), ca. 50 Arten in den Tropen Amerikas. – *J. acutifolia* (*J. ovalifolia, J. mimosifolia*). In den Tropen bis 20 m, Blätter fein doppelt gefiedert, die 16 oder mehr Fiederpaare tragen ungefähr 20 einzelne Blättchen. Die blauen Blüten erscheinen bei uns nicht. Wegen der zierlichen, farnartigen Belaubung wird dieser tropische Blütenbaum bei uns als Blattpflanze für Warmhäuser, Wintergärten oder Blumenfenster geschätzt. – J. liebt es warm, feucht und schattig, die Temperatur darf nicht unter 14–16 °C sinken, sonst lassen die Pflanzen ihre Blättchen fallen. – Vermehrung durch Aussaat leicht, vor dem Aufstellen im Blumenfenster bzw. warmem Zimmer müssen die Pflanzen unbedingt luftig und kühler gehalten und abgehärtet werden. Nahrhafte, humose Erdmischungen. Alte, verholzte Pflanzen können während des Sommers im Freien als Kübelpflanzen aufgestellt werden und blühen dort auch, so die Gefäße nicht zu klein sind, mit den herrlichen blauvioletten Glockenblüten.

Jacobinie, *Jacobinia.* Akanthusgewächse, *Acanthaceae.* ○–◐ ♄ ⌂. Kräuter oder Sträucher, etwa 30 Arten im warmen Amerika. *J. carnea* (*Justicia c., Cyrtanthera magnifica*). Bis 1 m hoher, verzweigter Strauch, Blätter eiförmig, behaart. Blüten in 10 cm langen, ovalen Köpfen, Einzelblüte 5 cm lang, reinrosa etwas klebrig. Die Blüten dieser Art selbst sind nicht haltbar, doch sind die Pflanzen reichblühend. Kräftige Ernährung und zeitgerechtes Umtopfen, reichliches Stutzen und ungestörtes Stehen an einem hellen, mäßig warmen Platz sind die Voraussetzung für reiche Blüte. – Vermehrung durch Stecklinge leicht. Die Blüte kann durch den Stecktermin etwas verschoben werden, üblicherweise sind es Sommer und Frühherbst. – *J. pauciflora* (*Libonia floribunda*). Bis 50 cm hoher, stark verzweigter Strauch, sehr reichblütig. Blätter elliptisch, bis 5 cm lang. Blüten einzeln in den Blattachseln, bis 3 cm lang, röhrenförmig, im unteren Teil orangerot, im vorderen Teil hellgelb. Schöner Spätwinter- und Frühjahrsblüher. – *J. pauciflora* wird seit Ende der sechziger Jahre wieder verstärkt unter dem Namen Libonia angeboten. Unter Kalthausbedingungen oder im kühlen Zimmer sehr reichblühend. Während der Sommermonate reichlich gießen (nie ballentrocken werden lassen) und düngen, im Spätsommer etwas trockener halten. Nach der Blüte etwas formieren und später ab und zu stutzen. Im Sommer ist die Kultur an geschützter Stelle im Freiland möglich. – Vermehrung durch Stecklinge im zeitigen Frühjahr. Als Substanz eignet sich jede humusreiche Mischung.

Jährige Rispe → Rasengräser.
Jäten, Unkrautbekämpfung durch Herausziehen der Pflanzen mit der Wurzel, von Hand oder mit Hilfe einfacher Geräte (→ Bodenbearbeitungsgeräte). J. weitgehend überflüssig durch vorbeugende Unkrautbekämpfung, vor allem durch → Mulchen und → Bodenbedeckung. Unkräuter mit ausgebildeten Samen nicht kompostieren, sondern verbrennen oder zum Müll geben. Rechtzeitig hacken. Keine Breitsaat, nur Reihensaaten mit Abständen, die es ermöglichen zu hacken.

Jacobinie, *Jacobinia carnea.* (Herbel)

Verunkrautete Flächen grubbern, Unkraut auflaufen lassen, wiederholt grubbern, alsdann schnellwachsende → Gründüngung einsäen.
Jäter → Bodenbearbeitungsgeräte.
Jakobsleiter, Sperrkraut, *Polemonium.* Sperrkrautgewächse, *Polemoniaceae.* ○–◐ ♃ △ Bie. – Etwa 30 Arten in Nordamerika, Europa und Asien. Hübsche Stauden mit glockigen, meist blauen Blüten und fiederteiligen Blättern. Oft noch ein zweitesmal im Jahr blühend, sät sich auch oft selbst aus. – *P. caeruleum,* nördlich gemäßigte Zone in Europa, Asien bis Japan. Aufrechte, kantige, hohle Stengel. Blätter fiederteilig mit lanzettlichen, drüsig behaarten Blättchen. Blütenrispe endständig, Blüten hellblau mit orangegelben Staubbeuteln. *P. c.* var. *himalayanum* (*P. c.* var. *grandiflorum*), Himalaja, Blüten größer, dunkler, lilablau. 'Album', reinweiß. IV–VI, 80 cm. – *P. reptans,* Nordamerika. Buschiger, fast polsterförmiger Wuchs und grob gefiederte Blätter. Blüten in lockeren, überhängenden, endständigen Trugdolden, blau mit heller Röhre. 'Album', weiß; 'Blue Pearl', leuchtend lasurblau, reichblühend; 'Firmament', aus Samen vermehrbar, kugeliger Wuchs, hellblau; 'Königssee', schön tiefblau. V–VII, 30 cm. Alle müssen vor Schneckenfraß geschützt werden. *P. × richardsonii* (wahrscheinlich *P. caeruleum × P. reptans*). Ähnlich *P. caeruleum,* kompakte Büsche mit feinfiederigen Blättern. Kräftige, reichblühende Blütenstände mit großen Blüten, himmelblau. 'Album', reinweiß; 'Pallidum', porzellanblau; 'Superbum', dunkelblau. IV–V und VII–VIII, 60 cm. – Verwendung im Steingarten, in der Staudenrabatte und vor oder zwischen lichten Gehölzen. Boden kräftiger, feuchter Humusboden. Vermehrung durch Teilung und Aussaat ist nicht schwierig.

Jakobslilie, *Sprekelia.* Amaryllisgewächse, *Amaryllidaceae.* ○ ♃ ⌂ ✕ Lie. Nur eine Art in Mexiko und Guatemala. – *Sp. formosissima.* Zwiebel ca.

Japanische Duftkirsche

Jakobslilie, *Sprekelia formosissima*. (Jesse)

4 cm Durchmesser, schwarzbraun. Blätter nach der Blüte erscheinend, schmal, 15 mm breit und 40 cm lang. Blüten meist im Frühjahr oder Frühsommer, meist einzeln auf 30–40 cm hohem Schaft. Blüte einseitig symmetrisch, dunkelscharlachrot. – Kultur sehr ähnlich der von *Hippeastrum*, dem Ritterstern; es gilt die Zwiebel während der Sommermonate mit Nährstoffen vollzufüllen, damit sie im Frühjahr wieder blühen kann. Reichlich gießen und düngen, im Herbst wird ab X eine Ruhezeit eingeschaltet, während der keine Blätter vorhanden sind. Als Substrate kommen nährstoffreiche, durchlässige und humose Mischungen in Frage. – Vermehrung durch Nebenzwiebeln oder Aussaat.

Japanische Duftkirsche → Japanische Zierkirsche.

Japanische Quitte → Zierquitte.

Japanische Zierkirsche, *Prunus.* Rosengewächse, *Rosaceae.* So schön unsere Steinobstarten zur Blütezeit sind, neben den japanischen Zierkirschen wirken sie doch recht bescheiden. Die über 100 Gartenformen sind das Ergebnis 1000jähriger Züchterarbeit. Die Kirschblüte wird festlich gefeiert und ist für die Japaner der Inbegriff ästhetischer gärtnerischer Kultur. – *P. sargenti.* ☉–◐ ♄–♄ IV–V. Japan, Sachalin, Wuchs aufrecht, Triebe und Austrieb rötlich. Blüten dunkelrosa, etwas vor den Blättern. Die Züchtung 'Accolade' (*P. sargenti* × *P. subhirtella*) ist etwas lockerer, zierlicher, die Blüten hängend, meistens 3 zusammen, sind halbgefüllt, fuchsienrosa. – *P. serrulata.* ☉–◐ ♄–♄ IV–V. In Japan, Korea und China beheimatet. Bis 25 m hoch, dunkelbraune, meist glatte Rinde und eiförmige Blätter. Blüten duftlos, weiß, zu mehreren in Büscheln. Viele Gartensorten, meistens japanischer Herkunft: 'Amanogawa', 4–5 m hoch, straff aufrechte Äste und halbgefüllte, hellrosa, schwach duftende Blüten, Ende IV; 'Kanzan', 'Hisakura', 'Kasai', japanische Nelkenkirsche, raschwüchsig, 7–10 m hoch mit bogenförmigen Zweigen und halbgefüllten, dunkelrosa Blüten, Ende IV. Bei uns die häufigste Zierkirsche, wird viel als kleiner Alleebaum gepflanzt; 'Kiku-shidare-sakura' ('Shidare-sakura'), 4–6 m hoch, mit stark überhängenden Zweigen und zarten, dichtgefüllten Blüten, V; 'Mount Fuji' ('Shirotae'), 5–7 m hoch, leicht überhängende Zweige und einfache bis halbgefüllte weiße Blüten, Ende IV. – *P. subhirtella,* Frühlings- oder Schneekirsche. ☉–◐ ♄ IV–V. Japan, bis 10 m hoch. Wuchs aufrecht, je nach Sorte mit leicht überhängenden Zweigen und vielen einfachen, weißen bis dunkelrosa Blüten. Sorten: 'Autumnalis', 3–5 m hoch, mit sehr feinen Zweigen und halbgefüllten, zartrosa Blüten, die je nach Witterung schon im XI erscheinen und bis IV aushalten; 'Fukubana', 4 bis 6 m hoch, mit breitabstehenden, leicht überhängenden Zweigen und halbgefüllten, rosafarbenen Blüten, IV–V; 'Pendula', Äste breitabstehend mit hängenden, dünnen Zweigen und zartrosa bis weißen Blüten, IV; 'Pendula Rubra', wie vorige, aber mit etwas dunkleren Blüten. *P.* × *yedoensis,* Japanische Duftkirsche. ☉–◐ ♄ IV D. Herkunft nicht bekannt, vermutlich jahrhundertealte Kreuzung. Bis 16 m hoch,

Japanische Zierkirsche, Prunus serrulata 'Kanzan'. (Herbel)

mit glatter, grauer Rinde, dunkelgrünen Blättern, im Herbst leuchtend goldgelb bis ziegelrot verfärbt. Schwachduftende, einfache, weiße bis rosa Blüten. In Japan die beliebteste Zierkirsche, unter ihr werden die Kirschblütenfeste gefeiert. – ANSPRÜCHE. Die japanischen Zierkirschen stellen an den Boden keine großen Ansprüche, brauchen aber ein mildes, ausgeglichenes Klima ohne große Winterkälte und ohne Spätfröste. In etwas rauheren Gegenden leiden sie oft unter Gummifluß, Rindenbrand und in windreichen Lagen unter Astbruch. – VERMEHRUNG. Wie bei den Fruchtsorten Veredlung auf Unterlagen von Vogelkirschen, Süßkirschen; gebräuchlich ist Kopulation, Pfropfen III–IV o. Okulation VII–VIII.

Japanischer Hopfen → Hopfen.
Japanischer Mais → Mais.
Japanischer Mohn, *Hylomecon.* Mohngewächse, *Papaveraceae.* ◐–● ♃ △ Lie. – Nur eine Art in Ostasien mit kleinen Klatschmohnblüten. *H. japonicum* (*Stylophorum j.*), Ostasien. Gestielte Blätter in 2–3 Fiederpaaren, am Rand grob gesägt, Blüten einzeln am Stengel, bis 5 cm große, gelbe Mohnblüten. Nach der Blüte im Frühsommer einziehend. V–VI, 20–30 cm. – Verwendung als hübsche Schattenstaude im Steingarten und Staudenbeet. Boden locker, humos. Vermehrung: Aussaat und Teilung.

Jasmin, *Jasminus.* Ölbaumgewächse, *Oleaceae.* Etwa 200 Arten in den Tropen und Subtropen der Alten Welt und im Mittelmeergebiet. Immergrüne oder laubabwerfende Sträucher, aufrecht, vielfach aber kletternd, mit gegenständigen, meist unpaarig gefiederten Blättern. Blüten vier- bis neunteilig, weiß, gelb oder rosa, süß duftend. – *J. mesnyi* (*J. primulinum*). Westchina. Aufrechter Strauch mit halbgefüllten, 2,5 cm großen, gelben Blüten im Winter. – *J. officinale.* Iran bis China. Kletterstrauch mit weißen, süßduftenden Blüten. In milden Gebieten hart, sonst Kalthaus- oder Wintergartenpflanze. – *J. polyanthum.* Westchina. Hochkletternder, weißblühender, süßduftender Strauch. Oft als Topfpflanze angeboten. – Alle genannten Arten brauchen eher Kalk, schwere Substrate, reichlich Feuchtigkeit und hellen Stand. – Vermehrung durch Stecklinge leicht.

Jasmin (falscher) → Pfeifenstrauch.
Jasminum → Winterjasmin.
Jatrophe, ‚Rhabarber von Guatemala', *Jatropha.* Wolfsmilchgewächse, *Euphorbiaceae.* 160 Arten im tropischen Afrika und Amerika. Milchsaftführen-

Johannisbeere

Vergreister, weil nicht regelmäßig verjüngter Johannisbeerstrauch. Alle dunkel gefärbten Triebe sind basal über dem Boden wegzuschneiden. – Zu wenig ausgelichteter Strauch: Die überzähligen Triebe behindern sich gegenseitig und die Neutriebbildung an der Basis. – Ausgelichteter Johannisbeerstrauch. Höchstens 6–8 Triebe sollen verbleiben. – Stark verjüngter Strauch. Wichtiger als das Einkürzen der Triebspitzen ist das Entfernen alter Triebe dicht über dem Boden. (Nach Friedrich/Preuße)

de Pflanzen von sehr verschiedenem Aussehen. – *J. podagrica*. Mittelamerika, Westindien. 30–60 cm hoher sukkulenter Strauch mit knollig verdicktem Stamm. Blätter schildförmig, 3- bis 5lappig. Blüten zu vielen in endständigen, langgestielten Trugdolden. – Interessante Pflanze mit winterlicher Ruhezeit, während der weniger gegossen werden muß. Temperaturen um 18–20 °C, Substrate humos-lehmig, sonnig bis halbschattig. – Vermehrung durch Aussaat.

Jauche, Gemisch aus Harn und Wasser, ca. 1 % Tr. S., Nährstoffgehalte ca. 0,2 % N, 0,01 % P_2O_5, 0,3 % K. Somit ist J. Stickstoff-Kali-Dünger; Phosphat muß bei Bedarf ergänzt werden.

Jauchegerät oder J.drill, besteht aus einem Faß mit Vorrichtung zum Verteilen und Unterbringen von Jauche in den Boden.

Jeffersonia → Jeffersonie.

Jeffersonie, *Jeffersonia*. Sauerdorngewächse, *Berberidaceae*. ◐–● ♃ △. – Nur 2 Arten, davon 1 heute zu einer anderen Gattung gehörend. Benannt nach dem Präsidenten der Vereinigten Staaten Thomas Jefferson, 1743–1826. *J. diphylla* (*Podophyllum diphyllum*), atlantisches Nordamerika. Kriechender Erdstamm, Blätter schildförmig, in 2 Teile gespalten, Unterseite graugrün. Zur Blütezeit 20 cm hoch, danach doppelt so hoch werdend. Blüte einzeln am Stiel, weiß. Frucht quer aufspringend. V–VI, 20 cm. – *J. dubia*, heute *Plagiorhegma dubium*, Mandschurei. Wertvoller als vorige, Frucht längs aufspringend. Kissenartiger Wuchs mit dünnen, nierenförmigen, metallisch schimmernden Blättern. Sehr reich- jedoch kurzblühend mit schalenförmigen, lavendelblauen Blüten. Blätter im Herbst bronzebraun. IV–V, 10–15 cm. – Verwendung im Steingarten, Staudenbeet oder unter Gehölzen. Boden locker, humos, möglichst kalkfrei. Vermehrung durch Aussaat und Teilung.

Jelängerjelieber = *Lonicera caprifolium* → Heckenkirsche.

Jiffy-Strips, zum Pikieren von Stecklingen. Zusammenhängende, doppelreihig angeordnete Torftöpfe in quadratischer Form.

Johannisbeere. Rot- und weißfrüchtige Sorten stammen von den Arten *Ribes rubrum, R. vulgare, R. petraeum* und *R. multiflorum* ab. Steinbrechgewächse, *Saxifragaceae*. Durch Kreuzungen sind viele Sorten entstanden. Schwarzfrüchtige Sorten gehören zu *R. nigrum*, die ebenfalls in Europa beheimatet ist. Aus USA kam *R. aureum*, die nur als Unterlage zur Anzucht von Hoch- und Fußstämmchen dient. Diese sind sehr kurzlebig. J.n gedeihen im Klima Mitteleuropas. Holz ist frostresistent. Blüte spätfrostgefährdet. Stellt keine besonderen Ansprüche an Boden. Sehr seichter Wurzelverlauf, daher trockenempfindlich. Stauende Nässe schädlich. – ANBAU. Buschform oder Hecke am Drahtgestell. Pflanzenabstand: 2 × 2 bis 2 × 1 m. Pflanzware: zwei- bis dreijährige, gut bewurzelte Ablegerpflanzen mit 3–5 Trieben oder Fuß- und Hochstämmchen. Bodenpflege ganz seicht, am besten mit Stalldung oder anderen organischen Düngern mulchen: 2–4 dz/100 qm. Bewässerung nur in Dürrezeiten auf flachgründigen Böden. – SCHNITT. Abgetragene Ruten und überflüssige Triebe entfernen.

Jiffy-Strip und Jiffy-Pot. (Romberg)

Johannisbeere

Rosenthals Langtraubige Schwarze. – Silvergieters Schwarze. – Rosa Sport, rosa Beeren. – Jonkheer van Tets, früh. – Rondom, mittelspät bis spät. – Red Lake, mittelfrüh. (Institut für Obstbau)

Kein Trieb soll älter als 3 Jahre werden. Triebzahl je Strauch, je nach Alter: 5–8. Ertrag je nach Sorte und Alter: 50–80 kg/100 qm. – SORTEN. Rotfrüchtige: Heros, Rondom, Jonkheer van Tets, Red Lake, Heinemanns Spätlese, Rotet, Rosetta. – Weißfrüchtige: Weiße Versailler. – Schwarzfrüchtige: Silvergieters Schwarze, Rosenthals Langtraubige, Lissil.

Johannisbeere → Zierjohannisbeere.

Johannisbeergallmilbe. Die winzigen Milben leben und vermehren sich in den Knospen von (vor allem Schwarzer) Johannisbeere, seltener Stachelbeere. Überwintern in den Knospen, tauchen zur Zeit des Austriebs außerhalb der Knospen auf und sitzen an diesen in so großen Mengen, daß die befallenen Knospen kugelig vergrößert sind (bestes Erkennungsmerkmal des Befalls!). Danach kriechen sie von Zweig zu Zweig und werden auch von Wind, Regen oder Insekten verbreitet. Befallene Knospen sterben ab. Weiterer Schaden: Verbreitung von Viruskrankheiten. Abwehr: Sortenanfälligkeit beachten (Auskunft: Pflanzenschutzämter). Befallene Knospen ausbrechen und vernichten. Stark befallene Triebe herausschneiden. Als Spritzmittel hat sich in kühleren Anbaugebieten N-A-B-Mischung 0,5 % (je ⅓ Netzschwefel, Algomin und Bentonit) bewährt; in warmen Gebieten und Perioden kann das Mittel jedoch zu Blattschäden und Beerenabfall führen.

Johannisbeerrost → Säulenrost.

Johannisbrotbaum, *Ceratonia.* Hülsenfrüchtler, *Leguminosae.* ○ ♄–♄ ▽. *C. siliqua:* Östliches Mittelmeergebiet. Strauch bis kleiner Baum mit einfachpaarig gefiederten, dunkelgrünen, lederigen Blättern. Hülsen breit, braun, das bekannte ‚Johannisbrot'. Die Samen dienten schon den alten arabischen Goldschmieden als Gewicht und stellen die Einheit ‚Karat' dar. – Der J. ist ein interessanter und leicht zu kultivierender Strauch für das kalte Zimmer, für die sommerliche Freilandpflege und kann leicht selbst aus den Samen gezogen werden. Die Substrate sollen humusreich und sehr nährstoffreich sein. Im Sommer werden selbst heißeste Stellen begrünt, im Winter hält man Temperaturen von 5–12 °C ein.

Johanniskraut → Hartheu.

Johannistrieb. Im Frühsommer tritt vorübergehend vegetativer Stillstand ein, der die Blütenknospenanlage einleitet. Danach folgt zweiter vegetativer Trieb, wesentlich schwächer als der erste: der Johannistrieb. Hat keine entscheidende Bedeutung in der Gehölzentwicklung.

Judasbaum, *Cercis.* Schmetterlingsblütler, *Leguminosae.* 7 Arten in Südeuropa, Mittel- und Ostasien und im östlichen Nordamerika. Der Name bedeutet ursprünglich ‚Baum aus Judäa', hat mit Judas Ischarioth nichts zu tun. Ein typisches Merkmal des J. ist die ‚Stammblütigkeit': Schmetterlingsblüten, in kurzen Trauben angeordnet, unmittelbar aus dem Stamm, den Ästen, selten sogar aus der Wurzel hervor. – *C. canadensis.* ○ ♄ IV–V. Im östlichen Nordamerika beheimatet, die härteste Art. Bis 10 m hoher Baum mit rundlicher Krone, eiförmigen, 7–10 cm großen Blättern und hellrosa Blüten. – *C. chinensis.* ○ ♄–♄ V. In blühendem Zustand mit den purpurrosa Blüten die schönste Art, wie die hellrosa blühende *C. racemosa,* aber sehr empfindlich gegen Winterkälte. Beide, in China beheimatet, sind nur in milden Gegenden ausreichend winterhart. – *C. siliquastrum.* ○ ♄ IV–V. Auf dem Balkan und in Kleinasien zu Hause. Diese Art ist der eigentliche Judasbaum. Stark verästelter Baum oder großer Strauch mit 9–12 cm breiten Blättern und purpurrosafarbenen Blüten. Als junge Pflanze sehr frostempfindlich, wird erst mit zunehmendem Alter härter. – ANSPRÜCHE. Leichter, möglichst frischer Boden in sonnigen, geschützten Lagen. Läßt sich sehr schwer verpflanzen, jüngere Pflanzen sollten nur mit Ballen gesetzt werden, ältere wachsen nicht mehr an. – VERMEHRUNG. Am besten durch Aussaat. Der Samen muß eingeweicht werden und wird wegen der Kälteempfindlichkeit junger Pflanzen mit Vorteil unter Glas ausgesät.

Judasblatt → Kadsurabaum.

Judaspfennig → Silberling.

Judenbart, Hängesteinbrech, *Saxifraga stolonifera* (*S. sarmentosa*). Steinbrechgewächse, *Saxifragaceae*. ◐–● ♃ ⚥ ⚭ ▽ o. Freiland ⌂. Der J. ist eine ausdauernde Staude mit gestielten, rundlich-nierenförmigen, am Rand leicht gekerbten Blättern, oberseits dunkelgrün mit weißen Adern, unterseits hellrötlich mit roten Spaltöffnungsinseln. Charakteristisch sind die zahlreichen, fadenartigen Ausläufer, an deren Ende sich Jungpflanzen bilden. Die Blütenstände sind dicht rotbehaart, erreichen 30–40 cm und tragen viele einseitige, weiße Blüten. 'Tricolor' ist eine grün-weiß-rosa-bunte Form, die etwas heikler ist. 'Cuscutaeformis', wegen der Form der Ausläufer so benannt, ist eine schöne Auslese und besser winterhart. Der J. ist unter Reisigdecke an halbschattigen Gartenplätzen winterhart, besonders die letzte Form. Sonst verwendet man den J. als Ampelpflanze im kühlen Zimmer. Vermehrung durch Abnahme der Jungpflanzen.

Jugendperiode, vorherrschend vegetative Entwicklung, die der Ertragsperiode vorausgeht. Bei Gehölzen auf wuchshemmenden Unterlagen sehr kurze, bei Hoch-, Halb- und Viertelstämmen etwa 4–8 Jahre lange J.

Jugendstadium, = Juvenile Phase = Primärstadium. Entwicklungsperiode des Sämlings vom Keimling bis zum Eintritt des reproduktiven = fruchtbaren Stadiums = Blühreife. J. ist lediglich von vegetativer Entwicklung (Wachstum) gekennzeichnet. J. dauert je nach Sämling und Obstart 5–12 Jahre, kann aber durch Pfropfen von Reisern junger Sämlinge in Kronen fruchtender Gehölze oder auf wuchshemmende Unterlagen auf 2–3 Jahre verkürzt werden. Einflußnahme der Unterlage ist von hormonalem Prinzip.

Juglans → Walnußbaum.

Juncus → Binse.

Jungfer im Grünen → Schwarzkümmel.

Jungfernfrüchtigkeit → Parthenokarpie.

Jungfernrebe, Wilder Wein, *Parthenocissus*. Weinrebengewächse, *Vitaceae*.

Anzucht von Sommerblumen u. Frühgemüse im Floratherm®-Gewächshaus 275. (Krieger)

15 Arten in Ostasien und Nordamerika. Widerstandsfähige, sommergrüne Klettersträucher, sogenannte Selbstklimmer, die sich mit Hilfe von Haftscheiben an Mauern, Hauswänden und dgl. hochranken. – *P. quinquefolia*, Wilder Wein. ○–● ♄ ⚥ ⚭ Bie. Nordamerika. Wegen der erbsengroßen, bläulichen, an Rosinen erinnernden Früchte in der Schweiz auch Rosinlire-

Judenbart, *Saxifraga stolonifera*. (Dr. Jesse)

be benannt. Ohne jegliches Gerüst 10–15 m hoch schlingende Art mit fünfzähligen, dunkelgrünen Blättern, im Herbst prächtig leuchtend rot. Herbstfärbung um so intensiver, je sonniger der Standort. Wird der wilde Wein ohne Haftgegenstand, z. B. auf Böschungen, gesetzt, ist er ein großflächiger Bodendecker, der an den langen Trieben Wurzeln bekommt und so auch befestigend wirkt. *P. quinquefolia* var. *engelmannii*, Engelmanns Wein. ○–● ♄ ⚥ ⚭ Bie. Hat die gleichen Eigenschaften wie die Art, klettert mühelos an glatten Hauswänden 10–12 m empor. Die Blätter sind etwas kleiner und verfärben sich im Herbst weinrot. – *P. tricuspitata*. ○–● ♄ ⚥ Bie. In Mittelchina und Japan heimisch, bei uns in der reinen Art selten in Kultur. Jedoch ist folgende Form sehr beliebte Kletterpflanze: 'Veitchii', die Mauerkatze! Name von der Eigenschaft, an den glattesten Wänden emporklettern zu können. Hat 10–15 cm große, eiförmige bis dreilappige, glänzend dunkelgrüne Blätter, im Austrieb rötlich, im Herbst orange- bis dunkelrot. – ANSPRÜCHE. Ist mit gewöhnlichem Gartenboden zufrieden, wächst in der Sonne wie auch im Schatten. Prachtvolle Herbstfärbung aber nur an vollsonnigem Standort. – VERMEHRUNG. Aussaat ist mög-

Jungholz

Links: Früheste Aussaaten erfolgen am Zimmerfenster in Schalen in keimfreiem Kultursubstrat oder in gedämpfter, nicht zu ‚fetter' abgesiebter Erde. – Mitte: In Ton- oder Plastiktöpfen angezogene, gut bewurzelte Jungpflanzen von Roten Rüben zur Pflanzung mit Wurzelballen. – Rechts: Gut bewurzelte Salatjungpflanze. Direktsaat erspart die Arbeit des Pikierens und den Pflanzen den Umpflanzschock. (3 Fotos aus Mücke-Rieger: Der Garten drinnen und draußen)

lich, aber kaum gebräuchlich. Steckhölzer, mit drei Augen geschnitten, wachsen sehr leicht. Die Mauerkatze muß auf Unterlagen vom Wilden Wein veredelt werden, entweder auf bewurzelte Steckhölzer oder auf Wurzelstücke.

Jungholz → Neutrieb.

Jungpflanzen, junge Pflanzen, die noch in der Entwicklung, noch nicht ausgewachsen oder blühreif sind: Sämlinge, bewurzelte Stecklinge, Teilstück, → Rissling, Wurzelschnittling. → Veredlung.

Jungpflanzenanzucht, Pflanzen und Pflegen junger Pflanzen in Anzuchthäusern, Mistbeetkästen oder auch im Freien, zumeist auf Pikierbeeten oder in Kisten, Jiffy-Pots, Multiplatten, in Baistratplatten und ähnlichen Anzucht-Hilfsmitteln; ist in ständiger Weiterentwicklung begriffen. → Anzucht.

Junifall, Abstoßen überflüssiger Früchte durch den Baum etwa VI, 3–4 Wochen nach Vollblüte. Abgestoßen werden hauptsächlich Früchte mit unvollkommen befruchteten Samenanlagen. Von kräftigen Fruchttrieben werden weniger Früchte abgestoßen als von schwachen. Starker J. auch infolge Trockenheit im VI, gestörter Assimilation und damit Unterversorgung mit Kohlenhydraten, gestörtem Hormonhaushalt im Baum. Bis zum J. wachsen die Früchte infolge Zellteilung, danach durch Zellstreckung.

Junikäfer, Gartenlaubkäfer, kleiner Verwandter des Maikäfers, etwa 1 cm, mit braunen Flügeldecken und blauschwarzem Halsschild. Entwicklung nur 1–2 Jahre. Käfer verläßt nach Überwinterung des Engerlings im Juni den Boden. Engerlinge (bis 3 cm) an den Wurzeln, Käfer an oberirdischen Pflanzenteilen, oft in großer Menge. Abwehr: Larven → Engerlinge, Käfer → Maikäfer.

Junkerlilie, *A. lutea.* (Seidl)

Junkerlilie, *Asphodeline.* Liliengewächse, *Liliaceae.* ○–◐ ♃ △ ⌒. 20 Arten im östlichen Mittelmeerraum und Kleinasien. Pflanzen mit einem Erdstamm und meist fleischigen Wurzeln. Blütenschaft je nach Art teilweise oder ganz beblättert. – *A. liburnica,* östliches Mittelmeergebiet. Blätter dreikantig, am Rand scharfzähnig bewimpert. Blütenschaft nur im unteren Drittel beblättert. Blüten in lockeren, schlanken bis 60 cm langen Trauben, gelb, V–VI, 60–120 cm. *A. lutea,* Südeuropa, Orient. Verbreitetste Art mit gelben, faserigen Wurzeln, kurze Ausläufer treibend. Dreikantige, lange Blätter, blaugrün. Blüten in einer dichten Ähre, gelb. 'Flore Pleno' mit gefüllten Blüten. V–VI, 80 cm. – *A. taurica,* Griechenland bis Kaukasus. Blaugrüne, grasartige Blätter. Schaft ganz beblättert, Blüten in einer dichten Traube, weiß. V–VI, 40–60 cm. – Verwendung als auffallende Stauden im Stein- und Heidegarten und in der Staudenrabatte. Boden sandig, durchlässig, trocken. Im Winter etwas mit Torf zum Winterschutz abdecken, nässeempfindlich. Die Vermehrung erfolgt durch Aussaat.

Justicia carnea → Jacobinie.

Juvenile Phase → Jugendstadium.

K

Bodenheizkabel Floratherm®. (Krieger)

Kabelheizung, 1. fest eingebaute → Frühbeetheizung; 2. transportabel, auch selbst herstellbar durch Umwickeln einer Holz- oder Bambusstange mit nur im Fachgeschäft erhältlichen Plastikheizkabel. Geeignet für kurzfristigen, geringen Wärmebedarf. → Kleingewächshaus.
Kabis → Weißkohl.
Kadsurabaum, Judasblatt, Kuchenbaum, *Cercidiphyllum*, Judasblattgewächse, *Cercidiphyllaceae*. Nur eine Art, in Japan. Sehr eng mit den Zaubernußgewächsen verwandt, unterscheidet sich von ihnen durch die zweihäusigen Blüten. – *C. japonicum*. ◐-● ♄ IV–V ∾. In der Heimat erreicht er eine Höhe von 30 m, bei uns hingegen von höchstens 10 m. Neigt zu Stockausschlägen, die auch die volle Höhe bekommen, und bildet dadurch einen mehrstämmigen Baum. Die herzförmigen Blätter sind frischgrün, verfärben sich im Herbst leuchtend goldgelb und riechen beim Laubabfall auffallend nach frischgebackenem Kuchen. – Der K. wächst in der Heimat auf feuchten bis nassen Böden, bei uns auch noch auf weniger feuchten, ist aber gegen Trockenheit, volle Sonne und Spätfröste empfindlich. – Vermehrung: Wenn Saatgut vorhanden ist durch Aussaat, sonst durch → Absenker oder Stecklinge.
Käfer, artenreiche Ordnung der höheren → Insekten. Von anderen Insekten durch die harten Deckflügel unterschieden. Nützlich (Schädlingsvertilger): → Laufkäfer, → Marienkäfer; schädlich (Pflanzenfresser): → Blattkäfer, → Borkenkäfer, → Erdflöhe, → Maikäfer, → Rüsselkäfer, → Schnellkäfer.
Känguruhpfote, *Anigozanthos*. *Haemodoraceae*. Australische Gattung irisähnlicher Pflanzen mit unterschiedlich hohen, meist stark verzweigten Blütenstielen und behaarten, ‚pfoten'-ähnlichen Blüten. – *A. manglesii*. Hohe Känguruhpfote. Rot mit gelblichgrün, bis 1,5 m hoch, Blüten 3–4 cm lang. – *A. gabrielae*. Zwerg-Känguruhpfote. Nur 15–25 cm hoch, orange mit grün. – Die beiden genannten Arten repräsentieren je einen Typ, aber es gibt auch Übergänge. Die hohen Arten werden auch als Trockenschnitt angeboten. Obwohl die angebotenen Pflanzen (vor allem aus Holland) in reinem Torf stehen, sind sie Pflanzen sehr sandiger, kalkfreier Gebiete, sie brauchen Kalthauskultur. – Vermehrung: Aussaat, Teilung, Gewebekultur.
Känguruhklimme → Klimme.
Känguruhwein → Klimme.
Kaffeestrauch, *Coffea*. Krappgewächse, *Rubiaceae*. ○–◐ ♄–♄ ⌑ ⚭. 30–40 Arten im tropischen Afrika und Asien. – *C. arabica*. Subtropisches Afrika, heute weltweit. Strauch bis Baum, mit waagrechten Seitenzweigen, Blätter eilänglich, zugespitzt, glänzend dunkelgrün, etwas gewellt. Blüten weiß, sitzend, sternförmig, duf-

Kaffeebaum, *Coffea arabica*. (Dr. Jesse)

tend. Frucht eine zweisamige Beere, Samen sind die bekannten Kaffeebohnen. Besonders wichtig für die Zimmerkultur ist die Form 'Nana', die bereits als zweijährige Pflanze fruchtet und nur 1 m hoch wird. – Der K. ist eine sehr zierende Zimmerpflanze, die absonnigen, dabei aber hellen Stand bei 12–20 °C benötigt. Gegen Temperaturschwankungen manchmal empfindlich und mit Laubfall reagierend. – Die Anzucht ist leicht aus Samen, den man sogar selbst ernten kann. Die Aussaattemperatur sollte bei 20 °C liegen. Als Substrat verwende man nährstoffreiche Erden. Reichlich wässern und düngen.
Kainit → Mineraldünger, Kalid.
Kaiserkrone, *Fritillaria*. Liliengewächse, *Liliaceae*. ○–◐ ♃ △. Etwa 100 Arten in den gemäßigten Zonen der nördlichen Halbkugel. Darunter die K.n mit hohem, stattlichem Wuchs und großen Blüten und die Schachbrettblumen, die zarter und niedriger sind, meist mit einzelnen, ovalen Blüten. – *F. imperialis*, Kaiserkrone, westlicher Himalaja, Iran. Zwiebel mit lockeren Schuppen, gelblich, streng riechend. Teilt sich bei Blüte und ist erst nach 2–3 Jahren wieder blühfähig. Stengel fleischig, senkrecht, mit zahlreichen Blättern, länglich, glänzend grün. Oberer Stengelteil blattlos, Spitze mit Blattschopf, darunter die hängenden, glockigen Blüten. 'Aurora', orangerote, 80 cm; 'Lutea Maxima', kräftiger Wuchs, hellgelb, 1,2 m; 'Maxima' (Rubra Maxima), großblumig, rotbraun, 1 m; 'Orange Brillant', großblumig, orangebraun, breite Blüten, 1 m; 'The Premier', sehr standfest, braunrot, 100 cm; 'Prolifera', mit doppelten Blüten, eine Krone steckt in der andern, leuchtend orange, 1 m; 'Argenteovariegata', Blätter mit weißem Rand, Blüten orange, 80 cm. III–V. – *F. meleagris*, Schachbrettblume, Kiebitzei, Nord- und Mitteleuropa bis zum Balkan, auf feuchten Wiesen. Kleine, kugelige, weißliche, übelriechende Zwiebeln. Stengel aufrecht, locker beblättert, meist nur mit einer, höchstens 2 Blü-

Kaiserwinde

Kaiserkrone, *Fritillaria imperialis.* (Herbel)

Schachbrettblume, *F. meleagris.* (Seidl)

ten. Blätter linealisch, graugrün. Blüten nickend, breitglockig, hell- und dunkel weinpurpurrot gewürfelt, besonders der Innenseite. 'Alba', weiß; 'Aphrodite', großblumiger, weiß; 'Artemis', purpurn und weiß gescheckt; 'Charme', dunkelpurpur und weiß gewürfelt; 'Poseidon', großblumig weiß und purpur; 'Saturnus', großblumig, rotviolett. IV–V, 20–30 cm. *F. pallidiflora*, Altai, Sibirien. Zwiebel aus lokkeren Schuppen. Stengel aufrecht, Blätter lanzettlich, gegen- bis quirlständig, graugrün. Blüten aus den oberen Blattachseln, 3–12, glockig, kantig, grünlichgelb, frühblühend. IV, 20–40 cm. – Verwendung der Kaiserkronen in Blumenrabatten, alte Bauerngartenpflanze, und in größeren Staudenflächen. Die Schachbrettblumen im Steingarten und Pflanzentrögen. Boden mittelschwer, durchlässig, nicht trocken. Pflanzzeit bis IX/X. Vermehrung: Aussaat, Sorten nur Brutzwiebeln.

Kaiserwinde → Prunkwinde.

Kakteen, *Cactaceae.* Die Familie der K. ist zweifellos eine der wichtigsten für den an → Sukkulenten interessierten Liebhaber. Man kennt ungefähr 200 Gattungen in dieser Familie; daraus erklärt sich die ungeheure Vielfalt, die selbst in einer kurzen Zusammenfassung zu berücksichtigen ist. – Kakteen sind auf den amerikanischen Kontinent beschränkt, dort findet man sie von Kanada bis Feuerland; es gibt unter ihnen blattragende Gattungen, alle Formen von Stammsukkulenten (der Sproß übernimmt die Speicherfunktion) bis zur sekundären Bildung von blattähnlichen Organen durch den Sproß bei den spezialisiertesten Gattungen. Die Blätter, gemeinhin als Stacheln bezeichnet, sind vielfach in stechende Gebilde umgewandelt, also eigentlich Dornen. Der Körper übernimmt die Assimilation. Die Blüten der Kakteen sind meist ansehnlich, sie zeichnen sich, in den überwiegenden Fällen, durch einen unterständigen Fruchtknoten, viele Blütenblätter und viele Staubfäden aus. Nur selten sind die Blüten klein und öffnen sich kaum oder überhaupt nicht. – In ihrer Heimat bewohnen die K. alle vorhandenen Lebensbereiche, sie besiedeln also den Urwald genauso wie den tropischen Regenwald, doch sind die Arten des tropischen Regenwaldes weniger bekannt. Vermehrungs- und Kulturhinweise folgen am Ende der Besprechung, bei den einzelnen Gattungen sind nur besondere Ansprüche vermerkt.

WICHTIGE GRUPPEN U. GATTUNGEN. 1. Pereskia, Laubkaktus. ○–◐ ♄ ⚡ ⬜. Strauchige, meist rankende K. mit normalen Laubblättern und auf Dornenpolstern (Areolen) stehenden kurzen, bei alten Pflanzen auch längeren Dornen. – *P. aculeata.* Hochkletternd, Blüten in großen verzweigten Trauben, ca. 4 cm Durchmesser, weiß oder gelblich, stark duftend. – *P. grandifolia.* Blüten hellrosa. – *P. godseffiana.* Blattzierend, gelbe Blätter, roter Austrieb. – Pereskien sind nur für große Räume geeignet, dort aber von guter Wirkung. Die Blüten erscheinen bei reichlicher Ernährung sehr zahlreich. Pereskien verlausen gerne. Ihre Brauchbarkeit als Veredlungsunterlage für Weihnachtskakteen ist nach neueren Untersuchungen umstritten.

2. Pereskiopsis. ○–◐ ♄ ⚡ ⬜. Ähnlich Pereskia, jedoch etwas kleinerwüchsig und mit mehr fleischigen Blättern. Blüht in Kultur selten. *P. spathulata.* Rankend bis strauchig, lanzettliche, fleischige Blätter, daneben Dornenpolster. Gute Sämlingsunterlage und deshalb interessant. K.-Sämlinge wachsen sehr gut heran, ohne ihren tpyischen Wuchs zu verlieren. Natürlich muß dann später umveredelt werden (→ Vermehrung).

3. Opuntia, Feigenkaktus. ○ ⚃–♄ ⬜. Unterschiedlich geformte Pflanzen, entweder mit scheibenförmigen Trieben (Platyopuntia), zylindrischen Trieben (Cylindropuntia) oder kugelförmigen Gliedern (Tephrocactus). Sie bewohnen vielfach kühlere Gebiete; es gibt unter ihnen winterharte Arten (s. Spezialliteratur über winterharte Kakteen). Die Dornenpolster sind unterschiedlich geformt, doch gibt es hier sog. Glochiden, kleine Borsten mit Widerhaken, die zusammen mit Dornen in den Areolen sitzen. Sie sitzen fest in der Haut und können Entzündungen hervorrufen. Alle Opuntien besitzen in der Jugend rollenförmige Blättchen, die später abfallen. – I. SCHEIBENOPUNTIEN (Platyopuntia). Viele Arten – *O. ficus-indica.* Mit großen, teilweise sogar unbedornten Trieben (Viehfutter), heute auch in Mittelmeergebiet und Australien verwildert. Die Früchte sind die bekannten Kaktusfeigen, die gekühlt und geschält gut schmecken. – *O. microdasys.* Kleine Triebe, hellgrün, reichlich fuchsrot mit Glochiden besetzt, dazu auch eine schöne var. *albispina* mit weißen Glochiden. – II. ZYLINDRISCHE ODER SÄULIGE O. (Cylindropuntia). *C. clavarioides.* 'Negerhand'. Gepfropft gutwüchsig. Braune, fingerartig verzweigte Körper. – *C. cylindrica.* Stämmchen bis 3 cm im Durchmesser, dunkelgrün, in der Jugend mit walzigen Blättchen, Areolen weißwollig. Hier auch eine Cristatform (Hahnenkammform, Verbänderung), 'Cristata'. – *Cl. verschaffeltii.* Graugrüne Triebe, bei kühler Überwinterung reichlich orangegelb blühend. – III. KUGELOPUNTIEN (Tephrocactus). Meist Bewohner hochandiner Gebiete, daher kühle Überwinterung, sonst wachsen sie aus. Für kleine Sammlungen reizvoll. – *R. diadematus.* Eiförmige Glieder mit kurzen und bis 10 cm langen, zungenartigen, papiernen Dornen. Glieder fallen teilweise ab. – *T. glomeratus.* Gruppenbildend, kleine Kugelglieder, fast winterhart. – Alle Opuntien lieben eher mineralreiche Erden und kühle Überwinterung, da es sonst zum Austrieb kommt und dieser durch das geringe Lichtangebot mißgeformt wird. Opuntien gibt es in jeder Größe und Geschmacksrichtung.

4. Rhipsalis, Binsenkaktus. ◐ ⚃ ⚡ ⬜. Meist Epiphyten des Urwalds, hierher gehört auch der einzige nichtamerikanische Vertreter, *Rh. cassutha.* Verlangen mehr Feuchtigkeit, höhere Temperaturen und durchlässige Substrate. Nach der Blattform kann man rundtriebige, binsenartige und flachtriebige Arten unterscheiden. Einige

Kakteen

Arten gehen heute unter anderen Gattungen. – I. BINSENTRIEBIGE RHIPSALIS. *Rh. capilliformis.* Sehr reich verzweigt, Triebe 2–3 mm Durchmesser, Langtriebe, darauf viele Kurztriebe, Blüten klein, weiß. – *Erythrorhipsalis pilocarpa.* Herrlich hängende Art mit graubewollten, dunkelgrünen, 5 mm starken Trieben. Blüten 3 cm groß, endständig, rahmweiß mit rosa Schein. – *Hatiora salicornioides.* Kurze, flaschenförmige Glieder, 3 mm stark. Blüten zahlreich, orangebraun mit gelb, 7 mm groß. – II. FLACHTRIEBIGE RHIPSALIS-ARTEN. *Rh. houlettiana.* Lange, flache Triebe, im unteren Teil oft stielrund. Blaugrün bereift. Blüten zahlreich, einzeln in den Zähnen der Triebe, hellgelb. – *Rh. pachyptera.* Rundliche, flache Triebe, leicht gekerbt. Blüten zahlreich, gelb in den Kerben der Triebe. – Herrliche Liebhaberpflanzen und geeignete Ergänzung für Epiphytenstämme, Blumenfenster und Wintergärten. – Vermehrung leicht durch Stecklinge.

5. Rhipsalidopsis, Osterkaktus. ○–◐ ♃–♄ ⚶ ▽. Sowohl als Topfpflanze, als auch als Epiphyt für kühlere Stellen geeignet. *Rh. gaertneri.* Kräftig wachsende Pflanze mit 10 cm langen und bis 4 cm breiten Gliedern, Scheitelareole langborstig. Blüten groß, flach, 6–7 cm Durchmesser, orangerot, zu mehreren aus der Scheitelareole. – *Rh. rosea.* Reizende Zwergart, doch empfindlicher. Glieder 6 cm lang und 1 cm breit, leicht lila überhaucht, Scheitelareole leicht borstig. Blüten 2,5 cm groß, meist einzeln aus der Scheitelareole, rosaviolett. Bei sparsamem Wässern auch wurzelecht möglich. Fusariumanfällig. – *Rh.* × *graeseri (Rh. gaertneri* × *rosea).* Mehr zu *Rh. gaertneri* neigend, doch wesentlich zierlicher, Blüten intermediär, in allen roten, orangen und violetten bis rosa Tönen. – Osterkakteen sind leichte Zimmerpflanzen. Wichtig ist, daß die

Feigenkaktus, *O. pycnacantha*

Weihnachtskaktus, *Schlumbergera*-Hybr.

Knospen bei Temperaturen um 12°C besser angelegt werden, sie gehören daher im Winter ins kühle Zimmer oder in Nebenräume. Nach der Blüte werden die meist wieder zu groß gewachsenen Pflanzen etwas gestutzt und formiert (gleichzeitig kann man auch vermehren) und im Sommer und Herbst zügig durchkultiviert. Sie sind arge Fresser und verlangen ihre wöchentliche Flüssigdüngung auf jeden Fall. Im Winter jedenfalls kühl stellen, sie vertragen bis 5°C, nach Knospenbildung kann man etwas wärmer halten. 5 und mehr Blüten pro Glied sind keine Seltenheit!

6. Schlumbergera, Weihnachtskaktus. ○–◐ ♃–♄ ⚶ ▽. Ältere Namen für diese Gattung sind *Epiphyllum* und *Zygocactus.* Bekannter Weihnachtsblüher. In der Heimat Epiphyt und Humusbewohner auf Felsen usw. Mehrere Arten, in Kultur meist Bastard. – *Sch. russelliana.* Gekerbte, bis 10 cm lange Glieder. Blüten radiär, Pollen violett. Die Blüte wird wie beim Osterkaktus durch Kälte induziert. – *Sch. truncata.* Gezähnte, etwas größere Glieder. Blüten extrem zygomorph, Pollen gelb. Die Blüte wird durch kürzere Tageslänge induziert. – *Sch.* × *buckleyi.* Der ‚Weihnachtskaktus' ist ein Bastard aus *Sch. truncata* × *russelliana* und zeigt in seinen hunderten Sorten deshalb alle Übergänge zwischen den beiden Arten. Die Blüte wird bis 15°C im Kurz- und Langtag, bei 17–20°C nur im Kurztag und über 22°C weder im Kurz- noch im Langtag angelegt. Blütenfarben: orangerot, violett, rosa, weiß, dunkelrot usw. Als Epiphyt braucht der Weihnachtskaktus durchlässige Substrate, dabei aber kräftige Ernährung und Bewässerung. Auch hier empfiehlt sich das Zurückbrechen nach der Blüte, damit die Pflanzen nicht zu große Dimensionen annehmen. Gefährlich ist die Fusarium-Krankheit, die besonders die Sorten mit überwie-

Blattkaktus, *N. phyllanthoides*

gend truncata-Blut befällt. Man bekämpft sie am besten mit systemischen Fungiziden. Durch Veredlung kann man besonders kräftige Pflanzen erzielen. Im Gegensatz zur verbreiteten Meinung ist *Pereskia* nicht die ideale Unterlage, viel besser ist *Selenicereus macdonaldiae* geeignet, die allerdings nicht so gut trägt und gestäbt werden muß. – *Sch. opuntioides.* Besonderheit für den Liebhaber. Flache, opuntienähnliche Triebe mit blattflächenständigen Areolen. Knospen rosa, Blüten weiß oder rosa, 4 cm groß. Diese Art gedeiht sehr gut auf *Pereskia* und ist wurzelecht sehr schwer weiterzubringen.

7. Epiphyllum *(Phyllocactus),* Blattkaktus. ○–◐ ♃–♄ ⚶ ▽. Epiphytische Sträucher mit meist flachen, blattartigen Trieben und großen Blüten. Man muß zwischen Wildarten und ihnen nahestehenden Formen und den modernen Hybriden unterscheiden. – I. WILDARTEN UND NAHESTEHENDE FORMEN: *Nopalxochia ackermannii* 'Hybridus'. Rotblühender, hochwachsender Blattkaktus der Bauernhäuser und z. B. in Jugoslawien, Griechenland häufig anzutreffen. Hält im Sommer ohne weiteres im Freien aus, braucht aber schattigen Stand, da er sonst ständig rotbraunen Sonnenbrand hat. – *N. phyllanthoides.* Stark verzweigt, mit kleinen Blüten, die zu Dutzenden in den Kerben der Glieder sitzen. Ebenfalls häufig zu finden ist die Sorte 'Deutsche Kaiserin', die eine alte Bauernpflanze ist. – II. MODERNE HYBRIDEN. Durch Kreuzung der Wildarten untereinander und Einkreuzung von *Heliocereus speciosus* und *Selenicereus grandiflorus* entstand eine Vielzahl von Hybriden. Es gibt rote, rosa, orange, lila, gelbe, weiße, kaffeebraune Formen und noch eine Fülle von zweifarbigen Sorten. Die Überwinterung erfolgt mäßig feucht bei 8–10°C. Ab IV etwas heller stellen, die Blütenknospen ent-

Kakteen

Igel-Säulenk., *E. salmdyck ianus*

wickeln sich. Nach der Blüte ist ein Rückschnitt empfehlenswert, da jede Aerole nur eine Blüte bringen kann, es also keinen Sinn hat, alte Triebe aufzusparen. Nach dem Rückschnitt reichlich wässern und düngen, halbschattig im Freien aufstellen. VIII/IX mit dem Abhärten beginnen und etwas trockener halten. Ideale Blütenpflanze von leichter Kultur, je moderner die Sorten, desto heikler!

8. Echinocereus, Igel-Säulenkaktus. ○–◐ ♃ z.T. ⚶ ⛉. Meist weichkörperige Arten, im Frühjahr gegen Sonnenbrand, im Sommer bei trockenem Stand gegen ‚Rote Spinne' anfällig. Typisch sind die lange Blüte der Einzelblüte und die grünen Narben der Echinocereen. Nach der Wuchsform kann man zwischen kriechenden, verzweigten und aufrechten, stammbildenden Arten unterscheiden. – I. KRIECHENDE, VERZWEIGTE, ECHINOCEREEN. *E. pentalophus*. Rasenförmig, fünfrippig. Blüten karminrot mit lichtem Schlund. – *E. procumbens*. Ähnlich voriger Art, Triebe 2 cm stark. Blüten karminviolett mit heller Mitte. – *E. salmdyckianus*. Etwas aufrechter. Blüten auffällig, langröhrig, gelbrotkarottenfarben. II. AUFRECHTE, STAMMBILDENDE ECHINOCEREEN. *E. pulchellus*: Kugelige Körper, im Alter mehrköpfig. Blüten groß, weiß bis hellrosa. – *E. rigidissimus*. ‚Regenbogenkaktus'. Aufrechte Körper, säulig. Dornen je nach Alter verschiedenfarbig, in Zonen angeordnet. Blüten rosa. – E. verlangen während der Sommermonate im allgemeinen einen feuchteren und schattigeren Stand als die anderen Kakteen. Es kommt sonst leicht zu Sonnenbrand, Spinnmilbenbefall (Rote Spinne) und unschönen Verkorkungen. Leicht zu pflegen, sehr blühwillig und schön durch die Kombination der leuchtenden Farben mit dem meist helleren Schlund und der grünen Narbe.

9. Cereus, Säulenkaktus. ○–◐ ♃–♄ z.T. ⚶ ⚹ ⌇ ⛉. Sehr unterschiedliche Gruppe mit vielen Gattungen. Meist schlank- bis dicksäulig, aufrecht, kletternd oder hängend wachsend. Wir finden hier Epiphyten genauso wie Bewohner von trockensten Gebieten. – I. EPIPHYTISCHE SÄULENKAKTEEN. Die beiden folgenden Arten gehören in das Blumenfenster oder den Wintergarten. *Deamia testudo*. Schildkrötenkaktus. Mittelamerika. Kletternd, Triebe drei- oder mehrflügelig, ca. 30 cm lang. Blüte sehr groß, 30 cm Durchmesser, weiß. Blüht nur ausgepflanzt gut, braucht Luftfeuchtigkeit und reichliche Ernährung. – *Heliocereus speciosus*. Vierkantige Triebe, bis 100 cm lang, Blüten 15 cm breit, rot, innen mit violettblauem Glanz. In die Blattkakteen eingekreuzt und ähnlich wie diese zu behandeln, wächst am besten ausgepflanzt, doch können die Temperaturen tiefer sein. – II. DÜNNTRIEBIGE, AUFRECHTE, KLETTERNDE ODER HÄNGENDE SÄULENKAKTEEN. Die Triebe haben ungefähr bis 3 cm Durchmesser. *Aporocactus*, Schlangen- oder Peitschenkaktus. Reich verzweigte Pflanzen mit runden, schlanken Trieben und hängendem Wuchs. Die bekannteste Art ist *A. flagelliformis*, mit 15 mm dicken, zehnrippigen Trieben und tief rosenroten bis violettroten Blüten. Viele Formen und auch Bastarde dieser Art werden gezogen. – Schöne Ampelpflanzen oder als Hochstämmchen auf aufrechte Säulenk. veredelt. Sie verlangen durchlässige, dabei aber nährstoffreiche Substrate und im Sommer regelmäßige Dunggüsse. Die Verzweigung kann man durch Stutzen der Triebe fördern. Im Winter hell und mäßig kühl, 10°C, dabei aber nicht zu trocken. – *Chamaecereus*, Zwergsäulenk. Rasenbildend, mit vielen und sich stark verzweigenden, 15 mm dicken, hellgrünen Sprossen. Triebe brechen leicht ab und können so der Vermehrung dienen. – Die

Säulenkaktus, *H. speciosus*

Behaarter Säulenk., *C. senilis*

einzige Art, *Ch. silvestrii*, wurde sehr intensiv mit *Lobivien* und *Rebutien* gekreuzt. Die Stammart hat kurze, spitzpetalige, rote Blüten. Die Hybriden haben meist breitere, orange, rot oder lila gefärbte Blüten. – Bei reichlicher Feuchtigkeit und guter Ernährung gut gedeihend. Blüten werden in großer Zahl nur bei kühler (6°C) und heller Überwinterung angelegt. Im Sommer oft von ‚Roter Spinne' befallen. – *Selenicereus*, Königin der Nacht. Stark wachsende, kletternde Pflanzen, deren bis 3 cm dicke Triebe häufig Luftwurzeln bilden. Blüten immer nachts offen. Großwüchsige Arten müssen ausgepflanzt werden, kleinere blühen auch im Topf reichlich. – *S. granidflorus*. 2 cm dicke Triebe. Blüten bis 30 cm im Durchmesser, außen bräunlich-orange oder gelb, innere Blütenblätter reinweiß. Schwerer Duft. Besser ausgepflanzt. – *S. macdonaldiae*. Dünntriebige, 15 mm dicke Triebe bildende 'Prinzessin der Nacht'. Blüten aber ebenfalls 30 cm groß, äußere Blütenblätter gelb oder orange, innere weiß. Blüht auch im Topf ziemlich reichlich. – *Selenicereus* brauchen kräftige Ernährung während des Sommers, besonders während der Knospenbildung. Im jungen Zustand kann man die Triebe leicht biegen und an die Gitter binden. Trotz der kurzen Haltbarkeit der Blüten, nur eine Nacht, durch Blütenschönheit und -größe, daneben durch den herrlichen Duft, auffallende Besonderheiten. – III. DICKERE, AUFRECHTE, ODER SCHRÄGAUFRECHTE SÄULENK. *Cereus*, Säulenkaktus. Hoch- und starkwüchsige Arten, die im Alter baumförmig werden. Blüten nur bei großen Exemplaren, nächtlich, meist weiß (wird in Adalbert Stifters Roman ‚Nachsommer' erwähnt). – *C. jamacaru*. Vier- bis sechsrippig, junge Teile schön blaubereift. Bis 6 m. Blüten weiß, mit langer schuppenloser Röhre. Die Form 'Monstrosus' ist weit verbrei-

Igelkaktus, *E. grusonii*

tet. – *C. peruvianus*. Ähnlich voriger, doch schlanker. Äußere Blütenblätter rotbraun, innere reinweiß. 'Monstrosus', der Felsenkaktus, bildet vielfach verzweigte, hügelige Körper. Der Vegetationskegel ist hier, ähnlich wie bei den Cristaten, bandartig und verzweigt ausgebildet. – Die großen Säulenk. eignen sich für große, kühle Vorräume oder als Kübelpflanzen vor Mauern, auf Terrassen usw. Starke Fresser, verlangen durchlässiges, aber nährstoffreiches Substrat und kühle Überwinterung! Sie können als größere Pflanzen sogar dunkel und waagrecht liegend, in Kellern, überwintert werden, müssen als größere Pflanzen also nicht entfernt werden. – *Cleistocactus*. Meist schlanktriebigere Pflanzen mit schon in frühem Alter erscheinenden, zygomorphen, geschlossenen Blüten. – *C. baumannii*. Schlank und von unten verzweigt. Körper bis 4 cm dick, dicht orange- bis gelbbraun bestachelt. Blüten orange bis scharlachrot. – *C. strausii*, 'Silberkerzen'-Kaktus. Ungefähr 1 m Höhe erreichende Art, die sich vom Grund verzweigt. Körper 6–8 cm dick, reinweiß und dicht bedornt. Blüten karminrot, schon bei 70 cm hohen Säulen erscheinend. Herrliche Art, die Schutz vor Staub braucht, damit die weiße Farbe erhalten bleibt. – Leichtgedeihende Arten, die schlankeren unter ihnen müssen aufgestäbt werden. Im Sommer sonnig stellen und kräftig ernähren, im Winter um 10°C. Viele andere Arten sind ebenfalls kulturwürdig. – *Trichocereus*. Aufrechte bis schräge, oft verzweigt wachsende Arten, dann gruppenbildend. – *Tr. macrogonus*. Bis 2,5 m hoch, ca. 8 cm dicke, blaugrau bereifte Stämme mit kurzen Dornen. – *Tr. spachianus*. Bis 2 m hoch, Triebe 6–8 cm dick, hellgrün, mit gelben oder lichtbraunen Dornen. Blüten weiß, aber erst bei 1 m hohen Pflanzen. – *Tr. strigosus*. Bis 60 cm hoch, verzweigte, 5–6 cm dicke Säulen, lange, gelbliche

oder bräunliche Dornen. Schöne weiße Blüten, blüht ziemlich häufig. – Die Trichocereen sind verbreitete, willig gedeihende Arten, die im Sommer zur Zierde von Sukkulentengruppen dienen. Alle sind mehr oder weniger als Unterlagen verbreitet, deshalb sind sie so häufig anzutreffen. Sie sind bei sonnigem Stand, reichlicher Ernährung und entsprechendem Alter recht blühwillig.

10. Cephalocereus, Behaarte Säulenkakteen. ○ ♃–♄ ⌂. Kakteen dieser Gruppe sind ohne Zweifel Prunkstücke in jeder Sammlung, sie sind für das Ausräumen ins Freiland ungeeignet, brauchen Schutz vor Verstauben und dürfen nicht zu kalt überwintert werden, bei ca. 10–12°C. – *Cephalocereus senilis*, Greisenhaupt. Vielrippige Säulen, schon als kleine Sämlinge dicht und lang-lockig behaart. Die Haare erreichen bis 12 cm Länge. Die Pflanze bildet in der Heimat vieltriebige Gruppen und blüht erst als mehrmetriges Exemplar. – *Espostoa lanata*. Ca. zwanzigrippige Säulen, dicht mit weißen Haaren bedeckt. Rötliche bis gelbe Dornen durchbrechen das Haarkleid und machen diese Pflanze noch ansprechender. Auch eine Verbänderung, 'Cristata', weit verbreitet. – *Oreocereus neocelsianus (O. celsianus)*. Dicke Säulen, mehr oder weniger mit weißen Haaren bedeckt. Dornen lang und kräftig, bräunlich oder gelb. Sehr harte Art. – *O. trollii*. Wohl der schönste *Oreocereus!* Dichthaarige, reinweiße Säulen. Aus dem Haarfilz stehen die braunroten bis goldgelben Dornen heraus. – Die behaarten Säulenk. stellen höhere Pflegeansprüche als die anderen Säulenk., doch sind gutwachsende Pflanzen herrlich anzusehen. Sie verlangen im Sommer Luftfeuchtigkeit, Schutz vor Zugluft und Verstauben und mäßige Feuchtigkeit. Im Winter wollen sie trockener, bei 12–15°C, stehen. Für sie ist ein

Kugelkaktus, *E. eyriesii*

Warzenkaktus, *Mammillaria-Gruppe*

sogenanntes Zimmergewächshaus ideal. Sie gedeihen auch recht gut veredelt und sind dann z.T. wesentlich leichter fortzubringen. Blüten sieht man bei uns selten.

11. Echinocactus, Igelkaktus. ○–◐ ♃ ⌂. Sehr vielgestaltige Großgattung, die in Dutzende Gattungen unterteilt ist. Sie enthält einige für den Liebhaber sehr bedeutende Pflanzen. – I. ECHINOCACTUS, IGELKAKTUS. Große Arten, die in Kultur erst in hohem Alter blühen. – *E. grusonii*, Goldkugelkaktus. Bis 60 cm breite Art mit frischgrünem Körper, dichter gelber Bedornung und wolligem Scheitel. Erst ältere Pflanzen zeigen die Rippung, junge haben in einzelne Warzen aufgelöste Rippen. – *E. ingens*. Riesige Pflanze, bis 2 m hoch und 80 cm dick. Körper blaugrau mit starken Dornen, besonders der Mitteldorn ist kräftig ausgebildet. – Ähnlich in der Kultur und im Aussehen ist *Ferocactus latispinus*, die Teufelszunge und die anderen Ferokakteen. *F. latispinus (Echinocactus cornigerus)*, wächst breitkugelig, der Körper ist blaugrau, die Randdornen sind kräftig und gerade, der Mitteldorn ist breit und zungenartig nach unten gekrümmt. – Zu gutem Wachstum verlangen die Igelk. sonnigen und warmen Sommerstand, kräftige Ernährung und relativ viel Wasser. Die Überwinterung soll kühl erfolgen, etwa bei 10°C. Als große Pflanzen sind sie allein durch ihr Dornenkleid wirksam. Blüten erscheinen bei uns selten und dann nur bei alten Exemplaren. – II. GYMNOCALYCIUM. Etwas weniger sonnenbedürftige Gattung mit vielen schönen Arten, reichlich blühend. Die Blütenröhre ist nackt, daher der Name der Gattung! – *G. denudatum*, 'Spinnenkaktus'. Breitkugelig, mit wenigen Rippen. Dornen schwach entwickelt und spinnenartig an den Körper angepreßt. Blüten weiß bis rosa. – *G. quehlianum*. Kleinkörperig, Rippen durch Querfurchen unter-

brochen, dadurch höckerig. Blüten weiß mit rotem Grund, reichlich erscheinend. – *G. saglionis.* Großkörperige Art mit bis 30 cm breiten Körpern, Rippen in Höcker zerlegt. Blüten kurzröhrig, rosa. – Man kennt ungefähr 70 Arten, zumeist aus Argentinien, die Blüten können weiß, rot, rosa, gelb oder grünlich gefärbt sein. – Beliebte Liebhabergattung. Wächst auch an nordseitigen Fenstern bei Zimmerkultur gut und blüht willig. Im Frühjahr langsam an die Sonne gewöhnen, sonst gibt es Verbrennungen, im Sommer luftig, mäßig feucht und etwas schattig. Braucht durchlässige, aber nährstoffreiche Erde. Im Winter bei 8–12°C halten. – III. NOTOCACTUS, BUCKELKAKTUS. Reichblühende Gruppe, meist gelbblühend, auch bei Zimmerkultur sind Blüten häufig! – *N. concinnus.* Glänzend grüne, flache Kugeln, kurze Dornen. Blüten bis 7 cm lang, seidigglänzend, gelb. – *N. ottonis.* Flache grüne Kugeln, gelb und braun bedornt. Blüten glänzend gelb, reicher und zuverlässiger Blüher. – *N. scopa.* Kugelig, im Alter Säulen bildend. Dornen sehr unterschiedlich gefärbt, bei der normalen Form bräunlich, aber auch reinweiß, goldgelb oder leuchtend rot. Blüten hellgelb, aus dem Scheitel. Diese Art kann bei Zimmerkultur nur gepfropft gehalten werden. Es gibt auch von allen Dornenfarben schöne Verbänderungen (Cristaten). – Buckelkakteen verlangen im Frühjahr Schutz vor Sonne, im Sommer eher Halbschatten und ein sandiges, nahrhaftes Substrat. Sie müssen zügig wachsen können, sonst kommt es zu Verkorkungen. Winterstand um 10°C. Leicht aus Samen. – IV. PARODIA. Reich- und langblühende Arten von leichter Kultur. – *P. aureispina.* Flache Körper mit borstigen Dornen, der Mitteldorn hakig, gelb. Blüten 3 cm groß, reingelb. – *P. maasii.* Frischgrüne Körper mit braunen Dornen. Blüten orange bis

Asselkaktus, *P. asseliformis*

Prismenkaktus, *L. principis*

kupferrot. – *P. schwebsiana.* Mit schönem weißwolligem Scheitel, daraus die blutroten Blüten. – Parodien blühen schon als zwei- bis dreijährige Pflanzen. Im Sommer sonnig, dabei mäßig feucht, in durchlässigem Substrat. Im Winter 8–12°C. Auch gut veredelt, dann noch leichter wachsend und blühend. – V. ASTROPHYTUM, STERNKAKTUS. Beliebte Gattung, reichblühend, und mit interessanten Körpern. – *A. asterias,* Seeigelkaktus. Flache Körper, einem stachellosen Seeigel ähnlich. Blüten bis 8 cm groß, leuchtendgelb mit rotem Schlund. Langsamwachsend, aber sehr beliebt. – *A. capricorne.* Graue Körper mit schmalen Rippen, die gedrehten Dornen bedecken den Körper. Blüten gelb mit rot. – *A. myriostigma,* Bischofsmütze. Dornenlose Art mit regelmäßigen, meist fünf- bis achtrippigen Körpern, dicht mit weißen Wollpunkten bedeckt. Blüten hellgelb. Viele Formen und Kreuzungen. Junge Sämlinge haben braunschwarze Dornen, die später abfallen. (Atavismus!). – *A. ornatum.* Teilweise mit Wollpunkten, kräftig und kurz bedornte, meist achtrippige Körper. Blüten groß, gelb. – Alle Arten und Formen verlangen warmen und sonnigen Sommerstand, im Frühjahr Schutz gegen Sonnenbrand und eine Überwinterungstemperatur von 8°C.

12. Echinopsis, Kugelkaktus. ○ ♃–♄ ▽. Ebenfalls vielgestaltig und heute in viele Gattungen zerlegt. Meist von leichter Kultur. – I. ECHINOPSIS, KUGELKAKTUS. Hier kann man zwei Gruppen unterscheiden, einerseits die verbreiteten, meist reichlich sprossenden Hybriden und andererseits reine Arten. – Hybriden: Aus *E. eyriesii, multiplex, oxygona* und *tubiflora* entstanden durch Kreuzung die verbreiteten *E.-Hybriden,* die in der Jugend meist kugelig, im Alter aber säulig wachsen. Die Blüten sind lang trichterförmig und weiß oder rosa gefärbt und erscheinen meist aus den unteren Teilen der Körper aus filzigen Knospen. – Im Sommer verlangen sie Schutz vor Prallsonne, dazu regelmäßige Feuchtigkeit, Dunggüsse und eventuell Umpflanzung in sandige, aber nährstoffreiche Mischungen. Der Winterstand muß kühl sein, 8°C, damit die Pflanzen wirklich ruhen. Werden sie zu warm überwintert oder zu stickstoffbetont ernährt, so kommt es zur unerwünschten ‚Kindel'-Bildung im unteren Teil der Körper. Das Ausbrechen der Kindel hilft nichts, solange nicht die Ursache ausgeschaltet wird. Nur Pflanzen mit geringer Kindelbildung blühen reichlich. – Reine Arten: *E. calochlora.* Kleinkugelig, kurz bedornt. Schlanke, langröhrige, gelblichgrüne Blüten. – *E. campylacantha.* Mehr zylindrische Körper, große, reinweiße Blüten. – *Acanthocalycium violaceum.* Nah verwandt, kugelig mit gelblichbraunen Dornen. Blüten kurzglockig, leuchtend rosaviolett. – Pflege wie bei den Hybriden, doch sonniger. Sie bilden keine Kindel aus und müssen durch Aussaat vermehrt werden. – II. PSEUDOLOBIVIA. Meist kleinkörperig, mit weißen, rosa oder roten, langröhrigen Blüten. – *Ps. ancistrophora.* Flachkugelig, dicht bedornt. Blüten schlank, reinweiß. – *Ps. kermesina,* kleinkugelige Art mit langen, leuchtend dunkelkarminroten Blüten. – Daneben noch andere kulturwürdige Arten. Die Pflege ist der der reinen Echinopsis-Arten gleich. – III. LOBIVIA, BOLIVIA-KUGELKAKTUS. Herrlich blühende Kakteen, meist kleine Kugelkörper, in vielen Farben, Blüten meist glänzend-seidig. – *L. densispina.* Kurzzylindrisch mit borstigen Dornen. Blüten kurz, seidig glänzend. – *L. haageana.* Sprossende Säulen mit kräftigen Dornen. Großblütig, hellgelb mit rotem Schlund, daneben aber viele Abweichungen in allen Farben. – *L. hertrichiana.* Kugelig, hellgrün. Blüten leuchtendrot. – *L. jajoia-*

Solisia pectinata

Kakteen

na. Kugelig, mit dunklen, teilweise hakenförmigen Dornen. Blüten orangerot mit schwarzem Schlund. – Ungefähr 100 Arten sind bekannt, die Blütenfarbe kann von reinrot über orange und gelb zu violettrot und weiß variieren. – Lobivien blühen nur dann reich, wenn sie kühl, bei 4 bis 10°C, überwintert wurden. Sie sind in ihrer Heimat Hochgebirgspflanzen, die trocken durch den Winter gehen. Im Sommer luftig und sonnig bei ausreichender Feuchtigkeit. Das Substrat sei eher mineralreich. Oft von → Spinnmilben (Roter Spinne) befallen. – IV. MEDIOLOBIVIA. Reichblühende Zwergkakteen, die besser veredelt gehalten werden. Kultur wie bei der nächsten Gattung, *Rebutia*, angegeben. – *M. aureiflora*. Kugelig, oft rötlich überhauchter Körper. Blüten zahlreich, goldgelb. – *M. euanthema* var. *oculata*. Grüne, zylindrische Zwergkörper. Blüten auffällig dreifarbig: rötlich, orange, randwärts dunkelkarminrot. – Daneben noch andere blütenschöne Arten. Heute wiederum zu *Rebutia* gestellt. – V. REBUTIA. Hochandine Zwergkakteen mit flachen, weichen Körpern, im Alter stark sprossend. Blüten aus dem unteren Teil der Körper in großer Zahl erscheinend, oft sich gegenseitig behindernd. – *R. marsoneri*. Flachkugelig mit kurzen, braunen Dornen. Blüten orangefarben oder gelb. – *R. minuscula*. Stark sprossende, kleine Körper. Spärlich bedornt. Blüten rot, bereits als kleiner Sämling blühend. – *R. senilis*. Körper schön weiß bedornt. Blüten rot, violettrot, orangerot, gelb oder gelbrot. Die Blüten wirken in den weißen Dornen sehr gut. – *R. violaciflora*. Kleine Kugelkörper mit kurzen, borstigen Dornen. Blüten leuchtend violettrosa. – Daneben eine Vielzahl von Hybriden in den Farben Rot, Orange, Gelb, Violett bis Weiß. – Besonders für kleine Sammlungen geeignet, da sie wenig Raum beanspruchen. Im Sommer luf-

Wollfruchtkaktus, *A. agavoides*

Kiefernzapfenkaktus, *E. strobiliformis*

tig und sehr licht, dabei aber ständig mäßig feucht. Im Winter kühl bei 6–8°C, hell und trocken. Kühle, helle Überwinterung ist die Voraussetzung für reiche Blüte. Vermehrung leicht durch Aussaat. – VI. AYLOSTERA. Zwergkakteen mit meist säulenförmigen Körpern, Kultur wie bei der vorigen Gattung, *Rebutia*. – *A. deminuta*, kurzsäulig, reichlich sprossend. Blüten kirschrot. – *A. fiebrigii*. Weiße Randdornen. Blüten glänzend orangerot. – *A. kupperiana*. Mehr säulig, mit großen, dunkelroten Blüten. Heute wiederum zu *Rebutia* gestellt.
VII. SULCOREBUTIA. Kleine bis mittelgroße Kugelkakteen mit Rübenwurzeln. Rippen in Warzen aufgelöst. Areolen verlängert, strichförmig. Blüten unbehaart und unbedornt, breitbeschuppt, ähnlich denen von *Gymnocalycium*. Blüten aus der Körpermitte. – Sehr verschieden bestachelte (Stachelfarbenskala von hellweißlichstrohgelb bis schwarz) und herrlich blühende Arten. Kultur wie *Lobivia*, besser veredelt.
13. Mammillaria, Warzenkaktus. ○ ♃ ▽ ⚘. Die kugeligen bis zylindrischen Körper tragen Warzen. Die Dornen sind sehr unterschiedlich, es gibt schwach, lang und borstig-haarig bedornte Arten. Die Blüten sind meist klein und erscheinen zu vielen kranzartig um den Scheitel der Pflanze. Einige Arten führen Milchsaft, dieser tritt bei Verletzung der Pflanze aus. Die nachfolgenden Arten sind nur eine kleine Auswahl von ca. 350 bekannten Arten. – *M. bocasana*. Polsterbildend, Randdornen weichhaarig, Mitteldornen hakig. Blüten weiß mit rosa Streifen. – *M. magnimamma (M. centricirrha)*. Kugelig, im Alter zylindrisch, im Scheitel wollig. Warzen bei Verletzung stark milchend. Viele Farben, gelblichweiß bis rosa mit roten Streifen, in regelmäßigen Kränzen erscheinend. – *M. prolifera*. Rasenbildend, dünne Triebe. Blü-

ten klein, gelblichweiß, wenig auffällig. Herrlich die leuchtendroten, länglichen Beeren, die sich monatelang auf den Pflanzen halten. – *M. rhodantha*. Körper säulig, oft sich teilend und zwei, später vier Köpfe bildend. Blüten in Kränzen, feurig karminrot. Häufig auch 'Cristata'. – *M. zeilmanniana*. Zylindrisch, bald gruppenbildend, Randdornen haarig-borstig, Mitteldornen hakig. Pflanzen weißwollig aussehend. Daraus im Kranz die violettroten Blüten. Viele Formen, z.B. 'Alba' oder 'Cristata'. Verwandt mit den Mammillarien sind noch: *Dolichothele longimamma (Mammillaria l.)*. Mit hellgrünen, langen Warzen, gelben oder braunen Dornen und großen gelben Blüten. – *Coryphantha clava*. Zylindrisch, gefurchte Warzen, gelbe Blüten. – *C. cornifera*. Kugelig, dicht bedornt, Blüten hellzitronengelb. – *C. elephantidens*. Seltene Art mit dunkelgrünen Kugelkörpern und gekrümmten, anliegenden Dornen. Blüten groß, rosakarmin. – Die *Coryphanthen* sind etwas heikler, ihre Blüten werden in der Furche angelegt und sind ziemlich groß. Sie gedeihen besser veredelt. – Warzenk. sind beliebte Liebhaberpflanzen, die in durchlässiger Erde gut gedeihen. Überwinterung am besten bei 10°C, dabei hell, da dann besser Blüten angelegt werden. Vermehrung meist durch Aussaat.
Nachstehend noch einige Besonderheiten für den fortgeschrittenen Kakteenfreund.
14. Melocactus. ○ ◐ ♃ ▽ Lie. Die zuerst entdeckte Kakteengattung überhaupt. Nur für Glashauskultur. Die Blüten werden im Kephalium, einem endständigen Schopf aus Wolle und Borsten, angelegt. Wintertemperaturen um 12°C. Meist große Kugelkörper bildend. Die bekannteste Art ist vielleicht *M. communis*.
15. Leuchtenbergia, Prismenkaktus. ○ ♃ ▽ Lie. Agavenähnlich, der

Büschelkaktus, *L. williamsii*

Kakteen

Pfropfen von Kakteen: Mit scharfem Messer wird die Unterlage (*Eriocereus jusbertii*) abgeschnitten.

Die Kante der Schnittfläche wird schräg angeschnitten und in gleicher Form wie der Pfröpfling zugerichtet.

Hier wird der Seitensproß einer *Rebutia senilis* etwas seitlich aufgesetzt, damit sich beide Gefäßbündelkreise überschneiden.

Körper hat lange, prismenartige Warzen, die Blüten sind groß, gelb und erscheinen aus den jüngeren Warzen. Einzige Art: *L. principis*. Für Sammlungen, leicht bei Überwinterungstemperaturen um 12°C.

16. Pelecyphora, Beil- oder Asselkaktus. ○ ♃ ☐ Lie. Eigenartige Zwergkakteen mit asselähnlichen Areolen. Blüten violett aus der Nähe des Scheitels. Bekannteste Art ist *P. aselliformis*. Sommer warm (unter Glas), im Winter kühl und trocken. Besser pfropfen.

17. Solisia. ○ ♃ ☐ Lie. Kleinkugelige, milchsaftführende Pflanzen mit feinen, weißen, beidseitig kammig gestellten Dornen. Blüten rosa. Behandlung wie vorige Gattung. Einzige Art: *S. pectinata*. Wird jetzt zu *Mammillaria* gestellt.

18. Ariocarpus, Wollfruchtkaktus. ○ ♃ ☐ Lie. Flache Körper mit großen, meist dreikantigen warzenartigen Auswüchsen, diese glatt oder gefurcht. Sehr schwierige Mimikry-Arten, die mineralreiche Erden, volle Sonne im Sommer und kühlen und trockenen Stand im Winter brauchen. Die große Schwierigkeit ist das Erreichen des Wiederaustriebs im Frühjahr. Veredlung jedoch möglich. Bekannte Arten: *A. trigonus*, *A. retusus* (mit dreikantigen Warzen), *A. fissuratus*, *A. lloydii* (mit gefurchten Warzen).

19. Encephalocarpus, Kiefernzapfenkaktus. ○ ♃ ☐ Lie. Ebenfalls Mimikry-Pflanze. Die Warzen sind kiefernzapfenförmig, dichtschindelig gestellt. Die Blüten sind herrlich violettpurpurn und erscheinen aus dem Scheitel. Die Früchte bleiben im Kakteenkörper eingeschlossen. Kultur wie Ariocarpus.

20. Lophophora, Büschelkaktus. ○ ♃ ☐ ⚕ Lie. Diese Gattung enthält giftige, rauschzustanderzeugende Alkaloide. Die Körper sind wenigrippig, die Areolen tragen pinselartige Haarbüschel. Bekannteste Art ist *L. williamsii*. Im Sommer sonnig und warm, im Winter eher kühl und trocken halten. Blüten klein, Beerenfrüchte. Die Körper werden von bestimmten mexikanischen Indianerstämmen bei gewissen Zeremonien verzehrt und rufen gefährliche Rauschzustände hervor. Die Alkaloide bewirken geisteskrankheitsähnliche Halluzinationen und wurden aus diesem Grund von der Wissenschaft schon gründlich untersucht.

KULTUR UND VERMEHRUNG

Die Kultur der K. muß in erster Linie auf die heimatlichen Standorte der einzelnen Gattungen Rücksicht nehmen. Man muß zwischen epiphytischen und terrestrischen Gattungen bzw. Arten streng unterscheiden. Epiphytische Kakteen, z. B. *Rhipsalis*, *Epiphyllum*, *Schlumbergera*, *Rhipsalidopsis*, brauchen humose, eher saure, dabei aber nährstoffreiche Substrate und Winter und Sommer relativ gleichmäßige Feuchtigkeit. Erdkakteen dagegen verlangen durch Quarzsand oder Ziegelschrot durchlässig gemachte, humosmineralische Mischungen, z. B. aus Torf und Lehm, eventuell gute alte Lauberde, wo solche überhaupt noch vorhanden ist. Auch hier muß das Substrat sauer reagieren, sonst kommt es, besonders bei harten Gießwässern und bei Sämlingen, zu oberflächigen Zonen hohen pH-Wertes, die die Wurzeln zum Absterben bringen.

Im Sommer verlangen K. einen möglichst warmen, sonnigen Standort (Näheres bei den einzelnen Gattungen), ideal ist das Einfüttern in Torf oder besser Rindenhumus in Kästen oder in einem Kleingewächshaus. Behaarte und weißbedornte Arten schützt man mehr, damit die Schönheit der Dornen erhalten bleibt. – Hochgebirgspflanzen, wie *Lobivien*, *Rebutien* u. a., brauchen luftigen Sommerstandort und kühlen, hellen Winterstandort, dann blühen sie besonders reich. Normalerweise kann man Überwinterungstemperaturen zwischen 8 und 13°C empfehlen. In einem heizbaren Kleingewächshaus wird man die heikleren Gattungen, wie behaarte Säulenkakteen oder gar Mimikryarten besonders weiterbringen. Helle Überwinterung ist günstiger. Manche Gattungen brauchen im Sommer Halbschatten, alle K. müssen jedenfalls nach dem etwaigen Hinausräumen in den Kasten vor allzuviel Sonne geschützt werden.

Eine Düngung verlangen auch K., besonders starkwachsende Arten kommen ohne sie nicht aus. Man verwendet am besten physiologisch sauer reagierende Volldünger, in der zweiten Jahreshälfte kali- und phosphorbetont. Für Sämlinge am besten Humussubstrat-Sand-Mischungen verwenden. – Die Vermehrung der K. kann durch Aussaat, Stecklinge oder Veredlung erfolgen. AUSSAATEN werden nie abgedeckt. K.-Samen sind Lichtkeimer. Auftretenden Pilzrasen bekämpft man mit Chinosol oder Albisal. Die Temperaturen liegen am besten um 25°C, manche Gattungen, wie *Rebutia* u. ä., keimen besser bei tieferen Temperaturen. Hartschalige Samen, z. B. *Opuntien*, brauchen oft lange. Zu frühe Aussaaten empfehlen sich nur dann, wenn man den erwachsenden Sämlingen Zusatzlicht und gleichmäßige Wärme bieten kann. Der beste Zeitpunkt ist meist Anfang V. K. sind Herdenkinder, pikiert wird erst, wenn sich die Sämlinge berühren und dann auf keinen Fall zu weit. Sie lieben es, bald in Tuchfühlung zu sein. Möglichst spät in Einzeltöpfe! Sie gedeihen am besten in Schalen oder Kistchen. – STECKLINGE müssen abtrocknen. Säulenk.-Stecklinge werden

Durch Gummiringe werden Pfröpfling und Unterlage festgehalten, damit sie unter leichtem Druck zusammenwachsen. (Herbel)

quergeschnitten und dann bis zum zentralen Holzteil etwas abgeschrägt, so daß die Wurzeln dort herauswachsen müssen. Glieder von *Epiphyllum* werden an ihrer breitesten Stelle durchschnitten und etwas zugespitzt, sie wurzeln besser, als wenn man den holzigen unteren Teil steckt. *Schlumbergera*, *Rhipsalidopsis* und *Rhipsalis* werden durch Abdrehen der Glieder vermehrt. Sie brauchen nicht anzutrocknen. – VEREDLUNG wird bei schwachwüchsigen, wurzelecht heiklen Pflanzen oder bei der Erziehung von Hochstämmen angewandt. Eine Sonderform ist die SÄMLINGSPFROPFUNG. *Rhipsalis*, *Schlumbergera*, *Rhipsalidopsis* werden zur Kronenbäumchenerziehung auf *Pereskia* oder *Selenicereus* veredelt. Hier wird am besten *in den Spalt* gepfropft. Die Verbindung von Unterlage und Edelreis besorgt ein Kakteendorn. Wurzelempfindliche Arten werden, je nach ihrer Verwandtschaft, auf *Opuntia ficus-indica* oder Säulenkakteen gepfropft. Gute Unterlagen sind: *Trichocereus spachianus, macrogonus, Cereus jamacaru, peruvianus* u. v. a. Hier wird die Unterlage *quer durchschnitten* und der *Kopf der zu veredelnden Pflanze aufgesetzt*. Kleine Edelreiser beschwert man, größere kann man mit Wollfäden oder Gummiringen festbinden. Der Rand der abgeschnittenen Unterlage muß immer etwas abgekappt werden, damit es nicht zum Einfallen der Unterlage kommt. Veredeln kann man nur während der Wachstumszeit, von V–IX. Die Tage sollten sonnig und warm sein. Die Sämlingspfropfung erfolgt meist bei langsamwachsenden Pflanzen, bei Seltenheiten oder Neuheiten oder nur, weil man nicht zu lange zuwarten will. Als Unterlage sind besonders geeignet *Eriocereus jusbertii* und *Pereskiopsis spathulata*. Haben die Sämlingspfropfungen eine gewisse Größe erreicht, so müssen sie auf stärkere Unterlagen umgepfropft werden, da der dünne Unterteil des Sämlings dann nicht mehr in der Lage ist, die große Pflanze ausreichend zu versorgen. Besonderheiten können durch die Wahl guter Unterlagen sehr rasch zur Blüte gebracht werden. Man kann auch Sämlingspfropfungen von Mimikry-Arten später wieder zur Bewurzelung bringen und hat so das kritische Jugendstadium umgangen. Zu kräftige Unterlagen bringen kleine Edelreiser durch ihr Saftüberangebot zum Platzen; darum immer gewisse Relationen einhalten. – LITERATUR: Haage, Freude mit Kakteen, Neumann, Berlin. – Backeberg, Das Kakteen-Lexikon, Fischer, Stuttgart. Herbel, Alles über Kakteen, 4. A. München 1983.

Kakteengewächshaus. Der fortgeschrittene Kakteenliebhaber benötigt für seine wachsende Sammlung und vor allem für Raritäten günstigere Kulturbedingungen, die das K. bietet. Eine sehr lichte, gut lüftbare Konstruktion, vielfach als Erdhaus ausgebildet, wo die Kakteen relativ knapp unter dem Glas ihre Dornen, Körper usw. typisch ausbilden. Während der Sommermonate muß man bei manchen Gattungen, z. B. *Gymnocalycium* oder *Notocactus*, leichten Schatten geben; diese Pflanzen stellt man deshalb in Gruppen zusammen und schattiert mit Schattenfarbe oder Jute. Im Winter muß ein K. bei ca. 6–8 °C gehalten werden können; manche Gattungen, wie *Ariocarpen, Aztekien*, manche *Neochilenia*, benötigen auch mehr Wärme, um 12 °C, da sie

Reichhaltige Kakteensammlung im Anlehngewächshaus Floratherm® 317, mit automatischer Be- und Entlüftung. Isolierverglasung mit 16 mm Stegdoppelplatten aus UV-durchlässigem Plexiglas. Beheizung durch Konvektor, angeschlossen an die Hausheizung. (Kuno Krieger)

Kakteenkasten

Gruppe blühender Kakteen mit *Aylosta*, orange, *Echinopsis*, weiß, *Lobivia*, rot und gelb, *Mammillaria*, violett. (Alle Kakteen-Fotos: Herbel)

sonst im Frühjahr wieder schlecht angehen. Heizung am besten in Verbindung mit der Warmwasserheizung des Hauses oder elektrisch (kostspielig). Auch die gute, alte Sägespäneheizung ist angebracht, wenn Lagerraum für die Sägespäne vorhanden ist. Da Kakteen im Winter besonders unter Lichtmangel leiden, empfiehlt es sich vielfach, die Hausachse nicht N–S, sondern O–W zu richten. – Für Aussaaten und Veredlungen soll eine kleine Vermehrung vorhanden sein, auch ein günstiger Arbeitsplatz ist vorzusehen. Ein kleiner Platz soll mit *Eriocereus jusbertii* u. → *Pereskiopsis* (Kakteen 2) angepflanzt werden, damit immer gute Unterlagen vorhanden sind. – Auf jeden Fall wähle man die Maße nicht zu klein, da K.er erfahrungsgemäß rasch zu klein werden.

Kakteenkasten. Während der Wintermonate stehen die Kakteen im Überwinterungsquartier, sei es Zimmer, heller Keller oder Kakteengewächshaus, sehr dicht. IV–X werden sie meist im K. untergebracht. Der K. ist ein normaler Mistbeetkasten 150 cm breit, mit durchlässigem Untergrund versehen. Darauf kommt Rindenhumus oder Kakteenerde, je nachdem ob man einfüttert (einsenkt) oder auspflanzt. Beim Auspflanzen erzielt man einen wesentlich stärkeren Zuwachs, hat allerdings im Herbst die Arbeit des Wiedereintopfens, die Kakteen müssen auch wieder einwurzeln. Im K. werden V–IX die Fenster abgenommen und nur bei länger anhaltenden Schlechtwetterperioden aufgelegt. Gießen und Düngen in der üblichen Weise. Grünkörperige Gattungen, wie *Gymnos* und *Notocactus*, müssen auch hier durch Auflegen von Matten vor Verbrennungen geschützt werden. IX werden die Wassergaben eingeschränkt. Lobivien und Zwergkakteen beläßt man möglichst lange im Freien, sie blühen, bei entsprechend kühler Überwinterung, dann noch reicher.

Kaladie → Buntwurz.

Kalanchoe. Dickblattgewächse, *Crassulaceae*. ○–◐ ⚴–♄ z.V. ⚥ ▽. Äußerst unterschiedlich gebaute Kräuter oder Sträucher, meist ziemlich sukkulent, Blätter gegenständig. Blüten ansehnlich, gelb, rot, lila, selten weiß, in Trugdolden. Etwa 200 Arten in tropischen und subtropischen Gebieten der Alten Welt. Nach Wuchsform und Ausbildung von Brutknospen unterscheiden sich verschiedene Gruppen 1. BRUTBLATT-KALANCHOE. Das besondere Kennzeichen dieser Gruppe sind die Jungpflanzen, die in reicher Zahl an den Blatträndern gebildet werden. – *K. daigremontiana.* Madagaskar. Aufrecht, bis 60 cm, Blätter gestielt, ca. 15 cm lang, gezähnt, mit Jungpflanzen in der Kerbung. Blüten zu vielen, ca. 1,5 cm lang, rosa. – *K. tubiflora.* Madagaskar. Bis 80 cm hoch. Blätter walzig, zu dritt in Wirteln, graugrün oder violett mit Flecken, Blätter gegen das Ende zu etwas gezähnt, hier auch die Jungpflanzen. Blütenstand flach, Blüten groß, 2,5 cm lang, glockig, dunkelrot. Beide Arten sind leichte Zimmerpflanzen und besonders für Kinder empfehlenswert, da man hier besonders leicht junge Pflanzen heranziehen kann. – 2. K. MIT HÄNGENDEM WUCHS (AMPEL-K.). *K. manginii.* Stark hängender Wuchs, Triebe dünn, zierlich. Blätter eiförmig, fett, zu zweien oder dreien stehend, Blüten am Ende der Triebe in zusammengesetzten Blütenständen, 2,5–3 cm groß, glockig, orangerot. Dazu als Kreuzung entstanden die Sorte 'Tessa', die auch bei höheren Temperaturen ihre Blüten anlegt. – Ähnlich, doch gelb blühend ist *K. jongemansii.* – Große Ampeln dieser K. sind nett anzusehen und blühen über eine lange Zeit. Nach der Blüte zurückschneiden. Leicht durch Stecklinge zu vermehren, mehrere in einen Topf geben und oft stutzen, damit sie sich verzweigen. – 3. AUFRECHTE K.: *K.-Blossfeldiana-Hybriden.* Bekannte Blütenpflanze in gelben, roten, orangen, violetten, rosa und weißen Farbtönen. Die beiden letzten seltener anzu-

Brutblatt-Kalanchoe, *Kalanchoe daigremontiana.* (Dr. Jesse)

treffen. Blätter fleischig, gegenständig, etwas gezähnt. Blütenstände flach oder ballförmig, zusammengesetzt, Einzelblüten vierteilig. Ältere Sorten schließen die Blüten noch während der Nacht. Diese K. kann als Kurztagspflanze vom Gärtner zu jeder beliebigen Jahreszeit zur Blüte gebracht werden, meist wird sie von IX−V angeboten. Nach dem Verblühen kann man sie weiterziehen, doch empfiehlt sich ein starker Rückschnitt, damit die Pflanzen kompakt bleiben. Auch während der Sommermonate noch 1−2mal stutzen. Durchlässige Substrate, mäßig feucht, aber ja nicht hungrig halten. Die natürliche Blütezeit ist je nach Sorte unterschiedlich, ungefähr II. − *K. porphyrocalyx*. Blätter fleischig, gekerbt. Blütenstände aufrecht, Blüten groß, glockenförmig, an der Spitze zusammengezogen, bis 3 cm lang, rötlichbraun mit gelben Zipfeln. Dazu aus Kreuzung entstanden die Sorte 'Wendy', die auch bei höheren Temperaturen ihre Blüten anlegt. − *K. pumila*. Nette Kleinart mit grauen Blättern und violettrosa Blüten. Braucht zur Blütenanlage neben dem kurzen Tag auch noch tiefe Temperaturen. Ideal zum Mitkultivieren bei Kakteensammlungen, um 10 °C. − *K. tomentosa*. Stamm bis 50 cm, Blätter sitzend, lanzettlich, dicht grau behaart, am Rand z. T. mit bräunlichen Schuppen und Zähnen. Durch die Blattfarbe und -behaarung sehr auffällig und beliebt. − K. gehören zu den leicht weiterzubringenden Sukkulenten. Sie verlangen durchlässige Erden, entsprechende Wässerung und Düngung im Sommer und Temperaturen zwischen 15 und 18 °C während des ganzen Jahres. Wichtig ist, daß K.n

Flammendes Kätchen, *Kalanchoe blossfeldiana*. (Dr. Jesse)

Kalanchoe tomentosa. (Herbel)

luftig und eher sonnig gehalten werden müssen, damit sie befriedigend blühen können.
Kalifornischer Mohn → Goldmohn.
Kalimagnesia → Mineraldünger, Kalidünger.
Kalisalz → Mineraldünger, Kalid.
Kalium, chemisch K, Hauptelement, Umsatz bei intensiver gärtnerischer Nutzung etwa 10−40 g je qm und Jahr. Je nach Tongehalt des Bodens in 1 qm von 20 cm Oberbodenschicht etwa 500−9000 g K. in mineralischen Substanzen, nur wenig in organischen. Je besser → Bodenstruktur und biologische Aktivität, desto mehr wird davon pflanzenverfügbar: zwischen 0,05 und 0,5 g je 1000 g bzw. 0,05−0,5‰ jährlich. Bei oben genannter Maximalreserve von 12 000 g sind das 0,6−6 g. Ohne Düngung wird bei intensiver Nutzung mit mehreren Kulturen im Jahr somit selbst im günstigsten Fall nur etwa ⅙ des K.bedarfs gedeckt. − K. hemmt in Pflanzen die Wasserabgabe, schützt dadurch vor Wassermangel bei Trockenheit und vor Frost. K. reichert sich an in den Speicherorganen, wie Knollen, Knospen und Zwiebeln. − K.MANGEL. Es bildet sich kein starkes Gewebe, die Pflanze ist nicht standfest, der Wasserdruck in der Zelle (Turgor) ist mangelhaft, es bilden sich mehr Amide (Eiweißvorstufen) und weniger vollwertiges Eiweiß, die Produkte schmecken nicht und sind − in Verbindung mit o. g. Beeinflussung des Wasserhaushaltes − weniger haltbar. Äußerlich erkennbar ist K.mangel im Extremfall an Welke, im übrigen an → Chlorose; die Anzeichen sind bei den Gemüsearten verschieden: Kohlrabi bildet schlecht Blätter, Rote Rüben wachsen in die Länge, bilden aber keine richtigen Knollen, Salat ‚köpfelt‘ nicht, bei vielen Gemüsearten sind die Blätter blaugrün, werden vom Rand her gelb und trocknen allmählich ein.

Pflanzen sind anfällig gegen Pilzkrankheiten. − GEGENMASSNAHMEN. Erstens ursächlich Bodenstruktur verbessern, zweitens harmonisch düngen (→ Düngung, → Mineraldünger [Kalidünger]). Bei akutem Mangel mit K.sulfat spritzen; 1%ige Lösung ist 10 g/Liter, 50 ccm/qm.
Kaliumpermanganat, Übermangansaures Kali, chemisch $KMnO_4$. Violette Kristalle, in Drogerien erhältlich. Sauerstoffaktiv, daher desinfizierend. Als Gieß- und Kompostmittel 1−3 g/ 10 Liter Wasser lösen. Auch durch einfaches Gerät mit Druckwasserleitung ausbringbar. Als Stäubemittel nur im Fachhandel.

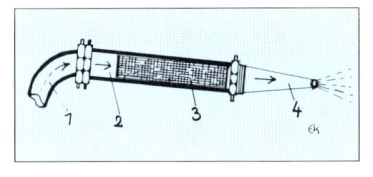

Druckwasserspritze für Kaliumpermanganat: 1. Schlauch, 2. Rohr, 3. Feingelochte Patrone mit Kaliumpermanganat-Kristallen gefüllt, 4. Spritzdüse. (Zum Selbstbau, nach Könemann)

Kaliumsulfat → Mineraldünger, Kalidünger.
Kalk, → Calcium, → Mineraldünger (Kalkdünger).
Kalkalgenmehl, aus Meeres-Kalkalgen gewonnen. Geeignet zur Bodenentwässerung (Anhebung des pH-Wertes) sowie zum Säubern oder Spritzen gegen Pilzkrankheiten (→ Schorf, → Mehltau u. a.) und Insekten (→ Erdflöhe, → Kartoffelkäfer u. a.). Verschieden zusammengesetzte K.-Präparate im Handel, z. B. Algomin.
Kalkhydrat, gelöschter Kalk, Kalkmilch, $Ca(OH)_2$; früher als Spritzkalk zur Winterspritzung bei Obstbäumen gegen überwinternde Schädlinge verwendet; Wirkung unbefriedigend. Heute noch: Mittel zum → Baumanstrich gegen Überhitzung.
Kalksalpeter → Mineraldünger, Kalkdünger.
Kalkstickstoff → Mineraldünger, Stickstoffdünger.
Kallus, Zellteilungsprodukt nach Verletzung von lebendem Gewebe. Die an die Wunde grenzenden lebenden Zellen wuchern und bilden Kallusgewebe = Wundheilgewebe, mit dem die Wunde überwallt wird. Nach außen schließt sich das K.gewebe durch Kork ab, nach innen entsteht eine → Kambiumschicht.
Kalmia → Lorbeerrose.

Kalmus, *A. g.* 'Aureovariegatus'. (Jesse)

Kalmus, *Acorus.* Aronstabgewächse, *Araceae.* ○–◐ ♃ |: ⌇ ⌇. Nur 2 Arten in Europa, Asien, Amerika. Sumpf- und Wasserpflanzen mit verzweigten, kriechenden Rhizomen und schwertförmigen oder grasartigen Blättern, die sich in zwei Zeilen gegenüberstehen. – *A. calamus,* im gemäßigten Europa, Asien, Amerika. Aromatisch duftendes Rhizom. Blätter schwertförmig, zugespitzt, bis 1 m lang, dunkelgrün. Blattförmig verbreiterter Blütenschaft mit einem 10–30 cm langen, frei hervortretenden grünen Kolben, gestützt von einer blattartigen Spatha. Die Blüten bilden bei uns keinen Samen aus, 80 cm. 'Variegatus', schöner, mit weißen Längsstreifen, 60 cm. VI–VII. – *A. gramineus,* Zwergk., Japan. Kriechender Erdstamm mit grasartigen, flachen Blättern, dunkelgrün. Spatha der Blüte mit dem Stengel zusammengewachsen, Kolben gelblichgrün, 30 cm. 'Argenteostriatus' hat weiß-, 'Aureovariegatus' gelbgestreifte Blätter, 25 cm. Diese bunten Formen werden auch als Zimmerpflanzen gehandelt. *A. g.* var. *pusillus.* Kleinster Kalmus, mit kurzen, fächerartig angeordneten, dunkelgrünen Blättern, 15 cm. Auch hier eine weißbunte Form 'Variegata'. VI–VII. Die buntblättrigen Formen sind nicht so hart und sollten einen leichten Winterschutz haben. – Verwendung an oder in Wasserbecken, Teichen, Wasserläufen. *A. gramineus* und var. *pusillus* wachsen auch an Land und als Aquarienpflanzen im Zimmer. Die buntblättrigen Sorten sind sehr geschätzte, harte Topfpflanzen und werden gern zum Bepflanzen bunter Schalen verwendet. – Boden nahrhaft, humos bis schlammig. Vermehrung durch Teilung.

Kalorienbedarf, Bedarf an Wärmeeinheiten, beträgt bei völliger Körperruhe ohne Nahrungsaufnahme ungefähr 1 kcal (Kilokalorie) je kg Körpergewicht und Stunde (Grundumsatz). K. wird durch Arbeitsleistung entsprechend erhöht und beträgt bei geringer körperlicher Arbeit ca. 2600 kcal/Tag, bei mittelschwerer Arbeit 2600–3300 kcal/Tag und bei Schwerarbeit 3300–4500 kcal/Tag. → Qualität (Ernährungsphysiologische Qualität).

Kaltasphalt, handelsübliche Bezeichnung für eine Bitumenemulsion, wobei das Bitumen im Wasser emulgiert. Für den Einbau von K. als Guß- oder Walzasphalt ist im Straßen- und Wegebau (→ Gartenweg) unter dem tragfähigen Untergrund eine konstruktiv einwandfreie Frostschutzschicht vorzusehen. Verschleißschicht glatthalten oder mit Einstreu von Splitt und Brechsand versehen.

Kalter Kasten → Frühbeet.

Kalthaus, in der Kultur unter Glas ein Gewächshaus ohne Heizung. Für den Liebhabergärtner bildet das K. als → Kleingewächshaus ohne Heizung die Erstausstattung, wenn er Zubehör (darunter die Heizung) erst nach und nach anschaffen kann. K. ist geeignet für Frischgemüse, Salate, ferner zur Kultur von Gurken, Kohlrabi, Gemüsepaprika, Tomaten u. a. Sommerblumen lassen sich im K. vorkultivieren, auch geeignet zur Lagerung später Gartenfrüchte im Einschlag.

Kalvill. Nach Sortensystem von Diel-Lucas die 1. Klasse der Apfelsorten.

Kamelie, *Camellia japonica.* (Herbel)

Besondere Kennzeichen: Stark gerippte Früchte mit großem, offenem Kernhaus. Sehr wohlschmeckendes Fruchtfleisch. Einteilung in grundfarbige, gestreifte, deckfarbige Kalvillen. Vertreter: Weißer Winter-Kalvill, Gravensteiner, Roter Winter-Kalvill u. a.

Kambium. Aktive Zellschicht, gekennzeichnet durch intensive Zellteilung, wobei nach außen Rindenzellen, nach innen Holzzellen abgelagert werden. K. ist eine dünne Meristemschicht von größter Frostresistenz während der Winterruhe. Wundheilung ist vom Überleben des K.s abhängig. Nach Extremwintern können Gehölze überleben, wenn wenigstens noch $1/3 – 1/4$ des Kambiums am Leben bleibt, auch wenn alle anderen Gewebe erfroren sind.

Kamelhalsfliegen, Gruppe der → Netzflügler, etwa 2 cm Flügelspanne, den → Florfliegen ähnlich, doch mit auffälliger, lackschwarzer, halsartig verschmälerter Vorderbrust; Larve rück-

Orchideenblüte im Kalthaus. (Kuno Krieger)

Kaolinit

Kamille, *M. chamomilla*. (Seidl)

Kanonierblume, *Pilea mollis.* (Seidl)

wärts laufend. Larven und fertige Insekten vor allem auf Obstbäumen räuberisch lebend.

Kamelie, *Camellia.* Teegewächse, *Theaceae.* ☉ ♄–♄ ▽ ⚹. Immergrüne Sträucher oder kleine Bäume, ca. 80 Arten im ostasiatischen Raum, wirtschaftliche Bedeutung hat besonders der Teestrauch, *C. sinensis.* – *C. japonica.* Korea, Japan, China. Frühjahrsblühender Strauch oder Baum, bis 15 m. Blätter wechselständig, lederig, 10 cm lang, dunkelgrün. Blüten groß, bis 15 cm, in den Achseln der oberen Blätter. Tausende Sorten, bei uns, mit Ausnahme von milden Gegenden südlich der Alpen (Südtirol, Tessin), wo K.n schon winterhart sind, nur eine Sorte, 'Chandleri Elegans', rosarot mit weiß, dicht kamelienartig gefüllt, kultiviert. Es gibt alle Farben von Rot über Rosa bis Weiß, einfache, halbgefüllte und gefüllte Blüten in den verschiedensten Größen. Im Tessin und in Südtirol sollten K.n noch mehr verwendet werden, es empfehlen sich hier besonders *C. sasanqua, C. saluenensis, C.* × *williamsii* und die harte *C. cuspidata.* Ansprüche: Mit Ausnahme der oben angeführten milden Gebiete ist die K. bei uns eine Kalthauspflanze. Im Zimmer gedeiht sie nicht übermäßig gut, besonders die modernen zentralbeheizten Räume sagen ihr nicht zu. K.n sind Humuswurzler und Kalkflieher. Nach der Blüte unbedingt zurückschneiden, sonst wächst nur die Endknospe weiter und die Triebe verzweigen sich wenig. Bis zum VIII ernährt man K.n mit stickstoffbetonten, vollwasserlöslichen Düngern. Sie können an kühlen Orten im Haus oder schattig, nach den Eisheiligen, im Garten Aufstellung finden. Temperaturen von 20–25°C sind ideal. Im VIII werden bereits die Knospen sichtbar, die nun kühler ausreifen wollen. Alte Pflanzen läßt man langsam bei 10–15°C zur Blüte kommen. Bei diesen oder vielleicht nach tieferen Temperaturen und gleichzeitiger hoher Luftfeuchtigkeit kommt es nicht zum gefürchteten Abstoßen der Blütenknospen.

Kamille, *Matricaria chamomilla.* Korbblütler, *Compositae.* Stammt aus Südeuropa; seit Jahrhunderten bei uns angebaut und verwildert. Einjähriges Kraut. Anbau: Anzucht aus Samen, Aussaat an Ort und Stelle zeitig im Frühjahr. Magere Böden werden bevorzugt. Ernte der halboffenen Blütenköpfchen ab Anfang VI bis in den Herbst. Trocknen an luftigem, schattigem Ort. – Verwendung: Als Tee gegen Verdauungsstörungen, zur Desinfektion der Mundhöhle. Gilt als krampflösend. Äußerlich als Aufguß gegen Entzündungen und zur Wundheilung. Sehr vielseitige Heilwirkungen. Von der echten K. werden neuerdings auch die Blüten als Tee zur → Saatbeize verwendet.

Kamin, baulich gefaßte offene Feuerstelle mit Rauchfang im Haus, am Haus mit Ausrichtung zur Sitzterrasse oder an einem hausfernen Sitzplatz.

Kammgras → Rasengräser.
Kammsame → Maurandie.
Kanarine, *Canarina.* Glockenblumengewächse, *Campanulaceae.* ○ ♃ ⚸ ▽ Lie. Kräuter mit knolligem Wurzelstock, große, meist sechszählige Glockenblumen-Blüten. 4 Arten auf den Kanaren, in Afrika und den Molukken. – *C. canariensis.* Bis 2 m hoch, etwas kletternd. Blätter gegenständig oder zu dritt, fleischig, schön violettblau überlaufen. Blüten 5–6 cm groß, am Ende der Triebe oder in den oberen Achseln, orangebraun, gelb oder orange, mit bräunlichen Linien. – Herrliche Lauwarmhauspflanze von nicht einfacher Kultur. Während der Sommerruhe trockenhalten. In VIII oder IX beginnen die Pflanzen auszutreiben, jetzt kann man, wenn notwendig, verpflanzen. Laub- und lehmige Rasenerde sind gut geeignet. Temperatur 12–15°C, sehr hell. Die Blüten erscheinen meist im Spätwinter. Dann läßt man langsam wieder einziehen. – Vermehrung durch Aussaat, dauert 3 Jahre, oder sorgsame Teilung.

Kanker, Weberknechte, Gruppe der → Spinnentiere, die durch eiförmigen Körper und ungewöhnlich lange Beine gekennzeichnet sind. Ohne Spinnvermögen. Insekten- und Schneckenvertilger.

Kannenstrauch → Insektivoren 4.
Kanonierblume, *Pilea.* Brennesselgewächse, *Urticaceae.* ○–◐ ☉–♃ ▽. Einjährige oder ausdauernde Kräuter, ungefähr 200 Arten in allen tropischen Gebieten, mit Ausnahme von Australien. Bei diesen Pflanzen gibt es männliche und weibliche Blüten. Benetzt man kurz vor dem Öffnen stehende männliche Knospen an warmen Tagen mit Wasser, so öffnen sie sich plötzlich und schleudern den Blütenstaub aus, der dann wie in kleinen Wölkchen über den Blüten schwebt. – *P. cadierei.* Indochina. Bis 40 cm hoch, Blätter gegenständig, eiförmig-zugespitzt, 10 cm lang, dunkelgrün mit 4 Reihen silberweißer Flecken. – *P. microphylla (P. muscosa).* Tropisches Amerika. 15 cm hoch, mit kleinen, 2–5 mm langen Blättchen, kriechender Wuchs. Blüten hier einhäusig. Sich gerne aussamend. – *P. cadierei* ist eine haltbare Zimmerpflanze, die bei Temperaturen zwischen 10 und 25°C gut gedeiht. Humose Substrate und etwas Halbschatten. *P. microphylla* kann zur Bodenbegrünung und Einfassung in Wintergärten, Blumenfenstern und im Freiland verwendet werden, doch samt sie stark. Unter den tropischen Pilea-Arten sticht u. a. P. 'Moor Valley' mit großen, erbsgrün-bronzefarbenen, gehöckerten Blättern heraus.

Kantenstecher → Rasenpflegegeräte.
Kantenstein, im Wegebau eine Stellkante aus Beton oder Naturstein zur Begrenzung und Sicherung eines ausgebauten Weges oder Platzes. Beton-K.e sind in Form, Länge und Stärke genormt, während K.e aus Naturstein nicht genormt sind, aber Mindestanforderungen erfüllen müssen. Heute werden K.e auch aus dem Natursteinpflasterangebot gerne verwendet.

Kaolinit, wenig wertvolles Aluminiumsilikat, Zweischicht-Tonmineral, beeinträchtigt das Vermögen des Bodens zu quellen und zu schrumpfen, spezifische Oberfläche nur 30 qm/g. Gegenwirkung durch Humusdüngung, Bodenlockerung durch → Bodenverbesserungsmittel, wie Sand, → Schaumstoffe und vor allem Tonmineralien mit

Kapkörbchen, *Dimorphotheca sinuata.* (Herbel)

Kapuzinerkresse, *T.-Hybriden.* (Herbel)

Kapuzinerkresse, *Tropaeolum peregrinum.* (Seibold)

hoher spezifischer Oberfläche, wie Montmorillonit (→ Bentonit).

Kapaster, Kingfisher-Daisy, *Felicia.* Korbblütler, *Compositae.* ○−◐ ħ−ℏ (bei uns z. T. ⊙ gezogen) ⊡ ⋈. Meist Halbsträucher, seltener Kräuter, ca. 50 Arten in Afrika. – *F. amelloides.* Halbstrauchig, bis 60 cm hoch, Blätter gegenständig, eilänglich, etwas rauh, Köpfchen an 15 cm langen Stielen, Zungenblüten himmelblau, Scheibe gelb. – *F. bergeriana.* Einjährig. Zarter als vorige, himmelblau mit gelb. In feuchten Sommern versagend. K. sind reizende Beetpflanzen für den Liebhaber, die erste Art ist eine gut- und reichblühende Topfpflanze für Zimmer und Kalthaus. Die Substrate sollen lehmig-humos sein. Wichtig ist bei *F. amelloides,* daß sie nur dann im Winter durchblüht, wenn sie luftig und hell, bei Temperaturen um 10−12°C aufgestellt wird. Im Frühjahr kann man Stecklinge schneiden, diese 1−2mal stutzen und nach den Eisheiligen auspflanzen.

Kapillarität oder Kapillarkraft, Aufstieg von Wasser aus dem Grundwasser durch Feinporen von 0,002 bis 0,01 mm Durchmesser. Ursache ist der Unterschied in der Saugspannung: im Grundwasser 0, in höheren Bodenschichten in steiler (logarithmischer) Kurve ansteigend. Infolge K. steigt auch das durch Pflanzenwurzeln oder Verdunstung verbrauchte Wasser aus Grundwasser oder feuchten Zonen auf. Die Bewegung des Wassers im Boden, einem wichtigen Faktor der Bodenfruchtbarkeit, beruht somit auf K. Ist weitgehend abhängig von → Boden, → Bodenstruktur und → Bodenprofil.

Kapkörbchen, Kap-Ringelblume, *Dimorphotheca.* Korbblütler, *Compositae.* ○ ⊙ ⁞ ⋈. In Südafrika etwa 20 halbstrauchige bis strauchige Arten. Bei uns als Sommerblume und gelegentlich für den Schnitt. *D. sinuata* (*D. aurantiaca*) in Kultur. Buschig, ca. 30−40 cm, dicke, lanzettliche Blätter. Ihre Körbchenblüten weisen eine gelbe Scheibe auf, während die Randblüten bei der Art orangefarben sind und sich bei den im Handel befindlichen Mischungen meist aus reizvollen Schattierungen in Orange, Gelb, Lachs und Weiß zusammensetzen. Blüte VI−Frost. Aussaat ab Ende IV−V ins Freiland mit etwa 25 cm Reihenabstand. Standort sonnig und warm bei wasserdurchlässigem Boden.

Kap-Ringelblume → Kapkörbchen.

Kappes → Weißkohl.

Kapuzinerkresse, *Tropaeolum.* Kapuzinerkressengewächse, *Tropaeolaceae.* ○−◐ ⊙. Eine über 40 einjährige und staudige Arten umfassende Gattung, vor allem in den Anden Südamerikas heimisch. Triebe der einzelnen Arten teils niederliegend, teils rankend, nur selten kletternd. Blätter schildförmig oder gelappt. Blüten langgestielt und meist langgespornt. Die beliebten Arten und Sorten werden einjährig kultiviert. In Wuchs und Verwendung teilweise recht verschieden und gelegentlich aus Artenkreuzungen entstanden. Diese Züchtungen werden deshalb auch als *T.-Hybriden* bezeichnet. Aussaat aller Züchtungen üblicherweise ab Ende IV−V ins Freiland an Ort und Stelle. Standort möglichst vollsonnig, nicht zu nährstoffreich. Blüte VI−Frost. Vielfach sowohl grünlaubige und dunkellaubige als auch einfach und halbgefüllt blühende Züchtungen. Verwendungszweck der Arten und Sorten recht unterschiedlich. Nachfolgend die übersichtlichere alte Klassifikation. – *T. majus-* und *T. peltophorum-* (*T. lobbianum*) Hybriden. ⚥ ↝. 3−4 m weit kriechende und hochrankende Züchtungen, teils einfach, teils halbgefüllt blühend, in einigen Einzelfarben und Mischungen. Zur Abdeckung großer Flächen und als Rankgewächs. – *T. majus* 'Nanum', nichtrankende Züchtungen für Beete, Balkonkästen und gelegentlich auch für Topfkultur. Meist nur in einfachen und halbgefüllten Mischungen. Besonders attraktiv und ansprechend die dunkellaubigen Formen. – *T. peregrinum* (*T. canariense*). ⚥. Bis zu 4 m hoch werdender Kletterer mit kleinen schwefelgelben Blüten. Die fünf- bis siebenlappigen Blätter sind zartgrün. – Eine reichblühende Pflanze speziell für Spaliere.

AUSDAUERNDE ARTEN. Kleinode sind die ausdauernden K.n. – *T. polyphyllum.* ○ ♃ VI−X. Aus Chile und Argentinien. In großen, dahlienähnlichen Knollen überwinternd, die bis zu 1 m tief liegen. 80−90 cm lange Triebe mit kleinen, dreilappigen, bläulich-grünen Blättern und orangegelben Blüten. Ansprüche: warmer, sonniger Standort mit durchlässigem, tiefgründigem Boden, am besten an einer Hauswand. – *T. speciosum.* ◐ ♃ ⚥ ⋀ VIII−X. Chile. Dort in buschreichen Wäldern, bis 3 m hoch kletternd. Dicke, fleischige Wurzeln, die Nebentriebe bilden. Kleine, grüne Blätter und leuchtend zinnoberrote Blüten. Ansprüche: Halbschattige Lagen und humusreicher, möglichst kalkfreier Boden, braucht etwas Winterschutz.

Karakabaum, *Corynocarpus.* Corynocarpaceae. Neuseeland. *C. laewigatus.* ○−◐ ħ ⊡. Immergrüner Kalthaus- bis Zimmerstrauch mit ovalen, glänzenden Blättern, bis 7 cm lang. – Vermehrung durch Aussaat oder Stecklinge. Auch gut in Hydrokultur.

Karathane (Dinocap), erstes organisches → Fungizid mit spezifischer Wirkung gegen echte Mehltaupilze, die zuvor nur mit Schwefelpräparaten bekämpfbar waren. Hat dem → Schwefel gegenüber die Vorteile, daß es pflanzenverträglich und temperaturunab-

Kartoffelernte am Hochbeet. (A. Kalaus)

hängig ist. Überdosierungen vermeiden! Bienenunschädlich. Karathane wirkt nicht gegen Apfelschorf, doch kann man durch Zusatz von → Zineb Schorf und Mehltau des Apfels zugleich bekämpfen.

Karbolineum, Sammelbegriff für verschiedene Mittel aus Teerölen. Werden als Holzschutzmittel verwendet. Für Frühbeete usw. jedoch ungeeignet, da Teeröle noch nach Jahren Giftstoffe abgeben. → Holzimprägnierung.

Karfiol → Blumenkohl.

Karotin, Provitamin A, wichtiger qualitätgebender Inhaltsstoff, z.B. der Mohrrübe.

Karotte → Möhre.

Karre → Gartenkarre.

Karrenpumpe → Pumpe.

Karst → Bodenbearbeitungsgeräte.

Kartoffel, *Solanum tuberosum.* Nachtschattengewächse, *Solanaceae.* Stammt aus dem tropischen Amerika, seit etwa 200 Jahren eines der Hauptnahrungsmittel der westlichen Welt. Landwirtschaftliche Hauptkultur, im Garten vor allem als Frühkartoffel interessant. – ANBAU. Knollen geeigneter Frühsorten an warmem Ort bei genügend Licht vorkeimen ab Mitte II. Auspflanzen in 10–15 cm tiefe Furchen, Abstand 60 cm, in der Reihe 35–40 cm; Pflanzzeit Anfang V, in ganz frostsicheren Lagen schon früher. Aufgelaufene Pflanzen vor Spätfrösten schützen. Gegen Ende V anhäufeln. Ernte sobald die Knollen genügend groß sind; früheste Ernten (Anfang bis Mitte VI) geben nur geringe Erträge. Ernte ab Mitte VII bis Herbst für Selbstversorger wenig rentabel.

VERWENDUNG. Sehr vielseitig, allgemein bekannt.

Kartoffelälchen. Kümmerstellen mit schwachen Pflanzen; Ertragsrückgang (,Kartoffelmüdigkeit'); an den Wurzeln: sehr kleine helle bis braune Knötchen = Zysten des gefährlichsten aller Fadenwürmer (→ Nematoden). Vor allem in Gärten mit häufig wiederholtem Kartoffelanbau. Bekämpfung: einschlägige Verordnungen beachten; Kartoffelanbau unterbrechen; Anbau resistenter Sorten (Auskunft: Pflanzenschutzamt); Kartoffelbeet mit Studentenblumen (Tagetes) einfassen. Chemische Mittel (Nematizide) wirken unbefriedigend und sind giftig für Bodenlebewesen und Mensch.

Kartoffelkäfer, gefährlichster Vertreter der → Blattkäfer. Gelbe Eier an Blattunterseite; Larven rötlich mit schwarzen Seitenflecken; Käfer gelb mit schwarzen Längsstreifen. Käfer überwintern tief im Boden. 2–3 Generationen im Jahr. Abwehr: Käfer, Larven und Eigelege absammeln. Spritzen mit Präparaten wie → Algomin oder → Bio-S.

Kartoffelmüdigkeit → Kartoffelälchen.

Kassie, *Cassia.* Hülsenfrüchtler, *Leguminosae.* Etwa 400 Arten, weltweit. Stauden bis Bäume. Blätter meist gefiedert. Blüten meist gelb. – *C. corymbosa* var. *plurijuga.* Argentinien. Reichblühender Kalthaus- und Kübelstrauch. Blätter 2–3paarig gefiedert. Blüten 2 cm breit, gelb, zahlreich. Sommer bis Herbst. – *C. didymobotrya.* Tropisches Afrika. Kerzen-Kassie. Strauchig. Blätter gefiedert. Blüten in bis 30 cm langen, senkrechten Kerzen. Sommer. – Kalthauspflanzen, gut im Sommer im Freien verwendbar. Sonnig. Substrate schwer und nährstoffreich. – Vermehrung durch Stecklinge und Aussaat.

Kastanie, *Aesculus.* Roßkastaniengewächse, *Hippocastanaceae.* Sommergrüne Bäume oder Sträucher, 25 Arten in Südeuropa, Nordamerika und

Kartoffelkäfer mit Eigelege. (Dr. Bender)

Roßkastanie, *A. hippocastanum.* (Seidl)

Asien. Die großkernigen Samen, die Kastanien, enthalten unter anderem Stärke und Öle, sind in Notzeiten zu Mehl verarbeitet worden, dienen besonders im Winter als Wildfütterung beim Dam- und Rotwild, aber auch als Mastfutter für das Vieh. – *A. × carnea* (*A. hippocastanum* × *A. pavia*). ○–◐ ♄ V. 15–20 m hohe Hybride mit klebrigen Winterknospen, fünfzähligen, dunkelgrünen Blättern und hellroten Blütenständen. Blüht etwa eine Woche später als die Roßkastanie und setzt viel weniger Samen an. Die Sorte 'Briottii' hat leuchtend blutrote Blüten und wird nur 10–15 m hoch. – *A. hippocastanum,* Roßkastanie. ○–● ♄ V. In Nordgriechenland und auf dem Balkan beheimatet. Name von 'hippos' = Pferd und 'castanos' = Edelkastanie. Beide Namen wurden verbunden, weil die Türken ihre Pferde mit dem Samen fütterten und wegen der äußeren Ähnlichkeit der Früchte mit denen der Edelkastanie. Raschwachsender, 20–25 m hoher Baum mit großen Blättern, aufrechtstehenden Blütenrispen und weißen, gelbrot gefleckten Einzelblüten. Schattenverträglich, spendet durch die breit ausladende Krone selber reichlich Schatten und ist wegen der weit ausgebreiteten Wurzeln, die auch steinigen Boden durchdringen, ein guter Bodenfestiger. 'Baumannii' mit gefüllten Blüten bildet regelmäßige, pyramidale Kronen und setzt keinen Samen an. – *A. parviflora* (*A. macrostachya*), Strauchkastanie. ◐–● ♄ VII–VIII. In den südöstlichen USA beheimatet, bildet nur 4–5 m hohe Büsche, die durch Ausläufer gut doppelt so breit werden. Die fünf- bis siebenfach gefingerten Blätter sind im Austrieb glänzend bronzebraun, vergrünen später und verfärben sich im Herbst hellgelb. Weiße Blüten in schmalen, 20–30 cm langen, aufrechten Blütenrispen, die wie Kerzen über dem Laub stehen. Waldpflanze, wird am schön-

Kastanienwein

sten im lichten Schatten großer Bäume. In voller Sonne gedeiht sie auch, bildet dann aber kompakte Büsche. – ANSPRÜCHE. K.n wachsen fast überall, lieben kräftigen, tiefgründigen, etwas feuchten, nicht nassen Boden. Wertvolle, schattenspendende Park- und Alleebäume. Als Einzelpflanze im Rasen oder am Rand von größeren Gehölzen ist die Strauchkastanie geeignet. Unangenehm ist die Kastanienbräune; die Blätter werden durch Pilzbefall frühzeitig braun und verbleiben bis zum Herbst unschön am Baum. Die Infektion ist nicht in jedem Jahr gleich, auch werden einzelne Bäume überhaupt nicht befallen. Bekämpfung durch Spritzmittel wegen der großen Höhe der Bäume schwer durchzuführen. Vorbeugend können nur pilzresistente Pflanzen helfen. – VERMEHRUNG. Die reinen Arten werden durch Aussaat vermehrt, entweder sofort nach der Ernte oder im Frühjahr, dann muß allerdings das Saatgut → stratifiziert werden. Anhäufeln und Wurzelschnittlinge nur bei der Strauchkastanie möglich. Die Formen und Varietäten müssen veredelt werden, üblich ist Okulation oder seitliches Einspitzen auf einjährige Sämlinge der Roßkastanie. Bei Kronenveredlungen ist als Unterlage *A. carnea* vorteilhaft, weil sich keine häßlichen Veredlungsansätze bilden.

Kastanienwein, *Tetrastigma*. Weinrebengewächse, *Vitaceae*. ○–● ♄ ⚥ ⌂. Stark kletternde Schlingsträucher und Lianen, ungefähr 100 Arten in Ostasien, Australien und der umgebenden Inselwelt. – *T. voinierianum* (*Vitis voinieriana*). Große Liane mit 30 cm breiten, handförmig-geteilten Blättern. Äußerst rasch- und starkwüchsig. Blätter oberseits dunkelgrün und glatt, unterseits filzig und mit kugelförmigen, weißen, später braunen Ausscheidungen von Perldrüsen. – Im temperierten Zimmer oder im Wintergarten sehr gut gedeihend, selbst noch an schattigen Stellen. Meist binnen kürzester Zeit zu groß werdend und dann stark hindernd und schattenspendend. Rückschnitt aber ohne weiteres möglich. Fast ohne Krankheiten und Schädlinge.

Kastenpacken, Packen der Mistbeetkästen in 40–60 cm starker Schicht mit Pferdemist, Laub, → Stadtkompost, Wollabfällen u. ä. leicht gärendem Material zur Erwärmung der oberen Erdschicht. Wird heute in der Praxis seltener durchgeführt, Kästen werden mit Elektrowärme oder Warmwasser-Heizungsanlage beheizt.

Katzenminze, N. faassenii. (Seidl)

Katze, seit Jahrtausenden mit bestem Erfolg zur biologischen Bekämpfung von Mäusen und Ratten gehalten. Es ist erstaunlich, wie viele Beutetiere eine gut genährte Katze (sie jagt aus Instinkt, nicht aus Hunger) im Laufe des Jahres als Ergebnis ihrer nächtlichen Aktivität auf die Terrasse legt. Ihre gelegentlichen Übergriffe auf Vögel lassen sich durch Abhaltungsvorrichtungen (→ Vogelschutz) weitgehend verhindern.

Katzenminze, *Nepeta*. Lippenblütler, *Labiatae*. ○ ♃ |: △ D Bie. 150 Arten in den gemäßigten Zonen der alten Welt. Stark duftende, aufrechte oder kriechende Kräuter mit gekerbten Blättern und vorwiegend blauen Blüten. – *N. × faassenii* (*N. mussinii × N. nepetella*). Schönste Hybride, mehr aufrecht wachsend als *N. mussinii* und keinen Samen bildend, daher auch nicht durch Sämlinge wuchernd. Blätter kurz gestielt, graugrün, oval. Blüten in länglichen Trauben, blauviolett, reich- und langblühend, 40 cm. 'Blauknirps', hellblau, 20 cm; 'Six Hills Giant', blauviolett, 60 cm. V–IX. – *N. grandiflora*, Kaukasus. Aufrechter Wuchs, Blätter herzförmig bis lanzettlich, grün, Rand gekerbt. Blüten blauviolett, Kelch und Blütenstiele ebenfalls blau verfärbend. Schöner ist 'Blue Beauty', leuchtend hellblau. VI–VIII, 60 cm. – *N. mussinii*, Kaukasus, Nordpersien. Leicht verwildernd, deshalb nur für Natur- und Heidegärten zu empfehlen. Wuchs ausgebreitet, ganze Pflanze graufilzig. Blüten in länglichen Trauben, lavendelblau. 20–30 cm. 'Superba', kräftiger im Wuchs, dunkler, 30–40 cm. VI–VIII. – *N. nervosa*, Kaukasus. Hübsche, wenig bekannte Art, Wuchs locker, aufrecht. Graugrüne, lanzettliche Blätter, Blüten in zylindrischen Ähren, hellblau. VII–IX, 30–50 cm. – Verwendung im Natur- und Heidegarten, die niedrigen auch als Einfassung und im Staudenbeet, wertvolle Sommerblüher. Boden etwas trocken, durchlässig. Vermehrung durch Teilung und Stecklinge.

HEIL- UND TEEPFLANZE. *Nepeta cataria* f. *citriodora*. ♃ D VII–VIII. Alte und auch heute noch häufig anzutreffende Heil- und Teepflanze, in vielen Gebieten fälschlich als Zitronenmelisse in den Gärten. Von dieser verschieden durch mehr aufrechten Wuchs, etwas gräulich behaarte Blätter und hellrosafarbene Blüten. Wirksame Inhaltsstoffe ziemlich gleich der Zitronenmelisse (beruhigend). Verwendung als frisches oder getrocknetes Kraut, getrocknet als Tee zubereitet im Geschmack besser als Zitronenmelisse, da weniger erdig schmeckend. – Wesentlich winterhärter und dauerhafter als die Zitronenmelisse. – Vermehrung durch Teilung, Aussaat und Stecklinge.

Katzenpfötchen, *Antennaria*. Korbblütler, *Compositae*. ○ ♃ △ ⚘. Je nach Autor 25–30 Arten in allen Erdteilen, außer Afrika. Lockerrasenförmig wachsende Stauden mit graufilzigen bis silberweißen Blättern. Blüten in Köpfchen zu einer Doldentraube vereinigt, weiß bis rot. – *A. dioica*, nördlich gemäßigte bis subarktische Zone. Oberirdische Ausläufer, beblättert. Blätter spatelförmig bis lanzettlich, oben grünlich, unterseits silberweiß. Blüten weißlichgelb bis rötlich. 'Rubra', dunkelrosa Blüten, 10–20 cm. *A. d.* var. *borealis* (*A. tomentosa*), Blätter auf beiden Seiten weißfilzig, Blüten weiß, 10 cm, V–VI. – *A. parvifolia* (*A. aprica*), Nordamerika. Beblätterte Ausläufer, Blätter spatelförmig, Stengelblätter lanzettlich, auf beiden Seiten weißfilzig, große, feste Polster bildend. Blüten weiß bis rosa. V–VI, 15 cm. – *A. plantaginifolia*, Nordamerika. Sehr spärlich beblätterte Ausläufer. Grundblätter verkehrt-eiförmig, Stengelblätter schmal-lanzettlich, oben spinnenhaarig, unten weißfilzig. Üppigste Art, breite Rasen bildend. Blütenköpfe grünlichweiß, V–VI, 20–30 cm. – Verwendung im Stein- und Heidegarten oder als silbergraue Teppiche im Staudenbeet. Boden sandig-durchlässig. Vermehrung leicht durch Teilen.

Katzenschwanz, Nesselschön, *Acalypha*. Wolfsmilchgewächse, *Euphorbiaceae*. ◐ ♄ ⌂ Lie. Kräuter, Sträucher oder kleine Bäume, ca. 400 Arten in den Tropen. – *A. hispaniolae*. Hängender Katzenschwanz. Hübsche Ampelpflanze mit rundlichen, gekerbten Blättern und hängenden, roten Schwänzchen. Empfindlich gegen übergroße Bodenfeuchtigkeit und Ballentrockenheit. – *A. hispida.* Blätter brennesselähnlich, gesägt. Blütenstände aus den Blattachseln, rot, bis 50 cm lang, fuchsschwanzähnlich. – *A. wilkesiana.* Südsee. Strauchig, Blätter nesselähnlich oder gestutzt, unterschiedlich bunt, besonders schön ist 'Musaica', mit bronzegrünen, rot und orangefarben getupften Blättern. – Alle Acalyphen werden selten angeboten, da sie Sträucher des Warm- oder Lauwarmhauses sind und daher viel Platz brauchen. Sie entwickeln sich am besten ausgepflanzt in einem Wintergarten, wo ihnen auch die entsprechende Luftfeuchtigkeit geboten werden kann. Temperaturen um 20°C. *A. hispida* wird nicht gestutzt, jedoch *A. wilkesiana*-Formen, da hier besonders die jungen Blätter zieren.

Kaukasusvergißmeinnicht, *Brunnera.* Boretschgewächse, *Boraginaceae.* ○–◐ ⚷. 3 Arten in Asien. Nahe verwandt mit *Anchusa*, von ihr aber unterschieden durch die nicht rauhhaarigen, elliptischen deutlich genervten Blätter. – *B. macrophylla (Anchusa myosotidiflora),* Westkaukasus. Grundblätter spitz-eiförmig mit herzförmigem Grund, lang gestielt. Stengelblätter sitzend, kleiner. Blüten in lockerer Dolde, vergißmeinnichtähnlich, blau mit gelbem Kronschlund. III–IV, 30–50 cm. – Verwendung als hübscher, langer Frühlingsblüher im Staudenbeet, vor oder unter Gehölzen und am Rand von Gewässern. Boden nahrhaft, humos und etwas feucht. Vermehrung durch Aussaat, Teilung und Wurzelschnittlinge.

Katzenschwanz, *Acalypha hispida.* (Dr. Jesse)

Keimende Bohne. (P. Schmidt)

Kehrmaschine, Rasenwischer → Rasenpflegegeräte.
Keimblätter, erste Blätter aller Sämlinge, die beim späteren Wachstum vertrocknen, verkümmern oder abfallen. → Blattkeimer, → Einblattkeimer.
Keimdauer, Zeit vom Beginn der Quellung des Saatkorns bis zum Sichtbarwerden der ersten Wurzeln. K. ist besonders bei Stauden sehr verschieden, je nach Art 3–4 Tage bis 12–15 Monate, stark abhängig von den Außenfaktoren (Wärme, Licht, Wasser usw.).
Keimfähigkeit, Fähigkeit des Samens, neues Leben zu entwickeln, bei genügend Wärme und Feuchtigkeit. Stark abhängig von Alter und sachgemäßer Lagerung des Samens. Alle → Frost- und Schwerkeimer verlieren in wenigen Wochen ihre volle K., wenn sie nicht unter + 5°C gelagert sind.
Keimgewähr, Garantie für die Keimfähigkeit des Samens. Ist nur optimal zu erwarten, wenn das Saatgut frisch ist oder stets sachgemäß gelagert wurde.
Keimling (Embryo), entwickelt sich aus dem Samenkern, ist anfangs bleich und ohne Blattgrün und wird vom Nährgewebe des Samenkorns zunächst miternährt. Erstes Organ des K.s ist das Keimwürzelchen, das den K. mit dem Boden in Verbindung bringt und anschließend für die Nahrungszufuhr sorgt.
Keimpflanze, Bezeichnung für Jungpflanze, die sich in ihrer Entwicklung zwischen der Keimung und der Ausbildung des ersten Blattes befindet.
Keimprobe, Prüfung der Keimfähigkeit, wird im Prozentsatz der ausgekeimten Samen im Vergleich zur gesamten Samenmenge angegeben und durch Auslegen des Samens auf feuchtes Löschpapier oder im eigens konstruierten Keimapparat durchgeführt. Im Privatgarten meist nicht lohnend.
Keimstengel, der Teil des Keimlings zwischen Würzelchen und Keimblatt, der oftmals kaum, bei allen *Cruciferae* (Kreuzblütler) und *Compositae* (Korbblütler) aber gut zu sehen ist.
Keimstimmung, steht in engem Zusammenhang mit der Keimtemperatur. Kann bei Stauden z. B. durch Niedrigtemperaturen (Frostkeimer u. a.), stärkeres Abdecken des eingesäten Samens (Dunkelkeimer) und auch durch Lichteinwirkung, evtl. künstliche Beleuchtung (Lichtkeimer) besonders angeregt werden. Beste K. bei Schaffung optimaler Keimbedingungen.
Keimtemperatur, neben genügender Feuchtigkeit der wichtigste Faktor für die Keimung. Wichtig sind Kenntnisse der K. Viele *Cruciferae* keimen schon bei 3–4°C Wärme, alle *Papaveraceae* erst bei 8–10°C.
Keimung, Übergang vom Samenkern zum Keimling, aus dem anschließend der Sämling sich entwickelt. Zur K. sind notwendig, Wasser, Wärme, Sauerstoff, manchmal auch Licht, Nährstoffe und mechanische Reize.
Kentie → Palmen 3.
Keramik (Gartenkeramik), Geräte und Gefäße aus gebranntem Ton, wie Gartenbrunnen, -kübel, -schalen, -vasen, Vogeltränken, Wasserspeier. Zum Teil durch Glasur gedichtet.
Kerbel, Gartenkerbel, *Anthriscus cerefolium* ssp. *cerefolium.* Doldenblütler, *Umbelliferae.* Stammt aus Westasien, seit frühem Mittelalter bei uns als Gewürzpflanze bekannt. Anbau: Aussaat V–IX in Folgesaaten, Reihenabstand 15–20 cm. Blätter ernten bevor die Pflanzen aufschießen. Verwendung: Frisch oder an schattigem, luftigem Ort getrocknet zum Würzen von Suppen, Saucen usw.
Kerbelrübe, *Chaerophyllum bulbosum.* Doldenblütler, *Umbelliferae.* Einheimisch, altes Sammelgemüse, nur wenig angebaut. Gegessen werden die rübenförmigen, bis 150 g schweren Wurzeln. – Anbau: Aussaat im Herbst in Reihen von 20 cm Abstand; Keimung der Samen erst im Frühjahr. Nach Auflaufen auf 5 cm verziehen. Boden stets feucht halten! Ernte ab VII möglich, besser erst im Herbst; geerntete Rüben über Winter in Sand einschlagen. – Verwendung: Kochen, anschließend schälen. Schmackhaftes, an Kastanien erinnerndes Gericht.
Kerben → Schnitthilfen.
Kerbtiere, Kerfe, deutscher Name für → Insekten.
Kerfstengel → Orchideen 2.

Kermesbeere

Kermesbeere, *Phytolacca americ.* (Herbel)

Kermesbeere, *Phytolacca.* Kermesbeergewächse, *Phytolaccaceae.* ○–◐ ♃ ⚘ Lie. – Rund 35 Arten in tropischen und subtropischen Gebieten, oft nur schwer zu unterscheiden. Schmuckwert hat in unseren Gärten nur eine Art. – *P. americana (P. decandra),* Amerikanische K., Nordamerika. Fleischiger, dicker Wurzelstock, Stengel rot angelaufen mit wechselständigen, großen, eirunden Blättern. Blüten in aufrechtstehenden Kerzen. Beeren einer Brombeere ähnlich, erst grün, dann rot, reif schwarz, glänzend. Blüte VII–VIII, Beeren bis X, 100–150 cm. – Verwendung als dekorative Staude im Staudenbeet, vor Gehölzen oder als Solitär. Boden nährstoffreich, etwas feucht. Vermehrung durch Aussaat und Teilung im Frühjahr.

Kernobst, Obstarten, die Kerne in den Samenanlagen bilden: Apfel, Birne, Quitte.

Kerria → Kerrie.

Kerrie, *Kerria.* Rosengewächse, *Rosaceae.* Nur eine Art, in China. Nach den nesselartigen Blättern und gelben Blüten auch Nessel- oder Goldröschen genannt. – *K. japonica.* ○–◐ ♄ IV–V. 1–3 m hoher Strauch mit kriechender Grundachse, grünen Zweigen und einzelstehenden gelben Blüten. Sorten: 'Variegata', schwachwüchsiger als die Art, mit graugrünen, weißberandeten Blättern; 'Pleniflora', Ranunkelstrauch, hat seinen Namen von den ranunkelähnlichen, gefüllten Blüten, sehr langblühend, von V–IX. – Guter, nahrhafter Boden in etwas geschützten Lagen. In strengen Wintern frieren die Triebspitzen leicht zurück. Die Triebe sterben nach drei Jahren ab, erneuern sich immer wieder durch neue Wurzelsprossen. Es kann im Winter ausgelichtet werden, ist aber nicht unbedingt erforderlich. Zur Bepflanzung von Böschungen und als Füll- oder Deckstrauch geeignet, sollte im Garten nicht unbedingt im Vordergrund stehen. – Vermehrung: Üblich sind Stecklinge, im Sommer von krautigen Trieben, oder Teilung, bzw. Abtrennen der zahlreichen Wurzelsprößlinge.

Keulenlilie, *Cordyline.* Agavengewächse, *Agavaceae.* Tropische und subtropische Pflanzen mit schwertförmigen Blättern. 20 Arten in der Alten Welt, Australien und Neuseeland. – KALTHAUSPFLANZEN, die im Sommer im Freien verwendet werden können. ○ ♄–♄ ⚘. *C. australis.* Neuseeland. Stammbildend, Stamm im Alter unten verdickt. Blattschöpfe groß, Blätter 120 cm lang und 20 cm breit, schwertförmig. – *C. indivisa,* Neuseeland. Wie vorige, jedoch Blätter wesentlich schmäler, 10 cm breit. – Kleinere Pflanzen sind ausgezeichnete Zimmerpflanzen für kühle Räume, große verwendet man am besten auf Terrassen u.ä., wo tropische Bilder erwünscht sind. Überwinterung bei 2–10°C, bei großen Pflanzen sogar liegend oder schräg gestellt, in Kellern etc. möglich. Sie lieben kräftige, nährstoffreiche Substrate und reichlich Wasser während der Sommermonate. Ausräumen erst nach den Spätfrösten. – WARMHAUSPFLANZEN. ◐ ♄ ⚘. *C. terminalis,* Ostasien bis Australien. Halbstrauch. Blätter in Stiel und Spreite gegliedert, 30–50 cm lang, lanzettlich. Grüne Formen selten, meist bunt, rot, rosa und grün gestreift oder ähnlich. Zahlreiche Sorten: 'Atoom', dunkelrot, junger Austrieb hellrot; 'Kiwi', grün mit weißen Streifen, diese im Austrieb rosa; 'Lord Robertson', grün, etwas gestreift, Austrieb wenig rosa und weiß gestreift; 'Prins Albert', rot. – *C. terminalis* ist für die Zimmerkultur ungeeignet, da sie Temperaturen um 20°C während des ganzen Jahres und hohe relative Luftfeuchtigkeit benötigt. Dem Besitzer eines Blumenfensters kann die Kultur empfohlen werden, da die bunten Formen sehr wirksam sind. Für kleinere

Keulenlilie, *C. terminalis.* (Seidl)

Zirbelkiefer, *Pinus cembra.* (Seidl)

und beschränktere Platzverhältnisse empfiehlt sich die neuere Sorte 'Red Edge', die kleiner und zierlicher ist, dabei aber aufrechter und schlanker wächst.

Kiebitzblume, Kiebitzei → Kaiserkrone.

Kiefer, Föhre, *Pinus.* Kieferngewächse, *Pinaceae.* Rund 80 Arten, auf der nördlichen Halbkugel weit verbreitet, in den Tropen nur im Gebirge. Das Holz ist harzreich, dauerhaft, gutes Brenn- oder Bauholz. Die Nadeln stehen einzeln oder zu 2–7 in einem Büschel, das von einer Scheide umgeben ist. Die K.n sind waldbildend, bilden etwa ein Viertel unseres Waldes. – *P. aristata.* ○–◐ ♄–♄ i. In den USA beheimatet, vermutlich der Baum, der das größte Alter erreicht. In Arizona sind über 4000 Jahre alte Exemplare gefunden worden. In der Heimat bis 18 m hoch, bei uns in Kultur nur 6–8 m. Nadeln zu 5 in einer Scheide, mit charakteristischen Harzausscheidungen. Die Pflanzen der Baumschulen sind meistens Veredlungen; diese wachsen schneller als aus Samen herangezogene. – *P. cembra,* Zirbelkiefer, Arve, Zirbe. ○ ♄ i. Hauptgebirgsbaum der Zentralalpen und Karpaten, stellenweise bis 2500 m. Im Gebirge malerische Bäume mit breiten Kronen, oft durch Blitz, Schneedruck oder Wind beschädigt (Kandelaber-, Blitz- oder Windarven). In Kultur 10–12 m hoch, schmalpyramidaler Wuchs, der Stamm ist bis zum Boden hin beastet. Verlangen kalkfreien Boden. Die Na-

Kiefer

delbüschel stehen sehr dicht, zu 5 in einer Scheide, verbleiben 3–5 Jahre am Baum. Die verhältnismäßig großen Samen werden von Tieren gerne genommen, sind eßbar und kommen als Zirbelnüsse in den Handel. Das weiche, dichte Holz läßt sich leicht schneiden. So werden die weltbekannten Grödner Schnitzereien aus Zirbelholz hergestellt. Die östliche Abart der Zirbe, var. *sibirica*, wächst schneller, wird bis 25 m hoch und deshalb vielfach der Art vorgezogen. – *P. cemboides* var. *monophylla*. ○–● ♄ i. Kleiner Baum, in Kalifornien und Colorado beheimatet, mit buschiger Krone und einzelstehenden runden Nadeln. Sehr selten, bei uns nur in milden Gegenden oder in geschützten Lagen winterhart. – *P. densiflora*. Japanische Rotkiefer. ○–● ♄ i. In Japan und auf Formosa zu Hause. Bis 20 m hoher Baum mit unregelmäßiger, breiter Krone und rötlicher, in dünnen Schuppen abfallender Rinde. Bei uns nur in milden Gegenden winterhart. Ihre Abart var. *umbraculifera* (China und Korea) ist wesentlich härter, eine wunderschöne, 3–5 m hohe K. mit pinienförmigem Wuchs, für Parks und größere Gärten zu empfehlen. – *P. griffithii*, neuer Name: *P. wallichiana*, Tränenkiefer. ○ ♄ i. Heimat Himalaja, dort bis 50 m, bei uns bis 25 m hoch, mit breiter, pyramidaler Krone und weit ausgebreiteten Ästen. Nadeln zu 5 in einer Scheide, bis 20 cm lang, bläulich. In ausgesprochen kalten Lagen nicht ganz winterhart, braucht sonnige, freie Standorte und leidet nicht unter dem Blasenrost. Eines der schönsten und raschestwüchsigen Nadelhölzer für Einzelstellungen. – *P. heldreichii*, Panzerkiefer. ○ ♄ i. In Albanien beheimatet, bis 20 m hoch, mit stumpf pyramidaler Krone und 10 cm langen, sehr dicht stehenden, dunkelgrünen Nadeln. Ganz frosthart, langsamwachsend und seltener in Kultur als ihre Abart var. *leucodermis*, die

Bergkiefer, *Pinus mugo*. (Dr. Jesse)

Tränenkiefer, *P. wallichiana*. (Jesse)

Schlangenhautkiefer. Diese wächst noch langsamer, Name von den schlangenhautartigen, gefelderten Trieben. Äußerst anspruchslose Kiefer, die auf sandigen, steinigen oder trockenen Böden noch gedeiht. 'Compacta' Auslese von ganz gedrungenen Pflanzen, breit pyramidal, meistens breiter als hoch. – *P. mugo*, Bergkiefer, Latsche. ○ ♄–♄ i △. In den Gebirgen Mitteleuropas, in der Krummholzregion oder auf Hochmooren vorkommend, strauch- oder baumartig mit niederliegenden oder ansteigenden Ästen. Nadeln verbleiben bis 5 Jahre am Zweig, stehen zu zweit in einer Scheide. Sie ist ganz hart und wird mit den verschiedenen Formen und Abarten, die sich meistens im Wuchs unterscheiden, häufig in den Gärten kultiviert. 'Hesse', Zwergformen mit breitem bis kissenförmigem Wuchs; var. *mughus*, Krummholzkiefer, in den Ostalpen heimisch, strauchig bis niederliegend mit leicht gedrehten Nadeln; 'Gnom', Zwergform der Krummholzkiefer, wird kaum meterhoch, mit flachkugeligem Wuchs; var. *pumilio*, Zwergkiefer, in den Gebirgen Südosteuropas beheimatet, ausgesprochen zwergiger Wuchs, besonders für Steingärten oder Böschungen geeignet. – *P. nigra* var. *austriaca*, Österreichische Schwarzkiefer. ○ ♄ i. Große Bäume, mit schöner, schirmförmiger Krone und besonders steifen, dunkelgrünen, sehr dicht stehenden Nadeln. Sehr wind- und rußfest, aber äußerst schattenempfindlich, nur freistehende Exemplare erreichen ihre volle Schönheit. – *P. pinea*, Pinie. ○ ♄ i ∧. In den Mittelmeerländern beheimatet, dort wunderschöner Baum mit breit ausladender, schirmförmiger Krone. Samen sind eßbar: Piniennüsse. In Mitteleuropa nicht winterhart und nur in botanischen Gärten unter Glas anzutreffen. – *P. pumila*, Blaue Zwergkiefer. ○–● ♄ i △ Lie. Nördliches Sibirien und Japan. Langsamwachsen-

de, niederliegende, stets stammlose K., bis 3 m hoch, mit blaugrünen, leicht gekrümmten Nadeln, zu fünft in einer Scheide. Sehr schöne und seltene Zwergkiefer, für alpine Anlagen, Steingärten und Grabbepflanzungen geeignet. Viele Sorten im Handel, wie 'Blue Dwarf', Draijer's Dwarf' 'Globe', 'Säntis', die sich hauptsächlich im Wuchs unterscheiden. – *P. sylvestris*, Rotkiefer. ○ ♄ i. In Europa und bis ins Amurgebiet in Sibirien verbreitet. In weiten Gebieten, wie in Norddeutschland, auf armen Sandböden waldbildend. Bis 35 m, mit schmaler oder schirmförmig ausgebreiteter Krone und rötlicher, in Platten abfallender Borke. Die Nadeln verbleiben bis 3 Jahre am Baum, sitzen zu zweit in einer Scheide, grau- oder bläulichgrün. Viele Formen, die sich in Wuchs und Nadelfarbe unterscheiden und so für den Garten die verschiedensten Verwendungsmöglichkeiten bieten: 'Compressa', Säulenform, die, gleich wie 'Fastigiata', senkrecht aufstrebende Äste hat; 'Globosa viridis', Zwergform, kaum 1 m hoch, mit kugeligem Wuchs und steifen, leicht gedrehten Nadeln; 'Pumila' ('Watereri'), Zwergform, bis 2 m, mit dicht kugeligem Wuchs und blaugrünen Nadeln. – *P. strobus*, Weymouthkiefer. ○ ♄ i. Aus dem östlichen Nordamerika. Bis 40 m hoch, regelmäßiger Wuchs und horizontal abstehende Äste. Nadeln zu fünft pinselartig gehäuft, dünn und weich, bläulichgrün, verbleiben 3 Jahre am Baum. Gartenformen: 'Aurea', Rinde und Nadeln goldgelb; 'Nana', Zwergform, mit gedrungenem, kugeligem Wuchs und bläulichen Nadeln. Die Weymouthkiefer ist hinsichtlich Klima und Standort äußerst hart und anspruchlos, kann auf schlechtem Boden, wie auch in 'Frostlöchern' angebaut werden, vorausgesetzt der Boden ist kalkfrei. Leider sehr anfällig gegen Blasenrost. – ANSPRÜCHE. Sehr anspruchslos, gedeihen in

Pinus nigra 'Helge'. (Seidl)

Kiefernzapfenkaktus

Reicher Sauerkirschen-Behang. (Dr. Link)

Fruchtbehang einer Süßkirsche. (Dr. Link)

jedem, aber nicht feuchtem Boden. Im Gegensatz zu Fichten sind sie sehr sonnenhungrig und vertragen keinen Schatten. Viele Kiefernarten leiden unter Blasenrost, vorbeugend helfen resistente Arten und Rassen. – VERMEHRUNG. Die reinen Arten werden ausgesät, Saatgut vorher → stratifizieren. Die Formen und Sorten, die aus Samen nicht echt fallen, müssen vegetativ vermehrt werden. Stecklinge sind möglich, aber wegen der langen Bewurzelungszeit nicht üblich. Gebräuchlich ist Veredlung durch seitliches Einspitzen, zweinadlige auf Sämlinge von *P. sylvestris*, fünfnadlige auf *P. strobus*.

Kiefernzapfenkaktus → Kakteen 19.
Kieselgur → Zusatzstoffe.
Kieserit, wasserhaltiges Magnesiumsulfat ($MgSO_4$), mit 16% wasserlöslichem Magnesium. K. hilft schnell bei akutem Magnesiummangel (→ Magnesium) und bei → Überdüngung mit Kalium. → Mineraldünger.
Kiesweg → Gartenweg.
Kindel, Nebentriebe, die abgetrennt und bewurzelt relativ rasch fertige neue Pflanzen ergeben. Typische K. bei Bromeliaceen, Kakteen, manchen Farnen, aber auch bei der Ananaserdbeere. → Vermehrung.

Kinderbeet, im Hausgarten, am Kindergarten oder an der Schule zur Eigenbearbeitung an Kinder vergebene kleine Beete.

Kinderspielplatz. Im privaten Garten kann lediglich den Kleinkindern bis zu 6 Jahren ein Krabbel- und Planschplatz angeboten werden. Im öffentlichen Grün werden für die 3 Altersgruppen bis 6, 6–9 und über 10 Jahre zusammen 1,5 qm Spielfläche je Einwohner gefordert. Nach den altersbedingten Spielwünschen und der Lage zum Wohnhaus wird ein K. geplant und ausgestattet. Für die wesentliche Spiele wie Gestaltungs-, Bewegungs-, Unterhaltungs- und Abenteuerspiele sind eigene Freiräume zu schaffen. Der Ausstattung mit festeingebauten Spielgeräten sind aus pädagogischer Erfahrung ausreichend mobile und sich bewegende Geräte beizuordnen. Als Belag sind Sand, Rasen, elastische Kunststoffe, Tennisflächen und Platten möglich.

Bereits im kleinen Haus- und Reihenhausgarten können mit wenigen Mitteln interessante Spielmöglichkeiten geschaffen werden: Schaukel zwischen zwei Wäscheständern, Klettertau am Ast eines Baumes. Medizinball als Sitzschaukel, Legosteine auf der Terrasse, Sandmulde schaffen und mit ein paar Hölzern begrenzen, Schiffchengraben mittels einfacher Rinne fluten und bei hochsommerlicher Witterung ein Plastikbecken aufblasen, um so ein kleines Planschbecken zu haben.

Kingfisher-Daisy → Kapaster.
Kirengeshoma → Wachsglocke.
Kirsche. Gehölz der Familie der Rosengewächse, *Rosaceae*, Unterfamilie *Prunoideae*, Sektion *Eucerasus Prunus avium* = Süßkirsche mit Heimat in Europa und Westasien, sowie *Prunus cerasus* = Sauerkirsche mit Heimat Südeuropa und Westasien. – ANSPRÜCHE. Süßkirsche verlangt tiefgründige, humusreiche, ausreichend feuchte, gut durchlüftete Böden. Gegen Wasserüberschuß im Boden sehr empfindlich. In schweren Böden Gummifluß, vorzeitiger Abgang. Bodenreaktion mit pH-Wert 5,3–7,5 für Süß- und Sauerkirschen. Letztere genügsamer hinsichtlich Bodenqualität. Süßkirsche frostempfindlicher als Sauerkirsche. In Vegetationsruhe vertragen erstere −24°C, letztere bis −30°C. Von Unterlagen *Prunus mahaleb* frosthärter als Vogelkirschunterlage F 12/1. Blüte der Sauerkirsche verträgt noch −1°C, Süßkirschblüte empfindlicher. Standort spätfrostfrei. Störungen in der Ernährung (Mineral-/Assimilatversorgung) während der ersten Wochen der Fruchtentwicklung führt zum Röteln und Massenfruchtfall. – BAUMFORMEN. Für Süßkirschen: Hochstamm, Viertelstamm, Busch, Hecke; für Sauerkirschen: Hochbusch, Hecke. – ERTRÄGE. Bei Süßkirschen ab viertem Standjahr: 2,5–3 kg, ab 13.–25. Standjahr 40–70 kg/Baum. Sauerkirschen: Ab drittem Standjahr 2,3 kg/Baum ab 8.–15. Standjahr 24–25 kg/Baum. Erträge unterschiedlich je nach Sorte, Befruchtung, Standort, Entwicklungsbedingungen der Früchte. Alle Süßkirschensorten sind selbststeril. Intersterilitätsgruppen (→ Intersterilität) beachten. Von Sauerkirschen nur selbstfruchtbare anbauwürdig. – SCHNITT. Lockere Kronenerziehung. Bei stark aufrechtwachsenden Sorten Stammverlängerung nach dem fünften Standjahr entfernen. Leitäste auf Seitenäste ableiten. – SÜSSKIRSCHENSORTEN. Souvenir des Charmes, Große Prinzessin, Querfurter Königskirsche, Große Ger-

Kinderspielplatz mit Rutsche und Kletter-‚Pferd'. (Scherer)

Kirschlorbeer

Links: Schnitt der Schattenmorelle im zweiten Jahr nach dem Pflanzschnitt. – Mitte: Schnitt im dritten und vierten Standjahr. – Rechts: Laufender Erneuerungsschnitt bei älteren Bäumen. (Nach Friedrich/Preuße)

mersdorfer, Große Schwarze Knorpel, Haumüller Mitteldicke, Büttners Rote Knorpel, Schneiders Späte Knorpel, Kassins Frühe, Dankelmann, Badeborner Knorpel, Ampfurter Knorpel, Dönissens Gelbe Knorpel. – SAUERKIRSCHSORTEN. Diemitzer Amarelle, Ludwigs Frühe, Morellenfeuer, Schattenmorelle, Heimanns Rubin. Nabella, Cerella.

Kirschfruchtfliege, 5 mm lange Fliege mit auffälligen dunklen Flügelbinden; legt Eier einzeln in halbreife Kirschen ab; daraus hervorgehende Maden zerstören das Fruchtfleisch um den Stein. Auch in sog. Heckenkirschen *(Lonicera xylosteum* und *L. tatarica).* Abwehr: keine Heckenkirschen in der Nähe dulden (oder in die Bekämpfung einbeziehen); Anbau früher Sorten, die nicht befallen werden; Rainfarntee oder -brühe Ende April, Anfang Mai unter den Kirschbaum gießen, um das Schlüpfen der Fliegen aus den dort überwinternden Puppentönnchen zu verhindern. Mehrmals mit Wermuttee 3 Wochen nach der Blüte spritzen, um die Eiablage zu verhindern. Befallsverhütung durch Farbleimtafeln und Kirschfliegenfallen (Auskunft: Pflanzenschutzämter).

Kirschlorbeer, Lorbeerkirsche, *Prunus.* Rosengewächse, *Rosaceae.* Name von den lorbeerähnlichen Blättern und kleinen Kirschenfrüchten. – *P. laurocerasus.* ○–● ♄ IV–V i. Heimat Südosteuropa und Kleinasien. Blätter, Samen und Rinde sind giftig (Blausäure!). Bis 6 m hoher, immergrüner Strauch mit niederliegenden oder aufstrebenden Ästen und lederartigen, frischgrün glänzenden Blättern. Nur in milden Gegenden völlig winterhart; wenn die Blätter gefroren sind, leiden sie unter der Wintersonne. Die Gartensorten sind wesentlich härter: 'Otto Luyken', breit ausladender Wuchs, dunkelgrüne, glänzende Blätter, winterhart und industriefest; 'Rotundifolia', der eigentliche K., mit großen ovalen Blättern, wird bis 5 m hoch. 'Schipkaensis Macrophylla', raschwüchsig, 2–3 m hoch, mit dunkelgrünen Blättern, äußerst hart; 'Zabeliana',

Links: Vergreiste Krone einer Schattenmorelle infolge vernachlässigten regelmäßigen Vollschnittes. – Mitte: Erneuerungsschnitt an derselben Krone. Der größte Teil wird weggeschnitten, die Krone baut sich durch Neutrieb auf. – Rechts: Verjüngte, erneuerte Krone. Der zahlreiche Neutrieb muß überwacht werden, damit er die Krone nicht übermäßig verdichtet. (Nach Friedrich/Preuße)

Kirschmyrte

Preisgekrönte Kleingartenanlage. Kleingärten in den Ballungsräumen entwickeln sich immer mehr zu Freizeitgärten, mit gemischtem Anbau von Obst, Gemüse, Stauden und Sommerblumen, einer Terrasse und angrenzenden Rasenfläche. (Dr. Richter)

horizontaler Wuchs mit leicht überhängenden Zweigen. – *P. lusitanica.* ☽–● ♄–♄ VI i ⌒. Südwesteuropa, bei uns nur in wärmeren Gegenden an ganz geschützten Stellen winterhart, z.B. auf der Insel Mainau im Bodensee. – Wächst in jedem, nicht zu kalkhaltigen, guten Boden in sonnigen wie auch in schattigen Lagen. Im Winter brauchen sie Schutz vor Sonne und kalten Winden. In Gärten für Gruppenpflanzen mit anderen Gehölzen verwendbar. – Vermehrung: Aussaat ist nicht gebräuchlich, üblich sind Sommerstecklinge von halbweichen Trieben.

Kirschmyrte, *Syzygium.* Myrtengewächse, *Myrtaceae.* ○–● ♄–♄ ▽ ⚘. Immergrüne Sträucher und Bäume, nahe mit der Myrte verwandt, jedoch mit fleischigen Früchten. 600 Arten in der tropischen und subtropischen Zone. – *S. panicula* var. *australis* (*Eufenia australis*). Australien. Baumartig, junge Zweige und Blätter im Austrieb lebhaft rötlich gefärbt, später dunkelgrün, ledrig, bis 7 cm lang. Blüten weiß, 2 cm groß, gefolgt von rosafarbenen länglichen Beeren. – Die K.n sind gute Dekorationspflanzen für Stiegen, Aufgänge. Sie halten selbst neben Türen, Heizkörpern, bei einiger Umsicht, durch. Kleinere Pflanzen sind gute Zimmerpflanzen für kühle, aber nicht zu schattige Räume. Die K. verträgt Schnitt und kann, ähnlich dem Lorbeerbaum, zu strengen Formen herangezogen werden, doch sind die natürlich gewachsenen, schlanken, aufrechten, immergrünen Büsche vorzuziehen. Vorsicht vor Ballentrockenheit. Die Erde muß kräftig sein, da die Pflanzen stark wachsen. – Vermehrung durch Stecklinge oder durch Aussaat. In der Jugend muß viel gestutzt werden, damit sie sich stark genug verzweigen.

Kirschpflaume → Blutpflaume.

Kissenmargerite, *Anacyclus.* Korbblütler, *Compositae.* ○ ♃ △ ⌒ Lie. – 15 Arten im Mittelmeerraum, davon 1 als Staude in unseren Gärten. Wuchs ganz flach, ausgebreitet. – *A. depressus,* Nordafrika. Rosettiger Wuchs. Triebe 10–20 cm lang, strahlenförmig angeordnet, dem Boden anliegend. Blätter doppelt fiederschnittig, zierlich, graugrün. Blütenköpfchen am Triebende, 2–3 cm groß, margeritenähnlich. Strahlenblüten weiß, unten karminrot, Scheibenblüten gelb. Abends und bei bedecktem Himmel sind sie geschlossen und daher rot. V–VII, 5–10 cm. – Verwendung im Alpinum und Troggarten. Boden durchlässig, schotterig. Vermehrung durch Aussaat. Die Pflanzen werden nur wenige Jahre alt, jährliche Anzucht empfehlenswert.

Kiwi → Actinidia.
Klarkie → Mandelröschen.
Klatschmohn → Mohn.
Klebsame, *Pittosporum.* Klebsamengewächse, *Pittosporaceae.* ○–● ♄ ▽ ⚘ D. Meist immergrüne Sträucher oder kleine Bäume mit ledrigem Laub. Ungefähr 160 Arten in den Tropen und Subtropen, mit Ausnahme Amerikas. – *P. tenuifolium.* Stark verzweigter, dunkeltriebiger Strauch aus Neuseeland. Blätter 2,5–3 cm lang, am Rand gewellt. Besonders hübsch 'Variegatum', weißbunt, kontrastiert hübsch mit der Triebfarbe. – *P. tobira.* Subtropische Gebiete Chinas und Japans, besonders im Mittelmeergebiet häufig angepflanzt. Dickzweiger, dichtbuschiger Strauch mit 12 cm lan-

gen und 3 cm breiten, glänzend dunkelgrünen, ledrigen Blättern. Blüten am Ende der Triebe doldig gehäuft, cremefarben, stark duftend. Auch eine weißbunte Form 'Variegata', ist häufig anzutreffen. – Der K. wird häufig von Mittelmeerreisen mitgebracht, da die ledrigen Blätter und süßduftenden Blüten sehr auffallen. Er wächst gleich gut in kühlen Zimmern, Vorräumen u.ä. und eignet sich besonders für die Aufstellung im Freien während des Sommers. Kräftige Ernährung. Überwinterung bei 4–8°C und hell. – Vermehrung durch Stecklinge.

Klebschwertel, *Ixia.* Schwertliliengewächse, *Iridaceae.* ○–◐ ♃ ⊓ ∧ ⚯. Etwa 25 Arten in Südafrika. Bedeutung haben heute nur noch die Hybriden, von denen es weit über 50 gibt. Kleine Zwiebelknollen, grasähnliche Blätter an kaum verzweigten Stengeln. Blütenstengel dünn, drahtig, Blüten am oberen Teil, oft einseitswendig, trichterförmig mit flach ausgebreiteten Blütenblättern. – *I. Hybriden.* Meist als Mischung im Handel. Einzelfarben: 'Afterglow', orange, Mitte dunkel; 'Blue Bird', weiß mit blauer Mitte, außen bläulich schattiert; 'Bridesmaid', reichblühend, weiß, Auge karminrot; 'Hubert', magentarot, innen braunrot; 'Uranus', dunkel zitronengelb, Mitte dunkelrot; 'Wonder', gefülltblühend, hellrosa, Mitte dunkel. VI–VII, 50–70 cm. – Verwendung an geschützten Stellen in Blumenrabatten, vor allem als grazile Schnittblumen. Auch wie Fresien im Topf zu ziehen. Nach dem Pflanzen im Freiland, IX–X, ist gut abzudecken. Boden durchlässig, lehmig-humos. Vermehrung durch Brutzwiebeln.

Klee → Rasenunkräuter.

Kleine Wühlmäuse, Erd- und Feldmaus, im Gegensatz zur → Großen W. (Schermaus). Beide Arten rund 12 cm lang, davon ⅓ Schwanzlänge (Kurzschwanzmäuse). Im Aussehen (oben braungrau, unten etwas heller grau) nicht zu unterscheiden, in der Lebensweise sehr ähnlich. Sie gelangen meist von benachbarten Wiesen (Feldmaus) oder Wäldern (Erdmaus) oder Brachflächen (beide Arten) in die Gärten, wo sie Gänge unter Rasen und Beeten anlegen. Fressen an Wurzeln und allen bodennahen oberirdischen Pflanzenteilen, im Winter auch Baumrinde. Abwehr: Regelmäßiger Grasschnitt; Hecken verhindern das Einwandern; Haltung einer → Katze; Steinhaufen ermöglichen → Wieseln, Reisig- und Streuhaufen dem → Igel die Ansiedlung; unterirdische Tonerzeugung durch halb eingegrabene offene Flaschen; Thuja- oder Wacholderschnitzel oder Knoblauch in die Gänge legen; → Fallen aufstellen; Knoblauch als Zwischenpflanze.

Kleines Pampasgras → Federborstengras.

Kleingarten, rechtlich geregelt durch Bundeskleingartengesetz vom 28. 2. 1983 und Baugesetzbuch vom 1. 7. 1987. Zu unterscheiden sind Zwischen- und Unterpachtverträge. Erstere können nur durch Körperschaften oder Anstalten des öffentlichen Rechtes oder durch ein als gemeinnützig anerkanntes Unternehmen abgeschlossen werden. Der K. ist Teil einer eingefriedeten Gesamtanlage, die zum öffentlichen Grün rechnet. Kleingärtnerische Nutzung im Sinne des Gesetzes ist

Typischer Kleingarten mit Laube. Im Sinne des Gesetzes überwiegend und intensiv genutzt zum Anbau von Gemüsen zur Eigenversorgung. Stauden fassen Beete und Weg ein. (Scherer)

durch hauptsächlich 3 Bedingungen gekennzeichnet: 1. Nicht gewerbsmäßige gärtnerische Nutzung, 2. überwiegende Nutzung zum Anbau verschiedener Fruchtarten des täglichen Bedarfes für den Eigenverbrauch, 3. eigene Arbeit des Kleingärtners im Garten zur Erholung. – Reine Zier- und Erholungsgärten sind, auch nach der Rechtsprechung, keine Kleingärten. – ÖSTERREICH. Keine gesetzliche Regelung.

URSPRUNG, ANLAGE. Aus der Schreberbewegung seit 1864 entwickelte wohnungsferne Gartenform mit überwiegend wirtschaftlicher Nutzung und hoher ideeller Bedeutung. Mehrere K. bilden zusammengefaßt eine → Dauerkleingartenanlage und einen K.-Verein, der meist auch der Zwischenpächter des Geländes ist. Der K. ist

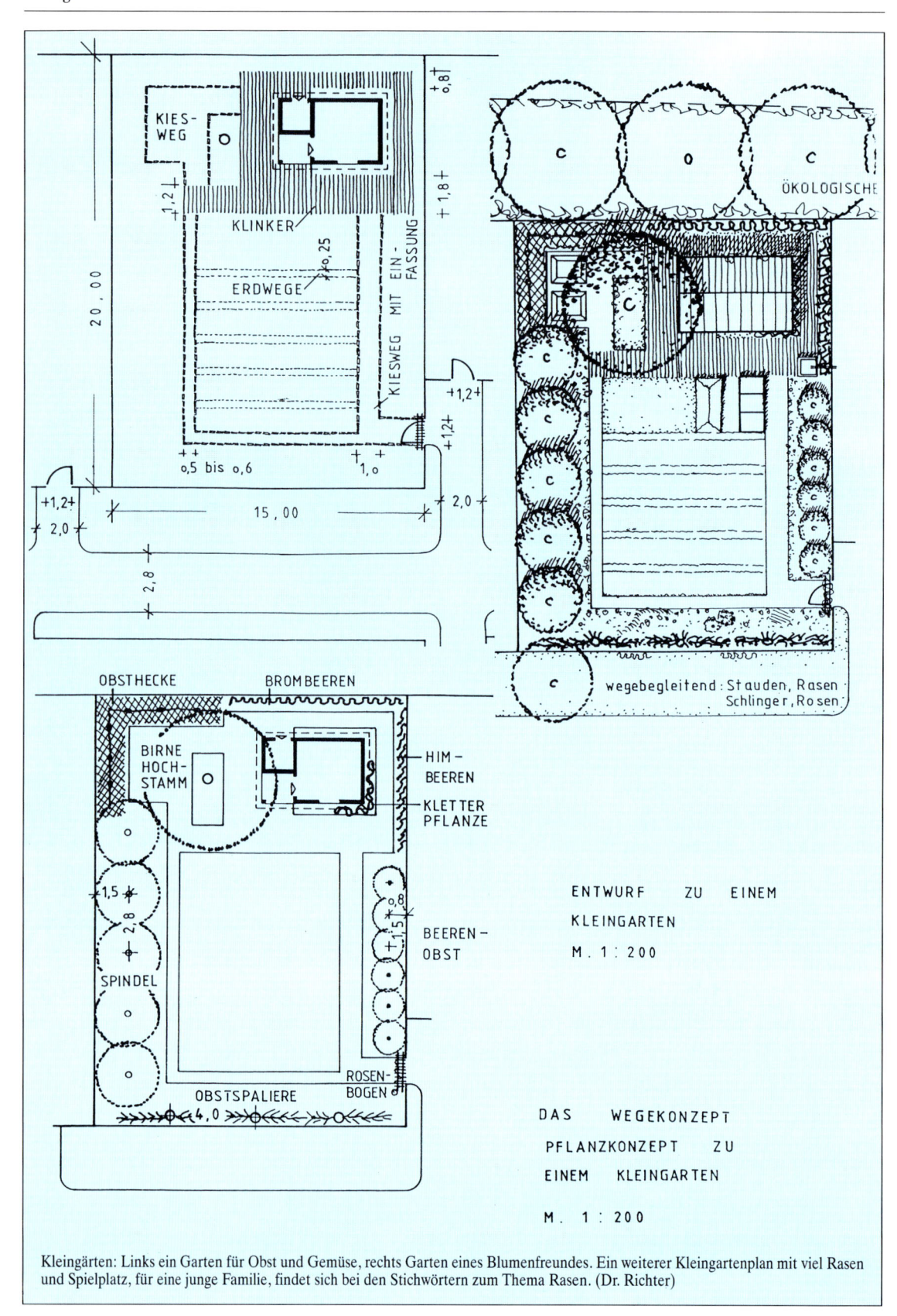

Kleingarten

ENTWURF ZU EINEM KLEINGARTEN
M. 1:200

DAS WEGEKONZEPT PFLANZKONZEPT ZU EINEM KLEINGARTEN
M. 1:200

Kleingärten: Links ein Garten für Obst und Gemüse, rechts Garten eines Blumenfreundes. Ein weiterer Kleingartenplan mit viel Rasen und Spielplatz, für eine junge Familie, findet sich bei den Stichwörtern zum Thema Rasen. (Dr. Richter)

Kleingewächshaus

300–400 qm groß. In der NO-Ecke und dem Weg abgewandten Bereich ist eine K.-Laube bis 24 qm zulässig. Die Aufteilung im Garten erfolgt meist durch Wege, Beete für Blumen und Gemüse und rahmende Pflanzungen von Obstspindel und -büschen.

Kleingewächshaus. Das englische K. (greenhouse) und das französische (serre) seit Jahrzehnten bewährt; mehr und mehr gewinnt das K. auch im deutschsprachigen Raum an Boden. – BAU. Konstruiert in feuerverzinktem Eisen, Holz oder Aluminium, wird K. auf Bohlen oder gemauertem bzw. betoniertem Sockel errichtet. Sockel empfehlenswert, um Nutzraum in der Höhe zu vergrößern. Maße (Zahlen leicht auf- oder abgerundet): Innenlängen 2,90–4,30 m; Innenbreiten 2,30–3,40 m, Firsthöhen 1,70–2,40 m; Nutzraum *ohne* Sockel 12–25 cbm, Gesamtglas 25–40 qm. Art der Verglasung: kittlos verschraubt, kittlos mit Kunststoffstreifen, oder gekittet (Leinölkitt); Wärmebedarf 1000 bis 1900 kJ (260 bis 450 kcal) je cbm und Stunde. Bei Aufstellung im Garten keine Baugenehmigung erforderlich, doch ist gesetzlicher → Grenzabstand zum Nachbarn hin einzuhalten. Die meisten K.er erweiterungsfähig, da Baukastenprinzip. Eine Sonderheit, das Anlehn-K. mit Pultdach, gestattet direkten Anbau an bestehende Hauswand. – EINRICHTUNGEN, ZUBEHÖR. 1. Zum Ausstatten bis zur Betriebsbereitschaft als → Kalthaus: Sockel, Glas und Verglasungsmaterial, Kulturtische, Hängeborde, Pflanzwanne, Regenwasserbecken. 2. Zur Vollausnutzung: Luftumwälzer, Luftbefeuchter (mit Hygrostat), Schattiermatten (zum Rollen), Beleuchtungsanlage für Leuchtstoffröhren. Raum- und Bodenheizung mit → Thermostat, Schaltuhren und Schaltschrank, zum Unterteilen in Kalt- und Warmraum Trennwand mit Tür. Vor Kauf ermitteln, welche Bestandteile und Einrichtungen im Grundpreis einbegriffen und welche nicht. Lieferung ohne Glas üblich. Sachangaben nach Hanisch, Sonntagsgärtner unter Glas, München 1972. – HEIZUNG. Falls Ausnutzung der Sonnenkraft (am günstigsten, wenn eine Schrägdachseite des Kleingewächshauses gegen Süden gerichtet) für beabsichtigte Kultur nicht ausreicht, ergänzt Heizung, was jeweilige Kultur benötigt. Wärmequellen: Elektrizität, Stadt- bzw. Propangas, Heizöl oder Koks. Vor Anschaffung feststellen, welche Leistung gebraucht und welche Heizart am wirtschaftlichsten, dabei vor allem Betriebskosten

Aluminium-Kleingewächshaus Floratherm® 233. Lüftungsfenster im Dach- und oberen Stehwandbereich, Dachfenster mit automatischen Öffnern. Dachneigung 26,5 Grad. Mit Schattierungs-Einrichtung. Inneneinrichtung mit Befestigungsmöglichkeiten für Hängekulturtische und Pflanzenaufhängungen. (Kuno Krieger)

Kleingewächshaus

Oben: Floratherm®-Gewächshaus 'Solar 274'. – Unten: Aluminium-Kleingewächshaus. Maße: 2,65 m breit, 3,80 m lang, Firsthöhe 2,33, Stehwandhöhe 1,62 m. Nutzraum 18,6 cbm, Glasfläche 32,5 qm. Wärmebedarf kcal/h bei 5°C 4300, bei 15° C 6400 (Innentemp. bei niedrigster Außentemperatur von −15°C). Fundament aus imprägnierten Balken oder Betonfertigteilen. (Kuno Krieger)

berücksichtigen. Elektrische Heizung ist am praktischsten, doch auch teuer, dagegen Ölheizung vergleichsweise preiswert. Nutzung vorhandener Wohnhaus-Zentralheizung durch Anschließen zusätzlicher Heizrohre für das K., besonders bei kurzen Zuleitungswegen vorteilhaft. Lufterhitzer, die Kaltluft ansaugen und Warmluft ausströmen, dämmen Pilzkrankheiten ein, doch muß dem Austrocknen der Luft entgegengewirkt werden.

Kleinklima, ergibt sich aus Zusammenwirken von Geländelage, Wärme- und Windverhältnissen. Natürliches K. zum Beispiel gegeben durch Sonnen- oder Schattenhang. Künstliches K. durch Windschutz mittels Mauern, Zäunen, Hecken, Terrassierung. → Windschutz, mit Zeichnungen.

Kleinsämaschine. 1. Handsägerät nach Art der → Särolle, doch ausgestattet mit Furchenzieher, Zustreifer zum Zudecken der Saat, Markiervorrichtung für die nächste Reihe und Druckrolle zum Anwalzen; erledigt, den Sävorgang mitgerechnet, gleichzeitig fünf Arbeitsgänge. 2. Vierreihiges Kleingerät zum Drillen, mit dazugehörendem Spezialrechen, der zwischen den Reihen lockert und dessen an den Enden zu Messern umgebogene Zinken nach ausreichender Bewurzelung der Sämlinge die Saat unterfahren. Pfahlwurzeln werden dabei unten eingekürzt und zum Bilden von Seitenwurzeln angeregt. Durch den Spezialrechen hauptsächlich für Setzpflanzenanzucht interessant.

Kleintierhaltung, im Hausgarten je nach Situation als Freizeitbeschäftigung, als Anschauung für Kinder oder aus wirtschaftlichen Erwägungen gehaltene Kleintiere. Einrichtungen für Gehege, Stallungen. Terrarien. Volieren oder Vivarien.

Kleopatranadel → Steppenkerze.

Kletterpflanzen, können mit eigenen Organen, Wurzeln Ranken usw., selbständig klettern oder klimmen. → Ampelpflanzen.

Klima, der langfristige Mittelwert aus der Summe aller atmosphärischen Vorgänge; Temperatur, Feuchtigkeit, Luftdruck, Licht, Wind. ‚Mildes Klima' an Alpensüdrand oder Bergstraße, Weinklima, Seeklima. Gärtner kann K. durch Kultureinrichtungen (→ Frühbeet, → Kleingewächshaus) teilweise überspielen (Mensch als Klimafaktor). → Kleinklima, → Wetter.

Klimme, *Cissus*. Weinrebengewächse, *Vitaceae*. Meist schlingende Sträucher, seltener aufrecht oder teilweise sukkulent. 350 Arten in allen tropischen und subtropischen Gebieten. – GRÜNBLÄTTRIGE, KLETTERNDE ARTEN: ○–◐ ♄ ⚘ ⏃. *C. antarctica*. Känguruhklimme oder -wein, Süd- oder Zimmerwein, Sibirischer Wein. Australien. Immergrüner Kletterstrauch. Blätter einteilig, 12 cm lang und 8 cm breit, grobgesägt. – *Rhoicissus rhomboidea*. Südafrika. Blätter dreizählig, gestielt, das mittlere größer, die beiden seitlichen stark einseitig, stark gezähnt. – Der Bastard zwischen beiden Arten, 'Ellen Danica', ist weit verbreitet. – Harte Kletterpflanzen, die zu den besten Zimmerpflanzen überhaupt gehören. Sie wachsen bei Temperaturen zwischen 8 und 20 °C und sind fast schädlingsfrei. – Vermehrung durch Stecklinge, die zu jeder Jahreszeit wachsen, am besten jedoch im Frühjahr. Günstig ist es, wenn man nach der Bewurzelung mehrere Pflanzen zusammenpflanzt, da dann die Pflanze gleich buschiger wächst. – Seltener trifft man *C. striata* aus Brasilien an. 5 cm breite, drei- bis fünfzählige, lederige Blätter, ebenfalls sehr hart. – BUNTE KLETTERNDE ARTEN. ● ⚘ ⏃ Lie. *C. discolor*. Java. Kletternd oder hängend. Blätter 15 cm lang und 8 cm breit, herzförmig-länglich mit langer Spitze. Spreite oberseits samtig violett-purpurn mit silbernen Flecken, entlang der Hauptadern dunkelgrün, unterseits rötlich. Herrlicher Schlinger, doch nur im Wintergarten

Königswein, *Cissus rhombifolia*. (Seidl)

Klimme, *Cissus discolor*. (Seidl)

Kleinsämaschine, ein- oder vierreihig verwendbar. (Sembdner)

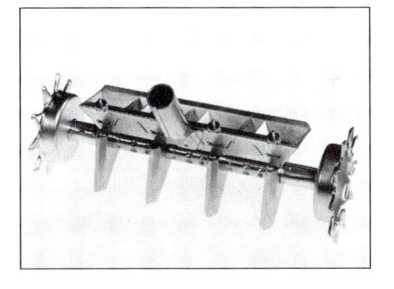

oder Blumenfenster haltbar, im Zimmer hält er meist wegen zu geringer Luftfeuchtigkeit nicht. Vermehrung für den Liebhaber schwierig. – SUKKULENTE ARTEN. ○ ♄ z.T. ⚘ ⏃ Lie. Hier seien nur des Interesses wegen erwähnt: *C. quadrangularis*, mit 1 cm starken, kakteenartigen Sprossen, die klettern. Die Blätter sind klein und fallen bald ab. – *C. juttae* (richtig *Cyphostemma j.*), Südafrika. Bildet dicke, fleischige Stämme aus, bis zu 3 m hoch und an der Basis bis zu 1 m dick. Große Blätter. Samen dieser Art und verwandter Arten werden regelmäßig im Samenhandel angeboten und sind für den Sukkulentenliebhaber lohnende, doch bald zu groß werdende Pflanzen. Sie brauchen 10–12 °C Überwinterungstemperatur, im Winter wenig und im Sommer nur mäßig Wasser.

Klinker → Ziegelstein.

Klinkermauer → Gartenmauer.

Knabenkraut → Orchideen 2.

Kniphofia → Fackellilie.

Knoblauch, *Allium sativum*. Liliengewächse, *Liliaceae*. Stammt aus dem Orient, seit dem Altertum wichtiges Gemüse im Mittelmeergebiet (Ägypten, Rom), seit dem Mittelalter bei uns bekannt. Ausdauernd; bildet Zwiebeln aus, die aus zahlreichen Nebenzwiebeln zusammengesetzt und mit weißen Hüllen umgeben sind. – ANBAU. Ausgelesene ‚Zehen' (Nebenzwiebeln) stecken, in Reihen mit 20 cm Abstand, in den Reihen 15 cm, im IV auf nicht zu leichtem, schwach gedüngten, gut bearbeiteten Boden. Verträgt nasses Wetter schlecht, Zehen werden schwarz. Ernte, wenn die oberirdischen Teile gelb geworden sind VII–VIII. Geerntete Zwiebeln trocknen, zuerst auf dem Beet in der Sonne, nachtrocknen unter Dach, in Bündeln zusammengebunden. – VERWENDUNG. Bei uns fast ausschließlich als Gewürz zu zahlreichen Gerichten, sparsam verwenden! Im Süden auch als Gemüse

Knochenmehl

verwendet, gilt als Vorbeugungsmittel gegen Darminfektionen. Im biologischen Pflanzenschutz wird K. als Abschreckpflanze gegen Wühlmäuse und verschiedene Pilze sowie als Tee bzw. Brühe gegen Bakterien- und Pilzkrankheiten sowie Blattläuse und Erdbeermilbe verwendet.

Knochenmehl, besteht überwiegend aus phosphorsaurem Kalk, im Handel als entleimtes K., mit 30% Phosphat als P_2O_5 berechnet, hergestellt durch Vermahlen von entfetteten, entleimten Knochen, Fettgehalt maximal 2%, Typenliste III 9 lt. Düngemittelgesetz BRD. Gedämpftes K. mit 13% P_2O_5 und 4% N (tierisches Eiweiß, organisch gebundener Stickstoff), Typenliste III 13 oder mit 22% P_2O_5 und 4% N Typenliste III 14. K. ist Bestandteil von → Horn-Knochen-Blutmehl.

Knöllchenbakterien, stickstoffbindende Bakterien, die an Wurzelhaaren von Pflanzen bestimmter Familien bzw. Gattungen Kolonien bilden, dann in die Wurzelhaare eindringen, in ihnen durch ‚Zusammenarbeit' (Symbiose) mit der Pflanze zunächst einen Infektionsschlauch und später Knöllchen bilden. In diesen wird der Luftstickstoff in Form von Aminosäuren gebunden. Die Pflanzen bauen diesen ab und beziehen auf diese Weise ihren Stickstoff. – K. der Gattung *Rhizobium* sind auf Leguminosen spezialisiert, und zwar nach Arten auf bestimmte Leguminosen, wie Erbse, Klee, Sojabohne; weiterhin bestehen Unterschiede in Bakterienrassen hinsichtlich pH-Wert. Insbesondere bei Erstanbau ist deshalb mit spezifischen K. zu impfen. Stickstoffgewinn je nach Gedeihen der Kultur 5–15 g und mehr je qm jährlich. – K. auch an vielen Nichtleguminosen, wie Erle, Ölweide, Sanddorn.

Knöterich, *Polygonum.* Knöterichgewächse, *Polygonaceae.* Etwa 150 Arten auf der ganzen Erde zerstreut. Vielge-

Wurzelknöllchen von stickstoffbindenden Bakterien an Klee. (Radicin-Institut)

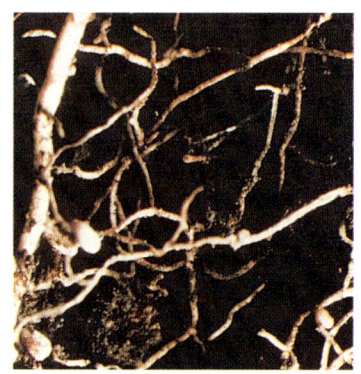

staltige Pflanzen, oft vom Sommer bis zum Herbst blühend. Blütenstände rund, walzenförmig oder rispig. – KLETTERSTRÄUCHER. ○–◑ ♄ ⚥. *P. aubertii,* Westchina. Sehr starkwachsender, bis 15 m hoch kletternder Strauch. Jugendform der Blätter schmal, spießförmig, Altersform ei- bis herzförmig. Oberseite leuchtendgrün, etwas dunkel marmoriert, Unterseite hellgrün. Blütenrispen achselständig, weiß. VII–X. – *P. baldschuanicum,* Turkestan. Ebenfalls sehr hoch kletternd. Blätter herz- bis herz-pfeilförmig. Blüten am Ende der Sprosse, oft Rispen bis 50 cm bildend. Zuerst weißlich-fleischfarbig, im Herbst bei den kühleren Nächten immer dunkler rötlich verfärbend. VII–X. – Verwendung als schnellwachsende Schlinger zum Beranken von Lauben, Pergolen, Hauswänden und kahlen Baumstämmen. Klettert schon im ersten Jahr mehrere Meter hoch. Boden nahrhafter Gartenboden. Vermehrung durch Aussaat und Sommerstecklinge mit Astring.
STAUDEN. 1. HOHE ARTEN. ○–◑ ♃. *P. alpinum,* Alpenk., Gebirge in Europa und Zentralasien. Kriechender Wurzelstock mit schräg aufrechten Stengeln. Blätter lanzettlich, oben dunkel-, unten hellgrün. Blüten in endständiger, lockerer, vielblütiger Rispe, weiß, V–VII, 60 cm. – *P. amplexicaule,* Kerzenk., Himalaja. Etwas am Grund verholzend. Blätter lang gestielt, die oberen Stengel umfassend. Blüten in langen, gestielten Ähren, groß, leuchtendrot. 'Album', weiß; 'Atropurpureum', dunkelpurpurrot. VIII–X, 60–100 cm. – *P. bistorta,* Wiesenk., Europa, Asien, Nordamerika. Heimisch auf feuchten Wiesen. Blätter dunkelgrün, länglich. Blütenstände walzenförmig an langen Stielen, rosa. VI–VIII, 30–100 cm. – *P. filiforme,* Japan. Hellbraune, hohle Stengel. Ovale, zugespitzte Blätter,

Wurzelknöllchen an Ackerbohne, s.a. Tabelle Seite 196. (Dr. H. Franck)

Knöterich, *Polygonum aubertii.* (Seidl)

grün mit 2 rotbraunen Flecken. Blüten in achselständigen, überhängenden, fadenförmigen Ähren, rot, VII–VIII, 50–80 cm. – *P. polystachium,* Staudenflieder, Himalaja. Wuchernder Wurzelstock mit spitz-eilanzettlichen Blättern. Blüten in großen, endständigen, verzweigten Rispen, angenehm duftend, weiß bis zartrosa. Schöner Herbstblüher, auch zum Schnitt. IX–X, 100–150 cm. – *P. sericeum,* Spiräenk., Sibirien. Nicht wuchernd. Blätter eirund-lanzettlich, Unterseite graugrün. Blütenrispen weiß. V–VI, 100–125 cm. – *P. weyrichii,* Japan, Sachalin. Ähnlich *P. sericeum.* Rauhhaarige Stengel und langgestielte, ovale, oben dunkelgrüne, unten weißfilzige Blätter. Blütentrauben achsel- und endständig, cremeweiß. VII–VIII, 80–100 cm. – Von *P.* ABGETRENNTE, UNTER *Reynoutria* GEFÜHRTE ARTEN. *R. japonica* (*P. cuspidatum, P. sieboldii*), Japan. Weit umherkriechender Wurzelstock mit leuchtend grünen, kahlen Erdstämmen. Triebe aufrecht, dick, hohl, verzweigt, mit überneigender, ausbreitender Spitze, wie die Blattstiele rötlich angelaufen. Blätter breit-eiförmig, groß. Blüten in Blattachseln, locker ährenförmig, rahm- bis rötlichweiß. VIII–IX, 150–200 cm. 'Spectabile' hat grün-weiße, beim Austrieb auch rötlich panaschierte Blätter und ist schwächer im Wuchs. – *R. j.* var. *compactum* (*P. reynoutria*), Japan. Kriechender Wurzelstock mit aufrechten, braunroten, tief gefurchten Stengeln. Blätter breit-eiförmig mit kurzem, rotem Stiel. Blütenstände einhäusig, rispig-ährenförmig, männliche Blüten weiß, weibliche rosa. 'Roseum' ist eine Auslese mit weiblichen, besonders dunkel gefärbten Blüten. VIII–IX, 40–60 cm. – *R. sachalinense (P. s.)*, Wucherk., Sachalin. Kriechende Erdstämme mit hohlen, sehr dicken, aufrechten, gestreiften Stengeln. Blätter groß, oval, zugespitzt, unten blaugrün, schöne Herbstfärbung. Hängende bis aufrechte, fadenförmige Rispen mit milchweißen Blüten. IX–X, 200–400 cm. – Verwendung der hohen Arten an Gehölzrändern, in Staudenbeeten, am Wasser oder in Einzelstellung. Die stark wuchernden nur dort, wo dies nicht stört oder erwünscht ist wie z.B. beim Begrünen trister Innenhöfe. Manche haben eine schöne Herbstfärbung. An den Boden sehr anspruchslos, wachsen oft noch auf magerstem Sandboden. Vermehrung durch Teilung und Aussaat. – 2. NIEDRIGE ARTEN. ○–◐ ♃ |: △ △ ∽. *P. affine*, Himalaja. Bekannteste der niedrigen Arten. Wurzelstock kriechend, verholzend, gut wachsend. Blätter lanzettlich, immergrün. Blüten in walzenförmigen, aufrechten Trauben, rosa mit roten Hüllblättern. Diese halten sich wie bei vielen anderen Arten sehr lange, so daß die Blütenstände nach der Blüte dunkelrot sind und dann besonders gut wirken. 20–30 cm. 'Darjeeling Red', etwas kompakter, rosarot, 15–20 cm; 'Superbum', weit besser als die kaum noch im Handel befindliche Art, reichblühend, freudig wachsend, Dauerblüher. Blüten rosa, 20 cm. Alle VIII–X. – *P. macrophyllum (P. sphaerostachium)*, Ährenknöterich, Himalaja. Schöne und dankbare Art. Wuchs polsterförmig, rosettig, nicht kriechend. Blätter breitlanzettlich, Blüten in dichten, walzenförmigen bis fast kugeligen Ähren, leuchtend karminrot. Braucht Winterschutz. VII–IX, 15–30 cm. – *P. tenuicaule*, Japan. Kriechender Wuchs mit breit-eilanzettlichen, oben stumpfgrünen unten rötlichen Blättern und aufrechtstehenden Blütenähren, weiß. Braucht etwas Winterschutz. IV–V, 10 cm. – Verwendung der niedrigen Arten im Steingarten, als Einfassung oder als langblühende Bodendecker in Staudenanpflanzungen. Boden für die meisten humos, locker, etwas feucht. Vermehrung durch Teilung. – 3. WASSERPFLANZEN. ○–◐ ♃ ≈. *P. amphibium*, Wasserknöterich, Europa. Kriechender Erdstamm, auf feuchtem bis trockenem Boden kurz-aufrecht, im Wasser üppiger oder schwimmend. Längliche, auf dem Wasser schwimmende Blätter, stämmige Blütenähren, rot.

VI–IX, 30–100 cm lang. – Verwendung in Teichen oder größeren Wasserbecken, ebenso am Rand. Boden feucht bis schlammig. Vermehrung durch Teilung. – 4. NICHT WINTERHARTE ODER EINJÄHRIGE ARTEN. ○–◐. *P. capitatum*, Norditalien. Staudig, aber bei uns nur selten den Winter überstehend. Kriechender bis hängender Wuchs mit rötlichen, wurzelnden Stengeln, Blätter oval, grün mit braunen Zonen. Blüten an einem etwa 5 cm langen Stengel am Triebende, aufrecht, in runden Köpfchen, frischrosa. V–IX, 10 cm. – Verwendung als Sommerblume, die hübsche, braungrüne Matten bildet, als bewährter Vordergrund für etwas höhere Pflanzen. Ebenso schöne Ampelpflanze für helle, luftige und kühle Räume, im Sommer auf dem Balkon. – *P. orientale*, Orientk., Ostindien. Wuchs aufrecht, verzweigt, ganze Pflanze weich behaart. Blätter frischgrün, eirund. Blüten in nickenden, zylindrischen Trauben, rosa mit roten Hüllblättern, die auch dann noch ihre leuchtende Farbe halten, wenn die Samenkörner bereits reif und schwarz sind. 150–300 cm. 'Rubin' ist eine niedrige Auslese mit besonders schönen Blüten, rosa mit rubinroten Hüllblättern, heute nur noch im Handel. VII–X, 100 cm. Verwendung als Sommerblume in bunten Rabatten, zwischen Stauden oder als einjährige, blühende Hecke. Boden für beide Arten etwas feucht. Vermehrung durch Aussaat III, danach pikieren und Auspflanzen nach Mitte V.

Knollenbegonien → Begonie.
Knollenfenchel → Fenchel.
Knollensellerie → Sellerie.
Knollenziest, Stachys. Japanische Kartoffel, *Stachys sieboldii*. Lippenblütler, *Labiatae*. Stammt vermutlich aus Japan, verwandt mit einheimischen, ebenfalls knollenbildenden Stachysarten. Bildet unterirdische, verdickte

Knöterich, *P. affine* 'Superbum'. (Herbel)

Ausläufer (Rhizome), die eßbar sind. ANBAU. Kleine Rhizome auspflanzen, im Frühjahr, in 10 cm tiefe Furchen: Abstand 45 cm, in der Reihe 40 cm. Nach Auflaufen fleißig hacken und gießen. Ernte ab XI den ganzen Winter über; winterhart. Rhizome bleiben nur im Boden frisch. Ernte auf Vorrat nicht möglich. VERWENDUNG. Wie Spargel zubereitet, mit Butter serviert, gibt schmackhaftes, sehr nahrhaftes Gericht.

Knopfblume, *Cephalanthus*. Krappgewächse, *Rubiaceae*. Für den Garten kommt nur die folgende Art in Betracht: *C. occidentalis*. ○–◐ ♄ VII–VIII ∽. Im östlichen Nordamerika beheimatet. Sommergrüner, bis 2 m hoher Strauch mit gegenständigen, dunkelgrünen Blättern und weißlichgelben Blüten. – Liebt lehmigen, feuchten bis nassen Boden in sonnigen bis halbschattigen Lagen. Mit anderen Sumpfpflanzen an Ufern von Teichen oder Bachläufen zu verwenden. – Vermehrung: Aussaat oder Stecklinge, die im VI geschnitten werden.
Knorpelkirsche. Nach Sortensystem von F. Rubens: Schwarze, bunte, gelbe Knorpelkirschen. Besonderes Merkmal: Hartes festes Fruchtfleisch.
Knospenanlagen, nur bei ruhenden Stauden sichtbar, fast immer Endknospen, die zumeist kurz unter der Erdoberfläche an dem ruhenden Wurzelstock gebildet werden *(Phlox, Delphinium, Heliopsis* usw.), bei Stauden fast immer nur Triebknospen. Seltener schon vorgebildete Blütenknospen *(Dicentra, Astilben)*, daher sind diese auch gut treibfähig).
Knospenarten: Blatt- und Holzknospen, Blütenknospen, gemischte Knospen, Adventiv-, Seiten-, Basal- und Terminalknospen.
Knospenmutation, veränderte Formen einzelner Sorten, die aus Knospen spontan hervorgehen. Es sind Genmutationen im somatischen Gewebe der Körperzellen. Veränderungen können Fruchtform und -farbe, Reifezeit, Wüchsigkeit, Ertrag, Resistenz erfassen. Am bekanntesten sind rote Mutationen, wie Roter Berlepsch, Roter Boskoop, Roter James Grieve, Jonica, Jonagored. Kurztriebformen → Spurtypen sind Mutationen, die Wuchscharakter (kurze Internodien) und Ertrag betreffen. K.en können künstlich durch Bestrahlung, Isotopenbehandlung u. a. ausgelöst werden.
Knospenverbiß → Wildschaden.
Kobraschlauchpflanze → Insektenfresser (Insektivoren).
Kochia → Kochie.

Kochie

Sommerzypresse, Kochie, *Kochia trichophylla* 'Childsii'. (Herbel)

Kochie, Besenkraut, Sommerzypresse. *Kochia.* Gänsefußgewächse, *Chenopodiaceae.* ○ ☉. Von den 30 Arten nur die einjährige *K. scoparia* bei uns als Zierpflanze von Bedeutung. Wächst hoch, aufrecht und reich verästelt. Blätter sehr schmal, Blüten unscheinbar. Verwendung als Gruppenpflanzen für Einfassungen oder mehr noch für lebende Hecken; kann 2- bis 3mal geschnitten werden. Aussaat unter Glas III–IV, Pflanzung ab Mitte V mit etwa 30 cm Abstand. Auch Direktsaat ab Ende IV möglich. – *K. scoparia* 'Trichophylla', am bekanntesten und beliebtesten durch die leuchtend rote Herbstfärbung der Büsche nach den ersten Frösten. – *K. scoparia* 'Childsii' ist mit 'Trichophylla' praktisch identisch; bleibt aber auch im Herbst grün und daher weniger dekorativ.

Kochsalz, chemisch Natriumchlorid (NaCl), kann sich durch Fäkalien über Kompost im Boden anreichern. K.gehalt maximal 2–3 mg/100 g Boden. Empfindlich gegenüber K. ist Salat (Testpflanze!), salzverträglich bis salzliebend sind Sellerie, Beta-Rüben, Spinat. → Chlor.

Köcherblümchen, *Cuphea.* Weiderichgewächse, *Lythraceae.* ○-◐ ☉ – ♃ ▽. Kräuter oder Sträucher mit gegenständigen Blättern und unterschiedlichst geformten, achselständigen Blüten. Mehr als 200 Arten auf dem amerikanischen Kontinent. – *C. ignea*, Zigarettenblümchen, Mexiko. Ausdauernd, aber meist einjährig kultiviert. Stark verzweigt. Blätter eilanzettlich-zugespitzt, bis 6 cm lang. Blüten bis 4 cm lang, leuchtendrot, an der Spitze mit schwarzem Ring und weißer Zone. – Reizende, reichblühende, leicht zu überwinternde Pflanze, die im Sommer auf Beeten, in Balkonkästen oder in großen Schalen verwendet werden kann. Läßt sich leicht durch Stutzen in Form halten. – Vermehrung durch Stecklinge ist leicht. Kultur sonnig bis halbschattig. Nur für Nahbetrachtung! – *C. llavea.* Einjährig, verholzende Stengel. VII–IX, 40 cm. 'Feuerfliege', kirschrot, vielblumig. Für Einfassungen. Im kalten Kasten vorkultivieren.

Ködermittel → Anlockverfahren.
Koeleria → Schillergras.
Königin der Nacht → Kakteen 9.
Königsblume → Seidelbast.
Königsfarn, *Osmunda.* Königsfarne, *Osmundaceae.* ◐-● ♃. Rund 14 Arten in den gemäßigten Zonen und Tropen der Erde. Fester, fast holziger Wurzelstock, oft dicht mit schwarzbraunen, faserigen Wurzeln bedeckt, die als Beimischung zum Orchideensubstrat verwendet werden. Blätter groß, einfach bis doppelt gefiedert, Sporenwedel je nach Art verschieden. – *O. cinnamomea.* Zimtfarn, Nord- und Südamerika. Kriechendes Rhizom. Sporenblätter früher austreibend, Fiedern gekräuselt, zuerst grünlich, bei Sporenreife zimtbraun. Sterile Blätter doppelt fiederspaltig, hellgrün. 50–60 cm. – *O. claytoniana*, Teufelsfarn, westliches Nordamerika, Himalaja. Blätter einfach gefiedert, grün. Im oberen Drittel 2–3 Fiederpaare fertil, grün bis dunkelbraun, zylindrisch zusammengerollt, 40–50 cm. – *O. regalis*, Königsfarn. Nördliche und südliche gemäßigte Zone, auch vereinzelt bei uns heimisch, unter Naturschutz. Blätter lang gestielt, doppelt gefiedert, groß gelblichgrün. Das obere Drittel mit fruchtbaren Fiedern, fiederspaltig, zusammengerollt, bei Sporenreife rotbraun. Wird bei zusagendem Standort sehr alt. 100–150 cm. 'Gracilis', Zwergk. Im ganzen kleiner und zierlicher, feiner gefiedert, 80–100 cm; 'Purpurascens', Purpurk., besonders im Austrieb rötlich, später dunkelgrün, Blattstiele und Blattrippen rötlich. Schwächer wachsend, fällt echt bei Aussaat. 80–120 cm. – Verwendung dieser dekorativen Farne vor oder zwischen Gehölzen und an halbschattigen Stellen, ebenso an Teichrändern. Boden feucht, humos-lehmig, tiefgründig. Vermehrung durch Aussaat der grünen Sporen sofort nach der Reife auf algenfreiem Torf, den man durch Erhitzen algenfrei bekommt, ebenso müssen die Saatgefäße mit abgekochtem Wasser gegossen werden. Bis zum Pikieren 4–6 Monate, im ersten Jahr unter Glas.

Königskerze, *Verbascum.* Braunwurzgewächse, *Scrophulariaceae.* ○ ☉ – ♃ △. Etwa 250 Arten in Europa, Nordafrika, Asien. Teilweise sehr hochwachsende Pflanzen mit wolligen oder behaarten Blättern. Blütenstand kerzenförmig, endständige oder verzweigte Ähren, vorwiegend gelb, aber auch bronzefarben, rötlich, violett und weiß. – *V. bombyciferum* (*V.* 'Broussa', *V. lagurus*), Kleinasien. Dicht silbergrau behaarte Pflanze mit dekorativer Blattrosette bis unter die Blüten. Blütenstand weißwollig, Blüten in Knäueln, schwefelgelb. VII–VIII, 160 cm. – *V. Hybriden.* Meist mittelhohe Pflanzen mit verzweigten Blütenständen und schönen Farben, Blätter bei den meisten grün. Stengel kantig. 'Blushing Bride', Wuchs gedrungen, Blüten weiß, 70–80 cm; 'Cotswold Queen' (*V. ovalifolium* × *V. phoeniceum*), wüchsig, lachsbronze mit lila Staubfäden, 100 cm; 'Golden Bush', niedrig mit schlanken Blütenrispen, goldgelb; 'Pink Domino', ebenfalls verzweigte Blütenstände, rosa-karmin, 100 cm. Alle VI–IX. – *V. longifolium*, Italien, Serbien, Mazedonien. Ganze Pflanze mit dichtem, weißlichem Wollfilz überzogen, zahlreiche längliche Blätter. Blüten in breiter Ähre, goldgelb mit hellvioletten Staubfädenhaaren. *V. l.* var. *pannosum.* Ausdauernd mit dem schönsten Haarfilz und schöner Blattrosette. Blüten goldgelb mit weißlichen Haaren an den Staubfäden. VI–VII, 100–120 cm. – *V. nigrum*, Europa, Kaukasus. Kantige, rotviolett angelaufene Stengel. Blätter länglich-eiförmig, oben dunkelgrün, unten etwas graufilzig. Blüten hellgelb mit purpurwolligen Staubfäden und orangeroten Staubbeuteln. VI–IX, 80–120 cm. – *V. olympicum*, Bithynischer Olymp. Blätter in großer Rosette, breitlanzettlich, wie die ganze Pflanze grauweiß behaart. Blütenstengel mit pyramidenförmiger Traubenrispe, Blüten gelb mit weißhaarigen Staubfäden. VI–VIII, 100–150 cm. – *V. phoeniceum*, Mitteleuropa, Balkan bis Westasien. Zwei- bis mehrjährige Grundblätter in einer dem Boden angedrückten Rosette, dunkelgrün. Stengel und Blütenstiele rotviolett angelaufen. Blüten in wenig ästiger Traube, dunkelpurpurviolett. V–VI, 50 cm. – Verwendung im Heide- und Naturgarten, in großen Steingärten oder in Einzelstellung. Boden nicht zu feucht, durchlässig. Vermehrung durch Samen, da die Arten leicht bastardieren, ist er selten echt. Die Sorten nur durch Wurzelschnittlinge oder Abtrennen der Nebenrosetten.

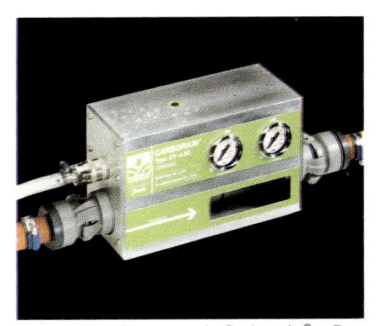

Kohlensäuredüngung mit Carborain® – Prozessor für Wasserleistung von mindestens 18 Liter/Minute. CO_2-Gehalt bei 10° 0,5 bis 1,5 Gramm/Liter. (Technica)

Körnung, gibt an, wie der mineralische Anteil des Bodens nach Korngrößen zusammengesetzt ist. K.s-skala reicht von ca. 200 mm (Gesteinsblöcke) über 6,3−2 mm (Feinkies), 2−0,063 mm (Sand), 0,063−0,002 mm (Schluff) bis kleiner als 0,002 (Ton). Sand, Schluff und Ton werden jeweils eingeteilt nach grob, mittel und fein. Je kleiner die Partikel, um so größer die gebildeten Oberflächen je g, z.B. bei Schluff 2000 qm je g, bei Ton das 10fache. → Bodenart. → Ionenaustausch.
Kohl → Blumen-, Rosenk. usw.
Kohlendioxid (CO_2), farbloses Gas, in der Luft mit 0,03 Volumen-% enthalten (0,05 Gewichts-%). Von dem auf 10 Billionen t geschätzten CO_2-Gehalt der Atmosphäre setzt die Pflanzenwelt jährlich 0,5−1 Billion t im CO_2-Kreislauf durch Assimilation (→ Fotosynthese) um. Der Bestand wird durch K. der Atemluft aller Lebewesen (→ Bodenleben), durch Verbrennungs- und Zersetzungsprozesse aufgefüllt. – Für Pflanzenwachstum entscheidend ist die K.konzentration in der Umgebung der Blätter. Je mehr bodenbürtiges K., desto besser wirkt leichte Luftbewegung, besonders in hohen Pflanzenbeständen, damit aus der Atmosphäre K. nachfließen kann; d.h. daß sich bei sehr aktivem Bodenleben K.nachlieferung und K.bedarf der Pflanzen ungefähr ausgleichen. → Kohlensäuredüngung. Große Bedeutung von K. auch bei der Lagerung von Obst in kontrollierter Atmosphäre. → CA-Lagerung, → Obstlagerung.
Kohlensäure → Kohlendioxid.
Kohlensäuredüngung, beruht auf der Erkenntnis, daß der Kohlendioxid-(CO_2-)gehalt der Luft von 0,03 Volumen-% der ‚Rest' des CO_2 ist, den die Pflanzenwelt beim Prozeß der Assimilation (→ Fotosynthese) übrigläßt. Bei höherer CO_2-Konzentration (bis zu 0,1%, also dem etwa 30fachen Gehalt des gewöhnlichen) steigen die Erträge, sofern auch die übrigen Wachstumsfaktoren ausreichen. K. für die Gewächshauskultur erstmals praxisreif 1926 mittels Kohlenstoff-Briketts (E. Reinau).

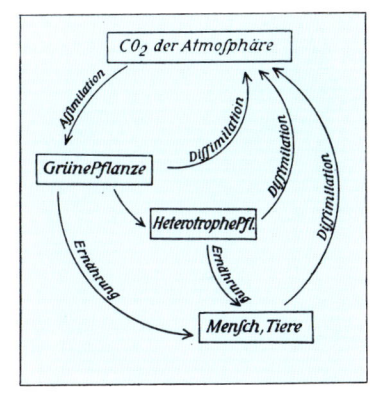

Kreislauf des Kohlenstoffs, schematisch nach Schmeil.

In den 60er Jahren ‚wiederentdeckt', nunmehr mit technischen Mitteln. Im privaten Garten bzw. Kleingewächshaus ohne Bedeutung, jedoch Bodenbedeckung, Mulchkultur und starke org. Düngung mit noch unzersetzten Stoffen (Frischkompost) eine Form der K. über Förderung der bodenbürtigen Kohlensäure. → Kohlendioxid.
Kohlenstoff, chemisch C, nichtmineralisches Nährelement, in der → Trockensubstanz der Pflanzen mit durchschnittlich 44−49% enthalten, von der Pflanze mit → Kohlendioxid (CO_2) aufgenommen, über CO_2 am Großumsatz der Stoffe beteiligt. Assimilierter K. (→ Fotosynthese) wird durch Atmung höherer Lebewesen, ‚Bodenatmung' und Verbrennung von Kohle und Öl (fossiler K.) dem K.-Kreislauf wieder zugeführt (s. Abb.). K. wurde als Pflanzennährstoff unterschätzt.
Kohlerdflöhe → Erdflöhe.
Kohlerie, *Kohleria.* Gesneriengewächse, *Gesneriaceae.* Etwa 65 Arten von Mexiko bis Südamerika. Kräuter mit schuppigen Erdstämmen. Blätter groß, weichbehaart. Blüten ähnlich kleinen Gloxinienblüten, doch meist im Rotorangebereich und gescheckt. – Ende achtziger Jahre in Entwicklung, nachdem sie schon im vorigen Jahrhundert eine Blütezeit hatten. – Prächtige Pflanzen von Kultur wie *Achimenes,* doch größer und durch die glockigen, farbenprächtigen Blüten auffallend.
Kohlfliege. Kümmerwuchs; Blätter verfärben sich bleigrau; Pflanze welkt; an den Wurzeln zahlreiche Fliegenmaden, die durch Fraß Fäulnis hervorrufen. Urheber: zwei nahe verwandte → Fliegen- (*Phorbia-*)Arten, die ihre Eier am Wurzelhals oder dicht daneben in die Erde ablegen; bis zu vier Generationen. – Abwehr: Setzlinge tief setzen und anhäufeln, frischen Mist vermei-

Körnung Durchmesser	Bodenarten			
	Sande	Lehme	Schluffe	Tone
Sandfraktion (60μ−2 mm)	80−100%	10−50%	0−40%	0−60%
Schlufffraktion (2−60μ)		20−60%	60−100%	
Tonfraktion (2μ)	0−20%	20−40%	0−20%	40−100%
Einteilung nach Bearbeitkeit	leichte Böden	mittlere Böden		schwere Böden
	Zunahme bzw. Abnahme			
mittlere Teilchengröße				
mittlere Porengröße (Wasserdurchlässigkeit, Durchlüftung)				
Nutzwasserkapazität				
Nährstoffgehalt und -speicherung				
Fruchtbarkeit (Ertragsfähigkeit)				

Kohlengallenrüßler

Kohlfliegenschaden an Kohlrabi. (Bender)

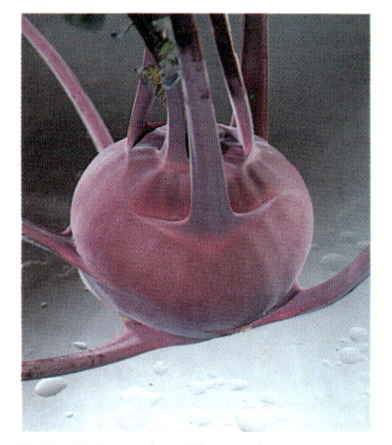

Kohlrabi Capri. (van Waveren)

Kohlrabi Primavera. (van Waveren)

Fraßschäden an Blumenkohl. (Dr. Bender)

den (Geruch lockt Fliegen an), Mischkultur mit Tomaten, → Kohlkragen anlegen, Jungpflanzen mit Schmierseifenwasser spritzen.

Kohlgallenrüßler, erbsengroße Gallen am Wurzelhals von jungen Kohlpflanzen (nicht wie bei Kohlhernie auch an Nebenwurzeln); Gallen wachsen oft zu kropfartigen Gebilden zusammen; innen hohl (Wurzelgallen der Kohlhernie sind voll), mit madenartigen Käferlarven besetzt. Verpuppung und Überwinterung der Käfer im Boden. An allen Kreuzblütlern. Abwehr: Setzlinge tief setzen und anhäufeln, Gallen auskneifen, bei starkem Befall Pflanzen entfernen und verbrennen, Jungpflanzen mit Rainfarntee spritzen.

Kohlgewächse, alle zur Kulturart *Brassica oleracea* – Kreuzblütler, *Cruciferae* – gehörende Gemüsearten. Herkunft Mittelmeergebiet bis Atlantikküste. Alte Sammelpflanze, seit frühesten Zeiten in Kultur genommen und mannigfaltig verändert.

Kohlhernie (Wurzelkropf), Pilzkrankheit von Kohl, Rettich, Radieschen und vielen kreuzblütigen Unkräutern. Pflanzen bleiben im Wachstum zurück, werden gelb und sterben ab; an den Wurzeln: kropfartige Verdickungen (die Gallen des → Kohlgallenrüßlers sind kleiner, sitzen am Wurzelhals und enthalten weiße Larven); vor allem bei Blumenkohl und Kohlrabi. – Abwehr: Mehrjährige Fruchtfolge ohne Kreuzblütler, Boden 2 Wochen vor dem Pflanzen zur Hemmung der Pilzsporenkeimung mit → Algenkalk mischen, Wurzeln der Setzlinge in → Bio-S tauchen, Bio-S-Brühe auf Boden und Jungpflanzen spritzen.

Kohlherzdrehmücke → Drehherzmücke.

Kohlkragen, Scheiben aus Plastik oder Dachpappe mit rundem Mittelloch und Einschnitt, eng um den Wurzelhals der Pflanzen gelegt, halten Kohlfliegen von der Eiablage ab (auch im Handel erhältlich).

Kohlrabi, *Brassica oleracea* var. *gongylodes*. Kreuzblütler, *Cruciferae*. Herkunft und Abstammung → Kohlgewächse. Eßbarer Teil ist der verdickte und verkürzte Stengel. – Anbau: Man unterscheidet Frühkultur, Sommerkultur und Herbstkultur. Setzlingsanzucht für alle Termine notwendig, entsprechende Sorten wählen! Kulturdaten siehe Tabelle. – Verwendung: Knollen rüsten, in feine Scheiben schneiden und gargekocht in Mehlsoße als Gemüse servieren; in kleinen Würfeln geschnitten in Gemüsesuppen; in Eintopfgerichten auch unzerteilt verwendbar.

Kohlrübe, Wruke, *Brassica napus* var. *napobrassica*. Kreuzblütler, *Cruciferae*. Verwandt mit dem Raps, bildet als eßbaren Teil eine kugelig verdickte Wurzel. – Anbau: Hauptsächlich als Herbstkultur. Aussaat Mitte V in Freilandbeet, dünne Saat zur Erzielung kräftiger Setzlinge. Pflanzung Anfang VII, Reihenabstand 50–60 cm, in der Reihe 30–40 cm. Bodenansprüche gering; gedeiht auch in Höhenlagen gut. Ernte X–Frost, ziemlich frostresistent; besser aber vor strengen Frösten ernten und im Keller einwintern; haltbar bis III/IV. – Verwendung: In Stücke geschnitten oder für Eintopfgerichte auch unzerteilt garkochen. Kräftiges Aroma.

Kohltriebrüßler, zwei Arten ca. 3 mm großer Rüsselkäfer, deren Larven in den Kohlstengeln fressen. Pflanzen sterben ab oder bilden keine Köpfe bzw. bei Kohlrabi rissige holzige Knollen. Bekämpfung wie beim Kohlgallenrüßler.

Kohlweißling, wichtigster Schädling unter den → Tagfaltern. Weibchen legt im Frühjahr gelbe Eier an Blattunterseite von Kohlgewächsen und anderen Kreuzblütlern (häufig an Kresse). Raupen bunt gefärbt; Verpuppung an Baumstämmen, Mauern u. a. Im Som-

Anbauplan zur Ganzjahreskultur von Kohlrabi

	Saat Monat	Saat Standort	Pflanzung Monat	Ernte Monat
Frühkultur	Anfang II	warmes Frühbeet	Mitte III	Ende V/Anfang VI
Sommerkultur	IV	Frühbeet eventuell Freiland	V	VII
Herbstkultur	Ende VI	Frühbeet eventuell Freiland	Anfang VIII	IX–X

Kohlfliegenschaden an Rosenkohl. (Dr. Bender)

Raupen des Großen Kohlweißlings auf Rotkohl. (Archiv)

mer zweite Generation, schädlicher als die erste. – Abwehr: Raupen, Puppen und Eigelege absammeln, Mischkultur mit Sellerie oder Tomate, Pflanzen mit Algenkalk überstäuben. Gerade gegen den Kohlweißling sind Bakterienpräparate (→ Bacillus thuringiensis) wirksame Bekämpfungsmittel.

Kokardenblume, *Gaillardia.* Korbblütler, *Compositae.* ○ ⊙ |: ⋊. Alle 12 Arten in Amerika heimisch, teils ausdauernd, teils einjährig. Als Sommerblumen für bunte Beete und für den Schnitt bei uns *G. pulchella picta* in Kultur, in einer einfach und in einer gefüllt blühenden Formengruppe. Beide haben wechselständige Blätter. Aussaat III–IV unter Glas, Pflanzung ab Mitte V etwa 25 × 30 cm. Beide Formen ca. 50 cm. Blüte Ende VI–Frost. Wollen vollsonnigen Standort und humosen, aber nicht zu nährstoffreichen Boden. 'Einfache Gemischt', eine Mischung einfach blühender Pflanzen. Fast ausschließlich zweifarbig. Von innen Purpur bis Rot, nach außen in Gelbtöne übergehend; 'Lorenziana Mischung', das gefülltblühende Gegenstück, wirkt durch die Füllung der Blumen etwas steifer.

AUSDAUERNDE. ○ ♃ ⋊ Bie. Sommerliche Dauerblüher für Beete und Schnitt. Rauhbehaarte, lanzettliche bis spatelförmige Blätter, Blüten einzeln auf festen Stielen, in leuchtenden Farben. Harmonisch u. a. mit Berg- oder Kissenastern, Lupinen, Rittersporn aus der Belladonna-Gruppe, Salbei, auch mit Wildstauden. – *Gaillardia-Hybriden,* Kreuzungen vorzugsweise mit *G. aristata* und *G. pulchella,* auch als *G. grandiflora* geführt. VI–IX, 70 cm. 'Regalis', rot-goldgelbe Mischung; 'Kobold', rot mit gelb, nur 20–25 cm, auch für Steingarten; 'Burgunder', dunkelrot, 50 cm; 'Fackelschein', dunkelrot mit gelbem Rand, 70 cm. – Ab Spätsommer Samenstände entfernen, sonst Selbstaussaat. Normale Gartenböden bis trockene, sandige Böden, auf denen sie länger aushalten, sonst oft nur 2 Jahre. – Vermehrung durch Aussaat, Freiland III–IV, umpflanzen, Mitte VIII–IX an endgültigen Standort.

Kolbenfaden, *Aglaonema.* Aronstabgewächse, *Araceae.* ◐ ♃–♄ ⊓. K. sind den Dieffenbachien ähnlich, doch haben sie meist härtere Blätter. Die 40 Arten bewohnen Ostasien. – *A. costatum.* Niedrig mit kurzen Stämmen, sich bald buschig verzweigend. Blätter 15–20 cm lang, eiförmig. Blattspreite reingrün gefärbt und unterschiedlich weiß gefleckt. – *A. fallax (Schismatoglottis f.).* Harte Art mit dunkelgrünen, etwas gewellten, langeiförmig-zugespitzten Blättern, stammbildend und 60 cm Höhe erreichend. Standard-Hydrokulturpflanze. – *A. roebelinii* (richtig *A. crispum*). Kräftig, großwerdend, bis 120 cm hoch und 100 cm breit. Blätter eiförmig-zugespitzt, 30 cm lang, mit silbergrauer Zeichnung auf dunklem Grund. Blüht reichlich und fruchtet gut. Früchte groß, orange. – *A. commutatum* var. *robustum* 'Treubii'. Hochwachsend, Blätter schmaleiförmig und lang zugespitzt, tiefgrün mit Silberzeichnung, bis 30 cm lang. – Daneben noch andere Arten schön, viel-

Kokardenblume, *G. a.* 'Fackelschein'. (Seidl)

Kolkwitzie, *Kolkwitzia amabilis.* (Herbel)

leicht *A. longibracteatum (A. nebulosum),* mit gelblich gezeichneten, schmalen Blättern. – K. sind herrliche Topfpflanzen, die allerdings, mit Ausnahme von *A. fallax,* ihre ganze Schönheit erst im Blumenfenster zeigen. Sie sind jedoch, in durchlässiges Substrat gepflanzt, gleichmäßig warm gehalten (18°C) und nicht zu sonnig aufgestellt, auch im Zimmer möglich, vor allem wenn ein geübter Blumenfreund sie pflegt. *A. fallax* ist hart und verträgt Temperaturen bis 8°C und auch Staunässe, die die anderen Arten nicht sonderlich lieben. – Vermehrung durch Kopf- oder Stammstecklinge ist für den Liebhaber schwer, doch gelingt die Aufzucht aus frischem Samen, den man vom Fleisch befreien muß, leicht.

Kolkwitzie, Scheinweigelie, *Kolkwitzia.* Geißblattgewächse, *Caprifoliaceae.* Nur eine Art, China. – *K. amabilis.* ○–◐ ♄ V–VI. Sommergrüner, bis 2 m hoher Strauch mit bogig überhängenden Zweigen, bedeckt von zartrosa Blüten in Büscheln angeordnet. Neue

Kolbenfaden, *A. costatum.* (Herbel)

Gemüserüstabfälle (links), gesammelt zur späteren Mieten- oder Flächenkompostierung (rechts). Bevor sie mit Kultivator oder Fräse in die obersten 5 bis 10 cm des Bodens eingearbeitet werden, wurden sie zum Abtrocknen ausgebreitet. (Pfirter)

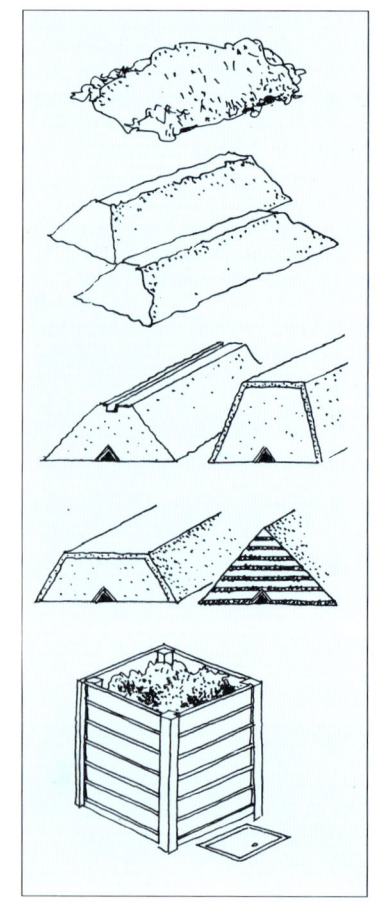

Sorte 'Pink Cloud' mit dunkelrosa, im Verblühen rosa Blüten. Guter, frischer Boden in sonnigen bis schattigen Lagen. Vollständig winterharter, wunderschöner Blütenstrauch, leider erst wenig verbreitet. Vorzüglich zur Einzelstellung, in näherer Nachbarschaft von Stauden oder als Vordergrund vor größeren Gehölzgruppen, aber auch in natürlichen Hecken ein wunderbarer Anblick. – Vermehrung durch Aussaat in Schalen oder → Stecklinge von krautigen Frühjahrstrieben.

Komfrey → Beinwell.

Kompost (lat. = Zusammengesetztes), Verrottungsprodukt aus vielseitig zusammengesetzten pflanzlichen und tierischen Abfällen, mit geringfügigem (unter 1 Gewichts-%) Beischlag-Erde, optimal als → Tonmineralien. K. wurde bis zu den 20er Jahren des 20. Jahrh. allgemein als ‚Sparbüchse' des Landwirts und Gärtners bzw. als → Bodenverbesserungsmittel angesehen; die K.stoffe wurden einer ungeregelten Verrottung auf K.haufen im Verlauf von 2–3 Jahren überlassen. Seit einigen Jahrzehnten wird K. von einer Anzahl Wissenschaftler und Praktiker (→ Biologischer Landbau) als bester Boden- und Pflanzendünger aufbereitet und angewandt. – ROHSTOFFE. Haus- und Küchenabfälle, Papier und Pappe, Aschen, zerkleinerte Knochen und Lumpen (→ Kompostiermaschinen), Gartenabfälle, Unkräuter ohne Samen, Rasenschnitt, Heide- und Rasenerde, Grabenaushub und Teichschlamm, Klärschlamm, Fäkalien (umstritten, → Biologisch-dynamische Wirtschaftsweise), tierische Dünger und Jauche (→ Mist), landwirtschaftliche Abfälle wie Stroh, Spreu, Kartoffelkraut, gewerbliche Abfälle (→ Abfälle). Alle müssen frei von schädlichen Stoffen sein. Nicht kompostierbar sind anorganische Materialien, wie Kunststoffe, Metalle, auszuschließen sind auch kranke Pflanzen (Kohlhernie, Welkekrankheiten usw.). – VERFAHREN. K.verfahren unterscheiden sich nur in Nebenfragen, in Kernfragen stimmen alle Verfahren überein, weil Kompostierung auf biologischen Vorgängen mit folgenden Voraussetzungen beruht: 1. Rohstoffe mit vielseitigem Nährstoffgehalt; unentbehrlich für Mikroben sind u.a. Phosphate und Spurenelemente, insbesondere Molybdän, etwa neutrales Milieu = pH-Wert um 7. – 2. Das → C/N-Verhältnis (vergl. Tabelle) sollte etwa 30 betragen, weil Mikroorganismen je Gewichtseinheit Stickstoff etwa 30 Gewichtseinheiten Kohlenstoff brauchen. Bei zu engem C/N-Verhältnis (Harn, frischer, nährstoffreicher Rasenschnitt

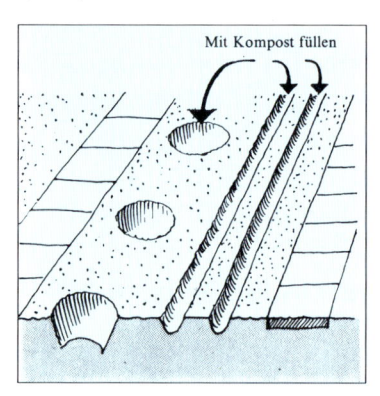

Verwendung von Kompost für Pflanzlöcher und Saatrillen. (Nach Könemann)

Kompostverfahren und Kompostarten (von oben nach unten): Komposthaufen, ungeregelte Ablagerung. – Kompoststätte, geregelte Ablagerung. – Erdkompost in Mietenform und Humuskompost in Stapelform. – Humus-Erdkompost in Flachstapel und in Mietenform. – Kompostsilo. (Nach Könemann)

Kompost

Mist nach der Kompostierung. Je nach Strohanteil verläuft die Umsetzung schneller oder langsamer. → C/N-Verhältnis. (Pfirter)

u. a.) geht Stickstoff als Ammoniakgas verloren, bei zu weitem C/N-Verhältnis (Stroh, Sägemehl) kommt die Gärung nicht in Gang, und es geht viel Kohlenstoff verloren. – 3. Alle Lebewesen benötigen Wasser, das in entsprechendem Anteil in feinverteilter Form als Wasserfilm im Gärsubstrat vorliegen sollte; Wassergehalt des Substrats insgesamt ca. 50%. Probe: Handvoll Material zusammenpressen; wenn Wasser heraustropft, ist das Material zu feucht, wenn es nicht zusammenhält und auseinanderfällt, zu trocken. – 4. Außer Wasser benötigen die K.organismen auch Luft, das Substrat muß deshalb locker strukturiert sein; die optimale Struktur ergibt sich in Zusammenhang mit vorgenanntem optimalem Wassergehalt von ca. 50%. – 5. Das Material muß ausreichend Mikroorganismen enthalten, wie bei vielseitig zusammengesetzten Abfällen (s. oben) der Fall: 1 g K.rohstoffe aus Küchen- und Gartenabfällen mit tierischen Stoffen enthält bis zu mehreren Milliarden Keime. Keimarme Rohstoffe, wie Abfälle aus Gewerbe und Industrie, müssen mit weitgehend verrottetem K. oder → Kompostierungsmitteln (s. Tabelle) geimpft werden. Alle Kompostierungsregeln beruhen auf der optimalen Kombination vorgenannter Faktoren: Materialien mit richtigem C/N-Verhältnis und pH-Wert vollständig mischen oder in Schichten von 10–20 cm aufsetzen, dabei Wasser- und Luftgehalt beachten. K.humus nach Könemann, Gartenk. nach Seifert (s. tabellarische Übersicht) in Mieten- oder Stapelform in schattiger, aber warmer Umgebung aufsetzen und mit organischen Stoffen (Schilf- oder Strohmatten, Säcke, Laub, Erde), sonst mit Polyäthylen-, nicht PVC-Folie abdecken. Bei Kompostierung im → Kompostsilo gelten sinngemäß die gleichen Regeln. – ZUSÄTZE. Die verschiedenen Verfahren verwenden mineral. oder org. Stickstoffträger, um das C/N-Verhältnis zu regulieren → Organische Handelsdünger, wie Blut- oder Hornmehl, Steinmehl (Spurenelemente), Tonmehl (→ Bentonit) zur Bildung von → Ton-Humus-Komplexen und/oder Impfmittel (→ Kompostierungsmittel, siehe Tabelle S. 276/277). – DAUER. Schwankt je nach Kombination und Steuerung oben genannter 5 Faktoren zwischen 4 Wochen und 3 Jahren. Schnellkomposte aus humosen Stoffen wie Rindenhumus oder Spreu mit frischen grünen Abfällen sind in wenigen Wochen, Erdkomposte in 2–3 Jahren gebrauchsfertig, s. Übersicht S. 274/275. – EINRICHTUNGEN. Je nach Intensität und Umfang der beabsichtigten K.bereitung von verhältnismäßig kleinem K.platz ohne besondere Ausstattung (Mücke) bis zum größeren, planmäßig eingerichteten → K.platz mit Wasseranschluß und plattenbelegten Gehwegen zwischen den K.mieten (Seifert) und zur Kompostei mit Boxen für Rohstoffe und Spezialerden und Silos (Könemann). Alle Verfahren verlangen gewachsenen Boden für die K.mieten bzw. -stapel. – WERKZEUGE. Mindestausstattung Schaufel und Mist- bzw. Grabgabel, Holz- und Eisenrechen; Krail (Seifert), Schlaghacke (Mücke). Nach Bedarf 15-mm-Durchwurfsieb, Karre oder Körbe zum Ausbringen. Maschinen → Kompostierungsmaschinen. – VERWENDUNG, ANWENDUNGSMENGEN. Mulchk. = angerotteter K. als Bodendecke bzw. Mulchmaterial zu Zier- und Obstgehölzen sowie Stauden, in Schicht bis zu 10 cm; Humus- bzw. Frischk. (mit noch erkennbarer Materialstruktur) zu Beeten in Schichten von 0,5–1 cm, oberflächig (bis ca. 6 cm tief) mit Krümler oder Ziehhacke einziehen, keinesfalls eingraben. Abgesiebter Reifk. zur An-

Kompostsilo aus aufeinandergesetzten, imprägnierten Hölzern. (Fleck) – ‚Wachsender' Kompostsilo aus Stahlblech. (Mücke) – Die Silowände sind abgenommen, auf dem Rost der ‚Kompostkuchen' aus verrottetem Material. (Aus Mücke, Der Intensivgarten 2. A. 1983)

Kompost

Autor	Material	Verfahren	Dauer
Gottschall, Kompostierung, Karlsruhe 1984	Abfälle jeder Art aus Industrie und Gewerbe, vor allem holzverarbeitenden Betrieben, Stadt und Haushalt, Landwirtschaft und Landschaftspflege. (Umfangreiche Tabelle mit Angaben über C/N-Verhältnis, Struktur u. a.)	Mieten: Materialien gut durchmischt, locker, mit überprüftem Wassergehalt (Faustprobe) aufsetzen. C/N-Verhältnis optimal 20–40:1, d. h. bei Bedarf stickstoffreiches Material zugeben, z. B. pflanzliche oder tierische Jauche.	Je nach Ausgangsmaterial junge Komposte 3–6 Wochen, reife 4–6 Monate.
Könemann, Neuzeitliche Kompostbereitung, 4. A., Mannheim 1968	Pflanzliche und tierische Abfälle, erdige Stoffe, wie: Aschen, Grabenaushub, Heideerde, Kehricht, Klärschlamm. Torf (zu Spezialkomposten, wie Torfgrün- und Torffäkalkompost).	Mieten: 1,50–2 m breit, 1,50–2 m hoch, beliebig lang. Lange Lagerung erdiger Stoffe ergibt Erdkompost bzw. Komposterde. – Stapel: Humose Stoffe ergeben Humuskompost. Möglichst Heißgärung, ca. 60 °C, zur Abtötung von Keimen und Unkrautsamen. Anschließend Rottung je nach erwünschtem Zersetzungsgrad.	Komposterde und Humuserde 2–3 Jahre. Humuskompost 6–12 Monate.
Mücke-Rieger, Der Garten drinnen und draußen, 8. A., München 1983	Abfälle jeder Art, besonders auch Papier: C/N-Verhältnis beachten, bei Bedarf mit Stickstoffdünger vorweichen. Aschen, ausgenommen Holzasche, nur in begrenzten Mengen. Knochen und Lumpen gut zerkleinern.	Gute Belüftung, mit Strohmatte, Erdmantel oder Plastikplane abdecken. Ebenerdig anlegen, von unten belüften, für Abzug der Sickersäfte sorgen. Stickstoffdünger nach Bedarf zusetzen. Unterlage: 10-cm-Schicht sperriges Material, wie Baumschnittholz. Mieten 1,5–2 m breit, 1,20–1,50 m hoch, beliebig lang. Am vorderen Ende frisches Material in Schichten aufsetzen, am hinteren Ende zweijährigen Kompost entnehmen.	Frischkompost aus Komposttonne. 8–10 Wochen. Mehrjähriger Kompost für Aussaaten und Topfpflanzen. Herbstkompost im frühen Frühjahr mit Hacke grob zerkleinern, neu aufsetzen im 2-Wochen-Abstand evtl. wiederholt zerkleinern und aufsetzen.
Seifert, Gärtnern, Ackern ohne Gift, München 1971	Abfälle, so vielseitig gemischt wie möglich. ‚Gemisch aus Gegensätzlichem'.	Miete 2 m Sohlenbreite in großen, 1,50 m in kleinen Gärten. Für je 100 qm Garten 3–4 m lang. Abfälle auf Vorratshaufen sammeln, um mischen zu können. 20-cm-Schichten, mit Kalkpulver einstreuen. Keine Heißgärung.	Im Sommer nach 6–8 Wochen 1 × umsetzen.

Kompostverfahren einiger bekannter Autoren im Vergleich
Erläuterungen siehe Stichwort ‚Kompost', ‚Kompostplatz' usw.

Anmerkung des Herausgebers: Die zitierten Autoren haben seinerzeit zur Kompostierung noch Torf verwendet. Diese Angaben sind sinngemäß abzuwandeln.

Kompost

Zusätze	Platz, Einrichtungen, Werkzeuge	Anwendung	Mengen
Tonige Erde oder Tonmehl (Bentonit 8–10 kg/cbm), kohlensaurer oder Algenkalk, Mineralien wie Kalimagnesia (bis 10 kg/cbm). Sonstige Starter nicht notwendig. (Sonderfall: Biologisch-dynamische Präparate.)	Platz mit Rinnbetonsteinen günstig, Lage der Mieten windgeschützt, parallel zur Hauptwindrichtung. Abdeckung mit Stroh, Erde oder bei hohen Niederschlägen (über 800 mm/Jahr) mit Folien: an Latten befestigt, d. h. abnehmbar, mit Luftschicht über der Miete, seitlich Luftzutritt.	Frische Komposte zu Tomaten und gurkenartigen Gewächsen, reife zu Salaten, Möhren, Zwiebeln, Leguminosen. Wegen schneller Aufeinanderfolge der Kulturen im Gemüsegarten gut verrotteter Kompost!	Im Feldgemüsebau bis zu 40 t/ha, = 4 dt bzw. 400 kg/a. (Schicht von 1 cm entspricht etwa 10 kg/qm, also dem zweieinhalbfachen dieser Menge.)
Verschiedene Dünger, Torf, Kompostierungsmittel je nach Material und Kompostart, speziell Kaliumpermanganat und Kompoststarter ‚Biorott'.	Kompoststätte mit Boxen für Spezialerden und -komposte, Asche, Bauschutt. Kompostmieten und -stapel warm, aber schattig, auf gewachsenem Boden. Lamellensilos aus Holz für verschiedene Kompostarten, ausgenommen Erdkomposte.	Beispiel Tomaten: ½ auf Fläche, ½ in Pflanzlöcher, gemischt mit Torfmull, Kalk, Steinmehl, Zusatzdünger. Ausgehobene Erde zur Bodenbedeckung. – Humuskompost für Freilandbeete, Erdkompost, spez. Lehmdekompost zur Bodenverbesserung für Sandböden. Humuserde für Frühbeete, Topfpflanzen und empfindliche Kulturen.	Hauskompost-Erzeugung bei 6-Kopf-Familie 3 cbm/Jahr, zuzüglich Gartenabfälle, Torf, Laub u. a. Material = 5–6 cbm. (1 cbm = 800–1200 kg, durchschnittl. 1000 kg.) 5 cbm auf 1000 qm = 0,5 cbm auf 100 qm bzw. 1 a, entspricht 0,5-cm-Schicht.
Kalkstickstoff oder Blut- oder Hornmehl zur Regulierung des C/N-Verhältnisses.	Keine besondere Ausstattung des sehr kleinen Kompostplatzes, Silos bzw. Tonnen. Schlaghacke zum Zerkleinern und Umsetzen. Ziehhacke zum Einbringen.	Reifkompost 1–3 cm oberflächig einbringen. Frischkompost mit Ziehhacke in Pflanzbeete oberflächig einziehen, nicht absieben, da zuviel Arbeit; was zwischen Rechenzinken bleibt, zurück zur Kompostmiete. Erdmischungen für Anzucht von Jungpflanzen mit abgesiebtem Reifkompost. Mulchkompost zum Mulchen von Zier- und Obstgehölzen, nicht zur Humusdüngung von Pflanz- und Saatbeeten.	Bei 3-cm-Schicht keine nennenswerte Zudüngung notwendig. Obstgarten 3–5 cm Frisch- bzw. Mulchkompost.
Horn-Knochen-Blutmehl, Federnmehl oder Schweineborsten, Stallmist oder -jauche, lehmige Erde oder Bentonit, gemahlener kohlensaurer Kalk oder kohlensaurer Magnesiumkalk.	Sohle aus 25–30 cm starker Schicht aus Mutterboden oder Lehm, flach dachförmig, damit Wasser abfließen kann. Mit Kunststeinplatten umgeben, zur Sauberhaltung der Arbeitswege und -plätze. Bei über 800 mm Niederschlägen mit Polyäthylen- (nicht PVC-)folie abdecken. Je nach Klima in Schatten oder Sonne, in der Miete ‚feuchte Wärme'. Windschutz. Wasserzapfstelle. Kompostplatz = 10 % der Gartenfläche. – Holz- und Eisenrechen, 2 Körbe, 15-mm-Wurfgitter, Krail.	Zu Beeten: Durch 15-mm-Sieb werfen, mit Krümler in oberste 6-cm-Schicht einmischen. Im Herbst pflanzfertig gemachte Beete mit Laub, Stroh oder Gras abdecken. Zu Obst: 2-cm-Schicht ausgesiebter Kompost, handhoch mit Gras oder Laub abdecken. Bei reichtragenden Bäumen 3 cm oder zur Hälfte Stallmistkompost.	Auf Beet von 6 × 1,20 m ‚zwei gute Schubkarren' = 1-cm-Schicht. Beete im Herbst ‚kleinfingerdicke' Kompostschicht, Starkzehrer plus 50 g/qm Horn-Knochen-Blutmehl.

Kompostierungsmittel-Übersicht

Zusammengestellt nach Angaben der Hersteller. Die Übersicht erhebt keinen Anspruch auf Vollständigkeit. Mit der Aufnahme ist keine besondere Empfehlung verbunden.

1. Name	Alginure	Biorott	Cohrs-Kompost-Starter	Eokomit
2. Wirkungsweise	Schnellkompostierungsmittel	Schnellkompostierungsmittel, Kompoststarter und -aktivator	Kompoststarter und -aktivator für Abfälle aller Art	Kompostierungsmittel für Mieten und Flächenkompostierung
3. Wirksame Inhaltsstoffe	Hochquellfähiger Bakteriennährboden	Stickstoff, Mineralien, Spurenelemente, Mikroorganismen	Hochleistungsfähige Bakterien- und Pilzkulturen, biologisch-dynamische Präparate aus Wildkräutern, pflanzlich-organisch gebundene Spurenelemente, wachstumsfördernde Wirkstoffe	Bodenorganismen; Stickstoff-Binder
4. Anwendungsform	Emulsion (Alginure auch als Pulver und Paste lieferbar)	Streumittel	Streupulver, auch als Aufschwemmung anwendbar	Pulver zum Ansetzen einer Brühe, verdünnt als Lösung
5. Art der Abfälle a) allgemeine aus Haus, Hof, Garten, Feld b) Stroh, Laub, Pappe u. ä. c) Holzabfälle, Rinde d) Industrie- und Textilabfälle	Abfälle lt. a), bei b) bis c) Stickstoffträger nach Bedarf zufügen	Abfälle a) alle b) Stroh, Laub, Stengel, Fasern c) Sägemehl und -späne, Rinden, Zweige d) Obsttrester	Abfälle aus Küche und Garten, Stallmist, Stroh, Laub, Sägemehl, Obsttrester	Abfälle zu a), zu b) + c) nach Gebrauchsanweisung
6. Anwendungsweise und -menge	Mit mind. 3 Teilen Wasser verrühren	1 kg/cbm zu a), bis 5 kg/cbm zu b) u. c). Erhöhte Gaben nach Bedarf (Merkblatt vom Hersteller)	Beim Auf- u. Umsetzen einstreuen. Kann auch verflüssigt werden. 250 g für 1–2 cbm Kompost, 850 für 3–5 cbm, 2 kg für 15–20 cbm	Kompost in 25-cm-Abständen mit Brühe bzw. Lösung je nach Feuchtigkeitsbedarf begießen
7. Zusätze	Kalk, Tonmehl, je nach Ausgangsmaterial, s. auch Ziffer 5	Für c) 2–3 kg/cbm Kalk, 50–500 g Harnstoff. Bei Trestern und Rinden Erdzuschlag	Gesteinsmehl, trockene Erden, Algenkalk	1 kg Kalkhydrat (Maurerkalk) je cbm bei säure- u. harzhaltigen Stoffen wie Trestern, Kiefern- u. Fichtenrinden. (Kein Kalkzusatz bei sonstigem Kompostiergut)
8. Kompostierungsdauer	2–6 Monate, je nach Ausgangsstoffen u. Grad der Vererdung	Bei a) 3–6 Monate, bei b) bis d) 4–9 Monate	3–6 Monate	2–3 Monate im Sommer, 3–4 im Winter
9. Packungen	500 ml für 3 cbm	2- u. 6-Liter-Kleinpackung, gesackt f. Großverbraucher	250-g-Dose, 850-g-Dose, 2-kg-Packung	100-g-Packung für 5 cbm Kompost oder 250 qm Flächenkompost
10. Hersteller	Tilco Biochemie Kupferstr. 36 D-7000 Stuttgart 80	Heinrich Propfe Chem. Fabrik Postfach 81 05 11 D-6800 Mannheim 81	Cohrs GmbH Postfach 11 65 D-2130 Rotenburg/Wümme	Mr. Dr. L. Holzinger & Co. KG D-8210 Prien/Chiemsee

Kompostierungsmittel

Hornoska Schnellkomposter	Humofix	Humosan	Bio-Komposter-Flocken	Oscorna-Kompost-Beschleuniger
Biologisch aktives Mittel zur Kompostierung von Haus- und Gartenabfällen	Schnellkompostierungsmittel	Kompostbeschleuniger	Kompostimpfmittel auf biologisch-organischer Basis	Kompostbeschleuniger, Pflanzenhilfsmittel
Pflanzliche und tierische Eiweißverbindungen, natürliche mineralische Stoffe zur Aufwertung des Fertigkompostes	Kräuterpräparat (Kamille, Löwenzahn, Baldrian, Scharfgarbe, Brennnessel, Eichenrinde)	Tierische, pflanzliche u. biologisch wirkende Mineralstoffe	Humusbildende Bakterien u. Pilze in trockener Form	Tierisch-org. Stickstoffträger, Kräuterpulver und -auszüge, Tonmehl
Streumittel	Kräuterpulver nach Bruce	Streumittel	Streumittel	Streupulver
Alle pflanzl. Rückstände (Rasen- u. Heckenschnitt, Laub, zerkl. Zweige u. Wurzeln), Küchenabfälle, Papier, Pappreste	Abfälle zu a) u. b)	Abfälle zu a)	Für Komposte zu a) und b)	a) alle aus Haus, Hof, Garten b) unter Zusatz von Oscorna (org. Dünger)
Abfälle in Lagen von 10–20 cm mit 150 g/qm bestreuen. 25 kg f. 25 cbm	Kräuterpulver lt. Gebrauchsanweisung in Wasser ansetzen, 24 Std. ziehen lassen	5 kg je 2–3 cbm	Garten- und Küchenabfälle gut vorzerkleinern, lagenweise überstreuen, anfeuchten und gut mischen, 1 kg je cbm	Lagenweise einstreuen: 5 kg für 1–3 cbm
	Org. Dünger. Mist-, Laub- o. Strohkompost s. Gebrauchsanw.			Schichtweise Erde. Zwiebelschalen u. a. spez. Regenwurmnahrung
Beschleunigt Rotteprozeß je nach Art der Ausgangsmat.	1–6 Mo. (Herbst bis Frühjahr)	1–6 Mo., je nach Zusammensetzung u. Mischung d. Abfälle	2–6 Mo., je nach Mat., deren Mischung und Behandlung	2–6 Monate, je nach Ausgangsmaterial
Packungen f. Klein- u. Großverbraucher	Kräuterpulver für 2 cbm	5 kg	400 g, 1 kg	5 u. 25 kg
Günther Cornufera GmbH, Weinstr. 19 D-8520 Erlangen 27	Abtei Fulda, Postfach 126 Nonneng. 16, D-6400 Fulda	Humosan Dünger AG CH-9313 Muolen	W. Neudorff GmbH KG Postfach 1209 D-3254 Emmerthal 1	Oscorna-Dünger-Werk, GmbH & Co., Postfach 4267 D-7900 Ulm

Kompostierungsmaschinen

zucht von Jungpflanzen, für Gewächshaus und Topfpflanzen, zu letzteren entsprechend Pflanzenart gemischt mit Rindenhumus, Sand oder anderen Substraten (→ gärtnerische Erden). Bei Anwendungsmengen von 1 cbm (= je nach Feuchtigkeitsgehalt 800–1200 kg, durchschnittlich 1000 kg) je 100 qm, entsprechend einer Schicht von 1 cm, ist nur bei Starkzehrern noch Zudüngung von Handelsdüngern notwendig. Siehe Seiten 274/275; die dort aufgeführten K.mengen von 1–10 cm (Seifert), entsprechen bei den genannten K.verfahren mit Zusätzen von Horn-Knochen-Blutmehl von 200 g/qm und K.schicht den in der gärtnerischen Fachwelt allgemein empfohlenen Nährstoffmengen, insbesondere unter Anrechnung von Stickstoff, der aus biologischer Bindung, aus Vorfrüchten und/oder Gründüngung sowie von Phosphat, Kali und Magnesium, die auf entsprechenden Böden aus der Reserve pflanzenverfügbar werden. → Pflanzenernährung, mit Grafik.

Kompostierungsmaschinen, zum Teil identisch mit Erdaufbereitungs- und Mischmaschinen, zum Teil Sonderkonstruktionen mit stärkerer Zerreißkraft. Hauptsächlich 2 Konstruktionen: 1. Maschinen mit Kammleisten aus gehärtetem Spezialstahl, die gegen eine Amboßleiste arbeiten, 2. Maschinen mit beweglichen, an einer oder mehreren Wellen befestigten Werkzeugen: Schlegeln oder Hämmern. Alle Modelle mit Rückschlagsicherung bzw. automatischer Abschaltung bei Fremdkörpern, wie Steinen und Metallen. Zerkleinertes Material, wie organische Abfälle jeder Art, selbst Schnittholz bis zu 40 mm Stärke, werden ausgeworfen und dadurch selbsttätig locker mietenförmig aufgesetzt. Auswurfweite durch verstellbare Klappen reguliert. Antrieb durch Benzin-, Diesel- oder Elektromotoren von 3–10 PS, Stundenleistungen bis über 10 cbm. – Papierschnitzler (s. Foto) können als Spezial-K. für Papier und Pappen angesehen werden. → Papier.

Aktenvernichter 'intimus' erzeugen feine Papierstreifen oder -schnitzel, geeignet als Kompostrohstoff. (Schleicher)

Häcksler mit Elektromotor zerkleinert Knüllpapier und Stauden in Häcksel. (Schlötterer)

Kompostierungsmittel, auch Kompostaktivatoren oder -starter genannt, verbessern und beschleunigen Kompostierungsvorgang, sofern dessen Grundregeln beachtet werden (→ Kompost). Vielzahl der Mittel läßt sich nach wirksamen Inhaltsstoffen grob einteilen: 1. Stickstoff, 2. Sauerstoff, Mineralien, insbesondere Spurenelemente, biologische Feinstoffe wie Auxine, Biotine, Kräuterauszüge, 3. Bodenorganismen, 4. Fossile Kohlenwasserstoffe, 5. Enzyme (s. Übersicht S. 276/277). Einige Mittel beruhen auf einem wirksamen Faktor, andere auf einer Kombination verschiedener Faktoren (z. B. Biorott).

Kompostplatz, muß optimal zwischen Ort des Anfalls von Kompostrohstoffen (im Hausgarten meist Küche) und Ort der hauptsächlichen Anwendung von Kompost liegen; außerdem schattig, luftig, aber windgeschützt, auf gewachsenem Boden, nicht auf betonierter Unterlage, um eine aerobe Verrottung zu begünstigen und zu beschleunigen. Größe des K.es je nach Intensität der Komposterzeugung bis zu 10% der Gartenfläche. In Großgärten, Obstanlagen u. a. Kulturen mehrere K.e zweckmäßig. Einrichtungen, wie Wasseranschluß, → Kompostsilos, Zerkleinerungs- und Mischmaschine, ebenfalls je nach Umfang der Kompostbereitung. → Kompost.

Kompostsilo, Behälter zur geregelten Verrottung von kompostierfähigen Stoffen. BAUWEISE. Aus Draht (evtl. plastik-ummantelt), Kunststoff, Betonplatten, Metall, imprägniertem Holz, Eternit. Aus Einzelteilen zusammengesetzt und nach Bedarf auf- und abbaubar oder Vorderwand in Einzelteilen abnehmbar zur Entnahme von Kompost; oder fest gebaut mit Entnahme von Kompost von oben, bei den neuesten Modellen von der Seite her; oder als Ganzes beweglich, wie Komposttonne, mit Entleerung durch Umstülpen. Mit oder ohne Abdeckung. Seit vielen Jahren auch ‚beweglichere' Modelle zunehmend am Markt. Das Material wird in den K. eingefüllt, die Silowände werden abgenommen, sobald die Stoffe ausreichend angerottet sind. Der ‚Kompostkuchen' kann alsdann, je nach Verrottungsgrad, als Mulch- oder Frischkompost verwendet oder weiterverarbeitet werden: nach Umsetzung im selben oder in einem zweiten K. oder als Miete bis zu ge-

Komposttonne und ‚wachsender' Kompostsilo nach Mücke. Auf dem Silo ein Kasten mit Erdbeerjungpflanzen zur Nutzung der Gärungswärme. (Aus Mücke-Rieger, Der Garten drinnen und draußen, 8. A.)

wünschtem Verrottungsgrad als Reifkompost oder Komposterde, oder als Rohstoff zur Bereitung von → Gärtnerischen Erden. Der leere K. wird sogleich neu aufgestellt und wieder gefüllt. Ein Silo von z. B. 400 Liter Rauminhalt kann somit in einem Monat die mehrfache Raummenge an Material aufnehmen, zumal es jeweils stark zusammensackt. – FORMEN UND RAUMINHALT. Am Markt sind runde und viereckige Modelle, in Höhen von ca. 70–150 cm, mit Grundflächen von z. B. 75×75, 100×100, 125×125 cm. Aus genannten Maßen ergeben sich Rauminhalte von ca. 250–1500 Liter bzw. 0,25–1,50 cbm. Durch Aufstellung mehrerer K.s werden verfügbare Rauminhalte größer und Arbeitsmöglichkeiten vielseitiger. – ARBEITSWEISE. Alle K.s haben Vor- und Nachteile; entscheidend für Dauer der Kompostierung und Qualität des Kompostes sind: 1. Struktur und → C/N-Verhältnis der Rohstoffe, 2. Mischung, Wasser- und Luftgehalt beim Einfüllen und Kompostierungsvorgang, 3. Umwelteinflüsse, wie Wind, Sonne, Schatten, Temperatur, 4. Anwendung von Kompostpräparaten. → Kompost.

Konkurrenztrieb, entsteht nächst der oberen Leitastverlängerung. Da er oft günstige Wuchsbedingungen hat, namentlich wenn über der obersten Knospe der Trieb zu knapp abgeschnitten wurde, bildet er eine starke Konkurrenz für Leitastverlängerungstrieb. Konkurrenz- bzw. Afterleittrieb sollte bereits in der Entstehung gehindert werden, indem Knospe ausgebrochen oder als Jungtrieb weggeschnitten wird.

Kopfdüngung, wird im Gegensatz zu → Unterbodendüngung und → Grunddüngung auf den ‚Kopf' der Kultur gegeben: während der Kulturperiode zu den wachsenden Pflanzen; bei Wachstumsstockungen infolge jahreszeitlich zu kühler Witterung, wenn Bodenleben spät in Gang kommt und nach Regenperioden, wenn Stickstoff, auf leichten Böden auch Kali, ausgewaschen wird. Dünger wird bei K. im biologischen Landbau in organischer Form als Horn- oder Blutmehl oder als → Flüssigdüngung (auch → Brennesseljauche) gegeben, mineralisch vorzugsweise als Kalksalpeter. Voll- bzw. Mehrnährstoffdünger sind ungeeignet, weil Stickstoffanteil schnell wirkt, leicht auswaschbar ist und bei jahrelanger Anwendung Phosphat, Kali und Spurenelemente sich anreichern können. Düngergaben in g/qm wechseln je nach Nährstoffbedürfnis der Kulturart und Bodenfruchtbarkeit. Siehe auch Tabelle Seite 176–179 und erläuternden Text → Gemüsetabelle. Das dort gegebene Rechenbeispiel zur speziellen Düngung beruht auf Entzugsmenge an Nährstoff bei angestrebtem Ertrag.

Kopfkohl → Weißkohl, Rotkohl, Wirsing.

Kopfsalat, *Lactuca sativa* var. *capitata.* Korbblütler, *Compositae.* Uralte Sammelpflanze (Wildform *Lactuca serriola*), im Mittelmeergebiet seit dem Altertum wichtige Kulturpflanze. Im Mittelalter noch keine kopfbildenden Formen bekannt, nur hochgebaute blattreiche Typen ähnlich unserem → Lattich. Ab 16. Jahrh. Kopfsalate im Anbau. Früher nur gekocht verwendet, heute ausschließlich roh, als Salat zubereitet. – ANBAU. Eine der wenigen Gemüsearten, die das ganze Jahr frisch auf dem Markt sind. → Ganzjahreskultur. Für Hausgarten und Selbstversorger Frühjahrs-, Sommer- und Herbstkultur, evtl. Wintersalat möglich. Aussaat, Anzucht und Pflanzzeiten → Ganzjahreskultur. Setzlingsanzucht vorteilhaft; im feldmäßigen Anbau für Sommer- und Herbstanbau auch Di-

Kompostsilo, zerlegbar, aus Latten 3×5 selbst gebaut. Montage mit vier Steckern aus Draht 3–4 mm Durchmesser. (Entwurf Bär)

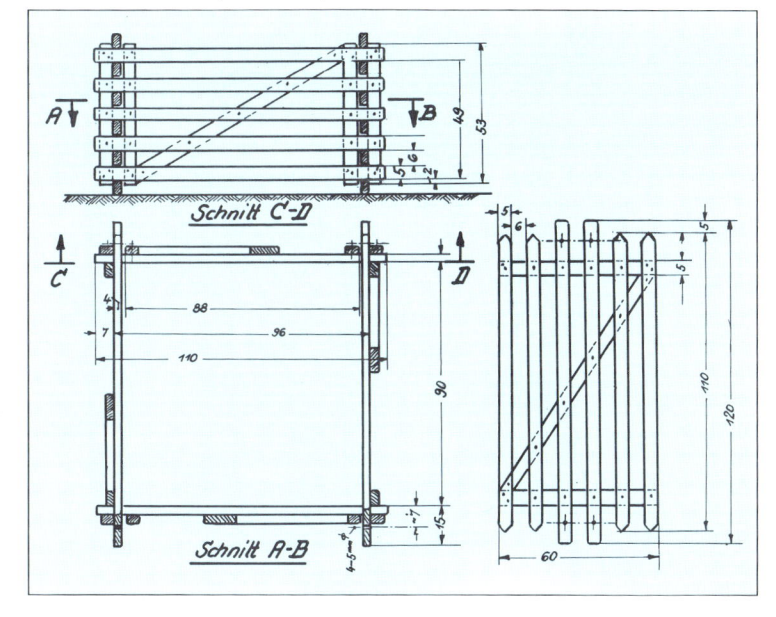

Kopulation

Kopfsalat 'Hilde'. (Hild)

rere Triebe zusammen, die Erde soll humos und nicht zu nährstoffreich sein. Aussaat ergibt keine reichfruchtenden Pflanzen.

Korallenkirsche → Nachtschatten.
Korallenstrauch → Nachtschatten.
Korallenstrauch → Zwergmispel.
Korallenstrauch, *Erythrina.* Hülsenfrüchtler, *Leguminosae.* ○ ♄ ▯ o. Freiland i. Sommer. Bäume oder Halbsträucher mit dreiteiligen Blättern und in dichten Trauben angeordneten Blüten. 50 Arten in den Tropen und Subtropen. – *E. crista-galli.* Brasilien. Blüte VII–IX. Mit holzigem Stamm, aus dem sich jährlich neue Triebe entwickeln. Blätter dreiteilig, 15 cm lang, Blüten dunkelscharlachrot, fettig und glänzend, in dichten endständigen Trauben, bis 6 cm lang. – Der K. ist auch in unserem Klima sehr reichblühend. Die Pflanzen werden im Herbst vor dem

Korallenstrauch, *E. crista-galli.* (Herbel)

rektsaat möglich. Planzabstände 25–30 × 25–30 cm. Ernte: bei Sommerkulturen rechtzeitig vor Aufschießen ernten! Aufgeschossene Köpfe können wie → Lattich zubereitet werden.

Frost eingeräumt, zurückgeschnitten und bei 5–8°C vollkommen trocken gehalten. Im Frühjahr stellt man etwas wärmer und gießt, bis die Triebe erscheinen. Nach den Eisheiligen werden die Kübel hinausgeräumt, reichlich be-

Ganzjahreskultur von Kopfsalat

| Aussaat | | Pflanzung | | Ernte | Sortenbeispiele |
Monat	Standort	Monat	Standort	Monat	
Ende IX	Anzuchthaus	Ende X	Gewächshaus	Anfang I	Apollo, Kordaat
Ende X	Anzuchthaus	Ende XI	Gewächshaus	Anfang II	Apollo, Kloek, Unico
Ende XI	Anzuchthaus	Anfang I	Gewächshaus	Anfang III	Apollo, Kloek, Unico
Ende I	Anzuchthaus	Ende II	Frühbeet	Anfang IV	Maikönig Treib
Ende VIII	Freiland	Anfang X	Freiland	Anfang V	Wintersalatsorten
Anfang III	Frühbeet	Mitte IV	Freiland	Anfang VI	Attraktion, Maikönig
Ende IV	Freiland	Direktsaat		Anfang VII	Cazard, Stuttgarter Dauer
Anfang VI	Freiland	Direktsaat		Anfang VIII	Cazard, Stuttgarter Dauer
Ende VI	Freiland	Direktsaat		Anfang IX	Cazard, Stuttgarter Dauer
Ende VII	Frühbeet	Mitte VIII	Freiland	Anfang X	Attraktion, Maikönig
Mitte VIII	Frühbeet	Mitte IX	Freiland	Anfang XI	Attraktion, King
Mitte IX	Anzuchthaus	Mitte X	Gewächshaus	Anfang XII	Apollo, Ardente

Kopulation → Veredlung.
Korallenbeere = *Symphoricarpos orbiculatus* → Schneebeere.
Korallenbeere, *Nertera.* Krappgewächse, *Rubiaceae.* Niedrige, kriechende Kräuter mit kleinen gegenständigen Blättern. Blüten klein, unscheinbar, Beeren rot, dicht aufsitzend. 8 Arten in den Gebirgen der Südhalbkugel. *N. granadensis* (*N. depressa*). Südamerika, Neuseeland, Tasmanien. Rasenartig wachsend, nur 3 cm hoch, Blätter bis 7 mm lang. Blütezeit IV–V, Beeren vom VIII bis in den Winter haltend. – Die K. ist eine durch den reichen Fruchtbesatz sehr auffallende Pflanze, die bei 10–15°C feucht und halbschattig oder absonnig kultiviert werden will. Nur während der Blütezeit hält man sie etwas luftiger, damit viele Früchte angesetzt werden. – Vermehrung durch Teilung, man pflanzt meh-

Korallenbeere, *Nertera granadensis.* (Dr. Jesse). Topfpflanze, von oben aufgenommen, um den Fruchtschmuck zu zeigen.

wässert und gedüngt. Die Erde sei lehmig-humos, der Standort vollsonnig. – Die Vermehrung durch Stecklinge im III–IV ist schwierig.

Korkbaum, *Phellodendron.* Rautengewächse, *Rutaceae.* 9 Arten in Ostasien. Sommergrüne, aromatisch duftende Bäume mit auffallender, hellgrauer Korkbildung. – *P. amurense.* ○ ♄ VI. In Nord- und auch Nordostchina beheimatet, bis 15 m hoch. Oft mehrstämmig mit breit ausladender, schirmförmiger Krone und gefiederten, glänzend dunkelgrünen Blättern, die sich im Herbst goldgelb verfärben. – *P. japonicum.* ○ ♄ VI. Heimat Mitteljapan. 10 m hoher Baum mit rotbraunen Zweigen, stumpfgrünen Blättern und gelblichen Blüten. – Verlangt frischen, nahrhaften Boden in etwas geschützten Lagen. Braucht viel Wärme, verträgt Trockenheit und auch Schatten. Über

Winter erleidet er nur Schaden, wenn die Triebe nicht ganz ausgereift sind. Dank der feinen Bewurzelung lassen sich auch größere Exemplare noch gut verpflanzen. Schöner Baum für Parks und größere Gärten. – Vermehrung durch → Aussaat, nach vorherigem → Stratifizieren des Saatgutes.

Korkenzieherhasel → Haselnuß.
Kornblume → Flockenblume.
Kornelkirsche → Hartriegel.
Kornrade → Rade.
Kornzahl, Anzahl der Samenkörner je Gramm, wichtig zu wissen, weil danach der Samenbedarf errechnet werden kann. Besonders wertvolles Saatgut wird auch im Tausendkorn-Gewicht angeboten. → Gemüsearten-Tabelle.
Kosmee → Schmuckkörbchen.
Kosten, in der gärtnerischen Betriebslehre der in Geld berechnete Gegenwert für Güter und Leistungen bei Anbau und Ernte eines bestimmten Produktes. K. beziehen sich zum Unterschied von → Aufwand nicht auf das Wirtschaftsjahr im Rahmen der Erfolgsrechnung, sondern auf die Anbauperiode, z.B. bei zweijährigen Kulturen von der Aussaat im VII des ersten bis zur Ernte im IV/V des zweiten Jahres. Sinngemäß werden unterschieden Erträge in der Erfolgsrechnung und Leistungen in der K.rechnung. Zu den K. gehören auch im Privatgarten Arbeits- und Materialk. (Dünge- und Pflanzenpflegemittel, Sämereien, Brennstoff, Wasser, Zinsen für Fremd- und Eigenkapital, Abschreibungen, Versicherung). Im Privatgarten wird in der Regel keine K.rechnung durchgeführt. Die Grundsätze der K.rechnung sollten aber bekannt sein, um zumindest überschlägig errechnen oder abschätzen zu können, ob es z.B. lohnender ist, Weißkraut, Erdbeeren oder Chicorée anzubauen. Im Privatgarten kann jedoch jede Kultur wegen ihres Liebhaber- oder Gesundheitswertes (Diätkost!) lohnen. Beispiele → Eigenerzeugung.
Krachmandel → Mandel.
Krachsalat → Eissalat.
Krähenbeere, *Empetrum.* Krähenbeerengewächse, *Empetraceae.* Niederliegende, heideartige Sträuchlein, 5 Arten im arktisch-subarktischen Teil und in den Gebirgen der nördlichen Halbkugel. Die blauschwarzen Beeren werden von Vögeln, besonders von Krähen, gern genommen. – *E. nigrum.* ○–◐ ℏ V △ ∾. Immergrünes, niederliegendes, bis 25 cm hohes Sträuchlein mit kleinen Blättchen und purpurrosa Blüten. – Gewöhnlicher oder humoser, aber unbedingt kalkfreier Boden in sonnigen bis schattigen Lagen. In humosen Böden mit genügend Feuchtigkeit wachsen K.n viel schneller. Wert-

Kräuselkrankheit an Pfirsich (Dr. Link)

voll als Bodendecker für den Stein- oder Heidegarten, auch für größere Flächen. – Vermehrung durch Aussaat in Heideerde, Stecklinge im Herbst von reifen Trieben oder Teilung im Frühjahr.

Kräuselkrankheit, wichtigste Pilzkrankheit des Pfirsichbaums. Blätter kräuseln sich kurz nach Laubaustrieb und zeigen blasige, verschieden gefärbte Schwellungen; vorzeitiger Blatt- und Fruchtfall. Die in der zweiten Sommerhälfte neu getriebenen Blätter erkranken meist nicht mehr; erheblicher Schaden, da Bildung der nächstjährigen Blütenknospen unterbleibt; Holz reift nicht aus, dadurch erhöhte Erfrierungsgefahr. Besonders anfällig gelbfleischige Sorten. – Abwehr: Rück-

Kräuter wachsen auf der Fensterbank: Schnittlauch, Kresse, Petersilie. Im Kasten Salbei, Liebstöckel, Pimpernell u.a. (Fehn/Herbel)

Beispiel für Errechnung von Kosten des Gemüse- und Obstanbaues im Privatgarten

Zu Grunde gelegt sind die Flächen laut Tabellen Gemüseanbaufläche S. 180 und Obstanbaufläche S. 352/353. Preise Stand 1990. Die Erträge der Anbautabellen sind nach den Preisen des Wochenmarktes bzw. persönlichen Einkaufsmöglichkeiten in Geldwerte umzurechnen und den Kosten gegenüberzustellen. (Nach AID Nr. 331)

Die Kosten

setzen sich zusammen aus den Aufwendungen für Dünge- und Pflanzenpflegemittel, Saat- und Pflanzgut, den Abschreibungen für das Pflanzgut mehrjähriger Anlagen und den Beträgen für Abschreibung und Instandhaltung der Geräte.

Sachaufwand für 147 m² Gemüse DM/Jahr

Org. Volldünger (Horn-, Knochen-, Blutmehl) 150 g/m², 0,321 DM/m²	47,20
Humusdünger, Kompost aus Grünabfällen, m³ 20,– DM, 0,5 m³/a, 0,10 DM/m²	14,70
alle 2 Jahre 2 Säcke Rindenkultursubstrat je 80 l/a, =1 Sack/Jahr, 0,182 DM/m²	26,75
Pflanzenpflegemittel 0,10 DM/m²	14,70
Sämereien und Pflanzen 0,50–0,70 DM/m², durchschn. 0,60 DM	88,20
	191,55

Geräte und Arbeitsmittel

1 Spaten	61,70
1 Grabegabel	46,50
1 Kultivator, 15 cm breit, unverstellbar	22,–
2 Hacken, 20 und 8 cm breit	23,25
1 Pflanzschnur (Plastik, 15 m)	19,05
1 Pflanzer mit Pistolengriff	11,10
1 Pflanzschaufel	5,50
1 Grubber, 9 cm breit	9,80
1 Häufler, 20 cm breit	29,25
2 Harken, 35 und 23 cm breit	23,80
1 Karre, 70 l Inhalt, Luftreifen	97,50
1 Gartenspritze, ca. 2,5 l Inhalt	74,90
1 Gießkanne, 10 l, Plastik	11,25
25 m Maschendraht je 2,75	68,75
Kapitalbedarf insgesamt	504,35
Geräteanteil 20 % für Abschreibung und Instandhaltung	100,87

Sachaufwand Gemüse insgesamt

Dünger usw.	191,55
Geräte u. Arbeitsmittel	100,87
	292,42 = DM 1,99/m²

Sachaufwand 106 qm² Beerenobst, Rhabarber

	DM/Jahr
Org. Volldünger 150g/m² alle 3 Jahre 0,321 DM/m² × 106 : 3	11,34
Kompost, wie bei Gemüse 0/10 DM/m²	10,60
Pflanzenpflegemittel 0,10 DM/m²	10,60
Zukauf von 60 Erdbeerpflanzen pro Jahr	36,25
	68,79
24 Himbeeren, 10 St. 21,40 DM	51,36
4 schwarze Johannisbeeren, je Busch 6,– DM	24,–
7 rote Johannisbeeren, je Busch 6,– DM	42,–
4 Stachelbeeren, je Busch 8,10 DM	32,40
4 Rhabarber 4,50 DM	18,–
Gerüst für Himbeeren: 6 Pfähle 6,25 DM	37,50
75 m Draht 0,05 DM/lfd. m	3,75
Kapitalbedarf insgesamt	209,01
Bestandserneuerung Beerenobst 7% des Kapitalbedarfs von 209,01	14,63
Geräte (Schere 1a Qualität 42,–, Säge 23,35), Kapitalbedarf zus. 65,35 DM 20% für Abschreibung Instandhaltung	13,07
	27,70

Sachaufwand Beerenobst und Rhabarber insgesamt

Dünger u. a.	68,79
Kapitalbed. nach Abschreibung	27,70
	96,49
	DM 0,91/m²

Fünfunddreißig Gartenkräuter – Anbau und Verwendung im Überblick.															
Art	Anbau							Verwendung							
	einjährige			ausdauernde			Strauch	Fisch	Fleisch	Quark	Salate	Sauc./Supp.	Haustee	Heilpflanze	Besonderes
	Folge-saaten	säen	pflan-zen	niedrig	mittel	hoch									
Anis		IV–V												×	Backwerk
Baldrian					×										
Basilikum		M V						×	×	×	×	×			
Beifuß					×					×			×	×	
Bohnenkraut einj.		ab IV										×			
Boretsch	ab V									×	×	×		×	
Brunnenkresse				×								×		×	
Dill	IV–VII							×				×			
Eberraute				×	×			×				×		×	
Estragon				×				×			×	×			
Gartenkresse	I–XII											×	×		
Kamille		III–IV												×	
Katzenminze					×									×	
Kerbel	ab III							×			×	×	×		
Koriander		III–IV							×						Backwerk
Kümmel		IV o. VIII			×				×	×			×	Backwerk
Lavendel						×		×						×	Duftpflanze
Liebstöckel					×			×	×		×	×			
Löffelkraut		III–IV		×							×	×	×		
Majoran		M V						×			×	×			
Origano		M V			×			×			×	×			Pizza
Petersilie		IV						×	×	×	×	×			
Pfefferminze				×								×	×	×	Obstsalat
Pimpinelle				×				×			×	×			
Portulack	E V–VIII										×	×	×		
Rosmarin							×	×	×			×			
Salbei							×	×	×			×		×	
Schnittlauch				×				×	×	×	×	×			
Thymian							×	×	×			×			
Tripmadam				×								×	×		
Waldmeister				×										×	Bowle
Weinraute					×				×			×		×	
Wermut					×				×			×		×	Wermutwein
Ysop							×	×	×	×					
Zitronenmelisse				×							×	×	×	×	

Kräuter

Die wichtigsten einjährigen Küchenkräuter, die sich besonders leicht selbst heranziehen lassen. Sie werden am besten ab Mitte Mai ausgesät: Bohnenkraut, Dill, Basilikum, Majoran, Boretsch, Petersilie.

Ausdauernde, also mehrjährige Gewürzkräuter, die in keinem Garten fehlen sollten. Sie bevorzugen alle vollsonnigen Standort: Schnittlauch, Liebstöckel, Melisse, Estragon, Heckezwiebel.

schnitt der abgestorbenen Triebspitze. Kapuzinerkresse und Knoblauch unter die Bäume pflanzen, befallene Blätter und Fruchtmumien entfernen und verbrennen, Baum und Boden mit Bio-S bzw. Ledax Bio (Schweiz) spritzen.

Kräuter. Der Kräutergarten ist wichtiger Bestandteil des Hausgartens; leider oft vernachlässigt, sollte mehr gepflegt werden. Je nach Verwendung werden die Kräuter unterteilt in Gewürz- oder Küchenkräuter und Heil- oder Arzneikräuter. Gewürzkräuter → Anis, → Basilikum, → Beifuß, → Bohnenkraut, → Boretsch, → Dill, → Fenchel, → Kerbel, → Kümmel, → Lavendel, → Liebstöckel, → Paprika, → Petersilie, → Pfefferminze, → Rosmarin, → Salbei, → Schnittlauch, → Thymian, → Weinraute, → Zitronenmelisse. Einen groben Überblick vermittelt die Zusammenstellung ‚Fünfunddreißig Gartenkräuter – Anbau und Verwendung', Seite 283. Für Selbstanbau und Verwendung von Heilkräutern sei auf Speziallitaratur verwiesen.

Krail, süddeutsch für Dunghacke → Bodenbearbeitungsgeräte.

Kräuterextrakte als Tee, Auszug, Brühe oder Jauche. Viele krautige Pflanzen, vor allem → Ackerschachtelhalm, → Brennessel, → Farnkraut, → Kamille, → Knoblauch (Zwiebel), → Meerrettich, → Rainfarn, → Tomate und → Wermut, besitzen bakterien-, pilz- oder insektentötende (bzw. Mäuse abschreckende) Wirkstoffe, die im → Biologischen Pflanzenschutz des Gartens nutzbar sind.

Tee: Zubereitung wie Kräutertee, den wir trinken, 10 min ziehen lassen, nur Schachtelhalm wird 30 min lang gekocht. Anwendung unverdünnt, jedoch Schachtelhalm 5×, Rainfarn 2× verdünnen.

Auszug: Frische Kräuter in kaltem Wasser abends einweichen, über Nacht (10 Std.) stehen lassen, dann durchsieben. Anwendung unverdünnt, nur Tomatenauszug 2× verdünnen.

Brühe: Kräuter 24 Std. in kaltem Wasser einweichen und danach ½ Std. kochen. Nach Erkalten und Durchsieben anwenden. Menge pro 5 Liter Wasser bei Brennessel und Ackerschachtelhalm 500 g, bei Rainfarn und Wermut 200 g und bei Kamille (Blüten, getrocknet) 50 g. Anwendung bei Rainfarn und Wermut unverdünnt, bei den 3 anderen gen. Kräutern 5× verdünnt.

Jauche: Herstellung wie bei Brühe, aber 2–3 Wochen (am besten an sonnigem Ort) stehen lassen, bis Gärung eingetreten ist. Gefäß offen lassen, aber mit Gitter abdecken, täglich umrühren. Vor Anwendung durchsieben, damit Geräte nicht verstopfen. 10× verdünnen, Zwiebeljauche unverdünnt. Nur abends oder bei bedecktem Himmel spritzen bzw. gießen, außer Schachtelhalmjauche, die bei Sonne am besten wirkt.

Kranawit → Wacholder.

Kranzschlinge, *Stephanotis.* Seidenpflanzengewächse, *Asclepiadaceae.* ○ ♄ ▽ ⚮ D. Kahle, immergrüne Klettersträucher mit gegenständigen Blättern und achselständigen Blütendolden. Ungefähr 16 Arten auf Madagaskar und im Malaiischen Archipel. – *St. floribunda.* Bis 5 m windend, Blätter bis 9 cm lang, Blüten weiß, wachsartig, ca. 3 cm im Durchmesser, zu mehreren in den Blattachseln, herrlich duftend. Die Blüten können auch geschnitten werden und ergeben lange haltbaren Zimmerschmuck. Leicht gedeihender und reichblühender Schlinger für das Zimmer und den Wintergarten. – Sie wollen hell, dabei aber nicht zu warm stehen, besonders zu hohe Nachttemperaturen sagen ihnen nicht zu, ideal wäre 15 °C. Die Erde soll humos und durchlässig sein. – Vermehrung durch Stecklinge verlangt Temperaturen von 25–30 °C und ist aus diesem Grund beim Liebhaber schwer möglich.

Kranzspiere, *Stephanandra.* Rosengewächse, *Rosaceae.* Sommergrüne Sträucher, 4 Arten in Ostasien. Der Name nimmt Bezug auf die spierenähnlichen Blätter und die Staubgefäße, die als Kranz vertrocknet an den Fruchtkapseln verbleiben. – *S. incisa.* ○–◑ ♄ VI Bie. Stammt aus Japan und Korea, wird etwa 1,50 m hoch. Rötliche, überhängende Zweige, an den Internodien leicht abgebogen. Eiförmige, lebhaft grüne Blätter, im Herbst gelb bis braunrot. Grünlichweiße Blüten in lockeren Doldentrauben. Schöner Gruppen- oder Deckstrauch, auch für niedrige Hecken. Die Form 'Crispa' wird nicht so hoch, Zweige stark zum Boden hin gebogen, wo sie auch Wurzeln bekommen. Eignet sich vorzüglich als Bodendecker an Böschungen, in größeren Anlagen oder als Einzelstrauch in Steinanlagen. – *S. tanakae.* ○–◑ ♄ VI–VII Bie. Aus Japan. Bis 2 m hoher, völlig winterharter Strauch mit elegant überhängenden Zweigen und kleinen, weißen Blüten, an kurzen Seitenzweigen in Doldentrauben. Die hellgrünen, tiefgezackten Blätter verfärben sich im Herbst leuchtend orange bis rostrot. Wertvoller Einzel- oder Gruppenstrauch, leider zu wenig bekannt. – ANSPRÜCHE. Normaler Gartenboden in

Küchenkräuter bunt gemischt. Von links nach rechts: Im Hintergrund Rosmarin, Lorbeer und Ysop, in der Mitte Knoblauch, roter Paprika, Selleriekraut, vorn Brunnenkresse, Schnittlauch und Meerrettich.

Richtiges Trocknen von Küchenkräutern. Von links: Bündel von Beifuß, Dost, Majoran und Rosmarin, auf dem Tisch vorbereitet Basilikum, Lorbeer, Bohnenkraut und Dill sowie knospiger Dost in der Vase.

Krautfäule

Kranzschlinge, *St. floribunda.* (Seidl)

leicht geschützten Lagen. – VERMEHRUNG. Aussaat ist möglich, aber umständlich; gebräuchlich sind Stecklinge von krautigen Trieben oder Teilung.
Krautfäule (Tomate, Kartoffel) → Phytophthora.
Krebs → Obstbaumkrebs.
Kreiselpumpe → Pumpe.
Kreisregner → Regner.
Kren → Meerrettich.
Kresse → Gartenkresse, Brunnenkresse.
Kressetest, einfaches Verfahren zur Testung von Erden, Komposten und Substraten. Material in Schale füllen, → Gartenkresse einsäen: sie muß gleichmäßig aufgehen, in 3 Tagen ca. 5 cm hoch und sattgrün sein und sortentypisch schmecken. Abweichungen in Aufgehen, Wachstum und Geschmack lassen schließen auf Mängel im Nährstoffgehalt oder schädliche Inhaltsstoffe des Substrates. Bei → Kompost läßt sich der Reifegrad (Gehalt an Ammoniak- bzw. Nitratstickstoff) schließen. Bei reifem Kompost ist Ammoniakstickstoff abgebaut und in Nitrat- (= Salpeter-)stickstoff umgebaut.
Kreuzblume, *Polygala.* Kreuzblumengewächse, *Polygalaceae.* Äußerst unterschiedliche Pflanzen, krautig, strauchig, mit eigenartig geformten Blüten: 2 Kelchblätter kronblattartig und nach oben gerichtet, 1 Kronblatt vergrößert, schiffchenartig, ähnlich wie bei den Schmetterlingsblütlern, dieses oft mit bärtigem Anhängsel. Ca. 600 Arten in den gemäßigten und wärmeren Breiten. – *P. myrtifolia.* Kapland. Strauchig, bis 60 cm und höher. Blätter bis 4 cm lang, Blüten 2 cm groß, violettpurpurn mit weißlich. Häufiger ist var. *grandiflora*, die in allen Teilen größer ist. Frühling bis Sommer. – Selten gewordene Kalthaussträuchlein, die wegen der langen Blütezeit und der auffallenden Blüten interessant sind. Leider nur bedingt für das Zimmer brauchbar, da die Pflanzen sehr lichtbedürftig und

Temperaturen um 10°C wichtig sind. Sandige, humose Mischungen, nicht zu große Töpfe, im Sommer im Freien. – Vermehrung schwer. – WINTERHARTE ARTEN: *P. chamaebuxus.* ○–◐ ℏ i △ Lie IV–IX. Aus den Gebirgswäldern Europas. 10–20 cm hoch, Stengel leicht kriechend, meistens zweiblütig, gelb mit weißen Flügeln. – *P. vayredae.* ○–◐ ℏ i △ ⌒ IV–VIII. Aus Spanien, sehr ähnlich, etwas kleiner und auch empfindlicher. Rosarote Blüten mit gelbem Schiffchen. – Verwendung: Kurzlebige Zwergsträucher, die schwer wachsen, nur für geschützte Lagen; im Steingarten, besser im Alpinenhaus. – Vermehrung: Sommerstecklinge unter Glas und Anhäufeln mit sandiger Erde.
Kreuzdorn → Faulbaum.
Kreuzkraut → Greiskraut.
Kriechheide, Irische Heide, *Daboecia.* Erikagewächse, *Ericaceae.* ○–◐ ℏ i ⌒ VI–IX. Von Nordportugal bis Irland beheimatet. Herziger, immergrüner, bis 30 cm hoher Zwergstrauch. Blätter wechselständig, dunkelgrün und am Rande etwas eingerollt. Purpurrote Blüten in endständigen, etwa 10 cm langen Trauben. Nach Wuchs und Blütenfarbe viele Sorten: 'Alba', Blätter etwas heller, reinweiß; 'Atropurpurea', Wuchs ausgebreitet, dunkelpurpur; 'Bicolor', Blüten teils reinweiß, teils purpur und gestreift; 'Praegerae', ganz niedriger Wuchs, Blüten groß und tiefrosa. – Verwendung: Im Rhododendronbeet als Verpflanzung oder im Heidegarten. – Ansprüche: Die K. benötigt unbedingt kalkfreien Boden und im Winter etwas Schutz mit

Krötenlilie, *Tricyrtis hirta.* (Seidl)

Tannenreisig, ansonsten wie → Glockenheide.
Kröte (Erdkröte), als häßlich verschriener, nicht springender Froschlurch, der als nächtlicher Erdraupen- und Schneckenvertilger besonders nützlich ist. Erdkröten sind daher zu schonen; wo sie im Garten auftreten, sollte man ihnen Unterschlupforte (Steinhaufen o. a.) schaffen.
Krötenlilie, *Tricyrtis.* Liliengewächse, *Liliaceae.* ○–◐ ♃ ⌒ Lie. – Etwa 10 Arten im Himalaja, Formosa bis Japan. Spätsommer- und Herbstblüher mit eigenartigen, gefleckten Blüten in den Blattachseln oder am Triebende. Wurzelstock kriechend mit aufrechten, wechselständig beblätterten Trieben. Blätter meist lanzettlich, Blüten von oben nach unten aufblühend. Interessante Pflanzen für Liebhaber. – *T. hirta,* Japan. Häufigste Art mit dicht behaarten Stengeln und lanzettlichen Blättern. Blüten gestielt, verhältnismäßig groß, weißlich, innen violett oder

Kresse als Testpflanze: Rechts frisch gesät und 1 Tag alt, Mitte nach 2 bis 4 Tagen, links nach 5 bis 7 Tagen. Dieser Kressetest ergänzt weitere Methoden zur Untersuchung von Böden, Komposten und Düngemitteln → Bodentester, → Bodenuntersuchung, → pH-Wert. (Pfirter)

bräunlich punktiert und gefleckt. VIII–X, 50–100 cm. – *T. latifolia*, Japan. Stengel und Blätter kahl mit wenigen Blüten in Doldentrauben, gelb, purpurrot punktiert. VI–VII, 50–100 cm. – Verwendung vor Gehölzen wie Rhododendron oder an einer auffallenden Stelle in Staudenpflanzungen, an geschütztem Platz. – Boden humos und durchlässig, mit Torf und Lehm vermischt. – Vermehrung durch Aussaat, Teilung oder Kopfstecklinge, von denen man mehr bekommt, wenn man die Triebe rechtzeitig entspitzt. Die Stecklinge müssen im ersten Winter unter Glas stehen, Sämlinge blühen im zweiten Jahr.

Krokus, *Crocus.* Schwertliliengewächse, *Iridaceae.* ○–◐ ♃ △. Über 70 Arten im Mittelmeerraum, Kleinasien, Südrußland bis Persien. Kleine, stengellose Pflanzen mit Knollenzwiebeln. Blätter grundständig, lang-linealisch, oft mit hellem Mittelstreifen.

FRÜHLINGSBLÜHER. *C. ancyrensis* (Golden Bunch), Ankara-K., Kleinasien. Früheste der gelbblühenden Arten. Kleine, dunkel orangegelbe Blüten mit orangeroter Narbe. II–III. 5 cm. – *C. angustifolius* (*C. susianus*, 'Cloth Gold'), Goldlack-K., Krim, Türkei. Schlanke, geöffnet sternförmige Blüten, kräftig goldgelb, außen braun geadert. 'Minor', dunkelgelb, kleiner und später. III, 5 cm. – *C. biflorus*. Schottischer K., Italien bis Persien. Blüte weiß, außen blau-purpur gestreift, früh. 'Weldenii Albus', reinweiß, orange Narben; 'Weldenii Fairy', innen weiß mit purpurnem Fleck, außen grauviolett getönt; 'Purity', weiß, Basis innen lichtblau. II–III, 5 cm. – *C. chrysanthus*, Balkan, Kleinasien. Sortenreichste Art mit rundlichen Blüten und orangeroten Narben. 'Blue Bird', außen zartblau mit hellem Rand, innen weißlich; 'Blue Giant', groß, perlblau; 'Canary Bird', goldorange; 'E. A. Bowles', mattgelb; 'Fuscotinctus', gelb, außen federartige, braune Zeichnung; 'Koh-i-noor', enzianblau; 'Ladykiller', purpurviolett; 'Moonlight', hellgelb; 'Snowbunting', weiß, außen grau gefedert. III, 7 cm. – *C. dalmaticus*, Dalmatien. Rosiglila mit mattlila Außenseite, früh, II, 6 cm. – *C. etruscus*, Italien. Vielblütige Horste bildend, Blüten bläulichviolett. 'Rosalind', rosa; 'Zwanenburg', hellviolett. Außenseite grau schattiert. III, 6 cm. – *C. flavus* (*C. aureus*, 'Großer Gelber'), Goldkrokus, Ungarn, Kleinasien. Bekannter großer gelber K., meist mit den Großen Gartenkrokussen zusammen gehandelt. Goldgelb, III, 8 cm. – *C. fleischeri*, Kleinasien. Weiß, außen violett gestreift. III, 5 cm. –*C. tomasinianus*, Westbalkan. Dankbarer Blüher. Blüten sehr schlank, hell- bis dunkelviolett, außen heller. 'Ruby Giant', rubinviolett; 'Whitewell Purple', rundliche, violette Blüten. II–III, 5 cm. – *C. versicolor,* Silberlack-K., Südwestalpen. Silberweiß, außen mit schönen, rotvioletten, federförmigen Streifen, spät. 'Picturatus' (Cloth of Silver), außen besonders schön gestreift, IV, 5 cm. – *C. vernus* ssp. *vernus*, Rumänien. Knolle Ausläufer treibend. Blüte violett. III, 5 cm. – *C. imperatii*, Süditalien. Schön und großblumig. Innen rötlichviolett, außen gelblich mit federartiger, violetter Zeichnung. 'Jager', außen ambergelb mit 3 engen, dunkelpupurnen Federstrichen, innen blau. II–III, 7 cm. – *C. korolkowii*, Turkestan. Blüte sternförmig, klein, goldgelb, außen graubraun schattiert, frühblühend. II–III, 4 cm. – *C. vernus* ssp. *vernus* (*C. vernus, C. purpureus*), Großer Gartenkrokus, Alpen, Pyrenäen, Süditalien. Großblumig, aber später blühend, viele Sorten. Weiß: 'Jeanne d' Arc', mittelfrüh; 'Kathleen Parlow', runde, große Blüte, spät; Blau: 'Early Perfection', früh, violettpurpur; 'Haarlem Gem', amethystviolett, kleinblumig, früh; 'Queen of the Blues', ageratumblau, groß, reichblühend; 'Paulus Potter', groß, früh, magentaviolett; 'Vanguard', ageratumblau, 'Violet Vanguard', etwas dunkler, beide sehr früh. Gestreift: 'Pallas', violett gestreift auf hellerem Grund; 'Striped Beauty', violett gestreift auf weißem Grund; 'Sir Walter Scott', weißlich, gleichmäßig violett gestreift, reichblühend. III–IV, 6–8 cm. – *C. sieberi*, Griechenland, Kreta. Frühblühend, Blätter mit den Blüten, hellviolett mit goldgelber Mitte. 'Albus', weiß; 'Firefley', violett, außen heller, grau geadert; 'Violet Queen', violettblau, innen heller, mit dunkelgelber Mitte. III, 5 cm.

Frühlingsblühender Krokus im Gehölzbereich vor dem Laubaustrieb der Gehölze. (Drave)

Krokus

C. neapolitanus. 'Großer Gelber'. (Herbel)  *Crocus imperati.* (Seidl)  *Crocus tomasinianus* 'Ruby Giant'. (Herbel)

HERBSTBLÜHER. *C. hyzantinus (C. iridiflorus)*, Siebenbürgen. Lange Blütenkelche, die inneren Blütenblätter kurz, heller bis weiß, die äußeren doppelt so lang, purpur, Griffel violett. IX–X, 10 cm. – *C. kotsghyanus (C. zonatus)*, Kleinasien, Libanon. Lavendelblau, dunkel geadert, am Schlund mit orange Ring. VIII–X, 10 cm. – *C. pulchellus*, Balkan. Blauviolett mit orangegelbem Schlund und 5 verzweigten, violetten Adern. Pollenbeutel weiß, Narbe fein verästelt, orangegelb. 'Zephyr', großblumig, weiß, außen perlgrau schattiert. IX–XI, 10 cm. – *C. sativus*, Safran, Osteuropa. Westasien. Lieferant des Safran. Blüten zwischen den Blättern, dunkellila, purpurn geadert. Narbe lang, hängend, tief gespalten, orangerot. *C. cashmirianus*, Kaschmir. Reichblühender, dunkellila, dunkel geadert. Aus dieser Art hat sich die unfruchtbare Gartenform wahrscheinlich entwickelt. IX–X. 10 cm. – *C. speciosus*, Prachtkrokus, Osteuropa, Kleinasien. Sortenreichster und wertvollster Herbstkrokus, der sich durch Selbstaussaat weiterverbreitet. Blüte schlank, becherförmig mit langer Röhre, hellviolett, dunkel geadert. 'Aitchisonii', lavendelblau, spät; 'Albus', weiß, gelber Schlund; 'Cassiope', anilinblau mit gelbem Schlund, spät; 'Conqueror', groß, tief himmelblau; 'Globosus', rundlich, blauviolett, spät; 'Pollux', zartviolett, außen silbergrau, großblumig. IX–X, 12 cm.

VERWENDUNG. Frühlings- und Herbstblüher im Stein- und Troggarten, zwischen Polsterstauden und zusammen mit anderen kleinen Zwiebelblühern. Der Große Gartenkrokus ist großblumiger, aber nicht immer so langlebig wie die meisten Wildkrokusarten. Alle Knollen werden gern von Mäusen gefressen, deshalb schon im Sommer Mäuse bekämpfen (→ Kleine Wühlmäuse), notfalls mit Giftweizen. – Boden im Frühling feucht, sonst durchlässig. – Vermehrung durch Brutknöllchen, einige Wildarten selbstaussäend.

Kronenbau wird durch Leitastentfaltung (→ Leitast) bestimmt. Man unterscheidet: 1. naturentfernter Kronenbau mit stärkster Einschränkung der Leitastentfaltung (Fruchtholz direkt am Leitast angeordnet), 2. naturbeschränkter Kronenbau (Leitast, Seitenast, Fruchtholz), 3. naturgemäßer Kronenbau mit zahlreichen Kronenorganen höherer Ordnung (Leitast-Seitenast-Fruchtast-Fruchtholz), 4. naturnahe Krone mit allen Organen höherer Ordnung, Behandlung beschränkt auf Auslichtungsschnitt, 5. Naturkrone ohne Schnitt und vorzeitige Vergreisung. Kronenbaue 1 + 2 durch Fruchtholzschnitt (→ Obstbaumschnitt) und geringste Ausmaße (30–40 bzw. 60–70%) gekennzeichnet.

Kronenform wird durch Leitastentstehung bestimmt. Man unterscheidet: 1. Pyramidenform mit Stammverlängerung. 2. Hohlform ohne Stammverlängerung. 3. Pyramidenhohlform mit entfernter Stammverlängerung nach 5. bis 8. Standjahr (Leader-Krone in USA).

Beispiele für Kunstformen (von rechts nach links): Wellenförmige Kordons (Schnurbäume) als Vorläufer der heutigen Pillarbäume. Dazu das Gerüst. – Kelchartige Vase. – Vierflügelige Verrier-Palmette mit 16 Ästen. – Bei allen Kunstformen ist das Fruchtholz direkt an Leitästen angeordnet. Wird erzielt durch regelmäßigen klassischen Fruchtholzschnitt mit Sommerschnitt und Entspitzen der Neutriebe. (Maurer)

Crocus speciosus. 'Oxonianum'. (Herbel)

Kronengerüst, wird durch Leitaststellung und -zahl bestimmt. Man unterscheidet: 1. Leitastquirl mit dichter Stellung der Leitäste, wie oft bei Kunstkronen, 2. Leitastgruppe mit Gruppen von Leitästen in +−dichter bzw. weiter Stellung, 3. Leitaststreuung mit gleichmäßig an Stammverlängerung verteilten Leitästen in weiter Streuung. Bei 1. und 2. starke Einschränkung der Leitastentfaltung notwendig, bei 3. weitgehende Leitastentfaltung möglich.

Kronentraufe, der vom Kronenbereich beschränkte Raum. Früher wurde angenommen, daß sich der Wurzelbereich auf den Kronentraufenbereich beschränkt, und man empfahl dort die → Düngung. Diese Ansicht ist ein Irrtum, weil Wurzeln weit über Kronentraufe hinauswachsen, wenn der Boden dazu zwingt.

Kronenwinkel, jeder Sorte eigen und muß besonders bei Erneuerungsschnitt beachtet werden. Der Abwurfwinkel soll bei 100−120°C liegen und muß so tief reichen, daß alle Gerüstäste angeschnitten werden, während die überdachende Kronenperipherie beseitigt wird. Dasselbe gilt beim Abwerfen der Krone zum Umpfropfen. Ist nur bei großen Baumformen und langlebigen Gehölzen aktuell.

Kroton → Wunderstrauch.

Krümelstruktur. Der Boden besteht aus einigen mm großen Krümeln, deren Mineralteile von organischen Stoffen, wie Ausscheidungen von Bodentieren, miteinander zu einem porösen Gefüge verbunden sind. Bekanntestes Beispiel für Boden in K. die Kotbällchen von Regenwürmern. Auch im Boden lebende Insekten bilden Bodenkrümel.

Krümmer, vorwiegend im Obstbau verwendetes Hilfsmittel (Z-förmige Drahtstücke) zum Krümmen von Trieben (Zweigk.), um die Blütenknospenbildung zu fördern.

Krümmer → Bodenbearbeitungsgeräte.
Kryptomerie → Sicheltanne.
Kubaspinat → Winterpostelein.
Kuchenbaum → Kadsurabaum.
Kuehneromyces mutabilis = Stockschwämmchen → Pilzanbau.
Kübel → Pflanzkübel.
Kübelpflanzen, jene kühl zu überwinternden Dekorationspflanzen, die während der Sommermonate auf den Terrassen, Veranden etc. Aufstellung finden. Wichtigste K. sind *Nerium, Laurus, Agapanthus, Agave, Punica, Myrtus, Citrus* u. a.
Küchenabfälle → Abfälle.
Küchenkräuter → Kräuter.
Küchenkräutergarten, im Hausgarten, oft der Küche direkt zugeordnete, kleine Gartenneinheit mit wenigen Beeten, auf denen die für den täglichen Bedarf benötigten Kräuter und Gewürze wie Majoran, Schnittlauch, Petersilie, Bohnenkraut, Estragon gezogen werden.
Küchenschelle → Kuhschelle.
Küchenzwiebel → Zwiebel.
Kümmel, *Carum carvi.* Doldenblütler, *Umbelliferae.* In ganz Europa einheimisch, seit Urzeiten als Gewürz gebraucht. Verwendbarer Pflanzenteil: reife Samen. Zweijährig, Samenbildung erst im Jahr nach der Saat. – ANBAU. Aussaat Spätsommer−Herbst. Einsaaten in bestehende Gemüsekulturen möglich, Reihenabstand 25−35 cm, nach Überwintern auf 10−15 cm verziehen. Häufiges Hacken

Kümmel, *Carum carvi.* (Seidl)

nötig. Ernte wenn die Samen braun zu werden beginnen; nicht zu spät wegen großen Samenverlusten! Samendolden schneiden, in Tüchern sammeln, an luftigen schattigen Ort bringen und nachreifen lassen; später Samen ausreiben und reinigen. – VERWENDUNG. Als Gewürz zu Suppen, Gemüse, Kartoffeln, Fleisch, Brot usw.
Kürbchen → Kürbis.
Kürbis, *Cucurbita maxima* und *Cucurbita pepo.* Gurkengewächse, *Cucurbitaceae.* Sehr mannigfaltige, aus Mittelamerika stammende Gruppe, am besten unterteilbar in kriechende Formen, z. T. berankt, mit großen Früchten, → Speisekürbis, auch Riesenkürbis genannt, die vorwiegend zu *C. maxima* gehören, und nicht kriechende Formen mit kleineren, länglichen oder runden Früchten, meistens als → Zucchini bezeichnet, vorwiegend zu *C. pe-*

Kübelpflanzen sind vielfältig verwendbar – für Terrassen und Treppen. (Rosenberg)

Kugelblume, *Globularia cordifolia.* (Herbel)

po gehörig. Auch Sorten mit schalenlosen Kernen. Sehr formenreiche Kreuzungen von *C. pepo, moschata, maxima* u. *texana* (nicht immer samenecht) als ‚Kürbchen' zu Gemüsen, Süßspeisen und Gebäck.
Küstensequoie → Mammutbaum.
Kugelamarant, *Gomphrena.* Amarantgewächse, *Amaranthaceae.* ○ ⊙ ⫶ ⏟ ⤫. Von den etwa 90 in den Tropen und Subtropen vorkommenden Arten bei uns nur die in Ostindien heimische *G. globosa* als Sommerblume in Kultur. Bis zu 30 cm hoch, weich behaarte Blätter. Die kugelförmigen Blüten sind endständig und, von trockenhäutigen, glänzenden Hochblättern umgeben, mit Tönen von Purpurviolett über Rot und Rosa bis Weiß. *G. globosa* wird deshalb vielfach als Trockenblume verwendet. Anbau des hohen Wärmebedürfnisses wegen jedoch nur im Weinklima empfehlenswert. Aussaat ab III unter heizbarem Glas. Sämlinge pikieren, Freilandpflanzung ab Ende V an vollsonnigen Standort, auf leichten, nicht nährstoffreichen Boden, etwa 20 × 25 cm. Blüte VII–Frost. Neben Mischung teilweise auch in Farbsorten lieferbar, darunter niedrige (ca. 15 cm).
Kugelblume, *Globularia.* Kugelblumengewächse, *Globulariaceae.* ○–◐ ♃ ⫶ △ ⤳ i. 20 Arten in Mitteleuropa und Mittelmeergebiet. Meist Stauden, einige auch Sträucher, mit ledrigen Blättern und kleinen, in kugeligen Köpfchen stehenden Blüten. – *G. cordifolia,* Gebirge in Süd- und Mitteleuropa. Kriechende, verholzende Stengel mit spatelförmigen, immergrünen Blättern. Blütenköpfchen bis 1,5 cm breit, endständig, hellblau. 'Alba', weiß; 'Rosea', hellrosa. V–VI, 15 cm. – *G. elongata (G. aphyllanthes, G. vulgaris, G. willkommii),* Europa, Kaukasus. Rosettenbildend mit spatelförmigen, vorn abgerundeten, am Stiel verschmälerten Blättern. Blütenschaft dicht beblättert mit einem violettblauen Blütenkopf. 'Alba', weiß. V–VI, 10–25 cm. – *G. nudicaulis,* Pyrenäen, Alpen, Apennin, Dalmatien. Blattrosette mit glänzend dunkelgrünen, ledrigen, länglich-eiförmigen Blättern. Stengel meist blattlos, kräftig, mit halbkugeligem, bis 2,5 cm großem, blauen Blütenkopf. V–VI, 15–20 cm. – *G. trichosantha,* Kleinasien, Kaukasus. Bekannte Art mit wurzelnden Ausläufern. Blätter lederartig, gestielt, verkehrt-eiförmig, bläulichgrün in Rosetten. Schaft mit schmalen Blättern, Blütenköpfe leuchtend blau. V–VI, 15 cm. – Verwendung im Steingarten und als Einfassung. Boden: Normaler, durchlässiger, humoser Gartenboden, die meisten kalkliebend. Vermehrung durch Teilung und Aussaat.

Kugeldistel, *E. ritro* 'Veitch's Blue'. (Seidl)

Kugeldistel, *Echinops.* Korbblütler, *Compositae.* ○ ♃ ⤫ Bie. – Über 100 Arten in Südeuropa, Nordafrika, Asien. Distelartige, meist weißfilzige Stauden mit wechselständigen, fiederschnittigen Blättern mit dornigen Lappen. Blüten in kugeligen Köpfen, blau bis weißlich. – *E. bannaticus,* Ungarn, Balkanländer. Dicke Stengel mit oben graugrünen, unten graufilzigen, fiederschnittigen Blättern. Blütenköpfe groß, blau, 120 cm. 'Blue Globe', besonders dunkle Blütenkugeln, 120 cm; 'Taplow Blue', niedriger, ebenfalls reichblühend, kräftig blau. 90–100 cm, VIII–IX. Beide wurden früher bei anderen Arten geführt. – *E. commutatus (E. exaltatus),* Ungarn, Balkan. Krautige, gefurchte, weißfilzige Stengel, oben verzweigt mit mehreren einkugeligen Ästen. Blätter oben mattgrün, unten weiß- oder graufilzig, tief fiederspaltig. Blütenköpfe silbergraublau mit weißlichen Blüten. VII–VIII, 120 cm. – *E. ritro,* Südeuropa, Balkan. Bekannte, harte und widerstandsfähige Art. Einfache Stengel mit doppelt-fiederspaltigen, dünnbedornten Blättern. Blütenköpfe mittelgroß, stahlblau. 'Veitch's Blue', besonders dunkles Blau. VII–IX, 100–150 cm. – *E. sphaerocephalus (E. giganteus, E. multiflorus),* Mittel- und Südeuropa bis Sibirien. Heimische Art mit weißfilzigen, kantigen, nur oben verzweigten Stengeln. Blätter einfach fiederspaltig, oben flaumig behaart, dunkelgrün, Unterseite grau- bis weißfilzig. Blütenköpfe lang gestielt, bläulichweiß bis stahlblau, Blüten blau. VII–VIII, 150–200 cm. – Verwendung im Natur- und Heidegarten, großen Parkanlagen, Staudenrabatten und zum Schnitt, besonders als Trockenblumen. Wertvolle Bienenfutterpflanzen. Boden nicht zu feuchter, kalkhaltiger, sandiger Lehmboden, anspruchslos. Vermehrung der Arten durch Aussaat, der Sorten durch Wurzelschnittlinge und Teilen.

Früchte des Steirischen Ölkürbis (*Cucurbita* var. *styriaca*). Rechts auseinandergeschnittene Frucht mit den schalenlosen Kernen. 300–600 Kerne je Frucht, Rohfettgehalt etwa 50%, Fettertrag 3–6 kg/a. (Pelzmann)

Kuhschelle, *Pulsatilla vulgaris.* (Herbel)

Kugelkaktus → Kakteen 12.
Kuhschelle, *Pulsatilla.* Hahnenfußgewächse, *Ranunculaceae.* ○ ♃ △ ⚭. – Wahrscheinlich nur etwa 12 Arten in Europa, Sibirien bis Mongolei. Meist mit *Anemone* in einer Gattung zusammengefaßt. Vorwiegend Bewohner alpiner Gegenden und Heidewiesen. Senkrechte Pfahlwurzel, langgestielte, fiedrig zerteilte oder fingerförmig gegliederte Blätter, erst nach den Blüten erscheinend. Blüten glockig bis schalenförmig, aufrecht bis nickend. Fruchtstände lang gestielt mit federartig verbleibendem Griffe (Teufelsbart). – *P. halleri* ssp. *slavica, (P. slavica, Anemone s.),* Karpaten, Tatra. Breitfiedrige Blätter und stark grauweiß behaarte Knospen. Blüten bis 8,5 cm groß, schalenförmig, aufrecht, sehr frühblühend, rötlich-hellviolett. III–IV, 15–25 cm. – *P. montana, (A. m.),* südliche Alpen bis Südrußland. Blätter schmallineal gefiedert. Blüte nickend, erst eiförmig, später sternförmig geöffnet, außen weißbehaart, dunkelviolett. IV–V, 15–30 cm. – *P. patens (A. p.),* Europa, Sibirien bis Mandschurei, auf Steppenheiden, nicht Gebirgen. Blätter beim Austrieb stark behaart, handförmig breit gefiedert. Blüten anfangs glockig, dann fast aufrecht, blauviolett mit gelben Staubfäden. III–IV, 15–20 cm. – *P. vulgaris (A. pulsatilla),* Europa. Blätter beim Austrieb behaart, fiederschnittig. Blüten zuerst glockenförmig, später ausgebreitet, hell- bis dunkelviolett. Bekannteste Art. 'Alba', weiß; 'Mrs. van der Elst', lachsrosa; 'Rote Glocke', rot. III bis IV, 20 cm. Die hochalpinen Arten sind sehr schwierig in der Pflege und daher nicht erwähnt. – Verwendung der schönen Frühlingsblüher im Stein- und Heidegarten, Staudenrabatte und Troggarten. Boden sandig, durchlässig, warm. Vermehrung durch Aussaat sofort nach der Ernte; bei den Sorten nur etwa 20% echt, daher besser Wurzelschnittlinge, jedoch nicht sehr ergiebig.
Kultivator → Bodenbearbeitungsgeräte.
Kunstdünger → Handelsdünger, → Mineraldünger.
Kunstkrone → Kronenbau.
Kunststofftopf, oder Plastiktopf, ermöglicht bei entsprechendem Wissen um die wenigen Besonderheiten genau dieselben Kulturerfolge wie der Tontopf. Nie mische man K.e und Tontöpfe; der wichtigste Unterschied beider liegt in der Häufigkeit des Gießens, K.e müssen wesentlich weniger gegossen werden. Das geht erfahrungsgemäß schlecht, wenn beide gemischt stehen. Schwere, kopflastige Pflanzen fallen im Kunststofftopf gerne um. Bei Verwendung von torfreichen Substraten ist bei Ballentrockenheit das Tauchen des K.s wesentlich schwieriger! Diesen Besonderheiten stehen die großen Vorteile des Plastiktopfes, leichtere Reinigung, geringerer Platzbedarf bei der Lagerung und kraftsparende Hantierung gegenüber.
Kupfer, chemisch Cu, Spurenelement, in Mineralböden meist ausreichend, in sandigen und humosen Böden oftmals mangelhaft verfügbar, vor allem bei Trockenheit. Funktion ähnlich → Mangan, bei Obst und Zierpflanzen besonders wirksam in Spitzentrieben; daher Wachstum der Spitzentriebe bei diesen Pflanzen durch K.mangel gehemmt; übrige Mangelanzeichen ähnlich → Chlorose. 30 g je qm Kupferschlackenmehl düngen, Algen spritzen, pH gegebenenfalls korrigieren und Boden allgemein verbessern. → Metalldünger.
Kurztagspflanze → Blütenbildung.
Kurztriebsorten → Knospenmutationen.
Kußmäulchen, *Hypocyrta.* Gesneriengewächse, *Gesneriaceae.* ○ ♃ – ♄ ⚜ ⬒.

Kultivator, Gerät zur arbeitsparenden, ziehenden Bodenlockerung. Ein Scharpaar kann abgenommen werden (Verstellkultivator).

Nahe mit *Columnea* verwandt, doch meist fleischige Blätter, Blüten einzeln aus den Blattachseln. 9 Arten in Brasilien. – *H. glabra.* Aufrecht bis überhängend. Blüte Sommer–Herbst. Blätter gegenständig, bis 4 cm lang, stark fleischig, dunkelgrün und fettig. Blütenorange, bauchig, vorne zu einer kleinen Öffnung zusammengezogen, die Zipfel an geschürzte Lippen erinnernd (Kußmäulchen!), 2–3 cm lang. Nahe verwandte Gattungen sind *Neomortonia (N. nummularia)* und *Nematanthus (N. radicans* und *N. strigillosa).* Dazu kommen noch Kreuzungen dieser mit *Codonanthe,* × *Codonanthus,* und *Achimenes.* Teilweise im Handel und meist recht hübsche, wärmeliebende Ampelpflanzen. – Das K. ist eine nette, reichblühende Zimmerpflanze, die Temperaturen um 18°C verlangt. Reichliche Blüte ist nur in hellen Räumen zu erwarten, bei schattigem Stand werden die Triebe lang und blühen selten. – Vermehrung durch Stecklinge ist leicht, man steckt mehrere zusammen, die Substrate sollen humusreich und durchlässig sein.

Kupfer-, Bor- und Zinkmangel bei Glockenheide. Rechts richtig mit Spurenelementen versorgte Pflanze. (Walter Jost)

L

Labkraut, *Galium.* Rötelgewächse, *Rubiaceae.* ○ ♃ △ VI–IX. Etwa 300, meist einjährige, selten staudige Arten, von denen nur wenige gartenwürdig sind. *G. × ochroleucum (G. mollugo × G. verum).* Europa. Blüten in hellgelben Rispen, blüht den ganzen Sommer hindurch. Gut zur Bepflanzung von Trockenmauern geeignet, kann aber wie Hornkraut durch Umherwuchern lästig werden. 20–30 cm hoch.
Laburnocytisus → Geißkleebohnenbaum.
Laburnum → Goldregen.
Labyrinthgarten, mythologisch vieldeutig bewertete verschlungene Gänge, ursprünglich in Palästen, später in Renaissance- und Barockanlagen als Irrgärten, heute vielfach Grundrißform für Spielplätze.
Lachenalie, *Lachenalia.* Liliengewächse, *Liliaceae.* ○ ♃ ⬜ ⋈ Lie. Zwiebelpflanzen, die I–IV blühen, mit wenigen Blättern und einfachen Trauben glockiger Blüten. 50 Arten in Südafrika und viele Gartenhybriden. *L. pendula,* 25 cm hoch, zwei Blätter bringend. Blüten zu 10–15, 4 cm lang, leuchtend korallenrot mit meergrünem Rand. Sehr lange Blütezeit. – *L. tricolor.* Wuchs wie vorige, Blüten herrlich dreifarbig: leuchtend gelb, scharlachrot und grün. – Verschiedene Sorten werden daneben angeboten, wie 'His Reverence', gelb mit grün; 'Nelsonii', hellgelb; 'Pearsonii', gelb mit rotem Rand. – Nach der Blüte bis VII durchkultivieren, dann bis IX trocken halten. In nährstoffreiche Mischungen umtopfen und zuerst im Freien oder im Kasten aufstellen. Im Winter bei 8–10°C und hell. Nette Frühjahrsblüher, die zu mehreren gut wirken und auch guten Schnitt ergeben.
Lack → Goldlack.
Laelia → Orchideen 11.
Lämmersalat → Feldsalat.
Lärche, *Larix.* Nadelhölzer, *Pinaceae.* – 10 Arten auf der nördlichen Halbkugel. Alle wachsen am natürlichen Standort bis zur Kältegrenze des Waldes, im Norden bis zur polaren, im Gebirge bis zur alpinen Waldstufe. Sommergrüne Bäume mit abstehenden oder leicht hängenden Zweigen. Das Holz ist elastisch, fest und dauerhaft, ausgezeichnetes Bau- und Werkholz. – *L. decidua.* ○ ♄ III–IV. Unsere heimische L., häufig in höheren Lagen der Alpen bis 2400 m, steigt auch tief in die Täler hinab. Entweder zu selbständigen, lockeren Beständen vereinigt oder in Gemeinschaft mit der Zirbe, Latsche oder Fichte. Bis 35 m, mit großen, schlanken Stämmen, abblätternder, graubrauner Borke und leicht herabhängenden Zweigen. Die hellgrünen Nadeln stehen zu 30–40 in Büscheln; im Herbst leuchtend goldgelb. Verlangt freie, luftige Lagen und kann mehr Trockenheit vertragen als *L. kaempferi (L. leptolepis).* ○ ♄ III–IV. Aus Japan. Bis 30 m, mit rotbrauner Borke, waagerecht abstehenden Ästen und blaugrünen Nadeln, die zu 40 und mehr in Büscheln stehen und sich im Herbst goldgelb verfärben. Bei genügend Boden- und Luftfeuchtigkeit ist sie allen anderen Lärchenarten überlegen, da sie von der Lärchenschütte

Lärche, *Larix decidua.* (Seidl)

nicht befallen wird. Ihre Form 'Pendula', die Trauerlärche, ist ein schöner Zierbaum mit unregelmäßigem Wuchs, oft mehreren Wipfeln und stark herabhängenden Zweigen. – ANSPRÜCHE. Frischer, tiefgründiger Boden in sonnigen und freien Lagen. Beschattung durch andere Bäume vertragen sie nicht. Befall durch Lärchenpilz und -krebs ist meist auf falschen Standort zurückzuführen. Die L.n sind windfest und frosthart, durch lockeren Aufbau und herrliche Herbstfärbung geschätzte Parkbäume. Auch als Heckenpflanzen für lockere Hecken geeignet, müssen dann jedes Jahr geschnitten werden, was sie ausgezeichnet vertragen. – VERMEHRUNG. Die reinen Arten werden ausgesät, die Trauerlärche muß veredelt werden, üblich ist Kopulation oder Geißfuß im zeitigen Frühjahr.

Lagenaria → Zierkürbis.

Lagerfäule. 1. des Kernobstes: Bitterfäule führt zu bitterem Geschmack des Fruchtfleisches; Erreger: *Gloeosporium*-Pilze; Grünfäule (Name nach dem grünlichen Schimmelbelag) führt zu Schimmelgeschmack; beide sind echte Lagerkrankheiten, die nicht im Freiland auftreten. 2. des Wurzelgemüses, vor allem von Möhren, Sellerie u. a.: verjauchende Stellen, z. T. mit weißem wolligen Pilzbelag überzogen. Abwehr der Lagerfäule → Lagerkrankheiten.

Lagerkrankheiten, 1. an eingelagertem Obst, beruhen auf Pilzinfektionen oder Stoffwechselstörungen des Fruchtfleisches. Anfänge zum Teil bereits am → Baum. *Monilia*-Fäule, Stippigkeit, Lagerschorf. In anderen Fällen Einleitung im Lager: Bitterfäule und Grünfäule (→ Lagerfäule), Kälte, Fleischbräune, Ätzschaden. 2. an gelagertem Gemüse → Lagerfäule. – Abwehr: Nur unverletztes Obst und Gemüse ohne Druckstellen einlagern; Lagerräume nicht zu warm und nicht zu feucht (Lüftung); vor dem Einlagern Raum gründlich reinigen; gelagertes Gut dauernd kontrollieren, Schadstücke sofort entfernen.

Lagerung (Gemüse) → Einwintern.

Lagerung (Obst). Wintersorten von Apfel und Birne, die nach der Ernte nicht gleich genußreif sind, werden gelagert. Lagerbedingungen: Temperatur 3–4 °C für kälteempfindliche Sorten (Boskoop, Cox, Kanada Renette, Ontario), Temperatur +1 bis +2 °C für kälteverträgliche Sorten (Berlepsch, Golden Delicious, Glockenapfel u. a.). Je höher Lagertemperatur um so kürzer Lagerdauer der Früchte. Kälteempfindliche Sorten bei tieferen Temperaturen gelagert, leiden unter Fleischbräune. Relative Luftfeuchtigkeit des Lagerraumes 85–90 %. Je niedriger die Temperatur, um so höher kann relative Luftfeuchtigkeit sein. Sorten ohne Wachsschicht auf Fruchthaut schrumpfen bei zu niedriger relativer Luftfeuchtigkeit. Sorten unterschiedlicher Reifeperioden möglichst getrennt lagern. Größte Früchte schlecht lagerfähig, daher als erste verbrauchen. Obstkeller der modernen Häuser mit Zentralheizung zu warm und zu trocken. Bei Neubauten bestmöglich auf richtigen Kellerbau Einfluß nehmen! In gewerblichen Lagereinrichtungen wird die Atmung des Obstes durch erhöhten Kohlendioxidgehalt und gesenkten Sauerstoffgehalt noch zusätzlich zur Temperaturabsenkung vermindert, d. h. seine Haltbarkeit verlängert. Dazu sind gasdichte Lagerräume und Zusatzinstallationen notwendig. Dieses Lagern in kontrollierter Atmosphäre ist im Haushalt nicht möglich. Anklänge daran sind aber in der Aufbewahrung in gelochten Folienbeuteln zu sehen (→ Folien-Lagerung).

Geschrumpfter und praller Apfel nach Lagerung in feuchter bzw. zu trockener Luft. (Steif)

Lagerverlust → Gemüsebedarf.
Lagurus → Hasenschwanzgras.
Lambertsnuß = *Corylus maxima* → Haselnuß.
Lamium → Taubnessel.
Lampenputzer → Schönfaden.
Lampenputzergras → Federborstengras.
Lampionblume, *Physalis*. Nachtschattengewächse, *Solanaceae*. ○–◐ ♃ ↝ ⚥ ✕. Etwa 100 Arten in Europa und Amerika. Die einjährigen Arten werden oft wegen ihrer Früchte in tropischen Ländern angebaut, bei uns hatte die 'Erdkirsche' nach dem letzten Krieg Bedeutung (s. unten). Sonst meist ausdauernde Arten mit schönen Fruchtständen im Herbst. Durch die starke Ausläuferbildung wuchern sie stark und können daher nur dort angepflanzt werden, wo sie andere Pflanzen nicht beeinträchtigen. – *P. alkekengi*, Südeuropa bis Japan, in Süddeutschland gelegentlich heimisch. Staude mit lang kriechenden Rhizomen. Stengel unverzweigt, etwas zickzackartig wachsend, kantig. Blätter gestielt, eirund. Blüten bis 1,8 cm groß, gelblichweiß. Frucht rot, kugelig, von der ballonartigen, zur Reifezeit leuchtend scharlachroten Kelchhülle umschlossen. 'Bunyardii' fruchtet besonders reich. Blüte VII, Früchte IX–X, 50–60 cm. *P. a.* var. *franchetii (P. f.)*, Japan. Sehr ähnlich aber höher im Wuchs und mit größeren Lampions. VII, Früchte VIII–X, 60–100 cm. 'Zwerg', wird nur 20 cm hoch und kann durch Samen vermehrt werden. Eignet sich besonders für Topfkultur. VI–VII, Früchte VII–X. – Verwendung in Staudenanlagen und Parks, entlang von Mauern und überall dort, wo ihr Wuchern nicht lästig wird. Die abgeschnittenen Fruchtstände halten sich lange und sind sehr dekorativ. Boden kalkhaltig, sonst anspruchslos. Vermehrung: Ausläufer und Aussaat.
NUTZPFLANZE. Erdkirsche, *P. peruviana*. Früchte ähnlich gelben Kirschen. Jungpflanzen Ende III/IV anziehen: In Schalen aussäen, pikieren. Ab Mitte V etwa 30 × 35 cm in guten Gartenboden auspflanzen. Ansprüche ähnlich Tomate. Verwendung der süßen Früchte: Rohverzehr, Kompott, Marmelade.

Lampionblume, *Physalis alkekengi*. (Jesse)

Lampranthus → Mittagsblumengewächse.

Langtagpflanzen, Pflanzenarten, die blühen (aufschießen), wenn die Tageslänge einen bestimmten Wert *überschreitet*. Typische Langtagpflanzen im Gemüsebau sind: Feldsalat, Radies, Spinat, die meisten Kopfsalat-Sorten, Fenchel, Langtag-Gemüsearten können nur im Herbst (z. B. ab Mitte VII) oder im Frühjahr angebaut werden, weil sie über Sommer Blüten ausbilden ohne konsumfähig zu werden. → Blütenbildung.

Langtrieb, kann Holz- wie Fruchttrieb sein. Schräg stehende Langtriebe, nicht angeschnitten, werden Fruchttriebe. So ist starke Wuchskraft produktiv nutzbar.

Lantana → Wandelröschen.

Lanzenrosette → Ananasgewächse 2, Aechmea.

Lappenfarn, *Thelypteris.* Lappenfarne, *Thelypteridaceae.* ☽–● ♃ △ ⚭. Etwa 500 Arten auf der ganzen Erde. Mittelgroße Farne mit kriechendem Rhizom und einfach gefiederten Blättern. – *T. decursivepinnata (Dryopteris d.-p.),* Japan, China. Kurzes, nicht kriechendes Rhizom und bis 40 cm lange Blätter mit linealischen, stumpf gelappten, abwechselnd stehenden Fiedern. 30 cm. – *T. palustris (Dryopteris thelypteris),* Sumpfl., gemäßigte Zonen aller Erdteile. Dünnes, schwarzes, kriechendes Rhizom. Blätter beinahe doppelt gefiedert mit fast gegenständigen, tief eingeschnittenen Fiedern. 20–30 cm. –

Eine starke Langtriebbildung ist bei den meisten Obstarten, vor allem beim Apfel, nachteilig: Die Fruchtbarkeit der Bäume kann nachlassen, sie tragen unregelmäßig, große Früchte sind schlecht haltbar. (Link)

T. phegopteris (Dryopteris p.), Buchenl. Nördlich gemäßigte Zone. Kriechendes, verzweigtes, dünnes Rhizom. Blätter dünnkrautig, einfach gefiedert, dreieckig. 25–30 cm. – Verwendung im Steingarten, unter Gehölzen und in Staudenpflanzungen. Boden humos, feucht, bei *T. palustris* Sumpf, bis 10 cm Wasserstand. Vermehrung leicht durch Teilung.

Larix → Lärche.
Larven → Insekten.
Lathyrus → Platterbse.
Latsche = *Pinus mugo* → Kiefer.

Lattich, Bindesalat, Kochsalat, römischer Salat, *Lactuca sativa* var. *romana.* Korbblütler, *Compositae.* Langblättrige, hochgebaute, nur wenig kopfbildende Form des Kopfsalates. Herkunft → Kopfsalat. Anbau: ähnlich wie dieser. Aussaat am besten in Schalen im IV, für Herbstkultur Ende VII. Ins Frühbeet pikieren, für Herbstanbau direkte Saat möglich. Auf 30 × 30 cm auspflanzen oder verziehen. Nicht selbstschließende Formen vor der Ernte zum Bleichen bei trockenem Wetter zusammenbinden mit Bast, (deshalb Bindesalat); neuere Sorten selbstschließend, Binden nicht nötig. – Verwendung: Im Gegensatz zu Kopfsalat meistens gekocht verwendet; kleinere Pflanzen ganz, größere geteilt in Salzwasser weichkochen, gebuttert servieren; auch zum Gratinieren gut geeignet.

Latsche → Kiefer.

Laub, für gärtnerische Zwecke vielseitig verwendbar: Frostschutz bei nicht winterharten Gewächsen, Packung von Frühbeeten, Bodenbedeckung, Kompostrohstoff, Herstellung von → gärtnerischen Erden. Bei Kompostierung mit anderem Material mischen (→ Kompost, → C/N-Verhältnis) oder bei reinem L.kompost je kg L. 10 g Rein-Stickstoff zugeben (→ Blutmehl, → Mineraldünger [Stickstoffdünger]). Laubstreu, besonders von Erle und Hainbuche, zersetzt sich leichter als Nadelstreu; oben genannte Rein-Stickstoff-Menge entsprechend anpassen, eigene Beobachtungen anstellen.

Laubbesen → Rasenbesen.

Laube, Gebäude in leichter Bauweise aus Holz, Metall oder Fertigelementen unter der zur Baugenehmigung liegenden Größe bis meist 15 qm oder 30 cbm, in Kleingärten bis 24 qm. Dient zur Sommernutzung im Hausgarten, Kleingarten oder in der Grablandparzelle und ist nicht für einen dauernden Aufenthalt bestimmt. In Verbindung mit einer L. einen süd- und südwestlich vorgelagerten Sitzplatz evtl. mit Pergo-

Lauch, *Allium cernuum.* (Herbel)

la vorsehen. Vor allem im hausfernen Garten wird die L. bedeutsam. Neben dem Aufenthaltsraum meist ein Lagerraum für Gartengeräte eingebaut. Preiswerte L.n-Konstruktionen werden als Typenbauten von Fertighausfirmen angeboten.

Lauberde → Gärtnerische Erden.

Laubfrosch, einziger baumkletternder Frosch Mitteleuropas; wechselt je nach Umgebung und Witterung seine Farbe zwischen blaugrün und gelbweiß. Jagt in Gebüschen und Bäumen eifrig nach Insekten, daher nützlich; wird mehrere Jahre alt. Winterschlaf unter Laub oder Moos. Als Schädlingsvertilger zu schützen.

Laubkaktus → Kakteen 1.

Laubwischer = Rasenwischer → Rasenpflegegeräte.

Lauch, *Allium.* Liliengewächse, *Liliaceae.* ☽–● ♃ △ ⚭. Etwa 280 Arten in Europa, Nordafrika, Asien und Nordamerika. Anspruchslose Zwiebelgewächse, die sich oft gut bestocken. Laub und Stengel haben den typischen Lauchgeruch, aber nur wenn sie angefaßt oder geschnitten werden. Blüten in kleineren bis großen, endständigen Dolden.

NIEDRIGE BIS MITTELHOHE ARTEN.
A. caeruleum (A. azureum), asiatisches Rußland. Blätter zur Blütezeit oft eingetrocknet, schmal. Dolde kugelig, Blüten himmelblau. V–VI, 50 cm. – *A. cernuum,* Wuchs schnittlauchähnlich, mit aufrechten, gerillten Blättern. Blüten etwas hängend, rosa. VI–VII, 25 cm. – *A. christophii (A. albopilosum),* Sternkugellauch, Turkestan. Blätter blaugrün, riemenförmig. Blüten auf kräftigem Schaft, sehr zahlreich, in kugeliger Dolde, bis 25 cm Durchmesser, amethystblau, schön. Blüten ohne an Wirkung zu verlieren direkt an Samen übergehend. VI–VII, 30–40 cm. – Ähnlich ist *A. schubertii,* Palästina, Blüten ungleich lang gestielt, wie ein Feuerwerk in der Form ausse-

hend, aber nur in mildem Klima unter guter Decke bei uns winterhart. VI–VII, 30–60 cm. – *A. flavum*, Gelber L., Südeuropa, Kaukasus. Blätter schmal. Lockerer Blütenstand. Blüten ungleich lang gestielt, teilweise hängend, gelb. VI–VII, 30 cm. – *A. kataviense*, Blauzungenlauch, Turkestan. Sehr dekorative Art. Blätter breit-eiförmig, nach außen gebogen, blaugrün, Unterseite rötlich. Blüten in dichten, halbkugeligen Dolden, rosa mit roten Längsstreifen. IV–V, 15–25 cm. – *A. moly*, Goldlauch, Südeuropa. Gut bestockend. Blätter breitlanzettlich, blaugrün, darüber die Blüten in lockerer Dolde, goldgelb, außen mit grüner Mittelader. V–VI, 25 cm. – *A. narcissiflorum*, Südeuropa, Balkan. Blätter schmal, grasartig, fleischig. Blüten in überhängender, lockerer Dolde, rosa bis purpurn. Liebt feuchten Humus und Halbschatten, schön. – V–VI, 15–25 cm. – *A. neapolitanum*, Mittelmeerraum. Blätter graugrün, rinnig, gedreht. Blüten schneeweiß, duftlos. 'Grandiflorus' großblumiger. Viel im Frühjahr aus Italien eingeführt und

Blauzungenlauch, *A. karataviense*. (Seidl)

zum Teil mit Anilinfarben eingefärbt. Winterschutz! V–VI, 20–30 cm. – *A. oreophilum (A. ostrowskianum)*, Ost-Turkestan. Niedrigste Art, mit wenigen, linealen Blättern. Blüten in lockerer, halbkugeliger Dolde. Blütenblätter karminrosa mit dunkler Mittelrippe. 'Zwanenburg', noch schöner, hellpurpur. VI–VII, 10–15 cm. – *A. pulchellum (A. montanum, A. flavum var. p.)*, Alpen, Mittelmeerraum. Im Aufbau wie *A. flavum*, aber mit rotvioletten Blüten. VII–VIII, 30–40 cm. – *A. ursinum*, Bärenlauch, Europa, heimisch. Blätter oval, frischgrün, Blüten sternförmig, weiß. Pflanze streng nach Lauch duftend. Für Wildgartenpartien im Halbschatten bis Schatten, V, 25–40 cm.

HÖHER WERDENDE ARTEN. *A. giganteum*, Riesenlauch, Himalaja. Blätter lanzettförmig, Spitze zur Blütezeit meist eingetrocknet. Blüten auf langem Schaft in dichter, kugeliger Dolde, hellviolett. 'Rosy Giant', amarantrosa. VII–VIII. 80–150 cm. – *A. jesdianum (A. rosenbachianum)*, Turkestan, Zentralasien. Ähnlich *A. giganteum*, aber niedriger und mit kleineren Dolden. Blätter grün, lineal-lanzettlich. Blüten hellpurpur. 'Album', weiß; 'Colande', königspurpur, außen violett. V–VI, 100–120 cm. – *A. sphaerocephalon*, Spitzhäubchen-L., südliches Mitteleuropa, Mittelmeer. Blätter halbzylindrisch, schmal, rinnig. Blütenstand stumpf-kegelförmig, rötlichpurpur. VI–VIII, 60 cm. – *A. stipitatum*, Turkestan. Blätter schmallineal-lanzettförmig. Blütenstand lang gestielt, fast ku-

Lauch, *Allium christophii*, Tigerlilie, *Lilium tigrinum*, Reiherfedergras, *Stipa barbata*. (Drave)

gelig, rosalila, duftend. VII, 60–90 cm. VERWENDUNG. Niedrige Arten im Stein-, Heide- und Naturgarten; hohe bei Staudenpflanzungen, besonders aber zum Schnitt, sie geben aparte und haltbare Schnittblumen. – Boden sandig-lehmig. – Vermehrung durch Brutzwiebeln und Aussaat. Die Zwiebeln nach dem Pflanzen im Herbst im ersten Winter etwas abdecken.
Lauch → (Gemüse) → Porree.
Laufbrunnen, gartenarchitektonisch wirkungsvoller Akzent, wenn künstlerisch gut gestaltet sogar Dominante im Garten. Arbeitet ohne Pumpe, ist an die Wasserleitung angeschlossen und bedarf eines Beckens mit Abfluß. Empfehlenswert eine Beckentiefe, die müheloses Abschöpfen des Wassers mit Gießkanne erlaubt. Der Wasserspeier des L.s kann als Kopf (Faun), Tier (Ente, Frosch usw.) ausgebildet sein. L.-Herstellung und -Aufstellung durch darauf spezialisierte Gartenarchitekten oder Gemeinschaftsarbeit von Gartenarchitekt und Künstler (Bildhauer).
Laufkäfer → Carabiden.
Laurus → Lorbeerbaum.
Lavandula → Lavendel.
Lavatera → Buschmalve.
Lavendel, *Lavandula.* Lippenblütler, *Labiatae.* ○ ♄ |: △ D Di Bie. Etwa 25 Arten, vorwiegend im Mittelmeergebiet. Halbsträucher mit duftenden Blüten und Laub. Manche am Mittelmeer und in Südfrankreich zur Gewinnung von Lavendel- und Speiköl oft im Großen angebaut. – WINTERHARTE ARTEN. *L. angustifolia (L. spica, L. vera),* Echter L. Westlicher Mittelmeerraum. Verzweigter Halbstrauch. Blätter linealisch, Rand eingerollt, graufilzig. Blüten in Scheinähren in langen Stielen, blauviolett, 30–60 cm. 'Alba', weiß; 'Dwarf Blue', dunkelblau, 25 cm; 'Hidcote Blue', tiefblau, 40 cm; 'Munstead', gedrungener Wuchs, graues Laub, Blüten blau, 30 cm; 'Rosea', rosa, 40 cm. VI–VII. – *L. latifolia (L. spica),* Großer Speik (echter Speik = *Valeriana celtica* → Speik), Mittelmeergebiet. Blätter etwa doppelt so breit, auf beiden Seiten graufilzig. Filzig behaarte, blauviolette Blüten. Braucht Winterschutz! VI–VII, 30–40 cm. – BEI UNS NICHT WINTERHARTE ARTEN. *L. pinnata,* Mittelmeergebiet. Gestielte, gefiederte Blätter. Blüten in dichter Ähre, duftend, blau. VII–IX, 30–80 cm. – *L. dentata,* westliches Mittelmeer. Linealische, kammartig gefiederte Blätter. Blütenstand lang gestielt mit bis 5 cm langer Scheinähre, wohlriechend, dunkel purpurrot.

Echter Lavendel, *L. angustifolia.* (Seidl)

VI–VII, 60–100 cm. – Verwendung der winterharten Arten im Steingarten, auf Trockenmauern, im Heidegarten, Staudenpflanzungen, als Einfassung sowie als kleine Hecke, die gut Schnitt verträgt. Die nicht winterharten sind hübsche Topfpflanzen für kühle, helle Räume, im Sommer im Freien. – Boden kalkhaltig, lehmig-humos, trokken. – Vermehrung bei allen leicht durch Stecklinge. – DUFT- UND GEWÜRZPFLANZE. *L. officinalis (L. angustifolia).* Berglagen des Mittelmeerraumes. Ausdauernde Pflanze, buschiger Kleinstrauch. Gelegentlich bei uns als Rabatten- oder Steingartenpflanze angebaut. Anzucht aus Samen in Töpfen, pikieren, nach Erstarken auspflanzen. Pflanzen werden 4–5 Jahre alt. – Verwendung: Selten Blätter getrocknet als Gewürz; meistens Blüten getrocknet als Duftspender, eingenäht in Stoffsäckchen, zum Parfümieren der Wäsche.
Lavendelheide, Rosmarinheide. *Andromeda.* Heidekrautgewächse, *Ericaceae.* Immergrüne, niedrige Sträucher, 2 Arten auf der kälteren, nördlichen Halbkugel. – *A. glaucophylla.* ◐–● ♄ V–VI △ ⌇ i. Neufundland und Labrador. Kaum 30 cm hohes, Ausläufer treibendes Sträuchlein. Blaugrüne Zweige mit linealen, auf der Unterseite weißfilzigen Blättchen und in Büscheln stehenden, weißlichen bis rosafarbenen Blüten. – *A. polifolia.* ◐–● ♄ V–VIII △ ⌇ i. Aus der kälteren Zone der nördlichen Halbkugel. Kleiner, kriechender Strauch mit aufrechten bis niederliegenden Zweigen, linealen, auf der Unterseite blaugrünen Blättchen und weiß bis rosa Glockenblüten. – L. liebt anmoorigen, absolut kalkfreien Boden in schattigen Lagen. Wächst auch in der Sonne, wo dann der Boden etwas feuchter sein muß. Zierliches Blütensträuchlein für das Moorbeet. Vor- und Zwischenpflanzung bei Alpenrosen oder an feuchteren Stellen im Steingarten. – Vermehrung: Aussaat oder Absenker.
Lebender Granit → Mittagsblumengewächse.
Lebender Stein → Mittagsblumengewächse.
Lebendes Buch → Blutblume.
Lebendverbauung, Verbindung von mineralischen und organischen Bodenteilchen durch Bakterienschleim, Pilzfäden und andere organische Stoffe zu stabilen Bodenkrümeln (→ Krümelstruktur). Begriff L. in diesem Sinne erstmals angewandt von F. Sekera um 1940. Literatur: F. Sekera. Gesunder und kranker Boden. 5. A. Graz 1984.
Lebensbaum, *Thuja.* Zypressengewächse, *Cupressaceae.* 6 Arten in Nordamerika und Ostasien. Immergrüne Bäume oder Sträucher mit abgeflachten Zweigen und schuppenförmig angedrückten, kleinen Blättchen. Im Gegensatz zu den ähnlichen Scheinzypressen, mit hängenden Triebspitzen, sind diese beim L. immer aufrecht. Das Holz ist unschön in der Farbe, aber sehr dauerhaft bei Verwendung im Boden, zu Brückenbauten, Eisenbahnschwellen, Dachschindeln oder Zaunpfosten. – *T. occidentalis,* Abendländischer Lebensbaum. ○ ♄ IV–V i. Nordamerika, dort bis 20 m. Kegelförmige Krone, waagerecht abstehende, kurze Äste mit zahlreichen, zusammengedrückten Zweigen und schuppenartigen Nadeln. Zum forstlichen Anbau wegen des langsamen Wachsens nicht geeignet, aber zum Aufforsten von sumpfigen Wiesen und Mooren. Viele Formen, die, abwechslungsreich in Wuchs oder Blattfarbe, für Gärten und Parks große Verwendungsmöglichkeiten bieten. Gartenformen: 'Columna', Säulenform, regelmäßiger, kräftiger Wuchs mit fächerförmigen Zweigen und dunkelgrünen Schuppen; 'Ellwangeriana', bis 6 m hoch, breit kegelförmiger bis pyramidaler Wuchs mit leicht hängenden dunkelgrünen Zweigen; 'Ellwangeriana Rheingold', Zwergform, bis 1,50 m hoch, anfangs kugeliger, später breiter Wuchs, goldgelbe, im Austrieb rosafarbene Zweige; 'Fastigiata', Säulenform, bis 15 m hoch, mit fast waagerecht abstehenden Ästen und zahlreichen lichtgrünen Zweigen, häufig anzutreffende Sorte, besonders als Heckenpflanze und für Parks geeignet; 'Globosa', Zwergform, kugeliger Wuchs, bis 2 m hoch und breit, mit grünen, im Winter graugrünen Schuppen; 'Recurva nana', Zwergform, kegelförmiger Wuchs, bis 2 m hoch, mit übergebogenen Zweigspitzen und grünen, im Winter braunen

Schuppen. 'Sunkist', schmal kegelförmig, mit goldgelben Trieben und Nadeln, die über Winter rötlich-braun werden. – *T. orientalis*. Orientalischer Lebensbaum. ○ ♄ IV–V i. Heimat Korea, kleiner Baum, 5–10 m hoch. Breit kegelförmig, oft vom Grund auf mehrstämmig, mit aufrechten Ästen, gelbgrünen Zweigen und gleichfarbigen, anliegenden Blättchen. Der Kern des Holzes ist rot, sehr hart und dauerhaft. Nur in ausgesprochen milden Gegenden ausreichend winterhart. Die Krone fällt bei Schneedruck oft auseinander, wodurch der Baum unschön wird. Die Gartensorten sind im Winter zum Teil härter und können auch, wie die Zwergsorten, besser geschützt werden. Sorten: 'Alticulata', Zwergform, bis 2 m, mit dichtem, kugeligem Wuchs und dünnen langgestreckten Zweiglein; 'Aurea nana', Zwergform, kaum 0,50 m, mit dünnen Zweigen, kleinen, im Frühjahr goldgelben, im Winter braunen Nadeln; 'Cuppressioides', Säulenform, frischgrün, härter als die Art: 'Juniperoides', runder Busch, blaugrün bis stahlblau; 'Minima', Zwergform, langsamwachsend, nur etwa 1 cm Zuwachs jährlich, blaugrün, im Winter gelbbraun. – *T. plicata*, Riesenlebensbaum. ○–◐ ♄ i. Westliches Nordamerika, bis 60 m. Stamm oft 4 m dick, an der Basis stark verbreitet. Holz sehr dauerhaft, im Boden widerstandsfähig gegen Fäulnis. In rauhen Gegenden nicht ganz winterhart. Gartenformen: 'Dura', schwachwüchsig, dicht kegelförmig, dunkelgrün, winterhart; 'Excelsa', raschwachsende Form, säu-

Abendländischer Lebensbaum, *Thuja occidentalis* 'Rheingold'. (Seidl)

Leberblümchen, *Hepatica triloba*. (Seidl)

lenförmig, glänzend dunkelgrün; 'Variegata', bis 10 m, breit kegelförmig mit abstehenden Zweigen, goldgelb, gestreift. – *T. standishii*, ○ ♄ i. Aus Japan. Baum bis 18 m hoch, breit kegelförmige Krone mit leicht überhängenden Zweigen, unterseits dreieckige, weiße Flecken. Für Parks oder große Friedhöfe wertvoller Solitärbaum. – ANSPRÜCHE. Bevorzugt guten, frischen Boden in sonnigen Lagen. Der Abendländische L. wächst auf nassem Boden besser als auf trockenem, verträgt aber keinen Schatten, Hecken, die im Schatten stehen, werden nicht dicht. Der Riesenl. verträgt mehr Schatten, ist aber für Kälte etwas empfindlicher. – VERMEHRUNG. Für die reinen Arten ist Aussaat am wirtschaftlichsten. Der Samen bleibt 1–2 Jahre keimfähig. Die Formen wachsen meistens mühelos aus Stecklingen, die VIII–IX geschnitten werden. Die Formen, die aus Stecklingen nicht wachsen, werden veredelt.

Leberbalsam → Ageratum.

Leberbalsam, *Erinus*. Braunwurzgewächse, *Scrophulariaceae*. ○–◐ ⚄ △. *E. alpinus*, Alpen, Pyrenäen, Karpathen. Einzige Art mit feingekerbten, länglichen, grundständigen Blättern, eine Rosette bildend. Blüten in langen Trauben, purpurrosa. 'Albus', weiß; 'Dr. Hähnle', leuchtend karminrot. V–VI, 10 cm. – Verwendung: Alpinum, Troggärten, Trockenmauern und Felsenfugen. Boden durchlässig, humos-lehmig. Vermehrung durch Aussaat. Wintert gelegentlich aus, sät sich aber vorher immer wieder selbst aus.

Leberblümchen, *Hepatica*. Hahnenfußgewächse, *Ranunculaceae*. ◐–● ⚄ △. Nur wenige Arten in Europa, Ostasien und Nordamerika. Von manchen Autoren zu *Anemone* gestellt. Frühblühende, niedrige Stauden mit gelappten Blättern und meist blauen Blüten. – *H. nobilis* (*H. triloba*, *Anemone hepatica*), Europa, Ostasien. Grundständige, gestielte, lederartige, dreilappige Blät-

ter. Blüten vor den Blättern mit grünen, kelchartigen Hochblättern, direkt unterhalb der Blütenblätter, leuchtend himmelblau. Auch weiß, rosa- oder rotblühende Formen sind vorhanden, z. B. 'Rubra Plena' rot gefüllt. III–IV, 10–15 cm. – *H. transsylvanica* (*H. angulosa*), Ungarisches L., Siebenbürgen. Blätter ebenfalls dreilappig, aber jeder Lappen vorn nochmals dreiteilig eingebuchtet. Blütenblätter ebenfalls vorn mit Einschnitt, himmelblau, blüht etwa 2 Wochen vor *H. nobilis*, anspruchsloser. III–IV, 10–15 cm. 'Buis' hat größere, leuchtend blaue Blüten. – Verwendung im Staudenbeet, Steingarten, unter Bäumen. Boden humos, locker. Vermehrung durch Teilung oder Aussaat, sofort nach der Samenreife.

Ledax Bio, in der Schweiz, → Bio-S in der Bundesrepublik, im Handel befindliches biologisch-chemisches Pflanzenschutzmittel aus feingemahlenen Kräutern (Brennessel, Schachtelhalm, Zwiebel), Algen- und Steinmehl sowie 24% Netzschwefel. Vor allem im Obstbäumen gegen → Echten Mehltau, → Schorf und → Schrotschuß, aber auch gegen andere Pilzkrankheiten und eine Reihe von schädlichen Tieren wirksam. Wegen des Schwefels Wartefrist bis zur Ernte: 7 Tage. Das Mittel enthält Netz- und Haftmittel biologischer Herkunft. Es wird vorbeugend im Abstand von 1–2 Wochen 0,5%ig gespritzt, bei starkem Befallsdruck auch in kürzeren Abständen und bis zu 1%ig. Konzentration bei schwefelempfindlichen Arten und Sorten jedoch höchstens 0,3%ig.

Lederblatt, *Chamaedaphne* (*Andromeda*, *Cassandra*, *Lyonia*). Heidekrautgewächse, *Ericaceae*. Nur eine Art in der nördlichen gemäßigten Zone. – *C. calyculata*. ○–◐ ♄ IV–V △. Vollkommen winterharter Strauch, 0,50 m hoch, mit lanzettlichen, ledrigen, graugrünen Blättern und nickenden, weißen bis hellrosa Blüten, die in kurzen Trauben stehen. – Der Boden soll humos sein, Standort sonnig bis halbschattig. Das L. ist ein ganz winterhartes, seltenes Sträuchlein, für Heide- oder Steingarten und Alpenrosenbeet geeignet. – Vermehrung: Aussaat oder Stecklinge im Spätsommer von ausgereiften Trieben.

Lederhülsenbaum → Gleditschie.

Lederjacke → Wiesenschnake.

Lederstrauch, Hopfenstrauch, *Ptelea*. Rautengewächse, *Rutaceae*. 60 Arten in Nordamerika. *P. trifoliata*. ○–◐ ♄ VI ⚭ D. Sommergrüner Strauch mit dreiteiligen, glänzend grünen Blättern und unscheinbaren weißlichen Blüten

in endständigen Doldentrauben. Auffallender sind die Samen, die kreisrund und flachgedrückt wie Ulmensamen aussehen und in faustgroßen Büscheln am Strauch hängen. Sie schmecken aromatisch bitter und dienten früher als Hopfenersatz. Form 'Aurea', lebhaft gelbe Blätter, wächst etwas langsamer. – An Boden und Lage keine besonderen Ansprüche. Als Füll- oder Deckstrauch geeignet, durch die Samen gutes Vogelnährgehölz. – Vermehrung: Aussaat sofort nach der Reife des Samens oder im Frühjahr, wobei das Saatgut → stratifiziert werden muß. Auch die Form 'Aurea' kann ausgesät werden, da sie, mit wenigen Ausnahmen, echt aus Samen fällt.
Ledum → Sumpfporst.
Leea. Leeagewächse, *Leeaceae*. 70 Arten in den Tropen der Alten Welt. Bäume, Sträucher oder Kräuter mit wechselständigen, gefiederten bis dreifach gefiederten Blättern, meist mit grundständigen Öhrchen. Blüten 5teilig. Früchte Beeren. – *L. guineensis*. Trop. Westafrika. Strauch- bis baumartig. Blüten klein, sternförmig. Beeren rosa. Verbreitete Sorten sind 'Rubra' und 'Burgundy' mit dauernd rot überlaufenen Blättern. – Hübsch durch die geteilten Blätter und den roten Austrieb; brauchen warmen, halbschattigen Standort, humusreiche Substrate und mäßige Feuchtigkeit. – Vermehrung durch Stecklinge.
Leersia → Wilder Reis.
Legstufe → Treppenstufe.
Lehm, als Bestandteil des Feinbodens nach Teilchengröße, Zusammensetzung und Eigenschaften zwischen Sand, Schluff und Ton. → Körnung.
Leimgürtel, sicherster Schutz gegen → Frostspanner, deren flügellose Weibchen nach Schlüpfen aus den Puppen im Spätherbst die Obstbäume emporkriechen. Vor Anlegen des ca. 8 cm breiten Papierstreifens (im Frühherbst) Rinde glätten; hohe Stellen unter dem Ring mit Leim versperren; nur guten, lange haltbaren Leim verwenden; auch Baumpfähle mit Leimgürteln versehen. Im Frühjahr die unterhalb des Gürtels oft massenweise abgelegten Frostspannereier oder bereits geschlüpften Räupchen vernichten.
Leimkraut, *Silene*. Nelkengewächse, *Caryophyllaceae*. Etwa 400 auf der ganzen Erde vorkommende Arten mit sehr verschiedenen Wuchsformen. Bei uns als niedrige Sommerblume gelegentlich in Kultur *S. coeli-rosa* (*Viscaria oculata*), Himmelsröschen. ○ ⊙ |:. Die zarten, ca. 20–30 cm hoch werdenden Pflanzen haben lineare und frisch- bis

Staudenlein, *Linum narbonense*. (Herbel).

graugrüne Blätter. Endständige Blüten, teils einfarbig, teils mit Auge. Blütenfarben Rosa, Rot, Purpur, Blau und Weiß. Aussaat ab IV ins Freiland mit 20–25 cm Reihenabstand oder unter Glas IV und Pflanzung ab Mitte V. Gedeiht am besten auf vollsonnigen, nicht zu nährstoffreichen Standorten. Blüte etwa VI–VIII. Hauptsächlich als Einfassungspflanze verwendet. – Sommerblühende Steingartenstauden. ○–◐. *S. maritima*. Graugrüne Blätter, VI–VIII. 'Plena' hat große, weißgefüllte Blüten, 15 cm; 'Rosea', Wildcharakter, zierlicher, blüht rosa, 10 cm; 'Weißkehlchen', weiße Blüten, 20 cm, für größere Flächen. – *S. schafta* blüht später (VIII–IX), lanzettliche Blätter dunkelrosa Blüten, bildet Rasen, 10 cm.
Lein, *Linum*. Leingewächse, *Linaceae*. Weit über 100 Arten in allen gemäßigten und subtropischen Gebieten, als Einjährige, Stauden und Halbsträucher. Nutzpflanze *L. usitatissimum*, Flachs, (Öl, Fasern) seit Jungsteinzeit im Anbau. Gattungsname nach dem lat. linum = Flachs. – EINJÄHRIGE ARTEN. In Kultur nur in Algerien heimische *L. grandiflorum* als Beet- und Rabattenpflanze, seiner leuchtend roten Blütenfarbe wegen. Hauptblüte VI–VII. Fast ausschließlich im Handel 'Rubrum', ca. 40 cm. – Standort vollsonnig, nicht zu nährstoffreich und nicht feucht. – Aussaat ab IV ins Freiland mit 25–30 cm Reihenabstand. – AUSDAUERNDE ARTEN. *L. flavum*, Goldlein, Südosteuropa bis Mittelrußland. Blätter länglich-spatelig, derb, blaugrün. Blüten klargelb. VII–VIII, 40 cm. 'Compactum', Goldflachs, goldgelbe, doldige Schalenblüten. 20 cm. – *L. narbonense*, Südfrankreich und weiteres Südwesteuropa. Großblütig, 40 cm. 'Heavenly Blue' (selten im Angebot) mit fast nadelförmigen Blättern. Blüten himmelblau. 30 cm. – *L. perenne*, Staudenlein, Osteuropa. Blätter

fast nadelförmig. Blüten hellblau. VI–VIII, 40–60 cm und darüber. Unterart *L. alpinum*, Alpenlein. 20–25 cm. 'Album', weiß seidenblütig. – Verwendung dieser züchterisch wenig bearbeiteten Arten für Steingarten und als Flächenbildner in Staudenbeeten, auch zum Verwildern. – Standorte vollsonnig; warme, kalkhaltige durchlässige Böden. Goldlein auch halbschattige Lagen. – Anzucht aus Samen III–IV in kaltem Kasten, Goldlein ab II in Schalen. Schlechte Ballenbildner, deshalb am besten in Torftöpfen anziehen. Auch Freilandaussaat möglich.
Leinkraut, *Linaria* (*Cymbalaria*). Braunwurzelgewächse, *Scrophulariaceae*. ○–◐ ⊙ ⋈ △ ⚬⚬. Rund 75 Arten, vorwiegend auf der nördlichen Halbkugel der Alten Welt, darunter einjährige und ausdauernde. Einige davon werden heute als eigene Gattung geführt. Nahe verwandt mit dem Löwenmaul, mit der gleichen Blütenform, nur wesentlich kleiner und mit Sporn.
EINJÄHRIGE ARTEN. *L. alpina*, Alpenl., Alpen. Im Tiefland nur einjährig, in den Alpen unter Schnee ausdauernd. Niederliegende, an der Spitze aufstrebende Stengel mit linealischen, blaugrünen Blättchen. Blüten in kurzen, endständigen Trauben, Krone dunkelblau, blauviolett oder amethystblau, Gaumen gelb. VII–VIII, 10–15 cm. – *L. Bipartita*-Hybriden (*L. maroccana*). Wahrscheinlich aus Kreuzungen von *L. bipartita*, *L. maroccana* und *L. reticulata* entstanden. Triebe aufsteigend, reich verzweigt. Linealische bis lanzettliche Blätter. Blütenstengel im oberen Teil fast blattlos, Blütentraube locker. Im Handel nur Mischungen mit meist zweifarbigen Blüten von gelblich, rosa, blau, rot bis violett, fast immer mit hellem Gaumen. 'Excelsior-Mischung', ist mittelhoch, reichblühend, 35 cm; 'Feenstrauß', niedriger und geschlossener im Wuchs, 25 cm; 'Nordlicht', vorwiegend hellere

Alpenleinkraut, *Linaria alpina*. (Herbel)

Farben mit einigen dunkleren gemischt, 40 cm. VI–X. – *L. reticulata*, Portugal, Nordafrika. Wuchs aufrecht mit linealischen bis pfriemlichen Blättern. Blüten kürzer und stumpfer in kurzer Traube. 'Aureo-Purpurea', einzige gelegentlich im Handel befindliche Sorte, dunkelpurpur mit orangegelbem Gaumen. V–VIII, 30 cm. – Verwendung als liebliche Sommerblüher im Stein-, Stauden- und Sommerblumengarten, besonders für Kinder und als zierliche Schnittblumen. Vermehrung durch Aussaat direkt oder in Torftöpfe und danach auspflanzen. Boden nicht zu naß.

STAUDEN. *L. purpurea (Antirrhinum purpureum)*, Mittelmeergebiet. Aufrecht, buschig verzweigt, graugrün mit lanzettlichen Blättern. Blüten in dichten Trauben, purpurviolett, lange blühend. 'Canon Want', hellrosa. Etwas Winterschutz angebracht. VII–X, 50–80 cm. – Heute als Gattung *Cymbalaria* geführt. *C. hepaticifolia (L.h.)*, Korsika. Unter- und oberhalb des Bodens kriechend, dicht am Boden aufliegend. Blätter nicht gelappt, nierenförmig, klein, marmoriert. Blüten achselständig, gestielt, hellviolett. V–IX, 5 cm. – *C. muralis (L. cymbalaria)*, Zymbelkraut. Südeuropa, Nordafrika, Westasien, heimisch. Stengel fadenförmig, am Boden anliegend und wurzelnd. Blätter fünf- bis siebenlappig, oben grün, unten rötlich. Blüten hellviolett mit hellgelbem Gaumen. 'Globosa' wuchert weniger und bildet mehr Polster, wertvoller, mit gleicher Blütenfarbe. VI–IX, 5 cm. – *C. pallida (L. p.)*, Italien. Stengel kriechend und wurzelnd mit herz-nierenförmigen, schwach fünflappigen Blättern. Blüten wie bei allen dieser Gattung einzeln in den Blattachseln, lang gestielt, blauviolett mit gelbem Gaumen. Hübsche, ebenfalls wuchernde Art. VI–IX, 5 cm.

VERWENDUNG. Stauden- und Steingarten. Die kriechenden Arten besonders für Trockenmauern und Steinfugen. – Boden sandig-durchlässig. – Vermehrung durch Aussaat und Teilung. Junge Pflanzen nur mit Topfballen auspflanzen.

Leitast, Organ höchster Ordnung in Obstbaumkrone; Stammverlängerung = Leitast. Die L.stellung bestimmt das Kronengerüst, die L.entfaltung den Kronenbau, die L.entstehung die Kronenform. → Rangordnung. → Obstbaumschnitt.

Leiter, Steiggerät verschiedener Bauart. Als Erntegerät im Obstbau, aus Holz, Stahlrohr oder Leichtmetall.

Hohler Lerchensporn, *C. cava.* (Drave)

Schwenkbare Holme mit Eisenspitzen erhöhen die Standsicherheit. Man unterscheidet auch zwischen Einholm- (Tiroler Einbaum) und Zweiholm-L. Meist sind L.n in modernen Anlagen mit Niederstämmen bis 100 cm Stammhöhe (→ Obstbaumformen) überflüssig geworden. (Arbeitsersparnis bei hohen Löhnen.)

Leitstauden, bestimmen das Gerüst einer Pflanzung durch ihre robuste Erscheinung und vor allem Langlebigkeit.

Aster novae-angliae
Delphinium
Helenium
Heliopsis
Hemerocallis
Iris sibirica
Ligularia
Paeonia
Phlox paniculata
Rudbeckia

Lentinus edodes = Shiitake, Japanischer Baumpilz → Pilzanbau.
Leontopodium → Edelweiß.
Leptospermum → Südseemyrte.
Lerchensporn, *Corydalis.* Mohngewächse, *Papaveraceae.* ◐–● ♃ △. Etwa 300 Arten in den nördlichen Gegenden der alten und neuen Welt. Teilweise mit knolligem Wurzelstock, darunter schöne Frühlingsblüher. Manche gehören zu den am längsten blühenden Stauden. Die Blätter sind denen der Herzblume ähnlich, Blüten mit einem Sporn. – ARTEN MIT KNOLLIGEM WURZELSTOCK. *C. cava*, Hohler L., Süd- und Mitteleuropa. Knolle bis walnußgroß, kugelig, hohl. Stengel in einen Blütenstand endend mit 2 gestielten, doppelt-dreiteiligen, blaugrünen Blättern. Blüten purpurviolett, bei 'Albiflora' weiß, III–V, 15–30 cm. – *C. cashmeriana*, Himalaja, kleine Knöllchen, kaum 15 cm hoch, mit wunderbaren leuchtend blauen Blüten. Verlangt durchlässigen unbedingt kalkfreien Boden. – *C. nobilis*, Altai. Fleischiger, sehr brüchiger, langer, senkrechter Wurzelstock. Blätter doppelt-fiederschnittig, Teilblättchen an der Spitze eingeschnitten. Blüten in dichten Trauben, hell- bis goldgelb, an der Spitze mit dunkelrotem Fleck. V–VI, 25–40 cm. – *C. solida (C. bulbosa)*, Gefingerter L., Süd- und Mitteleuropa. Ebenfalls heimisch wie *C. cava*, Laub etwas feiner. Blüten keilförmig, fingerartig eingeschnitten, Sporn gekrümmt, Blütentrauben blaßrot oder weiß. III–IV, 15–25 cm. – ARTEN OHNE KNOLLIGEN WURZELSTOCK. *C. lutea*, Gelber L., Gebirge Südwesteuropas. Dicht verzweigt mit mehrfach gefiedertem, frischgrünem Laub. Blüten den ganzen Sommer über, zitronengelb mit heller Spitze. V–IX, 25 cm. – *C. ochroleuca*, Oberitalien bis Siebenbürgen. Dem Gelben L. sehr ähnlich, aber mit gelblichweißen, an der Spitze gelben Blüten. V–IX, 25 cm. – *C. scouleri*, westliches Nordamerika. Wurzelstock holzig-ledrig, tiefgehend, Ausläufer treibend und üppig wachsend. Blätter an langen Stielen vielfach geteilt, graugrün. Blüten langspornig, rosa. V, 60 bis 100 cm. Am besten zwischen Rhododendron wuchern lassen. – Verwendung der knollentragenden Arten als Unterpflanzung bei lockeren Laubgehölzen, wo sie sich durch Aussaat reichlich vermehren. Die andern im Steingarten oder Staudenbeet. *C. lutea* und *C. ochroleuca* sind besonders schön an Trockenmauern. – Boden humos, locker. – Vermehrung durch Aussaat und Seitenknollen.

Lesegarten, Sondergarten einer Freizeit- und Erholungsanlage, eines Stadtparks oder eines Landsitzes in ruhiger geschützter Lage. In diesem intimen Freiraum, der meist am Wasser gelegen und mit besonderen Pflanzen umgeben ist, sind Liegestühle zur individuellen Benutzung aufgestellt.

Lespedeza → Buschklee.
Leuchtenbergia → Kakteen 15.
Leuchterblume, *Ceropegia.* Seidenpflanzengewächse, *Asclepiadaceae.* ○–◐ ♃ ⚶ ✱ ⌂. Äußerst vielgestaltige, häufig sukkulente Pflanzen, meist mit knolligem Erdstamm. Ca. 150 Arten in den tropischen und subtropischen Gebieten der Alten Welt. – *C. linearis.* Südafrika. Stengel fadendünn, windend, hängend oder kriechend, an den Knoten Luftknollen bildend, Blätter äußerst unterschiedlich, schmal-lineal *(ssp. debilis)* oder nierenherzförmig *(ssp. woodii)*, Blüten 2 cm lang, grünlichweiß mit rot. Zierliche Ampelpflanze, sowohl für das kühle als auch für das warme Zimmer. Vermehrung aus Stecklingen und den Luft-

Sommerlevkoje, *M. incana.* (Seidl)

knöllchen leicht, durchlässige Substrate. – *C. sandersonii.* Sukkulente Schlingpflanze, 5 mm dicke Sprosse, grün, Blätter oft nur kurz dauernd. Blüten groß, 7 cm lang, grünlich mit weißlichem Fallschirm. Ein Muß für jede Sukkulentensammlung, Kalthaus.

Leuchtkäfer → Glühwürmchen.
Leucojum → Märzbecher.
Leucothoe → Traubenheide.
Leunasalpeter → Mineraldünger (Stickstoffdünger, Untergruppe Salpeterdünger).
Levkoje, *Matthiola.* Kreuzblütler, *Cruciferae.* ○ ⊙ ⋈ D. Von den rund 50 Arten ist insbesondere die im Mittelmeergebiet heimische und dort einjährige bis staudige *M. incana* als Sommerblume in Kultur. Pfahlwurzeln, stark bis verholzende Stengel mit lanzettlichen, ganzrandigen Blättern. Farbenspiel der duftenden und in dichten Trauben stehenden Blüten aus weißen, rosa, roten, blauen, violetten und zartgelben Tönen. Blüten von Pflanze zu Pflanze teilweise einfach, teilweise gefüllt, überwiegend aber gefüllt. Die Art ist sehr formenreich, die Formen sind teilweise unter verschiedenen Namen im Handel. Alle lieben vollsonnigen Standort und nährstoffreichen Boden. – Bekannte Formen sind: *Mammuth Excelsior-Levkoje,* einstielig, je nach Kultur etwa 60–90 cm, auch für kalte Treiberei geeignet. Aussaat II–IV je nach Kultur unter Glas, später an Ort und Stelle etwa 20 × 25 cm auspflanzen. Aufgrund der guten Stielqualität und der großen Rispen und Einzelblüten hauptsächlich für den Schnitt empfehlenswert. Blüte je nach Aussaat IV–VII. Mischung und verschiedene Einzelfarben. – GROSSBLUMIGE ERFURTER SOMMERLEVKOJE, eine der besten Formen für Beetpflanzungen, denn die buschigen, ca. 35 cm hoch werdenden Pflanzen blühen relativ lange. Anzucht und Pflanzung wie bei vorgenannter Form. Nur in Mischung. – DRESDENER IMMERBLÜHENDE SOMMERLEVKOJE. Auch diese sich verzweigende Form (ca. 60 cm) blüht lange; deshalb nicht nur Schnittblume, sondern auch Beetpflanze. Anzucht und Pflanzung wie bereits beschrieben. In Mischung und Einzelfarben. – RIESEN-BOMBEN SOMMERLEVKOJEN, ca. 75 cm, mit langen Stielen und dichter Füllung besonders für den Freilandschnitt empfehlenswert. Anzucht und Pflanzung wie genannt. In Mischung und Farbsorten. – ALLGEFÜLLTE LEVKOJEN, im Jugendstadium werden die hellaubigen und später gefüllt blühenden Sämlinge ausgelesen und weiterkultiviert; die einfach blühenden dunkellaubigen Sämlinge entfernt. Die verschiedenen Formen sind fast ausschließlich in erwerbsgärtnerischer Kultur. Mischung und Farbsorten. – Eine Besonderheit ist die in Griechenland und Kleinasien heimische *m. bicornis,* bei uns Abendlevkoje oder Gemshorn genannt. Bis zu 50 cm, längliche Blätter, in lockeren Trauben sitzende rosig lavendelfarbene Blüten, nur von abends bis morgens geöffnet, duften nach Vanille. Aussaat IV direkt ins Freiland, 25–30 cm Reihenabstand. Blüte VI–VII. Standortansprüche wie *M. incana.*
Lewisia → Bitterwurz.
Liatris → Prachtscharte.
Libonia floribunda → Jacobinie.
Licht, neben Wärme, Wasser und Nährstoffen wichtigster Ertragsfaktor. Zu unterscheiden ist zwischen → Beleuchtungsstärke und Lichtmenge. Erstere betrifft den Helligkeitsgrad und wird in Lux gemessen, letztere die Zeit-

Liebstöckel, *Levisticum officinale.* (Seidl)

dauer der Lichtaufnahme einer Pflanze (→ Langtagspflanzen). → Fotosynthese.
Lichtkabel, ausreichend isoliertes Erdkabel für Gartenbeleuchtung wird in einem 40–50 cm tiefen Kabelgraben verlegt, mit Ziegelsteinen abgedeckt und mit Boden verfüllt.
Lichtnelke, *Lychnis.* Nelkengewächse, *Caryophyllaceae.* ○–◐ ⚇ △. 35 Arten in der nördlich gemäßigten und arktischen Zone, besonders in Sibirien. Vielgestaltige Pflanzen, oft mit behaartem Laub, meist mit leuchtenden Blüten, alle schön. – *L. Arkwrightii-Hybriden (L. chalcedonica × L. Haageana-Hybriden).* Ganze Pflanze behaart, mit grünen, eirund-länglichen Blättern. Blüten groß in wenigblütigen Dolden, ähnlich denen der *L. Haageana-Hybriden,* als Mischung im Handel mit verschiedenen zinnober-, scharlach- und karminroten Farbtönen. VI–IX, 25–50 cm. – *L. chalcedonica,* Brennen-

Brennende Liebe, *Lychnis chalcedonia.* (Seidl)

de Liebe, östliches Rußland. Hohe Stengel, grün, rauh behaart. Blätter eirund-lanzettlich, spitz. Blüten in Trugdolden bis 10 cm Durchmesser, scharlachrot, 'Alba', weiß; 'Alba Plena', weiß gefüllt; 'Plena', scharlachrot gefüllt. VI–VII, 80–100 cm. – *L. coronaria (Agrostemma c., Coronaria tomentosa)*, Vexiernelke. Südeuropa. Zweijährig bis ausdauernd. Sät sich fast immer selbst aus und taucht dann immer an einem andern Platz auf, daher der Name. Ganze Pflanze silbrig behaart. Blätter länglich-eirund. Blüten an langen Stielen, dunkelrot. 'Alba', weiß; 'Atrosanguinea', dunkelblutrot. VII–VIII, 30–70 cm. – *L. flos-jovis (Coronaria f.-j.)*, Jupiterblume, Südalpen. Stengel und Blätter seidenhaarigweißfilzig. Blätter länglich-spatelförmig, obere länglich-lanzettlich. Blütenblätter zweispaltig, rosenrot. V–VII, 20 bis 50 cm. – *L. Haageana-Hybriden (L. coronata var. sieboldii × L. fulgens)*. Ähnlich *L. Arkwrightii-Hybriden*, aber auch weiße, rosa, lachsrote, orange bis zinnoberrote Farbtöne. VI–IX, 30 cm. – *L. viscaria (Viscaria vulgaris, V. viscosa)*, Pechnelke, Europa, Sibirien, Japan. Kahle, lederige Stengel, unter den Gelenken klebrig. Blätter länglich-lanzettlich, dunkelgrün. Blüten in traubig-rispigem Blütenstand, rosenrot. 'Albiflora', weiß; 'Plena', sehr große, gefüllte Blüten, beliebte Sorte, rosenrot. V–VI, 30–50 cm. – *L. × walkeri (L. coronaria × L. flos-jovis)*. Im Aussehen zwischen den beiden Arten stehend. Nicht so hoch wie die Vexier-Nelke, aber ebenfalls stark behaart. VI–VIII, 50 cm. – Verwendung im Staudenbeet und besonders die Niedrigen im Steingarten, können durch Selbstaussaat sehr lästig werden. Boden durchlässig, trocken. Vermehrung der Arten und Hybriden durch Aussaat und ebenso wie die Sorten durch Teilung.

Liebesblume → Agapanthus.
Liebesperlenstrauch → Schönfrucht.
Liebesstern → Poinsettie.
Liebhaberobstbau, Obstbau im kleinen Garten mit kleinen Baumformen, ohne Rücksicht auf Rentabilität. Hat wichtige landeskulturelle, pädagogische und gesundheitliche Bedeutung. Haus-, Schreber-, Klein-, Siedler-Obstbau.
Liebstöckel, Maggikraut, *Levisticum officinale*. Doldenblütler, *Umbelliferae*. Stammt vermutlich aus Südeuropa, seit ältesten Zeiten als Gewürzpflanze bekannt. Ausdauernde Staude. Anbau: Vermehrung durch Teilung alter Stöcke oder aus Samen. Pflanzen können Jahrzehnte am selben Standort bleiben, werden groß und kräftig; eine Pflanze genügt in der Regel für den Hausgarten. – Verwendung: Blätter frisch oder getrocknet als Gewürz zu Suppen, Fleisch, Gemüse, Kartoffeln usw.
Liegeplatz, in privaten Gärten wie in öffentlichen Grünanlagen, in Verbindung mit Terrassen, Bädern, Ruhebereichen und besonderen für die Erholung bestimmten Freizeiträumen, wind- und sichtgeschützt und baulich gefaßt ausgebaut.
Lieschgras → Rasengräser.
Ligularia → Ligularie.
Ligularie, *Ligularia*. Korbblütler, *Compositae*. ○–◐ ♃ ⚭ ✕ Bie. 80–100 Arten von Ostasien, Japan bis Westeuropa. Stattliche Stauden mit großen, oft schön geformten Blättern und zumeist gelben Blüten in Doldenähren oder ährenförmigen Rispen. – *L. dentata (L. clivorum, Senecio c.)*,

Ligularien, *Ligularia przewalskii* und *L. dentata,* Breitblättrige Waldglockenblume, *Campanula latifolia*, Eisenhut, *Aconitum napellus.* (Drave)

China, Japan. Ohne Ausläufer, mit kräftigen, verzweigten Stengeln, Blätter sehr groß, nierenförmig, am Grund tief eingeschnitten. Blüten in reich verzweigter Dolde, Strahlenblüten orangegelb, Scheibenblüten dunkelbraun. 120 cm. 'Desdemona', purpurrote Blätter, rötlich-orange Blüten, 80 cm; 'Orange Queen', tief orangerot, 120 cm; 'Othello', Unterseite der Blätter dunkelrot, Blüte orange, 120 cm. VII–IX. – *L. × hessei (L. dentata × L. wilsoniana)*. In der Mitte zwischen den Eltern stehend mit großen, länglich-herzförmigen Blättern. Blütenstände kurz rispig, orangegelb, 180 cm. 'Gregynog Gold', feste, kräftig goldgelbe Blütenstände, 120–150 cm. Etwas vor *L. dentata* blühend. VII–IX. – *L. japonica (Senecio j., Erythrochaete palmatifidus)*, Japan. Stark wachsend mit verzweigten Stengeln und großen, tief handförmig geschnittenen, sieben-

Liguster

Ligularie, *Ligularia hessei.* (Herbel)

bis elfteiligen Blättern. Blüten in einer Rispentraube, groß, orangegelb mit gelben Scheibenblüten. VIII–IX, 120–150 vm. Wirkt schon als Blattpflanze. – *L. × palmatiloba (L. dentata × L. japonica).* Große, tief gelappte Blätter und gelbe Blüten in lockeren, aufrechten Trauben. VII bis VIII, 150 cm. – *L. przewalskii (Senecio p.),* Nordchina. Kriechender Wurzelstock mit dunkelbraun angelaufenen, beblätterten Stengeln. Blätter tief handförmig eingebuchtet, dekorativ. Blüten in langer, an der Spitze überneigender Ähre, gelb mit gelben Scheibenblüten. VII–VIII, 100–150 cm. – *L. tangutica (Senecio tanguticus),* Nordchina. Stark kriechend und nicht verzweigte, reich beblätterte, gefurchte bis kantige Stengel. Blätter tief gefiedert. Blüten in einer breiten, pyramidenförmigen Rispe, die von oben nach unten aufblüht, gelb. Hübsche, haltbare Samenstände. IX–I, 100–150 cm. – *L. veitchiana (Senecio veitchianus),* Westchina. Wurzelstock nicht kriechend und steif aufrechte, unverzweigte Stengel, gefurcht. Blätter ungeteilt, sehr groß, breit-herzförmig. Blüten in langer, pyramidaler Ähre, leuchtendgelb. VII–VIII, 150 cm. – *L. wilsoniana (S. wilsonianus),* Mittelchina. Ähnlich, aber mit mehr rundlich-nierenförmigen Blättern. Blüten in säulenförmiger Ähre, goldgelb. Schöne, flaumige Samenstände. IX–X, 150–200 cm. – Verwendung in Wassernähe als Uferstauden, in großen Staudenanlagen oder als Solitär und zum Schnitt. – Boden feuchter, nahrhafter, lehmhaltiger Humusboden. In trockenem Boden wachsen sie schlecht und lassen oft die Blätter hängen. – Vermehrung: Sorten nur Teilung, Arten auch Aussaat.

Liguster, Rainweide, *Ligustrum.* Ölbaumgewächse, *Oleaceae.* Bewohnt vorwiegend das östliche Asien, von den 50 Arten ist nur je eine in Europa und Amerika vertreten. Name Rainweide nach der Biegsamkeit der jungen Zweige, die gleich Weidenruten sich zum Korbflechten eignen. – *L. lucidum.* ○ ♄–♄ VIII–IX ⌢ i. Aus Ostasien, dort bis 10 m. Bei uns in Kultur meistens strauchartig, mit abstehenden Zweigen und immergrünen, dunkelgrünen Blättern. In China wird auf ihm eine Schildlaus gezogen und daraus seit alter Zeit das chinesische weiße Baumwachs gewonnen. *L. lucidum* ist genauso wie *L. chenaultii, L. delavayanum* und *L. japonicum* nicht ganz winterhart und kann nur in den wärmsten Gegenden und milden Wintern ohne Schutz aushalten. – *L. obtusifolium* var. *regelianaum.* ○–◐ ♄ VI ⚶. Heimat Japan. Bis 2 m hoher Strauch mit horizontal abstehenden, sparrigen Zweigen und lebhaft grünen Blättern. Die weißen Blüten stehen in kurzen Rispen, längs der dünnen Triebe. Im Herbst färben sich die grünen Früchte blauschwarz und bleiben bis tief in den Winter als auffallender Fruchtschmuck hängen. Einzel- oder Deckstrauch an sonnigen oder auch schattigen Standorten und Heckenpflanze für ungeschnittene Hecken. – *L. ovalifolium.* ○–● ♄ VII |: ⚶ i. Aus Japan, wintergrüner, 2–3 m hoher Strauch. Straff aufrechte Zweige mit ovalen Blättern, gelblichweißen Blütenrispen und schwarzen Beerenfrüchten. Sehr bekannte und beliebte, immergrüne Heckenpflanze für sonnige und schattige Standorte, leider nicht ganz winterhart. In strengen Wintern kann sie bis zum Boden zurückfrieren; sind die Pflanzen nicht eingegangen, ist Rückschnitt bis zum Boden notwendig. Die Form 'Aureum' mit goldgelber Belaubung ist schwachwüchsig und besonders vor der Wintersonne zu schützen. – *L. vulgare.* ○–● ♄ VI–VII |: ⚶ D. Unser heimischer L., an Waldrändern und Rainen wild, in rauhen Gegenden sommergrün, in wärmeren wintergrün. 3–5 m hoher, reichverzweigter Strauch mit länglichen Blättern, grünlichweißen oder weißen Blüten und glänzend schwarzen Beeren. Die Früchte bleiben bis XII am Strauch hängen, dienten früher zur Tintenherstellung. Sehr beliebter Strauch für freiwachsende oder geschnittene Hecken, durch sein intensives Wurzelwerk auch vorzüglich für Bepflanzungen von Böschungen oder Schutthalden. Unentbehrlich als Deckstrauch oder für Windschutzpflanzungen, besonders an Schnellstraßen als Blendschutz. Vorteile: schattenverträglich, industriefest, kann größeren Wurzeldruck aushalten. – Gartenformen: 'Atrovirens', je nach Gegend mit metallisch glänzender oder dunkler Belaubung; 'Lodense', Zwergliguster, bis 1,50 m hoch, reich verzweigt, mit graugrünen Blättern, besonders für niedrige Hecken oder Beetstreifen. 'Xanthocarpum', sparriger Wuchs, auffallend die gelblichgrünen Beeren, die bis zum Frühjahr haften bleiben. – ANSPRÜCHE. Sehr genügsam, stellen an Boden und Lage keine besonderen Ansprüche. Lieben keine übergroße Feuchtigkeit, stehen sie zu trocken, ist der Fruchtansatz geringer. – VERMEHRUNG. Aussaat auch bei den reinen Arten nicht zu empfehlen, da sehr unter-

Ligusterhecke. (Seidl)

Prachtlilie, *L. speciosum* 'Red Ruby'. (Seidl)

Madonnenlilie, *L. candidum.* (Seidl)

Feuerlilie, *Lilium bulbiferum.* (Seidl)

schiedliche Pflanzen. Am besten sind Stecklinge im Frühsommer oder Steckhölzer im Winter. Veredlung nur bei Anzucht buntblättriger Hochstämmchen.

Ligustrum → Liguster.

Lilie, *Lilium.* Liliengewächse, *Liliaceae.* ○-◐ ♃ △ ▽ ✕ D. Etwa 100 Arten in den gemäßigten Zonen der nördlichen Halbkugel. Die reinen Arten werden immer mehr verdrängt durch die Hybriden, die nicht nur oft schöner blühen, sondern auch wüchsiger und härter sind. Alle tragen aus Schuppen zusammengesetzte Zwiebeln. Die Blüten haben bei vielen Arten und Sorten stark zurückgebogene Blütenblätter (Türkenbund) oder flach trichter- bis lang trompetenförmige Blüten.

L. auratum, Goldbandlilie, Japan. Eine der prächtigsten Arten, viel zu Kreuzungen benutzt. Blüte flach schalenförmig, äußere Spitzen zurückgeschlagen, wachsweiß. Auf den Blütenblättern ein goldgelber Mittelstreif und karminrote Punkte. – *L. a.* var. *platyphyllum,* härter und mit breiteren Blättern, Blüten sehr groß. Leider bei uns nur kurzlebige Art, stengelwurzelnd. VIII–IX, 1–1,5 m. – *L. bulbiferum,* Feuerlilie, Mitteleuropa. Bekannte, harte Gartenlilie. Dichte Pflanzen mit Bulben in den Blattachseln. Schalenblüten nach oben gerichtet, orangegelb, leicht gesprenkelt, 50–100 cm. – *L. b.* var. *croceum,* Alpen. Ohne Bulben in den Blattachseln, kräftiger wachsend. Blüte gelborange, weniger rot, 60–120 cm, VI–VII. – *L. canadense,* östliches Nordamerika. Rhizomtreibende Zwiebel, Stengel quirlblättrig, Blüten hängend, trichterförmig, halb zurückgebogene Blütenblätter. Gelb, dunkelpurpur punktiert. VI–VII, 50–120 cm. – *L. chalcedonicum,* Scharlach-Türkenbund, Griechenland. Seltene, aber in der Farbe einmalige Lilie. Blätter lanzettlich, die oberen am Stengel anliegend. Blüten türkenbundförmig, leuchtend scharlachrot, sehr lange haltbar. VII–VIII, 60–120 cm. – *L. davidii,* Szetchuan. Zahlreiche, schmale, waagrecht abstehende Blätter. Blütenstand pyramidenförmig mit 6–40 Blüten, Türkenbundform, zinnoberrot, schwarz punktiert. VII–VIII, 60–180 cm. – *L. d.* var. *willmottiae,* gleiche Farbe, wüchsig und sehr reichblühend. VII–VIII, 100–180 cm. – *L. formosanum,* Formosa. Spätblühende Trompetenlilie, leider nur kurzlebig. Blüten sehr lang, 1–2 je Stengel, reinweiß, außen weinrot, wird auch zur Treiberei verwendet. VIII–X, 120–150 cm. – *L. hansonii,* Gold-Türkenbund, Korea. Hübsche L., Blätter in Quirlen, Blütenstand mit 4–12 streng duftenden Türkenbundblüten. Blütenblätter dick, orangegelb, braun gesprenkelt, langlebig. VI, 100–150 cm. – *L. harrisianum (L. pardalinum* var. *giganteum),* Pantherlilie, Kalifornien. Besonders starkwachsend. Zwiebel mit Rhizomen. Blätter in Quirlen. Blüten orangerot, Spitzen karminrot zur Mitte rotbraun gefleckt, die Flecken mit orange Ring eingefaßt. VII, 150–180 cm. – *L. henryi,* Mandarin-Türkenbund, Zentralchina. Überhängende, oft sehr hohe Stengel mit dunkelgrünen, breiten Blättern. Blüten aprikosenorange, braun punktiert, gute Lichtfarbe, geruchlos, daher besonders schöne Schnittblume. VII–VIII, 140–240 cm. – *L. longiflorum,* Osterlilie, Südjapan. Bei uns nicht winterhart, aber in Gärtnereien häufig im Gewächshaus getrieben. Lange, trompetenförmige, weiße Blüten, nur Sorten. 'Croft', sehr niedrig, für Töpfe, 30–50 cm; 'Mount Everest', lange, weiße Trichter, 100 cm; 'White Queen', Blüte weit geöffnet, 90 cm. Alle blühen auch im Garten im ersten Jahr sehr schön, man kann sie aber nur nach frostfreier Anzucht auspflanzen.

Lilien, *Lilium-Bulbiferum-Hybriden.* (Drave)

Lilie

VIII–IX. – *L. martagon*, Türkenbund, heimisch, Mittel- und Südeuropa bis Sibirien. Untere Blätter in engen Quirlen, die anderen zerstreut. Blütenfarbe variabel, karminrosa bis trübpurpurn, braun gefleckt, Duft unangenehm, streng. 'Album', schön, reinweiß; 'Cattaniae' *(L. dalmaticum)*, Dalmatien, kräftiger Wuchs, reichblühend, dunkel weinrot, ungefleckt. VI–VII, 50–100 cm. – *L. pumilum (L. tenuifolium)*, Korallenlilie, Ostsibirien, Nordkorea bis Nordchina. Schöne, zierliche Lilie. Stengel unten meist ohne, darüber mit zahlreichen, schmalen Blättchen. Blüten in Türkenbundform, orangerot. 'Golden Gleam', aprikosengelb *(L. martagon* 'Album' × *L. pumilum)*. VI–VII, 40–60 cm. – *L. pyrenaicum*, Pyrenäen-Türkenbund, Pyrenäen. Wüchsig, mit dichtstehenden Blättern. Blüten gelb mit dunklen Punkten und dunkelorange Pollenbeuteln. V–VI, 60–120 cm. – *L. regale*, Königslilie, China. Bekannte Trompetenlilie mit straffen, etwas gebogenen Stengeln, Blüten weiß, außen dunkel überlaufend, stark duftend. Leicht durch Aussaat zu vermehren, ausdauernd. VII, 80–160 cm. – *L. speciosum*, Prachtlilie, Japan. Große, zerstreut stehende, breitlanzettliche Blätter, Stengel übergebogen, Blüten groß, Türkenbundform, rosa mit weiß und karminroten Punkten. Viele Sorten, oft kaum zu unterscheiden: 'Album', reinweiß, schön; 'Marvelleurs', reichblühend, rosa, schöne Blütenform; 'Melpomene', früh, dunkelkarmin punktiert; 'Rubrum', Blüten kräftiger gefleckt, dadurch dunkler; 'Uchida', besonders kräftiger Wuchs. Blüten vorwiegend innen punktiert, weiß, karminrosa überlaufen. Alle ähnlich gefärbt, herrliche Schnittblumen. IX, 80–150 cm. – *L. tigrinum*, heute richtig *L. lancifolium*, Tigerlilie, Ostchina, Japan, Korea, Mandschurei. Stengel schwarzbraun, stark beblättert, in den Blattachseln Brutzwiebeln. Blüten etwas hängend, groß, Türkenbundform, orangerot, dunkelbraun getupft bis zur Spitze. 'Flaviflorum' hat hellgelbe, rot punktierte Blüten mit orangeroten Pollenbeuteln; 'Fortunei', starkwachsend, bis 2 m hoch, spät; 'Plenum', gefüllt; 'Splendens', leuchtende Farbe, reichblühend. VIII–IX, 60–150 cm.

LILIEN-HYBRIDEN. Durch Kreuzungen entstandene Sorten, als Strain werden ausgelesene Linien aus einer Kreuzung bezeichnet. – ASIATISCHE HYBRIDEN. Aus Kreuzungen von *L. bulbiferum*, *L. davidii*, *L. pumilum* u. a. entstan-

Lilien, *Lilium hollandicum*. (Herbel)

den. So die Maculatum-Hybriden, niedrige L. vom Feuerlilientyp. 'Alice Wilson', zitronengelb; 'Bicolor', feuerrot; 'Mahagony', mahagonirot, alle 40–60 cm hoch. Etwas höher werden die unter *L.* × *hollandicum* geführten Sorten. 'Apricot', aprikosenorange; 'Erectum', karminscharlach, mit orange; 'Golden Fleece', kräftig hell aprikosengelb; 'Vermillon Brillant', blutrot. Ebenso die 'Golden Chalice-Hybriden' gold- bis hellgelb, dunkel punktiert, 50–70 cm. Durch Einkreuzung von *L. davidii* und *L. tigrinum* entstanden die heute weltberühmten MIDCENTURY-HYBRIDEN, in der Mitte der fünfziger Jahre. Hierbei gibt es waagrecht stehende Schalen- wie halbhängende oder Türkenbundformen. Züchter von vielen ist Jan de Graaf, Oregon, USA, der etwa 80% der Lilienzüchtungen der Weltproduktion an Zwiebeln vermehrt. 'Cinnabar', rot; 'Croesus', goldgelb; 'Destiny', zitronengelb; 'Enchantment', wichtigste Sorte, orangerot. Seitwärts stehende Blüten haben: 'Brandy Wine', cognacfarben; 'Fireking', feuerrot; 'Paprika', brennendrot; 'Prosperity', hellgelb. Etwas später mit Türkenbundblüten und dem Wuchs von *L. davidii* blühen: 'Amber Gold', buttergelb, und die Fiesta-Hybriden 'Bronzino-Strain', dunkelbernsteingelb bis braunrot; 'Burgundy-Strain', weinrot; 'Citronella-Strain', zitronengelb,

und die Harlequin-Hybriden, eine Mischung von milchweiß, gelb, rosa, rot bis braunrot. 'White Princess', aprikosen- bis cremefarbig. 80–150 cm. VI–VIII. – HANSONII-HYBRIDEN sind Kreuzungen mit *L. martagon*, *L. hansonii* u. a., so *L.* × *dalhansonii* (*L. martagon* var. *cattaniae* [*L. dalmaticum*] × *L. hansonii*), Blüten trübrosa bis kastanienpurpur. *L.* × *marhan*, (*L. martagon* 'Album' × *L. hansonii*) mit orangegelben Farben, dunkel punktiert. 'Paisley-Strain' ist eine Mischung von perlweiß, gelb, orange, rot bis dunkelrot. Alle wüchsig und schattenliebend. VI, 70–120 cm. – CANDIDUM-HYBRIDEN. Erste Kreuzung war *L. candidum* × *L. chalcedonicum* = *L.* × *testaceum*. Blüten türkenbundartig, nankinggelb. Durch Rückkreuzungen mit *L. candidum* entstanden weiße Hybriden mit roten Staubbeuteln und 'Ares', orangerot; 'Artemus', rosa und 'Zeus', ziegelrot. VII, 80–150 cm. – PARDALINUM-HYBRIDEN. Hierher gehören Kreuzungen mit amerikanischen Arten, vor allem mit den Pantherlilien, deren Blütenform und Wuchs sie haben. 'Bellingham-Hybriden', gelbrote bis rote Farben, 'Afterglow', dunkelkarminrot und gelb; 'Buttercup', kräftig gelb; 'Shuksan', nankinggelb, rot gefleckt; 'Sunset', rot und gelb. Alle für sauren Boden, halbschattig. VII–VIII, 80–200 cm. – IMPERIALE-HYBRIDEN. Trompe-

tenlilien mit weißen, rosa und gelben Farbtönen, aus Kreuzungen mit *L. regale* u. a. entstanden. Alle sind langlebig und unproblematisch. 'African Queen', aprikosengelb; 'Black Dragon', weiß, außen braun; 'Carrara', reinweiß; 'Golden Clarion Strain', hellgoldgelb; 'Golden Splendor Strain', goldgelb; 'Green magic', weiß mit grün; 'Honeydew', reichblühend, grünlichgelb, hängend; 'Limelight', hellgelb, hängend; 'Olympic-Hybrids', reinweiß, kräftig wachsend; 'Pink Perfection', rosa, gut; 'Royal Gold', wüchsig, goldgelb; 'Sentinel Strain', edle, reinweiße Trompeten. VII, 90–120 cm. – AURELIANENSE-HYBRIDEN. Die Eltern der Imperiale-Hybriden wurden mit *L. henryi* gekreuzt. Sie haben teilweise offene, sternförmige Blüten und sind wie *L. henryi* sehr wüchsig. 'Bright Star', weiß, Mitte orange; 'Golden Sunburst Strain', goldgelb, grüngelbe Mitte; 'Good Hope', goldgelb; 'Silver Sunburst', elfenbeinweiß, Mitte orangegelb; 'Thunderbolt', melonengelb. VII–VIII, 90–240 cm. – AURATUM-HYBRIDEN. Kreuzungen von *L. auratum* mit *L. speciosum* u. a. ergaben die großblumigsten Hybriden mit Blüten bis 30 cm Durchmesser. Allerdings sind sie etwas anfällig und nicht so langlebig wie Trompetenlilien, übertreffen aber doch ihre Eltern. Die riesigen Blüten sind flach bis breittrichterförmig von weiß bis rosa, oft dunkel gefleckt. 'American Eagle', reinweiß, zinnoberrot gesprenkelt; 'Imperial Silver', weiß, rot punktiert; 'Imperial Gold', weiß mit breitem, goldgelbem Mittelstreifen, Punkte dunkelrot; 'Crimson Beauty', weiß, Band kirschrot, 'Imperial Crimson', weiß, Band kirschkarmin; 'Jamboree Strain', weiß, rosa überlaufen; 'Red Champion', mehr zurückgeschlagene Blütenblätter, weiß, rotes Band; 'Red Band Strain', weiß mit dunkelrotem Mittelband. Die rotbandigen Sorten sind sich oft sehr ähnlich. VIII, 120–180 cm. Darüber hinaus noch viele Sorten bei allen Hybriden.
VERWENDUNG. Vor allem die niedrigeren im Steingarten, Staudenbeet, vor

Brutzwiebelbildung bei Davidii-Hybriden. (Nach Feldmeier, Die neuen Lilien)

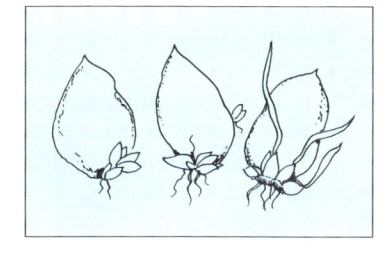

Winterlinde, *Tilia cordata.* (Seidl)

oder zwischen Rhododendron und Gehölzen, viele als edle Schnittblumen und für Treiberei, wie *L. formosanum, L. longiflorum, L. speciosum* und viele großblumige Hybriden. – BODEN. Nahrhaft, lehmig-sandig, durchlässig. Beim Pflanzen Zwiebeln auf eine Sand- oder Kiesschicht legen, falls der Boden nicht genug durchlässig ist. Viele vertragen keinen Kalk im Boden, wie *L. auratum* und *L. speciosum* mit ihren Kreuzungen. – VERMEHRUNG. Aussaat, besonders bei den Arten. Alle durch Teilung oder Zwiebelschuppen, einige durch die oft reichlich gebildeten Brutzwiebeln in den Blattachseln. Bei der Aussaat entwickeln manche Arten zuerst Wurzeln und Zwiebelchen, erst nach längerer Kühlperiode werden dann Blätter gebildet.

Lilienhähnchen, 2 Arten → Blattkäfer, 7 mm groß, rotgelb, fressen ebenso wie ihre mit einem schwarzen Kotmantel bedeckten Larven an den Blättern. Abwehr: Absammeln der Käfer, Larven und Eigelege.
Lilium → Lilie.
Limonium → Meerlavendel.
Linaria → Leinkraut.
Linde, *Tilia.* Lindengewächse, *Tiliaceae.* Etwa 30 Arten in der nördlich gemäßigten Zone. Sommergrüne Bäume, spielen im Volksglauben, in Religion und Poesie von altersher eine bedeutende Rolle. Das Lindenblatt war bei den Germanen das Zeichen des freien Grundbesitzers. Die L. war der heilige Baum der Frigga, der Göttin der Fruchtbarkeit, in dem Baumschatten wurde Gericht gehalten, gespielt, getanzt und Hochzeit gehalten. Schöne Wahrzeichen und landschaftsbestimmend sind die einzelnen Dorf- und Riesenlinden, die oft 1000 und mehr Jahre alt sind. Das Holz der L. ist weich, sehr leicht und schwindet stark, besonders für Schnitzereien und zur Herstellung von Gebrauchsgegenständen geeignet. Die Blüten werden in vielen Gegenden gesammelt, getrocknet und als Tee in der Hausmedizin verwendet; enthalten ein ätherisches Öl, das beim Trocknen stark verdunstet und nach einem Jahr ganz verschwindet, deshalb sind ältere Lindenblüten wertlos. Wichtige Bienenfutterpflanze, reiner Lindenhonig ist sehr begehrt. – *T. cordata,* Winterlinde, Steinlinde. ○–◐ ℏ VII D Bie. Europa, 30 m. Breitsäulenförmiger oder breitausladender Wuchs, rundliche, herzförmige Blätter. Die gelblich-weißen Blüten duften stark, stehen in mehrblütigen Scheindolden und sind beste Bienenweide. Reichblühend, widerstandsfähig, Straßen- oder Parkbaum, für Windschutz- oder Ödlandbegrünung und Autobahnmittelstreifen. – *T.* × *euchlora (T. cordata* × *T. dasystyla),* ○–◐ ℏ VII D Bie. Bis 20 m mit rundlicher Krone und (mit zunehmendem Alter) bis zum Boden herabhängenden Zweigen. Wegen des Wuchses nicht als Straßenbaum geeignet, aber wertvoll für Parks und größere Anlagen. – *T.* × *europaea (T. cordata* × *T. platyphyllos),* Holländische L. ○–◐ ℏ VI–VII D Bie. Bis 40 m hoch, übertrifft ihre Eltern an Schönheit, Wüchsigkeit und Gesundheit. Kegelartige Krone, herzförmige, gesunde Blätter und gelbliche Blüten. Vorzüglich als Straßenbaum, für Parks oder größere Anlagen und als Einzelbaum. – *T. platyphyllos,* Sommerlinde. ○–◐ ℏ VI D Bie. Heimat Europa, wird bis 40 m hoch, mit breiteiförmiger Krone. Blätter rundlich bis herzförmig, 12 cm lang, lebhaft grün. Die gelblich-weißen Blüten duften leicht, meist zu dritt in einer Dolde. Stellt an das Klima etwas größere Ansprüche als die vorherigen Linden, braucht höhere Boden- und Luftfeuchtigkeit. – *T. tomentosa,* Silberlinde. ○ ℏ VII D Bie. Südeuropa und Westasien. Bis 30 m hoch, mit breit kegelförmiger, dichter Krone und aufrechten Zweigen. Blätter auf der Oberseite glänzend dunkelgrün und auf der Unterseite silbrig-weiß behaart, im Herbst leuchtend goldgelb. Wertvoller Park- und Straßenbaum; kann große Hitze und Trockenheit vertragen, deshalb auch für die heiße Stadtluft geeignet. Von den gebräuchlichsten L.n sind in verschiedenen Gegenden Stämme herausselektiert worden, die besser gegen die Umweltverschmutzung gewappnet sind. – ANSPRÜCHE. Kräftiger, tiefgründiger Boden in sonnigen oder halbschattigen Lagen. Die meisten Arten bevorzugen höhere Luftfeuchtigkeit. – VERMEHRUNG. Bei den reinen Arten Aussaat möglich. Das Saatgut muß → stratifiziert werden,

beim Aussäen Samen nur ganz leicht mit Erde bedecken! Die jungen Sämlinge sind frostempfindlich, bei Nachtfrostgefahr ist Schutz notwendig. Aus Samen gezogene Pflanzen variieren stark, manche Kreuzungen bringen auch nur taube Samen. Dann muß veredelt werden, bei den starkwüchsigen am Wurzelhals, bei den schwachwüchsigen in Kronenhöhe.
Linum → Lein.
Liquidambar → Amberbaum.
Liriodendron → Tulpenbaum.
Lithodora → Steinsame.
Lithops → Mittagsblumengewächse.
Lithospermum → Steinsame.
Livistona → Palmen 4.
Lobelia → Lobelie.
Lobelie, Männertreu, *Lobelia.* Glockenblumengewächse, *Campanulaceae.* ○–◐ ☉ ⫶ ▽. Weit verbreitete Gattung, über 200 Arten, einjährig bis staudig. Die in Südafrika heimische *L. erinus* wird bei uns als Sommerblume kultiviert. Viele dünne, aufrechte Stengel, Blätter eirund bis lanzettlich. Die zahlreich erscheinenden Blüten sind end- und achselständig. VI–Frost. Sortiment sehr reichhaltig, doch dominieren die rein blau blühenden Sorten, teils hell-, teils dunkellaubig. Wenig Bedeutung haben die roten und rosafarbenen Sorten sowie alle Sorten mit weißem Auge, hier die blauen jedoch wieder ausgenommen. – Eine Besonderheit im Sortiment ist 'Pendula Saphier', tiefblau mit weißem Auge, mit langen, kräftigen Ranken und daher insbesondere für Balkonkastenbepflanzungen und Topfkultur interessant. – Verwendung in der Hauptsache als niedrige Beet- und Einfassungspflanze. – Aussaat aller Sorten II–III unter heizbarem Glas, anschließend büschelweise pikieren. Freilandpflanzung ab Mitte V mit etwa 20×20 cm Abstand. Standort sonnig bis leicht halbschattig. – Bodenansprüche gering, liebt aber humose Böden.
Lobivia → Kakteen 12.
Lobularia → Duftsteinrich.
Lockstoffe. Wie bei allen Tieren finden sich auch bei den Insekten die Geschlechter durch Lockstoffe, meist von den Weibchen produziert, zusammen. Die Pflanzenforschung bemüht sich, solche Lockstoffe zu analysieren und künstlich herzustellen, um sie für biologische Schädlingsbekämpfung nutzbar zu machen. Bisher im Gartenbereich noch keine praxisreifen Verfahren.
Löffelkraut, *Cochlearia officinalis.* Kreuzblütler, *Cruciferae.* Mit dem Meerrettich verwandt, Meeresstrandgewächs, Salzpflanze. Reich an Vi-

Löwenmaul, A. majus. (Seidl)

tamin C, Gerb- und Bitterstoffen, gilt deshalb in der Kräuterheilkunde als Leber- und Gallemittel. – Anbau: Aussaat V–Ende VIII, gegebenenfalls in Folgesaaten, mit 25–30 cm Reihenabstand; keimt schnell, Kulturzeit bis zur Ernte der Blätter ca. 8 Wochen. L. ist zweijährig, daher winterfest, Ernte bis etwa III. Frühjahrsblüher. Verwendung zu Salaten und als Heilkraut.
Löß, durch Windablagerung von feinstem Gesteinsmaterial entstanden, je nach Ursprungsgestein Lößlehm oder Sandlöß. Tiefgründig, gleichmäßige Struktur. L. ist fruchtbarster Boden, in der Bodenschätzung mit 100 = höchste Fruchtbarkeitsstufe bewertet.
Löwenmaul, *Antirrhinum.* Rachenblütler, *Scrophulariaceae.* ○ ☉ ✕. In Südeuropa und Nordafrika wildwachsende Staude. Bei uns werden die, alle von *Antirrhinum majus* abstammenden Kulturformen des Garten-Löwenmauls nur einjährig kultiviert, und zwar je nach Wuchshöhe als Schnitt-, Beet- oder Rabattenpflanzen. Aufrechter Wuchs, längliche Blätter, gegen- bis wechselständig, Blüten in endständigen Trauben. Das Farbenspiel umfaßt alle Hauptfarben, außer Schwarz und Blau, mit Variationen sowie zweifarbige Züchtungen. Das Sortiment ist nach dem Zweiten Weltkrieg, insbesondere in den 60er Jahren, stark verbessert und erweitert worden. Im Liebhabergarten fast ausschließlich Mischungen. Drei sich mehr oder minder stark überschneidende Sammelgruppen mit jeweils mehr oder weniger Zuchtklassen und Formen. – HOCHWACHSENDES LÖWENMAUL, zwischen 60 und 100 cm, in der Hauptsache für den Schnitt. 'Grandiflorum': ca. 80 cm, nicht mehr stark gefragt. 'Maximum', ebenfalls etwa 80 cm, ältere Zuchtklasse. 'Tetra', besonders kräftig im Wuchs, ca. 60 cm, dicht besetzte, breite Blütenstände. 'Maximum hyacinthiflorum', ca. 70 cm, besticht durch die großen, sehr dicht gestellten Blüten. Die radiärblütigen Hybriden 'Bright Butterflies' wirken durch die offengesichtigen Blüten sehr elegant und duftig. Wuchshöhe ca. 80 cm. Die radiärblütigen Hybriden 'Madame Butterfly' haben große, gefüllte, azaleenähnliche Blüten, ca. 70 cm. Gefüllte F_1-Hybriden; ca. 80 cm, mit ihren auf kräftigen Stielen sitzenden, runden, halbgefüllten Blumen sowohl im Freiland als auch im Schnitt besonders haltbar. Weitere Zuchtklassen sind fast ausschließlich für den Erwerbsgärtner von Bedeutung (Treiberei). – HALBHOHES LÖWENMAUL, Wuchshöhe 40–60 cm, hauptsächlich für Beetbepflanzungen, teilweise auch für den Schnitt. 'Nanum Maximum' ('Majestic'). Die Wuchshöhe der Farbsorten schwankt um 50 cm. Die neueren Hybrid-Zuchtklassen, die es innerhalb dieser Sammelgruppe noch gibt, werden praktisch nur von Erwerbsgärtnern angebaut; zeichnen sich durch hohes Maß an Uniformität aus und eignen sich deshalb hervorragend für Beetpflanzungen. – ZWERG-LÖWENMAUL. ⫶. Wuchshöhe 15–30 cm. Verwendung ausschließlich als niedrige Beet- und Einfassungspflanze sowie als Füller im Steingarten. 'Pumilum', nur ca. 15 cm, eignet sich besonders für Steingarten sowie Einfassungen. 'Wunderteppich', ca. 20 cm, etwas kleinblumig, wie die vorhergehende Klasse eine Mischung. 'Floral Carpet', sehr schnell wachsende Hybridenmischung. Ca. 20 cm, aber sehr breitwachsend und enorm gleichmäßig. 'Little Darling', ca. 30 cm, große, offene Blüten. – ANSPRÜCHE. Das Garten-Löwenmaul gedeiht am besten in etwas kräftigem, aber doch humosem Boden in möglichst vollsonniger, die hohen Klassen in nicht zu windiger Lage. Aussaat zwischen II und Anfang IV in Saatschalen, nicht zu warm. Sämlinge nach Möglichkeit pikieren. Pflanzung sobald keine stärkeren Nachtfröste mehr zu erwarten sind. Pflanzweite je nach Wuchshöhe 20×20 bis 35×30 cm. Bei gelegentlichen Düngergaben und Entfernen der alten Blütenstände reiche und bis zum Frost fortdauernde, mehr oder minder starke Blüte. Beim Anbau für den Schnitt ist zu beachten, daß beim Schneiden des Mitteltriebes noch genügend Seitentriebe verbleiben. Gelegentlich kann der Löwenmaulrost sehr schaden, doch sind relativ resistente Züchtungen im Handel. Die neuen Zuchtklassen und Hybriden sind schon ihres starken Wuchses wegen weniger anfällig. – AUSDAUERNDE ARTEN. Sie bevorzugen

warme Gegenden und geschützte Standorte. *A. asarina.* ○ ♃ △ ∧ V–IX. Aus den Pyrenäen, kaum 10 cm hoch, mit kriechenden Trieben und rundlichen Blättern. Die achselständigen Blüten sind hellgelb, mit dunkleren Lippen und rosa Fahne. *A. glutinosum.* ○ ♃ △ ∧ VII–IX. Aus Spanien, wird 15 cm hoch, mit elliptischen Blättern und weißgelben Blüten.

Löwenzahn, *Taraxacum officinale.* Korbblütler, *Compositae.* Einheimische Futterpflanze in fetten Wiesen, ausdauernd, mit langer Pfahlwurzel. Gelegentlich im Frühjahr gesammelt und als Salat genossen; selten angebaut. – Anbau: Am besten Kultursorten verwenden! Aussaat III–IV ins Frühbeet, Setzlinge V–VI auf 30 × 30 cm auspflanzen. Erste Blatternte IX–X möglich; den Wurzelkopf schonen! Nach Überwinterung auf gutgedüngten Böden sehr kräftige Pflanzen. Blätter zum Bleichen zusammenbinden. Ausgegrabene Wurzeln können auch über Winter wie → Chicorée getrieben werden. – Verwendung: Als Salat, grüne Blätter sind deutlich bitter, gebleicht oder im Keller getrieben wesentlich besser. Der Salat wirkt harntreibend.

Loganbeere, *Rubus loganobaccus,* Loganberry in USA. Anbau wie → Brombeere. Frostempfindlich.

Lokalsorten, Sorten, deren Anbau über Gemeinde, Kreis oder ähnliche lokale Kleinklimaverhältnisse nicht hinausgeht. Ansprüche entsprechen dem Ursprungsraum.

Lolium perenne → Rasengräser.
Lomaria → Farne 3.

Lorbeerrose, *K. latifolia.* (Seidl)

Lonas → Ruhrkraut.
Lonicera → Heckenkirsche.
Lophophora → Kakteen 20.
Lorbeerbaum, *Laurus.* Lorbeergewächse, *Lauraceae.* ○ ♄–♄ ▽ D. Sträucher oder Bäume mit immergrünen Blättern, die aromatisch duften. 2 Arten im weiteren Mittelmeerraum. – *L. nobilis.* Bis 12 m Höhe erreichend. Blätter dichtstehend, lederartig, 12 cm lang und 4 cm breit. Meist in strenger Form, als Kronenbäumchen oder Säulen verwendet. Der L. ist eine der ältesten Dekorationspflanzen überhaupt, er wird schon seit dem Mittelalter als solche verwendet. – Die Anzucht von Pyramiden oder Kronenbäumchen dauert im Durchschnitt 10 Jahre, das erklärt auch den hohen Anschaffungspreis. Überwinterung hell und kühl, bei 3–6°C, im Sommer werden die L.e ins Freie gestellt, bzw. eingesenkt, reichlich gewässert und gedüngt. Verpflanzen ist nur ungefähr alle 3–4 Jahre notwendig, nie soll man zu große Gefäße verwenden. Älteren Pflanzen gibt man schwerere Erden. Schild- und Wolläuse müssen regelmäßig bekämpft werden.

Lorbeerkirsche → Kirschlorbeer.
Lorbeerkrüglein → Traubenheide.
Lorbeerrose, Kalmie, *Kalmia.* Erikagewächse, *Ericaceae.* Immergrüne Sträucher, 8 Arten in Nordamerika und Westindien. Name nach den lorbeerähnlichen, dunkelgrünen Blättern. – *K. angustifolia.* ○–◐ ♄ VI–VII i. Östliches Nordamerika, wird kaum meterhoch, mit gegenständigen Blättern und purpurfarbenen Blüten in achselständigen Büscheln. Die Sorte 'Rubra' hat etwas dunklere Blüten. – *K. latifolia,* Amerikanischer Berglorbeer. ○–◐ V–VI i ⚥. Hoher Strauch mit eilanzettlichen Blättern und karminrosa Blüten, an den Zweigenden in vielblütigen Doldentrauben. Die Wirkung der Blüten wird durch dunklere Staubgefäße noch hervorgehoben. Es gibt verschiedene englische Züchtungen mit rosa, weißen, roten oder schokoladenfarbenen Blüten. – *K. polifolia.* ○–◐ ♄ V–VI i. Nordamerika, bis 0,60 m hoch, mit zweikantigen Zweigen und lilapurpurnen Blüten in endständigen Dolden. – Die L.n vertragen keinen Kalk im Boden, sind ansonsten anspruchslos, ganz winterhart, wachsen im nassen wie auch trockenen Boden, in sonniger und schattiger Lage. Schutz vor Wintersonne ist angebracht. Besonders in Gemeinschaft mit Alpenrosen und Azaleen geeignet, denen sie sich in der Blütezeit anschließt. Sollte in den Gärten viel mehr Beachtung fin-

Losbaum, *Clerodendron thomsoniae.* (Jesse)

den. – Aussaat ist nur bei großem Bedarf üblich, gebräuchlich sind Absenker im VIII–IX. Stecklinge wachsen sehr schwer.

Lord-Howe-Palme → Palmen 3.
Lorraine-Begonie → Begonie.
Losbaum, *Clerodendron.* Verbenengewächse, *Verbenaceae.* ○–◐ ♄–♄ z.T. ⚥ ▽ D. Aufrechte oder schlingende Sträucher mit meist gegenständigen oder wirtelig gestellten Blättern. Blüten in großen zusammengesetzten Blütenständen, oft durch den andersfarbigen Kelch auffallend. 280 Arten im tropischen Afrika und Asien. Der Name ist Übersetzung des lat. (griech.) Namens: ‚kleros' = Los (Schicksal, weil einige Arten für den Menschen heilende, andere schädigende Eigenschaften besitzen) und ‚dendron' = Baum.

WINTERHARTE ARTEN. *C. trichotomum.* ○ ♄–♄ IX ⚥. Japan und Ostchina, aufrechter, bis 8 m hoher, baumartiger Strauch von tropischer Erscheinung. Bis 20 cm lange, dunkelgrüne Blätter und weiße Blüten mit rotem Kelch, die leicht duften. Auffallend die blauen, von roten Kelchblättern umgebenen Früchte. Die Abart var. *fargesii* ist etwas härter, hat kleinere Blätter und karminrote Kelchblätter. – ANSPRÜCHE. Bezüglich Boden anspruchslos, stellt aber höhere Ansprüche an das Klima, verlangt sonnige und geschützte Standorte. In kalten Gebieten nicht winterhart. Winterschutz durch Einbinden ist immer ratsam; friert er trotzdem zurück, so treibt er meistens aus der Wurzel wieder aus. – VERMEHRUNG. Durch Aussaat, Stecklinge im Sommer von krautigen Trieben, Wurzelschnittlinge oder durch Teilung älte-

rer Pflanzen im Frühjahr, bei Beginn des Austriebes.
NICHT WINTERHARTE ARTEN. – SCHLINGSTRÄUCHER. *C. thomsonae.* Blüht das ganze Jahr. Blätter eiförmig zugespitzt. Blüten in großen Blütenständen, Kelch weiß, groß aufgeblasen, Blüten mit schiefer Krone, scharlachrot. Durch die Farbkombination einmalig. Leider nur für Wintergarten oder Zimmergewächshaus geeignet, dort aber rasch und leicht gedeihend. Temperatur um 18 °C, im Winter Ruhezeit bei 12 °C möglich, die Blätter fallen dann ab. Rückschnitt im I–II. Topfpflanzen können kurzfristig als Blütenpflanze im Zimmer verwendet werden. Ähnlich, doch weniger deutlich kletternd ist *C.* × *speciosum,* die Kreuzung dieser Art mit *C. speciosissimum,* Kelche rötlichviolett, Blütenkrone scharlachrot. – *C. ugandense.* Tropisches Afrika (Uganda bis Zimbabwe). 3–4 m hoher Kletterstrauch. Blätter oval bis verkehrt-eiförmig, bis 10 cm lang. Blüten in endständigen Rispen, 2,5–3 cm breit, dunkelviolettblau, Staubfäden hellblau, gebogen, lang herausragend. – Kommt ebenfalls gestaucht in den Handel und wächst später aus. Gute Zimmerpflanze für lichte Plätze, nicht prallsonnig. – AUFRECHTE ARTEN. *C. fragrans.* 1 m und höher werdender Strauch, Blätter eiförmig, bis 20 cm lang, Blüten in dichten, hortensienähnlichen Blütenständen, weiß, außen rosa, stark duftend. In Kultur meist 'Pleniflorum'. Alte Zimmerpflanze, heute selten. Kultur bei 15–20 °C, besser kühl. Besonders für kühle, luftige Räume. – *C. speciosissimum (C. fallax).* Hoher Strauch, Blätter breit herzförmig, bis 25 cm lang. Blüten in großen Trugdolden, Kelch purpurn, Blüten scharlachrot, sehr auffällige Farbe! Weniger für die Topfkultur als für den warmen Wintergarten oder das Blumenfenster. Temperatur um 20 °C, höhere Luftfeuchtigkeit.
Lotus → Hornklee.
Louisiana Moos → Ananasgewächse 3.
Lüften, Luft geben, Öffnen der Lüftungsklappen von Hand oder automatisch im Gewächshaus; Anheben der Frühbeetfenster (obere, untere, Kreuz- und Seitenlüftung) mittels eines Luftholzes, um Jungpflanzen Temperaturausgleich und optimale Frischluftzufuhr zu geben und um sie abzuhärten. Im Privatgarten überholt durch → Folientunnel und selbstlüftendes → Frühbeet. → Kleingewächshaus.
Lüftrechen → Rasenpflegegeräte.
Luft, Gemisch von Gasen, hauptsächlich Stickstoff, Sauerstoff und Kohlendioxid, außerdem Edelgasen in Kleinstanteilen. Pflanzenwuchs über diese Gase, Bodenluft, L.bewegung und L.feuchtigkeit vielfältig von der L. abhängig.
Luftdruck, Messung nach Millibar (mb), früher mm Quecksilbersäule. 1 mb = 1000. Teil einer Atmosphäre. Orte mit gleichem Luftdruck werden auf der Wetterkarte mit Linien, den Isobaren, verbunden.
Luftfeuchtigkeit, Messung mit Feuchtigkeitsmesser oder Haarhygrometer. Dabei wird entfettetes Frauenhaar benutzt, das sich bei Luftfeuchtigkeit ausdehnt, bei Lufttrockenheit zusammenzieht. Die Schwankungen werden auf Zeiger übertragen und auf einer Skala angezeigt. Abb. → Kleingewächshaus.
Luft, ‚gespannte', die erhöhte Luftfeuchtigkeit, meist bei gleichzeitiger Erhöhung der Temperatur, die bei Stecklingen, frisch pikierten und umgetopften Pflanzen angewendet wird, um Be- bzw. Durchwurzelung zu erzielen. Der Liebhaber verwendet Plastikfolie oder -schläuche, die er über die Pflanzen breitet und stülpt. Kondenswasser entfernt man durch tägliches Lüften der Folie.
Luftholz, Vierkantholz zum Hochstellen der → Frühbeetfenster, meist gezähnt, um Fenster verschieden hoch stellen zu können.
Luftstickstoff, das in der Luft als Gas enthaltene Stickstoffmolekül (N_2). Von Pflanzen nicht direkt aufnehmbar. → Stickstoff, → Azotobakter, → Knöllchenbakterien.
Lunaria → Silberling.
Lungenkraut, *Pulmonaria.* Boretschgewächse, *Boraginaceae.* ○–◐ ♃ |: △ Bie. Etwa 10 Arten in Europa und Asien. Rauhhaarige, niedrige Stauden mit ungeteilten, lanzettlichen Blättern und röhrig-glockigen Blüten in Wickeltrauben. Die Blütenfarbe verändert sich bei einigen Arten während des Aufblühens. – *P. angustifolia (P. azurea),* Europa bis Kaukasus. Eine der schönsten Arten. Ungefleckte Blätter, dunkelgrün. Blüten erst karminrot, dann azurblau. 'Azurea', leuchtend enzianblau, 20 cm; 'Alba', weiß, 20 cm; 'Munstead Blue', gut wachsend und reichblühend mit leuchtendblauen Blüten, 30 cm. IV–V. – *P. officinalis,* Echtes L., Europa, bei uns heimisch. Ei- bis herzförmige, ungefleckte Blätter. Blüten anfangs rosa, später violett. *P. o.* ssp. *maculosa* hat scharf gezeichnete, weiße Flecken auf den Blättern. IV–V, 20–30 cm. – *P. picta (P. saccharata),* Südeuropa. Ähnlich dem Echten L., aber mit großen, ineinanderlaufenden, silberweißen Blattflecken. Blüten rotviolett, III–IV. 'Mrs. Moon', bekannter als die Art, mit besonders schönen silbrig gefleckten Blättern. Blüten erst rot, im Verblühen bläulich. 'Pink Dawn' hat rosa Blüten und weißgeflecktes Laub, 20–25 cm. IV. – *P. rubra,* Ungarn, Ostkarpaten. Schöne Art mit grünen, weich behaarten Blättern, breit-lanzettlich. Blüten schön ziegelrot. 'Bowles Red' ist wüchsiger und intensiver in der Farbe. III–V, 25–30 cm. – Verwendung dieser lieblichen Frühlingsblüher unter lichten Gehölzen, im Steingarten und Staudenbeet. Boden humos, nicht zu trocken. Vermehrung durch Teilen der kriechenden Wurzelstöcke.
Lupine, *Lupinus.* Hülsenfrüchtler, *Leguminosae.* Etwa 100 Arten, einige im Mittelmeergebiet, die meisten in Amerika. Einjährige oder ausdauernde Pflanzen mit vielen Blättern an einem Stengel, radförmig angeordnet. Blüten in langen Kerzen, meist zweifarbig, das Schiffchen anders gefärbt als die Fahne. EINJÄHRIGE ARTEN. ○ |: △. *L. albus,* Weißlupine. Im Handel nur 'Coccineus', rosa mit weiß, 60 cm. VII–VIII. – *L. cruckshansksii (L. mutabilis* var. *c.),* Kolumbien. Graugrüne Blätter und lockere Trauben. Blüten blau oder hellblau, später dunkler, violett. Fahne erst gelb, dann bräunlichgelb, oder weiß mit gelb und blauem Rand. Eine der schönsten einjährigen Arten. VII–X, 80–120 cm. – *L. Einjährige Hybriden.* Im Handel werden viele Sorten kaum noch einzeln, meist nur Mischungen mit großem oder kleinem Korn angeboten. Diese enthalten außer den Arten auch Sorten wie 'Atricoccineus', rosa und rot; 'Nigrescens', schwarzblau mit hellviolett; 'Präsident Cleveland', fast gefüllte Blüten, violett und rosa mit karmin und gelb; oder andere weiße, gelbe, blaue und purpurne Sorten. Sie eignen sich auch zum Schnitt. VII–IX, 60–120 cm. – *L. hart-*

Lungenkraut, *Pulmonaria* (Archiv)

Lupinen-Sortiment im Staudensichtungsgarten Freising–Weihenstephan. (Siebeneicher)

wegii, Mexiko. Rauh behaarte Pflanzen mit kleinen Samenkörnern. Blüten in langen Trauben, groß. 'Blaukönig', dunkelblau; 'Heliotrope', purpurrosa; 'King Sky Blue', himmelblau; 'Weißkönig', besonders großblumig, weiß. VII–X, 80 cm. – *L. hirsutus*, Südeuropa, Nordafrika. Pflanze rostfarben-rauhhaarig, große Samenkörner. Blüten in kurzen Ähren, himmelblau. Auch blau, rosa und weiß als Sorten. VII–IX, 30–60 cm. – *L. luteus*, Gelbe L., Südeuropa. Stammpflanze der zu Futterzwecken und Gründüngung auf sandigen Böden verwendeten Süßlupine. Blüten in ährenförmiger Traube, goldgelb. 'Romulus' ist großblumiger und niedriger. VI–IX, 30 cm. – *L. nanus*, Kalifornien. Die Art ist selten im Handel, wohl aber Mischungen, von denen 'Pixie Delight' alle Farbtöne von weiß, rosa, rot, hell- bis dunkelblau enthält. Verzweigte, reich- und frühblühende Pflanzen. VI–VIII, 20–30 cm. – *L. sulphureus* 'Superbus'. Wahrscheinlich gehört diese Sorte zu *L. menziesii*, Kalifornien. Wolligbehaart, Blüten erst gelb, dann bräunlich-orange. VI–IX, 50 cm. – Verwendung der einjährigen Arten und Sorten in bunten Sommerblumenpflanzungen, die niedrigen auch zur Einfassung und im Alpinum. Durch die an den Wurzeln sitzenden Knöllchenbakterien wird Stickstoff aus der Luft gesammelt, der nach dem Absterben der Pflanzen im Boden bleibt und dann verfügbar ist. Boden locker, sandig, kalkarm. Anzucht durch Aussaat IV an Ort oder Vorkultur in Torftöpfen und ab Mitte V auspflanzen. – AUSDAUERNDE ARTEN. ○ ♃ ✂. *L. polyphyllus*, Staudenl., westliches Nordamerika. – Bei uns oft verwildert an Bahndämmen, Waldrändern. Verzweigte, tiefgehende Wurzeln. Blätter fingerförmig geteilt mit lanzettlichen Blättchen. Blüten in langer Traube, blau, weiß oder violett. VI–VII, 80–100 cm. – *L. Polyphyllus-Hybriden*. Durch Einkreuzung von *L. arboreus* u. a. Arten entstanden herrliche Sorten, darunter die Russel-Lupinen in vielen Farben. Gute Sorten sind: 'Admiral', Schiffchen dunkelblau, Fahne gelb; 'Blushing Bride', elfenbeinweiß; 'Golden Queen', goldgelb; 'Heather Glow', purpurviolett; 'Lilac Time', lila mit weißlicher Fahne; 'Rosenquarz', rosa mit dunkelrosa; 'Sweetheart', lachsorange mit gelb; 'Thundercloud', tiefviolett mit purpurblau. Schön ist auch die aus Samen zu ziehende 'Russel-Mischung' in allen Farben. – Inzwischen wurden Sorten gezüchtet, die echt aus Samen kommen und daher die obigen Sorten weitgehend verdrängen werden, z. B. 'Edelknabe', karminrote Töne; 'Fräulein', cremeweiß; 'Kastellan', marineblau mit weißer Fahne; 'Kronleuchter', leuchtend gelb; 'Mein Schloß', kräftig rot; 'Schloßfrau', rosa, Fahne weiß. V–VI und IX, 80–120 cm.

VERWENDUNG. In Einzelstellung, im Staudenbeet, entweder einfarbig in Gruppen oder bunt gemischt. Ebenso zum Schnitt, wenn auch die Blüten nur wenige Tage halten. Die Winterhärte der Sorten ist unterschiedlich, besonders die gelben frieren leicht aus. Boden tiefgründig, kalkarm, nicht frisch gedüngt. Vermehrung der Russel-Sorten durch Stecklinge mit einem Stück Holz der Wurzel, die andern durch Aussaat im Mai–Juni, oder früher.

Lupinus → Lupine.
Lurche → Amphibien.
Luxusrasen, Rasen für Höchstansprüche. Merkmale: Oberfläche teppichartig dicht, sattgrüne, leuchtende Farbe, unkrautfrei, auf 2,5, evtl. auf 2 cm Höhe geschnitten. – ANLAGE. Bodenvorbereitung minuziös exakt, nach Untersuchung der Wasserführung des Bodens, besonders auf Staunässe, falls nötig vom Fachmann drainieren lassen. Mutterboden, 10–15 cm stark, gleichmäßig mit Sand und Rindenhumus durchsetzen, um nichtschmierenden sandigen Lehm zu bekommen, der nach oben zu bedeutend mehr Sand als Lehm aufweist. Feinplanum: zentimetergenau mit Rechen und Rechenrücken in reiner Handarbeit erstellen; zum Schluß mit → Egalisiergerät abziehen. Saatgut: feinste Mischung aus dem Standort gemäßen → Sortengräsern, die man nach fachmännischer Beratung einkauft. Einsäen mit dem Düngerstreuer, dem Saatgut hierbei evtl. etwas Sand beigeben. – PFLEGE. Mähen nur im → Wachstumsschnitt mit walzenangetriebenem Spindelmäher (→ Rasenmäher) mit Grasfangbox. Düngen: nach dem Mähen; des öfteren kleinere Düngermengen exakt mit dem Düngerstreuer ausbringen und anschließend mit einem sehr fein sprühenden Rechteckregner einregnen. Bei längerer Abwesenheit des Pflegers für zuverlässigen Ersatzpfleger sorgen! Nach letztem Schnitt Laub abkehren, gesiebten Reifkompost gleichmäßig aufbringen.

Luzula → Hainsimse.
Lychnis → Lichtnelke.
Lycium → Bocksdorn.
Lysichiton → Scheinkalla.
Lysimachia → Felberich.
Lythrum → Weiderich.

M

Macleaya → Federmohn.
Maden → Insekten.
Mädchenauge, Schöngesicht, *Coreopsis (Calliopsis).* Korbblütler, *Compositae.* Zahlreiche einjährige bis staudige Arten.
EINJÄHRIGE. ⊙ ○ ⫶ ⚔. Bei uns als Sommerblume für Schnitt und Beetbepflanzung *C. tinctoria (Calliopsis bicolor, Calliopsis tinctoria)* am bedeutungsvollsten. An den Pflanzen erscheinen Blüten in reicher Zahl. Wuchshöhe sehr unterschiedlich: 30–100 cm. Hochwachsende Züchtungen hauptsächlich für den Massenschnitt, die gefragteren niedrigen für bunte Beete und Einfassungen. Meist in Mischungen mit variablen, doch in ihren Grundtönen gelben und rotbraunen Blüten. Aussaat möglichst III–IV unter Glas, Pflanzung ab Mitte V je nach Wuchshöhe bis zu 30 cm weit. Auch Freilandsaat an Ort und Stelle ab IV möglich; zu dichte Aussaaten verziehen. Standort vollsonnig, Boden nicht zu nährstoffreich. Blüte VI–Frost. Bei der Kultur die sehr unterschiedlichen Wuchshöhen unbedingt beachten! 'Hohe Mischung' bis 100 cm, 'Niedrige Gemischt' ca. 30 cm.
AUSDAUERNDE. ○ ⚔ VI–IX. – Beliebte Hochsommerblüher, gut zusammen mit Rittersporn aus der Belladonna-Gruppe, Fingerkraut *(P. atrosanguinea),* Salbei, Sommerastern. – *C. grandiflora.* Blätter lappigfiederteilig. Große, goldgelbe Blüten, 60–80 cm. 'Badengold', großblumig, höher als die Art (bis 100 cm). – *C. lanceolata,* ähnlich voriger, aber niedrige Sorten: 'Goldfink', kompakter Wuchs, auch für Steingarten, 25 cm; 'Sonnenkind', goldgelb, 40 cm; 'Sterntaler', gelb mit brauner Mitte, 30 cm. – *C. rosea,* mit kriechendem Wurzelstock, und *C. tripteris,* spätblühende Großstaude, werden nur selten angeboten. – *C. verticillata.* Besonders ausdauernde Art. Blätter schmaler, fast nadelförmig, Blüten feinstrahlig, hellgelb; 'Grandiflora', leuchtendgelb, 60 cm; 'Moon Beam', großblumig, hellgelb, 30 cm; 'Zagreb',

Mädchenauge, *Coreopsis tinctoria* 'Tetra Goldteppich'. (Dr. Jesse)

hellgelb, 30 cm. – Verwendung in Staudenpflanzungen in voller Sonne, *C. verticillata* verträgt auch leichten Halbschatten. – Normale Gartenböden. – Vermehrung durch Samen oder Teilung. *C. grandiflora* 'Badengold' gut auch durch Stecklinge.
Mädesüß, *Filipendula.* Rosengewächse, *Rosaceae.* ○–◐ ♃ ⚔. Etwa 10 Arten in der nördlich gemäßigten Zone. Stauden mit kurzem Erdstamm und unterbrochen-fiederschnittigen oder gelappten Blättern. Blüten in Doldenrispen, weiß bis rot. – *F. kamtschatica (Spiraea k., Ulmaria k.),* Mandschurei, Kamtschatka. Dekorative Pflanze mit drei- bis fünflappigen Blättern, Endblatt groß, breit-herzförmig, unterseits braunrot behaart. Blütenstände groß, weiß. VII–VIII, 1,5–3 m. – *F. palmata (Spiraea p., Ulmaria p.),* Sibirien, Sachalin. Sieben- bis neunteilige, auf der Unterseite weißfilzige Blätter, Blüten rosa. VII, 70–80 cm. – *F. purpurea (Ulmaria p.),* Japan. Blätter fünf- bis siebenspaltig, mit sehr großem, herzförmigem Endblatt. Blüten dunkelrosa bis karminrot. 'Elegans' weiß mit roten Staubfäden; 'Alba', weiß. VII–VIII, 40–80 cm. – *F. rubra (Spiraea lobata),* Rotes M., Nordamerika. Kriechender, wohlriechender Erdstamm. Blätter mit kleinen Endblättchen, auf der Unterseite mit behaarten Nerven. Blüten stark duftend, rosa bis rot. 'Venusta', große, purpurrosa bis karminrote Blütenstände. VI–VII, 100–150 cm. – *F. ulmaria (Spiraea u.),* Europa. Heimische Staude auf feuchten Wiesen und an Bachläufen. Blütenstände groß, weiß. 'Plena', wertvoller, mit gefüllten, weißen Blüten. VI–VII, 100–200 cm. – *F. vulgaris (F. hexapetala, Spiraea filipendula, Ulmaria f.),* Europa, Sibirien. Im Gegensatz zu allen anderen auf trockenem Boden wachsend. Dünner Wurzelstock mit knollig verdickten Wurzeln. Blätter tief eingeschnitten, in grundständiger Blattrosette, Blüten weiß. 'Plena', gefüllt weiß, am meisten bekanntes M. VI–VII, 40–60 cm. – Verwendung an Teichrändern, in Staudenbeeten und zum Schnitt. Boden meist feucht oder naß, nur *F. vulgaris* trockener. Vermehrung durch Teilung und Stecklinge.
Mähkante, zur Begrenzung einer Rasenfläche und als Trennung zu einer pflanzlichen und befestigten Fläche gestochen oder mit Platten, Pflaster oder Holz ausgebaut und oft zugleich als Gehweg benutzt.
Mähnengerste, *Hordeum.* Gräser, *Graminaceae.* ○ ⊙–⊙ ⚔. Von den rund 20 Arten der gemäßigten Zonen hat als einjähriges Ziergras die in Nordamerika heimische *H. jubatum* eine gewisse Bedeutung. Wird ca. 60 cm hoch, gelegentlich auch zweijährig. Bis zu 12 cm lange Ähren mit langen Grannen, an den Spitzen rosaviolett, daher sehr dekorativ. Verwendung der Blütenstände sowohl frisch als auch getrocknet für die Binderei und als Vasenschmuck. Blüte VII–Frost. – Aussaat unter Glas IV, Pflanzung ab Mitte V mit etwa 20–25 cm Abstand. Auch Direktsaat IV–Anfang V möglich, später Verziehen, Standort vollsonnig und nicht zu nährstoffreich.
Männertreu → Lobelie.
Märzbecher, *Leucojum.* Amaryllisgewächse, *Amaryllidaceae.* ○–◐ ♃ △ ⌒ ⚔. 9 Arten im Mittelmeerraum und Mitteleuropa. Bekannte Frühlingsblüher mit Zwiebeln, weißen, glockigen

Blüten und saftig grünen, riemenförmigen Blättern. – *L. aestivum,* Zentral- und Osteuropa, Kleinasien, Kaukasus. Blätter lang, Blütenstengel zweischneidig, hohl, mit 4–8 Blüten in überhängender Dolde. Weiß mit grünem Spitzenfleck. Will feucht stehen, blüht dann lange. 'Graveteye Giant', ist noch großblütiger und wüchsiger. IV–VI, 30–50 cm. – *L. autumnale,* Portugal, Spanien, Marokko. Herbstblüher. Zartes Pflänzchen mit fadenförmigen Blättern und 1–3, etwa 1 cm großen Blüten je Stengel, weiß, rosa überlaufen. Braucht Winterschutz! IX–X, 12 cm. – *L. vernum,* Mitteleuropa. Bekannteste Art, in fast allen Gärten verbreitet. Blüten einzeln oder zu 2 am Stengel, weiß mit grünem Fleck an den Spitzen. *L. v.* var. *carpathicum* hat gelbe statt grüne Flecken. III–IV, 15–20 cm. – Verwendung im Steingarten, zwischen Polsterstauden und zusammen mit anderen schattenliebenden Frühlingsblühern. Boden am besten frisch, lehmig. Vermehrung durch Teilung oder Brutzwiebeln am leichtesten.

Mäuse, artenreichste Säugetierfamilie, zur Ordnung der → Nagetiere gehörend. Zwei Unterfamilien: 1. Langschwanzmäuse, mit körperlangem Schwanz, spitzem Kopf und langen Ohren, oberirdisch lebend: → Ratten, → Hausmaus, → Gelbhalsmaus, → Waldmaus. – 2. Kurzschwanzmäuse, mit kurzem Schwanz, stumpfem Kopf und kurzen Ohren, in Wühlgängen im Erdboden lebend (Wühlmäuse) → Schermaus (Große Wühlmaus), → Erd- und Feldmaus. Alle genannten M.-Arten können im Garten schädlich auftreten. Abwehr: s. einzelne Arten.

Mäusedorn, *Ruscus.* Liliengewächse, *Liliaceae.* ○–◐ ♄ ⌂ ♂. Verzweigt wachsende, immergrüne Sträucher mit blattartig verbreiterten Trieben (Kladodien), Blüten klein und weiß, Beeren rot, daher wie auf dem Blatt sitzend. 3 Arten im Mittelmeergebiet und in wärmeren Teilen Europas. – *R. aculeatus.* 30–100 cm hoch, mit stechenden ‚Blättern'. Blüten weißlich, sternartig, nur die weiblichen Pflanzen bringen die roten Beeren. – *R. hypoglossum.* Wie vorige, jedoch ‚Blätter' größer, nicht zugespitzt und nicht stechend. – Nette Kleinsträucher für die Kultur im kühlen Zimmer und die sommerliche Freilandaufstellung. Besonders schattenverträglich. Eher schwere Substrate. In günstigen Lagen und im Weinbauklima halten M.e bereits im Freien durch, doch werden sie meist alle paar Jahre von einem besonders starken Winter bis zum Boden zurückgenommen. – Vermehrung durch Teilung und Wurzelausläufer.

Maggikraut → Liebstöckel.

Magnesium, chemisch Mg, wird je nach Intensität der Nutzung und Pflanzenarten mit ca. 2–10 g/qm und Jahr umgesetzt, zählt deshalb zu den Hauptnährelementen. Mg ist in Böden ausreichend vorhanden, stark saure Böden ausgenommen; wird aus Reserve nachgeliefert und bei richtiger Düngung durch organische Stoffe und Mineraldünger (Kalimagnesia) und → Hüttenkalk ersetzt. Durch langjährige einseitige Düngung und Überdüngung mit Kaliumchlorid und sonstigen Mineraldüngern ohne Mg kann jedoch Mg-Mangel auftreten. Mg ist zentraler Baustein des Chlorophylls und aktiviert u. a. Enzyme bei der Eiweißbildung. – MG-MANGEL. Es bilden sich keine vollwertigen Eiweißstoffe und weniger Kohlehydrate, ältere Blätter werden chlorotisch, verfärben sich orange bis rot (→ Chlorose), trocknen allmählich ein, die Wurzelbildung ist eingeschränkt. Gegenmaßnahme: pH ins Optimum bringen, oben genannte Mg-Dünger verwenden, im Notfall mit → Kieserit spritzen, 2 %ige Lösung = 20 g/Liter, 50 ccm pro qm.

Magnolia → Magnolie.

Magnolie, *Magnolia.* Magnoliengewächse, *Magnoliaceae.* Bäume oder Sträucher, 80 Arten in Ostasien und Nordamerika. Während der Kreide- und Tertiärzeit zahlreiche Arten in ganz Europa, auch in Grönland und Spitzbergen. Sommer- oder wintergrün, mit wechselständigen, großen Blättern und ebenfalls großen, leicht duftenden Blüten. – *M. acuminata.* ○ ⁺ V–VI. Aus Nordamerika, bis 30 m hoch. Pyramidaler Wuchs, rotbraune Zweige mit 30 cm langen, dunkelgrünen Blättern und glockigen grünlichen oder gelben Blüten. Schöner Parkbaum mit relativ wenig Wurzeln, läßt sich daher schwer verpflanzen. –

Magnolie, *Magnolia soulangiana.* (Seidl)

M. kobus. ○ ♄ IV–V D. Insel Hondo. Bis 10 m hoch, mit 10 cm langen Blättern und ebenso großen weißen Blüten, frosthart. Bietet zur Blütezeit einen wunderbaren Anblick, aber erst 10–15 Jahre alte Pflanzen blühen. Veredelt wird gern auf *M. kobus,* da sie feine Wurzeln hat und sich daher gut verpflanzen läßt. Die Abart var. *borealis* wird bis 25 m hoch, mit pyramidalem Wuchs, var. *stellata* (*M. stellata*), die Sternmagnolie, wird bis 3 m hoch, mit strauchigem Wuchs und schneeweißen, sternförmigen Blüten. Die Kreuzung 'Loebneri' (*M. kobus* × *M. kobus* var. *stellata*) vereinigt in sich die guten Eigenschaften ihrer Eltern: Wuchs und Härte von *M. kobus* und Blühfreudigkeit der Sternmagnolie. Bis 6 m hoch, mit großen, weißen Blüten. Verdient viel mehr Beachtung. – *M. liliiflora.* ○ ♄ V. Aus China, wird bis 3 m hoch, mit glockigem, außen purpurnen, innen weißen Blüten. Die Sorte 'Nigra' ist die dunkelste M., bis 6 m hoch, mit dunkelpurpurnen Blüten und ist über Sommer leicht → remontierend. – *M. sieboldii* (*M. parviflora*). Sommermagnolie. ○ ♄ VI–VII ⌒ D. Korea und Japan. Bis 5 m hoher Strauch mit schalenförmigen, weißen Blüten, leicht duftend, mit roten Staubgefäßen. Nach der Hauptblütezeit erscheinen bis zum Herbst noch zahlreiche Blüten. – *M.* × *soulangiana* (*M. denudata* × *M. liliiflora*). ○ ♄ IV–V. 1826 in Paris entstandene Züchtung, bis 6 m hoch, mit noch breiterem Wuchs und glockigen, 10 cm großen weißlich-rosa Blüten. Bevorzugt kalkfreien Boden. Die am meisten in

Märzbecher, *Leucojum vernum.* (Dr. Jesse)

den Gärten anzutreffende M. Gartensorten: 'Alexandrina', breite, außen dunkelrosa, innen fast weiße Blüten; 'Lennei', Blüten außen purpurrosa, innen weiß; 'Speciosa', sehr große, fast weiße Blüten. – ANSPRÜCHE. Nahrhafter, etwas leichterer Boden in sonnigen und warmen Lagen. Wegen der frühen Blütezeit sind windgeschützte und spätfrostfreie Stellen auszusuchen. Saurer Bereich sagt sehr zu, ist der Boden zu kalkhaltig, werden die Blätter gelb. – VERMEHRUNG. Aussaat bei den reinen Arten, soweit Saatgut vorhanden, am wirtschaftlichsten. Die Abarten und Formen werden durch Absenker vermehrt, abgelegt wird nach der Wachstumsperiode VIII–IX. Wo dies zu umständlich ist, muß veredelt werden; üblich ist Kopulation, Geißfuß oder Anplatten, mit Vorteil auf *M. kobus*-Sämlinge, da diese am leichtesten zu verpflanzen sind.

Mahonia → Mahonie.

Mahonie, *Mahonia.* Berberitzengewächse, *Berberidaceae.* Immergrüne Sträucher, 50 Arten in Nord- und Mittelamerika und Ostasien. – *M. aquifolium.* ○–● ♄ IV–V ⚥ ⋈ i. Nordwestamerika. Ganz winterharter, meterhoher Strauch mit großen, goldgelben Blütentrauben und blauschwarz bereiften Beeren. Die gefiederten Blätter sind ledrig-glänzend und färben sich im Winter weinrot; werden viel in der Kranzbinderei verwendet. Außerordentlich schattenverträglich, als Hecken-, Rand- oder Unterpflanzung geeignet. – *M. bealii.* ◐ ♄ II–V ⌒ D i. Aus China, bis 4 m hoch. Aufrechtwachsender Strauch mit 40 cm langen, gefiederten, dornig gezähnten Blättern, die sich im Winter nicht verfärben. Blüten zitronengelb, duften leicht; die purpurnen Beeren erscheinen schon im VII und bleiben bis IX. Schönes dekoratives Einzelgehölz, das etwas geschützten Standort verlangt. – *M. repens.* ○–● ♄ V △ ⌇ ⚥ ⋈ i.

Mahonie, *M. aquifolium.* (Seidl)

Nordamerika, wird selten über 0,50 m hoch. Treibt Ausläufer, hat blaugrüne Blätter u. ähnliche Blüten u. Früchte wie *M. aquifolium.* Schöner Bodendecker, auch für die Binderei geeignet. – Humoser Boden in halbschattigen Lagen. M.n vertragen Wurzeldruck, deshalb auch als Unterpflanzung zu verwenden. – Vermehrung am besten durch Aussaat, sofort nach der Ernte des Samens oder im Frühjahr; dann das Saatgut vorher → stratifizieren. Bei *M. repens* geht Teilung sehr leicht.

Maiapfel, *Podophyllum.* Sauerdorngewächse, *Berberidaceae.* ◐–● ♃ ⚥. Rund 8 Arten in China, im Himalaja, in Formosa und Nordamerika. Interessante Schattenstauden mit waagrechtem Rhizom und schön geformten Blättern. Blüten anemonenähnlich, später mit fast hühnereigroßen, einzelnen Früchten. – *P. hexandrum (P. emodi),* Himalaja. Drei- bis fünflappige, braun marmorierte Blätter, beim Austrieb bronzerot. Einzelne, weiße bis hellrosa, aufrechtstehende Blüten. 'Majus', am bekanntesten, in der Jugendstadium rot marmoriert, größer und höher. Frucht fleischig, leuchtend korallenrot. Blüte V, Frucht VII–IX, 30–45 cm. – *P. peltatum,* Nordamerika. Grüne, tiefer gelappte Blätter und einzelstehende, nickende, weiße Blüten. Frucht gelb, V, Früchte VII–IX, 20–30 cm. – Verwendung im Steingarten, vor Gehölzen und im Staudenbeet. Boden humos, locker. Vermehrung, Aussaat und Teilung.

Maiblumenstrauch → Deutzie.

Maiblumentreiberei. Für die M. verwendet man am besten Eiskeime, das sind überlagerte Maiblumenkeime, die jederzeit zum Treiben zu bringen sind. Die Eiskeime werden in Torf, Moos oder Sägespänen eingeschlagen, bei 18–20 °C und etwas gespannter Luft (→ Luft, ‚gespannte') aufgestellt. Die Blüten bilden sich je nach Jahreszeit in 2–3 Wochen. Eiskeime entwickeln, im Gegensatz zu warmwasserbehandelten, frühen Normalkeimen, die bei über 30 °C (einer der höchsten Temperaturen im Gartenbau) getrieben werden, immer Blätter. Will man Maiblumen schneiden, so wartet man, bis ca. ein Drittel der Glöckchen sich geöffnet hat.

Maiglöckchen, *Convallaria.* Liliengewächse, *Liliaceae.* ◐–● ♃ ⌇ ⚥ D. Nur 1 Art in Europa, gemäßigtem Asien und Nordamerika. Bekannte Waldpflanzen mit kriechender Grundachse und elliptisch-lanzettlichen Blättern. Blüten glockenförmig in einseits-

Maiglöckchen, *C. majalis.* (Seidl)

wendiger Ähre, weiß. – *C. majalis* 'Grandiflora', Gartenm. Blüten größer und mit kräftigeren Stielen. Oft mit über 10 Blüten je Stiel. 15–20 cm. 'Fortin', aus Frankreich stammend. Blätter spitzer und länger, später austreibend, absterbend und blühend, mit langen Blütenstielen. 20–30 cm. – 'Plena' mit gefüllten Blüten ist selten. 'Rosea' hat mattrosa Blüten und den Habitus der Waldmaiblume, 15–20 cm. – Alle M. zum Begrünen unter Bäumen, in Schattenpartien und zum Schnitt, Boden sandig-lehmig, humos. Vermehrung durch Endtriebe (Pflanzkeime), die im Herbst oder Frühjahr flach eingepflanzt werden.

Maiglöckchenbaum → Schneeglöckchenbaum.

Maikäfer, zwei nahe verwandte Arten: Feld- und Waldmaikäfer, die oft zusammen auftreten. Käfer kommen im Mai aus dem Boden und fressen an Laubbäumen und -sträuchern, in Gärten vor allem an Obstpflanzen und Hecken; nicht selten Kahlfraß. Eiablage und Larven (→ Engerlinge) in Gemüsebeeten. Abwehr: Die im Morgengrauen klammen Käfer von Bäumen und Sträuchern schütteln und vernichten.

Mairübe → Speiserübe.

Mais, Süßmais, Zuckermais, *Zea mays* convar. *saccharata.* Gräser, *Gramineae.* Stammt aus Mittelamerika, dort seit Urzeiten wichtige Nutzpflanze; seit Mitte 16. Jahrhundert in Südeuropa, später auch nördlich der Alpen angebaut.

Nutzformen. Landw. Körnerfrucht und Futterpflanze. Als Gemüse erst seit wenigen Jahrzehnten verwendet, in besonderen Sorten: Süßmais. Inhalt der Körner bildet sich nicht in Stärke um, Körner bleiben lange süß und weich. – ANBAU. Aussaat direkt ins Freiland nicht vor Ende IV–Anfang V (sehr frostempfindlich!), in ungünstigen Lagen Anzucht über Setzlinge

(Aussaat in warm gestellte Schalen) vorteilhafter, Reihenabstand 60 cm, in der Reihe 30 cm, pro Pflanzstelle nur 1 Pflanze stehenlassen. Tiefgründiger Boden notwendig. Pflege: durch Hacken unkrautfrei halten, wenn Pflanzen 30 cm hoch sind, leicht anhäufeln. Ernte der Kolben: optimaler Reifegrad dann, wenn die Narbenfäden eben nahezu vollständig eingetrocknet sind; die Körner müssen gut ausgebildet, aber noch weich sein. – VERWENDUNG 1. Kolben entlieschen, (d. h. Umblätter entfernen), ganz in Salzwasser weichkochen, mit Butter bestreichen; Körner direkt ab Kolben essen. 2. Weichgekochte Körner von den Kolben entfernen, wie Erbsen als Gemüse zubereiten. In dieser Form zum Tiefkühlen sehr gut geeignet!

Puffmais, eine weitere Varietät von *Zea mays,* in den USA beliebt. Hier in Katalogen als Peppy F_1-Hybride angeboten. Anbau entsprechend Zuckermais. Ernte IX bei gebräunten Hüllblättern. Körner mit Messerrücken aus den Kolben lösen und in Öl erhitzen, bis sie „puffen".

Zierformen. Außer den Nutzformen sind Zierformen entwickelt worden, die man gelegentlich in Gärten finden kann. Von ihnen wird praktisch nur noch der Japanische Ziermais (*Zea mays japonica* 'Amero') angeboten, ein Typ mit bunten Kolben, die getrocknet in der spätherbstlichen und winterlichen Binderei verwendet werden. Dikke Halme, lange grüne, teilweise auch gestreifte Blätter. Die seitlich sitzenden Kolben sind von Scheideblättern umhüllt, sie werden vollreif geerntet und hängend nachgetrocknet. – Die Form 'Quadricolor' hat bunte Blätter: weiße, grüne, violette und rosa Streifen und Flecke. – ANSPRÜCHE. Anbau im Weinklima am empfehlenswertesten, mit Aussaat unter Glas im IV und Vorkultur in Töpfen. Gepflanzt wird nicht vor Mitte V, nur auf tiefgründige, war-

Mais, *Zea mays.* (Dr. Jesse)

Majoran, *O. majorana.* (Seidl)

me, nährstoffreiche Böden. Zierm. liefert nur in ihm zusagenden Lagen vollkommen ausgebildete Kolben.

Majoran, *Majorana hortensis.* Lippenblütler, *Labiatae.* Herkunft: vermutlich aus Nordafrika, seit frühem Mittelalter als Gewürz bei uns angebaut. Im Süden mehrjährig, nördlich der Alpen wegen Frostempfindlichkeit einjährig. – Anbau: Aussaat III in Töpfen, IV ins Frühbeet pikieren; ab Mitte V in lockeren, humosen Boden auspflanzen; Reihenabstand 20 cm, in der Reihe 8 cm. Hacken, bei Trockenheit gießen. Als Staudenmajoran werden gelegentlich auch ausdauernde Gewürzpflanzen angebaut *(Origanum maru* und *O. vulgare).* Diese sind aber weniger würzig als der echte Majoran. Ernte der Zweige, wenn Blütenknospen angelegt, aber noch nicht offen sind. In guten Jahren zwei Ernten möglich. – Verwendung: Abgeschnittene Zweiglein luftig im Schatten trocknen; ergeben sehr feines Gewürz zu Suppen, Gemüse, Fleisch.

Makadamweg, schichtenweiser Aufbau einer Wegedecke, bei der grobkörniger Schotter oder Splitt mit Bindemittel wie Bitumen und Teer getränkt wird. Beim Streum. kommt auf die Verschleißschicht im letzten Arbeitsgang noch eine Einstreuung von Feinkies oder Splitt.

Malus → Apfel → Schmuckapfel.
Malva → Malve.
Malvastrum → Scheinmalve.
Malve → Stockmalve.
Malve, *Malva.* Malvengewächse, *Malvaceae.* ○-◐ ☉ ⊙ ♃ D. Etwa 30 Arten in Europa, Nordafrika und Asien. Ein- und zweijährige oder ausdauernde Pflanzen, meist lange blühend mit rosa bis dunkelroten oder weißen Blüten. – EINJÄHRIG GEZOGENE ARTEN. *M. crispa.* Krause M., wahrscheinlich aus Ostasien. Kräftige, meist unverzweigte, steife Stengel, bis oben beblättert. Blätter rundlich, am Rand stark ge-

kraust. Blüten klein, unscheinbar, weiß. Hübsche Blattpflanze. VII–IX, 100–120 cm. – *M. sylvestris* var. *mauritiana,* Algiermalve. Ein- bis zweijährig. Wuchs steif aufrecht, Blätter stumpf gelappt, dunkelgrün. Große Blüten zu 2–6 in den Blattachseln, lila bis hellviolett und dunkelrot. Durch den ausgesprochenen Wildcharakter ist die Algierm. besonders wertvoll. VII–IX, 80–150 cm. – Verwendung in Sommerblumen- und Staudenpflanzungen. Boden anspruchslos. Aussaat IV, direkt, Abstand 40–60 cm. – AUSDAUERNDE ARTEN. *M. alcea,* Rosenpappel, Europa. Kalkliebend. Verzweigter, buschiger Wuchs und fast bis zum Grunde fünflappige, rundliche Blätter. Blüten 5–6 cm groß, frischrosa. VII–X, 80–100 cm. – *M. moschata,* Moschusmalve, Mittel- und Südeuropa. Schwach nach Moschus duftend. Aufrechter, verzweigter Wuchs. Untere Blätter kreisrund, handförmig gelappt. Obere handförmig mit fiederspaltigen Abschnitten. Kalkfliehend. Blüten duftend, hellrosa. VII–IX, 60–80 cm. – Verwendung in Staudenrabatten, Natur- und Heidegärten. Wachsen fast in jedem Boden. Vermehrung durch Aussaat.

Mammilaria → Kakteen 13.
Mammutbaum, Sequoie, *Sequoiadendron, Sequoia.* Sumpfzypresse, *Taxodiaceae.* Immergrün, mit flachen oder pfriemförmigen Nadeln. Zählen zu den höchsten und ältesten Bäumen der Welt, Höhen von 100 m, bei einem Alter von 3000 Jahren, sind nicht selten. Ein Exemplar von 120 m Höhe hat 16,1 m Stammdurchmesser. Das kirschrote Holz ist weich, sehr leicht und läßt sich gut verarbeiten. – *Sequoiadendron giganteum,* Riesensequoie. ○ ♄ i. Kommt in Kalifornien an den Hängen der Sierra Nevada wild vor. Etwa 100 m hoch, mit säulenförmigem Stamm, pyramidaler Krone und rotbrauner, sehr dicker Borke. Die ersten sind 1853 in Europa gepflanzt wor-

Algiermalve, *M. sylvestris.* (Seidl)

den, nach 100 Jahren 30–35 m hoch. Die Gartenform 'Pendulum' wächst zunächst aufrecht, später stark hängend, sieht grotesk aus. – Liebt tiefgründigen Boden in etwas geschützten Lagen. – Vermehrung durch Aussaat, nach → Stratifizieren des Saatgutes. – *Sequoia sempervirens*, Küstensequoie. ○ ♄ ⌒ i. Kalifornien und Südoregon in Küstennähe, der 'Redwood' der Amerikaner, benannt nach der roten, rissigen Borke. Erreicht 110 m bei 10 m Stammdurchmesser. – Vermehrung wie Riesensequoie, → Urweltmammutbaum.

Mandarine → Citrus.

Mandel, *Prunus amygdalus*. Rosengewächse, *Rosaceae*. Heimat: Turkestan, Nordpersien, Mesopotamien. Wildform in Nordafrika. Mittelmeerinseln, Italien. Erwerbsanbau: Portugal, Kanarische Inseln, Südafrika, Süd-Australien, Chile, Kalifornien. In Deutschland in warmen Gebieten der Bergstraße, Weinstraße, Kaiserstuhl, Pfalz; in Österreich Burgenland, Südsteiermark; in der Schweiz Wallis. Verwendung im Garten bei Abstand 4,5 × 4,5 m. Dekorativ durch Blüte, nützlich durch Früchte. Man unterscheidet Bitter-Mandeln (*Amygdalus communis* var. *amara*), süße Krachmandel (*A. communis* var. *dulcis*) und Zwischenformen von Süß-Bitter-Mandeln (*A. c.* var. *subamara*). Bastarde zwischen Mandel und Pfirsich mit pfirsichähnlichem Fruchtfleisch und Stein mit meist halbbitterer Mandel. – STANDORTANSPRÜCHE. Warmes, kontinentales Klima. In Vegetationsruhe −20°C noch erträglich. Blüte sehr früh, spätfrostgefährdet. Geschlossene Blüte verträgt bis −4,4°C, Furchtansatz geht bereits bei 0,5 bis −1°C zugrunde. Boden kalkreich, trocken. Gedeiht noch, wo genügsame Olivenbäume versagen. – PFLANZUNG. Herbst–Frühjahr, Buschbäume oder Viertel- und Halbstämme. – VERMEHRUNG. Veredlung auf Sämling der Bittermandel oder Pflaumenunterlagen, wie Brompton, Große Grüne Reneklode. Okulation im Sommer oder Pfropfen auf Pflaumenstämmen im Frühjahr. – SCHNITT. Auslichten. Verträgt auch scharfen Schnitt wie Pfirsichbaum, zwecks Gewinnung von Blütenzweigen als Dekoration. – ERNTE. Fallernte, Früchte fallen aus der grünen Hülle heraus. Ertrag je Baum 30–40 kg. Alle Mandelsorten sind selbststeril. SORTEN. Dürkheimer Riesen, Dürkheimer sehr große, Ungst II Osten–Bad Dürkheim, Ungst III Osten–Bad Dürkheim, Bad Dürkheim XI, Wachenheimer Baseler.

Mandelbäumchen, *P. triloba*. (Seidl)

Mandelbäumchen, *Prunus*. Rosengewächse, *Rosaceae*. Wird nur als Zierstrauch verwendet. – *P. triloba*. ○ ♄ III–IV ⚶. Aus China, bis 2 m hoch. Reichverzweigter Strauch oder kleiner Baum mit rosafarbenen Blüten längs der Zweige. Sorte 'Plena' mit gefüllten Blüten als Strauch oder kleines Hochstämmchen in Gärten häufig. – Frischer, nährstoffreicher Boden in sonnigen, warmen, etwas geschützten Lagen. Für Steingärten oder für kleinere Anlagen geeignet, auch vorzüglicher Treibstrauch. Bilden sich mit der Zeit zu viele kleine Triebe, ist sorgfältiger Rückschnitt nach der Blüte notwendig. – Vermehrung meist durch Okulation auf Pfirsich-Sämlinge oder Myrobalane, jedoch sind wurzelecht herangezogene Pflanzen, aus Stecklingen, vorzuziehen, sie wachsen langsamer, sind aber viel härter.

Mandelröschen, Klarkie, *Clarkia*. Nachtkerzengewächse, *Onagraceae*. ○ ☉ ⚶. Von den im wärmeren Nordamerika heimischen Arten sind zwei als Sommerblumen bei uns in Kultur. Aussaat beider üblicherweise III–IV direkt an Ort und Stelle mit 25–30 cm Reihenabstand. Zu dichte Aussaaten verziehen. Blüte VII–Frost. Standort vollsonnig auf möglichst humusreichen Böden. – *C. unguiculata* (*C. elegans*), Mandelröschen, ist die bekannteste Art. Blätter gezähnt und bläulichgrün. Der deutsche Name Mandelröschen weist auf die gefüllten, der Mandelblüte ähnlichen, Blüten hin. Nur Mischungen mit Farbtönen um Weiß, Scharlach, Rosa und Orange im Handel. Wuchshöhe ca. 60 cm. Verwendung für bunte Beete und Schnitt. Durch Stutzen (Pinzieren) der Sämlinge wird die Standfestigkeit erhöht und die Blütezeit verlängert. – *C. pulchella* (⫶) ist weniger bekannt. Blätter ganzrandig. Meist nur gefüllt blühende Zwergmischungen mit ca. 30 cm Wuchshöhe. Farbenspiel von Weiß über Rosa, Rot und Purpur bis Violett. – Verwendung als bunte Beetpflanze. Herbstaussaat in klimatisch günstigen Gegenden ist möglich, die Blüte beginnt dann schon anfangs VI.

Manettie, *Manettia*. Krappgewächse, *Rubiaceae*. ☽ ♃ ⚥ ⌑ Lie. Kräuter oder Sträucher mit windenden Stengeln und blattachselständigen Blüten. 40 Arten im tropischen Amerika. – *M. inflata* (*M. bicolor*). Krautig bis leicht verholzend, stark schlingend, Blätter ziemlich weich, bis 5 cm lang. Blüten röhrenförmig, 2,5 cm lang, scharlachrot, nach der Spitze in Gelb übergehend. Der Farbkontrast der Blüte selbst ist herrlich, wunderbar mit dem hellgrünen Laub. M.n sind empfehlenswerte Liebhaberpflanzen, die allerdings Temperaturen um 15°C und höhere Luftfeuchtigkeit benötigen. – Sie gedeihen gut im hellen Zimmer bei sorgsamer Pflege und entsprechender Klettermöglichkeit. Die Substrate sollen lehmig, aber humusreich sein. Leider fangen M.n alles Ungeziefer zusammen, das sich herumtreibt, Blattläuse, 'Rote Spinne', 'Weiße Fliege', aus diesem Grund muß man immer rechtzeitig Gegenmaßnahmen ergreifen.

Manfreda virginica → Agave virginica.

Mangan, chemisch Mn, Spurenelemente, für Pflanze unentbehrliches Nährelement, wirkt über Enzyme mit an Bildung von Chlorophyll, Eiweiß und

Vitamin C. In Böden meist ausreichend vorhanden. Niedermoorböden ausgenommen; bei zu hohem pH-Wert jedoch oftmals nicht aufnehmbar. M. ist in Algenkalk, Algenpräparaten, Hüttenkalk, Kaliumpermanganat, Thomasphosphat und organischen Düngern enthalten. M.mangel: Anzeichen ähnlich → Chlorose, Blätter werden fleckig, zuerst jüngere, alle Adern bleiben grün, Rüben werden gelbfleckig. Gegenmittel: zu hohen pH-Wert absenken. Als ‚Symptombehandlung' mit M.sulfat ($MnSO_4$) spritzen, 0,5%ige Lösung, 0,8 g je qm.

Mangelkrankheiten, auf Böden, denen es an bestimmten Spurenelementen (nicht Hauptnährstoffen, wie Stickstoff, Phosphat usw.) mangelt. Molybdänmangel der Kohlarten: Blattverschmälerung, fehlende Kopfbildung; 5 g Natriummolybdat auf 10 qm. → Molybdän. – Magnesiummangel, bei allen Gartenpflanzen, Aufhellung der Blattfarbe; Düngung mit Kalimagnesia, Salpeter oder anderen Magnesium-haltigen Salzen. → Magnesium. – Bormangel der Wurzelfrüchte, Herz- und Trockenfäule; Borax-Pulver 20 g/10 qm oder -Lösung ¾ Liter pro 10 qm. → Bor. – Eisenmangel besonders bei kalkfeindlichen Pflanzen. Gelbfärbung; eisenhaltige Präparate nach Anwendungsvorschrift spritzen oder streuen. → Eisen.

Mangelsymptome, meist → Chlorose, – seltener → Nekrose.

Mangold, *Beta vulgaris*. Gänsefußgewächse, *Chenopodiaceae*. Mannigfaltige Nutzpflanzenart, zu der auch Zuckerrübe und Futterrübe gehören. Im Hausgarten wichtig: → Rote Rübe, → Schnittmangold, → Rippenmangold.

Schnittmangold, *Beta vulgaris* var. *vulgaris*. (Seidl)

Mannsschild, *Androsace*. Primelgewächse, *Primulaceae*. ○–◐ ♃ △ ∾. Etwa 100 Arten in Europa, Asien und Nordamerika. Gärtnerischen Wert haben nur die doldenblütigen Arten. Die einblütigen, hochalpinen Arten lassen sich nur von ganz erfahrenen Liebhabern im Garten halten, sie sind hier nicht behandelt. – *A. sarmentosa*, Himalaja, Westchina. Ähnelt sehr *A. primuloides*, mit rötlichen Ausläufern, Blüten rosa mit gelblichem Auge, 10–15 cm. 'Watkinsii', Blattrosetten kleiner, dichter, Blätter stark behaart. Blütenstände kürzer, leuchtend karminrot mit gelbem Ring. 10 cm. V–VI. – *A. sempervivoides*, Kaschmir, Tibet. Kurze Ausläufer treibend. Blätter fast fleischig in halbkugeligen Rosetten von etwa 2 cm Durchmesser, dachziegelartig übereinanderliegend. Blütenstengel bis 10 cm hoch mit einer Dolde lachsrosa Blüten. V–VI, 10–15 cm . – *A. villosa*, Hochgebirge Europa und Asien. Polsterartiger, dichter Rasen aus weich behaarten Blattrosetten mit stumpf-lanzettlichen Blättern. Bei *A. v.* var. *arachnoidea*. Ostkarpaten, grau behaart. Blüten hellrosa. V–VI, 5–8 cm. – Verwendung im Stein- und Troggarten. Boden durchlässig, humos, schotterig. – Vermehrung durch Teilung, Ausläufer und Aussaat. *A. lanuginosa* und var. *leichtlenii* auch durch Stecklinge.

Marante, *Maranta*. Marantagewächse, *Marantaceae*. ◐–● ♃ ▽ Lie. Im Urwaldbodenmoder wurzelnde und kriechende Pflanzen mit meist auffällig gefärbten Blättern. Ca. 25 Arten im tropischen Amerika. – *M. leuconeura*. Kriechend oder schräg aufrecht, Blätter 15 cm lang, breit-eiförmig bis länglich, Spreite oberseits hellgrün mit weißen und dunkelgrünen Flecken, unterseits bläulichgrün. Auffälliger 'Kerchoveana' mit bronzefarbenen Flecken auf der Blattoberseite. Die schönste Form ist ohne Zweifel 'Tricolor' ('Erythroneura'), mit bronzefarbenen Blättern, gefleckt, deren Adern leuchtend karminrot sind. – Nahe verwandt mit den M.n sind die *Calathea*-Arten, die noch auffälliger gezeichnete Blätter besitzen. Calathea-Arten und -Sorten werden regelmäßig in großer Zahl angeboten: *C. crocata*. Brasilien. 30 cm. Blätter rötlichgrün. Blütenstände ananasähnlich, orangegelb. – *C. lancifolia* (*C. insignis*). Brasilien. 80 cm. Schmale, straff aufrechtstehende, weiß-grüne Blätter mit roter Unterseite. Blüten weiß, nahe dem Boden. Leicht. – *C. lietzei*. Brasilien. 40 cm. Ähnlich einer niedrigen, buschigen *C. lancifo-*

Marante, *M. leucon.* 'Kerchoveana'. (Jesse)

lia. – *C. lousiae*. Brasilien. 40 cm, buschig, großblättrig, gestreift und gezeichnet. – *C. makoyana*. Brasilien. 60 cm. Langgestielt, straff aufrecht. Blätter durchsichtig genetzt, mit herrlichen Flecken. Nicht zu schwierig. – *C. picturata*. Brasilien. Besonders schön 'Argentea' mit silbernen Blättern mit grünem Rand. – *C. veitchiana*. Tropisches Südamerika. 40–50 cm. Schönste Art mit kastanienbrauner, gezacktbänderiger Unterseite. – *C. zebrina*. SO-Brasilien. 30 cm. Smaragdgrün mit braunen Zwischenaderflecken. – Die Kultur der M.n und ihrer Verwandten ist nicht leicht. Sie sind Bewohner des Urwaldbodens, haben es ständig gleichmäßig feucht, gleichmäßig warm und gleichmäßig diffuses Licht. Diese Gleichmäßigkeit können wir ihnen leider nur schwer bieten. Sie brauchen tags 18–22°C, nachts um 2–6°C weniger, leichte Bodenwärme und hohe Luftfeuchtigkeit. Aus diesen Gründen sind sie besonders für die Bepflanzung von Zimmergewächshäusern oder Blumenfenstern geeignet, wo sie allerdings nicht zu licht stehen sollen. Die Substrate seien durchlässig, humos, am besten brockige Torf- oder Heideerdesubstrate. Die oben angeführte M.-Art ist die leichteste und kann bei guter Pflege im Zimmer durchhalten, doch wird sie nie richtig gedeihen. Die Fülle der anderen M.n und besonders der herrlich gefärbten *Calathea*, die in den USA in vielen Arten und Sorten angeboten werden, bleiben für uns meist unerreichbar.

Marasmius oreades → Rasenkrankheiten.

Marbel

Marienkäfer an einer ausgewachsenen Kartoffelkäfer-Larve. (Inst. f. Film u. Bild)

Marbel → Hainsimse.
Margerite → Wucherblume.
Marienglockenblume → Glockenblume.
Marienkäfer, kleine, gewölbte, buntgefärbte Käfer. Bekannte Arten: der Zweipunkt- (rot mit zwei schwarzen Punkten) und der Siebenpunkt- (rot mit sieben schwarzen Punkten) Marienkäfer. Sie sind ebenso wie ihre länglichen Larven unsere wichtigsten Blatt- und Schildlaus-Vertilger. Zu ihrem Schutz sollte man die Pflanzen vor dem Spritzen gegen Blatt- und Schildläuse erschüttern, wobei die Käfer und Larven zum großen Teil herabfallen, die festgesaugten Läuse aber sitzen bleiben.
Marille → Aprikose.
Markerbse → Erbse.
Markeur → Pflanzrechen.
Markierbrett, Brett mit kurzen Zapfen oder Leisten in bestimmten Abständen, um im Freiland oder Kästen durch Andrücken des M.es Vertiefungen zur Aufnahme von Samen oder Pflanzen zu markieren.
Markierpflöcke, im Rasenbau zum Markieren von Bodenunebenheiten beim Feinplanieren. → Rasenneuanlagen. Vierkantholz 2 × 2 cm, Länge 30–40 cm, unten anspitzen.
Markiersaat. Sehr langsam keimenden Saaten werden leichtkeimende beigemischt, vor allem der Reihensaat, um den Reihenverlauf sichtbar zu machen und frühzeitig hacken zu können. Beispiel: Mohrrüben oder *Delphinium* kann man als Markiersaat Salat oder Spinat beimischen.
Marmorierung → Panaschierung.
Marone → Edelkastanie.
Maßholder → Ahorn.
Maßliebchen, *Bellis.* Korbblütler, *Compositae.* Die etwa 10 staudigen Arten sind zwischen Mittelmeer und Nordeuropa heimisch. Am bekanntesten, und zwar als weit verbreitetes Akker- u. Wiesenunkraut, ist *B. perennis,* Tausendschön, Gänseblümchen. ○–◐ ☉ |: ⃝ (✕). In seiner reinen, einfach blühenden Form mit flacher Blattrosette. Es werden jedoch ausschließlich die daraus entstandenen Kulturformen als Zweijahresblumen kultiviert. Meist zeigen sich im Herbst schon einige Blüten; Hauptblütezeit aber IV und V. Blütenfarben rot, rosa und weiß in verschiedenen Tönen und Variationen. Einteilung der in Kultur befindlichen Formen und Klassen wird unterschiedlich gehandhabt, meist nach der Blütengröße (klein- oder großblumig) und nach der Blütenform (zungen- oder röhrenblütig). Wichtige Formen und Klassen sind die folgenden: MÄRCHENTEPPICH, vollkommen einheitlich wachsende und reichblühende Hybride mit dunkelrosa Blumen. Eine der niedrigsten Typen, besonders für niedrige Beetbepflanzungen. – POMPONETTE, mit vielen kleinen, dichtgefüllten Röhrenblüten und gedrungenem Wuchs für Beetbepflanzungen. Mischungen und reine Farbsorten. – NIBELUNGEN, wiederum eine Hybridenklasse und dadurch sehr einheitlich. Ca. 20 cm hoch, für Treiberei, Schnitt, auch für Beetbepflanzungen. In Mischungen und in Farben lieferbar. – ÜBERRIESEN, sehr großblumige, zungenblütige Formengruppe, läuft auch unter den Bezeichnungen 'Monstrosa' oder 'Super Enorma', in Mischung und diversen Farbsorten. Nachteilig die etwas spät einsetzende Blüte. – TUBULOSA, in etwa das röhrenblütige Gegenstück zur vorgenannten Formengruppe und wie sie für Beete und Schnitt geeignet. Auch hier außer einer Mischung verschiedener Farbsorten, mit teilweise unterschiedlicher Blütenfüllung. – RADAR, großblumige Klasse, erst zu Anfang der 70er Jahre in den Handel gekommen, deutlich an ihren nadelartig geformten Blumenblättern erkennbar. Nur in den

Maßliebchen, Bellis perennis. (Dr. Jesse)

Farbsorten rot und weiß. – VERWENDUNG. In der Hauptsache für frühjahrsblühende niedrige Beete und Rabatten, zur Grabbepflanzung und als Unterpflanzung für Blumenzwiebelbeete; nur gelegentlich für den Schnitt. – Aussaat VI–VII unter Glas oder auf Saatbeete, möglichst pikieren. Da die Kulturformen mehr oder minder stark unter Kahlfrösten leiden können, ist Pflanzung im zeitigen Frühjahr meist empfehlenswerter als im Herbst. Sogar vollblühende Pflanzen lassen sich noch versetzen. Man muß so den Winter über weniger Fläche mit Reisig abdekken. – Kräftiger, nährstoffreicher Boden und vollsonniger Standort; zur Not auch noch leichter Halbschatten. Pflanzabstände je nach Boden und Züchtung zwischen 15 und 25 cm.
Mastkraut → Rasenunkräuter.
Matricaria → Teppichkamille.
Matteuccia → Straußfarn.
Matthiola → Levkoje.
Mauerhof → Gartenhof.
Mauerkatze = *Parthenocissus tricuspidata 'Veitchii'* → Jungfernrebe.
Mauermiere, *Paronychia.* Nelkengewächse, *Caryophyllaceae.* ○ ♃ △ ⌇ △. Etwa 40 ein- oder mehrjährige Kräuter und Halbsträucher in den gemäßigten und wärmeren Zonen der Erde. Die bei uns verwendeten Stauden stammen alle aus dem Mittelmeerraum und den Pyrenäen. Rasenbildend, mit niederliegenden, verzweigten Trieben. Kleine Blüten, von großen, trockenhäutigen, silbrigglänzenden Nebenblättern umgeben. Die Arten sind oft schwer voneinander zu unterscheiden. – *P. capitata,* Pyrenäen. Teppichbildender Wuchs, länglich-lanzettliche Blätter und silberweiße Hüllblätter, Blüten weiß. IV–V, 5 cm. – *P. kapela,* Mittelmeerraum. Niederliegende, an der Spitze aufsteigende, teppichbildende Stengel. Blätter länglich blaugrün. Blütenstände bis 2 cm Durchmesser, silberköpfig, Blütenhüllblätter nicht kapuzenförmig. V–VI, 5–10 cm. – *P. serpyllifolia,* Spanien, Seealpen. Moosartiger Wuchs und dunkelgrüne, rundliche, dicht angepreßte Blätter. Blütenköpfe silbrig. VI–VII, 5 cm. – Verwendung im Steingarten, wo sie oft größere Flächen überspinnen. Die trockenhäutigen Blütenhüllblätter wirken eigenartig. Boden gut durchlässig. Vermehrung durch Teilung.
Mauerpfeffer → Fetthenne.
Mauerwerk. Eine fundamentierte → Gartenmauer kann vom Material her als Ziegel-, Naturstein- und Betonm. und von der Arbeitsweise aus als Vollm. oder Verblendm. ausgeführt

Reetgedecktes Bauernhaus und Trockenmauer in einem Blumenmeer: Einjahrsblumen, darunter haushohe Stockmalven, und Wildstauden, Fuchsien in Kübeln, auf der Mauer Polsterstauden. (Morgan)

Gartenmauer mit hochgestellten Steinen als Abschlußkante – im Widerspiel mit ausladendem, als Hochstamm gezogenem Goldregen, *Laburnum*. Eine Szene aus England, einem Land mit hoch entwickelter Gartenkultur. (Rosenberg)

werden. Bei Verarbeitung von Natursteinen gibt es folgende Ausführungen: Zyklopen-, Bruchstein-, hammerrechtes Schichten-, regelmäßiges Schichten-, Verblend- und Trockenm. Die Mauersteine können mit Scharriereisen, Stockhammer, Kröneleisen, Flächenhammer, Meißel oder Spitzeisen bearbeitet werden. Das Fugenbild und der obere Abschluß prägen entscheidend das M. als architektonisches Bauwerk im Garten. So kann ein Mauerkopf mit einer Abdeckschicht, Rollschicht oder Abdeckplatte gebildet werden. Ebenso vielfältig kann das Erscheinungsbild eines M.es mit Ziegelsteinen sein, wenn mit Läufer-, Binder-, Roll- und Schrägschichten in Verbänden (Kreuz-, Block-, Gotischer, Flämischer oder Märkischer Verband) gearbeitet wird. Ein M. im Garten muß sich harmonisch ins gesamte Planungskonzept, insbesondere zu Wegen, Plätzen und Treppen fügen.

Mauerziegel → Ziegelstein.

Maulbeerbaum, *Morus.* Maulbeergewächse, *Moraceae.* 12 Arten in der ge-

Mauerwerk, Betonformsteine stützen eine steile Böschung. Betonformsteine gibt es in den verschiedensten Maßen und Gestaltungen. Sie lassen sich vielfältig zu Stützmauern mit Pflanzstellen verwenden. Siehe auch Zeichnungen beim Stichwort ‚Steingartenstauden'. (Durz, aus Windscheif/Hildebrandt, Werken im Garten)

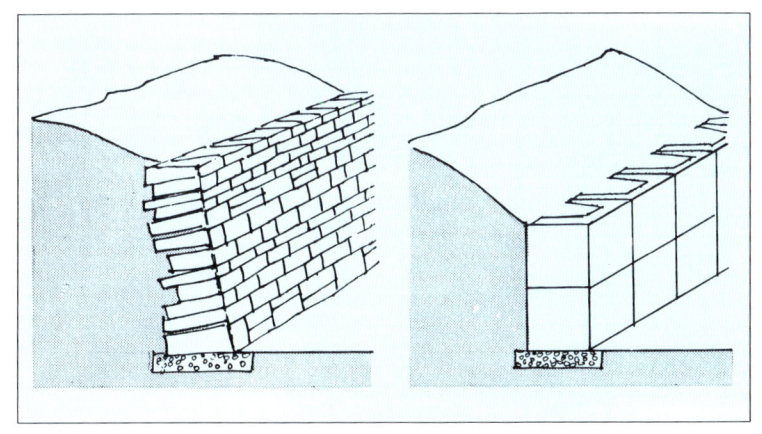

Mauerwerk: Links Trockenmauer aus Naturstein mit Dossierung, rechts Mauer aus Beton-Elementen (Karlsruher Gartensteine), beides Stützmauern auf Kiesfundament. (Windscheif)

Stützmauern: Links über 1 m, Beton mit Armierung, mit Fundamentplatte. Statischer Nachweis erforderlich. Mitte: unter 1 m, frostfreies Fundament mit Armierung. – Rechts desgl. mit Natursteinen vorgemauert. Dehnungsfugen sind vorgesehen. (Windscheif)

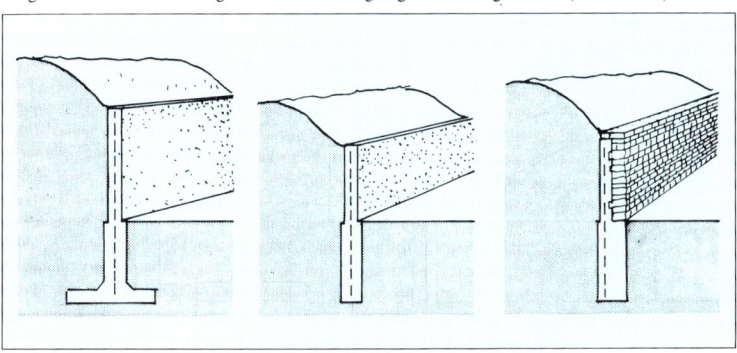

mäßigten nördlichen und subtropischen Zone. Meist sommergrüne Bäume oder Sträucher, die Milchsaft führen. – *M. alba,* Weißer Maulbeerbaum. ○ ♄ V. China, bis 15 m. Rundkorniger, sparrig verästelter Baum mit breit eiförmigen, bis 12 cm großen Blättern. Früchte weiß, selten auch rötlich oder schwarz, schmecken süßlich-fad. In Asien wird der M. seit den ältesten Zeiten in Europa seit dem 12. Jahrh. kultiviert, um Futter für die Seidenraupen zu bekommen. Nördlich der Alpen hat sie die Kultur nicht bewährt; stellenweise verwilderte Bestände des M.es sind Zeichen einstiger Versuche. Südlich der Alpen noch an wenigen Orten. Zur Fütterung dienen besonders großblättrige Sorten, wie 'Rosa di Lombardia' oder 'Cattaneo'. Auch geschätzter Park- und Alleebaum. Gartenformen: 'Constantinopolitana', gedrungener Wuchs mit 15 cm großen Blättern; 'Pendula', Zweige senkrecht herabhängend, besonders schön als Kronenveredlung; 'Macrophylla', ungeteilte, bis 20 cm große Blätter. – *M. nigra,* Schwarzer Maulbeerbaum. ○ ♄ V. Heimat Westasien. Bis 10 m hoch, mit dichter, rundlicher Krone und eiförmigen, leicht behaarten Blättern. Die Maulbeere ist glänzend purpurschwarz, doppelt so groß wie bei *M. alba,* schmeckt angenehm säuerlich-süß, wird in manchen Gegenden zu Syrup und Fruchtsäften verarbeitet. – Ansprüche: Tiefgründiger, nährstoffreicher Boden in sonnigen, warmen Lagen. In rauhen Gegenden nicht ganz winterhart. – Vermehrung am besten durch Aussaat Anfang V, das Saatgut bleibt 2–3 Jahre keimfähig. Die Sorten und Gartenformen werden durch Okulation auf M.-Sämlinge veredelt.

Maulwurf. Von seiner Nahrung her (Regenwürmer, Insekten, darunter viele Schädlinge, nie Pflanzenteile) überwiegend nützlich. Seine Wühlarbeit im Garten aber ist schädlich (Lockerung, Wurzelbeschädigung). Die aufgeworfenen Erdhaufen liegen im Gegensatz zur Wühlmaus (→ Schermaus) über dem Gang und enthalten keine Pflanzen. Er darf im Garten nicht gefangen oder getötet werden. Zu seiner Vertreibung steckt man mit Petroleum oder Terpentin getränkte Lappen oder Knoblauch in seine Gänge.

Maulwurfsgrille (Werre), einer der wichtigsten Gemüseschädlinge. Etwa 5 cm langes, maulwurfsähnlich gebautes Insekt; wühlt dicht unter Erdoberfläche; frißt und lockert Wurzeln. V/VI Ablage von 300–600 Eiern in ca. 30 cm tiefem faustgroßen Nest. Überwintert als mittelgroße Larve in Mistbeeten, Komposthaufen u. a. – Abwehr: Eingraben von Gläsern, deren Rand 2–3 cm unter der Erdoberfläche liegen muß (→ Fallen); Eingießen nacheinander von Wasser, Öl und wieder Wasser in die Gänge unter der Erde (führt zum Verkleben und Absterben der M.).

Maurandia → Maurandie.

Maurandie, Kammsame, *Asarina* (*Maurandia*). Rachenblütler, *Scrophulariaceae*. ○ ⊙ ⚥. In Mexiko heimisch einige staudige bis strauchige Arten. Bei uns gelegentlich *A. barclaiana* (*Maurandia barclaiana*) als sommerlicher Klimmer (2–3 m). Blätter breit dreieckig und variabel. VI–Frost. Achselständige, glockenförmige, blaue Blüten. Gedeiht nur an sehr warmem Standort, deshalb auch als Klimmer auf Balkonen beliebt. Braucht humusreichen Boden, viel Nährstoffe und Feuchtigkeit. Aussaat und Anzucht unter heizbarem Glas II–III, topfen und nicht vor Ende V auspflanzen.

Maximum-Minimum-Thermometer, zum Ablesen nicht nur der augenblicklichen, sondern auch der Höchst- (Maximum-) und Tiefst- (Minimum-)temperatur des Tages. Durch Metallstifte, die auf dem Quecksilber schwimmen, werden die Höchst- bzw. Mindestgrade auf der Skala festgehalten. Nach dem Ablesen kann man die Stifte wieder an die Quecksilbersäule zurückholen.

Mechanische Methoden → Physikalischer Pflanzenschutz.

Medinille, *M. magnifica.* (Seidl)

Meconopsis → Scheinmohn.
Medeola → Zierspargel.
Medinille, *Medinilla*. Schwarzmundgewächse, *Melastomataceae*. ◐ ♄ ▽ Lie. Aufrechte oder kletternde Sträucher. 125 Arten im tropischen Asien und Afrika. – *M. magnifica*. Philippinen. Blüte Frühjahr–Sommer. Strauch bis 2 m Höhe, Äste eigenartig vierflügelig und korkig. Blätter 30 cm lang, ovalzugespitzt, dunkelgrün-lederig. Blüten zu Hunderten in bis 40 cm langen Rispen, rosa, von hellrosafarbenen oder weißlichen Hochblättern umgeben. – Bei sorgfältiger Pflege auch im Zimmer haltbar, verlangt im Sommer Temperaturen um 20°C, im Winter um 15–18°C. Günstig ist es, die M. an einem Ort aufzustellen, wo man häufig überspritzen kann. Im Sommer regelmäßige Wassergraben und Flüssigdüngung. Im Winter hält man sie kühler und etwas trockener, damit sie eine Ruhezeit durchmacht. – Vermehrung durch Stecklinge in Spezialgärtnereien.

Mediolobivia → Kakteen 12.
Medusenhaupt → Wolfsmilch.
Meeresalgendünger, gemahlene Kalkalgen, in verschieden feiner Vermahlung im Handel, meist aus französischen Herkünften. Enthält ca. 80% kohlensauren Kalk, ca. 10% Magnesium, ca. 5% organische Substanz und viele Spurenelemente, ähnlich Meerwasser dem menschlichem Blut zusammengesetzt. Bei Kalkbedarf und als Kalkanteil zu → Torfkultursubstrat anwendbar. Auch Meeresalgenpräparate in flüssiger oder pulverisierter Form im Handel.

Meerkohl, *Crambe*. Kreuzblütler, *Cruciferae*. ○ ♃ D Bie. 20 einjährige oder ausdauernde Kräuter und Halbsträucher mit dickem Stamm in Europa, Afrika und Innerasien. Die hier behandelten Arten haben einen fleischigen, kräftigen Wurzelstock. – ZIERPFLANZEN. *C. cordifolia*, Riesen-Schleierkraut, Kaukasus. Blätter sehr groß, rundlich-herzförmig, stark gezähnt, grün, beim Austrieb violett getönt. Blütenstand ästig, reich verzweigt, mit weißen, süß duftenden Blüten. V–VI, 200 cm. – *C. maritima*, Meerkohl, Atlantikküsten Europa. Mehrköpfiger, ausläufertreibender Wurzelstock. Blätter fleischig-lederig, fiedrig gelappt, blaugrün. Blütenstand sparrig verzweigt aus vielen Doldentrauben, Blüten weiß. V–VII, 30–80 cm. – Verwendung als Solitärstaude, im Stauden- und Naturgarten. Normaler bis sandiger Gartenboden. Vermehrung Aussaat. – GEMÜSE. *C. maritima* wird bei uns selten als Gemüse angebaut; gedeiht nur in sandigem, tiefgründigem, feuchtem nicht zu nassem Boden; mehrjährig. – Anbau: Am besten aus Stecklingen alter Pflanzen, geht auch als Samen (Aussaat im Herbst). Stecklinge III–IV direkt ins Beet stecken. Reihenabstand 50–60 cm, in der Reihe 20 cm. Pflanzen im ersten und zweiten Jahr nicht nutzen! Ab drittem Jahr im Herbst, nach Absterben der Blätter, Reihen 20 cm hoch mit Sand überschichten und mit Mist abdecken. Gebleichte Stengel im Frühjahr vor dem Durchstoßen der Abdeckung ernten. – Verwendung: Gebleichte Triebe gekocht (wie Kohl, aber viel feiner im Geschmack) zubereiten.

Meerlavendel, Widerstoß, Strandflieder, *Limonium* (*Statice*). Bleiwurzgewächse, *Plumbaginaceae*. Salzliebende Pflanzen der Küsten, Dünen, Marschen, Steppen und Wüsten aller Kontinente. Etwa 200 Arten, einjährig bis strauchig. Die Blätter der meisten Arten bilden eine regelmäßige Rosette. Die Blüten vieler Arten sind hervorragende Trockenblumen.

EINJÄHRIGE ARTEN. ○ ⊙ ✂. Die bedeutendste Art ist *L. sinuatum*, mit einer ganzen Reihe von Farbsorten in Weiß, Gelb, Rosa, Karmin und verschiedenen Blautönen; die blauen sind am beliebtesten. Wuchshöhe 60–80 cm. Seit Anfang der 70er Jahre auch reines Saatgut dieser Art im Handel, statt der bis dahin üblichen Samenknäuel; hoch keimfähig, leichtere Pflanzenanzucht. Besonders großblumig ist die Pacific-Formengruppe. – Wegen ihrer gelben Blüten ebenfalls wichtig die im südlichen Mittelmeergebiet heimische *L. bonduellii*. Nachdem auch Gelb in das *L. sinuatum*-Sortiment eingekreuzt werden konnte, dürfte sie an Bedeutung verlieren. Ca. 90 cm. – *L. suworowii*, Westturkestan, bei uns bis 80 cm. Wird lediglich ihrer langen und dichten Ähren, weniger der rosaroten Blütenfarbe verschiedentlich angebaut. – Alle einjährig kultivierten Arten brauchen vollsonnigen, nicht zu nährstoffreichen Standort, vertragen keine Bodenfeuchte. Aussaat III–IV, pikieren, am besten in Torftöpfe und in diesen ab Mitte V an Ort und Stelle im Abstand von 25–30 cm auspflanzen. Blüte und Ernte VII–Frost.

AUSDAUERNDE ARTEN. ○ ♃ ✕ Bie. *L. bellidifolium*, Polster-Strandflieder, Salzpflanze Westeuropas. Rhizom schräg bis waagerecht im Boden. Blätter lanzettlich, in Rosette. Lila Blüten in Rispen. VIII–X, 5–20 cm. – *L. latifolium*, Blauschleier, Südosteuropa. Steppenpflanze mit graugrünen, elliptischen, dichtbehaarten Blüten. Blüten in verkehrtpyramidenförmiger Rispe. VI–VIII, 60 cm. 'Blauschleier', leuchtend blau. – *L. tataricum*, Tataren-Strandflieder, Südosteuropa, Nordafrika bis Asien. Blätter graugrün. Blütenschirme weiß. VII–IX, 20–30 cm.

Verwendung der polsterförmigen *L. bellidifolium* für Steingärten und Trockenmauern, übrige Arten als Flächenbildner im Staudengarten, vor allem als Schnittblumen für Trockensträuße besonders geeignet.

Vollsonnige Standorte auf trockenen bis guten Gartenböden. Je besser der Boden, um so reicher die Blüte.

Vermehrung aus Samen, in Torftöpfe pikieren und auch darin auspflanzen. Ausdauernde Pflanzen sind winterhart, auch ohne Schutz, halten bis zu 8 Jahren.

Meerrettich, *Armoracia rusticana*. Kreuzblütler, *Cruciferae*. Herkunft Südosteuropa–Westasien. Bei uns seit 15. Jahrh. als Gewürz- und Salatpflanze bekannt. Ausdauernd, bis 100 cm hoch werdend. – Anbau: Nur in lockerem, tiefgründigem Boden lohnend. Gepflanzt werden Stücke von Seitenwurzeln, sog. Fechser, ca. 1,5 cm dick, 20–30 cm lang; diese am einfachsten in

Meerlavendel, *Limonium sinuatum*. (Seidl)

Von links u. oben: Echter Mehltau an Rose, Apfelblüte, Gurkenblatt, Stachelbeeren. (Dr. Bender)

Erddämme in schräggestellte Löcher einsenken und zudecken; Abstand der Erddämme 75 cm, Pflanzabstand 40 cm, Pflanzzeit III–IV. Nach Austrieb während des Wachstums unkrautfrei halten. Ernte Ende X bis Anfang XI. Die gepflanzten Fechser ausgraben; diese sind unterdessen 2,5–5 cm dick geworden. Die neugebildeten Seitenwurzeln für Pflanzung im nächsten Jahr aufheben. – Verwendung: Wurzeln gerieben als sehr scharfer Salat zu Fleisch, auf kalten Platten usw. – M. enthält einen bakteriziden Wirkstoff, der gegen Pilzkrankheiten breit angewandt werden kann, so z. B. gegen → Monilia.

Mehlbeere, → Eberesche.

Mehligkeit. Fruchtfleisch bei überreifen Äpfeln wird mehlig. Werden Pektine bzw. Protopektine als Bestandteile der Mittellamellen der Zellenwände im Fruchtfleisch bei Lagerung abgebaut (bei Frühsorten oft schon am Baum), kommt es zur Auflösung der Mittellamellen und dadurch zur Trennung der Zellen voneinander. So ist der Zellverband völlig gelockert und verursacht das Mehligwerden. Beim Apfel werden Pektine noch bei 0°C umgebaut.

Mehltau, zwei Gruppen von Pilzkrankheiten mit ähnlichen Symptomen. *Ech-*ter Mehltau *(Erysiphaceae)* überzieht Blätter und Triebe von Apfel, Rebe, Stachelbeere, Erdbeere, Rosen, Erbse, Gurke sowie Chrysanthemen u. a. Zierpflanzen mit mehlig-weißgrauem Belag. *Falscher* Mehltau *(Peronospora-* und *Bremia-*Arten*)* ruft blattoberseits gelbbraune Flecken, unterseits violettgraue Schimmelrasen an Erbse, Gurke, Kohl, Salat, Spinat, Rhabarber, Zwiebel, Rüben, Weinrebe und Zierpflanzen hervor. – Abwehr: Vorbeugend oder während des Auftretens mehrfach spritzen mit → Ackerschachtelhalm-Brühe oder → Ledax Bio (Bio-S). Bei Apfelmehltau (echter M.): Wahl weniger anfälliger Sorten. Im Frühjahr Rückschnitt aller befallenen Triebspitzen, wodurch der Befallsdruck erheblich vermindert wird. Für beide Mehltauformen: auf Fruchtfolge achten; Düngung mit Kali und Phosphor oder kohlensaurem Kalk, Stickstoff vermeiden; → Mineraldünger, über Stickstoffdüngung und Begriffswandel hinsichtlich „Kunstdünger". Ernterückstände verbrennen oder tief vergraben.

Melaleuca → Myrtenheide.
Melde → Gartenmelde.
Melisse → Zitronenmelisse.
Melocactus → Kakteen 14.

Melone, *Cucumis melo.* Gurkengewächse, *Cucurbitaceae.* Herkunft Vorderasien, Persien; nördlich der Alpen seit dem 16. Jahrh. angebaut. Sehr wärmeliebend, bei uns nur in warmen Lagen und bei bester Pflege lohnend. – Anbau: Melonenbeet sorgfältig vorbereiten, reichlich verrotteten Mist oder Kompost in Erde mischen und flache Wälle schichten. Anzucht in Töpfen, ab V im Frühbeet; ab VI auspflanzen, auf 1–1,5 qm eine Pflanze. Pflanzen nach dem fünften Blatt entspitzen; 4 Seitentriebe wachsen lassen, gut über das Beet verteilen; Seitentriebe nach 6 Blättern entspitzen; weibliche Blüten entstehen erst aus den jetzt neugebildeten Seitentrieben zweiter Ordnung. Pro Pflanze 4–6 Früchte stehen lassen, überschüssige Ranken entfernen. Früchte mit Stein- oder Schieferplatten unterlegen. Reifezeit VIII–IX. In rauheren Lagen Anbau nur im Frühbeet möglich. – Verwendung: Halbiert oder geviertelt, mit Zucker bestreut, als sehr delikate Dessertfrucht.

Mennige (Rotes Bleioxyd), Rostschutzanstrichmittel für Eisen- und Stahlteile. Erhältlich in Pulverform oder mit Leinöl verrührt als fertiges Streichmittel.

Menyanthes → Bitterklee.

Mergel → Mineraldünger (Kalkdünger).

Merion → Sortengräser.

Mertensia → Blauglöckchen.

Mesembryanthemaceae → Mittagsblumengewächse.

Mespilus → Mispel.

Messer, für Schnittarbeiten, die einen glatten, ziehenden Schnitt erfordern. Üblich ist die → Hippe, das Kopulierm., Okulierm. oder Pfropfm. zur Veredlung. Zur Stecklingsvermehrung gibt es spezielle M.formen. → Stecklingsmesser.

Metalldünger, auch Metallegierungsdünger. Eisendünger mit 5% Eisen (Fe) als Eisensalze oder -chelate (→ Chelate), Typenliste VC2 lt. → Düngemittelgesetz der BRD. → Kupferdünger aus Kupferschlacke mit 0,8% oder 2,65% Kupfer und anderen Spurenelementen; Kupferdünger mit 25% Kupfer als Kupfersulfat aus Kupfererzen durch Aufschließen mit Schwefelsäure. Typenliste VC3. – Mit Kupferdünger sind bei Spurenelementmangel infolge jahrelanger einseitiger Düngung mit mineralischen Nährstoffdüngern eindeutig Mehrerträge erzielt und Mangelkrankheiten behoben worden. Auch für Gärten empfehlenswert.

Metalle, kristallin aufgebaute chemische Elemente unterschiedlicher Härte und meist großer Dehnbarkeit. Von den etwa 75 Metallen besitzen ⅓ durch ihre Fähigkeit, korrosionsfeste Legierungen einzugehen, technische Bedeutung. Von den Schwer- und Leichtm.n finden zahlreiche M. in verschiedenen Formen und Produkten im Garten- und Landschaftsbau Anwendung.

Metasequoia → Urweltmammutbaum.

Metzgerpalme → Schusterpalme.

Microlepia → Farne 6.

Microcoelum → Palmen 5.

Miere, *Minuartia.* Nelkengewächse, *Caryophyllaceae.* ○ ♃ ⌒ △. Rund 100 Arten in der gemäßigten und kalten Zone der Nordhalbkugel. Stauden, manchmal unten verholzend, mit fadenförmigen bis pfriemlichen Blättern und weißen Blüten. Die Arten sind einander oft sehr ähnlich. – *M. graminifolia (Alsine, rosanii),* Venetianische Alpen, Italien. Flache, dichte, grasartige Polster mit grünen, linealischen Blättchen. Gute Polsterstaude, faul blühend. Blüten in Trugdolde, weiß. VII–VIII, 5–8 cm. – *M. juniperina (Alsine j.),* Griechenland, Kleinasien. Dunkelgrüne, lockere Rasen, Blättchen pfriemförmig, spitzstachelig. Blüten klein, weiß. VII–VIII, 10–15 cm. – *M. laricifolia (Alsine l.),* Granitmiere, Pyrenäen, Alpen, Balkan. Dichte, dunkelgrüne Rasen, leicht wachsend. Blätter pfriemlich-fadenförmig. Blüten bis 1 cm groß in lockeren Trauben, reichblühend, weiß. VII–VIII, 10 cm. – Verwendung im Alpinum und Troggarten. Boden sandig-durchlässig. Vermehrung durch Teilung, Stecklinge und Aussaat.

Miete, altes Verfahren zur Einlagerung von Gemüse. Voraussetzung ist einwandfreies, unverletztes Erntegut. Geeignet zum Anlegen von M.n sind trockene Stellen, an denen der Boden nicht tiefer als 20 cm und in einer Breite von 120 cm ausgehoben wird. Wurzelgemüse wird 1 m hoch aufgeschichtet und mit Stroh abgedeckt. Zunächst nur wenig Erde auflegen und diese Schutzschicht je nach Witterung nach und nach mit Kartoffelkraut u. a. verstärken. Oben mit einer Öffnung für die gute Durchlüftung sorgen. Die M. muß frostfrei gehalten werden, andererseits aber nicht zu warm sein, da sonst Fäulnis rasch um sich greift. Kohl wird ohne Umblätter am besten nur in einer Schicht in Erdm. eingelagert. Als Abdeckung können Stangen oder Bretter dienen, auf die Stroh oder Kartoffelkraut aufgeschüttet wird.

Mietergärten, unmittelbar im Wohnumfeld des Geschoßwohnungsbaus gelegen, etwa 20–50 qm große, nicht eingezäunte Parzellen.

Schwarze Johannisbeeren – von Johannisbeergallmilben befallen: Rundknospen. (Dr. Kennel)

Nährstoffmangelversuch bei Erbsen: Links ohne, rechts mit Metalldünger-Gabe. (Jost)

Mikroorganismen, Kleinlebewesen, wie Bakterien, Algen, Einzeller. Mittler zwischen Atmosphärilien, Nährstoffen und höheren Pflanzen. → Bodenbakterien, → Bodenfauna, → Bodenflora.
Mikrovermehrung → Gewebekultur.
Milben, kleinste Spinnentiere (→ Gliederfüßler), meist unter 1 mm groß. Tausende von Arten sehr verschiedener Lebensweise, darunter auch nützliche → Bodentiere. Pflanzensaugend: Familien → Weichhautmilben und → Spinnmilben (→ Obstbaumspinnmilbe); gallenbildend: Familie Gallmilben (→ Gallen); andere Milbengruppen sind räuberisch, pilzfressend u.a. Die im Garten schädlichen Arten saugen Pflanzensäfte. Abwehr bei starkem Auftreten s. → Obstbaumspinnmilbe und → Erdbeermilbe.
Milchstern, *Ornithogalum.* Liliengewächse, *Liliaceae.* ○–◐ ♃ △ ▽ ✕. Rund 100 Arten in Europa, Afrika und Westasien, davon nur wenige in unseren Gärten. Alles Zwiebelgewächse mit grundständigen Blättern. Die meisten mit weißen Blüten.
WINTERHARTE ARTEN. *O. nutans,* Nikkender M., Südosteuropa. Breilanzettliche, graugrüne Blätter. Blüten nikkend in fast einseitswendiger, lockerer Traube. Weißlich mit silberweißem Rand mit grünlicher Rückseite. Gut zum Verwildern unter lichten Bäumen. IV–V, 20–30 cm. – *O. pyramidale,* Südeuropa, Kleinasien. Blätter fleischig, graugrün. Blüten in langer Traube, weiß mit grünem Streifen auf der Rückseite. Blütenblätter nach dem Verblühen zusammenrollend. Auch als Schnittblume brauchbar. VI–VII, 40–70 cm. – *O. pyrenaicum,* östliches Mittelmeer, Kleinasien. Blätter während der Blüte schon wieder absterbend. Blüten grünlichweiß, offenbleibend. VI–VII, 60–100 cm. – *O. umbellatum,* Stern von Bethlehem, Mittel- und Südeuropa, Orient. Schönste und wichtigste der winterharten Arten. Blätter schmal, dunkelgrün, mit auffallendem, hellen Mittelstreifen. Blüten sternförmig, zahlreich, in flacher Traube, strahlend weiß, Rückseite grün. Bei Sonne in den Mittagsstunden geöffnet. IV–V, 20 cm. – Verwendung im Stein- und Naturgarten. Boden durchlässig. Vermehrung durch Teilung, Brutzwiebeln und Samen.
NICHT WINTERHARTE ARTEN. *O. caudatum,* Südafrika. Falsche Meerzwiebel. Zwiebel dick, halb oberirdisch. Blätter 20–60 cm lang, fleischig. Schaft bis 90 cm lang, Blüten weiß mit grünem Rand. Anspruchslose, langlebige Topf-

Milchstern, *O. thyrsoides.* (Dr. Jesse)

pflanze. V–VIII, 60 cm. – *O. arabicum,* Mittelmeergebiet. Blätter rinnig. Blüten in Doldentrauben, schneeweiß mit schwarzem Fruchtknoten und gelben Staubbeuteln, schön. Im Freiland VI–VII, bei Zimmerkultur III–V, 30–50 cm. – *O. thyrsoides,* Chincherinchee der Südafrikaner, Kap. Blätter fleischig-krautig, lanzettlich, saftiggrün. Blüten in vielblütiger, spitzkegeliger Traube, sehr haltbare Schnittblumen, weiß. 'Giant' ist großblumiger; 'Star of Good Hope' hat lange Blütenstiele, Blüten elfenbeinweiß, Zentrum gelblichbraun. VII–IX, 40–60 cm. – Verwendung der beiden letzten Arten wie Gladiolen im Garten, gruppenweise gepflanzt. Bei größeren Zwiebeln bringen sie mehrere und längere Stengel. Nach der Blüte ziehen sie allmählich ein. Sie treiben nur nach einer bestimmten Wärmebehandlung wieder aus, wobei je nach dieser entweder die Pflanzen zuerst nur Blütenstengel und später Blätter, oder beides gleichzeitig austreiben. – Boden durchlässig. – Vermehrung leicht durch die oft sehr zahlreichen Brutzwiebeln.
Milliäquivalent → Ionenaustausch.
Mimosa → Schamhafte Sinnpflanze.
Mimose → Akazie.
Mimulus → Gauklerblume.
Mineraldünger. Der Begriff M. geht zurück auf die Mineralien, das sind anorganische, einheitlich zusammengesetzte Naturprodukte, die sich aus übersättigten wässerigen oder Schmelzlösungen herauskristallisiert haben. Ursprünglichste Form der M. ist daher → Steinmehl. Bis Mitte/Ende des 19. Jahrh. galten als M. vor allem wirtschafts- bzw. hauseigene → Aschen und Mergel sowie als Handelsdünger → Chilesalpeter und (als organischer Handelsdünger) → Guano. Ab etwa 1850 wurden Knochen und Schlachthofabfälle sowie Superphosphat (→ Rohphosphat) und Kalisalze (→ Abraumsalze) aus natürlichen Vorkommen industriell aufbereitet und als „Kunstdünger" bezeichnet. Kunstdünger im engeren Sinn sind nur die seit Ende des 19. Jahrh. aufgekommenen Stickstoffdünger und die mineralischen sog. Volldünger. J. v. Liebig (1803–1873) hatte zu seinen Lebzeiten bekannten Stickstoffdünger nur in Sonderfällen empfohlen, im allgemeinen aber als überflüssig abgelehnt, weil die Pflanze ihren Stickstoffbedarf auf fruchtbaren Böden (→ Bodenfruchtbarkeit, → Stickstoff) aus dem Luftstickstoff decke (siehe ‚Naturwissenschaftliche Briefe über die moderne Landwirtschaft', Leipzig 1859 und Auswahl von Liebig-Texten ‚Boden, Ernährung, Leben', Stuttgart 1989). – Zu unterscheiden sind nach ihren wirksa-

So entstanden im Schelfmeer Nordafrikas die landbaulich besonders wertvollen Phosphate mit feinster Kristallstruktur. Sedimentäre Ablagerungen wurden durch Überreste von wirbellosen Tieren und Fischen angereichert. (Dr. Ludwig, aus ‚garten organisch' 1/1980)

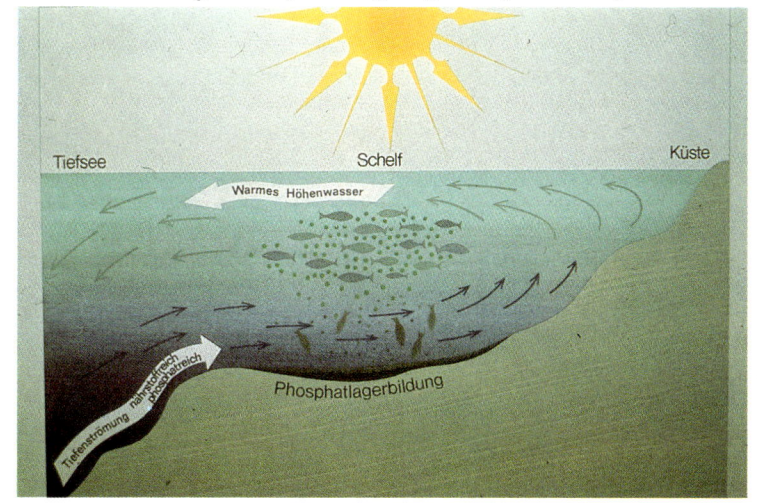

Mineraldünger

men → Nährelementen bzw. → Nährstoffen 1. Pflanzendünger = Stickstoff-, Phosphat- und Kalidünger und 2. Bodendünger = Kalkdünger. Außerdem werden Einzel- und Mehrstoffdünger unterschieden. Diese Unterscheidung ist nicht exakt, weil auch die Nebenbestandteile (→ Ballaststoffe) der Einzeldünger als Pflanzennährstoffe (Magnesium, Spurenelemente u.a.) bzw. der Kalkanteil als Bodendünger wirken.

EINZELDÜNGER
STICKSTOFFDÜNGER. Wurden im 19. Jahrh. als Naturdünger gehandelt, seit etwa 1890 durch verschiedene industrielle Verfahren gewonnen: z.B. Ammoniumsulfat aus Kokereien; Schwefelsaures Ammoniak durch Neutralisieren von Ammoniak mit Schwefelsäure oder Umsetzen von Ammoniumkarbonat mit Gips, Kalksalpeter u.a. aus Salpeter und Kalkstein; Kalkstickstoff durch Reaktion von Stickstoffgas mit Calciumcarbid; Ammoniak seit 1913 durch Haber-Bosch-Verfahren aus Luftstickstoff. Viele weitere Verfahren. – Durch die meisten mineralischen Stickstoffdünger wird die → Bodenreaktion verändert; damit können Bodenstruktur, Beweglichkeit der Nährstoffe und Pflanzenwachstum gestört werden. Stickstoffdünger sind deshalb weniger nach Stickstoffgehalt als nach Löslichkeit, d.h. nach ihrer schnelleren oder langsameren Wirkung, und nach saurer oder alkalischer Wirkung zu unterscheiden und überlegt anzuwenden. – SALPETERDÜNGER, auch als Nitratdünger bezeichnet: Kalksalpeter, ca. 15,5% Stickstoff (= N) und 20% Kalk, wirkt alkalisch und schnell, daher als Kopfdünger geeignet, besonders bei leicht saurem bis neutralem Boden. – Natronsalpeter mit 16% N und 26% Natrium allenfalls zu Salzpflanzen (→ Chlor) geeignet, wird nur noch wenig angeboten. – AMMONIUMDÜNGER. Schwefelsaures Ammoniak (= Ammoniumsulfat) wirkt sauer, muß im Boden erst in Salpeterform umgewandelt werden, wirkt daher langsamer als Kalksalpeter. – KOMBINIERTE SALPETER-AMMONIUM-DÜNGER. Wirken durch Mischung beider vorgenannten Dünger schnell und zugleich nachhaltig. Kalkammonsalpeter, 23% N je ½ Salpeter und Ammonium, und 30% kohlensaurer Kalk; wirkt neutral; gekörnt, auch grün oder braun eingefärbt im Handel. Ammonsulfatsalpeter 26% N, ¾ Ammonium, ¼ Salpeter, wirkt durch Schwefelsäurerest sauer. – AMIDDÜNGER. → Kalkstickstoff, 18–21% Stickstoff und 20%

Kalkbrennerei in den Wäldern Ungarns. (Siebeneicher)

Calciumoxid, wirken sehr langsam, alkalisch, zugleich Unkrautvertilgungsmittel. – Harnstoff, 40% N, wirkt sauer. Für Bodendüngung zu konzentriert, → Blattdüngung. Crotonylidendiharnstoff (→ Floranid), 28% N, davon bis 4% Nitrat als Startstickstoff. PHOSPHATDÜNGER. Werden aus → Rohphosphaten oder Thomasschlacke gewonnen, sie unterscheiden sich durch schnellere oder langsamere oder sehr langsame, dafür nachhaltige Wirkung. – SUPERPHOSPHAT, durch chemisches Aufschließen von Rohphosphat mit Schwefelsäure gewonnen. 18% P_2O_5 und 50% Calciumsulfat als Nebenbestandteil, wirkt daher sauer; auf neutralen oder alkalischen Böden anwendbar. Wirkt schnell. – THOMASPHOSPHAT, durch Feinvermahlung von Thomasschlacke aus Hochöfen gewonnen. 15% P_2O_5 und 5% Calciumoxid, Spuren von Eisen, Mangan und Schwefel, wirkt langsam, durch Kalkanteil günstig bei sauren Böden. – RHENANIAPHOSPHAT, durch Glühen von Rohphosphat mit Alkaliverbindungen (Natriumkarbonat) und Quarzsand und anschließende Feinvermahlung gewonnen. 29% P_2O_5 und 12% Natrium, wirkt alkalisch, aber durch Natriumanteil nur für Salzpflanzen geeignet (Chlor). → HYPERPHOS, durch Feinvermahlung von weicherdigem Rohphosphat gewonnen, ca. 26% Phosphat, wirkt sehr langsam und nachhaltig, neutral, für biologisch tätige Böden zu bevorzugen.

KALIDÜNGER, aus → Abraumsalzen des Bergbaues gewonnen, als Kaliumchloride oder Kaliumsulfate. Die Chloride enthalten als Nebenbestandteile Kochsalz, sind deshalb nur für chlorliebende Pflanzen (→ Chlor) geeignet. Der Natriumanteil des Kochsalzes wirkt bodenverschlämmend. Die sulfathaltigen Kalidünger vorzugsweise zu Sulfatpflanzen anwenden, u.a. Kartoffeln. – Auf biologisch hochaktiven Böden mit Kalireserve (→ Kalium, → Tonmineralien) kann die Kalidüngung ohne Ertragsabfall knapp gehalten werden. – KALISALZ als 40er, 50er oder 60er Kalisalz mit entsprechenden %-Gehalten als Kaliumchlorid und Kochsalz als Nebenbestandteilen. Je höher der Kalianteil, um so geringer der Kochsalzanteil, in der Regel also hochprozentige Kalisalze bevorzugen. – KALIUMSULFAT, chlorfrei, mit 42% Kalium und 18% Schwefel. – KALIMAGNESIA = Patentkali, chlorfreier Kali-Magnesiumdünger, mit 23% K und 5% Mg, beide als Sulfat. – KAINIT, Kalirohsalz, grau oder rötlich, 11% K als Kalium-, Magnesium- und Natriumchlorid (Kochsalz). – HOLZASCHE, wertvoller Kalidünger organischen Ursprungs, von Laubholz mit 10%, von Nadelholz mit 6% Kali und ca. 3% Phosphat und ca. 30% Kalk.

KALKDÜNGER. Kalkhaltige Erden (Mergel) und aus Kalkgestein oder als Abfallkalke der Industrie gewonnen. Sind nach der Schnelligkeit ihrer Wirkung zu unterscheiden und anzuwenden. – MERGEL. War jahrhundertelang der gebräuchlichste Kalkdünger, ein Gemisch aus Ton, Sand und ca. 50–75% kohlensaurem Kalk. Wirkt sehr milde und langsam, besonders geeignet für leichten Boden. – KALKSTEINMEHL, in Gehalt und Wirkung ähnlich Mergel. – MEERESALGENKALK (→ Meeresalgendünger), aus Ablagerungen von Meerestieren, ca. 80% kohlensaurer Kalk, ca. 10% Magnesium, viele Spurenelemente. – KOHLENSAURER KALK, 80–95% Kalk- und Magnesiummergel in Sorten mit verschiedenen Anteilen am Markt, auch mit Torfzusatz und mit → Azotobakter (Typenliste ID 1, 2). → HÜTTENKALK, industrieller Abfallkalk, Calciumsilikat, mit ca. 3% Magnesium und Spurenelementen. – BRANNTKALK, bis zu 90% CaO + MgO, gemahlen, wirkt schnell, nur für schwerere und schwere Böden. – LÖSCHKALK, bis 70% CaO + MgO, wirkt ähnlich wie Branntkalk.

WEITERE EINZELDÜNGER. Magnesium → Kieserit. Eisen → Fetrilon → Metalldünger. – Kupfer → Metalldünger. – Mangan → Kaliumpermanganat, → Mangan. – Bor → Borax. – Molybdän → Molybdän.

Mispel

MEHRNÄHRSTOFFDÜNGER
Enthalten alle Hauptnährstoffe, viele Typen auch Spurenelemente. Durch fortdauernde Anwendung von Mehrstoffdüngern Gefahr der → Überdüngung mit Kalium und Phosphor, weil Stickstoff, besonders in Regenjahren und auf leichten Böden, ausgewaschen wird. → Blauvolldünger.

Mineralisierung, Freisetzung von Nährstoffen durch Mikroorganismen aus organischen und organisch-mineralischen Stoffen des Bodens. Beispiel: Nitrifikation durch Nitrifikanten, wie *Nitrobacteriaceae,* die Stickstoff aus Ammoniumform in Nitrat-(= Salpeter)form umwandeln. → Bodenflora.

Minimumgesetz → Ertragsgesetze.
Minimum-Maximum-Thermometer
→ Maximum-Mininum-Thermometer.
Minuartia → Miere.
Minze → Pfefferminze.
Mirabelle → Pflaume.
Mirabilis jalapa → Wunderblume.
Miscanthus → Chinaschilf.
Mischkultur. Bei M. werden Gemüse-, Kräuter- und Gründüngungspflanzen reihenweise so angebaut, daß 1. der Boden das ganze Jahr über bedeckt ist, 2. sich ständig Ernte- und Wurzelrückstände bilden, die das Bodenleben schützen und ernähren und den Boden mit organischen Stoffen anreichern, 3. die Pflanzenarten sich gegenseitig fördern und Krankheitserreger und Schädlinge sich nicht vermehren können, 4. der Boden nicht mehr tief gelockert, d.h. nicht mehr umgegraben zu werden braucht, 5. je nach Bodenart Nährstoffe nur noch ergänzt zu werden brauchen. Literatur: G. Franck, Gesunder Garten durch Mischkultur, Südwest Verlag, 6. A. 1983. → Senf.

Mischpflanzung. Beim Pflanzen von Sträuchern, Stauden, Rosen und Einjahrsblumen werden oft Gattungen, Arten und Sorten scheinbar ohne Planung benachbart.

Mischungspartner, Einzelgräser, die zusammengestellt zu einer → Rasenmischung mit ihren Eigenschaften gemeinsam dazu beitragen, die sehr unterschiedlichen Bedingungen des jeweils verlangten Rasens zu erfüllen.

Mispel, *Mespilus.* Rosengewächse, *Rosaceae.* Nur eine Art in Süd- und Südosteuropa, Kaukasus, Kleinasien. – *M. germanica.* ○ ♄–♄ V–VI ⚭. Bis 6 m hoher, breit ausladender Strauch oder kleiner Baum mit teils dornigen, filzig behaarten Zweigen und oberseits dunkelgrünen, unterseits weich behaarten Blättern. Die weißen Blüten stehen einzeln; Früchte 2–3 cm, bei den Kulturformen bis 7 cm, grünlich-

Mischkultur im Hochbeet nach Hertha Kalaus. Hier können alle Salate, Frucht- und Wurzelgemüse sofort nach Fertigstellung des Beetes in gleichbleibender Qualität jahraus-jahrein angebaut werden. Rechts sind die aufgesetzten Hohlblocksteine erkennbar. (Kalaus)

grau bis braun. Die Früchte werden im Spätherbst, unter Frosteinwirkung, teigig und sind erst dann roh genießbar. Enthalten reichlich Pektinstoffe, allein oder mit anderen Obstarten zu Marmeladen verwendbar. Die M. ist als Zierpflanze, als Deck- oder Füllstrauch und in Vogelschutzhecken zu verwenden. Für Hausgarten: Sorte 'Holländische Riesenmispel'. – Ansprüche: Normaler, nicht zu nasser Boden in sonnigen Lagen. Frostempfindlich, Winterschutz. – Vermehrung: Normale Art durch Aussaat, Kultursorten durch Veredlung auf Weißdorn-Sämlinge.

Mischkultur nach Gertrud Franck aus ‚Gesunder Garten durch Mischkultur'. Innerhalb der Reihen sind Kräuter zwischengepflanzt. (Dr. M. Franck)

Mist, als organischer Dünger nach Tierart, Fütterung und Nutzung der Tiere, Einstreu und Behandlung des M.es unterschiedlich zu bewerten. Alle Vergleichsversuche zwischen ‚Mist' und Mineraldünger mit exakt angegebenen Nährstoffmengen sagen deshalb wenig aus. Rinderm. ist in Nährstoffgehalten und sonstigen Eigenschaften ausgeglichen; am wertvollsten von gut gefüttertem Mastvieh, weniger wertvoll von Jungvieh, dazwischen liegt Rinderm. von Milchvieh. Die Werte der Tabelle sind daher Durchschnittswerte und nach o. g. Punkten zu variieren. Durch Gehalte an organischer Substanz von ca. 20%, Spurenelementen, Mikroorganismen, Wuchsstoffen ist M. im Düngewert schwer mit anderen Düngern vergleichbar. Getrockneter Geflügel- und Rinderm. im Handel.
Mistbeet → Frühbeet.
Mistel, *Viscum.* Mistelgewächse, *Loranthaceae.* Halbschmarotzer, der auf Laub- und Nadelbäumen lebt. – *V. album.* ○–● ♄ III–IV ⚶ i. Kleiner, fast kugeliger Strauch mit wintergrünen Zweigen und Blättern. Die Blüten sind unscheinbar, gelblich; durchscheinende, erbsengroße, weiße Früchte. Die M. wurzelt nicht in der Erde, sondern lebt auf Bäumen und entzieht der Wirtspflanze Wasser und Mineralstoffe, versorgt sich aber mit Kohlehydraten aus eigener Assimilation. Nach den Wirtspflanzen werden folgende Arten unterschieden: Laubholz-M., Tannen-M. und Föhren-M. Sie halten ihre Wirtspflanze streng ein, eine Laubholz-M. wird nie auf Tannen oder Föhren vorkommen. Tritt die M. in wenigen Exemplaren auf, wird der Wirtspflanze kein allzu großer Schaden zugefügt. Stark befallene Äste kümmern und sterben allmählich ab. Aus den Mistelästen, Beeren und Blättern wird ein Leim gewonnen, der als Vogelleim, besonders in Italien, zum Vogelfang dient. In der germanischen Mythologie spielte die M. eine große Rolle. Heute

Apfelbaum in Streuobstbestand mit starkem Mistelbesatz. Wer das Obst ernten will, sollte die Misteln entfernen! (Dr. Link)

ist die M. als Weihnachtsschmuck weit verbreitet; in England ist Weihnachten ohne Mistelzweige nicht denkbar. – Verbreitung durch Vögel.
Misterde → Gärtnerische Erden.
Mittagsblume → Mittagsblumengewächse 10.
Mittagsblumengewächse, *Mesembryanthemaceae.* ○ ☉–♃–♄ ▽. Die M. sind neben den Kakteen, den Dickblattgewächsen und den sukkulenten Wolfsmilchgewächsen die interessantesten und kulturwertesten Vertreter der Sukkulenten. Die M. sind entweder einjährig oder mehrjährig, die mehrjährigen Stauden oder Sträucher. Nicht allein ihre Blüte, sondern auch die Form ihrer sukkulenten Blätter spricht den Liebhaber von Besonderheiten an. Während die strauchigen M. noch normalen Pflanzen entsprechen, ist z.B. bei den Lithops-Arten der jährliche Zuwachs auf ein einziges Blattpaar beschränkt, das dazu noch hochgradig miteinander verwachsen ist und einen zylindrischen Körper bildet. Die Blüten der meisten M. sind auffällig, weiß, gelb, rot, violett oder rosa. Meist sind die M. selbstunfruchtbar und neigen daher sehr zur Verkreuzung. Samen stammen meist nicht aus Südafrika, wo die meisten Gattungen beheimatet sind, sondern aus Mittelmeergärten und sind daher vielfach gekreuzt. Die Familie der M. umfaßt ungefähr 120 Gattungen, von ihnen werden nachfolgende 14 gestreift, und zwar: *Aptenia, Delosperma, Dorotheanthus, Drosanthemum, Erepsia, Faucaria, Glottiphyllum, Lampranthus, Lithops, Mesembryanthemum, Oscularia, Pleiospilos, Ruschia* und *Titanopsis.*
1. **Aptenia.** Niedrige, reich verzweigte Halbsträucher mit gegenständigen, herz- oder lanzettförmigen Blättern. – *A. cordifolia.* Niederliegend, bis 50 cm lange Ausläufer, mit herzförmigen, 3 cm langen Blättern. Blüten purpurrot. Vielfach ist die weißbunte Form 'Variegata' im Handel, die echt aus Samen fällt. – Verwendung als Sommerblume, aber Überwinterung möglich. – Vermehrung durch Samen oder Stecklinge.
2. **Delosperma.** Ausdauernd, rasenbildend, meist walzige Blätter mit unterschiedl. Papillen. Viele Arten. – *D. echinatum,* richtig *D. pruinosum.* Aufrecht, dichtbuschig, bis 25 cm, mit eiförmig bis halbkugeligen, weiß papillösen (behaarten) Blättern und 15 mm großen, weißen oder gelben Blüten. – Altbekannte und leichte Zimmerpflanze. – Vermehrung durch Stecklinge und Aussaat. – Hierher gehört auch die einzige fast in allen Teilen des Gebietes winterharte Mittagsblume: *D. cooperi,* Starker Wurzelstock, Triebe bis 40 cm, Blätter rund, zylindrisch, mit papillöser Oberfläche. Blüten 40 mm groß, violettrot. Unter trockener Laubdecke und ohne Staunässe gut winterhart. Reichblühend und in Verbindung mit anderen Xerophyten, z.B. Opuntien, Yucca, gut wirksam. – Vermehrung durch Stecklinge. In sehr rauhen Gebieten überwintert man einige Stecklinge und pflanzt im IV aus. Mit großer Sicherheit sind auch noch andere M. winterhart, doch fehlen bis jetzt Beobachtungen.
3. **Dorotheanthus.** Einjährige mit glitzernd papillösen Blättern und zahlreichen weißen, gelben, roten oder lilagefärbten Blüten. – *D. bellidiformis (Mesembryanthemum criniflorum).* Blätter grund- und später wechselständig, rauh und stark papillös, Blüten 3–4 cm groß, weiß, hellrosa, weiß mit rot, rot, orange und verschiedenen Pa-

Mittlerer Nährstoffgehalt des frischen Stalldüngers der einzelnen Tiergattungen

In 1000 kg Stallmist sind enthalten kg:

	Stickstoff (N)	Phosphorsäure (P_2O_5)	Kali (K_2O)	Kalk (CaO)
Rind	4,5	2,5	5,5	4,5
Pferd	5,8	2,8	5,3	3,0
Schaf	8,5	2,5	6,7	3,0
Schwein	4,5	1,0	5,5	0,5
Huhn	17,0	16,0	9,0	20,0

stelltönen. – *D. gramineus*, Blätter mehr grün, Blüten karminrot, rosa oder weiß, 2,5 cm groß. – Sehr bekannte und beliebte Sommerblumen, die aber in manchen Gegenden nur in sonnigen Sommern ihr Bestes geben. Trockene und sonnige Standorte sind Voraussetzung. Sandige Substrate, besonders vorbereitete Trockenbeete, wo sie gemeinsam mit Gazania, Ursinia, Portulak usw. stehen, lieben sie besonders. Vermehrung durch Aussaat. Auspflanzen erst nach den Eisheiligen.

4. Drosanthemum. Kräftig wachsende, aufrechte Sträucher oder aber auch niederliegend und dann hängend wachsend. Blätter kreuzhängend wachsend. Blätter kreuzgegenständig, dreikantig oder rundlich, glitzernd papillös. Blüten groß, rot oder weiß. – *D. floribundum*. Kriechend, Blätter zylindrisch, bis 15 mm lang, Blüten sehr zahlreich, 2 cm groß, hellrosa. – *D. bellum*. Eher aufrecht, Blätter rundlich, bis 5 cm lang, Blüten 5 cm groß, rosa mit weißer Mitte, oft mit gelbem Schein. – *D. hispidum*. Aufrecht, Blüten tief und glänzend weinrot, 3 cm. Die 'Sonnenblitzle' Süddeutschlands, doch nur die erste Art verbreitet. Sowohl als Zimmerpflanze als auch für die Balkonbepflanzung sehr gut geeignet. Vermehrung durch Stecklinge leicht.

5. Erepsia. Strauchig, mit etwas zusammengedrückten, ganzrandigen, gegen die Spitze meist gezähnelten Blättern. Blüten rot oder gelb. *E. inclaudens*. Aufrecht bis niederliegend, Blätter bis 3 cm lang, glänzend grün und punktiert. Blüten purpurviolett, 4 cm groß. Beliebte Zimmerpflanze mit ganztägig geöffneten Blüten. Sehr leicht aus Stecklingen. Im Sommer auch im Freiland verwendbar.

6. Faucaria, Tigerrachen. Hochsukkulente Pflanzen mit sehr kurzen Sprossen, Blätter kreuzgegenständig, am Grund etwas verwachsen, an der Spitze dreikantig, mit weißen Zähnen. Blüten groß, gelb, meist sitzend. – *F. tigrina*, Blattenden kinnartig vorgezogen, Oberfläche graugrün mit weißen Punkten. Blüten groß, 5 cm Durchmesser, goldgelb. Daneben noch andere schöne Arten. – Herrliche, VIII–XI blühende Sukkulenten, die schön kompakt bleiben. Blüten nachmittags geöffnet. Vermehrung durch Samen leicht. Leider vielfach bastardiert und dadurch nicht mehr genau definierbar.

7. Glottiphyllum, Zungenblatt. Hochsukkulent, mit meist zungenförmigen, kreuzgegenständig stehenden Blättern, meist schief gestellt. Blüten sehr groß IX–XII. – *G. nelii*. Dichte Klumpen bildend, Blätter hellgrün, unterschiedlich lang. Blüten 4 cm groß, leuchtend gelb. Es gibt schönere Arten mit bis 10 cm großen Blüten. – Glottiphyllum brauchen volles Sonnenlicht, kleine Töpfe, sandige Substrate und wenig Düngung, da sie gerne auswachsen. Nur mager und sonnig gehalten, schillern die Blätter eigenartig metallisch und erscheinen die Blüten in solcher Fülle, daß sie die Pflanzen bedecken. Anzucht aus Samen leicht, aber auch hier leider vielfach Bastarde bereits vorhanden.

8. Lampranthus. Von Mittelmeerreisen werden vielfach Stecklinge dieser Gattung mitgebracht. Halbsträucher mit etwas am Grunde verwachsenen Blättern, Blüten end- oder achselständig, groß oder mittelgroß, rot, rosa, orange, gelb oder weiß. – *L. blandus*. Aufrecht, bis 50 cm hoch. Blätter dreikantig, bis 5 cm lang. Blüten bis 6 cm im Durchmesser, hellrosa. – *L. conspicuus*. Ähnlich, jedoch mit purpurroten, 5 cm großen Blüten. – Großblütig sind noch *L. haworthii*, mit 7 cm großen, purpurnen Blüten und *L. spectabilis*, mit etwas kleineren purpurroten Blüten. – Kleinere Blüten, aber dafür überreich, bringt *L. brownii*, die die Blütenfarbe wechselt: zuerst oben orange, unten gelb, später beiderseits hellrot, und *L. glomeratus*, violettrosa oder purpurrot. – Überreich blühend, in Nord- und Süddeutschland, z.T. aber auch in der Schweiz und in Westösterreich verbreitete Zimmer- und Balkonpflanzen. Sie sollen immer verjüngt werden, da sie nachlassen. Im Herbst macht man frische Stecklinge, überwintert kühl und pflanzt im III um. Sie wachsen gut und blühen reich.

9. Lithops, Lebender Stein, Hottentotten-Popo. Hochsukkulente, aber rasenartig wachsende Pflanzen, die Körperchen entstehen durch Verwachsung der paarigen Blätter. Blüten aus dem

Mittagsblume, *Dorotheantus bellidiformis*. (Dr. Jesse)

Tigerrachen, *Faucaria tigrina*. (Seidl)

Delosperma cooperi. (Seidl)

Mittagsblumengewächse

Lebender Stein, *L. pseudotruncat.* (Herbel)

Spalt, weiß oder gelb, oft herrlich duftend. Besonders die Oberfläche der Körper zeigt eine unterschiedliche Färbung, die eine gute und umfangreiche L.-Sammlung so reizvoll macht. *L. pseudotruncatella*. Mit bräunlichgrauer Oberfläche der Körperchen und verästelter Zeichnung, Blüten 3,5 cm groß, goldgelb, IX–X. – *L. bella* hat schöne weiße Blüten. – Im Winter kühl und sehr trocken halten, erst ab IV wieder gießen, doch nicht zu stark, Blüten erscheinen im Herbst. Vermehrung durch Samen leicht, doch sollen schon die kleinen Sämlinge die winterliche Ruhezeit erhalten. – L. sind sehr lohnende Sammelobjekte für den Liebhaber, man kann von ihnen große Sammlungen auf kleinstem Raum unterbringen. Wichtig ist hier vor allem, daß sie selbsteril sind, man soll daher immer größere Mengen einer Art kultivieren und die typischen und artreinen Pflanzen untereinander bestäuben und den geernteten Samen anbauen. Bei Einzelexemplaren kommt es notgedrungen zur Bastardierung.

10. Mesembryanthemum, Mittagsblume. Einjährige Kräuter mit zuerst rosettig gestellten Blätern, später bilden sich verzweigte Triebe. Die Blätter sind groß und mit starker Papillenbildung an der Oberfläche ausgestattet. – *M. crystallinum*, 'Eispflanze'. Große, meldenähnliche Blätter, die als Spinatersatz während des Sommers dienen. Blüten unscheinbar, 15 mm groß, weißlich, an sonnigen Standorten reichlich erscheinend, doch kaum auffallend. – Kombinierte Nutzung heißt das Schlagwort bei dieser Pflanze, die wie mit Eiskristallen bedeckten Blätter und in bescheidenem Maß die Blüten zieren, die Blätter werden als Spinat verwendet. Aussaat im Frühjahr leicht, Auspflanzung an trockene, sonnige Orte mit steinigem und sandigem Boden.

11. Oscularia. Kleine Sträuchlein mit dreikantigen, graugrünen Blättern und kleinen Blüten. *O. deltoides*. Mit zahlreichen Kurztrieben und dreikantigen Blättern. Blüten klein, zahlreich, hell- bis dunkelrosa. – Verwendung als Zimmer- oder Freilandpflanze von leichtester Kultur. Kühle Überwinterung. Vermehrung durch Stecklinge.

12. Pleiospilos, 'Lebender Granit'. Stammlos, rasenbildend, hochsukkulent, mit wenigen, großen, kreuzgegenständigen Blättern. Diese sind groß und aufgetrieben, graugrün oder grün und z.T. durchscheinend punktiert. – *P. bolusii*. Rötlich-braungrüne Blätter mit kinnartigem Vorsprung, Blüten VIII–X, 6 cm groß, goldgelb. – *P. nelii*. Halbkugelige, graugrüne Blätter, Blüten lachs-rosagelb bis orange. – *P. simulans*. Blätter verschiedenartig steinfarben, aber immer ohne Kinn. Blüten hellgelb bis orange, nach Kokosnuß duftend. – Hochinteressante Sukkulenten, die trotz ihres extremen Aussehens leicht zu ziehen sind. Im Winter nicht zu feucht, im Sommer mäßig feucht, immer hell. Vermehrung durch Samen leicht. Sehr gefährdet durch Bastardierung. *P. nelii* blüht um so schlechter, je weiter nach Norden es geht, da sie von der Tageslänge abhängig ist.

13. Ruschia. Meist kleinere bis größere Sträucher, in der Regel einseitig verzweigt. Blätter unterschiedlich verwachsen, meist grau, stark durchscheinend punktiert. Blüten im Sommer, bei einigen Arten auch nachts geöffnet. *R. umbellata*. Strauchig bis 60 cm, Blätter teilweise verwachsen, grün und gepunktet. Blüten weiß, 3 cm groß. – *R. tumidula*. Stark verzweigter Strauch mit 2 cm großen, hellrosa Blüten. – Strauchige Arten von leichter Kultur, doch sind die Blüten vielfach nicht so schön wie bei Lampranthus.

14. Titanopsis. Hochsukkulente Mimikry-Gattung mit dicht gedrängten Blattrosetten. Die Blattenden sind abgeflacht und schwielig, borkig und warzig. Blüten gelb. Die Pflanzen werden in der Heimat mit Sand eingeweht und heben sich dann überhaupt nicht mehr umgebenden Gestein ab. – *T. calcarea*. Blätter weißlich bis grünlich, Warzen rötlichgrau. Blüten gelb bis orange. – Die Vegetationszeit der T.-Arten ist im Sommer, zu dieser Zeit mäßig wässern und vollsonnig halten. Im Winter vollkommene Trockenheit, sonst sterben die Pflanzen gerne ab.

KULTUR UND VERMEHRUNG DER MITTAGSBLUMENGEWÄCHSE. Das Wichtigste ist die Einhaltung der Winterruhe und Trockenzeit bei jenen Gattungen, wo es angegeben wurde. Alle angeführ-

Titanopsis calcarea. (Herbel)

ten Gattungen haben ihre Hauptwachstumszeit im Nordsommer, beginnen aber im Südfrühjahr, besonders deutlich bei *Lithos, Glottiphyllum* etc., zu blühen. Bei den strauchigen Arten ist diese Herbstblütezeit weniger ausgeprägt. Deshalb wurde die große Gattung *Conophytum* nicht besprochen: ihre Hauptwachstumszeit ist im Nordwinter, ihre Kultur ist schwierig.

VERMEHRUNG. Durch Stecklinge oder Aussaat. Die Stecklingsvermehrung bereitet bei den strauchigen Arten keine Schwierigkeiten, sie soll aus Verjüngungsgründen regelmäßig durchgeführt werden. Auch sukkulente Arten kann man, sofern sie Sprosse bilden, abstecken. Die Aussaat erfolgt auf sehr sandiges Substrat in kleine Töpfe, ähnlich wie bei den Kakteen. Chinosol- oder Albisal-Lösungen helfen über die kritische Phase der Keimlinge hinwegzukommen, sie werden leicht von Vermehrungspilzen befallen und sterben rasch ab, da sie sehr wässerig sind. Nicht abdecken. Auch kleine Sämlinge von hochsukkulenten Gattungen muß man nach ungefähr 5–6 Monaten trockenstellen, deshalb und aus Lichtgründen ist der günstigste Aussaattermin IV/V, doch kann man, Bodenwärme und künstliche Belichtung vorausgesetzt, ganzjährig aussäen. Kunstlicht ist bei vielen nützlich, entweder bei Gattungen, die wie *Conophytum* ihre Hauptwachstumszeit im Nordwinter haben, oder wie bei *Pleiospilos nelii*, die zu spät ihre Knospen anlegen und dann nicht mehr erblühen. Viele Vertreter können sich, trotz Samenvermehrung, nicht auf die andere Erdhälfte einstellen, ein Phänomen, das bei vielen Pflanzen der südlichen Halbkugel sehr ausgeprägt ist.

LITERATUR: Handbuch der sukkulenten Pflanzen. H. Jacobsen. VEB G. Fischer Verlag, Jena. – Das Sukkulentenlexikon, H. Jacobsen. G. Fischer Verlag, Stuttgart.

Mittagsgold → Gazanie.
Mitteltrieb → Stammverlängerung.
Mockernuß = *Carya tomentosa* → Hickorynuß.
Möhre → Mohrrübe.
Mörtel, nach DIN-Gütevorschrift hergestelltes Gemisch aus Sand, Bindemittel wie Zement oder Kalk und Wasser zum Mauern, Verfugen und Verputzen, das nach Abbinden hohe Festigkeit erreicht.
Mohn, *Papaver.* Mohngewächse, *Papaveraceae.* Gattung mit etwa 100 Arten, einjährig bis staudig, in allen Erdteilen außer Amerika. Blätter gelappt oder geteilt, Knospen nickend. Von den vielen Arten sind mehrere als Sommer- bzw. Zweijahrsblumen und Stauden im Anbau.
EIN- UND ZWEIJÄHRIGE. Alle lieben vollsonnigen Standort und nicht zu nährstoffreichen, nicht zu feuchten Boden. Blüte etwa Mitte V–VIII, je nach Saattermin. Aussaat aller einjährigen Arten ab IV an Ort und Stelle mit ca. 30 cm Reihenabstand. Zu dichte Aussaaten ausdünnen. – Tulpenmohn, *P. glaucum,* 50 cm hoch. Nur wenig,

Gartenmohn, *P. somniferum.* (Fehn)

blaugrün, belaubt. Blüten tulpenförmig, groß, dunkel scharlachrot mit schwarzem Fleck. Blüht oft schon V, insbesondere bei Herbstsaat, deshalb auch als Füller in Tulpenbeeten (daher aber nicht der Name!). – Islandmohn, *P. nudicaule.* ☉ ✄. Kann kurz mehrjährig sein, wird normalerweise jedoch zweijährig kultiviert. Blätter etwas behaart und fiederschnittig. Farbenspiel der gebräuchlichsten Mischungen mit aparten Zwischentönen von Weiß über Gelb und Orange bis Rot. Auch reine Farbsorten. Blüten je nach Züchtung einfach, halbgefüllt oder gefüllt. Wuchshöhe um 40 cm. Verwendung als Beetpflanze, Füller im Steingarten und Schnittblume. Blüte VI–Frost. – Aussaat ab V–VI ins Frühbeet oder auf Freilandsaatbeete. Im Herbst oder zeitigen Frühjahr mit ca. 25 cm Abstand an Ort und Stelle pflanzen. – Ein Unkraut der mitteleuropäischen Getreidefelder ist bzw. war der echte Klatschmohn. *P. rhoeas.* Buschige Pflanzen, 60–70 cm, grünlaubige, behaarte Blätter. Blüten der einzelnen Formen einfach oder gefüllt. In Mischungen überwiegen Pastelltöne, deshalb auch gelegentlich als Seidenmohn bezeichnet. Verwendung fast ausschließlich als halbhohe Beetpflanze. – Garten- oder Schlafmohn, *P. somniferum,* kann 1 m und höher werden. Fast nur gefülltblühende Mischungen mit ca. 10 cm großen, geschlitzten Blumenbällen (Schlitzmohn, Päonienmohn). Verwendung als hochwachsende Beetpflanzen. Nutzungsauslesen werden für die Mohngewinnung angebaut; als

Steingarten mit Islandmohn, *Papaver nudicaule.* (Drave)

Mohrrübe

Mohrrübe, Hilds Rothild GS. (Hild)

Mohrrübe, Nantaise/Hilmar. (Hild)

Ölpflanze nur interessant, wo die Möglichkeit zum Pressen besteht. – Anbau: Aussaat III direkt ins Freiland, Reihenabstand 35 cm, in der Reihe auf 15 cm verziehen. Sorten wählen, bei denen die Kapseln bei der Reife geschlossen bleiben (Schließmohn)! Pro Pflanze werden ca. 3–4 Kapseln ausgebildet, die Ende VIII reif sind. Reife Kapseln abschneiden, luftig trocknen lassen. Zur Samengewinnung dreschen oder einzeln öffnen und Samen in Behälter sammeln. Samen in flacher Schicht gut nachtrocknen lassen. – Verwendung: Samen zum Kuchenbacken (Mohnstollen), zum Bestreuen feiner Backwaren (Mohnbrötchen) oder in größeren Mengen zum Pressen des Öls.

AUSDAUERNDE. *Papaver alpinum,* Alpenmohn, Alpen und Karpaten. ○ △. Mehrköpfiger Wurzelstock, fein gegliederte Blätter. Blüht gelb, orange, weiß. V–VI, 10–20 cm. In Mischungen angeboten. – *P. orientale,* Feuermohn, Gartenmohn, Türkenmohn, Gebirge Vorderasiens. ○ ⋈ Bie. Stengel und weiche, fiederteilige Blätter sind dicht behaart. Große Blüten V–VI, 60–100 cm. Viele Sorten 'Beauty of Livermore', karminrot, standfest, 100 cm; 'Branddirektor', scharlachrot, 80 cm; 'Catharina', lachsrosa, am Grund schwarz, 80 cm; 'Feuerriese', ziegelrot, 80 cm; 'Perrys White', weiß, am Grund schwarz, 80 cm; 'Sturmfakkel', feurig rot, hervorragend für Schnitt, 50 cm. – Verwendung: Alpenmohn im Steingarten, bevorzugt kalkigen Schotter. Volle Sonne. Türkenmohn auf Rabatten, Staudenbeeten, benachbart mit Dauerblühern in ebenfalls kräftigen Farben, z.B. Salbei, die nach seinem kurzen Auflodern die Lücken schließen. – Vermehrung: Alpenmohn sehr früh aussäen, in Töpfe pikieren und ab V ins Freiland auspflanzen. *P. orientale*-Sorten nur durch Wurzelschnittlinge von jungen Wurzeln gleich nach der Blüte.

Mohrrübe, Karotte, Möhre. *Daucus carota.* Doldenblütler. *Umbelliferae.* Einheimisch, seit ältesten Zeiten als Sammelpflanze, später als Kulturpflanze bekannt. Großer Formen- und Sortenreichtum. – ANBAU. Aussaat für Frühsorten ab Mitte III, für Lagersorten bis Ende VI; Reihenabstand 25–30 cm, dünn aussäen! Nach Auflaufen Frühsorten auf 3–5 cm, Lagersorten auf 6–8 cm verziehen. Mohrrüben gedeihen nur in lockeren, tiefgründigen Böden. Durch häufiges Hacken unkrautfrei halten. Ernte der Frühsorten ab Juni, spätere Kulturen und Lagersorten bis XI. Zum Einlagern Kraut entfernen, Wurzeln ohne zu waschen reinigen und in kühlem, feucht gehaltenem Keller einlagern! – VERWENDUNG. Sehr vielseitig, fein gerieben als Salat, gekocht als wertvolles Gemüse, feine Sorten eignen sich gut zum Einwecken und zum Tiefkühlen.

Mohrrübenfliege, Möhrenfliege, 5 mm lang, schwarzglänzend mit gelben Beinen. Legt im Mai/Juni und ab Ende August die Eier oberflächlich in den Boden, Maden fressen Gänge in die Wurzelknollen. Abwehr: Offene, windige Lagen wählen; Mischkultur mit Schnittlauch, Knoblauch oder Zwiebel; während der Flugzeiten mit Schlitzfolien abdecken; Pflanzen mit Rainfarntee oder Zwiebel/Knoblauch-Jauche spritzen.

Molinia → Pfeifengras.
Moltkie, *Moltkia.* Boretschgewächse, *Boraginaceae.* ○ ♃–♄ △ Lie. Etwa 6–8 Arten in Südeuropa und Asien. Zwergige Stauden oder Halbsträucher mit schönen blauen Blüten in Wickeltrauben. – *M. doerfleri,* Albanien. Staude mit unterirdischen Ausläufern. Triebe mit länglich-lanzettlichen Blättern und leuchtend blauen Blüten, VI–VII, 30–40 cm. – *M. × intermedia (M. petraea × M. suffruticosa).* Linealische Blätter, blaugrün. Blüten in Wickeltrauben, dunkelblau. VII–VIII, 20 cm. – *M. petraea,* Griechenland, Albanien. Am ehesten in Staudengärtnereien erhältlich. Halbstrauch mit dunkelgrünen, linealischen, am Rand eingerollten Blättern, wie die ganze Pflanze seidig behaart. Blüten in kurzen, überhängenden, traubenartigen Wicklern, lange blühend, azurblau. V–VIII, 15–20 cm. – *M. suffruticosa (M. graminifolia),* Norditalien. Nur am Grund etwas verholzender Halbstrauch, dicht rasenartig wachsend. Grasartige, linealische, am Rand umgerollte Blätter, grau behaart. Blüten in langen, traubenartigen Wickeln, azurblau. Winterschutzbedürftig. VI–VII, 30 bis 40 cm. – Verwendung dieser schönen blaublühenden Hochgebirgspflanzen im Alpinum, am besten in sonnigen Steinspalten. Erde gut durchlässig, sandig-humos. Vermehrung durch Abrisse, Stecklinge und Aussaat. Anzucht nur in Töpfen.

Molucella → Muschelblume.
Molybdän, chemisch Mo, Spurenelement. M.mangel nur in sauren Böden. In Boden lebenswichtig für stickstoffbindende Bakterien, wie → Azotobakter, in Pflanze beteiligt an → Fotosynthese und Umwandlung der Stickstoffformen. – M.MANGEL. Mißbildung bei Blättern, ältere Blätter chlorotisch (→ Chlorose) oder Eintrocknung vom Blattrand her, Blumenkohl bildet keine Blumen, gestörtes Wachstum auch bei anderen Kreuzblütlern (Kohlrabi, Rettich, Weißkohl) und Schmetterlingsblütlern. pH ausgleichen, Algen spritzen, wenn notwendig 0,3 g gelöstes Natriummolybdat je qm ausbringen oder in Anzuchterde 1 g/100 kg flüssig verteilen.

Monarda → Indianernessel.
Monatserdbeeren → Erdbeeren.
Mondwinde, *Calonyction.* Windengewächse, *Convolvulaceae.* ○ ♃ (bei uns meist ☉) ⚥ ▽ o. Freiland Lie. Windende Kräuter mit meist stacheligen Trieben und großen dreiteiligen Blättern und großen Windenblüten. 3 Arten im tropischen Südamerika. – *C. aculeatum.* 5–6 m hoch schlingend, Blätter 20 cm groß. Blüten rein weiß mit grünlichen oder gelblichen Falten, Röhre

15 cm lang, Saum 10—15 cm breit, sehr gut duftend. Die Blüten öffnen sich am Abend und schließen sich morgens, nur bei trübem Wetter bleiben sie länger geöffnet. – Bei uns nicht für die Auspflanzung im Freiland geeignet, sie gedeiht gut im luftigen Kalthaus, jedoch auch unter licht abgedeckten Sitzplätzen und unter Traufen in warmen Gartenhöfen. – Vermehrung durch Aussaat bei 18°C im III—IV, in humose, nährstoffreiche Substrate.

Monilia → Fruchtfäule.
Monstera → Fensterblatt.
Montbretia → Montbretie.
Montbretie, *Crocosmia.* Schwertliliengewächse, *Iridaceae.* ○—◐ ♃ ⌒ ⚹. Etwa 4 Arten in Afrika. Bei uns fast nur Sorten im Handel. Rhizombildend mit Zwiebelknollen. Blätter flach, schwertförmig, dunkelgrün. Stengel mit mehreren Blütenähren, nacheinander aufblühend, daher lange Blütezeit. – *C. × crocosmiiflora (C. aurea × C. pottsii).* Viele Sorten; meist großblumiger als die Arten. Farben von gelb, orange, rot bis karmin, oft mehrfarbig. VII—X, 50—70 cm. – *C. masoniorum,* Südafrika. Prächtige Art, oft in Katalogen angeboten. Blütenstand elegant gebogen. Blüten groß, scharlachrot. VII—VIII, 60—90 cm. – Verwendung im Blumenbeet, zwischen Stauden und Gräsern, vor allem als haltbare Schnittblumen. Im Winter alle etwa 10 cm hoch abdecken mit Torf oder Laub. Boden durchlässig, lehmig-humos, sonst anspruchslos. Vermehrung durch Brutknollen oder Teilen.
Montia perfoliata → Winterportulak.
Montmorillonit, nach dem Fundort Montmorillon in Südfrankreich benannt, sehr wertvolles Tonmineral, ein Schichtsilikat, dessen Schichten durch Wasser stark aufweitbar sind. Spezifische Oberfläche 600—800 qm je g! Schon kleinste Gaben von M. können daher Sandboden sehr verbessern, da spezifische Oberfläche von Sand

Montbretie, *C. crocosmiiflora.* (Seidl)

Mooskraut, *S. martensii.* (Dr. Jesse)

nur 0,1 qm je g. → Austauschkapazität, → Bentonit, → Tonmineralien.
Moorbeetpflanzen, nach Bodenverhältnissen und Standort ausgerichtete Gruppe von flachwurzelnden Gehölzen und Stauden, wie Rhododendron, Azaleen oder Gaultherien. Der anmoorige bis moorige Boden soll schwachsauer bis sauer reagieren.
Moorerde → Gärtnerische Erden.
Moorheide = *Erica tetralix* → Glockenheide.
Moos → Rasenunkrautbekämpfung.
Mooskraut, *Selaginella.* Mooskrautgewächse, *Selaginellaceae.* Ausdauernde Kräuter mit gabelig geteiltem Stamm und kleinen, schuppenartigen Blättern. Sporenbildend, männliche und weibliche Vorkeime (Prothallien) bildend. Vermehrung nur durch Stecklinge oder Teilung, da die geschlechtliche Vermehrung zu lange dauert. NICHT WINTERHARTE ARTEN. ◐—● ♃ ⌂. *S. apoda (S. apus).* Kanada und USA. Bis 5 cm hoch, dichte, gekrauste Rasen bildend. Stengel dünn, Blätter klein und häutig. Guter Bodendecker für kühle Wintergärten und Pflanzschalen, leicht durch Teilung zu vermehren. Überwintert unter Steinen, ähnlich wie *Soleirolia,* und kann dann in günstigen Gegenden immer wieder im Frühjahr weiterwachsen. – *S. kraussiana.* Südafrika. Kriechend, stark verzweigte Stengel und buschige, quellige Rasen bildend. Meist in den Formen 'Aurea' mit gelbem oder 'Variegata' mit weißbuntem Laub. Schöne Rasen bildend, für kühle Wintergärten und große Schalen gut geeignet, topffest und dauerhaft. – Vermehrung durch Kopfstecklinge leicht. Die Ausläufer muß man bei Topfpflanzen immer wieder ins Substrat hineinleiten. – *S. martensii,* Mexiko. Aufrecht, bis 30 cm groß. Zweige zuerst ganz senkrecht stehend,

dann meist schräg und mit Stützwurzeln. Schön saftig grün oder verschieden bunt bei den vielen im Handel anzutreffenden Formen. Gut für kühle Räume, als Topfpflanze oder für Wintergärten, jedoch nicht zur Rasenbildung geeignet, da zu hoch. Hübsch die gelbbunte 'Watsoniana'. – Vermehrung durch Stecklinge leicht. – Alle nicht winterharten S. lieben hohe Luftfeuchtigkeit und humose Substrate. Die wärmeliebenden, tropischen Arten sind sehr selten anzutreffen und nur dem Besitzer eines Zimmerglashauses zu empfehlen. WINTERHARTE ART. *S. helvetica.* ● ♃ ⚹ △ Lie (⌂). Wird gelegentlich in Katalogen angeboten. Blätter zierlich, bildet grüne Teppiche, im Herbst rötlich. Für windgeschützte Standorte auf feuchten, sandig-humosen Böden, auch Waldhumosböden.
Mooswandkultur. Bei der M. werden Sommerblumen in Behältnisse gepflanzt, die außen mit Maschendraht umkleidet sind. Damit die Erde nicht herausfällt, wird auf das Drahtgeflecht eine Lage → Sumpfmoos aufgebracht. Mooswände müssen nicht immer an einer Wand angebracht sein, sie können auch freistehen, müssen dann aber windsicher verankert werden. Rahmen für M. werden üblicherweise aus Winkeleisen zusammengeschweißt.
Morus → Maulbeerbaum.

Skizzen zum Selbstbau eines Behältnisses für Mooswandkultur. (Windscheif)

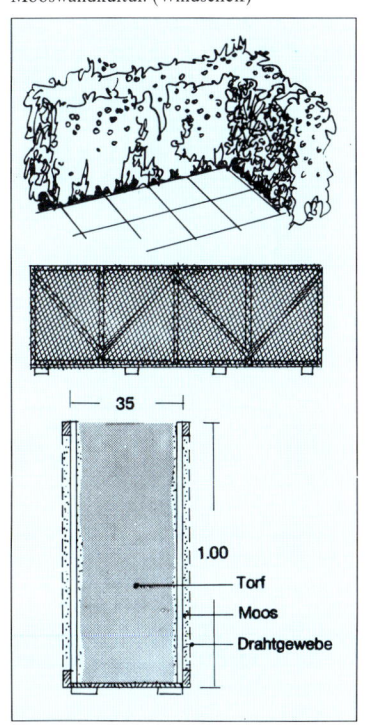

Mosaikkrankheiten

Links Motorgerät 'Agria 400', 5-PS-Viertakt-Benzinmotor, mit Werkzeug zum Hacken. Arbeitsbreiten 32–65 cm. Rechts das Gerät mit Häufelkörper. (Agria)

Mosaikkrankheiten, meist von Blattläusen beim Saugen übertragene → Viruskrankheiten, welche mosaikartige Scheckungen der Blätter verursachen. Hinzu treten Formveränderungen der Blätter (z. B. Fadenblättrigkeit); Ertragsrückgang. Vor allem bei Tabak, Tomate, Kartoffel, Gurke, Rüben, Kohl, Salat, Bohne (→ Bohnenmosaik), Erbse, Dahlien und anderen Zierpflanzen. Abwehr: → Viruskrankheiten.

Moskitogras, *Bouteloua.* Gräser, *Gramineae.* ○ ♃ △. – Nur eine Art ist von gärtnerischer Bedeutung und fällt durch ihre eigenartig angeordneten Ähren auf. *B. gracilis (B. oligostachya),* Nordamerika. Dichte Grashorste mit schmalen, bräunlichgrünen, überhängenden Blättern. Blütenähren zu wenigen an den runden Halmen, waagrecht abstehend und daher wie sitzende Moskitos wirkend. VI–II, 30 cm. Verwendung als dekoratives Gras im Stein-, Stauden- und Heidegarten. Boden nicht zu naß, sandiglocker. Vermehrung durch Aussaat und Teilung.

Mostäpfel, Spezialsorten für die Mostbereitung, wie Spätblühender Tafetapfel, Maunzenapfel, Schöner von Boskoop, Rheinischer Bohnapfel, Blauacher, Bittenfelder, Börtlinger Weinapfel, Gehrers Rambour, Hauxapfel, Roter Trierer Weinapfel, Schneiderapfel, Tobiäsler, Antonowka. In England und Frankreich Ciderapfelsortiment verbindlich.

Mostbirnen, Spezialsorten für Mostbereitung. Meist Lokalsorten, wie Theilersbirne, Schweizer Wasserbirne, Oberösterreicher Weinbirne, Champagner Bratbirne, Gelbmöstler, Sülibirne.

Mostobst, Früchte aller Arten, besonders für die Mostherstellung geeignet.

Motorgeräte, werden eingesetzt, wenn größere Gartenflächen von Hand nicht zu schaffen sind, z. B. Sanatoriumsgärten oder Gärten, die im Zu- oder Nebenerwerb genutzt werden. M. schaffen in weniger Zeit mehr als Handgeräte und bieten Arbeitserleichterungen. Leistungen der M. *mit* Bediener bestehen aus a) Arbeit (Schneiden, Fräsen, Spritzen usw.), b) Transport (Vorschub), c) Lenkung. Demgemäß gibt es M., die die Arbeit motorisch ausführen, Vorschub und Lenkung aber dem Bediener überlassen (Rückenspritze, Heckenschere); ferner M., die Arbeit *und* Vorschub ausführen und nur die Lenkung dem Bediener überlassen, z. B. → Rasenmäher, bei denen außer dem Schneidwerk auch das Fahrwerk vom Motor angetrieben wird. Weitere Beispiele: Hackfräse: der Motor dreht die Hacksternwelle (a), die ihrerseits Transport und Vorschub (b) bewirkt. – Einteilung der M. nach Gruppen: 1. Schneidgeräte (→ Rasenmäher, Baumsägen, → Heckenscheren), 2. Fräsen, Hacken (→ Bodenbearbeitungsgeräte). 3. → Pumpen, Spritzen (→ Rückenspritze). Für Gartenbesitzer, die M. brauchen, aber nicht für jeden Arbeitsbereich ein besonderes M. anschaffen können: 4. Mehrzweck- oder Universal-M. nach dem Baukastensystem. Man braucht zum Mehrzweckm. ein Grundgerät mit Trag- oder Fahrgestell, Motor, Holmen und stollenbereiften Rädern. Zum wahlweisen, raschen und einfachen Ein-, An- bzw. Umbau gehören Arbeitsorgane, wie Hacksternsatz für verschiedene Arbeitsbreiten, mit und ohne Häufelkörper zu fahren, Pflugkörper (Beet- bzw. Vollwendepflug mit Vorschäler und Sech), Rasenmäher als Sichel-, Spindel- oder/und Balkenmäher (Mulchbalken), Kehrmaschine, Transportkarren (auch Kippmulde), Schneeräumer (Räumschild) und Schneeschleuder (mit Frässchnecke), Wasserpumpe (als Karrenpumpe) und Spritze (vornehmlich für Pflanzenschutz). Geräteneuheiten sind bei Mehrzweck-M.n stets zu erwarten.

Motormäher → Rasenmäher.

Motten, Gruppe der Kleinschmetterlinge (→ Schmetterlinge); kleine unscheinbare Falter mit schmalen, fransigen Flügeln. Im Garten schädlich: →Gespinstmotten, Raupen an Obstbäumen in dichten Gespinsten; Miniermotten, Raupen in Gängen (Minen) unter der Blattoberfläche; hierher: Fliedermotte und Azaleenmotte.

Mottenkönig → Harfenstrauch.

Mottenschildlaus → Weiße Fliege.

Mücken, Gruppe der → Zweiflügler mit zartem Körperbau und langen Beinen sowie Fühlern. Blutsaugende Formen → Stechmücken. An Wurzeln und Knollen von Gartenpflanzen schädlich die Larven von: → Erdschnaken. → Gartenhaarmücke und → Trauermücken. Oberirdisch schädlich sind die Gallmücken (→ Gallen): → Birnengallmücke, Kohlgallmücke (Drehherzmücke) und → Erbsengallmücke.

Mühlenbeckie, *Muehlenbeckia.* Knöterichgewächse, *Polygonaceae.* Oft windende Sträucher oder Halbsträucher mit kleinen, rundlichen, wechselständi-

Links Motorgerät 'Hako-Variette S' mit Messersternen. Auf Arbeitsbreiten von 22 bis 70 cm verstellbar. (Hako) – Rechts Agria-Grundgerät mit Rasenmäher. (Agria)

gen Blättchen. Blüten unscheinbar. 15 Arten auf der Südhalbkugel. Nicht winterharte Arten. ○–● ♄ ⚹ ⚸ ⚶ ▽ Lie. *M. adpressa.* Stengel niederliegend oder hochwindend. Blätter 2,5–6 cm lang, rundlich bis spießförmig. – *M. complexa* zierlicher, hochwindender oder als Ampelpflanze brauchbarer Strauch mit fadendünnen Trieben und rundlichen, 6–15 mm großen Blättern. – Beide Arten, besonders aber *M. complexa,* eignen sich zum Beranken von Gittern aus Holz oder als Ampelpflanzen. Sie sind Kalthauspflanzen, gedeihen aber in kühlen Räumen recht gut, auch noch an schattigen Standorten. Lehmighumose Substrate. – Vermehrung leicht durch Stecklinge, die rasch wurzeln. Winterharte Ar-

ten. ○ ♄ ⚶ ⌒ Lie. *M. axillaris.* Neuseeland. Sehr dünntriebig, dicht mattenbildend. Zweige bräunlichschwarz. Blätter rundlich, klein, 3–6 m Durchmesser. Blüten kleine grünliche Sterne in den Blattachseln, gefolgt von weißlichen Früchten. Noch zwergiger ist die Form 'Nana'. *M. axillaris* ist, bis auf die rauhesten Lagen, im Gebiet hart, in rauhen Lagen empfiehlt es sich, die Pflanze so zu verwenden, daß Triebe unter Steinen oder anderen Pflanzen überwintern, von dort wachsen die Kahlstellen nach extremen Wintern leicht zu. Netter Bodendecker im Steingarten, reizvoll in der stilechten Kombination mit *Hebe* oder *Carmichaelia enysii.* – Vermehrung durch Teilung.

Mülltonne, transportables Metallbehältnis zur Sammlung von Abfällen in Haushalt, Industrie und Gewerbe. Im Wohnungsbau ist für jede Familie eine M. mit 60, 110, 150 l Inhalt oder für mehrere Wohneinheiten ein Müllcontainer vorgesehen.
Münzfarn → Farne 6.
Mulchen, entspricht weitgehend → Bodenbedeckung und Flächenkompostierung. Begriffe und Praxis dieser 3 Verfahren sind nicht scharf abgegrenzt. M. wird überwiegend verstanden als Bodenbedeckung mit oder ohne oberflächige Einarbeitung von Gründüngungspflanzen, Unkraut, Stoppeln, d. h. von organischem Material, das auf der Fläche selbst gewachsen ist. Bei Bodenbedeckung im engeren Sinne

Links Mehrzweckgerät 'Hako-Variette' mit Schneefräse als Anbauteil. (Hako). – Rechts Schneeräumer mit 100 cm breitem Räumschild an 'Agria 400'. (Agria)

Mulchfolie

wird auch hinzugekauftes verwendet, z.B. Stroh in Obstanlagen, Torfmull, strohiger Mist, Rasenschnitt; ferner Material, das nicht verrottet, sondern zur Bedeckung dient, wie Folie, z.B. schwarze Folie zu Erdbeeren. Immer sollen Mikroorganismen und dadurch die Bodengare gefördert, Unkrautwuchs und Wasserverdunstung aber gehemmt werden. Bei Stauden ist M. nur gleich nach der Pflanzung oder später nur bei Großstauden durchführbar.

Mulchfolie, schwarze Folie zur Bedeckung der Beete. Schützt 1–3jährige Beetkulturen vor Verunkrautung und mindert die Verdunstung der Bodenfeuchtigkeit.

Multitopf-Platten, zur Jungpflanzenanzucht. Kunststoffplatten mit topfförmigen Vertiefungen. Der Durchmesser der Vertiefung entscheidet über die Anzahl Töpfe einer zusammenhängenden Einheit.

Mummel, Teichrose. *Nuphar.* Seerosengewächse, *Nymphaeaceae.* ○ ♃ ≈ D. Etwa 25 Arten auf der nördlichen Halbkugel. Seerosenähnliche Wasserpflanzen in stehenden oder langsam fließenden Gewässern, mit kräftigem, kriechendem Wurzelstock und schwimmenden Blättern. Nur bei niedrigem Wasserstand ragen sie aus dem Wasser heraus. Blüten immer über der Wasserfläche stehend. – *N. advena,* Nordamerika. Starkwachsend. Blätter herzförmig, 15–30 cm groß, glänzendgrün. Blüten mit eiförmigem Fruchtknoten, goldgelb, grün und braun schattiert.

Muschelblume, *Molucella laevis.* (Herbel)

VI–VIII, Wasserstand 30–150 cm. – *N. lutea,* Europa, Nordasien. Heimisch. Mit armdicken Rhizomen. Blattstiele dreikantig, Blätter herzförmig-oval. Blüten mit flaschenförmigem Fruchtknoten, nur wenig über dem Wasser stehend, goldgelb, stark duftend. VI–VIII. – *N. pumilum (N. minimum),* Nord- und Mitteleuropa. *N. lutea* sehr ähnlich, jedoch im ganzen kleiner. Blätter klein, tief herzförmig, dunkelgrün. Blüten etwa so groß wie bei der Sumpfdotterblume, mit flaschenförmigem Fruchtknoten, schwach duftend, dottergelb. VI–VIII, alle wachsen bei Wassertiefe von 60–150 cm. – Verwendung in großen Wasserbecken, sie sind härter als Seerosen. Boden lehmig, kräftig. Vermehrung durch Teilung des starken Wurzelstockes.

Musa → Banane.

Muscari → Traubenhyazinthe.

Muschelblume, Trichterkelch, *Molucella.* Lippenblütler, *Labiatae.* ○ ☉ ✕. Von den beiden bekannten Arten ist nur die in Westasien heimische *M. laevis* bei uns gelegentlich als einjährige Trockenblume in Kultur. Wird oft über 1 m hoch, meist unverzweigte Stengel mit langgestielten, gegenseitigen Blättern. Die kleinen weißen Blüten stehen in mehrblütigen Quirlen in einem grünen, trichterförmigen Kelch, der mit zunehmender Reife in ein zartes Gelb übergeht. – Aussaat am besten unter Glas im IV, Freilandpflanzung ab Mitte V mit etwa 30 cm Abstand. Standort vollsonnig, nicht zu nährstoffreich, etwas trocken. Blüte VII–VIII.

Muskathyazinthe → Traubenhyazinthe.

Mutationen, spontane, durch natürliche Umweltfaktoren oder künstlich ausgelöste Veränderungen der Erbmasse, die nicht als Folge der Kreuzung auftreten. Man unterscheidet Genmutationen, Chromosomenmutationen, Genommutationen, Plasmonmutationen, Plastidenmutationen. Im Obstbau kennt man Knospen-, Zweigmutationen und Mutationen ganzer Bäume.

Mutterbaum, von dem man entweder Samen für die Unterlagenanzucht oder Edelreiser für die Vermehrung bestimmter Sorten gewinnt. M. muß gesund, bestens gepflegt und unter ständiger Kontrolle sein. Für Samengewinnung sind es Samenspender-, für Reisergewinnung Reiserspender-Bäume.

Mulchen bei Erdbeeren mit schwarzer Folie. Zur Erntezeit ist Stroh vorzuziehen, um die Früchte sauber zu halten. (Dr. Jesse)

Beim Putzen der Kohlköpfe des abgeernteten Stückes sind Außenblätter angefallen. Damit wird das frisch bepflanzte Nachbarstück gemulcht, in einer Gärtnerei bei Chengdu/China. (Siebeneicher)

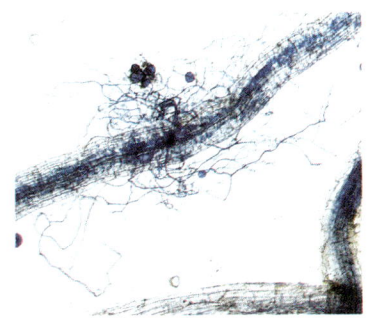

Mykorrhiza, Symbiose zwischen Pilz und Pflanzenwurzel. Hier Außenmyzel. (Dr. Trolldenier)

Mutterboden, oberste Bodenschicht, durchsetzt mit verrotteter organischer Substanz. Organismen, Wasser und Luft. Kann in alten Gartenböden die Stärke von 1 m und mehr erreichen. Diese für die Vegetation lebensnotwendige Tragschicht ist auf Baustellen des Garten- und Landschaftsbaus zu sichern und durch Baugesetzbuch § 202 geschützt.
Mutterkraut → Kamille.
Muttersorte, Sorte mit bestimmten Eigenschaften, wird in der Züchtung ausgewählt, um sie mit einer anderen bestimmten S. zu kreuzen und so zu neuen Sorten zu kommen.
mval = Milliäquivalent → Ionenaustausch.
Mykorrhiza (griech. mykos = Pilz, Rhiza = Wurzel), Symbioseform zwischen Pilzen (Algen-, Schlauch-, Ständerpilzen, → Bodenflora) und den meisten höheren Pflanzen, bei Kulturpflanzen (Kreuzblütler und einige andere ausgenommen. Pilze umgeben Wurzel mit dichtem Geflecht (ektotrophe M.) und vermitteln der Pflanze Wasser, Mineralien und Wuchsstoffe, beziehen von ihr Zucker und Vitamine. M.pilze binden keinen Stickstoff, sondern entnehmen ihn dem Boden, machen Phosphor und Kalium aus Bodenmineralien löslich. Diese Form der M. mit Bildung von Mycel außerhalb der Wurzeln ist weitgehend auf Holzgewächse beschränkt. Bei endotropher M. lebt Pilz hauptsächlich in der Wurzelrinde und bildet nur wenig Mycel außerhalb der Wurzel. Abgrenzung zwischen beiden Formen fließend. Es gibt symbiontische und parasitische M.formen sowie Zwischenformen. Orchideenkeimlinge z.B. sind auf die Ernährung durch M. angewiesen, weil der Samen keine Reservestoffe besitzt. Die von A. Howard (→ Biologischer Landbau) dargestellte Rolle der M. wird bestätigt.
Myosotis → Vergißmeinnicht.
Myriophyllum → Tausendblatt.
Myrsine, *Myrsine.* Myrsinengewächse, *Myrsinaceae.* Immergrüne Sträucher oder kleine Bäume, Frucht eine erbsengroße Beere, vier Arten in Afrika und Asien. – *M. africana,* Afrika und Asien. Dichtbuschig. Blätter 1–2 cm, dunkelgrün, fein gesägt. Blüten zu mehreren in den Blattachseln. Die M.n sind getrenntgeschlechtig-zweihäusig, man braucht deshalb männliche und weibliche Pflanzen, damit man die blauen Beeren bekommt. – M.n sind Kalthauspflanzen, die im Winter bei 5–8°C stehen sollen, nach den Eisheiligen werden sie ins Freie ausgeräumt und können dort als Dekorationspflanzen verwendet werden. – Vermehrung durch Stecklinge.
Myrte, *Myrtus.* Myrtengewächse, *Myrtaceae.* ○ ♄–♄ ⌂ ⋈ D. Immergrüne Sträucher oder kleine Bäume mit meist weißen Blüten und Beerenfrüchten. 100 Arten, meist in gemäßigten Breiten, eine Art, *Myrtus communis,* im Mittelmeergebiet. – *M. communis,* Brautmyrte. Bis 4 m hoch. Blätter gegenständig, lederartig. Blüten weiß, einzeln aus den Achseln der obersten Blätter. Im Mittelmeergebiet oft mit härteren, größeren Blättern an heißen, trockenen Stellen. Die M. ist eine alte, beliebte Zimmerpflanze, die während des Winters im luftigen, kühlen Zimmer und im Sommer eingesenkt im Freien stehen sollte. – M.n lieben

Brautmyrte, *Myrtus communis.* (Herbel)

sandige, humose Substrate. Als größere Pflanzen nicht zu oft umtopfen! Schwierig ist die Kultur der M. nicht, doch verlangt sie kühlen, und luftigen und hellen Standort, dabei gleichmäßige, nicht zu hohe Bodenfeuchtigkeit. – Vermehrung durch halbharte Stecklinge bei ca. 18°C.
Myrtenheide, *Melaleuca.* Myrtengewächse, *Myrtaceae.* ◐ ♄ ⌂ Lie. Sträucher mit aromatischen, meist schmalen, heidekrautähnlichen Blättern. Blüten sitzend, später Kapseln ganz dicht am Stamm angepreßt und dort keine Blätter. Etwa 100 Arten in Australien und Tasmanien. – *M. hypericifolia,* schlanker, oft vielfach verzweigter Strauch mit 2,5 cm langen und 6–10 mm breiten Blättern, die kreuzgegenständig angeordnet sind. Blüten scharlachrot, an älteren Ästen, daher oft weit von der Triebspitze entfernt. VII–VIII. Staubfäden in fünf Bündeln. – M.n sind dem Besitzer eines kleinen Kalthauses oder eines kühlen Wintergartens sehr zu empfehlen. Als kleine Pflanzen oft stutzen, da sie sich schlecht verzweigen, später aber wachsen lassen, damit sie blühen. Durchlässige, sandighumose Substrate. – Vermehrung durch Aussaat oder Stecklinge im Frühherbst. Auch andere Arten sind empfehlenswert.
Myrtus → Myrte.

N

Nachbarschaftsverhältnis, durch Gesetz nicht ausdrücklich geregelt; z.B. die Frage, ob der Nachbar das Betreten seines Grundstückes und die Errichtung eines Baugerüstes zur Ausführung einer Reparatur dulden muß. Rechtsprechung und Wissenschaft nehmen nur bei Nachbarn eine räumliche Gemeinschaft an und leiten daraus sowie aus dem Grundsatz von Treu und Glauben (§ 242 BGB) Nachbarschaftsrecht und -pflichten ab, soweit dem nicht Gesetzesbestimmungen widersprechen, z.B. diejenigen über Schadensersatz. Wer seinem Nachbarn durch Errichtung eines Baugerüstes Kosten verursacht, wird sie ihm ersetzen und ihn auch für eine entgangene Nutzung entschädigen müssen.
Nachjahrschnitt → Obstbaumschnitt, Pflanzschnitt.
Nachkultur → Anbauplan.
Nachplanieren → Rasenreparaturen.
Nachtkerze, *Oenothera*. Nachtkerzengewächse, *Onagraceae*. ○ ☉ - ♃ △ D. Etwa 200 Arten, vorwiegend in Nordamerika, einige auch in der Alten Welt. Manche sind ein- oder zweijährig, werden daher wie Sommerblumen gezogen, da sie meist schon im ersten Jahr blühen, einige weiß, die meisten gelb. Ihre Blüten öffnen sich am Abend. Reich- und langblühende Gartenstauden.
EINJÄHRIG GEZOGENE ARTEN. *O. erythrosepala* (*O. lamarckiana*), Heimat unbekannt, 1866 bei Amsterdam gefunden. In der Abstammungs- und Vererbungslehre von großer Bedeutung. Zweijährig, jedoch bei uns nicht durchhaltend. Stengel verzweigt mit ovallanzettlichen, ganzrandigen Blättern, stark wachsend. Blüten am Triebende in dichten Trauben, groß, reingelb. VI–IX, 80–120 cm. – *O. speciosa* (*Xylopleurum speciosum*), Schnee-Nachtkerze. Mittleres Nordamerika. Wurzelstock mit Ausläufern und aufrechten oder etwas liegenden Stengeln. Blätter lanzettlich. Blüten bei Nacht und am Tag geöffnet, stark duftend, weiß, im Verblühen rosa. VI–IX,

50–70 cm. Bei gutem Winterschutz durchhaltend. – Vermehrung in Sommerblumenrabatten, an trockenen, dürren Stellen und zum Begrünen von Böschungen. Boden: Lockerer Gartenboden. Vermehrung: Aussaat III–IV in kalten Kasten, später auspflanzen.
AUSDAUERNDE ARTEN. *O. fruticosa* (*O. linearis, Kneiffia f.*), östliches Nordamerika. Aufrechte, oben verzweigte, oft rötlich angelaufene Stengel mit eiförmigen bis lanzettlichen Blättern mit schöner braunroter Herbstfärbung. Blüten in Ähren am Ende der Triebe, gelb. 50 cm. 'Yellow River', mit hellschwefelgelben, größeren Blüten. VII–VIII, 40–50 cm. – *O. missouriensis* (*O. macrocarpa, Megapterium missouriense*), südliches Nordamerika. Kriechende, ausgebreitete, rötliche Stengel mit festen, lanzettlichen, hellgrünen Blättern. Blüten in den Blattachseln, groß, 10–15 cm breit, hellgelb. Samenstände groß mit 4 Flügeln. V–IX, 20 cm. – *O. tetragona* (*O. fruticosa* var. *youngii, O. glauca, O. glabra*), Nordamerika. Ähnlich *O. fruticosa*. Blaugrüne, nie rötliche Stengel. Blätter lanzettlich bis eirund. Blüten hellgelb. 50 cm. 'Hohes Licht', stärker wachsend, reicher blühend, leuchtendgelb. 60 cm. *O. t.* var. *fraseri*. Ebenfalls sauberer, aufrechter Wuchs und lanzettliche Blätter. Knospen gelbbronze, Blüten goldgelb. 'Fyrverkeri' hat be-

Nachtkerze, *Oenothera tetragona* 'Hohes Licht'. (Herbel)

sonders schön braunrot gefärbte Knospen und goldgelbe Blüten. 40 cm. Alle VI–IX. – Verwendung im Staudenbeet und besonders die Missouri-N. im Steingarten. Boden kalkhaltig, trokken, nicht zu nahrhaft. Vermehrung der Arten erfolgt durch Aussaat, der Sorten durch Stecklinge und Teilung.
Nachtschatten, *Solanum*. Nachtschattengewächse, *Solanaceae*. Bäume, Sträucher, Schlinger oder Kräuter äußerst vielgestaltig, Frucht eine vielsamige Beere. Viele Arten hochgiftig, andere wieder eßbar. Etwa 1500 Arten auf der ganzen Erde, Schwerpunkt in den Tropenländern.
ARTEN MIT ZIERENDEN FRÜCHTEN. *S. pseudocapsicum* (*S. hendersonii*). ○–◐ ♄ (bei uns als ☉) ▽ ⊗. Korallenstrauch, Madeira. Strauchig, bis 50 cm hoch, mit kahlen, lanzettlichen Blättern, Blüten einzeln oder zu mehreren, weiß, 1 cm groß. Früchte und, kirschgroß, glänzend orangerot. Im Handel wird meist die Sorte 'New Patterson' mit orangeroten und 'New Patterson Goldball' mit gelben Früchten angeboten. – Bekannte Topfpflanzen. – Vermehrung durch Aussaat im III–IV, lauwarm, bald pikieren, dann in humos-lehmige Substrate in 10–12-cm-Topf topfen. Im Kalthaus oder im kalten Kasten aufstellen. Viel lüften. Einmal oder sogar zweimal sollte pinziert werden, damit sich die Pflanzen entsprechend verzweigen. Die Früchte halten sich sehr lange an den Pflanzen, von VII–XII. – *S. dulcamara*, ◐ ♄ ≈ ⚹ ⚔ ⊗ Lie. Bittersüßer Nachtschatten, heimisch. An feuchten Orten, bis 3 m hoch kletternd, Blätter einteilig oder gelappt. Blüten violett, zu mehreren in den Blattachseln, gefolgt von lackartig glänzenden roten, länglichen Beeren. Halbstrauchig und vollkommen winterhart. – Vermehrung durch Aussaat und Teilung leicht. Besonders an feuchten oder schattigen Orten sehr wirksam, jedoch giftig, daher bei Kindern Vorsicht geboten.
ARTEN MIT ZIERENDEN BLÄTTERN. ○ ☉–♄–♄ (bei uns stets ☉) ▽ ⊗ Lie.

S. marginatum. Halbstrauchig, bei uns meist einjährig gezogen. Blätter groß, breit herzförmig und buchtig gelappt, oberseits dunkelgrün, mit breitem weiß-mehligem Rand und gelben Stacheln auf den Blattadern. – *S. robustum.* Strauchig. Blätter groß, 30 cm lang, zugespitzt und gelappt, oberseits dunkelgrün, unterseits rostfilzig, mit großen, braunen Stacheln. Blüten weiß. – *S. sisymbriifolium.* Einjährig, 1 m hoch, verzweigt. Blätter tief fiederteilig, 25 cm lang. Blüten in end- oder seitenständigen Trauben, violettblau mit gelben Staubbeuteln, 2–4 cm groß, riesigen Kartoffelblüten ähnlich. Früchte zuerst igelig-stachlig, später Kelch zurückgeschlagen und die gelbroten, eßbaren Beeren zeigend. Ganze Pflanze dicht hellgelb oder grüngelb bestachelt. – Die blattschmückenden Arten eignen sich besonders für tropische Gruppen, zusammen mit *Canna, Erythrina, Hedychium, Musa,* Palmen etc. und sind hier von herrlicher Wirkung. Die dritte Art ist die leichteste. – Vermehrung durch Samen, Anbau II–III, warm, bald pikieren und topfen, damit beim Auspflanzen im V bereits große Pflanzen vorhanden sind. Sie sind arge Fresser, und man kann z.B. ohne weiteres den Wurzelbereich dieser Arten mit 10 cm hohen Schichten halbverrotteten Kuhdungs abdecken.

Nachtschmetterlinge. Wie viele → Schmetterlinge im Dunkeln fliegen, erkennt man an ihrem Anflug an leuchtende Lampen. In der Mehrzahl gehören sie den Familien der → Eulen, → Motten und → Spinner an. Hauptnahrung der → Fledermäuse.

Nachtviole, *Hesperis.* Kreuzblütler, *Cruciferae.* ○–◐ ☉ – ♃ D. – *H. matronalis.* In Mittelasien beheimatet, bei uns oft verwildert. Am Abend nach Violen duftend. Nach der Blütenfarbe viele Sorten: 'Alba', weiß; 'Alba Plena', weiß, gefüllt; 'Purpurea', purpurrot;

Korallenstrauch, *S. pseudocapsicum.* (Seidl)

'Purpurea Plena', gefüllt. – Verwendung in Staudenbeeten und als Wildstaude in Parks. – Ansprüche: tiefgründiger, lockerer Boden. – Vermehrung durch Aussaat, die gefüllten durch Sommerstecklinge.

Nacktschnecken → **Schnecken.**

Nährelemente, die chemischen Grundstoffe, aus denen die Nährmoleküle, meist Nährstoffe genannt, bestehen. Mindestens 16 N. sind für alle Kulturpflanzen unentbehrlich, und zwar 9 Hauptn.: Kohlenstoff, Sauerstoff, Wasserstoff, Stickstoff, Phosphor, Schwefel, Kali, Calcium, Magnesium und 7 Spurenelemente: Eisen, Mangan, Zink, Kupfer, Chlor, Bor, Molybdän. Eigenschaften, Vorkommen, Funktionen → bei den einzelnen Elementen. Weitere N. fördern das Wachstum bestimmter Pflanzen, z.B. Natrium (Na) das der Salzpflanzen, Betarüben, Kohl, Sellerie, Spinat. Andere N. können für bestimmte Pflanzen nützlich, für andere schädlich oder bei einzelnen Pflanzen Haupt-, bei anderen jedoch Spurennährstoff sein, wiederum andere N. können für niedere Pflanzen unentbehrlich sein, wie Kobalt (Co) als Baustein des Vitamin B 12 und Molybdän (Mo) für stickstoffbindende → Bodenbakterien. Auch können bestimmte N. für Pflanzen entbehrlich, für Tiere und/oder Mensch aber unentbehrlich sein. Einseitige Düngung mit Nährstoffdüngern, die nur einzelne N. enthalten, führt deshalb zu Überschüssen und Mangelsymptomen. → Antagonismus, → Überdüngung. Organische Stoffe, die alle N. in mehr oder weniger ‚harmonischer' Zusammensetzung enthalten, sind deshalb Grundlage der Düngung.

Nährhumus → Humus.

Nährlösung, flüssige Mineraldüngermischung, in welcher den Pflanzen alle zur guten Entwicklung notwendigen Nährstoffe (N, P, K und Spurenelemente) geboten werden. → Hydrokultur.

Nährsalze, Pflanzennährstoffe in Salzform, z.B. Salze der Salpetersäure, wie Kalksalpeter; oder der Schwefelsäure, wie Kaliumsulfat. Begriff N. in der neueren Fachliteratur nur noch selten verwendet, statt dessen → Nährstoffe bzw. → Mineraldünger.

Nährstoffbedarf, der Bedarf einer bestimmten Pflanzenart während einer Vegetationsperiode an Nährstoffen in mineralisierter Form. N. läßt sich durch Analyse der → Trockensubstanz der Pflanze feststellen und entspricht der dem Boden entzogenen Menge. Für → Düngung lassen sich in Verbindung mit → Bodenuntersuchung aus N. nur annäherungsweise Schlüsse ziehen, weil Nährstoffaufnahme, -verfügbarkeit und -beweglichkeit im Boden mit Jahreswitterung (→ Beleuchtungsstärke, → Fotosynthese, → Niederschläge) schwanken; auch Bodenbearbeitung (→ Bodenstruktur) und gegenseitige Beeinflussung organischer und mineralischer Stoffe spielen über biologische Aktivität eine Rolle. Im Erwerbsgartenbau, speziell bei Gewächshauskulturen mit gleichbleibenden atmosphärischen Bedingungen, läßt sich die Düngung mit wissenschaftlichen Methoden ungefähr bestimmen. Im Privatgarten sind einfache → Bodenuntersuchungen und ständige Beobachtung des Pflanzenwachstums entscheidend.

Nährstoffe, die aus chemischen Grundstoffen (→ Nährelemente) gebildeten Moleküle, die die Pflanze gasförmig oder in Wasser gelöst durch Wurzeln und/oder Blätter aufnimmt. Beispiele: Nitrat aus Lösung (NO_3) durch Wurzeln, Kohlendioxidgas (CO_2) durch Blätter. Die Nährstoffe können in mineralischer Form durch Düngung in den Boden gelangen, aus den Mineralien des Bodens abgegeben werden (→ Ionenaustausch) oder durch → Bodenleben (→ Chelate, → Edaphon, → Bodenfauna, → Bodenflora) aus Mineralien und organischen Stoffen mineralisiert werden. Pflanzen nehmen N. in kleinen Mengen auch in organischer Form auf.

Nährstoffmangel, Mangel der Pflanzen, insbesondere des Gemüses, an Hauptnährstoffen. Stickstoff: Blätter verkleinert und gelb gefärbt; Phosphor: kleine Pflanzen und Früchte, vor allem bei Gurke, Möhre und Tomate; Kali: Blätter bläulich verfärbt oder mit vertrocknenden Spitzen und Rändern. Maßnahmen: → Düngung, → Nährstoffbedarf, → Nährstoffe.

Nagetiere, umfangreichste Ordnung der Säugetiere. Kennzeichnend die wurzellosen, ständig wachsenden Nagezähne. Meist Pflanzenfresser, aber nur → Mäuse verursachen im Garten wesentliche Schäden. Andere Gruppen: → Hasenartige, → Hörnchen und → Schläfer sind nur gelegentliche Besucher. Schläfer stehen unter Naturschutz. Abwehr: siehe genannte Gruppen und Arten.

Narbendichte → Rasenteppich.

Narcissus → Narzisse.

Narrenkrankheit der Zwetsche. Pilzinfektion, welche lange, flache, steinlose und runzlige ‚Hungerzwetschen' verursacht, die erst grün, dann braungefärbt, oft mehlig bepudert sind. Fast

Narzisse

Osterglocke, *N. pseudonarcissus* 'King Alfred'. (Seidl)

nur bei Spätzwetschen (Hauszwetschen). Abwehr: Fruchtmumien vom Boden oder (im Winter) vom Baum entfernen, da von ihnen im Frühjahr die Neuinfektion ausgeht.

Narzisse, *Narcissus.* Amaryllisgewächse, *Amaryllidaceae.* ○-◐ ♃ △ ⏀ ∧ ⋈ D. Etwa 25 Arten in Mitteleuropa, Mittelmeerraum und Nordafrika. Zwiebelgewächse mit riemenförmigen bis fast binsenartigen Blättern. Blütenschaft gleichzeitig mit den Blättern austreibend. Die Blüten haben meist eine tellerförmige Blütenhülle, gelb oder weiß gefärbt, und eine trompeten- oder breit becherförmige (Neben-)Krone. Bei den Gartennarzissen werden die ersten drei Klassen nach ihrer Länge oder Größe klassifiziert. Blüten einzeln oder bis zu 8 und mehr an einem Schaft. Die Wildnarzissen sind meist kleiner und zierlicher als die in jahrhundertelanger Züchtungsarbeit entstandenen Gartennarzissen.

GARTENNARZISSEN.

1. TROMPETEN N., Osterglocken. *N. pseudonarcissus.* Nur 1 Blume je Stiel, Trompete ebensolang oder länger als die Blütenhülle oder Deckblätter. Gelb: 'Golden Harvest', goldgelb; 'Grape Fruit', zitronengelb; 'Unsurpassable', sehr groß, tief goldgelb. Zweifarbig: 'Bonython', rahmweiß, Trompete zitrongelb; 'President Lebrun', rahmweiß, Trompete gelb. Weiß: 'Beersheba', reinweiß; 'Mount Hood' weiß; 'Mrs. Ernst H. Krelage', weiß, Trompete erst primelgelb, dann weiß. – 2. GROSSKRONIGE oder SCHALEN-N. Meist Abkömmlinge von *N.* × *incomparabilis (N. poeticus* × *N. pseudonarcissus).* Einblütig. Trompete, hier Krone genannt, ist nur etwa ⅓ so lang wie die Blütenhülle. Blütenhülle gelb: 'Carlton', einfarbig, gelb; 'Fortune', goldgelb, Krone tieforange; 'Scarlet Elegance', tiefgelb, Krone scharlachorange, Blütenhülle weiß: 'Flower Record', Krone orange; 'Mrs. R. O. Backhouse', Krone lang, rosa; 'Rosy Sun', Krone aprikosenorange; 'Silver Standart', Hülle cremeweiß, Krone zitrongelb. – 3. KLEINKRONIGE oder TELLER-N. Krone meist kürzer als ⅓ der Blütenhüllblätter. Blütenhülle gelb; 'Birma' tiefgelb und orange, Krone scharlach; 'Urania' gelb, Krone orange. Blütenhülle weiß: 'Firetail', Krone karmesinscharlach; La Riante, Krone scharlachrot; 'Limerick', Krone tief orangescharlach. – 4. GEFÜLLTE N., aus allen Gruppen zusammengefaßt, gemeinsames Merkmal gefüllte Blüten. 'Cheerfulness', rahmweiß; 'Yellow Cheerfulness', zartgelb, beides Straußnarzissen. 'Indian Chief', schwefelgelb, innen orange; 'Mary Copeland', weiß, innen zitronengelb und orange; 'Texas', gelb, innen orangescharlach, alles großkronige, gefüllte N.n.; 'Van Sion', gefüllte Trompetennarzisse, früher viel in Töpfen verkauft. – 5. TRIANDRUS-N., meist mit 2–4 Blüten je Stengel, aber gegenüber den Strauß-N. größer und mit längerer Krone, nickend. 'Liberty Bells', hellgelb; 'Niveth', schneeweiß, zierlich; 'Silver Chimes', weiß, Krone gelb; 'Thalia', reinweiß, groß; 'Tresamble', weiß, Krone cremegelb. – 6. CYCLAMINEUS-N., ALPENVEILCHEN-N. Einkreuzungen mit *N. cyclamineus,* aber viel großblütiger als diese. Hüllblätter bei allen Sorten mehr oder weniger stark zurückgeschlagen. 'Baby Doll', goldgelb; 'Dove Wings', weiß, primelgelbe Krone; 'February Gold', goldgelb; 'February Silver', cremeweiß mit hellgelber Trompete; 'Jumblie', gelb, zierlich. Alle frühblühend. III–IV, 20–30 cm. – 7. JONQUILLA-N. Kreuzungen mit *N. jonquilla.* Schlanke, runde Stiele mit 2–6 Blüten, nach Orangen duftend. Brauchen stärkeren Winterschutz. 'Baby Moon', zierlich, gelb, spät, stark duftend; 'Orange Queen', goldgelb; 'Trevithian', primelgelb, zart. IV, 20–30 cm. – 8. TAZETTEN- oder STRAUSS-N. *N. poetaz (N. poeticus* × *N. tazetta).* Mehrere meist 4–8 und mehr Blüten an einem flach zusammengedrückten Blütenschaft. Schöne Gartensorten. 'Geranium', reinweiß, orangerote Krone; 'Laurens Koster', weiß mit blaßgelber Krone; Scarlet Gem', primelgelb, scharlachrote Krone. IV–V, 30–50 cm. – 9. POETICUS- oder DICHTER-N. *N. poeticus.* Sehr spätblühend. Große, flach angeordnete Hüllblätter, Krone oder Auge klein. 'Actea', beste Sorte, sehr groß, reinweiß, Krone gelb mit breitem, rotem Rand. V, 40–50 cm. – 10. SPLIT-CORONA oder HALSKRAGEN-N. Eine neue Gruppe. Bei diesen ist die Trompete

Wildnarzissen, Alpenveilchen-Narzissen, *N. cyclamineus* 'February Gold'. (Herbel)

Schalennarzisse, *Narcissus pseudonarcissus* 'Delibes'. (Seidl)

oder Krone der Länge nach aufgespalten und oft breit auseinandergeschlagen, daher wie eine Halskrause wirkend. 'Baccarat', hellgelb, Trompete goldgelb; 'Evolution', weiß, Krone gelb; 'Gold Collar', goldgelb, Trompete orangegelb; 'Orangeriy', rahm- und orangegelb; 'Parisienne', kleinkronig, reinweiß, Krone rotorange. IV–V, 30–45 cm.

WILDNARZISSEN.
Oft nur 10 cm hoch, mit kleinen, zierlichen Blüten verschiedener Form. Alle sehr hübsch. *N. asturiensis (N. minimus)*, Spanien, Portugal. Frühblühend mit den Blüten einer Trompetenn., ganz niedrig, II–III, 8–10 cm. – *N. bulbocodium*, heute *Corbularia*, Mittelmeergebiet. Reifrockn. Rundliche, grasartige Blätter. Blütenkrone breit trichterförmig, Hüllblätter klein, lanzettlich, goldgelb. IV–V, 15 cm. – *N. cyclamineus*, Alpenveilchen-N., Portugal. Zierlicher und viel kleiner als die mit ihr gekreuzten Gartensorten. Schmallineale Blätter. Blütenhüllblätter ganz zurückgeschlagen, Krone trompetenförmig, schmal, goldgelb. III, 20 cm. – *N. × gracilis (N. jonquilla × N. poeticus)*, Südfrankreich. Naturhybride, am spätesten blühende Wildnarzisse. Fast runde, bis dreiblütige Stengel. Blüten hellschwefelgelb, duftend. V, 30 cm. – *N. jonquilla*, Jonquille, Südeuropa, Algier. Fast stielrunde, rinnige Blätter, frischgrün. Blüten 2–6 je Dolde, duftend, goldgelb mit tassenförmiger Krone. IV, 20–30 cm. – *N. juncifolius*, Südwesteuropa. Blätter rundlich, grasgrün, bis 4 Blüten am Stengel, goldgelb, hübsch. III–IV, 12–20 cm. – *N. minor* var. *conspicuus (N. nanus, N. lobularis)*, Spanien, Portugal. Kleine, reichblühende Trompetennarzisse. Hüllblätter cremeweiß, Krone schwefelgelb, lange blühend. III–IV, 20 cm. – *N. triandrus*, Engelstränen-N., Spanien, Portugal. Blätter fast rund. Mehrblütig, Hüllblätter zurückgeschlagen, zierlich, hängend, viel kleiner als die Gartensorten, weiß. *N. t.* var. *albus*, reinweiß. IV–V, 20 cm. – *N. watieri*, Marokko. *N. juncifolius* ähnlich, Blüten einzeln, schneeweiß, guter Winterschutz erforderlich. IV–V, 10 cm. VERWENDUNG. Wildarten im Stein-, Trog- und Naturgarten. Garten-N. im Staudenbeet, vor Gehölzen, und zum Schnitt. Pflanzzeit IX–X, danach im ersten Winter guter Frostschutz angebracht. Pflanztiefe je nach Zwiebelgröße 5–15 cm. Boden während des Wachstums frisch, zum Ausreifen trockener. Vermehrung durch Teilen der alten Zwiebelhorste. Zwiebeln giftig.

Naßbeize → Beizung.

Natrium, chemisch Na, in allen Böden ausreichend vorhanden, wird außerdem durch Düngung zugeführt. Na rechnet zu den nützlichen, nicht zu den 10 unentbehrlichen → Nährelementen.

Natternbart → Schlangenbart.

Natternkopf, *Echium*. Rauhblattgewächse, *Boraginaceae*. ○ ☉ |: Bie. An 40 Arten in Europa, Nordafrika und Ostasien, dort einjährig bis halbstrauchig. Stechend-harte Borsten an Stengeln und Blättern. Gelegentlich in Kultur *E. lycopsis (E. plantagineum)*, ca. 35 cm, Gruppenpflanze sowie Bienenweide. Als Sommerblumen wertvoll wegen der himmelblauen Blüte. Aussaat IV–V an Ort und Stelle. Zu dichte Aussaaten verziehen. Blüte je nach Aussaat Mitte VI–Frost. Standort vollsonnig, trocken und nicht zu nährstoffreich.

Naturgarten, ein nach Planung, Inhalt, Ausstattung, Pflanzung und Pflege neuerer Gartentyp, bei dem so naturnah wie möglich gearbeitet wird: ohne chemische Unkraut- und Schädlingsbekämpfung, dafür aber mit Kompostwirtschaft, Hecken, Mulchdecken, Fruchtfolge, Mischkulturen, Nistmöglichkeiten, Hochbeeten, Teichen und artenreichen Pflanzkulturen.

Naturstein, in geologischen Formationen anstehende Gemenge aus Mineralien, die je nach Festigkeit, Härte und Bearbeitbarkeit für die Verwendung im Garten von Bedeutung sind. Von den zahlreichen Vorkommen sind für den Garten- und Landschaftsbau u. a. von den Hartgesteinen Granit, Gneis, Porphyr, Basalt und Basalttuff sowie von den Weichgesteinen Muschelkalk, Travertin, Tuffe, Nagelfluh, Sandstein und Schiefer als Werkstein bedeutsam.

Natursteinplatte, entsprechend der Mineralstruktur gebrochene bruchrauhe Platte von Schiefer, Quarzit, Sandstein oder Gneis. Gesägte, geschliffene und sogar polierte N. von Travertin, Quarzit, Granit, Porphyr oder Marmor. N.n für Maueabdeckung, Plattenwege in zahlreichen Formaten und für den Innenausbau.

Nebentrieb → Konkurrenztrieb.

Negerhirse → Federborstengras.

Nekrose, bräunliche Verfärbungen an Blättern führen zum Absterben der Pflanzenteile. Ernährungsstörung, Mangelerscheinung. Auch extreme Temperaturen, Schädlings- und Pilzbefall können N. verursachen. Das nekrotische Gewebe wird durch Einfluß von Hormonen vom gesunden abgetrennt.

Nektar, süße Ausscheidung am Grunde der Blüten zur Anlockung bestäubender Insekten, besonders Bienen und Hummeln. Ausgangssubstanz des Honigs. Insektengifte nicht in Blüten spritzen oder stäuben! Gegebenenfalls bienenunschädliche Mittel verwenden (→ Bienenschutz).

Nektarinen → Pfirsich.

Nelke, *Dianthus*. Nelkengewächse, *Caryophyllaceae*. ○–◐ ☉–♃ |: △ △ ⋉ D i. Über 250 Arten, davon die meisten im Mittelmeergebiet und im übrigen Europa. Nur wenige in Ostasien, Afrika und Amerika. Die meisten ausdauernd oder zweijährig, davon die nicht winterharten in unseren Gärten stets einjährig gezogen. Blätter meist schmal-linealisch, bei vielen blaugrau mit reifartigem Belag. Blüten meist gut duftend, Blütenblätter oft am Rand fein gefranst oder geschlitzt. Zahllose Züchtungen.

AUSDAUERNDE ARTEN
D. arenarius, Sandnelke, Rußland, Ungarn, östliches Deutschland bis Südschweden. Dichter, rasiger Wuchs. Blättchen schmal, grasgrün. Blüten am Rand fiederspaltig eingeschnitten, weiß, Mitte grünlich. VII–IX, 20 cm. – *D. campestris*, Kaukasus. Wuchs aufrecht, starkverzweigt, feinlaubig. Blüten hübsch, rosa. VII–IX, 12 cm. –

Heidenelke, *D. deltoides*. (Jesse)

Nelke

Pfingstnelke, *D. gratianopolitanus* 'Erlangen'. (Herbel)

D. carthusianorum, Karthäusernelke, Mittel- und Südeuropa. Blätter grün, linealisch. Blüten zu 3–6 in Büscheln, purpur bis blutrot. 15–30 cm. *D. c.* ssp. *latifolius*, breite Laubblätter, Blüten tiefpurpur, bis 15 je Stengel, 40–60 cm. VI–IX. – *D. deltoides*, Heidenelke, heimisch, Europa, Asien. Lockerrasiger Wuchs, niederliegende Stengel. Blätter linealisch, je nach Blütenfarbe gras- bis graugrün oder bräunlich. Blüten karminrot. 'Albiflorus', weiß, mit gezacktem roten Ring in der Mitte; 'Brillant', leuchtendrot, niedrig; 'Leuchtfunk', blutscharlach, rötliches Laub; 'Splendens', tiefrot, dunkellaubig; VI–VIII, 15–20 cm. – *D. erinaceus*, Kleinasien. Feste Polster mit graugrünen, spitzstacheligen, starren Blättern. Blüten rosa. Wächst noch gut in Steinfugen und Trockenmauern. VIII, 10–20 cm. – *D. gratianopolitanus* (*D. caesius*), Pfingstnelke, Mittel- und Westeuropa. Graugrüne bis blaugraue, dichte Polster. Blätter linealisch-pfriemlich. Stengel kurz, einblütig, rosa. Viele Sorten, alle V–VI. 'Agathe', karminrot, 20 cm; 'Badenia', purpurrosa, 5 cm; 'Blauigel', hellpurpurrot, 15 cm; 'Feuerhexe', hellrot, 20 cm; 'Rubin', dunkelrot, 15 cm; 'Stäfa', rosa mit dunkler Mitte, 20 cm. – *D. knappii*, Balkan. Breite, blaugrüne Blätter. Steife, aufrechte Stengel mit wenigen Blüten, gelb, Staubbeutel blau. VI, 60 cm. – *D. monspessulanus*, Montpelliernelke, Südeuropa. Verzweigte, etwas niedergestreckte Stengel. Blätter schmal, grasgrün. Blüten bis zur Mitte gefranst, weiß bis blaßrosa. VI–VII, 30–60 cm. *D. m.* ssp. *sternbergii*, Dolomitennelke. Niedriger und wertvoller, lockere Rasen bildend. Laub blaugrün. Blüten duftend, rosa bis hellrot, dunkel gebartet. VII–VIII, 10–20 cm. – *D. pavonius* (*D. neglectus*), Alpen, Pyrenäen. Buschig, mit schmalen, blaugrünen Blättchen. Einblütige Stengel, Blüten groß, rot. VI–VIII, 5–15 cm. – *D. petraeus*, Geröllnelke, Karpaten, Balkan. Wuchs fast rasenartig, Blätter bläulichgrün, spitz. Blüten zahlreich, klein, fein gefranst, weiß. V–VI, 10–20 cm. – *D. p.* ssp. *noeanus* (*D. n.*), Igelnelke, Balkan. Wuchs halbkugelig, polsterförmig. Blätter steif, grün, stechend. Blüten besonders am Abend stark duftend, stark geschlitzt, reinweiß. Wertvoll für Trockenmauer und Steingarten. VII–VIII, 20 cm. – *D. plumarius*, Federnelke, Südosteuropa. Dichte Polster mit verholzender Achse und spitzen, blaugrünen Blättern. Blüten bei den Sorten gefüllt, stark duftend, schöne Schnittblumen. 'Doris', lachsrosa, 25 cm; 'Heidi', dunkelrot, 30 cm; 'Helen', hellrosa, 25 cm; 'Munot', purpurrot, 20 cm; 'Mrs. Sinkins', weiß, 30 cm; 'Rotkäppchen', rot, 30 cm. V–VI. – *D. seguieri*, Buschnelke, Südeuropa bis Zentralasien. Lokkerrasiger Wuchs, Blätter graugrün. Blüten am Saum gezähnt, flach, rosarot, in der Mitte mit rotem Ring aus Punkten. VII–X, 30 cm. – *D. superbus*, Prachtnelke, Europa bis Asien, auf feuchten Wiesen. Wuchs locker, Blätter grasgrün. Blüte tief geschlitzt, weiß bis rosarot, wohlriechend. Verlangt halbschattigen, feuchten Stand und humosen Boden. VI–IX, 30–60 cm. – *D. sylvestris*, Steinnelke, Alpen, Jura. Dichter, rasiger Wuchs. Blätter grasartig, rinnig, meergrün. Blüten groß, Rand gezähnt, rosarot, etwas duftend. VI–VII, 20–30 cm. – Verwendung der ausdauernden Arten im Stein-, Heidegarten, Trockenmauern, Staudenbeeten und zum Schnitt. Boden humos, locker, nicht naß, fast alle kalkliebend. – Vermehrung durch Ausaat, die Sorten meist durch Teilung und Stecklinge im Herbst.

ZWEIJÄHRIG GEZOGENE ARTEN

D. barbatus, Bartnelke, Südeuropa. Wuchs locker polsterförmig. Blätter breitlanzettlich, dunkelgrün. Blüten in

Steinnelke, *D. sylvestris*. (Archiv)

Felsnelke, *D. petraeus*. (Herbel)

Trugdolden, einfach oder gefüllt. Einzelfarben wie weiß, rosa, rot. 'Heimatland', dunkelrot, Mitte weiß; 'Oculatus Marginatus', großblumige Spielarten mit Auge. Einfache und Gefüllte Mischung. 50–60 cm. Niedrige: 'Indianerteppich', Mischung mit einfachen Blüten; 'Niedrige Gefüllte Mischung', 25 cm. – *D. caryophyllus*, Garten- oder Landnelke, Mittelmeergebiet. Bekannte Art mit blaugrauen, rinnigen Blättern, linealisch-pfriemlich. Blüten bei den heutigen Züchtungen zu einem hohen Prozentsatz gefüllt, gut duftend. Nach Höhe und Blütezeit unterscheidet man verschiedene Klassen. LANDNELKEN. Meist als Mischungen von weiß, gelb, rosa, lachsrosa, scharlach-, dunkel- bis purpurrot. Rand leicht gefranst. 50–60 cm. EISENSTIEL-N. (Tige de Fer). Starke, steife Stiele. Nicht so reichblühend. Blüten ganzrandig, Einzelfarben und Mischung, 60 cm. REMONTANT-N., Blüten ebenfalls nicht gefranst, schön, lange nachblühend. Einzelfarben und Mischungen, 60 cm. GRANAT- oder GRENADIN-N. Kurzlebiger, aber früher blühend. 'Mohrenkönig', dunkelrot; 'Mont Blanc', weiß; 'Sonnengold', gelb; 'Scharlach'; 'Tausendschön', hellrosa und Mischung, 50 cm. WIENER FRÜHESTE. Früheste Klasse, niedriger. 'Desdemona', lachsrosa, 'Scharlachkönigin', glühend scharlach, 'Weiß' und Mischung, 35 cm. Nach der Blütezeit geordnet beginnen die Wiener, danach Granat, VI–VII, Land- und Eisenstiel, VII–VIII und Remontant-N., VII–IX. – Verwendung für Rabatten und zum Schnitt. Boden locker, kalkhaltig. – Vermehrung aller durch Aussaat.

EINJÄHRIG GEZOGENE ARTEN

D. barbatus 'Red Empress', leuchtend scharlachrot, 40 cm; 'Red Monarch', ähnlich, aber niedriger, 30 cm. Beide im Aussehen wie die Bartnelken, aber bei uns kaum winterhart. 'Summer Beauty', lockere Blütenstände mit gro-

Nelke

Bartnelke, *D. barbatus*. (Dr. Jesse)

Chinesen-Nelke, *D. chinensis*. (Herbel)

ßen, einfachen, meist zwei- oder mehrfarbigen Blüten, 30 cm. 'Piccolo' (Wee Willie). Bleibt ganz niedrig und blüht schon 6 Wochen nach der Aussaat, einfach, groß, bunt, 10–15 cm. – *D. caryophyllus*. Auch hier einige Klassen mit großen, duftenden, gefüllten Blüten. Ähnlich den Land-N., aber nicht so hoch und kaum winterhart. RIESEN-CHABAUD-N. Wuchs locker, breite, blaugrüne Blätter. Blüten bei allen dicht gefüllt. Viele Einzelfarben, auch zweifarbig, gerandet und gestreift, 50 cm. MARGARETEN-N., ähnlich den Chabaud-N., aber nicht so großblumig. 'Riesen-Malmaison', schöne Mischung, 50 cm. 'Baby', eine ganz niedrige Mischung, wie bei Chabaud-N., ebenfalls mit gefransten Blüten. Für Töpfe und Einfassung 25 cm. KAMELIENBLÜTIGE, DAMENWAHL und REGINA-N. haben ganzrandige Blüten und die dünnen, drahtigen Stiele der Chabaud-N. Einzelfarben und Mischungen, 50 cm. NIZZAER KIND-N., ebenfalls ganzrandig mit kräftigen Stielen und großen Blüten. Einzelfarben und Mischung, 40 cm. – *D. chinensis*, Chinesen-N., China. Eigentlich zweijährig, aber nicht immer winterhart, deshalb einjährig gezogen, sie sind im ersten Jahr auch am schönsten. Blätter linealisch-lanzettlich, graugrün. Blütenstand lockker verzweigt, Blüten einfach oder gefüllt, fast immer mehrfarbig. 25–50 cm. 'Kaisernelken' (Imperialis) sind etwas niedriger und großblumiger, ebenfalls bunt. 25–30 cm. 'Persian Carpet' bildet ganz niedrige Polster mit einfachen Blüten, bunte Mischung. 15 cm. HEDDEWIGS-N., haben größere Blüten, nur 1–3 je Stengel, locker verzweigt. 'Baby Doll' oder 'Gartenzwerg', Blüten einfach, schön bunt gemischt, 15–20 cm. 'Bravo', scharlach, einfach, 25 cm; 'F$_1$ Herzkönigin', dunkelscharlach, 30 cm; 'F$_1$ Magic Charms', Mischung mit Weiß, Rosa, Scharlach- bis Dunkelrot, 15 cm; 'Karussell', hübsch, weiß mit roter Mitte, 15 cm; 'Schneeflocke', weiß, 15 cm; Gefülltblühende Sorten: 'Colorama', niedrige Mischung, 15–20 cm; 'Gefüllte Mischung'; 'Diademata', Blumen mit einem Spiegel auf jedem Blütenblatt; geschlitzte Blüten haben 'Gaiety' oder 'Heddewigii-Laciniatus', mit einfachen oder gefüllten Mischungen. Einzelsorten davon sind 'Feuerball', dunkelrot, 'Schneeball', reinweiß; 'Trauermantel', schwarz mit weißem Rand. 25–30 cm, VI–IX. – *D. hybridus* 'Delight', Mischung mit bunten Blüten, locker stehend, am Rand gleichmäßig gezackt. 30 cm, VII–X. – 'Loveliness', Mischung, Blüten stark geschlitzt, etwas hängende Blütenblätter. 30 cm, VII–X.

Verwendung der einjährigen in bunten Beeten, Einfassungen, als Schnittblumen und für Töpfe. Boden durchlässig, locker. – Vermehrung durch Aussaat. *D. caryophyllus* II–III, *D. chinensis* u.a., III–IV, danach pikieren und ab Mitte V auspflanzen. Margareten und alle Sorten von *D. chinensis* kann man auch direkt ins Freiland an Ort und Stelle säen.

NICHT WINTERH., AUSDAUERNDE N.

EDELNELKEN gehören zu *D. caryophyl*-

Ein Nelkensortiment – zusammengepflanzt mit Sedumarten und niedrig bleibenden Gräsern. (Drave)

Nelkenwurz

lus und werden in Gärtnereien unter Glas zur Gewinnung von Schnittblumen gezogen. Die Seitentriebe werden dabei ausgebrochen, so daß sich nur eine große Blüte entwickelt. Außer Blau sind alle Farben vertreten. MINIATUR-N. (Elegans-N.) sind kleinblumige Edeln., die mehrere Blüten je Stengel haben und nicht ausgebrochen werden. Die Farben sind kräftig, der Duft besonders gut. Edeln. blühen das ganze Jahr. GEBIRGSHÄNGENELKEN sind den Edeln. ähnlich. Laub blaugrau, Blüten groß, Wuchs hängend. Überwinterung kühl und hell. VII–X, 60–80 cm. Ebenfalls als Gebirgshängenelke wird 'Napoleon III' oder 'Feuerkönigin' von vielen Versandgeschäften angeboten. Laub grün, grasartig, Blüten gefüllt, dunkelscharlach, ebenfalls etwas hängend. Sie haben etwas Ähnlichkeit mit den Heddewigs-N., die wahrscheinlich bei dieser Sorte mit eingekreuzt wurden. Besonders reiche Blüte im zweiten Jahr. Überwinterung hell und kühl. Gegen Nelkenrost vorbeugend spritzen. V–X, 20–25 cm. – Verwendung als Balkonpflanzen für Sonne und Halbschatten. Erde kräftig, lehmig und humos. – Vermehrung durch Stecklinge.

Nelkenwurz, *Geum.* Rosengewächse, *Rosaceae.* ○–◐ ♃ △. Über 50 Arten in den nördlichen und südlichen gemäßigten Zonen. Blätter meist ungleich-unpaarig gefiedert, oft mit großen Endblättern. Blüten mit 5 Blütenblättern, nur die gefülltblühenden Sorten mehr. – *G. chiloense,* Chile. Blätter und Stengel flaumig behaart. Seitliche und Endfiedern fast gleich groß, Blüten scharlachrot. 'Mrs. Bradshaw', halbgefüllt, karminrot. VI–VII, 40–60 cm. – *G. coccineum,* Griechenland, Kleinasien. Aufrechte, kurz behaarte Blätter mit sehr großer Endfieder. Stengel mit 2 oder mehr Blüten, rotorange. 'Borisii' *(G. b.)* ist reichblühender und großblumiger, orangerot. V–VII, 30–50 cm. – *G.* × *heldreichii* (*G. coccineum* × *G. montanum*), 'Splendens', mit einfachen, orangegelben Blüten; 'Luteum', goldgelb. V–VI, 20–30 cm. – *G. Hybriden* (*G. chiloense* × *G. coccineum*), großblumige Züchtungen in leuchtenden Farben. Stengel mit mehreren, meist halbgefüllten Blüten. 'Dolly North', lachsorange, 40 cm; 'Fire Opal', rotorange, 40 cm; 'Goldball' ('Lady Stratheden'), goldgelb, 40 cm; 'Prinzeß Juliana', leuchtend orangegelb, 40 cm; 'Red Wings', sehr großblumig, leuchtend scharlach, 40 cm; 'Rubin', halbgefüllt bis einfach, dunkelkarminrot, 50 cm; 'Werner Arends', niedrig, leuch-

Nelkenwurz, *G. coccineum* 'Borrisii'. (Seidl)

tend orangerot, 20–25 cm. V–VIII. – *G. montanum,* Gebirgsn., Gebirge Süd- und Mitteleuropas. Nicht Ausläufer treibende, niedrige Art mit gelben Schalenblüten. V–VI, 20 cm. – *G. rivale,* Bachn., Europa, Asien, Nordamerika. Heimische Art an Bachrändern und auf feuchten Wiesen. Blüten nickend, auffallender, braunroter Kelch, aus dem die blaßgelben Blütenblätter nur wenig herausschauen, 40 cm. 'Leonhard' ist niedriger und hat größere, kupfer- bis lachsrosa Blüten. Sie braucht nicht soviel Feuchtigkeit und wächst in jedem einigermaßen frisch-feuchten Gartenboden, 25 cm. V–VI. – *G. triflorum,* nördliches Nordamerika. Ganze Pflanze weich behaart, Blätter bis siebenteilig gefiedert. Blütenstand dreiblütig, Blütenstiele lang. Blüte glockig, die rötlichweißen Blütenblätter kaum länger als der rote Kelch. Will sandigen Boden. V–VII, 35 cm. – Verwendung im Stein- und Staudengarten als farbenfrohe Blüher. Boden für die meisten nicht zu trocken, sonst Spinnmilbenbefall. – Vermehrung durch Aussaat, die Sorten nur durch Teilung. 'Mrs. Bradshaw' und 'Goldball' kommen treu aus Samen, sie sind aber kurzlebig und halten kaum länger als drei Jahre.

Nematoden, Fadenwürmer, fadenförmige Würmer sehr verschiedener Lebensweise. Die im Garten schädlichen Arten (Älchen) sind unter 1 mm lang und saugen an oder in Pflanzen. 1. BLATTÄLCHEN, vor allem in Chrysanthemen und Dahlien (Blattflecken; Blätter sterben ab) sowie in Erdbeerblättern (Blätter gekräuselt, hart, brüchig). 2. STENGELÄLCHEN, insbesondere in Gurken- und Zwiebelstengeln (Verdickung, schließlich Fäulnis). 3. WURZELGALLENÄLCHEN, vor allem bei Gurke, Erbse, Tomate und Kartoffel (erbsengroße Knöllchen an Wurzeln; Nährstoffaufnahme gestört). 4. WURZELZYSTENÄLCHEN, besonders an Kartoffel, Tomate, Kohl und anderen Kreuzblütlern (an Wurzeln stecknadelkopfgroße Zysten = mit Eiern gefüllte, abgestorbene Weibchen). – Abwehr: Fruchtwechsel, mindestens vierjährig; Anbau von Anlockpflanzen (Salat; diese rechtzeitig herausnehmen) oder Abschreckpflanzen (z. B. *Tagetes,* → Sammetblume).

Nemesie, Elfenspiegel, *Nemesia.* Rachenblütler, *Scrophulariaceae.* ○ ☉ |⋮ ⛉. In Südafrika um 50 einjährige Arten mit gegenständigen Blättern. Die bei uns als Sommerblumen in Kultur befindlichen *Nemesia-Hybriden* sind aus Kreuzungen von *N. strumosa* und *N. versicolor* entstanden. In der Hauptsache für Beete, gelegentlich auch für die Topfkultur verwendet. Ihr Farbenspiel ist sehr bunt und froh. Wuchshöhe je nach Züchtung 20–30 cm. Ausschließlich Mischungen. Aussaat Anfang IV unter Glas, pikieren und ab Mitte V mit etwa 20–25 cm Abstand auspflanzen. Standort vollsonnig, Boden leicht humos und nicht zu feucht. Hauptblüte je nach Aussaat VI–VIII. Durch Rückschnitt nach der Hauptblüte wird ein Nachflor erreicht.

Nemophila → Hainblume.
Neoregelia → Ananasgewächse 2.
Nepenthes → Insektivoren 4.
Nepeta → Katzenminze.
Nephrolepis → Farne 5.
Nerium → Oleander.
Nertera → Korallenbeere.
Nesselschön → Katzenschwanz.
Nestfarn → Farne 2.
Nestrosette → Nidularium, Ananasgewächse 2.
Netzschwefel → Schwefel.
Neuseeländer Spinat, *Tetragonia expansa.* Eiskrautgewächse, *Aizoaceae.* Stammt aus Neuseeland, Australien, bei uns erst seit Ende 18. Jahrhundert bekannt; nur wenig angebaut. – Anbau: Direktaussaat wenig günstig, besser Anzucht in Töpfen, Saat im III, Töpfe warm aufstellen, Gewächshaus oder geheizter, heller Raum. Anfang V auspflanzen, sehr weite Abstände: ca. 80 × 80 cm; Pflanzen verzweigen reichlich, Seitentriebe liegen dem Boden auf. Ernte sobald die Pflanzen genügend groß sind; dabei Triebspitzen handlang abschneiden, evtl. auch einzelne Blätter pflücken. Ernte kann kontinuierlich bis Anfang X vorgenommen werden. Gibt reichliche Erträge! Verwendung: Gehackt und gekocht wie Spinat.

Neutrieb, jeder Jungtrieb, den der Altwuchs hervorbringt, gleich ob es sich um Stamm, Ast, Zweig oder Fruchtholz handelt. N. ist zur ständigen Er-

Elfenspiegel, *Nemesia-Hybriden.* (Herbel)

neuerung der Krone bzw. der einzelnen Organe des Fruchtholzes notwendig, darf aber nicht zu stark sein, sonst läßt die Fruchtbarkeit nach. Er wird durch Schnitt, Düngung und Bodenpflege gefördert.

Nichtparasitäre Krankheiten, verursacht durch → Nährstoffmangel, fehlende Spurenelemente (→ Mangelkrankheiten), Wassermangel oder -überschuß (Platzen von Kirschen, Tomaten u. a.), Frost (→ Frostschäden), Hagel. Diese nichtparasitären Schäden schaffen meist Eingangspforten für Krankheiten erregende Pilze.

Nicotiana → Ziertabak.

Nidularium → Ananasgew. 2.

Niederhaken, Befestigen von Pflanzenteilen am Boden des Standortes mittels Drahtösen, zur schnelleren Bedeckung des Bodens *(Lithospermum, Lamium, Waldsteinia)* oder zur schnelleren Bewurzelung und Vermehrung von bodendeckenden und polsterbildenden Stauden *(Phlox subulata, Acantholimon u. a.).*

Niederschläge, in Form von Regen, Schnee, Tau, werden in mm je Jahr gemessen. Im humiden Klimabereich Mitteleuropas liegen N. zwischen ca. 400 mm (Mainzer Becken) und 1200 mm und darüber (Voralpengebiet). 1 mm N. entsprechen 1 Liter /qm. Zur Erzeugung von 1 g Trockensubstanz brauchen Pflanzen durchschnittlich 400 g Wasser = 0,4 Liter, so daß beispielsweise 600 Liter Wasser für 1500 g → Trockensubstanz = etwa 10000 g Frischsubstanz ausreichen. Hohe Erträge von mehreren kg/qm/ Jahr sind trotzdem in der Regel nur durch → Beregnen erzielbar, weil die Niederschläge zeitlich unregelmäßig fallen und der Boden nur begrenzt Wasser speichern kann.

Nierenfarn → Farne 5.

Nieswurz, *Helleborus.* Hahnenfußgewächse, *Ranunculaceae.* ☽–● ♃ △ ⚹ ✕ i. Über 20 Arten in Mittel- und Südeuropa bis Kleinasien. An zusagenden Stellen sehr langlebige Stauden. Blätter meist fußförmig gelappt oder zusammengesetzt. Blüten je nach Art weiß, grünlich, hellrosa bis dunkelrot, im Winter oder Frühjahr, zu einer Zeit, wo nur wenige Blüten im Garten zu finden sind. – *H. foetidus,* Stinkende N., Europa. Heimisch z. B. im Jura. Halbstrauchig. Immergrün, mit fußförmig geteilten Blättern mit 7–10 Blättchen. Blütenstand verzweigt, mit vielen nickenden, glockigen Blüten. Außen grün, innen mit rotem Saum, lindgrün, III–IV, 45 cm. – *H. Hybriden,* Gartenn. Durch Kreuzung verschiedener Arten entstandene Sorten, gelegentlich mit Namen belegt. Blätter erst mit oder nach den Blüten erscheinend. Sehr reichblühend, mit weißen, grünlichweißen, rosa bis dunkelroten, oft innen punktierten, großen Blüten, sehr zu empfehlen. Die langen Blütenstiele sind oft beblättert. III–IV, 30–40 cm. – *H. lividus* ssp. *corsicus* (*H. corsicus*), Korsika, Sardinien. Halbstrauchig. Beblätterte Stengel mit derb-lederigen, dreiteiligen, am Rand scharf gesägten, dekorativen Blättern. Blüten nickend, glockig, gelblichgrün, III–IV, 30–60 cm. – *H. niger,* Christrose, Kalkalpen, Apennin, Balkan. Bekannteste Art. Schwärzliche Wurzeln und fußförmige, dunkelgrüne, lederige Blätter. Blütenschaft mit wenigen, großen, etwas nickenden, schneeweißen Blüten mit gelben Staubfäden. *H. n.* ssp. *macranthus* (*H. n.* var. *maximus*), Südalpen. Robuster und großblumiger. XII–III, 30 cm. 'Praecox', sehr frühblühend und dadurch wertvoll. XI–III, 25 cm. Schön sind vor allem die Auslesen für die Treiberei zur Schnittblumengewinnung zu Weihnachten mit besonders großen, langstieligen Blüten. – *H. olympicus,* Bythinischer Olymp, Kleinasien. Fußförmige, mattglänzende, sattgrüne, langgestielte Blätter, dekorativ. Blüten groß, grünlichweiß, etwas hängend an mehrblütigen Stengeln. II–IV, 40–50 cm. – *H. purpurascens* (*H. atrorubens, H. atropurpureus*), Ungarn, Niederösterreich. Frischgrüne, glänzende Blätter, handförmig geteilt. Blüten bis 5 cm groß, nickend, an meist violetten Blütenstengeln, außen matt purpurrot, innen heller. II–IV, 30 cm. – Verwendung im Park und Garten an halbschattigen Stellen unter Gebüsch und Bäumen, ebenso im Steingarten. Die meisten auch als Schnittblumen. – Boden lehm- und kalkhaltig, humos. – Vermehrung: Aussaat; zur Erhaltung bestimmter Farben und Sorten: Teilung.

Christrose, *Helleborus niger.* (Seidl)

Nigella damascena → Schwarzkümmel.

Nistgelegenheiten → Vogelschutz.

Nitrifikation, Umwandlung von Ammoniumverbindungen durch Bakterien (→ Bodenbakterien) zu Nitratstickstoff. → Mineralisierung.

Nivellieren, geodätisches Verfahren zur Messung von Geländehöhen, Höhenunterschieden und Absteckungen auf Baustellen mit Nivelliergeräten zu einem Ausgangspunkt über Normal Null.

Nopalxochia → Kakteen 7.

Normalfenster, deutsches → Frühbeet.

Nothofagus → Scheinbuche.

Notocactus → Kakteen 11.

Nüsslisalat → Feldsalat.

Nützlinge. Die wichtigsten der im Garten als Schädlingsvernichter nützlichen Tiere sind: 1. RÄUBER = Predatoren (Schädlinge werden von außen aufgefressen): → Spinnen, → Raubwanzen (→ Wanzen), → Laufkäfer, → Marienkäfer, → Netzflügler (→ Blattlauslöwen), → Erdkröte, insektenfressende → Vögel (→ Vogelschutz), → Fledermäuse, → Spitzmäuse und → Igel; 2. PARASITEN = Schädlinge werden von innen aufgefressen: → Schlupfwespen und → Raupenfliegen. Um alle diese Tiere, die im Kampf gegen die Schädlinge helfen, zu schützen, sollten nützlingsschonende Bekämpfungsmittel und -methoden angewandt werden (→ Biologischer, → Chemischer und → Physikalischer Pflanzenschutz).

Nuphar → Mummel.

Nußeibe, *Torreya.* Eibengewächse, *Taxaceae.* 6 Arten in Ostasien und Nordamerika. In ihrer Heimat sind die N.n bis 30 m hohe, immergrüne Bäume, bei uns in Kultur meistens strauchartig und nur bis 8 m hoch. – *T. grandis.* ☽ ♄–♄ ⌒ i. Aus Ostchina, bei uns strauchartig, mit gelbgrünen Zweigen, steifen, 3 cm langen, dunkelgrünen, sichelförmig gebogenen Nadeln. Nur an geschützten Stellen aureichend winter-

Nutzgarten

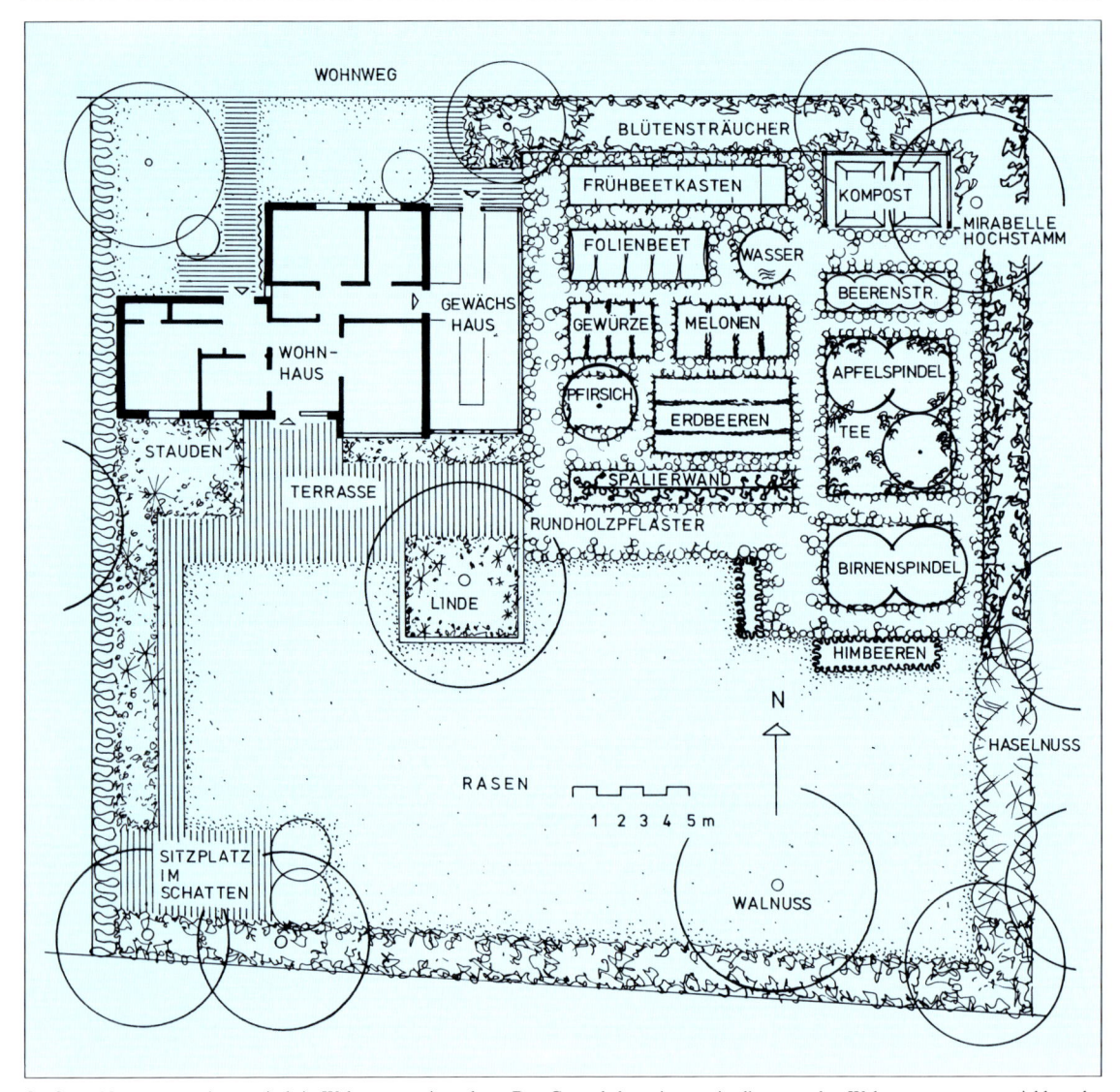

Größerer Nutzgarten – harmonisch in Wohngarten eingeplant. Das Gewächshaus ist unmittelbar von den Wohnräumen aus erreichbar, der Nutzgarten mit Gemüse, Obst, Gewürz- und Teekräutern schließt sich an. Der Belag für diesen Gartenteil ist Rundholzpflaster, imprägniert, 15 cm stark. Da die Besitzer den Nutzgarten als Hobby betrachten, konnte der Wohngarten kleiner gehalten werden. (Entwurf Dr. Richter)

hart. – *T. nucifera*. ◐ ♄–♄ ∧ i. Japan, die härteste Art. Kleiner Baum mit dichter, pyramidaler Krone und 2–3 cm langen, glänzend dunkelgrünen Nadeln, mit zwei bräunlichen Spaltöffnungslinien auf der Unterseite. – ANSPRÜCHE: Guter, frischer, nahrhafter Boden in halbschattiger Lage. Gedeihen am besten bei hoher Luftfeuchtigkeit und in Gegenden mit milden Wintern. – VERMEHRUNG: Wenn Saatgut zu bekommen ist, durch Aussaat, sonst Veredlung der Kopftriebe auf *Taxus baccata*-Sämlinge.

Nutzgarten, Teil eines Hausgartens oder Landsitzes in seitlicher Lage dem Ziergarten beigeordnet. Dagegen sind Kleingärten und Grabelandparzellen vorwiegend N. In seiner Gliederung zeigt der N. eine klare Wegeführung, rechteckig angeordnete, bis 1,20 m breite Beete, oft Frühbeete, eine Wasserzapfstelle und einen Kompostplatz. Vorwiegend werden Obstgehölze als Hochstamm, Busch, Spindel oder Spalier, Beerenobstbüsche oder -stämme, Gemüsearten und Küchenkräuter angebaut, wobei mit den Obstgehölzen zugleich ein Raumabschluß bewirkt wird. Der Versorgung mit Obst und Frischgemüse aus dem eigenen N. kommt, vor allem in Krisenzeiten, hohe wirtschaftliche, immer aber gesundheitliche Bedeutung zu. → Wirtschaftsgarten.

Nutzwasser, derjenige Teil des → Haftwassers im Boden, den die Pflanzen nützen, d. h. auf Grund ihrer Saugkräfte den Mittelporen des Bodens entnehmen können. Das in Feinporen und an Mineral- und Humusteilchen gebundene Wasser (Kapillar- bzw. Adsorptionswasser) ist nur zum Teil aufnehmbar: Bei Sandböden ist der Anteil des N.s am Haftwasser groß, die Menge des Haftwassers jedoch klein; bei Tonböden ist das Verhältnis umgekehrt. Gärtner streben deshalb ‚Kompromiß' an und mischen z. B. → Blumenerde zu je ⅓ aus Sand, Torf bzw. Rindenhumus und Kompost. → Gärtnerische Erden.

Nylonbesen, → Gartenbesen.
Nymphaea → Seerose.
Nymphoides → Seekanne.

Nutzgartenszene: Im Hintergrund die von Plattenwegen eingefaßten Gemüsebeete, in Beetnähe das Wasserbecken für Regenwasser oder abgestandenes Gießwasser und Gerätschaften. Im Vordergrund Frühbeetfenster. (Rosenberg)

Im Mischkulturengarten nach Gertrud Franck gibt es keine Beete, sondern Reihen in 50-cm-Abstand. ‚Kurzzeitpflanzen' wie Salate wechseln mit ‚Langzeitpflanzen' wie Kohlarten ab und ergänzen sich in Wuchshöhen und Durchwurzelung des Bodens. (Archiv/Franck)

O

Oberboden, die oberste, 15–40 cm starke, durch Graben, Pflügen, Fräsen bearbeitete und intensiv durchwurzelte Schicht des Bodens; auch als Krume oder Mutterboden, volkstümlich ‚Humus', bodenkundlich A-Horizont bezeichnet. Daran schließt → Unterboden an.
Obergräser → Untergräser.
Oberseitenförderung → Obstbaumschnitt.
Obst, Früchte aller Obstgewächse für Frischverbrauch u. Verwertung.
Obstbau, Erwerbszweig der landwirtschaftlichen bzw. gärtnerischen Urproduktion in Form von Plantagen in reinen, gemischten und Teilbetrieben.
Obstbauboden, tiefgründiger, ausreichend feuchter, gut durchlüfteter, humusreicher, tief durchwurzelbarer Boden mit Grundwasserstand bis höchstens 60–80 cm. Einzelne Obstarten haben unterschiedliche Ansprüche an Bodengüte, aber alle befriedigen optimal auf besten Böden. Apfelbaum stellt die höchsten Ansprüche auf

Bäume von Boden mit Obstbaummüdigkeit. Triebe rosettenartig gestaucht. Die Wurzelspitzen können knollig verdickt sein. (Nach Friedrich/Preuße)

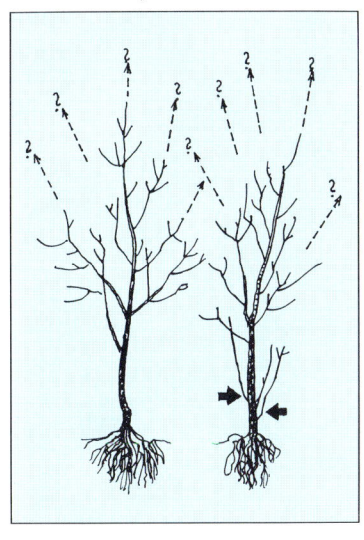

Obstbaumkrebs in fortgeschrittenem Stadium. (Dr. Link)

den empfindlichen, wuchshemmenden → Unterlagen. Unterschiede sind zu beachten. Besondere Bedeutung kommt der Bodenwärme zu, die für Wurzelentwicklung ebenso wichtig ist wie die Beschaffenheit der Bodenluft. Durch Atmung der Wurzeln und der Bodenorganismen sammelt sich in Bodenluft Kohlendioxid, das in Konzentration von 5–8% für Gehölzwurzeln schädlich ist. Guter Gasaustausch zur Durchlüftung des Bodens und Entweichen des Kohlendioxids in die bodennahe Luft oft wichtiger als Nährstoffreichtum. Intensive Mulchwirtschaft (→ Bodenbedeckung, → Mulchen) gewährt gute Durchlüftung des Bodens. Bodenverdichtungen erschweren Durchwurzelung und wirken störend auf Gehölzentwicklung.
Obstbaum. Baumobstgehölze verschiedener Formen. In der Regel auf → Unterlagen veredelt.
Obstbaumformen. Baumschulen liefern nach den Bestimmungen des BdB (Bund deutscher Baumschulen) alle Baumobstarten in folgenden Maßen: einjährige Veredlungen mit einer Mindesttrieblänge von 80–90 cm; die Stammhöhe von mehrjährigen Veredlungen beträgt bei Formobst 40 cm, bei Büschen 40–60 cm, bei Niederstämmen 80–100 cm, bei Halbstämmen 100–120 cm und bei Hochstämmen 160–180 cm. Wichtige Merkmale für die zukünftige Leistung der Bäume sind die Unterlage, die Veredlungshöhe, die Anzahl an Verzweigungen und deren Stellung (steil oder waagrecht).
Obstbaumkrebs, vom Pilz *Nectria galligena* am Apfel, seltener an Birne verursachte Krankheit. ‚Geschlossener Krebs' an älteren Zweigen, wenn die vom Erreger verursachte Wunde überwallt wird; das Holzinnere geht dann in Zersetzung über. ‚Offener Krebs', wenn die Überwallung nicht zustande kommt. In beiden Fällen: Spitzendürre durch Unterbrechung der Wasserzufuhr. Abwehr: Standortwahl (kalte Lagen und feuchte Böden begünstigen den Krebs), Sortenwahl (Auskunft beim Pflanzenschutzamt), krebsige Äste oder ganze Bäume entfernen.
Obstbaummüdigkeit des Bodens bei Nachbau derselben Obstart ist eine komplexe Erscheinung und hat fol-

Oben normale Apfelwurzel, räumlich weit ausgebreitet. Unten mit gehemmtem, dichtem Wachstum. (Nach Friedrich/Preuße)

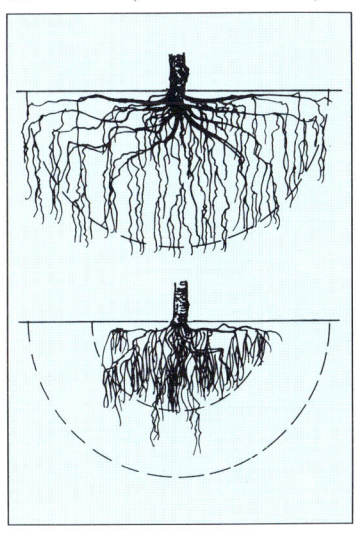

Kernobsthecke in voller Blüte. Unten Ausschnitt aus dieser Hecke: Behang an Ästen der oberen Drähte. (Aus Mücke/Rieger: Der Garten drinnen und draußen. 8. A.)

gende Ursachen: Anreicherung des Bodens mit artspezifischen Toxinen (Giftstoffen), Älchen, oder beider zusammen. Tritt nicht in allen Bodenarten gleichermaßen auf. Besonders starke Baummüdigkeit nach Räumung dichter Baumbestände, Baumschulen, wobei große Mengen abgerissener Wurzelreste im Boden bleiben. O. kann durch Entseuchen des Bodens behoben werden, das ist jedoch sehr teuer und darf nur durch Spezialisten vorgenommen werden. B. auch im Beerenobstanbau, besonders im Erdbeerenanbau akut, jedoch nicht alle Erdbeersorten auf Nachbau gleich empfindlich. → Bodenmüdigkeit.

Obstbaumpflanzung, in Pflanzgruben mit Ausmaßen, die dem Umfang des Wurzelsystems der Gehölze entsprechen. Besser Tiefenlockerung der ganzen zu bepflanzenden Fläche und Verbesserung mit Torf oder anderen Humussubstanzen als große Baumgruben mit Vorratsdünger. Bei Pflanzung den größtmöglichen Teil des Wurzelsystems erhalten, weil sich darin Reservestoffe befinden, die zur Bildung von Neuwurzeln notwendig sind. Aber: abgebrochene Wurzel unterhalb des Bruchs abschneiden. Alle Obstbäume nur so tief pflanzen, daß Veredlungsstelle ca. 10 cm über Boden zu stehen kommt. Wurzeln in der Pflanzgrube ausbreiten und mit humoser Erde umgeben, danach Grube auffüllen, festtreten und nach Bedarf angießen. → Einschlämmen. Vor Pflanzung Baumpfahl oder Gerüst setzen, um nach der Pflanzung Gehölze zu befestigen. Pflanzzeit: X–Mitte XI oder II–Ende III oder IV, je nach den klimatischen Verhältnissen. Zur Zeit der Pflanzung muß Boden warm sein, was Neuwurzelbildung fördert. Empfindliche Gehölze einhüllen mit Tannenreisig, Schilf- oder Strohmatten oder hellfarbigen Plastikmanschetten.

Obstbaumruinen, alte, morsche, auseinanderbrechende Obstbäume, die man nicht rechtzeitig gerodet hat. Oft im Streuobstbau zu finden. Sollten in keinem Garten stehenbleiben.

Links: Bei Jungbäumen von Süßkirsche und Pflaume setzen häufig nicht nur die spitzennahen Triebe steil an den Gerüstzweigen an, wie beim Kernobst, sondern mehr oder weniger alle Neutriebe. – Rechts: Damit die Gerüstäste später nicht ausschlitzen und um Gummifluß vorzubeugen, solche Triebe konsequent auf Astring zurückschneiden! Aus den Basalknospen entwickeln sich flach abgehende Triebe, die ein stabiles Kronengerüst bilden. (Dr. Link)

Obstbaumschnitt. 1. FORMSCHNITT. Bestimmt die → Obstbaumform, war lange Zeit Sache der Baumschule, wenn fertige Gehölze mit vorgebildeter Krone geliefert werden sollen. Mit zunehmender Pflanzung einjähriger Veredlungen wird Formschnitt Angelegenheit des Pflanzers, Plantagenbesitzers oder Liebhabers. So wird Formschnitt mit Pflanzschnitt verbunden. – 2. PFLANZSCHNITT. Bei großkronigen Baumformen kürzt man die Stammverlängerung auf etwa 40 cm und die zu-

Links: Verdichtete Krone durch zu starke Neutriebbildung infolge starken Rückschnittes oder Überdüngung mit Stickstoff. – Rechts: Durch Auflockern der obersten Kronenpartien kommt es zu besserem Lichteinfall, der jedoch die Kronenmitte nicht erreicht; die Leitäste stehen zu dicht und das quirlartige Kronengeäst wurde nicht aufgelockert. Dadurch bleibt der größte Kronenteil unproduktiv. (Nach Friedrich/Preuße)

Obstbaumschnitt

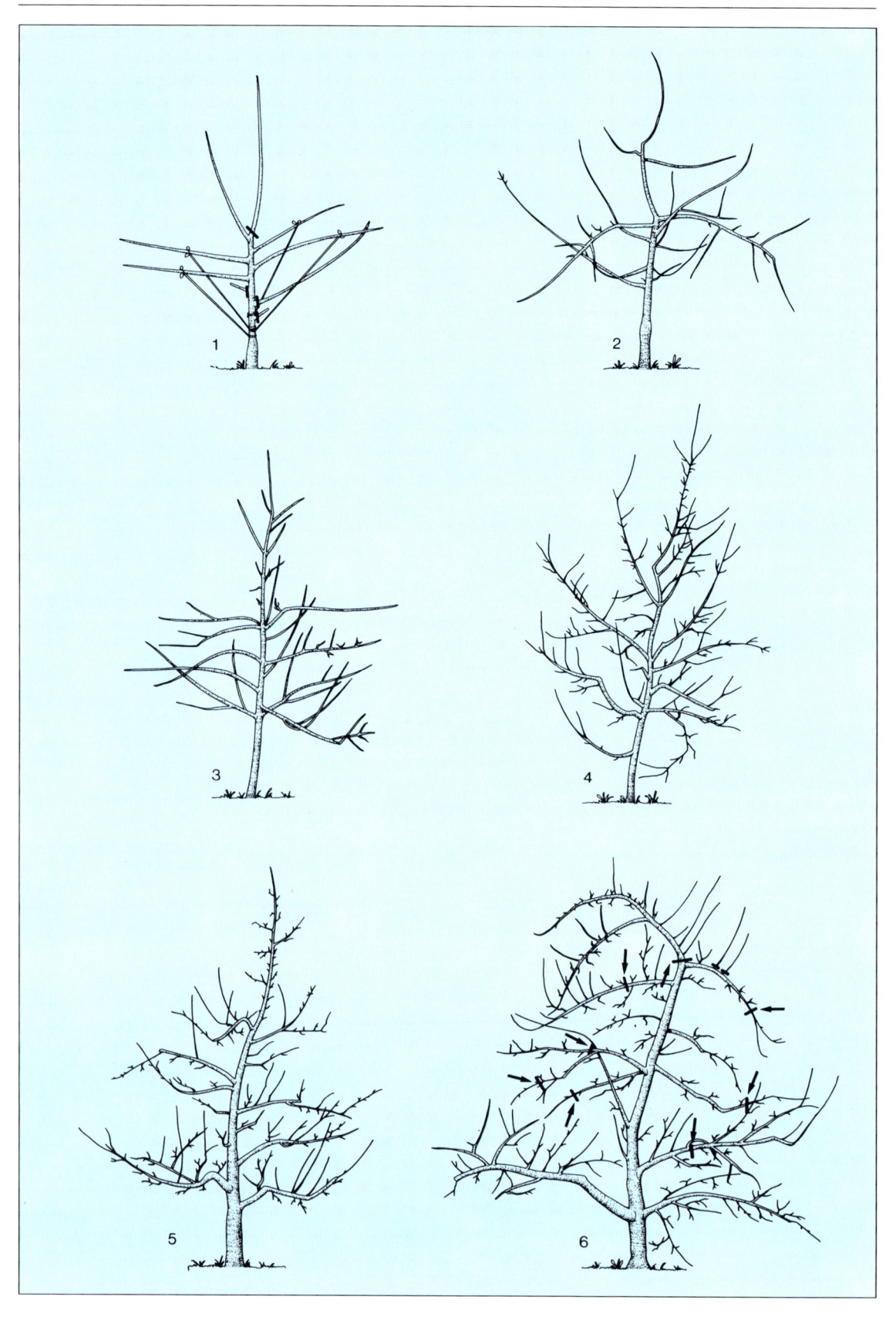

künftigen Leitäste so ein, daß alle Schnittflächen auf gleiche Höhe zu stehen kommen. Der Konkurrenztrieb wird ganz entfernt. Es werden zunächst nur 1–2 Leittriebe angeschnitten, um einen genügenden Astabstand (Leitaststreuung) zu erreichen. Die übrigen Teile zwecks Ertragsverfrühung waagerecht binden. – Kleinkronige Bäume (Schlanke Spindel) werden überwiegend als einjährige Veredlung gepflanzt. Unverzweigte Pflanzware wird auf 60–80 cm Höhe zurückgeschnitten, verzweigte auf etwa 30 cm über dem obersten Seitentrieb eingekürzt. Seitentriebe nicht anschneiden, Konkurrenztrieb wegnehmen und steilstehende Triebe im Sommer waagerecht binden. – 3. Erziehungsschnitt. Er bestimmt die Kronenform und reguliert das Wachsen und Fruchten. Wichtige Grundsätze sind bei der Schlanken Spindel: einige waagerechte Basisäste und eine lückenlos mit Fruchtholz besetzte Mittelachse erziehen. Über dem Basisgerüst dürfen keine stärkeren Zweige mehr ansetzen. Das Wachstum muß drastisch gedrosselt werden, sobald der Standraum ausgefüllt ist. – Großkronige Bäume haben eine länger anhaltende Erziehungsphase. Sie brauchen ein stabiles Astgerüst und müssen zu diesem Zweck einige Jahre lang immer wieder angeschnitten werden. – 4. Instandhaltungs- und Fruchtholzschnitt. Durch Auslichtung und Verjüngung des Fruchtholzes wird das Fruchtholz leistungsfähig erhalten. Der damit bewirkte Neutrieb soll nur mäßig sein (mittlere Länge der Jungtriebe annähernd 20 cm). Stärkerer Wuchs bringt nur Probleme und Mehrarbeit.

Entwicklungsphasen und Schnittbehandlung der schlanken Spindel (weitgehend übertragbar auf große Baumformen). Junge, starkwachsende Bäume (1–3) sollen vor allem formiert und so wenig wie möglich geschnitten werden. Bei Bäumen in voller Produktion (4, 5) müssen die oberen Kronenteile regelmäßig eingekürzt werden, damit eine kegelförmige und gut belichtete Krone entsteht. Laden die oberen Zweige zu stark aus, so werden die unteren Partien durch Lichtentzug weitgehend unfruchtbar. Stärkere Schnitteingriffe (siehe Pfeile, Abb. 6) sind dann unvermeidbar. (Link, Titze)

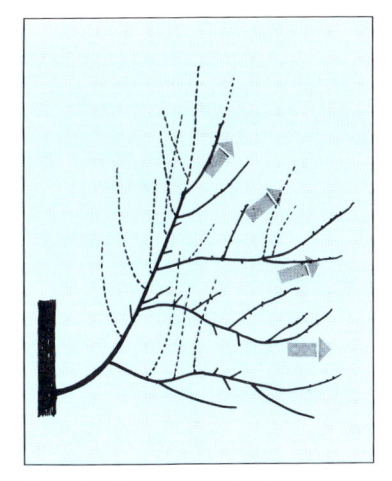

Oberseitenförderung: Ableiten durch Schnitt auf Seitentriebe, die nach außen wachsen und schräg oder waagrecht stehen. So wird die Krone zum Sonnenlicht geöffnet.

Die Reaktion der Obstgewächse auf Schnittmaßnahmen wurde in verschiedene „Gesetze" der Triebförderung und Schnittwirkung gekleidet. – 1. Der Neuwuchs an der Spitze steilstehender Äste, Zweige oder Triebe (Altwuchs) besitzt die höchste Wuchskraft (Spitzenförderung). 2. Auf der gesamten Oberseite des Altwuchses wird der Neuwuchs bei waagrechtem Altwuchs gefördert. Bei Altwuchs zwischen waagrechter und senkrechter Stellung entscheidet der Neigungswinkel darüber, wie stark die Oberseitenförderung zur Wirkung kommt. – 3. Basisförderung setzt ein, wenn sich der Altwuchs nächst seiner Ansatzstelle unter die Waagrechte senkt. – 4. Scheitelpunktförderung tritt am Scheitel (= höchster Punkt) eines bogenförmigen Altwuchses auf. Als Schnittwirkung ergibt ein gleichmäßig scharfer Rückschnitt des gesamten Altwuchses einen zahlenmäßig geringen, aber starken Neuwuchs und umgekehrt. Gleichzeitig scharfer und schwacher Rückschnitt innerhalb derselben Baumkrone stärkt den schwachgeschnittenen Altwuchs auf Kosten des stark geschnittenen.

Obstbaumspinnmilbe (Rote Spinne), rötlich gefärbte Milbe (→ Milben, → Spinnmilben) von nur 0,5 mm Länge. Saugt gesellig an der Unterseite der Blätter besonders bei Pflaume, Zwetsche und Apfel, weniger häufig bei Pfirsich, Birne, Stachel- und Johannisbeere. Von Frühjahr bis Herbst etwa sieben Generationen, daher oft Massenbefall. Folge: fleckenweises Vergilben und vorzeitiges Abfallen der Blätter. Die winzigen roten Eier überwintern in den Astwinkeln. – Abwehr: → Stammanstrich, um Wintereier zu vernichten; während der Vegetationsperiode mehrmals mit scharfem Wasserstrahl abspritzen sowie mit Brennesseljauche spritzen.

Obstbaumspritzen, Geräte für den Pflanzenschutz mit flüssigen Mitteln oder zum Ausbringen von Blattnährlösungen. Rückenspritzen, Brettspritzen, Karrenspritzen, Motorspritzen. Im Handel vielfältige Modelle mit unterschiedlicher Brauchbarkeit vorhanden. Für Privatgärten Geräte mit höchstens 10 atü Betriebsdruck.

Obstbedarf, wird nach Untersuchungen des Max-Planck-Institutes für Ernährungsphysiologie für die ganzjährige Versorgung einer Person mit 118 kg

Links: Apfelzweig mit roten Flecken: Massierung von Wintereiern der Obstbaumspinnmilbe. Rechts: Eier der Obstbaumspinnmilbe ('Rote Spinne') vergrößert. (Dr. Bender)

Obsternte

Rohware bzw. 104 kg geputztes Obst angenommen, entsprechend einem Tagesbedarf von 200 g. Siehe Tabellen S. 352/353.

Obsternte, ist zum richtigen Zeitpunkt (→ Erntereife) durch Pflücken, Schütteln oder Auflesen vorzunehmen (→ Ernte). Tafelkernobst wird immer gepflückt, am besten in spezielle Pflückbehälter, damit keine Druckstellen, die die Haltbarkeit beeinträchtigen, entstehen.

Obstgarten → Nutzgarten.

Obsthecke → Hecke, Heckenkultur.

Obsthorde, Flachbehälter zum Einlagern von Obst. Die aus Brettern oder Stäben bestehenden Böden sind luftdurchlässig; ebenso die Stellagen, in die Horden eingeschoben werden.

Obstkeller → Lagerung.

Obstlagen → Standort.

Obstlagerung → Lagerung.

Obstlehrpfad, Bemühungen seit achtziger Jahren, alte und bewährte Obstsorten planmäßig zu Lehr- und Informationszwecken anzupflanzen.

Obstmade → Apfelwickler.

Obstpflücker, an einer Stange befestigte Vorrichtung zum Pflücken von Obst an hohen Bäumen.

Obstsorten. Von jeder Obstart existieren viele Varietäten, die man als Sorten unter verschiedenen Namen kennt. Botanisch sind es keine Sorten, sie lassen sich erbtreu aus Samen nicht vermehren und werden deshalb vegetativ vermehrt. → Apfel, → Birne usw.

Obstsortenkunde (Pomologie), beschäftigt sich mit dem Studium der morphologischen Merkmale der Frucht, physiologischen und biologischen Eigenschaften von Frucht und Baum, sowie deren Brauchbarkeit im Anbau, Verwendung und Wirtschaftlichkeit.

Ochsenauge, *Telekia speciosa.* (Seidl)

Obstsortierung vorwiegend im Erwerbsanbau nach Größe und Farbe. Im Privatanbau sortiert man nur die größten, schlecht haltbaren, zu kleinen und beschädigten Früchte aus.

Obsttrester, Preßrückstände von Kern-, Stein-, Beerenobst und Trauben bei der Saftgewinnung. Enthalten wenig Stickstoff (ca. 0,3%). Bei Kompostierung mit stickstoff- und phosphatreichem Material in entsprechenden Mengen mischen oder sinngemäß wie bei → Stroh Stickstoff zugeben.

Obstverwertung, Verwendung von Obst, das für Frischgenuß nicht gebraucht wird oder weniger geeignet ist, für Saft, Wein, Marmelade, Gelee u. a.

Obstzüchter, wer durch Kreuzungen, Selektion u. a. Maßnahmen, wie Mutationsauslösung, neue Sorten entwickelt = züchtet. Früher hat man irrtümlich jeden Obstbauern als Obstzüchter bezeichnet. Seit der wissenschaftlichen, systematischen Züchtung muß zwischen Anbauer und Züchter unterschieden werden.

Ochsenauge, *Buphthalmum.* Korbblütler, *Compositae.* ○–◐ ♃ △ ✕. 2 Arten in den Gebirgen Süd- und Mitteleuropas. Gelbblühende Stauden mit langer Blütezeit. – *B. salicifolium,* Mitteleuropa, Alpen, Karpaten, Apennin. Walzenförmiger, knotiger Wurzelstock. Stengel rund, aufrecht, kaum verzweigt. Blätter lanzettlich, Blumen mit dottergelben Strahlen- und gelben Röhrenblüten. VI–VIII, 30–60 cm. – *B. speciosissimum (Telekia speciosissima),* Südalpen. Steif aufrechte, braunrote, behaarte Stengel, einblütig. Blätter verkehrt eiförmig, dunkelgrün mit brauner Mittelrippe. Goldgelbe Margariten-Blüten, ähnlich dem Alant. VI–VII, 40 cm. – *Telekia speciosa (Buphthalmum speciosum),* Alpen, Karpaten, Kleinasien, Kaukasus. Nahe verwandt mit B., kräftige, oben verzweigte, hohe Stengel. Blätter sehr groß, zugespitzt, länglich-eiförmig. Blütenstand mit sehr schmalen Strahlenblüten, goldgelb. VI–VIII, 150–200 cm. – Verwendung im Stauden-, Wildpflanzen- und Heidegarten, *Telekia* auch am Ufer und Gehölzrand. *B. speciosissimum* an sonniger, trockener Stelle im Steingarten. Boden am besten durchlässig, nicht zu feucht. Vermehrung bei allen leicht durch Aussaat.

Ochsenzunge, *Anchusa.* Boretschgewächse, *Boraginaceae.* ○–◐ ☉ ☉ ♃ △ ✕ Bie. Über 30 Arten in Europa, Westasien, Nord- und Südafrika. Ein-, zweijährige oder ausdauernde, rauhhaarige Kräuter, mit wechselständigen Blättern und blauen oder weißen Blüten. – NICHT AUSDAUERNDE ARTEN. *A. capensis,* Südafrika. Zweijährig, aber unsere Winter nicht überstehend, daher nur einjährig gezogen. Verzweigte Pflanzen mit rauhharigen, lanzettlichen Blättern. Blüten blau bis rötlichblau mit weißem Schlund, 50 cm. 'Alba', weiß, 50 cm; 'Blauer Vogel', einzige noch im Handel befindliche

Anbaufläche für Obst bei weitgehender Eigenerzeugung. Vier-Personen-Haushalt. → Wirtschaftsgarten.						
Obst	Bedarf 4 VvP/kg/Jahr	Mittlere Erträge kg	Pflanzen bzw. Büsche	Standfläche qm/Pflanze	Anbaufläche qm	Nutzungsdauer Jahre
Erdbeeren	24,0	1,0/qm	120	0,2	24,0	2
Himbeeren	14,4	0,6/Pflanze	24	0,75	18,0	15
Johannisbeeren, schwarz	8,0	2,0/Pflanze	4	5,0	20,0	20
Johannisbeeren, rot	35,6	5,0/Pflanze	7	4,0	28,0	20
Stachelbeeren	20,4	5,0/Pflanze	4	3,0	12,0	20
Beerenobst insgesamt	102,4				102,0	
Rhabarber	29,2	7–8,0/Pflanze	4	1,0	4,0	6–8
Summe	131,6	–			106,6	

Ermittlung des Jahresbedarfs an Beerenobst und Rhabarber

Obstart	Anzahl der Mahlzeiten		Mahlzeiten insgesamt/Jahr			Bedarf in g/VvP* je Mahlzeit		Gesamtbedarf kg/Jahr	
	Frischverzehr Anfang V bis Mitte X = 168 Tage	aus Vorrat Mitte X bis Anfang V = 196 Tage	roh oder gefroren	Marmelade oder Gelee	Saft oder Most	geputzte Ware	Rohware	Rohware 1 VvP	4 VvP
Erdbeeren									
Frischverzehr oder gefr.	20	10 ○	30			150	160	4,8	19,2
Marmelade	25+	20+		45		25	26	1,2	4,8
								6,0	24,0
Himbeeren									
Frischverzehr oder gefr.	7	6 ○	13			150	150	2,0	8,0
Marmelade	10+	10+		20		25	25	0,5	2,0
Saft/Dampfentsafter	4++	5++			9	127	127	1,1	4,4
								3,6	14,4
Johannisbeeren, schwarz									
Gelee	10+	10+		20		42	43	0,9	3,6
Saft	4++	5++			9	124	126	1,1	4,4
								2,0	8,0
Johannisbeeren, rot									
Frischverzehr oder gefr.	10		10			150	155	1,6	6,4
Gelee	25+	15+		40		40	43	1,7	6,8
Dreifrucht	5+	5+		10		25	26	0,3	1,2
Most	10++	23++			33	158	160	5,3	21,2
								8,9	35,6
Stachelbeeren									
Frischverzehr oder gefr.	20	5 ○	25			150	155	3,9	15,6
Marmelade	15+	10+		25		25	26	0,7	2,8
Mitverarbeitung Johannisbeeren		3++			3	155	158	0,5	
								5,1	20,4
							Beerenobst insgesamt	25,6	102,4
Rhabarber									
Kompott	16		16			150	190	3,0	12,0
Marmelade	15+	10+		25		25	32	0,8	3,2
Saft	10++	17++			27	102	129	3,5	14,0
	73 105+ 28++	21 ○ 80+ 53++	94	185	81		**Rhabarber insgesamt**	7,3	29,2
Kernobst	40 15+ 16++	145 60+ 116++	185	75+	142++			62,6	250,5
Steinobst	55 48+ 17++	30 57+ 27++	85	105+	44++			22,5	90,0
Mahlzeiten insgesamt	168 168+ 71++	196 197+ 196+	364	365+	267++		**Obst insgesamt**	118,0	472,1
	996 Mahlzeiten		996 Mahlzeiten						

○ = sterilisiert oder gefroren   + = Marmelade   ++ = Saft   * = Vollversorgungsperson

---

Sorte, kompakt, leuchtend indigoblau, 30 cm. VII–IX. – Verwendung im bunten Sommerblumenbeet oder als Einfassung. Boden nahrhaft, nicht zu schwer. Aussaat IV ins kalte Mistbeet, V auspflanzen. – AUSDAUERNDE ARTEN. *A. caespitosa*, Kleinasien, Osteuropa. Holziger Wurzelstock mit aufrechten Trieben, Blätter linealisch, Blüten vergißmeinnichtähnlich, leuchtend blau mit weißem Schlund, mit der Sorte 'Heavenly Blue', ein unermüdlicher Dauerblüher, etwas empfindlich auf Nässe. V–IX, 30–40 cm. – *A. italica* (*A. azurea*), Mittelmeergebiet. Zweijährig bis ausdauernd. Triebe lang, oben fast pyramidenförmig verzweigt. Ganze Pflanze mit steifen Haaren, Blätter lanzettlich. Nur Sorten: 'Dropmore', himmelblau, 140 cm; 'Loddon Royalist', enzianblau, 100 cm; 'Royal Blue', azurblau, 120 cm. Alle mit weißem Schlund und großen Vergißmeinnichtblüten. VI–IX. – Verwendung im Stauden- und Steingarten. Boden durchlässig, lehmig, kalkhaltig. Vermehrung: Aussaat und Teilung, Sorten durch Wurzelschnittlinge.

Odontoglossum → Orchideen 13.

Ökologie, Wissenschaft von den Beziehungen der Lebewesen zur Umwelt, insbesondere der Tier- und Pflanzenwelt in bezug auf alle den Standort beeinflussenden Faktoren. Seit achtziger Jahren auch Programm und Aufgabe für eine lebenswerte Umwelt. Daher vorrangige Aufgaben in der Landschafts-, Stadt- und Dorfökologie.

Ökologischer Pflanzenschutz, ein dem → Ökosystem gemäßer P. Wahl und Durchführung aller P.-Maßnahmen im Sinne der Erhaltung und Stärkung des Garten-Ökosystems. 3 Bereiche: → Biologischer, → Chemischer, → Physikalischer P.

Ökosystem. Grundeinheit der → Ökologie: ein aus Lebensraum und Lebewesen bestehendes System, das ursprünglich (ohne menschlichen Eingriff) sich selbst erhält und reguliert, m. a. W. in einem Gleichgewicht aller Komponenten (ökologisches Gleichgewicht) befindet. Auch der Garten ist ein, allerdings menschlich beeinflußtes, Ökosystem, das um so natürlicher und damit um so weniger schädlingsanfällig ist, je besser der Gärtner für eine

Vielfalt an Pflanzen und Tieren und deren Ungestörtheit sorgt, d.h. je weniger er mit ökologisch schädlichen Mitteln in das System eingreift. Daher sind alle Planungen und Arbeiten im Garten auf die Erhaltung und Stärkung des Ökosystems auszurichten.

Ölbaum, Olivenbaum, *Olea.* Ölbaumgewächse, *Oleaceae.* ○ ♄ ⛉ ⚘ Lie. Bäume mit gegenständigen, länglichen, meist gräulich-schülfer-schuppigen Blättern, unscheinbaren achselständigen Blüten und einsamigen Beeren. 40 Arten in der Alten Welt. – *O. europaea.* 10–15 m hoher Baum, Früchte zuerst grünlich, später rot, dann violettbraun, die bekannten Oliven. Die Wilde Olive, var. *sylvestris,* trägt Dornen und besitzt kantige Zweige, die Kulturolive, var. *europaea,* ist dornenlos und besitzt runde Zweige. Bei Aussaat von Kulturoliven-Kernen erhält man Wildlinge. – Der Ö. ist eine der ältesten und bedeutendsten Kulturpflanzen. In den wärmsten Gegenden des Gebietes ist er bereits winterhart, doch kommt es meist alle 15–20 Jahre zu extremen Wintern, die die Bäume stark schädigen. Sonst verwendet man den Ö. als Dekorationspflanze, winters frostfrei, sommers im Freien.

Ölweide, *Elaeagnus.* Ölweidengewächse, *Elaeagnaceae.* Die Ö.n sind sommergrüne oder immergrüne Sträucher oder Bäume, etwa 40 Arten in Südeuropa, Asien und Nordamerika. Blätter wechselständig, silbrig oder gelb beschülfert. Bei manchen sind die kurzen Seitentriebe in Dornen umgewandelt. Früchte längliche Beeren. Die Ö. hat mit dem Ölbaum der Mittelmeerländer nicht viel gemein. Name nach der Art *E. angustifolia,* deren Blätter denen der Weide ähneln und deren ölhaltige Früchte im Orient viel gegessen werden – *E. angustifolia.* ● ♄–♄ VI D Bie. Ist im Mittelmeergebiet, über Zentralasien bis zur Gobi in der Mongolei beheimatet. Bis 7 m hoher Strauch oder kleiner Baum, bei zunehmendem Alter mit überhängenden, silbrigen, oft dornigen Zweigen und beiderseits silbrigweißen, bis 8 cm langen, schmalen Blättern. Die glockigen Blüten, zu mehreren beisammen, sind ebenfalls silbrigweiß, duften leicht und sind wertvolle Bienenweide. Äußerst anspruchslos und industriefest, verträgt größere Trockenheit und auch Salzgehalt im Boden. Zur Befestigung von Dünen und für Wind- und Vogelschutzhecken auf ärmsten Böden geeignet. – *E. commutata (E. argentea),* Silberölweide. ○ ♄ V–VI D Bie. Aus Nordamerika, bis 3 m hoch. Sommer-

Oleander, *Nerium Oleander.* (Dr. Jesse)

grüner, Ausläufer treibender Strauch mit silbergrauer Belaubung, silbrigen und gelben, angenehm duftenden Blüten und silbrigen Früchten. Trockenheitsliebender und hitzebeständiger Zierstrauch, für → Xerophyten-Gärten oder Steppenpartien geeignet, durch die Ausläufer auch für Befestigung von steilen Böschungen und Binnenlanddünen. – *E.* × *ebbingei (E. macrophylla* × *E. pungens).* ○ ♄ i V–VI. Wintergrüner, in milden Wintern immergrüner, bis 2,5 m großer Strauch. Blätter bis 12 cm lang, auf der Oberseite glänzendgrün, unten silbrig bereift. Zum Abdecken oder auch als dekorativer Einzelstrauch. – *E. multiflora.* ○ ♄ IV–V ⚘ D Bie. In China und Japan beheimatet, dornloser, bis 3 m hoher Strauch. Breitausladende Zweige mit oberseits dunkelgrünen, unterseits silbrigweißen Blättern und hellgelben, duftenden Blüten. Die Früchte sind eßbar, säuerlich, enthalten Pektinstoffe, als Zusatz zu süßem Gelee verwendbar. Wertvolle Bienenweide, Zierstrauch für Parks und größere Anlagen. – *E. pungens.* ○–◐ ♄ X–XI △ ⛉ ⚘ D i Bie. Japan und Zentralchina. Immergrüner, bis 3 m hoher, sparrig wachsender Strauch mit kurzen Dornen und derbledrigen, silbrigen bis graugrünen Blättern. Die Abart var. *simonii* hat etwas größere Blätter, unterseits ganz silbrigweiß. *E. pungens* und ihre Abart sind nördlich der Alpen nur in den wärmsten Gegenden ausreichend winterhart. In Südtirol, im südlichen Tessin und in Südfrankreich wegen ihrer Raschwüchsigkeit und des angenehmen Blütenduftes (mit einigen buntblättrigen Sorten) häufig kultiviert. – ANSPRÜCHE. Trockene, durchlässige Böden in sonnigen und warmen Lagen. Die sommergrünen Arten sind gegen Kälte wenig empfindlich, anders die immergrünen, die unbedingt Winterschutz benötigen. – VERMEHRUNG. Zur Gewinnung des Saatgutes die Früchte

rechtzeitig ernten, da sie gern von Vögeln gefressen werden. Der Samen wird über Winter in Sand stratifiziert und im zeitigen Frühjahr ausgesät. Ist kein Saatgut vorhanden, können Absenker im IX–X abgelegt werden. Die buntlaubigen Sorten u. *E.* × *ebbingei* werden meistens auf *E. multiflora*-Sämlinge veredelt; da diese jedoch Bodentriebe bilden, ist Stecklingsvermehrung vorzuziehen.

Oenothera → Nachtkerze.

Ohrwurm, flugunfähiger Vertreter der niederen Insekten (→ Insekten) mit großer Zange am Hinterleib; für den Menschen, in dessen Ohrgänge er durchaus nicht hineinkriecht, harmlos. Er frißt vor allem kleine Raupen und Blattläuse, wobei er in vom Schädling gerollte oder gekräuselte Blätter hineinkriecht. Überwintern unter Rindenschuppen, in hohlen Stengeln, hinter Brettern u.a. Wichtiger Nützling. Zu seiner Förderung kann man nach unten offene Blumentöpfe, in die man Moos oder Holzwolle stopft, in Sträucher und Bäume hängen. Sie dienen den O. als Verstecke.

Oidium, ältere Bezeichnung des echten Mehltaus des Weinstocks (→ Mehltau). Heutiger wissenschaftlicher Name: *Uncinula necator.*

Okulation, die im VII–VIII ausgeführte Veredlungsart, bei der an der jungen → Unterlage, in etwa 10–15 cm über dem Boden, ein T-Schnitt mit Okuliermesser gemacht wird, um danach Rinde zu lösen. Mit demselben Messer wird vom frischgeschnittenen → Edelreis das Edelauge durch → ziehenden Schnitt mit dünnen Rinden-Bastschildchen (unterhalb 1,5, oberhalb 2 cm Länge) abgenommen und in den T-Schnitt unter die gelöste Rinde geschoben. Vorher schneidet man vom Edelreis das Laub so ab, daß vom Blattstiel noch ein Stück von 1–2 cm bleibt. An diesem Blattstiel kann man das Edelauge anfassen, ohne die Schnittfläche zu berühren. Ist das Edelauge nach zwei Wochen angewachsen, so fällt der Blattstiel von selbst oder bei leichter Berührung ab. Nach dem Einführen des Edelauges wird Bast- oder Gummiverband angelegt, wobei Knospe frei bleibt. Bastband muß nach zwei Wochen gelockert werden, um Einschnürung zu vermeiden. Gummibänder sind elastisch und lösen sich selbst auf. So überwintert das Edelauge auf der Unterlage: Okulation auf schlafendes Auge. Wird bereits VI okuliert, so kommt es im gleichen Jahr zum Austrieb des Edelauges: Okulation auf treibendes Auge. – Meistens reift der aus treibenden Augen entstandene Neutrieb nicht aus und erfriert in kalten Wintern bis zur Basis. Daher weniger gebräuchlich. – Wichtige Voraussetzungen für O.: Gut ausgereifte Edelreiser mit vollkommenen Blattknospen im Blattwinkel, in der vollen vegetativen Entwicklung befindliche Unterlagen mit gut lösender Rinde (intensive Zellteilung in der Kambialzone, dadurch schnelles Anwachsen des Edelauges), scharfes Okuliermesser, saubere Arbeit. – Neuere Untersuchungen lassen bessere Anwuchserfolge erkennen, wenn der T-Schnitt umgekehrt ausgeführt und das Edelauge von unten nach oben eingeführt wird.

Okuliermesser → Messer.
Olea → Ölbaum.
Oleander, *Nerium.* Hundsgiftgewächse, *Apocynaceae.* ○ ♄–♄ ▽. Sträucher bis kleine Bäume, Blätter lanzettlich, meist zu drei quirlig, Blüten groß, in verzweigten endständigen Trugdolden. Zwei bis drei Arten im Mittelmeergebiet und im subtropischen Asien. – *N. oleander,* 3–6 m hoch. Blüten in den unterschiedlichsten Farben: rot, weiß, gelb, gestreift oder gefleckt, einfach oder gefüllt. Viele Formen duften, besonders abends. Schön, für den Liebhaber von weißbunten Pflanzen, ist 'Variegatum', aber leider schwachwüchsig. Der O. ist eine alte und bekannte Kübelpflanze, die in warmen Sommern VI–X blüht. Überwinterung bei 2–8°C, zugleich aber luftig und hell. Es ist jedoch bei einiger Umsicht auch Überwinterung im dunklen Keller möglich. – Vermehrung durch Stecklinge ist leicht, sowohl in Erde als auch in Wasser. Junge Pflanzen stutzen, damit sie sich verzweigen, oder erst später bei Hochstammerziehung. Wichtig ist bei Jungpflanzen zügige Kultur und jährliches Umtopfen. Später pflanzt man seltener um, große Pflanzen überhaupt nicht mehr. Wichtig ist in diesem Fall ausreichende Versorgung mit Nährstoffen und Wasser; wöchentlich flüssig düngen. – Gerne werden O., ohne daß es bemerkt wird, ballentrocken, man stellt daher Pflanzen heißer Sommerstandorte auf Untersätze, die man ständig mit Wasser oder Düngerlösung füllt, oder läßt bei ganz großen Pflanzen Wasser langsam, aber lange mit dem Schlauch zufließen. – Beim Umtopfen größerer Pflanzen wird der Ballen mit dem Messer verkleinert und in das gleiche Gefäß eingetopft. Substrate eher schwer, den Zwischenraum sehr fest stopfen! Selbst große Pflanzen kann man ohne Schaden stark zurückschneiden. Schildlausbekämpfung! – Vermehrung aus Samen (diese sind flach und besitzen eine Haarkrone) ist möglich und ein Spaß für den Liebhaber.

Olivenbaum → Ölbaum.
Oliveranthus → Echeverie.
Omphalodes → Gedenkemein.
Oncidium → Orchideen 4, 14.
Onoclea → Perlfarn.
Ophiopogon → Schlangenbart.
Ophrys → Orchideen 2.
Optische Fallen → Fanglampen.
Optische Vogelabwehr → Abschreckvorrichtungen.
Opuntia → Kakteen 3.
Orange → Citrus.
Orangerie, Überwinterungs- und Kulturglashäuser des Barocks, bei denen die Glasflächen nur senkrecht angeordnet waren, das Dach war fest gedeckt. O.n dienten zum Überwintern der Kübelpflanzen.

Orchidee des armen Mannes → Spaltblume.

Orchideen, Knabenkrautgewächse, *Orchidaceae.* Die Familie der O. mit etwa 750 Gattungen und 25000 Arten gehört zur Klasse der einkeimblättrigen Pflanzen und ist in nahezu allen Klimagebieten der Erde verbreitet. Durch Kreuzung wurde die Zahl der natürlichen Arten noch um etwa 35000 Hybriden vermehrt. Botanisch bemerkenswert ist u. a. die Vergesellschaftung (Symbiose) der Wurzeln mit bestimmten Pilzen (→ Mykorrhiza), die Bildung von Sproßverdickungen (Pseudobulben) sowie die Drehung der Blüte (Resupination). Die O.blüte hat die Grundzahl 3. Je 3 mehr oder weniger gleichfarbige Kelch- und Blütenblätter, und 3 Fruchtblätter, die sich zu einer Kapsel entwickeln. Die Staubblätter sind auf 2 bzw. 1 reduziert und mit der Narbe säulenförmig verwachsen (Gynostemium). Form und Farbe der Blüten sind sehr variabel und den jeweiligen Bestäubern (Insekten, Kolibris) angepaßt. – O. wachsen entweder auf Bäumen (epiphytisch) oder auf dem Boden (terrestrisch), sind jedoch keine Schmarotzer. Sie haben hauptsächlich Schmuckwert, nur *Vanilla planifolia,* deren aufbereitete Fruchtkapseln Vanillin enthalten, gilt als Nutzpflanze.

A. FREILANDORCHIDEEN. In dieser Gruppe sind Gattungen der gemäßigten Klimazone zusammengefaßt, die im Garten ausgepflanzt und an geschützten Stellen überwintert werden können. Schmuckwert haben vor allem die verschiedenen Frauenschuharten *(Cypripedium),* einige Knabenkräuter *(Orchis, Dactylorhiza),* sowie die asia-

Blühender Oleanderstrauch, *Nerium oleander.* (Seidl)

Orchideen

Frauenschuh, *C. calceolus.* (Herbel)

tischen Gattungen *Bletilla* und *Pleione.* Die Pflanzen sind teilweise in Staudengärtnereien erhältlich, ein Ausgraben heimischer O. verbieten die Naturschutzbestimmungen. Freiland-O. verlangen in der Regel einen halbschattigen Standort, durchlässigen, humosen Boden und besonderen Schutz gegen Schneckenfraß und zu viel Nässe.

Pleione. Hübsche Kalthausorchidee, die im Sommer auch im Freien stehen kann. Laubabwerfend, mit weißen oder rosa, cattleyenähnlichen Blüten. Im Frühjahr blühen: *P. hookeriana* und *bulbocodioides*-Formen, im Herbst *P. humilis* und *praecox.* Sie liebt kalkfreien, humosen Boden mit gutem Wasserabzug. Ruhezeit nach dem Laubabwurf.

B. TROPISCHE UND SUBTROPISCHE O. Terrestrische und epiphytische Gattungen, die unter Glas gehalten werden müssen.

1. Calanthe, Erdorchidee, deren lange, rosa oder weiße Blütentrauben um die Weihnachtszeit erscheinen. Nach dem Einziehen des Laubes im Spätsommer und nach der Blüte bis zum neuen Durchtrieb sehr trocken halten! Während der sommerlichen Wachstumsperiode warm stellen, reichlich gießen und düngen. – Bekannte Arten: *C. rosea* und *C. vestita* var. *rubrooculata.* Durch jährliches Abtrennen der neuen Bulben sind sie leicht zu vermehren.

2. Cattleya. Sehr bekannte, artenreiche amerikanische Gattung. Epiphyt, mit prächtigen, meist hellvioletten Blüten. Für den Liebhaber empfehlenswert sind u.a. *C. bowringiana* (IX–XII), *forbesii* (VI–IX), *guttata* (X–XI), *intermedia* (V–VI), *labiata* (VI–XI), *loddigesii* (VIII–IX), *mossiae* (V–VI) und *trianae* (XII–II). Abweichend im Wuchs ist die aus Mexiko stammende, nach unten hängende *C. citrina* (jetzt *Encyclia citrina*) mit tulpenförmigen gelben Blüten. Orangerot und kleinblumiger ist *C. aurantiaca.* Die meisten Cattleyen wollen hell, luftig, temperiert und nicht zu feucht gehalten werden; *C. citrina* kühler. – Die im Handel angebotenen Art- und Gattungshybriden sind bedeutend großblumiger und intensiver gefärbt als die reinen Arten, in der Pflege aber teilweise auch anspruchsvoller.

3. Coelogyne. Die bekannteste Art ist *C. cristata,* die um die Weihnachtszeit ihre weißen Blütentrauben entfaltet. Diese Erdorchidee aus dem Himalaja ist eine dankbare Zimmerpflanze, darf jedoch nicht zu feucht und warm gehalten werden (12–15°C). – *C. massangeana,* mit gelben, hängenden Blütenständen, und *C. flaccida* brauchen etwas mehr Wärme.

4. Comparettia. Stammt aus Ecuador und ist nahe verwandt mit *Oncidium.* Kultur am besten in Körbchen, temperiert, hell. – *C. speciosa* bildet einen Blütenstand mit etwa 3 cm großen gespornten, orangefarbenen Einzelblüten. VIII. – *C. falcata,* wie die vorige eine zierliche Pflanze, blüht dagegen violettrosa.

5. Cymbidium. Heimat Madagaskar bis Australien. Umfangreiche Pflanzen mit schwertförmigen Blättern und langen Blütenrispen. Die Lippe der großen, haltbaren, im Winter erscheinenden Blüten ist kahnförmig (griechisch kymbos Kahn). Kultur hell, kühl, luftig. Eine Trockenzeit von VIII–X mit niedrigen Nachttemperaturen begünstigt den Blütenansatz. Für Liebhaber sind die kleinwüchsigeren Miniaturcymbidien am meisten zu empfehlen.

6. Dendrobium. Auf Bäumen (Name!) lebende, formen- und artenreiche Gattung Südostasiens. Zu den Arten, die im Sommer feuchtwarm, im Winter kühl-trocken zu halten sind, gehören z.B. *D. nobile* (violett, III–VI), *infundibulum* (weiß, V–VI), *fimbriatum* (gelb, III–V) und *farmeri* (rosaweiß, IV–V). Nur im Warmhaus gedeihen

Bletilla striata. (Seidl)

Pleione bulbocodioides. (Herbel)

die bizarrblütigen *D. stratiotes* (grünweiß, VI–VII) und *antennatum* (VI), die haltbare Schnittblume *D. phalaenopsis* (lila, XII–IV) sowie das niedrige, goldgelbe *D. aggregatum* (III–V).

7. Epidendrum. Eine in der Neuen Welt verbreitete Gattung mit sehr unterschiedlichem Wuchs. Zu den niedrigeren, bei Zimmertemperatur kultivierbaren Arten gehören: *E. cochleatum* (XI–II) und *mariae* (VII–VIII), beide mit grünweißen Blüten, *E. vitellinum* (X–XII), mit leuchtend orangeroten Blüten. Letzteres muß kühler und feuchter gehalten werden als die anderen Arten. Diese 3 Arten wurden zu *Encyclia* gestellt.

8. Ionopsis. Wärmeliebende südamerikanische Gattung mit zierlichem Wuchs. *I. paniculata* (X–XI) bildet lange Rispen, die mit hübschen, weißvioletten Blütchen besetzt sind.

9. Laelia. Im Erscheinungsbild ähnlich wie Cattleya, besitzt jedoch 8 statt 4 Pollenpakete an ihrem Staubblatt. Zur Zimmerkultur eignen sich besonders die rosa-violetten mexikanischen Arten: *L. anceps* (XII–I), *autumnalis* (XI–I) und *gouldiana* (XI). Schwieriger zu kultivieren sind die brasilianischen Arten: *L. cinnabarina* (orangerot, II–V), *harpophylla* (ziegelrot, II–III), *flava* (gelb, V–VI), *purpurata* (violett, V–VII) sowie die reizende *pumila* (IX–X), deren große, rosenrote Blüten an einem niedrig bleibenden Sproß sitzen. Alle Laelien haben hohes Lichtbedürfnis, sind aber empfindlich gegen sengende Sonnenstrahlen.

10. Odontoglossum. Heimat Mittel- und Südamerika. Die meisten Arten beanspruchen viel Luft und feuchte Kühle. Dankbare Blüher sind *O. bictoniense* (XI–IV), *cervantesii* (XI–III), *pulchellum,* jetzt *Osmoglossum p.* (X–XII) und *rossii* (II–IV). Die Blüten sind weiß oder grüngelb mit braunen Punkten und Streifen. Besonders

Orchideen

großblumig ist *O. grande,* jetzt *Rossioglossum g.* (X–XII), doch verlangt diese wärmeempfindliche Art bei der Pflege viel Fingerspitzengefühl.

11. Oncidium. Lichtliebende südamerikanische Gattung mit teilweise langen, gelben Blütenrispen (Goldregenorchideen). Für den Liebhaber empfehlenswert sind die weniger umfangreichen Arten: *O. cheirophyllum* (gelb, X–XII), *ornithorhynchum* (rosa, X–XII), *splendidum* (gelb-braun, II–V), *tigrinum* (gelb-braun, X–XII) und *varicosum* var. *rogersii* (gelb-braun, X–I). Wärmeliebender und schwieriger zu kultivieren sind die beiden schönen Arten *O. lanceanum* (grünviolett, VI–VII) und *papilio*. Letztgenannte bildet am Ende ihres sich ständig verlängernden Stieles immer wieder neue Blüten, die wie ein großer, braun-gelber Schmetterling aussehen.

12. Paphiopedilum. Diese aus Südostasien stammende Gattung wächst rosettig, ihre Blüten besitzen 2 Staubblätter (Diandrae), und die Lippe ist zu einem Schuh umgeformt. Die grünblättrigen Arten, wie *P. insigne, hirsutissimum, fairieanum, villosum, spicerianum,* verlangen einen kühleren und luftigeren Standort als die gefleckblättrigen, die warm und schattig stehen wollen. Zu letzteren gehören u.a. *P. callosum, concolor, delenatii, lawrenceanum, venustum* und die meisten der großblumigen Hybriden. Alle *P.* sind Erdorchideen mit behaarten Wurzeln; sie sind empfindlich gegen zu hohe Düngergaben. Die lange haltbare Blüte erscheint hauptsächlich in den Wintermonaten, kann sich aber bei richtiger Sortenwahl über das ganze Jahr erstrecken.

13. Phragmipedium. Mit *Paphiopedilum* verwandt, aber in Mittel- und Südamerika beheimatet. Die Pflanzen sind meist starkwüchsig und mehrblütig, die Blütezeit verteilt sich über das

Coelogyne cristata. (Herbel)

Epidendrum 'Schomburgkie'. (Herbel)

ganze Jahr. *P. caudatum* hat bis zu 50 cm lange, herabhängende Petalen, *P. schlimii* besitzt mehr rundlich geformte, weiße bis rosenrote Blüten.

14. Phajus. Eine sehr dekorative, terrestrisch wachsende Gattung mit großen, gefalteten Blättern und langen Blütenschäften. *P. tankervilliae* blüht im Frühsommer; die etwa 10 cm breiten, bräunlich-lilarosa Einzelblüten öffnen sich nacheinander. Eine leicht vermehrbare, anspruchslose Art.

15. Phalaenopsis. Wärmeliebende indonesische Gattung, die ohne ausgesprochene Ruhezeit mehrmals im Jahr blüht. Die großen, glänzenden Blätter sitzen gegenständig zu zweit bis viert an einem kurzen Sproßstück. Die langen Blütenrispen sind sehr haltbar und dekorativ. Die nachtfalterähnlichen (Name!) Einzelblüten mit 8–10 cm Durchmesser sind vorherrschend weiß oder violett, zuweilen auch gestreift oder gepunktet. Die heute im Handel befindlichen Hybriden gingen größtenteils aus den beiden Arten *Ph. amabilis* und *schilleriana* hervor. Bild s. Tafel 32.

16. Sophronitis. Kleinwüchsige brasilianische Gattung mit leuchtend zinnoberroten Blüten. Bekannt und häufig zu Einkreuzungen bei Cattleya benutzt ist vor allem die im Winter blühende *S. coccinea (grandiflora)* mit verhältnismäßig großen Blüten. *S. cernua,* die zur gleichen Zeit blüht, ist kleinblütiger, aber widerstandsfähiger. Diese Arten wollen kühl-feucht und nicht zu hell stehen.

17. Trichopilia. Amerikanische Gattung mit meist wohlriechenden Blüten. Auffallend ist die große, tütenförmige, hellfarbige Lippe mit rötlichen Tupfen und gefranstem Rand. Nur bedingt empfehlenswert zur Zimmerkultur sind die Arten *T. marginata* (IV–V), *suavis* (III–V) und *tortilis* (XII–II), da sie trockene Wärme schlecht vertragen. Kultur temperiert, mäßig feucht, halbschattig.

18. Vanda. Hochwüchsige asiatische Gattung, die im Herbst und Winter beliebte Schnittblumen liefert. *V. coerulea* wächst in höheren Lagen des Himalaya, verlangt daher kühlere Temperaturen und viel Licht. *V. tricolor* sowie die zu den Vandeen gehörende *Euanthe sanderiana* stammen dagegen aus küstennahen Gebieten und müssen warm-feucht und schattiger kultiviert werden. – Daneben gibt es Tausende von Hybriden zwischen verschiedenen Arten oder Gattungen. Weit verbreitet dank der Gewebekultur. Sehr bekannt ist × *Vuylstekeara* (aus *Cochlioda* × *Miltonia* × *Odontoglossum*) 'Cambria' Plush mit karminroten, weiß gefleckten Blüten.

KULTUR UND VERMEHRUNG.

DÜNGUNG. O. brauchen zu ihrem Gedeihen regelmäßige schwache Nährstoffzufuhr. Diese kann durch Zersetzung organischer Substanzen (Laub, Farnwurzeln, Hornspäne, Blutmehl u.a.) erfolgen oder durch Zugabe von mineralischen Volldüngern. Nährlösungen, die während der Wachstumsperiode etwa alle 14 Tage zu verabreichen sind, sollten allerdings nicht mehr als höchstens 1 g Düngesalz je Liter Wasser enthalten. Während der Ruheperiode unterbleibt die Nachdüngung. – PFLANZSTOFF. Das Substrat für O. muß lufthaltig, warm und strukturstabil sein. Die früher üblichen Spezialmischungen aus Farnwurzeln, Sumpfmoos und Buchenlaub sind jetzt weitgehend ersetzt worden durch aufbereitete Nadelholzrinden, Bimskies, Torf, Schaumstoffe und ähnliche Materialien. Bewährt hat sich ein Gemisch aus Weißtorf und Styromullflocken 1:1, sofern es mit Nährstoffen angereichert wird. Man rechnet hierbei je Liter Substrat 1–2 g kohlensauren Kalk + 0,5 g eines spurenelementhaltigen Volldüngers. Der Säuregrad sollte bei pH 5,0–5,5 liegen. Pflanzstoff je nach Bedarf alle 2–3 Jahre erneuern. –

Dendrobium nobile. (Herbel)

Orchideen

PFLANZGEFÄSSE. Die meisten O. lassen sich in Ton- oder Plastiktöpfen kultivieren, wenn durch Verwendung eines strukturstabilen Pflanzstoffes und Aufstellung der Töpfe auf Roste, Gitter oder groben Kies für den notwendigen Wasserabzug gesorgt wird. Terrestrische O. sowie *Phalaenopsis* zur Schnittblumengewinnung können auch auf dränierten Beeten ausgepflanzt werden. Körbchen aus Holz oder Kunststoff eignen sich besonders für lichtbedürftige Epiphyten und Arten mit abwärts wachsenden Blütenstielen, wie z. B. *Encyclia citrina, Dendrobium pierardi (D. aphyllum), Epidendrum falcatum (Auliza parkinsoniana), Gongora galeata, Scuticaria steelii, Stanhopea* u. a. Aufgehängte Kork- oder Baumfarnstücke dienen zur Befestigung kleinwüchsiger Epiphyten wie *Bulbophyllum cirrhopetalum, Oncidium pusillum* oder *Sophronitis*. Gefäße nicht zu groß wählen, besonders *Dendrobien* sind gegen zu große Töpfe empfindlich.

BEWÄSSERUNG. Stark kalkhaltiges Gießwasser ist für Orchideen ungeeignet. Man enthärtet es durch Abkochen, Einhängen von Torfsäckchen oder Zusatz von ‚Fleur wasserweich'. Regenwasser sollte ebenfalls abgekocht und gefiltert werden. O. in Töpfen gießt man auf die Topfoberfläche; solche in Körbchen oder auf Rindenstücken werden 2–3mal in der Woche getaucht, bis sich das Substrat vollgesogen hat. Laub nach Möglichkeit trocken halten, kranke Pflanzen gesondert behandeln. Das Substrat sollte während der Wachstumsperiode stets feucht, doch nie naß sein; während der Ruhezeit und nach dem Umtopfen ist die Wasserzufuhr einzuschränken. Die Temperatur des Wassers muß der Raumtemperatur entsprechen. Frisches, sauerstoffhaltiges Wasser bekommt den Pflanzen besser als abgestandenes und verunreinigtes.

PFLEGE. Die meisten der hier aufgeführten O. kann man auch im Zimmer auf dem Fensterbrett kultivieren, sofern man über ausreichende Lüftungs- und Schattiereinrichtungen verfügt. Zu vermeiden sind in jedem Falle trockene Wärme, stagnierende Luft, Lichtmangel im Winter, übermäßige Feuchtigkeit, schlechter Wasserabzug. Die Luftfeuchtigkeit sollte während der Wachstumszeit hoch sein, doch ist es nicht ratsam, die Pflanzen selbst zu viel zu bespritzen. Gewächshäuser ermöglichen eine bessere Licht- und Temperatursteuerung, doch sind auch hier die speziellen Ansprüche der einzelnen Arten zu beachten. –

Blühende Phalenopsis-Hybriden – ausgesprochene Warmhaus-Orchideen – auf Kulturtisch und Hängekulturtisch im Floratherm-Gewächshaus 440. (Krieger)

RUHEZEIT. Die meisten O. benötigen je nach dem jahreszeitlichen Rhythmus ihres heimatlichen Standortes eine Ruhezeit, während der sie etwas kühler und trockener gehalten werden müssen. Sie beginnt im allgemeinen nach Ausreifung des Neutriebes, d. h. bei uns im Spätherbst, vor oder nach der Blüte. Sie dauert den Winter über bis zum Sichtbarwerden beginnenden Wachstums im Frühjahr. Keine ausgesprochene Ruhezeit verlangen die meisten O. der heiß-feuchten Zone, also viele Arten von *Paphiopedilum, Phalaenopsis, Vanda* u. a. Streng an die Einhaltung einer Ruhezeit gebunden sind dagegen beispielsweise *Calanthe* (X–II), *Coelogyne cristata* (XI–IV), *Cymbidium* (VIII–X), *Dendrobium nobile* und *aggregatum* (XI–II), *Encyclia citrina* (X–V), *Rossioglossum grande* (XI–II), *Oncidium splendidum* (X–I). Als Regel kann gelten, daß fast alle O. mit Pseudobulben auf zeitweiligen Wasserentzug eingerichtet sind.

KLIMA. Temperatur und Feuchtigkeit am Heimatstandort der Orchideen sind hauptsächlich abhängig von der Höhenlage und der jahreszeitlichen Rhythmik. Im tropisch-subtropischen Bereich sind folgende Klimazonen vorherrschend: 1. Heiß-feuchte Fluß- und Küstengebiete. Hier wachsen bevorzugt *Aerangis, Aganisia, Angraecum, Ansellia, Cattleya dowiana, Catasetum, Cycnoches, Laelia purpurata,* geflecktblättrige *Paphiopedilum, Phalaenopsis, Scuticaria steelii, Euanthe sanderiana* u. a. Bei uns muß man diese Pflanzen im Warmhaus bei 25–30°C und 80–90% Luftfeuchtigkeit kultivieren. 2. Wechselfeuchte Bergwälder der unteren bis mittleren Höhenstufe. Sie sind Standort vieler *Cattleyen, Dendrobien, Epidendren, Laelien, Lycasten, Miltonien* und anderer Epiphyten. In der Kultur hält man sie am besten temperiert bei 15–25°C und 50–70% R.F. unter Beachtung der bei einzelnen Arten erforderlichen Ruhezeit. 3. Naßkühle Nebelwälder höherer Gebirgslagen. Diese Gebiete zeichnen sich durch besonders hohe Niederschläge, starke Luftbewegung und Temperaturextreme aus. Sie sind der Standort von *Ada aurantiaca, Coelogyne cristata, Den-*

drobium kingianum, Disa uniflora, Masdevallia veitchii, Maxillaria grandiflora, vieler Arten von *Odontoglossum* und *Oncidium,* von grünblättrigen *Paphiopedilen* sowie von *Sophronitis grandiflora.* Es sind ausgesprochene Kalthausorchideen (8–18°C), die hohe Ansprüche an Luftfeuchtigkeit und Luftbewegung stellen.

KRANKHEITEN. Schäden an O. werden durch Kulturfehler oder Parasiten verursacht. Zu den Parasiten gehören Viren, Bakterien, Pilze und Insekten. Anhaltspunkte zum Erkennen der Krankheitsursache geben folgende Merkmale: Schwarzstreifigkeit, mosaikartige oder ringförmige Blattaufhellungen, mißfarbene Blüten = Virusbefall. – Weichfäule der Blätter und Triebe = Bakterien. Rundliche, häufig sich bräunende Flecken oder Pusteln an Blättern und Blüten = Pilze. – Blaßgrüne, weißwollige oder braunschalige Beläge an Blättern und Stielen = Läuse. – Kleine Einstichstellen, zuweilen silbriger Glanz an der Blattunterseite = Thrips oder Spinnmilben. – Vertrocknung, Welke oder Schwärzung der gesamten Pflanze = Infektion durch Bodenpilze. – Allgemein schlechtes Wachstum, Vergilbungen oder Bräunungen der Blätter sind zumeist auf Kulturfehler zurückzuführen, d.h. auf Mangel oder Überschuß an Nährstoffen, Wasser, Licht und Wärme. – Vorzeitige Blütenwelke kann ebenfalls durch ungünstigen Standort, aber auch durch Spuren von Gas oder Smog bewirkt werden. – Bei Schäden unbekannter Natur ist Identifizierung und Beratung durch das zuständige Pflanzenschutzamt zu empfehlen. Parasitäre Krankheitserreger werden mit den handelsüblichen Mitteln bekämpft. Strenge hygienische Maßnahmen u. vorbeugende Spritzungen mit Insektiziden und Fungiziden verhindern Infektionen größeren Ausmaßes. Virusverseuchte Pflanzen müssen vernichtet werden. Importe sind zunächst gesondert aufzustellen.

VERMEHRUNG. O. lassen sich sowohl vegetativ als auch generativ vermehren. Am einfachsten ist die Teilung bzw. Abtrennung der Neutriebe von den älteren Rückbulben. Auch Vermehrung durch Augenstecklinge aus den basalen Teilen des Blütenstieles *(Phajus, Phalaenopsis),* die Abtrennung von Ausläufern *(Cypripedium),* das Köpfen des Stammes *(Vanda, Epidendrum)* ist möglich. Die größte Anzahl erbgleicher Nachkommen erhält man durch die Triebspitzen- oder Meristemkultur, bei der junges Zellgewebe

Odontoglossum- und *Odontioda-Hybriden.* Im Gegensatz zu Arten aus feucht-heißen Zonen, wie *Paphiopedilum, Phalaenopsis und Vanda,* gehören sie zu den Kalthaus-Orchideen. (Krieger)

auf sterilen Nährböden zum Wachsen gebracht wird. Auch Aussaaten nach der asymbiotischen Methode (d.h. ohne Mithilfe von O.pilzen) werden auf zuckerhaltigen, sterilen Agar-Nährböden in Glasflaschen vorgenommen. Von der Saat bis zur Blüte vergehen 3–8 Jahre. Eine Samenkapsel, die nach der Bestäubung etwa innerhalb eines Jahres herangereift ist, enthält mehrere tausend Samenkörner, die kein Nährgewebe besitzen. – ZÜCHTUNG. Die wichtigsten Zuchtziele der O.Züchter sind: Erzeugung widerstandsfähiger, blühwilliger Pflanzen, Verbesserung von Haltbarkeit und Qualität der Blüte, Hervorbringung neuer Formen und Farben. Man erreicht dieses Ziel durch Auslese, Beeinflussung des Erbgutes (Mutationen) oder Bastardierung. Bei O. lassen sich sowohl bestimmte Arten als auch Gattungen kreuzen; bekannt ist z.B. *Potinara,* eine von Charlesworth gezüchtete Mehrgattungshybride aus *Sophronitis × Laelia × Cattleya × Brassavola.* Diesem Züchter sind auch die ersten erfolgreichen Kreuzungen zwischen *Odontoglossum × Cochlioda* (= *Odontioda*), *Odontoglossum × Miltonia* (= *Odontonia*) und vielen anderen Partnern geglückt. Eine Registrierung aller angemeldeten Hybriden der ganzen Welt findet man in der in London erscheinenden ‚Sander's List of Orchid Hybrids'.

ORCHIDEEN-VEREINIGUNGEN. Die Deutsche O.-Gesellschaft (DOG) besteht seit 1906 und umfaßt ca. 4000 Mitglieder. Sie gibt die 2monatl. erscheinende Zeitschrift ‚Die Orchidee' heraus (Brücke-Verlag Kurt Schmersow, D-3200 Hildesheim, PF 347). Ziel der Gesellschaft, die sich in Landesgruppen unterteilt, ist die Förderung der O.kunde durch mündlichen und schriftlichen Erfahrungsaustausch sowie die Erhaltung gefährdeter O.bestände. – LITERATUR. Bechtel, H., P. Cripp, E. Launert: Orchideen-Atlas, 2. Aufl. Stuttgart 1985; Dressler, R.: Die Orchideen, Stuttgart 1987; Fast, G.: Orchideenkultur, 2. Aufl. Stuttgart 1981; Feldmann, R., Orchideen als Zimmerpflanzen, Stuttgart 1988; Richter, W.: Orchideen – pflegen, ver-

Inhaltsstoffe organischer Handels- und Wirtschaftsdünger					
			Gehalt in %		Organ.
Düngemittel	N	P_2O_5	K_2O	Ca	Masse
Blutmehl	10–14	1,3	0,7	0,8	60
Erdkompost	0,02	0,15	0,15	0,7	8
Fischguano	8	13	0,4	15	40
Holzasche	–	3	6–10	30	–
Horngrieß	12–14	6–8	–	7	80
Horn-Knochen-Mehl	6–7	6–12	–	7	40–50
Horn-Knochen-Blutmehl	7–9	12	0,3	13	50
Hornmehl	10–13	5	–	7	80
Hornspäne	9–14	6–8	–	7	80
Knochenmehl, entleimt	1	30	0,2	30	–
Knochenmehl, gedämpft	4–5	20–22	0,2	30	–
Klärschlamm	0,4	0,15	0,16	2	20
Kompost	0,3	0,2	0,25	10	20–40
Organische Handelsdünger	unterschiedliche, nicht garantierte Gehalte				30–50
Peruguano	6	12	2	20	40
Rinderdung, getrocknet	1,6	1,5	4,2	4,2	45
Rizinusschrot	5				40
Ruß	3,5	0,5	1,2	5–8	80
Stadtkompost	0,3	0,3	0,8	8–10	20–40
Stallmist, Rind, frisch	0,35	1,6	4	3,1	20–40

Die Übersicht zeigt, daß organische Dünger vor allem die Hauptnährstoffe Stickstoff und Phosphat enthalten, ausgenommen Rinderdünger, der auch Kali in entsprechendem Verhältnis aufweist. Holzasche als mineralischer Dünger organischen Ursprungs ist ebenfalls Kalidünger. Bei Kalibedarf sind die Dünger deshalb durch Holzasche oder Kalisalze (siehe Mineraldünger [Kalidünger]) zu ergänzen.

mehren, züchten, 5. Aufl. Radebeul 1980; Röth, J.: Orchideen, 1983; Schlechter, R.: Die Orchideen, 3. A. 1970; Sundermann, H.: Europäische und mediterrane Orchideen, 3. A. 1980.
Orchis → Orchideen 2.
Oreocereus → Kakteen 10.
Organisch-biologischer Landbau → Biologischer Landbau.
Organische Handelsdünger, aus Rückständen pflanzlichen und/oder tierischen Lebens. 1. Düngemittel *ohne*, 2. Düngemittel *mit* zugesicherten Werteigenschaften. Das Düngemittelgesetz der BRD (1962) nimmt folgende Dünger von der gesetzlichen Regelung aus: Stallmist, Jauche, Kompost und andere Wirtschaftsdünger, Torf, Schlick und Siedlungsabfälle, wie Gülle, Abwässer, Klärschlamm und Fäkalien, unvermischt oder miteinander oder mit Wasser vermischt (§ 1, Abs. 2).
DÜNGER OHNE ZUGESICHERTE WERTEIGENSCHAFTEN. Geflügeldünger aus Großviehhaltungen, auch getrocknet, gemahlen oder gekörnt, frischer oder getrockneter Rinderdünger, → Kompost, Torfhumusdünger auf Basis Klärschlamm sowie → Stadtkompost.
DÜNGER MIT ZUGESICHERTEN WERTEIGENSCHAFTEN. Im Düngemittelgesetz der BRD unter III als ‚Organische Dünger' geführt, mit 18 Typen, eingeteilt nach wertbestimmenden Bestandteilen, aus Abfällen der Schlachthöfe, der Obst- und Traubenverwertung und anderer Gewerbe und Industriezweige, ausgenommen Rückstände der Arzneimittelfabrikation. 1. HUMUSDÜNGER, BEWERTET NACH ORG. SUBSTANZ, als org. gebundener Kohlenstoff. Typen 1, 2 und 3 mit 30, 40 bzw. 50% org. Substanz aus Fabrikationsrückständen. – 2. STICKSTOFFDÜNGER MIT GARANTIERTEM GEHALT, bewertet als Gesamtstickstoff, aus tierischen oder pflanzlichen Rückständen, auch mit Zusatz von Crotonylidendiharnstoff, mit 5, 7, 10, 12 oder 14% N, Typen 4–8 der Liste. Beispiel für Typ 4: Rizinusschrot, 5% N, rein pflanzlich. Die höherprozentigen Dünger dieser Untergruppe aus Blut- oder Hornmehl, -grieß oder -spänen oder aus Mischungen dieser Stoffe. Unter Typ 8 mit 14% N ein Blutmehl, verschiedene Dünger aus Hornmehl, -grieß oder -spänen. – 3. AUFBEREITETES KNOCHENMEHL, wertbestimmender Bestandteil Calciumphosphat, bewertet als P_2O_5. Typ 12 mit 30% Phosphor, aus vermahlenen, entfetteten, entleimten Knochen, mit maximal 2% Fettgehalt. Typen 13 und 14: zwei Stickstoff-Phosphor-Dünger aus gedämpftem Knochenmehl, 4% Stickstoff aus tierischem Eiweiß, kombiniert mit 13% bzw. 22% Calciumphosphat. Fettgehalt maximal 4%. – 4. NPK-DÜNGER AUS FISCHRÜCKSTÄNDEN, Guano. Zwei Typen: Dünger aus Fischen oder Rückständen der Fischverarbeitung durch ‚Sterilisieren, Entölen und Fermentieren', mit 10% N als org. gebundenem Stickstoff, 8% P_2O_5 und 2% K.Peru-Guano ($6 \times 12 \times 2$), aufbereiteter Kot von Seevögeln. – 5. STICKSTOFF-PHOSPHOR-DÜNGER AUS HORN-KNOCHEN-BLUTMEHL. Garantierter Gehalt an Stickstoff *und* Phosphor, aus Blut- und Hornmehl, -grieß oder -spänen und Knochenmehl. Fünf Typen mit verschiedenen Gehalten an Stickstoff und Phosphat, z.B. 4×4, 6×6 usw. ansteigend bis 10×5. Beschaffenheit mehlig, grießig bis feinkörnig, manche rieselfähig. – Die genannten Gehaltszahlen dürfen um 1%, bei Phosphat um 2% unterschritten werden. Über die Mindestgehalte hinaus gewährleisten manche Hersteller bestimmte Werteigenschaften bei einzelnen Markendüngern, z.B. 1–2% Kali. O.H. enthalten pflanzenunentbehrliche Spurenelemente, wie Bor, Kupfer, Mangan, Molybdän oder Fluor und Kobalt, die für

Mensch und Tier unentbehrlich sind, ferner Anteile an organischer Substanz, Knochenmehle ausgenommen. O.H. sind daher nicht nur nach dem Gehalt an Hauptnährstoffen mit Mineraldüngern vergleichbar.

Organische Substanz, bei Böden, Bodenverbesserungs- und Düngemitteln wichtige Kennzahl für den Humusgehalt bzw. die humusbildende Wirkung. O.S. besteht aus den *toten* Resten pflanzlichen und tierischen Lebens, im Unterschied zum → Edaphon, der Gemeinschaft bodenbewohnender Lebewesen. Die O.S. läßt sich bei der Bestimmung im Labor vom Edaphon nicht exakt trennen; deshalb rechnerischer Abzug bei durchschnittlich belebtem Boden für Edaphon 15%. Bei der Bestimmung der O.S. über den Kohlenstoffgehalt mittels Oxydationsverfahren wird mit 1,72 multipliziert, da die O.S. durchschnittlich 58% Kohlenstoff enthält (100:58 = 1,72). – Für praktische Zwecke genügt Umrechnung 2:1 (2 Teile O.S. = 1 Teil Kohlenstoff). – Im deutschen Sprachbereich unterscheidet man nicht zwischen O.S. und → Humus, im angelsächsischen versteht man unter Humus nur denjenigen Teil der O.S., bei dem mikroskopisch keine Strukturen mehr sichtbar sind bzw. der nur schwer zersetzlich ist.

Organisch-mineralische Handelsdünger, aus Rohstoffen oder Rückständen pflanzlichen oder tierischen Ursprungs, genau wie → Organische Handelsdünger, jedoch kombiniert mit → Mineraldüngern. In Typenliste zum → Düngemittelgesetz der BRD unter IV geführt, mit 34 Typen, die sich in 7 Gruppen einteilen lassen. 1. AUFBEREITETE SIEDLUNGSABFÄLLE, verarbeitet mit Hilfe von Rottebakterien, Typ 1 mit 25% org. Substanz und NPK $2 \times 2 \times 2$ bzw. Typ 2 mit 25% org. Substanz und NPK $3 \times 3 \times 4$. – 2. TORFMISCHDÜNGER. Typen 3–5 und 8–11, alle mit 35% org. Substanz, jedoch verschiedenen Gehalten an Stickstoff, Phosphor und Kali, z.B. $1 \times 1 \times 1$, $1 \times 2 \times 2$ usw. Typ 5 zusätzlich mit Klärschlamm, Typ 7 nur mit mineralischem Stickstoff (2%). – 3. AUFBEREITETE BRAUNKOHLE, gemischt mit Hornmehl und Magnesiumkalk, evtl. auch mit Meeresalgen, 35% org. Substanz, 2% N als Gesamt-Stickstoff (Typ 6). – 4. TORFMISCHDÜNGER MIT SCHLEMPE (Weißtorf!, alle übrigen Typen dieser Gruppe Weiß- *oder* Schwarztorf), 3% N als org. gebundener Stickstoff, 3% Phosphat und 5% Kalium (Typ 12). – 5. FISCHABFÄLLE und andere tierische oder pflanzliche Abfälle, 35% org. Substanz, $3 \times 3 \times 2$ und 5% Magnesium (Typ 13). – 6. PFLANZLICHE ODER TIERISCHE STOFFE *ohne* garantierten Gehalt an org. Substanz, mit verschiedensten mineral. Anteilen, wie $4 \times 4 \times 6{,}5 \times 10 \times 5$ und v.a.m. (Typen 14–25 und 27–29). Typ 26, $8 \times 5 \times 13$, kann auch aus ausgefaultem Klärschlamm aufbereitet sein. – 7. LIGNIN (Holzstoff) aufbereitet mit Ammoniak und Luft oder Sauerstoff, Stickstoff als Gesamt-Stickstoff, davon mindestens 10 bzw. 50 bzw. 25% als ammonisiertes Lignin, $12 \times 12 \times 17$ bzw. $14 \times 7 \times 7$ bzw. $14 \times 14 \times 14$ (Typen 30–32). Typen 33 und 34 wie vorige, mit 15 bzw. 19% Stickstoff, jedoch *ohne* Phosphat- und Kaliumzusatz.

Origanum → Dost.
Originalsaat → Saatgut.
Ornithogalum → Milchstern.
Orontium → Goldkeule.
Ortstein, → verfestigte Schicht im → Unterboden, aus Eisenverbindungen, die aus dem Oberboden durch saure, lösliche Humusstoffe in Verbindung mit Sickerwasser ausgeschwemmt werden. Gegenmaßnahmen → Bodenprofil.
Oscularia → Mittagsblumengewächse.
Osmunda → Königsfarn.
Osterkaktus → Kakteen 5.
Osterluzei → Pfeifenblume.
Ostrya → Hopfenbuche.
Oxalis → Glücksklee.

P

Pacht, begründet den Besitz z.B. eines Gartens durch einen Vertrag zwischen Pächter und Eigentümer. Dem Pächter wird der Garten zu bestimmten Bedingungen zeitweilig überlassen. Im Vertrag sind festzulegen: Pachtzeit (weil der Eigentümer anderenfalls jederzeit kündigen könnte), Kündigungsfristen (sonst halbjährl. Kündigung zum Ende des Pachtjahres, nicht Kalenderjahres), Pachtgeldbetrag mit Fälligkeitstermin. Wird über die Art der Bewirtschaftung nichts vereinbart, gelten die gesetzlichen Bestimmungen: Dem Pächter steht der ‚Fruchtgenuß' zu, er darf jedoch keinen Raubbau treiben, er muß bei Vertragsende den Garten so zurückgeben, wie es sich aus ordnungsgemäßer Bewirtschaftung ergibt, darf also z.B. nicht → Mutterboden abräumen oder langfristig am Boden wirkende → Pestizide anwenden. Der Pächter darf Bäume und Sträucher (Dauerkulturen) nur mit Genehmigung des Eigentümers pflanzen oder entfernen. Pflanzt der Pächter eigenmächtig Bäume und Sträucher (Dauerkulturen), gehen sie in das Eigentum des Verpächters über; dies gilt sinngemäß für Bauten und bauliche Einrichtungen (→ Baugenehmigung). Der Pächter darf deshalb von ihm eigenmächtig gepflanzte Dauerkulturen und errichtete Bauten nicht wieder entfernen. Diese Fragen, insbesondere hinsichtlich der Entschädigung sollten vertraglich geregelt werden. Gesetzliche Regelung BRD §§ 581 bis 597, Österreich §§ 418 und 420 ABGB, Schweiz O. R. Art. 275–304. Wechselt der Eigentümer während der Pachtzeit (Erbgang, Verkauf), bleibt der Pachtvertrag unberührt. Ausnahmen: Folgen eines Konkurses des Verpächters, Nießbrauch und Vorerbschaft. Fristlos kündigen kann der Verpächter bei ‚vertragswidrigem Gebrauch' und wenn der Pächter an zwei aufeinanderfolgenden Terminen die Pacht nicht zahlt und ‚aus wichtigem Grund'. → Vorkaufsrecht.
Pachysandra → Ysander.
Paeonia → Pfingstrose.

Pak-Choi, *B. chinensis.* (P. Schmidt)

Pak-Choi, Chinesischer Senfkohl, *Brassica chinensis.* Kreuzblütler, *Cruciferae.* Eine der sehr zahlreichen Kulturformen ostasiatischer Kohlarten. Bildet dichte Blattrosetten mit stark verbreiterten, fleischigen Blattstielen, ähnlich Rippenmangold. Anbau: wie Chinakohl eine Nachfrucht. Direktsaat VII–VIII, Reihenabstand 35 cm, auf ca. 30 cm verziehen. Sehr rasche Entwicklung; erntereif nach 50–60 Tagen Kulturdauer. Verwendung: feingeschnitten roh als Salat; ganze oder zerteilte Blattstiele garkochen (kurze Kochzeit!) und mit würziger Soße servieren.
Palerbse → Erbse.
Palisanderholzbaum → Jacaranda.
Palmae → Palmen.
Palma Christi → Wunderbaum.
Palmen, *Palmae.* Die P. sind eine weltweit, meist tropisch oder subtropisch verbreitete Familie. Vielfach besitzen P. oder aus ihnen gewonnene Produkte großen Handelswert (Kokos-, Öl-, Sago-Palme u.a.). Für den Pflanzenfreund sind P. wichtige Grün-, vielfach auch ausgezeichnete Dekorationspflanzen. – GATTUNGEN UND ARTEN: der Vielzahl der Gattungen sollen die folgenden erwähnt werden:
1. *Archontophoenix,* Herrscherpalme. – 2. *Chamaedorea,* Bergpalme. – 3. *Chamaerops,* Zwergpalme. – 4. *Chrysalidocarpus,* Goldfruchtpalme. – 5. *Cocos,* Kokospalme. – 6. *Euterpe,* Assai-Palme, – 7. *Howeia,* Kentie. – 8. *Licuala,* Licuala-Palme. – 9. *Livistona,* Livistonie. – 10. *Microcoelum,* Kokospälmchen. – 11. *Phoenix,* Dattelpalme. – 12. *Rhapis,* Stecken-, Rutenpalme. – 13. *Rhopalostylis,* Nikan-Palme. – 14. *Trachycarpus,* Hanfpalme. – 15. *Washingtonia,* Washingtonie. – Kultur und Vermehrung folgen allgemein am Schluß der Familie, die besonderen Wünsche der einzelnen Gattungen oder Arten werden nur kurz erwähnt.
1. Archontophoenix. Herrscherpalme. ◐ ♄ ▽, 2–3 Arten im tropischen und subtropischen Australien. Hohe, schlanke Fiederpalmen. – *A. cunninghamiana.* Queensland und Neusüdwales. Hochwüchsige Palme mit geringeltem Stamm. Blätter gleichmäßig gefiedert. Fiederblättchen beiderseits grün, zugespitzt, bis 40 cm lang und länger. – Gut gedeihende, allerdings großwerdende Art, die bei Wintertemperaturen von 10–15 °C gut gedeiht.
2. Chamaedorea. Bergpalme. ◐–● ♄ ⁓ ⚥. Es gibt ungefähr 130 Arten, meist kleine stammbildende Pflanzen, bewohnen die Gebirge Mittel- und Südamerikas. – *Ch. elegans.* Stämme dünn, bis 2 m hoch. Blätter gefiedert, bis 1 m lang, mit 12–14 Fiederblättchen. Blüht bereits als kleine Pflanze, männliche und weibliche Blü-

Bergpalme, *Ch. elegans.* (Seidl)

ten stehen auf verschiedenen Pflanzen. – *Ch. schiedeana*. Ähnlich voriger, doch mit groberen Fiedern, nur mit fünffacher Fiederung. – Bergpalmen gedeihen bei Temperaturen zwischen 12–18°C selbst an schattigen Plätzen im Zimmer gut, denn sie lieben als Unterholzpflanze starke Besonnung nicht. Tuffs aus mehreren Pflanzen sind sehr beliebt.

3. Chamaerops, Zwergpalme. ○–◐ ♄ ▽. Niedrige, sich buschig verzweigende, z.T. sogar Ausläufer treibende Fächerp. Nur eine, sehr vielgestaltige Art: *Ch. humilis*. Bewohnt das Mittelmeergebiet, sie ist die einzige in Europa, Südspanien, wilde P.art. Kaum über 1 m hoch, Blätter kreisförmig, bis zur Hälfte fächerartig geschlitzt. Die Zwergpalme ist eine der härtesten P., sie gedeiht sehr gut in kalten Räumen, kann im Sommer im Freien stehen und in den Wintermonaten in nicht zu finsteren, frostfreien Räumen, auch Kellern aufgestellt werden. Nässe und stehende Luft schaden.

4. Chrysalidocarpus. Goldfruchtpalme. ○–◐ ♄ ▽. 20 Arten auf den Madagaskar benachbarten Inseln. Kleine bis mittelgroße Fiederpalmen. – *C. lutescens*. Mauritius, Bourbon. Niedrige, rasch mehrstämmig werdende Palme mit kammartig gefiederten Blättern. Blattspindel gelb mit schwarzen Punkten. – Eine der schönsten und dankbarsten Palmen! Nachttemperatur nicht unter 15°C, erhöhte Luftfeuchtigkeit durch Schalen oder Verdampfer günstig.

5. Cocos. Kokospalme. ◐ ♄ ▽. 1 Art, heute weltweit angebaut. – *C. nucifera*. Hohe Fiederpalme. Angeboten wird meist eine Zwergform, die auch in den Tropen wegen der Früchte gezogen wird. – Kokospalmen werden häufig angeboten, meist werden die in den Tropen vorgekeimten Nüsse importiert und kurzfristig weitergezogen. Die

Kokospalme, *C. nucifera*. (Seidl)

Kentia, *H. forsteriana*. (Dr. Jesse)

Kultur der Kokospalme ist äußerst schwierig, da die Art hohe Luftfeuchtigkeit und Wärme braucht. Während der lichtarmen Winterzeit ist unbedingt eine Belichtung vorzusehen, da die Art als die Äquatornähe bewohnende Pflanze mit den kurzen Tageslängen nicht zu Rande kommt. Kultur eher nicht zu empfehlen.

6. Euterpe. Assai-Palme. ○–◐ ♄ ▽. Etwa 60 Arten von Nikaragua bis Bolivien und Brasilien. Mittelhohe bis hohe Fiederpalmen. – *E. edulis*. Hochwüchsige Fiederpalme mit langen Blättern. Fiedern oft hängend. – Schnellwachsende Warmhauspalme, nur bedingt für die Zimmerkultur geeignet. Voraussetzung sind erhöhte Luftfeuchtigkeit, Temperatur nicht unter 18°C und ständige Betreuung.

7. Howeia, Kentie, Lord-Howe-Palme. ○–◐ ♄ ▽. Hohe Palmen mit starkem Stamm und gefiederten Blättern. 2 Arten auf der Lord-Howe-Insel im Pazifik. – *H. forsteriana*. Bis 5 m hohe Stämme bildend, Blätter bis 3 m lang, mit 20–25 paarweise angeordneten, bis 40 cm langen Fiederblättchen. – Harte Zimmer- und Dekorations-P., eine der verbreitetsten und schönsten P. Junge Pflanzen benötigen Temperaturen von 18–20°C, größere Exemplare kommen mit 10–14°C aus. Schattiger Stand, wenn nicht zu extrem, wird gut vertragen. Für das normale Zimmer werden sie bald zu groß, doch empfehlen sie sich z.B. für beheizte Stiegenhäuser und hohe Räumlichkeiten. Kleinere Pflanzen werden oft als Tuffs angeboten, alte Pflanzen sind meist einstämmig.

8. Licuala. Licuala-Palme. ◐ ♄ ▽. Etwa 75 Arten im tropischen Ostasien,

Dattelpalme, *P. canariensis*. (Jesse)

im Malaiischen Archipel, Neuguinea und Nordaustralien. Niedrige, buschartig wachsende Fächerpalmen. – *L. grandis*. Neu-Britannien, nördlich von Neuguinea. Aufrechtwachsend, nicht über 2 m hoch. Blätter aus keilförmigem Grund fast rund, ungeteilt, am vorderen Rand kurz gelappt, jeder Lappen mit 2 Zähnen, dicht gefältelt. – Sehr schöne, aber nicht ganz leichte Palmen für warme Räume, braucht erhöhte Luftfeuchtigkeit.

9. Livistona. Livistonie. ○–◐ ♄ ▽. Hohe und kräftige Fächerpalmen, die ca. 25 Arten bewohnen das tropische Asien, Australien und die umgebende Inselwelt. – *L. australis*. Stammbildend. Blätter herrlich dunkelgrün, bis 1,5 m im Durchmesser, etwa bis zur Mitte in 40 Zipfel geteilt, Blattstiele lang, seitlich mit Dornen. – Harte P., brauchen jedoch helleren Stand und Temperaturen zwischen 13–16°C.

10. Microcoelum, Kokospälmchen. ◐–● ♄ ▽. Zierliche, fein geteilte Fiederpalmen mit meist kurzem Stamm, 2 Arten im tropischen Südamerika. – *M. martianum* (*M. weddelianum*, *Cocos weddeliana*). Stamm bis 1 m hoch (doch im Zimmer kaum diese Höhe erreichend), Blätter fein gefiedert, mit bis 50 Fiederpaaren, sehr zierlich. Blätter je nach Alter der Pflanze zwischen 40 und 150 cm lang. – Schöne Zwergp., doch im Zimmer sehr schwer weiterzubringen. Meist werden sie in Töpfen ohne Abzugsloch verkauft, daher sofort umtopfen oder Abzugsmöglichkeit schaffen. Im warmen Zimmer halten, bei 20–22°C, absonnig, immer in einen Untersatz mit Wasser stellen, wobei aber im Topf Drainageschicht gleicher Höhe eingebracht sein muß. Besser im

Palmfarngewächse

Blumenfenster. Leidet unter der Lufttrockenheit unserer Wohnungen.
11. Phoenix, Dattelpalme. ○–◐ ♄ �. Niedrige bis hohe Arten, Stämme meist mit den Blattresten deutlich bedeckt. Blätter gefiedert, 10, teilweise sehr veränderliche Arten in Afrika und Asien. – *Ph. canariensis*. Kanarische Dattelp., kurze, ziemlich dicke Stämme bildend, Blätter gefiedert, mit 40–60 Fiederpaaren, bis 5 cm lang. – *Ph. dactylifera*. Echte Dattelp., hohe, schlanke Stämme bildend. Sonst ähnlich voriger. – Diese beiden P. sind die härtesten und wichtigsten für große Räumlichkeiten. Schöner, weil nicht so steif und nicht so hoch werdend, ist *Ph. canariensis*. Während der Sommermonate werden sie ins Freiland gestellt, winters frostfrei gehalten. Auch zu dieser Zeit lieben sie Luftwechsel, d. h. leichten Zug und nicht zu viel Feuchtigkeit. Im Sommer brauchen Dattelp. kräftige Ernährung und viel Wasser. Durchlässige und nährstoffreiche Substrate. Beim Umpflanzen größerer Kübelp. kann man im IV den Wurzelfilz mit einem starken Messer abmachen und in denselben Kübel einpflanzen. Dann 14 Tage nicht zuviel gießen! – *Ph. loureirii* stammt aus Ostasien, bildet höchstens 2 m hohe Stämme und herrliche Schöpfe zierlicher Fiederblätter. Sie braucht Temperaturen um 14–16 °C und durchlässige, dabei aber humusreiche Mischungen.
12. Rhapis. Stecken-, Rutenpalme. ○–◐ ♄ â �. Dicht buschig wachsende, ausläufertreibende P. mit schlanken, rohrförmigen Stämmen. 9 Arten in China und Japan. – *Rh. excelsa*. China. Bis 3,5 m hoch, Stämme 3–4 cm dick und mit Fasern locker umhüllt. Blätter fächerförmig geteilt, bis 40 cm im Durchmesser. – *Rh. humilis*. Japan. Kleiner als vorige. Stämme meist 2 cm dick und dichter faserig umwoben. Blätter kleiner. – Schöne, harte und dekorative P. für kühle Räume. Stiegenhäuser und kalte Wintergärten. Im Sommer kann man sie ohne weiteres ins Freie stellen. – Vermehrung hier leicht durch Abtrennen der Ausläufer.
13. Rhopalostylis, Nikanpalme. ○–◐ ♄ �. 2 Arten auf den Norfolkinseln und Neuseeland. Mittelhohe Fiederpalmen mit geringeltem Stamm. – *R. baueri* (*Areca baueri, Kentia baueri*). Norfolkinsel. Ähnlich Howeia. Mit großen, breiten Fiederblättern, Blattscheiden rötlich. – Kultur wie Howeia.
14. Trachycarpus. Hanfpalme. ○ ♄ �. Fächerp. mit stark mit Fasern bekleideten Stämmen und großen, run-

Washingtonia, W. filifera. (Herbel)

den, tiefeingeschnittenen Blättern. Die 4–6 Arten bewohnen Mittel- und Ostasien. – *T. fortunei* (*T. excelsa, Chamaerops e.*). Burma, China und Japan. Stämme sehr hoch, bis 10 m, stark mit Fasern bekleidet (werden in China zu Matten u. a. verarbeitet). Fächerblätter bis 1 m im Durchmesser, mit 50–60 Blättchen. – Viele ähnliche, nah verwandte Arten. – Sehr harte P., die sogar etwas Frost vertragen. Die Hanfpalme ist daher in geschützten Lagen im Süden des Gebietes eine Reihe von Jahren, bis zu einem extrem kalten, winterhart. Gute Kübelpflanze.
15. Washingtonia, Washingtonie. ○–◐ ♄ �. Hohe Fächerp., die als kleine Pflanzen sehr zierlich sind, mit starker Umkleidung des Stammes. 2 Arten in den westlichen Staaten der USA. – *W. filifera*. Stamm relativ dick, Blätter graugrün, und mit vielen abgehenden Fäden besetzt (die fadentragende!). Blattstiele am unteren Ende stark bestachelt. – *W. robusta*. Stämme schlanker. Blätter glänzendgrün. Blattstiele in der Jugend in der ganzen Länge bestachelt. Blätter nur in der Jugend mit Fäden. – Washingtonien sind schöne Fächerp. für kalte Räume, Stiegenhäuser, sie gehören im Sommer ins Freie. Kultur ähnlich *Chamaerops*.
KULTUR. Von den angeführten Arten sind *Microcoelum martianum, Euterpe, Licuala, Cocos* und *Phoenix loureirii* Pflanzen mit höheren Temperaturansprüchen, die anderen vertragen teilweise höhere Temperaturen, doch werden sie nicht unbedingt benötigt. *Chamaerops, Phoenix, Trachycarpus* und *Washingtonia* sollen im Sommer unbedingt im Freien stehen. Kalthaus-P. brauchen auch während der kühlen, z. T. nur gerade frostfreien Überwinterung, ständig frische Luft, es kommt sonst zu verschiedenen Blattfleckenkrankheiten auf den Wedeln. Daneben werden P. besonders gerne von Schildläusen befallen, die durch entsprechende Mittel bekämpft werden müssen. Die Blätter aller P. müssen von Zeit zu Zeit von Staub und Schmutz befreit werden, am besten mit lauwarmem Wasser und einem nicht zu harten Schwamm. VERMEHRUNG. Zumeist durch Aussaat des aus der Heimat importierten Saatguts. P.samen keimen schwer. Vor dem Säen werden sie 2 Tage in warmes Wasser eingelegt, damit die holzige Schale sich vollsaugt (Keimtemperaturen 25–30 °C). Sie keimen unterschiedlich schnell, auch innerhalb einer Aussaat; die ersten Sämlinge können nach 2–3 Wochen erscheinen, doch auch nach einem Dreivierteljahr kommen immer noch Sämlinge nach. P.keimlinge haben einen starken Wurzelvoraus, d. h. die Wurzeln sind ungleich größer als die oberirdisch entwickelten Teile des Keimlings, dabei sind die Wurzeln auch sehr brüchig. Aus diesem Grund topft man bald nach dem Erscheinen der Keimlinge ein, wobei man auf die Wurzeln besonders Rücksicht nimmt. Der noch daranhängende Same darf auf keinen Fall entfernt werden! Junge P. lieben hohe Temperaturen, über 20 °C, Luftfeuchtigkeit und schattigen Stand. Bei jungen Pflanzen soll das Substrat noch humusreicher sein. Bei älteren Pflanzen können die Temperaturen dann tiefer liegen, besonders im Winter, und die Substrate mineralischer werden. → Blumenerde, → Gärtnerische Erden.

Palmfarngewächse, *Cycadaceae*. Die Palmfarngewächse umfassen viele Gattungen mit zahlreichen Arten, meist aus den Tropen. Es handelt sich um sehr altertümliche Pflanzen, die seit mehreren Jahrhundertmillionen von Jahren sich nicht wesentlich verändert haben. Die Arten besitzen auch einen meist mehr oder weniger ausgeprägten Stamm, der sich auch verzweigen kann. Die Blätter sind gefiedert, oft stachelig. Die Blütenstände stehen auf verschiedenen Pflanzen und sind zapfen- oder kopfartig. – Eine der häufigsten Arten ist *Cycas revoluta*, der Palmfarn. Südostasien. Stämme im Alter bis mehrere Meter. Wedel 50–100 cm, Fiederblättchen dichtstehend, hart. – Kultur winters bei 12–15 °C, sommers im Freien, bei Triebbeginn im Frühling besser 18°C. Sparsam gießen. Einheitserde. – Vermehrung durch Aussaat. – Alle Palmfarne unterliegen dem → Washingtoner Artenschutz-Abkommen!

Palmlilie, *Yucca.* Agavengewächse, *Agavaceae.* ○ ♃ – ♄ △ i ▽. Rund 30 Arten im südlichen Nord- und in Mittelamerika. Die hier behandelten Arten mit unterirdischem Erdstamm sind winterhart. Alle stammbildenden Arten müssen frostfrei überwintert werden, sie sind sehr harte Kübelpflanzen. NICHT WINTERHARTE ARTEN. *Y. aloifolia (Y. serrulata),* Südoststaaten der USA bis Mexiko und Jamaika. Schlanker, meist unverzweigter Stamm, lange, schmale Blätter mit brauner, stechender Spitze. Blüten in dichter Rispe, weiß. 'Tricolor' hat gelb, grün und weiß gestreifte, 'Quadricolor' darüber hinaus noch rot gestreifte Blätter; 'Purpurea' hat dunkelpurpurrote Blätter. VIII–IX, 2–4 m hoch. – *Y. gloriosa,* Südkarolina bis Florida. Kurzer Stamm, einfach oder verzweigt. Blätter schwertförmig, bis 5 cm breit, dunkel- bis graugrün, am Rand mit schmalem, rotbraunem Streifen. Spitze stechend, Blütenabstand etwa 1 m hoch, Blüten weiß, außen rötlich. VII–IX, 100–150 cm. – *Y.- recurvifolia (Y. recurva, Y. pendula),* Georgia. Beliebteste und am meisten verbreitete Art. Stamm einfach oder verzweigt, Blätter mittelbreit, weicher und weniger stechend, graugrün. 'Marginata' mit gelbem Blattrand; 'Variegata' in der Mitte mit gelbem Streifen. VI–IX, 100–250 cm. – Verwendung als Kübelpflanzen auf Terrassen, im Garten. Überwinterung kühl und hell in frostfreien Räumen. Erde mittelschwer, Einheitserde. Vermehrung durch Bodentriebe, die grünblättrigen auch durch Aussaat. WINTERHARTE ARTEN. *Y. filamentosa,* Süd-Karolina bis Mississippi. Seitlich sprossender, unterirdischer Grundstamm. Dichte Blattrosetten. Blätter schwertförmig, blaugrün, Randfasern ablösend. Blütenstand bis über 2 m hoch. Blüten weiß, außen grünlich. 'Elegantissima' hat schmalere Blätter, wächst kräftiger und hat symmetrische Blütenstände, weiß; 'Schellenbaum', große, rundliche, glockige Blüten, milchweiß. 160–180 cm; 'Schneefichte', langzipflige, milchweiße Blüten, 140–160 cm; 'Schneetanne', breitglockig, gelblichgrün, 140–160 cm. VII–IX. – *Y. flaccida (Y. puberula),* Nord-Karolina, Alabama und Tennessee. Ähnlich *Y. filamentosa,* aber Blätter schmaler und nicht so steif. Rand mit feinen, gerade ablösenden Fäden. Blüten breitglockig, weiß. VII–IX, 120–180 cm. – *Y. glauca (Y. angustifolia),* USA, Mittelwesten. Kurzer, niederliegender Stamm und schmale, lange graugrüne Blätter. Rand weiß mit wenigen, absplitternden Fäden. Blüten in einfacher Traube, kugelig-glockig, grünlichweiß. VII–IX, 150–200 cm. – *Y. × karlsruhensis.* Eine Hybride mit steifen, blaugrünen Blättern und glockigen, blaßrosa Blüten. VII–IX, 120–150 cm. – Verwendung im Natur-, Stein- und Staudengarten oder in kleinen Gruppen freistehend im Rasen. Boden gut durchlässig, kalk- und lehmhaltig. Vermehrung: Aussaat, Teilung und Rhizomschnittlinge.

Pampasgras, *Cortaderia.* Gräser, *Gramineae.* ○ ♃ ∧ ⚭. 5 Arten in Südamerika und Neuseeland, davon nur eine bei uns in den Gärten als das imposanteste und prächtigste Ziergras. – *C. selloana (Gynerium argenteum),* Argentinien. Starke Horste mit sehr langen und schmalen, übergebogenen, graugrünen Blättern. Halme bei jungen Pflanzen kürzer. Blütenrispe stark verästelt, glänzend silberweiß. Zweihäusig. Blütenstände bei den weiblichen Pflanzen besonders schön und lange blühend. IX–XI, 120–250 cm. – Die Form 'Pumila' ist in allem gleich, wird aber nur knapp 1 m hoch, für kleinere Rabatten und Steingärten geeignet. – Verwendung als Solitärpflanzen im Park und Staudenanlagen, auch abgeschnitten sehr haltbar nach dem Trocknen. Winterschutz am besten durch Umbauen mit einem Korb ohne Boden, der mit Laub ausgefüllt und mit Fichtenreis abgedeckt wird, oder Umbinden mit Fichtenreis. Die abgestorbenen Halme erst im Frühjahr abschneiden, sonst dringt in die Schnittstellen Wasser und führt zu Fäulnis. – Boden durchlässig, nahrhaft. Im Sommer mehrmals gießen und bei Trockenheit gießen. – Vermehrung durch Aussaat im Frühjahr, im ersten Jahr frostfrei überwintern und im zweiten Frühjahr auspflanzen in Gruppen von 3–5 Stück.

Panaschierung, Panaschüre. Unter P., Weißbuntheit oder Marmorierung, versteht man die Eigenheit mancher Pflanzensorten, weißbunte Blätter zu entwickeln. P. kann entweder eine Krankheit sein (infektiöse P.); diese wird durch Viren hervorgerufen. Infektiöse P.en können z. B. gefährliche

Pampasgras, *Cortaderia selloana,* im Staudensichtungsgarten Freising–Weihenstephan. (Drave)

Palmlilie, *Y. filamentosa.* (Herbel)

Pandanus

Pantoffelblume, *Calceolaria*-Hybride. (Herbel)

Krankheiten sein, wie das Apfelmosaik, auf der anderen Seite aber auch nette Zierpflanzen ergeben, wie die Virusp. der gelbgepunkteten Abutilonsorten. – Häufiger sind genetische P.en, die durch Chlorophylldefektmutanten hervorgerufen werden. Die Vererbung dieser P.en ist kompliziert, sie wird vielfach nicht durch die Erbmasse der Chromosomen gesteuert, sondern durch die Informationen im Plasma. – Pflanzen, die unter Panaschüre leiden, also weißbunt, gelbbunt oder rosaweißgrün sind, bezeichnet man als panaschiert.

Pandanus → Schraubenbaum.
Panicum → Hirse.
Pantoffelblume, *Calceolaria*. Braunwurzgewächse, Scrophulariaceae. Ein- und mehrjährige Kräuter und Sträucher. Blüten meist pantoffelförmig, gelb, rot, violett. 300 Arten in Südamerika.
EINJÄHRIGE KRÄUTER DES GEWÄCHSHAUSES. ○–◐ ⊙ ▽. *Calceolaria*-Hybriden (*C. × herbeohybrida*). Blätter weich, hellgrün, gegenständig, bis 25 cm lang, lockere Rosetten bildend. Blüten in end- und seitenständigen Trauben. Blüten groß, bis 6 cm im Durchmesser, mit deutlichem Schuh, gelb, rot, orange und lila, mit unterschiedlicher Zeichnung. Man unterscheidet getigerte Sorten (mit punktförmiger Zeichnung) und getuschte Sorten (Oberseite des Schuhs im Gesamten andersfarbig). – Kultur vorteilhaft in Einheitserde. Gegen Trockenheit und feucht-kühlen Wurzelstand sind sie sehr empfindlich. Im Herbst sind die idealen Temperaturen um 16–18°C, im Winter um 10°C. Blüten werden nur bei Temperaturen um 10°C angelegt, doch müssen die Sämlinge mindestens 3–4 Blattpaare haben, bevor man sie kühl stellt. Im Frühjahr hebt man die Temperaturen auf 12–15 an. Blütezeit von II–Mitte VI. – Vermehrung durch Aussaat im VI–IX, je nach der zu erziehenden Größe und Blütezeit der Pflanze. Das Saatgut ist sehr fein und darf nicht abgedeckt werden.
ARTEN FÜR FREILAND. ○–◐ ⊙–♃ ▽. *C. integrifolia* (*C. rugosa*). Wertvolle Sommerblume, insbesondere für Gruppenpflanzen und Balkonkästen. Aus Chile, dort strauchig, bei uns 30–60 cm, meist gelbblühend, aber auch Mischungen mit Gelb- und Rottönen. Im Erwerbsgartenbau wird diese Art meist noch durch Stecklinge vermehrt, da zumindest die alten Samensorten in Wuchs und Blüte etwas uneinheitlich waren. Seit Ende der 60er Jahre einheitlich wachsende Hybriden. Aussaat etwa II–III unter heizbarem Glas, pikieren und ab Mitte V auf etwa 25–30 cm ins Freiland pflanzen. Standort vollsonnig, Boden leicht humos sowie nicht zu feucht. Blüte VI–Frost. – *C. polyrrhiza*, Patagonien. Wächst rasenähnlich. Blätter länglich-eiförmig. Goldgelbe Blüten in Scheindolden an Stielen. VI–VII, 15 cm. – Seltene Liebhaberpflanze für Steingarten. Sonne, besser Halbschatten, sandig-humoser bis stark humoser Boden. Winterschutz! – Vermehrung: Unterirdische Ausläufer in Torftöpfen aufziehen, frostfrei überwintern und im Frühjahr auspflanzen.
Papaver → Mohn.
Paphiopedilum → Orchideen 6.
Papier, besteht fast ganz aus Zellstoff, Kunstdruckp. je nach Dicke und Qualität zum Teil aus Kasein. → C/N-Verhältnis über 125, P. muß deshalb mit stickstoffreichen Düngern versetzt werden, damit es verrottet. Zur Kompostierung P. einweichen und Stickstoffdünger nach %-Gehalt in entsprechender Menge zugeben: Jeweils 10 g Rein-Stickstoff je 1 kg P.; auf humus- und stickstoffreichen Böden gegebenenfalls weniger, Mindestmenge auf Testfläche feststellen. P. zur Bodenbedeckung geeignet; bei stickstoffarmem Boden und ‚konkurrierenden' Pflanzen ebenfalls Stickstoffdünger hinzugeben.
Papierblume, *Xeranthemum*. Korbblütler, Compositae. ○ ⊙ ⋈. Von den 6 im Mittelmeerraum und in Vorderasien heimischen Arten ist bei uns nur gelegentlich die einjährige *X. annuum* zur Gewinnung von Trockenblumen in Kultur. Etwa 50 cm, dunkel-graugrüne Blätter mit einzelstehenden Blütenköpfen. Die Hüllkelch- und Spreublättchen sind trocken, ‚papierblättrig'. Blüten einfach und gefüllt in den Farben Rosa, Rot, Violett und Weiß. Blüte VII–Frost. Aussaat III–IV direkt an Ort und Stelle mit etwa 20–30 cm Abstand. Zu dichte Aussaaten verziehen.
Papiermaulbeerbaum, *Broussonetia*. Maulbeergewächse, Moraceae. Die Gattung umfaßt drei Arten, sommergrüne Bäume oder Sträucher, Ostasien. Name nach der Verwandtschaft zum Maulbeerbaum und der Herstellung von Papier. Aus der Rindenfaser ist in China früher Papier hergestellt worden. – *B. papyrifera*. ○ ℏ–ℏ V. Bis 15 m hoher Baum mit glatter, grauer Rinde, steifen Zweigen und eiförmigen bis tiefgelappten, auf der Untersei-

Pantoffelblumen, *Calceolaria integrifolia* 'Goldbouquett'. (Seidl)

te weichfilzig behaarten Blättern. – Ansprüche: Durchlässiger Boden in sonniger, warmer Lage. Junge Pflanzen sind sehr frostempfindlich, frieren meistens zurück, mit zunehmendem Alter immer widerstandsfähiger. Geeignet als Einzelpflanze in Parks oder großen Anlagen. – Vermehrung am besten durch Aussaat im Frühjahr oder Stecklinge, von den kurzen Seitentrieben im Sommer.

Pappel, *Populus.* Weidengewächse, *Salicaceae.* Sommergrüne, zweihäusige Bäume, etwa 100 Arten in den gemäßigten Zonen beider Hemisphären. Wegen ihrer schnellen und reichlichen Holzproduktion sind verschiedene Arten als Nutzhölzer bedeutsam. Der Erfolg des Anbaues hängt von der Qualität des Pflanzengutes ab, deshalb wurden für die P.n von Anbauvereinigungen Markenetiketten geschaffen und Gütebestimmungen festgelegt. Forstwirtschaftlich wertlose Arten hauptsächlich: *P. alba, nigra, berolinensis, canadensis* und *canescens.* Das Holz ist weich, mäßig schwer, regelmäßig spaltbar und wird vielfach in der Möbelindustrie als Blindholz, beim Wagenbau, in der Papierfabrikation, zu Zündhölzern, Bremsklötzen, Zigarrenkisten etc. verwendet. Die meisten P.n besitzen starkes Ausschlagvermögen und können daher, wie Weiden, als Kopfholz benützt werden. – *P. alba,* Silberpappel. ○–◐ ♄. In Mittel- und Südeuropa, in Vorderasien bis zum Himalaja verbreitet. Name nach den unterseits silbrig-weißen Blättern. Bis 30 m hoch, mit breiter, rundlicher Krone, grauweißer Borke und an den Langtrieben mit drei- bis fünflappigen, an den Kurztrieben mit eiförmigen Blättern. Das Holz ist gleichmäßig gebaut, verzieht sich sehr wenig und wird deshalb besonders zu Reißbrettern verarbeitet. Gartenformen: 'Nivea', gelappte Blätter, auf der Unterseite schneeweiß filzig; 'Pendula', mit hängenden Zweigen; 'Pyrala', mit hängenden Zweigen; 'Pyramidalis', schmal pyramidaler Wuchs, mit größeren und tiefer gelappten Blättern. – *P. balsamifera,* Balsampappel. ○–◐ ♄ D. Nordamerika. Bis 30 m hoher, besonders früh austreibender Baum mit dicken Ästen und kastanienartigen, braunen, klebrigen Knospen. Die jungen Blätter duften beim Austrieb auffallend nach Balsam. Sehr dekorativer Einzelbaum, der leider leicht vom Weidenbohrer befallen wird und dadurch frühzeitig abstirbt. – *P.* × *berolinensis (P. laurifolius* × *P. nigra, 'Italica').* ○–◐ ♄. Bis 25 m hohe Kreuzung mit säulenförmigem Wuchs, aufstrebenden, etwas kantigen Zweigen und hellgrünen Blättern. Industriefester Baum, für Sicht- und Windschutzpflanzungen und als Straßenbaum vorzüglich geeignet. – *P.* × *canadensis (P. deltoides* × *P. nigra),* Kanadische Pappel. ○–◐ ♄. Bis 45 m hohe, schnellwüchsige Kreuzung mit aufstrebenden Ästen, leicht kantigen Zweigen und dreieckigen, bläulichgrünen Blättern. Bei uns schon lange als Alleebaum und zu Nutzholz kultiviert, liefert hohe Erträge, ist aber sehr windbrüchig. Gartenformen: 'Eugenie', mit schmal pyramidalem Wuchs und im Austrieb rötlichen Blättern; 'Regenerata' bis 40 m, mit breiter offener Krone, früh austreibend; 'Robusta', bis 35 m, aufrechtwachsend und sehr schnellwüchsig; 'Serotina', bis 40 m. Blätter im Austrieb rötlich braun. – *P.* × *canescens (P. alba* × *P. tremula),* Graupappel. ○–◐ ♄. Bis 30 m, mit breiter Krone und oberseits dunkelgrünen, unterseits grauweißen Blättern. Wertvoller, auch forstlich nutzbarer Baum, für feuchte und kalkhaltige Böden geeignet. Durch die weitreichenden Wurzeln auch einigermaßen sturmsicher. Beim Pflanzen 60–70 cm tief setzen! – *P. lasiocarpa.* ○–◐ ♄. West- und Mittelchina, schwachwüchsig, wird kaum 10 m hoch. Runde Krone, dicke Zweige und bis 30 cm große, graugrüne Blätter. Wird oft von Weidenbohrer befallen. – *P. nigra,* Schwarzpappel. ○–◐ ♄. In Europa und Westasien heimisch. Bis 30 m, mit lockerer, breit ausladender Krone und tiefrissiger, schwarzbrauner Borke (daher der Name). Entwickelt sich längs von Wasserläufen in der Ebene zu Ufer- oder Auwäldern, bevorzugt sandig-lehmigen Boden, milde Lage und freien, lichten Stand. Erreicht in 40–50 Jahren bereits die volle Höhe. Zur Bepflanzung alter Flußbetten, zum Befestigen von Ufern oder Dämmen geeignet. Besondere Wuchsform: 'Italica', Pyramidenpappel, bis 30 m, mit anliegenden, aufrechten Ästen. Häufig an Ufern, Landstraßen, bei Kirchen, Häusern etc. einzeln oder reihenweise angepflanzt. Viele Pyramidenpappeln leiden unter Wipfeldürre, meist eine Folge der Regulierung der Flußläufe und der damit verbundenen Senkung des Grundwasserspiegels. Wegen des Ungeziefers, meistens Blattläuse, oder der lästigen Wurzelbrut, die sich besonders an Straßen unliebsam bemerkbar macht, wird sie entfernt oder nicht mehr so viel gepflanzt. – *P. simonii,* Birkenpappel. ○–◐ ♄. Nordchina,

Zitterpappel in Herbstfärbung, Populus tremula. (Seidl)

Papptopf

bis 15 m. Schmalkroniger, der Birke *(Betula pendula)* ähnlicher Baum mit dicken Ästen, kantigen, etwas hängenden Zweigen und kleinen, löffelförmigen Blättern. Industriefest, hat sich an Straßen gut bewährt, aber nicht für windreiche Gegenden geeignet, da die Äste bei stärkerem Wind leicht brechen. – *P. tremula*, Zitterpappel, Espe, Aspe. ○–◐ ♄. In Europa, bis nach Sibirien und Nordafrika beheimatet. Bis 30 m hoch, mit schwarzgrauer Borke, klebrigen Winterknospen und eiförmigen Blättern, die beim leisesten Windhauch zittern und sich bewegen, daher der Name. Äußerst hart und anspruchslos, deshalb Pioniergehölz und zur Uferbefestigung in ungünstigen Lagen. – ANSPRÜCHE. Tiefgründiger, nährstoffreicher Boden, genügend Bodenfeuchtigkeit und vor allem viel Luft. Besonders die großblättrigen Arten leiden unter dem Weiden- oder Pappelbohrer. Die Larve durchlöchert die Bäume am Stammgrund derart, daß sie absterben. Die Arten, die keine filzigen Blätter haben, leiden viel unter Ungeziefer, wie Blattläusen, Wanzen, Gallwespen und dergleichen. – VERMEHRUNG. Aussaat ist möglich, gebräuchlich sind aber Steckhölzer, die im Winter bei frostfreiem Wetter geschnitten werden, vier Augen haben und 10–13 cm stark sein sollen. Muß veredelt werden, so auf bewurzelte Steckhölzer der Kanadischen Pappel, *P. × canadensis*.

Papptopf, rund oder viereckig, zur Anzucht von Jungpflanzen, um den Wurzelballen besser zu halten.

Paprika, *Capsicum annuum*. Nachtschattengewächse, *Solanaceae*. GEWÜRZPAPRIKA. Spanischer Pfeffer. Herkunft Mittelamerika, seit dem 16. Jahrhundert in Spanien, später vorwiegend in Ungarn als Gewürzpflanze angebaut. Früchte scharfschmeckend, gelb- oder rotfrüchtig. Bei uns wegen hohem Wärmebedarf kaum anbauwürdig. – GEMÜSEPAPRIKA, Peperoni. Besondere Sortengruppe mit kräftigem Wuchs und großen, nicht scharf schmeckenden Früchten. Seit den 40er Jahren von zunehmender Bedeutung als Gemüsepflanze. Nur in den wärmsten Gegenden im Freilandanbau lohnend; meist im Frühbeet unter hochgestelltem Glas oder im Gewächshaus angebaut. – Anbau für kaltes Frühbeet: Saat Mitte III in warm gestellte Töpfe oder Schalen; Auspflanzung Ende V ins Frühbeet, Abstand 50 × 30 cm; fleißig gießen und flüssig düngen; Blüten dabei nicht benetzen! Wie Tomaten aufbinden; im Gegensatz zu diesen nicht schneiden und ausbrechen. Ernte der Früchte, wenn diese die endgültige Größe erreicht haben, aber noch grün sind. – Verwendung: Sehr vielseitig; roh, fein geschnitten als Salat. Höchster Vitamin-C-Gehalt aller Gemüsearten! Gedämpft oder mit Hackfleisch usw. gefüllt und gratiniert als vorzügliches Gemüse.

Paprika, Szegediner. (van Waveren)

Paradeis → Tomate.
Paradiesapfel → Unterlagen.
Paradiesvogelblume → Strelitzia.
Parasiten (Schmarotzer) sind Pflanzen, die auf Kosten anderer Pflanzen – oder Tiere, die auf Kosten anderer Tiere – leben, ohne diesen dafür etwas zu geben. Der ausgenutzte Partner wird ‚Wirt' genannt. Der Parasit kann im oder am Körper des Wirtes vorübergehend oder dauernd leben. Sein Vorteil kann verschiedener Art sein. Am häufigsten entzieht der Parasit seinem Wirt Nahrung (Nahrungsparasitismus). Vom Nutzen/Schaden-Standpunkt sind Parasiten für den Gärtner teils → Schädlinge (z. B. Pilze und andere Krankheitserreger bei Pflanzen), teils aber wichtige → Nützlinge (vor allem die bei schädlichen Insekten parasitierenden → Raupenfliegen und → Schlupfwespen).

Parkplatz, nicht überdachte Einstellplätze für Kraftfahrzeuge außerhalb des Straßenraumes. Für einen Pkw-Stand sind 2,30–2,50 m Breite und 5,00–5,50 m Tiefe erforderlich. Der Ausbau für die Standfläche erfolgt fest mit Asphaltdecken und Pflasterung oder nur mit Schotterrasen, Pflasterasen und Gittersteinen: für die Fahrspur vorwiegend mit Asphalt, → Makadam oder Verbundsteinen. Ein P. wird mit Bäumen und Sträuchern eingerahmt.

Parkrose → Rose.
Parmäne → Apfelsystem.
Parodia → Kakteen 11.
Paronychia → Mauermiere.
Parrotia → Eisenholzbaum.
Parthenocissus → Jungfernrebe.
Parthenokarpie, Jungfernfrüchtigkeit. Einige Apfel- und Birnensorten sind unter optimalen Lebensbedingungen in

Papptöpfe, hier sechseckig, zur Anzucht von Jungpflanzen. (Romberg)

der Lage, Früchte (Scheinfrüchte) ohne Samen zu bilden, obwohl keine Bestäubung und Befruchtung der Samenanlagen erfolgte. Oft genügt nur der Reiz des auf die Narbe gelangten Pollens, um die Fruchtfleischbildung (Zellteilung im Blütenboden) auszulösen, ohne daß die Befruchtung möglich war. Verstärkte P. kann auch nach einem Spätfrost bei Birnen beobachtet werden. P. ist bekannt u. a. bei folgenden Apfelsorten: Klarapfel, James Grieve, Kanada Renette, Golden Delicious, Ontario, Laxtons Superb; bei Birnensorten: Williams Christbirne, Conference, Alexander Lucas, Frühe aus Trevoux, Köstliche aus Charneux, Gräfin von Paris. – Parthenokarpe Früchte sind oft mißgestaltet, länglichwalzenförmig, nicht sortentypisch. In USA, wo nur Williams Christ zu Konserven verarbeitet wird, bevorzugt man parthenokarpe Früchte, die glatt, nicht beulig sind und daher maschinell lückenlos geschält werden können. P. kann durch Behandlung mit Gibberellinsäure, einem Wachstumsregler, ausgelöst werden. Nach Blütenfrost hat parthenokarpe Fruchtbildung gewisse Bedeutung.

Passiflora → Passionsblume.

Passionsblume, *Passiflora.* Passionsblumengewächse, *Passifloraceae.* ○–◐ ♃–♄ ⚥ ⊡ o. i. Freiland ⌒ ⚭. Rankende Sträucher oder Kräuter mit einfachen oder gelappten Blättern, Blüten in den Blattachseln einzeln oder zu mehreren in Trauben. Blattstiele mit Nektarien. Blüten besonders geformt: 3 kopfige Narben, 5 Staubbeutel, dann die Krone, meist unterschiedlich geformt (Strahlenkranz), 5 Kronblätter, 5 Kelchblätter, 3 Hoch- oder Deckblätter. Man legt den Blütenteilen unterschiedliche Bedeutung bei ('Leiden Christi'-Blume).

UNGELAPPTBLÄTTRIGE. *P. quadrangularis.* Vierkantige Triebe, z.T. geflügelt, Blätter 18 cm lang, Blüten ca. 10 cm groß. Kelch weiß, Kronblätter rötlich, Strahlenkrone fädig, weiß und rot, stark duftend. Frucht länglich-eiförmig. 15 cm, die 'Granadilla'. – Leicht gedeihend bei Temperaturen über 15°C, doch stark wachsend, für Wintergärten. Stecklinge leicht.

GELAPPTBLÄTTRIGE. *P. caerulea,* Südamerika. Bekannte Zimmerpflanze. Blätter fünf- bis siebenlappig, 12 cm lang. Kelch und Kronblätter weiß, Strahlenkrone blau. Schöner als die Art ist die Sorte 'Kaiserin Eugenie', mit rosa Kelch, rosavioletten Kronblättern und violetter Strahlenkrone, süß duftend, schon als kleine Pflanze reich blü-

Passionsblume, *P. caerulea.* (Dr. Jesse)

hend. – Kalthausart, gut vor allem für das kühle, helle Zimmer geeignet, hier am besten auf Drahtreifen oder sonstigen Behelfen gezogen. In sehr günstigen Lagen auch im Freien verwendbar, doch nur unter starker Laubdecke haltbar, jedoch immer reich blühend, da die Knospen an den diesjährigen Trieben angelegt werden. – Vermehrung durch Stecklinge. Vor der Aussaat sei gewarnt, diese Pflanzen wachsen sehr stark, ohne je reich zu blühen. Man besorge sich blühende kleine Topfpflanzen oder Stecklinge von blühenden Pflanzen. – *P. racemosa,* Brasilien. Blätter hart, dreilappig, 15 cm lang. Blüten zu vielen in seiten- oder endständigen Trauben. Kelch und Kronblätter meist zurückgeschlagen, ausgebreitet 12 cm breit, scharlachrot. Strahlenkrone klein, violettblau. – Sehr schöner Schlinger für Wintergärten, doch auch hier manchmal zu groß werdend. Temperaturen über 15°C, doch ist eine winterliche Ruhezeit mit Laubfall möglich (bei ca. 12°C). Lockerer Boden und guter Wasserabzug sind sowohl ausgepflanzt als auch in Gefäßen Voraussetzung. Stecklinge wurzeln sehr schwer.

ARTEN FÜR FREILAND. *P. incarnata.* Stengel krautig, bis 8 m, im Winter absterbend. Blätter dreilappig, 10 cm lang. Blüten 4–6 cm groß, rosaweiß, oft schmutzig, mit violetter Strahlenkrone. Diese staudige Art ist die härteste und hält in den meisten Lagen des Gebietes unter guter Decke durch. Vielleicht mehr interessant als schön. – Vermehrung durch Teilung, Wurzelausläufer und Aussaat. – *P. moriifolia.* Einjähriger Schlinger mit dunkelgrünen, dreiteiligen, spitzgelappten Blät-

tern, 4 m hoch rankend. Blüten 3 cm groß, grünlich, kleinen *P. coerulea*-Blüten ähnlich, deshalb interessant. Früchte eiförmig, schwarzblau, pflaumenähnlich. Für den Liebhaber von besonderen Pflanzen empfehlenswert, als Sommerschlinger von einfachster Kultur. Blüten nur bei Nahbetrachtung auffällig, jedoch gute Deckwirkung an Mauern, bei Lauben und Pergolen. – Aussaat leicht, im III–IV. Nach den Eisheiligen auspflanzen.

Pastinake, Hammelmöhre, *Pastinaca sativa.* Doldenblütler, *Umbelliferae.* Einheimisch, uralte Sammelpflanze, seit ältesten Zeiten als Wurzelgemüse in Kultur. Früher auch bei uns viel angebaut; in England von großer, bei uns (leider) von geringer Bedeutung. – Anbau: Aussaat III–V, Reihenabstand 30 cm. Keimt sehr langsam. Nach Auslaufen auf 15 cm verziehen. Schwere, aber tiefgründige Böden wählen: ständig hohe Bodenfeuchtigkeit ist günstig. Hacken, unkrautfrei halten. Ernte bei frühen Saaten ab Ende VIII; späte Saaten bis in den Winter hinein (frosthart!). Verwendung: Dämpfen oder Kochen wie Karotten; wesentlich gehaltreicher als diese. Ergibt kräftig schmeckendes, sehr bekömmliches Gericht. Sollte im Hausgarten vermehrt berücksichtigt werden.

Patentkali, Kalimagnesia → Mineraldünger (Kalidünger).

Patio, Bezeichnung für Innenhof in der modernen Flachbauweise, der im Gegensatz zum Atrium kleiner und mehr baulich als pflanzlich ausgestaltet ist. Ursprünglich war P. ein mit gekachelten Wänden umgebener Hof in spanischen Häusern.

Patisson, Bischofsmütze, → Zucchini.

Paulownia → Blauglockenbaum.

Peitschenkaktus → Kakteen 9.

Pekingkohl → Chinakohl.

Pelargonie, Geranie, *Pelargonium.* Storchelschnabelgewächse, *Geraniaceae.* Niedere oder höher wachsende, mehr oder weniger sukkulente Sträucher, Blätter rundlich, gekerbt, gelappt oder geteilt, beim Zerreiben oder Berühren vielfach duftend bis unangenehm riechend. Blüten in Dolden, auffällig. Die 200 Arten bewohnen, bis auf wenige Ausnahmen, Südafrika.

BLÜTEN-PELARGONIEN. *P. Grandiflorum-Hybriden.* ○–◐ ♃–♄–♄ ⊡. Edel- oder Englische Pelargonien. Hybriden zwischen verschiedenen Arten. Aufrecht, wenig sukkulent, Blätter keilförmig bis rundlich, am Rand scharf gezähnt, beim Zerreiben wenig oder nicht duftend. Blüten sehr groß, bis

Pelargonie

Pelargonie, *P. Zonale-Hybriden.* (Seidl)

5 cm Durchmesser, zu mehreren in Dolden, einfach, rot, rosa, violettrosa oder weiß, fast immer mit deutlichen violettbraunen Saftmalen auf den oberen Kronblättern. – Die Edelp. braucht, um Blüten anlegen zu können, Temperaturen unter 15°C, sie ist daher vorwiegend eine Blütentopfpflanze für den Muttertag und blüht dann nur in nachtkühlen Gebieten (Voralpenland, Norddeutsche Tiefebene) gut weiter. In allen sommerwarmen Gegenden werden nur große nichtblühende Büsche gebildet, vielfach werden zwar Blütenknospen angelegt, doch gelangen sie nicht zur Entfaltung. Neuere Sorten, z.B. 'Grand Slam', vertragen schon höhere Temperaturen, und es ist nur mehr eine Frage der Zeit, bis wir gegen hohe Temperaturen resistente und auch blühreiche Sorten haben werden. Im nachtkühlen Gebiet und in den Übergangsgebieten pflanzt man die Edelpelargonie halbschattig aus oder hält sie in Gefäßen, in den warmen Gebieten behandelt man sie besser als Topfpflanze für das kühle Zimmer. – VERMEHRUNG. Durch Stecklinge, die nicht zu holzig sein sollen. Damit sie buschiger werden, entspitzt man. Während der Wintermonate hält man 10–12°C ein, damit Blüten angelegt werden. Nie zu frische, teilweise unverrottete Erden verwenden, sie sind anfällig gegen Fußkrankheiten. Die Substrate sollen durchlässig und nährstoffreich sein. *P. Zonale-Hybriden.* ○ ♃–♄ ▽ ✕. Zonalpelargonie. Durch Kreuzungen von *P. inquinans* und *P. zonale* entstanden. Aufrecht, stark sukkulent, erst im späten Alter verholzend, Blätter rundlich bis nierenförmig, Rand gewellt oder gekerbt, mit mehr oder weniger deutlich ausgeprägter brauner oder roter Zone, beim Zerreiben stark, z.T. sogar unangenehm duftend. Blüten in reichblühenden Dolden (mit bis 150, sich hintereinander öffnenden Einzelblüten). Blüten einfach, halbgefüllt oder gefüllt, rot, rosa, violett oder weiß, sehr selten zweifarbig, z.B. rot mit weißem oder violett mit orangem Grund. Weiße Sorten mit rotem Rand gibt es ebenfalls. – VERWENDUNG, ANSPRÜCHE. Die Zonalp.n sind die wichtigsten Pflanzen für die Balkon- und Rabattenbepflanzung. Die Sortimente sind sehr groß und außerdem stark vom Gebiet abhängig. Bei der Sortenwahl muß man den Verwendungszweck im Auge haben; einfachblühende Sorten eignen sich besser für die Beet- und Rabattenbepflanzung, da sich diese Sorten besser ‚putzen', d.h. die verblühten Blüten fallen von selbst ab; gefüllte Sorten beginnen im Freiland bei zu großer Feuchtigkeit (z.B. Beregnung) beim Verblühen zu faulen, sie gehören daher besser in Fensterkistchen, besonders an Häusern, wo überhängende Dachtraufen die Pflanzen vor Regen schützen. Die Zonalp. ist eine ausgesprochen xerophytische, d.h. trockenheitsliebende Pflanze, was man bei der Verwendung stets im Auge haben muß. – VERMEHRUNG. Stecklinge und Aussaat. Die Züchtung ist bei den Zonalpelargonien sehr schnell fortgeschritten, und es können die neuen Sorten, z.B. der Fa. Zwaan-Kleve-Pannevis, sehr empfohlen werden. Man muß Ende XII bis A II säen, um im V–VI blühende Pflanzen zu haben. Nach dem Aufgang topft man gleich in den 7-cm-Topf, staucht 2- bis 3mal mit CCC und topft in den 10- bis 12-cm-Topf um. Temperatur zuerst 20°C, später 17°C, viel Licht. Samenp. sind sowohl für Rabatten und Beete als auch für Fensterkistchen sehr gut geeignet. Die neuen Sorten müssen ausgepflanzt nicht einmal geputzt werden, wohl aber in den Kistchen. Man kann auch durch Stecklinge, die man im VIII–X, am besten gleich in kleine Töpfe mit Torf-Sand steckt und bei 15–20°C bewurzelt, vermehren. Überwinterung bei 5–8°C, im I oder II wird

Hängegeranie, *P. peltatum.* (Herbel)

Pelargonie, *P. Grandifl.-Hybriden.* (Jesse)

in größere Töpfe umgetopft und feuchter gehalten. Frühere Stecklinge (VIII) muß man pinzieren, sie werden sonst zu lang. Alte Pflanzen überwintert man ebenfalls bei 5–8°C, doch werden sie vor dem Einräumen der Balkonkästen zurückgeschnitten. Überwinterung in dunklen Räumen ist möglich, jedoch nicht so gut. Hier faulen P.n viel leichter. Zonalp.n sind starke Fresser und brauchen, sowohl im Freiland als auch in Fensterkistchen ausgepflanzt, kräftige Ernährung durch regelmäßige Flüssigdüngung. Bei zu feuchter Luft tritt der gefürchtete Pelargonienrost auf. Spritzungen helfen, doch muß besonders die Luftfeuchtigkeit herabgesenkt werden. Virosen und Bakteriosen treten oft auf, solche Pflanzen müssen ohne Rücksicht und Zögern entfernt und *verbrannt* werden. Die Übertragung erfolgt durch Blattläuse und den Menschen selbst. *P. Peltatum-Hybriden.* ○–◐ ♃–♄ ⚥ ▽. Efeup. oder Hängep. Durch Kreuzung von *P. peltatum* und *P. lateripes* entstanden. Hängend oder stark niederliegend, Sprosse ziemlich dünn, kantig. Blätter schildförmig, rundlich fünfkantig oder -lappig, nur selten tiefer geteilt, meist glänzendgrün, braune Zone z.T. vorhanden, aber nie so deutlich wie bei der Zonalp. ausgeprägt. Blätter beim Zerreiben duftend. Blüten in wenigblütigen Dolden, einfach (dann oft stark zweiseitig symmetrisch-zygomorph), halbgefüllt oder gefüllt, rot, violett, rosa oder weiß, z.T. mit Andeutungen von Saftmalen, doch niemals so stark wie bei den Edelp.n. – VERWENDUNG. Efeup.n sind herrliche Balkonpflanzen, doch wirken sie auch gut auf Mauerkronen, Säulen, an Stiegenaufgängen oder in großen Kübeln angepflanzt. Hier gilt es besonders sorgfältig die Farbe des Gebäudes mit der Sortenfarbe abzustimmen. Stark im Kommen sind die einfachblühenden, stark zygomorphen Sorten 'Ville de Paris' mit ihren vielen

→ Sports, die sich besonders reichlich verzweigen und bei guter Pflege in einem Sommer 2 m lange Schleppen bilden können. – VERMEHRUNG. Nur durch Stecklinge, wie bei der Zonalp. angegeben. Man muß allerdings zwei Pflanzen zusammentopfen und häufig pinzieren, damit die Pflanzen buschig werden und vor allem nicht gestäubt zu werden brauchen. – Zwischen den beiden zuletzt erwähnten Gruppen gibt es Kreuzungen, die 'Halbpeltaten' oder 'Efeuzonal'-P.n. Diese Sorten sind meist ähnlich den Zonalp.n, doch mit mehr niederliegendem Wuchs, ähnlich den Efeup.n. Leuchtende Blütenfarben machen diese Sorten zu bewährten Balkonpflanzen. Bekannte Sorten sind 'Pierre Crozy' oder 'Schöne Schwarzwälderin', besonders in Süddeutschland, Schweiz und Österreich werden sie oft verwendet.

BLATT-PELARGONIEN. ○ ♃ – ♄ ⛶ z. T. D Lie. Neben den blütenwirksamen P.n gibt es noch solche, die ihrer Blätter oder ihres Geruchs wegen angezogen werden. Blattschöne P.n stammen meist von den Zonal- oder Efeup.n ab. Hier gibt es weiß- oder gelbbunte Sorten, wie 'Mme Salleray', mit kleinen, weißbunten Blättern, bildet keine Blüten; 'Happy Thought', eine gelbbunte Efeup. mit leuchtendroten Blüten; 'Friesdorfer Bastard', mit kleinen, gefälteten, braunen Blättern und leuchtendroten, kleinen Blüten oder 'Berner', mit schokoladefarbenem, kleinem, rundem Laub und orangeroten Blüten. Die beiden letzten Sorten eignen sich besonders für heiße Südbalkone oder als Topfpflanzen an Südfenstern, sie sind besonders feuchtigkeitsanfällig, dafür in Vollblüte herrlich anzusehen. – Als Zimmerpflanzen erfreuen sich noch verschiedene P.n, deren Blätter besonders stark aromatisch duften, großer Beliebtheit. Sie sind bereits seit dem 18. Jahrhundert in Kultur.

Blütenwand mit Pelargonie 'Pierre Crozy'. (Herbel)

Zum Teil werden sie im Mittelmeergebiet für die Parfumgrundstofferzeugung gezogen. Wichtige Arten sind: *P. odoratissimum,* Zitronengeranium. Strauchig, Blätter breitrundlich, teilweise gekerbt und leicht gezähnt, sehr weich und haarig, stark, fast unangenehm nach Zitronen duftend. Blüten klein, weiß bis rosa, mit braunen Saftmalen. – Vermehrung durch Stecklinge oder Samen. – *P. radula,* Rosengeranium. Hoher Strauch, Blätter handförmig geteilt, die Teilblättchen nochmals fiederspaltig, ober- und unterseits haarig bis drüsig, ebenfalls stark und durchdringend duftend. Blüten klein, rosa, relativ unscheinbar. – Daneben noch viele andere Arten, z. T. auch Bastarde, die sich alle durch den starken Duft der Blätter auswirken. – Für den Liebhaber gibt es sogar noch eine winterharte, *P. endlicherianum.* Sie stammt aus dem Vorderen Orient und braucht sehr trockene Plätze, z.B. in Mauern. – VERMEHRUNG. Meist durch Stecklinge. Man kann auch im V Jungpflanzen auspflanzen, sie entwickeln sich im Freien besonders gut, neben einem Weg, beim Hauseingang, wo man häufig vorbeikommt und anstreift; dann wirkt der starke Geruch, durch die Verdünnung, besonders. Vor dem Frost nimmt man Stecklinge, steckt sofort in 8-cm-Töpfe und überwintert nach der Bewurzelung kühl.

Pelecyphora → Kakteen 16.

So werden Pelargonienstecklinge geschnitten. Bei größeren Mengen Multitopf-Platte. Rechts: eingetopfte kräftige Kopfstecklinge. (Herbel)

Peperomie, *P. caperata*. (Herbel)

Pellea → Farne 6.
Peltandra → Pfeil-Aronstab.
Peltatpelargonien → Pelargonien.
Peltiphyllum → Schildblatt.
Pennisetum → Federborstengras.
Penstemon → Bartfaden.
Peperomie, Pfeffergesicht, Zwergpfeffer, *Peperomia*. Pfeffergewächse, *Piperaceae*. ◐–● ♃ ⚡ ▽. Stauden mit grundständigen Blättern oder wechsel- oder gegenständig an aufrechten Trieben stehend oder hängenden Trieben stehend. Blätter z. T. sukkulent. 600 Arten in Südamerika. HÄNGENDE PEPEROMIEN. *P. glabella*. Blätter oval bis keilförmig, mit herzförmigem Grund, Blattspitzen abgerundet, wechselständig angeordnet. Häufig auch bunt, 'Variegata', – *P. serpens (P. scandens)*. Blätter mit herzförmigem Grund, lang und in eine Spitze ausgezogen zugespitzt. Auch hier eine panaschierte Form, 'Variegata'. – Beide Arten sind sehr gute Ampelpflanzen für temperierte Räume, als Jungpflanzen eignen sie sich auch gut für Schalen. Vermehrung durch Kopf- oder Stammstecklinge leicht. Immer mehrere Stecklinge in einen Topf stecken und zweimal pinzieren, damit die Pflanzen buschig werden. – AUFRECHTE PEPEROMIEN. *P. arifolia (P. argyreia)*. Blätter mehr oder weniger grundständig, später jedoch entwickeln sich auch hochwachsende Triebe. Blätter schildförmig mit ausgezogener Spitze, bis 15 cm lang, oberseits dunkelgrün mit weißen Streifen, unterseits hellgraugrün oder rötlich. – *P. caperata*. Blätter mehr oder weniger grundständig, an langen Stielen, bis 5 cm lang. Oberfläche tief gefurcht-rinnig, samtig dunkelgrün. Von dieser Art gibt es mehrere sehr schöne und wichtige Formen: 'Emerald Ripple', mit bis 5 cm langen Blättern, gelblichweiß blühend, die Form für den Einzeltopf; 'Little Fantasy' mit 3 cm langen, tief dunkelgrünen Blättern, reinweißen, oft kammförmigen Blütenähren, die ideale Schalenpflanze. Daneben gibt es noch eine schöne 'Variegata', die allerdings mehr Wärme braucht und heikler ist. – *P. fraseri (P. resediflora)*, Kolumbien. Hübsche Blüten-Peperomie. Trieb aufrecht bis überhängend. Blätter zu mehreren in Quirlen. Blütenstände verzweigte, weiße Schwänzchen. – *P. griseo argentea (P. hederifolia)*: Blätter grundständig, breitoval, mit leichter Wellung der Blattspreite, oberseits bronzefarbengrün, unterseits silbergrau. Durch die ausgesprochene Zweifarbigkeit auffallend. – *P. maculosa*. Blätter grundständig, länglich-zugespitzt, an langem Blattstiel, bis 20 cm Spreitenlänge. Die Blätter sind dunkelgrün mit zarter weißer Aderung und hängen eigenartig schlapp herunter. Nicht übermäßig schön, aber durch Aussaat zu vermehren. – *P. obtusifolia (P. magnoliaefolia, P. tithymaloides)*. Blätter oval mit keilförmiger Basis in den Stiel verschmälert, wechselständig an bis 40 cm hohen Sprossen angeordnet. Die Spreite ist 6–9 cm lang. Dunkelgrün oder weiß- bzw. gelbbunt, z. T. mit punktartiger Zeichnung, wie bei der Sorte 'Green Gold'. Die P.n sind sehr dankbare Zimmerpflanzen, daneben gute Bodendecker oder Begleitpflanzen für das Blumenfenster oder den Wintergarten. Sie benötigen Temperaturen um 15–22 °C, vertragen aber z. T., besonders bei sorgfältiger Wässerung, auch tiefere Temperaturen. – Vermehrung durch Stecklinge. Bunte Formen können nur durch Kopf- oder Triebstecklinge vermehrt werden, grüne Arten leicht durch Blattstecklinge. Zu diesem Zweck werden die Blätter mit einem ca. 3 cm langen Stiel abgeschnitten und gesteckt. Bei Temperaturen um 20 °C bilden sich an der Schnittstelle bald Wurzeln und danach Austriebe. Höhere und ältere Pflanzen muß man einem Rückschnitt unterziehen.
Pereskia → Kakteen 1.
Pereskiopsis → Kakteen 2.

Peperomie, *P. abtusif.* 'Tricolor'. (Herbel)

Pergola, auf Stützen gebauter offener Laubengang, ursprünglich Rankgerüst, heute moderne Kleinarchitektur als intimer Freiraum mit dritter Dimension für Gärten und Parks, in überraschend vielfältigen Variationen. Man unterscheidet einhüftige, zweihüftige P. und Kombinationen mit Bauwerken wie Mauern oder Hauswänden. Ausführung in Holz, Eisen, Beton und Naturstein. Der Aufbau einer P. erfolgt aus den Elementen Stütze, Sparren und Rähm, die je nach gestalterischer Absicht mit Rundholz, Balken, Kantholz, Latten und Brettern und auch mit Stahl, Ziegelstein und Naturstein kombiniert sein können. Lichte Höhe einer P. zwischen 2,10–2,50 m. Für eine P. aus Holz mit Konstruktionsbreite von 3,20 m und lichter Höhe von 2,10 m sind z. B. folgende Maße anzunehmen: Pfosten aus Kantholz 8/12 cm, über dem Erdboden in einbetonierte Metallgabel mit zwei Maschinenschrauben verankert, Sparren aus Kantholz 8/12 oder 8/8 cm und querliegendes Rähm aus Bohlen 4/12 cm. Nach dem Verzapfen und Verschrauben kann das Fichtenholz imprägniert werden. Eine Verbindung von P. u. lichtdurchlässiger Bedachung, z. B. Plexiglas xt, Waben in Sinusprofil, schafft einen intimen Freiraum. Eine dichte Begrünung kann mit Schlingpflanzen wie *Aristolochia durior* oder *Polygonum aubertii* erfolgen. Für eine lichte grazile Eingrünung einer P. haben sich *Clematis montana* 'Ruben', – *vitalba*, – *Jackmani* – Hybriden, *Celastrus orbiculatus*, *Lonicera heckrottii*, *Hydrangea petiolaris* und *Wisteria sinensis* bewährt.
Perilla → Schwarznessel.
Perlbusch → Prunkspiere.
Perlfarn, *Onoclea*. Schildfarne, *Aspidiaceae*. ◐–● ♃ ≈ ≋. *O. sensibilis*, Ostasien, atlantisches Nordamerika. Einzige Art, mit kriechendem, beschupptem Rhizom. Blätter im Herbst absterbend. Sporenlose, sterile Wedel einfach gefiedert mit gebuchteten, hellgrünen Fiedern. Sporenwedel nur 15–25 cm hoch, Fiedern eingekrümmt, braun, perlschnurartig angeordnet, 40 cm. – Verwendung im Park- und Staudengarten, an Wasserläufen und im seichten Wasser. Boden humos bis lehmig. Vermehrung durch Aussaat und Teilen der Rhizome.
Perlpfötchen, *Anaphalis*. Korbblütler, *Compositae*. ○ ♃ △ ≋. Etwa 30 Arten in der nördlichen gemäßigten Zone. Harte Stauden mit silbrigen Blättern und weißen, strohblumenähnlichen Blüten. – *A. margaritacea*, Silberimmortelle, Nordostasien. Stark krie-

Perückenstrauch

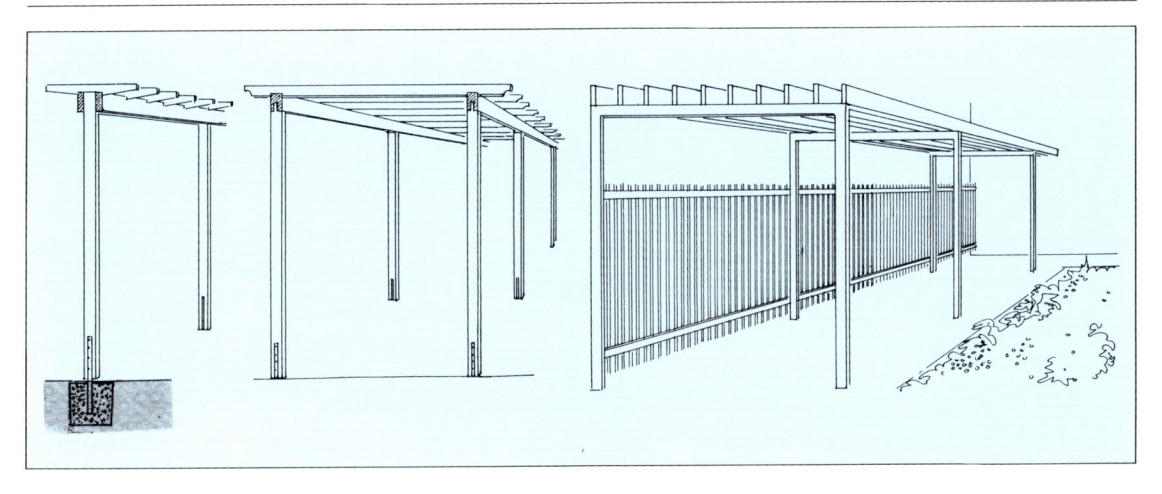

Pergola, links einholmig, rechts zweiholmig. – Pfosten und Joche aus Vierkantstahlrohren. Schattenwirkung durch Hochkantsparren. – Verschiedene Gründungen von Pfosten: (von links nach rechts): Pfosten in Erde eingetrieben, mit Brecheisen vorgebohrt. – Pfosten in Grube mit Magerbeton. – Pfosten an Anker aus Flacheisen angeschraubt, in Grube einbetoniert. – Einbetonierter Stahlpfosten (Rohr, Vierkantrohr, T- oder U-Profil). Jeweils mit Holzschutzmittel oder Rostschutzfarbe imprägniert. (Windscheif)

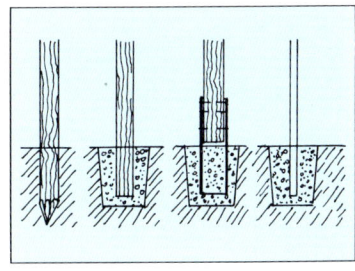

chender Wurzelstock. Stengel aufrecht, beblättert, dicht weißwollig. Blätter schmallanzettlich, oben glänzend grün, unterseits weißfilzig. Blüten in endständiger Doldentraube, weiß mit perlmutterartigen Hüllblättern. VII–IX, 50 cm. *A. m.* var. *yedoensis*, Japan. Schmallanzettliche, auf beiden Seiten weißfilzige Blätter. Blüte lange haltend, weiß. VII–IX, 20 cm. *A. triplinervis*, Himalaja. Niedriger, mit kriechendem Wurzelstock. Stengel dicht besetzt mit eirunden bis breitlanzettlichen Blättern, oben dunkelgrün, Unterseite weißfilzig, Blüten weiß. VII–VIII, 20–25 cm. – Verwendung im Heide-, Staudengarten und Park, an sonnigen, trockenen Stellen. Boden durchlässig, sandig. Vermehrung: Teilung, Stecklinge, Aussaat.

Perlzwiebel, Perllauch, Weinlauch, *Allium ampeloprasum* f. *holmense*. Liliengewächse, *Liliaceae*. Herkunft Mittelmeergebiet. Ausdauernd. Fortpflanzung meist nicht durch Samen, sondern durch Brutzwiebeln. – Anbau: Aussaat der Brutzwiebeln im Herbst; Reihenabstand 20 cm, in der Reihe 10–15 cm, in lockeren, nicht überdüngten Boden. Die Pflanze bildet im nächsten Jahr zahlreiche neue Zwiebeln aus, keinen Blütenstand. Ernte der Zwiebeln im VIII; größere verwerten, kleinere als neue Brutzwiebeln. – Verwendung: Hauptsächlich in Essig konserviert als wichtigster Bestandteil der Mixed Pickles; auch frisch wie Zwiebeln. Nicht lagerfähig!

Pernettya → Torfmyrte.
Peronospora → Mehltau.
Perovskia → Perowskie.
Perowskie, Blauraute, Silberbusch, *Perovskia*. Lippenblütler, *Labiatae*. 4 Arten in Asien. – *P. atriplicifolia*. ○ ♄ VIII–IX △ ⌒. Auf den westasiatischen Steppen beheimatet. Bis 1,50 m hoher, aufrechter Halbstrauch mit stark aromatisch duftenden, weiß behaarten Blättern und violettblauen Salbeiblüten. Auffallend ist der aufgeblasene, violette Blütenkelch. – Durchlässiger, sandiger Boden in warmen, sonnigen Lagen. Winternässe ist Gift. Friert meistens im Winter zurück, wie

Perowskie, *P. atriplicifolia*. (Seidl)

jeder Halbstrauch, ohne Schaden zu nehmen; andernfalls Rückschnitt bis Handbreit über dem Boden. Wertvoller Herbstblüher, für Steingärten, Trockenmauern, Böschungen und Steppenpartien. – Vermehrung: Üblich sind Stecklinge im Frühsommer und Teilung älterer Pflanzen. Aussaat ist möglich, aber schwierig.

Perückenstrauch, *Cotinus*. Sumachgewächse, *Anacardiaceae*. Drei Arten von Südeuropa bis Asien und Nordamerika. Name von den rötlich behaarten Fruchtstielen in perückenähnlicher Dolde. – *C. coggygria*. ○ ♄ VI–VII ⚘. Südeuropa bis Mittelchina. In China gehört er mit dem Ginkgo zu den geheiligten Gewächsen der Tempelhaine. Bis 5 m hoher Strauch mit sommergrünen, eiförmigen, im Herbst leuchtend gelben und roten Blättern und kleinen Blüten, zu vielen in einer Dolde. Die perückenähnlichen Fruchtstände erscheinen schon im Sommer und bleiben bis zum Spätherbst. Gartensorten: 'Royal Purple', tiefrot gefärbte Blätter; 'Rubrifolius', dunkelrote Blätter und rote Fruchtstände. – Liebt durchlässigen, kalkhaltigen Boden in sonniger und warmer Lage. An schattigem Standort verliert er die intensive Leuchtkraft der Blätter. Als Einzelstrauch im Garten oder Park oder in Gemeinschaft mit anderen Gehölzen, wie Tamarisken, Goldregen und Ber-

Perückenstrauch, *Cotinus coggygria*. (Seidl)

beritzen, an Stellen mit Wildcharakter, geeignet. – Vermehrung: Am gebräuchlichsten ist Aussaat im Frühjahr mit stratifiziertem Saatgut. Auch die rotblättrigen Formen fallen zum größten Teil echt aus Samen. Bei vegetativer Vermehrung sind Wurzelschnittlinge und Ableger üblich.

Peruguano → Guano, → Organische Handelsdünger.

Pestwurz, *Petasites*. Korbblütler, *Compositae*. ○-◐ ♃ ⏧ ⏧ D. Rund 20 Arten in der nördlichen gemäßigten Zone. Stark wuchernde Stauden mit dicken Rhizomen. Blätter oft sehr groß, meist erst nach der Blüte austreibend. – *P. fragrans*, Winterheliotrop, Mittelmeer, Nordafrika. Rund-herzförmige Blätter. Blüten in Dolden an schuppigem Stiel, nach Vanille duftend, weißlichrosa. I–III, 20–30 cm. – *P. hybridus* (*P. officinalis*), Europa, Nordamerika. Heimisch. Blätter nach der Blüte, bis 100 cm hoch. Blütenstände 20 cm mit rötlichweißen Blüten. III–IV. – *P. japonicus*, Sachalin. Stark wuchernd. Blätter kreisrund, 50 cm breit und bis 1 m hoch. Blüten an kurzen Stielen auf dem Boden sitzend, bitter duftend, gelblichweiß. 'Giganteus', höher und größere Blätter, bis 150 cm. III bis IV. – Verwendung in großen Anlagen, am Wasser. Boden lehmigfeucht. Vermehrung durch Teilung leicht.

Petasites → Pestwurz.

Petersilie, *Petroselinum crispum*. Doldenblütler, *Umbelliferae*. Herkunft Mittelmeergebiet, Griechenland; seit der Römerzeit nördlich der Alpen angebaut. 2 Nutzungsformen: Garten- und Wurzelp. – GARTENPETERSILIE, *P. crispum* var. *foliosum*. Gewürzkraut. Anbau: Saat III–IV in lockeren, tiefgründigen Boden in Reihen mit 15 cm Abstand, auf 5 cm verziehen, oder breitwürfig. Keimt langsam. Stets feucht halten, nach Auflaufen lockern. Ernte VII bis Spätherbst; nach Überwinterung bis VI möglich, danach schießen die Pflanzen auf. – Verwendung: Als Gewürzkraut zu Suppen, Kartoffeln, Fleisch usw. Sehr vitaminreich. Zum Dekorieren von kalten Platten. – WURZELPETERSILIE, *P. crispum* var. *tuberosum*. Anbau. Saat III–IV in Reihen, Abstand 20–25 cm, in der Reihe auf 10 cm verziehen. Standortansprüche siehe oben. Blätter ab VIII als Gewürzkräuter schneiden; Wurzeln im Spätherbst ernten, kleinere sofort verwenden, größere können im Keller eingeschlagen werden. Geerntete Wurzeln können auch eingetopft und über Winter zur Blattgewinnung getrieben werden. – Verwendung: Als Wurzelgemüse gekocht wie Karotten und Pastinaken; schmackhaftes, gehaltreiches Gemüse.

Petunia → Petunie.

Petunie, *Petunia*. Nachtschattengewächse, *Solanaceae*. ○ ⊙ ⫶ ⏧. Gärtnerisch bedeutend sind nur die *P.*-Hybriden, an deren Entstehung hauptsächlich die in Brasilien heimische *P. axilaris* beteiligt gewesen sein dürfte. Die Blätter der Hybriden sind einfach und ganzgradig, die Blüten achselständig gestielt. Blüte VI–Frost. Farbenspiel sehr reichhaltig, neben einfarbigen auch zweifarbige, vielfach gesternte Blüten. Nach Wuchs, Blüte und Verwendungszweck kann man die Petunien etwa wie folgt klassifizieren: *P. nana* und *P. nana Compacta*-Formen, eine alte Zuchtklasse, ca. 20–30 cm, Blüten relativ klein. Verwendung als Topfpflanzen, für Balkonkästen und Beete. Neben Mischungen auch reine Farbsorten. Praktisch durch die neueren Multiflora-Hybriden überholt. – *P. multiflora*-Formen; in dieser Zuchtklasse fast nur ab 60er Jahre herausgekommene Hybriden. Alle Sorten haben 6–8 cm große Blüten und sind reich- und dauerblühend, sowie verhältnismäßig regenfest. Wuchshöhe 20–30 cm. Verwendung als Beetpflanzen sowie für Töpfe und Balkonkästen. Hauptsächlich in Namens-Farbsorten gefragt. – *P. grandiflora*-Formen, in der Hauptsache großblumige Hybriden mit Wuchshöhen von 25–35 cm in den verschiedensten Farben und Mischungen. Teilweise etwas regenanfälliger als die Multiflora-Formen, jedoch in etwa gleiche Verwendungszwecke. Die alten, höher wachsenden samenechten Züchtungen dieser Formengruppe sind bedeutungslos geworden. – *P. grandiflora nana*-Formen: Diese Bezeichnung trifft heute für praktisch alle Hybriden der vorgenannten Formengruppe auch zu. Die noch im Handel befindlichen alten Sorten dieser Formengruppe sind samenecht, ca. 30 cm. Nur noch selten angebaut. – *P. fimbriatanana*-Formen, auch unter der Bezeichnung 'Gefranste Erfurter Zwerg' im Handel; der Name weist auf die Fransung und teilweise Kräuselung der Blüten hin. Wuchshö-

Wurzelpetersilie. (Mücke)

Pfefferminze

Petunie, *P.-Hybriden* 'Pink Magic'. (Jesse)

he bei 30 cm. Nur für Töpfe und Balkonpflanzungen geeignet. Die Abgrenzung der Züchtungen dieser Formengruppe ist fließend. – *P. superbissima-Formen*. In dieser alten Formengruppe (bis 80 cm) werden praktisch nur noch Mischungen angeboten. Gewellte, einen geaderten Schlund aufweisende Blüten, Durchmesser teilweise über 15 cm. Sehr wärmeliebend, eignen sich deshalb nur für Töpfe und Balkonpflanzen in geschützten Lagen. – *P. superbissima nana-Formen*. Züchtungen nur ca. 45 cm, ansonsten gilt das gleiche wie bei der vorhergehenden Gruppe. – *P. pendula-Formen*. Echte Züchtungen mit 70–80 cm langen, hängenden Trieben sind praktisch nicht mehr im Handel. Es gibt jedoch unter den P. grandiflora-Formen Hybriden mit etwas hängendem Wuchs, die auch dieser Gruppe zugeteilt werden könnten. – *P. Allgefüllte multiflora-Formen*. Gelegentlich wird diese etwa ab Mitte der 60er Jahre entstandene Formengruppe als nelkenblütig bezeichnet. Regenfester und nicht so wärmebedürftig wie die Gruppe Allgefüllte grandiflora-Formen, aber kleinere Blüten als diese. Wuchshöhe 25–30 cm. Neben Mischungen auch reine Farbsorten. – VERWENDUNG. Als Topf- und Balkonpflanzen sowie für Beete und Rabatten, je nach Klasse. Aussaat II–III unter heizbarem Glas, pikieren oder topfen. Ab Mitte V pflanzen. Standort vollsonnig, Boden humusreich und nicht zu feucht.

Pfaffenhütchen → Spindelstrauch.

Pfahlrohr, Riesenschilf, *Arundo*. Gräser, *Gramineae*. ○ ♃ ∧. 6 Arten im tropischen und subtropischen Asien und im Mittelmeergebiet. Hohe Gräser, Stengel unten oft holzig. Bei uns nur eine Art gelegentlich in den Gärten. – *A. donax*, Südeuropa. Fleischiger, fast knolliger, kriechender Erdstamm. Halme 4–6 cm dick mit wechselständigen, bandförmigen, flachen, graugrünen Blättern. Blütenstände bei uns sehr selten, erst rötlich, dann weiß. X–XI, 200–400 cm. 'Versicolor' mit weißbunt gestreiften Blättern, muß frostfrei überwintert werden. 150–200 cm. – Verwendung dieser dekorativen Riesengräser in großen Anlagen, als Blickfang in Sommerblumenbeeten, im Rasen oder am Wasser. Im Winter gut abdecken oder Wurzelstock frostfrei überwintern. Die alten Halme im Frühjahr 20 cm über der Erde abschneiden. Boden nahrhaft und feucht, warm. Vermehrung durch Teilung.

Pfauenblume, *Tigridia*. Schwertliliengewächse, *Iridaceae*. ○ ♃ △. Etwa 13 Arten in Mexiko, Mittelamerika bis Chile. Nicht winterharte Zwiebelgewächse mit grünen schwertförmigen, faltennervigen Blättern. Blüten mit drei großen, an der Spitze etwas überhängenden und in der Mitte drei kleineren Blütenblättern. Bedeutung hat nur 1 Art. – *T. pavonia*, Mexiko, Guatemala. Schuppige Zwiebeln mit 1 oder mehreren Stengeln. Blüten mehrere hintereinander aufblühend, nur einen Tag geöffnet. Meist als Mischung im Handel, aber auch einzelne Sorten, die z. T. einfarbig sind, oder die inneren Blütenblätter sind kräftig gefleckt. Farben Weiß, Gelb, Rosa, Rot in verschiedenen Farbtönen. VII–IX, 25–40 cm. – Verwendung im Sommerblumen- oder Steingarten an markanter Stelle. Behandlung wie Gladiolen. Boden warm, durchlässig. Vermehrung durch Brutzwiebeln.

Pfauenradfarn, *Adiantum*. Frauenhaarfarngewächse, *Adiantaceae*. ◐–● ♃ △ ✄. Rund 200 Arten, vorwiegend in den warmen Zonen, einige winterhart. Schöne Farne mit mehrfach gefiederten Blättern fein und filigran, daher auch die Namen Frauenhaarfarn, Venushaar. – *A. pedatum*, Nordamerika, gemäßigtes Asien. Kriechendes, kurzes Rhizom. Blattstiele aufrecht, glänzend, fast schwarz. Blätter flach, pfau-

Pfefferminze, *M. piperita*. (Seidl)

Pfauenblume, *T. pavonia*. (Herbel)

enradförmig ausgebreitet, gefiedert, frischgrün. Einer der schönsten Freilandfarne, 30–50 cm. – *A. p.* var. *aleuticum*. Form der Blätter ähnlich, aber ganze Pflanze in allen Teilen kleiner und kompakter, blaugrün, 15–20 cm. – *A. venustum*, Himalaja. Blätter wie die Gewächshausarten im Umriß dreieckig, mehrfach gefiedert, lichtgrün. Etwas Winterschutz. 20–30 cm. – Verwendung im Steingarten, zwischen oder vor Gehölzen wie Rhododendron. Boden humos, feucht. Vermehrung durch Teilung und Aussaat der Sporen. P. für Zimmer → Farne 1.

Pfeffer, *Piper*. Pfeffergewächse, *Piperaceae*. ◐ ♄ ≬ ⌑. Verholzende Kletterpflanzen mit meist breiteiförmigen, zugespitzten Blättern, stets wechselständig. 700 Arten in den Tropen. – *P. ornatum*. Blätter bis 20 cm lang, breitförmig-zugespitzt, oberseits dunkelgrün und glänzend, mit großen rosafarbenen Flecken zwischen den Adern, unterseits meist bräunlichrot. – *P. sylvaticum*. Etwas kleinere Blätter als vorige Art, rein dunkelgrün, mit z. T. furchiger Aderung. – Beide Pfeffer sind nette Schlinger für Blumenfenster oder Wintergarten. *P. sylvaticum* hält auch noch gut im temperierten Zimmer durch. Humose Substrate. – Vermehrung: Kopf- oder Stammstecklinge.

Pfeffergesicht → Peperomie.

Pfefferminze, *Mentha piperita*. Lippenblütler, *Labiatae*. Einheimisch, ausdauernd, mit kriechendem Wurzelstock. Im Garten Tendenz zum Wuchern. – Anbau: Vermehrung durch Teilung der Wurzelstöcke; an sonnigem bis halbschattigem Standort auspflanzen. Bodenansprüche gering. Unter günstigen Wachstumsbedingungen starke Ausbreitung als Unkraut. Ernte der Blätter und Triebspitzen ab V bis gegen den Herbst. – Verwendung: Blätter und Triebspitzen im Schatten luftig ausgebreitet trocknen.

Pfeifenblume

Ergeben wohlschmeckenden, erfrischenden Tee. Durch Destillation gewonnenes ätherisches Öl wird zu Bonbons, Likören und Heilmitteln verarbeitet, aber auch im ökologischen Pflanzenschutz zur Geruchsabweisung von Raupen und Schnecken (→ Ätherische Öle) verwendet.

Pfeifenblume, *Aristolochia.* Osterluzeigewächse, *Aristolochiaceae.* Die Gattung umfaßt ca. 180 Arten, die meisten in den Tropen. Name nach den tabakspfeifenähnlichen Blüten. – *A. clematitis,* Osterluzei. ○–◑ ⚃ V–VII â. Mittelmeergebiet, Kleinasien und Kaukasus. Nördlich der Alpen nur als verwildert anzusehen. Alter Kulturbegleiter, Arzneipflanze, in Weinbergen, an Böschungen und in Gärten ‚Unkraut'. Bis 1 m, mit kriechender Wurzel, gelblichgrünen Blättern und schwefelgelben Blüten. Bildet aus den Wurzeln immer wieder neue Triebe. – *A. macrophylla (A. durior),* Pfeifenwinde, ○–● ♄ VI–VIII ⚘. Atlantisches Nordamerika. Sommergrüner, bis 10 m hoch windender Strauch mit dunkelgrünen, großen, herzförmigen Blättern und außen gelben, innen purpurfarbenen Blüten. Winterharter Schlinger, zur Bekleidung von Pergolen oder Hauswänden, benötigt Latten- oder Drahtgerüst. Frischer, durchlässiger Boden in sonniger oder schattiger Lage. Je sonniger der Standort, um so feuchter muß der Boden sein. In heißen Lagen Ungeziefer, wie Rote Spinne, Milben. – Vermehrung durch Aussaat im Frühjahr, die Jungpflanzen wachsen sehr langsam. Osterluzei kann auch durch Wurzelschnittlinge oder Teilung, die Pfeifenwinde durch Ableger vermehrt werden.

Pfeifengras, *Molinia.* Gräser, *Gramineae.* ○–◑ ⚃ ⌇. Etwa 5 Arten auf der nördlichen Halbkugel. Dichte Horste mit steif aufrechten Halmen, dekorativ. Schön ist bei allen die goldgelbe bis braunrote Herbstfärbung. – *M. arundinacea (M. altissima),* Riesen-Pfeifengras, Europa. Große, kräftige Büsche, oft Ausläufer treibend, mit langen, schlanken Halmen. Blätter etwa 1 cm breit, dunkelgrün, im Herbst goldbraun. VII–IX, 150–200 cm. – *M. coerulea,* Europa. Heimisch. Bläuliche Grashorste, Herbstfärbung goldgelb, lange, schmale, dichte Rispen, grün bis gelblich und violett gescheckt. 'Heidebraut' hat federartige Blütenrispen über frischgrünem Laub; 'Moorhexe' mit schwarzbraunen Rispen; alle 60–80 cm; 'Variegata', weißbunt, niedriger, 30 cm. VIII–XI. – Verwendung als Einzelpflanzen am Wasser, im Heidegarten und Staudenbeet. Boden feucht bis sandig. Vermehrung durch Teilung.

Pfeifenstrauch, Falscher Jasmin, *Philadelphus.* Steinbrechgewächse, *Saxifragaceae.* Sommergrüne, meist duftende Sträucher. 70 Wildarten in Südeuropa, Asien, Nordamerika und viele Gartensorten. Namen nach der Verarbeitung der starken Zweige zu Pfeifenröhren und der entfernten Ähnlichkeit in Blütenform und Geruch zum orientalischen Jasmin (Echter Jasmin). Sehr viele Wildarten, aber meist bedeutungslos gegenüber den Gartensorten mit besserem Wuchs und größerer Blütenfülle. FÜR DEN GARTEN GEEIGNETE WILDARTEN. *P. coronarius.* ○–◑ ♄ V–VI D. Italien bis Kaukasus, bis 3 m hoch. Gedrungener Wuchs mit länglichen Blättern und einfachen, rahmweißen, stark duftenden Blüten. Besonders für trockene Böden geeignet. – *P. incanus.* ○–◑ ♄ VI–VII D. Westchina. Wertvoller Spätblüher. Aufrechter Wuchs, 3–5 m, mit eiförmigen, dunkelgrünen Blättern und glockigen, rosafarbenen, schwach duftenden Blüten. – *P. inodorus.* ○–◑ ♄ VI. Nordamerika. Bis 3 m hoch, mit 10 cm langen, ganzrandigen Blättern. Blüten schalenförmig, duftlos, bis 5 cm breit, reinweiß. Die Abart var. *grandiflora* wird etwas höher und hat weiße Blüten mit gelber Mitte. – *P. microphyllus.* ○–◑ ♄ VI–VII △ D. Nordamerika. Schwachwüchsig, wird höchstens 1,50 m hoch. Sehr dicht und feinverzweigt, mit kleinen, spitzen, dunkelgrünen Blättern und reinweißen, stark

Pfeifenblume, *Aristolochia macrophylla.* (Seidl)

Pfeifenstrauch (Drave)

duftenden Blüten. Als Einzelstrauch für Steingarten oder freiwachsende, natürliche Hecken geeignet. *P. purpurascens.* ○–◑ ♄ VI D. Westchina. Starkwachsend, bis 5 m hoch, mit eilanzettlichen Blättern und reinweißen, stark duftenden Blüten.

GARTENZÜCHTUNGEN. 'Avalanche' *(Lemoinei-Hybride),* aufrechter Wuchs mit schlanken, leicht überhängenden Zweigen und milchweißen Blüten, reichblühend, VI–VII; 'Belle Etoile' *(Purpureo-Maculatus-Hybride),* starkwüchsig, milchweiße, purpurgefleckte Blüten, starkduftend und reichblühend, VI–VII; 'Bouquet Blanc' *(Virginalis-Hybride),* Blütenzweige übergeneigt mit duftenden, halbgefüllten, milchweißen Blüten, VI–VII; 'Enchantement', dicht gefüllte, reinweiße Blüten, in dichten Trauben stehend, VII; 'Girandole' *(Virginalis-Hybride),* 2–3 m hoch, mit dicht gefüllten, milchweißen Blüten im VI–VII, junge Pflanzen blühen schon sehr reich; 'Manteau d'Hermine' *(Lemoinei-Hybride),* bis 2 m hoch, mit schlanken, überhängenden Zweigen und rahmweißen, duftlosen, gefüllten Blüten, VI–VII; 'Norma' *(Cymosus-Hybride),* starkwüchsig, mit aufrechten Zweigen und reinweißen, halbgefüllten Blüten, VI; 'Rosace' *(Cymosus-Hybride),* dünne Zweige mit halbgefüllten, duftenden, reinweißen Blüten, VI; 'Schneesturm' *(Virginalis-Hybride),* bis 2 m hoch, mit dicht gefüllten, duftenden, schneeweißen Blüten, VI–VII.

ANSPRÜCHE. Bezüglich Boden und Lage sehr anspruchslos. Mit Vorteil wird in jedem Jahr das alte Holz herausgeschnitten, während die jungen Triebe unberührt bleiben. Die starkwüchsigen Arten und Sorten gehören im Garten mehr in den Hintergrund, bilden guten und schönen Deck- oder Sichtschutz; die schwachwüchsigen mehr in den Vordergrund, eignen sich auch für niedrige Zierhecken, die nicht ge-

Pfeilkraut, *S. sagittifolia*. (Seidl)

schnitten, sondern nur ausgelichtet werden. – VERMEHRUNG. Aussaat ist kaum gebräuchlich, üblich sind bei den Schwachwüchsigen Stecklinge im Sommer und bei den Starkwüchsigen Stechölzer, die im XII geschnitten werden. Bei geringem Bedarf kann auch angehäufelt werden.

Pfeifenwinde → Pfeifenblume.

Pfeil-Aronstab, *Peltandra*. Aronstabgewächse, *Araceae*. ○–◑ ♃ ≈ ∧. Nur 2 Arten in Nordamerika. Interessante Pflanzen für flaches Wasser mit kallaähnlichen Blüten. – *P. sagittifolia*, Virginia bis Florida. Knolliger Wurzelstock und breitpfeilförmige Blätter. Spatha der Blüte weiß, Frucht rot, einsamig. Besonders winterschutzbedürftig. V–VI, 60 cm. *P. virginica* (*P. undulata*), Virginia bis Florida. Bekannteste Art. Wurzelstock aus schnurdicken Wurzeln zusammengesetzt, nicht knollig. Blätter lang gestielt, pfeilförmig, zugespitzt. Spatha schmal, grün, Frucht grün, zwei- bis dreisamig. Härter als *P. s.*, jedoch ebenfalls Winterschutz erforderlich. V–VI, 60 cm. – Verwendung am Wasserbecken, Wassertiefe bis 20 cm. Im Winter gut mit Laub abdecken. Boden lehmig-humos. Vermehrung durch Teilung und Aussaat, beides im Frühjahr.

Pfeilkraut, *Sagittaria*. Froschlöffelgewächse, *Alismataceae*. ○–◑ ♃ ≈. Rund 30 Arten in den tropischen und gemäßigten Zonen der Erde. Neben den winterharten Arten haben einige Bedeutung als Aquarienpflanzen, wie *S. filiformis* und *S. subulata*. Untergetauchte Blätter bandförmig, Überwasserblätter lanzettlich bis pfeilförmig. – *S. latifolia*, Nordamerika. Ähnlich dem nachfolgenden *P.*, nur in allen Teilen etwas größer und mit breiteren oberirdischen Blättern. – *S. sagittifolia*, Gewöhnliches *P.*, Europa und Asien. Vorwiegend einhäusige Sumpfpflanze mit Ausläufern und ovalen, 1–1,5 cm großen Knollen am Ende. Untergetauchte oder schwimmende Blätter bandförmig, 4–20 cm breit und 10–80 cm lang. Halbuntergetauchte oder Überwasserblätter lang gestielt, pfeilförmig. Blüten an 20–100 cm langem Schaft, in einer Traube, weiß mit braunrotem Fleck. Die unteren männlich, die oberen weiblich. 'Leucopetala' hat reinweiße, 'Flore Pleno' gefüllte Blüten, reinweiß oder weiß mit Fleck. VI–VIII, 50 cm. Wassertiefe 5–20 cm. – Verwendung in Wasserbecken oder am Rand als Sumpfpflanze. Wuchert durch seine Ausläufer, daher für kleine Wasserbecken am besten in große Töpfe pflanzen. – Boden nahrhaft, lehmig. – Vermehrung durch abgenommene Knollen oder Aussaat.

Pfeilwurz → Marante.
Pfennigkraut → Felberich.
Pferdebohne → Puffbohne.
Pfifferling → Pilzanbau.
Pfingstrose, *Paeonia*. Pfingstrosengewächse, *Paeoniaceae*. ○–◑ ♃ ♄ ✕ D. Etwa 30 Arten in Europa, Asien, Nordwestamerika. Früher zu den Hahnenfußgewächsen gezählt, neuerdings jedoch als eigene Familie geführt. Die krautigen Arten haben meist knolligen Wurzelstock, die strauchigen verholzen und werden oft mehrere Meter hoch. Die meisten Kultursorten haben gefüllte Blüten, alle duften gut.

KRAUTIGE ARTEN

P. anomala, Ostrußland bis Zentralasien. Blätter tief geteilt, Oberseite glänzend. Blüten 7–9 cm groß, rosa mit gelben Staubbeuteln. VI–VII, 40–50 cm. – *P. Lactiflora-Hybriden* (*P. albiflora*, *P. chinensis*, *P. lactiflora*, *P. sinensis*), Edelpäonien. Aus Züchtungen und Kreuzungen mit *P. lactiflora*, der Chinesischen P., hervorgegangene Sorten. Sie blühen nach der Bauernp. und haben gefüllte, halbgefüllte oder einfache, meist schalenförmige Blüten. Bei den einfachblühenden japanischen Züchtungen sind oft die Staubfäden bandartig verbreitet. Viele sind hervorragende Schnittblumen, alle duften gut.

GEFÜLLTE SORTEN. 'Adolphe Roseau', dunkelrot, früh, 100 cm; 'Avalanche', weiß, mittelfrüh, 90 cm; 'Bunker Hill', kirschrot, mittel 80 cm; 'Claire Dubois', zartrosa, spät, 90 cm; 'Duchesse de Nemours', weiß, früh, 70 cm; 'Felix Crousse', karminrot, spät, 80 cm; 'Festiva Maxima', reinweiß mit roten Flecken, früh, 80 cm; 'Inspecteur Lavergne', dunkelrot, spät, 80 cm; 'Karl Rosenfield', purpurrot, mittel, 80 cm; 'Lady Alexander Duff', zartrosa, mittel, 70 cm; 'La Perle', zartrosa, spät, 80 cm; 'Mme. de Verneville', weiß, früh,

Pfingstrose, *P. officinalis*. (Herbel)

80 cm; 'Mons. Jules Elie', rosarot, früh, 80 cm; 'Noemie Demay', zartrosa, früh, 80 cm; 'Reine Hortense', zartlachsrosa, mittel-früh, 70 cm; 'Sarah Bernhardt', hellrosa, spät, 100 cm; 'Solange', cremeweiß, spät, 80 cm; 'Solfatare', gelblichweiß, früh–mittel, 80 cm. – EINFACHBLÜHEND. 'Angelika Kauffmann', weiß mit gelben Staubfäden, mittel, 80 cm; 'Hogarth', purpurrot, früh, 100 cm; 'Holbein', rosa, mittel, 90 cm; 'King of England', karminrot, mittel, 80 cm; 'Surugu', tiefrot mit gelben Staubfäden, früh, 90 cm; 'Torpilleur', purpurkarmin, fast halbgefüllt, mit breiten, gelben Staubfäden, früh, 90 cm. Darüber hinaus gibt es noch viele Sorten für den Liebhaber. Alle VI. – *P. mascula* (*P. corallina*), Mittelmeergebiet. Harte, wüchsige Art. Blätter ähnlich denen von *P. officinalis*, doppelt-dreizählig, mit breiten Abschnitten. Blüten einfach, 9–14 cm groß, purpurrot mit gelben Staubbeuteln. V–VI, 70–90 cm. – *P. mlokosewitschii*, Kaukasus. Eine der wenigen gelbblühenden Arten. Blätter doppeltdreiteilig, oben blaugrün, unten heller mit roten Blatt- und Randnerven. Blüten ballförmig mit 8 Kronenblättern, hellgelb, Staubgefäße gelb, Narben hellrot. IV–V, 60–80 cm. – *P. officinalis*, Bauernp., Mittel- und Südeuropa. Doppeltdreizählige Blätter mit tief eingeschnittenen Blättchen, oben dunkel-, unten graugrün. Blüten 9–13 cm groß, rot mit roten Staubfäden und gelben Staubbeuteln. Bekannter sind die Sorten: 'Alba Plena', weiß, gefüllt; 'Rosea Plena', dunkelrosa, gefüllt; 'Rubra Plena', meistgezogene Sorte, dicht gefüllt, dunkelrot. Einfachblühend: 'China Rose', lachsscharlach; 'Hope', rosa; 'Defender', leuchtendrot, alle mit gelben Staubbeuteln. V–VI, 60 cm. – *P. peregrina* (*P. decora*, *P. lobata*), Balkan. Blätter doppelt dreizählig, Stengel mit 1 Blüte, 7–11 cm groß, purpurrot. 'Fire King', leuchtend schar-

Pfirsich

lachrot mit gelben Staubbeuteln. V–VI, 60–80 cm. – *P. tenuifolia*, Südeuropa, Kleinasien. Interessant durch das schöne Laub. Kriechendes Rhizom mit großen, länglichen, gestielten Knollen. Blätter dreizählig, ganz fein zerschnitten, Blüten purpurrot. 'Plena', mit dunkelroten, gefüllten Blüten, ist am meisten verbreitet. V–VI, 30–50 cm. – *P. wittmanniana*, Kaukasus. Blätter doppelt dreizählig mit breiten Blättchen, unten weichhaarig, bläulichgrün. Stengel mit 1 Blüte, etwa 10 cm groß, in der Knospe gelb, später fast weiß. *P. w.* var. *nudicarpa*, West-Kaukasus, hat cremegelbe Blüten. V, 80–100 cm. – Durch Kreuzung von *P. lactiflora* × *P. wittmanniana* var. *nudicarpa* entstand *P.* × *arendsii* mit einigen Sorten, so 'Printemps', Blüten einfach, rahmgelb, Staubbeutel gelb, Narben karminrot. – Verwendung im Staudenbeet, in Einzelpflanzung und als beliebte Schnittblumen. Boden kalkhaltiger Lehm- und Sandboden. Nur flach pflanzen, sonst blühen sie schlecht. Sie sollten auch möglichst lange an einem Platz stehen. – Vermehrung der Sorten nur durch Teilung, der Arten auch durch Aussaat.

STRAUCHIGE ARTEN

P. Suffruticosa-Hybriden (*P. arborea*, *P. moutan*), Strauchpäonien. China, Tibet. Verholzende, sparrige Triebe mit dünner, brauner bis graubrauner Rinde, die bei alten Trieben abblättert. Blätter groß, zusammengesetzt, doppelt-dreizählig, grau- bis blaugrün. Blüten einfach bis gefüllt, sehr groß, bis 16 cm Durchmesser. Nur Sorten im Handel, die Art wurde erst erneut eingeführt. 'Jeanne d'Arc', lachsrosa, Mitte dunkler, gefüllt; 'Louise Mouchelet', hellrosa mit dunklem Grund,

Pfingstrose, *P. suffruticosa* 'Beauté de Twickel'. (Seidl)

Pfirsich, Kernechter vom Vorgebirge. (Herr)

gefüllt; 'Mme. Laffay', großblumig, rosa mit karminrosa Mitte, gefüllt; 'Mme. Stuart Low', sehr groß, leuchtendrosa, gefüllt; 'Nigricans', dunkelviolett, innen mit 5 schwarzen Flecken und gelben Staubbeuteln, fast einfach; 'Reine Elisabeth', sehr groß, eine der schönsten, dunkelrosa zum Rand silbrigrosa, dunkle Mitte, gefüllt; 'Souvenir de Ducher', dunkelviolett, gefüllt; 'Zenobia', dunkelkarminrot, Rand heller, gelbe Staubbeutel, schwach gefüllt. V–VI, 1–2 m. – Verwendung an sonniger bis halbschattiger Stelle im Garten, wo sie warm und nicht zu naß stehen. Boden humos, durchlässig. Vermehrung durch Veredlung auf Wurzeln von *P. lactiflora*.

Pfirsich, *Prunus persica*. Rosengewächse, *Rosaceae*. War in China bereits vor 2000 Jahren bekannt und im Anbau. Hauptanbau warme Länder, wie Italien, Spanien, Portugal, Rumänien, Bulgarien, Kalifornien. In Deutschland früher Erwerbsanbau im Rheingau, Mittelrheingebiet, Pfalz, Bergstraße, Kaiserstuhl. Jetzt nur noch privater Anbau auf warmen Standorten. – STANDORTANSPRÜCHE. Warmer, humusreicher, durchlässiger Boden, wie humose Sandböden, Löß, sandige Lehmböden, für Fruchtwachstum viel Feuchtigkeit im Boden. Warme, sonnige, spätfrostfreie Standorte, mildes Klima mit geringen Kälterückschlägen. Baumform: Busch und Hochbusch mit Hohlkrone. Vermehrung durch Okulation auf Pfirsichsämling für trockene, auf Brompton-Unterlage für feuchtere Standorte. SCHNITT. Verlangt systematischen, scharfen Schnitt für die laufende Produktion an Fruchttrieben. Abgetragene (falsche) Fruchttriebe

Fruchttriebe rechtzeitig entspitzen, dann entwickeln sich die Früchte besser. (Friedrich/Preuße)

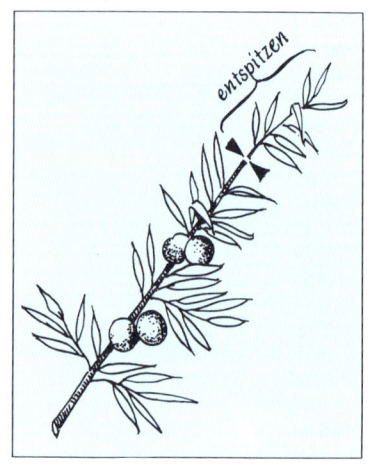

sterben ab, müssen nach Ernte weggeschnitten werden. Standraum: 3–4,5 × 4,5 m. Ertrag: 20–30 kg/Baum im Vollertragsalter. SORTEN. Man unterscheidet 1. Frühpfirsiche mit nicht steinlösendem Fleisch, wie Mayflower, Amsden; 2. Augustpfirsiche mit steinlösendem Fleisch; Anneliese Rudolf, Cumberland, Früher York, Madame Rogniat, Rekord aus Alfter, Robert Blum, South Haven, Roter Ellerstädter; 3. Spätpfirsiche, die IX reifen und steinlösend sind: u. a. Wasserberger, J. H. Hale, Elberta; Nektarinen mit glatten Früchten und steinlösendem Fleisch, wie Burbank Flaming Gold, Cavalier, Cherokee, Flamekist, John Rivers, Legrand, Lexington u. a.

Pflanzabstand, ist je nach der Endentwicklung der Pflanzen verschieden, insbesondere bei Gehölzen zu beachten. Beispiel für P. bei Stauden; 1. Alpine Stauden 10–15 cm, 2. Steingarten- und Polsterstauden 15–25 cm, stärker wachsende Arten 25–30 cm, 3. Halbhohe Stauden 30–40 cm, hohe 50–70 cm, 4. Solitärstauden 80–100 cm.

Pflanzalter. Obstgehölze sollen bei Pflanzungen so jung wie möglich sein, daher am besten einjährige Veredelungen. Je älter Obstgehölze sind, um so schlechter wachsen sie an, um so später tragen sie, um so höher sind Ausfälle. Lange glaubte man, zu frühen Erträgen durch Pflanzung alter Bäume zu kommen. Um in normalen Ertragsrhythmus zu kommen, muß der Baum eine gute vegetative Entwicklung haben, also Neutriebe bilden. Das kann nur ein gut bewurzelter Baum. Alte Bäume bringen altes Wurzelsystem aus der Baumschule mit und können daher sehr schwer neue Wurzeln bilden. Oft dauert es bei fünfjährigen Hochstämmen 5–8 Jahre, bis sie normal weiterwachsen können.

Pflanzanlage → Pflanztiefe.

Pflanzbrett, zur Markierung der Abstände bei Aussaat oder Pflanzung in Pikier- oder Frühbeetkästen. Besteht aus einem Brett mit Zapfen in bestimmten Abständen.

Pflanzdichte → Pflanzabstand.

Pflanzen, Einsetzen von Pflanzen auf das hergerichtete Anzucht- oder Pflanzbeet, bei gut gelockertem Boden mit der bloßen Hand, bei länger anhaltenden Pflanzarbeiten am besten mit → Pflanzkelle. – Pflanzen zumindest bis an den Wurzelhals in das Pflanzloch einsetzen, besonders bei leichten Böden unbedingt fest andrücken.

Pflanzenbecken, Gefäß zum Auspflanzen von Zierpflanzen. Dekorati-

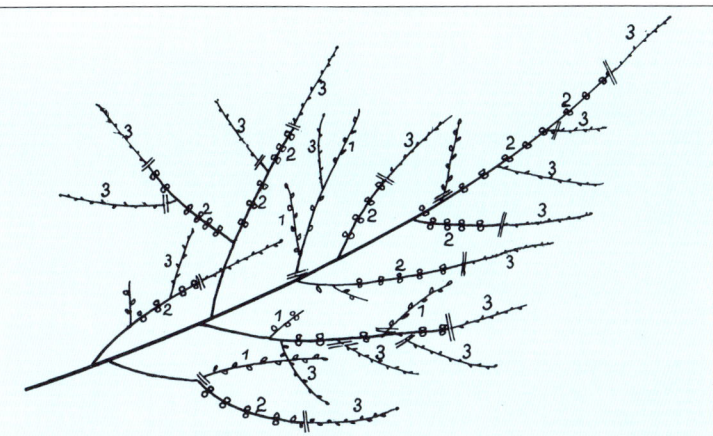

Pfirsich-Teilkrone mit wahren, falschen und Holztrieben. Die wahren Fruchttriebe werden entspitzt, sobald Fruchtansatz sichtbar. Die falschen werden auf zwei Ersatzknospen weggeschnitten, wenn ausreichend wahre Fruchttriebe vorhanden sind. Holztriebe entfernen, wenn für Kronenaufbau nicht benötigt. – Triebarten bei Pfirsich und Aprikose: 1. Holztrieb mit Blattknospen, 2. Wahrer Fruchttrieb mit Blütenknospen und dazwischen Blattknospe, 3. Falscher Fruchttrieb mit nur Blütenknospen, die schlecht entwickelte Früchte bringen.

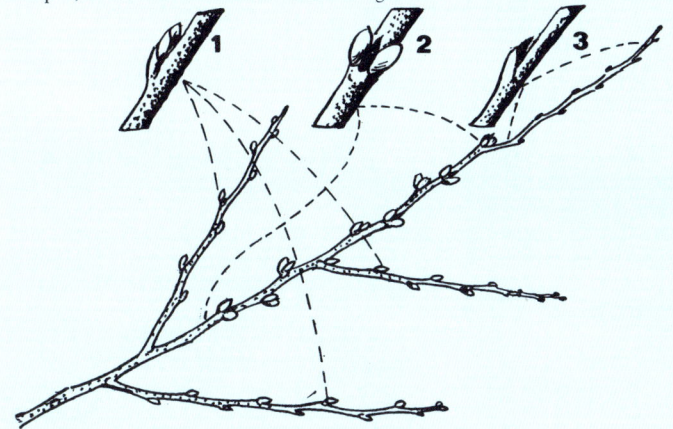

Pfirsichbäume erzieht man in kalten Gebieten an der Südwand als flaches Spalier und verteilt die Jung- sowie Fruchttriebe am Gerüst.

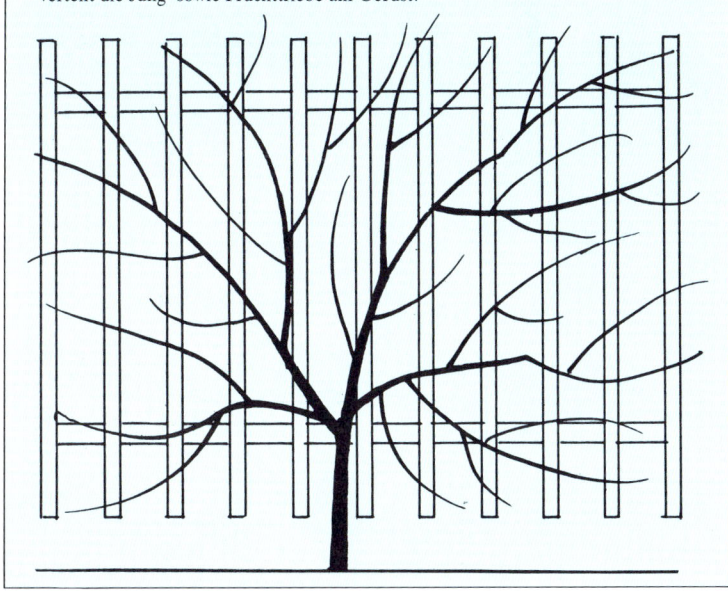

Pflanzenbedarf

ver Schmuck für Zimmer, Balkon und Garten. Materialien sind Holz, Stein, Kunststein, Kunststoff, Eternit. → Wasserpflanzenbecken.

Pflanzenbedarf, die für 1 qm, 10 qm, 1 ha oder 1 lfdm benötigte Stückzahl von Pflanzen für bestimmte Pflanzvorhaben, z. B. Sommerblumenbeet, Gemüsebeet, Aufforstung oder Hecke. Dabei mittleres Wuchsalter, Benachbarung und Planungsabsicht im Pflanzschema beachten.

Pflanzenbeschau, durch Pflanzenschutzgesetz festgelegte Anordnung, um beim Import von Pflanzen durch den Pflanzenschutzdienst festzustellen, daß die importierten Pflanzen frei von tierischen und pilzlichen Schädlingen sind.

Pflanzenernährung, umfaßt Nährstofflieferung über Düngung, Bodenleben, Boden, feste oder flüssige Substrate, Wasser-, Luft- und Lichtzufuhr mit dem Ziel optimaler Ernten nach Quantität und Qualität. P. war mit Erforschung der → Fotosynthese in Hauptzügen bis Anfang des 19. Jahrh. aufgeklärt, wurde und wird ständig verfeinert, u. a. durch Erforschung der Wirkung von Spurenelementen und der Aufnahme organischer Stoffe durch die Pflanze. Einzelergebnisse werden auf Gartenbau übertragen, obwohl z. B. weitere Spurenelemente als unentbehrlich entdeckt werden können. Beispiel: Höchsterträge bei Blumenkohl durch

Gesamtheit der Vorgänge bei der Pflanzenernährung, schematisch dargestellt. In einem fruchtbaren Boden sind sofort verfügbare Nährstoffe (Bodenlösung, Austauscher) und Reservenährstoffe (Minerale, Humus) vorhanden. Die Intensität der Umsetzungen wird durch die Licht- und Wärmestrahlung (Sonnenenergie) bestimmt. (Nach Finck, Pflanzenernährung in Stichworten)

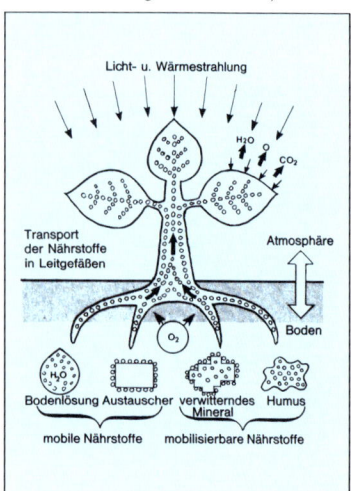

Geräte zur Pflanzenpflege: Oben Zerstäuber aus Kunststoff. – Unten: Kleinspritzen mit 2- und 1-Liter-Kunststoffbehälter. (Mesto)

Spurenelementdüngung mit Molybdän. Dadurch werden wirtschaftliche Maßstäbe gesetzt, die alle Anbauer zwingen, zu konkurrieren. → Qualität wird dabei nicht, bzw. nach einseitigem Qualitätsbegriff, berücksichtigt. Privatgärtner kann unabhängig davon mit vollständiger P. nach dem Vorbild der Natur (= naturgemäß) anbauen.

Pflanzenhygiene → Vorbeugung.

Pflanzenkrankheiten. Von → Viren. → Bakterien oder → Pilzen verursachte Störungen in den Pflanzen; an bestimmten Symptomen erkennbar. Wirtschaftlich am wichtigsten; → Pilzkrankheiten, danach → Viruskrankheiten; an letzter Stelle → Bakterienkrankheiten. Die Wissenschaft von den Pflanzenkrankheiten und ihrer Bekämpfung ist die Pflanzenpathologie. Die Bekämpfung selbst ist eine der Aufgaben des Pflanzenschutzes.

Pflanzenpflege, Sammelbegriff für alle Maßnahmen, die zur optimalen Entwicklung der Pflanzen beitragen, z. B. Wässern und Gießen, Düngen, Spritzen oder Stäuben gegen Schädlinge, Hacken, Unkraut entfernen, Schattieren, Belichten, Entspitzen, Ausgeizen.

Pflanzenschutz, Verhinderung = Prophylaxe (→ Vorbeugung) von Pflanzenschäden oder Bekämpfung = Therapie von pflanzenschädlichen Viren, Bakterien, Pilzen oder Tieren. Die Bekämpfung kann in verschiedener Weise erfolgen: → Biologischer P., → Chemischer P., → Physikalischer P., muß sich jedoch stets am → Ökosystem ausrichten (→ Ökologischer P.).

Pflanzenschutzdienst, staatliche Organisation, welcher die Beratung, Überwachung und Forschung auf dem Gebiet des Pflanzenschutzes obliegt. Sie ist gegliedert in eine Zentrale (BRD: Biol. Bundesanstalt für Land- und Forstwirtschaft, Braunschweig; Schweiz: Eidgen. Forschungsanstalt für Obst-, Wein- und Gartenbau Wädenswil [Zürich]; Österreich: Bundesanstalt für Pflanzenschutz, Wien) sowie regionale Pflanzenschutzämter. Von der Zentrale werden die Präparate und Geräte amtlich geprüft und anerkannt, die Einhaltung der Pflanzenschutzgesetze überwacht sowie Forschung durchgeführt. Aufgabe der Pflanzenschutzämter ist vor allem die enge Verbindung zum Landwirt und Gärtner. Man sollte sich in allen Fragen an das nächste Pflanzenschutzamt wenden.

Pflanzenschutzgeräte → Bekämpfungsgeräte.

Pflanzenschutzmittel und -verfahren, im Garten → Biologischer, → Chemischer, → Physikalischer Pflanzenschutz.

Pflanzenschutzmittel-Haftung → Bienenschutz.

Pflanzenständer, meist ein Gestaltungselement der Innenarchitektur, erfüllt vielfach die Bedürfnisse unserer Zimmerpflanzen nicht. Die geringe Luftfeuchtigkeit über den einzelnen, uneingesenkten Töpfen ist meist der Grund für die schlechten Kulturerfolge.

Pflanzentrog. In einem P. sind die Pflanzen in einer Art Wanne, über einer Wasserfläche hängend, eingesenkt oder ausgepflanzt. Die wasserdichte Trogkonstruktion ist mit einem Ablaßhahn ausgestattet, womit man überschüssiges Wasser ablassen kann. Das Wasser im Trog erreicht nur den untersten Teil oder gar nicht die Wanne, worin die Pflanzen eingebracht sind. In P.n sind gute Kulturerfolge möglich, sofern die Aufstellung eine gute Belichtung der Pflanzen gewährleistet.

Pflanzenvitrine, geschlossenes Blumenfenster, das unabhängig vom Fenster aufgestellt, vielleicht sogar beweglich ist und deshalb mit künstlicher Belichtung ausgestattet sein muß. Zur Beleuchtung eignen sich ausschließlich Leuchtstofflampen, da andere Lampen zu große Wärmemengen freisetzen. Neben Tageslicht- und Warmton-Leuchtstofflampen bietet die Industrie spezielle Wachstumslampen an, deren Spektralbereich besonders günstig für das Pflanzenwachstum sein soll. Die

Farbe dieser Lampen ist vielfach nicht ansprechend, so daß man mit Mischungen verschiedener Lampentypen arbeiten muß. Bei Pflanzenv.n in dunklen Nischen muß man mit 200 W Beleuchtungsintensität, ca. 1,0 m über den Pflanzen, je qm rechnen.

Pflanzenwanne → Pflanzentrog.

Pflanzenwuchsstoffe → Wuchsstoffe.

Pflanzer, konischer, spitz zulaufender Stahlkörper zum Einstechen kleiner Pflanzlöcher mit Pistolengriff. P. aus Holz mit Stahlspitze mit Knopf- oder T-(Krück-)griff. P. für Zwiebeln und Knollen haben als Hohlkörper ausgebildete Arbeitsseite (Hohlpflanzer). → Pflanzholz.

Pflanzgrube, meist so breit wie tief, nicht unter 30 × 30 cm, dem Ballen der zu setzenden Pflanze entsprechend. Solitärstauden und Solitärgräser mit Ballen *(Gunnera, Sinarundinaria, Miscanthus)* werden mit P. gepflanzt, des weiteren Gehölze, insbesondere Obstgehölze, um die Wurzeln in lockere, humusreiche, feuchte Erde einzubetten. → Obstbaumpflanzung.

Pflanzholz, spitz zulaufendes rundes Holz mit T- oder Knopfgriff, zum Bohren von Pflanzlöchern und zum Andrücken der Pflanzen. Wird z. B. bei Stauden mit langen, pfahlartigen Wurzeln gebraucht (Akelei, Freilandgloxinie, Schleierkraut u. a.). → Pflanzer.

Pflanzkelle, Gerät zum Ausheben von Pflanzlöchern.

Pflanzkissen, aus Gespinst von glasfaserverstärktem Polyester, das mit Torfkultursubstrat gefüllt wird. Normgröße 80 × 40 × 20 cm. P. sind einschichtig (20 cm) für Sommerblumen und niedrige Stauden, zweischichtig und mehrschichtig für höhere Stauden und Gehölze verwendbar. Für Dachgärten, Terrassen, Gartenhöfe.

Pflanzkübel, Gefäß für große, dekorative Pflanzen, am besten aus imprägniertem Holz. Sie können im Freien oder im Zimmer ihren Platz haben.

Pflanzleine → Pflanzschnur.

Pflanzliste. Aus einem Pflanzplan werden die zur Pflanzung vorgesehenen Bäume, Sträucher und Staufen auf einer Liste zusammengefaßt, mit Angaben über Arten- und Sortenwahl, Qualität, Pflanzgröße und Ballenschutz versehen und als Angebotsunterlage für Baumschulen benutzt.

Pflanzplan, aufgrund eines Entwurfes ausgearbeiter Plan für die zu pflanzenden Bäume, Sträucher und Stauden mit botanischen Namen. Zu einem Gartenentwurf ist ein P. für Gehölze im Maßstab 1:200 oder 1:100 und für Stauden im Maßstab 1:50 oder 1:20 üblich.

Obstbäume brauchen einen Pflanzschnitt, sonst entstehen, je nach Pflanzgut, wenig verzweigte, später kaum mehr korrigierbare Kronen. Hier schlanke Spindel mit Pflanzschnitt ein Jahr nach Behandlung. (Link)

Pflanzrasen. Statt Einsaat werden Stecklinge des Flechtstraußgrases *Agrostis stolonifera*) in regelmäßigen Abständen (rd. 25 cm) gepflanzt. Nach wenigen Monaten bilden die kriechenden Ausläufer eine geschlossene Narbe, die nur 4–6 Schnitte pro Jahr braucht. → Rasengräser (Straußgras), → Saatrasen.

Pflanzrechen, oder Reihenzieher, harkenartiges Gerät. Besteht aus einem Balken mit Löchern, in die Zinken im gewünschten Abstand eingeklemmt werden können.

Pflanzschalen, aus Kunststoff, in verschiedenen Formen und Größen, sind mit den Garten-Centern, den Selbstbedienungsgeschäften für Blumen und Jungpflanzen usw., aufgekommen. P. dienen als Anzucht- und zugleich als Verkaufsgefäße. → Containerpflanzen.

Pflanzschnitt, Herrichtung des Pflanzgutes zum Pflanzen, z. B. → Rückschnitt der Triebe und Blätter bei fortgeschrittenem Wachstum (VI, VII, VIII). Rückschnitt der langen Wurzel, damit die gekürzten Wurzeln beim Pflanzen nicht umgebogen in die Erde kommen. Ausgenommen → Ballenpflanzen. → Obstbaumschnitt.

Pflanzschnur, kräftige Schnur aus Sisal, Nylon oder auch Draht zum Markieren der Saat- und Pflanzreihen. Anfang und Ende der Schnur an zwei 30–40 cm langen, zugespitzten Rundhölzern. Etwa 15 m lang, wird auf einem der Rundhölzer überkreuzt aufgewickelt. Im Handel P. mit automat. Wickelung.

Pflanztiefe. In der Regel wird die Pflanze bis zum Wurzelhals in den Boden eingepflanzt, der Vegetationspunkt (Triebknospen über dem Wurzelballen) sollte mit dem Boden abschließen. Ausnahmen vor allem Herzblume, Päonien, Silberkerze u. a., die in ruhendem Zustand 2–5 cm mit Boden bedeckt werden dürfen.

Pflanztisch, Arbeitstisch zum Umpflanzen, Pikieren u. a. Die Tischplatte ist an drei Seiten mit 30–40 cm hoher Einfassung umgeben, um eine größere Menge Erde aufschütten zu können.

Pflanzverband, meist Dreiecks- oder Viereckverband. Der Dreiecksverband wird auch ‚Pflanzung auf Lücke' genannt. Viereckverband wird bevorzugt, wenn maschinell gehackt werden soll.

Pflanzweite → Pflanzabstand.

Pflanzzeit, Zeitpunkt des Pflanzens, um beste Anwuchsergebnisse zu erzielen, z. B. bei Stauden III, VI–Mitte V und IX, X, XI. Gemüsearten siehe Tabelle.

Pflaster, behauene Natursteine aus Basalt, Granit oder Porphyr und künstliche P. wie Betonsteine, Schlackensteine oder Klinker in verschiedenen Größen als Groß-, Klein- und Mosaikp. für Straßen- und Wegebau.

Pflaume, *Prunus domestica.* Rosengewächse, *Rosaceae.* Nach dem System von Liegel/Lucas unterscheidet man: 1. Rundpflaumen, wie Kirkes, Pflaume, Rivers Frühpflaume; 2. Ovalpflaumen, wie Emma Leppermann, Ontario, The

Pflanzschalen aus Kunststoff. (Romberg)

Pflaumenblättriger Dornstrauch

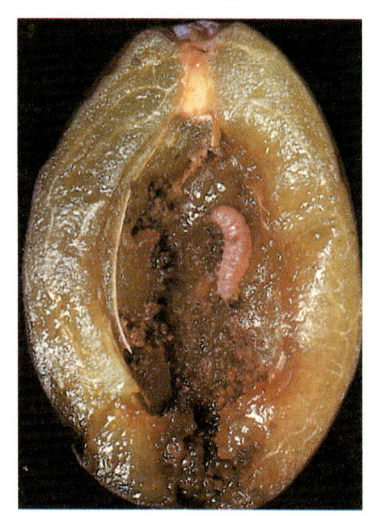

Made des Pflaumenwicklers in der Frucht. (Dr. Bender)

Czar, Ruth Gerstetter; 3. Eierpflaumen, wie Schöne aus Löwen, Tragedy; 4. Edelpflaumen = Renekloden, wie Große Grüne Reneklode, Graf Althans Reneklode, Oullins Reneklode; 5. Wachspflaumen = Mirabellen, wie Nancy Mirabelle; 6. Zwetschen, wie Hauszwetsche, Bühler Frühzwetsche, Wangenheimer, Zimmers und Ersinger Frühzwetsche, Italienische Zwetsche; 7. Halbzwetschen, wie Königin Victoria, Anna Späth. Die Gruppen der Dattelzwetschen, Haferpflaumen, Spillingspflaumen haben keine Vertreter brauchbarer Sorten. – STANDORTANSPRÜCHE. Tiefgründige, humose, ausreichend feuchte, für Zwetschen, Renekloden und Mirabellen besonders warme Böden mit pH-Wert von 6,5–7. Spätfrostfreie Lagen. Baumformen: Busch und Viertelstamm. Pflanzabstand 4 × 6 m, auf besonders guten Böden bis 8 m Reihenabstand. – SCHNITT. Auslichten, Fruchtholzerneuerung, besonders bei Sorten für Frischgenuß. Erträge im Vollertragsalter ca. 80 kg/Baum. – SORTEN. Für Frischgenuß und Verwertung: Hauszwetsche, Bühler Frühzwetsche, Große Grüne Reneklode, Italienische Zwetsche, Nancy Mirabelle, Oullins Reneklode, Wangenheimer Frühzwetsche, Zimmers Frühzwetsche; nur für Frischgenuß: Graf Althans Reneklode, Emma Leppermann, Ersinger Frühzwetsche, The Czar.

Pflaumenblättriger Dornstrauch = *Crataegus prunifolia* → Weißdorn.

Pflaumenbohrer, Kupferroter Pflaumenstecher. Junge Früchte fallen ab, weil Fruchtstiele durchgebissen; im Innern: fußlose Larve eines kleinen Rüsselkäfers. Ein Käferweibchen kann in 4–7 Wochen etwa 100 Früchte mit je 1 Ei und damit 1 Larve belegen. Die erwachsene Larve verpuppt sich in der Erde. – Abwehr: Im Frühjahr die an Knospen und Blüten fressenden Käfer auf Unterlagen abklopfen, abgefallene junge Früchte laufend einsammeln und vernichten.

Pflaumengespinstmotte → Gespinstmotte.

Pflaumenmade → Pflaumenwickler.

Pflaumensägewespe. Bald nach der Blüte Abfall der jungen Früchte. Jede Frucht zeigt ein oder zwei Bohrlöcher, Inneres durch ziemlich große weiße, raupenähnliche Larve zerfressen. Larve wandert von Frucht zu Frucht. – Abwehr: Zur Flugzeit der Sägewespe, IV/V mit Rainfarn- oder Wermuttee spritzen; abgefallene junge Früchte laufend einsammeln und vernichten.

Pflaumenwickler. Junge Früchte verfärben sich bläulich und fallen ab; am unteren Ende mit Bohrloch, an welchem meist ein Gummitropfen hängt. Im Inneren rötliche Raupe („Pflaumenmade') nahe dem Kern in von Kot verunreinigter Höhle. Der nach kurzer Zeit schlüpfende Falter legt erneut Eier an die nun bereits halbreifen Früchte ab: zweite Madenbrut; man findet sie bei der Ernte in den Früchten vor. – Abwehr: Während des Fluges der 2. Generation, VII/VIII, 14tägig mit Rainfarn- oder Wermuttee spritzen; von Juni ab → Fanggürtel für die sich am Stamm verspinnenden Raupen anbringen, öfters kontrollieren und die Raupen vernichten; abgefallene Pflaumen einsammeln und vernichten.

Philodendron, *Ph. scandens.* (Jesse)

Philodendron, *Ph. erubescens.* (Herbel)

Pflegebedürftige Stauden, brauchen guten Gartenboden, ausreichende Düngung, oftmals auch Winterschutz.
Alstroemeria
Anemone japonica
Bletilla striata
Chrysanthemum maximum
Cypripedium, Arten
Eryngium alpinum
Gunnera, Arten
Kniphofia
Mimulus cupreus
Phygelius
Polygonum campanulatum
Primula vialii
Stockesia laevis
Thalictrum dipterocarpum
Tricyrtis
Vinca major

Pflückkorb, meist aus Rohr oder Weide hergestelltes Erntegerät. Innen mit Holzwolle oder Schaumgummi ausgepolstert, damit die Früchte keine Druckstellen bekommen. Verschiedene Modelle können auch nach unten entleert werden, um Fruchtbeschädigungen auszuschalten.

Pflückreife → Baumreife.

Pflücksalat → Schnittsalat.

Pflückschere, zur Obsternte, wenn die Früchte mit Stiel gepflückt werden sollen oder müssen (Gütebestimmungen).

Pfriemengras, *Stipa.* Gräser, *Gramineae.* ○ ♃ ✕. Etwa 100 Arten in den gemäßigten und tropischen Zonen. Interessante Gräser mit auffallenden Blüten- und Fruchtständen, meist sehr unterschiedlich im Aussehen. Die zum Teil langen Grannen sind bei Samenreife hygroskopisch und können dadurch den Samen mechanisch in die Erde drücken. – *S. barbata,* Reiherfedergras, Mittelmeergebiet. Horste mit langen, oft am Rand eingerollten, schmalen Blättern. Grannen in elegantem Bogen nach unten hängend, sehr lang, meist über ½ Meter, seidig-silberweiß, sehr schön. VII–VIII, 80 cm. – *S. capillata,* Büschelhaargras. Deutsch-

Philodendron, *Ph. ilsemannii.* (Herbel)

land, Südeuropa bis Rußland. Steife Halme mit graugrünen, borstigen Blättern. Grannen oft zusammengedreht, aufrecht abstehend. Blütenrispe bis 20 cm lang. VI–VIII, 50–100 cm. – *S. gigantea,* Pyrenäenfedergras. Ähnlich *S. capillata,* aber mit größeren bis 2 m langen Blütenrispen und mehr hängend. Grannen steif abstehend, 20–30 cm lang. VI–VII, 80–100 cm. – *S. pennata,* Federgras. Mittel- und Südeuropa, Orient, Nordafrika. Dichte Horste mit starren, zusammengerollten Blättern. Blütenrispe einfach, mit über 20 cm langen, bogig überhängenden, federig behaarten Grannen. VI–VII, 40–60 cm. – Verwendung im Natur-, Stein- und Heidegarten und als Trockenblumen. Hierzu frühzeitig schneiden, mit Haarspray behandeln, sonst fallen sie aus. Boden durchlässig, sandig-kiesig, kalkhaltig. Vermehrung durch Aussaat und Teilung.

Pfropfen → Veredeln.
Pfropfmesser, Messer mit gerader Klinge und kräftigem Heft zur Veredlung älterer Obstbäume.
Phacelia → Bienenfreund.
Phalaenopsis → Orchideen 15.
Phalaris → Glanzgras.
Phellodendron → Korkbaum.
Philadelphus → Pfeifenstrauch.
Philodendron, Baumfreund, *Philodendron.* Aronstabgewächse, *Araceae.* ◐ ♄ z.T. ⚥ ⚥ ▽. Strauchige, zum Teil baumartige oder kletternde Pflanzen, Stengel mit Luftwurzeln, Blattspreiten unterschiedlich geformt, ungeteilt oder verschieden gelappt. 250 Arten in den Tropen Amerikas. Wichtige Zimmerpflanzen! AUFRECHT, STAMMBILDENDE. *Ph. pinnatifidum.* Stamm bis 10 cm dick, Blattstiele bis 1 m, Blätter 50–70 cm lang, tief fiederteilig. Blattspreite mattgrün und ledrig. – *Ph. selloum.* Ähnlich voriger, jedoch größer und mit schmäleren Fiederblättchen. – KLETTERND. *Ph. andreanum (Ph. melanochrysum).* Äußerst unterschiedlich, je nachdem ob in der Jugend- oder in der Altersform befindlich. Sprosse 1–3 cm dick, Blätter eiherzförmig bis pfeilförmig, immer in eine scharfe Spitze ausgezogen, 15–60 cm lang, bronzefarben-rötlich mit goldenem Schimmer. Herrliche Färbung! – *Ph. elegans.* Stark kletternd. Blattstiele 50 cm lang, Blätter bis 60 cm lang und 40 cm breit, tief fiederteilig, die einzelnen Abschnitte kurvig gebogen und sehr schmal. Blütenspathen leuchtend karminrot. – *Ph. erubescens.* Mittelstark kletternd. Blattstiele 20 cm lang, dunkelrot, Blätter bis 40 cm lang, herzförmig zugespitzt, oberseits glänzend dunkelgrün, rot überlaufen, unterseits heller. Junge Blätter leuchtend karminrot. Zahlreiche Sorten, so 'Emerald King', 'Emerald Queen', 'Red Emerald' und 'Royal Queen', die letzte am meisten rot. – *Ph. ilsemannii.* In Aufbau und Blattform ähnlich voriger Art, doch nur in der schön weiß-bunten, gepunkteten Form anzutreffen. Schöne → Panaschüre. – *Ph. scandens.* Kletternd oder hängend, dünntriebig. Blattstiele bis 10 cm lang, Blätter herzförmig-zugespitzt, 15–25 cm lang, oberseits dunkelgrün, unterseits heller. Stark kletternd, dabei zierlich, daher viel als Ampelpflanze zur Bekleidung von Wänden etc. verwendet. Auch eine weißbunte Form, 'Variegata', findet man ab und zu. – *Ph. squamiferum:* Blattstiele mit Schuppen besetzt, diese in der Jugend rot, später grün. Blätter bis 40 cm lang, fünflappig, reingrün. – *Ph. verrucosum.* Herrliche Art! Blattstiele bis 50 cm lang, dicht mit smaragdfarbenen Warzen besetzt, Blätter herzförmig, 60 cm lang, Oberfläche etwas gewellt. Oberseite olivgrün mit bronzebraunen Flecken zwischen den Adern, am Rand hell smaragdgrün, samtartig glänzend. Un-

Phlox, *Ph. paniculata* 'Dorffreude'. (Seidl)

Polsterphlox, *Ph. subulata.* (Drave)

terseite rötlichbraun. – Daneben noch eine Fülle von anderen Arten. Ph. gehören zu den wichtigsten Grünpflanzen, jedoch brauchen die schöngefärbten Arten, wie *Ph. erubescens* oder *verrucosum,* sorgsame Pflege, damit sie im Zimmer gut gedeihen. Die leichtesten Arten sind *Ph. selloum, elegans* und *scandens.* Alle brauchen Temperaturen zwischen 18 und 20°C, die heikleren Arten höhere Luftfeuchtigkeit. Die Substrate seien humos und nährstoffreich. Während des Sommers lieben sie es eher absonnig, im Winter brauchen sie jedoch mehr Licht, besonders wenn sie ihre auffälligen Blütenspathen bringen sollen. Kletternde Arten gedeihen besonders gut, wenn sie an Baumstämmen oder Moosstäben hochgezogen werden; sie klammern sich mit ihren Luftwurzeln an und bilden dann bald die Altersform aus, die meist derbere, größere Blätter bringt. – Vermehrung: Stecklinge bei *Ph. scandens* und *elegans* leicht, die anderen Arten brauchen zur Stecklingsvermehrung hohe Temperaturen. Aussaat für Liebhaber nicht zu empfehlen.

Philodendron pertusum → Fensterblatt.
Phlebodium → Farne 9.
Phleum → Rasengräser.
Phlomis → Brandkraut.
Phlox, *Phlox.* Sperrkrautgewächse, *Polemoniaceae.* 60 Arten, alle in Nordamerika. Bekannte Gartenpflanzen mit farbenfrohen Blüten, einjährig oder ausdauernd und niedrig, mittelhoch und hoch im Wuchs. Gehören zu den Standardpflanzen unserer Gärten und können sehr vielseitig verwendet werden.
EINJÄHRIGER PHLOX. ○ ☉ |: △. *P. drummondii,* Einjahrsphlox, Nordamerika. Wurde schon seit langer Zeit züchterisch bearbeitet, man unterscheidet verschiedene Klassen. – NIEDRIGE KLASSEN. 'Grandiflora Nana Compacta', mit vielen Sorten, wie

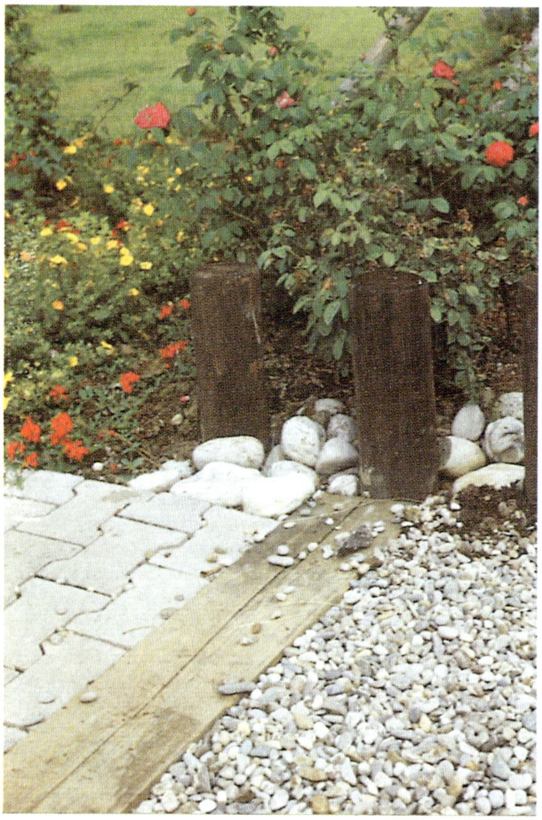
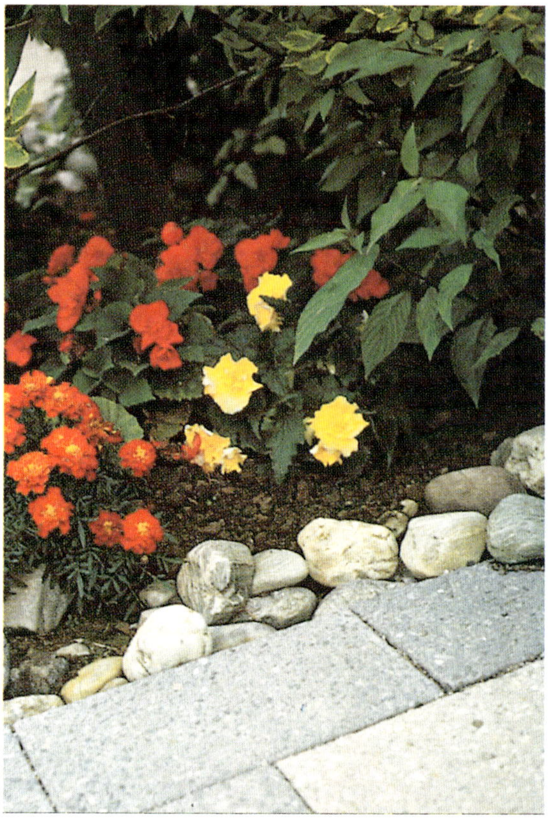
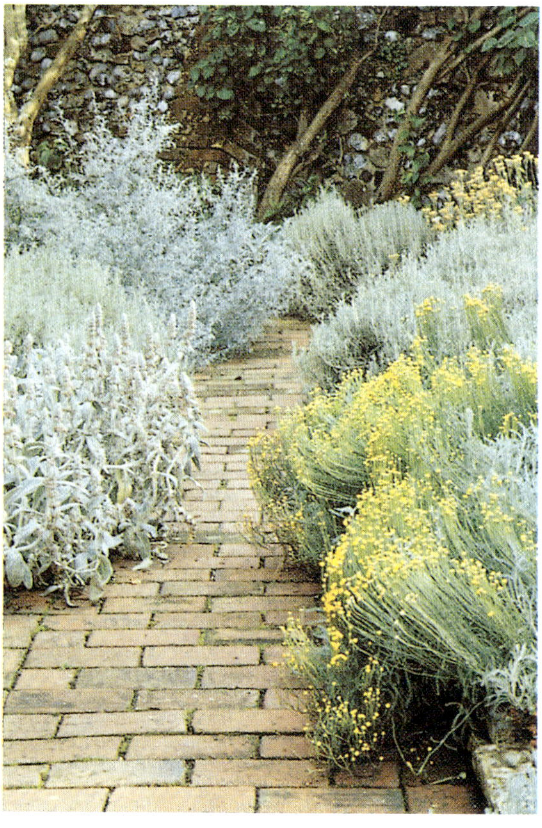
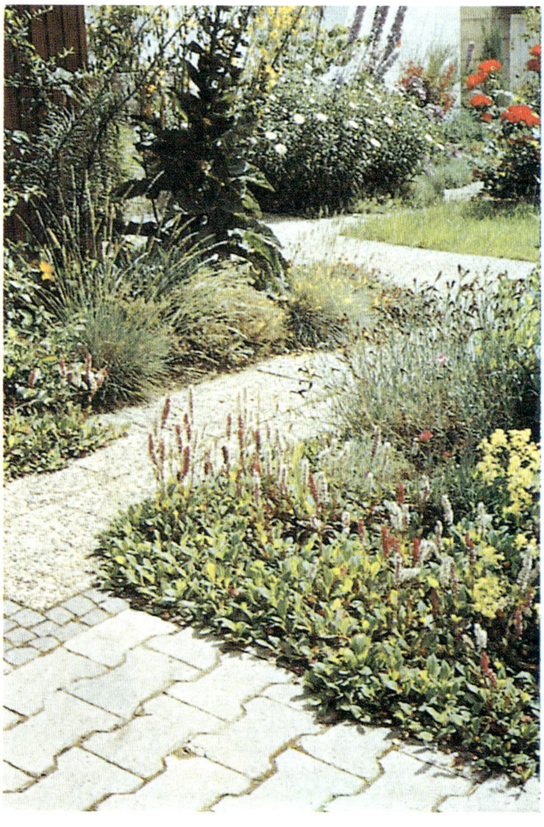

'Weiß'; 'Isabellina' (gelb); 'Lachsrosa'; 'Rosa'; 'Scharlach'; 'Dunkelrot'; 'Blau'. Eine Verbesserung ist die 'Beauty Klasse' mit den gleichen Farben einschließlich violett. Alle 15 cm hoch. 'Globe-Phlox' ist eine breitwachsende Züchtung, die bis 30 cm breit wird. Im Handel als Mischung und rot, 15 cm. 'Cäcilien-Phlox', eine Mischung mit großen Blüten, meist mit buntem Auge, 20 cm. 'Sternzauber' (Twinkle), hat sternförmig ausgezogene Blütenblätter. Als Mischung und rosa und rote Sorten im Handel. – HOHE KLASSEN. 'Grandiflora', in Mischung und als Einzelfarben 30 cm; 'Grandiflora Gigantea', große Blüten, 40 cm; 'Tetra Rot' und 'Tetra Rosa', stämmige Pflanzen mit großen Blüten, 30–40 cm; 'Cuspidata', der hohe Sternphlox in bunter Mischung, 30 cm. Alle VI–X. – Verwendung im Sommerblumenbeet, zwischen Stauden, besonders Iris u.a., im Steingarten und als Einfassung. Boden normaler, durchlässiger Gartenboden. Aussaat III im Gewächshaus, Mistbeet oder direkt ins Freie. Auspflanzen nach Abhärten schon ab Anfang V möglich.

AUSDAUERNDE ARTEN

NIEDRIGE. ○–◐ ♃ |: ⌒ △ ↝ i. *P. amoena*, Nordamerika. Ansteigende oder aufrechte Stengel mit gegenständigen, lanzettlichen Blättern. Blüten in Doldentrauben, magentarot. 'Rosea' ist bekannter, dunkelrosa; 'Variegata', rosa mit weißbunten Blättern. IV–V, 15–25 cm. Verträgt Halbschatten, liebt leicht saure Böden. – *P. divaricata (P. canadensis)*, Nordamerika bis Florida. Niederliegende und aufsteigende Stengel, an den Blattknoten wurzelnd. Blätter spitz-eiförmig, bis 5 cm lang. Blüten an reichblühenden, verzweigten Doldentrauben, hellviolett, lila bis hellpurpur. *P. d.* var. *canadensis*, die östliche Varietät, breitblättriger und gedrungener. *P. d.* var. *laphamii*, westliche Varietät, üppiger, mit ganzrandigen Blüten. V–VI, 20–25 cm. – *P. douglasii*, Nordwestamerika. Wintergrün, ähnlich *P. subulata*, aber rundere, geschlossenere Polster und kürzere Blätter. Blätter pfriemlich, Blüten fast sitzend, rund, rosalila. Wüchsiger, besser und leichter zu vermehren sind die *P. Douglasii-Hybriden*, die alle IV–VI blühen: 'Cracker Jack', scharlachrot, 5 cm; 'Georg Arends', rosalila, 10–20 cm; 'Lila Cloud', lilarosa, 10 cm; 'Red Admiral', rot, 5 cm; 'Waterloo', violettrot, 5–10 cm; 'White Admiral', weiß, 5–10 cm. – *P. subulata (P. setacea)*, Moosphlox, Nordamerika. Bekanntester Polster- oder Teppichphlox. Rasenartiger Wuchs, Stengel niederliegend, verzweigt, schwach verholzend. Blätter linealisch-pfriemlich, immergrün. Blütenform variabel, oft geschlossen, aber auch schmalblättrig. Nur Sorten. 'Atropurpurea', purpurrot; 'Betty', hellrot, 10 cm; 'Daisy Hill', rosarot; 'G. F. Wilson', zartlilablau; 'Maischnee', weiß mit gelbem Auge; 'Ronsdorfer Schöne', großblumig, lachsrosa; 'Rosette', lilarosa, 10 cm; 'Rotraut', karminrot; 'Scarlet Flame', leuchtend hellrot, 15 cm; 'Schneewitt-

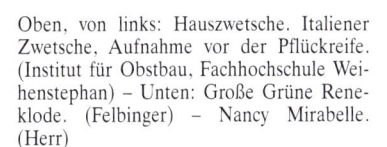

Oben, von links: Hauszwetsche. Italiener Zwetsche, Aufnahme vor der Pflückreife. (Institut für Obstbau, Fachhochschule Weihenstephan) – Unten: Große Grüne Reneklode. (Felbinger) – Nancy Mirabelle. (Herr)

Phlox

Steingarten mit verschiedenen Sorten Polsterphlox, *Ph. subulata*, und Blaukissen, *Aubrieta*. (florabild)

chen', kleinblumig, weiß; 'Sprite', hellrosa; 'Temiskaming', leuchtend dunkelrot, sehr schön. V–VI, 10–15 cm. Bild s. Tafel 47. – HOHE ARTEN. ○ ♃ ✕ D. *P.-Arendsii-Hybriden (P. divaricata* var. *laphamii* × *P.-Paniculata-Hybride)*. Sie blühen nach dem Frühjahrsphlox, aber vor dem Großen Staudenphlox. Im Aussehen zwischen den beiden Eltern stehend. 'Hanna', purpurrosa, 50–60 cm; 'Hilda', weiß, Auge rosa, 60 cm; 'Inge', rosa, Auge weiß, duftend, 50 cm; 'Susanne', weißgrundig, Mitte rot, zum Rand heller werdend, 40–50 cm. Alle VI–VIII, nach Rückschnitt IX–X. – *P. carolina (P., suffruticosa)*, Dickblatt-P., östliches Nordamerika. Aufrechte Stengel. Blätter wechselständig, untere lineal, obere breit-eiförmig. Blüten in mehreren Dolden je Stengel, die unteren gestielt. Nur Sorten mit gesundem Wuchs und langer Blütezeit. 'Magnificence', großblumig, karminrosa mit dunklem

Phlox paniculata 'Schneerausch' und 'Otley Choise'. (Seidl)

Auge, 70 cm; 'Mrs. Lingard', weiß mit rosa Auge, 70–80 cm; 'Perfection', weiß mit rotem Auge, 70 cm; 'Snowdon', reinweiß, 60 cm. VI–IX. – *P. Maculata-Hybriden (P. carolina × P. maculata)*, Wiesenphlox. Langblühende Pflanzen mit glatten, linealischen Blättern. Blüten in dichter, zylindrischer Rispe. 'Alpha', großblumig, lilarosa mit dunklem Auge, 150 cm; 'Delta', weiß m. rotem Auge, 80 cm; 'Omega', weiß m. rosa Auge, 80 cm; 'Rosalinde', dunkler, karminrosa, 100 cm; 'Schneelawine', reinweiß, 100 cm. VII–VIII. – *P. Paniculata-Hybriden (P. decussata, P. paniculata)*, Großer Staudenphlox, Flammenblume. Östliches Nordamerika. Triebe aufrecht, Blätter elliptisch, Blütenstand aus mehreren gestielten Dolden. Nur Sorten: 'Abenddämmerung', dunkelviolett, spät, 90 cm; 'Aida', tiefviolett, mittel, 90 cm; 'Bern', karminrot, kleinblütig, spät, 100 cm; 'Blue Boy', hellblau, weißes Auge, mittel, 70 cm; 'Düsterlohe', tieflilarot, früh, 120 cm; 'Elisabeth Arden', rosa, mittel, 100 cm; 'Furioso', leuchtend lilarot, spät, 100 cm; Graf Zeppelin', weiß, rosa Auge, spät, 80 cm; 'Landhochzeit', hellrosa, mittel, 140 cm; 'Le Mahdi', dunkelblau, mittel, 90 cm; 'Mia Ruys', reinweiß, früh, 50 cm; 'Mies Copijn', rosa, rotes Auge, mittel, 80 cm; 'Nymphenburg', weiß, spät, 140 cm; 'Orange', leuchtend orangerot, spät, sehr gut, 80 cm; 'Pax', weiß, spät, 100 cm; 'Sommerkleid', hellrosa, rotes Auge, mittel, 90 cm; 'Sparfire' ('Frau A. Mauthner'), ziegelrot, mittel, 90 cm; 'Sparfire', leuchtendrot, mittel, 90 cm; 'Sternhimmel', hellviolett, mittel, 100 cm; 'Wilhelm Kesselring', rotviolett, weißes Auge, früh, 80 cm; 'Württembergia' ('Jules Sandeau'), leuchtendrosa, früh, 80 cm. VII–IX. – VERWENDUNG. Hohe Arten im Staudenbeet und zum Schnitt. – BODEN. Frisch, nahrhaft und durchlässig, kalkhaltig. Leichte Düngung im Frühjahr mit Volldünger ist ratsam. – VERMEHRUNG. Teilung, Stecklinge und Wurzelschnittlinge. Letztgenannte Vermehrungsart ist besonders beim Großen Staudenphlox angebracht. Dabei werden keine Stengelälchen übertragen, ein Schädling, der besonders bei schlechter Ernährung zum Absterben der Blätter führt.

Phoenix → Palmen 6.

Phosphor, chemisch P, Hauptnährelement, Umsatz bei gärtnerischer Intensivnutzung etwa 3–5 g/qm/Jahr. In mineral. und org. Stoffen in 1 qm der 20-cm-Schicht des Oberbodens sind ca.

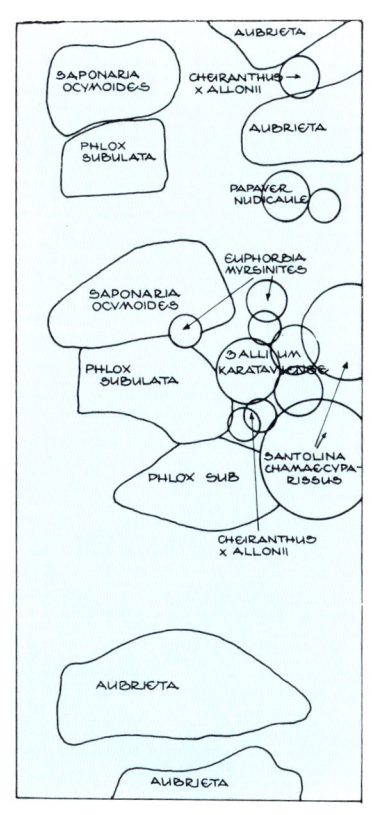

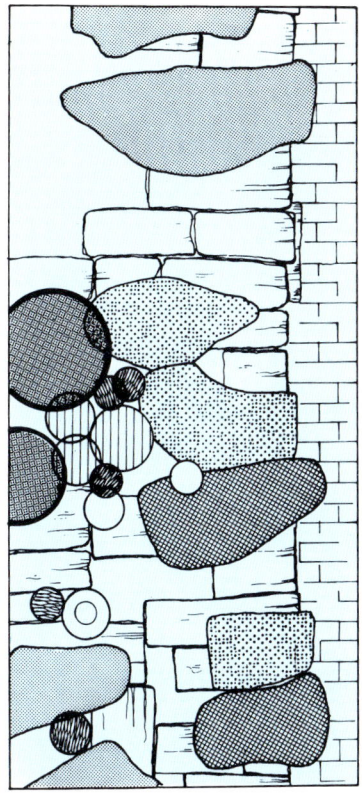

Pflanzplan zum Steingarten mit Phlox und Blaukissen auf nebenstehender Seite.

30–350 g enthalten, in Gartenböden das 2–3fache. Wieviel davon pflanzenverfügbar ist bzw. laufend nachgeliefert wird, hängt ab von pH, Bodenstruktur und biologischer Aktivität. P. in Pflanze wichtiger Baustoff für Eiweiß, Phytin, Lecithin, Enzyme, vorzugsweise beteiligt an Organen der Fruchtbildung von Blüte bis Samen, fördert Reife. – P.MANGEL. Weniger und qualitativ weniger wertvolles Eiweiß, Wurzelbildung beeinträchtigt, Pflanze frostempfindlich und Ernteteile wenig haltbar. Anzeichen für P.-mangel zum Teil deutlich unterschieden von sonstigen Mangelerscheinungen: statt auch vorkommender → Chlorose verfärben sich ältere Blätter von Dunkelgrün zu Gelb, Braun bis Schwarz oder Dunkelrot, sterben schließlich ab. Stengel bleiben sparrig. P.mangel ist durch pH-Korrektur zu beheben, dann durch → Düngung (→ Mineraldünger [Phosphordünger]).

Photosynthese → Fotosynthese.
Phragmopedium → Orchideen 6.
pH-Wert, oder pH-Zahl (lat. potentia Hydrogenii = Kraft des Wasserstoffes). Reines, neutrales Wasser spaltet sich zu einem winzigen Anteil in Wasserstoff-(H-)Ionen und Hydroxyl-(OH-)Ionen (→ Ionen); deren Gewicht je Liter Wasser beträgt $0,0000001\,g = $ mathematisch 7^{-10}. Die pH-Zahl drückt somit die Anzahl der Stellen hinter dem Komma aus. 1 volle pH-Stufe entspricht jeweils einer Zehnerpotenz. Deshalb ist ein zu hoher pH-Wert schwer um 1 Stufe zu senken. Je höher die Zahl, desto geringer die Konzentration der Wasserstoff-Ionen, desto größer die Konzentration der OH-Ionen.

pH-Zahlen-Übersicht:
pH unter 4,0 = sehr stark sauer, hoher Kalkbedarf
pH 4,1–4,5 stark sauer, hoher Kalkbedarf
pH 4,6–5,4 sauer, mittlerer Kalkbedarf
pH 5,5–6,4 schwach sauer, geringer Kalkbedarf
pH 6,5–7,4 neutral, nur auf schweren Böden Kalkbedarf
pH über 7,4 alkalisch, kein Kalkbedarf
Optimale pH-Zahl auf schwereren Böden um 7,0, auf leichteren, sandigen um 6,0. Abb. s. Seite 420.

Phyllitis → Hirschzungenfarn.
Phyllocactus → Kakteen 7.
Phyllodoce → Blauheide.
Physalis → Lampionblume.
Physikalischer Pflanzenschutz, Verfahren zur Verhinderung oder Bekämpfung von Schädlingsbefall, die auf physikalischen Prinzipien beruhen: 1. mechanische: → Abbürsten, → Abhaltung, → Abklopfen, → Abkratzen, → Absammeln, → Abspritzen, → Fallen, Unkrautjäten, Entfernung kranker Pflanzen(teile); 2. akustische (Abschreckgeräusche): → Vogelabwehr, → Wühlmäuse; 3. optische: → Fanglampen, → Vogelabwehr (Blinkketten u. a.).

Physocarpus → Blasenspiere.
Physostegia → Gelenkblume.
Phytolacca → Kermesbeere.

pH-Prüfung mit Teststäbchen. (Dr. Koch)

Hellige-Pehameter zur Prüfung des pH-Wertes. (Herbel)

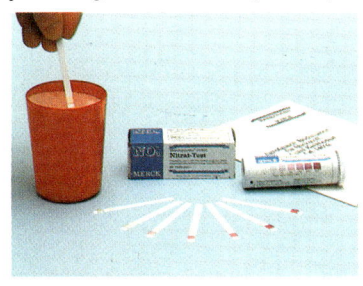

pH-Prüfung mit Calcitest nach Holzweißig. (Neudorff)

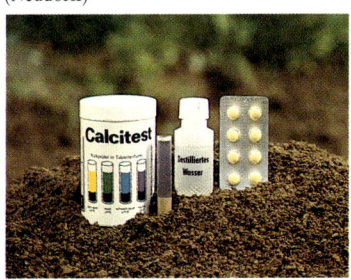

Phytopathologie

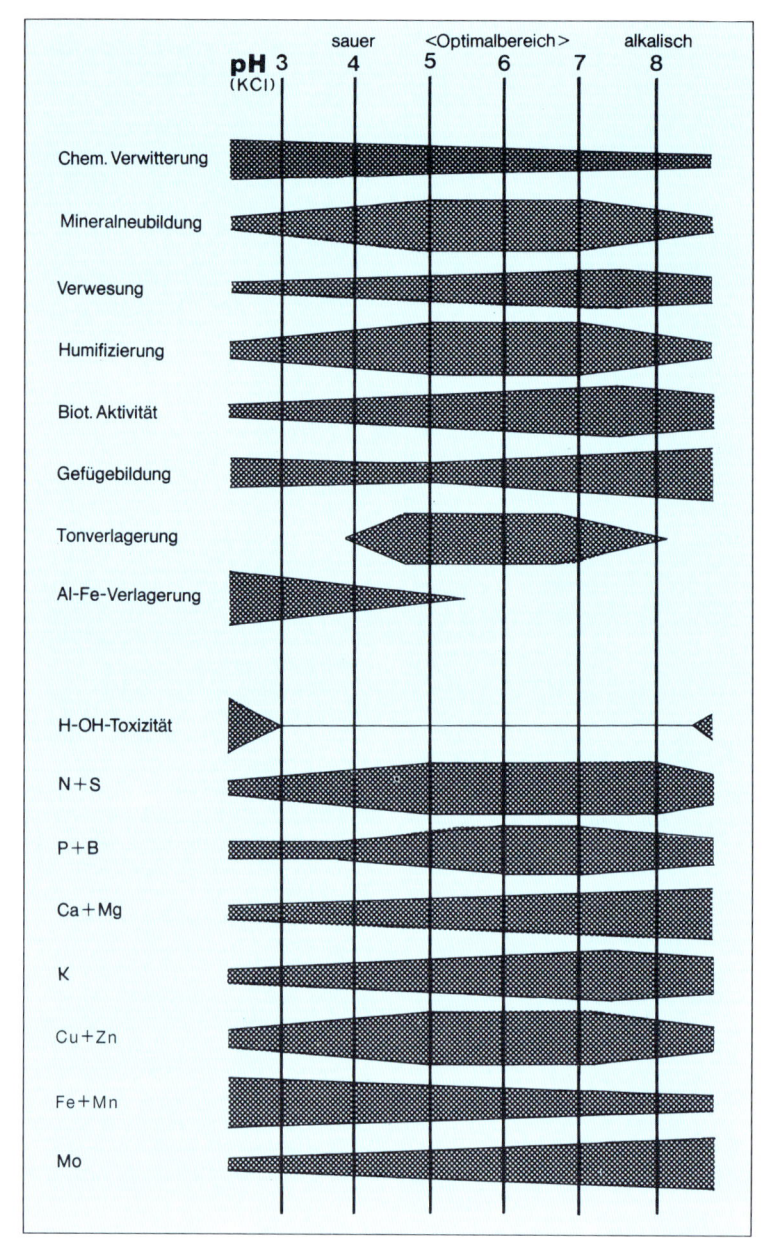

| | pH 3 (KCl) | sauer 4 | <Optimalbereich> 5 6 7 | alkalisch 8 |

Chem. Verwitterung
Mineralneubildung
Verwesung
Humifizierung
Biot. Aktivität
Gefügebildung
Tonverlagerung
Al-Fe-Verlagerung

H-OH-Toxizität
N+S
P+B
Ca+Mg
K
Cu+Zn
Fe+Mn
Mo

Zwischen pH-Wert (Bodenreaktion) und den biologischen und chemischen Vorgängen im Boden bestehen vielfältige Wechselbeziehungen. Die Breite der Bänder gibt die Intensität der Vorgänge (oben) bzw. die Verfügbarkeit der Nährstoffe an (unten). (Schematisch nach Schroeder, Bodenkunde in Stichworten.)

den auffallend roten Jungtrieben. 'Variegata', langsam und breit wachsende Zwergform. Mehr eine Blattpflanze durch die dunkelgrünen Blätter mit weißem Rand, blühfaul. – *P. taiwanensis*. ○ ♄ ∧ i III–V. Ostasien, bis 2 m hoher, aufrechter Strauch mit kreuzförmigen, weißen Blüten. Leider im Austrieb durch Nachtfrost gefährdet. – Humoser, leichter, aber unbedingt kalkfreier Boden in absonnigen Lagen; die Mittagssonne sollte möglichst abgehalten werden. *P. japonica* bevorzugt feuchte bis nasse Böden, *P. floribunda* mehr trockene. P. wirkt besonders unter lichten Gehölzen, wie Kiefern und Lärchen, in Gemeinschaft mit Alpenrosen, Steckpalmen und Prachtglokken. – Vermehrung durch Aussaat oder Stecklinge im VII oder VIII.

Pikieren, auch Verstopfen genannt. Verpflanzen der Keimpflanzen, einmalig oder auch zweimalig, um kräftige, gesunde Jungpflanzen zu bekommen. P. bei der Anzucht unter Glas in Handkisten (30 × 40 × 8 cm) wird mit dem Pikierholz ausgeführt. Bei der Pflanzenanzucht im Freiland wird das P. oftmals durch das rationellere Ausdünnen der Saatbeete und Unterschneiden der Saatreihen (bessere Faserwurzelbildung) ersetzt. Praktiker empfehlen, wo immer möglich, → Direktaussaat, um den Pflanzen den Umpflanzschock zu ersparen. (Literatur: G. Franck, Gesunder Garten durch Mischkultur.)

Pikiergabel, zum Anfassen der kleinen Sämlinge beim Herausnehmen aus der Aussaatschale.

Pikierkiste, Kulturgefäß aus Holz, Ton oder Kunststoff. Sämlinge werden bei der Ausbildung der ersten Laubblätter in P.n gesetzt.

Pilea → Kanonierblume.

Pillarbaum, von Gordon A. Mac Lean in Abingdon, Berkshire/England, als modifizierter senkrechter Schnurbaum entwickelt. Als Unterlage werden wuchshemmende bis halbzwergartige empfohlen. Stammverlängerung hat auf ganzer Länge nur Fruchtholz, das nur einmal trägt. Jedes Fruchtholz ist

Pilliertes Saatgut. (P. Schmidt)

Phytopathologie → Pflanzenkrankheitslehre.
Phytophthora, Braunfäule → (Falscher) Mehltau.
Picea → Fichte.
Pickel → Bodenbearbeitungsgeräte.
Pieris, *Pieris (Andromeda)*. Erikagewächse, *Ericaceae*. Sommergrüne Sträucher, ähnlich der → Lavendelheide, 8 Arten in Nordamerika und Ostasien. – *P. floribunda*. ◐ ♄ IV–V i. Nordamerika, 2–3 m. Breitbuschig, lanzettliche Blätter, aufrechte, 10 cm lange Blütenrispen mit weißen, nickenden Blüten. – *P. japonica*. ◐ ♄ III–V i. Japan. Bis 3 m, breitbuschig, mit dunkelgrünen, lanzettlichen Blättern und elegant überhängenden, 10–12 cm langen, weißen Blütenrispen. Obwohl höher werdend als die vorige Art, ist sie in allem feiner und graziler. 'Compacta' wird nur 1 m hoch, dafür doppelt so breit. – 'Forest Flame' ähnlich *P. japonica*, jedoch mit größeren Blüten und

eine ‚Produktionseinheit'. Erwachsener P. hat die Höhe von 2–2,20 m mit etwa 30–35 Produktionseinheiten, wovon jedes Jahr ¾ fruchten, ¼ ruhen bzw. Neutriebe bilden soll. So hat P. ein- und zweijährige Triebe, auf denen Blütenknospen entstehen, und dreijährige Triebe, die fruchten und danach auf Basalaugen zurückgeschnitten werden. Kein Trieb wird älter als drei Jahre, und jedes Fruchtholz fruchtet nur einmal. In dieser strengen Form nicht mehr üblich, von der Schlanken Spindel abgelöst.

Pilliertes Saatgut, Samen, der mit einer Schutzschicht umgeben ist, um bessere Einzel-Aussaat möglich zu machen, und das → Pikieren zu ersparen.

Pilzanbau. Waldpilze an ihren natürlichen Standorten sind gefährdet, besonders in den Wäldern im Umkreis von Ballungsgebieten; erste gesetzliche Schutzbestimmungen wurden daher erlassen. Speisepilze sind aber beliebt: sie schmecken gut, und im Nährstoffgehalt entsprechen sie den Gemüsearten. Beim Eiweiß (hochwertiger Qualität!) liegen Champignon und Austernpilz mit 25 bis fast 50% der Trockensubstanz ähnlich wie Bohnen und Erbsen; bei Kohlenhydraten übertreffen Speisepilze die meisten Gemüsearten; auch ihre Vitamingehalte sind beachtlich, je nach Art aber sehr verschieden. Pilzanbau im Garten erlebte daher einen Aufschwung. Der Fachhandel führt Pilzbrut, zum Teil sogar beimpfte Hölzer, sowie zugehörige Substrate und Deckerden. Nachfolgend Kulturbeschreibung von sieben Arten, bei denen umfangreiche Praxiserfahrungen vorliegen. Sie werden hier geschlossen be-

Kultur des Champignons in etwa 20 cm tiefen Gefäßen. Die ersten Pilze sind erntefähig. Rechts: Die Fruchtkörper werden abgedreht, nicht abgeschnitten. (Fehn)

handelt, weil die Grundregeln weitgehend übereinstimmen: a) Pilzkultur auf Substraten, b) auf Hölzern. (Nur der Kulturträuschling gedeiht auf Substrat und auf Hölzern.) – Literaturhinweis: Breschke, J.: Eßbare Gartenpilze, Düsseldorf 1988 (Taschenbuch); Lelley, J.: Pilze aus eigenem Garten, München 1978; Steineck, H.: Pilze im Garten, Stuttgart 1976.

PILZANBAU AUF SUBSTRATEN.

Champignon, Egerling, *Agaricus*. *Agariaceae*, Blätterpilze. Mehrere Arten als wohlschmeckende Speisepilze beliebt: Wiesench., *A. pratensis*, Feldch., *A. campestris* u. a. Angebaut wird seit etwa 300 Jahren der Kulturch., *A. bisporus*. – Biologische Voraussetzungen: Substrat, Klima (Temperatur, Luftfeuchtigkeit und Luftaustausch), Deckerde. Die Kultur selbst umfaßt drei Abschnitte: 1. Impfen und Spicken des Substrats, 2. Anwachszeit, 3. Ernte. – SUBSTRAT. Soweit Pferdemist verfügbar, nur frischer, aus Fütterung mit Hafer und Roggenstroh, verwendbar. Erhitzung zur Desinfizierung für einige Tage bis 70°C, dann Rückgang auf etwa 30°C; anschließend zum ersten Mal umsetzen. Zuschlagstoffe beim ersten und zweiten Umsetzen 10 Gewichts% getrockneter Hühnerkot, beim dritten Umsetzen je 100 kg Substrat 2,5 kg feingemahlener Gips. – Sinngemäß ist bei Roggenstroh zu verfahren; dieses nährstoffarme Material ist aber mit 20 Gewichts% Tierkörpermehl und kohlensaurem Kalk anzureichern. KULTURRAUM. Liebhabergärtner können Ch.s im Kleingewächshaus, Folienhaus oder auch im Freien kultivieren. Gleichmäßige Klimabedingungen lassen sich jedoch am besten in einem geschlossenen Kulturraum herstellen. Folgende Kulturdaten daher für den Anbau im (zuverlässig desinfizierten!) Keller. Ch.s gedeihen in der Anwachsphase optimal bei 24°C, in etwa 2 Wochen. Temperatur in der Erntezeit auf 14–16° absenken! Anzustreben ist gleichmäßig hohe rel. Luftfeuchtigkeit (um 90%). Während der Heizperiode Luftfeuchtigkeit durch Sprengen erhöhen. Luftbewegung am besten durch Ventilator sichern, während der Erntezeit mehrfacher stündlicher Luftwechsel notwendig. – DECKERDE. Wird aus guter Garten- oder Lauberde mit Ballentorf oder entsprechend saugfähigen Rindenprodukten zu gleichen Teilen gemischt. Probe auf Feuchtigkeit wie bei → Kompost. → pH-Wert kontrollieren, er muß um pH 7 liegen. Bei niedrigerem Wert aufkalken, bei zu hohem den Torf- bzw. Rindenanteil erhöhen. – SPICKEN, ANWACHSZEIT. Das ausgereifte, nicht mehr nach Ammoniak riechende Substrat in Beeten (40 cm breit, 20 cm hoch) anlegen. Kellerboden gegen Kälte mit Styroporplatten auslegen (kein

Links: Pikieren in Multitopf-Platte. – Rechts: Pikierschale mit Kohljungpflanzen. (P. Schmidt) – Zum Pikieren sind auch → Jiffy-Strips geeignet.

Pilzanbau

Kulturträuschling, auch Braunkappe genannt, wird von Strohballen büschelweise geerntet.

Stammstück mit Shii-take-Pilzbrut gespickt (geimpft). Soweit weiß ist der Stamm durchwachsen.

Austernseitlinge wachsen büschelweise aus gepreßten Strohballen, die Hüte überlagern sich dachziegelartig.

Holz! – Gefahr der Besiedlung mit Schadpilzen). Bei Platzmangel, also im Regelfall, das Substrat in Kisten auf sehr stabilen Regalen aufstellen. Geeignet sind auch Obsthorden mit kräftigen Pfosten, die aufeinander gestapelt werden können. Spicken: Die Brut wie bei Breitsaat in handbreit gelockertes Substrat oder in faustgroße Gruben in ‚Nestern' einbringen (300–500 g Brut/qm). Alsdann Substrat festklopfen und locker mit Erde, Bastdecke oder Papier abdecken. – Gespicktes, in Plastiksäkken abgefülltes Substrat ist auch käuflich zu haben. – Je nach Temperatur und Luftfeuchtigkeit durchwächst die Brut das Substrat in 2–3 Wochen. Dann Schicht von etwa 5 cm Deckerde auflegen, diese anfeuchten, aber nicht durchnässen! Nach weiteren etwa 2 Wochen ist das Substrat an der Oberfläche weißlich verfärbt. Wiederum leicht lockern und anfeuchten. Nach nochmals einigen Tagen erscheinen die ersten Fruchtkörper. – ERNTE: Ausgewachsene Pilzkörper mit anhängendem Myzel und Deckerde vorsichtig abdrehen; nicht schneiden – Fäulnis- und Infektionsgefahr. Löcher mit Deckerde auffüllen, andrücken und Substrat anfeuchten. Einige Ernten in 6–10 Wochen. – VERWENDUNG: Suppen, Saucen, Pilzgerichte u. v. a. m. – Siehe Kochbücher.

Kulturträuschling, Rotbrauner Riesenträuschling, auch Braunkappe', *Stropharia rugoso-annulata*. Junge Exemplare ähneln äußerlich dem Steinpilz. Die zunächst grauen Lamellen werden dunkellila, das weiße, feste Fleisch schmeckt angenehm mild, die Stiele können über 10 cm lang werden. Kultursorten sind in den 60er Jahren in der DDR entstanden. – ANBAU. Brut wird im Fachhandel angeboten. In Pilzfarmen sind auch fertig durchwachsene Strohballen erhältlich. Kultur gleicht ungefähr der des → Champignons; das Träuschlingsmycel entwickelt sich jedoch schon ab 10°C, optimal bei 24°, die Fruchtkörper am besten bei etwa 24°. Kultur auf Strohballen und zwar ohne Deckerde: nur gesundes, frisches Roggen- oder Weizenstroh in fest gepreßten, 40 cm hohen 10-kg-Ballen. Zunächst die wasserabweisende Wachsschicht mit Heißwasser lösen, dann während 1 Woche Ballen gut durchfeuchten, aber nicht durchnässen. Feuchtigkeitsprobe: Einige Halme mit beiden Händen auswringen. Wenn einige Tropfen austreten, kann ‚gespickt' werden: Brut in Löcher mit Gerät wie (Pflanzholz herstellen) in Ballenmitte einbringen und gut schließen. Das Pilzgeflecht durchwächst den Ballen in etwa 4 Wochen. – Bei Strohkultur in Frühbeet, Kleingewächshaus, Bodenbeet, Kästen im Keller usw. das Stroh, ganz oder gehäckselt, schichtweise fest einbringen und dabei Brut in 20-cm-Abstand in mittlerer Schicht in kleinen Häufchen einlegen. Keine Zuschlagstoffe! – Nach etwa 4 Wochen zeigt sich das weiße Pilzgeflecht, dann etwa 6 cm starke Schicht kalkfreier Deckerde (Säuregrad messen, → pH) aufbringen und immer feucht halten. Fruchtkörper wachsen in etwa 4 Wochen. – Ernte wie bei Champignon, in ‚Wellen' mit 2–3 Wochen Abstand. Träuschlinge stehen jedoch büschelweise; am besten so ernten, da verletztes Pilzgeflecht Schwächeparasiten anlockt. – Ertrag: gute Durchschnittsernten liegen bei 5 kg/qm.

Schopftintling, *Coprinus comatus*. Gattungsname *Coprinus* dieses Coprophyten (‚Mistpilze') nach dem griechischen copros = Mist. Kultur wie beim Champignon auf Pferdemist bzw. entsprechendem Substrat. Im Freiland in Schattenlagen, in Beeten, Kisten, im schattierten Frühbeet. In Kulturräumen ganzjähriger Anbau möglich. Dem Substrat beim dritten Umsetzen 1 Gewichts% kohlensauren Kalk beimischen. Substrat-Temperatur beim Beimpfen (‚Spicken') höchstens 28°C. Anschließend Substrat mit Papier abdecken und dieses gleichmäßig feucht – nicht naß! – halten. Sobald das blauweiße Pilzgeflecht das Substrat durchwachsen hat, Abdeckung entfernen, zweifingerbreite Deckschicht aus Gartenerde, gemischt mit kohlensaurem Kalk (40 kg/cbm), aufbringen und konstant feucht halten. Temperatur auf etwa 18°C absenken und Luftaustausch verstärken. – Ernte nach etwa 4 Wochen. Peinliche Sauberkeit! Pilzreste sofort entfernen, da sie leicht verderben und Schadorganismen anziehen. – Verwendung wie Champignon, auch als Diätkost für Diabetiker.

PILZANBAU AUF HÖLZERN.

HOLZARTEN UND ZUSCHNITTE. In Frage kommen nur Laubhölzer, und zwar gesundes, frisches, längstens 4 oder 5 Monate vorher geschlagenes, natürlich feuchtes Holz. Feuchtigkeitsprobe: Sägemehl von Pilzkultur-Hölzern darf beim Zusammenpressen nicht auseinanderfallen. Zu trockene Hölzer nachfeuchten: in Wasserbecken einlegen oder Besprühen (Regner). – Auf Hartholzarten wie Buche oder Eiche durchwächst das Pilzgeflecht den Holzkörper nur langsam, in 6 Monaten oder darüber; diese nährstoffreichen Harthölzer vermitteln Pilzernten über 5–6 Jahre. Im Frühjahr beimpfte, nährstoffärmere Weichhölzer von Baumarten wie Birke oder Pappel dagegen werden in 3–4 Monaten durchwachsen, so daß es schon im ersten Kulturjahr Pilzernten geben kann, allerdings nur über 3 oder 4 Jahre. – Stärke der etwa 1 m langen Hölzer mindestens etwas 15 cm; Höchststärke beliebig; sie dürfte sich jedoch aus der Hantierbarkeit hinsichtlich Gewicht je nach Holzart ergeben. – BEIMPFEN, SPICKEN. In der Praxis hat sich die Schnittmethode (s. Abb.) weitgehend durchgesetzt, weil das Pilzgeflecht den Holzkörper nach beiden Richtungen hin durchwachsen kann, insbesondere bei gegeneinander versetzten Einschnitten (s. Shii-take). Die Einschnitte sollten so tief wie möglich gehen, dürfen die Festigkeit der Scheite jedoch nicht gefährden. Körnerbrut wird mit Hilfe von Stäbchen oder flach zulaufenden Trichtern in die Schlitze eingebracht. Schnittstellen alsdann mit Klebeband sorgfältig verschließen. – DURCHWACHSZEIT. Je besser Temperatur (20–25°C) und relative Luftfeuchtigkeit (90%) dem Optimum entsprechen, um so schneller besiedelt das Pilzgeflecht (Myzel) den Holzkörper: in 3–4 Wochen bei Weichhölzern, in 6 Monaten und mehr bei Harthölzern. – LAGERUNG DER HÖLZER. Wer zunächst versuchsweise oder für den Bedarf eines Kleinhaushaltes nur ein paar Hölzer beimpfen will, lagert sie in einem perforierten Plastiksack bei Temperaturen um 20°C. Größere Mengen beimpfter Scheite werden während der Durchwachszeit in Mieten feuchtschattig gelagert. Die Miete wird mit feuchtem Stroh in etwa 15 cm starker Schicht sorgfältig abgedeckt und in schwarze, perforierte Folie ‚eingepackt'. Allgemeine Richtlinie: gleichmäßig feucht-warmes ‚Klima' anstreben.

Austernpilz, Austernseitling, Muschelpilz, *Pleurotus ostratus*. Familie der Knäuelinge, *Pleurotaceae*. Einer der wichtigsten kultivierten Speisepilze. Es gibt zwei Formen: Sommer- und Winteraustempilz, daher ganzjährige Kultur möglich, Frostperioden ausgenommen. Au.e wachsen büschelweise, die Hüte überlagern sich dachziegelartig. Hüte der Sommerform gelb bis braun, der Winterform dunkler, bis blauschwarz. Der Sommerau. fruchtet von 15–25°C, ist wüchsiger und bringt höhere Erträge als der bei 4–15°C fruchtende Winterau. Die Brut der Sommer- bzw. Winterform ist für die geplante Kulturperiode auszuwählen. Sie ist leicht verderblich und gekühlt, nicht tiefgefroren, kurzfristig haltbar. – ERNTE. Der Winterau. wächst schubweise in 2–3 Wochen ab Herbst bis Frühjahr, der Sommerau. laufend in eineinhalb bis 2 Wochen. Günstigster Erntezeitpunkt ist, wenn die zunächst eingerollten Hüte anfangen, sich aufzubiegen. Geerntet wird büschelweise, damit kein verletztes Pilzgewebe ste-

So wird das angesägte Stammstück mit Shii-take-Brut geimpft: mit einem Stäbchen wird sie eingeschoben.

henbleibt. – KULTUR AUF STROH. Als einziger unter den holzbewohnenden Pilzen kann der Au. ganzjährig auch auf Stroh kultiviert werden: Im Freien die Sommerform im Sommer-, die Winterform im Winterhalbjahr; in Kulturräumen wie Keller oder Kleingewächshaus beide Formen unabhängig von der Jahreszeit. Geeignet ist gesundes, frisches Stroh aller Getreidearten, auf 2–3 cm gehäckselt und sterilisiert, d.h. mindestens 1 Stunde abgekocht. Die Brut muß mit desinfizierten Händen gleichmäßig in das Stroh eingemischt werden. Durchwachsphase, beispielsweise in perforierten 5-kg-Plastiksäcken bei Temperatur um 20°C in sorgfältig desinfizierten Räumen wie Keller oder Waschküche. Das weiße Myzel sollte das Substrat in 3 Wochen ganz besiedelt haben. Bildung der Fruchtkörper in aufgeschnittenen Säcken bei normalem Tageslicht und hoher Luftfeuchtigkeit beginnt nach etwa 3 Wochen innerhalb von eineinhalb bis 2 Wochen. Ernte wie bei Holzkultur. – Samtfußrübling, Winterpilz, *Flammulina velutipes*. Einzige kultivierte Art aus der Gruppe der Rüblinge. Etwa 5 cm großer, gelber bis brauner Hut mit hellgelben Lamellen auf langem, dünnen Stiel. Kultur wie bei sonstigen holzbewohnenden Kulturpilzen, → Austernpilz. Ernte des Samtfußrüblings jedoch in der kalten Jahreszeit. Durchwachszeit des Myzels bei Beimpfung im Frühjahr etwa 4 Monate, bei Beimpfung im Herbst bis zu 1 Jahr.

Shii-take, *Lentinus edodes*. Dieser seit über 2000 Jahren in Japan kultivierte Speisepilz wird dort im luftfeuchten Klima nach jahreszeitlich gegebener Temperatur angebaut, nicht in klimatisierten Kulturräumen. Mit dem Aufkommen des Pilzanbaues in Gärten verbreitete sich der Anbau des Shii-take auch in Europa. – Kulturverfahren

Shii-take-Fruchtkörper, in zwei Wochen gewachsen, an einer Spick- oder Impfstelle erntereif. (5 Fotos Fehn)

sinngemäß wie bei übrigen auf Holz gezogenen Arten (→ Austernpilz). Verwendet werden allerdings nur 10–20 cm starke (‚Schwachholz'), bis 1,5 m lange Stücke von Birke, Edelkastanie oder Eiche. Beimpft wird mit Körnerbrut in gegenüberliegenden, im Abstand von 40 cm angebrachten Einschnitten. Das Pilzgeflecht durchwächst die Hölzer in der Miete in 3–4 Monaten. Sie werden dann bei 14–20°C aufgestellt (s. Abb.). Fruchtkörper wachsen in etwa 2 Wochen. Ernte in den Monaten mit entsprechender jahreszeitlicher Temperatur über 5–6 Jahre. Hölzer nach Bedarf feucht halten (Sprühen, Beregnen). – Verwendung sehr vielseitig, s. Spezialliteratur. Stockschwämmchen, *Kuehneromyces mutabilis*. Hüte von etwa 5 cm Durchmesser mit typischer Färbung: dunkler Mittelfleck, hellerer Mittel- und dunklerer Außenring. Bis zu 12 cm lange Stiele. Kultur nur im Freiland. Das Myzel durchwächst das Holz bei optimaler Temperatur von 20–25°C und hoher Luftfeuchtigkeit in 2–3 Monaten. Die in Büscheln wachsenden Pilze werden mit Stielen geerntet, diese jedoch nicht mitverwertet. Die Hölzer geben Nährstoffe über eine Zeitspanne von bis zu 5 Jahren her.

Pilze, sehr artenreiche, zum Pflanzenreich zählende Gruppen von Organismen ohne Blattgrün und ohne Leitgefäße, die sich saprophytisch von sich zersetzendem und parasitisch von lebendem organischen Gewebe ernähren. Viele Arten parasitisch auf Kulturpflanzen: Erreger von Pilzkrankheiten (Mykosen). Vier Klassen: 1. ARCHIMYCETEN (Urpilze), Vegetationskörper nackt, ohne Zellwand; z.B. → Umfallkrankheit der Kreuzblütler sowie → Kohlhernie; 2. PHYCOMYCETEN (Algenpilze), Pilzfäden (Hyphen) ungegliedert; hierher → Phytophtora und

Pilzkrankheiten

Fiederblatt-Pimpernuß, *St. pinnata.* (Seidl)

andere falsche Mehltaupilze (→ Mehltau); 3. ASCOMYCETEN (Schlauchpilze), mit im Inneren gebildeten Sporen (Endosporen), z.B. echter Mehltau (→ Mehltau) und → Schorf; 4. BASIDOMIYCETEN (höhere Pilze) mit nach außen abschnürenden Sporen (Exosporen); hierher gehören neben den Speisepilzen u.a. die Rostpilze (→ Rostkrankheiten).

Pilzkrankheiten, entstehen meist durch Infektion mit Sporen (= der Verbreitung dienende Dauerformen der → Pilze), welche auf oder in der Wirtspflanze wachsen und dort Pilzgeflechte (Mycelien) ausbilden. Sie werden durch feuchtwarmes Wetter begünstigt. Die Abwehr pilzlicher Erreger ist schwierig und mit umweltverträglichen Mitteln nur zum Teil erfolgreich. Solche Mittel sind Bio-S (Schweiz: Ledax Bio) → Kaliumpermanganat (Beize), → Knoblauch- und Zwiebelextrakt, → Meerrettichtee.

Pimpernell, Bibernelle und viele ähnlich lautende Namen. Darunter fallen zwei ganz verschiedene alte Kulturpflanzenarten: 1. Kleine Bibernelle, *Pimpinella saxifraga.* Doldenblütler, *Umbelliferae.* Die Wurzeln wurden früher gegraben und als Heilmittel gegen Pest und Cholera, die Blätter als Gewürz in Suppen verwendet. Heute kaum mehr bekannt. – 2. Bibernelle, *Sanguisorba minor.* Rosenblütler, *Rosaceae.* Einheimische, ausdauernde Wildpflanze an mannigfaltigen, vorwiegend mageren Standorten in ganz Europa; öfters von früherem Anbau her verwildert. Früher häufig als Gewürz und Salatpflanze angebaut; jetzt nur noch selten. – Anbau: Saat ab III–IV in Reihen, sehr anspruchslos. Abschneiden der jungen noch zarten Blätter. Verwendung zum Würzen von Salaten.

Pimpernuß, *Staphylea.* Pimpernußgewächse, *Staphyleaceae.* Sommergrüne Sträucher mit gegenständigen Blättern. 11 Arten in der nördlichen gemäßigten Zone. Name mittelhochdeutsch ‚pümpern' = klappern. Die blasig aufgetriebenen Früchte geben, wenn sie vom Wind bewegt werden, ein raschelndes oder klapperndes Geräusch von sich. – *S. colchica.* ○–◐ ♄ V D. Kaukasus, bis 4 m, aufrechter Wuchs und lebhaft grüne Belaubung. Die gelblich weißen Blüten in aufrechten Blütenrispen duften leicht; werden meist vom Laub verdeckt. Die Gartenform 'Coulombieri' ist in allen Teilen etwas größer. – *S. pinnata.* ○–◐ ♄ V–VI. Mittel- und Südeuropa. Aufrechter, baumartiger Strauch mit lebhaft grünen, eschenartigen, unterseits blaugrünen Blättern und grünlichweißen, rötlich überlaufenden Blüten, in 12 cm langen, hängenden Trauben. – Ansprüche: Leicht humoser, kalkhaltiger Boden, sonnige oder auch schattige Lage. Geeignet als Deck- oder Gruppenpflanze in Parks oder größeren Gärten. – Vermehrung: Aussaat bei den Arten möglich, aber nicht gebräuchlich; üblich sind Stecklinge von den kurzen Seitentrieben im Sommer oder Absenker.

Pinguicula → Insektivoren 5.
Pinie → Kiefer.
Pinus → Kiefer.
Pinzieren, Herausbrechen oder -kneifen des Haupt- oder Kopftriebes einer Pflanze, nach dem französischen ‚pincer' = kneifen.
Piper → Pfeffer.
Pippau, *Crepis.* Korbblütler, *Compositae.* ○ ⊙ |:. Diese aus Ein- und Mehrjährigen bestehende Gattung ist sehr artenreich. Die einjährige *C. rubra* stammt aus Südeuropa. Bis zu 40 cm, grundständige, rosettenartige Blätter. Vor dem Aufgehen sind die auf relativ langen Stielen sitzenden rosigroten Blüten nickend. Nachteilig ist, daß sie sich schon nachmittags schließen. Blüte je nach Aussaat bereits ab Anfang VI, ca. 4 Wochen. – Kurzlebige Rabattenpflanze, gelegentlich Füller im Steingarten. Sehr anspruchslos, gedeiht noch auf mageren und trockenen Böden. – Aussaat üblicherweise ab Ende III an Ort und Stelle mit etwa 20–25 cm Reihenabstand, doch auch Herbstsaat möglich. Bei zu dichtem Auflaufen ziehen. – *C. aurea.* ○–◐ ♃ △ VI–VIII. Alpen und Vorgebirge. 10–20 cm hoch, leuchtendorange Blüten über dunkelgrüner, gezähnter Blattrosette. Liebt schweren Boden. Vermehrung durch Aussaat.

Piptanthocereus → Kakteen 9.
Pitcairnia → Ananasgewächse 1.
Pittosporum → Klebsame.
Pityrogramma → Farne 8.
Planschbecken, für Kinder im Garten oder im Freibad gebautes oder aufgestelltes Becken mit niedrigem Wasserstand.

Plastiktunnel, auch Folientunnel genannt, werden in verschiedenen Größen für Gartenbau und Privatgärten angeboten. Für letztgenannte z.B. 65 × 250 cm, 130 × 250 cm. Auch selbst herstellbar. → Folientunnel. P. sind in der Anschaffung billiger als Frühbeete. Weitere Vorteile: gute Belichtung, ausreichende Wärmeisolierung bei Verwendung doppelter Folie, einfache Lüftung durch Hochschlagen der Seitenwände, große Beweglichkeit (ähnlich Wanderkasten), raumsparende Lagerung im Winter. – Nachteil: Geringere Lebensdauer als Frühbeet, weniger ‚solides' Aussehen.

Platane, *Platanus.* Platanengewächse, *Platanaceae.* Platanengewächse, *Platanaceae.* Sommergrüne Bäume. 7 Arten in Südeuropa, Vorderasien und Nordamerika. Charakteristisch ist die Borke, die in kleineren und größeren Stücken abblättert, wodurch der Stamm grünlich, gelblich und bräunlich gefleckt ist. Im Süden verbleiben die Blätter 2–3 Jahre am Baum, bei uns hingegen fallen sie in jedem Jahr, verhältnismäßig spät im Herbst ab. Das Holz ist grobfasrig, zäh, ziemlich hart, aber nicht sehr dauerhaft; Bau- und Werkholz, seltener zu Möbeln. – *P.* × *hispanica (P. orientalis* × *P. occidentalis, P.* × *acerifolia).* Breitausladend, bis 30 m, mit bis zum Boden hängenden Zweigen, 25 cm breiten, drei- bis fünflappigen, dunkelgrünen Blättern, im Herbst gelb. Die kugelrunden Früchte hängen in der Regel zu zweit an einem Stiel. – *P. orientalis.* ○ ♄. Südeuropa und Vorderasien, bis 30 m. Stamm bis zur Spitze durchgehend mit breiter, runder Krone, 20 cm breiten, fünf- bis siebenlappigen Blättern und runden Früchten zu 2–6 an einem Stiel. Erreicht kolossale Dimensionen und hohes Alter. – Tiefgründiger, warmer Boden in sonniger, freier Lage. Wertvoller Park- und Promenadenbaum, der entweder freiwachsend oder gekappt gezogen wird. Äußerst widerstandsfähig gegen Kohlenstaub, schwefelige Luft und mechanische Schädigungen, die rasch verwachsen, deshalb auch vorzüglicher Straßen- oder Alleebaum. – Vermehrung durch Aussaat oder Steckhölzer, die so geschnitten werden müssen, daß ein Aststück vom zweijährigen Holz verbleibt. In Süditalien durch Pfähle (Riesenstecklinge).

Platanus → Platane.
Plattährengras, *Uniola.* Gräser, *Gramineae.* ○ ♃ ✕. Etwa 10 Arten in

Duftwicke, *Lathyrus odorata*. (Jesse)

Amerika, davon 1 als Staudengras in unseren Gärten. *U. latifolia*, mittleres und östliches Nordamerika. Stielrunde Halme mit lanzettlichen, verbreiterten Blättern. Rispe nickend. Ährchen langgestielt, eirund, platt zusammengedrückt. VIII, 80 cm. Verwendung in Staudenpflanzungen, zum Schnitt als hübsches Trockengras. Boden normaler Gartenboden. Vermehrung durch Aussaat.

Plattenbelag, eine mit Platten aus → Naturstein, → Beton oder → Ziegelstein befestigte Fläche, deren Unterbau und Verlegweise auf Beton oder in Sand sich nach der Belastung richtet. Den unterschiedlichen Materialien entsprechend gibt es zahlreiche Formen und Formate, die in Verbänden verlegt werden. Allein bei Natursteinplatten unterscheidet man Polygonalverband, Rechteckverband, römischer Verband und kreuzfugenfreies Verlegen in Bahnen.

Plattenokulation, eine in USA aus der Ringokulation entwickelte Veredlungsmethode für alle Schalenobstarten. Wird mit Doppelmesser, dessen Klingen 3 cm Abstand haben, ausgeführt, d.h. es wird vom Edelreis die Augenplatte herausgeschnitten, an der Unterlage eine Rindenplatte abgehoben, um an deren Stelle die Augenplatte einzusetzen und mit elastischem Verband zu versehen. Voraussetzung sind: Gut lösende Unterlagen, frische Edelreiser, einwandfreie Technik der Augenplattengewinnung, warmes Wetter (+ 30°C) während und bis 2 Wochen nach der Operation.

Platterbse, Wicke, *Lathyrus*. Schmetterlingsblütler, *Leguminosae*. ○ ⊙ ✕ D. Die meisten der über 100 Arten sind in der nördlich gemäßigten Zone heimisch. Kräuter mit paarig gefiederten Blättern, meist mit Blattstielranken. In unseren Gärten sind drei Arten anzutreffen: zwei-, mehrjährige und eine einjährige. – *L. latifolius*, ○–◐ ♃ ⚥ ✕

VI–VIII. Staudenwicke. Von Südeuropa bis Rußland verbreitet. Klettert bis 2 m hoch, Blüten zu 3–8 in Trauben angeordnet, der einjährigen Duftwicke gleichend, aber ohne Duft. 'Rose Queen', malvenrosa; 'White Pearl', rein weiß; geeignet zur Bekleidung von Mauern u. Zäunen u. als guthaltende Schnittblume. – *L. vernus*, Frühlings-P. ◐–● ♃ IV–V. Europa bis Sibirien heimisch. Dicht, buschig, ohne Ausläufer, 20–30 cm hoch. Blüten anfangs rötlich, im Verblühen grünblau, daher oft zweifarbig. Dauerhafte Frühlingsstaude; die weiße Form 'Albifloris' wirkt besonders aus dem tiefen Schatten. – Vermehrung durch Samen und Teilung. – *L. odoratus*, wohlriechende Wicke, Edelwicke, Duftwicke, einjährig. Urform in Südeuropa heimisch, dort 1–2 m. Ist züchterisch stark bearbeitet worden, besonders die Blüten wurden sehr vergrößert, auch der Wuchstyp erheblich verändert. Typisch dafür die nur ca. 25 cm hoch werdenden modernen Zwergformen. Das Farbenspiel der neuen Züchtungen ist sehr reichhaltig: von Weiß über Blau, Rosa und Rot bis Purpur, sogar Zartgelb. Die Blumen der modernen hochklimmenden Züchtungen sind meist langstielig, mit 5 oder mehr Blüten je Stiel und hervorragend für den Schnitt geeignet. Deshalb auch beliebte gärtnerische Treibkultur. Leider aber duften die meisten neueren Züchtungen nur noch wenig. – Am besten werden die Züchtungen nach ihren recht unterschiedlichen Wuchshöhen klassifiziert. HOHE RASSEN. 120–150 cm. Können nur an Drahtgerüsten oder anderem Stützmaterial kultiviert werden. Ausgesät wird in der Reihe oder häufchenweise entlang der Gerüste. Relativ frühblühende Rassen sind 'Curthertson Floribunda' oder die besonders großblumige 'Royal', die auffallend lange blüht. Alle genannten Rassen in Mischung und Farbsorten. – HALBHOHE RASSEN. 60 cm, können sowohl an niedrigen als auch, insbesondere in windgeschützten Lagen, ohne Gerüst kultiviert werden. Am bekanntesten die frühblühende 'Knee Hi'. Wird ausschließlich in Mischung angeboten. NIEDRIGE RASSEN. |:. Nur ca. 25 cm, brauchen keine Stütze, deshalb für niedrige bunte Beete, auch für Schalen und Balkon. Bekannteste Rassen 'Kleiner Liebling' (Little Sweetheart) und die etwas höher werdende 'Bijou'. Beide nur als Mischungen. – Im Liebhabergarten ist Direktsaat üblich, ab III. Tiefgründige, durchlässige und nährstoffreiche Böden in vollsonniger Lage.

Bei frühen Aussaaten Blüte ab etwa VI. Hauptblüte meist etwa 4–6 Wochen. Der Flor läßt dann merklich nach bzw. hört ganz auf, insbesondere bei ungünstiger Witterung und wenn kaum Blumen geschnitten wurden.

Plattenweg → Gartenweg.
Platycerium → Farne 7.
Platycodon → Ballonblume.
Platyopuntia → Kakteen 3.
Platzen, Aufreißen oder Aufspringen des Gewebes von Wurzel-, Knollen-, Frucht- und Kopfgemüse. Kohlrabi, Karotten, Kopfkohlarten usw. Oft hervorgerufen durch Überreife, gelegentlich auch durch unregelmäßige Wachstumsbedingungen wegen großer Temperatur- und Feuchtigkeitsschwankungen. Überdüngung mit Stickstoff fördert P. Vorbeugung: rechtzeitig ernten, bei Trockenheit gießen, zurückhalten mit Stickstoffdüngern.
Plectranthus → Harfenstrauch.
Pleione → Orchideen 2, 7.
Pleiospilus → Mittagsblumengewächse.
Pleurotus ostreatus → Austernpilz, Austernseitling → Pilzanbau.
Plexiglas → Acrylglas.
Plumbago → Bleiwurz.
Poa → Rasengräser, → Rispengras.
Podest, in Verbindung mit Wegen, Stufen und Treppenläufen stehender Absatz, der ab 14 Stufen vorgeschrieben ist. Ein P. wird zugleich auch vorgesehen, um einer Treppe eine andere Richtung zu geben.
Podophyllum → Maiapfel.
Poinsettie, Weihnachtsstern, *Euphorbia pulcherrima*. Wolfsmilchgewächse, *Euphorbiaceae*. ○–◐ ♃ ⚘. Im tropischen Mexiko und angrenzenden Mittelamerika beheimatet, erreicht dort als großer Strauch 3–4 m. Bei uns werden meist ein- oder mehrstielige Topfpflanzen angeboten, die eine Höhe von maximal 40 cm haben sollen. Blätter langgestielt, rhombisch zugespitzt oder lappig gekerbt. Die eigentlichen Blüten sind klein, unscheinbar und sitzen in der Mitte der prächtig gefärbten Hochblätter (Brakteen). Diese Hochblätter können rot, rosa, weiß oder zweifarbig sein. Die P. ist → Kurztagspflanze, d.h. sie legt ihre Blüten an, wenn die Tage eine bestimmte Länge unterschreiten. Deshalb kann sie vom Gärtner von IX–V blühend angeboten werden, wenn man sie verdunkelt. Der natürliche Blütebeginn ist XII. Aus diesem Grund ist der Name 'Poinsettie' treffender als ‚Weihnachts- oder Adventsstern'. Die Hochblätter behalten ihre leuchtende Farbe bei guter Pflege, d.h. Temperaturen um 18°C, kei-

Poinsettie, Weihnachtsstern, *Euphorbia pulcherrima.* Drei Pflanzen mit roten, weißen und rosa Hochblättern zusammengestellt. (Seibold)

ne Ballentrockenheit, gleichmäßige Feuchtigkeit und Flüssigdüngung bis in den V. Dann schneidet man zurück, topft um (kräftige, durchlässige, saure Substrate sind richtig) und kultiviert weiter. Die P. treibt dann aus, mit mehr Trieben, und beginnt, je nach Sorte, Anfang oder Mitte XII mit der Blüte. Alte Pflanzen haben meist nicht so große Brakteendurchmesser, doch sind auch sie, besonders durch die Vieltriebigkeit, sehr ansprechend. – Die Vermehrung durch Stecklinge ist für den Liebhaber zu schwierig.

Polemonium → Jakobsleiter.
Pollen, Blütenstaub, also Produkt der Staubbeutel mit männlichem Kern. P. muß auf Stempelnarbe gelangen, dort keimen und mit Pollenschlauch in Samenanlage hinein wachsen, um dort Befruchtung zu vollziehen. P.spender ist die Sorte, die geeigneten Pollen für Befruchtung anderer Sorten liefert. In größeren Anlagen müssen neben Hauptsorten mindestens 10% Pollenspendersorten sein, die nicht unbedingt Ertragssorten zu sein brauchen und nicht immer geerntet werden.
Polyantharose → Rose.
Polygala → Kreuzblume.
Polygonatum → Salomonssiegel.
Polygonplatte, unregelmäßiges oder regelmäßiges Vieleck aus Naturstein, gesägte oder unbearbeitete Kante, von mindestens 0,25 qm Grundfläche, in Sand oder Mörtel auf Wegen und Plätzen verlegt.
Polygonum → Knöterich.
Polypodiaceae → Farne.
Polypodium → Tüpfelfarn.
Polystichum → Farne 4, → Schildf.
Pomologie → Obstsortenkunde.
Poncirus → Bitterorange.
Pontederia → Hechtkraut.
Populus → Pappel.
Porenvolumen, der nicht aus festen Bodenteilchen, sondern aus Hohlräumen bestehende Volumenanteil des Bodens. P. beträgt bei fruchtbaren Böden rund 50% des Gesamtvolumens und sollte zu etwa gleichen Teilen aus luftführenden Grobporen (größer als 0,01 mm), wasserführenden Mittelporen (größer als 0,0002) und Feinporen kleiner als 0,0002 mm) bestehen. → Bodenstruktur, → Bodenluft, → Wasserdurchlässigkeit.
Porree, Lauch, Winterlauch, *Allium porrum.* Liliengewächse, *Liliaceae.* Stammt aus dem Mittelmeergebiet, bereits bei Ägyptern, Griechen und Römern wichtige Gemüseart. Zweijährig bis ausdauernd. Im Jahr der Saat keine Blüte; bildet nach Überwinterung einen Blütenschaft aus. Nach Samenernte und Absterben des Blütenschaftes kann die Pflanze durch Brutzwiebeln überdauern. – Anbau: Aussaat III–IV ins Frühbeet in Reihen, ziemlich dicht; Pflanzung Ende IV–Anfang V in tiefgründigen Boden. Wurzeln und Blätter vor dem Pflanzen leicht einkürzen; tief pflanzen; Reihenabstand 30 cm, in der Reihe 25 cm. Nach Erstarken der Pflanzen zur Gewinnung langer Schäfte leicht anhäufeln. Ernte ab Anfang X. In rauhen Lagen vor Frosteintritt ausgraben, putzen, im Keller oder dicht gestellt in leerem Frühbeet gut abgedeckt einwintern. In milden Lagen Überwinterung im Freien möglich. – Verwendung: Als Gewürz in Suppen, vor allem aber als Gemüse gekocht oder gratiniert. Besonders wohlschmeckend wenn gebleicht (→ Bleichen).
Portulaca → Portulak.
Portulak, *Portulaca.* Portulakgewächse, *Portulacaceae.* Über 1000, in den Tropen und Subtropen heimische, einjährige und staudige Arten. – SOMMERBLUMEN. Portulakröschen, *P. grandiflora.* ○ ☉ |: ▽. Wächst niederliegend und breit. Nur ca. 15 cm, kleine, stielrunde, fleischige Blätter. Das Farbenspiel der relativ großblumigen, endständigen Blüten ist sehr bunt. Meist nur als ‚Einfache Prachtmischung' und ‚Gefüllte Prachtmischung' angeboten. Letztere ist jedoch nur zu etwa 70% gefülltblühend und nicht so wirkungsvoll wie die rein einfach blühenden. Die neuen F_1- + F_2-Hybriden wie 'Calypso' und 'Sunglow' werden auch als

Poree Ekkehard. (van Waveren)

Portulakröschen, *P. grandiflora*. (Seidl)

Farbmischungen angeboten. Sie sind leuchtender, haben größere, gut gefüllte Blüten. Blüten (VII–Frost) nur bei Sonnenschein geöffnet. – Verwendung in der Hauptsache als Füller im Steingarten, weniger für niedrige Beete, Rabatten und Topfkultur. Wächst am besten auf mageren, sandigen Böden in vollsonniger Lage. Aussaat üblicherweise direkt an Ort und Stelle ab Ende IV breitwürfig. Zu dichte Aussaaten verziehen. – ZIMMERPFLANZEN. *P. umbraticola*. Südliche USA. Ampelpflanzen mit fleischigen, oval-lanzettlichen Blättchen, bis 2 cm lang. Blüten groß, 2–3 cm breit, weiß, rosa, gelb, orange, rot. – Hübsche Ampelpflanze für helle Standorte, sommers auch im Freien, auffällig durch die großen Blüten. Durchlässige Substrate, winters 12–15°C. – Vermehrung durch Stecklinge; gleich mehrere in einen Topf stecken.

GEMÜSE. *Portulaca oleracea* ssp. *sativa*. Herkunft vermutlich Himalaja bis Kaukasus. Im Mittelalter auch bei uns häufig angebaut; jetzt überall verwildert und gelegentlich lästiges Unkraut. Zwei Formen: niederliegende und aufrechte; letztere für Kultur empfehlenswerter. – Anbau: Saat ab Anfang V in feinen, nur schwach gedüngten Boden. Für regelmäßige Ernte alle 3 Wochen nachsäen. Schneiden der Triebe, wenn diese 15 cm lang sind. Pflanzen können zweimal geschnitten werden. – Verwendung: Als Zugabe zu Suppen, vor allem aber als Salat.

Portulakröschen → Portulak.
Potamogeton → Laichkraut.
Potentilla → Fingerkaut, → Fingerstrauch.
Pothos → Efeutute.
Prachtglocke, *Enkianthus*. Erikagewächse, *Ericaceae*. Sommergrüne Sträucher oder kleine Bäume. 10 Arten in Ostasien und am Himalaja. Name nach den glockigen Blüten in endständigen, hängenden Dolden. – *E. campanulatus*. ☉ ♄ V. Japan. 3 m hoher Strauch mit aufrechtem Wuchs und eiförmigen Blättchen, im Herbst leuchtend rot. Die rötlichweißen oder rötlichgelben Blüten erscheinen vor den Blättern. Gartenform 'Albiflorus' mit reinweißen Blüten. – *E. cernuus*. ☉ ♄ V. Japan. Bis 5 m, in allen Teilen viel zierlicher als vorherige Art. Die Blüten sind weiß, bei der Sorte 'Rubens' tiefrot. – Frischer, humoser, unbedingt kalkfreier Boden in leicht schattiger Lage. Kommt besonders im Heidegarten zur Geltung, z. B. im lichten Schatten hoher Kiefern oder Birken und als Zwischenpflanze im Alpenrosenbeet. – Vermehrung durch Aussaat wie bei Glockenheiden, oder Stecklinge im August, möglich sind auch Absenker.

Prachtrindsauge → Ochsenauge.
Prachtscharte, *Liatris*. Korbblütler, *Compositae*. ☉ ♃ ✕ Bie. 30 Arten in Nordamerika, meist mit knolligem Erdstamm, deshalb in manchen Katalogen unter den Knollen aufgeführt. Stengel mit zahlreichen Blättern. Blütenköpfchen in einer Ähre, von oben nach unten aufblühend. – *L. scariosa*, Südpennsylvania bis Nordgeorgia. Untere Blätter bis 25 cm lang, gestielt, 2–5 cm breit. Blütenköpfchen groß, weit auseinanderstehend, meist mit einem Deckblatt, blaurot. VIII–IX, 40–80 cm. – *L. spicata*, New York bis Florida, auf feuchten Plätzen. Bekannteste Art. Linealische, ungestielte Blätter und dicht gedrängte Köpfchen, bläulichrot. 60 cm. 'Kobold', gute niedrige Sorte, lilarosa, 40 cm. VII–IX. – Verwendung im Staudenbeet, Heide- und Naturgarten, besonders aber als beliebte Schnittblumen. Boden für die meisten nicht naß, durchläßig, nur *L. spicata* kann feuchter stehen. Vermehrung durch Aussaat, die Sorte nur durch Teilung.

Prachtscharte, *L. spicata*. (Seidl)

Prachtspiere → Astilbe.
Prachtstauden, sind groß- und reichblütig und werden vor allem ihrer Blütenpracht wegen gepflanzt: z. B. die robuste Rauhblattaster (*A. novae-angliae*) und die üppig blühende Glattblattaster (*A. novi-belgii*) oder die prächtig-elegante Schwarzaugen-Sonnenblume (*H. atrorubens*) und die Purpur-Rudbeckie (*R. purpurea*).

Achillea filipendulina
Aster amellus
– novae-angliae
– novi-belgii
Astilbe × arendsii
Chrysanthemum Koreanum-Hybr.
– maximum
Delphinium × cultorum
Erigeron-Hybriden
Iris germanica
Helianthus atrorubens
Heliopsis scabra
Hemerocallis × hybrida
Paeonia lactiflora
Papaver orientale
Phlox paniculata
Rudbeckia sullivantii
– nitida
– purpurea
Solidago × hybrida
Trollius × cultorum
Veronica longifolia

Prärielilie, *Camassia*. Liliengewächse, *Liliaceae*. ○–◐ ♃ ∧ ✕. 5 Arten, fast alle im westlichen Nordamerika. Große Zwiebeln und grundständige, linealische, rinnige Blätter. Blüten sternförmig in langen, spitzen Trauben, weiß bis blau. – *C. cusickii*, Oregon. Lange, bläulichgrüne Blätter, leicht wachsend. Blütenstände bis 1 m lang, blaßblau. 'Alba', verwaschen weiß. IV–V, 80–100 cm. – *C. leichtlinii*, westliches Nordamerika. Ähnlich *C. cusickii*, nicht so starkwachsend, Blüten cremeweiß. 'Caerulea', schön blau; 'Semiplena', halbgefüllte, große, cremeweiße Blüten, sehr schön. V–VI, 70–90 cm. – *C. quamash*, (*C. esculenta*), westliches Nordamerika. Zwiebel eßbar, früher gekocht wichtige Nahrung der Indianer. Blätter rinnig, grün bis graugrün, Blüten graublau. 'Orion', großblumig, violett; 'Praecox', großblumig, reinblau. V–VI, 30–60 cm. – Verwendung im Staudenbeet, in halbschattiger Lage, gruppenweise gepflanzt und als Schnittblumen. Boden frisch, im Frühling nicht zu trocken. Vermehrung durch Nebenzwiebeln und Samen.

Präriemalve

Präriemalve, *Sidalcea.* Malvengewächse, *Malvaceae.* ○ ♃ ∧. 35 Arten in Nordamerika. Hübsche Stauden mit handförmig gelappten oder eingeschnittenen glänzenden Blättern und rosa, roten oder weißen Malvenblüten an langen Blütenständen. Sie sind meist kurzlebig und sollten nach einigen Jahren neu angezogen werden. – *S. candida,* westliches Nordamerika. Rauhhaarige Pflanze mit rundlichen Grundblättern und fünf- bis siebenteiligen Stengelblättern. Blüten in kurzen Trauben. 2,5 cm groß, weiß, Staubbeutel blau. VI–IX, 80 cm. – *S. oregana,* westliches Nordamerika. Behaart. Grundblätter nierenförmig, Stengelblätter fünf- bis siebenteilig, Blüten klein, rosa. VII–IX, 60–80 cm. – *S. Hybriden.* Meist schöner als die Arten. 'Brillant', karminrot, 60 cm; 'Elise Heugh', hellrosa, 80–100 cm; 'Mrs. Lindbergh', karminpurpur, 80 cm; 'William Smith', lachsrosa, 80 cm. VI–IX. – Verwendung im Staudenbeet und Heidegarten. Boden lehmig-humos, durchlässig, tiefgründig, kalkarm. Vermehrung der Arten durch Aussaat, der Sorten durch Teilung.

Preiselbeere, *Vaccinium,* Erikagewächse, *Ericaceae.* Mit der Moos- und Heidelbeere sehr eng verwandt. Name aus der gleichbedeutenden slawischen Benennung 'brusina'; in Kärnten Grantn, wegen ihres grantigen (bitteren) Geschmackes. Die Beeren enthalten Invertzucker, Zitronen-, Wein-, Gerb- und freie Benzoesäure. Ergeben mit Zucker haltbares Kompott, das auch zu Wild gegessen wird. – *V. macrocarpon.* ○–◐ ♄ VI–VIII ⤳ ⚤ i. Gartenpreiselbeere, Kulturpreiselbeere, Cranberry. Heimat Nordamerika. Feuchte, sumpfige Böden, auch sandige und lehmige, sofern der Säuregrad zusagt. Optimaler pH-Bereich 3,2–4,5, äußerste Grenze für erfolgreichen Anbau 5,5. Größte Verbreitung in Kanada und einigen nördlichen Staaten der USA, südlich bis North Carolina. In Europa seit 1844 in Holland im Anbau, seit 1906 auch in Deutschland. – Blüte E VI–A VII, weißlich-zartrosa, 6–10 mm groß, an kurzen, dünnen Stielchen. Blütenknospen an Ständen zu 1–7, anfangs aufrecht, später hängend, ebenso Blüte. Selbstfruchtbar, aber Pollenvermittlung durch Hummeln und Bienen notwendig. Früchte enthalten 88% Wasser, 4,2% reduzierten Zucker, 21,4% Zitronensäure, 1,6% Faserstoffe, 1,2% Pektin, 0,4% Fett, 0,2% Eiweiß, 0,2% Asche, 1,8% Verschiedenes. 100 g Frischfrucht haben 26 Kalorien. Mineralstoffe (in ppm): 530 Kali, 20 Natrium, 130 Calcium, 80 Phosphor, 55 Magnesium, 0,05 Jod, 50 Schwefel, 40 Chlor, 4 Eisen, 6 Mangan, 4 Kupfer. Vitamine: 40 IE A, 10,5–7,5 mg% C, Vitamin B-Komplex, Thiamin B 1, Riboflavin, Nikotinsäure, Panthotensäure, Pyridoxin B 6 und Spuren von Biotin. – KLIMATISCHE BEDINGUNGEN. 9 Stunden Tageslicht, wenn 650 Stunden Temperaturen 5–6 °C wirken können, um Winterruhe der Blütenknospen zu brechen und zum Austrieb zu veranlassen. Verträgt im Winter kurzfristig bis − 18 °C, bei längerem Frost vertrocknen die immergrünen Pflanzen. Standort eben, ohne Wasserstau zu ermöglichen. – ANBAU. Pflanzung E IV–A VI oder IX–XI. Vor Winter gute Bewurzelung notwendig. Pflanzabstand 25 × 25 – 40 × 40 cm, 10 cm tief. Nach Pflanzung im ersten Monat regelmäßig wässern, um Anwachsen zu fördern. Ertrag ab drittem bis fünftem Standjahr. Nach fünf Jahren ganze Fläche von Ranken überzogen. – VERMEHRUNG. Ranken, Stecklinge. Samen keimt spät, starke Aufspaltung. Schnitt nur, um übermäßigen Wuchs zu bremsen. – ERNTE. IX–E X, je nach Lage und Sorte. Gute Ausfärbung der Früchte (rot) abwarten. Erträge 77–94 dz/ha. – SORTEN. Early Black, Howes, McFarlin, Searles, Beckwith, Stevens, Wilcox, Bergman, Franklin, Pilgrim u. a. (Nach G. Liebster, 1972).

V. vitis-idaea. ○–◐ ♄ V–VI ⚤ i. Unsere heimische P. wächst auf Mooren, Heiden, besonders in lichten Kiefernwäldern, von den Alpen über Skandinavien bis nach Japan wild. Kriechender Strauch, bis 0,30 m hoch mit immergrünen, dunkelgrünen, myrthenartigen Blättchen, weißen und rötlichen Blüten und erbsengroßen, rötlichen, herbsäuerlichen Beeren. – Nährstoffarmer, kalkfreier Boden. In gutem Gartenboden kann sich der Konkurrenz verschiedener Unkräuter nicht erwehren und geht meist ein. Geeignet als kleiner, bodenbedeckender Zwergstrauch für Heidegarten oder Alpenrosenbeet. – Vermehrung durch Aussaat wie bei den Glockenheiden ist möglich, aber kaum gebräuchlich, üblich sind Stecklinge im Sommer, von ausgereiften Trieben.

Primel, *Primula.* Primelgewächse, *Primulaceae.* Meist ausdauernde Kräuter, selten halbstrauchig, von unterschiedlichem Aussehen. 550 Arten, meist in den Gebirgen der Nordhalbkugel, nur 3 Arten auf der Südhalbkugel.

NICHT WINTERHARTE ARTEN. ○–◐ ⊙ o. ⊙ ♃ ⬜ ⋈ D. *P.* × *kewensis* (*P. floribunda* × *verticillata*), Kew-Garten-P. Blüte II–V. Blätter länglich-rund, ohne Blattstiel, Rand gezähnt, bis 20 cm lang. Blüte in mehreren Quirlen übereinander angeordnet, hell-dunkelgelb, seltener orange oder bräunlich, Blütenstand bis 30 cm hoch. Die Kew-Garten-P. ist eine reizende Topfpflanze für den Frühling, besonders in Verbindung mit anderen Farben, in Schalen wirkt sie gut. Sie wird durch Aussaat im IV–VIII vermehrt, pikiert und in humose Substrate getopft. Kultur bei 10–15 °C, luftig und hell. – *P. malacoides.* Fliederp., einjähriges Unkraut aus China, heute durch die Züchtung vollkommen verändert. Blätter rundlich-länglich, gesägt, bis 15 cm lang, mit deutlichem Stiel. Blüten zu mehreren in übereinander angeordneten Quirlen, rosa, rot, weiß, violett und Zwischenfarben. Die grünen Teile sind mehr oder weniger bemehlt. Vollerblühte Fliederp.n erreichen 40 cm Höhe. – Die Fliederp. ist eine wichtige Topfpflanze der ersten Monate des Jahres. Sie wird durch Aussaat im VI–VII vermehrt. Wichtig ist, daß die Aussaaten und jungen Sämlinge zu

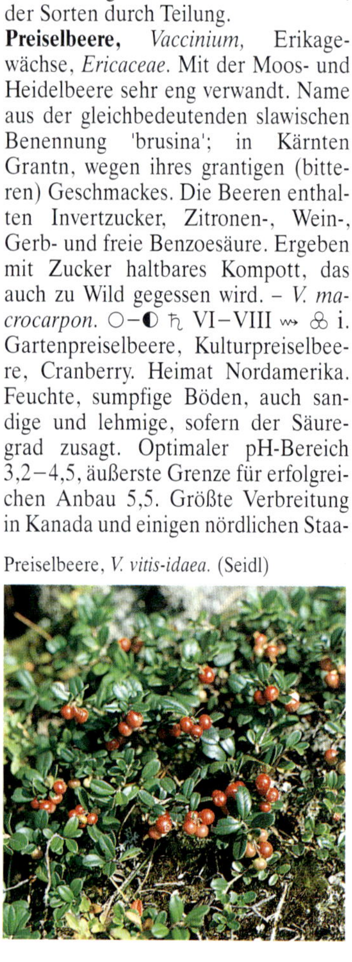

Fliederprimel, P. malacoides. (Jesse)

Preiselbeere, V. vitis-idaea. (Seidl)

Becherprimel, *P. obconica*. (Jesse)

Chinesenprimel, *P. praenitens*. (Jesse)

dieser Zeit möglichst kühl gehalten werden, bei 15–18°C. Pikieren und Topfen wird in der üblichen Weise durchgeführt, die Substrate sollen lehmig-humos sein. Kulturtemperaturen im Winter bei 6–15°C. Bei trockener Wärme fühlt sich die Fliederp. äußerst unwohl und verblüht rasch oder bringt blasse Blüte; deshalb soll man sie auch im Zimmer möglichst kühl und luftfeucht halten. – *P. obconica*, Becherprimel. Staude. China. Blätter länglich-gerundet, mit welligem, aber meist ungezähntem Rand, 20 cm lang. Blüten in einer bis 15blütigen Dolde, die Blütenkrone hat bei Kulturformen einen Durchmesser bis 7,5 cm, rot, rosa, violett, blau und weiß, mehr oder weniger ausgeprägt duftend. – Durch gestaffelte Aussaat kann die Becherp. das ganze Jahr zur Blüte gebracht werden. Für die Herbstblüte sät man IV–V, für die Frühjahrsblüte VIII–IX. Humose Substrate, Pikieren und Topfen wie üblich, zur guten Entwicklung der Pflanzen sind Temperaturen um 14°C notwendig, ältere Pflanzen vertragen jedoch wesentlich tiefere und höhere Temperaturen. Bei der Becherp. tritt leicht Chlorose auf; meist ist diese auf nassen Ballen zurückzuführen. Blattrandschäden entstehen durch Überdüngung. Empfindliche Personen bekommen nach der Berührung von Becherp.n einen Ausschlag, doch gibt es bereits Rassen, die weniger Primin, jenen Stoff, der die Entzündung hervorruft, enthalten. – *P. praenitens* (*P. sinensis*), Chinesenp. Staude, China. Blätter rundnierenförmig, etwas gelappt, die Lappen gezähnt und gesägt, mit deutlichem Blattstiel. Blüten in Dolden. Kelch eigenartig aufgeblasen und bedrüst. Blütenblätter ganzrandig oder gefranst, rosa, violett, blau, weiß

und (besonders auffällig!) orangefarben. – Kultur wie übrige Topfp.n.

WINTERHARTE ARTEN. ☽–● ♃ △ D Bie. 1. KISSENPRIMELN. Niedrige Arten oder Sorten ohne Stengel. Alle Blüten sitzen einzeln an einem kurzen Stiel über dem Laub. – *P. juliae*, Teppichprimel, östlicher Kaukasus. Rasenbildend mit kriechendem Rhizom, Wurzeln nach Anis duftend. Blätter gestielt, rundlich-nierenförmig, glänzend-dunkelgrün. Blüten zahlreich, purpurrosa mit dunklem Auge. III–IV, 10 cm. – *P. Juliae-Hybriden* (*P. elatior* × *P. juliae*), (*P.* × *pruhoniciana*). Sehr reichblühende Teppichprimeln, ähnlich *P. juliae*, aber mit anderen Farbnuancen. 'Betty Green', karminrot; 'Blütenkissen', hellrot mit Lachsschein; 'Mme. Ferguson', violettrot; 'Schneesturm', riesenblumig, weiß. III–IV, 10 cm, 'Wanda', rötlich purpur, mit gelbem Auge. – Sorten mit kurzem Blütenschaft, gelegentlich als *P.* × *margotae* geführt: 'Gartenglück', karminrot, Mitte gelb; 'Helge', hellgelb; 'Frühlingszauber', lilarot. III–IV, 10–15 cm. – *P. vulgaris* (*P. acaulis*), Kissenp., westliches Europa. Norddeutschland. Bekannte P. mit lockerer Blattrosette. Blätter verkehrt-lanzettlich, zum Stengelgrund verschmälert, Blüten ohne Schaft, einzeln, oft die ganze Pflanze bedeckend. Einzelfarben wie Blau, Gelb, Rosa, Rot, Weiß, oder Mischungen wie 'Premiere', mit großen Blüten über kleinem Laub; 'Rasse Biedermeier', 'Rasse Kuipers'. III–V, 10–15 cm. – 2. DOLDENPRIMELN. Blüten an einem Schaft in Dolden über dem Laub, nicht nickend. *P. auricula*, Alpenaurikel. Alpen, Schwarzwald bis West-Karpaten. Blätter fleischig, glatt, am Rand knorpelig, bepudert. Blüten hell- bis dunkelgelb mit weißem Schlundring, duftend. Kleiner als bei den Gartenaurikeln, (*P.* × *pubescens*). IV–V, 10 cm. – *P. clusiana*, nordöstliche Kalkalpen. Längliche Blätter mit schmalem, weiß-

Gartenprimeln, *P.-Elatior-Hybr.* (Herbel)

lichen Knorpelrand. Oberseite hellgrün, glänzend, unten graugrün. Blüten leuchtend rosenrot mit hellem Schlund, 3–4 cm groß, auf kurzem, bis 10 cm hohem Schaft. III–IV, 12 cm. – *P. Elatior-Hybriden*. Großblumige Garten-Himmelsschlüssel. Laub und Pflanze ähnlich *P. vulgaris*, aber Blüten in Dolden an einem Schaft. 'Pacific-Riesen', in Einzelfarben wie Dunkelblau, Dunkelrosa, Frischrosa, Goldgelb, Hellrosa, Himmelblau, Leuchtendscharlach und anderen Farben. 'Zwerg-Pacific', ebenso große Blüten, aber auf nur ganz kurzem Stengel, daher stengellos wirkend; 'Arends Goldlackbraune', goldlackbraun; 'Vierländer Gold', goldgelb; 'Weißer Schwan', weiß. Die Pacific-Sorten im Sommer noch nachblühend, nicht so winterhart wie die andern. III–IV, 15–25 cm. – *P. frondosa*, Balkan. Blätter spatelförmig oder länglich, am Rand gezähnt, Unterseite dicht weiß bepudert. Lockere Blütendolden mit vielen Blüten, lilarosa bis rosa. V, 10–15 cm. – *P. glaucescens* ssp. *calycina*. Bergamasker und Judikarische Alpen. Ähnlich *P. clusiana*, kräftiger als die Art. Blätter mit breitem weißen Knorpelrand. Blüten rosa bis lila, tief eingeschnitten. III–IV, 15 cm. – *B. luteola*, Ostkaukasus. Blätter kräftig, breitelliptisch. Dolde mit 10–20 gelben Blüten. IV–V, 20 cm *P. marginata*, See- und Cottische Alpen. Grundstamm über die Erde hinauswachsend. Blätter länglich, am Rand regelmäßig tief gezähnt, wie junge Blätter auch am Rand bemehlt. Blüten lila. III–IV, 10–15 cm. – *P. polyneura* (*P. veitchii*, *P. lichiangensis*, *P. saxatilis* var. *pubescens*). Zentralchina, Südosttibet. Blätter und Stengel rauh behaart. Blätter eiförmig, sieben- bis elflappig, flaumig behaart.

Primel

Schlüsselblume, *P. veris*. (Herbel)

Kugelprimel, *P. denticulata*. (Seidl)

Blüten an langen Stengeln, rosa- bis karminrot. V–VI, 25 cm. – *P.* × *pubescens (P. auricula* × *P. hirsuta)*, Gartenaurikel. Als natürlicher Bastard in den Alpen entstanden, seitdem züchterisch weiter verbessert. In England gab es einmal über 100 Sorten mit Namen. Es gibt folgende Gruppen: Gewöhnliche Aurikeln, einfarbig; Luiker (Lütticher) Aurikeln, ein- und zweifarbige, unbemehlte Blüten, Auge grün bis gelb; Englische Aurikeln, Auge weiß, nach außen stark ausgebreitet und dreifarbig, bemehlt. Heute sind meist Mischungen im Handel mit glatten, großen Blättern und Blüten. Farben von Weiß, Gelb, Rosa, Terrakotta, Braunrot, Blau bis Violett mit allen Zwischentönen. IV–VI, 20 cm. – *P. rosea*, Nordwest-Himalaja bis Kaschmir/Afghanistan. Blätter erst nach den Blüten, eiförmig-länglich, am Rand fein gezähnt, Blütenschaft zuerst 3–10 cm lang, zur Samenreife bis 30 cm. Blüten leuchtend rosarot. Großblumiger sind 'Gigas', 'Grandiflora' und 'Micia Visser de Ger'. III–IV, 15 cm. – *P. saxatilis*, Mandschurei, Korea. Meist als *P. cotusoides* in den Gärten, mit der sie nahe verwandt ist. Blätter klein, eiförmig bis länglich, Rand eingeschnitten-gekerbt, bis lappig. Blütenstiele behaart, Blüten in lockerer Dolde, rosa. VV–V, 20 cm. *P. sieboldii*, Japan bis Mandschurei. Bei uns meist Gartenformen mit größeren Blüten. Blätter eiförmig, regelmäßig gelappt, auf der Unterseite oft weich behaart, schon im Sommer absterbend. Blüte rosa bis dunkelrot mit heller Mitte. V–VI, 25 cm. – *P. veris (P. officinalis)*, Schlüsselblume. Europa bis östliches Asien. Gegenüber dem Himmelsschlüssel, *P. elatior*, mehr auf trockeneren Stellen wachsend, oft auf sonnigen Wiesen. Blüten in einseitswendiger Dolde mit auffallendem langen Kelch, golgelb mit 5 orangegelben Flecken, gut duftend. Schön zum Verwildern auf Parkwiesen, die dann aber nicht vor Samenreife gemäht werden dürfen. V–VI, 15–30 cm. – *P.* × *wokkei (P. arctotis* × *P. marginata)*. Ähnlich *P. marginata*, aber wüchsiger, grünlaubig und weniger stark gesägt. Läßt sich leicht vermehren, reichblühend, dunkellila. III–IV, 15 cm.

3. KUGELPRIMELN. Blüten in einer dichten Kugel auf kräftigem Schaft über den Blättern, dekorativ. – *P. denticulata*, Kugelp., Afghanistan, Himalaja bis Mittelchina. Lange dicke Wurzeln und kräftige Blätter, die sich erst nach der Blüte voll entwickeln. Blüten hell- bis dunkelrosa, lila oder weiß. 'Cachemiriana', Blätter mit den Blüten zusammen, unterseits schwefelgelb bemehlt, Blüten etwas kleiner, 2 Wochen früher blühend; 'Alba', weiß; 'Crimson Emperor', karminrot; 'Juno', starkwachsend, hellila; 'Rubin', purpurrot; 'Viscountess Bing', dunkelviolett. Mischungen enthalten das ganze Farbspiel. IV–V, 25–30 cm.

4. ETAGENPRIMELN. Alles asiatische Arten mit kräftigem Wuchs. Blüten in mehreren Etagen an langen Schäften, außen mehlig. Farbenfrohe und sehr dekorative Primeln, die während des Wachstums viel Feuchtigkeit lieben; stehen sie sumpfig, werden sie über 1 m groß. – *P. beesiana*, Westchina. Blätter breitlanzettlich, groß, mit dunkelroter Mittelrippe, unregelmäßig gezähnt. Blütenstände mit 3–8 Quirlen. Knospen weiß bemehlt, Blüten karminpurpur mit gelbem Auge. VI–VII, 40 cm. – *P. Bullesiana-Hybriden (P. beesiana* × *P. bulleyana)*, Terrakot-

Etagenprimel, *P. japonica*. (Seidl)

Prunkwinde

Orchideenprimel, *P. vialii*. (Seidl)

tap. Ähnlich wie die Eltern, aber in vielen Farben wie Orange, Terrakotta, Gelb, Rosa, Kirschrot, Lila bis Violett. Manchmal auch Namensorten. Eine der farbenfrohesten Primeln. VI–VII, 40 cm. – *P. bulleyana*, Nordwest-Yunnan, Süd-Szetchuan. Ähnlich *P. beesiana*, aber mit orangegelben Blüten. VI–VII, 40 cm. – *P. chionantha*, Yunnan. Breitlanzettliche, herablaufende, glatte Blätter. Unterseite bemehlt, Oberseite bläulichgrün. Blüten in 3–4 Quirlen übereinander, elfenbeinweiß, duftend. V–VI, 30 cm. – *P. cockburniana*, Südwest-Szetchuan. Meist nur zweijährig. Blätter elliptisch mit kurzem Stiel, Blütenstand mit 2–3 Quirlen. Knoten, Deckblätter mit Blütenstiele bemehlt. Blüten schön kupfer-orangerot. V–VII, 30 cm. – *P. japonica*, Japan. Bekannteste und wichtigste Etagenp. Blätter verkehrt-ei-länglich, unregelmäßig gesägt mit geflügeltem Stiel. Blüten in 2–6 Etagen, karmin- bis purpurrot mit gelbem oder rotem Auge. 'Millers Crimson', dunkelrot; 'Postford White', weiß; u. a. Sorten. V–VII, 30–60 cm. – *P. pulverulenta*, Westchina. Breitlanzettliche, stark gerunzelte Blätter. Schaft mit vielen Etagen, stark bemehlt, ebenso Blütenstiel und Kelch. Blüten karminpurpur mit dunklem Auge. 'Lisadell-Hybriden' sind aus Kreuzungen mit *P. cockburniana* entstanden. Blüten in vielen Farben. V–VI, 30–50 cm.
5. GLOCKENPRIMELN. Blüten an langen Stengeln, glockenförmig, hängend. Vorwiegend in Nepal, Tibet, im Himalaja auf feuchten Plätzen zu Hause. – *P. alpicola* (*P. microdonta* var. *a.*), Südosttibet. Ähnlich der bekannteren *P. florindae*. Blätter lang, elliptisch, matt. Stiel lang, geflügelt. Blütenschaft an der Spitze etwas bemehlt, Blüten gelb, weiß bis violett. VI–VII, 30–50 cm. – *P. florindae*, Südwest-Tibet. Leicht wachsend. Blätter wie bei *P. alpicola*, aber glänzend. Blüten hellgelb, duftend. VI–VIII, 40–60 cm. *P. sikkimensis*, Himalaja, Sikkim bis Szetchuan. Blätter länglich-verkehrteiförmig in den geflügelten Stiel auslaufend. Blüten nickend, duftend, gelb. VI–VII, 30 bis 40 cm.
6. ORCHIDEENPRIMELN. Blütenstand ährig mit schön gefärbten Kelchblättern, an eine Knabenkraut-Orchidee erinnernd. – *P. vialii* (*P. littoniana*), Nordwest-Yunnan, Südwest-Szetchuan. Blätter breitlanzettlich bis länglich, gezähnt, auf beiden Seiten behaart. Blütenähre dicht, Kelch breitglockig, scharlachrot, Blüten lavendelblau. Schöne und interessante Art, meist nur zweijährig. VI–VII, 20–30 cm.
VERWENDUNG. Stein- und Staudengarten, vor oder zwischen Gehölzen. Etagen- und Glockenp.n auch am Wasser, Teich oder Bachlauf. Manche werden oft von Gärtnereien angetrieben und als Topfpflanzen angeboten, besonders Kissen- und 'Pacific-P.'. Sie können erst nach den Frösten im Garten gepflanzt werden. – Boden frisch-feucht, humus- und lehmhaltig. – Vermehrung durch Aussaat, Teilung und bei den Kugelprimeln auch durch Wurzelschnittlinge von 5 cm Länge, die dann mehrere junge Pflanzen an einem Stück bringen.
Primula → Primel.
Prismenkaktus → Kakteen 15.
Prunella → Braunelle.
Prunkbohne → Feuerbohne.
Prunkspiere, Perlbusch. *Exochorda*. Rosengewächse. *Rosaceae*. Sommergrün, mit ganzrandigen, wechselständigen Blättern und großen, weißen Blüten in endständigen Trauben. 4 Arten in Ostasien. – *E.* × *macrantha* (*E. racemosa* × *E. korolkowii*). ○ ♄ V. Diese Kreuzung ist als schönste P. anzusehen. Aufrechter Strauch, bis 4 m hoch mit reinweißen, bis 5 cm großen Blüten. – *E. giraldii*. ○ ♄ IV–V. Westchina. Bis 3 m hoch, aber noch breiter werdend, mit 2,5 cm breiten, weißen Blüten. – *E. racemosa*. ○ ♄ V. Ostchina. Wird 4 m hoch, mit breitem, sparrigem Wuchs und 4 cm großen, weißen Blüten in acht- bis zehnblütigen Trauben. – Guter, durchlässiger Boden in sonniger, freier Lage. Bei jungen Pflanzen ist öfter Rückschnitt nötig, damit sie von unten herauf buschig wachsen. Ältere Pflanzen vertragen keinen starken Rückschnitt, sie gehen darauf leicht ein. Sehr schön für Einzelstellungen in Gärten und Parks, lösen in der Blütezeit die Kirschen und Zieräpfel ab. – Vermehrung durch Aussaat in Gefäße oder direkt ins Freiland oder Stecklinge im V. Ableger sind ebenfalls möglich.

Trichterwinde, *I. tricolor*. (Seidl)

Prunkwinde, *Ipomoea*. Windengewächse, *Convolvulaceae*. ○ ⊙ ⚥. Diese Gattung ist erst in letzter Zeit botanisch klar festgelegt worden, so daß noch Verwechslungen vorkommen. Nach der neuesten Nomenklatur werden die meisten als einjährig eingezogenen P. den *Pharbitis* zugeordnet. Über 400 einjährige bis staudige, hochwindende Arten, in fast allen wärmeren Ländern, vor allem im tropischen Amerika. Wechselständige Blätter, meist beachtliche, große, achselständige Blüten. Als Einjahresblumen kommen in Frage: *I. nil* (*Pharbitis n.*), Kaiserwinde, zu der heute auch *T. imperialis* zählt. Meist nur eine großblumige, buntlaubige Mischung. Wuchshöhe maximal 2 bis 3 m. Blüten 7–8 cm lang, Anfang VIII–Frost. – *I. purpurea*, Prunkwinde. Ebenfalls fast nur als Mischung. Blüht oft schon ab VII, ununterbrochen bis Frost. Blüten nur in den Morgenstunden bis etwa 10 Uhr geöffnet. Farbenspiel der üblichen Mischungen Weiß, Rot, Rosa, Blau und Violett. – *I. tricolor*, Trichterwinde, in Amerika heimisch und dort staudig, bei uns nur selten höher als 3 m. Eine der schönsten, aber auch anspruchsvollsten und empfindlichsten Windenarten. Wird vielfach in Namens- und Farbsorten angeboten. Besonders beliebt sind die blau- und rotblühenden Sorten, letztgenannte oft besonders großblumig. Blüte meist VII–Frost. – Bei uns witterungsmäßig am widerstandsfähigsten ist *I. purpurea*. Schöner aber sind die beiden vorgenannten Arten. – Alle befriedigen nur in warmen, trockenen Sommern. Als Schlinger für Balkone, Mauern und Terrassen an vollsonnigen Standorten beliebt. Nachteilig ist, daß sich die Blüten aller Arten schon vor Mittag schließen. – Aussaat ab Anfang III unter beheiztem Glas, direkt in kleine Töpfe, später vertopfen. Freilandpflanzung nicht vor Ende V in nährstoffreiche, humose Böden. Über-

Prunus

düngung vermeiden, sonst Blütenansatz gering.
Prunus → Aprikose, → Felsenkirsche, → Kirsche, → Mandel, → Pfirsich, → Pflaume, → Traubenkirsche.
Prunus amygdalus → Mandel.
Prunus avium → Vogelkirsche.
Prunus cerasifera → Blutpflaume.
Prunus × cistena → Blutpflaume.
Prunus davidiana → Zierpfirsich.
Prunus fenzliana → Wildmandel.
Prunus laurocerasus → Kirschlorbeer.
Prunus mahaleb → Felsenkirsche.
Prunus padus → Traubenkirsche.
Prunus persica → Zierpfirsich.
Prunus serotina → Traubenkirsche.
Prunus serrulata → Japan. Zierkirsche.
Prunus spinosa → Schlehdorn.
Prunus subhirtella → Japanische Zierkirsche.
Prunus tenella → Zwergmandel.
Prunus triloba → Mandelbäumchen.
Pseudolarix → Goldlärche.
Pseudolobivia → Kakteen 12.
Pseudosasa → Bambus.
Pseudotsuga → Douglasfichte.
Ptelea → Lederstrauch.
Pteridium → Adlerfarn.
Pteris → Farne 11.
Pterocarya → Flügelnuß.
Pterostyrax → Flügelstorax.
Ptilotrichum → Steinkraut.
Puffbohne, Ackerbohne, Dicke Bohne, Saubohne, *Vicia faba*. Hülsenfrüchtler, *Leguminosae*. Herkunft Orient. Seit dem Altertum im Mittelmeergebiet, später auch nördlich der Alpen angebaut. – Anbau: Aussaat möglichst früh im III in frischem, nicht zu leichten Boden. Reihenabstand 30–40 cm, in der Reihe 15–20 cm. Bei 20 cm Höhe leicht anhäufeln. Wenn Früchte angesetzt werden, ist es vorteilhaft, die Pflanzen zu entspitzen, um starkem Blattlausbefall vorzubeugen. – Ernte: Wenn die Hülsen die endgültige Größe erreicht haben, die Samen aber noch nicht hart sind. Auskernen und

Puffbohne als Gründüngung nach Kartoffeln im September. (Dr. Franck)

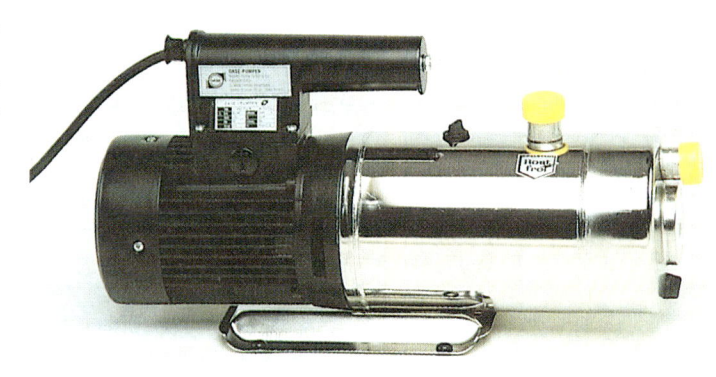

Wartungsfreie und selbstansaugende Gartenpumpe aus Chromnickelstahl, 750 W. (Oase)

Samen sofort verbrauchen. – Verwendung: Sehr vielseitig, als Gemüse, in Suppen usw. Eignen sich auch zum Konservieren und Tiefkühlen.
Pulmonaria → Lungenkraut.
Pulsatilla → Kuhschelle.
Pulverholz → Faulbaum.
Pumpen, lassen sich nach verschiedenen Gesichtspunkten einteilen: 1. Hand- oder Motorp., für Handbetrieb werden Flügel-, bei Spritzgeräten auch Kolbenp. verwendet; 2. Einteilung nach dem P.mechanismus: Flügel-, Kolben- und Membranpumpen arbeiten stoßweise, Kreiselp. stetig; 3. nach dem Verwendungszweck sind zu unterscheiden P. zur Förderung von Wasser, wässerigen Flüssigkeiten, wie Spritzbrühen, Brennstoff, Öl, Abwasser, Jauche. Letztgenannte beiden werden vorzugsweise mit Membranp. gefördert, Öl in Motoren mit Zahnradp., Wasser mit Flügelp. im Handbetrieb (s. oben), z.B. an selbstgeschlagenen Brunnen auf Wochenendgrundstück, Spritzbrühen in Gärten mit handbetriebenen Kolbenp. Mit Elektro- oder Benzinmotor betriebene Gartenp. sind in der Regel Kreiselp. Trans. Gartenp. mit Tragegriff (Gesamtgewicht 11–13 kg) oder fahrbar (Karrenp.) für Wasserentnahme aus Bach, Schwimmbecken oder Regentonnen mit Ansaugschlauchstück (¾") zur Beregnung; wenn Hauswasserleitung für Einsatz eines oder mehrerer Regner zu wenig Druck hat; zum Ausbringen von Flüssigdüngern und Spritzbrühen; für Nebenzwecke, wie Heizölförderung oder Beseitigung einer Kellerüberschwemmung nach Hochwasser. Bei Kauf einer Gartenpumpe Gartengröße und gewünschte Fördermenge (ab 10–95 l/min.) angeben: übliche Spritzweite 15 m, Saughöhe 6–7 m. Umlauf- oder Umwälzp. arbeiten stationär in geschlossenem System (→ Springbrunnen).

Punica → Granatbaum.
Purpurglöckchen, *Heuchera*. Steinbrechgewächse, *Saxifragaceae*. 27 Arten im atlantischen und pazifischen Nordamerika. Buschige Stauden mit eleganten, lockeren Blütenständen. – *H. americana* (*H. lucida*), atlantisches Nordamerika. Blätter langgestielt, rundlich fünf- bis siebenlappig, braun gefleckt. Blüten glockenförmig, grünlich bis weißlich. 'Purpurea' hat schöne braun marmorierte Blätter. Vorwiegend Blattpflanze. V–VII, 50 cm. – *H.* Hybriden (*H.* × *brizoides*), (*H. americana* × *H. sanguinea*). Schön- und reichblühende Sorten, Eltern nicht immer bekannt. 'Feuerregen' ('Pluie de Feu'), glühendrot, 50 cm; 'Gracillima'. weiß bis hellrosa, 50 cm; 'Jubilee', hellrosa, 50 cm; 'Rakete', leuchtendrot, 50 cm; 'Red Spangels', leuchtendrot, 50 cm; 'Scintillation', karminrosa, 50 cm. VI–VII. – × *Heucherella tiarelloides* (*Heuchera*-Hybride × *Tiarella cordifolia*). Pflanze mit Ausläufern. Blätter rundlich-herzförmig mit lappigem Rand, Stengel braunrot, Blüten rosa, 40 cm. 'Bridged Bloom', hellrosa, 30 cm. VI–VII. Vermehrung nur durch Abtrennen der Ausläufer. – Verwendung im Staudenbeet, zur Einfas-

Purpurglöckchen, *H.-Hybride*. (Herbel)

sung, im Stein- und Wildpflanzengarten und zum Schnitt. Boden frisch, nahrhaft, humos. Vermehrung durch Teilung und Aussaat.
Purpurschopf, *Porphyrocoma.* Akanthusgewächse, *Acanthaceae.* 1 Art in Brasilien. – *P. pohliana.* ♄ ⬜. Aufrechtes Kraut, bis 20 cm. Blätter kreuzgegenständig, oval-zugespitzt, mit grauen Adern. Blüten in dichten Köpfen über dem Laub, rotviolett. – Hübsche, wärmeliebende Pflanze. Kultur ähnlich den empfindlichen Ganzkölbchen. – Vermehrung durch Stecklinge.
Purpurskabiose → Skabiose.
Purpurtute, *Syngonium.* Aronstabgewächse, *Araceae.* ☽ ♃ – ♄ ⚥ ⚥ ⬜ Lie. Kletterpflanzen, ähnlich Philodendron oder Scindapsus, mit unterschiedlichen Jugend- und Altersform-Blättern. 10 bis 14 Arten im mittelamerikanischen Raum. – *S. auritum.* An einer Pflanze alle Übergänge zwischen Jugend- und Altersform, Jugendblätter pfeilförmig, Altersblätter fünf- bis neunteilig gelappt, davon zwei als ohrähnliche Anhängsel an der Seite. Besonders schön und häufig ' White Butterfly' mit zur Gänze grausilbern getuschten Blättern. – *S. podophyllum* var. *albolineatum.* Jugendform mit Pfeilblättern und seitlichen Ohren, Oberfläche der Blätter silbergrau und grün. – Kultur und Vermehrung wie *Scindapsus* oder *Philodendron scandens.*
Puschkinia → Zwerghyazinthe.
Puya → Ananasgewächse 1.
Pyracantha → Feuerdorn.
Pyrethrum → Wucherblume.
Pyrethrum, staubförmiges Insektizid, aus den getrockneten Blütenköpfen bestimmter Kompositen (in Mittelmeer- und anderen warmen Gebieten) gewonnen; neuerdings auch als synthetische Spritzmittel hergestellt (Pyrethroide). Ihr Vorteil ist die Ungiftigkeit für Mensch und andere Warmblütler, ihr Nachteil die absolute Giftigkeit für alle Spinnentiere und Insekten. Es sollte daher im Garten nicht verwendet werden.
Pyrus → Birne.
Pysocarpus → Blasenspiere.

Purpurtue, *Syngonium autritum.* (Seidl)

Q

Quadratpflanzung, die Abstände der Pflanzen in der Reihe sind gleich dem Reihenabstand.

Qualität, bei gärtnerischen bzw. pflanzlichen Produkten. Nach Prof. Dr. Schuphan sind zu unterscheiden: 1. äußere, 2. ernährungsphysiologische, 3. Industrie- oder Verarbeitungsqualität. – ÄUSSERE Q. Freisein von sichtbaren Schäden, wie Rostflecken, Fraß- oder Hagelschäden, gleichmäßiger Wuchs, sortentypische Ausfärbung, bei Handelsware auch einheitliche Sortierung nach Größe und Reifegrad. – ERNÄHRUNGSPHYSIOLOGISCHE Q. Die Produkte dürfen weder ‚innen‘ noch an der Oberfläche enthalten: Rückstände von Pflanzenschutz- oder Wuchsstoffmitteln, z.B. Stauchemitteln (→ Chlorcholinchlorid, → Rückstandskontrolle). Qualitätsmindernd sind Überschuß an nicht organisch gebundenen Stickstoff (Nitrat), Stoffe, die den Geschmack beeinträchtigen, z.B. Phenole aus Jauchedüngung. Das Erntegut muß andererseits enthalten: Fett, Eiweiß, Kohlenhydrate, Mineralstoffe, Vitamine, organische Säuren, Duft- und Geschmacksstoffe, pharmakologisch wirksame Stoffe in art- und sortentypischer Menge und Zusammensetzung. Art- und sortentypische Eigenschaften sind bisher nur bei einzelnen Inhaltsstoffen bestimmt worden. Beispiel: Apfel 'Ontario' enthält 6mal soviel Vitamin C wie 'Golden Delicious'. Weitere Inhaltsstoffe, z.B. solche mit Arzneicharakter, die in Spuren wirken, sind teils art- bzw. sortentypisch, teils abhängig von Düngung, Standort, Belichtung u.a. Wachstumsfaktoren. Beispiel: Gartenkresse enthält u.a. Geschmacksstoffe und Senföl, das noch in Verdünnung von 1 : 1 000 000 wirkt, und ist in ihrer Q. stark düngungsabhängig. (Deshalb als Testpflanze geeignet, → Kressetest) – INDUSTRIE- oder VERARBEITUNGSQ. Unterscheidet sich z.B. bei Getreide deutlich von der ernährungsphysiologischen Q. Beide Q.merkmale sind sogar gegenläufig: je höher Klebergehalt und damit Backqualität, um so geringer der Anteil an lebenswichtigen (‚essentiellen‘) Aminosäuren. (Getreidenahrung deshalb auch als Brei ratsam.) Ähnliche Verhältnisse sind bei Gartenpflanzen wahrscheinlich; bei Gefriergemüsen enttäuschen bisher als Rohware und Naßkonserve bewährte Sorten, andere eignen sich zum Einfrieren. – Privatgärtner hat somit in der Q.sfrage andere Gesichtspunkte als Erwerbsgartenbau, Feldgemüsebau oder Plantagenobstbau: Äußere Q. berührt Privatgärtner weniger, ernährungsphysiologische Q. ist ihm meist wichtiger, Verarbeitungsqualität von Fall zu Fall, z.B. zur Herstellung von Gefrier- oder milchsauren Konserven. – Literatur: W. Schuphan. Zur Qualität der Nahrungspflanzen. München 1961.

Qualitätsbestimmungen, auch Gütebestimmungen. Für Stauden sind in freiwilliger Selbstarbeit der Fachgruppe Stauden im Zentralverband des Deutschen Gartenbaues Bestimmungen geschaffen, die Größe und Beschaffenheit einer Qualitätsstaude festlegen, um Verkauf und Handel mit minderwertigen Pflanzen einzuengen. Sinngemäß Q. für Gehölze vom Bund deutscher Baumschulen.

Quamoclit → Sternwinde.

Quarantäne → Vorbeugung.

Quarz, kristallisiertes, wasserfreies Siliziumdioxid (SiO_2), Hauptgemengeteil vieler bodenbildender Gesteine, im Boden nicht angreifbar (Härtegrad 7!), in Sandboden bis zu 95 %, in Tonboden bis 30 % Q.

In der → Biologisch-Dynamischen Wirtschaftsweise wird aus Q. (SiO_2) bzw. Bergkristall das Hornkiesel-Präparat zur Pflanzenpflege hergestellt. Zusammen mit dem Hornmist-Präparat und den Kräuterpräparaten (→ Kompostierungsmittel) gehört es zu den Besonderheiten dieser Wirtschaftsweise. Bergkristall wird feinstvermahlen und nach bestimmten Regeln aufbereitet, s. ‚Technische Angaben zu den Feldpräparaten‘. Das Hornkiesel-Präparat wird mit den üblichen Geräten (→ Hydronette) ausgebracht, wenn die Pflanzen anfangen, ihre Ernteorgane auszubilden: zu Wurzelgemüsen wie Möhren, wenn die Rübe sich zu röten beginnt, bei Fruchtgemüsen, wenn die Pflanze zur Fruchtbildung ansetzt. Blattgemüse werden frühmorgens behandelt, Fruchtgemüse nachmittags. Strauch- und Baumobst ferner nach der Ernte, damit sich Ranken und Holz festigen und gegenüber Pilzbefall und Frost widerstandsfähiger werden. Wissenschaftliche Untersuchungen haben die an sich altbekannte Wirkung des Q. bestätigt. Danach fördert das Hornkieselpräparat die Löslichkeit von Phosphaten und damit die Phosphataufnahme der Pflanze. Hornmist- und Hornkieselpräparat wirken besonders deutlich, wenn Mängel bei Wachstumsfaktoren auszugleichen sind, z.B. nach wetterbedingt verspäteter Aussaat oder bei Lichtmangel in Schattenlagen. (Nach v. Heynitz/Merckens, Das biologische Gartenbuch.)

Technische Angaben zum Hornkiesel-Präparat (Präparat 501) der Biologisch-Dynamischen Wirtschaftsweise
Herkunft reiner Quarz (Bergkristall)
Aufbereitung feinster Vermahlung in Kuhhorn

Quarz, Varietät Bergkristall, farblos, klar, durchsichtig, auf Gesteinsklüften weitverbreitet. (Aus Hochleitner, Fotoatlas der Mineralien und Gesteine)

- Lagerung Sommerlagerung in 40–60 cm tiefer, guter Erde
- Spritzbrühe 4 Portionen je 1/40–60 l Wasser oder 4 g/60–80 l Wasser, oder 10 g/100 l Wasser
- Wasser handwarm (35–37 °C), Regen-, Teich- oder Brunnenwasser oder 3–5 Tage abgestandenes Leitungswasser
- Rührdauer 1 Stunde, nach Trichterbildung Rührrichtung jeweils ändern
- Rührgefäße Holzfässer oder Metallgefäße mit rostfreiem Belag, zum Rühren und Aufbewahren

Ausbringung 1–1¼ Stunden nach Rühren am Vormittag

Spritzhäufigkeit u. -folge gewöhnlich dreimal auf Pflanze, bei Kartoffeln bis Blüte, bei Gemüsen bis Bildung der Ernteorgane. Bei Umstellung auf biologische Wirtschaftsweise häufigere Spritzfolge im Jahr

(Nach Debruck, aus Siebeneicher (Hrsg.), Ratgeber für den biologischen Landbau. München 1985)

Quassia, Bitterstoff aus dem tropischen Q.holz. Altes Hausmittel gegen Insekten, schon um 1800 in Deutschland als fliegentötendes Mittel verwendet. Für Mensch und Haustiere ungiftig. Bis in die jüngere Zeit mit Seifenzusatz als Mittel gegen Blattläuse und Pflaumensägewespe angewandt, doch ist vom Gebrauch in Gärten abzuraten, da Q. für alle Insektenarten ein tödliches Gift ist.

Quecksilber-Präparate als Saatbeizmittel sind zwar amtlich zugelassen, sollten aber wegen ihrer Umweltgefährlichkeit im Garten nicht verwendet werden.

Quellhof, eine Quelle imitierender Wassersprudel, der aus einer Mauer oder aus einem mit Kieselsteinen verzierten Bodenbelag quillt. Auf Terrassen, Innenhöfen, in Restaurants, zur Belebung des Freiraumes. → Springbrunnen.

Quelltopf, ein Torftopf, der als ‚Tablette' in den Handel kommt. Sphagnumtorf der Qualitätsstufe H 2,5–3,5 wird auf 10% seines Ursprungsvolumens zusammengepreßt. Zum Gebrauch werden Q.e bewässert (Schlauchbrause o. ä.), innerhalb weniger Minuten quellen sie zum gebrauchsfertigen Torftopf auf. Zur Anzucht von Stecklingen für Aussaaten und zum Pikieren von Sämlingen. Das Substrat ist mit Hauptnährstoffen und Spurenelementen angereichert. Die Wurzeln aller Pflanzengattungen wachsen durch das Kunststoffnetz hindurch.

Quellung, Einlagerung von Wasserteilchen in tote oder lebende Substanzen, die dadurch an Volumen zunehmen. Stoffe wie Stärke oder Zellulose quellen nur, bis sie mit Wasser gesättigt sind; ihre Bausteine werden durch Wasser auseinandergedrängt. Substanzen wie trockenes Hühnereiweiß oder → Tonmineralien dagegen sind darüberhinaus quellfähig und bilden kolloidale Lösungen. Q. ist einer der grundlegenden Vorgänge beim Pflanzenwachstum, so bei der Keimung von Samen und Sporen. Auf Q. beruht auch die große Wirkung von → Tonmineralien, insbesondere hochwertigen wie Montmorillonit (→ Bentonit). Zwischen ihre Silikatschichten lagern sie Wasser ein, der Schichtabstand kann sich versoppeln. Q. ist somit eine der Grundlagen für → Ionenaustausch, → Bodenfruchtbarkeit und Pflanzenernährung. Q. ist ein umkehrbarer Vorgang: Schrumpfung.

Quendel → Thymian.

Quercus → Eiche.

Quetschungen, entstehen an Obstgehölzen z.B. durch Besteigen von Obstbäumen oder durch schwere Hagelkörner. Die noch weiche Kambialschicht unter der Rinde wird gequetscht, und es entstehen Wunden, die besonders bei Steinobst schlecht heilen. Durch Schneiden der Zweige mit stumpfen Scheren entstehen auch Q., die schlecht verheilen und Austrieb der obersten Knospe verhindern. → Ziehender Schnitt. → Baumteer, → Wundpflege.

Quirl, wird durch enge Stellung der Leitäste gebildet. → Leitastquirl → Kronengerüst. Bei Kunstkrone vertreten.

Quelltopf mit Jungpflanze, rechts als 'Tablette'. (Romberg)

Quitten brauchen von vornherein keinen chemischen Pflanzenschutz. (Dr. Link)

Quirlholz → Fruchtholz.

Quitte, *Cydonia oblonga.* Rosengewächse, *Rosaceae.* Im Kaukasus, Mittelasien und Kleinasien beheimatet. Eine der ältesten Kulturpflanzen, der man im Altertum und Mittelalter bedeutende Heilkraft zuschrieb. In Deutschland nur Liebhaberanbau. Erwerbsanbau in warmen Mittelmeerländern. Strauch oder kleiner Baum bis 8 m Höhe, Blüte groß, bis 5 cm Durchmesser, weiß. Früchte je nach Sorte birn- oder apfelförmig, im Sommer mit starkem Flaum. Hautfarbe gelb. Fleisch hart, sehr aromatisch, roh nicht genießbar. Vielseitige Verwertung, wie Marmelade, Gelee, Süßmost. Früchte je nach Sorte 400–1500 g schwer. Ernte Ende IX–Anfang X, 2–3 Monate lagerfähig. Der Wert der Qu. beruht nicht allein auf dem Ertrag als Obstbaum, sondern auch auf ihrer Bedeutung als Veredlungsunterlage für Birnenbüsche und Birnenzwergformen. Besonders geeignet sind die Unterlagen-Qu.n 'A'. – ANSPRÜCHE. Boden warm, leicht, eher trocken als feucht. Verträgt vorübergehende Überflutung. Auf Kalkboden chlorosekrank. Aroma nur im warmen Klima. Schnitt: Auslichten, alte Fruchtzweige entfernen. – SORTEN. Bereczki, Champion, Portugiesische Birnquitte, Riesenquitte von Lescovac und Vranja. – VERMEHRUNG. Aussaat ist möglich, aber nicht gebräuchlich, üblich sind Abrisse und Steckhölzer von 40 cm Länge, die mit → Astring geschnitten werden müssen. Die Kultursorten werden allgemein auf die Unterlagen-Qu. 'A' okuliert, wenn Büsche erzielt werden sollen. Bei der Anzucht von Halb- oder Hochstämmen sind Stammbildner notwendig; im allgemeinen wird Rotdorn verwendet, bei Apfel-Qu. ist auch 'Gellerts Butterbirne' geeignet.

R

Rabatte, Umschlag oder Aufschlag an Garderobe, in der Gartenarchitektur schmales, einseitig ausgerichtetes Randbeet für Gehölze, Stauden und Sommerblumen. Für die Bepflanzung einer R. sind Wünsche des Gartenbesitzers, Ansprüche an den Standort und Idee des Garten- und Landschaftsarchitekten entscheidend. Begleitet meist einen Weg oder eine Rasenfläche. Einheitlich oder auch gemischt mit Stauden oder einjährigen und nicht winterharten Gruppenpflanzen bepflanzt. In England 'border' genannt und dort zu nahezu vollendeter Harmonie entwickelt.

Rade, Kornrade, *Agrostemma*. Nelkengewächse, *Carophyllaceae*. ○–◐ ○ ⚔. Nur *A. githago* ist von Bedeutung, insbesondere als Ackerunkraut, hauptsächlich im Mittelmeergebiet und in Mitteleuropa. Die Kulturform 'Milas' wird gelegentlich als Einjahrsblume für halbhohe Beete und Rabatten kultiviert. Lineare Blätter, Kulturform mit ca. 3–4 cm großen, rotvioletten Blüten. Blüte abhängig vom Saattermin, oft schon ab Mitte VI, nicht sonderlich lange anhaltend. – Nicht anspruchsvoll, gedeihen am besten an vollsonnigem Standort, ca. 50–70 cm. Aussaat ab III–IV an Ort u. Stelle, 25–30 cm Reihenabstand. Zu dichte Aussaaten verziehen.

Radermachera. Bignoniengewächse, *Bignoniaceae*. 40 Arten von Indien bis China, Philippinen, Sulavesi, Java. Sträucher oder Bäume mit gegenständigen, zusammengesetzten Blättern. Blüten bei uns nicht erscheinend. – *R. sinica* (*Stereospermum sinicum*. China. In der Heimat bis 12 m hoher Baum. Blätter dreifach gefiedert, Blättchen deltoidisch, geschwänzt, glänzendgrün. – Hübsche, raschwüchsige Grünpflanze, die meist gestaucht angeboten wird und dann im Zimmer rasch zu groß wird. Braucht lichte, aber nicht prallsonnige Standorte und regelmäßige Wassergaben. Einheitserde. – Vermehrung durch Stecklinge (auch Abmoosen) oder Aussaat.

Radhacke, einrädriges Handgerät mit zwei Führungsholmen und auswechselbaren Werkzeugen zum Grubbern, Hacken und Häufeln. Ähnlich leistungsfähig wie ein Motorgerät.

Radicchio → Zichoriensalat 3.

Radies, Radieschen, *Raphanus sativus*. Kreuzblütler, *Cruciferae*. Herkunft unbekannt, ab ca. 16. Jahrhundert sind radiesartige Formen bekannt; vorher seit Altertum nur rettichartige (→ Rettich). Zwischen Radies und Rettich zahlreiche Übergangsformen. Radies sind Sorten mit kleinen, kugeligen bis langen, roten oder weißen Knollen und kurzer Kulturzeit; Rettich solche mit großen, langen, weißen, roten oder schwarzen Wurzeln und längerer Kulturzeit. – ANBAU. Aussaat zeitig im Frühjahr ab Ende II im Frühbeet, ab III im Freiland, in Reihen, Abstand 15 cm, in der Reihe auf 5–8 cm verziehen. Keine überdüngten Böden wählen! Ernte bei ersten Aussaaten nach 5 bis 6 Wochen, bei späteren Aussaaten nach 4 Wochen. Anbau von II–X möglich, im Sommer oft Mißerfolg wegen Zähwerden und Aufschießen. – VERWENDUNG. Ganz oder geschnitten als feiner Salat.

Radhacke (Real-Handhacke), leistungsfähiges Gerät mit drei gegeneinander versetzten, feststehenden Werkzeugen, auswechselbar gegen Ziehklinge, Häufler oder Grubber. (Siebeneicher)

Radieschen 'Frühwunder'. (van Waveren)

Rainweide → Liguster.
Rambour → Apfelsortensystem.
Ramonda → Felsenteller.
Rande → Rote Rübe.

Randpflanzung, die rahmenden Gehölze eines Gartens, die vor allem nach Standortansprüchen, dendrologischen Aspekten, Schutz gegen Einsicht, Blüten- und Fruchtbehang und auch gestaltenden Vorstellungen zusammengestellt werden.

Rangordnung, ist in der Krone beim Erziehungsschnitt so zu beachten, daß das ältere Organ vor dem jüngeren rangiert, d.h. Stammverlängerung vor → Leitast, unterer Leitast vor oberem, Leitast vor Seitenast, Seitenast vor Fruchtast, Fruchtast vor Fruchtholz. Schnittausmaß verstärkt sich vom älteren, meist unteren, zum jüngeren, meist oberen Organ. Vollkommene Rangordnung nur bei naturgemäßer Krone möglich und notwendig. Bei naturentferntem Kronenbau ist Fruchtholz unmittelbar dem Leitast bzw.

Szene aus Sissinghurst Castle, einem der volkstümlichsten Gärten Englands, in der Grafschaft Kent, von der Schriftstellerin Vita Sackville-West angelegt, heute vom National Trust unterhalten. Rabatten mit niedrigen und mittelhohen Wildstauden vor Blütengehölzen. (Morgan)

Plattenweg, links eingefaßt von niedrigen und mittelhohen Stauden vor Gehölzen, rechts von einer klassischen englischen Rabatte (border) aus niedrig bleibenden Arten, die sich in ihren Farben rhythmisch wiederholen. (Morgan)

der Stammverlängerung untergeordnet → Obstbaumschnitt.

Ranker, Pflanzen mit Sprossen und Wurzeln, die zum Klettern dienen. Rollen sich meistens spiralig um fremde Stützen, z. B. Jungfernrebe, Pfeifenblume, Rebe, Winde.

Rankgerüst, aus Latten, Stäben und Flechtwerk angefertigte lichte, leichte Holz- oder Metallkonstruktion an Hauswänden, freistehend oder in Verbindung mit Mauern und Pergolen als Gerüst für Schling- und Kletterpflanzen.

Ranunculus → Hahnenfuß.
Ranunkel → Hahnenfuß.
Ranunkelstrauch → Kerrie.
Raphiolepis → Traubenapfel.
Rapunzel → Feldsalat.
Rapunzelrübe. Zwei Vertreter der Glockenblumengewächse *(Campanulaceae)* waren früher Nutzpflanzen und wurden teils gesammelt, teils auch angebaut: Rapunzel-Glockenblume, *Campanula rapunculus,* und Aehrige Rapunzel, *Phyteuma spicatum,* beide mit fleischigen, wie Möhren verwendbaren Wurzeln. Jetzt kaum mehr im Anbau.

Rasen, Begriff einer Grasflächenart (→ Gras), der eindeutig auf die Verwendungszwecke Spiel, Sport, Erholung (Garten- und Sportrasen, Campingplatz, Liegewiese) und Zierde (Vorgarten-, Parkrasen) hinweist. Der Begriff hat sich seit den 70er Jahren erweitert, → Blumenwiese, →Rasenpflege.

Rasenansaat, Rasenaussaat → Rasenneuanlage.

Rasenausbesserung → Rasenreparaturen.

Rasenbesen → Rasenpflegegeräte.

Rasenbildung, Fähigkeit oder Neigung einer → Rasenmischung oder eines → Einzelgrases nach Aussaat, Keimung und → Bestockung eine geschlossene, dichte Grasnarbe zu bilden.

Rasendünger, 1. Vollorganische R., z.B. 6–7% N (Stickstoff), 2–3% P_2O_5 (Phosphorsäure), 1% K (Kali), dazu Ca (Kalk), org. Substanz und Spurenelemente. Hauptbestandteile Blut-, Horn-, Knochenmehl; 2. organisch-mineralische R., z.B. 10% N, 5% P_2O_5, 6% K, vornehmlich Blut-, Horn-, Knochenmehle, K in Sulfatform, org. Substanz und Spurenstoffe, insgesamt ca. 40% organische Substanz; 3. Mineraldünger, z.B. Volldünger (blau) 12% N, 12% P_2O_5, 17% K_2O, Stickstoffdünger z.B. für saure Rasenböden Kalkammonsalpeter (20–21% N), für basische Rasenböden Schwefelsaures Ammoniak (20–21% N) und Ammonsulfatsalpeter (25% N); 4. R. mit zusätzlichen Komponenten, wie Eisensulfat, Crotodur (Crotonylidendi-Harnstoff) und mit dem Harnstofformaldehyd-Typ Peraform. Wirkspektrum der R.: schnell und nachhaltig wirkende N-Dünger: Kalkammonsalpeter, Ammonsulfatsalpeter; langsam und nachhaltig: Schwefelsaures Ammoniak, Crotodur und organisch gebundene (Blut- und Hornmehle); Harnstofformaldehyd: ⅓ sofort, ⅓ in 3–4 Wochen, ⅓ in 10–12 Wochen pflanzenverfügbar. Phosphate: Superphosphat rasch (wasserlöslich), Thomasmehl langsam (citronensäurelöslich). Knochenmehle ebenfalls langsam wirkend. Kali: in den Salzformen Kaliumchlorid, Kaliumsulfat und Kalimagnesia (Patentkali) rasch (wasserlöslich). Zu empfehlen bei → Rasenneuanlagen als Grunddüngung organischer

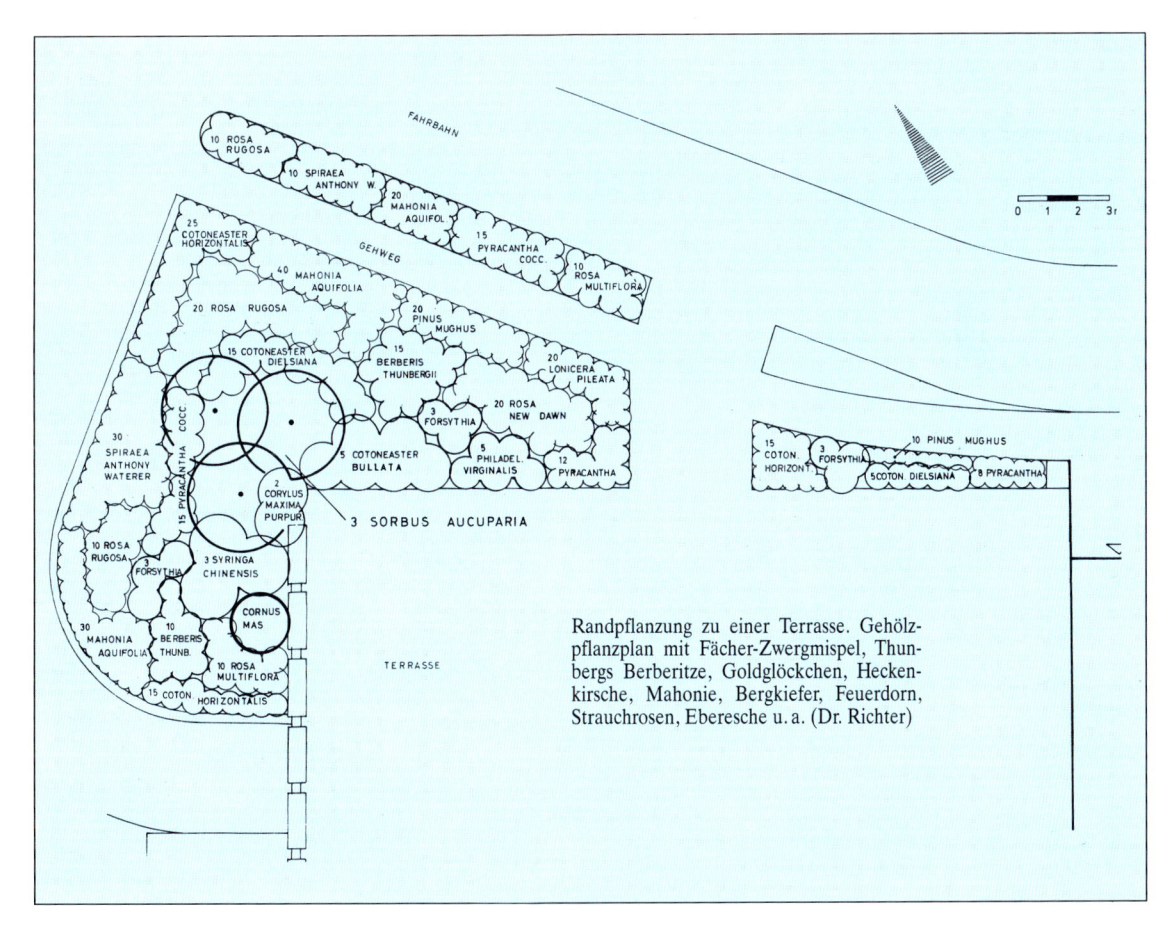

Randpflanzung zu einer Terrasse. Gehölzpflanzplan mit Fächer-Zwergmispel, Thunbergs Berberitze, Goldglöckchen, Heckenkirsche, Mahonie, Bergkiefer, Feuerdorn, Strauchrosen, Eberesche u. a. (Dr. Richter)

Rasendüngung

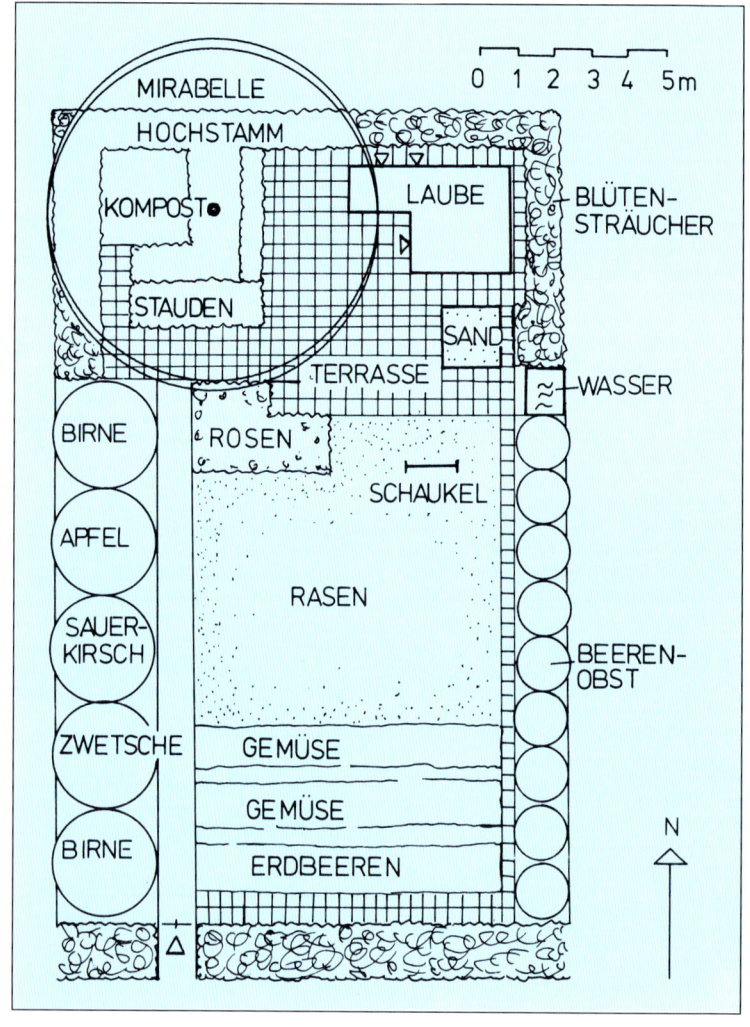

Kleingarten einer jungen Familie – als Freizeitgarten gestaltet. Um den Rasen herum gruppieren sich Obst- und Gemüsebeete. Rosenrabatte, Terrasse mit Sandkasten, auf dem Rasen selbst steht die Schaukel. Siehe auch Stichwort Kleingarten. (Dr. Richter)

oder organisch-mineralischer R.; zur Versorgung etablierten Rasens: alle von 1. bis 4., vorzugsweise aber auch hier die R. zu 1. u. 2. um Nitratauswaschung vorzubeugen.

Rasendüngung, Grunddüngung vor der Einsaat → Rasenneuanlagen. Der etablierte Rasen wird in der Vegetationszeit von III–X gedüngt. Wichtigster Nährstoff für Rasen ist Stickstoff (N); auch P (Phosphor) und K (Kali) sind unentbehrlich. Günstigstes Verhältnis der Hauptnährstoffe für Rasen: N:P:K = 6:2:3. Die meisten → Rasendünger sind so zusammengesetzt, daß Ergänzung mit Einzelnährstoffdünger überflüssig. Bei vollorganischen Rasendüngern, deren auswaschfeste Nährstoffe keine Rasenverbrennungen befürchten lassen, genügt es, fehlendes Kali gelegentlich mit kleinen Kalimagnesia-Gaben zu ergänzen. Bei mineralischen Volldüngern fällige Ration besser in zwei kleinere Gaben aufteilen, die zweite fünf Tage nach der ersten, um Verbrennungen zu vermeiden. Mineralische Dünger anschließend einregnen (→ Beregnen, → Regner). – Nährstoffbedarf des Rasens ist je nach Nutzung verschieden; für die folgenden Beispiele wurde ein organisch-mineralischer Rasendünger gewählt, der 10% N und entsprechende P- und K-Anteile enthält. VORGARTENRASEN. 1. Mitte III–Anfang IV 100 g/qm Rasendünger; 2. Mitte VI oder Anfang VII 100 g/qm; Gesamt-N je Jahr und qm = 20g. – GARTENRASEN, wenig strapaziert. 1. Mitte IV 100 g/qm; 2. Ende VI oder Anfang VII 100 g/qm; 3. Mitte IX 100 g/qm; Gesamt-N je Jahr und qm = 30 g. – WOHNGARTENRASEN, stark strapaziert. 1. Mitte III 150 g/qm; 2. Anfang–Mitte V 150 g/qm; 3. Anfang–Mitte VII 150 g/qm; 4. Ende VIII–Anfang IX 150 g/qm; Gesamt-N je Jahr und qm = 60 g. – ‚Düngerwetter': gegen Abend bei bedecktem Himmel vor zu erwartendem Regen. Von Hand streue nur der erfahrene Gärtner. Laien wiegen die qm-Ration ab und verteilen sie auf den vorher abgesteckten Quadratmeter; besser grammgenau und gleichmäßig mit → Düngerstreuer. Bahnen mit Hin und Her und im Nebeneinander genau ausfahren. Überlappungen vermeiden, sonst Doppelration an Überlappstellen. Anfangs zum Einarbeiten Holzstäbe zum Anvisieren stecken; später bei Übung zur Nachbarbahn nach Augenmaß wenden und ansetzen. Danach einregnen!

Rasenerde → Gärtnerische Erden.

Rasenersatz, mit bodendeckenden Pflanzen etablierte Fläche aus Nicht-Gräsern, z.B. Berberis oder Kunststoffrasen.

Rasengarten, mit Mauern, Wänden und Hecken umgebene Parterreanlagen, Bowlinggreens, intime Freiräume, Partygärten und Innenhöfe, in denen Rasen als Befestigung, Spielgrund und aus optisch-repräsentativen Gründen gewählt wurde.

Rasengräser, unterschiedliche Arten und Sorten der für Rasenzwecke genutzten Graspflanzen der Familie *Gramineae;* von mehreren hundert existierenden Arten kommen für die Rasenkultur nur ganz wenige in Betracht, so: Straußgras, Schwingel, Rispe, Weidelgras, Kammgras, Schmiele und Lieschgras. – An Gräsereigenschaften werden unterschieden: Keimzeiten, Wuchs nach Höhe, Horstbildung, ausläufertreibend, rascher oder langsamer Wuchs, Blattform und -farbe, Schnittverträglichkeit, Trittfestigkeit, Resistenz bzw. Anfälligkeit gegen Krankheiten, Verdrängungskraft (gegen Unkräuter), Schattenverträglichkeit, Klima-, Boden- und Nährstoffansprüche und dgl. – Straußgras, gemeines, *Agrostis tenuis,* 14000–16000 Saatkörner je Gramm, Reinheit und Keimkraft 96/90 (%), Keimzeit 10–24 Tage, ein etwas schattenverträgliches, dichte Narbe bildendes Untergras, auch für trockene Lagen, mittelfeines Blatt. Flechtstraußgras (Fiorin), *Agrostis stolonifera,* 17000 Korn/Gramm, Reinheit und Keimkraft bis 99/90, ausläufertreibendes Untergras, das wenig Schnitt braucht, ohne besondere Bo-

Rasengräser

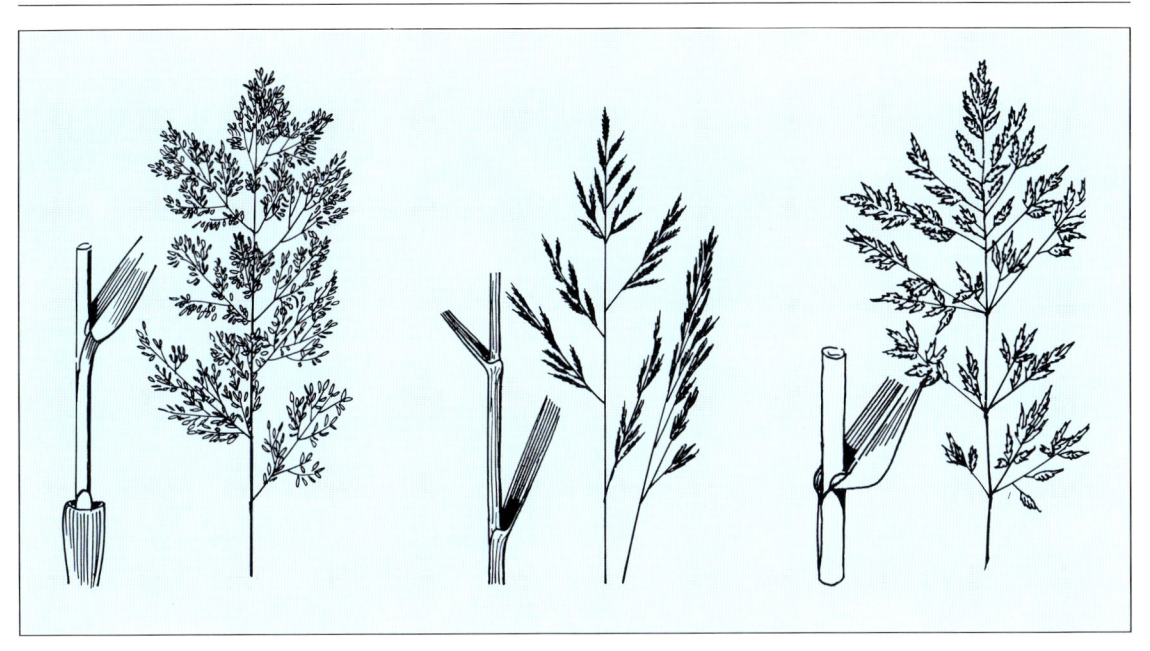

Gemeines Straußgras. *Agrostis tenuis*. Lanzettliches, schlaffes Blatt. Spreite mit rundlichen Riefen, jüngstes Blatt gerollt. Kurze unterirdische Ausläufer, bildet dunkelgrüne, dichte Grasnarbe. Sehr feiner Samen, 16000 Körner je g. Keimt nach 10 bis 24 Tagen. Für Zier- und Gartenrasen, in Sportrasen als Füller.

Ausläufertreibender Rotschwingel, *Festuca rubra eurubra*. 1–2 mm schmales, linealisches Blatt, Spreite scharf gerieft. Unterirdische, grobe Ausläufer. 900 Körner je g Samen. Keimt nach 8 bis 14 Tagen. Für Zier-, Garten- und Parkrasen, weniger für Sportrasen. Starke Bestockung, dauerhaft und anspruchslos.

Wiesenrispe, *Poa pratensis*. Linealisches, ungerieftes, 2–4 mm breites Blatt, mit deutlicher Doppelrille. Breite Kahnspitze. Unterirdische Ausläufer. 3300 Körner je g Samen. Keimt zögernd, nach etwa 15 bis 30 Tagen. Für Garten-, Park- und Sportrasen. Spitzensorten für strapazierfähigen Sportrasen.

Jährige Rispe, *Poa annua*. Gefaltete Blattlage, fast linealisches Blatt, 2–4 mm breit, Doppelrille, doch keine Riefen. Querrunzlige Blätter. Horstbildend. Selbstaussaat, blüht daher fast immer. 6500 Korn je g. Entwickelt sich rasch. Anspruchslos. Hohe Anteile in Sportrasen.

Kammgras, *Cynosurus cristatus*. Gefaltete Blattlage, nur scheinbar gerollt. Blatt spitz, 2–5 mm breit, Spreite deutlich gerieft, Unterseite gekielt, Grundtriebe gelblich bis bräunlich. 1700 Korn je g. Keimzeit 8–14 Tage. Horstbildend, empfindlich gegen Trockenheit. Hohe Anteile in Sportrasen.

Deutsches Weidelgras, *Lolium perenne*. Fast linealisches, 2–3 mm breites Blatt, Spreite gerieft. Grundblätter oft violetrötlich. Kurze unterirdische Kriechtriebe, horstbildend. 500 Körner je g Samen. Keimt schon nach 4 bis 10 Tagen, daher 'Ammengras' bei Neuansaaten.

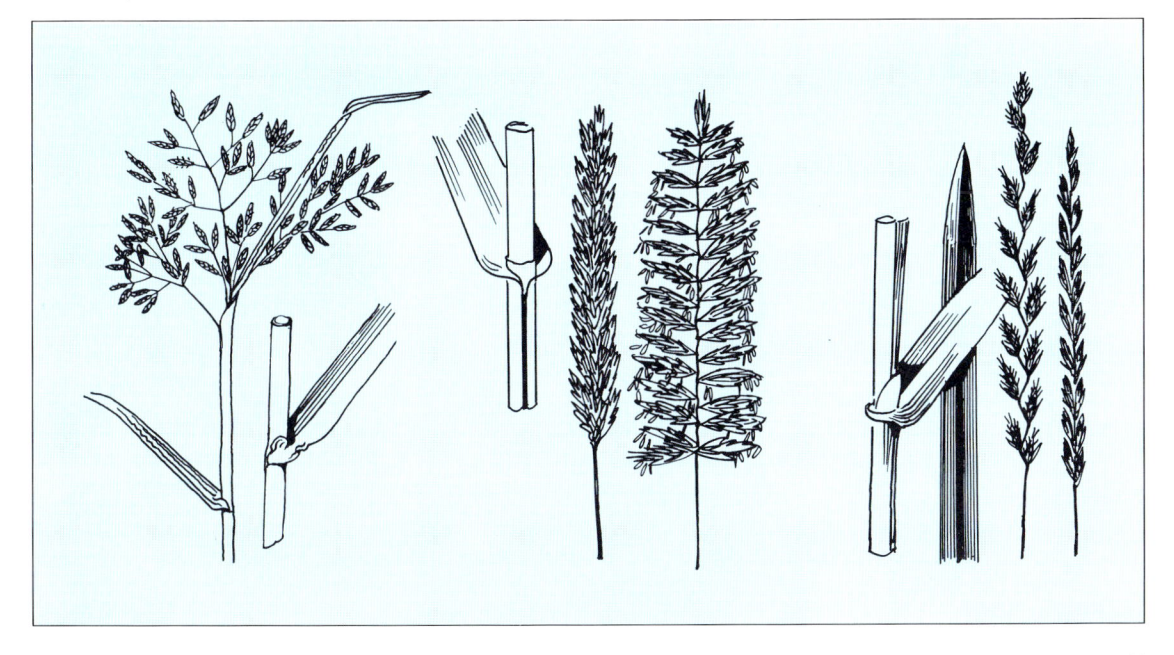

409

denansprüche, auch als Pflanzrasen verwendet, mittel-dunkelgrün.
Weißes Straußgras, *Agrostis alba gigantea*, etwas schattenverträglich, für feuchte Tal- und Seelagen.
Hundsstraußgras, *Agrostis canina*, 18000–20000 Korn/Gramm, Reinheit und Keimkraft 80/88, feines Untergras für feuchte Lagen, oberirdische Ausläufer.
Schwingel, Horst-Rotschwingel, *Festuca rubra commutata*, 1000 Korn/Gramm, Reinheit und Keimkraft 96/88, Keimzeit 9–15 Tage. Horstbildendes Untergras für alle Rasen, ausgenommen stark strapazierten. Schmales saftgrünes Blatt.
Rotschwingel, *Festuca rubra eurubra*, ausläufertreibend, 900–1000 Korn/Gramm, Reinheit und Keimkraft 80/88: Untergras mit unterirdischen Ausläufern, besonders für leichte Böden, mittelfeines Blatt, mittel- bis dunkelgrün.
Schafschwingel, *Festuca ovina* 2000 Korn/Gramm, Reinheit und Keimkraft 90/80, ausdauernd für trockene Lagen, speziell Sandböden, genügsamer Bodenbefestiger.
Rispe, Wiesenrispe, *Poa pratensis*, besonders lange Keimzeit, bis 30 Tage und mehr. 3300 Korn/Gramm, Reinheit und Keimkraft 90/80, unterirdische Ausläufer, strapazierbar, trittfest, winterhart, verlangt reichlich Düngung, Blatt etwas breit, dunkelgrün, für trockene wie frische Lagen, nicht aber Sand-, Heide- und Moorböden.
Jährige Rispe, *Poa annua*, 6500 Korn/Gramm, Reinheit und Keimkraft 85/80, horstbildend, trittfester Lückenschließer, stets blühend, sportraseninteressant, speziell für feuchte Lagen, langes, spitzes, hellgrünes Blatt.
Gemeine Rispe, *Poa trivialis*, 5300 Korn/Gramm, Reinheit und Keimkraft 90/90, horstbildend *und* oberirdische Kriechtriebe, schattenverträglich, Blattfarbe unschönes Hellgrün, trittfest, sportrasenuntauglich.
Hainrispe, *Poa nemoralis*, 5500 Korn/Gramm, Reinheit und Keimkraft 90/80, horstwüchsig, ausdauernd nur für Schattenrasen, nicht schnittverträglich (selten nur sicheln), für trockene bis frische Schattenlagen.
Kammgras, *Cynosurus cristatus*, Keimzeit etwa 14 Tage, 1700 Korn/Gramm, Reinheit und Keimkraft 96/90, Horstbildner, der vereinzelt kurze unterirdische Ausläufer treibt, für frische, feuchte, kühle Lagen.
Lieschgras: Wiesenlieschg., *Phleum pratense*, 2000 Korn/Gramm, Reinheit und Keimkraft 96/90, horstbildend.

Handspindelmäher mit Walzenantrieb und Grasfangbox. (Scherer)

Weidelgras, deutsches *Lolium perenne*, sehr kurze Keimzeit, 4–10 Tage, 500 Korn/Gramm, Reinheit und Keimkraft 96/88, horstbildendes Untergras, raschwüchsig, besonders in der Jugend, darum ‚Ammengras' bei Rasen-Neuanlagen, stark verdrängend, wintert aber aus. Blatt ist breit, frische feuchte Lagen bevorzugt, wächst aber überall.
Schmiele, gebogene (Drahtschmiele), *Deschampsia flexuosa*, auch *Aira flexuosa*, Keimzeit 18–20 Tage, 1600 Korn/Gramm, Reinheit und Keimkraft 80/80, horstbildendes *Schatten*gras, kaum Nährstoffansprüche, nicht sehr schnittverträglich. Alle Lagen, besonders halbschattige Waldlagen. (Nach: Bundessortenamt, Beschreibende Sortenliste. Alfred Strothe Verlag.)

Hexenring im Rasen durch *Marasmius* sp. gebildet. Der Rasen ist innerhalb des Ringes grüner, was auf verstärkte Stickstoffmineralisierung durch den Pilz hindeutet. (Dr. Trolldenier)

Rasenkante, Abgrenzung des Rasens gegen Beete, Baumscheiben und dgl. Pflege der R. mit Rasenkantenstecher, Rasenkantenschneider und Rasenschere gehört als Nebenarbeit („Ausputzen") zum → Rasenschnitt. → Rasenpflegegeräte.
Rasenkehrmaschine → Rasenpflegeg.
Rasenkrankheiten, fast ausnahmslos Pilzkrankheiten; entstehen in extrem nassen Jahreszeiten und in Trockenzeiten nach übertriebenem Beregnen. Vor allem begünstigt Liegenlassen von durchnäßtem Grasschnitt die R. – Schadbild 1: braun-rötliche Flecken im Rasen, die größer werden. Nach Stickstoff-Überdüngung: Fußkrankheit *(Helminthosporium sativum)*. – Schadbild 2: Rasenfarbe bleicht zuerst aus, wird dann gelb bis rötlich, Halme klebrig: Herbstrot. Blattrost *(Corticium fusciforme)*. – Schadbild 3: kleine gelb-braune, schwammige Hutpilze (Nelkenblätterschwämme) stehen in größer werdenden Ringen im Rasen, bilden auch spinnwebartige Schleier: Hexenringe (Erreger: *Marasmius oreades*), Elfenringe, auch 'Fairy rings'. – Schadbild 4: Rosa bis gelbliche Flecken nach der Schneeschmelze. Schneeschimmel *(Fusarium nivale)*. – Schadbild 5: Im Spätsommer auftretende 3–5 cm große, fast kreisrunde Flecken, die mitunter 8 cm Durchmesser erreichen: Talerfleckenkrankheit, 'Dollarspot' *(Sklerotinia homoeocarpa)*. Abwehr: Zur Vorbeugung → Wachstumsschnitt und Abräumen des Mähgutes. Bei Rasenneuanlage für bewegte Luft über der Rasenfläche sorgen, bei älteren Gärten durch Auslichten. Bei → Rasenneuanlage Mischungen mit pilzresistenten Partnern wählen. Herbststickstoff-Gaben einschränken. Zur Bekämpfung allgemein: Aerifizieren und vertikutieren, Spritzen mit Bio-S bzw. Ledax Bio (Schweiz) oder Kräuterextrakten (→ Pilzkrankheiten).
Rasenmäher, Hand- bzw. Motorgeräte für exakten Rasenschnitt. – 1. HANDRASENMÄHER. Scherenartiger Schnitt von mehreren (mindestens 5) Obermessern, die, auf einer drehbaren Spindel angeordnet, gegen ein feststehendes Untermesser arbeiten. Zu unterscheiden: *rad*angetriebene Handmäher für hohe Ansprüche an die Schnittqualität und *walzen*angetriebene, die keine Laufräder, sondern vorn niedrige Laufrollen und hinten eine größere, geriffelte, in der Mitte geteilte Walze aufweisen. Spindelmäher mit Walzenantrieb erfüllen Höchstansprüche an Schnittqualität. Beide Typen verwend-

Rasenneuanlage

Elektrorasenmäher, 40 cm Schnittbreite, 1500 Watt, mit oder ohne Radantrieb. (Wolf)

Benzin-Rasenmäher, 40 cm Schnittbreite, mit 2- oder 4-Taktmotor, mit oder ohne Radantrieb. (Wolf)

bar für Flächen bis 200 qm, gegebenenfalls etwas mehr. – 2. MOTORRASENMÄHER. Schnittbreiten (40–60 cm) bestimmen die Stundenleistung. Ist der Motormäher ein Spindelmäher (siehe unter 1.), erbringt er als radangetriebener hohe, als walzenangetriebener Mäher höchste Schnittqualität. – Motormäher als *Sichel*mäher erreichen jedoch nicht die hohe Schnittqualität des *Spindel*mähers und die extrem hohe des walzenangetriebenen Spindelmähers; Sichelmäher schneiden aber mühelos auch hohes Gras, was der Spindelmäher nicht kann. – Schnittbreite und Motorkraft bestimmen die *Men*genleistung eines Motormähers, Spindel- oder Sichelschnitt die Schnitt*qualität*. – Antriebsmotoren: Ottomotor (Zwei- oder Viertakt) oder Elektromotor, a) mit Kabel und Netzstecker, b) mit Batterie (Akkumulator) betrieben. Bei Elektromotor mit Netzanschluß erfordert Kabel ständige Aufmerksamkeit. – Was wird angetrieben? Meist nur das Schneidwerk, Bediener muß der Maschine Vorschub geben. Bei Flächen über 600 qm Mäher mit motorgetriebenem Fahrwerk wählen. Ab ca. 3000 qm Aufsitzmäher sinnvoll. – Weiterhin beachtenswert: Bei Sichelmäher Messer leicht auswechselbar? Unfallschutzvorrichtungen (Prallblech)? Elektromäher: Schutzisolierung (VDE)? Bei Ottomotor: Startfreudig? Bei allen R.n: Geräuscharm? Schnitthöhe leicht verstellbar (von Hand oder mit Werkzeug)? Hauptteile zum Reinigen bequem erreichbar? Schmierstellen leicht zugänglich? Eignet sich der Mäher zum Ausputzen? –

3. SPEZIALKONSTRUKTIONEN. a) Elektronischer R. mäht wahlweise mit oder ohne Bediener. Schneidprinzip: 2 gegenläufige, freischwebende Scheiben mit je 3 Sichelmessern werden von Zentrifugalkraft in Schneidposition gebracht und gehalten. – b) Luftkissenmäher mit Zweitaktmotor oder Elektroantrieb, Sichelschnitt, schwebt auf Luftpolster 5 mm über dem Boden; rundum beweglich, da ohne Räder; statt zu wenden einfach Führungsholm umklappen. – UNFALLVERHÜTUNG. Bei Motormäher ohne Zündschlüssel: Gefahr daß abgestellter Motor (nach Absperren des Benzinhahns oder nach Ziehen des Dekompressionshebels) nochmals anlaufen kann, da Zündung nicht abstellbar. Verhütung: Vor dem Reinigen Zündkerzenkabel abnehmen! – Motor-Sichelmäher kann, wenn Bediener ausrutscht oder Mäher hangabwärts auf Bediener zurollt, diesem mit rotierenden Messern Füße verletzen. Verhütung: Niemals hangauf-

Prinzip des Luftkissenmähers: Ein Turbinenrad saugt die Luft unter das Mähergehäuse, das die Luft zum Kissen formt. Das Luftkissen trägt den Mäher. Ein Luftwirbel saugt gleichzeitig die Halme in den Schnittbereich. (Flymo)

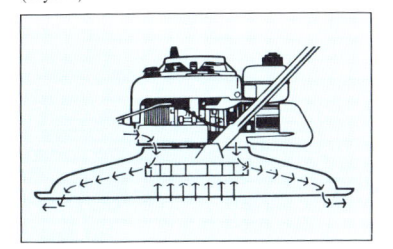

hangab mähen, sondern stets quer zum Böschwinkel am Hang entlang und allgemeine Vorsicht, solange Motor läuft. Ferner Sichelmäher: Verletzung in der Nähe befindlicher Personen durch Steinschlag: rotierende Messer schleudern Steine geschoßartig fort. Verhütung: Das zum Reinigen des Mähers abmontierte Prallblech unbedingt wieder anschrauben. Auch unbenutzte R. vor Kindern und weiteren Unbefugten sichern. Elektromäher: Kurzschluß durch Beschädigung des Kabels, da auf mindestens 15 Amp. ausgelegt, schwere Schäden möglich.

Rasenmischung, Zusammenstellung einer Anzahl verschiedener Grassamenarten und -sorten zu einer Mischung, die den Erfordernissen von Standort, Boden und Klima, sowie den Ansprüchen der Nutzung (→ Rasengräser) gerecht wird.

Rasennarbe → Grasnarbe.

Rasenneuanlage. Bei Hausneubau besondere Vorsorgen: Zuerst Mutterboden sachgemäß behandeln: zu 1,5 m hohen Mieten aufsetzen, Bitterlupine einsäen. Gleichzeitig mit Hausanschlüssen elektrische Leitungen mit Steckdosen und Wasserleitungen mit Zapfstellen *nah* beim künftigen Gartenrasen verlegen lassen. Vor dem Abrücken der Bauleute Rohboden im Garten (meist verhärteter Bauschutt) aufreißen lassen (wasserdurchlässig machen!). Bei Neubau beginnt die R. mit schichtweisem, gleichmäßigem Auftragen des von den Mieten entnommenen Mutterbodens auf den aufgerissenen, wasserdurchlässigen Rohboden. – 1. BODEN VORBEREITEN. Boden-

411

Rasenpflege

proben untersuchen oder untersuchen lassen (→ Bodentester, → Bodenuntersuchung); idealer Rasenboden: sL = sandiger Lehm mit pH-Wert um 6. Bei zu lehmigem Boden Sand zusetzen; bei zu sandigem Boden lehmhaltigen Mutterboden anfahren und aufkippen lassen. Für gute Wasserführung in allen Schichten sorgen: → Bodenverbesserungsmittel einarbeiten, Boden spatentief umgraben, dabei Spaten nur *halb* wenden, damit das Bodenverbesserungsmittel nicht nach unten, sondern seitlich zu den Schollen abgelegt wird. Hierbei Unkraut, Wurzeln, Steine, Scherben, Fremdkörper aller Art entfernen. – 2. VORPLANIEREN. Erdschollen mit großem Kultivator zerkleinern und vorplanieren; dann Grunddüngung = 150 g/qm eines organisch-mineralischen → Rasendüngers gleichmäßig aufstreuen; mit kleinerem Kultivator (Krümmer, Grubber) die schon kleineren Schollen weiter zerkleinern, dabei den Dünger flach einziehen; mit dem Rechen weiter die Krume zerkleinern, dabei Erdbuckel abtragen, Dellen mit dem Erdabtrag auffüllen. Fläche abwalzen oder antreten mit → Tretbrettern. – 3. FEINPLANIEREN. Geräte: Rechen, → Setzlatte, Walze oder Tretbretter und → Markierpflöcke. Da später das Mähen (→ Rasenschnitt) die zentrale, die Güte des Rasens bestimmende Pflegemaßnahme darstellt, und da exaktes Mähen nur auf fehlerfreiem Planum möglich, ist sorgfältiges, genaues Ausziehen des Planums für Jahre und Jahrzehnte entscheidend. Einmaliger Mehraufwand beim Feinplanieren bringt für immer Arbeitseinsparung beim Mähen. Feinplanieren: Setzplatte anlegen in Längs- und Querrichtung. Auf Erdbuckeln ‚wippt' die Setzplatte, auf Dellen (Mulden) liegt sie hohl. In alle Dellen und Erdbuckel in der Mitte je einen Markierpflock setzen. Mit dem Rechen Erde von der Buckel abtragen und in benachbarte Dellen einziehen. Fläche abwalzen oder mit Tretbrettern festigen. Setzlattenkontrolle, dabei Buckel und Mulden erneut markieren, dann wieder mit Rechen ausgleichen, wieder abwalzen oder antreten, wieder mit Setzlatte kontrollieren. Der Arbeitsablauf: Kontrollieren – Markieren – Ab- und Auftragen mit Rechen – Abwalzen bzw. Antreten wird so lange fortgesetzt, bis keine Erhöhungen und Eintiefungen mehr vorhanden. Zum allerletzten Ausgleichen mit dem Rechenrücken arbeiten, danach Abwalzen bzw. Antreten. – 4. AUSSÄEN. a) Wahl der Rasensaatmischung, bewährte Standardbeispiele.

Vorgärten: 15 (%) Deutsches Weidelgras, 35 Rotschwingel, 40 Wiesenrispe, 10 Straußgras (Fiorin), Aussaatmenge 20 g/qm; Strapazierrasen, *frische* Lagen: 25 Deutsches Weidelgras, 8 Wiesenrispe, 15 Ausläuferrotschwingel, 40 Horstrotschwingel, 8 Straußgras (Fiorin), 4 gemeine Rispe, Aussaatmenge 20–25 g/qm. Strapazierrasen *trockene* Lagen: 25 Weidelgras (spätschossend), 35 Horstrotschwingel, 10 Ausläuferschwingel, 15 Schafschwingel, 5 Straußgras (Fiorin), 10 Wiesenrispe, Aussaatmenge 20–25 g/qm. Werden Mischungen *ohne* Weidelgras oder solche mit Mischungspartnern aus Hochzucht-Sortengräsern gewünscht, Beratung bei erfahrenem Fachhändler. Bei Schattenrasen angeben, ob R. unter Laubholz- oder Nadelholzbestand. b) Aussäen: günstigste Zeit: IV bei schwerem und feuchtem, IX bei leichtem bis mittlerem Boden. Das Feinplanum mit Rechen kreuz und quer 1 cm tief aufharken, an windstillem Tag bei bedecktem Himmel ‚über Kreuz' Hälfte der Saatmenge von Nord nach Süd, andere Hälfte von Ost nach West gleichmäßig streuen. Ungeübte streuen qm-weise die vorher auf Briefwaage gewogenen qm-Mengen wie ‚Zucker auf den Streuselkuchen' oder grammgenau mit → Düngerstreuer. Nach Aussäen leicht anwalzen oder antreten. Während des Keimens und ersten Halmauflaufens nicht beregnen. Nur bei Dürre leicht überbrausen, das aber beharrlich fortsetzen, bis auflaufende Gräser Narbe gebildet haben. – 5. ERSTE SCHNITTE. Erster Schnitt mit Sense oder → Sichel, wenn Halme ca. 8 cm lang; nur oberste 3 cm vom Halm abnehmen; zweiter Schnitt mit dem auf höchste Schnitthöhe (4–5 cm) eingestellten Handrasenmäher, dann allmählich Schnitthöhe senken; günstigste Schnitthöhe für kontinentale Lagen 3 cm (→ Rasenschnitt).

Rasenpflege. Turnusrasenpflege für nicht strapazierten Gartenrasen: 1. → Rasenschnitt 2. → Rasendüngung 3. → Beregnen. Strapazierter Gartenrasen (→ Intensivrasen) erhält zusätzliche R.: 4. → Aerifizieren, Lüften, ‚Gabeln' zum Ausgleich von Verdichtungsschäden und 5. → Vertikutieren gegen Verfilzung und Unkraut und zur Förderung des Gräseraustriebs. → Stacheln und → Schlitzen dienen gleichen Zwecken wie 4. und 5. Nach neueren Erkenntnissen wird kaum noch gewalzt (→ Walzen). Sonderpflegemaßnahme ist → top dressing. – Die Fragen der R. werden mit gestiegenem Umweltbewußtsein anders beurteilt: Der Rasen wird extensiver gepflegt, um Dünger und Kraftstoff bzw. Strom einzusparen. Herbizide werden überhaupt nicht mehr verwendet, ihre Anwendung ist in vielen Stadtgartenämtern sogar verboten. Rasenmäher mit lärmenden Zweitaktmotoren sind verpönt. Der Rasen wird, zumindest in Teilflächen, zur → Blumenwiese.

Rasenpflegegeräte. Es gibt spezielle R., im weiteren werden auch allgemeine Gartengeräte zur Rasenpflege benutzt. – ÜBERSICHT. Zunächst die zum → Rasenschnitt gehörenden R.: die nach Art und Leistung verschiedenen → Rasenmäher, für Schattenrasen Sense bzw. → Sichel. Zum Ausputzen vornehmlich der Rasenkanten Rasenkantenstecher, Rasenkantenschneider und Rasenschere. Zum Rasendüngen (→ Rasendüngung) Düngerstreuer, zum → Beregnen die unterschiedlichen → Regner. Zum erweiterten Pflegeturnus für Strapazierrasen (→ Intensivrasen) die Aerifiziergabel für kleinere und das Aerifiziergerät für größere Flächen. Zum → Vertikutieren Vertikutierchen und für größere Flächen das Vertikutiergerät. Die Stachelwalze lüftet oberflächig durch Stacheln, auch Schlitzen genannt. Säubern der Rasenfläche von Grasschnitt, Laub und dgl. sowie ‚Bürsten' mit Rasenbesen (Laub- und Fächerbesen) und Rasenwischer. Mechanische Unkrautbekämpfung mit Jäthacke und Distelstecher. Setzlatte, Tretbretter, Markierpflöcke – da nicht zur Pflege, sondern zur → Rasenneuanlage benötigt – gehören zu den Gartengeräten allgemeiner Art, wie auch Gartenschlauch, Kultivator, Spaten und Handrechen. – SPEZIELLE RASENPFLEGEGERÄTE. *Rasenkantenstecher,* zum Säubern der Rasenkante gegen

Rasenkanten-Schneidegerät. (Wolf)

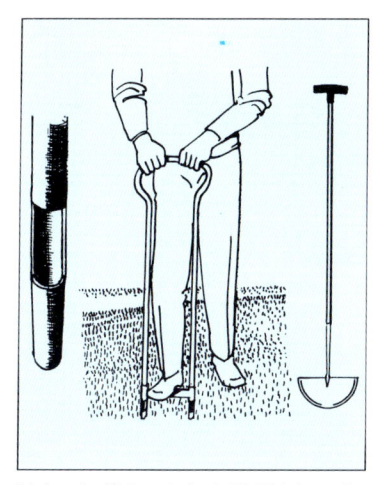

Rasenreparaturen

Links: Aerifiziergabel mit Hohlzinken oder 'Spuhn'. Rechts: Halbmond-Kantenstecher.

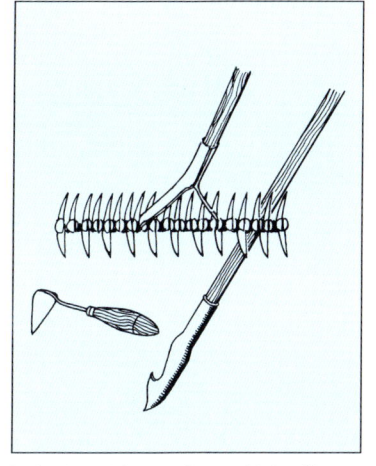

Lüftrechen, Distelstecher und Schnelljäter – Handgeräte zur Rasenpflege.

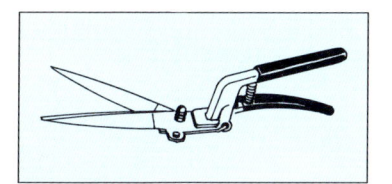

Von links: Rasenbesen, Drahtfeger, Spezialrechen mit Gummikamm als Rasenbürste.

Weg und Beet, mehrere Handgerätekonstruktionen, am bekanntesten der ‚Halbmond', auch zum Sodenstechen brauchbar. – *Rasenschere,* Handgerät zum Ausputzen von Rasenkanten und mit dem Rasenmäher nicht erreichbaren Stellen im Rasen. – *Aerifiziergabel,* zum Rasenlüften von Hand; 2, höchstens 3 Hohlzinken (engl. spoons = verdeutscht ‚Spuhns') zum Einstoßen in den Boden, 6–8 cm tief, durch Fußkraft wie beim Spaten. Die Hohlzinken oder -löffel werfen Erdreich aus. Variante: Aerifiziergabel mit auswechselbaren Zinken, z. B. messerartige zum Schlitzen. – *Aerifiziergerät,* verrichtet Tiefaerifizierung mit Bodenaustausch nach dem Prinzip der Aerifiziergabel; Hohlzinken oder -löffel dringen 6–10 cm tief in Rasenboden ein und werfen beim Zurückgehen Erdreich aus, das mit einem Egalisiergerät oder Schleppgitter (Baustahlmatte an Strik-

Rasenstecher. (Wolf)

Rasenkantenschere.

ken gezogen) gleichmäßig verteilt wird. Für größere Flächen motorisierte Aerifiziergeräte, Arbeitsbreiten zwischen 0,8 und 2,5 m. – *Verticutiergerät,* rasch drehendes, mit scharfen Sternradmessern bestücktes, motorgetriebenes Schneidgerät, das senkrecht schneidet, dabei viel Unkraut mitnimmt und zugleich oberflächig lüftet. Als Handgerät sinngemäß *Lüftrechen:* auch Verticutierrechen genannt, mit 11 abgewinkelten Stahlzinken zum kreuz und quer Verticutieren und Entfilzen des Rasens; auf der Gegenseite 21 Rechenzinken. – *Stachelwalze.* 1. Zum ‚Einigeln' frischer Rasenansaat (→ Rasenneuanlage), bei kleinen bis mittleren Flächen von Hand zu ziehen oder zu schieben. Fehlt eine Stachelwalze, wird Ansaat mit Handrechen eingeharkt. 2. Walzgerät mit Stacheln ähnlich Handrasenmäher; durch Ziehen oder Schieben wird oberflächig belüftet. – *Rasenbesen,* Handgerät mit fächerartigen, außen umgewinkelten Stahlzungen (leichtgewichtige aus Bambus, besonders für Damen!), mit dem man Laub und Grasschnitt zusammenfegt. – *Rasenwischer,* Hand- oder Motorgerät; eine ca. 1 m breite Walze, rundherum mit einem System aus Schweins- oder Kunststoffborsten bürstet den Rasen bahnweise und schleudert alle Fremdkörper, Abfälle, Packungsreste bis zu mittelgroßen Flaschen in einen Leinen-

behälter. Hauptsache ist aber der Rasenbürsteffekt, der den Rasen verjüngt und den Austrieb fördert. – *Aufsteckbrause,* Brause mit Feindüsen, aufsteckbar an der 10-Liter-Gießkanne als Spritzbrause.

Rasenreparaturen. 1. Delle, die Pfützen bildet, beseitigen: Mit Halbmond-Sodenschneider (Kantenstecher, → Rasenpflegegeräte) Oberflächenstück, in dem sich die Delle befindet, rechteckig anschneiden; von drei Seiten mit dem Halbmond flach, in etwa 2–3 cm Tiefe unterschneiden und die gelöste Grassode wie eine Buchseite aufklappen. Delle mit Mischung aus Sand und Erde unterfüttern, bis Delle verschwunden; danach Grassode wieder andecken und wässern. – 2. Nachplanieren, d. h. auf ganzer Fläche verteilte Erdbuckel und Dellen beseitigen; Scharfen Flußsand mit guter Gartenerde zu gleichen Teilen mischen und

Stachelwalze zum Einigeln von Grassamen und oberflächigen Lüften.

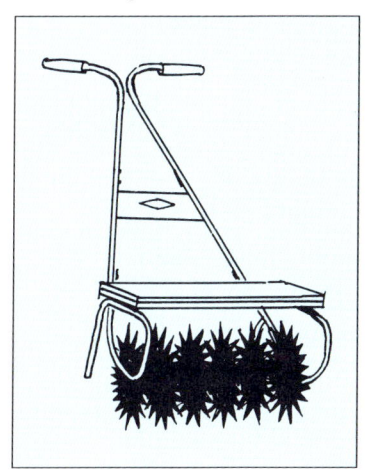

Rasensaatgut

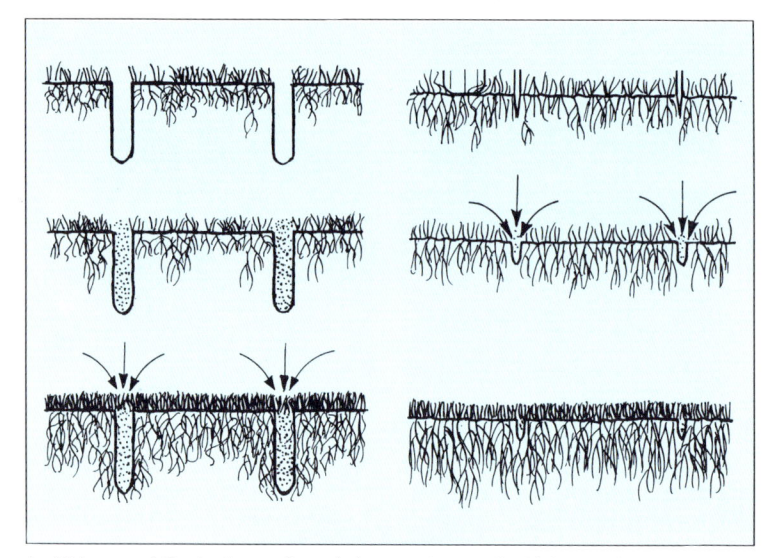

Aerifizieren und Verticutieren schematisch gegenübergestellt. Links Aerifizieren. A Boden wird mit Hohlzinken aufgelockert und das Wurzelwerk zu neuem Wachstum angeregt. – B In die Hohlräume wird Sand eingebracht, der Boden wird durchlässiger. – C Bessere Luft-, Wasser- und Düngerzufuhr – besseres Wachstum. Rechts Verticutieren. A Durch die senkrecht schneidenden Messer werden breitblättrige Unkräuter stark beschädigt und im Wachstum gehemmt, die Verfilzung durch Grasausläufer, Mährückstände und Moos aufgerissen und entfernt. – B Luft, Wasser und Dünger können in verticutierten Rasen eindringen, das Wachstum wird gefördert. C Es wird Sand gestreut und nachgesät. Die Durchlüftung bleibt erhalten, der Rasen erholt sich. (Nach Schweizerische Gärtnerzeitung 32/1972)

breitwürfig auf ganzer Fläche gleichmäßig ausstreuen. Danach eine liegende, eventuell mit Steinen beschwerte Leiter – als improvisiertes → Egalisiergerät – kreuz und quer über die ganze Fläche ziehen. Maßnahme in einer Saison bis zu dreimal durchführen. – 3. Größeren Erdbuckel (Hindernis beim Mähen) beseitigen: Mit Eisenrechen Erdreich lockern und mit Drahtbesen abkehren. Kehrgut in benachbarte Dellen einziehen. – 4. Brandstelle im Rasen (nach Indianerspiel der Kinder) beseitigen: Schadstelle 3 cm tief – mit Zugabe an Rändern – abschälen, Schälgut zum Kompostieren geben. Am Rasenrand, wo etwas Rasen entbehrlich und Fehlen unauffällig, für Reparatur benötigte Menge Rasen als Soden – in Platten rd. 25 × 25 cm – abstechen; mit dem Material Schadstellen belegen; Untergrund wo nötig mit Sand-Erde-Mischung unterfüttern. Frische Soden bündig verlegen mit ca. 1 cm Überstand nach dem Antreten. Rasenplatten eher zu hoch als zu tief verlegen. Danach wässern. – 5. Eine durch LKW-Fahrspur entstandene schwere Bodenverdichtung mit Einsenkung beseitigen: In der verdichteten Spur mit schwerer Grabgabel (starke Stahlzinken) tiefe Einstiche vornehmen und, eventuell mit Hilfe einer zweiten Person, mit der Gabel das eingedrückte Erdreich unter Ausnutzung der Schrägstellung der Gabel anheben. – 6. Einsäen eines frisch zugeschütteten Kabelgrabens auf Altrasen: Bodenvorbereitung wie bei → Rasenneuanlage, aber Feinplanum mit 1 cm Überstand nach dem Antreten oder Anwalzen. Der Überstand verschwindet nach dem dritten Schnitt von selbst oder wird im Lauf der Zeit mit dem Handrechen - Gräser schonend - vorsichtig ausplaniert.

Rasensaatgut, amtliche Bezeichnung für alle Rasensamen. Ein- und Ausfuhr gesetzlich geregelt.

Beim Mähen an Hängen Unfälle vermeiden!

Rasensamenmischung → R.mischung.
Rasenschädlinge, Schaden durch Erdhaufen: → Ameisen, → Maulwurf; Schäden durch Fraß von Wurzeln und oberirdischen Teilen: → Drahtwürmer, → Engerlinge, → Erdraupen, → Erdschnakenlarven, → Maulwurfsgrille, → Wühlmäuse. Abwehrmaßnahmen s. dort.
Rasenschere → Rasenpflegegeräte.
Rasenschnitt. Voraussetzung für guten R.: 1. exakt planierte Rasenfläche, → Rasenneuanlagen; 2. scharf geschliffene, genau eingestellte Messer des → Rasenmähers; 3. Gras und Boden trocken, Naßmähen vermeiden; 4. in heißer Jahreszeit Abendstunden wählen, da pralle Sonne mähungünstig. – Bei R. unterscheiden wir Schnittfolge (Mähen, wie oft?) und Schnitthöhe (Hochschnitt = 4–5 cm, Tiefschnitt ist 2–3 cm; in kontinentalen Lagen für Tiefschnitt nicht unter 3 cm gehen). Zur Schnittfolge: Der früher übliche ‚Kalenderschnitt' (z.B. 1-, 2- oder 3mal wöchentlich) ist abgelöst durch den Wachstumsschnitt: Der Rasenpfleger hat sich für eine ihm genehme Schnitthöhe, Sollhöhe (n) genannt, entschieden. Goldene Schnittregel beim Wachstumsschnitt: Gemäht wird, wenn Halmlänge = $n + \frac{1}{2}n$. Beispiele: Sollhöhe (n) = 4 cm; gemäht wird bei 6 cm Halmlänge. n = 3 cm; gemäht wird bei 4,5 cm Halmlänge, es wird also stets ⅓ der Gesamthalmlänge abgenommen. Am Rasenmäher ist die Schnitthöhe = Sollhöhe einzustellen. Wachstumsschnitt hält Gräser in bester Kondition, fördert Austrieb, besonders auch Entwicklung der feinen → Untergräser, und schafft rasch dichten Narbenschluß. – Vorteile des Wachstumsschnitts werden mit Mähern aller Systeme erreicht. Feinschnitt erzeugt nur der walzengetriebene Spindelmäher (→ Rasenmäher). Den allerfeinsten R. erzeugt ein Spindelmäher,

Rasenunkräuter

der je rollenden Meter eine möglichst große Anzahl von Schnitten durchführt; Schnittzahl je m = Schnittfaktor: 5 Messer am Schneidzylinder = 40 Schnitte, 6 Messer = 50, 8 Messer = 66 Schnitte je m (nach Webb, Birmingham). Streifeneffekt und Schachbrettmuster werden mit walzengetriebenen Hand- wie Motor-Spindelmähern gefahren. – Zum R. gehört auch das Ausputzen an schwer zugänglichen Stellen, wie Solitären, Gruppen- und Beetpflanzungen im Rasen sowie an Mauern, Wegen und dgl. – Bei zu großer Halmlänge (R.-Versäumnis durch Urlaub, Krankheit) alte Sollhöhe nicht mit einem Schnitt, sondern etappenweise mit mehreren Schnitten anstreben.

Rasensode, abgeschälte oder abgestochene Grasnarbe mit Erdreich und Wurzeln, als Rollrasen → Fertigrasen; als Rasenplatte 25 × 25 oder 30 × 30 cm üblich. Zum Ausbessern von Fehlstellen im Gartenrasen oder zum Verlegen eines Neurasens statt Einsaat. Das Verlegen von Rasensoden (→ Fertigrasen), als Alternative zur Einsaat, ist teurer, Rasenfläche wird aber schneller benutzbar. Sportrasen, vergleichbar mit strapaziertem Wohngartenrasen, ist erst 2 Jahre nach Einsaat bespielbar, verlegter Rasen bereits 6 Monate nach dem Verlegen. Weiterer Vorteil: Das Gelingen der Neuanlage ist bei Verlegen sicherer als bei Einsaat. Dauerregen, Stürme und weitere äußere Einflüsse, die große Einsaatrisiken bilden, beschädigen verlegte Rasenflächen kaum.

Rasenspiele, Kugelspiele wie Boccia, Krocket (mit Drahttoren); Ballspiele wie Mini- oder Kleingolf (im Privatgarten abzuwandeln durch selbstgebaute Hindernisse), Federball, Ringwerfspiel u. a. m.

Rasensprenger → Regner.

Rasenteppich, Gütebezeichnung, abgeleitet vom Flor eines Teppichs, auf geschlossene, gleichmäßige Dichte des Bewuchses der → Grasnarbe hinweisend.

Rasenunkräuter. Die folgenden Kurzbeschreibungen der wichtigsten R. sind zu Gruppen zusammengefaßt, je nachdem wie sie auf Abwehrmaßnahmen ansprechen. Chemische Mittel sind aus Gründen des Natur- und Wasserschutzes abzulehnen. Entscheidend sind daher vorbeugende Maßnahmen: 1. Keine billigen Rasenmischungen (→ Rasenneuanlage) mit hohem Anteil an kurzlebigem Deutschen Weidelgras aussäen; in bald auftretenden lückigen Stellen breiten sich R. aus. 2. Regelmä-

Kriechender Hahnenfuß, *R. repens.* (Seidl)

ßig düngen, um Gräser zu fördern, damit sie R. verdrängen können. 3. Häufiger Tiefschnitt (→ Rasenschnitt) anwenden, um die Narbe zu festigen und R. nicht in Samen kommen zu lassen. – 1. Franzosenkraut, Knopfkraut, *Galinsoga parviflora.* Korbblütler, *Compositae.* Einjähriges Samenunkraut, Blätter eiförmig, oberste lanzettlich, Blüte klein, knopfartig, in Trugdolden. – Kreuzkraut, *Senecio vulgaris.* Korbblütler, *Compositae.* Überjähriges Samenunkraut, Blätter gelappt, fiederspaltig, gezähnt, dunkelgrün, kleine gelbe Blüten. – Melde, *Atriplex patula.* Gänsefußgewächs, *Chenopodiaceae.* Dunkle, blaugrüne Blätter, dreieck-, spieß-, ei- bis lanzettförmig, kleine weißlich-grüne Blüten. – Quecke, *Agropyron repens.* Gräser, *Gramineae.* Zähes, ausläufertreibendes Ungras, das dem Schnitt auszuweichen versucht. – 2. Wegerich, großer, *Plantago major.* Wegerichgewächse, *Plantanigaceae.* Blatt eiförmig, breit mit 5 sichtbaren Längsnerven. Wegerich, mittlerer, *P. media.* Blätter wie voriger, doch kleiner, mit 7–9 Längsnerven. Spitzwegerich, *P. lanceolata.* Lanzettliche Blätter mit sichtbaren Längsnerven. Blätter in grundständiger Rosette. – Hahnenfuß, Kriechender, *Ranunculus repens.* Hahnenfußgewächse, *Ranunculaceae.* Ausdauerndes Samenunkraut, Vermehrung auch durch oberirdische Ausläufer, Blätter doppelt- bis dreiteilig mit eingeschnittenen lanzettlichen Teilblättchen an langem Stiel, Blüte mit 5 goldgelben Kelchblättchen. Scharfer Hahnenfuß, *R. acer.* Ähnlich vorigem, doch keine Ausläufer. – 3. Sauerampfer, *Rumex acetosa.* Knöterichgewächse, *Polygonaceae.* Mehrjähriges Samenunkraut, pfeilförmiges, grasgrünes, geädertes Blatt. Pfahlwurzel. – Vogelmiere, *Stellaria media.* Nelkengewächse, *Caryophyllaceae.* Überjähriges Samenkraut, kleine gegenständige Blätter, herzoval bis spitz,

Ehrenpreis, *Veronica spec.* (Seidl)

sehr kleine, gesternte Blüten in Trugdolden, Stengel bis 30 cm lang, oft liegend. Zusätzliche Bekämpfung: Bei nassem Boden mit Rechen (→ Rasenpflegegeräte) reißen. – 4. Löwenzahn, *Taraxacum officinale.* Korbblütler, *Compositae.* Allgemein bekannt als ‚Pusteblume'. Pfahlwurzel, im gemähten Rasen als Blattrosette daliegend. – Gänseblümchen, *Bellis perennis.* Korbblütler, *Compositae.* Als Maßliebchen allgemein bekanntes Samenunkraut, auch mit Ausläufern, weicht im Rasen dem Schnitt aus und treibt Blätter (ähnlich Feldsalat), flach am Boden Horste bildend. – Klee, *Trifolium repens.* Hülsenfrüchtler, *Leguminosae.* In Horsten oder ganzer Fläche verteilt. Bekämpfung: Bei nassem Boden mit Lüftrechen (→ Rasenpflegegeräte) reißen. – Schafgarbe, *Achillea millefolium.* Korbblütler, *Compositae.* Mit unterirdischen Ausläufern, dunkelgrüne, lanzettlich fiederteilige Blätter. Blüte in flachen, schirmartigen Doldenrispen. – Hirtentäschel, *Capsella bursa-pastoris.* Kreuzblütler, *Cruciferae.* Überjähriges Samenunkraut. Junges Blatt, eiförmig, älteres fiederspaltig, gelappt oder gezähnt, liegende Rosetten. Und weitere. – 5. Ackerhahnenfuß, *Ranunculus arvensis.* Hahnenfußgewächse, *Ranunculaceae.* Überjähriges Samenunkraut. Keimblätter länglich-oval, oben stumpf, kurzgestielt, ältere Blätter langgestielt, spatelförmig, zur Spitze hin gelappt, gezähnt oder dreigespalten. Kleine Blüte aus fünf blaßgelben Kelchblättern. – Hederich, *Raphanus raphanistrum.* Kreuzblütler, *Cruciferae.* Einjähriges Samenunkraut, Keimblatt breit-oval, langgestielt, älteres Blatt fiederteilig, stumpfgezähnt, mit Seiten- und Endlappen. Und weitere. – 6. Mastkraut, *Sagina procumbens.* Nelkengewächse, *Caryophyllaceae.* 'Sternmoos', ausdauerndes, schwierig zu vertreibendes Rasenunkraut, schwer bestimmbar; das lanzettliche Jugendblatt täuscht Moos vor, das ältere Blatt ähnelt feinem halblangen Gras. Im Rasen zusätzlich durch reichliche Gaben von Schwefelsaurem Ammoniak bekämpfen. – **Klettenlabkraut**, *Galium aparine*. Labkrautgewächse, Rötegewächse, *Rubiaceae*. Überjähriges Samenunkraut. Keimblatt länglich oval, älteres Blatt lanzettlich, unterseitig stachelbehaart, Blattstellung quirlfömig. Im Rasen zusätzlich durch reichliche Gaben von Schwefelsaurem Ammoniak bekämpfen. – **Ehrenpreisarten**, *Veronica* spec. insbesondere *V. filiformis*. Rachenblütler, *Scrophulariaceae*. Ein- bis mehrjährige Samenunkräuter, gestieltes ovales Blatt mit gekerbeltem Rand. – 7. **Moose**, alle im Rasen vorkommenden Arten → Rasenunkrautbekämpfung (Praktische Anweisungen). BEKÄMPFUNG. Eisensulfathaltige Spezialmittel. – 8. R. in Rasenneuanlagen, 3–4 Wochen nach der Einsaat → Rasenunkrautbekämpfung.

Rasenunkrautbekämpfung. Da die Wuchsstoffmittel Gifte enthalten, haben mechan. Anwendungen Vorrang. MECHANISCHE METHODEN. Viele Rasenunkräuter gehen durch systematischen, scharf zupackenden Schnitt zugrunde, da sie bei fortgesetzter Wegnahme der Blattmasse nicht assimilieren. Jäten ist erfolgreich, wenn das Wurzelsystem entfernt wird. Ausreißen mit Rechen oder Lüftrechen kann nur Teilerfolge bringen. – PRAKTISCHE ANWEISUNGEN. Im Wachstumsschnitt mähen (→ Rasenschnitt), mit kleiner Jätehacke jäten, auch Wurzeln entfernen. Unkräuter mit tiefreichenden Pfahlwurzeln mit Distelstecher ausstechen; Fläche kreuz und quer mit Lüftrechen abrechen; danach alles Jät-, Stech- und Kratzgut sorgsam mit Rasenbesen aufnehmen und abkehren: samentragende Unkräuter zum Müll oder verbrennen, andere kompostieren. (Alle genannten Geräte → Rasenpflegegeräte.) Mähen gilt bei Vorstehendem für Flächen jeder Größe, Jäten und Ausstechen dagegen nur für kleinere Flächen, für größere nur bei geringem Unkrautbesatz. – Sonderfall Moos: Moose im Rasen entstehen bei Bodenverdichtung oder/ und Staunässe, seltener bei Phosphormangel. Bekämpfung: 1. Tiefaerifizieren mit Aerifiziergerät mit Spuhns, notfalls bei Nässe drainieren; 2. → Verticutieren mit Lüftrechen oder bei großen Flächen mit motorisiertem Verticutiergerät; 3. (nur wenn Tiefaerifizieren und Verticutieren nicht ausreichen) → topdresssing mit ‚Lawnsand' (altes englisches Mittel) geben; Rezept zum Selbstherstellen: 32 g Schwefelsaures Ammoniak, 32 g Eisensulfat (Drogerie), 1,4 g Quecksilberchlorid, 65 g gewaschener Flußsand Körnung 0/3 mm mischen, Menge für *ein* qm (nach Fritz Hertel).

Rasenverbrennung. 1. durch Sonneneinstrahlung während einer lang anhaltenden Trockenperiode; 2. durch zu reichliche Gaben mineralischer Düngemittel; 3. durch wohlbemessene Mineraldüngergaben ohne anschließendes Einregnen der Düngerration. Auch organische Düngemittel können zu R. führen, wenn Düngergabe erheblich zu groß. Beseitigung der R.: mit dem Eisenrechen geschädigte Fläche etwas aufkratzen, um Austrieb junger Halme anzuregen, anschließend reichlich wässern.

Rasenwege. Dem Trampelpfad, der durch häufiges Begehen der gleichen Stellen von selbst entsteht, ist ein Plattenweg (→ Gartenweg) vorzuziehen; Plattenwege verlegt man (Kunststein- oder Natursteinplatten) auf einer Sandschicht, bündig zur Rasenoberfläche.

Rasenwischer → Rasenpflegegeräte.

Rasselblume, *Catananche*. Korbblütler, *Compositae*. ○ ♃ △ ⚹. 5 Arten im Mittelmeerraum. Durch die trockenhäutigen Hüllschuppen gibt es beim Anfassen ein rasselndes Geräusch. – *C. caerulea*, Blaue R., Südfrankreich, Südspanien. Kornblumenähnliche Staude mit graugrünen, schmalen, lappenzähnigen Blättern. Blütenhüllblätter perlmutterweiß, Blüten blau. 'Major', mit größeren Blüten. VII–VIII, 40–60 cm. – Verwendung in Trockenmauern, Steingärten an trockenen Stellen, Staudenbeet und zum Schnitt, auch als Trockenblume. Blüht bei früher Aussaat schon im ersten Jahr, wird aber im dritten unansehnlich und sollte dann erneuert werden. Boden durchlässig. Vermehrung durch Aussaat.

Gelbe Rasselblume, *C. lutea*. (Dr. Jesse)

Ratten, Haus- und Wanderratte, die zwei größten Arten der einheimischen Langschwanzmäuse (→ Mäuse). Hausratte grauschwarz, einer vergrößerten Ausgabe der Hausmaus gleichend, liebt trockene Plätze und kommt daher in Scheunen und auf Dachböden vor. Die rötlich-gelb gefärbte Wanderratte ist feuchtigkeitsliebend und lebt daher in Stallungen, Jauchegruben, an Bächen und anderen Gewässern. Sie streift nachts auch in den Gärten umher. Allesfresserin, Vogelbrutraüberin, Schäden im Garten vor allem an Obst und Gemüse. Abwehr: Katze, Schlagfalle mit Köder: im Innern einer Kiste mit 2 Löchern (je 5 cm), zum Schutz von Haustieren.

Raubwanzen, Gruppe der → Wanzen (→ Schnabelkerfe), die andere Insekten aussaugen, dadurch wichtige Schädlingsfeinde. Beute größerer R.arten (etwa 1 cm) vor allem Raupen, kleinerer Arten (2–3 mm) hauptsächlich Blattläuse.

Rauchgasschäden, durch Abgase verursachte Pflanzenschäden, vor allem in der Umgebung industrieller Betriebe. Die Rauchgase werden in Tau- und Regentropfen gelöst und wirken auf das Pflanzengewebe ein. Schadbilder ähnlich der Schrotschußkrankheit: fleckenweise absterbendes Blattgewebe insbesondere bei Rhabarber und Gurke sowie bei Steinobst und Fichte. Auch Früchte oft beschädigt: unterer Teil absterbend und faulend. Bei Verdacht auf R. Besichtigung durch Pflanzenschutzfachmann erbitten.

Rauhgras, *Achnatherum*. Gräser, *Gramineae*. ○ ♃ ⚹. Nur wenige Arten in Südeuropa mit dichtrasigem Wuchs und flachen Blättern. – *A. calamagrostis* (*Lasiagrostis c.*, *Stipa c.*), Ränkgras, Silberähren- und Goldährengras. Breite, verzweigte Rispen, feingliedrig, weißschimmernd. VI–IX, 80 cm. – *A. splendens* (*Lasiagrostis s.*, *Stipa s.*), Zottengras. Kräftige Büsche mit schilfartigen, ährigen Blütenständen. VII–IX, 80–100 cm. – Verwendung im Stauden-, Heidegarten, Wildstaudenpflanzungen und zum Schnitt als Trockengras. Boden trocken, durchlässig, kalkhaltig. Vermehrung durch Aussaat.

Raumbildung. In der Grünplanung wie Gartenplanung werden Freiräume einheitlichen Inhalts oder für bestimmte Funktionen zweidimensional und bei Sitz- und Liegeplätzen mit Baum- oder Pergolendach auch dreidimensional durch Mauern, Hecken, Strauchgruppen und Staffelung mit Bäumen geschaffen. Für eine gute R. sind ausge-

Rebe, *Vitis coignetiae*. (Seidl)

wogene, auf den Menschen bezogene Proportionen grundlegend.
Raupen, Larven der Schmetterlinge. Fressen entweder im Innern von Stengeln, Blättern, Knospen und Früchten oder außen an den Pflanzen; einfarbig oder bunt, behaart oder unbehaart. Den Raupen sehr ähnlich sehen die als → Afterraupen bezeichneten Larven der → Blattwespen.
Raupenfliegen → Tachinen.
Raupenleim, zum Bestreichen der Anfang X um die Obstbäume gelegten Papiergürtel (→ Leimgürtel) zum Abfangen emporkriechender Schädlinge insbesondere der flügellosen Frostspanner-Weibchen. Im Garten werden helle, aus pflanzlichen Ölen und Harzen hergestellte R.e verwendet (im Gegensatz zu den schwarzen R.en aus Teerprodukten in der Forstwirtschaft).
Rauschkaktus → Kakteen 20.
Raute → Weinraute.
Rautengloxinie → Freilandgloxinie.
Rebe, *Vitis*. Rebengewächse, *Vitaceae*. Die R.n sind sommergrüne, mit Ranken kletternde Sträucher, vorwiegend Subtropen der nördlichen Halbkugel, größte Verbreitung in Nordamerika. In Europa nur eine Art, *V. vinifera*, → Weinrebe, heimisch. Nur wenige Arten werden zur Gewinnung der Beeren angebaut, viele dienen als Zierpflanzen zum Bekleiden von Hauswänden, Gartenlauben und dergleichen. – *V. amurensis*, Amurrebe. ○ ♅ VI ⚥ ⚭. Mandschurei, üppiger, völlig winterharter Schlinger. Blätter rundlich bis herzförmig, oberseits dunkelgrün, unterseits seidig glänzend, im Herbst tiefrot. Beeren fast schwarz, bleiben klein und schmecken angenehm säuerlich. Die Traubenstände verzweigen sich nur wenig, dadurch ist der Ertrag sehr gering. – *V. coignetiae*. ○ ♅ VI–VII ⚥ ⚭. Japan, wächst üppig, bis 8 m. Filzige Zweige mit rostroten Haaren und bis 25 cm breite, fünflappige Blätter, im Herbst leuchtend orange bis orangerot. Beeren 1 cm dick, an kleinen Trauben, schwarz mit purpurnem Reif, nicht eßbar. – *V. davidii*. ○ ♅ VI–VII ⚥ ∧ ⚭. In China wild, bis 6 m. Wichtigstes Merkmal sind die an den jungen Trieben sitzenden Stacheln. Früchte 1,5 cm Durchmesser, schwarz. In Gegenden mit kalten Wintern nicht ausreichend winterhart. – *V. riparia*, Uferrebe, Duftwein. ○ ♅ VI ⚥ ⚭ D. Nordamerika, üppiger, bis 12 m hoher Schlinger. Rötliches Holz, grünliche Zweige, 15 cm große, dreilappige Blätter, duftende Blüten und rötlichschwarze, dicht bereifte Beeren. Blüten duften ähnlich Reseda (Bowlenzusatz!). Sehr widerstandsfähig gegen Reblaus sowie Pilzkrankheiten, wird deshalb mit ihrer Kreuzung *V. solonis* × *V. riparia* in Amerika wie auch in Europa viel als Veredlungsunterlage für die Kultursorten verwendet. – ANSPRÜCHE. Leichter, sandiger, möglichst trockener Boden in warmer Lage. Eignet sich zum Begrünen von Wänden, Mauern, Lauben und dergleichen. Günstig ist es, von Zeit zu Zeit zu düngen. Muß geschnitten werden, am besten im Spätherbst, da dann die Triebe am wenigsten bluten. – In Deutschland ist seit 1933 der Anbau von Arten, mit Ausnahme von *Vitis vinifera* und deren Sorten und Formen, gesetzlich verboten, weil Hybriden angeblich gesundheitsschädlich. – VERMEHRUNG. Aussaat im Frühjahr, mit stratifiziertem Saatgut; Steckhölzer, die möglichst früh im XII–I geschnitten werden; Absenker der vorjährigen Triebe im Frühjahr oder Augenstecklinge.
Rebhuhnbeere → Scheinbeere.
Rebutia → Kakteen 12.
Rechen, Harke, Stahlr. bestehen aus Balken und Zinken aus einem Stück, meist mit 16 Zinken, schmalere mit 8 oder 10 Zinken. Hauptsächlich zum Saat- und Pflanzfertigmachen von Beeten (einebnen, Erdklumpen, Fremdkörper, Steine entf.). Breite Holzr. mit Zinken (→ Berberitze).
Rechteckregner → Regner.
Regenanlage → Beregnungsanlagen.
Regenmesser, Auffanggefäß zum Messen der Niederschläge, auch Schnee, meist aus Kunststoff, in verschiedenen Ausführungen; dreiteilig zum Einstecken, als Meßzylinder, zum Aufstecken auf Stab oder Besenstiel oder nach Hellmann mit gesondertem Meßglas.

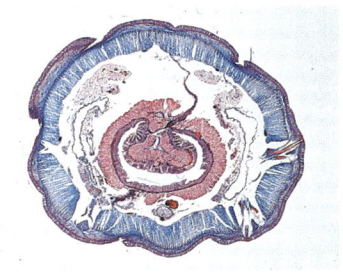

Oben: So vermehrten sich Kompost- oder Mistwürmer, *Eisenia foetida*, in Kompost, der mit Folie abgedeckt war. (A. Kalaus) – Unten: Regenwurm der Gattung *Lumbricus*, Querschnitt Körpermitte, Bau eines Ringelwurmes: Hautmuskelschlauch, Darm, Ausscheidungsorgane, Bauchmark, Rückengefäß. (Kosmos)

Regentonne, zur Sammlung von Niederschlagswasser an Dachflächen aufgestelltes oder eingelassenes Behältnis aus Holz, Beton oder Metall.
Regenverdaulichkeit, das Vermögen des Bodens, Niederschläge aufzunehmen, insbesondere plötzlich auftretende große Wassermengen bei Gewitterregen, ohne zu verschlämmen und ohne daß → Erosion auftritt. → Bodenstruktur, → Wasserdurchlässigkeit.
Regenwasser, vorteilhafter als Leitungswasser, weil ungefähr luftwarm, sauerstoffreich und weich (→ Enthärten). In Ballungs- bzw. Industriegebieten kann Qualität des R.s gemindert sein, u.a. durch Schwefeldioxid: R. wird angesäuert; oder durch Kalk- und Zementstaub: R. wird hart. pH-Probe mit Indikatorpapier machen. Erstes R. nach Trockenperiode, das über Dächer abläuft, gegebenenfalls nicht verwenden. → Gießwasser.
Regenwürmer, im Boden und in verwesenden, organischen Substanzen (Kompost u.a.) lebende Würmer mit

Regenwurmtest

Sprinklersystem mit Computer zur programmgesteuerten Flächenbewässerung. Siehe auch 'Beregnung' und 'Beregnungsanlagen'. (Gardena)

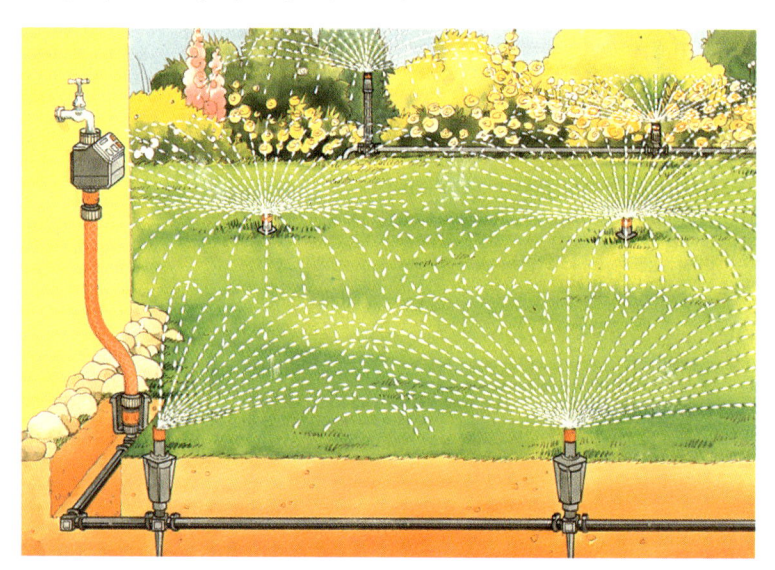

geringeltem Körper; sorgen für Durchlüftung und Durchmischung des Bodens und tragen mit ihrer Kotbildung zur Humusverbesserung bei. Demgegenüber fällt das Hineinziehen von Gräsern in die Gänge bei einigen Arten nicht ins Gewicht. Die Regenwürmer sind also nützlich und sollten vor chemischen Pflanzenschutzmitteln geschont werden (z.B. Boden unter Bäumen vor dem Spritzen abdecken). → Regenwurmtest, → Bodenfauna. In Mitteleuropa sind rund 40 Arten in 6 Gattungen verbreitet; davon in Kulturböden vor allem der Tauwurm (*Lumbricus terrestris*), wichtig als Bodenbildner (→ Regenwurmtest), und in rottenden organischen Stoffen der Dung-, Mist- oder Kompostwurm (*Eisenia foetida*), → Wurmkompost.

Regenwurmtest, Auszählung der Regenwurmkanäle je qm, um danach → Bodenfruchtbarkeit mit zu beurteilen. Je mehr bleistift- und stricknadelstarke Kanäle je qm, desto besser Durchlüftung und Dränage des Bodens nach der Tiefe, desto mehr Regenwurmexkremente und damit pflanzenverfügbare Nährstoffe. Ackerböden bis zu 500 Kanäle/qm. Durchführung des R.es: Fläche von 70×70 cm (= rund 0,5 qm) mit scharfem Spaten in etwa 5 cm Tiefe freilegen, glätten und Kanäle auszählen. Anzahl verdoppeln, um auf qm-Zahl zu kommen.

Regner. 1. Rotationsregner (Kreisregner, auch als Kombination, d.h. Kreis- und Wenderegner). – 2. Viereckregner (auch Rechteckregner genannt), ein Schwenkregner, mehrfach verstellbar, besonders für Hausgarten geeignet; Stufenanschlüsse für ½"- und ¾"-Schläuche; erforderl. Wasserdruck 1 atü. – 3. Versenkregner (auch Unterflurregner genannt), wird nicht frostfrei verlegt, etwa 60 cm Grabtiefe genügt; Anlage ist vor dem Winter zu entleeren. Rohrmaterial: PE-hart- oder PVC-Rohr. Anschluß muß nach den Richtlinien des DVGW (Deutscher Verein von Gas- und Wasserfachleuten e. V.) erfolgen.

Reifehauben, Klarsichtfolien in Tütenform, Durchmesser bis zu 65 cm, Längen zwischen 1,2 und 1,5 m, zum Überstülpen fruchtender Pflanzen (z.B. Tomaten) als Schutz gegen Regen, Wind und Kälte.

Reifezeiten, der Früchte, sind verschieden nach Sorte, Standort, Klimafaktoren, vor allem Sonnenschein und Wärmesumme des betr. Vegetationsjahres. Man unterscheidet: Baum-, Ernte-, Lager-, Genußreife.

Reihenhausgarten, am ein- bis zweigeschossigen Einfamilien-Reihenhaus angelegter Garten von geringer Ausdehnung. Infolge beidseitiger Grenzüberbauung und Aneinanderreihung der Häuser sind nur schmale, 5–9 m breite Grundstücke ausgewiesen. Den Flächenverlust durch überlange handtuchartige Grundstücke ausgleichen zu wollen, ist wegen allseitiger Einsicht und fehlender Privatsphäre unzweckmäßig. Ein R. als Ziergarten hat geringen Wohnwert, da eine wirksame Umpflanzung den nutzbaren Raum weiter verengen würde. Lediglich der hausnahe Terrassenbereich ist optimal abzuschirmen. Elemente des R.s sind Terrasse, Rasenfläche, Staudenrabatte, Nutzbeete, kleines Wasserbecken und Solitärgehölze.

Seit die Architekten die Häuser gegeneinander versetzen und die Terrasse etwas in den Baukörper einziehen, ist der Sitzplatz von den Nachbarn abgeschirmt. Bei älteren, noch in einer Front gebauten Reihenhäusern läßt sich durch eine Wand aus Guß- bzw. Blankglas Sichtschutz schaffen. Die Wand kann durch einjährige Kletterpflanzen oder niedrig bleibende Gehölze wie Geißblatt oder Waldrebe berankt werden. → Sichtschutz, → Terrasse, mit Fotos. – Am R. sind raumsparende Zäune aus plastikummanteltem Drahtgeflecht, zwischen verzinkten, in Betonklötzen verankerten Rohren und T-Eisen, zweckmäßig. Eine wirksame Randpflanzung ist am R. am besten durch schmale gemeinsame Grenzpflanzung der Nachbarn zu ersetzen; z.B. durch ein auf die Grenze gesetztes Beerenobstspalier (→ Spaliergerüst, → Spalierwand). – Der schmale R. läßt sich am besten in Wohnteil mit Rasen und Obst- und Gemüseteil gestalten. Als Querteiler eignet sich ein V-förmiges Beerenobstspalier. Die Gemüsebeete werden vom Plattenweg aus bewirtschaftet.

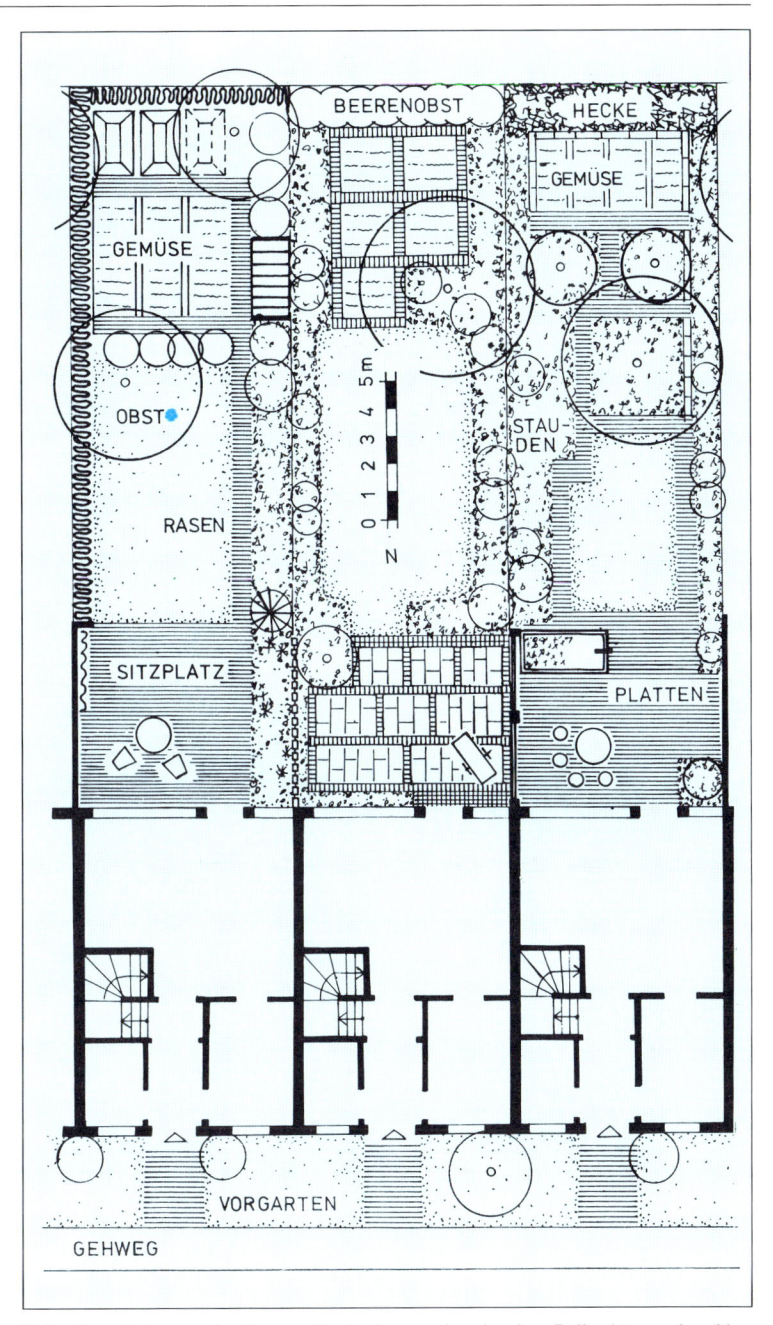

Reihenhausgärten, an schmalen, nur 8 m breiten, zweigeschossigen Reihenhäusern (geschlossene Bauweise). Die Grundstücksgröße von 328 qm ergibt noch einen kleinen Wohngarten und einige Obst- und Gemüsebeete. Schwierig ist die Abschirmung der wohnungsnahen Terrasse. (Dr. Richter)

Reiherschnabel, *E. manescavii.* (Seidl)

Reihensaat → Aussaat.
Reiherschnabel, *Erodium.* Storchschnabelgewächse, *Geraniaceae.* ○–◐ ♃. Mittelgroße Stauden, dem Storchschnabel sehr ähnlich. Von ihm zu unterscheiden durch die 5 statt 10 fertilen Staubblätter und den spiralig eingerollten Fruchtschnabel. Etwa 50 Arten, von denen nur wenige in Kultur sind und nur Liebhaberwert haben. – *E. manescavi,* westliche Pyrenäen, 50 cm hoch, Blätter groß, leicht behaart und grob gefiedert. Stiele 3- bis 10blütig, mit 3 cm breiten roten Blüten, VI–IX. Verwendung nur für große Naturgärten. Vermehrung durch Aussaat, Teilung oder Stecklinge.

Reineckie

Reitgras, *C. acutiflora* 'Karl Foerster'. (Herbel)

Reineckie, *Reineckea.* Liliengewächse *Liliaceae.* ☽–● ♃ ⚭ ⎕ o. Freiland ⌒ Lie. Kriechende Stauden mit zweizeilig gestellten Blättern und rosa Blüten. 1 Art in China und Japan. – *R. carnea.* Blätter dunkelgrün, bis 40 cm lang und 3 cm breit, Blüten im VIII–IX, rosa mit blauen Staubfäden, 15 cm hoch. – Harte und schöne Kalthaus- und Zimmerpflanze, die auch an schattigen Orten gut gedeiht, wo es nicht zu warm ist. Verträgt tiefe Wintertemperaturen, kann also ähnlich wie die Schildblume auch neben Eingängen usw. in Schalen verwendet werden. In humosen Böden und in schattiger Lage, z. B. unter Rhododendron, ist R. bei leichter Decke auch winterhart und versuchswert. Nach eigenen Beobachtungen werden Wintertemperaturen bis −20°C vertragen. – Vermehrung durch Teilung leicht, humose Substrate.

Reis, einjährig verholzter Trieb. Triebe von Kultursorten bezeichnet man als Edelreiser. Diese werden auf verschiedenen Unterlagen veredelt (kopuliert, gepfropft). → Veredlung.

Reisveredlung → Veredlung.

Reitgras, *Calamagrostis.* Gräser, *Gramineae.* ○ ♃ ⚭. Über 100 Arten in den gemäßigten und kalten Zonen. Hohe Gräser mit großen Rispen. – *C. arundinacea,* Rohr-R. Einheimisch. 'Purpurea' mit rotbraunem Laub, schön durch seine Blattfärbung. VI–VIII, 80–120 cm. – *C. × acutiflora (C. arundinacea × C. epigeios)* 'Karl Foerster'. Nicht wuchernd, steil aufrechter Wuchs, früh grünend. Blütenrispe steif aufrecht, mit kurzgestielten, kleinen Ährchen. – VII–VIII, 100–120 cm. Verwendung wie Rauhgras.

Remontanten, Pflanzen, die nach der Hauptblüte weitere Blüten hervorbringen, z. B. Rosen.

Reneklode → Pflaume.

Reseda, *Reseda.* Resedagewächse, *Resedaceae.* ○–☽ ⊙ ⋮ ⎕ ⚭. Von den etwa 50, hauptsächlich im weiten Umkreis um das Mittelmeer vorkommenden ein- bis mehrjährigen Arten hat bei uns nur die Gartenreseda, *R. odorata,* als Einjahrsblume eine gewisse Bedeutung. Wurde früher ihres Duftes wegen viel kultiviert. Außer als Duftpflanze auch als Bienenweide und für den Schnitt empfehlenswert. Blätter von unten nach oben verschieden ausgeformt, Triebspitzen enden in kompakten Endtrauben. Gelegentlich werden Resedan ihres Duftes wegen auch in Töpfen und Balkonkästen kultiviert. Die Handelssorten haben rote Staubbeutel, ca. 30–40 cm. Blüte bei entsprechender Düngung und Pflege VII bis Frost. – Humoser, nährstoffreicher, leicht saurer Boden, vollsonniger Standort, aber auch leichter Halbschatten noch möglich. Direktaussaat ab Anfang IV mit 15–25 cm Reihenabstand. Empfehlenswerter aber Anzucht unter Glas mit Freilandpflanzung ab V.

Reservestoffe, werden in → Speicherorganen des Splintholzes und der Rinde sowie im Wurzelkörper eingelagert. Es sind Stärke, Inulin, Cellulose, Hemicellulose. Fetten kommt die Funktion der Energiespeicherung im Pflanzenkörper zu, ohne an den Lebensprozessen direkt teilzunehmen. Phosphatide sind biochemisch aktive Stoffe. Von der Menge eingelagerter R. sind abhängig: die Frostresistenz der Gehölze, deren Austrieb im Frühjahr und Versorgung bis zur Bildung neuer Überschüsse an Nährstoffen im Sommer, die endgültige Blütenknospendifferenzierung u. a.

Reseda, *R. odorata.* (Seidl)

Resistenz. 1. Individuelle oder artliche Widerstandsfähigkeit von Schädlingen gegenüber chemischen Bekämpfungsmitteln. Erhöhung der R. kommt dadurch zustande, daß jede chemische Bekämpfung ein Auslesevorgang ist: die giftanfälligsten Individuen sterben ab, die gift-festeren = resistenteren Individuen vererben ihre Eigenschaften weiter, wodurch sich der Resistenzgrad der Schädlingspopulation erhöht. In den vergangenen drei Jahrzehnten sind mehr als 200 schädliche Insekten- und Milbenarten gegenüber Insektiziden und Akariziden resistent geworden. Auch bei Unkräutern ist diese Entwicklung sichtbar. Die Erhöhung der R. ist einer der Gründe, die zur Umwandlung der früher fast rein chemischen Schädlingsbekämpfung zu einem → ökologischen Pflanzenschutz zwingen. – 2. Individuelle oder artliche Widerstandsfähigkeit von Pflanzen gegenüber Schädlingen oder Krankheiten (Sortenwahl). Erhöhung der R. unserer Kulturpflanzen durch Auslese- bzw. Resistenzzüchtung.

Rettich, Rettig, *Raphanus sativus.* Kreuzblütler, *Cruciferae.* Herkunft vermutlich Vorderasien, bekannt in Ägypten, Griechenland und Rom; seit frühem Mittelalter auch nördlich der Alpen nachweisbar. Mannigfaltige Ausbildung und Färbung der Wurzel, Abgrenzung gegen → Radies dort. – Anbau: Verschiedene Sortengruppen sind zu unterscheiden: Treibrettich, Sommerrettich, Herbst- und Winterrettich. Treibrettich immer im Gewächshaus oder warmem Frühbeet mit Aussaat I–IV oder ab IX. Sommerrettich Aussaat im Freiland in mäßig gedüngte, tiefgründige Böden ab IV; Reihenabstand 20–25 cm, in der Reihe auf 8 cm verziehen. Entwicklungszeit der Sommerrettiche 6–8 Wochen. Ernte bevor die Wurzeln holzig werden. Für spätere Sätze (Aussaat ab VII) Herbstrettichsorten verwenden. – Verwendung: Ganz oder fein geschnitten als Salat.

Rexbegonie → Begonie.

Reynoutria → Knöterich, 1. Hohe Arten.

Rhabarber, *Rheum rhabarbarum.* Knöterichgewächse, *Polygonaceae.* Herkunft Asien; seit dem frühen Mittelalter als Heilpflanze (verwendetes Organ: Wurzel) in Europa angebaut; erst seit Mitte 19. Jahrhunderts auch als Gemüsepflanze (verwendetes Organ: Blattstiele) genutzt. Staude mit ausdauerndem, fleischigem Wurzelstock; Pflanzungen können bis 30 Jahre im Ertrag stehen. Zahlreiche Sorten,

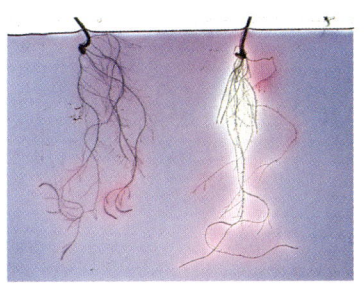

Mikrobielle Tätigkeit in der Rhizosphäre, hier an Weizenwurzeln. Links: Die Wurzel einer steril angezogenen Pflanze, der (Redox-)Farbstoff ist kaum verändert. Daneben normal angezogene Wurzel, mit begleitenden Rhizosphärebakterien, die die Wurzelumgebung aufgehellt haben. – Rechts: Wurzelspitze von Weizen mit Wurzelhaubenzellen und abgesondertem Schleim, der das Eindringen in den Boden erleichtert. (Dr. Trolldenier)

die sich in bezug auf Dicke und Farbe der Blattstiele unterscheiden. – ANBAU. Vermehrung durch Teilung der Wurzelstöcke. Auspflanzen im Frühjahr vor Austrieb oder im Herbst nach Einziehen der Blätter. Pflanzabstand je nach Sorte, mindestens aber 120 × 100 cm. Für den Hausgarten genügen 2–3 Pflanzen. Bodenansprüche: tiefgründig, genügend feucht und gut gedüngt. Ernteebeginn ab Mitte IV; Blattstiele nicht schneiden, sondern vorsichtig abreißen. Im V Blütenstengel entfernen. Ernte nur bis Ende VI; spätere Blattstiele enthalten zuviel Oxalsäure; auch werden die Pflanzen geschwächt. – VERWENDUNG. In Würfel geschnitten und mit Zucker gekocht als Kompott;

Rhamnus → Faulbaum.
Raphidophora → Efeutute.
Rhapis → Palmen 7.
Rhenaniaphosphat → Mineraldünger (Phosphatdünger).
Rheum → Zierrhabarber.
Rhipsalidopsis → Kakteen 5.
Rhipsalis → Kakteen 4.
Rhizom, Erdstamm oder Wurzelstock, unterirdischer, zumeist waagerecht liegender, verdickter Sproß, der an seiner Spitze in der nächstfolgenden Wachstumsperiode eine neue Pflanze bildet. Beispiel: *Iris germanica*.
Rhizomteilung, vegetative Vermehrungsart, die durchgeführt wird, um Staudenarten und -sorten sortenecht weiterzuvermehren, → Vermehrung.
Rhizosphäre, unmittelbare Umgebung der Pflanzenwurzeln, mit verstärkter mikrobieller Aktivität, Bakterienzahl bis 100 Milliarden je g Wurzeltrockensubstanz. Auch Zahl der Bodenpilze, Algen, Einzeller und Fadenwürmer (Nematoden), Enchyträen, Milben und Springschwänze (Collembolen) in R. erhöht. → Bodenleben, → Bodenfauna, → Bodenflora. R. ist bevorzugter Lebensraum von Organismen, die

sich von abgestorbenen Wurzeln und Wurzelausscheidungen, wie Zuckerarten und Aminosäuren, ernähren und ihrerseits die Pflanze mit Stickstoff und anderen Nährstoffen versorgen und durch Vitamine, Wuchsstoffe fördern.
Rhododendron → Alpenrose.
Rhodotypos → Scheinkerrie.
Rhoeo, *Rhoeo*. Tradeskantiengewächse, *Commelinaceae*. ◐ ♃ ⌂ Lie. *Rh. discolor*. Mittelamerika. Kräftige Staude mit gestauchtem Sproß und lanzettlichen, bis 35 cm langen, schräg aufwärts gerichteten Blättern, deren Oberseite dunkelgrün, deren Unterseite aber leuchtend trübrot ist. Die Tradeskantienblüten sind weiß und zu vielen in von muschelartigen Hochblättern umhüllten Blütenständen vereinigt. Eine sehr schöne Form ist 'Vittata' mit gelben Längsstreifen. – Schöne Blattpflanze für das warme Zimmer, das Blumenfenster oder den Wintergarten. Kultur in humosen Substraten. – Vermehrung der grünen Form auch durch Aussaat möglich (durch ei-

Rhizosphäre: Wurzelhaare von Rotklee, bedeckt mit Bakterien. (Dr. Trolldenier)

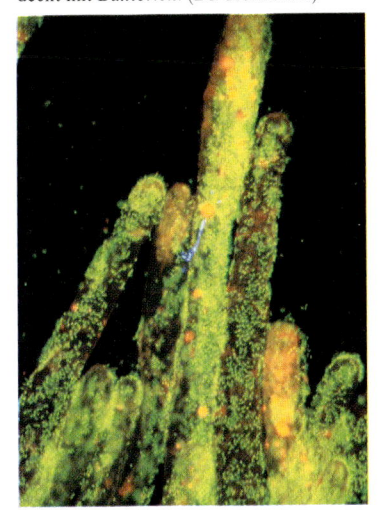

ne genetische Besonderheit dieser Pflanze ist immer nur ein Teil der Sämlinge lebensfähig), besser durch Stecklinge, bunte Form durch Stecklinge.
Rhoicissus → Klimme.
Rhus → Sumach.
Ribis → Zierjohannisbeere.
Richtscheit und Wasserwaage benutzt man zu Längenmessungen in unebenem Gelände. Mit Hilfe der Wasserwaage wird das 3–5 m lange R. in Horizontallage gebracht. So ist es möglich, die Streckenlänge in der Horizontalen zu messen.
Ricinus communis → Wunderbaum.
Riemenblatt → Clivie.
Riesenhanf → Hanf.
Riesenhyazinthe, *Galtonia*. Liliengewächse, *Liliaceae*. ○–◐ ♃ ∧. Nur 3 Arten in Südafrika. Zwiebelgewächse mit langen Blütenschäften. – *G. candicans*. Sommerhyazinthe, Natal. Runde, meist etwas abgeflachte, weiße Zwiebel. Blätter riemenförmig-lanzettlich, fleischig, graugrün. Blütenschaft kräftig, rund, graugrün. Blüten in lockerer Traube, groß, glockig, weiß. VII–IX, 100–150 cm. – Verwendung zwischen hohen Stauden und Gehölzen, als Solitärpflanzen im Rasen, vor Nadelgehölzen oder Rhododendron. Boden nicht zu schwer, locker, durchlässig. Vermehrung durch Samen, die Sämlinge blühen schon im zweiten Jahr. In rauhen Gegenden Zwiebeln wie bei Dahlien überwintern und IV auspflanzen. Blüte ab VIII–X.
Riesenschilf → Pfahlrohr.
Riesenschnaken → Erdschnaken.
Riesensequoie → Mammutbaum.
Riesensteinbrech → Bergenie.
Rigolen, Methode der Bodenlockerung auf Tiefe von 3–4 Spatenstichen. Arbeitsaufwendiges Verfahren, deshalb heute weitgehend ersetzt durch Tiefenbearbeitung mit Motorgeräten (→ Universalmotorgerät) oder → Gründüngung mit Tiefwurzlern. R. kann aber unentbehrlich und auf kleineren Flächen auch von Hand durchführbar sein, wenn undurchlässige Schichten zu beseitigen sind; z. B. bei Pflanzung von Obstbäumen. (→ Bodenprofil, mit Abbildg.) – Beim R. wird ‚über den Graben gearbeitet'. Erster Graben: ersten Spatenstich ablegen und zweiten Spatenstich getrennt davon ablegen, dritten im Graben wenden oder lockern; zweiter Graben: ersten Spatenstich nochmals gesondert ablegen, zweiten auf gewendeten bzw. gelockerten dritten Stich des ersten Grabens legen, dritten Stich des zweiten Grabens wenden bzw. lockern; dritter Graben: ersten Stich in den er-

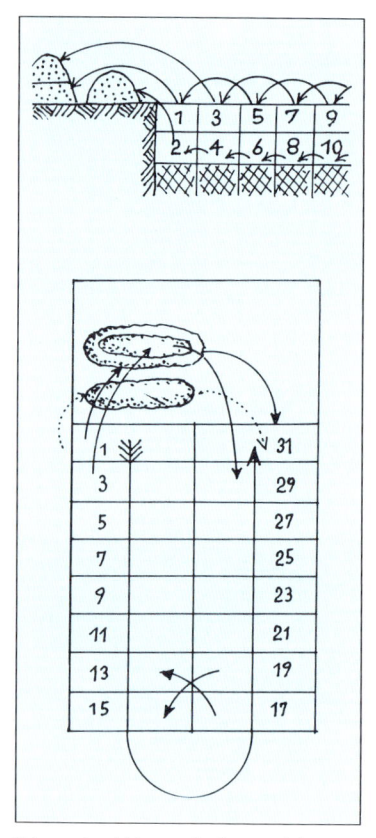

Schema des Ablegens der Spatenstiche beim Rigolen. Mit der abgelegten Erde der ersten beiden Gräben wird der letzte Graben aufgefüllt.

sten Graben legen, d. h. auf den dort liegenden zweiten Stich des zweiten Grabens, zweiten Stich auf den gewendeten bzw. gelockerten dritten Stich des zweiten Grabens legen, dritten Stich wenden bzw. lockern; usw. – In besonderen Fällen können undurchlässige Schichten auch durch Sprengung beseitigt werden. Spezialberatung!

Rillensaat → Aussaat.

Rillenzieher, einfaches Handgerät mit Zinken zum Ziehen von Saat- oder Pflanzreihen. Reihenabstände verstellbar. Bei → Handsämaschine, die zugleich R. ist, sind Zinken durch Schare ersetzt.

Rinde, das Produkt der Zellteilung des Kambiums. Sie ist bei Apfel und Birne ohne Bastfasern. R. hat zeitlich beschränkte Funktion der Assimilateleitung und der vorübergehenden Speicherung von Reservestoffen. Sie ist die äußerste Schutzhülle aller Baumorgane, weshalb sie unversehrt bleiben muß. Die Lösbarkeit bzw. Schälbarkeit der Rinde ist von der Zellteilungstätigkeit des Kambiums abhängig. Dabei entstehen dünnwandige Zellen des aktiven Kambiums, die mechanisch leicht trennbar sind, so daß sich die Rinde ablösen läßt.

Rindenbrand. Bei Kernobst entfalten sich die Blüten nicht und sterben ab; Blütenstiele mit braunen Flecken; Rinde der Zweige reißt auf; Triebe färben sich schwärzlich und trocknen ein. Bei Steinobst: Blüten verfärben sich rötlich (Sauerkirsche); auf Blättern eintrocknende braune Flecken; an Zweigen braune einsinkende Stellen; oberhalb dieser sterben Astpartien ab. Erreger: Bakterienbrand = Rindenbrand *(Pseudomonas mors prunorum)*. Abwehr: Befallene Bäume roden und verbrennen. Meldung an Pflanzenschutzamt. Bei Neuanbau Sortenwahl beachten!

Rindenbürste → Baumbürste.

Rindenpfropfen → Veredeln.

Rindenprodukte. Allein in der BRD fallen aus Holzeinschlag jährlich rund 1,5 Millionen t Rinden an. Diese Massen sind Infektionsquellen und müssen entsorgt werden. Das Material wird maschinell zerkleinert und kompostiert: in einer Heißphase (bis 70 °C) wird es zunächst hygienisiert, in einer Mietenkompostierung bei 50–55 °C weiter umgesetzt. – SORTEN. Produkte aus Weichholzrinden liegen in den pH-Werten im sauren, solche aus Hartholz im neutralen Bereich. Nicht durchkompostierte Rinden ergeben Mulchmaterial (Rinden-Mulch), vollständig umgesetzte dagegen Bodenverbesserungsmittel und damit wertvolle Quellen für Dauerhumus (Rinden-Humus). Sie sind gleichzeitig Grundlage für Rinden-Kultursubstrate. – EIGENSCHAFTEN. Je feiner die Korngröße des Produktes, um so mehr Wasser kann es speichern. Als Substrate für Topfkultur eignen sich daher nur feinkörnige R. Auch muß die Stickstoffumsetzung abgeschlossen, d. h. Nitritstickstoff in Nitrat umgesetzt sein (→ Bodenuntersuchung!). Die Nährstoffgehalte liegen bei Kalium verhältnismäßig hoch (bis 0,1 Gewichtsprozent), bei Stickstoff niedrig (bis 0,05 %). Nicht durchkompostierte R. können noch wachstumshemmende Gerbstoffe enthalten. Auch kann ihr Gehalt an pflanzenverfügbarem Mangan im Verhältnis zum Eisengehalt zu hoch sein. Abhilfe durch Eisenzugabe (→ Eisen, → Fetrilon) und Erhöhung des pH auf mindestens 6. – HERSTELLER. Sind zusammengeschlossen in der ‚Gütegemeinschaft Rinde für Pflanzenbau e. V.', D-3016 Seelze 6. Die Hersteller von Rinden- und Torfprodukten arbeiten seit Ende der achtziger Jahre zusammen, ihre Standpunkte haben einander angenähert.

Rillenzieher mit verstellbaren Scharen, je nach gewünschtem Reihenabstand. Der Stiel ist seitlich schwenkbar, das Beet braucht nicht betreten zu werden. (Wolf)

Rindenprodukte

Physikalische Eigenschaften

Korngröße	0–6,3 mm
Volumengewicht	300–400 g/l
Wasserkapazität	50 %

Chemische Eigenschaften

C:N-Verhältnis	20–25:1
Eisen:Mangan-Verhältnis	2:1
pH-Wert	6,0–6,5
Salzgehalt	bis 2 g/l

Pflanzenverfügbare Nährstoffe

Stickstoff (N)	100–200 mg/l
Phosphat (P_2O_5)	100–250 mg/l
Kalium (K_2O)	300–400 mg/l
Magnesium (Mg)	100–150 mg/l

(Nach Dr. H. Th. Propfe.)

Ringelblume, *Calendula.* Korbblütler, *Compositae.* ○–◐ ☉ ⋈ D. Etwa 20 Arten, die meisten im Mittelmeergebiet und Kleinasien. Wichtigste Art ist die in der Wildform auch als Arzneipflanze sehr geschätzte *C. officinalis*, Gartenringelblume. Die Kulturformen werden verschieden hoch, blühen bis zum Frost, doch dann muß alles Verblühte laufend abgeschnitten werden. – 'Fiesta Gitana', gefüllt, von cremegelb bis tieforange, 30 cm; 'Kablouna', gute Schnittsorte, gefüllt, orange und gelb, 50 cm; 'Orangekugel', größte gefüllte Blüten, 40 cm; 'Prinzess', gefüllt, orangegelb, 35 cm. Bei den einfach blühenden Züchtungen sind die Scheiben meist dunkel ausgefärbt. – Für bunte Beete und Rabatten auch als Duft-

Rindenmulch, hier mit Zwergkiefer, *Pinus pumila*. (Fehn)

pflanzen und für den Schnitt. Wirken durch die krautigen Blätter etwas steif. Üblich ist Direktaussaat an Ort und Stelle ab III–V im Abstand von ca. 25 cm. Zu dichte Aussaaten verziehen oder verpflanzen. Auch Herbstsaat möglich. Die Ringelblumen neigen zur Selbstaussaat, wenn nicht alles Verblühte rechtzeitig entfernt wird. Vollsonniger Standort und nicht zu nährstoffreicher Boden. Liebhaberanbau meist nur Mischungen, und zwar mit gefüllten Blüten. Besonders empfehlenswert sind R.n für Gartenanfänger, da praktisch nichts schiefgehen kann.
Ringeln → Schnitthilfen.
Ringelschnitt → Schnitthilfen.
Ringelspieß → Fruchtholz.
Ringelspinner → Spinner.
Rippenfarn → Farne 3.
Rippenfarn, *Blechnum*. Rippenfarngewächse, *Blechnaceae*. ◐–● ♃ △ ⌒. Etwa 200 Arten, vorwiegend auf der südlichen Halbkugel von Südamerika bis Australien, Neuseeland. Kleinere, immergrüne Farne mit einfach gefiederten Wedeln. Sporentragende Blätter immer schmaler und aufrechter stehend. – *B. penna-marina*, Seefeder, gemäßigte Zonen der südlichen Halbkugel. Rhizom kriechend, rasenbildend. Blätter ähnlich dem heimischen Rippenfarn, aber kleiner und mit kürzeren und breiteren Fiedern. Braucht Winterschutz. 25–30 cm. – *B. spicant*, nördliche gemäßigte Zone, heimisch. Rhizom mit langen Ausläufern. Stengel aufrecht. Blätter lanzettlich, einfach gefiedert. Unfruchtbare Blätter außen, Sporenblätter in der Mitte stehend mit schmaleren Fiederblättchen,

nur sommergrün, zur Sporenreife die ganzen Blätter mit Sporen überdeckend. 'Serratum' hat dicht stehende, tief eingesägte Fiedern. 25–50 cm. – Verwendung im Stein- und Staudengarten, zwischen Gehölzen. Boden kalkfrei, humos, feucht. Vermehrung durch Teilen und Sporenaussaat.
Rippenmangold, Stielmangold, Krautstiel, *Beta vulgaris* var. *cicla* f. *macropleura*. Gänsefußgewächse, *Chenopodiaceae*. Herkunft Mittelmeergebiet, alte Nutzpflanze in zahlreiche Formen spezialisiert (→ Mangold). Bei Rippenmangold sind die Blätter groß und die Blattstiele sehr breit. – Anbau: Aussaat ab Ende III, Reihenabstand 30–40 cm, in der Reihe auf 30 cm verziehen. Locker und unkrautfrei halten, reichlich düngen. Ernte der Blattstiele wenn Pflanzen genügend entwickelt; nur äußerste, kräftige Stiele ernten; es kann 3–4mal gepflückt werden. – Verwendung: Blattspreiten entfernen, ergeben fein gehackt wohlschmeckenden Spinat (wie Schnittmangold). Blattrippen in Stücke schneiden, in Salzwasser weichkochen; besonders gut in weißer Sauce serviert; auch gratiniert sehr gutes Gericht.
Rispe → Rasengräser.
Rispengras, *Poa*. Gräser, *Gramineae*. Mehr als 100 Arten in den kalten und gemäßigten Zonen. Neben wichtigen Rasen- einige Staudengräser.
RASENGRÄSER. *P. nemoralis*, Hainr., heimisch. Nur mit Faserwurzeln, dünne, beblätterte Halme. Wichtige Art für Rasen im Schatten. – *P. pratensis*, Wiesenr., heimisch. Unterirdische, weitkriechende Ausläufer, stielrunde Halme. Wichtiges Rasengras, das feucht und trocken stehen kann. – *P. trivialis*, gemeines R., heimisch, auf feuchten Stellen wuchernd. Vorzügliches Wiesen- und Rasengras für feuchten und frischen Boden. Kann bei gutem Boden etwas schattig stehen. → Rasengräser.
STAUDENGRÄSER. ○–◐ ♃. *P. glauca* (*P. caesia*). Steife, blaugrüne Blattpolster, blaugraue Ähren. VI–VII, 15–20 cm. – *P. chaixii* (*P. sudetica*, *P. silvatica*), Waldrispengras. Bergwälder Europas. Frischgrüne, dichte Horste und lockere, pyramidenförmige Rispen. V–VII, 50–100 cm. – Verwendung der Staudengräser in Wildstaudengärten und Parks. Boden: Anspruchslos. Vermehrung durch Aussaat und Teilung.
Rittersporn, *Delphinium*. Hahnenfußgewächse, *Ranunculaceae*. Über 400 verschiedene Arten in der nördlich gemäßigten Zone von Europa, Asien und

Amerika. Einjährige oder ausdauernde Kräuter, vorwiegend in blauen Farben blühend und mit einem Sporn.
EINJÄHRIGE ARTEN. ○ ⊙ |: ⋉. *D. ajacis*, Gartenrittersporn. Mittelmeergebiet. Blätter handförmig geteilt, die unteren gestielt. Blütenstand kaum verzweigt. 'Hoher Rittersporn' (*D. a.* Elatius Flore Pleno), Blütenstand locker, oft etwas verzweigt, aber in der Regel eintriebig. 'Rotdorn', wichtigste Einzelfarbe mit karminroten Blüten. Die Mischung enthält viele Farben wie Blau, Lila, Violett, Rosa und Weiß. Blüht nach dem Hyazinthen-Rittersporn. VI–VII, 80–100 cm. – *D. consolida*, Ackerr., Europa, Kleinasien. Ackerunkraut mit sparrig verzweigten Stengeln. Blätter dreizählig bis dreifach geteilt, Blüten in lockeren Trauben, violett. 'Levkojen-R.' (*D. c.* Elatior Flore Pleno), nur noch selten in Kultur. Locker verzweigt, in der Schönheit durch 'Exquisit-R.' überholt. Mischung in den verschiedenen Farben. VII–VIII, 110 cm. – 'Exquisit-R.' (*D. c.* Majus Flore Pleno). Von unten an kandelaberartig verzweigt. Dichte Blütenähren, durch die Verzweigung, deren Seitenäste später blühen, von langer Blühdauer. Einzelfarben: 'Blaue Glocke', hellblau; 'Blaue Pyramide', dunkelblau; 'Gloria', brillantrosa; 'Lachsähre', lachsrosa; 'Rosa Königin', rosa; 'Scharlachähre', karminscharlach; 'Weißer König', weiß und Mischung aller Farben. VII–VIII, 120 cm. 'Kaiser-R.' (*D. c.* Imperiale Flore Pleno). Stengel von Grund auf verzweigt, kräftige Stiele. Mischung. VII, 130 cm. – *D. orientale*, Morgenländischer R., Algerien, Spanien, Südosteuropa, Orient. Dichte Blütenstände, kaum verzweigt. Niedriger Hyazinthen-Rittersporn (*D. o.* Hyazinthiflorum Nanum). Wuchs steif, kurz, mit einer dichten Ähre. Als Mischung und Einzelfarben. Am frühesten blühend, schön als buntes Beet. VI–VII, 50 cm. – 'Riesen-Hyazinthen-R.' (*R. o.* Hyazinthiflorum Flore Pleno). Aufrechte, dicht gefüllte Blütenstände, unverzweigt. Einzelfarben und als Mischung. Besonders großblumig und standfest bei den 'Amerikanischen Riesen', in den gleichen Einzelfarben. Blütezeit nach dem Niedrigen Hyazinthen-R., aber noch vor dem Hohen R., VI–VII, 110 cm. – VERWENDUNG. Einjährige R.e in bunten Sommerblumenbeeten, zwischen Stauden und zum Schnitt. Nach der Blüte setzt die Samenbildung ein, stirbt danach ab. – Boden durchlässig, nahrhaft. – Vermehrung durch Aussaat direkt ins Frei-

Ritterstern

Rittersporn, aus *D.-Pazific-Gruppe.* (Herbel)

land an Ort und Stelle im Herbst, IX–X; oder Frühjahr, III. Auch Saat in Torftöpfe und Auspflanzen im Frühjahr möglich. Herbstsaat blüht fast 2 Wochen vor Frühjahrssaat.

AUSDAUERNDE ARTEN. ○–◐ ♃ △ ✕ *D. cashmerianum*, Himalaja, Kaschmir. Fünflappige Blätter, Blütenstand verzweigt. Blüten in wenigblütiger Traube, stumpf gespornt, dunkelviolett. Genügsam und reichblühend, oft im Herbst noch mal. VI–VII, 60–80 cm. – *D. grandiflorum (D. sinense)*, Ostsibirien, Westchina. Locker verzweigte Büsche mit handförmig tief geteilten Blättern. Blüten leuchtend enzianblau. 'Blauer Spiegel', besser, aufrechte, spornlose Blüten, ultramarinblau. Nur kurzlebig, am besten wie Zweijährige behandeln. VI–VII, 30–50 cm. – *D.-Hybriden (D. × cultorum)*, Gartenr. Sie gehören zu den wichtigsten Schmuckstauden. Durch Kreuzungen verschiedener Arten entstanden, alle Sorten mit gefüllten Blüten. Nach dem Aufbau gibt es 3 Gruppen. – *Belladonna-Gruppe.* Reich verzweigter, lockerer, graziöser Wuchs und meist früh blühend. ‚Andenken an A. Koenemann', enzianblau mit weißblauem Auge, mittelfrüh, 130 cm; 'Capri', hellblau, Auge weiß; früh, 110 cm; 'Lamartine', dunkelenzianblau, braunes Auge, früh, 70 cm; 'Moerheimii', weiß, früh, 130 cm; 'Völkerfrieden', wertvollste Sorte, leuchtend ultramarinblau, mittel, 100 cm. VI–VIII und IX–X. – *Elatum-Gruppe.* Bekanntester Gartenr., aufrechter, geschlossener Wuchs, dichte Blütenstände an kräftigen Stielen. 'Adria', enzianblau, mittel, 140 cm; 'Amorspeer' hellblau, Auge braun, mittel, 180 cm; 'Berghimmel', hellblau, Auge weiß, früh, 180 cm, wertvoll; 'Blauwal', himmelblau, Auge braun, mittel, 200 cm; 'Bully', mittelblau, Auge braun, mittel, 130 cm; 'Fernzünder', mittelblau, Auge weiß, 140 cm; 'Finsteraarhorn', wertvoll, dunkelblau, Auge dunkelbraun, mittel, 170 cm; 'Frühschein', hellblau mit rosa Schimmer, früh, 160 cm; 'Gletscherwasser', hellblau, Auge weiß, mittel, 150 cm; 'Jubelruf', reinblau, Auge weiß, schlanke Rispe, mittel, 180 cm; 'Perlmutterbaum', wertvoll, hellblau mit rosa, Auge braun, mittel, 170 cm; 'Schildknappe', dunkelblauviolett, Auge weiß, mittel, 170 cm; 'Schönbuch', hellblau, Auge violett, mittel, 130 cm; 'Sommernachtstraum', wertvoll, dunkelblau, Auge dunkel, mittel, 170 cm; 'Tempelgong', dunkelblauviolett, mittel, 170 cm; 'Traumulus', mittelblau, Auge weiß, 170 cm; 'Wassermann', hellblau, Auge weiß, spät, 180 cm. VI–VIII und IX–X. – *Pacific-Gruppe.* Ursprünglich in Kalifornien gezüchtet, heute deutsche Züchter mindestens ebenbürtig. Riesige Blüten an dicken Stengeln, leider nicht so standfest und winterhart, aber herrlich zum Schnitt. Blüht bei früher Aussaat schon im ersten Jahr. Wird nur aus Samen vermehrt. Einzelfarben: ‚Dunkelviolett' (Black Knight), ‚Himmelblau' (Summer Skies); ‚Mittelblau, Auge weiß' (Blue Bird); ‚Reinweiß' (Galahad); ‚Rosige Farbtöne', (Astolat); ‚Rosiglavendel' (Guinevere); ‚Zartrosa' und Tafelrunde-Mischung. VI–VIII. 180 cm. 'Connecticut Yankee', eine halbhohe, buschige und standfeste Mischung mit einfachen Blüten in Lila, Blau bis Violett. Ebenfalls durch Aussaat vermehrbar. VI–VII, 80 cm. – *D. nudicaule*, Kalifornien. Knolliger Erdstamm, braune Stiele, gelappte Blätter, Blütenstände verzweigt. Blüten in Trauben mit geradem Sporn, scharlachorangerot. 'Aurantiacum', orange. Interessante, niedrige Art. Bei früher Aussaat schon im ersten Jahr blühend. VI–VII, 30 cm. *D. × ruysii* 'Pink Sensation' (Rosa Überraschung). Eine Kreuzung *D. nudicaule × D. Hybride*. Wurzelstock etwas knollig, leicht zu teilen. Pflanze niedrig, gut verzweigt, im Habitus an die Belladonna-Gruppe erinnernd. Lange blühend mit reinrosa Blüten. VI–IX, 80 cm. – *D. tatsienense*, Westchina, ähnlich *D. grandiflorum*, und wie diese nicht sehr langlebig. Blätter dreiteilig, fein gefiedert, lockere, runde Büsche. Blüten in lockeren Rispen, kornblumenblau, mit geradem, langem Sporn. VII, 50–70 cm. – *D. zalil (D. sulphureum)*, Persien bis Nordamerika. Knolliger Wurzelstock und wenig verzweigte Stengel. Blätter handförmig, fein zerteilt. Blütentrauben sehr locker, Blüten gelb. Frostkeimer. VI–IX, 170 cm. VERWENDUNG. In der Staudenrabatte,

Rittersporn, *D. elatum* 'Blue Bird'. (Seidl)

im Naturgarten und zum Schnitt. Die niedrigen Arten im Steingarten. Nach der ersten Blüte tief abschneiden, dann folgt noch eine zweite, oft fast ebenso gute. – Boden nahrhaft, nicht zu trokken. In Trockenzeiten wässern, vor allem bei älteren Pflanzen. Ebenso düngen mit Volldünger. – Vermehrung der Belladonna- und Elatum-Sorten durch Teilung und Stecklinge beim Austrieb, ebenso 'Rosa Überraschung'. Alle andern auch durch Aussaat.

Ritterstern, Amaryllis, *Hippeastrum*. Narzissengewächse, *Amaryllidaceae*. ○ ♃ ▽ ✕. Zwiebelpflanzen mit dauerndem oder einziehendem Laub, hohlem Blütenschaft mit mehreren Blüten und leuchtenden Farben. 70 Arten im tropischen und subtropischen Amerika, immer in Zonen mit ausgeprägtem Jahreszeitenverlauf, d.h. Trockenzeiten und feuchten Perioden. – *H. × hortorum*. Die heute verbreiteten R.e sind aus Kreuzungen verschiedener Arten hervorgegangen. In Europa kennt man nur zwei Klassen: die normalen, großblütigen Hybriden, die man am besten als *H. Vittatum-Hybriden* bezeichnet, und die wesentlich selteneren, kleinerblütigen *H. 'Gracilis'*, die durch Rückkreuzung der großblumigen Hybriden mit *H. rutilum* und *equestre* entstanden sind. In den USA, wo H. teilweise im Freien kultiviert werden können, gibt es umfangreichere Sammlungen, darunter auch Kreuzungen mit immergrünen Blättern. – ANSPRÜCHE. H. stammen aus Regionen mit ausgesprochener Trockenheit, auch unsere Kreuzungen zeigen das noch deutlich durch ihr Verhalten. Nach oder während der Blüte bildet die Pflanze ihre riemenförmigen Blätter; von der Anzahl der gebildeten Blätter hängt im nächsten Jahr ab. Die Blätter müssen sorgfältig erhalten werden, gleichzeitig müssen die R.e regelmäßige Wasser- und Düngergaben erhalten, damit sich die Zwiebel wieder mit Reservestoffen vollfüllen und Blütenknospen anlegen kann. Ende VIII oder Anfang IX wird das Gießen ganz eingestellt, die Pflanzen müssen nun einziehen und die Blätter vollkommen verlieren. Mitte XII oder Anfang I erscheint der Blütenschaft, um diese Zeit brauchen R.e Temperaturen zwischen 20–25°C; haben die Schäfte eine Höhe von 20–30 cm erreicht, stellt man sie kühler, 15–18°C. Das Umtopfen in durchlässige, humus- und nährstoffreiche Substrate erfolgt am besten im X, die Pflanzen sind vollkommen in der Ruhezeit und nehmen das Umpflanzen nicht übel. Man kann allerdings auch im II–III umtopfen. Während der Hauptwachszeit brauchen H. unbedingt flüssige Düngung und können auch im Freiland aufgestellt werden. – VERMEHRUNG. Für Liebhaber nur durch Abnehmen der Nebenzwiebeln oder Aussaat. Bis die Zwiebel blühfähige Größe erreicht, von der Nebenzwiebel ungefähr 2–3 Jahre, von der Aussaat 3–4 Jahre, wird keine Ruhezeit eingehalten, d. h. man kultiviert durch und versucht die Blätter während des ganzen Jahres zu erhalten. – Tierische Schädlinge, wie Wolläuse, Narzissenfliege oder Wurzelmilben bekämpft man am besten durch Tauchen während der Ruhezeit. Der 'Rote Brenner', eine Pilzkrankheit, wird durch Spritzungen mit Fungiziden eingedämmt.

Rizinusschrot, org. Handelsdünger mit 5% Stickstoff, org. gebunden, langsam wirkend, besonders im Obstbau und sonstigen Sonderkulturen bewährt. → Org. Handelsdünger.

Robinia → Robinie.

Robinie, *Robinia.* Schmetterlingsblütler, *Leguminosae.* Sommergrüne, meist mit Stacheln versehene Bäume. 20 Arten in Nordamerika und Mexiko. Zunächst hielt man sie nach der Einführung durch Robin für Akazien, später für Johannisbrot- und Heuschreckenbäume. Obwohl Linné den Gat-

Ritterstern, Amaryllis, *H.-Hybriden.*

tungsnamen mit Robinie festsetzte, hat sich der Name Akazie erhalten. Kein anderer fremder Baum hat in Europa so fest Fuß gefaßt wie die R. In den Südalpen vom Karst bis in die Lombardei und die Südschweiz verdrängt sie stellenweise die einheimischen Waldbäume. Wie alle Schmetterlingsblütler, vermag die R. mit Hilfe der → Knöllchenbakterien den freien Stickstoff der Luft auszunutzen. Durch die Wurzelbrut kann sie sich auch auf Sand- und Kiesböden ausbreiten. – *R. hispida,* Rosenakazie, südöstliches Nordamerika. Kaum 1 m. Ausläufertreibender Strauch mit roten Borsten, tiefgrünen elliptischen Blättern und rosa bis hellpurpurfarbenen, duftlosen Blüten zu mehreren in behaarten Trauben. Im Herbst blühen sie noch einmal. Meistens wird die Rosenakazie auf Hochstämme der Scheinakazie veredelt. 'Macrophylla' mit kräftigerem Wuchs und größeren Blättern blüht 2 Wochen früher und leidet weniger unter Windbruch als ihre Art. – *R. kelseyi.* ○ ♄ V–VI. Im östlichen Nordamerika zu Hause. Winterhart, bis 3 m, rosalilafarbene Blüten in Trauben an den vorjährigen Trieben; erscheinen gleichzeitig mit den im Austrieb purpurroten Blättern. – *R. luxurians* (*R. neomexicana*). ○ ♄ VI. In den südwestlichen USA noch in 3000 m Höhe, bei uns ganz winterhart. Bis 10 m hoch, mit weitausladenden Ästen und vielblütigen, rosafarbenen, langen Blütentrauben. – *R. pseudo-acacia,* Scheinakazie. ○ ♄ VI D. Östliche USA. Bis 25 m, mit sparrigen, hin- und hergebogenen Ästen, 9- bis 19fach gefiederten, sattgrünen Blättchen und weißen, stark duftenden Blütentrauben. Hat Zier- und hohen forstwirtschaftlichen Wert, gedeiht noch, wo andere Holzarten versagen. Industriefest, sehr genügsam, zur Bepflanzung von Dünen, Bahndämmen, Abraumhalden und dgl. verwendbar. Das sehr elastische, zähe Holz setzt der Fäulnis im Boden großen Widerstand entgegen und wird zu Leitungsmasten, Ruderstangen, Hammerstielen und ähnlichem verarbeitet. In den Weingegenden ergeben die drei- bis vierjährigen Stockausschläge gute und dauerhafte Rebpfähle. Viele Gartensorten, die sich hauptsächlich in den Wuchsformen unterscheiden: 'Bessoniana', starkwachsender, bis 25 m hoher Baum mit gesundem Laub, ohne Stacheln, wertvoller Straßenbaum; 'Frisia', Blätter im Austrieb orangegelb, im Lauf des Sommers goldgelb, bilden guten Kontrast zu den roten Stacheln; 'Monophylla',

10–15 m hohe Form mit aufstrebender Krone und schmalem Wuchs, sehr industriefest; 'Semperflorens', Zweige wenig bestachelt, blüht zweimal im Jahr; 'Tortuosa', Korkzieherakazie, mittelstarkwachsend, mit schirmförmiger Krone, korkzieherartigen, gedrehten Zweigen und hängenden Blättern; 'Umbraculifera', ('Imernis') 'Kugelakazie', langsam wachsender, bis 6 m hoher Baum mit feinen, unbestachelten Zweigen, bildet ungeschnitten schöne, kugelrunde Kronen, hitze- und rauchunempfindlicher Straßenbaum, auch für Innenstädte geeignet. – ANSPRÜCHE. Durchlässiger, möglichst trockener Boden. Vertragen keine Beschattung. Beste Verpflanzzeit im Frühjahr. – VERMEHRUNG. Reine Arten durch Aussaat im späten Frühjahr. Zur besseren und gleichmäßigen Keimung müssen die Samen mit heißem Wasser überbrüht werden. Die jungen Sämlinge sind sehr frostempfindlich, darum nicht zu früh aussäen. Abtrennen der Ausläufer und Vermehrung durch Wurzelschnittlinge ist ebenfalls möglich. Sorten und auch manche Arten werden durch Geißfuß und Kopulation veredelt.

Rochea, *Rochea.* Dickblattgewächse, *Crassulaceae.* ○ ♄ ⌂. Sukkulente Halbsträucher mit gegenständigen Blättern und trugdoldigen Blütenständen. 4 Arten in Südafrika. – *R. coccinea.* Bis 50 cm hoher Strauch, Blätter 20 mm lang, eiförmig zugespitzt, dicht an den Sproß angedrückt. Blüten in endständigen Dolden, 3,5–5 cm lang, röhrig, dunkelscharlachrot, bei Formen auch weiß und weiß-rot. – *R. falcata* (richtiger *Crassula f.*). Bis 80 cm hoch, Blätter kreuzgegenständig, 10–15 cm lang, zungenförmig zugespitzt, dick, weißgrau, mit senkrecht gestellter Spreite. Blüten scharlachrot, in großen trugdoldigen Blütenständen. – Beide R. sind beliebte Zimmerpflanzen; in der Kultur und Vermehrung wie Crassula zu behandeln.

Rodentizide, chemische Mittel zur Nagetierbekämpfung. Wegen ihrer Giftigkeit für Warmblütler (Vögel, Säuger, Mensch) sollten sie dem Garten fernbleiben und durch umweltschonende Abwehrmittel und -methoden ersetzt werden (→ Kleine Wühlmäuse).

Rodgersia → Schaublatt.

Röhrenfalle → Fallen.

Römischer Salat → Lattich.

Rohboden, in wissenschaftlicher Bodenkunde bestimmte → Bodentypen, bei denen dünne Erdschicht ohne Übergangszone unmittelbar auf Gestein aufliegt. Im volkstümlichen

Rohhumus

Sprachgebrauch unfruchtbarer, noch nicht kultivierter Boden, z.B. an Neubauten. Gegensatz: → Mutterboden.
Rohhumus → Humus.
Rohphosphat, chemisch Apatite, entstanden aus organischen Stoffen früherer Erdzeitalter, vor allem Knochen. Nur wenige R.lager auf der Erde (Nordafrika, Kola-Halbinsel, Florida), teils weicherdig, teils als Gestein. R.e sind Rohstoff für Phosphatdünger, wie Hyperphos, Rhenania- und Superphosphat (→ Mineraldünger [Phosphordünger]). Das Hauptnährelement Phosphor ist nur mit 0,1 % in den Mineralvorräten der Erdrinde enthalten und gilt deshalb als begrenzender Faktor des Ernährungshaushaltes der Erde in einigen hundert Jahren.
Rohplanum → Rasenneuanlage.
Rohrkolben, *Typha.* Rohrkolbengewächse, *Typhaceae.* ○−◐ ⚄ ﹏ ✕. Etwa 15 Arten, als Sumpf- und Uferpflanzen fast auf der ganzen Erde verbreitet. Kriechender Wurzelstock mit aufrechten Trieben und linealischen Blättern. Blütenstand kolbenartig, die männlichen Blüten oben, bald abfallend, die weiblichen unten, bleibend. – *T. angustifolia,* Europa, Nordamerika. Schmale, unter 1 cm breite Blätter, Kolben schmal, braun. Abstand zwischen den männlichen und weiblichen Blüten 2−5 cm. VII−VIII, 150 cm. – *T. latifolia,* Europa. Einheimisch. Stark wuchernd. Blätter 3−4 cm breit, flach. Kolben breiter, dunkelbraun, fast schwarz, ohne Zwischenraum. VII−VIII, 150 cm. – *T. laxmannii,* Osteuropa, Asien. Schmale, bis 8 mm breite Blätter, höher als der Kolben. Weiblicher Kolben bis 5 cm, männlicher bis 15 cm lang, mit Zwischenraum, rötlichbraun. VII−VIII, 100 cm. – *T. minima,* Zwergr., Europa, Asien. Schmale, fast binsenartige Blätter, kürzer als der Blütenschaft. Männliche und weibliche Kolben ohne Zwischenraum. Der bleibende, weibliche Kolben fast eiförmig, 2−4 cm lang. V−VI, 50−70 cm. – *T. shuttleworthii,* Europa. Blätter etwa 1 cm breit, den Kolbenschaft überragend. Blütenkolben ohne Zwischenräume, der männliche nur halb so groß wie der weibliche, braun. VII−VIII, 120 cm. – VERWENDUNG. Am Wasser oder auf sumpfigen Stellen, fast alle stark wuchernd, deshalb nur für größere Wasserbecken. Nur der Zwergr. auch im oder vor dem Steingarten an sumpfiger Stelle. Abgeschnittene Kolben halten lange und lösen sich nicht in Wollknäuel mit Samen auf, wenn sie gleich nach dem Schneiden mit Haarspray eingesprüht werden. – Boden nahrhaft, leicht sauer, sumpfig. – Vermehrung: Teilung.
Rohrleitung, zur Bewässerung in frostfreier Tiefe von 80 cm gelegte Wasserleitung mit zollstarken Metallrohren und zur Entwässerung in Rohrgräben gebaute R. aus Steinzeug-, Beton- und Betonmuffenrohren mit berechneter Nennweite.
Rohrmattenwand, aus Rohr oder Schilf hergestellte Matten von ca. 2 m Höhe. Werden als Sichtschutzelement am Gartenrand, häufig bei junger Randpflanzung, raumsparend, oft aber unschön wirkend angebracht.
Rohrregner → Beregnungsanlagen.
Rollhacke → Bodenbearbeitungsgeräte.
Rollkrümler → Bodenbearbeitungsgeräte.
Rollrasen → Fertigrasen.
Rondini → Zucchini.
Rosa → Rose.

Rose, *Rosa.* Rosengewächse, *Rosaceae.* Die R.n sind sommergrüne oder auch immergrüne Sträucher mit aufrechtem, kriechendem oder kletterndem Wuchs; etwa 200 Arten (Wildarten) auf der nördlichen Halbkugel. In Europa bis Island und Nordskandinavien, in den Subtropen und Tropen auf die Gebirge beschränkt. Auf der südlichen Hemisphäre fehlen sie gänzlich. Die große Beliebtheit der R., der ‚Königin der Blumen', wie sie schon die altgriechische Dichterin Sappho (um 600 v. Chr.) nannte, beruht vor allem auf dem Ebenmaß, der Größe, dem Duft und der reinen Farbe der Blüten. Die roten R.n, besonders die gefüllten, gelten seit dem Altertum als Symbole der Liebe, Freude und Jugend. Die Wildr.n der Germanen scheinen von jeher mit dem Tod in Verbindung gebracht worden zu sein, man pflanzte sie auf Gräber u. Opferstätten. Ferner war die R., besonders die weiße, schon im Altertum das Sinnbild der Verschwiegenheit. Wirtschaftlich genutzt werden fast ausschließlich Blüten und Früchte. Das im Altertum beliebte R.nöl wurde nicht durch Destillation, sondern durch Einlegen der Blütenblätter in Öl gewonnen. Die eigentliche Destillation zur Herstellung von R.nöl hat, wie die R.nkultur überhaupt, ihren Ursprung in Persien. Das R.nöl ist hellgelb, von betäubendem Geruch und erstarrt schon unter 20°C zu einer kristallinen Masse. Ausgedehnte R.nkulturen, hauptsächlich mit *R. damascena* var. *trigintipetala,* finden sich in Bulgarien. Ein ha liefert ungefähr 3 Millionen Blüten mit 3000−4000 kg Blütenblättern, aus denen etwa 1 kg R.nöl destilliert werden kann. Die zierenden Früchte, die Hagebutten, enthalten in erheblicher Menge Vitam C, so daß es sich lohnen würde, Hagebuttenrosen anzubauen. Vitaminen-C-Gehalt wird von Standort und Nährstoffen beeinflußt.

Rosa sweginzowii. (Seidl)

ADR-Strauchrose 'Westerland'. (Herbel)

Teehybrid-Rose 'Duftwolke'. (Seidl)

Rose

ADR-Edelrose 'Neue Revue'. (Herbel)

Teerose 'Gloria Dei'. (Seidl)

Polyantha-Hybr. 'Queen Elisabeth'. (Seidl)

Sehr wichtig ist auch der Reifezustand; noch grüne und überreife, weiche Früchte haben keinen optimalen Gehalt. Schöne große Hagebutten haben *R. pomifera* und *R. rugosa*. Nach neuen Feststellungen haben *R. cinnamomea*, *R. pendulina* und *R. canina* sehr hohen Vitamin-C-Gehalt. Die R.n haben durch zielstrebige Züchtungsarbeit seit Beginn des 19. Jahrhunderts eine riesige Verbreitung gefunden. Die ersten Ergebnisse waren die Remontantr.n, denen bald die Teer.n folgten, durch welche die Züchtung erst den richtigen Aufschwung bekam. Je nach Züchtung werden verschiedene R.ngruppen unterschieden, wie Centifolien-, Remontant-, Tee-, Teehybrid-, Polyantha- oder Polyanthahybrid-R.n. Da die Gartensorten untereinander gekreuzt wurden, haben sich die charakteristischen Merkmale der einzelnen Gruppen sehr stark verschoben, so daß in den R.nkatalogen meist nur von Tee- oder Polyanthahybriden, von Kletter- oder Parkr.n gesprochen wird. Die Zahl der Gartensorten geht in die Zehntausende, allein in Deutschland werden etwa 500 herangezogen, und jedes Jahr kommen neue dazu. Der R.nfreund kann unmöglich feststellen, welche Sorten für ihn geeignet sind. Deshalb wurden seit 1927 in Zusammenarbeit mit dem ‚Verein Deutscher Rosenfreunde' und den Baumschulen an verschiedenen Stellen Prüfungsgärten angelegt. Hat eine R.nsorte dort die nötige Punktzahl erreicht, so kann sie unter der Bezeichnung ‚All-Deutsche Rosenprüfung', abgekürzt ‚ADR', oder wenn sie hervorragend ist, mit dem Vermerk ‚Sieger in ADR' in den Handel gebracht werden.

TEEHYBRID-ROSEN. Edelr.n. ○ ♄ VI−IX ⚭ D. Aus Kreuzungen zwischen Tee- und Remontantr.n entstanden, wegen ihrer edlen Form auch Edelrosen genannt. Stehen als Schnittr.n an erster Stelle, sind als Beetr.n von Polyantha-Hybriden abgelöst worden. Die Zahl der Gartensorten ist sehr groß, hier können nur einige wenige beschrieben werden. 'Ambassador', orange bis aprikosenfarbig, lange, edle Knospen, leichter Duft; 'Duftwolke', blutorangerot, kräftiger Duft, fast rundliche Knospenform; 'Gloria Dei' ('Mme A. Meilland'), starke Stiele mit goldgelben, am Rand rötlichen Blüten; 'Hidalgo', dunkelrot, große stark gefüllte Blumen, duftend; 'Michèle Meilland', aufrecht wachsend, mit gefüllten, zartrosa, stark duftenden Blüten; 'Papa Meilland', dunkelrot, lange Knospen und kräftiger Duft; 'Piccadilly', goldgelbe Blüten mit roten Streifen, auf langem Stiel, sehr lange haltbar; 'Super Star', spitze Knospen und leuchtend orangerote Blüten, wetterfest; 'Sutter's Gold', fast stachellose, lange Triebe mit großen, goldgelben Blüten; 'Virgo', lange Knospen und reinweiße Blüten; 'Whisky', gelb bis bronzefarbig, wohlgeformte Knospe, leichter Duft.

POLYANTHA-HYBRIDEN, Polyanthar.n. ○ ♄ IV−X D. Kreuzungen zwischen Teehybriden und *R. multiflora*. Unterscheiden sich von den Teehybriden durch die in Büscheln stehenden Blüten und den meist buschigen Wuchs. Sehr beliebte Beetrosen; kommen für Park- und Gartenanlagen hauptsächlich in Frage. 'Allgold', leuchtend goldgelbe, gefüllte Blüten; 'Chorus', zinnoberrot, dunkelgrüne Blätter, sehr robust; 'Europaeana', leuchtend blutrote, stark duftende Blüten, gefüllt und lange haltbar; 'Friesia', leuchtend goldgelb, große, gefüllte Blüten; 'Holstein', einfache, leuchtend rote Blüten; 'Kalinka', silbrigrosa, gefüllt, gesundes Blattwerk; 'Lilli Marleen', leuchtend

ADR-Beetrose 'Ponderosa'. (Herbel)

ADR-Beetrose 'Friesia'. (Herbel)

Bourbonrose 'Queen of Bourbon'. (Seidl)

Rose

Kletterrose 'Maria Lisa'. (Seidl)

Chines. Goldrose, *Rosa hugonis.* (Herbel)

'Rose du Maitre d'Ecole'. (Herbel)

rote gefüllte Blüten; 'Orange Triumph', sehr starkwüchsig, mit orangeroten, in riesigen Büscheln stehenden Blüten; 'Queen Elizabeth Rose', silbrigrosa bis dunkelrosa, edelrosengleiche Knospe, bis 120 cm hoch; 'Rusticana', leuchtend zinnoberrot, gesund; 'Sarabande', einfachblühende, leuchtend rote, in großen Büscheln stehende Blüten; 'Schweizer Gruß', große, gefüllte, dunkelrote Blüten.
ZWERGBENGAL-ROSEN, Zwergr.n. ○ ♄ V–VIII D ▽. Hauptsächlich aus *R. rouletti* entstanden. Kaum 30 cm hoch, für den Steingarten, zur Einfassung oder als Topfr.n verwenden. Blühen ununterbrochen, haben kleine Blüten, sind auch als Kußröschen bekannt. Als Topfr.n im Zimmer brauchen sie nach der Blütezeit eine kleine Ruhezeit. 'Baby Maskerade', rote Knospen, im Aufblühen goldgelbe gefüllte, im Verblühen leuchtend rote Blüten; 'Scarlet Gem', blutrot, stark gefüllte

Park- oder Strauchrose 'Elmshorn'. (Seidl)

Blüten in ganzen Büscheln, 30 cm; 'Starina', kirschrot, bis zinnoberrot, gesund, buschiger Wuchs, 30 cm; 'White Gem', reinweiß, stark gefüllte, flache Blüten, 25 cm.
KLETTERROSEN. ○ ♄ V–IX ⚥ D. Von den vorhergenannten Gruppen unterscheiden sie sich durch den Wuchs, bekommen bis 3 m lange Triebe, die an Gerüsten, Drähten und dergleichen befestigt werden. 'Blaze Superior', halbgefüllte, scharlachrote Blüten, remontierend; 'Coral Dawn', dunkelrosa, duftend, 3 m lang; 'Danse de Feu', scharlachrot, wetterfest, blühwillig, 3 m lang; 'Goldstern', goldgelb, dichtgefüllte Blüten, 2,5 m lang; 'New Dawn', gefüllte große, hellrosa Blüten; 'Sympathie', dunkelrot, gut gefüllt, leicht duftend, widerstandsfähig, bis 4 m lang. CLIMBINGROSEN. Eine besondere Gruppe der Kletterrosen. Sie sind meistens aus Sports (Mutationen) der Edelrosen entstanden. Da sie nicht aus-

reichend frosthart sind, brauchen sie guten Winterschutz. Die ihnen nachgesagte schlechte Blühwilligkeit ist auf falschen Schnitt zurückzuführen. Der Schnitt beschränkt sich meist auf das Auslichten und Entfernen der verblühten Dolden.
PARKROSEN, Strauchrosen. ○ ♄ V–VII ⚭. Werden bis 3 m hoch, im Garten oder Park als Einzelstrauch oder für Gruppen zu verwenden. Hier sind jene aufgezählt, die durch die vielen Einkreuzungen ihren Wildcharakter vollständig verloren haben. 'Berlin', zinnoberrote Blüten mit gelber Mitte, Wuchs aufrecht, sehr reichblühend; 'Bischofsstadt Paderborn', zinnoberrot, einfach blühend in Büscheln, 150 cm; 'Chinatown', reingelb, gefüllt, Blüten bis 10 cm, 80–150 cm; 'Clair Matin', zartrosa, schwach duftend, 150–180 cm; 'Feuerwerk', leuchtend orangerot, halbgefüllt, 150 cm; 'Hamburg', halbgefüllte, scharlachrote Blüten, straff aufrechter Wuchs und ab VIII zierende Hagebutten; 'Schneewittchen', reinweiß, halbgefüllt, großblumig in Büscheln, leicht duftend, 150 cm. BODENDECKER- u. KLEINSTRAUCHROSEN. ○–◐ ♄ ⌇ V–VIII. Diese neue Gruppe von R.n ist pflegeleicht u. überdecken nach einer Zeit den ganzen Boden. Das Schneiden beschränkt sich auf das Entfernen der dünnen Triebe, damit der nächste Flor gefördert wird. 'Candy Rose', Kleinstrauchr., hellrosa, 60–70 cm; 'Eyepaint', Kleinstrauchr., scharlachrot mit weißem Auge, 80–100 cm; 'Fiona', Bodendeckerr., blutrot, stark gefüllt, 40–50 cm; 'Max Graf', Bodendeckerr., rosa, robust, bis 2 m lange Triebe; 'Retro', Kleinstrauchr., reinrosa, leichter Duft, bis 120 cm hoch; 'Swany' Bodendeckerr., reinweiß, gefüllt, bis 50 cm lange Triebe.
WILDARTEN. Haben meistens Wurzelausläufer, daher auf Befestigung von

Historische Rose 'Mme. Plantier'. (Herbel)    Bodendeckerrose 'Bonica 82'. (Herbel)    Bodendeckerrose 'Fair Play'. (Herbel)

Hängen und Böschungen geeignet, fügen sich gut in das Landschaftsbild ein, können aber auch im Garten oder Park wie Parkr.n verwendet werden. Neben den Blüten haben auch die Hagebutten zierenden Wert. – *R. arvensis,* Kriechr. Feldr. ○ ♄ VI–VII ⤳ ⚥ D. Europa. Hat für den Garten keinen besonderen Zierwert. Teils niederliegende, teils kletternde Triebe, mit weißen Blüten und kleinen, kugeligen und saftlosen Hagebutten. – *R. canina* Hundsr., ○ ♄ VI ⚭. Europa und Nordasien. Aufrechtwachsender, bis 3 m hoher Strauch mit bogig überhängenden Zweigen, rosa Blüten und ab IX mit vielen Hagebutten. Treibt viele Ausläufer und ist daher guter Bodenbefestiger für Böschungen und sandige Halden. – *R. moyesii.* ○ ♄ VI ⚭. Aparter Strauch aus Westchina mit hellgrüner Belaubung, dunkelroten, einfachen Blüten und ab IX mit fingerlangen, krugförmigen, orangefarbenen Hagebutten. – *R. foetida,* Fuchsr., ○ ♄ VI D. Vorderasien. Ist ein Elternteil der gelben und orangefarbenen Edelr.n. Schlank aufrecht wachsend, bis 4 m, mit lebhaft grünen Blättern und etwas unangenehm duftenden goldgelben Blüten. – *R. hugonis,* ○ ♄ V–VI. Westchina, reizende Wildr. Aufrechter Wuchs mit überhängenden Zweigen und vielen goldgelben Blüten. Ganz frosthart, verlangt aber kalkhaltigen Boden. – *R. omeiensis* var. *pteracantha,* Stacheldrahtr. ○ ♄ V–VI ⚭. Westchina. Fällt durch die großen, breiten, leuchtendroten Stacheln auf. Aufrechter Wuchs mit bogig überhängenden Zweigen und weißen Blüten, verlangt etwas Schutz. – *R. pimpinellifolia,* (R. spinosissima), Bibernellr. ○ ♄ V–VI. In Europa und Westasien auf trockenen Hängen wild, wird 2–3 m hoch und treibt viele Ausläufer. Wegen ihrer frühen Blütezeit ist sie mit anderen Arten gekreuzt worden, um früh- blühende R. zu bekommen. Wächst noch auf armen, trockenen Böden, daher zur Bodenbefestigung sandiger Hänge geeignet. – *R. rubiginosa,* Schottische Zaunr., Weinr. ○ ♄ VI ⚭. In Europa vom Kaukasus über Litauen bis nach England hin verbreitet. Aufrecht wachsende R. mit dicht bestachelten, überhängenden Zweigen, deren Blätter angenehm weinartig riechen. Blüten rosa, scharlachrote Hagebutten. – *R. rubrifolia* (R. glauca), Blaue Hechtr. ○ ♄ VI ⚭. In den Gebirgen Mittel- und Südeuropas beheimatet. Bis 3 m, schlanke, überhängende Zweige und bläulich-rote Blätter. Die einfachen, karminrosa Blüten und die scharlachroten, kugeligen Früchte heben sich sehr gut von der eigenartigen Belaubung ab. – *R. rugosa,* Apfelr., Kartoffelr. ○ ♄ V–IX ⚭ D. Nordostasien. Verdankt ihren Namen den hellroten, apfelähnlichen → Hagebutten. Bis 2 m, mit dicht bestachelten und borstigen Zweigen und rosaroten Blüten. Treibt sehr viel Ausläufer, dadurch guter Bodenbefestiger, benötigt aber etwas feuchten Boden.

ANSPRÜCHE. Durchlässiger, tiefgründiger Boden in warmer Lage. Zu nährstoffreiche Böden verringern die Lebensdauer, zu viel Stickstoff erhöht die Anfälligkeit für Krankheiten und setzt die Winterhärte herab. Die Triebe der Teehybriden und Polyanthahybriden werden in jedem Jahr auf 5–6 Augen zurückgeschnitten. Herbstschnitt ist in Gegenden mit milden Winter dem Frühjahrsschnitt vorzuziehen. – KRANKHEITEN, SCHÄDLINGE. Echter Rosenmehltau, Rosenrost und Sternrußtau. Rosenspritzmittel (Fungizide) wenn notwendig schon ab Austrieb anwenden. Tierische Schädlinge wie Blattläuse, Rosenschildläuse oder Rosenzikaden mit Insektiziden bekämpfen, die allein oder mit Fungiziden gespritzt werden. – VERMEHRUNG. Aus-

Park- oder Strauchrose 'Centenaire de Lourdes'. (Seidl)

Roseneibisch

Kletterrose 'Schwanensee'. (Seidl)

saat ist nur bei der Anzucht von Unterlagen und bei den reinen Wildarten üblich. Alle Sorten und Formen, auch schlechtwachsende Wildarten, werden → okuliert. Ab V, wenn sich bei der Unterlage die Rinde löst, kann veredelt weren, das heißt wenn ausgereifte Augen verfügbar sind. Ende VIII ist der letzte Zeitpunkt zum Veredeln, da danach die Augen nicht mehr anwachsen. Bei Hochstämmen bleibt die Unterlage zwei Jahre stehen, vor dem Veredeln werden alle Triebe bis auf den stärksten entfernt. Als Unterlage kommen *R. canina* mit ihren Typen (den sogenannten 'Edelcanina') und *R. multiflora* mit ihren Typen in Frage. *R. multiflora* hat eine geringere Lebensdauer und ist weniger frosthart als *R. canina*, dafür wachsen die Edelreiser gut dreimal so stark. Bei den Zwergrosen sind auch Stecklinge von halbausgereiften Trieben und bei den Wildarten Steckhölzer möglich.

Roseneibisch → Eibisch, → Chinesischer Roseneibisch.

Rosengarten, in öffentlichen Parkanlagen und botanischen Gärten ausgedehnter Sondergarten, im Hausgarten meist nur kleiner Freiraum. Der R. ist für den stillen Beobachter und Pflanzenliebhaber bestimmt und oft mit einem Sitz- und Liegeplatz verbunden. Auf schmalen Beeten oder mit Rasenstreifen und Plattenwegen gegliederten Flächen werden meist nach Sortenwahl Teehybrid-, Floribunda-, Polyantha-, Polyanthahybrid- und Wildrosen systematisch gepflanzt. Ein R. soll ganztägig sonnig liegen und nur am Rande von Großgehölzen begrenzt sein. Im Mittelalter war der R. auch Gerichtsstätte.

Rosengeranium → Pelargonie.
Rosenginster = *Cytisus purpureus*. → Geißklee.
Rosenkohl, *Brassica oleracea* var. *gemmifera*. Kreuzblütler, *Cruciferae*. Herkunft und Abstammung → Kohlgewächse. Verwendetes Organ: die am verlängerten Sproß (Strunk) zahlreich ausgebildeten vergrößerten Blattachselknospen (Röschen). Viele Sorten unterschiedlicher Eignung im Handel. – Anbau: Aussaat IV–Anfang V ins Freilandbeet; dünn säen, damit nicht pikiert werden muß. Im V auf ca. 60 × 50 cm auspflanzen. Bodenansprüche: reichlich gedüngter, lockerer, aber nicht zu leichter Boden. Ernte ab Anfang X, wenn unterste Röschen genügend entwickelt sind. Mehrmaliges Überpflücken vorteilhaft. Die meisten Sorten sind genügend winterhart; bei frostfreiem Wetter kann über den ganzen Winter geerntet werden. – Verwendung: Gekocht, mit Butter oder leichter Mehlsauce serviert sehr schmackhaft; gut geeignet zum Tiefkühlen.

Rosmarin, *Rosmarinus*. Lippenblütler, *Labiatae*. ○ ♄ ▽ ○. Freiland ∧ ⋈ D. Eine äußerst vielgestaltige Art im Mittelmeergebiet. – *R. officinalis*. Aufrechter Strauch mit schmalen, ganzrandigen, an den Rändern eingerollten Blättern. Blüten in seitenständigen, kurzen Trauben, blauviolett oder weißlich. – Der R. ist als Würzpflanze und auch als Topfpflanze sehr bedeutend. Bereits im 9. Jahrhundert für Mitteleuropa urkundlich erwähnt. – TOPFPFLANZE. Überwinterung frostfrei, bis zu 10°C, aber hell und luftig. Im Sommer kann man R.pflanzen ins Freie räumen. Sie sind allerdings genauso für die ganzjährige Pflege in hellen, kühlen Räumen geeignet. – Vermehrung durch Aussaat im IV oder Stecklinge im VIII. In besonders günstigen Lagen und eventuell im Alpinenhaus kann man R. auch bei tieferen Temperaturen durchbringen. – WÜRZPFLANZE.

Rosmarin, *R. officinalis*. (Seidl)

Rosenrost. (Dr. Bender)

Vermehrung am besten durch Stecklinge im Frühbeet. An warmen Stellen, z.B. an der Hauswand, in lehmhaltige Böden auspflanzen. In warmen Lagen winterhart, in kalten im X eintopfen und im hellen Keller frostfrei überwintern. – Verwendung: Blätter und junge Triebspitzen frisch oder luftig am Schatten getrocknet als angenehmes Gewürz zu Fleischspeisen.

Rosmarinheide → Lavendelheide.
Roßkastanie = *Aesculus hippocastanum* → Kastanie.
Rostkrankheiten, von Pilzen verursacht. Zwei Gruppen: 1. WEISSER ROST, auf der Pflanze weißer Belag; Erreger: Algenpilze = Phycomyceten (→ Pilze) der Gattung *Albugo;* auf Kreuzblütlern; 2. BRAUNER ROST, auf der Pflanze gelber bis brauner Belag; Erreger: höhere Pilze = Basidiomyceten (→ Pilze) der Familiengruppe *Uredinales*. Hier als Krankheitserreger in Gärten → Säulenrost der Johannisbeere, → Gitterrost des Birnbaumes und echte Rostkrankheiten der Gattungen *Uromyces* und *Puccinia*. Ihre wichtigsten Arten sind: → Bohnenrost, Spargelrost und Stachelbeerrost (Becherrost).

Rotationsmäher → Rasenmäher.
Rotationsregner → Regner.
Rotdorn → Weißdorn.
Rote Bete → Rote Rübe.
Roter Lein → Lein.
Rote Rübe, Rote Bete, Rande, *Beta vulgaris* var. *esculenta*. Gänsefußgewächse, *Chenopodiaceae*. Herkunft Mittelmeergebiet, seit Mittelalter bei uns angebaut. → Mangold. Mit kugeliger bis walzenförmiger, fleischiger, rot gefärbter Knolle, bestehend aus Wur-

Rudbeckie

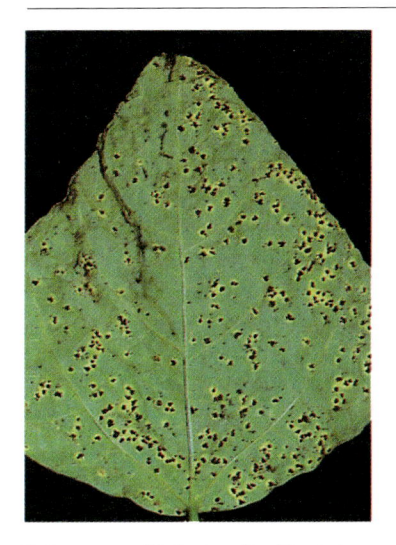

Bohnenrost an Blattunterseite. (Bender)

zel und Hypokotyl. – Anbau: Direktsaat oder ausnahmsweise über Setzlinge. Bei Direktsaat Aussaat Ende V–Anfang VI, Reihenabstand 30 cm. Dünne Saat, wenn zu dicht, auf ca. 10 cm verziehen. Für Setzlingsanzucht Aussaat Anfang VI, Auspflanzung Anfang VII auf 30 × 12 cm. Tiefgründige, fruchtbare Lehmböden geben beste Erträge. Locker und unkrautfrei halten. Ernte ab Ende IX bis Frostbeginn; dann im Keller einlagern. – Verwendung: Meist gekocht und in Scheiben oder Würfel geschnitten als Salat.
Rote Spinne → Obstbaumspinnmilbe, → Spinnmilben.
Rotkohl, Rotkraut, Rotkabis, *Brassica oleracea* var. *capitata* f. *rubra.* Kreuzblütler, *Cruciferae.* Herkunft und Abstammung → Kohlgewächse. Meist als Herbst- und Lagergemüse angebaut; frühere Kulturen wenig gefragt. – Anbau: Aussaat Ende V–Anfang VI ins Freilandbeet, Pflanzung Anfang VII auf ca. 60 × 50 cm in tiefgründige, fruchtbare Böden. Häufig hacken und für genügend Bodenfeuchtigkeit sorgen. Ernte ab Anfang X. Leichte Fröste werden gut vertragen; vor starken Frösten in kühlen Keller einlagern. Gute Sorten sind lange lagerfähig. – Verwendung: Roh, feingeschnitten als Salat, gekocht als wohlschmeckendes Gemüse.
Rotkraut → Rotkohl.
Rottanne → Fichte.
Rotte, Zersetzung von organischen Stoffen durch R.bakterien und andere Mikroorganismen und Kleintiere, mit geregelter, ausgeglichener Luft- und Wasserzufuhr. Durch R. entstehen Humusstoffe. → Humus, → Kompost.
Rotz, Zwiebelrotz, ansteckende Krankheit der Zwiebel. Kennzeichen: Blätter längs gelbgestreift (Gelbstreifigkeit), verursacht durch einen Virus. Die Knollen solcher Zwiebelpflanzen gehen auf dem Lager in stinkende Fäulnis über. Bekämpfung: Die streifigen Zwiebelpflanzen entfernen und verbrennen! Nicht zum Kompost, Virus wird nicht zerstört.
Rubus → Brombeere.
Rudbeckia → Rudbeckie.
Rudbeckie, *Rudbeckia,* Sonnenhut. Korbblütler, *Compositae.* 30–40 Arten in Nordamerika. Ein-, zweijährige oder ausdauernde Pflanzen mit meist wechselständigen Blättern. Blumen in der Mitte hochgewölbt, wie ein mexikanischer Sonnenhut.
EINJÄHRIG GEZOGENE ARTEN. ○ ☉ ✕. *R. hirta.* Stengel und Blätter behaart, Blüten groß, in der Mitte meist dunkelbraun, kegelförmig aufgewölbt. 'Bambi' (Mahagoniflamme), niedrig, rotbraun, 30 cm; 'Goldflamme', das Gegenstück, goldgelb mit karminrotem Herz, 30 cm; 'Gloriosa Double Daisy', gefüllt, goldgelb mit schwarzem Knopf, 80 cm; 'Irish Eye', goldgelb, kegelförmige Mitte grün, 60 cm; 'Marmalade', gelborange, mit braunschwarzem Kopf, 50 cm; 'Meine Freude', bekannteste Sorte, gelb mit dunkler Mitte, 50 cm. VII–X. – *R. h.* var. *pulcherrima (R. bicolor).* Sorten mit großen, meist mehrfarbigen Blüten. 'Gloriosa Daisy', riesige Blumen auf langen Stielen, goldgelb, oft mit Rot, Kupfer-, Mahagonirot bis Dunkelbraun, 100 cm; 'Golden Gloriosa Daisy', rein goldgelbe Auslese mit schwarzem Knopf, riesig, 100 cm; 'Herbstwald', Farbenhybriden, ein- und mehrfarbig, gelb, bronze, dunkelbraun, 80 cm; 'Roggli-Hybriden', riesenblumig bronzegelb auf starken Stielen, 100 cm. VIII–X. – VERWENDUNG. Im Sommerblumenbeet, zwischen Stauden, an Teichrändern und zum Schnitt. Manche sind an geschütztem Ort oder wenn sie etwas abgedeckt werden, zweijährig. – Wachsen in jedem Gartenboden. – Vermehrung durch Aussaat III–IV, pikieren und Mitte V auspflanzen. Oder weite Saat im kalten Mistbeet.

ZWEIJÄHRIG GEZOGENE ARTEN. ○–◐ ☉ ✕. *R. tricolor (R. flava).* Ähnlich *R. hirta,* Blumen gelb, Mitte schwarz, 60 cm; 'Sonnenkind', Mischung in Gelb, Braunrot, Mahagoni, 70 cm; 'Tetragold', riesige, bis 12 cm große Blumen auf starken Stielen, goldgelb mit schwarzer Mitte, 80 cm. VII–X. – VERWENDUNG. Als Stauden oder Sommerblumen und zum Schnitt. – Normaler Gartenboden, nahrhaft. – Aussaat V–VI, bei Frühjahrsaussaat blühen sie schon im ersten Jahr.

AUSDAUERNDE ARTEN. ○–◐ ♃ ✕. *R. fulgida* var. *deamii (R. deamii),* östliches Nordamerika. Grau behaarte Pflanze mit kriechendem Wurzelstock. Blätter spitz-herzförmig. Blumen goldgelb mit schwarzbraunen Scheibenblüten, reichblühend, vor 'Goldsturm'. VII–X, 80 cm. *R. f.* var. *speciosa (R. speciosa, R. newmannii),* Nordamerika, Pennsylvania bis Alabama. Stengel stielrund, etwas rötlich, Blätter breit-lanzettlich. Strahlenblüten gelb, Unterseite grünlich, Mitte schwarzbraun. Widerstandsfähiger als 'Goldsturm', haltbare Schnittblumen. VII–X, 30–50 cm. *R. f.* var. *sullivantii (R. s.),* Michigan bis Missouri und

Rosenkohl 'Estate F₁-Hybride'. (Wagner)

Rote Rübe 'Rotor'. (van Waveren)

Rübe

Rudbeckie mit Wildstauden. (Drave)

West-Virginia. 'Goldsturm' ist die wertvollste Sorte dieser Art. Blumen einfach, goldgelb mit dunkler Mitte, mittlerer Blütezeitbeginn. VII–X, 60–80 cm. Diese R.n gehören zu den am längsten blühenden Stauden. – *R. laciniata*, Nordamerika, an feuchten Stellen. Wurzelstock mit Ausläufern. Stengel hoch mit frischgrünen, fiederspaltigen Blättern. Blüten hellgelb mit grünlicher Mitte, frühblühend. 180 cm. Nur für Wildstaudenpflanzungen. 'Goldball' (Golden Glow), früher fast in allen Gärten verbreitet. Blüten durch das Gewicht oft hängend, hellgelb, gefüllt, VIII–IX, 180 cm; 'Goldkugel', standfester im Wuchs, dicht gefüllte, goldgelbe Blüten, VIII–X, 130–150 cm; 'Goldquelle', ganz niedrig, helles Laub und zitronengelbe, gefüllte Blumen. IX–X, 80 cm. – *R. maxima*, Nordamerika, in feuchten Wäldern. Blaugrüne, glatte, längliche Blätter. Blumen einfach, groß, gelb mit schwarzer Mitte. VIII–IX, 200 cm. Wildstaude zwischen Gehölzen. – *R. nitida*, Fallschirmr., Nordamerika bis Florida, feucht und schattig. 'Herbstsonne' hat hellgrüne, glänzende, ganzrandige, breitlanzettliche Blätter. Blumen einfach, Randblüten nach unten gebogen, daher wie ein Fallschirm aussehend, einfach, gelb. VIII–IX, 200 cm; 'Juligold', ähnlich, mehr goldgelb, früher blühend. VII–IX, 200 cm. – *R. purpurea*, Nordamerika. Nach neuer Nomenklatur *Echinacea purpurea*. Wurzelstock kriechend mit stielrunden, rauhen, nur oben verzweigten Stengeln. Blätter rauh, langgestielt, eiförmig, lang zugespitzt. Blumen einfach, weinrot, Mitte hochgewölbt, stachelig, goldbraun bis grünlich, VII–IX, 100 cm. Gute Samenstaude, als Schnittblume gesucht. 'Abendsonne', lachskarmin; 'Leuchtstern', hellkarmin, spätblühend; 'The King', beste Sorte, dunkelkarmin, besonders großblumig, VII–IX, 80 cm. – VERWENDUNG. Im Staudenbeet, die ganz hohen Arten im Park, Wildstaudengarten, am Wasser, alle zum Schnitt. – An den Boden stellen R.n keine hohen Ansprüche. – Vermehrung durch Teilung, Aussaat.

Rübe → Kohlrübe und Speiserübe.

Rübstiel → Speiserübe.

Rückenspritze, zum Pflanzenschutz, auch gegen Rasenunkräuter, -krankheiten und -schädlinge, Spritzgerät für größere Flächen. Behälter (für 16 l) mit Tragriemen und Pumpengriff; das Spritzrohr hat feststellbares Spritzventil. Nach dem Füllen wird das Gerät auf den Rücken genommen, mit der einen Hand der Pumpengriff bedient und mit der anderen gespritzt.

Rückschnitt, der grünen Triebe. Bei Stauden nur bei Blütenstauden, um die Blüte zu verzögern oder die Höhe herabzudrücken (Indianernessel, Phlox, Sonnenbraut); auf Anzuchtbeeten, um Bestockung und Qualität zu verbessern. Völlige Entfernung der Blattmassen schädigt die Stauden, es sollte bei jedem Rückschnitt mindestens ¼ der Blattmasse erhalten bleiben. → Obstbaumschnitt, → Pflanzschnitt.

Rückstandskontrolle. Zum Schutz der Verbraucher sind vom Gesetzgeber für alle chemischen Pflanzenschutzmittel Höchstmengen (→ Toleranzwert) festgelegt worden; sie geben an, wieviel Rückstände an chemischen Mitteln die Pflanze pro kg zur Zeit der Ernte enthalten darf. Diese Mengen sind außerordentlich gering. Die Einhaltung wird durch amtliche R.n bei den im Handel befindlichen Pflanzen und Früchten überwacht. → Qualität.

Rüsselkäfer, große Käferfamilie, deren Arten durch besonders dicken Chitinpanzer und rüsselartig verlängerten Kopf gekennzeichnet sind. Fraßschäden verursachen die erwachsenen Käfer sowie ihre beinlosen weißen Larven. Hauptschädlinge im Garten: → Apfelblütenstecher, → Birnenknospenstecher, → Dickmaulrüßler, → Erdbeerblütenstecher, → Kohlgallenrüßler, → Pflaumenbohrer.

Rudbeckie, *R. hirta* 'Gloriosa Daisy'. (Herb.)

Rüster → Ulme.

Ruheperiode, eine im natürlichen Vegetationsablauf einer Pflanze vorkommende und typische Pause des Wachstums; kann durch Kälte oder Hitze (Temperatur), Trockenheit oder Feuchtigkeit (Wasser) bedingt sein. Typische R.n haben viele Kakteen bzw. andere Sukkulenten, Laubbäume usw. Die R. wird in der Pflanze durch Hormone gesteuert.

Ruhmesblume, *Clianthus.* Hülsenfrüchtler, *Leguminosae.* ○ ♃ – ♄ ⚢ ⌂ Lie. Kletternde oder aufsteigende Kräuter oder Halbsträucher mit unpaarig gefiederten Blättern und großen roten Blüten. 2 Arten in Australien und Neuseeland. – *C. puniceus,* Neuseeland. Halbstrauch. Blätter unpaarig gefiedert, 10 cm lang, mit meist 8 Fiederpaaren. Blüten in wenigblütigen Trauben aus den Blattachseln, herrlich dunkelscharlachrot mit weißlichem Fleck, 4–5 cm lang. – *C. speciosus* (*C. dampieri*), Australien. Staudig, bei uns aber meist als einjährige Pflanze behandelt. Blätter ähnlich voriger, doch immer stark filzig behaart. Blüten bis 8 cm lang, scharlachrot mit schwarzem Fleck. – *C. puniceus* ist von leichter Kultur, Vermehrung durch Aussaat oder Stecklinge, sommers im Freien, winters im Kalthaus bei 10°C, Hauptblütezeit Frühjahr. Wesentlich heikler, da die Wurzeln sehr fäulnisanfällig sind, ist *C. speciosus.* Vermehrung besser durch Aussaat im III. Immer sandige Substrate verwenden, nie zu feucht halten. Im Sommer licht und luftig, doch besser unter Glas, damit das Wässern überprüft werden kann. Die einjährig gezogenen Pflanzen blühen im Sommer und Herbst. Ausdauernde Pflanzen kann man fast nur durch Veredlung auf *Caragana, Colutea* oder *Clianthus puniceus* erzielen. Diese blühen ab III bis zum späten Frühjahr hinein.

Rußflecken an Goldparmäne. (Dr. Bender)

Rußtau an Rosenblatt. (Dr. Bender)

Ruhrkraut, *Lonas.* Korbblütler, *Compasitae.* ○ ☉ ⫶ ⚔. Nur eine, im südwestlichen Mittelmeerraum heimische Art, *L. annua* (*L. inodora*). Wechselständige, fiederspaltige Blätter mit kleinen Blütenköpfen in dichten Doldentrauben. Wuchshöhe etwa 30 cm. Nur wenig, fast ausschließlich für die Gewinnung von Trockenblumen angebaut; eignet sich aber auch für bunte Beete und Rabatten. Blütenfarbe leuchtendes Gelb. Blüte ab Anfang VII, meist ununterbrochen bis Frost. – Vollsonniger Standort, nicht zu nährstoffreicher, leichter, wasserdurchlässiger Boden. – Aussaat nach Möglichkeit unter Glas ab Anfang IV, Freilandpflanzung ab Mitte V im Abstand von etwa 20–30 cm.

Rumex → Ampfer.
Rundregner → Regner.
Ruschia → Mittagsblumengewächse.
Ruscus → Mäusedorn.

Ruß, besteht zu ca. 90% aus feinverteiltem Kohlenstoff (C), enthält je nach Herkunft Stickstoff (Holzruß ca. 1,5% N, Kohleruß ca. 3% N), ca. 1% K, ca. 0,5% P, ca. 5% Ca. Düngewert beruht vorzugsweise auf dem Kohlenstoffgehalt. Kohlenstoff wird durch → Bodenleben umgesetzt und als ‚bodenbürtige Kohlensäure' frei. R. fördert durch sein Schwarz die Aufnahme von Sonnenstrahlung und damit die Bodenwärme. Teeranteil im R. vergällt Erdflöhe u. ä. Insekten. Vorsicht vor Glanzruß!

Ruhrkraut, *Lonas annua.* (Herbel)

Rußtau, schwarze Rasen bildende Pilze, die sich auf den klebrigen Abscheidungen (→ Honigtau) der Blattläuse ansiedeln und die ganze Pflanze überziehen können. Folgen: außer Verunreinigung Hemmung der Assimilation und Wachstumsstörungen. Gegenmaßnahmen: Blattlausbekämpfung (→ Blattläuse).

S

Saatband. (Schmidt)

Saat → Saatgut.
Saatband, in Spezialpapier eingebettete Blumen- und Gemüsesamen. S. wird an Ort und Stelle in Rillen ausgelegt und mit Erde abgedeckt. Die Samen keimen ungehindert, das Papier wird im Boden ohne Rückstände abgebaut. Bei den meisten Arten entfällt das Vereinzeln, Pflanzen wachsen ungestört weiter, besonders vorteilhaft bei Möhre, Radies, Jungpflanzenanzucht, z.B. Sommerblumen (Aster, Cosmea u.a.), und späteres Auspflanzen mit S. jedoch ebenfalls möglich.
Saatbeet, zur Aussaat vorbereitetes Beet im Freiland oder Frühbeet. Beste Bodenvorbereitung, Nährstoffgaben, Feuchtigkeit und einwandfrei geebnete Fläche sind Grundbedingungen.
Saatbeizung. Behandlung von Saatgut zwecks Vernichtung der den Samen bereits anhaftenden und der später im Boden sie angreifenden bakteriellen und pilzlichen Krankheitserreger sowie Schadinsekten. Den ökologischen Anforderungen entspricht das Einlegen der Samen in schwachen Kamillentee (1 Stunde lang, dann 3 Stunden trocken lagern, danach säen). Auch Baldrianblütenextrakt (nicht Wurzelauszug) hat sich bewährt (3 Tropfen in eine Tasse mit lauwarmem Wasser, Samen 1–2 Std. einlegen). Im Handel gibt es heute mehrere Samenbeiz-Präparate auf biologischer Grundlage.
Saatgut, Sammelbegriff für alle Samen. Es gibt anerkanntes, durch Kontrolle für gut befundenes Saatgut = Elitesaatgut. – Originalsaatgut ist allein vom Züchter zu beziehen, kann das Ergebnis einer bewußten Kreuzung sein, F_1-Saatgut. – Kann unter Züchterschutz gestellt werden = geschütztes Saatgut; wird oftmals vom Züchter zur Kenntlichmachung und zum Schutz eingefärbt (z.B. Benary = Blaukorn-Saat).
Saatgutmischung → Rasenmischung.
Saatrasen, Begriff, der auf die Art der Entstehung des Rasens hinweist: Rasen, der weder aufgesprüht, noch verlegt, sondern gesät wurde.
Saatrillen, Rillen im Saatbeet, mit Holzlatte oder Reihenzieher ausgeführt zur Aufnahme des Samens. S. werden im Erwerbsgartenbau maschinell von der Sämaschine gezogen: beim Einbringen und Andrücken des Samens mittels der Saatrolle in einem Arbeitsgang. Für Aussaaten im Freiland benutzt der Privatgärtner am besten die einspurige → Handsämaschine → Särolle oder → Samenstreuer. → Saatband.
Saatschalen, aus Ton oder Kunststoff und Saatkisten aus Holz, möglichst in einheitlichen Maßen. Werden mit Glasscheiben abgedeckt, über etwa 3 mm starken Hölzchen, damit Luft hindurchstreichen kann; alsdann in Wohnung oder Kleingewächshaus aufgestellt.
Saattiefe, richtet sich nach der Stärke des Samens. Alle Samen sollten mindestens um das Dreifache ihrer eigenen Stärke mit Erde oder bei Aussaat in Kisten mit Sand bedeckt sein, → Aussaatdichte.
Sadebaum = *J. sabina* → Wacholder.
Säckelblume, *Ceanothus*. Kreuzdorngewächse, *Rhamnaceae*. 50 Arten in Nordamerika, hauptsächlich in den Küstengebieten. Name nach den Blütenblättern, die taschenähnlich, an einen Geldsäckel erinnern. – *C. americanus*. ○ ♄ VII–IX. Östliches Nordamerika, die härteste Art. Bis 1 m hoher Strauch mit schlanken, aufrechten Zweigen, 5–10 cm langen, oberseits graugrünen, unterseits weiß behaarten Blättern und weißen Blüten in end- und achselständigen Rispen. In Amerika wird aus den Blättern ein Tee zubereitet („New Jersey Tea'). Neben der Art haben sich auch viele Hybriden bewährt, die aber nicht so frosthart sind: 'Gloire de Versailles', bis 1,50 m, mit dunkelblauen Blüten, VII–X; 'Marie Simon', bis 1 m, mit lilaroten Blüten; 'Tropaze', indigoblaue Blüten, VII–X. – *C. fendleri*. ○ ♄ VI–VII. Westliches Nordamerika, aufstrebender, borniger Strauch mit weißen Blüten an den kurzen Seitentrieben. Charakteristischer Steppenstrauch, der im Garten in Gemeinschaft mit Palmlilien und anderen Xerophyten stehen sollte. – ANSPRÜCHE. Leicht humoser, durchlässiger Boden in warmen, sonnigen Lagen. Ein wenig Winterschutz ist erforderlich, frieren sie trotzdem zurück, bis zum gesunden Holz zurückschneiden. – VERMEHRUNG. Aussaat, Stecklinge oder Absenker.
Säen → Aussaat.
Säge, Werkzeug zum Schneiden von Holz und anderem Material. Im Gartenbau sind vor allem Bügels.n gebräuchlich. Das Blatt muß sich durch einfachen Hebeldruck feststellen und lösen lassen. Der Fuchsschwanz ist oh-

Särolle. (Wolf)

Salbei

ne Bügel und besteht aus einem breiten, nach vorn zu schmaler werdenden S.blatt mit Griff.
Sägemehl, geeignet zur → Bodenbedeckung und Kompostierung (→ Kompost). Sehr weites → C/N-Verhältnis: ca. 500. S. muß deshalb bei Kompostierung mit stickstoffreichem Material in entsprechenden Mengen gemischt oder mit Stickstoffdünger versetzt werden: ca. 40–50 g Reinstickstoff/kg. Zur Berechnung der N-Menge anwendbar → Gemüsetabelle, Spalte Düngung.
Sägeschuffel, Handgerät zum Unkrautschuffeln. Wenn einseitig gezähnt zum Ziehen, wenn zweiseitig gezähnt zum Ziehen und Stoßen. Arbeitsbreite der S. erlaubt auch Arbeiten in engzeiligen Kulturen.
Sämaschine → Handsämaschine.
Sämling, die aus Samen entstandene Jungpflanze. Bei Sorten werden auch Pflanzen im ausgewachsenen Zustand noch als Sämlingsnachzucht bezeichnet. → Keimling.
Sämlingsunterlage → Unterlage.
Särolle, für jeweils nur eine Reihe zu benützen. Rad aus durchsichtigem Kunststoff ist gleichzeitig Samenbehälter. Säöffnungen verstellbar. → Saatrillen, → Samenstreuer.
Säulenkaktus → Kakteen 9.
Säulenrost der Johannisbeere = Weymouthskiefern-Blasenrost. Ein Rostpilz (→ Rostkrankheiten), der im Frühjahr als Sporen von Weymouthskiefern und Zirben auf Johannis- und Stachelbeersträucher gelangt, wo er orangegelbe, säulenförmige Pusteln auf den Blättern erzeugt und die Blätter zum Absterben bringt. – Abwehr: In der Nähe von Beerenobst keine Weymouths- oder Zirbelkiefern dulden, vor der Blüte 2- bis 3mal mit

Salatfäule bei Kopfsalat. (Archiv)

Salbei, *S. officinalis.* (Seidl)

→ Schachtelhalmbrühe oder → Bio-S bzw. Ledax Bio spritzen.
Säuregrad → pH-Wert.
Sagina → Sternmoos.
Sagina procumbens → Rasenunkräuter 6.
Sagittaria → Pfeilkraut.
Saintpaulia → Usambaraveilchen.
Salat → Kopfsalat, Lattich.
Salatfäule. Blätter welken und vergilben. Köpfe faulen, am Wurzelhals flekkiges Pilzgewebe, Freiland und Gewächshaus, Urheber: 2 Pilzarten der Gattung *Sclerotinia.* Abwehr: Fruchtwechsel, Salatbeeterde auswechseln, mit Schachtelhalmbrühe spritzen, befallene Pflanzen entfernen und vernichten.
Salatzichorie → Chicorée.
Salbei, *Salvia.* Lippenblütler, *Labiatae.* Name vom Lateinischen salvare = heilen. Auch heute noch wird *S. officinalis* als Heilpflanze verwendet. Die ganze Gattung umfaßt über 600 Arten. In Form und Aussehen sehr unterschiedlich. – EINJÄHRIGE. ○ ☉ |: ⛉. Verschiedene sind als Sommerblumen mehr oder minder bedeutungsvoll, alle lieben vollsonnigen Standort und nicht zu schweren, wasserdurchlässigen Boden. – *S. farinacea.* Im südlichen Nordamerika heimisch, dort staudig bis strauchig. Wird bei uns hin und wieder als gut halbhoch wachsende Sommerblume für bunte Beete verwandt. 75–90 cm, dichtbuschig. Etwa ab VII–Frost mit meist dunkelblauen, dichten Blütenquirlen geschmückt. Wertvoll ist 'Viktoria', leuchtend violettblau, sehr reich blühend, 50 cm. – Anzucht II–III unter heizbarem Glas mit nachfolgender Vorkultur und Freilandpflanzung nicht vor Mitte V im Abstand von ca. 30–35 cm. – Noch beliebter für halbhohe bunte Beete ist *S. patens.* ⚔. In Mexiko staudig, mit Wurzelrhizomen. – Um 75 cm, reich behaarte, spießförmige bis eiförmige Blätter. Große Blüten, marineblau. – Aussaat

Feuersalbei. *S. splendens.* (Herbel)

unter heizbarem Glas im III, möglichst Weiterkultur dort bis zur Freilandpflanzung ab Mitte V. Standort vollsonnig, trocken und nicht zu nährstoffreich. Blüte etwa Ende VII/Anfang VIII–Frost. Man kann einige Mutterpflanzen auch frostfrei überwintern und diese im Frühjahr durch Teilung oder Sproßstücke vermehren. Die so gewonnenen Pflanzen blühen früher als Sämlingspflanzen. – Als Sommerblume am meisten kultiviert *S. splendens,* Feuer- oder Prachtsalbei. In den Regenwäldern Brasiliens bis zu 1,5 m hoch werdender Halbstrauch bis Strauch. Kantige Stengel. Blüten in Ähren. Unsere Kulturformen nur ca. 25–35 cm. Verwendung nicht nur für bunte Beete und Einfassungen, sondern auch als Balkonpflanzen. Von Bedeutung sind nur die rotblühenden Sorten. – Aussaat stets unter Glas und möglichst bei Temperaturen über 21°C; die Keimlinge werden jedoch gleich nach dem Auflaufen kühler gestellt, später entweder pikiert oder noch besser getopft. Ab Mitte V im Abstand von ca. 25–30 cm auspflanzen. Standort vollsonnig, eher etwas trocken und nicht zu nährstoffreich. Vielfach ist der Terminaltrieb zum Zeitpunkt der Pflanzung schon blühend oder doch knospig, besonders bei Balkonkastenbepflanzung. Blüte meist ununterbrochen bis zum Frost, regenreiche Jahre ausgenommen. – Sorten: 'Feuerzauber', scharlachrot, 30 cm; 'Johannisfeuer', leuchtend rot, 25 cm; 'Leuchtfunk', scharlachrot, 20 cm; 'Rosazauber', leuchtend rosa, 25 cm. – AUSDAUERNDE ARTEN. ○ ♃ VI–IX Bie. – *S. nemorosa.* Lanzettliche Blätter an vierkantigen Stengeln. Blüten leuchtend violett, dunkel violette Deckblätter, die bis lange nach der Blüte haften bleiben. 'Blauhügel', azurblaue Blüten, V–VIII, 30 cm; 'Mainacht', rundliche Blätter, dunkelblaue Blüten in reichverzweigten Ähren, wie-

Salix

Szene aus dem ‚Salbeihang' mit *Salvia sclarea* im Staudensichtungsgarten Freising-Weihenstephan. (Drave)

derholt blühend, V–IX, 40 cm; 'Ostfriesland', dunkelviolett, rötliche Hüllblätter, auch als Topfpflanze, VI–IX, 40 cm; 'Superba', violettblau, VII–IX, 80 cm. – *S. officinalis* siehe unten. – *S. pratensis* var. *haematodes*, Wiesensalbei. 'Mittsommer', hell-lavendelblau, VII–VIII, 80–90 cm; 'Rosea', dunkelrosa, V–VI, 50–60 cm. – Alle für farbenfreudige, flächige Pflanzungen bei wenig Pflegeaufwand, ideal für Heidegärten. – Boden durchlässig, trocken, kalkhaltig, Stand vollsonnig. – Vermehrung: Arten durch Stecklinge unter Glas bei gespannter Luft, bewurzeln in 4–5 Wochen; pikieren und als Jungpflanzen auspflanzen. Bei älteren Pflanzen sind im Winter auch Wurzelschnittlinge möglich, der Kopf wird dabei geteilt. – *S. officinalis*. Herkunft Südeuropa, nördlich der Alpen in warmen Gegenden gelegentlich verwildert. Seit frühem Mittelalter als Heil- und Gewürzpflanze angebaut. Kleinstrauch mit graufilzigen Blättern; in rauhen Lagen nicht winterhart. – Vermehrung durch Samen oder Stecklinge. Saat am besten in Töpfen IV–V; sobald Pflanzen genügend erstarkt sind, auspflanzen an geschützten Plätzen; Abstand 50 × 30 cm. Wenig anspruchsvoll in bezug auf Bodenbeschaffenheit. Ernte durch Abzupfen der Blätter oder Abschneiden der Triebe. – Verwendung: Blätter frisch oder getrocknet als Tee, frisch gequetscht als Kataplasma zur schnellen Heilung von Hautwunden aufgelegt. Auch als vielseitig verwendbares Gewürz gebraucht; lokal: frische Blätter in flüssigen Teig getaucht und schwimmend in Fett gebacken.

Salix → Weide.

Salomonssiegel, *Polygonatum.* Liliengewächse, *Liliaceae.* ☾–● ♃. Etwa 30 Arten auf der nördlichen Halbkugel, in den gemäßigten Zonen. Kriechende, fleischige Rhizome, an denen die Narben der früheren Austriebe zu sehen sind. Stengel meist übergebogen, Blüten röhrenförmig, in den Blattachseln hängend. – *P. commutatum (P. giganteum),* Nordamerika, Japan. Üppigste Art mit hohen, übergebogenen Stengeln. Blätter gegenständig eiförmig bis lanzettlich. Blüten bis zu 8 in einer Blattachsel, V, 100–120 cm. – *P. hookeri,* Himalaja, 7–10 cm hoch, mit 1 cm langen Blüten, die in den Blattachseln stehen, V. – *P. latifolium (P. hirtum),* Österreich, Balkan, Kaukasus. Blätter grün, unterseits heller, flaumig behaart. Blüten langgestielt, bis zu 3 in einer Blattachsel, weiß mit grün. V–VI, 60–120 cm. – *P. multiflorum,* Europa, Asien, einheimisch in Wäldern. Stengel stielrund, gebogen, unten blattlos. Blätter länglich, spitz, wechselständig. Blüten zu 3–5, langgestielt, hängend. V–VI, 60–80 cm. – *P. odoratum (P. officinale),* Salomonssiegel. Europa, Asien, heimisch. Kantige Stengel, Blätter eiförmig bis elliptisch, zweizeilig wechselständig, stengelumfassend. Blüten paarweise, weiß, am Schlund grün gefleckt. V–VI, 30–60 cm. – *P. verticillatum,* Europa, Asien. Stengel kantig, aufrecht. Blüten linealisch, quirlständig, daher ganz anders im Habitus als die anderen Arten. Blüten in den Blattachseln, 2–3, weiß mit grün, V–VI, 60 cm. – Verwendung als dekorative, langlebige Schattenstauden, die bei feuchterem Standort auch heller stehen können. – Boden humos, lehmig. – Vermehrung durch Teilen der Rhizome, durch Samen sehr langwierig.

Salpeter, zum Beispiel → Kalksalpeter, Kalksalz der S.säure. Die Salze der S.säure werden auch Nitrate genannt. → Mineraldünger (Stickstoffdünger).

Salpiglossis → Trompetenzunge.

Salvia → Salbei.

Salweide (männliche) = *Salix caprea mas* → Weide.

Salomonssiegel, *Polygonatum hybr.* (Seidl)

Salzstrauch, *Halimodendron.* Schmetterlingsblütler, *Leguminosae.* Der griechische Name *Halimodendron* setzt sich aus ‚halimos' = salzig und ‚dendron' = Baum zusammen. Charakterpflanze der Salzsteppen von Transkaukasien und Turkestan bis zum Altaigebirge. – *H. halodendron.* ○ ♄ VI–VII. Bis 2 m hoher, sommergrüner Strauch mit aufrechten, graugrünen Zweigen, dreilappig gefiederten, graugrünen Blättern, stechenden Spindeln und verdornenden Nebenblättern. Die hellvioletten und weißen Blüten erscheinen am alten Holz und stehen zu 2–4 in Doldentrauben. Die Form 'Purpureum' blüht karminrot und weiß. – Leichter, sandiger Boden in sonniger Lage, gedeiht noch auf salzhaltigen Böden, kann daher auch in Küstennähe gepflanzt werden. In Gemeinschaft mit Ölweide, Perowskie u. a. graulaubigen Gehölzen oder Stauden für Heide- oder Steppengärten geeignet. – Vermehrung durch Aussaat im späten Frühjahr, das Saatgut wird zur besseren Keimung mit Vorteil 24 Stunden in Wasser eingeweicht. Die Form 'Purpureum' wird meistens auf *Caragana arborescens*-Sämlinge veredelt. Jedoch bereitet die Unterlage viel Ärger, da sie durchtreibt und den Edeltrieb abwürgt, wenn nicht aufgepaßt wird.

Sambucus → Holunder.

Samen, Endprodukt der artreinen Blütenpflanzen. Im Samenkorn ist der Keimling eingeschlossen, meist von einem Nährgewebe umgeben, das für die erste Ernährung des Keimlings benötigt wird. Älterer Samen ist zumeist schlechter keimfähig. Staudensamen sollten bald nach der Ernte ausgesät werden, alle Schwerkeimer (Herzblume, Nieswurz, Trollblume) nur wenige Tage oder Wochen nach der Ernte.

Samenanlage, befindet sich im Fruchtknoten der Blütenpflanzen. Sie wird durch Vereinigung des Pollens (= männlicher Blütenteil) mit dem Stempel oder Griffel (= weiblicher Blütenteil) zur Bildung keimfähiger Samen gebracht. Der Pollen wächst mittels des Pollenschlauches durch den Griffel in die Samenanlage, befruchtet die Eizellen und es entsteht der Samen.

Samenbestellung, Bestellung und Einkauf des Saatgutes beim Samenhandel, Samenfachhandel oder Samenzüchter. Bei der S. ist die Kenntnis der Kornzahl je Gramm wichtig, um den echten Bedarf zu bestimmen. → Kornzahl.

Samenkäfer. 1. ERBSENKÄFER, graugrün, ca. 5 mm lang. Legt seine Eier in die Erbsenblüten oder jungen Hülsen; fertige Käfer überwintern einzeln in den Erbsen und werden im Frühjahr mit ausgesät. Befällt auch Pferdebohnen. – Bekämpfung: Samen warm stellen (25–30°C), um das Ausschlüpfen der Käfer zu beschleunigen und sie abzusammeln bzw. abzusieben. – 2. BOHNENKÄFER, gelbgrün, nur 3–4 mm groß. Aus wärmeren Gebieten nach Mitteleuropa eingeschleppt. Lebt überwiegend in gelagerten trockenen Bohnen; bei genügender Wärme mehrere Generationen im Jahr. Belegt im Freiland die älteren Hülsen mit Eiern. – Bekämpfung: wie Erbsenkäfer.

Samenpflanzen, aus geschlechtlicher = generativer Vermehrung gewonnene Pflanzen. Dieser Ausdruck wird besonders dann angewandt, wenn es sich um durch Samen vermehrte *Sorten* handelt (→ Sämling).

Samenprüfung, erfolgt auf Keimfähigkeit. Nur Saatgut mit einer bestimmten Keimfähigkeit, meist nicht unter 80%, darf lt. Gesetz verkauft werden. Von jedem Samen, vor allem eigen geernteten oder überlagerten Samen, kann man eine S. machen. Man legt eine bestimmte Kornanzahl (10 oder 20 oder 50 Korn) zwischen stets feuchtes Löschpapier bei gleichmäßiger Wärme von 20–25°C. Je nach dem Keimergebnis ist die Prozentzahl der Keimfähigkeit zu errechnen. → Keimprobe.

Samenstreuer, kleines Gerät zum Ausstreuen von Samen auf kleinen Flächen. Praktisch für Reihensaat. → Särolle.

Sammetblume, Studentenblume, *Tagetes.* Korbblütler, *Compositae.* ○–◐ ☉. Etwa 30 Arten, vom südlichen Nordamerika bis nach Argentinien. Blätter gegen- und wechselständig sowie fiedrig geteilt. Ihr Geruch, insbesondere der älteren Züchtungen, ist oft etwas streng. Daher auch volkstümlich ‚Stinkende Hoffart'. Bei uns als Sommerblume von großer Bedeutung die Arten *T. erecta, T. patula* und *T. tenuifolia,* wobei *T. patula* die weitaus wichtigste ist. Bei *T. erecta* und *T. patula* ist die Einteilung der im Handel befindlichen Züchtungen sehr unterschiedlich. Die nachfolgende Unterteilung ist deshalb nur eine der bekannteren Klassifizierungen. *T. erecta* und *T.-Erecta-Hybriden,* Urformen in Mexiko heimisch. Die Züchtungen waren früher die höchsten und am spätesten blühenden aller bei uns in Kultur befindlichen Tagetesarten. Heute ist dies nicht mehr immer der Fall, aber noch ein Hauptkennzeichen für *T. erecta.* Etwa ab Mitte der 60er Jahre sind die ersten Hybriden dieser Art in den Handel gekommen. Sie haben im erwerbsmäßigen Anbau die alten samenechten Sorten

Sammetblume, *T. patula* 'Queen Bee' u. *T. erecta* 'Inca Orange'. (Herbel)

weitgehend verdrängt. Für den Liebhaber sind sie aber noch von Bedeutung, und zwar insbesondere die nicht sonderlich hoch werdenden und wenig geruchsintensiven Sorten. Je nach Sorte sind sie entweder für hohe Beetbepflanzungen und den Schnitt geeignet oder für niedrige Beete sowie Töpfe und Balkon. Die Blüten aller Züchtungen sind gefüllt und entweder chrysanthemen- oder nelkenblütig. – *T. erecta.* ⋈. Die zu dieser Gruppe gehörenden samenecht fallenden Sorten variieren zwischen 60 und 90 cm. Blüte meist nicht vor VII. Farbsorten und Mischungen. Verschiedene Züchtungen sind relativ geruchlos. – *T.-Erecta-Hybriden.* Neuere Formengruppe, umfaßt sowohl etwa 75 cm hoch werdende Züchtungen für einjährige Hecken und Schnitt, als auch halbhoch wachsende für Hecken und Beete. Alle diese Züchtungen fast ausschließlich in Farbsorten und hauptsächlich für den Erwerbsgartenbau von Bedeutung. Blühen meist etwas früher als die *T.-Erecta*-Sorten. – SAMENECHTE TOPF- UND BEETSORTEN. ⫶ ⏃. Auch diese Formengruppe wird in der Hauptsache in Farbsorten gehandelt. Wichtigste Merkmale: nur ca. 25–30 cm, blühen bei früher Vorkultur oft schon ab Mitte V. Man verwendet sie deshalb für niedrige Beete, Topfkultur und Balkonkastenbepflanzung. Die meisten Züchtungen sind jedoch etwas empfindlicher gegen viel Niederschlag und Nässe während der Blüte. – NIEDRIGE HYBRIDEN. Gleicher Verwendungszweck wie vorhergehende Gruppe, jedoch im Wuchs etwas robuster und höher: ca. 30–35 cm. Meist nicht so großblumig wie die vorgenannten samenechten Sorten, blühen aber erheblich reicher und sind witterungsbeständiger.

T. patula und *T.-Patula-Hybriden.* ⫶. Diese Art ist noch schwieriger zu klassi-

Sammetgras

fizieren als *T. erecta*, da sowohl einfach- als auch gefülltblühende Formengruppen im Handel sind. Anbaumäßig die bedeutungsvollste Art, weil nicht nur für niedrige Beete, Rabatten und Grabbepflanzungen, sondern auch als Balkonpflanzen verwendet. Alle Züchtungen können bei entsprechender Vorkultur schon ab Mitte V blühen. Blüten je nach Formengruppe mehr oder minder groß, aber gegenüber den Züchtungen von *T. erecta* sichtlich kleiner. Außerdem gibt es einfachblühende Formen. HALBHOHE GEFÜLLTE. Wuchshöhe zwischen ca. 30 und 35 cm. Neben Mischungen auch Farbsorten. Die Blüten dieser Formengruppe sind noch relativ groß. Beliebt für Beete, Rabatten und Balkonbepflanzung. – NIEDRIGE GEFÜLLTE. Wuchshöhe ca. 25 cm. Mischungen und Farbsorten. Auch hier sind die Blüten noch großblumig. Verwendung wie vorgenannte Gruppe. – GEFÜLLTE LILIPUT. Sehr reich- und dauerblühend, Blüten jedoch deutlich kleiner als die der vorgenannten Gruppen. Auch werden die meisten Sorten nur ca. 20 cm hoch und sind deshalb für niedrige Beete und Rabatten empfehlenswert. Überwiegend Farbsorten. – ‚PETITE'-SERIE. Blüten noch etwas kleiner als bei der vorgenannten, dafür aber reiche Dauerblüher. Werden in Mischung und reinen Farbsorten angeboten. Nur bis ca. 20 cm hoch, eignen sich hervorragend für niedrige Beete und Rabatten sowie Grabbepflanzung. – TRIPLOIDE ‚NUGGET'-HYBRIDEN. Eine neuere Formengruppe, Farbsorten seit Ende der 60er Jahre. Außerordentlich frühe und reiche Blüte, kombiniert mit mittelgroßen, reich gefüllten Blüten, Wuchshöhe nur ca. 25 cm. Eignet sich deshalb für alle bei *T. patula* schon genannten Verwendungsarten. Bei dieser Gruppe können hin und wieder halbhohe Aufspaltungen auftreten; sie sind jedoch

Sammetblume, *T. tenuifolia* 'Lulu'. (Herbel)

Sanddorn, *H. rhamnoides*. (Stölzle)

schon vor dem Pflanzen leicht ausmerzbar. – T. PATULA ‚NANA', EINFACHE NIEDRIGE UND HALBHOHE. Diese noch in den 60er Jahren wichtige Formengruppe ist durch die jetzt auch regenfesten gefüllt-blühenden, formenreichen, niedrigen Züchtungen weitgehend ersetzt worden.
T. tenuifolia, (T. signata), |:. Die Urform ist in Mexiko als Sommerblume heimisch und sehr kleinblumig. Die Kulturformen sind durch ihren niedrigen, kompakten und fast gleichmäßigen Wuchs sowie durch reiche Blüte insbesondere für Einfassungen und Beetbepflanzungen bestens geeignet, auch sehr witterungstolerant. Sorten in Braun, Gelb, Rot u. Orange. ANSPRÜCHE. Alle genannten Arten werden II–IV unter Glas ausgesät und unter Glas auch möglichst noch pikiert. Auspflanzung ins Freiland meist erst ab Mitte V. Pflanzabstände variabel, bei hohen Sorten bis zu 35 cm, bei Zwergsorten meist bei 20 cm und sogar darunter. Standort aller genannten Tagetesarten weitestgehend sonnig und Boden nicht zu schwer sowie nicht zu nährstoffreich.

Sammetgras → Hasenschwanzgras.
Samtfußrübling → Pilzenbau.
Samtgras → Hasenschwanzgras.
Samtpappel → Schönmalve.
Sanchezie, *Sanchezia*. Akanthusgewächse, *Acanthaceae*. ☀ ♄ ⌂ Lie. Aufrechte Sträucher mit linealen, ganzrandigen Blättern. Blüten meist in endständigen Ähren, von Hochblättern umgeben. Ungefähr 10 Arten in Südamerika. – *S. parvibracteata*. Blätter bis 30 cm lang, dunkelgrün mit rot überlaufener Unterseite. Blüten gelb, in den Achseln dichtgestellter roter Hochblätter. Die Art ist selten in Kultur, meist findet man 'Variegata', bei der die Blätter entlang der Adern gelb gezeichnet sind. – *S. nobilis* 'Glaucophylla' ist ähnlich, jedoch seltener anzutreffen. – Kultur und Vermehrung wie bei *Aphelandra*.
Sand, feinkörniges Sedimentgestein mit hohem Quarzanteil der Korngrößenfraktion 0,06–2,00 mm als Fein-, Mittel- und Grobs. Mit Beimengungen oder gewaschen wird S. im Garten- und Landschaftsbau in vielfältiger Weise verwendet.
Sanddorn, *Hippophae rhamnoides*. Ölweidengewächse, *Elaeagnaceae*. Frucht klein, korallenfarbig, dicht am Jungtrieb weiblicher Pflanzen sitzend. Ausgezeichnet durch Vitamin-C-Gehalt bis 1300 mg% und 110000 Vitamin-A-Einheiten. Vermehrung durch Wurzelbrut. Nur weibliche Pflanzen fruchtbar. Sehr lichtbedürftig. Durchwurzelt den Boden bis 3 m Tiefe und 10 m Weite. Bindet leichte Böden, befestigt Böschungen. Meidet wassergesättigte Böden. Anbau auf Ödland möglich, wenn genug Licht. Stets weibl. und männl. Pflanzen in Nachbarschaft setzen. Zweige stark dornig, undurchdringliche Hecken. Reifezeit Mitte VIII–IX/X, sobald gelb und orangefarbig. Roh nicht genießbar. Verwertung zu Saft, Marmelade, Gelee, Pasten, Diätkost.
Sanden → top dressing.
Sandkasten, im Garten und in öffentlichen Grünanlagen Spielgrund für Kinder, wobei der Sand für die Gestaltungsspiele der Krabbelkinder formbar und der für die Bewegungsspiele der größeren Kinder als Sicherheitssand an den Geräten gewaschen sein sollte. Ein S. kann erhaben und versenkt als Trog, Kasten, Pflastermulde oder Großfläche ausgebildet sein. Ist ein Sitzrand vorgesehen, sollten Kunststoff- oder Holzauflagen verwendet werden. Auf der Sohle des S.s muß Dränung, Sickergrube oder Einlauf Feuchtigkeit ableiten.
Sandrohr → Reitgras.
Sanguinaria → Blutwurz.
Sanguisorba → Wiesenknopf.
San José-Schildlaus, gefährlichste Art der → Schildläuse. Nur durch mikroskopische Untersuchung von der ähnlichen, viel weniger gefährlichen Austernschildlaus unterscheidbar. An allen Obstarten und Beerensträuchern, von Süd- und Südosteuropa bis in die wärmeren Teile Mitteleuropas vorgedrungen. Schadbild: an den Früchten linsengroße, dunkelrot verfärbte Saug-

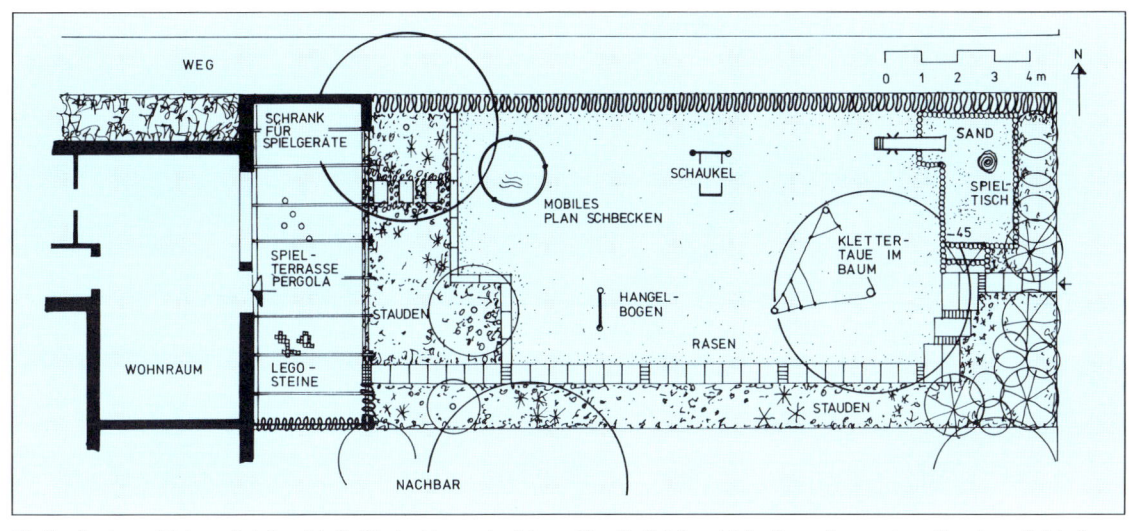

Ein Sandkasten gehört zum Spielbereich für Kinder bis zu zehn Jahren. Plan für Spielbereich im Doppelhausgarten mit weiteren Spielgelegenheiten und Geräten. (Dr. Richter)

flecke, in ihrer Mitte ein stecknadelkopfgroßer Schild: die Schildlaus. An den Ästen und Zweigen dichter Schildlaus-Belag. Schaden: Gehölze sterben in wenigen Jahren ab, wenn keine Gegenmaßnahmen getroffen werden. – Abwehr: Stark befallene, absterbende Gehölze entfernen und vernichten. Schildläuse mit harter Bürste abbürsten (gerade Schildläuse lassen sich mit dieser mechanischen Methode gut entfernen), im VII/VIII gegen die Junglarven mit → Blattlausbekämpfungs-Mitteln spritzen. Neubefall an Pflanzenschutzamt melden!

Sansevierie → Bogenhanf.
Santolina → Heiligenkraut.
Sanvitalia → Sanvitalie.
Sanvitalie, *Sanvitalia,* Korbblütler, *Compositae.* ○ ⊙ |∶. Nur die in Mexiko heimische einjährige *S. procumbens* ist bei uns in gärtnerischer Kultur. Niederliegend, selten höher als 15 cm. Blätter meist leicht behaart, ovallanzettlich

Sanvitalie, S. *procumbens* mit Verbene, *V. venosa.* (Seidl)

und gegenständig. Blütenkörbchen kurz gestielt, setzen sich aus gelben Randblüten und dunkelpurpurfarbenen bis schwärzlichen Scheibenblüten zusammen. Bei der gefülltblühenden 'Plena' sind die gelben Zungenblüten dicht gefüllt. Im Anbau dominiert die einfach blühende Art. – Man verwendet S.n als niedrige Beetpflanzen, für Einfassungen sowie als Füller im Steingarten. Sie blühen lange und reich, etwa ab Mitte V – Frost. Standort vollsonnig. Leichter, durchlässiger Boden. Aussaat unter Glas ab IV mit Freilandpflanzung ab Mitte V und etwa 15–20 cm Abstand. Hin und wieder werden S.n im Liebhaberanbau auch ab V an Ort und Stelle ausgesät und später verzogen.

Saponaria → Seifenkraut.
Sarracenia → Insektivoren 6.
Sasa → Bambus.
Saubohne → Puffbohne.
Sauerampfer, *Rumex acetosa* und nahe verwandte Arten. Knöterichgewächse, *Polygonaceae.* Einheimisch, viele Kulturformen. Im Mittelalter häufig angebaut und als Gemüse genutzt; jetzt nur noch selten und kaum zu empfehlen.
Sauerdorn → Berberitze.
Sauerkirsche → Kirsche.
Sauerklee → Glücksklee.
Sauerkraut, Sauerkohl. Wertvolle ‚Konserve' für die Gemüseversorgung im Winter und Frühjahr. Herstellung: Weißkohl mit dem Krauthobel fein schneiden, lagenweise in glasierte Steingutgefäße einlegen, leicht salzen, mit Tuch und Brett abdecken und mit Gewichten beschweren. Das Salz entzieht Wasser, die Luft wird verdrängt, ein Teil des Zuckers aus den Kohlblät-

tern wird zu Milchsäure vergoren, das Produkt wird dadurch haltbar. Verwendung: in früheren Zeiten sehr wichtige Vorratshaltung, vor allem weil das Vitamin C erhalten bleibt; heute, mit geräuchertem oder gepökeltem Fleisch gekocht, beliebte und gesunde Winterdelikatesse. Sehr zu empfehlen: S.-Salat, mit Öl, Apfel, Zwiebel angemacht.

Sauerstoff, chemisch O, nichtmineralisches Nährelement, neben → Kohlenstoff Hauptbaustoff der Pflanzen. S. wird bei → Fotosynthese ausgeschieden, gleichzeitig in viel geringerer Menge vor allem durch Wurzeln aufgenommen (→ Bodenatmung, → Bodenluft). S. in atmosphärischer Luft mit 21 Volumen-% enthalten.
Saumfarn → Farne 11.
Sauna, finnisches Heißluftbad. Im Hausgarten kann ein Badehaus mit Schwimmbad und sichtgeschütztem Freiraum verbunden werden. S.raum für eine Familie schon mit 2 × 2 m und Holzliegerosten in zwei Ebenen ausreichend.
Savoyerkohl → Wirsing.
Saxifraga → Steinbrech.
Saxifraga sarmentosa → Judenbart.
Scabiosa → Skabiose.
Schaber, rechtwinklig gebogenes Messer, zur Unkrautbekämpfung.
Schachbrettblume → Kaiserkrone.
Schachtelhalm, *Equisetum.* Schachtelhalmgewächse, *Equisetaceae.* ○–◐ ♃ Lie. Etwa 24 Arten in tropischen und außertropischen Gebieten. Den Farnen nahestehende Pflanzen. Die Sporenkapseln sitzen meist als kleine, zapfenähnliche Gebilde auf besonderen (fruchtbaren oder fertilen) Sprossen,

Schachtelhalmextrakt

die vor den grünen (unfruchtbaren oder sterilen) austreiben. Alle enthalten viel Kieselsäure, deshalb wurden die einheimischen früher zum Reinigen von Zinngeschirr (Zinnkraut) benutzt. – *E. scirpoides,* nördliche gemäßigte und arktische Zone. Immergrüne, dichte Rasen bildend. 15–20 cm. – *E. telmateia (E. maximum),* Europa, Westasien, westl. Nordafrika, westl. Nordamerika. Fruchttragende Stengel rötlich, sterile weiß mit vielen, in Quirlen stehenden, herabhängenden Ästen, nicht wintergrün. 30 cm. – *E. variegatum,* Nord- und Mitteleuropa, Sibirien, Nordamerika. Dickere, wintergrüne Triebe, bis 30 cm hoch. – Verwendung im Alpinum an feuchter Stelle. Boden feuchtmoorig, mit Torf vermischt, etwas sauer. Vermehrung durch vorsichtiges Herausnehmen der Ausläufer. Am besten im Topf vorkultivieren.

Schachtelhalmextrakt, wird als Brühe, Jauche und Tee vielfältig zur Pflanzenpflege verwendet. → Kräuterextrakte.

Schadensschwelle. Für den Befall umfangreicher Anbauflächen durch tierische Schädlinge hat man als Kriterium der Bekämpfungsnotwendigkeit die Sch. (kritische Schädlingszahl) eingeführt. Sie gibt die Zahl der Schädlinge pro Pflanze oder Flächeneinheit an, die zu einem starken, nicht mehr hinnehmbaren Schaden führt und somit eine Bekämpfung notwendig macht. Über die kritischen Zahlen der verschiedenen Schädlingsarten geben Pflanzenschutz-Institutionen Auskunft.

Schädlinge, in oder an Nutzpflanzen lebende und deren Gesundheit beeinträchtigende oder zerstörende Organismenarten. In der Entwicklungsreihe der Organismen aufwärts unterscheidet man: → Viren, → Bakterien, → Pilze, → Nematoden, → Tausendfüßler, → Milben, → Insekten, → Schnecken, → Vögel, → Nagetiere und Huftiere (→ Wildschaden).

Schädlingsbekämpfung → Pflanzenschutz.

Schafgarbe, *A. millif.* 'Kelwayi'. (Herbel)

Schafgarbe, *Achillea.* Korbblütler, *Compositae.* Etwa 100 Arten in der nördlichen gemäßigten Zone. Ausdauernde Kräuter mit fiederspaltigen Blättern, oft aromatisch duftend. Blüten in lange haltbaren Dolden.

NIEDRIGE ARTEN. ○ ♃ ⌂ △ ⚘ i D Bie. *A. ageratifolia,* Südosteuropa, auf Kalkfelsen. Ganze Pflanze graufilzig. Unverzweigte, zahlreiche Stengel. Blätter schmal-linealisch, nicht gefiedert, am Rand kammartig eingeschnitten. Blüten groß, einzelstehend, weiß. *A. a. ssp. aizoon,* hat am Rand feingekerbte, fast ganzrandige Blätter. *A. a. ssp. serbica,* ähnlich, aber kleinere Blütendolden, Blumen nur mit 2–3 Strahlenblüten, weiß. Beide vor der Art blühend. VI–VII, 15–20 cm. – *A. chrysocoma (A. aurea, A. tomentosa* var. *c.),* Balkan, Kleinasien. Dichter, polsterförmiger Wuchs. Blätter grün, kammartig gefiedert, dicht seidig behaart. Blüten in großen Doldentrauben, goldgelb. VI–VII, 15 cm. – *A. clavenae (A. argentea),* Weißer Speik. Südöstliche Kalkalpen. Pflanze am Grund verholzend, silbergraufilzig. Blätter geweihartig tief fiederspaltig. Locker verzweigte Triebe mit großen weißen Blüten. VI–VII, 10–20 cm. – *A.* × *kellereri (A. clypeolata* × *A. pseudopectinata).* Graugrüne Pflanze mit kammartig gefiederten, stark duftenden Blättern. Blüten weiß, VI–VIII, 20 cm. – *A. lingulata,* Siebenbürgen, Balkan. Grüne, linealische, ungeteilte Blätter, fast in einer Rosette stehend. Blumen in lockerer Doldentraube, weiß. Liebt Halbschatten. VI–VII, 15–20 cm. – *A. tomentosa (A. aurea),* Europa, Kaukasus, Sibirien. Kriechende Pflanze. – *A. chrysocoma* ähnlich, aber Blätter silberweißwollig behaart. V–VII, 15 cm. – *A. umbellata,* Griechenland. Wuchs kriechend, Pflanze weißfilzig. Blätter fiederschnittig, Blüten weiß. VI–VII, 10–15 cm. – Verwendung der

Schafgarbe *(A. Filipendulina-Hybriden)* inmitten weiterer Stauden und umrahmt von Gehölzen. (Drave)

niedrigen Arten im Stein- und Troggarten, an sonnigen, durchlässigen Stellen. Gegen Feuchtigkeit sind sie empfindlich. Schöne, oft schon durch die Belaubung zierende Kleinstauden. – Boden humos, durchlässig. – Vermehrung durch Teilung. Die Arten bastardieren leicht, deshalb ist Aussaat nicht immer zuverlässig.

MITTELHOHE UND HOHE ARTEN. ○ ♃ ⋈ D Bie.

A. clypeolata, Balkan. Graufilzige Pflanze. Linealisch-lanzettliche, etwa 15 cm lange, fiederschnittige Blätter. Blüten in dichten, flach gewölbten Dolden, zitronengelb. VI–VII, 25–30 cm. – *A. Clypeolata-Hybride* 'Moonshine' (*A clypeolata* × *A. taygetea*). Ähnlich 'Coronation Gold', aber Stengel verzweigt, niedriger, Blätter breiter, Seitenfiedern deutlich gekerbt, mit mehreren Dolden in verschiedener Höhe, hellgelb. VII–IX, 60 cm. – *A. filipendulina* (*A. eupatorium*), Kaukasus, Orient. Aromatisch duftend. Im Handel nur 'Parkers Var.', straff aufrecht, Stengel unverzweigt. Blätter graugrün, kammartig gefiedert. Blüten in großen Dolden, goldgelb. Bekannte und verbreitete Sorte. VII–IX, 120 cm. – *A. Filipendulina-Hybriden* (*A. clypeolata* × *A. filipendulina*), 'Coronation Gold', Laub grau, Triebe steif aufrecht, Dolden goldgelb, etwas heller als bei 'Parkers Var.', auch niedriger, 80–100 cm. 'Neugold', Laub noch grauer, niedriger, goldgelb. VII–IX, 40–60 cm. – *A. millefolium*, Schafgarbe, Europa, Asien. Die Art ist oft lästiges Unkraut, vor allem im Rasen. Kriechender Wurzelstock, unverzweigte, aufrechte Stengel. Blätter kammartig gefiedert, wollig behaart. Blüten in ebensträußigen Doldentrauben. 'Cerise Queen' (Kirschkönigin), kirschrot, 50–60 cm; 'Kelwayi', karminrot 50 cm (Bild s. Tafel 42); 'Paprika', leuchtend hellrot, 50 cm; 'Sammetriese', dunkelrot, nicht verblassend, 60–90 cm. VI–X. – *A. ptarmica*, Sumpfgarbe, Europa, Kleinasien, Sibirien, an feuchten Stellen. Kriechender Wurzelstock und aufrechte, etwas kantige, verzweigte Stengel. Blätter linealisch-lanzettlich, grün, Rand fein gesägt. Blüten in zusammengesetztem Doldenstrauß. Im Handel nur gefülltblühende Sorten: 'Boule de Neige' ('Schneeball', 'The Pearl'), weiß, 40–60 cm; 'Nana Compacta', ähnlich, aber niedriger. 30–40 cm. VII–IX. – *A. sibirica* (*A. mongolica*), Ostasien, Sibirien. Ähnlich *A. ptarmica*, mit oben verzweigten, leicht behaarten Stengeln. Blüten in ebensträußigen Doldentrauben, weiß. VII–IX, 50–100 cm. Für Wildstaudenpflanzungen. – *A.-* × *taygetea* (*A. clypeolata* × *A. millefolium*). Die echte Art aus Griechenland ist empfindlich und wird nicht kultiviert. Ganze Pflanze graufilzig. Stengel aufrecht, kaum verzweigt. Blätter linealisch, gefiedert oder gekerbt. Blüten in flachen Dolden, junge Blüten schwefelgelb, ältere heller ausbleichend. VII–VIII, 40–VIII, 40–60 cm. – *A. Taygetea-Hybriden* (*A.* × *taygetea* × *A. millefolium*). 'Schwefelblüte', ähnlich *A.* × *taygetea*, aber Stengel im oberen Teil mehr verzweigt, mit größeren und kleineren Dolden, hell schwefelgelb. VII–VIII, 50–60 cm. – Verwendung der mittelhohen Arten: Staudenbeet, Wildstaudenpflanzungen, Heidegarten u. zum Schnitt. Die Gelbblühenden sind gesuchte Trockenblumen. – Boden mehr oder weniger feucht, für die höheren Arten nährstoffreicher. – Vermehrung durch Teilung leicht.

Schafschwingel → Rasengräser.

Schaftdolde, Goldteller, *Hacquetia*. Doldenblütler, *Umbelliferae*. ◐–● ♃ △. *H. epipactis*, einzige Art, Kalkalpen, Karpaten. Gestielte, handförmige, drei- bis fünflappige, hellgrüne Blätter. Blüten in kopfiger Dolde, von 5–8 gelbgrünen Hochblättern umgeben. Zieht im Sommer ein. IV–V, 15 cm. – Verwendung als interessante, frühblühende Schattenstaude im Steingarten, Troggarten und zusammen mit anderen Frühlingsblühern im Staudenbeet. Boden humos-lehmig. Vermehrung durch Aussaat.

Schalenobst → Edelkastanie, → Haselnuß, → Mandel, → Walnuß.

Schalerbse → Erbse.

Schalotte, Eschlauch, *Allium ascalonicum*. Liliengewächse, *Liliaceae*. Herkunft Mittelmeergebiet, Vorderasien; vermutlich durch die Kreuzritter nördlich der Alpen eingeführt. Anbau: Vermehrung durch Brutzwiebeln; diese im IX–X pflanzen, in Reihen mit 20 cm Abstand, 15 cm in der Reihe. In rauhen Lagen Winterschutz nötig; in solchen Gegenden Pflanzung auch im III möglich. Lockere, eher trockene Böden ohne starke Düngung vorteilhaft. Ernte VII–VIII, wenn Blätter gelb werden. Zwiebeln ausgraben; gründlich trocknen, erst auf dem Feld, dann an luftigem Ort. Brutzwiebeln für Neupflanzung reservieren. Verwendung: Wie Zwiebeln, aber würziger und schmackhafter.

Schamhafte Sinnpflanze, *Mimosa*. Hülsenfrüchtler, *Leguminosae*. ○ bis ◐ ♄ ⊡. Sträucher oder kleine Bäume, teilweise dornig, diese oft reizbar.

Schamhafte Sinnpflanze, *M. pudica*. (Seidl)

300 Arten in Tropen und Subtropen, mit Ausnahme Australiens. – *M. pudica*, Brasilien. Halbstrauch, bei uns meist einjährig gezogen, bis 1 m hoch, Triebe stachelig. Die 4 oder 5 Blattfiedern in viele Fiederblättchen geteilt. Blüten kugelig, rosa, aus den Blattachseln. Die Fiederblättchen klappen bei der geringsten Berührung oder der Annäherung von Wärmequellen rasch nach unten und kehren erst nach einiger Zeit wieder in die Ausgangslage zurück. – Vermehrung durch Aussaat im III und IV leicht. Möglichst nie den Ballen stören, sondern nur sorgsam umtopfen. Das Substrat sei humos-lehmig. Sie brauchen allerdings Temperaturen um 18–20°C und vertragen keinen Rauch.

Scharlachdorn = *Crataegus intricata* = Weißdorn.

Schattenbeet, im Baumschatten liegende Pflanzungen oder Sch. für Aussaaten, Anzuchten und schattenliebende Stauden unter einfacher Rohr- oder Holzkonstruktion, um mit darauf ausgerollten Matten den gewünschten lichten Schatten auf die Beete zu werfen.

Schattenblume, *Smilacina*. Liliengewächse, *Liliaceae*. ◐–● ♃ ⌘ D. 20 Arten in Nord- und Mittelamerika und im gemäßigten Asien. Kriechende Rhizome, denen von Salomonssiegel ähnlich. Aufrechte, beblätterte Triebe, oft ganze Flächen bedeckend. Blüten in endständiger Rispe, gut duftend. – *S. racemosa*, Nordamerika. Bekannteste Art. Schräg aufsteigende Stengel. Blätter wechselständig, grün, Unterseite glänzend mit stark hervortretenden Adern. Blütenrispe bis 15 cm lang, gelblichweiß, duftend. Beeren zuerst gelblich, dann hellrot. V–VI, 60–80 cm. – *S. stellata*, Nordamerika. Stengel etwas wellig hin- und hergebogen. Blätter sitzend, länglich bis lanzettlich, oben mattglänzend, hellgrün,

Schattenfrüchte

Schattenstauden mit Silberling, Frühlingsplatterbse und Farn. (Seidl)

unten grau behaart. Blütentraube aufrecht, bis 20blütig, grünlichgelb, Beeren rot. V, 30–60 cm. – Verwendung dieser Schattenstauden in Parkanlagen, Naturgärten und vor oder zwischen Gehölzen, wo die oft dichten Kolonien nicht stören. Neben den Blüten sind die Beeren recht zierend. Boden lehmig-humos, frisch. Vermehrung: Teilung und Aussaat.
Schattenfrüchte, entstehen an Trieben, deren Blätter wegen Absenkens im Schattenbereich der Krone ungenügend assimilieren oder in der Mitte dichter Kronen. Sch. sind mangelhaft ausgefärbt, klein, sauer, aroma- und wertlos. → Obstbaumschnitt.
Schattengare → Bodengare.
Schattengrün, *Vancouveria.* Sauerdorngewächse, *Berberidaceae.* ●-◐ ♃ △ *V. hexandra*, eine mit der Elfenblume, *Epimedium*, nahe verwandte Schattenstaude von der Westküste Nordamerikas. Kriechendes Rhizom, Blätter doppelt- bis dreifach-dreizählig. Blütenstand hoch über dem Laub, mit hängenden, weißen Blüten. V–VI, 40 cm. Zierliche Schattenstaude.
Schattenmorelle → Kirsche.
Schattenrasen. Mit Hainrispe und Drahtschmiele (→ Rasengräser) kann man in Schattenlagen einen Rasenbestand gewinnen, der aber nur selten, am besten mit Sense oder Sichel, geschnitten werden darf. Auch Feinschwingel *(Festuca ovina tenuifolia)* ist bedingt schattenverträglich. Kurzschnitt-gewohnte Gräser gedeihen im Schatten nicht.
Schattenstauden, wachsen an schattigen und halbschattigen Standorten besonders gut; niedrige, halbhohe und hohe (bis 150–200 cm).

Actaea rubra, Anemone hupehensis, – japonica, Asperula odorata, Astilbe × arendsii, – chinensis, – japonica, Brunnera macrophylla, Chiastophyllum, Cimicifuga, Convallaria, Dicentra, Epimedium, Rodgersia, Saxifraga cortusifolia, Symphytum grandiflorum, Tiarella, Uvularia grandiflorum, Vancouveria, Vinca minor, Viola papilionacea, u.a.m.

Schattieren, Schutz der Pflanzen vor zu starker Sonneneinstrahlung, vor allem bei Gewächshäusern und Frühbeetkästen, um Verbrennungen an Pflanzen zu vermeiden. Schattierungsmaterialien sind Schattierfarbe, Kalk, Weizenmehl (die auf die Glasflächen gespritzt werden), Rohrmatten, Schattenleinen aus Jutegewebe, besser aus Kunststoff, auch zum Schattieren von Freilandbeeten. An Gewächshäusern gibt es motorgetriebene und auch automatische Schattiereinrichtungen.
Schaublatt, *Rodgersia.* Steinbrechgewächse, *Saxifragaceae.* ◐-● ♃. 6 Arten in China und Japan. Dekorative Blattstauden mit dicken, kriechenden Rhizomen. Blütenstände rispig verzweigt. – *R. aesculifolia,* Mittelchina. Blätter siebenzählig gefingert, dem Blatt der Roßkastanie täuschend ähnlich. Blüten weiß. VII–VIII, 100 cm. – *R. pinnata,* China. Blätter ähnlich *R. aesculifolia,* aber die drei mittleren Fiederblätter länger gestielt. Blüten hellrosa bis weißlich. VII, 100 cm. – *R. podophylla,* Japan, Korea. Blätter glänzend, beim Austrieb bronzebraun, später dunkelgrün. Handförmig-fünfteilig, Rand tief gezackt und gesägt. Blüten überhängend, gelblichweiß. Reichblühend. VI–VII, 120–170 cm. – *R. sambucifolia,* China. Blätter locker, 3- bis 5paarig gefiedert. Fiederblätter schmal, stumpfgrün, länglich. Blütenstand doldenrispig, steif, Blüten weiß. VI–VII, 100 cm. – *R. tabularis,* heute richtig *Astilboides t.,* Tafelblatt, Nordchina. Erdstamm knollig. Blätter lang gestielt, schildförmig, ungeteilt, eingebuchtet. Prächtige Blattpflanze. Blütenstand überhängend, weiß. VII–VIII, 120 cm. – Verwendung vor Gehölzen, besonders Rhododendron, zusammen mit Farnen, an Teichrändern, aber nicht im Sumpf. Boden humos, nahrhaft. Vermehrung durch Teilung, Rhizomschnittlinge und Aussaat.
Schaufel, meist mit Blechblatt, zum Umsetzen von Schüttgut.
Schaufrüchte, prächtige und leuchtend ausgefärbte Früchte, die für Ausstellungen verwendet werden.
Schaumblüte, *Tiarella.* Steinbrechgewächse, *Saxifragaceae.* ◐-● ♃ ∾ D i. Etwa 7 Arten in Ostasien und Nordamerika. Zierliche Stauden mit gestielten, gelappten Blättern. Blüten in dichter Traube, anfangs kegelförmig, später zylindrisch. – *T. cordifolia,* atlanti-

Schaublatt, *R. podophylla.* (Drave)

sches Nordamerika. Kriechender Erdstamm und frischgrüne, glänzende, herzförmige, fünflappige Blätter. Blüten weiß, reichblühend. 'Purpurea', Blätter braunrot gefärbt. V–VI, 20 cm. – *T. wherry,* südöstliches Nordamerika. Blätter ei- bis herzförmig, dreilappig, mattgrün, innen mit braunem Fleck. Blüten cremeweiß, rosa überhaucht, duftend. V–VI, 20–30 cm. – Verwendung als Schattenstaude, unter Gehölzen, stets flächig pflanzen. Boden locker, humos. Vermehrung durch Teilung und Aussaat.

Schaumnelke, Strahlensame, *Heliosperma.* Nelkengewächse, *Caryophyllaceae.* ○–◐ ♃ △. – *H. alpestre.* Südöstliche Kalkalpen. Gehören nach neuester Nomenklatur zu Silene *(Silene alpestre).* Für den Garten ist 'Pleniflorum' von Bedeutung, mit weißen, gefüllten Blüten, VI–VIII. Hübsch für Trockenmauern und Steingärten, vor allem wegen der späten Blütezeit. Boden durchlässig, humos und nicht zu trocken, sonst Spinnmilbenbefall. Vermehrung durch Teilung.

Schaumstoffe, Ausgangsmaterialien für → Bodenverbesserungsmittel, um Luft- und Wasserhaushalt des Bodens zu verbessern. *Hygromull* hat offene Poren und erhöht die Wasserhaltekraft, enthält Stickstoff, der sehr langsam pflanzenverfügbar wird; cbm-Gewicht 10–20 kg. – *Styromull* (Polystyrol) besteht aus Flocken von 4–12 mm, die über 90% Luft enthalten; erwärmt, lockert und dräniert den Boden, enthält keine Nährstoffe; cbm-Gewicht 15–20 kg. – *Hygropor* ist ein Gemisch aus Hygromull und Styromull, es wirkt zugleich wasserhaltend und lüftend.

Schaumblüte, *T. cordifolia.* (Drave)

Schaurabatte, Beet oder Pflanzung, in der die Verwendung von Zierpflanzen, Stauden, Sommerblumen, Gruppenpflanzen in demonstrativer Form gezeigt wird. Gute Schaurabatten sind z. B. im Berggarten, Hannover-Herrenhausen, im Palmengarten, Frankfurt a. M., in Planten un Bloomen, Hamburg und in ähnlichen Anlagen anderer Städte.

Schefflere, *Schefflera.* Araliengewächse, *Araliaceae.* ○–◐ ♄–♄ ▽ Lie. Sträucher oder kleine Bäume mit handförmigen Blättern. 150 Arten in den Tropen. – *Sch. actinophylla* (richtig *Brassaia a).* Blattstiele lang, Blätter handförmig, in der Jugend mit 3–5 Teilblättchen, später mit 7–11 Teilblättchen. Blattflächen ledrig und glänzend. Bei uns meist nicht höher als 120 cm. – *Sch. arboricola.* Taiwan. ♄–♄ ▽. Sehr wichtige, gut wüchsige, halbschattenverträgliche Zimmerpflanze mit aufrechtem Wuchs und kleinen, gefingerten Blättern, auch unterschiedlichst panaschiert. Zahlreiche, wichtige Sorten, so in grün 'Clementine' und 'Compacta', wenig panaschiert 'Henriette' und 'Worthy' und stark panaschiert 'Gold Capella', 'Green Gold', 'Jacqueline' und 'Trinette'. – Eine der wichtigsten Neueinführungen bei den Grünpflanzen und wegen der leichten Pflege und des schönen Aussehens weit verbreitet. Gut im Zimmer haltbar, durch den aufstrebenden Wuchs gut in größeren Pflanzbehältnissen verwendbar. Kultur in Einheitserde. – Vermehrung durch Stecklinge. – Braucht Temperaturen zwischen 12 und 20°C. Vermehrung und Kultur wie bei Fatsia.

Scheinakazie → Robinie.

Scheinaster, *Boltonia.* Korbblütler, *Compositae.* ○ ♃ ✕ Bie. 4 Arten in Nordamerika, von den Herbstastern im Aussehen oft kaum zu unterscheiden. – *B. asteroides,* Nordamerika bis Florida und Texas. Wuchs auseinanderfallend, locker, verzweigt. Breitlineale, wechselständige, blaugrüne Blätter. Blüten weiß bis blaßrosa. *B. a.* var. *latisquama,* sehr ähnlich, nur mit spatelförmigen Hüllblättern an den gänseblümchenähnlichen Blüten. IX–XI, 120–200 cm. – Verwendung in der Staudenrabatte und Wildstaudenpflanzung als reichblühende Pflanzen. Muß etwas aufgebunden werden. Wächst in jedem Gartenboden. Vermehrung durch Teilung und Frühjahrsstecklinge.

Scheinbeere, Rebhuhnbeere, *Gaultheria.* Erikagewächse, *Ericaceae.* Immergrüne, niedrige Sträucher. 20 Arten in

Schefflere, *S. digitata* 'Renata'. (Herbel)

Ostasien und Nordamerika. Blüten stehen einzeln oder in wenigblühenden Trauben. Die vom fleischig werdenden Kelch umgebenden Scheinbeeren werden von Vögeln gern aufgenommen. – *G. itoana.* ◐ ♄ △ ⚭ ⌒ i, V–VI. Taiwan. Nur etwa 10–15 cm hoher Zwergstrauch mit kleinen Blättchen, hellrosa Blüten und weißen Beeren. Triebe zum Teil niederliegend, fast bodendeckend, geeignet als Vorpflanzung im Moorbeet. – *G. procumbens.* ◐ ♄ ⚭ △ ⚭ i. Östliches Nordamerika. Kriecht ober- und unterirdisch, wird kaum 15 cm hoch. Blätter eiförmig, glänzend dunkelgrün, im Herbst lebhaft rot, etwas versteckt stehen die einzelnen, hellrosa Blüten. Früchte kugelig, hellrosa, aromatisch. Schöne Bodendecker für kühle, halbschattige Lagen oder als Zwischenpflanzung im Alpenrosen- oder Moorbeet. – *G. shallon.* ◐ ♄ ⚭ i. Im westlichen Nordamerika heimisch. Bis 0,80 m hoher Strauch mit unterirdischer, kriechender Grundachse, eiförmigen, bis 10 cm langen Blättern, vielblütigen, hellrosa Blütentrauben und dunkelpurpurfarbenen Früchten. Ein etwas höher werdender Bodendecker für Halbschatten. – Frischer, humoser, kalkfreier Boden in kühlen, halbschattigen Lagen. Bei extremer Sonneneinstrahlung im Winter ist ein wenig Schutz ratsam. – Vermehrung: Aussaat wie bei den Glockenheiden. Auch Teilung, Stecklinge oder Ableger sind möglich.

Scheinbuche, *Nothofagus.* Buchengewächse, *Fagaceae.* 17 Arten in Südamerika, Australien und Neuseeland. Sommergrüne oder immergrüne Bäume, die sich von der Buche durch die kleinen, kurzgestielten Blätter unterscheiden. – *N. antarctica.* ○–◐ ♄–♄. Chile. Wird 4–5 m hoch. Sommergrüner Baum mit mehrstämmigem, bizarren Wuchs, fächerförmig ausgebreiteten Zweigen und kleinen, unregelmäßig gewellten, dunkelgrünen, im Herbst leuchtend gelben Blättern. – Verlangt guten Boden in sonniger Lage. Vollständig winterhart und durch ihren malerischen Wuchs bei Einzelstellung von besonderer Wirkung. – Vermehrung: Wenn Saatgut zu bekommen ist, durch Aussaat, sonst durch Stecklinge oder Absenker, die allerdings lange zur Bewurzelung brauchen.

Scheinhasel, *Corylopsis.* Zaubernußgewächse, *Hamamelidaceae.* Sommergrüne Sträucher. 12 Arten in Ostasien und am Himalaja. Name nach den haselnußartigen Blättern. – *C. pauciflora.* ◐ ♄ II–IV. Japan. Bis 1 m hoher und 2 m breiter Strauch, sehr fein verzweigt, mit eiförmigen Blättern und zartgelben, glockigen Blüten, zu mehreren in hängenden Ähren. Schöne, reichblühende Art, die geschützt stehen sollte, da die zeitigen Blüten etwas frostempfindlich sind. – *C. spicata.* ○–◐ ♄ III–IV. Japan. Wird bis 3 m hoch. Sparrig wachsender Strauch, in allen Teilen größer als die vorherige Art. Die Blüten erscheinen etwas später und haben purpurne Antheren (Staubbeutel). Wunderbarer Einzelstrauch für etwas halbschattige Lagen. – *C. willmottiae.* ○–◐ ♄ IV. Aus Westchina, dieser Strauch wird bis 4 m hoch. Breitbuschiger Wuchs mit etwas abstehenden Ästen, eiförmigen, 8 cm großen, blaugrünen Blättern u. hellgelben, schwach duftenden Blütentrauben. Noch sehr selten, kaum in Baumschulen, obwohl vollständig winterhart. – ANSPRÜCHE. Nahrhafter, humoser Boden in warmer, etwas geschützter Lage. Vollständig winterhart, jedoch können die Blüten unter Spätfrösten leiden. Wunderbarer Einzelstrauch, der im Garten mit anderen Frühjahrsblühern, wie Glockenheiden, Primeln und Blumenzwiebeln in näherer Nachbarschaft stehen sollte. – VERMEHRUNG. Aussaat ist möglich, jedoch ist selten Saatgut zu bekommen. Üblich sind Ableger, etwas seltener Stecklinge und Veredlungen auf *C. spicata*-Sämlinge.

Scheinkalla, *Lysichiton.* Aronstabgewächse, *Araceae.* ◐ ⚘ ≈. Nur 2 Arten in Nordamerika und Ostasien. Sumpfpflanzen mit großen, kallaähnlichen Blüten und danach großen Blättern. – *L. americanus (L. japonicus),* westliches Nordamerika. Dicker, unterirdischer Wurzelstock. Blätter länglich, rundliche Spitze, mit den Blüten erscheinend, später 50–100 cm lang werdend. Blütenschäfte 30 cm lang mit länglicher, goldgelber Spatha und grünem Kolben, reichblühend. IV–V, 60 cm. – *L. camtschatcensis,* Ostsibirien, Japan. Ähnlich im Aufbau, etwas schwächer im Wuchs. Blütenscheide (Spatha) schneeweiß, Kolben grün, einen Monat später blühend. V–VI, 40–60 cm. Wassertiefe für beide bis 20 cm, wachsen aber meist am Ufer. – Verwendung an Rändern von Gewässern oder im flachen Wasser. Boden humos-lehmig, tiefgründig, bis 1 m. Vermehrung durch Aussaat.

Scheinkamelie, *Stewartia.* Teestrauchgewächse, *Theaceae.* Sommergrüne Sträucher oder kleine Bäume, 6 Arten in Ostasien und Nordamerika. Mit dem Teestrauch nahe verwandt, Name von der Ähnlichkeit mit den Kamelien. – *S. monodelpha.* ◐ ♄ VII–VIII. In ihrer Heimat Japan kleiner Baum, bei uns in Kultur strauchartig. Leicht behaarte Zweige mit elliptischen, 6 cm langen Blättern und weißen, 4 cm großen Blüten, bei denen die violetten Antheren (Staubbeutel) etwas vorstehen. – *S. pseudocamellia.* ◐ ♄–♄ VI–VII. Japan. Bis 3 m hoher Strauch oder kleiner Baum mit roter Rinde, elliptischen, 8 cm großen Blättern und 6 cm breiten, weißen, halbkugeligen Blüten mit weißen Staubfäden und orangefarbenen Antheren. Braucht lockeren humosen, kalkfreien Boden in geschützter Lage. Bei kalten Winden und tiefen Temperaturen leidet sie etwas. Boden darf nicht zu stark austrocknen. Ausreichend winterhart, wachsen aber sehr langsam. – Vermehrung: Im zeitigen Frühjahr durch Aussaat in Schalen, durch Stecklinge von halbreifen Trieben oder Ableger. Jungpflanzen im ersten Winter frostfrei überwintern.

Scheinkerrie, *Rhodotypos.* Rosengewächse, *Rosaceae.* Nur eine Art in China und Japan, die in dem lockeren Wuchs und der Belaubung der Kerrie ähnlich ist. – *R. scandens (R. kerrioides).* ○–● ♄ V–VI. Bis 2 m hoher, sommergrüner Strauch mit breitem Wuchs, olivbräunlichen Zweigen und einzelstehenden, reinweißen Blüten.

Scheinkalla, *L. americanus.* (Seidl)

Die erbsengroßen, glänzend schwarzen Früchte bleiben bis XI hängen. – Wächst in der Sonne wie auch im Schatten großer Bäume. Ausgesprochen anspruchsloses Gehölz für Deck- und Schutzpflanzung, aber auch schönes Einzelgehölz. Verwunderlich, daß es sowenig anzutreffen ist! – Aussaat sofort nach der Ernte oder im Frühjahr mit stratifiziertem Saatgut. Stecklinge, von Sommertrieben geschnitten, wachsen sehr leicht.

Scheinmalve, *Anisodontea (Malvastrum).* Malvengewächse, *Malvaceae.* ○ ♄ ⌂. Sträucher mit unterschiedlich geformten Blättern und roten oder orangegelben, achselständigen Blüten. 80 Arten in Afrika und Amerika. – *A. capensis (Malva c.).* Verzweigter Strauch mit dreilappigen Blättern. Blüten einzeln oder zu zweit aus den Blattachseln, Blüten rosarot. – Alte, norddeutsche Zimmerpflanze, wie viele andere reichblühende Pflanzen ebenfalls als 'Fleißiges Lieschen' bezeichnet. Die Substrate sollen schwerer sein. Winters hält man die Sch. bei 10°C, sommers steht sie am offenen Zimmerfenster oder im Freien, hell und sonnig. – Vermehrung sowohl durch Stecklinge als auch durch Aussaat leicht. Heute auch als Hochstämmchen angeboten.

Scheinmohn, *Meconopsis.* Mohngewächse, *Papaveraceae.* ○–◐ ⚘ △ Lie. Etwa 45 Arten, die meisten in Zentralasien, 1 in Europa. Mit dem Mohn nahe verwandte Pflanzen. Viele Arten sind zweijährig und schwierig zu kultivieren, hier nur die leicht wachsenden, ausdauernden Arten. – *M. betonicifolia (M. baileyi),* Tibet, Westchina, Oberburma. Stengel locker beblättert, kahl oder mit braunen Haaren. Blätter oval, am Rand gekerbt, bräunlich behaart. Blüten zu mehreren, nickend, meist mit 4 Blütenblättern, leuchtend himmelblau mit gelben Staubbeuteln. Schöne Art. VI–VIII, 60–100 cm. – *M. cambrica,* Westeuropa, England. Buschiger Wuchs. Blätter hellgrün, fiederlappig, Unterseite bläulichgrün, behaart. Blüten einzeln an langen Stielen, gelb 'Aurantiaca', orangegelb; 'Plena', orangegelb gefüllt. VI–X, 30 cm. – *M. grandis,* Nepal, Tibet, Sikkim. Mit Pfahlwurzel. Ganze Pflanze bräunlich behaart. Stengel steif aufrecht, blattlos oder nur mit wenigen Blättern. Blätter elliptisch, gekerbt, behaart. Blüten bis 12 cm groß, einzeln, leuchtend himmelblau. V–VI, 80 cm. – Verwendung im Steingarten oder zwischen Zwerggehölzen an kühlen, recht schattigen Plätzen, auch in Staudenpflanzungen. Im Sommer öfter übersprühen, im Winter

Scheinmohn, *M. betonicifolia.* (Seidl)

trocken stehen lassen. – Boden humos, durchlässig, nahrhaft und möglichst kalkfrei. – Vermehrung leicht durch Aussaat. Auspflanzen nur mit Topfballen, sonst zuviel Ausfall beim Anwachsen.

Scheinquitte → Zierquitte.

Scheinrebe, Doldenrebe, *Ampelopsis.* Rebengewächse, *Vitaceae.* Schlinger, etwa 20 Arten in Nordamerika, Mittel- und Ostasien. Name griech. 'ampelos' = Rebe und 'opsis' = aussehend. Von der Jungfernrebe unterscheiden sie sich durch die fehlenden Haftscheiben und von den Reben durch die nicht abfasernde Rinde und das weiße Mark. – *A. aconitifolia.* ☽ ♄ IV–V ⚥ ⚭. Heimat Nordchina. Fällt durch die wunderbar geschnittenen Blätter auf. Bis 5 m hoch schlingend mit fingrig gegliederten, dunkelgrünen Blättern und kleinen, bläulichen, später gelben Beeren. – *A. arborea.* ☽ ♄ IV–V ⚥. Südöstliches Nordamerika. Bis mannshoher Strauch, einzelne Ranken bildend, mit 20 cm großen, doppelt gefiederten Blättern und leuchtender Herbstfärbung. Verlangt in etwas rauheren Lagen leichten Schutz am Wurzelhals. – *A. brevipedunculata.* ☽–☾ bis ♄ IV–V ⚥ ⚭ ▽ Lie. Aus Nordostasien. Bis 10 m hoch schlingend, mit dreilappigen, dunkelgrünen Blättern und verschiedenfarbigen, kleinen Früchten, in einer Dolde sind mehrere Farbtöne zu finden. Die Abart var. *maximowiczii* hat drei- bis fünffach tief gelappte Blätter. Form 'Elegans' wächst sehr langsam, weißbunte, stellenweise rot gerandete und rosa getupfte Blätter. – *A. megalophylla.* ☾ ♄ IV–V ⚥ ⌒ ⚭. Westchina. Sehr starkwüchsig, kann über 10 m Höhe erreichen. Fällt durch die besonders großen, doppelt gefiederten, bis 50 cm langen Blätter auf, die sich im Herbst lebhaft bronzerot verfärben. In kälteren Gegenden etwas Winterschutz! Erst ältere Pflanzen bekommen ihre volle Schönheit. – Ansprüche. Gedeiht in jedem guten Boden, verträgt auch etwas Schatten. Je nach Lage und Gegend ist Winterschutz notwendig. Die Triebe müssen im Jugendstadium hochgebunden werden, bis sie durch Äste oder Zweige genügend Halt gefunden haben. – Vermehrung. Aussaat ist möglich aber kaum gebräuchlich. Üblich sind Stecklinge von Sommertrieben oder auch Veredlung auf bewurzelte Steckhölzer der Jungfernrebe.

Scheinspiere, Kaskadenbusch, *Holodiscus.* Rosengewächse, *Rosaceae.* 14 Arten in Nordamerika. Wie der Name schon sagt, dem Spierstrauch ähnlich, von dem sie sich durch die nicht aufspringenden Schließfrüchte unterscheidet. – *H. discolor* var. *ariifolius.* ☽–☾ ♄ VII–VIII. Bis 3 m hoher, sommergrüner Strauch mit elegant überhängenden Zweigen und zierlichen, graugrünen Blättern. Gelblichweiße Blüten in 25 cm langen Rispen. Die Früchte bleiben bis tief in den Winter hinein erhalten und sind besonders bei Schnee oder Rauhreif von besonderem Reiz. Sorte 'Carneus' mit gelblich-rosa Blüten. – Keine besonderen Ansprüche an den Boden und Lage, etwas Schutz vor der heißesten Mittagssonne sollte allerdings vorhanden sein. Die Jungpflanzen werden mit Vorteil in Töpfen herangezogen, da sonst beim Setzen der Ausfall zu groß ist, auch ist Frühjahrspflanzung vorzuziehen. Sehr dekorativer Einzel- oder auch Gruppenstrauch, verwunderlich, daß er so wenig anzutreffen ist. – Vermehrung: Bei der Art durch Aussaat oder wie bei der Sorte 'Carneus' durch Sommerstecklinge.

Scheinweigelia → Kolkwitzie.

Scheinzypresse, *Chamaecyparis.* Zypressengewächse, *Cupressaceae.* 6 Arten in Nordamerika, Japan und Formosa. In ihrer Heimat hohe Bäume, bei uns in Kultur bis ca. 20 m hoch, mit ihren Formen auch oft nur niedrige Sträucher. Wie der Name schon sagt, ähneln sie den Zypressen. Von ihnen unterscheiden sie sich durch den flachen Querschnitt der Zweige; bei den Zypressen ist er vierkantig oder rund. Von den etwas unangenehm riechenden Lebensbäumen unterscheiden sie sich durch die hängenden Triebspitzen. Das Holz ist weich, sehr feinfasrig, dauerhaft, riecht angenehm. – *Ch. lawsoniana.* ☽–☾ ♄–♄ III–IV i. In ihrer Heimat, im westlichen Nordamerika, bis 50 m hoch, bei uns in Kultur höchstens 30 m. Horizontal abstehende, kurze Äste, rotbraune, in Schuppen abfallende Rinde, enganliegende, etwas

Scheinrebe, *Ampelopsis megalophylla.* (Seidl)

Scheinzypresse

Nutkascheinzypresse, *Ch. nootkatensis* 'Pendula'. (Seidl)

stechende graue oder bläulichgrüne Nadelschuppen. Zur Zeit der wertvollste Waldbaum Amerikas. Das gelbliche Holz riecht süßlich aromatisch und läßt sich leicht bearbeiten und polieren. Viele Sorten, die durch verschiedene Wuchsformen und Farbtöne für den Garten vielseitig zu verwenden sind: 'Alumii', bis 10 m hoch, mit schmal kegelförmigem Wuchs und blauen bis graublauen Nadeln; 'Columnaris', schmaler, säulenförmiger Wuchs, mit dünnen Ästen und blaugrünen Nadeln; 'Elwoodi', bis 3 m hoch mit kegelförmigem Wuchs, dicht stehenden Ästen und blaugrünen Nadeln; 'Ellwood's Pillar', Zwergform, kegelförmig, kaum 1 m hoch, mit blaugrünen Nadeln; 'Fletcheri', langsam wachsend, bis 2 m hoch, mit säulenförmigem Wuchs und blaugrünen, im Herbst purpurroten Nadeln; 'Glauca Spek', 5–10 m hohe, pyramidalwachsende Formen mit auffallenden graublauen Nadeln; 'Minima glauca', Zwergform, bis 1 m hoch, mit kugeligem bis kegelförmigem Wuchs und dunkelgraugrünen Nadeln; 'Silver Queen', 5–10 m hohe, pyramidalwachsende Form mit silbrigen Zweigen und gelblichgrünen, weiß marmorierten Nadeln; 'Stewartii', bis 10 m hohe, starkwüchsige, kegelartige Form mit abstehenden Ästen und goldgelben bis gelbgrünen Nadeln; 'Tharandtensis Caesia', Zwergform, bis 2 m, mit kugeligem bis kegelförmigem Wuchs und blau bereiften Nadeln. – *Ch. nootkatensis*, Nutkascheinzypresse. ○–◐ ♄ IV–V i. In Alaska und Britisch Kolumbien, in Küstennähe, wild anzutreffen. Bis 30 m hohe und 2 m dicke Sch. mit kegelförmigem Wuchs, überhängenden Ästen und dicht anliegenden schwarzgrünen Nadelschuppen. Liebt hohe Luftfeuchtigkeit, liefert dauerhaftes, wertvolles Holz. Gartenformen: 'Glauca', ähnlich ihrer Art, jedoch mit stark überhängenden Zweigen und blaugrünen Nadeln; 'Pendula', Hängeform, bis 15 m hoch, mit überhängendem Gipfeltrieb, schlaff herabhängenden Zweigen und grünen Nadeln. – *Ch. obtusa*, Hinoki-, Feuerscheinzypresse. ○–◐ ♄–♄ III–IV i. Japan. Bis 40 m hoher Baum mit 2 m dickem Stamm, rotbrauner, glatter Borke, überhängenden Zweigspitzen und festanliegenden, dunkelgrünen, unterseits mit weißen Linien versehenen Nadeln. Holz auffallend rosa, gilt in Japan als das feinste und hochwertigste Nadelbaumholz. Die astfreien Stücke dienen besonders zur Lackwaren-Herstellung. Gartenformen: 'Crippsii', bis 5 m hoch, mit breit kegelförmigem Wuchs, abstehenden Ästen und fächerartigen, zur Mitte hin weißlichen Zweigen und goldgelben Nadeln; 'Nana Gracilis', Zwergform, äußerst schwachwüchsig, mit muschelförmigen Zweigen und hellgrünen Nadeln; 'Pygmaea', Zwergform, bis 2 m hoch mit breit kugeligem Wuchs und glänzend bäulichgrünen Nadeln; 'Tetragona aurea', bis 2 m hohe Zwergform mit unregelmäßig abstehenden Ästen und goldgelben, dachziegelartig angeordneten Nadeln. – *Ch. pisifera*, Sarawarascheinzypresse, ○–◐ ♄–♄ III–IV i. In Japan nur auf der Insel Hondo wild. Bis 30 m hoher Baum mit rotbrauner, glatter Rinde, abstehenden Ästen und anliegenden, oberseits dunkelgrünen, unterseits mit weißen Flecken versehenen, scharf zugespitzten Nadeln. Vollständig winterhart. Gartenformen: 'Aurea', bis 10 m, mit goldgelber Benadelung; 'Filifera', bis 5 m, mit breit kegelförmigem Wuchs, fadenförmigen Zweigen und graugrünen Nadeln; 'Filifera Nana', Zwergform, kaum meterhoch, mit nach allen Seiten überhängenden, fadenförmigen Zweiglein; 'Plumosa', bis 10 m, mit breit kegelförmigem Wuchs, abstehenden Ästen, fein gekrausten Zweiglein und grünen Nadeln; 'Plumosa Aurea', wie vorige, jedoch mit goldgelben Nadeln; 'Plumosa Flavescens', Zwergform, bis 1 m hoch mit kegelförmigem Wuchs und gelblichweißen Nadeln; 'Squarrosa', bis 10 m, mit breitem und lockerem, kegelförmigem Wuchs, überhängenden silbergrauen Spitzen; 'Squarrosa Intermedia', bis 2 m hoch, mit silberblauen Nadeln, wird in Kultur meistens kugelig geschnitten. – *Ch. thyoides*. ○–◐ ♄ IV i. Nordamerika, wächst an feuchten Stellen, zum Teil auch in Morästen. Bis 20 m hoch, mit schlanker Krone, rötlichbrauner Rinde, dünnen Zweigen und bläulichgrünen Nadeln, die beim Zerreiben aromatisch duften.

Abwehr der Großen Schermaus, ‚Wühlmaus', durch Drahtgeflecht, hier im Hochbeet nach Hertha Kalaus. (A. Kalaus)

Je wärmer das Klima, desto feuchter muß er stehen. Für Mittel- und Nordeuropa sind nasse Böden allerdings zu kalt, sie verlangen da normalen, frischen Boden. Die Sorte 'Andelyensis' bis 2,50 m hoch, mit kegelförmigem Wuchs und blaugrünen Nadeln. – ANSPRÜCHE. Im allgemeinen winterhart, stellen an den Boden keine besonderen Ansprüche. Bevorzugen wärmere Lagen, und besonders die hellnadligen Formen wollen windgeschützt und leicht halbschattig stehen. Bei den Zwergformen kommen gelegentlich Rückschläge in die ursprüngliche Art vor; diese Triebe müssen sofort entfernt werden, da sonst die typische Form verlorengeht. Die Sch. sind sehr vielseitig verwendbar. Als Heckenpflanzen müssen sie schon von jung auf geschnitten werden. Die Zwergformen

Scheinzypresse, *Ch. obtusa* 'Crippsi'. (Seidl)

sind vorzüglich für kleinere Gärten, Steingärten oder Grabbepflanzungen geeignet, die höheren Formen zur Einzelstellung oder als Gruppenpflanzen in Parks und Anlagen. Viele Buntlaubige liefern geschätztes Bindematerial. – Vermehrung. Aussaat bei reinen Arten, die vielen Sorten müssen vegetativ vermehrt werden. Stecklinge mit Astring, im VII–VIII geschnitten, wachsen gut. Bei den Holländern sind auch Ableger üblich. Die Formen, die aus Stecklingen nicht wachsen, werden veredelt, üblich ist Handveredlung im V–VI auf *Ch. lawsoniana*-Sämlinge.

Scheitelpunktförderung → Schnitthilfe.

Schere, wird benutzt, um glatte, nicht gequetschte Schnittflächen zu erhalten. Man unterscheidet Sch.n mit ein- und zweischneidigem Messer (Rosensch.) und mit Schnittbrett. Für spezielle Arbeiten sind folgende Sch.n gebräuchlich: Drahtsch., → Gartensch., → Heckensch., Raupensch., Rasensch. → Rasenpflegegeräte.

Schermaus, Große Wühlmaus, erreicht fast die Größe der Hausratte, hat aber im Gegensatz zu dieser einen kurzen Schwanz, kurze Ohren und stumpfe Schnauze. Wirft ähnlich wie der Maulwurf Erdhaufen auf. Während aber die Maulwurfshaufen über dem Erdgang liegen sowie feinkrumig und frei von Pflanzen sind, befinden sich die Schermaushaufen neben dem Gang, sind grobschollig und häufig von Gras und anderen Pflanzen durchsetzt. Die Schermaus frißt im Garten Wurzelgemüse, Endivien, Rosenwurzeln u.a., vor allem aber Obst- und Zierbaumwurzeln. – Abwehr: wie → Kleine Wühlmäuse.

Schichtenmauerwerk

Schiefteller, *A. hybrida*. (Dr. Jesse)

Schichtenmauerwerk → Gartenmauer.
Schiefblatt → Begonie.
Schiefteller, *Achimenes.* Gesneriengewächse, *Gesneriaceae.* ◐ ♃ ▽. Meist stark behaarte Kräuter mit unterirdischen, beschuppten Rhizomen. Blüten mit langer Kronröhre und schräg dazu stehendem Kronteller. 25 Arten in Mittel- und Südamerika. – *A.* × *hybrida*. Vielfach werden heute nur Hybriden angeboten, die in den Farben Blau, Violett, Rosa, Rot und Weiß blühen. Die Blätter stehen meist gegenständig und sind nesselähnlich, die Blüten entwickeln sich aus den Blattachseln. – Sch. sind reizende Zimmerpflanzen mit relativ langer Blütezeit. Sie ziehen im Herbst ein, die Knollen müssen vollkommen trocken bei 16–18°C überwintert werden. Im I–III legt man die Knollen zu 8–12 in 10-cm-Töpfe in humose, durchlässige Erde und stellt bei 20°C auf. Wichtig ist, daß die Töpfe nicht zu dicht stehen, sonst werden die Triebe zu lang. Bevor man Schiefteller als Tischschmuck verwendet, werden sie bei 17°C etwas abgehärtet. – Vermehrung am besten durch Teilung der Knollen oder aber durch Stecklinge, die beim Pinzieren anfallen. Nach dem Abblühen muß man weiter kultivieren, damit sich viele Knollen bilden.
Schierlingstanne → Hemlocktanne.
Schießen, Aufschießen von Gemüse. Eigenschaft verschiedener Blatt-, Knollen- und Wurzelgemüse unter bestimmten Umweltbedingungen aus dem gestauchten Rosettenstadium auszuwachsen und Blütentriebe auszubilden. Häufig durch Langtagreaktion (→ Langtagpflanzen) verursacht, durch starke Hitze und Trockenheit gefördert. Beispiele: Kopfsalat, Feldsalat, Radies, Spinat. Gelegentlich auch durch späte Kälteeinbrüche bewirkt (Vernalisation), zum Beispiel bei Knollensellerie, Rote Rübe.
Schildblatt, *Peltiphyllum.* Steinbrechgewächse, *Saxifragaceae.* ○–◐ ♃ ∿.

P. peltatum (Saxifraga peltata), Japan. Einzige Art, wird neuerdings in der Nomenklatur als *Darmera peltata* geführt. Oft oberirdisch kriechender, bis fast armdicker Wurzelstock, fleischig, Blätter erscheinen erst nach den Blüten, langgestielt, sehr groß, bis zu einem halben Meter Durchmesser. Blüten an rötlichem, behaartem, 40–60 cm langem Schaft, weiß oder blaßrosa mit roter Mitte. IV–VI, 60 cm. Verwendung dieser langlebigen Staude in großen Steinanlagen, in Staudenpflanzungen mit Großstauden und Gehölzen, an Teich- und Bachrändern. Boden lehmig-humos, frisch. Vermehrung durch Aussaat und Teilung.
Schildblume, *Chelone.* Braunwurzgewächse, *Scrophulariaceae.* ○–◐ ♃. Etwa 8 Arten in Nordamerika, davon 2 gelegentlich als Stauden bei uns verwendet. Auffallend durch die bauchigen Blüten. – *C. lyonii*, Nord- und Südcarolina, Tennessee, im Gebirge. Vierkantige Stengel, verzweigt. Blätter breitoval, langgestielt, am Rand gesägt. Blüten scharlachrosa, fein bewimpert. VII–VIII, 50–80 cm. – *C. obliqua*, Illinois bis Virginia und Florida. Bekannteste Art, Blätter kurzgestielt, breitlanzettlich, glänzend dunkelgrün, scharf gesägt. Blüten in seiten- oder endständigen dichten Ähren. Dunkelrosa. VII–IX, 70–80 cm. – Verwendung im Staudenbeet. Boden nahrhaft, feucht. Vermehrung durch Teilung.
Schildfarn → Farne 10.
Schildfarn, *Polystichum.* Schildfarngewächse, *Aspidiaceae.* ◐–● ♃ △ ⌒ ✕. Rund 225 Arten fast auf der ganzen Welt. Wertvolle, meist immergrüne Farne mit schön geformten Blättern. – *P. acrostichoides,* Dolchfarn, Weihnachtsfarn, Kanada, östliches Nordamerika. Blattstiele mit hellbraunen, lanzettlichen Schuppen. Blätter zur Weihnachtszeit in Amerika als Schnittgrün verwendet, einfach gefiedert, schön. 50–70 cm. – *P. aculeatum, (P. lobatum),* Glanz-S., Harter S., gemäßigte Zone außer Nordamerika und Gebirgswälder der Tropen. Blattstiele kupferbraun behaart. Blätter lineal-lanzettlich, doppelt oder dreifach gefiedert. Oberseite glänzend, Fiedern wechselständig. Schöner, immergrüner Farn. 60–80 cm. – *P. braunii*, Europa, Kaukasus, Amurgebiet, Japan. Wedel weich, doppelt gefiedert, hellgrün, im Winter absterbend. 40–60 cm. – *P. lonchitis*, Lanzenfarn, Europa, Mittelasien, Nordamerika. Blattstiele kurz, Blätter schmal, zungenförmig, starrlederig, einfach gefiedert. Fiedern

sichelförmig gebogen, immergrün. 30–50 cm. – *P. minutum*, Schwertfarn, Alaska bis Kalifornien. Steife, dunkelgrüne, einfach gefiederte Blätter mit schmallanzettlichen Fiedern. In rauhen Lagen Winterschutz. 30–50 cm. – *P. setiferum, (P. angulare, P. aculeatum),* Schildfarn. Westeuropa, Nordafrika, Asien. Bekannteste Art, einer der schönsten Freilandfarne, besonders seine Formen. Blätter stumpfgrün, doppelt gefiedert, weicher als beim Glanz-S. Verwendet werden vor allem die Brutknöllchen tragenden Formen. 'Plumosum Densum', Flaumfeder-Filigranfarn, mehrfach gefiedert mit fein zerteilten, übereinandergreifenden Fiederchen, moosgrün, wertvollste Form. 'Proliferum', Brut-Filigranfarn. Schmale, lange Blätter mit fein zerteilten, locker gestellten Fiedern; 'Dahlem', eine größere Auslese; 'Herrenhausen', eine weitere Verbesserung, mit schön gefiederten, breiten, nach oben spitz zulaufenden Blättern. Alle 40–60 cm hoch. – *P. tripteron*,

Schildläuse und Wolläuse: Oben Blatt der Spanischen Weinraute, darunter Philodendron mit Ausscheidungen von Schildläusen. Unten Monsterablatt mit Wolläusen. (Snoek)

Schlangenbart, *O. Japonicus.* (Dr. Jesse)

Dreifingerige Bärentatze, Japan. Blätter einfach gefiedert, mittlerer Teil lang, unten zwei seitlich abgespreizte kürzere Teile. Fiedern eingeschnitten, nicht wintergrün. 30–50 cm. – Verwendung: Steingarten, unter Bäumen mit Blütenstauden, Schnittgrün. Boden humos. Vermehrung: Sporen, Brutknospen.

Schildkrötenkaktus → Kakteen 9.

Schildläuse, zu den → Schnabelkerfen gehörende, an Pflanzen saugende Insekten. Larven beweglich, setzen sich aber bald fest und entwickeln einen den ganzen Körper überdeckenden Schild, so daß die erwachsenen Schildläuse wie kleine Pusteln oder Blasen und nicht wie Insekten aussehen. Wichtigste europäische Art ist die an Obst schädliche → San José-Schildlaus.

Schilf, vorwiegend vom ufernahen Schilfrohr, *Phragmites communis,* geschnittenes Rispengras, das getrocknet u.a. zur Herstellung von Sch.matten benötigt wird. – Die Form 'Variegatus' wird kaum 150 cm hoch, mit gelblich, längs gestreiften Blättern. Nicht so stark wuchernd, daher auch zur Bepflanzung von Gartenteichen geeignet.

Schillergras, *Koeleria.* Gräser, *Gramineae.* ○ ♃ △. Etwa 60 Arten in der gemäßigten Zone. Im Handel nur 1 Art mit schönen, blaugrünen Blättern. *K. glauca (Poa g.),* Europa Westsibirien. Ausdauernd. Halme unten verdickt. Blätter steif, rinnig, schmal, blaugrün. Ährchen grünlich. 40–60 cm. 'Gracilis', blaugrüne Polster mit schmaleren Blättern. 20–30 cm. VI–VII. – Verwendung im Heide- oder Steingarten. Boden sandig-durchlässig. Vermehrung durch Teilung.

Schirmsteinbrech → Schildblatt.

Schirmtanne, *Sciadopitys.* Sumpfzypressengewächse, *Taxodiaceae.* Nur 1 Art in Ostasien. *S. verticillata.* ○–◐ ♄ i. Immergrüner Baum. In der Heimat bis 40 m hoch. Durch die in Quirlen stehenden Nadeln sehr apart, bei uns im allgemeinen an geschützten Stellen ausreichend winterhart. Jüngere Pflanzen sind frostempfindlicher und sollten bis 2 m Größe über Winter eingebunden werden. – Verwendung: als Einzelexemplar oder im Vordergrund von Gehölzgruppen, vertragen auch Halbschatten und Tropfenfall. – Ansprüche: Die S. ist kalkfliehend, verlangt sandigen bis nahrhaften Boden, gedeiht auch noch an feuchten Stellen.

Schismottoglottis → Kolbenfaden.

Schizanthus → Spaltblume.

Schlacke, natürlich in der lockeren Lava vorkommend und bei der Verhüttung von Erzen anfallendes Nebenprodukt mit glas- oder emailartiger Struktur. Als Isolier- und Baustoff wegen guter bautechnischer Eigenschaften im gesamten Bauwesen verwendet. → Gartenweg.

Schlafmohn → Mohn.

Schlafmützchen → Goldmohn.

Schlangenbart, *Ophiopogon.* Liliengewächse, *Liliaceae.* ◐–● ♃ ↝ ♅ o. Freiland ∧ Lie. Stauden mit kriechendem Rhizom und linealischen Blättern. Blüten in endständigen Trauben. 8 Arten in Ostasien. *O. jaburan.* Blätter 6–12 m breit und 40 cm lang, grasähnlich, aufrecht und immergrün. Weiß- und gelbbunte Formen sind häufig anzutreffen. – *O. japonicus:* Dichte Horste bildend, Blätter 3–4 mm breit und 20 cm lang, dunkelgrün. Kann unter Winterschutz auch in schattigem Freiland verwendet werden. – Sch.e sind widerstandsfähige Zimmerpflanzen, die in kühlen und warmen Räumen verwendet werden können; sie sind so robust, daß sie selbst in Terrarien durchhalten. Sehr schattenverträglich. – Vermehrung durch Teilung leicht, Kultur in humosen Substraten.

Schlangengurke → Gurke.

Schlangenkaktus → Kakteen 9.

Schlauch, Meterware aus Gummi oder Kunststoff, flexibel, bieg-, well- und wickelbar mit lichten Weiten von ½″ oder ¾″. Vor dem Kauf Meterbedarf durch Messen von Zapfstelle bis zum entferntesten Einsatzort plus Zugabe ausrechnen. Armaturzubehöre zum Sch. sind: Hahnstücke, Verbinder (Reparaturstücke), Kupplungen, Abzweigungen (Gabelstücke). Die Verbindungen zwischen Sch. und Zapfstelle, Sch. und Arbeitsorganen (Spritzen, Regnern, Pumpen, Schlauchwagen, Autowaschbürsten und dergleichen) sowie von Sch. zu Sch. (Abzweigungen, Reparaturfall) erfolgen entweder durch Schraubsysteme (Verbinder, Schrauben, Dichtringe, Klemmen) oder Stecksysteme; letztere arbeiten besonders rasch und sicher. Eine Variante ist der Sprühsch., der am Boden ausgelegt durch perforierte Oberseite Sprühregen erzeugt, dessen Stärke oder Feinheit mit dem Wasserhahn reguliert wird. Besprühen von 100 qm Fläche erfordert einen etwa 15 m langen Sch.

Schlauchaufhänger → Schlauchhalter.

Schlauchhalter, 1. zum Aufbewahren von Schläuchen: mit oder ohne Rolle als Wandhalter (Garagen, Schuppen); mit Rolle, auf festem Gestell stehend; 2. Provisorium zum Halten eines zur Dauerberieselung (z.B. Rosen) benützten liegenden Schlauches; Schlauch liegt z.B. in aufgeklappter, in die Erde gesteckter Heckenschere.

Schlauchpflanze → Insektivoren 6.

Schlauchtrommel, Schlauchaufwickler als Bestandteil eines → Schlauchwagens oder eines → Schlauchaufhängers.

Schlauchwagen, mit Handgriff zum Ziehen oder Stoßen, läuft auf zwei Rädern oder radlos direkt auf der

Gartenschlauch mit Zwischenschicht aus Kreuzgewebe für hohe Druckbeständigkeit (2). Oben ‚Flex-Schlauch', auch bei Kälte flexibel. – Unten Schlauchwagen mit Handkurbel, zur bequemen, schonenden Handhabung und Aufbewahrung des Gartenschlauches. (Gardena)

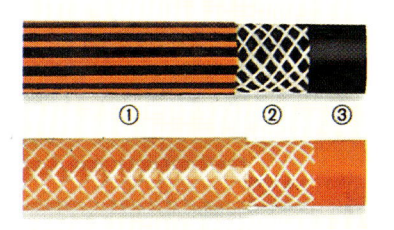

Schlehdorn

Schlauchtrommel. Die meisten Sch. haben Wasserdurchlauf für ½"- oder ¾"-Schläuche. Für Sch. gibt es zwei Anwendemöglichkeiten: 1. Sch. steht an der Zapfstelle, mit kurzem Schlauchstück angeschlossen; zum Gebrauch zieht man die benötigte Schlauchlänge von der Trommel ab. 2. Sch. steht am Einsatzort; von der Trommel wird Schlauch bis zur Zapfstelle abgerollt. Gearbeitet wird vom Sch. aus mit kurzem Schlauchstück.

Schlehdorn, Schlehenstrauch, Schwarzdorn, *Prunus.* Rosengewächse, *Rosaceae.* In Europa, in den Mittelmeerländern und von Kleinasien bis Persien beheimatet. – *P. spinosa.* ○–◐ ♄ –V ⚭. Sparriger, bis 3 m hoher, dicht verzweigter Strauch mit weitkriechenden, Ausläufer treibenden Wurzeln. Äste mit verdornenden Zweigen, eiförmig, stumpfgrüne Blätter. Die weißen Blüten erscheinen meist vor den Blättern und stehen an kurzen Trieben dicht gehäuft. Blauschwarze, dicht bereifte Früchte: die Schlehen. Sehr herbes Fruchtfleisch, erst nach mehrmaligem Durchfrieren einigermaßen schmackhaft. Mit Zucker und etwas Essig eingemacht verlieren sie den herben, zusammenziehenden Geschmack; werden in manchen Gegenden zu Säften oder Gelee verarbeitet, als Mittel gegen Erkrankungen der Atmungsorgane. Das harte, sehr feinfasrige Holz verwenden Tischler und Drechsler. – Verlangt kalkhaltigen Boden, ansonsten sehr anspruchslos. Wertvolles Pioniergehölz, zur Befestigung trockener Hänge, ausgezeichnetes Gehölz für Wind- und Vogelschutzhecken und gegen Schneeverwehungen. – Zur Aussaat werden die noch nicht ganz reifen Früchte gesammelt, vom Fruchtfleisch befreit und sofort ausgesät.

Schlehenstrauch → Schlehdorn.

Schleierkraut, *Gypsophila.* Nelkengewächse, *Caryophyllaceae,* 80–90 Arten, hauptsächlich im östlichen Mittelmeergebiet bis Sibirien. Einjährige oder ausdauernde Kräuter, meist mit graugrüner Belaubung. Blüten meist sehr klein, zahlreich, in zusammengesetzten Rispen, weiß bis rosa oder rot. – EINJÄHRIGE ARTEN. ○ ⊙ ⁞ ⋈ Bie. *G. elegans,* Kaukasus, Kleinasien, Gabelig verzweigte Triebe, kleine, längliche, spitze Blätter. Blütenstielchen haarfein, Blüten klein, zahlreich, weiß. 'Kermesina', leuchtend anilinrot; 'Maxima', ('Covent Garden'), Blüten fast doppelt so groß, weiß; 'Rosea', rosa. VII–VIII, 30–50 cm. – *Vaccaria pyramidata,* Kuhkraut. Ähnlich dem Schleierkraut, aber aufrechter im Wuchs und mit größeren Blättern und Blüten, bis 2,5 cm groß. 'Alba', weiß; 'Pink-Beauty', schönes Lachsrosa; 'Rosea', rosa. VII–VIII, 30–50 cm. – Verwendung im Sommerblumengarten, für Einfassungen, vor allem aber abgeschnitten zwischen bunten Sommerblumensträußen. Boden locker, sonst anspruchslos. Aussaat IV–V, direkt an Ort. – AUSDAUERNDE ARTEN. ○ ⚃ △ ⋈ Bie. *G. paniculata,* Schleierkraut, Südöstliches Europa, Kaukasusländer. Sibirien. Dicker Wurzelstock, Zweige verästelt, einen kugeligen Bauch bildend. Blätter lanzettlich, wie die übrige Pflanze graugrün. Blüten in großer Fülle, weiß. 'Bristol Fairy', große, gefüllte, weiße Blüten. 'Flamingo', Wertzeugnis, rosarot, gefüllt; 'Plena', gefüllt weiß; 'Schneeflocke', aus Samen vermehrbar, zu 50% gefülltblühende Pflanzen, weiß: VII–VIII, 100 cm. – *G. repens,* Teppich-Sch., Pyrenäen, Alpen, Apennin, Stengel kriechend und aufsteigend. Blätter linealisch, spitz, graugrün. Blüten in lockeren, rispigen Trugdolden, weiß. 'Rosea', hellbis dunkelrosa. V–VIII, 10 cm. *R. Repens-Hybriden.* 'Monstrosa' *(G. repens × G. stevensis),* ähnlich *G. repens,* aber in allen Teilen größer. Blätter dunkelgrün, großblumig, weiß. V–VI, 30 cm. – 'Rosenschleier' *(G. paniculata × G. repens* 'Rosea'), schön. Bildet fast quadratmetergroße Pflanzen mit vielen gefüllten, zartrosa Blüten. VI–VIII, 40 cm. – *G. tenuifolia,* Kaukasus. Grasnelkenähnliche Büsche mit schmallinealen, hellgrünen Blättern. Blüten in lockeren Trugdolden, rosa. Leicht wachsend. VII–VIII, 8–10 cm. – VERWENDUNG. Niedrige Arten im Stein- und Heidegarten und als Einfassung, hohe besonders zum Schnitt. – Boden durchlässig, tiefgründig und, wie der bot. Name *Gypsophila* (gypsos = Gips, Kalk und phile = Freundin) sagt, unbedingt kalkhaltig. – Vermehrung durch Aussaat, Teilen und Stecklinge. Die Sorten von *G. paniculata* durch Veredlung auf Wurzeln von Sämlingen.

Schleifenblume, *I. sempervirens* 'Findel'. (Seidl)

Schleifenblume, *Iberis.* Kreuzblütler, *Cruciferae.* Etwas über 30 Arten, Orient sowie Süd- und Mitteleuropa. Verschiedene sind als Sommerblumen oder Stauden bei uns bekannt und beliebt. – SOMMERBLUMEN. ◐ ⊙–⊚ ⁞ ⋈. *I. amara (I. coronaria).* Die weniger bekannte Sommerblumenart, wahrscheinlich weil die Züchtungen nur rein weiß blühen. Ca. 30 cm, mit wohlriechenden Blüten in kurzen, zylindrischen Trauben, längliche bis spatelförmige Blätter. Hauptblütezeit VI–VII, je nach Aussaat und Vorkultur. Aussaat üblicherweise IV direkt an Ort und Stelle mit Reihenabstand von 15–25 cm. Möglich ist Aussaat auch schon im IX; dabei müssen die jungen Pflanzen vor Einbruch des Winters abgedeckt werden, damit sie vor Kahlfrösten geschützt sind. Zu dichte Aussaaten sind zu verziehen. Verwendet als Unterpflanzung zu frühjahrsblühenden Blumenzwiebeln, als Lückenfüller im Steingarten und gelegentlich als kurzlebige Blüher für niedrige Beete und Rabatten. Bodenansprüche etwas höher als bei der nachgenannten Art. – *I. umbellata,* Schleifenblume. Die bekannteste und gebräuchlichste einjährige Art. Im Gegensatz zu *I. amara* nicht duftend, dafür aber erheblich farbenreicher: hauptsächlich Schattierungen in Rosa, Rot und Purpur, außerdem gibt es nur ca. 20 cm hoch werdende Mischungen. In Blütezeit und Kultur mit *I. amara* vergleichbar, doch ist in günstigen Lagen auch Herbstsaat möglich. Gedeiht noch auf schlechten Böden und braucht zudem nicht unbedingt vollsonnig zu stehen, verträgt Halbschatten. Verwendung wie *I. amara*, gut als Schnittblume für kleine Vasen. – AUSDAUERNDE ARTEN. ○ ℏ △ |: i. *I. saxatilis*. III–IV, bis 15 cm. Linealische, 1 cm lange Blätter werden dunkelgrün. Blüht wiederholt, in weißen Doldentrauben. Wildcharakter, züchterisch wenig bearbeitet, meist nur Art im Angebot. – *I. sempervirens*, Südeuropa bis Vorderasien. IV–V, bis 25 cm. Dunkelgrüne, spatelförmige Blätter, bis 5 mm breit. Weiße Blütendolden. Nur Sorten im Handel. 'Findel', 20 cm, strahlend weiß, starkwüchsig; 'Schneeflocke', 25 cm, große Blüten; 'Weißer Zwerg', nur 10 cm, niedrigste Sorte; 'Zwergschneeflocke', zierliche Blätter, 15 cm hohe, schneeweiße Polster. – Verwendung: Einfassungen, Steingarten, Trockenmauern. Bilden großflächige Blütenkissen. Einfassungen mit Heckenschere nach der Blüte zurückschneiden. – Normaler Gartenbis sandig-humoser Boden. Halten bei Düngung 10–15 Jahre und länger; Volldünger mit sandigem Substrat stark verdünnen oder guten, reifen Kompost geben. – Vermehrung: Stecklinge im Sommer gebräuchlich.

Schleifstein, Wetzstein zum Schärfen von Messern und Scheren. → Abziehen.

Schleppgitter, zur Herstellung des Feinplanums bei → Rasenneuanlagen. Selbst herstellbar. → Egalisiergerät.

Schlitzen → Aerifizieren.

Schlitzkohl → Grünkohl.

Schlumbergera → Kakteen 6.

Schlupfwespen, mehrere tausend einheimische Arten umfassende Gruppe

Schleifenblume, *I. umbellata*. 'Feenmischung'. (Seidl)

der → Hautflügler, die als Parasiten in anderen → Gliederfüßlern schmarotzen und ihre Wirte von innen auffressen. Sie bilden damit sehr wichtige Schädlingsfeinde und Helfer des Menschen im Kampf gegen schädliche Insekten. Um die oft nur wenige Millimeter großen → Nützlinge zu schonen, sollte man zur Schädlingsbekämpfung ökologische Mittel und Verfahren anwenden. Gerade die S. haben sich als sehr anfällig gegen alle herkömmlichen chemischen Pestizide, auch die Fungizide und Herbizide, erwiesen. Die Abhängigkeit der S. von Insektenarten, die ihnen als Zwischenwirte dienen (d.h.: eine S.-Generation parasitiert bei einem Unkrautinsekt, die nächste bei einem Schadinsekt, so daß die S.-Art nur dort existieren kann, wo ihr Zwischenwirt vorkommt), zwingt den Gärtner, das Unkrautproblem neu zu überdenken. Mit der Ausmerzung der Unkräuter verarmt die S.-Fauna und damit die Abwehrkraft des Gartens gegen Schädlinge.

Schmälerung des Sonnenlichtes, z.B. durch vom Nachbargrundstück überhängende Äste an der Südseite eines intensiv genutzten Gartens, braucht nicht hingenommen zu werden. Der Geschädigte kann verlangen, daß die Äste in angemessener Frist abgetrennt werden (§§ 905, 910 BGB. Österreich: § 339 ABGB. Schweiz: Art. 687 ZGB). → Überhängende Äste.

Schmetterlinge, eine der großen Ordnungen der → Insekten. Flügel mit meist farbigen Schuppen bedeckt (Schuppenflügler). Entwicklungsstufen: Ei, Raupe, Puppe, Falter. Einteilung: 1. Kleinschmetterlinge (→ Motten, → Gespinstmotten, → Wickler), deren Raupen meist im Pflanzeninneren oder in Blattwickeln u.ä. leben; 2. Großschmetterlinge (→ Eulen, → Spanner, → Spinner, → Tagfalter), deren Raupen in der Regel außen an den Pflanzen fressen. Sehr wichtige Schädlinge. Aber insbesondere die Tagfalter, von denen nur der Kohlweißling ein Schädling ist, gehören mit ihren prächtigen Farben und ihrem Tagesflug von Blüte zu Blüte zu den schönsten Naturerscheinungen. Viele von ihnen sind durch chemische Pestizide in ihrem Bestand gefährdet, ein Grund mehr, im Garten auf solche Mittel zu verzichten.

Schmetterlingsstrauch → Buddleia.

Schmiedeeisen, durch Verminderung des Kohlenstoffgehalts im Roheisen schmiedbar gemachtes Eisen; handwerklich für Tore, Türen, Zäune, Gitter und Leuchten verarbeitet.

Schlupfwespe sticht Kohlweißlingsräupchen an. (Archiv)

Schmiele, *Deschampsia*. Gräser, *Gramineae*. ○–◐ ♃ ⚚. 20 Arten in der gemäßigten Zone der nördlichen Halbkugel. Stattliche Gräser, dichte Horste bildend. Blütenrispen zahlreich, pyramidenförmig verzweigt. – *D. caespitosa*, Waldschmiele, Europa, Asien, Amerika. Dunkelgrüne, große Grashorste und braune Blütenrispen. 'Bronzeschleier', Blütenstände goldbraun, etwas üppiger; 'Tardiflora', gedrungener, später mit der Blüte beginnend. VI–IX, 60–100 cm. – Verwendung als hübsches, reichblühendes Gras in Staudenpflanzungen, Heide- und Naturgärten, auch im Halbschatten unter Gehölzen und zum Schnitt. Boden humos, nicht zu trocken. Vermehrung: Aussaat und Teilung, Sorten nur Teilung.

Schmielenhafer, *Aira*. Gräser, *Gramineae*. ○ ☉ |: ⚚. Hübsche, einjährige Gräser mit schmalen Blättern und Blütenständen in lockeren Rispen. *A. elegantissima* (*Agrostis elegans*) mit hübschen Blütenständen, je nach Aussaat V–VIII, 30 cm. *A. tenorei*, im Handel

Schleppgitter als Egalisiergerät zur Rasenpflege.

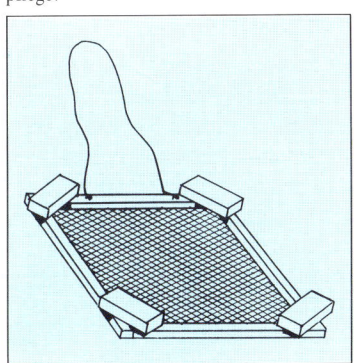

Schmuckapfel

Schmuckapfel, *M. atrosanguinea.* (Seidl)

meist als *Agrostis pulchella,* hat feine Blättchen in dichten Büscheln und kurze Blütenstände, VI–VIII, 15 cm. Anzucht durch Aussaat im Mistbeet, III, Auspflanzen büschelweise V, oder direkt an Orft M V säen. Verwendung im Sommerblumenbeet zum Auflockern.
Schmuckapfel, Zierapfel, *Malus.* Rosengewächse, *Rosaceae.* Etwa 30 Arten in Europa, Asien und Amerika. Viele sind zusammen mit *M. sylvestris,* dem Wildapfel, an unseren Kultursorten beteiligt. Das heutige Sch.-Sortiment besteht zum größten Teil aus Hybriden, ca. 500 Sorten, durch die sich die Blütezeit über Wochen erstreckt. Früchte sehr unterschiedlich gefärbt, manche Sorten mit wunderbarer Herbstfärbung. – *M. astrigensis.* ○–◐ ♄–♄ V ⚭. Bis 4 m hoch, breit aufrechter Wuchs, bronzegrüne, im Austrieb purpurrote Blätter. Blüten purpurrot mit hellerer Mitte, die Früchte orangefarben, an der Sonnenseite mit roten Bakken. – *M.* × *scheideckeri (M. floribunda* × *M. prunifolia).* ○–◐ ♄ ⚭ V. Selten bis 3 m hoher Baum, mit straff aufrechter Krone. Blätter eiförmig und auffallend scharf gesägt. Blüten halbgefüllt, rosa, wobei die Knospen dunkler sind. Kirschrote Früchte und schöne Herbstfärbung. – *M. baccata,* Beerenapfel. ○–◐ ♄–♄ IV–V ⚭ D. Mittelhoher, rundkroniger, bis 15 m hoher Baum, duftende, weiße Blüten, erbsengroße, rote und gelbe Früchte. – *M. coronaria.* ○–◐ ♄ V ⚭ D. Kleiner, bis 8 m hoher Baum mit leuchtend rosa gefüllten Blüten und kleinen, gelbgrünen Früchten. Im Herbst leuchtend orangerot. – *M. floribunda.* ○–◐ ♄ V ⚭. Rundkroniger, dichtverzweigter, bis 10 m hoher Baum, karminrote Knospen, rosafarbene, innen weiße Blüten, wenig ansehnliche, gelblichgrüne Früchte. Häufig angepflanzter Sch., außerordentlich reichblühend, auch für freiwachsende Hecken. – *M.*-**Hybriden**. Die durchschnittliche Blütezeit liegt bei etwa 10 Tagen; durch die Auswahl verschiedener Arten und Sorten dauert sie bis zu 5 Wochen. Ein Höhepunkt im Herbst ist, neben der z.T. wunderbaren Herbstfärbung, der unterschiedliche Fruchtbehang. Sorten: 'Aldenhamensis' *(M. purpurea),* 2,5–3,5 m, purpurrot, Früchte ⌀ 2,5 cm, bräunlich rot; 'Almey' *(M. adstringens),* bis 4 m, Blätter bronze, Blüten tief purpur, Früchte ⌀ 2 cm, orange; 'Eleyi' *(M. purpurea),* 3 m hoch, breiter, Blätter dunkelrot, Blüten purpur, Früchte 2 cm, purpurrot; 'Gorgeus', bis 3 m hoch, Blüten rosa und weiß, Früchte orange, 2,5 cm; 'Hillieri' *(M. scheideckeri),* bis 5 m hoch, halbgefüllte, hellrosa Blüten, Früchte bis 2 cm ⌀, gelborange; 'John Downie', straff aufrecht, 5 m, weiß, Früchte orange bis 3 cm ⌀; 'Lemoinei' *(M. purpurea),* 4 m, Blätter sehr dunkel, Blüten dunkelrot, Früchte fast schwarz, 1,5 cm; 'Liset' *(M. denboerii),* 5 m, Blätter purpur, Blüten einfach dunkelrot, Früchte hellrot, 1,5 cm ⌀; 'Professor Sprenger', ähnlich *M. zumi,* Früchte bis tief in den Winter hinein haftend. 'Profusion' *(M. moerlandsii),* bis 3,5 m hoch, Blätter rotpurpur, Blüten karminrot, Früchte hellrot, 1,5 cm ⌀; 'Van Eseltine' *(M. spectabilis)* 6 m, Blüten dunkelrosa, Früchte gelb, bis 2 cm ⌀; 'Wintergold' *(M. sieboldii),* 6 m, Blüten weiß, Früchte goldgelb, bis ins Frühjahr haftend. – *M.* × *purpurea (M. sylv.* ssp. *niedzwetzkiana* × *M. atrosanguinea).* ○–◐ ♄–♄ V ⚭. Kräftig wachsende Hybride, bis 5 m, mit langen, schwarzroten Zweigen, dunkelgrünen, im Austrieb braunroten Blättern und großen, karminroten Blüten. Zu einem großen Teil an den meisten Hybrid-Kreuzungen beteiligt, dadurch meistens die dunklen Blätter und die roten Blüten. – *M. sargentii.* ○–◐ ♄ V ⚭. Aus Japan, bis 2 m hoch, reinweiße Blüten und dunkelrote, etwas bereifte Früchte. Wächst meistens breiter als hoch, oft malerisch verzweigt, schönblühender, reichfruchtender Zierstrauch mit auffallender Herbstfärbung. – *M.* × *scheideckeri (M. floribunda* × *M. prunifolia).* ○–◐ ♄ ⚭ V. Selten bis 3 m hoher Baum, mit straff aufrechter Krone. Blätter eiförmig und auffallend scharf gesägt. Blüten halbgefüllt, rosa, wobei die Knospen dunkler sind. Kirschrote Früchte und schöne Herbstfärbung. – *M. zumi.* ○–◐ ♄ V ⚭. Bis 6 m hoch, mit pyramidalem Wuchs, sehr dicht gestellten Zweigen, weißen Blüten und roten, bis in den Winter hinein haften-

Zierapfel, *M. sylv.* var. *paradisiaca.* (Herbel)

Schmuckkörbchen, *C. bipinatus* 'Karminkönig'. (Herbel)

den Früchten. Reiche Blüte, dichter Fruchtbehang und prachtvoll gelbrote Herbstfärbung. – ANSPRÜCHE. Jeder gewöhnliche Gartenboden. Einzel- oder Gruppenpflanzung, besonders zu mehreren, mit anderen gleichzeitig blühenden Gehölzen kommen sie voll zur Wirkung. Blütengehölze, mit denen sie gut zusammenpassen, sind z. B. chinesischer Flieder, japanische Alpenrosen, Strauchpfingstrosen, Blumenhartriegel. – VERMEHRUNG. Reine Arten durch Aussaat, vorausgesetzt, daß reines Saatgut zu bekommen ist. Alle Sorten und Formen werden wie die Kultursorten veredelt.

Schmuckkörbchen, Kosmee, Kosmea, *Cosmos (Cosmea).* Korbblütler, *Compositae.* ☉ ✂. Die meisten Arten sind in Mexiko sowie noch weiter südlich heimisch und dort einjährig bis staudig. Die Kulturformen von zwei Arten sind bei uns als Sommerblumen bedeutungsvoll. – *C. bipinnatus (Cosmea bipinnata),* einjährig in Mexico heimisch. Blüht dort mit tief rosaroten Strahlenblüten, und zwar erst, wenn die Tage wieder kürzer werden. Etwa 1,20 m hoch, verhältnismäßig kahl, steife, ästige Stengel, vorwiegend mit doppelt fiederschnittigen Blättern besetzt. Unsere Kulturformen ca. 100 cm, in Mischung und roten, rosa und weißen Farbsorten. Die Tageslängenabhängigkeit der Blüte ist bei den Kulturformen züchterisch weitgehend aufgehoben worden, so daß sie meist schon ab VII und –X blühen. Dankbare Massenschnittblumen, auch als hochwerdende Gruppenpflanzen beachtenswert. – Aussaat am besten Anfang IV unter Glas oder ab Anfang V direkt ins Freie, nur liegt dann der Blühbeginn etwas später, auch müssen diese Aussaaten meist ausgedünnt werden. Bei Anzucht unter Glas Freilandpflanzung ab Mitte V im Abstand von etwa 30 cm an vollsonnigen und möglichst nährstoffreichen Standort. Wird Dauerblüte bis zum Frost gewünscht, muß das Gros der Blüten laufend geschnitten werden, und es darf möglichst zu keinem Samenansatz kommen. – *C. sulphureus.* In der Kultur anspruchsvoller und wärmebedürftiger als oben genannte. Erst ab Mitte der 60er Jahre durch Neuzüchtungen als Sommerblume aktuell geworden. Sowohl reine Farbsorten mit glühend orangeroten Blüten als auch Mischungen in Gelb bis Orange. Da sie nur ca. 60 cm hoch werden, kann man sie vielfältiger als die der vorgenannten *C. bipinnatus* verwenden. Sie blühen aber kaum vor Anfang VIII und sind erheblich wärmebedürftiger, sollten deshalb ausschließlich unter Glas herangezogen werden.

Schmucklilie → Agapanthus.
Schnabelfliegen → Netzflügler.
Schnabelkerfe, artenreichste und wirtschaftlich wichtigste Ordnung der niederen → Insekten. Fast ausnahmslos Schädlinge, die mit ihrem schnabelförmigen Rüssel Pflanzensäfte saugen. Fünf Gruppen: → Blattläuse, → Schildläuse, → Mottenschildläuse, → Wanzen u. → Zikaden.

Schnaken → Erdschnaken.
Schnecken, nächtlich lebende wirbellose Tiere, die sich von faulenden organischen Substanzen oder grünen Pflanzenteilen ernähren, Feuchtigkeit liebend, beim Kriechen Schleim absondernd. Zwei Gruppen: 1. Nacktschnecken, ohne Schneckenhaus; hierher die wichtigsten schädlichen Schneckenarten an Gartenpflanzen, vor allem an Salat und Erdbeeren; 2. Gehäuseschnecken, mit gedrehtem Schneckenhaus; hierher die größte Art, die Weinbergschnecke sowie die sehr häufige schwarz-gelb gebänderte Hainschnecke. Abwehr: Ein Schneckensammelpunkt ist der Kompost, daher darauf achten, daß mit Komposterde

Schneckeneier. (Pfletschinger)

Sch. und deren Eier ausgebreitet werden; Sch. frühmorgens und nach Regen einsammeln (am besten in Gefäß mit Salzwasser töten); mit Bier als Köder gefüllte Gläser oder Becher (→ Fallen) eingraben.

Schneeball, *Viburnum.* Geißblattgewächse, *Caprifoliaceae.* Gattung umfaßt etwa 125 Arten. Gemäßigte und tropische Gebiete der ganzen Erde. Name von den schneeballähnlichen Blütendolden von *V. opulus* 'Sterile'. Sommergrüne oder immergrüne Sträucher, kleine Blüten in Trugdolden. Wie bei den Hortensien sind bei manchen die Randblüten zu geschlechtslosen Schauapparaten umgewandelt. – *V.* × *burkwoodii* (*V. carlesii* × *V. utile*). ○–◐ ♄ III–IV D. Bis 2 m, sparriger Wuchs, immergrüne, in rauhen Gegenden sommergrüne Blätter. Angenehm duftende Blüten, zuerst rosa, später weiß, in 6 cm breiten Dolden. Vorzüglicher Einzelstrauch oder für Gehölzrabatten. In der Jugend, wegen des besseren Aufbaues, öfters stützen. – *V.* × *carlcephalum* (*V. carlesii* × *V. macrocephalum*). ○–◐ ♄ IV–V D. Starkwüchsiger, bis 2,50 m hoher Strauch mit duftenden, reinweißen Blüten; die Dolden sind bis 14 cm breit und halten in halbschattigen Lagen ihre Farbe bedeutend länger. Blätter im Herbst leicht rötlich. – *V. carlesii.* ◐–● ♄ IV–V D. Aus Korea. Bis 1,50 m hoher, langsam wachsender Strauch, eiförmige, fahlgrüne Blätter und wohlriechende, innen weiße, außen rosa Blüten in dichten, halbkugeligen Dolden. Verträgt auch Schatten, für Einzelstellung oder Gruppen vor größeren Gehölzen. – *V. fragrans,* Duftschneeball. ○–◐ ♄ XI–XII und II–III D. Nordchina. Reichverzweigter, bis 3 m hoher Strauch mit dunkelgrünen, elliptischen Blättern. Je nach Witterung Blüte schon im XI, Hauptblüte beginnt kurz vor dem Laubaustrieb. Form 'Alba' blüht reinweiß. Ebenso früh blüht *V.* × *bodnantense* (*V. farreri* × *grandiflorum*). Er ist weniger verzweigt, hat rötlichen Austrieb und dunklere Blüten. – *V.* × *juddii* (*V. bitchiuense* × *carlesii*). ○–◐ ♄ IV–V D. Bis 3 m hoch, sparriger Wuchs, große Blätter, zuerst rosa, später weiße Blütendolden, die angenehm duften. – *V. lantana,* Wolliger Schneeball. ○ ♄ V–VI. Europa und Westasien. Name von den weichfilzig behaarten jungen Trieben und den wolligen Blattunterseiten. Bis 5 m hoher Strauch mit 10 cm langen Blättern und weißen Blüten in 10 cm großen Doldentrauben. Schattenverträglich, bevorzugt aber kalkhaltige

453

Schneeblattkäfer

Schneeball, *V. opulus*. (Seidl)

Böden und trockene Standorte. Vorzügliches Deck- oder Vogelschutzgehölz, auch für trockene Böschungen. – *V. opulus*. ☽ ♄ V–VI. Europa und Nordasien, bis 4 m hoch, mit drei- bis fünflappigen, lichtgrünen Blättern und rahmweißen Blüten in 10 cm breiten Dolden. Die Randblüten sind vergrößert und unfruchtbar. Die normale Art ist vorzügliches Deck- und Schutzgehölz für Böschungen, Vogelschutzhecken und dergleichen. Von größerem Wert für den Garten ist die Form 'Sterile' ('Roseum'), mit den eigentlichen Schneeball-Blüten. Blühen zuerst weiß, sind im Verblühen rosa überhaucht. – *V. plicatum* var. *tomentosum*. ○–● ♄ V–VI. In Japan und China zu Hause. Rundlich wachsender, bis 3 m hoher Strauch mit 12 cm langen Blättern und breiter, mit steriler, weißen Randblüten versehener Doldenrispe. Blätter im Herbst weinrot bis violettbraun. Gartensorten: 'Lanarth', starkwüchsig und in allen Teilen größer als die Art; 'Mariesii', große, weiße, im Verblühen rosa Doldentrauben; 'Sterile', mit schneeweißen Ballen aus sterilen Blüten. – *V. rhytidophyllum*. ○–● ♄ V–VI i. Mittel- und Westchina. Immergrüner, bis 4 m hoher Strauch mit 25 cm langen, dunkelgrünen, etwas runzeligen Blättern und gelblichweißen Blüten in gelbfilzig behaarten Dolden. Schöner, schattenverträglicher Einzelstrauch, benötigt etwas Schutz vor der Wintersonne. – ANSPRÜCHE. Normaler, frischer Boden an sonnigen wie auch schattigen Stellen. *V. opulus* leidet auf trockenen Stellen sehr unter Schneeball-Blattkäfer und -Blattlaus, dagegen wächst *V. lantana* noch gut auf trockenen Böden. – VERMEHRUNG. Aussaat bei den reinen Arten. Saatgut sofort nach der Ernte auswaschen und dann in Sand → stratifizieren. Stecklinge bei den immergrünen Arten und Formen, aber auch bei den übrigen. Üblich sind krautige Stecklinge im Frühjahr oder halbreife im VIII–IX. Einfachste Methode: Absenker im VI, sind bis zum nächsten Frühjahr gut bewurzelt. In Baumschulen sind Veredlungen auf *V. lantana*-Sämlinge üblich, aber nicht günstig, da die Unterlage immer wieder austreibt und bei Nichtbeachtung den Edeltrieb abwürgt.

Schneeballblattkäfer, etwa 5 mm, länglich, gelb, legt VIII/IX seine Eier in die Stengel und verschließt die Eihöhlen mit Kot, Eier überwintern. Larven fressen V–VII, sie skelettieren die Blätter oft bis zum Kahlfraß. Abwehr: VIII/IX Käfer abklopfen; V–VII gegen die Larven mit ätherischen Ölen, Alaun und anderen Bitterstoffen spritzen.

Schneebeere, *Symphoricarpos*. Geißblattgewächse, *Caprifoliaceae*. Niedrige, sommergrüne Sträucher, 15 Arten in Nordamerika, eine in Ostasien. Kleine, etwas unscheinbare Blüten, dafür um so auffallendere weiße, rosa oder rote Beeren, die bis in den Winter hinein haften. – *S. albus* ssp. *laevigatus* (*S. racemosus*). ○–● ♄ VII–VIII ✿. In Kanada und den nördlichen Vereinigten Staaten beheimatet, wird 2 m hoch, mit überhängenden Zweigen und eiförmigen Blättchen. Rötlichweiße Blüte; schneeweiße Beeren, bleiben bis XI am Strauch. – *S.* × *chenaultii* (*S. microphyllus* × *S. orbiculatus*). ○–● ♄ VI–VII ✿. Vorzüglicher Deckstrauch. Bis 2 m hohe Kreuzung mit lockeren, reichverzweigten Trieben, kleinen, rosa Blüten und im Herbst auffallend roten Beeren. 'Hancock', kaum 50 cm, ebenfalls rote Beeren,

Schneebeere, *S. albus*. (Herbel)

vorzüglicher Bodendecker für sonnige und auch schattige Stellen. – *S. Hybriden*. ○–● ♄ VI–VIII ✿. 'Mother of Pearl', meterhoher Strauch mit gedrungenem Wuchs und rosafarbenen Beeren; 'Magic Berry', bis 1 m hoch, mit breitem, gedrungenem Wuchs, dunkelgrünen Blättern und zuerst lilafarbenen, später roten Beeren. – *S. orbiculatus*, Korallenbeere. ○–● ♄ VII–VIII ✿. Aus Nordamerika. Bis 2 m, mit aufrechten, schlanken Zweigen, hellroten Blüten, purpurroten, rundlichen Beeren und schöner, roter Herbstfärbung. – ANSPRÜCHE. Äußerst anspruchslos, gedeiht in jedem Boden, in Sonne und Schatten, breiten sich durch die Wurzelausläufer stark aus. Für größere Böschungen und anspruchslose Hecken sowie als Deck- und Füllsträucher geeignet; nicht für Ziergarten. – VERMEHRUNG. Aussaat bei den reinen Arten und bei größerem Bedarf, gebräuchlich sind Steckhölzer, die zeitig im Winter geschnitten werden.

Schneeflockenstrauch, *Chionanthus*. Ölbaumgewächse, *Oleaceae*. Je eine Art in Nordamerika und China. Sommergrüne Sträucher, nach den wie Schneeflocken aussehenden Blüten benannt. – *C. virginicus*. ○–● ♄–♄ VI D. Nordamerika. Treibt erst sehr spät im V aus. Bis 3 m hoher Strauch oder kleiner Baum mit länglichen, dunkelgrünen, im Herbst schön gelben Blättern und weißen, angenehm duftenden Blüten in großen Rispen. Der Sch. ist zweihäusig, die männlichen Blüten sind größer als die weiblichen. – Frischer, nahrhafter Boden in sonniger oder halbschattiger Lage. Ganz winterhart. Am besten in Gemeinschaft mit anderen Blütensträuchern, wie Weigelien, Schneebällen und ähnlichen. – Vermehrung: Aussaat ist wenig gebräuchlich, da die Sämlingspflanzen meist unregelmäßig und schlecht blühen. Üblich sind Veredlungen auf Blumeneschen-Sämlinge, im Sommer als Okulation oder im Winter im Haus aus Kopulation.

Schneeglöckchen, *Galanthus*. Amaryllisgewächse, *Amaryllidaceae*. ○–● ♃ △ ✕. Etwa 14 Arten in Europa und Westasien. Bekannte Frühlingsblumen. Die drei äußeren Blütenblätter größer als die drei inneren. Zwiebeln sehr langlebig. – *G. elwesii*, Kleinasien, Ägäische Inseln. Blätter auffallend breit, Spitze zusammengezogen, aufrecht, blaugrün. Blüten größer als bei *G. nivalis*, rundlicher, weiß, innere Blütenblätter mit schmalem, grünem Saum. 15–20 cm. 'Straffan', groß-

blumige Form, bis 25 cm hoch. Blüte 2 Wochen vor *G. nivalis*, II. – *G. nivalis*, West- und Mitteleuropa. Bekannteste Art. Blätter linealisch, graugrün, nach außen übergebogen. Äußere Blütenblätter länglich, die inneren nur halb so lang, vorn mit grünem Fleck, weiß. 'Hortensis' (Flore Pleno), hat dicht gefüllte, weiße Blüten; 'Maximus', höher, größer und später blühend; 'S. Arnott', höher. Blüten innen mit einem v-förmigen, grünen Fleck. II–III, 10–20 cm. – *G. plicatus*, Krim, Dobrudscha. Schön, großblütig. Blätter an den Rändern eingerollt, flach, grün. Innere Blütenblätter über dem Saum dunkelgrün gezeichnet. 'Warham', ist noch großblumiger mit breitem Laub. III, 15–25 cm. – Verwendung im Steingarten, unter Gehölzen, zusammen mit anderen frühlingsblühenden kleinen Blumenzwiebeln. Früh pflanzen, möglichst VIII–IX. – Boden feucht, nicht zu schwer. – Vermehrung durch Brutzwiebeln und Aussaat. Sie verbreiten sich an den zusagenden Stellen gut und leben dann viele Jahrzehnte.
Schneeglöckchenbaum, Silberglocke, *Haelsia*. Storaxgewächse, *Styracaceae*. 3 Arten in Nordamerika, 1 in China. Sommergrüne Bäume, bei uns in Kultur nur strauchartig. An den vorjährigen Trieben erscheinen die Blüten, die den Schneeglöckchen ähneln und dem Strauch den Namen gegeben haben. – *H. carolina*. ○ ♄–♄ IV–V. Aus Nordamerika, bei uns in Kultur nur bis 5 m. Rundkroniger, baumartiger Strauch mit länglichen, sich im Herbst verfärbenden Blättern und glockigen, weißen Blüten. – *H. monticola*. ○ ♄–♄ IV. Nordamerika, dort 25 m hoch, bei uns in Kultur kaum 5 m. Unterscheidet sich von *H. carolina* durch die etwas größeren Blüten, ist aber nicht so winterhart. – Braucht frischen, nahrhaften, möglichst kalkfreien und tiefgründigen Boden in warmer, sonniger Lage. Junge Pflanzen

Schneeglöckchen, *G. nivalis*. (Dr. Jesse)

Schneestolz, *Chionocoxa luciliae*. (Seidl)

sind frostempfindlich (Winterschutz!). Vorzügliches Einzelgehölz, braucht im Garten aber Platz, um sich entfalten zu können. – Vermehrung: Wenn Saatgut zu bekommen ist, durch Aussaat oder Ableger im Frühjahr von zweijährigen Trieben.
Schneeheide → Glockenheide.
Schneekirsche = *Prunus subhirtella* → Japanische Zierkirsche.
Schneemispel → Felsenbirne.
Schneeschimmel → Rasenkrankheiten.
Schneespiere = *Spiraea arguta* → Spierstrauch.
Schneestolz, *Chionodoxa*. Liliengewächse, *Liliaceae*. ○–◐ ♃ △. 4 Arten im Orient, die alle in unseren Gärten Einzug gehalten haben. Liebliche Zwiebelgewächse, ähnlich Scilla, aber meist mit heller Mitte. – *C. gigantea* (*C. luciliae* var. *g.*), Kleinasien. Dickere Zwiebeln und großblütiger als die bekanntere *C. luciliae*. Blütenschaft reichblütiger, Blüten violettblau, mit kleiner, weißer Mitte. 'Alba', reinweiß. III–IV, 15–20 cm. – *C. luciliae*, Kleinasien. Meist 2 rinnige Blätter. Blütenschaft wenigblütig. Blüten sternförmig, prächtig blau, zur Mitte hin allmählich weiß. 'Alba', reinweiß; 'Pink Giant', lilarosa; 'Rosea' purpurrosa. III–IV, 12–25 cm. – *C. sardensis*, Kleinasien. Schmalere, rinnige Blätter. Blütenstand mehrblütig. Blüten trichtersternförmig, nickend, enzianblau, nur ganz innen weiß. IV, 10–15 cm. – *C. tmolusii* (*C. luciliae* var. *t.*), Kleinasien. Ähnlich *C. luciliae*, aber mit schmaleren Blättern, 1–2 Wochen später blühend, violettblau mit weißer Mitte. IV, 12–15 cm. – Verwendung zusammen mit Krokus, Schneeglöckchen, Winterling und Blaustern im Steingarten und unter Gehölzen. – Boden am besten sandig-lehmig. – Vermehrung durch Brutzwiebeln und Aussaat. Sät sich oft selbst aus und ist langlebig.
Schnellkäfer, Käferfamilie, deren Arten die Fähigkeit haben, aus der Rückenlage durch Hebelwirkung emporzu-

Schnellkompostierung

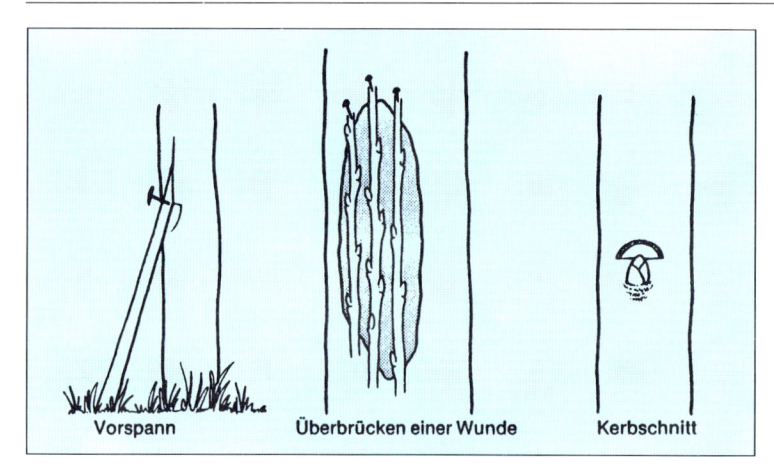

Schnitthilfen: Förderung der Wuchskraft durch seitliches Einspitzen einer wuchsfördernden Unterlage (Vorspann). – Überbrücken einer Wunde. – Förderung des Austriebs einer Knospe durch Kerben. (Link und Titze)

schnellen (Name) und damit auf die Beine zu kommen. Die länglich-ovalen Käfer selbst sind unschädlich oder durch Vertilgung von Blattläusen sogar nützlich. Dagegen sind die wurmartigen, mit harter Chitinschicht bedeckten, meist gelben oder roten Larven (→ Drahtwürmer) durch Fraß an unterirdischen Pflanzenteilen oft schädlich. Abwehr: → Drahtwürmer, → Bodenschädlinge.

Schnellkompostierung, verschiedene Verfahren, bei denen Luft- und Wasserhaushalt sowie → C/N-Verhältnis gesteuert werden. → Kompostierung je nach Ausgangsmaterial in 1,5 – ca. 6 Monaten statt in 2–3 Jahren, wie bei ungeregelter Ablagerung von Kompostmaterial und bei Erdkomposten.

Schnittbreite → Rasenmäher.

Schnitthecke → Hecke.

Schnitthilfen, ergänzende Maßnahmen des Obstbaum-Schnittes, wenn mit diesem allein das Ziel nicht erreicht werden kann. Oft nur Behelf in Not- und Sonderfällen. 1. KERBEN, zur Förderung der Triebentwicklung. Wenn eine Basalknospe wegen zu starker, von der Spitzenknospe herrührender Hemmung nicht austreibt, wird im Frühjahr über dieser ein Kerbschnitt ausgeführt, mit dem die Leitbahnen des Kambiums unterbrochen werden und der Zufluß der Substanzen ausbleibt. Das führt zum Austrieb der Knospe. – 2. SCHRÖPFEN, zur Förderung des Dickenwachstums. Der Rindenmantel ist u.a. bei Steinobstbäumen oft sehr stark, hart, nicht elastisch und gibt somit dem Dickenwachstum des Stammes bzw. Astes nicht nach, so daß Entwicklungsstörungen auftreten. In solchen Fällen werden im Frühjahr vor Beginn der Vegetation am Stamm etwa 10–15 cm lange, schräge Schröpfschnitte in die Rinde gemacht. Dadurch ist der Rindenmantel gelockert und gibt dem Dickenwachstum nach. Wunden verheilen im Laufe der ersten Vegetationszeit. – 3. RINGELN, zur Förderung der Fruchtbarkeit. Beim Ringeln wird am Stamm oder Ast ein ca. 0,5 cm breiter Rinden-Bast-Ring im V/VI herausgeschnitten, wodurch der Abtransport der Kohlenhydrate aus der Laubkrone zu den Wurzeln unterbunden wird. Es kommt danach zu einem Kohlenhydratübergewicht in der Krone, was zum Anlegen von Blütenknospen führt. Die Wurzeln, der Kohlenhydratzufuhr beraubt, sind in der Nährstoffaufnahme beeinträchtigt, was zur Schwächung der vegetativen Entwicklung des ganzen Baumes führt. Wunde nach Herauslösen des Rinden-Bast-Ringes wird mit Baumwachs vor Infektion geschützt und muß bis Ende der Vegetationsperiode wieder geschlossen sein. Dadurch kommt und bleibt der Baum im Ertrag. – 4. STRANGULIEREN, zur Förderung der Fruchtbarkeit. Anstatt einen Rinden-Bast-Streifen herauszulösen, wird ein sog. ‚Fruchtgürtel' an derselben Stelle angelegt, den der Physiologe Walter Poenicke entwickelt hat. Es ist ein 5 cm breiter Streifen aus nichtrostendem Weißblech und der Länge, die dem Stamm- bzw. Astumfang entspricht. An beiden Längsseiten des Blechstreifens werden in 1 cm Abstand ca. ½ cm tiefe Einschnitte gemacht und danach an Stamm oder Ast vor Beginn des Dickenwachstums angelegt sowie mit 3 mm starkem Draht in der Mitte befestigt. Durch Dickenwachstum kommt es an der strangulierten Stelle zum langsamen Abbremsen der Kohlenhydratabfuhr aus der Krone zu den Wurzeln. Deshalb muß vor Beginn des Dickenwachstums der Gürtel angelegt werden. Vorteil der Strangulierung ist, daß keine offene Wunde entsteht und der Gürtel jederzeit abgenommen werden kann, sollte sich die Einschnürung zu stark erweisen. Im Herbst wird er jedenfalls entfernt. – 5. VORSPANNGEBEN, zur Förderung der Wuchskraft. Steht ein Baum auf zu stark wuchshemmender Unterlage, so kann diese durch Vorspann ausgetauscht werden. Neben dem Baum pflanzt man ein bis zwei wuchsfördernde Unterlagen und pfropft deren Triebspitzen in den Stamm des betr. Baumes. Sobald die Verwachsung erfolgt und die Mineralstoffzufuhr durch die wuchsfördernden Unterlagen funktioniert, wird die Wuchskraft des Baumes gefördert. – 6. ÜBERBRÜCKEN, zur Förderung geschädigter Stammteile. Sind am Stamm mechanische Schäden, sei es

Schnitthilfen: Ringeln und Strangulieren zur Hebung der Fruchtbarkeit. (Link und Titze)

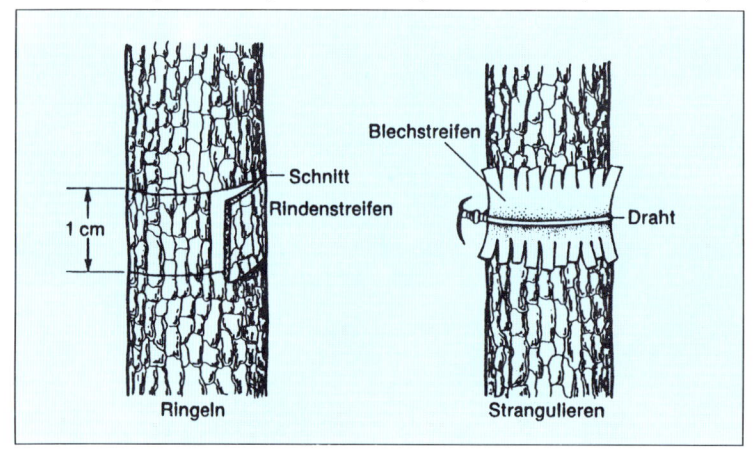

durch Anfahren, sei es durch Frostplatten, entstanden, kann das Verheilen der Wunde durch Überbrücken gefördert werden. Über und unter der Wunde werden entsprechend lange → Reiser unter die Rinde gepfropft, so daß sie die Wunde überbrücken. Sobald sie angewachsen sind, werden die unterbrochenen Leitbahnen überbrückt, bis die Wunde geschlossen ist. Überbrückungsreiser müssen senkrecht bis leicht schräg stehen, bei waagrechter Stellung wachsen sie schlecht. Zum Überbrücken bodennaher Stammwunden können auch Unterlagentriebe desselben Baumes oder Neutriebe des Stammes unterhalb der Wunde, verwendet werden. – 7. SPREIZEN, zur Förderung des Öffnungswinkels der Leitäste. Der Öffnungswinkel soll zwischen 45 und 60° weit sein. Ist er zu klein, so daß der Leitast wegen zu steiler Ansatzstelle unter mechanischer Belastung ausschlitzen kann, muß der Trieb rechtzeitig abgespreizt werden, solange die Ansatzstelle noch elastisch ist. – 8. BINDEN, zum Anheben zu tief stehender oder Absenken zu aufrecht stehender Leitäste, um eine lockere Krone zu erziehen. Besonders bei Hecken oder bei Kronenerziehung häufig gebräuchliche Maßnahme.

Schnitthöhe → Rasenschnitt.

Schnittkohl, *Brassica napus* var. *napobrassica*. Kreuzblütler, *Cruciferae*. Besondere Form der → Kohlrübe, bei der die Knolle schwach, dafür die Blätter üppig ausgebildet werden. Nur lokal von einiger Bedeutung. Herbstkultur wie Kohlrübe. Verwendung: Geernteter Blattschopf, fein geschnitten, als Mus gekocht, sonst wie Weißkohl, Rotkohl, Wirsing usw.

Schnittlauch, Graslauch, *Allium schoenoprasum*. Liliengewächse, *Liliaceae*. Einheimische Art in zahlreichen Formen vom Flachland bis ins Gebirge, meistens in feuchten Stellen; seit dem Spätmittelalter in Kultur. Ausdauernd durch ständig neugebildete, horstbildende Brutzwiebeln. – ANBAU. Vermehrung durch Teilung der Horste; Pflanzgut in 20 cm Abstand, am besten als Einfassung des Gewürzbeetes aufpflanzen. Ausgebildete Blütentriebe zupfen; dies fördert die Bildung von neuen Trieben und gibt dadurch dichtere Horste. Ernte Frühjahr bis Herbst durch Abschneiden der röhrenförmigen Blätter. Treiben von Sch. über Winter möglich; dazu Horste IX–X ausgraben, gut trocknen und ruhen lassen; ab XII in Kisten gepflanzt warm und feucht aufstellen. – VERWENDUNG. Fein geschnitten als Gewürz in Suppen, Salaten, zu Kräuterkartoffeln usw. Läßt sich durch Tiefkühlen gut in den Winter hinein aufbewahren.

Schnittmangold, *Beta vulgaris* var. *cicla*. Gänsefußgewächse, *Chenopodiaceae*. Herkunft → Mangold; nahe verwandt mit → Stielmangold und → Zuckerrübe. Im Gegensatz zu Stielmangold werden nicht die Blattstiele, sondern die Blattspreiten verwendet. Uraltes Gemüse, früher von großer Bedeutung zur Herstellung von Mus; jetzt durch Spinat weitgehend verdrängt. – Anbau: Aussaat in Reihen mit 20 cm Abstand, nicht zu dicht säen. Verlangt lockeren, gut gedüngten Boden. Ernte ab Ende V/Anfang VI wie Spinat. Schießt im Sommer nicht auf und kann bis in den Herbst regelmäßig geschnitten werden. – Verwendung: Gehackt wie Spinat kochen und würzen; gibt nahrhaftes, bekömmliches Gemüse.

Schnittpetersilie → Petersilie.

Schnittsalat, *Lactuca sativa* var. *secalina* und Pflücksalat, *L. sativa* var. *acephala*. Korbblütler, *Compositae*. Zwei sehr ähnliche, nicht kopfbildende Formen aus der Artengruppe *Lactuca sativa*. Beim Schnittsalat werden die ganzen, beim Pflücksalat die Blätter einzeln gepflückt, auch noch nach dem Aufschießen der Pflanzen. Herkunft → Kopfsalat. – Anbau. Für früheste Ernte Setzlingsanzucht im Frühbeet, Aussaat II–III, Auspflanzung Anfang bis Mitte IV in Reihen, 20 × 5 cm für Schnittsalat, 30 × 15 cm für Pflücksalat; für spätere Ernten Direktsaat ins Freiland, auf obige Abstände verziehen. Verwendung wie Kopfsalat.

Schnittstauden, sind außer als Beet- und Rabattenstauden auch als guthaltende Schnittblumen besonders wertvoll. Es handelt sich um einen gärtnerisch-praktischen, nicht um einen botanischen Begriff: Arten, die sich in der Vase bestmöglich halten; sinngemäß Schnittblumen, zu denen auch Einjahrsblumen gehören.

Schnittsalat 'Lollo rossa – Blattbatavia', rotblättrig. (Hild) – 'Lollo rossa' im Beet. (Fehn)

Achillea filipendulina 'Parkers Var.'
– – 'Coronation Gold'
Aquilegia caerulea
– Sorten
Arabis caucasica 'Plena'
Aster tongolensis 'Berggarten'
Campanula persicifolia
Centaurea dealbata
– – 'Steenbergii'
Chrysanthemum leucanthemum
– Sorten
– *coccineum*
– *maximum* 'Wirral Supreme'
Coreopsis grandiflora 'Badengold'
Delphinium cultorum
Dianthus plumarius
Doronicum caucasicum
Echinops ritro
Erigeron-Hybriden
Eryngium planum caeruleum
Gaillardia aristata (*grandiflora regalis*)
Gentiana sino-ornata
Gypsophila paniculata 'Bristol Fairy'
Helianthus atrorubens
Heliopsis scabra
Helleborus niger
Kniphofia corallina
– – Hybriden 'Royal Standard'
Liatris spicata
Myosotis palustris 'Thüringen'
Paeonia officinalis
– *lactiflora*
Physostegia virginiana 'Bouquet Rose'
Rudbeckia laciniata fl. pl.
Scabiosa caucasica 'Clive Greaves'
Solidago-Hybriden 'Goldenmosa'
Trollius × -*Cultorum*, Sorten
Veronica longifolia 'Blauriesin'

Schnittiefe → Rasenschnitt.
Schnittverträglichkeit → Rasengräser.
Schnittzwiebel → Winterheckezwiebel.
Schnurbaum, *Sophora*. Schmetterlingsblütler. *Leguminosae*. Etwa 20 Arten in Nordamerika und Ostasien. Name nach den Samen, die in Hülsen

Einige typische Schnittstauden. Oben: Mädchenauge, *Coreopsis grandiflora* 'Schnittgold' und Rittersporn, *Delphinium*, *Pacific-Hybriden* 'Blue Springs'. Unten: Pfingstrose, *Paeonis lactiflora* 'Solange' und Feinstrahl, *Erigeron* 'Nachthimmel'. (Seidl)

stecken, wie auf Schnüren aufgereiht. – *S. japonica.* ○ ♃ VIII D. Korea und China. Mittelgroßer, sommergrüner Baum mit lockerer, breitrunder Krone, grünen Zweigen und akazienartigen, gefiederten im Herbst leuchtend gelben Blättern. Blüten klein, gelblichweiß, duften und stehen in 35 cm langen aufrechten Rispen. 'Pendula' wächst langsamer, durch die hängenden Zweige eigenartiger Wuchs. – Nahrhafter und tiefgründiger, lehmiger Boden in freier Lage. Verträgt wie die Robinie verunreinigte Luft und ist als Park- oder Straßenbaum, in wärmeren Gegenden, zu verwenden. – Reine Art durch Aussaat, Hängeform durch Veredelung, üblich ist → Geißfuß im zeitigen Frühjahr oder Okulation im Sommer.

Schönfaden, *Callistemon.* Myrtengewächse, *Myrtaceae.* ○–◐ ♃–♃ ⌷ Lie. Kleine Bäume oder Sträucher, Blätter steif lederartig und wechselständig angeordnet. Blüten durch die langen und gefärbten Staubfäden auffällig, die Blüten sind zu vielen in Spiralen dicht um die Triebe angeordnet. Ungefähr 25 Arten in Australien und Tasmanien. – *C. citrinus.* Bis 3 m hoher Strauch, Blätter bis 7 cm lang. Blütenähre entlang der Triebe, 10 cm lang, Staubfäden leuchtend scharlachrot, gegen die Spitze dunkler, 20 mm lang. Bei der Form 'Splendens' sind die Staubfäden doppelt so lang. – *C. salignus.* Diese Art besitzt gelbe Staubfäden und ist in gemäßigten Teilen Englands unter Schutz winterhart, wohl die genügsamste Art. – Kultur in humoser, durchlässiger, kalkfreier Erde, sommers im Freien, winters im hellen, luftigen Kalthaus. – Vermehrung durch Stecklinge ist dem Liebhaber nicht so leicht möglich, man kann aber auch anbauen.

Schönfrucht, Liebesperlenstrauch, *Callicarpa.* Eisenkrautgewächse, *Verbenaceae.* Etwa 40 Arten in tropischen und subtropischen Gebieten, nur einige sind bei uns ausreichend winterhart. Sommergrüne Sträucher mit kleinen, in achselständigen Trauben stehenden Blüten, aber auffallenden Früchten, nach denen sie benannt sind. – *C. bodinieri* var. *giraldii.* ○–◐ ♃ IV–VII ⚭ ⚯. China. Bis 3 m hoher Strauch mit elliptischen Blättern, kleinen, lilafarbenen Blüten und rötlichvioletten Beeren, die noch lange am Strauch hängen bleiben, wenn das sich gelb verfärbende Laub schon abgefallen ist. – *C. japonica.* ○–◐ ♃ VIII ⚭. Japan. Wird nicht so hoch wie vorige Art. Bis 1,50 m hoher Strauch mit 7 cm langen, eiförmigen, glänzenden Blättern, weißlichrosa Blüten und purpurvioletten Beeren, die auch etwas kleiner sind. – Gewöhnlicher Boden in warmer, geschützter Lage. Junge Pflanzen sind sehr frostempfindlich und brauchen am Boden unbedingt Schutz; ältere einigermaßen winterhart; frieren sie trotzdem zurück, so treiben sie im Frühjahr schnell wieder aus. Pflanzung im Garten, wo die bunten Beeren zur Geltung kommen. Kontrastieren mit der orangegelben Herbstfärbung anderer Sträucher, wie Zaubernuß, Federbusch oder der Kranzspiere. Fruchtzweige sind schöner Vasenschmuck, behalten ohne Wasser bis zum Frühjahr ihre Farbe. – Vermehrung: Durch Aussaat oder Stecklinge im Sommer von jungen Trieben.

Schöngesicht → Mädchenauge.

Schönhäutchen, *Hymenocallis.* Amaryllisgewächse, *Amaryllidaceae.* ○–◐ ♃ ⌷ D. Etwa 40 Arten im tropischen Amerika. Zwiebelgewächse mit großen Blüten, bei denen die 6 schmalen Blütenblätter hinter der glocken- bis trichterförmigen Blütenröhre sitzen. Die Staubfäden sind an dieser angeheftet. – *H. amancaes (Ismene a.),* Peru. Schwert- bis riemenförmige, fast aufrechte Blätter, grün. Blütenschaft flach, Blüten groß, gelb, mit grünlichgelber Röhre. VII–VIII, 30–60 cm. – *H. narcissiflora (H. calathina, Ismene c.),* Peru, Bolivien. Bekannteste Art mit dunkelgrünen, riemenförmigen Blättern. Blüten weiß, duftend. Schöner sind die Hybriden: 'Advance' *(H. narcissiflora × H. speciosa).* Fast sichelförmig gebogene Blütenblätter. Röhre weiß, am Rand gefranst, Schlund grün gestreift. 'Festalis' *(Elisena longipetala × H. narcissiflora),* reinweiß, an der Basis grün markiert; 'Sulphur Queen' *(H. amancaes × H. narcissiflora),* primelgelb, Schlund hellgelb, grün gestreift. VII–VIII, 30–60 cm. – Verwendung als interessante Zwiebelpflanzen in einer geschützter Stelle im Sommerblumenbeet. Zwiebeln IV in Töpfe pflanzen und Mitte V auspflanzen. Nach der Blüte ziehen sie ein und sind trocken und nicht zu kalt wie Gladiolen zu überwintern. Als Topfpflanzen sind sie ebenfalls schön, werden aber nicht so üppig wie im Garten. – Boden lehmig-humos. – Vermehrung durch Brutzwiebeln, die am besten auf einem sonnigen Beet im Garten angezogen und wie die großen Zwiebeln überwintert werden.

Schönmalve, *Abutilon.* Malvengewächse, *Malvaceae.* ○–◐ ♃ z.T. ⚜ ⌷. Kräuter oder Sträucher mit wechsel-

Schönmalve, Abutilon × hybridum. (Jesse)

ständigen, ganzen oder gelappten Blättern. Blüten aus den Blattachseln, oft Kelch leuchtend gefärbt. 150 Arten in den Tropen und Subtropen. – *A. × hybridum.* Aufrechte Sträucher mit grünen, gelbgescheckten (Viruspanaschüre) oder weißbunten (Chimäre) Blättern, Blüten groß, meist flach, rosa, rot, violett oder weiß. – *A. megapotamicum,* Brasilien. Blüht das ganze Jahr. Hängepflanze mit schmalen, keilförmigen Blättern und ausgesprochen dreifarbigen Blüten: Kelch leuchtendrot, Kronblätter hellgelb, Staubfäden schokoladenbraun. Die Blüten sitzen wie aufgefädelt an den dünnen, hängenden Trieben. Häufig findet man die Form 'Aureum', eine gelbgescheckte Viruspanaschüre. – *A. striatum.* Sommer und Herbst. Aufrecht mit drei- oder fünfteiligen Blättern. Blüten einzeln in den Blattachseln, Kelch etwas aufgeblasen, Blüten glockig. Häufiger ist 'Thompsonii', mit goldgelb gescheckten Blättern, ebenfalls eine Viruspanaschüre. – Gräser, Nürnberg, konnte nachweisen, daß mehrere Viren diese Erkrankungen hervorrufen und infizierte auch einen schwachwüchsigen orangeblütigen Sämling mit 2 Viren und gab diese Pflanze als 'Goldprinz' in den Handel. Diese gelbbunte, dabei reichblühende Zwergsorte ist sehr empfehlenswert. – Schön in Blatt- und Blütenfärbung sind die S.n gute Zimmerpflanzen für helle, temperierte Räume. Die Vermehrung durch Stecklinge oder Aussaat ist leicht, die Kultur gelingt in jedem humos-lehmigen Substrat. In der Jugend stutze man einige Male, damit die Pflanzen sich gut verzweigen. *A. megapotamicum* kann auch auf Spaliere gezogen, oder aber,

Schönranke, *Eccremocarpus scaber.* (Herbel)

veredelt auf starkwüchsige Unterlagen, zu Hochstämmen formiert werden, die durch Fülle der dreifarbigen Blüten besonders gut wirken.

Schönranke, *Eccremocarpus scaber.* Bignoniengewächse, *Bignoniaceae.* ○ ☉ ⚲. Die Gattung *Eccremocarpus* ist mit vier Arten in Peru und Chile heimisch. Bei uns hin und wieder *E. scaber* als einjähriger Ranker in Kultur. In günstigen Lagen bis 5 m. Doppelt fiederschnittige Blätter, röhrig-bauchige, orangefarbene Blüten in lockeren Trauben VIII – Frost. Neben der Wildform werden gelegentlich Farbsorten angeboten: 'Aureus', goldgelb; 'Carmineus', karminrot; 'Ruber', dunkelrot. – Benötigt warmen, vollsonnigen Standort und leichten, wasserdurchlässigen Boden. Aussaat unter Warmglas II–III, Weiterkultur möglichst in Töpfen bis zur Auspflanzung nicht vor Ende V. Empfehlenswert bei günstigen Bedingungen als hübscher Ranker für Balkone, Pergolen usw. Man kann im Spätherbst zurückschneiden, im Kalthaus überwintern und im Frühjahr erneut pflanzen. Dadurch früherer Blühbeginn.

Schöpfbecken, Brunnen oder Becken, aus dem mit Eimern und Gießkanne Wasser gehoben wird. Charakteristisch ist ein am Becken umlaufender Rand, auf dem man das gefüllte Gefäß umsetzen kann.

Schöterich, *Erysimum.* Kreuzblütler, *Cruciferae.* ○–◐ ☉–⊙ ⫴ ⚲. Ca. 75, meist in Europa u. Asien heimische einjährige bis staudige Arten. Alle haben gelbe oder orangefarbene Doldenblüten und sind äußerlich *Cheiranthus,* dem Goldlack, ähnlich. Teilweise wurden sie früher sogar *Cheiranthus* zugerechnet, z. B. *E.* × *allionii,* die einzige bei uns als Ein- und Zweijahrsblume bedeutende Art bzw. Arthybride. Wuchshöhe der buschig wachsenden Pflanzen ca. 45 cm. Eine orangefarbene und eine gelb blühende Form im Handel. – Anzucht als Einjahrsblume nur selten. Aussaat dann III–IV mit Freilandpflanzung ab Mitte V, etwa 25 cm Pflanzabstand. Blüte ab VIII. Recht beliebt ist dagegen die Kultur als Zweijahrsblume, da dann die Blüte V–VI und die Pflanzen sich gut für Frühjahrsblumenbeete sowie als Zwischen- und Unterpflanzung hochwachsender Blumenzwiebelgewächse eignen. Für diese Kultur Aussaat V–VI, nicht zu dicht, meist auf Freilandsaatbeete. Pflanzung an Ort und Stelle im Herbst oder auch im zeitigen Frühjahr. Besonders buschige Pflanzen, wenn die Sämlinge pikiert werden. Vollsonniger Standort, aber auch noch leichter Halbschatten möglich. Etwas schwerer Boden behagt mehr als zu leichter. Empfindlich gegen winterliche Kahlfröste, weshalb in ungünstigen Lagen Winterschutz mit Reisig empfehlenswert ist.

Schopftintling → Pilzanbau.

Schorf, *Venturia.* Wichtigste Pilzkrankheit des Kernobstes. Erste Symptome: Blattflecken, bereits im zeitigen Frühjahr. Sommersporen werden durch Regen und Wind auf Blätter und Früchte verbreitet. Befallene Blätter fallen vorzeitig ab. Oft ist der Baum schon Anfang VIII entblättert. Die Sch.flecken auf den Früchten werden im Krankheitsverlauf zu sog. Sch.rissen. Im Gegensatz zu diesem Frühschorf tritt der Spätschorf im Sommer, oft sogar erst auf dem Lager auf. Seine schwarzen Pilzflecken sind kleiner und verursachen kein Aufplatzen der Fruchthaut. – Abwehr: Anbau weniger anfälliger Sorten (Auskunft: Pflanzenschutzämter). Auslichten der Krone, abgefallenes Laub laufend entfernen und vernichten, Schnittlauch auf Baumscheibe pflanzen, zur Blattstärkung mit Algenmehl stäuben, → Kräuterextrakte (wie Brennessel, Schachtelhalm) spritzen, bei stärker anfälligen Sorten spritzen mit Präparaten wie Bio-S (Ledax Bio), Netzschwefel oder N-A-B-Mischung (Netzschwefel + Algomin + Bentonit).

Schotter, grobes Gesteinsgeröll in Flüssen und in Ablagerungen mit 3–7 cm Korndurchmesser. Sch. wird als Tragkorn für den Unterbau von Wegen und Straßen benötigt. → Gartenweg.

Schraubenbaum, *Pandanus.* Schraubenbaumgewächse, *Pandanaceae.* ◐ ♄–♅ ▽. Aufrechte, 1–3 m, aber auch höhere, Sträucher mit einfachem oder verzweigtem Stamm, Blätter meist mit gezähntem Rand. Aus dem Stamm entwickeln sich Wurzeln, die deutliche Wurzelhauben tragen und später in den Boden einwurzeln und Stützfunktionen übernehmen. Die Blätter sind deutlich schraubig angeordnet. 250 Arten im tropischen Ostasien und Afrika. – *P. sanderi.* Blätter bis 1 m lang, 6 cm breit, Rand dicht gezähnt, Spreite dunkelgrün mit gelben Längsstreifen. – *P. pacificus.* Gedrungen, mit nur 50 cm langen, dunkelgrünen, sichelartig, randwärts bewehrten Blättern. – *P. veitchii.* Ähnlich *P. sanderi,* aber Blätter im Mittelteil grün und randwärts rein weiß. – Sch.e sind wärmebedürftige Zimmerpflanzen und daher

Apfelschorf (Fruchtschorf) am Glockenapfel. (Dr. Kennel) – Rettichschorf. – Sellerieschorf. (Bayr. Landesanstalt)

Schraubenbaum, *P. veitchii*. (Dr. Jesse)

nur für Räume geeignet, wo die Temperatur nie unter 15 °C fällt, daher besonders gut in großen Wintergärten oder, *P. pacificus*, in Blumenfenstern gedeihend. Sie vertragen keine schroffen Temperaturänderungen und benötigen hohe Luftfeuchtigkeit. – Vermehrung durch das Abtrennen der seitlichen Jungtriebe erfordert hohe Bewurzelungstemperaturen (25–30 °C Boden- und Lufttemperatur); wird besser dem Gärtner überlassen.

Schrebergarten → Kleingarten.

Schriftfarn, *Ceterach*. Streifenfarne. *Aspleniaceae*. ○–◐ ♃ △ ∧ Lie. *C. officinarum*, Westeuropa, Mittelmeergebiet, Kaukasus bis Himalaja. Einzige der 3 Arten, die bei uns im Freiland wachsen. Heimisch in Weingegenden. Rhizom schwarz behaart. Blätter dick, fiederspaltig, dunkelgrün. Unterseite erst silbrig, danach mit braun werdenden Sporenschuppen. Schöner Zwergfarn, der in sonnigen Felsspalten wächst. Leichter Winterschutz ist wichtig. 10 cm. – Verwendung im Stein- und Troggarten, an geschützter, warmer und sonniger Stelle. Boden humos, durchlässig, kalkhaltig. Vermehrung durch Teilung und Aussaat.

Schrittplattenweg → Gartenweg.

Schröpfen → Schnitthilfen.

Schrotschußkrankheit, des Steinobstes: von Mai bis Herbst rote bis braune Blattflecken, die später ausfallen; Blätter dann wie mit Schrot durchschossen. Bei starkem Befall ab VI Vergilben und Abfallen der Blätter. Befallene Früchte mit rotgerandeten Flecken, verkrüppelt. Pilzkrankheit, die durch feuchtes Wetter begünstigt wird. Die Sporen werden durch fallende Tropfen verbreitet, daher untere Partien des Baumes am stärksten befallen. – Abwehr: Befallene Triebe zurückschneiden, zu Boden gefallene Blätter entfernen und vernichten, bei schwächerem Befall mit Kräuterextrakten, bei stärkerem mit Bio-S spritzen.

Schuffeleisen → Bodenbearbeitungsgeräte.

Schulgarten, Anlage für Lehrzwecke: die Schüler bekommen dort lebendes Anschauungsmaterial für den Naturkundeunterricht in die Hand, können in eigenen Versuchen Bau und Leben der Pflanze kennenlernen und werden an neue Aufgaben wie ökologische Pflanzungen, Anlage von Feucht- und Trockenbiotopen und Kompostwirtschaft herangeführt.

Schuppen, meist aus Brettern gezimmerter überdeckter Raum zum Abstellen von Geräten und Fahrzeugen.

Schuppenheide, *Cassiope*. Erikagewächse, *Ericaceae*. Kleine Zwergsträuchlein, hauptsächlich in den Polarländern der nördlichen Halbkugel. Zweige dachziegelartig von immergrünen Blättchen umgeben, an den kurzen Seitentrieben glockenförmige, nickende Blüten. ○–◐ ♄ V △ Lie. *C. hypnoides*, aus den Polarländern, kaum 30 cm, mit glockigen, weißlichrosa Blüten. – Etwas zierlicher ist die japanische *C. lycopodioides*, mit weißen, maiglöckchenartigen Blüten. – Kühler, etwas feuchter, kalkfreier Boden in sonnigen Lagen. Ganz winterhart, aber doch sehr schwierig in Kultur. Am ehesten sind sie in Schalen oder Urgesteintrögen zu erhalten. – Vermehrung: Aussaat ist möglich, üblich sind aber Stecklinge oder Ableger.

Schuppenkopf, *Cephalaria*. Kardengewächse, *Dipsacaceae*. ○–◐ ⚲ ♃. Etwa 30 Arten in Europa, Asien, Nord- und Südafrika. Den Skabiosen nahestehende Pflanzen mit gegenständigen, fiederspaltigen oder gefiederten Blättern und gelblichen Blüten. – *C. alpina*, Alpen, Apennin. Runde, behaarte, wenig verzweigte Stengel mit fiederschnittigen Blättern. Blütenköpfchen kugelig, 3–4 cm groß, lang gestielt, gelblichweiß. VII–VIII, 60–100 cm. – *C. gigantea* (*C. tatarica*), Ostrußland,

Schrotschußkrankheit an Kirschenblättern und -früchten. (Dr. Bender)

Sibirien. Eine unserer höchsten Stauden. Robuste, sparrig verzweigte Stengel Blätter gefiedert. Blütenköpfe groß, hellgelb. VI–VII, 150–250 cm. – Verwendung als Wildstauden, im Hintergrund von Staudenrabatten, vor oder zwischen Gehölzen. Boden nahrhaft, nicht zu trocken. Vermehrung durch Teilung und Aussaat.

Schusterpalme, Schildblume, *Aspidistra*. Liliengewächse, *Liliaceae*. ○–◐ ♃ ⛉. Rhizompflanzen mit grundständigen, großen, in einen Blattstiel verschmälerten Blättern und dicht auf dem Boden aufsitzenden Blüten. 8 Arten in Ostasien. – *A. elatior*, Südjapan. Blätter mit den Stiel ungefähr 60 cm lang, in der Mitte bis 12 cm breit, ledrig und dunkelgrün. Blüten auf dem Boden aufliegend, achtteilig, sternartig, violett, 5–6 cm im Durchmesser. Häufig findet man auch die weiß-längsgestreifte Form 'Variegata'. – Wohl die härteste und widerstandsfähigste Blattpflanze. Besonders für schattige oder zugige, kühle und feuchte Stellen, unempfindlich gegen Staub. Temperaturwechsel und sonstige Unannehmlichkeiten. Im Sommer auch an schattigen Stellen im Freien verwendbar. Nicht oft umtopfen, bei entsprechender Düngung und humos-lehmigem Substrat halten sie jahrelang aus. – Vermehrung durch Teilung.

Schutzhaube, sackartige Folie aus Polyäthylen zum Überstülpen frost- und wintergefährdeter Kulturpflanzen.

Schutznetz, gegen Vogelfraß, gekordelt und geknotet aus Nylon, Größen den Beeten und Bäumen angepaßt, Maschenweiten meist 30 mm.

Schutzpflanzung, als Schutz gegen Einsicht, Emission, Wind und mit Bodenmodellierung kombiniert auch gegen Lärm vorgenommene dichte Pflanzung mit Gehölzen der jeweils standortgemäßen natürlichen Vegetation.

Schwaden, Süßgras, *Glyceria*. Gräser, *Gramineae*. ○ ♃ ⚲ ✂. *G. maxima* (*G. aquatica*, *G. spectabilis*), einheimisch, Europa, Asien, Nordamerika. Einzige im Garten verwendete Art. Weit kriechend, Blätter linealisch, etwa 2 cm breit. Blütenrispen weitschweifig. 'Pallida' hat fahlgelbe Herbstfärbung. 'Variegata', wichtigste Form mit schönen, goldgelb, weiß und grün gebänderten Blättern. VII–VIII, 40–60 cm. – Verwendung am Ufer von Gewässern, Sumpfplätzen, die bunten Halme auch zum Schnitt. Im Sommer auch im Wasserbecken. 'Variegata' kann trockener stehen. Boden humos, lehmig, feucht. Vermehrung durch Teilung leicht.

Schwammspinner

Schwarzäugige Susanne, *Th. alata.* (Herbel)

Schwammspinner → Spinner.
Schwarzäugige Susanne, *Thunbergia alata.* Akanthusgewächse, *Acanthaceae.* ○ ⊙ ⸹ ⎕. Die Gattung *Thunbergia* (→ Thunbergie) umfaßt etwa 100, hauptsächlich in Afrika heimische Arten, krautige bis strauchige Windengewächse mit meist trichter- bis glockenförmigen Blüten. Bei uns als Einjahrsblume nur die in Ostafrika heimische *T. alata* (Schwarzäugige Susanne) in Kultur. Reizender Schlinger mit mehr oder minder herzförmigem Blätterwerk, auch unter günstigen Bedingungen selten höher als 1 m. Gelegentlich auch als Hänger in Balkonkästen oder Ampeln. – Durch gärtnerische Auslesen entstanden verschiedene Sorten: 'Alba', weiß mit dunkler Mitte; 'Aurantiaca', orange mit schwarzroter Mitte; 'Lutea', reingelb; 'Julietta', orange, extrem große Blüten. – Aussaat III unter heizbarem Glas, auch für die Weiterkultur ist ausreichend Wärme erforderlich. Die Sämlinge sollten pikiert und später auch noch getopft werden. Nicht vor Ende V ins Freie bringen und dann auch nur an warme, vollsonnige Standorte mit leichten, humosen Böden. Blüte kaum vor Mitte VI, hält bei zusagenden Witterungsbedingungen oft bis IX an. In kühlen, nassen Sommern versagt *T. alata* gerne im Freien.
Schwarzbeinigkeit → Umfallkrankheit.
Schwarzdorn → Schlehdorn.
Schwarzfäule, der Möhre. Pilzkrankheit, Keimpflanzen sterben ab, bei älteren Pflanzen wird der Möhrenkörper von lockerem Pilzgewebe umhüllt, im Lager sich ausbreitende Faulstellen. Abwehr: Fruchtwechsel, → Saatbeizung, nicht zu dicht säen, Karotten ungewaschen lagern.
Schwarzkümmel, *Nigella.* Hahnenfußgewächse, *Ranunculaceae.* ○–◐ ⊙ |⁚ ⚘ ⚔. Etwa 15 Arten, in der Hauptsache Mittelmeergebiet. Als Sommerblume mit verhältnismäßig kurzer Blüte bei uns schon seit langem in Kultur *N. damascena,* beliebte und bekannte Sommerblume, im Volksmund Name auch Gretel im Busch, Braut in Haaren, Jungfer im Grünen. Wächst aufrecht, 45–50 cm, fadenförmig zerschlitzte Blätter, einzeln stehende Blüten an den Zweigenden. Durch die blasigen Samenkapseln auch noch fruchtend sehr ansprechend, sollte nach dem Verblühen nicht voreilig entfernt werden. Die Samenstände wirken auch gut in Trockensträußen. Meist Mischungen aus Blautönen und nur wenig weißen Blumen; seit Ende der 60er Jahre können auch rosa und zartrote Töne enthalten sein. Aussaat direkt ins Freiland mit Abständen von 20–25 cm möglichst in Form von Folgesaaten ab III–V. Dadurch wird die Blüte gestreut, VI–IX. Keine hohen Bodenansprüche, doch sagt ein etwas schwerer, nährstoffreicher Boden mehr zu als ein zu leichter. Wichtig ferner möglichst sonniger Standort.
Schwarznessel, *Perilla.* Lippenblütler, *Labiatae.* ○ ⊙. Von den 3 Arten der Gattung *Perilla* ist nur die in Japan heimische *P. frutenscens* und auch diese ausschließlich in der Kulturformen 'Nankinensis' bei uns als Sommerblume, und zwar als halbhohe bis hohe Gruppen-Blattpflanze hin und wieder anzutreffen. Bis 80 cm, gegenständige, langgestielte Blätter, bei einjähriger Kultur in ansprechendem Schwarzrot. Die Blüten erscheinen erst spät, klein und unscheinbar und sind für die Verwendung der Pflanzen ohne Bedeutung. – Aussaat III unter heizbarem Glas. Die Sämlinge sind zu topfen und sollten nicht vor Ende V ins Freie gepflanzt werden. Nur warme, vollsonnige Lagen und nährstoffreiche, nicht zu schwere Böden. Für gelegentliche Düngergaben sehr dankbar.
Schwarznußbaum = *Juglans nigra* → Walnußbaum.
Schwarzwurzel, *Scoronera hispanica.* Korbblütler, *Compositae.* Einheimische Wildpflanze, altes Sammelgemüse, erst ab Mitte des 16. Jh. in Kultur genommen. ANBAU. Verlangt lockeren, tiefgründigen, gut versorgten Boden. Aussaat III–IV in Reihen, Reihenabstand 20–25 cm, bei zu dichtem Auflaufen auf 8–10 cm verziehen. Langsame Jugendentwicklung, deshalb Unkrautbekämpfung wichtig, beim Hacken Wurzeln nicht beschädigen! – ERNTE ab IX. Vorsicht beim Ausgraben der Wurzeln, da sie leicht brechen. Vor dem Winter gegrabene Wurzeln sind in feuchtem Sand lange lagerfähig. In ungünstigen Lagen Aussaat VI–VII möglich. Ernte der überwinterten Kultur im Sommer/Herbst des nächsten Jahres. – VERWENDUNG. Wurzeln geschält, in Butter gedämpft und weichgekocht, auch gratiniert, als eines der feinsten Wurzelgemüse. Junge Blätter ergeben ausgezeichneten Salat.
Schwebfliegen, artenreiche Familie aus der Insektenordnung der → Fliegen. Platter Hinterleib, in der Regel dunkelhell gebändert (wespenähnlich); können schwirrend in der Luft stehen; weitaus meiste Arten sind Blattlausfresser: Weibchen legen ihre Eier in Blattlauskolonien, Larven räumen unter den Blattläusen auf. Verpuppung in tropfenförmigen grünen Puppen an den Pflanzen. Sehr wirksame Blattlausvertilger.
Schwedische Mehlbeere = *Sorbus intermedia* → Eberesche.
Schwefel, chemisch S, Hauptnährelement und fungizider Wirkstoff. – NÄHRELEMENT. Umsatz bei Intensivnutzung des Gartens mit Vor-, Zwischen- und Nachkulturen ca. 3–6 g je qm/Jahr. Bedarf wird gedeckt aus Reserve, vorwiegend in organischen Stoffen des Bodens, und Schwefeldioxid (SO_2) in Niederschlägen von Industrieabgasen.

Schwarzkümmel, *Nigella damascena* in weißer und mehrfarbiger Sorte. (Jesse/Seidl)

Schwertlilie

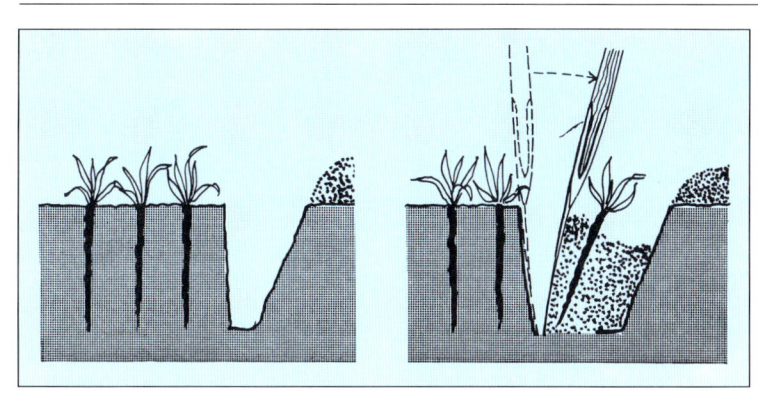

Schwarzwurzelernte: Erst einen Graben ausheben (links), dann mit Spaten einstechen, Erde in den Graben drücken – und die Rüben lassen sich leicht aus dem Boden ziehen. (Aus Mücke/Rieger, Der Garten drinnen und draußen)

Sch. wird durch Mikroorganismen (Sch.bakterien) verfügbar gemacht, sinngemäß wie Stickstoff. – Sch. ist unentbehrlich u. a. für Aufbau von Enzymen und einigen Vitaminen, Eiweiß, speziell der Aminosäuren Cystin, Cystein und Methionin, vor allem auch der Öle der Alliumarten (Knoblauch, Porree, Zwiebel). Sch.mangel ist selten, führt zu ungünstigem Eiweiß/Kohlenhydrat-Verhältnis; ist erkennbar an → Chlorose mit hellen Adern (Besonderheit bei Sch.mangel, Adern bleiben bei Chlorose sonst meist grün). WIRKSTOFF. Sch. ist einer der wichtigsten pilztötenden (→ fungiziden) → Wirkstoffe. Netzsch., Polysulfide und Sch.-pasten enthalten Sch. in fein verteilter, spritzfähiger Form. Wo stärkere Wasserzufuhr unerwünscht ist, verwendet man Stäubeschwefel. In Gewächshäusern wird Sch. in Stangenform verschwelt. Auf Pflanzen gegen Pilzkrankheiten gespritzt oder gestäubt, führt Sch. oft zu teils schweren Verätzungen, vor allem bei trockenem, sonnigem Wetter. Er sollte daher im Nichterwerbsgarten gemieden oder höchstens als Mischbestandteil (z.B. 24% in → Ledax-san oder 150 g Schwefelleber auf 50 Liter als Zusatz zur → Theobald'schen Lösung) verwendet werden.

Schweizer Kalkmilch, selbst hergestelltes Kalk-Leim-Gemisch zur Winterspritzung gegen Knospenverbiß durch Vögel an Obstbäumen und Beerensträuchern. Herstellung: 1,5 kg Branntkalk + 10 Liter Wasser ansetzen (ablöschen), danach 0,6 kg fertig angesetzten Tapetenkleister (10 g Methylzellulose in 0,6 Liter Wasser) hinzugeben. Der Belag hält 3–6 Wochen.

Schwenkregner → Regner.

Schwertfarn → Farne 5.

Schwertlilie, *Iris.* Schwertliliengewächse, *Iridaceae.* 150–200 Arten in der nördlichen, gemäßigten Zone. Ausdauernde Pflanzen mit schwertförmigen bis grasartigen Blättern. Wurzeln dicke, knollige Rhizome, Knollenzwiebeln oder faserig-klumpig. Die 3 hochstehenden Blütenblätter bilden den ‚Dom', die 3 andern sind die ‚Hängeblätter'. Mit dieser Pflanzengattung befaßt sich die Deutsche Iris- und Liliengesellschaft, der viele Liebhaber angehören.

ZWIEBELIRIS. ○ ♃ △ D ✂.

1. FRÜHLINGSBLÜHER. *I. danfordiae,* Taurus. Schmale, aufrechte Blätter, erst nach der Blüte treibend. Blüte gelb mit grünen Punkten, duftend. III, 10 cm. – *I. histrioides,* nördliches Kleinasien. 'Major', großblumiger, leuchtend enzianblau mit weißem Fleck und gelbem Saftmal, am frühesten blühende Zwiebel. II–III, 10 cm. – *I. reticulata,* Kaukasus. Zwiebel oval, zugespitzt, mit netzartiger Haut. Blätter vierkantig, höher als die violettblaue Blüte, mit gelbem Mittelstreifen. Nach Veilchen duftend. 'S. J. Dijt' ist violett und noch härter. Etwas rundere, vollere Blüten haben die Sorten, die aus Kreuzungen mit anderen Arten entstanden sind: 'Harmony', veilchenblau mit weißem Fleck; 'Herkules', samtpurpur, orange Fleck; 'Joyce', ultramarinblau, Fleck gelb-braun getigert. III–IV, 10–15 cm.

2. HÖHERE, IM FRÜHSOMMER BLÜHENDE ARTEN. *I. Hollandica*-Hybriden *(I. xyphium* var. *praecox × I. tingitana × I. lusitiana),* Holländische Iris. Vorwiegend in Gärtnereien heute das ganze Jahr als Schnittblume angeboten. Blätter aufrecht, rinnig, graugrün. Heute weit über 100 Sorten in vielen Farben, z.B. 'Bronze Queen', bronzeblau mit braunen Hängeblättern; 'Imperator', tiefblau; 'Lemon Queen', zitronengelb und schwefelgelb; 'Princess Beatrix', orangegelb, mit dunkelorange Hängeblättern; 'Princess Irene', reinweiß; 'Prof. Blaauw', großblumig, dunkelblau; 'White Excelsior', weiß. V–VI, 30–40 cm. – *I. xyphium,* Spanische I., Südfrankreich, Spanien. Im Handel wie Sorten. Ähnlich den Holländischen I., jedoch später blühend und manchmal etwas kleinblumiger. Meist als Mischung angeboten. Weniger Sorten: 'Afterglow', blauviolett, Hängeblätter zitronengelb mit orange Fleck; 'Blue River', blauviolett; 'Cajanus', kanariengelb mit orange Fleck; 'Frederika', weiß; 'Gipsy Girl', Dom purpur, Hängeblätter bronzegelb; 'Koenigin Wilhelmina', früh, weiß mit gelbem Fleck; 'Summertime', Dom leuchtendblau, weiß geadert, Hängeblätter kanariengelb mit grünlichem Rand. VI, 30–40 cm. – *I. xyphioides (I. anglica),* Englische I., Pyrenäen. Längliche Zwiebeln, Blätter graugrün, innen silbrig, 2–3 Blüten je Stiel. Dom breiter, Hängeblätter größer und ausgeprägter. Vorwiegend als Mischung gehandelt. Sorten: 'Delft Blue', dunkelblau, Hängeblätter hellblau gestreift; 'Giant', Dom königsblau, purpur gestrichelt, Hängeblätter dunkelblau, weiß geadert; 'Mont Blanc', weiß, lila schattiert; 'Prinz Albert', lila mit silbernem Schimmer. VI, 30–40 cm.

Parasitierte Raupe der Gammaeule, voll mit Larven einer Schlupfwespe. – Schwebfliege, frisch aus ihrer Puppenhülle geschlüpft. (Dr. Bender)

Schwertlilie

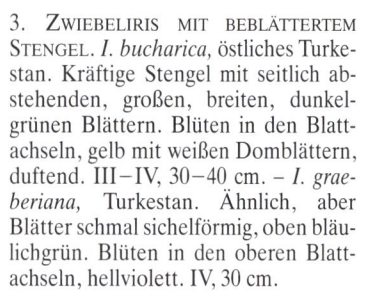

Schwertlilien, Frühlingsblüher: *Iris danfordiae*. (Dr. Jesse) – *I. reticulata*. 'Harmony'. (Herbel)

3. ZWIEBELIRIS MIT BEBLÄTTERTEM STENGEL. *I. bucharica*, östliches Turkestan. Kräftige Stengel mit seitlich abstehenden, großen, breiten, dunkelgrünen Blättern. Blüten in den Blattachseln, gelb mit weißen Domblättern, duftend. III–IV, 30–40 cm. – *I. graeberiana*, Turkestan. Ähnlich, aber Blätter schmal sichelförmig, oben bläulichgrün. Blüten in den oberen Blattachseln, hellviolett. IV, 30 cm.

4. ARTEN MIT EDLEN, MEIST GEADERTEN BLÜTEN, RHIZOM KNOLLENFÖRMIG. *I. hoogiana*, Turkestan. Rhizom mit kurzen Ausläufern, Blätter schmal, etwa 2 cm breit, hellgrün. Blüten schlank, edel, lavendelblau; 'Purpurea', dunkelpurpur; 'Bronze Beauty' (*I. hoogiana × I. stolonifera*). Dom lavendelblau, bronze geadert, Hängeblätter dunkelweinrot mit bräunlichem Rand. V, 50–75 cm. – *I. korolkowii*, Turkestan. Herrliche Art. Schmale, hellgrüne Blätter. Blüte edel, Dom konisch, Blütenblätter etwas angeklappt. Ganze Blüte weißlich, mit schokoladenfarbigem Adernetz; 'Violacea', mit violetter Aderung. V–VI, 40–50 cm. – *I. Regeliocyclus-Hybriden*. Aus Kreuzungen verschiedener Arten der Regelia- und Onocyclus-Sektion entstanden. Blüten stets herrlich geadert, dabei viel härter als die Eltern. 'Andromache', Dom zartviolett, Hängeblätter silberweiß, beide dunkel geadert; 'Artemis', weiß, dunkelviolett geadert mit schwarzem Fleck; 'Charm', Dom cremeweiß, mahagoni geadert und schattiert, Hängeblätter cremeweiß, purpur geadert; 'Eunice', Dom perlgrau, violett geadert, Hängeblätter cremeweiß, Adern bräunlich rosa. Alle verlangen warme, sonnige und geschützte Lage. Im Sommer vollkommene Ruhe bei trockenem Boden, was man durch Abdecken mit einer Glasscheibe erreicht. V–VI, 30–50 cm. – Verwendung dieser Arten im Stein- und Troggarten, Staudenbeet, zusammen mit andern Blumenzwiebeln und Frühlingsblühern. – Boden für alle genannten Arten durchlässig, lehmig-humos. Pflanzung im Herbst, danach mit Torf abdecken. Manche bringen noch im Herbst kurze Blatttriebe. – Vermehrung durch Seitenzwiebeln.

NICHT KNOLLENZWIEBELN TRAGENDE ARTEN. ○–◐ ♃ ⫶ △ D ✕.

I. aphylla (I. nudicaulis), Mitteleuropa bis Rußland. Reichblühend, Stengel verzweigt, Blätter schwertförmig, Blüten violett. Ähnlich *I. germanica*. V, 30–40 cm. – *I. chamaeiris*, Südeuropa. Ähnlich *I. pumila*, aber etwas höher und früher blühend, frohwüchsig. Blüten reinviolett. IV–V, 20 cm. – *I. chrysographes*, Westchina. Wurzelstock faserig, nicht knollig. Blätter schilfartig, Blüten ohne Bart. Dom auseinanderstehend, schmal, dunkelviolett, Hängeblätter purpurviolett mit goldgelben Strichen. VI, 50 cm. – *I. × chrysofor (I. chrysographes × I. forrestii)*. Hybriden mit Mischfarben von violett bis gelb. VI, 50 cm. – *I. foetidissima*, Süd- und Westeuropa. Grüne, linealische Blätter, beim Zerreiben schlecht riechend. Blüten unscheinbar, lila. Samenstände dekorativ. Kapseln aufgesprungen, mit orangeroten, kugeligen Samenkörnern an den einzelnen Fruchtabschnitten. VI, 50 cm. – *I. forrestii*, Westchina. Schilfartige Blätter, etwa ½ cm breit. Blütenblätter schmal. Dom hellgelb, schmal aufrecht, Hängeblätter gelb mit dunkelgelben, rotbraun geaderten Flecken. V–VI, 40–50 cm. – *I. germanica*, Heimat unbekannt. Bekannte Gartenschwertlilie, bei der die Hängeblätter (H) innen einen deutlichen Bart haben. Dom (D) stark ausgeprägt. Alle haben schwertförmige Blätter und dicke, knollige Rhizome. – BARBATA-ELATIOR-GRUPPE, HOHE BARTIRIS. Weiß: 'Matterhorn', weiß, Bart gelb, 90 cm; 'New Snow', reinweiß, 120 cm; 'White Knight', reichblühend, kleinblumig, reinweiß, 60 cm; 'Winter Carnival', großblumig, 110 cm. Hellblau: 'Blue Sapphire', Blüte gewellt, 120 cm; 'Gloriole', ganz hellblau, 90 cm; Mittelblau: 'Amigo', D. lavendel, H. veilchenblau; 'Blue Rhythm', mittelblau. Dunkelblau: 'Lothario', D. blauviolett, H. purpur, 70 cm; 'Mrs. I. L. Gibson', 80 cm; 'Veilchenkönig', mittelviolett, 90 cm; 'Violet Harmony', violett, 100 cm. Schwarzblau: 'Black Forest', kleinblumig, 70 cm; 'Sable Night', 90 cm. Rosa: 'Heritage' und 'Paradise Pink', flamingorosa, 80 cm; 'Manyusya', cattleyenrosa, 80 cm. Weinrot: 'Solid Mahogony' und 'Technicolor', 75 cm. Hell- bis dunkelbraun: 'Arab Chief', und 'Stardom', kupferbraun, 80 cm; 'Ginger', goldbronze, 90 cm; 'Nightingale', hellbraun, 80 cm. Hellgelb: 'Desert Song', 100 cm; 'Mozart', 70 cm. Gelb: 'Golden Sunshine', 90 cm; Goldgelb: 'Cloth of Gold', 'Ola Kala', 90 cm. Zweifarbig mit gelbem Dom (Variegata): 'High Commanded', D. bronzegelb, H. braunrot, 80 cm; 'Lodestar', D. goldgelb, H. braunrot mit gelbem Rand, 70 cm; zweifarbig, Dom weiß (Amoena): 'Catarina', H. blauviolett, 70 cm. 'Pinnacle', H. gelb, 80 cm; 'Wabash', H. veilchenblau, 110 cm. Rand von H. und Dom gestrichelt (Plikata): 'Blue Shimmer', hellblau auf weißem

Iris bucharica. (Herbel)

Iris germanica 'Joyful News'. (Herbel)

Schwertlilie

Grund; 'Minnie Colquitt', violett auf weißem Grund; 'Chantilly', D. braunrot mit violettem Schimmer, H. gelb mit dunkelblau gestricheltem Rand. Besondere Farben: 'Lady Albright', D. kupferbraun, H. braun, Mitte hell mit violettem Spiegel; 'Lady Mohr', D. silbrig lavendel, H. hellbraun mit bläulichem Schimmer, braun geadert, 70 cm; 'Spindrift', D. und H. rosaviolett, H. dunkelviolett gestrichelt und gefleckt. V–VI. – BARBATA-MEDIA-GRUPPE. Halbhoch, zwischen den andern Gruppen blühend. Weiß: 'Alaska', 60 cm; Gelb: 'Halfdan', hellgelb, 60 cm; 'Sunbeam', primelgelb, 70 cm; 'Southland', goldgelb, 60 cm. Blau: 'Andalusian Blue', hellblau, 60 cm; 'Nachtmahr', dunkelblau, 50 cm. Weinrot: 'Ruby Glow', 50 cm. V. – BARBATA-NANA-GRUPPE. Ganz niedrig, früher oft als *I. pumila* geführt. Weiß: 'Cloud Fluff', 25 cm; 'Gletscherspalte', weiß mit blauem Schimmer, 20 cm; 'Green Spot', D. weiß, H. weiß mit grünem Fleck, 20 cm; 'Schwanensee', 20 cm. Gelb: 'Excelsa', dunkelgelb, 15 cm; 'Orange Queen', orangegelb, 25 cm; 'Pogo', gelb mit braun, 15 cm. Blau: 'Blue Denim', hellblau, 20 cm; 'Cyanea', blauviolett, 15 cm; 'Fairy Flax', hellblau, 20 cm; 'Tinkerbell', hellblau mit dunklem Fleck, 15 cm. Rot: 'Blazon', weinrot, Bart goldgelb, 15 cm; 'Jerry Rubin', D. violett, H. weinrot, 25 cm; Plikata: 'Dahle Dennis', weiß, Ränder hellviolett gestrichelt, 20 cm. IV–V. – *I. gracilipes*, Japan. Zierliche Art. Schwach kriechendes Rhizom mit grasartigen, langen überhängenden Blättern. Blüten 4 cm groß, rosalila mit weißem, dunkel geadertem Fleck. VI, 20 cm. – *I. graminea*, Pflaumen-I., Südeuropa bis Kaukasus. Blätter grün, grasartig. Blütenstiele kürzer als die Blätter. Blüten nach reifen Pflaumen duftend, violett, H. außen weiß, violett geadert. Zierlich Iris vieler Bauerngärten.

Hohe Bartritis, *I. germanica*. (Dr. Jesse)

Schwertlilien aus der Barbata-Nana-Gruppe: 'Tonia', blau, und 'Leander', gelb. (Seidl)

V, 30–40 cm. – *I. japonica*, Japan, Mittelchina. Kriechendes Rhizom, Blätter fächerförmig angeordnet, an der Spitze überhängend, dunkelgrün. Vielblütige, verzweigte Stengel. Blütenblätter ausgebreitet, 5 cm breit, nicht hängend. D. und H. zartblau, dunkler gefleckt. 'Ledgers Varietät', zartviolett, H. am Rand gefranst, innen violett punktiert, Mitte mit orangegelbem Fleck. Nur bei gutem Winterschutz durchhaltend, am besten im Topf frostfrei überwintern. IV, 45 cm. – *I. kaempferi*, Japanische Schwertlilie, Japan, Mandschurei, Korea. Faseriger Wurzelstock und lange, lanzettliche, gelblichgrüne Blätter mit deutlicher Mittelrippe. Blütenblätter flach ausgebreitet, ebenso der Dom aus drei schmalen, kurzen Blütenblättern. Nur Sorten, meist japanischen Ursprungs, im Handel. Die gefülltblühenden haben statt drei sechs Blütenblätter. 'Arashi-yama', hellviolett, dunkelviolett gestrichelt; 'Over the Waver', gefüllt zartblau, am Rand hellviolett; 'Sorcoren Triumph', gefüllt, zartblau, violett geadert; 'Teineiraku', gefüllt, schneeweiß mit gelber Mitte; 'Higo-Hybriden', schöne Mischung aller Farben, aus Samen zu ziehen, blühen schon im zweiten Jahr; 'Shira Taki', kleinblumig, hellblau mit violetten Adern; 'Yedo Kagami', kleinblumig, reichblühend, violett. *I. kaempferi* will während der Vegetation feucht, möglichst am Wasser stehen. V–VI, 60–80 cm. – *I. kochii*, Dalmatien. Widerstandsfähige und harte Art, ähnlich *I. germanica*, Blüten purpurviolett. IV, 40–60 cm. – *I. lacustris*, östliches Nordamerika. Kleinste Iris, mit bis 10 cm langen, schwertförmigen Blättern, gut wachsend. Blüten hellblau, ausgebreitet, Mitte der Hängeblätter dunkelblau, weiß und gelb gefleckt. Kann trocken stehen. V, 6–10 cm. – *I. laevigata*, Mandschurei, Korea, China. Ähnlich *I. kaempferi*, aber Blätter ohne Mittelrippe und mittlere Blütenblätter (Dom) stets aufrecht stehend, blau. Hängeblätter sattblau mit gelbem Mittelstreifen. 'Monstrosa' hat Blüten mit 6 Hängeblättern, groß, dunkelblau, Mitte weiß. Will das ganze Jahr über feucht stehen. VII–VIII, 60–80 cm. – *I. monnieri*, Kreta. Ähnlich *I. ochroleuca*, dichte Büsche mit über 50 cm langen, schmalen, aufrechten Blättern. Blüten duftend, gelb, in Etagen übereinander erscheinend. VI–VII, 60 cm. – *I.* × *monspur (I. monnieri* × *I. spu-*

Iris kaempferi. (Dr. Jesse)

Schwiegermutterzunge

Iris ochroleuca 'Gigantea'. (Herbel)

ria). Höher im Wuchs, Blüten hellblau. 'Atropurpurea', D. violett, H. schön violett geadert auf hellem Grund; 'Cambridge Blue', schön blauviolett; 'Shelford Giant', riesenblumig, D. reinweiß, H. weiß mit goldgelber Mitte. VI–VII, 80 cm. – *I. ochroleuca (I. gigantea)*, Kleinasien, Syrien. Aufrechter Wuchs, schmale Blätter, Blüten in Etagen stehend, weiß, H. mit gelber Mitte. VI–VII, 60–80 cm. – *I. pallida (I. glauca, I. odoratissima)*, Südalpen. Auffallend lange, graugrüne Blätter, Stengel höher. Blüten duftend, zart lavendelblau, mit silberweißen, trockenhäutigen Hüllblättern. Wurzeln duften getrocknet nach Veilchen, sie liefern die 'Veilchenwurzel' für medizinische Zwecke. VI, 80–100 cm. – *I. pseudacorus*, Wasser-Sch., Europa bis Westasien an Wasserläufen und Sümpfen. Blätter breit, grün. Blüten oft zwischen den Blättern in den Blattachseln am Stengel, gelb. 'Pallidiflora', blaßgelb, wächst auch an trockeneren Standorten. V–VI, 80–100 cm. – *I. pumila*, Zwerg-Sch., Niederösterreich, Balkan bis Südrußland. Schwachwachsend, kurze, schwertförmige Blätter. Stengel kurz, zwischen den Blättern, einblütig. Farbe der Blüten variabel, hell- bis dunkelblau, gelb und weiß.

Sibirische Schwertlilie, *I. sibirica* 'Blue Moon'. (Herbel)

Was in Gärtnereien an Sorten unter *I. pumila* geführt wird, gehört zur *I. germanica* Barbata-Nana-Gruppe. IV–V, 7–15 cm. – *I. sanguinea (I. sibirica var. orientalis, I. s. var. sanguinea, I. orientalis)*, Ostasien. Schilfartige, steif aufrechte, grüne Blätter. Blüten größer als bei *I. sibirica*, sonst ähnlich, violettblau. 'Snow Queen', schönste weiße sibirische Sch., VI–VII, 60 cm. – *I. sibirica*, Europa bis Sibirien. Dichte, schilfartige Büsche, Blätter grün. Stengel oft verzweigt, mehrblütig. Blüten zahlreich, Dom klein, oben offen, sehr dauerhafte Pflanzen. 'Blue Moon', violettblau, 70 cm; 'Caesar', sehr gut, dunkel violettblau, 100 cm; 'Mountain Lake', sehr gut, mittelblau, 80 cm; 'Mrs. Rowe', silbrigrosa, 70 cm; 'My Love', gut, hellblau, 80 cm; 'Perry's Blue', hellblau, 100 cm. V–VI. – *I. spuria*, Europa, Algier, Asien. Schmale, starre Blätter, graugrün. Blütenblätter schmal, Dom steil aufrecht, Hängeblätter waagrecht, nur der vordere Teil hängend, hellviolett mit gelbem Mittelstreifen, 1–4 je Stengel. 'Bronze Spur', bronzebraun; 'Dutch Defiance', weiß mit gelbem Fleck. VI–VII, 60–80 cm. – *I. tectorum*, Japan, China. Rhizom fleischig, braun. Blätter gerippt, aufrecht, hellgrün. Blüten lila. 10 cm groß. Hängeblätter abstehend, dunkel geadert, weißer Kamm. Will warm und sonnig stehen. V, 30 cm. – *I. variegata*, Österreich, Ungarn, Balkan. Blätter schwertförmig, grün mit erhabenen Blattnerven. Dom gelb, Hängeblätter gelb mit braunroten Adern. Farbfrohe Wildart für Naturgärten. V–VI, 30–40 cm. – *I. versicolor*, nordöstliches Nordamerika. Triebe unten rötlich angelaufen. Blätter ohne Mittelrippe, schwertförmig, grün. Stengel gabelig verzweigt, mit 2–3 Blüten je Zweig, violett, innen weiß, dunkel geadert. Wie *I. pseudacorus* am Wasser wachsend, schön. V–VI, 30–40 cm. Verwendung dieser Arten im Staudenbeet, am Wasser und zum Schnitt. Die niedrigen bis mittelhohen Arten auch im Steingarten. – Boden locker, lehmig-sandig, humos. – Vermehrung: Teilung, Arten auch Aussaat, bis zur Blüte vergehen 2–3 Jahre.

Schwiegermutterzunge → Bogenhanf.

Schwimmbecken, zum Schwimmen ab 1,80 m Tiefe ausgebaute Wasserbecken, die im öffentlichen Freiraum für Wettkämpfe 25 m oder 50 m lange Bahnen haben und in privaten Gärten meist nur 4 × 7 m, 5 × 10 m, 6 × 12 m oder 7 × 16 m groß sind. Sch. sollen in der Grundform rechteckig gut in einen Badegarten, d.h. windgeschützt und zur Sonne ausgerichtet, eingebaut sein. Umrandet wird mit Platten oder Holzrosten, die zugleich als Liegefläche dienen. Als Bauweisen sind einfache Konstruktionen mit Mammuthaut oder Stahlbeton und Schwergewichtsbeton sowie vorgefertigte Aluminiumbecken üblich. Die Beckenauskleidung erfolgt mit Anstrich oder durch Verblendung mit Fliesen und Mosaiken. Mit der Umwälzung des Wassers über Filter kann es zugleich beheizt werden. Badegärten mit festinstallierten Sch. sind jedoch nur in größeren Gärten und Landsitzen bei relativ hohem Kapitaleinsatz möglich, wobei eine Kombination mit Sauna und Sonnenterrasse zu empfehlen ist. In kleinen Gärten können bei entsprechendem Sichtschutz durchaus kleine Sch. eingeplant werden. Die Industrie bietet für kleine Gärten vorgefertigte Kunststoffbecken mit stabilen Wänden und Böden aus glasfaserverstärktem Polyesterharz, wobei die wasserseitige Oberfläche durchgefärbt und die Rückseite gegen Feuchtigkeit versiegelt ist. Polyester-Sch. werden bereits mit 1,75 × 2 m, 3 × 3 m, 3 × 4,25 m und größer im Handel angeboten. In der sich abzeichnenden Freizeitgesellschaft wird das preiswerte Sch. aus Kunststoff große Verbreitung bis in kleinste Gärten und Wohnsiedlungen finden.

Schwimmpflanzen, Stauden, die in stehenden und leicht fließenden Gewässern vorkommen und zu halten sind. Alle Schwimmstauden sind nur im Sommer und Herbst an der Wasserfläche sichtbar. Überwinterung zumeist am Grunde der Wasserbecken oder Teiche.

Azolla
Ceratophyllum   *Nymphoides*
Elodea   *Potamogeton*
Hottonia   *Stratiotes*
Hydrocharis   *Trapa*
Myriophyllum   *Utricularia*

Schwingel, *Festuca*. Gräser, Gramineae. ○ ♃ △ ⌒ i. Über 100 Arten auf der ganzen Erde. Die meisten in unseren Gärten sind niedrig, vorwiegend mit dünnen, bläulichen Halmen. Die rispigen Blütenstände sind bei allen fast ohne Bedeutung. Blütezeit V–VI. – *F. alpina (F. capillaris, F. ovina ssp. alpina)*, Alpen-Sch., Alpen. Halbkugelige Polster mit haarfeinen, grünen Blättchen. 10–20 cm. – *F. amethystina (F. austriaca, F. ovina var. vaginata)*, Regenbogensch., Alpen, Südeuropa. Flache, immergrüne Horste mit fadenförmigen, bläulich- bis meergrünen Blättern. Halme überhängend mit schlanker Rispe, Ährchen violett.

Seerose

'Aprilgrün', schon im April frisch-graugrün, 20 cm. – *F. glacialis* (*F. frigida*), Gletschersch., Pyrenäen. Kleine Polster, oft zu dichten Teppichen zusammenwachsend. Blätter dünn, bleich graugrün. 10–15 cm. – *F. glauca* (*F. cinerea, F. ovina* ssp. *glauca*), Blauschwingel, Europa. Halbkugelige, geschlossene Büsche mit schönen, blausilbrigen Blättern. 'Silberreiher' hat eine besonders auffallende Silberfärbung. 20 cm. – *F. mairei*, Atlassch., Marokko (Atlas-Gebirge). Blätter flach, straff, 0,5 cm breit, graugrün, lockere Büsche. Halme steif aufrecht, Rispe wenig verzweigt, schlank. Für Heidegarten und als Solitär. 60 cm. – *F. ovina*, Schafsch., nördliche gemäßigte Zone. Dichtrasige Büsche mit dünnen, zylindrischen Halmen, graugrün. 'Capillata', ganz dünne, hellgrüne Halme, 20 cm; 'Harz', breite Horste mit blaugrünen Halmen, 20–25 cm. – *F. punctoria* (*F. acerosa*), Stachelsch., Kleinasien. Lockere Büschel mit harten, starren, stechenden, graugrünen Blättern. Paßt gut zu Sukkulenten im Steingarten. 10–15 cm. – *F. scoparia* (*F. crinum-ursi*), Bärenfellsch., Pyrenäen. Dichte Rasenpolster, bald zu großen Teppichen zusammenwachsend. Blätter stielrund, haarfein, grün. 10 cm. – *F. valesiaca* (*F. ovina* var. *v.*), Zwergblauschwingel, Süd- und Osteuropa, Nordamerika. Dichte, flachpolstrige Horste. Blätter haardünn, bei 'Glaucantha' blaugrün bereift. 15–20 cm. – VERWENDUNG. Im Stein- und Heidegarten und zwischen Staudenpflanzungen. Schön zusammen mit Kleinblumenzwiebeln. – Boden durchlässig, leicht. – Vermehrung durch Teilung guter Pflanzen und Aussaat. → Rasengräser.

Schwing'sche Sperlingsfalle, ein mit Körnern beköderter Drahtkäfig, in den die Sperlinge durch eine Wipp-Tür hinein-, aber nicht wieder herausgelangen. Der Gebrauch ist nur zum Fang von Haus- und Feldsperling erlaubt und sollte nur in Ausnahmefällen, bei wirklichem Überhandnehmen der Sperlinge, erfolgen. Es dürfte naheliegen, das Futterangebot einzuschränken.

Schwingel, *F. amethystina*. (Jesse)

Sciadopitys → Schirmtanne.
Scilla → Blaustern.
Scindapsus → Efeutute.
Scirpus → Simse.
Scutellaria → Helmkraut.
Sedum → Fetthenne.
Seeigelkaktus → Kakteen 11.
Seekanne, *Nymphoides*. Fieberkleegewächse, *Menyanthaceae*. ○ ♃ ≋. Rund 20 Arten in den gemäßigten und tropischen Gebieten. Wasserpflanzen mit seerosenähnlichen Blättern. – *N. peltata* (*Limnanthemum peltatum, L. nymphoides*). Heimische S., Süd- und Mitteleuropa, Asien. In stehenden oder langsam fließenden Gewässern. Blätter schwimmend, dunkelgrün, braun schattiert. Blütendolden in den Blattwinkeln, meist einzeln aufblühend. Blüten leuchtend gelb, am Rand bewimpert. VI–IX, Wassertiefe 10–80 cm. – Verwendung als kleine Wasserpflanze für entsprechende Gewässer. Der Wurzelstock wuchert im Schlamm. Boden kräftig, humos-lehmig. Vermehrung durch Teilen der Rhizome.

Seerose, *Nymphaea* 'Rosennymphe'. (Seibold)

Seerose, *Nymphaea*. Seerosengewächse, *Nymphaeaceae*. ○ ♃ ≋ ✂. Fast 40 Arten in den tropischen, subtropischen und gemäßigten Zonen. Wasserpflanzen, die am Grund wurzeln, mit waagrechten Rhizomen. Blätter schwimmend, rundlich bis oval. Blüten auf oder kurz über dem Wasser, fast immer mit mehreren Reihen von Blütenblättern, also gefüllt.

WINTERHARTE ARTEN. *N. alba*, Weiße S., einheimisch, Europa bis Kleinasien. Armdicke Rhizome und rundliche, lederartige, dunkelgrüne Blätter. Blüten weiß. 'Rosea', karminrot; 'Rubra', rosenrot. V–VIII. Wassertiefe 50–100 cm. – *N. candida*, Nordeuropa, Schweden. Ähnlich der Weißen S., aber Narbenscheibe bei geöffneter Blüte sichtbar, weiß. VI–VIII, 100–150 cm. – *N. × helvola* (*N. mexicana × N. tetragona*), Zwergseerose. Mit 3–4 6 cm großen Blättern, olivgrün, braun geflect. Blüten 4–6 cm groß, schwefelgelb. VI–IX, Wassertiefe 15–20 cm. *N. odorata*, Wohlriechende S., Nordamerika bis Mexiko. Große Blätter, unterseits etwas rötlich. Blüten 8–15 cm groß, süß duftend, etwas über dem Wasser stehend, weiß. 'Rosea', rosa. 3–4 Tage lang vormittags geöffnet. VI–VIII, 100–150 cm. – *N. tetra-*

Seerose

Aufwendige Gartenanlage mit exotischen Gehölzen und Wasserstauden an einem Seerosenteich. (Morgan)

gona (N. pygmaea), Zwergs., Finnland, Sibirien, China bis Nordamerika. Blätter klein, 4–7 cm groß, oben dunkelgrün, braunrot gefleckt, unten dunkelrot. Blüten 3–4 cm groß, duftend, weiß, 5–15 cm. 'Pygmaea Alba', etwas großblumiger, reinweiß, stärker wachsend. 15–30 cm. VI–X. – *N. tuberosa*, nördliche und mittlere USA. Starkwachsend. Knollentragende Sprosse und beiderseits grüne, große Blätter. Blüten kurz über dem Wasser stehend. 10–17 cm, fast duftlos, weiß. 'Richardsonii', etwas schwächer im Wuchs, weiß. 20–40 cm. VI–VIII. – *N.-Hybriden*. Meist wertvoller als die Arten, aber auch wärmeliebender. Weiße Sorten: 'Gladstoniana', riesenblumig, großblättrig, starkwachsend, 60–100 cm; 'Hermine', mittelgroß, gut gefüllt, 60–80 cm; 'Marliacea Albida', duftend, schneeweiß, 40–80 cm; 'Pöstlingberg', großblumigste Sorte mit riesigen Blüten, starkwachsend, 70–200 cm. – Rosa Sorten: 'Laydekeri Lilacea', lilarosa, innen dunkler. Kleine Blätter, schwachwachsend, 20–50 cm; 'Marliacea Rosea', großblumig, hellrosa, starkwachsend, nur für große Wasserflächen, 70–180 cm; 'Masaniello', großblättrig und großblumig mit vollen Blüten, tiefrosa, Mitte karmesin, 40–200 cm; 'Rosennymphe', mittelgroß, zuerst dunkel-, dann hellrosa, wüchsig und reichblühend, 40–120 cm; 'Sioux', beim Aufblühen gelblich, dann kupferrosa, Laub bronze marmoriert, 20–50 cm; 'Wesernymphe', gut wachsend, Blüten groß, sternförmig, frischrosa, 40–120 cm. Rote Sorten: 'Charles de Meurville', dekorative, große Blätter, Blüte groß, weinrot, außen weißlich, 60–150 cm; 'Escarboucle', großblumig, karminrot, 40–80 cm; 'Froebelii', karminrote Zwergsorte, 20–40 cm; 'Gloriosa', großblumig, hell karminrot, schönes Laub, 50–100 cm; 'James Brydon', sehr gut, bräunliches Blatt, runde Blume, dunkel kirschrot, 40–120 cm; 'René Gerard', sehr großblumig, wüchsig, karminrot, 60–150 cm. – Gelbe Sorten: 'Colonel A. J. Welch', sternförmig, kanariengelb, starkwachsend, meist über dem Wasser stehend, spät, 60–150 cm; 'Marliacea Chromatella', Blätter schön braun marmoriert, Blüten hellgelb, 60–120 cm; 'Sunrise', sternförmig, schwefelgelb, über dem Wasser stehend, wärmeliebend, 40–80 cm. Alle VI–IX. – VERWENDUNG. In stehendem Wasser, je nach Wassertiefe und Wuchs in größeren oder kleineren Becken. Als Schnittblumen geöffnete Blüten abschneiden, einige Zeit an der Sonne liegen lassen und dann ins Wasser stellen, so bleiben sie offen und sind beliebt für flache Schalen. Goldfische im Wasser halten die Wasserbecken von Algen sauber. – BODEN. Am besten pflanzt man in größere oder kleinere Plastikkörbe in eine Mischung von Kompost mit Torf und Hornmehl. Danach mit Sand oder Kies abdecken. Seerosen brauchen Wärme, deshalb erst die Körbe in das Wasser stellen, wenn dies warm ist, also etwa Ende IV. Zum Winter werden sie aus niedrigen

Becken herausgenommen und im Keller frostfrei überwintert. Dabei nicht austrocknen lassen! Auch Abdecken mit 30 cm hoch aufgeschüttetem Laub oder Torf ist ausreichend als Winterschutz in leeren Becken. Große Wasserbecken, die nicht durchfrieren, müssen im Winter Luftlöcher mit Stroh ausgestopft erhalten, damit die Goldfische Luft haben. – Vermehrung bei allen durch Teilung und Augenstecklinge.

NICHT WINTERHARTE SEEROSEN. *N. capensis* var. *zanzibariensis*. Sansibar. Kleine, grüne Blätter. Blüten hellblau, mittelgroß, sehr reichblühend. 30–60 cm Wassertiefe. *N. lotus*, Weiße ägyptische Lotusblume. Sehr großblumig, 15–25 cm und starkwachsend, reinweiß. Blatt grün, 30 cm und größer, am Rand gezähnt. 60–100 cm. – *N. rubra*, Ostindien. Viel zur Kreuzung mit *N. lotus* benutzt. Blätter rotbraun, Blüten herrlich, groß, 15–25 cm, leuchtend dunkel karminrot. 60–100 cm. – Hybriden: Großblumig und reichblühend, oft einmalig schön. 'C. W. Ward', leuchtend dunkelviolett, goldgelbe Staubbeutel; 'Devoniensis', dunkel karminrosa; 'Emily Grant Hutchings', frisches Lachsrosa. VI–IX. – VERWENDUNG. Im geheizten Wasserbecken, evtl. neben einem Schwimmbecken im Garten angelegt. Wassertemperatur 20–25°C, Wassertiefe 25–40 cm. Einpflanzen in lehmige Rasenerde und verrottetem Kuhmist oder Einheitserde. Große Gefäße verwenden. Erde jährlich erneuern. Im Herbst herausnehmen, putzen und in sauberen Sand einschlagen. Im geheizten Keller bei 15–18°C überwintern. Sand stets feucht halten. – Vermehrung durch Teilung.

Segge, *Carex*. Riedgräser, *Cyperaceae*. ◐–● ♃ △ i. 800–900 Arten in den kälteren und gemäßigten Zonen. Anspruchslose, oft sehr dekorative Gräser mit eigenartigen Blatt- und Blütenformen. – *C. baldensis*, Schnees., Südalpen bis bayrische Alpen. Graugrüne Blatthorste mit weißen Blütenköpfchen. VII, 10–20 cm. – *C. buchananii*, Fuchsrote S., Neuseeland. Will sonnig stehen. Runde, dünne, rotbraune Halme, eigenwillig gestellt, sehr dekorativ, da die Halme wie abgestorben aussehen. VII–VIII, 40 cm. – *C. grayi*, Morgensterns., atlantisches Nordamerika. Breite, dreikantige Blätter und stachelige, morgensternähnliche Früchte. Auch getrocknet haltbar. Für trockenen bis feuchten Stand. VII–VIII, 50–80 cm. – *C. montana*, Bergs., Europa. Fast knolliger Wurzelstock. Robust. Blätter dünn, überhängend, fast dreikantig, bräunliche Herbstfärbung. Blütenstände pinselartig, schwefelgelb. IV–V, 20 cm. – *C. morrowii* (*C. japonica*), Japansegge, Japan. Nur 'Variegata' im Handel. Blätter schmal, leicht überhängend, immergrün, Rand gelb. V–VII, 30 cm. – *C. ornithopoda*, Vogelfuß. Hübsche kleine Art mit schmalen, spitzen Blättern in dichten Horsten, hellgrün. 'Variegata', hübsche Form mit weißem Mittelband. VII, 20 cm. – *C. pendula* (*C. maxima*), Riesens., Europa, Asien, Südafrika, heimisch. Lange, übergebogene Blätter und Halme. Blütenähren lang, pendelnd. Schön an Wasserläufen. VI–VII, 60–80 cm. – *C. plantaginea*, Breitblatts., atlantisches Nordamerika. Flache Horste mit breiten, bandförmigen Blättern. V–VI, 20 cm. *C. umbrosa*, Schattens. Zierliches Polster mit grünen Blättern, guter Bodenbegrüner. V, 20 cm. – Verwendung als Bodendecker und zur Bepflanzung unter Sträuchern und Bäumen. Die niedrigen Arten auch im Steingarten. – Boden humos bis feucht. – Vermehrung am besten durch Teilen schöner Pflanzen.

Seidelbast, *Daphne*. Seidelbastgewächse, *Thymelaeaceae*. 50 Arten, hauptsächlich in Asien, wenige in Europa. Alle Seidelbastarten sind infolge des großen Gehaltes an Daphnin giftig und von alters her medizinisch verwendet worden. Man benutzte die Rinde innerlich gegen syphilitische Krankheiten, rheumatische und gichtische Beschwerden, äußerlich als schmerzableitendes Mittel gegen Zahnschmerzen, Kopfweh und dergleichen. – *D. alpina*, Alpenseidelbast. ○ ♄ V–VI △ D Lie. In den Alpen beheimatet, bis 0,50 m, sommergrüner Strauch mit beiderseits behaarten Blättern. Die weißen Blüten duften, stehen zu mehreren in endständigen Köpfchen; kleine, rote Beeren. – *D. arbuscula*. ○–◐ ♄ VI △ ⌇ D i. Ungarn. Immergrünes, kleines Sträuchlein mit niederliegenden Zweigen, nadelartigen, glänzenden Blättchen und lilarosa, stark duftenden Blütenköpfchen. Typischer Geröllhaldenbewohner, möchte im Garten steinigen, durchlässigen Boden. – *D. blagayana*, Königsblume. ◐ ♄ IV–V △ D i Lie. Im südöstlichen Europa heimisch, zuerst 1837 vom Grafen Blagaya unweit von Laibach gefunden worden. Immergrüner, niederliegender Strauch mit gelblich-weißen, stark duftenden Blüten. Bevorzugt absonnige Lage und humosen, kalkhaltigen Boden. – *D.* × *burkwoodi* (*D. caucasica* × *D. cneorum*). ○–◐ ♄ V–VI △ D. Sehr schöne, bis 1 m hohe Kreuzung mit breitem Wuchs und vielen, anfangs rosa, später weißlichen Blüten. Sorte 'Somerset' größere Blätter, den Sommer über leicht remontierend. Für Stein- und Heidegarten, wo in milden Lagen die Blätter über Winter grün bleiben. In schneereichen Gegenden werden ältere Pflanzen oft vom Schnee auseinandergedrückt. – *D. cneorum*, Rosmarinseidelbast. ○–◐ ♄ V–VI △ ⌇ D i. Spanien bis Westrußland, Name nach den rosmarinartigen Blättchen. Niederliegendes, immergrünes Sträuchlein mit dunkelgrünen Blättchen und karminrosa Blüten, die stark duften. Sorte 'Major' wird größer, wächst stärker und ist auch im Garten williger; die Formen 'Nana' und 'Pygmea' wachsen sehr langsam und sind schwierig. – *D. genkwa*. ○ ♄ IV–V △ ⌒ Lie. China, kaum meterhoch. Sommergrün, schlanke, aufrechte Zweige und vor den Blättern erscheinende lilafarbene Blüten. Dieses Kleinod verlangt etwas absonnigen Standort in geschützter Lage und kalkfreien Boden. – *D. laureola*, Lorbeerseidelbast. ○–◐ ♄ III–V ⌒ i. Südeuropa und Westasien, Name nach den lorbeerartigen Blättern. Immergrün, bis 1 m, dunkelgrüne, glänzende Blätter; gelblichgrüne, schwach duftende Blüten. Braucht feuchte, halbschattige Lage und ist nicht ganz winterhart. Etwas härter ist die Abart var. *philippii*, die buschiger wächst. – *D. pontica*. ○–◐ ♄ V △ D i. Dem Lorbeerseidelbast sehr ähnlich, aber wesentlich härter und verträgt auch volle Sonne. – *D. mezereum*. ○–◐ III–IV D. Unser heimischer, bekannter S. In Europa und vom Kaukasus bis zum Altaigebirge verbreitet. Sommergrün, 1–2 m, mit aufrechten Zweigen, an denen, im oberen Drittel,

Seidelbast, *Daphne mezereum*. (Seidl)

Seidenmohn

Seifenkraut, *S. lempergii* 'Max Frei'. (Seidl)

die stark duftenden, blaßkarminroten Blüten und später die scharlachroten Früchte sitzen. Bei der Abart var. *alpinum*, die kürzere Triebe hat, sind die Blüten dunkler und bedecken fast die ganzen Zweige. Form 'Alba': reinweiße Blüten und hellgelbe Beeren. Im Garten besonders für die Vorfrühlingsecke geeignet, in näherer Nachbarschaft von Schneerosen, Glockenheiden, Schneeglöckchen und anderen frühblühenden Stauden oder Blumenzwiebeln. – *D. petraea*. Felsenseidelbast. ○–◐ ♄ V–VI △ ▽ D i Lie. Wächst in Südtirol auf Marmorkalk, im Garten sehr schwierig. Bis 15 cm hohes Sträuchlein mit kleinen, lanzettlichen Blättchen und stark duftenden, dunkelrosafarbenen Blüten. Nur dem erfahrenen Liebhaber gelingt es, dieses Kleinod für längere Zeit zu erhalten, am ehesten mit Topfkultur; ausgepflanzt besteht nur im Tuffstein Aussicht auf Erfolg. In den Stein wird ein Loch gebohrt, so daß der Wurzelballen gerade Platz hat. Die Wurzeln haben so genügend Luft und holen sich aus dem Stein die nötigen Nährstoffe. – *D. sericea*. ◐ ♄ V–VI △ ⌣ D i Lie. Spanien, im Garten nur an geschützten Stellen ausreichend winterhart. Immergrüner, an Zwergalpenrosen erinnernder Strauch mit dunkelgrünen, behaarten Blättern und dunkellilafarbenen Blüten. Verlangt etwas Schutz vor der Wintersonne. – *D. striata*, Steinröschen. ○–◐ ♄ VI–VII △ ⋘ D i Lie. Alpen. Kleiner, immergrüner Strauch mit niederliegenden Zweigen, nadelartigen Blättchen und rosafarbenen Blüten. Große Ähnlichkeit mit *D. cneorum*, aber viel schwieriger in Kultur. Nur für Könner! – ANSPRÜCHE. Kalkhaltiger, durchlässiger, manchmal auch steiniger Boden in sonniger oder etwas absonniger Lage. Ältere Pflanzen können nicht mehr verpflanzt werden. Seit etwa 1970 ist in Holland eine gefährliche Blattfleckenkrankheit aufgetreten. Die Ursache ist ein Virus, durch den die Blätter frühzeitig abfallen, so daß die Pflanzen eingehen. Bekämpfung noch nicht möglich. Einziges Gegenmittel scharfe Selektion. – VERMEHRUNG. Bei Aussaat werden mit Vorteil die Beeren schon vor der Reife geerntet und dann gleich ausgesät. Die immergrünen Arten, die selten Samen hervorbringen, wachsen gut aus → Stecklingen, die von halbweichen Trieben im Frühsommer geschnitten werden. – Absenker bei den kriechenden Arten. Von Veredlung ist abzuraten, da der typische Wuchs verlorengeht.

Seidenmohn → Mohn.

Seidenpflanze, *Asclepias*. Seidenpflanzengewächse, *Asclepiadaceae*. ○ ♃ ⌢ Bie. Interessante Pflanzen aus Nordamerika, meist mit kriechendem Wurzelstock und schönen Blüten. – *A. curassavica*, ▽. Tropisches Amerika. Schönste Art, nicht winterhart, halbstrauchig, Blüten scharlachrot mit orange. Nur für große Töpfe oder Kübel. VI–IX, 80–120 cm. – *A. incarnata*, Ausläufer treibend, Blüten inkarnatrot, nach Vanille duftend, VI–VIII, 120 cm. – *A. syriaca*, stark wuchernd. Blätter unterseits behaart, Blüten weißlichrosa, nach Honig duftend. VI–VIII, 40 cm. – *A. tuberosa*, kriechender, knolliger Wurzelstock. Blätter und Triebe behaart, Blüten orangegelb. Guter Winterschutz. VI–VIII, 120 cm. – Verwendung in Staudenbeeten, zwischen Rhododendron als reizvolle Blüher. Bienenfutterpflanze!

Seifenkraut, *Saponaria*. Nelkengewächse, *Caryophyllaceae*. ○ ♃ ⌢ △. Rund 30 Arten im gemäßigten Eurasien, vorwiegend im Mittelmeergebiet. Niedrige bis mittelhohe, meist reichblühende Stauden. *S. caespitosa*, Spanische Gebirge. Polster mit linealisch-lanzettlichen, grasgrünen Blättchen. Blüten dichtstehend, rosa. VII–VIII, 8?–10 cm. – *S.* × *lempergii* (*S. cypria* × *S. hausknechtii*). Stark verzweigte, niederliegende, aufstrebende Triebe. Blätter lanzettlich, dunkelgrün. Blüten in Blattachseln, lebhaft karminrosa. Wertvoll für Steingärten. VIII–IX, 30 cm. – *S. ocymoides*, west- und südeuropäische Hochgebirge. Bekannte Art. Zweige lang, niederliegend, gabelig verzweigt. Blätter verkehrt eiförmig. Blüten in Trugdolden, dichtstehend, rosa. 'Splendens', dunkelrosa. Kalkliebend. VI–VII, 10–20 cm. – *S.* × *olivana*, (*S. caespitosa* × *S. pupmila*). Graugrüne Polsterkissen mit kleinen, lanzettlichen Blättchen. Blüten die Pflanze bedeckend, fast sitzend, rosarot. VI–VII, 5 cm. Verwendung im Steingarten, Trockenmauern. Boden durchlässig, steinig, humos. Vermehrung durch Aussaat, die Hybriden und Sorten durch Stecklinge.

Selaginella → Mooskraut.

Selbstbestäubung erfolgt, wenn Pollen derselben Blüte oder Sorte auf die Narbe des Blütenstempels gelangt, sei es durch Wind oder durch Insektenvermittlung.

Selbstfruchtbarkeit (Autofertilität): Sorteneigener Pollen vermag die Samenanlagen zu befruchten.

Selbstklimmer → Jungfernrebe.

Selbststerilität, der sorteneigene Pollen kann die Samenanlagen nicht befruchten.

Selbstversorgung → Eigenversorgung.

Selenicereus → Kakteen 9.

Selenipedium → Orchideen 6.

Sellerie, *Apium graveolens*. Doldenblütler, *Umbelliferae*. Mittelmeergebiet, Atlantikküste. Im Altertum wichtige Gemüse-, Gewürz- und Kultuspflanze; seit dem Spätmittelalter bei uns im Anbau. Zwei Kulturformen: Knollen- und Stangens. KNOLLENSELLERIE. *A. graveolens* var. *rapaceum*. Verwendetes Organ: Knolle, bestehend aus Wurzel- und Sproßgewebe. Anbau: Kultur nur über Setzlinge möglich. Aussaat III bis Anfang IV in warmgestellte Schalen; später ins Frühbeet pikieren; auch dünne Direktsaat in warmes Frühbeet ist in günstigen Lagen möglich. Auspflanzen ins Freiland Anfang VI. Verlangt humosen, gut gedüngten Boden. Reihenabstand 40 cm, in der Reihe 35 cm. Pflege: bei Bedarf hacken und gießen. Ernte: Mitte X, vor Frosteintritt Knollen ausgraben. Blätter entfernen, Wurzeln leicht einkürzen; hält in guten Kellern eingeschlagen bis Spätwinter. Verwendung:

Knollensellerie Hilds Monarch GS. (Hild)

Kinderspielplatz mit Sicht- und Windschutz durch einen Lamellenzaun und verschiedene Gehölze. (Felbinger)

Sitzplatz an einem Atriumhaus unter schattengebenden Gehölzen. Die Sichtschutz bietende Mauer ist aufgelockert durch Kübelpflanzen wie Agapanthus und Oleander. (Rosenberg)

Sichtschutz

Sehr vielseitig; roh, fein geschnitten in saurer Rahmsauce als wohlschmeckender Salat; in Würfel oder Scheiben geschnitten und gekocht als nahrhaftes Gemüse; ganz oder grob zerteilt in Eintopfgerichten usw.

STANGENSELLERIE, Bleichsellerie, *A. graveolens* var. *dulce*. Verwendetes Organ: die verdickten, langen Blattstiele. Anbau: Anzucht und Auspflanzung wie Knollens. Im IX die Blattstiele mit Bast zusammenbinden; zum Bleichen gut anhäufeln, aber nur, wenn der Boden genügend leicht und trocken ist, sonst unangehäufelt fertig kultivieren. Ernte X, vor Frosteintritt ausgraben, Blätter leicht einkürzen, Pflanzen im Keller einschlagen. Verwendung: Blattstiele mit pikanten Saucen roh genossen; auch als Kochgemüse.

Sempervivum → Hauswurz.
Senecio cineraria → Greiskraut.
Senecio cruentus → Cinerarie.
Senf, Gelber Senf *(Sinapis alba)*, in der → Mischkultur nach G. Franck wichtig als Heil- u. Küchenkraut und schnell deckende Voraussaat im Frühjahr sowie Spätsaat vor Winter; friert ab, läßt sich leicht einarbeiten.
Sequoia → Mammutbaum.
Sequoiadendron → Mammutbaum.
Sesleria → Blaugras.
Setcreasea → Blut-Tradeskantie.
Setzholz, Pflanzholz, gebräuchlich mit Stahlspitze. Je nach Bodenart benutzt man breite bzw. schmale Formen.
Setzlatte, zum Kontrollieren der Genauigkeit des Rasenboden-Feinplanums: Hartholzlatte, Querschnitt 2 × 5 cm, Länge ca. 1,8–2,0 m. → Rasenneuanlagen.
Shiitake → Pilzanbau.
Sibirischer Wein → Klimme.
Sichel, kleine Abart der Sense mit kurzem Griff zum Mähen von hohem Gras. Handhabung dieses Einhandgerätes erfordert Übung. Mit Wetzstein ist die S.schneide öfter zu entgraten („abzuziehen").
Sichelfarn → Farne 4.
Sicheltanne, Kryptomerie, *Cryptomeria*. Sumpfzypressengewächse, *Taxodiaceae*. Nur eine Art in Japan. Dort wichtiger Forstbaum, der hauptsächlich das Holz für die Holzhäuser liefert. – *C. japonica*, ○–◐ ♄ i. Bis 30 m, mit schlankem, geradem Stamm, an der Basis bis 2 m dick. Die Äste sind abstehend, sehr dicht gestellt mit grünen Zweigen und steifen, sichelförmig einwärts gekrümmten Nadeln. Die normale Form der S. gedeiht nur bei genügend Luftfeuchtigkeit und milden Wintern. Die Gartenformen, die sich hauptsächlich in den Wuchsformen unterscheiden, sind zum Teil härter und weniger empfindlich: 'Bandai-Sugi', bis 2 m hohe Zwergform mit strauchigem Wuchs und unregelmäßig abstehenden Zweigen; 'Elegans', meist buschiger Strauch oder kleiner Baum mit zahlreichen, horizontal ausgebreiteten Ästen und dichtstehenden Zweigen, verfärbt sich im Winter rotbraun bis violettgrün; 'Elegans viridis', ähnlich wie vorherige Sorte, jedoch auch im Winter grün; 'Globosa nana', Zwergform, bis 1 m hoch, mit kugeligem Wuchs und leicht übergebogenen Zweigen; 'Jindai-Sugi',

Mooswand als Sichtschutz mit Einjahrsblumen: rosa und rote Eisbegonien, gelbe Sammetblumen, weißer Duftsteinrich, weißfilziges Ruhrkraut und rote Geranien. (Herbel)

Stangensellerie 'Golden Sparten'. (Wagner)

bis 3 m hoch, mit kegelförmigem Wuchs, regelmäßiger Verzweigung und übergebogenen Spitzen; 'Vilmoriniana', Zwergform, kaum 80 cm, mit stumpf kegelförmigem Wuchs und zahlreichen, kleinen Zweigen. – ANSPRÜCHE. Frischer, kräftiger Boden in Lagen mit ausgeglichenem Klima. Im Winter verfärben sich die Nadeln meist braun, vergrünen im Frühjahr aber wieder. Die normale Art ist wegen ihrer Größe und mangelnden Winterhärte für den Garten kaum geeignet. – VERMEHRUNG. Aussaat sofort nach der Ernte, da der Samen rasch an Keimfähigkeit verliert. Stecklinge, im VIII geschnitten, sind bei den Sorten üblich, sie müssen im ersten Jahr kühl, aber frostfrei überwintert werden. Wird veredelt, so mit Vorteil auf bewurzelte Stecklinge der Sorte 'Elegans', die sich leicht bewurzelt und keine Pfahlwurzel, wie die Sämlingspflanzen, bekommt.
Sichtschutz, mit Hecken, Mauern, Blendzäunen, Rohrmatten und Glaswänden gegen Einsicht vorgenommener Schutz an Freiräumen wie Terrassen, Sitz- und Liegeplätzen. Auf schmalem Rand kann ein wirksamer S. nur mit architektonischen Mitteln wie Blendzaun, Mauer oder geschnittener

Sickerschacht

Hecke erzielt werden. Bei Bauwerken über 2 m auf der Grenze ist die Genehmigung und Zustimmung des Nachbarn einzuholen. Steht jedoch ein Pflanzstreifen von 3 m und mehr zur Verfügung, kann in Kombination mit freiwachsenden Gehölzen, Zaun und Erdwall multifunktional neben S. auch ein Windschutz erreicht werden.

Sickerschacht, mit Grobschlag, Schotter und Kies ausgefüllte Grube an Bauwerken, befestigten Flächen oder tiefgelegenen Gartenteilen, um Niederschlagswasser aufzufangen und direkt ins Grundwasser versickern zu lassen.

Sidalcea → Prärimalve.

Sieb → Durchwurfsieb.

Siebenpunkt → Marienkäfer.

Siedlergarten, an Kleinsiedlungen gelegener, ca. 1000–3000 qm großer Nutzgarten. In den Bestimmungen über die Förderung der Kleinsiedler wird auferlegt, daß der S. kein reiner Ziergarten sein und der Ertrag von der Fläche nicht dem Haupterwerb dienen darf. Während die überwiegende Gartenfläche dem Anbau von Feldfrüchten, Gemüse und Obst dient, wird die hausnahe Zone für Feingemüse, Haustiere, Blumen sowie für Rasen- und Wohnbereiche genutzt.

Siegwurz → Gladiole.

Signatur, auf Karten und Plänen angewandte Symbole und Planzeichen zur Darstellung von Objekten, auf Gartenplänen auch von Bäumen, Sträuchern, Stauden, Rasen und Wegen.

Silberbusch → Perowskie.

Silberdistel → Eberwurz.

Silberglocke → Schneeglöckchenbaum.

Silberimmortelle → Perlpfötchen.

Silberkerze, *Cimicifuga.* Hahnenfußgewächse, *Ranunculaceae.* ○-◐-● ⚄ ✂. Etwa 20 Arten in der nördlich gemäßigten Zone. Ausdauernde Stauden, meist mit mehrfach zusammengesetzten Blättern. Blütenstände kerzenartig, mit weißen Blüten. – *C. acerina,* Japan. Geschlossene Büsche mit dunkelgrünen, dreiteiligen Blättern. Blütenstände straff aufrecht, wenig verzweigt, schmal, weiß. 120 cm. 'Compacta' wird nur 60 cm hoch. VIII–IX. – *C. cordifolia,* Lanzen-S., atlantisches Nordamerika. Blätter doppelt dreizählig, Grund herzförmig. Blütenstand aufrecht, nur oben verzweigt, gelblichweiß. VIII–IX, 100 cm. – *C. dahurica,* August-S., Zentralasien. Blätter doppelt bis dreifach dreiteilig. Blütenstände stark verzweigt, locker, mit waagrecht abstehenden Ästchen, schneeweiß. VIII–X, 150–200 cm. – *C. japonica,* Japan. Langstielige, handförmi-

September-Silberkerze, *C. ramosa.* (Seidl)

ge, fast gefiederte Blätter, glänzend grün. Blütenstand eine kerzenartige, dichte, lange Traube, schneeweiß. VIII–IX, 100–150 cm. – *C. racemosa,* Juli-S., Nordamerika. Blätter doppelt bis dreifach dreiteilig. Blütentrauben lang, verzweigt, oben überneigend, weiß. Beste der frühblühenden S.n VII–VIII, 120–200 cm. – *C. ramosa,* September-S., Japan. Dreiteilig gefiederte Blätter, Blütentrauben bis 40 cm lang, cremeweiß, aufrecht oder geneigt, nur wenig verzweigt. IX, 200 cm. – *C. simplex,* Oktober-S., Kamtschatka. Späteste Art. Blätter hellgrün, doppelt gefiedert. Blütenstände dicht, oben leicht übergeneigt, kaum verzweigt, weiß. 'Braunlaub', auffallend braune Blätter, verzweigte, reinweiße Blütenkerzen. 120–130 cm; 'White Pearl' (Armleuchter), überhängend, gut verzweigt, reinweiß. 120 cm. IX–X. – Verwendung. An halbschattigen bis schattigen Stellen in Staudenbeeten mit anderen Herbstblühern zusammen. Unter oder vor Gehölzen und als Schnittblumen. – Boden humos, nicht zu trocken. – Vermehrung durch Teilung oder Aussaat, gleich nach der Ernte.

Silberkerzen-Kaktus → Kakteen 9.

Silberling, *Lunaria.* Kreuzblütler, *Cruciferae.* ○-◐ ⊙-⊙ ✂. Die beiden bekannten Arten sind in Mitteleuropa heimisch. Hin und wieder in gärtnerischer Kultur zur Gewinnung von Trokkenblumen aus den reifen Samenständen findet man *L. annua* (*L. biennis*), Judassilberling, Judaspfennig. Je nach Standort 1 m und höher. Große, dreieckige bis herzförmige Blätter und unscheinbare traubenständige, violettpurpurne Blüten. Als Trockenblumen werden die seidenartig glänzenden Scheidenwände der ca. 3–6 cm großen Samenschoten verwendet. – Für die Gewinnung großer Fruchtstände ist zweijährige Kultur empfehlenswerter als einjährige. Bei zweijähriger Kultur Direktsaat an Ort und Stelle im VI in Abständen von etwa 15–20 cm. Halbschattiger Standort und nicht zu schwerer Boden. Einmal ausgesät, vermehrt sich der S. durch Selbstaussaat sehr leicht weiter, da die Stengel der Samenschoten erst geerntet werden sollen, wenn sich die ersten Schoten bereits geöffnet haben.

Silberminze → Katzenminze.

Silberschuppenfarne → Farne 8.

Silbersprudelgras, *Dactylis.* Gräser, *Gramineae.* ○-◐ ⚄. *D. glomerata,* Knäuelgras, Europa, Asien, Nordamerika. Einzige Art. Ergiebiges Futtergras, auch als Beimischung für Parkwiesen, jedoch nicht für feineren Rasen. 'Variegata', hat schmalere, weißrandige Blätter. V–VI, 30 cm. Verwendung als buntes Gras in Staudenpflanzungen. An den Boden nicht anspruchsvoll. Vermehrung durch Teilung. Nicht zu lange stehen lassen, rechtzeitig erneut aufteilen, sonst werden die Polster innen hohl.

Silberwurz, *Dryas.* Rosengewächse, *Rosaceae.* ○ ♄ △ ⚭ i. Nur 3 Arten in den arktischen und subarktischen Gebieten auf der Nordhalbkugel und auf den Hochgebirgen. Niedrige, kriechende Pflanzen mit verholzenden Trieben. – *D. octopetala,* Gebirge der nördlich gemäßigten und polaren Gebiete. Niederliegende, braune Stengel und ovale, gekerbte Blätter, oben frischgrün, unten silberweiß. Blüten auf kurzen Stielen mit 8 Blütenblättern (octopetala), weiß, mit gelben Staubbeuteln. Samenstände federartig, grau. V–VII, 10 cm. – *D.* × *suendermannii* (*D. drummondii* × *D. octopetala*). Wüchsiger und reichblühender, elfenbeinweiß mit gelber Mitte. Samenstände graubraun. V–VI, 10 cm. – Verwendung im Stein- und Troggarten als langsamwachsende Polsterstaude. – Boden durchlässig, humos, lehmig. – Vermehrung durch Teilung, Stecklinge und Aussaat. Anzucht nur in Töpfen. Stets flach, Triebe waagrecht pflanzen.

Silene → Leimkraut.

Simse, Binse, *Scirpus.* Riedgräser, *Cyperaceae.* ○-◐ ⚄ ⚭. Binsenähnliche Pflanzen mit runden Halmen. – Winterharte Arten: *S. lacustris,* Teichsimse. Dunkelgrüne Stengel und braune Blütenstände. 'Albescens', gelblichweiße Halme. VI–IX, 80–120 cm. Wasserstand 10–100 cm, bei 'Albescens' –50 cm. – *S. tabernaemontani*

'Zebrinus', Zebrasimse. Besonders junge Halme abwechselnd gelblichweiß und grün geringelt, daher sehr interessant. VI–VII, 80 cm. Wasserstand 5–30 cm. Verwendung als Sumpfpflanzen im Wasserbecken. Nicht winterharte Art ⛉: *S. cernuus*, (*Isolepis gracilis*), Frauenhaar. Frischgrüne Pflanze mit zarten, fadenförmigen, teilweise überhängenden Halmen, an der Spitze mit hellbraunen Blütenähren. Schöne Hängepflanze für das Wohnzimmer.
Sinarundinaria → Bambus.
Singrün → Immergrün.
Sinningia → Gloxinie.
Sinnpflanze → Schamhafte Sinnpflanze.
Sitkalaus → Fichtenröhrenlaus.
Sitzplatz, für eine oder mehrere Personen vorgesehenes Sitzmöbel. Im Hausgarten zugleich Bezeichnung für einen ausgebauten, mit Platten, Pflaster oder Schichtauftrag befestigten Freiraum am Haus oder im Grünen, um Tische und Stühle aufstellen zu können. Ein S. sollte wind-, lärm- und sichtgeschützt für die geselligen Stunden des Tages am Morgen, Mittag und Nachmittag je nach Bedürfnis sonnig oder schattig liegen. Die Intimität eines S.es, auch bei Aussicht, wird durch rahmende Pflanzung, Mauern und Pergolen verstärkt.
Skabiose, *Scabiosa*. Kardengewächse, *Dipsacaceae*. Etwa 80, besonders im Mittelmeergebiet heimische Arten, zum Teil auch Afrika und Asien bis Indien. Als Sommerblume wird bei uns *S. atropurpurea* kultiviert. Purpurskabiose. ○ ⊙ ⋈. Buschig verzweigt, ca. 90 cm, Blätter fiederspaltig. Blüten meist langgestielt. Eignen sich durch ihre lange Haltbarkeit gut für den Schnitt. Blüte bei entsprechend zeitiger Vorkultur meist schon ab Mitte VII und ununterbrochen bis Frost. Nur Mischungen mit einem heute gegenüber früher lebhafteren und leuchtenderen Farbenspiel. – Aussaat am besten unter Glas Mitte III–IV, Auspflanzung ins Freiland ab Mitte V im Abstand von 25–30 cm. Bodenansprüche unbedeutend; wichtig ist lediglich vollsonniger Standort. Außer für Schnitt auch für hohe Sommerblumenbeete sowie als Füller im Staudengarten. – *S. caucasica*. Staudenskabiose, Kaukasusskabiose, Witwenblume. ○ ♃ –♄ ⋈ VI–X, 60–80 cm. Lanzettliche Grundblätter, Stengel wenig beblättert. Blüten bis 6 cm. Beliebte Schnittstaude, da Dauerblüher und sich die Schnittblumen 5–7 Tage halten. Bekannte Sorten: 'Clive Greaves', himmelblau, großblumig; 'Miß E. Willmott', rahmweiß; 'Nachtfalter', große, intensiv dunkelviolette Blüten an straffen Stielen; 'Stäfa', dunkelblau, 80 cm. – *S. graminifolia*, Gebirge von Pyrenäen bis Balkan. Wächst halbstrauchig, nur 40 cm, in sonnig-trockenen Lagen, daher auch für Steingarten. Blätter schmal-lanzettlich. Hell-lila Blüten an drahtigen Stielen. – Verwendung *C. caucasica* für Beete, besonders zum Schnitt, aber auch für Wildstaudenpflanzungen. Boden durchlässig, bei Düngung bis zu 10 Jahren ausdauernd. – Vermehrung: *S. caucasica* fällt aus Samen nicht durchweg echt. Teilung mit ausreichend Erdstamm. *S. graminifolia* gut durch Samen, auch Teilung.
Skizze, erste flüchtige Zeichnung oder Aufzeichnung von Gedanken, Ideen und Beobachtungen für einen Entwurf.
Sklerotinia homoeocarpa → Rasenkrankheiten.
Smilacina → Schattenblume.
Soja, *Soya-hispida*. Hülsenfrüchtler, *Leguminosae*. In China eine der wichtigsten Nährpflanzen; auch in Amerika von großer Bedeutung geworden. Bei uns noch wenig angebaut. Gedeiht nur in wärmeren Lagen gut. Anbau: Gleich wie Buschbohne; Aussaat ab Mitte bis Ende V in Reihen mit 50–60 cm Abstand, in der Reihe 10 cm. Wenn die Pflanzen 15 cm hoch sind, leicht anhäufeln. Reifezeit VIII–IX. Hülsen ernten, wenn die Körner voll ausgebildet, aber noch weich sind; in günstigen Lagen bis zur Samenreife kultivieren. Verwendung: Noch nicht ausgereifte Körner können frisch verwendet werden: Die leicht behaarten Schoten kurz aufkochen, die Körner auspalen und ähnlich wie frische grüne Erbsen oder frische weiße Bohnen in Butter dünsten. Schmecken fein nußartig. Getrocknete Samen können nach längerem Einweichen zu sehr nahrhaften, eiweißreichen Gerichten gekocht werden. Vielseitig verwendbar, selbst zur Milcherzeugung. Beliebt, weil schmackhaft (von der chinesischen Küche her bekannt) sind Sojasprossen: Reife Bohnen einweichen, Wasser durch Leintuch abgießen und feuchte Körner in einem Glas quellen lassen; täglich ein- bis zweimal erneut anfeuchten, bis sich nach vier bis fünf Tagen, bei Temperatur um 25°C, Sprossen gebildet haben. Zu Salaten und Feingemüsen verwenden. Sehr nahrhaft, nur höchstens 1 Eßlöffel Bohnen je Person. Siehe Spezialkochbücher.
Solanum → Nachtschatten.
Solarkonstante, Sonnenenergie, 1,925 Kalorien je Minute und je qcm am Rand der Atmosphäre, errechnet aus den Werten der in verschiedenen Höhen gemessenen Strahlungsintensität. Von der gesamten Energiemenge, die die Sonne der Erde zustrahlt, gelangen nur 75% bis zu 1800 m Höhe und nur 50% bis zur Meereshöhe, unter Berücksichtigung der Bewölkung nur 52 bzw. 24%. Im Mittel erhält somit das Meeresniveau nicht die Hälfte derjenigen Strahlungsenergie, die zu 1800 m Höhe gelangt. Kulturpflanzen können Sonnenenergie mit maximal 3% Wirkungsgrad umsetzen. Die der Erde zugestrahlte Sonnenenergie wird durch Natur- und Kulturpflanzen nur zu einem geringen Bruchteil (etwa 0,1%) umgesetzt. Der Wirkungsgrad läßt sich durch optimale Gestaltung der Wachstumsfaktoren erhöhen (→ Fotosynthese, → Kohlensäuredüngung, → Pflanzenernährung). Bei Landpflanzen wird ein Teil der Sonnenenergie durch den Stofftransport im Leitungsbahnensystem verbraucht; bei Wasserpflanzen, wie Algen, ist der Wirkungsgrad höher.
Soldanella → Troddelblume.
Solidago → Goldrute.
Solisia → Kakteen 17.
Solitärpflanze, Einzelpflanze im Gegensatz zur Gruppenpflanzung. Sie

Sojabohne, links Grünpflanze mit Schoten, rechts ausgepalte Bohnen. (Bruck)

Solitärstauden

kann im freien Stand ihren natürlichen Habitus entwickeln, ohne von der Nachbarpflanze beengt zu werden.

Solitärstauden, Stauden, die als Einzelpflanzen (Solitärpfl.) ihre besondere Größe und Schönheit in Blüte, Linie und Form entwickeln, wie der mächtige Waldgeißbart, *Aruncus sylvester,* die Kugeldistel, *Echinops,* mit zierendem Laub und kugelförmigen Blütenköpfen, die bis zweieinhalb m hoch werdende Papyrussonnenblume, *Helianthus salicifolius,* oder Arten der Königskerze, *Verbascum,* mit schmückenden Blattrosetten und leuchtenden Blütenkerzen, die sich besonders für Pflanzungen an trockenen Stellen eignen. Für Einzelstand eignen sich auch Gräser, wie die unten aufgeführten Sorten des Chinaschilfs, *Miscanthus sinensis,* und der Gartenbambus, *Sinarundinaria murielae.*

Aruncus sylvester
Astilbe thunbergii
Echinops
Gypsophila paniculata
Helianthus salicifolius
Macleaya
Miscanthus japonicus
– *sinensis* 'Gracillimus'
– – 'Silberfeder'
– – 'Zebrinus'
Polygonum, hohe Arten
Rudbeckia nitida
Sinarundinaria murielae
Verbascum-Hybriden
Verbascum olympicum
– *pannosum*
Yucca filamentosa

Sommeramaryllis → Vallote.
Sommeraster, China-Aster, *Callistesphus.* Korbblütler, *Compositae.* ○ ⊙ ⌘. Nur eine Art, *C. chinensis,* in China und Japan heimisch. Wurde in der ersten Hälfte des 18. Jahrhunderts nach Europa eingeführt. Seitdem ist eine riesige Zahl von Züchtungen in den verschiedensten Formen und Farben entstanden, so daß heute selbst der Fachmann das Sortiment nur schwer übersehen kann. Im Handel werden die vielen Züchtungen meist nach Wuchshöhe, Verwendungszweck und Blütezeit und ganz grob nach der Blütenform unterteilt. Prof. Maatsch, Direktor des Instituts für Zierpflanzenbau der Technischen Hochschule Hannover, wo auch die international anerkannte Registerstelle für Sommerastern ist, hat einen Klassifizierungsvorschlag unterbreitet:
1. RÖHRENFÖRMIGE, Blütenkorb mit röhrenförmigen Blüten, Blüten überwiegend geschlossen, schmal, höchstens die inneren mit Zipfeln (z.B. Aster 'Roter Edelstein').

2. UNGLEICHFÖRMIGE, Blütenkorb innen mit röhrenförmigen Blüten, außen mit einem ein- bis mehrreihigen Kranz von zungenförmigen Blüten: a) EINFACHER TYP, Kranz der Zungenblüten ein- bis zweireihig (z.B. Margaretenaster); b) HALBGEFÜLLTER TYP, Kranz der Zungenblüten mehrreihig (z.B. Madeleineaster); c) KRONENTYP, röhrenförmige Blüten stark verlängert, Kranz der Zungenblüten mehrreihig (z.B. Aster 'Bianka von Oeringen'); d) KISSENTYP, die inneren röhrenförmigen und äußeren zungenförmigen Blüten sind weitgehend gleichlang und ineinander übergehend (z.B. Prinzeßaster).
3. ZUNGENFÖRMIGE, Blütenkorb nur mit Zungenblüten: a) RIEMENTYP, Zungenblüten riemenförmig flach, nach außen gebogen oder überhängend, mehr oder weniger locker abstehend, bisweilen gelockt (z.B. Straußenfeder-Aster); b) KRALLENTYP, Zungenblüten der Länge nach leicht einwärts gebogen (z.B. Aster Edelstein); c) STRAHLENTYP, Zungenblüten fadenförmig, Seitenränder zurückgerollt (z.B. Meisteraster); d) NADELTYP, Zungenblüten gerade; e) DACHZIEGELTYP, Zungenblüten flach, nach außen zurückgebogen, die inneren Blüten kurz und aufrechtstehend; f) LÖFFELTYP, Zungenblüten gerade, mehr oder weniger tütenförmig, Blütenkorb flach gewölbt (z.B. Aster Jugend); g) BALLTYP, Zungenblüten einwärts gebogen, sehr dicht gestellt, Ballform (z.B. Päonienaster); h) BALLETTYP, innere Zungenblüten einwärts gebogen, äußere mehr oder weniger abspreizend (z.B. Schönheitsaster). – Obwohl dieser

Sommeraster, C. chinensis. (Jesse)

Vorschlag sehr klar ist, hat ihn die Praxis noch nicht übernommen, sondern gliedert fast stets noch nach Wuchshöhe, Blütezeit und grob auch nach Blütenform. Diese Einteilung wird daher auch nachfolgend verwendet. Nur die wichtigsten Klassen und Formen können erwähnt werden.

RESISTENTE BEET- UND TOPFASTERN ⫶ ▽.

ZWERG-KÖNIGIN-ASTER, eine resistente Klasse mit dachziegelförmigen Blumen, ca. 25 cm, breitwachsend, für niedrige Beete und Topfkultur. POET-ASTER, resistent. Ca. 25 cm, für Beete und Topfkultur, aufrechter, geschlossener Wuchs; TAUSEND-SCHÖN-ASTER, nur ca. 20 cm, relativ spätblühend, daher besonders empfehlenswert für die Topfkultur. RESISTENTE WALDERSEE-ASTER, kleinblumig, nur ca. 25 cm, pyramidal gebaut, mit unzähligen Sternblümchen, sehr gut für Topfkultur, Einfassungen und Steingarten. RESISTENTE ZWERG-TEPPICH-ASTER, nur ca. 20 cm, sehr spät- und reichblühend, außer für Topfkultur auch für Beetbepflanzung. RESISTENTE BEET-KUGEL-ASTER, kugelförmig, bis 35 cm, relativ frühblühend, deshalb vielseitig verwendbar. Blüten mit geröhrter Mitte. ZWERG-CHRYSANTHEMUM-ASTER, alte, oft bis 45 cm hoch werdende, nicht welkeresistente Formengruppe mit für Zwergastern relativ großen Blüten.

RESISTENTE ZWERG-GLORIETTE-ASTER, in den 60er Jahren entwickelte Zuchtklasse mit meist päonienförmigen Blüten, 20–25 cm.

HALBHOHE SCHNITTASTERN
FRÜHWUNDER-ASTER. Ca. 45 cm, Blüte oft schon ab Anfang VII. Welkeresistent, Blüten vom Riesentyp, hauptsächlich für den frühen Massenschnitt. RESISTENTE FRÜHBOTE-ASTER (BURPEANA-JOHANNISTAG). Ca. 60 cm, straff aufrecht wachsend. Blüte in der Regel schon VII. Besonders für Schnitt und hier auch für die kalte Treiberei. KÖNIGIN DER HALLEN-ASTER, alte resistente Klasse für Gruppen und Schnitt. Ca. 50 cm, Blüte ab Ende VII. POMPON-ASTER, aufrechter, geschlossener Wuchs, ca. 50 cm, die halbkugeligen kleinen Kissenblumen setzen sich aus geröhrten Petalen zusammen, einfarbige und zweifarbige Sorten, werden in der Binderei verwendet. Blüte ab VIII.
HOHE MITTELFRÜHE SCHNITTASTERN
ROSEN-ASTER, alte Zuchtklasse. Ca. 60 cm, Blüte ab VIII. Der Pflanzenbau ist geschlossen, einwärts gebogene Petalen. BALLS BUSCH-ASTER, blüht ebenfalls ab VIII, ca. 80 cm. Große

Sommerblumen

Sommerblumen-Szene. (Seidl)

Ballettblumen, welkeresistent. STRAHLEN-BUSCHASTER, ähnlich Balls Busch-Aster, aber attraktiver, die Blumen haben strahlenförmig zugespitzte Blütenblätter. Blühbeginn VII. RIESEN-STRAHLENASTER, neuere Zuchtklasse vom Nadeltyp, mit riesigen, dichtgefüllten Blumen. VIII–IX, ca. 60 cm. RESISTENTE STRAUSSENFEDER-ASTER, große, lockige, gefüllte Riesenblumen auf langen, breit ausladenden Stielen. Ca. 70 cm, ab VIII. BUKETT-ASTER, schmal aufrecht wachsend, resistent. Ca. 80 cm. Die fast gleichzeitig erblühenden, mittelgroßen Blumen sind vom Kissentyp; hervorragend für Massenschnitt, PRINZESS-ASTER, breite Zungenblüten umsäumen die große, helle, geröhrte Mitte vom Kissentyp. Ca. 75 cm, ab VIII. Hervorragend für den Schnitt. RIESEN-PRINZESS-ASTER, großblumige Version der vorhergehenden Zuchtklasse, mit den gleichen guten Eigenschaften und Merkmalen. RESISTENTE RIVIERA-ASTER, neuere resistente Klasse im verbesserten Radio-Typ, mit großen, grobnadeligen, gut gefüllten Blumen. Ca. 60–70 cm, ab VIII. UNIKUM-ASTER, alte Schnittklasse mit langen, gedrehten, strahlenförmigen Blütenpetalen. Ca. 60–70 cm, ab VIII. RIESEN-REKORD-ASTER, besticht durch ihre langen nadelförmigen Blütenpetale. Ca. 60–65 cm hoch, Blühbeginn VIII. RESISTENTE GARBEN-ASTER, mit den Riesen-Prinzeß-Astern vergleichbar.

SPÄTBLÜHENDE SCHNITTASTERN
PÄONIEN-PULLING-ASTER, besticht durch große Ballblumen sowie durch kräftigen, aufrechten Wuchs, Blüte meist nicht vor Anfang IX, ca. 70 cm. AMERIKANISCHE BUSCHASTER, langgestielte, große Ballettblumen mit einwärts gebogenen, glatten Petalen. Ca. 80 cm. SCHÖNHEITS-ASTER, großblumige Verbesserung der Amerikanischen Buschastern. Blühbeginn VIII, ca. 80 cm. KALIFORNISCHE RIESEN-ASTER, große, gelockte Riesenblumen, Durchmesser 12–14 cm, nicht resistent. Blüht nicht vor IX, ca. 80 cm. KALIFORNISCHE ÜBERRIESEN-ASTER, noch großblumiger als vorgenannte Klasse, ansonsten gleich. RIESEN-STRAHLEN-ASTER, großblumige Version der Meister-Astern, Wuchshöhe aber bei 75 cm.

HALBGEFÜLLTE ASTERN
MADELEINE-ASTER, Blüten relativ großblumig und halbgefüllt, daher hervorragend für den Massenschnitt geeignet. Ca. 60 cm, ab IX.

EINFACH BLÜHENDE ASTERN
RESISTENTE MARGARETEN-ASTER, so gut wie völlig welkeresistent, ca. 60 cm, Blüten groß und einfach blühend. Ab IX. EINFACHE RIESEN-ASTER SCHWEIZER GRUSS, eine wüchsigere und großblumigere Version der vorgenannten, ca. 70 cm, besonders langstielig.

In der Regel werden die Sommerastern II–IV unter Glas ausgesät und ab Mitte V je nach Wuchshöhe im Abstand von 15–30 cm ausgepflanzt. Standort vollsonnig, Boden nährstoffreich, in Trockenzeiten reichlich Wasser. Möglichst nur welkeresistente Züchtungen verwenden, da es durch die Asternwelke leicht zu Totalausfall kommen kann.

Sommerazalee → Atlasblume.

Sommerblumen, einjährige Pflanzen, die in einer Vegetationsperiode keimen, blühen und fruchten. Im Herbst sterben sie ab, einige samen sich selbst aus. In einem Sommer bedecken sie Beete oder Wände mit Farbteppichen; einige lassen sich noch blühend verpflanzen, so daß man mit ihnen Beete oder Mooswände von Stunde zu Stunde in Farbflächen verwandeln kann. Auch einige Zweijährige werden meist zu den S. gezählt; d.h. Pflanzen, die im Spätsommer des einen Jahres ausgesät werden, überwintern und im folgenden

Sommerblumen

Die Sommerblumen im Überblick

Art		Vorkultur	Verwendung, Wuchsform	Weitere Nutzung	Besonderheiten
Standortanspruch ○ sonnig ◐ absonnig – halbschattig ● schattig		a aufwendig e einfach o ohne, Direktsaat in Monaten I–XII	B Beete |: Einfassungen, Höhe in cm G Gruppen K Kasten (Balkon, Fenster) M Mooswand ⊥ Solitär, Einzelstellung ⸹ Kletterer, Schlinger, Höhe in cm △ Steingarten ⛉ Topfpflanze	Bie Bienenweide D Duftpflanze ⚭ Fruchtschmuck ✂ Schnittblumen T Trockenblumen	☉ zweijährig
Adlumie	○–◐	e III–IV	⸹		
Adonisröschen	○	a III–IV, IX–X	|: 30 cm		
Ageratum	○	a I–III	B K M |:	hohe ✂	Dauerblüher
Alonzoblume	○	a III–IV	B ⛉ △		
Amberboa (Flockenblume)	○	o III–IV		D ✂	Direktsaat
Atlasblume		e–o III–V	B M	✂	
Bärenohr	○	a III–IV	B	✂	
Begonie	○–●	a XII–II	B |: ⛉		Dauerblüher
Bienenfreund	○	e–o III–V	|: 40–50	Bie	
Cleome	○	a III–IV	G ⊥		
Duftsteinrich	○–◐	e–o III–V	B M |: 10–25	Bie	Dauerblüher
Federborstengras	○	a–e IV	G ⊥ △		
Flockenblume (Kornblume)	○	e–o III–V, IX–X	B niedrige	Bie	
Fuchsschwanz A. caudatus	○	o IV–V	G ⊥	✂	
Gauklerblume	○	a–e III–IV	B K M |: 25–30		Dauerblüher
Gazanie	○	a III–IV	K M |: 20–30 △	✂	Dauerblüher
Glockenblume C. medium	○–◐	e V–VII	G ⊥	✂	☉
Glockenrebe	○	a II–IV	K ⸹ bis 300		
Goldlack	○–◐	e IV–VII	B K niedrige ⛉	D Bie ✂	☉
Goldmohn	○	e–o III–IV	B △		Dauerblüher
Greiskraut	○	a–e II–IV	B		Dauerblüher
Hahnenkamm	○	a I–III	B K ⛉		
Hainblume	○–◐	e–o III–IV	B |: 15	Bie	

Wie ist diese Tabelle zu nutzen? Gesucht wird zum Beispiel eine Schlingpflanze ohne Vorkultur (d.h. ohne Aussaat im Warmbeet, Umpflanzen usw. = Direktsaat) für einen Balkon mit wenig Sonne. Nach der ersten Spalte kommen für absonnige Lage nur einige wenige Sommerblumen in Frage; unter ihnen sind Adlumie und Kapuzinerkresse Schlinger, und letztgenannte braucht keine Vorkultur. Oder es wird ein wirkungsvoller Blüher ohne Vorkultur für Einzelstellungen gesucht. Von den in der dritten Spalte aufgeführten etwa 15 Sommerblumen für Einzelstellung sind laut zweiter Spalte für Direktsaat geeignet: Fuchsschwanz, Skabiose, Sonnenblume, Stundeneibisch, Tithonie. Weitere Einzelheiten über Sorten, Farben, Wuchshöhen usw. sind alsdann unter dem Stichwort zu finden. (Nach Ernst Schmidt, Blumen- und Zierpflanzenfibel, Stuttgart 1965)

Sommerblumen

Art		Vorkultur	Verwendung, Wuchsform	Weitere Nutzung	Besonderheiten
Standortanspruch		a aufwendig	B Beete	Bie Bienenweide	⊙ zweijährig
○ sonnig		e einfach	⫼ Einfassungen, Höhe in cm	D Duftpflanze	
◐ absonnig – halb-		o ohne, Direktsaat	G Gruppen	⚘ Fruchtschmuck	
schattig		in Monaten	K Kasten (Balkon, Fenster)	✂ Schnittblumen	
● schattig		I–XII	M Mooswand	T Trockenblumen	
			⊥ Solitär, Einzelstellung		
			⸹ Kletterer, Schlinger, Höhe in cm		
			△ Steingarten		
			⛉ Topfpflanze		
Hanf		a III–IV	G ⊥		bis 200 cm
Hasenschwanzgras	○	e–o IV		T	
Heliotrop	○	a I–III	B	D. Bie	
Helmbohne	○	a–e III	⸹ bis 300		
Hiobsträne	○	o IV–V		⚘ T	
Hirse	○	o IV–V		T	
Hopfen	○	a III–IV	K ⸹ bis 400		raschwüchsig
Hundszunge	○	o III–IV	B ⫼ niedrige 30–40	Bie ✂	
Kapringelblume	○	o IV–V	B ⫼ 15–30		D. pluvialis auch △
Kapuzinerkresse ○–◐		e–o IV–V	K M ⸹ bis 200		Dauerblüher
Klarkie	○	o III–V	B	✂	
Kochie	○	a III–IV	G ⊥ ⫼ bis 100 (einjährige Hecke)		
Kokardenblume	○	e III–IV	B	✂	Dauerblüher
Kugelamarant	○	a III–IV	⫼ 20–30	✂ T	
Leinkraut	○	e–o III–V	B ⫼ 30–50 △	✂	
Leimkraut Silene	○	e–o IV–V	⫼ 10–30		
Lein	○	e–o III–V	△	✂	
Levkoje (M. bicornis)	○	e–o III–V	B △	D ✂	
Lobelie	○–◐	a–e I–III	B K M ⫼ 10–15		
Löwenmaul	○	a I–IV	B K ⫼ niedrige Sorten	✂	
Lupine	○–◐	e–o III–IV	⫼ niedrige Sorten	✂	
Mädchenauge	○	o III–IV	M (niedrige) ⫼ niedrige Sorten	✂	Dauerblüher
Maßliebchen	○–◐	e IV–VII	B K ⫼ niedrige Sorten	✂	⊙
Mähnengerste	○	e–o IV–V		⚘ ✂ T	
Malkolmie	○	o III–VI	B ⫼ 20–30 △		
Maurandie	○	a II–III	K ⸹ 200–300		
Meerlavendel	○	e III–IV		T ✂	
Mittagsblume	○	a III–IV	B ⫼ 10–15 △		
Mohn	○	o III–V		✂	
Muschelblume	○	a–e IV	△	T	
Natterkopf	○	o III–V	B	Bie	anspruchslos

Sommerblumen

Art	Vorkultur	Verwendung, Wuchsform	Weitere Nutzung	Besonderheiten
Standortanspruch ○ sonnig ◐ absonnig – halb- schattig ● schattig	a aufwendig e einfach o ohne, Direktsaat in Monaten I–XII	B Beete |: Einfassungen, Höhe in cm G Gruppen K Kasten (Balkon, Fenster) M Mooswand ⊥ Solitär, Einzelstellung ⸗ Kletterer, Schlinger, Höhe in cm △ Steingarten ▽ Topfpflanze	Bie Bienenweide D Duftpflanze ⚭ Fruchtschmuck ✂ Schnittblumen T Trockenblumen	⊙ zweijährig

Nelke
  D. barbatus   ○
  D. sinensis   ○
	a IV–VII
	a III–IV
		K B |: niedrige
		K B |: niedrige
			D ✂
			✂	

Nemesie ○–◐	a–e III–IV	M |: 20–30 ▽	✂	
Pantoffelblume ○–◐	a II–III, VI–VIII	K ▽		
Papierblume ○	e–o IV–V		✂ T	Wildcharakter
Petunie ○	a–e II–III	B K M ▽		Dauerblüher
Phlox ○	a–e III–IV	B	✂	
Pippau ○	o III–IV	B △		
Platterbse ○	e–o I–V	K ⸗ bis 200, |: 20–30	D ✂	
Portulak ○	e–o IV–V	|: 10–20 △		Dauerblüher

Prunkwinde
  I. purpurea   ○
  I. tricolor   ○
	e–o IV–V
	a–e III–IV
		K ⸗ bis 300
		⸗ bis 500
				Dauerblüher
				Dauerblüher

Reseda ○	e–o IV–V	K M |: 30–40	D ✂ Bie	Dauerblüher
Ringelblume ○	o III–V	B M	✂	Dauerblüher, Direktsaat
Rittersporn ○	o III–IV, IX–X	B	✂	Herbstsaat
Rudbeckie ○	a–e II–IV	B	✂	⊙–⊙ Dauer- blüher
Ruhrkraut ○	e IV	B	T	
Salbei ○	a–e III–IV	B G |: 12–45 ▽		
Sammetblume ○	a–e III–IV	B K M (niedr.) ▽	✂	Dauerblüher
Sanvitalie ○	a–e III–IV	|: 15		
Schleifenblume ○–◐	e–o III–V	K M |: 20–30	I. amara D ✂	
Schmiele ○–◐	o III–V	|: 30–40 △	⚭ ✂ T	Direktsaat
Schmuck- körbchen ○	o IV–V	G	✂	C. sulphureus m. Vorkultur, Dauerblüher
Schönranke ○	a II–III	K ⸗ bis 5 m		
Schöterich ○	e–o IV–VII	|: 35–50	D ✂	⊙
Schwarzäugige Susanne ○	a–e III–IV	G K M ⊥ ▽ ⸗ bis 150	⚭	
Schwarzkümmel ○–◐	e–o III–V	B	✂	

Sommerblumen

Art		Vorkultur	Verwendung, Wuchsform	Weitere Nutzung	Besonderheiten
Standortanspruch ○ sonnig ◐ absonnig – halb- 　schattig ● schattig		a aufwendig e einfach o ohne, Direktsaat 　in Monaten 　I–XII	B Beete |: Einfassungen, Höhe in cm G Gruppen K Kasten (Balkon, Fenster) M Mooswand ⊥ Solitär, Einzelstellung ⸘ Kletterer, Schlinger, Höhe in cm △ Steingarten ▽ Topfpflanze	Bie Bienenweide D　Duftpflanze ⚭　Fruchtschmuck ✂　Schnittblumen T　Trockenblumen	⊙ zweijährig
Schwarznessel	○	a–e III–IV	G B ⊥		
Silberling	○–◐	e–o III–IV + VI–VII		⚭ T ✂	⊙–⊙
Skabiose	○	e–o IV–V	G ⊥	D ✂	Dauerblüher
Sommeraster	○	a III–V	B K M ▽	✂	
Sonnenblume	○	e–o IV–V	G ⊥	✂	40–300 cm
Sonnenflügel	○	e–o IV–V		Bie, T ✂	
Spaltblume	○	e–o IV–V	B ▽		
Springkraut	○–◐	e–o III–V	B M		Dauerblüher
Sternwinde	○	a III	⸘ bis 600		
Stiefmütterchen 　siehe Veilchen					
Stockmalve	○	a I–III	G ⊥		bis 150 cm
Straußgras	○–◐	o III–V	△ |: 30–40	⚭ T ✂	Direktsaat
Strohblume	○	e–o III–V	|: niedrige	T ✂	
Stundeneibisch	○	e–o IV–V	⊥		
Tithonie	○	a–e III–IV	G ⊥	✂	
Trompetenzunge	○	e–o IV–V		✂	
Veilchen V. Wittrockiana (Stiefmütterchen)	○–◐	e–o VII–VIII	B K |: 15–20	✂	⊙ Dauerblüher
Verbene	○	a–e II–IV	B K M	D Sorten ✂	Dauerblüher
Vergißmeinnicht	○	e V–VI	K ▽	✂	
Winde	○	o III–V	|: niedrige, 30 cm		
Wucherblume 　Ch. parthenium 　Ch. carinatum 　　coronarium,		a II–IV	B |: 25–30		○
segetum		o III–IV–V	B	✂	Dauerblüher
Wunderbaum	○	a–e III–IV	G ⊥		bis 200 cm
Wunderblume	○	a–e I–III	B	D ✂ Sorten	Dauerblüher
Zierkürbis	○	o IV–V	⸘ (Sorten)	⚭	
Ziermais	○	e–o III–V	G ⊥	⚭	
Ziertabak	○	a–e II–III	G ⊥	D	
Zinnie	○	e–o IV–V	B K M |: ab 15	✂	Dauerblüher
Zittergras	○	e IV–V	△	⚭ ✂ T	

Sommerblumen für Beetstauden-Pflanzungen
(Nach Richard Hansen, Sichtungsgarten Weihenstephan, München 1971)

Einjährige	Farben	Wuchs-höhe cm
Ageratum houstonianum 'Schnittwunder', Ageratum	blau	bis 50
Althaea-Rosea-Hybride 'Indischer Frühling'	rosa, rot	bis 180
Calceolaria pinnata, Pantoffelblume	zitronengelb	40
Cosmos sulphureus 'Sunset', Schmuckkörbchen, Kosmee	kupfrig orange	100
Impatiens balsamina, Springkraut, Gartenbalsamine	aller außer gelb	60
Lavatera trimestris, Lavatera	rosa, weiß	100
Lonas annua (inodora), Lonas	gelb	20
Nicotiana × sanderae, Ziertabak	rot, weiß, rosa	50
Polygonum orientale, Knöterich, Orientknöterich	karmin	100
Rudbeckia hirta var. *pulcherrima (bicolor)*, Rudbeckie	gelb mit braun	80
Salvia, Salbei		
S. coccinea var. *pseudococcinea*	rot	50
S. farinacea	violettblau	60
S. patens	rein blau	50
Tagetes, Sammetblume		
T. patula 'Rusty Red'	rostbraun	30
T. erecta	zitronengelbe S.	100
Verbena, Verbene		
V. bipinnatifidia	lilablau	30
V. bonariensis	blauviolett	120
V. canadensis	rötlich-purpur	30
V. erinoides	violett	30
V.-Hybriden	alle außer gelb	30
V. rigida	violett	30

Zweijährige		
Althaea rosea, Stockmalve, Stockrose	einf. Blüt., rot, rosa	180
Digitalis purpurea, Fingerhut	purpur, rosa	120
Lunaria annua, Silberling, Judassilberling	violett	60
Mimulus luteus, Gauklerblume	gelb	40
Rudbeckia triloba, Rudbeckie	gelb	120
Salvia, Salbei		
S. argentea, Silberblatt-Salbei	weiß	60
S. turkestanica	lila	100

Einjährige Gräser

Pennisetum, Federborstengras
Pennisetum caudatum, *P. rueppelii*, *P. villosum*
Rhynchelytrum repens

Im Hochsommer und Herbst besonders starkwüchsige Einjährige

Cosmos bipinnatus, Schmuckkörbchen, Kosmee	weiß, rosa, rot	100
Helianthus debilis, *H. × intermedius*, Sonnenblume	zitronengelb bis braun	150
Nicotiana sylvestris, Ziertabak	weiß	130
Tithonia rotundifolia, Tithonie	dunkelorange	150

Frühjahr und Sommer blühen, wie das zur Gattung Veilchen gehörende Gartenstiefmütterchen. – ANZUCHT. Je nach Herkunft erfordert die Anzucht der S. Aussaat im Warmbeet, Pikieren und Umpflanzen (aufwendige Anzucht = a in der Tabelle S. 478–481); bei einfacher Anzucht (= e) genügt Vorkultur im kalten Kasten, Pikieren und Umpflanzen. Einige S. brauchen nur im Saatbeet ausgesät und später an Ort und Stelle gepflanzt zu werden oder können sogar direkt an ihrem endgültigen Platz ausgesät werden (ohne Vorkultur = o bzw. Direktsaat). – VERWENDUNG. Es ergeben sich die verschiedensten Verwendungsmöglichkeiten als Einfassungs-, Beet-, Kletter- oder Gruppenpflanzen, als markante Pflanzen für Einzelstand, Duft- oder Bienenweidepflanzen. Die Vielfalt der Verwendungsmöglichkeiten ergibt sich übersichtlich aus der Tabelle ‚Die Sommerblumen im Überblick' (S. 478 bis 481). Beispiel für die Verwendungsmöglichkeiten von S. als Einfassungspflanzen: Nach Spalte 3 der Tabelle eignen sich folgende Arten mit einfacher oder ohne Vorkultur: Bienenfreund, Duftsteinrich, Hainblume, Hundszunge, Kap-Ringelblume, Kochie, Leinkraut, Leimkraut *(Silene)*, niedrige Sorten der Lupine, Malkolmie, Portulak, Reseda, Schleifenblume, Schmiele, Schöterich, Straußgras, Strohblume, Winde, Zinnie (niedrige Sorten). Nach Spalte 4 der Tabelle können aus dieser Auswahl von Einfassungspflanzen nun wiederum Arten ausgewählt werden, die zugleich genutzt werden können als Bienenweide (Bienenfreund, Duftsteinrich, Hainblume, Hundszunge), als Schnittblumen (Leinkraut, Lupine, Reseda, Schleifenblume, Schöterich), als Trockenblume (Schmiele, Straußgras). Wenn man die Einfassungspflanzen der S. mit aufwendiger Vorkultur einbezieht, erweitert sich die Auswahl wie folgt: Adonisröschen, Ageratum, Begonie, Gazanie, Kugelamarant, Löwenmaul, Mittagsblume, Salbei, Sanvitalie. – Sinngemäß kann man die Kletterer und Schlinger unter den S. zusammenstellen: Glockenrebe, Helmbohne, Hopfen, Kapuzinerkresse, Maurandie, Platterbse, Prunkwinde, Schönranke, Schwarzäugige Susanne, Sternwinde, Zierkürbis. In gleicher Weise können S. zusammengestellt werden für Beete, Gruppen, Balkon- und Fensterkasten, Einzelstand, Mooswand, Steingarten oder zur Verwendung als Topfpflanzen. Ein Teil der S. mit aufwendiger Vorkultur ist in Gärtnereien zu beziehen. – Einige Gattungen bzw. Arten von S. können wirkungsvoll mit Stauden zusammengepflanzt werden. Im Staudensichtungsgarten Weihenstephan bei München (→ Stauden) sind S. in Pflanzungen mit Stauden erprobt worden, siehe tabellarische Übersicht Seite 482.

Sommerblutströpfchen → Adonisröschen.

Sommerendivie → Lattich.

Sommerflieder → Flieder, → Buddleie.

Sommergemüse. Nehmen Zwischenstellung ein zwischen den Frühgemüsen und den Herbst- und Lagergemüsen; sie werden teils frisch verwendet, teils konserviert oder tiefgekühlt. Wichtigste Arten: Erbsen, Bohnen, Sommerkarotten, Sommerrettich, Sommerkohlarten, Blumenkohl usw.

Sommerhausgarten, der Erholung am Feierabend und Wochenende dienender Garten am Wochenendhaus, der Jagdhütte, dem Strandhaus oder am Wohnwagen. Der S. wird je nach Lage, Umgebung, Hobby und Freizeitwünschen individuell angelegt und bepflanzt sein und daher keine einheitliche Grundausstattung aufweisen.

Sommerlevkoje → Levkoje.

Sommermalve, *Malope trifida*. Malvengewächse, *Malvaceae*. ⊙ VII–X. Nur eine Art im westlichen Mittelmeerraum. Sehr nahe verwandt mit → Buschmalve; unterscheidet sich von ihr hauptsächlich durch dreiblättrigen, herzförmigen Hüllkelch. Sorten: 'Alba', reinweiß; 'Brillantrose', rosa, sehr leuchtende Farbe, Blüten mit dunklen Adern; 'Tetra Roter Kaiser', rot, großblütig. Alle etwa 1 m hoch. Die S.n sind prächtige Gruppenpflanzen und sehr haltbare Schnittblumen; sogar die Knospen kommen zum Aufblühen! Anzucht und Ansprüche ähnlich denen der → Buschmalve. Bei ungünstiger Witterung Befall vom lästigen Malvenrost, besonders in der Nähe von Stockmalven.

Sommerpappel = *Lavatera trimestris* → Buschmalve.

Sommerrettich → Rettich.

Sommersaaten, Aussaaten, zumeist im Freiland oder Saatbeet, die bis zur nächstjährigen Frühjahrspflanzzeit an ihrem Aussaatplatz stehenbleiben.

Sommersalat → Kopfsalat.

Sommerschnitt, eine wichtige Ergänzungsmaßnahme zum → Winterschnitt. Zu stark wachsende Obstgehölze werden durch S. im August gehemmt, zu regelmäßigerem Fruchten gebracht und dazu angeregt, besser gefärbte und haltbare Früchte (weniger

Der Sommerschnitt ergänzt den Winterschnitt bei Obstgehölzen. Je nach der angewandten Erziehung und Unterlage entsteht eine Vielzahl von Wuchsformen. Hier eine Beetpflanzung Cox: loser Sommerschnitt, Baum im Vordergrund mit Winterschnitt. (Dr. Link)

Zur Gründüngung geeignete Sommerblumen		(Nach Günter Schwarz)
Gattung, Art	erreichte Höhe cm	Aussaatmenge g je qm
Calendula officinalis 'Pacific', Garten-Ringelblume	60	2–3
Chrysanthemum carinatum, Wucherblume	40–75	1,5
Convulvulus tricolor, Winde, niedrige Sorten	35	2–3
Eschscholzia californica, Kalifornischer Mohn, Schlafmützchen	40	1,5
Godetia amoena, Godetie, Atlasblume	40–50	1,5
Helianthus annuus, 'Dwarf Sungold', Sonnenblume	40–60	3,5
Helianthus annuus, 'Nanus Plenus', Sonnenblume	80–100	3,5
Iberis umbellata, Schleifenblume	30	2–3
Impatiens balsamina, Gartenbalsamine	30–50	2–3
Tropaeolum majus, Kapuzinerkresse, niedrige Sorten	50	5

Sommerstauden

Sonnenauge, H. s. 'Hohlspiegel'. (Herbel)

Stippigkeit) auszubilden. Dabei werden vor allem Konkurrenztriebe und zu dicht stehende Holztriebe entfernt, z. T. auf Basalauge zurückgenommen, um Verkahlung der Leitäste zu vermeiden. An kleinkronigen Baumformen werden u. U. alle nicht mit einer Blütenknospe abschließenden Triebe beim S. weggeschnitten. Sommerschnitt kann auch ein reiner „Belichtungsschnitt" zwecks besserer Ausfärbung sein. Man entfernt dabei die die Früchte beschattenden Triebe. Beim klassischen Fruchtholzschnitt (→ Obstbaumschnitt) beginnt S., sobald die Triebe die Länge bis 25 cm erreichen, aber noch krautartig sind und Wuchs durch Terminalknospe noch nicht abgeschlossen haben. Dabei werden schwächere Triebe auf 4–5, stärkere auf 3 vollkommene Blätter, ohne Blattrosetten mitzuzählen, weggeschnitten. So kann aus der obersten Knospe ein Holztrieb, aus der mittleren ein längerer oder kürzerer Fruchttrieb entstehen. Hat der neue Holztrieb die Länge von 20 cm überschritten oder erreicht, wird er abermals zurückgeschnitten bis auf 2–3 Augen, während die Fruchttriebe ungeschnitten bleiben. Dieser S. wird nur bei strengem Kunstkronenbau (→ Kronenbau) durchgeführt.

Sommerstauden, entfalten ganz besonders in den Sommermonaten VI–IX ihre volle Blütenpracht. Unter den S. auch Arten, die keine hohen Ansprüche an Boden und Pflege stellen und sich daher für naturnahe Pflanzungen eignen, wie der schattenverträgliche Bergeisenhut, *Aconitum napellus,* Sommersalbei, *Salvia nemorosa,* der allerdings nach der ersten Blüte zurückgeschnitten werden muß, und Weiderich, *Lythrum salicaria,* passend für feuchte und sogar nasse Stellen. Zur Herstellung von Trockenblumen eignet sich *Achillea filipendulina* 'Parker'.

> *Achillea filipendulina* 'Parker'
> *Aconitum napellus*
> *Aster amellus*
> *Astilbe × arendsii*
> *Delphinium cultorum*
> *Erigeron*-Hybriden
> *Gaillardia*
> *Helenium*-Hybriden
> *Lythrum salicaria*
> *Monarda didyma*
> *Phlox paniculata*
> *Rudbeckia*
> *Salvia nemorosa*
> *Scabiosa caucasica*
> *Veronica longifolia*

Sommerzypresse → Kochie.
Sonnenauge, *Heliopsis.* Korbblütler, *Compositae.* ○–◐ ♃ ✂. Etwa 7 Arten in Nordamerika. Hohe Stauden mit zahlreichen einfachen, halbgefüllten oder gefüllten Blumen. Alle blühen lange und sind sehr gute Schnittblumen. – *H. helianthoides* var. *scabra (H. scabra),* bis Neu-Mexiko. Stengel rauh oder glatt, Blätter gegenständig, lanzettlich-eiförmig, dunkelgrün. Nur Sorten im Handel: 'Goldgefieder', goldgelb, gefüllt, 130 cm; 'Goldgrünherz', goldgelb, grüne Mitte, halbgefüllt, 90 cm; 'Hohlspiegel', sehr großblumig, halbgefüllt, goldgelb, 130 cm; 'Karat', sehr groß, einfach, leuchtendgelb, beste zum Schnitt, 130 cm; 'Sonnenschild', sehr gut, gefüllt, dunkel goldgelb mit grüner Mitte, 130 cm; 'Sonnenriese', riesenblumig, halbgefüllt, goldgelb, 120 cm; 'Spitzentänze-

Sonnenblume, H. decapetalus 'Capenoch Star'. (Herbel)

Sonnenblume, H. annuus. (Dr. Jesse)

rin', sehr gut, feinstrahlig, halbgefüllt, goldgelb, 130 cm; 'Wüstenkönig', noch an schlechten Plätzen befriedigend. Frischgrünes Laub, lange Blütezeit, locker gefüllt, goldgelb. 100–120 cm. – Verwendung als Garten- und Schnittstauden. Boden nahrhaft, nicht zu feucht. Vermehrung durch Teilung und Stecklinge.
Sonnenblitzle → Mittagsblumengewächse.
Sonnenblume, *Helianthus.* Korbblütler, *Compositae.* ○ ☉ ♃ ✂ Bie. Rund 100 Arten, vorwiegend in Nordamerika, einjährig und ausdauernd. Meist ganzrandige, rauhe Blätter. Blüten vorwiegend gelb, bei den einjährigen auch einzelne hell- bis dunkelbraune Farbtöne. Alle hier genannten aus Nordamerika. – EINJÄHRIGE ARTEN. *H. annuus.* Stengel sehr hoch werdend, meist nur wenig verzweigt, vorwiegend mit einem Blütenstand. 'Bismarckianus', 'Macrophyllus Giganteus', 'Uniflorus' bis 3 m, mit großen Blumen, gelb; 'Californicus Plenus', 'Globulus Fistulosus' und 'Hohe Sonnengold', gefülltblühend, gelb, 150 cm; 'Gelber Knirps', gefüllt, 60 cm. – *H. a. intermedius* umfaßt Sorten mit mittelgroßen Blüten. Pflanzen mehr verzweigt, besonders als Schnittblumen wertvoll. 'Abendsonne', braunrot; 'Goldener Neger', goldgelb, Mitte schwarz; 'Primrose', schwefelgelb; 'Herbstschönheit', Mischung mit kleineren Blüten von Gelb, Braun, Bronze bis Rot. Reichblühend, beste zum Schnitt. 150–200 cm. – *H. debilis (H. cucumerifolius).* In allen Teilen kleiner. Gut verzweigt, mit herzförmigen, kleinen Blättern. Blüten bis 10 cm groß. 'Diadem', zitronengelb; 'Purpurea', braunrot; 'Stella', goldgelbe, sternförmige Blüten. 80–120 cm. – Verwendung im Hausgarten, vor Ge-

Sonnenbraut, *H. autumnale.* (Dr. Jesse)

hölzen oder als Begrenzung und Schnittblumen. Boden: Normaler Gartenboden. Vermehrung durch Aussaat im IV, direkt an Ort.

AUSDAUERNDE ARTEN. *H. atrorubens (H. sparsifolius).* Lange Ausläufer, vorn knollig verdickt. Verlangt in strengen Wintern Schutz. Blüten goldgelb mit schwarzer Mitte. Wertvoll als Schnittblume. VIII–X, 120–180 cm. – *H. decapetalus (H. multiflorus).* Wurzelstock ausbreitend, Wurzeln an der Spitze knollig verdickt. Stengel rund, kahl. Blätter breit-lanzettlich, Blüte gelb. 'Capenoch Star', reichblühend, zitronengelb, 120 cm; 'Meteor', halbgefüllt, gelb, 150 cm; 'Soleil d' Or', gefüllte, große Blumen, 120 cm. VIII–X. – *H. × laetiflorus (H. rigidus × H. tuberosus).* Kriechender Wurzelstock. Steife Stengel. Blätter dünn, breitoval, dunkelgrün. Blüten in lockeren Dolden, leuchtendgelb. 'Miß Mellish', gelb mit dunkler Mitte. Alle für trockene Lagen. VIII–IX, 150–200 cm. – *H. rigidus (H. scaberrimus).* Stark wuchernd. Blütenstand locker verzweigt, Blüten groß, leuchtendgelb mit dunkler Mitte. 'Praecox', frühblühender, ab VIII, halbgefüllt; 'Daniel Dewar', goldgelb. IX–X, 150–200 cm. – *H. salicifolius (H. orgyalis).* Weidenblättrige S. Dekorative Pflanze. Triebe aufrecht, mit vielen, schmalen, überhängenden Blättern. Blüten klein, gelb. Besonders reizvoll an Wasserbecken. IX–X, 150–250 cm. – Verwendung im Staudenbeet, als Solitärpflanzen, im Wildstaudengarten und zum Schnitt. Anspruchslos. Leicht zu teilen.

Sonnenbraut, *Helenium.* Korbblütler, *Compositae.* ○ ♃ ✕ Bie. Rund 40 Arten in Nord- und Südamerika. Ausdauernde, reich verzweigte Stauden. Blütenmitte mit den Scheibenblüten kugelförmig erhöht. Bekannte und beliebte Sommer- und Herbstblüher in Gelb bis Dunkelbraun. – *H. hoopesii,* Nordamerika. Leicht aus Samen zu vermehren, sehr frühblühend. Stengel nicht geflügelt, Blätter länglich-spatelförmig. Randblüten etwas hängend, goldgelb, Mitte gelb. V–VI, 40–60 cm. – *H.-Hybriden.* Aus Kreuzungen von *H. autumnale* und nicht bekannten Arten entstanden. Standfester und schöner als die Arten, Stengel meist geflügelt. SEHR FRÜHE SORTE: 'The Bishop' (*H. bigelowii* 'Superbum'), gelb mit braunem Knopf, VI–VII, 60 cm. FRÜHBLÜHEND: VII–Mitte VIII. 'Crimson Beauty', kupferrot, 60 cm; 'Goldene Jugend', goldgelb, 80 cm; 'Moerheim Beauty', sehr gut, samtig kupferrot, 70 cm; 'Pumilum Magnificum', gute Schnittsorte, goldgelb, 60 cm; 'Waltraut', sehr gut, goldbraun, 80 cm. MITTELFRÜH, Mitte VIII–Ende IX: 'Flammenrad', gelb, kupfrig geflammt, 150 cm; 'Goldlackzwerg', dunkelbraun, 80 cm; 'Kanaria', gelb, 110 cm; 'Karneol', sehr gut, kupferrot, 100 cm; 'Kugelsonne', hellgelb, 160 cm; 'Kupfersprudel', kupfrigbraun, 110 cm; 'Rotkäppchen', sehr gut, samtig braunrot, 80 cm; 'Rubinkuppel', braunrot, 110 cm; 'Sonnenwunder', hellgelb, 130 cm; 'Zimbelstern', sehr großblumig, altgold, braun geflammt, 130 cm. SPÄTBLÜHEND, Ende VIII–Anfang X: 'Baudirektor Linne', sehr gut, rot, 100 cm; 'Gartensonne', goldgelb, 150 cm; 'Goldrausch', gelb, braunrot geflammt, 150 cm. – VERWENDUNG. Langblühende Prachtstauden für Staudenrabatten und zum Schnitt. – Boden lehmig-humos, nicht zu trocken. Bei Trockenheit im Sommer wässern. – Vermehrung durch Teilung und Stecklinge.

Sonnenenergie, die der Erde von der Sonne zugestrahlte Energie, gemessen in Kalorien (→ Solarkonstante). Der Grundprozeß der Stoffumsetzung des Lebens auf der Erde wird von S. in Gang gehalten (→ Fotosynthese, → Pflanzenernährung). Die fossilen Brennstoffe, wie Kohle und Erdöl, in geologischen Zeiträumen angesammelte Stoffe pflanzlichen und tierischen Ursprungs, sind konservierte S. Die Wissenschaft versucht, die S. durch technische Verfahren zu verwerten, wie Brennspiegel und Sonnenelemente. Durch gärtnerische Verfahren wird S. unmittelbar verwertet, verstärkt durch → Ganzjahreskultur, ‚immergrüne Kultur', Vor-, Zwischen- und Nachkultur, optimal durch Algenkul-

Beispiel für Nutzung der Sonnenenergie durch ‚Ökohaus', schematisch dargestellt, Südseite. Das Detail unten zeigt die mehrstufige Wieder-Verwertungs-Anlage, die die gärtnerischen Kulturen ernährt. Maßstab 5 Fuß = ca. 1,5 m. Nach Graham Caine, aus ‚Observer', London.

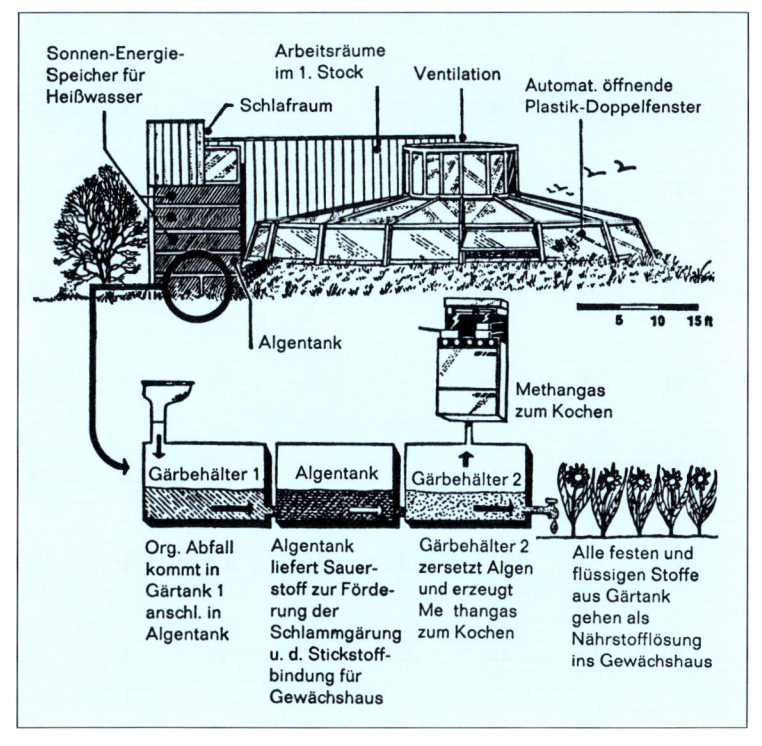

Sonnenenergie

Selbst-Einbau eines Sonnenkollektors auf dem Dach des Wohnhauses: Der im Sparrenfeld auf der reflektierenden Dämmschicht liegende Absorber wird mit einer Folie abgedeckt, darüber kommt auf Dachlatten die Lichtplatte. (Dr. H. Schulz, Freising-Weihenstephan, aus *garten organisch* 4/1980)

Kollektoranlage die in Hausnähe aufgestellt wird. Über zwei von Sensoren geleitete Stellmotoren wird die Kollektorfläche in die optimale Neigung zur Sonne gedreht. Ein Spezialöl kann Temperaturen bis 300°C aufnehmen, das Glas hat 93% Lichtdurchlässigkeit – daher hohe Energieausbeute. Diese 10 m² große Anlage wurde für einen Fünf-Personen-Haushalt ausgelegt und an einen 500-Liter-Brauchwasserkessel angeschlossen. (Herwi-Solar)

Sonnenflügel, *H. roseum*. (Dr. Jesse)   Sonnenröschen-*Hybride* 'Sterntaler'. (Herb.)   Spaltblume, *Sch. wisetoniensis*-Hybr. (Seidl)

turen. Durch moderne Werkstoffe, wie → Acrylglas und → Folien, werden diese Möglichkeiten erweitert. Eine Kombination dieser Verfahren wird von Technikern und Architekten in Form des sog. Ökohauses in den verschiedensten Modellen entwickelt und seit Beginn der siebziger Jahre erprobt. Dabei wird die S. auf folgenden Wegen genutzt: 1. Erwärmung von Wasser in schwarzlackierten Zentralheizungskörpern längs der Südwand des Hauses. Versuche in England haben ergeben, daß sich ein 135-Liter-Tank im Januar auf 25 °C und im April auf 60 °C erwärmt. 2. Im Oberteil des Hauses wird die Luft erwärmt, um ein Warmhaus (→ Kleingewächshaus) zu heizen. 3. Alle flüssigen und festen Abfallstoffe des Hauses werden in sonnengeheizten Algentanks vergoren; als Produkte ergeben sich Methangas zum Heizen und Kochen sowie Flüssigdünger. 4. Durch automatisch belüftete → Frühbeetfenster wird S. in Ganzjahreskultur genutzt.

Sonnenflügel, *Helipterum.* Korbblütler, *Compositae.* ○ ⊙ ⋊. Von den etwa 50 einjährigen bis staudigen Arten kommen die meisten in Australien vor, der Rest in Südafrika. Bei uns werden nur 3 einjährige australische Arten als Sommerblumen, in der Hauptsache als Trockenblumen, kultiviert. – *H. manglesi* (*Rhodanthe manglesi*). Einjährig, nur in Mischungen mit Weiß, Rosa und Rot. Aufrechtwachsend, graugrüne Blätter mit einzelnen, langgestielten Blütenkörbchen. Hauptblüte VII–VIII. – *H. roseum* (*Acroclinium roseum*). Einjährig. Von allen in Kultur befindlichen Arten am bekanntesten und beliebtesten. Ausschließlich Mischungen, farblich variabler als vorgenannte Art, da auch gelb und Karmesin-Farbtöne. Ca. 50 cm, schmale, graugrüne Blätter. Blütenköpfchen endständig. Hauptblüte ab VI–VIII. – *H. humboldtianum* (*H. sandfordii*).

Wenig bekannte Art, Blütenkelche glänzend hellgelb, ca. 30 cm, relativ lange Blütezeit, VI–IX. – Alle drei Arten werden am besten ab Anfang IV unter Glas ausgesät und ab Mitte V ausgepflanzt. Je nach Wuchshöhe Abstände von 15–25 cm. Vollsonniger Standort sowie möglichst wasserdurchlässiger, humoser und kalkarmer Boden.

Sonnenhut → Rudbeckie.

Sonnenröschen, *Helianthemum.* Zistrosengewächse, *Cistaceae.* ○ ♄ ⌒ △ ⌢. Etwa 80 Arten in den Mittelmeerländern. Niedrige, zwergige Halbsträucher, oft mit polsterartigem Wuchs. Blüten in traubenartigen Wickeln, die einfachblühenden mit 5 Blütenblättern. – *H. apenninum* (*H. polifolium*), West-, Südeuropa, Kleinasien. Stengel und Blätter graufilzig bis weißlich, Blüten weiß. 'Roseum' mit großen, dunkelrosa Blüten. V–VIII, 25 cm. – *H. canum*, Süd- und Mitteleuropa. Zweige niederliegend, Blütentriebe aufstrebend. Blätter lineal- bis eilanzettlich,

Sonnenenergie-Gartenlampe, wird dort in die Erde gesteckt, wo nachts Licht benötigt wird. Eine Tagesration Sonne lädt die Batterie für etwa 5 Stunden Licht auf. (Walklite)

oben grün bis graufilzig, unten lang behaart, weißfilzig. Blüten dunkelgelb. V–VI, 10–15 cm. – *H. Hybriden,* meist aus Kreuzungen von *H. apenninum* × *H. nummularium* entstanden. 'Braungold', Laub graugrün, Blüten braunorange, einfach; 'Fire Patt' ('Orange'), graulaubig, einfach orangerot; 'Gelbe Perle', grünlaubig, gefüllt, zitronengelb; 'Golden Queen', sehr gut, grünlaubig, einfach, gelb; 'Jack Scott', graulaubig, einfach rot; 'Lawrenson's Pink', grün, einfach, karminrosa; 'Pink Double', grün, halbgefüllt, karminrosa; 'Praecox', silbergrau, einfach, gelb; 'Rhodanthe carneum', graulaubig, einfach violettrosa; 'Rubin', grün, gefüllt, dunkelkarminrot; 'Supreme', grau, einfach, dunkelrot; 'The Bride', graugrün, einfach, weiß. V–VI, 15–25 cm. – *H. nummularium* (*H. amabile, H. chamaecistus, H. vulgare*), Europa bis Westasien. Niederliegende, nur am Grunde verholzende Triebe, immergrün. Blättchen lederartig, dunkelgrün, Blüten gelb. V–VI, 5–10 cm. – *H. oelandicum,* Spitzbergen, Öland. Wüchsig und hart. Blätter dunkelgrün, kurz gestielt, am Rand umgerollt, lanzettlich, dichte Radsen bildend, sehr kleine Polster. Gelb, V–VII. *H. o.* ssp. *alpestre* (*H. a., H. italicum*), Pyrenäen, Alpen, Balkan. Leuchtendgelb, 'Serpillifolium', dichte, dunkelgrüne Teppiche, Blüten goldgelb. VI–VIII, 5–8 cm. – VERWENDUNG. Steingarten, Trockenmauern, Staudenpflanzungen, besonders an sonnigen, trockenen Stellen; die schwachwachsenden, niedrigen auch im Troggarten. Nach der Blüte abschneiden, dann machen sie neue, kurze Triebe, überwintern besser und werden nicht so hoch. – Boden durchlässig, leicht. – Vermehrung durch Sommerstecklinge, die Arten auch durch Aussaat.

Sonnentau → Insektivoren 3.
Sophora → Schnürbaum.

Sophronitis

Schweizer Haus mit reichem Pflanzenschmuck durch schlingende Gehölze, Kastenblumen und vor allem Rosen am Spaliergerüst an der Hauswand. (Rosenberg)

Himbeeren sind nicht standfest, sie brauchen einen Drahtrahmen als Stütze – hier als freistehendes Spaliergerüst. Die Ruten werden an die Drähte angeklammert oder angebunden. (Dr. Link)

Sophronitis → Orchideen 16.
Sorbaria → Fiederspiere.
Sorbus → Eberesche.
Sortengräser, als Samen im Handel befindliche Zucht- und Hochzuchtgräser mit bestimmten, besonders geschätzten Eigenschaften; übliche Schreibweise in Großbuchstaben an letzter Stelle hinter Gattung, Art, Varietät usw., also: Festuca rubra commutata PENNLAWN, Poa pratensis MERION.
Sortenwahl, erfolgt entsprechend den gegebenen Standort- und Befruchtungsverhältnissen sowie den persönlichen Wünschen des Gartenbesitzers. Sortenangaben → Apfel, → Birne usw. bei den Obstarten, → Gemüsetabelle und bei den Gattungen der einzelnen Gehölze, Stauden und Sommerblumen.
Spätfröste → Frostschäden.
Spätgemüse, alle gegen den Winter hin erntereif werdenden Gemüsearten; die meisten eignen sich für Lagerung im Keller. Wichtig im Hausgarten für die Gemüseversorgung in den Wintermonaten. Wichtigste Spätgemüse: Kohlarten, späte Karotten, Sellerie, Winterlauch, Knollenfenchel, Rote Rübe usw.
Spätsaaten, oft nur versuchsweise angelegte Gemüsepflanzungen zu einem möglichst späten Zeitpunkt; meistens risikoreich, aber bei gutem Herbstwetter gelegentlich sehr lohnend. Beispiele: Buschbohnen mit Aussaattermin nach Mitte VII, Möhren ausgesät nach Anfang VII (nur Frühsorten verwenden!), Freiland-Kopfsalat nach Mitte VII. – Bei Stauden sind Sp. zumeist Frühsaaten, d.h. Aussaaten von schwerkeimenden Stauden, die sofort nach der Ernte im Spätjahr ausgesät werden.
Spalier, ein am Gerüst erzogener Pflanzen-, meist Baumbestand.
Spalierbaum → Obstbaumformen.
Spalierformen → Obstbaumformen.
Spaliergerüst, besteht aus Hauptpfosten im Abstand 3–5 m, an die 3–5 Drähte waagrecht im vertikalen Abstand von 40 cm gespannt werden. Dazwischen werden leichtere Pfähle gesetzt oder an die Drähte Spalierlatten befestigt, um daran die Zweige der Spalierbäume zu heften. Je nach Größe des Spaliers werden mehr oder weniger stabile Gerüste hergestellt, auch mit T-Eisen. Sp. kann an Gebäudewänden oder freistehend sein.
Spaliergurken → Gurken.
Spalierwand, freistehende oder an einer Mauer verankerte leichte Holz- oder Eisenkonstruktion aus Latten,

Birnenspalier an einem Bauernhaus. Regelmäßiger kurzer Fruchtholzschnitt hat die Bäume vital gehalten. (Dr. Link)

Stäben, Stangen und Maschen für Spalierobst und Schlinggewächse.
Spaltblume, *Schizanthus*. Nachtschattengewächse, *Solanaceae*. ○ ☉ (☐). 11 einjährige Arten in Chile, nur eine bei uns von gewisser Bedeutung: *S.-Wisetonensis*-Hybriden. Einjährig. Aus 2 Artenkreuzungen entstanden; insbesondere in England als frühjahrsblühende Topfpflanze mit winterlicher Anzucht unter Glas sehr beliebt. Bei uns nur hin und wieder als exotisch anmutende Sommerblume in den Gärten. Praktisch nur Mischungen mit gefleckten Blüten in überwiegend hellen Farbtönen. Blüte stark witterungsabhängig, kann aber trotzdem, insbesondere bei entsprechendem Rückschnitt, von VII–IX dauern. – Wird am besten ab IV unter Glas ausgesät, die Sämlinge möglichst pikiert und ab Mitte V an sonnigen, trockenen und nicht zu nährstoffreichen Standort ausgepflanzt.
Spaltpilze → Bakterien.
Spanischer Pfeffer, *Capsicum*. Nachtschattengewächse, *Solanaceae*. ○ ☉ ☐ o. Freiland ⚥ ✕. Einjährig bis strauchig, mit lebhaft gefärbten Früchten, meist mit scharfem Geschmack, der Paprika. Wenige, aber sehr variable Arten in Mittel- und Südamerika. – *C. annuum*. Bei uns einjährig gezogen.

Spanischer Pfeffer

Spanischer Pfeffer, *C. annuum.* (Jesse)

Blätter ganzrandig, eiförmig zugespitzt. Blüten klein, weiß. Früchte ansehnlich, außerordentlich unterschiedlich, sowohl in der Form (kugelig, walzig, fädig, gerade oder gebogen) als auch in der Farbe (glänzend rot, gelb, orange, braun und violett). – Man unterscheidet niedere Formen für die Topfkultur und hohe Formen für Schnittzwecke. Niedere Formen werden im III–IV gesät, einmal pikiert, dann getopft, meist sind die Früchte im VII ausgefärbt. Für den Schnitt sät man im IV, pflanzt nach den Eisheiligen aus, pinziert, zieht mehrere Triebe hoch, geizt immer aus. Im VII muß man köpfen, im IX erntet man durch Ausziehen der ganzen Pflanzen, entblättert und trocknet hängend. Schnittpaprika kann sehr gut mit anderen Immortellen zu Trockengestecken verwendet werden. → Paprika.

Spanner, eine der vier Hauptfamilien der Großschmetterlinge (→ Schmetterlinge). Raupen mit reduzierter Zahl an Bauchbeinen, woraus sich die Fortbewegung des ‚Spannens‘ ergibt. Falter den → Tagfaltern ähnlich, aber meist kleiner. Im Garten nur wenige schädliche Arten, vor allem die → Frostspanner an Obstbäumen sowie der → Stachelbeerspanner.

Sparaxis → Fransenschwertel.
Sparganium → Igelkolben.
Spargel, *Asparagus officinalis.* Liliengewächse, *Liliaceae.* Herkunft Orient, heute in ganz Europa verwildert. In Kultur genommen von den Römern, nördlich der Alpen seit dem 15. Jahrhundert im Anbau. Staude mit ausdauerndem Wurzelstock, oberirdische Teile im Herbst absterbend. – ANBAU. Standortansprüche groß; warme Lagen mit lockerem, tiefgründigem Boden, am besten Löß und Sand; steinige, zu schwere oder wasserzügige Böden vermeiden. Anzucht der Setzlingspflanzen: Aussaat IV in Reihen mit 20 cm Abstand, alle 5 cm ein Korn; später auf 10 cm verziehen. Ein bis zwei Jahre lang kultivieren. Vorbereitung des Bodens II–III, einen 40 cm breiten, 25 cm tiefen Graben ausheben; bei mehrreihiger Kultur Gabenabstand 60 cm. Grabensohle mit Kompost oder gut verrottetem Mist anreichern, alle 80 cm einen Stab stecken. Im V zu jedem Stab eine Jungpflanze setzen und 5 cm tief mit Erde überdecken. Pflege: unkrautfrei halten, junge Triebe aufbinden; im zweiten Jahr gleiche Pflege; dabei erstarken die Pflanzen und werden mehrtriebig. Im dritten Jahr im III die noch in Gräben stehenden Pflanzen mit der ausgehobenen Erde überdecken und hohe Dämme aufschütten. Durch diese Dämme brechen die Jungtriebe durch. – ERNTE. Stangen in der Tiefe sorgfältig abstechen, sobald die Spitzen die Bodenoberfläche erreichen; dabei Herz der Pflanzen nicht verletzen. Einige der späten Triebe stehenlassen! Im Herbst oberirdische Teile abschneiden, Dämme ausebnen, düngen, im folgenden Frühjahr erneut Dämme aufschütten. Dauer einer Pflanzung 10 und mehr Jahre bei guter Pflege. – VERWENDUNG. Frisch geerntete Stangen schälen, in Salzwasser weichkochen, mit pikanten Saucen oder geschmolzener Butter servieren; minderwertige Stangen feingehackt in Suppen. Arten für Zimmerkultur → Zierspargel.

Spargelhähnchen, blau, rot, gelb gefärbte → Blattkäfer. Schädlich durch Fraß an Laub. Abwehr: durch Absammeln der Käfer, Larven und Eigelege.

Spargelkohl → Broccoli.
Spargelmesser, speziell zum Stechen des Spargels gebrauchte Messerform.
Sparmannia → Zimmerlinde.
Spartina → Goldbandleistengras.
Spaten → Bodenbearbeitungsgeräte.
Spatha, ein den Blütenstand umgebendes Blatt, bei Aronstabgewächsen und Palmen.
Spathiphyllum → Blattfahne.
Spatzen → Vögel.
Spatzenschreck, Vorrichtungen zur Abwehr von Spatzen und anderen Vögeln. Vogelscheuchen, spiegelnde Metallblätter, selbsttätige Schuß- und Klappereinrichtungen haben sich wenig bewährt. → Vogelabwehr.

Speicherorgane, bei Obstgehölzen Splintholz und Rinde der dicken Wurzeln und Äste, des Stammes und der Zweige. Hier werden Bau- und Betriebsstoffe (→ Reservestoffe) eingelagert, die in der vorausgegangenen Vegetationsperiode gebildet wurden. Bei Holzpflanzen ist das Holzparenchym, das den gesamten toten Holzkörper mit lebenden Zellen durchzieht, wichtiges Speicherorgan. Markstrahlen dienen sowohl der Reservespeicherung als auch dem Stofftransport und sind gleichzeitig das Leitparenchym.

Speicherwurzeln → Speicherorgane.
Speierling, Spierling, Sperbe, *Sorbus domestica.* Rosengewächse, *Rosaceae.* Nimmt als Obstbaum eine Stellung zwischen Birne und → Eberesche ein. Blätter ebereschenähnlich. Blüten in Büscheln. Früchte klein, birn- bis apfelförmig, werden im teigigen Zustand verbraucht, enthalten viel Gerbstoff. Zusatz bei Obstweinbereitung. Verbreitung: wildwachsend in süddeutschen Wäldern.

Speik, Echter Speik, *Valeriana.* Baldriangewächse, *Valerianaceae, V. celtica.* ○–◐ ♃ D VI–VII. In den Urgesteinsalpen beheimatet, kaum 10 cm hoch. Im Mittelalter beliebtes Zahlungs- und Tauschmittel der Alpenländer zur Herstellung von Speikseife und Speiköl. In Kultur sehr schwierig, im Garten kaum langlebig.

Speisekürbis, Riesenkürbis, *Cucurbita maxima.* Kürbisgewächse, *Cucurbitaceae.* Stammt aus Zentralamerika, wird seit dem 16. Jahrh. in Europa angebaut. Wie alle Kürbisgewächse frostempfindlich und wärmebedürftig. Kriechende Pflanze mit sehr großem Platzbedarf (mindestens 2 qm). Aussaat in Töpfen IV–V, Auspflanzung V–VI; verlangt humusreiche Böden und regelmäßige Bodenfeuchtigkeit. Liefert kugelige bis abgeflachte Rie-

Spargelkäfer oder Spargelhähnchen auf Spargelstengel. (Dr. Bender)

Spierstrauch

senfrüchte, teils über 50 kg schwer; Ernte IX bis Frosteintritt. Verwendung: Das weiche Fruchtfleisch läßt sich vielseitig zubereiten: als Kochgemüse, als Kuchenfüllung, zur Herstellung von Marmelade usw. Neuerdings werden auch kleinfrüchtige Sorten mit Stückgewichten von 1−3 kg angeboten. → Kürbis, → Zucchini.

Speisemais → Mais.

Speiserübe, Weiße Rübe, Räbe (Schweiz), Wasserrübe, Krautrübe, *Brassica rapa* var. *rapifera*. Kreuzblütler, *Cruciferae*. Herkunft wie Kohlarten, sehr mannigfaltige Kulturart, seit dem Altertum im Anbau. Früher sehr wichtig für die Volksernährung; Bedeutung stark zurückgegangen. Zahlreiche Formen in bezug auf Gestalt und Farbe: plattrunde, kugelige bis walzenförmige Rüben, weiß- oder gelbfleischig, weiß-, rot- oder gelbrindig. Mairüben oder Herbstrüben. – ANBAU. Nur über Direktsaat möglich, also keine Setzlinge! Aussaat: Mairüben III, Reihenabstand 20−25 cm, in der Reihe auf 20 cm verziehen. Standortansprüche gering; keine stark aufgedüngten Böden verwenden! Ernte V−VI. Herbstrüben Ende VII säen, Ernte ab X; Rüben können bei Frostbeginn eingewintert werden. – VERWENDUNG. In Scheiben geschnittene Rüben gekocht oder gratiniert, am besten in leichten Mehlsaucen. Zur Konservierung eingesäuert (wie Sauerkraut) als wertvolle Nahrungsreserve für die Wintermonate, lokal noch von großer Bedeutung.

Sperrkraut → Jakobsleiter.

Sperrstrauch, *Cleyera*. Teegewächse, *Theaceae*. ○−◐ ♄−♄ ⌂ & ⋊. Immergrüne Sträucher oder kleine Bäume mit gegenständigen Blättern und

Speisekürbis, *Cucurbita pepo*. Hier eine ovale bis birnenförmige Sorte. (Bruck)

Spierstrauch, *Spiraea vanhouttei*. (Seidl)

weißen Blüten. 20 Arten. – *C. japonica*, Mittel- bis Ostasien. Kleiner Baum mit elliptischen, zugespitzten Blättern, 15 cm lang und 5 cm breit. Blüten duftend, Früchte rote Beeren. Wichtiger ist die panaschierte Form 'Tricolor', deren Blätter randwärts gelblichweiß sind, die Mittelpartien des Blattes sind hell- und dunkelgrün gescheckt. Junge Blätter sind rot überlaufen. – Gute Kübelpflanzen für kühle Räume und Wintergärten. Große Pflanzen können während des Sommers im Freien stehen. – Vermehrung durch Stecklinge, in der Jugend oft stutzen.

Spielrasen → Intensivrasen.

Spierling → Eberesche, → Speierling.

Spierstaude → Mädesüß.

Spierstrauch, Spiraee, *Spiraea*. Rosengewächse, *Rosaceae*. Etwa 80 Arten in der gemäßigten Zone von Europa, Asien und Nordamerika. Anspruchslose und widerstandsfähige Sträucher, daher in den Gärten stark verbreitet. Die weißen, rosa oder roten Blüten riechen meist ähnlich Weißdorn. – *S.* × *arguta*, Schneespiere, Brautspiere. ○−◐ ♄ IV−V ⋊. Kreuzung *S. multiflora* × *S. thunbergii*. Bis 2 m hoch, mit aufrechtem Wuchs und dünnen, leicht überhängenden Zweigen. Reinweiße Blüten in vielblütigen Doldentrauben entlang der ganzen Zweige. Wertvoller Frühjahrsblüher, unempfindlich gegen Trockenheit, Zier- oder Deckstrauch für freiwachsende oder geschnittene Hecken, auch vorzüglich zum Treiben. – *S. bullata*. ○−◐ ♄ VII △. Japan, wird bis 40 cm hoch. – *S. Bumalda-Hybriden* (*S. japonica* × *S. albiflora*). ○−◐ ♄ VII−IX ⌶. Von den 1,50 m hohen, buntblühenden Kreuzungen sind die folgenden drei die besten für den Garten: 'Anthony Waterer', dichtverzweigt, mit im Austrieb roten bis weißbunten, später vergrünenden Blätter und flachen, karminroten Blütendolden; 'Crispa', im Austrieb bronzerote, später vergrünende, gewellte und am Rand tief eingeschnittene Blätter; 'Froebelii', breitwachsend, mit braunrotem Austrieb und dunkelpurpuroten Blüten. Wertvolle Zier-, Deck- und Heckensträucher, die man im zeitigen Frühjahr durch Rückschnitt auf 10−20 cm Höhe gut im Zaum halten kann. – *S. japonica*, 'Little Princess'. ○−◐ ♄ VI−VIII. Kaum 40 cm hohes Sträuchlein mit rosa Blütendolden. – *S. nipponica* (*S. arcuata*). ○−◐ ♄ VI. Japan, bis 3 m hoher Strauch mit steifen und aufrechten Zweigen, die im oberen Teil überhängen. Reinweiße Blüten in halbkugeligen Doldentrauben. Wertvoller Blütenstrauch, der die Prachtspiere in der Blütezeit ablöst. – *S. prunifolia*. ○−◐ ♄ V ⌒. Ostasien. Wird 2 m hoch, mit rutenförmigen Trieben und reinweißen Blüten, zu mehreren in einer Dolde. Sorte 'Plena' mit reinweißen, gefüllten Blüten und schöner, orange bis braunroter Herbstfärbung; wird viel mehr kultiviert als ihre Art. Wertvoll als Einzelstrauch, verlangt etwas geschützten Standort. – *S. thunbergii*. ○−◐ ♄ IV−V. China und Japan, bis 1,50 m. Feine und dichte, leicht überhängende Zweige mit lebhaft grünen Blättern, reinweißen Blütendolden und schöner Herbstfärbung. Verträgt große Trockenheit. – *S.* × *vanhouttei*, Prachtspiere (*S. cantoniensis* × *S. trilobata*). ○–● ♄ V–VI. Bis 3 m hohe Kreuzung, sehr häufig in den Gärten. Mit zierlichen, überhängenden Zweigen, fünflappigen, dunkelgrünen Blättern und reinweißen Blütendolden, entlang der ganzen Zweige. Wertvoller Blütenstrauch, besonders schön in näherer Nachbarschaft von Zieräpfeln, Goldregen und Flieder. Verträgt leichten Schatten, auch für freiwachsende Blütenhecken geeignet. – ANSPRÜCHE. Keine besonderen Ansprüche an den Boden, wächst in der Sonne wie auch im Schatten, doch läßt bei Beschattung die Blütenfülle stark nach. Mit Vorteil werden die älteren Zweige bis zum Boden herausgeschnitten, um die Sträucher jugendlich zu erhalten. – VERMEHRUNG. Bei Aussaat ist zu beachten, daß der S. ein Lichtkeimer ist, deshalb Samen nicht mit Erde bedecken. Stecklinge, im Frühsommer geschnitten, wachsen gut. Von den starkwüchsigen Arten und Formen können Steckhölzer, von zweijährigem Holz, geschnitten werden. Bei geringem Bedarf ist → Anhäufeln möglich, die Zweige brauchen zwei Jahre, bis sie sich bewurzeln.

Spinat, *Spinacia oleracea*. Gänsefußgewächse, *Chenopodiaceae*. Herkunft Persien, Turkestan; vermutlich im Mittelalter durch die Mauren über Spanien in unser Gebiet gebracht, seit dem Spätmittelalter überall verbreitet. – Anbau: nur im Frühjahr und Herbst vorteilhaft; im Sommer schießen die meisten Sorten rasch auf (Langtagpflanze). Gedeiht am besten in nicht zu leichten, aber lockeren, gut gedüngten Böden. Frühjahrsanbau: Aussaat III–Anfang IV; Reihenabstand 25 cm, nicht zu dicht säen! Pflege: locker und unkrautfrei halten. Ernte V–Ende VI, 2–3 Schnitte möglich. Herbstanbau: Aussaat VII–VIII, ein Schnitt im X, dann nach Überwintern der Kultur 2–3 weitere Schnitte im IV–V. – Verwendung: Geschnittene Blätter ohne großen Stielanteil entweder ganz oder fein gehackt weichkochen; in Streifen geschnitten auch in Suppen oder als Salat sehr schmackhaft.

Spinatgemüse → Schnittmangold.

Spindelbusch, niedrige Baumform bei Apfel und Birne, Stammhöhe 60 cm, Wuchshöhe bis 2,5 m. Am Stamm Seitenäste und Fruchtholz nur mäßig entwickelt (→ Obstbaumformen, → Obstbaumschnitt, → Pillarbaum, → Rangordnung).

Spindelmäher → Rasenmäher.

Spindelstrauch, *Euonymus*. Spindelbaumgewächse, *Celastraceae*. Etwa 170 Arten, oft niederliegende oder kriechende, sommergrüne oder immergrüne Sträucher, in Europa, Nordamerika, hauptsächlich in Ostasien. Typisch ist der orangerote Samenmantel (Arillus). Name nach der früheren Verarbeitung des Holzes zu Spindeln. – *E. alata*, Geflügelter Spindelstrauch. ○–◐ ♄ V–VI ⚥. Ostasien. Bis 3 m, sparrige Zweige mit flügelartigen Korkleisten, elliptische Blätter, im Herbst leuchtend weinrot. Brauner Samen mit menningrotem Samenmantel. Früh austreibender Strauch, der besonders im Winter durch die auffallenden Korkleisten sehr apart wirkt. – *E. europaeus*. Pfaffenhütchen. ○–● ♄ V ⚥. Europa, Kleinasien bis Westsibirien. Name von den auffallenden Samen, die häufig mit dem Birett der katholischen Geistlichen verglichen werden. Bis 7 m hoher Strauch oder kleiner Baum mit elliptischen, im Herbst karminroten

Wenn Wuchskraft und Fruchtqualität des Spindelbusches nachlassen, werden alle unproduktiven Organe entfernt, um Neutrieb anzuregen. (Nach Friedrich-Preuße)

Spinat Matador. (Hild)

Schlanke Spindel – weiterentwickelter Spindelbusch. Beide Baumformen sind kegelförmig aufgebaut. Das Kronengerüst trägt nur Fruchtholz. (Dr. Link)

Blättern, gelblichgrünen Blüten und orangeroten Früchten, die sehr lange am Strauch verbleiben. Äußerst anspruchslos, wächst in Sonne und Schatten, auf trockenen und feuchten Stellen und ist als Schutz oder Autobahnbepflanzung geeignet. Sollte im Garten wegen des unansehnlichen Laubes im Sommer nicht zu sehr im Vordergrund stehen. – *E. fortunei.* ☼–☽ ♄ △ ⚭ ⚶. Aus Ostasien, wächst niederliegend oder klettert an Gegenständen empor. Hat wurzelnde Zweige, kleine, elliptische Blätter und unscheinbare Blüten. Abart var. *radicans,* halbimmergrün, etwas kleinere Blätter, als Bodendecker für Schatten oder Halbschatten geeignet. Sorte 'Gracilis' hat weißbunte, im Austrieb oft rötliche Blätter; beliebte Friedhofpflanze, läßt sich wie Buchsbaum zu kleinsten Einfassungen zurechtstutzen. Abart var. *vegetus* hat etwas größere, glänzend grüne Blätter, wächst breitbuschig; industriefester Bodendecker; der auch klettert. Die Sorten 'Coloratus' mit purpurroter Blattunterseite und 'Carrieri' mit zugespitzten Blättern sind ebenfalls gute Bodendecker. – *E. sachalinensis.* ☼–☽ ♄ V ⚭. Japan. Wird 4–5 m hoch. Aufrechter Wuchs mit eiförmigen, 12 cm großen, im Herbst karminroten Blättern, gelblichen Blüten und fünfkantigen, karminroten und orangefarbenen Früchten. Durch frühzeitigen Austrieb Herbstfärbung und auffallende Früchte immer beliebter geworden. Als Einzelstrauch oder in Gruppen vor größeren Gehölzen geeignet. – ANSPRÜCHE. Normaler Gartenboden in leicht absonniger Lage. Die immergrünen, kriechenden Formen verlangen in rauhen Klimaten Winterschutz und sind besonders vor der Wintersonne zu schützen. – VERMEHRUNG. Aussaat sofort nach Reife des Samens, ansonsten stratifizieren und im Frühjahr aussäen. Stecklinge bei immergrünen Arten und Formen möglich, Veredlung auf Sämlinge oder Wurzelstücke von *E. europaeus;* gebräuchlich ist Okulation oder seitliches Anplatten.

NICHT WINTERHARTE ARTEN. *E. japonicus.* Japanischer Spindelstrauch. Japan, Korea. Aufrechter, immergrüner Strauch bis 2 m. Blätter oval, gekerbt. Blüten klein unscheinbar, Früchte wenigsamige Pfaffenhütchen. Zahlreiche Sorten mit bunten Blättern, oft auch Zwergformen mit kleinen Blättern. – Ideale Zimmerpflanzen für kühlere Räume, auch als Kübelpflanzen sehr gut geeignet. Schwere Substrate, feucht regelmäßig düngen. – Vermehrung durch Stecklinge.

Spindelstrauch, Pfaffenhütchen, *E. europaeus.* (Seidl)

Spinnen, Gruppe der Gliederfüßler, die im Gegensatz zu den sechsfüßigen Insekten 8 Beine und einen ungegliederten plumpen Körper besitzen; auch fehlen ihnen die Fühler. Name nach den meist vorhandenen Spinndrüsen, mit denen sie hauchfeine Spinnfäden herstellen. Ausnahmslos räuberisch lebende und somit nützliche, schädlingsvertilgende Arten. Nach der Art des Beutefangs unterscheidet man Jagdspinnen (z.B. Wolfsspinne) und Netzspinnen (z.B. Kreuzspinne).
Spinnenkaktus → Kakteen 11.
Spinnenpflanze → Cleome.
Spinnentiere, neben Krebstieren (→ Asseln) und Gliederfüßlern (→ Tausendfüßler, → Insekten) der 3. Unterstamm der Gliederfüßler, erwachsen mit 4 Paar Beinen (Insekten 3 Paar). Von den 3 Hauptgruppen sind 2 nützlich (→ Spinnen, → Kanker) und eine schädlich (→ Milben).
Spinner, eine der vier Hauptfamilien der Großschmetterlinge (→ Schmetterlinge). Puppen in Gespinsten (Name); Raupen meist stark behaart, Falter mit plumpem, stark behaartem Körper. Fliegt in der Dämmerung. Die wichtigsten Arten im Garten sind die Obstschädlinge: → Goldafter, Rin-

Spinnmilbe ('Rote Spinne'). (Archiv)

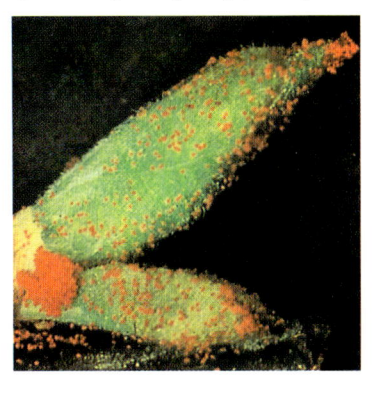

Spitzendürre bei Sauerkirsche nach Moniliabefall. (Dr. Kennel)

gelspinner und Schwammspinner. Die Eier des Ringelsp.s werden als mehrbändiger Ring um einen Zweig abgelegt und überwintern. Die farbenprächtigen (blau-weiß-schwarzen) Raupen fressen gesellschaftlich innerhalb von Gespinsten die Obstbaumblätter. Ähnlich leben die Raupen des Schwammsp.s, dessen Eier unter einer Schutzschicht von Afterhaaren des Weibchens versteckt sind (Ei-,Schwamm') und an der Obstbaumrinde überwintern. – Abwehr: Überwinternde Eier des Ringel- und Schwammsp.s mechanisch vernichten (→ Abkratzen); gegen die jungen Raupen mit ätherischen Ölen oder Alaunlösung spritzen.
Spinnmilben, Familie der → Milben, deren sehr kleine (meist unter 1 mm lange) Arten an der Unterseite der Blätter zahlreicher Pflanzenarten innerhalb feiner Gespinstschleier leben. Schäden durch Saugen. Überwinterung meist als Ei, zahlreiche Generationen im Jahr. Wichtigster Schädling im Garten: → Obstbaumspinnmilbe oder Rote Spinne. Weitere bemerkenswerte Arten: Stachelbeer- und Bohnenspinnmilbe. – Abwehr: → Obstbaumspinnmilbe.

Eigelege des Ringelspinners. (Archiv)

Spiraea

Links: Feldmaus, mit rundem Kopf. Rechts: Gartenspitzmaus, Insektenfresser, mit spitzem, rüsselartig verlängertem Kopf. Hier ½ nat. Größe. (Aus Mehl/Kahmann, Kleine Säugetiere der Heimat. Dargestellt in nat. Größe.)

Spiraea → Spierstrauch.

Spitzendürre, findet sich bei Obstgehölzen auf schlechten Standorten. Jede Einschränkung der natürlichen Wurzelentfaltung, z.B. durch Flachgründigkeit, Bodenverdichtungen, zu hohen Grundwasserstand, bleibt nicht ohne Einfluß auf Triebentwicklung. Spitzendürre ist in der Regel Beginn des Verfalls und Abganges.

Spitzenförderung → Obstbaumschnitt.

Spitzkohl → Weißkohl.

Spitzmäuse, zusammen mit dem → Igel und → Maulwurf zur Gruppe der → Insektenfresser gehörende kleine Säugetiere. Sie haben mit den schädlichen → Mäusen nichts zu tun, sondern sind als eifrige Vertilger von Bodenschädlingen wichtige Nützlinge. Von den Mäusen durch zierlichere Gestalt, dunkleren, samtartigen Pelz und rüsselartig verlängerten Kopf leicht zu unterscheiden. Im Garten können vier Arten auftreten: Garten-, Haus-, Zwerg- und Waldspitzmaus. Sie jagen auch im Winter im Boden sowie in allerlei Verstecken nach Schädlingen. Sind als nützliche Tiere zu schonen.

Splittweg → Gartenweg.

Spornbaldrian → Spornblume.

Spornblume, *Centranthus*. Baldriangewächse, *Valerianaceae*. ○−◐ ♃ △ ✕ Bie. Etwa 12 Arten im Mittelmeergebiet. Einjährige oder ausdauernde Kräuter mit lang geröhrten Blüten. − *C. ruber* (*Centranthus r.*), West- und Südeuropa. Holziger, mehrköpfiger Wurzelstock. Blätter gegenständig, breitlanzettlich, wie die ganze Pflanze blaugrün. Blüten in dichter Trugdolde mit langer Röhre, Sporn kürzer, dunkel rosarot. 'Albus', weißblühend; 'Coccineus', am schönsten und meisten verbreitet, dunkelrot. V−VII, 60−80 cm. − Verwendung in Steingärten, großen Trockenmauern, Staudenbeeten, Heide- und Wildgärten, schön auf Kiesflächen. Boden schotterig, trocken, kalkhaltig. Vermehrung durch Aussaat am leichtesten.

Spornbüchschen, Hopfenschwänzchen, *Beloperone*. Akanthusgewächse, *Acanthaceae*. ○−◐ ♄ ▽. Strauchige Pflanzen mit meist behaarten Blättern. Blüten in dichten, von Hochblättern gebildeten, endständigen Kätzchen. 30 Arten im tropischen Amerika. − *B. guttata*, Mexiko. Blüht ganzjährig. Reich verzweigter, weichhaariger Strauch mit eirhombischen Blättern. Die Blütenähren sind 10−20 cm lang, je nach Alter, und stehen endständig. Deckblätter zuerst grünlich, dann orangegelb, später braunrot, Blüten weiß mit roten Flecken. − Gute Zimmerpflanze, verlangt Temperaturen zwischen 15 und 18°C, durchlässige, humusreiche Substrate und hellen Standort, denn nur dann färben sich die Kätzchen schön aus. − Vermehrung durch Stecklinge leicht, man pflanze immer mehrere Stecklinge zusammen und pinziere in der Jugend häufig, damit die Pflanzen buschig werden.

Sport → Knospenmutation.

Sprudelstein, gebohrter Naturstein, austretende Wassermenge stufenlos verstellbar. (Oase)

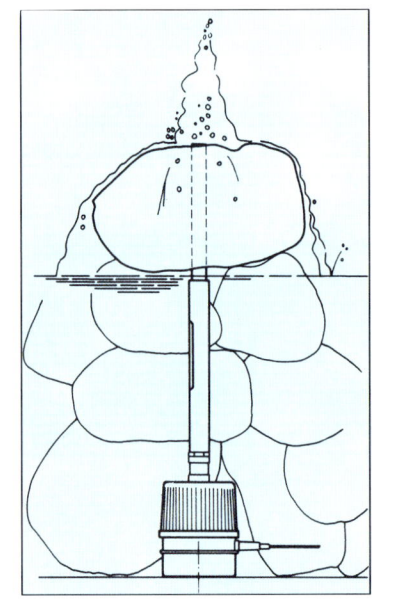

Sportrasen, strapazierter → Intensivrasen, vornehmlich für Fußball-, Handball- und Golfspiele; extrahohe Pflegeansprüche. → Rasengräser (Rispe).

Sprekelia → Jakobslilie.

Sprengen → Beregnen.

Sprenger, ältere Bezeichnung für → Regner.

Springbrunnen. Wasser, insbesondere bewegtes, spricht als Element unmittelbar das Gemüt des Menschen an, woran Ästheten, die wegen des ‚Künstlichen' im Garten einen S. (wie auch den → Gartenzwerg) ablehnen, nichts zu ändern vermögen.

ALLGEMEINES. In öffentlichen Parkanlagen und auf Stadtplätzen mitunter ausgedehnte, in Gärten meist bescheidene, oft aber formenreiche Wasserbecken mit → Springstrahlen und Unterwasserscheinwerfern. Je nach Situation und gewünschter Wirkung wird zur Erzeugung von hohen Fontänen das Wasser mit Unterwasser-Umwälzpumpen in die Höhe gedrückt. Bei kleinen S. mit nur dünnem Wasserstrahl genügt der vorhandene Leitungsdruck, wobei das Beckenwasser ohne Umwälzung über den Überlauf abfließt.

TECHNIK. Die S.-Anlage umfaßt drei Organe. Becken, Unterwasserpumpe und Fontänenaufsatz. − Das wetter- und bruchfeste BECKEN (Polyester mit Glasfiber) in Kreis-, Quadrat-, Rechteck- oder Nierenform, in den Abmessungen auf Wurfhöhe und -weite abgestimmt (Wasserstandstiefe 20−50 cm), wird im Garten entweder auf Sockel gestellt oder eingegraben. In beiden Fällen Grobkies-Unterlage ratsam. Im Becken können Zierfische gehalten und der Beckenrand kann bepflanzt werden. Wasseranschluß ist nicht erforderlich, da die UNTERWASSERPUMPE im Umwälzverfahren, in einem ‚geschlossenen System' arbeitend, immer wieder das gleiche Wasser verwendet. Die korrosionsfeste S.-Pumpe, bis auf den zeitweise zu reinigenden Filter wartungsfrei (Netzanschluß 220 Volt), ist auf bestimmte max. Springhöhen und Springkreis-Durchmesser (z.B. h = 2,30 m, Springkreis = 1,60 m) ausgelegt. Wirkungsvoll ist ein mit dem Pumpenaggregat verbundener Unterwasserscheinwerfer, der über einen drehbaren Farbwechselteller die Wasserbilder in verschiedenen Farben (rot, grün, gelb und blau) ausleuchtet.

Springkraut, Balsamine, *Impatiens*. Balsaminengewächse, *Balsaminaceae*. Mehrere hundert, in Asien, Europa und Amerika heimische Arten, jedoch nur einige bei uns als Sommerblumen von Bedeutung. − *I. balsamina*, Gar-

Springkraut, *I. glandulifera*. (Herbel)

Springschwanz *Orchesella* in Ruhestellung, natürliche Größe 4 mm. (Simon)

tenbalsamine. ○ ⊙. Einjährig. Je nach Züchtung 40–70 cm. Stengel dickfleischig, Blätter lanzettlich zugespitzt. In der Regel nur Mischungen, mit teils halbgefüllten, teils gefüllten Blüten, die paarweise oder zu mehreren in den Blattachseln sitzen. Farbenspiel der Mischungen hauptsächlich helle Töne. – Anzucht der sehr frostempfindlichen Pflanzen am besten unter Glas ab IV, Freilandpflanzung nicht vor Mitte V. Vollsonniger Standort sowie ausreichende Wassergaben erforderlich. Blüte meist schon VI, unter günstigen Voraussetzungen bis IX. – *I. glandulifera* (*I. roylei*). ○–◐ ⊙ D. Himalaja und Ostindien, sehr wasserbedürftig, bei uns bis zu 2 m hoch. Wird praktisch nicht mehr angeboten, doch insbesondere in süddeutschen Bauerngärten noch verwildert anzutreffen. Stengel dickfleischig und sparrig verzweigt, Blüten hellpurpur bis weinrot. Sät sich meist selbst aus. J.-*Neuguinea-Hybriden* (*J. hawkeri* × *J. linearifolia*). I–XII. In achtziger Jahren entstandene Kreuzungen; für den Garten von großem Wert. Schon viele Sorten, die sich hauptsächlich in Blätter- und Blütenfarbe unterscheiden. Die Zuchtarbeit ist noch nicht abgeschlossen, so daß sich die besten Sorten herausselektionieren werden. – *I. walleriana* (*I. holstii*, *I. sultanii*), Fleißiges Lieschen. ○–● ⊙–(♃) ¦: ⛉. Wahrscheinlich aus Kreuzungen der beiden in Südafrika heimischen Arten *I. holstii* und *I. sultanii* entstanden. Anfänglich wurden die so gewonnenen Züchtungen bei uns fast nur als dauerblühende Zimmerpflanzen kultiviert. Erst etwa ab Ende des Zweiten Weltkrieges hat man, zuerst wohl in der Schweiz, auch ihre hervorragende Eignung als Sommerblumen, insbesondere für halbschattige bis schattige Standorte, entdeckt. Heutzutage fast ausschließlich als Sommerblumen kultiviert. Saftige, sich stark verästelnde Triebe mit wechselständigen Blättern. Blüten achselständig, flachtypig sowie mehr oder minder deutlich gespornt. Meist schon bei Pflanzung erste Blüten, dann ununterbrochen bis Frost. – Am beliebtesten als Sommerblumen sind die reichblühenden, nur 15–25 cm hoch werdenden neuen Hybridzüchtungen, deren Farbenspiel sogar zweifarbige, gesternte Typen enthalten kann. – Sie eignen sich – insbesondere wenn bei Trockenheit Wasser gegeben wird – nicht nur für Pflanzungen im Halbschatten, sondern auch für vollsonnige Standorte. Sehr gut auch für Balkon- und Schalenpflanzungen. – Aussaat unter Warmglas etwa Mitte II–III. Die Sämlinge werden pikiert oder noch besser getopft und ihrer Frostempfindlichkeit wegen nicht vor Mitte V, in Abständen von 20–25 cm, ausgepflanzt. Lieben humusreichen, durchlässigen und nicht zu nährstoffreichen Boden.

Springschwänze → Collembolen.
Springstrahl, aus Hohldüsen vertikal nach oben gedrückter Wasserstrahl, der nach Einbau eines Luftansaugers weiß erscheint. Faustregel für Höheneinstellung: 80% des Beckendurchmessers.
Spritzgeräte → Bekämpfungsgeräte.
Spritzmittel → Chemischer Pflanzenschutz.
Sprossenkohl → Rosenkohl.
Sprühschlauch → Schlauch.
Spuhn → Rasenpflegegeräte (Aerifiziergerät und -gabel).
Spurenelemente. Die Biochemie der Sp. ist eine eigene, weitverzweigte Wissenschaft, die besonders von Prof. K. Scharrer an der Justus-Liebig-Universität Gießen für die landbauliche Praxis ausgebaut wurde. Hier einige gärtnerisch wichtige Punkte als Beispiele. Vorkommen der Sp. in Böden: Eisenmangel kann auftreten auf Hochmoorböden, Kupfermangel auf sehr leichten, humosen Böden. – Bedeutung der Sp. für das Gedeihen der Pflanzen: Chlorose jüngerer Blätter wird durch Mangel an Eisen, Zink, Kupfer, Bor, und Molybdän ausgelöst. Sp. sind beteiligt an der Aktivierung von Enzymen in den Pflanzen und damit an der Fotosynthese. Molybdän spielt eine Rolle bei der mikrobiellen Bindung von Luftstickstoff im Boden. → Pflanzenernährung, → pH-Wert mit Graphik über die Verfügbarkeit von Sp.n, → Bor, → Kupfer, → Mangan usw.
Stabtomate → Tomate.

Spurenelemente: Eisenmangel bei Rhododendron. (Herbel) – Spurenelementemangel bei Äpfeln. – Spurenelementemangel bei Birnen. (Archiv)

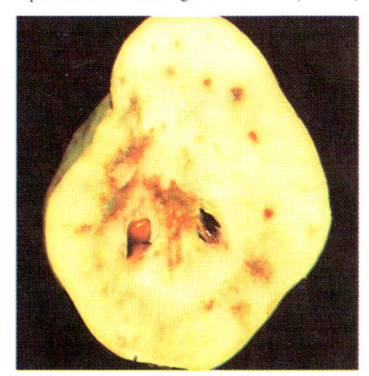

Stachelbeere

Stachelbeeren: Rote Triumph. – Lauffener Gelbe. – Weiße Neckartal. (Institut für Obstbau, Geisenheim/Rhein)

Stachelbeere, *Ribes uva-crispa (R. grossularia).* Steinbrechgewächse, *Saxifragaceae.* Beliebte Gartenfrucht. Heimat: Europa, Asien, USA. Sehr anpassungsfähig. Holz frostfest, Blüte empfindlich. ANSPRÜCHE. Verlangt humose, lehmige, ausreichend feuchte Böden. Auf leichten, trockenen Böden schlechtes Wachstum, kleine Früchte. – ANBAU. Als Busch, Hochstamm, Spalier. Bodenpflege wie Johannisbeere. Düngung: Jährlich ca. 1,5–2 dz/100 qm Stalldung oder andere organische Dünger, oder chlorfreie Mineraldünger: ca. 3–5 kg/100 qm. – SCHNITT. Auslichten, lockere Kronen, junge Fruchttriebe wichtig. Ertrag bis 3 kg/Pflanze. – SORTEN. Gelbfrüchtig: Hönings Früheste, Lauffener Gelbe, Gelbe Triumph. – Rotfrüchtig: Maiherzog, Rote Triumph. – Grünfrüchtig: Weiße Neckartal, Grüne Kugel, Lady Delamere, Weiße Triumph. – Neuzüchtungen: Remarka (rot), Reverta (gelbgrün), Rochusbeere (grün).

Stachelbeermehltau: Filzige, erst weiße, später braune Überzüge auf Triebspitzen, Blättern und Früchten von Stachelbeere, mitunter auch Schwarzer Johannisbeere. Mehltau-Pilz überwintert an Triebspitzen. Abwehr: Bei im Sommer befallenen Sträuchern im Winter Rückschnitt der Triebspitzen (ca. 5 cm). Bei Befallsanzeichen: mit Netzschwefel (0,4%) oder → N-A-B-Mischung (0,5%) spritzen.

Stachelbeerspanner, an Stachel- und Johannisbeersträuchern schwarzweiß gefleckte Raupen, welche die Blätter bis auf die Rippen abfressen. Auch die im VII/VIII auftretenden Falter sind schwarz-weiß gefleckt. Eiablage im Spätsommer; die jungen Raupen überwintern zwischen dürren Blättern am Erdboden. – Abwehr: Absammeln oder Abklopfen (auf Unterlage) der Raupen.

Stacheln → Aerifizieren.

Stachelnüßchen, Acaena. Rosengewächse, *Rosaceae.* ○–◐ ♃ △ ⚌ ⌒ i. Rund 60 Arten in Neuseeland, Australien, Südamerika. Kriechende, ausdauernde Pflanzen mit unpaarig gefiederten, denen der Rose ähnlichen Blättern. Früchte kugelig mit weichen Stacheln. – *A. buchananii,* Patagonien. Unterirdisch kriechend. Blätter auf beiden Seiten blaugrün, mit 5–6 Fiederpaaren. Wenig blühende, aber ausdauernde, dichte Teppiche bildend. VIII–IX, 5 cm. – *A. magellanica (A. glaucophylla),* Patagonien, Feuerland. Niederliegende, junge Stengel rötlich. Blätter beiderseits blaugrün mit 7 Fiederpaaren, 10 cm lang. Blüten mit roter Narbe und Staubbeuteln. VIII–IX, 10 cm. – *A. microphylla,* Neuseeland. Dichte Rasen, mit kriechenden Stengeln. Blätter mit 3–5 Fiederpaaren, olivgrün. Blüten zahlreich, Fruchtstände braunrot. VII–IX, 10 cm. 'Kupferteppich', rötlich-grüne Blättchen, schön mit bläulichgrünen Pflanzen zusammen. *A. novae-zelandiae,* Neuseeland. Niederliegende, bis 60 cm lange Stengel. Blätter bis 8 cm lang mit 6 Fiederpaaren, frischgrün, unterseits heller. Große Blütenköpfchen, Früchte rötlich. VIII–IX, 12 cm. – Verwendung im Stein-, Heide- und Staudengarten, ebenso auf dem Friedhof als gute Bodendecker. In schneelosen Wintern ist Abdecken mit Fichtenreis ratsam. – Boden durchlässig, humos. – Vermehrung durch Teilung und Aussaat. Foto → Bodendecker.

Stachys → Ziest.

Stadtkompost, wird in BRD, Österreich, Schweiz von St.werken abgegeben. Herstellungsverfahren, Qualitäten und Reifegrade unterschiedlich. St. aus Müll *mit* Klärschlamm entspricht an Nährstoffgehalten Stallmist, übertrifft ihn jedoch an Stabilität der organischen Substanz. – St. darf keine schädlichen Stoffe, wie Schwermetalle (Blei, Cadmium und andere), Mineralöle u. ä. industrielle Abfallstoffe enthalten. Werden Gesetze über Abfallstoffe eingehalten, ist St. frei von Schadstoffen. Gutachten der zuständigen Untersuchungsanstalt verlangen. – Gehalt an Plastikresten, Glasteilchen u. ä. nicht verrottbaren Stoffen kann erwünscht sein, um schwere Böden zu lockern, besonders in Dauerkulturen (Obst- und Weinbau). – St. mit hohen Anteilen noch nicht verrotteter org. Substanz und daher noch weitem → C/N-Verhältnis kann, z. B. zur Mischung mit stickstoffreichem Material zwecks weiterer Kompostierung, reiferem St. vorzuziehen sein. Für gärtnerische Kulturen jedoch ist fein gesiebter, scherbenfreier Kompost mit engem C/N-Verhältnis und Stickstoff in Nitratform zu verlangen. Einzelne St.werke erfüllen diese Qualitätsansprüche, stellen darüber hinaus Komposterde, Pflanzerde u. ä. Spezialerden her. – St. enthält alle für die Pflanzenernährung notwendigen Spurenelemente; ist meist kalkhaltig, deshalb gegebenenfalls mit sauren Substraten mischen. Zur Bodenverbesserung 500–2000 kg/Ar und mehr, zur laufenden Düngung und Bodenverbesserung je nach Reifegrad, Nährstoffbedürfnis und Boden anwenden, gegebenenfalls mit Sand oder anderen Substraten mischen.

Stärketest, Verfahren zur Bestimmung der Pflück- bzw. Baumreife. Beim Herannahen der Baumreife wird die bis dahin gespeicherte Stärke in Äpfeln und Birnen in Zucker umgewandelt. Das langsame Verschwinden der Stärke kann mit einer Jod-/Kaliumjodidlösung (sie färbt die Stärke blauschwarz an) sichtbar gemacht und danach der Reifegrad der Früchte beurteilt werden.

Stäubemittel, pulverförmige Pflanzenschutzmittel.

Stahl, schmiedbares Eisen mit einem Kohlenstoffgehalt unter 1,7% als Baustahl in vielfältigen Formen wie Rund-,

Band-, Flachst., St.träger, Hohlprofil- oder **St.blech** im Garten- und Landschaftsbau verwendet.

Stamm, der Verbindungsteil zwischen → Wurzelhals und → Kronengerüst. Stellt nur die Leitbahn zwischen beiden Baumteilen dar. Je länger der Stamm, um so mehr wirkt er wuchshemmend. Der unproduktivste Baumteil. Sollte so kurz, wie es Bodenpflege und Bodenfreiheit zulassen, gehalten werden.

Stammanstrich mit → Tonerdemehl, im Herbst oder, noch besser, im Frühling, an Baumstämmen und Ästen, heilt Wunden, verhütet Baumkrebs, steigert Fruchtbarkeit.

Stammbildner, starkwachsende oder frostresistente Sorten, die man zur Anzucht des Stammes anstelle der schwachwachsenden oder frostempfindlichen verwendet. Sorten: Hibernal, Jakob Fischer, Schöner aus Wiltshire.

Stammbüsche, starke heisterartige Gehölze aus weitem Stand mit geradem Stamm und von unten an besetzter Zweiggarnierung für solitäre Stellung.

Stammhöhe, gemessen von Veredlungsstelle in Bodennähe bis zum ersten Leitast der Krone, ergibt die Baumform. → Obstbaumformen.

Stammschutz, gegen Wildverbiß und Frostplatten durch hellfarbige, perforierte Plastikmanschetten nur während der Gefahrenzeit.

Stammverlängerung, ‚Mitteltrieb' als Organ erster Ordnung, an dem weitere Organe höherer Ordnung oder direkt Fruchtholz entstehen. → Leitast, → Rangordnung.

Standjahr, die Zahl der Jahre, die das Obstgehölz auf dem betreffenden

Stammschutz gegen Wildverbiß durch gelochte Plastikspirale. (Dr. Link)

Stapelie, *St. grandiflora*. (Seidl)

Standort wächst; ist nicht identisch mit Lebensjahr.

Standort. Durch Berücksichtigung der spezifischen Standortansprüche der Pflanzenarten kann man nicht nur den Ertrag, sondern auch die Widerstandsfähigkeit gegen Schädlinge und Krankheiten erhöhen. So ist z.B. für den Obstbau das Standortklima besonders wichtig: windige Ecken, Frostsenken und andere ‚kalte Stellen' vermeiden; Böden mit hohem Grundwasserstand fördern Pilzkrankheiten; auf Schatten- bzw. Lichtansprüche der Pflanzenarten achten. Über Standortansprüche der Pflanzen und Pflanzenfeinde vom Fachmann beraten lassen.

Standraumbedarf, wird je nach Wuchsstärke der Gehölze und voraussichtlichen Ausmaßen bemessen.

Standraumnutzung, optimale, wenn die Gehölze einen solchen Abstand erhalten, daß sie den größtmöglichen Ertrag bringen.

Stangenbohne → Bohne.

Stapelie, *Stapelia*. Seidenpflanzengewächse, *Asclepiadaceae*. ○ ♃ ⇝ ⎕ D. Rasen fleischiger, vierkantiger, kahler oder behaarter Stämmchen. Blüten groß bis sehr groß, meist aus dem Stammgrund erscheinend, fünfteilig, mit starkem Aasgeruch, der die bestäubenden Fliegen anlockt. 100 Arten in Südafrika und den angrenzenden Gebieten. – *St. gigantea*. Stämmchen bis 20 cm hoch und 3 cm dick, Blüten 30 cm im Durchmesser, tief fünfteilig, gelblich mit dichten roten Schwielen und Haaren besetzt. – *St. grandiflora*. Blüten 15 cm, schwarzpurpurn mit langen Zottelhaaren. – *St. variegata*. Stämmchen bis 10 cm hoch, Blüten 8 cm, hellgelb mit braunen Schwielen und Flecken. – Sehr empfehlenswerte Liebhaberpflanzen, für Freunde ausgefallener Formen und Farben, die nicht geruchsempfindlich sind. Überwinterung kühl und hell bei 6–12°C, ziemlich trocken, jedoch nicht einschrumpfen lassen. Im Sommer hell und luftig, im Mistbeet oder am Zimmerfenster, reichlich wässern und düngen. Gegen Herbst Wassergaben einschränken und die Pflanzen auf die Winterruhe vorbereiten. Sie verlangen kräftige und durchlässige Erden, da sie arge Zehrer sind. – Vermehrung durch Aussaat (bastardieren leicht, dadurch große Aufspaltungen) oder Stecklinge, die vor dem Stecken abtrocknen müssen.

Staphylea → Pimpernuß.

Stare → Vögel, Vogelabwehr.

Statice → Meerlavendel.

Stauchewuchs, tritt bei Pflanzen entweder nach Mutation natürlich auf (Zwergformen vieler Gehölze und Stauden, Spur-Typen von Obstsorten), kann aber auch als Folge von Krankheiten erscheinen. Der Gärtner ist in der Lage, verschiedene Pflanzen mit chemischen Mitteln zu stauchen. CCC (Chlorcholinchlorid), Phosfon oder Bernsteinsäurederivate (B 9 oder Alar 85). Zu den am häufigsten gestauchten Pflanzen gehören Poinsettie und Topfchrysantheme.

Stauden, krautartige, winterharte Pflanzen, die in Wurzelstöcken, Knollen oder Zwiebeln überwintern und im folgenden Frühjahr neu austreiben, deren oberirdische Teile jedoch im Spätherbst absterben (die St. ‚ziehen ein'). Ausnahmen sind niedrige Polsterstauden, wie Blaukissen, Seifenkraut, Schleifenblume, Steinkraut, die wintergrüne Polster bilden. Eine Sonderstellung nehmen diejenigen St. ein, die kurze Zeit nach der Blüte einziehen, wie Herzblume oder Gartenmohn. Sie sollten in der Pflanzung zusammenstehen mit Arten, die die Lücke ausfüllen. Gartenmohn z.B. mit Salbei. – Nach ihren Ansprüchen an die → Bodenreaktion (→ pH-Wert) sind zu unterscheiden kalkliebende und kalkfeindliche St. – KALKLIEBENDE entwickeln sich optimal bei pH-Werten über 7: *Aethionema, Anacyclus, Anemone pulsatilla, Cypripedium, Dianthus, Helleborus niger, Hepatica, Lilium candidum, Viola odorata*. – KALKFEINDLICHE ST. entfalten sich optimal bei pH 4–7: *Astilbe, Cimifuga, Dodecatheon, Gentiana sino-ornata, Lupinus, Rodgersia, Viola cornuta*. – WUCHSFORMEN UND -HÖHEN. Hier wird unterschieden nach kriechenden und polsterbildenden Arten, niedrigen (bis 60 cm), mittelhohen (60–100 cm) und hohen (über 100 cm). Nach der Wuchsform wird unterschieden zwischen breit und schmal wachsenden. Manche Arten kommen am besten in Einzelstellung (⊥) zur Geltung, andere in kleineren

Stauden

Stauden in voller Sonne. Fetthenne, Junkerlilie und Schwertlilien. (Drave)

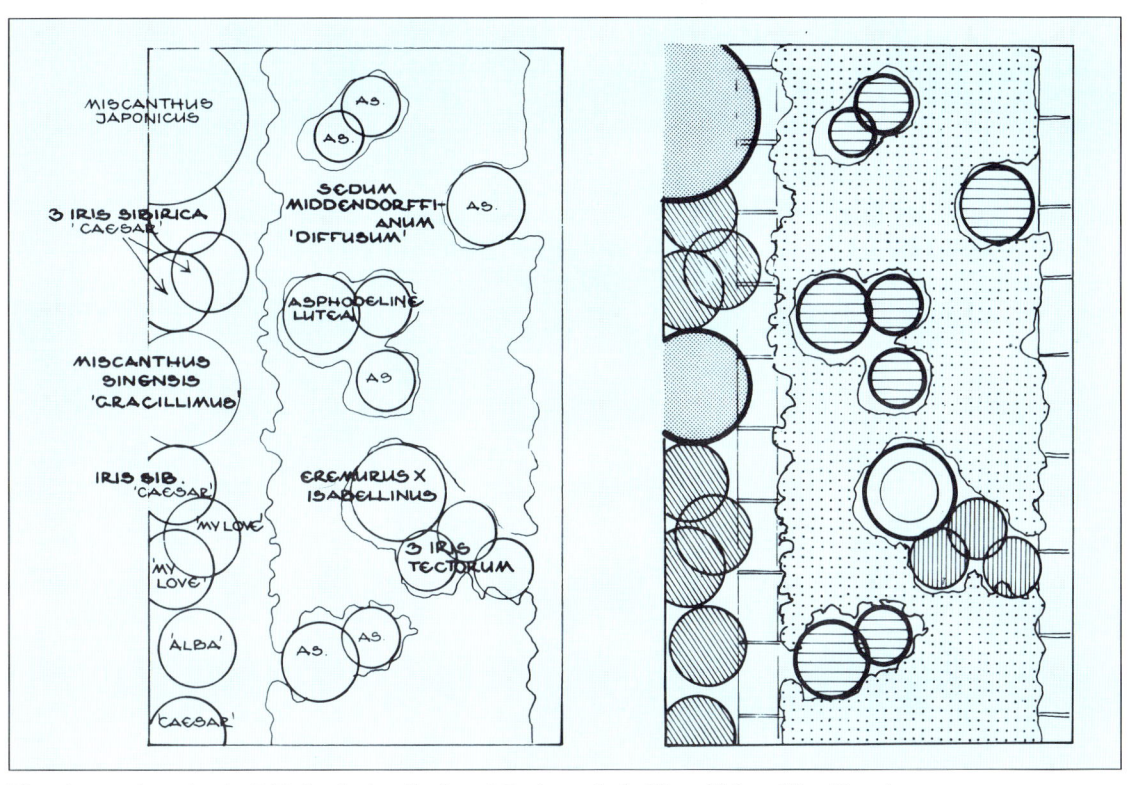

Pflanzplan zu nebenstehender Tafel ‚Stauden in voller Sonne'. Fetthenne, Junkerlilie und Schwertlilien. (Drave)

oder größeren Pflanzgruppen. In St.katalogen werden für diese Eigenschaften und Verwendungszwecke verschiedene Zeichen oder Abkürzungen verwendet, in diesem Werk nur die in der Zeichenerklärung aufgeführten nach DIN 530 Normblatt. – VERWENDUNGSZWECK. Unter diesen Gesichtspunkt lassen sich folgende Gruppen bilden (Aufstellungen → jeweils unter dem nachstehend genannten Stichwort): Einfassungsst. (zur Einfassung von Wegkanten, Beeträndern usw.), Duftst., Flächenst. (Bodendecker, niedrige und mittelhohe Arten, die Blatt- oder Blütenflächen bilden), Großst. (auffälliges Höhen- und Breitenwachstum), Herbstst. (Blütenpracht IX–XI), Immergrüne St. (zu allen Jahreszeiten grünes Blattwerk), Leitst. (bestimmen das Gerüst einer Pflanzung), Pflegebedürftige St. (brauchen guten Boden, Düngung, meist auch Winterschutz), Prachtst. (zeichnen sich durch Blütenpracht aus), Schattenst. (gedeihen optimal im Schatten und Halbschatten), Schnittst. (liefern guthaltende Schnittblumen), Schwimmpflanzen (wachsen in stehenden und leicht fließenden Gewässern), Solitärst. (entwickeln sich optimal in Einzelstellung), Sommerst. (Blütenpracht VI–IX), Staudenfarne, Staudengräser, Steingartenst. (entwickeln sich optimal in Verbindung mit Steinen, in Mauerfugen usw.), Steppenst. (gedeihen an trockenen, sonnigen Standorten), Sumpfst. (wachsen am Wasser, nicht im Wasser), Vorfrühlingsst. (blühen II/III), Wasserst. (Standort im Wasser), Winterst. (wirken im Winter durch Form und Linie).
ÖKOLOGISCHE PFLANZUNGEN. Für die genannten Zwecke lassen sich die St. jedoch nur erfolgreich, d.h. mit optimalem Wuchs bei geringem Pflegeaufwand, verwenden, wenn gleichzeitig ihre Ansprüche an Boden, Klima und Kleinklima berücksichtigt werden (ökologische Bedingungen). Dieses Gebiet ist in der Forschung in Fluß, die → Internationale Stauden-Union erarbeitet erprobte Empfehlungen. In der BRD ist die Grundlagenforschung in den fünfziger und sechziger Jahren am Institut für Stauden und Gehölze der Fachhochschule Weihenstephan (Prof. Dr. R. Hansen), insbesondere durch die Ergebnisse der Beobachtung von Arten und Pflanzungen im Sichtungsgarten Weihenstephan, beeinflußt worden. Nach Hansen ist die ökologisch richtige Zusammenstellung von Pflanzungen in den Gärten von den natürlichen Pflanzengemeinschaften der umgebenden Landschaften, wie sie sich aus Bäumen, Sträuchern und Stauden zusammensetzt, abzuleiten. Auch in Siedlungsgebieten sollten ‚zielbewußt unter Baum und Strauch oder auf Rasen die Stauden gepflanzt oder angesät werden, die dort von Natur aus ein Recht haben, miteinander den Boden zu beleben' (Hansen). Unter dem Gesichtspunkt der optimalen Entwicklung pflegeleichter Pflanzungen auf die Dauer der Jahre teilt Prof. Hansen die zunächst übersehbare Vielfalt der St. wie folgt ein: 1. ZWIEBEL -UND KNOLLENGEWÄCHSE, die sich zum Verwildern im Bereich von Baum und Strauch eignen: a) wärmeliebende Arten: Muskathyazinthen, Krokus, Schneestolz, Puschkinia, Hundszahn, Wildtulpe; b) Kühle liebende: Schneeglöckchen, Märzbecher, Blaustern, Kibitzei, Narzisse, Winterling. Alle sind gut zu düngen. Innerhalb dieser Gruppe sind früh blühende (Schneeglöckchen) und später blühende (Tulpen, Narzissen, Hyazinthen) zu unterscheiden. – 2. BEETSTAUDEN. Züchterisch stark bearbeitete St., die bestimmte Pflegeansprüche stellen: Boden offen halten, düngen, nach der Blüte zurückschneiden. a) Sonne und Wärme bevorzugende

Staudenfarne

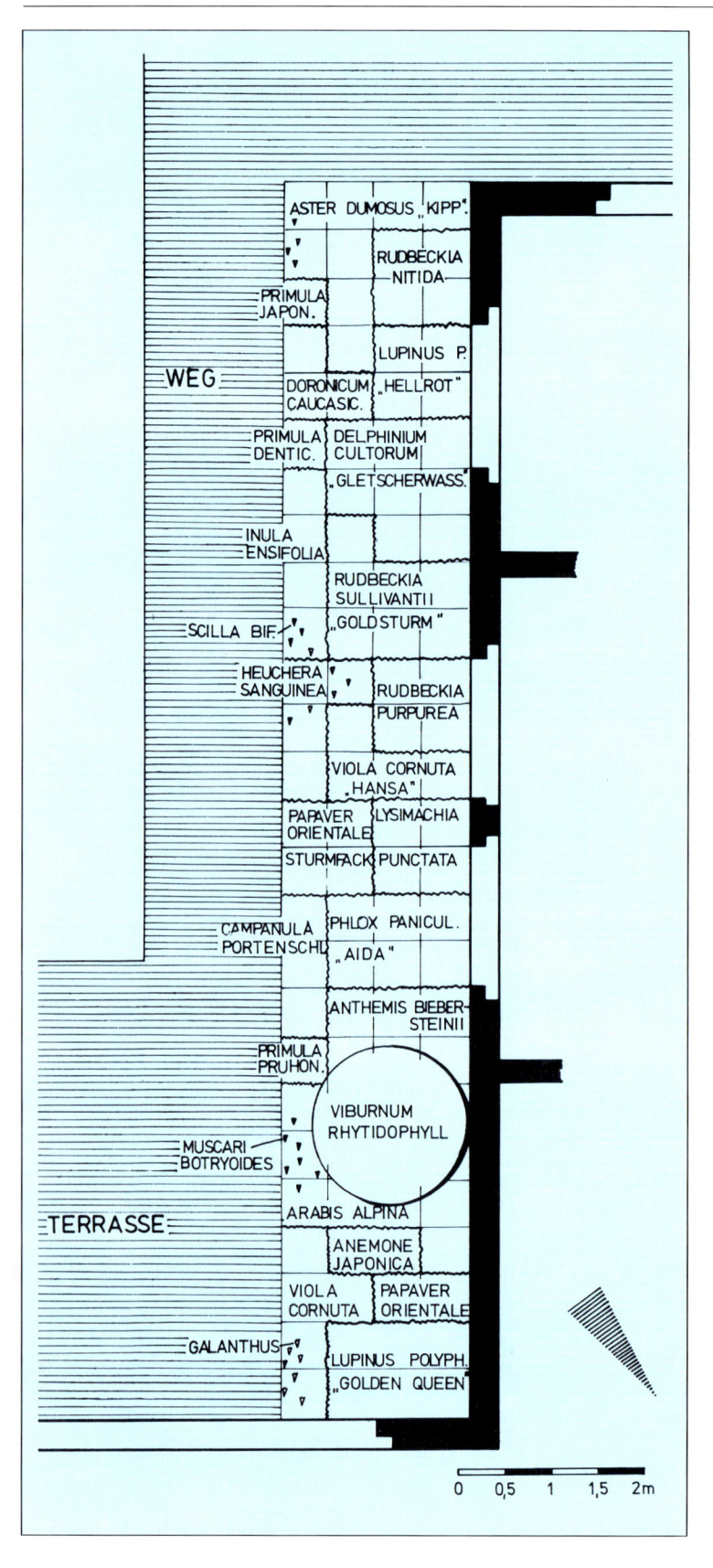

'Präriestauden': Rauhblattaster, Sonnenbraut, Indianernessel, Goldrute; b) Bodenfrische und Luftfeuchtigkeit bevorzugende: Glattblattaster, Lupine, Hoher Sommerphlox, Präriemalve, Rudbeckia; c) Kühle liebende 'Bergstauden': Rittersporn, Eisenhut, Tränendes Herz, Astilbe, Japanische Anemone; d) zeitweise Bodenfeuchtigkeit liebende St.: Trollblume, Sibirische Schwertlilie, Taglilie, Jakobsleiter, Narzisse, Felberich; e) Wärme und nährstoffreiche Böden liebende: Schwertlilie *(Iris germanica),* Pfingstrose, Madonnenlilie, Hyazinthe, Tulpe, Kaiserkrone. – 3. WILDSTAUDEN. Brauchen im Unterschied zu den Beetst. zum Gedeihen keinen offenen Boden und wenig Pflege, sofern sie in unkrautfreien Boden gepflanzt werden. ‚Der Pflegeaufwand ist um so geringer, je besser die Pflanzengemeinschaften den natürlichen Verhältnissen angepaßt sind' (Hansen). Beispiele für Wildst.-Pflanzungen. a) Im Schatten unter Gehölzen: Schneeglöckchen, Waldanemone, Frauenfarn, Immergrün, Fingerhut; b) Im und am Rand von Gehölzen: Maiglöckchen, Blutstorchschnabel, Heidekraut, Hellerkraut; c) An offenen, sonnigen Plätzen: Grasnelke, Junkerlilie, Küchenschelle, Katzenpfötchen, Königskerze; d) Steingarten: Blaukissen, Steinrich, Gelber Lerchensporn, Edelweiß, Enzian; e) Am Wasser: Ligularie, Sumpfdotterblume, Japanische Iris; f) Wasserpflanzen: Pfeilkraut, Seerose, Froschbiß. – Einzelheiten über Ansprüche, Pflege und Vermehrung bei den genannten Gattungen bzw. Arten. Ausführliche Pflanzbeispiele mit vielen tabellarischen Übersichten bei Hansen/Stahl: Unser Garten, Band III: Seine bunte Staudenwelt, Obst- und Gartenbauverlag, München, 1. Aufl. 1963.

Staudenfarne, Farne für halbschattige und schattige Pflanzstellen, blühen nicht, haben aber durch ihr Grün und die Vielgestaltigkeit ihrer Blatt- und Sporenwedel Zierwert. Unter den sommergrünen Farnen sind vor allem

Pflanzplan für Rabatte an Terrasse und Weg. Mit niedrigen und polsterbildenden Stauden, wie Kissenaster *(Aster dumosus),* Hornveilchen *(Viola cornuta),* Primeln *(Primula denticulata, P. japonica usw.),* Blumenzwiebeln *(Scilla, Muscari, Galanthus).* Dahinter höhere Stauden wie Goldfelberich *(Lysimachia punctata),* Türk. Mohn *(Papaver orientale)* u.a. An der Terrasse ein immergrünes Laubgehölz: Runzelblättriger Schneeball *(Viburnum r.).* – (Dr. Richter)

Stauden

Mitte: Beispiel für einen naturnah angelegten Steingarten. Die Steine werden in den gegebenen Hang eingebaut, der Weg wird mit unregelmäßigen Natursteinplatten belegt. Auf den leicht geneigten Flächen zwischen den Steinen und in den Steinfugen wird gepflanzt. Auf anschließender Fläche oben Rasen oder Wildstaudenpflanzung. – Rechts: Ein Hang kann durch mehrere gleich hohe Mauern oder durch verschieden hohe, in ihren Höhen mit einander harmonierende Mauern gestaltet werden. Hier ein Beispiel für eine weitere Lösung: Der Hang wird durch eine höhere, zurückgesetzte Mauer betont unterbrochen. Gepflanzt wird zwischen Weg und Mauer, in den Mauerfugen und oberhalb der Mauer auf dem Streifen bis zu dem eingelassenen Kantenstein. Das Wasser wird durch Steinhinterfüllung und Dränrohr abgeleitet. Zur Ausführung der Mauer siehe unter Mauerwerk.

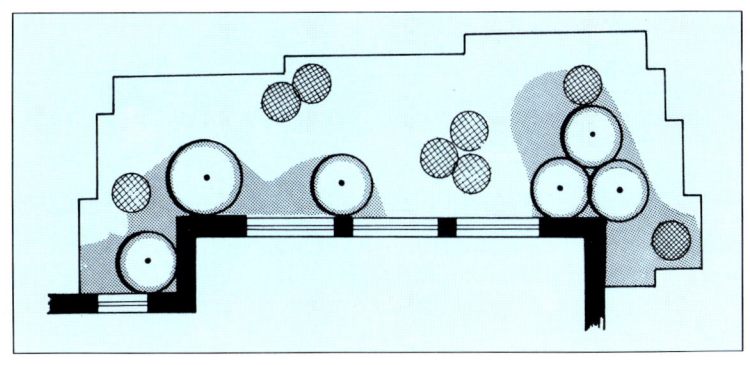

Beetstaudenpflanzung an einer Mauer: Zuerst werden die gerüstbildenden und Windschutz gewährenden Bäume gepflanzt (Kreise mit Mittelpunkt). Es folgen die Leitstauden (schraffierte Kreise) und die Frühjahrsblüher (punktierte Fläche).

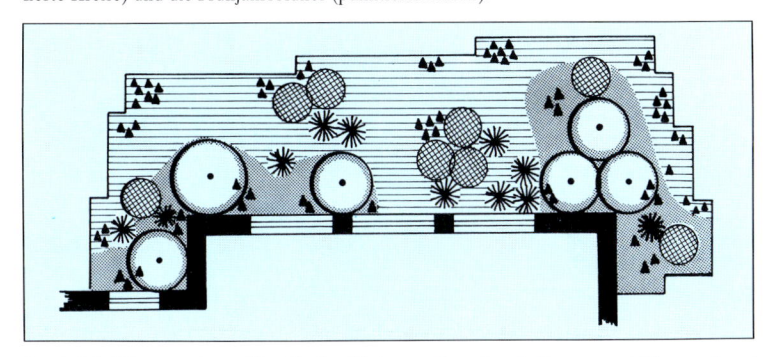

Unten: So wird ein Steinbeet (etwa 3,50 m breit, 80 cm hoch) künstlich angelegt. Eine Filterschicht mit Schottergraben nimmt das Niederschlagswasser auf. Aufgefüllt wird mit steiniger Erde, gemischt mit Bauschutt, alsdann mit Pflanzerde abgedeckt. Die Steine werden schräg eingelagert und das Ganze durch Natursteinplatten eingefaßt. – Rechts: Beispiel für ein Mauerbeet aus Schichtgestein, unten rund 70 cm breit, etwa 45 cm hoch, Maueranlauf 30%. Unten Filterschicht aus Schotter, darüber Pflanzerde. (Nach Hansen/Stahl, Unser Garten, Band III: Seine bunte Staudenwelt)

So wird die Pflanzung fortgeführt: In den Hintergrund werden die Vorsommerblüher gepflanzt (Sterne). Die Sommerstauden kommen vorwiegend in den mittleren Teil, die Herbststauden in den Vordergrund (waagerechte Striche). Blumenzwiebeln (Dreiecke) werden schließlich zwischen die Herbststauden im Vordergrund und zu den Gehölzen zwischen die Frühjahrsblüher gesetzt. (Nach Hansen/Stahl, Unser Garten, Band III)

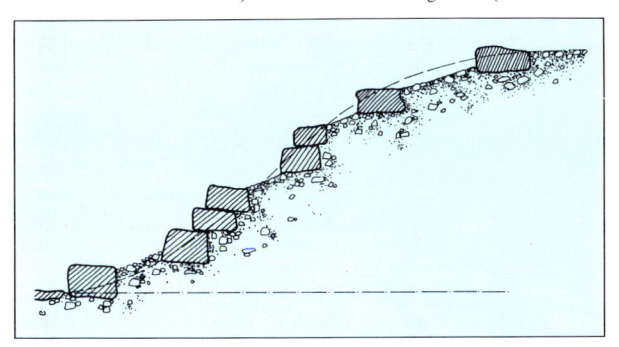

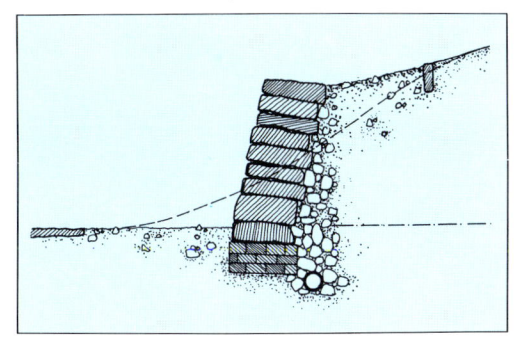

Stauden

die Gattungen Frauenfarn, *Athyrium*, Wurmfarn, *Dryopteris*, und Königsfarn, *Osmunda*, mit mehreren Arten und Sorten vertreten. Auffällige Formen: z.B. *Athyrium filix-femina*, Troddel-Frauenfarn, mit troddelartigen Anhängseln, Omorika-Frauenfarn, ähnelt der Omorikafichte; *Dryopteris dilatata*, Breitwedeldornfarn, mit breiten, leicht überhängenden Wedeln. – Bei den immergrünen weisen *Phyllitis*, Hirschzungenfarn, und *Polystichum*, Schildfarn, besonders schöne Formen auf: z.B. *Phyllitis scolopendrium* 'Crispum', Wellen-Hirschzunge, mit gewellten, gekräuselten Wedeln, oder *Polystichum aculeatum*, Glanz-Schildfarn, mit 'Bornimer Schildfarn'. ANSPRÜCHE: Naturnahe Bereiche im Garten bei ausreichender Bodenfeuchtigkeit. Auflockernde Begleitpflanzen zu anderen Schattenstauden wie *Actaea* (Christophskraut), *Anchusa* (Ochsenauge), *Brunnera* (Kaukasusvergißmeinnicht), *Epimedium* (Elfenblumen), Rodger-

Großstauden – mächtige Exemplare des Herkuleskrauts, *Heracleum*. (Seidl)

Steingartenstauden, im Vordergrund Steinbrech, *Saxifraga paniculata*, dahinter Glockenblumen, *Campanula persicifolia*. (Drave)

SOMMERGRÜNE FARNE
Adiantum
Athyrium
Dryopteris
Gymnocarpium
Matteuccia
Onoclea
Osmunda
Thelypteris
IMMERGRÜNE FARNE
Asplenium
Blechnum
Ceterach
Cyrtomium
Phyllitis
Polypodium
Polystichum
SOLITÄR-FARNE
Athyrium filix-femina
Dryopteris borreri
– *filix-mas*
Matteuccia
Osmunda

sien oder auch zu Gehölzen wie Rhododendron.

Staudengräser, winterharte Gräser, die durch Halmfärbung, Form und Linie ihrer Blütenstände einen besonderen Gartenwert haben. Von den St.n für Halbschatten, Schatten und flächige Unterpflanzungen ist z.B. die Große Waldsegge, *Carex pendula*, durch die hohen schwingenden Blütenhalme auffällig. *Luzula sylvatica*, Waldmarbel, ein wintergrünes Waldgras. Auch in den übrigen Gruppen wertvolle Arten und Sorten, siehe unter den Gattungsnamen.

St. für Halbschatten, Schatten und flächige Unterpflanzungen
Carex
Deschampsia
Luzula

St. für Heide- und Steingärten
Avena
Bouteloua
Festuca
Pennisetum
Stipa

St. für Bachläufe und Wasserbeckenrand
Glyceria
Miscanthus
Phalaris
Spartina
Uniola

St. für Solitärstellung, Schnitt und Dekoartion
Arundo
Cortaderia
Miscanthus
Molinia
Panicum
Pennisetum
Spartina
Uniola

St. für Böschungen
Calamagrostis
Miscanthus sacchariflorus

St. für Schnitt
Briza
Cortaderia
Hystrix
Miscanthus sinensis 'Gracillimus'
– – 'Zebrinus'
– – 'Silberfeder'
Panicum
Pennisetum
Spartina
Stipa

Zusammenpflanzung von Staudengräsern, darunter *Miscanthus sinensis* 'Silberfeder' und 'Zebrinus stricutus' und Federborstengras, *Pennisetum villosum*. (Drave)

Stechapfel, *Datura suaveolens*. (Seidl)

Staudenhalter, rostfreier Stahldrahtring mit verstellbarem Durchmesser, dazu Halterung an einem Stützstab, beliebig hoch einzustellen; zum Umfassen buschiger Pflanzen, die ohne St. auseinanderfielen.

Staudenwinterkohl → Winterkohl.

Stechapfel, Datura. Nachtschattengewächse, *Solanaceae*. Kräuter, Sträucher oder kleine Bäume mit großen Blättern und großen Blütentrompeten mit meist betäubendem Duft. Kraut und Samen giftig, ähnlich Tollkirsche. 25 Arten in den wärmeren Teilen der Erde, die strauchartigen stammen aus den Tropen Amerikas. – Strauchartige. ○–◐ ♄–♄ ⎕ ⊗ D. *D. arborea*. Ähnlich *D. suaveolens*, aber Kelch spathaähnlich, mit nur einem Zipfel. – *D. sanguinea*. Baumartiger Strauch mit länglich-rhombischen Blättern, behaart. Blüten groß, 25 cm lang, orangerot mit gelben Nerven, geruchlos. – *D. suaveolens*. Baumartiger Strauch bis 5 m. Blätter bis 25 cm lang, kahl. Blüten 25 cm lang, reinweiß, schwer und süß duftend. Kelch fünfteilig. – Daneben gibt es noch einen gelben, strauchigen St., dessen genaue Benennung umstritten ist. – Die strauchigen St.arten sind auffällige Kübelpflanzen, die während des Sommers an möglichst warmer und geschützter Stelle im Freien stehen, und nicht zu kühl, bei 10°C, überwintert werden sollen. Bei höheren Wintertemperaturen und lichtem Stand blühen sie durch. Sie sind Fresser und brauchen kräftige Substrate und regelmäßige flüssige Düngungen. – Vermehrung durch Stecklinge unterschiedlich leicht, manche Formen wurzeln schlecht. In der Jugend zur bes-

Stechpalme, *Ilex aquifolium*. (Dr. Jesse)

seren Verzweigung mehrmals pinzieren. – KRAUTIGE ARTEN. ○–◑ ☉–♃ ✂ D. Selten *D. meteloides*, Nordamerika. VIII–X, 40–100 cm. Blätter blaugrün überlaufen. Blüten bis 20 cm, weiß mit violettem Schimmer. Wurzelknolle frostfrei überwintern (Keller, Wintergarten).

Stechmücken, zart gebaute, mit singendem Ton fliegende Zweiflügler, deren Weibchen zur Eientwicklung eine Blutmahlzeit bei Warmblütern, insbesondere beim Menschen, benötigen. Larvenentwicklung in stehendem Wasser. Belästigung des Menschen durch Stiche an schattigen windgeschützten Stellen, vor allem in der Dämmerung. Voll befriedigende Abwehrmittel trotz aller Bemühungen noch nicht gefunden. – Abwehr: Die in typischer Weise kopfunter an der Wasseroberfläche hängenden Mückenlarven von Regentonnen u. ä. Wasseransammlungen abfischen bzw. kleinere Wasseransammlungen entfernen. In Gartenteichen verhindert die sich einstellende Fauna (oder der Fischbestand) die Entwicklung von Stechmückenlarven.

Rechts Stecklinge: 1. frisch geschnitten, 2. mit Wundgewebe (Wurzelkallus), 3. mit Wurzeln, die sich aus dem Wundgewebe entwickeln. (Nach Köhlein, Pflanzenvermehrung leicht gemacht) – Unten: Stecklingsvermehrung in einem Kasten im Frühbeet, mit 2–3 cm Abstand von Außenwand und genau waagerecht, dicht aufgelegter Glasscheibe. (Nach Berg/Heft, Rhododendron und immergrüne Laubgehölze)

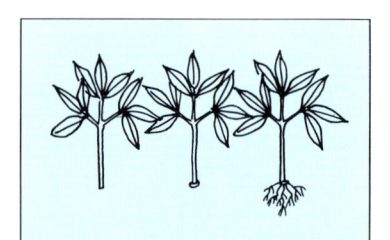

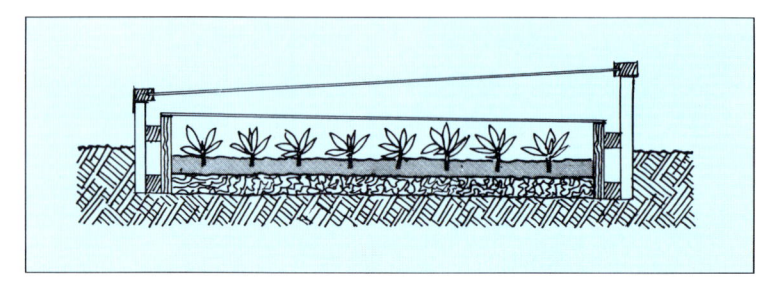

Stechpalme, Hülse, *Ilex*. Berberitzengewächse, *Aquifoliaceae*. Etwa 300 Arten gemäßigte und tropische Gebiete. Sommer- oder immergrüne Bäume und Sträucher mit zweihäusigen Blüten und beerenartigen Steinfrüchten. Name von den stachelspitzigen Blättern einiger Arten, die am Palmsonntag als Palmstrauß (Palmbuschen) geweiht werden. Der Name Hülse bezieht sich vermutlich auf ‚hulis' und ‚huls' (althochdeutsch für stechende, immergrüne Pflanzen). Wirtschaftliche Bedeutung als Nutzpflanzen haben einige südamerikanische Arten, wie *I. paraguariensis*, *I. theezans* und *I. amara*, von denen der Mate (Paraguay-Tee) gewonnen wird. – *I. aquifolium*. ◐ ♄–♄ V–VI ✂ D i. Mitteleuropa, vorwiegend atlantische Gebiete, über Transkaukasien bis China. Bis 10 m, mit lederartigen, dunkelgrünen, am Rande leicht gewellten und oft stachelspitzig gezähnten Blättern. Blüten leicht duftend, leuchtend rote, nicht giftige Früchte. Die Gartensorten unterscheiden sich hauptsächlich in den Blattformen: 'Ferox', mit Blättern, die auf der Oberseite dicht mit kleinen Dornen besetzt sind; 'J. C. van Tol', mit großen, dunkelgrünen und stachellosen Blättern, besonders reicher Fruchtbehang; 'Pyramidalis', mit pyramidalem Wuchs, glänzend dunkelgrünen Blättern und reichem Fruchtbehang; 'Variegata': langsamer wachsende Formen, mit gelb oder weiß gefleckten oder berandeten Blättern, wie die Sorten 'Golden King', 'Golden Queen' und 'Mme. Briot'. – *I. crenata*. ◐ ♄ V–VI i. Japan. Dicht verzweigter, 3 m hoher Strauch mit leicht überhängenden Zweigen und dunkelgrünen, buchsbaumartigen Blättern. 'Convexa', nur 1,50 m, mit blasig-gewölbten dunkelgrünen Blättern, frosthart, schattenverträglich, industriefest. Als Vorpflanzung und für niedrige Hecken zu verwenden. – *I. pernyi*. ◐ ♄–♄ V–VI i. Mittel- und Westchina. Bis 5 m hoher, dichtverzweigter Busch, mit fast vierkantigen, stachelspitzigen Blättern und scharlachroten Früchten. In der Jugend sehr langsam wachsend, industriefest. Als Deckstrauch und für undurchdringliche Hecken geeignet. – *I. verticillata*. ○–◐ ♄ VI–VIII ✂. Östliches Nordamerika. 3 m hoch, laubabwerfend, auffallend reicher Fruchtbehang, vorausgesetzt, daß männliche und weibliche Pflanzen beisammen stehen. Die kugeligen orangeroten Beeren bleiben bis in den Winter hinein an den Zweigen. – ANSPRÜCHE. Nahrhafter, nicht zu trockener Boden. Sind winterhart, wenn sie nicht ballentrocken in den Winter kommen und Schutz vor den kalten, trockenen Kontinentalwinden haben. Alle S.n-Arten brauchen halbschattige Lagen und Schutz vor intensiver Sonneneinstrahlung im Winter, stehen mit Vorteil unter hohen, lichten und vor allem tiefwurzelnden Bäumen. Werden größere Büsche versetzt, müssen sie ein paar Monate vorher umstochen werden; ist der Boden beim Verpflanzen etwas feucht, verlieren sie dabei auch kein Laub. In trockenen Wintern den Boden wässern, gut mit Laub oder Reisig abdecken. – VERMEHRUNG. Aussaat ist bei den reinen Arten möglich, aber nicht immer erfolgreich. Das vom Fruchtfleisch gereinigte Saatgut wird über ein Jahr lang → stratifiziert und dann ausgesät. Keimung im zweiten oder auch erst im dritten Frühjahr. Die Formen, Sorten oder auch Arten werden durch Stecklinge im VII–VIII oder Ableger, die zwei Jahre zur Bewurzelung brauchen, oder durch Veredlungen auf *Ilex aquifolium*-Sämlinge vermehrt.

Steckenpalme → Palmen 7.

Steckholz, einjährige verholzte Triebe. Werden im Spätherbst in 20–25 cm Länge geschnitten, unterhalb eines Blattknotens, mindestens 2 Blattknoten sollten vorhanden sein. Das St. muß frostfrei, tief im Boden einschlagen überwintert werden und wird III–IV auf Freilandbeete – empfindliche Arten und Sorten in geschützte Beete – in 15–20 cm Tiefe gesteckt. Vegetative Vermehrung bei Ziergehölzen, z. B. *Forsythia, Philadelphus, Spiraea, Viburnum;* auch Obstgehölzen, wie Johannis- und Stachelbeeren oder Obstunterlagen.

Steckling, krautartiger Trieb, je nach Pflanzenart 2–20 cm lang, sollte möglichst unterhalb eines Blattknotens geschnitten oder gebrochen sein. Wird in gut sand- oder torfmullhaltiges Erdsubstrat gesteckt, im Gewächshaus oder Frühbeet. Bewurzelung je nach Art in 14–30 Tagen bei geschlossenem Beet und hoher Luftfeuchtigkeit. Krautartige St.e können auch längere Zeit bei bestimmter Temperatur im Kühlraum gelagert werden, z. B. *Chrysanthemum hortorum, Phlox paniculata, Aster novae-angliae, Aster novi-belgii,* Pelargonien, Fuchsien. St.sbewurzelungsmittel dienen zur schnelleren und besseren Bewurzelung, die meisten auf Hormongrundlage, einige auf pflanzlicher Grundlage (z. B. SPS). Schnittfläche einpudern oder St.e angießen, nach angegebener Anweisung.
Stecklingsmesser, zum Schneiden von Stecklingen. In der Form ähnelt es dem Kopuliermesser oder einer kleinen → Hippe.
Steckrübe → Kohlrübe.
Steckzwiebel → Zwiebel.
Steinarbeiten, handwerkliches Bearbeiten des Natursteines, im weitesten Sinne auch des Beton- und Ziegelsteines. Je nach Gesteinsart und Verwendungszweck sind beim → Naturstein folgende St. möglich: Bossieren, Spitzen, Stocken, Kröneln, Beilen, Scharrieren, Sanden, Sägen, Schleifen und Polieren. St. sind beim Bau von Mauern, Wasserbecken, Treppen, Brücken und Plattenwegen nötig.
Steinbank → Bank.
Steinbrech, *Saxifraga.* Steinbrechgewächse, *Saxifragaceae.* ○–◐–● ♃ ⫶ △ △ i. Über 300 Arten in den Hochgebirgen von Europa, Asien und Süd-

Stecklinge zur Bewurzelung. (Seidl)

Steinbrech, *Arendsii-Hybride.* (Herbel)

amerika. Ausdauernde, oft rasen- oder rosettenbildende Pflanzen mit fleischigen bis ledrigen Blättern. Begehrte Gartenpflanzen, besonders für das Alpinum.
MOOSARTIGE S. Vieltriebige Polster mit weichblättrigen Rosetten, Blätter meist fiederlappig. Für Sonne bis Halbschatten. – *S. Arendsii-*Hybriden. Aus Kreuzungen entstandene Sorten mit dichten, grünen Rosettenpolstern. 'Feuerwerk', früh, karminrosa, 15 cm; 'Findling', (*S. muscoides* 'F.'), weiß, 10 bis 15 cm; 'Riedels Farbkissen', leuchtend rosarot, 20 cm; 'Schneeteppich', großblumig, reinweiß, 20 cm; 'Schöne von Rondsdorf', rosarot, 15 cm; 'Schwefelblüte', blaß schwefelgelb, 15 cm; 'Triumph', schön, dunkel rubinrot, 15 cm. V–VI. – *S. cuneata,* Pyrenäen. Lockere bis dichte, große, gewölbte Polster. Blätter glänzend dunkelgrün, im Herbst an der Spitze von Kalkausscheidungen grau bereift. Blüten doldenartig, weiß. VI, 20 cm. – *S. hypnoides* var. *egemmulosa* (*S. gemmifera, S. kingii*), Moos-S., Nord- und Mitteleuropa. Polster frischgrün, dicht mit kleinen Rosetten, im Herbst bronzerot verfärbend. Blüten kremweiß. V, 8 cm. – *S. trifurcata* (*S. ceratophylla, S. fragilis*), Pyrenäen. Robuste Art. Breit werdende, locker gewölbte, frischgrüne Polster mit dreiteilig eingeschnittenen Blättern. Blüten weiß, spät. V–VI, 15 cm. – Verwendung im Steingarten, Staudenbeet, als Einfassung und auf dem Friedhof, in leicht absonniger Lage. Boden frisch, lehmig, nicht zu trocken. Vermehrung durch Teilung.
BLATTROSETTEN-S. Ebenfalls reich verzweigte, oberirdische Triebe, kriechend. Ungeteilte, rundliche, oft am Rand knorpelige Blätter in lockeren Rosetten. Im Schatten bis Halbschatten wachsend. *S. cortusifolia* var. *fortunei* (*S. f.*), Oktober-S., Japan. Blätter nierenförmig, siebenlappig, bräunlich-

Steinbrech, *S. longifolia.* (Seidl)

grün, Unterseite rotbraun. Blüten mit großem, ausgezogenen, unteren Blütenblatt, weiß. 'Rubrifolium', Blätter rötlichbraun, Blütenstengel lackrot, schöner. IX–X, 20 cm. – *S. cuneifolia,* Gebirge Mittel- und Südeuropas. Rasenbildende Rosetten. Blätter keilförmig mit Knorpelrand, dickledrig, grün. Unterseite besonders im Winter rot. Blütenrispe mit weißen, innen gelbpunktierten, kleinen Blüten. VI–VII, 15–20 cm. – *S.* × *geum* (*S. hirsuta* × *S. umbrosa*). Dunkelgrüne Blatteppiche mit lockeren Rosetten. Blätter rundlich bis oval, am Rand gekerbt, behaart. Blütenstengel rötlich, wenig verzweigt. Blüten klein, weiß, mit roten oder gelben Punkten. VI–VII, 20 cm. – *S. hirsuta* (*S. geum* var. *h.*), Europa. Ähnlich, aber ovale Blätter und Blütenstiele stärker behaart. Häufiger in den Gärten. VI––VII, 15–20 cm. – *S. umbrosa,* Porzellanblümchen. Atlantisches Europa, meist auf Kalk. Dichte Teppiche mit lockeren Rosetten. Blätter mit geflügeltem Stiel, verkehrt eiförmig, unten rötlich. Blüten in lockeren, klebrigen Rispen, klein, sternförmig, weiß mit rötlicher Mitte. 'Aureopunctata', Blätter gelb gefleckt, 25 cm; 'Elliott', kleiner, zierlicher, reichblühend, 15–20 cm. VI–VIII. Schön für Einfassungen und im Schatten unter Sträuchern. – Verwendung an halbschattigen bis schattigen Stellen im Steingarten, zur Einfassung und in Staudenanlagen. Boden normaler Gartenboden. Vermehrung am besten durch Teilung.
SILBERROSETTEN-S. Blätter länglich bis spatelförmig, in dichter Rosette, am Rand mit silbriger Kalkkruste. Blütenstände dekorative, lange Rispen. Nach der Blüte sterben die Rosetten ab, bilden aber meist zuvor neue (außer *S. longifolia*). Nur für sonnigen Standort. – *S. callosa* (*S. lingulata*), Pyrenäen. Lockere Rosette mit lineal-spateligen, bis 9 cm langen, blaugrünen Blättern.

Steinbrech

Steinbrech, *S. longifolia* blühend. (Seidl)

Blütenstand aus der Mitte, übergebogen, doldenrispig, Blüten weiß. 30 cm. *S. c.* var. *australis*, Mittel- bis Süditalien. Blätter kürzer, 4 cm, zugespitzt, 25 cm. *S. c.* ssp. *catalaunica*, Spanien (Katalonien). Feste, symmetrische, flache Rosetten. Blätter ovalzungenförmig mit starker Kalkkruste, wenig blühend. Blüten gelblichweiß, VI-VII, 20 cm. – *S. cochlearis*, Südwestalpen. Halbkugelige Rosetten mit löffelförmigen Blättern. Stengel mit perlartigen Knospen, rispig verzweigt, Blüten reinweiß, 20 cm. *S. c.* var. *minor* (*S. probynii*), Zwergform mit dichtstehenden Rosetten. Blütenstand 10 cm hoch. – *S. cotyledon*, Pyrenäen, Alpen, Island, Norwegen, Schweden. Große, flache Rosetten. Blätter fleischig, breitlinealisch, Rand fein gezähnt. Übergebogene, zusammengesetzte Rispe, beblättert, Blüten weiß. *S. c.* var. *pyramidalis* (*S. p.*), Pyrenäen. Große, von unten an verzweigte Blütenpyramide, weiß. VI, 40 cm. Boden kalkarm. – *S. crustata*, Südliche Kalkalpen. Stark verkrustete, schmallinealische, blaugrüne Blätter in flachen Rosetten, dichte Polster bildend. Blütenstand traubig-rispig, Blüten cremeweiß, oft rötlich punktiert. V-VI, 30 cm. – *S. hostii*, Südöstliche Kalkalpen. Leicht wachsende, große Rosettenpolster. Blätter zungenförmig, dunkelgrün, am Grund rötlichviolett. Blütenstand aufrecht, Blüten milchweiß, rot punktiert. V-VI, 50 cm. *S. h.* var. *rhaetica*, Judikarische Alpen. Schmalere, am Grund weinrot gefärbte Blätter. V-VI, 50 cm. *S. h.* ssp. *hostii* (*S. altissima, S. h.* var. *a.*), Steiermark. Blätter größer, Blütenstand länger, aber empfindlicher. V-VI, 60 cm. – *S. longifolia*, Pyrenäen. Sehr schöne Rosetten, bis 15 cm groß. Blätter schmal, silbrig graugrün. Blütenstand konisch-zylindrisch, übergebogen, mit vielen Blüten, weiß. Prächtige Art, für ostseitige, senkrechte Fugen im Alpinum. VII, 50-60 cm. Bringt keine neuen Rosetten und muß daher immer wieder neu ausgesät werden. – *S. paniculata* (*S. aizoon*), Skandinavien, Alpen, Pyrenäen, Balkan, Karpaten, Kaukasus, arktisches Nordamerika. Flache Polster aus kleinen Rosetten. Blätter breitlinealisch, Rand scharf gezähnt, mit weißen Kalkausscheidungen, graugrün. Stengel locker beblättert, Blütenstand rispig, weiß, 25 cm. *S. p.* var. *carinthiaca*, Kärnten. Niedriger, Rosetten locker, Blätter stark krustig, dunkelgrün. Blütenstand cremeweiß, 15-20 cm. – *S. p.* ssp. *brevifolia*. Hübsche Polster, kurze Rosettenblätter, spärlich blühend. 15-20 cm. – *S. p.* ssp. *cartilaginea*, Kaukasus. Lockere Rosetten, Blätter spatelig-keilförmig, Rand gekerbt, knorpelig. Sehr reichblühend, weiß. 25-30 cm. – 'Atropurpurea', dunkelrot; 'Lutea' mit gelblichen Blüten. 25-30 cm, V-VI. – Verwendung im Steingarten und an trockenen Stellen im Staudenbeet. Manche sind sehr langlebig. Boden durchlässig, meist kalkliebend. Vermehrung durch Teilung und Aussaat.

FRÜHBLÜHENDE LIEBHABERARTEN, VORFRÜHLINGS-ST. (*Kabschia*). Ganz niedrige Arten oder Kreuzungen, oft schon im März blühend mit verhältnismäßig großen Blüten, oft dichte, große Polster bildend. – *S.* × *apiculata* (*S. marginata* var. *rocheliana* × *S. sancta*). Anspruchslos, gut wachsend und reichblühend. Blüten auf kurzen Stengeln, hellgelb. III-IV, 10 cm. – *S.* × *arcovalleyi* (*S. lilacina* × *S. marginata* var. *coriophylla*). Reichblühend, zierlich,

Krustensteinbrech, *S. crustata.* (Herbel)

rasenartig mit kleinen Rosetten. Blüten kurz gestielt, hellila, III, 8 cm. – *S. burseriana*, Ostalpen auf Kalk. Dichte Polster mit graugrünen, stachelspitzen Blättern. Blüten einzeln auf rötlichen Stielen, groß, weiß; reichblühend; 'Lutea' (*S. aretioides* × *S. burseriana*) hat mehrere, kleinere Blüten an einem grünen Stengel; 'Sulphurea', einblütig, roter Stiel, hellgelb. III-IV, 5 cm. – 'Crenata' hat gezackte Blüten, weiß; *S. grisebachii*, Mazedonien. Bis 8 cm große, flache, locker beblätterte Rosetten. Blätter zungenförmig, graugrün. Stengelblätter rot mit grüner Spitze, wie der Stengel dicht behaart. Ganzer Stengel leuchtend rot. Blüten heller. Auffallende, schöne Art. IV, 15 cm. – *S.* × *haagii* (*S. ferdinandi-coburgii* × *S. juniperifolia* ssp. *sancta*). Wüchsige, runde Polster mit nadelförmigen, grünen Blättern. Blüten zu mehreren auf kurzem Schaft, hellgelb. IV, 8 cm. – *S. juniperi-*

Pflanzplan zur Steingarten-Hangpflanzung auf nebenstehender Seite.

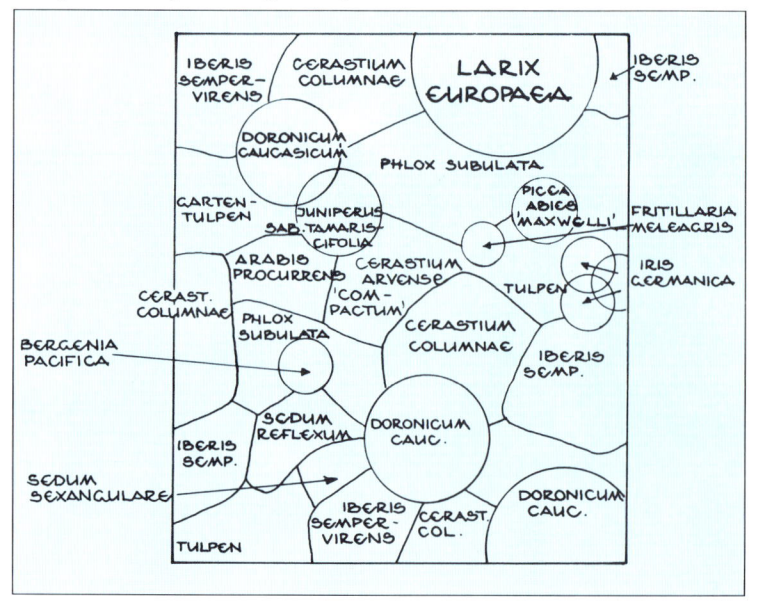

folia (*S. juniperina*), Kaukasus. Große Polster mit länglich-spitzen Blättern. Blüten an kurzen, beblätterten, rötlichen Stengeln, in vier- bis achtblütiger Traube, eigelb. IV, 6–8 cm. Schöne Polster, fauler Blüher. *S. j.* ssp. *sancta* (*S. sancta*), Griechenland, westliches Kleinasien. Polster moosartig, dicht, sattgrün. Blütenstand straff aufrecht mit dichter Dolde, gelb. Staubfäden länger als Blütenblätter. Reichblühend, gut wachsend. III–IV, 8–10 cm. – *S. marginata* var. *rocheliana*, Balkan, Karpaten. Bläulichgrüne, üppige Polster. Blätter in kleinen Rosetten, spatelig mit bekrustetem Rand. Stengel mit 5–7 großen, weißen Blüten. V, 8 cm. – *S. oppositifolia* var. *latina*, Apenninen. Kriechende Triebe, Blättchen elliptisch, Rand gewimpert, blaugrün. Blüten einzeln, groß, hellviolett, schön. III, 5 cm. – *S. porophylla*, Balkan. Hübsche Polster aus lockeren, graugrünen Rosetten, Blätter linealisch, stachelspitz, gewimpert. Stengel beblättert, drüsenhaarig, rot. Blüten dunkelviolett. Nicht so wirkungsvoll wie *S. grisebachii*, aber wüchsiger. IV–V, 8–12 cm. – Verwendung im Stein- oder Troggarten. Nicht durch starkwachsende Nachbarpflanzen überwuchern lassen. Schön an geschützten Stellen. Boden locker, humos. Vermehrung durch Teilung nach der Blüte.

Steinfeder → Streifenfarn.

Steingarten, sonnig gelegenes Hanggelände, in dem je nach Absicht des Planers größere Felsbrocken oder große lagerhafte Natursteine eingebaut werden. Ein St. soll jedoch keine romantisierende Naturnachahmung sein, sondern Standortbedingungen für St.-Pflanzen schaffen. Eine große Auswahl von Stauden, Zwiebelgewächsen, Gräsern, Farnen und Gehölzen bieten sich zur Bepflanzung eines St.s an.

Steingartenstauden, Stauden, die sich in Verbindung mit Steinen, u. a. auch in Mauerfugen, heimisch fühlen und gesund entwickeln. Viele Arten unter den Gattungen → Fetthenne und → Steinbrech.

Achillea ageratifolia
Aethionema grandiflorum
Aubrieta-Hybriden
Campanula carpatica
– *cochlearifolia*
– *portenschlagiana*
Cerastium biebersteinii
Dianthus caesius
Gypsophila repens
Iberis sempervirens
Lithospermum purpureo-caeruleum
Phlox subulata

Steingarten im Frühlingsflor mit Polsterpflanzen wie Schleifenblume, Fetthenne, Hornkraut, Gänsekresse und Polsterphlox sowie mittelhohen Arten wie Gemswurz und Bergenie. Oben eine Lärche, *Larix europaea.* (florabild)

Saxifraga-Arendsii-Hybriden
– *caespitosa*
– *hostii*
Sedum album
– *spurium*
Viola cornuta

Steinkraut, *Alyssum.* Kreuzblütler, Cruciferae. ○ ♃–♄ △. Etwa 100 Arten, besonders im Mittelmeerraum, Mitteleuropa und Zentralasien. Ausdauernde oder verholzende Kräuter, meist mit gelben Blüten. Die einjährigen Arten werden heute unter → Duftsteinrich in einer eigenen Gattung vereinigt. – *A. moellendorfianum*, Bosnien. Ähnlich *A. montanum*, aber mit silberschuppigen Fruchtstielchen. Niederliegend-ansteigende Stengel mit spatelförmigen Blättchen, graugrün. Blüten in flachen bis länglichen Trauben, gelb. IV–VI, 15 cm. – *A. montanum*, Bergs., Mittelmeergebiet, Mitteleuropa, Süd-, Mittelrußland. Fast polsterförmig, Blätter länglich-spatelförmig, mit silbrigen Sternhaaren besetzt. Blüten hellgelb. 'Berggold', eine Verbesserung mit leuchtend gelben Blüten. IV–VI, 15 cm. – *A. murale* (*A. argenteum*, *A. rostratum*), Südeuropa. Stengel aufrecht, am Grund verholzend. Blätter eirund bis lanzettlich, Unterseite silbergrau. Blüten in verzweigter Traube, spätblühend, gelb. Schön in Heidepflanzungen. V–VI, 40 cm. – *A. saxatile*, Felsens., mitteleuropäische Mittelgebirge, Balkan, Kleinasien, Südrußland. Bekannteste Art. Unten verholzende Stengel. Blätter groß, länglich, am Stiel verschmälert, graufilzig, Blüten in Traubenrispen, gelb, 30 cm. 'Citrinum', schön zitronengelb; 'Compactum', niedrig, gelb; 'Plenum', gefüllte Blüten, einer kleinen Levkoje ähnlich; 'Variegatum', Blätter gelb und weiß gerandet, gelb. IV–V, 20 cm. – *A. spinosum*, richtig heute *Ptilotrichum s.*, Torniges S., Pyrenäen. Halbstrauchig verholzend. Stark verzweigte, buschige Pflanzen mit Dornen. Blätter lanzettlich, graugrün. Blüten in kleinen Trauben, variabel, weiß, hell- bis dunkelrosa und purpurrot. Reichblühend. V–VI, 20–30 cm. Vermehrung durch Aussaat, Anzucht in Töpfen, sonst schlecht anwachsend. – Verwendung im Stein- und Heidegarten, Staudenbeet. Boden durchlässig. Vermehrung der Arten durch Samen, die der Sorten jedoch nur durch Stecklinge.

Steinmehl, meist Basaltsteinmehl, Abfallprodukt der Gesteinsindustrie, enthält Mineralien, insbesondere auch Spurenelemente; Menge und Zusammensetzung je nach Herkunft verschieden. Düngewert ist abhängig von biologischer Aktivität (→ Bodenleben, → Chelate) des Bodens bzw. Substrates (Einstreu in Ställen, Jauchegruben, → Trockenklosetts), zu dem es verwendet wird. Da Boden überwiegend aus verwittertem Gestein besteht (→ Bodenbildung), ist Düngwirkung zumindest über mehrere Vegetationsperioden gegeben; von der Wissenschaft deshalb auch als Depotdünger bezeichnet. Nach neueren Erkenntnissen (s. Snoek/Wülfrath, Literaturangabe) wirken feinvermahlene Gesteinsmehle vor allem als Ionenaustauscher (→ Austauschkapazität, → Ionenaustausch), wenn sie als ‚Feinmehle' Teilchengrößen von überwiegend unter 20 µ (0,02 mm) und als ‚Feinstmehle' von unter 5–2 µ (0,005–0,002 mm) aufweisen. Solche Feinsteinmehle mit riesigen inneren Oberflächen ähneln Tonmineralien wie dem → Bentonit. Bei der Fingerprobe (man verreibt eine Probe zwischen Daumen und Zeigefinger) entspricht leicht körnige Struktur Teilchengrößen von über 0,1 mm, mehlartige Struktur Teilchengrößen von 0,05 mm und ölig-schmierige Struktur einer solchen von 0,003 mm und weniger. – Feinvermahlene organische Dünger und Pflanzenpflegemittel wirken in mehrfacher, bis zehnfacher, Mischung bzw. Verdünnung mit feinstvermahlenen Gesteinsmehlen ähnlich oder sogar besser als unverdünnt. – Die Wirtschaftlichkeit der St.anwendung ist daher außer durch Transportkostenanteil vor allem durch die Qualitätsstufe des Produkts bedingt. Literatur: Artikel St. von E. Knickmann in Handbuch der Bodenkunde, Wien; F. de Quervain, Die nutzbaren Gesteine der Schweiz, Bern 1970; H. Snoek/H. Wülfrath, Das Buch vom Steinmehl, 2. A. Stuttgart 1990.

Steinobst, alle Obstarten mit Stein: Kirschen, Pflaumen, Zwetschgen, Renekloden, Mirabellen, Pfirsiche, Aprikosen.

Steinröschen → Seidelbast.

Steinsame, *Lithospermum*. Boretschgewächse, *Boraginaceae*. ○–◐ ⚴–♄ △ ∽ ∧ i. 60–70 Arten im Mittelmeergebiet, Eurasien, Nord- und Südamerika. Neuerdings sind von der Gattung einige Arten abgeteilt und zu neuen Gattungen ernannt. Mehrjährige Kräuter bis Halbsträucher, die in den Gärten gezogenen alle mit blauen Blüten. – *L. diffusum*, heute *Lithodora diffusa*, Mittelmeergebiet. Niederliegender, immergrüner Halbstrauch. Stengel steif behaart. Blätter wechselständig, linealisch-lanzettlich, rauh behaart. Blüten enzianblau. 'Grace Ward', großblumig, himmelblau; 'Heavenly Blue', hell enzianblau. V, 15 cm. Alle schön. Sie wollen sonnig und geschützt stehen. Winterschutz, besser frostfreie Überwinterung, erforderlich, kalkfliehend. – *L. purpureo-caeruleum*, heute *Buglossoides p.-c.*, Mittel- und Südeuropa. Bekannteste und härteste Art. Niederliegende, wurzelnde Triebe mit lanzettlichen Blättern. Blüten in endständigen Wickeln, zuerst rötlich, dann enzianblau, reichblühend. V, 20 cm. Kann halbschattig bis schattig stehen und ist völlig winterhart. – Verwendung im Steingarten, Trockenmauern, letzte Art auch als guter Bodendecker. Boden sandig-humos, durchlässig. Vermehrung durch Teilen leicht. *L. diffusum* durch Stecklinge.

Steinschlag, im Gebirge Absturz von Gesteinstrümmern; im Garten- und Landschaftsbau gebrochenes Steinmaterial, Schotter und auch Hochofenschlacke als Grob- und Feinschlag für den Wegeausbau.

Steintäschel, *Aethionema*. Kreuzblütler, *Cruciferae*. ○ ⚴–♄ △. Etwa 40 Arten im östlichen Mittelmeergebiet. Stauden oder Halbsträucher mit niedrigem Wuchs, lange und reich blühend. – *A. armenum*. Hierher gehören die bisher als *A. hybridum* oder *A. warleyense* geführten Sorten 'Warley Rose' und 'Warley Ruber', die sich so ähnlich sind, daß sie kaum als zwei Sorten bestehen können. Triebe am Grunde verholzt, liegend, an der Spitze aufsteigend. Blättchen länglich-linealisch, blaugrün. Blüten dunkelrosa. Schwächer als die nachfolgenden Arten wachsend. IV–V, 10 cm. – *A. coridifolium*, Kleinasien, Libanon. Vieltriebig mit aufsteigenden, einfachen Stengeln. Blätter gedrängt stehend, kurz. Blüten in einer Traube, rosa bis rosarot. V–VII, 15–20 cm. – *A. grandiflorum* (*A. corifolium, A. pulchellum*), Elbrusgebirge. Bekannteste Art. Stengel länger, ungeteilt. Blättchen locker stehend, länger und grünlicher als bei *A.* 'Warley Rose'. Blütenstiele verzweigt mit länglichen Trauben, lange blühend, hellrosa mit dunklen Längsstrichen.

Phonolithsteinbruch am Fohberg in Bötzingen im Kaiserstuhl mit Lößüberdeckung. – Gesteinsmehl-Produktionsanlagen mit Verladesilos in Bötzingen. Rauminhalt je Silo etwa 300 cbm. (Wülfrath)

Steppenstauden

Steppenstauden am ‚Salbeihang' in Freising-Weihenstephan mit Salbeiarten wie *Salvia malsuperba* und *sclarea*, Lichtnelke 'Brennende Liebe', *Lychnis chalcedonica* und Vexiernelke, *L. coronaria*, Schafgarben und anderen Trockenpflanzen. (Drave)

IV–VI, 20 cm. – Verwendung im Steingarten, auf Trockenmauern, in Troggärten, langblühend. – Boden durchlässig, sandig. – Vermehrung durch Aussaat, Stecklinge wurzeln schlecht. Anzucht nur in Töpfen.
Steinweichsel, Weichselkirsche oder Weichselrohr, → Unterlagen, → Felsenkirsche.
Stellstufe → Stufe.
Stephanandra → Kranzspiere.
Stephanotis → Kranzschlinge.
Steppenkerze, *Eremurus.* Liliengewächse, *Liliaceae.* ○ ♃ ∧ ⚸. 25–30 Arten in West- und Mittelasien. Mit dickem Erdstamm oder flach ausgebreiteten, spröden Wurzeln. Sehr dekorativ, mit langen, bis über 2 m hohen Blütenkerzen. Neben den Arten kommen heute immer mehr Hybriden, vorwiegend mit farbigen Blüten, in den Handel. – *E. elwesii* (*E. robustus* var. *e.*), Heimat unbekannt. Grüne, kräftige Blätter und sehr langer Blütenschaft, Blüten hellrosa. 'Albus', reinweiß, VI. 250 cm. – *E. himalaicus,* Nordwest-Himalaja. Leuchtendgrüne Blätter, Blüten weiß, außen mit braunem Mittelnerv. VI, 120 cm. – *E.* × *isabellinus* (*E. olgae* × *E. stenophyllus* var. *bungei*), Shellford-Hybriden. Schlanke Blütenstände in verschiedenen Farbtönen von Gelb, Rosa, Lachs bis Orange und Weiß. Meist in Mischung, aber auch Einzelsorten. VI–VIII, 100 cm. – *E. robustus,* Turkestan. Breite, blaugrüne Blätter und sehr lange Blütenstände mit radförmig ausgebreiteten rosa Blüten, reichblühend u. gut wachsend. VI–VII, 200 cm. – 'Ruiter Hybriden' (Shellford-Hybriden × *E. warei*). Niedriger im Wuchs als die Shellford-Hybriden, aber farbenreich, jedoch kürzer blühend und früher. VI–VII, 60 cm. – *E. stenophyllus,* Mittelasien. Schmallinealische, kaum 1 cm breite Blätter, Blütenkerzen dunkelgelb. *E. s.* var. *bungei* (*E. bungei*), ist in allen Teilen größer und häufiger in Kultur. Blätter fast 1,5 cm breit, Blütenstand dicht, kanariengelb. VI–VII, 80–100 cm. – *E.* × *tubergenii* (*E. himalaicus* × *E. stenophyllus*), frühblühend, lichtgelb. VI–VII, 200 cm. – Verwendung im Staudengarten, Park, am besten als Solitär, die Hybriden besonders zum Schnitt. – Boden durchlässig, kräftig. Pflanzung auf Kiesschicht, nach der Blüte trocken halten. – Vermehrung durch Aussaat, Frostkeimer, Teilung nur bei älteren Pflanzen möglich.
Steppenpflanzen, aus den steppenartigen Gebieten stammende Wildformen und durch Züchtung vermehrte Sortimente von vorwiegend krautartigen Pflanzen und zahlreichen Blumenzwiebeln, die auf trockenen, flachgründigen, oft aber kalkliebenden und nur periodisch mit Niederschlägen versorgten Böden optimal gedeihen.
Steppenstauden, Stauden, die an besonders trockenen Standorten noch wachsen und sich zu voller Schönheit entwickeln, zumeist grau bis silbergrau oder auch braun belaubt.

Acaena glauca
Allium
Anaphalis
Anemone pulsatilla
Artemisia
Avena sempervirens
Elymus arenarius
Eryngium planum
Festuca glauca
– *ovina*
Nepeta

Stereospermum

Steppenstaudenpflanzung. Grasnelke, *Armeria maritima*, mit Thymian und Fetthenne. (Drave)

Sedum album
– *reflexum* 'Elegant'
– *rupestre*
– *spurium*
Stachys lanata
Stipa
Thymus pseudo-lanuginosus
Verbascum pannosum
Veronica incana

Stereospermum → Radermachera.
Sternbergie, *Sternbergia*. Amaryllisgewächse, *Amaryllidaceae*. ○–◑ ♃ △ ⏁ ⌒ ✂. Benannt nach dem böhmischen Botaniker Kaspar Graf von Sternberg. 5 Arten im Mittelmeergebiet und Osteuropa. Zwiebeln schwärzlich, Blüten im Herbst. – *S. lutea*, Südeuropa, Mittelmeerraum, Nordafrika. Blätter oft über 1 cm breit, lang riemenförmig, zusammen mit den goldgelben, trichterförmigen Blüten. IX–X, 10–15 cm. – Verwendung für Steingärten oder als anspruchslose Topfpflanze. Zwiebeln im Frühsommer etwa 10 cm tief pflanzen, im Winter mit lockerem Laub oder Nadelstreu überdecken, damit sie den Winter geschützt überdauern. – Liebt kalkhaltigen, steinigen Boden. – Vermehrung durch Seitenzwiebeln bei der Teilung VI/VII.
Sterndolde, *Astrantia*. Doldenblütler, *Umbelliferae*. ○–◑ ♃ ✂ Bie. Etwa 9 Arten in Europa und Westasien. Stauden mit fünf- bis siebenteiligen Blättern. Blüten in kleiner Dolde, von strahlenförmig angeordneten Hüllblättern, weiß bis rosa, umgeben. – *A. major*, Große S., Pyrenäen bis Kaukasus. Blütenköpfe groß, Hüllblätter kaum länger als die Blüten. Blüten weiß bis rosa. 'Rosea', reichblühend, wertvoll, kräftig rosa. VI–VIII, 40–70 cm. – *A. maxima* (*A. helleborifolia*, *A. heterophylla*), Kaukasus. Grundblätter drei- bis vierteilig, am Rand gesägt. Hüllblätter größer als die Blütendolde, weiß bis rosa. VI–VII, 30–50 cm. – Verwendung im Staudenbeet, unter Gehölzen und zum Schnitt. Boden humos, feucht. Vermehrung durch Aussaat und Teilung.
Sterngladiole, *Acidanthera*. Schwertliliengewächse, *Iridaceae*. ♃ ⌒ D Lie. Rund 18 Arten, Afrika. In Kultur *A. bicolor* var. *murielae*. Weiße Blüten mit dunkelbrauner Schlundzeichnung. Knollen ähnlich wie Gladiolen. Nicht winterfest. Seltene Liebhaberpflanze.
Sternkaktus → Kakteen 11.
Sternmiere → Miere.
Sternmoos, *Sagina*. Nelkengewächse, *Caryophyllaceae*. ○–◑ ♃ ⌒ △ ⌇. Etwa 20–30 Arten in der nördlich gemäßigten Zone, nur eine als Gartenpflanze im Handel. – *S. subulata*, Mittel- und Südeuropa. Gleichmäßiger Polsterwuchs, mit dichtstehenden, dunkelgrünen, pfriemlichen Blättchen. Blüten einzeln an kurzen Stielen, weiß. 'Aurea' hat goldgelb gefärbte Blattpolster. VI–VIII, 5 cm. – Verwendung als frischgrüner oder gelber Bodendecker im Steingarten, zwischen Plattenwegen, Steinplatten, als Rasenersatz, Einfassung und für Grabbepflanzung. – Boden etwas sandig, aber nicht zu trocken. – Vermehrung durch Teilung. → Rasenunkräuter 6.
Sternwinde, *Quamoclit*. Windengewächse, *Convolvulaceae*. ○ ☉ ↯. Etwa 10, im tropischen Amerika und in Ostindien heimische Arten. *Q. lobata* (*Mina lobata*). Bei uns selten als einjähriger Winder in Kultur, da sie neben entsprechender Vorkultur unbedingt sonnigen und warmen Standort haben muß. Bereits durch ihre breitlappigen, am Grunde herzförmigen Blätter sehr attraktiv. Blüten in bis zu 40 cm langen, gegabelten und einseitswendigen Wickeln, sehen sackförmig und breitgedrückt aus, sind im zeitigen Knospen-

Sterndolde, *Astrantia major*. (Drave)

Sterngladiole, *A. bicolor* var. *mur.* (Jesse)

stadium feuerrot, werden vor dem Erblühen orangefarben, später gelblich. Blühbeginn kaum vor Mitte VII; Blüte kann dann aber ununterbrochen bis Frost fortdauern. – Hohes Wärmebedürfnis, Aussaat unter Warmglas im III erforderlich. Die Sämlinge sind zu topfen und bis zur Pflanzung ab Ende V warm weiter zu kultivieren. An ihr zusagenden Standorten kann die St. bis zu 6 m hoch werden.

Stewartia → Scheinkamelie.

Stickstoff, chemisch N (Nitrogenium), Hauptnährelement, fördert vorzugsweise und auffällig das vegetative Wachstum (Blätter, Triebe), verführt dadurch zu Überdüngung. Folge: dünnwandiges, wasserreiches, nicht standfestes Gewebe, gegen Schädlinge und Infektionen anfällige, wenig haltbare Pflanzen, Blätter dunkel- bis blaugrün, Anteil von Amiden (Eiweißvorstufen) am Gesamtstickstoff zu hoch. – Umsatz im intensiv genutzten Garten mit Vor-, Zwischen- und Nachkulturen sowie hohen Erträgen ca. 20–50 g/qm/Jahr. Fruchtbare Gartenböden enthalten in den org. Substanzen der 20-cm-Schicht des Oberbodens bis zu 1500 g Stickstoff/qm. Davon werden je nach biologischer Aktivität 2% verfügbar = bis zu 30 g/qm. In fruchtbaren Böden wird durch stickstoffbindende Mikroorganismen (Bakterien, Pilze und Algen) etwa 1 g/qm/Jahr geliefert; weiterhin 1 g/qm/Jahr durch Niederschläge; Knöllchenbakterien binden je nach Gedeihen der betreffenden Leguminosen-Haupt- oder -Zwischenfrucht bis zu 25 g/qm, sofern ausreichend Sauerstoff, Kalk u. leicht zersetzbare Kohlenhydrate aus organischen Stoffen verfügbar sind. Da jedoch das C/N-Verhältnis auf einem fruchtbaren Boden eng ist, also wenig Kohlenhydrate verfügbar sind, ist zwischen intensiver biologischer St.bindung und hohem Gehalt an Bodenst. ein Kompromiß zu schließen. – Entfallen in oben aufge-

stellter St.bilanz die ca. 25 g Leguminosenst., ist gemäß St.bedarf der Kultur stärker nachzudüngen (→ Düngung, → Mineraldüngung [St.dünger]).

Stickstoffüberschuß → Überdüngung.

Stiefmütterchen → Veilchen.

Stiel, bei Gartengeräten meist aus Holz (Buche, Esche, nordische Kiefer), mitunter auch Aluminiumrohr, seltener Bambus. St.formen: gerade, gebogen, oder geschweift; Längen unterschiedlich. Verwendungszweck und Körpergrößen angepaßt, z.B. St.längen bei Spaten 75–100 cm. Griffe in Knopf-, Krück- oder T-Form.

Stielmus, Rübstiel, *Brassica rapa* var. *rapifera.* Kreuzblütler, *Cruciferae.* Besondere Form der → Speiserübe, bei der nicht die Rübe, sondern die fleischigen Blattstiele verwendet werden. Speiserübensorten mit aufrechter Blattstellung oder besondere St.sorten verwenden. Enger pflanzen als beim Rübenanbau. St. geht im Frühjahrs- und Herbstanbau. Weiteres → Speiserübe.

Stielsellerie → Sellerie (Stangensellerie).

Stinkende Hoffart → Sammetblume.

Stipa → Pfriemengras.

Stippigkeit, nichtparasitäre Krankheit des Apfels in Form von abgestorbenen,

Sternwinde, *Q. lobata.* (Seibold)

bitter schmeckenden Zellpartien im Fruchtfleisch von anfälligen Sorten. Zu starkes Wachstum, schwacher Fruchtbehang, hohe Stickstoff- und Kaligaben, Kalkmangel u. a. führen häufig zu S. Anfällige Sorten sind: J. Grieve, Gravensteiner, Goldparmäne, Cox Orange, Boskoop, Glockenapfel. Abhilfe: 4–6 Blattspritzungen mit Kalziumchlorid oder kalziumbetonten Blattdüngern von Mitte VI–VIII.

Stockkrankheit, zumeist durch unsachliche Behandlung hervorgerufen, zu viel Torfmull, Abdecken mit Stallmist, Laub oder anderen luftabschließenden Stoffen, bei *Delphinium, Phlox, Hele-*

Volkstümliche Darstellung des Stickstoffkreislaufes. (Aus ‚Les quatre saisons du jardin')

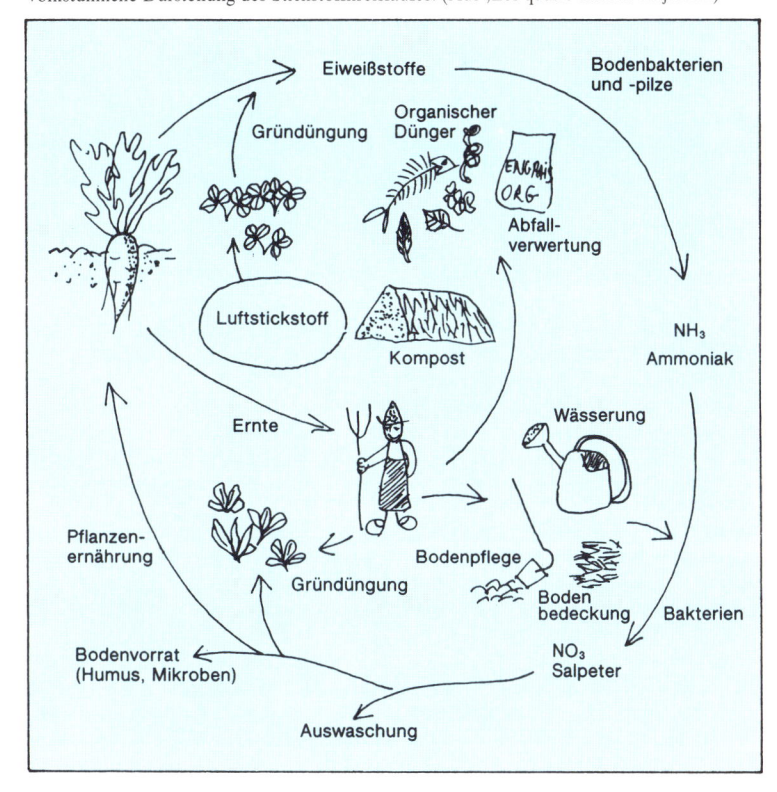

Stockmalve

Stockmalve, *A. rosea*. (Seidl)

nium u. a. Hat Fäulnis und Stocken der Wurzelstöcke zur Folge.

Stockmalve, Stockrose, *Alcea (Althaea)*. Malvengewächse, *Malvaceae*. ○ ⊙ – ⊙ ⋈. Etwa 20 Arten, hauptsächlich in den gemäßigten Zonen der Alten Welt, meist zweijährig bis staudig. Als Sommer- und Zweijahrsblumen sind bei uns von Bedeutung: *A. rosea* und *A.-Rosea-Hybriden*. Alte Gartenpflanze, war früher in fast jedem Bauerngarten anzutreffen. Inzwischen erheblich krankheitsanfälliger geworden, paßt auch mit ihrer etwas steifen Erscheinung nicht immer in einen modernen Garten. Trotzdem hat die Züchtung insbesondere ab Ende der 60er Jahre einige sehr ansprechende einjährige Formen hervorgebracht. Meist leicht behaart, gelappte oder geteilte Blätter und einzeln sitzende, aber auch in endständigen Trauben oder in Doldentrauben angeordnete Blüten. – EINJÄHRIGE FORMEN. Es gibt halbgefüllt- bis gefülltblühende Mischungen, 60–150 cm, je nach Wuchshöhe mehr oder minder standfest. Diese Züchtungen sollten III–IV unter Glas ausgesät, möglichst pikiert und etwa ab Mitte V an Ort und Stelle gepflanzt werden. Blühbeginn selbst bei früher Pflanzenanzucht nicht vor Mitte VII. – ZWEI- BIS MEHRJÄHRIGE FORMEN. Praktisch nur gefülltblühende Formengruppen im Handel, in Mischung, gelegentlich auch in Farbsorten. Die wohl bekannteste Zuchtklasse sind die Chaters-'schen Preismalven: Etwa 2 m, blühen zwischen VII und IX. Aussaat V–VI, sowohl im Frühbeet als auch auf Saatbeeten im Freiland. Nach Möglichkeit pikieren und zwischen VIII und IX an Ort und Stelle pflanzen. Werden meist in Gruppen zu 3–7 mit Pflanzabstand von ca. 35 cm gesetzt. – Verwendung: Dekorative Gartenschmuckpflanzen. – Ansprüche: Alle St.n lieben nährstoffreichen, tiefgründigen Boden sowie sonnigen Standort, der bei den hohen Züchtungen auch windgeschützt sein sollte, damit die Pflanzen nicht aufgebunden werden müssen. Bei Trockenheit oft sehr rostanfällig und dann schnell unschön. Man spritzt deshalb am besten vorbeugend und regelmäßig mit Schutz- bzw. Pflegemitteln. In günstigen Lagen und wenn die Blütenstände sofort nach dem Verblühen handbreit über dem Boden abgeschnitten werden, können die zweijährigen Formen gelegentlich eine ganze Reihe von Jahren aushalten.

Stockrose → Stockmalve.
Stockschere → Rasenpflegegeräte.
Stockschwämmchen → Pilzanbau.
Stockteilung, das Teilen von Wurzelstöcken bei Stauden, meist mit dem Messer, wie *Delphinium, Phlox, Astilben, Hosta, Doronicum* u. a. Bei Gehölzen mit Messer und Schere, wie bei *Spiraea vanhouttei, Spiraea arguta* u. a. → Teilung, → Vermehrung.
Stokesia → Stokesie.
Stokesie, *Stokesia*. Korbblütler, *Compositae*. ○ ♃ △ ⌢. *S. laevis (S. cyanea)*, nordöstliche USA, einzige Art. Wurzelstock mit lockerer Blattrosette. Blätter lanzettlich, ganzrandig, gestielt. Stengel verzweigt mit kornblumenähnlichen Blüten, hell- bis dunkelblau und lila, bei Aussaat fast immer vertreten. 'Alba', weiß; 'Blue Moon', hyazinthenblau; 'Blue Star', lichtblau. VII–IX, 30–40 cm. – Verwendung im Staudenbeet und in großen Steingärten. Boden nährstoffreich, sandig-humos. Vermehrung durch Teilung und Aussaat im Frühjahr.
Stoppelrübe → Speiserübe.
Storchschnabel, *Geranium*. Storchschnabelgewächse, *Geraniaceae*. ○–◐ ♃ △ D. Etwa 300 Arten, vorwiegend in den gemäßigten Zonen von Europa und Asien. Blätter meist fingerförmig gelappt oder geschlitzt, oft mit Nebenblättchen. Blütenstiel ein- bis zweiblütig. *G. dalmaticum*, Dalmatien, Montenegro. Blätter alle grundständig, klein, rundlich, fünflappig, sattgrün, Herbstfärbung schön rot. Blüten paarweise, frischrosa. 'Album' reinweiß, Staubbeutel rot. VI–VII, 10–15 cm. – *G. endressii*, West-Pyrenäen. Triebe verzweigt, niederliegend, aufstrebend. Blätter lang gestielt, fünflappig, hellgrün, leicht glänzend. Stengel zweiblütig, Blüten kräftig rosa. 'Wargrave Pink', etwas heller. Lange blühend, auch für Halbschatten. V–VIII, 30–40 cm. – *G. eriostemon (G. platyanthum)*, Westchina. Stengel etwas kantig, aufrecht, gabelig verzweigt. Blätter fünfteilig gelappt, scharf gezähnt, behaart. Blüten scheindoldig, vor dem Aufblühen kugelig gedrängt, rotviolett. V–VII, 40–50 cm. – *G. macrorrhizum*, Alpen, Balkan. Pflanze flaumig behaart, lang kriechende Triebe. Blätter langgestielt, rund, fünf- bis siebenlappig, aromatisch duftend. Blütenstand doldig, an langem Stiel, Blüte blutrot. 'Album', reinweiß; 'Spessart' (Balcanum), hellrosa. Gute Bodendecker, schöne Herbstfärbung, sonnig und halbschattig. V–VII, 20–25 cm. – *G. meeboldii (G. grandiflorum)*, Zentralasien. Langgestielte, fünflappige Blätter, frischgrün. Blattstiele und Stengel fein behaart. Blüten zu zweit, schalenförmig, 4–5 cm, leuchtend blauviolett mit dunklen Adern und dunklem Auge. 'Johnson's Variety', leuchtend blau. VI–VII, 30–50 cm. – *G. platypetalum (G. ibericum* var. *p.)*, Kaukasus, Persien. Blätter fünf- bis siebenteilig, weich behaart. Blütenstand langgestielt, mehrblütig. Blüten groß, leuchtend blauviolett, reichblühend. Bekannte, sehr gute Art für Halbschatten. V–VII, 70 cm. – *G. pratense*, Wiesenst. Europa, Asien, heimisch. Stengel mehrfach verzweigt. Blätter siebenteilig, tief eingeschnitten. Blüten blauviolett mit hellen Adern. Schön für Parkwiesen. 'Plenum' hat gefüllte Blüten. VI–VIII, 40–80 cm. – *G. renardii*, Kaukasus. Blätter langgestielt, flach, fünflappig, mit schöner Aderung. Blüten weiß, purpurviolett geadert. Schön durch die Blätter, sonniger Stand. VI, 20–30 cm. – *G. sangiuneum*, Europa. Fast kriechender polsterförmiger Wuchs. Blätter fingerförmig geteilt mit lanzettlichen Lappen, frischgrün. Blüten einzeln, karminrot. 'Album', weiß. 30 cm.

Blut-Storchschnabel, *G. sang.* (Seidl)

G. s. var. *prostratum*. Niedriger im Wuchs, Blätter klein, ungleichmäßig gelappt, Blüten tief purpurrosa. 'Lancastriense', von gleichem Wuchs, Blüten hellrosa mit dunklen Adern. 20 cm. V–IX. – *G. stapfianum*, China. Triebe verzweigt, niederliegend, aufstrebend. Blätter dreilappig, hellgrün. Blüten paarweise, schalenförmig, lilarosa. 'Roseum', wertvoller, dunkelrosa. V–VI, 15 cm. – *G. subcaulescens* (*G. cinereum* var. *s.*), Mazedonien. Behaarte, fünf- bis sechsteilige Blätter. 'Splendens' fast ausschließlich im Handel, besonders großblumig, karminrot mit dunkler Mitte. VI–VIII, 20 cm. – *G. wallichianum*, Himalaja. Stengel und Blütenstand niederliegend, seidig behaart. Blätter fünflappig. Blüten paarweise, violettrot mit dunkleren Adern. 'Buxton's Blue', blauviolett mit heller Mitte. Verlangt Winterschutz. VIII–IX, 20 cm. – VERWENDUNG. Niedrige Arten Steingarten, Trockenmauern und wie die hohen im Staudengarten. Die Halbschatten vertragenden vor oder zwischen Gehölzen und im Naturgarten. Alle wirken auch durch ihre schönen Blätter. – Boden humos, durchlässig. – Vermehrung durch Teilung, Wurzelschnittlinge im IX, bei den Arten auch durch Aussaat.

Strahlenaralie → Schefflere.
Strahlengriffel, *Actinidia*. Dilleniengewächse, *Actinidiaceae*. Sommergrüne, schlingende Sträucher, etwa 15 Arten in Ostasien, manche mit zweihäusigen Blüten. Die Früchte sehen der Stachelbeere ähnlich, sind süß wie Saccharin und werden besonders in Sibirien als Obst gegessen. Vom Russen Mitschurin sind *A. kolomikta* und *A. arguta* züchterisch bearbeitet worden: 'Mitschurins Ananas-Actinidie' und 'Clara Zetkin', die gleichmäßiger fruchten und nicht rieseln. Fruchten jedoch nur, wenn männliche und weibliche Exemplare gepflanzt werden. Die Früchte wirken allein genossen leicht abführend, deshalb mit anderen Früchten mischen. → Actinidia – *A. chinensis*. ○–◐ ♄ V–VI ⚥ ⚘. Bis 8 m hoch schlingend, dunkelgrüne, 10–15 cm große Blätter, reinweiße Blüten und leicht behaarte, grünliche Früchte. Schönste Art, aber nur an recht geschützten Stellen ausreichend winterhart, gedeiht am besten in Weinbaugebieten. – *A. kolomikta*. ○–◐ VI ⚥ D ⚘. Bis 2 m hoher Schlinger, eiförmige, 10 cm große Blätter, bei den männlichen Pflanzen oft weiß oder rötlich marmoriert. Die weißen, durch das Laub verdeckten Blüten duften leicht. Die Früchte (VIII) sind blauschwarz und schmecken gut, fallen allerdings bei der Art leicht ab. – *A. polygama*. ○–◐ VI–VII ⚥ D ⚘. Bis 6 m hoch schlingend, mit in der Jugend behaarten Zweigen, eiförmigen, oft weiß oder gelb gerandeten Blättern und weißen, nach Orangen duftenden Blüten. Früchte gelb, bitter. Die Pflanzen strömen einen Geruch aus, der Katzen anzieht, die dann die Zweige zerkratzen. – ANSPRÜCHE. Kräftiger, frischer Boden. Sonne oder auch Schatten. Gegen Trockenheit sehr empfindlich! Eignet sich zur Bekleidung von kräftigen Zäunen, hohen Baumstämmen, Lauben und Hauswänden; benötigen starkes Gerüst. – VERMEHRUNG. Am besten ist Aussaat bei Bodenwärme. Bei geringem Bedarf gehen auch Ableger.

Strandflieder → Meerlavendel.
Strandhafer, *Elymus*. Gräser, *Gramineae*. ○ ♃ ↝. Etwa 20 Arten, vorwiegend in der nördlichen gemäßigten Zone. Starkwachsende, oft wuchernde Gräser mit blaugrauen Blättern. – *E. arenarius* (*E. glaucus, Leymus arenarius*), Nord- und Ostseestrand. Pflanze graublau, stark kriechend. Wird hauptsächlich zur Befestigung von Wanderdünen verwendet. Blätter bandartig, blaugrau bereift. Ähre groß mit zäher Spindel. VII–VIII, 100–150 cm. – *E. racemsus* (*E. giganteus*); Riesenst., Nordamerika. Wuchs aufrecht, Blätter grün, bei 'Glaucus' schön blaugrau. VII–VIII, 150 cm. – Verwendung in Naturgärten und Parkanlagen, wo Wuchern nicht stört. Boden durchlässig, sandig. Vermehrung durch Teilung.

Strandkohl → Meerkohl.
Strandnelke → Grasnelke.

Strauchveronika, *H. armstrongii*. (Seidl)

Strangulieren → Schnitthilfe.
Strapazierrasen → Intensivrasen.
Stratifizieren, Vorbereitung schwerkeimender Samen für gutes Keimungsergebnis: Einschichten des Samens sofort nach der Ernte in Sand, dem je nach Erfahrung Kalk oder ein Beizmittel beigefügt wird. Aussaat solcher Samen im folgenden Frühjahr (*Helleborus, Dicentra, Actaea, Cimicifuga* und die meisten Gehölzsamen).
Stratiotes → Wasseraloe.
Strauch, Holzpflanze mit dünnen Stämmen, die sich von Grund auf verzweigen, im Unterschied zum → Baum, der säulenförmigen Stamm bildet. Anzucht, Erziehung usw. → Gehölze.
Strauchobst, alle Obstgehölze, die in Strauchform wachsen: Johannis-, → Stachel-, → Gartenheidel-, → Gartenpreisel-, → Brom-, → Him-, → Loganbeere, → Actinidia.
Strauchveronika, *Hebe* (*Veronica*). Rachenblütler, *Scrophulariaceae*. Eigenartige, immergrüne Sträucher. 140 Arten in Neuseeland, Tasmanien, Australien. Nur wenige halten bei uns in geschützten Lagen im Freien aus. – WINTERHARTE ARTEN. ○ ♄ V–VI △ ∧ i. *H. armstrongii* bis 50 cm, ähnelt der Scheinzypresse, nach allen Seiten abstehende, leicht überhängende, gelblich-grüne Zweige, mit wenigen, schuppenförmigen Blättchen. Weiße Blüten zu mehreren in kleinen Köpfchen an den Zweigenden. – *H. buxifolia*. Kaum meterhoch, aufrechte Zweige, mit dunkelgrünen, dachziegelartig angeordneten Blättern und weißen Blütenähren. – *H. cupressoides*. Bis 2 m. Wie der lateinische Name besagt, der Zypresse ähnlich. Kugelförmiger Wuchs mit schuppenartigen, bläulich-grünen Blättchen und hellblauen Blütenköpfchen. – Bevorzugt leichten Gartenboden in sonniger Lage. In schneearmen Wintern gut schützen! Für Steingarten, als Grabbepflanzung und niedrige Hecken. – Vermehrung: Am gebräuchlichsten sind Sommerstecklinge von halbreifen Trieben. Bei den niedrigen Arten ist für geringen Bedarf auch Teilung möglich. – NICHT WINTERHARTE ARTEN. ○ ♄ ⛶. H. ‚Andersonii-Hybriden'. Aus *H. speciosa, elliptica. macrocarpa* und *salicifolia* sind diese Hybriden entstanden. Blüten meist im Spätsommer und Herbst. Strauchig, bis 2 m hoch. Blätter länglich oder rundlich, kreuzgegenständig, ledrig, z.T. glänzend. Blütentrauben aus den Achseln der obersten Blätter oder endständig. Blütenfarben weiß, blau, rosa und rot. Schön auch 'Variegata' mit weißbunten Blättern. – Blü-

Straußfarn

Straußfarn, *M. pensylvanica.* (Drave)

ten- und Blattpflanzen für das kühle Zimmer, Wintertemperaturen zwischen 10–15 °C, sommers mehr. – Vermehrung durch Stecklinge im VIII, humose Substrate, mehrmals stutzen.

Straußfarn, *Matteuccia.* Schildfarne, *Onocleaceae.* ○–◐ ♃ ↝. 4 Arten in der nördlichen gemäßigten Zone. Stattliche, dekorative Farne mit offener, trichterförmiger Mitte, in der die fruchtbaren Blätter stehen. Die Fiedern sind bei diesen zusammengekrümmt. – *M. pensylvanica (M. struthiopteris* var. *p.),* Nordamerika. Unfruchtbare Blätter, gefiedert mit gelappten Fiedern, blaugrün. Blattstiel nicht so weit nach unten beblättert. Pflanzen aufrechter und höher als bei *M. struthiopteris,* sonst sehr ähnlich. 100 cm. – *M. struthiopteris (Struthiopteris germanica),* Ost- und Mitteleuropa. Wurzelstock oft mit über halbmeterlangen, schwarzen Ausläufern, bald die ganze Umgebung besiedelnd. Sterile Blätter hellgrün, einen Trichter bildend, bis auf die unter 10 cm ganz beblättert. Fruchtbare Blätter erst grün, zur Reife braun. 80 cm. – Verwendung im Schatten oder an feuchten Stellen: bei Trockenheit öfter wässern, sonst zieht er früh ein. Boden humoslehmig, torfhaltig. Vermehrung durch Abtrennen der jungen Pflanzen oder durch Schnittlinge der Ausläufer.

Straußgras, *Agrostis.* Gräser, *Gramineae.* ○ ☉ ↝. Mit ihren über 100 einjährigen bis ausdauernden Arten weltweit verbreitet. Von den ausdauernden sind verschiedene bei der Anlage von Zierrasen von Bedeutung (→ Rasengräser). – *A. nebulosa.* Diese einjährige Art ist im südwestlichen Europa heimisch und wird mit ihren zierlichen Rispen gerne als Füller im Steingarten, für den Schnitt und insbesondere als Trokkenblume angebaut. Ca. 30 cm hoch, dünne, leicht flaumige Halme mit nur kurzen und sehr schmalen Blättern, dünne, offene und dadurch sehr grazil wirkende Blütenrispe aus einblütigen Ährchen. Hauptblüte VII–VIII. – Aussaat Anfang IV unter Glas, das Saatgut kaum bedecken und deshalb bis zum Auflaufen ständig feucht halten. Ab Mitte V Freilandpflanzung büschelweise in Abständen von 15–25 cm. Gedeiht am besten auf nicht zu nährstoffreichen, leicht sandigen Böden und in vollsonniger Lage.

Streifenfarn, *Asplenium.* Streifenfarngewächse, *Aspleniaceae.* ○–● ♃ △ ⌃ i. Von den 700 Arten der Erde sind einige winterhart. Meist kleine Farne mit einfachen bis gefiederten Blättern. – *A. adiantum-nigrum.* Berggegenden Europa, Afrika, Asien. Blattstiele glänzend schwarzbraun. Blätter doppelt bis dreifach gefiedert. Für feuchte, humose Stellen in geschützter Lage, besser Winterschutz. 20 cm. – *A. ruta-muraria,* Mauerraute, Europa, Asien, Nordamerika. Kleiner Farn, oft an Mauern u. Felsspalten. Blätter im Umriß dreieckig-oval, zwei- bis dreifach gefiedert. Verträgt Sonne u. Schatten. 5–10 cm. – *A. septentrionale,* Gabelstreifenfarn, Gebirge von Europa, Asien, Nordamerika. Blätter lederartig, schmal, gabelig oder dreizählig gefiedert, vorn eingeschnitten. Zierlicher Farn für Alpinum, kalkfeindlich. 5–10 cm. – *A. trichomanes,* Steinfeder. Nördlich gemäßigte Zone. Oft in Gemeinschaft mit der Mauerraute. Rhizom kriechend, Blattstiele glänzend, schwarzbraun bis rötlich. Blätter einfach gefiedert, dunkelgrün. Fiedern rundlich. Schön für Stein- u. Troggärten. 10 cm. – *A. viride,* Grüner S.,

Strelitzie, *Strelitzia reginae.* (Seidl)

Europa, Himalaja, Nordamerika. Dem vorigen sehr ähnlich, aber Blattstiel oben grün, weicher. Rundliche Fiedern, dicht gestellt, saftiggrün, nicht immergrün. 10 cm. – Verwendung aller: Steingarten, Trockenmauer, Troggarten, je nach Art schattig bis sonnig. Erde humos, bis auf den Gabelstreifenfarn auch kalkhaltig. Vermehrung durch Teilen u. Aussaat. – Nicht winterharte Arten → Farne 2.

Strelitzie, *Strelitzia.* Bananengewächse, *Musaceae.* ♃ ⋈ II–VII ⌂. 5 Arten in Südafrika. Rhizombildende Kräuter. Zweizeilig gestellte Blätter mit langen Stielen. Auffällige Blüten über einem Hochblatt. – Als Schnittblume bei uns bekannt *St. reginae,* Paradiesvogelblume. Blüten dunkles Gelb mit Blau. – Nährstoffreiche, durchlässige, lehmige Erde. Vermehrung durch Teilung, Aussaat möglich.

Streptocarpus → Drehfrucht.

Streuobstbau, bäuerlicher Obstbau auf hofnahen Wiesen und Weiden. In den 80er Jahren setzte sich die Erkenntnis durch, daß die überlieferten St.gebiete die Kulturlandschaft mitgestalten und für Pflanzen- und Tierwelt unentbehrlich sind; sie werden extensiv bewirtschaftet und bieten vielen vom Aussterben bedrohten Arten Überlebenschancen. Gelder aus öffentlichen Mitteln (EG) werden seitdem nicht mehr für Rodeprämien, sondern für St.programme verwendet. Obstbauinstitute sammeln und sichten alte Lokalsorten, prüfen sie in Reiserschnittgärten und legen Beispielspflanzungen an. Zum St. gehören Anpflanzungen hochstämmiger Obstbäume an den Ortsrändern und in der Feldflur, auf Rainen und Hängen und entlang von Wegen. St.-wiesen bilden auch den Übergang von Siedlungsgebieten zu Äckern und Weiden oder zur freien Landschaft.

Stroh, je nach Herkunft verschieden zu beurteilen. Getreidestroh enthält ca. 0,5 % Stickstoff, 0,05 % Phosphat, 1 % Kalium, 85 % Tr.S. Hülsenfruchtstroh ca. 1,5 % Stickstoff, 1,5 % Phosphat, 1 % Kalium, 85 % Tr.S. Bei Kompostierung von Getreidestroh mit C/N-Verhältnis von über 100 sind je kg Stroh 10 g Reinstickstoff zuzugeben, z. B. 100 g Blutmehl oder Jauche entsprechend Stickstoffgehalt, sonst ‚Stickstoffsperre', d. h. die strohzersetzenden Mikroorganismen verwenden im Boden verfügbaren Stickstoff zum Aufbau ihrer Körpersubstanz, so daß Pflanzenwachstum beeinträchtigt wird. Bei ausreichendem Stickstoff-, Phosphat- und Spurenelementgehalt ist St. zum Aufbau eines fruchtbaren Substra-

Streuobstbau: Apfelhochstämme in der Blüte auf Bauernhof in Baden-Württemberg. (Dr. Link)

tes sehr geeignet. Bei Bodenbedeckung mit St. sinngemäß Stickstoff ergänzen.
Strohblume, *Helichrysum.* Korbblütler, *Compositae.* ○ ☉ ✂. An 500 Arten in Europa, Asien, Australien und vor allem in Afrika. Fast alle wechselständige, ganzrandige Blätter, einzeln oder in Doldentrauben an den Zweigenden sitzende Blütenköpfchen und trockenhäutige oder gefärbte Hüllkelchblätter. – *H. bracteatum,* Gartenstrohblume: In Australien heimisch, als einjährige Trockenblume bedeutungsvoll, und zwar ausschließlich in ihrer großblumigen, gefüllt blühenden Unterart

Strohblume, *H. bracteactum.* (Seidl)

'Monstrosum', die außer in Mischung mit einem lebhaften, von Weiß über Gelb, Rosa und Rotbraun bis Violett reichenden Farbenspiel vielfach auch in Einzelfarben angeboten wird, in Züchtungen von 30–80 cm. Die niedrigen, wie die neuen Zwerg-Bikini-Sorten sind für stark windige Lagen sehr empfehlenswert. – Üblich ist Aussaat unter Glas ab Anfang IV und Freilandpflanzung ab Mitte V, Abstand etwa 20–30 cm, je nach Züchtung. Lieben vollsonnigen Standort sowie nicht zu nährstoffreichen, leichten, wasserdurchlässigen Boden. Blüte etwa ab VII; kann, insbesondere wenn die Blütenköpfchen laufend geerntet werden, bis X fortdauern. – Anbau fast ausschließlich für die Gewinnung von Trockenblumen; niedrige Formen gelegentlich auch als Lückenfüller im Steingarten oder anderswo. Für die Verwendung als Trockenblumen sollten die Blüten, je nach späterem Verwendungszweck, entweder mit oder ohne Stiel, gleich nach der Öffnung der ersten Reihen Hüllblätter geerntet und im Schatten an einem luftigen Ort getrocknet werden.
Stropharia rugosoannulata = Braunkappe, Kulturträuschling, Riesenträuschling → Pilzanbau.

Studentenblume → Sammetblume.
Stützmauer → Gartenmauer.
Stufe, gebaute Steigung und Teil einer Treppe aus Beton, Stahl, Naturstein, Ziegelstein oder Holz als Blockst., Steilst. oder Legst. Das ausgewogene St.nmaß von 64 cm ergibt sich aus zweifacher Steigungshöhe plus Auftrittstiefe. Innerhalb eines Gartenweges sollen möglichst einzelne St.n vermieden und statt dessen wahrnehmbare Treppen gebaut werden. Blockst.n können auf abgerütteltem Schotterunterbau aufliegen. Besser ist jedoch eine frostfreie Fundamentierung von 80 cm Betonunterbau. Freischwebende St.n werden auf Stahlträgern oder in seitlichen Wandhaltern verankert. → Gartentreppe.
Stufensaat. In einer Vegetationsperiode wird in zeitlichen Abständen („Stufen") von derselben Art oder Sorte ausgesät, vor allem bei Gemüse (Radies, Spinat, Bohnen u. a.), bei Sommerblumen (Tagetes, Astern u. a.) und auch bei Stauden *(Arabis, Alyssum, Digitalis, Linum).*
Stufenweg → Gartenweg.
Sturmhut → Eisenhut.
Styromull → Schaumstoffe.
Südseemyrte, *Leptospermum.* Myrtengewächse, *Myrtaceae.* ○-◐ ♄-♄ ▽. Immergrüne, myrtenähnliche Sträuch-

lein bis Bäume. Blüten fünfteilig, irgendwie Crataegus-ähnlich, weiß, rosa oder rot. 25 Arten in Australien und Neuseeland. – *L. scoparium.* Äußerst veränderlich, von niederen, mattenbildenden Spaliersträuchern der alpinen Zone bis zu baumförmigen, 10 m hohen Pflanzen variierend. Blätter linealisch, 4–12 mm lang. Blüten im IV–VI, weiß, rosa oder rot. Viele Formen, z. B. 'Chapmanii' mit großen roten Blüten oder 'Nicholsii Nanum' mit bronzefarbenen Blättern und roten, kleinen Blüten, nur 10 cm hoch. – Im Frühsommer während der Blütezeit sehr auffällige Sträucher für das Kalthaus. Verlangen helle Überwinterung bei Temperaturen zwischen 3 und 8°C, 'Nicholsii Nanum' kann man in günstigen Lagen im Freien, sonst im Alpine-Haus überwintern. Im Sommer im Freiland aufstellen. – Vermehrung durch Stecklinge.

Südwein → Klimme.
Süßgras → Schwaden.
Süßkirsche → Kirsche.
Sukkulenten, wasserspeichernde Pflanzen, die mit Hilfe ihrer Speicher Trockenzeiten überdauern können. Je nachdem welcher Teil der Pflanze als Speicher ausgebildet ist, unterscheidet man Wurzel-, Sproß- (Stamm-) u. Blattsukkulenz. Sukkulenz ist ein häufiges Erscheinungsbild und tritt bei Dutzenden von Pflanzenfamilien auf. Wichtigste sukkulente Familien: Cactaceen, Euphorbiaceen, Liliaceen und *Sulco rebutia* → Kakteen 12.

Sumach, *Rhus.* Sumachgewächse, *Anacardiaceae.* Etwa 150 Arten in den subtropischen und gemäßigten Zonen. Sommergrüne Bäume oder Sträucher, zum Teil auch kletternd, die Milchsaft führen. Einige sehr giftige Arten führen bei bloßer Berührung zu Hautreizungen. – *R. glabra,* Scharlachsumach. ○–◐ ♄–♄ VII–VIII. Nordamerika. Name von den scharlachroten Fruchtkolben, die bis tief in den Winter hinein erhalten bleiben. 3 m hoher, Ausläufer treibender Strauch mit sparrigem, malerischem Wuchs, kahlen Zweigen und vielfach gefiederten, 30 cm langen, im Herbst purpurroten Blättern. Die Form 'Laciniata' hat zierlich zerschlitzte Fiederblättchen. Beide werden durch die vielen Wurzelausläufer gut 2–3mal so breit als hoch, sind darum mehr für größere Anlagen geeignet. – *R. radicans,* Giftsumach, Giftefeu. ○–◐ ♄ VI–VII ⚡ ⚘ ✿. Genau wie *Rhus toxidodendron verniciflua* und *vernix* sehr giftig. Bei Allergikern genügt bloße Berührung mit Pflanzenteilen, um Geschwüre und Blasenbildungen auf der Haut zu bekommen. In der Fachwelt ist schon erwogen worden, den Anbau der Giftsumacharten gesetzlich zu verbieten. – *R. typhina,* Essigbaum, Hirschkolbensumach. ○–◐ ♄–♄ VI–VII. In den östlichen USA beheimatet. Bis 8 m hoher, Ausläufer treibender Strauch oder kleiner Baum mit dicht samtig behaarten Zweigen, palmwedelartig gefiederten Blättern und karminroten, lange haltenden Fruchtkolben. Die Sorte 'Dissecta', Farnwedelsumach, hat tiefgeschlitzte Blätter. – ANSPRÜCHE. Durchlässiger, auch steiniger Boden in warmen Lagen. Durch die vielen Wurzelausläufer zur Bepflanzung von sandigen Böschungen geeignet. Schön heben sie sich als Randbepflanzung am Waldsaum ab. Im Garten werden besonders die schlitzblättrigen Formen am oder in den Rasen gepflanzt, jedoch können die Ausläufer lästig werden. – VERMEHRUNG. Reine Arten durch Aussaat oder wie bei den geschlitztblättrigen Formen durch Wurzelschnittlinge oder Abtrennen der zahlreichen Ausläufer.

Sumpfdotterblume → Dotterblume.
Sumpfeibe → Sumpfzypresse.
Sumpfkalla, *Calla.* Aronstabgewächse, *Araceae.* ○ ♃ ⚘ ✿ Lie. *C. palustris.* Einzige Art in Mittel- und Nordeuropa. Kriechender, fingerdicker Grundstamm und breitherzförmige, dunkelgrüne Blätter. Blüte mit weißer, eiförmiger Spatha. Kolben kurz mit gelben Blüten, Giftpflanze. V–VII, 16–20 cm. Verwendung im Sumpf, an Wasserrändern und in flachen Wasserbecken. Boden moorig, lehmhaltig. Vermehrung durch Teilen und Aussaat.

Sumpfmoos, *Sphagnum,* in seinen vielen Arten wichtiger Lieferant organischer Masse für die Bildung von Torf. Man verwendet reines S. für das → Abmoosen, für die Mooswandkultur oder als Orchideen- und Epiphytenpflanzstoff. Auch für die Kultur von heiklen Hochalpinen ist S. gut als Zuschlagsstoff geeignet. Die beste Art ist das großköpfige *Sphagnum cymbifolium,* doch eignen sich alle nicht zu dünntriebigen Arten gleich gut. Insektivoren, insektenverdauende Pflanzen, werden in reinem, lebenden S. gezogen, sie beziehen den notwendigen Stickstoff durch die Verdauung der gefangenen Insekten.

Sumpfporst, *Ledum.* Erikagewächse, *Ericaceae.* 4 Arten in den kühleren Regionen der nördlichen Halbkugel. – *L. groenlandicum.* ◐ ♄ V–VI i Lie. Grönland und nördliches Nordamerika, liefert den in Nordamerika beliebten Labrador- oder Countrytee. Meterhoher, immergrüner Strauch mit elliptischen, stark eingerollten Blättern und weißen Blüten in endständigen Büscheln. – *L. palustre.* ◐ ♄ V–VI i Lie.

Verschiedene Arten von Aloe, Wolfsmilch und Dickblatt im Sukkulenten-Haus des Botanischen Gartens München. (Seidl)

Nordeuropa und Nordasien, vereinzelt auch in Deutschland und Österreich. Meterhoher, immergrüner Strauch mit linealen, oberseits dunkelgrünen, unterseits braunfilzigen Blättern, ansonsten der vorigen Art ähnlich. – Wächst am natürlichen Standort an feuchten Stellen, in Gemeinschaft mit Weißmoosen. Baumschul-Pflanzen brauchen nicht so feucht zu stehen, es genügt anmooriger, aber unbedingt kalkfreier Boden in halbschattigen Lagen. Geeignet für nicht zu trockene Stellen im Heidegarten oder in Gemeinschaft mit Alpenrosen im Moorbeet. – Vermehrung: Bei größerem Bedarf Aussaat, ansonsten Ableger.

Sumpfstauden, Stauden, die an sumpfigem Standort, zeitweilig auch im flachen Wasser gedeihen, im Winter völlig einziehen, im Wurzelstock oder in Rhizomen und Knollen überwintern.

Calla
Caltha
Iris pseudacorus
Lysichiton
Myosotis
Scirpus

Sumpfzypresse, Sumpfeibe, *Taxodium*. Sumpfzypressengewächse, *Taxodiaceae*. Drei Arten in Nordamerika und Mexiko, meist an sumpfigen Stellen ohne Wasserabfluß. Bei älteren Bäumen treten aus den Wurzeln, rings um den Stamm, knieförmige, meterhohe Auswüchse hervor (Atemknie), eine Art Luftwurzeln, durch die die Wurzeln atmen können. Das Holz ist verhältnismäßig leicht und setzt der Fäulnis großen Widerstand entgegen. – *T. distichum.* ○–◐→ ℏ V ↝ i. Südöstliches Nordamerika. Bis 50 m hoher Baum mit pyradmidalem oder schirmförmigem Wuchs, glatter, rotbrauner Rinde und auffallend unterschiedlichen Lang- und Kurztrieben. Die Blätter sind an den Langtrieben nadelförmig und spiralig angeordnet, an den Kurztrieben zweizeilig und fallen im Herbst als Ganzes ab. – Guter Boden, nicht zu trocken. Je wärmer das Klima ist, desto schneller wachsen und um so mehr Feuchtigkeit benötigen sie. In angesprochen kalten Lagen ganz winterhart, dürfen da aber nicht zu feucht stehen. – Vermehrung am besten durch Aussaat.

Superphosphat → Mineraldünger (Phosphordünger).
Symbiose, auf gegenseitiger Förderung beruhende Beziehungen von ungleichartigen Lebewesen, z.B. zwischen Blüten und Bestäubern, Beerensträuchern und Beerenfressern (welche die Samen mit dem Kot ausscheiden) oder → Ameisen und Blattläusen.
Symphoricarpus → Schneebeere.
Symphytum → Beinwell.
Syngonium → Purpurtute.
Syringa → Flieder.

Sumpfzypresse, *Taxodium distichum.* (Seidl)

T

Tachinen, Tachiniden, Raupenfliegen. Mehrere hundert einheimische Arten Stubenfliegen ähnelnde Arten der → Zweiflügler, deren Larven in anderen Insekten, hauptsächlich Raupen parasitieren und diese dabei töten. Sehr wichtige Nützlinge. Über die Notwendigkeit ihres Schutzes und ihre Abhängigkeit von Zwischenwirten an bestimmten Unkräutern → Schlupfwespen.

Tacitus, *Graptopetalum bellum (Tacitus bellus).* Dickblattgewächse, *Crassulaceae.* – Sehr auffällige Sukkulente mit bläulichen, hauswurzähnlichen Rosetten und roten, großen, sternförmigen Blüten im frühen Frühjahr. Mexiko. – Braucht durchlässige Substrate und muß im Winter unbedingt unter 10 °C gehalten werden, da sonst keine Blüten angelegt werden. Sommers auch vollsonnig im Freien. – Vermehrung durch Blattstecklinge.

Tagetes → Sammetblume.

Tagfalter, Familiengruppe der → Schmetterlinge. Falter mit großen, meist lebhaft gefärbten Flügeln, die in der Ruhe hochgeklappt sind. In Gärten frißt gelegentlich die schwarzgelbe Raupe des Schwalbenschwanzes an Möhrenkraut; man sollte sie zur Erhaltung des seltenen, prächtigen Falters fressen lassen. Wirklich schädlich ist unter den Tagfaltern nur der → Kohlweißling. Der starke Rückgang der T. durch Chemikalien erfordert die Abkehr von umweltschädlichen Chemikalien im Garten und die Förderung der T. durch Anbau oder Stehenlassen ihrer Futterpflanzen. So fressen allein an Brennesseln die Raupen von 5 T.arten: Admiral, Landkärtchen, Kleiner Fuchs, Pfauenauge und Weißes C. Noch weit mehr T.raupen fressen an Klee- und Veilchenarten (Näheres s. einschlägige Literatur über T.).

Taglilie, *Hemerocallis.* Liliengewächse, *Liliaceae.* ○–◐ ♃ ✕ D. Etwa 15 Arten in Mitteleuropa, die wichtigsten in Ostasien und Japan. Fleischige, manchmal verdickte Wurzeln und linealische, überhängende, zweizeilig

Taglilie, *H. aurantiaca* 'Major'. (Drave)

angeordnete Blätter. Die trichterförmigen Blüten sitzen an verzweigten Ästen. Sie sind von frühmorgens bis abends offen, halten nur einen Tag, daher der Name. Da aber eingestellt jede Knospe noch aufgeht, kann ein T.-Zweig ohne weiteres 2 Wochen lang blühen. Die modernen Sorten sind oft viel schöner als die alten. – *H. aurantiaca,* Japan. Derbe, fast 3 cm breite Blätter. Blütenstände bis zu 15 Blüten, weit-trichterförmig, 10 cm, dunkel orangegelb. 'Major' ist in allen Teilen größer und besser, bis 15 cm groß. VI–VII, 60–80 cm. – *H. citrina,* China, Japan. Dunkelgrüne Blätter, bläulich bereift. Schmal trichterförmige, bis 15 cm lange, zitrongelbe Blüten, abends schon öffnend und bis mittags wieder schließend. Stark nach Maiglöckchen duftend. VII–VIII, 100 cm. – *H. fulva (H. disticha),* wahrscheinlich Japan, China. Bekannt. In Europa oft verwildert. Kriechendes Rhizom, sehr wüchsig. Stark gebogene, etwas gefaltete, große Blätter. Blüten ohne Duft, außen gelblich, innen bräunlich-orange. 'Kwanso' hat schöne, gefüllte Blüten. VI–VII, 60–100 cm. – *H. Hybriden.* Hauptsächlich in den USA gezüchtete Sorten. Dort sind in der Hemerocallis-Gesellschaft viele Liebhaber vereinigt. Viele Sorten, z. B.: 'Athlone', goldgelb, innen orangebraun, mittelfrüh, 100 cm; 'Atlas', sehr gut, zitronengelb, mittel, 100 cm; 'August Orange', orangegelb, spät, 100 cm; 'Conspicua', orangerot, mittel, 100 cm; 'Crimson Pirate', braunrot, mittel, 60 cm; 'Frans Hals', ockergelb mit braun, mittel, 100 cm; 'Felice', hellgoldgelb, mittel, 110 cm; 'Jake Russell', hell goldgelb, mittel, 80 cm; 'Jean', gelb mit braun, spät, 100 cm; 'Luxury Lace', hellrosa, mittel, 90 cm; 'Pamela', grünlichgelb, mittel, 120 cm; 'Pink Damask', rosa mit gelb, mittel, 90 cm; 'Resplendent', rotbraun, mittel, 100 cm; 'Sammy Russell', ziegelrot, mittel, 80 cm; 'Shooting Star', sehr gut, zitronengelb, spät, 120 cm; 'Vespers', schwefelgelb, mittel, 100 cm; 'War Eagle', rotbraun, mittel, 60 cm; 'Wideyed', gelb mit mahagoniroter Mitte, mittel, 60 cm. Alle reich und lange blühend. V–IX. – *H. lilio-asphodelus (H. flava),* Ostsibirien, Japan. Glänzend grüne, schmale Blätter. Blüten trichterförmig, glänzend-reingelb, nach Orangenblüten duftend. V–VI, 60–80 cm. – *H. middendorffii,* Ostasien. Blätter grün, sichelförmig gebogen. Blüte breit trichterförmig, organgegelb, wohlriechend, frühblühend. V–VI, 30–50 cm. – *H. minor (H. gra*

Taglilie, *H. Hybride* 'Frans Hals'. (Seidl)

minea, H. pumila), Ostasien. Blätter etwa 1 cm breit, sattgrün. Blüte wohlriechend, dottergelb. V–VI, 30–40 cm. – *H. thunbergii (H. serotina)*. Japan. Ähnlich *H. citrina*, aber Blätter schmaler und früher blühend. Oben verdickter und abgeflachter Blütenschaft. Blüte zitrongelb, im Schlund dunkler. VI–VIII, 60–80 cm. – Verwendung an sonnigen, aber auch halbschattigen Stellen im Garten und zum Schnitt. Entwickeln sich erst nach einigen Jahren zu voller Schönheit. Taglilien selten verpflanzen, sind sehr langlebig und hart. Vermehrung durch Teilen, am besten erst nach der Blüte. Bei Vermehrung von Arten durch Samen ergeben sich viele nicht ganz echte Exemplare.

Talerfleckenkrankheit → Rasenkrankheiten.

Tamariske, Erikastrauch, *Tamarix*. Tamariskengewächse, *Tamaricaceae*. Sommergrüner Sträucher oder kleine Bäume mit rutenförmigen, überhängenden Zweigen, die mit den kleinen rosa Blüten und den schuppenförmigen Blättchen wie Heidekrautzweige aussehen. 75 Arten in Westeuropa, vom Mittelmeergebiet über Persien bis Ostasien; zum Teil Steppenbewohner. Vertragen hohen Salzgehalt im Boden; wild vorkommende zeigen Wasser im Boden an. – *T. hispida*. ○ ♄ V. Vom Kaspischen Meer bis zum Altaigebirge hin beheimatet. Bis 1 m hoher, gedrungen verzweigter Strauch, blaugrüne Blättchen, lebhaft rosa gefärbte Blüten, in endständigen Rispen. – *T. juniperina*. ○ ♄–♄ V–VI. Östliches Asien, 5 m, schlanke Zweige, grünliche Blättchen und rosafarbene Blüten, die am vorjährigen Holz erscheinen. – *P. pentandra*. ○ ♄–♄ VIII–IX. Südeuropa bis Mittelasien, wohl die schönste T. Bis 4 m hoher baumartiger Strauch, mit purpurroten, elegant

Koreatanne, *A. koreana*. Tannenzapfen stehen aufrecht, im Unterschied zu Fichtenzapfen. (Seidl)

überhängenden Zweigen, bläulich-grünen Blättchen und lebhaft rosafarbenen Blüten. Sorte 'Rubra' mit dunklen roten Blüten. – *T. tetrandra*. ○ ♄ IV–V. Südeuropa und Vorderer Orient. Bis 4 m, mit dunkelbraunen, überhängenden Zweigen, lebhaft grünen Blättchen und hellrosa Blüten, längs der vorjährigen Triebe. – Leichter, etwas tiefgründiger Boden in sonnigen Lagen, sommerliche Dürre kann ihnen nichts anhaben. Sollten im Garten mehr oder weniger frei stehen, in der Nähe vom Haus oder am Rasen, auch vor dunklen Nadelhölzern oder als größerer Blütenstrauch im Heidegarten. Lassen sich nicht leicht verpflanzen. Wurzeln vor dem Setzen in dicken Lehmbrei tauchen. Die Zweige können ohne Risiko weit zurückgeschnitten werden. – Am leichtesten wachsen Stecklölzer, die im II aus nicht zu dünnen Trieben geschnitten werden.

Tamarix → Tamariske.

Tanne, *Abies*. Kieferngewächse, *Pinaceae*. ○–◐ ♄ i. Immergrüne Bäume,

Gruppe Kaukasus- oder Nordmannstannen, *Abies nordmanniana*. (Seidl)

nördliche Zone sowie Nordafrika. Kegeliger Wuchs, abstehende und quirlständige Zweige und bei jungen Bäumen glatte, bei alten dicke und oft rissige Borke. Bei der Benennung wird sie häufig von der Fichte nicht getrennt. Unterscheidungen → Fichte. Name wohl vom althochdeutschen ‚tan‘ (Tannenwald). Das Holz ist weich, leicht und harzfrei, wird vielfach in der Möbelindustrie verwendet. – *A. alba,* Weißtanne, Mittel- und Südeuropa, 30–50 m, mit geradem Stamm, grauer, glatter Rinde und dunkelgrünen, 3 cm langen Nadeln. Zapfen bis 30 cm, vor der Reife bräunlichgrün, später braun. Die Weißt. ist in der Jugend sehr frostgefährdet, braucht höhere Luftfeuchtigkeit als die Fichte und ist durch die tiefgehenden Wurzeln weitgehend sturmsicher. – *A. balsamea,* Balsam-Tanne, Nordamerika. Wird 20 m hoch, schmale Krone, dunkelgrüne Nadeln, die zerrieben aromatisch duften. Braucht hohe Luftfeuchtigkeit und fast sumpfigen Boden. Sorte 'Nana' strauchartig, oberseits dunkelgrüne, unter-

Tannenwedel

seits bläulich-weiße Nadeln, braucht nicht so feuchten Boden, vorzüglich für Steingarten. – *A. concolor,* Koloradotanne, westliches Nordamerika. Bis 40 m, bis zum Boden horizontal abstehende Äste und 6 cm lange, säbelförmig nach oben gebogene, mattgrüne Nadeln. Form 'Violacea' mit blauweißen Nadeln. Ganz hart, raschwüchsig, kann auch Trockenheit vertragen. – *A. grandis,* Küstentanne, Nordamerika. Höchste Art; bis 90 m pyramidale Krone, dunkelbraune, rissige Borke und 5 cm lange, glänzend grüne Nadeln. Bei uns gut hart, auch forstwirtschaftliche Bedeutung. Läßt sich allerdings schwer verpflanzen. – *A. homoelepis,* Nikkotanne, Japan. Bis 40 m hoch, regelmäßiger, kegelförmiger Wuchs, 3 cm lange, glänzend dunkelgrüne Nadeln. Industriefest und durch späten Austrieb bei uns gut winterhart. In der Jugend verlangt sie Schatten, kann später auch größere Trockenheit vertragen. – *A. koreana,* Koreatanne. Bis 7 m hoch, pyramidaler Wuchs, dunkelgrüne Nadeln, schon in der Jugend erscheinen Zapfen. Wächst sehr langsam, frosthart und industriefest. Für kleinere Gärten und Steingärten geeignet. – *A. lasiocarpa* var. *arizonica,* Korktanne, mittleres Nordamerika. Bis 10 m, rahmweiße korkartige Rinde und weißblaue Nadeln. Braucht guten Boden und hohe Luftfeuchtigkeit. Zwergform 'Compacta' mit breit kegelförmigem Wuchs und dicht gedrängt abstehenden Ästen. – *A. nordmanniana,* Kaukasustanne. Kommt im Kaukasus in Gemeinschaft mit der orientalischen Fichte wild vor. Bis 30 m, leicht überhängende Äste, Nadeln oberseits glänzend grün, unterseits mit zwei silbrigen Streifen. Wächst in der Jugend langsam, braucht hohe Luftfeuchtigkeit, ist aber gegen Trockenheit weniger empfindlich als unsere Weißt. – *A. procera, (A. nobilis),* Edeltanne. ○ ♄ i. Aus dem Westen Nordamerikas, dort 80 m Höhe erreichend, bei uns aber höchstens 20 m. Die Wildform ist kaum im Handel, dafür 'Glauca' mit prächtig blauweißen Nadeln. Die Zweige sind in der Blumenbinderei sehr beliebt, da die Nadeln im Gegensatz zur blauen Stechfichte nicht stechen und außerdem länger an den Zweigen bleiben. –ANSPRÜCHE: Wie fast alle T.n braucht die Edeltanne höhere Luftfeuchtigkeit, sonst sehr leicht Spitzendürre. Die blaue Form fällt zum großen Teil aus Samen echt, doch wird meistens veredelt. Dabei ist der Nachteil, daß die Jungpflanzen bis 1 m unregelmäßig wachsen und erst darüber den charakteristischen regelmäßigen Tannenwuchs bekommen. – VERMEHRUNG. Aussaat ist die gebräuchlichste Methode, bei manchen Arten die einzige. Formen werden veredelt, üblich ist seitliches Einspritzen, aber nur mit Kopftrieben, da die Pflanzen bei Seitentrieben schief wachsen!

Tannenwedel, *Hippuris.* Tannenwedelgewächse, *Hippuridaceae.* ○–◐ ♃ ⌇⌇–≋. *H. vulgaris,* Europa, Westasien, Nordamerika, Australien. Einzige Art. Wurzelstock verzweigt, kriechend. Stengel aufrecht, sich über das Wasser erhebend. Blätter linealisch, dunkelgrün in Quirlen. Blüten unscheinbar, einzeln in Blattachseln. VI–VII, 40–100 cm. Wasserstand 1–100 cm. – Verwendung dieser hübschen Sumpf- und Wasserpflanze an Teichrändern und in Wasserbecken. Stark wuchernd, deshalb bei kleineren Becken in Gefäße pflanzen. Boden lehmig-schlammig. Vermehrung durch Teilen oder Stecklinge.

Tatarenheckenkirsche → Heckenkirsche.

Tauben, können Gartenbesitzer erheblich schädigen, besonders zu Saat- und Erntezeiten. Gemeindebehörden können Sperrzeiten (bis zu 6 Wochen) bestimmen, in denen die T. im Schlag zu halten sind. Im Schadensfall ist T.halter schadenersatzpflichtig. Der Geschädigte darf T. nicht abschießen, aber einfangen und zurückhalten, bis Schaden ersetzt ist. BRD §§ 228, 273 BGB, Österreich §§ 1320 bis 1322 ABGB.

Taubenbaum, *Davidia.* Taubenbaumgewächse, *Davidiaceae.* – *D. involucrata.* ○–● ♄ V–VI. Mittel- und Westchina, 20 m hoher Baum von lindenartigem Aussehen, mit schön ovaler Krone. Bei uns in Kultur nur 10 m. Die eigentlichen Blüten sind klein, von zwei einander gegenüberstehenden, großen Hochblättern umgeben, das eine etwa 8 cm, das andere doppelt so

Taubenbaum, *D. involucrata.* (Seidl)

groß; sie halten mehrere Wochen, sind zuerst grünlichweiß, dann rahmweiß und später rötlich. – Liebt frischen, kräftigen Boden in sonniger oder schattiger Lage. Junge Pflanzen benötigen leichten Schutz. Geeignet für größere Anlagen oder Gärten. – Aussaat erst nach längerer → Stratifikation des Saatgutes möglich. Bei geringem Bedarf gehen Stecklinge und Ableger, die leicht wachsen.

Taubenmist → Geflügelmist.

Taubnessel, *Lamium.* Lippenblütler, *Labiatae.* ◐–● ♃ ⌇⌇. Rund 40 Arten in Europa, Nordafrika und den nicht tropischen Gebieten von Asien. Ausdauernde Kräuter mit vierkantigen Stengeln. Blüten in Quirlen, achselständig. – *L. galeobdolon* (jetzt Gattung *Lamiastrum, L. galeobdolon),* Goldnessel, Mitteleuropa bis Sibirien. Kriechende, wurzelnde Sprosse. Blätter spitz-eiförmig, im Winter silbrig gefleckt, Unterseite rötlich. Wichtiger ist 'Variegatum' ('Florentinum'), Laub immer schön silbern gefleckt, immergrün. Blüten hellgelb, Unterlippe rötlich gefleckt. V–VII, 25 cm. – *L. garganicum.* Eine Neueinführung mit flachem Wuchs, niedrig, gut wachsend. Für sonnigen bis schattigen Standort. Blüten rosa. IV–V, 10–5 cm. – *L. maculatum,* Gefleckte T., Europa bis Sibirien, heimisch. Ausläufer am Boden wurzelnd. Blätter spitz-eiförmig mit silberweißem Mittelstreifen, immergrün. 'Argenteum', wichtigste Sorte dieser Art, Silberzeichnung besonders gut ausgeprägt, Blüten karminrot; 'Alba', weiß; 'Roseum', rosa blühend. VI–VIII, 30 cm. – *L. orvata,* Nesselkönig, Wuchs aufrecht, Blätter groß, herzförmig, dunkelgrün, gesägt, nicht wintergrün. Blüten hellkarminrot bis rosa oder weiß, Unterlippe dunkel gefleckt. V–VI, 40–60 cm. – Verwendung als sehr gute, genügsame Bodendecker im Halbschatten und Schatten, auch unter Gehölzen. – Boden anspruchslos, auch für magere Böden. – Vermehrung durch Teilen oder Stecklinge leicht.

Tausendblatt, *Myriophyllum.* Meerbaumgewächse, *Halorgaceae.* ○–◐ ♃ ⌇⌇ ∧. Rund 40 Arten in der gemäßigten und subtropischen Zone. Wasserpflanzen für stehende Gewässer, Laub fein gefiedert, quirlförmig am Stengel. Unterwasserblätter etwas zarter als die über das Wasser hinauswachsenden. – *M. brasiliense (M. proserpinacoides),* Papageienfeder, Chile, Argentinien bis Südgrenze USA. Triebe lang, braunrot, unter Wasser locker mit gelbgrünen bis bräunlichen Blättern besetzt. Triebspitze später über das Wasser ragend, dicht, fast rosettenartig besetzt mit frischgrünen, kammartig gefiederten Blättern. Blüten unscheinbar. Wassertiefe 30–50 cm. Pflanzen am besten im Tontopf halten, ins Wasser stellen und ab Oktober frostfrei überwintern. – *M. verticillata*, Tausendblatt, Europa, Asien, Nordamerika, heimische Unterwasserpflanze mit fein kammartig gefiederten Blättern. Blütentrieb mit den kleinen Blüten im Sommer aus dem Wasser herauswachsend. Bildet unter Wasser dichte Rasen. Im Herbst an den Sproßenden keulenförmig verdickte Wintersprosse, die im Wasser frostfrei überwintert und im Frühjahr gepflanzt werden. Wassertiefe 20–80 cm. – Verwendung in Wasserbecken, die heimische wuchert leicht zu viel. Erde mittelschwer, nahrhaft. Vermehrung durch Stecklinge im Wasser oder Winterknospen.

Tausendfüßler, langgestreckte, am oder im Boden lebende → Gliederfüßler mit gleichmäßig geringeltem Körper; jeder Körperring mit ein oder zwei Paar Beinen; Gesamtzahl der Beine bei einheimischen Arten bis 346 (also nicht tausend, wie der Name sagt). Die Mehrzahl der T.arten lebt räuberisch von kleinen Tieren, ist also nützlich. Gelegentlich geringe Schäden an Samen oder jungen Pflanzen durch pflanzenfressende Arten.

Tausendschön → Maßliebchen.
Taxodium → Sumpfzypresse.
Taxus → Eibe.
Teehybridrose → Rose.
Teekräuter → Kräuter.
Teich, stehendes Gewässer und kleiner See mit Verlandungszone, in der Wasserpflanzen und Schilf sich ausbreiten und Wassergeflügel nistet. Künstlicher T. im Garten mit unregelmäßiger Form und einfachem Abdichteverfahren soll Lebensraum für T.pflanzen und -tiere schaffen.
Teichrose → Mummel.
Teichschlamm, geeigneter Kompostrohstoff. In China seit Jahrtausenden üblich. Mit grobfaserigem organischen und körnigem Material, wie Bauschutt oder Sand, mischen. → Abfälle, → Kompost.
Teilschnitt, → Obstschnitt.
Teilung, Vermehrungsform, vor allem bei Stauden. Einige Arten und Sorten, *Astilbe, Hosta, Hemerocallis* u. a., können nur durch Teilung, d. h. durch Auseinanderbrechen oder -schneiden der Wurzelstöcke, also vegetativ, sortenecht vermehrt werden. Neben → Steckholz und → Steckling wichtige Vermehrungsform.

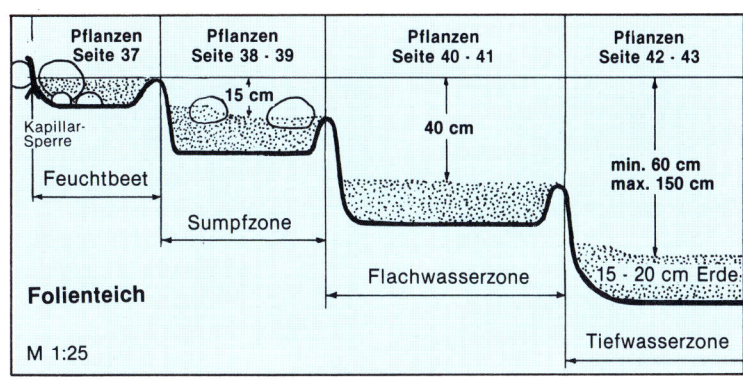

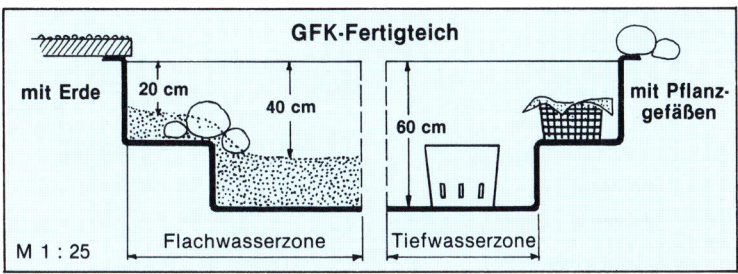

Pflanzzonen und Pflanztiefen für Sumpf-, Wasser- und Schwimmblattpflanzen. Beim Folienteich kann die Feuchtbeet- oder bodenfeuchte Randzone auch nachträglich an den eigentlichen Teich angebaut werden. Für Seerosen eignen sich 10-Liter-Kunststoffeimer, mit in den Seitenwänden angebrachten Löchern zum Wasseraustausch. Gitterkörbe mit Jutematten auslegen, damit keine Pflanzerde ausgewaschen wird! – Die Seitenangaben in obiger Darstellung beziehen sich auf den hier am Schluß genannten Titel. Daraus einige wenige Sumpf-, Wasser- und Schwimmblattpflanzen nach Pflanztiefen. Sumpfzone, Wasserstand bis 15 cm: Sumpfdotterblume, Wasserschwertlilie, Pfennigkraut, Kleiner Rohrkolben. Flachwasserzone, 15–30 und 30–50 cm: Kalmus, Tannenwedel, Tausendblatt, Pfeilkraut. Tiefwasserzone, 50–150 cm: Wasserhyazinthe, Seerose, Muschelblume, Wasserschlauch. Aus Carl-Heinz Maass: Vom Gartenteich bis zum Wassergarten, s. Literatur- und Quellennachweis.

Teilstück, ein lebensfähiger Pflanzenteil, der bei der Teilung der Wurzelstöcke gewonnen wird.
Teltower Rübchen, Spezialform der → Speiserübe, mit kleinen, 5 oder 8 cm großen Rüben.
Tephrocactus → Kakteen 3.
Teppichkamille, *Matricaria*. Korbblütler, *Compositae*. Etwa 50 Arten im Mittelmeergebiet, Asien und Südafrika. Einjährige oder ausdauernde Kräuter mit fein fiederschnittigen Blättern und meist weißen Blüten.
EINJÄHRIGE ARTEN. ○–◐ ⊙ |:. *M. maritima perforata* (*M. inodora*, *Chrysanthemum inodorum*), Strandkamille, Küstenpflanze der Nord- und Ostsee. Im Handel nur gefüllte Sorten: 'Brautkleid', Triebe aufrecht, verzweigt, Laub fein fiederschnittig. Blüten groß, weiß, dicht gefüllt, 30–40 cm. – 'Compacta Schneeball', niedriger, sonst gleich. 2030 cm. VII–X. – Verwendung im Sommerblumenbeet. Boden durchlässig. Aussaat IV in Kasten, V auspflanzen, 25 × 25 cm.
AUSDAUERNDE ARTEN. ○ ♃ △ ∽ i. *M. caucasica* (*Chrysanthemum caucasium*), Kaukasus, Kleinasien. Kriechende, am Ende aufstrebende Triebe. Blätter fiederschnittig, fein, frischgrün. Weiße Margeritenblüten mit gelber Mitte. V–VII, 10 cm. – *M. oreades* (*Chrysanthemum o.*), Syrien, Kleinasien. Pflanze behaart, Triebe kriechend, rasenbildend. Blätter fein doppelt-fiederschnittig. Blüten weiß mit gelber Mitte, gleichmäßiger Wuchs. IV–VII, 15 cm. – *M. tchihatchewii* (*Chamaemelum t.*), Kleinasien, Küstengebiete. Rasenbildende, kriechende und wurzelnde Stengel. Blätter grober, handförmig-fiederig. Blüten weiß, bis 3 cm groß, Mitte gelb. V–VII, 10–25 cm. – Verwendung im Steingarten, Staudenbeet und als Rasenersatz. Schön als Untergrund für kleine Blumenzwiebeln. Boden trocken, durchlässig. Vermehrung durch Aussaat und Teilung.
Teppichklopfstange, in Hausnähe aufgestellte Stange aus Metallrohr, die etwa 1,70–2,00 m hoch und mehr als 3,00 m breit sein soll. Im Geschoßwohnungsbau ist ab zehn Wohneinheiten eine Teppichklopfstange erforderlich.
Teppichrasen → Rasenteppich.

521

Terrasse, nicht überdachte, an das Erdgeschoß eines Wohnhauses angebaute und daher oft erhöht liegende Fläche, die häufig von Mauern, Sichtschutzwänden, Pergolen, Wasserbecken, Staudenpflanzungen und Rasen begrenzt wird. T. ist erweiterter Wohnraum im Freien und Bindeglied zwischen Haus und Garten. Sie soll größer als ein Wohnzimmer und mitunter in Teilbereiche untergliedert sein. Bei angenehmem Wetter ist die T. der beliebteste Aufenthaltsplatz am Haus. Ausstattung und Bodenbelag, der zu den Innenräumen überleitet, tragen zur intimen Wohnsphäre bei. Gute Beläge für T. sind: keramische Platten in Mörtel verlegt, bruchraue bis gesägte Natursteinplatten, Holz und ausgewählte Betonplatten. Eine T. soll räumlich so gefaßt sein, daß sie gegen Einsicht und Wind geschützt liegt und dennoch Ausblick in den Garten und in die Ferne ermöglicht.

Terrassenmauer → Gartenmauer.
Tetrastigma → Kastanienwein.
Teucrium → Gamander.
Teufelszunge → Kakteen 11.
Teufelszwirn → Bocksdorn.
Thalictrum → Wiesenraute.
Thelypteris → Lappenfarn.
Theobald'sche Lösung, giftfreies Pflanzenschutzmittel. Rezept für 100 l Spritzbrühe: a) 5 kg 40%iges Kalisalz in 40 l Wasser auflösen, b) 10 kg Branntkalk in 50 l Wasser löschen, c) 0,5 kg Wasserglas in 10 l Wasser verrühren. Dann die Kalkmilch (b) durch Seihtuch in die Kalilösung, zuletzt die Wasserglaslösung (c) einrühren. (Nach Könnemann.)
Thermopsis → Fuchsbohne.
Thermostat, Temperaturregler, der in Verbindung mit einer Heizung oder Kühlung die Temperatur eines Raumes dauernd auf gleicher Höhe hält. Ein aus zwei Metallen (Bimetall) mit bei Temperaturschwankungen unterschiedlichen Ausdehnungskoeffizienten bestehender Körper, der als Wärmefühler und Schaltorgan zugleich funktioniert. Der T. wird auf eine gewünschte Temperatur eingestellt. Wird bei eingeschalteter Heizung die Temperatur höher als gewünscht, so schaltet er automatisch ab. Sinkt bei abgeschalteter Heizung die Raumtemperatur wieder, so schaltet T. die Heizung erneut ein. → Kleingewächshaus, → Frühbeet.
Thomasmehl → Mineraldünger (Phosphordünger).
Thripse, Blasenfüße. Meist 1−2 mm große, länglich geformte → Insekten mit gefransten Flügeln; Pflanzensäfte-

Thymian, *Th. vulgaris.* (Seidl)

sauger. Schädlichste Art im Garten: der Erbsenblasenfuß an Erbsen und Bohnen. Durch sein Saugen verkrüppeln die Schoten. Zwei Generationen im Jahr. Bei starkem Befall entblättern die Pflanzen vorzeitig. Abwehr: mit → Blattlausbekämpfungsmitteln spritzen.
Thuja → Lebensbaum.
Thujopsis → Hibalebensbaum.
Thunbergia alata → Schwarzäugige Susanne.
Thunbergie, *Thunbergia.* Akanthusgewächse, *Acanthaceae.* Sträucher oder Kräuter, meist windend, mit unterschiedlich geformten Blättern und fünfteiligen, auffälligen Blüten. 100 Arten in tropischen und subtropischen Gebieten Afrikas und Asiens.
STRAUCHIGE ARTEN. ◐ ℏ ⚥ ▯ Lie. Von den vielen aufrechten und schlingenden holzigen Arten kommt für den Liebhaber nur *Th. affinis* in Betracht, die auch im kleinen Wintergarten, im Kübel oder ausgepflanzt, blüht. Blüten violett mit gelbem Schlund, 5 cm Durchmesser. – STAUDIGE ARTEN, bei uns meist einjährig gezogen. ○−◐ ♃ (bei uns als ☉) ⚥ ▯ o. Freiland Lie. *Th. alata,* → 'Schwarzäugige Susanne', Südostafrika. Bis 2 m hoch windend, Blätter eiförmig-pfeilförmig, bis 7 cm lang. Blüten einzeln aus den Blattachseln, bis 4 cm groß, Kronsaum orangegelb oder cremefarben, Kronschlund tiefschwarz. Viele andere Farben werden ebenfalls in Mischungen oder Einzelfarben angeboten, weiß, gelb, braun, mit oder ohne dunkler Mitte. – *Th. gibsonii.* Ähnlich voriger, jedoch mit einfarbigen, leuchtendorange gefärbten Blüten, ohne Auge, und tief ausgerandeten Blütenblättern. – Schöne Schlinger zur Berankung von Fensterkistchen und Balkonen, nur in heißen Sommern auch im Freiland gut gedeihend. – Aussaat im II−III bei 18°C, nach dem Aufgehen einzeln in Töpfe setzen, einmal stutzen, sie verzweigen sich dann besser, und nach den Eisheiligen auspflanzen. An heißen Mauern und in Gartenhöfen jedes Jahr im Freien versuchswert.
Thymian, *Thymus.* Lippenblütler, *Labiatae.* ○ ♃−ℏ ⫲ ⌢ ⌢ D i Bie. Etwa 50 Arten im gemäßigten Europa und Asien, vornehmlich im Mittelmeergebiet. Niedrige Stauden und Halbsträucher mit kleinen, aromatisch duftenden Blättchen und in Quirlen stehenden Blüten. – *T.* × *citriodorus (T. pulegioides* × *T. vulgaris).* Wuchs aufrecht, Blättchen scharf geadert, nach Zitronen duftend. Blüten hellrosa. 'Aureus', Blätter mit gelbem Rand, 15 cm; 'Golden Dwarf' ('Golden Duwarsky'), gelbe Polster, kompakt, 15 cm; 'Silver Queen', Blättchen mit weißem Rand, 20 cm. VII−VIII. – *T. doerfleri (T. hirsutus* var. *d.),* Albanien. Im Handel nur 'Bressingham Seedling', dichte, kompakte Polster mit grau behaarten Blättchen, reichblühend, reinrosa. V−VI, 8 cm. – *T. praecox* var. *pseudolanginosus (T. lanuginosus, T. pseudolanug.),* Heimat unbekannt. Lange, niederliegende Stengel, schöne, dichte, grausilberne Rasen bildend. Fauler Blüher, Blüten einzeln, hellrosa. VI−VII, 5 cm. – *T. serpyllum,* Quendel, Feldt., in Europa, Asien, Nordafrika heimisch. Niederliegende Stengel, an der Spitze aufsteigend, immergrüne Rasen, reichblühend, rosa. 'Albus', weiß; 'Coccineus', hell karminrot. Alle gut winterhart. VII−IX, 3−5 cm. – *T. rotundifolius,* 'Purpurteppich'. Größere, rundere Blätter als bei *T. serpyllum.* Reichblühende Polster, leuchtend purpurrot. VII−VIII, 5 cm. – *T. pulegioides* 'Splendens'. Häufig bei *T. serpyllum* geführt. Schöne Polster mit leuchtendroten Blüten. VII−IX 5 cm. – *T. villosus,* Portugal. Blaugrüne, wollige Polster. Immergrün, auch noch in leichtem Schatten wachsend. Selten blühend, lila. VII−VIII, 8 cm. – Verwendung der polsterbildenden T. als Bodendecker, im Steingarten, Dachgarten und als Rasenersatzpflanzen zwischen Schnittpflanzen. – *T. vulgaris,* Gartent., Südeuropa. Alte Heilpflanze, Halbstrauch, im Winter oft zurückfrierend. Wuchs aufrecht, Blätter am Rand eingerollt, linealisch bis elliptisch, aromatisch duftend. Blütenquirle purpur- bis rosenrot. 20−25 cm. 'Compactus', Blätter graugrün, sehr aromatisch, Blüten hellila, 10 cm. VI−IX. – Verwendung im Stein- und Heidegarten, als Bodendecker und Unterpflanzung für kleine Blumenzwiebeln, für Einfassungen. Boden trocken, durch-

Teichszene mit Seerosen, Rohrkolben und anderen Wasserpflanzen. (Ursula Oldehoff)

Sitzplatz auf der Terrasse, umrahmt von Stauden, darunter Lilien, und niedrigen sowie schlingenden Gehölzen. (Rosenberg)

lässig, mager. Vermehrung durch Teilung. – Gartent. auch Aussaat IV–V an Ort und Stelle oder in Anzuchtkisten; wenn Pflanzen erstarkt sind, verpflanzen. Im Hausgarten sind oft als Einfassung zum Gewürzkräuterbeet oder an geschützter Stelle entlang der Hausmauer. Vor der Blüte geschnittene Zweige frisch oder getrocknet als vielseitiges Gewürz in Suppen, Saucen usw.; auch als Bestandteil von heilkräftigem, durststillendem Tee.

Thymus → Thymian.

Tiarella → Schaumblüte.

Tibouchine, *Tibouchina*. Schwarzmundgewächse, *Melastomataceae*. ◐ ♄ ☐ Lie. Sträucher oder Halbsträucher mit eirunden oder länglichen Blättern und großen, einzeln oder zu dritt stehenden Blüten. 200 Arten im tropischen Amerika. – *T. semidecandra.* Aufrechter, wenig verzweigter Strauch mit gegenständigen, eiförmigen und stark behaarten Blättern, die 12 cm lang sind. Blüten an den Zweigenden, einzeln oder zu dritt, bis 12 cm breit, herrlich violettblau. – T. sind schöne, im Winter blühende Blütensträucher von nicht immer leichter Kultur. Die Temperaturen sollen im Winter zwischen 8–12°C schwanken, im Sommer kann man ins Freie räumen. Verlangen kalkfreie, humose, sandige Mischungen. – Vermehrung am besten durch Stecklinge bei 22°C Bodenwärme, Aussaat bringt nicht so schön geformte Pflanzen.

Tiefschnitt → Rasenschnitt.

Tiere. Im kleinen Wohngarten sind Haust. nur bedingt zu halten, da kaum Platz für die erforderlichen Stallungen vorhanden ist und zudem Nachbarn leicht beeinträchtigt werden. Dagegen lassen sich mit T.n besetzte Volieren, Terrarien, Vivarien und Wasserbecken in fast allen kleinen Gärten einbauen. Für den Beobachter sind im Garten jedoch immer Singvögel und Insekten anzutreffen. – TIERE IN FREMDEN GÄRTEN. Rechtlich durch Polizeiverordnungen, Gesetze und Strafgesetze geregelt, nach Ländern und Staaten zum Teil voneinander abweichend, in Hauptsache aber übereinstimmend. Wichtigste Regeln → Tierhalterhaftung, → Tauben. Außerdem Bestimmungen über Futterkosten und Ersatzgeld für eingedrungene Tiere ohne Schadensnachweis, bei Gärten das ganze Jahr über. Meldepflicht an Gemeinde innerhalb 24 Stunden und an Tierhalter.

Tiergartenmischung, Bezeichnung für eine Zierrasenmischung, auch ‚Berliner Tiergartenmischung'. Beide keine geschützten Markennamen. T.en werden von Groß- und Einzelhändlern regional unterschiedlich zusammengestellt.

Tierhalterhaftung, gesetzlich geregelt durch § 833 BGB. Danach ist der Tierhalter haftbar für Schäden, die durch seine Tiere angerichtet werden, ausgenommen bei Haustieren, die ‚dem Berufe, der Erwerbstätigkeit oder dem Unterhalt des Tierhalters' dienen und wenn der Besitzer die Tiere ausreichend beaufsichtigt hatte. Beweispflicht liegt beim Tierhalter. Bienen gelten nicht als Haustiere. Der Geschädigte muß beweisen, daß der Schaden durch die Bienen des in Anspruch genommenen Bienenhalters verursacht wurde. Haftpflichtversicherung für Bienenhalter deshalb unter Umständen ratsam.

Tierische Schädlinge. Neben den → Viren → Bakterien und → Pilzen sind die Tiere die vierte große Gruppe der Pflanzenschädlinge. Die wichtigsten im Garten schädlichen Tiere sind unter den Würmern die → Nematoden, unter den Gliederfüßlern die → Milben und → Insekten, unter den Weichtieren die → Schnecken sowie unter den Wirbeltieren die → Mäuse.

Tierschutz. Beim Pflanzenschutz sollte man den T. nicht vergessen. T. heißt: 1. Schutz aller wildlebenden Tiere, soweit sie nicht als Schädlinge bei starkem Auftreten bekämpft werden müssen; 2. Schutz unserer Nutz- und Haustiere: der Bienen, Ameisen, Hunde, Katzen u. a.

Tigerrachen → Mittagsblumengewächse.

Tigridia → Pfauenblume.

Tilia → Linde.

Tillandsia → Ananasgewächse 2, 3.

Tintling → Pilzanbau.

Tibouchine, *T. urvilleana.* (Herbel)

Tithonie, *T. rotundifolia.* (Herbel)

Tipula paludosa → Wiesenschnake.

Tipuliden → Erdschnaken.

Titanopsis → Mittagsblumengewächse.

Tithonia → Tithonie.

Tithonie, *Tithonia*. Korbblütler, *Compositae*. ○ ☉ ⚥. Von den etwa 10 in Mexiko und Zentralamerika heimischen Arten ist lediglich *T. rotundifolia (T. speciosa)* hin und wieder bei uns als hohe, sommerblühende Beet- und Gruppenpflanze anzutreffen. Bis zu 1 m, wechselständige, langgestielte, herzförmige, teils ungeteilte, teils dreilappige, etwas rauhe Blätter. Blütenköpfe 5–8 cm Durchmesser. Blüte meist nicht vor Anfang VIII, dann aber meist ununterbrochen bis Frost. Im Anbau fast ausschließlich die Sorte 'Fackel', Blüten leuchtend orangerot. Auch für den Schnitt geeignet; die spröden Stiele brechen jedoch leicht. Insbesondere als Solitärs in kleineren Gruppen wirkungsvoll. – Aussaat möglichst schon Anfang III unter heizbarem Glas. Sämlinge pikieren und nach Möglichkeit sogar topfen. Ausgepflanzt wird nicht vor Ende V und ausschließlich an vollsonnigem, warmem Standort. Boden nährstoffreich und eher etwas zu leicht als zu schwer. Gelegentlich Dunggüsse ratsam, → Kräuterextrakte.

TKS → Torfkultursubstrat.

Toleranzwerte, Rückstandswerte. Für alle amtlich geprüften, also herkömmlichen chemischen Pflanzenschutzmittel sind in der BRD zulässige Höchst-Rückstandsmengen (Toleranzen) amtlich festgelegt (Höchstmengenverordnung), deren Einhaltung durch Rückstandskontrollen überwacht wird. Wer solche Mittel im Garten anwenden will, muß dies in der vorgeschriebenen Menge und Konzentration tun und die dabei ebenfalls spezifisch festgesetzten letzten Anwendungstermine vor dem Verbrauch (→ Wartezeiten) beachten.

Tolmiee, *Tolmiea.* Steinbrechgewächse, *Saxifragaceae.* ☽–● ♃ ☐ o. Freiland. Nahe mit der Staude Heuchera verwandt, nur eine Art im westlichen Nordamerika in feuchten Wäldern. – *T. menziesii.* Staudig, Blätter rundlich bis herzförmig mit unregelmäßigen Lappen, Blüten in beblätterten Trauben, bräunlichgrün. Häufiger ist 'Gemmifera' ('Henne und Kücken'), die im Ausschnitt des Blattgrundes Jungpflanzen bringt. – Wegen der aus den Adventivknospen sich entwickelnden Jungpflanzen interessant. Sowohl als Zimmerpflanze als auch im Freiland zu verwenden, da vollkommen winterhart. Gut zu Rhododendron u.a. Moorbeetpflanzen passend. – Vermehrung einfach durch Jungpflanzen, die leicht Wurzeln bilden.

Tomate, Liebesapfel, Paradeis, *Lycopersicum esculentum.* Nachtschattengewächse, *Solanaceae.* Herkunft Mittel- und Südamerika; dort sehr alte Nutzpflanze. In Europa zunächst als Zierpflanze angebaut, als Fruchtgemüse zuerst in Italien und Ungarn, später in England; erst zu Beginn dieses Jahrhunderts in unserem Gebiet von Bedeutung geworden. Sehr mannigfaltige Kulturformen; in trockenen Gebieten oft als niederliegende Kultur (Buschtomaten), bei uns fast ausschließlich an Stäben oder Schnüren aufgebunden. Wärmeliebende Pflanze, gibt im Freiland nur in milden Lagen befriedigende Ernten; in rauhen Lagen nur mit Windschutz, im Folien- oder Kalthaus usw. – ANBAU. Aussaat in Töpfe, Schalen oder heizbares Frühbeet Anfang III; für kräftige Jungpflanzen in 10er-Töpfe

Tomaten-Jungpflanzen in Plastiksäcken. Erde wurde Zug um Zug mit dem Wachstum der Pflanzen nachgefüllt. (A. Kalaus)

pikieren und in warmem Frühbeet aufstellen. Für Hausgärten ist der Kauf gesunder Setzlinge oft vorteilhafter als eigene Anzucht. Auspflanzung ab Mitte V in lockeren, fruchtbaren Boden. Reihenabstand 80 cm, in der Reihe 40 cm. Zu jeder Pflanze einen Stab oder Pfahl, 150 cm hoch, stecken. Pflege: nach Erstarken der Pflanzen anhäufeln; regelmäßiges Ausbrechen der Seitentriebe; je nach Standweite und Sorte 1triebig (nur Haupttrieb) oder 2triebig (Haupttrieb und erster starker Seitentrieb) kultivieren; öfter aufbinden. – ERNTE. Je nach Sorte ab Mitte VII bis Frostbeginn. Früchte nicht überreif werden lassen. Die im Herbst noch grünen Früchte können vor Frostbeginn geerntet und in einem warmen Raum nachgereift werden. – VERWENDUNG. Sehr vielseitig; ungekocht geschnitten als Salat oder zu Saft gepreßt; gekocht als Gemüse oder püriert für Suppen, Saucen usw.

Freiland-Tomate 'Moneymaker', mittelfrüh. (Hild)

Hoffmanns Buschtomate 'Rentita GS' an der Hochbeetwand herabrankend. (A. Kalaus)

Tomatenwelke, Symptom mehrerer Pilzkrankheiten, vor allem der Stengelfäule (am Stammgrund dunkle Zonen) und der *Sclerotina*-Seuche (am Stammgrund watteartiges Pilzgewebe). Früchte notreif oder dunkelgefärbt. – Abwehr: Saatbeeterde auswechseln, Fruchtwechsel, Pflanzenabstand vergrößern, befallene Pflanzen vernichten, mit Schachtelhalmbrühe oder Ledax-san spritzen.

Tonerdemehl, sehr quellfähiges Bindemittel, verwendet für → Bodenverbesserung, Pflegespritzung.

Ton-Humus-Komplexe, stabile organisch-mineralische Verbindungen aus Humusstoffen und Tonmineralien, entstehen im Darm von Bodentieren ('koprogener Humus'); beteiligt sind Sekrete, mikrobielle Schleimstoffe und Geflechte von Bodenpilzen. T.H.K. sind nicht wasserlöslich; entscheidend für Bodenstruktur und -fruchtbarkeit. Die Bildung von T.H.K.n kann planmäßig gefördert werden, und zwar durch – je nach Bodenverhältnissen – einander entgegengesetzte Maßnahmen: Verdichtete Böden tief lockern (Pflügen, Graben, Rigolen), anschließend Gründüngung und organische Düngung. Böden in guter Struktur hingegen möglichst 'Bodenruhe' gewähren. → Bodenleben, → Edaphon.

Tonmineralien, mineralische Bodenbestandteile, kleiner als 0,002 mm, wie Chlorit, Illit, Kaolinit, → Montmorillonit, Vermiculit. T. sind mit einer Ausnahme kristallisierte Silikate, wichtigster Anteil des Tons. T. werden durch Düngesalze (→ Mineraldünger) aus

Coctail-, Obst- oder Party-Tomate 'Sweet Cherry F_1'. (Sperling)

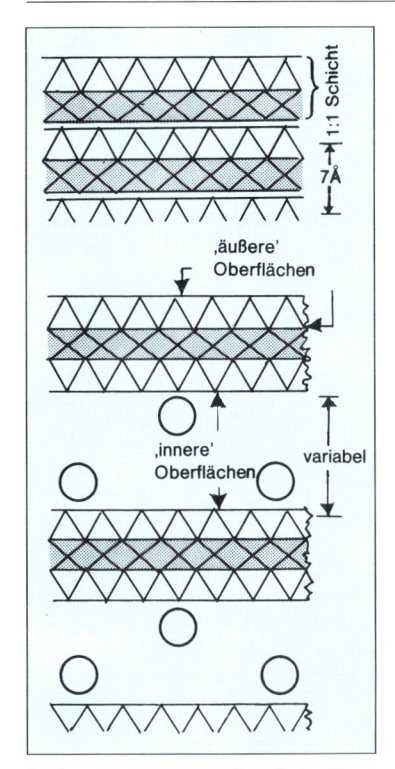

Strukturschema von Tonmineralien. Oben: Kaolinit, fester Abstand zwischen den Schichten, nicht quellfähig. Wasser und Nährstoffe werden nur an außen- und Bruchflächen angelagert. – Unten: Montmorillonit, stark quellfähig. Wasser und Nährstoffe werden auf großen Oberflächen angelagert. Montmorillonit verbessert dadurch die Bodenfruchtbarkeit entscheidend. Siehe Montmorillonit und Ionenaustausch. (Nach Schroeder, Bodenkunde in Stichworten)

Unter Plastik reifen Tomaten auch im Vorgebirgsklima. (Aus Mücke-Rieger: Der Garten drinnen und draußen)

kolloidaler Lösung ausgeflockt (vergl. Gerinnung von Milch durch Zitronensaft). T. quellen und schrumpfen, verbessern dadurch die Bodeneigenschaften, spez. die Wasserhaltkraft, fördern durch → Ionenaustausch die Nährstoffzuführung an die Pflanzen.

top dressing, Streuen ‚auf den Kopf‘ in der → Rasenpflege und bei Alpinen, Blumenzwiebeln u.a.: breitwürfig mit Schaufel oder Düngerstreuer. Mehrzweckmaßnahme mit abwandelbaren, dem Zweck angepaßten Streumischungen, z.B. Sand, Gartenerde, Reifkompost, Rasendünger, Eisensulfat ('Lawnsand') → Rasenunkrautbekämpfung: Moose). Große Mengen td-Gut zum Nachplanieren (→ Rasenreparaturen) werden anschließend egalisiert.

Topfkultur, Anzucht von Pflanzen in Töpfen, bisher in Tontöpfen von 6–25 cm Durchschnittsgrößen, neuerdings auch in runden Plastiktöpfen. Bei Gewächshaus- und Zimmerpflanzen, bei Stauden und Gehölzen werden jetzt vorwiegend quadratische Töpfe (Container), in Größen ab $7 \times 7 \times 8$ cm verwendet.

Topfobst, Obstgehölze auf den besonders wuchshemmenden → Unterlagen in Töpfen von 60–80 cm Höhe und 80–100 cm Durchmesser. Wurde schon vor 100 Jahren angewandt. So kann man auch am Balkon eigene Obstgehölze haben.

Topfpflanzen, Zierpflanzen, die in Ton- bzw. Kunststofftöpfen kultiviert und später darin verkauft werden.

Topinambur, *Helianthus tuberosus.* Korbblütler, *Compositae*. Herkunft Nordamerika; in Europa seit dem 17. Jahrhundert angebaut, früher häufiger als jetzt. Anbau: Vermehrung durch Wurzelknollen; diese im IV in Reihen mit 60–80 cm Abstand auspflanzen, in der Reihe 40 cm. Bodenansprüche gering. Pflege: hacken, wenn Pflanzen 30 cm hoch geworden sind, anhäufeln. Bildung der Wurzelknollen sehr spät. Beginn der Ernte im XI; bei frostfreiem Wetter kann während des ganzen Winters geerntet werden; ausgegrabene Knollen sind nur kurze Zeit haltbar. – Verwendung: Wie Kartoffeln, etwas süßlich im Geschmack, sehr nahrhaft, Diätkost.

Torenie, *Torenia.* Braunwurzgewächse, *Scrophulariaceae*. Niedrige Kräuter mit kantigen Stengeln und großen Blüten. 40 Arten in den Tropen und Subtropen Afrikas und Asiens. – *T. fourniert.* Einährig, bis 30 cm hoch, die gestielten Blätter sind aus herzförmigem Grund oval zugespitzt und scharf gesägt. Blüten in den Blattachseln oder an den Triebenden gehäuft, 2–3 cm groß, dreifarbig: Oberlippe hellblau, Seitenlappen und Unterlippe tief, fast schwarzviolett, Unterlippe mit großem, gelbem Fleck. – Nette Topfpflanzen, die sowohl in Blumenfenstern und Wintergärten, als auch im Zimmer oder auf dem Balkon, bei Temperaturen von 12–18 °C verwendet werden können. – Vermehrung durch Aussaat im II–III, Pikieren und Kultur in Einheitserde, Jungpflanzen nicht vergessen zu pinzieren. Der aufmerksame Liebhaber kann sie auch im Freiland auspflanzen, ihre Blüten wirken durch die Färbung überall.

Torf, Moorerde, mit über 30% organischer Substanz, unter Luftabschluß (infolge Wasserüberschuß) aus abgestorbenen pflanzlichen Stoffen entstanden,

100 Teile luftgetrocknete Streu saugen Gewichtsteile Wasser auf:
Nach H. Haase: Ratgeber für den prakt. Landwirt, 7. Aufl. 1957

		Stickstoff	Nährstoffgehalt in Prozent		
			Phosphorsäure	Kali	Kalk
Winterhalmstroh	220– 250	0,6	0,3	1,1	0,3
zerschnitten	250– 300	–	–	–	–
gehäckselt	300– 350	–	–	–	–
Torfstreu	**700–1000**	0,7	0,1	0,1	0,3
Sägemehl	350– 450	0,2	0,1	0,2	0,8
Laubstreu	200– 300	0,9	0,3	0,3	1,5
Nadelstreu	150– 250	0,8	0,2	0,2	1,2
Moosstreu	250– 300	0,1	0,1	0,3	0,3
Kartoffelkraut	200– 250	1,3	0,3	2,0	3,7
Erde	55	–	–	–	–

Torfkultursubstrat

mit geringen Anteilen tierischer Substanzen. Unterschieden wird Niedermoor. aus Wasserpflanzen, wie Schilf und Seggen, und Hochmoor. aus Moosen und anderen Pflanzen der Erdoberfläche, wie Wollgras, Blasenbinse, Besenheide. Nach dem Zersetzungsgrad werden unterschieden: wenig Luft enthaltender, hellerer Weißt. und stärker zersetzter, dunkler Schwarzt. Je nach Zersetzungsgrad nimmt Niedermoor. das 1- bis 2fache, Schwarzt. das 3- bis 4fache und bei Weißt. das 7- bis 10fache des Gewichtes der Trockensubstanz an Wasser auf. Niedermoor. enthält in der organischen Tr.S. ca. 2% Kalk, Hochmoort. ca. 0,2%. Für → Moorbeetpflanzen und zum Herabmindern zu hoher pH-Werte ist deshalb Hochmoor. zu verwenden.

Torfkultursubstrat, abgekürzt TKS, Pflanzerde aus Torf, Kalk, mineralischen Nährstoffdüngern, Spurenelementen bzw. Mehrnährstoffdüngern mit Spurenelementen, Eisenchelat (Fetrilon) und Natriummolybdat. Im Handel sind zwei Typen mit unterschiedlichen Nährstoffgehalten: TKS 1 für Jungpflanzen und TKS 2 für Zimmerpflanzen. TKS ermöglicht Jungpflanzenanzucht frei von Krankheitskeimen und Unkrautsamen, die Pflanzen bewurzeln sich intensiv und brauchen gegebenenfalls nicht pikiert zu werden. Erwerbsgärtner stellen entsprechende Substrate nach bewährten Rezepten her. Torf wird seit den sechziger Jahren, als der Industrielle H. Propfe die Aufbereitung von Nadelholz aus Schweden in Deutschland einführte, zunehmend durch → Rindenprodukte ersetzt. Beschaffung und Anwendung aller Einzelnährstoffe zur Selbstmischung von TKS ist für Privatgärtner meist zu kompliziert, die Gartenpraxis hat die Rezepte daher vereinfacht und sich statt verschiedener Kalkdünger des → Meeresalgenkalkes und der → Mehrnährstoffdünger mit Spurenelementen bedient. Vereinfachtes Rezept nach Mücke-Rieger, Der Garten drinnen und draußen, 8. Aufl. 1983;

Je 10 Liter feuchter Torf

30 g Kohlensaurer Kalk oder Meeresalgenkalk

15 g Blauvolldünger mit Spurenelementen

0,15 g Eisenchelat (Fetrilon)

0,03 g Natriummolybdat

Vorstehendes Rezept entspricht TKS 1; für TKS 2 ist der Anteil Blauvolldünger mit Spurenelementen zu verdoppeln, bei TKS für Moorbeetpflanzen der Kalkanteil zu halbieren. Die mineralischen Anteile, ausgenommen der Kalk, werden in 10-Liter-Gießkanne restlos aufgelöst (umrühren!), der Torf wird auf undurchlässiger Unterlage auf ca. 0,5 m² ausgebreitet, die Lösung darübergegossen, der Kalk gleichmäßig gestreut, das Ganze gründlich gemischt und in Plastiksäcke oder -eimer abgefüllt.

Torfmischdünger, mit Nährstoffen und Spurenelementen angereicherter Torf, Düngemitteltypen IV 3, 8, 9, 11 lt. Düngemittelgesetz der BRD. → Organisch-mineralische Handelsdünger.

Torfmyrte, *Pernettya,* Heidekrautgewächse, *Ericaceae.* Viele Arten in Mittel- u. Südam. *P. mucronata.* ♄ V–VI ☾ ⚭ i ⌒. 50 cm, glänzendgrüne, stachelspitze Blätter. Nur frische, kalkfreie Böden. Sorten nach Beerenfarbe. Zweihäusig, fruchtet daher nur, wenn männl. und weibliche Pflanzen zusammenstehen.

Torfstreuklosett, für Wochenendhäuser, Jagdhütten usw. gebrauchtes Klosett, bei dem statt Wasserspülung eine Vorrichtung zum Streuen von Torf, Sägespänen oder anderen Materialien, die Torf abgelöst haben (→ Rindenprodukte) angebracht ist. Die Bezeichnung 'Torfstreuklosett' daher überholt.

Torreya → Nusseibe.

Totwasser → Haftwasser.

Tracht. Man unterscheidet Land erster T., zweiter T. usw. Land erster T.: Nutzung unmittelbar nach einer Stallmistgabe, eventuell auch unmittelbar nach Neuumbruch; Land zweiter T.: Nutzung im Folgejahr usw. Bei der neuzeitlichen Humus- und Düngerwirtschaft verliert dieser Begriff an Bedeutung.

Trachycarpus → Palmen 8.

Tradescantia → Dreimasterblume.

Tränendes Herz → Herzblume.

Tränengas → Hiobsträne.

Tragschicht, im Wege- und Straßenbau wird die aus Tragkorn, Feinkorn und Stützkorn aufgebaute lasttragende Schichtung des Unterbaus als T. bezeichnet. → Gartenweg.

Trapa → Wassernuß.

Traubenapfel, *Raphiolepis.* Rosengewächse, *Rosaceae.* ○–◐ ♄ ▭ o. ⌒ i. Freiland ⚭ D Lie. Immergrüne Sträucher mit ledrigen Blättern und weißen Blüten, 5 Arten in Ostasien. – *R. umbellata (R. japonica).* 1 bis 1,5 m hoch, Blätter dick und lederig, eiförmig, ganzrandig, bis 8 cm lang. Blüten weiß, duftend in endständigen, filzigen Doldentrauben. Früchte schwarzblau. – Topf- oder Kübelpflanzen für das Kalthaus oder das kühle Zimmer von leichtester Kultur. Während der Blütezeit im V und VI reizvoll, später durch die Früchte zierend. Während des Sommers im Freien zu verwenden, winterhart jedoch nur in den begünstigsten Lagen im Süden des Gebietes. – Vermehrung durch Stecklinge, Kultur in Einheitserde.

Traubenheide, Lorbeerkrüglein, *Leucothoe.* Erikagewächse, *Ericaceae.* Immer- oder sommergrüne Sträucher mit kurzgestielten, wechselständigen Blättern. 35 Arten in Amerika und Ostasien, davon nur wenige bei uns ausreichend winterhart. Namen von den lorbeerähnlichen Blättern und den krugförmigen Blüten in achselständigen Trauben. – *L. fontanesiana (L. catesbaei).* ◐ ♄ IV–V ⌒ i. Südöstliches Nordamerika. Bis 2 m hoch, lorbeerähnliche, immergrüne Blätter, die im Winter schön bronzerot werden. Weiße Blüten in achselständigen Trauben, kommen durch die Blätter kaum zur Geltung. – Die T. verlangt kalkfreien, etwas feuchten Boden in halbschattiger Lage und hohe Luftfeuchtigkeit, weshalb sie im maritimen Klima am besten gedeiht. Als Unterpflanzung unter hohen Bäumen, für Böschungen und Uferlagen geeignet. – Vermehrung durch Aussaat wie bei den → Glockenheiden; oder Stecklinge von halbreifen Trieben, die im VI geschnitten werden, und Teilung nach vorherigem Anhäufeln.

Traubenhyazinthe, *Muscari.* Liliengewächse, *Liliaceae.* ○–◐ ♃ △ ⚭.

Torfstreuklosett, Schnitt, schematisch. (Nach Könemann, Gartenbau-Fibel)

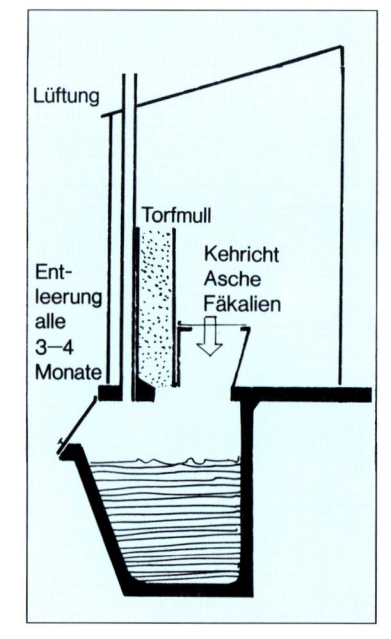

40–50 Arten im Mittelmeerraum. Kleine Zwiebelgewächse mit fleischigen, grasartigen Blättern. Blüten in dichten, fast kegelförmigen Trauben. Blüten krugförmig, vorn zusammengezogen, oft mit einem weißen Saum. – *M. armeniacum* (*M. botryoides* 'Early Giant'), nordöstliches Kleinasien. Schön, dunkel kobaltblau mit weißem Saum. 'Blue Spike', gefüllt, fein zerteilt, groß, schönes Hellblau; 'Cantab', tief himmelblau, spät; 'Heavenly Blue', kobaltblau; 'Old Blue', lang, schlank, hyazinthenblau. III–IV, 15–20 cm. – *M. azureum*, Kleinasien. Sehr frühblühend, mit erst kurzen, himmelblauen Trauben. 'Alba', weiß; 'Amphibolis', französischblau, größer und früher. III–IV, 10 cm. – *M. botryoides,* Europa, Kleinasien. Blätter aufrecht, schmal, rinnig. Blütentrauben kurz, eiförmig, himmelblau. 'Album', weiß; 'Caeruleum' enzianblau; 'Carneum', fleischfarbigrosa. IV–V, 15–20 cm. – *M. comosum*, Süd- und Mitteleuropa, Kleinasien. Breitlineale, rinnige, aufrechte Blätter. Blütenstand oben zylindrisch, mit blauen, fruchtbaren Blüten, unten locker abstehend, gelblichgrün, unfruchtbar. 'Monstrosum', pyramidenförmige Traube, dünne, violette Stiele; 'Plumosum', Federhyazinthe. Nur aus unfruchtbaren, fein verästelten Stielen, breit walzenförmig, violett. Interessant. V–VI, 30–30 cm. – *M. latifolium*, Kleinasien. Meist nur einblättrig, bis 2 cm breit. Blüten in lockerer, länglicher Traube. Die oberen, unfruchtbaren, röhrig hellblau, die unteren, fruchtbaren, breiter, dunkelblau. V, 30–30 cm. – *M. paradoxum*, heute *Bellevalia paradoxa*, Kleinasien. Bis 2 cm breite Blätter und breite Trauben. Blüten schwarzblau, innen grünlich gefleckt. V–VI, 30 cm. – VERWENDUNG. Stein- und Staudengarten, zwischen Polsterstauden, vor oder zwischen Gehölzen und als kleine, halbare Schnittblumen. Boden lehmig-humos. Pflanzung im VIII–IX. Vermehrung am besten durch Teilen.

Traubenkirsche, *Prunus*. Rosengewächse, *Rosaceae*. Name von den Blütentrauben und der Zugehörigkeit zu den Kirschbäumen. – P. padus. ○ ♄–♄ V D Bie. Europa über Nordasien bis Japan. Baumartiger Strauch oder bis 15 m hoher Baum mit unterirdischen Ausläufern, oberseits dunkelgrünen, unterseits bläulichgrünen Blättern und weißen, wohlriechenden Blüten zu mehreren in hängenden Trauben. Früchte erbsengroß, kugelig, schwarz; wurden früher als Obst verwendet. Holz mittelschwer, feinfasrig, wenig dauerhaft, riecht etwas nach bitteren Mandeln. – P. serotina. ○ ♄ V–VI Bie. Südliches Nordamerika. Bis 35 m, verhältnismäßig schmale Krone, glänzend-dunkelgrüne Blätter. Weiße Blüten in 15 cm langen, walzenförmigen Trauben, purpurrote, kugelige Früchte. Für Parkanlagen eine besondere Zierde. Das Holz ist hart, rotbraun; als amerikanisches Kirschholz im Handel, von Möbeltischlern sehr begehrt. – Die T. sind sehr schnellwüchsig und gedeihen noch auf schlechten, ausgelaugten Böden. Gegen Dürre, Kalk, Spätfröste und zeitweilige Überschwemmungen unempfindlich. Vorzügliches Pioniergehölz für Trümmerflächen, Ödland, Halden und Ufer. – Aussaat mit stratifiziertem Saatgut vorteilhaft.

Treiberei, Verkürzen der natürlichen Ruheperiode bzw. Nachruhe der Pflanzen durch Schaffung entsprechender Vegetationsbedingungen, wie Zufuhr von Wärme, Licht und Luftfeuchtigkeit.

Treibgemüse, alle Gemüsearten, die nicht im Freiland, sondern in Gewächshäusern, Frühbeeten oder geheizten Räumen zur Ernteeife gebracht werden. Gelegentlich erfolgt die erste Hälfte der Kultur im Freiland, nur die ‚Treiberei' unter Glas oder in geheizten Räumen, zum Beispiel Chicorée, Schnittlauch.

Treppenlauf → Gartentreppe.
Treppenstufe → Stufe.
Treppenweg, rhythmische Folge von Stufen und Podesten in hängigem Gelände für einen Weg, der über 5 % Steigung hat, aber noch nicht so steil ist, daß eine Treppe ausgebaut werden müßte. Die Podestlänge zwischen zwei Stufen errechnet sich wie folgt: Auftrittstiefe der letzten Stufe plus Anzahl der Schritte bis zur nächsten Stufe multipliziert mit dem Schrittmaß von 64 cm. Innerhalb des T.es ist für die Podestlänge zugleich ein Gefälle von ca. 2 % einzubauen.

Trester → Obsttrester.
Tretbretter, zum Antreten des Rasenbodens beim Feinplanieren von → Rasenanlagen und nach dem Einsäen. Material zum Eigenbau: Kistenbretter, Gurtband, Schnüre.
Trichocereus → Kakteen 9.
Trichopilia → Orchideen 17.
Trichterkelch → Muschelblume.
Trichterwinde → Prunkwinde.
Tricyrtis → Krötenlilie.
Triebbildung, erfolgt durch Austrieb der Holzknospe am Altwuchs.
Triebknospen, Knospen von starken Holztrieben (bei Gehölzen) oder Wurzelstöcken (bei Stauden), aus denen ein belaubter oder blütenloser Trieb entsteht.
Triebköpfe, die Endknospen starker Holztriebe und Wurzelstöcke, aus denen starke Leittriebe bei Gehölzen oder kräftige Blütentriebe bei Stauden entstehen.
Trifolium repens → Klee.
Trillium → Dreiblatt.
Tripmadam *(S. refl.)* → Fetthenne.
Trittfestigkeit → Rasengräser.
Trittstein, am Eingang der Auftrittstein und im Schrittplattenweg die einzelne Platte. → Gartentreppe, → Gartenweg mit Zeichnungen.

Traubenhyazinthe, *Muscari botryoides*, mit Wildnarzissen, *N. Minor*. (Drave)

Trockenmauer

Trockenmauer im Frühlingsflor mit Blaukissen, *Aubrieta*, Steinkraut, *Alyssum*, Schleifenblume, *Iberis*, Gemswurz, *Doronicum* – siehe Pflanzplan. (florabild)

Trockenmauer, aus lagerhaften Bruchsteinen ohne Mörtel trocken aufgesetzte Mauer, bei der ⅓ der Steine als Binder die gesamte Mauertiefe durchsetzen soll. Für eine T. ist lediglich ein ca. 40 cm tiefes Fundament aus Bruchsteinen oder Grobschlag erforderlich. Der Mauerfuß soll etwa ⅓ der Mauerhöhe betragen. Eine T. wird zum Abfangen eines kleinen Höhenunterschiedes ohne große statische Aufgabe, aus architektonischen Gründen und als Standraum für Polster-, Mauer- und Trockenstauden errichtet. In eine nach Süden gerichtete T. können u. a. folgende Stauden gepflanzt werden: *Achillea tomentosa, Alyssum saxatile, Armeria caespitosa, Arabis albida, Aubrieta hybrida, Campanula* in Arten, *Cerastium tomentosum, Carlina acaulis, Euphorbia myrsinites, Gypsophila repens, Iberis sempervirens, Linum flavum, Phlox subulata, Sagina subulata, Sedum*-Arten, *Sempervivum*-Arten,

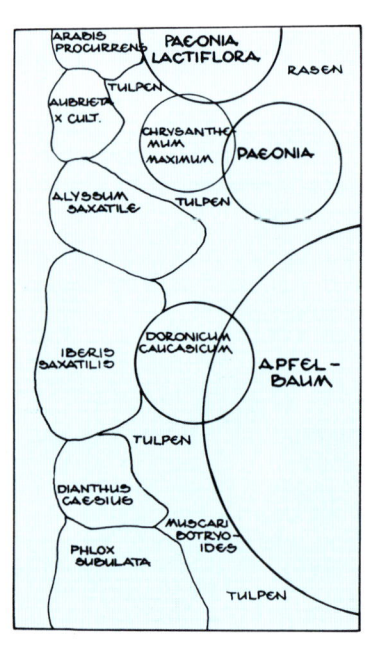

Veronica armena. Eine T. ist also ein funktionelles Bauwerk und zugleich ein gestalterisches Element im Garten.

Trockensubstanz (TS.), besteht bei Pflanzen durchschnittlich aus 22% Rohfaser, 60% Stärke bzw. Zucker, 10% Eiweiß, 3% Fett, 5% Mineralstoffen.

Troddelblume, *Soldanella.* Primelgewächse, *Primulaceae.* ◐ ♃ △ Lie. – 6 Arten in den Hochgebirgen Mittel- und Südeuropas. Die meisten sind im Tiefland unbefriedigend in der Blüte oder schwierig in der Pflege. Gut blüht nur 1 Art. – *S. montana*, Pyrenäen, Ostalpen, Karpaten, Balkan. Rundlich-nierenförmige, dünnlederige Blätter, am Stielansatz tief eingebuchtet. Blüten zu 3–6 an kurzem Schaft, glokkenförmig, untere Hälfte bis über die Mitte eingeschlitzt, blauviolett. IV–V, 10–15 cm. – Verwendung im Steingarten an absonniger Stelle oder im Troggärtchen. Boden lehmig-humos, durchlässig, kalkempfindlich. Vermehrung durch Teilung und Aussaat.

Trog, ursprünglich Futtert. Heute werden die schmalen Holz- oder Steingefäße in Gärten aufgestellt, um interessante Steingartengewächse an exponierten Standorten pflanzen zu können.

Trollblume, *Trollius.* Hahnenfußwächse, *Ranunculaceae.* ○–◐ ♃ △ ✕. 29 Arten in den kalten und gemäßigten Zonen der nördlichen Halbkugel. Stauden mit dekorativen, handförmig geteilten Blättern. Blüten bei den Hybriden kugelförmig, gelb bis orange. – *R. chinensis* (*T. ledebourii*), Nordostchina. Tief geteilte Blätter. Blüten schalenförmig. Honigblätter auffallend, in der Blütenmitte hochstehend, dunkelorange. 'Golden Queen', großblumig, sehr gut, spätblühend, hellorange. VII–VIII, 90 cm. – *T. europaeus*, Europa, heimisch auf feuchten Wiesen. Blätter fünf- bis siebenteilig. Stengel einblütig. 'Superbus', großblumig, mittelspät, hell zitrongelb. V–VI, 60 cm. – *T.-Hybriden* (*T. cultorum*). Gartenformen, durch Kreuzungen entstanden. Blätter ähnlich *T. europaeus*, Blüten kugelig. 'Alabaster', spät, gelblichweiß, für Liebhaber, 70 cm; 'Baudirektor Linne', mittelfrüh, orange, 70 cm; 'Earliest of All', hellorange, 60 cm; 'Goldquelle', sehr gut, mittel, großblumig, goldgelb, 70 cm; 'Orange Globe', sehr gut, mittel, hellorange, 80 cm. V–VI. – *T. pumilus*, Himalaja. Blätter klein, fünfteilig, mit breiten Abschnitten, gekraust. Blüten flach schalenförmig, einzeln am Stiel, Honigblätter kaum länger als die Staubblätter, gold-

Trollblume, *T.-Hybride* 'Orange Globe'. (Herbel)

gelb. VI–VII, 20–25 cm. – *T. yunnanensis* (*T. pumilus* var. *y.*), Westchina. Schöne, spätblühende Art. Blätter flach, breitlappig eingeschnitten. Stengel dunkelbraun, oben verzweigt. Blüte groß, flach schalenförmig, Honigblätter kürzer als die Staubblätter, orangegelb. VI–VII, 30–50 cm. – Verwendung im Staudenbeet und zum Schnitt. Die niedrige *T. pumilus* auch im Steingarten. – Boden feucht, wasserhaltend, humos. – Vermehrung der Sorten nur durch Teilung, die Arten auch durch Aussaat.

Trompetenbaum, *Catalpa.* Trompetenblumengewächse, *Bignoniaceae.* Sommergrüne Bäume, Nordamerika und Asien. Trompetenförmige Blüten, große Blätter, auf der Unterseite zuweilen mit roten Drüsenflecken. – *C. bignonioides.* ○ ♄ VI–VII. Östliches Nordamerika. Wird 15 cm hoch, schöne, rundliche Krone. Herzförmige, 20 cm große Blätter, weiße, mit vielen purpurnen Flecken versehene Blüten zu mehreren in einer Rispe. Blätter der Art im Herbst hellgelb, der Form 'Aurea' den ganzen Sommer über goldgelb. – Der T. liebt guten und tiefgründigen Boden in sonniger, warmer Lage. Bei Einzelstellung meist regelmäßige, bis tief herab beastete Krone; wird er durch andere Bäume bedrängt, wächst er leicht einseitig. Vorzüglich als Promenadenbaum und als Solitärbaum in größeren Hausgärten – Vermehrung durch Aussaat am besten im Frühjahr im halbwarmen Kasten; Wurzelschnittlinge sind Notbehelf. Die Form 'Aurea' wird auf Sämlinge ihrer Art durch Kopulation oder Geißfuß veredelt.

Trompetenblume, Klettertrompete, *Campsis.* Trompetenblumengewächse, *Bignoniaceae.* Sommergrüne Schlinger, je eine Art in Nordamerika und China. Klettern durch Haftwurzeln; große, mehrfach gefiederte Blätter; ansehnliche, trompetenförmige Blüten in endständigen Rispen. – *C. grandiflora* (*C. chinensis*). ○ ♄ ≋ VIII–IX △. China und Japan, bei uns nicht ausreichend winterhart. Klettert 3–6 m hoch, bildet an den Trieben wenig Haftwurzeln. Scharlach- oder karminrote Blüten, verhältnismäßig lange und späte Blütezeit. Nur in Weinbaugebieten an recht geschützten Stellen genügend winterhart. – *C. radicans.* ○ ♄ ≋ VII–IX. Nordamerika. Klettert bis 10 m hoch, reichl. Haftwurzeln. Schlanke Blüten in endständigen, vielblumigen Trugdolden, innen hellorange, außen scharlachrot. – *C.* × *tagliabuana* 'Madame Galen'. ○ ♄ VII–VIII △. Kreuzung zwischen beiden vorgenannten Arten, sieht wie *C. grandiflora* aus, aber viel frosthärter und große lachsfarbene Blüten. – Die T. braucht humusreichen, tiefgründigen und frischen Boden in warmer, zugfreier Lage. Pflanzstelle mit anderen, niedrigen Gehölzen beschatten! Obwohl sie Haftwurzeln bekommt, Triebe anfangs am Traggerüst befestigen. Das Blühen wird begünstigt, indem man im zeitigen Frühjahr die Triebe, die im Vorjahr geblüht haben, auf 2 Augen zurückschneidet. Zum Begrünen von Hauswänden oder Mauern; wirken durch die schönen Blätter auch im nichtblühenden Zustand. – Vermehrung durch Aussaat ist wegen der unterschiedlichen Qualität der Sämlinge nicht gebräuchlich. Üblich sind Wurzelschnitt-

Oben: Pflanzungen im Trog – gemauert, aus Stein, aus Holz. (Windscheif) – Unten: Trog mit Hauswurzarten. (Dr. Jesse)

Trompetenzunge, *S. sinuata* (Herbel)

linge und bei 'Mme. Galen' Veredlungen auf Wurzelstücken von *C. radicans*.

Trompetenzunge, *Salpiglossis.* Nachtschattengewächse, *Solanaceae.* ○ ⊙. Etwa 8 in Südamerika heimische Arten. Lediglich *S. sinuata* (*S. variabilis*) ist bei uns hin und wieder als Sommerblume anzutreffen. Je nach Züchtung 40–80 cm, die niedrigeren Züchtungen sind neueren Datums. Etwas sparriger Wuchs, ungeteilte, teils gebuchtete, teils fiedergespaltene Blätter. Blüten groß, schief trichterförmig, mit reichem Farbenspiel, die meisten nicht einfarbig, sondern überwiegend vielfarbig gefleckt, oft auch geadert. Dankbare Schnittblumen, doch empfindlich, nicht für Transport geeignet. Daß diese schöne Sommerblume kaum mehr in unseren Gärten zu finden ist, beruht auf ihrer hohen Anfälligkeit gegen Kälte und Nässe. – Ausgesät wird Ende IV–Anfang V direkt an Ort und Stelle. Nur sehr durchlässige, doch ausreichend nährstoffreiche Böden in vollsonniger, windgeschützter Lage. Zu dichte Aussaaten auf 20–30 cm verziehen. Bei Trockenheit ist reichlich, aber vorsichtig zu gießen. Bei Freilandsaat Blühbeginn kaum vor VII, unter günstigen Voraussetzungen hält die Blüte aber oft bis IX an.

Tropaeolum → Kapuzinerkresse.

Tropfbewässerung, wassersparendes Bewässerungsverfahren in Gartenbau und Landwirtschaft. Von einer Wasserzuleitung zweigen sogenannte Tropfleitungen ab. Sie sind in bestimmten oder auch variablen Abständen mit Tropfern versehen, aus denen den Kulturpflanzen punktuell Wasser zugeführt wird. Eine T. wird im allgemeinen automatisch, d.h. nach Wasserbedarf, gesteuert. Das ist auch im Garten möglich und wirtschaftlich.

T-Schnitt → Okulation.
Tsuga → Helmlockstanne.

Tüpfelfarn, *Polypodium.* Tüpfelfarngewächse, *Polypodiacea* ◐–● ♃ △ ∾ ⛋ i. Etwa 300 Arten, vorwiegend in den Tropen und gemäßigten Zonen aller Erdteile. Darunter schöne und harte Zimmerpflanzen sowie winterharte Stauden. Auffallend ist die Anordnung der Sporenbehälter unter den Blättern in runden Tüpfeln.

ZIMMERPFLANZEN. *P. aureum,* heute *Phlebodium a.,* Südamerika. Oberirdisch kriechendes, fingerdickes Rhizom, stark hellbraun behaart. Blätter lang gestreckt, tief fiederspaltig. Bekannter ist 'Glaucum', mit silberblauen Blättern, Tüpfel groß, rund, goldgelb; 'Mandayanum', Blätter und Fiedern schön geschlitzt und gewellt. 30–60 cm hoch. – Verwendung als Ampelpflanze in nicht warmen, halbschattigen Räumen, die Blätter hängen dekorativ. Einheitserde oder humose, nährstoffreiche Blumenerde. Vermehrung durch Teilen oder Aussaat. → Farne 9.

FREILANDPFLANZEN. *P. vulgare,* Engelsüß, gemäßigte Zonen aller Erdteile, heimisch. Kriechendes, hellbraunes Rhizom. Blätter fiederspaltig, oben frischgrün, unten heller, langsam wachsend. 'Bifido-Grandiceps', Spitzen an den Fiedern gegabelt; 'Cambricum', doppelt gefiederte Blätter, dazwischen immer einige einfache; 'Cornubiense' (*P. vulgare* var. *elegantissimum*), noch feiner gefiedert und eleganter. 25 bis 30 cm. – Verwendung im Steingarten, Park und unter Gehölzen. Boden humoslos, locker. Vermehrung durch Teilung.

Tüpfelfarngewächse → Farne.
Türkenpflaume → Blutpflaume.
Tulipa → Tulpe.

Tulpe, *Tulipa.* Liliengewächse, *Liliaceae.* ○ ♃ △ ✂. Etwa 150 Arten Ost- und Zentralasien, Nordafrika und Europa. Sortenreichste Gattung von Zwiebelgewächsen, in vielen Farben, ausgenommen einem reinen Blau. Den

Darwin-Tulpen, *T. fosteriana.* (Dr. Jesse)

Triumph-Tulpe 'First Lady'. (Seidl)

Hauptanteil am Sortiment haben die sog. Gartentulpen, die schon seit vielen Jahrhunderten bekannt sind. Daneben gibt es noch viele Wildtulpen, die heute immer mehr Eingang in die Gärten finden. Zur besseren Übersicht werden die T.n in verschiedene Klassen eingeteilt.

FRÜHBLÜHENDE TULPEN.

1. EINFACHE FRÜHE. Mittelgroße, einfache Blüten. Mitte IV, 25–30 cm. 'Arma', dunkelrot, gefranst; 'Bellona', goldgelb; 'Brillant Star', scharlach, niedrig; 'Cassini', dunkelscharlach; 'Christmas Marvel', karminrosa; 'Coul Cardinal', dunkelscharlach; 'Flair', rotgold; 'General de Wet', goldorange; 'Joffre', goldgelb; 'Kaiserkrone', rot mit gelb; 'Prinzessin Irene', orangekarmin; 'Weißer Falke', reinweiß; 'Van der Neer', violettpurpur; 'Yokohama', goldgelb. – 2. GEFÜLLTE FRÜHE. Dicht gefüllte Blüten, Mitte IV, 25–30 cm. 'Abba', dunkelrot; 'Elektra', dunkelkirschrot; 'Fringed Beauty', dunkelrot, gefranster, gelber Rand; 'Hoangho', gelb; 'Murillo', zartrosa; 'Pfirsichblüte', rosa m. weißer Flamme; 'Schoonoord', weiß; 'Stockholm', feuerrot.

MITTELFRÜHE TULPEN.

3. MENDEL-T.N. Kreuzung von 'Duc van Tol' mit Darwin-Tulpen, im Aufbau grazilier als die kräftigen Triumph-T.n. Ende IV, 50–60 cm. 'Apricot Beauty', schön lachsrosa, rot getönt; 'Arnoud', außen crèmeweiß, karminrot geflammt, innen karmin; 'Beauty of Volendam', weiß, violett geflammt; 'Brightling', lachsrosa; 'Foreholte', karminrot, Rand cremegelb; 'Imperator', karminrot; 'John Gay', orange; 'Krelages Triumph', karmesinrot; 'Market Queen', magentarot; 'Purple Sail', purpur; 'Red Pimpernel', türkischrot; 'Striped Sail', weiß, purpur geflammt; 'Sulphur Triumph', primelgelb; 'Van der Eerden', karminrot; 'White Sail', crèmeweiß. – 4. TRIUMPH-T.N. Etwas später als die Mendel-T.n, Stiele kräfti-

Triumph-Tulpe 'Lucky Strike'. (Dr. Jesse)

Darwin-Hybrid-Tulpe 'Oxford'. (Dr. Jesse)

ger, straffer. Sortenreiche Klasse, Mitte V, 40–65 cm. 'Attila', violettkarmin; 'Bing Crosby', karminrot; 'Blenda', dunkelrosa; 'Dreaming Maid', fliederfarben; 'Fidelio', rosa mit orangem Schatten; 'Garden Party', lachs-weiß; 'Golden Melody', goldgelb; 'Hibernia', weiß; 'Ile de France', kardinalrot; 'Kees Nelis', rot m. gelb; 'Lucky Strike', karminrot m. weißem Rand; 'Negrita', dunkelviolett; 'Olaf', leicht scharlachrot; 'Orange Monarch', rot m. orangem Rand; 'Orange Wonder', orangerot; 'Preludium', rosa mit weißer Mitte; 'Paul Richter', hell scharlachrot; 'Prominence', dunkelrot; 'Rosario', kräftig rosa; 'White Dream', weiß. – 5. DARWIN-HYBRID-T.N. Entstanden aus Kreuzungen von Darwin-T.n mit der großblumigen T. *fosteriana*. Alle Sorten mit großen Blüten auf kräftigen Stielen, V, 50–70 cm. 'Ad Rem', karmin m. Rand orange; 'Apeldoorn', scharlachrot; 'Beauty of Apeldoorn', innen goldgelb, außen mahagonirot und gelb überlaufend; 'Big Chief', rosakarminrot; 'Dover', feurig mohnrot; 'Golden Parade', gelb; 'Jewel of Spring', schwefelgelb, schmaler roter Rand; 'Königin Wilhelmina', rot mit gold; 'Parade', scharlach.

SPÄTE TULPEN.

6. DARWIN-T.N. Blüten mit rechtwinkligem Blütenboden, langstielig, gut zum Schnitt, V, 60–80 cm. 'American Flag', weiß dunkelrot gestreift; 'Aristokrat', violettrosa; 'Avignon', scharlach, Rand orange; 'Clara Butt', lachsrosa; 'Demeter', tiefviolett; 'Dreamland', karminrosa, weiß geflammt; 'Grönland', karminrot m. grüner Flamme; 'Königin der Nacht', schwarzrot; 'Magier', weiß mit blauviolettem Rand; 'Pink Suprème', karminrosa; 'Queen of Bartigons', lachsrosa; 'Shirley', weiß, violett meliert; 'Sorbet', rot-weiß gestreift; 'Sweet Harmony', gelb-creme. – 7. LILIENBLÜTIGE T.N. Einfach, mit spitzen, nach außen gebogenen Blütenblättern, wie eine Lilie, V, 50–65 cm. 'Aladdin', scharlachrot mit gelbem Rand; 'Ballerina', leuchtend orange; 'Captain Fryatt', rubinviolett; 'China Pink', atlasrosa; 'Dyanito', dunkelscharlach; 'Picotee', weiß, Rand rosa gestrichelt; 'Queen of Sheba', kupferscharlach m. Goldrand; 'Westpoint', tief zitron; 'White Triumphator', reinweiß. – 8. COTTAGE-T.N (Einfache, späte T.n). Große, ovale Blüten, darunter auch Sorten, die früher zu den Bizarren oder Breeder-T.n gehörten, mit barocken Farbkombinationen, sowie grüne und mehrblütige Sorten. V, 30–80 cm. 'Anne Idzerda', dunkelgelb, blutrot geadert; 'Avance', scharlachkirschrot; 'Belle Jaune', tiefgelb; 'Beverly', orangerot; 'Carara', reinweiß; 'Dido', lachsorange, kirschrot schattiert; 'Flammenspiel', gelb, blutrot geflammt; 'Grenadier', orangescharlach; 'Irish Coffee', dunkelrot, bronze Rand; 'Ivory Glory', amberweiß; 'King Salomon', mahagonirot; 'Marjorie Boven', lachsrosa, später tiefrosa; 'Mrs. John Scheepers', reingelb; 'Muttertag', blaßgelb; 'Princess Margaret Rose' (Kleurenpracht), gelb, Rand orangerot; 'Tel Aviv', himbeerrot. Grüne T.n, Abkömmlinge von *T. virdiflora*. Auch nach dem Aufblühen ist ein Teil der Blüte noch grün gefärbt. Oft interessante Blütenformen: 'Angel', elfenbeinweiß, apfelgrün überhaucht; 'Artist', schöne Form, lachsrosa und grün; 'Golden Artist', goldorange, grün gestreift; 'Sweet Artist', goldbronze, grün gestreift. Mehrblütige Sorten; mit 3–10 Blüten je Stengel: 'Carnette', blutrot; 'Georgette', gelb, schmaler roter Rand; 'Jeanette', cremeweiß, rot geflammt; 'Mahogany Prince', purpurviolett; 'Orange Bouquet', orangerot. Mai, 30–80 cm. – 9. REMBRANDT-T.N. Sorten mit gebrochenen Farben, braun, bronze, purpur, rosa oder rot gestreift oder geflammt auf weißem oder gelbem Grund. Darunter auch

Darwin-Hybride 'Apeldoorn Elite'. (Herbel)

Sorten, die früher zu den Breeder-T.n gehörten. 'Aiton', scharlach, gelb geflammt; 'Bright Interval', cremeweiß, kardinalrot geflammt; 'Chameleon', gelblichweiß und purpurrot; 'Comfortable', blauviolett, purpur und weiß geflammt; 'Gold Brocade', braunrot, bronze und gelb geflammt; 'Kingfisher', amber mit lila, purpur gestreift; 'Madame Dubarry', purpurn schattiert, lachsorange und gelb geflammt; 'Verger', gelb, purpur und braun geflammt. V, 50–70 cm. – 10. PAPAGEI-T.N. Gefranste, wellige Blütenblätter, große Blüten. Alle spontan aus anderen Sorten entstanden, sog. Sports, nicht durch Samen zu erreichen. Anfang –Mitte V, 40–70 cm. 'Black Parrot', schwarzpurpur; 'Blue Parrot', violettblau; 'Estella Rijnveld', rot m. weiß; 'Fantasie', lachsrosa mit weißer Mitte; 'Flaming Parrot', gelbrot geflammt; 'Karel Doorman', kirschrot; 'Orange Favourite', orange mit grünen Streifen; 'Texas Flame', gelb m. rot; 'White Parrot', reinweiß. – 11. GEFÜLLTE SPÄTE T.N (Päonienblütige T.n). Oft dicht gefüllt, Form einer Pfingstrose, Anfang –Mitte V, 40–50 cm. 'Blue Dream', lila; 'Borneo', mahagonirot, Rand gelb; 'Coxa', karminrot, Rand weiß; 'Gerbrand Kieft', karmin, Rand silberweiß; 'Golden Nizza', goldgelb; 'Grande', karminrot; 'Maravilla', violett; 'Moonglow', hellgelb; 'Mount Tacoma', gelb; 'Nizza', gelb, rot gestreift; 'Pride of Holland', glühend karminrot; 'Red Ace', samtrot; 'Rocket', kirschrot; 'Rosy Wonder', lieblich rosa; 'Uncle Tom', lila bis violett.

T. MIT SCHNEEKRISTALL-ÄHNLICHEM GEFRANSTEN RAND.

Aus verschiedenen Klassen stammend: 'Aleppo', karminrot, Rand hellorange (Triumph-T.), 'Arma', kardinalrot (Einfache Frühe); 'Burns', phloxrosa (Cottage-T.); 'Fringed Beauty', orangerot, Rand goldgelb (Gefüllte Frühe); 'Humor', purpurviolett (Darwin-T.);

Tulpe

Lilienblütige Tulpe 'Queen of Sheba'. (Jesse)

'Sundew', kardinalrot (Cott.); 'Swan-Wings', reinweiß (Cott.); 'The Skipper', bläulichviolett (Cott.); 'Topsy', dunkelrot (Cottage). Blüte mit den zugehörigen Klassen, 30–60 cm.

WILDTULPEN UND SORTEN.

T. acuminata, Horn-T., vermutlich alte persische Gartentulpe. Sehr schmale, wellige, lange Blütenblätter, hornartig zugespitzt, gelb-rot, eigenartig. IV, 45 cm. – *T. australis,* Mittelmeergebiet. Ähnlich unserer heimischen Weinbergtulpe. Blüten etwas nickend, gelb, außen rötlich überlaufend, duftend. IV, 30 cm. – *T. batalinii,* Turkestan. Gut bestockend. Schmale, gewellte Blätter, Blüte ockergelb. 'Apricot Jewel', außen orangerot, innen goldgelb; 'Yellow Jewel', gelb, rosa getönt. IV, 15 cm. – *T. clusiana,* Mittelmeer bis Kleinasien. Ausläufertreibend. Blätter schmal, glatt. Blüte schlank, rot mit weißem Rand, innen weiß. *T. c.* var. *chrysantha (T. chrysantha),* ähnlich, aber Blüten außen braunrot, innen orangegelb. III–IV, 20–30 cm. – *T. eichleri,* Turkestan. Etwas wellige, graugrüne Blätter. Blüten groß, karminscharlach, Mitte schwarz. 'Eichleri Excelsa', besser, kardinalrot, dunkle Mitte mit gelbem Rand. IV–V, 40 cm. – *T. fosteriana,* Zentralasien. Großblütigste Wildtulpe. Blätter graugrün, Blüte glänzend scharlachrot, Mitte schwarz. 45 cm. 'Red Emperor', bekannter als die Art, scharlachrot ('Mad. Lefeber'). 'Princeps', eine niedrige Auslese mit großen Blüten, scharlachrot. 20 cm. – *T. Fosteriana-Hybriden.* Durch Kreuzungen mit anderen Arten und Sorten entstanden. Alle sehr großblumig u. mit kräftigen Stielen, IV, 30–40 cm. 'Cantata', scharlach; 'Galata', orangerot; 'Golden Emperor', hellgold; 'Juan', orangerot; 'Orange Emperor', stark orange; 'Purissima', weiß; 'Zombie', karminrosa m. crème. – *T. greigii,* Turkestan. Blätter braunrot gestrichelt. Blüte orangescharlach, Grund schwarz. IV–V, 25 cm. – *T. Greigii-Hybriden.* Heute sortenreichste Wildtulpengruppe. Meist mit *T. kaufmanniana* gekreuzt, einige mit gestrichelten Blättern, aber etwas später blühend. Herrliche Sorten, viele mehrfarbig. IV–V, 20–35 cm. 'Ali Baba', scharlachrot; 'Alfred Cortot', dunkelscharlach; 'Carioca', innen dunkelgelb, außen gelb und rot; 'Dreamboat', orangerot; 'Golden Day', zitrongelb, außen rot; 'Jessica', großblumig, mohnrot; 'Longfellow', langstielig, signalrot; 'Oriental Splendour', innen zitrongelb, außen gelb und karminrot; 'Plaisir', ganz niedrig, rot, Rand gelb, außen karminrot; 'Rotkäppchen' (Red Ridding Hood), scharlach, auffallende Blütenform. – *T. hageri,* Griechenland. Blätter schmal. Blüten bräunlich-kupferrot, 2–4 je Stengel. 'Splendens', etwas größer, kupferbronze. IV, 20 cm. – *T. kaufmanniana,* Turkestan. Niedrige, sehr frühe Art. Blüten groß, eirund, cremeweiß. Äußere Blütenblätter karminrot, Rand weiß. III, 15 cm. – *T. Kaufmanniana-Hybriden.* Durch Kreuzung mit *T. greigii* entstanden, aber früher als diese blühend. Manche mit gestrichelten Blättern. 'Ancilla', reinweiß, außen rötlich; 'Brillant', türkischrot; 'Cesar Frank', goldgelb, außen karminrot, Rand gelb; 'Elliott', cremeweiß, außen karminrot; 'Primrose', hellgelb;"'Racine', weiß, rosa überhaucht, Mitte goldgelb, scharlach eingefaßt; 'Scarlet Elegance', hellscharlach; 'Shakespeare', lachsrot, scharlachrot getönt; 'Vivaldi', schwefelgelb, außen karminrosa. III–IV, 15–25 cm. – *T. kolpakowskiana,* Turkestan. Wenige, schmale, am Rand gewellte Blätter. Blüten goldgelb, außen braunrot. IV, 15 cm. – *T. lanata,* Turkestan. Eine der schönsten Wildtulpen. Blätter schmal, Blüten groß, scharlachrot, Basisfleck olivbraun mit gelbem Rand. Blütenrand kristallisch gefranst. IV, 40 cm. – *T. marjolettii,* Savoyen. Eine

Wildtulpe *T. batalini* 'Bronce Charm'. (Seidl)

Kaufmanniana-Hybr. 'Goldstück'. (Jesse)

der spätesten T.n. Blüten an langen Stengeln, cremeweiß, Rand kirschrot. V, 25 cm. – *T. mauritiana,* Savoyen. Blätter am Rand gewellt, Stengel lang, Blüten scharlachrot. V, 25 cm. – *T. orphanidea,* Griechenland. Ausläuferbildend. Schmale, rinnige Blätter. Blüten braun bis orange, außen grünlich und rot. *T. o.* var. *flava,* zitronengelb, Mitte bronzegrün. IV, 20 cm. – *T. praestans,* Turkestan. Bis 5 Blüten je Stengel, im Handel nur Sorten, die einander sehr ähnlich sind. 'Füselier', bekannteste, orangescharlach; 'Kaba', etwas großblumiger, scharlach; 'Zwanenburg', vermillonrot. IV, 25 cm. – *T. pulchella,* Kleinasien. Lanzettliche, rinnige Blätter. Blüte bläulichpurpur. 'Violacea', purpurviolett, beide früh. III, 10–15 cm. – *T. sylvestris,* Weinbergtulpe, Europa, heimisch. Ausläufer treibend, wuchernd. Knospe nikkend. Blüten außen grünlich, innen gelb, süßlich duftend. 'Major', größer, mit 8 Blütenblättern, gelb; 'Tabriz', zitronengelb. V, 30 cm. – *T. tarda (T. dasystemon),* Turkestan. Niedrig, mit seltener Farbkombination, gelb mit weißen Spitzen, bis 6 Blüten je Stengel. IV, 10 cm. – *T. tubergeniana,* Zentralasien. Kräftige Pflanze mit mehreren großen Blüten je Stengel. 'Keukenhof', scharlachrot. IV, 25 cm. – *T. turkestanica,* Turkestan. Blaugrüne Blätter. Blüten 4–8 je Stengel, klein, weiß, Mitte orangegelb, schwarzer Stempel. III–IV, 15–20 cm. – *T. wilsoniana,* Transkaspien. Wenige, schmale, am Rand gewellte Blätter. Blüten eirund, vermillonrot mit dunkler Mitte. Spätblühend und niedrig. V, 15 cm.

VERWENDUNG. Niedrige Arten der Wildtulpen im Stein- und Troggarten, höhere im Staudenbeet. Alle Gartentulpen zum Schnitt oder als Beetanpflanzung, zusammen mit Stiefmütterchen, Vergißmeinnicht, Goldlack u. a. – Boden für alle etwas durchlässig. Pflanzung im Herbst, 10–20 cm

Kaufmanniana-Hybriden 'Shakespeare' (oben) und 'Gaiety' (unten). (Seidl)

tief. – Vermehrung durch Seitenzwiebeln.

Tulpenbaum, *Liriodendron.* Magnoliengewächse, *Magnoliaceae.* ○ ♄ VI–VII. Imposanter Baum, mit 2 Arten vertreten. *L. chinense* aus den Gebirgen Westchinas, in Kultur kaum anzutreffen, *L. tulipifera* aus dem östlichen Nordamerika hingegen häufig. Bis 40 m hoch, mit ausgebreiteter Krone und interessanten Blättern. Sie sind im Umriß fast viereckig, vierlappig und schauen aus, als sei die Spitze abgeschnitten; durch blaßgelbe Färbung auch im Herbst noch attraktiv. Die blaßgelben Blüten erinnern an Tulpen und erscheinen erst, wenn die Bäume größer geworden sind. – Verwendung als großer Park- oder Solitärbaum, am wirkungsvollsten an Gewässern. – Ansprüche: Boden sollte durchlässig und tiefgründig sein. – Vermehrung durch Samen. Wegen seiner fleischigen Wurzeln läßt sich der T. nur im Frühjahr erfolgreich verpflanzen.

Tulpenmohn = *Papaver glaucium* → Mohn.

Tunica → Felsnelke.

Turgor → Kalium.

Tulpenbaum, *L. tulipifera.* (Seidl)

Turnus-Rasenpflege, umfaßt nur Mähen, Düngen, Beregnen. Bei → Intensivrasen kommen → Aerifizieren und → Verticutieren hinzu.

Typenunterlagen, → Unterlagen, die vegetativ vermehrt werden.

Typha → Rohrkolben.

U

Überbrausen, starkes Überspritzen bzw. Gießen der Pflanzen mit Gießkanne oder Schlauchbrause.

Überbrücken → Schnitthilfen.

Überdüngung. Die Anfälligkeit der Pflanzen gegenüber Krankheitserregern wird durch harmonische, ausgewogene Düngung herabgesetzt, dagegen durch Ü., vor allem mit Stickstoff, gesteigert. Zu starke Stickstoffgaben ohne genügende Phosphat- und Kaliversorgung machen die Pflanzen großblättrig, wasserreich und anfällig gegen Pilzkrankheiten. Auch der Blattlausbefall wird durch Stickstoffüberdüngung gefördert – URSACHEN. Überdosierung von Stickstoffdüngern, gleichgültig ob organischen oder mineralischen Ursprungs. Besonders auf leichten Böden durch zu hohe Gaben von Jauche, Gülle, Mehrnährstoffdünger, auch durch laufende Gaben mit verhältnismäßig geringen Überschüssen und allmählicher Anreicherung einzelner Nährstoffe oder durch Beregnung bzw. Bewässerung mit saurem oder kalkhaltigem Wasser. Schäden durch Einzelnährstoffe → Stickstoff, → Phosphat, → Kali und Spurenelemente (→ Bor usw.). Überkalkung → pH-Wert. – GEGENMASSNAHMEN. Bodenanalyse auf alle Haupt- und wichtigen Spurenelemente, pH-Wert und Humus. Überdüngte Stoffe entsprechend nach Ausmaß der Ü. unter Umständen jahrelang nicht nachdüngen, übrige Stoffe gezielt ergänzen. Zwischenkultur nicht salzempfindlicher Nutz- oder Gründüngungspflanzen. Boden durch Rindenhumus, Sand, nährstoffarme Erde ‚verdünnen'.

Überfall von Früchten. In der BRD wird der Nachbar Eigentümer der Früchte, wenn sie herunterfallen, gleich ob durch natürliche Ursachen oder Schütteln des Besitzers des Baumes; in der Schweiz erst dann, wenn er sie sich durch Aufheben aneignet. § 911 BGB bzw. Art. 687, Abs. 2 ZGB.

Überhängende Äste, braucht der Garteneigentümer nicht zu dulden, soweit sie die Nutzung seines Grundstückes beeinträchtigen, er muß den Nachbarn mündlich oder schriftlich auffordern, sie zu beseitigen und ihm dafür eine angemessene Frist einräumen (nicht während der Hauptwachstumszeit oder des stärksten Arbeitsanfalles). Wird die Frist nicht eingehalten, ist Selbsthilfe erlaubt, d.h. Abtrennung der ü. Ä. an der Grundstücksgrenze, nicht jedoch am Stamm. BRD § 905 BGB, Schweiz Art. 687 ZGB, Österreich § 422 ABGB Schweiz: Gilt nicht bei überhängenden Stämmen, weil bei Kappung des Stammes der Baum absterben würde. Selbsthilfsrecht gilt nicht unbedingt für Pächter und Mieter.

Überkalkung → Mineraldünger (Kalkdünger), → Kalkdüngung.

Überspannen, das Schützen von Pflanzenbeeten, besonders Jungpflanzenbeeten, gegen Witterungseinflüsse (Sonne, Wind, Gewitterregen, Hagel) mit Schattiergewebe und Schattierleinen. → Schattieren.

Bergulme, *Ulma glabra.* (Seidl)

Umtopfen von Zimmerpflanzen. Der Wurzelballen ist stark verfilzt, die Pflanze muß dringend umgetopft werden. – Topfscherben auf das Abzugloch legen, damit überschüssiges Gießwasser abziehen kann, und Erde einfüllen. – Mit flachem Holz Erde gut zwischen Topfwand und Wurzelballen nachschieben, damit keine Hohlräume verbleiben. (Herbel)

Überständigkeit, Zustand von Pflanzen, die aus dem zügigen Wachstumsstillstand gekommen sind, evtl. verhärtete Jungtriebe bekommen und dann nicht mehr vollwertig sind, vor allem bei Gemüsepflanzen und Einjahrs- und Gruppenpflanzen.
Überwachungsschnitt → Obstbaumschnitt.
Überwinterungsknospen, Triebknospen und Triebknöpfe in völligem Ruhestand, die nach der Überwinterung neu austreiben.
Überziehen einer Rasenfläche → top dressing.
Uferpflanzen, an den Standort der Uferzone angepaßte Gemeinschaft von krautartigen Pflanzen.
U-Formen → Spalierformen.
Ulme, Rüster, *Ulmus*. Ulmengewächse, *Ulmaceae*. ○ ♄ III–IV. Sommergrüne Bäume, 30 Arten in gemäßigten Regionen der nördlichen Halbkugel und Gebirgen des tropischen Asien. Zweizeilige, an der Basis ungleichhälftige Blätter und unscheinbare Blüten. – *U. americana,* Weißulme. 30 m hoher, breitkroniger Baum mit hellgrauer Borke, leicht überhängenden Zweigen und elliptischen, auf der Unterseite weich behaarten Blättern. – *U. carpinifolia,* Feldulme, Europa, Westasien und Nordamerika. Bis 40 m, graue, tiefrissige Borke und eiförmige, scharf zugespitzte Blätter. Stellt an Boden und Klima etwas größere Anforderungen; gehört zu den wärmebedürftigen einheimischen Holzarten und wächst vorwiegend in tiefer gelegenen, milden Lagen. Ihr Holz ist sehr dauerhaft und steht dem der Esche wenig nach. Gartenform 'Wredei', Goldulme, wächst etwas langsamer; kleinere, den ganzen Sommer über schön gefärbte Blätter. – *U. glabra,* Bergulme, Europa und Westasien, 40 m hoch, mit breit ausladender Krone, geradem Stamm, glatter Borke und großen, bis 16 cm breiten Blättern. Viel weniger empfindlich als die Feldulme und zur Befestigung trockener Steilhänge oder von sandigem Ödland geeignet, außerdem wertvoller Park- und Straßenbaum. Bei der Gartenform 'Pendula', der Schirmulme, stehen die Äste schirmförmig ab, mit hängenden Trieben. – ANSPRÜCHE. Frischer, tiefgründiger, möglichst etwas feuchter Boden. Durch die Ulmenkrankheit, einen Pilz, der die Bäume zum Absterben bringt, ist der Anbau stark zurückgegangen. In Holland sind resistente Stämme herausselektiert worden; es bleibt abzuwarten, wie weit diese Klone auch in gefährdeten Gebieten angepflanzt werden können. – VERMEHRUNG. Reine Arten durch Aussaat im Frühjahr mit über Winter trocken gelagertem Saatgut. Formen werden auf zugehörige Arten veredelt, üblich ist Kopulation oder Geißfuß. – ULMEN ALS ZIMMERPFLANZEN. In der letzten Zeit wird die an und für sich winterharte kleinblättrige Ulme *U. × elegantissima* 'Jacqueline Hillier' als Topfpflanze für kühle Räume angeboten.
Umfallkrankheit, Schwarzbeinigkeit. Sämlinge und Stecklinge von Gemüsepflanzen, besonders von Kohl, Tomate, Spinat, Möhre und Sellerie, fallen um und sterben ab; Wurzelhals schwarz verfärbt. Ursache: mehrere Pilzarten. – Abwehr: Fruchtwechsel, Saatbeeterde auswechseln, nicht zu dicht säen, Sämlinge mit Schachtelhalmbrühe oder Ledax-san (Bio-S) spritzen, beim Verpflanzen die Setzlingswurzeln in Schachtelhalmbrühe tauchen.
Umfassungsmauer → Gartenmauer.
Umgraben, galt früher als notwendige Gartenarbeit bei Abschluß des Vegetationsjahres, um Boden zu lockern und → Bodengare (Frostgare) zu fördern. Nach neueren Erkenntnissen über → Bodenleben, → Krümelstruktur, → Ton-Humus-Komplex ist U. nur auf Böden notwendig, die zur Verdichtung neigen. U. läßt sich weitgehend ersetzen durch Bodenlockerung mit → Grabegabel und bessere Bodendurchwurzelung (→ Gründüngung).
Umlaufpumpe → Pumpe.
Umpfropfen → Umveredlung.
Umrechnungsfaktor. Die Gehaltszahlen bei Mineraldüngern sind u. a. in Deutschland noch in Einheiten angegeben, die in der Natur bzw. in den Düngemitteln nicht vorkommen (chemische Recheneinheiten). Wer den tatsächlichen Gehalt eines Düngemittels an dem Nährelement wissen will, muß daher wie folgt umrechnen (abgerundete Zahlen): $P_2O_5 \times 0{,}4 = P$ bzw. $P \times 2{,}3 = P_2O_5$. – $K_2O \times 0{,}8 = K$ bzw. $K \times 1{,}2 = K_2O$. – $CaO \times 0{,}7 = Ca$ bzw. $Ca \times 1{,}4 = CaO$. – $MgO \times 0{,}6 = Mg$ bzw. $Mg \times 1{,}7 = MgO$.
Umtopfen, von Zimmerpflanzen, ist notwendig, sobald die Größe der Pflanze bzw. ihres Wurzelballens und des Topfes einander nicht mehr entsprechen. Beim U. jeweils um zwei Nummern größeren Topf (→ Topfkultur) nehmen. (1 Nummer ist 1 cm.)
Umveredlung, wenn eine Sorte nicht standortgerecht ist oder den Wünschen des Verbrauchers nicht entspricht. Früher häufig praktizierte Maßnahme bei großen, langlebigen Baumformen. Nur ganz gesunde Bäume umveredeln. Vor der U. wird in völliger → Vegetationsruhe die Krone um ⅔ im Winkel von 100–120° zurückgeschnitten, so daß nicht mehr als 5–8 Pfropfköpfe entstehen. Je nach Dicke der Äste und Zeit der U. mit Geißfuß oder hinter die Rinde pfropfen. Fester Verband, alle Wunden mit Baumwachs verstreichen.

Umweltschutz

Links: Beim Umveredeln wird die Krone stark reduziert, damit so wenig wie möglich Pfropfköpfe verbleiben. Keine Zugäste belassen! Abwurfwinkel wie in der Abbildung gezeigt einhalten. – Mitte: Die Krone ist im stumpfen Winkel abgeworfen worden, wie in der Zeichnung links angegeben. Die verbleibende Krone wurde ausgelichtet. – Rechts: Falscher Abwurfwinkel: Die Krone wird unsymmetrisch und läßt sich nach dem Umveredeln schlecht neu aufbauen.

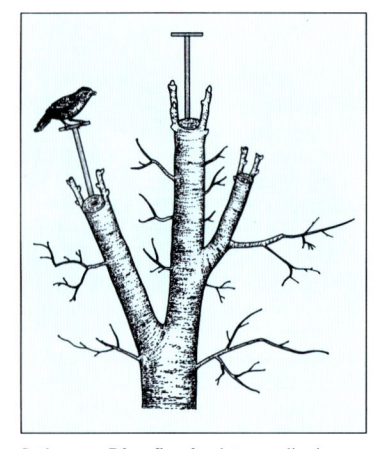

Stäbe am Pfropfkopf schützen die jungen Triebe vor Bruchgefahr durch aufsitzende Vögel. Sie können auch dem Anheften der Jungtriebe dienen. (Link)

Zum Schutz gegen aufsitzende Großvögel Sitzstangen anbringen. Je nach Durchmesser der Pfropfköpfe 1–4 Reiser einsetzen, dadurch schnelleres Überwallen der Wunde. Als Leitastverlängerung nur den bestehenden Neutrieb verwenden, alle anderen kurz halten, evtl. als Fruchtholz behandeln. Verband kontrollieren. Neutrieb stäben, um richtige Entwicklung zu sichern. Bei Sortenwahl Verträglichkeit zwischen alter und neuer Sorte beachten. → Unverträglichkeit.
Anderes U.sverfahren ist die Tasmanische Methode, wobei die alte Krone nur mäßig oder gar nicht abgeworfen wird, sondern die Reiser unter die Rinde aller Kronenorgane gepfropft werden. So können je nach Ausmaß der Krone bis 3000 Reiser eingepfropft werden; solche Bäume sind, ohne Verlust der Kronensubstanz, in 2 Jahren im Vollertrag mit der neuen Sorte. Dabei erhalten Reiser am unteren Ende Kopulationsschnitt und werden damit unter die Rinde bei T-Schnitt geschoben und angenagelt. Es können auch einzelne Ast- und Triebstummel gepfropft werden. → Veredlung.

Umweltschutz, auf die gesellschaftliche, gebaute und natürliche Umwelt bezogener Schutz, um für Mensch, Tier und Pflanze den lebensnotwendigen Raum zu sichern. Der technische U. befaßt sich z. B. mit Lärmbeeinträchtigung oder Abgasen und der biologische U. mit der Reinhaltung von Gewässern und Vegetation. – Mit Landwirtschaft, Gartenbau und den privaten Gärten jeder Art ist U. auf vielen Ebenen verknüpft. Reinhaltung der Luft: 100 qm Rasen verbrauchen in 12 Std. 1,8 kg Kohlendioxid und geben 1,2 kg Sauerstoff ab; 150 qm Blattfläche vermitteln

Umveredeln. Schwaches Holz erhält durch Kopulieren oder Geißfußveredlung ein Edelreis, starke Pfropfköpfe mehrere Edelreiser unter ihre Rinde (Rindenveredlung nach Wenck). – Kahle Astpartien: durch seitliches Einspitzen mit Bekleidungsholz versehen. (Link, Titze)

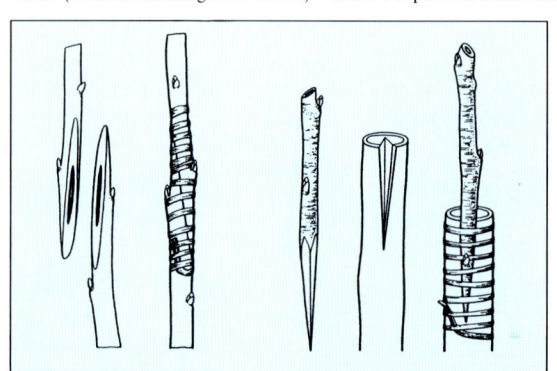

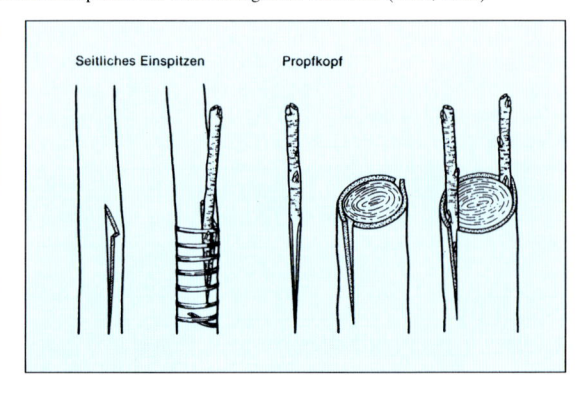

Unkrautbekämpfung

Links: Einseitiger und zu spitzer Abwurfwinkel. Solche Bäume nicht umveredeln sondern roden! – Mitte: Bei breit wachsenden Sorten und wuchshemmenden Unterlagen wird die Krone in spitzem Winkel abgesetzt. In der Regel können jedoch nur starkwachsende Bäume umveredelt werden. – Rechts: Bei Birnbäumen mit stark aufrechter Kronenentwicklung wird ein breiter Abwurfwinkel angewandt, sonst verkümmern die unteren Kronenpartien. (6 Darstellungen nach Friedrich/Preuße, Obstbau in Wort und Bild)

den Sauerstoffbedarf eines Menschen. Gärten sind deshalb ein wichtiger Faktor im Lufthaushalt, besonders in Ballungsgebieten. Gewässerschutz: Die Ausschwemmung von Nährsalzen aus Gülle u. Mineraldüngern belastet die Gewässer (Eutrophierung). Durch die besonders in Privatgärten mögliche und angebrachte organische Düngung wird somit die Gewässerreinhaltung gefördert. Abfallbeseitigung: Ein Großteil der → Abfälle aus Haus, Hof, Garten, Gewerbe kann durch → Kompostierung verwertet und in den Kreislauf der Stoffe (von Justus von Liebig düngewirtschaftlich bereits um 1850 bearbeitet) zurückgeführt werden.

Ungarwurz, *Waldsteinia.* Rosengewächse, *Rosaceae.* ◐-● ♃ ⌇. 5 Arten in Mitteleuropa, Nordasien und Nordamerika. Immergrüne Stauden mit drei- oder fünfteiligen, rauhen Blättern und goldgelben Blüten, daher auch Golderdbeere genannt. – *W. geoides,* Ungarn, Balkan bis Südrußland. Nicht kriechendes, kurzes, waagrechtes Rhizom. Blätter drei- bis fünfteilig, tief gezähnt. Blüten groß, bis zu 9 an einem Stengel, gelb. IV–VI, 25 cm. – *W. ternata (W. sibirica, W. trifolia),* Osteuropa, Sibirien bis Japan. Kriechende Ausläufer. Blätter dreiteilig, glänzend, dicht behaart. Blüten klein, bis 7 auf einem Stengel, gelb IV–V, 10–15 cm. – Verwendung als Schattenbegrüner, auch an trockenen Stellen. Boden etwas humos. Vermehrung leicht durch Teilung.

Ungras, Bezeichnung für unerwünschte Gräser, entsprechend ‚Unkraut' für unerwünschte Kräuter. Ökologisch betrachtet, handelt es sich um Wildgräser und -kräuter.

Uniola → Plattährengras.

Universalmotorgeräte, oder Mehrzweckmotorgeräte, sind bisher verhältnismäßig wenig in Gärten vorhanden, weil die Masse der Gärten zu klein ist, als daß U. wirtschaftlich verwendet werden könnten, und/oder die Gartenbesitzer keine Neigung oder Erfahrung besitzen, mit U. umzugehen. Gartenbau- und Kleingartenvereine (→ Dauerkleingartenanlagen), Gartengestaltungsfirmen, Gartenarchitekten und Gartenberater sollten deshalb für Mitglieder bzw. Kunden U. zur regelmäßigen Ausführung von Gartenarbeiten bereitstellen: z.B. Heckenschneiden, Laubkehren und -zerkleinern zwecks besserer Kompostierung, Pflügen, Fräsen, Aufsetzen von Kompostmieten, Schneeräumen. Aus Gründen des Um-

Ungarwurz, *W.ternata,* mit blaublütigen Gedenkemein, *Omphalodes verna.* (Seidl)

weltschutzes sind U. u. a. zur Grünpflege, zur Abfallbeseitigung durch Kompostierung unentbehrlich. Modelle mit Zwei- und Viertaktmotoren sowie Elektromotoren (Dauerbatterien) und vielen Zusatzgeräten sind am Markt. → Motorgeräte.

Unkräuter, wild wachsende Pflanzen zwischen Kulturen. Siehe das über → Ungras Gesagte. Die Zeit ist gekommen, das Problem der ‚Unkräuter' zumindest im Garten zu überdenken. Früher sah man in diesen Wildpflanzen nur schädliche Konkurrenten, die den Kulturpflanzen Licht, Wasser und Nahrung entziehen und zudem Zwischenwirte für schädliche Tiere (z.B. Blattläuse) oder Pflanzenkrankheiten (z.B. Rost) bilden. Inzwischen hat man auch die positiven Seiten der Wildkräuter erkannt: ihre günstige Wurzelbeeinflussung von Kulturpflanzen, ihren Wert als Futterpflanzen für Tagfalterraupen und, vor allem, ihre bedeutsame Rolle als Reservoir für räuberische und parasitische Schädlingsfeinde (Zwischenwirte! → Tachinen, → Schlupfwespen).

Unkrautbekämpfung, beginnt mit vorbeugenden Maßnahmen: Befreiung des Kompostes durch Kalkung (→ Kalkstickstoff) von keimfähigen Unkrautsamen, Reinigung des Saatgutes, Sauberhaltung von Wegen und Grenzstreifen, bestimmte Fruchtfolgen. Die Unkräuter im Garten sollten physikalisch (mechanisch) bekämpft werden: Bodenbearbeitung, Jäten (→ Bodenbearbeitungsgeräte).

539

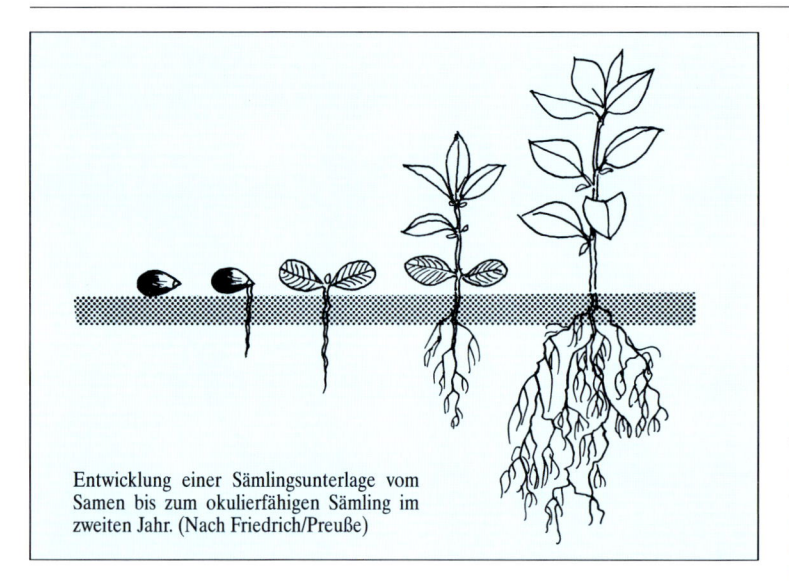

Unkrautsamenflug

Entwicklung einer Sämlingsunterlage vom Samen bis zum okulierfähigen Sämling im zweiten Jahr. (Nach Friedrich/Preuße)

Unkrautsamenflug, von benachbarten, insbesondere unbebauten und/oder nicht bewirtschafteten Grundstücken. Der durch U. Geschädigte kann nach § 1004 BGB Abhilfe verlangen, auch nach Grundgesetz Art. 14, Abs. 2: ‚Eigentum verpflichtet. Sein Gebrauch soll zugleich dem Wohl der Allgemeinheit dienen'. Selbsthilfe, z.B. durch Anwendung von Herbiziden, nach §§ 228, 904 BGB nur zur Abwendung schwerer Gefahren zulässig. Im Rechtsstreit müßte der Anwender der Herbizide die Schwere der Gefahr beweisen.

Unkrautstecher, Handgerät mit Kurzstiel (Griff), Arbeitskörper mit angeschliffener Hohlspitze, als Distelstecher vorn zugespitzter Hohlkörper, als Löwenzahnstecher auch mit Widerhaken.

Unterbeton. Im Straßenbau gewährleistet U. auf ungleichem Untergrund bessere Lastverteilung. Auf einer Frostschutzschicht wird der U. 15–20 cm stark hergestellt und durch Raumfugen vor Spannungsrissen bewahrt.

Unterboden, bodenkundlich B-Horizont, die Bodenschicht zwischen Oberboden und Untergrund, je nach Bodenart ab 15–80 cm Tiefe. Bei Gesteinsböden die Zone der Verwitterung, in der sich aus Gestein Boden bildet; bei sonstigen Böden meist durch Einschlämmung von Bodenteilen aus Oberboden verfärbt. U. beginnt bei alten Gartenböden erst bei 1 m und tiefer. → Oberboden.

Unterbodendüngung, kann auf Grund von Bodenuntersuchung notwendig sein, als Vorratsdüngung, in Verbindung mit Lockerung des Unterbodens; auf schwereren Böden mit Phosphat, Kali und Kalk, auf leichteren, durchlässigen Böden mit Phosphat und Kalk (Kali ist beweglich und gelangt durch die regelmäßige Düngung des Oberbodens auch in Unterboden). Phosphat und Kalk können kombiniert als Thomas- oder Hyperphosphat gegeben werden, bis zu 200 g/qm, Kali als Kaliumsulfat bis zu 10 g/qm oder Kalimagnesia bis zu doppelter Menge, wenn Bodenuntersuchung auch Magnesiummangel ergibt.

Unterflurberegner, → Beregnungsanlagen, → Regner.

Untergräser, Begriff aus der Grünlandwirtschaft (Wiesen, Weideland), Gegensatz zu Obergräsern. Im Gartenrasen verwendete Gräser sind ausnahmslos Untergräser.

Unterkultur, zur besseren Platzausnützung angelegte Kulturen kleinerer, raschwüchsiger Gemüsearten zwischen größeren, zum Teil auch ausdauernden Gewächsen, zum Beispiel Kohlrabi zwischen Tomatenreihen, Radies in Blumenkohl usw.; hier oft gleichbedeutend mit Zwischenkultur. Häufig auch für Gemüse- oder Erdbeerpflanzungen unter Obstbäumen verwendet; dabei entstehen große Nachteile wegen Pflege- und Pflanzenschutzmaßnahmen, welche die U. beeinträchtigen können (Rückstände von Pflanzenschutzmitteln!).

Unterlagen. Werden im Obstbau mit Edelsorten durch → Veredlung so verbunden, daß sie miteinander verwachsen.

SÄMLINGSUNTERLAGEN. In der Vergangenheit wurden Sämlings-U. bevorzugt für Anzucht großer Baumformen verwendet. Gegenwärtig hat sie an Bedeutung verloren. Sämlings-U. werden aus Samen bestimmter Samenspendersorten herangezogen, so bei APFEL: Grahams Jubiläum, Bittenfelder Sämling, Antonowka. BIRNE: Kirchensaller Mostbirne. KIRSCHE: *Prunus mahaleb* = Steinweichsel (Selektion Heimann X), *Prunus avium* (Selektion Hüttner 170 × 53), oder Sämlinge Limburger oder Harzer Herkunft. PFLAUMEN: *Prunus myrobalana alba*. PFIRSICH: Sämling von Roter Ellerstadter bzw. Kernechter vom Vorgebirge, Sämling von Elberta und Lowell. APRIKOSE: Sämling der Sorte Millionär u. a. MANDEL: *Prunus amygdalus*-Sämlinge.

TYPENUNTERLAGEN. Sind vegetativ vermehrbar. Beim APFEL größte Auswahl. Man unterscheidet Selektionsreihen M, MM, A, Da, Dab, Pillnitzer Reihen. M-Unterlagen-Selektion in East Malling/England. MM-Unterlagen sind Gemeinschaftszüchtung von East Malling und Merton aus Kreuzung zwichen M-U. und M-U. × Northern Spy. Letztgenannte blutlausresistent und mit arabischen Zahlen versehen. Von der M-Reihe sind gebräuchlich (der Wuchsstärke nach aufsteigend geordnet): 9, 26, 7, 4, 2, 1, 11. Von MM-Reihe gebräuchlich: Nr. 104, 106, 109 und 111. Da- und Dab-Klone bedeutungslos. Aus A-Reihe nur A 2. Alle U. haben unterschiedlichen Einfluß auf Wuchsstärke und Ertrag der Kultursorte, daher richtige Kombination wählen.

Von der wuchshemmenden U. für BIRNE brauchbar: Quitte EM A, ferner Provence-Quitte aus Frankreich. KIRSCHEN und Sauerkirschen nur *Prunus avium* F 12/1 = englische Selektion in East Malling, neuerdings auch schwachwachsende (z.B. Colt, Weiroot- und Gisela-Unterlagen). PFLAUMEN: *Myrobalana* B, Brompton, Pershore, Common Mussel, Große Grüne Reneklode Typ Frohn und neuere, z.B. GF 655/2. PFIRSICH: Brompton, Ackermannpflaume.

Durch Züchtung und Selektion entstehen jährlich neue U. oder werden alte für bestimmte Zwecke neu ‚entdeckt'. Zum Bespiel alte Unterlage M 9, die den schwächsten Wuchs veranlaßt. Noch schwächeren Wuchs ergibt die neueste Züchtung in East Malling aus Kreuzung von M 13 × M 8; wurde unter Bezeichnung M 27 bzw. M-Malling 27 herausgegeben. Bäume auf dieser Unterlage erreichen halb so große Ausmaße wie auf M 9. – Nur mit Apfelu. erreicht man ausreichend kleine Baumformen, die im Erwerbs- und Liebhaberanbau brauchbar sind. Bei allen anderen Obstarten veranlassen auch die Typen u. ähnlich starken Wuchs wie auf Sämlings-U. Typen-U. haben den Vorteil der völligen Erbgleichheit, so daß kaum Wuchs- und Ertragsunterschiede auftreten. – Besonders anspruchsvoll an Standort, vor allem Boden, sind die U., die den schwächsten Wuchs veranlassen: M 9, 4, 27, M 7 ist genügsam, A 2 besonders frost- und trockenresistent, veranlaßt starken Wuchs und große Baumausmaße. U. ist unmittelbarer Standort für Edelsorte und vermittelnder Standortfaktor zwischen Edelsorte und Boden. U. ist wählbar und austauschbar (Vorspann).

UNTERLAGENWIRKUNGSGESETZ (E. Kemmer): Wirken zwei oder mehr U. auf ein Gehölz, so bestimmt bei senkrechter Anordnung (Zwischenveredlung) diejenige die Baumwuchsstärke, die den schwächsten Wuchs veranlaßt, bei horizontaler Anordnung (Vorspann), die den stärksten Wuchs veranlaßt. Edelsorte wirkt auf U.wurzelsystem qualitativ und quantitativ. Edelsortenwirkungsgesetz (E. Kemmer): Einfluß der Edelsorte auf Unterlage um so deutlicher bemerkbar, je weiter sich die Lebensbedingungen der Unterlage vom Optimum entfernen. Trotz Verwachsung und gegenseitiger Beeinflussung ist Edelsorte-Unterlagen-Kombination keine physiologische Einheit, die sich gegenüber äußeren Einflüssen, z.B. Frost, einheitlich verhalten müßte. U. ist keine Lebensnotwendigkeit für Sorte, aber betriebswirtschaftlicher Faktor, weil U. die Bestandsdichte, Ertragsbeginn und -verlauf und -abschluß, Fruchtqualität und Lagerfähigkeit mit bestimmt.

Unterpflanzung. Eine lebendige Pflanzung wird nie eine Monokultur von Sträuchern oder Stauden gleicher Art und Höhe sein, sondern wie in der Natur aus mehreren Schichten unterschiedlichster Pflanzen bestehen. Im Garten werden daher unter Bäumen und Solitärgehölzen schattenvertragende Stauden und Blumenzwiebeln untergepflanzt. Zur U. sind auch Einjahrsblumen gut geeignet, beispielsweise Fleißiges Lieschen als schattenvertragende Art; siehe Foto zum Stichwort Einfassungsstauden. → Schattenstauden, → Sommerblumen-Übersichten S. 478–482.

Unverträglichkeit, zwischen Veredlungspartnern weit verbreitet. Ursachen verschiedener Art, wie Virusbefall eines der Partner, biochemische Unterschiede zwischen den Zellen, Verholzung an Verwachsungsstellen, Polyphenoloxydase als Ferment an Berührungsstellen, unterschiedliche Zugehörigkeit zu Formenkreisen (Unverträglichkeit europäischer Apfelsorten auf Malus-baccata-Unterlagen). U. kommt bei allen Obstarten vor: Pflaume, Pfirsich und Aprikose auf Prunus-Unterlagen, Stachel- und Johannisbeeren auf Ribes aureum, Birnen auf Quitte, Walnuß auf Juglans nigra versch. Spezies. – U. kann physiologisch bedingt sein, so daß Partner überhaupt nicht zusammenwachsen, oder erst nach einigen Jahren Anzeichen für Disharmonie in Form von Wulstbildung, Kümmerwuchs, vorzeitigem Verfärben der Blätter, Frühreife der Früchte und Absterbeerscheinungen zeigen. - Mechanische U. äußerlich nicht sichtbar, erst bei mechanischer Beanspruchung (Druck) kommt es zu Bruch an Veredlungsstelle.

Urbinia → Echeverie.

Urweltmammutbaum, Chinesisches Rotholz, *Metasequoia*. Sumpfzypressengewächse, *Taxodiaceae*. Nur eine Art in China. Der Sumpfzypresse sehr ähnlich, wirft wie sie die Nadeln mit den Kurztrieben ab. Ein Relikt aus der Vorzeit, schon in Steinkohleablagerung wurden Versteinerungen gefunden. In den chines. Provinzen Sichuan und Hubei wurden 1945 die ersten lebenden Exemplare gefunden. – *M. glyptostroboides*. ○–◐ ♄. Bis 50 m, pyramidalwachsende Krone, leicht ansteigende Äste, rotbraune Borke und weiche Nadeln, die im Herbst leuchtend gelb werden und dann abfallen. Charakteristisch ist die Stammvertiefung unter jedem Ast. Winterhart, äußerst raschwüchsig, zwanzigjährige Exemplare mit über 1 m Zuwachs im Jahr. Das Holz ist aber sehr weich un großfasrig. – Bodenansprüche gering. Kann im Winter auch sehr tiefe Temperaturen aushalten. Guter Parkbaum für Anlagen oder auch größere Gärten, weil raschwüchsig. – Vermehrung: Wenn Saatgut zu bekommen ist durch Aussaat auf warmen Fuß, ansonsten Stecklinge oder Steckhölzer, die sehr leicht wachsen. Stecklinge im ersten Winter frostfrei halten!

Usambaraveilchen, *Saintpaulia*. Gesneriengewächse, *Gesneriaceae*. ◐–● ♃ ⌂. Niedrige, fleischige, behaarte Stauden mit fünfzähligen, zygomorphen Blüten in Trugdolden. 10 Arten in Tansania. *S. ionantha*-Hybriden. Durch Kreuzung von *S. ionantha* und *S. confusa* entstanden fast alle unsere Sorten. Blätter gestielt, fleischig, eirund, in Rosetten angeordnet. Blüten einfach, halbgefüllt oder gefüllt; violett, blau, rötlich, rosa, weiß und zweifarbig. Miniatursorten mit winzigen Blättern und Blüten nehmen zu, es gibt auch von ihnen viele Sorten in allen Saintpaulien-Farben. – Die Bedeutung des U.s hat auch bei uns stark zugenommen, wenn auch die USA noch Vorbild bleibt. U. lieben Temperaturen um 18–20 °C, humusreiche kalkfreie Substrate in Schalen, wo sie genügend Wurzelraum haben, und schattigen Stand. Bei Besonnung bilden sich die bekannten gelben Streifen und Punkte, besonders wenn gleichzeitig die Blätter naß gemacht wurden. Während der Kultur ist Flüssigdüngung mit 3 g/l zu empfehlen. Bei sorgsamer Kultur blühen U. ganzjährig und können auch ohne weiteres mehrere Jahre alt werden. Vergreisen Pflanzen, so nimmt man rechtzeitig Blattstecklinge ab! An tierischen Schädlingen können Älchen und Milben Schwierigkeiten machen. Mehltau und Blattfleckenkrankheiten treten ab und zu auf und müssen ebenfalls bekämpft werden. – VERMEHRUNG. Die Vermehrung durch Blattstecklinge ist leicht. Ausgereifte Blätter werden geschnitten und mit dem Stiel in sandig-torfiges Substrat gesteckt. Nach 3–4 Wochen, unter Folien- oder Glasabdeckung, bei ungefähr 20 °C, haben sich die Wurzeln gebildet, der Austrieb erfolgt 2–3 Wochen später. Blattstecklinge können leicht in Briefen verschickt werden; das ist auch der Grund, warum sich in den anglikanischen Ländern so viele Liebhaber mit dem Aufbau von Sammlungen und dem Tauschen befassen. Es gibt zur Zeit ca. 1000–1200 Sorten.

Utricularia → Wasserschlauch.

UVP, Umweltverträglichkeits-Prüfung, Grundlage bei Eingriffen in den Naturhaushalt, um Belastungen der Umwelt so gering wie möglich zu halten.

Uvularia → Goldsiegel.

Usambaraveilchen, *S. ionantha*. (Dr. Jesse)

V

Vaccinium vitis-idaea → Preiselbeere.
Vallote, *Vallota.* Amaryllisgewächse, *Amaryllidaceae.* Nur 1 Art in Südafrika. – *V. speciosa (V. purpurea).* Zwiebelpflanze. Blätter linealisch, bis 45 cm lang und 3 cm breit. Blütenschaft hohl, 40 cm lang, mit drei- bis achtblütiger Dolde. Einzelblüten 8 cm breit, tiefrot mit goldgelben Staubbeuteln. – Schöne, dankbare Sommerblüher von ähnlicher Kultur wie *Hippeastrum,* doch vertragen sie keine so ausgeprägte Trockenzeit. Winterstand 6–10°C, die Blätter sollen nicht einziehen. V. bilden viele Nebenzwiebeln und werden am einfachsten durch Abnehmen solcher vermehrt. Alte Pflanzen, wie sie teilweise in bäuerlichen Gegenden zu sehen sind, sollen möglichst ungestört wachsen können; man düngt also mehr flüssig und topft nur alle 3–4 Jahre um.
Vancouveria → Schattengrün.
Vanda → Orchideen 18.
Vaniola → Orchideen.
Vatersorte. → Pollenspender. Bei Kreuzungen spendet V. Pollen.
Vegetationsruhe. Gehölze des gemäßigten Klimas haben lichtreaktionsbedingt abwechselnden Vegetationsrhythmus. Am Ende der Vegetation tritt V. ein, in der die Lebensvorgänge äußerlich nicht sichtbar sind. Alle biochemischen und physiologischen Vorgänge spielen sich verdeckt ab. V. ist kein Winterschlaf oder lebloser Zustand. Temperaturbedingt spielen sich biochemische und physiologische Vorgänge, u.a. die Vervollkommnung der Blütenknospendifferenzierung, mehr oder weniger intensiv ab. Von der Menge eingelagerter Reservestoffe ist Grad der Frostresistenz in diesem Stadium abhängig, obwohl in V. Gehölze das resistente Stadium erreichen.

Veilchen, Viola. Veilchengewächse, *Violaceae.* ○–◐. Mehrere 100 Arten, die meisten in der nördlichen gemäßigten Zone, zum Teil auch gärtnerisch kultiviert. – ZWEIJÄHRIGE. ⊙ |: ⊓. *V. Wittrockiana-Hybriden,* Gartenstiefmütterchen, Pensée. An der Entstehung dieser zweijährigen Pflanzengruppe sind wahrscheinlich verschiedene Arten beteiligt, doch läßt sich das nicht mehr genau nachweisen. Wohl verbreitetste frühjahrsblühende Zweijahrsblume auf Beeten, Rabatten, Gräbern, in Balkonkästen und Schalen. Ca. 15–30 cm, eiförmige bis leicht herzförmige Blätter. Aus 5 Kronblättern bestehende Blüten, das unterste Kronblatt ist oft größer als die übrigen. Farblich sehr variabel: ein- und mehrfarbige Züchtungen, auch mit gefleckten, gestreiften, geflammten und geränderten Blüten und dies alles in den verschiedensten Farbtönen. Hauptblüte je nach Züchtung IV–VI. – Sortiment seit etwa 1950 erheblich verändert und eingeschränkt, aber immer noch sehr schwierig zu unterteilen. Die nachfolgende Einteilung ist nur eine von vielen Möglichkeiten. – WINTERBLÜHENDE STIEFMÜTTERCHEN (Hiemalis-Typ). Alte Rasse mit relativ kleinen Blumen, sehr früher Blüte und vielen Farbsorten, durch neue Typen mit besseren Eigenschaften weitgehend überholt, insbesondere in Frühblüte, Frosthärte und Großblumigkeit. In etwa haben diese besseren Eigenschaften die neueren Rassen Aalsmeer Riesen, Vierländer Riesen, Holländer Riesen, Riesen Vorbote, Frühblühende Frostharte, Schreibers Riesen, Pirnaer Riesen, Frühe Weltriesen u.a.m. Alle diese in Mischung und in mehr oder minder vielen Farbsorten. – TRIMARDEAU RIESEN. Alte, mittelgroßblumige Klasse, wenig verbreitet. Neben einer Mischung sind Farbsorten im Handel. – SCHWEIZER RIESEN. Alte, etwas spät in Blüte kommende Rasse mit extrem großen Blumen. Wird deshalb stets außer in Mischung in verschiedenen Farbsorten angeboten. – In etwa die gleichen Eigenschaften haben die Roggli Riesen und neben einigen anderen ähnlichen, aber weniger bekannten Rassen auch verschiedene Stiefmütterchen-Hybriden. Bei den neuen $F_1 - F_2$-Hybriden der achtziger Jahre sind meistens die Nachteile der alten Sorten ausgemerzt. Sie blühen früher, sind großblütig und kompakt im Wuchs. – Anzucht am besten breit-

Wohlriechendes Veilchen, *V. odorata.* (Seidl)

Gartenstiefmütterchen, *V. wittrockiana.* 'Riesen-Vorbote'. (Herbel)

Stiefmütterchen, *V. Wittrockiana-Hybriden,* 'Jolly Joker'. (Fleuroselekt)

würfig unter schattiertem Glas etwa Anfang VII. Sofort nach der Keimung viel Licht und Luft geben und danach das Glas möglichst bald ganz entfernen. In der Regel werden die Sämlinge heute nicht mehr pikiert, sondern nach genügender Erstarkung gleich auf Anzuchtbeete verpflanzt. Herbstpflanzung an Ort und Stelle ist nur wenig verbreitet, obwohl sie empfehlenswert ist und sich zu diesem Zeitpunkt meist auch schon erste Blüten zeigen. Lediglich für Gräber wird vielfach schon im Spätherbst gepflanzt und leicht mit Tannenreisig abgedeckt. – Vollsonnige Standorte sowie nicht zu schwere Böden. – AUSDAUERNDE. Meistverbreitet Hornveilchen und Duftveilchen als Kleinstauden. – *Viola cornuta,* Hornveilchen. ○–◐ △ ⋊. Pyrenäen. Bildet Polster. Dauerblüher V–IX, 10–20 cm, an sonnigen Plätzen. Beliebte Sorten u.a.: 'Altona', cremegelb, 10–15 cm; 'Blaue Schönheit', leuchtend blau, 15 cm; 'Blauwunder' dunkellila, Dauerblüher, 15–20 cm; 'Hansa', dunkelblau, 15 cm; 'Ilona', purpurviolett. – *V. odorata,* Duftv., Wohlriechendes V. ◐–● ⋊ D. Mittelmeergebiet und atlantische Küsten. Ausläufer treiben der Erdstamm. Nierenförmige Blätter. Tiefblaue Blüten einzeln an dünnen Stielen. III–IV. Viele Sorten, wie: 'Königin Charlotte', starkduftend, violettblau, 10 cm; 'Red Charme', purpurrot; 'Triumph', große tiefblaue Blüten, 15 cm. – *V. labradorica,* Nordamerika. ◐–● IV–V ⋙. Blüht blau, nichtduftend. – *V. papilionacea,* Pfingstveilchen, östliches Nordamerika. ◐–● ⋙. Langgestielte, nierenförmige Blätter, große tiefblaue Blüten, nichtduftend. IV–V, 15–20 cm. Reinweiße Sorte: 'Immaculata'. – Verwendung: Hornv. auf sonnigen Standorten, die übrigen Arten Halbschatten bis Schatten. Alle auf nicht zu schweren Gartenböden. – Vermehrung durch Teilung.

Veltheimie, *Veltheimia.* Liliengewächse, *Liliaceae.* ○ ♃ ☐ ⋊. Zwiebelpflanzen mit mehreren grundständigen Blättern und ansehnlichen Blüten auf 50 cm hohen Schäften. 5 Arten in Südafrika. – *V. capensis (V. viridifolia).* Frühjahrsblüher. Aus der Zwiebel kommen die 30 cm langen und 12 cm breiten, am Rand gewellten Blätter hervor, der blattlose Schaft erreicht 50–60 cm Höhe. Die gelblichgrünen, unten roten Blüten stehen in dichten ährigen Trauben. – V.n machen während des Sommers eine Ruhezeit durch, man hält sie von V–VIII trocken. Dann pflanzt man um und gießt, die Blätter entwickeln sich, man hält sie hell und während des Winters bei 8–12 °C. Kultur in sandigen, durchlässigen Substraten, die aber nährstoffreich sein müssen. – Vermehrung: Brutzwiebeln abnehmen.

Venusfliegenfalle → Insektivoren 2.
Venushaar → Farne 1, → Pfauenradfarn.
Venusschuh → Orchideen 6.
Venuswagen → Eisenhut.
Verbandpflanzung, das Pflanzen im Verband, zumeist im Dreierverband angewandt.
Verbascum → Königskerze.
Verbena → Verbene.
Verbene, Eisenkraut, *Verbena.* Verbenengewächse, *Verbenaceae.* ○ ⊙ |: ☐. Die meisten der etwa 200 Arten sind in Südamerika heimisch. In der Regel gegenständig oder quirlig gestellte Blätter. Blüten in endständigen, mehr oder minder dichten Ähren. Einige Arten sind als Sommerblumen von Bedeu-

Verbene, *V. rigida,* Schmuckkörbchen, *Cosmos,* und Stauden. (Drave)

tung. – *V. canadensis (V. aubletia).* Bei uns ausschließlich einjährig kultiviert, und zwar in nur ca. 20 cm hoch werdenden dunkelrotvioletten Selektionen. Dadurch sehr kompakt und geschlossen und auch dank ihrer reichen Blüte bestens für niedrige Beete und Rabatten geeignet. Ausgesät wird III unter heizbarem Glas. Sämlinge nach Möglichkeit pikieren. Nicht vor Ende V an vollsonnige Standorte und auf gut wasserdurchlässige Böden auspflanzen. Blüte kaum vor VII, dann aber ununterbrochen bis Frost, insbesondere wenn hin und wieder durch Dunggüsse nachgeholfen wird. – *V. Hybriden (V. × hybrida),* Gartenverbenen. Diese Formengruppe ist aus Artenkreuzungen hervorgegangen, bei uns nur einjährig kultiviert, die am meisten angebaute Verbenenart. Früher dominierten großblumige Züchtungen,

Veredlung

Von links: Einjährige Veredelung nach der Pflanzung. – Aufrechter, kräftiger Wuchs im Jugendstadium des Baumes, der nicht trägt, wenn er scharf geschnitten wird. – Stadium des beginnenden Ertrages bei naturgemäßer Krone. – Krone geht in die Breite, kommt in Vollertrag. Jetzt intensiv schneiden, um alle unproduktiven Organe zu entfernen und Krone aufzulockern. – Neutrieb und Ertrag nur auf den äußersten Kronenbereichen, da Kronenmitte verdichtet, verkahlt und unproduktiv. (Nach Fiedrich/Preuße)

45 cm und höher. Spätestens ab Mitte der 60er Jahre aber wurden die reicher blühenden, kleinblumigen und nur 20–25 cm hoch werdenden 'Compacta'-Formen immer bedeutungsvoller. Blühen schon ab VI, in vielen Farben, von Weiß über Blau, Rosa und Rot bis Purpur und dies nicht nur einfarbig, sondern vielfach weiß geäugt. Deshalb nicht nur für bunte Beete verwendet, auch zur farblichen Belebung von Balkonkästen, Schalen usw. – Aussaat bereits II, Topfen der Sämlinge empfehlenswert. Pflanzung, Standort, Pflege usw. wie bei *V. canadensis*. – *V. peruviana*, mit leuchtendroten Blüten. Wird meist einjährig gezogen. Verwendung als bodendeckende Sommerblume oder als Ampelpflanze. – *V. rigida* (*V. venosa*). ⚹. Wie die vorgenannten Arten bei uns nur einjährig kultiviert. Anzucht und Kulturbedingungen wie *V.-Hybriden*, auch Blüte schon VI. Kulturformen ca. 30 cm, tiefblaue Blütenähren. Wirken neben weißblättrigen Sommerblumen, z. B. *Senecio*, be-sonders gut. Gelegentlich auch zum Schnitt verwendet.

Veredlung, das Übertragen einer Sorte auf die → Unterlage oder andere Sorte (→ Umwandlung). In Baumschule überwiegt sommerliche → Okulation oder Kopfveredlung der → Stammbildner durch Kopulation, wenn Stamm und Reis gleich stark sind. Kopulation auch bei Handveredlung der Unterlagen bei gleich starken Partnern. Verbesserte Kopulation mit Gegenzungen. Ist Unterlage stärker als Reis, wird Anschäften, Anplatten, Geißfußpfropfen, Rindenpfropfen angewandt. Das letztgenannte Verfahren wird spät ausgeführt: nach Beginn der Vegetation, wenn Rinde der Unterlage oder des umzupfropfenden Baumes löst. Die anderen Verfahren (Anschäften, Anplatten, Geißfußpfropfen) in völliger Vegetationsruhe. Edelreis muß in allen Fällen bis zum Zeitpunkt der Veredlung ganz in Vegetationsruhe bleiben, sonst Mißerfolge. Daher bei 2°C lagern. Verband aus Raffia-Bast und Abdichten aller Wunden mit Baumwachs erforderlich.

Veredlungsband, zum Befestigen der Reiser bzw. der Augenschilder bzw. -platten notwendig. Raffia-Bast, der nicht elastisch ist und Einschnürungen durch Dickenwachstum der Veredlungspartner verursacht, wird in jüngster Zeit durch Plastik- oder Gummibänder ersetzt. Raffia-Bast wird von der Raphia-Palme gewonnen. Raphia-Palmen haben einen kurzen dicken Stamm und eine endständige Krone aus großen, bis 15 cm langen Fiederblättern. Alle Arten sind wichtige Nutzpflanzen; sie liefern Fasern und Wein.

Veredlungsmesser → Messer.

Veredlungsstelle, die Stelle der Unterlage, an der die → Veredlung vorgenommen wurde, so Wurzelhals bei → Okulation, Stamm bei Stammbildner, Leitäste bei Gerüstbildnern und einzelne Äste beim Umpfropfen. → Umveredlung.

Vereinzeln. Entfernen zu dicht stehender und überzähliger Pflanzen bei Reihensaaten oder Breitsaaten unter Belassen aller kräftigen, gesunden Pflanzen, die sich zu guten Einzelpflanzen entwickeln sollen.

Verfilzung → Rasenpflege.

Verfrühen, bzw. Verspäten, das Ausschöpfen technischer Möglichkeiten, die Nutzung des Freilandes im Frühjahr vorzuverlegen bzw. im Herbst zu verlängern. Heute meist durch Überdecken mit Kunststoff-Folien oder Vliesen; früher auch durch → Wanderkasten. Normalerweise lassen sich

Verbene, *V. Hybriden*. (Dr. Jesse)

Wulstbildung bei Veredelung auf Unterlage M 9. Der Wulst soll immer etwa 10 cm über der Erdoberfläche stehen, damit die Edelsorte keine eigenen Wurzeln bilden (sich nicht freimachen) kann. (Dr. Link)

Links Floratherm®-Vermehrungsbeet, daneben Saatschalen mit Abdeckhauben. – Rechts Floratherm®-Vermehrungsbeet 3 HA mit Wachstumsleuchte 160 W. (Kuno Krieger)

dadurch im Frühjahr und Herbst 2–3 Wochen Kulturzeit gewinnen.

Vergilbung → Chlorose.

Vergißmeinnicht, *Myosotis.* Boretschgewächse, *Boraginaceae.* ☽ ⊙ |: ⬜ ✂. Rund 50 Arten in Europa und Amerika. Meist spiralständige, längliche Blätter mit Blüten in trauben- bis ährenförmigen Wickeln. Wenige gärtnerisch kultiviert: unter Glas für Schnitt, als Zweijahresblume oder als Staude. – *M. sylvatica.* Beliebte Zweijahrsblume für niedrige bunte Beete und Rabatten, Grabbepflanzung, hochwachsende Züchtungen gelegentlich auch für Schnitt. Am beliebtesten sind die tiefblau blühenden Sorten mit niedrigem, kompaktem Wuchs. Hauptblütezeit V–VI, für Frühjahrsblüher relativ spät. – Aussaat VI–VII unter Glas. Der Samen ist sehr keimempfindlich und muß deshalb bis zum Auflaufen ständig feucht liegen. Nach dem Auflaufen viel Licht und Luft geben; das Glas baldmöglichst abnehmen. Nach genügendem Erstarken werden die Sämlinge meist büschelweise im Abstand von 15–25 cm auf Anzuchtbeete im Freiland verpflanzt, im Spätherbst oder im zeitigen Frühjahr. Herbstpflanzung ist empfehlenswert, jedoch in ungünstigen Lagen etwaiger Kahlfröste wegen mit etwas Reisig abdecken. – Lehmig-humoser Boden mit ausreichendem Wasserhaltevermögen.

Vergreisung, Erschöpfungszustand bei Obstgehölzen infolge Vernachlässigung von Schnitt, Düngung und Bodenpflege. Dadurch häufen sich in Krone unproduktive Organe, die auf Kosten der produktiven schmarotzen. Kurztriebigkeit, altes, quirlartiges Fruchtholz, Alternanz, schlechte Fruchtqualität, vorzeitige Abgangserscheinungen sind äußere Merkmale von V., die an ein bestimmtes Baumalter nicht gebunden ist. Es gibt junge vergreiste und alte, aber vitale Gehölze. Das Baumalter wird vom Zustand des Fruchtholzes bestimmt. Wuchshemmende Unterlage und vernachlässigte Pflege fördern vorzeitige V. Verjüngen hilft hier selten.

Verjüngungsschnitt → Erneuerungsschnitt.

Verlängerungstrieb, jeder Trieb, der Stamm, Ast, Zweig verlängert, sei es aus Terminal-, sei es aus oberster Knospe nach Rückschnitt.

Verlegungsarten. Auf Wegen und Plätzen werden Platten, Pflaster- und Ziegelsteine nach sogenannten Verbänden entweder in Sand oder in Mörtel verlegt. Je nach Belastung und Plattenmaterial ist der Unterbau vorzubereiten und als Tragschicht Sand, Kies oder Beton zu wählen, auf die dann kleinformatige Steine in Zement- oder Kalkmörtel und große Platten in Sand gelegt und verfugt werden.

Vermehrung, die Vervielfältigung von Pflanzenarten und Pflanzensorten. 1. Generativ = geschlechtlich, d.h. durch Samenaussaat (nur bei *reinen* Arten, im Gemüsebau auch bei gezüchteten Sorten). 2. Vegetativ = ungeschlechtlich bei Stauden und Gehölzen, durch a) Teilung, b) Stecklinge, c) Blattstecklinge, d) Wurzelschnittlinge, e) Ausläufer, f) Rißlinge. Bei Gehölzen auch noch durch → Ableger, → Steckholz, durch → Anhäufeln, Abtrennen und → Veredlung. 3. Meristemvermehrung, → Gewebekultur.

Vermehrungsbeet, Beet im Gewächshaus auf dem Tisch oder auch auf dem Grundbeet, in das die Stecklinge ge-

Arbeits- und Verpflanztisch (Kuno Krieger)

Vermehrungskasten

steckt und zur Bewurzelung gebracht werden. Auch → Steckholz und Veredlungen bei Gehölzen werden im V. kultiviert.

Vermehrungskasten, zumeist ein Frühbeetkasten, hat bei Fensterauflage und luftdichtem Abschluß dieselbe Aufgabe wie ein Vermehrungsbeet.

Vermehrungskrankheit → Umfallkrankheit.

Vernonia → Vernonie.

Vernonie, *Vernonia.* Korbblütler, *Compositae.* ○–◐ ⚘ ⌇ Bie. Über 500 Arten in Amerika, Afrika und Asien, davon nur 2 in unseren Gärten. Hohe bis sehr hohe Stauden, meist an Ufern oder in feuchten Wäldern wachsend. – *V. crinita,* Nordamerika. Bekannteste Art, mit sehr hohen, aufrechten Trieben. Blätter linealisch, fein gezähnt. Blütenstand aus 60–70 Einzelblüten, rotviolett. VIII–X, 180–250 cm. – *V. noveboracensis,* östliche USA. Blütenstand lockerer, aus vielen gestielten Einzelblüten, purpurrot. VIII–IX, 60–120 cm. – Verwendung im Wildstaudengarten und Park als imposante Solitärstauden. Boden anspruchslos, etwas feucht. Vermehrung durch Aussaat und Teilung.

Veronica → Ehrenpreis.

Verpflanzen. 1. Umpflanzen von Jungpflanzen aus dem Saat- und Vermehrungsbeet auf das Freilandbeet oder das Pflanzen an den endgültigen Standort. Auch das Umtopfen von kleineren in größere Töpfe wird als V. bezeichnet. – 2. Ältere Gehölze werden selten verpflanzt, da nur dann erfolgreich, wenn großes → Wurzelsystem mitgenommen wird. Aus technischen und finanziellen Gründen im Liebhabergarten selten möglich. Oft wird verlangt, daß zu nahe an die Grenze gepflanzte Gehölze (→ Grenzabstand) verpflanzt werden. Fünf- bis achtjährige Bäume auf wuchshemmenden → Unterlagen kann man noch ohne Komplikationen verpflanzen. Ältere Gehölze, namentlich auf wuchsfördernden Unterlagen, wachsen schlecht, langsam an und verlangen besondere Fürsorge. Deshalb roden und junge Gehölze pflanzen.

Verrierpalmette → Baumformen.

Verschlämmung, entsteht bei strukturschwachen Böden (→ Bodenstruktur) durch überstarke Beregnung, Gewitterregen, Überschwemmung. Vorbeugung: → Bodenbedeckung und → Bodenverbesserung. Nachträglich: Hakken.

Verschulen, Fachausdruck der Baumschulen, der für alle holzartigen Gewächse dieselbe Arbeit bezeichnet wie unter → Verpflanzen angegeben.

Versenkregner → Beregnungsanlagen, → Regner.

Versorgungsleitungen, im Wohnungsbau zur Infrastruktur gehörende technische Einrichtungen wie Wasserleitung, Abwasserkanal, Stromkabel, Gasleitung, Fernheizung und Telefonkabel, die in gesonderten Gräben und Schächten untergebracht sind.

Versteckblüte → Cryptanthus, Ananasgewächse 2.

Verstopfen → Pikieren.

Verticutieren, gehört zur Rasenpflege vornehmlich des Intensivrasens, mit motorbetriebenem Verticutiergerät, im kleinen privaten Rasen mit dem Lüftrechen. → Rasenpflegegeräte.

Vertikalschneiden → Verticutieren.

Verwundungen von Obstbäumen entstehen oft beim Absägen stärkerer Äste durch das ‚Ausreißen' des Holzes. Vermeidung: Ast erst von unten, dann von oben einsägen. Auch → Aststummel und Frostrisse bedeuten Wunden und damit Eingangspforten für Krankheitserreger. Alle Wunden reinigen (totes Gewebe entfernen) und mit rotem Wundwachs (→ Baumteer) oder einem Lehm-Kuhmist-Verband verschließen. Auch Krebswunden werden mit einem normalen Wundverschlußmittel abgedeckt (nach dem Ausschneiden).

Verziehen, das Ausdünnen und Entfernen der schwachen Keimlinge und Jungpflanzen auf Saatbeeten, um den stärkeren, gesunden Jungpflanzen eine gute Entwicklung zu verschaffen, besonders bei Reihensaat (→ Aussaat). Eine zeitaufwendige Arbeit, die durch pilliertes Saatgut und → Saatband erleichtert bzw. erübrigt wird.

Viburnum → Schneeball.

Vicia faba → Ackerbohne, → Puffbohne.

Viereckpflanzung, der Pflanzabstand in der Reihe ist kleiner als zwischen den Reihen oder umgekehrt. Meist bevorzugtes Pflanzsystem, da beste Standraumnutzung. → Quadratpflanzung.

Viereckregner → Regner.

Viertelstamm → Baumformen.

Vinasse, weitgehend entzuckerte Rübenmelasse, organischer Flüssigdünger mit Kern- und Spurennährstoffen, darunter 3,5–4 % N als organisch gebundener Stickstoff und 7–8 % Kali (K_2O) in der Trockenmasse. Durch Gehalt an Kohlenhydraten und Eiweiß vervielfacht die V. Bodenorganismen, verbessert Bodengare und Erträge, besonders bewährt bei Kartoffeln, Getreide und Feldgemüse. Die fließfähige V. wird tröpfchenförmig aufgesprüht und, zusammen mit Ernterückständen, mit rotierenden Geräten oder Kultivator flach in den Boden eingebracht, → Kompost (Flächenkompost), → Mulchen. Seit Anfang der neunziger Jahre mit Spritz- und Sprühgeräten versuchsweise auch im Gartenbau angewandt (→ Bekämpfungsgeräte → Hydronette). Aufwandmengen 25–35 kg/a.

Vinca → Immergrün.

Viola → Veilchen.

Viren. Einzahl: das oder der Virus. Stab- oder kugelförmige Krankheitserreger bei Mensch, Tier, Pflanze und Bakterien von submikroskopischer Größe; erst durch das Elektronenmikroskop sichtbar gemacht. Werden von manchen Forschern als Grenzformen zwischen unbelebter und belebter Materie betrachtet, weil sie z.T. in kristalliner Form unbeschränkt lange aufbewahrt werden können. Die pflanzenschädlichen V. benutzen stets Wunden als Eingangspforten in die Gewebe. Übertragung von Pflanze zu Pflanze unter anderem durch stechend-saugende Tiere, insbesondere Blattläuse. In ihrer wirtschaftlichen Bedeutung stehen die V. hinter den schädlichen Tieren, Pilzen und Bakterien zurück.

Viruskrankheiten, Virosen. Von → Viren verursachte Krankheiten. Die Virosen der Gartenpflanzen sind durch folgende Symptome gekennzeichnet: Mosaikartige Hell-Dunkel-Fleckung (Tomaten, Bohnen, Chrysanthemen), hell verfärbte Blattadern und Wachstumshemmung (Dahlien), frühzeitiges Austreiben von Seitenknospen (viröse Triebsucht des Apfelbaums), gelbe Blätter, die in der Mitte nach oben gefaltet sind (Pfirsichgelbsucht). – Abwehr: Das Entfernen der kranken Pflanzen oder Teile bildet das einzige direkte und sichere Mittel; noch keine chemischen Virusvernichtungsmittel bekannt. Durch Bekämpfung der wichtigsten Überträger, der Blattläuse, kann man die Einschleppung oder Austreibung von Virosen weitgehend verhindern.

Vernonie, *V. crinita.* (Herbel)

Vogelschutz

Großraumnisthöhle mit Brutraum, über einem Ast aufgehängt. – Fledermaushöhle. Ein ähnlicher Typ kann in Vogelnisthöhle umgerüstet werden. – Halbhöhle an Hauswand für Halbhöhlenbrüter. – Nisthöhle mit Marderschutz durch vorgezogenes Einflugloch. (Schwegler)

Viscum → Mistel.
Vitis → Rebe.
Vitis voineriana → Kastanienwein.
Vögel. Als Vertilger schädlicher Insekten werden im Garten vor allem Meisen, Gartenrotschwanz, Buchfink, Kleiber, Baumläufer, Zaunkönig, Grasmücken und Laubsänger nützlich. Sie sollten deshalb geschont und gefördert werden (→ Vogelschutz, → Vogelbad, → Winterfütterung). Ihnen stehen als Schädlinge gegenüber: Feld- und Haussperling, Grünfink, Tauben (Samenfresser) sowie Amsel und Star (Früchtefresser, z.B. Kirschen und Erdbeeren). Dem Obstfraß des Stars steht allerdings sein Nutzen durch Vertilgung von Wiesenschnaken und anderen Bodenschädlingen gegenüber. Gegenmaßnahmen: → Vogelabwehr.
Vogelabwehr. Von allen im Garten schädlich auftretenden Vogelarten dürfen nur Haus- und Feldsperling gefangen oder geschossen werden; die übrigen Arten sind geschützt. Der Fang von Sperlingen ist notfalls mit der → Schwing'schen Sperlingsfalle möglich. Allgemein haben sich als mechanische Abwehrmaßnahme → Schutznetze bewährt. Akustische (Knallapparate) und optische Abschreckmittel (Metallbänder, Vogelscheuchen) sind dagegen unzuverlässig. Mit selbst hergestellten Spritzmischungen (→ Schweizer Kalkmilch, → Theobald'sche Lösung) kann man im Winter Knospenverbiß durch Vögel an Obstbäumen und Beerensträuchern verhindern.
Vogelbad, Vogeltränke. Man kann insektenfressende Vögel (Meisen, Buchfink, Rotschwanz u.a.) im Garten eingewöhnen, wenn man ihnen außer anderen Dingen (→ Winterfütterung, → Vogelschutz) während des ganzen Jahres Wasser zum Trinken bzw. Baden darbietet. Das flache Wassergefäß muß katzensicher auf freier Rasenfläche (in genügender Entfernung von Sträuchern und Stauden) aufgestellt sein.
Vogelbeerbaum → Eberesche.
Vogelkirsche, *Prunus.* Rosengewächse, *Rosaceae.* In Europa und Westasien beheimatet. Name nach den schwarzen Früchten, die leicht bitter schmecken und vorwiegend von Vögeln genommen werden. – *P. avium.* ○ ♄ IV–V D. Bis 20 m, pyramidale Krone, viele seitliche Kurztriebe, eiförmige Blätter. Die weißen Blüten duften leicht; in mehrblütiger Dolde. Mit ihren Unterarten namhaft an unseren Kultursorten der Süßkirsche beteiligt; wird vielfach als Unterlage für Süßkirschensorten sowie Japanische Zierkirschen herangezogen. Gartenform 'Plena' mit dicht gefüllten, weißen Blüten blüht etwas länger als die Art. – Kalkhaltiger Boden, Licht und etwas Wärme. Gegen stagnierende Nässe sehr empfindlich, ungünstig sind auch nährstoffarme Sandböden. Bei ungünstigen Bedingungen Krankheiten, insbesondere Gummifluß. – Vermehrung durch Aussaat mit stratifiziertem Saatgut. Die Form 'Plena' wird auf V.n-Sämlinge veredelt.
Vogelmiere → Rasenunkräuter 3.
Vogelschäden → Vögel.
Vogelschutz. Der Schutz nützlicher Vögel im Garten besteht in der Hauptsache in einer Darbietung von Brut- und Schlafgelegenheiten: bei Höhlenbrütern (vor allem Star, Meisenarten, Gartenrotschwanz, Kleiber, Wendehals und einige Schnäpperarten) Nistkästen aus Holz oder besser Holzbeton; bei Halbhöhlen-(Nischen-)brütern (vor allem Gartenbaumläufer, Hausrotschwanz, Grauer Fliegenschnäpper und Bachstelze) käufliche Halbhöhlen oder selbstgefertigte Nisttaschen aus Zweigen oder Bretter, die 20 cm unter dem überstehenden Dach angebracht werden (womit man auch den Nestbau der Mehlschwalbe sehr erleichtern kann); bei Freibrütern (vor allem Buchfink, Zaunkönig, Grasmücken, Goldammer, Heckenbraunelle, Girlitz, Hänfling und Dompfaff) Vogelschutzgehölze in Form von Vogellauben, Rosen u.a. Gebüschen und Hecken. Das Flugloch der Nistkästen sollte nach Osten gerichtet sein und möglichst durch unterschiedliche Größe verschiedene Vogelarten ansprechen. So benötigen der Star 45 mm, die Kohlmeise 34 mm sowie Blau- und Sumpfmeise, wenn sie sich gegen die stärkere Kohlmeise behaupten wollen, 28 mm Durchmesser. Der Gartenrotschwanz bevorzugt wegen seiner langen Beine ein Flugloch von 45 mm, wird dann aber oft vom Star verdrängt. Man wählt daher ein langovales Loch von 30 × 45 mm, das für den Star zu schmal ist. Feinde der Gartenvögel sind Eichhörnchen, Häher, Elster, Katze und

Katzenabwehrgürtel für Baumumfang bis 70 cm bzw. 115 cm. Schützt Frei- und Höhlenbrüter. (Schwegler)

Vogelschutzgehölz

Futterglocke für Körnerfresser wie Meisen, Kleiber, Grünling und Weichfutterfresser wie Amsel, Rotkehlchen und Zaunkönig. (Schwegler)

Marder. Hiervon ist am schlimmsten das Eichhörnchen, das in Baumregionen und an Hauswänden, wo die Katze nicht hinkommt, die Eier und Bruten der Frei- und Nischenbrüter räubert. Auch nagt es die Löcher von Holznistkästen auf, um an die Brut zu gelangen. Gegen Katze (man sollte bedenken, daß sie den Garten von Wühlmäusen freihält), Marder, meist auch Eichhörnchen schützt ein alter Eimer ohne Boden, der, seitlich aufgeschlitzt, um den Baumstamm geklemmt wird, oder ein Stachelgürtel aus Draht. Allgemein schützt gegen die drei Räuber ein Holzbetonkasten mit einem Vorbau vor dem Flugloch, wodurch ein Hineingreifen unmöglich gemacht wird. Gelegentlich werden Nistkästen auch von einem Sieben- oder Gartenschläfer oder einer Haselmaus bewohnt. Diese an ihrem buschigen Schwanz (die Haselmaus auch an ihrer gelblichen Farbe) kenntlichen ‚Schläfer' oder ‚Bilche' sind seltene, nachtaktive Tiere, die unter Naturschutz stehen. Man sollte sie gewähren lassen und dafür einen anderen Nistkasten aufhängen. Gegen Wespen- (einschließlich Hornissen-) oder Hummelnester in Vogelnistkästen sollte man nichts tun. Die Wespen füllen ihre Larven mit Insekten, und die Hummeln sind wichtige Bestäuber. Außerdem sind Bekämpfungsmaßnahmen am oder im Kasten gefährlich! Notfalls Schädlingsbekämpfer oder gar Feuerwehr holen. Oberstes Gebot bei Verwendung von Nistkästen: im Winterhalbjahr säubern! Dabei können Wespen-, Hornissen- und Hummelnester gefahrlos beseitigt werden, weil sie spätestens ab Ende Oktober leer sind. Für die im Winter bei uns bleibenden Vögel gibt es vom Spätherbst ab, wenn die Spinnen und Insekten sich zur Winterruhe verkrochen haben, in unseren gepflegten Gärten nicht genug Samen als Winternahrung. Deshalb sollte man sie im Winter füttern. Das käufliche Samenfutter besteht fast vollständig aus den bewährten Sonnenblumenkernen und Hanfkörnern. Speziell Meisen lieben Fett, weshalb hier die Samen in Talg (Talgrinde oder -knödel) eingebettet werden. Bei anderen Futterarten ist Vorsicht geboten. Insbesondere eignen sich gesalzenes Fett, Sauerbrot und Küchenabfälle nicht zur Winterfütterung. Werden Futterhäuser verwendet, sind diese regelmäßig von Kot und Futterresten zu säubern (Fütterungsfläche mit heißem Wasser scharf abbürsten), da sich sonst rasch Krankheitserreger ansammeln und die Vögel infizieren.

Vogelschutzgehölz, stark verzweigte und dornige Gehölze, die einen gewissen Schutz bieten und zugleich guten Nestbau ermöglichen.

Vogeltränke → Vogelbad.

Volldünger → Mehrnährstoffdünger.

Vollschnitt → Obstbaumschnitt.

Vorbeugung, Pflanzenhygiene. Vorbeugen ist besser als heilen – gilt auch im Pflanzenschutz. In diesem Sinne wirken 1. Absperrmaßnahmen (Pflanzenquarantäne), amtliche Einfuhrkontrollen von Pflanzen und Früchten; 2. Erzeugung und amtliche Anerkennung gesunden Saat- und Pflanzgutes; 3. Resistenzzüchtung (→ Resistenz) sowie 4. Kulturmaßnahmen: geeignete Standortwahl (→ Standort), → Sortenwahl, → Fruchtfolge, → Düngung, → Unkrautbekämpfung, richtige Standweite der Pflanzen, Bodenlockerung u. a. Im Einzelfall Pflanzenschutzamt befragen. Vorbeugender Pflanzenschutz durch Kulturmaßnahmen ist im biologischen Landbau Voraussetzung für ausreichende Wirkung schwachgiftiger bzw. Pflegemittel. Siehe auch → Biologischer Landbau.

Vorfrucht → Anbauplan.

Vorfrühlingsstauden, sind durch ihr frühzeitiges Blühen in den Monaten II und III von besonderer Schönheit.

Adonis amurensis
– vernalis
Cyclamen coum
– repandum
Draba bruniifolia

Nisttasche: Die Zweige werden mit den Spitzen (links) angebunden, dann hochgebogen und an den Stielen festgebunden.

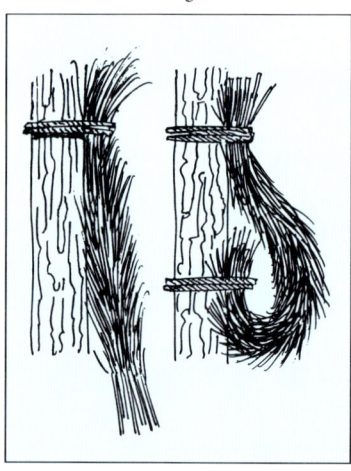

Spatzensichere Meisenfuttergeräte: Links Futterglocke, rechts (nach Windscheif) eine 2-Liter-Korbflasche, mit einem Konservenglasdeckel in 1 cm Abstand.

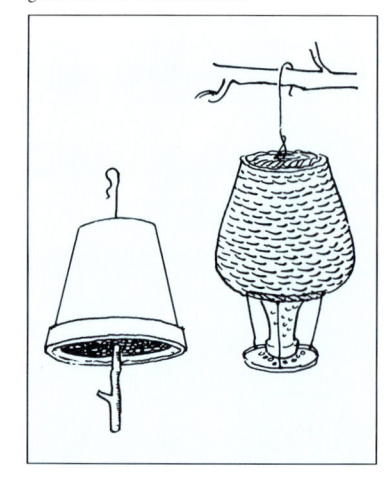

Helleborus atrorubens
– *niger*
– – 'Maximus'
Hutchinsia alpina
Iberis saxatilis
Primula vulgaris (acaulis)
– Elatior-Hybriden 'Grandiflora', 'Pacific'
Saxifraga marginata
– *elisabethae*

Vorgarten, in der Baunutzungsverordnung klar definierte Abstandsfläche zwischen Straße und Baugrenze, die im Genehmigungsverfahren für Wohngebiete festgelegt wird. Der V. erweitert optisch den Straßenraum. Zweckmäßig ist eine Zusammenfassung von mehreren V. ohne einengende Einfriedung. Der V. soll sparsam bepflanzt sein, wobei Wert auf → Solitärstellung der Gehölze zu legen ist.

Vorgartenrasen, kaum betreten, nur zum Schmuck, pflegeleicht, wenig Schnitt, wenig Düngung.

Vorkaufsrecht, räumt eine Anwartschaft für den Fall eines Verkaufs ein, z.B. auf den Erwerb eines benachbarten Gartens. Gesetzliches V. haben Miterben, falls die übrigen Miterben ihre Anteile verkaufen wollen. V. durch Vertrag ist nicht vererblich und nicht übertragbar und gilt nur für *einen* Verkaufsfall. Im Grundbuch eingetragenes („dingliches") V. kann für mehrere oder alle Verkaufsfälle bestellt werden und verpflichtet den jeweiligen Eigentümer. – In Österr. haben Miterben *kein* Vorkaufsrecht.

Vorkeimen, auch Vortreiben, die Anregung zum Austreiben bei Wurzeln und Knollen, um einen Wachstumsvorsprung, evtl. eine frühere Ernte zu erzielen. Bestes Beispiel: Frühkartoffel. Weiteres Beispiel: schwer und langsam keimende Staudensamen in Sand einmischen und nach genügender Quellung von ca. 6–8 Wochen aussäen. → Stratifizieren.

Vorkultur → Anbauplan.
Vorspann → Schnitthilfen.
Vriesea → Ananasgewächse 2.

W

Waagrechtbinden der Zweige und Triebe, denen man die aufrechte und wuchsgünstige Stellung nehmen und die man zu Fruchtungsorganen umwandeln will. Strenges Waagrechtbinden nicht günstig, weil oft nach oben stehende Knospen viele Triebe bilden (Oberseitenförderung) und Ertrag ausbleibt. Daher leicht schräges Binden besser, bei Steinobst unbedingt notwendig. Auch bei Formieren und Kronenerziehung gebräuchlich.

Wacholder, *Juniperus*. Zypressengewächse, *Cupressaceae*. Immergrüne, reichverzweigte Sträucher oder kleinere, manchmal auch größere Bäume; etwa 40 Arten auf nördlicher Halbkugel von tropischen Gebirgen bis Polarzone. Gegen- oder quirlständige Blätter, in der Jugend stets nadelförmig, im Alter auch schuppenförmig. Blüten ein- oder zweihäusig; Wacholderbeeren mit mehreren Samen. Name aus den althochdeutschen Wörtern ‚wachal' (lebensfrisch, munter) und ‚der' (Baum oder Strauch) zusammengesetzt. In Bayern und Österreich sind Kranawit und ähnliche Namen gebräuchlich, die sich vermutlich von Granne, wegen des stechenden Laubes, ableiten. – *J. chinensis.* ○–◐ ℏ–ℏ IV–V i. China, Japan und Mongolei. In seiner Heimat bis 20 m, bei uns in Kultur nur strauchig mit niederliegenden Ästen oder breit kegelförmig. Es gibt männliche und

Wacholder, *J. communis*. (Seidl)

Blauzederwacholder. *J. squamata* 'Blue Star'. (Seidl)

weibliche Pflanzen, viele Gartenformen, die sich in Wuchs und Nadelfarbe unterscheiden: 'Blaauw's Varietät', bis 1,50 m, mit nach allen Seiten abstehenden Ästen und graublauen Nadeln; 'Hetzii', bis 3 m, strauchiger Wuchs, blaugrün; 'Pfitzeriana', bis 4 m hoch und breit, mit abstehenden Ästen, überhängenden Triebspitzen und hellgrünen Nadeln, wird in Kultur oft hochgebunden; 'Pfitzeriana aurea', goldbronzegelb, sonst wie 'Pfitzeriana', 'Plumosa', Zwergform, bis 1 m, mit schräg ausgebreiteten, fächerförmigen Ästen und dunkelgrünen Nadeln; 'Plumosa aurea', Zwergform mit leicht ansteigenden Ästen, goldgelb. – *J. communis.* ○–◐ ℏ–ℏ IV–V i. Weitverbreiteter W., von Europa bis Nordchina, Nordamerika und Nordafrika. Wächst baumartig oder strauchig mit mehreren Stämmen, stechende, graugrüne Nadeln. Die blauschwarzen Beeren werden zum Konservieren von Fleisch und als Gewürz zu Sauerkraut verwendet. W.-Branntwein, je nach Land Kranawitter, Steinhäger, Genèvre oder Gin genannt. Gartenformen: 'Depressa aurea', Zwergform, strauchig, ansteigende Äste und bräunlichgelbe Nadeln; 'Hornibrooki', Zwergform, kaum 50 cm, kriechender Wuchs und stark stechende, hellgrüne, silbrig bereifte Nadeln; 'Meyer', bis 3 m, dichter, pyramidaler Wuchs, blaugrün; 'Repanda', bis 1,50 m breite und 0,30 m hohe Zwergform mit flach am Boden liegenden Ästen und graugrünen Nadeln; 'Suecica', Schwedischer Säulenwacholder, bis 10 m, breit säulenförmig, hängende Triebspitzen und stechende, hellgrüne Nadeln; 'Stricta', Irischer Säulenwacholder, bis 4 m, schmaler, säulenförmiger Wuchs, aufrechte Triebspitzen, bläulichgrün. – *J. horizontalis,* Kriechwacholder. ○–◐ ℏ IV–V ⌇ △ i. Nordamerika, an den sandigen Ufern der größeren Seen und Gebirge. Kaum 30 cm hoher Strauch, am Boden entlang kriechende, lange Äste, blaugrüne bis stahlblaue Nadeln. Gartenformen: 'Douglasii', leuchtend stahlblaue, im Herbst hellpurpurne Nadeln; 'Glauca', intensiv blaugefärbte, schuppenförmige Nadeln; 'Plumosa', hellgrüne, im Winter leicht purpur gefärbte Nadeln. – *J. sabina,* Sadebaum. ○–◐ ℏ IV–V i. Gebirge Südeuropas, Kleinasien und Sibirien. Meist kriechender Strauch mit blaugrünen, beim Zerreiben unangenehm riechenden Nadeln. Die Zweige wurden früher als Abortivum verwendet, der Anbau war in manchen Ländern verboten. Gartenformen:
'Femina', weiblicher Sadebaum, bis 1,50 m, mit ausgebreiteten Ästen und dunkelgrünen Nadeln; 'Mas', männlicher Sadebaum, bis 1,30 m, mit leicht ansteigenden Ästen, deren Spitzen überhängen, mit stechenden, hellblauen Nadeln; 'Tamariscifolia', Tamariskenwacholder, flachwachsende, bis 0,50 m hohe Form mit bläulichgrünen Nadeln. – *J. squamata* 'Meyeri', Blauzederwacholder. ○ ℏ IV–V i. Bis 3 m, aufrecht wachsender Strauch, leicht überhängende Triebspitzen, intensiv blauweiß gefärbte Nadeln. Damit er stets dicht bleibt und von unten her nicht verkahlt, ist jeweils im Frühjahr ein schwacher Schnitt notwendig. – *J. virginiana.* ○–◐ ℏ–ℏ IV–V i. Südliches Nordamerika, bis 30 m hoher Baum mit hochwertigem Holz; wohlriechend, für Bleistift- und Möbelindustrie. Bei uns in Kultur höchstens 12 m,

Wacholder, *Juniperus virginiana* 'Skyrocket'. (Seidl)

schlanker, säulenförmiger Wuchs, überhängende Triebspitzen und meist schuppenförmige Nadeln. Gartenformen: 'Burkii', bis 3 m, kegelförmiger Wuchs, stahlblau; 'Canaertii', bis 5 m hoch, säulenförmig, zahlreiche blauweiße Früchte und dunkelgrüne Nadeln; 'Glauca', bis 10 m, säulenförmiger Wuchs und stahlblaue Nadeln, äußerst raschwüchsig; 'Grey Owl', bis 2 m, strauchig, ansteigende Äste, graublaue Nadeln; 'Skyrocket'. Säulenform, bis 6 m, ganz straff anliegende Äste, bläulichgrün. – ANSPRÜCHE. Fast alle Böden, bevorzugt kalkhaltige, durchlässige; vertragen Sonne wie Schatten. Bei intensiver Sonneneinstrahlung im Winter können die Nadeln verbrennen. Es gibt kaum ein Nadelgehölz, das so vielseitig und mannigfach zu verwenden ist: Niedrige Formen zur Bepflanzung von Steingärten, Heidegärten, Friedhöfen, als Bodendecker; höhere Formen zur Einzelstellung im Rasen oder in Gruppen in größeren Gärten oder Anlagen. – VERMEHRUNG. Bei den reinen Arten ist Aussaat mit gereinigtem Saatgut nur bei größerem Bedarf üblich. Gebräuchlich sind bei Formen und Arten Stecklinge, die im VI−VIII mit → Astring geschnitten werden. Bei den niedrigen Arten sind bei geringem Bedarf auch Ableger möglich. Die schwerwurzelnden W.arten werden auf bleistiftstarke Unterlagen von *J. communis* und *J. virginiana* durch seitliches Einspitzen veredelt. – Der W. ist Zwischenwirt vom Birnengitterrost. In manchen Ländern sind daher Bestrebungen im Gange, die anfälligen Sorten und Arten zu verbieten. Als einigermaßen resistent haben sich erwiesen: Blaue Formen von *J. chinensis*, *J. communis*, *J. horizontalis* und *J. virginiana*.

Wachsblume, *Hoya*. Seidenpflanzengewächse, *Asclepiadaceae*. Kletternde oder aufrechte Sträucher mit gegen-

Wachsbohne

Wachsblume, *Hoya carnosa*. (Seidl)

ständigen, fleischigen Blättern, Blüten in achsel- oder endständigen, vielblütigen Dolden, süß duftend. 100 Arten im wärmeren Asien und Australien. – *H. bella.* ◐−○ ♄ ▽ D. Aufrecht bis überhängend, Blätter zugespitzt, 3 cm lang. Blüten in endständigen Dolden, fünfzipfelig, wachsigweiß mit roter Nebenkrone. Gute Ampelpflanze. – *H. carnosa.* ○−◐ ♄ ⚡ ▽ D. Stark schlingend. Blätter eiförmig-herzförmig, bis 10 cm lang, stark fleischig. Blüten weiß oder lichtrosa, 1,5 cm breit, in reichblühenden Dolden aus den Blattachseln, sehr stark und süß duftend. Auch zwei weißbunte Formen sind häufig: 'Exotica' hat in der Blattmitte die gelbe Zone; 'Variegata' ist randwärts weiß. Daneben häufig auch seltenere Arten im Handel, so *H. australis* mit eirunden Blättern oder *H. linearis* mit ganz schmalen Blättern, letztgenannte gut für Ampeln. – W.n sind reizende Zimmerpflanzen, *H. carnosa* erreicht allerdings bald Größen, die nicht mehr zu bändigen sind. Die Temperaturen sollen zwischen 16−20°C liegen, wobei für *H. bella* die höheren Werte gelten. – Die Substrate sollen durchlässig und nährstoffreich sein. W.n brauchen gute Drainage, man lege also reichlich Scherben in die Gefäße ein. Im Sommer düngt man regelmäßig flüssig, im Winter hält man eine leichte Ruhezeit, wobei *H. carnosa* etwas trockener stehen kann und auch Temperaturen um 10−20°C verträgt. – Zur Stecklingsvermehrung braucht man Temperaturen von 20−24°C.
Wachsbohne, gelbhülsige Bohnensorten → Bohne.
Wachsglocke, *Kirengeshoma.* Steinbrechgewächse, *Saxifragaceae.* ◐−● ♃. *K. palmata,* einzige Art, Japan. Aufrechte Stengel mit großen handförmigen, sieben- bis zehnlappigen Blättern. Blüten nickend, in großen Trugdolden über den Trieben, glockenförmig, die spitzen Zipfel zurückgebogen, wachsgelb. VIII−IX, 100 cm. – Verwendung dieser langlebigen Staude als Solitärpflanze oder vor Sträuchern. Interessanter Herbstblüher. Boden nicht zu trocken, humos. Vermehrung durch Stecklinge im Frühjahr oder Teilen. Samen wird bei uns selten reif.
Wachstumsschnitt → Rasenschnitt.
Wachstumsstockung, tritt ein, wenn einer oder mehrere der wichtigen Wachstumsfaktoren, wie Licht, Wasser, Luft, Temperatur, Nährstoffe, nicht in optimaler, wachstumsfördernder Menge vorhanden sind oder plötzlich ausfallen. W. kann nicht nur durch Mangel nach dem Minimumgesetz von Justus Liebig auftreten, sondern auch durch Überschüsse wie im Fall der → Überdüngung.
Wachstumszonen, entfernen sich beim älter werdenden Obstbaum vom Kronengrund im Laufe der Jahre immer mehr in die Randzonen, wenn der Baum nicht dem regelmäßigen Vollschnitt unterworfen wird. Sonst Neutrieb und Ertrag nur auf den äußersten Kronenbereichen, da die Kronenmitte verdichtet, verkahlt und unproduktiv wird. Der Fortgang der Entwicklung bei fehlendem intensivem Schnitt ist aus den Abbildungen zum Stichwort ‚Obstbaumruinen' zu ersehen. Das Wachstumszentrum hat sich von der Kronenmitte weg in die oberen Kronenpartien bewegt. In der Kronenmitte nur noch → Wasserschosser. Oftmals bilden sich mehrere Wachstumszentren, die nacheinander absterben, zuletzt stirbt das bestbesonnte ab.
Wachsüberzug an Früchten, Schutzschicht der Oberhaut (Cuticula), nach deren Zerstörung viele Früchte Suberin ausscheiden, was später wie Berostung aussieht. W. bei einzelnen Sorten unterschiedlich stark ausgebildet.

Wachsglocke, *K. palmata*. (Herbel)

Starken W. haben u.a. Apfelsorten: Ontario, Granny Smith, Brettacher, Champagner Renette, McIntosh. Bei Pflaumen, Zwetschgen deutlich als Anflug (Duft).
Wärmesumme, die Summe aller mittleren Tagestemperaturen über ca. 5°C eines Jahres. Die für Blüte, Reife u.a. Wachstumsphasen erforderliche W. ist art- bzw. sortentypisch.
Wäscheschirm, neuere mobile Vorrichtung zum Trocknen der Wäsche im Freien, die den stationären Wäschetrockenplatz ablöst. Wird in ein im Boden einfundamentiertes Rohr eingesetzt und wie ein Schirm gespannt.
Wäschetrockenplatz, mit Metallrohren und daran angebrachten Haken stationär gebauter Platz. Im Geschoßwohnungsbau ist für 12 Wohneinheiten ein W. von 5 × 5 m vorgeschrieben. Als Belag ist Rasen oder mit Platten befestigter Rasen ausreichend.
Walddickblatt, *Chiastophyllum.* Dickblattgewächse, *Crassulaceae.* ◐−● ♃ △. *C. oppositifolium (Cotyledon o.),* Kaukasus, einzige Art. Grüne, rundlich-eiförmige, grob gezähnte, sukkulente Blätter. Blüten in überhängenden Rispen, klein, goldgelb, daher in Staudenkatalogen oft als Goldtröpfchen geführt. VI−VII, 15 cm. – Verwendung im Steingarten, Trockenmauern und an halbschattigen bis schattigen Stellen in Staudenpflanzungen. Boden humoslehmig. Vermehrung: Stecklinge, Teilung und Aussaat.
Walderdbeere → Erdbeere.
Waldgeißblatt → Geißblatt = *Lonicera periclymenum* → Heckenkirsche.
Waldmaus, Art der Langschwanzmäuse (→ Mäuse) mit bräunlicher Ober- und weißer Unterseite, zum Teil auch mit gelben Halsflecken, wie → Gelbhalsmaus, daher von dieser praktisch nicht unterscheidbar. Auch Lebensweise identisch.
Waldmeister, *Asperula.* Krappgewächse, *Rubiaceae.* Etwa 90 Arten in Europa, im Mittelmeergebiet, in Asien und Australien. Vorwiegend Stauden, einige einjährig. EINJÄHRIG. ○ ⊙ ⫽ D. *A. orientalis (A. azurea),* Kaukasusländer. Aufrechte, verzweigte Stengel. Blätter linealisch, in Quirlen. Blütenstand gedrängt, Blüten vierzipflig, blau, stark duftend. VI−VII, 20−25 cm. – Verwendung als Einjahrsblume in bunten Pflanzungen. Boden lehmiger Sand. Aussaat IV direkt an Ort oder in Torftöpfe und später auspflanzen. – AUSDAUERND. ○−◐−● ♃ △ D. *A. arcadiensis (A. mollis),* Griechenland. Polsterförmiger Wuchs, grau behaart. Verzweigte Stengel,

Anemonenwaldrebe, *C. montana*. (Jesse)

Blätter linealisch-lanzettlich in Quirlen, grau behaart. Blüten in lockerer Traube, rosa, schön. V–VI, 5 cm. – *A. hirta*, Pyrenäen. Leicht behaarte Stengel und lanzettliche, grüne Blätter. Blüten rosa bis weiß. VI–VIII, 15 cm. – *A. odorata*, Echter W., richtig heute *Galium odoratum*, Europa, Sibirien, Nordafrika. Kriechender Wurzelstock und aufrechte Triebe mit quirlständigen, lanzettlichen, frischgrünen Blättern, Zutat zur beliebten Waldmeisterbowle. Blüten in endständiger, lockerer Traube, weiß, duftend. IV–V, 10–20 cm. – Verwendung der beiden ersten im Steingarten an sonniger bis halbschattiger Stelle. Echter W. zwischen Gehölz oder im Halbschatten bis Schatten im Staudengarten als guter sommergrüner Bodendecker. – Boden für die beiden ersten durchlässig, schottrig, auf keinen Fall stauende Nässe, für *A. odorata* humos. – Vermehrung durch Teilung oder Aussaat.

Waldrebe, *Clematis*. Hahnenfußgewächse, *Ranunculaceae*. Über 200 Arten in allen Teilen der nördlichen, gemäßigten und warmen Zone. Im botanischen Namen ist das griechische Wort ‚klema' (= Ranke) enthalten, während der deutsche Name auf die Reben anspielt, die ebenfalls Ranken haben. Meist kletternde Sträucher mit gefiederten Blättern, bei denen das letzte Fiederblatt zu einer Ranke umgebildet ist. Ein paar Arten sind auch Stauden, die aufrecht wachsen, einige davon haben verholzte Stengel, so daß die Trennung Staude oder Gehölz zum Teil schwierig ist. STAUDIGE ARTEN. *C. heracleifolia*. ○–◐ ♃ VIII–IX ⋀. Östliches China, bis 1 m, mit zuerst aufrechten, später auseinanderfallenden Trieben. Blätter groß, dreiteilig und etwas graufilzig, die hyazinthenähnlichen, hellblauen Blüten stehen zu Büscheln in den Blattachseln. Abart var. *davidiana* hat leicht duftende, indigoblaue Blüten, deren Zipfel nicht zurückgebogen sind. – *C. integrifolia*. ○–◐ ♃ VII–VIII. Südeuropa und Westasien. Bis 60 cm, mit dünnen, aufrechten Trieben, eiförmigen, ungeteilten Blättern und endständigen, glockenförmigen, stahlblauen Blüten. Besonders zierend die silbergrauen, wuscheligen Samenstände. – *C. recta*. ○–◐ ♃ VI–VII D. In Europa an Waldrändern und steinigen Abhängen, wird 1 m hoch, mit unpaarig gefiederten Blättern. Weiße Blüten zu mehreren in endständigen Trugdolden. Gartenformen: 'Grandiflora', mit größeren Blüten. 'Purpurea', mit in der Jugend rötlichen Blättern und weißen Blüten und 'Plena', mit gefüllten, weißen Blüten. Alle duften, auch Schnittblumen. – KLETTERNDE ARTEN. *C. alpina*. Alpenwaldrebe. ◐ ♄ V–VII ⚜ △. Gebirge Europas und Asiens, klettert in Kultur höchstens 2 m hoch. Dünne Triebe mit gegenständigen Blättern und glockigen, an langen Stielen stehenden hellblauen Blüten. Weniger für Spaliere und dergleichen, mehr als Begleitpflanze zu langsam wachsenden Gehölzen, über die sie sich, ohne Schaden anzurichten, ausbreiten kann. – *C. macropetala*. ○–◐ ♄ V–VI ⚜. Nordchina. Wird 2,50 m hoch, mit großen Blättern und bis 10 cm breiten, blauvioletten Blüten. Anspruchslos, recht hart, vielseitig verwendbar, aber leider kaum im Handel erhältlich. – *C. montana*, Anemonenwaldrebe. ○–◐ ♄ V–VI ⚜. Ostasien. Wohl die schönste Wildart. Bis 10 m hoch kletternd, mit im Austrieb rötlichen, später vergrünenden, dreizähligen Blättern und weißen Blüten. Wächst äußerst rasch und bedeckt leicht größere Flächen. Die Gartenformen 'Superba', mit größeren, zartrosa Blüten, 'Rubens Superba', mit rötlichen Blättern und rosafarbenen Blüten und 'Tetra Rosa', mit großen roten Blüten sind ebenfalls schnellwachsende Schlinger und für Hauswände oder Lauben geeignet. – *C. tangutica*, Goldwaldrebe. ○–◐ ♄ VI–VIII ⚜. Mongolei und Westchina. Klettert bis 4 m hoch, doppelt gefiederte Blätter und goldgelbe nickende Blüten. Besonders zierend die fedrigen, silbrigen Fruchtstände, die über den ganzen Winter erhalten bleiben. – *C. vitalba*. ○ ♄ VII–IX ⚜. Unsere heimische W., auch Liane und in der Schweiz Niele benannt, klettert bis

Echter Waldmeister, *Asperula odorata*, mit Lilienfunkie 'Grandiflora'. (Drave)

Waldrebe

Waldrebe, *C.-Hybride* 'Jackmannii'. (Jesse)

10 m hoch. Bedeckt schnell größere Flächen. Ihre weißen Blüten duften leicht nach Bittermandel; fedrige Fruchtstände. – *C. viticella*, Italienische Waldrebe. ☽ ♄ VIII–IX ⚥. Südeuropa und Kaukasus, wird in der Regel 5 m hoch. Blüten an den Enden der Triebe, breitglockig, violett. Wächst nicht sehr rasch, ist aber frosthart und wurde als Elternteil bei manchen großblumigen W.n-Sorten verwendet. – GROSSBLUMIGE WALDREBE. Kreuzungen, die sich durch größere Blüten und verschiedene Farben auszeichnen. 'Daniel Deronda' *(Patens-Hybr.)*, die ersten Blüten sind gefüllt, die späteren einfach, purpurblau, mit weit herausragenden Staubgefäßen, VII–VIII; 'Ernest Markham' *(Viticella-Hybr.)*, mit leuchtend roten Blüten, sehr reichblühend, VII–IX; 'Gipsy Queen' *(Jackmannii-Hybr.)*, Blüten samtig purpurn, mit drei roten Streifen auf den Blütenblättern, VII–IX; 'Henry' *(Lanuginosa-Hybr.)*, mit großen, reinweißen Blüten und dunklen Staubgefäßen, VI–VII; 'Jackmannii' *(C. viticella × C. lanuginosa)*, seit 1863 im Handel und jetzt noch in jedem Sortiment, 3–4 m, mit flach ausgebreiteten, dunkelvioletten Blüten, sehr reichblühend und ganz winterhart, VII–X; 'Kermesina' *(Viticella-Hybr.)*, bis 4 m, gefiederte Blätter, flach ausgebreitete, weinrote Blüten, VII–VIII; 'Lady Betty Balfour' *(Viticella-Hybr.)*, große, samtig purpurne Blüten mit gelben Staubgefäßen, IX–X; 'Lasurstern' *(Patens-Hybr.)*, große, dunkelblaue Blüten mit gelblich-weißen Staubgefäßen, V–VI; 'Lilacina Plena' *(Lanuginosa-Hybr.)*, hell-lilafarbene gefüllte Blüten, VI–VIII; 'Mme. Baron Veillard' *(Jackmannii-Hybr.)*, blaß-lilarosa Blüten, VII–IX; 'Mme. le Coultre' *(Patens-Hybr.)*, große, alabasterweiße Blüten mit hellgelben Staubgefäßen, VI–VIII; 'Nelly Moser' *(Lanuginosa-Hybr.)*, rosafarbene Blüten mit rotem Mittelstreifen, VI–IX; 'Prinz Hendrik' *(Lanuginosa-Hybr.)*, azurblaue, leicht gewellte Blüten, benötigt etwas Schutz, VI–VIII; 'The President' *(Patens-Hybr.)*, dunkelviolette Blüten mit dunklen Staubgefäßen, VI–VII und X; 'Ville de Lyon' *(Viticella-Hybr.)*, dunkelkarminrote Blüten mit dunklerem Saum, VI–IX. – ANSPRÜCHE. Durchlässiger, leicht humoser Boden. Können im allgemeinen sonnigen Standort vertragen, aber keine zu starke Mittagssonne. Die Pflanzstelle sollte möglichst den Sommer über beschattet sein, z. B. durch Einjahrsblumen. Bei den großblumigen W.n ist im Winter leichter Bodenschutz durch Laub und Reisig angebracht. Die W.n sind zum Bekleiden von Hauswänden, Spalieren, Zäunen und dergleichen geeignet. Sind die Stützen dünn, klettern sie meist allein hoch, sonst aufbinden. – VERMEHRUNG. Reine Arten meist durch Aussaat, auch die Gartenform *C. recta* 'Purpurea' fällt aus Samen echt; staudige Arten auch durch Teilung. Bei den Großblumigen W.n und einigen kletternden Arten sind Stecklinge von halbharten Kopftrieben oder Internodienstücke, bei denen gewollt die Rinde verletzt wird, am besten.

Waldrebe, *C.-Hybride*. (Herbel)

Waldschaumkerze → Schaumblüte.
Waldsteinia → Ungarwurz.
Waldsterben, Erkrankung einzelner Bäume und ganzer Bestände bis zum Absterben, besonders in Windschneisen und an der Waldgrenze (Erz-, Riesen-, Isergebirge). URSACHEN: Abgase aus Haus- und Industriebrand (Schwefeldioxid, Fluor-, Cadmium-, Zink- bzw. verschiedene Schwermetallverbindungen), verstärkt durch Trockenjahre sowie Schädigung der Waldböden und der für die Pflanzenernährung wichtigen → Mykhorrizen, →pH, durch ‚sauren Regen', d. h. im Regenwasser enthaltene gelöste und staubförmige Schadstoffe. – ABWEHR: Gesetzliche Maßnahmen zur Rauchgasreinigung, insbesondere -entschwefelung durch Staub- und Abgasfilter, Abkehr vom industriellen Wachstum, Wiederherstellung bodennaher wirtschaftlicher Kreisläufe mit geringerem Bedarf an fossilen Roh- und Brennstoffen für Transport und Verpackung (→ Sonnenenergie, →Eigen-, Selbstversorgung). – EINZELMASSNAHMEN: Wahl von Wohn- bzw. Gartengrundstücken außerhalb bzw. entgegen der Windrichtung, um Schäden durch Industrieabgase vorzubeugen. Wahl industriefester Gehölze, wie Berg- und Spitz-

Wurzelverlauf eines zwanzigjährigen Walnußbaumes. (Maurer)

ahorn, Baumhasel, Ginkgo, Stieleiche, Robinie, Schnurbaum, Kaiserlinde u. a. m., s. Baumschulkataloge. Literatur: Hötzel, Umweltvorschriften für die Landw., 1986.

Wallwurz → Beinwell.

Walnußbaum, *Juglans.* Walnußgewächse, *Juglandaceae.* 15 Arten auf der nördlichen Halbkugel. Sommergrüne Bäume mit aromatisch riechenden Blättern und einhäusigen Blüten. Die große Steinfrucht ist dickschalig und enthält eine zweiklapprige Nuß, ist wohlschmeckend, fett- und eiweißhaltig, wird zu Backwerk oder zum Rohgenuß verwendet. – *J. ailantifolia* var. *cordiformis.* ○ ♄. Insel Hondo (Japan), bis 20 m, etwas zusammengedrückte, scharf zweikantige Nüsse, die in Japan wirtschaftlich genutzt werden. – *J. cinerea,* Butternuß. ○ ♄. Östliches Nordamerika. Bis 25 m hoher Baum mit grauer, tiefrissiger Borke und schwarzen Nüssen, mit 8 Rippen. – *J. nigra,* Schwarznuß. ○ ♄. Nordamerika, dort jedoch keine natürlichen Bestände mehr, da das Holz sehr wertvoll ist und sie der Habgier zum Opfer gefallen sind. Bis 50 m hoch, Baum, mit runder Krone, tiefrissiger Borke und schwarzen, rauhschaligen Nüssen. 1629 nach Europa eingeführt, wird in letzter Zeit mit Erfolg in verschiedenen Ländern als Nutzholz kultiviert. – VERMEHRUNG oben genannter Arten: Aussaat im Frühjahr ins Freie mit stratifiziertem Saatgut. Können die Sämlinge nicht an Ort und Stelle bleiben, im ersten Jahr verpflanzen, damit sich mehr Wurzeln und nicht nur eine Pfahlwurzel bilden. In der Regel fruchten nicht verpflanzte W.pflanzen 4–5 Jahre früher. – *Juglans regia,* Hauptanbaugebiet: Südfrankreich, USA, Jugoslawien, Rumänien, Bulgarien, zunehmend UdSSR und Entwicklungsländer. Verbreitung: Südosteuropa, Kleinasien, Kaukasus, Mittelasien, Afghanistan, Indien, China. In Deutschland, Österreich, Schweiz nur vereinzelt erwerbsmäßig angebaut. – ANBAU. Nur veredelte W.bäume sind wirtschaftlich, weil früher Ertrag und Sorte bekannt. Sämlingsbäume wertlos, da später Ertrag, geringe Fruchtqualität. Veredlung auf Sämlingsunterlage von *J. regia* und *J. nigra* selektierter Herkünfte. Veredlungsmethoden: Ko-

Walnußbaum, mit naturnah aufgebauter Krone der Sorte Nr. 26: blüht verhältnismäßig spät, geringeres Spätfrostrisiko und widerstandsfähig gegen Krankheiten. (Dr. Link)

Früchte der Walnußsorten des deutschen Sortiments. Von links: Nr. 26, Nr. 139, Nr. 1247, Nr. 1239, Esterhazy II. (Nach Maurer)

Walzen

pulation unter Glas mit Gegenzungen oder Lamellen (Maschinenveredlung) u. Freilandveredlung durch Plattenokulation im Sommer. Standortansprüche: Bis 1,20 m durchwurzelbarer, lockerer, ausreichend feuchter, humusreicher Boden. Wurzelverlauf horizontal weit über Kronentraufe hinaus. Somit seichte Bodenpflege, möglichst Dauereingrünung mit Rasenmulch. Kalkgehalt im Boden nicht erforderlich. Auch saure Böden. Verträgt vorübergehende Überflutung in Vegetationsruhe. Lage spätfrostfrei, da Blüte empfindlich. Pflanzware: Einjährige Freilandveredlungen im X–XI in warmen Boden (8–12°C), oder Frühjahr, wenn Bäume über Winter in Baumschule stehen bleiben. Pflanzabstand 8 × 9 bis 9 × 10 m, je nach Sorte, Unterlage und Bodengüte. – SCHNITT. Nach Pflanzung nur beschädigte Triebe schneiden. Vom fünften Standjahr Stammverlängerung entfernen und Hohlkrone erziehen, die auch im Innern produktiv ist. Später laufend auslichten. Schnittzeit: III–IV, weil Wunden besser verheilen als bei Sommerschnitt. Ab achtem bis zehntem Standjahr regelmäßiger Auslichtungsschnitt. – BEFRUCHTUNGSVERHÄLTNISSE. W. ist einhäusig, zweigeschlechtlich, d. h. männliche und weibliche Blüte getrennt auf demselben Baum. Männliche Blüten entwickeln sich aus Achselknospen und sind bereits im Herbst erkennbar als kurze Kätzchen, die in voller Entfaltung 6–12 cm lang sind und 1–4 Millionen Pollenkörner enthalten. Weibliche Blüten endständig an kräftigen Neutrieben mit zwei mehr oder weniger großen Narben, die zu 2–3 oder Ähren zu 18–20 und mehr Stück zusammensitzen. Fruchtstand: einzeln, zu 2–3 und Trauben bis 20 Einzelnüsse. Protandrie und Protogynie (männliche blühen vor den weiblichen Blüten auf und umgekehrt) verbreitet, jedoch bei denselben Sorten je nach Jahr wechselnd. – DEUTSCHE WALNUSSORTEN. Nr. 26 und Nr. 139 (beide spättreibend und daher weniger spätfrostgefährdet in Blüte), Nr. 120, Nr. 1247, Nr. 1239 (Rote Donaunuß), Esterhazy II. Rotblättriger Walnußbaum *(Juglans regia* var. *purpurea)* = Geisenheimer Selektion. Erträge: Beginn ab 3.–5. Standjahr, Vollertrag ab 10.–15. Standjahr mit 15–35 kg Trockennuß, ab 15. Standjahr 50 und mehr kg Trockennuß. – ERNTE. Fallernte, auflesen, trocknen. Behandlung mit Chlor und Schwefel wie bei Importnüssen nicht notwendig und verboten lt. Lebensmittelgesetz. Beim Trocknen (Kaltluft) verlieren die

Wandelröschen, *L.-Camara-Hybr.* (Jesse)

Nüsse 40–60% des Frischgewichtes. Eßbar als Schälnüsse sofort nach der Ernte solange Haut vom Kern noch abziehbar, später als Trockennuß. Schalenobstversuche in Geisenheim und Weinsberg/BRD.

Walzen (Rasen). Das W. gehört in der modernen Rasenpflege nicht mehr zum Turnus. Die möglichst leichte Rasenwalze (Glattwalze im Gegensatz zur Gitterwalze) wird nur bei → Rasenneuanlagen gebraucht und beim etablierten Rasen im Frühjahr zum Einebnen von Frostaufbrüchen. Im Gartenrasen ersetzt Antreten mit → Tretbrettern das Walzen.

Walzenlilie → Veltheimie.

Wandelröschen, *Lantana.* Verbenengewächse, *Verbenaceae.* Sträucher mit gegenständigen oder quirlig gestellten, eigenartig duftenden Blättern, Blüten in dichten Köpfen. 150 Arten in den Tropen, meist in Südamerika. – *L. camara,* ○–◐ ♄ ▽ o. Freiland ⚘. Tropisches Amerika. Strauchig, bis 100 cm hoch, Blätter ei- oder herzförmig, gesägt und gekerbt. Blüten gedrängt trugdoldig, beim Blühen aber immer deutlicher die traubige Anordnung zeigend. Die Blüten ändern ihre Farbe, und zwar je nach Sorte unterschiedlich: die häufigste Kombination ist orange-gelb-dunkelkarmin, es gibt aber auch rosa-dunkelrot oder orangefarben-lila-violett blühende Sorten. Wenige Sorten bleiben einfarbig, gelb oder weiß. – Verwendung als Rabattenpflanzen auf Beeten, als Fensterschmuck oder Kübelpflanzen, besonders letztere sind als große Pflanzen von guter Wirkung. Überwinterung bei 8–10°C und hell, vor dem Einsetzen des Wachstums im Frühjahr wird zurückgeschnitten und formiert, später pinziert man noch einmal, um dann nach den Eisheiligen auszupflanzen oder hinauszuräumen. Stehen die überwinterten Pflanzen hell und dabei wärmer, so blühen sie durch, und man kann Stecklinge für die Vermehrung schneiden. Diese Pflanzen sind, einmal oder zweimal gestutzt, für die Beetbepflanzung geeignet. Kultur in Einheitserde.

Wanderkasten, Frühbeet, das nicht fest montiert ist. Die Wände bestehen aus Holzrahmen, die leicht verlegt werden können; in der Regel auf dem Boden aufgelegt und nur leicht eingegraben. Meistens nur kurzfristige Anwendung, zum Beispiel im Frühjahr und Herbst zum → Verfrühen bzw. Verspäten. Neuerdings durch die arbeitstechnisch günstigeren → Folientunnels (Wandertunnels) weitgehend verdrängt. Im Sommer werden W. oft auf wärmeliebende Kulturen, wie Gurken, Melonen, verlegt. → Frühbeet.

Wanderratte → Ratten.

Wandertunnel → Verfrühen, → Wanderkasten.

Wandspalier → Spalier.

Wanzen, mehrere hundert mitteleuropäische Arten umfassende Ordnung der niederen Insekten (→ Insekten). Im Allgemeinen platte Gestalt, mit Saugrüssel und Stinkdrüse (Wanzengeruch). 2 Gruppen: → Blattwanzen, saugen Pflanzensäfte und → Raubwanzen, saugen andere Insekten aus.

Warmbeet, mit Hilfe einer elektrischen Matte beheiztes Beet.

Warzenkaktus → Kakteen 13.

Waschbetonmauer → Gartenmauer.

Washingtonia → Palmen 9.

Wasser, wichtigster Wachstumsfaktor, dient den Pflanzen zum Aufbau ihrer Substanz, die bis zu 95% aus Wasser bestehen kann. W. transportiert die Nährstoffe von der Wurzel zu den Vegetationsspitzen und die Assimilate von der Spitze zu den Wurzeln. Wasser kann weich = Regenwasser oder hart sein = Brunnenwasser. → Enthärten.

Wasseraloe, *Stratiotes.* Froschbißgewächse, *Hydrocharitaceae.* ○–◐ ♃ ≋. *S. aloides,* Europa, Kaukasus, Westsibirien, heimisch. Einzige Art,

Wanze frißt Blattlaus. (Dr. Bender)

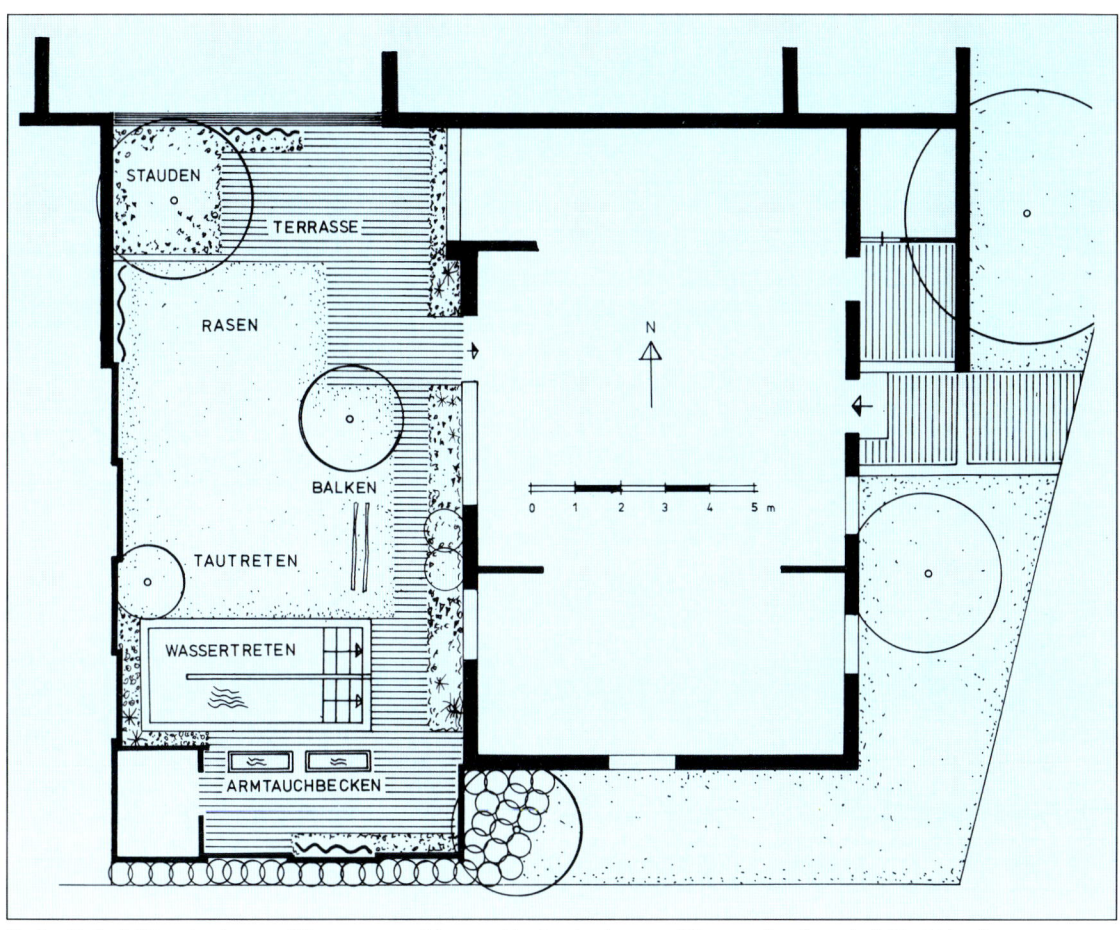

Kneipp-Bad mit Wasserbecken zum Wassertreten und Armtauchbecken in einen nur 130 qm großen Gartenhof. (Dr. Richter)

mit trichterförmiger Blattrosette, im Winter untergetaucht, im Sommer auf dem Wasser schwimmend. Blätter schwertförmig, stachelig gezähnt. Blüten mit 3 Kronblättern, weiß. VII-–VIII. – Verwendung in kleineren und größeren Wasserbecken in weichem Wasser. Schwimmpflanze; bildet im Herbst Brutknospen, die zu Boden sinken. Vermehrung durch diese.

Wasserbecken, an Ort und Stelle eingebaute oder vorgefertigte Wasserbehältnisse in unterschiedlichen Formen und Größen für bestimmte Zwecke, wie Baden, Schwimmen, Repräsentation oder Standraum für Wasserpflanzen. Einfache, aus einem Materialteil bestehende W. sind Regenwassertonnen, Zierbrunnen, Mühlsteine oder kleine Vogeltränken. Größere W. als Zierbrunnen und Wasserpflanzenbecken, Springbrunnen und Badebecken werden je nach Größe und Einbau im Gelände aus Stahlbeton, Schwergewichtsbeton, Aluminium oder im einfachen Abdichteverfahren gebaut. Wasserzufuhr, Ablauf, Umwälzung und Heizung bringen vor allem beim Badebecken einen hohen technischen Aufwand. Mit den industriell gefertigten Polyester-W. bieten sich neue Verwendungsmöglichkeiten im Garten, da sie preiswert und leicht einzubauen sind. Es werden schon W. mit $1{,}75 \times 3{,}00$ m im Handel angeboten. Polyester-W. können sowohl für Badebecken als auch für Wasser-Pflanzenbecken verwendet werden. Diese korrosionsfesten W. sollten jedoch ebenerdig eingebaut sein, um mit Rasen, Platten oder Pflanzungen gut anbinden zu können. Sicherlich dürften W. noch mehr Bedeutung für die Freizeitgärten erhalten.

Wasseraloe, *Stratiotes aloides*. (Herbel)

Wasserbedarf. Wird bei Obstgehölzen oft überschätzt. Je nach wasserhaltender Kraft, Durchlässigkeit, Humusgehalt und Pflege des Bodens können Obstgehölze überall angebaut werden, wo Jahresniederschlag nicht unter 400 mm absinkt. Hierbei noch Dauereingrünung mit gepflegtem Rasenmulch möglich, wenn 1 m breiter rasenfreier Baumstreifen mit Mulch aus organischen Substanzen bleibt. → Bodenbedeckung, → Mulchen.

Wasserdost, *Eupatorium*. Korbblütler, *Compositae*. ○–◐ ♃ ⚺. Mehr als 600 Arten in Europa, Amerika und Asien. Mittelhohe bis hohe Stauden mit rosa- bis purpurroten bis weißen Blüten in Doldentrauben. – *E. cannabinum*, Ge-

Wasserdurchlässigkeit

wöhnlicher W., Europa, Asien heimisch. Behaarte Staude. Stengel stielrund, bis zum Blütenstand unverzweigt. Blätter gegenständig, handförmig gelappt. Blüten rötlich. 'Album', weiß; 'Plenum', gefüllt, purpurrosa. VI–IX, 100–150 cm. – *E. coelestinum*, Nordamerika. Stengel fein behaart mit gegenständigen, gestielten, breitlanzettlichen Blättern. Blüten in verzweigter Traube, blauviolett, auch zum Schnitt. VII–X, 80–100 cm. – *E. purpureum*, Nordamerika. Rotbraune Stengel, Blätter quirlständig, eiförmig, gestielt. Blüten in Doldentraube, variabel gefärbt, blaßrosa bis purpurrot. 'Atropurpureum', schön dunkelpurpur. VI–IX, 120–200 cm. – *E. rugosum (E. ageratoides, E. urticifolium)*, Nordamerika. Schöne Art. Blätter gegenständig, eiförmig, grob gesägt. Lokkerer Blütenstand, Blüten flockig, weiß. VII–IX, 100–120 cm. – Verwendung im Wildstaudengarten, Park, an Teich- und Bachrändern. Boden für erste beiden Arten feucht, für die andern normal. Vermehrung durch Aussaat, Stecklinge und Teilung.

Wasserdurchlässigkeit, des Bodens, sein Vermögen, große Regenmengen zu ‚verdauen'. Wird gemessen als Saugdruck und gibt Auskunft über Verhältnis an großen und kleinen Bodenporen (→ Bodenstruktur). W. kann verbessert werden durch Kalkmergel (2 kg/qm) und Gründüngung mit Tiefwurzeln, wie Luzerne, um im Untergrund Humus anzureichern.

Wasserentnahme, für Garten oder Haushalt, aus oberirdischen Gewässern (Bächen, Flüssen, Seen, Teichen) oder dem Grundwasser ist genehmi-

Wasserdost, *E. purpureum*. (Herbel)

gungsfrei für Gewässereigentümer oder Anlieger, soweit das Gewässer dadurch nicht geschädigt und die Wasserführung nicht gemindert wird.

Wasserfeder, *Hottonia*. Primelgewächse, *Primulaceae*. ○ ♃ ≈. Nur 2 Arten, davon eine von Bedeutung als Gartenpflanze. *H. palustris*, gemäßigtes Europa bis Sibirien und Kleinasien heimisch. Stengel im Wasser schwebend, schwach behaart. Blätter einfach-fiederteilig mit ganz schmalen, oft gegabelten Fiedern. An der Wasseroberfläche entstehen quirlig gestellte Äste, aus ihnen kommt der Blütenschaft. Blüten in Quirlen, weiß oder rosa, Schlund gelb. V–VI, 30 cm. Wassertiefe 30–100 cm. – Verwendung in Teichen, kleinen Wasserbecken oder am Uferrand. Boden nahrhaft, lehmig-moorig. Vermehrung durch Aussaat, Stecklinge und Teilung.

Wasserhygiene, Maßnahmen, auch Gebote und Verbote zur Reinhaltung des Wassers. Gesetzliche Grundlagen in der BRD: das Wasserhaushaltsgesetz (WHG) und Rechtsverordnungen. So können z.B. bestimmte Düngungsarten im Umkreis von Quellen, Brunnen, im Fassungsbereich von Wassergewinnungsanlagen verboten sein. → Wasserentnahme.

Wasserkosten, können zur Erstellung einer Ernte entscheidenden Kostenfaktor (→ Kosten) darstellen. Die W. hängen zunächst ab vom örtlichen Wassergeld bzw. von dem zur Wasserversorgung aufgewandten Kapital, z.B. für → Brunnen, → Pumpe, → Regner, → Wasserpipeline, und den Kosten zur Unterhaltung dieser Anlagen. Bei intensiver Nutzung sind sie kostengünstiger als Gießen mit Kanne oder Sprühen mit Schlauch. Gießkanne oder Sprühschlauch werden nur noch für Spezialarbeiten, wie Angießen von Jungpflanzen, angewandt. – W. hängen im weiteren von der Nutzungsart des Gartens ab, d.h. ob intensiv oder extensiv gewirtschaftet wird, von der → Bodenfruchtbarkeit und vom → Anbauplan. Nur wenn alle diese Faktoren (→ Wachstumsfaktoren) optimal eingesetzt werden, erzielt man durch die W. entsprechende Erträge an Menge und Güte (→ Qualität), so daß sie sich, auf die Ernteeinheit in kg bezogen, niedrig halten.

Wasserlauf, ein strömendes natürliches Gewässer wie Bach und Fluß. In der Gartenarchitektur wurden künstliche W.e schon frühzeitig verwendet, z.B. als Kaskade im barocken Garten oder als romantischer Bach und Gebirgsrinnsal im englischen Landschaftsgar-

Wassernuß, *Trapa natans*. (Seidl)

ten. Heute werden künstliche W.e im Hausgarten vorwiegend angelegt, um feuchtigkeitsliebende Pflanzen setzen zu können. → Wasserspiele, → Wasserstauden.

Wasserleitung, im Freiland frostfrei verlegt, mit Zapfstellen an geeigneten Stellen im Garten. Schraubanschlüsse für ½ und ¾ Zoll üblich. Zur völligen Entleerung im Winter ist Absperrhahn (im Haus) und Auslaufhahn erforderlich. Bei Neubau ist es empfehlenswert, die W. für den Garten im Zuge der Installierung der Hausleitungen zu verlegen: entweder in frostfreier Tiefe von 80 cm oder nur als Sommerleitung in ca. 40 cm Tiefe, als korrosionsfeste 1 und mehr Zoll starke Metallrohre.

Wassernuß, *Trapa*. Wassernußgewächse, *Trapaceae*. ○–◐ ☉ ≈. 3 Arten in stehenden Gewässern der Alten Welt, davon nur 1 in den Gärten. Alte Pflanzenart, die schon in der Kreide und im Tertiär vorkommt. Früchte eßbar, im Geschmack wie Edelkastanien. – *T. natans*, Europa bis Orient. Wasserpflanze mit rautenförmigen Blättern und blasenartig aufgetriebenen Blattstielen, eine Rosette bildend. Herbstfärbung leuchtendrot. Blüten einzeln in den Blattachseln, weiß. VI–VIII. Wassertiefe nicht über 50 cm. – Verwendung in flachen Wasserbecken, Wasser nicht zu kalt. Interessante Schwimmpflanze, die im Herbst Früchte bildet. Diese sinken auf den Boden und keimen im Frühjahr, jedoch nur, wenn sie nicht trocken geworden sind. – Boden schlammig-moorig. – Vermehrung: Aussaat unter Wasser.

Wasserpest, *Elodea*. Froschbißgewächse, *Hydrocharitaceae*. ○–◐ ♃ ≈. 5–10 Arten, vorwiegend in Nord-, Mittel- und Südamerika. Wasserpflanzen, auf dem Boden wurzelnd mit langen Trieben, einhäusig. – *E. canadensis (Helodea c., Anacharis c.)*, Kanadische W. 1836 wurde die weibliche Pflanze nach Irland eingeführt, seitdem verbreitete sie sich in vielen europäischen Gewässern. Blätter linealisch, gegenständig bis wirtelig. Weibliche Blüten mit langer Röhre, die bis zur Wasseroberfläche reicht. Die männlichen Blüten sind kurz gestielt, reißen sich los und bestäuben auf dem Wasser die Narbe. Blüten rötlich. – Verwendung in Teichen und Gewässern. Hält das Wasser sauber, muß aber immer wieder abgeschnitten werden, da sie stark wuchert. Gut zum Laichen der Fische. Boden normal. Vermehrung: Stecklinge aus Stammstücken im Wasser.

Wasserpfad, über einen Teich, ein Zierbecken oder → Wasserpflanzbecken hinweg führender Pfad, der als kleine Holzbohlen- bzw. Steinplattenbrücke oder nur mit Trittsteinen, z. B. Findlingen, ausgebildet ist.

Wasserpflanzenbecken, an sonnigem Standort im Garten gebautes Becken für Wasserpflanzen und Fische. Die Wassertiefe richtet sich nach den vorgesehenen Pflanzen, wobei diejenige Pflanzenart, die den höchsten Wasserstand benötigt, die Tiefe des Beckens bestimmt. Einige Seerosenarten brauchen bis 2 m Wassertiefe, andere nur bis 80 cm oder bis 50 cm. Im W. sind daher durch Einbauten und Schüttungen verschiedene Wassertiefen auszuweisen, da die Wasserpflanzen in Gruppen zusammengefaßt werden sollen. Für Wassertiefe bis zu 50 cm eignen sich z. B. Wasserpest *(Elodea)*, Pfeilkraut *(Sagittaria)* oder Tannenwedel *(Hippurus)* und bis 20 cm z. B. die Sumpfkalla oder Goldkeule *(Oron-*

Nach starken Schnitteingriffen entwickeln sich meist viele starke Wasserschosse. Diese erst nach Mitte VIII auslichten, um sie in Fruchtholz umzuwandeln. (Dr. Link)

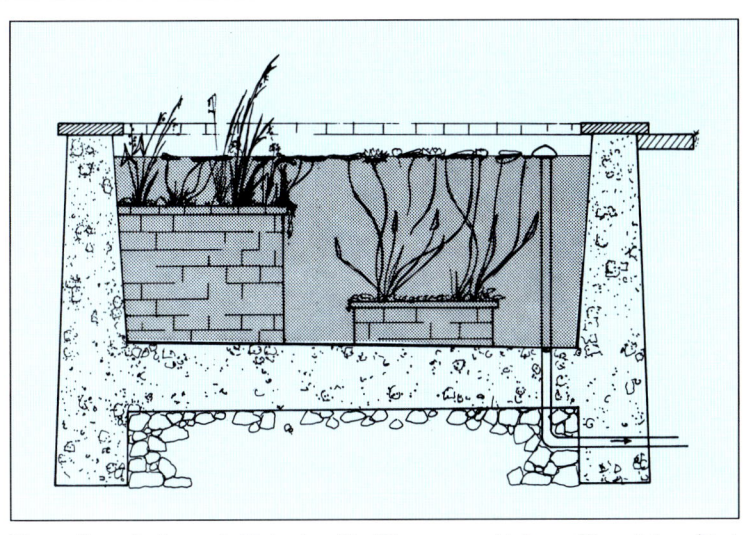

Wasserpflanzenbecken mit Einbauten für Pflanzen verschiedener Wassertiefen. (Nach Mücke/Rieger: Der Garten drinnen und draußen)

tium). Als Bauweisen sind Stahlbeton, Schwergewichtsbeton und Verfahren mit Kunststoffolie üblich.

Wasserranke → Tradeskantie.
Wasserrübe → Speiserübe.
Wasserschlauch, *Utricularia.* Wasserschlauchgewächse, *Lentibulariaceae.* ○ ♃ ≋. Über 200 Arten, Land- und Wasserpflanzen, vorwiegend in den Tropen. 6 Arten bei uns heimisch in Gewässern. Alle haben helmartige Schläuche zum Insektenfang. – *U. vulgaris,* Gemeiner W., Europa, Nordasien. Stengel bis 200 cm lang, untergetaucht, nur die Blüte über Wasser. Blätter fein zerteilt, dazwischen Fangblasen, etwa 3 × 4 cm groß, mit denen kleine Wassertiere gefangen und verdaut werden. Im Herbst verkürzte Endtriebe mit dicht stehenden Blättern, sogenannten Winterknospen. Sie sinken zu Boden, tauchen im Frühjahr nach oben und bilden neue Pflanzen. Blüten ähnlich dem Löwenmaul, goldgelb, orange gefleckt und gestrichelt. VI–VIII, 15–30 cm. – Verwendung in sonnigen Wasserbecken oder kalten Aquarien, wo man die Fangtätigkeit beobachten kann. Schöne Wasserpflanze, schwimmend. Vermehrung durch die Winterknospen.

Wasserschosse, kräftige Triebe, die nach starkem Rückschnitt der Kronen aus deren Mitte oder am Stamm entstehen. Durch rechtzeitiges Biegen und Heften kann man sie in Fruchtholz verwandeln oder zum Garnieren der verkahlten Leitäste verwenden.

Wasserspeier → Spring-, → Laufbrunnen.

Wasserspiele. Merkmal der W. ist formenreich abgewandelte Wasserbewegung im Gegensatz zum stets gleichförmigen Wasserstrom z. B. des → Laufbrunnens. Beim → Springbrunnen zählen veränderliche Fontänenstrahlen, etwa durch rotierende Düsenstrahlkränze, auch ganze Vorführprogramme, zu den W.n.

Wasserstauden, Stauden, deren Standort stets im Wasser ist. Wassertiefe kann wechseln, minimale Tiefe 0,1–0,2 m.
  Acorus
  Alisma
  Butomus umbellatus
  Hippuris
  Nuphar
  Nymphaea
  Pontederia
  Sagittaria
  Typha, Arten

Weberknechte → Kanker.
Wechselmauerwerk → Gartenmauer.
Wegdorn → Faulbaum.
Wegebau, technischer Ausbau von Wegen und Plätzen. Je nach Verkehr und Belastung erfolgt der W. in mehreren Phasen: Abstecken der Trasse, Herstellen des Planums, Ausbildung des Randes und dann der schichtenweise Aufbau mit Filter- und Frostschutzschicht, Tragschicht aus Hochofenschlacke, Schotter, gebrochenem Naturstein oder Unterbeton, Ausgleichschicht mit Sand, Splitt oder Mörtel und schließlich der Oberflächenausbau mit Wegebelägen. Vor allem beim Unterbau von Wegen kann fehlinvestiert werden: Bei starker Belastung spart ein starker Unterbau später unnötige Reparaturen, und bei geringer Belastung wäre es unwirtschaftlich, überzudimensionieren. Für Gartenwege ist jedoch

Wegebelag

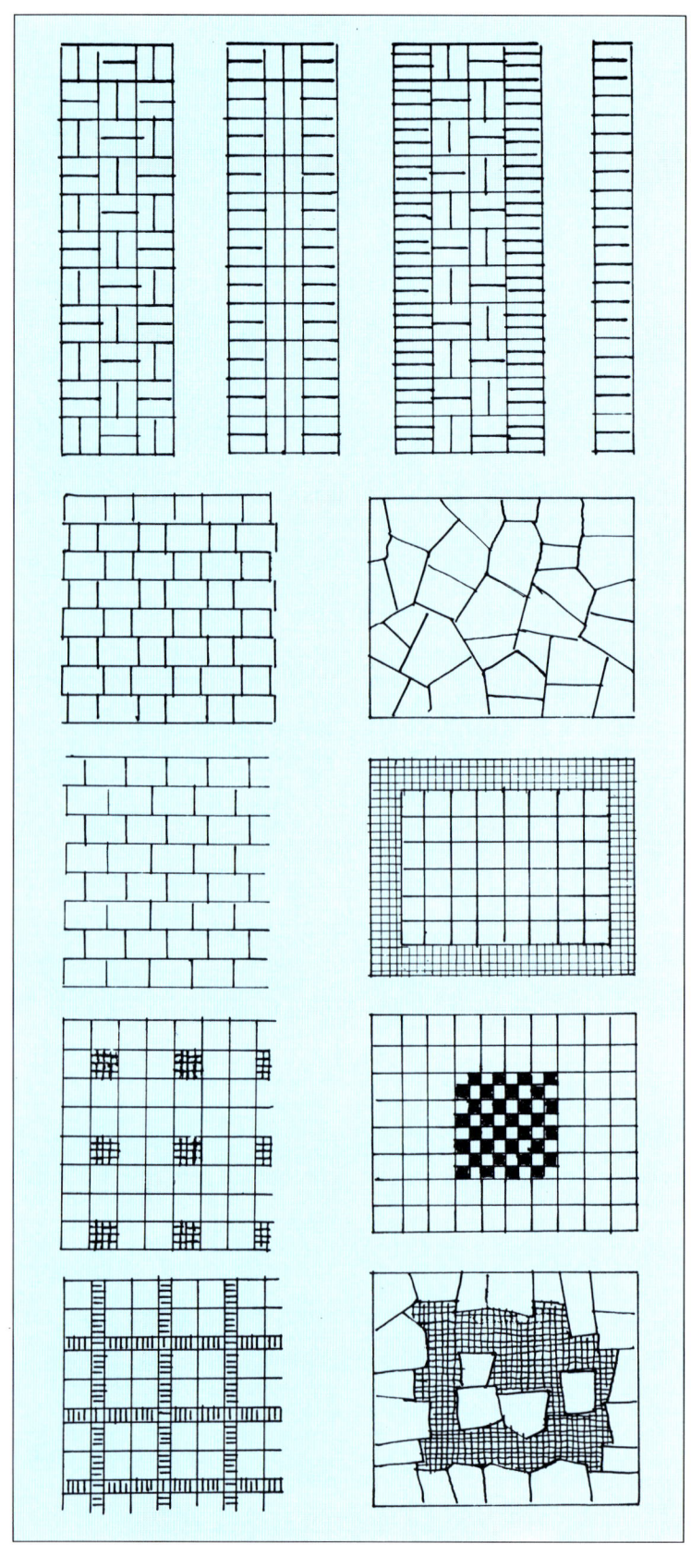

Oben: Wegebeläge aus Hartbrandziegeln, in verschiedenen Mustern verlegt.

Darunter, links: Beläge aus Platten in den Formaten 50/50 und 50/75, 50/75, 50/50 mit Pflaster, 50/50 mit Klinkern.

Rechts: Naturstein mit gesägten Kanten. – Kombination Beton-Gartenplatten 50/50 mit Pflasterumrahmung. – Betongartenplatten 50/50 mit Schachbrettfeld aus keramischen Platten. – Kombination Natursteinplatten mit Kleinpflaster.

der frostsichere W. ebenso notwendig wie für Stadtstraßen.

Wegebelag, den Oberflächenabschluß eines Weges und Platzes bildender Belag, der nach Belastung, architektonischer Anbindung und Planungsabsicht gewählt wird: Wassergebundene Decke mit Kies, Sand oder Splitt, mit Bitumen und Teer gebundene Beläge, Pflasterung mit Naturstein wie Basalt, Granit und Porphyr oder mit Betonverbundsteinen, Plattierung mit Klinker und keramischen Steinen, bruchrauhe bis geschliffene regelmäßige und unregelmäßige Natursteinplatten, z.B. Sandstein, Quarzit, Nagelfluh, Travertin oder Schiefer sowie glatte bis gewachsene Betonplatten unterschiedlicher Größe, Form und Farbe. Für W. mit Platten, Pflaster, Klinker oder Bitumen sind Verlegeweisen üblich; z.B. werden Naturstein- und Betonplatten polygonal, unregelmäßig im römischen Verband, kreuzfugenfrei in Bahnen, im Raster bei quadratischen Platten oder in Kombinationen mit Streifen aus Pflaster oder Klinker verlegt. Ebenso ist eine Strukturierung von Bitumendecken mit Verbundsteinen, Platten oder Pflaster möglich. Für Gartenterrassen bieten gerade die keramischen W.e mit ihren vielen Formen, Strukturen und Farbnuancen eine große Variationsbreite. Es können je nach Entwurf farblich u. formal fast ornamentale Strukturen geschaffen werden.

Wegeführung, von einem Ausgangspunkt zu einem Ziel führende Verbindung. Die W. ist entscheidend für die Gestaltgebung eines Gartens und ein wichtiges architektonisches Element des Garten- und Landschaftsarchitekten. Mit Hilfe einer spannungsreichen W. kann man im Garten Räume schaffen oder die Raumwirkung aufheben, z.B. zerschneidet eine diagonale W. die Freiräume. Eine natürliche geschwungene W. paßt besser in einen größeren Garten und ist gut mit wassergebundenen Wegedecken zu realisieren. In Gartenhöfen, Reihenhausgärten und kleinen Hausgärten ist eine architektonische W. mit regelmäßigen

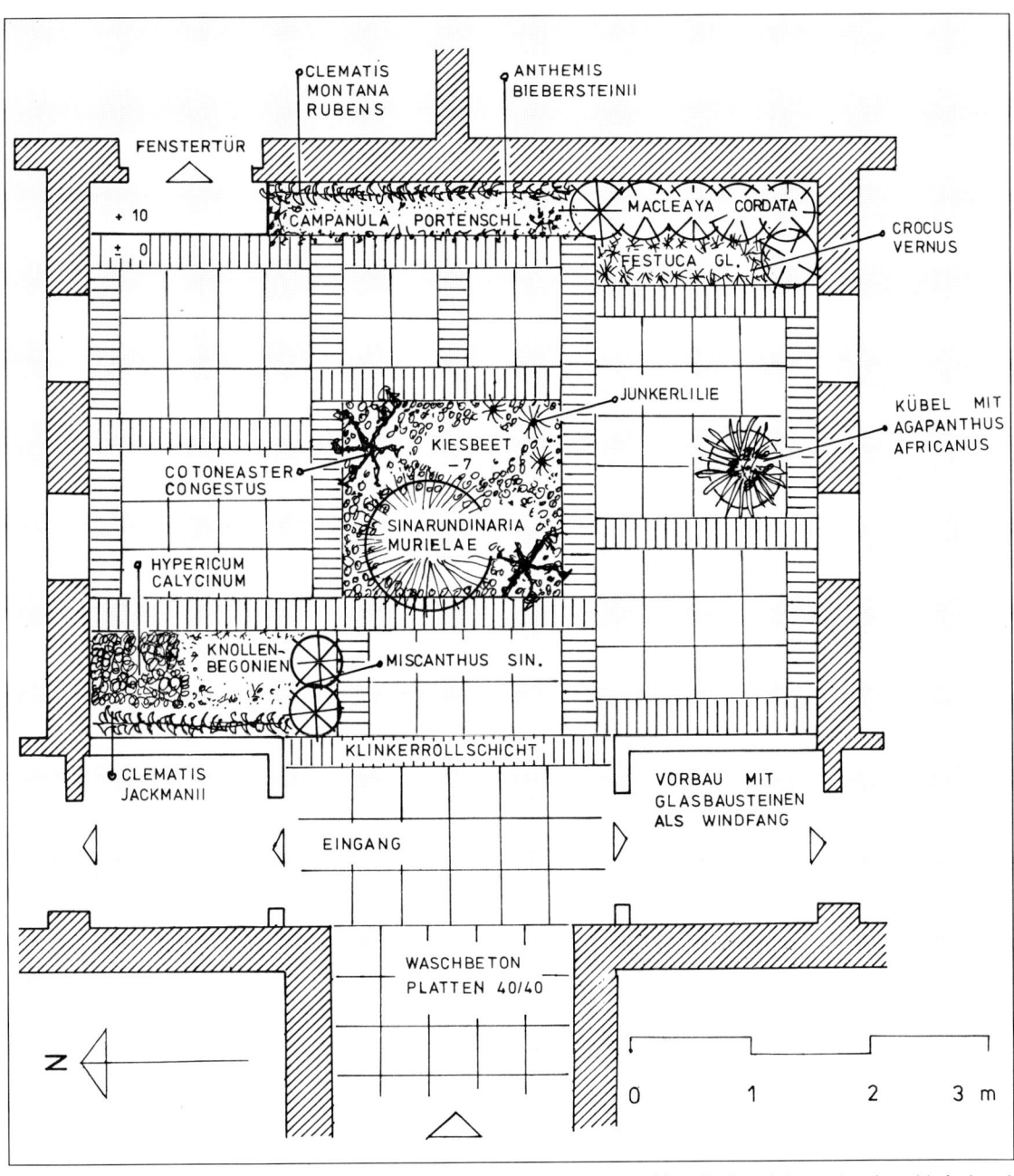

Wegebeläge in einem kleinen Innenhof: Wegen der breiten Schattenzonen und gegenseitigen Beeinträchtigung überwiegend befestigt mit rotblauen Klinkerstreifen und Waschbetonfeldern. (Dr. Richter)

Platten u. ä. zu empfehlen. Dagegen wird in einem hängigen Gelände auch eine W. mit längeren Gehstrecken erforderlich sein, wenn zur Überwindung von Steilstrecken ein bequemer Weg gelegt werden muß. Im Hanggelände ist eine geschwungene W. begründet.

Wegerecht, das Recht eines Grundstückseigentümers, einen auf fremdem Grund verlaufenden, zu seinem Grundstück führenden Weg zu benutzen. Die meisten Wegerechte aus der Zeit vor 1900, d. h. vor Einführung des BGB („altrechtliche' W.e) sind nicht im Grundbuch eingetragen; es kann daher schwer sein, ihr Bestehen zu beweisen, falls es bestritten wird. Neue Wegerechte müssen im Grundbuch Abt. II eingetragen sein (notariell beglaubigte Eintragungsbewilligung). Alle Einzelheiten über Richtung des Weges, Benutzung durch Fußgänger, Fahrzeuge, Vieh, nach Umfang, Zeit, Unterhalt usw. sollten in einem Bestellungsvertrag geregelt werden. W. ist eine Form der ‚Grunddienstbarkeit' (BRD § 1018 BGB). Allgemeine Regel: Das Interesse des Eigentümers des belasteten Grundstückes ist ‚tunlichst zu schonen' (§ 1020 BGB). – ÖSTERREICH. Nur die allgemeinen Fahrrechte, z. B. für Hausbau, sind Bundessache, die sonstigen W.e sind in Österreich in den Flurverfassungsgesetzen der Länder geregelt.

Wegwarte → Chicorée.

Weichhautmilben

Saalweide, *Salix caprea*. (Seidl)

Weichhautmilben. Familie der → Milben mit nur dünner Chitinbekleidung der Haut, Pflanzensauger. Schädlichste Art im Garten: die → Erdbeermilbe.
Weichselrohr → Felsenkirsche.
Weide, *Salix.* Weidengewächse. *Salicaceae.* Sommergrüne Sträucher oder Bäume, die auf der nördlichen Halbkugel bis in die arktischen Regionen vordringen. Die alpinen und arktischen Arten zeigen Zwergwuchs und kommen auch auf trockenen Geröllhalden vor. – *S. acutifolia* 'Pendulifolia'. ○–◐ ♄ III Bie. Vermutlich eine Kreuzung, bis 6 m, mit dünnen, lang überhängenden Zweigen, bereits im I oder II dicht mit großen, gelben Kätzchen belegt. – *S. alba,* Silberweide. ○–◐ ♄–♄ IV–V Bie. Europa und Mittelasien. Bis 25 m, mit weithin sichtbarer, silbriger Belaubung. Durch die weitreichenden Wurzeln vorzüglicher Bodenfestiger für tiefgründige, feuchte Böden; kann auch längere Überschwemmungen vertragen. Gartenformen: 'Chermesiana', bis 20 m hoch, mit in der Jugend kegelförmigem Wuchs und lebhaft roten oder orangefarbenen Zweigen; 'Tristis', Trauerweide, wird 25 m hoch, mit senkrecht herabhängenden hellgelben Zweigen. Schöner Solitärbaum für Parks und größere Anlagen, gedeiht am besten in Ufernähe. – *S. caprea mas,* Salweide, ○–◐ ♄–♄ III–IV Bie. Die männliche Form wird bis 6 m hoch, mit großen goldgelben Kätzchen; vorzügliche Bienenweide. Die Form 'Pendula' hat senkrecht herabhängende Zweige und muß in jedem Frühjahr zurückgeschnitten werden, damit sich möglichst lange Triebe bilden. – *S. daphnoides* 'Pomerania',
Reifweide. ○–◐ ♄–♄ III–IV Bie. Bis 8 m hoch, mit lanzettlichen Blättern und silbrig-weißen Kätzchen. Benötigt lehmigen bis sandigen Boden, ist auch zur Befestigung von Dünen oder Sandfeldern geeignet. *S. hastata* – 'Wehrhahnii', ○–◐ ♄ III–IV △ Bie. Bis 1,50 m, mit rotbraunen Zweigen, zur Blütezeit perlschnurartig mit Kätzchen besetzt. – *S. matsudana* 'Tortuosa', Zickzackweide. ○–◐ ♄ IV–V. Bis 8 m, mit korkzieherartig gedrehten, aufrechten Zweigen. Wirkt besonders im Winter durch ihren bizarren Wuchs und die grünlich-gelbe Rinde. – *S. purpurea,* Purpurweide. ○–◐ ♄ III–IV Bie. Europa bis Nordafrika. Bis 5 m, Strauch mit biegsamen, rotbraunen Zweigen, auch zum Binden verwendbar. Gutes Pioniergehölz für nährstoffarme Rohböden und wertvolle Bienenweide. 'Gracilis', Kugelweide, niedrige Form mit kugeligem Wuchs und zierlichen silbrigen Blättern. – *S. repens* var. *rosmarinifolia,* Rosmarinweide. ○–◐ ♄ IV–V. Bis 2 m, mit kleinen, lanzettlichen Blättern. Verträgt Trockenheit, für Böschungen oder Steingärten. – *S. sachalinensis* 'Sekka', Drachenweide. ○–◐ ♄ IV. Bis 5 m hoch und noch breiter, mit eigenartigen, 5 cm flachen, gewundenen Zweigen und silbrigen Kätzchen. Interessante W., für Einzelstellung geeignet. – *S. serpyllifolia,* Kriechweide. ◐–● ♄ VI–VII ⁓ △. Alpen und Pyrenäen. Niederliegende, am Boden wurzelnde Zweige und ganz kleine Kätzchen. Ähnlich *S. polaris, S. retusa* und *S. reticulata* (Netzweide), die alle in magersten Boden zu setzen sind, da sie sonst unschön werden. – *S.* × *smithiana* (*S. cinerea* × *S. viminalis*). III–IV. Starkwüchsig, bis 6 m, mit dicken, steifen Trieben, bis zum äußersten Ende mit grauen Kätzchen besetzt. – *S. viminalis,* Korbweide. ○–◐ ♄ III–IV Bie. Europa und Nordafrika. Bis 10 m, vielfach wegen der langen Ruten, die zum Korbflechten benötigt werden, als

Weigelie, *W. florida.* (Dr. Jesse)

Rutenweiderich, *L. virgatum.* (Seibold)

Kopfweide kultiviert. Außerdem wertvolle Bienenweide und für Faschinen bei Böschungen oder Ufern. – ANSPRÜCHE. Jeder nicht zu trockene Boden, die alpinen, kriechenden Arten ziehen kühlen und trockenen Boden in nördlicher Lage vor. Verwendung sehr vielseitig: Je nach Art als Solitärbaum in Parks oder größeren Anlagen, als Pioniergehölz, zur Bodenbefestigung rutschgefährdeter Hänge, zur Gewinnung von Flechtmaterial oder als Bodendecker im Steingarten. – VERMEHRUNG. Aussaat ist möglich, aber kaum gebräuchlich, außerdem ist der Samen nur 2 Monate keimfähig. Bei den feintriebigen und kriechenden W.n sind Stecklinge von krautigen Trieben üblich, bei den anderen Stecklhölzer. Nur wenige müssen veredelt werden.
Weidelgras → Rasengräser.
Weiderich, *Lythrum.* Weiderichgewächse, *Lythraceae.* ○–◐ ♃ ⁓ ✂. Etwa 30 Arten in der nördlichen gemäßigten Zone, davon nur 2 europäische in unseren Gärten. Sumpf- und Moorpflanzen, aber auch auf trockenem Boden wachsend, mit verzweigten, ährigen Blütenständen, die gern von Schmetterlingen, besonders Weißlingen, beflogen werden. – *L. salicaria,* Blut-W., fast in allen Erdteilen, heimisch auf feuchten Wiesen. Holziger Wurzelstock, vierkantige, behaarte, oft verzweigte Stengel. Blätter gegen- oder wechselständig, lanzettlich. Blüten bläulich-purpurrot, 80–150 cm. 'Feuerkerze', leuchtend rosarot, 120 bis 150 cm; 'Mordens Pink', lange, tiefrosa Blütenkerzen, 70–80 cm; 'Rakete', lange, rosenrote Blütenähren, 80 cm; 'Robert', lachskarminrot 40–60 cm;

'Roseum Superbum', rosarot, 100 cm; 'The Beacon', bisher dunkelste Sorte, rot. 70–80 cm. VII–IX. – *L. virgatum*, Ruten-W., Europa, Westasien, heimisch. Stengel nicht behaart, vierkantig. Blätter schmallinealisch, Blüten purpurrot. 'Rose Queen', langblühend, rosarot. VI–IX, 60 cm. – Verwendung als langblühende, farbkräftige Blütenstauden für Beete, als Uferpflanzen und zum Schnitt. Boden kräftig, feucht bis trocken. Vermehrung am besten durch Stecklinge.

Weigelia → Weigelie.

Weigelie, *Weigela*. Geißblattgewächse, *Caprifoliaceae*. Sommergrüne Sträucher, 10 Arten in Ostasien. Gegenständige, fast sitzende Blätter und weiße, rosa oder rote Blüten in den Blattachseln. – *W. florida*. ○–◐ ♄ V–VI. Nordchina. Bis 3 m hoch, mit rosafarbenen Blüten, zu mehreren in Büscheln. Gartenformen: 'Nana Variegata', bis 1,50 m, mit gelblich weißen gefleckten oder berandeten Blättern und rosa Blüten; 'Purpurea', Blätter im Austrieb hellrot, später braunrot, Blüten dunkelrosa. – *W.-Hybriden*. ○–◐ ♄ V–VII. Aus mehreren Wildarten sind über 100 Gartensorten entstanden; je nach Sortenauswahl kann die Blütezeit um Wochen verlängert werden. Gartensorten: 'Bouquet Rose', bis 2 m, mit karminrosa Blüten und hellerem Saum, V–VI; 'Bristol Ruby', 2–3 m, mit karminroten Blüten, VI–VII; 'Candida', 2–3 m, mit großen, reinweißen Blüten, VI–VII; 'Eva Rathke', bis 1,50 m, mit karminroten Blüten, die schönste rote Sorte, aber nur schwachwüchsig, VI–VII; 'Floreal', bis 2 m, mit karminrosa Blüten, V–VI; 'Newport Red', 2–3 m, mit tiefroten Blüten, VI–VII; 'Styriaca', starkwüchsig mit rosa Blüten, VI–VII. Die gelbblühenden W.n heißen richtig *Diervilla* und kommen mit 3 ähnlichen Arten in Nordamerika vor. Sie sind kleine, kaum 1 m hohe Sträucher mit hell- bis dunkelgelben Blüten. – ANSPRÜCHE. Jeder Gartenboden, Sonne oder Halbschatten. Durch Herausschneiden der älteren Äste bis zum Boden werden die Sträucher verjüngt und die Blühwilligkeit gefördert. Sind im Garten in Gemeinschaft mit Pfeifenstrauch, Deutzie, Goldregen und anderen Blütensträuchern zu setzen. Sie blühen, wenn bei den Sträuchern die Blütenfülle schon abnimmt. – VERMEHRUNG. Stecklinge von krautigen Trieben oder Steckhölzern.

Weihnachtskaktus → Kakteen 6.
Weihnachtsstern → Poinsettie.

Weinberg eines Liebhabers am Bodensee. Gesunder Trieb der Reben Mitte Juni.

Rebtrieb aus biologisch gepflegtem Weinberg wie oben, Aufnahme von Anfang Juni. – Unten: Trauben kurz vor der Ernte – ohne jegliche Spritzung. (3 Fotos Snoek)

Weinrebe

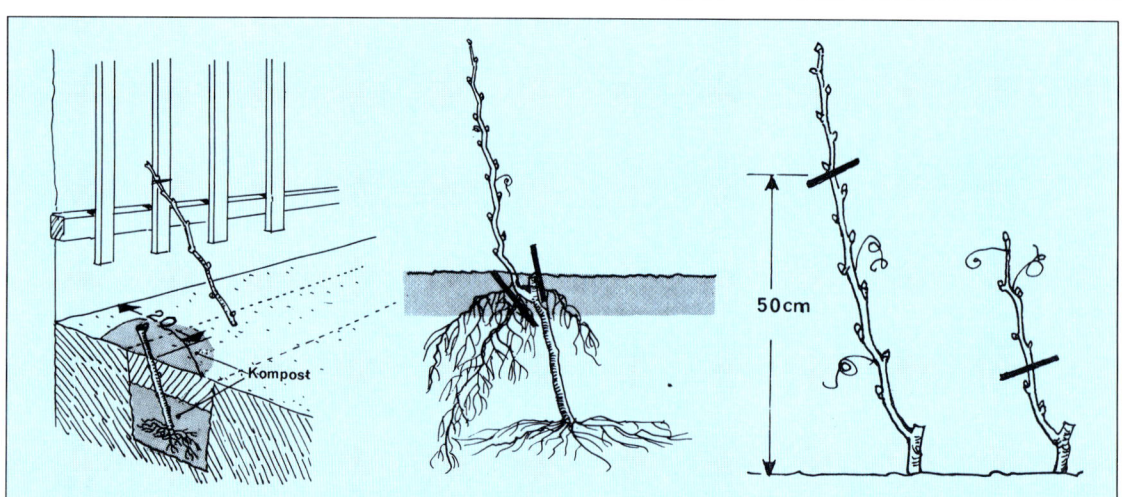

Von links: Pflanzung der Spalierreben. Gepflanzte Rebe mit Sand (schraffiert) und Kompost (punktiert) bedecken. – ‚Freigemachte' Pfropfrebe. Der Edeltrieb hat sich bewurzelt. – Rückschnitt auf Stamm (mindestens 50 cm Höhe). Bei schwachem Austrieb erfolgt Rückschnitt auf Zapfen. (Darstellungen 'Schnitt der Weinrebe' nach Friedrich/Preuße)

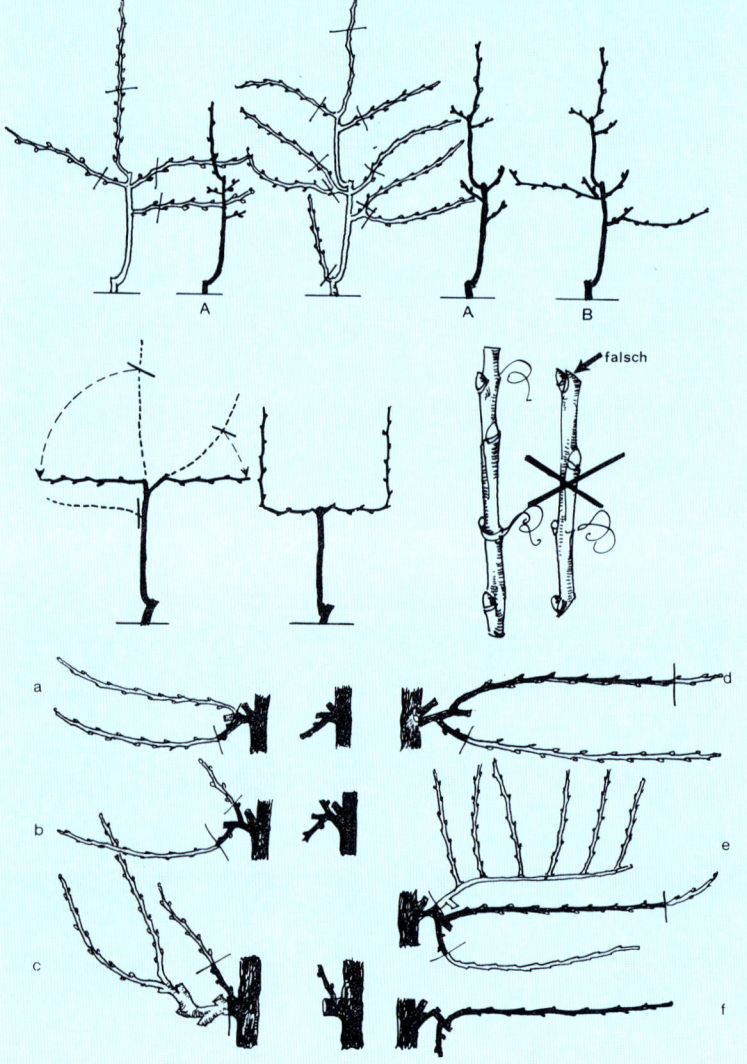

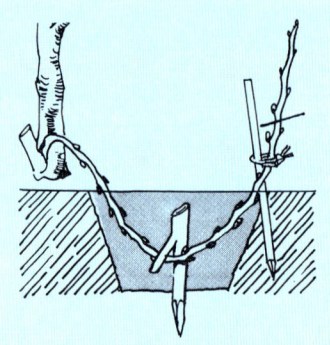

Oben: Gewinnung von Ablegern. Trieb in Komposterde verankern. Ableger mit zwei Augen über der Erde.

Schnitt der Weinrebe

Links oben: Erziehung eines senkrechten Kordons. Im zweiten Jahr nach der Pflanzung Rückschnitt auf Zapfen (A). Vom dritten Jahr an wird je nach Sorte entweder auf Zapfen (A) oder auf Bogrebe (B) geschnitten.

Links Mitte, von links: Schnitt und Formierung eines waagrechten Kordons. – U-Form mit 1–1,25 m Achsenstand. – Steckholzschnitt richtig (links) und falsch.

Links unten: Schnitt auf Zapfen (a). Ist ein Trieb schwach geblieben, wird er kräftig auf einen Zwei-Augen-Zapfen, der schwächere auf ein Auge geschnitten (b). Werden die Zapfenstümpfe als Triebbasis zu lang, wird auf einen stammnahen Trieb verjüngt (c). Bogreben- und Zapfenschnitt (d). Obere Bogrebe hat abgetragen. Der mittlere Zapfentrieb wird zur neuen Bogrebe, der untere zum Zapfen (e). Dieselbe Rebe, geschnitten (f).

Weinraute, Gartenraute, *Ruta graveolens.* Rautengewächse, *Rutaceae.* Herkunft Mittelmeergebiet, nördlich der Alpen gelegentlich verwildert; früher in allen Kräutergärten als Gewürz- und Heilpflanze angebaut; heute nur noch selten genutzt. Ausdauernde Staude. – Anbau: Aussaat IV an Ort und Stelle; später auf 30–40 cm verziehen; meist einreihig zum Einfassen des Gewürzkräuterbeetes angelegt. Ernte der Blätter erst ab dem zweiten Jahr; Hauptertrag nach 5–6 Jahren. Blätter 2–3mal pro Jahr schneiden, an luftigem Ort trocknen. – Verwendung: Als Gewürz in Suppen und anderen Speisen; scharfer, bitterer Geschmack.

Weinrebe, *Vitis vinifera,* Rebengewächse, *Vitaceae.* Heimat Kaukasus. Wildreben in Asien und USA. Lianenartig wachsender Strauch. Hieraus entstanden durch den seßhaft gewordenen Menschen und Selektionsarbeit in Sämlingsbeständen und Züchtung im Laufe von Jahrhunderten viele Kultursorten. ANSPRÜCHE. Warmes Klima, sonnige, windgeschützte Standorte und spätfrostfreie Lagen. Boden warm, tiefgründig, humusreich. Nur veredelte Reben im Frühjahr in gut vorbereitete Pflanzgruben, so tief und schräg, daß die Triebspitze ca. 1–2 cm über dem Boden bleibt, aber mit lockerer Erde angehäufelt wird. Erziehung an Rebenspalier oder Wand, an Eisendrahtrahmen, Holzdrahtrahmen, als Pergola und Weinlaube. – SCHNITT. Im Frühjahr scharf, um alljährig kräftige Neutriebe zu erzielen, weil nur diese fruchten. Je nach Erziehungsform Zapfen- oder Bogrebenschnitt. Sommerschnitt wichtige Ergänzung. Beim Zapfenschnitt wird auf zwei Knospen geschnitten. Daraus entstehen ein bis zwei Triebe, die man am Gerüst schräg verteilt und bindet. Weitere Triebe werden entfernt. Im nächsten Jahr (II) wird der obere der beiden vorjährigen Triebe weggeschnitten und der untere wieder auf zwei Knospen gekürzt. Beim Bogrebenschnitt berücksichtigt man die beim Zapfenschnitt verbliebenen Knospen. Der Austrieb aus tiefer stehenden Knospen wird auf Zapfen mit zwei Augen zurückgeschnitten, der obere auf sieben Knospen eingekürzt und im flachen Bogen am Draht angebunden. Weitere Schnittbehandlung wird ähnlich fortgesetzt, ist aber je nach Erziehungsform zu variieren, ohne das Prinzip des Zapfen- und Bogrebenschnittes zu verlassen. – SORTEN. Früher blauer Portugieser, Früher Malinger, Roter Gutedel, Schweizer Gutedel u. a.

Weißbuche, Hainbuche, *Carpinus.* Birkengewächse, *Betulaceae.* Sommergrüne Bäume ohne Borke, etwa 20 Arten in Europa, Asien, Nord- und Mittelamerika. Name nach der Ähnlichkeit mit den Buchen sowie durch das weiße Holz und der Verwendung als Einfriedung (Hag, Hain). Stammquerschnitt unregelmäßig mit Wülsten und Einbuchtungen, bei der Buche aber rund. – *C. betulus.* ○–◐ ♄ VI |:. Europa bis Persien. Bis 20 m hoher Baum mit eiförmigen Blättern, im Herbst gelb, später braun, bis zum Frühjahr an den Zweigen. Das Holz ist weiß, sehr feinfasrig, schwer spaltbar, aber wenig dauerhaft; hat hohen Brennwert, wird zu Werkzeugstielen und anderen Geräten verarbeitet. Die Form 'Fastigiata' (Pyramiden-Weißbuche) wächst schmal kegelförmig, regelmäßig. – Auch noch schlechter, kalkhaltiger Boden, Sonne oder Schatten, aber etwas milderes Klima. Für Einzelstellung, wo sie einen malerischen Wuchs bekommt, oder als robuste Heckenpflanze, die jeden Schnitt verträgt, zu verwenden. – Vermehrung der Art durch Aussaat, entweder sofort nach der Ernte oder im Frühjahr mit → stratifiziertem Saatgut; Form 'Fastigiata' wird durch Geißfuß mit zweijährigen Reisern auf die Art veredelt.

Weißdorn, *Crataegus.* Rosengewächse, *Rosaceae.* Äußerst umfangreiche Gattung sommergrüner Sträucher oder Bäume, Amerika, Europa und Asien. Der Name bezieht sich auf die weißen Blüten und die meist dornigen Zweige. – *C. crus-galli,* Hahnendorn. ○–◐ ♄–♄ V. Nordamerika. Breitausladender Strauch oder bis 10 m hoher Baum mit 6 cm langen, zuweilen leicht gebogenen Dornen (daher der Name). Die weißen Blütenstände sind 10–20blütig; kugelige, fahlrote Früchte, die lange haften bleiben. *C. monogyna,* Weißdorn. ○–◐ ♄–♄ V–VI |:. Europa und Asien. Mittelgroßer Strauch oder kleiner, bis 8 m hoher Baum mit grünen bis rotbraunen Zweigen, 1 cm langen Dornen und kugeligen, roten Früchten. Verträgt Schatten und verunreinigte Luft und ist für Schutzpflanzungen, Hecken oder als Deckgehölz geeignet. – *C. intricata (C. coccinea),* Scharlachdorn. ○–◐ ♄ V. Nordöstliches Nordamerika. Name von den scharlachroten Früchten. Buschiger Strauch oder 7 m hoher Baum mit rotbraunen Zweigen, leicht gekrümmten Dornen und weißen Blüten. Gegen Rostbefall äußerst resistent und wertvolles Vogelschutz- und Heckengehölz. – *C. oxyacantha* 'Paulii', Rotdorn. ○–◐ ♄–♄ V. Mittelgroßer Strauch oder kleiner Baum mit leuchtend karminroten, gefüllten Blüten. Auf Hochstamm veredelt beliebter Straßen- und Promenadenbaum. – *C. prunifolia,* Pflaumenblättriger Weißdorn. ○–◐ ♄ V–VI. Atlantisches Nordamerika. Sparrig wachsender Strauch mit glänzend dunkelgrünen Blättern, im Herbst leuchtend rot. – ANSPRÜCHE. Jeder nicht zu feuchte Boden; heiße, brandige Lage ist zu vermeiden. Das robuste Gehölz ist als Deck- oder Vogelschutzgehölz, zur Einzelstellung oder als schattenverträgliche Heckenpflanze, die jeden Schnitt verträgt, geeignet. – VERMEHRUNG. Bei den reinen Arten ist Aussaat der vegetativen Anzucht vorzuziehen. Ausgesät wird im Frühjahr mit → stratifiziertem Saatgut; keimt nicht im ersten, kann auch noch im dritten Jahr keimen. Veredlung der Formen durch Okulation auf eine möglichst nahe verwandte Unterlage.

Weiße Fliegen, Mottenschildläuse, zu den → Schnabelkerfen zählende, Pflanzensaft saugende, weißbepuderte, ca. 2 mm lange Insekten, die mit ihren weißen Flügeln wie winzige Motten aussehen. Verursachen helle Saugstellen an den Blättern, befallene Pflanzen kümmern. Für den Gärtner zwei Arten wichtig: Kohlmottenschildlaus an Kohlarten sowie Gewächshaus-Mottenschildlaus an zahlreichen Zierpflanzen in Warmhäusern, an Rhododendron auch im Freiland. Abwehr: → Blattläuse.

Weiße Frühlingszwiebel, überwinternde Form der Küchenzwiebel (→ Zwiebel), wird VII–VIII ausgesät in Reihen mit 20–30 cm Abstand, in der Reihe auf 10 cm verziehen. Geht nur in milden Lagen, weil nicht sehr winterhart. Ernte V–VI. In rauheren Gebieten Aussaat auch in III möglich; Erntezeit im VII. Zwiebel lockerfleischig, wenig haltbar. Verwendung: wie → Zwiebel.

Weißes Straußgras → Rasengräser.

Weißklee → Klee.

Weißkohl, Weißkraut, Weißkabis, *Brassica oleracea* var. *capitata* f. *alba.* Kreuzblütler, *Cruciferae.* Herkunft und Abstammung → Kohlgewächse. Sehr vielseitige Kulturform; Köpfe flach, rund, hochrund oder zugespitzt (Spitzkohl). Anbau von Frühjahr bis Herbst; dabei Sorteneignung beachten. Gute Herbstsorten sind mehrere Monate lagerfähig. – Anbau je nach Erntezeit und Sorteneignung. Typische Frühsorten: Aussaat Mitte II in warmes Frühbeet, Auspflanzung IV ins Freiland auf 50 × 50 cm. Ernte VI–VII. Sommer- und Herbstsorten: Aussaat

Weißkraut

Weißkohl Apex, Spätsorte. (Wagner)

Wespe frißt junge Raupe. (Dr. Bender)

III ins Frühbeet, Auspflanzung V–VI ins Freiland auf 60 × 50 cm; Ernte VIII, IX und X je nach Sorte und Saatdatum. Herbst- und Lagersorten: Aussaat IV–V ins Freilandbeet, Auspflanzung Mitte–Ende VI auf 70 × 60 cm. Ernte vor Frosteintritt; im Keller lagerfähig bis III/IV. Alle Sorten verlangen gute Düngung und Bodenbearbeitung; Sommerkulturen bei Hitze und Trockenheit reichlich wässern. – Verwendung sehr vielseitig: roh, fein geschnitten als Salat, geschnitten und gedämpft als wertvolles Gemüse; grob zerteilt in Eintopfgerichten; eingeschnitten und eingesäuert als Sauerkraut.

Weißkraut → Weißkohl.
Weißtanne → Tanne.
Welldrahtstäbe → Rankgerüst.
Welschkohl → Wirsing.
Wenderegner → Regner.
Wermut → Beifuß.
Wermutextrakt, im biologischen Pflanzenschutz als Spritzmittel gegen Säulenrost (Johannisbeere) sowie Milben, Blattläuse und Raupen → Kräuterextrakte.
Werre → Maulwurfsgrille.
Wespen, allgemein bekannte, schwarzgelb gebänderte, wegen ihres Stichs gefürchtete → Hautflügler, die von Süßigkeiten und Früchten angelockt, den Menschen in Haus und Garten oft lästig werden. Staatenbildend, die Staaten aber im Gegensatz zu den Bienen nur einsommrig: die Wespen sterben Ende des Sommers ab, nur die junge, befruchtete Königin überwintert in einem Versteck und gründet im Frühjahr den neuen Staat. Die aus papierähnlicher Masse angefertigten, in Erdhöhlen oder Dachböden aufgehängten Nester sind vom Herbst ab leer und werden nie wieder besiedelt. Größte europäische Art: die durch ihren Stich besonders gefährliche Hornisse. Dem Schaden der W. steht ein erheblicher Nutzen durch die Vertilgung von schädlichen Insekten gegenüber, denn die Larven werden mit zerkleinerten Beute-Insekten gefüttert. Abwehr: beköderte → Fangflaschen aufstellen. An entdeckten Nestern – auch im Dunkeln – nicht vergreifen, notfalls (bei starker Belästigung) Feuerwehr anrufen.

Wetter, die tägliche, kurzfristige Aufeinanderfolge aperiodischer atmosphärischer Vorgänge. W. bildet sich in ca. 10 km Höhe, der Wetterzone oder Troposphäre. Hier bilden sich Wolken und Niederschläge. Darüber, in der Stratosphäre, sind keine Wettererscheinungen zu beobachten, da die Luftmassen fast trocken sind. → Klima.

Wetzstein → Abziehstein.

Whitfieldie. *Whitfieldia.* Akanthusgewächse, *Acanthaceae.* Wenige Arten im trop. Afrika. Kräuter oder Sträucher mit kreuzgegenständigen Blättern. Blüten in endständigen Trauben, weiß oder rot. Hochblätter klein. – *W. elongata.* Sierra Leone. Immergrüner Strauch mit ovallanzettlichen Blättern bis 15 cm. Blüten weiß, 4–5 cm lang, in endständigen Trauben. Hochblätter klein, weiß. – Kultur im Zimmer möglich, jedoch sind die Pflanzen nicht ganz leicht. Blüten werden nicht regelmäßig angesetzt. Substrat Einheitserde. – Vermehrung durch Stecklinge.

Wicke → Platterbse.

Wickler, artenreichste und schädlichste Gruppe der Kleinschmetterlinge (→ Schmetterlinge). Raupen vielfach in Blatt-,Wickeln' lebend. Wichtigste Gartenschädlinge: roter und grauer → Knospenwickler an Obstbaumknospen und -blättern sowie → Apfelwick-

Weißkohl Cape Horn, früh bis mittelfrüh, für Ganzjahreskultur. (Wagner)

ler und → Pflaumenwickler im Innern der Früchte (‚Obstmaden').

Widerstoß → Meerlavendel.

Wiesenknopf, *Sanguisorba.* Rosengewächse, *Rosaceae.* ○–◐ ♃ ✕. – Etwa 30 Arten in der nördlichen gemäßigten Zone. Unpaarig gefiederte Blätter und eiförmig-längliche, kugelige oder walzenförmige Blütenstände mit dunkelroten bis weißen Blüten. – *S. minor,* kleiner W., Bibernelle, → Pimpernell, heimisch, Europa bis Sibirien. Rundliche Blütenköpfchen mit grünlichen Blüten und roten Narben. V–VI, 30–60 cm. Als Gewürzpflanze für den Kräutergarten. Blätter für Salate, Suppen, Fischgerichte. – *S. officinalis (S. major),* Großer W., heimische Wiesenpflanze. Blütenstände eiförmig-länglich, Blüten dunkelbraunrot. VII–VIII, 50–100 cm. – *S. tenuifolia,* Ostasien. Große, bis 12fach unpaarig gefiederte Blätter. Fiedern schmal, lanzettlich, scharf gesägt. Blütenstand lang, walzenförmig, überhängend, dunkelrosa. 'Albiflora', weiß, schöner. VIII, 1–1,90 m. – Verwendung im Park und Naturgarten. Boden nicht zu sandig. Vermehrung durch Teilung und Aussaat.

Wiesenrasen → Blumenwiese.

Wiesenraute, *Thalictrum.* Hahnenfußgewächse, *Ranunculaceae.* ○–◐ ♃ △ ✕. Rund 250 Arten in Europa, im außertropischen Asien, einige in den Tropen Afrikas und Amerikas. Pflanzen mit dreizählig zusammengesetzten Blättern. Bei den Blüten die meist gefärbten, zahlreichen Staubfäden auffallend. – *T. aquilegifolium,* Amstelraute, Europa, Sibirien, Japan. Heimisch an Flußufern. Blätter der Akelei ähnlich. Blüten ohne Blütenblätter mit vielen Staubfäden, weißlich, lila bis hellviolett. 'Album', reinweiß, hellgrünes Laub; 'Atropurpureum', violett; 'Thundercloud', dunkelviolett. V–VII, 100–120 cm. – *T. dipterocar-*

pum, Westchina. Hohe, manchmal etwas überhängende Stengel. Blätter oben hellgrün, unterseits bläulich. Rispe pyramidenförmig, Blüten mit rosavioletten Blütenblättern und gelben Staubbeuteln. Schöne, dekorative Art, besonders zum Schnitt. 'Hewitts Double' mit gefüllten, purpurlila Blüten. VII–IX, 120 cm. – *T. flavum (T. commutatum, T. nigricans),* Europa bis Asien, heimisch. Kriechender Erdstamm, dreifach gefiederte Blätter. Blüten in länglicher Rispe, gelb. VI–VII, 60–100 cm. – *T. f.* ssp. *glaucum (T. g., T. speciosissimum),* Pyrenäen, Schweiz. Stengel und Blätter blau bereift. Blätter blaugrün, fünffach oder doppelt gefiedert. Blüten in großen Rispen, schwefelgelb, 100–120 cm. 'Illumination', niedriger, Blütenstand kopfig, schwefelgelb, 80–120 cm. VII–VIII. – *T. kiusianum,* japanische kriechende, humusliebende Halbschattenpflanze, mit grauen Blättern und lilablauen Blüten auf 15–20 cm hohen, verzweigten Stielen, VI–IX. Reizender Bodendecker zwischen Zwergrhododendron u. a. Moorbeetpflanzen. *T. minus,* Europa, Nordasien, heimisch. Bedeutung hat nur 'Adiantifolium'. Blätter dem Frauenhaarfarn ähnlich, daher als Schnittgrün für kleine Sträuße schön. Blüten in kurzen Rispen, gelblich. V–VI, 40 cm. – Verwendung der höheren Arten im Staudengarten, Park und zum Schnitt, der niedrigen im Steingarten. Boden frisch, lehmig-humos, bei *T. dipterocarpum* unbedingt kalkfrei; allzu trockener Standort und tiefer Schatten begünstigen Läusebefall. – Vermehrung durch Aussaat und Teilung.

Wiesenraute, *T. aquilegifolium.* (Seidl)

Wiesenrispe → Rasengräser.
Wiesenschnake → Erdschnaken, Rasenschädlinge.
Wilder Wein → Jungfernrebe.
Wildmandel, *Prunus.* Rosengewächse, *Rosaceae.* Kaukasus, eng verwandt mit dem Mandelbaum. – *P. fenzliana.* ○ ħ III ⌒. Buschig und sparrig wachsender Strauch, bläulichgrüne Blätter, rosaweiße Blüten. Die offenen Blüten können Frost ohne Schaden überstehen, trotzdem nicht genügend winterhart. – Ansprüche: Guter, nicht zu feuchter Boden in warmer und geschützter Lage. Im Winter ist aus Stroh und Reisig Schutz angebracht. – Vermehrung durch Aussaat oder Okulation wie bei Pfirsich oder Mandel.
Wildnarzisse → Narzisse.
Wildrasen → Blumenwiese.
Wildschaden, kann im Garten als Fraß an Gemüse durch Hase bzw. Kaninchen oder als Knospenverbiß und Rindenschälen durch Hase, Kaninchen oder Reh auftreten. Hinweis auf die Urheber: Wildlosung. Verhütung: Schutz von Einzelbäumen mittels Drahthosen, Kunststoffspiralen oder der ganzen Fläche durch Einzäunung mit Maschendraht von höchstens 4 cm Maschenweite, der gegen die wühlenden Kaninchen 40 cm tief in den Boden reichen und dort nach außen umgebogen sein soll; Wildverwitterungsmittel (meist Teerprodukte) auf verholzte Stämme aufstreichen oder Lappen, die mit solchen Präparaten getränkt sind, aushängen.
Wildstauden, unterscheiden sich von → Beetstauden durch geringere Pflegeansprüche. Hansen („Die Stauden', 2. A. Stuttgart 1984) teilt sie ein nach fremden und bodenständigen. Letztgenannte verhalten sich je nach Landschaft und Standort verschieden; das Leberblümchen und ihre Begleiter z.B. sind auf basenhaltigen Lehmböden unter Gehölzen beheimatet und somit ‚bodenständig', auf sandigen Böden jedoch pflegebedürftig. Beispiele für Wildstauden: Beifuß (*Artemisia vulgaris*), Wegwarte (*Cichorium intybus*), Comfrey (*Symphytum asperum* und *S.* × *uplandicum*).
Wildtrieb, jeder aus der Unterlage entstehende Trieb, sei es unter der Veredlungsstelle am Wurzelhals oder aus dem Boden (→ Wurzelausschläge).
Wildtulpe → Tulpe.
Winde, *Convolvulus.* Windengewächse, *Convolvulaceae.* ○ ⊙ |:. Von den in der gemäßigten Zone und in den subtropischen Gebieten weit verbreiteten etwa 200 einjährigen bis strauchigen Arten ist bei uns als Sommerblume nur

C. tricolor in Kultur. Ca. 30 cm, Blüten groß und trichterförmig. Auf den gelben Grund folgt eine weiße Mitte und danach ein Saum in Blau, Weiß, Rosa oder Violett. Blüte ab VI, gelegentlich bis XI. Ausschließlich in Mischung angeboten. Nachteilig, daß sich die Blüten bei Dunkelheit und Regen schließen. Trotzdem hin und wieder für bunte Beete und Rabatten und als Füller im Steingarten verwendet. – Aussaat am besten IV direkt an Ort und Stelle. Zu dichte Aussaaten auf 15–25 cm verziehen. Vollsonniger Standort, am besten in mittelschweren Gartenböden.

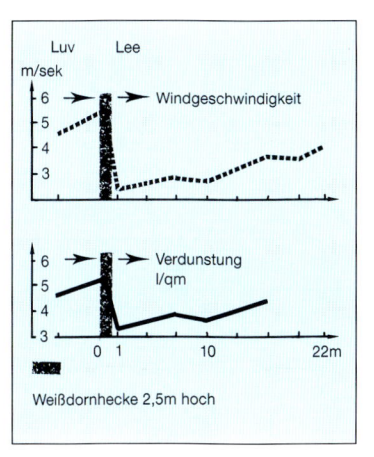

Windschutz durch Hecken verbessert das Kleinklima merklich und fördert den Pflanzenwuchs. (Archiv)

Windschutz, wirkt ertragssteigernd durch Verbesserung des Wärme- und Wasserhaushalts der Pflanzen. Mit W. kann Boden bis 3 °C wärmer sein als ohne, wird weniger Wasser verdunstet, ist Tauwassermenge größer und hält Taubenetzung länger an, wird bodenbürtiges Kohlendioxid nicht weggeweht und pflanzenverfügbar gehalten. W. kann durch Mauern, Rohr- oder Schildmattenwände, Plastikwände, am besten durch → Hecken erzielt werden. Hecken müssen im Bestand locker geschlossen, dürfen nicht lückig sein, größere Lücken verstärken die Windwirkung, ähnlich Düsen. Lockere Hecken bremsen Wind ab, bieten W. bis Entfernung in etwa 5facher Höhe der Hecke.
Windschutzpflanzung, an windexponierten Bereichen in der freien Landschaft und in der Stadt, aber auch im Hausgarten vorgenommene Pflanzung. Eine W. wird mehrreihig mit standortgerechten halbhohen bis hohen Gehölzen gebildet, die zwar durch ihre dichte Belaubung den Wind ableiten, aber zur

Winterblüte

Anlehngewächshaus Floratherm® als Wintergarten. (Krieger)

Vermeidung von Wirbelbildung auch durchblasbar sein sollen. Reichverzweigte und großlaubige Gehölze sind für eine W. besonders geeignet: *Acer campestre, A. ginnala, Alnus incana, Cornus sanguinea, Corylus avellana, Ligustrum vulgare* 'Atrovirens', *Populus tremula, Prunus spinosa, Quercus petraea, Salix caprea, Sorbus intermedia, Syringa vulgaris, Tilia intermedia* und *Viburnum lantana*. Die schützende Funktion einer W. wird bei einer mehrreihigen und aus Bäumen und Sträuchern aufgebauten Pflanzung spürbarer als bei einer schmalen Hecke.

Winterblüte, *Chimonanthus*. Gewürzstrauchgewächse, *Calycanthaceae*. Nur 2 Arten in Ostasien, von denen nur die folgende in milden Gegenden genügend winterhart ist. – *Ch. praecox*. ☽ ♄ I–III ⌢ D. Bis 2 m hoher, sommergrüner Strauch. Die glockigen Blüten erscheinen im Winter am alten Holz, sind außen gelb, innen rötlich gestreift, duften stark. Form 'Grandiflorus' hat etwas größere Blüten, die aber nur leicht duften. – Ansprüche: Gewöhnlicher Boden, aber ausgesprochen milde Lagen. Winterschutz vor Kälte und Sonne ist anzuraten. – Vermehrung durch Aussaat gleich nach der Ernte des Saatgutes, auch die Form 'Grandiflorus' fällt aus Samen echt. Außerdem sind Stecklinge von krautigen Trieben und Absenker möglich.

Winterbohnenkraut → Bohnenkraut.
Winterendivie → Endivie.
Winterfütterung → Vogelschutz.
Wintergarten, großes begehbares Blumenfenster, das meist im Anschluß an einen Raum in Form eines Pult-Glashauses angebaut wird. → Kleingewächshaus.

Wintergemüse, alle Gemüsearten, die dank guter Lagerfähigkeit in der kalten Jahreszeit verfügbar sind, zum Beispiel Weiß- und Rotkohl, Wirsing, Zwiebeln, Lagermöhren, Knollensellerie, Schwarzwurzeln und viele mehr. Dazu gehören auch solche, die im Winter durch Treiben erzeugt werden können, wie Chicorée oder Löwenzahn. Wintergemüse spielen eine sehr wichtige Rolle. → Einwintern.

Anlehngewächshaus Floratherm® an Gartenteich. (Krieger)

Winterheckezwiebel, Winterzwiebel, Schnittzwiebel, Röhrenlauch, *Allium fistulosum*. Liliengewächse, *Liliaceae*. Herkunft Sibirien; dort noch heute von ebensolcher Bedeutung wie bei uns die Zwiebel. Ausdauernd, vollkommen winterhart. Anbau: Aus Samen, Aussaat IV breitwürfig ins Setzlingsbeet, Setzlinge im VI auspflanzen, je 2–3 Setzlinge zusammen mit 20 cm Abstand. Oft als Einfassung von Gartenbeeten. Vermehrung auch durch Brutzwiebeln oder Teilung größerer Stöcke möglich. Ernte: Die bauchig aufgeblasenen Blätter bleiben über Winter grün und können ganzjährig geschnitten werden; daneben bilden sich schlanke Haupt- und Brutzwiebeln aus; Ernte Spätherbst bis Frühling samt Röhren. Verwendung: Röhren und Zwiebeln wie Küchenzwiebel.

Winterheide → Glockenheide.
Winterjasmin, Echter Jasmin, *Jasminum*. Ölbaumgewächse, *Oleaceae*. Gegen 200 Arten sommergrüner oder immergrüner Sträucher oder Spreizklimmer; die meisten Arten in den Tropen und Subtropen. Botanischer Name = arabisch ‚wohlriechend'. Fälschlich wird im Volksmund auch der Pfeifenstrauch *(Philadelphus)* Jasmin genannt, weil dieser mitunter ebenfalls stark duftet. – *J. beesianum*. ☽ ♄ V ⚥ ⌢

Winterschnitt

Wintergarten, in Aluminiumkonstruktion mit Isolierverglasung aus Stegdoppelplatten und wärmedämmenden Sprossenabdeckungen. Beheizung und Bepflanzung für 12–16°C. (Krieger)

D. Westchina. Höchstens 1,50 m hoch, schlingt fast nicht. Dunkelgrüne, gefurchte Zweige, tiefgrüne Blätter und stark duftende, rosa bis blutrote Blüten. Verlangt warmen und geschützten Standort. – *J. mesnyi (J. primulinum).* ◐ ♄ III–IV ⚥ ∼ i. China. Bis 4 m hoch schlingend, mit größeren Blättern und bedeutend größeren, gelben Blüten als *J. nudiflorum,* aber nicht so frosthart. – *J. nudiflorum.* ○–◐ ♄ II–IV ⚥. Nordchina. Bis 2 m, härteste W.art. Äste sind schlank, elegant überhängend; gegenständige, fast sitzende, 2 cm große Blätter. Je nach Witterung erscheinen schon vor Weihnachten die gelben Blüten, die durch Kälte selten Schaden erleiden. Zweige, abgeschnitten und in Vasen gestellt, blühen wie Forsythienzweige auf. – ANSPRÜCHE. Bevorzugt leichten, nährstoffreichen Boden in sonniger oder halbschattiger Lage. Ausreichend winterhart ist nur *J. nudiflorum,* die anderen Arten eignen sich nur für recht geschützte Lagen in Gegenden mit Weinbauklima. Der W. ist Spreizklimmer und soll dementsprechend an Sträuchern, tiefverzweigten Bäumen, Mauern oder Zäunen gepflanzt werden, wo er zunächst angeheftet werden muß. Schöne Standorte sind auch Mauerkronen, wo die dünnen Triebe elegant herabhängen können. – VERMEHRUNG. Aussaat ist kaum üblich, da Stecklinge von krautigen Trieben oder Ableger leicht wachsen.

Winterkohl → Grünkohl.
Winterkopfsalat → Kopfsalat.
Winterlauch → Porree.
Winterling, *Eranthis.* Hahnenfußgewächse, *Ranunculaceae.* ○–◐ ♃ △. 2 Arten in Südeuropa und Kleinasien. Pflanzen mit knolligem Erdstamm. Blätter erst nach der Blüte, grundständig, handförmig geteilt und eingeschnitten. Der Blütenstengel endet mit einer wirtelig geteilten Hochblatthülle, darauf die großen Hahnenfußblüten. – *E. cilicica,* Griechenland, Kleinasien. Blüht später als der bekanntere *E. hyemalis.* Stengel rötlich überlaufen, Blüten dunkler, gelb. III, 5–10 cm. – *E. hyemalis,* Südeuropa. Ausdauernder, mit gleichmäßig geschlitzten Hochblättern, goldgelb. II–III, 5–10 cm. – *E.* × *tubergenii (E. cilicica* × *E. hyemalis).* Setzt keine Samen an, dadurch länger blühend. Kräftiger Wuchs, große, leuchtendgelbe Blüten. 'Glory', großblumige Auslese mit dunkelgrünem Laub; 'Guinea Gold', Blüten dunkelgelb, bronze schattiert. Bekannteste Sorte dieser Kreuzung. III, 15–20 cm. – Verwendung im Steingarten und Staudenbeet, zusammen mit Blaustern und Schneeglöckchen. Unter Laubgehölzen. Interessant sind auch die Samenstände, braune Balgfrüchte. – Boden lehmig-humos, nicht zu trocken. – Vermehrung durch Teilung, besonders bei den Sorten. Sät sich oft selbst aus.

Wintermöhre → Mohrrübe.
Winterportulak, Kubaspinat, *Montia perfoliata (Claytonia perfoliata).* Portulakgewächse, *Portulacaceae.* Büschelbildende Salatpflanze, mit runden, fleischig-saftigen Blättern. Vitaminreich. – Anbau: Ende VII bis Mitte VIII in Reihen mit 20–25 cm Abstand flach und sehr dünn aussäen, auf 10 cm in der Reihe ausdünnen. Breitsaat möglich, entsprechend ausdünnen. Zunächst mit porösem Material abdecken, darüber beregnen, ständig feucht halten. Folgesaaten bis Ende VIII, am besten in kalten Kasten, ab Frost unter Glas. Ernte über Winter bis III; nicht tief schneiden, treibt dann wieder durch, wächst auch bei tiefen Temperaturen weiter, frosthart. Im Frühbeet während Winterhalbjahr 3 bis 4 Schnitte möglich. Verwendung: Am besten als Salat, wertvolle Ergänzung des Salatangebotes im Winter. Kann auch wie Spinat gekocht werden.

Winterpostelein → Winterportulak.
Winterrettich → Rettich.
Winterschnitt, der während der Vegetationsruhe durchgeführte Schnitt, der mit dem Laubfall beginnen kann und je nach Wuchsstärke der Bäume III–IV endet. Starkwachsende und Junggehölze schneidet man später als ältere, schwachwachsende Gehölze. Später

Winterjasmin, *J. nudiflorum.* (Herbel)

Winterling, *E. hyemalis.* (Seidl)

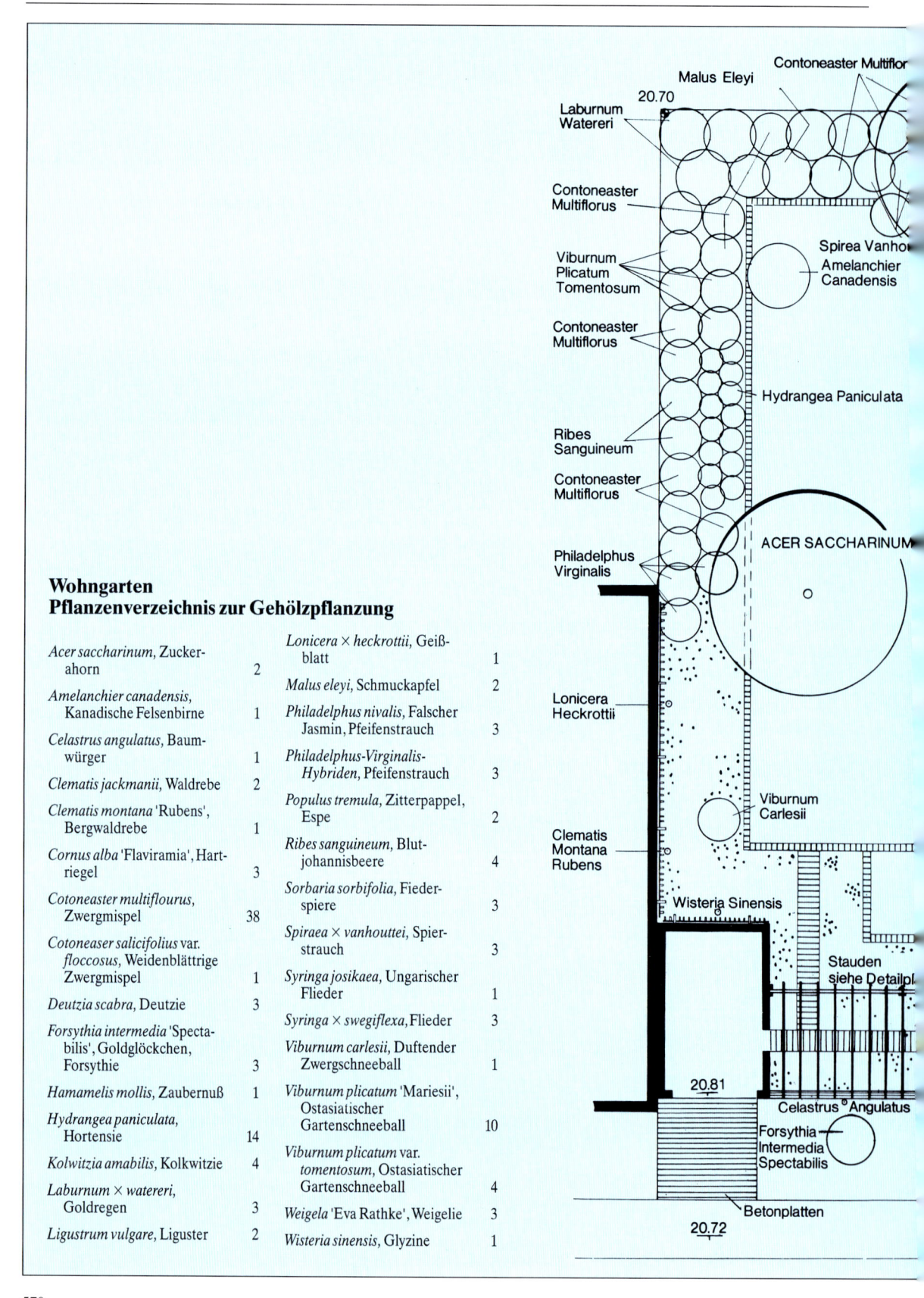

Wohngarten
Pflanzenverzeichnis zur Gehölzpflanzung

Pflanze	Anzahl
Acer saccharinum, Zuckerahorn	2
Amelanchier canadensis, Kanadische Felsenbirne	1
Celastrus angulatus, Baumwürger	1
Clematis jackmanii, Waldrebe	2
Clematis montana 'Rubens', Bergwaldrebe	1
Cornus alba 'Flaviramia', Hartriegel	3
Cotoneaster multiflourus, Zwergmispel	38
Cotoneaser salicifolius var. *floccosus*, Weidenblättrige Zwergmispel	1
Deutzia scabra, Deutzie	3
Forsythia intermedia 'Spectabilis', Goldglöckchen, Forsythie	3
Hamamelis mollis, Zaubernuß	1
Hydrangea paniculata, Hortensie	14
Kolwitzia amabilis, Kolkwitzie	4
Laburnum × *watereri*, Goldregen	3
Ligustrum vulgare, Liguster	2
Lonicera × *heckrottii*, Geißblatt	1
Malus eleyi, Schmuckapfel	2
Philadelphus nivalis, Falscher Jasmin, Pfeifenstrauch	3
Philadelphus-Virginalis-Hybriden, Pfeifenstrauch	3
Populus tremula, Zitterpappel, Espe	2
Ribes sanguineum, Blutjohannisbeere	4
Sorbaria sorbifolia, Fiederspiere	3
Spiraea × *vanhouttei*, Spierstrauch	3
Syringa josikaea, Ungarischer Flieder	1
Syringa × *swegiflexa*, Flieder	3
Viburnum carlesii, Duftender Zwergschneeball	1
Viburnum plicatum 'Mariesii', Ostasiatischer Gartenschneeball	10
Viburnum plicatum var. *tomentosum*, Ostasiatischer Gartenschneeball	4
Weigela 'Eva Rathke', Weigelie	3
Wisteria sinensis, Glyzine	1

Wohngarten

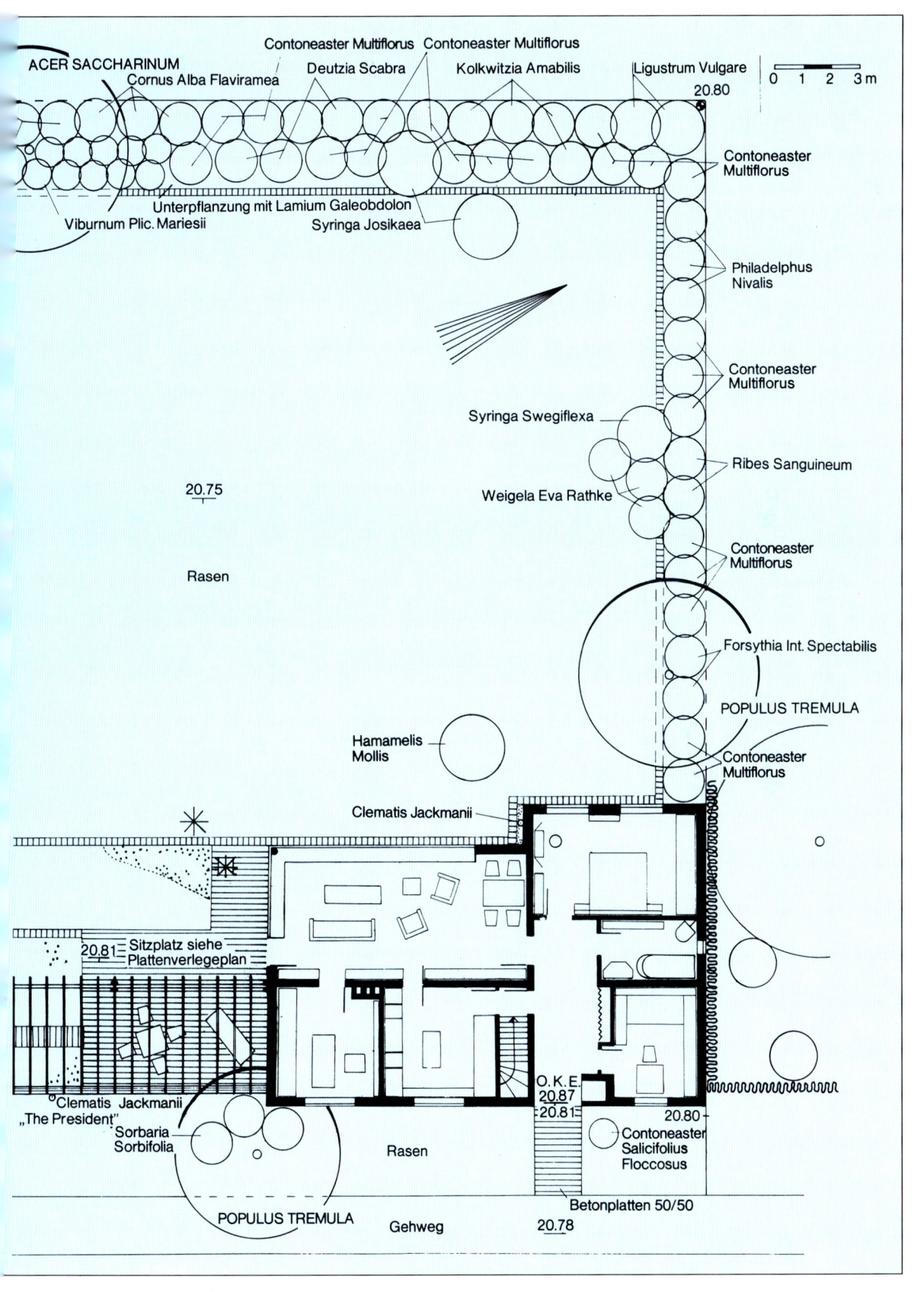

0 1 2 3 m

- ACER SACCHARINUM
- Cornus Alba Flaviramea
- Contoneaster Multiflorus
- Deutzia Scabra
- Contoneaster Multiflorus
- Kolkwitzia Amabilis
- Ligustrum Vulgare 20.80
- Viburnum Plic. Mariesii
- Unterpflanzung mit Lamium Galeobdolon
- Syringa Josikaea
- Contoneaster Multiflorus
- Philadelphus Nivalis
- Contoneaster Multiflorus
- Syringa Swegiflexa
- Ribes Sanguineum
- Weigela Eva Rathke
- Contoneaster Multiflorus
- 20.75
- Rasen
- Forsythia Int. Spectabilis
- POPULUS TREMULA
- Hamamelis Mollis
- Contoneaster Multiflorus
- Clematis Jackmanii
- Sitzplatz siehe Plattenverlegeplan
- 20.81
- Clematis Jackmanii „The President"
- Sorbaria Sorbifolia
- O.K.E. 20.87 20.81
- 20.80
- Contoneaster Salicifolius Floccosus
- POPULUS TREMULA
- Rasen
- Gehweg
- Betonplatten 50/50
- 20.78

Winterschutz

Schnitt (→ Sommerschnitt) wirkt als Wuchsbremse. → Obstbaumschnitt.

Winterschutz, Schutz für alle nicht ganz winterharten Pflanzen (Stauden, Gehölze, Blumenzwiebeln). Darf nicht voll luftabschließend sein. Gut geeignet sind Fichtengrün, Kieferngrün und trockenes Laub, wenig geeignet Torfmull und kurzer Stallmist.

Winterspinat → Spinat.

Winterstauden, Stauden, die auch in den Wintermonaten in Form und Linie ansehnlich oder durch ihr immergrünes Laub und ihre Blüte von besonderer Bedeutung sind.

Bergenia cordifolia
Dianthus caesius
– plumarius
Helleborus × hybridus
– niger
– – 'Praecox'
Santolina pinnata
Saxifraga × arendsii
– muscoides
– trifurcata
Sedum hybridum 'Immergrünchen'
Yucca filamentosa

Wirkungsgesetze → Obstbaumschnitt.

Wirsing, Wirz, Welschkohl, Savoyerkohl, *Brassica oleracea* var. *sabauda*. Kreuzblütler, *Cruciferae*. Herkunft und Abstammung → Kohlgewächse. Formenreiche Kulturart. Im Gegensatz zum Weißkohl sind die kopfbildenden Blätter und die Umblätter mehr oder weniger blasig bis stark kraus. Zahlreiche Sorten mit verschiedenen Kopfformen und Anbauzeiten. – ANBAU. Weitgehend wie → Weißkohl. Lagerfähigkeit der Lagersorten im Keller geringer als beim Weißkohl. Einige Sorten sind sehr winterhart; diese können unter leichter Decke den ganzen Winter über gehalten und bei frostfreiem Wetter eingebracht werden. – VERWENDUNG. Gehackt oder geschnitten dämpfen, grob zerteilt in Eintopfgerichten gekocht. Gehaltreiches Gemüse; nahrhafter und vitaminreicher als Weißkohl.

Wirtschaftsgarten, ein → Nutzgarten mit wirtschaftlich-rechnerischer Planung hinsichtlich Bedarf (→ Gemüsebedarf, → Obstbedarf), → Anbaufläche, → Kosten, Ertrag. Den Tabellen zur Errechnung der Anbauflächen für Gemüse bzw. Obst (Seiten 573/574 liegt der auf den Seiten 180 (Gemüse) und 353 (Obst) ermittelte Jahresbedarf von 110 kg Gemüse für eine Person bzw. von 440 kg für einen Vier-Personen-Haushalt und von 131,6 kg Beerenobst und Rhabarber zu Grunde. Vom Bedarf her ist über die Flächenerträge auf die notwendige Anbaufläche zu schlie-

Wirsingkohl 'Praeco'. (van Waveren)

ßen. Da die Erträge je nach Standort, Boden, Klima und Sorte schwanken, wurden in den Tabellen Durchschnittserträge eingesetzt. Die Lagerverluste bei Gemüse sind bei Ermittlung der Erträge bereits angerechnet worden. Bei der Deckung des Bedarfs an Obst insgesamt sind die Anbauflächen für Beerenobst und für Kern- und Steinobst voneinander abhängig. Der Bedarf an Kern- und Steinobst wurde mit 340,5 kg angenommen und bei der Planung nicht berücksichtigt. – Insgesamt sind in dem Beispiel 253 qm erforderlich: 147 qm Gemüse (S. 573) + 106 qm Beerenobst/Rhabarber (S. 574) = 253 qm Nutzfläche. Das sind 63,25 qm/Person, 36,75 qm für Gemüse + 26,50 qm für Obst. Für den Gemüseanbau wird eine Doppelnutzung von ca. 40% (siehe S. 573) angenommen, die bei Auswahl geeigneter Sorten und guten Kenntnissen erreichbar ist. In unserem Beispiel wird die Gemüsefläche intensiv genutzt. Voraussetzungen hierfür sind klimatisch günstige Lage, ertragreiche Böden, gute Kenntnisse der Anbaumethoden und Anbautechniken, richtige Sortenwahl und ausreichend vorhandene Arbeitszeit. Sind eine oder mehrere Gegebenheiten nicht vorhanden, ist der Nutzgarten extensiv zu bebauen. Dann ist eine größere Fläche je Vollversorgungsperson, nämlich statt 37–40 qm nun etwa 50–60 qm zu bearbeiten; d. h. der Arbeitszeitbedarf für den Nutzgarten steigt, der Ertrag je qm sinkt. – ARBEITSZEIT. Der Arbeitszeitbedarf ist auf Seite 575 zusammengestellt. Er beträgt 154 Akh (→ Arbeit) und ist mit Bedarfszahlen kalkuliert. Dabei ist angenommen, daß der Garten beim Wohnhaus liegt; sind Wege zurückzulegen, ergeben sich Zuschläge. Für alle Kulturen, auch die Vor-, Zwischen- und Nachkulturen, sind alle notwendigen Arbeiten, einschließlich Ernte, in der Arbeitszeit enthalten, ausgenommen Reinigen des Hauptweges und Kompostpflege. Die Werte gelten für mittelschweren Boden. – Die Arbeiten mußten in Arbeitszeitspannen aufgeteilt werden, um festzustellen, inwieweit termingebundene Arbeiten mit anderen Terminen zusammenfallen. Die tatsächlich aufzuwendende Zeit, der Arbeitszeitaufwand, kann über oder unter den angegebenen Werten liegen, da die Gegebenheiten, die den Aufwand bestimmen, unterschiedlich sein können. → Kosten, → Eigenerzeugung. (Aus ‚Nutzgarten – ja oder nein?' von OLRn A. Studtmann. AID Nr. 331, Bonn-Bad Godesberg.)

Wirtschaftsplatz, platzartig ausgebaute und befestigte Fläche im Nutzgarten, im Kleingarten, am Stall, im Gartenhof, vor der Garage oder als kleiner für Haushaltarbeiten vorgesehener Freiraum der Küche zugeordnet.

Wisteria → Glyzine.

Witwenblume → Skabiose.

Wochenendhausgarten. Für den Bau eines Wochenendhauses ist meist ein Grundstück in gut erreichbarer und landschaftlich bevorzugter Lage ausschlaggebend, so daß der Garten eine untergeordnete Bedeutung hat und oft nur als pflegeextensiver Rasen- oder Nutzgarten angelegt wird. Siehe Plan S. 576.

Wohngarten, ein ganz auf die Bedürfnisse einer Familie ausgerichteter Garten am freistehenden Einfamilien-, am Reihen- oder im Atriumhaus. Der richtig geplante W. wird in all seinen Teilen individuell den Familienangehörigen als erweiterter Wohnraum dienen. Dabei wird die Terrasse als Übergang zu den Innenräumen und meist benutzter Freiraum den Mittelpunkt des W.s bilden. Je nach Wunsch der Familie, Grundstücksgröße und Finanzkraft sind im W. weitere Freiräume, wie Badegarten, Sportanlagen, Nutzgartenteil, Liegeplatz, Wasserbecken und Staudenrabatten mit speziell arrangierten Pflanzenzusammenstellungen für den Liebhaber möglich.

Wohnhof, intimer, hausgebundener Gartenteil wie die Terrasse, jedoch durch Mauern, Nachbarwände oder Garagenrückwände räumlich an 2 oder 3 Seiten begrenzt und somit sichtgeschützt. Ein W. entsteht häufig an Reihenhäusern und Doppelhäusern oder nach Einbau von Trennwänden auch am freistehenden Wohnhaus. Befestigung und Bepflanzung ähnlich wie beim Atriumgarten oder bei der größeren Wohnterrasse.

Anbaufläche für Gemüse bei Deckung des Bedarfs durch weitgehende Eigenerzeugung. Beispiel für einen Vier-Personen-Haushalt. → Wirtschaftsgarten.

Gemüseart	Ungeputzte Rohware 4 VvP/kg/Jahr Bedarf	Bedarf einschl. Lagerverlusten	Mittlere Erträge je qm kg bzw. Stück	Anbaufläche in qm	Anbau als V	Anbau als Z	Anbau als N	Bemerkungen
Schwachzehrer								
Bohnen – Busch	28,0	28,0	1,0	28,0				N Kohlrabi spät, Winterrettich, fr. Möhren
Erbsen	24,0	24,0	1,0	24,0				N 12 qm Erdbeerneuanlage
Möhren – früh	48,2	14,4	(2–3) 2,0	7,2	3,6		3,6	N Blumenkohl
– spät		40,0	(3–4) 4,0	10,0				
Rote Rüben	9,2	10,5	(3–4) 3,5	3,0				
Schwarzwurzeln	8,4	8,4	(1,5–2) 2,0	4,2				
Zwiebeln – Steckzw.	29,2	10,8	(2,5–4) 3,0	3,6	2,0			N Blumenkohl
– Saatzw.		19,5	(2,5–3) 3,0	6,5				
Starkzehrer								
Blumenkohl	16,6	16,8	(2–4) 3,0	5,6				25 Pflanzen N von frühen Möhren/Steckzw.
Dicke Bohnen	5,3	5,3	1,2	4,4				N Porree
Gurken	48,9	48,9	(2–3) 2,5	19,6				V + Z Spinat, Salat, Kohlrabi, Radies
Kohl – früh	69,4	19,2	(3–5) 4,0	4,8				24 Pflanzen, N Spinat
– spät		54,0	(4–7) 5,0	10,8				40 Pflanzen
Kräuter/ Pflanzenanzucht		Es werden ca. 5,5 kg Kräuter geerntet, die in der Summe nicht enthalten sind		6,0				
Sellerie	13,6	15,0	(2,5–3) 3,0	5,0				25 Pflanzen
Rosenkohl	8,0	8,0	0,8	10,0				
Tomaten	9,5	9,5	2,5	3,8				12 Pflanzen
Doppelnutzung			11,5 Pfl./qm	4,0				
Endivien	6,6	6,6	5,0	2,4			4,0	45 Pflanzen
Feldsalat	10,5	10,5	(1,5–2) 1,5	7,0		7,0		
Grünkohl	18,7	18,7	2,0	9,4			9,4	36 Pflanzen
Kohlrabi	14,4	14,4	(1,5 früh/2,5 spät) 2,0	7,2	3,6		3,6	90 Pflanzen früh, 30 Pflanzen spät
Kopfsalat	31,5	31,5	20 Pfl. früh, 11,5 Pfl. So., 30 Pfl. Wi/qm	6,0	2,0	2,0	2,0	40 Pfl. früh, 25 Pfl. Sommer, 60 Pfl. Winter
Porree	12,0	12,0	5,0	2,4			2,4	50 Pflanzen
Spinat	21,8	21,8	2,0	10,9	7,2		3,7	
Rettich/Radies	6,1	6,1	1,5	4,0	2,0		2,0	
Summe	439,9	453,9		207,4	20,4	9,0	30,7	
				147,3				
				60,1 qm Doppelnutzung = etwa 40% von 147,3 qm				
				207,4 qm				

Wohnrasen

Obstart	Bedarf 4 VvP/kg/Jahr	Mittlere Erträge kg	Pflanzen bzw. Büsche	Standfläche qm/Pflanze	Anbaufläche qm	Nutzungsdauer Jahre
Erdbeeren	24,0	1,0/qm	120	0,2	24,0	2
Himbeeren	14,4	0,6/Pflanze	24	0,75	18,0	15
Johannisbeeren, schwarz	8,0	2,0/Pflanze	4	5,0	20,0	20
Johannisbeeren, rot	35,6	5,0/Pflanze	7	4,0	28,0	20
Stachelbeeren	20,4	5,0/Pflanze	4	3,0	12,0	20
Beerenobst insgesamt	102,4				102,0	
Rhabarber	29,2	7–8,0/Pflanze	4	1,0	4,0	6–8
Summe	131,6	–			106,0	

Anbaufläche für Obst bei weitgehender Eigenerzeugung. Vier-Personen-Haushalt. → Wirtschaftsgarten.

Wohnrasen → Intensivrasen.
Wohnterrasse → Terrasse.
Wohnweg, von einer Wohnstraße als Stichweg zu den Häusern und Eingängen führender, meist 3 m breiter Weg, der nur in besonderen Fällen befahren und schon vom Belag her als Fußweg angesehen wird. → Wegebau, → Wegebelag.
Wolfsmilch, *Euphorbia.* Wolfsmilchgewächse, *Euphorbiaceae.* Rund 1600 Arten, fast in der ganzen Welt. Einjährige, winterharte ausdauernde Arten und Zimmerpflanzen, meist mit dickfleischigen, sukkulenten Trieben. Sehr vielgestaltig und mit ganz niedrigen bis mehrere Meter hoch werdenden Arten. Der Milchsaft ist bei vielen giftig.
EINJÄHRIGE. ○ ⊙ ✕.
E. heterophylla. Tropisches und subtropisches Amerika. Triebe aufrecht, geschlossene, schön geformte Büsche bildend. Blätter wechselständig, die oberen gegenständig, in der Form von ei-, geigenförmig, lanzettlich bis linealisch wechselnd, dunkelgrün. Die obersten Blättchen um die Blüten (Hochblätter) sind lachsrot bis dunkelrot, wie ein kleiner Weihnachtsstern wirkend.

Goldwolfsmilch, *E. polychroma.* (Seidl)

Walzenwolfsmilch, *E. myrsinites.* (Drave)

Blüten klein, unscheinbar. VII–IX, 60 cm. – *E. marginata,* Nordamerika. Ebenfalls verzweigte, weißliche Stengel. Blätter länglich, spitz, die unteren hellgrün, die oberen nach dem Erscheinen der ersten Blüte mit weißen Rändern und Flecken. Scheinblüten (Cyathien), an denen die eigentlichen Blüten sitzen, mit kleinen, weißbunten oder gelblichen Hochblättern dicht umgeben. Eine der wenigen weißbunten Pflanzen, die aus Samen echt kommen. Schön zum Schnitt in aparte Sträuße. VII–IX, 70 cm. – Verwendung im Sommerblumenbeet, zwischen Stauden, Gräsern und als Schnittblumen. Boden durchlässig. Aussaat IV direkt oder ins Mistbeet und Mitte V auspflanzen.
ZWEIJÄHRIG ○–◐ ⊙ ✕ ⚆
E. lathyris, Spring-W., Heimat wahrscheinlich Mittelmeergebiet und wärmeres Asien, aber auch in Mitteleuropa, Nord- und Südamerika eingeschleppt. Junge, überwinterte Triebe steif aufrecht, bläulich bereift. Blätter linealisch oder lanzettlich, kreuz-gegenständig. Blüten erst im zweiten Jahr, Blütenstand eine Trugdolde mit breit-lanzettlichen, grünen Hochblättern. Wird in Kleingärten oft angepflanzt und sät sich selbst aus, wobei die Samen meterweit geschleudert werden, daher Spring-W.; sie soll Wühlmäuse vertreiben. VII–VIII, 40–80 cm. – Verwendung im Garten, auch zwischen Stauden u. a., wächst in jedem Gartenboden. Vermehrung durch Aussaat im Frühjahr.
AUSDAUERNDE WINTERHARTE ARTEN.
○–● ♃ △. *E. amygdaloides,* Europa, Südrußland, Kaukasus. Aufrechte, unten verholzende Stengel, locker beblättert. Blätter länglich, dunkel olivgrün, unten rostrot, im Winter schön rötlich-purpurn. Blüten in walzenförmiger, grünlichgelber Trugdolde mit rundlichen Hochblättern. Wertvoll durch die schöne Herbstfärbung. IV–VII, 30–50 cm. – *E. griffithii,* Himalaja. Wurzelstock mit Ausläufern. Aufrechte, straffe Triebe. Blätter lanzettlich, Mittelrippe rötlich, schöne Herbstfärbung. Blütendolde mit orangeroten

Wolfsmilch, *E. fulgens.* (Seidl)

Arbeitszeitbedarf bei weitgehender Eigenversorgung. Vier-Personen-Haushalt. → Wirtschaftsgarten (Arbeitszeit).

Kulturart	Anbau-fläche qm	AKh-Bedarf 10 qm	AKh-Bedarf insges.	III/IV	V/VI	VII	VIII	IX/X	X/II
Bohnen	28,0	3,57	10,0	–	1,7	1,2	1,2	1,0	4,9
Erbsen	24,0	4,17	10,0	2,2	3,6	–	–	–	4,2
Möhren, früh	7,2	5,95	4,3	0,2	1,0	0,6	0,8	0,4	1,3
Möhren, spät	10	5,95	6,0	1,5	1,5	0,2	–	1,0	1,8
Rote Rüben	3,0	5,95	1,8	–	0,5	0,5	–	0,3	0,5
Schwarzwurzel	4,2	5,95	2,5	0,3	0,7	–	0,4	0,4	0,7
Steckzwiebeln	3,6	4,95	1,8	0,6	0,3	0,4	–	–	0,5
Saatzwiebeln	6,5	6,47	4,2	0,8	0,5	0,6	–	1,0	1,3
Blumenkohl	5,6	3,33	1,9	0,3	0,4	0,2	–	–	1,0
Dicke Bohnen	4,4	3,57	1,6	0,4	0,5	–	–	–	0,7
Gurken	19,6	3,42	6,7	–	1,0	0,9	0,8	0,4	3,6
Kohl, früh	4,8	3,33	1,6	0,2	0,1	0,4	–	–	0,9
Kohl, spät	10,8	3,33	3,6	–	0,6	0,4	–	0,6	2,0
Kräuter	6,0	6,90	4,2	0,5	0,1	0,1	1,2	1,1	1,2
Sellerie	5,0	5,95	3,0	–	0,7	0,9	–	0,5	0,9
Rosenkohl	10,0	3,33	3,3	–	0,2	2,1	0,4	–	0,6
Tomaten	3,8	7,92	3,0	–	0,8	1,0	0,2	0,3	0,7
Endivien	4,0	4,27	1,7	–	0,2	1,0	0,2	0,1	0,2
Feldsalat	7,0	4,27	3,0	–	–	–	1,5	0,9	0,6
Grünkohl	9,4	3,33	3,1	–	0,3	1,6	0,5	–	0,7
Kohlrabi	7,2	3,33	2,4	0,2	0,2	0,8	0,2	0,4	0,6
Kopfsalat	6,0	4,27	2,6	0,4	0,4	0,4	0,5	0,5	0,4
Porree	2,4	5,95	1,4	–	0,9	0,2	–	0,3	–
Spinat	10,9	4,27	4,7	1,2	0,8	0,8	0,4	0,2	1,3
Rettich/Radieschen	4,0	5,95	2,4	–	–	1,4	0,6	0,4	–
Sa. Gemüse	207,4	⌀ 4,37	90,8	8,8	17,0	15,7	8,9	9,8	30,6
Beerenobst									
Erdbeeren	24,0	3,43	8,2	1,6	1,6	2,6	1,0	–	1,4
Himbeeren	18,0	5,9	10,7	1,1	2,7	2,7	0,2	–	4,0
Johannisb. schwarz	20,0	7,0	14,0	3,0	7,5	7,5	1,5	–	14,1
Johannisb. rot	28,0	7,0	19,6						
Stachelbeeren	12,0	8,2	9,8	0,5	2,7	2,7	0,6	–	3,3
Rhabarber	4,0	2,57	1,0	0,2	0,1	–	–	–	0,7
Sa. Beerenobst	106,0	⌀ 5,97	63,3	6,4	14,6	15,5	3,3	–	23,5
Summe	313,4	–	154,1	15,2	31,6	31,2	12,2	9,8	54,1

AKh-Bedarf für Gemüse 58 %, für Beerenobst 42 %

Wolfsmilch

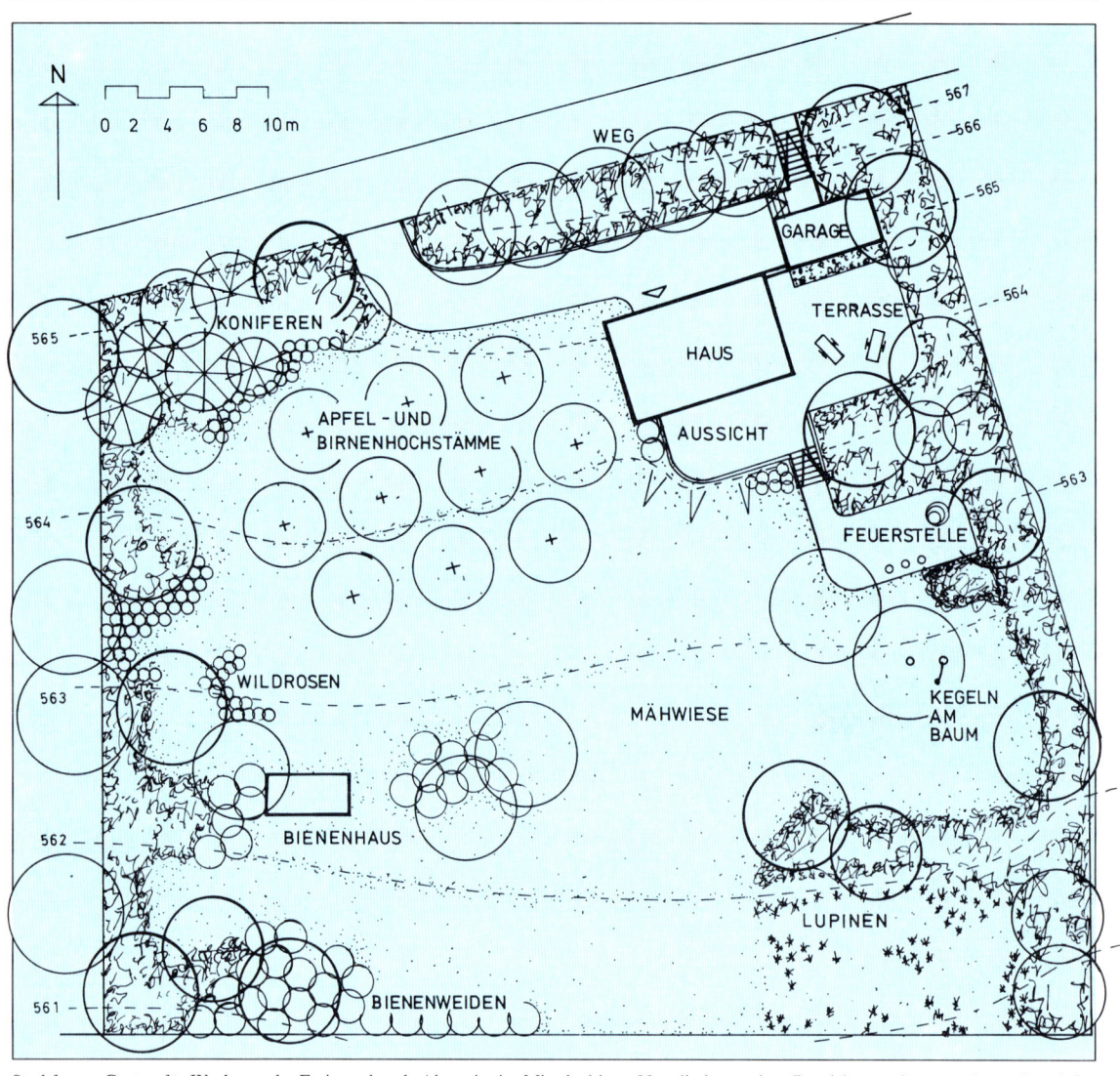

Stadtferner Garten für Wochenende, Ferien oder als Alterssitz im Mittelgebirge. Nur die hausnahen Bereiche wurden ausgebaut, das übrige Gelände blieb unverändert. Bienenhaltung ist Hobby des Besitzers. (Dr. Richter)

Hochblättern. 'Fireglow' wächst geschlossener und hat große, orangerote Hochblätter. V–VI, 40–60 cm. – *E. myrsinites*, Walzen-W., Mittelmeergebiet. Triebe liegend, walzenförmig, dicht dachziegelartig beblättert. Blätter zugespitzt, blaugrün bereift. Blütenstand aufgerichtet, Hochblätter gelb, dekorative Art. IV–VI, 10 bis 20 cm. – *E. palustris*, Sumpf-W., Europa, Sibirien. Kriechender Wurzelstock. Buschig, aufrechte Triebe, bläulich bereift. Blätter weidenblattähnlich, wechselständig, im Herbst leuchtend rot. Blütenstände mit gelbgrünen Hochblättern. V–VI, 60–100 cm. Nur für Teichränder oder flache, bis 10 cm tiefe Becken. – *E. polychroma (F. epithymoides)*, Gold-W., Osteuropa. Wurzelstock mit vielen Trieben, halbkugelige, geschlossene Büsche. Blätter länglich, sitzend, Blütenstände mit großen, chromgelben Hochblättern. Schöne, ausdauernde Frühlingsstaude.

Medusenhaupt, *E. caput-medusae*. (Herbel)

IV–V, 25–40 cm. – Verwendung: Stein- u. Staudengarten, Trockenmauern. Boden durchlässig. Vermehrung durch Aussaat, Teilung und Stecklinge. NICHT WINTERHARTE ARTEN. *Euph. pulcherrima* → Poinsettie. – *Euph. milii* → Christusdorn. – *Euph. splendens* → Christusdorn. – *E. fulgens* ziert durch die reichblühenden, überhängenden Triebe, ist jedoch nur als Schnittblume und nicht für die Kultur zu empfehlen. – SUKKULENTE WOLFS-MILCH-ARTEN. ○ ♃–♄–♄ ▽ Lie. *E. caput-medusae*, Medusenhaupt, Südafrika. Aus einem kugeligen, bis 20 cm dicken Hauptstamm und zahlreichen, bis 3 cm dicken, schlangenartigen Seitenstämmen bestehend. Die Blütenstände erscheinen aus den Scheiteln der Seitenstämme. Nur Sämlinge bilden

Der Hausgarten wirkt parkartig groß – dank einer Vielfalt kulissenartig angeordneter Gehölze: niedrig bleibende Sträucher, mittelhohe Blütengehölze und haushohe Bäume. (Rosenberg)

Wohngarten mit Planschbecken, an der Seite zum Haus hin umpflanzt mit Zwerggehölzen und Polsterstauden, in denen die meterhohen Feuerlilien prächtig zur Geltung kommen. (Rosenberg)

den starken Hauptstamm aus, Stecklinge sind meist schief und einseitig. – *E. fimbriata*. Südafrika. Strauchig, bis 50 cm, verzweigt, Triebe zylindrisch, bis 3 cm dick, mit in Warzen bzw. Höcker geteilten Rippen. Blütenstände und Dornen erscheinen immer schubweise und bilden zonige Gruppen. – *E. grandicornis*. Trop. Ostafrika. Aufrechter Strauch bis 2 m, quirlig verzweigt, Triebe dreikantig, bis 15 cm breit, regelmäßig gegliedert-eingeschnürt. An den Kanten große Dornenpaare. – *E. grandidens*. Östl. Südafrika. Bis 10 m hoher Baum, quirlig verzweigt. Triebe zuerst sechskantig, später rund, Seitenäste 1. Ordnung vierkantig, Seitenäste 2. Ordnung dreikantig. Kanten etwas gegliedert und mit Dornenpaaren versehen. – *E. mauritanica*. Südafrika. Strauchig, reich verzweigt, Triebe rund, glatt, ca. 10–15 mm stark. Blätter nur an jungen Trieben. Reichblühend. – *E. obesa*. Südafrika. Körper kugelig oder etwas verlängert, bis 10 cm hoch und ebenso breit. Meist achtrippig, Körper blaß- oder graugrün. Blüten und Dornen im Scheitel. Beliebte Art, ist aber zweihäusig und bildet Samen nur bei künstlicher Bestäubung aus. – *E. undulatifolia (E. neriifolia* der Gärten*)*. Strauchig, bis 3 m hoch, Stamm bis 12 cm dick, Nebentriebe 6 cm, flach gerippt. Blätter groß, fleischig, 15 cm lang und 5 cm breit, am Rand deutlich gewellt und hängend. – Die oben angeführten sukkulenten W.-Arten sind nur eine kleine Auswahl und sollen die Vielfalt der fleischigen Euphorbien zeigen. Alle sind gute Ergänzungen zu Kakteen- oder Sukkulentensammlungen. Die südafrikanischen Arten überwintert man bei 8°C, die eher tropische *E. grandicornis* braucht 12°C. Sommerbehandlung wie Kakteen, winters trocken halten. Vermehrung: Stecklinge bei Arten, die dann regelmäßig bleiben; Aussaat bei einköpfigen oder solchen Arten, die sonst einseitig werden.

Wolläuse → Blattläuse, → Schildläuse.
Wollblatt, *Eriophyllum,* Korbblütler, *Compositae.* ○ ♃ △. Etwa 12 Arten im westlichen Nordamerika. Meist mehrjährige Pflanzen, weißwollig behaart mit margeritenartigen Blüten. – *E. lanatum (E. caespitosum),* Nordamerika. Niederliegende, aufstrebende Stengel. Blätter in der Form variabel, rundlich, spatelförmig bis linealisch, fiederspaltig, graugrün. Blüten einzeln am Stiel, gelb. VI–VIII, 20 cm. – Verwendung im Stein- und Heidegarten, Staudenbeet. Boden durchlässig, trocken. Vermehrung: Teilung, Aussaat, Stecklinge.
Wollfruchtkaktus → Kakteen 18.
Wollgras, *Eriophorum.* Riedgräser, *Cyperaceae.* ○ ♃ ⌇ Lie. Rund 10 Arten in der gemäßigten und arktischen Zone der Nordhalbkugel. Oft große Flächen in Mooren bedeckend. Blütenähren gedrungen, grünlich mit gelben Staubbeuteln, Samenstände wollig, weiß, weithin leuchtend. – *E. angustifolium (E. polystachyon),* Europa,

Zwei Wohngärten mit gemeinsamer Mitte für drei Generationen. Bei Auflassung des trennenden Zaunes können gemeinsame Freiräume für Kinder, Jugendliche und Erwachsene ausgebaut werden. Jede Familie hat einen intimen Terrassenbereich. (Dr. Richter)

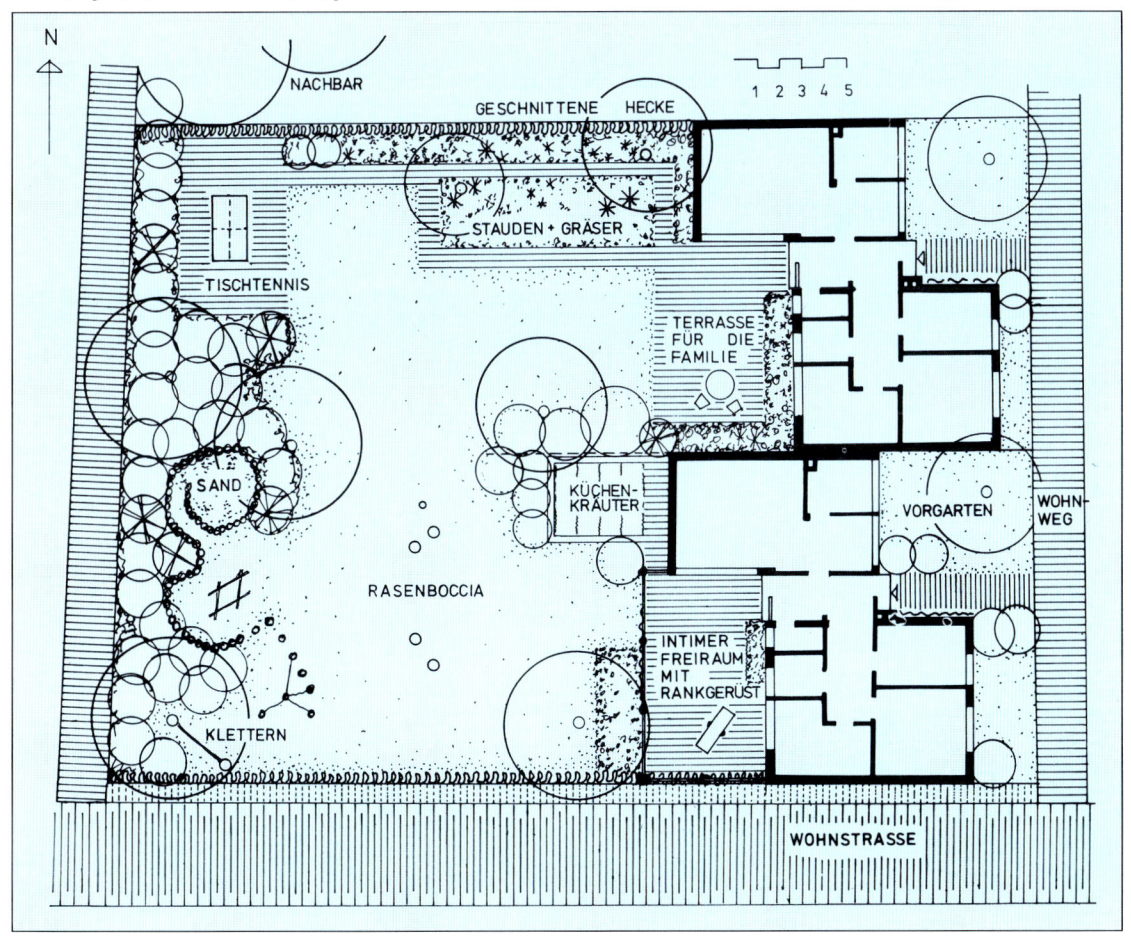

Wollknöterich

Wollgras, *E. vaginatum*. (Dr. Jesse)

Asien, Nordamerika. Wurzelstock mit langen Ausläufern, schnellwachsend. Blätter schmal, rinnig. Blütenstand aus mehreren überhängenden Ährchen, Fruchtstand kegelförmig, schön weiß. 'Heidelicht' ist eine Auslese, die noch in normalem, leicht sauren Gartenboden wächst. IV–V, Samenstand V–VI, 20–40 cm. – *E. latifolium,* Europa, Asien, Nordamerika. Wurzelstock ohne Ausläufer. Blätter lineallanzettlich, flach. Fruchtstände länglich, wollig-weiß. IV–V, und V–VI, 30–60 cm. – *E. vaginatum*. Nördliche, gemäßigte Zone, heimisch. Dichte, graugrüne Polster. Stengel oben dreikantig, oberste Blattscheiden aufgeblasen, ohne Blattspreite. Blätter fadenförmig, am Rand rauh. Ährchen einzeln, aufrecht, rund bis oval. IV–V und V–VI, 30–60 cm. – Verwendung in flachen Sümpfen, Uferpartien, Tümpeln im Heidegarten. Boden kalkfrei, weiches Wasser. Vermehrung durch Teilung und Aussaat im Sumpf.
Wollknöterich, *Eriogonum*. Knöterichgewächse, *Polygonaceae*. ○ ♃–♄ △ ⌇ i Lie. Etwa 140 Arten im westlichen Nordamerika, vorwiegend in Kalifornien und Mexiko. Niedrige Stauden mit grauen Blättern und in Trauben oder Dolden stehenden, weißlichen oder gelblichen Blüten. – *E. racemosum*. Grundständige, ovale, silbergraue Blätter. Blüten in dünnen, aufrechten Trauben, weißlichrosa. VII–IX, 10–25 cm. – *E. umbellatum*. Bekannteste Art. Halbstrauchig. Stengel niederliegend, aufsteigend, lockere Büsche bildend. Blätter eiförmig, graugrün. Blüten in Dolden, gelb. VI–IX, 20–30 cm. – Verwendung im Steingarten, an Trockenmauern und im Staudenbeet. Boden locker, durchlässig. Vermehrung durch Aussaat und Teilung, auspflanzen, Abstand 25–35 cm.
Wollmispel, *Eriobotrya*. Rosengewächse, *Rosaceae*. ○–◐ ♄–♄ ⌂ ⚘. Kleine Bäume mit immergrünen, gezähnten, unterseits meist filzigen Blättern, Blüten rosa, Früchte gelb, mispelähnlich. 20 Arten im temperierten Asien. – *E. japonica.* 5–6 m hoch, Blätter bis 30 cm lang, unterseits und auch die Sprosse braunfilzig. – Dekorative und harte Kübelpflanzen, die zur Dekoration von kühlen, absonnigen Räumen gut geeignet sind. Im Sommer kann man sie im Freien aufstellen. – Vermehrung durch Stecklinge und durch Aussaat. Die gelben Früchte werden oft auf unseren Märkten angeboten.
Wruke → Kohlrübe.
Wucherblume, *Chrysanthemum*. Korbblütler, *Compositae*. Über 200 Arten in den gemäßigten Zonen der nördlichen Halbkugel, überwiegend im Mittelmeergebiet und Kleinasien. Einjährige, ausdauernde und nicht winterharte Arten, die vorwiegend im Topf gezogen werden. Vielgestaltige Gattung, schöne Blütenpflanzen, einige auch mit schmückendem Laub.
EINJÄHRIGE ARTEN. ○ ⊙ ⚘. *C. carinatum (C. tricolor),* Nordwestafrika. Reichblühende Art mit wechselständigen, doppelt-fiederschnittigen, grünen Blättern. Blumen in der Mitte schwarz, danach mit gelbem, roten oder weißen Ring. 'Atrococcineum', rot mit weißem Ring; 'Kokarde', rot, weiß, Mitte dunkel; 'Tetra Polarstern', weiß mit gelbem Ring; 'Frohe Mischung', weiß, rosa, bronze, rot; 'Dunettii', gefüllte, mehrfarbige Mischung. Schöne Schnittblumen. 60–80 cm. VI–X. – *C. coronarium,* Nordafrika. Kräftiger im Wuchs mit breiten Blattfiedern, graugrün, Blüten goldgelb. 'Comet', groß, goldgelb, 80 cm; 'Tom Thumb', gefüllt, goldgelb, 50 cm. VI–IX. – *C. multicaule,* Algerien. Niedriger, breiter Wuchs. Blätter schmal, blaugrün. Blumen einzeln, goldgelb. Schön für bunte Beete. VI–IX, 20 cm. – *C. paludosum,* eine Neueinführung Ende der 60er Jahre. Wuchs buschig, geschlossen. Blätter länglich, hellgrün, fiederlappig. Blüten kamilleähnlich, weiß, Mitte gelb. Schöne, reichblühende Gruppenpflanze. V–X, 25 cm. – *C. parthenium (Matricaria capensis, M. eximia),* Kaukasus, Kleinasien. Oft ausdauernd, bei uns nur einjährig gezogen. Pflanze aromatisch duftend, stark verzweigt. Blätter fiederschnittig, grün. Blumen in Dol-

Wollmispel, *E. japonica.* (Herbel)

Ausdauernde Gärtner-Chrysanthemen, *Indicum-Hybriden,* in bunter Mischung. (Drave)

Ackerwucherblume, *C. segetum.* (Herbel)

Wucherblume, *C. paludosum.* (Jesse)

Strauchmargerite, *C. frutescens.* (Jesse)

dentrauben. 'Goldball', gelb, nur Röhrenblüten; ebenso 'Schneeball', weiß, 25–30 cm; 'Goldzwerg' u. 'Schneezwerg', niedriger, breiter, Blumen am Rand mit kurzen Zungenblüten, 20 cm; 'Balls White', höher, Füllung zungenblütig, auch zum Schnitt, 50 cm; 'Golden Moos', Blattpflanze mit goldgelbem Laub; 'Selaginoides', Laub goldgelb, farnartig geschlitzt, bei beiden Blumen weiß mit gelber Mitte. VI–IX, 20 cm. – *C. ptarmiciflorum.* Blätter doppelt, filigranartig gefiedert, silberweiß. Blüten gelb im zweiten Jahr, schöne Blattpflanze. 20–25 cm, VI–IX. – *C. segetum,* Europa, Nordafrika, Westasien. Wichtige Art zum Schnitt. Laub blaugrün, grob fiederschnittig. 'Eldorado', tiefgelb, Mitte dunkel; 'Helios', goldgelb; 'Prado', Verbesserung von Eldorado, großblumiger; 'Stern des Orients', hellgelb, Mitte braun; 'Zebra', gelb, Spitzen mahagonirot, 60 cm. 'Gelber Stein', teilweise gefülltblühende Pflanzen, gelb, 50 cm. VII–X. – *C.* × *spectabile* (*C. carinatum* × *C. coronarium*). Starkwachsend, Blattform zwischen den Eltern. 'Cecilie', tetraploide Sorte mit riesigen Blüten, weiß mit gelbem Ring u. gelber Mitte, 100 cm; 'Corona', skabiosenblütig gefüllt, gelb oder weiß, 60 cm. VII–X. – Verwendung der einjährigen Arten für Sommerblumenrabatten, vor allem aber als bunte Schnittblumen. Boden nährstoffreich. Aussaat im Mistbeet III–IV, Mitte V auspflanzen, Abstand 25–35 cm.

HALBSTRAUCHIGE, NICHT WINTERHARTE ART. ○–◐ ℎ |: ⌇. *C. frutescens,* richtig *Argyrantheum frutescens.* Strauchmargerite, Kanarische Inseln. Triebe am Grund verholzend. Blätter grün bis graugrün, fiederteilig. 'Maja Bofinger', grünlaubig, großblumig, weiß mit gelber Mitte, 50–80 cm; 'Silver Leaf', wichtigste Sorte, kleines, graugrünes, fein fiederspaltiges Laub, Blüten etwas kleiner, weiß, Mitte gelb, sehr reichblühend, 40–60 cm; 'Schöne von Nizza', gelb, 50–80 cm. Auch gefülltblühende Sorten, blühen aber schlechter. Fast das ganze Jahr blühend, sie liefern im Winter die Margeritenblüten für bunte Sträuße aus Italien. V–X. Verwendung als reichblühende Gruppenpflanzen für bunte Beete. Boden nicht zu nährstoffreich. Vermehrung durch Stecklinge im Frühjahr, auspflanzen Mitte V, 30 cm.

AUSDAUERNDE ARTEN. ○–◐ ⚃ |: △ ⛝ ⌇. *C. achilleifolium* (*C. millefoliatum*), Bulgarien, Kleinasien, Kaukasus. Silbergrau behaart, Blätter fiederschnittig. Blumen gelb mit kurzen Strahlenblüten. Liebt kalkhaltigen Boden. VI–VII, 30–40 cm. – *C. arcticum,* nördliche, arktische Gebiete. Wuchs etwas wuchernd, Blätter grob gelappt. Einfache Margeritenblüten, weiß, Mitte grünlich. 'Roseum', zartrosa; 'Schwefelglanz', gelblichweiß. Wertvolle Spätblüher für das Alpinum. IX–X, 30 cm. – *C. coccineum* (*Pyrethrum roseum*), Kaukasus. Bekannte bunte Margerite für den Schnitt. Stengel meist einblütig, Blätter grün, gefiedert. Blumen einfach oder gefüllt, weiß, rosa bis dunkelrot. Viele Sorten: 'Eileen May Robinson', rosa; 'James Kelway', dunkel samtrot; 'Robinsons Riesen', rosa u. rot aus Samen zu ziehenb; 'Regent', rot, sehr standfest. Gefülltblühend: 'Montblanc', weiß; '-Queen Mary', rosa; 'Riedels Granatstern', karminrot, 40–60 cm. 'Pfingstgruß', niedrig, dunkelrosa, Mitte weiß mit gelb, 25 cm. V–VI. – *C. corymbosum,* Ost- u. Mitteleuropa, Kleinasien, Kaukasus. Stengel aufrecht, oben verzweigt. Blätter paarig, ungleich gefiedert. Blütenstand verzweigt, Blüten in ebener Doldentraube, weiß mit gelber Mitte. Schöne Wildstaude. VI–VII, 60–100 cm. – *C. haradjanii* (*C. densum* 'Amanum', *Tanacetum h.*), Kleinasien. Halbstrauchig, Triebe weißfilzig. Blätter weißwollig, gefiedert. Blütenköpfchen ohne Zungenblüten, gelb. Schöne Art, leicht durch Stecklinge vermehrbar. VII–VIII, 20–30 cm. – *C. Indicum-Hybriden,* Gärtner-Chrysanthemen, China, Japan. Bekannte Gartenpflanzen in vielen Farben u. Blütenformen. Neben winterharten gibt es besonders schöne Sorten, die jedes Jahr neu gepflanzt werden müssen u. dann zum Herbst blühen. Darunter auch sog. dekorative Sorten, bei denen man die Seitentriebe ausbricht u. nur eine Knospe je Stengel beläßt. Dadurch erhält man besonders große Blumen. Viele Blütenformen wie einfach, gefüllt, anemonenblütig (halbgefüllt, Mitte kissenförmig mit Röhrenblüten), spinnenblütige mit langen Röhrenblüten, klein-, mittel- u. großblumige. Spezielle Sorten werden heute fast ganzjährig gezogen, darunter auch Topfsorten. Durch Kurztagsbehandlung (Dunkelhalten ab 16 bis 7 Uhr) erreicht man einen 9-Stunden-Tag, bei dem Chrysanthemen Blüten bilden. Im natürlichen Kurztag (September bis März) müssen Jungpflanzen, die noch nicht blühen sollen, mit Lampen beleuchtet werden, so daß ein Langtagseffekt entsteht u. die Blütenbildung verhindert wird. So behandelte Chrysanthemen blühen im Kurztag gleichzeitig an allen Seiten- u. Mitteltrieben. Viele Sorten haben eine Reihe von Sports (Mutanten) gebildet, die sich in der Blütenfarbe, aber nicht in Blattform und Blüteneigenschaften unterscheiden. Winterharte Sorten: 'Nebelrose', lilarosa u. 'Weiße Nebelrose', weiß; 'Normandie', rosa, mit den Sports; 'Anneliese Kock', weiß; 'Hansa', lilarosa; 'Schleswig-Holstein', gold gelb u. 'Zitronenfalter', hellgelb. IX–XI. Pomponblütige Sorten mit kleinen, knopfförmigen Blüten, sehr haltbar u. zierlich: 'Altgold', goldbronze; 'Anastasia', lilarosa; 'Cydonia', leuchtendrot; 'White Bouquet', weiß; 'Zwergsonne', goldgelb. 40–60 cm,

Wuchsbremsen

Weiße Sommermargerite, C. maximum 'Harry Pötschke'. (Herbel)

VIII–IX. Nicht immer winterhart, daher jedes Jahr neu pflanzen, aber reich blühende Gruppensorten: 'Denise', pomponblütig, gelb; 'Larry', große Blüte, reinweiß; 'Twinkle', fuchsienrot; 'Lippstick', kupferrot. VIII–IX, 40–50 cm. Höhere, schöne Schnittsorten: 'Gerrie Hoek', lila; 80 cm; 'Lilian Hoek', orange, bronze u. dunkelrote Sports 120 cm; 'rheingold', goldgelb, 120 cm; 'Roland', lachsfarbig mit Sports in Rosa, Bronze, Scharlachrot, 100 cm. VIII–IX. Dekorative Freilandsorten: 'Breitner', creme, desgl. goldgelb, lachsorange, bernsteinbronze u. 'Breitner Supreme', rosa, IX; 'Escort', blutrot u. 'Gelbe Escort', IX–X; 'Evelyn Bush', reinweiß u. gelbe E. B., primelgelb. IX–X; 'Pinksmoor', rosa, IX; 'Westfield Bronze', orangebronze, IX, 80–120 cm. – *C. Koreanum-Hybriden.* Besonders widerstandsfähige Freilandsorten, deren Blüten nicht so leicht unter Frost leiden. 'Bronze Schweizerland' u. 'Schweizerland', lilarosa; 'Citrus', primelgelb, halbgefüllt; 'Edelweiß', halbgefüllt weiß; 'Fellbacher Wein', einfach rot mit gelber Mitte; 'Gartenmeister Vegelahn', karminrosa; 'Goldmarie', halbgefüllt, gelb; 'Hebe', hellrosa einfach; 'Ordensstern', goldbronze; 'Schwabenstolz', rot. IX–XI, 70–90 cm. Verwendung der Indicum- u. Koreanum-Sorten im Staudenbeet, Rabatte u. zum Schnitt. Boden nährstoffreich. Vermehrung durch Stecklinge im IV–V. – *C. leucanthemum (Leucanthemum vulgare),* Wiesenmargerite. Europa, Asien. Kriechender Wurzelstock. Aufrechte, meist einblütige Stengel. Blätter gezähnt bis fiederlappig. 'Maistern', einfach, weiß mit gelber Mitte, sehr gut, früh, 50 cm; 'Stegmann', spät, 80 cm. Gefülltblühend, sog. Edelweißmargeriten: 'Hofenkrone' 40 cm; 'Wunderkind', 50 cm. Die Wildart kann man im Herbst auf Rasen säen u. so ansiedeln. V–VI. – *C. macrophyllum,* Südosteuropa. Ähnlich einer Schafgarbe. Stengel kantig, Blätter 3–5fach fiederteilig. Blütenköpfchen in ebensträußiger Doldentraube. Kleine Randblüten weiß, Mitte bräunlichgelb. Zum Verwildern. VI–VIII, 80–100 cm. – *C. maximum (Leucanthemum m.),* Große, weiße Sommermargerite, Pyrenäen. Aufrechte, etwas kantige Stengel. Blätter fleischig, dunkelgrün, obere Hälfte gezähnt. Blumen einfach bis gefüllt, weiß. 'Harry Pötschke', riesenblumig, starkstengelig, einfach, mittelfrüh, 100 cm; 'Beethoven', einfach, großblumig, mittel, 80 cm; 'Christine Hagemann', halbgefüllt, mittel, 80 cm; 'Gruppenstolz', einfach, spät, 70 cm; 'Heinrich Seibert', halbgefüllt, geschlitzte Blütenblätter, mittel, 80 cm; 'Julischnee', halbgefüllt, spät, 80 cm; 'Polaris', einfach, großblumig, Samensorte, mittel, 80 cm; 'Schwabengruß', halbgefüllt, spät, 100 cm; 'Silberprinzeßchen', einfach, niedrig, aus Samen, 30 cm; 'Wirral Supreme', gefüllt, 90 cm. VII–VIII. – *C. rubellum (Chrysoboltonia pulcherrima).* Ähnlich den *Indicum-Hybriden* aber früher blühend. Gut winterhart, Wuchs buschig, Blätter graugrün, dünn, tief eingeschnitten, reichblühend. 'Clara Curtis', rosa, einfach früh, 70 cm; 'Duchesse of Edinburgh', halbgefüllt, rot, 60 cm; 'Paul Boisier', halbgefüllt, kupfrigbraun, 70 cm. VIII–IX. – *C. serotinum (C. uliginosum),* Ungarn, Jugoslawien. Stengel im oberen Teil verzweigt, dicht beblättert. Blüten in lockerer Doldentraube, weiß mit grünlicher Mitte, meist nach einer Richtung zeigend. IX–X, 100 cm. – *C. zawadskii,* Karpaten. Etwas wuchernd, Stengel verzweigt. Blätter vorwiegend grundständig, tief gebuchtet. Blüten 5–6 cm breit, zartrosa. IX–X, 25 cm.

Verwendung der niedrigen Arten im Steingarten, im Staudenbeet, ebenfalls die hohen, viele zum Schnitt, einige als Wildstauden. – Boden für die starkwachsenden nährstoffreich, für die andern locker. – Vermehrung: Teilung, viele durch Stecklinge, wie Indicum-, Koreanum- u. Rubellum-Sorten.

Wuchsbremsen, sind bei starkwachsenden, wenig tragenden Obstgehölzen notwendig. Später Schnitt, Herunterbinden der Triebe, hoher Ertrag, Trockenheit, Ableiten auf schräg oder waagrecht stehende Seitentriebe, Wurzelabstechen u. a. wirken als W. Einzelne Faktoren kann man nach Bedarf wirksam werden lassen.

Wucherblume, C. rubellum 'Clara Curtis'. (Jesse)

Halbstrauchige Wucherblume, Ch. frutescens. (Seidl)

Wucherblume, *C. Coccineum-Hybride.* (Jesse)

Wuchscharakter (Habitus), ist jeder Sorte eigen. Ohne Schnitt kommt der sortentypische W. deutlicher zum Ausdruck als bei regelmäßigem Vollschnitt. Es gibt breitkronige Sorten (z.B. Boskoop), steilkronige (Goldparmäne), überhängende Kronen (Gelber Bellefleur oder Jonathan), Trauerform (Elise Rathke). Zum W. gehört auch Wuchskraft, Bildung langen oder kurzen Fruchtholzes u.a.

Wuchsstoffe, in Kleinstmengen von 1 Tausendstel–1 Millionstel mg auf 1 kg Substanz wirkende Stoffe verschiedenster chemischer Art, meist sehr kompliziert aufgebaut, von Pflanzen oder Bodenmikroben erzeugt. Auch Huminstoffe (→ Humus) können als W. wirken. Beeinflussen Keimung, Bewurzelung, Nährstoffaufnahme, Zellstreckung und -teilung, Knospung, Blühbeginn und andere Prozesse. W. können in konzentrierter Form auch als Hemmstoffe wirken.

Wühlmaus, Große → Schermaus.

Wunderbaum, Palma Christi, *Ricinus communis.* Wolfsmilchgewächse, *Euphorbiaceae.* ○ ⊙ ⚭. Kommt heute verwildert in weiten Teilen der Tropen und Subtropen vor. Bei uns einjährig als dekorative Solitär-Blattpflanze kultiviert. Unter zusagenden Bedingungen 2–3 m hoch. Blätter wechselständig, lang gestielt, handförmig geteilt und ungleich gelappt. In reichen Blütenständen erscheinende unscheinbare, einhäusige Blüten. Bei 'Sanguineus' sind Blätter und Blütentrauben mehr oder minder stark blutrot. Blätter bei 'Zanzibariensis' glänzend grün und besonders groß; starkwüchsiger als 'Sanguineus'. – Fast ausschließlich als Solitärs oder in Gruppen zu 3–5 verwendet, gelegentlich auch einzeln in großen Kübeln oder Schalen kultiviert und auf Terrassen oder Dachgarten aufgestellt. – Ausgesät wird III–IV unter heizbarem Glas, die Sämlinge werden später 1–2mal vertopft. Freilandpflanzung nicht vor Ende V. – Guter Boden und sonniger Standort sind Voraussetzungen für hohe Wuchsleistungen.

Wunderblume, *Mirabilis jalapa.* Wunderblumengewächse, *Nyctaginaceae.* ○ ⊙. Name rührt von der Tatsache her, daß ein und dieselbe Pflanze verschieden gefärbte Blüten haben kann. Trotzdem als Sommerblumen in unseren Gärten kaum zu finden. Die Blüten öffnen sich erst am späten Nachmittag und schließen sich am frühen Morgen bereits wieder. Mit aus diesem Grund findet man die Pflanzen vorwiegend in Hausnähe. Rübenförmige Wurzeln, fleischige und knotige Stengel mit meist gegenständigen Blättern. Habitus rundbuschig, Wuchshöhe bei 60 cm. Röhren- bis trichterförmige Blüten in kleinen Büscheln an den Zweigspitzen, fast geruchlos und bei der im Handel befindlichen Mischung purpurrot, gelb, weiß, gestreift und hin und wieder drei- bis vierfarbig. Blüte etwa VII–Frost. – Ausgesät wird III unter heizbarem Glas. Sämlinge topfen und nicht vor Ende V mit etwa 50 cm Abstand auspflanzen. Kräftiger, lehmhaltiger Gartenboden in warmer, sonniger Lage. Die dicken, rübenförmigen Wurzeln kann man im Herbst ausgraben, ähnlich wie Dahlien kühl und frostfrei überwintern und im nächsten Jahr ab Anfang V erneut auspflanzen. Bei diesem Kulturverfahren wird die Blütezeit um etwa 2–4 Wochen verfrüht.

Wunderstrauch, Kroton. *Codiaeum.* Wolfsmilchgewächse, *Euphorbiaceae.* ○ ♄ ⌂. Sträucher mit wechselständigen Blättern, unterschiedlichster Spreitenform und -färbung. 14 Arten aus dem tropischen Asien sind bekannt, bei uns nur die Formen einer Art in Kultur: *C. variegatum* var. *pictum.* Bis 2,5 m

Wundverschluß mit Wundpflegemittel zur besseren Kallusbildung. (P. Schmidt)

Wunderstrauch, *C. variegatum.* (Dr. Jesse)

hoher Strauch, Blätter eilänglich, gelappt, geteilt, eingeschnürt und vielfach noch anders geteilt, in den unterschiedlichen Farben und Farbkombinationen. Rote, gelbe, weiße, lilabraune bis fast schwarze Töne wechseln, entweder flächig oder punktartig angeordnet, miteinander oder mit normalem Grün ab. – Sehr viele Sorten. Die gelbbunten Sorten sind wesentlich weniger empfindlich und halten auch im Zimmer gut, so 'Aucubaefolia', 'Goldfinger', 'Golden Moon', 'Gold Star', 'Gold Sun', vor allem aber 'Pictum' mit den ganz schmalen Blättern. Die bunten Sorten (rot, orange usw.) sind empfindlicher bzw. bringen bei Zimmertemperaturen nicht mehr ihre Farbenpracht, da die Blätter grün oder weniger bunt werden. Das gilt für 'Bravo', 'Europa', 'Excellent', 'Mrs. Iceton', 'Norma' und 'Petra'. – Ausgesprochene Warmhauspflanze, die schon bei Temperaturen unter 15–18°C mit Blattfall reagiert. Nur bei Sommertemperaturen um 30°C und hellstem Stand färben sich die jungen Blätter gut aus. Für Wintergärten und kurzfristige Dekorationen. – Stecklingsvermehrung bei 30°C.

Wundkallus → Kallus.

Wundpflege. Alle Wunden sind Infektionsstellen, weshalb sie abgedichtet werden müssen. Das früher übliche Glätten der Wunden nach Sägeschnitt ist überflüssig, weil es das Überwallen nicht fördert. Verstreichen mit Wundheilmitteln, die Wundkallusbildung fördern, ist notwendig. Laufende Überwachung des Wundverschlusses erforderlich.

Wundverschluß → Verwundungen.

Wurmfarn, *Dryopteris.* Schildfarne, *Aspidiaceae.* ○–◐ ♃. Etwa 150 Arten, überwiegend in der nördlichen gemäßigten Zone. Sommergrüne Farne mit ein- bis dreifach gefiederten Blättern, schön und stattlich. – *D. affinis (D. borreri, D. paleacea),* Goldschuppenfarn. Bergwälder der Alpen, Westeuropa, Mittelmeergebiet. Trichterförmiger Wuchs, ähnlich *D. filix-mas,* aber mit festeren, mattglänzenden, ledrigen Blättern, bis in den Winter hinein grün bleibend, dadurch wertvoll. Stiele dicht mit goldbraunen Schuppen besetzt. 120–150 cm. 'Cristata', Goldschuppenfarnkönig. Regelmäßige Kammbildung an den Fiederspitzen, besonders im unteren Blatteil. Fällt echt aus Sporen. 80–100 cm; 'Pinderi', Schmaler Goldschuppenfarn. Blätter schmal, bes. nach oben und unten sich verjüngend, 80–100 cm. – *D. carthusiana (D. spinulosa),* Dornfarn, nördliche gemäßigte Zone. Kurzes, schiefes, stark beschupptes Rhizom. Blattstiel dünn, spärlich mit spitzen, hellbraunen Schuppen besetzt. Blätter hellgrün, fast dreieckig, doppelt bis dreifach gefiedert, bis zum Spätherbst grün. 30–50 cm. – *D. cristata,* Moorfarn, Nord- und Mitteleuropa, Asien, Nordamerika, heimisch. Blätter hellgrün, schmal lanzettlich, einfach gefiedert. Fiedern kurzgestielt, länglich, zipfelförmig mit Stachelspitze. Liebt Feuchtigkeit und sauren Boden. 30–70 cm. – *D. dilatata (D. austriaca),* Breitwedel-Dornfarn. Gemäßigte nördliche Halbkugel. Übergebogene Blätter, Stiel strohgelb bis hell gelbbraun, dreifach gefiedert, dunkelgrün. 80 cm. – *D. erythrosora,* Rotschleierfarn, Japan, Korea. Blätter im Austrieb rot, später dunkelgrün, flach ausgebreitet, locker doppelt gefiedert, wintergrün. Schleierchen auf den Sporenlagern vor der Reife leuchtend hell karminrot. 40–60 cm. – *D. filix-mas,* Wurmfarn, heimisch, fast Kosmopolit. Blätter einfach gefiedert, Fiedern kammförmig gekerbt, starkwachsend, dunkelgrün. 60–80 cm. 'Barnesii', Steifer W., schmale, aufrechte Blätter, breite, auffallend gezähnte Seitenfiedern, 40 cm; 'Crispum' ('Congestum'; Krauser W., Fiedern gewellt und gekraust, 70 cm; 'Furcans', Gabel-W., breite, dunkelgrüne Blätter, Spitzen gegabelt, 60–80 cm; 'Grandiceps', Großkopf-W., starkwachsend, Blattstiel oben mehrmals verzweigt. Spitzenfiedern quastenartig verzweigt, herabhängend, 60–80 cm; 'Linearis-Polydactylon', Schellenbaumfarn. Schöne Form. Blätter mit schmalen Fiedern, am Ende zu Troddeln mehrfach gegabelt, 60–80 cm. – *D. standishii (Polystichums s.),* Japan. Gelblichgrüne Stengel, breit-dreieckige Blätter, dünn, dreifach gefiedert, sehr schön. Sommergrüne Art, braucht Winterschutz mit guter Laubdecke. 40–60 cm. – Verwendung an schattigen Stellen im Park und Staudengarten. Boden humos. Vermehrung durch Sporensaat, Formen durch Teilung, sie fallen nur zum Teil echt.

Wurmfarnextrakt, Mittel des → Biologischen Pflanzenschutzes, → Adlerfarnextrakt.

Wurmkompost. Zunächst in den USA und in England verfütterten Gartenfreunde organische Abfälle, vor allem Küchenabfälle, an Regenwürmer, d.h. Mist- oder Kompostwürmer *(Eisenia foetida),* und erzeugten W. bzw. Regenwurmlosung. Verschiedene Verfahren und Einrichtungen verfügbar, beispielsweise: Eine Kiste in den Maßen lt. Skizze mit etwa 15 Bodenlöchern von 6–10 mm Durchmesser wird zu ⅔ mit einem Brei aus eingeweichtem Papier (kein Buntdruck!) und/oder Pappe, Laub, Spreu oder Strohhäcksel gefüllt ('Startnahrung'). Es werden mindestens 100 Würmer eingesetzt. Sie verzehren täglich etwa die Hälfte ihres Eigengewichtes und vermehren sich lebhaft. Die sehr nährstoffreiche Losung wird abgesiebt. Dipl.-Ing. Starck, Berlin, empfiehlt zur Trennung von Würmern und W. eine 'Lockfutterschicht' aus Kaffeesatz, Zwiebelschalen, eingeweichter Wellpappe und etwas Baldrianextrakt, in die die Würmer einwandern. – Größere Abfallmengen werden in Mieten verfüttert, selbst in gewerblichem Umfang.

Wurzelausschläge bilden einige → Unterlagen, aber auch Zwetschen- und Pflaumenbäume, die aus Wurzelausläufern herangezogen wurden. Entfernen, da Nährstoffkonkurrenz.

Wurzelbrand, mehrere Pilzarten, die bei Kohlgewächsen, Mohn und Zierpflanzen im Saatbeet oder an Setzlingen zu Schwarzfärbung der Wurzeln und Einschnürung des Stengelgrundes führen; Pflanzen vertrocknen. – Abwehr: Fruchtwechsel, Saatbeeterde wechseln, nicht zu dicht säen, Boden mit Schachtelhalmbrühe oder Bio-S spritzen, Wurzelbad der Setzlinge mit Schachtelhalmbrühe.

Wurzelfrost. Die meisten wuchshemmenden Unterlagen sind frostempfindlich. Wurzeln erreichen niemals die Frostresistenz der oberirdischen Baumteile, weil sie keine echte Winterruhe haben; sind daher besonders frostgefährdet, wenn Frost bis zum Wurzelbereich in den Boden eindringt. Trockener und offener Boden gefriert tiefer als feuchter und bedeckter. Wo man auf die frostresistente → Unterlage A 2 bei Apfelbäumen verzichtet, muß Boden bedeckt sein. Rasenmulchschicht ist guter Wurzelfrostschutz.

Wurzelfunktion, beruht nicht nur auf der Nährstoff- und Wasseraufnahme, sondern aufgenommene Mineralstoffe werden auch gleich in den Stoffwechsel eingebaut. Nitrate und Ammoniumsalze werden mit den aus den Blättern zugeführten Kohlenhydraten synthetisiert zu Aminosäuren und das Ammonium-Ion wird 'entgiftet'. Daher ist das Wurzelsystem, neben dem Laub, das zweite wichtige Produktionszentrum.

Wurzelgallenälchen → Nematoden.

Wurzelgemüse, alle Gemüsearten, bei denen die Wurzel den Hauptanteil des Erntegutes ausmacht, also Möhren, Schwarzwurzel, Rettich usw. Häufig werden dazu auch Arten gezählt, bei denen das verwendete Organ aus Wurzel- und Sproßgewebe besteht, wie Knollensellerie, Kohlrübe, Rote Rübe.

Wurzelhals, die Verbindungsstelle zwischen Wurzelkörper und Stamm. Soll in der Regel bei der Pflanzung über dem Boden zu stehen kommen.

Wurzelknöllchen → Knöllchenbakterien.

Wurzelläuse. Einige Arten → Blattläuse, die sich völlig oder zum Teil (bestimmte Generationen) an das unterirdische Leben angepaßt haben, saugen an Wurzeln; die Pflanzen kränkeln oder sterben ab. Vor allem an Salat, Möhre, Kümmel, Petersilie und Zierpflanzen. Abwehr: Gute Bodenbearbeitung; Wurzelbereich etwas freilegen und mit Rainfarnbrühe begießen (→ Kräuterextrakte), Topfpflanzen

Wurmkomposter, Spezialsilo zur Förderung des Umsatzes von Abfällen durch Kompostwürmer. (Fehn)

umtopfen, vorher Wurzelbad mit Schachtelhalmbrühe.

Wurzeln von Bäumen oder Sträuchern, die vom Nachbargrundstück eingedrungen sind, darf man beseitigen, soweit sie die Nutzung des Grundstückes beeinträchtigen. Selbsthilferecht nach § 910 BGB; Österreich: § 422 ABGB; Schweiz: Art. 687 ZGB. Gegenseite darf dabei nicht mutwillig geschädigt werden, sonst Schadensersatzpflicht. → Überhängende Äste.

Wurzelpetersilie → Petersilie.

Wurzelschnitt, ist nur bei der Pflanzung notwendig, wenn abgebrochene oder kranke Wurzeln vorhanden sind. Glattschneiden der Wurzelenden entbehrlich.

Wurzelschnittlinge, sind auf eine bestimmte Länge geschnitten. 1. *Brunnera, Echinops, Eryngium, Papaver, Verbascum,* auch Kultursorten der Himbeere, Schnittlingslänge 5–8 cm, Wurzeln müssen schräg-senkrecht eingelegt werden, obere Schnittfläche muß oben sein. Austrieb ab der oberen Schnittfläche je nach Art. nach 4–10 Wochen. 2. *Anemone japonica, Macleaya cordata, Phlox paniculata* Schnittlingslänge 2–3 cm, waagrecht ausstreuen in Kisten, Austrieb der schon vorgebildeten Augen nach 4–6 Wochen. Möglichst frostfrei aufstellen.

Wurzelschößlinge → Wurzelausschläge.

Wurzelsteckling, Steckling mit Wurzelansatz, besonders gebräuchlich bei Stauden, die hohle Blattriebe haben, wie *Delphinium* und *Lupinus.*

Wurzelsystem (Obstgehölze), besteht zu 90% aus Saugwurzeln. Einjähriger Apfelbaum hat bereits 40000 Einzelwurzeln mit Gesamtlänge von 250 m. Bei älteren Gehölzen beträgt die Gesamtlänge aller Wurzeln mehrere Kilometer. W. besteht aus Gerüstwurzeln, Feinwurzeln, Saugwurzeln, Stechwurzeln. – Je nährstoffreicher der Boden, um so kleiner bleibt das Wurzelsystem, um so weniger weitreichend ist es. So kann man durch sinnvolle Bodenpflege und Düngung auf kleinem Raum die Wurzeln dort halten, wo man sie am besten und schnellsten mit Nährstoffen versorgen kann. Auf trockenen, nährstoffarmen, leichten Böden ist das Wurzelsystem sehr weitreichend, weil es einen großen Bodenraum erschließen muß, um Nährstoffe und Wasserversorgung zu sichern. Hauptwurzelmasse befindet sich in der Bodenschicht zwischen 15 und 40 cm.

Wurzeltöter, Pilzkrankheit der Kartoffel, mit schwarzen Pocken (= Dauerform des Pilzes) auf der Kartoffelscha-

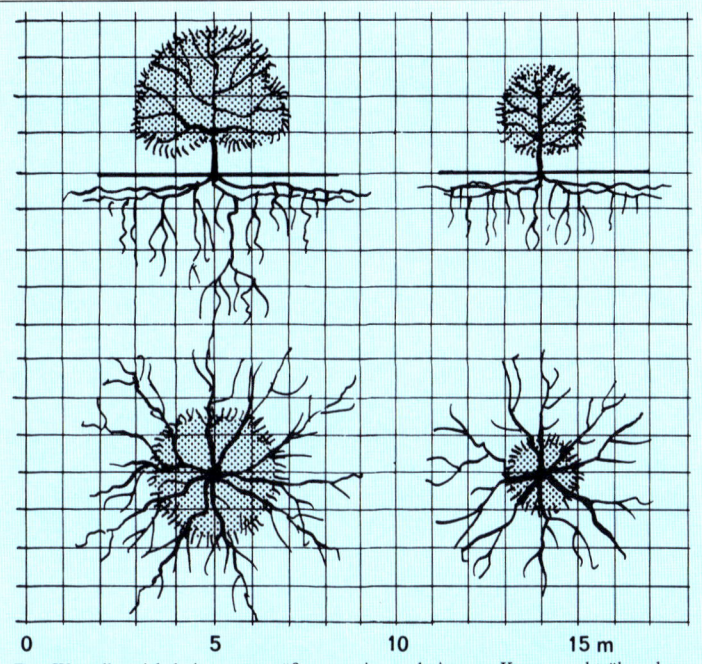

Der Wurzelbereich bei naturgemäßen, wenig geschnittenen Kronen geht über den Kronenbereich in der Regel weit hinaus. Je mehr der Baum dem regelmäßigen Vollschnitt unterworfen wird, um so kleiner bleibt auch sein Wurzelsystem.

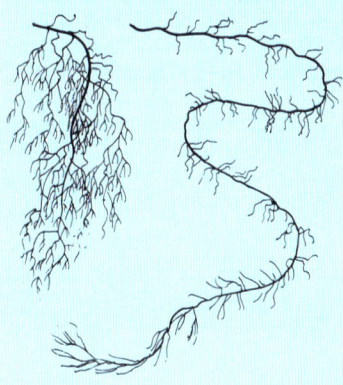

Links Faserwurzelbildung in lehmigem Sandboden, rechts in Sandboden.

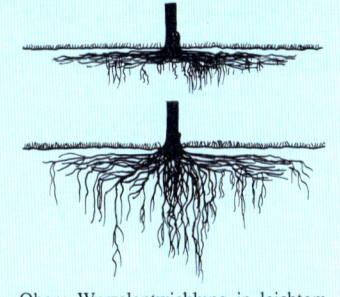

Oben: Wurzelentwicklung in leichtem, wasser- und nährstoffarmem Boden. – Unten: Wurzelentwicklung in nährstoff- und wasserreichem Boden bei gleicher Unterlagen-Sorten-Kombination und gleichem Alter.

Blatt und Wurzeln sind die wichtigsten Produktionszentren des Baumes. Die Saugwurzeln, stark vergrößert, durchdringen den Boden. Nur die kurz hinter der Wurzelspitze entstehenden Hautausstülpungen können zwischen die Bodenkrümel eindringen und Nährstoffe aufnehmen. Sie leben nur 24 Std. (Nach Friedrich/Preuße)

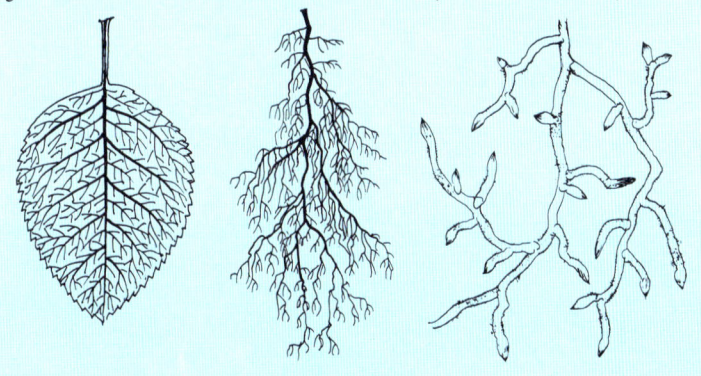

Wurzelunkräuter

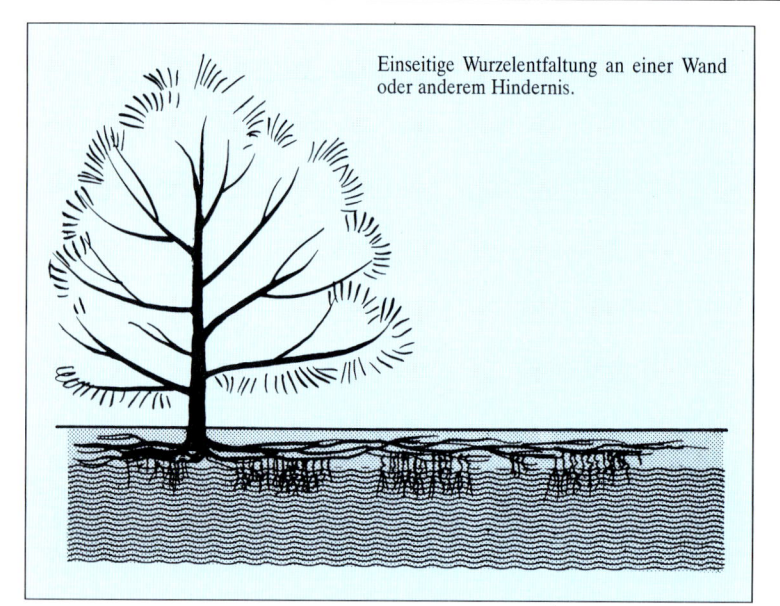

Einseitige Wurzelentfaltung an einer Wand oder anderem Hindernis.

le. Pflanze wächst deformiert oder stirbt ab. Abwehr: → Fruchtfolge, gründliche Bodenlockerung, kranke Pflanzen entfernen, Pflanzkartoffeln in dickflüssige Lehmbrühe tauchen.

Wurzelunkräuter, diejenigen ausdauernden (mehrjährigen) Unkräuter, die sich nicht nur durch Samen, sondern auch vegetativ durch Ausläufer vermehren: Quecke, Disteln, Huflattich, Ackerwinde, Schachtelhalm u.a. – Einzig wirksame Abwehr: Ausjäten.

Wurzelunterlage, bildet nur das Wurzelsystem, oder bei Hochveredlung einen Teil des bodennahen Stammes. → Unterlagen.

Wurzelverlauf, ist je nach erbgesteuerten Neigungen der Unterlage und je nach deren Lebensbedingungen mehr oder weniger horizontal. Tiefgang ist von Durchwurzelfähigkeit, Durchlüftung und Grundwasserstand des Bodens abhängig. Wurzeln brauchen Sauerstoff zum Atmen, daher Hauptmasse der Wurzeln dort, wo am meisten Sauerstoff vorhanden ist, also dicht unter Erdoberfläche. Pfahlwurzeln im Sämlingsstadium der Unterlage gehen bald verloren. Verankerung durch Horizontalwurzeln.

Wurzelwachstum, erfolgt das ganze Jahr und wird temperaturbedingt kurzfristig unterbrochen. Maximum des Wurzelwachstums zwischen 8° und 15 °C Bodentemperatur. Nur wachsende Wurzeln können mit Ausstülpungen der Saugwurzeln Mineralstoffe aufnehmen. Wurzeln wachsen nicht mit oberirdischem Baumteil gleich intensiv. Wurzeln sind von der Energie abhängig, die sie von Kohlenhydraten schöpfen. Fließen diese nicht oder gering zu den Wurzeln, weil sie vom Triebwachstum und Fruchtbehang verzehrt werden, dann wird W. eingeschränkt. Die Maxima des W. sind im Frühjahr vor Beginn und im Herbst nach Abschluß der oberirdischen Vegetation. Die Energie dazu erhalten die Wurzeln aus eingelagerten → Reservestoffen. W. wird durch Verdichtungen, hohen CO_2-Gehalt der Bodenluft, hohen Grundwasserstand eingeschränkt. Auch Versuche mit schnellwachsenden Pflanzen haben den Zusammenhang zwischen W. und Bodenart (Wurzellänge in cm innerhalb 2–10 Tagen) bestätigt. → Bodenatmung, → Bodenstruktur, → Kohlensäure, → Kompost, → Pflanzenernährung.

X Y Z

Xenovegetative Vermehrung, erfolgt durch Veredlung auf → Unterlagen, weil Selbstbewurzelung der → Edelsorten unwirtschaftlich und durch die Unterlagenwahl die gewünschte Wuchsstärke, Baumausmaße, Lebensdauer, Ertrag und Fruchtqualität mitbestimmt werden.

Xeranthemum → Papierblume.

Xerophyten, an extrem trockene Standorte angepaßte Pflanzen mit tiefgehenden Wurzeln und zu Verdunstungsschutz umgebildeten derben, verkleinerten und oft behaarten Blättern. → Sukkulenten.

Ysander, *Pachysandra.* Buchsbaumgewächse, *Buxaceae.* ◐–● ♃ ♄ ∾ i. 5 Arten in Ostasien und Nordamerika. Kriechende Pflanzen, die vorwiegend durch die immergrünen Blätter wirken. – *P. procumbens,* Nordamerika. Staude mit kriechenden Stengeln. Blätter im Sommer grün, lederartig, stark knitterig genervt, im Winter schön bronzebraun. Blüten in seitenständigen Ähren, bräunlichweiß. V, 20–30 cm. – *P. terminalis,* Japan. Bekannteste Art, Zwergstrauch, unterirdisch kriechend. Stengel kurz, aufrecht, mit fast rhombischen, grob gezähnten, dicken, ledernen Blättern. Beim Austrieb hellgrün, später dunkelgrün, glänzend. Blütenähren endständig, weiß. IV, 20–30 cm. 'Green Carpet' bleibt auch nach dem Austrieb hellgrün u. etwas niedriger, 15–20 cm. 'Variegata' hat schöne weißbunte Blätter, schwächer wachsend. 20 cm. – Verwendung als langlebige, gleichmäßig deckende Schattenstauden, die stärksten Wurzeldruck aushalten. – Boden lehmig-humos, nicht zu trocken. – Vermehrung durch Teilung und Stecklinge. Beim Pflanzen die Rhizome stets waagrecht einsetzen.

Ysop, *Hyssopus officinalis.* Lippenblütler, *Labiatae.* Herkunft Südeuropa, Vorderasien; dort seit dem Altertum als Heilpflanze angebaut, nördlich der Alpen in allen Kräutergärten seit dem Mittelalter verbreitet. Ausdauernder Kleinstrauch, in rauhen Gebieten nicht ganz winterhart. Anbau: Durch Teilung alter Stöcke, Verpflanzen im Herbst oder Frühjahr, oder Anzucht aus Samen, Aussaat IV. Meist als Einfassung zum Gewürzbeet gepflanzt. Standortansprüche sehr gering; gedeiht am besten in mageren, steinigen Böden, auch entlang von Hausmauern. Ernte vom zweiten Jahr an; vor der Blüte die Triebspitzen abschneiden und an luftigem, schattigem Ort trocknen. Verwendung: Als Tee gegen Husten, Heiserkeit, Atembeschwerden, auch gegen Magen- und Darmleiden.

Yucca → Palmlilie.

Zantedeschia → Zimmerkalla.

Zapfenschere, Baumschere, die zum Entfernen von Zapfen bei der Gehölzanzucht benötigt wird. Bei Anzucht mit Zapfen wird Edeltrieb die ersten 2 Monate an diesen geheftet. Sobald Edeltrieb stark genug ist, wird Zapfen weggeschnitten und oft durch Bambusstäbe ersetzt. Z. mit → ziehendem Schnitt.

Zaubernuß, *Hamamelis.* Zaubernußgewächse, *Hamamelidaceae.* Sommergrüne, der Haselnuß ähnliche Sträucher, 6 Arten in Ostasien und Nordamerika. Die Zweige werden als Wünschelruten verwendet und den nußartigen Samen wird Zauberwirkung zugeschrieben. – *H. japonica.* ◐–● ♄ I–IV. Japan. Wird dort bis 10 m hoch, bei uns in Kultur höchstens 4 m. Die Blätter sind 10 cm groß, eiförmig, im Herbst leuchtend rot. Blüten in achselständigen Köpfchen, lebhaft gelb mit rotem Kelch. Die Abart *var. arborea* wird höher, hat derbere Belaubung und dunklere Blüten; *var. zuccariniana* mit zitronengelben Blüten, die 3 Wochen später erscheinen. Die Gartensorte 'Ruby Glow' blüht dunkelrot, bronzerote Herbstfärbung. – *H. mollis.* ◐–● ♄ I–III D. In ihrer Heimat Mittelchina baumartig, bei uns in Kultur nur strauchig. Leicht silbrige Zweige, haselnußartige Blätter, im Herbst goldgelb verfärbt, 3–4 cm große, leicht duftende, goldgelbe Blüten. Gartenformen: 'Brevipetala', mit orangegelben, in dichten Büscheln stehenden Blüten; nachteilig wirken sich die Blätter aus, die bis zum Frühjahr hängen bleiben und dadurch die Blüten verdecken; 'Feuerzauber', mit lebhaft rotgefärbten Blüten; 'Jelena', orangegelbe Blüten, sehr großblütig; 'Pallida', hellgelb, großblütig und vor allem sehr reich blühend. – *H. virginana.* ◐–● ♄ XI–I. Mit kleinen, hellgelben Blüten, die je nach Witterung schon im Herbst erscheinen. Als Zierpflanze kaum Bedeutung, aber als Veredlungsunterlage. – Ansprüche: Humusreicher, möglichst kalkfreier Boden in sonniger oder halbschattiger Lage. Wegen der winterlichen Blütezeit sollte die Z. in der Nähe des Hauses oder am Weg stehen. Vermehrung: Bei den reinen Arten Aussaat, ansonsten Ableger oder Veredlung durch seitliches Einspitzen auf *H. virginiana*-Sämlinge.

Zaubernuß, *H. mollis* 'Orange'. (Seidl)

Zaun, Einfriedung eines Grundstücks mit Pfosten, Riegel und Z.feldern aus Holz, Eisen oder Draht. Ein Holzz. kann aus Halbhölzern als Senkrechtlatten- oder Scherenz. und aus Profilbrettern und Latten gezimmert werden. Beim Maschendraht- und Knotengeflechtz. werden die Z.felder mit Spanndrähten an Holz oder Rohrpfosten befestigt und beim Stabgitter- oder Schmiedeeisenz. die Z.felder an Profileisenpfosten angeschraubt bzw. angeschweißt. Häufig wird ein Stacheldraht als oberer Abschluß angebracht. Z.höhen sind von 0,5–3 m möglich. Beim

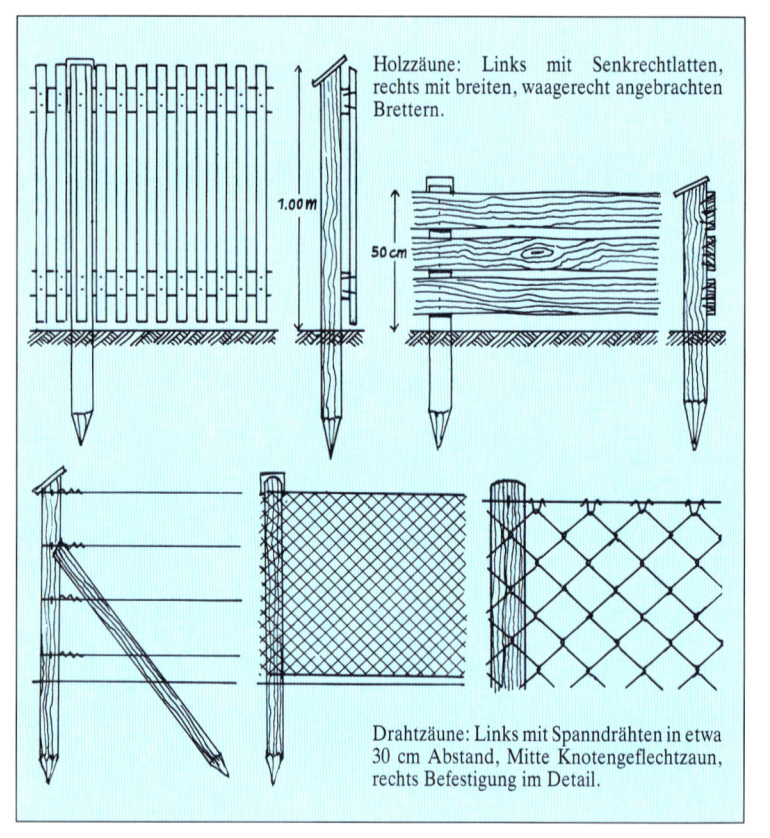

Holzzäune: Links mit Senkrechtlatten, rechts mit breiten, waagerecht angebrachten Brettern.

Drahtzäune: Links mit Spanndrähten in etwa 30 cm Abstand, Mitte Knotengeflechtzaun, rechts Befestigung im Detail.

Maschendrahtz. wird kunststoffummantelter Maschendraht mit üblichen Maschenweiten von 4 oder 6 cm verwendet. Einen Maschendrahtz. z.B. kann man gut in oder vor eine gartenumschließende Randpflanzung spannen. Aus architektonischen Gründen ist z.B. in einer Vorgartenzone ein Z. entbehrlich.

Zauneidechse, häufigste einheimische Art der → Reptilien. Bis 24 cm lang, Männchen gelbgrün, Weibchen braun, beide mit dunklen Flecken und Streifen. Die etwa 8 pergamentartig beschalten Eier werden unter einem flachen Stein abgelegt. Treten in Gärten in sonnigen Steingartenanlagen auf. Eifrige Insektenvertilger.

Zea → Mais.

Zebrakraut, *Zebrina.* Tradeskantiengewächse, *Commelinaceae.* ○–◐ ♃ ⚥ ⌇ ▽. Niederliegende Kräuter, ähnlich *Tradescantia,* doch Blätter mit roten Farben und Blüten rosa oder blau. 6 Arten in Mittelamerika. – *Z. pendula.* Blätter oberseits grün mit zwei silbernen Längsstreifen, unterseits rot. Häufig trifft man auch 'Quadricolor', mit weißsilber-grün-rosa gestreifter Oberseite. – *Z. purpusii.* Im Wuchs ähnlich voriger, jedoch beiderseits stark purpurrot gefärbt. – Die Z.-Arten sind für

Ein Lamellenzaun ist auch als Abgrenzung nach Nachbarn gut geeignet. (Wetterwald) – Einfacher Staketenzaun, die am weitesten verbreitete Form. (Michaeli-Achmühle)

Zebrakraut, *Z. pendula.* (Seidl)

die gleichen Zwecke gut geeignet, wie bei Tradeskantien angegeben, jedoch darf bei ihnen die Temperatur nicht unter 10−12°C fallen.

Zebrina → Zebrakraut.

Zeder, *Cedrus.* Kieferngewächse, *Pinaceae.* ○ ♄ i ⌒. Immergrüne, hohe Bäume, Himalaja und Mittelmeerraum. Außerordentlicher Zierwert, aber auch hohe forstliche Bedeutung durch das weiche, leicht bräunliche Holz, das sehr widerstandsfähig gegen Fäulnis ist. Schon im Alten Testament wurde die Unverwüstlichkeit des Holzes erwähnt. − *C. atlantica,* Atlaszeder. Bis 40 m hoher Baum mit lockerer, durchsichtiger Krone, ansteigenden Ästen und 2,5 cm langen, dunkelgrünen bis silbrigen Nadeln. Bei uns die widerstandsfähige Z., die am meisten Kältegrade aushalten kann. Gartenformen: 'Aurea', schwachwüchsig, mit im ersten Jahr goldgelben, im zweiten Jahr vergrünenden Nadeln, kann evtl. unter Sonnenbrand leiden; 'Glauca', besonders im Austrieb mit graublauen Nadeln, ansonsten gleich wie die Art; 'Glauca pendula', schöne Trauerform mit stark herabhängenden Zweigen und blaugrauen Nadeln; kann auch auf Hochstamm veredelt werden. − *C. deodara,* Himalajazeder. In ihrer Heimat bis 50 m, bei 3 m Stammdurchmesser. Wächst pyramidal mit waagrecht ausgebreiteten Ästen, überhängenden Triebspitzen; 5 cm lange, in Büscheln stehende, blaugrüne Nadeln. Das Holz wird zu teuren Vertäfelungen, z.B. in Schiffskabinen, verwendet. Gartenformen: 'Aurea', mit gelblich-grünen Nadeln; noch empfindlicher als die Art; 'Verticillata glauca', Zwergform, schmal aufrechter Wuchs, blaugrün. − *C. libani,* Libanonzeder. In ihrer Heimat bis 40 m hoch, in der Jugend pyramidaler, im Alter schirmförmiger Wuchs. Nadeln meist dunkelgrün, steif und 3 cm lang. − ANSPRÜCHE. Durchlässiger Boden in warmer Lage. Junge Pflanzen sind sehr frostempfindlich und benötigen im Winter unbedingt Schutz. In Weinbaugegenden können sich Z.n zu großen, prächtigen Bäumen entwickeln. Am leichtesten läßt sich *C. deodara* dank der vielen feinen Wurzeln verpflanzen, die anderen Arten haben weniger, dafür größere Wurzeln und lassen sich dementsprechend auch schwerer versetzen. − VERMEHRUNG. Aussaat V im kalten Kasten. Die Formen werden auf *C. deodara* durch seitliches Einspitzen veredelt.

Zeigerpflanzen. Aus dem Vorkommen bestimmter Pflanzen auf bestimmtem Standort können pflanzensoziologisch geschulte Bodenkundler auf Bodenzustand (Struktur, Nährstoffe, pH-Wert) schließen. Solche Pflanzen werden Z. genannt. Durch Bodenbearbeitung, Düngung und Anbau von Kulturpflanzen kann sich der Bodenzustand nahezu von Zentimeter zu Zentimeter ändern.

Zeitlose, *Colchicum.* Liliengewächse, *Liliaceae.* ○−◐ ♃ △ ⚥. 50−60 Arten in Europa, Asien und Nordafrika. Pflanzen mit Knollenzwiebeln, die im Herbst blühen und im Frühling ihre kräftigen Blatt- und Samenstände bringen. − *C. agrippinum,* Kleinasien. Blätter schmal, gewellt. Blüten etwa 10 cm groß, auf zartrosa Grund schachbrettartig purpur gezeichnet. Kleinere Art. IX, 15 cm (Blütenhöhe). − *C. autumnale,* heimisch, Europa, Nordafrika. Blätter im Frühling, riemenförmig, fast aufrecht, bis 25 cm lang. Blüten lila. 'Album', weiß; 'Alboplenum', gefüllt, weiß; 'Plenum', gefüllt, lilarosa, großblumig. VIII−X, 15−20 cm. − *C. bornmuelleri,* Kleinasien. Reichblühend und großblumig. Blätter elliptisch-lanzettlich, Blüten bis 20 cm lang, hellrosa, außen grünlich. 'Magnificum', größer, violett mit heller Mitte. VIII, 15−20 cm. − *C. byzantinum,* Orient. Sehr große Knolle. Blüten zahlreich, klein, gedrungen, lilarosa. *C. b.* var.

Zeitlose, *C. autumnale* 'Album'. (Herbel)

Zeitlose, *C. speciosum.* (Herbel)

cilicicum, Blüten größer unten behaart. VIII−IX. 10 cm. − *C. sibthorpii* (*C. latifolium),* Griechenland, Bulgarien. Große Blüten, lilarosa, schachbrettartig rotviolett gezeichnet. IX−X, 15 cm. − *C. speciosum,* Kaukasus. Reichblühend mit großen, breit-becherförmigen Blüten, karminrosa, breiter, weißer Schlund. 'Album', cremeweiß, ebenfalls sehr schön; 'Huxley', lila, purpur schattiert. IX, 20−25 cm. − *C. Hybriden.* Aus Kreuzungen entstandene Sorten, meist großblumig und reichblühend. 'Autumn Queen', (Princess Astrid), früh, auf weißem Grund schachbrettartig dunkelpurpur gezeichnet; 'Lilac Wonder', spät, lilarosa; 'The Giant', großblumig, hellviolett; 'Violet Queen', königsviolett; 'Waterlily', *(C. autumnale* 'Alboplenum' × *C. speciosum)* beste gefülltblühende Sorte. Sehr groß, kräftig lila, strahlig gefüllt. IX−X, 20−25 cm. − Verwendung im Natur- und Steingarten, Staudenbeet. So weit pflanzen, daß die kräftigen Blattschöpfe im Frühling nicht schwachwachsende Nachbarn bedrängen. Pflanzzeit der Knollen im Sommer, 10−12 cm tief. Boden kalkreich, lehmig, durchlässig. Vermehrung durch Teilen, Arten auch durch Aussaat.

Zement, aus Kalksteinen und Silikatgemischen durch Brennen, Sintern und Mahlen hergestellter pulverförmiger Baustoff, der für Beton und Mörtel benötigt wird und bei Zusatz von Wasser zu unlösbaren Silikatkristallen abbindet. Entsprechend chemischer Zusammensetzung, Herstellungsverfahren und Mindestfestigkeit wird unterschieden in Portland-, Eisenportland-, Hochofen-, Sulfathütten- und Traß-Zement.

Zementmörtel → Mörtel.

Zichoriensalat, *Cichorium intybus.* Korbblütler, *Compositae.* 1. 'Zuckerhut'. Einheimisch, blattreiche Kulturform der wildwachsenden Wegwarte;

Zichorienwurzel

erst im 20. Jahrhundert zu ertragreichen Sorten durchgezüchtet. – Anbau: Aussaat Anfang–Mitte VII in Reihen mit 30 cm Abstand; später auf 30 cm verziehen. Verlangt kultivierten, gut gedüngten Boden. Wächst bis in die Wintermonate hinein und bildet mehr oder weniger geschlossene, hochgebaute Köpfe aus, ähnlich wie Lattich. Verträgt bis −6°C Temperatur, unter Folientunnels den ganzen Winter über haltbar. Ernte ab Spätherbst bis I/II. – Verwendung: Wertvolle Salatpflanze für die Wintermonate, je nach Sorte gelegentlich etwas hart und bitter, gute Sorten sehr schmackhaft; Zubereitung wie Endivie. – 2. 'Verona', 'Grumolo' (Rosettenzichorie). Einheimisch, rotblättrige, rosettenbildende Kulturform der wildwachsenden Wegwarte; die jetzt angebauten Typen stammen aus Italien. – Anbau: Aussaat Anfang VIII, meistens als Nachkultur zu zahlreichen Gemüsearten; Reihenabstand 20–30 cm, in der Reihe auf 5 cm verziehen; verlangt lockeren, gut gedüngten Boden. Kultur an Ort und Stelle überwintern; in rauhen Lagen leichter Winterschutz vorteilhaft. Im Frühjahr wachsen die Rosetten weiter. Ernte bevor die Blätter durch starke Lichteinstrahlung grün verfärbt sind, meistens III/IV. Bei Aussaat Anfang VII kann auch im Herbst geerntet werden; die Qualität ist aber schlechter. – Verwendung: Schmackhafter, dekorativer, sehr früher Salat. – 3. Kopfzichorie, Radicchio. Bilden mehr als faustgroße, geschlossene Köpfe, ähnlich wie Kopfsalat; attraktive Farbkombination: rote Blattspreiten, weiße breite Blattrippen. Anbau: Aussaat VI, entweder Direktsaat oder Setzlingsanzucht, Pflan-

Zichoriensalat 'Palla Rossa'. (Wagner)

zung VII. Abstände 30 × 25 cm. Ernte ab X bis Frostbeginn; abgedeckt werden leichte Fröste gut ertragen. Verwendung: Gibt sehr schmackhaften, gelegentlich leicht bitteren Salat; rote Farbe vor allem in gemischten Salaten beliebt. – 4. 'Catalogna'. Südländische Form, mit Blättern ähnlich Löwenzahn; bidet bis 60 cm lange, dichte Blattbüschel, die als Salat oder gekocht verwendet werden. Anbau ähnlich 'Zuckerhut', aber nicht winterhart. Nördlich der Alpen noch wenig eingebürgert.

Zichorienwurzel → Chicorée.
Zickzackstrauch, *Corokia*. Steinbrechgewächse, *Saxifragaceae*. ○–◐ ♄ ▽. Kleine Sträucher mit eigenartig bizarrem Wuchs, kleinen Blättern und gelben Sternblüten. 4 Arten auf Neuseeland. – *C. cotoneaster*. Kleiner Strauch mit eigenartig im Zickzack gebogenen Trieben, Blätter klein, 1 cm lang, spatelförmig, beidseitig filzig behaart. Blüten gelbe Sterne in den Blattachseln oder endständig, wenig auffällig. Sehr dekorative Kalthaussträucher, die leider nicht vollkommen winterhart sind, allerdings Temperaturen bis zu −5°C bei trockenem Ballen vertragen, also eventuell im Alpinenhaus überwintert werden können. Doch auch bei dieser Überwinterung ist es günstig, einige Stecklinge frostfrei zu überwintern. – Stecklinge wurzeln leicht zu jeder Jahreszeit, Kultur in Einheitserde.

Ziegelsplitt, wird als Füllmaterial in der Hydrokultur verwendet. Nicht zum Bestreuen von Topf- und Schalenoberflächen gebrauchen!

Ziegelstein, aus Ton, Lehm oder tonartiger Masse gebrannter Backstein. In Ziegeleien werden die Grundstoffe durch Zusatz von Sand oder Asche und Wasser aufbereitet, naß geformt, getrocknet und bei ca. 1100°C in Ring- oder Tunnelöfen gebrannt, Klinker dagegen aus kalkarmen Tonen und Eisengehalt von 5–8% hart gebrannt. Nach Art, Maß und Druckfestigkeit unterscheidet man Dach-, Schornstein-, Decken-, Radial-, Formz. und beim Mauerz. wieder Voll-, Hochloch-, Poren-, Langlochz. sowie Hochbau- und Straßenklinker. Je nach Ausgangsmaterial und Zusätzen sind Z.e gelb, ocker, rot, rotbraun bis blauschwarz getönt.

Ziehender Schnitt (Gehölzschnitt). Beim Zudrücken, also während des Zupackens des Scherenpaares, gleitet eine der beiden Scherenhälften an der anderen – ziehend – vorbei, wodurch ein scheren- und zugleich messerartiger Schnitt erfolgt, der ein Abrutschen

Zierjohannisbeere, *R. sanguineum* 'King Edward'. (Seidl)

oder Abquetschen des Zweiges verhindert.

Ziehhacke → Bodenbearbeitungsger.
Zierapfel → Schmuckapfel.
Zierbanane → Banane.
Zierbecken → Wasserbecken.
Ziergarten, im Gegensatz zum → Nutzgarten ganz mit Ziersträuchern, Stauden, Ziergräsern, Blumenzwiebeln und Einjahrsblumen bepflanzter Garten, der mit weiteren zierenden Elementen, wie Wasserbecken, Fontänen und Skulpturen, ausgestattet am Wohnhaus, als Sondergarten in öffentlichen Grünanlagen und Erholungsparks, am Krankenhaus, Altenheim, Freizeitheim oder in Gartenschauen liegen kann. Bei der Planung eines Z.s stehen Erholungsfunktion sowie dendrologische, ökologische, gestaltende und ästhetische Aspekte im Vordergrund.

Ziergräser, einjährige und staudige Gräser, zierende Gartenpflanzen, auch für Schnittzwecke, zum Färben, Binden, → Federborstengras, → Hasenschwanzgras, → Mähnengerste, → Straußgras, → Zittergras.

Zierjohannisbeere, Zierribisl, *Ribes*. Steinbrechgewächse, *Saxifragaceae*. Sommergrüne, selten auch immergrüne Sträucher, oft mit dornigen Trieben, in der nördlich gemäßigten und kalten Zone sowie in ganz Amerika. Name nach der Verwendung als Ziersträucher und der Reifezeit der Früchte (Sankt Johannis). Die in Österreich und Bayern gebräuchliche Benennung Ribisl ist eine Verdeutung des botanischen Namens. – *R. alpinum* 'Schmidt', Alpenjohannisbeere. ○–◐ ♄ IV–V ⚭. Frühaustreibender, bis 2 m hoher Strauch mit wenig ansehnlichen grünlichen Blüten; um so auffallender sind die scharlachroten Beeren, die sehr lange am Strauch verbleiben. Schattenverträglicher Hecken- und Deckstrauch, sollte im Garten nicht zu sehr im Vordergrund stehen. – *R. ame-*

Zierquitte

ricanum. ○–◐ ♄ IV–V ⚘. Nordamerika. Bis 2 m, mit dreilappigen, im Herbst gelben und braunroten Blättern. Gelbliche Blüten in hängenden Trauben, schwarze Früchte. Verträgt Schatten, Deck- oder Füllstrauch. – *R. divaricatum,* Amerikanische Wildstachelbeere. ◐ ♄ IV–V. Westliches Nordamerika. 2–3 m hoch. Dornig bewehrter Strauch, günliche bis purpurne Blüten und kugelige, schwarze, 1 cm große Stachelbeeren. Besonders geeignet für undurchdringliche Hecken oder als Vogelschutzgehölz. – *R. sanguineum,* Blutjohannisbeere. ♄ IV–V. Westliches Amerika. Bis 4 m, karminrote Blüten in aufrechten oder hängenden Trauben und blauschwarzen Beeren. Gartenformen: 'Atrorubens', bis 2 m, mit tief dunkelroten Blütentrauben, IV–V; 'King Edward VII', bis 2 m, mit dichtem Wuchs und dunkelroten Blüten, IV–V; 'Pulborough Scarlet', bis 3 m, tiefrote Blüten mit weißer Mitte, in langen Trauben. Die Blutjohannisbeere mit ihren Formen liebt mehr sonnige Standorte und verträgt keine schweren und feuchten Böden. Durch die frühe Blütezeit passen sie vorzüglich mit Forsythien zusammen. – ANSPRÜCHE. Gewöhnlicher Gartenboden. Die Arten, außer *R. sanguineum,* können auch Schatten vertragen, blühen dann allerdings weniger. – VERMEHRUNG. Am gebräuchlichsten sind Steckhölzer, die sehr tief gesteckt werden, so daß nur ein Auge herausschaut.

Zierkirsche → Japan. Zierkirsche.

Zierkürbis, *Cucurbita* und *Lagenaria.* Kürbisgewächse, *Cucurbitaceae.* ○ ⊙ ↝ ⚘. Nach der neuesten Nomenklatur sind die Zierkürbisse verschiedenen Gattungen zuzuteilen: die meisten kleinfrüchtigen Formen zu *Cucurbita*

Zierkürbis, Warzenkürbis. (Seibold)

pepo, die meisten großfrüchtigen zu *Lagenaria sicerria (Cucurbita lagenaria).* Für den Liebhaber ist diese Unterscheidung insofern von Bedeutung, als er je nach Gattung unterschiedlich große und unterschiedlich geformte Früchte erntet. Die großfrüchtigen Z.se sind meist langgeformt, die kleinfrüchtigen in der Hauptsache rund; sie werden nicht nur ihrer geringen Größe, sondern auch ihrer eigenartigen Formen wegen am häufigsten angebaut. – Anbauzweck und Kulturbedingungen bei beiden Gattungen gleich. Im allgemeinen werden Zierkürbisse ihrer so variablen Früchte wegen angebaut, die getrocknet im Winter monatelang ein dekorativer Schalenschmuck sein können. Gelegentlich zusätzlich auch als Ranker für Sichtschutzzwecke genutzt. – Samen ab Mitte V in kleinen Häufchen zu 3–5 in Abständen von ca. 75 cm direkt an Ort und Stelle auslegen. Oder unter Glas in Töpfen heranziehen und Ende V auspflanzen. Standort vollsonnig, Erde warm, humos und nährstoffreich. Außerdem sind im Laufe der Kultur mehrere flüssige Düngergaben empfehlenswert. Man erntet die Früchte in der Regel fortlaufend, so wie sie reifen und schalenhart werden, da man so mehr erntet, und läßt sie an schattigem, luftigem Ort noch einige Wochen nachtrocknen.

Ziermais → Mais.

Zierpaprika, → Spanischer Pfeffer.

Zierpfirsich, *Prunus.* Rosengewächse, *Rosaceae. Pr. davidiana.* ○ ♄–♄ III. In Nordchina beheimatet, dort bis 10 m hoch. Bei uns nur 3–4 m hoch, mit aufrechten Zweigen, schon sehr früh erscheinen 2,5 cm große hellrosa Blüten. Ein Verwandter unseres Pfirsichs, aber nur als Zierstrauch gezogen. – *P. persica* 'Klara Mayer'. ○ ♄–♄ IV ⚘. Im Wuchs unseren Pfirsichbäumen ähnlich, aber mit dicht gefüllten, leuchtend rosaroten, 4 cm breiten Blüten. – Ansprüche: Guter, nicht zu nasser Boden in warmer, sonniger Lage. Weniger frosthart als die Kultursorten, leidet sehr unter Gummifluß, Kräuselkrankheit und Mehltau. Deshalb ist es besser, ihn im Garten nicht unbedingt in den Vordergrund zu setzen, sondern mehr abseits, und sich von dort die Blütenzweige ins Haus zu holen. – Vermehrung am besten durch Veredlung, wie bei den Kultursorten.

Zierquitte, Scheinquitte, *Chaenomeles.* Rosengewächse, *Rosaceae.* ○ ♄ III–IV ⚘. Sommergrüne, mit Dornen versehene Sträucher, 3 Arten in Ostasien. Werden oft mit den Quitten (Cydonia) zusammengefaßt, unterschei-

Zierquitte, *Ch. japonica.* (Dr. Jesse)

den sich aber von ihnen durch die dornigen Zweige. Blühen außerordentlich reich, die Blüten erscheinen vor den Blättern (Vasenschmuck!). Die apfelgroßen, gelb-grünlichen Früchte enthalten reichlich Pektinstoffe und lassen sich zu delikater Quittenpaste verarbeiten. – *Ch.-Hybriden.* Hier sind die Züchtungen zusammengefaßt, die sich in Wuchs und Blütenfarbe unterscheiden. 'Andenken an Carl Ramcke', breiter und gedrungener Wuchs, kaum 1,50 m hoch, mit glänzender Belaubung und zinnoberroten Blüten, schwach remontierend; 'Crimson and Gold', bis 2 m hoch, mit großen, dunkelroten Blüten und gelben Staubgefäßen, sehr reicher Fruchtansatz; 'Etna', breiter Wuchs, mit halbgefüllten, scharlachroten Blüten; 'Fire Dance', bis 1,50 m, sehr reichblühend, mit blutroten Blüten; 'Nicoline', breitwachsend, 1,50 m hoch, mit scharlachroten Blüten, sehr reich fruchtend; 'Nivalis', wird 2–3 m hoch, reinweiße Blüten, etwas remontierend; 'Simonii', flachwachsend, bis 1 m hoch, mit geraniumroten Blüten. – *Ch. japonica.* Japanische Zierquitte. Bis 2 m, mit ledrigen Blättern und ziegelroten Blüten, sehr reichblühend. Walnußgroße, grünliche, mit roten Punkten versehene Früchte. – *Ch. speciosa (Ch. lagenaria).* China. Bis 3 m, mit glänzenden Blättern und 4 cm großen, scharlachroten Blüten. Bild s. Tafel 13. – ANSPRÜCHE. Guter, frischer Boden in sonniger und warmer Lage. Am besten gedeiht die Z. an Südhängen mit Schutz vor den kalten Winden. Für den Steingarten, als Einzelstrauch oder in Gruppen mit anderen frühjahrsblühenden Sträuchern oder freiwachsende Hecken geeignet. Wenn geschnitten werden muß, so nach der Blüte, da sie am vorjährigen Holz blüht. – VERMEHRUNG. Bei den reinen Arten ist Aussaat im Frühjahr mit stratifiziertem Saatgut am besten. Bei den Sorten sind Stecklinge und Wurzelschnittlinge gebräuchlich; es kann auch angehäuft werden. Veredlung ist nicht so günstig. Die Pflanzen wachsen zwar am Anfang schneller, da aber die Wildtriebe immer wieder durchkommen, sind wurzelecht herangezogene Pflanzen besser.

Zierrhabarber, *Rheum.* Knöterichgewächse, *Polygonaceae.* ○–◐ ♃. Etwa 25 Arten von Kleinasien bis Sibirien und China. Dekorative Stauden mit fleischigen, fast holzigen Wurzelstökken und hohen Blütenschäften. Nach der Blüte ziehen sie ein. – *R. alexandrae,* Königs-Rhabarber, Westchina, Tibet. Herzförmige, hellgrüne, glänzende, gelblichweiß geaderte, mittelgroße Blätter. Blütenschaft auffallend durch die handflächengroßen, papierartigen, gelblichgrünen Hochblätter, die dachziegelartig die Blütenrispen bedecken, nach dem Verblühen aber abfallen. VI–VII, 100–120 cm. – *R. palmatum,* Medizinal-Rhabarber, Nordostasien. Sehr große, handförmig gelappte, auf der Unterseite hellere Blätter, dekorativ angeordnet. Blütenschaft hoch beblättert, aus jeder Blattachsel mehrere langgestreckte Rispen, Blüten rahmgelb, 200–250 cm. *R. p.* var. *tanguticum,* Kronrhabarber, Tibet, Westchina. Am meisten bekannt. Noch schöner. Blätter länglicher, mehr fiederförmig geteilt, beim Austrieb rötlich, danach dunkelgrün. Blütenäste aufrecht, mehr angedrückt an den Stengel, Blüten rot. 150–200 cm. V–VI. – Verwendung als imposante Solitärpflanzen im Rasen, auf Staudenbeeten und im Park. Boden tiefgründig, gut gedüngt, kräftig. Vermehrung durch Teilung und Aussaat.

Zierribisl → Zierjohannisbeere.

Zierspargel, *Asparagus.* Liliengewächse, *Liliaceae.* ○–◐ ♃–h z.T. ⚤ ⌂ ⚭ ✂. Kräuter oder Halbsträucher, mit meist verzweigtem, vielfach bedorntem Sproß und ‚Scheinblättern', kurze Zweige sind hier in blattähnliche Orga-

Zierspargel, *A. densifl.* 'Sprengeri'. (Seidl)

Ziest, *St. grandiflora,* mit Pfeifenstrauch und Rosen. (Drave)

ne umgebildet. 300 Arten in warmen und gemäßigten Teilen der Alten Welt. *A. asparagoides (Medeola a.).* Windende Staude, bis 2 m hoch, ‚Scheinblätter' eiförmig-zugespitzt mit meist herzförmigem Grund, 3 cm lang, glänzend ledrig. Die kleinere 'Myrtifolius' wurde früher viel für Schnittzwecke gezogen *(Medeola).* – *A. falcatus.* Riesiger, starkwüchsiger Kletterstrauch, ‚Scheinblätter' lanzettlich, sichelförmig gebogen, 10 cm lang und 5 mm breit. Für kalte und warme Räume, im Topf oder ausgepflanzt. – *A. setaceus (plumosus).* Kletternder Strauch, ‚Scheinblätter' sehr fein borstenförmig, nur 3–5 mm lang, alle in einer Ebene angeordnet. Die Form 'Nanus' geht nicht oder sehr spät in die rankende Altersform über und wird deshalb häufiger gezogen, da die Ranken für die Schnittgrünerzeugung ungeeignet sind. 'Cupressoides' hat einen sehr dichten Wuchs, wird aber selten kultiviert und fällt auch nur zu einem geringen Prozentsatz echt aus Samen. – *A. densiflorus (sprengeri).* Stark verzweigter Halbstrauch. ‚Scheinblätter' nadelartig, bis 30 mm lang und 2 mm

Ziertabak, *Nicotiana alata* 'Grandiflora'. (Jesse)

breit, Triebe im unteren Teil dornig. – Alle A.-Arten stammen aus Südafrika. – Z. sind wichtige Grünpflanzen, *A. sprengeri* wohl der verbreitetste. Alle sind bezüglich Temperatur und Substrat nicht anspruchsvoll, *A. plumosus* braucht allerdings 15–18 °C im Minimum und humosere Erden. Tiefere Temperaturen als 5 °C sollten auch den härteren Arten nicht zugemutet werden, sie lassen dann gerne die ‚Scheinblätter' fallen. – Vermehrt wird durch Teilung oder besser durch Aussaat von möglichst frischem Saatgut. Die Beeren sind noch vor dem Rotwerden zu ernten.

Ziertabak, *Nicotiana* × *sanderae*. Nachtschattengewächse, *Solanaceae*. Zierpflanze aus der rund 60 Arten umfassenden Gattung *Nicotiana*. Die Arten sind überwiegend im tropischen Amerika und auf Inseln des Stillen Ozeans heimisch. Weltwirtschaftlich bedeutsam sind *N. tabacum* und *N. rustica*, weil Lieferanten des Rauchtabaks. – *N.* × *sanderae* (*N. alata* × *N. forgetiana*), einjährig. Blätter oval bis spatelförmig, Blüten leuchtend rot. 60–100 cm hoch. 'Scharlachkönig', mit dunkelkarminroten Blüten; 'Tageslicht', vielfarbige Mischungen, auch weiß. – Verwendung in Sommerblumenbeeten, um die Flächen durch eine höhere Art räumlich aufzulockern und zu gestalten, auch als Gruppenpflanze. – Vermehrung durch Aussaat II/III in mäßig warmem Frühbeet (optimale Keimtemperatur 18 °C), so bald wie möglich pikieren, in Torftöpfe umpflanzen und nach Eisheiligen an endgültigen sonnigen, nährstoffreichen Standort pflanzen.

Ziest, *Stachys*. Lippenblütler, *Labiatae*. ○–◐ ♃ ⁞ △. 200 und mehr Arten in den gemäßigten Zonen. Stauden mit rauhen oder wolligen Blättern. Blüten in endständigen Ähren, quirlig angeordnet. Manche wirken besonders durch das Laub. Die meisten sind langlebig. – *S. grandiflora* (*Betonica g.*, *B. macrantha*), Kaukasus, Persien. Dichte Büsche mit dunkelgrünen, rauhen, langgestielten, länglich-herzförmigen Blättern, am Rand gekerbt. Blüten groß, in dichten Quirlen, purpurrosa. Im Handel fast ausschließlich 'Superba'. Kräftiger im Wuchs, Blüten dunkel purpurrosa. VII–VIII, 30–50 cm. Kann auch halbschattig stehen. – *S. lavandulifolia*, Kaukasus, Kleinasien, Persien. Staude mit kriechenden Sprossen. Blätter lanzettlich, ganzrandig, graugrün, schön seidig behaart. Blüten purpurrot. Will sonnig und mager stehen. VII–VIII, 15–20 cm. –

Zimmeraralie, *F. japonica*. (Seidl)

S. nivea (*Betonica n.*), Syrien, Kaukasus. Blätter grün, langgestielt, breitlanzettlich, runzelig, am Rand grob gekerbt. Blüten in Scheinähre mit lockeren Quirlen, weiß. VI, 20–30 cm. – *S. olympica* (*S. lanata*), Wollziest, Eselsohr, Kaukasusländer. Gestielte, breitovale Blätter, dicht weißwollig behaart. Blütenstand wie die ganze Pflanze dicht behaart, Blüten klein, rosarot, 30 cm. 'Silver Carpet', noch silbriger und niedriger im Wuchs. 15–20 cm. VII–IX. Genügsame Stauden für trokkenen, sonnigen bis halbschattigen, auch mageren Standort. – Verwendung in Stein- und Heidegarten, Staudenbeet, als Bodendecker und Einfassung. Boden durchlässiger, normaler Gartenboden. Vermehrung durch Teilung und Aussaat.

Zigarettenblümchen → Köcherblümchen.

Zikaden, an Pflanzen saugende → Insekten, zur Gruppe der → Schnabelkerfe gehörig, meist einige mm lang, mit Sprungvermögen, wie Heuschrecken und Grillen zirpend. Keine starken Vermehrungen. Pflanzenschäden in Gärten belanglos.

Zimmerahorn → Schönmalve.

Zimmeraralie, *Fatsia*. Efeugewächse, *Hederaceae*. ○–◐ ♄ ⌑. Immergrüne Sträucher mit sieben- bis neunteilig gelappten Blättern, Blüten in Dolden, die zu riesigen Trauben zusammenstehen. Nur 1 Art in Japan. – *F. japonica* (*Aralia j.*, *A. sieboldii*). 2–5 m hoher Strauch. Blätter sieben- bis neunteilig, ledrig, oberseits dunkel-, unterseits hellgrün, in der Jugend filzig braun, später verkahlend, die Blätter können bei großen Pflanzen 40 cm Durchmesser erreichen. 'Moseri' niedriger, hat bereits in der Jugend große Blätter. Die panaschierte 'Variegata' schwächer im Wuchs und durch den weißen Blattrand auffallend, aber die Blätter gewellt und nicht so gesund aussehend. – Vorzügliche Topfpflanze und in großen Exemplaren Schmuck für Treppenhäuser, große Wintergärten und sommers Terrassen. Liebt Temperaturen von 4–12 °C im Winter, wird in geheizten Räumen unansehnlich. – Vermehrung durch Aussaat leicht. Zwei Erntetermine: I–II und IV–VI, Kultur in Einheitserde.

Zimmereibisch → Chinesischer Roseneibisch.

Zimmergewächshaus, Vitrine mit Gehäuse aus Holz oder Aluminium, mit Pflanzwanne für das Kultursubstrat und Schiebefenstern an den Lang-

Zimmergewächshaus für Pflanzenkultur unter kontrollierten Klimabedingungen. (Romberg)

Zimmerhafer

seiten. Zusatzlicht: Spezial-Blumenfensterleuchten (Leuchtstoffröhren). Wärme: Elektrische Bodenheizung (→ Heizkabel) oder Raumheizung, beide kontrolliert und geregelt durch → Thermostat. Feuchtigkeit: Elektroluftbefeuchter, geregelt durch Hydrostat. Luft: Belüftung von unten, Entlüftung von oben. – Vollklimatisierung gestattet alle, auch tropische Kulturen. Ausreichende Beleuchtung und Belüftung für Erfolg unabdingbar. (Nach Kuno Krieger.)
Zimmerhafer → Ananasgewächse 2.
Zimmerkalla, *Zantedeschia.* Aronstabgewächse, *Araceae.* Sumpfpflanzen mit fleischigem Rhizom oder Knollen, Blätter spießförmig, einfarbig grün oder gefleckt, Blüten groß, aus dem Kolben und der tütenförmigen Spatha (Hochblatt) bestehend. 8 Arten in Afrika. – RUHEZEIT IM SOMMER. ☉ ◐ ♃ ⊓ ⋈. *Z. aethiopica.* Zimmerkalla. Fleischiges Rhizom, Blätter groß, spieß-pfeilförmig, bis 50 cm lang an 100 cm langen Stielen, meist einfarbig grün, aber auch silbern gefleckt. Blüten groß, bis 20 cm lang, reinweiß mit gelbem Kolben. 'Bicolor' hat weiße, grün gespitzte Hochblätter. – Die Z. kann durchkultiviert werden, es empfiehlt sich jedoch, von Anfang VI–VII eine Ruhezeit einzuhalten, während der man sie trocken hält und die Blätter zum Einziehen bringt. Dann wird umgepflanzt, die Substrate sollen lehmig-humos und sehr nährstoffreich sein, und wieder feuchter gehalten. Mit Ruhezeit fällt die Hauptblüte in die Wintermonate, ohne Ruhezeit in den Sommer. Vermehrung durch Teilung nach der Ruhezeit. – RUHEZEIT IM WINTER (knollige Arten). ○ ♃ ⊓ o. Freiland ⚭ ⋈ Lie. *Z. elliottiana.* Gelbe Z. mit Knollen, pfeilförmigen, dunkelgrünen, silbern gezeichneten Blättern. Blüten 15 cm groß, dunkelgoldgelb. – *Z. rehmannii* hat schmälere Blätter, meist reingrün und kleine, bis 10 cm große, trübrote oder violettrote Blüten. Bei den knolligen Arten gibt es nun auch verschiedenste Sorten, die durch Kreuzung von *Z. elliottiana, Z. rehmannii* und anderen Arten entstanden sind, so auch u. a. in Orange, Lila. Kultur wie diese Arten. – Die knolligen Z. werden als Knollen trocken bei 12–15 °C überwintert, im Frühjahr in durchlässige, humose, nährstoffreiche Erden getopft und hell kultiviert. Nach den Eisheiligen kann man sie auspflanzen, die Blüte fällt in die Sommermonate, doch blühen sie auch im Topf im Zimmer dankbar. Im IX–X beginnt man, das Gießen einzuschränken und die Pflan-

Zimmerlinde, S. africana. (Seidl)

zen zum Einziehen zu bringen. – Vermehrung nur durch Aussaat, Beeren werden regelmäßig angesetzt, es dauert allerdings 3–4 Jahre bis zur Blüte.
Zimmerlinde, *Sparmannia.* Lindengewächse, *Tiliaceae.* ○ ♄ ⊓. Hohe Sträucher mit meist weichhaarigen Blättern und großen weißen Blüten. 7 Arten im tropischen und Südafrika. – *Sp. africana.* Südafrika. Blüte II–V. Baumartiger Strauch mit großen, hellgrünen, beborsteten, herzförmiggelappten Blättern. Blüten in Dolden, 3 cm groß, weiß, Staubfäden goldgelb mit Orangebraun. Beim Berühren der Staubfäden bewegen sie sich nach außen, gegen die Blütenblätter hin. – Dauerhafte, schöne Pflanze für helle, kühle Räume, Gänge und Veranden zwischen 10–15 °C. Blüten sehr ansprechend und wegen ihrer Staubfädenbewegung interessant. Aus diesem Grund Stecklinge nur von blühenden Kurztrieben machen, denn nur diese bilden verzweigte Sträucher, die willig blühen. Starke Schosse bilden immer unansehnliche Pflanzen und blühen nie. – Zur Vermehrung braucht man Temperaturen von ca. 20 °C, im Zimmer vermehrt man unter Folie oder Glasscheiben. Ältere und zu groß gewordene Pflanzen schneidet man nach der Blüte kräftig zurück, wässert und düngt kräftig. Kultur in Einheitserde.
Zimmerpflanzen, ihrer Lebensform nach überwiegend Stauden und Gehölze, mit verschiedensten Wuchsformen. Stammen aus allen Klimagebieten der Erde, lassen sich bei entspr. Pflege (Temperatur, Licht, Substrat, Wasser) im Zimmer halten. S. Tabelle S. 596–599.
Zimmerphilodendron → Fensterblatt.
Zimmersteinbrech → Judenbart.
Zimmertanne, Araucarie, *Araucaria.* Araukariengewächse, *Araucariaceae.* Hohe, immergrüne Bäume mit meist stehenden, zugespitzten Blättern oder Nadeln. 12 Arten um den Pazifik. WINTERHARTE ARTEN. ○ ♄ ⊥ o. ⊓ ⌒ Lie.

A. araucana. Chilenische A., in den milderen Gegenden, besonders im Seeklima vollkommen winterhart, sonst braucht sie Winterschutz, in extremen Lagen Kultur als ansehnliche Kübelpflanze. Baum bis 15 m, in der Heimat höher, Triebe bis 6 cm im Durchmesser, dicht mit den dunkelgrünen, dachziegelig gestellten, spitzen, stechenden Nadeln bedeckt. – Die auffällige Form dieses Nadelgehölzes würde eine weitere Verbreitung rechtfertigen. Besonders im Rasen oder in Verbindung mit anderen tropisch wirkenden Pflanzen eindrucksvoll. Abdecken der Baumscheibe mit Torf und Einpacken mit Schilf ist in der Jugend zu empfehlen. – Vermehrung nur durch Samen. – NICHT WINTERHARTE ARTEN. ○–◐ ♄ ⊓. *A. excelsa.* Zimmertanne. Norfolkinseln. Hoher Baum mit quirlig gestellten Seitentrieben 1. Ordnung und waagrecht angeordneten, wechselständigen Trieben 2. Ordnung. Nadeln sichelig, bis 20 mm lang. Verschiedene Auslesen mit kompaktem Wuchs oder grauen Nadeln. – Die Z. ist besonders durch ihren regelmäßigen Wuchs sehr auffallend. Leider ausgesprochene Kalthauspflanze, die hell und luftig bei höchstens 10 °C überwintert werden muß. Im Sommer liebt sie Aufstellung im Freiland oder Kultur im ständig gelüfteten Zimmer. Bei großer Wärme und zu wenig Luft beginnen die Zweige zu hängen. Nur wenig umpflanzen, humose, sandige, dabei kalkfreie Substrate verwenden. – Vermehrung durch Kopfstecklinge ist für den Liebhaber zu schwer, er kann eventuell abmoosen. Die Seitentriebe erster und zweiter Ordnung sind streng determiniert, d. h. sie wachsen in ihrer Form weiter, entweder als flächiger Zweig oder einzel-

Zimmertanne, A. excelsa. (Seidl)

ner Trieb, und können nie einen Gipfeltrieb bilden.
Zimmerwein → Klimme.
Zimthimbeere = *Rubus odoratus* → Brombeere.
Zink, chemisch Zn, Spurenelement, in Böden meist ausreichend enthalten, jedoch bei zu hohem pH-Wert nicht pflanzenaufnehmbar. Funktionen in Pflanzen ähnlich → Eisen und → Mangan, auch Mangelerscheinungen ähnlich. Z.mangel: Kleine, zu eng stehende Blätter bei Obst, Zwergwuchs und gerollte Blätter bei Zierpflanzen. Ursächlich behandeln durch pH-Korrektur und Bodenverbesserung. Mit Spurenelementlösung (→ Meeresalgendünger), notfalls Z.sulfat spritzen, 1%ige Lösung.
Zinnia → Zinnie.
Zinnie, *Zinnia*. Korbblütler, *Compositae*. ○ ⊙ ⋈. Etwa 15 Arten, Mittelamerika, davon 2 Arten bei uns als Sommerblumen in Kultur. – *Z. angustifolia* (*Z. haageana*, *Z. mexicana*). |::. Aus Mexiko. Dichtbuschig, schmal linear-lanzettliche Blätter, 30–40 cm. Niedrige Beet-, Rabatten- und Einfassungspflanzen sowie sommerblühende Füller im Steingarten, auch für den Schnitt geeignet. Zahlreiche Blüten, etwa 5 cm, deren Mitte stets dunkel gefärbt ist. Zahlreiche Sorten: 'Old Mexico', braunrot mit gelben Spitzen, gefüllt blühend; 'Glorienschein', braunrot mit gelbem Rand; 'Perserteppich', in bunter Mischung. Blüte beginnt etwa VI, hält ununterbrochen bis zum Frost an. – *Z. elegans*. Ebenfalls in Mexiko heimisch, bei uns wichtige Sommerblume. Durch züchterische Bearbeitung so formenreich geworden, daß sie vielseitig verwendet werden kann. Blütengröße der einzelnen Rassen sehr unterschiedlich, auch Wuchshöhe sehr variabel, zwischen 20 und 80 cm. Je nach Wuchshöhe für Einfassungen, niedrige Beete und Rabatten, Schalen- und Balkonkastenbepflanzung oder für halbhohe und hohe Blumenbeete geeignet, außerdem, die niedrigen Formen ausgenommen, wertvoll als Schnittblumen. Blüte schon ab VI, nur selten bis zum Frost, dann nur schwach. Farbenspiel sehr reichhaltig, von Weiß über Gelb, Orange, Rosa, Rot, Scharlach, Karmin und Lila bis Violett. Die einzelnen Rassen und Formengruppen sind in den Katalogen sehr unterschiedlich aufgeführt. Nachfolgend eine Klassifizierung ungefähr der Wuchshöhe entsprechend: THUMBELINA, einfach, halbgefüllt und gefüllt blühende Zwergzinnie, nur 15–20 cm. Bei uns ausschließlich in Mischungen, hervorragend für niedrige Beete und Rabatten. PETER PAN, eine farblich fast komplette Hybridenrasse, seit 1971. Sehr frohwüchsig, ca. 30 cm, viele, ca. 8 cm große Blumen, hervorragend für Beete und Rabatten sowie für Schalen und Balkonkästen. Sorten: 'Peter Pan Orange', orange; 'Peter Pan Pink', korallenrosa; 'Peter Pan Plum', lavendelrosa; 'Peter Pan Scarlet', scharlach. – LILIPUT, eine alte Klasse, etwa 40 cm kleine hochgewölbte Blume, relativ langstielig, deshalb für Schnitt beliebt, meist in Mischung, als Einzelform 'Rotkäppchen', scharlachrot und 'Rosenknospe', rosa. SCABIO-

Arrangement buntblättriger Zimmerpflanzen mit Glanzkölbchen, Wunderstrauch, Kanonierblume, Peperomie, Dieffenbachie, Efeu, Dreimasterblume u.a. (Florabild)

Zimmerpflanzen. Lebens- und Wuchsformen, Ansprüche, Vermehrung. Von Fritz Kummert.

Art	Lebensform ⊙ einjährig ♃ Staude ♄ Halbstrauch ♄ Strauch ♄ Baum	Wuchsform und Höhe in cm ⌒ Polster ⸹ Kletterpflanze ⸹ Ampelpflanze ⤳ kriechend	Wirkt durch B Blüte (mit Monatangabe I–XII) Blatt ⚭ Fruchtschmuck	Temperaturansprüche K Kalthaus 5–12° T temperiert 12–16–18° W warm 17–30° So Sommer Wi Winter F Freiland	Lichtansprüche ○ sonnig ◐ absonnig halbschattig ● halbschattig schattig	Substrat 1 norm. Einheitserde 2 sandig durchlässig 3 humusreich Z Zehrer	Wässern T trokken F norm. feucht ≈ naß	Vermehrung A Aussaat S Steckling T Teilung V Veredlung	Anmerkungen ✂ Schnittpflanze D Duftpflanze
Äschynanthus	♃–♄	⸹ 40–60	B III–VI Blatt	W	◐	3	F	S	
Agapanthus	♃	60–120	B IV–VIII	Wi K, SoF	○	1	F	T, A	
Agave	♃–♄	40–120	Blatt	Wi K, SoF	○○–○	2	T–F	S, A	
Akazie	♄	100–300	B II–IV Blatt	K–T	○–◐	2	F	A, V	✂, D
Albizzie	♄	100–200	B V–VI Blatt	WiK, SoF	○	2	F	A, S	
Aloe	♃–♄	15–300	Blatt	WiK, SoF	○○–○	2	T–F	S, A	
Alpenveilchen	♃	15–30	B IX–IV Blatt	WiK, SoF	◐	3	F	A	✂, D
Ananasgewächse									
1. Bodenbewohnende, xerophytische A.	♃–♄	⌒ 15–18	Blatt	WiK, SoF	○○–○	2	T–F	A, T	
2a. Härtere, unempfindlichere Zisternenbromelien	♃	40–80	B I–XII Blatt	T–W	○–◐	3	F	T, A	
2b. Empfindlichere Zisternenbromelien	♃	40–80	B I–XII Blatt	W	◐–●	3	F	T, A	
3. Atmosphärische Tillandsien	♃	⸹ 20–100	Blatt	T	○○–○	–	T	T, A	
Australheide	♄	60–80	B XII–III	WiK, SoF	○–◐	3	F	S	✂
Austral. Silbereiche	♄	–300	Blatt	K–W	○–◐	1	T–F	A	
Banane	♃	–500	Blatt	WiK, SoF	○	1, Z	F	A, T	
Begonien									
BLATTBEGONIEN									
1. Rexbegonien	♃	30–40	Blatt	T	◐	1–3	F	S	
2. Strauchbegonien	♃–♄	40–200	Blatt	T	○–◐	1	F	S	
3. Ampelbegonien	♃	⸹ 20–80	Blatt	T	○–◐	1–3	F	S	
BLÜTENBEGONIEN									
1. Lorrainebegonie	♃	20–40	B X–III	K–T	◐	1–3	F	S	
2. Elatiorbegonie	♃	20–40	B I–XII	T	◐	1–3	F	S	
3. Knollenbegonien	♃	⸹ 20–40	B IV–X	T	◐	1–3	F	T, A	Balkon
Blattfahne	♃	30–70	B IV–X	W	◐–●	3	F	T, A	
Blaues Lieschen	⊙	30	B VI–X	K, SoF	○	1	F	A	
Bleiwurz	♄	⸹ –300	B IV–X	WiK, SoF	○	1	F	S	Balkon
Blutblume									
H. katharinae	♃	40–60	B V–III	WiK, SoT	○–◐	3	F	T, A	Ruhezeit
Haem. albiflos	♃	30–40	B VII–IX	K–T	○	2	T	S	
Blut-Tradeskantie	♃	⸹ 20–40	B VI–X	K–T, SoF	○–◐	1	F	S	
Bogenhanf	♃	15–100	Blatt	T	○	2	T	S, T	
Bougainvillea	♄–♄	⸹ –300	B IV–XI	WiK, SoT	○	2	T	S	
Bowiea	♃	⸹ –150	Blatt	WiK, SoT	○	2	T	A	
Bubiköpfchen	♃	⤳ 3–10	Blatt	K–T, SoF	○–◐	1	F	T	⌒ im F
Buntnessel	♃	⸹ –40	Blatt	K–T, SoF	○–◐	1	F	S, A	Balkon
Buntwurz	♃	40–60	Blatt	W	◐–●	3	F	T	✂
Callisie	♃	⸹ –120	Blatt	T–W	○–◐	1	F	S	D
Cantue	♄	–300	B III–V	WiK–T, SoF	○–◐	2–3	T–F	S	
Christusdorn	♄	–150	B X–V	K–T	○	2	T–F	S	
Cinerarie	⊙	–50	B I–VI	K–T	○–◐	1, 2	F	A	
Citrus-Arten (Orange, Zitrone usw.)	♄	–300	B I–XII ⚭	WiK, SoF	○	2–3	T	A, V	D
Clivie	♃	–100	B II–V	T	○–◐	2–3	F	T, A	Ruhezeit!
Columnee	♃	⸹ –100	B II–V	WiK, SoF	○–◐	3	F	S	
Cotyledon	♃–♄	30–70	B IV–V Blatt	WiK, SoF	○	2	T	S	
Crossandre	♃	30–50	B I–XII	T	◐	3	F	S, A	
Dickblatt	♃–♄	⌒ 10–100	B II–V Blatt	K–T	○	2	T	S	
Dieffenbachie	♃–♄	60–150	Blatt	T–W	◐	3	F	S	
Dipladenie	♄	⸹ –100	B IV–X	T–W	◐	3	T–F	S	

Zimmerpflanzen

Art	Lebensform ⊙ ein-jährig ♃ Staude ♄ Halb-strauch ♄ Strauch ♄ Baum	Wuchsform und Höhe in cm ⌒ Polser ⌇ Kletter-pflanze ⌇ Ampel-pflanze ⌇ kriechend	Wirkt durch B Blüte (mit Monatangabe I–XII) Blatt ⚭ Fruchtschmuck	Temperatur-ansprüche K Kalthaus 5–12° T temperiert 12–16–18° W warm 17–30° So Sommer Wi Winter F Freiland	Licht-ansprüche ○ sonnig ◐ absonnig halb-schattig ● halb-schattig schattig	Substrat 1 norm. Einheits-erde 2 sandig durch-lässig 3 humus-reich Z Zehrer	Wässern T trok-ken F norm. feucht ≈ naß	Vermeh-rung A Aus-saat S Steck-ling T Tei-lung V Ver-edlung	Anmer-kungen ✂ Schnitt-pflanze D Duft-pflanze
Drachenbaum									
1. *Dracaena draco*	♄	−200	Blatt	WiK, SoF	○	2	T	A	
2. andere Dracaenen	♄	40–300	Blatt	T–W	○–◐	2–3	F	S	D
Drehfrucht	♃	30–40	B I–XII	T–W	◐	3	F	A, S	
Dreimasterblume	♃	⌇⌇ 5–100	Blatt	K–W	○–●	1–2	T, F	S, T	
Echeverie	♃	10–30	B I–VI Blatt	WiK, SoF	○	2	T	A, S	
Efeu	♄	⌇ ⌇ 40–200	Blatt	WiK, SoT	◐	3	F	S	
Efeuaralie	♄	−300	Blatt	K–T	◐	1	T–F	S	
Efeutute	♃	⌇ −100	Blatt	T–W	◐–●	3	F	S	
Episcie	♃	⌇⌇ 20–60	B I–XII Blatt	T–W	◐	3	F	T, S	
Farne Näheres siehe Stichwort	♃–♄	20–80	Blatt	K–W	○–●	3	F	A, T, S	
Fensterblatt	♄	100–400	Blatt	K–W	○–◐	1, Z	F	S, A	
Fieberbaum	♄	−300	Blatt	WiK, SoF	○–◐	1	F	A	
Fingeraralie	♄	−150	Blatt	T–W	◐	2–3	F	A, V	
Fittonie	♃	⌇⌇ 10–20	Blatt	W	◐–●	3	F	S	
Flamingoblume	♃–♄	⌇ 40–100	B I–XII Blatt ⚭	T–W	◐–●	3	F	T, A, S	
Fuchsie	♄	⌇ 40–60	B IV–X	SoF, WiK–T	○–◐	1, Z	F	S	
Ganzkölbchen	♄	40–60	B I–XII Blatt	T–W	◐	3	F	S	
Gardenie	♄	−100	B I–XII	T–W	○	3	F	S	
Gasterie	♃–♄	5–40	Blatt	WiK, SoF	○	2	T	A, T	
Geißklee	♄	−120	B II–IV	SoF	○–◐	2	F	S	
Glockenrebe	♄, bei uns ⊙	⌇ −1000	B VI–X	SoF	○–◐	1, Z	F	A	
Gloxinie	♃	−30	B III–X	T–W	◐	3	F	A, T	
Glücksklee	♃	15–25	Blatt	WiK, SoF	○	1	F	T	
Granatbäume	♄–♄	30–400	B IV–X	WiK, SoT–F	○	1	F	A, S	
Grünlilie	♃	⌇ 30–40	Blatt	K–W	○–●	1, Z	F	T	
Gummibaum									
1. Kletternde Arten	♃	−400	Blatt	K–W	○–◐	1	F	S	
2. Aufrechte Arten	♄–♄	60–600	Blatt	K–W	○–◐	1–3	F	S, A	
Gundermann	♃	⌇⌇ ⌇ −100	Blatt	K, SoF	○–◐	1	F	T	winterhart
Hahnenkamm	⊙	20–80	B IV–X	K, SoF	○–◐	1, Z	F	A	
Hammerstrauch	♄	200–300	B III–XI	WiK, SoF	○–◐	1, Z	F	S	
Harfenstrauch	♃–♄	⌇⌇ ⌇ −80	B III–VI Blatt	K–T	○–◐	1–3	F	S	
Haworthia	♃	10–40	Blatt	WiK, SoF	○	2	T	T, A	
Immergrün	♃	⌇⌇ ⌇ 40–100	B IV–VIII Blatt	WiK, SoF	○–●	1	F	T, S, A	
Jacaranda	♄–♄	200–400	Blatt B selten	T–W	◐	3	F	A	
Jacobinie	♃–♄	50–100	B VII–V	K–T	○–◐	1, Z	F	S	
Jakobslilie	♃	−40	B IV–VII	K–T, SoF	○	1	F	T	Ruhezeit!
Johannisbrotbaum	♄–♄	−400	Blatt	WiK, SoF	○	1	T–F	A	
Judenkraut	♃	⌇⌇ ⌇ 20–60	Blatt	K–T	○–●	1	F	T	winterhart
Kaffeestrauch	♄–♄	100–400	B I–XII ⚭	T–W	○–◐	1, Z	F	A	
Kakteen, s. Stichwort	♃–♄	⌇⌇⌇ 5–400	B I–XII Blatt	K–W, SoF	○–◐	1, 2, 3	T, F	A, S, T, V	
Kalanchoe	♃	⌇ 20–80	B I–XII Blatt	K–T, SoF	○–◐	2	T, F	S	
Kamelie	♄–♄	−400	B IX–III	K, SoF	○–◐	3	F	S, V	Rückschn.
Kanarine	♃	⌇ −200	B I–IV Blatt	K–T	○	2	T–F	A	
Kanonierblume	♃	15–40	Blatt	K–W	○–◐	1	F	S, A	
Kapaster	♃–♄	15–40	B I–XII	WiK, SoF	○–◐	1	F	S	
Kastanienwein	♄	⌇ −800	Blatt	T–W	○–◐	1	F	S	
Katzenschwanz	♄	−120	B I–XII Blatt	T–W	○–◐	1	F		

Zimmerpflanzen

Art	Lebensform ⊙ einjährig ♃ Staude ℏ Halbstrauch ℏ Strauch ℏ Baum	Wuchsform und Höhe in cm ⌒ Polster ⸭ Kletterpflanze ⸭ Ampelpflanze ⤳ kriechend	Wirkt durch B Blüte (mit Monatangabe I–XII) Blatt ⚭ Fruchtschmuck	Temperaturansprüche K Kalthaus 5–12° T temperiert 12–16–18° W warm 17–30° So Sommer Wi Winter F Freiland	Lichtansprüche ○ sonnig ◐ absonnig halbschattig ● halbschattig schattig	Substrat 1 norm. Einheitserde 2 sandig durchlässig 3 humusreich Z Zehrer	Wässern T trokken F norm. feucht ≋ naß	Vermehrung A Aussaat S Steckling T Teilung V Veredlung	Anmerkungen ✂ Schnittpflanze D Duftpflanze
Keulenlilie									
1. Kalthauspfl.	ℏ	–300	Blatt	WiK, SoF	○	2, Z	F	A	
2. Warmhauspfl.	ℏ–ℏ	–70	Blatt	T–W	○–◐	3	F	A, S	
Kirschmyrte	ℏ	100–300	Blatt	K–T	○–◐	1, Z	F	A, S	
Klebsame	ℏ–ℏ	100–290	B III–VII Blatt	K, SoF	○–◐	1, Z	F	S	D
Klimme									
1. Grüne Kletterpfl.	ℏ	⸭50–300	Blatt	K–W	○–◐	1	F	S	
2. Bunte Kletterpfl.	ℏ	⸭50–100	Blatt	T–W	○–◐	3	F	S	
3. Sukkulente A.	ℏ	⸭–200	Blatt	WiK, SoF	○	2	T	A	
Köcherblümchen	♃ (⊙)	30–40	B III–XI	WiK–T, SoF	○–◐	1	F	S, A	
Kolbenfaden	♃–ℏ	40–100	Blatt	K–W	○–●	1–3	F–≋	S, A	
Korallenbeere	♃	⌒3–5	⚭ VIII–XII	K–T	◐	1	F	T	
Korallenstrauch	ℏ–ℏ	100–200	B VI–IX	WiK, SoF	○–◐	1, Z	F	S	
Kranzschlinge	ℏ	⸭–500	B I–XII	T	○–◐	2	T–F	S	
Kreuzblume	ℏ	30–60	B III–VIII	K	○	2	T–F	S	
Kußmäulchen	♃–ℏ	⸭ 30–50	B III–VI	T–W	○	2	T–F	S	
Lachenalie	♃	30–50	B II–VI	K	○	2	T–F	T, A	Ruhezeit!
Leuchterblume	♃	⸭50–150	B II–VI Blatt	K–W	○–◐	2–3	T–F	T, S	
Lorbeerbaum	ℏ	200–1200	Blatt	WiK, SoF	○–◐	1	F	S	
Losbaum	ℏ	⸭–200	B I–XII	K–W	○–◐	1	F	S, A	
Mäusedorn	ℏ	30–100	Blatt ⚭	WiK, SoF	○–●	1	T–F	S, T, A	hart bei ⌒
Manettie	♃–ℏ	⸭ –150	B IV–VIII	K–T	○–◐	2–3	F	S	
Marante	♃	15–50	Blatt	W	◐–●	3	F	T, S	
Medinille	ℏ–ℏ	100–250	B IV–VII	W	◐	3	F	S	
Mittagsblumengewächse siehe Stichwort	♃–ℏ	⤳ 2–70	B I–XII Blatt	K–T	○–◐	2	T–F	T, S, A	
Mondblume	♃–ℏ (⊙)	⸭2–600	B IV–IX	K–T, SoF	○–◐	1, Z	F	A	
Moosfarn	♃	⤳3–40	Blatt	K–T	◐–●	3	F	T, S	
Mühlenbeckie	ℏ	⤳⸭20–60	Blatt	K, T	○–◐	1	F	S	
Myrsine	ℏ–ℏ	–150	Blatt ⚭	WiK, SoF	○–◐	1	F	S	
Myrte	ℏ–ℏ	–400	B I–XII Blatt	K–T	○	1	T–F	S	
Myrtenheide	ℏ	–250	B VII–VIII	K	○–◐	2	T–F	S, A	
Nachtschatten	♃–ℏ	⸭ –250	Blatt ⚭	K–T, SoF	○–◐	1, Z	F	A, S	
Ölbaum	ℏ	–1500	Blatt ⚭	WiK, SoF	○	2, Z	F	V	
Ölweide	ℏ	–300	Blatt ⚭	WiK, SoF	○–◐	1	T–F	S, A	
Oleander	ℏ–ℏ	–400	B I–XII	WiK, SoF	○	1, Z	F	S	
Palmen, s. Stichwort	ℏ	–1500	Blatt	K–W, SoF	○–◐	1, 2, 3	T–F	A	
Palmlilie	ℏ	–600	B VI–VIII	WiK, SoF	○	2	T–F	A, S	
Pantoffelblume	♃ ⊙	–40	B III–VI	K–T	○–◐	1–3	F	A	
Passionsblume	ℏ	–500	B–IV–IX	K–W, z.T. SoF	○–◐	1	F	S, A	
Pelargonien									
1. Edelpelargonie	ℏ	–80	B IV–VI	K–T	○–◐	1	F	S	
2. Zonalpelargonie	ℏ	–100	B I–XII	WiK, SoF	○	1	T–F	S, A	
3. Peltatumpelargonie	ℏ	⸭ –100	B I–XII	WiK, SoF	○–◐	1	T–F	S	
4. Blattpelargonie	ℏ	–100	B I–XII Blatt	WiK, SoF	○–◐	1	T–F	A, S	D
Peperomie	ℏ	⸭ 20–40	Blatt	T–W	○–●	2–3	T–F	S	
Pfeffer	ℏ	⸭⸭–150	Blatt	T–W	○–◐	3	F	S	
Philodendron									
1. Aufrechte Arten	ℏ	–200	Blatt	T–W	◐	3	F	A, S	
2. Kletternde Arten	ℏ	⸭⸭–200	Blatt	T–W	○–●	3	F	S	
Poinsettie	ℏ–ℏ	40–200	BX–III	T–W	○–◐	2–3	F	S	
Primel	⊙♃	20–40	B I–XII	K–T	○–◐	1–3	F	A	✂

Zimmerpflanzen

Art	Lebensform ⊙ einjährig ♃ Staude ♄ Halbstrauch ♄ Strauch ♄ Baum	Wuchsform und Höhe in cm ⌒ Polster ⚥ Kletterpflanze ⚥ Ampelpflanze ⤳ kriechend	Wirkt durch B Blüte (mit Monatangabe I–XII) Blatt ⚘ Fruchtschmuck	Temperaturansprüche K Kalthaus 5–12° T temperiert 12–16–18° W warm 17–30° So Sommer Wi Winter F Freiland	Lichtansprüche ○ sonnig ◐ absonnig halbschattig ● halbschattig schattig	Substrat 1 norm. Einheitserde 2 sandig durchlässig 3 humusreich Z Zehrer	Wässern T trocken F norm. feucht ≈ naß	Vermehrung A Aussaat S Steckling T Teilung V Veredlung	Anmerkungen ✄ Schnittpflanze D Duftpflanze
Purpurtute	♄	⚥⚥ –100	Blatt	T–W	○–◐	3	F	S	
Reineckie	♃	⤳ 20–40	B VII–IX Blatt	K, SoF	○–●	1	F	T	winterhart
Rhoeo	♃	40–60	Blatt	T–W	◐–●	3	F	S, A	
Ritterstern	♃	40–100	B X–VII	T, SoF	○–◐	1, Z	F	T, A	Ruhezeit
Rochea	♄	30–80	B IV–VI Blatt	K–T	○	2	T	S	
Roseneibisch	♄	40–100	B I–XII	T–W	○–◐	1	F	S	
Rosmarin	♄	40–120	B VI–VIII Blatt	WiK, SoF	○–◐	1	T–F	S	D, fast hart
Ruhmesblume	♃–♄	⚥ –150	B III–VI Blatt	K–T	○	2	T	A, V	⊙BVII–X
Sanchezia	♄	–100	B I–XII Blatt	T–W	◐	3	F	S	
Schamhafte Sinnpfl.	♄ ⊙	60–100	B VI–X	T–W	○	1–3	F	A	Blattbew.
Schefflere	♄	60–120	Blatt	K–W	○–◐	1	F	A	
Scheinmalve	♄	60–100	B III–X	WiK, SoT–F	○	1	F	A, S	
Scheinrebe	♄	⚥ 100–300	Blatt	K	○–◐	1	F	S	fast hart
Schiefteller	♃	30–40	B IV–X	T–W	◐–○	3	F	S, T	Ruhezeit
Schildblume	♃	40–60	Blatt	K–W, SoF	○–●	1	F	T	
Schlangenbart	♃	30–40	Blatt	K–W, SoF	○–●	1	F	T	fast hart!
Schönfaden	♄–♄	100–300	B II–VI	WiK, SoF	○	2–3	T–F	S	
Schönmalve	♃–♄	⚥ 40–300	B I–XII Blatt	K–W, SoF	○–◐	1	F	S, A, V	
Schraubenbaum	♄	100–300	Blatt	T–W	◐	3	F	S	
Scilla violacea	♃	–30	B III–VII Blatt	K–T	○–◐	1	F	T	
Spanischer Pfeffer	⊙	60–120	⚘	SoF	○	1, Z	F	A	✄
Sperrstrauch	♄–♄	60–120	Blatt ⚘	K–T, SoF	○–◐	1	F	S	D
Spornbüschchen	♄	40–120	B I–XII	T–W	○–◐	1	F	S	
Stapelie	♃	⤳ 10–30	B III–X Blatt	WiK, SoF	○	2	T	S, A, T	
Stechapfel	♄	100–300	B IV–X	WiT–K, SoF	○–◐	1, Z	F	S, A	
Strauchveronika	♄	50–200	B IV–IX Blatt	K–T	○	1, Z	F	S	
Südseemyrte	♄	10–200	B III–VI Blatt	WiK, SoF	○–◐	1	T–F	S	
Thunbergia	♄ (⊙)	⚥ 60–120	B IV–X	meist SoF	○	1	F	A	
Tibouchine	♄	80–120	B XI–III	WiK, SoF	○–◐	2–3	T–F	A, S	
Tolmiee	♃	20–40	Blatt	K–T	◐–●	1	F	T	winterhart
Torenie	⊙	30	B IV–X	SoK–F	○–◐	1	F	A	
Traubenapfel	♄	100–150	B V–VI ⚘	WiK–T, SoF	○	1	F	S	
Usambaraveilchen	♃	10–15	B I–XII	T–W	◐–●	3	F	S, A	
Vallote	♃	40–60	B IV–VII	WiK, SoT	○	2	T–F	T	
Veltheimie	♃	40–60	B II–V	WiK, SoT	○–◐	2, Z	T–F	T	Ruhezeit
Wachsblume	♄	⚥⚥ 30–300	B I–XII	K–W	○–◐	2	T–F	S	
Wandelröschen	♄	30–100	B I–XII	WiK–T, SoF	○–◐	1	F	S	
Wolfsmilch (Sukkulente Arten)	♃–♄	10–300	Blatt	WiK, SoF	○	2	T	S, A	
Wollmispel	♄	150–400	Blatt ⚘	WiK, SoF	○–◐	1, Z	F	S, A	
Wunderstrauch	♄–♄	80–200	Blatt	T–W	◐(○)	1–3	F	S	
Zebrakraut	♃	⚥⤳ 30–80	Blatt	K–W	○–●	1	F	S	
Zickzackstrauch	♄	80–150	Blatt	WiK, SoF	○–◐	1–2	F	S	
Zierspargel	♃–♄	⚥⚥ 60–300	Blatt	K–W	○–◐	1–2, Z	T–F	A, T	✄
Zimmeraralie	♄	–500	Blatt	K–T	○–◐	1, Z	F	A	
Zimmerkalla	♃	–120	B I–XII Blatt	K–T	○–◐	1, Z	F	T, A	✄
Zimmerlinde	♄	–200	B I–XII Blatt	K–T	○	1, Z	F	S	
Zimmertanne	♄	–600	Blatt	WiK, SoF	○–◐	2–3	T–F	S, A	
Zypresse	♄	⚥⚥ –600	Blatt ⚘	WiK, SoF	○	1	T–F	A, S	

Zitrone

Zinnie, *Z. angustif.* 'Perserteppich'. (Herbel)

SABLÜTIGE, Skabiose, fast ausschließlich für den Schnitt, ca. 70 cm, mittelgroße Blumen auf straffen Stielen, nur in Mischung. ZENITH KLASSE (RIESEN KAKTUS ZINNIEN), eine ca. 75 cm hoch werdende Hybridenklasse mit gekräuselten, kaktusdahlienähnlichen, gut gefüllten Blüten, Durchmesser bis 15 cm, sehr krankheitsresistent, trotzdem nur wenig angebaut, in Mischung und verschiedenen Farbsorten, wie 'Burpees Spielarten' und 'Zenith Farbenschau'. – DAHLIENBLÜTIGE RIESEN, die wohl am meisten angebaute Zinnienklasse, ca. 80 cm, sehr große Blumen mit lockerer und etwas aufrecht angeordneten Blütenblättern, außer für den Schnitt auch für hohe Blumenrabatten, Mischung und in allen bei Zinnien vorkommenden Einzelfarben: 'Canary Bird', reingelb; 'Dream', lila; 'Golden State', orange; 'Scarlet Gem', scharlachrot. – KALIFORNISCHE MAMMUT, weitgehend identisch mit vorgenannter Klasse, jedoch liegen hier die Blütenblätter dachziegelartig übereinander; nur in Mischung. RUFFLES-F_1-HYBRIDEN. Eine neue Zinnienklasse, eignet sich als Beet- und Gruppenpflanze und zum Schnitt. Die im Durchmesser 6–8 cm großen Blüten stehen auf langen Stielen. Höhe ca. 60 cm. Sorten: 'Cherry Ruffles', leuchtend karminrot; 'Pink Ruffles', reinrosa; 'Scarlet Ruffles', dunkelscharlach; 'Yellow Ruffles', goldgelb. – Aussaat am besten unter Glas im IV und Freilandpflanzung ab Mitte V in Abständen von 20–25 cm. Vollsonniger Standort sowie warmer, wasserdurchlässiger, humoser Gartenboden.

Zitrone → Citrus.
Zitronengeranium → Pelargonie.
Zitronenmelisse, *Melissa officinalis.* Lippenblütler, *Labiatae.* Herkunft Mittelmeergebiet; seit dem Mittelalter in den Kräutergärten angebaut. Ausdauernder Kleinstrauch; nördlich der Alpen nur in geschützten Lagen, entlang Hausmauern in durchlässigen Böden genügend winterhart. Anbau: Vermehrung durch Teilen alter Stöcke im Herbst oder Frühjahr. Anzucht auch aus Samen möglich, Aussaat im IV, im Herbst verpflanzen. Vor Frosteintritt zurückschneiden und mit Laub oder Stroh abdecken. Ernte: Blätter und Triebspitzen im V abbrechen, an luftigem, schattigem Ort trocknen. Verwendung: Gelegentlich als Gewürzkraut, meistens aber als Heiltee gegen Magen- und Darmverstimmungen und erfrischender, aromatischer Haustee.

Zittergras, *Briza.* Gräser, *Gramineae.* Mehr als 10 Arten, hauptsächlich Mittelmeergebiet. Als Ziergras und Trokkenblume wird kultiviert *B. maxima.* ☉ ⊙ ⋊. Blühend ca. 40 cm hoch, Ährchen länglich herzförmig, in rispenartigen, hängenden Blütenständen. Fast ausschließlich für die Gewinnung von Trockengräsern angebaut, doch lassen sich die Blütenstände auch schon grün verwenden. – Aussaat IV an Ort und Stelle in Reihen mit ca. 25 cm Abstand. Standort sonnig, Boden leicht, wasserdurchlässig und nicht zu nährstoffreich. Hauptblüte VI–VII. – *B. media.* ⊙ ♃ ⋊ V–VII. Das staudige *Z.* aus Europa und Kleinasien. Wird nur 25 cm hoch und ist im ganzen viel zierlicher als die vorige. Vermehrung hauptsächlich durch Teilung. Für Trockenblumen müssen die Blütenstände kurz vor der Reife geerntet und schattig hängend nachgetrocknet werden.

Zonalpelargonie → Pelargonie.
Zucchini, Zucchetti, Sommerkürbis, *Cucurbita pepo.* Gurkengewächse, *Cucurbitaceae.* Herkunft → Kürbis. Nichtkriechende, kurzstämmige Kulturform der Kürbisarten. Die jetzt angebauten Sorten stammen vorwiegend aus Italien und dem USA-Anbau. Verschiedene Fruchtformen: meistens wal-

Zinnie, *Z. elegans,* Riesen-Kaktus 'Zenith Farbenschau'. (Herbel)

Zitronenmelisse, *M. officinalis.* (Jesse)

zenförmige, grüne Früchte, ähnlich Gurken, auch leuchtend gelbe Sorten, daneben abgeflacht scheibenförmige weiße Früchte (Patisson, Bischofsmütze) sowie grüne, kugelige, knapp faustgroße Früchte (Rondini, im Gegensatz zu den übrigen Zucchini an kletternden Pflanzen). Verlangt lockeren, organisch gut versorgten Boden. Aussaat IV in Töpfe oder ins Frühbeet; ab Mitte/Ende V auspflanzen, Reihenabstand 100 cm, in der Reihe 80 cm. Pflanzstellen mit gut verrottetem Mist oder Kompost anreichern. Bei Trockenheit reichlich gießen. Ernte ab Mitte VII bis in den Herbst. Früchte abschneiden, bevor sie die endgültige Größe erreicht haben; je jünger, um so delikater, aber auf Kosten des Ertrages. – Verwendung: Früchte in Scheiben geschnitten dämpfen oder gratinieren, auch zusammen mit Tomaten, Paprika usw. Große Früchte längs halbieren, Kerne entfernen, mit Hackfleisch gefüllt gratinieren.

Zuckererbse → Erbse.
Zuckermais → Mais.
Zuckermelone, *Cucumis melo,* wie Wassermelone, *Citrullus lanatus,* Fruchtgemüse aus der Familie der Kürbisgewächse, *Cucurbitaceae.* Durch neue Züchtungen, F_1-Hybriden, zunehmend im Angebot des Saatguthandels, auch unter Namen wie Casaba-, Honig-, Netzmelone. Anzucht der Jungpflanzen, Anbau, Verwendung → Melone.
Zuckerrübe, diese landwirtschaftliche Nutzpflanze wird gelegentlich gleich wie der nahe verwandte → Schnittmangold als Gemüse angebaut.
Zürgelbaum, *Celtis.* Ulmengewächse, *Ulmaceae.* Sommergrüne Bäume mit glatter Rinde, 70 Arten, die meisten in den Tropen, ein paar in der nördlich gemäßigten Zone. – *C. australis.* ⊙ ♄. Südeuropa, Nordafrika und Westasien. Bis 25 m. Behaarte Zweige, oberseits dunkelgrüne, unterseits weich behaar-

te Blätter, unscheinbare Blüten und dunkelrote, wohlschmeckende Früchte. Das Holz ist sehr elastisch, dauerhaft und liefert die besten Peitschenstöcke. – *C. occidentalis*. ○ ♄. Nordamerika. Bis 35 m hoch. Kahle Zweige, oberseits dunkelgrüne, unterseits nur auf den Nerven behaarte Blätter und orange- bis purpurfarbene Früchte, die nicht eßbar sind. – Ansprüche: Liebt leichten, tiefgründigen Boden in milder Lage. *C. australis* ist nur südlich der Alpen ausreichend winterhart, *C. occidentalis* nördlich der Alpen in Weinbaugegenden vollständig winterhart. Geeignet als Park- und Straßenbaum. Die Früchte werden gern von Vögeln aufgenommen. – Vermehrung durch Aussaat mit über ein Jahr stratifiziertem Saatgut.

Zugast, wurde früher beim Kronenabwerfen und Umpfropfen als unentbehrlich angesehen, damit dieser den überschüssigen Saftdruck des Wurzelsystems auffängt oder hilft, die Nährstoffe aus dem Wurzelsystem anzusaugen. Exakte Untersuchungen und Erfahrungen haben Entbehrlichkeit der Z.e bewiesen.

Zungenblatt → Mittagsblumengewächse.

Zusammenbinden, das Binden und Befestigen von höheren Stauden (Glattblattaster *[Aster novi-belgii]*, Rittersporn, Sonnenauge, Sonnenblume u. a.) an Stäben oder Gittern, damit sie nicht umfallen. Auch Binden und Bündeln von Pflanzenkeimen, Steckholz, Jungpflanzen und Gehölzen.

Zusatzstoffe, Stoffe, die dem → Wirkstoff eines flüssigen Pflanzenschutzmittels beigemischt werden, damit es auf der Pflanze besser haftet. Bei den biologischen und umweltschonenden chemischen Pflanzenschutzmitteln sind dies: Spur eines Spülmittels, etwas Seifenlösung oder etwas Lehmbrühe.

Zweiblatt → Schattenblume.

Zweiflügler, Insektenordnung (→ Insekten), die im Gegensatz zu den übrigen 4flügeligen Insekten nur zwei Flügel besitzen; das zweite Paar ist zu kleinen ‚Schwingkölbchen' rückgebildet. Zwei große Unterordnungen: → Mücken und → Fliegen. Die wichtigsten bei Menschen und Kulturpflanzen schädlichen Z. sind: unter den Mücken die → Stechmücken, Gallmücken (→ Bir-

Zucchini, in einem Garten an der Schwäbischen Alb, etwa 400 m ü. M., geschützt zwischen Stangenbohnen. (Siebeneicher)

Zucchini, Zucchetti oder Squash, goldgelbe und grüne Sorte (F_1-Hybriden). Rechts Zuckermelone 'Sperlings Honigtopf'. (Sperling)

Zweig-Monilia

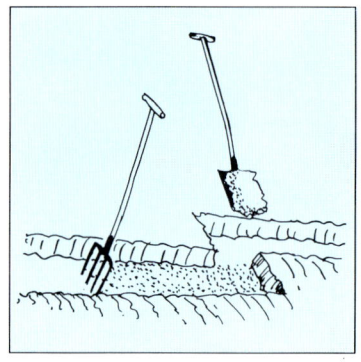

Zweischichtengraben: einen Spatenstich wenden, darunter mit Grabegabel lockern. (Nach Könemann)

nengallmücke, → Drehherzgallmücke des Kohls), Haarmücken (→ Gartenhaarmücke) und → Erdschnaken; unter den Fliegen die → Bohnenfliege, → Kirschfruchtfliege, → Kohlfliege, → Möhrenfliege und → Zwiebelfliege. Die wichtigsten als Schädlingsfeinde nützlichen Zweiflügler sind → Schwebfliegen und → Tachinen.

Zweig-Monilia der Sauerkirsche. Pilzkrankheit (Gattung *Monilia*), die bei anfälligen Sauerkirschen-Sorten wie Schattenmorelle, vor allem bei feuchter Witterung, die jungen Zweige zum Absterben bringt. Auch Blüten und Früchte erkranken. In der Regel nur partieller Schaden. Abwehr: absterbende Triebspitzen bis ins gesunde Holz zurückschneiden. Faule Früchte entfernen (nicht auf den Kompost!).

Zweigdürre → Monilia.

Zweigmutation → Mutation. Z. entsteht durch Mutieren (Verändern) einzelner Zweige.

Zweischichtengraben, stark vereinfachte Form des → Rigolens: oberste Schicht mit Spaten in Nebenfurche ablegen, darunter zweite Schicht mit Grabegabel nur lockern, nicht wenden, folgende Furche mit Spaten über die gelockerte Schicht legen.

Zwergbambus → Bambus.

Zwergblutpflaume, *P.* × *cistena* (*P. cerasifera* 'Atropurpurea' × *P. pumila*). Um 1910 in den USA entstanden; ‚Cistena' ist ein Wort der Sioux-Indianer für Baby. Schwachwüchsiger Strauch, kaum über 2 m hoch, mit dunkelroten Blättern und weißen Blüten. Verwendung an sonnigen Standorten, für kleine Vorgärten, Steingärten oder größere Tröge.

Zwergelfenbeinginster = *Cytisus kewensis* → Geißklee.

Zwerghyazinthe, *Puschkinia,* Liliengewächse, *Liliaceae*. Eine kleine Gattung, die mit Schneestolz (*Chionodoxa*) und Blaustern (*Scilla*) sehr nahe verwandt ist. Von denen unterscheidet sie sich nur dadurch, daß die Segmente an der Basis zu einer Röhre verwachsen sind und eine sog. Corona bilden. – *P. scilloides.* ○–◐ ♃ III–IV. Heimisch im Kaukasus und in Kleinasien. Die im Libanon wachsende Z. wird allgemein als die beste angesehen und manchmal auch als var. *libanotica* geführt. Die Blütenstiele sind verhältnismäßig dünn, 7–12 cm lang und neigen sich bei Vollblüte nach unten. Die blaßbläulichen und weißlichen Blüten haben auf jedem Blütenblatt einen dunkleren blauen Mittelstreifen. – Verwendung: Wertvoller Frühlingsblüher in Steingärten und Staudenrabatten. Kommt jedes Jahr getreulich wieder und verbreitet sich auch durch Selbstaussaat, ohne lästig zu werden. – Vermehrung durch Aussaat und Brutzwiebeln.

Zwergmandel, *Prunus*. Rosengewächse, *Rosaceae*. Kaum 1,50 m hohe Zierkirschen, durch ihren Blütenreichtum für den Garten ein besonderer Schmuck. – *P. glandulosa.* ○ ♄ V. Ostasien. Bis 1,50 m, mit feinen Zweigen, längs mit rosa oder weißen Blüten besetzt. Hauptsächlich sind die Gartenformen 'Albiplena', mit reinweißen, dicht gefüllten, und 'Sinensis' mit rosa, gefüllten Blüten anzutreffen. – *P. tenella (P. nana).* ○ ♄ IV–V. Südosteuropa bis Ostsibirien. Breitwachsender Strauch mit dünnen Trieben, längs mit rosaroten Blüten dicht besetzt. – Ansprüche: Durchlässiger Gartenboden in sonnigen und warmen Lagen. Der Blütenreichtum wird durch kleinen Rückschnitt nach der Blüte gefördert.

Zwergmispel, *C. dammeri*. (Drave)

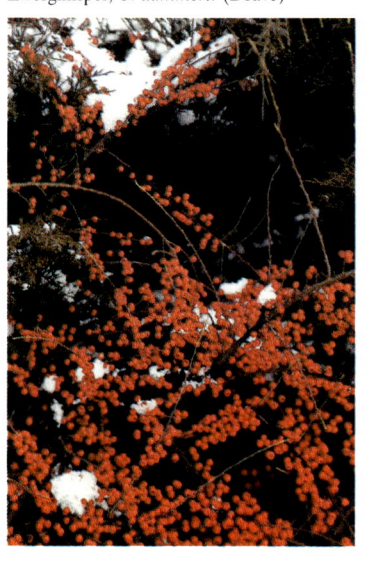

Die Z.n sind für kleine Hausgärten und Steingärten geeignet. – Vermehrung: Am gebräuchlichsten sind Veredlungen, bei denen jedoch die Unterlage durch die vielen Wurzelschosser lästig werden kann. Bei *P. tenella* sind auch Wurzelschnittlinge möglich, werden jedoch nicht zu so schönen Pflanzen wie die Veredlungen.

Zwergmehlbeere = *Sorbus chamaemespilus* → Eberesche.

Zwergmispel, *Cotoneaster*. Rosengewächse, *Rosaceae*. Sommer- oder immergrüne Sträucher, stets ohne Dornen, etwa 50 Arten in Europa, Nordafrika und Asien. Name nach dem zwergigen Wuchs einiger Arten und der früheren Zugehörigkeit zu den Mispeln. Verschiedene Arten und Formen werden wegen der schönen Früchte, andere wegen des speziellen Wuchses oder wegen des eigenartigen Habitus häufig in den Gärten gezogen. Durch unterschiedliche Wuchsformen und Höhen große Breite in der Verwendung. – NIEDRIGE ARTEN UND FORMEN. Meist dem Boden anliegende Z.n, als Bodendecker, für Flächen- und Gräberbepflanzung oder im Steingarten verwendbar. – *C. adpressus.* ○–◐ ♄ VI ⚭ △ Bie. Westchina. Wird kaum 25 cm hoch. Die Zweige kriechen am Boden entlang oder schmiegen sich an den Steinen an. Vorzügliche Bienenweide und reich fruchtender Strauch. – *C. dammeri (C. humifusa).* ○–◐ ♄ V ⚭ △ Bie. China. Kaum 20 cm hoch, mit Trieben, die am Boden entlang kriechen und dort wieder wurzeln. Bis 3 cm lange, dunkelgrüne Blätter, verhältnismäßig große, weiße Blüten und erbsengroße, scharlachrote Früchte. Die Abart var. *radicans* wächst stärker, hat kleinere, immergrüne Blätter, während die Gartenform 'Skogholm' bis 60 cm hoch wird; mit 1 m langen Jahrestrieben, die teils bogig überhängend abstehen. – *C. salicifolius* 'Parkteppich'. ○–◐ ♄ VI–VII ⚭. Höchstens 30 cm hoch, kann in kurzer Zeit eine Fläche begrünen. – METERHOHE ARTEN UND FORMEN. Als Einzelpflanzen für den Steingarten oder als Gruppen- und hohe Bodendecker für größere Anlagen geeignet. – *C. congestus.* ○–◐ ♄ VI △ i Bie. ⚭. Himalaja, wird 60 cm hoch, mit zuerst aufrechten, später sich der Unterlage anschmiegenden Zweigen. Eiförmige, lebhaft grüne Blätter, Früchte hellrot. Besonders schön im Steingarten in Verbindung mit Steinen. – *C. conspicuus* var. *decorus.* ○–◐ ♄ V. Westchina. Wirkt durch den meterhohen, kissenförmigen Wuchs, die mattgrünen Blätter und die kugeligen, orangeroten Früchte. Industriefest, sehr reichblühend, schöner, höherer Bodendecker. – *C. horizontalis.* ○–◐ ℏ V–VI △ ⚘ Bie. Westchina. In unseren Gärten sehr häufig. Fächerförmige, flachwachsende Z. mit kleinen, zahlreichen, dunkelgrünen Blättchen, im Herbst scharlachrot. Die vielen rosaweißen Blüten sind eine besondere Zierde; rote Beeren, die bis in den Winter hinein erhalten bleiben. Besonders für Felspartien, kann auch als Spalier an Wänden hochgezogen werden. Die Gartenform 'Saxatilis' wächst schwächer, hat kleinere Blätter, die Zweige schmiegen sich mehr der Unterlage an. – *C. microphyllus* var. *melanotrichus.* ○–◐ V–VI △ ⚘ i Bie. Bis 50 cm, mit dunkelgrünen, glänzenden Blättern, niederliegenden Zweigen und kugeligen, dunkelroten Früchten. Bodendecker und für Trockenmauern. Die Gartenform 'Schneideri' ist nicht so hart und verlangt etwas geschützte Lagen; glänzend schwarzgrüne Blätter und karminrote Früchte. – *C. praecox.* ○–◐ ℏ VI △ ⚘. Westchina. Wird meterhoch, bei unregelmäßigem Wuchs. Blätter rund, glänzend dunkelgrün, im Herbst leuchtend rot und genauso auffällig wie die roten Früchte. Sehr frosthart, besonders für den Steingarten zu verwenden. Wird wie *C. horizontalis, C. microphyllus* und andere Arten stark von Bienen beflogen. – 1–2 m HOHE ARTEN. Für freiwachsende, ungeschnittene Hecken oder als Einzelsträucher. – *C. dielsianus.* ○–◐ ℏ VI ⚘ Bie. Westchina. Sehr industriefest, bogig überhängende Zweige, mit dunkelgrünen, etwas derben Blättern und im Herbst mit glänzenden, erbsengroßen, scharlachroten Früchten. – *C. divaricatus.* ○–◐ ℏ VI ⚘ Bie. China. Sehr industriefest und frosthart, kann auch Schatten vertragen. Zweige breit abstehend, dunkelgrüne, 2,5 cm lange Blätter, im Herbst orangerot und mit korallenroten Beeren. – *C. bullatus.* ○–◐ ℏ V–VI ⚘. Westchina. Bis 5 m hoch, bei lockerem und breitem Wuchs. Ist auf Grund der 7 cm langen Blätter, der roten Herbstfärbung und der zahlreichen, erbsengroßen Früchte zu den schönsten Z.n zu zählen. – *C. Watereri-Hybriden.* ○–◐ ℏ V–VI ⚘ i. Hauptsächlich Kreuzungen zwischen *C. frigidus, C. salicifolius* und *C. rugosus.* Aufrechte Äste und waagerecht abstehende Zweige, meist wintergrüne, bis 12 cm lange Blätter; an den Triebenden sitzen die Blüten in Dolden. Gartenformen: 'Cornubia', breit aufrecht wachsend, mit großen, endständigen Beerendolden; 'Pendulus', mit aufrechten Ästen und bis zum Boden hängenden Zweigen, die voll mit Beeren besetzt sind. – *C. multiflorus* var. *calocarpus.* ○–◐ ℏ V ⚘ Bie. Westchina. Bis 4 m hoch, mit bogig überhängenden Zweigen, dunkelgrünen Blättern und scharlachroten Früchten. – *C. salicifolius* var. *floccosus.* ○–◐ ℏ VI–VII ⚘ i Bie. Westchina. Breiter Wuchs, mit elegant überhängenden Zweigen. Blätter immergrün, etwas runzelig, bilden schönen Kontrast zu den hellroten Früchten. – ANSPRÜCHE. An Boden keine besonderen, er darf nur nicht zu naß sein. Die immergrünen Z.n sind etwas empfindlicher, besonders durch intensive Sonneneinstrahlung im Winter können sie oft Schaden erleiden. – VERMEHRUNG. Aussaat ist bei den reinen Arten, soweit sie keine zu große Variationsbreite haben, möglich. Die meisten Arten und Formen werden jedoch im Sommer durch Stecklinge vermehrt. Bei den kriechenden Arten gehen Absenker sehr leicht; Veredlungen sind nur bei ausgefallenen Wuchsformen notwendig.

Lauchzwiebel 'Sperlings Toga', mit roten Schäften, winterhart. (Sperling)

Zwergpalme → Palmen 2.
Zwergpfeffer → Peperomie.
Zwergrhododendron → Alpenrose.
Zwergsäulenkaktus → Kakteen 9.
Zwergsonnenblume → Sanvitalie.
Zwergunterlage → Unterlagen.
Zwergwuchs, wird durch die engen Gefäßbündel und Leitbahnen der wuchshemmenden → Unterlagen oder durch deren spezifischen Einfluß auf die Edelsorte verursacht. Z. kann auch durch starkes Einschränken des → Wurzelwachstums erreicht werden. Zwergwuchs pathologischer Art möglich.
Zwergzitrone → Bitterorange.
Zwetsche → Pflaume.
Zwiebel, Küchenzwiebel, Speisezwiebel, *Allium cepa.* Liliengewächse, *Liliaceae.* Herkunft: Naher Orient. Uralte Kulturpflanze; in den Herkunftsländern und in Nordafrika sehr wichtige Gemüsepflanze. Seit dem frühesten Mittelalter auch nördlich der Alpen verbreitet. – ANBAU. Man unterscheidet drei Anbaumethoden: 1. Direkt-

Links mittelfrühe, braunlaubige Sommerzwiebel, rechts gelbe Winterzwiebel. (Wagner)

Zwiebelfliege

saat an Ort und Stelle: Aussaat III, Reihenabstand 20–25 cm, in der Reihe auf 8–10 cm verziehen. Fleißig hacken; nicht gießen, Zwiebeln ertragen Trockenheit besser als Nässe. Ernte bei Direktsaat im Herbst, wenn Blätter gelb zu werden beginnen; gute Sorten sind lange lagerfähig. 2. Kultur über Setzlinge: Aussaat ins Frühbeet im II, ziemlich dünne Saat; Setzlinge III–IV ausplanzen; nicht zu tief! Ernte bei Kultur über Setzlinge VIII–IX. 3. Kultur über Steckzwiebeln: Saat zur Erzeugung der Steckzwiebeln im III/IV in Reihen, 20 cm Abstand, gelegentlich auch breitwürfig; Steckzwiebeln richtiger Größe entstehen bei Saatmengen von 10 g/qm. Ernte der Steckzwiebeln im VII/VIII, bevor die Blätter vollständig gelb sind. Trocknen auf dem Beet, später unter Dach an luftigem Ort; Reinigen der Steckzwiebeln über Winter. Auspflanzen der Steckzwiebeln im III/IV in Reihen mit 20 cm Abstand, in der Reihe auf 8–10 cm. Ernte bei Kultur über Steckzwiebeln im VII–VIII. – Gemüsezwiebel: deutlich größere, mild und süßlich schmeckende, in Spanien und England gezüchtete Abart der Küchenzwiebel. Lange Kulturzeit; Anbau über Setzlinge, Aussaat II–III; reift nur in milden Lagen genügend aus; Erntezeit VIII–IX, läßt sich nicht lagern. – ANSPRÜCHE. Zwiebeln verlangen bei allen Anbaumethoden lockeren, nicht mit Stickstoff überdüngten Boden. Für Selbstversorgung ist der Anbau über Steckzwiebeln am sichersten. Bei der Ernte ist gutes Abtrocknen auf dem Feld und anschließend unter Dach ausschlaggebend für gute Haltbarkeit. – VERWENDUNG. Außerordentlich vielseitig. Roh oder gekocht als universelles Gewürz. Lokal sind mannigfaltige Zwiebelgerichte als Spezialitäten hoch geschätzt.

Zwiebelfliege. Sämlinge fallen um, größere Zwiebelpflanzen welken, Herzblätter werden welk und lassen sich leicht herausziehen, am und im Wurzelhals sowie in den Zwiebelknollen: weiße Fliegenmaden; zwei bis drei Generationen im Jahr. Fliegenweibchen legen ihre Eier an den Stengelgrund. – Abwehr: Mischkultur mit Karotten, während Flugzeiten (IV/V, VII/VIII) mit stark duftendem → Kräutertee spritzen.

Zwiebelschalenextrakt, als Brühe oder Jauche (→ Kräuterextrakte). Ein in der Zwiebel enthaltener Wirkstoff hat sich als wirksam gegen Pilzkrankheiten (z. B. bei Erdbeere und Kartoffel) sowie Rote Spinne und Möhrenfliege erwiesen.

Zwiebel- und Knollengewächse. Botanisch unterscheiden sich beide durch ihre unterirdischen Speicherorgane. Zwiebelgewächse speichern die Reservestoffe in fleischigen Schalen, die Wurzeln sitzen ringförmig am Zwiebelboden. Knollen dagegen sind verdickte, fleischige Wurzelteile. Gärtnerisch werden beide zusammen behandelt, weil sie ähnliche Wachstumsbedingungen haben. Prof. Hansen bezeichnet

Knollengewächs, *Anemone blanda.* (Seidl)

„Zwiebel- und Knollenstauden als das i-Tüpfelchen jeder Pflanzung" und teilt sie ein nach Wildformen und hochgezüchteten Kulturformen, → Stauden (Zwiebel- und Knollengewächse). Frühlingszwiebeln wie Blausternchen und Schneeglöckchen passen danach nicht zu Beetstauden, sondern zu Wildstauden oder unter Gehölze, wo sie „in Ruhe gelassen werden". Zuchttulpen mit hohen Nährstoffansprüchen dagegen passen zu anspruchsvollen Beetstauden. Entsprechend gehören Knollengewächse wie Alpenveilchen und Winterling in den Gehölzbereich.

Zwischenkultur → Anbauplan, → Mischkultur.

Zwischensaat → Markiersaat.

Zwischenveredlung, ein zwischen Wurzelunterlage und Edelsorte eingeschaltetes Zwischenstück einer bestimmten Sorte oder → Unterlage, um → Unverträglichkeit zwischen Edelsorte und Unterlage (z. B. Birne auf Quitte) zu umgehen, oder um es als Wuchsbremse wirken zu lassen, wenn als Z. eine wuchshemmende Unterlage eingeschoben wird. Von der Länge der Z. ist die Stärke der Wuchshemmung abhängig. Für Überwindung der Unverträglichkeit genügt Doppelschildveredlung oder ganz kurzes Stück der Z. Trocken- und frostresistente Z. oft positiv in trockenen und frostgefährdeten Standorten. Z. als Schutz gegen Kragenfäule bei anfälligen Sorten (Cox Orangen-Renette) allgemein gebräuchlich.

Zygocactus → Kakteen 6.

Zymbelkraut → Leinkraut.

Zypergras, *Cyperus.* Riedgräser, *Cyperaceae.* In Stauden- und Samenkatalogen selten geführte Gattung. Gelegentlich werden angeboten eine Nutzpflanze und ein Staudengras. – *C. esculentus,* Erdmandel, spanisch Chufa, Nordafrika. Alte Nutzpflanze, in Ägypten 2000 v. Chr. bekannt. Heute in Spanien (Valencia) und bei uns bei einigen Liebhabern im Anbau. Kommt

Mittelspäte Winterzwiebel Yellow Stone F$_1$-Hybride. (Wagner)

in Mitteleuropa nicht zur Blüte. Kriechender Wurzelstock mit Ausläufern und Knollen: etwa 2 cm lang, walzenförmig, rauhschalig. Enthalten über 20% Fett, Kohlenhydrate, viele weitere wertvolle Inhaltsstoffe. – ANBAU. Humose bis moorige Böden, auch alle Gartenböden. Wurzelknollen 2–3 Tage in lauwarmem Wasser vorquellen, anschließend 1–2 Wochen bei ca. 10 °C feucht ankeimen. Nach den Eisheiligen, bis Juni, in Horsten zu 6–8 mit 40–50 cm Abstand 3–5 cm tief auslegen, Reihenabstand 60–80 cm. Ständig feucht halten! Gut mit Zwischenkultur von z.B. Radieschen, Frührettich, Bohnen. Wie Hackfrüchte pflegen. – Ernte Ende IX–Ende X, wenn Blätter braun werden. Horst mit Grabgabel ausheben, Knollen säubern und in Sonne oder auf Horden langsam trocknen. Schimmelbildung vermeiden! – VERWENDUNG. Vielseitig wie Nüsse, gemahlen, zu Rohkost und in Backwerk. – *C. longus*, Langes Zypergras. Dunkelgrüne, glänzende überhängende Blätter. Rotbraune Blüten in Büscheln. VI–VII, 120 cm. Für feuchte bis sumpfige Lagen.

Zypresse, *Cupressus.* Zypressengewächse, *Cupressaceae.* ○ ♄ ☌ o. Freiland ⌒ ⚭. Immergrüne Koniferen mit vierkantigen Trieben und runden, im zweiten Jahr reifenden Zapfen. 12 Arten auf der Nordhalbkugel. – *C. sempervirens*. Echte Zypresse. Bis 25 m hoch, bei uns als Kübelpflanze kaum über 5 m. Triebe mit dicht angedrückten Nadeln. Besonders häufig werden Zapfen der im Mittelmeergebiet häufig angepflanzten Säulenz., *C.s.* 'Stricta', vom Urlaub mitgebracht und ausgesät. – *C. arizonica* 'Glauca' ist die härteste aller Z.n und kann im Weinbauklima lange Jahre durchhalten. – Z.n sind gute Kübelpflanzen, vorzüglich zur Dekoration von Gartenhöfen und Terrassen. Sie werden durch Aussaat vermehrt. Die Kultur erfolgt in durchlässigen Substraten, sie vertragen im Sommer viel Wasser und Dünger. Im Winter werden sie frostfrei gehalten, wobei sie auch in Kellern waagrecht gelegt werden können. – Zimmerpflanzen für kühle, lichte Räume: Sehr häufig wird *C. macrocarpa* 'Goldcrest' als Zimmerpflanze angeboten, oft unterschiedlich gestutzt, z.B. als Kugel oder Pyramide. Diese Sorte ist an und für sich eine Jugendform mit federigem, goldgelbem Nadelwerk. – Vermehrung durch Stecklinge.

Zypressenheide → Schuppenheide.

Blaustern, *Scilla hispanica*, ein Zwiebelgewächs, vor Magnolie. (Drave)

Bild- und Quellennachweis

Der Bildnachweis ist stichwortartig bei den einzelnen Fotos und Darstellungen vermerkt. Hier folgt das ausführliche Verzeichnis der Namen und Werke, so daß der Leser aufgrund des in den Bildunterschriften gegebenen Hinweises nachschlagen kann. Abbildungen ohne Hinweis: Archiv des Herausgebers. Weitere Quellennachweise finden sich am Schluß einzelner Artikel.

Agria GmbH, Möckmühl
AID, Land und Hauswirtschaftlicher Auswertungs- und Informationsdienst, Nr. 331: Nutzgarten ja oder nein? Bonn-Bad Godesberg 1971

BASF AG, Limburgerhof
Bär, Archiv des Herausgebers
Bayerische Landesanstalt für Bodenkultur, München
Bender, Dr. E., Meersburg
Berg, Johann/Heft, Lothar: Rhododendron und immergrüne Laubgehölze, Stuttgart 1969
Blumenbüro, Leiden/Niederlande
Borgmann/Wülfrath, Freiburg/Brsg.
Bruck, Archiv des Herausgebers
Brumm, F./Burchards, O.: Die Vermehrung der Laub- und Nadelgehölze 4. Aufl., Stuttgart 1969
Bundessortenamt: Beschreibende Sortenliste für Gemüse, Hannover
Burda, Offenburg

Demmel, Melchior, Lenggries/Obb.
Drave, Erika, München
Durz/Windscheif, Archiv des Herausgebers

Fehn, Fotodienst, Schwabenheim
Felbinger, A., Leinfelden-Echterdingen
Finck, Arnold: Pflanzenernährung in Stichworten, Kiel 1969
Fleck-Zäune GmbH, Neubulach 3 (Liebelsberg)
Fleuroselekt, Am Wassenaar/Niederlande
florabild, Archiv des Herausgebers
Flymo GmbH, Hamburg
Franck, Gertrud: Gesunder Garten durch Mischkultur. 6. A., München 1983
Franck, Dr. Hannfried, Stuttgart 70
Friedrich, Gerhard/Preusse, Hans: Obstbau in Wort und Bild. Neumann Verlag, Radebeul 1970
Fritz/Stolz u. a.: Erwerbsgemüsebau, Stuttgart 1989 (Gemüsetabelle, Nährelemente-Entzugszahlen)

Gardena, Kress + Kastner GmbH, Ulm/Donau
Gottschall, Ralf: Kompostierung, Karlsruhe 1984

Haase, Hans: Ratgeber für den prakt. Landwirt, 7. Aufl. 1957
Hako-Werke, Bad Oldesloe
Hansen, Richard/Stahl, Friedrich: Unser Garten. Band II: Seine Bäume und Sträucher, München 1955. – Band III: Seine bunte Staudenwelt, München 1963
Hansen/Stahl: Die Stauden und ihre Lebensbereiche, 2. A. Stuttgart 1984
Herbel, Dieter, München
Herbel, Dieter: Alles über Kakteen und andere Sukkulenten. 4 A., München 1983
Herr, Erna, Baden-Baden
Herran, Hubert, Forstbaumschule, Höchst/Vorarlberg
Herwi-Solar, Aschaffenburg
Hild, Samenzüchter Walter u. Karl, Marbach/Neckar

Hochleitner: Fotoatlas der Mineralien und Gesteine, München 1980
Hötzel, Hans-Joachim: Umweltvorschriften für die Landwirtschaft, Stuttgart 1986

Institut für Film und Bild, München/Grünwald
Institut für Obstbau, Geisenheim/Rhein

Jantzen, Friedrich, Arolsen
Jesse, Dr. Hans u. Anette, Köln 30
Jost, Metalldünger GmbH, Iserlohn

Kalaus, Arthur, Köstenberg/Velden/Kärnten
Kalaus, Hertha: Gärtnern am Hochbeet, München 1985
Kennel, Dr., Bavendorf/Ravensburg
Knickmann/Tepe: Pflanzenernährung im Gartenbau. 2. Aufl. 1966
Koch, Dr. Erich, Darmstadt
Köhlein, Fritz: Pflanzenvermehren leicht gemacht, Stuttgart 1973
Könemann, Ewald: Gartenbau-Fibel, 7. Aufl., Augsburg
Könemann, Ewald: Neuzeitliche Kompostbereitung, 4. Aufl., Mannheim 1968
Kreutz, Dr. W.: Der Windschutz als Klimafaktor, in: Arbeiten der DLG, Windschutz und Landwirtschaft, Frankfurt/M. 1956
Krieger, Kuno, GmbH, Herdecke/Ruhr
Kummert, Dipl.-Ing., Fritz, Wohngarten/Steiermark

Lelley, Jan: Pilze aus dem eigenen Garten, München 1978
Les quatres saisons du jardin, 6 rue Saulnier, Paris
Liebig, Justus: Boden, Ernährung, Leben. Texte aus vierzig Jahren, Stuttgart 1989
Link, Dr. Hermann, Ravensburg
Link/Titze: Der Nutzgarten. Obst u. Gemüse aus eigenem Anbau. 1982
Lucke/Link, Ravensburg
Ludwig, Dr., Archiv des Herausgebers

Maass, Carl-Heinz: Vom Gartenteich bis zum Wassergarten. Partner-Werbe-Druck, Pinneberg
Maurer, K. J., Archiv des Herausgebers
Mesto, Ernst Stockburger GmbH, Freiberg/Neckar
Michaeli, Petra, Achmühle/Wolfratshausen
Mücke, Karl-Heinz, Archiv des Herausgebers
Mücke/Rieger: Der Garten drinnen und draußen. 8. A., München 1983

Oase-Pumpen, Wübker Söhne GmbH u. Co., Hörstel-Riesenbeck
Oldehoff, Ursula, Achmühle/Wolfratshausen
Organischer Landbau, Int. Fachzeitschrift für Biologie und Technik im Landbau, ab 1958, Ulm/Donau

Pelzmann, Helmut, Wies/Steiermark
Pfirtner, probag Umwelttechnik AG, Dietikon/Schweiz
Perlite-Dämmstoff GmbH u. Co., Dortmund 1

Pfletschinger/Angermaier, Holzkirchen/Obb.
Probst, Dr. Gabriele, Stuttgart 70
Probst, Dr. Gabriele u. Dr. Manfred: Praktische Gründüngung, München 1982

Radicin-Institut, Iserlohn
Richter, Dr. Gerhard, Freising-Weihenstephan
Romberg, Edm. u. Sohn GmbH u. Co KG, Ellerau/Hamburg
Rosenberg, Hannes, Gräfelfing/München

Saaten-Union GmbH, Hannover
Scheerer, Gerhard: Ziergarten – Nutzgarten, 5. Aufl. München 1965. (Tabelle: Die wichtigsten Gemüsearten)
Scherer, Hans, Archiv des Herausgebers
Scherr/Dr. Link, Ravensburg
Schimmerpfeng, Hermann, Freising-Weihenstephan
Schirneker-Reineke, Bad Salzuflen-Retzen
Schleicher u. Co Int. A.-G., Markdorf/Bodensee
Schmeil, O./Seybold, A.: Lehrbuch der Botanik, 52. Aufl., Leipzig 1944
Schmidt, Dipl.-Ing. Peter, Niemetal 1
Schötteler, Kompost-Service, Ostfildern 4/Stuttgart
Schroeder, Diedrich: Bodenkunde in Stichworten, Kiel 1969
Schwegler-Vogelschutz GmbH, Schorndorf/Württ.
Seibold, Hans, Archiv des Herausgebers
Seidl, Sebastian, München
Seifert, Alwin: Gärtnern, Ackern ohne Gift, München 1971
Sembdner, Maschinenbau GmbH, Germering/München
Siebeneicher, Georg E., Neu-Ulm
Siebeneicher, Georg E. (Hrsg.): Ratgeber für den biologischen Landbau, München 1985
Snoek, Helmut, Opfenbach/Allgäu
Sperling, Carl u. Co, Pflanzenzüchter, Lüneburg
Steiner, Dr. Hans, Archiv des Herausgebers
Stölzle, Gretl, Archiv des Herausgebers
Strauß, Prof. Dr. Eduard, Klosterneuburg/NÖ

Technica, Entwicklungsges. mbH. u. Co KG, Ratzeburg
Tröster, A. J. Maschinenfabrik, Butzbach/Hessen
Trolldenier, Dr. Günter, Laatzen 1/Hannover

Wagner, Julius Samenzucht, Heidelberg 1
Walklite, Profi-Partner, Erkrath
van Waveren, Pflanzenzucht, Göttingen
Wendt, I., Ambach/Münsing/Obb.
Wendt-Hildebrandt: Biologischer Gartenbau unter Glas und Folie, A., München 1986
Wetterwald, Max-Felix, Offenburg
Windscheif, Archiv des Herausgebers
Windscheif-Hildebrandt: Werken im Garten, München 1983
Wolf-Geräte GmbH, Betzdorf/Sieg
Wonneberger, Dr. Christian, Osnabrück
Wülfrath, Horst, Freiburg/Brsg.

Ziegler/Roer, Archiv des Herausgebers

Literaturhinweise

Nachschlagewerke
Hötzel: Umweltvorschriften für die Landwirtschaft. Stuttgart 1986
Zander's Großes Garten-Lexikon, Berlin 1936
Zander/Encke/Buchheim: Handwörterbuch der Pflanzennamen. 12. A. 1980

Obst, Gemüse Garten
Bruck: Exotische Früchte und Gemüse selbst gezogen. München 1986
Fischer: Das große Biogarten Handbuch, München 1988
Franck: Blühender Wildgarten. München 1985
Franck: Gesunder Garten durch Mischkultur. 6. A. München 1980
Fritz/Stolz u.a.: Erwerbsgemüsebau. Stuttgart 1989
von Heynitz/Merckens: Das biologische Gartenbuch. 3. A. Stuttgart 1982
Howard: Mischkulturen für Flach- und Hügelbeete. München 1985
Kalaus-Zimmermann: Gärtnern am Hochbeet. München 1986
Könemann: Gartenbaufibel. 9. A. Wien 1977
Mücke/Rieger: Der Garten drinnen und draußen. 8. A. München 1981
Siebeneicher: Mein Garten in der Stadt. München 1981
Wendt/Hildebrandt: Biologischer Gartenbau unter Glas und Folie. 2. A. München 1983

Zierpflanzen, Sonderkulturen
Fast G. (Hrsg.): Orchideenkultur. Stuttgart 1980
Hansen: Die Stauden und ihre Lebensbereiche. Stuttgart 1984
Herbel: Alles über Kakteen und andere Sukkulenten. 4. A. München 1983
Könemann: Biologischer Obstbau. Wien 1977

Kummert: Das große Buch der Zimmerpflanzen. 2. A. 1982
Snoek: Das Buch vom biologischen Weinbau. 2. A. Stuttgart 1986

Pflanzenschutz
Briejèr: Silberne Schleier. München 1970
Franz/Krieg: Biologische Schädlingsbekämpfung. 3. A. Berlin u. Hamburg 1982
Makatsch: Die Vögel in Haus, Hof und Garten. Melsungen 1956
OILB: Bestimmungshilfe für Freilandkontrollen im Apfelanbau. Visuelle Kontrole. Zürich o. J.
Schmid/Henggeler: Biologischer Pflanzenschutz im Garten. Stuttgart
Schwenke: Zwischen Gift und Hunger. Berlin 1968
Snoek: Gesunde Pflanzen im Zier- und Nutzgarten. München 1985
Snoek: Naturgemäße Pflanzenschutzmittel. Anwendung und Selbstherstellung. 2. A. Stuttgart 1988
Steiner: Nützlinge im Garten. Stuttgart 1985

Boden, Düngung
Francé: Das Leben im Boden. Das Edaphon. München o. J. (1981)
Graff: Unsere Regenwürmer. Hannover 1983
Howard: Mein landwirtschaftliches Testament. 2. A. München 1979
Kahnt: Biologischer Pflanzenbau. Stuttgart 1986
King: 4000 Jahre Landbau in China, Korea und Japan. München 1983
Könemann: Neuzeitliche Kompostbereitung. 4. A. Mannheim 1968
Koepf/Pettersen/Schaumann: Biologisch-dynamische Landwirtschaft. 3. A. Stuttgart 1980
Liebig: Boden, Ernährung, Leben. Texte aus vier Jahrzehnten. Stuttgart 1989

Probst: Praktische Gründüngung für Landwirtschaft, Gartenbau, Sonderkulturen. München 1982
Scheffer/Schachtschnabel: Lehrbuch der Bodenkunde. 10. A. Stuttgart 1979
Sekera: Gesunder und kranker Boden. 5. A. Graz 1984
Siebeneicher (Hrsg.): Ratgeber für den biologischen Landbau. München 1985
Snoek: Biologisch richtig düngen. München 1984
Snoek/Wülfrath: Das Buch vom Steinmehl. 2. A. Stuttgart 1990
Trolldenier: Bodenbiologie. Stuttgart 1971

Energie und Umweltschutz
Bachofen u.a.: Biomasse. Sonne, Pflanzen, Energie. 10. A. München 1981
Haury/Ullmann: Leben nach Tschernobyl. München 1986
Häfner: Das Öko-Testbuch. Analysen und Experimente zur Eigeninitiative, Niedernhausen/Ts. 1986
Illich: Die sogenannte Energiekrise. Reinbek 1974
Kieffer: Öko-Tagebuch eines Managers. Frankfurt/M. 1986
Kurt: Naturschutz – Illusion und Wirklichkeit. Hamburg/Berlin 1982
Leipert: Die heimlichen Kosten des Fortschritts. Frankfurt/M. 1989
Lovins: Sanfte Energie. Reinbek 1978
Lünzer: Energiefragen in Umwelt und Landbau. Burg/F. 1979
Onken (Hrsg.): Perspektiven einer ökologischen Ökonomie. Hann./Münden 1983
Weinzierl: Die große Wende im Naturschutz. München 1970
Wicke: Die ökologischen Milliarden. München 1986

Zeichenerklärung

Zeichen nach DIN 530 Normblatt

☉	Einjährige Pflanze	⊔	Topfpflanze	✕	Schnittpflanze
⊙	Zweijährige Pflanze	ǀǀ	Einfassung	○	Sonne
♃	Staude	⌒	Polsterpflanze	◐	Halbschatten
ℏ	Halbstrauch	△	Steingarten	●	Schatten
♄	Strauch	⌇⌇⌇	Ufer- und Sumpfpflanze	D	Duftpflanze
♄	Baum	≈	Wasserpflanze	Bie	Bienenweide
⌇	Hängepflanze	∧	Winterschutz	Lie	Liebhaberpflanze
⌇	Kletterpflanze	⚔	Giftpflanze	i	Immergrün
⤳	Kriechpflanze	⚭	Fruchtschmuck	Ⓝ	Nutzpflanze

Notizen

Notizen

Notizen